2015/16
OSTERIE
d'Italia

Slow Food® Editore

2015/16
OSTERIE
d'Italia

Über 1.700 kulinarische Adressen
ausgewählt und empfohlen
von SLOW FOOD

Hallwag

Liebe Leserin und lieber Leser,

wir freuen uns, dass Sie sich für ein HALLWAG-Buch entschieden haben. Mit Ihrem Kauf setzen Sie auf die Qualität, Kompetenz und Aktualität unserer Bücher. Dafür sagen wir Danke! Ihre Meinung ist uns wichtig, daher senden Sie uns bitte Ihre Anregungen, Kritik oder Lob zu unseren Büchern. Haben Sie Fragen oder benötigen Sie weiteren Rat zum Thema? Wir freuen uns auf Ihre Nachricht!

GRÄFE UND UNZER Verlag
Leserservice
Postfach 86 03 13
81630 München

Wir sind für Sie da!
Montag – Donnerstag: 8.00 – 18.00 Uhr
Freitag: 8.00 – 16.00 Uhr

Tel.: 00800 / 72 37 33 33 (gebührenfrei in D, A, CH)
Fax: 00800 / 50 12 05 44 (gebührenfrei in D, A, CH)

E-Mail: leserservice@graefe-und-unzer.de

Inhalt

Osterie d'Italia 2015/16

„Osterie d'Italia" feiern ihr 25-jähriges Bestehen – ein wichtiger Jahrestag. Nach wie vor stellt dieses Buch für viele Leser einen zentralen Bezugspunkt dar. Wir können bei der Entstehung auf ein Team von über 400 freiwilligen Mitarbeitern bauen (ihnen allen ein herzliches Dankeschön). Jedes Jahr besuchen sie die angeführten Osterien und informieren uns über Neuigkeiten und Öffnungszeiten.
Unsere Publikation ist das Ergebnis einer einzigartigen Geschichte, das Werk von Personen, die vom Idealbild und Konzept einer Osteria zu sprechen wussten, die einen möglichst authentischen Blick auf die Vergangenheit werfen wollten und konnten, um Reflexionen über die Küche von morgen anzustellen.
Auch wir wollen im Rahmen unserer Überlegungen, wie unser Buch ab dem nächsten Jahr aussehen soll und über welche Osterien wir in Zukunft sprechen werden, auf Vergangenes, auf unsere Wurzeln zurückblicken. Daher lassen wir mit Ihnen gemeinsam einige der Vorworte zu früheren Ausgaben von „Osterie d'Italia", von 1991 bis heute, in Form kurzer Auszüge Revue passieren. Die beste Art, all jenen eine Hommage zu erweisen, die zu seiner Entstehung beigetragen haben, eine Gelegenheit, die bisherigen Etappen einer schönen, bewegenden Reise zu durchstreifen, die unserer Überzeugung nach noch lange andauern wird.

Marco Bolasco und Eugenio Signoroni

1991 „Ist heute über die Osteria zu sprechen reine Utopie? Sicher sind die Essgewohnheiten und sozialen Gepflogenheiten seit einiger Zeit im Wandel begriffen. Die klassische Osteria, verstanden als Lokal, wo Wein ausgeschenkt und typische lokale Speisen angeboten werden, mit nahezu durchgehendem Service, gehört eher der Vergangenheit denn der Gegenwart an. Und doch gibt es – unser Buch ist der beste Beweis dafür – angenehme Orte der Geselligkeit, die wichtige Aspekte der traditionellen Osteria bewahren: warmherzige, großzügige Gastlichkeit, familiärer Service, lokaltypische Küche, Wein und moderate Preise – eine halb versunkene Welt regionaler traditioneller Küchen, ein fast unerforschter Bereich, der in den ‚renommierten Restaurantführern' kaum oder gar nicht aufscheint."

1992 „Uns wird immer wieder gesagt, wir seien verrückt, ein Buch für Arme zu machen, ein Buch über Lokale der B-Serie. Es gäbe keine Osterien mehr, wir liefen Gefahr, der Spekulation von Unredlichen einen neuen Weg zu öffnen [...] Die flächendeckende Untersuchung, die sich nur eine Vereinigung wie die unsere erlauben kann, [...] hat für uns ein weniger pessimistisches Bild ergeben."

1993 „Den Kontext miteinzubeziehen: Könnte das ein guter Maßstab bei der Beurteilung unserer Osterien sein? Im Geiste von Slow Food möglicherweise ja. So haben wir in diesem Jahr das Schneckensymbol vergeben, eine der vielen Neuigkeiten dieser Ausgabe. Dessen gewahr, dass jede Auszeichnung der Subjektivität unterliegt, präsentieren wir ‚unsere' Genuss-Lokale: Orte, die wir wegen der wertvollen Traditionsküche, des Ambientes, der Gastfreundlichkeit, der Präsenz der Weinkultur oder einer Mischung all dieser Eigenschaften genossen haben."

1994 „Den Freunden der guten lokaltypischen Küche und der Philosophie nach Slow-Manier übergeben wir in diesem Jahr ein ‚Handbuch des guten Essens nach italienischer Art' in noch üppigerer und einladenderer Form [...] Nun gibt es eine Neuigkeit für Feinschmecker, bestehend aus etwa 1.000 Adressen: kleine Konditoreien, Feinkostgeschäfte, Märkte, Vinotheken, Brennereien und was noch zur Einkehr oder zu ‚appetitlichen' Einkäufen in der Nähe der Osterien anregt."

1996 „Im Laufe dieser sechs Jahre waren wir Zeugen der Wiederbelebung eines Küchenkonzeptes, das uns lieb ist, nämlich von jenem, das tief in der lokalen Tradition verwurzelt ist. Wir erleben aber auch das neuerliche Aufflackern der Lust auf die Osteria im Sinne eines Ortes der Zusammenkunft und der Gastlichkeit, einer willkommenen Gelegenheit für ein gutes Glas, begleitet von einem Imbiss."

1998 „Das Buch ‚Osterie d'Italia' hat eine kleine große Aufgabe erfüllt: Jene Personen zu vereinen, die bei Tisch wie auch im Alltag ein spezielles Verhalten an den Tag legen, […] [Es] trägt in seinem Bereich dazu bei, das Programm der Geschmackserziehung wachsen zu lassen, zum Ausdruck gebracht in der Verbandstätigkeit und in Publikationen […] Aber was bedeutet Traditionsküche heute? Für viele Köche ‚unserer' Osterien ist es die treue Neuauflage der überlieferten Gerichte. Für andere ist es das bewusste Durchforsten alter Rezeptesammlungen eines Gebietes, erlebt als lebendige, in Evolution befindliche Materie."

1999 „Die erste [Neuheit] besteht aus einem neuen Symbol, das Sie in diesem Buch finden werden und das ‚Lokale mit gutem Käse-Angebot' hervorhebt."

2000 „Alles Gute zum Geburtstag, Osterie d'Italia! […] Die Osterien sind zu neuem Leben erwacht und viele der bestehenden, aber in ihrer täglichen Routine erstarrten Betriebe haben frische Kraft gewonnen. Seit zehn Jahren skizziert das Buch ‚Osterie d'Italia' ein Abbild der im Umbruch befindlichen Osterien-Landschaft, es dient als Anreiz […] und korrigiert dabei gleichzeitig die Ausrichtung der eigenen Beschreibungs- und Bewertungsparameter."

2001 „Wenn Sie die Rezensionen der angeführten Lokale durchblättern, werden Sie eine wachsende Aufmerksamkeit für die in der Küche verwendeten oder auf dem Tisch präsentierten Produkte feststellen […] Das ist das Ergebnis – und das können wir ohne die Befürchtung, widerlegt zu werden, sagen – eines anderen wichtigen Projekts von Slow Food, dem der Archen des Geschmacks und der Fördervereine."

2005 „Wenn der Feind Gleichmacherei heißt, erleben wir heute die Gefahr einer ‚guten Gleichmacherei'. Was ich damit sagen will: Das Modell der Osteria […] war und ist ein Erfolg. Und wie alle erfolgreichen Phänomene mobilisiert es Scharen von Nachahmern …"

2010 Paola Gho: „Wenn das Buch ‚Osterie d'Italia' es sich vor 20 Jahren zum Ziel gesetzt hat, gewisse Räumlichkeiten, Rezepte, einen bestimmten Stil der Gastlichkeit zu schützen, was stellst du dir für die Osterien des 21. Jahrhunderts vor?"
Carlo Petrini: „Mein Wunsch ist zweifellos die Osteria als Ort der Geselligkeit wieder zu beleben, wie es ihn heute nicht mehr so gibt […] Mir würde es sehr gefallen, wenn in den Lokalen, die wir so schätzen, eine Bereitschaft dazu entstünde. Weniger Karten für Speisen, Weine, Öle, Mineralwasser ... aber dafür vielleicht eine Gitarre."

2012 „‚Osterie d'Italia 2012/13': Das Buch ist neu und doch ist es stets das alte […] bewahrt dennoch seine Identität und seinen Hauptzweck: von den zahlreichen, über ganz Italien verstreuten Osterien zu erzählen. Zumindest in einem Teil von diesen erleben wir ja momentan eine Zeit des Umbruchs, was auch auf die Präsenz neuer Generationen von Köchen zurückzuführen ist."

Benutzerhinweise

Einteilung

Jedes Lokal ist unter seinem Standort angeführt. Die Städte bzw. Ortschaften sind innerhalb der einzelnen Regionen alphabetisch geordnet. Zudem sind der Ortsteil, das Viertel oder der Stadtteil angegeben, in dem sich das Lokal befindet.

Geografische Angaben

Es ist jeweils die Entfernung vom Provinzhauptort angeführt. Für die großen Städte ist die nächstgelegene Station eines öffentlichen Verkehrsmittels angegeben.

Informationen

Ruhetage, Öffnungs- und Ferienzeiten sowie Anzahl der Plätze wurden von den Inhabern der Lokale selbst angegeben.

Preise

Die Preise ergeben sich aus den durchschnittlichen Kosten für eine Mahlzeit, bestehend aus Antipasto, Primo und Secondo, oder sie bezeichnen den Gesamtpreis für ein Degustationsmenü. Wenn sich der Betrag auf ein feststehendes Menü bezieht, wird die Bezeichnung „Tagesmenü" verwendet.

Weine sind in den angeführten Preisen nicht inbegriffen. In Ausnahmefällen beinhaltet die Preisangabe auch Hauswein (Vermerk „mit Hauswein").

⊞ Der durchschnittliche Preis für ein Menü übersteigt tendenziell 35 Euro.

Im Rahmen der Lokalbeschreibungen sind die Preise einiger Gerichte angeführt, z. B. Arrosto misto (7,50 €) …

Kreditkarten/Bankomat

American Express (AE), CartaSì (CS), Diners Club (DC), Mastercard (MC), Visa; Bankomat (BM)

Karten

Hier befindet sich mindestens ein Lokal, das in den Spezialkapiteln oder in der Kategorie „Abseits der Osterien" vorgestellt wird.

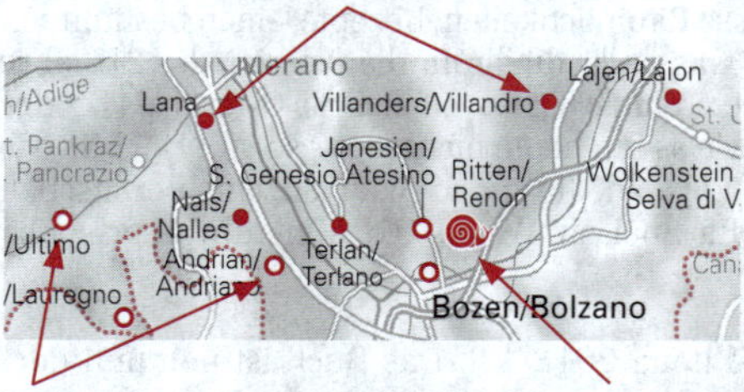

Hier befindet sich mindestens eine Osteria.

Hier befindet sich mindestens eine Osteria, die mit der Schnecke ausgezeichnet wurde.

Symbole

Ein Lokal, das in spezieller Weise gefällt, wegen der Atmosphäre, der Küche und Gastlichkeit, die der Slow-Food-Philosophie entsprechen

„Lokal mit gutem Käse": Das Sortiment stammt vorzugsweise aus der näheren Umgebung und wird dem Gast mündlich erläutert.

Lokal mit einem gut strukturierten Weinangebot, repräsentativ für das jeweilige Gebiet und zu angemessenen Preisen angeboten

Ein Geschäft, ein Handwerksbetrieb oder ein Unternehmen, in dem man lokale gastronomische Spezialitäten und Qualitätsprodukte kaufen kann

Eine Bar, ein Café, ein Ausschank oder eine Konditorei für eine angenehme Pause

Das Lokal ist auch für Menschen mit Bewegungseinschränkungen zugänglich. Die diesbezügliche Erklärung des Eigentümers erfolgt auf eigene Verantwortung und ist das Ergebnis einer Erhebung, die Slow Food für die im Buch aufgelisteten Lokale in Zusammenarbeit mit P.M. Vissani AISCRIS dis-SI di Confindustria und Bureau Veritas Italia durchgeführt hat.

Das Lokal nimmt an dem Projekt Alimentazione Fuori Casa der italienischen Zöliakie-Vereinigung teil. Die Küche bietet glutenfreie Gerichte. Vor der Reservierung sind eine Kontrolle auf www.celiachia.it und ein Anruf im Lokal zu empfehlen.

Das Lokal nimmt an dem Projekt „Alleanza tra i cuochi e i Presidi Slow Food" teil, einem Netz von 300 Restaurants und Osterien, die regelmäßig auf ihren Speisekarten die Produkte zumindest dreier Förderkreise der eigenen Region verwenden und den Namen des Erzeugers nennen. – Alle Lokale der „Alleanza" finden Sie unter www.presidislowfood.it.

Lokal mit eigenem Gemüsegarten

Lokal, in dem Sie ein vegetarisches Menü bestellen können

NEU Neueintrag im Vergleich zur Ausgabe 2014/15

Für Sie entdeckt

Die wichtigsten Gerichte der gastronomischen Tradition einer Region und die Osterien, in denen man diese probieren sollte

Abseits der Osterien

Lokale, die uns in spezieller Weise gefallen, die aber aufgrund ihrer Preisgestaltung (die Schwelle von 40 Euro wird überstiegen) und/oder ihres gehobenen Ambientes nicht die Merkmale aufweisen, um als Osterien aufgenommen zu werden

Mitarbeiter und Autoren

Verlagsleitung: Marco Bolasco
Herausgeber: Marco Bolasco, Eugenio Signoroni
Redaktionsleitung: Chiara Cauda
Redaktionsassistenz: Elisa Azzimondi, Bianca Minerdo, Grazia Novellini, Angelo Surrusca
Koordination für Slow Food Italien: Raffaele Cavallo
Regionalkoordination: Antonio Attorre (Marken), Daniela Battaglio (Aostatal, Piemont), Paolo Battimelli (Latium), Daniele Bigger e Luca Cavadini (Tessin), Massimo Di Cintio (Abruzzen, Molise), Giorgio Dri (Friaul-Julisch Venetien), Denise Eccher (Trentino), Giovanni Gagliardi (Kalabrien), Luca Galassi (Sardinien), Paolo Giolo (Venetien), Gianpiero Giordani (Emilia-Romagna), Cristina Gretter (Südtirol), Francesco Linzalone (Basilikata), Carmelo Maiorca e Francesco Pensovecchio (Sizilien), Giuseppe Mandarano e Vito Trotta (Kampanien), Mauro Masci (Umbrien), Gian Marco Mazzanti (Toskana), Diego Soracco (Ligurien), Salvatore Taronno (Apulien), Silvia Tropea Montagnosi (Lombardei)
Art Director: Fabio Cremonesi
Satz: Francesco Perona
Aostatal: Stefano Barolo, Carlo Bogliotti, Fulvio Brizio, Luigi Carbonero, Alessia Casarotti, Silvia Ceriani, Annalisa D'Onorio, Pier Ottavio Daniele, Flavio Martino, Letizia Palesi, Leo Rieser
Piemont: Piercarlo Albertazzi, Piero Arnaudo, Stefano Barolo, Maura Biancotto, Carlo Bogliotti, Dario Bragaglia, Fulvio Brizio, Luigino Bruni, Valter Cambieri, Silvia Campo, Luigi Carbonero, Paolo Celoria, Silvia Ceriani, Gabriella Chiusano, Giuseppe Clementino, Lorenzo Conterno, Pier Ottavio Daniele, Bruno Darò, Marco Del Brocco, Marco Dell'Era, Emanuele Di Caro, Alberto Farinasso, Enrico Gallese, Jonathan Gebser, Davide Ghirardi, Maurizio Gily, Luca Iaccarino, John Irving, Augusto Lana, Flavio Martino, Serena Milano, Paola Nano, Giovanni Norese, Valter Oleastro, Fabio Palladino, Marco Peirotti, Francesco Penno, Mauro Pizzato, Raffaella Ponzio, Leo Rieser, Annalisa Rossiello, Gabriele Varalda
Tessin: Daniele Bigger, Renato Carettoni, Luca Cavadini, Roberto Storni
Lombardei: Alberto Alfano, Francesco Amonti, Luca Angelini, Elisabetta Astori, Lorenzo Berlendis, Paolo Bernini, Michele Bodini, Marco Mario Brando, Paolo Camozzi, Lorenzo Colombo, Mirella D'Ettorre, Giuliana Daniele, Giovanni Fortuna, Alessio Iori, Leone Lorandi, Alessandra Mastrangelo, Alberto Mazzi, Antonio Moglia, Francesca Molteni, Teresio Nardi, Silvano Nember, Antiniska Pozzi, Biagio Primiceri, Daniela Rubino, Massimo Scarlatti, Gilberto Venturini
Trentino: Ivo Ceolan, Benedetta Dalbosco, Mario Demattè, Denise Eccher, Giampaolo Gaiarin, Walter Forrer, Silvano Mattedi, Anna Perini, Andrea Piccoli
Südtirol: Piero Bernabè, Cristina Crepaldi, Friedrich Ellmenreich, Cristina Gretter, Karin Huber, Piero Lirussi, Raoul Ragazzi, Franco Zanini
Venetien: Rodolfo Agostini, Teresio Andretta, Davide Biasco, Androne Biriukaite, Luigi Boscolo, Mariano Braggion, Gianni Breda, Matteo Breda, Marco Brogiotti, Massimo Bubbio, Massimo Capraro, Marta Chiaramonte, Paolo Chieregato, Andrea Ciprian, Fabio Alessandro Comini, Andrea Degrandis, Sanzio Folli, Paolo Giolo, Renato Grando, Marino Guiotto, Stefano Ianiro, Francesco Lazzarini, Sandra Longo, Luigi Mantovani, Erica Moret, Eliana Pasotti, Andrea Piccoli, Attilio Saggiorato, Lorenzo Savoini, Silvano Sguoto, Leopoldo Simonato, Nicola Stocco, Sara Turco
Friaul-Julisch Venetien: Lorenzo Amat, Emanuela Bardi, Luisella Bellinaso, Piero Bertossi, Livia Besek, Gianna Buongiorno, Carlo Carfagno, Eleonora Carletti, Gloria Catto, Laura Costaglione, Egidio Fedele Dall'Oste, Pier Eliseo De Luca, Laura Domenis, Alberto Fiascaris, Andrea Fracas, Paola Gasparotto, Mariagrazia Gerardi, Michele Mellano, Licia Movia, Sergio Nesich, Luca Olivi, Fabio Pogacini, Massimo Toffolo, Rosetta Toniolo, Laura Vescul, Giles Watson, Massimo Zecchin, Piero Zucchi
Ligurien: Stefano Angelini, Sandra Ansaldo, Piero Arnaudo, Paolo Baldo, Luciano Barbieri, Giampaolo Barrani, Clara Bigaretti, Davide Bini, Camilla Bixio, Livio Caprile, Ettore Casagrande, Edmondo Colliva, Laura Eliseo, Isabella Emiliani, Jacopo Fan-

ciulli, Alberto Fiorito, Pietro Garibbo, Renzo Lumachelli, Bruno Panzanato, Marco Pettinelli, Federico Rebora, Enrico Sala, Maurizio Stagnitto, Gabriella Tartarini, Luigi Tozzini, Sergio Tron, Laura Trucco, Silvano Zaccone
Emilia-Romagna: Mauro Agolini, Artemio Assiri, Corrado Astrua, Vittorio Barbieri, Giorgia Canali, Giorgia Cannarella, Gianluca Castellari, Antonio Cherchi, Roberto Ferranti, Piero Fiorentini, Sonia Galli, Fabio Giavedoni, Gianpiero Giordani, Laura Giorgi, Nico Lusoli, Stefano Maestri, Enrico Maltoni, Giuseppe Pazzoni, Simone Rosti, Davide Rovati, Pierluigi Tedeschi, Luca Toni, Fernando Tribi, Luisa Verderi, Mauro Zanarini, Guido Zanoni
Toskana: Bonaldo Agresti, Susanna Angeleri, Mauro Bagni, Emilio Bellatalla, Adolfo Bertolotti, Massimo Bibbiani, Jacopo Bindocci, Catia Bovi Campeggi, Chiara Brinchi Giusti, Emiliano Caselli, Luciano Ciarini, Carla Corsi, Fabiano Corsini, Fausto Costagli, Fabio D'Avino, Beatrice Ghelardi, Massimo Giannini, Riccardo Guardabasso, Duccio Lazzeretti, Marino Lencioni, Giovanna Licheri, Alessio Lombardini, Fabrizio Menini, Franca Mocali, Niccolò Montecchi, Marco Nardi, Filippo Giorgio Pernisco, Christian Petrucci, Daniele Proietti, Alessandro Schena, Paolo Scialla, Pier Donato Sommati, Susanna Tofanari, Andrea Tongiani
Umbrien: Rosanna Abbati, Maurizio Amoroso, Loredana Angelantoni, Cinzia Borgonovo, Marco Braganti, Sonia Chellini, Gian Paolo Ciancabilla, Federico Ciarabelli, Salvatore De Iaco, Daniele Falchi, Giovanni Maira, Mauro Masci, Monica Petronio, Gianluca Polidori, Piero Scotti, Maurizio Sparanide, Federico Varazi
Marken: Renzo Ceccacci, Carlo Cleri, Alessia Consorti, Stefano Consorti, Domenica Contartese, Franco Frezzotti, Ugo Pazzi, Diego Pugliè, Francesco Quercetti, Maurizio Silvestri
Latium: Ugo Bonomolo, Andrea Cortese, Fabio Fusina, Tommaso Iacoacci, Sandra Ianni, Ines Innocentini, Edoardo Isnenghi, Paolo Luxardo, Monica Mastino, Danilo Mastracco, Patrizio Mastrocola, Paolo Mazzola, Roberto Muzi, Maria Carla Pernarella, Andrea Petrini, Lelio Pugliese, Alessandro Ragni, Francesca Rocchi, Paola Rocchi Soffici, Giancarlo Rolandi, Matteo Rugghia, Andrea Russo, Ivano Sallusti, Marco Schiavello
Abruzzen: Davide Acerra, Giovanni Angelucci, Anna Berghella, Paolo Castignani, Pierluigi Cocchini, Eliodoro D'Orazio, Franco Gizzi, Francesca Piccioli
Molise: Pierluigi Cocchini, Eliodoro D'Orazio, Fabio Riccio
Apulien: Carmela Angiulli, Adriano Anglani, Francesco Biasi, Nicola De Corato, Angelo Iaia, Cataldo Latorre, Marcello Longo, Domenico Maraglino, Francesco Muci, Stefania Pampolini, Salvatore Pulimeno, Alessandro Rizzo, Flora Saponari, Salvatore Taronno
Kampanien: Michele Amoruso, Nerio Baratta, Giancarlo Capacchione, Mariangela Capodiferro, Pasquale Caputo, Marco Contursi, Antonino Corcione, Edoardo De Tilla, Giorgio Del Grosso, Germano Faella, Tonino Ferrante, Pino Mandarano, Roberto Musio, Maria Elena Napodano, Gianluca Napolitano, Assunta Niglio, Antonio Pasqua, Antonio Puzzi, Valerio Reale, Valerio Salvatore, Sabatino Santacroce, Mario Stingone
Basilikata: Emilia Cascella, Paride Leone, Francesco Martino, Mario Melucci, Pasquale Santospirito
Kalabrien: Cesare Anselmi, Cesare Anselmi, Alberto Carpino, Michelangelo D'Ambrosio, Antonio D'Antonio, Giovanni Gagliardi, Marisa Gigliotti, Pino Giordano, Roberto Matrangolo, Gianbruno Meduri, Luigi Monaco, Domenico Mondella, Antonello Rispoli, Maurizio Rodighiero, Vincenzina Scalzo, Angela Sposato, Mirko Vespertini
Sizilien: Nino Bentivegna, Alfredo Bordone, Massimo Brucato, Marina Carrera, Damiano Chiaramonte, Daniela Corso, Giovanni Cucchiara, Annamaria Grasso, Giovanni Guarneri, Rosario Gugliotta, Mario Indovina, Marta Lo Sicco, Stefania Mancini Alaimo, Salvo Paolo Mangiapane, Francesco Pensovecchio, Giuseppe Raineri, Franco Saccà, Pasquale Tornatore, Maurizio Zingale, Sabina Zuccaro
Sardinien: Renato Graziano Brotzu, Sara Contu, Anna Cossu, Fabrizia Fiori, Maria Eugenia Laria, Raimondo Mandis, Carla Marcis

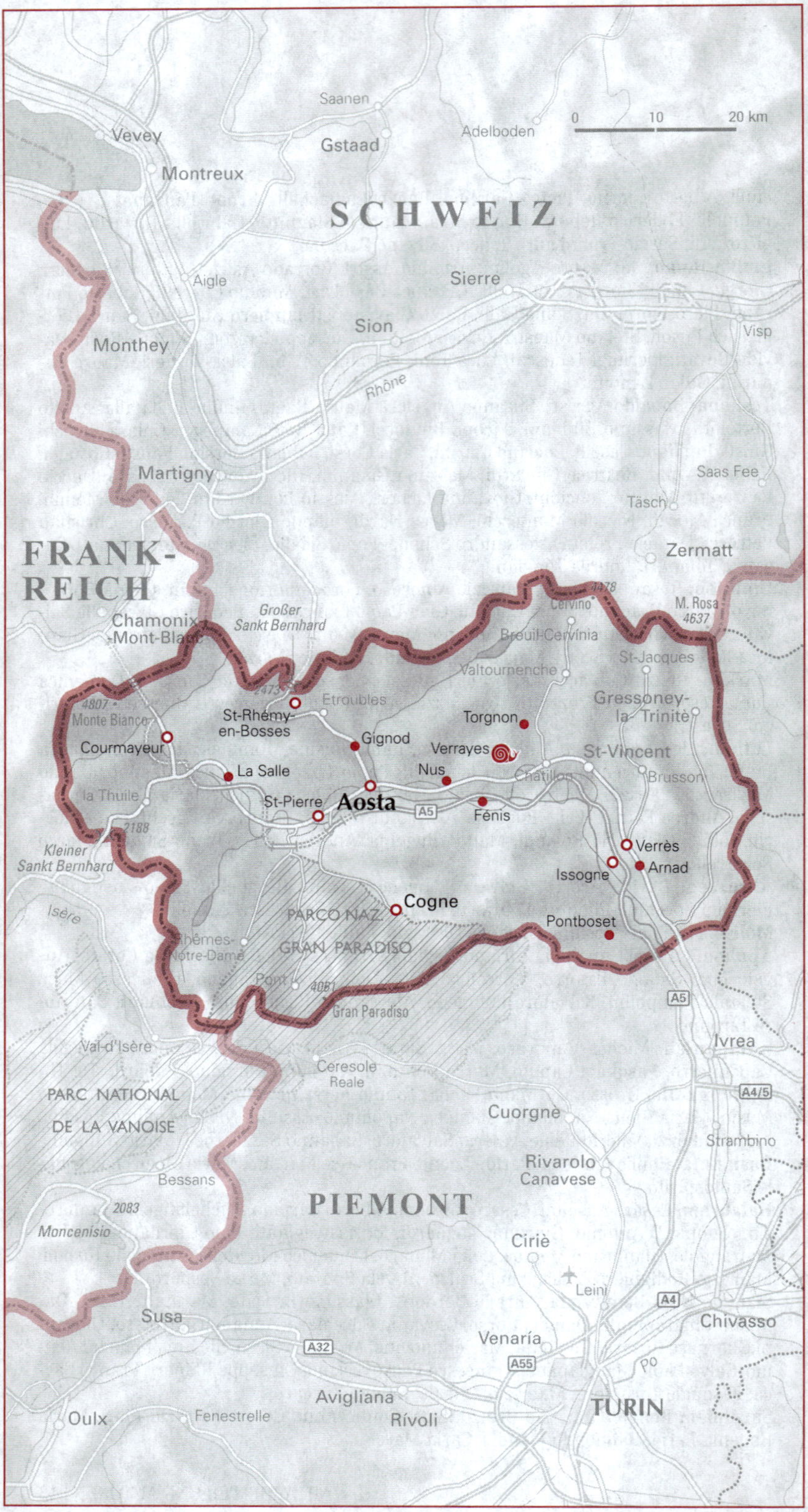

Saanen
Gstaad
Adelboden
0 10 20 km
Vevey
Montreux
SCHWEIZ
Aigle
Sierre
Sion
Visp
Monthey
Rhône
Martigny
Saas Fee
Täsch
Zermatt
FRANK-REICH
Großer Sankt Bernhard
Chamonix -Mont-Blanc
4478 Cervino
M. Rosa 4637
Breuil-Cervínia
Valtournenche
St-Jacques
Gressoney-la-Trinité
2473
Etroubles
4807 Monte Bianco
St-Rhémy-en-Bosses
Torgnon
Gignod
Courmayeur
Verrayes
St-Vincent
La Salle
Nus
Châtillon
Brusson
la Thuile
St-Pierre
Aosta
A5
Fénis
2188
Kleiner Sankt Bernhard
Verrès
Arnad
Issogne
Isère
Cogne
PARCO NAZ. GRAN PARADISO
Pontboset
Rhêmes-Notre-Dame
Pont
4061 Gran Paradiso
A5
Ivrea
Val-d'Isère
Ceresole Reale
A4/5
PARC NATIONAL DE LA VANOISE
Cuorgnè
Strambino
Rivarolo Canavese
Bessans
PIEMONT
2083
Moncenisio
Ciriè
Leinì
A4
Susa
Chivasso
A32
Venaría
A55
Po
Avigliana
TURIN
Oulx
Fenestrelle
Rívoli

AOSTATAL

Auch wenn die Vallée erst vor relativ kurzer Zeit von der Polenta erobert wurde (bis in die Mitte des 19. Jahrhunderts baute man nördlich der Festung von Bard keinen Mais an), ist der Region das Verdienst zuzuschreiben, den Maisbrei par excellence gewissermaßen neu erfunden zu haben. Man hat ihn – in der beliebten Version „concia" – mit den fantastischen Käsesorten angereichert. Diese Formaggi bilden wie die ebenso berühmten Salumi der Region die Grundlagen für Gerichte, die streng genommen nicht als traditionell anzusehen sind, da sie auf den Fremdenverkehrsboom der 1960er-Jahre zurückgehen. Dennoch sind sie aus den Speisekarten von Lokalen jeglicher Prägung nicht mehr wegzudenken.
Ein Kalbskotelett (mit Knochen, der in nachlässigeren Varianten mitunter fehlt) gefüllt mit einer Scheibe Fontina-Käse, paniert und in Butter gebacken, ergibt die Scaloppa alla valdostana. Ebenfalls Fontina bildet (kombiniert mit Kochschinken) sowohl die Füllung als auch (geschmolzen) die Sauce für Crêpes oder Crespelle: Diese Pfannkuchen sind hier weniger eine Anleihe aus dem benachbarten Frankreich als vielmehr eine einfache und schmackhafte Art, regionale Produkte aufzuwerten.
Ebendieses Ziel, den Ruf der Aostataler Küche anzuheben, wird seit Jahrzehnten von den Akteuren der Branche verfolgt. Indem sie die Polenta concia um ein paar Jahrhunderte rückdatierten und Rezepte noch viel jüngerer Zeit mit dem Prädikat „valdostano" (aus dem Aostatal) versahen, ist es ihnen gelungen, ein vielleicht stereotypes, aber universell erkennbares und sehr anschauliches kulinarisches Klischee durchzusetzen. Zu verdanken ist dies einem Zusammenspiel, das nach wie vor seine Nachahmer hat, auch auf Ebene einzelner Orte. Ein respektables Beispiel hierfür ist Cogne, wo jeder clevere Gastronom lokale Spezialitäten serviert und die im Urtier-Bach gefischte Forelle – Trota di Lillaz – in unterschiedlichen Varianten anbietet.

Für Sie entdeckt

Crêpes (crespelle)

17 Lou Ressignon
Cogne

22 La Vrille
Verrayes

Scaloppa

16 Praetoria
Aosta

18 Baita Ermitage
Courmayeur

20 Al Maniero
Issogne

Trota alle erbe o con le mandorle

16 La Brasserie du Bon Bec
Cogne

17 Les Pertzes
Cogne

18 Lou Tchappé
Cogne

AOSTA

Praetoria

Restaurant
Via Sant'Anselmo, 9
Tel. (+39) 01 65 / 443 56
Ruhetag: Dienstagabend, Mittwoch
Ferien: unterschiedlich
120 Plätze
Preise: 32–35 €
Kreditkarten: AE, CS, MC, Visa; BM
Mittags und abends geöffnet

Wir sind in dem für seinen Jahrmarkt bekannten Stadtteil Sant'Orso, nicht weit vom östlichen Stadttor aus der Römerzeit. Vor 25 Jahren übernahmen Ruggero Rigoni und seine Mutter Fernanda. Molino dieses historische Lokal, das sich heute als klassisches Gasthaus mit schmuckem Ambiente (viele Elemente wurden bei der letzten Renovierung neu inszeniert) und gepflegtem Angebot an Speis und Trank präsentiert. Zu Tisch gebeten werden Sie in gemütlichen Stuben, von denen sich drei im Erdgeschoss und zwei im Souterrain mit Steingewölben befinden. Für den Beginn empfiehlt Fausto Murru typische Aostataler Salumi (Lardo, Rohschinken, Mocetta, 11 €), Vitello tonnato, Terrina di formaggi mit Früchtesenf oder Gemüseflan mit Fonduta. Es folgen vorzügliche **Agnolotti**, Pappardelle Praetoria (mit Salsiccia), **Risotto alla fonduta** (10 €), **Crespelle**, ***Seupa vapellenentse***. Von den Secondi empfehlen wir ***Carbonade*** **mit Polenta**, Fagottino impanato (andernorts **Scaloppa alla valdostana** genannt), **Trippa in umido** (Kutteln, 11 €). Probieren Sie aber auch die würzige Salsiccetta oder lassen Sie ein wenig Platz für die feine Selektion an Käse aus der Region. Freitags wird mit Baccalà ein begrüßenswerter Exkurs geboten. An hausgemachten Dolci gibt es Panna cotta, Bavarese mit Waldbeeren, **Crema di Cogne** mit Tegole-Keksen (6 €). Die umfangreiche Weinkarte deckt ganz Italien ab, hat ihren Fokus jedoch auf einigen lokalen Etiketten von kleinen Produzenten, die Sie auch glasweise bestellen können.

Käse und Milchprodukte führen die Bottega degli Antichi Sapori, Via Porta Pretoria 63, und L'Erbavoglio, Via De Sales 14. Gute Salumi gibt es im La Vallée, Via Sant'Anselmo 76. Café Librairie, Piazza Roncas: Kulinarisches und Literarisches.

COGNE

27 KM SÜDLICH VON AOSTA, S.R. 47

La Brasserie du Bon Bec

Moderne Osteria
Rue Bourgeois, 72
Tel. (+39) 01 65 / 74 92 88
Ruhetag: Montag, außer im Juli, August und zu Weihnachten • Ferien: unterschiedlich
47 Plätze • Preise: 25–30 €
Kreditkarten: AE, CS, MC, Visa; BM
Mittags und abends geöffnet

Viel Holz, an den Wänden Bilder und Fotos, überall Gegenstände und Werkzeuge des Arbeitsalltags in den Bergen, Kellnerinnen in Tracht. Ein Zuviel an Folklore? Keineswegs. Denn alles an dieser „neuen Osteria", die vor gut 20 Jahren als informelle Alternative zum Restaurant des nahe gelegenen Hotels Bellevue entstand, zeugt von gutem Geschmack. Das Ambiente ist urig, der Service flott, das gastronomische Angebot flexibel und auf die Bedürfnisse der Wanderer und Skifahrer abgestimmt, bei denen gesellige Gerichte wie ***Braserade*** (Wurst, Reblochon-Käse, Kartoffeln, direkt bei Tisch gebackene Crêpes) oder ***Pierrade*** (Fleisch und Gemüse, gegrillt auf der Losa, ebenfalls bei Tisch), Fondue chinoise oder bourguignonne sowie piemontesische Bagna caoda beliebt sind. Eine Mahlzeit für sich ist auch die *Assiette valdôtaine* (Fleischspezialitäten, Esskastanien, Butter), die neben geräucherter Forelle aus dem Urtier-Bach und Lumache Bon Bec (Schnecken, nur in der Saison) als Vorspeise angeboten wird. An Primi (8 €) gibt es neben allerlei Suppen die hiesige Spezialität **Favò** (Pasta mit Dicken Bohnen), Tagliolini und **Crespelle** mit verschiedenen Saucen und Füllungen. Es folgen **Scaloppa alla valdostana** (15 €), ***Frecacha*** (Rindfleisch-Kartoffel-Rösti), panierte Costolette vom Lamm, Forelle aus dem Urtier-Bach als **Trota gratinata alle erbe**. Umfangreich und gepflegt die Auswahl an **Käse**, als Dessert ein Stück Kuchen, **Fonduta di cioccolato** oder **Crema di Cogne** mit Tegole-Keksen (5 €). Weinkarte mit qualitätvollen Etiketten nicht nur aus dem Aostatal, wechselweise auch im offenen Ausschank.

Feinen Käse, etwa Fontina, Toma oder Caprino, aber auch Mocetta führt die Latteria von Dante Morzenti (Via Cavagnet 38).

27 KM SÜDLICH VON AOSTA, S.R. 47

Les Pertzes

Brasserie-Enoteca
Via Grappein, 93
Tel. (+39) 01 65 / 74 92 27
Ruhetag: Dienstag, Mittwoch, außer im Sommer
Ferien: unterschiedlich
50 Plätze + 20 Plätze im Freien
Preise: 30–35 €
Kreditkarten: CS, DC, MC, Visa; BM
Mittags und abends geöffnet

In einer der zentralen Straßen des Ortes führen Emanuele Comiotto und Luisella Biolcati seit über 20 Jahren dieses hübsche Lokal – ein typisches Chalet mit Decken, Wänden, Tischen und Bänken aus Holz. Die auch für Imbisse geeignete Einkehr bietet zu den Hauptmahlzeiten vom Hausherrn mit lokalen und saisonalen Zutaten gestaltete Gerichte der regionalen Tradition, die selbstverständlich nahe gelegene Gebiete des Piemonts und Frankreichs einschließt. Als Vorspeise wird Ihnen die freundliche Luisella allerlei Salumi, Carpaccio di vitello, Gemüse mit *Bagna caoda*, Flans und Küchlein (köstlich der **Tortino di patate e porri con fonduta**, 8 €) oder Schnecken à la bourguignonne empfehlen. Bemerkenswert die Primi, sowohl die Teigwaren als auch die Suppen: **Gnocchi** in den Spielarten **con seirass** (Ricotta), mit Toma aus Gressoney oder Ragout (auch vom Wild), **Ravioli alle erbe** (9 €), Tagliolini mit Steinpilzen, Fonduta alla valdostana, ***Seupetta cogneintze*** (Reisgericht mit Brot und Fontina), gratinierte Zwiebelsuppe, ***Seupa vapellentse***. Mit Ausnahme der Forelle aus Lillaz, dargeboten als **Trota salmonata al profumo di dragoncello** (Estragon), und den vegetarischen Empfehlungen sind die Secondi Fleischgerichte: ***Carbonade* mit Polenta** (12 €), in Rotwein geschmorte **Guancetta di vitello** (Kalbsbacke), **Costolette di agnello** (Lammkoteletts) auf provenzalische Art, reichlich bemessene Grillteller. Ebenso groß wie gepflegt die Selektion an **Käse** aus Kuh- und Ziegenmilch nicht nur aus dem Aostatal, hausgemachte Desserts, u. a. obligate Crema di Cogne mit Tegole-Keksen (5 €). In der Weinkarte spiegelt sich ein mit Hunderten namhafter Etiketten unterschiedlichster Provenienz gut bestückter Keller wider; große Auswahl besteht auch bei Bier und Hochprozentigem. Eigenes Kindermenü (drei Gänge plus Eis) für 18 €.

COGNE

27 KM SÜDLICH VON AOSTA, S.R. 47

Lou Ressignon

Restaurant mit Übernachtungsmöglichkeit
Rue des Mines, 22
Tel. (+39) 01 65 / 740 34
Ruhetag: Montagabend, Dienstag
Ferien: ersten 3 Juniwochen, November
75 Plätze
Preise: 28–33 €
Kreditkarten: CS, MC, Visa; BM
Mittags und abends geöffnet

An einer Adresse, die an die Bergbauvergangenheit von Cogne erinnert, beherbergt ein solides Haus in alpenländischem Stil das Lou Ressignon, das vor fast einem halben Jahrhundert als Unterhaltungslokal für den späteren Abend entstand und bald zu einem über die Grenzen der Region hinaus für qualitätvolle Küche und herzliche Gastlichkeit bekannten Restaurant (heute auch Locanda mit fünf schönen Zimmern) avancierte. Die Gerichte entsprechen der Aostataler Tradition, die hier mehr als anderswo von piemontesischen Einflüssen geprägt ist. Zum Auftakt überzeugen neben der *Assiette* (kalten Platte) mit Käse und Wurst das frühlingshafte Carpaccio mit *Sarzet* (Feldsalat), Grana-Käse und in Öl eingelegten Steinpilzen, das Fleisch à la Gressoney (mit *Bagna caoda*, 9 €), die Insalata mit Apfelessig, Motzetta, Caprino und Roggenbrot. Von den Primi erwähnt seien die ***Seupetta cogneintze*** (Risotto mit Brotcroutons und Fontina, 10 €), die klassische ***Vapellenentse*** (9 €), die Buchweizen**crêpes** gefüllt mit Fontina und geräuchertem Kochschinken, die Tagliatelle della casa mit Gemüse und Rohschinken, die Gnocchetti aus Kartoffeln und Roter Bete mit Bleu d'Aoste. Als Hauptgang oder Tellergericht ***Carbonade* mit Polenta** (14 €), **Sella di agnello** (Lammrücken) in der Brotkruste mit Rotweinsauce, Fleisch und Gemüse oder **Salmerino** (Saibling) aus Lillaz **vom Grill**, **Fondue** (Fonduta valdostana, bourguignonne, chinoise). An Süßem locken Crema di Cogne (5 €), Île flottante, Tarte Tatin, im Sommer Waldbeeren mit Eis. Sehr gute Weine (auch Halbflaschen und glasweise) aus dem Aostatal und dem übrigen Italien.

La Cave de Cogne, Rue Bourgeois 50: gutes Sortiment an Wein und Spirituosen aus dem Aostatal und ganz Italien.

COGNE
Lillaz

30 KM SÜDLICH VON AOSTA, S.R. 47

Lou Tchappé

Restaurant
Ortsteil Lillaz, 126
Tel. (+39) 01 65 / 743 79
Ruhetag: Montag, außer im Juli und August
Ferien: Mai, November
45 Plätze + 20 Plätze im Freien
Preise: 30–35 €
Kreditkarten: AE, CS, MC, Visa; BM
Mittags und abends geöffnet

Von außen ist es ein klassisches Chalet, doch im Inneren hat es dank heller Holzmöbel und bunter Stoffe nichts von der düsteren Strenge anderer Berggasthäuser. Die Fenster bieten einen Panoramablick auf den Gran Paradiso, den man an wärmeren Tagen, wenn die Tische auf der Wiese gedeckt werden, noch besser genießen kann. In einem Dorf ein paar Kilometer vom Hauptort der Gemeinde entfernt gelegen, gilt das Restaurant der Familie Artini als bewährte Adresse für Aostataler Küche. Wer von einer Wanderung kommt, die den Appetit angeregt hat, ist mit dem Antipasto misto (12 €) gut beraten. Dieser beinhaltet Fleischspezialitäten (Motzetta, Lardo d'Arnad, Jambon de Bosses), Käse (berühmt ist der Ziegenkäse mit Wacholder), Paté, Gemüseküchlein, manchmal auch Schnecken à la bourguignonne. Unter den Primi sind neben den Malfatti du Tchappé (Nudelflecken mit geräuchertem Speck und ein klein wenig Tomaten) und einem traditionellen Suppengericht mitunter **Crespelle alla valdostana** (8,50 €), Kartoffel- oder Brotgnocchi, im Herbst auch Gnocchi di castagne, ***Seupetta cogneintze*** (Risotto mit Fontina) und in der Pilzsaison Orzetto ai porcini zu entdecken. Ein herzhaftes Hauptgericht ist die ***Soça*** nach einem alten hiesigen Hausfrauenrezept mit Fleisch, Kohl, Kartoffeln und Fontina. Alternativ dazu gibt es Fonduta, ***Carbonade*** **mit Polenta** (13 €), Lamm in Form von **Agnello arrosto**, **Scaloppa alla valdostana**, einheimische Forelle – **Trota** di Lillaz – vom Grill oder **mit Mandeln**, Petto d'anatra al forno (Entenbrust) mit Äpfeln, in der Wildsaison **Selvaggina**, häufig **al** ***civet*** zubereitet. Lassen Sie noch etwas Platz für **Crema di Cogne** mit Tegole-Keksen (5 €) oder hausgemachte Eiscreme. Gute Weinauswahl mit den besten Aostataler Erzeugnissen und einigen Empfehlungen aus anderen Regionen.

COURMAYEUR
Ermitage

40 KM NORDWESTLICH VON AOSTA, S.S. 26 D

Baita Ermitage

Restaurant
Ortsteil Ermitage
Tel. (+39) 01 65 / 84 43 51
Ruhetag: Mittwoch, außer im Juli und August
Ferien: Juni, November
50 Plätze + 30 Plätze im Freien
Preise: 30–32 €
Kreditkarten: CS, MC, Visa; BM
Mittags und abends geöffnet

Zum guten Ruf dieses Restaurants auf knapp 1.500 Metern Seehöhe tragen sicherlich die Lage (es ist trotz seiner Abgeschiedenheit mit dem Auto von Villair über Plan-Gorret gut erreichbar) und der spektakuläre Blick auf die Gletscher des Montblanc bei. Die Küche hat das Zeug, um mit der Landschaft zu konkurrieren, sie bietet mit hochwertigen Zutaten sorgfältig gemachte Gerichte der Tradition. Das Gemüse stammt aus dem Hausgarten, den Rest beziehen Piero Savoye und Salvatore Degas von kleinen Produzenten und Handwerkern der Region. In einer der beiden Stuben (es gibt auch ein Séparée mit nur einem Tisch, gegen Reservierung) oder bei passendem Wetter auf der Terrasse können Sie mit erstklassigem Aufschnitt (Salame crudo, Mocetta, Lardo d'Arnad), Entenpastete auf geröstetem Schwarzbrot, **Vol-au-Vent mit Fonduta und Lauch** (9 €), **Involtini di prosciutto con ripieno di fonduta** (warme Schinkenröllchen mit Käsefüllung), **Tomini al verde** oder einem frischen Salat beginnen. Die Spezialität unter den Primi (10 €) ist die **Zuppa** dell'Eremita (**Schwarzbrot, Spinat, Fontina**), doch häufig findet man auch mit Ricotta und Spinat gefüllten Rotolo di pasta und **Crêpes alla valdostana** vor. Es folgt, wie könnte es anders sein, **Polenta**: in der Variante **concia** oder **mit** ***Carbonade*** (13 €), zu Würstchen, Kaninchen, mitunter auch zu Hirsch oder Reh. Erwägenswert sind ferner die **Scaloppa alla valdostana** (13 €) und die Lumache alla parigina (Schnecken Pariser Art). Im Herbst gibt es Funghi porcini (Steinpilze) roh als Salat oder in Panade und frittiert. Schöne Auswahl an Toma- und Fontina-Käse, exquisite Desserts: Torta di mele (6 €), Tiramisu, im Sommer Beeren mit Eiscreme oder in Grappa eingelegt. Die Weinkarte enthält gute Etiketten aus dem Aostatal und dem Piemont.

Agriturismo im Aostatal

ARNAD

Lo Dzerby

Ortsteil Machaby, Pied de Ville, 13
Tel. (+39) 01 25 / 96 60 67,
(+39) 329 / 224 05 73
70 Plätze
Geöffnet Mai–Juli und September/Oktober Samstag, Sonntag, Feiertage; August Dienstag–Sonntag; jeweils 12.30–19 Uhr

Ein kurzer Spaziergang führt uns zu diesem Agriturismo (ohne Übernachtungsmöglichkeit), der mittags ein Menü für 16 € bestehend aus Aufschnitt, Esskastanien mit Butter, Cotechino mit Kartoffeln und Salignon, einer Suppe, Polenta grassa oder Polenta mit Kaninchen, Käse von Sennern aus Gegend, Dessert, Kaffee und Grappa anbietet. Nachmittags gibt es Imbisse für 10 €.

FÉNIS

Le Bonheur

Ortsteil Chez Croiset, 53 A
Tel. (+39) 01 65 / 76 41 17
65 Plätze
Ganzjährig 12.30–16.30, 19.30–23.30 Uhr geöffnet

Gaststätte, Unterkunft, Reittourismus und Schaubauernhof bilden das Angebot des Betriebs von Luigina Voyat. Gegen Vorbestellung kann man mittags oder abends nicht nur Wurstwaren und Käse, sondern auch pikante Kuchen, Crêpes nach Aostataler Art, Kartoffel- oder Gemüsegnocchi, Polenta und Spezzatino, *Carbonade*, Capretto arrosto (gebratenes Ziegenkitz) genießen. Eine vollständige Mahlzeit kostet etwa 30 €, ein Imbiss 10 bis 15 €.

LA SALLE

Le Cadran Solaire

Ortsteil Challancin, 38
Tel. (+39) 01 65 / 86 39 35
32 Plätze
August–Oktober, Dezember–Juni Dienstag–Sonntag 12.30–13.30, 20–21 Uhr gegen Vorbestellung geöffnet

Der auf über 1.600 Metern Seehöhe gelegene Agriturismo von Eliana Pascal bietet lediglich Verköstigung an, und das ausschließlich zu den Essenszeiten (keine Imbisse). Im reichhaltigen Menü (25 bis 30 €) überwiegt Fleisch von Tieren aus eigener Haltung. Vorzüglich die *Carbonade* und das Brathähnchen (Gallina arrosto), nicht minder köstlich die Gnocchi, Risotti und Gemüsesuppen.

NUS

Maison Rosset

Via Risorgimento, 39
Tel. (+39) 01 65 / 76 71 76
Ruhetag: Montag
Ferien: 3 Wochen im Januar
60 Plätze
Abends gegen Vorbestellung geöffnet, Sonntag (und im Sommer Samstag) auch mittags

Die historische Maison Rosset heißt ihre Gäste in einem stilvollen und gepflegten Ambiente willkommen. Ein halbes Dutzend Vorspeisen, Polenta (im Kamin gekocht) mit Fonduta, Gnocchi oder Ravioli, Gemüsecremes, Wacholderfleisch und Eiscreme ergeben ein lukullisches Menü, das Sie inklusive Wasser, Wein, Kaffee, Grappa und Verdauungstee nicht mehr als 30 € kosten wird. An der Rückseite des Hauses gibt es fünf Zimmer zum Übernachten.

PONTBOSET

Le Moulin des Aravis

Ortsteil Savin, 55
Tel. (+39) 01 25 / 80 98 31,
(+39) 329 / 801 31 84
50 Plätze
Ganzjährig gegen Vorbestellung 13–14, 20.30–21.30 Uhr geöffnet

Im abgeschiedenen Champorcher-Tal haben Mauro und Piera Gontier ein Sägewerk aus dem 17. Jahrhundert mit einer vom Wasser des Ayasse-Bachs betriebenen Mühle restauriert. Das Standardmenü (25 bis 30 €) umfasst Esskastanien mit Butter, Salignon, süßsauer eingemachtes Gemüse, Cotechino zu glasiertem Kohl mit Äpfeln, Minestra di castagne (Esskastaniensuppe) oder Risotto mit Pilzen und Heidelbeeren, Spezzatino mit Polenta, Coniglio alla lavanda (Kaninchen mit Lavendel), Waldbeertorte oder Mürbeteigkuchen mit hausgemachter Konfitüre. Für Übernachtungsgäste gibt es vier Zimmer.

SAINT-PIERRE

Les Écureuils

Ortsteil Homené Dessus, 8 D
Tel. (+39) 01 65 / 90 38 31
Ferien: Dezember
20 Plätze
Freitag-, Samstagabend und an Feiertagen mittags geöffnet (Öffnungszeiten 13–20 Uhr)

Ziegen, Gänse, Hühner und anderes Kleinvieh begrüßen zusammen mit den Besitzern den Gast auf dem Hof Les Écureuils auf über 1.500 Metern Höhe. Bei Tisch stimmen himmlisch guter Ziegenkäse sowie feinste Pasteten und Schinken von der Gans ein auf die von Glory Gontier zubereiteten Gerichte: Lauchgratin, Esskastanien- oder Käse-gnocchi, Kohl- oder Brennnesselsuppe, gemischtes Siedefleisch, Ziegenkitz aus dem Ofen, *Carbonade* auf Ziegenfleischbasis, Apfelkuchen, Dolce di ricotta oder frischer Caprino mit Honig und Walnüssen. Eine Mahlzeit kostet 15 bis 25 €, für Imbisse zahlt man 8 bis 15 €. Unterkunft in fünf Gästezimmern.

TORGNON

Boule de Neige

Ortsteil Mazod, 11
Tel. (+39) 01 66 / 54 06 17
Ferien: Mitte Juni/Mitte Juli
30 Plätze
Restaurant nur für Übernachtungsgäste geöffnet, abends und Sonntagmittag gegen Vorbestellung auch für andere Gäste (Öffnungszeiten 12.30–13.30, 20–21 Uhr)

Der Hof der Familie Perrin ist ein vielseitiger landwirtschaftlicher Betrieb, und so stammen die von Signora Elsa in der Küche verwendeten Grundprodukte zu 90 Prozent aus eigener Erzeugung. Für 25 bis 30 € genießt man erstklassige Wurstwaren und Käsesorten, Giardiniera (eingelegtes Mischgemüse), Frittelle, *Vapellenentse*, Gemüsecremesuppen, Crêpes, Kräuter-Ricotta-Gnocchi, Polenta concia, *Carbonade*, Coniglio al forno (im Ofen gebratenes Kaninchen), Arrosto ripieno (gefüllter Braten). Übernachten kann man nicht nur im Haupthaus, sondern auch in dem nicht weit entfernten modernen Gebäude aus Holz namens Le Soleil Levant.

ISSOGNE

40 km sö. v. Aosta, S.S. 26 od. A 5, Ausf. Verrès

Al Maniero

Restaurant mit Übernachtungsmöglichkeit
Ortsteil Pied de Ville, 58
Tel. (+39) 01 25 / 92 92 19
Ruhetag: Montag, außer im August
Ferien: 15.–30. Juni
50 Plätze + 30 Plätze im Freien
Preise: 27–35 €
Kreditkarten: CS, DC, MC, Visa; BM
Mittags und abends geöffnet

Nicht weit von der Burg der Challant entfernt führen Emanuela und Giovanni Paladini und ihr Sohn Mattia mit Leidenschaft und Sorgfalt das Maniero, eine bei Kennern, die ein gutes Preis-Leistungs-Verhältnis zu schätzen wissen, etablierte Adresse. Das Ambiente (mit Sommerterrasse) ist gediegen und gemütlich, der Service schnell und zuvorkommend, die Küche traditionell und charakteristisch für diese Bergregion. Sowohl die Karte als auch das erschwingliche Degustationsmenü (für mindestens zwei Personen, 22 €) beginnen mit ausgesuchten typischen Salumi (Lardo d'Arnad, Mocetta, Prosciutto di Saint-Marcel, Jambon de Bosses). Andere Vorspeisen werden im Sommer mit Gemüse aus dem Hausgarten zubereitet: Flan, Strudel mit Fonduta (9 €), Paprikaschoten mit *Bagna caoda* (8 €). Die Polenta ist – wie zu erwarten – der gemeinsame Nenner von Primi, Secondi und Tellergerichten: **Polenta concia**, ***Carbonade* con polenta**, Polenta con fonduta, in der Pilzsaison Polenta con i funghi. Weitere mögliche Primi sind Gnocchi con la fonduta, **Tortelli di salignon** (eine würzige Ricotta) oder ***Seupa vapellenentse***, während unter den Secondi **Agnello alle erbe** (Lamm mit Kräutern, 12 €), der Klassiker **Scaloppa alla valdostana** oder heißer Carpaccio al forno zu entdecken sind. Für Käsefreunde gibt es Toma, Fontina von der Alm und Tomini aus Ziegenmilch in einzelnen Portionen oder als gemischter Teller. Und für den süßen Schluss kann man sich für köstliche Zabaione auf Weißweinbasis (7 €), ***Piata* di Issogne mit heißer Schokolade** (5 €) oder Apfelbaisertorte entscheiden. Schöne Weinkarte mit einer guten Auswahl an Etiketten aus dem Aostatal und ganz Italien. Für Übernachtungsgäste gibt es sechs komfortable Zimmer.

SAINT-PIERRE
Vetan

21 KM WESTLICH VON AOSTA, S.S. 26

Vetan

Bar-Trattoria mit Übernachtungsmöglichkeit
Ortsteil Vetan Dessous, 77
Tel. (+39) 01 65 / 90 88 30
Ferien: unterschiedlich • 50 Plätze + 30 Plätze im Freien • Preise: 28 € (Tagesmenü)
Kreditkarten: CS, DC, MC, Visa; BM
Freitag–Sonntag mittags und abends geöffnet, Juli/August und Weihnachten–Dreikönig täglich

Der etwa fünf Kilometer vom Zentrum von Saint-Pierre entfernte Ortsteil Vetan zeichnet sich durch den herrlichen Blick auf die Grivola, schöne Langlaufloipen und die Osteria der Familie Montrosset aus. Nachdem Sie über eine kurvenreiche Straße auf 1.700 Meter Höhe gelangt sind, werden Sie in einer typischen Berghütte von den freundlichen Damen Elida und Antonella (Mutter und Tochter) begrüßt, die beide leidenschaftliche Interpretinnen der Aostataler Küche sind. Im rustikalen Speisesaal, wo eine ganze Wand mit alten Familienfotos tapeziert ist, oder bei passendem Wetter auf der Terrasse erwartet Sie ein (vorgegebenes) Menü mit einfachen, geschickt zubereiteten traditionellen Gerichten auf Basis von Zutaten aus der Region, darunter einige (vor allem Obst und Gemüse) aus eigener Erzeugung. Man beginnt mit verschiedenen Antipasti: Salumi begleitet von Esskastanien in Butter, Insalata di mele, noci e sedano (Apfel-Sellerie-Salat mit Nüssen), Saisongemüse in Form von Torta di verdure, Ricotta mit feinen Kräutern. Der nächste Gang ist fast immer eine Suppe – ***Vapellenentse***, Pasta e fagioli, Minestrone –, es könnte aber auch ein Reisgericht wie **Riso con verdure e fontina** sein. Es folgt obligate **Polenta** in der Version **concia** oder **mit *Carbonade*, mit Salsiccia** oder **mit Ratatouille**. Wer ein paar Tage im Vorhinein Coniglio al forno bestellt, kommt in den Genuss von einheimischem Kaninchen, das im Ofen mit Bier gebraten wird. Als Dessert gibt es Schokopudding, Apfelkuchen oder Früchtecreme. Der Hauswein ist im Menüpreis inbegriffen, doch im Regal am Eingang ist eine probate kleine Selektion an Flaschenweinen ausgestellt. Um Reservierung wird gebeten. Für Übernachtungsgäste gibt es sechs Zimmer im angrenzenden Abri de Vetan, das ebenfalls von Familie Montrosset geführt wird.

SAINT-RHÉMY-EN-BOSSES
Bourg

22 KM NW. V. AOSTA, 13 KM V. GR. ST. BERNHARD, S.S. 27

Suisse

Hotelrestaurant
Via Roma, 26
Tel. (+39) 01 65 / 78 09 06
Kein Ruhetag
Ferien: zeitweise im Frühling und Herbst
45 Plätze
Preise: 35–40 €
Alle Kreditkarten; BM
Freitag–Sonntag mittags und abends geöffnet, im Sommer täglich

Wer im Tal des Großen Sankt Bernhard auf der Durchreise ist und sich für eine Stärkung zwischendurch nichts anderes als Mocetta und Fontina erwartet, wird von der Gastlichkeit des Suisse im alten Dorf Saint-Rhémy überrascht sein. Die junge Laura, die das schöne historische Gebäude managt, bietet ein Menü, das scheinbar wenig Aostatalerisches an sich hat: keine Spur von Polenta! Doch in den Zutaten der Gerichte ist die Regionalität schnell wieder gefunden, angefangen von der *Assiette* (12 €) mit Wurstwaren und Käse, Kastanienhonig und Fruchtkompott oder dem karamellisierten Caprino su misticanza di montagna. Unter den Primi (alle Teigwaren sind hausgemacht) sind die **Tagliolini al ragù di cervo** (12 €) die einzige Empfehlung für Fleischesser; wir raten zur kräftigen **Zuppa valdostana** (10 €), die in dieser Höhe auch im Hochsommer mundet. An Hauptspeisen stehen köstliche **Guancia brasata** alla birra rossa del Gran San Bernardo, Filetto con riduzione di passito (20 €), **Trota con jambon de Bosses** zur Auswahl; an Vegetarischem gibt es etwa Purè di fave con coste (Püree von Dicken Bohnen mit Mangold, 12 €). Abschließend nicht verzichten sollte man auf eine Kostprobe von den feinen Tegole-Keksen zu Crema al cioccolato oder Coppa Suisse; in der Pfirsichsaison ist die Crostata di pesche e amaretti (5 €) zu empfehlen. Die Weinkarte bietet eine gute Auswahl, vor allem die Aostataler Marken sind von kleinen bodenständigen Winzerbetrieben. Für eine schnelle Mahlzeit ist man mit dem Menù del viandante (15 €) bestehend aus Tagesteller, Dessert, Wein und Kaffee gut beraten.

Den Jambon de Bosses kauft man im Sommer bei dem Betrieb gegenüber, sonst in dem Laden neben der Tankstelle.

VERRAYES
Grangeon

17 KM NÖ. V. AOSTA, S.S. 26 OD. A 5, AUSF. NUS

La Vrille

Ferienbauernhof • Ortsteil Grangeon, 1
Tel. (+39) 01 66 / 54 30 18,
(+39) 347 / 116 59 45
In der Nebensaison nur am Wochenende geöffnet, sonst kein Ruhetag
30 Plätze + 30 Plätze im Freien
Preise: 30 € (Tagesmenü)
Keine Kreditkarten
Abends geöffnet, mittags gegen Vorbestellung

Die Küche von Luciana Neyroz Deguillame ist wohl keine „Null-Zentimeter-Küche", wie die Signora sie definiert, wohl aber (fast) eine „Null-Meter-Küche": Weinberge, Gemüse- und Obstgarten, Scheune und Ställe des Betriebs liefern beinahe alle Grundprodukte, der Rest wird in den Wäldern gesammelt oder in der unmittelbaren Umgebung eingekauft; sogar der Kaffee ist in der Region geröstet. Die hohe Qualität der Speisen, gepaart mit dem freundlichen Ambiente, macht die Einkehr auch empfehlenswert, wenn man der Formel des vorgegebenen Menüs nichts abgewinnen kann, zu der es hier, wie in vielen bäuerlichen Gaststätten, keine Alternative gibt: Man isst, was da ist (zwei Antipasti, Primo, Secondo, Käse, Dessert). Doch alles schmeckt so gut, dass man eine Auswahlmöglichkeit nicht vermisst. Im rustikalen Raum mit Interieur aus Stein und Holz oder bei schönem Wetter im Hof werden eingangs zu selbst gebackenen Brotsorten vorzügliche Salumi (u. a. ungewöhnliche Mocetta vom Schaf) und häufig **Mousse** kredenzt: Im Sommer bekamen wir eine höchst delikate **von Auberginen mit Paprikacreme**. Es folgen Gemüse**crêpes** (z. B. **di zucca con salsa ai porri**), **Tagliatelle al sugo di pecora**, **Orzo e fagioli**, im Herbst Crema di castagne, im Winter Zuppa di cavolo. Danach Kaninchen als **Coniglio alla lavanda**, Ziegenkitz als **Capretto arrosto**, Costolette vom Lamm mit Thymian, Spezzatino mit Polenta. Zum Abschluss Bergkäse, Frittelle di mele (Apfelküchlein) oder hausgemachte Kuchen und Kaffee aus der Mokkamaschine. Man trinkt erlesene Weine von Hervé Deguillame.

»

Exzellente Produkte, zum Gutteil aus eigener Erzeugung, und Lucianas leidenschaftliche Sorgfalt ergeben eine traditionelle, nie stereotype Gebirgsküche.

«

VERRÈS
Omens

38 KM SÖ. V. AOSTA, S.S. 26 OD. AUSFAHRT A 5

Omens

Bar-Trattoria • Ortsteil Omens, 1
Tel. (+39) 01 25 / 92 94 10,
(+39) 347 / 477 53 34
Ruhetag: Montag; Oktober–Juni nur Samstag, Sonntag und Feiertage geöffnet
Ferien: zeitweise im Winter
60 Plätze + 35 Plätze im Freien
Preise: 23 € (Tagesmenü)
Keine Kreditkarten
Mittags und abends geöffnet

In einem Dorf auf 800 Metern Höhe, das man von der Talsohle über eine schmale Straße vorbei an der Burg von Verrès erreicht, ist das schlichte Lokal der Familie Bertolin seit 1974 Protagonist der unverfälschtesten Aostataler Tradition. In der Stube oder auf der Veranda genießt man hervorragende, auf sehr freundliche Art präsentierte Speisen in großzügigen Portionen zu überaus günstigen Preisen. Das komplette Menü (es gibt auch ein „Menu turistico" und ein vegetarisches Menü, je 13 €) umfasst für 23 € drei Vorspeisen, zwei Primi, ein Fleischgericht mit Polenta, Dessert und Kaffee. Herausragend von den Entrees sind die Salumi aus der Region, einschließlich ***Boudin*** (hier noch mit Schweineblut hergestellt, das andernorts längst durch eine Masse aus Rüben und Kartoffeln ersetzt wurde), glasierten Esskastanien mit Bergbutterflocken und superbem **Cotechino mit Kartoffeln und grüner Sauce**. Köstlich von den Primi ist die ***Vapellenentse***, fantastisch ist auch die **Polenta concia** als Beilage zu den Secondi: **Spezzatino**, **Arrosto di vitello**, Salsiccia, Pollo oder **Coniglio in umido**. Abschließend gibt es Kuchen, Panna cotta, frisches Obst, Eiscreme. Die Weinauswahl ist begrenzt, aber verlässlich. Außerhalb der Essenszeiten kann man sich an Panini, Salaten oder der üppigen Merenda valdostana (diverse Wurstwaren, u. a. Cotechino, Zunge und Käse, 15 €) gütlich tun. Wenn Sie zum Mittagessen kommen, sollten Sie dieses bei schönem Wetter mit einem Spaziergang kombinieren; ansonsten empfiehlt sich ein Besuch der nahen Festung Bard, die ein vielfältiges Ausstellungsprogramm bietet.

In **Hône** (12 km) erzeugt die Firma Alpe (Via Stazione 28) Magenbitter, Kräuterauszüge, Genepì und aromatisierte Schnäpse.

GIGNOD - La Clusaz

14 KM NÖRDLICH VON AOSTA, S.S. 27

Locanda La Clusaz

Restaurant mit Übernachtungsmöglichkeit
Ortsteil La Clusaz, 1
Tel. (+39) 01 65 / 560 75, (+39) 01 65 / 564 26
Ruhetag: Dienstag, Mittwochmittag
Ferien: Mai/Juni, November
40 Plätze
Preise: 39–45 €
Alle Kreditkarten; BM

Die Locanda gehört seit etwa 90 Jahren der Familie Grange, ist aber sehr viel älter: Angeblich stammt sie aus dem 12. Jahrhundert. Jahrzehntelang war das Haus ein bescheidener Gasthof für Einheimische und Fremde auf der Durchreise zwischen Aosta und Martigny. Erst Maurizio Grange und seine Frau Sevi Math machten es zu einem bezaubernden Ort der Gastlichkeit: nüchternelegantes Ambiente, professioneller Service, raffinierte und teilweise kreative, aber stets bodenständige Küche. Geboten werden zwei Menüs (Menü der Tradition 39 €, Saisonmenü 43 €), deren Komponenten man auch einzeln bestellen kann. Exzellente Salumi – aus eigener Erzeugung, wie übrigens auch das Gemüse und das Brot –, u. a. seltener *Teteun* (gepökelter Kuheuter), stimmen auf eine Folge von Traditionsgerichten ein: Tartiflette alla Fontina, Straccetti aus Roggenmehl mit Wirsing und Crema di toma, *Carbonade* mit über der Holzglut gegarter Polenta (à la carte, 14 €), Stinco al vino rosso. Aus dem Saisonmenü erwähnt seien Risotto mantecato alla zucca mit geräucherten Esskastanien und Weinreduktion (Fumin), Ravioli di caprino mit Schnittlauch, mit Honig glasierter Schweinebauch (Pancia di maialino, 18 €). Versäumen Sie im Winter nicht das mit Geflügelfleisch gefüllte Schweinefüßchen (Piedino di maiale), das Bries (Animelle) und vom Kalb den Musetto di vitello. Prächtiges Käsewägelchen (Kostprobenteller von 12 bis 20 €), exquisite Dolci und Kleinpatisserie. Adäquate Weinkarte mit Schwerpunkt auf Produkten aus den Bergen, aus Italien generell, dem Wallis und aus Savoyen.

SCHWEIZ
FRANK-
REICH
AOSTATAL
MAILAND
Gstaad
Montreux
Monthey
Sierre
Sion
Brig
Rotten
Rhône
Biasca
Chiavenna
Cluses
Martigny
Saas Fee
Täsch
Crodo
Masera
Domodossola
Locarno
Bellinzona
Lugano
Menaggio
L. di
Como
Lago
Maggiore
PARCO NAZ. D.
VAL GRANDE
Verbania
Luino
Chamonix-
-Mont-Blanc
Großer
Sankt Bernhard
Cervino
4478
4637
Breuil-Cervinia
M. Rosa
Monte Bianco
4807
2473
Courmayeur
Aosta
A5
Varese
Como
Lecco
Orta
San Giulio
Borgosesia
Borgomanero
Kleiner
Sankt Bernhard
2188
Guardabosone
Oropa
Cureggio
A8/26
Gallarate
Saronno
A9
Monza
Romagnano
Sesia
Ghemme
Oleggio
Occhieppo
Inferiore
Biella
Carema
Settimo
Vittone
Gattinara
Sizzano
Bellinzago
Novarese
Busto Arsizio
A8
A4
Isère
PARCO NAZ.
GRAN PARADISO
4061
Gran Paradiso
Moûtiers
Traversella
A5
A26
Rho
Sesto
S. Giovanni
A35
Chiaverano
Banchette
Ivrea
Ceresole
Reale
A4/5
Viverone
A4
Novara
Ticino
PARC NATIONAL
DE LA VANOISE
Orio
Canavese
Caravino
Barone
Canavese
Rivarolo Canavese
Vercelli
Vigevano

LOMBARDEI
LIGURIEN
LIGURISCHES MEER
Golf von Genua
PARC NATIONAL DU MERCANTOUR
TURIN
Moncalieri
Trofarello
Collegno
Baldissero Torinese
Chieri
Chivasso
Cirié
Caluso Canavese
Chianocco
S. Antonino di Susa
Bardonecchia
Susa
Sestriere
Monginevro
1850
Briançon
Guillestre
Barcelonnette
Modane
Trana
Roletto
Pinerolo
Luserna S. Giovanni
Rora
Cavour
Carmagnola
M. Viso
3841
Po
Paesana
Saluzzo
Savigliano
Sampeyre
Brondello
Verzuolo
Busca
Fossano
Stroppo
Acceglio
Roccabruna
Dronero
Caraglio
Cuneo
Castelletto Stura
Pietraporzio
Sambuco
Vinadio
Boves
Borgo S. Dalmazzo
Chiusa di Pesio
Villanova Mondovì
Vernante
Colle di Tenda
1908
Tende
Mondovì
Montaldo di Mondovì
Garessio
Ormea
Pornassio
Briaglia
Carrù
Farigliano
Belvedere Langhe
Paroldo
Ceva
Bra
Pocapaglia
Cherasco
Verduno
Alba
La Morra
Serralunga d'Alba
Monchiero
Cissone
Serravalle Langhe
Monteu Roero
Vezza d'Alba
Castagnito
Priocca
Govone
Cisterna d'Asti
Costigliole d'Asti
Calosso
Cassinasco
Treiso
Cossano Belbo
Cessole
Cravanzana
Bergolo
Asti
Rocchetta Tanaro
Mombercelli
Portacomaro
Castell'Alfero
Calliano
Moncalvo
Serralunga di Crea
Grazzano Badoglio
Castagnole Monferrato
Vignale Monferrato
Camagna Monferrato
Casale Monferrato
Morano sul Po
Valenza
San Salvatore Monferrato
Solero
Alessandria
Masio
Frascaro
Nizza Monf.
Mombaruzzo
Oliveto
S. Marzano Oliveto
Calamandrana
Rocchetta Palafea
Sessame
Acqui Terme
Cavatore
Cartosio
Bosco Marengo
Novi Ligure
Capriata d'Orba
Gavi
Arquata
Rocca Grimalda
Voltaggio
Tortona
Casalnoceto
Montemarzino
Avolasca
S. Sebastiano Curone
Gremiasco
Fabbrica Curone
Cantalupo Ligure
Mongiardino Ligure
Voghera
Pavia
Stradella
472 Giovi
GENUA
Savona
S. Margherita Ligure
Chiavari
Loano
A32
A55
A6
A21
A33
A26
A7
A12
A10
0
15
30 km

PIEMONT

„Pasta fresca“ ist der Sammelbegriff für die im Gebiet zwischen Alpen und Po-Ebene üblichen frischen Teigwaren. Ihr Merkmal ist insbesondere die Beimengung von Ei, wobei die Grundmasse hauptsächlich auf Weizenmehl basiert und daher nicht dieselbe ebenmäßige Konsistenz erreicht, wie sie der für die südlichen Regionen so charakteristische, fast immer nur mit Wasser verknetete Hartweizengrieß garantiert.
Eier in großer Zahl kommen in den zwei bekanntesten Spezialitäten des Piemonts vor: *Tajarin* (schmale Bandnudeln) und Agnolotti (Ravioli oder Raviole). Bei den Erstgenannten, die mit dem Messer aus einem hauchdünnen Teigblatt geschnitten werden, liegt das Standardverhältnis bei zehn ganzen Eiern pro Kilo Mehl, manche jedoch verwenden nur das Eigelb, und das in bis zu vierfacher Dosis: Auf den folgenden Seiten werden Sie einige Beispiele dafür finden. Die Zartheit des Teigblattes ist für die Agnolotti von besonders großer Bedeutung: Dieses muss so dünn sein, dass die Füllung, bestehend aus gebratenem, geschmortem oder gedünstetem Fleisch, mit Eiern gebunden und mit Gemüse oder Reis als Weichmacher vermengt, durchscheint. Der klassische Agnolotto ist ein Quadrat von etwa zwei Zentimetern Seitenlänge mit gezacktem Rand. In den letzten Jahren hat der Agnolotto dal *plin* große Popularität erlangt. Bei diesem werden die Teigränder mit einem Kniff zusammengedrückt, eine Technik, die einst nur in der Alta Langa angewendet wurde.
Sehr weit verbreitet sind im Piemont, wie überall im Norden, die Gnocchi – hergestellt aus Kartoffeln und Mehl, in einem Verhältnis vermischt, dass ein weicher, elastischer Teig entsteht: Aus diesem werden dann Klößchen geformt, die auf die Zinken einer Gabel gedrückt und kurz in Wasser gekocht werden. Die Gnocchi serviert man mit unterschiedlichen Saucen.
Vierte im Bund der Primi Piatti sind die Risotti: Die ganz traditionellen Rezepte – einschließlich Panissa und Paniscia – stammen aus den Provinzen Vercelli und Novara, einem der wichtigsten Reisanbaugebiete der westlichen Welt.

Für Sie entdeckt

Agnolotti

40 Santisé
Calliano (At)
42 Il Moro
Capriata d'Orba (Al)
86 Cascina Schiavenza
Serralunga d'Alba (Cn)
97 Sotto la Mole
Turin

Gnocchi

31 Bel Deuit
Baldissero Torinese (To)
36 Belvedere
Borgosesia (Vc))
39 La Torre
Brondello (Cn)
65 Divin Porcello
Masera (Vb)

Risotti

35 Trattoria dei Commercianti
Borgomanero (No)
60 La Brioska
Gattinara (Vc)
71 Tre Merli
Morano sul Po (Al)
89 Impero
Sizzano (No)

Tajarin

41 Osteria della Gallina Sversa
Calosso (At)
54 Trattoria della Posta da Camulin
Cossano Belbo (Cn)
70 Da Giuseppe
Montemarzino (Al)
75 Barba Toni
Orio Canavese (To)

34 KM SÜDWESTLICH VON ALESSANDRIA

Bo Russ

Osteria
Via Garibaldi, 98
Tel. (+39) 01 44 / 32 16 82
Ruhetag: Dienstag, Samstag- und Sonntagmittag
Ferien: 2 Wochen im März
50 Plätze + 30 Plätze im Freien
Preise: 27–30 €
Kreditkarten: CS, MC, Visa; BM
Mittags und abends geöffnet

Dieses Restaurant, einst als Hotel und Stallung genutzt, liegt mitten im Zentrum von Acqui, ganz in der Nähe der Basilica dell'Addolorata. Es verfügt über einen einfachen, freundlichen Speisesaal und einige Tische im Freien mit Blick auf die Piazza. Die von Claudio geleitete Küche wurzelt fest in der Tradition des unteren Piemont, zeigt sich aber aufgrund der Lage und des Charakters von Acqui als Thermal- und Fremdenverkehrsort auch Einflüssen aus Ligurien und anderen Regionen gegenüber aufgeschlossen. Eugenio, der mit Freude über die Tagesgerichte informiert, trägt das Speisenangebot mündlich vor. Mittags gibt es eine reduzierte Karte, am Abend ist das Repertoire umfangreicher. Beginnen kann man mit einer **Farinata** (3,50 €), die auf die Antipasti einstimmt: gemischte Salumi, darunter Filetto baciato aus Ponzone, Carpaccio di carne cruda, ein exzellentes **Vitello tonnato** all'antica (8 €), Sformati di verdura mit saisonalem Gemüse, **Baccalà mantecato**, Polpo mit Kartoffeln und eine kleine Catalana di pesce. Als Primi bekommt man häufig **Ravioli al sugo d'arrosto** (9 €), Gnocchi al baccalà oder die Version mit Pesto, und im Sommer stehen Lasagnette mit Auberginen und Basilikum auf dem Programm. Unter den Secondi besticht ein Klassiker dieser Gegend, der **Stoccafisso all'acquese** (12 €), aber auch Stinco arrosto, **Punta di vitello al forno**, Cima alla genovese, Fegato alla veneziana und die frittierten Acciughe impanate sind durchaus überzeugend. Zum süßen Ausklang werden Crostata mit saisonalen Früchten, *Bonet*, **Salame dolce**, Semifreddo al miele (4 €), Crema catalana oder Mousse al cioccolato serviert. Eine feine Auswahl an Formaggi und eine einfache, aber gepflegte Weinkarte ergänzen das Angebot.

ACQUI TERME

34 KM SÜDWESTLICH VON ALESSANDRIA

Farinata Mazzini

NEU

Osteria
Via Mazzini, 29
Tel. (+39) 01 44 / 32 53 47
Ruhetag: Montag
Ferien: Ende Januar, Mitte Juli
30 Plätze
Preise: 25 €
Alle Kreditkarten; BM
Mittags und abends geöffnet

Das reizende Städtchen Acqui Terme im Monferrat wurde von den Römern gegründet, die schon damals die Thermalbäder nutzten. Dieser von Touristen sehr geschätzte Ort hat ein spezielles Mikroklima, hervorgerufen durch den *Marìn*, einen Wind, der von der benachbarten Region Ligurien herüberweht. Das historische Zentrum ist reich an Plätzen von kulturellem Interesse. Bei Mazzini, einem seit 1950 als Osteria geführten Lokal, wird **Farinata** – das typische Straßenessen nach lokaler Tradition – gebacken. Denise, die bereits als Vertreterin der dritten Generation einer Gastronomenfamilie entstammt, bereitet ihr Repertoire an unverfälschten Speisen zu, wobei das tägliche Angebot von der Verfügbarkeit der Produkte am Markt und in dem von Renato betreuten Gemüsegarten abhängt. Zum Einstimmen wählt man Antipasti, darunter **Acciughe mit *Bagnet verd*** (6 €), Polpette in carpione, Flan di funghi porcini (mit Steinpilzen) und im Herbst heißt es dann „Bahn frei" für ***Bagna caoda*** (8 €). Was nie fehlen darf, sind die Ravioli, angerichtet mit Sugo di carne oder al vino (8 €). Unter den Tagesgerichten können Sie Minestrone (7 €), Pasta e fagioli, ***Tajarin* con il tartufo** mit weißem oder schwarzem Trüffel und Fettuccine di farina di ceci (aus Kichererbsenmehl), mit Gorgonzola in der Pfanne gebraten, vorfinden. Trippa (7 €), **Stoccafisso all'acquese**, Stinco di vitello aus dem Ofen, Spezzatino, **Pollo alla cacciatora** und Acciughe fritte (7 €) runden das Angebot an Hauptspeisen ab. Eine gute Auswahl an Formaggi und dann die Desserts, darunter der klassische *Bonet*, **Crema di torrone**, Crema al Moscato und Tiramisu (5 €), eventuell begleitet von einem Gläschen Brachetto d'Acqui, ein Wein aus einer autochthonen Rebsorte. Die Weinkarte ist gut bestückt mit Etiketten regionaler Herkunft.

62 KM NÖ. V. CUNEO, 29 KM V. ASTI, S.S. 231 OD. A 33

La Piola

Moderne Osteria
Piazza Risorgimento, 4
Tel. (+39) 01 73 / 44 28 00
Ruhetag: Sonntagabend, Montag, im Sommer auch Sonntagmittag
Ferien: zeitweise im Januar
50 Plätze + 40 Plätze im Freien
Preise: 38–40 €
Kreditkarten: AE, CS, MC, Visa; BM
Mittags und abends geöffnet

Die Küche des La Piola ist einfacher gehalten als jene, die täglich ein paar Treppen weiter oben im Drei-Sterne-Restaurant von Enrico Crippa aufgetischt wird, und dennoch ist die Qualität die gleiche: Zutaten von hohem Niveau, punktgenaue Garzeiten, ein klarer Geschmack und harmonische Ausgewogenheit der Gerichte. Aus diesem Grund haben wir beschlossen, diese reizende Osteria weiter in unserer Auswahl anzuführen, auch wenn die Preise etwas über dem Durchschnittsniveau anderer Osterien in unserem Buch liegen. Sie können in dem modern und minimalistisch eingerichteten Speisesaal essen oder draußen auf der Veranda die Atmosphäre der Piazza Duomo genießen. Das Speisenangebot und die glasweise ausgeschenkten Weine sind an der großen Tafel am Eingang angeschlagen. Beginnen können Sie mit **Vitello tonnato** (11 €), Insalata russa, Carne cruda, im Sommer mit Fiori di zucca ripieni (gefüllten Kürbisblüten) auf Sauce von rohen Tomaten (11 €), oder Sie entscheiden sich für eine Auswahl kleiner Kostproben sämtlicher Spezialitäten. Die Primi könnten nicht traditioneller sein: ***Tajarin* al ragù di salsiccia** (mit Wurstragout), **Agnolotti dal *plin* con sugo d'arrosto** (mit Bratensauce, 13 €) und Gnocchi di patate mit Pesto. Im Kapitel der Secondi erwartet Sie neben Tagliata di fassona mit Bratkartoffeln und Zichorie immer auch ein häufig wechselnder Alternativvorschlag – sehr gut sind die **Crocchette di merluzzo mit Kartoffelcreme, Pesto und Mangold** (15 €) –, ergänzt durch ein vegetarisches Gericht. Als Desserts (6,50 €) werden die Klassiker geboten: Pesca ripiena mit Eis, Semifreddo al torrone und ***Bonet***. Die Weine – viele davon werden auch glasweise ausgeschenkt – stammen hauptsächlich aus dem eigenen Betrieb, aber wenn Sie danach fragen, steht auch die schöne Weinkarte des Restaurants zur Verfügung.

62 KM NÖ. V. CUNEO, 29 KM V. ASTI, S.S. 231 OD. A 33

Osteria dell'Arco

Restaurant
Piazza Savona, 5
Tel. (+39) 01 73 / 36 39 74
Ruhetag: Sonntag, Montag, außer im Oktober und November
Keine Ferien
50 Plätze
Preise: 30–33 €
Alle Kreditkarten; BM
Mittags und abends geöffnet

Die Osteria, in einem Hof hinter einer kleinen Piazza im Zentrum gelegen, präsentiert sich freundlich und unprätentiös, das Servicepersonal ist zuvorkommend und kompetent. Der hohe Stellenwert, der den meist lokalen Zutaten beigemessen wird, und das Geschick des Kochs Maurizio Dellapiana sind Faktoren, die sich in der exzellenten Qualität der Gerichte widerspiegeln. Unter den Slow-Food-Presidi, die hier zum Einsatz kommen, finden Sie häufig Fleisch von Rindern der Rasse Piemontese, das graue Kaninchen aus Carmagnola und Ziegenkäse aus Roccaverano. Einige Spitzengerichte werden seit vielen Jahren meisterhaft zubereitet: unter den Antipasti **Vitello tonnato**, Carne cruda di razza piemontese, mit dem Messer fein gehackt (9 €), und Cipolla novella, mit weißem Fleisch gefüllt und im Ofen überbacken (11 €). Im Kapitel der Primi sind ***Tajarin* ai 40 tuorli d'uovo** in Wurstsauce (mit Salsiccia aus Bra, 9,50 €) oder mit Almbutter sowie **Agnolotti dal *plin* mit Bratensauce** eine gute Wahl. Sehr delikat sind auch Gnocchi di patate mit Castelmagno und Gnocchetti mit Seirass (Ricotta). Unter den Secondi Klassiker nach hiesiger Tradition, darunter **Brasato di vitello al Barolo** (13,50 €) und Coniglio grigio di Carmagnola all'Arneis. Auch Fischgerichte sind vertreten: Wir empfehlen Baccalà mit Taggiasca-Oliven und lauwarmen Kartoffeln, Gamberi aus dem Kanal von Sizilien oder Polpo spadellato mit Gemüse. Bravourstücke des Arco sind auch die legendäre **Panna cotta mit Madernasse-Birnen in Moscato** und das exquisite Tiramisu. In der umfangreichen, gepflegten Weinkarte dominieren Produkte aus dem Piemont.

»Die Osteria dell'Arco ist ein Aushängeschild der Küche der Langa, eine Hochburg der Gastronomie nach Slow-Manier.«

10 KM VOM ZENTRUM

Ai Binari

Trattoria
Ortsteil Mombarone, 145/S.S. Asti-Chivasso
Tel. (+39) 01 41 / 29 42 28
Ruhetag: Sonntagabend, Montag
Ferien: Januar/Februar, nach dem 15. August
70 Plätze
Preise: 27–32 €
Kreditkarten: CS, MC, Visa; BM
Abends geöffnet, Samstag und an Feiertagen auch mittags

Dieser alte Bahnhof, umgestaltet zu einer Osteria, befindet sich am Stadtrand von Asti, an der Staatsstraße nach Chivasso. Einige Dekorgegenstände und Bauteile stammen noch aus dem Altbestand, Fotografien und Plakate an den Wänden dokumentieren den Alltag der kleinen Ortschaft Mombarone zu Beginn des 20. Jahrhunderts. Vor nicht allzu langer Zeit wurde eine Veranda angebaut. Mara empfängt die Gäste mit ausgesuchter Höflichkeit und erzählt Wissenswertes über Weine und Tagesgerichte. Eine komplette Seite in der Speisekarte ist den Lieferanten gewidmet, von denen die meisten aus der Umgebung stammen. Sie können à la carte bestellen oder eines der beiden Degustationsmenüs für 30 oder 36 € wählen, deren Namen an die Bahn erinnern: Littorina (der Name bezeichnete in der Zeit des Faschismus die ersten Antriebswagen im Bahnverkehr) und Littorina Allegra. Schon bei den Antipasti erwarten Sie die Klassiker nach piemontesischer Tradition: Carne cruda vom Fassone-Rind, hervorragendes **Vitello tonnato nach alter Art** und **Acciughe con bagnetto verde** (8 €). Unter den Primi (8 €) sind **Agnolotti ai tre arrosti mit Bratensauce** und *Tajarin* (das Mehl für den Teig stammt von alten Weizensorten aus Bio-Anbau), meist mit Gemüsesaucen angerichtet, zu empfehlen. Für den Hauptgang gibt es **Rolata di coniglio grigio di Carmagnola**, Stinco di maiale, im Ofen gebraten (12 €), und Arrosto di vitello mit Haselnüssen. Sie finden aber auch kreativere Varianten wie Pomodori al forno, gefüllt mit Gemüse und Bra tenero, Risotto ai peperoni mit Gorgonzola aus Novara oder ***Tajarin***, jedoch serviert **mit Baccalà und Brennnesselsprossen**. Zum Ausklang *Bonet* oder Panna cotta. Lob verdienen sowohl die Auswahl an **Formaggi** als auch die Weinkarte, die Italiens Weinproduktion durchstreift, ergänzt durch Anleihen aus Frankreich.

Il Brillo Parlante

Osteria
Via Garetti, 26
Tel. (+39) 01 41 / 59 86 37
Ruhetag: Montag
Ferien: 2 Wochen im August
30 Plätze + 20 Plätze im Freien
Preise: 25–30 €
Kreditkarten: AE, CS, DC, Visa; BM
Abends geöffnet, mittags gegen Vorbestellung

Das Brillo Parlante ist eine charmante Osteria in einer der stimmungsvollsten Gassen im historischen Zentrum von Asti. Das intime, gepflegte Lokal verfügt über einen Speisesaal, dessen Wandfarbe und die Einrichtung in zarten Pastelltönen gehalten sind. An einer großen Tafel sind die Tagesgerichte angeschlagen. Als Neuigkeit bietet das Lokal nun auch einen kleinen Garten in einem autofreien Gässchen gegenüber dem Eingang: Diese Möglichkeit nutzten wir mit großem Vergnügen. Als Antipasto ließen wir uns **Fesa marinata mit Ricottaschaum und Brot** (8,50 €) und das klassische **Vitello tonnato** schmecken, aber auch der Gnocco fritto mit Coppa piacentina, Acciughe al verde und Cipolla ripiena aus dem Ofen, serviert mit Tomaten, hätten uns gelockt. Als Primo sind **Agnolotti**, in den kühlen Monaten in der Version **al ristretto di brasato** (mit Bratensauce) und im Sommer **al burro fuso e timo** (mit zerlassener Butter und Thymian) stets vertreten. Delikat sind des Weiteren **Gnocchi di patate mit Baccalà und Bohnen** (9 €) und Linguine di Gragnano mit Salsiccia, Zichorie und Kirschtomaten, die mit Bröseln überbacken werden. Bei den Secondi fiel unsere Wahl auf den üppigen **Carpione** und auf **Coniglio arrosto mit Taggiasca-Oliven und Kirschtomaten** (12 €), zu denen sich Filettini di maiale mit Thymian-Kartoffelcreme und Bohnen und ein einladender gemischter Teller mit Formaggi gesellen. Zum Abschluss erwartet Sie eine feine Auswahl an Desserts (5 €) mit Sorbetto alla fragola, Semifreddo all'amaretto, Ganache di cioccolato und Pesca al forno. In der Weinkarte nehmen Produkte dieses Landstrichs viel Platz ein, ergänzt durch ein schönes Sortiment an anderen italienischen Weinen. Die guten Tropfen werden auch glasweise angeboten.

Osteria del Diavolo

Trattoria
Piazza San Martino, 6
Tel. (+39) 01 41 / 302 21
Ruhetag: Montag, Dienstag
Ferien: zeitweise im August
40 Plätze + 25 Plätze im Freien
Preise: 27–32 €
Alle Kreditkarten; BM
Abends geöffnet

Die Osteria del Diavolo liegt neben einer ehemaligen Kirche, die zu einer Veranstaltungs- und Konzerthalle umfunktioniert wurde, und besteht aus drei reizenden intimen Gasträumen. Die Küche ist einfach – inspiriert durch die Tradition der Stadt Asti, aber auch beeinflusst durch die nahe gelegene Region Ligurien – und die Zutaten werden ganz offensichtlich vom Lauf der Jahreszeiten diktiert. Die eine oder andere Unaufmerksamkeit im Service, insbesondere in Bezug auf Reservierungen, wird durch das entspannte Klima im Lokal und das schöne Repertoire an Gerichten wettgemacht, die die Handschrift der Köchin Cristina tragen und Ansprüchen verschiedenster Art gerecht werden. Zum Einstieg gibt es Fugasette mit Salumi, Battuta di fassone, mit dem Messer fein gehackt, **Girello di fassone mit Thunfischsauce** (9 €), ein Dreierlei von Carpione und Crostatine di zucchine. Unter den Primi nach piemontesischer Tradition finden Sie die Klassiker **Agnolotti dal *plin* mit würzigen Kräutern** und *Tajarin* al sugo di salsiccia (mit Wurstsauce, 9 €), während als Hauptspeisen Brasato al Barbera vecchio, Roastbeef und Ossobuco di fassone alla milanese auf dem Programm stehen können. An ligurischen Spezialitäten werden **Verdure ripiene**, Cappon magro (14 €), Tagliatelle brezza di mare und Trenette al pesto angeboten. Bei den Secondi ist die Nachbarregion mit Tonno alla ligure und den einmaligen **Acciughe fritte** (11 €) vertreten. Unter den Desserts wollen wir *Bonet* astigiano, **Budino di torrone mit Honig**, die sommerlichen Pesche e cioccolato oder Pesche al Moscato und Semifreddo al pistacchio hervorheben. Die Weinkarte lässt eine Vorliebe für lokale Produkte erkennen, man bekommt gute Etiketten auch aus biologischem oder biodynamischem Anbau. Einige Weine können glasweise bestellt werden.

ASTI

Tasté Vin

Vineria mit Küche
Via Vassallo, 2
Tel. (+39) 01 41 / 32 00 17
Ruhetag: Dienstag, Samstag, Sonntagmittag
Ferien: 10 Tage im Januar, 2 Wochen im August
35 Plätze
Preise: 22–28 €
Kreditkarten: CS, DC, MC, Visa; BM
Mittags und abends geöffnet

Dieses Lokal, ideal als Einkehr vor oder nach einem Besuch im nahe gelegenen Kino Nuovo Splendor, legt – wie der Name schon vermuten lässt – sein Hauptaugenmerk auf Wein als Angelpunkt des Angebots. Vom Ausschank im Eingangsbereich führt der Weg in einen weitläufigen Keller mit unverputztem Ziegelgewölbe und bunt getünchten Wänden. Cinzia und Claudio helfen bei der Wahl der Gerichte, die auf einer großen Tafel an der Wand angeschlagen sind. Das Repertoire wechselt häufig, je nach Verfügbarkeit der Produkte aus dem eigenen Gemüsegarten. Unter den Antipasti empfehlen wir Carne cruda, mit dem Messer gehackt (in drei Versionen), die typischen ***Caponet*** (Wirsing, gefüllt mit Salsiccia) und im Frühling Involtino di asparagi, im Ofen gratiniert mit Pancetta. Wer auf Fleisch verzichten möchte, kann **Baccalà mantecato mit nativem Olivenöl extra** (8 €), **Cardo gobbo aus Nizza mit Fonduta aus Toma d'alpeggio** und Sfogliette di zucca mit Fonduta aus Castelmagno wählen. Die saisonale Rotation ist speziell bei den Primi deutlich: im Winter **Zuppa di verza mit Toma** oder Vellutata di patate mit Lauch (6,50 €), in anderen Jahreszeiten **Tagliolini mit Fonduta und Nüssen** oder mit Polpo und Kirschtomaten. Stets vertreten sind Risotti, und zwar mit Verdure oder mit Salsiccia und Barbera. Unter den Secondi locken Tagliata di vitella von Kälbern der piemontesischen Rasse (12,50 €), Cinghiale in umido, Filetto di maiale, in Bier gebraten, **Trippa** und **Carpione** misto, der mit Fleisch, Hähnchenfilet oder Sardinen angeboten wird. Zum süßen Abschluss wählt man verschiedene Varianten von Crème brulée oder Bavarese (4,50 €). Die gut bestückte, klug zusammengestellte Weinkarte enthält zahlreiche Etiketten, die auch glasweise ausgeschenkt werden. Biere aus kleinen Brauereien, Liköre und Edelbrände runden das Angebot ab.

AVOLASCA

42 km sö. von Alessandria, 18 km von Tortona

La Vecchia Posta

Ferienbauernhof
Via Montebello, 2
Tel. (+39) 01 31 / 87 62 54
Ferien: Januar, September
36 Plätze
Preise: 35 € (Tagesmenü)
Kreditkarten: MC, Visa; BM
Freitag-, Samstagabend und Sonntagmittag geöffnet

In Avolasca, einem kleinen Dorf zwischen dem Grue- und dem Curone-Tal, führen Roberto und Annemie einen Betrieb, der ihrer Lebensphilosophie entsprechend an hohen ökologischen Standards orientiert ist. Die beiden sind Imker und Produzenten von biologischen Weinen, sie bauen Gemüse und Obst an (vor allem alte Apfelsorten) und züchten Hühner: Viele der Produkte in ihrer Vorratskammer stammen vom eigenen Hof oder werden von Bauern aus der Umgebung geliefert. Annemie beweist in der Küche Kreativität bei der Verarbeitung einiger fast schon in Vergessenheit geratener natürlicher Zutaten. Im Speisesaal (einem ehemaligen Heuschober mit prachtvollem Ausblick auf die Colli Tortonesi) präsentiert Roberto gerne seine Weine, darunter auch den Timorasso. Das Menü ist feststehend und folgt den Jahreszeiten. Wir erinnern uns mit Vergnügen an die Salumi mit einer hervorragenden Salame crudo aus dem Tal, Ovetto di cagliata mit Birnenkompott und Ingwer, Caramella di baccalà mit Insalata primavera, Sformato di lisoni mit Morchelsauce und Cappuccino di zucca mit Gorgonzolasauce. Füllungen und Saucen bei den Primi sind fast immer fleischlos: **Agnolotti di magro**, Tagliolini mit Basilikum und Kleie, angerichtet mit Brennnessel-Pesto, **Risotto con verdure mantecate mit schwarzem Trüffel** oder mit Wildkräutern und Pilzen oder aber **mit Topinambur und *Bagna caoda***. Dann folgen **Guancetta di vitello brasata al Barbera**, **Stinco di maiale, im Ofen gebraten mit würzigen Kräutern**, Cotechino in crosta mit Rotkohl und Lauchpüree, **Trippa in umido** und Coniglio alla trappista mit Pflaumen und Bier (ein Zugeständnis an die belgischen Wurzeln der Köchin). Annemie ist auch eine begnadete Konditorin: Torta di pistacchi, Millefoglie mit Creme und Erdbeeren, Gelato mit Esskastanien, Lavendel, Zimt oder Kardamom.

BALDISSERO TORINESE

14 km östlich von Turin

Bel Deuit

Trattoria
Via Superga, 58
Tel. (+39) 011 / 943 17 19
Ruhetag: Mittwoch
Ferien: 14. August–4. September
60 Plätze + 30 Plätze im Freien
Preise: 35–38 €
Kreditkarten: CS, MC, Visa; BM
Abends geöffnet, Samstag auch mittags, Sonntag nur mittags

Mitten im Grün der Hügel von Turin, nahe der Basilika von Superga, lockt das charmante Bel Deuit als lohnendes Ziel nach einem Ausflug hinaus aus der Großstadt. Besonders im Sommer lädt die auf zwei Ebenen angelegte Terrasse dazu ein, die kühle Abendluft zu genießen. Ein echtes Vergnügen ist auch die Küche, die piemontesische Traditionen hochhält und großen Wert auf Produkte aus der nahen Umgebung legt: In der Speisekarte sind die Lieferanten angeführt, wodurch man eine virtuelle Entdeckungsreise durch das Angebot an typischen lokalen Spezialitäten unternehmen kann. Unter den mündlich aufgezählten Tagesgerichten erwartet Sie ein Misto di antipasti (fünf Kostproben nach Wahl, 14 €), der neben guter Salami, Insalata di carne cruda und Insalata di bollito, Vitello tonnato, **Lingua in salsa verde** je nach Jahreszeit auch Fagottino di peperone mit Thunfisch-Mousse, **Crespelle mit Castelmagno und Toma aus Lanzo** sowie Quiches und Flan di verdure mit Fonduta umfassen kann. Bei den Primi (10 €) wechseln **Agnolotti mit Butter und Kräutern**, *Tajarin* (klassisch oder in der Version mit Freisa aus Chieri), Maltagliati aus Esskastanienmehl mit Salsiccia, **Gnocchi mit Raschera-Fonduta** und im Winter ***Tofeia*** und **Busecca** ab. Für den Hauptgang sind Coniglio mit Taggiasca-Oliven (14 €), **Brasato al Nebbiolo** und Arrosto della vena mit Arneis zu empfehlen, im Frühling gibt es Spargel aus Santena, unterschiedlich zubereitet. Zum Abschluss Torta di nocciole mit Zabaione oder Crema pasticciera. Die Weinkarte listet ein sorgfältig zusammengestelltes Sortiment an Etiketten dieser Gegend auf, darunter auch weniger bekannte Namen (zum Beispiel Pelaverga aus Verduno) und zahlreiche Halbliterflaschen. Das Personal ist freundlich, achtet auf die richtigen Servierzeiten und die speziellen Wünsche der Gäste.

48 km nordöstlich von Turin, 5 km von Ivrea

Trattoria Moderna Il Simposio

Hotelrestaurant
Via Circonvallazione, 4 F
Tel. (+39) 01 25 / 61 02 10 • Ruhetag: Sonntag
Ferien: je 1 Woche um Weihnachten/Neujahr und um den 15. August
50 Plätze • Preise: 36–40 €
Kreditkarten: CS, MC, Visa; BM
Mittags und abends geöffnet

Von der Autobahnausfahrt Ivrea kommend, liegt die Gemeinde Banchette am Weg in Richtung Stadt. Hier findet man das Hotel Crystal und das angeschlossene Restaurant, nach eigener Definition eine moderne Trattoria. Der Blickfang im Speisesaal ist der runde Weinkeller, in dem Etiketten kleiner Betriebe aus dem Canavese neben klingenden Namen lagern. Die Küche setzt auf lokale Zutaten und klug verwendete Kräuter und Blüten. Die Tageszeit bestimmt das Angebot: Mittags gibt es eine kleine Karte, ein zweigängiges Menü für 14 € und Trittico vegetariano (dreierlei vegetarische Gerichte) für 12 €, abends wird neben der umfangreichen Karte das Menü „guidato … al territorio" (für einen ganzen Tisch) geboten: 36 € für vier traditionelle, saisonale Speisen. Einige Beispiele aus dem Kapitel der Antipasti (12 €): **Trota di Traversella, mit Orangen mariniert**, **Girello con salsa tonnata**, Lingua lessa mit gelben und violetten Kartoffeln dieser Gegend und ***Caponet***. Dann die Primi (12 €) mit **Agnolotti alle tre carni mit Bratensauce**, Tagliolini al ragù di coniglio und **Zuppa di ajucche** (ein Wildkraut). Bei den Secondi (16 bis 18 €) dominiert Fleisch (man bekommt aber auch mindestens drei vegetarische und zwei Fischgerichte, häufig Süßwasserfisch): **Guancetta di vitello all'Erbaluce**, Costata di maialino mit karamellisierten Zwiebeln und Bratkartoffeln und Sella di agnello mit Thymian. Zum Ausklang Formaggi und als Desserts Tiramisu, Plumcake alle mandorle mit Schokoladesplittern (5 €), Sorbets und hausgemachtes Eis. Zum Wein noch eine Ergänzung: Angefangene Flaschen können Sie gerne mit nach Hause nehmen.

Die Pasticceria Balla auf dem Corso Re Umberto 16 in **Ivrea** (5 km) bewahrt das alte Rezept der Torta Novecento.

90 km westlich von Turin

Etable

Restaurant
Via Medail, 82 B
Tel. (+39) 01 22 / 969 73
Ruhetag: Montag–Donnerstag, außer 24. Juni–Anfang September und Dezember–Ostern
Ferien: unterschiedlich
43 Plätze • Preise: 30–35 €
Kreditkarten: AE, CS, MC, Visa; BM
Abends geöffnet, an Feiertagen und im Sommer auch mittags

Das Etable hat seinen Sitz an der Hauptstraße von Bardonecchia, einem historischen Skigebiet im Bergland von Turin: ein einfacher, gediegener Ort der Einkehr, wo ein Querschnitt der traditionellen Küche des Piemont geboten wird. Die großen Fensterfronten der zwei Gastzimmer blicken auf die Via Medail. Peppo und Antonella führen den Betrieb seit knapp 20 Jahren und servieren die von Köchin Stefania mit großem Geschick zubereiteten Speisen. Unter den Antipasti finden Sie Sformati und **Torte salate** mit saisonalem Gemüse, eine exzellente Auswahl an Salumi aus dem Tal, **Vitello tonnato** (8 €), Insalata di cavolo viola speziata und **Peperoni mit *Bagna caoda***. Eindrucksvolle Primi sind **Pasta e fagioli** wie auch Zuppa di lenticchie mit Buchweizen und **Crema di porri mit Toma** (10 €). In der Jagdsaison eröffnen **Tagliolini al ragù di cervo** den Reigen der Wildgerichte (**Selvaggina**), die mit Polenta serviert werden. Sehr schmackhaft sind auch **Trippa** und im Sommer Salmerino. **Baccalà mit Frühlingszwiebeln und Oliven** (12 €), **Spezzatino di cinghiale** und Bistecche di cervo, mit Früchten und Apfelessig in der Pfanne gebraten, runden das Angebot an Hauptspeisen ab, die der Tradition des Berglands huldigen. Zum Schluss die Desserts mit den Klassikern ***Bonet*** (5 €) und Panna cotta, aber auch Torta di ricotta mit Heidelbeerkonfitüre und Torta di nocciole mit Schokolade. Nicht groß, aber niveauvoll ist die Auswahl an Weinen, vorwiegend solche kleiner Produzenten aus dem Piemont.

Der Konditor Franco Ugetti in der Via Medail 80 ist ein echter Künstler: klassische Süßspeisen und neue Kreationen aus typischen Bergprodukten wie Genepì (Kräuterlikör). Probieren Sie die Pralinen mit Bergfrüchten, Marron glacé und Eis.

BARONE CANAVESE

32 KM NÖ. VON TURIN, A 5 AUSF. SAN GIORGIO

Al Girasol

Restaurant
Via Roma, 8
Tel. (+39) 011 / 989 85 65,
(+39) 349 / 836 13 90
Ruhetag: Mittwoch
Ferien: 3 Wochen im Januar
35 Plätze + 35 Plätze im Freien
Preise: 30 €
Kreditkarten: CS, DC, MC, Visa; BM
Mittags und abends geöffnet

Barone Canavese, ein winziges Dorf, besteht nur aus einer Handvoll Häusern an einer Straße, die zu den Perlen des Canavese führt: zu Seen, Weingärten und den Schlössern von Agliè, San Giorgio, Masino und La Serra. Ein kleines Schild lädt hier zur Einkehr ein: Al Girasol, eine unvermutet gemütliche Osteria an der Hauptstraße, nur wenige Schritte von der *Pera dal beuc* entfernt (ein prähistorischer Gesteinsbrocken, der laut Inschrift „seit vielen Generationen Treffpunkt der Dorfjugend ist"). Das Lokal ist ganz vom alten Schlag – unverputzte Ziegeldecken, ockerfarbene Wände, Stühle aus Holz und Bilder –, aber die eigentliche Überraschung (im Sommer) ist der hübsche Innenhof mit alten Fässern und Schubkarren, umfunktioniert zu Blumentrögen. Die von Rinaldo nach klassischer Machart zubereiteten Speisen sprechen die Sprache dieses Landstrichs. Es gibt Fleisch aus Castellamonte und Gemüse aus Mazzè, verarbeitet zu **Tonno di coniglio** und Battuta di fassone, ***Caponet*** und **Flan di cardi**, Gnocchi alle ortiche mit Fondente di toma und Burro nocciola, exzellente **Agnolotti ai tre arrosti** mit Bratensauce und Thymian, **Tagliolini con ragù di coniglio** oder mit Topinambur und *Bagna caoda* (je nach Jahreszeit), **Tagliata di fassone** und Cocotte di lumache stufate in Feldkräutersauce. Die Preise sind schnell genannt: 9 € für die Antipasti, 11 € für die Primi und 13 € für die Secondi, mit drei feinen Degustationsmenüs für 27, 30 und 35 €, ergänzt durch die unglaublichen Mittagsmenüs (8, 10, 12 und 15 € für einen bis vier Gänge mit Wasser und Kaffee). Die Weinkarte mit mehr als korrektem Preisniveau nennt Etiketten aus dem Canavese und dem restlichen Piemont neben Bieren aus kleinen Brauereien. Um die Gäste im Saal kümmert sich Sara: Sie ist fröhlich und süß, wie die einmalige **Torta di nocciole mit Zabaione**.

BELLINZAGO NOVARESE
Badia di Dulzago

14 KM NÖRDLICH VON NOVARA, S.S. 32

San Giulio

Osteria-Trattoria
Ortsteil Badia di Dulzago
Tel. (+39) 03 21 / 981 01
Ruhetag: Sonntagabend, Montag, Dienstag
Ferien: zeitweise im August, Weihnachten
80 Plätze
Preise: 27–32 €
Kreditkarten: CS, DC, MC, Visa; BM
Mittags und abends geöffnet

Von Bellinzago führt der Weg vorbei an Äckern und Reisfeldern zum Klosterkomplex Dulzago, in dessen Innenhof diese klassische Trattoria mit zwei Gasträumen und einer Veranda mit schönem Ausblick auf Sie wartet. Andrea und Daniele betreuen den Service, ihre Frauen kochen die Gerichte ganz nach piemontesischer Tradition. Zum Einstieg Insalata di carne cruda, mit Senf mariniert (7 €), Sformato di spinaci mit Gorgonzola-Sauce, Sfogliata ai carciofi und **Salame d'oca mit *Bagna caoda*** oder der üppige Antipasto Badia (14 €) mit Wurst, Gemüseterrinen, Bohnensalat und Frühlingszwiebeln in Balsamico-Essig. Unter den Primi empfehlen wir **Agnolotti al sugo d'arrosto**, **Gnocchi di patate** mit Basilikum oder **al gorgonzola** und – ein Muss in einem Reisanbaugebiet – vor allem **Paniscia** (6 €) mit *Fidighin* und **Risotti** mit saisonalen Zutaten (Pilze, Spargel, Artischocken). Dann folgen eine exzellente **Anatra mit Thymian und Zitrone**, **Oca con le verze** (14 €), Sella di maialino, mit Salbei und Rosmarin im Ofen gebraten, Stufato di manzo, Trippa alla parmigiana und **Lumache al verde**. Als Alternative oder zusätzlich gibt es Gorgonzola oder Käse, 18 Monate gereift, serviert mit Mostarda. Torta di mele (4 €), Panna cotta mit Minze, Semifreddo oder Sorbet beschließen die Mahlzeit. Für 30 € bekommen Sie ein großzügiges Menü mit Antipasto Badia, zwei Primi, einem Secondo und einem Dreierlei an Desserts. Im Keller lagern gute Weine, vor allem aus den Colli Novaresi.

Nahe der Osteria bekommt man bei Barbero Reis dieser Gegend und Mehl für Polenta. In **Momo** (10 km), im Ortsteil Alzate, produziert Apostolo Toma und Caciotta. In der Molkerei der Genossenschaft von **Cameri** (9 km) gibt es Gorgonzola und Toma blu.

44 KM NORDÖSTLICH VON CUNEO

Trattoria del Peso

Osteria-Trattoria
Via Merlati, 36
Tel. (+39) 01 73 / 74 30 09
Ruhetag: Samstag
Ferien: zeitweise im Januar
45 Plätze
Preise: 30 € (Tagesmenü mit Hauswein)
Keine Kreditkarten
Mittags geöffnet

Belvedere Langhe ist ein kleiner Ort an der Straße von Dogliani nach Murazzano (und nach Savona), an der Grenze zwischen der Bassa Langa, der Heimat großer Weine, und der Alta Langa, der Hochburg von Haselnüssen und Käse, wo der Meereswind Marìn im Sommer dazu einlädt, ein paar Tage auszuspannen. Hier hat eine ganz besondere Trattoria mit langer Geschichte, ein Bollwerk der Ess- und Weinkultur der Langa, ihren Sitz. Das Lokal, seit 1912 im Besitz der Familie Schellino (nun vertreten durch die Brüder Mauro in der Küche und Ezio im Service), vermittelt den Eindruck, als wäre hier die Zeit an irgendeinem Punkt im letzten Jahrhundert stehen geblieben. Genutzt wird es als Trattoria, als Bar, Lebensmittelladen und Locanda. Das Lokal ist nur mittags geöffnet und bietet an den Wochentagen ein feststehendes Menü für 10 bis 12 € mit einem Primo, einem Secondo und Beilage, während am Sonntag das Mittagsmahl rituell zelebriert wird. Das Menü – immer nach Lust und Laune der Küche – schlägt für 30 € inklusive Getränke mindestens vier Antipasti (**Toma aus Murazzano mit Haselnüssen**, Carne cruda mit schwarzem Trüffel, Salsiccia in padella, ein kleiner Fritto misto, **Paté di tonno mit Oliven**), zwei Primi (***Tajarin*** und **Agnolotti dal *plin***), ein Secondo (**Costolette d'agnello** oder **Stracotto di vitello** oder Arrosto di maiale) und Kostproben von Dolci (Panna cotta al caffè, *Bonet*, **Pere madernassa in Wein**) vor. Gute Weine aus der Gegend begleiten diese Köstlichkeiten.

In **Pamparato di Dogliani** (10 km) stellt Casa Matilda Obst- und Gemüsekonserven her (Antipasti, Konfitüren, Fruchtsäfte). Auf dem Hauptplatz von Dogliani (7 km) findet jeden Samstag von Ostern bis Weihnachten der Bauernmarkt der Langhe statt.

78 KM NÖ. VON CUNEO, 37 KM VON ALBA, S.S. 29

'L Bunet

Hotelrestaurant
Via Roma, 24
Tel. (+39) 01 73 / 870 13
Ruhetag: Dienstag, außer April–Dezember
Ferien: Januar
50 Plätze
Preise: 26–35 €
Kreditkarten: AE, CS, MC, Visa; BM
Mittags und abends geöffnet

Wundern Sie sich nicht über die Karte, die auf zwei eng beschriebenen Seiten die Beschreibungen der Gerichte auch in Deutsch und Englisch anführt: Präzision ist ganz einfach ein Wesenszug von Emilio, dem Inhaber dieses reizenden Restaurants. Er bemüht sich so um die Gäste, die in diesem Teil der Langa zwischen Bormida und Uzzone oft Fremde sind. Wirklich beeindruckend ist der Gemüsegarten, in dem Emilio – in den kalten Monaten in einem Gewächshaus, im Sommer auf freiem Feld – einen Großteil des Gemüses und der Kräuter für die Küche anbaut: 2.000 Quadratmeter Land, das er betreut und gegen das Eindringen von Wildschweinen und Rotwild schützt. Die Gerichte von Mama Angela und Emilios Frau Janeth sind die Klassiker nach hiesiger Tradition in behutsam überarbeiteten, leichteren Varianten. Ein kleiner Willkommensgruß (bei uns war das eine Garnele in Haselnusskruste) und schon geht es los mit Antipasti (6 €): Rotondino in salsa antica, **Marinata di coniglio mit *Bagnet verd***, Cestino di pasta sfoglia, gefüllt mit Tomino, Cuori di carciofo mit Fonduta. Dann die Primi (8 €): ***Macaron del fret* mit Wurstragout**, **Agnolotti dal *plin*** und saisonale Risotti. Als Fortsetzung gibt es **Capretto al forno**, **Coniglio arrotolato** (12 €) und Sottopaletta di vitello mit Haselnusssauce. Der spektakuläre Wagen mit **Formaggi** bietet etwa 30 Sorten an Cacio aus dem Piemont, allesamt empfehlenswert. Zum Abschluss exzellente Desserts (5 €) wie **Mousse di nocciola** und Semifreddo al Barolo Chinato. Eine beachtliche Weinkarte mit Emilios Auswahl: Für jede Flasche sind der Lokal- und der Mitnahmepreis angeführt. „Jahreszeit und Territorium" – unter diesem Motto steht das üppige Degustationsmenü (30 €), zu dem sich ein weniger umfangreiches (aber immer noch viergängiges) Menü für 23 € und ein Kindermenü für 12 € gesellen.

32 KM NORDWESTLICH VON NOVARA, S.S. 229

Trattoria dei Commercianti

Trattoria
Via Cornice, 35–37
Tel. (+39) 03 22 / 84 13 92
Ruhetag: Dienstag
Ferien: 3 Wochen im Juli/August
60 Plätze • Preise: 35 €
Alle Kreditkarten; BM
Mittags und abends geöffnet

Die Trattoria dei Commercianti ist der ideale Ort, um die kulinarische Tradition des Gebiets um Novara, aber auch gelungene „Experimente" des Kochs Mauro Agazzone, nämlich innovative Gerichte und im Sommer Fisch, kennenzulernen. Jahrhundertealte Architektur, rustikale Einrichtung und moderne Lampen schaffen eine angenehme Atmosphäre im Saal, der souverän und charmant von Lucia, Mauros Frau, mit Unterstützung ihrer Tochter Silvia geführt wird. Neben einer exzellenten Auswahl an Salumi aus den Tälern bekamen wir als Entrée Carpaccio di cavallo mit Rucola (14 €), **Insalatina di galletto con paté di faraona**, Fagottino di melanzane auf Tomatenpüree und duftendes warmes Gemüse (12 €). Die Primi umfassen die hiesigen Klassiker wie **Paniscia** (10 €), **Tagliolini al ragù d'anatra**, **Risotto alle erbe aromatiche** (12 €), aber auch Pappardelle di castagne mit kleinen Tintenfischen und Scampi (12 €). Für den Hauptgang kann man das Paradegericht von Borgomanero, den **Tapulone** (10 €), schmackhafte **Quaglia disossata farcita** (14 €), **Brasato di manzo al Nebbiolo** oder Trancio di merluzzo mit Pistazienpastete und Timballo di riso aus Venere-Reis wählen. Erstklassige Auswahl an **Formaggi** – Tome aus dem Sesia-Tal, Caprini, Mottarone, Bettelmatt aus dem Formazza-Tal –, dann Desserts wie Semifreddo al torroncino (5 €) oder die Version mit Erdbeertrauben, Bavarese al tè verde mit Pfirsichsauce und *Bonet*. Die intelligent zusammengestellte Weinkarte ist reich an lokalen Etiketten.

Das Salumificio Sant'Antonio in **Fontaneto d'Agogna** (3 km) bietet Salam 'dla doja, Fidighina und andere typische Wurstspezialitäten. Die Macelleria Simonotti in **Gattico** (5 km), Via Roma 10, produziert Fleisch vom piemontesischen Fassona-Rind und Salumi.

32 KM NORDWESTLICH VON NOVARA, S.S. 229

Trattoria del Ciclista

Traditionelle Osteria-Trattoria
Via Rosmini, 34
Tel. (+39) 03 22 / 816 49
Ruhetag: Mittwoch
Ferien: letzte September-, erste Oktoberwoche
60 Plätze + 30 Plätze im Freien
Preise: 25–30 €
Keine Kreditkarten
Mittags und abends geöffnet

Hier in Borgomanero, da finden wir sie: eine echte Trattoria, authentisch sogar im Eingangsbereich. Der vordere Raum des Lokals, das die Familie Mora seit 90 Jahren führt, ist eine Bar mit Holztischen, wo man sein Glas Wein genießen, Zeitung lesen oder Karten spielen kann. Hinter einer Türe dann ein großer Speisesaal, dessen Wände mit Darstellungen des Radsports geschmückt sind, eine Hommage an den Namen, auch in seiner ursprünglichen Form: Usteria dal pedalor. Hier wie auch im großzügigen überdachten Innenhof erwarten Sie orange karierte Servietten, Holzstühle und eine ordentlich arrangierte Einrichtung. Mittags wie abends sieht das mündlich vorgetragene Repertoire einfache, delikate Speisen vor, beginnend mit Antipasto misto (10 €), der von allem etwas bietet: hervorragende Insalata russa, Salame di cavallo, ***Salam 'dla doja*** und Sottaceti. Aber übertreiben Sie nicht: Angesichts der gediegenen Küche wäre es wirklich schade, auf die dienstags servierte traditionelle **Paniscia** (schmackhafter Reis mit Bohnen und Gemüse, 4 €) oder auf die täglich angebotenen **Agnolotti d'asino** oder Raviolini di carne zu verzichten. Der Star unter den Hauptspeisen ist Carne di cavallo (Pferdefleisch): Probieren Sie Spezzatino, wunderbares **Roastbeef di puledro** (8 €) und **Tapulone** (Eselhackfleisch, in Wein und Brühe geschmort) neben Vitello (Kalb) in Form von Arrosto, **Brasato** und **Bollito**. Weitere Pluspunkte: Formaggi dieser Gegend, einfache Desserts wie ***Bonet*** oder Panna cotta (4 €) und eine gut strukturierte Weinkarte mit knapp 600 Etiketten aus der Umgebung und dem übrigen Italien.

Il Tagliere (Via Rosmini) ist ein historisches Lokal, in dem Sie Pferde- und Eselfleisch, Salami und Bresaola bekommen.

BORGOSESIA
Agnona

51 KM NORDWESTLICH VON VERCELLI

Belvedere

Trattoria
Via Solferino, 31
Tel. (+39) 01 63 / 240 95
Ruhetag: Dienstag
Ferien: Februar/März
40 Plätze + 12 Plätze im Freien
Preise: 34–35 €
Kreditkarten: AE, CS, MC, Visa; BM
Mittags und abends geöffnet

Um in der Stadt ein Lokal zu finden, das authentische Hausmannskost bietet, muss man das Zentrum verlassen und hinauf in den Ortsteil Agnona fahren, wo mitten in einer Wohngegend diese Hochburg der Küche des Sesia-Tals die Gäste überrascht. Geführt wird das Lokal von der Familie Mussini, die sich dabei auf eine langjährige Erfahrung stützt und das richtige Gespür für Gastlichkeit an den Tag legt. Zum Auftakt empfehlen wir den Misto di antipasti (10,50 €) mit einem erstklassigen **Insalata russa,** Tonno di coniglio, **Carne battuta al coltello** (ein Slow-Food-Presidio vom Rind der piemontesischen Rasse) und im Sommer Zucchine in carpione. Unter den Primi sind **Agnolotti di carne mit Bratensauce** oder **Gnocchi di patate di montagna mit Brennnesseln** (10 €) unsere Favoriten, für den Hauptgang empfehlen wir **Coniglio** nostrano **ripieno** und ***Capuneit***. Abends kann man ein umfassendes Degustationsmenü für 28 € wählen, mittags hingegen werden zwei Menüs für die Arbeitspause zum Preis von 16 und 19 € angeboten. Saisonale Gerichte, die wir Ihnen besonders ans Herz legen, sind Peperoni mit *Bagna caoda*, Funghi porcini (Steinpilze), paniert und frittiert oder in der Version als Funghi trifolati, Lumache al guscio, Tagliatelle mit Steinpilzen, Gnocchi di zucca mit Butter und Rosmarin und Guanciale di manzo mit Polenta. Das Angebot wird durch eine schöne Auswahl an Formaggi aus der Umgebung und dem übrigen Italien und die von Signora Marinella zubereiteten Dolci (6 €) abgerundet. Unter diesen empfehlen wir, je nach Saison, **Pesche al forno mit Amaretti** oder **Pere martin sec, in Rotwein gekocht**. Die Weinkarte nennt fast 100 Etiketten aus der Umgebung, der Region Piemont sowie aus anderen Teilen Italiens und dem Ausland, wobei auch Halbliterflaschen vertreten sind.

BOSCO MARENGO

13 KM SÜDÖSTL. V. ALESSANDRIA, 8 KM V. NOVI LIGURE

Locanda dell'Olmo

Restaurant
Piazza Mercato, 7
Tel. (+39) 01 31 / 29 91 86
Ruhetag: Montag, Dienstagabend
Ferien: Juli/August, Weihnachten/Dreikönig
30 Plätze + 12 Plätze im Freien
Preise: 30–35 €
Keine Kreditkarten
Mittags und abends geöffnet

Das kleine Lokal der Familie Bondi blickt auf den Marktplatz. Das Interieur ist einfach, vielleicht ein wenig aus der Mode gekommen, aber der Empfang ist herzlich: Andrea und Giorgia beraten charmant bei der Wahl der von Gianni und Michela zubereiteten Speisen. Zum Erkunden der Küche – nach hiesiger Tradition, ergänzt durch Einflüsse aus Ligurien und kreative Akzente – gibt es auch drei Menüs mit feststehendem Preis: ein Mittagsmenü mit zwei Gerichten zur Wahl aus der Karte (22 €); ein Antipasto, ein Primo oder ein Secondo und ein Dolce (25 €); ein Degustationsmenü (33 €), bei dem Sie jeden Gang wählen können. Für den Einstieg sind Carne cruda (8 €), Insalata russa, **Vitello tonnato**, Fritti di pasta di pane (in der Saison mit Zucchiniblüten im Teig) und Peperone mit *Bagna caoda* immer verfügbar. Dann gibt es erstklassige hausgemachte **Ravioli** (11 €), ***Rabaton*** (Gnocchi mit Ricotta und Kräutern), **Gnocchi al montebore** oder al castelmagno, Lasagne oder **Corzetti**, serviert **mit Pesto** oder mit Salsiccia und Pilzen. Das Spitzengericht unter den Secondi ist **Cima genovese** (10 €), ergänzt durch Acciughe fritte, delikaten **Stoccafisso mit Tomaten und Oliven**, Merluzzo al sugo oder frittiert mit Polenta, **Arrosto della vena**, Brasato und **Rollata di coniglio**. **Formaggi** aus kleinen piemontesischen Betrieben (etwa zehn Kostproben für 15 €) und als Desserts **Coppa agli amaretti di Gavi**, Crostate und Timballo mit saisonalen Früchten. Gute Auswahl an Weinen, darunter auch welche aus dem familieneigenen Betrieb.

»*Das territorial geprägte Speisenrepertoire beweist Originalität und Unverfälschtheit – Ausdruck einer perfekt ausgeführten Grenzlandküche, in der Kulturen verschmelzen.*«

BOVES
Fontanelle

9 km südlich von Cuneo

Da Politano

Hotelrestaurant
Via Santuario, 125
Tel. (+39) 01 71 / 38 03 83
Ruhetag: Montagabend, Dienstag
Ferien: unterschiedlich
130 Plätze
Preise: 30–32 €
Kreditkarten: MC, Visa
Mittags und abends geöffnet

Sobald Sie von Cuneo kommend, wenige Kilometer vom Hauptort der Provinz entfernt, die Gemeinde Boves erreichen, folgen Sie der Straße nach Fontanelle. In der Nähe der Wallfahrtskirche Regina Pacis finden Sie das 1959 errichtete und seit der Nachkriegszeit von Rosina und Sebastiano Politano geführte Hotelrestaurant. Das Lokal, eine einfache, aber aufgrund der guten Küche und der familiären Atmosphäre empfehlenswerte Osteria, wird nun von ihrem Sohn Claudio und seiner Frau Ivana geleitet. Die Wirtin empfängt Sie im kleinen Speisesaal (der Salon ist für Bankette reserviert) und präsentiert mündlich die Speisen, die Claudio aus hochwertigen Zutaten zubereitet. Die Auswahl – die am Wochenende größer ist – kann im Sommer als Antipasti Trota in carpione di Moscato, Fiore di zucchina ripieno und **Coniglio con *ratatuia***, in anderen Jahreszeiten **Tortino di carciofi**, Paté di agnello oder **Rollatina di quaglia** enthalten. Fast immer vertreten sind fein gehackte Carne cruda, aber auch weniger territoriale Gerichte, darunter Medaglioni di cappesante mit Safransauce. Hausgemachte Pasta dominiert bei den Primi: **Ravioli** mit Butter und Salbei oder **ai *luvertin***, Tagliatelle ai funghi, Cannelloni di melanzane mit Ricotta und Tomaten (7 €) und Crespelle mit Fonduta. Beispiele für Secondi sind Coscia d'anatra oder Coscia di coniglio arrosto, Stinco di vitello, **Agnello al forno** (13 €) und **Guanciale di vitello in umido**. Wenn es die Saison erlaubt, gibt es **Funghi** und **Selvaggina**. Zur Zeit der *Fera freida* (Schneckenmarkt) in Borgo San Dalmazzo lockt ein eigenes Menü mit **Lumache**. Zum Ausklang hausgemachte Desserts: Strudel di castagne (5 €), Crostata mit Pflaumenkonfitüre, Zabaione alle mandorle und Cremino di gianduia. Die preislich korrekten Weine stammen aus dem Piemont und anderen Teilen Italiens.

BRA

45 km nö. v. Cuneo, 48 km s. v. Turin, S.S. 231

Battaglino

Restaurant
Piazza Roma, 18
Tel. (+39) 01 72 / 41 25 09
Ruhetag: Sonntagabend, Montag
Ferien: je 2 Wochen im Januar und im August
60 Plätze + 30 Plätze im Freien
Preise: 25–35 €
Kreditkarten: CS, MC, Visa; BM
Mittags und abends geöffnet

Alessia – Vertreterin der vierten Generation der Familie Battaglino – führt gemeinsam mit Carlo Fanti dieses historische Lokal, dessen Interieur trotz Renovierung die typische Atmosphäre aus alten Zeiten bewahrt. Die Darstellungen der Scala an den Wänden stellen eine postume Hommage an die Musikbegeisterung des Großvaters dar. Eine kleine Kostprobe, etwa eine frittierte Zucchiniblüte, verkürzt die Wartezeit. Die piemontesische Tradition macht sich schon bei den knusprigen Grissini bemerkbar, dann folgen **Salsiccia di Bra cruda** (8 €), serviert mit zarter Battuta di fassona piemontese. Als Alternative bekommen Sie lauwarme Insalatina di gallina mit gehobeltem Castelmagno, **Lingua in rosso**, Vitello tonnato und im Sommer **Carpionata mista** (Hähnchen, Zucchini, Ei). Exzellente Primi mit hausgemachter frischer Pasta: ***Plin*** (12 €) und ***Tajarin*** mit Butter und Salbei, auch in den Versionen **al sugo di arrosto** oder al ragù di carne, oder wunderbar weiche Gnocchi di patate al castelmagno. Unter den Secondi findet man im Herbst und im Winter **Trippa ai porri di Cervere**, **Finanziera** und **Bollito misto** (13 €), manchmal auch Lumache in guazzetto. Häufige Hauptspeisen sind Rolatine di coniglio mit Oliven und Pinienkernen, Stinco di vitello arrosto und Costolette di agnello, paniert und frittiert. Typisch piemontesische Desserts (4 €): *Bonet*, **Panna cotta** und Feingebäck zum Kaffee. Einmal im Monat wird ein veganes Abendessen mit typischen lokalen Produkten angeboten (auch eigenes Gemüse). Die Weinkarte bevorzugt Etiketten aus dem Piemont, ergänzt durch Anleihen aus anderen Regionen.

»*Das Haus basiert auf einer langen Geschichte und Tradition. Alessia und Carlo bringen frischen Wind in das Lokal, doch ohne radikale Eingriffe.*«

45 KM NÖ. V. CUNEO, 48 KM S. V. TURIN, S.S. 231

Boccondivino

Moderne Osteria
Via della Mendicità Istruita, 14
Tel. (+39) 01 72 / 42 56 74
Ruhetag: Sonntag (außer im Herbst), Montag
Keine Ferien
60 Plätze + 30 Plätze im Freien
Preise: 30–34 €
Alle Kreditkarten; BM
Mittags und abends geöffnet

Wir befinden uns hier in einem Innenhof im Zentrum, in dem Innenhof, wo Arcigola das Licht der Welt erblickte, aus der sich dann Slow Food entwickelte, der Beginn einer langen Geschichte. Im ersten Stock, im Schatten der prachtvollen Glyzinien, hat das Boccondivino seinen Sitz, der einstige Treffpunkt der Arcigola-Mitglieder und bis heute Bezugspunkt für Slow Food (aber nicht nur). Wer zum wiederholten Mal in das Lokal kommt, genießt gerne wieder diese Küche, die Tradition gewagten Erneuerungen vorzieht. Erstbesucher schätzen seine Schlichtheit, die Vielfalt an Aromen und Düften und die hohe Qualität der Zutaten. Zum Einstieg historische Antipasti (9 €): Carne cruda, fein gehackt, Salsiccia di Bra, **Vitello tonnato**, Insalata russa, **Tonno di gallina**, Sformati di verdure mit Fonduta und Carciofi mit Caprino. Die Primi umfassen die legendären ***Tajarin* 40 tuorli** (9 €), hausgemacht wie alle frischen Teigwaren, Agnolotti dal *plin* und **Gnocchi al roccaverano**, ergänzt durch mindestens einen Risotto und eine Minestra. Beim Hauptgang darf **Coniglio grigio di Carmagnola** (ein Slow-Food-Presidio) **all'Arneis** nicht fehlen, aber Sie können auch **Noce di vitello mit Kräutern**, Stracotti di vitello in umido (13 €) und Fischgerichte wählen. Zum Abschluss typische Desserts: eine einmalige **Panna cotta,** *Bonet*, Puddings und Semifreddo. Die Karte mit **Formaggi** ist gut bestückt, dem Niveau des Lokals entsprechend. Gleiches gilt für die Weinkarte mit auch glasweise angebotenen guten Tropfen.

Das Lokal ist die Mutter (oder der Vater) von Slow Food und – wie könnte es anders sein – spiegelt genau die Werte wider, die diese Vereinigung bei ihren Bemühungen zum Schutz der traditionellen Küche inspiriert haben.

BRIAGLIA

34 KM ÖSTLICH VON CUNEO, 7 KM VON MONDOVÌ

Marsupino

Restaurant mit Übernachtungsmöglichkeit
Via Roma, 20
Tel. (+39) 01 74 / 56 38 88
Ruhetag: Mittwoch, Donnerstagmittag
Ferien: je 10 Tage im Juni/Juli und September, Januar
80 Plätze
Preise: 35–40 €
Kreditkarten: CS, MC, Visa; BM
Mittags und abends geöffnet

Eine Fahrt durch die Langhe des Monregalese führt vorbei an Reben, Haselnusshainen und Äckern, bis man die Ortschaft Briaglia mit dem Restaurant der Familie Marsupino erreicht: einst ein einfaches Landgasthaus mit Tabakladen, das sich nun zu einem Ort der gehobenen Esskultur nach lokaler Tradition entwickelt hat. Die gesamte Familie ist in Service, Küche und Weinkeller im Einsatz. Das Angebot umfasst Gerichte aus der Karte oder ein Degustationsmenü für 38 €, bestehend aus zwei Antipasti, einem Primo nach Wahl, einem Secondo und einem Dessert. In den kleinen Gasträumen mit ziegelroten Gewölbedecken erwarten Sie auf jedem Tisch hausgemachtes Brot und Focaccia. Beginnen können Sie mit **Carne cruda *ciapulà*** (11 €) und Carpaccio di fassone auf Eiercreme, Insalata russa oder **Vitello tonnato**, aber auch mit Baccalà scottato auf Coulis von Ochsenherztomaten mit Basilikum. Unter den Primi finden Sie **Agnolotti** (11 €) oder ***Tajarin* ai 40 tuorli al ragù di coniglio** (mit Kaninchen vom Bauernhof), Gnocchi und **Ravioli di carciofi mit Forelle und Rosmarin**. Als Secondi stehen **Agnello al forno** (16 €), Lumache di Cherasco alla borgognona, **Stinco di manzo al Barolo** (14 €) und in der Saison **Porcini fritti** zur Wahl. Die Desserts umfassen Tortino al cioccolato gianduia (11 €), ***Bonet*** (mit Haselnüssen der Sorte Tonda Gentile) und Semifreddo al torrone mit Zabaione al Marsala neben Sorbets und hausgemachtem Eis. Eine beachtliche Auswahl an **Formaggi** und eine überragende Weinkarte, auch glasweise angeboten. Das Marsupino verfügt über einige Gästezimmer.

Vom Landgasthaus mit Tabakladen zu einem Restaurant mit raffinierter Küche nach lokaler Tradition, das auf die Spitzenprodukte des Piemont setzt.

BRONDELLO

41 KM NW. V. CUNEO, 10 KM V. SALUZZO, S.P. 47

La Torre

Restaurant
Via Villa, 35
Tel. (+39) 01 75 / 761 98
Ruhetag: Montagabend, Dienstag
Ferien: unterschiedlich
70 Plätze + 30 Plätze im Freien
Preise: 23–30 €
Kreditkarten: CS, MC, Visa; BM
Mittags und abends geöffnet

Das Restaurant, entstanden zu Beginn der Achtzigerjahre aus einer alten Osteria, nun von Ivano Maero, dem Sohn der Gründer, und Silvia (Küche) geführt, besteht aus zwei Räumen, einem Weinkeller und einem Garten, wo man dem Klang der alten Turmglocken lauschen kann. Empfang und Service sind freundlich, Markenzeichen ist die enge Verbindung zur Tradition dieser Gegend – das Bronda-Tal, Anbaugebiet von Äpfeln, Kiwi, Ramassin (Pflaumen) und Trauben (für die von der Familie Maero erzeugten Doc-Weine Colline Saluzzesi). Ivanos Leidenschaft sind selbst selektierte und veredelte **Formaggi**, die, auf einem grandiosen Wagen angerichtet, zu wichtigen Zutaten werden: bei den Antipasti **Girandolone di erbette mit Toumin del Mel** (8 €) und **Tartelletta di pasta brisée mit Creme aus Plaisentif** (7 €). Auch die Klassiker **Tonno di coniglio** und Vitello tonnato (mit Sauce ohne Mayonnaise) oder Trota salmonata in agrodolce leiten zu ***Coujëtte*** – Gnocchi mit Kartoffeln aus Brondello mit Almkäse, 6 € – oder im Frühling zu Riso ai *luvertin* mit Brennnesseln oder Tajarin al sugo über. Dann folgen Tagliata di fassone, **Agnello al *serpol*** (Wildthymian), **Stinco di maiale** (10 €, im Sommer **mit Ramassin**, ein Slow-Food-Presidio) und im Winter *Bagna caoda*, in der Saison durch **Funghi** dieser Gegend ergänzt. Zum Abschluss Rosellina di sfoglia mit Äpfeln oder Pfirsichen und Vanillesauce, Crema di latte alla lavanda und Mousse al caramello. Ein Degustationsmenü für 23 €. Gute Weine vorwiegend lokaler Provenienz, aber auch aus anderen Teilen Italiens und dem Ausland.

Der Betrieb Alida Borghino in **Castellar** (4 km) verkauft Ramassin, eine alte Pflaumensorte, Pignolet-Mais und andere Bio-Produkte. Vor einem Besuch Anruf erbeten: (+39) / 01 75 / 762 14).

CALAMANDRANA
San Vito

25 KM SÜDÖSTLICH VON ASTI

Bianca Lancia Dal Baròn

Hotelrestaurant • Regione San Vito, 14
Tel. (+39) 01 41 / 71 84 00,
(+39) 339 / 587 15 01
Ruhetag: Dienstag • Ferien: zeitweise im Januar
60 Plätze + 40 Plätze im Freien
Preise: 30–35 €
Kreditkarten: CS, DC, MC, Visa; BM
Mittags und abends geöffnet

In Calamandrana, auf halbem Weg zwischen Canelli und Nizza, schlägt man die Straße nach Rocchetta Palafea ein und gelangt so zu diesem Hotelrestaurant (ein kleines Hotel mit sieben Zimmern), das als solide Adresse für die Küche des Monferrat gilt. Der Baron, das ist Beppe Gallese, ein Piemonteser vom alten Schlag mit unbändiger Vitalität, der gemeinsam mit seiner Frau Giovanna am Herd steht. Sein Bruder Pietro begrüßt die Gäste mit einem Glas Spumante und einem Appetithäppchen und trägt die Gerichte aus der Karte auch mündlich vor. Zum Einstieg Antipasti (7 €) mit Pere con gorgonzola, Carne cruda, **Vitello tonnato**, Rollata di pollo, Peperoni con salsa di tonno und Flan di verdura mit Fonduta. Die Primi umfassen Klassiker wie **Agnolotti dal *plin* mit Fleischragout** (8 €) oder die fleischlose Variante mit Raschera und Zucchini, ***Tajarin***, in der Saison **con funghi** oder con tartufo bianco (mit weißem Trüffel, nach alter Tradition von der Familie Gallese selbst gesammelt) und **Pasta e fagioli** (ganzjährig im Programm). Empfehlenswerte Secondi sind **Scaramella al forno** (10 €), Bocconcini di vitello mit Steinpilzen, **Pollo alla cacciatora,** Faraona al Moscato, **Coniglio al forno** mit Kräutern der Provence (9 €) und Baccalà (Kabeljau) mit Taggiasca-Oliven. Vor dem Kaffee – den der Baron mit einem Schuss Grappa zu verfeinern empfiehlt – ein hausgemachtes Dessert: Panna cotta, Bonet, Tiramisu, Pesche cotte nel Moscato, Semifreddo al torrone mit heißer Schokolade und Eis. Die im Saal ausgestellten Etiketten lassen auf einen gut bestückten Weinkeller mit klingenden Namen schließen.

»*Eine Küche ganz nach piemontesischer Tradition als Markenzeichen eines Restaurants, das der Wirt mit überschäumender Herzlichkeit belebt.*«

CALAMANDRANA
Valle San Giovanni

25 KM SÜDÖSTLICH VON ASTI

Violetta

Restaurant
Via Valle San Giovanni, 1
Tel. (+39) 01 41 / 76 90 11
Ruhetag: Dienstagabend, Mittwoch, Sonntagabend
Ferien: Januar
60 Plätze + 20 Plätze im Freien
Preise: 30–35 €
Kreditkarten: CS, MC, Visa; BM
Mittags und abends geöffnet

Im Violetta isst man gut, sehr gut sogar. Damit könnte man die Besprechung eigentlich schon beenden, was aber der Osteria wohl nicht gerecht werden würde. Vielleicht passiert es Ihnen, dass Sie das Schild übersehen und in Richtung Parkplatz fahren: Aufgepasst, denn so landen Sie im Haus von Herrn Tino, der Ihnen dann geduldig erklären wird, dass Sie mit dem Auto einige Meter zurücksetzen müssen. Die Locanda wird seit mehr als 50 Jahren von der Familie Lovisolo betrieben und am Herd steht die 84-jährige Mama Maria, wobei mehr als ihr Alter ihre Sicherheit in der Zubereitung beeindruckt: höchste Präzision ohne Überraschungen. Als Antipasto probierten wir an einem Sommerabend die exzellente **Battuta al coltello** und frischen Sformato di zucchine mit Tomatensauce, es gab aber auch **Vitello tonnato**, Peperone, mit Thunfisch gefüllt, und Aspic di verdure (8 €). Ein gewaltiges Angebot an Primi: **Gnocchi al sugo di salsiccia** (9 €) von untadeliger Konsistenz, *Tajarin* (in der Saison mit Pilzen), **Ravioli quadrati di carne** oder ***Plin* di magro** mit Butter. Dann folgen **Faraona ripiena**, Rollata di coniglio, Costolette di agnello vom Rost, **Stracotto di vitello** und die einmalige **Finanziera** (17 €). Die Desserts (7 €), typisch piemontesisch: Panna cotta, ***Bonet***, Pesche sciroppate und Semifreddo al torrone. Die Weinkarte dokumentiert die enge Bindung an die Umgebung, mit Ergänzungen aus anderen wichtigen Anbaugebieten Italiens. Ein Ratschlag: Fragen Sie nach den Degustationsmenüs für 35 und 40 €.

„*Die Höflichkeit, mit der die Familie Lovisolo Sie in ihrem Haus empfängt, wird nur von der Qualität der Gerichte übertroffen. Tradition und Geschick prägen das regionaltypische Repertoire quer durch alle Gänge.*"

CALLIANO
San Desiderio

15 KM NÖRDLICH VON ASTI

Santisé

Restaurant
Strada Castelletto, 2
Tel. (+39) 01 41 / 92 87 47, (+39) 347 / 976 32 47
Ruhetag: Montag, im Winter auch Dienstag
Ferien: zeitweise im Januar
80 Plätze + 40 Plätze im Freien
Preise: 32–38 €
Kreditkarten: AE, CS, MC, Visa; BM
Mittags und abends geöffnet

Das Santisé (so heißt San Desiderio im hiesigen Dialekt) liegt in prachtvoller Panoramalage in den Hügeln von Asti. Es hat seinen Sitz in einer geschickt restaurierten alten Villa mit wunderschönem Garten und angeschlossenem Gemüsegarten, aus dem die Küche beliefert wird. Das Restaurant ist ein Familienbetrieb, wobei Marco und Barbara sich um die Gäste im Saal kümmern und Marzia am Herd steht. Das Speisenangebot, ganz im Zeichen dieses Landstrichs, folgt dem Lauf der Jahreszeiten. Ein erwähnenswertes Detail ist der Hinweis in der Karte auf Gerichte ohne Zutaten tierischen Ursprungs. Unter den Antipasti sticht als interessantes Element das **Quinto quarto** hervor, so bezeichnet man Trippa (Kutteln), Animella (Bries) und Testina impanata (Kalbskopf in Panade) mit Pistazien und Orangenschale (12 €). Sehr delikat und ausgewogen ist der **Tortino di porri**, aber auch Torta di zucchine ist zu empfehlen. Unter den Primi wollen wir ***Rabaton* mit frischer Ricotta und Artischocken** (10 €) und **Agnolotti gobbi ai tre arrosti** hervorheben, im Sommer gibt es auch Parmigiana di melanzane mit Basilikum-Pesto. Zu den Secondi gehören **Coniglio al forno mit Kirschtomaten** (15 €), in der warmen Jahreszeit ein leichter **Carpione** misto (**mit Kalb, Huhn, Zucchini und Auberginen**), im Herbst und im Winter eine exzellente **Finanziera**. Gegen Vorbestellung bekommen Sie die großen (und aufwendigen) Klassiker der piemontesischen Küche, nämlich *Bagna caoda*, Bollito und Fritto misto. Sehr fein sind auch die Dolci: Unsere Favoriten sind Meringa mit Sorbetto di lamponi (Himbeersorbet) in Gianduia-Sauce (7 €) und Millefoglie mit Chantillysauce und Himbeeren. Die Weinkarte hat ihren Schwerpunkt bei Produkten dieser Gegend, enthält aber auch weitere Etiketten aus dem Piemont und anderen Regionen Italiens.

CALOSSO

23 KM SÜDLICH VON ASTI

La Crota 'd Calos

Traditionelle Osteria
Via Cairoli, 7
Tel. (+39) 01 41 / 85 32 32
Ruhetag: Mittwoch, März–November Dienstag
Ferien: 7. Januar–10. Februar, erste Septemberwoche
80 Plätze + 60 Plätze im Freien
Preise: 24–27 €
Alle Kreditkarten; BM
Mittags und abends geöffnet

Die Enoteca der Gemeinde Calosso, eines hübschen Dorfs in den Hügeln in der Nähe von Canelli, hat ihren Sitz im Souterrain eines alten Palazzos. Darüber liegt diese Osteria mit drei Räumen und einem Garten mit schönem Blick auf das umliegende Tal. Die Gäste werden von Sebastiano empfangen, der temperamentvoll die von Patrizia zubereiteten Gerichte vorstellt: ein Repertoire ganz nach piemontesischer Tradition, jedoch mit einer Eleganz präsentiert, wie es sie in den Osterien von anno dazumal wohl kaum gegeben hat. Man wählt aus der Karte oder das Degustationsmenü für 27 € mit zwei Antipasti, Primo, Secondo und Dolce. Die Speisen variieren je nach Jahreszeit, auch die Antipasti (5,50 €): Unter diesen finden Sie Battuta di fassone, fein gehackt, **Peperone con crema di acciughe**, Sformati di verdura, Lardo alle erbe und eine Auswahl an Salumi aus dem Monferrat. Empfehlenswerte Primi sind ***Tajarin*** al ragù oder in der Pilzsaison **ai porcini** (mit Steinpilzen), Ravioli dal plin, mit Fonduta gefüllt, **Gnocchi mit Castelmagno**, mit Tomaten und Basilikum (6 €) oder mit Pesto sowie **Zuppa di trippa e fagioli** (falls vorhanden, auch mit Steinpilzen). Apropos Pilze: Interessant sind die **Uova affogate in *bagna 'd bolé*** (7,50 €), die als Hauptgang als Alternative zu **Coniglio mit Paprikaschoten**, Stinco di maiale, Coscia di faraona in Marsala mit Parmesansoufflé serviert werden. Zum Abschluss eine Auswahl an Formaggi oder klassische Desserts (5 €): ***Bonet***, Panna cotta, Tortino di nocciole mit Zabaione, Timballo di pere mit Schokoladesauce. Das hausgemachte Brot und das Gedeck werden nicht verrechnet. Die Auswahl an Weinen ist von Niveau, beschränkt sich jedoch auf die Hersteller aus Calosso, welche die Enoteca Comunale betreiben. Die Produkte von drei Winzern werden abwechselnd auch offen ausgeschenkt.

CALOSSO
Piana del Salto

23 KM SÜDLICH VON ASTI

Osteria della Gallina Sversa

Trattoria • Via Battibò, 9
Tel. (+39) 01 41 / 85 34 83
Ruhetag: Dienstag
Ferien: 1 Woche im August, 25.–31. Dezember
35 Plätze + 20 Plätze im Freien
Preise: 32–35 € • Keine Kreditkarten; BM
Mittags und abends geöffnet

Seit 2004 betreibt die Familie Boursier diese reizende Dorftrattoria: Ediliano und Rosaria stehen am Herd, Elena und Manuela kümmern sich charmant und effizient um den Service im Saal oder Garten. Die Küche nach Tradition des Monferrat verarbeitet saisonale Zutaten, die auf Märkten oder bei kleinen Produzenten dieser Gegend gekauft werden. Als Antipasto (8 €) ließen wir uns bei unserem letzten Besuch die erstklassigen **Acciughe al bagnetto verde** und ein exzellentes **Vitello tonnato** schmecken, auf der Karte findet man aber immer auch Cruda battuta al coltello und häufig **Giardiniera con il tonno** oder Tortino mit Ei und Robiola. Hausgemachte Pasta dominiert bei den Primi: **Agnolotti dal *plin* mit Butter und Salbei**, **Gnocchi al castelmagno**, ***Tajarin* al ragù di salsiccia** und im Frühling die delikate Carbonara monferrina di tagliatelle mit Spargel (9 €). An einem Abend im April probierten wir den Spargel auch in der klassischen Kombination mit Ei, Butter und Parmesan, ein Gericht, das neben Filetto di fassona (15 €) und **Rollata di coniglio** (12 €) für den Hauptgang angeboten wurde. Im Herbst und Winter setzt die Küche auf **Brasato al Barolo**, **Trippa** und Baccalà mit Polenta. Die Wahl kann jedoch auch auf die DOP-Salumi oder die exzellente Auswahl an **Formaggi** dieser Gegend fallen, serviert mit hausgemachten Konfitüren (13 €). Unter den Desserts sind Panna cotta, Semifreddo alla nocciola und Zabaione arricchito in semifreddo zu erwähnen. Die Weinkarte beinhaltet fast ausschließlich Produkte aus dem Piemont, mit einer breiten Auswahl an lokalen und weiteren Etiketten. Seit einiger Zeit bietet das Gallina Sversa am Sonntagabend auch Pizza aus hochwertigen Zutaten: eine Neuheit, aber gleichzeitig auch eine Rückkehr zu den eigenen Wurzeln, da das Lokal in den Räumen der alten Backstube seinen Sitz hat.

CANTALUPO LIGURE
Pessinate

55 KM SÖ. V. ALESSANDRIA, 45 KM V. TORTONA, S.P. 35 BIS U. 140

Belvedere 1919

Restaurant
Ortsteil Pessinate, 53
Tel. (+39) 01 43 / 931 38
Ruhetag: Montag
Ferien: Januar
45 Plätze
Preise: 32–40 €
Kreditkarten: CS, DC, MC, Visa; BM
Mittags und abends geöffnet

Spätestens wenn Sie die hausgemachten Grissini und das Brot probieren, das Mama Marisa zum Empfang serviert, wissen Sie, dass Sie hier richtig sind. Das Belvedere ist seit 1958 in Betrieb, aber die Jahreszahl auf dem Schild ist sehr wohl korrekt, da das Restaurant eine Tochter (oder Enkelin) der Osteria Italia ist, die 1919 ganz in der Nähe ihre Pforten öffnete. Die Küche von Fabrizio und Serena Rebollini, Nachfahren des Gründers Gianen, ist gepflegt und einfallsreich, eine „Fusions-Küche", in der die Traditionen der benachbarten Regionen Piemont, Ligurien, Lombardei und Emilia verschmelzen. Man wählt ein fünfgängiges Menü (32 €) oder à la carte: Die Basis bilden exzellente lokale Zutaten mit einer offensichtlichen Ausnahme, nämlich Meeresfisch, der wie auch Käse stets mit mindestens einem Vorschlag vertreten ist. Man beginnt mit Salumi (einige aus eigener Herstellung), **Tortino di stoccafisso mit Kirschtomaten, Oliven und Pinienkernen**, Purea di cavolfiore mit Scampi in Polentakruste (aus Ottofile-Mais) oder im Frühling mit Zuppa di cipolle, Spargel und Uovo alla coque (10 €). Unter den Primi locken die einmaligen **Agnolotti**, **Risotto al Barbera dei Colli Tortonesi con piccione** (mit Taube) oder con lumache (mit Schnecken) und Parmesan und Spaghetti con acciughe mit getrockneten Tomaten, Knoblauch und Bröseln (13 €). Dann folgen **Controfiletto di manzo al fieno arso** (15 €), Rombo alla mugnaia und **Formaggi** aus dem Borbera-Tal (10 €) mit hausgemachten Chutneys und Bieren von kleinen Brauereien. Empfehlenswerte Dolci, insbesondere Semifreddo alla meringa mit Schokolade-Fonduta. Die Weine – gelagert im Keller oder in den klimatisierten Vitrinen an den Wänden – sind in einer umfangreichen Karte aufgelistet, die auf lokale Etiketten achtet und dem hohen Niveau der Küche gerecht wird.

CAPRIATA D'ORBA

23 KM S. V. ALESSANDRIA, 10 KM VON NOVI LIGURE

Il Moro

Restaurant
Piazza Garibaldi, 6
Tel. (+39) 01 43 / 461 57
Ruhetag: Sonntagabend (außer April–September), Montag
Ferien: 1 Woche unbestimmt, 10 Tage im Dezember/Januar
30 Plätze + 15 Plätze im Freien
Preise: 35 € • Kreditkarten: CS, MC, Visa; BM
Mittags und abends geöffnet

Auf dem Weg von Alessandria an die Küste Genuas lohnt sich ein Abstecher auf den Hauptplatz von Capriata zu diesem mehr als 100 Jahre alten Restaurant mit hübschen Räumen und blumengeschmücktem Garten, wo bald auch Gästezimmer verfügbar sein sollen. Vor etwa 15 Jahren wurde das Il Moro von Simona und Claudio Rebora übernommen, die dem Lokal zu neuem Glanz verholfen haben. Die typische Grenzlandküche, ein Loblied auf die Verbindung zwischen Ligurien und dem Piemont, findet in einladenden saisonalen Gerichten aus hochwertigen lokalen Produkten ihren Ausdruck. Zum Einstieg gibt es Cruda al coltello, Insalata russa, gefüllte Fiori di zucca in Backteig (9 €), Sformati di verdure (mit hauseigenem Gemüse) mit Fonduta oder *Bagna caoda* und Acciughe ripiene al forno. Auch die Primi pendeln zwischen Piemont und Ligurien: exzellente **Agnolotti** „a culo nudo" (ohne Sauce), al vino oder al tocco (13 €), **Corzetti novesi mit Pinienkernen und Majoran**, Gnocchi verdi mit Roccaverano, **Risotto mantecato al beigua** (Pecorino aus dem Appennino Savonese). Im Dezember werden nach hiesiger Tradition Gnocchetti di pasta in ristretto di cappone (in Kapaunbrühe) serviert. Unter den Secondi findet man **Guancino di fassone in Dolcetto**, wunderbare **Cima genovese**, Stoccafisso mit Kartoffeln und Taggiasca-Oliven (13 €) und im Winter Bollito misto piemontese. Eine tadellose Auswahl an **Formaggi** und exzellente Dolci (7 €). Die gut bestückte Weinkarte – mit Straßenverkauf in der angeschlossenen Vinothek – bietet lokale, weitere italienische und auch französische Etiketten.

»*Eine gelungene Verbindung zwischen Ligurien und dem Piemont sowie Achtung der Produkte dieses Landstrichs – das macht dieses Lokal zu einem lohnenden Ziel.*«

CARAGLIO
Paschera San Defendente

14 KM NORDWESTLICH VON CUNEO

Paschera dal 1894

Osteria-Trattoria
Ortsteil Paschera San Defendente, 62
Tel. (+39) 01 71 / 81 72 86,
(+39) 335 / 809 90 56
Ruhetag: Montag
Ferien: unterschiedlich
40 Plätze
Preise: 30–35 €
Kreditkarten: MC, Visa; BM
Mittags und abends gegen Vorbestellung geöffnet

Diese reizende Osteria, eine ehemalige Locanda, die kürzlich ihr 120-jähriges Bestehen gefeiert hat, liegt versteckt in einem winzigen Dorf in der Nähe des Filatoio Rosso, eines bekannten Museums der Seidenherstellung. Seit fünf Generationen lenkt die Familie Rovera die Geschicke des Lokals. Manuela ist überall: in der Küche an der Seite von Mama Francesca, im Saal mit ihrem Mann Carlo Rocca, wobei die beiden gerne Details aus der Zubereitung der einzelnen Gerichte erzählen. Die Speisenfolge ist vorgegeben und kann bei der (unbedingt notwendigen!) Reservierung abgestimmt werden. Keinesfalls fehlen darf die exzellente ***Culumbot*** (Taube), die Spezialität des Hauses, geliefert von einem bewährten Zuchtbetrieb aus der Umgebung. Zubereitet wird sie mit der Sauce der ***Tajarin*** oder auf dem Holzofen gebraten. Als Antipasti wechseln die klassischen ***Batsoà*** (frittierte Schweinehaxe), hervorragende **Peperoni in agro mit Sardellen**, Torte di verdure, Cotechino oder Anleihen aus anderen Regionen (in unserem Fall eine ordentliche Caponata) ab, zu denen sich Carlo bei seinen Reisen quer durch Italien Anregungen holt. Häufige Alternativen zur *Culumbot* sind **Pollo al *babi*** und **Coniglio alla ligure**. Falls Sie nicht alles aufessen können, packt Manuela auf Wunsch die Reste der Mahlzeit zum Mitnehmen ein. Zum Abschluss gibt es frisches Obst aus eigener Produktion, Crostata oder **Torta di nocciole mit Zabaione**. Die kleine Weinkarte enthält niveauvolle Etiketten, die man jedoch aus kleinen rustikalen Gläsern trinkt.

Die Cascina Rosa im Ortsteil **Bottonasco** 28 (4 km) produziert und verkauft eingelegtes Obst und Gemüse, Saucen, Säfte, Fruchtsirup, getrocknete Früchte und Honig, alles aus Bio-Anbau.

CAREMA

64 KM N. V. TURIN, 17 KM V. IVREA, A 5 U. S.S. 26

Ramo Verde

Trattoria
Via Torino, 42
Tel. (+39) 01 25 / 81 13 27
Ruhetag: Montag, Dienstag, Samstagmittag, Sonntagabend
Ferien: je 1 Woche im Juli und September
35 Plätze
Preise: 33–38 €
Kreditkarten: CS, DC, MC, Visa; BM
Mittags und abends geöffnet

Wenige Kilometer trennen Carema von der Grenze zum Aostatal. Auf diese Trattoria stößt man, wenn man der Staatsstraße nach Pont-Saint-Martin und Donnas folgt: Durch die strategisch günstige Lage stellt das Ramo Verde ein ideales Ziel für die Piemonteser dar, die Fahrten hierher in das Tal unternehmen. Es handelt sich um ein typisch klassisches Lokal mit solider Tradition und angenehmem Ambiente. Geführt wird es auch weiterhin von Fabrizio Vairetto, dem Spross einer Familie von Gastronomen, zusammen mit seiner Frau Graziella. Sie empfängt die Gäste und erläutert das Speisenrepertoire, während er das Regiment in der Küche führt. Man wählt aus der Karte oder gibt sich dem Genuss des reichhaltigen Degustationsmenüs für 38 € hin. Beginnend mit den Antipasti (gemischte Kostproben für 15 €) sind die einmalige Carne di fassone, mit dem Messer fein gehackt, und saisonale Gerichte zu erwähnen, darunter Sformato di verdure, Insalata di carciofi, Asparagi mit salziger Zabaione und Tortino di porri. Dann folgt frische Pasta: Tagliolini aus Buchweizen, **Ravioli mit Borretsch** (8 €) und Linguine mit Kürbisblüten. Ein Gedicht sind **Zuppa di *ajucche*** im Frühling und **Trippa** im Winter. Wenn wir bei Fleisch bleiben wollen, der eigentlichen Spezialität des Hauses, sind **Capretto al forno** (15 €), Stinco di vitello mit Püree, Arrosto mit Pilzen, **Coniglio grigio di Carmagnola** (ein Slow-Food-Presidio) **mit Haselnüssen** und Guanciale al vino rosso sehr zu empfehlen. Zum süßen Ausklang erwarten Sie Torta di mele mit Haselnuss-Krokant und Zabaione (3 €). Aus weintechnischer Sicht steht hier der Nebbiolo aus Carema im Rampenlicht, der erste italienische Wein, der von einem Slow-Food-Presidio geschützt wird. Zu diesem gesellen sich weitere Etiketten aus dem Piemont und dem Aostatal neben einem süffigen offenen Wein.

31 km nö. von Cuneo, S.P. 12 od. Ausf. A 6, A 33

Osteria del Borgo

Moderne Osteria
Via Garibaldi, 19
Tel. (+39) 01 73 / 75 91 84
Ruhetag: Dienstagabend, Mittwoch
Ferien: 4 Wochen im Juni/Juli
60 Plätze
Preise: 30–35 €
Kreditkarten: CS, MC, Visa; BM
Mittags und abends geöffnet

Es ist fast unmöglich, in die Osteria del Borgo nach Carrù zu kommen, ohne den exzellenten **Bollito misto** zu probieren, auch wenn Sommer ist, also nicht die Jahreszeit für dieses üppige Gericht, das man eher mit der winterlichen Festzeit assoziiert. Im Dezember findet in der Nähe der Piazza mit dem auffälligen Mastochsendenkmal die Fiera del bue grasso, das Mastochsenfest, statt. In der Osteria der Familie Lubatti sind auf einem schönen Wagen die typischen sieben Fleischsorten mit ebenso vielen Saucen in klassischer Ausführung, aber auch in kreativeren Varianten angerichtet: *Bagnet ross* und *verd*, *saossa ëd tomatiche* (Tomatensauce), *Saossa d'avije* (Honigsauce), *Cognà*, *Sënëvra* (Senfsauce) und Salsa con il cren (Meerrettichsauce). Egal, ob Sie aus der Karte oder das Degustationsmenü (35 €) wählen, gibt es noch andere feine Gerichte: **Fiori di zucca ripieni**, Vitello tonnato, **Carne cruda battuta al coltello** (6 €), im Sommer Carpione mit Fleisch und Gemüse, im Winter Trippa in umido und **Finanziera** sowie, falls verfügbar, den kleinen **Fritto misto** (acht gebackene Stücke). Hausgemachte frische Pasta: ***Tajarin* ai funghi** oder mit Ragout, **Gnocchi** und **Agnolotti dal *plin*** mit Sauce oder mit **Butter und Salbei** (8 €). Hervorragendes **Coniglio in umido**, aber auch Bocconcini di vitello in Barbaresco (14 €) und Tagliate. Zum Ausklang Spezialitäten vom Käse- und Dessertwagen: **Panna cotta**, Macedonia, ***Bonet*** und Torta di frutta cotta. Die gewaltige Weinkarte nennt mehr als 800 Etiketten aus der Langa und dem übrigen Italien.

Die Pasticceria Artigiana von Fabio und Anna (Via Roma 48) bietet Dolci aus erstklassigen Zutaten, darunter Haselnüsse der Sorten Tonda und Gentile. In der Saison Panettoni und Colombe aus Mutterhefe.

30 km nw. von Alessandria, A 26 oder S.S. 31

Amarotto

Restaurant
Via Cavour, 53 A
Tel. (+39) 01 42 / 78 12 81,
(+39) 335 / 135 88 30
Ruhetag: Dienstagabend, Mittwoch
Ferien: je 2 Wochen im Januar und August
65 Plätze + 25 Plätze im Freien
Preise: 28–32 €
Kreditkarten: CS, MC, Visa; BM
Mittags und abends geöffnet

Jahrzehntelange Erfahrung ist das Rüstzeug der Betreiber dieses Restaurants, das Eleganz und Treue zur Tradition des Monferrat verbindet. Es liegt in einem schönen Gebäude in der Altstadt mit luftigen Räumen, Einrichtung und Tischarrangements sind in klassischem Stil, mit einer sympathischen Ausnahme: Die Teller wurden von Kindern der benachbarten Grundschule bemalt. Empfang und Service in entspannter Atmosphäre sind überaus herzlich. Die Karte ist „zweigleisig" strukturiert: Es gibt eine klare Unterscheidung zwischen Gerichten territorialer Prägung und saisonalen Vorschlägen. Die korrekten Preise (Degustationsmenü für 26 € für zwei Antipasti, Primo, Secondo und Dolce) sind ein weiterer Pluspunkt für die Gastlichkeit des Amarotto. Sie wählen den Wein – auch glasweise – aus einer Karte mit deutlich erkennbarer Vorliebe für die lokalen Produkte Grignolino und Barbera, ergänzt durch andere Etiketten, vor allem aus der Langa. Dann können Sie als Antipasto Insalata di carne cruda (in der Saison mit Trüffel), **Tonno di galletto mit** hausgemachter **Giardiniera** (8 €), schmackhafte **Acciughe al verde** oder Millefoglie di pomodoro und geräucherte Scamorza genießen. Unter den Primi rangieren die klassischen **Agnolotti al sugo di arrosto**, *Tajarin* al ragù, Gnocchi alla toma und *Caplit* in brodo neben gratinierten Lasagnette oder im Frühling Ravioli agli asparagi (10 €). Paradegerichte im Herbst und Winter sind die **Bolliti** (die Verfügbarkeit sollte man vorab per Telefon abklären). Als Alternative bekommt man Arrosto di vitello, Filetto di maialino mit Kräutern, Capretto al forno (15 €), **Trippa alla monferrina** und gegen Vorbestellung Fritto misto. Sie können sich auf keinen Fall von der Familie Amarotto verabschieden, ohne zum Abschluss **Mousse allo zabaione mit Krumiri** (5 €) zu probieren.

CASALNOCETO
Cascina Bossola

30 km östl. v. Alessandria, 10 km östl. v. Tortona

La Bossola

Restaurant
Ortsteil Cascina Bossola, 10
Tel. (+39) 01 31 / 80 93 56
Ruhetag: Montag, Dienstag
Ferien: erste Juniwoche, Weihnachten–Dreikönig
22 Plätze
Preise: 36 €
Kreditkarten: CS, MC, Visa
Mittags und abends geöffnet

Der Speisesaal befindet sich im ersten Stock eines alten, stilvoll renovierten Landhauses mit Holzbalken, großen, locker aufgestellten Tischen und einer alten Kommode, auf der Edelbrände arrangiert sind. Der Wirt und Koch Enzo Marchetti empfängt Sie zuweilen mit Speisevorschlägen, die nicht auf der Karte stehen, und empfiehlt die passenden Weine. Danach werden Sie von seiner Frau Giuliana und Tochter Barbara unaufdringlich, aber effizient und zuvorkommend betreut. Nach Häppchen einer erstklassigen Rohsalami aus den Valli Tortonesi und einem Glas Spumante wählt man den Antipasto (10 €): **Carne battuta a coltello**, Peperoni mit Thunfischsauce, **Vitello tonnato** oder Petto d'oca affumicato. Als Primo (10 €) gibt es stets **Risotto al gorgonzola naturale mit Safranfäden** neben den saisonalen Varianten mit Spargel, Artischocken oder Pilzen. Weitere Möglichkeiten sind Tagliatelle aus Esskastanienmehl mit Gemüse und Gerichte ohne territorialen Bezug wie Tagliolini con puntarelle e acciughe. Im Winter bekommen Sie Fonduta und ***Bagna caoda***, die man auch als ganze Mahlzeit wählen kann. Sehr beliebte Secondi (14 €) sind Costoletta alla milanese (wir befinden uns hier nahe der Grenze zur Lombardei) und auch Fischgerichte, ein Tribut an die Nachbarregion Ligurien. Alternativen sind Filetto di vitello mit Mandeln und Trauben, Tagliata al sale, **Bistecchine di agnello impanate** oder die üppige und interessante Auswahl an **Formaggi** (12 Kostproben für 18 €). Unter den Desserts findet man fast immer hausgemachtes Eis. Besonderes Lob verdient die Kompetenz bei der Wahl und beim Ausschank der Weine, die in einer sehr umfangreichen Karte aufgelistet sind. Neben den meist aus Italien stammenden Etiketten sind auch feine Tropfen aus dem Ausland angeführt. Sorgfältig gewählte Flaschen von Timorasso nehmen einen Ehrenplatz ein.

CASSINASCO

34 km südlich von Asti, 10 km von Canelli

La Casa nel Bosco

Restaurant • Regione Galvagno, 23
Tel. (+39) 01 41 / 85 13 05
Ruhetag: Dienstag, im Winter nur am Wochenende geöffnet
Ferien: zeitweise im Winter
35 Plätze + 25 Plätze im Freien
Preise: 25–30 € (Tagesmenü)
Kreditkarten: AE, CS, MC, Visa; BM
Abends geöffnet, an Feiertagen und gegen Vorbestellung auch mittags

Der Weg nach Cassinasco, dem Tor zur Langa Astigiana, führt von Canelli hinauf in die Hügel: ein südlicher Ausläufer des Piemont von großer (unentdeckter) Schönheit. Die Casa nel Bosco, geführt von Gianni und Mina Filippetti, liegt knapp unterhalb der Ortschaft und bietet den perfekten Rahmen für eine angenehme Mahlzeit, die man im Sommer im Freien genießen kann. Wenn man Lust auf einen Plausch hat, enthüllt Gianni sogleich seine Leidenschaft für den Beruf, der ihn in unterschiedlichen Funktionen an verschiedene Orte Italiens geführt hat. Cassinasco ist jedoch sein Geburtsort, wo er im eigenen Garten Gemüse und Obst anbauen kann, das in der Küche von Mina eine zentrale Rolle spielt. Mit der Speise- und Weinkarte – lobenswert ist die schöne Auswahl an preislich interessanten lokalen Etiketten – wird gleich ein Appetithäppchen serviert: bei unserem letzten Besuch im Sommer Salami und eine schmackhafte Frittata di zucchine. Dann probierten wir den exzellenten **Involtino di peperone mit Thunfischpastete** (8 €) und **Sformato di fave mit Tomatencreme** (8 €), gefolgt von Gnocchi di ricotta e basilico mit Tomaten und Oliven und ***Tajarin*** **con funghi porcini e finferli** (10 €). Unter den Secondi (12 €) findet man **Carpaccio di vitello al forno mit Platterbsen und Kartoffeln** als kalte Alternative zu Filetto di maiale oder Involtino di melanzana mit Kabeljaupüree. Viele Desserts (7 €) werden mit Giannis Obst zubereitet, aber es gibt auch ein delikates **Semifreddo al torrone di Cassinasco**. Statt eines à la carte zusammengestellten Essens kann man auch eines der drei Degustationsmenüs für 25, 28 und 32 € wählen.

Der historische Betrieb Torronificio Faccio (Via Colla 2) produziert und verkauft Torrone und Nisulin.

CASTAGNITO

61 KM NÖ. VON CUNEO, 11 KM VON ALBA, S.S. 231

Ostu di Djun

Osteria
Via San Giuseppe, 1
Tel. (+39) 01 73 / 21 36 00
Ruhetag: Sonntag
Ferien: 1 Woche im August, Weihnachten/ Dreikönig
40 Plätze + 80 Plätze im Freien
Preise: 30–35 € (mit Hauswein)
Keine Kreditkarten
Abends geöffnet

Die Fahrt hinauf in den oberen Teil der Ortschaft lohnt sich für den Besuch in diesem Lokal, wo man im Sommer im Freien essen kann. Der großzügige Speisesaal ist reich dekoriert mit Fotografien, Drucken und Dekorgegenständen, eingetaucht in sanftes Licht und Kerzenschein an den Tischen. Luciano Marsaglia wird seiner Aufgabe als Gastgeber gerecht und plaudert mit den Gästen, als wären sie alte Bekannte. Die Erfahrung kann unterhaltsam sein, jedoch sollten Sie wissen, dass der Wirt einige Spielregeln vorgibt: So wählen Sie zum Beispiel einen Wein (unter den besten Etiketten der Langa und anderer Anbaugebiete) und es wird eine Magnum-Flasche aufgetragen, die dann frei nach dem Motto eines klassischen Menuetts – Changez la dame! – an einen anderen Tisch weitergereicht wird, während eine weitere Flasche zu Ihnen gelangt. Aus der mündlich vorgetragenen, teilweise feststehenden Speisenauswahl, bei der nur einige Gänge frei gewählt werden können, blieben uns unter den Antipasti die *Bagasce* (gebackene Brotfladen) mit Rohschinken, Carne marinata, **Insalata russa** und Vitello tonnato in Erinnerung. Dann ***Tajarin*** mit Ragout vom Rind oder Kaninchen, **Ravioli** di carne oder die Version mit Kräutern, Risotti und Zuppe. Rindfleisch-Fans werden **Brasato** und Filetto oder aber Osso sezionato in due parti wählen, einen Knochen, der so geöffnet wird, dass man das Mark essen kann. Weitere mögliche Hauptspeisen sind **Fegato di vitello**, Stinco di maiale, **Coniglio al forno** und duftende frittierte Acciughe. Die warm servierte Formaggetta oder eine Auswahl an Formaggi stimmen auf die Desserts ein: Budino alla panna, Salame al cioccolato oder Eis. Jedenfalls bringt Luciano ein großes Stück Torrone, wobei man sich den Genuss erst verdienen muss, indem man dieses mit dem geeigneten Werkzeug in Stücke teilt.

CASTAGNOLE MONFERRATO

14 KM NORDÖSTLICH VON ASTI

Da Geppe

Bar-Trattoria
Via Umberto I, 10
Tel. (+39) 01 41 / 29 21 13
Ruhetag: Sonntagabend, Montag
Ferien: letzten 3 Januarwochen
50 Plätze
Preise: 20–28 €
Kreditkarten: CS, MC, Visa; BM
Mittags und abends geöffnet

Die alte Bar und Dorf-Trattoria, gleich beim Rathaus gelegen, wurde vor etwa zehn Jahren in einen charmanten Gastbetrieb umgewandelt. Man wählt seinen Platz im großen Saal oder im Sommer im Garten, der von einer Sonnenuhr beherrscht wird. Die Gerichte werden mündlich vorgetragen. Wer möchte, kann eine von zwei Kombinationen wählen: das Menù del Viandante (ein Antipasto oder ein Primo, Secondo und Weine, 15 bis 18 €) oder das Menù del Gaudente (zwei Antipasti, Primo, Secondo, Dolce und Weine, 28 bis 33 €). Der Startschuss fällt für Carne cruda, mit dem Messer fein gehackt, Tomino al verde, **Insalata russa**, Acciughe mit roter Sauce und Flan di verdure mit Fonduta. Als delikates Sommergericht wird **Carpione** (8 €) mit Zucchini, Hähnchenbrust und Wade zubereitet. Gallina bianca, das weiße Hähnchen, ein Spitzenprodukt dieser Gegend, wird auch als Hauptgericht angeboten, wir empfehlen es Ihnen aber vor allem im exzellenten Ragout, das zu den **Lasagnette quadre** (7,50 €) serviert wird. Weitere Gerichte sind **Agnolotti alle tre carni mit Bratensauce**, Ravioli al castelmagno und die Version aus Vollkornmehl mit Rübe und Ricotta von der Ziege, **Arrosto della vena** (9 €) und **Coda di vitello al Ruchè**. Donnerstags stehen Gnocchi und Trippa auf dem Programm, freitags ist Merluzzo (Kabeljau) ein fester Bestandteil des Angebots. Immer wieder finden Sie auch Fritto misto und **Finanziera** unter den Vorschlägen. Von hoher Qualität ist die Auswahl an **Formaggi**, die in dieser Gegend hergestellt und verfeinert werden. Zum Abschluss der Mahlzeit gibt es *Bonet*, Salame al cioccolato und Torta di nocciole. Castagnole ist die Heimat des Ruchè: Daher widmet die Weinkarte ihm viel Aufmerksamkeit, ist aber auch mit anderen piemontesischen Etiketten gut bestückt.

CASTELL'ALFERO

12 KM NÖRDLICH VON ASTI

Da Marisa Al Castello

Restaurant
Via Castello, 1
Tel. (+39) 01 41 / 20 41 15
Ruhetag: Montag, Dienstag
Ferien: zeitweise im Januar
70 Plätze + 50 Plätze im Freien
Preise: ⊞ 35–40 €
Kreditkarten: CS, DC, MC, Visa; BM
Mittags und abends geöffnet

Diese Osteria findet man am höchsten Punkt der Ortschaft, man muss nur nach dem Schloss Ausschau halten. Im Sommer sitzt man auf einer prachtvollen Terrasse mit Blick auf die Hügel des Monferrat, sonst in einem der beiden großzügigen Speisesäle mit hohen Decken, Stuckelementen, strahlend weißen Tischtüchern und Werken lokaler Maler an den Wänden. Die Küche von Marisa – der Bewahrerin einer Familientradition, die sie bereits in dritter Generation vertritt – enttäuscht die Erwartungen nie: Einige Gerichte sind bereits legendär, doch die gesamte Karte verdient es, erforscht zu werden. Erwähnenswerte Antipasti sind **Insalata russa** (10 €), Battuta di fassone piemontese, Vitello tonnato, Baccalà mantecato in Brotkruste, Soufflé aus piemontesischem Käse und **Peperone al forno ripieno** (8 €). Neben den **Gnocchi** (aus Bergkartoffeln, angerichtet mit einer Sauce mit Salsiccia aus Bra oder alla bava) dürfen auch die beiden typisch piemontesischen Pasta-Klassiker nicht fehlen: ***Tajarin* ai 30 rossi mit Bratensauce** und **Agnolotti dal *plin* mit dreierlei Braten**. Eine schöne Auswahl an Secondi: **Coniglio all'Arneis** (15 €), **Stracotto di vitello fassone al Barbera**, Capretto aus der Langa, im Ofen gebraten, Trippe in umido und **Finanziera sabauda**. Eine gepflegte Auswahl an Formaggi und Dolci, darunter Mousse al cioccolato (8 €), Panna cotta und Desserts mit saisonalen Früchten: Wir probierten Schiacciatina di fragole und Ciliegie cotte nel Freisa. Die Weinkarte listet gute Etiketten aus dem Monferrat und dem übrigen Piemont auf.

❞ *Die Gerichte von Marisa sind Meilensteine der piemontesischen Gastronomie und bleiben wie Prousts Madeleines auch nach Jahren in der Erinnerung verankert.* ❝

CASTELL'ALFERO
Perno

12 KM NÖRDLICH VON ASTI

Ristorante del Casot

Restaurant
Regione Perno, 76
Tel. (+39) 01 41 / 20 41 18,
(+39) 01 41 / 20 41 14
Ruhetag: Dienstag, Mittwoch
Ferien: zweite Januarhälfte
40 Plätze + 25 Plätze im Freien
Preise: 32–35 €
Alle Kreditkarten; BM
Mittags und abends geöffnet

„Danke, dass wir uns getroffen haben": Der Schriftzug am Kücheneingang zitiert Romano Levi, den wohl berühmtesten Grappa-Hersteller des Piemont. Ein Satz, den man auch gut auf die Familie Cussetti anwenden kann, die übrigens eine sehr schöne Privatsammlung an Grappa von Levi besitzt. Im Saal werken die Eltern, in der Küche Ivan, der territorial verwurzelte und saisonal variierende Speisen anbietet, und das seit Jahren zu unveränderten Preisen: ein Degustationsmenü für 38 € für drei Antipasti, Primo, Secondo und Dessert, ein etwas weniger umfangreiches Menü (nur ein Antipasto) für 32 € und an den Wochentagen ein Mittagsmenü für 20 €. Das Bravourstück unter den Antipasti ist Carne cruda di fassone, auf dreierlei Arten interpretiert (10 €), und zwar mit Battuta, fein gehackt, Filetto scottato und Farcita mit Robiola aus Roccaverano. Probieren sollten Sie auch die Lumache di vigna (Weinbergschnecken), **Girello arrosto in Thunfischsauce** und der gefüllte Peperone quadro della Motta. Dann folgt hausgemachte Pasta: **Agnolotti gobbi d'Asti**, ***Tajarin* dai 40 rossi mit Ragout nach alter Art** (10 €) und Gnocchi di patate rosse mit Castelmagno. Die **Finanziera reale** ist wirklich exzellent, wer aber das Quinto quarto, also Innereien, nicht so gerne mag, kann zwischen Fleisch vom Fassone-Rind (**Arrosto della vena, in Barbera geschmort** – 15 € –, Tagliata al sale, Filetto alla Barbera) und Lamm (Carré d'agnello vom Grill, **Agnello al forno mit Rosmarin und Thymian**) wählen. Ganz im Zeichen der Tradition stehen auch die Nachspeisen: Es gibt traditionellen *Bonet* astigiano, **Zabaione caldo al Moscato mit Torte aus Haselnüssen der Sorte Tonda Gentile** (9 €) und Torta margherita mit Cremeeis. Der Keller ist von hohem Niveau, wobei auch eine vernünftige Auswahl an Etiketten aus anderen Regionen nicht fehlt.

40 KM SW. V. ALESSANDRIA, 11 KM V. ACQUI TERME

Da Fausto

Restaurant mit Übernachtungsmöglichkeit
Ortsteil Valle Prati, 1
Tel. (+39) 01 44 / 32 53 87
Ruhetag: Montag, Dienstag, im Sommer Montag, Dienstagmittag
Ferien: 1. Januar–8. Februar
55 Plätze + 50 Plätze im Freien
Preise: 30–35 €
Kreditkarten: CS, DC, MC, Visa; BM
Mittags und abends geöffnet

In Cavatore, in den Hügeln um Acqui Terme, angeschlossen an das Relais Borgo del Gallo, hat dieses Restaurant seinen Sitz in einem originalgetreu renovierten Bauernhof aus dem 19. Jahrhundert. Zu den wenigen modernen Details gehört die Veranda mit Blick auf die darunterliegenden Täler und die Alpen. Gaia, die Tochter des Inhabers, empfiehlt höflich Weine und Gerichte, bei denen sich der Bogen vom Piemont bis nach Ligurien spannt, ganz nach der Tradition des Hügellandes. Nach einem Appetithäppchen in Form von Frittelle entschieden wir uns für Misto di antipasti (15 €) mit Fisch, Kirschtomaten und Zwiebeln aus Tropea, *Fiazzin* di patate mit Rohschinken, Carne cruda und gefülltem Peperone alla piastra: jede Kostprobe ein Gedicht. Die Primi umfassen Quadri di baccalà mit Tomaten und Gamberi, Trenette integrali mit Basilikum aus Prà und Kartoffeln (8 €), die klassischen **Agnolotti al ristretto di arrosto** und die typischen ***Rabaton* al forno mit Butter und Salbei**. Fortsetzung folgt mit Roastbeef al sale, im Ofen gebraten, mit Misticanza, **Cima alla genovese mit Bagnetto** (12 €), **Faraona al forno**, Fegato di coniglio in Balsamico-Essig oder Acciughe fritte. In der Saison tauchen **Selvaggina** (Hase und Reh aus der Gegend) und **Funghi** aus dem nahe gelegenen Sassello auf. Gute Auswahl an Desserts, darunter Crostata mit Aprikosenkonfitüre, Pesche ripiene al forno und Gaias Gelato (im Frühling sollten Sie sich Gelato di fragole, das Erdbeereis, nicht entgehen lassen). Eine sichere Wahl sind die Vorschläge von Rosella, der Frau des Inhabers, zusammengefasst in drei Menüs zum Preis von 16 bis 34 € (das günstigste ist nicht immer verfügbar). Eine gut bestückte, umfassende Weinkarte, unterteilt nach Rebsorten, mit Produkten aus dieser Gegend und Etiketten aus ganz Italien und anderen Ländern der Welt.

48 KM SÜDWESTLICH VON TURIN, S.S. 589

Vineria del Ristorante La Nicchia

Moderne Osteria
Via Roma, 9
Tel. (+39) 01 21 / 60 08 21
Ruhetag: Mittwoch, Donnerstagmittag
Ferien: 2 Wochen im August
25 Plätze + 30 Plätze im Freien
Preise: 22–25 € • Alle Kreditkarten; BM
Mittags und abends geöffnet

In einem Palazzo aus dem 18. Jahrhundert im historischen Zentrum von Cavour, einem reizenden Städtchen an der Grenze zur Provinz Cuneo, eröffneten Franco Turaglio, seine Frau Giulia und Claudio Farina im Jahr 2002 ein Lokal mit zwei Gesichtern: ein elegantes Restaurant in einem Raum, eine zwanglose Vineria im anderen. Bei der Reservierung empfiehlt es sich anzugeben, in welchem Teil Sie sitzen möchten. Bedenken Sie dabei, dass die Vineria und das Restaurant eine gemeinsame Küche haben und dass die Zutaten (das Ergebnis einer intensiven Suche bei kleinen Qualitätsbetrieben in der Umgebung) und die Sorgfalt der Zubereitung bei beiden gleich sind. Der Unterschied liegt im Charakter der Gerichte und im Ambiente, das in der Vineria schlichter ist. An einer Tafel sind die tadellos ausgeführten Klassiker nach piemontesischer Tradition angeschlagen. Legen Sie los mit Antipasti (7 €): Battuta di fassone, Vitello tonnato, eine überragende **Insalata russa**, Flan di verdure, Carpioni und als jüngste Entdeckung von Franco ein exzellenter Prosciutto crudo, ein DOP-Produkt aus Cuneo, serviert mit Giardiniera. Ein absolutes Muss unter den Primi (7 €) sind **Gnocchi** di patate oder die Version **mit Saras del fen** (in Heu gelagerte Ricotta, ein Slow-Food-Presidio), **Agnolotti dal *plin* mit Bratensauce** und im Winter Suppen wie die *Cisrà*. Unter den Secondi (9 €) sind Cosciotto di maiale, Coniglio oder **Scaramella al forno**, Roastbeef und vor allem in den kalten Monaten **Finanziera** zu erwähnen. Exzellente Auswahl an **Formaggi** aus den nahe gelegenen Tälern Pellice und Chisone. Die Dolci (4 €), von *Bonet* über Panna cotta bis zum Semifreddo al Brachetto, sind allesamt hausgemacht, wie auch Brot und Grissini. Große Auswahl an Weinen, auch glasweise ausgeschenkt, und Biere aus kleinen lokalen Brauereien.

CESSOLE
Madonna della Neve

45 KM SÜDLICH VON ASTI, 26 KM VON ACQUI TERME

Madonna della Neve

Trattoria mit Übernachtungsmöglichkeit
Ortsteil Madonna della Neve, 2
Tel. (+39) 01 44 / 85 04 02
Ruhetag: Freitag
Ferien: 25. Dezember–15. Januar
100 Plätze
Preise: 35–38 €
Alle Kreditkarten; BM
Mittags und abends geöffnet

Der Ortsteil von Cessole in der Langa Astigiana wurde nach der Wallfahrtskirche Madonna della Neve benannt, ein Name, den auch diese Osteria trägt. Das Lokal, seit 1957 von der Familie Cirio geführt, hatte immer einen guten Ruf, der jedoch jahrzehntelang auf die hiesige Bevölkerung begrenzt war. Als dann immer mehr Fremde herbeiströmten, wuchs die Sorge: Was wird nun aus der *Curdunà*? So bezeichnet man die traditionelle Art, wie Agnolotti hier serviert werden, nämlich ohne Sauce und ohne Teller, nur abgegossen und in ein Leinentuch eingeschlagen. Für die neuen Gäste hat sich die Familie Cirio darauf beschränkt, die Wände frisch zu tünchen und das Lokal nicht nur mit Gästezimmern, sondern auch mit einer beachtlichen Weinkarte auszustatten. Unter den Primi (7 €), die auch *Tajarin* und Tortelloni di magro umfassen, sind stets **Agnolotti dal *plin* alla *curdunà*** vertreten. Diese gefüllten Teigtaschen kann man auch mit Saucen genießen: **mit** Butter und Salbei, **Sugo d'arrosto**, Ragù oder Vino. Wenn Sie einen weiteren Gang probieren wollen, dann ist bei den empfehlenswerten Antipasti Zurückhaltung geboten: Carne cruda, Vitello tonnato, **Prosciutto in gelatina**, Insalata di pollo und **Polpettine in carpione**. Unter den Secondi findet man ein exzellentes **Coniglio mit Oliven** (13 €), Cinghiale in umido und Capriolo al forno. Zwei Spitzenprodukte dieser Gegend sollten Sie probieren: Robiola aus Roccaverano (im Haus zur Reifung gebracht) und die Haselnuss der Sorte Tonda Gentile als Zutat einiger Desserts (4 €).

»
Das Lokal ist so schlicht wie das Bravourstück der Küche: Agnolotti alla curdunà ohne Sauce. Alles drückt Liebe für die Küche, für das eigene Land und die Gastlichkeit aus.
«

CEVA

61 KM ÖSTLICH V. CUNEO, 90 KM V. SAVONA, A 6

Italia

Restaurant
Via Moretti, 19
Tel. (+39) 01 74 / 70 13 40
Ruhetag: Sonntagabend, Montag
Ferien: unterschiedlich
Preise: 25–34 €
Kreditkarten: AE, CS, MC, Visa; BM
Mittags und abends geöffnet

Ein kleines grünes Schild am Eingang eines Landhauses kündigt an, dass Sie das klassische Restaurant unter der Leitung von Vincenzo Bella und Paolo Pavarino erreicht haben. Vincenzo empfängt Sie mit seinem verschmitzten Lächeln und führt Sie an einen Platz in dem großzügigen Speisesaal, wo er Ihnen kompetent die Gerichte erläutert. Um die Zubereitung kümmert sich Paolo, unterstützt durch Giada. Das üppige Degustationsmenü für 28 € stellt auch gute Esser auf die Probe, aber es fällt wirklich schwer, unter so vielen guten Vorschlägen zu wählen. Zum Auftakt bietet das Lokal **Vitello tonnato alla vecchia maniera** (8 €), Rotolo di tacchino mit Kräutern, Frittata cebana, Sformato di verdure, Insalata di carne cruda oder Insalata di sedano mit Toma und Nüssen. Wenn Sie gerne **Trippa** (Kutteln) essen, dann sollten Sie die exzellente Version **in umido** (geschmort) nicht verpassen. Als Alternative finden Sie stets einen Risotto (8 €) und die hausgemachten frischen Teigwaren nach klassischer Tradition: Sehr gut sind **Agnolotti** (9 €), Tagliolini alla langarola (8 €) und **Gnocchi verdi al raschera**. Bei unseren Empfehlungen zu den Secondi lassen wir die Vorschläge außer Acht, die ein wenig konventionell erscheinen, und ernennen Bocconcino di vitello al Nebbiolo, **Agnello spezzato in casseruola** und Acciughe fritte zu unseren Favoriten. Falls vorhanden, sollten Sie die Pilzgerichte probieren: Für die herrlich duftenden **Porcini fritti** wie auch für die Trippa lohnt sich ein Besuch in diesem Lokal. Ein kleiner Wagen mit einer interessanten Auswahl an lokalem Käse, dann zum Abschluss Pesche ripiene, Crostate, Sorbetti und ein *Bonet*, bei dem nicht an Alkohol gespart wird. Gut ist das hausgemachte Brot, besonders jenes aus Esskastanien der Sorte Garessine. Gut bestückte Weinkarte mit regionalen Produkten.

45 KM NORDÖSTLICH VON CUNEO, 17 KM VON ALBA

La Torre

Moderne Osteria
Via dell'Ospedale, 22
Tel. (+39) 01 72 / 48 84 58
Ruhetag: Montag
Ferien: je 2 Wochen im Juli und zu Weihnachten
45 Plätze + 20 Plätze im Freien
Preise: 30–35 €
Kreditkarten: CS, MC, Visa; BM
Mittags und abends geöffnet

Das La Torre, für Stammgäste bereits eine Pflichtetappe, stellt für Erstbesucher eine angenehme Überraschung dar. In einem restaurierten Gebäude in der hübschen Altstadt von Cherasco symbolisieren schon die düstere Holztür und die dahinterliegende topmoderne Glastür das Konzept dieses Lokals: eine elegante Verbindung zwischen Tradition und Modernität im Speisesaal wie auch in der Küche. Unter den Antipasti finden Sie Carne cruda, **Vitello tonnato** mit einer göttlichen Sauce und Uovo „62" (ein Ei, bei niedriger Temperatur gegart) mit Karden und Fonduta al raschera. Sie fragen sich, was man aus einer einfachen Zwiebel machen kann? Hier die Antwort: das Spitzengericht unter den Antipasti, nämlich Cipolla ripiena di sé (Zwiebel mit Zwiebelfüllung), serviert mit Amaretti und Fonduta (10 €). Zu den exzellent zubereiteten und in üppigen Portionen servierten Primi zählen Gnocchi al castelmagno, ***Tajarin* al ragù di coniglio** (9 €) und **Agnolotti dal *plin***, auch mit Fleisch in Butter und Salbei oder mit Ricottafüllung. Die Secondi (12 €) sind eine moderne (manchmal etwas zu moderne) Version von traditionellen piemontesischen Gerichten. Wir probierten ***Batsoà*** (delikate Stücke von der Schweinehaxe, in Panade frittiert), Sottofiletto in Brotkruste und **Guanciale di vitello in Rotwein**. Nicht zu übersehen im Saal ist der einladende Wagen mit **Formaggi**. Gute Auswahl an Dolci: Sorbetto mit Passionsfrucht, Semifreddo mit Zabaione und Amaretti, Panna cotta (5 €) und **Torta di nocciole**. Die Weinkarte ist reich bestückt, gut strukturiert und hat ein korrektes Preisniveau.

»*Tradition und Modernität unter einen Hut zu bringen: Das ist nicht leicht, aber diese moderne Osteria scheint auf dem richtigen Weg zu sein.*«

47 KM NORDÖSTLICH VON CUNEO, 17 KM VON ALBA

Pane e Vino

Trattoria mit Übernachtungsmöglichkeit
Via Vittorio Emanuele, 18
Tel. (+39) 01 72 / 48 91 08,
(+39) 328 / 863 44 48
Ruhetag: Montag, Dienstag
Ferien: Januar, August
55 Plätze
Preise: 30–35 €
Kreditkarten: AE, CS, Visa; BM
Mittags und abends geöffnet

Brot und Wein: Dem Bauern von anno dazumal genügte das, um ihn fröhlich zu stimmen. Ein freundliches Lächeln ist auch das Erste, was Sie bei Betreten dieser von Flavio Marengo (im Saal) und Emiliana Morino (in der Küche) geführten Trattoria erwartet. Wir befinden uns hier im historischen Zentrum von Cherasco, wohin das Lokal im September 2014 übersiedelt ist. Die Fähigkeit, den Gästen Gemütlichkeit zu bieten und eine Wohlfühlatmosphäre zu schaffen, ist eine der Stärken dieser Trattoria, aber entscheidend ist die Qualität der Küche, die aus dem reichen Schatz der Tradition und der typischen Produkte dieser Gegend schöpft, etwa den Lumache, die hier in Cherasco, Zentrum der Schneckenzucht, zum Symbol geworden sind. Unter den Antipasti finden Sie neben den großen Klassikern wie **Vitello tonnato** und Carne di fassone, mit dem Messer fein gehackt, ein wunderbares **Millefoglie di peperoni di Cuneo mit *Bagnet verd*** und Lingua di vitello mit Marmelade von roten Zwiebeln (10 €). Das Kapitel der Primi (10 €) hält Gnocchi di patate (Kartoffeln aus der Alta Langa) mit Gemüsesauce und Toma d'Alba, **Ravioli dal *plin* mit Bratensauce** und überaus gelungene ***Tajarin* 30 rossi mit Wurstragout** bereit. Sehr gehaltvoll die Secondi, bei denen sich der Bogen von **Stinco di maiale al Nebbiolo** bis zu „Madama piemonteisa", dem auf der Platte gebratenen Kalbsrippenstück, spannt. Was nicht fehlen darf, sind Lumache alla parigina und die schöne Auswahl an Formaggi (14 €). Als Dessert legen wir Ihnen den *Bonet*, ganz nach hiesiger Tradition, ans Herz. Die gut bestückte, niveauvolle Weinkarte trägt die Handschrift von Flavio, dessen Leidenschaft dem Wein gilt.

CHIANOCCO
Baritlera

47 KM WESTLICH VON TURIN, A 32 ODER S.S. 25

La Baritlera

Trattoria
Via Baritlera, 10
Tel. (+39) 01 22 / 64 76 14
Ruhetag: Montag–Mittwoch
Ferien: September
50 Plätze + 15 Plätze im Freien
Preise: 27–33 €
Kreditkarten: CS, MC, Visa; BM
Abends geöffnet, Sonntag nur mittags
♿

Von der Autobahnausfahrt Chianocco führt die Straße hinauf zu einer Anhöhe mit Panoramablick über das Susa-Tal mit seinen kleinen Häuschen, auf deren Balkonen die allgegenwärtigen „No Tav"-Fahnen als Protest gegen die Hochgeschwindigkeitsbahn flattern. Nach wenigen Kilometern erreicht man Baritlera, ein kleines Dorf, in dem das Ehepaar Giorgia Ravizza und Andrea Chianale diese reizende Trattoria gleichen Namens führt. Die Wirtsleute sieht man höchst selten, da ihr Reich die Küche ist, aber ihre Präsenz ist in den gut ausgeführten, mit persönlicher Note versehenen Gerichten greifbar. Man wählt aus der Karte oder das günstige Degustationsmenü (27 € für drei Antipasti, zwei Primi, ein Secondo nach Wahl, Dolce und Kaffee). Wir probierten als Antipasti **Girello arrosto mit Mayonnaise, gewürzt mit Kapern und Taggiasca-Oliven** und **Trota salmonata marinata auf Möhrensauce**. Die Primi, eine Gaumenfreude: Gnocchi agli asparagi und **Tagliatelle di farro mit Schmorbratenragout** (8 €). Unter den Secondi ein Klassiker des Piemont, **Brasato di manzo** (10 €), gekocht mit Avanà, einem Rotwein aus einer autochthonen Rebsorte des Susa-Tals. Weitere Vorschläge sind **Faraona in crosta di nocciole auf Honigsauce**, Capretto al forno (Ziegenkitz aus lokaler Produktion), Baccalà ai peperoni und die mittlerweile selten gewordene **Trippa di vitello in umido**. Zum Abschluss hausgemachte Desserts wie Bavarese al cioccolato mit karamellisierten Birnen, Panna cotta mit Rohrzucker und exquisites Millefoglie alle fragole mit Konditorcreme und Schlagsahne (8 €). Spezielle Erwähnung verdient die Weinkarte, die in ihrem großen Sortiment an Etiketten aus dem Piemont und anderen Regionen, ergänzt durch ausländische Weine, den Produkten aus dem Tal einen hohen Stellenwert beimisst. Man bekommt auch gute Biere aus kleinen Brauereien.

CHIUSA DI PESIO
San Bartolomeo

22 KM SÜDÖSTLICH VON CUNEO

La Locanda Alpina

Restaurant mit Übernachtungsmöglichkeit
Via Provinciale, 71
Tel. (+39) 01 71 / 73 82 87
Ruhetag: Dienstag, Mittwochmittag, außer im Sommer
Ferien: Februar
45 Plätze
Preise: 24–26 €
Kreditkarten: CS, DC, MC, Visa; BM
Mittags und abends geöffnet

Wenn Sie das Umland von Chiusa verlassen haben, folgen Sie der Provinzstraße zur Certosa di Pesio, einem historischen Kloster, das 1173 gegründet wurde. Unser Ziel liegt auf dem Weg, im Ortsteil San Bartolomeo: ein traditionelles Restaurant mit Gästezimmern für eine Übernachtung oder auch längere Aufenthalte. Empfangen werden Sie von Natascia, die Sie an den Tisch begleitet und die Speisenauswahl vorträgt. Mit Präzision und Kompetenz beschreibt sie die von ihrem Bruder Gianfranco zubereiteten Gerichte. Als Antipasto wählten wir eine Dreierkombination (10 €), bestehend aus **Mousse di trota mit Pfannkuchen aus Buchweizen**, Uovo con fonduta und Vitello tonnato. Danach beschlossen wir, eine zweite Runde mit Battuta al coltello (6 €) und **Lingua in salsa verde** einzulegen. Unter den Primi findet man eine ungewöhnliche **Lasagnetta con i *luvertin*** (mit Hopfensprossen, 6 €), exzellente ***Ravioli dal plin*, gefüllt mit Borretsch**, Tagliolini mit Fleischragout, **Gnocchi al raschera** und Risotto mit wildem Knoblauch. Die Secondi umfassen einen exzellenten **Stoccafisso mantecato**, serviert mit Polentine aus Buchweizen (9 €), dann Trippe, Ossobuco und Lumache in umido mit Tomaten. Die Desserts sind typische Beispiele der piemontesischen Küche, darunter *Bonet*, **Panna cotta** (4 €), Crème caramel und Meringa. Die Präsentation der Gerichte ist sehr schlicht, aber gepflegt und originell. Die Weinkarte ist gut bestückt mit Etiketten dieser Region und lädt zum Probieren ein, indem auch Halbliterflaschen angeboten werden.

In **Boves** (17 km) verkauft die Macelleria Martini (Via Roma 7) Kalb aus den Bergen, Kapaun aus Morozzo, Ziegenkitz aus der Bisalta, Mastochsenfleisch aus Carrù und Salumi aus eigener Produktion.

51 KM NORDÖSTLICH V. CUNEO, 22 KM SÜDL. V. ALBA

Locanda dell'Arco

Restaurant mit Übernachtungsmöglichkeit
Piazza dell'Olmo, 1
Tel. (+39) 01 73 / 74 82 00,
(+39) 335 / 547 16 05
Ruhetag: Dienstag, Mittwochmittag
Ferien: unterschiedlich
30 Plätze • Preise: 33–40 €
Kreditkarten: CS, Visa; BM
Abends geöffnet, mittags gegen Vorbestellung

Auf der Piazzetta von Cissone, einem kleinen Dorf in der Alta Langa mit hübsch renovierten Häusern, stellen Maria Querio und Giuseppe Giordano seit 25 Jahren die anspruchsvollsten Gaumen zufrieden. Seit dem Einzug von Marco und Andrea in der Küche kann Maria Pia sich vermehrt dem Gemüsegarten und den Hoftieren widmen. Die Gerichte der Karte gewinnen durch Giuseppes mündlichen Vortrag mit Informationen über die Herkunft aller Zutaten an Profil. Sonntags gibt es ein umfangreiches, günstiges Menü: 35 € für dreierlei Antipasti, Primo, Secondo und Dolce. Die Küche wurzelt fest in der lokalen Tradition, mit durchaus verzeihlichen Abschweifungen. Klassische Antipasti (10–13 €), nämlich Battuta al coltello, Vitello tonnato, meisterhaftes **Tonno di coniglio** und Timballi di verdure. Die Primi reichen von den traditionellen ***Tajarin* al sugo di fegatini** (10 €) bis zu **Raviole**, auch mit ungewöhnlichen Füllungen und Saucen: erstklassig die Version **di oca** (mit Gänsefleisch) **in Lauchsauce**, aber auch **Gnocchi di patate al murazzano** sind zu empfehlen. Unter den Secondi ist **Coniglio ai lamponi** (13 €) ein lohnendes Gericht für einen Besuch im Sommer, wie auch das gebratene Agnellino delle Langhe, gefüllt mit Pflaumen und Aprikosen, gewürzt mit Thymian. Im Winter dominiert Rindfleisch, zum Beispiel bei **Tenerone al Barolo**. Die traditionellen Desserts werden durch ein kreatives Tiramisu mit schwarzem Trüffel ergänzt. Die Weinkarte nennt eine endlos lange Liste an großen Rotweinen aus der Langa und anderen Gebieten mit einer schönen Auswahl an Weinen im Glas.

»Maria ist mit ihrer 20-jährigen Erfahrung eine Meisterin der Küche. Der perfekte Einsatz der Zutaten basiert auf fundierten Kenntnissen über diesen Landstrich.«

25 KM SÜDWESTLICH VON ASTI

Garibaldi

Hotelrestaurant
Via Italia, 1
Tel. (+39) 01 41 / 97 91 18,
(+39) 333 / 178 46 35
Ruhetag: Mittwoch
Ferien: je 2 Wochen im Januar und nach dem 15. August • 100 Plätze
Preise: 26–30 €
Alle Kreditkarten; BM
Mittags und abends geöffnet

Das Garibaldi, 1875 eröffnet, wird seit dem Jahr 1939 von der Familie Vaudano geführt. Das Ambiente fasziniert durch viele Details aus der Vergangenheit. Die vier Gasträume durchströmt das Flair alter Zeiten, auch wenn nicht alles, was alt scheint, auch alt ist: Die schöne Stuck-Kassettendecke im Festsalon zum Beispiel ist das kürzlich entstandene Werk eines tüchtigen Handwerkers, viele Dekorgegenstände hat Lino Vaudano, ein großer Freund von „alten Dingen", auf Bauernhöfen oder bei Trödlern aufgestöbert. Der monumentale Ofen aus Castellamonte, die Schwarz-Weiß-Fotos, Geschirr von anno dazumal und Spitzenvorhänge, alles trägt dazu bei, die Geschichte lebendig zu halten. Tradition prägt auch die mündlich präsentierte Speisenauswahl. Man beginnt mit Misto di antipasti (10 €) mit Insalata russa oder Insalata di coniglio, **Acciughe mit roter Sauce**, Sformatini di verdure, Trota affumicata und selbst gekochtem Prosciutto. Unter den Primi finden Sie Agnolotti mit Butter und Salbei und ***Tajarin* alle erbe** (6 €) oder die Versionen mit Pilzen oder alla cisternese (mit Wurstsauce, in Cisterna geschmort, einem DOC-Wein aus Croatina-Trauben, der in 13 Gemeinden zwischen dem Monferrat und dem Roero hergestellt wird). Danach gute Secondi: **Coniglio arrosto**, Brasato, Stinco di maiale, Quaglie al vino bianco und vor allem **Fritto misto alla piemontese** (11 €). Zum Ausklang hausgemachte Desserts, darunter *Bonet*, Mousse allo zabaione und Gelato mit Trauben-Mostarda aus eigener Herstellung (4 €). Die Weinkarte bietet einen interessanten Überblick über die Etiketten des Monferrat und der Langa.

Die Salumeria Faccenda in **Canale** (5 km) verkauft gebratenen Prosciutto, Galantina und Salami von bester Qualität.

24 km südwestlich von Asti

Ras-ciamuraje

Restaurant-Vineria
Piazza Rossino, 5
Tel. (+39) 01 41 / 97 93 30
Ruhetag: Montag–Mittwoch
Ferien: 2 Wochen im August/September
35 Plätze + 30 Plätze im Freien
Preise: 22–35 €
Alle Kreditkarten; BM
Geöffnet 18–1 Uhr, Samstag und Sonntag 10.30–15, 17–1 Uhr

Ras-ciamuraje ist oder besser gesagt war der Spitzname für die Bewohner von Cisterna, von denen viele bis zum Beginn des 19. Jahrhunderts Wände abkratzten, um Salpeter zur Erzeugung von Schwarzpulver zu gewinnen. Heute ist das der Name dieses kleinen Restaurants mit Räumen auf zwei Ebenen und einem Garten auf der Piazzetta unterhalb des Schlosses. Geführt wird es von Simona Vaudano mit sympathischer Präsenz im Service, während ihre Mutter Lucia über die Küche wacht. Geboten wird piemontesische Küche, geschickt ergänzt durch moderne Akzente und Fisch der weniger edlen Sorten. Geradezu überwältigend sind die Antipasti, darunter ein kleiner **Fritto misto piemontese** (7,50 €) neben **Polpettine di baccalà fritte**, Anguilla in carpione, Carne cruda und Filetto al sale, erstklassige Carciofi fritti, Vitello tonnato und Insalata di gallina. Das Primo wählt man unter klassischen **Agnolotti** (6,50 €), Tagliatelle und Maltagliati aus Weich- oder Hartweizenmehl aus Gragnano, serviert mit Wurstragout. Erwähnenswerte Secondi sind **Arrosto alle nocciole** (10 €), **Coniglio alle olive taggiasche**, Stinco al forno, und warmer Toma mit Radicchio. Als Alternativen gibt es eine exzellente Auswahl an Käse dieser Gegend. Große Auswahl bei den Dolci: Neben **Torta** Ras-ciamuraje **mit Zabaione** (4,50 €) gibt es Salame al cioccolato, Panna cotta, Semifreddo mit hausgemachter Trauben-Mostarda, Sorbetti und Gelati. Die gut bestückte Weinkarte widmet dem Cisterna d'Asti, der auch von der Familie Vaudano produziert wird, besonderes Augenmerk.

Die Konditorei Monticone Baracco in **San Damiano d'Asti** (6,5 km) verkauft Baci di San Damiano, Brutti ma buoni, Melighe, Nocciolini, Torten und Krapfen, großteils aus lokalen Zutaten.

11 km westlich von Turin

Casa di Bacco

Trattoria
Via Verdi, 67
Tel. (+39) 011 / 415 48 79
Ruhetag: Sonntag (außer für Gruppen gegen Vorbestellung)
Ferien: je 10 Tage im August und nach Weihnachten
40 Plätze • Preise: 25–30 €
Kreditkarten: CS, MC, Visa; BM
Mittags geöffnet, Donnerstag–Samstag auch abends

Die Casa di Bacco an der Peripherie der Metropole ist sowohl von Turin als auch von außerhalb der Stadt aus leicht erreichbar, da das Lokal gleich bei der Ausfahrt Collegno der nördlichen Umfahrungsstraße liegt. Die typische Trattoria bietet eine bekömmliche Küche mit den Klassikern des Piemont, die Einfachheit und gehaltvolle Substanz verbinden. Die zwei Räume – einer gleich beim Eingang, der zweite etwas abgesondert – werden durch den ebenso höflichen wie effizienten Service belebt. Die lokaltypischen Antipasti stellen den Gast vor die Qual der Wahl: Acciughe al verde, hausgemachte **Insalata russa**, **Giardiniera** mit Gemüse und Thunfisch, rote und grüne Tomini, Vitello tonnato und **Peperoni al brusco**. Einen umfassenden und schmackhaften Einblick gestattet die Degustation – bestellbar ab zwei Personen – mit sechs Antipasti (12 €). Unter den Primi (8 €) erwarten Sie **Ravioli di borragine mit brauner Butter**, Gnocchi di patate mit frischen Tomaten, Tagliolini mit Paprikaschoten und Wurst und saisonale Minestre di verdure. Für den Hauptgang gibt es eine exzellente Auswahl an Salumi aus der Provinz, Tagliata di fassone piemontese vom Grill, Scamone oder Roastbeef, eine tadellose **Tartara di fassone** (12 €), Filetto di maiale mit Kräutern und in den kühleren Jahreszeiten **Fricandò di vitello** und **Finanziera**. Die große Auswahl an erlesenen **Formaggi** aus dieser Region kann vor oder statt den Desserts (5 €) wie Panna cotta, Aspic di lamponi, **Pesche, gefüllt mit Kakao und Amaretti** oder Crostata mit hausgemachten Konfitüren gewählt werden. Ein Degustationsmenü gibt es für 28 €. Die Weinkarte, die sich durch korrekte Preise auszeichnet, konzentriert sich auf piemontesische Rotweine und Weißweine aus Norditalien und bietet die Etiketten auch zum Verkauf außer Haus an.

78 KM NÖ. VON CUNEO, 29 KM VON ASTI, S.S. 592

Trattoria della Posta da Camulin

Restaurant
Corso Fratelli Negro, 3
Tel. (+39) 01 41 / 881 26
Ruhetag: Sonntagabend, Montag
Ferien: Weihnachten–Dreikönig, 4 Wochen im Juli/August
60 Plätze • Preise: 30–38 €
Kreditkarten: AE, CS, MC, Visa; BM
Mittags und abends geöffnet

Ein historisches Lokal im Zentrum der Ortschaft, das seit drei Generationen von derselben Familie, den Giordanos, geführt wird. Cesare im Service, Lorenza und Stefano in der Küche: Das ist das Team der Trattoria, in der die Gäste in zwei schönen Räumen auf herzliche, unaufdringliche Art betreut werden. Der Reigen der Speisen, von Cesare mündlich vorgetragen, beginnt üblicherweise mit vier Antipasti (14 €), man kann jedoch seine eigene Auswahl nach Lust und Laune zusammenstellen. Stets vertreten sind Carne cruda, **Peperoni in agrodolce mit Sardellen** und Vitello tonnato. Je nach saisonaler Verfügbarkeit kann man im Herbst und Winter auch **Cotechino mit Fonduta** und im Sommer Pomodoro mit *Bagnet verd* bekommen. Das Bravourstück, für das dieses Lokal speziell bekannt ist, sind ***Tajarin*** (9 €), von Hand gezogene, dünne Bandnudeln aus Weichweizenmehl mit Ei, serviert **mit Ragout** oder **Butter und Salbei** oder Pilzen. Weitere Primi sind Agnolotti di magro, Gnocchi mit Fonduta und die einmalige **Pasta e fagioli**. Sehr schön ist das Repertoire an Secondi (12 €): **Bollito misto mit Saucen**, **Trippa in umido**, Capretto, ein **kleiner Fritto misto piemontese**, Coniglio mit Thymian und Oliven und Rolata di pollo. Als Finale werden traditionelle Dolci (5 €) serviert: **Mattone al caffè**, *Bonet* und Semifreddo al torrone. Eine weitere Wahlmöglichkeit sind die hausgemachten eingekochten Früchte. Eine gepflegte Weinkarte mit Schwerpunkt bei lokalen Produkten rundet das Angebot dieses Restaurants ab, das als Bollwerk der Küche der Langa in seiner authentischsten Form gilt.

In der Steinmühle Mulino Marino (Via Caduti 25) wird Bio-Mehl aus Mais, Weizen, Hafer, Roggen und Kamut hergestellt.

15 KM SÜDLICH VON ASTI

Cascina Collavini

Restaurant mit Übernachtungsmöglichkeit
Strada Traniera, 24
Tel. (+39) 01 41 / 96 64 40
Ruhetag: Dienstagabend, Mittwoch
Ferien: zeitweise im Januar und August
70 Plätze + 40 Plätze im Freien
Preise: 28–32 €
Kreditkarten: CS, MC, Visa; BM
Mittags und abends geöffnet

Im Gebiet um Asti, eingebettet zwischen dem Monferrat, den Langhe und dem Roero, liegt Costigliole, ein guter Ausgangsort für Besuche im Anbaugebiet von Barbera und Nebbiolo. Gleich außerhalb des Ortszentrums führen Bruno und Carmen Collavini – gestützt auf 30 Jahre Erfahrung in der Gastronomie – dieses Lokal, das nur auf den ersten Blick anonym wirkt. Das Team besteht zur Gänze aus Familienmitgliedern: im Saal die Tochter Cristina, in der Küche die Eltern mit dem Sohn Gianpietro. Die Gerichte sind einfach, gut ausgeführt und mit Gemüse aus dem eigenen Garten sowie Fleisch und Käse aus der Umgebung zubereitet. Die Antipasti umfassen stets Battuta di fassona, Vitello tonnato (8 €), **Insalata russa** und im Sommer gefüllten Peperone aus Motta. Falls vorhanden, sollten Sie Paté di fagiano mit Crostini nicht verpassen. Unter den Primi sind **Agnolotti quadrati della vigilia** (8 €), auch gefüllt mit Baccalà, *Tajarin* und Agnolotti dal *plin* in unterschiedlichen Versionen und Reginelle aus Esskastanienmehl mit zerlassener Butter sehr zu empfehlen. Fast immer ist auch eine Suppe (6 €) vertreten. Als Secondo (13 €) können Sie **Brasato di vitello al Barbera**, Cinghiale in umido, **Coniglio arrosto** und **Fegato di vitello mit Zwiebeln** wählen. Spitzenreiter unter den Desserts (7 €) ist Semifreddo di torrone mit Schokoladesauce, ergänzt durch frisches oder eingekochtes Obst aus eigener Produktion (4 €). Die Weinkarte stellt Etiketten aus der Langa, dem Roero und dem Monferrat ins Rampenlicht, neben einer schönen Auswahl an anderen Produkten aus Italien. Am Wochenende, vor allem im Winter, gibt es ein Rendezvous mit großen Klassikern der hiesigen Küche, darunter *Bagna caoda* oder Fritto misto. Die fünf Gästezimmer sind nach den Weinen Moscato, Barbera, Barolo, Nebbiolo und Arneis benannt.

CRAVANZANA

61 km nordöstlich v. Cuneo, 25 km südl. v. Alba

Ristorante del Mercato da Maurizio

Hoteltrattoria • Via Luigi Einaudi, 5
Tel.(+39) 01 73 / 85 50 19
Ruhetag: Mittwoch, Donnerstagmittag
Ferien: je 1 Woche im Juli und zu Weihnachten, 7. Januar–13. Februar
50 Plätze + 20 Plätze im Freien
Preise: 30–35 € • Kreditkarten: CS, DC, MC, Visa; BM • Mittags und abends geöffnet

Genießen Sie die geruhsame Fahrt nach Cravanzana durch die Landschaft der Alta Langa bis zum Hof dieser Trattoria: Hier vollendet der Ausblick auf die Haselnusshaine den Genuss, bevor Maurizio Robaldo Sie durch das Repertoire an Speisen und Weinen begleitet. Eine gute Entscheidung ist das Degustationsmenü für 35 € mit Wahl von zwei Antipasti, einem Primo, einem Secondo und einem Dolce aus der Karte. Sehr delikat gleich zum Auftakt ist **Tortino al Murazzano mit Gartengemüse** (Spargel im Frühling, Topinambur im Herbst und Winter) **mit Fonduta aus Toma d'Elva**, aber auch Vitello tonnato, Carne all'albese mit gehobeltem Maira-Käse und im Sommer Involtino con peperoni (8 €) können mithalten. Einmalig sind **Agnolottini dal *plin* mit dreierlei Braten in Butter und Salbei** und Agnolotti di verdura mit Fonduta aus Toma d'Elva. Weitere Primi (10 €): *Tajarin* al ragù di carne e salsiccia oder die Version mit Fleisch und Steinpilzen, Cannelloni di crespella al forno und Gnocchi mit Tomaten und Basilikum. Danach erstklassige Secondi (12 €): Faraona alle erbe mit Wacholderbeeren, **Pollo alla cacciatora mit Paprikaschoten** und **Agnello di Langa al forno mit Thymian**. Reich bestückt ist der Teller mit **Formaggi** aus dem Piemont. Die Haselnuss Tonda Gentile aus der Langa dominiert bei den Dolci (6 €): Torta di nocciole, Mattone alle nocciole, eine Variation von *Bonet*, Bavarese alla nocciola und Tortino al cioccolato mit Haselnusseis. Die Weinkarte (korrekte Preise) achtet auf die Präsenz kleiner lokaler Produzenten, beinhaltet aber auch große Namen mit guten Tropfen schon für weniger als 15 €.

»*In dieser jahrhundertealten Trattoria stimmt die Substanz, perfekt präsentiert sowohl auf den Tellern als auch im Glas.*«

CRODO
Viceno

33 km nw. v. Verbania, A 26; E 62 bis z. Grenze, S.S. 659

Edelweiss

Hotelrestaurant
Ortsteil Viceno, 7
Tel. (+39) 03 24 / 61 87 91
Ruhetag: Mittwoch, außer im Sommer
Ferien: 2 Wochen im Januar, 3 Wochen im November
150 Plätze
Preise: 30–35 €
Alle Kreditkarten; BM
Mittags und abends geöffnet

In einem Ortsteil von Crodo, Hauptort des Antigorio-Tals, führt die Familie Facciola seit mehr als 50 Jahren dieses Hotelrestaurant. Die Küche, das Reich von Ugo und Papa Giancarlo, setzt auf Zutaten aus dem Umland (Fleisch, Käse, Gemüse aus dem eigenen Garten). Um den Service im klassisch eingerichteten Speisesaal kümmert sich Ugos Schwester Cristina. Unter den Antipasti empfehlen wir neben hauseigenen Salumi die Bruschette „con sorpresa" (eine Überraschung), **Frittatina al bettelmatt** und Bresaola al caprino ossolano (9 €). Gute hausgemachte Pasta als Primi: **Agnolotti mit Salbei und Mohn** (8 €), Gnocchetti mit Ricotta und Blattspinat und **Pappardelle al sugo di selvaggina**. Man wählt à la carte oder das Degustationsmenü für 32 €. Unter den Secondi bestechen Grigliata mista mit Fleisch und Gemüse, **Filetto di torello** (18 €) und Tagliata di scottona vom Grill. Neben Fleisch bietet die Karte stets auch ein vegetarisches Gericht mit frischem Gemüse und Kartoffeln (8 €). Exzellent ist das Dreierlei an Käse aus dem nahen Ossola-Tal (Bettelmatt, Ossolano di Crodo), serviert mit Kastanienhonig und Konfitüren dieser Gegend. Crostate, *Bonet* und andere Dolci sind hausgemacht. Die Weinkarte liebäugelt mit lokalen Etiketten, fügt aber einen kleinen Anhang mit Produkten aus anderen italienischen Regionen hinzu. Das Hotel Edelweiss bietet etwa 30 Zimmer, ein Wellness-Center und einen prachtvollen Ausblick auf die Berge.

100 Meter entfernt gibt es bei Massimo Bernardini wunderbare Ricotta, Butter und Bettelmatt. In **Crodo** (5 km), in der Via Roma 10, verkauft Giampietro Crosetti Salumi und Schinken aus dem Val Vigezzo. Die Latteria Antigoriana (Via Circonvallazione) bietet Toma und Frischkäse.

4 Ciance

NEU

Moderne Osteria
Via Dronero, 8 C
Tel. (+39) 01 71 / 48 90 27,
(+39) 338 / 648 45 59
Ruhetag: Dienstag, Sonntagabend
Ferien: unterschiedlich
50 Plätze
Preise: 30–32 €
Alle Kreditkarten; BM
Mittags und abends geöffnet

„Renzo in der Stadt" verkündet das Schild. Das Motto spiegelt kurz und bündig die Identität des 4 Ciance wider und erzählt ohne Umschweife dessen Geschichte. Das Lokal entstand 2012 als Ableger einer gastronomischen Institution im Stura-Tal: Da Renzo in Aisone. Ins Leben gerufen wurde dieses Stadtabenteuer von Giacomo Spada, Renzos Sohn, und Gianmaria Rossi (am Herd unterstützt durch Gaetano Zonno) mit ihrem Freund Daniele Banfo im Service. Die Küche setzt auf lokaltypischen Charakter und Produkte aus dem umliegenden Bergland, gibt sich jedoch einen moderneren Touch, indem sie stärker auf die Leichtigkeit der Gerichte und deren sorgfältige Präsentation achtet. Neben dem Menù dello chef mit Antipasto, Primo, Secondo und Dolce (24 €) gibt es ein Degustationsmenü mit drei Antipasti, Primo, Secondo und Dolce (32 €) und mündlich vorgetragene Gerichte aus der Karte. Exzellente Antipasti (8 €), darunter **Paté d'agnello sambucano**, Carne cruda di fassone und Finanziera. Die Primi (8 €) umfassen stets einen Risotto und hausgemachte frische Pasta: Gnocchi, Ravioli und **Cruset della Valle Stura**. Zu empfehlen sind **Ravioli dal plin mit *Bagna grisa***. Der König unter den Secondi ist Agnello sambucano (15 €), stets ergänzt durch Rindfleisch von Kalbsbacke bis Tagliata. Lob für die Dolci (8 €) mit hausgemachtem Eis, Sorbets und Panna cotta mit Fruchtkonfitüren. Die niveauvolle Weinkarte verzeichnet zahlreiche Etiketten aus dem Piemont, einige aus Frankreich und eine Auswahl an Weinen aus anderen italienischen Regionen.

In der Holzofenbäckerei von Guido Basso (Via Santa Maria 2) wird erstklassiges naturgesäuertes Brot gebacken. Ferruccio Rossi (Corso Nizza 41) verkauft Brot der besten Holzofenbäckereien der Valli Cuneesi.

CUNEO

Due Grappoli

Moderne Osteria
Via Santa Croce, 38
Tel. (+39) 01 71 / 69 81 78
Ruhetag: Sonntag, Montag
Ferien: 1 Woche im Januar und im August
55 Plätze
Preise: 15–30 €
Kreditkarten: CS, DC, MC, Visa; BM
Mittags und abends geöffnet

Ein Gebäude aus dem 18. Jahrhundert beherbergt die Osteria Due Grappoli, die von Matteo Prato und den Brüdern Michele und Maurizio Meinero geführt wird. Dank der in der Bottega dei Vini di Langa gesammelten Erfahrungen schenkt das Team gute Tropfen aus, die man aus einer Weinkarte mit exzellentem Preis-Leistungs-Verhältnis und piemontesischem Schwerpunkt wählt, und serviert Gerichte dieses Landstrichs. Die Speisenauswahl variiert je nach Verfügbarkeit der Zutaten, die auf dem Markt in der Nähe der Osteria gekauft werden. In den zwei gastlichen Räumen bekommt man mittags ein Degustationsmenü für 15 € – Antipasto, Primo, Dolce, Wasser und Kaffee – oder man wählt aus Tagesgerichten an der Tafel. Abends gibt es neben der Karte zwei Menüs für 24 oder 28 €. Es geht los mit Flan und Frittate aus Gemüse, **Insalata russa** (6 €), Cipolla ripiena, **Carne battuta, fein gehackt**, Carpaccio di polpo mit Orangensauce und Insalata di riso aus Venere-Reis mit Garnelen und Gemüse. Stets vertreten sind **Ravioli** – exzellent die Version **di coniglio** (mit Kaninchen, 8 €) –, ***Tajarin* con ragù** oder mit Gemüse, Orzotto mantecato und Suppen. Bei den Secondi dominiert Fleisch mit Tagliata di fassone piemontese (12 €), Bocconcini di agnello mit Gemüse, **Trippa in umido**, **Stracotto di guanciale di vitello** und Coscia di faraona in Portwein. Die Karte nennt immer auch einige Fischgerichte, zum Beispiel Baccalà mantecato und schmackhaftes Filetto di trota salmonata mit Kräutern. Zum Abschluss ***Bonet***, Torta di mele und Semifreddo al cioccolato.

Tuttocarne (Corso Nizza 52) verkauft Fleisch von Rindern der piemontesischen Rasse. Bei Arione (Piazza Galimberti 14) finden Sie Cuneesi al rum sowie wunderbare Meringhe.

Roma

Trattoria
Via Roma, 14
Tel. (+39) 01 71 / 79 10 07
Ruhetag: Montag
Ferien: unterschiedlich
40 Plätze + 20 Plätze im Freien
Preise: 30–32 €
Kreditkarten: CS, MC, Visa; BM
Mittags und abends geöffnet

Die Gastronomie in Cuneo, jahrzehntelang nicht einmal mittelmäßig, wird seit einiger Zeit durch Lokale von hoher Qualität in der Altstadt belebt, allen voran die Trattoria der Familie Rabbia in einem alten Palazzo vor der Präfektur. Hinter dem Hausflur liegt ein kleiner Hof mit Tischen für die warmen Tage, im Inneren ein Eingangsbereich, wo Davide die Gäste empfängt, und zwei hübsche, durch einen Korridor verbundene Säle. Annalisa und ihre Tochter Marianna verarbeiten die Spitzenprodukte dieses Landstrichs ganz nach Tradition. Zum Einstieg gibt es feine Salumi, Cruda al coltello, **Vitello tonnato** (8 €) und im Sommer Insalatina di faraona oder **Anguilla in carpione**. Die hausgemachten Teigwaren mit Ei bekommt man in Form von **Agnolotti ai due arrosti mit gekochter Salami** und ***Tajarin*** (nur aus Eigelb) **mit Wurstragout** (9 €). Weitere Vorschläge sind **Riso** (aus Bra, Annalisas Heimatstadt) **ai formaggi**, im Winter ***Ola* al forno** und Zuppa di fagioli, im Sommer Crema di zucchine. Erstklassiges Fleisch, häufig aus Slow-Food-Presidi, als Secondi: der legendäre Biancostato (13 €), Tagliata di fassone piemontese, **Coniglio grigio** aus Carmagnola, in der Saison zubereitet **mit Ramassin** aus dem Bronda-Tal, Capocollo di maiale arrosto (11 €), **Trippa in umido** und **Finanziera**. Eine eigene Karte ist den exquisiten Dolci gewidmet. Im Keller lagern zahlreiche Etiketten, auch zum glasweisen Ausschank. Für den ganzen Tisch kann man ein Degustationsmenü mit drei Antipasti, Primo, Secondo und Dessert für 32 € bestellen.

„Die einfache, traditionelle Küche bringt die Qualität der territorialen Produkte zur Geltung. Das elegante und zugleich familiäre Lokal ist ein leuchtendes Beispiel für die gastronomische Renaissance dieser Stadt.“

CUNEO

Senza Fretta

Moderne Osteria
Via Dronero, 3 bis
Tel. (+39) 01 71 / 48 91 74,
(+39) 335 / 666 45 76
NEU
Ruhetag: Montag
Ferien: unterschiedlich
70 Plätze
Preise: 28–30 €
Kreditkarten: AE, CS, MC, Visa; BM
Abends geöffnet, Samstag und Sonntag auch mittags

„Leben ohne Hast“ ist mittlerweile zum Mantra einiger weniger Auserwählter geworden. Dennoch hat dieses Lokal im historischen Zentrum von Cuneo, im Herzen jener Gegend, in der die Gastronomie-Szene der Provinzhauptstadt in jüngster Zeit eine echte Renaissance erlebt, alle Voraussetzungen, um zu einer Oase zum Schutz vor dem Alltagsstress zu werden. Denn „ohne Hast“ ist vor allem die Küche von Daniela Marchisio: Nicht in dem Sinne, dass man endlos auf die Gerichte wartet (der Service ist präzise und hält die Zeiten ein, die für eine gepflegte Zubereitung notwendig sind), sondern eher dahingehend, dass die Rhythmen der Natur und die Saisonalität Beachtung finden. Daniela und ihr Mann Marco Bertorello in seiner Funktion als Sommelier und Leiter des Service haben gemeinsam ihr Projekt entwickelt, dessen Basis die Sorgfalt bei der Wahl der meist biologischen Produkte ist. Unter den stets in der Karte vertretenen Gerichten stechen **Battuta al coltello di fassone**, Tagliere di salumi mit Wurst aus kleinen Handwerksbetrieben, Tagliata di fassone (15 €) und Torta al cioccolato hervor. Alles andere ist eine Frage der Jahreszeit: Insalatina di gallina vom blonden piemontesischen Hähnchen (8 €), unter den Primi Gnocchi di zucchine novelle mit Salsiccia (9 €) und Risotto con tuorlo d'uovo, erbe fini e lardo (mit Eigelb, Kräutern und Speck, 9 €). Dann gibt es Scaramella di vitello mit Haselnüssen aus dem Piemont und **Filetto di trota** (Forellenfilet) **aus dem Stura-Tal**. Auch an Vegetarier wird gedacht: Probieren Sie Tortino di bietole e seirass mit Raschera-Fonduta (8 €) oder **Zuppa rustica mit Hülsenfrüchten, Getreide und Gemüse**. Die Desserts ermöglichen ein Rendezvous mit dem einmaligen Bonet (6 €). Die interessante Weinkarte ist gut bestückt, darunter auch ausgewählte Produkte kleiner Betriebe.

CUREGGIO

30 KM NORDWESTLICH VON NOVARA, S.S. 142

La Capuccina

Ferienbauernhof
Strada Capuccina, 7
Tel. (+39) 03 22 / 83 99 30
Ruhetag: Montag–Mittwoch
Ferien: 1.–15. Januar
60 Plätze + 20 Plätze im Freien
Preise: 32 € (Tagesmenü)
Kreditkarten: AE, CS, MC, Visa; BM
Abends geöffnet, Sonntag auch mittags

In Cureggio, im Gebiet des Alto Novarese, führen Gianluca und Raffaella seit zehn Jahren ihren Betrieb. Bis heute basiert dieser zu einem guten Teil auf Produkten vom eigenen Hof, einer teilweisen Unabhängigkeit bei der Energieversorgung, einem großen Gemüsegarten, Ställen und einer Käserei und in gastronomischer Hinsicht auf einem Service von hohem Niveau und einer gehobenen Küche. Ein richtiger Agriturismo eben, wo das Fleisch von Tieren aus eigener Zucht stammt (Rinder, Ziegen, Hoftiere) und wo Milchprodukte, Käse – exzellent! –, Joghurt und Eis selbst hergestellt werden. Gleiches gilt natürlich auch für Obst und Gemüse. Für die wenigen Lebensmittel, die der eigene Betrieb nicht abdeckt, werden Landwirte und Züchter aus der Umgebung herangezogen. Eine weitere Bezugsquelle ist eine Fischereigenossenschaft, um von Zeit zu Zeit Süßwasserfisch anbieten zu können. Gianluca gilt unter anderem als einer der Betreiber der Initiative, die es ermöglicht hat, die blonde Zwiebel aus Cureggio und Fontaneto unter die Slow-Food-Presidi einzureihen. Das Menü hat einen feststehenden Preis (32 €), was aber täglich variiert, ist seine Zusammensetzung. Unter den Gerichten blieben uns die exzellenten **Agnolotti** (wie das Brot sind auch alle Teigwaren hausgemacht), **Risotto col midollo**, verschiedenste Arten von Fleisch sowohl unter den Antipasti, etwa **Battuta di fassone**, als auch unter den Secondi, und zwar **Capretto** oder **Coniglio arrosto**, **Stracotto di vitello** und Tagliata, in Salz und Heu gekocht, in Erinnerung. Die Weinkarte ist gut bestückt und hat ihren Schwerpunkt bei Produkten aus der Umgebung, speziell solchen der Rebsorte Vespolina. Wir empfehlen Ihnen jedoch, nach dem Blick in die Karte auf Gianlucas Ratschläge zu vertrauen: Er weiß einfach alles über jede einzelne Flasche.

DRONERO

20 KM NORDWESTLICH VON CUNEO

Rosso Rubino

Restaurant
Piazza Marconi, 2
Tel. (+39) 01 71 / 90 56 78
Ruhetag: Montag
Ferien: je 2 Wochen im Februar und November
30 Plätze
Preise: 33–36 €
Alle Kreditkarten; BM
Mittags und abends geöffnet

Das Städtchen Dronero, am Ausgang des Maira-Tals auf einem Felsvorsprung an der Einmündung des Rio Roccabruno gelegen, gilt als Ort der Sardellenhändler, die hier Ende Mai ein großes Fest abhalten. An der Dorfstraße liegt ein Fixstern der Gastronomieszene dieser Provinz: dieses kleine Lokal, das meisterhaft von Roberto Eandi geführt wird, im Saal unterstützt durch seinen Vater Albino und in der Küche von Mama Maria. Ein kleines Begrüßungshäppchen, dann widmen Sie sich gleich den Antipasti (11 €): Sformatino di castelmagno auf Paprikasauce, wunderbare **Terrina di coniglio mit roten Zwiebeln**, fein gehackte Carne cruda, serviert mit Parmesanstücken, und Trota affumicata (Forelle aus der Maira). Die Primi (10 €), das Bravourstück des Lokals, reichen von **Agnolotti di pasta alle ortiche mit Nostrale und brauner Butter** bis zu **Risotto** alla Nino Bergese (**mit Parmesan und dunklem Fond**), beide umwerfend. Unter den Secondi (12 €) verdient **Agnello sambucano al forno** eine spezielle Erwähnung, aber es gibt auch **Finanziera** und gebratenes Maialino da latte. Die Liste der Dolci (7 €) ist lang: Je nach Saison werden Insalata di fragole mit englischer Creme, Torta alle ciliegie, Soufflé di albicocche oder Soufflé di marroni mit Vanillesauce, Zabaione al Moscato mit Maisgebäck und Lingue di gatto angeboten. Die Weinkarte ist reich bestückt und gepflegt, auch was den glasweisen Ausschank betrifft. Das Lokal bietet ein Degustationsmenü für 33 € und ein Fischmenü für 45 €. An den Wochentagen wird mittags ein kleines Menü für 17 € mit zwei Gängen, Dessert und Kaffee serviert.

»Das besondere Augenmerk für Details und die sorgsame Auswahl der Zutaten machen dieses Restaurant zu einer zuverlässigen Adresse.«

FABBRICA CURONE
Selvapiana

62 KM SÜDÖSTL. V. ALESSANDRIA, 32 KM V. TORTONA

La Genzianella

Hotelrestaurant
Via Forotondo, 7
Tel. (+39) 01 31 / 78 01 35
Ruhetag: Montag, Dienstag, außer im Sommer
Ferien: September
60 Plätze + 15 Plätze im Freien
Preise: 30–34 €
Kreditkarten: CS, MC, Visa; BM
Mittags und abends geöffnet

Fabbrica im oberen Curone-Tal ist die östlichste Gemeinde des Piemont an der Grenze zur Lombardei (Oltrepò Pavese), deren Ortsteil Selvapiana auf 770 Metern Höhe inmitten dichter Wälder liegt. Das Hotelrestaurant von Cristiana Rolandi am Ortseingang bietet ein einfaches, sorgfältig arrangiertes Ambiente. Die piemontesisch ausgerichtete Küche nützt die typischen Elemente eines von der Nähe anderer Regionen (Lombardei, Ligurien und Emilia-Romagna) geprägten Landstrichs und setzt auf die Verwendung von gesammelten und teilweise auch angepflanzten Kräutern, Pilzen und sonstigen Waldprodukten. Die **Salumi** zum Einstieg sind ein hauseigenes Produkt und werden von Papa Angelo produziert und zur Reifung gebracht. Als Antipasti stets vertreten sind Sformati di verdura (insbesondere *Turta in tra biela* aus altbackenem Brot und Milch), Fritture di erbe und **Vitello tonnato all'antica**. Die Primi (6 €) umfassen **Gnocchi di patata rossa**, **Ravioli di ortica** oder **Ravioli di borragine** und Taglierini al ragù (in der Saison mit Pilzen oder Trüffel). Als Alternative zur Pasta gibt es **Risotto al Timorasso**. Die Secondi (10 bis 15 €) sehen **Tonno di gallina** (Hähnchenterrine), auch mit Kaninchen, Rind oder Schwein, mit Pilzen und in der Jagdsaison **Selvaggina** sowie ein Sortiment an Formaggi vor. Zum Ausklang Cremedesserts, hausgemachte Crostate und Salame al cioccolato. Ein Degustationsmenü für 35 €. Im Keller lagern neben einer großen Auswahl an Weinen der Colli Tortonesi und des Oltrepò auch andere Etiketten aus dem Piemont und dem übrigen Italien.

In **Fabbrica Curone** (4 km) bietet die Salumeria Fittabile (Via Roma 48) Salami aus den Valli Tortonesi (Slow-Food-Presidio), vorzügliche Cacciatorini und Cotechini.

FARIGLIANO

36 KM NORDÖSTLICH VON CUNEO, S.P. 12

La Speranza

Restaurant
Piazza Vittorio Emanuele II, 43 bis
Tel. (+39) 01 73 / 761 90
Ruhetag: Sonntagabend, Montag
Ferien: 1 Woche zu Weihnachten/Neujahr, 3 Wochen im August
40 Plätze + 12 Plätze im Freien
Preise: 35–38 €
Kreditkarten: CS, MC, Visa; BM
Mittags und abends geöffnet

Das La Speranza, das einst jahrzehntelang als einfache Dorf-Trattoria bestand, hat im Laufe seiner langen Geschichte – die erste Lizenz geht auf das Jahr 1881 zurück – Phasen des Glanzes, aber auch trübe Momente erlebt, bis es im Jahr 2008 von Maurizio und Sabrina Quaranta übernommen wurde. Er stammt aus dem Valgrana in der Provinz Cuneo, sie aus Rom und beide hatten zuvor Erfahrungen in renommierten Restaurants gesammelt. Sie gaben diesem Lokal ein neues Styling (modern, hell, farbenfroh) und vor allem eine neue Seele: Die Eckpfeiler sind nun die akribische Suche nach den besten Zutaten, auch bei kleinen Produzenten dieser Gegend, die klassischen Rezepte der Langa alternierend mit klug gewählten kreativen Gerichten, eine gut bestückte Weinkarte, die lokalen Etiketten viel Platz einnimmt, ein effizienter Service und korrekte Preise. Bei unserem letzten Besuch ließen wir uns als Antipasto **Galantina di coniglio** mit Kaninchen aus lokaler Aufzucht (8,50 €), dampfgegarten Baccalà mantecato und Fritto di acciughe mit Artischocken schmecken. Unter den Primi begeisterten uns insbesondere die **Agnolotti ai tre arrosti in dunklem Fond**, Tagliolini al coltello mit Ragout (8,50 €) und **Gnocchetti di farina integrale mit Gorgonzola**. Das Fleisch stammt aus der Fleischerei des Dorfes: **Brasato di vitello mit Polenta**, Fassone in Rotwein, Filetto di maiale mit Senf, **Quaglia disossata, gefüllt mit Kalbswurst** und im Ofen gegart (13 €), **Coniglio arrosto mit Paprikaschoten** und Spiedini di agnello in Panade. Unter den Dolci sind **Panna cotta mit Madernassa-Birnen und Honig**, Strudel di mele mit Cremeeis und der ungewöhnliche Cappuccino ghiacciato (6 €) zu erwähnen. Es gibt ein Degustationsmenü für 35 € mit drei Antipasti, einem Primo, einem Secondo und Dessert.

18 KM SW. V. ALESSANDRIA, 20 KM V. ACQUI TERME

Trattoria dei Tacconotti

Trattoria
Ortsteil Tacconotti, 17
Tel. (+39) 01 31 / 27 84 88,
(+39) 333 / 299 52 52
Ruhetag: Mittwoch
Ferien: zeitweise im Januar
40 Plätze + 30 Plätze im Freien
Preise: 30–35 €
Alle Kreditkarten; BM
Mittags und abends geöffnet

Diese schöne Trattoria, als Familienbetrieb geführt, liegt in der Ebene zwischen Orba und Bormida, vor einer reizenden kleinen Kirche. Anna empfängt die Gäste und überlässt sie dann der Obhut ihres Mannes Carlo, eines Weinliebhabers. Die Speisenauswahl ist einfach, bietet aber zahlreiche Wahlmöglichkeiten. Ein großer Teil des Gemüses stammt aus dem eigenen Garten. Wir begannen mit Kostproben von vier Antipasti (12 €): Formaggetta di capra mit Zwiebeln aus Breme, Torta di sfoglia sottile, gefüllt mit Salsiccia und hiesigem Formaggio, gefüllter Pomodoro crudo und vorzügliche **Insalata russa**. Als Primo können Sie Malfatti mit Kräutern (von der Köchin selbst ausgewählt und gesammelt) und exzellente **Agnolotti** – hausgemacht – mit Butter, **al sugo di carne** oder al vino (13 €) genießen. Sehr zu empfehlen sind auch die **Gnocchi al sugo di salsiccia** und Stracci mit Bohnen-Basilikum-Pesto. Dann heißt es „Bahn frei" für Fleischgerichte – **warmes Vitello tonnato all'antica** (12 €), Lombo di coniglio, gefüllt mit Kräutern und Paprikaschoten –, aber auch für **Baccalà in umido** und Acciughe fritte. Dazu kommen vegetarische Gerichte, zum Beispiel Torta di erbe selvatiche mit Melisse (10 €). Im Herbst bekommen Sie gegen Vorbestellung den großen Fritto misto alla piemontese und *Bagna caoda*, während es für die **Finanziera** keine saisonalen Einschränkungen gibt. Umfangreich und von hohem Niveau ist das Sortiment an **Formaggi**, serviert mit Annas Konfitüren, und schließlich die Dolci mit Bavarese, Cremino al cioccolato, Zabaione und Gelato alla crema. Die Weinkarte spricht in erster Linie Piemontesisch, wobei auch auf kleinere Produzenten geachtet wird: Einige Etiketten können Sie im Format von 3,75 cl bestellen, aber man kann auch jede andere Flasche, die man nicht austrinkt, mit nach Hause nehmen.

37 KM NÖRDLICH VON VERCELLI

La Brioska

Trattoria
Corso Valsesia, 1
Tel. (+39) 01 63 / 83 51 63
Ruhetag: Dienstag, Mittwoch
Ferien: je 10 Tage im Januar und Juni
50 Plätze + 25 Plätze im Freien
Preise: 28–30 €
Kreditkarten: CS, DC, MC; BM
Mittags und abends geöffnet

Diese sympathische Trattoria unter den Arkaden der Hauptstraße von Gattinara, der Heimat des gleichnamigen Weines aus Nebbiolo-Trauben, hat sich dem Wein verschrieben. Der Dialektausdruck *Brioska* bezeichnet ein Lokal – mit einem Wacholderzweig über dem Eingang –, in dem der Winzer überschüssigen Wein aus dem Großhandel verkaufen und kleine Häppchen servieren durfte. Hier bekommt man jedoch weit mehr: eine umfangreiche Weinkarte mit territorialem Schwerpunkt und eine traditionsbewusste Küche, die auf hochwertige (fast) Null-Kilometer-Produkte setzt. Am Herd steht Pinuccia Baruffi, im Saal werken ihr Mann Celestino und ihr Sohn Piero. Der üppige Antipasto della casa (10 €) umfasst typische Salumi (Ziegensalami, Salame della *doja*, Fesotto, Prosciutto al Gattinara, Pancetta ossolana), Maiale tonnato (geschmacksintensiver als das klassische Vitello) und *Frachet*, ein Frischkäse, angerichtet mit **zerdrücktem Knoblauch, Öl, Salz und Pfeffer**. Unter den Primi (8 €) ein **Risotto al Gattinara** oder **Gnocchi mit Wurstragout**. Dann folgen **Coniglio mit Rosmarin** (12 €), **Filetto di maiale in Rotwein**, Verdure ripiene oder ein Sortiment an Toma mit *Cognà* (6 €). Im Winter gibt es **Tapulone mit Polenta** und gegen Vorbestellung *Bagna caoda*, Bollito, Oca mit Wirsing und Fritto misto. Zum Ausklang hausgemachte Desserts (7 €) mit klassischem *Bonet* und fantasievolleren Kreationen. An den Wochentagen wird mittags ein Menü für 12 € mit Primo, Secondo, Wasser, Wein und Kaffee geboten.

In der Enoteca Regionale (Corso Valsesia 112) gibt es sämtliche Weine des nördlichen Piemont. Bei Massimo Patriarca (Via Galileo Ferraris) bekommen Sie Obst und Gemüse aus eigenem Anbau (telefonische Terminvereinbarung unter (+39) 348 / 890 78 04).

25 KM NORDWESTLICH VON NOVARA

Il Cavenago

Ferienbauernhof
Cascina Cavenago
Tel. (+39) 01 63 / 84 02 15
Ruhetag: Montag–Donnerstag
Ferien: 3 Wochen nach Weihnachten
60 Plätze
Preise: 22–32 € (Tagesmenü)
Kreditkarten: CS, DC, MC, Visa; BM
Abends geöffnet, Sonntag auch mittags

In den Hügeln östlich von Ghemme, einer kleinen Gemeinde im Novarese, nach der einer der größten Rotweine des nördlichen Piemont benannt ist, liegt der Betrieb der Familie Martinoli in einer Festung aus dem 17. Jahrhundert, dem einstigen Landhaus der Grafen Cavenago. Auf dem Gutshof und den angeschlossenen Ländereien werden zahlreiche Tätigkeiten durchgeführt: Anbau – im Folientunnel und im Freiland – von Obst und Gemüse sowie Getreide und Futterpflanzen für die hofeigene Tierzucht, Aufzucht – in Bodenhaltung – von Hühnern, Legehennen, Perlhühnern, Gänsen, Enten und Kaninchen, Verarbeitung von Fleisch für den Direktverkauf und zur Versorgung des Ladens des Ferienbauernhofs. Die Gästezimmer und Speisesäle befinden sich in der Villa: Böden aus Cotto-Ziegeln, Kassettendecken und monumentale Kamine schaffen ein Ambiente mit Flair. Neben dem typischen Menü für 22 € gibt es das Menù del conte für 32 €: Beide Speisefolgen sind feststehend und unterscheiden sich nur durch die Anzahl, nicht durch die Art der traditionellen Gerichten. Der Einstieg erfolgt mit lokalen Salumi: *Salam 'd la doja* (in Fett eingelegt), ***Fidighin*** (mit Schweineleber) und exzellenter Prosciutto crudo aus den Bergen. Dann folgen, je nach Saison, Fiori di zucchina in Backteig, Sformati di verdura und Pere al forno mit Gorgonzolasauce. Das Primo ist fast immer ein **Risotto**: ai *luvertis* (mit Hopfensprossen), ai porcini, **al Nebbiolo e toma** oder die traditionelle **Paniscia**. Der Hauptgang besteht aus **Faraona**, **Coniglio** oder anderen hofeigenen Tieren, häufig als **Arrosto** oder **Brasato al Ghemme** zubereitet. Die Desserts umfassen Crostate mit hausgemachten Konfitüren oder Salame di cioccolato. Die Weinkarte lässt eine enge Bindung an diesen Landstrich erkennen: Giorgio Martinoli empfiehlt Ihnen gerne die besten Kombinationen.

80 KM NÖ. V. CUNEO, 20 KM V. ASTI, S.S. 231 OD. A 33

Pautassi

Via Boetti, 21
Tel. (+39) 01 73 / 580 10
Ruhetag: Montag, Dienstag
Ferien: 10. Januar–13. Februar
40 Plätze + 20 Plätze im Freien
Preise: 30–32 €
Kreditkarten: CS, DC, MC, Visa; BM
Mittags und abends geöffnet

In dieser hübschen Trattoria mit frischem Flair, die vor einigen Jahren von Monica und ihrem Lebensgefährten Luis eröffnet wurde, beeindruckt vor allem eines: die Karte. Das einfache Blatt, auf welchem die Gerichte angeführt und die Zutaten und Lieferanten kurz beschrieben sind, enthält nützliche Informationen für Personen, die eine spezielle Ernährungsform einhalten wollen oder müssen (Zöliakiebetroffene, Vegetarier) und die Empfehlung, allfällige Unverträglichkeiten bekannt zu geben. Ein Appetithäppchen stimmt auf die Antipasti ein. Dazu zählen traditionelle, hier sehr fein gehackte Carne cruda, exzellentes **Vitello tonnato**, die mittlerweile raren **Acciughe in salsa rossa** und „Boscaiolo nell'orto" (8 €), ein Gedicht aus Schmelzkäse und saisonalem Gemüse. Dann folgen ***Tajarin* con 40 tuorli** (11 €), **Agnolotti dal *plin*** nach Art des Hauses oder **al seirass**, je nach Saison **Risotto all'ortica** oder **Gnocchi al radicchio**. **Coniglio alle erbe**, **Muscolo al Nebbiolo** (12 €) und ein ungewöhnlicher Capocollo mit Honig erfreuen Fleischliebhaber, wie auch der gemischte Teller mit Salumi aus dem Roero (10 €). Als Alternative gibt es ein interessantes Sortiment an Formaggi aus dem Gebiet um Cuneo. Es wäre schade, nicht wenigstens eines von Monicas Desserts zu probieren: Sorbetto di lime e menta, Cassata Pautassi (5,50 €) und Parfait di mele e pistacchi machen dabei der Bavarese di zabaione all'Arneis und der Morbidissima al cioccolato Konkurrenz. Luis, im Service durch seinen Sohn Giacomo unterstützt, berät Sie (zuverlässig!) bei der Wahl der Weine: einige klingende Namen aus dem Roero und den Langhe und Etiketten von Winzern aus Govone, die glasweise angeboten werden. Bei Bestellung für den ganzen Tisch gibt es ein Degustationsmenü für 30 € mit Antipasto, Primo, Secondo, Dolce, Wasser und Kaffee.

GRAZZANO BADOGLIO

23 KM NORDÖSTLICH VON ASTI

Il Bagatto

Restaurant mit Übernachtungsmöglichkeit
Piazza Cotti, 17
Tel. (+39) 01 41 / 92 51 10
Ruhetag: Montagabend, Dienstag
Ferien: zweite und dritte Januar- und Juliwoche
60 Plätze + 30 Plätze im Freien
Preise: 30–35 €
Alle Kreditkarten; BM
Mittags und abends geöffnet

Das Gebäude auf dem Hauptplatz, in dem das Restaurant Il Bagatto seinen Sitz hat, befindet sich seit dem Ende des 19. Jahrhunderts im Besitz der Familie Tappa: ursprünglich eine Locanda mit Stallungen, dann ein Kaffeehaus, bis es 1964 von den derzeitigen Besitzern zu einem Restaurant mit solider Küche nach Tradition des Monferrat umgestaltet wurde. Franco Tappa, mit seinen Kindern Stefania und Andrea im Service tätig, führt die Gäste im Winter in den Speisesaal zum knisternden Kaminfeuer, im Sommer in den lauschigen Hof. Die Gerichte – einfach und in großzügigen Portionen serviert – werden von Signora Franca aus hochwertigen Produkten dieser Gegend zubereitet. Als Alternative zur Karte gibt es ein Degustationsmenü für 32 €, ein vegetarisches Menü für 22 € und an den Wochentagen mittags ein Tagesmenü für 20 €. Unter den gemischten Antipasti des Hauses (15 €), die auch einzeln erhältlich sind (8 €), bestechen **Bocconcini di lonza in carpione**, **Girello di vitello in salsa tonnata**, Tomino all'acciuga und die fein gehackte Cruda di fassone. Das Bravourstück des Bagatto unter den hausgemachten Teigwaren sind die **Agnolotti al sugo d'arrosto** (8 €), zu denen sich Tagliolini alle verdure oder die Version mit Fleischragout, Gnocchi al gorgonzola oder Gnocchi al pomodoro e basilico und Pasta e fagioli gesellen. Dann folgen **Faraona** oder Quaglia **arrosto**, Tenerone al forno, in der Pilzsaison Sottofiletto mit Steinpilzen und im Winter gegen Vorbestellung Bollito und **Fritto misto** (20 €). Unter den Desserts (4 €) sind ***Bonet***, Zuccotto und Torta di nocciole zu empfehlen. Getrunken wird hauptsächlich Grignolino, Barbera und der vom Wirten selbst gekelterte Ruchè, es gibt aber auch eine kleine Weinkarte mit großen Namen. Lobenswert ist die Gepflogenheit des *Bota stopa*, das hiesige Äquivalent zum Doggy-bag.

GREMIASCO

45 KM SÜDÖSTL. V. ALESSANDRIA, 27 KM V. TORTONA

Belvedere

Restaurant
Via Dusio, 5
Tel. (+39) 01 31 / 78 71 59
Ruhetag: Dienstag
Ferien: unterschiedlich
100 Plätze + 35 Plätze im Freien
Preise: 30–32 €
Kreditkarten: CS, Visa; BM
Mittags und abends geöffnet, Oktober–Juni Montag–Donnerstag nur mittags

Das Dorf Gremiasco im oberen Curone-Tal an der Grenze zur Provinz Pavia ist der Standort dieser aparten Land-Trattoria mit zwei Räumen und schöner Panoramaterrasse. Das Gebiet – die Valli Tortonesi – ist reich an interessanten Produkten (zum Beispiel Pfirsiche aus Volpedo, Montebore-Käse). Diese findet man häufig in den Gerichten, die Agnese mit Hingabe unter Mithilfe ihres Sohns Giuliano zubereitet, während der andere Sohn, Alberto, sich gemeinsam mit Papa Benito um Weinkeller und Gemüsegarten kümmert. Neben der Karte wird ein günstiges Degustationsmenü für 30 € mit fünf Antipasti, Primo, Secondo, dreierlei Desserts und Wein des Hauses angeboten. Unter den saisonal variierenden Vorschlägen erinnern wir uns gerne an die vorzügliche **Insalata russa** und **Crostata di cipolle bionde di Castelnuovo**, im Sommer die frittierten Fiori di zucchina und Borretsch, Carne cruda, Vitello tonnato und Sformatini di erbe (eine Auswahl für 10 €). Die Primi umfassen **Agnolotti di brasato al Barbera**, Gnocchi di patate e zucca mit Montebore und Tagliatelle al sugo di coniglio, in der Saison auch mit Trüffel. Die Secondi, das sind **Coniglio al Timorasso**, Galletto al limone (8 €), Brasato und zur Jagdzeit gutes **Cinghiale in umido** (10 €) **mit Polenta**. Wenn es die Saison erlaubt, verarbeitet Agnese **Pilze** aus den nahen Wäldern: Nützen Sie die Gelegenheit. Budini, Mousse, hausgemachte Crostate, **Bavarese mit Pfirsichen aus Volpedo** oder die Version al caffè zum Ausklang. Bei der Weinauswahl dominieren lokale Produkte, Sie werden also in erster Linie – auch glasweise – Timorasso und Barbera trinken.

Die Fleischerei von Lino Arsura in der Via Dusio 16 verkauft unter anderem Salami aus den Valli Tortonesi.

GUARDABOSONE

57 KM NW. VON VERCELLI, S.S. 594 UND S.S. 299

La Barrique

Osteria-Pizzeria
Piazza Repubblica, 11
Tel. (+39) 015 / 76 11 19
Ruhetag: Montag
Ferien: ersten 2 Septemberwochen
45 Plätze + 25 Plätze im Freien
Preise: 28–32 €
Kreditkarten: AE, CS, MC, Visa; BM
Mittags und abends geöffnet

Guardabosone ist ein prächtig restauriertes „lebendiges Museumsdorf" aus dem Mittelalter. Ein Rundgang lohnt sich jedenfalls, wird aber erst durch eine Einkehr in dieser modernen Osteria am Dorfeingang gekrönt. Das Lokal verfügt über einen günstig gelegenen Parkplatz hinter der Laube, in der man an heißen Tagen Platz nehmen kann. Die Küche verarbeitet erstklassige Zutaten zu Traditionsgerichten, die abwechselnd mit kreativeren Vorschlägen oder solchen ohne territorialen Bezug aufgetischt werden. Auch Fischgerichte sind vorgesehen (und Sonntagabend Pizza). Unter den lokalen Salumi zum Einstieg bestechen **Paletta di Coggiola** und leicht geräucherte Petto d'anatra. Als Alternative bekommen Sie **Uovo croccante mit Fonduta aus Toma biellese und Mandeln** (8,50 €), Battuta di fassone oder **Salmerino aus dem Sesia-Tal**. Unsere Favoriten unter den Primi waren Orecchiette di grano arso (aus geröstetem Hartweizen) mit Kirschtomaten, Brotkrume und Cacioricotta (8,50 €) und **Ravioli di paletta mit Kartoffelcreme**. Stets vertreten ist mindestens ein **Risotto** wie jener **al Bramaterra** oder alla crema di piselli mit Erbsen, Minze und kleinen Tintenfischen. Die Secondi punkten mit saftiger Tagliata di scottona piemontese, **Costolette di agnello in würziger Brotkruste** oder **Lombata di coniglio mit Gartenkräutern** (12,50 €). Stets verfügbar sind Formaggi dieses Landstrichs (8 €). Zum Abschluss ***Bonet*** mit Eis aus Haselnüssen aus der Langa (4,50 €) und Crème brulée mit Vanille. Große Beachtung finden weniger bekannte Nebbiolo-Weine dieser Gegend neben einer guten, preislich mehr als korrekten Auswahl weiterer italienischer Weine.

Im Ortsteil **La Burla** (1 km) bietet die gleichnamige Fleischerei ein hervorragendes Fleischsortiment.

IVREA

54 KM NÖRDLICH VON TURIN

Aquila Antica

Restaurant
Via Gozzano, 37
Tel. (+39) 01 25 / 42 55 50
Ruhetag: Sonntag- und Montagabend
Ferien: zweite und dritte Augustwoche, 1 Woche nach Karneval
85 Plätze + 35 Plätze im Freien
Preise: 32–35 €
Alle Kreditkarten; BM
Mittags und abends geöffnet

Das Restaurant Aquila Antica ist ein historisches Lokal im Stadtviertel Borghetto. Der Einzug von Federico Cimadom im Jahr 2009 hat zu einer Erneuerung der Küche und der Einrichtung geführt, die Schritt für Schritt fortgeführt wird. Der Chef sieht seine Wurzeln auch weiterhin in der Tradition dieser Region und des Canavese, wobei er die alten Rezepte geschickt von Staub befreit. Je nach Verfügbarkeit der Produkte am Markt bereitet er auch Gerichte mit Meeresfisch zu. Abhängig von der Jahreszeit werden Sie Spezialitäten vorfinden, die Teil der kulinarischen Geschichte von Ivrea und des Canavese sind, darunter **Polenta e merluzzo**, ein Gericht, das ab dem ersten Tag der Fastenzeit aufgetischt wird, *Tofeja* mit dicken Bohnen und Schweineschwarte und **Zuppa di ajucche**, ein typisches Frühlingsgericht. Laut Karte kann man zum Einstieg **Cipolle ripiene** (gefüllt mit Amaretto und Rosinen) **alla cavesana** oder Flan di cardo gobbo (Auflauf mit gekrümmten Karden) mit Toma-Fonduta und Topinambur in dünnen Scheiben (8,50 €) wählen. Seit einiger Zeit sind alle Teigwaren hausgemacht. Hervorragend sind *Tajarin* mit frischen Pilzen. Die **Tagliatelle del negretto** (9 €), mit Kakaoanteil im Teig, sind seit mehr als 30 Jahren eine Spezialität des Hauses. Stets auf der Karte vertreten sind **Agnolotti al sugo d'arrosto** und auch **Risotti** fehlen nur selten. Federicos Stolz unter den Fleischgerichten ist Guancetta di vitello, in Carema geschmort (15,50 €). Der lokalen Tradition entspricht auch **Trippa in umido** alla canavesana mit Wirsing. Der Wagen mit Käse (11 €) stellt Produkte aus dem nahe gelegenen Valchiusella (Toma aus Kuh- und Ziegenmilch) ins Rampenlicht. Unter den Desserts verdienen Panna cotta und Zabaione al Moscato mit Torcetti (5 €) wegen der präzisen Zubereitung eine spezielle Erwähnung.

50 KM NORDÖSTLICH VON CUNEO, 15 KM VON ALBA

Locanda Fontanazza

NEU

Moderne Osteria
Strada Fontanazza, 4
Tel. (+39) 01 73 / 507 18
Ruhetag: Montagmittag, Donnerstag
Ferien: zeitweise im Januar/Februar
40 Plätze + 20 Plätze im Freien
Preise: 21–32 €
Alle Kreditkarten; BM
Mittags und abends geöffnet

Diese moderne Osteria liegt wenige Hundert Meter von La Morra entfernt an der Straße, nach der sie benannt ist. Vom Garten aus und durch die großen Glasfenster genießt man den spektakulären Panoramablick über die Weingärten der Langa. Ein kleiner zentraler Kamin trennt die beiden Ebenen eines kleinen, gemütlichen Gastraums. Das schlichte, gepflegte Ambiente besteht aus modernen Elementen, kombiniert mit klassischen, spartanischen Holztischen. Die frische Pasta, Brot und Grissini sind hausgemacht. Die Küche folgt grundsätzlich der Tradition, lockert ihr Angebot aber durch interessante und originelle Gerichte auf. Zur Kunst der Zubereitung der wenigen, aber hochwertigen Gerichte in der Karte gesellt sich der Sinn für Ästhetik, wie zum Beispiel bei der Komposition „Primavera nel piatto", einem reich bestückten, farbenfrohen Antipasto auf Basis von saisonalem Gemüse. Als Alternative bekommen Sie Insalata russa, fein gehackte Carne battuta, **Terrina di fegatini di coniglio mit karamellisierten Zwiebeln** (8 €), Carpione di verdure und Trota iridata (Regenbogenforelle). Weiter geht es mit ***Tajarin* al sugo di arrosto** (9 €), Linguine mit Brot, Butter und Sardellen und Riso mit Spargel und Parmesan. Ein ungewöhnliches Gericht unter den Secondi ist „Panino in padella", ein Stück Brioche, gefüllt mit Kalbsbrust und Raschera, aber auch andere Vorschläge wie Baccalà mit Spargelcreme (13 €), **Coniglio arrosto** (10 €), Indivia belga mit Käsesauce (Blu aus dem Maira-Tal) und **Agnello al forno** sind einen Versuch wert. Für den süßen Abschluss stehen Tortino di mele mit Rosmarineis, Sarass mit Erdbeeren und Meringhe sowie Torta fondente al cioccolato auf dem Programm. Die Weinkarte schöpft aus dem reichen Angebot an Produkten aus der Langa und dem Roero, ergänzt durch einige Flaschen aus dem Ausland.

50 KM NORDÖSTLICH VON CUNEO, 15 KM VON ALBA

L'Osteria del Vignaiolo

Trattoria mit Übernachtungsmöglichkeit
Regione Santa Maria, 12
Tel. (+39) 01 73 / 503 35
Ruhetag: Mittwoch, Donnerstag
Ferien: 2 Wochen im Sommer, Ende Dezember, Januar
40 Plätze + 20 Plätze im Freien
Preise: 33 €
Kreditkarten: CS, MC, Visa; BM
Mittags und abends geöffnet

Wir befinden uns hier im Herzen der Langhe, dem Landstrich der Grand Crus und einer Küche, die tief in der lokalen Tradition verwurzelt ist. Diese rustikale, aber geschmackvoll eingerichtete Osteria mit einem langgestreckten Speisesaal mit Gewölbedecke hat ihren Sitz in einem zweistöckigen Landhaus (wo auch fünf Doppelzimmer zur Verfügung stehen). Das Speisenangebot umfasst neben dem soliden Rezeptschatz dieser Gegend auch einige Fischgerichte von Niveau. Zum Einstieg können Sie sich Vitello tonnato, **fein gehackte Carne cruda mit schwarzem Trüffel**, Cialde di parmigiano con quaglie (mit Wachteln und Rosmarin) sowie frittierte Fiori di zucchina mit Ricotta und Caprino (9 €) schmecken lassen. Dann geht es weiter mit den Primi (9 €), zum Beispiel Ravioli dal *plin* mit Butter und Salbei, Risotto carnaroli mit Spargel und Taleggio oder einmaligen **Tagliolini tagliati al coltello mit Wurstragout**. Für den Hauptgang stehen Stinco di vitello al Nebbiolo, Coniglio mit Thymian und Zitrone, **Coscia d'anatra all'Arneis** und Scamone scottato mit Kräuterbrot (13 €) zur Wahl. Ein weiterer Vorschlag ist die Auswahl an Formaggi mit *Cognà* (Mostarda aus Trauben, Früchten und Gewürzen) und schließlich zum Ausklang Semifreddo al torrone mit Schokoladesauce, Gelato di pistacchio, **warmer Tortino di nocciole** oder Tortino di cioccolato und Tarte tatin aus Renette-Äpfeln mit Fiordilatte (7 €). Es gibt auch ein günstiges Degustationsmenü für 35 €, das eine Auswahl von zwei Antipasti, ein Primo, ein Secondo und ein Dolce vorsieht. Ausgewählte Brotsorten, Sfogliette, Grissini und am Schluss ein kleines Sortiment an Feingebäck runden diese wirklich erfreuliche Palette an Vorschlägen ab. Natürlich darf eine gut bestückte Weinkarte nicht fehlen, die viele der besten Etiketten dieses Landstrichs nennt.

MASERA
Cresta

44 KM NORDWESTL. V. VERBANIA, S.S. 34 U. S.S. 33

Divin Porcello

Restaurant mit Übernachtungsmöglichkeit
Borgata Cresta, 11
Tel. (+39) 03 24 / 350 35,
(+39) 348 / 220 26 12
Ruhetag: Montag
Ferien: 1 Woche im Januar
60 Plätze + 20 Plätze im Freien
Preise: 32–35 €
Alle Kreditkarten; BM
Mittags und abends geöffnet

In einem stimmungsvollen Dorf im Ossola-Tal, einem beliebten Ziel für Ausflügler wie auch für Feinschmecker, trifft man auf das Lokal der Brüder Sartoretti – acht Räume auf zwei Ebenen und eine schmucke Sommerterrasse –, das authentische Küche bietet. Als Erben einer langen Familientradition führen Massimo und Corrado einen Betrieb zur Herstellung von **typischen Salumi aus dem Ossola-Tal** weiter, die im Antipasto mit Salame di testa, Mocetta di capra und Filetto affumicato (10 €) vertreten sind. Sehr schmackhaft ist auch **Tonno di maiale** nach dem Originalrezept des Chefkochs Gianfranco Tonossi, serviert mit Giardiniera und Schwarzbrot aus Coimo. Dann folgt frische Pasta: **Maccheroncini al ragù del norcino** (9 €), Zuppa di verdure mit Gemüse und Kartoffeln und **Gnocchi all'antica ossolana**. Die Stars in der Karte sind Fleischgerichte wie Carne cruda all'ossolana, *Lumbar* in Honigsauce und **Costolette di cervo al Prunent** (10 €), eine autochthone Rebsorte dieses Tals. Tradition hat auch Lausciera: ein Lendenstück und ein Filet direkt bei Tisch auf einem heißen Stein gebraten. Alternativen sind **Persico mit Butter und Salbei** (10 €) oder andere Süßwasserfische. Stets vorhanden ist eine schöne Auswahl an Almkäse, darunter **Bettelmatt**. Zum Abschluss hausgemachte Desserts: Torta alle pere caramellate, Meringata mit Eis und Sorbets. Im interessanten Weinkeller dominiert das Piemont, ergänzt durch andere in- und ausländische Produkte. An das Lokal angeschlossen sind drei gemütliche Gästezimmer in rustikalem Stil.

In **Coimo di Druogno** (6 km) stellt die Bäckerei Conti (Via Bonari 24) das typische Schwarzbrot von Coimo her. In **Domodossola** (4 km) verkauft Brencio (Via Galletti 8) Spezialitäten aus dem Ossola-Tal.

MASIO

20 KM SÜDÖSTLICH VON ALESSANDRIA

Antica Trattoria Losanna

Trattoria
Via San Rocco, 40
Tel. (+39) 01 31 / 79 95 25
Ruhetag: Montag
Ferien: 2 Wochen nach Weihnachten, August
60 Plätze
Preise: 26–30 €
Alle Kreditkarten; BM
Mittags und abends geöffnet

Die Trattoria hat ihren Sitz in Masio, einem kleinen Dorf an der Grenze zwischen den Provinzen Alessandria und Asti. Sie repräsentiert das klassische Lokal, in dem man die typischen Gerichte des Monferrat, ganz im Zeichen der lokalen Tradition zubereitet, genießen kann. Franco Barberis ist der Inhaber, der den Betrieb seit mehr als 30 Jahren mit großer Leidenschaft führt. Wir begannen unser kulinarisches Vergnügen mit einem Antipasto, den man aus der Karte oder in Form eines gemischten Tellers mit fünf Kostproben wählen kann. Unter den Vorschlägen finden Sie Insalata russa, gefüllte Fiori di zucchina, Gelatina di prosciutto, Peperoni farciti (gefüllte Paprikaschoten), eine exzellente **Battuta di carne**, je nach Saison mit Trüffel zubereitet (6 €), und Uovo di quaglia (Wachtelei), begleitet jeweils von einer lauwarmen Focaccia. Unter den Primi sind vorzügliche **Gnocchi al pomodoro e basilico** (8 €), überwältigende **Agnolotti al sugo di arrosto** oder Agnolotti mit Butter und Salbei, Pasta e fagioli und *Tajarin* mit Pilzen zu entdecken. Beim Hauptgang stehen ein fabelhafter **Stoccafisso in bianco** (12 €) mit Pinienkernen und Oliven, ein hervorragender **Carpione**, Trippa und Coniglio in casseruola zur Wahl. Was niemals fehlen darf, sind die exquisiten Dolci (4 €), darunter Gelato alla vaniglia, Torta di pere e cioccolato mit Birnen und Schokolade, *Bonet* und Torta di mele (Apfeltorte). Das Lokal bietet auch zwei Menüs: Antipasto, Primo, Secondo und Dolce für 30 € oder eine Auswahl von Antipasti, ein Primo, ein Secondo und ein Dolce für 40 €. Die gepflegte Weinkarte listet eine erstklassige Auswahl an regionalen Etiketten auf.

40 KM NORDÖSTLICH VON TURIN

Santa Marta

Restaurant
Via delle Scuole, 2
Tel. (+39) 011 / 983 56 16,
(+39) 348 / 263 63 72
Ruhetag: Dienstag
Ferien: unterschiedlich
40 Plätze
Preise: ⊞ 35–37 €
Kreditkarten: CS, DC, MC, Visa; BM
Abends geöffnet, Sonntag auch mittags

Wie alle kleinen Juwelen liegt auch dieses Lokal im Verborgenen, in einem Gässchen in der Altstadt von Mazzè. Lassen Sie sich nicht entmutigen und parken Sie in der Nähe des Schlosses, wo Sie ohne große Schwierigkeiten einen Platz finden werden. Das Innere, Teil der aufgelassenen Kirche Santa Marta, wird Sie überraschen. Die Theke im Erdgeschoss und der Speisesaal im oberen Stockwerk sind das Ergebnis eines eleganten, modernen und minimalistischen Umbaus, bei welchem der Steinaltar in Verbindung mit Elementen der zeitgenössischen Kunst einen ansprechenden Kontrast bildet. Mariellas Küche ist das Abbild des Ambientes: Sie schöpft ihre Inspiration aus der Tradition dieses Landstrichs und setzt durch moderne Akzente Glanzlichter. Ein gutes Beispiel ist die hervorragende **Cipolla d'Andezeno caramellata**, während die Spezialität **„I tre modi per dire vitello"** (Kalb auf dreierlei Arten, 14 €) zu lokalen Gepflogenheiten zurückführt: Battuta mit Robiola, Salsiccia aus Bra und Vitello tonnato alla vecchia maniera. Unter den Primi piatti (10 €) finden wir neben Agnolotti dal *plin* mit dreierlei Braten auch Gnocchi di patate mit Kaninchenragout und die charakteristische **Zuppa di ajucche mit Toma aus dem Valchiusella**. Dann probierten wir **Scamone di vitello mit Sauce von Blumenkohl**, exzellente **Finanziera** (15 €) und eine originelle Variation von **Trippa** als Salat, in Blätterteig und in der klassischen Version. Zum Abschluss gibt es Tarte tatin mit Renette-Äpfeln, Sformatino di pasta frolla al caffè mit Gianduia-Creme und hausgemachte Sorbets und Eis (4 €). Gute Nachrichten zum Thema Degustationsmenü: Es gibt ein überaus günstiges, flexibles Menü für 27 €, das Ihnen ermöglicht, einen großen Teil der Karte zu durchstreifen, wobei Sie einen Antipasto, ein Primo, ein Secondo und ein Dessert wählen.

34 KM SÜDÖSTLICH VON ASTI, S.P. 456

La Marlera

NEU

Osteria
Via Marlera, 35 A
Tel. (+39) 338 / 444 25 60
Ruhetag: Montag, Dienstag
Ferien: Januar–14. Februar
40 Plätze
Preise: 30–35 €
Kreditkarten: CS, DC, MC, Visa; BM
Mittags und abends geöffnet

Klein, intim, mit Raffinesse und Geschmack eingerichtet und einfach, aber aufmerksam geführt: Das ist der erste Eindruck, den man bei Betreten der Osteria La Marlera gewinnt. Das Lokal im Zentrum von Mombaruzzo entstand durch Restaurierung eines Kellergewölbes aus dem 19. Jahrhundert und wird von Vittorio Baiardi und seiner Frau mit großem Enthusiasmus geführt. Im Zentrum ihres Interesses steht die Beschaffung qualitativ hochwertiger Zutaten bei kleinen Produzenten dieser Gegend, die in der Küche richtig in Szene gesetzt werden. Bei der Zusammensetzung des Speisenrepertoires wird auf lokale Traditionen geachtet, doch auch Anleihen aus anderen Gegenden werden eingebunden. Brot, Grissini und frische Pasta sind aus eigener Produktion. Man kann aus der Karte wählen oder sich für ein Degustationsmenü mit drei Gängen und Dessert für 27 € entscheiden. Der Vorhang hebt sich für große Klassiker wie Battuta di fassone (10 €), Antipasto misto, bestehend aus Vitello tonnato, Insalata russa und Torta di verdure mit saisonalem Gemüse oder mit der wirklich empfehlenswerten **lauwarmen Trippa in insalata mit sauer eingelegtem Gemüse** (8 €). Dann der Übergang zu den Primi mit **Ravioli dal *plin* mit Bratensauce** oder mit Butter und Salbei (9 €) und saisonalen Gerichten wie Risotto con asparagi (Spargelrisotto) mit Toma della Val Chiusella oder Lasagne di borragine mit Kaninchenragout und Platterbsen. Das Kapitel der Hauptspeisen umfasst glasierte Costolette di fassone piemontese (9 €), **Pollo alla Marengo**, **Finanziera nobile all'astigiana** und Tagliata di fassone. Zum Ausklang gute Dolci wie die sommerlichen Sorbets und Canestrini mit Eis aus Schafricotta und kandierten Zitronen. Die Weinkarte besiegelt die Gebietstreue und schlägt fast ausschließlich Etiketten aus kleinen lokalen Betrieben vor.

20 KM SÜDÖSTLICH VON ASTI

Locanda Fontanabuona

Restaurant • Via Nizza, 595
Tel. (+39) 01 41 / 95 54 77
Ruhetag: Dienstag, Mittwoch
Ferien: 1 Wo. im Juni/Juli, 3 Wo. nach Weihn.
70 Plätze + 30 Plätze im Freien
Preise: 31–34 € • Kreditk.: CS, MC, Visa; BM
Abends geöffnet, Samstag und Sonntag auch mittags

Die Locanda Fontanabuona liegt inmitten der Landschaft, eingebettet zwischen Weingärten und Hügeln, nicht weit vom Zentrum von Mombercelli entfernt. Das Lokal wurde komplett umgebaut, ist von Grünflächen umgeben und verfügt über einen großen Parkplatz. Der Innenbereich besteht aus einem einzigen Speisesaal, außen bietet eine schöne Veranda unter Arkaden Platz. Das Speisenangebot folgt der klassischen Linie nach piemontesischer Tradition und variiert je nach Jahreszeit mit Zutaten von hoher Qualität. Das Gemüse stammt aus dem familieneigenen Garten. Die Antipasti (8 €) umfassen Flan di verdure und **Uovo affogato in polenta mit Toma-Creme** als Vorschläge für die Winterzeit, Filetto di gallina mit Balsamico-Essig und Kräutern und Millefoglie di melanzane alla parmigiana für den Sommer. Die Primi (9 €) werden aus Bio-Mehl selbst gemacht, darunter die hervorragenden **Tagliolini alle ortiche mit zerlassener Butter und Minze**, Gnocchi al castelmagno, die klassischen Agnolotti dal *plin* mit Bratensauce und Tagliolini mit Wurstragout. Das Kapitel der Secondi (12 €) sieht Stracotto di vitello al Barbera, Stinco di maiale, im Ofen gebraten, und **Agnello al forno mit würzigen Kräutern** vor. Sehr gepflegt ist die Auswahl an piemontesischen Formaggi aus Kuh- und Ziegenmilch von der Alm, darunter Raschera und Erborinato (Edelschimmelkäse) aus dem Varaita-Tal. Eine spezielle Erwähnung verdienen die selbst gemachten Desserts (5 €): ein überwältigendes **Semifreddo al croccante di nocciole** neben Zuccotto allo zabaione. Die Weinkarte ist gut bestückt mit Etiketten von Niveau, wobei den hochwertigen, preislich korrekten Produkten dieses Landstrichs besondere Aufmerksamkeit geschenkt wird. Es besteht auch die Möglichkeit, Halbliterflaschen oder den offenen Hauswein zu bestellen.

10 KM SÜDÖSTLICH VON TURIN

La Taverna di Fra Fiusch

Restaurant • Via Beria, 32
Tel. (+39) 011 / 860 82 24
Ruhetag: Montag
Ferien: unterschiedlich
60 Plätze • Preise: 35–40 €
Kreditkarten: AE, CS, MC, Visa; BM
Abends geöffnet, Samstag, Sonntag und Feiertage auch mittags

Wenn eine Osteria für Sie ein Stück Paradies auf Erden sein kann, dann sollten Sie so bald wie möglich in die Taverna di Fra Fiusch kommen. Nehmen Sie sich die notwendige Zeit, suchen Sie eine nette Gesellschaft und bringen Sie eine gehörige Portion Appetit mit, weil die Küche von Ugo Fontanone eine jener Versuchungen ist, denen man schwer widerstehen kann. Wenn Sie zum ersten Mal hier sind, dann empfehlen wir Ihnen dringend, das üppige Traditionsmenü für 35 € zu wählen. Es umfasst denkwürdige Gerichte wie **Vitello tonnato**, **Agnolotti d'asino in Barbera-Sauce** und **Capretto al forno**. Bei der Wahl aus der Karte bietet die Küche ein Speisenrepertoire mit einem gut zusammengestellten Mix aus klassischen Gerichten und Kreativität. Unsere Favoriten sind die exzellente Anguilla caramellata mit Panna cotta aus blonden Zwiebeln (13 €), **Lingua piemontese mit grüner Sauce und einer kleinen süßsauren Peperonata**, Risotto mit Blu vom Moncenisio und Kirschen aus Pecetto, Gnocchi di patate und Toumin del Mel auf Kürbiscreme mit knusprigem Lardo (10 €), **Piccione cottura rosa mit Balsamico-Essig und Honig** (18 €) und eine große **Finanziera**, die für manche Gäste schon Grund genug für einen Besuch in diesem Lokal darstellt. Wahre Gaumenfreuden sind auch die Vorschläge für das Dessert, darunter ein ungewöhnliches Semifreddo mit Sellerie und Sambuca mit Kaffee-Gelée sowie Aspik mit Waldfrüchten und Gelatina di Moscato (8 €). Der Käsewagen und die Weinkarte entsprechen dem hohen Niveau der Küche und dem herzlichen, aufmerksamen Service.

»*Das Lokal befindet sich in einem ruhigen Dorf in den Hügeln oberhalb von Turin. Hier kann man stets tadellose, zwischen Tradition und Fantasie angesiedelte Gerichte probieren.*«

20 km nordöstlich von Asti, S.S. 457

La Bella Rosin

Restaurant-Enoteca
Piazza Vittorio Emanuele II, 3
Tel. (+39) 01 41 / 91 60 98
Ruhetag: Dienstag
Ferien: 3 Wochen im Januar
50 Plätze
Preise: 30–35 €
Kreditkarten: AE, CS, MC, Visa; BM
Abends geöffnet, Samstag und Sonntag auch mittags

Moncalvo ist bekannt wegen für sein historisches Mastochsenfest und als Geburtsort der Geliebten von Viktor Emanuel II., der berühmten Bella Rosin. Diese Hochburg der Bolliti misti auf dem Platz, der dem ersten König von Italien gewidmet ist, nach ihr zu benennen, erscheint nur logisch. Im ersten Raum stehen wenige Tische, dafür umso mehr Flaschen, die zu einem Streifzug durch die 600 Etiketten des gewaltigen Weinkellers einladen. Zentrales Thema der Küche ist die hiesige Tradition. Die Karte wechselt monatlich, wobei einige Klassiker wie Carne cruda di fassone, Vitello tonnato all'antica maniera (8 €), hausgemachte **Agnolotti** und **Tagliata di bue di Moncalvo** stets vertreten sind. Weitere interessante Einstiegsgerichte sind **Insalatina di gallina tronchese**, Tortino di patate mit Steinpilzen und Cardi gobbi aus Nizza mit *Bagna caoda*. Die Primi umfassen **Tagliolini** mit Ziegenricotta und Zucchini, **mit weißem Trüffel** dieser Gegend oder mit Steinpilzen, Gnocchi al castelmagno (10 €) und im Frühling Risotto mit Rosmarin und Zitrone. Lokales Fleisch der Spitzenklasse für die Secondi: Brasato di manzo al Barbera oder al Barolo mit Polenta (15 €), **Arrosto della vena di manzo** mit Ofenkartoffeln und im November/Dezember der Wagen der **Bolliti misti mit Saucen**. Exzellente **Formaggi**, darunter einige Slow-Food-Presidi: Macagn, Robiola aus Roccaverano, Montebore, Caprini aus dieser Gegend und Toma. ***Bonet*** (5 €), Panna cotta, Torta di mele, Crostata und andere hausgemachten Desserts zum Ausklang.

Die Fleischerei Micco (Piazza Garibaldi 8) verkauft im Winter Mastochsenfleisch, Bollito, Testina und Quajeti (Rouladen) und das ganze Jahr über gekochte und rohe Salami, die im Keller unter dem Geschäft reifen.

47 km NO. v. Cuneo, 25 km v. Alba, S.P. 12 u. 661

Giro di Vite

NEU

Osteria-Trattoria
Via Borgonuovo, 35
Tel. (+39) 01 73 / 79 20 07
Ruhetag: Montag
Ferien: unterschiedlich
40 Plätze + 30 Plätze im Freien
Preise: 28–32 €
Alle Kreditkarten; BM
Mittags und abends geöffnet

Gegenüber dem Bahnhof von Monchiero-Dogliani, der nach der Stilllegung der Strecke Bra-Ceva aufgelassen wurde, führt Carlo Frau, unterstützt durch den jungen Ivan Tribolo, mit liebenswert energischer Art diese Trattoria im typischen Stil der Langa. In einem Ambiente wie in alten Zeiten, gemütlich in seiner Einfachheit, präsentiert der Chef mündlich die verfügbaren Gerichte und Weine – fünf oder sechs Vorschläge pro Gang und zahlreiche große Rotweine, vorwiegend vom rechten Tanaro-Ufer – und weckt den Appetit der Gäste mit Scheiben von Salami und Omelett-Stückchen zum Überbrücken der kurzen Wartezeiten bis zu den Antipasti (jeweils 5 €, 10 € die Dreierkombination). Neben den üblichen Speisen – Carne cruda, fein gehackt, Insalata russa, Peperoni, frisch oder in Essig eingelegt mit Sardellen, **Acciughe al verde**, Sfilacci di galletto mit Sellerie und Nüssen, im Sommer Carpione – empfehlen wir Ihnen die ungewöhnliche, jedoch überaus schmackhafte **Insalata di nervetti** (Knorpelsalat) **mit Zwiebeln und Senfkörnern**. Abgesehen von einigen winterlichen Suppen bestehen die Primi aus hausgemachter Pasta: **Ravioli dal *plin* mit Mangold und Seirass in Butter und Salbei** (10 €), *Tajarìn*, *Tacón* (Maltagliati) und Gnocchi mit verschiedenen Saucen. Merluzzo (Kabeljau) al verde, Trota und Lumache stellen rare Ausnahmen unter den fleischlastigen Secondi dar (das Rindfleisch stammt aus dem Slow-Food-Presidio): exzellente **Coda di vitello brasata** (12 €), Arrosti, Tagliate, **Coniglio alla cacciatora** und zur Zeit des Mastochsenfestes in Carrù – im Dezember – Bollito misto. In der Saison gibt es Pilze und Trüffeln. Das Dessert des Hauses ist die Torta rustica (4 €), man bekommt aber auch *Bonet*, Panna cotta und Pere al vino. Im Sommer kann man den Sitzbereich im Freien nutzen, mit Blick auf den leider verfallenen Bahnhof.

MONDOVÌ
San Biagio

27 KM ÖSTLICH VON CUNEO

Acquadolce

Ferienbauernhof
Strada di San Biagio, 13
Tel. (+39) 01 74 / 68 68 35,
(+39) 335 / 186 39 23
Ruhetag: Montag–Mittwoch, Sonntagabend
Ferien: 3 Wochen im August
40 Plätze
Preise: 25–30 €
Kreditkarten: MC, Visa; BM
Mittags und abends geöffnet

Das 2008 eröffnete Acquadolce ist der ideale Ort, um einen schönen Tag in absoluter Ruhe zu verbringen. Das Ambiente ist freundlich – viele Künstler haben zur Einrichtung beigetragen und stellen hier ihre Werke aus –, der Service ist professionell. Die Tüchtigkeit des jungen Kochs Ivo Bruno zeigt sich in den Speisen: Es gibt guten frischen Fisch von Agritrutta – einem Zuchtbetrieb von hoher Qualität –, Fleisch und Gemüse aus lokaler Produktion und Wein von ausgewählten Winzern des Gebiets um Cuneo. Die traditionellen Rezepte dieses Landstrichs werden mit einer Prise Fantasie überarbeitet und so entstehen gute und auch schön präsentierte Gerichte: Man bekommt geradezu Lust, sie zu fotografieren. Die Karte wechselt monatlich. Wer seine E-Mail-Adresse angibt, bekommt die verschiedenen Menüs zugeschickt (auch jene für kleine Gäste und für große Anlässe). Legen Sie los mit **Rösti di fave e patate mit geräucherter Regenbogenforelle und Schalottensauce** (7 €), süßsaurer Trota fario mit Tomino und Misticanza, Timballo di zucchine e caprino mit Tomatensauce und fein gehackter Battuta di vitello. Dann folgen eine hervorragende **Zuppetta di pesce mit Crostini aus Vollkornbrot** (10 €), Maltagliati aus Buchweizen mit Trota fario in umido (geschmorte Bachforelle), Ravioli di verdura – vorzüglich mit Spargel – mit Süßwasserkrebsen sowie Cappellacci mit Kartoffeln, Käse, Minze und Datterini-Tomaten. Unter den Hauptspeisen, mit saisonalen Beilagen serviert, finden Sie Storione alla piastra (Stör) mit Kräutern (12 €), **Salmerino in Kartoffelkruste** und Coscia di coniglio farcita all'ortolana. Beenden Sie Ihre Mahlzeit mit Mousse di riso bicolore, **Crème caramel mit Kirschenkompott** (7 €) und Bavaresi. Das Lokal bietet ein Degustationsmenü – Antipasto, Primo, Secondo, Dessert und Kaffee – für 25 €.

MONGIARDINO LIGURE

60 KM SÜDÖSTLICH VON ALESSANDRIA

Vallenostra

Ferienbauernhof
Cascina Valle, 1
Tel. (+39) 01 43 / 941 31
Ruhetag: Montag–Donnerstag
Ferien: Mitte Januar–Mitte Februar
60 Plätze
Preise: 28–32 €
Kreditkarten: CS, MC, Visa; BM
Mittags und abends geöffnet

Der Montebore ist eine der seltensten Käsesorten der Welt. Roberto Grattone und Agata Marchesotti stellen ihn in dieser Käserei an der Grenze zwischen dem Piemont und Ligurien her und haben die originelle Initiative „Adoptiere ein Schaf" ins Leben gerufen, durch die man sich das Produkt reservieren kann. Im Komplex der Käserei ist auch ein Ferienbauernhof untergebracht, wo die Produkte des Betriebs und anderer Bauernhöfe, die sich der Landwirtschaft nach biologischen Methoden verschrieben haben, angeboten werden. Die Küche steht unter der Leitung von Agata und Alessandra (Mutter und Tochter) und die Begrüßung erfolgt mit einem gut bestückten Teller mit **Formaggi** und Salumi, serviert mit warmen Friselle und ofenfrischer Focaccia. Als Antipasto werden Carne cruda, fein gehackt (in der Saison eventuell mit Trüffel), **Parmigiana aus Zucchini und Auberginen**, Verdure fritte e ripiene und Insalata russa angeboten. Um mehrere dieser Köstlichkeiten probieren zu können, empfehlen wir Ihnen die Dreierkombination (12 €). Aus dem Kapitel der Primi (8 €) ließen wir uns einen raffinierten **Risotto in crema di montebore mit Zucchiniblüten** schmecken. Feine Alternativen sind **Tortelli di patate, gefüllt mit Pesto** oder mit Kürbis und Salsiccia, Minestrone alla genovese, Gnocchetti di castagne und *Tajarin*. Was dann die Secondi (10 €) betrifft, wollen wir Ihnen **Stufato all'agro mit Gemüse** oder Agnello (Lamm) und Maiale (Schwein) aus eigener Zucht besonders ans Herz legen. Auch die Focacce mit saisonalem Gemüse sind eine Überlegung wert. Zum Ausklang stehen **Pesche al forno ripiene**, Crostata di mele mit Zimteis oder Agrigelati mit frischem Obst der Saison auf dem Programm. Bei den Weinen stechen die Etiketten der Gegend des Gavi und der Colli Tortonesi hervor, darunter ein interessanter Timorasso.

MONTEMARZINO

38 KM SÜDÖSTLICH VON ALESSANDRIA

Da Giuseppe

Restaurant
Via IV Novembre, 7
Tel. (+39) 01 31 / 87 81 35
Ruhetag: Dienstagabend, Mittwoch
Ferien: Januar
80 Plätze
Preise: 30–35 €
Kreditkarten: AE, CS, MC, Visa; BM
Mittags und abends geöffnet

Nach einer Fahrt von etwa 20 Kilometern durch das Curone-Tal schlagen Sie die kurvige Straße durch Weingärten und Pfirsichhaine hinauf nach Montemarzino ein, zu diesem Dorf in Panoramalage, wo sich das Restaurant der Familie Davico befindet. Nach Durchschreiten der Veranda gelangen Sie in einen weitläufigen Salon von schlichter Eleganz. Das Lokal wird als Familienbetrieb geführt: Neben Giuseppe, der das angeschlossene Schwimmbad betreibt, den vier Hektar großen Weingarten und den Pfirsichhain betreut und Schweine züchtet, deren Fleisch er zu exzellenter Salami verarbeitet, gibt es noch seinen Sohn Silvio, der im Service und in der Küche tätig ist. Alessandro, der Neffe, arbeitet im Saal, während Camilla die Gerichte aus großenteils lokalen Zutaten zubereitet. Die Küche steht im Zeichen der piemontesischen Tradition. So finden Sie unter den Antipasti (10 €) **Involtini di peperoni mit Thunfischsauce**, Vitello al forno mit saisonalem Salat und Sformati di verdure, auch mit Steinpilzen oder Morcheln. Empfehlenswerte Primi (10 €) sind die exzellenten Agnolotti di stufato, **Gnocchi verdi** und ***Tajarin*** mit Pilzen, Artischocken oder Spargel. Beim Hauptgang (12 bis 14 €) dominieren Gerichte aus Fleisch von Rindern der piemontesischen Rasse (Tagliata, Costata und Filetto), **Capretto al Timorasso** und in der Saison dürfen Funghi in den Versionen trifolati, fritti und al cartoccio nicht fehlen. Die Desserts (6 €) werden mit Obst dieser Gegend zubereitet: Meringata alle fragoline (mit Walderdbeeren aus Tortona), **Pesche alla gelatina di Moscato** oder Pesche in terrina, aber es werden auch die Klassiker wie *Bonet* und Semifreddo al torrone angeboten. Die Weinkarte ist umfangreich, doch es empfiehlt sich, einen der hervorragenden Weine zu wählen, die Giuseppe selbst produziert (Timorasso, Barbera, Croatina).

MONTEU ROERO
Villa Superiore

64 KM NÖ. V. CUNEO, 15 KM NW. V. ALBA, S.P. 29

Cantina dei Cacciatori

Restaurant
Ortsteil Villa Superiore, 59
Tel. (+39) 01 73 / 908 15
Ruhetag: Montag, Dienstagmittag
Ferien: je 10 Tage im Januar und Juli
45 Plätze + 25 Plätze im Freien
Preise: 28–33 €
Kreditkarten: AE, CS, MC, Visa; BM
Mittags und abends geöffnet

Die reizvolle Landschaft des Roero ist hier durchsetzt mit Äckern und weitläufigen Kastanienwäldern. Das Haus, das diese Osteria beherbergt, liegt an einer Gabelung der Provinzstraße und scheint auf Gäste auf der Durchreise zu warten. Die starke ländliche Tradition drückt sich in einer exzellent ausgeführten, soliden Küche nach piemontesischem Stil aus. Die Karte – neben dem Degustationsmenü für 28 € mit drei Antipasti, einem Primo, einem Secondo und einem Dessert nach Wahl – ist verlockend und reich an saisonalen Produkten. Es geht los mit vorzüglichen Antipasti wie **Albese di fassone mit Sardellensauce**, **Vitello tonnato** (8 €) und Acciughe mit grüner und roter Sauce. Üblicherweise werden duftende ***Friciulin*** **mit Zucchiniblüten und Kartoffeln** serviert, denen man kaum widerstehen kann. Die Primi punkten mit *Tajarin* ai 32 tuorli mit Wurstragout, Agnolotti dal *plin* di castelmagno mit Spargel aus Santena (10 €) und Gnocchi alle tome piemontesi mit Mohn. Empfehlenswerte Secondi sind **Coniglio grigio di Carmagnola mit Oliven** (12 €) und Arrosto di vitello all'Arneis, im Winter ersetzt durch Brasato. Der eindrucksvolle Wagen mit **Formaggi** bietet unter anderem Testun, im Kastanienblatt eingelegt, und Robiola aus Roccaverano. Dann die Desserts (5 €) mit klassischem *Bonet* und warmer Zabaione mit Maigebäck oder verschiedenen Sorbets und zur Saison Fragole (Erdbeeren) aus Monteu Roero. Die Weinkarte nennt zahlreiche Etiketten aus der Langa und dem Roero, aber auch einen ordentlichen Arneis als offenen Hauswein.

”Warm und heimelig im Winter wie im Sommer: Das ist ein Platz, wo Sie sich wohlfühlen werden. Die klassische Küche bietet sorgfältig ausgewählte Zutaten in hervorragender Verarbeitung.“

MORANO SUL PO
Due Sture

38 KM NÖ. V. ALESSANDRIA, 20 KM V. VERCELLI, 8 KM V. CASALE

Tre Merli

Trattoria
Via Dante, 18
Tel. (+39) 01 42 / 852 75
Ferien: Weihnachten–Dreikönig
40 Plätze + 15 Plätze im Freien
Preise: 25–30 €
Keine Kreditkarten
Mittags und abends nur gegen Vorbestellung geöffnet

Es gibt hier keine Karte und auch kein feststehendes Menü: Die Mahlzeit wird bei der Reservierung abgestimmt, die unerlässlich ist, um an einem abgelegenen Ort wie diesem, inmitten der Reisfelder zwischen Casale Monferrato und Vercelli, die Spezialitäten dieser kleinen, mehr als hundertjährigen Trattoria genießen zu können. Auch sind die Zutaten von der Jahreszeit bestimmt und ihre Verfügbarkeit ist nicht immer sicher. Der Wirt Massimo Bobba kocht nur **Rane** (Frösche) und **Lumache** (Schnecken) aus hiesigem Fang, der als Ausnahme vom Gesetz zum Schutz der Kleintierfauna zu bestimmten Zeiten im Jahr und beschränkt auf eine gewisse Menge gestattet ist. Frösche fängt man von Juli bis November und in diesen Monaten können Sie telefonisch eine Speisenfolge absprechen, in der sie enthalten sind (30 €). Zu anderen Zeiten oder wenn Sie kein Interesse an diesen in den Reisfeldern lebenden Amphibien haben, zahlen Sie 28 € für Antipasti, Primo, ein Fleischgericht als Secondo und ein Dolce oder 25 €, wenn Sie statt Fleisch Käse wählen. In jedem Fall beginnt man mit typischen **Salumi** aus dem Monferrat (*Salam 'd la doja*, Mula – serviert mit *Bagnet verd* –, Salsiccia und Mortadella di fegato), gefolgt von Tortino di verdure oder im Sommer Carpione mit Zucchini; alternativ Carpione mit Süßwasserfisch. Als Primo wird Bobba Ihnen sicher **Panissa** vorschlagen, einen gehaltvollen, würzigen Risotto mit Bohnen und *Salam 'd la doja*. Für den Hauptgang gibt es Bocconcini, Stinco di maiale, **Cotechino mit Zwiebeln** oder Polenta, **Stracotto al Grignolino**, Anatra arrosto und **Pollo con peperoni**. Auch die Desserts umfassen eine Salami (aus Schokolade), delikat wie die Torta di nocciole und Zuppa savoiarda al caffè. Als Alternative zum offenen Hauswein werden Flaschen aus dem Monferrat angeboten, einige auch glasweise.

NIZZA MONFERRATO

27 KM SÜDOSTLICH VON ASTI, S.P. 456

Bun Ben Bon

Trattoria
Strada Vecchia d'Asti, 66
Tel. (+39) 01 41 / 72 63 47,
(+39) 340 / 259 59 48
Ruhetag: Dienstagabend, Mittwoch
Ferien: 2 Wochen im Juli
30 Plätze + 30 Plätze im Freien
Preise: 30 €
Kreditkarten: CS, MC, Visa, BM
Mittags und abends geöffnet

Wer Nizza sagt und dabei an die Barbera-Traube denkt, liegt sicher nicht falsch. Aber das ist nicht alles. Die Osteria Bun Ben Bon stellt diesen Landstrich mit allen seinen Schätzen ins Rampenlicht, etwa die gekrümmten Karden, wenn sie Saison haben. Das Lokal ist einfach, aber gemütlich: Sie können hier nicht nur im Speisesaal sitzen, sondern Ihre Mahlzeit auch auf der Holzveranda mit dem Flair einer Berghütte genießen. Hier wird auf Firlefanz verzichtet, aber der Service ist aufmerksam und bemüht und Sie bekommen Speisen in großzügigen Portionen zu erschwinglichen Preisen. Sie können zwischen einem Degustationsmenü oder Gerichten aus der Karte wählen, die jeweils mit genauen Angaben zu den Lieferanten der Zutaten versehen sind. Unter den Antipasti entdecken Sie Sformato di asparagi mit Spargel dieser Gegend, serviert mit Fonduta aus Alm-Toma, **Battuta di fassone** (8 €) und Insalata russa aus frischem Gemüse. Bei den Primi stechen die duftenden **Agnolotti mit Butter und Majoran** (8 €) hervor, es gibt aber auch Gnocchi di patate, in der Pfanne gebraten, mit Fonduta, Crema di zucca mit hausgemachtem Brot und die klassischen Tagliatelle al ragù. Beim Hauptgang angelangt, hat man bereits einen vollen Magen, aber wir schafften noch ein wenig Platz für die saftige **Tagliata di fassone** mit Ofenkartoffeln (13,50 €), Rolata di faraona oder Cervella (Rinderhirn), serviert mit süßem Grieß. Bei den Desserts spannt sich der Bogen von der klassischen **Crème caramel** über ***Bonet*** di cioccolato mit Amaretti bis zu Pere al caramello (5 €). Die Weinkarte singt ein Loblied dieser Gegend: Die Preise sind eine angenehme Überraschung und wenn man eine Flasche nicht austrinkt, kann man sie ruhig mit nach Hause nehmen. Stehen Sie nicht auf, ohne einen Kaffee mit dem wunderbaren Feingebäck genossen zu haben.

27 KM SÜDÖSTLICH VON ASTI, S.P. 456

Le Due Lanterne

Restaurant
Piazza Garibaldi, 52
Tel. (+39) 01 41 / 70 24 80
Ruhetag: Montagabend, Dienstag
Ferien: 3 Wochen im Juli/August
70 Plätze
Preise: 27–35 €
Kreditkarten: AE, CS, MC, Visa; BM
Mittags und abends geöffnet

Die Familie Ivaldi, mit Papa Sandro in der Küche und Sohn Luca im Saal, führt dieses Restaurant seit 20 Jahren. Es hat seit jeher seinen Sitz auf dem Hauptplatz von Nizza Monferrato, einer der Hauptstädte des Barbera d'Asti. Das Lokal ist einfach, der großzügige, freundliche Speisesaal auf zwei Ebenen verleiht ihm jedoch eine gewisse Raffinesse: im unteren Geschoss ein kleiner Raum für Gruppen bis zu 20 Personen. Das Le Due Lanterne ist ein Bezugspunkt für Freunde der traditionellen Küche des Belbo-Tal, vor allem wegen Spezialitäten wie Cardo gobbo, den gekrümmten Karden aus Nizza, serviert mit Fonduta oder *Bagna caoda*. In den gleichen Räumlichkeiten befand sich früher das Restaurant Italo, ein beliebtes Ziel für Wein-Touristen, die aus ganz Italien hierherkamen. Heute huldigen Luca und Sandro der Kultur der Gastlichkeit und der Authentizität der Gerichte und bieten vorzügliche Antipasti wie **Peperone farcito**, Tortino di polenta mit Fonduta und Pilzen (7 €), **Peperoni und** in der Saison **Cardi gobbi mit *Bagna caoda***, Torta verde und Vitello tonnato (8 €). Unter den Primi dominieren **Agnolotti** quadrati (hier Raviole genannt) delle tre carni (mit dreierlei Fleisch) oder dal *plin*, serviert mit Ragout oder mit Butter und Salbei. Stets vertreten sind Klassiker wie **Pasta e fagioli** und *Tajarin* (8 €). Beim Hauptgang dominieren in Wein geschmorten Fleischgerichte: Unser Tipp gilt **Stracotto di manzo alla Barbera**. Weitere Vorschläge: hervorragende **Costolette d'agnello** (15 €), Galletto in gelatina und Faraona. Eine große Auswahl an Formaggi und die Dolci mit einem himmlischen *Bonet*, Mousse mit frischen Früchten und Delizia al rum. Die umfangreiche, gepflegte Weinkarte hat ihren Schwerpunkt natürlich bei Barbera d'Asti und bei dem eben erst aus der Taufe gehobenen Nizza DOCG.

NIZZA MONFERRATO

27 KM SÜDÖSTLICH VON ASTI, S.P. 456

Vineria della Signora in Rosso

Moderne Osteria • Via Crova, 2
Tel. (+39) 01 41 / 79 33 50,
(+39) 340 / 401 33 09
Ruhetag: Montag, Dienstag
Ferien: dritte Augustwoche, dritte und vierte Januarwoche • 40 Plätze + 50 Plätze im Freien
Preise: 20–25 € • Alle Kreditkarten; BM
Abends geöff., Freitag–Sonntag auch mittags

Das Signora in Rosso war eines der ersten Weinlokale, das im Gebiet um Asti eröffnet wurde. Es befindet sich in den hübschen Kellergewölben des Palazzo Crova (Sitz des Museo del Gusto für Esskultur und Weinbau) und empfängt die Gäste mit einer Atmosphäre traditioneller Gastlichkeit. Im Sommer isst man im Freien in einem großen, gepflegten Garten. Das Lokal wird als Familienbetrieb geführt, mit den Cousins Fabrizio und Cristiano im Saal und Chiara und Sabrina in der Küche. Die angebotenen Gerichte entspringen der Tradition des Monferrat, wobei die Lieferanten der einzelnen Zutaten in der Karte angegeben sind. Zum Einstimmen eine wunderbare Auswahl an Salumi (7 €), **Insalata fredda di bollito** (6 €) und Battuta di fassone. Dann steht Fleisch im Rampenlicht (Nizza zählt zu den berühmtesten Marktstädten des Piemont), es werden aber auch einige vegetarische Vorschläge angeführt, etwa Tortino di melanzane mit Raschera und Tomaten (6 €), **Cardi gobbi mit Fonduta** oder *Bagna caoda*. Bei den Speisen wird auf Saisontreue geachtet, wozu auch das Gemüse aus Ferruccios Garten beiträgt. Unter den Primi entdeckt man **Raviole mit Butter und Salbei** oder mit Ragout (8 €), *Tajarin* mit Minze und Zitrone und Gnocchi mit Kaninchenragout (7 €). **Gallo al Barbera** (9 €), Trippa und **Merluzzo al verde** machen Lust, sich den Secondi zuzuwenden. Erwähnung verdient die Auswahl an Acciughe (Sardellen) aus Spanien, in den Versionen al verde oder „nude e crude" mit Butter (7 €). Es folgen feine Formaggi und Desserts, bei denen sich der Bogen vom klassischen ***Bonet*** über Torta di nocciole bis zu den sommerlichen Gelati und Sorbetti mit Früchten spannt. Die Weine werden von der Enoteca Regionale aus Nizza bezogen, die eine Auswahl lokaler Weine liefert, natürlich mit Schwerpunkt auf Barbera d'Asti.

NOVARA

Trattoria dello Stadio

Trattoria
Via Sottile, 2 C
Tel. (+39) 03 21 / 164 52 88
Ruhetag: Sonntagabend, Montag
Ferien: unterschiedlich
50 Plätze
Preise: 32–35 €
Alle Kreditkarten; BM
Mittags und abends geöffnet

Dieses Lokal, gleich außerhalb des historischen Zentrums von Novara in der Nähe des alten Stadions gelegen, wird seit fast 100 Jahren von Fußballfans aus diesem Stadtviertel, in jüngster Zeit aber auch von Feinschmeckern gerne besucht: Mittags gibt es eine einfache Mahlzeit (ein Menü für 13 € mit Primo, Secondo, Beilage und Getränken), abends kann man die Speisen von Ivan mit mehr Ruhe genießen. Die Trattoria dello Stadio hat ihr Äußeres beinahe unverändert erhalten: Holzböden und -tische und alte Fotografien an den Wänden. Die Familie Traverso besitzt auch einen kleinen Bauernhof, von dem das Gemüse und die Hoftiere stammen. Die Karte wechselt beinahe täglich, wobei jedoch die Salumi aus den Hügeln von Novara ein unverzichtbares Element darstellen: ***Salam 'dla duja***, **Fidighina** und Speck mit Sottoli. Weitere Vorschläge sind Mocetta ossolana, manchmal kombiniert mit Mozzarella von Büffeln aus einem Zuchtbetrieb in Oleggio oder **Pesce persico in carpione** (9 €). Häufig vertreten sind **Paniscia** und **Risotti**, bei denen es die Versionen mit **Gorgonzola** (10 €), Toma valsesiana, Safran und Kürbisblüten gibt. Als Alternative bekommen Sie frische Teigwaren wie Gnocchetti, mit Käse gratiniert. Neben Costate und Tagliate aus erstklassigem Fleisch können Sie für den Hauptgang auch die klassische **Costoletta alla milanese** (13 €) oder Petto d'anatra, Galletto in insalata oder Coniglio arrosto wählen. In der kühlen Jahreszeit wird **Tapulone d'asino** angeboten. Stets auf der Karte vertreten sind saisonale Beilagen. Der Küchenchef beweist wahre Meisterschaft in der Zubereitung von Desserts (5 €): Crostate mit Feigen, Semifreddi al rum, Bavaresi und Panna cotta. Die Weine stammen zum Großteil aus dieser Gegend. Sie werden zu erschwinglichen Preisen angeboten und können auch glasweise bestellt werden.

NOVI LIGURE

23 km südöstlich von Alessandria

Cascina degli Ulivi

Ferienbauernhof
Strada Mazzola, 14
Tel. (+39) 01 43 / 74 45 98
Kein Ruhetag
Keine Ferien
40 Plätze + 15 Plätze im Freien
Preise: 30 € (Tagesmenü mit Hauswein)
Kreditkarten: CS, MC, Visa; BM
Mittags und abends geöffnet

Wenn Sie hinauf in die Hügel oberhalb von Novi Ligure fahren, erwartet Sie hier, mitten im Grünen, ein Lokal mit sehr rustikalem, lebhaftem Charakter. Wir sind hier in der Cascina degli Ulivi, deren Besitzer Stefano Bellotti ein Winzer ist, der Weine nach biodynamischen Methoden herstellt. Gegenüber dem Eingang liegt ein kleiner Garten mit etwa 15 Plätzen, den man im Sommer nutzen kann. Der Speisesaal im Inneren des Lokals, ein einfacher, aber gepflegter Raum, bietet Platz für etwa 40 Gäste. Die Speisenfolge wird den Erwartungen gerecht: Hier legt man großen Wert auf Saisontreue der Produkte, die Zutaten stammen fast ausschließlich aus dem eigenen Betrieb. Gemüse wird im Garten angebaut und für die durchwegs hausgemachten Teigwaren wird Mehl aus alten Getreidesorten verarbeitet, die ebenfalls aus eigenem Anbau stammen. Die übrigen Produkte werden bei ausgewählten Betrieben gekauft, die nach biologischen und biodynamischen Prinzipien arbeiten. Als Antipasto probierten wir Insalata mista (6 €) und **Torta di verdure mit Käse**. Weitere Vorschläge sind Torta di polenta mit Speck oder ein Teller mit biologischen Salumi und Formaggi (12 €). Unter den Primi sind Zuppa di verdure, **Spaghetti al vino mit Guanciale** (9 €), Ravioli di carne mit Sauce von Moscato Passito und Tagliatelle mit Gemüsesauce zu erwähnen. Für den Hauptgang wählten wir **Arrosto al latte** (12 €) und **Fricandò** astigiano. Die Karte nennt unter anderem auch **Zucchine ripiene, gefüllt mit Fleisch und Gemüse** und Roastbeef. Die Desserts variieren häufig und man findet auf der Karte hausgemachte Kuchen, die mit Mehl aus alten Getreidesorten gebacken werden. Die ausgeschenkten Weine wurden alle im eigenen Betrieb hergestellt.

23 KM SÜDÖSTLICH VON ALESSANDRIA

Il Banco

Traditionelle Osteria
Via Monte di Pietà, 5
Tel. (+39) 01 43 / 74 46 90
Ruhetag: Montag
Ferien: Ostern, 1 Woche um den 15. August
60 Plätze
Preise: 20–25 €
Kreditkarten: CS, DC, MC, Visa; BM
Mittags und abends geöffnet, im Sommer nur abends

Wenn Sie Lust auf einen Imbiss haben und gerade in der Nähe von Novi Ligure sind, dann liegen Sie mit diesem Lokal goldrichtig. Die Osteria Il Banco, die seit mehr als einem Jahrhundert als wahre Institution gilt, wird von den Brüdern Agostino und Rocco Longo gemeinsam mit ihren Frauen geführt. Das Schild mit der Aufschrift „Farinata e birra", das über dem alten Eingang hängt, trügt nicht: Hier wird im Holzofen Farinata (4 €) gebacken, die aus einem Gemisch von Kichererbsenmehl, Wasser, Salz und Öl hergestellt wird. Der in einer Kupferpfanne zubereitete Fladen kann mit Gorgonzola oder Crescenza verzehrt werden. Als Alternative gibt es eine gute Pizza al tegamino, in der Pfanne gebacken, oder Focaccia mit Salumi aus handwerklicher Erzeugung. Die Küche spiegelt die kulinarischen Gepflogenheiten dieses Grenzlands zwischen dem Piemont und Ligurien wider. Die Karte ist umfangreich und auch Vegetarier und Kinder kommen nicht zu kurz. Neben den **Bistecchine di pollo in carpione** (8 €) empfehlen wir Ihnen Frittelle di baccalà (6 €) und Panissa al rosmarino (4,50 €), das ist in Streifen geschnittene, frittierte Polenta aus Kichererbsenmehl. Unter den Secondi finden Sie **Stoccafisso al forno, mit Vino Passito mariniert** (15 €), auch in der Version alla ligure, **Cima genovese** und im Herbst und Winter Minestra di ceci. Aus dem Sortiment der Formaggi verdienen Montebore und Robiola aus Roccaverano eine spezielle Erwähnung. Tiramisu, Crema catalana, Semifreddo al torrone oder die Version mit Erdbeeren, **Tortino di mele** und Panna cotta sind die häufigsten Desserts. Die Weinkarte ist sehr umfangreich: Seit einigen Jahren wird das Lokal auch als Vinothek mit Ausschank geführt, wobei das Angebot durch eine große Auswahl an Bieren aus kleinen Brauereien aus dem In- und Ausland ergänzt wird.

4 KM WESTLICH VON BIELLA

La Taverna del Gufo

Restaurant
Via Caralli, 2
Tel. (+39) 015 / 59 00 51
Ruhetag: Montag, Dienstag
Ferien: 1 Woche im August/September
40 Plätze
Preise: 30–35 €
Kreditkarten: CS, DC, MC, Visa; BM
Abends geöffnet, mittags gegen Vorbestellung

In Occhieppo, an der Peripherie von Biella, führen Stefania und Tojo ein Lokal, das durch dichte Vegetation vom Stadtlärm abgeschirmt ist. Das Ambiente ist familiär und besitzt provenzalisches Flair. Die vier freundlichen, hellen Räume blicken auf den Privatgarten vor dem Hintergrund der Alpen. Die Küche ist Stefanias Reich, im Saal gibt Tojo den Gästen wertvolle Ratschläge. Die Karte ist sehr umfangreich und einige der interessantesten Gerichte sind auch im Menù della Taverna für 30 € (ein Antipasto, ein Primo, ein Secondo und ein Dessert nach Wahl) vertreten. Die sorgfältig zusammengestellte Weinkarte blickt über die Grenzen des Piemont hinaus und berücksichtigt auch Dessertweine. Beginnen wir mit Antipasti (10 €): Sie finden hier **Carne cruda mit Nüssen und Basilikum in lauwarmer Sauce aus Ziegenkäse**, Tortino di verdure mit feiner Fonduta aus Maccagno, Vitello al rosa in einer Sauce aus Spargel und Krumen von hart gekochtem Ei. Eine Gaumenfreude sind Fiocco di culatello und gut gereifte Paletta aus Coggiola mit Grissini aus Pasta fritta. Die Primi (10 €) punkten mit frischer Pasta: Ravioloni ai tre arrosti, mit Butter gerührt, Risotto all'Arneis mit Renette-Äpfeln, Minze und einem Fond aus Balsamico-Essig sowie eine exzellente **Carbonara monferrina di tagliatelle mit Gemüse**. Das Kapitel der Secondi (15 €) umfasst **Antico arrosto casalese mit Senf und Sardellen**, Rolata di coniglio ripiena in Sauce und den wunderbaren Scamoncino d'agnello in würziger Panade. Erwähnung verdient auch Merluzzo mantecato mit Kartoffeln, Taggiasca-Oliven und einer Basilikum-Emulsion. Die Dessertkarte ist gut bestückt: hausgemachtes Eis, Tarte tatin mit Äpfeln, **Semifreddo allo zabaione**, Crème brulée al passito, lauwarmer Strudel di mele oder die klassischen feinen Cantucci zum Gläschen Passito.

OLEGGIO

19 km nördlich von Novara

Il Gatto e la Volpe

Osteria
Via Nebulina, 22–24
Tel. (+39) 03 21 / 99 82 56
Ruhetag: Sonntag
Ferien: zeitweise im September
80 Plätze + 80 Plätze im Freien
Preise: 24–35 €
Kreditkarten: CS, MC, Visa; BM
Mittags und abends geöffnet

Daniele Bonini, ein freundlicher Wirt von hoher Professionalität, führt diese Osteria, deren Sitz in einem engen Gässchen des historischen Zentrums von Oleggio liegt. Neben einigen einfach, aber gemütlich eingerichteten Räumen verfügt das Lokal auch über eine überdachte Terrasse, von der aus der Blick über den Parco del Ticino streifen kann. Der Service im Saal ist überaus effizient und das Menü variiert je nach Jahreszeit und nach dem Tagesangebot an Produkten bei den lokalen Lieferanten. Den Auftakt machen verschiedene Antipasti, unter denen uns aufgrund ihres Geschmacksbilds und ihrer Ausgewogenheit speziell Peperoni (Paprikaschoten), gefüllt mit Thunfisch, Sardellen und Kapern, und eine gute **Insalata di nervetti** (7 €) begeisterten. Was natürlich nicht fehlen darf, ist die traditionelle Battuta di manzo. Das Kapitel der Primi enthält die wunderbar zubereiteten Chitarrine mit Gorgonzola, grünen Bohnen und Pancetta (7 €) und **Crespelle mit Ricotta, Prosciutto und Brennnesseln**. Zwei traditionelle Gerichte, nämlich Paniscia und Agnolotti, sind vorwiegend in der Abendkarte vertreten. Weniger umfangreich ist das Angebot an Secondi: Neben einer Auswahl an Formaggi bekommt man Lonza di maiale marinata (10 €), **Punta di vitello al forno** mit Kartoffeln und den Hamburger des Hauses. Die Portionen sind stets sehr großzügig. Unter den Dolci (5 €) entdeckt man **Torta biscottata** und eine exzellente Latte cotto mit Vanille-Kaffee-Geschmack. Da es keine eigene Weinkarte gibt, kann man sich vom Wirt beraten lassen oder unter den am Eingang zur Schau gestellten, vorwiegend regionalen Flaschen wählen. Weitere Vorschläge bietet der Weinkeller, wo einige interessante und hochwertige Etiketten lagern. Es besteht auch die Möglichkeit, Weine glasweise zu bestellen.

ORIO CANAVESE

36 km nördl. v. Turin, 22 km südl. v. Ivrea, A 5

Barba Toni

Restaurant
Via Torino, 9
Tel. (+39) 011 / 989 80 85
Ruhetag: Sonntagabend, Montag
Ferien: 2 Wochen nach Weihnachten, August
30 Plätze + 20 Plätze im Freien
Preise: 33–38 €
Kreditkarten: CS, DC, MC, Visa; BM
Abends geöffnet, Samstag und Sonntag auch mittags

Gleich beim Betreten dieses Lokals hat man den Eindruck, Gast in einem Privathaus zu sein, wo Sara seit mehr als zehn Jahren als Gastgeberin fungiert: Sie erläutert das Speisenrepertoire und empfiehlt die richtigen Kombinationen von Weinen zu den Gerichten des Chefkochs Alain, dessen Küche fest in der hiesigen Tradition verankert ist und auf Jahreszeitentreue achtet. Wir probierten als Antipasto fein gehackte Carne di fassone mit Frittatina alla menta, **Trota marmorata della Valchiusella** (marmorierte Forelle, über edlem Holz selbst geräuchert), Flan di asparagi und exzellente Gamberi, serviert mit leichter Toma-Sauce (10 €). Unter den Primi empfehlen wir Tagliolini Barba Toni al doppio uovo (10 €), ***Tajarin* mit Entenragout** und Risotto al doppio cappone di Morozzo (mit Kapaun) oder alla liquirizia e zafferano (mit Lakritze und Safran). Im Winter stehen **Agnolotti al brasato mit Kohl** auf dem Programm. Ein interessantes Gericht für den Hauptgang ist Diaframma di fassone (Rinderzwerchfell, 14 €), ein weniger bekanntes, aber doch besonderes Muskelfleisch, serviert mit Carema-Fond. Weitere Vorschläge sind Sottofiletto in Brotkruste und **Coniglio all'Erbaluce**. Im Winter sollte man *Bagna caoda*, Finanziera und vor allem *Tofeja* mit Piattella-Bohnen aus Coltereggio, ein Slow-Food-Presidio, nicht versäumen. Bei den Desserts wird der Passito aus Caluso mit großem Geschick in interessanten Varianten des klassischen *Bonet* oder der warmen Zabaione mit Maisgebäck (6 €) eingesetzt. Sorbets und Eis runden das Angebot ab. Vertrauen Sie Alain, wenn Sie noch Platz im Magen haben und einen Streifzug durch das Angebot an **Formaggi** dieses Landstrichs unternehmen wollen. Die umfangreiche, gepflegte Weinkarte enthält interessante lokale Etiketten, aber auch andere hochwertige Produkte aus dem In- und Ausland.

ORMEA

84 KM SÜDÖSTL. V. CUNEO, 49 KM V. IMPERIA, S.S. 28

Il Borgo

Trattoria
Via Roma, 120
Tel. (+39) 01 74 / 39 10 49
Ferien: unterschiedlich
35 Plätze
Preise: 25 €
Keine Kreditkarten
Freitagabend, Samstag mittags und abends, Sonntagmittag geöffnet

Wir befinden uns hier im oberen Tanaro-Tal: Mitten im Bergland, aber nach wenigen Kilometern, gleich hinter dem Hügel von Nava, geht es hinunter zum Meer. Und wir sind im Piemont, auch wenn nach wenigen Kurven Ligurien beginnt. Die Küche des Borgo ruht in perfektem Gleichgewicht zwischen diesen beiden Welten: Sie basiert auf einfachen Zutaten dieser Gegend, das heißt Kartoffeln, Lauch, Zwiebeln, Esskastanien und Buchweizen, eine alte Getreidesorte, die einige Bauern dieses Tals wiederentdeckt haben, jedoch verfeinert mit Thymian und Rosmarin aus Ligurien, Taggiasca-Oliven und Pinienkernen. Sie erreichen die Trattoria am Ende der steilen Steinstraße, die das historische Zentrum von Ormea durchquert, ganz in der Nähe der schönen romanischen Kirche San Martino. Die Mahlzeit beginnt mit einer Degustation zahlreicher Antipasti in kleinen Portionen: Fozza (Focaccia nach hiesiger Art), Flan di erbette mit Fonduta, **Panizza** (Polenta aus Kichererbsenmehl), Sformato di porri mit Bohnencreme, Polenta di grano saraceno (aus Buchweizen) und *Tultea* (Raviolo mit Kräuterfüllung). Als Primi werden **Tagliatelle di farina di castagne mit Pilzen** und Ravioli ripieni di patate mit Rosmarin und Pinienkernen, Lasagnette di Ormea (Maltagliati aus Vollkornmehl) mit Raschera und Tagliatelle mit Brennnesseln angeboten. Weiter geht es mit Fleisch: **Coniglio al timo**, Agnello al rosmarino oder Bocconcini di vitello mit Taggiasca-Oliven. Zum Abschluss ein schöner Wagen mit **Formaggi** und vorzügliche Dolci: Crostata mit Heidelbeerkonfitüre, Albicocche, in Grappa gekocht, und die typische **Cassata di patate**. Gute Auswahl an piemontesischen Weinen. Im Reigen der angebotenen Etiketten darf natürlich der Rotwein nicht fehlen, der von einigen kleinen Kellereien hier in den Bergen produziert wird, nämlich der Ormeasco.

ORMEA
Ponte di Nava

89 KM SÜDÖSTLICH VON CUNEO

La Curva

Bar-Trattoria
Via Nazionale, 53
Tel. (+39) 01 74 / 39 98 81
Ruhetag: Montag
Ferien: unterschiedlich
40 Plätze
Preise: 20–22 €
Alle Kreditkarten; BM
Mittags geöffnet, Freitag und Samstag auch abends

Das kleine Dorf Ponte di Nava profitiert von einer ganz besonderen Lage. Im Süden, auf der anderen Seite des gleichnamigen Hügels, erstrecken sich die Strände der Riviera. Im Westen, zwischen den Seealpen und den okzitanischen Tälern, liegt der Landstrich Brigasco, der für die „weiße Küche“ bekannt ist. So bezeichnet man die typischen Gerichte der Hirten auf der Alm, zubereitet aus Backwaren, Milchprodukten und den blassen Gemüsesorten aus den Bergen. Spuren dieser Küche finden Sie auf der Karte dieser winzigen Trattoria: von **Flan di porri mit Fonduta** über **Lasagne all'ormeasca mit Kartoffeln und Raschera** bis zu Polenta saracena mit Lauchsauce. Der Rest des Repertoires entspricht der üblichen Fusionsküche aus piemontesischen und ligurischen Elementen, wie sie für dieses Grenzland typisch ist: Die Antipasti misti umfassen sowohl Vitello tonnato als auch Panissa, die Secondi reichen von **Coniglio alla ligure** bis zum Brasato al Barbera. Weitere Gerichte – **Ravioli mit Rüben aus Caprauna** (Slow-Food-Presidio), Trippa mit Bagnasco-Bohnen, die hausgemachte Crème caramel mit Esskastanien aus Calizzano – rücken die hervorragenden Produkte, die als Zutaten verarbeitet werden (eine Liste der Lieferanten finden Sie auf der Rückseite der Speisekarte), ins Rampenlicht. In der Saison dürfen Pilze und Trüffeln nicht fehlen. Die Portionen sind großzügig, die Preise mehr als vernünftig (Degustationsmenü für 22 €). Die kurze Weinkarte hält sich vorwiegend an piemontesische Marken, wobei Dolcetto und Bonarda auch offen ausgeschenkt werden. Mit Touristen auf dem Weg zum Meer und Ausflüglern füllt sich das Lokal rasch: Besser, Sie reservieren rechtzeitig.

ORTA SAN GIULIO
Legro

65 KM NÖRDLICH VON NOVARA

Il Cucchiaio di Legno

Ferienbauernhof
Via Prisciola, 10
Tel. (+39) 03 22 / 90 52 80,
(+39) 339 / 577 53 85
Ruhetag: Montag–Mittwoch
Ferien: unterschiedlich
60 Plätze • Preise: 25 € (Tagesmenü)
Kreditkarten: CS, DC, MC, Visa; BM
Abends geöffnet, Samstag und Sonntag auch mittags

In den alten Küchen war Il Cucchiaio di Legno, der Holzkochlöffel, der gewöhnlich in einem Stück aus Buchenholz gefertigt war, das wichtigste Utensil zum Rühren der Speisen. In diesem gemütlichen Ferienbauernhof in den Hügeln oberhalb des romantischen Ortasees gibt es viele Dinge aus Holz, beginnend mit der komfortablen Veranda mit Blick ins Grüne und auf den Gemüsegarten, aus dem das in der Küche verarbeitete Obst und Gemüse stammt. Auch die sonstige Einrichtung ist aus Holz, etwa in der kleinen Gaststube, wo man sich in der Winterzeit am hübschen Gusseisenofen wärmen kann. Die vorgeschlagene Speisenfolge ist feststehend und wechselt wöchentlich. Beginnen können Sie mit Salumi dieser Gegend (einige werden im eigenen Betrieb hergestellt), serviert mit Brot, das im Steinofen gebacken wird, und exzellenten Grissini aus geröstetem Hartweizen, ebenfalls selbst gemacht. Die Liste der Antipasti setzt sich fort mit Insalata di cereali, Giardiniera, Carpaccio di zucchine oder Pesce persico in carpione. Unter den Primi findet man immer ein Gericht mit Teigwaren und einen Risotto: **Torciglioni al ragù di cinghiale** (mit Wildschweinragout) oder Ravioli di magro, Risotto al limone oder **Paniscia** novarese. Die Secondi umfassen Galletto alle erbe, **Codone di manzo mit Rosmarin**, Insalata di pollo und Spalla di vitello, im Ofen gebraten, stets begleitet von Gemüse aus dem eigenen Garten. Zum süßen Abschluss können Sie sich auf Semifreddo di caffè mit Mascarpone-Creme und Biscotto, Torta di nocciole und Salame di cioccolato freuen. Zu trinken steht ein gutes Sortiment an vorwiegend piemontesischen Weinen zur Verfügung. Bei der Auswahl legt das Lokal auch Wert auf ein korrektes Preisniveau. Sie können auf dem Bauernhof auch übernachten und Honig direkt vom Hersteller kaufen.

PAESANA
Calcinere Inferiore

53 KM NORDÖSTLICH VON CUNEO, S.S. 662

Osteria Alpino

Restaurant
Calcinere Inferiore, 40
Tel. (+39) 01 75 / 98 72 38,
(+39) 348 / 742 23 15
Ruhetag: Dienstag, Mittwoch, außer im August
Ferien: 15. Januar–15. Februar
40 Plätze • Preise: 20–30 €
Alle Kreditkarten; BM
Mittags und abends geöffnet

Die Fahrt durch das Po-Tal hinauf nach Monviso führt durch Paesana und nach einigen Kilometern zur Ortschaft Calcinere. Wenn Ihnen der Sinn nach einer unverfälschten Küche steht, dann besuchen Sie diese klassische Bergland-Osteria, die im Sommer 2015 ihren Standort auf den Hauptplatz verlegen wird, in restaurierte Räumlichkeiten mit angeschlossenen Gästezimmern. Empfangen werden Sie von Clelia Carle, die Ihnen unterstützt durch Ilaria und Valentina die von Debora und Christian zubereiteten Speisen serviert. Neben der Karte stehen drei Menüs für 20, 25 und 30 € und ein Kindermenü für 10 € zur Verfügung. Nach einer Frittata di erbette als Entrée geht es los mit einer traditionellen Dreierkombination: **fein gehackte Carne cruda**, Insalata russa und Acciughe al verde (9 €). Die Antipasti umfassen auch Filetto di trota salmonata, *Brandacujun* mit Kartoffeln und Aioli-Sauce, Galantina di coniglio, **Cipolle ripiene** und eine Auswahl an Prosciutti aus Spanien. Exzellente Primi: Agnolotti al fumo oder al sugo d'arrosto, ***Tajarin*** al ragù oder **ai *luvertin*** (mit Hopfensprossen, 8 €), **Gnocchetti di patate mit Kräuterpesto**, Risotti al vino und je nach Jahreszeit Minestre und Vellutate. Dann die Secondi mit Trota del Po in padella (9 €), **Filetto di maiale al roquefort**, **Finanziera**, Costolette di agnello und Fritto mit einem Lendenstück, Grieß und *Subrich* (12 €). Zum Ausklang **Formaggi** oder ein Dessert: Gelato aus Ziegenmilch, Budino al miele, Paste di meliga mit Zabaione al Moscato und Torta di mele mit Cremeeis. In der gut bestückten Weinkarte dominieren verständlicherweise das Piemont und Frankreich.

»*Ein hübscher Platz für eine Einkehr an der Quelle des Po: Gastlichkeit, hohe Qualität, einmalige Preise.*«

PAROLDO

57 km östlich v. Cuneo, 8 km nördlich v. Ceva

Salvetti

Trattoria
Via Coste, 19
Tel. (+39) 01 74 / 78 91 31,
(+39) 347 / 890 47 09
Ruhetag: Montag, Dienstag, Donnerstag
Ferien: unterschiedlich
30 Plätze + 10 Plätze im Freien
Preise: 30 € (Tagesmenü)
Kreditkarten: CS, DC, MC, Visa; BM
Mittags und abends geöffnet

Genau gegenüber dem Rathaus von Paroldo befindet sich diese Trattoria, wo bereits drei Generationen der Familie Salvetti einander in der Leitung gefolgt sind. Begrüßt werden Sie mit einem Glas Spumante Alta Langa, der zu einem kleinen Appetithäppchen von Gonfiotti fritti, gefüllt mit Toma aus Murazzano, und Salumi gereicht wird. Die Speisenfolge ist feststehend und sieht vier Antipasti, zwei Primi, ein Secondo und ein Dolce vor, die sorgfältig und raffiniert angerichtet in großzügigen Portionen aufgetragen werden. Für den Einstieg erwarten Sie **Vitello tonnato** nach alter Art, Carpaccio di asparagi croccanti mit Raschera-Mousse, *Caponet* mit *Bagna caoda*, Sfoglia di parmigiano mit Artischocken, Pancetta affumicata und Fonduta di raschera. Dann folgen zwei Primi, die, jeweils der Jahreszeit entsprechend, aus dem Rezeptschatz dieses Landstrichs schöpfen: **Gnocchetti di ricotta mit Gemüsesauce** und Ravioli di carne, mit Butter verfeinert. Das Menü sieht dann ein Secondo vor, Sie können aber auch Kostproben von zwei Hauptspeisen bekommen: **Rolatina di coniglio**, von beachtlicher Qualität, und Arrosto di vitello. Auch bei den Desserts können Häppchen von verschiedenen Vorschlägen zusammengestellt werden. In unserem Fall umfasste diese Kombination Panna cotta alle rose, **Bavarese al Barolo Chinato**, Torta al limone mit Erdbeersauce und Fragole mit Moscato-Gelée. Es gibt eine gute Auswahl an Weinen mit Etiketten aus diesem Landstrich und anderen Teilen Italiens, die zu äußerst korrekten Preisen angeboten werden.

PORTACOMARO
Migliandolo-Cornapò

12 km nordöstlich von Asti, S.P. 38

Bandini

Restaurant
Via Cornapò, 135
Tel. (+39) 01 41 / 29 92 52
Ruhetag: Montag
Ferien: ersten 3 Januarwochen
65 Plätze
Preise: 32–37 €
Alle Kreditkarten; BM
Mittags und abends geöffnet

Ein Besuch im Bandini weckt das auf angenehme Art irritierende Gefühl, das Lokal nicht klar zuordnen zu können: Die lokaltypische Prägung ist deutlich und stark, aber die Einrichtung, die Atmosphäre und die Karte sind ungewöhnlich, raffiniert und lassen durch absolut originelle Details das Bild eines „fremden Ortes“ entstehen. Chefkoch Massimo Rivetti und Maître Antonello Bera können bereits auf eine mehr als zehnjährige Erfahrung zurückblicken: Ihre Philosophie basiert auf einem ausgeglichenen Speisenrepertoire, das sowohl die Gäste aus der Umgebung zufriedenstellt, die begierig auf Neues sind, als auch die Touristen, die nach Tradition suchen. Eine der Stärken des Lokals ist die Weinkarte mit ihrer Vorliebe für natürliche Weine, insbesondere solche französischer Herkunft, die auch glasweise ausgeschenkt werden. Das Angebot umfasst ein Degustationsmenü mit drei Antipasti, einem Primo, einem Secondo und einem Dessert für 36 €. Als Antipasti (10 €) bekommen Sie große Klassiker wie **Carne cruda** oder Merluzzo in bianco oder kreativere Gerichte wie **Nido di scarola mit Bagna caoda und Uovo bazzotto**. Ein eigener Gemüsegarten liefert frisches Gemüse, wobei Kartoffeln und Kürbis zur Zubereitung der exzellenten Gnocchi und der **Vellutata di zucca mit Krebsschwänzen** (10 €) eingesetzt werden. Fisch ist immer vertreten und stammt aus Mazara del Vallo. Fleisch, egal ob vom Rind, Schwein oder Kaninchen, wird von lokalen Züchtern gekauft. Eine besondere Erwähnung verdient **Guanciotto di maiale mit *Belicada***, wie die Farinata hier genannt wird (15 €). Im Frühling bekommt man spezielle Wildkräuter in der Füllung von Gemüseravioli und im Sommer neben **Carpione** mit Zucchini und Aal auch Vellutata di ortiche (Brennnessel-Cremesuppe). Die Desserts von *Bonet* bis **Gelato alla crema mit Gewürzorangen** (7 €) verwöhnen den Gaumen.

ROCCABRUNA

20 KM NORDWESTLICH V. CUNEO, S.P. 422 U. S.P. 122

Locanda Occitana Ca' Bianca

Trattoria mit Übernachtungsmöglichkeit
Strada Luisa Paulin, 53
Tel. (+39) 01 71 / 91 85 00, (+39) 338 / 197 40 15
Ruhetag: Sonntag
Ferien: unterschiedlich • 70 Plätze + 30 Plätze im Freien • Preise: 15–30 € (Tagesmenü)
Kreditkarten: CS, MC, Visa; BM
Mittags und abends geöffnet

Roccabruna, gleich hinter Dronero gelegen, befindet sich an dem Punkt, an welchem das Maira-Tal beginnt anzusteigen und den Charakter des Berglands anzunehmen. Dieses Lokal in Tettorosso, dem Hauptort der Gemeinde, wurde zur Jahrtausendwende in einem hübsch renovierten Landhaus aus den Zwanzigerjahren eröffnet, das auch über vier Gästezimmer verfügt. Eine Familie prägt den Betrieb: Die Schwestern Isaia, Emanuela und Chiara teilen sich die Aufgaben in Küche und Service. Da das Lokal nun auch samstags geöffnet ist, bietet es sich als idealer Ort für ein preisgünstiges Mittagessen nach einem schönen Waldspaziergang an: Das Essen für die Mittagspause kostet 10 €, das feststehende Abendmenü von 15 bis 30 €. Es gibt keine Karte, die Gerichte werden, wie in den Trattorien der alten Zeit, von Chiara mündlich erläutert. Auch die kleine Auswahl an piemontesischen Weinen wird den Gästen vorgetragen, wenn sie sich nicht für den ordentlichen offenen Hauswein zu entscheiden. Die Rezepte setzen die guten Zutaten aus der Umgebung ins rechte Licht. Unverzichtbar zur Einleitung der Mahlzeit sind die **Acciughe** (Sardellen) mit roter und grüner Sauce, Cipolle ripiene (in der Saison auch Fiori di zucchina aus dem eigenen Garten), Frittate und Flan di verdure. Unter den Primi entdeckt man die traditionellen ***Couijëtte*** – Kartoffel-Gnocchi auf okzitanische Art –, die mit Sahne und Butter verfeinert werden, Minestra di verdura, Crema di zucca und im Winter **Minestra di trippe** oder *Supa mitonà*. Aus den umliegenden Wäldern stammen wunderbare **Funghi**. Ein echter Klassiker ist **Döba**, Fleischragout, mit Gewürzen in Rotwein geschmort. Weitere Vorschläge sind Agnello, Arrosto vom Schwein oder Kalb und die einmalige **Lingua mit Kartoffeln und Aioli**. Hausgemachte Desserts: Apfeltorte, Tiramisu und Pesche ripiene.

ROCCA GRIMALDA

30 KM S. V. ALESSANDRIA, 5 KM V. D. MAUTSTELLE OVADA A 26

Alla Rocca

Trattoria
Piazza Senatore Borgatta, 12
Tel. (+39) 01 43 / 87 33 33
Ruhetag: Montagabend (außer im Sommer), Dienstag, Mittwoch
Ferien: 3 Wochen ab dem 7. Januar
50 Plätze + 20 Plätze im Freien
Preise: 28–32 €
Kreditkarten: CS, DC, MC, Visa; BM
Mittags und abends geöffnet

Wenn Sie auf der Suche nach Tradition sind, dann werden Sie hier fündig. Ein Gericht ist dabei das Aushängeschild: ***Perbureira***, eine Spezialität von Rocca Grimalda, der auch ein kulinarisches Fest gewidmet ist. Es handelt sich um eine Bohnensuppe mit Lasagnette (frische Teigwaren), die mit Knoblauchöl verfeinert wird. Die Trattoria Alla Rocca, die seit etwa zehn Jahren von der liebenswürdigen Alessandra Fossa geführt wird, hat ihren Sitz in diesem alten Dorf mit Blick auf das Orba-Tal, gleich neben der mächtigen Burg der Malaspina. Die Küche, in der Produkte aus der Umgebung und aus dem eigenen Garten verarbeitet werden, schlägt Gerichte nach piemontesischer Tradition vor, wobei sie auch Anleihen bei der Nachbarregion Ligurien nimmt. Beginnend mit den Antipasti können Sie zwischen einem Misto alla piemontese, einer Kombination verschiedener Kostproben (9 €), Tonno di coniglio und **Tartara di fassone mit Rettich** wählen. Das Bravourstück unter den Primi sind neben *Perbureira* die Maltagliati mit Haselnuss-Pesto und Salbei (10 €). Weitere Vorschläge sind Ravioli al tocco, Gnocchi und Taglierini al sugo di polpette. Unter den Secondi wollen wir **Fritto misto alla piemontese**, Bollito misto, Trippa und Arrosto di maialino speziell hervorheben. Aus der Nachbarregion Ligurien stammen die Rezepte für **Frittelle di baccalà mit roten Zwiebeln und Äpfeln** (10 €), Acciughe, gefüllt oder in Panade, und Stoccafisso in casseruola. Gut zusammengestellt ist das Sortiment an Formaggi. Die Desserts (5 €), die die Handschrift der Chefin tragen, variieren je nach Tagesangebot und umfassen zum Beispiel Crostate aus frischen Früchten, Torta di nocciole, Bavarese und Sorbetti. Auf der Weinkarte findet man verschiedene Marken von Dolcetto und Barbera, aber auch andere italienische Weine.

ROCCHETTA PALAFEA

35 KM SÜDÖSTLICH VON ASTI

Il Ristorantino della Cirenaica

Osteria-Vineria • Piazza Berruti, 8
Tel. (+39) 01 41 / 71 83 52,
(+39) 340 / 525 43 20
Ruhetag: Montag
Ferien: unterschiedlich
40 Plätze • Preise: 24–30 €
Alle Kreditkarten; BM
Mittags und abends geöffnet

Dieses auf zwei Ebenen angelegte Lokal hat seinen Standort in Rocchetta Palafea, einem Dorf an der Grenze zwischen der Langa Astigiana und dem Monferrat. Seit dem letzten Jahr haben die beiden Schwestern Cristina und Monica, die den Betrieb seit langer Zeit führen, zwei neue Wegbegleiter an ihrer Seite: Sandra und Alberto Masuello, die viele Jahre lang im Castello di Bubbio gearbeitet haben. Sandra empfängt nun die Gäste im Saal, Alberto steht am Herd. Seine Küche ist von Tradition geprägt, jedoch aufgelockert durch moderne Akzente. Sein Schwerpunkt liegt bei einer sorgfältigen Wahl der Zutaten, die aus der Umgebung stammen. Neben den Gerichten aus der Karte können Sie ein Degustationsmenü für 28 € wählen. Unter den Antipasti finden Sie Involtini di peperone (7 €), einen exzellenten Tortino mit Raschera-Fonduta oder **Sfogliatina mit Birnen und Gorgonzola** (9 €). Unter den Primi wollen wir Ravioli dal *plin*, zubereitet mit Sugo di arrosto (Bratensauce) oder mit Butter und Salbei, speziell hervorheben. Gut ist die Kombination von **Agnolotti und Crema di nocciole**, einer Haselnuss-Sauce, (8 €), besonders delikat ist der **Risotto alle punte di asparagi mit Robiola**. Je nach Saison bekommt man Suppen, zum Beispiel Pasta e fagioli (6 €). Die Secondi sind üblicherweise Fleischgerichte: Filetto di maiale mit Äpfeln und Rosmarin (9 €), Trippa in umido und schmackhafte Faraona al Moscato passito. Als Nachspeisen werden **Pesche al forno mit Amaretto**, Tortino di cioccolato und Semifreddo alle nocciole angeboten. Was die Weine betrifft, gibt es eine gute Auswahl an Etiketten, vorwiegend aus dem Piemont.

ROCCHETTA TANARO

15 KM SÜDÖSTLICH VON ASTI

Da Taschet

Osteria-Vineria
Piazza Piacentino, 11
Tel. (+39) 01 41 / 64 44 24
Ruhetag: Mittwoch
Ferien: zeitweise im Februar
40 Plätze + 20 Plätze im Freien
Preise: 25–30 €
Keine Kreditkarten
Abends geöffnet, Samstag und an Feiertagen auch mittags

Kaum in Rocchetta Tanaro in der Gegend der großen Barbera-Weine und -Winzer angekommen, stehen Sie schon vor der Veranda des Taschet. Was Sie wissen sollten: Der Name wird nach den üblichen italienischen Sprachregeln ausgesprochen und man sollte nach 20 Uhr kommen, weil das Lokal davor ganz dem Aperitif mit Weinen gewidmet ist, die Carlo Bo, von allen Taschet genannt, in der Umgebung entdeckt. Später wird dann im kleinen Saal mit richtigem Osteria-Ambiente zum Abendessen gedeckt. Hier gibt es keinen offiziellen Koch: Carlo und Giovanni (Magilla genannt) wechseln sich am Herd und im Saal ab. Es läuft alles sehr zwanglos ab, Speisen und Weine werden mündlich empfohlen. Unter den Antipasti finden Sie Insalata russa, Acciughe al verde, Torta di spinaci und Peperoni al forno. Ein Muss sind die einfach umwerfende **Carne cruda** und das **Vitello tonnato** (8 €): hohe Qualität und exzellente Verarbeitung von Fleisch, von dem man hier viel versteht. Primi in großzügigen Portionen (8 €): Gnocchi mit Wurstragout, **Ravioli al sugo di stufato** und Pasta e fagioli. Die Secondi wählt man unter Pollo alla cacciatora, einer schmackhaften, duftenden **Trippa**, Coniglio, Noce di fassone, **Bollito** mit dreierlei Arten von Fleisch und Costata mit Mindestgewicht von einem Kilo (35 €). Unter den zahlreichen Desserts (4 €): *Bonet*, Crostata di mele und Amaretti, Torten mit Zitrone, Pfirsichen, Haselnüssen und Birne mit Schokolade. Niveauvolle Weine dieser Gegend und anderer Teile Italiens.

Das Panaté von Mario Fongo (Via Sardi 56) bietet Grissini, Feingebäck, Tirà und Lingue di suocera, zarte Plätzchen. Das Pastificio Alloisio (Piazza Piacentino-Ecke Via Roma) verkauft frische Teigwaren und andere Spezialitäten.

34 KM SW. V. TURIN, 7 KM N. V. PINEROLO, S.S. 589

Il Ciabot

Restaurant
Via Costa, 7
Tel. (+39) 01 21 / 54 21 32
Ruhetag: Montag
Ferien: unterschiedlich
50 Plätze + 15 Plätze im Freien
Preise: 32–33 €
Kreditkarten: CS, Visa; BM
Abends geöffnet, mittags gegen Vorbestellung

Das Lokal, von Turin aus leicht zu erreichen, liegt in einem Teil des Piemont von historischem, landschaftlichem und auch kulinarischem Interesse. Die beiden Speisesäle sind elegant eingerichtet: ein Kamin, hübsche Vorhänge, perfekt gedeckte Tische, ein professioneller Empfang durch Lorena Fenu, die den Service koordiniert. Ihr Mann, Chefkoch Mauro Agù, hat in den letzten 23 Jahren das Ciabot in Roletto zu einer zuverlässigen und in der Gastronomieszene bekannten Adresse gemacht. Warme Appetithäppchen, eine Dreierkombination aus Tortino di patate mit Speck und Rosmarin, Tortino di cavolo rosso e verza mit leichter *Bagna caoda* und Strudel di verdure mit Fonduta stehen in der Karte neben einer kleinen Melanzana alla parmigiana mit Burrata und Cappesante und der lauwarmen Insalatina di orzo e mare (11 €). Klassische Vorschläge sind **Vitello tonnato mit Misticanza di insalatina und Uovo di quaglia** (Wachtelei). Unter den Primi (9 €) entdeckt man **Agnolotti**, Fagottini alle ortiche und Mentuccia mit Bergbutter und Thymian, Tagliolini con vellutata al tartufo und **Risotto mantecato mit Bärlauch und Filetto di baccalà al latte**. Beliebte Gerichte für den Hauptgang sind Petto d'anatra all'arancia (12 €), **Rotolo di coniglio in porchetta**, **Noce di fassone mit Bergkräutern** und Filetto di maiale in Mohnkruste mit Calvados. Unter den Dolci sind die exzellente Crema catalana, Panna cotta, Bavaresi und Semifreddi zu erwähnen. Die Weinkarte, die Produkte der Region bevorzugt, enthält einige interessante, auch weniger bekannte Etiketten des Pinerolese. Ein Degustationsmenü für 40 €.

In **Frossasco** (3 km) liegt der Hof von Luca Colli (Via Frollasca 6), zertifizierter Bio-Produzent von Honig, Propolis und Gelée royale.

30 KM NORDWESTLICH VON NOVARA, S.S. 299

Alla Torre

Restaurant
Via I Maggio, 75
Tel. (+39) 01 63 / 82 64 11
Ruhetag: Montag
Ferien: 27. Dezember–7. Januar
50 Plätze + 20 Plätze im Freien
Preise: 32–35 €
Alle Kreditkarten; BM
Mittags und abends geöffnet

In diesem Restaurant am Fuße eines Turms aus dem 15. Jahrhundert erwartet Sie eine einfache, ehrliche Küche. Die Einrichtung ist ansprechend schlicht, die Zutaten stammen aus der Umgebung, die Teigwaren sind hausgemacht. Die Karte, die eine ausreichende Zahl an Gerichten nach hiesiger Tradition umfasst, bietet gleich zum Einstieg Antipasti mit Salame *d'la duja* und Fidighina aus Novara, fein gehackte Carne cruda, **Vitello tonnato** (10 €) und gute Insalata di tacchinella mit Balsamico-Essig, Zwiebeln aus Tropea und Rosinen. Auf Wunsch bekommen Sie gemischte Antipasti (12 €). Der nächste Gang stellt den Gast vor die Wahl zwischen klassischen *Tajarin* mit Fleischragout in Nebbiolo, die alternierend mit Maltagliati mit Spargel, **Gnocchi mit Gorgonzola-Fonduta** (8 €) und dem sommerlichen Risotto mit Gemüse vertreten sind. Als Hauptspeisen empfehlen wir **Trippa in umido** (13 €) oder Arrosto di coniglio disossato. Weitere Möglichkeiten sind Groppa di manzo piemontese, in Balsamico-Essig gebraten, und Cotolette di agnello in Kräuterpanade, serviert mit Ofenkartoffeln. In der Saison bekommen Sie Fiori di zucchina, gefüllt mit Ricotta oder Spargel mit Caprino. Als Alternative sind **Formaggi** (15 €) vorgesehen, zu wählen aus einem schönen Sortiment an Kuhmilch-, Schaf- und Ziegenkäse, darunter Frischkäse oder Produkte in verschiedenen Reifegraden. Als Desserts (5 €) stehen *Bonet*, Crostate, **Torta di pesche mit Amaretti** oder Tora di pere e cioccolato auf dem Programm. Der schöne Weinkeller verrät eine Vorliebe für die Etiketten des nördlichen Piemont, insbesondere solche von kleinen Weinbauern.

In **Sillavengo** (15 km) wird auf dem Hof Valsesia (Via Sesia 1) Schweinezucht betrieben und Fleisch und Wurst verkauft.

33 km nördlich von Cuneo, S.P. 25

Corona di Ferro
(vormals San Bernardo)

Restaurant
Via Martiri della Liberazione, 48
Tel. (+39) 01 75 / 21 89 75
Ruhetag: Mittwoch
Ferien: letzten 10 Januartage
40 Plätze + 50 Plätze im Freien
Preise: 30–35 €
Alle Kreditkarten; BM
Mittags und abends geöffnet

Im historischen Zentrum von Saluzzo entdeckt man unter den Arkaden an der linken Seite des Doms das moderne, elegante Schild dieser alten Locanda, die Alberto Mellano vor Kurzem übernommen und renoviert hat. In der Küche ist Maurizio Morganti seine rechte Hand. Bis 2013 führte Alberto mit Bravour die Küche des San Bernardo in Verzuolo, aber höhere Gewalt und der Wunsch nach Veränderung haben ihn dazu bewegt, sich hier einer neuen Herausforderung zu stellen. Der Service ist zuverlässig, höflich und auf die Wünsche der Gäste ausgerichtet. Auf dem Tisch stehen herrliches Brot und im Holzofen gebackene Grissini bereit. Eine Kostprobe von Focaccia und gedämpftem Prosciutto stimmen auf die klassischen kleinen Antipasti piemontesi (10 €), auf Tortino di asparagi, Seppia arrostita oder **Baccalà in zuppetta di pomodoro** ein. Unter den Primi (10 €) können Sie klassische **Agnolotti quadrati piemontesi**, *Tajarin* di solo tuorlo (nur aus Eigelb) mit frischen Bohnen, Cannelloni di seirass oder Risotto alle erbette wählen. Dann folgen Spallotto di vitello al cucchiaio (12 €), Animella glassata, gebratene Coscia di maialino, **Scottata di fassona** oder Gerichte mit Fischen der weniger edlen Sorten und eine Auswahl an Formaggi aus den Tälern um Saluzzo. Zum Schluss die Desserts (7 €): **Panna cotta alla menta**, Babà al genepì und Millefoglie mit Crème Chantilly und Erdbeeren. Die schöne Weinkarte enthält gute Weine von Winzern dieser Gegend und anderer Anbaugebiete. Das Degustationsmenü für 30 € umfasst Antipasto, Primo, Secondo und Dessert.

Im Stadtlokal von Alberto findet man die gleichen Merkmale, wie sie ihn auch bisher in seiner Entwicklung zum Top-Gastronomen gekennzeichnet haben.

46 km westlich von Cuneo, S.S. 21

Osteria della Pace

Hotelrestaurant
Via Umberto I, 32
Tel. (+39) 01 71 / 966 28
Ruhetag: Montag, außer Juli und August
Ferien: 10 Tage im Juni, 4 Wochen im Oktober/November
40 Plätze
Preise: 25–30 €
Kreditkarten: CS, DC, MC, Visa; BM
Mittags und abends geöffnet

Wer voll in die kulinarische Tradition des Stura-Tals eintauchen will, kommt um einen Besuch in der Osteria della Pace kaum herum. Bartolo Bruna und seine Familie haben im Laufe der Jahre in Bezug auf die okzitanische Berglandküche Geschichte geschrieben und sind für Bewohner aus dem Gebiet um Cuneo, aber auch für die Touristenscharen zu einer wahren Institution geworden. Sambuco, seine Gässchen, die Steinhäuser und die Wiesen, die das Städtchen umgeben, bilden den Rahmen dieses Lokals, das Zuverlässigkeit in jeder Hinsicht bietet. Eine solide Küche, die aus lokalen Produkten schöpft und den traditionellen Gerichten in Bezug auf Geschmack und Formen ihre Schwere nimmt. Ein Lokal, das seinen Ursprüngen treu geblieben ist und seine Wurzeln durch moderne Akzente zum Sprießen gebracht hat. Ein Touristenmenü für 15 €, ein okzitanisches Menü für 23 € und ein Degustationsmenü für 28 € neben Gerichten aus der Karte mit Alternativen für jedermann. Die Antipasti (5 €) bieten Rolata di coniglio mit Marmelade von roten Zwiebeln und **Trota marinata**. Als Primo (6 €) empfehlen wir die typischen ***Cruset* della Valle Stura** mit Lauch und Kartoffeln. Köstlich sind auch *Tajarin* oder Gnocchi al formaggio di montagna. Als Hauptgang sollten Sie **Agnello sambucano al forno** (13 €) und Brasato di cervo (11 €) nicht auslassen. Zum Ausklang wählt man Käse dieser Gegend oder vorzügliche Desserts, darunter *Bonet* und Torta di pesche mit Schokolade. Die Weinkarte zeigt Niveau und ist das Ergebnis einer gelungenen Auswahl von Etiketten piemontesischer und anderer Weinbauern.

Eine Osteria, die dem Wandel der Zeit trotzt und sich an ihre soliden Wurzeln hält, ein gastronomischer Bezugspunkt für das gesamte Bergland um Cuneo.

SAMPEYRE
Vallone di Sant'Anna

60 KM NW V. CUNEO, 45 KM V. SALUZZO, S.P. 105

Meira Garneri

Berghütte
Ortsteil Meira Garneri
Tel. (+39) 389 / 831 97 23
Kein Ruhetag
Ferien: 1.–20. Mai, November
60 Plätze + 60 Plätze im Freien
Preise: 20–28 €
Keine Kreditkarten
Mittags und abends geöffnet

Wenige Jahre nach der Eröffnung ist die Berghütte zu einem Bezugspunkt auch für Gäste geworden, die keine ausgesprochenen Freunde der Berge sind, sich aber auf 1.850 Höhenmeter wagen, um Juris Gerichte zu probieren. Der junge Küchenchef, Partner von Alessandro, der im Service tätig ist, ist federführend an der Renaissance der Täler rund um Cuneo beteiligt. Die Idee ist einfach und revolutionär: in die Berge zurückkehren und die lokalen Produkte mit Geschick und mit den in Gourmetlokalen erlernten Techniken verarbeiten. Wildkräuter, Mehl aus Steinmühlen und Toumin del Mel sind einige der in der Küche verwendeten Zutaten. Im Sommer erreicht man das Lokal mit dem Auto oder zu Fuß, im Winter benötigt man Schneeschuhe, die Seilbahn oder die Pistenraupe. In der traditionellen Karte sind als Antipasti Tuma mit Kartoffeln und Aiolì (6 €) und Gemüsequiches angeführt. Als Primi werden vorzügliche ***Raviolas del Blins*** (Klößchen nach okzitanischer Art) und Risotto al pino cembro (10 €) genannt, unter den Secondi finden Sie **Guancia di vitello al vino mit Polenta** (12 €) und Finanziera. Das Menü „Lasciate fare a noi" („Lassen Sie uns das machen", 28 €) umfasst Gerichte wie **Oovo con fonduta mit Haselnüssen und wildem Spinat** und die exzellenten **Ravioli di grano saraceno, gefüllt mit Bärlauch**. Die Desserts sind zu empfehlen: **Panna cotta al fieno** (4 €), eine Hommage an blühende Wiesen, gut zu kombinieren mit dem selbst gebrannten Digestif. Die Weinkarte verrät eine Vorliebe für Etiketten aus diesem Landstrich, ergänzt durch Biere einer Brauerei aus der Nachbarschaft.

»*Einfache Zutaten für eine Küche, in der die Tradition eine ansprechende Neuinterpretation erfährt und zu einer kulinarischen Erfahrung der Superlative wird.*«

SAN MARZANO OLIVETO
Valle Asinari

25 KM SÜDÖSTLICH VON ASTI, 5 KM VON CANELLI

Del Belbo da Bardon

Trattoria • Via Valle Asinari, 25
Tel. (+39) 01 41 / 83 13 40,
(+39) 347 / 230 90 36
Ruhetag: Mittwoch, Donnerstag
Ferien: 1 Wo. nach d. 15. August, Dezember/ Januar • 60 Plätze + 40 Plätze im Freien
Preise: 35–40 € • Alle Kreditkarten; BM
Mittags und abends geöffnet

Niemand wird bestreiten, dass dieses Lokal, das seit fünf Generationen zur Spitzengastronomie im Piemont gehört, den Archetypus einer gehobenen familienbetriebenen Trattoria darstellt. Mit Andrea Cavallo und Alessandra Bardone in der Küche, über die noch das strenge Auge von Mama Anna wacht, und der großen Professionalität von Gino und Andrea im Saal läuft das Lokal wie ein Uhrwerk. Egal ob Sie in dem großzügigen Speisesaal oder auf der Veranda sitzen, Sie werden sich wie zu Hause fühlen. Die Antipasti (7 €, 18 € der Misto mit vier Vorschlägen) sind perfekt zubereitet: Battuta al coltello, im Ofen gebratener Peperone ripieno, Patate e carciofi mit Schweinefilet in Moscato und Insalatina mit Scorzone, Robiola und Frittata. Bei den Primi stehen die klassischen ***Tajarin* al sugo di carne e salsiccia** (9 €) oder in den Versionen mit Gemüse oder mit Steinpilzen im Rampenlicht. Ebenfalls stets vertreten sind Raviolini dal *plin*, Ravioli quadrati monferrini und Gnocchi. Der Wagen mit Fleisch stellt den Gast vor die Qual der Wahl: Stinco, Coniglio, Arrosto di punta und **Stracotto alla Barbera**. Oder Sie entscheiden sich für **Trippa in umido** (12 €) oder Finanziera. Wahre Lobeshymnen gebühren der die Auswahl an Formaggi. Zum Schluss erwarten Sie *Bonet*, Panna cotta, **Mattone di Canelli** (6 €) und Torta di mele. Die Weinkarte liest sich wie eine Enzyklopädie und erfreut, vor allem im Kapitel zum Thema Nizza und Barbera d'Asti, mit echten Highlights zu angemessenen Preisen. Jede Woche gibt es Themenabende: Montags Hähnchen, dienstags Bollito und freitags Merluzzo.

»*Tradition, Spitzenprodukte unter den Zutaten, eine einzigartige Gastlichkeit und Sorgfalt, die gleich beim Eintreten zu spüren sind.*«

SAN MAURIZIO CANAVESE
Malanghero

12 KM NÖRDLICH VON TURIN

La Taverna dei Tre Gufi

Restaurant • Via Devietti Goggia, 71
Tel. (+39) 011 / 924 70 47,
(+39) 331 / 284 07 43
Ruhetag: Donnerstag
Ferien: 10 Tage nach Weihnachten,
3 Wochen im August
60 Plätze + 30 Plätze im Freien
Preise: 30–35 €
Kreditkarten: CS, MC, Visa; BM
Abends geöffnet, Sonntag auch mittags

Das Team besteht nun aus Adriano am Herd, der gemeinsam mit seinen Kindern Elisabetta und Alessandro tätig ist. Adriano hat seine Wurzeln in Ivrea. Er hegt eine tiefe Leidenschaft für wild wachsende Kräuter und seine akribische Suche nach Spitzenprodukten als Zutaten in seiner Küche erkennt man in jedem einzelnen Gericht. Für den Einstieg empfehlen wir Ihnen die Degustation von vier Antipasti (12 €), die je nach Saison variieren: eine Auswahl an Salumi (Salami aus Kartoffeln und Rüben, *Salam 'dla doja*, pikante Salami und Salami mit Nüssen), Carne cruda, gewürzt mit einer delikaten Sardellensauce, Flan mit Bärlauchsauce, Formaggio Salignon, Crostini al cumino und eine wunderbare Gelatina di fiori di tarassaco (Gelee mit Löwenzahnblüten). Von den Primi gibt es stets zwei (die Kombination wird für 9 € angeboten), im Allgemeinen einen Risotto und eine hausgemachte Pasta. Gerichte, die Sie probieren sollten, sind **Risotto con salame di turgia** oder die Version al Barolo mit Testun, Tagliatelle con asparagi (mit Spargel) und Castelmagno, Ravioli di capriolo (mit Reh) mit Butter und schwarzem Trüffel, **Panissa** vercellese und insbesondere im Winter ***Tofeja***. Unter den Secondi (12 €) empfehlen wir Ihnen **gespickte, im Ofen gebratene Quaglie disossate** (ausgelöste Wachteln) mit einem Fond aus Carema-Wein, Guancia di fassone al Nebbiolo, **Gallo al Carema mit Zwiebeln aus Ivrea und Steinpilzen** und Bocconcini di cervo al civet (Hirschragout). Mit den Dolci (5 €) bleiben Sie im Kielwasser der Tradition des Piemont: Pesche ripiene, *Bonet*, Panna cotta und Frutti di bosco (Waldfrüchte) mit Ratafià. Das Lokal bietet eine große Auswahl an Weinen von kleinen Weinbaubetrieben aus dem Canavese.

SAN SALVATORE MONFERRATO
Squarzolo

13 KM NÖRDLICH VON ALESSANDRIA

Locanda dell'Arzente

Hotelrestaurant
Regione Guastrasone, 100
Tel. (+39) 01 31 / 23 39 69
Kein Ruhetag
Keine Ferien
80 Plätze
Preise: 24–35 €
Alle Kreditkarten; BM
Mittags und abends geöffnet

Die Locanda dell'Arzente ist eine Insel der Ruhe, die oben auf einem Hügel thront, eingebettet in das Grün der Landschaft an der Straße, die von der Ebene von Alessandria in Richtung des Casalese führt. In der Nähe des Restaurants befindet sich eine Brennerei: Von dieser stammt der Name Arzente, den Gabriele D'Annunzio für den Grappa Invecchiata als Gegenstück zum französischen Cognac vorschlug. Das Ambiente ist freundlich und gepflegt, die Speisesäle sind sehr großzügig angelegt (das Lokal eignet sich für Bankette und Feiern). Die Speisenauswahl wird von Elisabetta mündlich vorgetragen, wobei sie Ihnen auch die passenden Weine zum Kombinieren empfiehlt. In der Küche zaubert Michele aus lokalen Zutaten zum Einstieg Battuta al coltello, Mousse di roccaverano mit *Cognà*, gemischte Salumi, Cipolla al sale infornata sowie Tortini und Sformati di verdure (Gemüsequiches und -aufläufe), je nach Saison. Für Feinschmecker gibt es einen gemischten Teller mit warmen und kalten Antipasti (15 €). Das Bravourstück der Küche sind die **Agnolotti**, die in der Version **al sugo d'arrosto** (mit Bratensauce, 10 €) oder alla maniera contadina (in Brühe und Rotwein gekocht) angeboten werden. Im Winter ist auf jeden Fall die **Minestra di ceci con lo zampino di maiale** (Kichererbsensuppe mit Schweinehaxe) zu empfehlen. Der nächste Gang enthält als Vorschläge Arrosto della vena, Coniglio alla ligure, **Faraona al Dolcetto** (10 €) und Merluzzo al verde. Gegen Vorbestellung können Sie sich **Fritto misto piemontese** und Mandrognini (eine von Hand gemachte, auf der heißen Platte gebratene Salami) schmecken lassen. Unter den Desserts stechen das hausgemachte Gelato dell'Arzente, Mousse al cioccolato, Panna cotta ai cachi und Torronata hervor.

SAN SEBASTIANO CURONE

45 KM SÖ. VON ALESSANDRIA, 25 KM VON TORTONA

Corona

Hotelrestaurant
Via Vittorio Emanuele, 14
Tel. (+39) 01 31 / 78 62 03
Ruhetag: Montag, Dienstag
Ferien: zeitweise im Februar und Juli
60 Plätze
Preise: 30–35 €
Alle Kreditkarten; BM
Mittags geöffnet, Freitag auch abends

Dieses elegante Hotel im Zentrum der Ortschaft erzählt von einer Vergangenheit, in der dieses Tal im Süden von Tortona ein wichtiges Ziel der Sommerfrische oder eine Etappe für Durchreisende in Richtung Ligurien war. Heute kehrt der Fremdenverkehr in neuer Form zurück, die vor allem unter dem Zeichen des feinen Essens und der guten Weine steht. Die Familie Fontana war und ist eine der Schlüsselfiguren dieser Geschichte: Seit der Gründung im 18. Jahrhundert führte sie zuerst das Hotel, nun das Restaurant mit fester Hand. Ein kleiner, schön eingerichteter Speisesaal ist der erste Eindruck, der sich den Gästen in dieser Oase der Ruhe bietet. Die Speisenauswahl ist nicht sehr groß, wird aber allen Wünschen gerecht. Beginnen können Sie mit **Vitello tonnato**, Prosciutto in gelatina oder mit einer erstklassigen Salami, aber wenn Sie unentschlossen oder sehr neugierig sind, wählen Sie die Degustation für 8 oder 16 €. Unter den Primi erwarten Sie die klassischen *Tajarin*, Gnocchi verdi al montebore, Gnocchi alla bava di latte (9 €) und Ravioli con sugo di funghi (mit Pilzsauce, in der entsprechenden Saison). Das Kapitel der Secondi punktet mit Polpettone und **Cima alla genovese**, Gerichte, die Sie keinesfalls verpassen sollten. Die Desserts sind einfach und gut zubereitet: Crème caramel, *Bonet* und Pesche al Moscato. Die Weinkarte ist zwar nicht sehr umfangreich, sie repräsentiert aber das umliegende Gebiet auf erschöpfende Weise: Timorasso, Barbera und Croatina werden Ihre angenehmen Begleiter auf diesem kulinarischen Streifzug sein.

SANT'ANTONIO DI SUSA
Cresto

35 KM WESTLICH VON TURIN, S.S. 25 ODER A 32

Il Sentiero dei Franchi

Restaurant
Borgata Cresto, 16
Tel. (+39) 011 / 963 17 47
Ruhetag: Dienstag
Ferien: unterschiedlich
30 Plätze
Preise: 35 €
Alle Kreditkarten; BM
Mittags und abends geöffnet

Wir sind hier fast schon in den Bergen, was nicht zu übersehen ist. Zum einen, weil man bei der Fahrt in den Ortsteil Cresto steile Serpentinen überwinden muss (ganz in der Nähe verläuft die Strecke, die das Heer Karls des Großen im 8. Jahrhundert zurücklegte). Zum anderen, weil man kurz vor dem in den Ortskern eingebetteten Restaurant einen Campingplatz und eine schattige Bar passiert. Das rustikale Lokal befindet sich in einem Steinhaus, wo die hungrigen Gäste im oberen Geschoss in einem Ambiente mit Bildern, Holz, Schieferplatten, Flaschen und aprikotfarbenen Tischtüchern empfangen werden. Was die Familie Andolfatto hier bietet, ist eine einfache Küche, die Assoziationen von Berggipfeln, Herden und Kälte hervorruft. Man beginnt mit einem Antipasto misto, bestehend aus **Insalata russa**, Tomino, **Peperoni mit *Bagna caoda***, Salame, Toma d'alpeggio, Honig und in der Saison Asparagi con fonduta (13 €). Als Nächstes gibt es die Spezialität des Hauses – Malfatti (große Gnocchi, in Gorgonzola und Sahne getaucht, 9 €) – neben ***Tajarin*** oder **Agnolotti**. Dann folgt ein weiterer Klassiker der Bergregion, **Carbonade alla birra artigianale** (8 €), es gibt aber auch **Lonza alle nocciole** oder Salsiccia ai ferri. Zum Abschluss **Dolce Torino** (4 €), bestehend aus Savoiardi, Schokolade, Rum und Mandeln, *Bonet*, Panna cotta oder im Sommer gefüllte Pfirsiche. Die Weinkarte pendelt zwischen Piemont und Aostatal, den Service prägt die für die Berge typische Nüchternheit. Die Umgebung des Lokals eignet sich hervorragend für Spaziergänge zum Kalorienabbau.

In **Susa** (19 km) verkauft Aldo Pietrini (Piazza De Bartolomei 10) Pan d'la marchesa, Lose golose, Maisgebäck und Baci.

50 km nö. v. Cuneo, 12 km sw. v. Alba

Cascina Schiavenza

Trattoria
Via Mazzini, 4
Tel. (+39) 01 73 / 61 31 15
Ruhetag: Dienstag, an Feiertagen abends
Ferien: zeitweise im Januar, 15. Juli–15. August
40 Plätze + 20 Plätze im Freien
Preise: 28–34 €
Kreditkarten: CS, DC, MC, Visa; BM
Mittags und abends geöffnet

Im letzten Jahr waren die Störche über Serralunga sehr eifrig: Drei freudige Ereignisse innerhalb weniger Monate haben das – rein weibliche – Team der Trattoria außer Gefecht gesetzt und zu einer Unterbrechung ihrer Tätigkeit gezwungen, die erst Ende August wieder aufgenommen wurde. In diesem Lokal unterhalb des Schlosses, hinter den Kellereien des Familienbetriebs, ist alles, wie es vor der Ankunft der neuen Erdenbürger Carlo Umberto, Matilde und Marta war. Vom Garten aus betritt man eine kleine Terrasse mit Blick auf die Rebstöcke des Barolo und dann eine adrette, einfache Gaststube, wo Sie von Enrica und ihrer Nichte Emanuela empfangen werden. Die Küche steht unter der Regie von Maura – die der Storch gleichzeitig zur Großmutter und Tante gemacht hat –, überwacht von Signora Lucia und mit Unterstützung von Viollca, einer der jungen Mütter. Die Küche steht im Zeichen der Tradition der Langa, schon bei den Antipasti: Carne cruda, Insalata russa, Crespelle, gefüllt mit saisonalem Gemüse („solange der Vorrat reicht" im eigenen Garten geerntet), **Vitello tonnato** (7 €), **Insalata di galletto** und Trota in carpione. Ganz klassisch die Primi aus von Hand gezogenen und geschnittenen Teigwaren: **Ravioli dal *plin*** mit Butter und Salbei (10 €), ***Tajarin*** al ragù oder in der Saison mit Fonduta und Trüffel. Empfehlenswerte Secondi sind **Brasato al Barolo** (10 €), **Coniglio mit Paprikaschoten** und Faraona alle erbe. Gegen Vorbestellung bekommen Sie Bollito und Fritto misto. Die Auswahl an Formaggi wird mit *Cognà* serviert, die hausgemachten Desserts entsprechen ebenfalls ganz der Tradition. Weine aus dem Familienbetrieb (auch glasweise) und anderer Winzer aus Serralunga. Ein reichhaltiges Degustationsmenü (drei Antipasti, zwei Kostproben von Primi, ebenso viele Secondi, ein Dessert, Wasser und Kaffee) für 35 €.

50 km nö. v. Cuneo, 12 km sw. v. Alba

La Rosa dei Vini

Restaurant mit Übernachtungsmöglichkeit
Ortsteil Parafada, 4
Tel. (+39) 01 73 / 61 32 19,
(+39) 348 / 016 95 78
Ruhetag: Mittwoch
Ferien: 3 Wochen im Februar
110 Plätze
Preise: 32–35 €
Kreditkarten: CS, MC, Visa; BM
Mittags und abends geöffnet

Im Osten erhebt sich die Silhouette des Dorfes, über dem der hohe Wehrturm des Schlosses thront. Wenn Sie diesem den Rücken kehren, breiten sich vor dem Auge die endlosen Weingärten der Bassa Langa und die auf dem Hügel hingekauerten Dörfer mit dem Alpenkamm im Hintergrund aus. Vom Parkplatz der Rosa dei Vini, eines Restaurants mit Gästezimmern, wenige Kilometer vom Zentrum von Serralunga entfernt, ist die Aussicht prachtvoll: An klaren Tagen bleibt man beim Anblick der hochstehenden Sonne oder bei Sonnenuntergang gerne kurz stehen. Diese Aussicht bietet sich aber auch von den auf einer großen Veranda gedeckten Tischen. Dieser Rahmen ist – gemeinsam mit einem gut bestückten Weinkeller – der Trumpf im Ärmel der Brüder Fontana, der die gediegene Speisekarte, die keine großen Überraschungen bietet, bestens unterstützt. Die Antipasti sind fast Pflicht: Carne cruda, **Vitello tonnato** (10 €), Lingua in salsa verde, ***Caponet*** (mit Kürbisblüten im Sommer, mit Kohlblättern im Winter) **mit Fonduta** und in den warmen Monaten Carpione mit Ei und Zucchini. Unter den Primi entdeckt man die einmaligen ***Tajarin*** und **Agnolotti dal *plin*** (mit Butter und Salbei oder mit Ragout, 10 €), aber auch **Ravioli mit Ricotta und Spinat** und im Herbst und Winter die Maltagliati mit Lauch. Das Fleisch für die Secondi wird oft in großen Weinen vom rechten Tanaro-Ufer geschmort: **Bocconcini di vitello al Barolo** (10 €) und Stinco di maiale al Barbaresco. Weitere Vorschläge sind Coniglio mit Paprikaschoten, Faraona alle erbe und Quaglia arrosto al rosmarino. Mit etwas Glück wird **Fritto misto** angeboten, auch in der Version Mini (fünf anstelle der üblichen 10 bis 15 frittierten Stücke). Zum Abschluss *Bonet* oder Torta di nocciole mit Zabaione (10 €). Die Langa dominiert auch in der umfangreichen Weinkarte neben anderen in- und ausländischen Etiketten.

50 km nw. von Alessandria, A 26 und S.S. 457

Ristorante di Crea

Restaurant mit Übernachtungsmöglichkeit
Piazza Santuario, 7
Tel. (+39) 01 42 / 94 01 08
Ruhetag: Montag, außer im Sommer
Ferien: Januar
300 Plätze
Preise: 30–32 €
Kreditkarten: CS, DC, MC, Visa; BM
Mittags geöffnet, abends gegen Vorbestellung

Ein wenig paradox ist es schon, dass hier gegenüber einer Wallfahrtskirche, einem Ziel für Pilger und, zumindest ideell, einem Ort der Buße und Andacht, fast täglich dem Ritual des **Fritto misto** gefrönt wird, einem der üppigsten Gerichte der piemontesischen Küche. An den Tischen des Ristorante di Crea (es sind viele, aber aufgeteilt auf vier Speisesäle, davon einer für Bankette) kann man diese Spezialität auch ohne Vorbestellung genießen, vo allem am Wochenende. In der von der hier ansässigen Accademia della Fricia zertifizierten Form besteht der Fritto aus 15 Stücken, vorwiegend auf Fleischbasis: als eigener Gang (18 €, auch Teil des Degustationsmenüs für 33 €) wie auch ***Bagna caoda*** (zum gleichen Preis), serviert mit einem ganzen Gefolge an rohem und gekochtem Gemüse, Scheiben von Rinderkeule und einem Ei, das mit der Sauce verquirlt wird. Wirklich gute Esser werden aber noch andere Speisen probieren wollen, die Davide Caprino und Marta Frola (die das Lokal zusammen mit Paola Furbatto und Ugo Bertana führen) aus erstklassigen Zutaten zubereiten: Salumi, darunter Muletta casalese, Carne cruda, **Vitello tonnato all'antica**, Sformati aus saisonalem Gemüse (Antipasti misti gibt es für 15 €), **Agnolotti al sugo d'arrosto** (10 €), Gnocchi, Risotti, **Coniglio disossato in umido** (12 €), Coscia di tacchino arrosto, Costolette di agnello alla griglia und Stinco di maiale al forno. In Vorfreude auf den Elisir del Prete, der nach dem Kaffee angeboten wird, können Sie eines der hausgemachten Desserts (5 €) wählen: *Bonet*, Panna cotta und Bavarese. Getrunken werden gute Etiketten, vor allem Grignolino und Barbera, die auch glasweise ausgeschenkt werden. Es gibt ein Touristenmenü für 25 € und für Spaziergänger, die die Kapellen des Naturparks Sacro Monte besichtigen wollen, einen Picknickkorb für 12 €.

54 km nordöstlich von Cuneo, 22 km von Alba

La Coccinella

Trattoria
Via Provinciale, 5
Tel. (+39) 01 73 / 74 82 20
Ruhetag: Dienstag, Mittwochmittag
Ferien: 10. Januar– 10. Februar, zeitweise im Sommer
45 Plätze
Preise: 38–40 €
Kreditkarten: CS, DC, MC, Visa; BM
Mittags und abends geöffnet

Die Anfahrtsstraße bietet einen prachtvollen Ausblick, ist aber kurvenreich. Für das Ziel, das Lokal der Brüder Della Ferrera, lohnt sich aber jede Mühe. Die Küche, der Service und die Aufmerksamkeit für Details lassen die große Leidenschaft und Professionalität durchblicken, die die Betreiber dieser eleganten Trattoria beseelt. Die Antipasti werden einzeln (10 €) oder kombiniert (16 €) serviert: Tonno di coniglio mit Paprikasauce, Galletto nostrano, gefüllt mit Gemüse und Wachtelei, Soufflé di asparagi e ricotta mit Fonduta aus Blu-Käse, Cannolo di trota marinata, gefüllt mit Seirass, und Gambero rosso mit Spargel und Basilikum-Pesto. Die Primi (12 €) umfassen exzellente ***Tajarin* al ragù di capretto mit Gemüse** oder die Version mit Kalb, **Agnolotti dal *plin*** mit unterschiedlichen Füllungen, Gnocchi di patate, gefüllt mit Castelmagno in Butter und Rosmarin, sowie Cannelloni di baccalà mit geschmorten Frühlingszwiebeln und Petersilien-Pesto. Bei den Secondi (16 €) bestechen Coniglio mit gratiniertem Spargel und Haselnüssen, **Agnello mit Kartoffeln, gefüllt mit Zwiebel und Speck**, geschmorter Stinco di vitello und ein **kleiner Fritto di scamone mit Zuchini und Kürbisblüten**. Schöne Auswahl an Formaggi aus der Langa. Schmackhafte Desserts: Croccante al gianduia mit Granita al Barolo Chinato, Cremoso di cioccolato fondente mit karamellisierten Erdbeeren und kalte Zabaione mit Pistazien aus Bronte. Der Keller beeindruckt durch Menge und Vielfalt und bietet historische Etiketten der Langa und Grappa aus den besten Brennereien des Piemont.

„Die Küche, der Service und jede weitere Aufmerksamkeit für alle Details lassen die große Leidenschaft durchblicken, die die Betreiber dieser eleganten Trattoria beseelt."

SESSAME
Giardinetto

39 km sö. v. Asti, 12 km v. Acqui Terme, S.P. 30

Il Giardinetto

Restaurant
Strada Provinciale Valle Bormida, 24
Tel. (+39) 01 44 / 39 20 01
Ruhetag: Donnerstag
Ferien: zeitweise im Januar und Februar
60 Plätze + 20 Plätze im Freien
Preise: 28–32 €
Kreditkarten: CS, MC, Visa; BM
Abends geöffnet, Samstag, Sonntag und Feiertage auch mittags

Sie finden dieses Restaurant in einem reizenden Landhaus an der Provinzstraße durch das Bormida-Tal, wenige Kilometer von Bistagno entfernt. In der in ihrer Schlichtheit sehr gemütlichen Gaststube werden Sie von Francesca empfangen, die Ihnen die Tagesgerichte präsentiert, ein Werk ihrer Schwester Valentina und ihrer Mama Clara. Ein weiteres Mitglied im Team ist Papa Carlo: Er kümmert sich um den Garten, aus dem das Gemüse stammt. Sie können zwischen zwei Degustationsmenüs (für 30 und 35 €) oder Gerichte aus der Karte wählen. Zur Begrüßung warme Focaccia mit hausgemachter Butter. Mögliche Vorschläge für Antipasti (5 €) sind Insalata russa, Frittatine mit Kräutern, fein gehackte Carne cruda, **Polpette in carpione** und Salumi. Es gibt auch einen gemischten Teller mit fünf Kostproben zur Wahl (17 €). Dann schlägt die Stunde für die Primi (7,50 €), die hervorragende Suppen, je nach Saison, und frische Teigwaren umfassen, darunter die feinen ***Tajarin* mit Robiola aus Roccaverano** und die interessanten **Ravioli dal *plin* mit Ragout**. Die Secondi basieren überwiegend auf Fleisch vom Fassone-Rind, Hoftieren und in der entsprechenden Saison auch Wild. Immer wieder stehen Acciughe fritte und Stoccafisso auf dem Programm. Gute Auswahl an Formaggi (8 bis 12 €). Unter den Desserts (5 €) verdienen **Mattone al cioccolato**, Torta di albicocche und Torta di mele eine spezielle Erwähnung. Die Weinkarte unternimmt einen Streifzug durch die Produktion dieses Landstrichs, ergänzt durch Etiketten aus dem restlichen Piemont und dem Ausland.

In **Bubbio** (5 km) bietet L'Arbiora (Via Consortile 18) Käse von hoher Qualität, selbst selektioniert und zur Reife gebracht, insbesondere Robiola di Roccaverano aus Rohmilch.

SETTIMO VITTONE
Cornaley

60 km nordöstlich v. Turin, 10 km v. Ivrea, A 5

La Baracca

Bar-Restaurant
Ortsteil Cornaley, 68
Tel. (+39) 01 25 / 65 81 09
Ruhetag: Montag
Ferien: unterschiedlich
90 Plätze + 30 Plätze im Freien
Preise: 25–30 €
Alle Kreditkarten; BM
Mittags und abends geöffnet

Wenn Sie der kurvenreichen Straße von Settimo Vittone hinauf zum Ortsteil Cornaley folgen, vorbei an den charakteristischen laubenförmigen Weingärten, uralten Olivenhainen und Kastanienwäldern, dann erreichen Sie dieses Lokal, das eingebettet in das Grün der Landschaft in prachtvoller Panoramalage thront. Zu den beiden Speisesälen (von denen einer für Bankette reserviert ist) gesellen sich in der schönen Jahreszeit etwa 30 Plätze auf der Terrasse. Neben einigen Gerichten der internationalen Küche finden Sie hier zahlreiche Spezialitäten nach piemontesischer Tradition, ergänzt durch Anleihen aus dem benachbarten Aostatal. Auf jeden Fall handelt es sich um Gerichte von großer Einfachheit, unter besonderer Berücksichtigung der Rezepte aus der typisch bäuerlichen Arme-Leute-Küche. Wir wollen hier die vorzüglichen **Castagne bollite, serviert mit Butter** (6,50 €), die gemischten Salumi, Gemüse mit *Bagna caoda*, Battuta di carne cruda, Crespelle alla fontina, **Ravioli di carne mit Brennnesseln** (7,50 €), Polenta concia (7,50 €) und **Lumache al prezzemolo** (Schnecken mit Petersilie, 13 €) speziell herausgreifen. Viele Gerichte basieren auf wilden Kräutern wie etwa Ajucche, die im Frühling sogar zum Leitfaden eines eigenen Menüs, inklusive Eis, für 25 € werden. Ein weiteres Menü mit einem zentralen Thema ist im Herbst den Porcini, also den Steinpilzen, gewidmet (30 €). Die Desserts entsprechen der piemontesischen Tradition: ***Bonet***, Panna cotta und Pere martin sec in Rotwein. Die Weinkarte präsentiert vor allem Etiketten aus der Langa und dem Roero und die eine oder andere Besonderheit aus der Umgebung.

22 km nordwestlich von Novara, S.S. 299

Impero

Restaurant
Via Roma, 13
Tel. (+39) 03 21 / 82 05 76
Ruhetag: Sonntagabend, Montag
Ferien: 8.–31. August, 26. Dezember–7. Januar
40 Plätze
Preise: 30–40 €
Alle Kreditkarten; BM
Mittags und abends geöffnet

Ein schönes Restaurant im Zentrum von Sizzano, einem Städtchen, das seine Bekanntheit vor allem seiner Lage in einem höchst interessanten Weinbaugebiet verdankt: dem Norden des Piemont, Heimat der leichten Nebbiolo-Weine mit wunderbarem Bouquet, denen in der Weinkarte die gebührende Beachtung geschenkt wird. Es sind hier die namhaften Kellereien vertreten, die den Gästen mit großer Leidenschaft und Liebe zu Details präsentiert werden. Um die Küche und den mit schlichter Eleganz eingerichteten Saal kümmert sich die Familie Maggi. Emanuela und ihr Bruder Federico begleiten Sie bei der Wahl unter den zahlreichen Vorschlägen des Repertoires, das einen gelungenen Kompromiss zwischen der Tradition dieses Winkels des Piemont, wo die Nähe der Region Lombardei bereits zu erahnen ist, und einigen innovativeren Rezepten bietet. Beginnen können Sie mit einer Auswahl an Salumi oder mit kleinen Polpette di carne. Ab den Primi zeigt die Köchin Paola ihre hohe Kochkunst: **Paniscia** – ein typischer Risotto dieses Landstrichs mit roten Bohnen, Salamino und Kohl –, der in üppigen Portionen aufgetischt wird (erschrecken Sie nicht: Der Risotto ist so lecker, dass Sie sicher kein Problem haben werden aufzuessen), **Ravioli con gorgonzola mit zerlassener Butter** sowie Gnocchi mit Paprikaschoten und Sardellen. Für den Hauptgang gilt unser Tipp der **Gallina ripiena alle tre carni** (Hähnchen, gefüllt mit dreierlei Fleisch) **mit Mostarda und grüner Sauce** (12 €), die noch heiß dampfend von einem Wagen serviert wird: Allein für dieses Gericht lohnt sich die Anfahrt, wie auch für **Fritto misto novarese**, der aus Rosticciata aus Fleisch und Zwiebeln besteht, begleitet von gebackenen Stücken von Gemüse, Früchten und Creme. Unter den Desserts lockt der hervorragende Biscotto pasticciato mit Marcarpone-Creme.

6 km nördlich von Alessandria, S.R. 10

Duma c'Anduma

Moderne Osteria
Via Faà di Bruno, 27
Tel. (+39) 01 31 / 22 29 94,
(+39) 340 / 566 64 80
Ruhetag: Montag
Ferien: 10 Tage im Januar
100 Plätze + 50 Plätze im Freien
Preise: 25–30 € • Keine Kreditkarten; BM
Abends geöffnet, Sonntag und Feiertage auch mittags

Solero ist ein kleines Dorf vor den Toren von Alessandria, an der Staatsstraße nach Asti gelegen. Die Osteria hat ihren Sitz in einem gediegenen Schloss aus dem 16. Jahrhundert: Die einzelnen Räume des Lokals sind gastlich, mit einer Einrichtung aus dem 18. Jahrhundert, zu denen moderne Objekte einen Kontrapunkt setzen. In der Küche steht Maurizio Giusto, während sich sein Sohn Federico um die Gäste im Saal kümmert und auf überaus herzliche und präzise Weise die Gerichte des Repertoires präsentiert. Die Antipasti, die auch als Kombination (12 €) angeboten werden, umfassen **Insalata russa**, Vitello tonnato, Peperoni mit *Bagna caoda*, verschiedene Sformati di verdure (Gemüseaufläufe) mit Fonduta al montebore, Crespelle al roccaverano und Confit aus Kirschtomaten. Unter den Primi entdecken Sie das Bravourstück dieser Osteria, die **Agnolotti alessandrini** (9 bis 14 €) mit einer Vielzahl an unterschiedlichen Füllungen: tre arrosti (dreierlei Braten) mit Ragout aus Salsiccia di Bra, Stufato d'asino (Eselschmorbraten), Cinghiale (Wildschwein), Arrosto di fassone (Braten vom Fassone-Rind) mit Trüffel, Borretsch und Seirass, Cardo gobbo (gekrümmte Karden) mit *Bagna coada*, Asparagi (Spargel) aus Vinchio und salzige Zabaione. Empfehlenswerte Gerichte unter den Secondi sind **Salamini aus Mandrogne** (einem Ortsteil von Alessandria), die mit einer schmackhaften *Bagnet* (Sauce) serviert werden (8 €), Arrosto di fassone al ginepro (mit Wacholder, 10 €), Brasato al Nebbiolo und **Stracotto d'asina** (Eselschmorbraten, 10 €). Exzellente Auswahl an piemontesischen Formaggi. Zum Ausklang gibt es Panna cotta, Chantilly-Creme mit Meringhe sowie Semifreddo allo zabaione di Moscato. Ausgeschenkt wird eine gute Auswahl an hochwertigen Weinen.

STROPPO
Ruata Valle

46 KM NW. V. CUNEO, 28 KM V. DRONERO, S.P. 422

Codirosso

Hoteltrattoria • Ortsteil Ruata Valle, 8
Tel. (+39) 348 / 886 06 80,
(+39) 380 / 533 39 55
Ruhetag: Mittwoch
Ferien: Oktober–Mai, außer im Winter und an Feiertagen für Gruppen gegen Vorbestellung
20 Plätze + 20 Plätze im Freien
Preise: 20–24 €
Kreditkarten: CS, MC, Visa; BM
Mittags und abends geöffnet

Auf der Fahrt hinauf in Richtung Stroppo zeigt sich das Maira-Tal von seiner schönsten Seite: steile, bewaldete Hänge und wildes Bergland. Gleich hinter dem Ortsteil Paschero sehen Sie rechts die Hinweisschilder nach Ruata Valle. Annamaria und Nicola haben aufgrund einer Grundsatzentscheidung ihren Lebensmittelpunkt hierher verlegt und führen nun seit 16 Jahren mit Leidenschaft diese Locanda – vier Gästezimmer und ein neu renoviertes Ein-Zimmer-Apartment – mit angeschlossenem Gastbetrieb. Die Vorschläge der Küche sind einfach, bodenständig und gut ausgeführt. Das Speisenrepertoire ist an einer Tafel am Eingang angeschlagen und wird auch mündlich vorgetragen. Die Antipasti sind meist Gemüsegerichte: Bruschetta, **Peperoni con le acciughe**, Insalata di grano und Involtini di melanzane. Es gibt aber auch gute Salumi und Formaggi, die sich perfekt für einen Imbiss nach einem Spaziergang eignen. Wenn Sie jedoch zum Mittag- oder Abendessen kommen (am Wochenende), geht es weiter mit **Maltagliati aus Buchweizen** mit Kartoffeln, Mangold und Butter aus Elva oder mit **Ravioli dal *plin* in Butter und Salbei**. Für den Hauptgang werden Rotolo di vitello, Pasticcio di verdure oder als Alternative feine Formaggi dieser Gegend angeboten. Im Winter dürfen die klassische Polenta mit Formaggi und typische Gerichte nach okzitanischer Tradition nicht fehlen, darunter **Ravioles**, Kartoffel-Gocchi mit Käse, **in zerlassener Butter**. Den Reigen beenden *Bonet*, Semifreddo al torrone und hausgemachte Kuchen. Die Weinkarte nennt wenige, aber niveauvolle Produkte aus der Langa und dem Doglianese. Es gibt nur wenige Plätze, vergessen Sie also nicht anzurufen. In der Winterzeit und an Feiertagen steht die Locanda nach vorheriger Reservierung für Gruppen zur Verfügung. Im Sommer können Sie im Freien im sonnigen Hof speisen.

STROPPO
Bassura

43 KM NW. V. CUNEO, 25 KM V. DRONERO, S.P. 422

Lou Sarvanot

Restaurant
Via Nazionale, 64
Tel. (+39) 01 71 / 99 91 59
Ruhetag: Montag–Donnerstag
Ferien: letzte Augustwoche, ersten 2 Septemberwochen
28 Plätze • Preise: 28–30 €
Kreditkarten: CS, MC, Visa; BM
Abends geöffnet, Samstag und Feiertage auch mittags

Die Straße, die sich in das Maira-Tal hinaufschlängelt, ist kurvenreich. Eine Fahrt lohnt sich jedoch, weil Sie in Stroppo, im Ortsteil Bassura, auf ein kleines Juwel der okzitanischen Küche treffen: Lou Sarvanot. Paolo Rovera und seine Frau Silvia Massarengo führen es mit Leidenschaft und Zähigkeit (die Aufwertung dieser Gegend ist auch ihrem Engagement zuzuschreiben). Er kümmert sich charmant und kompetent um den Service, stellt aber auch guten Käse in einer winzigen Käserei im Ortsteil Cucchiales her. Sie verarbeitet in der Küche die exzellenten Zutaten aus der Bergregion: Fleisch, Almkäse, Gartengemüse und wilde Kräuter zum Veredeln der Gerichte. Man wählt à la carte oder eines der beiden Menüs: 32 € für drei Antipasti, zwei Primi, ein Secondo und Dessert, 28 €, wenn man auf ein Primo oder das Secondo verzichtet. Unter den Antipasti entdecken Sie eine feine Torta di bietole mit Fonduta aus Nostrale (6 €) und Zucchini mit Fleischfüllung, aber auch Trota, serviert mit Pinienkernen und Sauce aus schwarzen Oliven, Insalata di baccalà mit Kartoffel, Carciofi mit Sardellensauce und **Finanziera**. Das Kapitel der Primi beinhaltet auch exzellente **Ravioles alla ricotta mit Butter und Salbei** (9 €), Maccheroni mit Paprikaschoten und Stockfisch, Maltagliati aus Buchweizenmehl oder **Comaut mit Lauch und Stockfisch**. Dann die Secondi: Stufato di cervo, **Agnello sambucano aus dem Ofen** oder mit Esskastanienhonig, Coniglio al vino bianco, Reale all'uvetta und Trota alla provenzale (11 €). Erstklassige Weinkarte mit Schwerpunkt auf dem Piemont. Probieren Sie auch den hiesigen Kräuterlikör.

”
Eine tadellose traditionelle Küche, die Silvias Handschrift trägt. Die Gerichte sind aus unverfälschten Zutaten aus den Bergen zubereitet.
“

Antiche Sere

Traditionelle Osteria-Trattoria
Via Cenischia, 9
Tel. (+39) 011 / 385 43 47
Ruhetag: Sonntag
Ferien: je 2 Wochen im August und zu Weihnachten
50 Plätze + 50 Plätze im Freien
Preise: 30–35 €
Kreditkarten: CS, MC, Visa; BM
Abends geöffnet

Nach mehr als 20 Jahren haben Mama und Papa Rota sich nun entschlossen, den wohlverdienten Ruhestand anzutreten und die Osteria komplett ihren Kindern zu überlassen: Daniele in der Küche, Antonella (unterstützt durch ihre Schwägerin Claudia) im Saal. Die Geschwister waren schon seit einiger Zeit in die Leitung des Betriebs eingebunden und Daniele hat nun die Ausrichtung perfektioniert, indem er weiterhin auf Gerichte nach hiesiger Tradition setzt, jedoch unter Berücksichtigung von Slow-Food-Presidi. Das Ambiente ist einfach und angenehm, sowohl in den drei Gasträumen als auch im faszinierenden *Tòpia* (einer Laube) im Hof. Den Auftakt bilden Kostproben der Tages-Antipasti (12 €), zum Beispiel Carne cruda, Salame cotto, Tomini al verde, **Vitello tonnato**, aber auch Peperoni in *Bagna caoda*, Frittatine, Insalata russa und ***Pess còj*** (Kohlrouladen). Danach delikate **Gnocchi di patate mit Salsiccia** (8 €) oder mit Gorgonzola (die Rotas stammen aus Novara), **Agnolotti dal *plin***, Tagliatelle mit saisonalem Gemüse und Minestra di ortiche mit Kartoffeln und Reis. Ein Muss unter den Secondi ist **Stinco al forno** (12 €), besser als jede Schweinehaxe aus Bayern, doch auch **Coniglio al vino bianco**, **Pollo in agro** oder Carpione mit Schnitzelstücken, Zucchini und Aal verdienen eine Erwähnung. Die **Panna cotta** (5 €) ist eine der besten, die Sie im ganzen Piemont bekommen, wobei *Bonet*, Semifreddo al torrone und Zabaione ebenfalls einen Versuch wert sind. Die Weinkarte listet interessante Etiketten des Piemont zu absolut moderaten Preisen auf.

» *Eine echte Osteria: schlichte Gerichte, einfaches Ambiente, qualitätvolle Zutaten und Zubereitung sowie eine Gastlichkeit der Extraklasse.* «

Banco, Vini e Alimenti

Moderne Osteria
NEU
Via dei Mercanti, 13 F
Tel. (+39) 011 / 764 02 39
Ruhetag: Sonntag
Ferien: zeitweise im August
26 Plätze + 15 Plätze im Freien
Preise: 30–35 €
Kreditkarten: CS, MC, Visa; BM
Geöffnet Montag–Freitag 12.30–0.30 Uhr, Samstag 16.30–0.30

Das neue Abenteuer von Andrea Gherra und Pietro Vergano, den Seelen des Restaurants Consorzio, nahm im Mai 2014 Gestalt in diesem Lokal an, das im Nu zu einem Bezugspunkt in der Stadt wurde. Unter vielen Definitionsmöglichkeiten ist das Banco in erster Linie wohl eine Osteria: ein Ort, wo der Wein – das umfangreiche Angebot entspringt der Vorliebe der Wirte für Weinbauern, die biologischen und biodynamischen Anbau betreiben – und die Geselligkeit im Brennpunkt stehen. Ein Ort, den man zu jeder Tageszeit für ein Glas Wein, einen schnellen Imbiss oder eine komplette Mahlzeit besuchen kann. Die lange Liste an Gerichten auf der Tafel macht kaum eine Unterscheidung zwischen Antipasti, Primi und Secondi: Von Terrina di maiale zu ***Friciule*** (Bitterkräuter-Omelett, 4,50), von **Batsoà** (in Panade frittierte Schweinefüße) zu Acciughe fritte. Frische gefüllte Pasta, nicht immer nur als Primo, darunter klassische **Tagliolini al sugo d'arrosto** (11 €), Cannellone, Ravioli oder Agnolotti. Unter den Secondi findet man neben Piccione und **Pollo allo spiedo** (ein ganzes Hähnchen für zwei Personen zum Preis von 16 €), Fagiani, Maialino da latte, Guancia di maiale mit Mangold und Parmigiana di melanzane. Zahlreiche Desserts (5 €) mit den einmaligen Bombette fritte und Panna cotta al Barolo Chinato. Aber das Banco ist auch ein Feinkostladen – die Auswahl an **Formaggi** mit Raritäten zählt zu den interessantesten in ganz Turin –, wo man eine Portion Insalata russa, **Insalata capricciosa** (4,50 €) oder Acciuga sotto sale (in Salz eingelegte Sardellen mit Brot und Butter, jeweils 2 €) kaufen kann. Und es fungiert als Rosticceria und Vinothek: Sämtliche Flaschen sind zum Mitnehmen erhältlich. Neben der Weinkarte gibt es Biere aus kleinen Brauereien, offen ausgeschenkt oder in Flaschen, und eine schöne Auswahl an Edelbränden.

Weinbistros in Turin

Weinbistro. Das bedeutet ein bisschen Vinothek, ein bisschen Bistro. Kurz und gut: zwanglose Lokalbesuche, bei denen der Wein im Mittelpunkt steht, die aber stets auf fröhliche Weise von einer einfachen, guten Küche begleitet werden. Sie basiert auf lokalen Produkten und Rezepten wie in alten Zeiten.

Weinbistro: Hier in Turin könnte man diesen Lokaltypus als Urenkel der *Piòla* bezeichnen, der alten, traditionellen Osteria, in der man Barbera und Dolcetto trank und sich am Ofen wärmte, Geschichten austauschte und wo manchmal einer zur Gitarre griff, um einen Blues auf den Fluss Sangone anzustimmen.

Die Zeiten haben sich geändert, die Lokalbesuche ebenfalls, nicht aber der Geist, der dahintersteht: Weinbistro bedeutet ehrlicher Geschmack, Weine – dem Himmel sei Dank! – in viel größerer Vielfalt und auch in Form edlerer Tropfen als jener, die die großen Fässer von anno dazumal füllten. Es bedeutet auch große Tische, an denen man bis zu später Stunde sitzt, um über Bücher, Politik und Abenteuer zu sprechen.

In dieser kleinen Übersicht finden Sie Lokale, die vom Typ sehr unterschiedlich sind: die wenigen echten *Piòle*, die überlebt haben, Schenken, die als Ableger der vornehmsten Küchen entstanden sind, und sogar ein kleines französisches Restaurant, das praktisch schon per definitionem ein Bistro ist. In all diesen Lokalen werden Sie unbeschwert essen, gut trinken und dabei um die 20 € ausgeben. Und vor allem werden Sie unter Freunden sein.

Luca Iaccarino und Leo Rieser

Bicchierdivino

Via San Quintino, 15
Tel. (+39) 011 / 562 96 64
Ruhetag: Sonntag
Ferien: 2 Wochen im August
Mittags geöffnet

Antonio Dacomo ist eine Institution, was Wein in Turin betrifft: Der frühere Top-Sommelier hat immerhin bei Marchesi und Scabin gearbeitet. Es war die Verkörperung von Understatement pur, als er – der Tour de Force in den Sternelokalen müde – beschloss, sich selbständig zu machen und mit seiner Tochter und deren Partnerin Maura Squillari eine moderne Bar-Osteria zu eröffnen, die Anwälte, Angestellte und arbeitende Leute im Allgemeinen in der Mittagspause ordentlich satt bekommen will. Die Idee ist die einer *Piòla* nach Art der Langa, jedoch in der Stadt, und das sieht man an der Karte, die traditionelle Gerichte mit schüchternen Ansätzen von Kreativität auflistet: Da gibt es Tagliatelle mit Kürbisblüten, Gemüse und Safran, aber auch Carpioni, Vitello tonnato all'antica und Tonno di coniglio. Dafür, dass dies ein Mittagstisch sein soll, gibt es eine unerwartete Vielfalt an Weinen (unerwartet nur für Leute, die Antonio nicht kennen). Mittagessen für 10 bis 15 €, aber auch der richtige Ort für ein Glas Wein am Nachmittag.

Caffè-Vini Emilio Ranzini

Via Porta Palatina, 9 G
Tel. (+39) 011 / 765 04 77
Ruhetag: Sonntag
Ferien: unterschiedlich
Geöffnet 8–19.30 Uhr

Es gibt kein Lokal in Turin, das dem Typus der *Piòla* mehr entspricht als dieses. Das Ranzini ist ganz und gar *Piòla*, es ist *Piòla* in Reinkultur und *Piòla* in all ihren Stärken, und das seit Generationen. Im Herzen der Altstadt – wenige Schritte vom Dom und der mondänen Piazzetta IV Marzo entfernt –, da liegt es: ein kleiner Raum mit viel Holz, alten Fotos, Plakaten an den Wänden, einer Theke, Flaschen und hart gekochten Eiern für diejenigen, die übertreiben wollen. Im Sommer gibt es auch einen versteckten Hof, ein richtiges Juwel, vollgestopft mit kleinen Tischen und Krimskrams. Man bekommt hier eine Merenda *sinòira*, also einen Nachmittagsimbiss mit kalten Köstlichkeiten. Das heißt, neben Panini auch Vitello tonnato, Tomini, Acciughe al verde, Lingua, Salame cotto … Zum Hinunterspülen eine gute Flasche piemontesischen Wein – Auswahl ist vorhanden – und Sie bekommen eine Rechnung, die sehr selten über 15 € liegt. Diese Weine locken auch, wenn man – was durchaus fein ist – nur auf ein Gläschen mit einem Häppchen Sardellen, einen schnellen Plausch und eine kurze Auszeit vorbeischaut. Unentbehrlich.

Enomagoteca

Via Matteo Pescatore, 10 C
Tel. (+39) 011 / 88 41 43
Ruhetag: Montag
Keine Ferien
Mittags und abends geöffnet

Innerhalb kurzer Zeit hat sich die Enomagoteca zu einem Insider-Treffpunkt für Feinschmecker und Weintrinker (im guten Sinn des Wortes) entwickelt, die hierher kommen, wenn sie die plötzliche Lust auf ein üppiges Gericht oder eine ordentliche Flasche Wein überfällt. An dem Platz, wo sich früher die Vineria Sorì befand, gleich bei der Piazza Vittorio und dem Po, führen der Sternekoch Marcello Trentini (ihm gehört das Magorabin, damit Sie verstehen, woher der Name dieses Lokals kommt), seine Frau Simona und der Partner Piero Primatesta diese hübschen, hellen, mit Holz ausgestatteten Räume und den Garten im Freien, wo man einen Teller Salumi d'oca, Acciuga al verde, *Plin e tajarin* oder auch nur einen Magoburger essen kann. All dies wird durch einen schönen Weinkeller abgerundet, aus dem Sie einen guten Tropfen zur Mahlzeit, aber auch einen Aperitif am Vorabend oder ein Gläschen nach dem Kinobesuch wählen können. Man gibt nicht mehr als 25 € aus.

Enoteca Bordò

Via Carlo Ignazio Giulio, 4 G
Tel. (+39) 011 / 521 13 24
Kein Ruhetag
Ferien: August
Abends geöffnet, Samstag und Sonntag auch mittags

Mit der Konsolidierung am Standort in der Via Giulio hat die Küche von Francesca Bordonaro eine neue Reife erlangt. Sie verfolgt dabei eine Linie, die Einflüsse jener drei Regionen einfließen und verschmelzen lässt, die die Leitsterne des Lokals darstellen (Piemont, Toskana, Sizilien). Neben Polpette di chianina, Cuscus alla livornese und Panzanella heißt es also „Bahn frei" für Testaroli con pesto trapanese mit Venusmuscheln, Panelle mit Sardinen und toskanischem Pecorino, und nicht zu vergessen Agnolotti al Ruché und Stracotto di guancia di fassone all'Arneis. Die Weinkarte (auch für den Verkauf zum Mitnehmen, einige Weine nach natürlichen Methoden gekeltert) wird von Jahr zu Jahr besser und besticht sowohl wegen der Qualität der Etiketten als auch wegen der sehr moderaten Preise.

Enoteca Parlapà

Corso Principe Eugenio, 17
Tel. (+39) 011 / 436 58 99
Ruhetag: Sonntag
Ferien: 1 Woche im Januar, 3 Wochen im August
Geöffnet 9.30–23 Uhr, Montag 10–23 Uhr

Diese Vinothek zählt zu den am besten bestückten in der Stadt und berücksichtigt dabei auf löbliche Weise autochthone Rebsorten und kleine Weinbaubetriebe. Parlapà bietet auch weiterhin wunderbar zubereitete Gerichte sowohl zur Mittagszeit, wenn das Lokal geradezu gestürmt wird, als auch am Abend, wenn es sich lohnt, den Besuch im Saal im oberen Stock auszudehnen. Das Lokal ist nach wie vor eine zuverlässige Adresse für Freunde des sogenannten Quinto quarto (Innereien), mit Gerichten wie Rognone di sanato trifolato (Niere vom Milchkalb) mit Zitrone und Sherry oder Granelle di toro (Stierhoden) und Animelle di sanato al Marsala (Bries). Gut gekocht sind auch die Klassiker der piemontesischen Tradition: Insalata russa, Vitello tonnato nach alter Art, Acciughe al verde und Ravioli di seirass.

La Louche

Via Lombriasco, 4 C
Tel. (+39) 011 / 433 22 10
Ruhetag: Montag, Dienstag, Samstagmittag
Ferien: 2 Wochen im August
Mittags und abends geöffnet

Ein kleines Bistro nach französischer Art, wo es dem jungen Koch Frédéric Zahm gelingt, Kreativität, italienische Zutaten und französischen Akzent unter einen Hut zu bekommen. Zum Einstieg Carne cruda, auch in der Version als Tatar serviert (wirklich ein Gedicht), aber auch zahlreiche Gerichte auf Gemüsebasis, die dem Lauf der Jahreszeiten folgen, darunter Crema di piselli oder Vellutata di zucchine. Im Frühling sollte man sich Agnello in der Version Shepard pie mit Püree und Thymianblüten nicht entgehen lassen. Eine kleine Weinkarte, die vergnüglich zu lesen ist.

Vineria Tre Galli

Via Sant'Agostino, 25
Tel. (+39) 011 / 521 60 27
Ruhetag: Sonntag
Ferien: 2 Wochen im Januar
Geöffnet 18–2 Uhr

Vitello tonnato und Agnolotti mit Bratensauce stammen aus dem praktisch angrenzenden Mutterhaus Tre Galline, einem unverzichtbaren Stück Geschichte der Gastronomieszene des Piemont. Aber die Küche der Vineria, die durch eine Weinkarte von geradezu enzyklopädischem Ausmaß unterstützt wird, führt durchaus auch ein Eigenleben mit Baccalà mantecato, Crema di zucchine mit Zucchiniblüte, gefüllt mit Ricotta, Fegato di vitello in Zwiebelsauce und Parfait di cioccolato mit Birnen. Eine Karte, die eines ausgewachsenen Restaurants würdig ist, aber man bekommt auch Acciughe al verde, Formaggi aus dem Piemont sowie Brot, Butter und Bio-Salami. Das ideale Angebot also, um den Herausforderungen seitens der Weine und der häufigen Veranstaltungen wie der mittlerweile klassischen „Disfida delle bollicine" begegnen zu können. Ein reizender Garten für den Sommer.

Consorzio

Moderne Osteria
Via Monte di Pietà, 23
Tel. (+39) 011 / 276 76 61
Ruhetag: Samstagmittag, Sonntag
Ferien: zeitweise im August
45 Plätze
Preise: 35–40 €
Kreditkarten: CS, MC, Visa; BM
Mittags und abends geöffnet

Diese hübsche Osteria in der Altstadt von Turin wurde 2008 von jungen Leuten eröffnet, die gutes Essen und Wein lieben und mit Seriosität und Geschmack präsentieren. Die hohe Qualität der Gerichte von Andrea und Pietro beruht auf sorgfältig gewählten Zutaten (zahlreiche Slow-Food-Presidi) und deren Zusammenstellung. Zum Einstieg gibt es eine Auswahl von Antipasti, darunter Cruda (13 €) in drei Versionen, exzellenten **gratinierten Tortino di baccalà all'aiolì mit Meringhette all'aceto und Mosto cotto** (10 €) und gute Sardellen-Variationen. Dann folgen neben **Agnolotto gobbo** (13 €) unterschiedliche **Ravioli**, und zwar **alla finanziera**, **alla trippa** und **alle cervella**, ***Plin* di ortiche mit Caprino, Sardellenbutter und Thymian** (13 €) und Risotto alle erbe mit Schnecken aus Cherasco. Für den Hauptgang empfehlen wir **Quinto quarto** (16 €), aber wer keine Innereien mag, kann auch **Brasato di fassone al Ruché** mit saisonalem Gemüse (14 €) oder knuspriges Pollo tonchese wählen. Die Desserts umfassen Panna cotta auf dreierlei Arten (6 €), klassischen *Bonet* oder Crema di mascarpone. Große Auswahl bei den **Formaggi** aus dem Piemont, Frankreich und Großbritannien. Die Weinkarte ist reich an „Exzessen und Reflexionen", wie der Titel verspricht. Sie entspringt profunder Erfahrung und einer akribischen Suche nach Qualität und Innovation, unter Berücksichtigung biologischer und biodynamischer, nach natürlichen Methoden gekelterter Weine. Ein Degustationsmenü mit zwei Antipasti, Primo, Secondo und Dolce für 32 €. Rechtzeitig reservieren, damit Sie sicher einen Platz bekommen.

» *Strenge Auswahl der Zutaten, stetige Überarbeitung von Traditionen und Annahme neuer Herausforderungen. Eine moderne Osteria in Reinkultur.* «

L'Acino

Osteria
Via San Domenico, 2 A
Tel. (+39) 011 / 521 70 77
Ruhetag: Sonntag
Ferien: 2 Wochen im August
40 Plätze + 15 Plätze im Freien
Preise: 30–35 €
Kreditkarten: AE, CS, MC, Visa; BM
Abends geöffnet

Das Acino, eine traditionelle Gaststätte im Gewirr der Gässchen des Quadrilatero Romano, bietet eine von ihrer Schwere befreite regionale Küche, die auf den großen Klassikern des Piemont beruht. Man kann im Inneren essen, wo man in einem spartanischen Ambiente an Tischen mit Papiertischtüchern Platz nimmt, oder im kleinen Garten, der zu den schönsten der Stadt zählt und auf den kleinen Platz der Chiesa di San Domenico blickt. Warme Farben und reichlich Holz schaffen eine angenehme Atmosphäre, ein Eindruck, der sich auch im zwanglosen, direkten, aber stets aufmerksamen Service widerspiegelt. Unter den Antipasti wählten wir ein schmackhaftes Vitello tonnato und Peperoni mit *Bagna caoda* nach alter Art. Die Gewürze zu Carne cruda (8 €) – Salz, Öl und Zitrone – werden separat serviert, um dem Gast eine individuelle Dosierung zu ermöglichen. Bei den Primi dürfen ***Tajarin*** und **Agnolottini dal *plin***, serviert **mit Bratensauce**, Wurstragout oder mit Butter und Salbei, nicht fehlen. Es gibt stets ein weiteres, vegetarisches Pasta-Gericht, zubereitet mit saisonalen Zutaten. Bei uns waren das **Ravioli di robiola mit Minze und Zucchini** (9 €). Der **Stracotto mit Kartoffeln** brilliert unter den Secondi. Beachtenswert sind auch **Stinco** (12 €), eine schmackhafte, saftige Keule, und Lumache (Schnecken) aus Cherasco. Die **Formaggi** verdienen eine spezielle Erwähnung: Die Auswahl ist sorgfältig und gepflegt und reicht von piemontesischen DOP-Produkten über Spezialitäten von Affineuren, mit denen die Wirtsleute ein Vertrauensverhältnis verbindet, bis zu Toma von kleinen Produzenten aus der Langa. Eine umfangreiche Weinkarte, die im Piemont wurzelt, aber auch aus anderen italienischen und französischen Anbaugebieten schöpft.

TORINO

Le Ramin-e

Moderne Osteria
Via Isonzo, 64
Tel. (+39) 011 / 380 40 67
Ruhetag: Samstagmittag, Sonntag
Ferien: zeitweise im August
50 Plätze
Preise: 27–35 €
Alle Kreditkarten; BM
Mittags und abends geöffnet

Die Entscheidung, im Stadtteil San Paolo in Turin ein Lokal zu eröffnen, hat sich für Chefkoch Steven Lazzarini als richtig erwiesen: Das Viertel entwickelte sich zu einem „Dorf" innerhalb der Stadt und das Le Ramin-e mit seiner Gewölbedecke und den roten Ziegelwänden wurde genau die rustikale, gemütliche Osteria, die kaum einer in einer Großstadt erwartet. Die angenehme Küche besitzt einen modernen Touch als Ergebnis der langen Erfahrung, die der Koch im Malan in San Germano Chisone sammeln konnte. Die großen Klassiker der piemontesischen Küche werden in innovativen Versionen präsentiert, zum Beispiel **Bollito freddo** (9,50 €), serviert im Glastöpfchen mit Giardiniera, oder Battuta di fassone, bedeckt mit einem Fenchel-Fächer. Innovativ geht es auch bei den Primi zu: Der Chef nimmt sich die Finanziera vor, befreit sie von ihrer Schwere und macht daraus **Tagliolini con i rognoncini** (Bandnudeln mit Nieren, 8,50 €). Alternativen ohne Überraschungen sind Agnolottini di seirass oder Gnocchi di patate, je nach Saison mit unterschiedlichen Saucen serviert. Unter den Secondi sind **Dodici lumache** (zwölf Schnecken, 13 €) in einer delikaten Sauce aus Butter und Kräutern, Manzo oder Vitello al rosa und Geflügel wie Faraona (Perlhuhn) zu empfehlen. In der Saison bekommen Sie stets **Funghi fritti**, in der Folie serviert. Lassen Sie sich vom Chef bei der Zusammenstellung von **Formaggi** einige weniger bekannte Spezialitäten aus dem Piemont empfehlen, darunter Saras del fen in unterschiedlichen Reifegraden. Als Desserts (6 €) gibt es wunderbaren **Cremino al caffè**, Biancomangiare alle mandorle und Tortino di mele mit Äpfeln aus alten Sorten. Die Weinkarte ist vor allem dem Piemont gewidmet, mit einer guten Auswahl an Weinen, die nicht unter den speziell edlen Tropfen rangieren, wie etwa Freisa und Grignolino.

BUSHALTESTELLE CARLINA

Le Vitel Etonné

Moderne Osteria
Via San Francesco da Paola, 4
Tel. (+39) 011 / 812 46 21
Ruhetag: Sonntagabend, Montag
Ferien: 6.–13. Januar
40 Plätze + 24 Plätze im Freien
Preise: 30–35 €
Alle Kreditkarten; BM
Mittags und abends geöffnet

Die freundschaftliche, entspannte Atmosphäre der kleinen, modernen Osteria unter der Leitung der energischen Luisa ist etwas, auf das Sie mit Sicherheit zählen können. Eine Sicherheit, die auch für die solide Küche gilt. Diese basiert auf traditionellen Rezepten (mit gelungenen Abweichungen), zubereitet mit sorgfältig ausgewählten Zutaten, darunter auch Slow-Food-Presidi. Man sollte wohl mit dem **Vitello tonnato** (10 €) beginnen, nach dem das Lokal benannt ist, aber auch Acciughe mit roter und grüne Sauce, **Tonno di coniglio**, fein gehackte Cruda und Flan di verdure können mithalten. Delikat geht es weiter mit ***Plin*, gefüllt mit Seirass und Kräutern**, *Tajarin* di solo tuorlo alla carbonara monferrina (mit Zucchini) und **Pappardelle al ragù di tre carni** (12 €). Unter den Secondi locken Sottofiletto di fassone und **Bistecca di cinghiale in Kräuterkruste**. Alternativen sind **Galletto mit Ofenkartoffeln** (15 €), Tagliata und Filetto di maiale. Manchmal, insbesondere in der warmen Saison, gibt es Fischgerichte: Wir bekamen *Tajarin* mit Cappesante und Spargel und Ravioli ripieni di rana pescatrice mit Safran. Ein Teller mit piemontesischem Almkäse und gute hausgemachte Desserts: Torta di pere e cioccolato oder Torta di nocciole e mele, Cheesecake und Tarte tatin. Fragen Sie, ob Sie einen Blick in das Kellergewölbe aus dem 19. Jahrhundert werfen können, wo etwa 400 Weine aus dem Piemont und dem übrigen Italien lagern. Es werden auch einige Biere aus kleinen Brauereien angeboten. Reservierung empfohlen, besonders am Wochenende.

Bei Defilippis (Via Lagrange 39) gibt es wunderbare getrocknete, frische oder gefüllte Teigwaren, Fertiggerichte und Süßes, auch vor Ort zu genießen.

TORINO

U-BAHN-STATION MARCONI

Scannabue

Moderne Osteria
Largo Saluzzo, 25 H
Tel. (+39) 011 / 669 66 93
Kein Ruhetag
Keine Ferien
50 Plätze + 35 Plätze im Freien
Preise: 30 €
Kreditkarten: AE, CS, MC, Visa; BM
Abends geöffnet

Das Scannabue liegt in San Salvario, einem neuralgischen Punkt der multiethnischen, quirligen Stadt Turin. Auf dem Platz Largo Saluzzo bietet sich abends ein bewegtes Bild. Die freundliche Osteria mit gepflegtem, pünktlichem Service verfügt über mehrere Räume und einen großzügigen Außenbereich. Gianluigi Desana und Paolo Fantini leiten das Lokal mit großer Leidenschaft und präsentieren Gerichte nach hiesiger Tradition (auch in einem Menü für 30 €) und andere, dem heutigen Geschmack angepasste Speisen, aber ebenfalls mit exzellenten Zutaten aus der Umgebung zubereitet. Alles ist hausgemacht, auch das Brot (aus Bio-Mehl und Mutterhefe). Mittags kann man neben der Karte ein preisgünstiges Tagesgericht mit einem Glas Wein und einem Dessert wählen. Auf der umfangreicheren Abendkarte finden Sie Antipasti wie **Vitello tonnato** oder **Anguilla e uovo poché in carpione mit Insalata russa** (12 €), aber auch Julienne di calamaretti e gamberi nach ligurischer Art. Unter den Primi entdecken Sie ***Tajarin* – auch mit Kaninchenragout** –, **Agnolotti con fonduta di fontina di alpeggio** und Zuppa di cipolle (10 €). Der Hamburger mit Fassone-Rind, **Guancia brasata al Barbera** und mitunter **Finanziera** (16 €) sind einige der Secondi, zu denen sich Fischgerichte wie Polpo del Mediterraneo doppia cottura auf Bohnencreme (17 €) gesellen. Unsere Favoriten unter den guten, schön präsentierten Dolci waren die Schokoladevariation (8 €), Meringata und Babà mit Konditorcreme und Sahne. Die lange Weinkarte mit erlesenen, gut beschriebenen Weinen segelt unter italienischer Flagge.

Bei Anselmo (Via Belfiore 14) gibt es für den Aperitif eine schöne Auswahl an Wermuts kleiner Hersteller (darunter ein hauseigenes Produkt).

TORINO

Sotto la Mole

Restaurant
Via Montebello, 9
Tel. (+39) 011 / 817 93 98
Ruhetag: Montag
Ferien: unterschiedlich
50 Plätze + 20 Plätze im Freien
Preise: 34–40 €
Kreditkarten: CS, MC, Visa; BM
Mittags und abends geöffnet

Das Sotto la Mole kann Hafenatmosphäre bieten oder völlig still sein, wenn Sie für Ihren Besuch einen Abend wählen, an dem die Stadt wegen eines Fußball-WM-Spiels wie ausgestorben ist. Auf jeden Fall werden Sie das angenehme Gefühl haben, dass Ihnen rundherum Aufmerksamkeit geschenkt wird und Sie mit Ratschlägen unterstützt werden, die speziell bei der Wahl der Weine von großem Nutzen sind. Sie können sich für das Degustationsmenü entscheiden (34 €, für mindestens zwei Personen) oder aus der Karte mit fünf oder sechs Vorschlägen pro Gang wählen. Unter den Antipasti verdienen **Galletto alla moda rustica** (12 €), Timballo di carne cruda mit Meerrettichsauce und frischen Frühlingszwiebeln und *Caponet* di ricotta auf Paprikacreme eine spezielle Erwähnung. Bei den Primi spannt sich der Bogen von frischen hausgemachten Teigwaren, darunter die von Hand geformten **Agnolotti** (13,50 €) oder ***Tajarin* con ragù di faraona** (mit Perlhuhn) oder mit gebratenen Paprikaschoten, Zucchini und Sardellen, über Risotti (zum Beispiel mit Safran und Crema di bufala) bis zu Passati di verdura (Gemüsecremesuppen, darunter Crema di fave e piselli mit gegrillter Guanciale und Vellutata di zucca mit Robiola aus Roccaverano). Unter den Secondi probierten wir schmackhafte **Spadellata di granelle e rognone** (Pfannengericht mit Hoden und Nieren) **mit Steinpilzen** (14 €) und **Filetto di maialino in Rubatà-Kruste**, während das Degustationsmenü Rolata di coniglio mit Kartoffeln und Taggiasca-Oliven vorschlug. Jede Menge Früchte unter den Desserts, zum Beispiel Sorbetto di mirtilli und Sfoglia con fragole e panna. Ein gut bestücktes, gepflegtes Sortiment an **Formaggi**, darunter auch Slow-Food-Presidi. In der Weinkarte dominiert das Piemont, aber auch andere Regionen und die wichtigsten ausländischen Anbaugebiete sind vertreten.

TORTONA
Mombisaggio

22 km östlich von Alessandria

Montecarlo

Restaurant
Strada Provinciale per Villaromagnano, 17
Tel. (+39) 01 31 / 88 91 14,
(+39) 340 / 370 90 43
Ruhetag: Dienstag
Ferien: 1.–15. August
70 Plätze + 25 Plätze im Freien
Preise: 35–40 €
Alle Kreditkarten; BM
Mittags und abends geöffnet

Wir befinden uns hier im Ortsteil Mombisaggio in einem grünen Tal, in völliger Ruhe, obwohl das Zentrum von Tortona nur wenige Kilometer entfernt ist. Diese Gegend ist ein bedeutendes Weinanbaugebiet, wo sich in den letzten Jahren der Weintourismus stark entwickelt hat, insbesondere wegen des Aufstiegs des Timorasso, eines Weißweins aus einer autochthonen Traube, der zu einem unerwarteten Höhenflug angesetzt hat und sich immer größerer Beliebtheit unter Kennern erfreut. Pino Cuniolo, der Inhaber dieses Restaurants, hat die Zeichen der Zeit erkannt und punktet mit einer schönen Weinkarte, auf der zahlreiche Etiketten dieses Landstrichs vertreten sind. Auch die Küche legt ihr Hauptaugenmerk auf Tradition und lokale Zutaten (das Gebiet ist unter anderem für seine Wurstspezialitäten – die hier oft in Kombination mit einer Kichererbsen-Polenta serviert werden –, den Montebore-Käse und die kleinen Späterdbeeren aus Tortona bekannt), sie bietet aber ein breit gefächertes Speisenrepertoire, erweitert durch Fischgerichte, die vor allem im Sommer sehr einladend sind, und ein gutes Glas Timorasso. Wenn Sie sich an die Tradition halten wollen, empfehlen wir Ihnen den Antipasto antico piemontese (12 €), **Agnolotti al sugo di stufato** (12 €), Gnocchi di patate mit Stockfischsauce und schwarzen Oliven oder mit Montebore, **Lingua e testina di vitello in grüner Sauce** (14 €) und Stinco di vitello al forno. Für 17 € bekommen Sie, vorzugsweise gegen Vorbestellung, einen **goßen Fritto misto piemontese**. In der entsprechenden Jahreszeit treten **Funghi** porcini, **Tartufi** und Cacciagione (Wild) mit Polenta auf den Plan. Die Abschlussrunde absolviert man mit *Bonet*, Crostate oder anderen hausgemachten Desserts.

57 KM NÖRDLICH VON TURIN, A 5 ODER S.S. 26

Le Miniere

Hotelrestaurant
Piazza Martiri, 4
Tel. (+39) 01 25 / 74 90 05
Ruhetag: Montag, Dienstag, außer im Sommer
Ferien: zeitweise im Januar und Februar
80 Plätze + 100 Plätze im Freien
Preise: 30–33 € (Tagesmenü)
Alle Kreditkarten; BM
Mittags und abends geöffnet

Das Restaurant des Hotels Le Miniere liegt auf dem Platz dieses knapp 300 Einwohner zählenden Dorfs, das lange Zeit wegen des Bergbaus, aber auch als Zentrum des Partisanenwiderstands im Zweiten Weltkrieg bekannt war. Einige Tische auf der Piazza, innen ein großer, hübsch eingerichteter Speisesaal. Geführt wird der Betrieb von der Familie Arsini: Für den Service sind die Frauen zuständig, den Männern obliegen die Küche und das Sammeln der Feldkräuter, die je nach Saison auf der großen Karte auftauchen. Wählen Sie eines der Degustationsmenüs (für 29 oder 33 €, je nachdem, ob Sie einen Gang auslassen oder nicht) oder frei unter den Gerichten der Karte. Die Antipasti wechseln häufig, vielleicht bekommen Sie bei Ihrem Besuch Fiore di zucca, gefüllt mit Steinpilzen, Girello di vitello mit Thunfischsauce oder Terrina di fagianella. Die Primi umfassen **Sgonfiotti mit Borretsch und Ricotta aus Tallorno**, Tagliolini mit Steinpilzen (12 €), Polenta concia mit Toma d'alpeggio, Ravioli mit Castelmagno und Crespelle mit Steinpilzen. Fleisch triumphiert bei den Secondi: **Agnello nostrano sfumato all'Erbaluce** (12 €), Capriolo in *civet* mit Heidelbeeren und Polenta, Punta di vitello al forno, verfeinert mit Zwergthymian (11 €), und Finanziera alla valchiusellese. In der Saison gibt es knusprige **Porcini fritti** mit Knoblauch und Petersilie (11 €). Zum Abschluss ein Streifzug durch das Sortiment an **Formaggi** aus dem Valchiusella oder eines der vielen Desserts. Die Weinkarte bietet eine gute Auswahl an Etiketten dieser Gegend, ihr Horizont reicht aber über die Grenzen der Region hinaus.

In **Alice Superiore** (9 km) in der Via Umberto I 3 werden ausgewählte Tome aus dem Piemont, veredelt von Vinicio Villa, verkauft.

70 KM NORDÖSTLICH V. CUNEO, 7 KM V. ALBA

Risorgimento

Trattoria
Viale Rimembranza, 14
Tel. (+39) 01 73 / 63 81 95
Ruhetag: Montag
Ferien: unterschiedlich
60 Plätze + 20 Plätze im Freien
Preise: 25–30 €
Kreditkarten: CS, MC, Visa; BM
Mittags geöffnet, Freitag–Sonntag auch abends

Die Trattoria Risorgimento, seit vielen Jahren eine Pionierin der Gastronomieszene, gilt auch weiterhin als zuverlässige Adresse in der Bassa Langa (Treiso ist eine der Gemeinden des Barbaresco). Das Lokal ist leicht zu erreichen: Es liegt im Zentrum der Ortschaft, die über große öffentliche Parkplätze verfügt. Man betritt das Lokal über einen Eingangsbereich mit Theke, links davon liegt der weitläufige Speisesaal. In der schönen Jahreszeit steht ein kleiner Garten zur Verfügung. In der Küche wird die Inhaberin, Maria Settima Vola, durch Elisa und Gioele unterstützt, für den Service ist Cinzia zuständig. Die Tradition der Langa, mit Konstanz und in altbewährter Form ausgeführt, prägt die Gerichte: Alles ist einfach, gepflegt und verlässlich. Die Speisenauswahl (die abends üppiger ist) beginnt natürlich mit einer langen Reihe von Antipasti, die Sie einzeln oder – in reduzierten Portionen – als Kombination (15 €) bestellen können: fein gehackte Carne cruda, **Vitello tonnato**, **Insalata russa**, Insalata di coniglio, Acciughe al verde, Baccalà mit Oliven, im Frühling Crespelle di asparagi mit Fonduta (5 €) und im Sommer Carpionata mit Ei, Zucchini und Hähnchen. Die Primi, in großzügigen Mengen serviert, punkten mit ***Tajarin* al ragù**, **Agnolotti dal *plin* in Butter und Salbei**, Lasagnette alle verdure und **Risotto mit Artischocken und Salsiccia** (8 €). Als Secondo bekommen Sie **Filetto al Barbaresco**, Faraona all'Arneis, **Agnello al forno mit Finanziera** (12 €) und gegen Vorbestellung auch einen köstlich duftenden Fritto misto. Die Desserts (4 €) halten sich ebenfalls an die Tradition: *Bonet*, Panna cotta, Torta di nocciole, in der Saison Mousse alle fragole oder Sorbetti di frutta. Als Alternative zum süffigen offenen Wein werden gute Etiketten aus der Langa, dem Roero und dem Monferrat angeboten.

Paolino

Trattoria
Via San Paolo, 12–14
Tel. (+39) 01 61 / 21 47 90
Ruhetag: Dienstag
Ferien: zeitweise im Januar und August
30 Plätze
Preise: 35 €
Alle Kreditkarten; BM
Abends geöffnet, Sonntag auch mittags

In erster Linie dürfen Sie nicht glauben, was an einer Tafel am Eingang steht: „Das einzige, was uns gelingt, ist trinken." Der Wirt Paolino Talarico, der zwischen Küche und Saal pendelt, scherzt gerne. Das Lokal im Zentrum der Stadt ist klein: zwei Gasträume mit Tischen im Stil der Fünfzigerjahre, Regale, schwer beladen mit Flaschen, und eine ungewöhnliche Sammlung von Korkenziehern, die an einer Konsole hängen. Im Sommer kann man den Garten auf einem von Blumentöpfen gesäumten, mit Schmiedeeisen eingefassten Podest nutzen. Die Küche ist typisch piemontesisch, wie das Schild am Eingang ankündigt und wie gleich von den Antipasti (10 €) bestätigt wird: feine Salumi, Crudo di fassone, Vitello tonnato, Insalata di coniglio mit Pinienkernen und Oliven und Millefoglie di lingua mit Robiola und Nüssen. Zu den Primi (10 €) aus hausgemachten Teigwaren – **Agnolotti dal *plin* mit Bratensauce**, Tortellini di ricotta e verdure mit zerlassener Butter – gesellen sich fast immer ein **Risotto** (Vercelli ist die Reis-Hauptstadt), zum Beispiel **mit Robiola aus Roccaverano und Haselnüssen**, und eine **Minestra** (empfehlenswert ist die Version **di trippa e fagioli**, mit Kutteln und Bohnen). Unter den Secondi findet man Klassiker wie Filetto di fassone (16 €) und **Ganascino stracotto mit Püree**, es gibt auch weniger edle, aber überaus schmackhafte Gerichte wie **Rognone trifolato all'aceto** (Nieren in Essig) **mit Polenta** oder **Frittura di cervella** (Hirn). Bezüglich der Nachspeisen rät die Karte: „Fragen Sie einfach nach." Die Tagesdesserts werden mündlich vorgetragen: Panna cotta, *Bonet*, Semifreddo allo zabaione und ein exquisites Gelato alla vaniglia aus eigener Erzeugung. Der Kaffee wird mit hausgemachtem Feingebäck serviert. Im Keller lagern piemontesische Etiketten, auch von kleinen Betrieben.

54 KM NORDÖSTLICH VON CUNEO, 15 KM VON ALBA

Ca' del Re

Ferienbauernhof
Via Umberto, 14
Tel. (+39) 01 72 / 47 02 81
Ruhetag: Dienstag
Ferien: 15. Dezember–15. Februar
40 Plätze + 40 Plätze im Freien
Preise: 24–28 €
Kreditkarten: CS, DC, MC, Visa; BM
Abends geöffnet, Samstag und Sonntag auch mittags

Das Haus des Königs. Mit dem König ist Karl Albert von Savoyen gemeint, dem – mit dem Gut von Pollenzo – das Schloss und die Ländereien von Verduno gehörten. Als das Land in den Besitz der Familie Burlotto kam, schuf diese dort ein Zentrum der Barolo-Erzeugung und ist bis heute im Weinbau und in der Gastronomie tätig. Gabriella Burlotto und Franco Bianco, der aus einer Dynastie von Barbaresco-Produzenten stammt, betreiben den Hof zusammen mit ihren Töchtern Giovanna und Marcella. In dem Landhaus, einst Sitz des Schlossverwalters, werden die Tische in einem schönen Saal mit Kamin und einem enormen modernen Fresko oder im Schatten uralter Bäume, mit Blick auf den Holzschuppen und den Kaninchenstall, zwischen Hortensienbüschen und naschhaften Kätzchen gedeckt. Die gedruckte Karte – eine Rarität in der Langa – spiegelt eine Tradition wider, die niemals ins Banale abgleitet. Als Antipasti (5 €) gibt es Tomini al verde, **Acciughe sotto sale mit Haselnusscreme**, **Lingua in salsa**, im Sommer auch Peperoni in agrodolce, Pomodori ripieni und Melanzane grigliate. Unter den Primi (6 €) sind **Tagliatelle mit Butter und Minze** oder mit Ragout, **Ravioli con fegatini di coniglio** und Gnocchi alla crema di formaggio zu finden. **Bocconcini di vitello al Barolo**, **Arrosto di maiale al Pelaverga**, Coniglio al timo und Quaglia all'Arneis sind einige der Secondi (10 €), die Giovanna zubereitet. Eine Neuheit ist das Panino del re (Spalla di maiale, Senf, Rucola und karamellisierte Zwiebel). Zum Abschluss Käse oder ein klassisches Dessert (4 €): *Bonet*, Panna cotta, Torta di mele und Semifreddo al torrone. In der umfangreichen, niveauvollen Weinkarte stehen natürlich die Produkte aus dem eigenen Betrieb im Mittelpunkt, einige Etiketten werden auch glasweise angeboten. Der Service ist bemüht, die Preise mehr als ehrlich.

47 km nordöstlich von Cuneo, 11 km von Alba

Di Vin Roero

Trattoria mit Übernachtungsmöglichkeit
Piazza San Martino, 5
Tel. (+39) 01 73 / 651 14
Ruhetag: Montag
Ferien: je 1 Woche im Januar und Sommer
50 Plätze + 50 Plätze im Freien
Preise: 20–24 €
Alle Kreditkarten; BM
Abends geöffnet, Samstag und an Feiertagen auch mittags

Am höchstgelegenen Punkt des Dorfes findet man diese reizende, als Familienbetrieb geführte Trattoria. Sie liegt gegenüber der Pfarrkirche in einem Gebäude, das auf den Hauptplatz im historischen Zentrum blickt. Marco Grasso empfängt Sie mit freundlicher, charmanter Spontaneität, die Sie auf der kulinarischen Reise durch alte Zeiten begleitet wird. Auch die Einrichtung mit leichtem Retro-Look, jedoch ohne jeglichen stilistischen Fauxpas, trägt zu der Atmosphäre bei. Das Lokal ist auf zwei Ebenen angeordnet und während der warmen Jahreszeit können Sie auch auf der Terrasse mit Panoramablick Platz nehmen. Die Küche ist das Reich von Rosa Borlengo – Marcos Frau –, die seit einigen Jahren von ihrem Sohn Ivan unterstützt wird. Das Degustationsmenü (24 €) umfasst vier Antipasti, Primo, Secondo, Dolce und Kaffee. Auch die Vorschläge aus der Karte bestätigen das günstige Preis-Leistungs-Verhältnis. Die delikate Carne marinata mit Salz und würzigen Kräutern und die erfrischenden Insalatine mit Toma und saisonalem Gemüse eröffnen den Reigen der Antipasti, gefolgt von **Tortino** (mit Spargel, Zucchini, Lauch …) **mit Fonduta** und im Sommer von einer erstklassigen **Peperone al forno mit Thunfischsauce** (5 €). Unter den Primi entdeckt man ***Tajarin* al sugo di carne** (7 €), **Ravioli dal *plin* mit Butter und Salbei** und Gnocchi al castelmagno oder al raschera. Für den Hauptgang wird Fleisch von exzellenter Qualität in guter Zubereitung angeboten: **Brasato al Barolo**, **Tacchinella al Nebbiolo** (8 €), Rolata di coniglio und **Arrosto di maiale al latte**. Einfache, traditionelle Desserts: *Bonet* und Torta di nocciole. In der Saison und falls verfügbar, können Sie Gerichte mit Tartufi (Trüffeln) und **Funghi** (Pilzen) genießen. Die Weinkarte ist interessant zusammengestellt und nennt äußerst korrekte Preise.

24 km nordw. v. Alessandria, 17 km von Casale

Universo

Restaurant
Via Bergamaschino, 19
Tel. (+39) 01 42 / 93 30 52
Ruhetag: Montag, Dienstag
Ferien: 2 Wochen im August
70 Plätze
Preise: 35 € (Tagesmenü)
Keine Kreditkarten
Abends geöffnet, an Feiertagen auch mittags

Vignale ist ein hübsches Dorf hoch oben in den Hügeln des Monferrat. Das Universo, wenige Schritte vom Hauptplatz entfernt, bietet eine raffinierte, elegante Küche, die sich auf den Spuren der hiesigen Tradition bewegt. Das Lokal hat seinen Sitz in einem historischen Palazzo und besteht aus verschiedenen Räumen und einem prachtvollen Garten, von dem aus man einen wunderbaren Ausblick auf die umliegenden Hügel genießen kann. Maria kümmert sich um den Saal, der junge Marco widmet sich in der Küche mit Leidenschaft und Professionalität der Zubereitung der schmackhaften Gerichte, die in der vom feststehenden Menü diktierten Reihenfolge aus großen Schüsseln serviert werden. Sie finden hier klassische Antipasti wie Battuta di carne cruda vom Fassone-Rind, Vitello tonnato, **Tonno di coniglio** und ungewöhnlichere Vorschläge wie **Galantina di faraona mit schwarzem Trüffel** und Tortino di porri e patate (Quiche mit Lauch und Kartoffeln). Unter den Primi, die je nach Jahreszeit variieren, sind Gnocchi al castelmagno, **Risotto all'Arneis mit Rosmarin**, Tagliolini al tartufo oder al sugo di cacciagione (mit Wildsauce) und **Agnolotti ai tre arrosti** vertreten. Die Hauptspeisen wie auch die Desserts werden von einem Wagen serviert, wodurch man die Möglichkeit hat, unterschiedliche Kostproben zu wählen: Je nach Saison bekommen Sie **Stinco di vitello al forno**, Petto d'anatra al Barbera, Coniglio disossato in casseruola und zur Jagdzeit wunderbare Cacciagione (Wild). **Bavarese alle fragole**, *Bonet*, Pere martin sec, in Grignolino gekocht, sind einige der Süßspeisen, die zum Ausklang der Mahlzeit angeboten werden. Die Weine stammen aus diesem Landstrich, unter spezieller Berücksichtigung des Grignolino, der hier in Vignale unter perfekten Bedingungen wächst.

VILLANOVA MONDOVÌ

22 KM ÖSTLICH VON CUNEO

Cavallo Rosso

Moderne Osteria
Via Orsi, 15
Tel. (+39) 01 74 / 59 76 11
Ruhetag: Montag, Dienstag
Ferien: je 1 Woche im Januar und August
80 Plätze
Preise: 25–28 €
Kreditkarten: AE, CS, MC, Visa; BM
Mittags und abends geöffnet

Wir befinden uns hier im Ellero-Tal, wenige Kilometer von den Skiorten des Monregalese entfernt. Silvio Fenoglio (Küche) und Elisa Massa (Saal) sind jung, haben aber bereits Erfahrung in namhaften Betrieben gesammelt. Sie empfangen die Gäste in den Räumen des ehemaligen Vereinslokals des Arbeiterzirkels (neben dem neuen hängt noch das alte Schild), das sie vor einigen Jahren übernommen haben. Die Küche ist fest in der piemontesischen Tradition verankert, mit Anleihen aus anderen Teilen Italiens. Während der Lektüre der Karte werden gute Salumi angeboten. Bei den Antipasti kann Ihre Wahl auf Prosciutto crudo aus Roccaforte mit Früchten (oder Fruchtgranita), Acciughe sotto sale mit Almbutter (6 €), fein gehackte Carne cruda, **Vitello tonnato** oder in der Saison auf den (vom Namen her) ungewöhnlichen Cappuccino di asparagi fallen. Unter den Primi finden Sie Maltagliati di kamut mit Thymian und Butter, ***Tajarin*** **mit Lammragout**, **Agnolotti al ristretto di stinco**, **Gnocchi al castelmagno** (8 €), Tagliatelle mit Esskastanien und Raschera oder **Maccheroni al ferro**, die **mit** dem **Fleisch** der Sauce **und Ricotta di pecora** (14 €) serviert werden. Dann die Secondi: **Faraona alle nocciole**, Stracotto di vitello all'Arneis, Costolette di agnello scottadito, **Stinco** di maiale mit Honig und Bier oder **Stinco di vitello al Nebbiolo** (10 €). Im Juni probierten wir exzellente **Guanciale di vitello brasato** mit Kirschen. Die Karte umfasst auch einige vegetarische oder vegane Gerichte. Ein reich bestückter Wagen mit **Formaggi** (im Winter, 20 bis 25 Sorten) und Dolci mit echten Klassikern, jedoch in ungewöhnlichen Varianten – ***Bonet*** **alle pesche** (4 €), Panna cotta mit Anis oder mit Lakritze – sowie Cremino al cioccolato fondente und Semifreddo al torroncino. Eine gute, preislich korrekte Weinkarte mit Schwerpunkt in der Langa.

VOLTAGGIO

42 KM SÜDÖSTLICH VON ALESSANDRIA

Visconti

Restaurant mit Übernachtungsmöglichkeit
Via Anfosso, 69
Tel. (+39) 010 / 960 11 39
Ruhetag: Samstagmittag, Sonntagabend
Ferien: je 2 Wochen im Januar und Juli
50 Plätze
Preise: 32–35 €
Alle Kreditkarten; BM
Mittags und abends geöffnet

Es gibt eine Neuigkeit, die jedoch ein Merkmal aus den Anfängen der Geschichte dieses mehr als 100-jährigen Betriebs der Familie Cavo wieder aufgreift: Die angrenzenden Räumlichkeiten wurden restauriert und zu Gästezimmern umfunktioniert (vier Zimmer mit Kochnische), wie das schon zu den Zeiten war, als Fuhrleute auf ihren Fahrten zwischen Piemont und Ligurien hier einkehrten. Die Lage an der Grenze zwischen den beiden Regionen beeinflusste seit jeher die Küche, in der heute Signora Rosalia und ihre Töchter Monica und Cinzia ihre Kochkunst beweisen, wobei ihr Hauptaugenmerk auf der Qualität der Zutaten und der Ausführung liegt. Nach einer wunderbaren Focaccia zur Begrüßung können Sie, wenn alle Gäste am Tisch einverstanden sind, ein Degustationsmenü (32 €) bestellen oder aus der Karte wählen, wobei man kaum umhinkann, mit dem Potpourri an kalten und warmen Antipasti (11 €) zu beginnen: Aufschnitt, fein gehackte Carne cruda, **Torta di riso**, **Verdure ripiene**, Salamino mit Bohnen, Panzerotti al formaggio, Tortino di carciofi oder anderes Gemüse. Unter den Primi finden Sie fast immer **Crêpe al forno**, gefüllt mit saisonalem Gemüse, und häufig **Taglierini mit** Sugo di capriolo (mit Reh) oder **funghi**, **Ravioli** (auf piemontesische Art) oder **Pansotti** (auf ligurische Art) sowie den exzellenten **Risotto al Gavi** (10 €): Wenn Sie unentschlossen sind, bestellen Sie die Dreierkombination (16 €). Das Kapitel der Secondi (12 €) umfasst Tagliata, Battuta oder **Roastbeef di fassone**, Capriolo in umido mit Polenta, **Costine di agnello** und eine interessante Auswahl an Formaggi, serviert mit Honig aus Voltaggio. Zum Abschluss gibt es vorwiegend Cremedesserts wie Panna cotta und Semifreddo al torrone mit heißer Schokolade (5 €). Die Weinkarte enthält interessante Etiketten, die zu moderaten Preisen angeboten werden.

CARTOSIO

50 KM S. V. ALESSANDRIA, 16 KM V. ACQUI TERME, S.S. 334

Cacciatori

Hotelrestaurant
Via Moreno, 30
Tel. (+39) 01 44 / 401 23
Ruhetag: Mittwoch, Donnerstag, außer an Feiertagen
Ferien: 1.–15. Juli, 20. Dezember–20. Januar
35 Plätze
Preise: 40–55 €
Kreditkarten: CS, MC, Visa; BM
Mittags und abends geöffnet

Ein elegantes, minimalistisches Ambiente prägt dieses schöne Restaurant, das schon seit mehr als 90 Jahren besteht und seit seiner Gründung von der Familie Milano geführt wird. Carla und Federica werken in der Küche, wobei die modernen Garmethoden manchmal dem alten Holzofen den Vortritt lassen. Der Service liegt in den Händen von Giancarlo und Massimo. Eine solide, bodenständige Küche, mit sicherer Hand ausgeführt. Sie entspricht der piemontesischen Tradition, durchzogen von Einflüssen aus Ligurien. Die Gerichte, die wir Ihnen wärmstens empfehlen, sind Focaccia, Frittata di erbe, Vitello tonnato, Carne cruda und Giardiniera mit Ventresca di tonno. Unter den Primi finden Sie *Tajarin* mit Tomaten oder Agnolotti. Bei den Hauptspeisen dominiert das Fleisch mit Vorschlägen wie Capretto, im Holzofen gebraten, oder Coniglio mit Oliven und Pinienkernen. Auch die Desserts stehen im Zeichen der Tradition. Die umfangreiche Weinkarte hat ihren Schwerpunkt auf lokalen Produkten.

PRIOCCA

76 KM NORDÖSTLICH VON CUNEO

Il Centro

Restaurant
Via Umberto I, 5
Tel. (+39) 01 73 / 61 61 12
Ruhetag: Dienstag
Ferien: unterschiedlich
55 Plätze
Preise: 50 €
Alle Kreditkarten; BM
Mittags und abends geöffnet

Enrico Cordero und seine Frau Elide halten nun schon seit Jahren die Zügel in dieser historischen piemontesischen Osteria in der Hand, die sich trotz ihres Wachstums im Laufe der Jahre und ihrer Entwicklung zu einem der gefragtesten Restaurants dieser Gegend ihre ursprüngliche Authentizität erhalten konnte. Enrico, ein Wirt mit freundlicher Art, profunden Kenntnissen über Weine und einem Schatz an Anekdoten, macht Ihren Besuch zu einer angenehmen Erfahrung, die Sie nicht so bald vergessen werden. Elide kombiniert in der Küche die Zutaten und verarbeitet sie zu Gerichten von perfekter Harmonie. Das Bravourstück des Lokals und damit der Grund, der viele Gäste seit Jahren hierher nach Priocca lockt, ist der Fritto misto alla piemontese – um diesen zu bekommen, müssen Sie sich jedoch voranmelden und werden dann zurückgerufen –, aber die Küche punktet auch mit ganz einfachen Speisen wie Peperoni mit Sardellen, Agnolotti del *plin* (13 €), *Tajarin* oder Guanciale caramellato mit Feigen und Fegato di coniglio. Bezüglich der Weine vertrauen Sie auf Enricos Ratschläge, dann liegen Sie sicher richtig.

ROCCHETTA TANARO

15 km südöstlich von Asti, S.R. 10

I Bologna

Restaurant mit Übernachtungsmöglichkeit
Via Sardi, 4
Tel. (+39) 01 41 / 64 46 00
Ruhetag: Dienstag
Ferien: 4 Wochen im Januar/Februar
60 Plätze + 20 Plätze im Freien
Preise: 45 € (Tagesmenü)
Alle Kreditkarten außer AE; BM
Mittags und abends geöffnet

Das Restaurant I Bologna bewahrt auch weiterhin die Merkmale einer großen Osteria im piemontesischen Stil: eine heimelige Atmosphäre, von Hand gefertigte Teigwaren und eine beeindruckende Weinkarte. Die von Mariuccia zubereiteten Speisen wechseln täglich und gegen Vorbestellung bekommen Sie die typischen Spezialitäten der piemontesischen Küche: *Bagna caoda*, Bollito, Fritto misto und Finanziera. Unter den Spezialitäten des Hauses finden Sie Vitello tonnato, Agnolotti, Tagliolini, Gnocchi, Stracotto und Coniglio arrosto. Es gibt keine Karte, sondern nur ein Degustationsmenü, das täglich wechselt und zum Preis von 45 € zwei Antipasti, Primo, Secondo und Dolci vorsieht. Im Sommer steht den Gästen ein angenehmer Garten zur Verfügung, in dem man ein wenig Abkühlung findet.

SALUZZO

33 km nordwestlich von Cuneo

I Baloss di Poggio Radicati

Restaurant
Via San Bernardino, 19
Tel. (+39) 01 75 / 24 82 92
Ruhetag: Sonntagabend, Montagmittag
Ferien: unterschiedlich
80 Plätze
Preise: 45 €
Alle Kreditkarten; BM
Mittags und abends geöffnet

Das I Baloss di Poggio Radicati ist ein prachtvolles Relais auf dem Hügel von Saluzzo. In der einstigen herrschaftlichen Villa sind heute luxuriöse Zimmer, ein Schwimmbad und ein Restaurant untergebracht, das maßvolle Überarbeitungen von Gerichten nach piemontesischer Tradition vorschlägt. Der kompetente Germano Morina, in dessen Händen der Service liegt, begleitet Sie bei der Wahl der Gerichte, die der junge Koch Davide Testa zubereitet: Spuma di coniglio mit Lakritze und Rosmarin, Testina di vitello in lauwarmem Carpione aus Gemüse, die klassischen Agnolotti ai tre arrosti mit dunklem Fond (11 €), Tagliatelle aus frischer Pasta mit Seppioline (kleinen Tintenfischen) auf Sauce mit Grissini rubatà oder der überragende Risotto mit kandiertem Peperoncino und hundertprozentiger Domori-Schokolade. Bei den Hauptspeisen spannt sich der Bogen von Suprema di faraona mit Venusmuscheln und Salsa anisette (20 €) bis zu Rognone al tegame in umido (geschmorte Nieren) mit Kapern und Sardellen. Zwei Degustationsmenüs (für 44 und 35 €) und ein Kindermenü für 12 €. Die umfangreiche Weinkarte beinhaltet auch eine schöne Auswahl an Champagner.

TROFARELLO - Valle Sauglio

14 KM SÜDÖSTLICH VON TURIN

La Valle

Restaurant
Via Umberto I, 25
Tel. (+39) 011 / 649 92 38
Ruhetag: Mittwoch
Ferien: je 1 Woche im Januar und August
30 Plätze
Preise: 50–60 €
Alle Kreditkarten; BM
Mittags und abends geöffnet

Von der Dorf-Bar zu einem eleganten Restaurant mit jungem Team und einem erfahrenen Chefkoch (Gabriele Torretto), der in der Küche Regie führt und bevorzugt auf gebiets- und jahreszeitentreue Produkte setzt, mit besonderem Augenmerk auf wild wachsende Kräuter. Die Gerichte auf der Karte sind schlichte Überarbeitungen von Klassikern der piemontesischen Tradition. Unter den Antipasti – es gibt eine Kombination mit vier Kostproben für 30 € – finden Sie Fassone, fein gehackt (15 €), Vitello tonnato mit Salsa all'antica und eine Auswahl an feinen Salumi. Die Primi (15 €) umfassen Agnolotti gobbi, in einem Leinentuch serviert, *Tajarin* mit Paprikaschoten aus Carmagnola oder *Plin* mit Garnelen und Kichererbsen. Die Secondi umfassen traditionelle Spezialitäten wie Agnello mit Sternanis (25 €), Milanese torinese (25 €), Petto di faraona, gefüllt mit Aprikosen und Pfirsichen, neben ungewöhnlichen Speisen wie Hotdog vom Hummer, wie man ihn in Maine bekommt. Klassische, jedoch überarbeitete Dolci wie das Tiramisù alleggerito in einer leichten Variante oder Crostatina ai frutti di bosco als Cremedessert und Sorbetto di fragole. Sehr gute Weinkarte.

VERDUNO

54 KM NORDÖSTLICH VON CUNEO, 15 KM VON ALBA

Real Castello

NEU

Restaurant
Via Umberto I, 9
Tel. (+39) 01 72 / 47 01 25
Ruhetag: Mittwoch
Ferien: je 1 Woche im Januar und August
30 Plätze
Preise: 50–60 €
Alle Kreditkarten; BM
Mittags und abends geöffnet

Ein Schloss und ein eigenes Schlossgespenst. Das Gespenst eines Kindes aus dem Haus Savoyen, das ab und zu auftaucht, sich jedoch stets freundlich und nie erschreckend gibt. Ein kleiner Weg hinauf zum Eingang und ein ruhiger, professioneller Empfang. Und wenn Sie in der warmen Jahreszeit hierherkommen, dann erwartet Sie ein wunderschöner Garten, so dass man gar nicht umhin kann, seine Wiederkehr zu versprechen. Die Familie Burlotto produziert einige der Weine, die Sie auf der Karte finden, und vertraut die Arbeit in der Küche der Kompetenz der Jugend an: Alessandra Buglioni aus Monale schlägt Gerichte vor, bei denen die Tradition und die Zutaten dieses Landstrich in perfekter Harmonie zum modernen Charakter der Zubereitungsmethoden und des Stils stehen. Wenn Sie gerne Fegatini (Hühnerleber) essen, dann wählen Sie Minestra da *bate 'l gran*, eines der Bravourstücke des Lokals. Unter den Klassikern finden Sie auch *Giura*, ein Gericht auf Rindfleischbasis, aber seien Sie auch offen für weniger klassische Vorschläge und vertrauen Sie auf das außergewöhnliche Geschick der Köchin bei Gemüse: frittiert, gegrillt, im Ofen gebraten oder roh, als Auflauf oder als Minestra, es wird stets hervorragend sein. Auch die Desserts können mithalten, inklusive Sorbets.

VERNANTE

23 km südlich von Cuneo, S.S. 20

Nazionale

Hotelrestaurant
Via Cavour, 60
Tel. (+39) 01 71 / 92 01 81
Ruhetag: Mittwoch, außer in der Hochsaison
Ferien: unterschiedlich
20 Plätze + 20 Plätze im Freien
Preise: 33–45 €
Alle Kreditkarten; BM
Mittags und abends geöffnet

Das Nazionale gilt in dieser Gegend als echte Institution. Seit 1896 wird es von der Familie Macario geführt, die dieses Berghotel an der Grenze zu Frankreich zu einem eleganten Komplex mit einem der besten Restaurants der Gegend gemacht hat. Für die Küche zeichnet Maurizio Macario verantwortlich, der ausgehend von hochwertigen regionalen Produkten immer wieder etwas Neues ausprobiert. Sie können zum Beispiel mit einer Battuta di trota iridea salmonata (Lachsforellen-Tatar) mit Kresse (12 €) oder mit Insalata contadina di trippa (Kuttelsalat), Fonduta di patate affumicate mit Pfifferlingen und Ei in Polenta-Kruste beginnen. Unter den Primi werden Crema di porcini mit Haselnüssen, Ravioli di bietola, Lingua di vitella scottata mit Salsa di genepì (12,50 €) oder Gnocchi soffiati auf Castelmagno-Sauce genannt. Coniglio grigio (das graue Kaninchen) in eigener Sauce mit kurz angebratener Wassermelone oder die wunderbare Faraona, doppelt gegart, mit Auberginen (15 €) sind die Secondi auf Fleischbasis. Als Alternative gibt es Salmerino mit Pfifferlingen und roten Johannisbeeren (14,50 €) oder eine Auswahl an Formaggi. Gute Dolci, zum Beispiel Cremino mit Schokolade in sieben Konsistenzstufen (10 €). Es gibt zwei Degustationsmenüs für 33 und 38 €. Die umfangreiche Weinkarte listet mehr als 350 Etiketten auf.

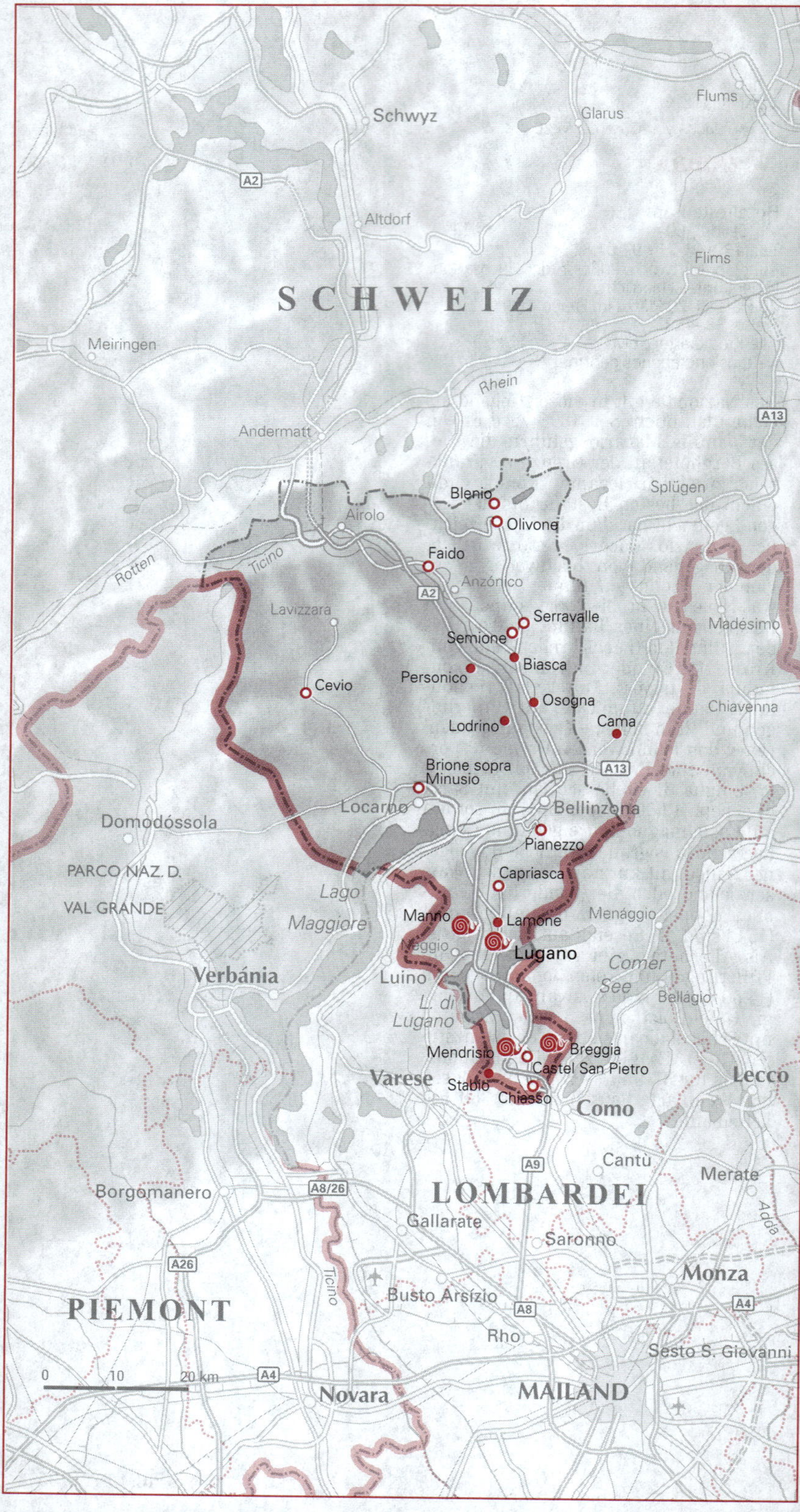

Schwyz
Glarus
Flums
A2
Altdorf
Flims
SCHWEIZ
Meiringen
Rhein
A13
Andermatt
Splügen
Blenio
Airolo
Olivone
Faido
Rotten
Ticino
Anzónico
A2
Lavizzara
Serravalle
Semione
Madésimo
Biasca
Personico
Cevio
Osogna
Chiavenna
Cama
Lodrino
Brione sopra Minusio
A13
Locarno
Bellinzona
Domodóssola
Pianezzo
PARCO NAZ. D. VAL GRANDE
Lago Maggiore
Capriasca
Manno
Lamone
Menággio
Lugano
Verbánia
Luino
Comer See
Bellagio
L. di Lugano
Mendrisio
Breggia
Castel San Pietro
Varese
Stabio
Chiasso
Lecco
Como
A9
Cantù
Merate
Borgomanero
A8/26
LOMBARDEI
Adda
Gallarate
Saronno
A26
Ticino
Monza
Busto Arsízio
A8
A4
PIEMONT
Rho
Sesto S. Giovanni
0
10
20 km
A4
Novara
MAILAND

TESSIN

Schokolade und Käse: Auf diesen Leitmotiven beruht der gastronomische Ruf der Schweiz. Wahrgenommen wird die Küche dieses Landes jedoch eher wegen der von launigen Starköchen interpretierten sogenannten internationalen Gerichte als für echte Traditionsspeisen. Die Schweiz ist das wohl heterogenste Land Europas, gliedert sie sich doch in Gebiete, die in puncto Sitten und Bräuche den jeweils benachbarten Nationen verpflichtet sind.
Das Tessin, das größtenteils südlich des Alpenbogens liegt, zwischen Bedretto-Tal und Lago Maggiore, wird in der Kantonsverfassung definiert als „demokratische Republik italienischer Kultur und Sprache", bewohnt von einem Volk „der historischen Verpflichtung getreu, in der Schweizerischen Eidgenossenschaft die italienische Kultur zu vertreten". Eine Kultur, die kulinarisch betrachtet vor allem lombardische Küche bedeutet, jedoch einige Besonderheiten aufweist, als Folge von seit Jahrhunderten andauernden Wechselwirkungen (seit je Schmelztiegel, ist die Schweiz auch in der heutigen Zeit ein Einwanderungsland und ein Land des politischen Exils).
Von mitteleuropäischem Einfluss zeugen etwa die zur Fleischkonservierung häufig verwendete Technik des Räucherns und eine im Vergleich zu Italien weniger prägnante Unterscheidung zwischen Primi und Secondi, die in den Speisekarten oft zusammen als Hauptgerichte angeführt sind. So wird der mit Rotwein und Gewürzen zubereitete Brasato vom Rind sowohl als Pastasauce als auch mit Polenta serviert. Letztere hat eine viel längere Tradition als die weit verbreiteten Risotti und wird auch gerne zu Wild gereicht. Ziegenkitz, geschmacklich zwischen Hoftieren (Rind, Schwein, Kaninchen) und Wild (Hase, Wildschwein, Reh, Hirsch), wird meist als Braten zubereitet. Im Ofen garen Forellen und andere Süßwasserfische (Saibling, Flussbarsch, Döbel, Zander), die in Seen, Flüssen und Bächen reichlich vorhanden sind.
Zum Abschluss genießt man Löffeldesserts nach Vorbild der lombardischen Rosumada und der piemontesischen Zabaione, und auch Torta di pane, einen mit Zitronenschale und Grappa aromatisierten Kuchen auf Brotbasis.

Für Sie entdeckt

Brasato di manzo

113 Grotto dell'Ortiga
Manno

115 Canvett
Serravalle – Semione

Capretto arrosto

112 Morchino
Lugano – Pazzallo

113 Antico Grotto Ticino
Mendrisio

Trota al forno

111 Defanti
Faido – Lavorgo

115 Osteria Paudese
Pianezzo – Paudo

Torta di pane

109 Al Grott Café
Brione sopra Minusio

110 La Froda
Cevio – Foroglio

BLENIO
Olivone

40 KM NÖRDLICH V. BELLINZONA, AUSF. A 2 BIASCA

Centrale

Trattoria mit Übernachtungsmöglichkeit
Via alla Chiesa
Tel. (+41) (0)91 / 872 11 07
Ruhetag: Mittwoch, Donnerstag, außer 10. Juli–20. August
Ferien: Juni, Ende November–Weihnachten
50 Plätze + 20 Plätze im Freien
Preise: 55 sFr.
Keine Kreditkarten
Mittags und abends geöffnet

Die Trattoria Centrale genießt schon lange den Zuspruch einer bunt gemischten Klientel. Seit vielen Jahren sorgen Annemarie in der Küche und Tiziano im Service für harmonisches Beisammensein der einheimischen Stammgäste und der zahlreichen Urlauber, die auf der Durchreise sind oder in den hübschen Zimmern des Hauses logieren (für längere Aufenthalte gibt es zudem ein Apartment). Die Speisenauswahl ist umfangreich und gut gegliedert. Neben der Karte, die abends reichhaltiger ist, gibt es drei Menüs, die mittags für 14, 16 und 32 sFr. und abends für 18, 28 und 32 sFr. angeboten werden. Die Gerichte variieren je nach Jahreszeit und Verfügbarkeit der von Bauern, Fleischern, Wurst- und Käsemachern der Talschaft gelieferten Produkte. Von den köstlichen Salumi zum Auftakt ganz exzellent ist die zwölf Monate gereifte **Mortadella di fegato** (16 sFr.). Es folgen **Gnocchi di ricotta**, **Spezzatino di agnello** (vom Lamm aus dem Bleniotal), Cordon bleu di maiale (vom Schwein von der Alp Pertusio), **Stracotto mit Polenta** (das Mehl wird von einer alten Mühle der Gegend bezogen). Als exzeptionell zu bezeichnen sind die ausgesuchten Bergkäseprodukte vom Lukmanierpass und der **Käse**teller mit verschiedenen Hartkäsesorten (8 sFr. pro 100 Gramm). Nicht minder niveauvoll die Dolci: saisonale Obstkuchen, Torta di castagne (4,50 sFr.), spezielle Parfaits auf Basis von Edelbränden (5,50 sFr.). Für den Trinkgenuss ist zum Weinangebot (vor allem Merlot, auch glasweise) unlängst ein Biersortiment von einer Kleinbrauerei aus Faido hinzugekommen.

Die Käserei La Töira auf Nummer 50 der Kantonsstraße auf den Lukmanierpass (5 km) erzeugt und verkauft Butter, Ricotta, Crenga und andere Biokäsesorten.

BREGGIA
Sagno

5 KM NORDÖSTLICH VON CHIASSO

Ul Furmighin

Osteria mit Übernachtungsmöglichkeit
Piazza Garuf
Tel. (+41) (0)91 / 682 01 75, (+41) (0)78 / 778 40 55
Ruhetag: Dienstag
Ferien: Januar, 2.–8. August
55 Plätze + 80 Plätze im Freien
Preise: 50 sFr.
Alle Kreditkarten
Mittags und abends geöffnet

Die Osteria-Locanda an der Einfahrt in den Ort Sagno wird seit vielen Jahren von Anna Biffi geführt. Ihr zur Seite stehen Tochter Giorgia und Sohn Andrea, der als Koch in mehreren Restaurants im Ausland Erfahrung gesammelt hat. Das Menü basiert auf lokalen und saisonalen Produkten: Wurstwaren, Kartoffeln, Bärlauch, Polenta, Schweinefleisch, Wild, Forellen, Käse. Traditionelle Rezepte setzt Andrea mit innovativen Reife- und Garverfahren um. So wird die Schweinehaxe (**Stinco di maiale mit Kartoffel-Lauch-Gratin**, 22 sFr.) eine ganze Nacht im Vakuum gegart. Bei niedriger Temperatur zubereitet ist auch die Füllung der **Ravioli di pancetta mit Sauce und Äpfeln**, und den Collo di maiale (10 sFr.) lässt Andrea drei Monate reifen. Empfehlenswert sind **Polenta** mit Eiern oder Milch oder **mit Brasato di manzo**, ferner **Gnocchi**, in der Bärlauchsaison **con pesto di aglio ursino**, und Minestrone. Auch **Kalbsinnereien** – Bries, Nieren, Hirn – werden angeboten, als Vol-au-Vent oder sautiert (Frattaglie di vitello in padella, 18 sFr.). Im Sommer köstlich ist die vom Küchenchef in Fässern geräucherte Forelle (**Trota affumicata in botte**, 16 sFr.). Dem exorbitanten Sortiment an **Käse** kann man nicht widerstehen: hohe und flache Formaggini, Zincarlin della Valle di Muggio (Slow-Food-Presidio), Formaggelle, Kuh- und Ziegenmilchkäse. Eine Kostprobe ist gleichsam Pflicht, auch auf die Gefahr hin, einen der köstlichen hausgemachten Kuchen zu versäumen, z. B. in den Varianten Apfel-Zimt oder Ricotta-Rhabarber (4,50 sFr.).

”

Lokale Produkte, traditionelle Rezepte, innovative Garverfahren: Die Kreationen von Andrea Biffi sind ein Fest für den Gaumen. Mutter und Schwester sorgen für herzliche Gastlichkeit.

“

BRIONE SOPRA MINUSIO
Val Resa

5 KM NORDÖSTLICH VON LOCARNO

Al Grott Café

Traditionelle Osteria
Val Resa
Tel. (+41) (0)91 / 730 11 32,
(+41) (0)79 / 329 42 58
Ruhetag: Montag, Dienstag
Ferien: November–Mai
30 Plätze + 40 Plätze im Freien
Preise: 55 sFr.
Keine Kreditkarten
Mittags und abends geöffnet

Ein wunderschöner Ort weit hinten im Resatal, dort wo die Straße endet. Leicht zu finden ist das Lokal nicht, aber die neue Website gibt brauchbare Tipps. Angelo und Cinzia Capella haben einen alten Stall renoviert und zu einem der seltenen echten Grotti im Umland von Locarno gemacht. Hier kann man auch außerhalb der Hauptmahlzeiten essen, da die Küche von 12 bis 22 Uhr durchgehend in Betrieb ist. In Anbetracht dessen, dass Kaminfeuer, Holzofen und Solarpaneele die einzigen Energiequellen des (nicht an das Stromnetz angeschlossenen) Hauses sind, ist das Angebot beachtlich. Die **Grigliata mista di maiale** (gemischtes Schweinefleisch vom Grill, 29 sFr.) ist von hoher Qualität, ebenso das Kaninchen (**Coniglio alla cacciatora**, 25 sFr.) und der Rinderbraten – **Brasato di manzo** – **mit Polenta**. Bemerkenswert die Fondue-Varianten mit Käse aus dem Tessin. Im Herbst werden auch aufwendigere Traditionsgerichte gekocht: *Cazzoeûla* (20 sFr.), Gämse in Form von Camoscio in salmì, Bollito misto. Als Vorspeise oder Imbiss zu empfehlen ist die *Taiada*, bestehend aus einheimischen Wurstspezialitäten, Trockenfleisch, hausgemachten Terrinen, Kuh- und Ziegenmilchkäse von der Alm. Von den Dolci nicht versäumen sollte man die im Holzofen gebackene **Torta di pane** (6 sFr.). Sehr gut bestückt der Keller: Mit Fachwissen und Leidenschaft hat Angelo die besten Tessiner Merlots zusammengetragen.

In **Locarno** (9 km), Piazza Antonio 1, bietet die Macelleria Feminis Ziegenwurstwaren wie Cicitt und Violini, letztere auch von der Gämse. In **Ascona** (12 km), Via Ferrera 87, befindet sich der Hofladen des landwirtschaftlichen Gutes Terreni alla Maggia: Wein, Gemüse, Eier, Geflügel, Konfitüren, Reis, Pasta.

CAPRIASCA
Roveredo

10 KM NÖRDLICH VON LUGANO

Locanda del Giglio

Restaurant mit Übernachtungsmöglichkeit
Roveredo
Tel. (+41) (0)91 / 930 09 33
Ruhetag: Montag, Dienstagmittag
Ferien: Januar, Februar
50 Plätze + 30 Plätze im Freien
Preise: 55 sFr.
Alle Kreditkarten
Mittags und abends geöffnet

In die Locanda von Mina und Fausto, von der man eine herrliche Aussicht auf den höher gelegenen Teil von Capriasca und die Bucht von Lugano hat, kehrt man immer wieder gerne ein. Der Weg dorthin beginnt im Dorf Roveredo oder auf dem Parkplatz, von dem ein kurzer Fußweg über eine Treppe hinauf zum Garten mit Pool führt. Das Restaurant ist bekannt für die Qualität der Küche und die kulinarischen und musikalischen Themenabende. Das Speisenangebot ist an die Jahreszeiten, an Qualitätsprodukte und an traditionelle Tessiner Rezepte gebunden, überzeugt aber auch mit interessanten Exkursen in andere Regionen. Die Lieferanten des Hauses sind fast ausnahmslos lokale Erzeuger und Biobauern. Immer auf der Karte präsent sind **Salumi**, **Polenta** aus steingemahlenem Biomehl (Mais und Buchweizen) als Beilage zu **Brasato** sowie Kartoffelgnocchi (in der Bärlauchsaison mit Aglio ursino). Das vorzügliche Vollkornbrot und der Teig für die Erbsen- oder **Kichererbsen-Tagliatelle** (18 sFr.) sind hausgemacht. Dank der Kooperation mit einem Berufsfischer vom Luganersee steht häufig Süßwasserfisch auf dem Speiseplan: Zu empfehlen sind Hecht in Form von **Filetto di lucioperca alla mediterranea** (32 sFr.) oder Coregone (Renke, 28 sFr.). Da das Val Colla ein Tal der Jäger ist, gibt es während der Saison allerlei köstliche **Selvaggina** mit traditionellen Beilagen (Spätzle und Rotkohl, hierorts cabis genannt) nach althergebrachten Rezepten. Aus dem Käserepertoire seien der Zincarlin (Slow Food-Presidio), die Formaggini und Formaggelle aus Rompiago und diverse Alpkäsesorten erwähnt. Zum süßen Schluss: **Apfel-Zimt-Crumble alla farina bóna** (dieses spezielle Mehl ist ebenfalls ein Presidio) (9 sFr.). Im Weinkeller lagern Etiketten von probaten kleinen Erzeugern, zum überwiegenden Teil aus dem Tessin.

CASTEL SAN PIETRO
Monte Generoso - Dosso dell'Ora

12 KM NORDWESTLICH VON CHIASSO

Dosso dell'Ora

Ferienbauernhof
Monte Generoso - Dosso dell'Ora
Tel. (+41) (0)91 / 649 39 80
Ruhetag: Montag–Mittwoch, im Winter Montag–Freitag • Keine Ferien
48 Plätze + 50 Plätze im Freien
Preise: 45 sFr.
Keine Kreditkarten
Abends geöffnet, Samstag und Sonntag auch mittags

NEU

Wir befinden uns in der Ortschaft Dosso dell'Ora auf dem Monte Generoso, der das Muggiotal auf der linken Seite begrenzt. Der Orts- und Lokalname ist schnell erklärt: Dosso bedeutet Kamm, und mit Ora wird jene Brise bezeichnet, die im Sommer von 13 bis 17 Uhr weht. Sie sorgt für angenehme Frische an den großen Massivholztischen auf der Terrasse des Lokals, von der man den Blick weit in Richtung Piemont schweifen lassen kann. Franco und Marina Cereghetti haben vor einigen Jahren ein altes Gehöft renoviert und eine bäuerliche Gaststätte eröffnet. Franco hat sich damit nach langen Arbeitsjahren als Eisenbahner einen Traum erfüllt und ist zu seinen Wurzeln, an die Orte seiner Kindheit zurückgekehrt. Er kümmert sich um die Landwirtschaft und hilft seiner Frau, einer fähigen Köchin, im Gaststättenbetrieb. Die Rezepte sind so streng traditionell, dass noch nicht einmal Olivenöl Eingang gefunden hat. Die Ausgangsprodukte stammen fast zur Gänze aus eigener Erzeugung, die Wurstwaren von vor Ort aufgezogenen Schweinen. Den Auftakt bildet in der Regel ein Teller Aufschnitt (8 sFr.) mit sieben Sorten, darunter **Mortadella di fegato**. Es folgt **Polenta** mit zweierlei Fleisch (26 sFr.), einerseits immer **Brasato** vom Rind, andererseits je nach Jahreszeit und Verfügbarkeit Ziegenkitz, Lamm, Ferkel, **Ossobuco**; wir haben den **Stinco di maiale** probiert und für köstlich befunden. Als kapabler Jäger beschafft Franco im Herbst das Wild für Gerichte wie **Cinghiale** oder Cervo **in salmì**. Gegen Vorbestellung kann man auch *Cazzoeûla* genießen. Nicht zu vergessen die Käseprodukte des Hauses: hohe und flache Formaggini della Valle di Muggio, Formaggi und Formaggelle (8–10 sFr.). Als Dessert mundet ein Stück selbst gebackener Kuchen. Kleine regionale Weinauswahl, hauptsächlich Merlot aus der Gegend um Mendrisio.

CEVIO
Foroglio

25 KM NORDWESTLICH VON LOCARNO

La Froda

Traditionelle Osteria
Foroglio - Valle Bavona
Tel. (+41) (0)91 / 754 11 81,
(+41) (0)79 / 230 94 79
Kein Ruhetag
Ferien: 1. November–31. März
80 Plätze + 60 Plätze im Freien
Preise: 55 sFr.
Kreditkarten: MC, Visa
Mittags und abends geöffnet

Das von Martino und Sara Giovanettina zusammen mit Sohn Niccolò geführte La Froda ist ein Bezugspunkt der Tessiner Küche. Man erreicht das Lokal, indem man von Locarno das Maggiatal bis Bignasco und dann das Bavonatal weit hinauffährt, bis zum spektakulären Wasserfall von Foroglio, der über gut 100 Meter tosend zu Tal stürzt. Vereinzelte Häuser, alle aus Stein, prägen die vorbildlich gepflegte Gegend. Die Osteria ist auch Schriftstellern, Cineasten und anderen Intellektuellen bekannt. Vor allem während des Filmfestivals von Locarno ist hier so manch internationaler Star anzutreffen. Obligatorisches Entree sind die **Salumi della mazza** (23 sFr.): Salami, Mortadella di fegato, Pancetta und Rohschinken, gereift in jahrhundertealten luftigen Kellern. Niccolò ist glücklich, einen solchen entdeckt zu haben, mit dem die Lagerräume erweitert werden konnten. Am Kamin brodelt die aus lokalem Maisgrieß zubereitete Polenta als klassische Beilage zu **Brasato** oder in der Variante **Polenta ai quattro formaggi** (21,50 sFr.). Sonntags gibt es immer ein Fleischgericht, z. B. **Capretto** (30 sFr.) oder **Coniglio arrosto** (27 sFr.). Eine Spezialität sind die **Formaggi**, von denen die Gegend eine große Vielfalt bietet; im Sommer empfehlenswert ist der salzige Frischkäse Mascarpa. Zum Ausklang kann man sich für eine der vielen Versionen der traditionellen **Torta di pane** entscheiden. Die Familie Giovanettina ist auch verlegerisch aktiv und bringt Publikationen über Natur und Tourismus oder (wie unlängst) über die Esskulturgeschichte des Alpenraums heraus.

Punto Verde in **Bignasco** (7 km) ist eine gute Adresse für eingelegte Spezialitäten, Saucen, Käse sowie für regionaltypische Wurstwaren.

CHIASSO

54 KM SÜDLICH VON BELLINZONA, 9 KM VON COMO

L'Uliatt

Moderne Osteria
Via dei Fontana da Sagno, 3
Tel. (+41) (0)91 / 682 70 57
Ruhetag: Samstag, Sonntag
Ferien: 1 Woche im November, Weihnachten, Neujahr, Ostern, 2 Wochen im August
45 Plätze + 25 Plätze im Freien
Preise: 25 sFr.
Alle Kreditkarten
Mittags geöffnet

„Sich Ziele zu setzen und diese durch eigenes Tun zu erreichen, macht jeden Menschen stärker und verantwortungsvoller." Das ist das Credo der Stiftung Diamante, die im Tessin in der Unterstützung und Beschäftigung von Menschen mit Behinderungen seit Jahrzehnten eine Vorreiterrolle einnimmt. Zu den vielen Aktivitäten zählt auch diese im Zentrum von Chiasso gelegene ansprechende Gaststätte, die sich dank Küchenchef Paolo Carugati und seinen Mitarbeitern zu einer Pilgerstätte für Gourmets entwickelt hat. Nur mittags von Montag bis Freitag geöffnet, bietet das Lokal ein Menü zum Festpreis von 25 sFr. für drei Gänge nach Wahl. Die Spezialität des Hauses sind **Risotti**: Jeden Tag wird ein anderer zubereitet und unter den zahlreichen Stammgästen wird heftig diskutiert, welcher denn der beste sei – ob **allo zafferano**, al radicchio, **allo zincarlin**, alla birra, **al Merlot**, alla barba dei frati (Mönchsbart) … Wir haben aber auch köstliche Gnocchi al cacao probiert, wenngleich die Gerichte mit Bärlauch aus dem Mendrisiotto – Crespelle und **Lasagne con l'aglio ursino** – ebenso verlockend sind. Die Secondi entstammen der tessinisch-lombardischen Tradition: Schwein in Form von **Stinco di maiale** oder **Coniglio** (Kaninchen) in Kombination **mit Polenta** aus Maismehl von einer Mühle in Bruzzella im Muggiotal. Im Sommer wird leichtere Kost angeboten. Als Dessert gibt es Waldbeeren, Eisbecher mit Sorten von einer kleinen Manufaktur, hausgemachte Kuchen und eine exquisite Panna cotta, die uns dank Rosannas Lächeln noch besser mundete. Eine Reservierung ist zu empfehlen, um sich nicht nur ein genüssliches kulinarisches Erlebnis zu sichern, sondern auch eine unter dem menschlichen Aspekt sinnreiche Erfahrung zu machen.

FAIDO
Lavorgo

42 KM NORDWESTL. V. BELLINZONA, A 2 AUSF. FAIDO

Defanti

Hotelrestaurant
Nucleo Lavorgo, 7
Tel. (+41) (0)91 / 865 14 34
Ruhetag: Montag
Ferien: Januar, Februar
60 Plätze
Preise: 35–55 sFr.
Alle Kreditkarten
Mittags und abends geöffnet

Die Straße über den Gotthardpass wird „Weg der Völker" genannt. Im kleinen Ort Lavorgo an dieser Verkehrsverbindung besitzt Familie Defanti seit 1903 eine „butega" und nunmehr ein Hotelrestaurant, ein Lebensmittelgeschäft und eine Tankstelle. Trotz der vielen Durchreisenden sind die Gäste des Restaurants mehrheitlich Einheimische. Zu verdanken ist dies Sandra Defanti, die sich mit ihrer Küche, ihren Ideen und Initiativen im ganzen Tessin einen Namen gemacht hat. Die Lieferanten stammen aus der Gegend und sind obendrein Freunde des Hauses, das Menü folgt den Jahreszeiten. Hier kommen Sie in den Genuss von Forellen aus Lavorgo, Rind aus Traversa (ein Seitental), Ziegenkitz aus Chironico, Formaggini aus Ziegenmilch. Sehr erfolgreich sind die Themenabende, die stets zahlreiche Fans aus dem gesamten Kanton anlocken. Doch auch für diese fantasievollen Menüs finden lokale Produkte Verwendung. So verbirgt sich hinter „Pic Nic" ein Salatbehälter mit **Tatar** vom lokalen Rind (für 13 sFr., auch à la carte) mit „falschen Ameisen" (Reiskörner). Von den Primi seien die **Gnocchi di aglio ursino** (13 sFr.) erwähnt, von den Secondi die **Lombatina di agnello in salsa di rafano** (Lammlenden in Meerrettichsauce, 23 sFr.) und die hervorragende Forelle aus Lavorgo in Form von **Trota al forno** (28 sFr.). Da die Leventina eine Jagdgegend ist, wird das Lokal im Herbst zum Ziel von Liebhabern von **Wildspezialitäten**, weshalb in dieser Zeit eine Reservierung ratsam ist. Gesonderte Erwähnung verdient das dreigängige Mittagsmenü (Montag bis Freitag) für 17 sFr. Wir bekamen einen Salat mit Schinken und Blüten, Pizzocheri und das Dessert *de la serva* (ein köstlicher Nachtisch nach alter Tradition). Auch in diesem Fall ist der Service tadellos und Sandra stets bereit, ausführlich jedes einzelne Gericht zu erläutern.

LUGANO
Pregassona

4 KM VOM ZENTRUM

Grotto al Mulino

Traditionelle Osteria
Via Ramello
Tel. (+41) (0)91 / 941 67 01
Ruhetag: Montag–Mittwoch
Ferien: 15. Dezember–15. März
70 Plätze + 80 Plätze im Freien
Preise: 50 sFr.
Alle Kreditkarten
Mittags und abends geöffnet

Es kommt selten vor, dass man in ein Erfolgslokal einkehrt und eine halbe Stunde vor der abendlichen Schließung überaus zuvorkommend und professionell empfangen wird. Der Kellner, der an den Wochenenden Dienst hat, bringt dem Gast viel Sympathie entgegen und erläutert zuvorkommend die Empfehlungen der Küche, die typisch für eine Tessiner Osteria sind. An den Nachbartischen trifft man oft alte Freunde wieder. Die Köchin und die Dame, die den Service überwacht, sind Schwestern. Ihre Familie, die Morandi, sind in Lugano als Betreiber einer berühmten Diskothek bekannt, in der ganze Generationen vergnügliche Abende zugebracht haben. Das Menü ist an die lombardisch-tessinische Tradition gebunden. Abends dominieren **Carni alla griglia** in großen Portionen: Würste, diverse Tranchen vom Rind, **Costine di maiale** (Schweinerippchen), die bei niedriger Temperatur stets frisch gebraten werden (Vorbestellung ratsam). Darüber hinaus bietet die Karte sowohl mittags als auch abends ansprechende Gerichte auf Basis saisonaler Zutaten. Immer im Programm sind Vellutata di verdure (Gemüsecremesuppe, 9 sFr.), Minestrone, marinierter Süßwasserfisch (Pesce del lago in carpione), **Stinco di maiale con patate** (Schweinehaxe mit Kartoffeln, 22 sFr.), **Polenta** aus Maisgrieß als Beilage zu **Trippa in umido** (Kutteln, 16 sFr.) oder **Fegatini di coniglio** (Kaninchenleber, 22 sFr.). Ebenfalls mit Polenta kann man im Frühling Fegatini vom Ziegenkitz und im Herbst Schnecken genießen. Das Gemüse wird täglich frisch von einem Bauern geliefert, der einen Steinwurf vom Lokal entfernt wohnt. Dieser Mann erzeugt zudem den sehr angenehmen, mit einigen Speisen gut harmonierenden Wein (den man hierorts gerne mit Mineralwasser mischt). Auch die Desserts, von der klassischen Crostata bis hin zum Apfelgratin, werden jeden Tag frisch gemacht.

LUGANO
Pazzallo

3 KM VOM ZENTRUM

Morchino

Traditionelle Osteria
Via Carona, 1
Tel. (+41) (0)91 / 994 60 44
Ruhetag: Montag, Samstagmittag
Ferien: 23. Dezember–Ende Februar
40 Plätze + 45 Plätze im Freien
Preise: 55 sFr.
Alle Kreditkarten
Mittags und abends geöffnet

Von Paradiso auf den Monte San Salvatore fahrend, stößt man nach ein paar Kurven auf ein altertümliches Gebäude. Uralte Bäume sorgen an den Tischen im Freien selbst im Hochsommer für angenehme Kühle. Für die Wintermonate und regnerische Tage gibt es einen schönen Gastraum mit Kamin. Empfangen wird man sehr herzlich von den Inhabern und ihren verlässlichen Mitarbeitern. Das Grotto war bereits 1842 im Besitz der Familie Olgiati. Nach einer längeren Schließung hat Pierluigi es im Jahr 2000 wiedereröffnet, inspiriert von vielen denkwürdigen Privatfesten, die hier in den 1990er-Jahren gefeiert wurden. Seine Leidenschaft für die Gastronomie wurde mit großem Erfolg belohnt. Die Gerichte von Chefkoch Ivan wechseln mit den Jahreszeiten, je nach Saison stehen Spargel, Morcheln, **Zicklein** oder **Wild** auf dem Speisezettel. Im Herbst werden dem Kürbis und den Esskastanien ganze Themenmenüs gewidmet. Bei unserem Besuch im Frühling probierten wir eine Frittatina alle spugnole (22 sFr.) und die wunderbare, Kindheitserinnerungen weckende Kombination **Polenta e latte** (10 sFr.). Im Sommer wird vor allem gegrillt. Für den großen Hunger zu empfehlen ist die *Murchinada* (46 sFr.), bestehend aus **Salumi**, **Brasato mit Polenta**, **Coniglio in umido mit Risotto**, **Stinco di maiale mit Kartoffeln**, Dessert, Kaffee. Nicht zu vergessen die **Käse**auswahl: Büscion aus Ziegen- oder Kuhmilch, Alpe und Formaggella aus Nante, Zincarlin. Als Dessert gibt es täglich eine Crostata und die Spezialität des Hauses, Rotolo di castagne.

»
An diesem Ort von seltener Schönheit hat Pierluigi Olgiati das Grotto seiner Familie zu neuem Leben erweckt. Der aufmerksame und herzliche Gastgeber bietet eine stets gepflegte, regionalgetreue Küche.
«

7 KM NW. V. LUGANO, A 2 AUSFAHRT LUGANO NORD

Grotto dell'Ortiga

Traditionelle Osteria
Strada Regina, 35
Tel. (+41) (0)91 / 605 16 13
Ruhetag: Sonntag, Montag
Ferien: Weihnachten–Ende Januar
60 Plätze + 40 Plätze im Freien
Preise: 55 sFr.
Kreditkarten: MC, Visa
Mittags und abends geöffnet

Wir entdecken den Eingang unter Arkaden und betreten einen Hof mit einer prächtigen, von Americano-Trauben umrankten Pergola. Im Inneren erwarten uns drei Räume: einer mit Kamin, ein ehemaliger Heuschober und die frühere *Graa* (Räucherkämmerchen für Esskastanien). Der Service ist gewandt und diskret und Totò liebt es, mit seinen Gästen freundschaftlich zu plaudern. So erfahren wir, dass das Dörrfleisch aus Acquarossa und die Eier von einem Bauernhof stammen, der eine Arbeitsgemeinschaft von Menschen mit Behinderung der Tessiner Stiftung O.T.A.F. ist. Die den Tessiner und lombardischen Traditionen verpflichtete Küche achtet auf die Saisonalität der Produkte und die Professionalität der Erzeuger, darunter einige Biobetriebe. Eingangs zu empfehlen sind neben Rohschinken aus dem Misox und Salami aus dem Bleniotal (9 sFr. pro 100 Gramm) die lauwarm servierte **Insalatina di foiolo** (15 sFr.), der Sformatino di ricotta e verdure, der Lardo mit Esskastanien auf Schmorzwiebeln. In der Saison gibt es Lamm als **Carré di agnello con carciofi** (32 sFr.) und ***Cicitt* di capra mit Lauch und Polenta** (10 sFr.). Die zahlreichen Stammgäste kommen auch wegen der **Risotti** und der **Polenta**, die zu **Brasato**, **Uccelli *scapati*** oder **Stracotto** serviert werden. Drei- und viergängige Menüs für 40 bis 48 sFr. ergänzen die Auswahl. Die Formaggini sind aus dem nahen Torricella, die Formaggelle und Büscion aus Arosio, weitere Käsesorten aus dem Bavona-, Pontirone- und Bedretto-Tal. Das gefragteste Dessert ist die handgerührte Zabaione. Weinkarte mit Etiketten verlässlicher Kleinerzeuger.

»Das unermüdliche Qualitätsstreben von Totò und Barbara macht ihr Lokal zu einem Bezugspunkt im gastronomischen Panorama des Tessins.«

15 KM NORDWESTLICH VON CHIASSO

Antico Grotto Ticino

NEU

Traditionelle Osteria
Via alle Cantine, 20
Tel. (+41) (0)91 / 646 77 97
Ruhetag: Mittwoch
Keine Ferien
70 Plätze + 70 Plätze im Freien
Preise: 55 sFr.
Alle Kreditkarten
Mittags und abends geöffnet

Die Keller von Mendrisio waren ursprünglich privilegierte Orte, an denen Adelsfamilien den Wein bei konstanter Temperatur in Räumen lagerten, die geschaffen wurden, um die unterirdische Luft des Monte Generoso zu nutzen. Entlang der Via alle Cantine, der Kellergasse, gibt es viele private Keller und bekannte Grotti. Wir empfehlen die Osteria von Peter und Odette Raith. Peter, ein gebürtiger Bayer und großer Fan des FC Bayern, hat in den Küchen bekannter europäischer Hotels gearbeitet. Als er vor vielen Jahren ins Tessin kam, verliebte er sich in die lokale Küche. Er kooperiert mit lokalen Erzeugern und bereitet fast jedes Gericht selbst zu. Im gemütlichen Kaminzimmer in der ersten Etage oder im schönen Speisesaal mit Gewölbedecke im Erdgeschoss kann man zum Auftakt **Insalatina di nervetti** (13,50 sFr.), Kaninchenleberpastete oder traditionelle Salumi aus dem Mendrisiotto probieren. Die Spezialität unter den Primi sind die **Risotti** (köstlich die Variante mit Rotwein und Rosmarin, 19,50 sFr.), denen jedoch die Kartoffelgnocchi mit Salbeibutter in nichts nachstehen. Die im Kamin zubereitete **Polenta** begleitet viele Secondi: **Brasato al vino rosso**, **Luganighetta mit Schmorzwiebeln**, Kaninchen alias **Coniglio** aus dem Muggiotal (27,50 sFr.), in der jeweiligen Saison **Capretto** oder **Funghi**. Käseliebhaber werden angesichts der Auswahl begeistert sein: Zincarlin, frische und reife Formaggini aus dem Muggiotal, Formaggelle und Formaggi von der Alp (Bolla, Bedretto, Prato, Cristallina). Wenn man mindestens zu viert ist, kann man sich für das Degustationsmenü (50 sFr.) entscheiden. In der über 150 Etiketten starken Weinkarte finden sich die besten Produzenten des Mendrisiotto, aber auch feine Tropfen aus dem übrigen Tessin und aus Italien.

MENDRISIO
Capolago

12 KM NORDWESTLICH VON CHIASSO

Eguaglianza

NEU

Traditionelle Osteria
Via Municipio, 20
Tel. (+41) (0)91 / 630 56 17
Ruhetag: Samstag, Sonntag
Ferien: 15. Dezember–31. Januar
30 Plätze: + 40 Plätze im Freien
Preise: 55 sFr.
Kreditkarten: CS, DC, MC, Visa
Mittags und abends geöffnet

Wir sind am Ufer des Luganersees, im Kellerviertel und somit in der Kernzone der Grotti. Das Eguaglianza ist ein historisches Lokal, das Alex Hatz vor einigen Jahren renoviert hat, nachdem er es von zwei älteren Schwestern, die hier jahrzehntelang Gäste bewirteten, übernommen hatte. Im Vergleich zu früher, als die Räumlichkeiten auf zwei Ebenen verteilt waren, ist der Saal im Erdgeschoss doppelt so groß, da er im Zuge des Umbaus mit einem angrenzenden Keller verbunden wurde. Das Ambiente ist zudem heller, obwohl die Ziegelgewölbedecke erhalten geblieben ist. Das Grotto war bekannt für Barsch aus dem Luganersee, sprich **Persico del Ceresio al burro**, den auch Alex wieder anbietet (28 sFr.), da er mit lokalen Fischern zusammenarbeitet. Dank dieser Kooperation kann er auch andere Süßwasserfischgerichte zubereiten, etwa **Filetto di coregone** (24 sFr.). Von den Fleischgerichten überzeugt das **Capretto al forno**. Alex ist übrigens kein unbeschriebenes Blatt, sondern war zuvor drei Jahrzehnte lang Wirt des Grotto della Salute in Massagno. Von dort hat er einige seiner Spezialitäten wie **Gnocchetti al bitto** (18 sFr.) oder Tagliatelle alle chantrelles (Pfifferlinge) mitgebracht; Pasta und Gnocchi sind hausgemacht. Mittags besteht die Möglichkeit, ein zweigängiges Menü für 22 sFr. zu bestellen. Als Nachtisch gibt es Käse, teilweise lokaler Herkunft, und hausgemachte Dolci: einige Sorten Eis, Kuchen, Spuma di yogurt (7 sFr.). Gute Auswahl an Wein aus dem Tessin und aus Italien.

Il Magnifico Borgo an der Piazza del Ponte verkauft den bekannten Zincarlin della Valle di Muggio (Slow-Food-Presidio) und andere Produkte wie Formaggini, Bergkäse, Honig und spezielle Mehlsorten.

MENDRISIO
Salorino

6 KM NORDWESTLICH VON CHIASSO

Grotto del Giuvan

Osteria mit Übernachtungsmöglichkeit
Via Stradone, 19
Tel. (+41) (0)91 / 646 11 61
Ruhetag: Montag, Dienstag
Ferien: Januar, 1 Woche im Juni
40 Plätze + 40 Plätze im Freien
Preise: 50 sFr.
Keine Kreditkarten
Abends geöffnet, Samstag und Sonntag auch mittags

Auf dem Weg von Mendrisio Richtung Monte Generoso kommt man in das Dorf Salorino und zu diesem historischen Lokal, das von Serena und Fabio seit Jahren mit verdientem Erfolg geführt wird. Die stets gepflegte Küche achtet auf die Jahreszeiten und die Qualität der Produkte, deren Lieferanten im Sinne größtmöglicher Transparenz in der Karte angeführt sind: Sie alle sind aus dem Tessin oder aus angrenzenden Gegenden der Lombardei (Letzteres gilt teilweise für Fleisch und für Spargel aus Cantello, dem Heimatort der Besitzer). Die monatlich wechselnde Karte beginnt mit vorzüglichem Aufschnitt von Erzeugern aus Castel San Pietro, u. a. Carne secca mit Bergkäsesplittern, und anderen appetitlichen Antipasti wie **Insalata di trippa e fagioli** (16 sFr.). Im Keller gegenüber dem Grotto reift der Zincarlin da la Val da Mücc (Slow-Food-Presidio): Eine Kostprobe vom **Risotto allo zincarlin** (15 sFr.) ist deshalb fast Pflicht. Die Alternativen: Ravioli (im Sommer auch mit Fisch aus dem See), Gnocchi oder eine Suppe, z. B. **Zuppa di ortiche con riso venere** (13 sFr.) oder traditionelle ***Büseca***. Herausragend die Secondi: **Maialino al forno**, **Ganassino di manzo brasato mit Polenta** (28 sFr.), Fiocco di vitello vom Grill. Vorzüglich die beiden **Käse**teller, der eine mit Tessiner Bergkäsesorten (21 sFr.), der andere mit Spezialitäten vom Monte Generoso (18 sFr.), darunter natürlich Zincarlin. Hausgemacht und köstlich die Desserts, u. a. **Panna cotta alla farina bóna** (Slow-Food-Presidio) oder mit Lavendel (9 sFr.).

»*Die herzliche Gastlichkeit von Serena und Fabio, ihre Bereitwilligkeit, mit der die Speisen erklärt werden sowie der sorgsame Umgang mit lokalen Produkten bescheren der Osteria ein exzellentes Urteil.*«

PIANEZZO
Paudo

10 KM SÖ. V. BELLINZONA, A 2 AUSF. BELLINZONA SUD

Osteria Paudese

Osteria mit Übernachtungsmöglichkeit
Paudo
Tel. (+41) (0)91 / 857 14 68
Ruhetag: Montag, Dienstag
Ferien: Mitte Dezember–Ende Februar, letzte Augustwoche
30 Plätze + 40 Plätze im Freien
Preise: 55 sFr.
Kreditkarten: MC, Visa
Abends geöffnet, Sonntag auch mittags

Ein Blick auf das Panorama – unten der Lago Maggiore, ringsherum der Alpenbogen, bei klarem Wetter ist sogar das Monte-Rosa-Massiv zu erkennen – und man versteht, warum dieses kleine Bergdorf für Charly und Mirna zum *Buen Retiro*, zu ihrem Zufluchtsort, geworden ist. Er ist hier gelandet, nachdem er in Küchen renommierter Restaurants in verschiedenen Ländern auf der ganzen Welt gearbeitet hatte. Diese Erfahrungen spiegeln sich im gastronomischen Angebot der Osteria wider, das einfach und nicht besonders umfangreich ist, aber durch innovative Kochtechniken und eine stilvolle Präsentation der Speisen veredelt wird. Alles ist hausgemacht, mit Zutaten, die sich der Patron als leidenschaftlicher Wurstmacher, Fischer und Imker häufig selbst beschafft. In einem der beiden Gasträume, auf der Veranda oder im Garten (ein angenehmer Ort der Entspannung, auch für die Gäste der vier schönen Zimmer des Hauses) können Sie zur Einstimmung Salumi della *mazza* oder **Millefoglie di *büscion*** (Weichkäse in Blätterteig, 7 sFr.) genießen. Als Zwischengericht kocht Charly gerne **Risotti** in den klassischen Versionen der Tessiner und lombardischen Tradition oder in innovativeren Varianten. Ein beliebtes Fleischgericht ist das Geschmorte vom Esel, sprich **Asino in umido mit Polenta**, zu dem sich in der Jagdsaison Wild gesellt: **Hase**, Hirsch oder **Reh** – zubereitet **in salmì** (geschmort) oder **in spezzatino** (Ragout). Falls im Angebot, sollten Sie eine von Charly gefischte Forelle nicht versäumen, die er zumeist als **Trota al forno** (25 sFr.) empfiehlt. Herausragend unter den Desserts ist die **Crostata alla farina bóna** (aus feinem Maisgrieß, Slow-Food-Presidio, 7 sFr.). Die Weinkarte empfiehlt gute Etiketten aus dem Tessin und aus Italien, und zum Ausklang darf es ein Gläschen vom hiesigen Grappa sein.

SERRAVALLE
Semione

30 KM NÖRDLICH V. BELLINZONA, A 2 AUSF. BIASCA

Canvett

Traditionelle Osteria
Cà d'Varenzin, 6
Tel. (+41) (0)91 / 870 21 21,
(+41) (0)78 / 625 48 77
Ruhetag: Dienstagmittag, Mittwoch, im Frühling auch Dienstagabend
Ferien: Juni, Ende November–Weihnachten
30 Plätze + 100 Plätze im Freien
Preise: 55 sFr. • Keine Kreditkarten
Mittags und abends geöffnet

Ungebrochen ist der Erfolg dieser Osteria – ein altes Grotto – und ihrer Köchin, die klare Vorstellungen von einer schlichten, aber gesunden und schmackhaften Küche hat. Alfreda Caprara-Chiecchi kümmert sich auch um die Details: Gemüse aus dem Hausgarten, Eier von eigenen Hühnern. Der Rest wird im Umkreis von ein paar Hundert Metern bei (in der Karte angeführten) Betrieben eingekauft, die fast alle „bio" sind und artgerechte Tierhaltung praktizieren. Bei schönem Wetter speist man auf der Terrasse, ansonsten in einem hübschen Kaminzimmer. Mittags kann man den Tagesteller (15,50 sFr.) bestellen, viele Speisen werden auch in kleinen Portionen angeboten und ein Kindermenü gibt es ebenfalls. Nach einer Kostprobe von den in Duft und Geschmack wirklich speziellen Salumi sollte man die hausgemachten Teigwaren probieren: **Tagliatelle** oder **Gnocchi di patate** (14,50 sFr.) mit köstlichem Rinderschmorfleisch, das in Form von **Manzo brasato** auch als Hauptgericht mit Polenta überzeugt. Nicht minder interessant der **Arrosto tonnato con insalata di patate** (Braten mit Thunfischsauce und Kartoffelsalat, 22,50 sFr.). Im Herbst liefern Jäger der Gegend **Wild**, z. B. für Spezzatino di cervo mit Polenta (24 sFr.). Als Dessert Zabaione, Semifreddo al nocino (7,50 sFr.) oder lauwarmes Schokotörtchen mit Vanilleeis und Himbeercoulis. Gute Tessiner und italienische Weine, idyllisches Ambiente und freundliches Personal, das auf besondere Bedürfnisse wie Nahrungsmittelallergien oder -unverträglichkeiten eingeht. Vom 10. Juli bis 20. August ist das Lokal durchgehend geöffnet.

In **Malvaglia** (7 km), dem Hauptort der Gemeinde Serravalle, führt die Macelleria-Salumeria Cavargna eine große Auswahl an lokalem Fleisch und Würsten, für die Schweine aus dem Bleniotal verarbeitet werden.

Tessiner Grotti

Ein Grotto war ursprünglich ein privater Ort für die Lagerung von Wein, Käse und Fleischwaren in natürlichen Höhlen oder Steingebäuden, die vom Luftzug aus dem Felsinneren profitierten. Vom Treffpunkt unter Freunden, wo man abends oder an Feiertagen die hier lagernden Köstlichkeiten genoss, haben sich einige Grotti mit der Zeit zu Gasthäusern gewandelt.
Da sie aber weiter vornehmlich als Lagerräume dienten und keine ausgestatteten Küchen hatten, beschränkte sich das Angebot auf Wurst und Käse zu einem kleinen Becher Wein. Besonderen Stellenwert unter den Würsten hatte die Mortadella di fegato, während das Milchproduktesortiment je nach Gegend Frischkäse und reife Formaggi umfasste. So mancher Wirt bot am Wochenende auch Minestrone oder Busecca (Kuttelsuppe) an.
Heute sind diese authentischen Grotti immer seltener, aber nach intensiver Suche konnten wir einige entdecken, die die ursprünglichen Merkmale beibehalten haben und an besonders reizvollen Orten gelegen sind.

Luca Cavadini

BIASCA
Pini

Via ai Grotti, 34
Tel. (+41) (0)91 / 862 12 21
20 Plätze + 60 Plätze im Freien
Keine Kreditkarten
Täglich geöffnet Mitte April–Mitte Oktober 12–24 Uhr

Die Grotti von Biasca spielen in der Tessiner Tradition seit jeher eine wichtige Rolle. Im Pini geht man auf Nummer sicher: Granittische, uralte Bäume, einheimischer Wein. Die Wurstwaren sind aus dem Bleniotal, der Käse von den Almen der Region. Die Karte empfiehlt zudem Carpaccio di carne secca, und am Wochenende wird Busecca aufgetischt.

CAMA
Prandi

Cama
Tel. (+41) (0)91 / 830 16 29
Kein Ruhetag
40 Plätze + 80 Plätze im Freien
Keine Kreditkarten
Täglich geöffnet März–Oktober 11–23 Uhr

Das Grotti-Viertel von Cama im Kanton Graubünden wurde dank einer Stiftung komplett saniert. Mit dem Lokal von Gian Paolo Prandi (Spitzname Paulin) hat es eine Adresse, die man sich nicht entgehen lassen sollte. Den berühmten Rohschinken und alle anderen typischen Empfehlungen der Tradition der Grotti genießt man in absolut einzigartiger Atmosphäre, nachdem man sich bei einer schönen Wanderung gesunden Appetit geholt hat.

LAMONE
All'Elvezia

Via Cantonale, 2
Tel. (+41) (0)79 / 831 71 73
40 Plätze + 40 Plätze im Freien
Keine Kreditkarten • Geöffnet täglich außer Dienstag März–November 11–24 Uhr

Dieses historische Grotto in Lamone, nahe Lugano, wurde auf Initiative eines jungen Mannes wiedereröffnet, der in dem schönen luftigen Keller erstklassige einheimische Salumi und Formaggi aus den Alpen reifen lässt. Erwähnenswert sind zudem das Angebot an Fisch (Pesce in carpione), die Kutteln (Busecca) und die immer freitags angebotenen Gnocchi.

LODRINO
Sacchi

Tel. (+41) (0)91 / 863 22 87
80 Plätze im Freien
Keine Kreditkarten
Täglich geöffnet Mai–September 17–24 Uhr, Samstag 15–24 Uhr, Sonntag 14–24 Uhr

Ein Grotto an einem abgelegenen, fast versteckten Ort: Man erkennt es an dem stets vollen Parkplatz als Hinweis auf eine hohe Besucherfrequenz. An den zahlreichen Steintischen, die alle im Freien stehen, wird Traditionskost geboten: Wurstwaren, Käse, Wein vom Fass, mitunter Minestrone oder Busecca. Für Gruppen gibt es gegen Vorbestellung auch Schmorfleisch oder Spezzatino mit Polenta.

OSOGNA

Al Pozzon

Tel. (+41) (0)76 / 221 56 67
60 Plätze im Freien
Keine Kreditkarten
Geöffnet täglich Mai–September 11–24 Uhr, Montag 17–24 Uhr

Von den jungen Erben der Eigentümer wiederöffnet, hat für das Al Pozzon ein neues Leben begonnen. Das Lokal hat nur Plätze im Freien und bietet ausschließlich Wurstwaren, Käse und Busecca. Landschaftlich gesehen liegt das Lokal sehr reizvoll in der Nähe eines Wasserfalls des Nala-Bachs, der als Canyoning-Paradies gilt.

PERSONICO

Val d'Ambra

Tel. (+41) (0)91 / 864 18 29
Ruhetag: Montag (nur April, Mai, September, Oktober)
40 Plätze + 60 Plätze im Freien
Alle Kreditkarten
Geöffnet März–November 11–24 Uhr

In Personico gibt es viele Grotti, doch nur dieses ist für die Öffentlichkeit zugänglich. Geführt wird es von Remo und Nadine: Er kümmert sich um die Reifung von Käse, Wurst und Schinken (dokumentiert durch schöne Fotos), sie bricht die Tradition mit feinem Fondue und Raclette aus ihrem Heimatkanton, dem Wallis.

Abseits der Osterien

STABIO - SAN PIETRO

12 km nordwestlich von Chiasso

Montalbano

Restaurant
Via Montalbano, 34 C
Tel. (+41) (0)91 / 647 12 06
Ruhetag: Samstagmittag, Sonntagabend, Montag
Ferien: je 2 Wochen im Januar und Juli
40 Plätze + 40 Plätze im Freien
Preise: 60–90 sFr. • Alle Kreditkarten
Mittags und abends geöffnet

Sie möchten Trüffel aus dem Tessin probieren? Claudio Croci Torti kann als einer von wenigen Trüffelsuchern, die auch Restaurantbetreiber sind, seinen Gästen verschiedene Gerichte mit diesem köstlichen unter der Erde wachsenden Pilz anbieten. Ein Carnaroli-Reis mit einem Hauch Trüffel vom Monte San Giorgio ist den Besuch des Lokals wert. Darüber hinaus gibt es geräucherten Fisch aus dem Luganersee (Zander, Hecht, Karpfen, Schleie), ProSpecieRara-Gemüse, Spargel aus dem nahen Cantello, Pilze aus den Wäldern des Tessins, Formaggini aus dem Muggiotal. Wenn Ziegenkitz Saison hat, sollte man unbedingt das Capretto aus dem Vallemaggia und die *Cazzoeûla* probieren – das Tessiner „Nationalgericht" par excellence, das sich im Montalbano als wahre Delikatesse erweist. Der Stil dieses sehr eleganten Lokals basiert auf ausgesuchten lokalen Produkten, die in schlichte, aber qualitativ großartige Gerichte verwandelt werden. Die Weinbegleitungen kann man aus der umfangreichen Karte auch glasweise bestellen.

SCHWEIZ
Airolo
St. Moritz
Rotten
Madesimo
Biasca
Chiavenna
Mese
Bellinzona
Locarno
Domodóssola
Sondrio
Sorico
Dosso del Liro
Domaso
Adda
Morbegno
PARCO NAZ. D.
VAL GRANDE
Curiglia con Monteviasco
Lago Maggiore
Dumenza
Menaggio
Lugano
Varenna
Comer See
Lenno
Verbánia
Luino
Bellagio
Mandello d. Lario
Lezzeno
Brinzio
S. Giovanni Bianco
Varese
Proserpio
Lecco
Cantello
Como
Bosisio Parini
Palazzago
Almenno S. Bartolomeo
Perego
Bergamo
Borgomanero
A8/26
Cantu
A9
Merate
Ambivere
Gallarate
Carate Brianza
Saronno
Monza
A26
Busto Arsizio
A8
Cusano Milanino
A52
A51
Pozzo d'Adda
Rho
Sesto S. Giovanni
Truccazzano
A35
A4
Novara
MAILAND
Albairate
A50
Settala
Trescore Cremasco
Gaggiano
A51
Zelo Surigone
Melegnano
Crema
Vercelli
A26/4
Vigevano
Ticino
A1
Lodi
Ripalta Cremasca
Mortara
Pavia
S. Colombano al Lambro
Inverno e Monteleone
A7
Badia Pavese
Portalbera
Barbianello
Casale Monf.
Stradella
Po
S. Damiano al colle
Casteggio
S. Maria d. Versa
Piacenza
Valenza
Voghera
Borgo Priolo
Montecalvo Versiggia
A21
Asti
Alessándria
Fiorenzuola d'Ard
Trebbia
Varzi
PIEMONT
A26/4
Acqui Terme
Novi Ligure
EMILIA
0 10 20 km
A26
A7

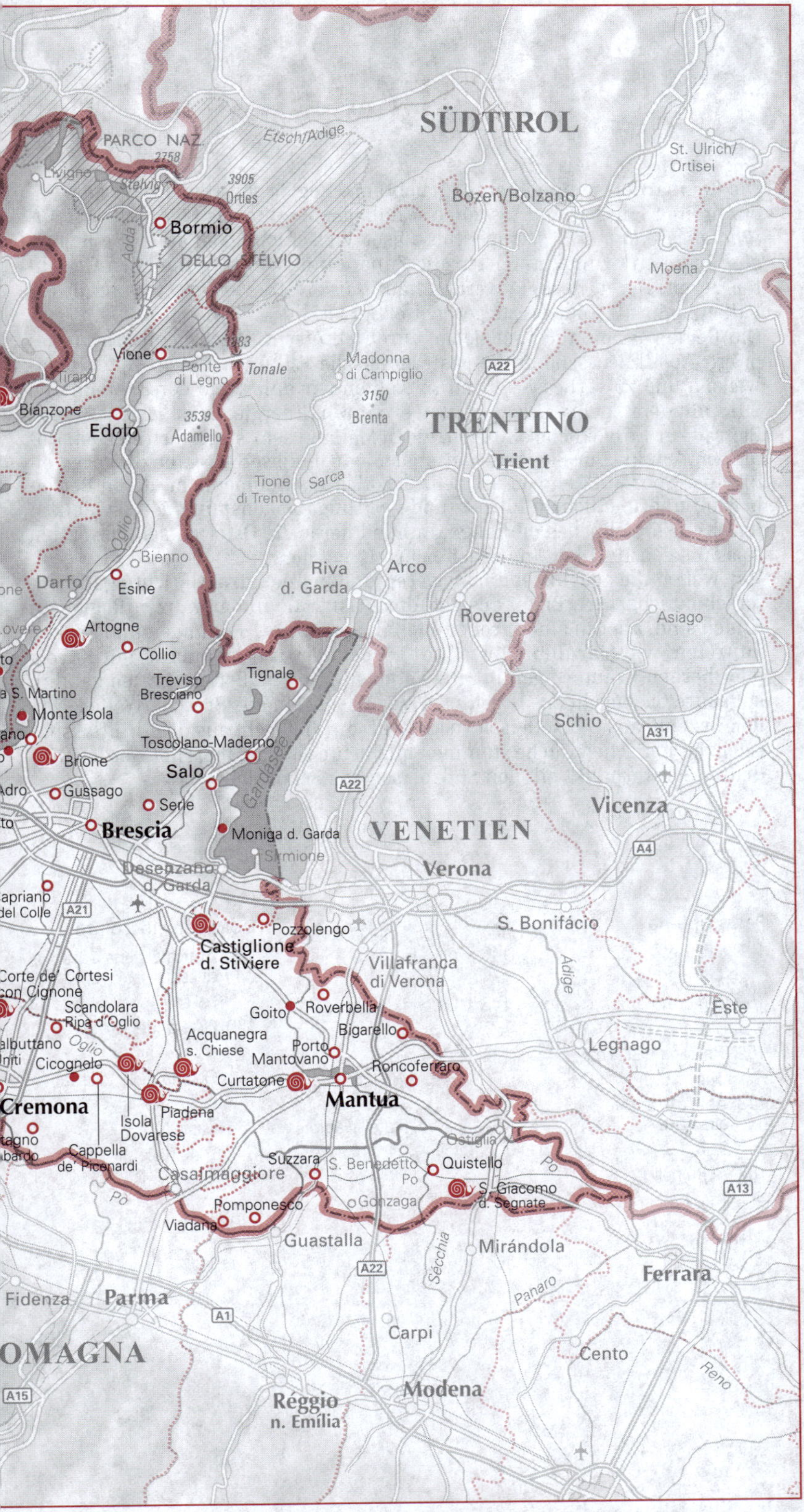
SÜDTIROL
PARCO NAZ.
2758
Etsch/Adige
Livigno
Stelvio
3905
Ortles
St. Ulrich/
Ortisei
Bozen/Bolzano
Bormio
Adda
DELLO STELVIO
Moena
1883
Vione
Tirano
Ponte
di Legno
Tonale
Madonna
di Campiglio
A22
3150
Brenta
Bianzone
Edolo
3539
Adamello
TRENTINO
Trient
Tione
di Trento
Sarca
Oglio
Bienno
Darfo
Esine
Riva
d. Garda
Arco
Rovereto
Asiago
Artogne
Collio
Treviso
Bresciano
Tignale
S. Martino
Monte Isola
Schio
A31
Toscolano-Maderno
Brione
Salo
Gardasee
A22
Adro
Gussago
Serle
Vicenza
Brescia
Moniga d. Garda
VENETIEN
A4
Sirmione
Desenzano
d. Garda
Verona
apriano
del Colle
A21
S. Bonifácio
Pozzolengo
Castiglione
d. Stiviere
Villafranca
di Verona
Adige
Corte de' Cortesi
con Cignone
Scandolara
Ripa d'Oglio
Goito
Roverbella
Este
albuttano
Oglio
Acquanegra
s. Chiese
Bigarello
Porto
Mantovano
Legnago
Cicognolo
Roncoferraro
Curtatone
Mantua
Cremona
Piadena
Isola
Dovarese
Ostiglia
Cappella
de' Picenardi
Suzzara
S. Benedetto
Po
Quistello
Po
Casalmaggiore
S. Giacomo
d. Segnate
A13
Po
Pomponesco
Gonzaga
Viadana
Guastalla
Mirándola
Sécchia
A22
Ferrara
Panaro
Fidenza
Parma
A1
Carpi
OMAGNA
Cento
Reno
A15
Réggio
n. Emília
Modena

LOMBARDEI

Die Lombardei ist eine überaus fruchtbare Region mit Hügeln, Bergen, Seen, breiten Flüssen und tosenden Wildbächen – nur das Meer fehlt (*Si Milano avesse lu meri ...*). Aufgrund dieser Vielschichtigkeit stellt die Region eine Fülle an Grundzutaten für die Zubereitung von traditionellen Gerichten bereit. Deren Rezepte werden häufig innovativ variiert, was in diesen Fällen mehr als andernorts gerechtfertigt ist.
Die Region ist nämlich seit jeher durch ethnische Wechselwirkungen geprägt. Aus ihnen schöpft die gastronomische Kultur, um sich weiterzuentwickeln und zu verbessern. Und so wollten wir anlässlich der Expo Milano 2015 mit dem Thema „Den Planeten ernähren, Energie für das Leben" einen Beitrag zur Ethnoküche einfügen, die in Mailand sehr stark vertreten ist. Unter dem Punkt „Für Sie entdeckt" stellen wir in dieser Ausgabe hingegen einige der Spezialitäten von dreizehn Lokalen ins Rampenlicht, deren Betreiber mit unermüdlichem Einsatz und viel Hingabe konstant die Auswahlkriterien unseres Buches einhalten, anhand derer die Osterien seit der ersten Ausgabe von 1991 kontinuierlich beurteilt werden.
Wir wollen dies gebührend honorieren und nennen drei Gerichte ganz unterschiedlicher Art: Primi aus gefüllter Pasta, die in der ganzen Region zu finden sind, aber in einer großen Vielfalt an Formen, Füllungen und Saucen auftreten, wie Marubini, Tortelli di zucca oder di erbe amare (mit Kürbis oder herben Kräutern gefüllt), Ravioli di stufato (mit Schmorbraten gefüllt), süßsaure Casoncelli aus Bergamo sowie Casoncelli aus Brescia. Weiter werden Rezepte aus Gänsefleisch vorgestellt, die vielleicht aus dem Einflussbereich der jüdischen Küche stammen und heute selten zubereitet werden. Ein dritter Schwerpunkt gilt den Süßspeisen aus Schokolade.

Für Sie entdeckt

Pasta ripiena

122 Le Frise
Artogne (Bs)

150 Tagiura
Mailand

152 Trattoria dell'Alba
Piadena (Cr)

173 Antica Trattoria alle Rose
Salò (Bs)

162 Al Ruinello
Santa Maria della Versa (Pv)

Oca

143 Grand Hotel
Mailand

148 L'Osteria del Treno
Mailand

172 Prato Gaio
Montecalvo Versiggia (Pv)

158 Via Vai Fratelli Fagioli
Ripalta Cremasca (Cr)

Dolci con cioccolato

140 Antica Osteria Casa di Lucia
Lecco

150 Osteria del Crotto
Morbegno (So)

151 Osteria della Villetta
Palazzolo sull'Oglio (Bs)

164 Castello
Serle (Bs)

ACQUANEGRA SUL CHIESE
Ponte sull'Oglio

33 KM WESTLICH VON MANTUA

Al Ponte

Trattoria
Via del Ponte Oglio, 1312
Tel. (+39) 03 76 / 72 71 82
Ruhetag: Montag, Dienstag, außer an Feiertagen
Ferien: 10 Tage im Januar
35 Plätze + 20 Plätze im Freien
Preise: 30 €
Kreditkarten: CS, DC, MC, Visa; BM
Mittags und abends geöffnet

Vanias Trattoria liegt am Mantua zugewandten Ufer des Oglio, der die Grenze zur Provinz Cremona markiert, und besticht weiterhin durch Gastlichkeit und gute Küche. Kunstfertigkeit und Leidenschaft zeichnen die nach Familienrezepten zubereiteten Speisen der Hausherrin aus, die in ein saisonal angepasstes Menü eingebettet sind. Gut ist das Sortiment der Antipasti, das von exzellenter **Frittura di *saltarei*** (mit Flusskrebsen) **e zucchine** (9 €), die man mit den Fingern isst, über delikate Composta di baccalà e patate cotti al vapore bis zu Lingua di vitello (Kalbszunge) reicht, die mit Kalbskopf und Rinderwade auch zu Terrina alle tre carni verarbeitet wird. Hauptdarsteller bei den Primi sind **Tortelli** all'erba di san Pietro, **di zucca al soffritto di pomodoro** (8 €) oder con le prugne; außerdem gibt es traditionsgemäß zubereiteten **Orzo mantecato con rognoncini di vitello** (8 €) und Gnocchetti di patate, zucca e cacao con code di gamberi e crema di porri. Von den Secondi empfehlen wir Oca al forno con polenta, Coppa di maialino da latte, Arrotolato di faraona disossata al forno, **Luccio in salsa** (13 €), Code di gambero con verdure, Frittura di pesce gatto e anguilla und Patate al forno e tarassaco saltato in padella. Lang ist die Liste der Nachspeisen, angefangen von Löffeldesserts bis zu hausgemachten Kuchen. Die gut strukturierte Weinkarte enthält Erzeugnisse aus vielen Regionen Italiens und einige aus dem Ausland, die es teils auch glasweise gibt. Mittags gibt es ein Businessmenü für 15 €, Freitag- und Sonntagabend Degustationsmenüs für 25 € (mit Wein).

»*Vania hütet mit Stolz die alten Familienrezepte und sorgt für die richtigen Zutaten, um Gerichte von einzigartigem Geschmack zuzubereiten.*«

ADRARA SAN MARTINO

34 KM ÖSTLICH VON BERGAMO, A 4 UND S.P. 91

Ai Burattini

NEU

Moderne Osteria
Via Madaschi, 45
Tel. (+39) 035 / 93 34 33,
(+39) 328 / 428 65 81
Ruhetag: Mittwoch
Ferien: 1 Woche im Juni
50 Plätze + 50 Plätze im Freien
Preise: 35–37 €
Kreditkarten: CS, DC, MC, Visa; BM
Mittags und abends geöffnet

Der Weg zum Lokal führt durch ein schönes bogenförmiges Tor und über den Hof des alten Gebäudes. Hier fand jahrelang Marionettentheater statt, das dem von dem jungen Gianmarco Bellini geführten Restaurant seinen Namen gibt. Vom Eingangsbereich mit offener Küche gelangt man in einen kleinen Raum mit schönem Steinkamin. Die Einrichtung ist einfach, geschmackvoll und auf das Wesentliche beschränkt. In einem eigens dazu vorgesehenen Zimmer, das als „Weinkarte" fungiert, lagern schön geordnet Weinflaschen mit Preisschild, insgesamt rund hundert Etiketten. Beeindruckend ist die Begeisterung, mit der Gianmarco das Menü vorschlägt: Torte salate mit einer Selektion an Salumi, Baccalà con olive e pomodorini (11 €) und Battuta con olio e verdure. Als Primi bietet er Trippa in umido, Lasagnette con verdure, **Ravioli con baccalà, burro e pinoli,** Gnocchi di patate tricolori, **Casoncelli alla bergamasca** (9,50 €) und Pasta e fagioli. In der Saison steht Risotto con i porcini freschi (mit frischen Steinpilzen) auf dem Programm. Bei den Secondi kommt Fleisch vom Piemonteser Rind (Slow-Food-Presidio) in schlichten Zubereitungsarten auf den Tisch, wie Tagliata con funghi porcini, **Filetto con crema di taleggio stravecchio** und besonders schmackhafter **Hamburger** (11 €). **Coniglio arrosto,** Bocconcini di cinghiale und Stracotto di asino sind nach Rezepten von Gianmarcos Großeltern zubereitet, die ebenfalls Betreiber einer Osteria waren. Vielfältig sind Dolci von Anna, die aufmerksam und diskret auf die Wünsche der Gäste eingeht. Es besteht die Möglichkeit, ein Degustationsmenü für 11 € (mit einem Gericht, einem Dessert, einem Glas Wein und Kaffee) oder für 18 € (mit zwei Gerichten) zu bestellen.

ADRO
Torbiato

25 KM NORDWESTLICH VON BRESCIA

Dispensa Pani e Vini

Moderne Osteria
Via Principe Umberto, 23
Tel. (+39) 030 / 745 07 57
Ruhetag: Montag, Sonntagabend
Ferien: 1 Woche im Januar
50 Plätze • Preise: 37 €
Kreditkarten: AE, CS, MC, Visa; BM
Mittags und abends geöffnet

Nach einem Mittagessen im Dispensa möchte man sich spontan bei Koch und Patron Vittorio Fusari bedanken, hat man doch sein kreatives Genie bei der Verarbeitung exzellenter Zutaten, nach denen er ständig auf der Suche ist, zu gemäßigten Preisen schmecken dürfen. In diesem Lokal, das als Restaurant, Osteria und Imbissstube für kalte Gerichte und „Kreativ-Panini" dient, entdecken Sie von Mal zu Mal die Köstlichkeit der Gerichte, die im Rhythmus der Jahreszeiten häufig wechseln. Unter den Zutaten, die das große Plus des Lokals ausmachen, sind viele Produkte aus Slow-Food-Presidi; die Fische aus dem See kommen aus einer Fischzucht von sehr hohem Niveau, die **Formaggi** von kleinen Erzeugern aus dem Umland. Battuta di barbina (Fleisch von der Färse) al profumo di limone (12 €), Insalata di patate, **Terrina di tinca** con salsa ai lamponi, Carpaccio di storione con il suo gelato (12 €) und Polenta con salsa di peperoni sind einige der Beispiele der Antipasti. Weiter geht es mit **Risotto** dell'Alleanza **con fatulì e bagòss** (14 €), Trippa, Tortelli alla carbonara di menta, Zuppetta mit Fisch aus dem Iseosee oder Zuppetta di monococco al ragù di cortile und vielen anderen Speisen. Secondi, die Sie nicht versäumen sollten, sind **Manzo all'olio** (14 €), Coregone (Renke) aus dem Iseosee in der Version pane e sale, Oca, Carpaccio di barbina und Fritto di pescato locale e verdure. Abschließend gibt es Panna cotta con sorbetto al limone e salsa alla liquirizia (6 €), **Sbrisolona** und Torta di carote con gelato alle spezie. Interessantes Degustationsmenü für 35 €.

„Die hohe Kompetenz zeigt sich im Respekt für Tradition und Innovation und entfaltet sich in Gerichten, die dem Gebiet ihre Ehre erweisen."

ARTOGNE

51 KM NÖRDLICH VON BRESCIA, S.S. 510 U. S.S. 42

Le Frise

Ferienbauernhof
Ortsteil Rive dei Balti, 12
Tel. (+39) 03 64 / 59 82 98,
(+39) 03 64 / 59 82 85
Ferien: zeitweise im Januar
70 Plätze + 30 Plätze im Freien
Preise: 35–40 € (Tagesmenü)
Keine Kreditkarten
Samstagabend und Sonntagmittag geöffnet,
Donnerstag- und Freitagabend für Gruppen

Dieser Ort ist einen schönen Sonntagsausflug wert. Man vergisst Verkehr und Menschenmassen, entspannt sich in diesem Lokal, das mit dem Holzofen und den Kesseln an den Wänden wie ein Haus aus dem vorigen Jahrhundert wirkt, und lässt sich von der Familie Martini verwöhnen. Zum Le Frise führt eine ansteigende Straße ein kurzes Stück außerhalb von Artogne. Fragen Sie die Einheimischen, denn alle kennen den Ferienbauernhof, den Gualberto, Emma und Luigi mit Hingabe führen; dieselbe Leidenschaft beseelt sie bei der Erzeugung von **Formaggi** aus Ziegenmilch, Eingemachtem, Wurst und bei der Zubereitung der Speisen. Diese sind einfach und gepflegt und folgen fast ausnahmslos den Jahreszeiten. Obst und Gemüse werden im Betrieb angebaut, das Fleisch stammt von den hier gehaltenen Tieren, die Kräuter werden in der Umgebung gesammelt. Das festgelegte Menü besteht aus zwei Antipasti, zwei Primi und zwei Secondi und variiert je nach Angebot der Natur. Ein Beispiel: Im Frühling können Sie nach Ziegenkäse mit Konfitüren, Salumi und **Bruschette al luppolo selvatico** mit **Risotto al fatulì** (Slow-Food-Presidio), Tortelloni ripieni di formaggio, **Malfatti al perùc** (mit Gutem Heinrich) und Casoncelli di segale con ricotta di capra fortfahren und danach zwischen **Capretto al forno** con il suo fegato, Tagliate vom Rind und gutem Fleisch von Hoftieren, auf Stein gegart, wählen. Das Finale bilden Löffeldesserts, Sorbetti di frutta und Crostate. Interessante Weinkarte mit edlen Etiketten aus der Region und anderen Gebieten.

„Le Frise steht für die Sicherheit, perfekt zubereitete bodenständige Produkte neben ungewöhnlichen, aber durchdachten Kombinationen vorzufinden."

BADIA PAVESE

29 KM SÜDÖSTLICH VON PAVIA

Ai Due Taxodi

Ferienbauernhof • Cascina Pezzanchera, 2
Tel. (+39) 03 82 / 72 81 26, (+39) 340 / 558 97 93
Ruhetag: Dienstag
Ferien: ersten 2 Januarwochen, letzte Juli-/erste Augustwoche
40 Plätze + 50 Plätze im Freien
Preise: 27 € (Tagesmenü)
Kreditkarten: CS, DC, MC, Visa; BM
Abends geöffnet, Samstag auch mittags, Sonntag nur mittags

Das Lokal der Familie Capelli, das seit 1989 eine Locanda ist, hat seinen Namen von den beiden Sumpfzypressen, die den Hof zu bewachen scheinen. Seine Eckpfeiler sind unverfälschte Produkte, Einfachheit und Konkretheit im Service. Fleisch (vom Chianinarind), Wurst, Gemüse und Reis kommen aus dem Betrieb, Käse und Wein von lokalen Erzeugern, Süßspeisen und Pasta sind hausgemacht. Das festgelegte Menü besteht aus drei Kostproben als Vorspeise, zwei Primi, zwei Secondi und einem Dessert. Saisontreue ist in Anbetracht der Herkunft der Zutaten beinahe Pflicht; das Speisenangebot wechselt ständig, wird aber auf der Homepage aktualisiert. Hier nun einige Beispiele: eine schöne Ouvertüre mit Salumi, gefolgt von **Cotechino nel pane** und Strudel di ricotta e verdure. Danach exzellente Risotti con luppolo selvatico, ortiche, zucca, cardi und **Ravioli al brasato**, die zu gut zubereiteten Secondi überleiten, wie **Roastbeef** con verdure di campo, Polli und Conigli, **Stinco arrosto** und, gegen Vorbestellung, Wild. Unter den Dolci sind saisonale **Crostate** (mit Kürbis oder Waldbeeren), Gelati und hausgemachte Sorbetti (aus Erdbeeren, Pfirsich, Holunder und Brustbeeren). Das auf einige Flaschen aus San Colombano, dem Oltrepò Pavese und dem Raum Piacenza beschränkte Weinangebot könnte besser sein. Das gemütliche Lokal wartet im Winter mit einem beheizten Kamin und im Sommer mit einem schönen Garten auf. Der sympathische, herzliche Service macht eine Einkehr vor den Toren Mailands zu einem überaus angenehmen Erlebnis.

Im Ortsteil **Cardazzo di Bosnasco** (15 km), Via Mandelli 57, bäckt Eugenio Maga köstliches Brot, darunter Treccia, Pane di zucca und Focacce (exzellent mit Grieben).

BARBIANELLO

20 KM SÜDLICH VON PAVIA, S.S. 35

Da Roberto

Trattoria
Via Barbiano, 21
Tel. (+39) 03 85 / 573 96
Ruhetag: Montag, Dienstag
Ferien: zeitweise im Januar und Juli
30 Plätze
Preise: 18–30 € (Tagesmenü)
Kreditkarten: AE, CS, MC, Visa; BM
Mittags geöffnet, Freitag und Samstag auch abends

Die ruhige Trattoria in einem vorwiegend landwirtschaftlich geprägten Ort im unteren Oltrepò steht seit Jahren unter der Leitung von Roberto und seiner Frau Maria Rosa. Es erwartet Sie ein großer, rustikaler Raum mit schön gedeckten Tischen und Öfen, die ihn an kalten Tagen beheizen. Das Lokal ist Sitz der Confraternità del Cotechino Caldo, die sich für den Schutz von Cotechino und typischen hiesigen Gerichten einsetzt. Man beginnt mit guter Wurst wie Culaccia, dem besten Teil vom Schinken ohne Knochen, ohne Bein und ohne „Fiocco", Salami und Coppa und fährt mit exzellenter, hausgemachter **Insalata russa**, frischem Käse mit nativem Olivenöl extra und Gewürzen, im Frühling mit Frittata con le erbe di campo und in der kalten Jahreszeit mit **Cotechino con fonduta** und Polenta aus Marano-Mais aus der Steinmühle fort. Danach folgen Risotto con asparagi e castelmagno (die Zutaten wechseln je nach Saison und Marktangebot), **Ravioli al brasato**, ein wahres Meisterwerk, und Tagliatelle con ragù di culatello. Bei den Secondi wählt man zwischen auf Stein gegarter Tagliata di carne di fassone piemontese cotta, **Vitello con salsa tonnata**, **Coniglio con erbette** und anderen Hoftieren. Gute **Formaggi** von kleinen Erzeugern wie Formai del mut, Tometta aus dem Staffora-Tal, Blu del Moncenisio und andere Sorten, die mit Kastanienhonig serviert werden. Abschließend warten **Brasadé** mit Moscato aus Volpara, Torta al cioccolato und selbst gemachtes Eis. Zu trinken gibt es Weine lokaler Winzer. Mittags wird ein Touristenmenü für 18 € serviert.

In **Montù Beccaria** (16 km), Ortsteil Moriano 48, gibt es „Solidaritäts"-Konfitüren von Fausto Andi, der mit Unterstützung behinderter Jugendlicher Obst verarbeitet.

Al GiGianca

Trattoria
Via Broseta, 113
Tel. (+39) 035 / 568 49 28
Ruhetag: Sonntagabend, Montag
Ferien: 1 Woche im Januar, 2 Wochen im August
40 Plätze
Preise: 35 €
Kreditkarten: CS, DC, MC, Visa; BM
Mittags und abends geöffnet

Der Speiseraum mit geschmackvoller Einrichtung bietet nur 40 Plätze. Weitere Pluspunkte sind tadelloser Service und Patron Luigis bravouröser Auftritt, wenn er das Menü erläutert. Aus der Küche, dem Reich der jungen Alessia, kommen Traditionsgerichte, die sich durch gute Zutaten, darunter zahlreiche Produkte aus Slow-Food-Presidi, auszeichnen (die Erzeuger sind am Ende der Speisekarte angeführt). Nach den Antipasti – im Winter **Insalatina di coniglio e carciofi** (10 €), Polenta, Salame und Stracchino – wählt man zwischen **Risotto con carciofi e fatulì** (12 €), Gnocchi di zucca con pasta di salame oder klassischen ***Casonsei* alla bergamasca**. Die sehr schmackhaften Secondi umspannen **Stufato d'asino con polenta** (14 €), bei Niedrigtemperatur gegarten Capocollo di maiale und Coniglio alla bergamasca. Wer kein Fleisch mag, greift zu Gerichten mit Süßwasserfisch, beispielsweise Bavette con missoltini als Primo und Fisch aus dem Comer See als Secondo. Am Ende gibt es lokalen Käse mit selbst gemachter Konfitüre aus roten Zwiebeln (Gemüse und Obst kommen zum Großteil aus dem eigenen Garten) oder etwas Süßes wie Salame di cioccolato, Crostata oder Torta di mele (5 €). Die interessante Weinkarte zeichnet sich durch ehrliche Preise aus; als Alternative gibt es Biere aus Kleinbrauereien. Degustationsmenüs sind für 28 und 32 € erhältlich.

Luigi Locatelli (Via Mattioli 15) verkauft Veneziane all'albicocca, eine Süßspeise aus dem Parco dei Colli, Kuchen und Salzgebäck; Ol Formager (Piazza Oberdan 2) bietet ausgesuchten Käse. In der Città Alta (Via Colleoni 26) gibt es bei Mimì Wurst, Wein, Konfitüren und Honig aus Bergamo, außerdem Produkte aus Slow-Food-Presidi und Speisen zum Mitnehmen.

21 KM ÖSTLICH VON SONDRIO, S.S. 38

Altavilla

Trattoria mit Übernachtungsmöglichkeit
Via ai Monti, 46
Tel (+39) 03 42 / 72 03 55
Ruhetag: Montag (außer im August), Dienstagmittag (nur im Winter)
Ferien: Mitte Januar/Anfang Februar
40 Plätze + 30 Plätze im Freien
Preise: 33 €
Kreditkarten: AE, CS, MC; BM
Mittags und abends geöffnet

Eine im Sommer blumengeschmückte Terrasse und etwas altmodische Räumlichkeiten kennzeichnen diese historische Trattoria, die eine Institution im Veltlin darstellt. Anna Bertola führt Sie dank dem Können von Koch Mario Dal Farra und der sorgsam ausgewählten Zutaten durch einen sehr interessanten Wein- und Gastronomieparcours. Die Tradition entfaltet sich bestens bei den gut zubereiteten Vorspeisen: *Sciatt* con cicorino, ***Taroz* con fagottino di sfoglia e salame nostrano** (12 €), Tartara di trota di torrente und Insalata di carciofini con scaglie di grana. Bei den Primi sind ***Pizzocheri* con la cipolla** (nach einem Rezept von Großmutter Lucinda, 8 €) und Zuppa di pane di segale e formaggio d'alpeggio sehr lokal geprägt. Ein beliebtes Hauptgericht ist Spadellata di funghi con polenta di mais (16 €); Alternativen wären Filetto di manzo al casera oder **Guanciale di vitello stufato con polenta**. Aus dem Veltlin können natürlich nur exzellente **Formaggi** kommen, wie vertikal zu verkostender Bitto oder ausgesuchte Ziegenkäse mit Erdbeerkompott. Das Finale bilden hausgemachte Kuchen aus Saisonzutaten neben Cremoso ai due cioccolati und Gelato di vaniglia mantecato al Braulio Riserva (4 €). Das Weinangebot ist mit mehr als 500 Etiketten beachtlich; darunter sind viele und – in Anbetracht der steilen Weingärten – mit Leidenschaft und Heroismus erzeugte lokale Tropfen. Sie stehen neben anderen Produkten auch zum Verkauf bereit. Es gibt drei Degustationsmenüs: zwei mit typischen Speisen aus dem Veltlin für 18 und 25 € und ein saisonales für 35 €.

Das Veltlin in Küche und Keller, das heißt Tradition, Kultur und Liebe zur Umgebung: All das findet in dem lokalen Gastronomiebetrieb seinen Ausdruck.

BIGARELLO
Stradella

15 km nordöstlich von Mantua

Osteria Numero 2

Osteria
Via Ghisiolo, 2 A
Tel. (+39) 03 76 / 450 88,
(+39) 348 / 700 01 76
Ruhetag: Dienstag, Samstagmittag
Ferien: letzte Januarwoche, 2 Wochen im August
40 Plätze + 20 Plätze im Freien
Preise: 30–35 €
Kreditkarten: CS, MC, Visa; BM
Mittags und abends geöffnet

Im Ortsteil Stradella, nicht weit von der Mautstelle Mantova Nord, hat Moreno Sgarbi mit seinem bewährten Team eine schöne, gemütliche Osteria mit Liebe zum Detail, aber ohne unnötigen Firlefanz eröffnet. Die zahlreichen – leeren – Bierflaschen, die hier ausgestellt sind, weisen darauf hin, dass die Osteria Sitz des Circolo del Luppolo ist. Eine schöne Wiese mit einem Spielbereich für Kinder wird oft für Feste und Veranstaltungen genutzt. Das auf traditionellen Spezialitäten aus Mantua aufbauende Menü wechselt mehrmals pro Jahr – je nach Verfügbarkeit der Zutaten, die von bewährten Erzeugern aus dem Umland und von den Bauern auf dem Markt von Mantua stammen (alle Namen sind auf der Karte angeführt). Unter den Antipasti sind Involtini di parmigiana di melanzane, Gnocco fritto mit Wurst und schmackhafte Acciughe con cavolo cappuccio rosso all'arancia (8 €). Weiter geht es mit von Hand erzeugter Pasta wie Maccheroncini al ragù di anatra e carciofi, Risotto morbido al Lambrusco con salsiccia e lardo, appetitlichen **Bigoli alla sardelle** (7,50 €) und klassischen **Tortelli di zucca** in unterschiedlichen Varianten. Als Secondi gibt es Fisch – abhängig vom Fangergebnis – und Fleischgerichte. Exzellent ist klassischer **Luccio in salsa con polenta** (12 €), nicht minder gut sind **Fegato di vitello alle cipolle**, Filetto di manzo al balsamico und die Formaggi. Semifreddi, Kuchen und Mousse runden das Essen ab; die Königin der Desserts bleibt aber **Sbrisolona** aus Haselnüssen, mit Johannisbrot aromatisiert und mit Zabaione, Karamellsauce und Strega-Eis (aus Strega-Likör, 5 €) serviert. Hervorragende Weinkarte mit korrekten Preisen; die Weine werden auch glasweise kredenzt. Daneben gibt es eine reichhaltige Auswahl an Bränden und eine interessante Bierkarte.

BORGO PRIOLO
Schizzola

34 km südlich von Pavia

Quaglini

Restaurant
Ortsteil Schizzola Alta
Tel. (+39) 03 83 / 89 28 40
Ruhetag: Montag, Dienstag
Keine Ferien
100 Plätze + 80 Plätze im Freien
Preise: 30 € (Tagesmenü)
Alle Kreditkarten; BM
Abends geöffnet, Samstag und Sonntag auch mittags

Marco Quaglinis Enthusiasmus und Großzügigkeit sind die tragenden Elemente des Lokals, das seinen Gästen ein reichhaltiges festgelegtes Menü bietet. Obwohl es aus rund zehn Vorspeisen, drei Primi, drei Secondi, einer Käsekostprobe, Obst, Dessert und Bränden zum Abschluss besteht, überzeugt es durch Qualität. Zu verdanken ist dies der Bravour von Marcos Frau Michela Bertelegni und seiner alten Mamma, die am Herd stehen. Marco deckt sich mit guten Zutaten aus dem Umland ein und kümmert sich als tüchtiger Sommelier um die Weine, die auf das festgelegte Menü abgestimmt sind, und auch jene, die außerdem auf der Weinkarte stehen. Unter den Antipasti sind ausgezeichnete Salumi und saisonal wechselnde **Soufflé di verdure** – hervorragend mit Steinpilzen und Püree aus Trüffeln, der großen Leidenschaft des Patrons, der diese edle Zutat je nach den gerade gedeihenden Arten fast das ganze Jahr über anzubieten versucht. In der kalten Jahreszeit gibt es auch Cotechino con cipolla ripiena. Stets präsente Primi sind **Risotto** – am beliebtesten in der Version **con porcini e tartufo nero** – und traditionelle **Agnolotti di stufato di manzo**, capriolo oder cinghiale; außerdem kann man Tortelli aus Piacenza und Malfatti (alle Pastasorten sind hausgemacht) probieren. Die Secondi sind meist aus Fleisch zubereitet: Tagliata di scottona, Filetto di maialino con vol-au-vent alla prugna oder ai mirtilli und **Cappello da prete brasato** con verdure, im Winter mit Polenta und im Sommer mit Caponata di verdure serviert. Eine Alternative zu Fleisch wäre die Käseplatte. Den Schlusspunkt setzen eine Käsekostprobe, in der Saison mit Weintrauben kombiniert, und hausgemachte Desserts wie Tiramisù ai pistacchi di Bronte, Crostata di frutta e crema chantilly und Meringata con fragole e cioccolato oder con marroni.

BORMIO

69 KM NORDÖSTLICH VON SONDRIO

Al Filò

Restaurant
Via Dante, 6
Tel. (+39) 03 42 / 90 17 32,
(+39) 338 / 431 42 18
Ruhetag: Montag, Dienstagmittag
Ferien: je 3 Wochen im Juni und November
90 Plätze
Preise: 32–37 €
Kreditkarten: CS, MC, Visa; BM
Mittags und abends geöffnet

Wenn man das ganze Veltlin durchfährt, erreicht man Bormio, einen beliebten Fremdenverkehrs- und berühmten Thermalort (eindrucksvoll sind die alten Thermen der Bagni Vecchi). In seinem gemütlichen Restaurant in der Altstadt, einem ehemaligen Stall mit charakteristischem Gewölbe aus dem 17. Jahrhundert, bietet der junge Koch und Patron Max Tusetti Gerichte, die dem Gebiet und seinen Produkten verbunden sind. Er überarbeitet sie auf moderne Art, ohne zu übertreiben. Dies zeigt sich bereits bei den Antipasti: Sformato di grana con tempura di porcini, Bresaola ripiena di insalata di cavolo, mela e uvetta (8,50 €) und klassische ***Sciatt* con cicorino**. Als Primi gibt es Gnocchetti di pane e zucca in crema di casera e noci (8,50 €), Tortelli ripieni di *taroz* al fondente di scalogno e guanciale affumicato und die obligaten ***Pizzocheri* alla valtellina**. Unter den Secondi sind Trota e polenta alla griglia, **Bocconcini di cervo in fricassea di verdure**, stets mit Polenta serviert, und Grigliata bastonata (14 €) aus mehreren Sorten Fleisch und ebenso vielen auf Holzspieße gewickelten Würsten. Immer vorhanden ist ein vegetarisches Gericht. Darauf folgen Kostproben von Käse kleiner lokaler Erzeuger (die gesamte Degustation kostet 15 €) und Dolci (6 €). Zu trinken gibt es hervorragende Weine aus dem Veltlin, davon eine recht gute Auswahl im glasweisen Ausschank. Außerdem sind zwei festgelegte Menüs erhältlich, ein traditionelles für 29 € und ein Degustationsmenü für 31 €.

■ Die historische Latteria Sociale di Bormio (Via De Simoni 22) bietet ein komplettes Sortiment an lokalem Käse, sonstige Käsereierzeugnisse aus dem Veltlin und zahlreiche Slow-Food-Presidi.

BOSISIO PARINI

11 KM SÜDWESTLICH VON LECCO

Il Quinto Quarto

Restaurant
Via Beniamino Appiani, 8
Tel. (+39) 031 / 86 55 02,
(+39) 339 / 328 74 53
Ruhetag: Sonntag
Ferien: erste Januarwoche, 3 Wochen im August • 60 Plätze + 40 Plätze im Freien
Preise: 30–35 €
Alle Kreditkarten; BM
Mittags geöffnet, Samstag nur abends; Juni und Juli mittags geöffnet, Freitag nur abends

Die Geschwister Arnaldo und Alessandra Corti betreiben im Zentrum von Bosisio Parini, einem hübschen Ort in der Provinz Lecco am Pusianosee, die Bottega del Fresco, die historische Fleischerei und Wursthandlung der Familie. Zugleich (aber nur mittags und Freitag- oder Samstagabend) bieten sie den Gästen in der gepflegten, gastlichen Trattoria mit Laube für die Sommermonate ein gastronomisches Angebot, das die Produkte aus ihrem Betrieb in den Vordergrund rückt. Der Antipasto della casa (12 €) als Einstieg ist Pflicht. Er besteht aus einer Selektion an Wustspezialitäten aus eigener Erzeugung (Pancetta, Coppa, Salame brianzolo, Salame cotto und Mortadella), Kostproben von Fleischgerichten – Vitello tonnato, Lingua in salsa verde, Fegato alla veneta, **Insalata di nervetti** oder di carne di manzo und Cervella impanata e fritta – sowie aus in Öl und Essig eingelegtem Gemüse. Danach folgen hausgemachte **Tagliatelle con ragù di carne** (12 €) oder con verdure, die zur Spezialität des Hauses überleiten, Secondi vom piemontesischen Fassona-Kalb, das im Stall aufgezogen und dann geschlachtet wird. Es erwarten Sie Tagliata alla piastra, Costata (25 €), Tartara, Cotoletta impanata, Nodino di vitello al burro e salvia und **Animella fritta con polenta**. Das Menü endet mit einfachen hausgemachten Dolci – hervorragend ist klassischer **Budino al cioccolato** – und Kaffee, der wie früher in der Kaffeemaschine gebrüht wird. Zu trinken gibt es Weine aus ganz Italien mit Schwerpunkt auf dem Piemont, die auch glasweise erhältlich sind.

■ Die Fattoria Selva in der Via Bonfanti 7 verkauft Milch, Ziegen- und Kuhmilchkäse, Joghurt, Wurst und Fleisch.

25 KM NORDÖSTLICH VON BERGAMO

Dentella

Trattoria
Via Dentella, 25
Tel. (+39) 03 45 / 971 05
Ruhetag: Montagabend, außer im Sommer
Ferien: 1 Woche im Januar, 2 Wochen im Juni
80 Plätze + 35 Plätze im Freien
Preise: 33–38 €
Alle Kreditkarten; BM
Mittags und abends geöffnet

Der Weg zur Trattoria führt auf 600 Meter Höhe nach Bracca im Serina-Tal. Das Lokal befindet sich im Ort gleich unterhalb der Kirche an der gleichnamigen Hauptstraße. Der Namensgeber ist ihr Gründer, Cavalier Antonio Dentella, der für seinen Einsatz in Bürgerbelangen und seine bewusste Wahrung von Tradition und Regionalität bekannt war. Kinder, Enkel und Urenkel arbeiteten und arbeiten hier. Die Schwestern Renata – mit Tochter Federica –, Pasquina und Vilma servieren, während ihr Bruder Maurizio am Herd steht. Pasquinas Ehemann Giovanni, ein Experte für Fleisch, Wurst und Käse, kümmert sich um die Beschaffung der Zutaten, die beinahe alle aus den Tälern um Bergamo stammen. Den Auftakt machen Antipasto misto (15 € für zwei Personen) mit Salami, Lardo und Pancetta aus Eigenproduktion, Coppa aus Ardesio und Prosciutto crudo, beide im Heu gereift, sowie Polpette und **Verdure sott'olio**. Unter den Primi sind **Casoncelli al burro di malga e pancetta** und schmackhafte Crespelle con asparagi e stracchino all'antica (9 €). Weiter geht es mit zarter **Lombata con crema di funghi e pancetta affumicata** (9 €), Uovo al tegamino con il tartufo nero di Bracca und Bocconcini di stracotto d'asina. Dazu gibt es **Polenta con strachitunt fondente** (7 €) oder Polenta taragna con salsa al tartufo. Den Schlusspunkt setzen eine reichhaltige Selektion an **Formaggi** aus den Bergamasker Alpen und hausgemachte Dolci. Die Weinkarte konzentriert sich auf Etiketten des Valcalepio-Konsortiums mit ein paar Ausflügen in das übrige Italien.

Eine fest im Gebiet verwurzelte Trattoria, die dessen Geschichte und Traditionen respektiert und sie im Geschmack der Gerichte aus exzellenten Zutaten zum Ausdruck bringt.

La Grotta

Traditionelle Osteria
Vicolo del Prezzemolo, 10
Tel. (+39) 030 / 440 68
Ruhetag: Mittwoch, im Juli Sonntag
Ferien: August
80 Plätze + 40 Plätze im Freien
Preise: 37,50 €
Alle Kreditkarten; BM
Mittags und abends geöffnet

Im Vicolo del Prezzemolo entdecken Sie zu Ihrer Überraschung mitten in der Altstadt einen Winkel, der an ein altes Dorf erinnert. Ein zusätzliches Plus stellt die Osteria dar, die seit Generationen zu den beliebtesten Lokalen der Einheimischen zählt. In gemütlichem, geschmackvoll eingerichtetem Ambiente bekommen Sie bewährte Traditionsgerichte, die der Patron liebenswürdig erläutert. Als Ouvertüre bietet sich exzellenter Aufschnitt an, von dem mit dem Messer geschnittener Cotto di Praga (100 g für 9 €), Crudo aus Parma und aus San Daniele sowie Patanegra hervorstechen. Die Primi präsentieren sich mit **Casoncelli al bagòss** (8 €) oder alla carne, **Trippa in brodo** und Pappardelle al salmì di lepre bodenständig. Fleisch (Rind, Pferd, Geflügel oder Kaninchen) beherrscht die Secondi, daher finden Sie **Anatra ripiena** (14 €), Costata di manzo oder di cavallo und Nodino di vitello, beide vom Grill, **Fiandre di puledro marinate** in extravergine, Capretto al forno und Punta di vitello ripiena vor. Dazu reicht man **Polenta** bresciana, Patate arrosto und eine große Auswahl an Beilagen vom Büfett. Lassen Sie den Käse nicht unversucht und probieren Sie Bagòss und Fatulì aus dem Val Saviore (Slow-Food-Presidi), DOP-Gorgonzola und einen exzellenten gereiften Käse aus der Sennerei Baret im Val Sabbia (6 €). Unter den guten Dolci des Hauses ragen Torta und Budino al cioccolato heraus. Stets erhältlich sind saisonal variierende Tagesgerichte. Zu trinken gibt es ein großes Weinsortiment mit korrekten Preisen, einige auch im glasweisen Ausschank.

In unmittelbarer Nähe der Osteria bietet die Gelateria La Pecora Nera (Via Cavour) gutes Eis in traditionellen und innovativen Sorten aus feinen Zutaten.

Osteria al Bianchi

Traditionelle Osteria
Via Gasparo da Salò, 32
Tel. (+39) 030 / 29 23 28
Ruhetag: Dienstag, Mittwoch
Ferien: 2 Wochen im August
60 Plätze + 25 Plätze im Freien
Preise: 33 €
Alle Kreditkarten; BM
Mittags und abends geöffnet

Wir befinden uns ein paar Schritte von der wunderschönen Piazza della Loggia entfernt, die von Gebäuden im venezianischen Stil umrahmt ist und oberhalb der Arkaden einen einzigartigen Uhrturm aufweist. In diesem herrlichen Rahmen entfaltet die Osteria al Bianchi den Zauber alter Zeiten. Zur Aperitifstunde finden sich Stammgäste für einen „Pirlo" (für Brescia typisches Getränk aus Weißwein, Campari oder Aperol und Soda) oder ein Gläschen Weißwein ein, begleitet von Fleischbällchen oder *Bertagnìn* (Klippfisch). Man isst in zwei Räumen im Sechzigerjahre-Stil an Holztischen mit karierten Tischtüchern, die man möglicherweise mit anderen Gästen teilen muss. Der Service ist locker und vielleicht etwas zu hastig. Das Menü sieht klassische Küche aus Brescia vor. Den Anfang macht Tagliere di salumi (5 €), gefolgt von **Casoncelli al burro versato**, köstlichen **Pappardelle in salmi di lepre** (8 €) oder con verdure di stagione, Malfatti di spinaci al burro e salvia, Pappa al pomodoro und Pasta e fagioli. Bei den Secondi stehen hauptsächlich Fleischgerichte mit einer schönen Auswahl an Saisonbeilagen (3 €) auf dem Programm: Carbonara di cavallo (15 €), **Stracotto d'asino**, Controfiletto di cavallo alla griglia, Macinato di manzo condito con olio extravergine di oliva e limone, Tagliata di vitello al rosmarino und **Coppa ripiena**. Als Alternativen bieten sich Lumache und guter Baccalà an. Hausgemachte Dolci dürfen ebenfalls nicht fehlen, unter denen Sbrisolona, Crostate mit handwerklich erzeugten Konfitüren, **Salame di cioccolato** und Semifreddo al torrone herausragen. Die Weinkarte nennt italienische Etiketten, besonders aus dem Gebiet um den Gardasee und der Franciacorta, von denen einige auch glasweise erhältlich sind.

9,6 KM NÖRDLICH VON VARESE, S.P. 62

I Runchitt

NEU

Ferienbauernhof
Via Cadorna, 6
Tel. (+39) 03 32 / 43 54 96
Ruhetag: Montag, Dienstag
Ferien: 20. Juli–5. August
40 Plätze
Preise: 25 €
Keine Kreditkarten
Mittags und abends geöffnet

Die Jahreszeiten diktieren das Menü in dieser Gaststätte, die zum Landwirtschaftsbetrieb gleich außerhalb des Dorfes im Ortsteil I Runchitt gehört. Hier baut man Gemüse an, züchtet Geflügel, weswegen es vor allem gute Eier gibt, und bestellt zwei Hektar Esskastanienplantagen mit drei verschiedenen Sorten dieser köstlichen Herbstfrucht. All diese Produkte finden Sie im Lauf des Jahres gut verteilt im Menü wieder. Die großen Fenster des kleinen, aber sehr gepflegten Lokals geben den Blick auf das Massiv des Campo dei Fiori frei, des höchsten Gipfels des gleichnamigen Regionalparks, zu dem Brinzio gehört. Sie werden freundlich und zuvorkommend begrüßt und bekommen eine kleine Karte vorgelegt. Das Gedeck, das auch selbst gebackenes Brot einschließt, wird nicht verrechnet. Unter den Antipasti (7 €) ist **Varese in tavola**, Wurst und vorwiegend aus Ziegenmilch hergestellter Käse von kleinen Erzeugern in der Provinz, begleitet von Marmeladen. Danach empfehlen wir, zumindest einmal **Zuppa di galletto con maltagliati di castagne** (8 €) zu probieren, das „Pflichtgericht" des Lokals. Als Alternative kann man im Frühling Risotti (eventuell mit Holunder- und Zucchiniblüten) und im Herbst Canederlo di castagne wählen. Als Secondo gibt es in der Saison Polenta con i funghi (mit Pilzen aus den nahen Wäldern) oder Polenta col cinghiale, Trippa, Tagliata di manzo, **Maialino con salsa tonnata, patate e zucchine** (9,50 €) und stinchetto (ebenfalls vom Schwein) alla birra. Die handwerklich erzeugten Desserts (3,50 €) sind aus Esskastanien zubereitet, aber nicht ausschließlich, wie Torta alla nocciola oder **Crème brûlée alla camomilla** zeigen. Begrenzt, aber passend zum Lokal ist die Weinauswahl. Unterhalb der Osteria befindet sich in den Räumlichkeiten der Küche die Verkaufsstelle des Landwirtschaftsbetriebs.

16 KM NORDWESTLICH VON BRESCIA, S.P. 10

La Madia

Trattoria
Via Aquilini, 5
Tel. (+39) 030 / 894 09 37
Ruhetag: Montag, Dienstag
Ferien: 10 Tage im August, 2 Wochen im Februar
70 Plätze + 30 Plätze im Freien
Preise: 35–40 €
Alle Kreditkarten; BM
Abends geöffnet, an Feiertagen auch mittags

Zu der sehr gemütlichen Trattoria in diesem kleinen Ort im Val Trompia, von deren Terrasse man das herrliche Gebiet der Franciacorta überblickt, kommt man nicht zufällig. Micheles und Silvias Leidenschaft und Begeisterung werden den Gästen sofort klar und zeigen sich in der Suche nach Zutaten in bester Qualität und deren gekonnt zeitgemäßer Verarbeitung nach Traditionsrezepten. Unter den Antipasti sind **Giardiniera aus Biogemüse**, Violino di capra und di agnello, Noce di maiale affumicata und ***Strachì parat*** (10 €). Danach hat man die Qual der Wahl zwischen Risotto di cicoria d'alpeggio con riduzione di Braulio, **Tagliatelle con ragù di pecora**, Gnocchi di ricotta con pesto di mandorle e sedano und **Malfatti di tombea ed erbe spontanee con crema di topinambur** (13 €). Um nichts leichter fällt die Entscheidung bei den Secondi: **Stracotto di pecora con ceci neri** dell'alta Murgia (13 €) oder Controfiletto di cavallo con salsa di vino cotto? Mora romagnola al profumo di karkadè oder **Manzo all'olio**? Gut sind die Beilagen aus Saisongemüse, hervorragend die **Formaggi**, darunter das Beste aus lokaler Erzeugung und einige französische Sorten. Zum Abschluss sollten Sie Sorbetto bestellen, einfach auch nur um zu sehen, wie es zubereitet wird. Die interessante Weinkarte enthält viele Tropfen kleiner lokaler und italienischer Winzer, teils auch im glasweisen Ausschank. Es gibt drei Degustationsmenüs zum Preis von 27 bis 32 €.

»*Großes Augenmerk auf lokale Zutaten, die zu 98 Prozent von Erzeugern der Umgebung stammen. Herkunft, Anbau- oder Aufzuchtmethoden sind jeweils bekannt.*«

30 KM SÜDLICH V. VARESE, 35 KM NÖ. V. MAILAND

La Rava e la Fava

Moderne Osteria
Via Rossini, 29
Tel. (+39) 03 31 / 68 32 33
Ruhetag: Mittwoch
Ferien: 7.–21. August, 27. Dezember–6. Januar
40 Plätze
Preise: 35–39 €
Kreditkarten: CS, MC, Visa; BM
Mittags und abends geöffnet

Die Osteria wird im November in die Fußgängerzone der Altstadt in die Via Milano 4 verlegt. Telefonnummer und Team ändern sich nicht. Diego Dani Sansugaro bleibt in der Küche, Fabio Rivolta serviert weiterhin und versorgt Sie mit unzähligen Informationen über das Speisenangebot und die Merkmale von Busto Arsizios Küche, die man in das sehr vielfältige Menü einzubauen versucht. Den Reigen eröffnen Vorspeisen wie Aufschnitte mit Wurst aus der Lombardei und der Toskana (13 €) und mit Käse, von denen einige Slow-Food-Presidi wie Violino di capra aus dem Valchiavenna, Prosciutto aus dem Casentino und Bitto storico hervorstechen. Das Angebot der Primi sieht Zuppa di cipolle con crostone di pane e puzzone di Moena, **Risotto con la luganiga** oder ai porcini arrostiti, Gnocchi di castagne al sugo di fagiano oder Gnocchi di ricotta e ortiche al ragù vegetariano (12 €) und hausgemachte Penne con pomodoro fresco e fave vor. Unter den Secondi finden sich ***Pulent'e brusciti***, *Rustisciada*, ***Casoeûla***, Costata e fiorentina di chianina, **Stufato d'asino con polenta bio** (12 €), Sfogliatina di capriolo con crema di porcini und Filetto di maialino in crosta di pane con fonduta di fontina. Ein himmlisches Dessert ist Cuore di fondente su vellutata di lamponi (6 €); außerdem gibt es Crème caramel al rum con cacao e amaretti. Die große Weinkarte enthält italienische Weine zu angemessenen Preisen; nicht ausgetrunkene Flaschen können nach Hause mitgenommen werden. Es gibt drei Degustationsmenüs, zwei für 30 € und eines für 35 €.

Die Casa del Parmigiano von Giovanni Frati (Via Tosi 2) bietet eine Auswahl der besten handwerklich erzeugten Rohmilchkäsesorten Italiens.

CANTELLO

8 KM ÖSTLICH VON VARESE

L'Osteria di Nerito Valter

Traditionelle Osteria
Via Roma, 4
Tel. (+39) 03 32 / 41 78 02
Ruhetag: Mittwoch
Ferien: 3 Wochen im August, 25. Dezember–10. Januar
60 Plätze
Preise: 25–30 €
Alle Kreditkarten; BM
Mittags und abends geöffnet

Spezialitäten: Spargel, Pilze und Wild – mit diesem Schild präsentiert sich das historische Lokal dem Publikum. Es liegt im Zentrum von Cantello im Alto Varesotto an der Grenze zur Schweiz. Selbst wenn das Schild etwas altmodisch erscheinen mag, beschreibt es das Wesen der Osteria, die die hiesigen Spezialitäten ins rechte Licht rücken möchte, allen voran Spargel. Am Ruder stehen Valter, der – auf seine besondere Art – den Service versieht und sich um die Gäste kümmert, und seine Frau Rosangela in der Küche. Im April und Mai steht **weißer Spargel aus Cantello** in unterschiedlichen Varianten im Scheinwerferlicht, angefangen von der ganz einfachen Version **con burro e parmigiano** (6 €), und ist praktisch in allen Gerichten vertreten. Wir erwähnen diesbezüglich von den Primi (8 €) **Ravioloni** und klassische Crespelle. Nicht unterzubewerten ist das reiche Vorspeisenangebot mit handwerklich erzeugten Salumi, Torte salate und Sformati aus Saisongemüse (6 €). Rosangelas Bravour zeigt sich auch bei den Secondi aus Fleisch, wie im Winter bei hervorragendem **Brasato di manzo al vino** (13 €) **mit Polenta** aus in der Steinmühle gemahlenem Mehl; nicht minder gut sind Coniglio und in der Jagdsaison Wildgerichte. Käse ist eine Pflichtetappe, um die man nicht herumkommt, was auch für die Dolci des Hauses (5 €) gilt, darunter Crostate, **Panna cotta** und Tiramisu. Das Weinangebot ist minimal, aber ehrlich und konzentriert sich auf kleine Winzerbetriebe. Unter der Woche gibt es mittags ein einfaches, korrektes Businessmenü (10 €).

Der zertifizierte Bio-Landwirtschaftsbetrieb von Federica Baj, etwas außerhalb des Dorfes (Via Pianezzo 34), erzeugt und verkauft Spargel und Gemüse.

CAPPELLA DE' PICENARDI

17 KM ÖSTLICH VON CREMONA

Locanda degli Artisti

Trattoria
Via XXV Aprile, 13
Tel. (+39) 03 72 / 83 55 76,
(+39) 335 / 604 07 38
Ruhetag: Donnerstag, Sonntagabend
Keine Ferien
65 Plätze + 12 Plätze im Freien
Preise: 37 €
Alle Kreditkarten; BM
Mittags und abends geöffnet

In dem kleinen Dorf in ländlicher Umgebung sticht ein schönes Landhaus ins Auge, das die Familie Carboni mit großem Respekt für die Geschichte des Ortes renoviert hat. Patron und Koch Sergio, der auf internationale Erfahrung verweisen kann, kreiert ein reichhaltiges Menü mit stets gut getroffenen Variationen. Schweinefleisch steht an vorderster Stelle, daher dürfen exzellente Salumi (13 €) nicht fehlen. Von Ihrem Tisch können Sie sie durch die Glaswand zwischen Speisesaal und Keller von den Deckenträgern über großen Tabletts mit Tagliatelle und zwischen Weinflaschen hängend bewundern – zarte Guanciale, Salami aus Cremona und Culaccia, die mit duftenden Gorgonzola-Brioches serviert wird. Unter den weiteren Entrees sind **Luccio in salsa con polenta**, Storione in carpione dolce und Sformato di zucca con fonduta di castelmagno (13 €). Von Hand erzeugte Pasta ist Hauptdarstellerin bei den Primi: **Marubini ai profumi dell'orto** (15 €), **Tortelli di zucca con vincotto** (9 €) und saisonal unterschiedlich angerichtete Tagliatelle; als Alternative bieten sich eine ansehnliche Reihe **Risotti** – **con zucca e salsiccia** (13 €), ai formaggi lombardi, con radicchio rosso e provola – und Gnocchi verdi con crema di taleggio an. Die Secondi sind traditionell gehalten: Filetto di maiale rosato in agrodolce (13 €), Sovrana di faraona al pepe rosa, **Cotechino con le verze**, Baccalà in umido con capperi e patate und **Pernice di manzo stufata**. Superb ist das Angebot der **Formaggi** mit rund zehn Sorten, zu denen Sie ein gutes Glas Wein genießen können. Sergios Sohn Michele, der zusammen mit seinem Cousin (ebenfalls vom Fach) den Service versieht, wird Sie bei der Auswahl aus 180 Etiketten beraten. Den Schlusspunkt setzen Süßspeisen (6 €) wie **Sbrisolona**, Bavarese ai tre cioccolati, Panna cotta und Sorbetti.

CAPRIANO DEL COLLE
Fenili Belasi

15 KM SÜDLICH VON BRESCIA

Antica Trattoria La Pergolina

Trattoria
Via Trento, 86
Tel. (+39) 030 / 974 80 02
Ruhetag: Montag- und Sonntagabend
Ferien: 1 Woche im Januar, 3 Wochen im August
70 Plätze • Preise: 35 €
Alle Kreditkarten; BM
Mittags und abends geöffnet

Seit 1877 bietet die Trattoria Rezepte aus dem Gebiet Brescia, die um würzige Fleischgerichte kreisen. Seit einigen Jahren interpretiert Maria Olmi mit Unterstützung eines aufmerksamen, professionellen Teams die Traditionsrezepte in der Küche. Die Einrichtung der renovierten großen Räume passt eher zu einem elitären Restaurant als zu einer familiären Osteria; dies gilt auch für das Menü, das trotz einiger Konzessionen dennoch überwiegend in den Spuren der lokalen Gebräuche wandelt. Man beginnt mit exzellenten Salumi, von denen Culaccia con puntarelle (12 €) und **Lardo con crostini** hervorstechen, gefolgt von Timballo di zucchine con crema allo zafferano e bagòss und Frittata di verdure con scaglie di pecorino. Unter den Primi (11,50 €) sind **Gnocchi di zucca al cucchiaio**, Stracci aus frischem Teig al salmì di fagianella, **Tortelli di bagòss** oder eine überarbeitete Version der Casoncelli con ripieno di erbette. Großer Hauptdarsteller bei den Secondi ist Fleisch, das in verschiedenen Zubereitungsarten vom Grill (16 €) angeboten wird, wie Costolette d'agnello scottadito und verschiedene Tagliate, aber auch in deftigen Gerichten wie **Filetto di manzo alla senape antica e trevisana** (23 €), Filetto di maialino su crema di bagòss oder Filetto di cavallo al profumo di agrumi seinen Auftritt hat. Wer seine Mahlzeit mit einem Dessert (5 €) abrunden möchte, bekommt aus der Küche Semifreddo alla liquirizia con salsa alla menta, Biancomangiare con salsa ai frutti di bosco, Fragole con zabaione und Tortino ai mirtilli con mantecato alla crema. Brot und Focaccia sind hausgemacht. Es gibt ein traditionelles Degustationsmenü für 25 €, bei dem einige Gerichte zur Auswahl stehen. Die schlichte Weinkarte räumt Etiketten aus der unmittelbaren Umgebung viel Platz ein.

CARATE BRIANZA

25 KM NORDÖSTL. V. MONZA, 13,5 KM V. MAILAND

La Piana

Restaurant
Via Zappelli, 15
Tel. (+39) 03 62 / 90 92 66
Ruhetag: Sonntagabend, Montag
Ferien: 16.–30. August
30 Plätze + 30 Plätze im Freien
Preise: 37 €
Kreditkarten: CS, MC, Visa; BM
Mittags und abends geöffnet

Die betriebsame grüne Brianza bieten ihren Besuchern neben wunderschönen Naturlandschaften und historisch und architektonisch bedeutenden Monumenten das gemütliche Restaurant des tüchtigen Gilberto Farina. Tartelletta di mais, Tartara di verdure e bagnetto rosso (8 €), Alici marinate con misticanza e limoni canditi und **Insalata russa** eröffnen hier das Menü. Die Primi variieren saisonal und beinhalten **Millefoglie di riso con ragù di agnellone** (12 €), Tagliatelle all'uovo con pasta di salame e vellutata di piselli, Passata di piattella canavesana con straccetti di baccalà und **Riso al salto alla milanese**. Aus dem Süßwasser direkt in der Pfanne landen mit Kräutern verfeinerter Lavarello aus dem Comer See, Agoni und **Missoltini grigliati con polenta integrale** (13 €); von Weidetieren stammt dagegen das Fleisch für **Ossobuco di vitello in gremolada**, Rognoncino trifolato, Filetto di maiale gratinato al timo con tortino di patate e cipollotto, *Mondeghili* con purè di patate und Donnerstag und Freitag für Gran bollito con mostarda e salsa verde. Ein Lob verdient die Selektion der **Formaggi**, die viele Produkte aus Slow-Food-Presidi enthält. Für einen süßen Abschluss sorgen Desserts (6,50 €) wie Flan di cioccolato, Crème brûlée alla menta piperita und Torta della casa. Die exzellente Weinkarte ermöglicht es, das Essen mit – auch glasweise kredenzten – Weinen aus ausgezeichneten lombardischen Betrieben oder mit Bieren aus Kleinbrauereien zu begleiten. Es gibt diverse Degustationsmenüs für 29 €.

»*Beim Betreten des Lokals spürt man jedes Mal Kompetenz und Verbundenheit mit dem Gebiet – lauter Elemente, die das La Piana als Bannerträger der kulinarischen Tradition der Brianza bestätigen.*«

14 KM NÖRDLICH VON CREMONA, S.P. 86

Il Poeta Contadino

Restaurant mit Übernachtungsmöglichkeit
Strada Provinciale, 6
Tel. (+39) 03 74 / 36 13 35
Ruhetag: Sonntagabend, Montag
Ferien: letzten 2 Juliwochen
50 Plätze + 20 Plätze im Freien
Preise: 30 €
Kreditkarten: CS, DC, MC, Visa; BM
Mittags und abends geöffnet

Ein typisches, schön renoviertes Landhaus rund 20 Minuten von der Stadt entfernt bildet den Rahmen des Restaurants mit angeschlossener Locanda und schöner Laube, unter der man im Sommer speisen kann. Das Lokal erzählt von der Tradition, besticht aber gleichzeitig durch Raffinesse. Im Gespräch mit Koch Marco spürt man den Einsatz und die Leidenschaft, mit denen die Saisonzutaten aus dem Umland ausgesucht und verarbeitet werden. Man möchte den Gästen einfache, aber geschmacksreiche Speisen vorsetzen, indem man traditionelle Rezepte umsichtig neu interpretiert. Dies wird bereits bei den Antipasti deutlich, etwa bei delikatem **Tonno di coniglio** (9 €) con insalatina di stagione, den man nicht versäumen sollte, und den ebenso unverzichtbaren Salumi con **verdure in agrodolce**. Danach haben Sie die Wahl zwischen **Orzotto**, in der Saison mit Salsiccia und mit in Knoblauch und Petersilie geschwenkten Steinpilzen verfeinert, Risotto con punte di asparagi e stracchino und hausgemachter Pasta. Probieren Sie insbesondere **Ravioli di ricotta e ortiche** (7,50 €) und Tagliatelle con ragù d'anatra. Gepflegt und tadellos sind die Secondi wie Tartara di fassona piemontese battuta al coltello (11 €), Sella di coniglio disossata e farcita al forno (9 €), Luccio in carpione leggero und Formaggi aus der Poebene mit **Mostarde** und selbst gemachten Konfitüren. Semifreddi, Mousse und selbst gebackene Kuchen, darunter eine hervorragende **Sbrisolona**, runden das Essen ab. Die umfassende Weinkarte zeigt besonderes Augenmerk auf Dessertweine.

Der Landwirtschaftsbetrieb mit geschlossenem Kreislauf von Carlo Eugenio Fiorani in **Castelverde** (8 km), Via Licengo 1, verkauft Brot, Wurst, Gemüse und Eingemachtes von ausgezeichneter Qualität.

36 KM NW. V. MANTUA, 29 KM V. BRESCIA, S.S. 236

Hostaria Viola

Restaurant
Via Verdi, 32
Tel. (+39) 03 76 / 67 00 00
Ruhetag: Sonntagabend, Montag
Ferien: ersten Januartage, 1 Woche Mitte August
60 Plätze
Preise: 35 €
Kreditkarten: CS, MC, Visa; BM
Mittags und abends geöffnet

Die junge Köchin Alessandra erstaunt mit ihrer Fähigkeit, die Gäste mit meisterhafter Souveränität durch Gerichte und Produkte der Tradition Mantuas zu leiten, und das ohne Fehler oder Übertreibungen. Auch Innovationen fügen sich in die Küche ein, die die Familie Viola seit vier Generationen serviert. Dieselbe Bravour beweist auch die ständig aktualisierte Weinkarte. Paolo, Alessandras Ehemann, kümmert sich um den Keller und überprüft jährlich die ausgezeichneten Tropfen, „weil der Wein nicht jedes Jahr gleich ist"; ebenso verfährt er mit den Bränden und Bieren aus Kleinbrauereien. Das Menü enthält einige Gerichte, die man probieren „muss": **Sformato di polenta *consa* alla zucca** (7 €), **Luccio in salsa** (9 €), **Tortelli amari** (eine Spezialität aus Castel Goffredo, dem Ursprungsort der Familie) ripieni di erba san Pietro (11 €), **Tortelli di zucca** und Agnoli di carne, die es auch alle drei in einer Portion (12 €) gibt, **Insalata di faraona alla Stefani** nach einem überarbeiteten Rezept der Gonzaga (12 €) und Filetto di manzo al Lambrusco mantovano. Es gibt aber auch *Sorbir* di agnolini, Riso alla pilota, *Capunsei*, Zuppa di cipolle, **Tagliolini in salsa di aglio orsino**, Stinchetto di maiale al forno (ohne Knochen) con purè di patate, Stracotto alle verdure in olio del Garda (13 €) und **Baccalà mantecato**. Exzellent ist die Selektion der **Formaggi**, bei der Wert auf Produkte von kleinen Erzeugern gelegt wird. Gut sind Dolci wie Sbrisolona, Torta di mele e cannella, Tiramisù espresso (6 €).

»
Hic manebimus optime! (Hier wird es uns gutgehen!): Dieser Satz eines römischen Zenturios, den Livius in seiner Historia Romana zitiert, fällt einem nach dem Besuch der Hostaria Viola spontan ein.
«

COLLIO

41 KM NÖRDLICH VON BRESCIA, S.P. 345

Tamì

Trattoria
Piazza Zanardelli, 9
Tel. (+39) 030 / 92 71 12,
(+39) 335 / 684 63 58
Ruhetag: Montag, Dienstag (außer im August)
Ferien: unterschiedlich
50 Plätze
Preise: 32–37 €
Kreditkarten: Visa; BM
Mittags und abends geöffnet

NEU

Ein paar Schritte entfernt vom Rathaus befindet sich das Tamì (Spitzname der Familie Lazzari), das bereits als „Casa del pellegrino" („Pilgerhaus") bekannt war, als die Großmutter des derzeitigen Eigentümers den einzigen Dorfladen führte und einem hungrigen Wanderer niemals ein warmes Essen und ein Glas Wein verweigerte. Hotelfachschule, internationale Arbeitserfahrung von der Pike auf und danach Rückkehr nach Hause bedeuten für Mauro, in den Räumlichkeiten des über Jahre geschlossenen Ladens eine Küche zu kreieren, die sowohl den lokalen Produkten als auch der gastronomischen Tradition des Trompia-Tals Respekt zollt. Sie können daher mit einer Auswahl an Salumi, **Cervella con carciofi** (10 €) oder fiori di zucca und Tartare del Tamì aus mit dem Messer geschnittenen Fleisch vom Bruna-Alpina-Rind beginnen. Weiter geht es mit **Tortelli** (8 €) **con erbette e puina** (Dialektbezeichnung für Ricotta), Gnocchetti di patate con fonduta ai formaggi di malga oder bagòss (Slow-Food-Presidio) und Pappardelle al ragù di cervo. Unter den Secondi sind **Guancine all'olio** (16 €), Millefoglie di carne al bagòss e radicchio oder eine **Degustation lokaler Formaggi**: Käse aus dem Trompia-Tal, Formaggella aus Collio, Vaia vom gleichnamigen Berg in der Nähe des Passo Maniva (10 €). Einfach, aber wohlschmeckend sind die Desserts wie Sfogliatine alle mele caramellate, Gelato di malga und Tortino al fondente. Die Weinkarte enthält eine ordentliche Anzahl italienischer Etiketten.

CORTE DE' CORTESI CON CIGNONE

18 KM NORDÖSTLICH VON CREMONA, S.S. 45 BIS

Il Gabbiano

Trattoria
Piazza Vittorio Veneto, 10
Tel. (+39) 03 72 / 951 08,
(+39) 335 / 801 90 63
Ruhetag: Mittwochabend, Donnerstag
Ferien: 10 Tage im Januar
60 Plätze + 30 Plätze im Freien
Preise: 35 €
Kreditkarten: AE, CS, MC, Visa; BM
Mittags und abends geöffnet

Die einladende, gepflegte Trattoria an der Piazza des kleinen Ortes in der Poebene lässt Respekt für die Region, die Kultur Cremonas und Qualitätsprodukte erkennen. Im Eingangsbereich gibt es eine ansehnliche Vinothek und Vitrinen mit typischen Produkten, auch aus Slow-Food-Presidi. Die umfangreiche, detailgenaue Karte enthält auf die Speisen abgestimmte Weinempfehlungen (die Weine gibt es oft glasweise) und rückt vegetarische und glutenfreie Speisen in den Vordergrund. Unter den Antipasti sind lokale Salumi, Culatello aus Zibello mit Focaccine, Prelibatezze d'oca und ***Gosafer* alla cremonese** (Creme aus Sardinen aus dem Iseosee) **con verdure e polenta** (10 €). Schmackhaft sind Primi wie Tortelli di ricotta e spinaci con salva cremasco (10 €), **Marubini con salsa di noci e grana**, Gnocchetti con ragù d'anatra e chiodini und Risotto con carciofi e silter (mit Artischocken und würzigem Käse aus dem Camonica-Tal). Die Qual der Wahl hat man bei den zahlreichen Secondi (14 €): Faraona di nonna Bigina mit hausgemachter Mostarda (nach einem Rezept aus dem 18. Jahrhundert), **Coscia d'oca arrosto con marroni**, Bocconcini di cinghiale in umido con polenta, **Coregone di lago alla gardesana** und Costolette di agnello a scottadito con patate. Das Menü endet mit ausgezeichnetem Käse mit Konfitüren und verlockenden Dolci. Zu trinken gibt es gute Biere aus Kleinbrauereien und eine gepflegte Auswahl an auch internationalen Bränden. Ein Businesslunch kostet 12 €, das Degustationsmenü 25 und 35 €, exklusive Wein.

”

Seit mehr als 30 Jahren arbeitet die Familie Fontana mit der Gewissheit, dass man nur durch Achtung vor der Tradition, der Region und ihren Produkten exzellente Ergebnisse erzielen kann.

“

Al Carrobbio

Hotelrestaurant
Via Castelverde, 54
Tel. (+39) 03 72 / 56 09 63
Ruhetag: Mittwochabend, Donnerstag
Ferien: ersten 2 Januarwochen
90 Plätze + 40 Plätze im Freien
Preise: 30 €
Alle Kreditkarten; BM
Mittags und abends geöffnet

Seit vielen Jahren führen die Schwestern Monica, in der Küche, und Sara und Eleonora, im Service, dieses altmodische Lokal in ländlichem Gebiet nicht weit von Cremonas Zentrum. Der Weg dorthin führt einige Kilometer über eine schmale Straße durch Maisfelder. Den Rahmen des Lokals bildet ein einladendes, komfortables altes Herrschaftshaus mit schattigem Park und Spielbereich für Kinder. Das verlockende saisonale Menü wechselt monatlich und enthält auch vegetarische Gerichte und Weinempfehlungen (die Weine gibt es glasweise). Beim Mittagsangebot für 12 € können von drei Primi und drei Secondi zwei Gerichte ausgewählt werden. Fleisch überwiegt, aber es gibt je nach Tagesfang auch Fischgerichte. Man beginnt mit klassischem **Piatto di salumi misti del territorio** (8,20 €), begleitet von Verdure all'agro oder mit Cestini di polenta con gorgonzola dolce e salame di casa. Als Primi bieten sich Pastagerichte wie **Tortelli di ricotta di bufala con zucchine e prosciutto crudo** (9 €), Tagliolini all'uovo con tonno fresco e melanzane fritte und Fagotti di spinaci con burro alle erbe e grana padano an. Danach kann man mit auf Stein gegarter Tagliata di manzo con salsa di casa e verdure rosolate und **Coscia di pollo bio disossata con patate arrosto e verdure grigliate** (10 €) fortfahren. Alternativen zu Fleisch sind **Schiacciatina di grano croccante con verdure e fontina** (9 €) und vegetarische Speisen (8 €). Abschließend gibt es einige Desserts. Die Weinkarte beinhaltet viele Bio-Weine zu korrekten Preisen. Das Degustationsmenü kostet 30 €.

Im Bio Caffè Tartatelle, Via Gonfalonieri 7, kann man Kaffee, Tee, Bier, Wein und Honig aus biologischer Landwirtschaft probieren und kaufen.

CREMONA

Hosteria 700

Restaurant
Piazza Gallina, 1
Tel. (+39) 03 72 / 361 75
Ruhetag: Montagabend, Dienstag
Keine Ferien
90 Plätze
Preise: 35 €
Kreditkarten: AE, CS, MC, Visa; BM
Mittags und abends geöffnet

Die eleganten, mit Fresken geschmückten Räume in einem Gebäude aus dem 19. Jahrhundert, insbesondere der rote Saal, könnten anfangs zu Verwirrung führen, die aber dank des herzlichen, lockeren Empfangs schnell weicht. Im Übrigen besteht der Ansatz des Lokals darin, den Jahreszeiten und der Verfügbarkeit der Rohstoffe zu folgen (kürzlich wurden auch einige Gerichte aus frischem Meeresfisch eingeführt) und neben verschiedenen frischen Pastasorten ausgezeichnete Mostarde (Senfsaucen), Marmeladen und Konfitüren zu erzeugen. Unter den Antipasti finden wir Klassiker wie „Sinfonia" della terra cremonese (12 €) oder **Tortino di asparagi con fonduta di Asiago** (12 €). Unter den Primi sind neben fantastischen Risotti (jeden zweiten Donnerstag im Monat gibt es dazu einen Themenabend) hervorragende **Tortelli di torrone con fonduta di provolone** (11 €), die in der Hauptstadt des Torrone nicht fehlen dürfen, oder Tagliolini all'uovo con ragù d'anatra (11 €). Von den Secondi gebührt **Lombatina di agnello da latte con salsa di mirtilli e timballino di melanzane** (20 €) und Coscia di coniglio nostrano ripiena con purea di mele renette ein Platz auf dem Podest. Abschließend wählt man eine Degustation italienischer Käsesorten (12 €) mit Mostarde oder greift direkt zu Süßem wie etwa Semifreddo al torrone, Torta al cioccolato oder Tarte tatin (5 €).

Die Enoteca Cremona (Via Latina 18) bietet eine gepflegte Auswahl regionaler und italienischer Etiketten mit gutem Preis-Leistungs-Verhältnis und Produkte kleiner lokaler Kellereien.

CURIGLIA CON MONTEVIASCO
Monteviasco

43 KM NÖRDLICH VON VARESE

Barchet

Trattoria
Via Leonardo da Vinci, 1
Tel. (+39) 348 / 883 94 18
Ruhetag: Montag–Freitag, außer im Juli und August und gegen Vorbestellung
Keine Ferien • 40 Plätze
Preise: 25–30 €
Keine Kreditkarten
Mittags geöffnet, abends gegen Vorbestellung

Wenn Sie Ihren Appetit anregen wollen, müssen Sie nur auf die bequeme Seilbahn verzichten und den Anstieg bis Monteviasco zu Fuß bewältigen. 1.400 Stufen zu steigen ist anstrengend, lohnt aber die Mühen. Sie stärken sich nämlich danach mit großzügigen Portionen im Barchet. Außerdem, und das ist nicht nebensächlich, verraten wir Ihnen, dass dieser weitab von allem gelegene Ort mit seinen Steinhäusern allein schon einen Besuch wert wäre. Drücken Sie sich also nicht vor der Wanderung. Sobald Sie bei Tisch sitzen, finden Sie auf jeden Fall weitere gute Gründe, um nichts zu bereuen: Als Einstieg können Sie einen Antipasto mit hiesigen Salumi und süßsaurem Gemüse oder einen Teller mit **Käse aus Ziegen- und Kuhmilch mit** hausgemachter **Mostarda** (8 €) wählen. Als Primi bieten sich ***Pizzocheri***, Lasagne al ragù di cinghiale oder **Risotto slinzega e zafferano** an (jeweils 8 €). Danach folgt ein Triumphmarsch der **Polenta**: **con il brasato** (mit Schmorbraten), il cinghiale (mit Wildschwein), i porcini (mit Steinpilzen), il formaggio fuso (mit geschmolzenem Käse) oder **con le costolette di cervo** (mit Hirschkoteletts, 12 €). Bei den Dolci überwiegt Bewährtes wie Tiramisu, Crostate, Torta di ricotta di capra und Gelato (ebenfalls aus Ziegenmilch) con miele e frutti di bosco. Man kann auch komplette Menüs zu einem Preis von 23 bis 28 € pro Person wählen. Das Weinangebot ist begrenzt, aber ordentlich.

Der landwirtschaftliche Betrieb von Albino Gatta (Lebensmittelbündnis der Hersteller von Curiglia, Monteviasco und Piero) in der Via Cesare Battisti 11 bietet exzellenten Ziegenkäse.

CURTATONE
Grazie

7 KM WESTLICH VON MANTUA

Locanda delle Grazie

Restaurant
Piazzale Santuario
Tel. (+39) 03 76 / 34 80 38
Ruhetag: Dienstag, Mittwoch
Ferien: je 1 Woche im Januar, Juni und August
90 Plätze
Preise: 25–32 €
Kreditkarten: CS, DC, MC, Visa; BM
Mittags und abends geöffnet

Sie finden dieses gepflegte Lokal an der Piazza mit der Kirche Beata Vergine delle Grazie. Geführt wird es mit Kompetenz und Gastfreundlichkeit von einer Familie, die Mantuas Traditionen hochhält, und im Besonderen von einer echten Wirtin, die nicht nur zu bewirten und zu beraten, sondern auch zu erzählen versteht. Es erwarten Sie große Portionen mit Schiacciatine, Grissini, verschiedenen Sorten selbst gebackenem Brot und ein Menü, das eine Hommage an Mantua ist. Den Anfang machen **lokale Salumi** mit hausgemachter Giardiniera und Mostarda, **Luccio in salsa** con polenta abbrustolita, **Frittata con i salterini**, **Insalata di carni bianche alla Gonzaga** (mit Pinienkernen und Rosinen) und ausnehmend gute Cotiche con i fagioli stufati. Auf **Sorbir d'agnoli** (Tortellini in einer Tasse Brühe mit Lambrusco aus Mantua) zum Begießen der Antipasti folgen majestätischer **Risotto alla pilota** aus Vialone-Nano-Reis oder in ihrer Leichtigkeit und Köstlichkeit umwerfende Tortelli di zucca und **Tagliatelle con l'anatra**. Unter den Secondi sind **Stracotto di somarina** und **Cotechino**, von dem bei der Fiera dell'Assunta gut 1.400 kg verzehrt werden! **Sbrisolona**, Millefoglie, **Zabaione** und Tortino di cioccolato runden das Essen ab. Im gut bestückten Keller lagern vorwiegend Weine aus Mantua zu sehr ehrlichen Preisen; auf jeden Fall empfehlenswert ist der ordentliche Lambrusco in Flaschenabfüllung, den die Wirtin anbietet. Die Rechnung ist angemessen, ja günstig. Mostarde, Tagliatelle, Grissini und Schiacciatine aus Mantua, Salami sowie Sbrisolona, die Sie bei Tisch genossen haben, werden zum Verkauf angeboten.

»*Eine wunderbar ausgewogene Balance von Qualität, Tradition, Service, Ambiente und Preis.*«

DOSSO DEL LIRO

56 KM NÖRDLICH VON COMO

Aquila d'Oro

Trattoria
Via Civano
Tel. (+39) 03 44 / 858 82,
(+39) 334 / 383 80 43
Ruhetag: Dienstag, außer im August
Ferien: letzte Septemberwoche
50 Plätze
Preise: 26–29 €
Alle Kreditkarten; BM
Mittags und abends geöffnet

Von Gravedona kommend müssen Sie im Liro-Tal nur ein paar Kilometer wieder bergwärts fahren, um diese Gebirgstrattoria zu erreichen. Für die Bewohner des kleinen Dorfes dient sie als Treffpunkt, denn sie finden sich gerne für ein Gläschen, ein Kartenspiel und zum Plaudern in der Bar neben dem Gastraum ein. Das einfache Ambiente ist mit vielen Fotos geschmückt, die Bauern bei der Erzeugung von Käse und Wurst darstellen, ein Hinweis auf das Interesse für Produkte aus dem Umland, nach denen Plinio Bossio hingebungsvoll sucht und die er auch selbst anbaut. Sie beginnen also mit einer Platte mit Wurst und Käse mit Giardiniera aus Gemüse aus dem häuslichen Garten und/oder mit Polenta e pancetta al pepe nero (8 €), bevor Sie zu hausgemachter Pasta übergehen, wie **Tagliatelle di grano saraceno con formaggio d'alpeggio** (8 €), Gnocchetti di patate con ricotta, pomodoro e basilico und Pappardelle al ragù di salsiccia oder di cinghiale. Die Secondi sind überwiegend aus Fleisch zubereitet: **Bocconcini di cinghiale brasato** (13 €), Arrosticini di pecora con polenta, Tagliata di manzo oder **eine Platte mit ausgewählten lokalen Formaggi** (8 €). Sofern es der Tagesfang erlaubt, wird auch schmackhaft zubereiteter Fisch aus dem nahen Comer See angeboten. Sie können Ihr Menü mit Kuchen oder **Sorbetti aus Saisonfrüchten** beenden, die Plinio und Mamma Graziella gekonnt zubereiten. Das gute Kellerangebot beinhaltet eine beachtliche Anzahl an Weinen aus dem Veltlin und dem Gebiet des Comer Sees.

DUMENZA
Runo

34 KM NÖRDLICH VON VARESE

Smeraldo

Restaurant
Via Fiume, 1–3
Tel. (+39) 03 32 / 51 70 65
Ruhetag: Dienstag
Ferien: unterschiedlich
130 Plätze
Preise: 33–35 €
Kreditkarten: MC, Visa; BM
Mittags und abends geöffnet

In diesem Ort im grünen Valdumentina, das nicht umsonst Valle dello Smeraldo (Smaragdtal) genannt wird, kamen sowohl der große Maler Bernardino Luini als auch Vincenzo Peruggia zur Welt, der 1911 die Mona Lisa aus dem Louvre stahl. Aber der Ortsteil Runo, in dem sich das Restaurant befindet, brachte eine weitere Persönlichkeit hervor, deren Berühmtheit besser zum Gegenstand dieses Buches passt: Bartolomeo Scappi, den Leibkoch für gut drei Päpste im 16. Jahrhundert. Im Smeraldo gibt es von Zeit zu Zeit kulturell-gastronomische Initiativen, um an ihn zu erinnern. Terrina di coniglio di Carmagnola con le castagne und **Prosciutto di cinghiale con tartare di cipolla rossa** (12 €) haben ihren Auftritt bei den Antipasti, Razzoccheri (Ravioli mit Bitto gefüllt) und opulenter **Risotto Smeraldo** (13 €) bei den Primi. Patron und Koch Alessandro Pelandella bietet seinen Gästen somit Gerichte, für die Produkte aus Slow-Food-Presidi verarbeitet werden und die als Einstimmung auf die große Auswahl der Secondi dienen können, wie Ossobuco con polenta, Milanese und exzellente **Piccione farcito al fegato d'oca su scarola brasata** (19 €). Wer Fisch bevorzugt, findet Persico dorato und **Carpione del lago alla cipolla rossa** (14 €) vor. Unbedingt hingewiesen sei auf für diese Täler typischen Ziegenkäse wie **frischen Formaggino** (6 €) oder eine Auswahl mehrerer Käsesorten. Alle Desserts (5 bis 6 €) sind hausgemacht, vom leichten **Tiramisu** bis zu Zabaione con gelato. Der Service ist aufmerksam und höflich, die Weinkarte gut auf das gastronomische Angebot abgestimmt.

Im Ortsteil **Due Cossani** (2 km), Via Libertà 15, erzeugt Ambrogio Rossi Berghonig, Pollen und Honigderivate.

100 km nördl. von Brescia, 48 km von Sondrio

Hostaria La Corte di Bacco

Restaurant
Via Privata Mottinelli, 1 D
Tel. (+39) 03 64 / 720 25,
(+39) 338 / 528 25 41
Ruhetag: Sonntagabend, Montag
Ferien: je 1 Woche im Januar/Februar und Oktober • 45 Plätze + 25 Plätze im Freien
Preise: 30–35 €
Kreditkarten: CS, MC, Visa; BM
Mittags und abends geöffnet

Der Name des Lokals erinnert an eine historische Kellerei im Camonica-Tal, die ihren Sitz in diesem Gebäude hatte und deren Behaglichkeit und Einrichtungselemente bewahrt wurden: riesige Fässer, als Sitzplätze umfunktioniert, eine alte Zahlstelle, die den Raum beherrscht, und Wände aus Stein und Holz. Marco, unterstützt von Daniela, greift auf seine zahlreichen beruflichen Erfahrungen außerhalb des Tals zurück und schafft es, in seiner Küche alpine Tradition mit einigen innovativen Impulsen zu verbinden. Wildkräuter, Wurst, Käse, Pilze – alles, was auf den Teller gelangt, ist das Ergebnis einer konstanten Suche im Umland. Sie können Ihre Mahlzeit mit **Insalata tiepida di testina e lingua in salsa verde** (9,50 €), Zuppetta di fagioli cannellini e porcini oder mit traditionellen Salumi eröffnen und mit **Tagliatelle di castagne al ragù di lepre e finferli** (8,50 €), Pappardelle ai funghi oder Trippa con funghi e borlotti fortsetzen. Unter den Secondi sind **Costolette di maiale affumicate con cavolo e mela edolese** (15 €), Tagliata di cervo oder Petto di fagiano, mit Esskastanien gefüllt und mit Spinat und Bagoss (Slow-Food-Presidio) serviert, sowie eine **Degustation von Käse aus dem Camonica-Tal** (13 €) und **Fatulì** (einem weiteren Slow-Food-Presidio). Zur Abrundung gibt es sensationellen Tortino di grano saraceno con crema ghiacciata alla liquirizia e pepe nero, Tiramisù alle castagne oder Mousse di cioccolato fondente. Gute Weinkarte, die auch Weine im glasweisen Ausschank enthält. Eine „Slow"-Empfehlung: Fahren Sie mit dem kleinen Zug nach Edolo, der Brescia mit Iseo und dem Camonica-Tal verbindet (der Gambadilegno – Holzfuß – wie ihn die Einwohner Brescias nennen, bietet Ihnen eine Anreise, für die Sie den Zeitaufwand nicht bereuen werden).

62 km nö. v. Brescia, S.S. 510, 8 km v. Darfo u. v. Breno, S.S. 42

La Cantina

Trattoria • Via IV Novembre, 7
Tel. (+39) 03 64 / 46 64 11
Ruhetag: Montag–Mittwoch, im August und Dezember nur Mittwoch
Ferien: zeitweise im Juli
70 Plätze + 30 Plätze im Freien
Preise: 22–25 €
Keine Kreditkarten
Abends geöffnet, Samstag und Sonntag auch mittags

Die einfache, geschmackvolle Trattoria in einem Gebäude der Altstadt ist mit wunderschönen alten Kupfertöpfen und -kesseln und einer Reihe kleiner Werkzeuge aus den berühmten Schmieden des Camonica-Tals dekoriert. Hier kocht die liebenswürdige Oriana gemäß der lokalen gastronomischen Tradition. Die Grundlage dafür bilden Saisontreue und umsichtige Auswahl der Zutaten aus der Umgebung, die in der auf jedem Tisch aufliegenden Lieferantenliste angeführt sind. Ihr Mann Giacomo, ein förmlicher „Kornspeicher der Erinnerung", erläutert sorgfältig und präzise das Menü. Man beginnt mit Antipasti (4,80 €) bestehend aus Wurstaufschnitt mit köstlicher Salami, Pancetta und Lardo, **Frittata all'erba di San Pietro**, Polenta con fonduta di formagella, hausgemachter Giardiniera, Carpione di alborelle und Ricotta caprina al miele. Darauf folgen frische Pasta wie **Foiade** (7,60 €) aus Esskastanienmehl mit Bergbutter und Salbei oder frische, saisonal unterschiedlich verfeinerte Tagliatelle und **Orzotto alle erbe dell'Oglio** (7,90 €). Unter den Secondi sind Filetti di **salmerino** (12,40 €), Capù (Mangoldrouladen mit Fleischfüllung), Capretto al forno und Stracotto d'asino. Guter Käse von der Kuh und Ziege, darunter **Fatulì della Val Saviore** (Slow-Food-Presidio) und Silter. Den Schlusspunkt setzen köstliche selbst gebackene Kuchen mit Schokolade, Ricotta und Äpfeln oder Panna cotta. Das Kellerangebot konzentriert sich auf Weine aus dem Camonica-Tal, aus Capriano del Colle und der Franciacorta. Es gibt eine reiche Auswahl selbst gemachter Brände, darunter Brodo di giuggiole e genepì.

In der Steinmühle (Via Mazzini 41) mahlt Francesco Tognali Mehl für traditionelle Polenta camuna.

GALLARATE
Cascinetta

19 KM SÜDLICH VON VARESE, 42 KM VON MAILAND

Osteria dei Peccatori

Moderne Osteria
Corso Colombo, 39
Tel. (+39) 03 31 / 77 71 15
Ruhetag: Montag, Dienstagabend
Ferien: 3 Wochen im August
85 Plätze
Preise: 38–40 €
Alle Kreditkarten; BM
Mittags und abends geöffnet

Man fährt bei Gallarate von der A 8 Milano-Varese ab, um zum Cascinetta-Viertel zu gelangen und zwischen Fabrikhallen und Wohnhäusern eine erfreuliche Entdeckung zu machen: ein kleines, hübsches Haus, das auf einer Ebene angelegt ist und mit großen, schlicht eingerichteten Räumen den Rahmen dieser Osteria bildet. Anna Mascolo begrüßt Sie freundlich und ist gerne bereit, Ihnen die Merkmale und die Geschichte der Speisen zu erläutern, die beinahe alle der lokalen und lombardischen Tradition verbunden sind. Fünf Angebote finden sich zu Beginn, darunter typische Antipasti misti (18 € für zwei Personen), die unter anderem delikate **Cervella alla milanese** beinhalten. Unter den Primi sind **Risotto con le lumache** (12 €) und Riso (Reis) in weiteren sechs Varianten. Als Alternative empfehlen wir einfache, aber schmackhafte hausgemachte **Spaghetti cacio e pepe** (10 €). Die Secondi sind auf zwei Karten angeführt, und zwar auf jener der Cotoletta, die in sieben verschiedenen Varianten erhältlich ist, und jener mit den übrigen Gerichten. Herausragend sind ***Brüscitt* bustocchi** (15 €) nach einem traditionellen Rezept aus dem nahen Busto Arsizio: Der Name bedeutet „Krümel", da es sich um würzige Rindfleischstückchen handelt, die in Wein gegart und mit Polenta serviert werden. Ungewöhnlich und knusprig sind **Rane di risaia fritte** (15 €). Daneben dürfen Trippa, **Ossobuco** und Stufato d'asino nicht fehlen. Zum Abschluss gibt es guten Käse und hausgemachte Dolci. Die Weinkarte verzeichnet Etiketten aus der Lombardei und dem übrigen Italien, darunter einige sehr erlesene Tropfen.

GUSSAGO
Navezze

12 KM NORDWESTLICH VON BRESCIA

Osteria dell'Angelo

Trattoria
Via Fontana, 25
Tel. (+39) 030 / 277 01 39,
(+39) 333 / 730 79 96
Ruhetag: Montag, Dienstagmittag
Ferien: 10 Tage nach Dreikönig
80 Plätze + 40 Plätze im Freien
Preise: 33–36 €
Kreditkarten: CS, DC, MC, Visa; BM
Mittags und abends geöffnet

Die von Emanuela und Ettore Rovelli geführte Osteria liegt mitten in der Franciacorta. Bereits an der Schwelle lockt der Duft von gegrilltem Fleisch, das lichtdurchflutete, behagliche Lokal zu betreten, das sich hinter dem Eingangsbereich mit Theke in zwei Räume mit Bildern zu ländlichen Themen an den Wänden und eine Terrasse mit Blick auf die Hügel für die schöne Jahreszeit gliedert. Dank der beständigen Geschäftsbeziehungen zu den Produzenten der Umgebung ist das Menü eine Hommage an die saisonal angepasste Lokalküche; Pasta und Brot sind hausgemacht. Einen guten Einstieg bilden Antipasto camuno mit Bresaola, Filetto di capra, **Salame di Monte Isola** e composta di fichi oder als Alternative Antipasto contadino mit Pancetta, Coppa und Sottoli (9 €). Weiter geht es mit **Casoncelli** mit Almbutter von Großmutter Caterina (9 €), Tortelli al radicchio e gorgonzola, Caramelle di pere con scagliette di bagòss (Slow-Food-Presidio) und Tagliatelle al pomodoro di Lucera. Unverzichtbar sind **Spiedo bresciano** und **Manzo all'olio** (14 €), zwei Eckpfeiler der Tradition Brescias; stets auf dem Programm stehen Maialino con crema di latte e nocciole, Robiola alla griglia con verdure e petto d'oca und, in der Saison, Sardinen (eigentlich Finten) aus dem See. Danach kann man mit ausgezeichneten **Formaggi** fortfahren und/oder das Essen mit Semifreddo di pistacchio, Millefoglie ai frutti di bosco und Torta tiepida al cioccolato con gelato alla vaniglia beschließen. Die gut bestückte Weinkarte zeigt besonderes Augenmerk auf lokale Etiketten.

In **Rodengo-Saiano** (6 km) züchtet der Bauernhof Paradello (Via Paradello 9) Kapaune und Hühner und verkauft Eier, Mehl, Pasta und Bio-Gemüse.

INVERNO E MONTELEONE
Monteleone

22 KM ÖSTLICH VON PAVIA, S.S. 235

Righini

Traditionelle Osteria
Via Miradolo, 108
Tel. (+39) 03 82 / 730 32
Ruhetag: Montag, Dienstag
Ferien: 7.–31. Januar, August
90 Plätze
Preise: ⊞ 37 € (Tagesmenü)
Keine Kreditkarten
Abends geöffnet, Samstag auch mittags, Mittwoch und Sonntag nur mittags

Kräftige Geschmacknoten, großzügige Portionen und aufrichtig-freundlicher Empfang: Wenn Sie sich davon angesprochen fühlen, fahren Sie zur Trattoria der Familie Zanaboni Forni in der fruchtbaren, betriebsamen Poebene. Auch heute können Sie noch die unermüdliche Mamma Ines mit ihren 88 Jahren dort antreffen, während sie über die Küche wacht. Der gastfreundliche Battista kümmert sich dagegen um den Empfang der Gäste. Nach einem Aperitif mit Raspadura lodigiana (delikaten Spänen von kurz gereiftem Grana) und Lardo werden wir an unseren Tisch geleitet, auf den ein grünes Tischtuch mit rosa Karos gebreitet ist. Nach der Reihe werden **Frittata con verdure**, Coppa, Cotechino, Salamella und Tartare di carne cruda serviert; anschließend folgen Ravioli con carciofi, Risotto funghi e asparagi und **Raviolini al brasato**, die auf großen Wagen in den Speisesaal gebracht werden. Die dampfend heiß servierten Secondi umfassen Coniglia all'aceto, **Faraona al vino** und Roastbeef. Falls Sie nach dem erfrischenden Sorbetto alla fragola noch Hunger haben sollten, tischt man Ihnen **Polenta** auf, die im Kupferkessel im mittleren Raum gekocht wird; dazu kann man Lumache (Schnecken), Funghi (Pilze), Castagne (Esskastanien), Fichi (Feigen) oder Gorgonzola wählen. Abschließend warten Torta di farina di nocciole con crema al mascarpone, gelato e cioccolato sciolto (Haselnusskuchen mit Mascarponecreme, Eis und zerlassener Schokolade) oder Macedonia aus Saisonfrüchten. Der stille und perlende Weiß- und Rotwein, der das üppige Essen begleitet, wird aus den Trauben des Weingartens gekeltert, den Battista Forni persönlich bestellt.

ISOLA DOVARESE

24 KM ÖSTLICH VON CREMONA

Caffè la Crepa

Traditionelle Osteria
Piazza Matteotti, 14
Tel. (+39) 03 75 / 39 61 61
Ruhetag: Montag, Dienstag
Ferien: je 2 Wochen im Januar und September
40 Plätze + 20 Plätze im Freien
Preise: ⊞ 35–38 €
Kreditkarten: CS, MC, Visa; BM
Mittags und abends geöffnet

Die Familie Malinverno führt diese historische Osteria mit neuem Enthusiasmus: Ob Festlands- oder Meeresgerichte – das Angebot ist stets vorbildlich und zugleich aktuell. Der Bogen spannt sich von der Küche der Fürsten bis zu jener der Bauern aus dem Umland Cremonas. Das Geschmackserlebnis sollte mit einer Tour durch die Räume unter dem Lokal kombiniert werden, wo Sammlungen von Weinen, Bränden und Eingemachtem von den besten Terroirs Europas zeugen, und das mit Augenmerk auf Nachhaltigkeit und Innovation. Man beginnt mit umsichtig zubereiteter **Insalata di faraona alla Stefani** mit verlockenden kandierten Fruchtstückchen, erlesenem Piatto di pesce all'isolana oder Lumache nostrane alla moda di Borgogna (jede Vorspeise kostet 12 €), nicht zu vergessen die sorgsame Auswahl hiesiger Würste oder Carne concia all'isolana (13 €). Weiter geht es mit würzigen, aber delikaten Tagliolini con ragù di lago oder **Tortelli amari all'erba San Pietro**, die wie **Marubini asciutti oder ai tre brodi** (11 €) aus selbst gemachtem Teig sind: Zufriedenheit ist garantiert, wie auch immer die Wahl ausfällt. Bei den Secondi führt knuspriges, appetitliches **Fritto di pesce d'acqua dolce** (18 €), aber es gibt auch Storione del Po (16 €). Erneut überzeugend ist Faraona, diesmal in Ton gegart, ebenso wie Bollito misto alla cremonese in salsa verde e mostarda, auch in einer sommerlichen Version. Nach einer erlesenen Selektion an **Formaggi** (3 bis 6 €) erwarten Sie unverzichtbares selbst gemachtes Eis (6 €) oder andere Desserts wie Zuccotto oder Uovo in tegame.

»
Eine Präsentation der Regionen, Landwirtschaften und Erzeuger, durch die eine neue Ernährungs- und Speisenkultur entsteht.
«

LECCO
Acquate

2 KM VOM ZENTRUM

Antica Osteria Casa di Lucia

Osteria-Enoteca mit Küche
Via Lucia, 27
Tel. (+39) 03 41 / 49 45 94, (+39) 333 / 472 89 89
Ruhetag: Samstagmittag, Sonntag
Ferien: 2 Wochen im August
40 Plätze + 40 Plätze im Freien
Preise: 37 €
Alle Kreditkarten
Mittags und abends geöffnet

Acquate ist ein kleines Viertel der Stadt Lecco, wo man dank der Casa di Lucia die Atmosphäre von Manzonis Zeiten nacherleben kann. Es handelt sich um eine Osteria, die noch ihre alten Züge bewahrt hat, wie den Kamin, den Hausrat, die Toilette im Hof und die sommerliche Laube. Patron und Gründer Carlo Piras bietet mit einem bewährten Team bodenständige Küche aus Lecco und der Lombardei, bei der auf die Jahreszeiten und die Verfügbarkeit der Produkte geachtet wird. Als Einstieg empfehlen sich **Brisaola aus Chiavenna** von ausgesuchter Qualität und klassischer **Missoltino con la polenta** (je 10 €) aus dem Comer See, außerdem getrocknete und im Kamin erwärmte Finten. Danach geht es weiter mit Primi wie Casoncelli burro e salvia und **Tagliatelle con trote e porri** (10 €) oder con rucola e taleggio aus dem nahen Valsassina; in der Saison gibt es auch **Risotto con i filetti di pesce persico**, Paste con i funghi und **Trippa**. Unter den Secondi sind **Involtini di verza ripiena** (12 €), Faraona ripiena al forno, Brasato al Barolo (14 €), stets von guter Polenta taragna begleitet, oder Tagliate di filetto di manzo und Costate alla griglia. Des Weiteren bietet man Kostproben von Käsesorten aus dem Umland (unverzichtbar ist gereifter DOP-**Taleggio**) und Italien an, kombiniert mit Mostarda (11 € für sechs Sorten), und einfache hausgemachte Desserts (5 €) sowie klassische **Torta di cioccolato** (4 €).

MANDELLO DEL LARIO
Maggiana

9 KM NORDWESTLICH VON LECCO, 35 KM VON COMO

Sali e Tabacchi

Traditionelle Osteria
Piazza San Rocco, 3
Tel. (+39) 03 41 / 73 37 15
Ruhetag: Montag, Dienstag
Ferien: ersten 2 Januarwochen, 2 Wochen nach dem 15. August
30 Plätze + 10 Plätze im Freien
Preise: 37 €
Kreditkarten: CS, MC, Visa; BM
Mittags und abends geöffnet

Maggiana ist ein mittelalterlicher Ortsteil des schönen Mandello, von dem man einen spektakulären Blick über den See von Lecco genießt. Der Ort ist wegen des Guzzi-Werks und seines Museums auch ein Anziehungspunkt für Motorradfahrer aus der ganzen Welt. Auf dem kleinen Platz weist das Schild Sali e Tabacchi auf den Eingang der Osteria hin, wo die Familie Lafranconi mit feinem Gespür für die Qualität der Zutaten authentische Seeküche und lombardische Traditionsküche bietet. Man startet mit Antipasti (10 €) wie **Misto di pesce di lago** mit Kostproben von Felchen in verschiedenen Zubereitungsvarianten – Pastete, Carpione, geräuchert –, Petto d'anatra affumicato con insalatina, pere e noci und Carpaccio di bresaola valtellinese. Weiter geht es mit Primi aus hausgemachter Pasta wie **Tagliolini con missoltini** (9 €), **Lasagnette di verdure miste, asparagi e quartirolo della Valsassina** (10 €) und Gnocchi di patate con pomodori, favette e ricotta salata. Darauf folgt Fisch aus dem See, der je nach Fangergebnis variiert. Hervorragend ist **Filetto di lavarello al burro e salvia** (14 €). Es gibt aber auch lombardische Traditionsgerichte wie Brasato, Ossobuco und Selvaggina, begleitet von **Polenta oncia** (mit Butter und Käse). Das Finale bilden eine Käsedegustation mit biologischem Honig (9 €) und hausgemachte Süßspeisen (5 €): Crostate, Crème brulée oder **Meascia**, ein typischer lokaler Kuchen. Zu trinken gibt es eine umfangreiche Weinauswahl mit Fokus auf Produkten aus Montevecchia und dem Veltlin; alle Weine sind auch glasweise erhältlich.

Flavio Valassi fährt jede Nacht mit seinem Boot auf den See und wirft die Netze aus. Bei der Rückkehr liefert er die ausgenommenen Fische an die Osteria.

Antica Osteria Ai Ranari

Moderne Osteria
Via Trieste, 11
Tel. (+39) 03 76 / 32 84 31
Ruhetag: Montag
Ferien: unterschiedlich
50 Plätze • Preise: 32 €
Kreditkarten: CS, DC, MC, Visa; BM
Mittags und abends geöffnet

Im Herzen Mantuas finden wir an einem kleinen Hafen des Lago Inferiore die Antica Osteria Ai Ranari, eine alte Einkehr für Fischer, in der die Schätze aus dem See zu einem opulenten Menü verarbeitet werden. Die neue Leitung des Lokals besteht aus drei Gesellschafterinnen. Eine davon ist Antonella, die schon bei den früheren Eigentümern kochte und sich nach wie vor bestens bewährt. Das gemütliche kleine Lokal ist mit Liebe zum Detail gestaltet. Unter den Antipasti sind natürlich Salumi, auch Slow-Food-Presidi, wie Mortadella Bonfatti aus Cento, gefolgt von **Frittatina con porri e *saltareì***, mit einigen Zentimeter langen Flusskrebsen, die sich perfekt für Frittate oder Risotti (8 €) eignen, und **Trippa in umido con verdure** (8 €). Um in Mantuas Tradition einzutauchen, muss man dann zwischen dem berühmten Risotto alla pilota, Tortelli di zucca al burro fuso e salvia oder **Bigoli al torchio** con guanciale, pecorino e aceto balsamico (8 €), einem überarbeiteten alten Rezept, wählen. Wenn man bei der Tradition bleibt, kommt man an Luccio in salsa mantovana con polenta und Filettini tiepidi di coniglio in insalata con salsa alla senape (12 €), aber vor allem an **Filetto di san pietro dorato con caponata di verdure** (12 €) nicht vorbei. Gut bestückt ist der Wagen mit **Formaggi** und Mostarde; die schlichte, gepflegte Weinkarte enthält einen interessanten biologischen Lambrusco aus Mantua. Hausgemachte **Sbrisolona** (wie die Mostarde auch käuflich erhältlich) krönt das Mahl. Die Portionen sind großzügig, die Bedienung ist höflich.

Typische Pasta aus Mantua – Tortelli di zucca, Agnolini, Tagliatelle, Maccheroni al torchio – gibt es bei den Bäckereien Freddi (Piazza Cavallotti 7) und Truzzi (Via XX Settembre 4).

MANTUA

Da Bice La Gallina Felice

NEU

Traditionelle Osteria
Via Carbonati, 4–6
Tel. (+39) 03 76 / 28 83 68
Ruhetag: Sonntagabend, Montag
Ferien: letzten 2 Augustwochen
30 Plätze + 30 Plätze im Freien
Preise: 30–35 €
Kreditkarten: CS, DC, MC, Visa; BM
Mittags und abends geöffnet

Ein gepflastertes Gässchen im alten Teil Mantuas führt zu dieser traditionellen Osteria, wo Lokaleigentümerin und Köchin Stefania Berti Ihnen das Gefühl vermittelt, zu Hause zu sein. Das kleine Lokal besteht aus einem einzigen Gastraum mit gut angeordneten und bis ins kleinste Detail gepflegt gedeckten Tischen; in der warmen Jahreszeit besteht die Möglichkeit, in einem Hof zu speisen. Auf dem Tisch steht ein Brotkörbchen mit klassischer **Mantovana**, hier im Mignon-Format, und **Chisulina**, die zu den ausnahmslos traditionellen Antipasti überleiten, wie Tagliere „Da Bice“, bestehend aus **Salam casalin**, Coppa, Pancetta und Ciccioli, die mit Giardiniera und gerösteter Polenta gereicht werden; darauf folgen Nervetti con fagioli e cipolla (8 €) und Grana padano con mostarda. Die hausgemachte Pasta reicht von klassischen **Cappelletti** bis zu **Tortelli di zucca** (9 €) oder Tortelli ripieni di ragù di gallina e conditi con burro e salvia; außerdem erwarten Sie Bigoli con le sarde e pomodorini confit und Maccheroncini con stracotto di manzo. Nicht minder gut sind die Secondi, bei denen auf jeden Fall Fleisch den Ton angibt, darunter Stinco d'agnello con purè di patate, Tartare di controfiletto con cipolle rosse, capperi e zucchine, Insalata di pollo tiepido con mele, noci e vincotto und Brasato di manzo al vino (12 €.) Im Winter stehen immer Baccalà con la polenta oder Cotechino auf dem Programm. Die Liste der Desserts wird auch die größten Leckermäuler zufriedenstellen, denn sie umspannt klassische ***Bisulan* und Torta sbrisolona**, Zuppa inglese alla Bice, Budino di cioccolato fondente und Bocciolo di torta **delle rose** su letto di zabaione (4 €.) Die Weinkarte verzeichnet die besten Tropfen aus dem Gebiet, vor allem Lambruschi und Tropfen aus den Colli Morenici.

MILANO
Cinque Giornate

STRASSENBAHN-HALTESTELLE 22 MARZO (LINIEN 12 U. 27)

Al Bacco

Moderne Osteria
Via Marcona, 1
Tel. (+39) 02 / 54 12 16 37
Ruhetag: Sonntag
Ferien: 3 Wochen im August
30 Plätze
Preise: ⊞ 35–40 €
Kreditkarten: CS, DC, MC, Visa; BM
Mittags und abends geöffnet

Dieses sympathische Lokal, nicht weit entfernt von der chaotischen Piazza Cinque Giornate mit typischem Mailänder Verkehr, ist eine ruhige Adresse, um abzuschalten und einfach ein gutes Essen zu genießen. Carola, im Service, und Andrea, in der Küche, führen diese Osteria im Zeichen von Gastlichkeit und Unbekümmertheit. Das Ambiente ist schnörkellos, ebenso wie die Speisen auf der Karte. Sie beinhalten einige Klassiker aus der Mailänder Tradition, im Wechsel mit zahlreichen Gerichten aus Saisongemüse, die die essenzielle Bedeutung der Zutaten unterstreichen. Im Frühling kann man zum Beispiel mit **Insalata di carciofi, prosciutto crudo croccante e ricotta salata** (12 €) beginnen oder als Alternative einen reichhaltigen Teller mit Salumi und Gnocco fritto (16 €) wählen. Der obligate **Risotto allo zafferano al salto** (10 €) kann durch Maccheroncini al torchio con ragù bianco oder Lasagne con patate, rucola e gorgonzola ersetzt werden. Umfangreich ist die Auswahl an Beilagen und Gemüse, während man bei den Fleischgerichten zur omnipräsenten **Cotoletta alla milanese servita con patate** (16 €), **Capretto al forno** und gelegentlich zu Fischgerichten greifen kann. Die Dolci werden mit Sorgfalt selbst gemacht. Erwähnt seien Torta sabbiosa, saisonal variierende Semifreddi und Tarte tatin. Die schlichte Weinkarte nennt Etiketten aus ganz Italien. Mittags kann man neben dem À-la-carte-Menü auch ein gehaltvolles Einzelgericht für 13 € wählen.

🍸 In der Pasticceria Sissi, Piazza Risorgimento 6, kann man in originellem, angenehmem Ambiente ein ausgezeichnetes Frühstück einnehmen. Hier verschmelzen mailändisches Wesen und Internationalität, und die Brioches zählen zu den besten der Stadt.

MILANO
Baggio

BUSHALTESTELLE VIA RISMONDO (LINIE 67)

Alla Grande

Traditionelle Osteria
Via delle Forze Armate, 405
Tel. (+39) 02 / 48 91 11 66
Ruhetag: Sonntag, Montag
Ferien: zeitweise im August
50 Plätze
Preise: 32 €
Keine Kreditkarten
Mittags und abends geöffnet

Im Herzen des alten Baggio-Viertels, das beinahe ein Presidio für ein im Verschwinden begriffenes Mailand ist, hält die Osteria Alla Grande die Stellung. Gegenstände aus der Vergangenheit an den Wänden (Telefone, Radios, Fleischwölfe und Kaffeemühlen) erzählen wie die Speisen ein Stück Stadtgeschichte. Zwischen den beiden Gasträumen pendeln der Lokaleigentümer Smilzo und der „Gesellschafter" Sintesi, die Gründer der Brigate Gastronomiche. Unverfälschtes Essen, guter Wein zu ehrlichen Preisen – so lautet das Rezept einer Osteria im Sil früherer Zeiten: Als Antipasto (14 €) gibt es sehr gute Wurst sowie Prosciutto d'oca aus Mortara, Slinzega aus dem Veltlin und Crema di caprino auf einer Holzplatte angerichtet. Schmackhaft und üppig sind Primi (8 €) wie **Ravioli al brasato** in Bratensaft, Pasta e fagioli, Tagliatelle mit legendärem Ragù von Elena, die auch köstliche Risotti kocht und hervorragende Pasta selbst erzeugt. Unter den Secondi (13 €) sind echte **Trippa alla milanese**, Carpaccio scottato con trevisana e fontina, Rognoncino trifolato con patate lesse oder Involtini „alla Grande" con purè di patate, aber natürlich auch **Cotoletta alla milanese** mit sautierten Kartoffeln. Gegen Vorbestellung und für mindestens zehn Personen gibt es **Casoeûla con le verze e la polenta**. Zum Abschluss warten vorzüglicher Käse, allen voran Gorgonzola aus Nicorvo, und Elenas feine Kuchen. Beschränkte Weinkarte mit gemäßigten Preisen. Das Gedeck wird nicht verrechnet. Das Mittagsmenü für 10 € besteht aus Primo, Secondo und Beilage.

🛍 Il Gusto di Virdis, Via Piero della Francesca 38, verkauft Wein, Öl, Sottoli, Eingemachtes, Bottarga, Pasta, Marmeladen und Süßes aus allen Regionen.

MILANO
Navigli

U-BAHN-STATION ROMOLO (LINIE 2)

Grand Hotel

Moderne Osteria
Via Ascanio Sforza, 75
Tel. (+39) 02 / 89 51 15 86,
(+39) 02 / 89 51 61 53
Ruhetag: Montag
Ferien: August
60 Plätze + 60 Plätze im Freien
Preise: ⊞ 35–38 €
Kreditkarten: CS, MC, Visa; BM
Abends geöffnet, Samstag und Sonntag auch mittags

Versteckt in einem der dem Naviglio zugewandten Gässchen liegt das Grand Hotel, das an einem kleinen Schild gerade noch erkennbar ist. Seit Jahren ist es eine Institution in der Stadt und widersteht mit einem Ambiente, in dem der Duft des einstigen Mailand schwebt, stolz der *Nouvelle Vague* der städtischen Osterien der jüngsten Generation. Im Gastraum, vor dessen Hintergrund sich viel heimisches Kabarett abgespielt hat, genießt man Speisen, die dem Leitfaden einer soliden Küche aus Qualitätszutaten folgen. Immer präsente Antipasti sind **hausgemachte Paté d'anatra con pan brioche caldo** (13 €), **Cosce d'oca in confit** oder Baccalà mantecato con crema di broccoli, während die Primi gute Spaghetti alla chitarra con guanciale e pecorino, Gnocchi di zucca conditi con ricotta oder manchmal **Riso al salto** (8 €) umspannen, ein Rezept aus dem alten Mailand zur Verwertung von Resten von Risotto giallo. Bei den Secondi dominiert Fleisch in vielen Varianten, von ausnehmend zarten Cosce d'oca in confit con purè di patate bis zu **Coppa di maialino** (18 €), die stundenlang bei Niedrigtemperatur gegart wird; es gibt aber auch sehr guten Timballo di carciofi e patate. Am Ende wartet eine exzellente Selektion an **Formaggi**, bestehend aus diversen Sorten unterschiedlicher Herkunft und Reife. Die wenigen Desserts sind köstlich und ausgewogen, wie warm servierte Tatin di mele (8 €) und Soufflé di cioccolato. Umfangreiche, gepflegte Weinkarte; viele Weine werden auch glasweise ausgeschenkt.

Cream Garden (Via Quaranta 3–7) verkauft erstklassiges Eis; die Bäckerei Doppio Zero (Corso San Gottardo 12) bietet exzellentes Sauerteigbrot mit Mehl aus dem Parco Agricolo Sud.

MILANO
Porta Romana

U-BAHN-STATION CROCETTA OD. PORTA ROMANA (LINIE 3)

La Bettola di Piero

Osteria
Via Orti, 17
Tel. (+39) 02 / 55 18 49 47
Ruhetag: Sonntag
Ferien: 3 Wochen im August
40 Plätze
Preise: 30–40 €
Keine Kreditkarten
Mittags und abends geöffnet

Die Via Orti, ein anmutiges Gässchen zwischen der Porta Romana und Crocetta, zeigt mit ihren Häuserreihen mit Laubengängen und sympathischen Lokalen typisch mailändischen Charakter. Unter diesen Lokalen sticht das Bettola di Piero hervor, ein historischer Treffpunkt „nach dem Carcano", dem berühmten, nicht weit entfernten Theater, oder für eine einfache, gesellige Einkehr ganz im Zeichen der Mailänder Usancen. Hier empfängt die Lokalinhaberin und Wirtin Monica ihre Gäste und bietet ihnen ein teilweise unverändertes Kondensat an Traditionsgerichten mit einigen Hommagen an das Piemont. Man beginnt mit ausgewählten Salumi des Hauses (12 €), die eine Alternative zu Insalata di quartirolo e tartufo oder köstlichem **Merluzzo marinato** (7 €) darstellen. Für Mutigere gibt es Lumache und eine Kostprobe von *Bagna caoda*. Bei den Primi darf Risotto natürlich nicht fehlen, im Frühling in der Version con punte di asparagi e raspadura; gut ist auch Risotto al salto. Von den Primi aus frischer Pasta nennen wir **Ravioli di brasato** (13 €). Als Secondi gibt es neben Cotoletta alla milanese, *Rostin negàa* (20 €), **Baccalà mantecato su polenta** und **Coniglio in civet di cioccolato**. Gepflegte traditionelle Süßspeisen wie Crostate, *Bonet*, Tiramisu und Crème brulée. Mittags gibt es gute Angebote: einen reichhaltigen Gang für 10 € oder ein Primo und ein Secondo für 14 €, Wasser, Hauswein und Gedeck inbegriffen. Die einfache, geradlinige Weinkarte enthält die wichtigsten lombardischen und piemontesischen Etiketten.

La Dolce Vita auf Hausnummer 12 ist eine Konditorei, Imbissstube und Bistro, ideal, um ein Stück Torte, eine Tasse Tee oder ein einfaches Mittagessen zu genießen.

Ethnoküche in Mailand

NEU

Die Metropole Mailand bietet die Möglichkeit, verschiedenste Gerichte der Ethnoküche kennenzulernen. Anlässlich der Expo Milano 2015 möchten wir einige Lokale empfehlen, in denen man der Esskultur anderer Völker begegnet. Wir haben Restaurants mit chinesischen, singhalesischen, jüdischen, japanischen, griechischen, indischen, libanesischen, mexikanischen und russischen Spezialitäten ausgesucht.

Accademia

Casoretto
U-Bahn-Station Loreto (Linie 1 und 2)
Libanesische Küche
Via Accademia, 53
Tel. (+39) 02 / 289 15 69
Ruhetag: Sonntag
Mittags und abends geöffnet

Im Lokal, das Aziz Afif mit seiner Frau und seinen Töchtern führt, herrscht eine ungezwungene Atmosphäre, der Service ist manchmal aber etwas brüsk. Nun zu den Speisen: Hummus (Kichererbsencreme), Moutabbal (Auberginencreme), Labnè (Joghurt und Minze), Kabis (in Essig Eingelegtes), Falafel (Bällchen aus Dicken Bohnen, 5 €), Sambousik (Käse- oder Fleischtäschchen), alle mit klassischer warmer Pita (arabischem Brot). Unter den gegrillten Fleischgerichten sind typische Spießchen (Hähnchen, Lamm, Rind, 12 €), Kafta (Hackfleisch mit Petersilie), Costolette d'agnello (Lammkoteletts), Makanek und Bastourma (orientalische Salsicce und Bresaola). Die Dolci (4 €) aus Kokos, Sesam und Pistazien und die Weine kommen aus dem Bekaa-Tal.

Asmara

Porta Venezia-Buenos Aires
U-Bahn-Station Porta Venezia (Linie 1), Straßenbahn 9 und 33
Eritreische und afrikanische Küche
Via Lazzaro Palazzi, 5
Tel. (+39) 02 / 29 52 24 53
Ruhetag: Mittwochmittag
Mittags und abends geöffnet

In Mailand hat sich die seit jeher ansässige eritreische Gemeinschaft nun auch gesellschaftlich integriert. Das Lokal hat seine Stammgäste, der Empfang ist nicht herzlich, das Essen jedoch hinreißend, angefangen von Sambussa (würzige Fleischrouladen, 4 €) und dem vegetarischen Antipasto mit Kichererbsen- und Auberginenpüree sowie Gemüse und Sesam, begleitet von Ingera, dem typischen Fladenbrot. Zighini misto (Fleisch mit Berbere-Sauce, Gemüse und Hülsenfrüchten) oder Spriss rosso, Fleisch in würziger Sauce und grüne Peperoni erfordern geübte Gaumen; weniger pikant sind Lebleb misto und Gored Gored aus sehr zartem Fleisch, begleitet von einer ganz besonderen Butter (13 €). Den Weinen ist Tè alla cannella (Zimttee) vorzuziehen.

Carmel

Jüdisches Viertel
U-Bahn-Station Bande Nere (Linie 1), Autobus 67 und 95
Koschere Küche
Viale San Gimignano, 10
Tel. (+39) 02 / 41 63 68
Ruhetag: Samstag und Montag
Geöffnet Sonntag–Donnerstag 12–14.30, 19–22.30, Freitag 12–14.30 Uhr

Das einfache Lokal hat eine Ecke für die Ablution und in gutem Abstand angeordnete Tische, auf denen Speisen aus dem Mittleren Osten und Italien serviert werden. Zubereitet werden sie in der Küche im Eingangsbereich. Hummus (Kichererbsencreme), Tahina, Felafel (Kichererbsenbällchen), Sambusek (Mürbeteigröllchen mit Käsefüllung) und Medias (Auberginenküchlein mit Joghurt) sind einige der Vorspeisen. Ausgezeichnet und sehr reichhaltig sind Calsones alla libanese (8 €), Riso alle verdure in brik (Blätterteig), Branzino marocchino (18 €) und Fish and chips. Die Dolci des Hauses und die wenigen Weine kommen aus Israel. Rufen Sie am Samstag wegen der abendlichen Öffnungszeit an (abhängig von der Dauer des Sabbats).

Cueva Maya

Porta Romana
U-Bahn-Station Porta Romana (Linie 3), Straßenbahn 9, 29 und 30
Mexikanische Küche
Viale Monte Nero, 19
Tel. (+39) 02 / 55 18 57 40, (+39) 348 / 359 05 60
Kein Ruhetag
Mittags und abends geöffnet

In charakteristischem Ambiente mit Ventilator und Türen im Saloon-Stil gibt es wenige, aber gepflegte traditionelle Gerichte: Enchiladas (10 €), Chili in mindestens drei Versionen, Tacos und Fajitas sowie ausgezeichnetes Pollo borracho, das heißt in Tequila und Limettensaft mariniertes und anschließend gegrilltes Hähnchen. Dazu gibt es sehr gute Guacamole und typische mexikanische Pintobohnen. Lassen Sie sich die aus frischen Produkten zubereiteten Cocktails aus Südamerika und anderen Ländern und die Süßspeisen nicht entgehen, wie etwa klassischen Flan alla pina (aus Ananas) mit Tequila, Zitrone, Kokosspänen und Honig. Mittags gibt es ein Menü für 10 €.

Dim Sum

Porta Venezia-Bacone
U-Bahn-Station Porta Venezia (Linie 1), Straßenbahn 9 und 33
Chinesische Küche
Via Nino Bixio, 29
Tel. (+39) 02 / 29 52 28 21
Ruhetag: Montag
Geöffnet 12–14.30, 19–23.30 Uhr

Ein ganz modernes Lokal, in dem man nach allen Regeln der Kunst zubereitete Gerichte genießen kann, die auch das Auge erfreuen; dazu gibt es Wein, Bier und Tee auch anspruchsvollste Gaumen. Das Servierpersonal bitet ein Musterbeispiel an Effizienz, Freundlichkeit und Professionalität; dies ist nicht verwunderlich, ist das Dim Sum doch die neue Schöpfung des Bon Wei, eines der elegantesten chinesischen Restaurants in Mailand. Einige der Angebote sind Ravioli di gamberi, Riso al vapore in foglia di banana, Tagliatelle con manzo, Zuppa degli otto tesori, Pollo fritto piccante, Maiale agrodolce, Rombo croccante und Cappesante con salsa sambal.

Don Juan

Porta Romana-Bocconi
U-Bahn-Station Porta Romana (Linie 3), Straßenbahn 9 und 24
Argentinische Küche
Via Altaguardia, 2
Tel. (+39) 02 / 58 43 08 05
Ruhetag: Sonntag
Abends geöffnet

Hier ist das unbestrittene Reich des Angusrinds. Alle edlen Stücke (Filet, 25 €) werden auf der originalen Parrilla (Grill) fachgerecht gegart und mit Beilagen und Saucen serviert. Probieren Sie die Vorspeise (Zwerchfell, 16 €) und Grigliata mista (46 € für zwei Personen). Die Portionen sind üppig, das Gewicht ist häufig auf der Karte angegeben. Den Schlusspunkt setzt Dulce de leche in mehreren Versionen; ein köstlicher Mix aus drei Sorten kostet 16 €. Exzellente argentinische Weine.

Koshi Koba

Niguarda-Ca' Granda
U-Bahn-Station Ca' Granda (Linie 5), Straßenbahn 5 und 7
Koreanische Küche
Via Moncalieri, 5
Tel. (+39) 02 / 66 10 82 65
Ruhetag: Sonntag
Mittags und abends geöffnet

Zwei weitläufige Räume, ein gemütlicher Bereich im Freien und ein gepflegter kleiner Garten. Die zweisprachige Karte ist mit Fotos versehen, um die Auswahl zu erleichtern. Unter den Antipasti sind Frittura di gamberoni, Spaghetti di soia (8 €), Gnocchi coreani in salsa imperiale, Spalla di maiale oder Tofu con kimchi (Gemüse in pikanter Sauce) und Pollo fritto. Danach folgen Riso con verdure e ragù (13 €), in einer heißen Schüssel serviert, und viele Suppen, und zwar aus Kimchi, Kabeljau, Salsiccia und Gemüse, Fleisch und aus gemischtem Gemüse. Ein Lob verdient das Grillfleisch, das mit pikanten Saucen oder Sojasauce gewürzt wird. Abschließend gibt es ein Getränk aus Tee, Zimt und Pinienkernen.

La Collina d'Oro

De Angeli-Selinunte
U-Bahn-Station Gambara oder De Angeli (Linie 1), Straßenbahn 16
Orientalische Küche
Via Rubens, 24
Tel. (+39) 02 / 404 31 48
Ruhetag: Montag
Mittags und abends geöffnet

Ein in allen Details gepflegtes Lokal, von der Einrichtung bis zur Küche, von der Auswahl der Zutaten bis zum Empfang durch Massimo, einen in Mailand aufgewachsenen Chinesen. Ein Besuch lohnt sich wegen Involtino croccante di gamberi e verdure (drei Stück für 4 €), Focaccine al cipollotto, Tempura mista (16 €) und Tonno pinna gialla in crosta di sesamo. Abschließend gibt es Süßspeisen aus schwarzem Sesam und Reis oder einen Teller mit frischen Früchten. Neben chinesischen Bieren gibt es ein ausgezeichnetes Mailänder Klosterbier und eine reiche Auswahl italienischer Weine aus kleinen Winzerbetrieben.

Mykonos

Naviglio Martesana
U-Bahn-Station Gorla (Linie 1), Autobus 43, 44 und 81
Griechische Küche
Via Tofane, 5
Tel. (+39) 02 / 261 02 09
Kein Ruhetag
Abends geöffnet, Montag, Mittwoch, Donnerstag und Freitag auch mittags

Drei Räume empfangen die Gäste mit den Farben, Düften und Aromen Griechenlands. Man beginnt mit den Saucen – Tzatziki (Joghurt, Knoblauch, Gurke), Meligianosalata (Auberginen, Knoblauch, Zwiebeln), Tirosalata (Feta und Ricotta), Taramosalata (Fischrogen) –, die mit Pita serviert werden, oder mit Paprikaschoten mit würziger Fetafüllung (5 €). Unter den Hauptgerichten sind Ndolmadakia (mit Reis und Rindfleisch gefüllte Weinblätter), Mussakàs (Auflauf aus Auberginen, Fleisch und Käse), Spanakòpita (Blätterteig mit Spinat und Feta), Suvlaki (Spießchen mit gegrillter Schweinelende, 11,50 €), Gyros mepita (Hähnchenfleisch), Exohikò (Kalbfleischhäppchen, Paprikaschoten, Zwiebeln), Tas kebab (geschmortes Schweineragout). An Süßem gibt es Halvàs (aus Sesam), Risòjalo (Pudding aus Reis, Milch und Zimt, 4 €) und griechischen Joghurt mit Feigen, Sauerkirschen oder Honig. Griechische Weine und Liköre.

Oficina do Sabor

Porta Romana-Bocconi
U-Bahn-Station Porta Romana (Linie 3), Straßenbahn 9 und 24
Brasilianische Küche
Via Agnesi, 17
Tel. (+39) 02 / 58 30 49 65
Ruhetag: Montag
Abends geöffnet

Die brasilianische Gemeinschaft in Mailand sucht das Lokal nicht nur aus gastronomischen Gründen auf. Abends gibt es das aufwendige Paradegericht Churrasco (35 €), das aus Vorspeisen vom Büfett, Grillfleisch, Fejioada, Farofa, Kartoffeln, Zwiebeln und gegrillter Ananas besteht. Als Alternative bieten sich Frango a passarinho (frittiertes Hähnchen mit Knoblauchsauce) oder Fejioada completa (25 €) an, ein schmackhaftes Schmorgericht aus Räucherfleisch mit verschiedenen Beilagen. Zum Abschluss genießt man tropische Früchte, zu trinken gibt es brasilianisches Bier.

Osaka

San Marco
U-Bahn-Station Moscova (Linie 2), Autobus 94
Japanische Küche
Corso Garibaldi, 68
Tel. (+39) 02 / 29 06 06 78, (+39) 63 61 09 67
Kein Ruhetag
Ferien: unterschiedlich
Mittags und abends geöffnet

Im Zentrum Mailands, das von nachgeahmten Sushi-Bars durchsetzt ist, die zwar sehr angesagt sind, aber überhaupt keinen Bezug zur Landesküche haben, gibt es auch ein Lokal, das traditionelle Gerichte bietet. Das saisonal unterschiedliche Menü variiert mittags und abends. Fixpunkte sind Sushi und Sashimi aus erstklassigem Fisch – Ume (Sushi-Mix, zehn Stück 27 €) –, aber auch Gerichte mit weniger edlen Teilen vom Fisch wie Kamayaki (Wange vom Wolfsbarsch) und Haramiyaki (Bauchfleisch vom Lachs). Außerdem gibt es Tenpura (mit n), hauchzarte frittierte Speisen, Nabe, bei Tisch zubereitet (Shabu shabu – eine Art Fondue –, 40 €). Zu trinken gibt es Sake und japanisches Bier.

Podkova

Naviglio Pavese
U-Bahn-Station Abbiategrasso (Linie 2), Straßenbahn 3
Russische Küche
Via della Chiesa Rossa, 25
Tel. (+39) 02 / 89 51 57 76
Ruhetag: Montag
Abends geöffnet

In zwei Räumen in unverwechselbarem Stil wird hier opulente und aufwendige russische Küche serviert. Unter den Vorspeisen sind Aringa su letto di verdure e patate (8 €), Crêpe con salmone, caviale rosso oder patate e funghi und Formaggio fritto. Darauf folgen Borscht (warme Suppe aus Roter Bete, Sellerie, Möhren, Zwiebeln und Fleisch) und klassische Pelmeni: Teigtäschchen mit Füllung aus Lachs, Kartoffeln oder Ricotta, die mit Butter und Smetana (saurer Sahne) angerichtet oder in Brühe serviert werden. Die Secondi sind würzig: Filetto alla Woronoff (mit Pilzsauce, 22 €), Shashlyk (Spießchen mit mariniertem Stör), Anatra ripiena di prugne e mele al forno, Filetto Stroganoff (Rindfleischstückchen mit saurer Sahne, Senf und Wodka) und, gegen Vorbestellung, Maialino da latte farcito. Als Desserts bietet man Torta alle amarene ubriache (5 €) und Crêpes an. Zum Essen trinkt man russisches Bier oder Wodka.

Poporoya

Porta Venezia-Bacone
U-Bahn-Station Porta Venezia (Linie 1), Straßenbahn 9 und 33
Japanische Küche
Via Eustachi, 17
Tel. (+39) 02 / 29 40 67 97
Ruhetag: Sonntag, Montagmittag
Mittags und abends geöffnet

Man schrieb das Jahr 1977, als Shiro diesen winzigen japanischen Lebensmittelladen eröffnete: Damals war Sushi nur wenigen Kennern ein Begriff, aber er beschloss, es dem hektischen Mailänder Publikum in absoluter Qualität und Frische vorzusetzen, um es rasch damit vertraut zu machen. Sashimi, Chirashi, Uramaki sind unbekannte Vokabeln für Sie? Sobald Sie diese Spezialitäten im Poporoya probiert haben, werden Sie gerne bereit sein, sich in die Warteschlange vor dem Lokal einzureihen, weil Sie nicht mehr darauf verzichten wollen! Reservierung nicht möglich.

Re Salomone

De Angeli-Washington
U-Bahn-Station De Angeli oder Wagner (Linie 1), Straßenbahn 16
Koschere Küche
Via Sardegna, 45
Tel. (+39) 02 / 469 46 43
Ruhetag: Freitagabend, Samstag
Mittags und abends geöffnet

Das Restaurant wurde im Jahr 2000 eröffnet mit dem Ziel, den Ernährungsgewohnheiten der jüdischen Gemeinde entgegenzukommen. Das Lokal bietet koschere Küche und Traditionsgerichte aus dem Mittleren Osten. Als Antipasto gibt es Sigaro del Sinai (Blätterteig mit würzigem Fleisch) oder Fagottino del Mar Rosso (mit Fleisch und Tomaten gefüllte Aubergine, 8 €); zu den besonders typischen Rezepten zählen Riso persiano (mit Hähnchen, Rosinen und Safran, 13 €), Swharma (Unterkeule vom Truthahn mit Grillgemüse, Hummus und Zwiebeln), verschiedene Arten Couscous sowie einige Fischgerichte. Zu trinken gibt es Weine und einige Biere aus Israel.

Serendib

San Marco
U-Bahn-Station Moscova (Linie 2), Autobus 94
Singhalesische Küche
Via Pontida, 2
Tel. (+39) 02 / 659 21 39
Kein Ruhetag
Geöffnet 19.30–00.30 Uhr

Zwischen Kerzenschein und dem Duft von Gewürzen erwarten Sie indische und sri-lankische Gerichte aus Fleisch, Fisch und Gemüse, zu denen natürlich Reis gereicht wird: vom klassischen Chicken ticka masala (10 €), pikantem Curry di agnello gemäß der Tradition von Madras bis zu Nawa pala (Gemüse nach Rezepten aus Sri Lanka, 5 €); abschließend gibt es delikate Desserts. Degustationsmenü für 23 €.

Shri Ganesh

Porta Genova-Navigli
U-Bahn-Station Romolo (Linie 2),
Straßenbahn 2, 9 und 19
Indische Küche
Via Lombardini, 8
Tel. (+39) 02 / 58 11 09 33
Kein Ruhetag
Abends geöffnet

Klassische indische Küche in gedämpftem Licht, Weihrauchduft und die dazu passende Musik. Auf der Karte finden sich typische Fleisch-, Fisch- und Gemüsegerichte, von Chicken tandoori (11 €) bis zu Shaki korma (mit Tomaten gekochte Lammhäppchen in cremiger Sauce), begleitet von Basmatireis oder Byriani und verschiedenen Brotsorten (Shapati, Naan, Cheese naan, Garlic naan). Breit gefächert ist die Auswahl der Antipasti, unter denen das gute Samosa (3,50 €) herausragt. Köstliche Süßspeisen wie Budino di riso und Frittelle di semola con sciroppo alla rosa. Es gibt drei Degustationsmenüs, darunter ein vegetarisches, für 20, 22 und 24 €.

MILANO
Repubblica-Stazione Centrale

U-Bahn-Station Repubblica (Linie 3)

L'Osteria del Treno

Trattoria
Via San Gregorio, 46–48
Tel. (+39) 02 / 670 04 79
Ruhetag: Samstag, Sonntagmittag
Ferien: 3 Wochen um den 15. August, Weihnachten/Neujahr
70 Plätze + 40 Plätze im Freien
Preise: 36–39 €
Kreditkarten: MC, Visa; BM
Mittags und abends geöffnet

Die auf halbem Weg zwischen dem Hauptbahnhof und der Piazza della Repubblica gelegene Osteria del Treno ist seit Langem eine bewährte Anlaufstelle; die einzige Empfehlung lautet, zu reservieren, denn das Lokal ist zwar groß, jedoch ständig von Stammkunden und anderen Gästen bevölkert. Das Menü ist vor allem von der Mailänder Küche geprägt; verarbeitet werden Produkte aus ganz Italien, darunter auch viele aus Slow-Food-Presidi, die Angelo Bissolotti auswählt. Unter den Antipasti, die hier „Stuzzicherie" heißen, können Sie **Salumi milanesi** aus dem Val d'Orcia und Val Sauris oder Wurstspezialitäten von der **Gans** (12 €) finden, die Jolanda De Colò herstellt. Weiter geht es mit delikaten **Tagliatelle con ragù bianco d'agnello** (9 €), würzigen Paccheri con sugo di pomodoro e salame pezzente, Tortelli alle bietole, Lasagnette ai porri und Crema di ceci. Auch die Secondi erweisen hauptsächlich der mailändischen Tradition Ehre, daher finden Sie *Rostin negàa* (kleinen Braten in Saft), ein Gericht, das die Kommunale Ursprungsbezeichnung erhalten hat, **Bollito di guanciale di manzo con bagnetto verde, rosso, rafano e mostarda di zucca** (16 €) und außerdem Lumache alle erbe aromatiche con crostoni di pane, **Oca al ginepro**, Galletto ripieno con prugne, Salsiccia und klassischen Ossobuco. Große Auswahl an **Formaggi**. Die Desserts wie Sorbetti, Eis, Kuchen und Sfogliatine sind saisonal gehalten. Die gut sortierte Weinkarte umfasst Etiketten aus ganz Italien. Mittags gibt es Self-Service zu gemäßigten Preisen.

L'Arte di offrire il tè (Via Macedonio Melloni 35) bietet Teemischungen und das passende Teewasser. Cantine Isola (Via Paolo Sarpi 30) verkauft italienische und ausländische Weine sowie Imbisse.

MILANO
Casoretto

U-Bahn-Station Loreto (Linie 1)

Mirta

Trattoria
Piazza San Materno, 12
Tel. (+39) 02 / 91 18 04 96,
(+39) 338 / 625 11 14
Ruhetag: Samstag, Sonntag
Ferien: August, 2 Wochen zu Weihnachten
40 Plätze
Preise: 39 €
Kreditkarten: CS, DC, MC, Visa; BM
Mittags und abends geöffnet

Wir sind am nördlichen Stadtrand von Mailand mit seinen verstopften Straßen, wo man es eilig hat, diesen „Unorten" zu entfliehen. Zum Glück ist es dem Koch Juan Lema Pena aus Montevideo und seiner unermüdlichen Gefährtin Cristina gelungen, hier eine Adresse für bewusste Genießer zu schaffen. Der Tag beginnt mit dem Einkauf, den Juan persönlich erledigt, mittags gibt es ein leichtes, günstiges und sehr gefragtes Menü. Abends locken als Einstieg Crostone caldo di pane con salsiccia, Radicchio e formai de mut aus dem oberen Val Brembana, **Torta calda di farina integrale, patate e fontina con maionese al parmigiano** (11 €) und Antipasto misto des Hauses mit Polpette di carne, Formaggio di capra, Salame di cavallo, Pancetta und Sottoli. Danach sind Cavatelli al ragù di salsiccia, **Crema fredda di verdure arrostite e zenzero con stracciatella fresca** (11 €), Parmigiana di melanzane in crosta su passata di pomodoro di Torre Guaceto und ausgezeichnete Secondi an der Reihe: Faraona ripiena di pasta di salame con mostarda di mele (15 €), Porchetta arrosto su cialda di pane con insalata di cavolo cappuccio, Galletto disossato con fagiolini, Manzo all'olio e agrumi und Bocconcini di coniglio in umido con olive e pinoli. Ein Lob verdienen die Selektion der italienischen und französischen **Formaggi** aus Rohmilch und die Süßspeisen wie **Tortino caldo al cioccolato con salsa al caramello salato** (7 €), Crème brulée allo zabaione, Zuppetta di cioccolato bianco und Caprineve con amarene candite. Die Weinkarte enthält verlockende und viele originelle Angebote und zeichnet sich durch ehrliche Preise aus.

"
Können, Sorgfalt und die Kunst der Bewirtung: Das sind die Zutaten, die Familie Lema täglich bietet.
"

MILANO
Porta Romana

U-Bahn-Station Porta Romana (Linie 3)

Osteria dell'Acquabella

Moderne Osteria
Via San Rocco, 11
Tel. (+39) 02 / 58 30 96 53
Ruhetag: Montag- und Samstagmittag, Sonntag
Ferien: 3 Wochen im August
80 Plätze
Preise: 35 €
Kreditkarten: CS, MC, Visa; BM
Mittags und abends geöffnet

Ein Lokal ein paar Schritte vom Zentrum entfernt, das den gesamten Katalog der mailändischen Küche anbietet, einschließlich „Bistecca del *magutt*" („Maurerschnitzel"), das heißt Polenta und Gorgonzola. Die Geschwister Liliana und Massimo Artuso sind vom Fach und empfangen ihre Gäste in einem Ambiente, das den richtigen Mix aus rustikalem Stil und Eleganz aufweist; die Wände sind mit Fotos und Drucken geschmückt, die Stadtansichten aus vergangenen Zeiten zeigen. In der Mitte des langen Speisesaals, vor dem sich eine Bartheke und Regale voll Weinflaschen befinden, steht ein Tisch mit den Tagesdesserts; links geht es weiter in einen kleineren, ruhigen Raum. Betreut von professionellem, unaufdringlichem Personal können Sie Platz nehmen und eingangs zwischen Wurst und Käse, Insalata russa, Nervetti in verschiedenen Kombinationen oder einer Schüssel mit Raspadura lodigiana (hauchdünnen Käsescheiben) wählen. Danach folgen klassische **Risotti al salto** (8 €), allo zafferano oder **al Buttafuoco** (7 €), Pennette all'Acquabella und Pasta e fagioli. Weiter geht es mit Cotoletta alla milanese, **Mondeghili** (9 €) in verschiedenen Versionen, **Ossobuco mit Polenta** (14 €) oder einer saisonalen Beilage und Filetto alla Bonarda. Gute Käseauswahl und Desserts (5 €) wirklich wie von einst, allen voran **Salame di cioccolato** und Torta sbrisolona. Ein großes Lob gilt der vernünftig aufgebauten Weinkarte mit angemessenen Preisen, Blick auf weniger bekannte regionale Tropfen und einer passenden Anzahl glasweise ausgeschenkter Weine.

Attimi di Gusto, Verkauf und Erzeugung von Süßwaren und Eis (Via Vigevano 13): Enrico Rizzi bietet Kunstwerke aus außergewöhnlichen Zutaten.

MILANO
Lorenteggio

BUSHALTESTELLE MISURATA FAVRETTO (LINIE 90 U. 91)

Tagiura

Trattoria
Via Tagiura, 5
Tel. (+39) 02 / 48 95 06 13
Ruhetag: Sonntag
Ferien: 10.–30. August, 24 Dezember–6. Januar
200 Plätze + 120 Plätze im Freien
Preise: 20–35 €
Kreditkarten: CS, MC, Visa; BM
Mittags geöffnet, Donnerstag und Freitag auch abends

Diesem historischen Lokal eine fest umrissene Identität zuzuordnen, würde eine Einschränkung bedeuten, denn es ist gleichzeitig Frühstücksbar, Imbissstube, einfache Gaststätte, Lokal für Bankette, Treffpunkt für einen abendlichen Aperitif und echte Mailänder Trattoria. Das Tagiura bewahrt also sein Ansehen in der Gastronomieszene der Stadt. Die es dem vielseitigen Rino Angelotti zu verdanken, der seit 1963 an der Spitze steht. Der Raum mit der Anrichte, der Freskensaal, der Sitzbereich im Freien und der Festsaal haben Charme, und die Küche unterstreicht mit ihrer Fülle das „barocke" Bild des Lokals. Mittags ist das Tagiura stark frequentiert und bietet Tagessuppen – gut ist **Minestra di carciofi e cannellini** (7 €) – oder klassischen **Risotto giallo alla milanese**, der auch mit Scaloppine ai funghi (9 €) serviert wird. Am Abend geht es entspannter zu, und man kann mit **Affettato misto con culaccia, coppa rovescalese e gnocco fritto** (7 €) beginnen, um danach zu Primi überzugehen, von denen wir neben den Risotti auch **Ravioli di magro burro e salvia** nennen. Umfangreich ist die Auswahl der Secondi wie **Cotoletta di vitello alla carrettiera** (12 €), **Magatello di vitello tonnato** und klassische **Orecchia di elefante** (15 €). Beachtliches Käseangebot und reiche Auswahl an Kuchen und Süßspeisen. Das Degustationsmenü kostet 35 €. Die Weinkarte ist schlicht, spannt aber den Bogen von einigen obligaten Topfen aus der Lombardei bis zu ausgefallenen Angeboten kleiner italienischer Winzer. Große Auswahl an glasweise ausgeschenkten Weinen.

MORBEGNO

25 KM WESTLICH VON SONDRIO

Osteria del Crotto

Restaurant
Via Pedemontana, 22
Tel. (+39) 03 42 / 61 48 00
Ruhetag: Montagmittag, Sonntagabend
Ferien: 2 Wochen im August/September
80 Plätze + 50 Plätze im Freien
Preise: 35–37 €
Kreditkarten: CS, MC, Visa; BM
Mittags und abends geöffnet

Maurizio und Carlo in der Küche, Teresa, Carlos Frau, im Service: Dieses Team hat einen alten Steinkeller aus dem Jahr 1814 in eine Anlaufstelle für traditionelle Küche aus dem Veltlin verwandelt. Gebiets- und Saisontreue, Suche nach kleinen lokalen Erzeugern, Leidenschaft für wilde Bergkräuter und große Achtsamkeit in der Küche sind die Gründe für den unbestrittenen Erfolg dieses Lokals. Die Speisekarte bedarf keines weiteren Kommentars: Teller mit heimischen Salumi, Lavarello del lago in carpione (9 €), Violino di capra con insalata e caprino und **Tortino di erbe selvatiche** (10 €) sind die Vorspeisen. Danach folgen **Spaghettoni ai missoltini** (10 €), Farfalle di segale con asparagi e stracchino all'antica, Tortelli di ricotta di capra orobica e ortiche und Maltagliati di polenta di mais autoctono con ragù di lepre. Süßwasserfisch und Fleisch sind auch unter den Hauptspeisen zu finden, die immer mit Beilage serviert werden, wie Controfiletto al vino rosso, Guancia di vitello stufata, **Filetto di lavarello alla mugnaia** und Tortino aus Biokartoffeln. Lassen Sie noch Platz für eine Kostprobe von den **Formaggi**: Bitto, lokale Ziegenkäsesorten und Taleggio aus dem nahen Valsassina. Die Desserts sind (wie Brot und Pasta) hausgemacht: **Semifreddo alla grappa con cioccolato in scaglie** (5 €), Crème brulée ai fiori di acacia con tisana ai frutti di bosco e sorbetto al sambuco und Flan di cioccolato. Die monumentale Weinkarte lässt sorgfältige Recherche erkennen, auch nach Erzeugern von biodynamischen Weinen.

Die Liebe zur Umgebung, die sich mit der Suche nach kleinen Erzeugern, guten Zutaten und Traditionsrezepten vereint, beseelt dieses Lokal im Veltlin.

PALAZZAGO
Burligo

18 km nordwestlich von Bergamo

Burligo

Trattoria
Via Burligo, 12
Tel. (+39) 035 / 55 04 56
Ruhetag: Montag, Dienstag
Ferien: erste Woche im Jahr, 2 Wochen im September
40 Plätze + 20 Plätze im Freien
Preise: 30 €
Kreditkarten: CS, MC, Visa; BM
Abends geöffnet, an Feiertagen auch mittags

Die Anfahrt hier herauf ist etwas anstrengend, lohnt aber die Mühe. Das Äußere der nach dem Ortsteil benannten Osteria sticht nicht besonders ins Auge, denn sie sieht wie irgendeines der ordentlichen Häuser an der Straße aus. Das Lokalinnere verströmt dagegen Wärme. Man fühlt sich wie zu Gast bei Freunden oder in eine einfache, unverfälschte Trattoria von einst versetzt. Felice, der Eigentümer, ist aufmerksam, wirkt aber etwas schüchtern. Am Herd steht seine Frau Norma. Zusammen bilden sie sozusagen eine Synthese des Temperaments der Bergamasker: Konkretheit auf der einen Seite, Reserviertheit auf der anderen. Das Speisenangebot ist von den Antipasti an einfach, aber gepflegt: Neben Wurst aus dem Val Taleggio und aus Vedeseta gibt es vorzügliche **Carciofi con uova** und auch **Strudel di verdure** (je 8 €). Unter den Primi (9 €) sind eine erstaunliche **Minestra di trippa e coratella** und vorzügliche **Gnocchi di pane e ortica con pancetta e caprino** stagionato di Brembilla. Als Secondi gibt es schmackhafte lokale Produkte wie **Salsicciotto aus dem Val Taleggio** con purè di patate (12 €), **Bollito di manzo aus Vedeseta** (Zunge und Wange) **e gallina** con salsa verde (12 €) und **Pollo dell'Albenza al vino rosso** (13 €). Ausgezeichnete Auswahl an Käse aus Bergamo – Taleggio, Strachitunt aus Vedeseta und Formai de mut – sowie an Desserts (6 €) wie Torta di farina gialla und **Gelato di fiordilatte con salsa di lamponi** dell'Albenza. Felice empfiehlt mit Leidenschaft und Kompetenz eine gute Auswahl lokaler und italienischer Weine und Liköre.

»
Felice und Norma haben ruhigere Beschäftigungen aufgegeben, um sich in das Abenteuer des Kochens zu stürzen – und die Herausforderung gemeistert.
«

PALAZZOLO SULL'OGLIO
Calci

28 km nordwestlich von Brescia, Ausfahrt A 4

Osteria della Villetta

Traditionelle Osteria
Via Marconi, 104
Tel. (+39) 030 / 740 18 99
Ruhetag: Sonntag, Montag, Dienstag- und Mittwochabend
Ferien: August, 25. Dezember–2. Januar
60 Plätze + 40 Plätze im Freien
Preise: 35–38 €
Kreditkarten: AE, MC, Visa; BM
Mittags und abends geöffnet

Beim Betreten der Osteria della Villetta kann der Eindruck entstehen, wieder in den Fünfzigerjahren gelandet zu sein: im Eingangsbereich eine Bartheke mit Espressomaschine – eine historische Faema 61 –, Regale mit ein wenig altmodischen Likören und drei große Tische, an denen man noch Karten spielende Stammgäste aus dem Dorf zu sehen glaubt. In einem der beiden Speiseräume ist das Menü an einer Tafel angeschrieben, aber man zählt es Ihnen auch zusammen mit den Änderungen und Zusatzangeboten des Tages mündlich auf. Die Gerichte entspringen größtenteils der Tradition, sind aber leichter und unter Verwendung von Slow-Food-Presidi zubereitet. Man kann mit luftigen, würzigen und absolut nicht fetttriefenden **Frittelle di baccalà** (10 €) oder mit bemerkenswert delikaten Filetti di coregone in carpione beginnen. Dieses Merkmal zeichnet auch die Primi (10 €) aus, das heißt **Trippa asciutta**, eine der besten, die wir bisher probierten, und Crema di fagioli bianchi con pasta, eine besondere Version der Pasta e fagioli. Das klassische Gericht der Osteria setzt sich aus Polpetta, Involtino di verza und Guanciale di manzo in salsa verde zusammen; interessant ist auch die Kombination von Innereien bei **Animelle di vitello e fegatini di coniglio** (€ 13). Das Menü endet mit sehr guten **Formaggi** und Desserts (6 €) wie flaumiger **Torta di mele**, Budino al cioccolato und Gelato alla crema e halva. Die Weinkarte ist umfassend und anregend; besonderes Augenmerk gilt lokalen Weinen und Tropfen aus der Franciacorta, denen eine ganze Seite gewidmet ist.

In **Coccaglio** (8 km) gibt es im Betrieb der Brüder Mazzotti (Via Lumetti 5) Milch ganz frisch von der Kuh.

PEREGO

17 KM SÜDLICH VON LECCO

La Costa

Ferienbauernhof
Via Curone, 15
Tel. (+39) 039 / 531 22 18
Ruhetag: Montag–Mittwoch
Ferien: Januar
50 Plätze + 20 Plätze im Freien
Preise: 37–40 €
Alle Kreditkarten; BM
Abends geöffnet, Donnerstag und Sonntag auch mittags

Einer der ersten Gedanken, der uns bei der Ankunft im Agriturismo La Costa durch den Kopf ging, war, dass wir uns nicht erwarteten, eine halbe Autostunde von Mailand entfernt in einem Winkel der Toskana zu landen. Der Parco Naturale di Montevecchia e Valle del Curone bietet Ausblicke, an die die Augen vieler Bewohner der Lombardei nicht gewöhnt sind. Die Familie Crippa beschloss 1992, Geldmittel und Sorgfalt in ein Projekt zur Instandsetzung des Landhauses und der natürlichen Terrassen zu investieren, um eine seit Jahrzehnten aufgegebene Weinproduktion wieder anzukurbeln. Das Ergebnis ist ein in seiner Gesamtheit harmonischer Komplex, der auch Übernachtungsmöglichkeiten bietet. Die Jahreszeiten diktieren das Menü mit einfachen Rezepten, die die Zutaten ins rechte Licht rücken. Die Lieferanten sind auf der Karte angeführt. Von den Antipasti erinnern wir uns an Uovo morbido con crema di zucchine e fiori (7 €), Battuta di manzo brianzolo con verdure oder **Salumi aus dem Umland mit hausgemachten eingelegten Produkten** (12 €). Darauf folgen herrliche **Maltagliati al ragù di gallina e fave fresche** (10 €) oder schlichtes Risi e bisi. Im Anschluss daran gibt es **Coniglio arrosto con verdure** (16 €) oder sommerliche Cazzola con le taccole mit Polenta aus mit der Steinmühle gemahlenem Mais. Außerdem erwartet Sie eine gepflegte Auswahl lokaler Käsesorten wie **Formaggi caprini del Parco del Curone** (9 €), begleitet von Honig und hausgemachten Kompotten. Für einen perfekten Abschluss sorgen Dolci (4 €) wie Zuppa di ciliegie al vino rosso con gelato, Sfogliatine di fragole e lamponi und Semifreddo al miele di tiglio e scaglie di cioccolato. Brot und Focaccia sind hausgemacht. Die Weinkarte nennt die gesamte Produktion des Betriebs.

PIADENA
Vho

31 KM ÖSTLICH V. CREMONA, 35 KM V. MANTUA, S.S. 10

Trattoria dell'Alba

Trattoria
Via del Popolo, 31
Tel. (+39) 03 75 / 985 39
Ruhetag: Sonntagabend, Montag
Ferien: letzten 2 Juni-, ersten 2 Augustwochen, Weihnachten
35 Plätze
Preise: 38 €
Kreditkarten: CS, MC, Visa; BM
Mittags und abends geöffnet

In dieser Trattoria atmet man Vintage-Flair, denn angesichts der alten Drucke an den Wänden könnte man meinen, in die Dreißigerjahre versetzt zu sein. Omar und sein Bruder Ubaldo führen das von ihren Vorfahren vor mehr als einem Jahrhundert gegründete Lokal mit Meisterhand und ungebrochener Leidenschaft weiter. Qualitätszutaten wie Fleisch von in der Umgebung gezüchteten Schweinen und Chianinarindern, hausgemachte Pasta und Gemüse bilden die Basis für Originalrezepte, aus denen leicht überarbeitete Gerichte von präziser Prägung entstehen. Unter den Vorspeisen sind 44 Monate gereifte Culaccia di maiale con giardiniera und ausgezeichnete **Caprini a latte crudo con salsa di erbette e polpettone di tonno** (8 €) oder **Lumache nostrane con le erbette e verdure** (10 €). Die Primi sind außergewöhnlich gut: **Bigoli con le sarde** (freitags), **Zuppa di melanzane alla parmigiana**, **Marubini ai tre brodi** oder Fettuccine con tartufo nero fresco (15 €). Bei den Secondi für je 17 € hat man die Qual der Wahl zwischen Alba-Burger vom Chianinarind, Filetto di maiale spadellato alla melagrana, Bollito con le mostarde, **Coniglio con cipolla, pinoli e aceto balsamico di Modena** oder **Carne tonnata con salsa** nach einem Originalrezept von Pellegrino Artusi aus dem Jahr 1891. Unverzichtbar sind mit Mostarde servierte **Formaggi** aus Rohmilch. Das Mahl endet mit Dolci, kombiniert mit exzellenten, vom fachkundigen Omar vorgeschlagenen Weinen, und einer bedenkenswerten Maxime, die in der Dessertkarte steht: „Originalità è il ritorno alle origini“ (Originalität ist die Rückkehr zum Ursprung).

”
Schlichtheit und Finesse vereinen sich in ausgesuchten Qualitätszutaten und kommen in delikat ausgewogenen Speisen zum Ausdruck.
“

POMPONESCO

40 KM SÜDWESTLICH VON MANTUA, S.S. 358

Cavalier Saltini

Trattoria
Piazza XXIII Aprile, 10
Tel. (+39) 338 / 612 13 32
Ruhetag: Montag
Ferien: 15. Juli–14. August
80 Plätze
Preise: 32 €
Kreditkarten: Visa; BM
Mittags und abends geöffnet

Wir befinden uns am linken Ufer des Po, wo noch eine leichte Brise von den Hügeln in die Ebene weht und die Hitze lindert. An der schönen Piazza, dem Ehrgeiz des Marchese Giulio Cesare Gonzaga entsprungen, der Prunkentfaltung seines Cousins Vespasiano, des Herrn von Sabbioneta, nachzueifern, befindet sich die Trattoria genau neben dem Rathaus. Um den Service kümmern sich Danilo und Maurizio, während ihre Schwester Mariastella in der Küche Mamma Gilda zur Seite steht. Die Karte nennt nur wenige Gerichte, die hauptsächlich aus Fleisch zubereitet sind. Den Anfang macht klassischer Antipasto mit Salumi wie Spalla cotta, Salame und Prosciutto di Parma, die von Luadel (8 €) begleitet werden, einem mit Öl und Gewürzen verfeinerten Brötchen, das früher vor dem Brot im Ofen gebacken wurde, um dessen Temperatur zu überprüfen. Außerdem gibt es Culatello aus Zibello und Spallotto sowie delikate, geschmacksintensive hausgemachte Mostarda aus Äpfeln oder Birnen. Als Primi bieten sich **Agnoli in brodo**, eine echte Institution in Mantua, ebenso an wie klassische Tortelli di zucca (9 €). Unter den hausgemachten Teigwaren sind auch Tagliatelle con sugo di anatra, **Bigoli al torchio con prosciutto e funghi** (8 €) und Tortellini verdi. Weiter geht es mit **Stinco di maiale al forno con patate**, Anatra germano al forno, **Stracotto d'asino con polenta** (12 €) und Lumache in umido oder alla bourguignonne. Eine gute Auswahl an Käse, auch aus Slow-Food-Presidi, mit Mostarda schließt das Essen ab oder leitet zum großen Süßspeisenangebot über, das unter anderem Sbrisolona und Torta mantovana beinhaltet, eine lokale Variante der Sachertorte. Von der begrenzten Weinkarte nennen wir einige Lambruschi und den Viadanese des Hauses, der sich ausgezeichnet trinkt.

PORTALBERA
San Pietro

22 KM SÜDÖSTLICH VON PAVIA, 3 KM VON STRADELLA

Osteria dei Pescatori

Trattoria
Ortsteil San Pietro, 13
Tel. (+39) 03 85 / 26 60 85,
(+39) 320 / 371 30 52
Ruhetag: Mittwoch
Ferien: 2 Wochen im Januar, 3 Wochen im Juli
50 Plätze
Preise: 28–30 €
Kreditkarten: CS, Visa; BM
Mittags und abends geöffnet

Seit dem frühen 20. Jahrhunderts war das Lokal ein Fixpunkt für die Weinbauern aus dem Oltrepò Pavese auf dem Weg zum Weinverkauf nach Mailand, aber auch für die Mailänder, die sich zum Hügelland hingezogen fühlten. Seit 1990 stehen Massimo Borgognoni und seine Frau Vittoria Schiappelli im Dienste der Feinschmecker – er ist für Salziges zuständig, sie für Süßes. Verarbeitet werden Null-Kilometer-Zutaten, auch wenn Massimo wegen seiner Leidenschaft für Wurst und Käse seinen Gästen Erzeugnisse unterschiedlicher Herkunft anbietet. Das Menü ist von Süßwasserfisch und Gans geprägt und wechselt alle zwei Monate. Terrina di pesce gatto, Flan di gamberi di fiume, Carpacci di storione oder di trota affumicata und Fagottini di pesce persico können als Vorspeise den **Piatto di pesce d'acqua dolce** (9 €) bilden. Eine hervorragende Alternative sind gemischte Wurstspezialitäten von der Gans. Probieren Sie von den Primi **hausgemachte Trofiette con ragù d'oca** (9 €), frische Gnocchetti con ragù di storione und Ravioloni di zucca e noci oder con asparagi e pomodorini su vellutata di zucchine. Weiter geht es mit **Coscia d'oca in confit** (11 €), Filetto di maiale con fonduta di porri, **Petto d'oca con aceto balsamico** und Storione con la rucola. Das Finale bilden **Crostate di frutta oder mit hausgemachter Marmelade** (5 €), Mousse ai frutti di bosco und Semifreddo al cioccolato. Die lokal gefärbte Weinkarte zeichnet sich durch ehrliche Preise aus; zum Ausklang gibt es einen Passito oder ausgezeichneten Rum.

In **Spessa Po** (2 km) züchtet der junge Paolo Corbellini im schönen Rahmen der Cascina Speziana Chianinarinder und bietet gelegentlich Familienpackungen von erstklassigem Fleisch an.

Süßwasser in der Lombardei

Die Lombardei ist durchzogen von Flüssen, Seen, Bewässerungsanlagen und künstlichen Becken. Vielen dieser Ökosysteme droht jedoch der Verfall. Damit gehen leider ein beträchtlicher Rückgang der Fischvielfalt und eine Verarmung des kulinarischen Angebots einher. Sehr deutlich zeigt sich dieser Verlust bei Gerichten mit geschmortem, gebratenem und mariniertem Fisch. Eine Reihe von Lokalen leistet Widerstand, indem sie weiterhin auf diese Fischarten setzt und entsprechend bei Fischern oder lokalen Genossenschaften einkauft.
Von einigen gastronomischen Anbietern dieser Art ist nachfolgend die Rede, weitere finden Sie in den detaillierten Beschreibungen einzelner Lokale (Al Ponte in Acquanegra sul Chiese, Dispensa Pani e Vini in Adro, Locanda delle Grazie in Curtatone, Sali e Tabacchi in Mandello del Lario, Osteria del Crotto in Morbegno, La Stella in Porto Mantovano, Antica Locanda del Contrabbandiere in Pozzolengo, Osteria dei Pescatori in Pontalbera, Osteria di Mezzo in Salò, Lido Ariston Sales in Stagno Lombardo, Agriturismo del Gusto in Toscolano Maderno).
Für all diese Lokale muss eine Regel Beachtung finden: Fischart und -menge können nicht immer garantiert werden, manche Exemplare sind also möglicherweise nicht auf der Karte zu finden. Es handelt sich um die gängige Praxis, keinen Fisch aus anderen Gebieten, keine während der Fischfangsperre gefangenen Tiere und auch keine Tiefkühlware zu verarbeiten.

ALMENNO SAN BARTOLOMEO (BG)

Collina

Restaurant
Via Ca' Paler, 5
Tel. (+39) 035 / 64 25 70,
(+39) 328 / 325 58 30
Ruhetag: Montag, Dienstag
Ferien: 1.–10. Januar
Mittags und abends geöffnet

In elegantem Ambiente rückt Mario Cornali die Erzeuger der guten Zutaten, die in der Küche verarbeitet werden, ins rechte Licht und führt sie auf der Karte an. Es gibt auch einen Gemüsegarten, um den sich sein Vater kümmert. Als Ouvertüre bietet sich Gran piatto di pesce del lago di Como an (16 €), bestehend aus vier Kostproben, und zwar von Lavarello con olive taggiasche, Filetto di pesce persico con mandorle, Crema di missoltino e polenta nera und Squartone (gewöhnlich Döbel, filetiert und getrocknet). Weiter geht es mit Ravioli di pesce di lago con crema di broccoletti und Superspaghettoni con pomodorini e pescato del giorno (16 €). Als Secondo stehen Gran fritto di lago oder Il lago e il bosco (18 €) auf dem Programm, das heißt Fischfilets mit Spänen von schwarzem Trüffel. Die breit gefächerte Weinkarte nennt interessante Etiketten zu korrekten Preisen. Es gibt Degustationsmenüs für 48 und 50 €, Wein nicht inbegriffen.

BELLAGIO (CO)

Silvio

Hotelrestaurant
Via Carcano, 12
Tel. (+39) 031 / 95 03 22
Kein Ruhetag
Ferien: unterschiedlich
Mittags und abends geöffnet

Das Restaurant liegt wegen der wunderschönen Aussicht auf den See und wegen der Nähe zu den Gärten der Villa Melzi strategisch günstig. Erfahrene Hände in der Küche und die direkte Beschaffung des Fisches durch Patron Cristian Ponzini machen eine Einkehr in diesem Lokal unvergesslich. Probieren Sie von den Antipasti Misto del Lario – sieben Kostproben verschiedener, fachgerecht zubereiteter Fische – und exzellenten Missoltino (Slow-Food-Presidio) con pannocchia tostata (6,50 €). Als Primo erwarten Sie aus frischem Teig zubereitete Tagliolini al profumo di lago oder durch eine Bronzeform gepresste Pasta con verdure di stagione (9 €). Danach folgen Pescato del giorno in gratin di bergamotto e limone (17 €), Frittura morbida di luccio und Lavarello spinato alla piastra. Auf der Karte finden sich auch schmackhafte Festlandsgerichte aus Enten-, Kalb-, Rind- und Schweinefleisch.

DOMASO (CO)
Ruffino
Trattoria • Via Venini, 2
Tel (+39) 03 44 / 951 84
Ruhetag: Montag, außer im Sommer
Ferien: 20. September–10. Oktober
Mittags und abends geöffnet

Die Trattoria liegt in einem Gässchen ein paar Schritte vom See entfernt. Exzellent ist der Antipasto (10 €) mit Missoltino alla piastra, Agone in carpione und Lavarello marinato. Riso al burro, salvia e formaggio con filetti di persico (12 €) kann eine ganze Mahlzeit bilden. Danach gibt es Lavarello oder Agone alla piastra (über Kaminfeuer gebraten) und Filetti di persico impanati (13 €). Zu trinken stehen der offene Hauswein oder ein Wein eines kleinen Winzers aus Como bereit.

GOITO (MN)
Al Pescatore da Mino
Trattoria • Ortsteil Sacca
Via Mori, 50
Tel. (+39) 03 76 / 600 10
Ruhetag: Montag
Keine Ferien
Mittags und abends geöffnet

Der köstliche Luccio in salsa con polenta (8 €) geht der ansehnlichen Mannschaft der Risotti con rane spolpate oder pesce d'acqua dolce (7,50 €) voraus, gefolgt von Fritto misto – mit Aal, Katzenwels, Fröschen und kleinen Fischchen, die hier *Psina* genannt werden –, Baccalà alla vicentina con polenta (12 €) und knusprigen Filetti di persico. Das Weinangebot ist begrenzt, lässt aber Aufmerksamkeit für die Umgebung erkennen.

ISEO (BS)
Trattoria del Muliner
Trattoria
Ortsteil Clusane
Via San Rocco, 16
Tel. (+39) 030 / 982 92 06
Ruhetag: Dienstag
Ferien: 2 Wochen im Oktober
Mittags und abends geöffnet

Der von der lokalen Fischereigenossenschaft gelieferte Fisch wird von Andrea gekonnt verarbeitet. Der Bogen spannt sich von frittiertem und gegrilltem Fisch bis zu Affumicati (Räucherfisch) und Filetti panati e dorati (paniert und frittiert): Insalata di luccio, Alborelle fritte (8 €), Spaghetti con sardine del Sebino (10 €), Tagliatelle al persico, Coregone alla griglia (11 €), Tinca al forno con polenta, Filetti di persico und Salmerino al cartoccio. Das Weinangebot passt zum Essen.

MONIGA DEL GARDA (BS)
Al Porto
Restaurant
Via del Porto, 29
Tel. (+39) 03 65 / 50 20 69
Ruhetag: Mittwoch, außer 15. Juni–31. August
Ferien: zwischen November und Januar
Mittags und abends geöffnet

Tinca di lago al tartufo, Coregone in carpione con polenta integrale, Strozzapreti con persico e ricotta und Filetto di storione con scalogno in agrodolce e sapa sind einige von Wandas Angeboten. Lassen Sie sich Toast di sarda di lago con salsa alla senape antica (15 €), Gnocchi di patate con storione e verdure speziate (14 €) und Luccio tiepido profumato alla maggiorana con mousse di patate (22 €) nicht entgehen. Schöne Weinkarte.

MONTE ISOLA (BS
Locanda al Lago
Restaurant
Ortsteil Carzano, 38
Tel. (+39) 030 / 988 64 72,
(+39) 347 / 918 64 78
Ruhetag: Dienstag, außer im Sommer
Ferien: Dreikönig–letzte Februarwoche
Mittags und abends geöffnet

Nando ist Gastronom und Fischer, einer der letzten am Iseosee. Er wird Ihnen erzählen, wie man Sardinen (eigentlich Finten, Slow-Food-Presidio) trocknet, die man hier auch kaufen kann, oder wie man Döbel fängt, aber auch die Geschichte des Öls, das auf Europas größter in einem See liegender Insel erzeugt wird, und jene der hiesigen Salami. Einige Beispiele der angebotenen Speisen: Millefoglie di sardine di lago con chips di polenta (12 €), Risotto al pesce di lago con la sua bottarga, Trenette alla pescatora (9 €), Coregone in umido con scaloppe di polenta und Frittura mista (17 €). Gute Weinselektion.

RIVA DI SOLTO (BG)
Zù
Restaurant
Via XXV Aprile, 53
Tel. (+39) 035 / 98 60 04
Ruhetag: Dienstag, im Sommer Dienstagmittag
Ferien: zeitweise im Januar
Mittags und abends geöffnet

Der Fisch, den Danilo Baiguini täglich fängt, wird von der tüchtigen Patrizia Argenti zubereitet. Das Menü eröffnen Sinfonia di profumi e sapori del Sebino (16 €), bestehend aus Agone del lago, Sarda alla griglia, Luccio in salsa su crostone di pane casereccio, Mousse di lavarello affumicato und Sarde in *saor*. Unter den Primi (16 €) sind Tagliatelle con agoni essiccati und Tortelli di salmerino e ricotta. Weiter geht es mit Salmerino su crema parmentier, Filetti di persico reale fritti und Coregone gratinato con polenta (16 €). Großes Weinangebot.

SORICO (CO)

Beccaccino

Restaurant
Via Boschetto, 49
Tel. (+39) 03 44 / 842 41
Ruhetag: Montag
Ferien: unterschiedlich
Mittags und abends geöffnet
G

Das Lokal bietet italienische Küche und ein Menü mit Süßwasserfisch, das jeden Tag davon abhängt, was Patron Romeo Landi an Land zieht. Man beginnt mit Antipasto di lago (12 €), der aus Kostproben von lauwarmem Fisch oder Fisch in cagnone (mit zerlassener Butter und Parmesan) besteht, oder mit der sehr gefragte Bottatrice (Quappe). Weiter geht es mit Riso mantecato con filetti di pesce persico oder hausgemachten Ravioli di lavarello al pesto con fagiolini e patate croccanti (13 €) und als Secondo mit opulenter Grigliata mista di lago con verdure (17 €) oder schmackhaftem Lavarello alle erbe aromatiche. Die Weinauswahl ist groß und gut gegliedert.

PORTO MANTOVANO
Soave

9 KM NORDWESTLICH VON MANTUA

La Stella

Trattoria
Via Martiri della Libertà, 129
Tel. (+39) 03 76 / 30 06 35
Ruhetag: Montagabend, Dienstag
Ferien: unterschiedlich
100 Plätze + 60 Plätze im Freien
Preise: 35 €
Alle Kreditkarten; BM
Mittags und abends geöffnet

Um zur Osteria zu gelangen, folgen Sie den Wegweisern nach Soave und Bosco delle Bertone, in deren Nähe sie gelegen ist. Patron Daniele Toaldo hat seinen erfolgreichen Weg fortgesetzt, indem er auf aufmerksame Suche nach erlesenen Zutaten setzt. Darunter sind auch einige Produkte aus Slow-Food-Presidi wie Bitto storico verschiedener Jahrgänge und von verschiedenen Almen, der in einer Vertikalverkostung (15 €) dargeboten wird. Unter den Antipasti ist eine bemerkenswerte „Accoglienza mantovana" mit verschiedenen lokalen Spezialitäten, die es auch einzeln gibt: **Salami misti con polenta e sottoli**, **Luccio in salsa verde**, **Insalata dei Gonzaga**, **Nervetti con cipolle e fagioli** und Grana con mostarda di pere. Als Alternative kann man Sorbir d'agnoli oder di trippe probieren. Bei den Primi gibt es auf der einen Seite die obligate, von Hand ausgezogene Pasta, wie **Tortelli di zucca** con burro e salvia (10 €) und Agnoli in brodo, auf der anderen **Risotti alla pilota con pesce gatto spolpato** oder **tinca** (11 €), die alle durch harmonische Zubereitung glänzen. Nicht auf dieser Linie liegen Gnocchetti con pomodoro San Marzano e salsiccia und Maccheroncini al torchio con sugo di cinghiale. Wir übergingen das übermäßige Fleischangebot aus Übersee und konzentrierten uns zu unserer Zufriedenheit auf **Rotolini d'anguilla marinata con polenta abbrustolita** (20 €) und Spezzatino di lepre mit Polenta. Äußerst opulent präsentiert sich die Karte der Nachspeisen (5 €), die Semifreddi und lokale Klassiker wie Sbrisolona und Torta di mele nennt, beide mit ausgesprochen gelungener lauwarmer Zabaione serviert. Das angemessene Weinangebot umfasst viele Weine aus dem Umland und dem nahen Gardaseegebiet, die es auch glasweise gibt.

POZZOLENGO
Martelosio di Sopra

40 KM SÜDÖSTLICH VON BRESCIA

Antica Locanda del Contrabbandiere

Restaurant mit Übernachtungsmöglichkeit
Ortsteil Martelosio di Sopra, 1
Tel. (+39) 030 / 91 81 51
Ruhetag: Montag • Ferien: 7.–31. Januar
36 Plätze + 20 Plätze im Freien
Preise: 35–38 €
Kreditkarten: CS, MC, Visa; BM
Abends geöffnet, an Feiertagen auch mittags

Der Weg zu diesem Lokal führt durch Hügel, gepflegtes Ackerland und mit Trebbiano bepflanzte Weingärten. Wegen seiner strategischen Grenzposition zwischen drei Provinzen heißt es seit dem 15. Jahrhundert Antica Locanda del Contrabbandiere (Alte Locanda des Schmugglers). Sobald Sie das gemütliche, ansprechende Lokal betreten haben, werden Sie vom Inhaber mit einem mit Trüffel aromatisierten Vol-au-vent di bufala und einem Glas Bardolino empfangen. Das Menü besteht aus wenigen Gerichten, denen jedoch akribische Aufmerksamkeit gewidmet wird. Unter den Antipasti sind Cestino di formaggi teneri e radicchio, Carpaccio di petto d'oca fumé con mele spadellate und **Polpette di pesce di lago** su crema di cavolfiore (10 €). Nicht weniger gepflegt sind die Primi: Bigoli di farina di castagne con ragù di cinghiale, **Tagliatelle con sarde fresche** und Gnocchi neri con calamari e porri (15 €). Weiter geht es mit Guanciale di vitellone brasato all'Amarone, **Bocconcini di lavarello** in pasta fillo su crema di piselli (15 €) und Filetto di orata mit Julienne aus Saisongemüse. Die ausnahmslos hausgemachten und ansprechend präsentierten Dolci umspannen **Biancomangiare su cialda,** Tortino di cioccolato fondente con spuma alla menta, Semifreddo con fichi marinati al rum und Budino di cioccolato bianco con fragole. Die Weinkarte ist mit lokalen Etiketten gut bestückt.

Bei den Fattorie dei Colli Storici (Via Santa Maria 21) gibt es die besten italienischen Rinderrassen. Die Brüder Castrini beschäftigen sich mit ethischem Konsum zur Reduzierung der Vergeudung von Nahrungsmitteln und fördern die Initiative Spesa Famiglia, was breite Zustimmung findet.

QUISTELLO

29 KM SÜDÖSTLICH VON MANTUA, S.S. 496

All'Angelo

Restaurant mit Übernachtungsmöglichkeit
Via Catone, 60
Tel. (+39) 03 76 / 61 83 54
Ruhetag: Montag, Oktober–April auch Sonntagabend
Ferien: zweite Januarwoche, ersten 2 Juliwochen
60 Plätze • Preise: 40 €
Alle Kreditkarten; BM
Mittags und abends geöffnet

Der ursprüngliche Standort des Lokals im Zentrum des Ortes ist noch vom Erdbeben im Jahr 2012 gezeichnet. Jetzt finden Sie Nadia und Denis Garosi ein kleines Stück außerhalb in einer schön renovierten Villa aus dem 19. Jahrhundert mit einigen Gästezimmern. Denis empfängt Sie herzlich im Speisesaal und führt Sie durch die Auswahl der Gerichte, die Nadia aus exzellenten lokalen Zutaten zubereitet. Sie können mit klassischem Antipasto all'italiana (12 €) mit Culatello, Lardo, Salame aus Mantua und Pancetta oder mit **Prosciutto in salsa tiepida di balsamico** beginnen. Darauf folgen Tagliatelle ai porcini, **Maccheroni al torchio con fagioli** (10 €) und Tortelli di zucca al burro fuso e al pomodoro. Fleisch gibt bei den Secondi den Ton an: **Guancialino alle mele brasate e Moscato** (15 €), Lonza di maiale con mostarda, Tagliata di petto d'anatra in salsa di vino rosso (15 €) oder Scaloppe in verschiedenen Zubereitungsarten. Gute Selektion italienischer und ausländischer Käsesorten. Den Schlusspunkt setzen **Mousse al croccante** (5 €), traditionelle Sbrisolona oder auch von Nadia zubereitete Sorbetti und Gelati. Die Weinkarte bietet eine breit gefächerte Auswahl italienischer und ausländischer Weine, die auch glasweise bestellt werden können. Wir befinden uns im Gebiet des weißen Trüffels aus Mantua, der von Oktober bis Januar gesammelt wird; daher gibt es auch eine ganze Mahlzeit im Zeichen von Trüffel. Von April bis Oktober gibt es Degustationsmenüs zu bestimmten Themen wie Fleisch, Pilzen, Spargel und zur Tradition Mantuas.

Im Ortsteil **San Rocco** (4 km), Via Boscarello 8, züchtet Fiorenzo Soriani teils frei lebende Schweine und erzeugt Rohschinken und Salami nach Mantuaner Tradition.

RIPALTA CREMASCA
Bolzone

42 KM NORDWESTLICH V. CREMONA, 8 KM V. CREMA

Via Vai Fratelli Fagioli

Trattoria
Via Libertà, 18
Tel. (+39) 03 73 / 26 82 32
Ruhetag: Dienstag, Mittwoch
Ferien: Juli/August
40 Plätze + 20 Plätze im Freien
Preise: 38 €
Kreditkarten: CS, DC, MC, Visa; MB
Abends geöffnet, Sonntag auch mittags

Die Brüder Fagioli bieten in ihrem unverändert gebliebenen Lokal geschichtsträchtige Speisen in leichteren, aber nicht verfälschenden Fassungen. Den Auftakt machen Salami aus Cremona mit Giardiniera (9 €), **Terrina di faraona**, di melanzane e peperoni oder di coniglio, Paté di tonno e patate con caponata und die legendäre Terrina di fegato grasso. Zahlreich sind die Primi (10 €): Tortelli cremaschi von Stefano, **Lasagnette con ragù d'anatra** oder con verdure, Gnocchi und Ravioli, die mit den Jahreszeiten gehen. Lange Zubereitungszeiten kennzeichnen die Secondi, von denen **Cosciotto d'oca con verze**, Coscetta di coniglio disossata farcita con verdure (14 €), bei Niedrigtemperatur gegarte **Anatra arrosto**, Lingua di vitello salmistrata con salsa verde und Trippa herausragen. Unverzichtbar ist Salva aus Cremona con le tighe, den es nur hier so gut und perfekt gereift gibt. Danach warten viele Desserts (5 €) wie Crostatina con crema pasticciera, Sorbetti aus frischen Früchten, Bavarese allo yogurt, Torta di amaretti e fichi in crosta di mandorle, typische Torta bertolina di uva fragola, verschiedene Semifreddi und Sbrisolona con crema al mascarpone. Marco kümmert sich um das gewaltige Kellerangebot mit exzellenter Auswahl glasweise ausgeschenkter Weine und hilft Ihnen, die passenden Tropfen zu den Gerichten von Stefano und seinem Team zu finden. Die wöchentlich organisierten Themenabende glänzen mit ausgezeichnetem Preis-Leistungs-Verhältnis; bemerkenswert ist das Weihnachtspaket für acht Personen mit acht Speisen von Stefano, die man zu Hause genießen kann.

» *Geschichtsträchtige, dem heutigen Geschmack angepasste Gerichte – eine fantasievolle Küche mit solider traditioneller Basis.* «

RONCOFERRARO
Garolda

14 KM ÖSTLICH VON MANTUA

Dal Gaia

Trattoria
Strada Ostigliese, 83/3
Tel. (+39) 03 76 / 66 38 15
Ruhetag: Montag, Dienstagabend
Ferien: zweite und dritte Augustwoche
55 Plätze + 20 Plätze im Freien
Preise: 30–35 €
Kreditkarten: AE, Visa; BM
Mittags und abends geöffnet

An der Staatsstraße, die Mantua mit Ostiglia verbindet, finden Sie ein schön eingerichtetes Lokal, dessen Wände mit Drucken und Gerätschaften aus der bäuerlichen Kultur geschmückt sind. Empfangen werden Sie von Roberto, der sich um den Service kümmert, und seiner Frau Cosetta, einer geschickten Köchin und Interpretin der besten Mantuaner Tradition. Unvermeidlich ist ein Einstieg mit Wurst mit warmem Brot und Saucen (hervorragend ist jene aus Mascarpone und Sardellen): **Culatello** (9 €), Coppa, Pancetta, Salami aus Mantua und Mortadella aus dem Slow-Food-Presidio. Als Primi gibt es hausgemachte Pasta, von der wir **Tagliatelle con piccione e spugnole** (9 €), Tortelloni di ricotta con radicchio e speck, Tagliolini con verdure di stagione und unausbleibliche Agnoli in brodo und Tortelli di zucca nennen. Sie können danach mit hauptsächlich aus Fleisch zubereiteten Secondi fortfahren, aber, falls erhältlich, probieren Sie auch **Luccio in salsa con polenta** (10 €); ansonsten bieten sich Medaglioni di maiale con porcini, Brasato al Barolo und vorzüglicher Cosciotto d'oca all'aceto balsamico an. Anschließend lassen Sie sich von Cosettas einfachen, aber köstlichen Desserts (5 €) verführen, wie **Mousse di castagne e salsa di cachi**, Salame oder Tortino di cioccolato und Budino di zucca al caramello. Die Weinkarte nennt bevorzugt Weine aus dem Gebiet mit einem guten Angebot an Lambruschi aus Mantua, bietet aber auch eine breit gefächerte Auswahl von Weinen aus dem übrigen Italien, teils auch im glasweisen Ausschank. Wenn Sie Ihre Mahlzeit mit einem guten Brand abrunden möchten, haben Sie die Qual der Wahl zwischen verschiedenen exzellenten Marken und Jahrgängen.

ROVATO

22 KM WESTLICH VON BRESCIA, A 4

Trattoria del Gallo

NEU

Trattoria
Via Cantine, 10
Tel. (+39) 030 / 724 01 50
Ruhetag: Sonntagabend (im Sommer)
Ferien: 1 Woche im August
50 Plätze
Preise: 39 €
Alle Kreditkarten; BM
Mittags und abends geöffnet

Das Gebiet wird hier sowohl in den Produkten als auch in den Rezepten angemessen repräsentiert, die Giovannas kundigen Händen entspringen. Alberto und Onofrio führen seit einiger Zeit diese historische Trattoria im Zentrum von Rovato – schlicht, zurückhaltend, höflich und mit großer Achtsamkeit auf Wünsche des Gastes. Schmackhafte Angebote zur Einstimmung sind **Sformato di zucchine con crema di zafferano** (13,50 €), Sardina essiccata aus dem Iseosee (Slow-Food-Presidio) mit Polenta, Petali di violino di capra con concassé di pompelmo bianco, Polentina di mais con baccalà und eine Degustation von Salumi vom Hirsch, Wildschwein und Reh. Unter den Primi sind exzellente **Risotti** (13 €) – einzigartig in den Versionen mit Franciacorta Rosé und Erdbeeren sowie mit Bagòss und Lakritzpulver – traditionelle, hausgemachte Casoncelli alla bresciana con burro fuso e salvia (9 €), hinreißende Gnocchetti di pane con guanciale croccante oder di ortiche saltati con gamberi rossi di fiume sowie Zuppetta di ortaggi freschi e basilico. Das historische Gericht des Lokals, **Manzo di Rovato all'olio con polenta di Castegnato e spinaci**, glänzt durch gekonnte Zubereitung. Exzellent sind die Fleischgerichte wie Costolette di agnello impanate con battuta di aromi (17 €), Ossibuchi con piselli, wunderbares Coniglio alla bresciana con patate, **Baccalà alla moda del Gallo**, Tagliata di pecora und im Winter exzellente Bolliti. Gute Käseselektion und vielfältiges Dessertangebot von Sorbetti bis zu hausgemachten Kuchen; lassen Sie sich die nach einem besonderen Rezept zubereitete Sbrisolona nicht entgehen. Zu trinken gibt es mehr als 70 Weine mit besonderem Augenmerk auf Erzeugnisse der Franciacorta.

ROVERBELLA (MN)
Canedole

16 KM NÖRDLICH VON MANTUA

La Pecora Nera

Trattoria
Via Baracca, 9
Tel. (+39) 03 76 / 69 51 47
Ruhetag: Montag, Dienstag
Ferien: unterschiedlich
40 Plätze
Preise: 25–28 €
Alle Kreditkarten; BM
Mittags und abends geöffnet

Der Name der Osteria (Schwarzes Schaf) verweist auf ihre Eigentümerin Vania, die von ihrer Familie und den Freunden wegen ihres temperamentvollen Wesens und ihrer Fähigkeit, sich von anderen abzuheben, diesen Spitznamen erhielt. Aber trotz des Namens und der Abbildungen schwarzer Schafe am Lokaleingang herrscht hier überall Farbe, auch beim fröhlich dekorierten Geschirr in unterschiedlichen Formen. Wir befinden uns im Herzen der Provinz Mantua, die für ihre Seeküche bekannt ist, etwa **Risotti alla pilota con i *saltarei*** – mit Krebsen aus den Reisfeldern – con pesce gatto spolpato, con le rane oder con i pesciolini. Von den übrigen Primi empfehlen wir Tortelli di zucca und Tortelli ripieni di ricotta ed erba cipollina mit ungemein schmackhafter Recioto-Reduktion (8 €) oder hausgemachte **Tagliatelle con ragù di germano**. Bei den Secondi hat Vania ein besonders glückliches Händchen für **Fritto di pesce** (11 €): knuspriger und feiner Persico (Barsch), besonders schmackhafter und ungewöhnlicher Pesce gatto (Katzenwels) und delikate Rane (Frösche); dazu wird Saisongemüse gereicht. Es lohnt sich aber auch, das gekonnt gegrillte Fleisch zu probieren, darunter **Ganascino con i porcini** (8,50 €), traditionelle Spalla cotta, eine nicht nur lokal gefärbte Selektion an Wurst und Käse und **hausgemachte Mostarde** aus weißer Melone, Campanine-Äpfeln und Birnen. Die Dolci (3,50 €), darunter Sorbetto al nocino e liquirizia und Salame dolce, sind ebenso wie die Liköre zur Abrundung der Mahlzeit hausgemacht. Die Weinkarte beinhaltet diverse Lambruschi aus der Umgebung und anderen Gebieten Norditaliens.

SALÒ

31 KM ÖSTLICH VON BRESCIA, S.S. 45 BIS

Osteria di Mezzo

Moderne Osteria
Via di Mezzo, 10
Tel. (+39) 03 65 / 29 09 66
Ruhetag: Dienstag
Ferien: 10. Januar–10. Februar
30 Plätze + 8 Plätze im Freien
Preise: 40 €
Kreditkarten: AE, CS, MC, Visa; BM
Geöffnet 12–23 Uhr

In einem der Gässchen im Zentrum von Salò, in einem ehemaligen Warenlager, befindet sich diese Osteria mit gepflegter Einrichtung von schlichter Eleganz, in der es wie früher durchgehenden Service von 12 bis 23 Uhr gibt. Geboten wird hier das Beste aus dem Umland – Wein aus dem Veltlin, Öl aus dem Gebiet um den Gardasee und Honig. Der junge Marco und sein Vater Gino empfangen die Gäste im kleinen Gastraum und im Sitzbereich im Freien auf professionelle Weise; Vanni steht gemeinsam mit Mamma Dory am Herd. **Salumi aus Eigenproduktion** (9 €) – Salami, Coppa, Pancetta und Lardo – oder Kostproben von Fisch aus dem Gardasee, frittiert, mariniert oder als Salat (11 €) eröffnen die Mahlzeit. Die Primi wechseln jahreszeitlich, aber **Tagliolini con il persico** (9 €) sind immer vorhanden. Seefisch verfeinert handgemachte Pasta aus Kamut-, Dinkel oder Hafermehl, während Fleisch bei **Bigoli con il ragù d'anatra** und Käse bei Crespelle con radicchio di campo ihren Auftritt haben. Exzellent schmeckt **Coniglio al chiaretto** neben anderem gebratenem, gegrilltem oder geschmortem Fleisch; Alternativen sind Filetto di salmerino oder **Sarde di lago arrostite** (16 €). In der Saison gibt es Baccalà oder Anguilla mit Polenta. An **Formaggi** gibt es viele Spezialitäten aus Brescia, Bergamo und ganz Norditalien. Unter den Dolci (8 €) ragen besonders die Löffeldesserts wie Semifreddi, Parfait und Bavaresi hervor, aber auch Tortino fondente al cioccolato, Crostate und Biscottini schmecken gut. Die Weinkarte präsentiert sich sehr gepflegt. Wählen Sie zum Abschluss noch einen Brand aus der wirklich verlockenden Karte aus.

Die Pasticceria Vassalli (Via San Carlo 86) bietet köstliche Süßspeisen und Schokolade.

SAN COLOMBANO AL LAMBRO
Mostiola

42 KM SÜDÖSTLICH VON MAILAND

Sant'Ambrogio

Traditionelle Osteria
Ortsteil Mostiola, 8
Tel. (+39) 03 71 / 89 86 75
Ruhetag: Montag, Dienstag
Ferien: zeitweise im Januar und August
45 Plätze + 45 Plätze im Freien
Preise: 35–40 €
Kreditkarten: AE, CS, MC, Visa; BM
Mittags und abends geöffnet

Von der Abfahrt Casalpusterlengo der A 1 erreichen Sie in wenigen Minuten dieses Lokal im landwirtschaftlichen Gebiet südlich von Mailand. Draußen erwarten Sie eine schöne Laube, drinnen ruhige Räume von der Behaglichkeit einer alten Osteria. Im Eingangsbereich steht ein Tresen, im Hauptraum mit wenigen Tischen thront ein mächtiger Kamin, wo Patron Donato das von ihm ausgewählte Fleisch grillt. Von der Karte können Sie als Antipasto lokale Salumi (8 €), Cipolline, Carciofi oder Tomino lardellato, begleitet von gutem Brot, wählen. Die hausgemachten Primi überzeugen mit geschmacklich ausgewogenen Füllungen und zartem Teig: **Cappelletti con stracotto in brodo** (13 €), Tortelli di zucca e mostarda, Ravioli di stracotto oder Ravioli verdi und Tagliatelle al ragù. Von den Secondi empfehlen wir **Carne mista alla griglia** (Rippchen, Salsiccia aus Lodi und Fleisch von der Färse), das vor Ihren Augen gekonnt zubereitet wird, oder vorzügliche **Rognoncini trifolati** (18 €). Exzellent ist Saisongemüse wie sautierter **Cavolfiore con acciughe** und **Coste con pancetta** (5 €). Gepflegte Auswahl lokaler Käsesorten, die mit Ivana Delfantis Konfitüren kombiniert werden; sie ist auch für die guten Dolci zuständig, etwa die herrliche **Crostata alla confettura di albicocche** (5 €) und das opulente Semifreddo *strachin gelaa*. Die wenigen, sorgsam ausgesuchten Weine werden zu fairen Preisen angeboten; jene aus dem Umland kommen aus dem einzigen DOC-Gebiet der Provinz Mailand. Der Service ist gepflegt und höflich.

In **Lambrinia di Chignolo Po** (5,5 km) beschäftigt die Sozialgenossenschaft I Germogli (Via Don Sbarsi 14) Jugendliche aus zerrütteten Verhältnissen und bindet sie in die Erzeugung von Wein, Honig und Gemüse ein.

SAN DAMIANO AL COLLE

33 KM SÜDÖSTLICH VON PAVIA

Fugazza

Trattoria
Ortsteil Boffalora, 11
Tel. (+39) 03 85 / 751 83
Ruhetag: Donnerstag
Ferien: unterschiedlich
60 Plätze
Preise: 25–30 €
Kreditkarten: CS, DC, MC, Visa; BM
Mittags und abends geöffnet

Luisa und Stefano Fugazza sind einfache, authentische und gastfreundliche Menschen. In ihrer Trattoria wird die Aufmerksamkeit für Details deutlich: viele glutenfreie Gerichte, hausgemachte Wurst, Pasta und Süßspeisen, Suche nach Lieferanten im Umland und eine kleine Weinkarte, die Interesse für besondere lokale Winzerbetriebe und mehr als ehrliche Preise zeigt. Auf der blumenumrankten Veranda mit Blick auf das Tal kann man mit hervorragenden **Salumi, begleitet von grüner Sauce und Paprikaschoten** (8 €), Battuta di manzo, Tortino di borragine con fonduta di crescenza oder mit Insalata di baccalà con olive taggiasche e pomodori secchi condita con olio di basilico beginnen. Bei den Primi – die gefüllte Pasta ist ein Markenzeichen – ragen **traditionelle Ravioli al sugo di brasato** (8 €) heraus, ebenso saisonale Ravioli con punta di ortica e ricotta (mit Brennnesselspitzen und Ricotta) al burro e salvia oder auch Ravioloni con la dolce cipolla di Breme brasata, ricotta e grana stagionato (mit geschmorten Zwiebeln, Ricotta und Grana) al burro e timo. Erwähnt seien auch glutenfreie Gnocchi ripieni con punta di ortiche, ricotta e raspadura di pecorino di Pienza stagionato. Bei den Secondi sind viele Fleischgerichte zu finden, darunter Tagliata di controfiletto, **Ganassino di vitello brasato alla Bonarda** (10 €) und klassische Fiorentina. Falls erhältlich, sollten Sie Spiedino di lumache con purea di patate e porri probieren. Es gibt Kostproben von interessanten Käsesorten, darunter Ziegenkäse aus dem nahen Boscasso, und zum Abschluss hausgemachte Süßspeisen wie **Tortino di mele al profumo di cannella** (5 €), Crostate mit hausgemachten Konfitüren oder Marmeladen, wie jene aus Orangen, die Coppa di crema morbida di cacao begleitet. Für 20 € gibt es ein gutes Degustationsmenü.

SAN GIACOMO DELLE SEGNATE

36 KM SÜDÖSTLICH VON MANTUA

Le Caselle

Ferienbauernhof
Via Contotta, 21
Tel. (+39) 03 76 / 61 63 91,
(+39) 348 / 385 96 22
Ferien: je 15 Tage im Januar und August
50 Plätze + 30 Plätze im Freien
Preise: 30–35 €
Kreditkarten: CS, MC, Visa; BM
Gegen Vorbestellung mittags und abends geöffnet

Um im Caselle zu essen, empfiehlt es sich zu reservieren, damit das Menü je nach saisonaler Verfügbarkeit des Gemüses aus dem Garten der Familie und des Fleisches der Hoftiere vereinbart werden kann. Dieser Agriturismo, der mit einem weitläufigen Park, einem Wald und einem kleinen See aufwartet, bietet jedoch auch immer ein À-la-carte-Menü. Man kann mit einem Antipasto aus **Salumi, Frittate alle erbette** und ausgezeichneter **Giardiniera di verdure** (9 €) oder mit Insalata di cappone beginnen, um danach mit Primi (9 €) fortzufahren, etwa **Cappelletti in brodo di cappone**, Ravioli di zucca, Ravioli di farina integrale alle erbette con burro fuso e limone grattugiato und Maltagliati al ragù d'anatra. Bei den Secondi (13 €) sind **Lesso**, **Cotechino** und **Lingua** die Stars im Winter und werden mit Mostarde aufgetischt, die Raffaella nach einem Familienrezept nur aus frisch geernteten Früchten erzeugt. Außerdem gibt es Arrosto di faraona, di cappone oder d'anatra, aber das Paradegericht des Hauses bleibt **Cappone in vescica di bue e canna di sambuco**, ein Gericht, das extreme Sorgfalt in der Küche erfordert, wie Sie aus Gianfrancos Beschreibung entnehmen können. Anschließend geht man zu Käse, ebenfalls von Mostarde begleitet, und zu hausgemachten Dolci (7 €) über, darunter Salame dolce con zabaione al Recioto. Zu trinken gibt es eine gute Auswahl an Lambruschi und Qualitätsweine aus der Region. Außerdem stehen zwei Gästezimmer zum Übernachten bereit.

»*Raffaella und Gianfranco lieben ihre Arbeit im Agriturismo Le Caselle und vermitteln dies ihren Gästen in einem Mix aus Naturnähe, authentischen Geschmacksnoten und guter Küche.*«

SAN GIOVANNI BIANCO
Oneta

29 KM NÖRDLICH VON BERGAMO

Taverna di Arlecchino

Trattoria
Ortsteil Oneta
Tel. (+39) 03 45 / 424 58,
(+39) 338 / 760 08 82
Ruhetag: Montagabend, Dienstag
Ferien: unterschiedlich
30 Plätze + 15 Plätze im Freien
Preise: 28–32 €
Kreditkarten: CS, MC, Visa; BM
Mittags und abends geöffnet

Wenn Sie einen schönen Spaziergang außerhalb der Stadttore unternehmen, besuchen Sie unbedingt den mittelalterlichen Ort Oneta. Er liegt an der alten Via Mercatorum, die bis zum Ende des 15. Jahrhunderts der einzige Handelsweg zwischen Bergamo und dem Veltlin war. Hier ist auch der Standort dieser reizenden Trattoria, deren Name der historischen Figur aus Bergamo gewidmet ist. Im Gebäude nebenan ist nämlich die Geburtsstätte von Arlecchino, das heißt ein der Figur des Zanni gewidmetes Museum, von der der bunte Protagonist des Karnevals inspiriert ist. Das Menü wird mündlich erläutert. Zu Beginn schlägt man eine klassische Platte mit Wurst und Käse (9 €) von guter Qualität und dazu deliziöse Giardiniera vor. Weiter geht es mit **Casoncelli alla bergamasca** (9 €) con pancetta croccante, Risotto allo stracchino oder mit **Tagliolini ai funghi porcini**. Als Alternative dazu kann man auch Tortelloni con formaggio caprino e melanzane bestellen. Pasta und Brot sind ganz traditionell hausgemacht. Gut gelungene Secondi sind **Coniglio nostrano disossato** (13 €) **farcito con erbe aromatiche**, Capretto al forno, Bocconcini di cervo al ginepro, aber auch schlichte **Polenta taragna con funghi porcini** (12 €). Das Finale bilden Kuchen und hausgemachte Semifreddi. Zu trinken bietet man Ihnen einen ehrlichen offenen Valcalepio an, aber auf Wunsch steht auch eine kleine Auswahl an Flaschenweinen bereit, die der Lokaleigentümer persönlich auswählt.

SANTA MARIA DELLA VERSA
Ruinello

28 KM SÜDÖSTLICH VON PAVIA, 8 KM VON STRADELLA

Al Ruinello

Restaurant
Ortsteil Ruinello di Sotto, 1 A
Tel. (+39) 03 85 / 79 81 64
Ruhetag: Montagabend, Dienstag
Ferien: 12 Tage im Januar, 3 Wochen im Juli
40 Plätze + 20 Plätze im Freien
Preise: 30–35 €
Kreditkarten: CS, DC, MC, Visa; BM
Mittags und abends geöffnet

Wenn man durch das Hügelland des Oltrepò fährt, gelangt man nach Santa Maria della Versa. Ein typisches ländliches Gebäude bildet dort den Rahmen dieses Restaurants, mit Hingabe geführt von Piero Bersani, seiner Frau Donatella und ihrem Sohn Cristiano. Es besteht aus einem einzigen eleganten Raum mit altem Flair, fein gedeckten Tischen und einem imposanten Kamin, der eine warme, gemütliche Atmosphäre erzeugt. Das gute Weiß- und Vollkornbrot stammt von einem lokalen Bäcker. Bereits bei den Vorspeisen wird die enge Bindung an das Gebiet deutlich: **Filzetta**, Pancetta, Coppa und Salami, begleitet von Insalata russa (8 €), oder als Alternative Sformatino di verdure dell'orto. Das Angebot der Primi steht dem in nichts nach: köstliche **Ravioli ripieni di agnello con carciofi** (8 €), ***Pisarei e fasò*** und Risotti, die je nach Saison variieren. Die wahre Stärke sind und bleiben jedoch die Secondi, bei den sich der Bogen von **Quaglie al Pinot Grigio** con polenta (13 €), Faraona in umido, Arrosto di vitello all'arancia bis zu winterlichem Stracotto di manzo e lepre in salmì spannt. Interessant sind auch die Desserts wie etwa Crostata con confettura di lamponi, **Semifreddo al caffè**, Cupcake al cioccolato con lamponi und Bonet al cioccolato e nocciole (4,5 €). Die gepflegte Weinkarte nennt eine beachtliche Liste lokaler Erzeugnisse, flankiert von einer Selektion italienischer Weine.

Il Boscasso in **Ruino** (11 km), Ortsteil Boscasso, bietet herrlichen Ziegenkäse von natürlich gefütterten Tieren. Verkauf vor Ort und auf dem Mercato della Terra in Mailand.

SANTO STEFANO LODIGIANO
Ortsteil Chiavicone

35 KM SÜDÖSTLICH VON LODI, S.P. 36

Il Barcaiolo

NEU

Traditionelle Osteria
Ortsteil Chiavicone, 3
Tel. (+39) 03 77 / 37 93 00,
(+39) 389 / 594 99 67
Ruhetag: Montag, Dienstag
Ferien: August
40 Plätze + 20 Plätze im Freien
Preise: 25–30 €
Alle Kreditkarten; BM
Abends geöffnet, Sonntag auch mittags

Das Lokal ist nach den Schiffern benannt, die es im vorigen Jahrhundert für einen Imbiss aufsuchten. Die Tradition der schlichten Bewirtung besteht weiterhin: Pierangelo Lodigiani, der mit seinem Bruder in der Nähe einen Landwirtschaftsbetrieb führt, und vier Freunde haben das Lokal renoviert, den Ansatz und Geist einer traditionellen Osteria jedoch beibehalten. Das Menü ist nicht groß, aber die üppigen Gerichte, die Rosy mit sicherer Hand zaubert, sind exzellent. Schlichtheit und Qualität zeichnen die Antipasti aus, bei denen Wurst aus dem Betrieb (allen voran Sanfioranetto) eine führende Stellung einnimmt und von Gnocco fritto (8 €) begleitet wird; empfehlenswert ist auch der Käseteller mit Pannerone, Gorgonzola und Grana aus umliegenden Bauernhöfen. Stark vertreten ist **Risotto** bei den Primi, und zwar **con salsiccia e funghi** (8 €), salsiccia e pannerone oder salsiccia e zucca. Unverzichtbar sind **Tortelli** in den Versionen con salvia e melanzane, ricotta e spinaci oder di zucca. Im Winter auch Bahn frei für Ravioli in brodo. Gegen Vorbestellung gibt es Panissa und Trippa alla lodigiana. Hervorragend ist **Tagliata di manzo** (15 €) aus Fleisch von lokalen Bauernhöfen, und auch Schwein aus Pierangelos Betrieb schmeckt und findet sich in verschiedenen Gerichten wie **Costine con verze e polenta** (10 €), Lonza tonnata oder con limone e aceto balsamico (8 €); manchmal gibt es außerdem Stinco con patate oder Bollito. Als Dessert erwarten Sie **Crostate di frutta**, selbst gemachtes Eis aus einer nahen Eisdiele oder hausgemachte Semifreddi alla fragola, alla meringa oder al torroncino. Lokal gefärbt ist auch die Auswahl einiger Biere aus kleinen Brauereien, vor allem aber das Weinsortiment, das engagierte Suche innerhalb eines nicht sehr bekannten, aber kulinarisch bemerkenswerten Gebiets erkennen lässt.

SCANDOLARA RIPA D'OGLIO

15 KM NORDÖSTLICH VON CREMONA

Locanda del Gheppio

Trattoria
Via Umberto I, 28
Tel. (+39) 03 72 / 891 40
Ruhetag: Montagabend, Dienstag
Ferien: 2 Wochen im August
80 Plätze + 10 Plätze im Freien
Preise: 32–35 €
Kreditkarten: CS, DC, MC, Visa; BM
Mittags und abends geöffnet

Die nördlich von Cremona an der Grenze zur Provinz Brescia gelegene Locanda präsentiert sich mit gut angeordneten und schön gedeckten Tischen gepflegt und elegant. Küchenchef Alvaro Ponzoni, der auf eine sehr lange Erfahrung zurückblickt, leitet die Küche mit sicherer Hand und kümmert sich auch um die Beschaffung der Rohstoffe. Im Saal erläutern seine Frau Giovanna und seine Tochter Laila das Menü und empfehlen die passenden Weine. Gutes Brot begleitet den Reigen der traditionellen oder eher innovativen Gerichte ab den Vorspeisen: klassischer Antipasto mit ausgezeichneter Salami aus Cremona und Culaccia (9 €), **Insalata di cappone** (10 €) und Timballo di melanzane, pomodoro e provolone. Manchmal finden Sie auch Süßwasserfisch wie Anguilla in carpione und Filetto di pesce gatto vor. Bei den Primi (10 €) erzählen Marubini aus Cremona, **Ravioli di tacchinella** oder Tagliatelle al ragù von der Tradition; von den Secondi empfehlen wir Ihnen Involtino di storione e gamberi (14 €), Coda di bue disossata e brasata (entbeint und geschmort), Petto di faraona al forno ripieno alla cremonese und, wenn erhältlich, perfekte **Frittura di pesciolini** d'acqua dolce (12 €). Außerdem gibt es auch Gerichte aus der Armenküche wie Rigaglie di pollo, Piedino di maiale und Lumache. Alle Süßspeisen sind hausgemacht, darunter auch das köstliche **Semifreddo al torroncino**. Die ziemlich umfangreiche Weinkarte nennt Tropfen aus den angrenzenden Gebieten zu sehr korrekten Preisen. Ausgezeichnet sind die Liköre, die der Küchenchef selbst herstellt, und zwar Nocino, Cherry und Liquirizia (Lakritzenlikör). Das kulinarische Angebot beinhaltet auch ein fünfgängiges Degustationsmenü mit Festlandsgerichten für 28 €.

SERLE
Castello

21 km östlich von Brescia, S.S. 45 bis

Castello

Trattoria
Via Castello, 38
Tel. (+39) 030 / 690 81 14,
(+39) 030 / 691 00 01
Ruhetag: Dienstag
Ferien: zeitweise im Sommer
100 Plätze + 40 Plätze im Freien
Preise: 35–40 €
Alle Kreditkarten; BM
Mittags und abends geöffnet

Eher als ein Mittagessen im Castello scheint man einen ganzen Parcours durch die Passionen der Familie Zanola hinter sich zu haben: Milio führt Sie in den aus Stein gemauerten Keller, die vier eleganten Räume der Trattoria, in die Küche, wo die fertig bestückten Spieße warten, und schließlich auf die herrliche Terrasse mit Blick auf den paradiesischen Garten, den seine Frau Lorena bestellt, wenn sie nicht kocht. Im Menü, das das Gebiet kulinarisch perfekt abbildet, gibt es nur einen einzigen, dafür aber sehr opulenten Antipasto mit Lardo al rosmarino con polenta alla brace, Salame e pancetta agliata, Formaggio di montagna con extravergine del Garda und **Polentina con fonduta e porcini**, **fagioli con le cotiche** (10 €). Nicht weniger interessant sind die Primi wie Zuppa di porcini, **Casoncelli al bagòss**, Lasagne con ragù di coniglio und natürlich **Minestra sporca con fegatelli di pollo** (6 €), das Präludium zum Eckpfeiler des kulinarischen Angebots: klassischer **Spiedo bresciano**, der in der sommerlichen Variante mit Hähnchen-, Kaninchen-, Zickleinfleisch und Polenta aus Biancoperla-Mais zubereitet wird. Unter den Secondi sind auch Guancialino di manzo, Stinchetto al forno con crema di patate (13 €) und interessante Käsesorten aus Slow-Food-Presidi, kombiniert mit Honig aus dem Hochgebirge. Die hausgemachten Desserts werden wunderschön präsentiert: Kuchen, Tatin di mele, Parfait all'arancia, **Salame di cioccolato con zabaione** und Ciambella al miele con salsa vaniglia (6 €). Die ausgesprochen interessante Weinkarte zeigt besonderes Augenmerk auf lokale, italienische und französische Weine.

Die Apicoltura del Sampì in **Botticino** (13 km) gehört dem Slow-Food-Presidio für Gebirgshonig an.

STAGNO LOMBARDO

11 km südöstlich von Cremona, S.P. 59

Lago Scuro

NEU

Ferienbauernhof
Via Pagliari, 54
Tel. (+39) 03 72 / 574 87
Ferien: August
40 Plätze
Preise: 30 € (Tagesmenü)
Alle Kreditkarten; BM
Samstag und Sonntagmittag geöffnet

Wenn Sie Authentizität suchen, sind Sie hier richtig. Die Gaststätte ist nur ein Teil dieses Multifunktionsbauernhofes, zu dem auch ein Kindergarten, eine Brotbackwerkstatt und drei Gästezimmer gehören, in denen man in absoluter Ruhe schlafen kann. „Null-Kilometer" ist hier eine Lebenshaltung. „Von außen" kommen nur Butter und Öl, alle biologisch und sorgsam ausgewählt. Das Lago Scuro folgt der Philosophie, auf der ein authentischer Ferienbauernhof basieren sollte. Zu verdanken ist dies der Kompetenz und dem Können von Luca Grasselli und seiner Frau Federica. In der Küche werden die Grundzutaten schlicht und meisterhaft verarbeitet; das preislich festgelegte Menü (30 €) variiert saisonal und bietet viele Antipasti, ein paar Primi, ein Secondo, gewöhnlich aus Fleisch, einige Desserts und Kaffee. Heimische Wurst, frischer Käse (Mozzarella oder Robiola), **Frittata con cipollotto ed erbette** aus frischen Bio-Eiern und Brioche farcita con formaggio e prosciutto machen den Anfang. In der Küche, wo auch Lucas Vater oft mithilft, geben die Rezepte der Großmutter den Ton an. Unter den Primi sind Gnocchetti con verdure, Rotoli aus frischem Teig con besciamella e verdurine, **Crespelle con piselli e zucchine**, Tortelli di ricotta ed erbette oder ai formaggi und Farro con verdure. Fleisch ist bei den Secondi Hauptdarsteller: Magatello marinato con olio e limone, **Roastbeef con verdurine**, Brasati und Arrosti. Gut und schlicht sind auch die Desserts wie **Crostata di frutta**, Torta al cioccolato con crema chantilly, Semifreddo al torrone und Meringa. Die nicht sehr große, aber vernünftig zusammengestellte Weinkarte nennt biologische Weine zu ehrlichen Preisen. Ein weiteres Plus: Hier werden Bruna-Kühe gezüchtet, aus deren Milch Nostrano, Provola, Blauschimmelkäse und Mozzarella erzeugt werden.

STAGNO LOMBARDO
Brancere

12 KM SÜDÖSTLICH VON CREMONA

Lido Ariston Sales

Restaurant
Via Isola Provaglio, 8
Tel. (+39) 03 72 / 570 08
Ruhetag: Montagabend, Dienstag
Ferien: Februar
100 Plätze + 40 Plätze im Freien
Preise: 28–32 €
Kreditkarten: MC, Visa; BM
Mittags und abends geöffnet

Wenn man aus den Fenstern des Speisesaals im ersten Stock dieses Restaurants aus den Fünfzigerjahren blickt, teilt sich die Landschaft zwischen dem Großen Fluss (der Uferdamm ist wenige Meter entfernt) und dem Garten mit einem Tanzboden, der an tanzende Paare an Sommerabenden denken lässt. Nach diesem Anblick im Zeichen der Erinnerungen genießen Sie im schlichten, langgezogenen Speisesaal hinter dem Eingangsbereich mit Bartresen **Antipasto campagnolo** (9 €) mit Coppa aus Piacenza, Rohschinken aus Parma, Salami aus Cremona, Frittata mit Wildkräutern, Lardo und Pancetta mit Polenta oder **Pesce in carpione**, der stets von Polenta begleitet wird. Unter den Primi ragen **Malfatti alla ricotta e spinaci al burro e salvia** (8 €), Tagliolini alle ortiche con ragù d'anatra und klassische Marubini in brodo (10 €) heraus. Als Hauptgang gibt es neben immer gutem Fritto di pesce di fiume – sehr delikat, weil Köchin Tilda stets das Öl wechselt – und **Storione al forno** (10 €) auch Fleischgerichte wie Faraona, entbeint und gefüllt, Noce di vitello al forno con patate oder con funghi e polenta, **Cotechino con purea di patate e polenta** (9 €), Coniglio con cipolle, Bollito misto und Stracotto di manzo. Den Schlusspunkt setzen Crostate und täglich frisch zubereitete Semifreddi, vor denen man eventuell auch einen vortrefflichen **Käseteller mit Mostarda aus Äpfeln und Zitronen** genießen kann. Rund 50 Weine zu fairen Preisen sind auf der Karte angeführt; lobenswert ist das Augenmerk auf Weine aus der unmittelbaren Umgebung.

SULZANO

28 KM NORDWESTLICH VON BRESCIA, S.P. 510

Cacciatore

Trattoria
Via Molini, 28
Tel. (+39) 030 / 98 51 84
Ruhetag: Montagabend, Dienstag
Ferien: 6. Januar–13. Februar, 1 Woche im Oktober
80 Plätze + 40 Plätze im Freien
Preise: 28–35 €
Kreditkarten: MC, Visa; BM
Mittags und abends geöffnet

„Einfache Gerichte, heimisch, aber schmackhaft, gute Weine und eine tolle Aussicht", verspricht die erste Seite der Speisekarte. Genau das finden Sie auch in dieser Osteria mit großem Speisesaal, von dem man auf den See blickt; in der schönen Jahreszeit werden zusätzlich einige Tische auf der Aussichtswarte gedeckt. Die Lokalinhaber organisieren Themenabende und -veranstaltungen wie eine Wildschweinwoche im Herbst, während der es ein entsprechendes preislich festgelegtes Menü gibt. Beliebte Vorspeisen sind Antipasto del cacciatore (9 €) mit Aufschnitt und hausgemachten Sottoli und Antipasto del pescatore mit mariniertem und getrocknetem Fisch. Bei den Primi (9 €) und Secondi wählt man zwischen Spezialitäten vom Festland oder vom See: Casoncelli al bagòss, **Garganelli con il pesce persico**, Tagliolini all'oca und **Fettuccine dell'amico** mit getrockneten und mit nativem Olivenöl extra verrührten Seesardinen (Slow-Food-Presidio). Weiter geht es mit Petto d'anatra alla crema di balsamico, Costata di scottona di Franciacorta, **Tagliata di filetto di maialino** (12 €), Filetti di pesce persico dorato con le cipolle fritte und Salmerino alla griglia. Unter den Desserts (4 €) finden sich exzellentes **Tiramisu**, Mousse al cioccolato, Semifreddo al torroncino und Torta con farina gialla. Eine gute Alternative zum Abschluss ist der Käseteller mit Fatulì' aus dem Val Saviore unter den Hauptdarstellern. Das Weinangebot konzentriert sich hauptsächlich auf die Franciacorta. Wenn Sie die Flasche nicht austrinken, bietet man Ihnen einen Korken und ein Säckchen an, damit Sie sie nach Hause mitnehmen können.

Bei Bonardi in **Iseo** (6 km), Via Mirolte 16 B, gibt es Käse aus Slow-Food-Presidi und Delikatessen.

SUZZARA

20 KM SÜDLICH VON MANTUA

Mangiare Bere Uomo Donna

Enoteca mit Restaurant und Übernachtungsmöglichkeit
Viale Zonta, 19 • Tel. (+39) 03 76 / 181 93 39
Ruhetag: Dienstag • Ferien: unterschiedlich
25 Plätze + 12 Plätze im Freien
Preise: 30–32 €
Kreditkarten: CS, MC, Visa; BM
Abends geöffnet

Corrado Leali und Amy Lim, er aus Suzzara, sie aus Hongkong, begegneten sich an der Università di Scienze Gastronomiche in Pollenzo. Nach diversen beruflichen Erfahrungen beschlossen sie, dieses besondere Restaurant ins Leben zu rufen, das in einer eleganten Villa aus dem 20. Jahrhundert mit einer Bibliothek mit mehr als 3.000 Büchern geschaffen wurde. Bodenständigkeit verschmilzt hier mit fernöstlicher Tradition zu tadellos zubereiteten Gerichten. Wir können mit deliziösen Wurstwaren beginnen, wie Culatello aus Zibello, handwerklich erzeugter Mortadella, Salami aus Mantua, Guanciale arrotolato, **Spalla cotta aus San Secondo** (6 €), um dann Involtini primavera e parmigiana di melanzane zu genießen. Herausragende Primi sind **Sorbir di cappelletti della nonna Bice** (9 €), ebensolche Cappelletti in brodo, Tagliatelle della Edda al ragù di anatra und Ravioli cinesi al vapore (hausgemacht mit Füllung aus Schweine- und Schaffleisch, Ingwer und Weißkohl). Unter den Secondi ist zartes, saftiges **Fleisch vom Rind autochthoner italienischer Rassen**, Carré di agnello al forno con salsa alla senape di Digione e menta (17 €), während der Ferne Osten in Pancetta al forno con cotenna croccante e pollo al curry con verdure e riso bianco (12 €) zu schmecken ist. Abschließend warten guter Käse, **Sbrisolona** mit warmer Zabaione und Dolce della casa con gelato fiordilatte (5 €). Passende Weinkarte mit ausgezeichneten Tropfen. Nicht zu vergessen sind die drei Gästezimmer zum Übernachten.

Die Boutique del Latte (Via Baracca 18) bietet italienischen, französischen und weiteren Käse, außerdem Mostarde, Konfitüren und Wein.

TIGNALE
Gardola

59 KM NORDÖSTLICH VON BRESCIA

La Miniera

Moderne Osteria
Via Chiesa, 9 A
Tel. (+39) 03 65 / 76 02 25
Ruhetag: Dienstag
Ferien: 7. Januar–13. Februar, 3. November–6. Dezember
90 Plätze + 60 Plätze im Freien
Preise: 27 €
Alle Kreditkarten; BM
Mittags und abends geöffnet

Sie müssen einige Kurven und Kehren auf sich nehmen, aber dann werden Sie von wunderbaren Ausblicken auf den See belohnt, der auch Goethe und D'Annunzio verzauberte. Wenn Sie das Auto neben der Kirche von Gardola abgestellt und den kurzen Anstieg bewältigt haben, der zur Osteria führt, umfängt Sie die „Slow"-Atmosphäre des von Sergio und Silvia Demonti geführten Lokals. Der friedliche Ort, der kleine Garten mit sommerlicher Veranda und die im Dialekt von Brescia verfasste Aufschrift auf dem Anschlagbrett mit der Karte – die übersetzt lautet: „Wenn Sie schnell essen und dann abhauen wollen, sparen Sie sich die Zeit zum Lesen" –, stimmen auf das Menü ein, das zum Großteil aus Produkten aus dem Umland und dem Garten im Rhythmus der Jahreszeiten zubereitet wird. Unverzichtbarer Fisch aus dem See teilt sich die Bühne mit Fleischgerichten, hausgemachter Pasta und Risotti. Wunderbar sind **Caserecce con la salsiccia e i broccoli** (7 €), **Gnocchi con zucca, *pestöm* e gorgonzola**, **Pesce di lago carpionato con la polenta** (7,50 €) und zarte, überaus schmackhafte Medaglioni di maialino da latte (12 €). Die Wahl ist wirklich nicht einfach, denn auf der Karte stehen auch Tomino alla griglia con radicchio e i crostoni, *Bigoi* freschi al tartufo nero, Zuppe, Coregone und **Filetti di persico fritti** und tagesfrischer Fisch vom Grill. Für einen süßen Abschluss sorgen Spuma di mascarpone alla nocciola con amaretti e caramello, Semifreddo al pistacchio con nocciole e salsa gianduia und Tortino tiepido di cioccolato e cocco all'olio extravergine di oliva. Der sehr gut bestückte Keller repräsentiert das Weinbaugebiet um den Gardasee; nicht ausgetrunkene Flaschen können nach Hause mitgenommen werden.

TOSCOLANO-MADERNO

39 KM VON BRESCIA

Agriturismo del Gusto

Ferienbauernhof
Ortsteil Lintrì Montemaderno
Tel. (+39) 331 / 385 38 17
Ruhetag: Mittwoch
Ferien: 15. Oktober–15. Dezember
14 Plätze
Preise: 35 €
Keine Kreditkarten
Abends geöffnet, am Wochenende und an Feiertagen auch mittags

Die Anreise nach Lintrì im Ortsteil Montemaderno ist nicht einfach, auch nicht mit dem Navigationsgerät. Wenn Sie aber am Ziel sind, werden Sie von der Ruhe und Schönheit des Ortes und von Fiorenzo Andreolis Empfang belohnt, der im Mittelpunkt des Ferienbauernhofes steht: Er ist Produzent eines reinsortigen nativen Olivenöls extra und ein tüchtiger Koch, der sich um Küche und Service kümmert. Nur wenige Plätze gibt es in einem einzigen Raum, der als Speisesaal, Küche und während der jährlichen Schließzeit auch als Ölmühle dient, in der die Oliven gepresst werden. Eine gedruckte Speisekarte gibt es nicht; das kulinarische Programm wird vom saisonalen Angebot aus dem Garten, den Hoftieren, den Saiblingen aus dem nahen Wildbach, dem schwarzen Trüffel aus dem Valtenesi und den Kapern aus dem Gardaseegebiet bestimmt. Zunächst Häppchen in Form von Crostino con paté di olive e pomodori, danach folgen Antipasti (8 €) wie **Sarde di lago con capperi del Garda**, **Tartare di coregone e tartufo con caviale di salmerino** und Wurst aus eigener Erzeugung. Die Primi (8 €) sind aus hausgemachter frischer Pasta: **Tagliolini alle verdure con scorza di limone del Garda grattugiata**, Ravioli di caprino oder di brasato, Gnocchetti al bagòss. Bei den Secondi reicht die Palette von **Capretto alla bresciana** (14 €) über **Insalata di luccio su letto di cipolle rosse** (12 €), Filetti dorati di persico bis zu **Carpaccio di barbina**. Und zum Abschluss warten Desserts (5 €), unter denen gute Mousse all'amaretto und Gelato ai pistacchi oder alle fragole herausragen. Das Weinangebot stammt vorwiegend aus dem Umland, unternimmt aber auch einige Ausflüge in andere Regionen.

TREVISO BRESCIANO
Vico

46 KM NORDÖSTLICH VON BRESCIA

Lamarta

Trattoria
Via Tito Speri, 36
Tel. (+39) 03 65 / 833 90
Ruhetag: Donnerstag, außer im Sommer
Ferien: unterschiedlich
50 Plätze + 25 Plätze im Freien
Preise: 30 € (Tagesmenü)
Alle Kreditkarten; BM
Mittags und abends geöffnet

Wenn Sie sich in der Nähe des Idrosees befinden oder einen Ausflug in die Gegend planen, müssen Sie unbedingt nach Treviso Bresciano fahren und der Trattoria von Signora Graziella Massari einen Besuch abstatten. Es erwartet Sie ein familiäres, gepflegtes Ambiente, ideal, um hervorragende bodenständige Küche aus Qualitätszutaten zu genießen. Das Menü ändert sich mit den Jahreszeiten und ist im Allgemeinen auf Wunsch der Signora festgelegt; sie wird sich mit Ihnen bei der unbedingt erforderlichen Reservierung absprechen. Man beginnt mit hervorragender Wurst und in Öl eingelegtem Gemüse (hausgemacht). Primi aus frischer Pasta wie **Casoncelli al burro di malga**, **Tagliatelle con frattaglie di capretto** oder Gnocchi al sugo di funghi sind die Spezialitäten des Hauses. Im Sommer gibt es rohe oder sautierte Pilze und danach deliziöses **Capretto al forno con polenta**, das allein schon den Besuch lohnt. In der kühleren Jahreszeit kann man dagegen **Spiedo valsabbino** probieren. Das Essen endet mit guten lokalen Käsesorten, bei denen Bagòss (Slow-Food-Presidio) nicht fehlen darf, und mit hausgemachten Süßspeisen. Trotz seiner Schlichtheit bietet das Lokal prestigeträchtige Weine, darunter einige Champagner, und eine gute Selektion an Bränden. Das ist Sommelier Alessio zu verdanken, dem Sohn des Hauses, und seiner Schwester Rubina, die es verstanden haben, das Angebot und den Service etwas moderner zu gestalten.

TRUCCAZZANO
Albignano

23 KM ÖSTLICH VON MAILAND

Le Due Colonne

Trattoria
Largo Conti Anguissola, 3
Tel. (+39) 02 / 958 30 25,
(+39) 338 / 936 25 06
Ruhetag: Montag, Dienstagabend
Ferien: 6.–16. Januar, 16. August–
2. September
70 Plätze + 50 Plätze im Freien
Preise: 35–38 €
Alle Kreditkarten; BM
Mittags und abends geöffnet

Albignano ist ein kleiner, ruhiger Ort, der um den alten Palast der Grafen Anguissola angelegt ist. Sein etwas melancholischer Zauber folgt uns auch in die weitläufigen Räume der Trattoria. Der Empfang von Inhaberin Piera enthüllt Leidenschaft für einen Beruf, der sie seit mehr als 15 Jahren mit der Suche nach Weinen für den gut bestückten Keller im Untergeschoss und nach Zutaten für die Küche, vor allem Fleisch, beschäftigt hält. Käse und Wurst sind einige der Eckpfeiler des Menüs. Liebhaber werden die Selektion der **traditionellen Salumi** (10 €) nicht verschmähen, die auch Tartare di manzo al naturale vorsieht. Wer einen leichteren Einstieg bevorzugt, wählt Millefoglie con cipolla caramellata al rosmarino (8 €) oder Crottino di capra con frutta secca. Der italienischen Tradition folgen die Primi wie **Spaghetti grezzi con aglio di Voghera**, peperoncini e mollica di pane tostato, traditionelle toskanische Ribollita, Gnocchi di patate al ragù di cinghiale oder auch ein gewagter Risotto al mascarpone con rosmarino, limone e zenzero. Weiter geht es mit Fleisch wie **Misto alla griglia** (15 €) con patate al forno, Cappello del prete brasato al Barbera con polenta (15 €), Cotoletta alla milanese und Tagliata di controfiletto di manzo irlandese mit Carciofi al timo. Ausgezeichnete Selektion an Ziegenkäse (8 €). Himmlische Desserts (5 €) wie **Sfogliata di fragole e mascarpone,** Crostata pere e cioccolato, Salame di cioccolato, Sorbetto alla mela verde und Semifreddo al caffè sorgen für einen süßen Abschluss.

La Via Lattea in **Brignano Gera d'Adda** (15 km), eine kleine Käserei, erzeugt und verkauft Käse aus Ziegenrohmilch, frisch, halbgereift und als Edelschimmelkäse.

VARZI
Bosmenso

57 KM SÜDLICH VON PAVIA

Buscone

Traditionelle Osteria
Ortsteil Bosmenso Superiore, 41
Tel. (+39) 03 83 / 522 24
Ruhetag: Montag
Ferien: unterschiedlich
70 Plätze
Preise: 25–30 €
Alle Kreditkarten; BM
Mittags und abends geöffnet

Nach einem Besuch der mittelalterlichen Altstadt von Varzi im oberen Staffora-Tal, bekannt für guten Wein, Salami aus Varzi sowie für unberührte Natur und wunderschöne Landschaft, nehmen Sie die Straße nach Brallo. Sie überqueren den Staffora-Wildbach und erreichen in wenigen Minuten Bosmenso, einen schön renovierten Ort mit Steinhäusern. An der Hauptstraße erwartet Sie nach der kleinen Kirche die Familie Buscone mit einer Küche, die vom Angebot aus dem Gemüsegarten und dem Umstand profitiert, dass es in der Familie geschickte Schweineschlachter gibt. Probieren Sie von den Antipasti (8 bis 10 €) **Salumi** aus eigener Erzeugung (Salami, Coppa, Pancetta, Cotechino) **mit Insalata russa** und Quiche tiepida di verdure; als Primo sind Ravioli al brasato empfehlenswert, aber auch die hervorragenden **Risotti con asparagi e fave** (8 €) oder mit anderen Saisonprodukten wie Carciofi, Fiori di zucca e basilico und Funghi sollte man nicht verpassen. Ausgezeichnet sind außerdem Malfatti al pomodoro e funghi con burro e salvia. Exquisit ist Wild, das von den hiesigen Jägern geliefert wird, besonders **Capriolo in umido con polenta** aus hiesigem Mehl aus der Steinmühle; sehr gut schmecken auch Fesa di scottona nostrana con patate, Faraona alle erbe caramellate all'arancia, Tagliata aus lokalem Fleisch und **Coniglio al forno** (8 €). Das Finale bilden Desserts (4 bis 5 €) wie Bavarese con frutti di bosco stagionali, Bignè al cioccolato und Torta di amaretti. Zu trinken gibt es eine recht gute Auswahl an Weinen aus dem Oltrepò Pavese; die tüchtige Sommelière Roberta wird Sie dazu beraten.

43 km südwestlich v. Mantua, 23 km v. Parma

Da Bortolino

Moderne Osteria
Via al Ponte, 8
Tel. (+39) 03 75 / 826 40
Ruhetag: Donnerstagabend
Keine Ferien
50 Plätze + 100 Plätze im Freien
Preise: 35 €
Alle Kreditkarten; BM
Mittags und abends geöffnet

Seit mehr als 20 Jahren zieht das Bortolino hiesige Feinschmecker mit unterschiedlich dicken Portemonnaies an, aber es lohnt sich auch, nur für ein gutes Glas Wein einzukehren und mit Freunden bis in die Nacht zu plaudern. Das familiäre kleine Lokal liegt in den Pappelhainen im Deichvorland und erweitert sich im Sommer um eine schöne Laube. Chefkoch Roberto Naldini kocht aus gut ausgewählten Zutaten traditionelle Gerichte aus dem Grenzgebiet zwischen der Lombardei und der Emilia mit etwas Erfindungsgeist und Rücksicht auf die Jahreszeiten. Nicholas und Gianni servieren und helfen Ihnen bei der Zusammenstellung Ihres Menüs. Von den Antipasti erinnern wir uns an Salumi misti und hervorragenden, 24 Monate gereiften **Culatello selezione Brozzi** (13 €), Paleta iberica und Flan di amaranto. Die Pasta (9 €) ist hausgemacht. Exzellent sind **Tortelli di zucca oder d'erbetta**, Cappelletti in brodo und Bigoli al sugo d'anatra, aber auch die schlichten **Spaghetti con sarde e trippa**. Das Fleisch stammt vom piemontesischen Fassona-Rind: Tagliata (14 €), Tartara, Costata und der gute, ironisch so benannte **Bortoburgher** (10 €). Die mit Mostarde servierten Käsespezialitäten, auch aus Slow-Food-Presidi, sind ebenso wie die hausgemachten Dolci ausgezeichnet. Auch Vegetarier finden hier eine gute Auswahl. Die umfangreiche Weinkarte nennt viele lokale und biologische Tropfen mit gemäßigten Preisen; große Auswahl an Bränden. Neben dem Lokal ist das Ostello Bortolino, wo man nach dem köstlichen Essen ruhen kann.

Der biologische Landwirtschaftsbetrieb von Valter Cavalli in Casalmaggiore (12 km), Ortsteil Valle, Ca' Vecchia, bietet Wasser- und Zuckermelonen, Tomaten, Paprika, Kartoffeln und Kürbis.

116 km nördlich von Brescia, S.S. 42

Cavallino

Hotelrestaurant
Via Trieste, 57
Tel. (+39) 03 64 / 941 88
Ruhetag: Dienstag
Ferien: 1 Woche im Juni
80 Plätze + 12 Plätze im Freien
Preise: 30–35 €
Kreditkarten: CS, DC, MC, Visa; BM
Mittags und abends geöffnet

Bambina hat mit ihren 90 Jahren noch einen lebhaften Blick und einen kraftvollen Gang. Seit 1949 hat sie resolut das Cavallino geführt, ihr Restaurant mit angeschlossenem Garten in Canè. Nun ist die Leitung an vier ihrer Kinder übergegangen, aber sie wacht immer noch aufmerksam über jedes Gericht. Auf diese Weise ist es heute noch möglich, Speisen mit Geschmacksnoten von einst zu genießen. Der Antipasto (13 €) besteht aus superber **Terrina di capriolo**, Formaggio fuso, Ricotta affumicata, Torta con formaggio d'alpeggio, Affettati (Aufschnitt) mit Speck, Lardo und selbst gemachter Salami sowie Insalata di mele. Von den Primi (9 €) erwähnen wir ***Gnòc de pulicc*** aus Brot und Wildkräutern, saisonale Risotti und Tagliatelle ai funghi porcini. Vielfalt kennzeichnet die Secondi wie **Costatine di cervo al mirtillo e ginepro con pera e castagne**, Porcini oder Finferli trifolati, Trota aus den nahen Wildbächen sowie Lepre oder Capriolo in salmì. Probieren Sie zum Abschluss die verschiedenen Desserts, besonders **Torta della sposa**, eine Art Tiramisu. Bambinas Tochter Ernesta, die sich um die Küche kümmert, konnte das Rezept für diese herrliche Kalorienbombe wieder auftreiben. Sie werden verstanden haben, dass es hier um Gerichte mit langer Zubereitungszeit geht, die kaum mehr zu finden sind, aber die Anreise nach Vione lohnen. Fragen Sie, ob Sie nach Ihrem köstlichen Essen vom Balkon der familieneigenen Bar den wunderschönen Ausblick auf den Adamello genießen können. Schöne Weinkarte und gute Auswahl an Grappa.

CICOGNOLO

14 KM ÖSTLICH VON CREMONA, S.S. 10

Osteria de l'Umbreleèr

Restaurant
Via Mazzini, 13
Tel. (+39) 03 72 / 83 05 09
Ruhetag: Dienstagabend, Mittwoch
Ferien: 1.–20. Juli
100 Plätze + 30 Plätze im Freien
Preise: 44 €
Alle Kreditkarten; BM
Mittags und abends geöffnet

Den Rahmen der Osteria bildet eine kleine Villa im ländlichen Gebiet um Cremona, die das Gefühl vermittelt, in einem Privathaus gelandet zu sein. Sie besticht mit einer weitläufigen, sehr angenehmen Laube und eleganten, schön eingerichteten Räumen. Zu essen gibt es die klassische Küche aus diesem Winkel der Lombardei. Als Einstieg können Sie daher einen Teller mit Culatello (einer wahren Delikatesse) wählen. Alternativen dazu wären Paté di fegato di coniglio und Terrina di luccio. Unter den Primi ist traditionelle gefüllte Pasta (Tortelli di zucca und Tortelloni al fegato di vitello) aus hauchdünnem Teig mit zarter Füllung. An Secondi erwarten Sie Fleisch von Hoftieren, einige Fischgerichte und Baccalà. Gut ist die Selektion der Dolci und Formaggi. Auf der Weinkarte findet sich für jeden etwas.

CUSANO MILANINO

10 KM N. V. MILANO, AUSF. CORMANO TANGENZIALE

Armonie di Gusto

Traditionelle Osteria
Viale Matteotti, 19
Tel. (+39) 02 / 66 40 97 32
Ruhetag: Sonntagabend, Montag
Ferien: 2 Wochen im August, Weihnachten, Ostern
40 Plätze + 25 Plätze im Freien
Preise: 32–35 €
Alle Kreditkarten; BM
Mittags und abends geöffnet

Ein modernes Lokal mit Retro-Atmosphäre, in dem man auf die Qualität der Zutaten, der Weine und der Bewirtung setzt. Auf der Karte sind viele Produkte aus Slow-Food-Presidi und zahlreiche Gerichte vertreten, die über die Region hinausblicken. Man kann mit Antipasto misto mit Wurst, Käse, Caponata, in Essig eingelegtem und gekochtem Gemüse beginnen. Unter den Primi sind vorzügliche Gnocchi al grano saraceno, Ravioli mit verschiedenen Füllungen, Pasta e fagioli und Spaghetti con colatura d'alici. Von den Secondi sollten Sie sich Costoletta alla milanese (22 €) nicht entgehen lassen: als Alternative bieten sich Animelle, Fritto misto und Costolette di agnello an. Die Dolci sind schlicht, aber gut zubereitet: Torta di mele, pere e cioccolato, Tiramisu und Millefoglie. Schöne Weinkarte mit Tiefgang.

MILANO

Navigli

Erba Brusca

Restaurant
Alzaia Naviglio Pavese, 286
Tel. (+39) 02 / 87 38 07 11
Ruhetag: Montag, Dienstag
Ferien: unterschiedlich
60 Plätze + 60 Plätze im Freien
Preise: 40–45 €,
Kreditkarten: CS, MC, Visa; BM
Mittags und abends geöffnet

Sie sind in Mailand, aber wenn Sie in diesem schönen Bistro bei Tisch sitzen, fühlen Sie sich wie auf dem Land. Die Schöpfung der Weltbürgerin Alice Delcourt – ein bisschen Französin, ein bisschen Amerikanerin, ein bisschen Italienerin –, die berühmt für ihr Couscous ist, ist eine Osteria mit Garten. Dieser liefert eine Vielzahl an Gemüsesorten, die in der Küche gekonnt verarbeitet werden. Mittags ist das Angebot leichter, aber von absolut hohem Niveau. Sie können zwischen Insalata dell'orto, albicocche e bacon croccante (6 €), Pasta al pesto oder Couscous con pollo di Moncucco wählen. Abends ist die Karte umfangreicher und vielfältiger: Crostoni con rilletes di coniglio, uva di Corinto e insalata (11 €), Risotto con cipolle bruciate, timo e limone und Tarte tatin di pomodori e melanzane con stracciatella e olio al basilico (16 €). Die Weinkarte räumt natürlich vinifizierten Weinen sehr viel Platz ein.

MILANO - Isola-Porta Nuova

U-Bahn-Station Gioia (Linie 2)

Ratanà

NEU

Restaurant • Via De Castillia, 28
Tel. (+39) 02 / 87 12 88 55
Ruhetag: Montag, Samstagmittag, im Sommer Samstagmittag und Sonntag
Ferien: ersten 10 Januartage, 1 Woche um den 15. August • 50 Plätze
Preise: 45–50 €
Alle Kreditkarten außer DC; BM
Mittags und abends geöffnet

Wo genießt man am besten Risotto mit Osso buco alla milanese (30 €)? Bei Cesare im Ratanà, einem ehemaligen Eisenbahndepot aus dem späten 19. Jahrhundert im Herzen des Garibaldi-Viertels, inmitten eines Waldes von Wolkenkratzern. Hier überrascht Cesare auch mit *Rubitt*, der mailändischen Version des Aperitifs, die ermöglicht, das reichhaltige Menü des Restaurants in Miniaturausgabe zu probieren: Mondeghini, Terrina di pesci di torrente con pomodoro olio al basilico e maionese di peperoni (15 €), Mezzi paccheri con ortiche e macagn (15 €), Risotto ai bruscandoli e semi di lino (16 €) und Vitello tonnato con cucunci di Salinaluccio (26 €). Und die Desserts? Nur ein Beispiel: Gioco di cioccolato fondente. Mittags gibt es *Schiscèta* für 19 €. Die exzellente Weinkarte zeichnet sich durch sorgsame Zusammenstellung aus.

MILANO

U-BAHN-STATION PIAZZALE CORVETTO (LINIE 3)

Trattoria del Nuovo Macello

Moderne Osteria
Via Lombroso, 20
Tel. (+39) 02 / 59 90 21 22
Ruhetag: Samstagmittag, Sonntag
Ferien: 10.–31. August
50 Plätze • Preise: 45 €
Keine Kreditkarten
Mittags und abends geöffnet

Das Gebäude befindet sich vor dem Schlachthof aus dem Jahr 1927. Das Lokal hat den Zauber von einst bewahrt, die Küche ist den traditionellen Geschmacksnoten treu geblieben. Das Angebot ist umfangreich und beinhaltet Degustazione di antipasti (19 €), Tartare di manzo, avocado, olive taggiasche e salmoriglio (12 €), Risotto mantecato alla cipolla dolce di Tropea limone e nigella (12 €), unverzichtbare Cotoletta del Nuovo Macello (26 €), Agnello da latte arrostito in padella melanzane cardamomo e salsa al latte cagliato (20 €) und Baccalà sfogliato passata di fagioli cannellini pomodorini disidratati e sedano. Paola Traversone bedient Sie freundlich und steht Ihnen bei der Auswahl der Weine aus der großen Karte zur Seite.

TRESCORE CREMASCO

48 KM NORDWESTLICH VON CREMONA

Bistek

Trattoria • Via Alcide De Gasperi, 31
Tel. (+39) 03 73 / 27 30 46
Ruhetag: Dienstagabend, Mittwoch
Ferien: erste Januar-, letzte Juliwoche, ersten 3 Augustwochen
90 Plätze • Preise: 38 €
Kreditkarten: CS, MC, Visa; BM
Mittags und abends geöffnet

Die im Jahr 1968 eröffnete historische Osteria vermittelt nach wie vor die Leidenschaft und Achtsamkeit vor den lokalen Grundzutaten. Seit jeher ist die Herkunft der Produkte ein zentraler Aspekt. Nicht zu versäumende Gerichte auf der Karte sind Tortelli cremaschi (12 €) und Maltagliati con carbonara di piselli e zucchine, aber auch die Wurstspezialitäten aus der Tradition Cremonas sind köstlich. Das Menü ist nicht nach Gängen, sondern nach Themen unterteilt; es wechselt häufig und beinhaltet zahlreiche Gerichte mit Süßwasserfisch. Die Weinkarte ist umfangreich und gut durchdacht.

MONTECALVO VERSIGGIA - Versa

34 KM SÜDÖSTLICH VON PAVIA

Prato Gaio

Hotelrestaurant
Ortsteil Versa, 16, Abzweigung nach Volpara
Tel. (+39) 03 85 / 997 26
Ruhetag: Montag, Dienstag
Ferien: Januar/Februar
60 Plätze
Preise: 45–50 €
Kreditkarten: CS, MC, Visa; BM
Mittags und abends geöffnet

Das Oltrepò Pavese ist ein Gebiet von außerordentlichem Reichtum, das Wurst, Käse, großartiges Fleisch und viele andere Köstlichkeiten bereithält. Das Menü, das Giorgio Liberti und Daniele Calvi bieten, weiß von dieser Vielfalt durch Gerichte zu erzählen, die in großer Freiheit zwischen Tradition und Kreativität pendeln. Man kann sich daher entscheiden, mit einem typischen Gericht aus der bäuerlichen Tradition – *Duls e brusc* (12 €) – oder mit Oltrepò sulla Via del sale zu beginnen, drei kleinen Kostproben von in Salz eingelegten Fischen. Von den Primi schmecken traditionelle Agnolotti di stufato al burro d'alpeggio (10 €) herrlich, aber Sorbir di ravioli oder Tagliolini con sarde sind nicht weniger köstlich. Die Secondi sind fast ausschließlich aus Fleisch zubereitet: Collo ripieno al fegato d'oca (18 €), Lingua di manzo salmistrata con tortino di pomodoro e carote und Arrosto morbido di coniglio con pere. Das Degustationsmenü kostet 40 €.

MORTARA - Guallina

37 km nordwestlich v. Pavia, S.S. 35 u. S.S. 596

Guallina

Restaurant
Via Molino Faenza, 19
Tel. (+39) 03 84 / 919 62
Ruhetag: Dienstag
Ferien: 3 Wochen im Juni/Juli
40 Plätze
Preise: 40–60 €
Kreditkarten: CS, MC, Visa; BM
Mittags und abends geöffnet

Das Lokal von Elena Desù und Edoardo Fantasma ist eine historische Trattoria in der Lomellina, wo man heute wie vor 30 Jahren Gerichte der authentischsten Tradition genießen kann. Von den Antipasti lohnen Lumache con tortino di cipolle di Breme (12 €), Paté di fegatini d'anatra oder Misto di salumi eine Kostprobe. Bei den Primi sind neben saisonal wechselndem Risotto frische, gefüllte Teigwaren und Suppen Hauptdarsteller. Bei den Secondi dominiert Fleisch: Rognoni di vitello al Marsala (14 €), Rane nostrane fritte und Lumache alla bourguignonne (20 € für zwei Personen). Sehr verlockend ist die Käseauswahl, die Desserts sind herrlich. Die Weinkarte bietet einen schönen Querschnitt durch die italienische Weinproduktion.

SALÒ

31 km östlich von Brescia, S.S. 45 bis

Antica Trattoria alle Rose

Restaurant
Via Gasparo da Salò, 33
Tel. (+39) 03 65 / 432 20
Ruhetag: Mittwoch
Ferien: unterschiedlich
65 Plätze + 65 Plätze im Freien
Preise: 40–50 €
Alle Kreditkarten; BM
Mittags und abends geöffnet

Eine kleine Institution am westlichen Ufer des Gardasees: Das Le Rose in Salò ist eine der Stätten, die die Bewohner von Brescia häufig erwähnen, wenn von Trattorien am See die Rede ist. Der Grund ist einfach, denn wir befinden uns in einer der authentischsten Trattorien des Gebiets, in der Fisch aus dem See in einfachen Gerichten bestens zur Geltung kommt. Herrlich sind Sarde oder Coregone von der Holzglut (18 €), in traditionellen Speisen wie Tortelli i bagòss und in etwas innovativeren Gerichten wie Spaghetti con gamberi. Die Speisekarte ist aber deutlich länger, was auch für die Weinkarte gilt. Bei den Primi gibt es neben den bereits erwähnten auch Pappardelle al ragù d'anatra, während bei den Secondi viele Fleischgerichte und einige Speisen mit Meeresfisch vorhanden sind. Die Desserts sind schlicht, aber ausnahmslos sehr gut zubereitet.

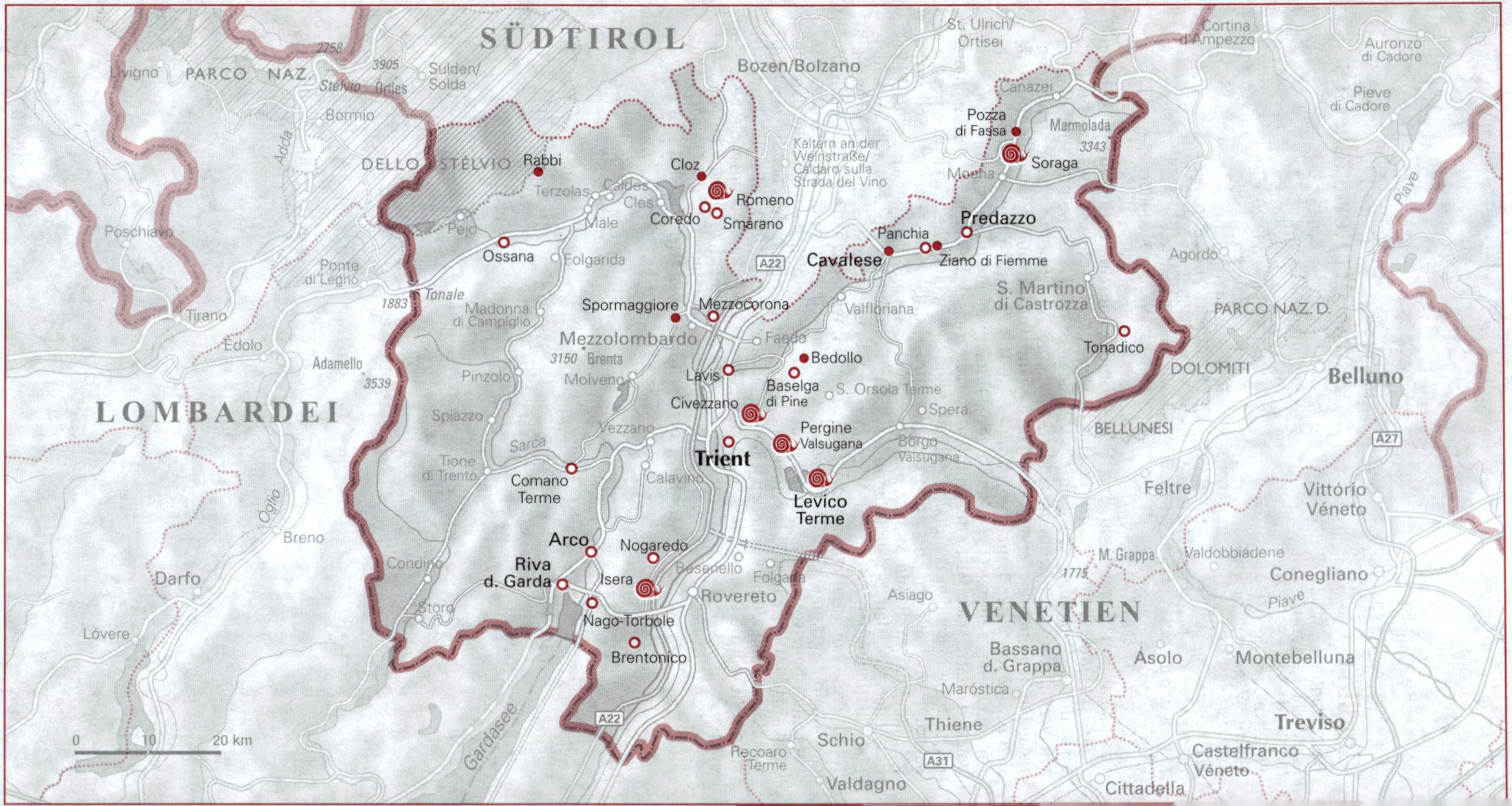
SÜDTIROL
LOMBARDEI
VENETIEN
PARCO NAZ. DELLO STELVIO
PARCO NAZ. D. DOLOMITI BELLUNESI
Livigno
2758
3905
Stelvio
Ortles
Sulden/ Solda
Bormio
Adda
Poschiavo
Tirano
Ponte di Legno
Edolo
Adamello
3539
1883
Tonale
Rabbi
Terzolas
Caldes
Cles
Male
Pejo
Ossana
Folgarida
Madonna di Campiglio
Pinzolo
Spiazzo
Sarca
Tione di Trento
Condino
Storo
Breno
Oglio
Darfo
Lóvere
Cloz
Romeno
Coredo
Smarano
Bozen/Bolzano
Kaltern an der Weinstraße/ Caldaro sulla Strada del Vino
A22
Spormaggiore
Mezzocorona
Mezzolombardo
3150
Brenta
Molveno
Faedo
Lavis
Bedollo
Baselga di Pine
S. Orsola Terme
Civezzano
Vezzano
Trient
Pergine Valsugana
Spera
Borgo Valsugana
Levico Terme
Comano Terme
Calavino
Arco
Riva d. Garda
Nogaredo
Isera
Besenello
Folgaria
Rovereto
Nago-Torbole
Brentonico
Gardasee
St. Ulrich/ Ortisei
Canazei
Pozza di Fassa
Marmolada
3343
Soraga
Moena
Predazzo
Panchia
Ziano di Fiemme
Cavalese
Valfloriana
S. Martino di Castrozza
Tonadico
Cortina d'Ampezzo
Auronzo di Cadore
Pieve di Cadore
Piave
Agordo
Belluno
A27
Feltre
Vittório Véneto
M. Grappa
1775
Valdobbiádene
Conegliano
Asiago
Bassano d. Grappa
Ásolo
Montebelluna
Marόstica
Thiene
Treviso
Schio
A31
Recoaro Terme
Valdagno
Castelfranco Véneto
Cittadella
0
10
20 km

TRENTINO

Die alpenländische Gastronomie findet ihre Identität in den Beschränkungen, die ihr die gebirgige Umgebung auferlegt und aus der sich geografisch bedingte kleine Strukturen ergeben. Damit geht das Bestreben einher, diese Einschränkungen zu überwinden. Es ist eine fragile Identität, die es zu erhalten gilt, die umso nachhaltiger, unverfälschter und authentischer ist, je enger sie mit der Natur in Einklang steht.
Die biologische Vielfalt der Alpen kommt in einem qualitativen Reichtum der Farben, Formen, Gerüche und Aromen zum Ausdruck, der von entwaffnender Schönheit ist. Die Küche des Alpenraums ist durch Verschmelzungen und wechselseitige Einflüsse geprägt, die sie bereichern und verändern, neue Garweisen, Rezepte und Konservierungsmethoden entstehen lassen.
So finden wir zahlreiche Pilzarten in rohen oder gebackenen Vorspeisenvarianten vor, in Saucen zu frischen Teigwaren oder in Kombination mit Polenta oder Bergkäse. Wild wachsende Kräuter eignen sich gut für die Zubereitung von Suppen, Omeletts und Aufläufen, als Würze für Gnocchi und Risotti oder als Füllung für Teigtäschchen.
Die Süßwasserfische – Forelle, Saibling, Finte, Barsch und Renke – sind keineswegs „arme Verwandte" der Meeresfische, sondern Symbol alpenländischer Vielfalt. Zu den Landtieren, besser gesagt den Nutztierrassen, zählen wir einige, die nach Anpassung an die schwierigen Bodenverhältnisse und das Bergklima heute auch dank Schutzprojekten im Alpenraum Bestand haben: die Rinderrasse Grigio Alpina (Grauvieh), die gescheckte Fersentaler Ziege sowie das Fleimstaler Schaf. Abschließend erwähnt sei das Beerenobst, das natürlich in Form von wild wachsenden Waldbeeren besonders aromatisch ist und das Menü vom Entree bis zum Dessert begleitet.

Für Sie entdeckt

Funghi

177 Due Camini
Baselga di Pinè (Tn)

178 Maso Cantanghel Trattoria da Lucia
Civezzano (Tn)

187 Miola
Predazzo (Tn)

Erbe spontanee

185 Locanda D&D
Nogaredo (Tn)

185 Antica Osteria
Ossana (Tn)

186 Osteria Storica Morelli
Pergine Valsugana (Tn)

Pesce d'acqua dolce

176 Le Servite
Arco (Tn)

181 Boivin
Levico Terme (Tn)

184 La Terrazza
Nago-Torbole (Tn)

Razze alpine

180 Locanda delle Tre Chiavi
Isera (Tn)

188 Nerina
Romeno (Tn)

190 Il Libertino
Trient (Tn)

Frutti di bosco

177 La Stropaia
Baselga di Pinè (Tn)

189 Fuciade
Soraga (Tn)

189 Cant del Gal
Tonadico (Tn)

ARCO
Varignano

37 KM SÜDWESTLICH VON TRIENT

Belvedere

NEU

Trattoria
Via Serafini, 2
Tel. (+39) 04 64 / 51 61 44
Ruhetag: Mittwoch
Ferien: Juni–September
80 Plätze
Preise: 28–30 €
Kreditkarten: CS, MC, Visa; BM
Mittags und abends geöffnet

Die Trattoria Belvedere liegt dort, wo Arco sich dem Berg nähert, zwischen uralten Olivenhainen und Obstgärten. Die Santorum (Mamma Silvia, die nicht nur kocht, sondern auch serviert, und die Söhne Giuseppe und Maurizio) heißen den Gast mit unveränderlicher Herzlichkeit auch dann willkommen, wenn im Lokal Hochbetrieb herrscht. Nur wenige Zutaten stammen nicht aus dem zweiten Betrieb der Familie, der Landwirtschaft. Diese bedingt, dass das Lokal in den Sommermonaten geschlossen ist, da dann die Feldarbeit natürlich Vorrang hat. Die Spezialität des Hauses ist Carne *salada*: Rindfleisch mit Gewürzen und Aromen, in Salz haltbar gemacht, wie es hier im Gardaseeraum auf trentinischer Seite weit verbreiteter Brauch ist. Das Familienrezept dafür existiert seit 1895. Am besten schmeckt diese Delikatesse, wenn es draußen kühl ist. Man wird sie Ihnen roh als Antipasto (9,50 €) servieren, mit nativem Olivenöl extra aus eigener Produktion, begleitet von selbst gemachter **Giardiniera**, Salumi von bewährten Erzeugern aus der Gegend und **Pane con le *molche*** (Brot mit Aufstrich aus Oliven, aus denen bereits Öl gepresst wurde). Gnocchi, Strangolapreti und **Canederli** werden mit verschiedenen Sauces angeboten. Alternativ dazu gibt es köstliche Gemüsesuppe mit Kutteln, sprich **Minestra di verdure con le trippe**, oder Gerstensuppe (6,50 €). Es folgt wiederum **Carne *salada***, diesmal gebraten, saftig und zart, laut vielen einheimischen Feinschmeckern die beste Version dieses Pökelfleisches am gesamten oberen Gardasee, begleitet von Bohnen mit Zwiebel (12,50 €). Die schlichten, im wahrsten und besten Sinn des Wortes hausgemachten Nachspeisen sind Strudel, Früchtekuchen, Apfel-Amaretti-Torte, Frutta sciroppata (Obst in Sirup, 3,50 €). Die Weinkarte ist in Ordnung, die Trattoria empfiehlt ihren eigenen Hauswein.

ARCO
San Giorgio

38 KM SÜDWESTLICH VON TRIENT

Le Servite

Moderne Osteria
Via Passirone, 68
Tel. (+39) 04 64 / 55 74 11
Ruhetag: Montag
Ferien: zeitweise im Februar und November
60 Plätze + 40 Plätze im Freien
Preise: 32–35 €
Kreditkarten: CS, DC, MC, Visa; BM
Abends geöffnet

Vor zehn Jahren hat Alessandro, Sohn einer Hoteliersfamilie, diese moderne Osteria in einem Landhaus eröffnet. Der Empfang durch Linda ist herzlich, die Erläuterung der Menüs gewandt und präzise. Die im schlichten Gastraum eingerichtete Vinothek zeugt von sorgfältiger Selektion der Weine, während der Blick vom Außenbereich des Lokals auf die eigenen Weinberge und den Hausgarten die Frische des Gemüses erklärt, das Ihnen hier kredenzt wird. Das Angebot ist dreigeteilt: Neben der Speisekarte mit Empfehlungen, die das ganze Jahr über gleich sind, gibt es eine Wochenkarte und ein saisonales Degustationsmenü, das inklusive Wein 37 bis 40 € kostet. Unter den Antipasti sind vorzügliches Rindfleisch mit grüner Sauce und sauren Zwiebelchen (**Manzo con salsa verde e cipolle agre**, 9 €) und gemischte Salumi mit Gemüse in agrodolce zu entdecken. Unter den Pastagerichten nicht fehlen dürfen ***Bigoi* con le sarde** (dicke Spaghetti mit Sardinen, 9 €) und Tagliatelle con il ragù di coniglio (Bandnudeln mit Kaninchenragout). In der Spargelsaison erfreut man sich an Risotto con gli asparagi. Herausragend von den Secondi sind die heimische Renke (**Lavarello del Garda alla trentina**, 14,50 €), der **Ossobuco di vitello con dadolata di verdure** (16 €), vom Rind die Costata di taglio fiorentino und in den kalten Monaten die diversen typischen Empfehlungen zum Thema Baccalà. Für den süßen Ausklang kann man sich für Semifreddi, Torta di ricotta oder Sbrisolona entscheiden. Neben einer interessanten Auswahl an Weinen im offenen Ausschank gibt es eine sehr umfangreiche Weinkarte mit Etiketten aus dem Trentino und ganz Italien, wobei der Schwerpunkt auf süditalienischen Regionen liegt; erstklassiges Dessertweinangebot.

BASELGA DI PINÈ

18 km nordöstlich von Trient

Due Camini

Hotelrestaurant
Via del 26 Maggio, 65
Tel. (+39) 04 61 / 55 72 00
Ruhetag: Sonntagabend, Montag, außer in der Hochsaison
Ferien: unterschiedlich
70 Plätze
Preise: 33–35 €
Kreditkarten: AE, MC, Visa; BM
Mittags und abends geöffnet

Zwei Seen und Wälder als bukolischer Rahmen. So präsentiert sich das Piné-Hochplateau zwischen Fersental und oberem Valsugana. Von Trient fährt man hinauf auf 900 Meter Höhe und entdeckt an der Straße zum Wallfahrtsort Montagnaga linker Hand das Albergo Due Camini. Franca Merz ist eine patente, dynamische und überaus versierte Wirtin. Das Geheimnis ihrer Küche liegt in der Leichtigkeit und in saisonalen Grundzutaten: Kräuter und Spargel im Frühling, Pilze im Sommer und Herbst, Wild im Winter, alles aus der Region, auch die **Formaggi** von der Alp, die Beeren, die handgefertigten frischen Teigwaren. Den Auftakt machen delikate Terrina di verdure auf Blattsalat, Millefoglie di verdure mit Käse oder Herzhafteres wie gemischte Salumi mit in Öl eingelegten Pilzen (8 €). Es folgen Primi wie **Gnocchi di polenta con lucanica e porcini** (9 €), Canederlotti di formaggio, Taglierini mit Pilzen oder Gemüse, gefüllte Pasta – mit Kürbis, mit Wirsing und Zimtaroma (***Rufioi* ripieni di verza al profumo di cannella**), mit Fleischfüllung und Thymian. Von den Secondi sind schmackhaftes **Filetto di maiale in Senfkruste**, sautierte Funghi porcini mit Polenta und Käse von lokalen Erzeugern (16 €) und **Spezzatino vom Reh mit Polenta** zu empfehlen. Francas Kreativität entfaltet sich vor allem bei den Desserts: Terrina di creme brulée mit Schokolade und Johannisbeeren (6 €), Tortino di ciliegie, Semifreddi, Sorbets. Das interessante Degustationsmenü für 25 € umfasst Vorspeise, Hauptgericht und Dessert.

In **Bedollo** (9 km), Via Sant'Osvaldo, hält der Bauernhof Le Mandre Grauvieh und Rendena-Rinder, ostfriesische Milchschafe und Ziegen der Rasse „Fersentaler Gescheckte" und erzeugt erstklassigen Käse.

BASELGA DI PINÈ
Miola

18 km nordöstlich von Trient

La Stropaia

Ferienbauernhof
Via della Prestala, 20
Tel. (+39) 04 61 / 55 75 78,
(+39) 349 / 570 32 43
Ruhetag: Montag–Donnerstag
Ferien: je 2 Wochen im Juni und September, Weihnachten–März
25 Plätze • Preise: 28 € (Tagesmenü)
Keine Kreditkarten; BM
Abends geöffnet, Sonntag mittags

Seen und Waldreichtum machen Piné zu einem bevorzugten Ausflugsziel der Trentiner, die das 1.000 Meter hoch gelegene schöne Plateau mit dem Auto in wenigen Minuten erreichen. In Miola entdecken wir La Stropaia, ein Haus mit viel Sichtholz in der Nähe des Serraia-Sees. Die Einrichtung vermittelt Wärme und Sauberkeit, die großen Fenster gehen auf einen gepflegten Garten, der ebenfalls zum Verweilen einlädt. Essen kann man hier nur an drei Tagen der Woche, denn Sara Sighel, die Inhaberin, baut auch Gemüse und Beeren an, die zu wertvollen Zutaten ihrer Küche werden. Grundprodukte, die nicht aus eigener Erzeugung sind, stammen von Fleischereien und Käsereien aus der Umgebung. Daniele im Service unterhält die Gäste auf leutselige Art. Das Menü ist vorgegeben und wechselt monatlich (28 €). Wir beginnen mit **Strudel di grana trentino mit Gemüse und Käse** oder Sformato di patate alle erbe. Von den Primi sehr gut sind **Gnocchetti mit Roter Bete und Ricotta affumicata** sowie **Rotolo di canederlo** (eine Art Serviettenknödel) **mit Gemüse, einheimischen Pfifferlingen und Salsiccia**. Nach einem Waldbeerensorbet geht man über zum Hauptgericht, zu dem stets Polenta aus lokal angebautem Mais und hausgemachtes Sauerkraut gereicht werden: **in Rotwein geschmorter Ossobuco**, Fagottino vom Biorind mit Speck, Schweinerippchen (Costine al forno). Heidelbeeren, Himbeeren und Walderdbeeren veredeln gute Kuchen und Cremes. Die Weinkarte ist geprägt duch individuell ausgesuchte Etiketten einiger trentinischer Winzer, vorzugsweise biologisch arbeitender.

In **Rizzolaga** (3,5 km) erzeugt der landwirtschaftliche Betrieb Maso Prener Käse aus Rohmilch von Kühen der Rasse Grigio Alpina (Slow-Food-Presidio).

BRENTONICO
Palù

45 KM SÜDWESTLICH V. TRIENT, 20 KM V. ROVERETO

Maso Palù

Trattoria
Via Graziani, 56
Tel. (+39) 04 64 / 39 50 14,
(+39) 335 / 824 17 86
Ferien: zeitweise im Juni
80 Plätze + 20 Plätze im Freien
Preise: 35 € (Tagesmenü)
Alle Kreditkarten; BM
Freitag, Samstag, Sonntag sowie vor und an Feiertagen mittags und abends geöffnet

Mit Blick auf die sanften Wiesen der Hochebene von Brentonico empfängt Sie dieses Traditionslokal, dessen Atmosphäre warm und angenehm familiär ist. Inhaberin Emiliana Amadori kümmert sich um die Küche, Tochter Camilla und Sohn Tobia sind für den Service zuständig. Das kulinarische Angebot hat sich mit der Zeit konsolidiert und besteht aus einem abwechslungsreichen Tagesmenü für 35 € inklusive Hauswein. Es gibt aber auch eine ebenso reichhaltige wie vielfältige Weinkarte, in der vor allem trentinische Winzererzeugnisse vertreten sind. Das Menü, das abgesehen von einigen Konstanten monatlich wechselt, setzt sich aus einer Reihe von regionaltypischen Gerichten zusammen, bei denen die Saisonalität der Grundprodukte den Takt vorgibt. Man beginnt mit einem Antipasto bestehend aus Carpaccio und Tatar von Carne *salada* mit getrüffelter Polenta, Apfelsalat, Käse, Aufschnitt und Pökelzunge. Es folgen **Orzotto con aglio orsino** (Perlgraupen mit Bärlauch), Strangolapreti mit Brennnesseln und geschmolzenem Käse, **hausgemachte Tagliolini mit einheimischem Radicchio und Safran** ebenfalls regionaler Provenienz. Danach kann es klassischen *Tonco del pontesel* mit Polenta, Baccalà alla trentina mit Kartoffelpüree oder **Manzo al tartufo del Baldo** (Rind mit heimischem Trüffel) geben. Die Grundprodukte sind aus der näheren Umgebung oder jedenfalls aus dem Trentino; im Herbst sollten Sie das Menù alle castagne mit Esskastanien aus Castione, die die geschützte Ursprungsbezeichnung DOP tragen, nicht versäumen. Zum Dessert kann man zwischen traditionellem **Strudel**, Millefoglie, Joghurt mit Orangensauce und Eiscreme mit Waldbeeren (Gelato con i frutti di bosco) wählen. Wer auf den einen oder anderen Gang verzichtet, erlebt beim Bezahlen die angenehme Überraschung eines kleinen Rabatts auf den Gesamtpreis.

CIVEZZANO
Forte

7 KM NORDÖSTLICH VON TRIENT, S.S. 47

Maso Cantanghel Trattoria da Lucia

Traditionelle Osteria
Via della Madonnina, 33
Tel. (+39) 04 61 / 85 87 14
Ruhetag: Samstag, Sonntag
Ferien: je 2 Wochen im August und Weihnachten/Neujahr • 30 Plätze
Preise: 35 € (Tagesmenü) • Alle Kreditkarten; BM
Mittags und abends geöffnet

Der schöne Gasthof knapp außerhalb von Trient, zwischen Gemüsefeldern, Weingärten und der angrenzenden österreichisch-ungarischen Festung, erlebte 1981 eine Wiedergeburt als Landgasthaus unter der Leitung von Lucia Gius. Die zu den zwei stilvoll eingerichteten heimeligen Gaststuben hin offene Küche trägt dazu bei, dass man sich wie zu Hause fühlt. Das handgeschriebene Menü ist vorgegeben und umfasst fünf Gänge, wechselt jedoch täglich, je nachdem, was Markt, Feld und Wald bieten. Es sind einfache, bodenständige Gerichte nach bewährten Rezepten einer Großfamilie, die seit Generationen gastronomisch tätig ist. Bedient wird man vom freundlichen Manuel Tamanini, der mit einem Lächeln für einen perfekt getimten Service sorgt. Man beginnt mit gebackenen **Fiori di zucca mit Ricotta**, Pancetta mit Selleriepüree und Kohl, **Sformato di porri con pesce persico**, Zucchini mit Ricotta, Minze und Tomaten. Es folgen hausgemachte Teigwaren, **Risotto ai finferli**, Zuppa d'orzo mit Schwarte, **Pasta e fagioli**. Denkwürdige Secondi sind Ossobuco vom Kalb, Guanciale, **Faraona alle erbe aromatiche**, Coniglio al forno, **Salsiccia mit Polenta aus Maisgrieß aus Storo**. Man schließt mit vorzüglicher Crema gelato alla nocciola, im Winter mit Torrone oder Strudel mit Renette-Äpfeln. Unverzichtbar für den süßen Abschied ist die Kleinpatisserie zu Kaffee aus der Mokkamaschine. Einige probate glasweise Empfehlungen ergänzen die schöne, vorwiegend regionale Weinkarte mit Schwerpunkt auf autochthonen Rebsorten, die aber auch Etiketten namhafter Winzer aus ganz Italien enthält. Vergessen Sie bitte nicht zu reservieren.

»*Seit 30 Jahren bietet Lucia in Form gekonnter Schlichtheit das Beste der authentischen trentinischen Küche.*«

COMANO TERME
Poia

31 km westlich von Trient

Osteria della Locanda Fiore

Osteria mit Übernachtungsmöglichkeit
Via Mazzini, 22
Tel. (+39) 04 65 / 70 14 01
Ruhetag: Montag, außer in der Hochsaison
Ferien: 1.–15. November
45 Plätze + 30 Plätze im Freien
Preise: 28–32 € • Kreditkarten: Visa; BM
Mittags und abends geöffnet

Wir sind im Bleggio, zwischen Val Rendena und Gardasee. Das Gebiet ist bekannt für heiße Quellen, alte Dörfer und Burgen, aber auch für Ackerbau (vor allem Mais und Kartoffeln) und Viehzucht. Vom Hauptort Comano Terme fährt man hinauf nach Poia, einen der vielen verstreuten Ortsteile in Hanglage. Ein schöner Garten mit Baumbestand bildet den Rahmen für diesen 1863 erbauten Gasthof. Das Ambiente ist schlicht, aber gepflegt, den Gastraum zieren große Fresken mit ländlichen Motiven. Patron Silvio und Familie laden zu einer kulinarischen Entdeckungsreise in das Umland ein. So können Sie verschiedene lokale Salumi (u. a. *Ciùiga*, Nusssalami, geräuchertes Schweinefilet), Gemüse- und Käsesorten probieren. Sehr gelungen finden wir die Idee, rohes Sauerkraut mit Aufschnitt (12 €) zu kombinieren. Zu den Klassikern des Hauses zählen die speziellen Kartoffelgnocchi ***Na feta e en gnoc*** (9 €) und das im Kupferkessel gekochte und servierte Reisgericht **Riso nel *paròl* mit Salamibrät und Grana**. Alternativ dazu gibt es Ricotta-Spargel-Ravioloni, Strangolapreti, Risotto al Teroldego oder ai funghi, **Canederli in Brühe** oder brauner Butter. Es folgen Tagliata di cavallo, **Carne *salada* mit Bohnen** (12 €), Saibling als Rotolo di salmerino alla nosiola mit Püree von violetten Kartoffeln. Als Dessert Kartoffeltiramisu (4 €), Apfelstrudel, Zuppetta di frutta al vino cotto. Auch ein Degustationsmenü für 28 € wird angeboten. Wenn Sie sich dann nicht mehr in der Lage fühlen, den Rückweg anzutreten, können Sie in einladenden, komfortablen Zimmern übernachten.

Der Betrieb Fontanel in **Fiavè** (6 km) erzeugt Käse, Butter und Joghurt aus der Milch von Kühen, die mit Heu und Mais aus eigenem Anbau gefüttert werden.

CORDEDO
Tavon

40 km nördlich von Trient, S.S. 12 und S.S. 43

Alla Pineta

Hotelrestaurant
Via Santuario, 17
Tel. (+39) 04 63 / 53 68 66
Kein Ruhetag
Ferien: 3 Wochen im Juni, November/Dezember
90 Plätze
Preise: 30 €
Alle Kreditkarten; BM
Mittags und abends geöffnet

Das Pineta ist eine Hotelanlage mit Dorfcharakter. Das Haupthaus, in dem sich Rezeption, Restaurant, Bar und Taverne befinden, ist durch Tunnels mit dem Wellnessbereich und dem Gebäude mit den Suiten und Zimmern verbunden. Weitere Häuser auf dem Areal beherbergen kleine Familienapartments mit Küche. Das sehr große Restaurant besteht aus mehreren Räumen mit Holzinterieur. Besonderen Stellenwert haben hier ausgesuchte authentische Produkte, viele davon aus der unmittelbaren Umgebung, etwa die Mortandela (Wurstspezialität aus dem Nonstal), der Ossocollo, die Lucanica, der Speck. Diese Delikatessen finden Sie auf dem Piatto di salumi (8 €) vereint. In der Spargelsaison begleiten Asparagi verschiedene Gerichte wie die hausgemachte Carne *salada* oder die Salsa bolzanina (Bozner Sauce). Die Auswahl an Primi kann **Canederli con l'ortica** (Brennnesselknödel, 8 €), Risotto oder **Tagliatelle al tarassaco** (Bandnudeln mit Löwenzahn) oder agli asparagi umfassen. Von den möglichen Secondi erwähnt seien Filettino di maiale, Guanciale mit Rosmarinkartoffeln und Pilzen, Rindfleisch in Form von **Sfilacci di manzo mit knackigem Spargel und Bratkartoffeln** (17 €). Die Karte empfiehlt zudem Tellergerichte wie den klassischen *Tortel* di patate mit Wurstwaren. Der Käse stammt großteils von der Käserei Coredo und von Erzeugern der Slow-Food-Presidi Vezzena und Puzzone. Hausgemachte Dolci: **Strudel alla vaniglia**, Semifreddo all'amaretto und die süße Überraschung (Sorpresa di Elisabetta, 5,50 €), kreiert von der Chefpatissière des Hauses.

Der Name Corrà steht für erstklassige Fleischereien und Wurstwarengeschäfte: in Coredo an der Adresse Piazza dei Cigni 6, in **Smarano** (3 km) in der Via Roen 2 C.

27 km südwestlich von Trient, A 22

Casa del Vino della Vallagarina

Moderne Osteria
Piazza San Vincenzo, 1
Tel. (+39) 04 64 / 48 60 57
Kein Ruhetag • Keine Ferien
120 Plätze + 60 Plätze im Freien
Preise: 34 €
Alle Kreditkarten; BM
Mittags und abends geöffnet

Die Casa del Vino im Palazzo De Probizer (17. Jahrhundert) verfügt über Räume auf mehreren Ebenen, eine große Terrasse mit Blick ins Tal und acht Zimmer zum Übernachten. Die Winzer und Genossenschaftskellereien des Vallagarina haben diesen Ort der hiesigen Ess- und Weinkultur gewidmet. Die 150 lagernden Etiketten (auch glasweise zu probieren) erlauben dank breit gefächerter Auswahl gute Kombinationsmöglichkeiten. Seit elf Jahren wird das Haus von Luca Bini und Diletta Neri mit der Unterstützung eines professionellen, zuvorkommenden Teams geführt. Die kleine Speisekarte wechselt täglich und wird fast zur Gänze mit regionalen Zutaten von vertrauenswürdigen Lieferanten und Partnerbetrieben umgesetzt. Immer zu haben ist ein Gericht mit Baccalà, mittwochs gibt es ein vegetarisches Menü, donnerstags einen Themenabend, jeden Monat ein Menü mit saisonalen Produkten. Von den Antipasti (8,50 €) empfehlen wir **Rotolino di carne *salada*** mit hausgemachtem Pökelfleisch und Gemüsegratin sowie **Baccalà fritto** mit Apfel-Senf-Salat. Herausragend von den Primi (9,50 €) sind Gnocchi di ricotta mit Basilikumpesto, **Risotto al Marzemino** mit Lardo und Pistazien, Lasagne al radicchio rosso e salsiccia. Von den Secondi (16 €) überzeugen gedämpftes **Filetto di salmerino** mit Kartoffel-Zitronen-Püree, Costicine di maiale im Heumantel mit Folienkartoffeln, **Scaloppina di cervo mit Honig, Rotwein und Grappa-Äpfeln**. Gute Auswahl an **Formaggi** aus der Region. Von den Dolci (7 €) erwähnt seien **Torta di mele mit heißer Schokocreme**, Erdbeer-Rhabarber-Crostata, Zuppa di spumante mit Sorbets und Beeren.

Der Panificio Moderno, Via al Ponte 10, bäckt Brot mit Sauerteig, Pizzen, Focacce, Grissini und allerlei süße Sachen.

ISERA

21 km s. v. Trient, A 22 Ausfahrt Rovereto Nord

Locanda delle Tre Chiavi

Trattoria
Via Vannetti, 8
Tel. (+39) 04 64 / 42 37 21
Ruhetag: Sonntagabend, Montag
Keine Ferien
60 Plätze + 60 Plätze im Freien
Preise: 38–40 € • Alle Kreditkarten
Mittags und abends geöffnet

Annarita und Sergio haben die Locanda delle Tre Chiavi zu einem Schaufenster der Region und einer Schule der guten Praxis in Sachen Speis und Trank gemacht. Das kulinarische Angebot betont die Territorialität und Saisonalität der Grundprodukte. Eingekauft wird bei lokalen Bauern, vorzugsweise solchen, die nach biologischen Kriterien arbeiten. Man beginnt mit klassischem ***Tortel* di patate zu Puzzone di Moena und Weißkrautsalat**, geräucherter Nonstaler Mortandela, Luganega, Speck und geräuchertem Pferdefleisch aus Rovereto, Tatar von Carne *salada* mit Zitronenöl, Apfelsauce und Krokant von Borlotti-Bohnen (11,50 €), mariniertem Salmerino (Saibling aus den Judikarien) mit Gemüse in carpione. Unter den Primi sind grüne **Canederlotti al cuore di malga** (Knödel mit Käsefüllung) in Salbeibutter sowie Vollkornteigtäschchen – ***Casonzei* di segale** – gefüllt mit Ziegenricotta und würzigen Kräutern auf Sauce von frischen Tomaten (11,50 €) zu entdecken. Es folgen Biohähnchen in Form von Rotolo di pollo al tarassaco mit Auberginen-Caponata (16 €), bei niedriger Temperatur gegarte hausgeräucherte Schweinenuss (Noce di maiale nostrano), einheimischer **Salmerino in Sesamkruste** mit schwarzem Wildreis und Gemüse oder Piatto della malga (Sortiment von sieben fermentfreien Rohmilch**käse**sorten). Zum Ausklang kann man sich an **Apfelstrudel** mit Zimteis (7 €), Waffeln mit Eis und Beeren (Cialda con gelato mantecato e frutti di bosco) oder Cheesecake auf Joghurtbasis mit Holunderaroma und Pfirsichkonfitüre erfreuen. Die gut strukturierte Weinkarte hat ihren Schwerpunkt auf Trentino-Südtirol.

»*Eine Bastion der trentinischen Esskultur mit Fokus auf Grundprodukten von lokalen Landwirten, vorzugsweise von Biobauern.*«

LAVIS
Sorni

15 KM NÖRDLICH VON TRIENT, S.S. 12

Vecchia Sorni

Trattoria
Piazza Assunta, 40
Tel. (+39) 04 61 / 87 05 41
Ruhetag: Sonntagabend, Montag
Ferien: zeitweise im Februar und März
35 Plätze + 40 Plätze im Freien
Preise: 35 €
Alle Kreditkarten; BM
Mittags und abends geöffnet

Die Trattoria befindet sich auf dem von einer lieblichen Landschaft umgebenen Hügel der Sorni, von dem man einen schönen Blick auf das gesamte Etschtal hat. Das komfortable Ambiente besticht durch Schlichtheit. Zu Tisch gebeten wird in den zwei Stuben im Erdgeschoss und im ersten Stock. Die Küche ist gebietsgebunden, geradlinig und jahreszeitlich geprägt. Für einen besonderen Akzent sorgt der geschickte Einsatz von Kräutern aus dem hauseigenen Garten. Häufig angeboten wird Fisch aus See oder Fluss: Zu empfehlen sind die marinierte Bachforelle auf Äpfeln mit Meerrettichmouse (**Trota fario marinata su carpaccio di mela e mousse al rafano**, 10 €) und die vorzüglichen Kroketten von der Renke (Crocchette di pesce coregone) mit Puntarelle-Salat. Von den Primi nicht versäumen sollte man die aromatischen Bandnudeln mit Hasenragout (**Pappardelle con ragù grossolano di lepre al vino rosso**), von den Secondi den mit grünem Spargel und Tomaten, Erbsen und weißen Zwiebeln gebratenen Rombo (Steinbutt) oder die Lammkoteletts in Kräuterkruste – **Costolette d'agnello in crosta di erbe aromatiche** – mit sautierten Artischocken (15 €). Verzichten Sie nicht auf die sündigen Empfehlungen der kleinen Dessertkarte: Wir waren hingerissen von der Tortina di **mousse al caffè di Anterivo** mit Vanilleeis (5,50 €) und von der Torta di grano saraceno mit Preiselbeerkonfitüre und Gianduia-Eis. Die Weinkarte bietet gute Etiketten aus der Region und eine schöne Auswahl an glasweisen Bestellmöglichkeiten. Eine Reservierung ist anzuraten.

Alimentari Paoli in der Via Matteotti 8 ist ein kleiner Käseaffineur und Erzeuger von exquisiten Salumi: Lucanica, Pancetta, Lardo, Coppa, Salami.

LEVICO TERME

20 KM SÜDÖSTLICH VON TRIENT, S.S. 47

Boivin

Traditionelle Osteria
Via Garibaldi, 9
Tel. (+39) 04 61 / 70 16 70
Ruhetag: Montag, außer im Juli und August
Ferien: 2 Wochen im November/Februar
50 Plätze + 20 Plätze im Freien
Preise: 27–35 €
Alle Kreditkarten; BM
Abends geöffnet, im Juli und August auch Sonntagmittag

Forschungseifer und Fachkompetenz sind zwei Werte, die Riccardo Bosco persönlich und demzufolge auch sein Lokal Boivin auszeichnen. Hier werden akribisch ausgesuchte, größtenteils regionale Produkte nach traditionellen Rezepten mit originellen Akzenten verarbeitet, die aus Riccardos Kenntnissen der internationalen Küche resultieren. Die Speisekarte wechselt mit den Jahreszeiten und der Verfügbarkeit der Zutaten. Eingangs Salmerino marinato (marinierter Saibling) auf Orangen-Fenchel-Salat, Trota affumicata (geräucherte Forelle) auf Apfel-Sellerie-Salat, **Rotolino di carne *salada*** mit Krautsalat und grünem Apfelschaum (9 €), Wirsingstrudel mit geschmolzenem Casolét, köstliche Gemüseflans oder Funghi – roh, gegrillt oder gebacken. Danach Tortelli di fagioli al mosto cotto, **Casoncelli di patate** gefüllt mit Puzzone-Käse und Walnüssen (9 €), Kürbisgnocchi, **Tagliatelle al ragù bianco**, Tagliatelle mit Lammragout, Tagessuppe. Unter den Secondi: Alpensaibling – Salmerino alpino – in Lärchenrinde, **Baccalà in umido alla trentina**, Brasato vom Rind al Teroldego mit Polenta aus einheimischem Maisgrieß, **Manzo all'olio con salsa *peverada*** (22 €), Quinto quarto (das „fünfte Viertel" – Innereien und Ähnliches). Zum Nachtisch (5 €) Apfelstrudel, Cheesecake, Semifreddo, Waldbeerensorbets, Tenerina von dunkler Schokolade, Kaffee begleitet von einer Selektion süßer Kleinigkeiten. Die gut strukturierte Weinkarte enthält auch ein paar glasweise Auswahlmöglichkeiten. Interessant sind zudem die zwei Degustationsmenüs (vier Gänge für 27 €, sieben für 33 €).

„Das Boivin steht seit jeher für respektvollen Umgang mit lokalen Ressourcen und Traditionen, ohne dabei auf interessante originelle Akzente zu verzichten."

Ein Ausflug auf die Alm

Die Almen des Trentino werden für das Überleben der Viehzucht wie auch für die Bewahrung der Kulturlandschaft zunehmend wichtig. Auch ihre touristische Bedeutung steigt, bedingt durch die Suche nach jener Unverfälschtheit und Natürlichkeit, die nur die Berge bieten können. Um der rückläufigen Zahl an bewirtschafteten Almen – ein Trend der letzten Jahrzehnte – entgegenzuwirken, hat die Autonome Provinz Trient Fördermaßnahmen gesetzt.
Insbesondere geht es um die Wiederbelebung und Bewahrung der Almen sowie um deren Adaptierung an zeitgemäße Hygienestandards. All das soll dem Wohl der Menschen und dem Weideflächenbestand zugutekommen.
Almen gibt es überall im Trentino, besonders viele in den ausgedehnten Berggegenden wie Adamello-Brenta, oberes Val di Sole, Lagorai oder Monte Baldo. Derzeit werden etwa 300 Hütten bewirtschaftet, auf etwa 80 davon wird die Milch direkt verarbeitet, die anderen liefern sie an die Käsereien im Tal. Auf ungefähr 30 Almen werden zudem Gäste bewirtet, zum Teil auch beherbergt. Auf den „Malghe", die wir Ihnen hier vorstellen, können Sie Erzeugnisse vor Ort probieren und kaufen.

Denise Eccher

BEDOLLO
Stramaiolo
Tel. (+39) 320 / 235 79 02,
(+39) 340 / 542 85 31

Diese Alm ist die einzige auf dem Pinè-Hochplateau, auf der noch Vieh gehalten wird. Betrieben wird sie von Andrea Giovannini, der die Milch von Kühen der Grauviehrasse (Razza Grigio Alpina) selbst zu Käse verarbeitet. Die Malga befindet sich auf über 1.600 Metern Höhe und bietet sowohl Kost als auch Logis.

BRENTONICO
Mortigola
NEU
Tel. (+39) 04 64 / 39 15 55

Die auf dem Monte Baldo in etwa 1.200 Metern Höhe gelegene Alm gehört der Familie Bongiovanni. Und die verarbeitet hier die Milch ihrer Kühe, die sich von Gräsern und Bergkräutern ernähren. Die Erzeugnisse des Betriebs können Sie probieren und zum Mitnehmen kaufen. Darüber hinaus werden einige typische Gerichte der Trentiner Küche angeboten.

CLOZ
Cloz
Tel. (+39) 04 63 / 87 45 37

In diesem Winkel der Trentiner Berge, der fast schon in der Provinz Bozen, in Richtung Ultental, liegt, dürfen die Kühe frei weiden und werden Schweine (für feine Salumi) gehalten. Bewirtschaftet wird die Alm von den Geschwistern Torresani, die auch gute regionaltypische Küche bieten: Knödel, Rindergulasch, Käse aus eigener Erzeugung.

LEVICO TERME
Montagna Granda
Ortsteil Vetriolo Panarotta
Tel. (+39) 04 61 / 70 18 00

Auf über 1.500 Metern Höhe entspringen hier eisenhaltige Thermalquellen und aus der Milch des auf der Alm weidenden Viehs wird exquisiter Bergkäse gemacht. Die Alm der Familie Stiffan bietet auch traditionelle Kost: Knödel, Strangolapreti, Schweinebraten, Gulasch, Sauerkraut, Rippchen, Gemüse und Pilze, die im Gebiet um die Alm herum gesammelt werden.

POZZA DI FASSA
Contrin
Tel. (+39) 338 / 622 70 83,
(+39) 334 / 824 44 46

Konrad Haselrieder ist Alpinist und Senner in Personalunion. Auf seiner Alm im Herzen der Marmolada, die in zwei Stunden Fußmarsch von der Bergstation der Ciampac-Seilbahn (zwischen Alba und Canazei) zu erreichen ist, lässt er Tag und Nacht mehr als 200 Stück Vieh weiden. Aus der Milch erzeugt er Käse und andere Spezialitäten für hungrige Aktivurlauber.

RABBI
Monte Sole
Tel. (+39) 04 63 / 98 53 21,
(+39) 338 / 317 07 15

Diese Alm liegt im Nationalpark Stilfser Joch, auf über 2.000 Metern Höhe, oberhalb der Thermalquellen von Rabbi und Pejo. Bis zu 100 Kühe und zahlreiche Mastschweine werden hier gehalten. Die von dem erfahrenen Guido Casna bewirtschaftete schön restaurierte Alm bietet Feriengästen Einblicke in die Arbeit der Senner und die Möglichkeit, den hiesigen Käse (Casolét), Butter und Ricotta zu probieren.

Stablasolo
Tel. (+39) 04 63 / 98 51 09

Die Alm zählt zu den ältesten der Gegend, ist an die Sitten und Bräuche der Bewohner des Dorfes Rabbi gebunden, das bis ins 15. Jahrhundert zurückreicht. Die zu Fuß oder mit einem von der Gemeinde betriebenen Shuttlebus erreichbare Malga bietet eine schmackhafte regionaltypische Küche, für die Anna Piazzola verantwortlich zeichnet, und ist Ausgangspunkt für einfache Wanderungen.

SPORMAGGIORE
Spora
Tel. (+39) 04 61 / 65 33 48

Wir befinden uns im Herzen des Naturparks Adamello Brenta, wo die trentinischen Bären herumstreifen. In isolierter, spektakulärer Lage – mindestens zwei Stunden Fußmarsch ab Andalo oder von der Grostè-Hütte oberhalb von Madonna di Campiglio sind einzuplanen – wird hier nicht nur die Milch der Kühe zu gutem Bergkäse verarbeitet, sondern auch die Möglichkeit zu übernachten geboten.

TONADICO
Juribello
Tel. (+39) 348 / 892 58 41

Die Malga Juribello ist eine der direkt vom Trentiner Viehzüchterverband bewirtschafteten Almen im Herzen des Naturparks Paneveggio. Um die 140 Milchkühe weiden hier. Außerdem werden Käsereivorführungen veranstaltet, bei denen man erfahren kann, wie die Frischkäsespezialität Toséla und andere für die Primiero-Gegend typische Käsesorten entstehen. Der Betrieb fungiert zudem als Sennereischule und ist für die Verköstigung seiner Besucher ausgestattet.

Malga Venegiòta
Tel. (+39) 04 62 / 57 60 44

Das Val Venegia bietet ein faszinierendes Naturschauspiel, das sich als Filmkulisse mindestens ebenso perfekt eignet wie für Bergtouren. Die von Giancarlo Depaoli bewirtschaftete Alm ist nicht nur Ausgangsbasis für Wanderungen zur Segantini-Hütte, sondern lädt auch und vor allem ein, typische Gerichte und frisch gemachten Käse zu dampfender Polenta aus dem Kupferkessel zu probieren.

ZIANO DI FIEMME
Sadole
Tel. (+39) 348 / 712 02 27

Die vor Kurzem renovierte Almwirtschaft wird von Fabio Vinante vom gleichnamigen landwirtschaftlichen Gut betrieben, der im Sommer seine Milchküche auf etwa 1.650 Metern Höhe weiden lässt. Die Gaststätte bietet Produkte aus eigener Erzeugung sowie ein paar typische Gerichte der Trentiner Küche.

21 KM NÖRDLICH VON TRIENT

Maso Oliva

NEU

Ferienbauernhof
Via Cesare Battisti, 70
Tel. (+39) 04 61 / 60 56 37,
(+39) 348 / 301 64 21
Ferien: unterschiedlich
40 Plätze + 20 Plätze im Freien
Preise: 25–28 €
Keine Kreditkarten; BM
Samstag, Sonntag und Feiertage mittags und abends geöffnet, Freitag nur mittags

Um zu diesem Hof zu gelangen, muss man die alte Straße nehmen, die Mezzocorona mit Mezzolombardo verbindet. Kurz vor der alten Brücke fährt man geradeaus auf der schmalen Straße weiter, die den Nonsbach entlangführt. In der Nähe des Lokals befindet sich ein Teich, in dem Forellen und andere Fischarten gezüchtet werden. Das Menü wird mündlich vorgetragen. Als Vorspeise gibt es Köstlichkeiten aus eigener Erzeugung: Salumi wie Lucanica, Salami und Speck, frische und halbharte Käsesorten (8 €). Es folgen Primi wie Strangolapreti, **Gnocchi di pane e spinaci** (7 €), Tagliatelle mit Pilzen oder mit Forelle und Gemüse, **Canederli allo speck**. Danach wählt man zwischen Forelle in Form von **Filetti di trota al forno mit Gartengemüse** (12 €), Kaninchen in der Version **Coniglio alla trentina**, gebratener oder roher Carne *salada* mit klassischer Bohnenbeilage. Zum Nachtisch kann man sich Panna cotta oder **Strudel** (3,50 €) genehmigen. Familie De Vigili erzeugt neben ihrer Kaninchen- und Geflügelzucht Weiß- und Rotwein (Teroldego Rotaliano), der als Hauswein serviert wird. Die zusätzliche Weinkarte ist zwar eher klein, empfiehlt aber gute, vor allem lokale Erzeugnisse. Der Service bei Tisch funktioniert bestens und zügig, das Personal ist ebenso kompetent wie höflich und aufmerksam. Der Betrieb trägt das Gütesiegel „Ecoristorazione Trentina", das Lokalen verliehen wird, die sich für Umweltschutz einsetzen und Lebensmittel und Getränke aus ökologischem Landbau bevorzugen. Eine Reservierung ist anzuraten.

In **Mezzolombardo** (2,5 km) bieten die Fratelli Tait, Via De Gasperi, ein breites Sortiment an Wurst- und Käsespezialitäten. Norwegischen Stockfisch und Klippfisch führt Roat, Via 4 Novembre.

43 KM SÜDWESTLICH VON TRIENT

La Terrazza

Restaurant
Via Benaco, 24
Tel. (+39) 04 64 / 50 60 83,
(+39) 335 / 603 43 68
Ruhetag: Dienstag, außer im Juli und August
Ferien: unterschiedlich
20 Plätze + 40 Plätze im Freien
Preise: 40 €
Alle Kreditkarten; BM
Mittags und abends geöffnet

In diesem Lokal zu essen ist immer ein Vergnügen, auch wenn es im Laufe der Jahre sein Gepräge als Osteria verloren und sich zum Restaurant gewandelt hat. Das kulinarische Angebot konzentriert sich auf Fisch aus dem Gardasee, die solide Küche ist das Ergebnis der Sorgfalt des Inhabers Ivo Miorelli. Versuchen Sie, einen Tisch auf der verglasten Terrasse zu reservieren, um die schöne Aussicht auf den See zu genießen. Der Service ist aufmerksam und professionell, die umfangreiche Speisekarte bietet neben Fisch einige Fleischgerichte sowie Empfehlungen mit Gemüse aus eigenem Anbau. An Antipasti erwarten Sie hiesige Klassiker wie ***Sisam* alla torbolana** (marinierter Fisch, ähnlich dem venezianischen *Saor*) und Polpettine di cavedano (Fischbällchen vom Döbel), aber auch Carpaccio di lavarello (Felchen) mit frischen Pachino-Tomaten und Basilikum (12 €), Trota und Salmerino (Forelle und Saibling, roh, geräuchert und in agrodolce, 15 €), Sformatini mit Ricotta von der Alm und Gemüse der Saison. Unter den Primi ist das deftige Traditionsgericht ***Bigoi* alla torbolana con *aole* salate** (Pasta mit Sauce von eingesalzenen kleinen Süßwasserfischen, 9,50 €) zu entdecken; alternativ dazu gibt es Raviolo di tinca (gefüllt mit Schleie) serviert mit Sauce von ebendiesem Fisch, Risotto alla tinca mit feinen Kräutern (12 €), Kartoffelgnocchi al ragù di pesce di lago. Von den Hauptspeisen empfehlen wir die **in Salbeibutter gebratenen Barschfilets (Filetti di pesce persico reale,** 18 €), und den wunderbar zarten, da gedämpften Coregone alla mediterranea. Der **Misto pesce di lago** (25 €) vereint all die Köstlichkeiten aus dem See auf einem Teller. Die überaus breit gefächerte Weinkarte umfasst Etiketten aus dem Trentino, aus Südtirol und Venetien; einige Flaschenweine werden auch glasweise ausgeschenkt.

NOGAREDO
Sasso

25 KM SÜDÖSTLICH VON TRIENT

Locanda D&D

Hotel mit moderner Osteria
Via Maso, 2
Tel. (+39) 04 64 / 41 07 77
Ruhetag: Dienstag
Keine Ferien
50 Plätze
Preise: 37–40 €
Alle Kreditkarten; BM
Mittags und abends geöffnet

Die Straße von Villa Lagarina hinauf in das kleine Dorf Sasso ist von vielen kleinparzelligen Weingärten, in denen vor allem Marzemino gedeiht, und etlichen alten Bauernhäusern gesäumt. Eines dieser Häuser, das sich schön renoviert präsentiert, beherbergt die Locanda von Sandrine Dossi. Die Gasträume sind geschmackvoll und schlicht eingerichtet, auch ein großer Kamin mit Grill ist vorhanden. Die von Ivano Dossi kreierten Speisen sind mit lokalen Zutaten und Kräutern aus dem Hausgarten veredelt. Empfehlenswerte Antipasti (10 €) sind die Petali di trota affumicata, der Tagliere dei formaggi (fast alle Käsesorten sind Slow-Food-Presidi), das Carpaccio von Carne *salada* aus der Gegend um Tione, das Phyloteig-Nest mit Gemüse und geschmolzenem Casolét. Es folgen **Spätzle allo zafferano di Crosano** (12 €), **Zuppa di orzo e verdure**, Vollkornspaghetti aus drei Sorten Mehl mit Paprikaschoten und Sardellen, **Gnocchetti di ricotta di capra alle ortiche**. An Secondi gibt es Filetti di salmerino mit Safranpolenta und Gemüse (18 €), **Coniglio mit Polenta und Thymiansäftchen** oder mit würzigen Gartenkräutern, köstliche Grigliata mista. Verführerisch die Desserts (6 €): Morbidoso al cioccolato nero mit weichem Kern, klassischer **Apfelstrudel**, Schokomousse mit Orangenaroma, Semifreddo von Pflaumen aus Dro mit karamellisierten Walnüssen, Crema catalana. Brot und Pasta sind hausgemacht. Die reichhaltige Weinkarte empfiehlt vor allem Regionales. Ein Degustationsmenü (30 €) ergänzt das Angebot. Für Übernachtungsgäste gibt es Zimmer und Mini-Apartments.

Die Brennerei Marzadro, Via per Brancolino 10, erzeugt in dritter Generation nach handwerklicher Tradition mit moderner Technik erstklassige Grappas.

OSSANA

70 KM NORDWESTLICH V. TRIENT, S.S. 43 U. S.S. 42

Antica Osteria

Restaurant
Via Venezia, 11
Tel. (+39) 04 63 / 75 17 13,
(+39) 338 / 567 92 58
Ruhetag: Mittwoch, außer in der Hochsaison
Keine Ferien
55 Plätze
Preise: 30–33 €
Kreditkarten: CS, DC, MC, Visa; BM
Abends geöffnet, am Wochenende im Sommer und Winter auch mittags

Die mittelalterliche Burg San Michele di Ossana, die dank einer gelungenen Restaurierung in altem Glanz erstrahlt, beherrscht mit ihrem Turm das gesamte obere Val di Sole – ein Tal der Wälder, Weiden und Anbauten auf gepflegten kleinen Parzellen. Aus diesen Ressourcen holt sich Mariano Dell'Eva die Produkte für die bodenständige Traditionsküche seiner Osteria. Das von ihm persönlich vorgetragene Menü wechselt je nach Verfügbarkeit der Grundzutaten. Schriftlich sind nur die Preise angegeben: Antipasti 7 bis 8 €, Primi 8 bis 9 €, Secondi 13 bis 14 €, Dessert 4 €. Man beginnt mit Salumi, Carpaccio di cervo (Hirsch) mit Ananas und Preiselbeeren, Antipasto misto bestehend aus Gemüseflan, Ricotta mit Honig, Kräuterkuchen, Focaccia mit Lardo. Es folgen hausgemachte Teigwaren wie **Gnocchi di pane e formaggio di malga** (Nocken aus Brot und Bergkäse) **mit knusprigem Speck**, Gnocchi di ricotta oder Gnocchi di patate mit Pflaumen und Zimt, **Tagliatelle mit** Reh- oder **Hirschragout**, Kartoffel-Ravioloni gefüllt mit Wirsing, Lauch und Walnüssen; eine ungewöhnlich Alternative ist der Risotto alle ciliegie mit Kirschen, Lauch, Wildkräutern und saurem Joghurt. An Secondi gibt es **Costolette d'agnello**, Filetto di maiale mit Apfelkonfitüre, Tagliata vom Hirsch, mit Wein und Zwiebeln gebratenes **Filetto di puledro** (Fohlen). Man schließt mit Walnuss-, Pflaumen- oder Zimteis, Apfelkuchen mit Vanillesauce, Semifreddo agli amaretti. Interessante Weinkarte. In der angrenzenden Locanda dei Gentili kann man übernachten.

Mezzana (5 km) ist berühmt für Käse: Den nur hier hergestellten Casolèt, aber auch andere einheimische Sorten wie Fontal sowie Ricotta und Butter gibt es im Caseificio Sociale Presanella, Via Bezzi 3.

PANCHIÀ

74 KM SÜDWESTLICH VON TRIENT

Osteria de l'Acquarol

Moderne Osteria
Via Nazionale, 42
Tel. (+39) 04 62 / 81 30 82
Ruhetag: Montag
Ferien: nach Ostern–Mitte Mai, Mitte Oktober–Mitte November
35 Plätze
Preise: 38–40 €
Kreditkarten: CS, DC, MC, Visa; BM
Mittags und abends geöffnet

Das Restaurant in dem im 19. Jahrhundert erbauten Hotel Rio Bianco an der Ortseinfahrt von Panchià führt ein junges Paar, das es nach einschlägigen Erfahrungen in der Region und im Ausland vor zwei Jahren eröffnet hat. In der Küche verarbeitet Alessandro Bellingeri lokale Produkte auf raffinierte Weise, zuweilen mit mediterranen Akzenten. Perla Cardenas präsentiert kompetent das kleine, aber feine kulinarische Angebot und das breite Weinsortiment. Eingangs kann man zwischen Crudo di salmerino (roher Saibling) mit grünem Apfel und Melone (12 €) und Tomino in Roggenkruste mit kalter Gemüsesauce und Salat wählen. Von den Primi zu empfehlen sind mit Bergbutter verfeinerter **Riso con piselli e uova di trota** (Erbsenreis mit Forellenkaviar), Gnocchi di patate alla plancia mit Holunder-Garnelen, Steinpilz-Caponata, Spargel und Dicken Bohnen (13 €) oder eine vegetarische Version des ***Smacafam***. Es folgen Secondi wie **Agnello della val di Fiemme in tre cotture** (Fleimstaler Lamm in drei Garweisen, 16 €), Renke alias Coregone mit Zitronenconfit und Früchte-Gemüse-Giardiniera (15 €), Rind in Form von **Guancia di manzo al ginepro**. Alternativ dazu bieten sich hausgemachte Salumi und Speck sowie lokale Formaggi aus Kuh- und Ziegenmilch mit Mostarda an. Von den pfiffigen Desserts sei die Eisvariation duftende Geranie, Rote Bete und weißer Sellerie (8 €) erwähnt. Eine weitere Option ist das fünfgängige Degustationsmenü (38 €). Aus der facettenreichen und regionalbetont gut strukturierten Weinkarte kann man einige Empfehlungen auch glasweise bestellen.

L'Ònes von Massimo Donei in der Via Costa 32 erzeugt und verkauft handwerklich hergestellte Schnäpse (Zirbelkiefer, Wacholder, Schlehe, Enzian …).

PERGINE VALSUGANA
Canezza

16 KM ÖSTLICH VON TRIENT, S.P. „VAL DEI MOCHENI"

Osteria Storica Morelli

Osteria • Piazza Petrini, 1
Tel. (+39) 04 61 / 50 95 04, (+39) 347 / 444 71 50
Ruhetag: Montag, Dienstagmittag
Ferien: unterschiedlich
30 Plätze • Preise: 38 €
Kreditkarten: MC, Visa; BM
Mittags und abends geöffnet

Die an der Einfahrt ins Fersental gelegene Osteria Morelli verdient wirklich das Attribut „historisch". Nicht nur wegen des Gebäudes, das sie beherbergt, sondern auch wegen der Traditionen, die sie wahrt, der inhaltsreichen Schlichtheit, der geschmacklichen Ausdrucksstärke, der herzlichen Atmosphäre und der Bereitwilligkeit, Produktmerkmale und Verarbeitungsmethoden zu schildern. Man wählt aus einer umfangreichen Karte oder nimmt das Degustationsmenü für 35 €. An Antipasti gibt es **Aspic di bollito mit Radicchio in *saor*** (10 €), Paté di fegato mit heißen Crostini, hausgemachte Salumi mit Sottaceti, Carne *salada* mit rohen Schneepilzen. Von den Primi zu empfehlen sind neben klassischen **Speckknödeln in Brühe** die Gnocchi di polenta (aus Mais der Sorte Spin) mit Ragout nach Hausfrauenart, die hausgemachten Pappardelle mit Rehragout, die Fleimstaler ***Casonziei* mit Mohnbutter und Ricotta affumicata** (10 €). Es folgen erstklassige Fleischgerichte wie geschmorte Guancetta vom Kalb mit Polenta und Pilzen oder **Fegato di vitello mit Salbei und Bratkartoffeln**, aber auch ein interessanter Löwenzahnsalat mit pochiertem Entenei und knusprigem Speck (Insalata di tarassaco con uovo d'anatra in camicia e pancetta croccante, 12 €). Der Käseteller umfasst **Formaggi** von kleinen Trentiner Erzeugern (12 €). Die Dolci sind ein Fest der Aromen: Besonders gut geschmeckt hat uns die Variation von hausgemachten Eiscremes und Sorbets (5 €). Die ausnahmslos dem Trentino gewidmete Weinkarte empfiehlt auch diverse kleine Winzer, die sich seltenen und alten Reben verschrieben haben.

»

Ursprünglichkeit, Qualität und Tradition: All das dient der Förderung lokaler Produkte im Sinne ökologischer Nachhaltigkeit.

«

PREDAZZO
Miola

78 KM NORDÖSTLICH VON TRIENT

Miola

Restaurant
Ortsteil Miola, 1
Tel. (+39) 04 62 / 50 19 24,
(+39) 340 / 376 19 58
Ruhetag: Dienstag, im Frühling und Herbst Montag–Donnerstag
Ferien: unterschiedlich
60 Plätze • Preise: 28 €
Alle Kreditkarten; BM
Mittags und abends geöffnet

NEU

Man muss nach Predazzo und noch weiter hinauf, um zu dem großen Hof aus den 1950er-Jahren zu gelangen. Dort eröffneten 1981 die Dellantonio eine Kneipe, zu der später ein Restaurant und eine Terrasse mit herrlichem Blick über das Fleimstal hinzukamen. Heute führt Tochter Elisabetta die Küche, unterstützt von ihrem Mann Paolo im Saal und Bruder Gianni an der Bar. Gastlichkeit und Service sind aufrichtig und familiär, weshalb das Lokal nicht nur bei vielen Urlaubern, sondern auch bei Einheimischen beliebt ist, die sich hier außerhalb der Saison zu Hause fühlen. Pasta, Fleisch, Wurst und Fisch bezieht man von Genossenschaften oder Einzelproduzenten der Talschaft, das Gemüse kommt wenn möglich aus dem Hausgarten. An der Liste der Hauptgerichte ist leicht zu ersehen, dass wir hier an der **Käse**straße der Dolomiten sind. So enthält die durchdachte Auswahl eine vertikale Puzzone-Verkostung (8 €) und den Tagliere dei quattro caseifici (10 €) mit Produkten von vier Käsereien, Slow-Food-Presidi inklusive. Jedes Gericht ist üppig bemessen und schmackhaft, die Karte fast schon zu lang. Wenn wir uns auf die mit lokalen Zutaten kreierten Speisen konzentrieren, können wir wählen zwischen Minestra di verdure, Zuppa di trippe (7 €), Tomino di malga in Pistaziensauce (8 €), **Spätzle di castagna al radicchio e ricotta affumicata** (8,50 €), **Filetto di trota biologica in crosta di nocciole** (Bioforellenfilet in Haselnusskruste, 11 €), **Stinco di maiale al forno** (10 €), Ziegenjoghurteis mit Waldbeerensauce (4 €). Die umfangreiche Weinkarte ist stark regional geprägt.

Die Macelleria Dellantonio, Via Battisti 2, bietet seit vier Generationen typische Salumi aus Fleisch von Bauernhöfen der Talschaft.

RIVA DEL GARDA

48 KM SÜDWESTLICH VON TRIENT

Sant'Alessandro

NEU

Moderne Osteria
Via Sant'Alessandro, 19
Tel. (+39) 04 64 / 55 67 77
Ruhetag: Montag
Ferien: unterschiedlich
30 Plätze + 10 Plätze im Freien
Preise: 35 €
Alle Kreditkarten; BM
Mittags und abends geöffnet

Die vor Kurzem eröffnete Trattoria wird von Ilaria und Luca geleitet. Die beiden haben nach diversen Erfahrungen in der Branche ihr eigenes Projekt gestartet, für das sie kleine Erzeuger, Landwirte, Viehzüchter und Winzer gesucht und gefunden haben, um Beziehungen des gegenseitigen Vertrauens aufzubauen. Das schlichte Lokal ist gepflegt und stilvoll zurückhaltend eingerichtet. Ilaria wird uns begrüßen und das Menü erläutern. In der Küche schöpft Luca aus seinem Erfahrungsschatz, verwandelt erstklassige Grundprodukte in schmackhafte Speisen. Für den Auftakt finden wir einheimische Salumi und Käsesorten, **Fiori di zucca con ricotta di malga**, hausgemachte Carne *salada*, pochiertes Ei (Ovetto in camicia, 8 €) oder marinierte Forelle (Trota iridea in carpione) vor. Wir fahren fort mit Kräuterknödeln, Ravioli mit Rindfleischfüllung und Pfifferlingen, hausgemachten Fettuccine mit Wildragout und knackigem Junggemüse, Crema di verdure, **Bigoli al torchio con sarde di lago marinate** (Pasta mit Gardaseefisch, 10 €), gefolgt von **Agnello biologico della val di Fiemme** (Fleimstaler Biolamm), Suinetto trentino arrosto alla senape (Braten vom Trentiner Jungschwein, 16 €), Manzetta nostrana (einheimisches Jungrind), Salmerino alpino (Alpensaibling) mit Saisongemüse. Zum Ausklang steht alternativ zu weißer Schokomousse, **Torta *de fregoloti*** (6 €), Tiramisu im Glas und Crema catalana eine kleine, aber feine Selektion an **Formaggi** bereit. Neben Exkursen in die Toskana ist die Trentiner Winzerszene in der kleinen Weinkarte gut vertreten, die auch glasweise Bestellmöglichkeiten vorsieht.

Macelleria Bertoldi (im Komplex Agraria Riva del Garda, San Nazzaro 4): Carne salada, Würstel, Lucanica, Cotechino.

ROMENO
Malgolo

42 KM NÖRDLICH VON TRIENT, S.S. 43 D

Nerina

Hoteltrattoria
Via De Gasperi, 31
Tel. (+39) 04 63 / 51 01 11
Ruhetag: Dienstag, außer im Juli und August
Ferien: letzten 2 Oktoberwochen
50 Plätze
Preise: 32 €
Kreditkarten: CS, Visa; BM
Mittags und abends geöffnet

Der für typische, unverfälschte Küche bekannte Gasthof im kleinen Nonstaler Ort Malgolo wird von Nerina und ihren vier Sprösslingen geführt. Die Besonderheit des Lokals liegt in der Fähigkeit, die trentinische Tradition mit dem neapolitanischen Erbe des Familienoberhaupts zu verbinden. Mario, der mit seinen Schwestern Loredana und Cecilia in der Küche tätig ist, verwendet ausnahmslos ausgesuchte Zutaten aus dem eigenen Garten oder von Bauern aus dem Umland. Die erstklassigen Wurst- und Fleischwaren des Hauses, für die einheimische Viehbauern die Grundprodukte liefern, werden von Marios Bruder Sandro erzeugt, der auch deren Reifung überwacht und außerdem im Service mithilft. Beginnen können wir mit Nonstaler Mortandela, Lardo, Speck und Coppa begleitet von heißer Schiacciatina (9 €), um uns danach **Gnocchi di pane e ortiche mit Salsiccia und Schmorzwiebeln**, Tagliatelle con i pomodorini e *brumoi* (Nonstaler Stängelkohlvarietät), **Ravioli di patate con ricotta affumicata**, Tagliolini con le sarde del Garda oder Gnocchi aus Mais der Sorte Spin aus dem Valsugana in Kombination mit Ciuìga und geschmolzenem Casolét (9 €) schmecken zu lassen und schließlich fortzufahren mit **Rollé di agnello al forno** (15 €), Bocconcini di coniglio mit Kartoffeln, **Stinchetto di maiale al forno mit Biersauce**. Zur feinen Selektion an **Formaggi** von örtlichen Käsereien werden Mostarda und Honig (9 €) gereicht. Erfreuen Sie sich abschließend an köstlichen Dolci: Crema catalana, Tiramisu, handwerklich gefertigte Eiscreme. Ebenfalls bemerkenswert ist die Weinauswahl, vor allem bei den autochthonen Rebsorten.

»
Was die legendäre Nerina mit der Hilfe ihrer vier Sprösslinge bietet, ist typisch, unverfälscht und niemals banal.
«

SMARANO

42 KM NÖRDLICH VON TRIENT

Ostaria del Filò

Osteria
Viale Merlonga, 48 A
Tel. (+39) 04 63 / 53 80 57,
(+39) 339 / 22 34 53
Ruhetag: Montag
Keine Ferien
35 Plätze
Preise: 28–30 €
Kreditkarten: CS, DC, MC, Visa; BM
Mittags und abends geöffnet

Auf etwa 1.000 Metern, am linken Ufer des Nonsbachs, liegt Smarano mit herrlichem Blick auf majestätische Gipfel. Der Name des Lokals stammt von dem Ausdruck „fare *filò*“, der den alten Bergbauernbrauch bezeichnet, an Winterabenden zusammenzukommen, um einander Geschichten zu erzählen und die Geselligkeit genießen. Beim Betreten dieser familiären Osteria werden Sie viele gepflegte Pflanzen, einen urigen Kachelofen und einen alten Sparherd (Fornasela) bewundern. Zu Tisch begleitet werden Sie von Stefano Rizzardi, der die von Paolo Cescatti mit Sorgfalt und Liebe zubereiteten Gerichte erläutert. Beginnen kann man mit Polenta di riso mit Linsen und Puzzone di Moena (8 €), Crema di asparagi mit Perlgraupen, Mortandela und Teroldego, Sformato di verdure auf Käsesauce (Formaggio aus Coredo). Von den Primi nicht versäumen sollte man die mit Mortandela und Casolét gefüllten **Gnocchi di patate mit Löwenzahn-Pesto** (9 €), die Vollkorn-Tortelloni mit Wurst (Ciuíga del Banale) und Alfalfakraut in Salbeibutter, den Risotto Vialone Nano mit Leimkraut und Trento DOC, die **Zuppa d'orzo alla trentina**. Von den Secondi erwähnt seien **Guanciale di maialino geschmort mit Groppello und Altreier Kaffee** (11 €), in Folie gegartes Filetto di ricciola (Makrele) mit Wildkräutern, **Coniglio arrosto mit Wildkräuterfarce**, einheimischer Formaggio alla piastra mit Polenta. Facettenreiche Dessertkarte: klassischer Strudel mit Renette-Äpfeln, Naturjoghurt mit karamellisiertem Apfel, Tortino al cioccolato mit Vanillecreme (5 €). Interessantes Degustationsmenü für 26 €.

In **Amblar** (18 km), Via Roen 53, erzeugt und verkauft Giovanni Pezzini Getreide (geschälte Gerste) und Mehl (Weizen, Roggen, Buchweizen, Mais).

SORAGA
Fuchiade

96 KM NORDÖSTL. VON TRIENT, S.S. 48 U. S.S. 346

Fuciade

Restaurant-Berghütte
Ortsteil Fuchiade
Tel. (+39) 04 62 / 57 42 81,
(+39) 340 / 819 40 60
Kein Ruhetag
Ferien: unterschiedlich
120 Plätze + 60 Plätze im Freien
Preise: 37–40 €
Kreditkarten: CS, DC, MC, Visa; BM
Mittags und abends geöffnet

Wegen der herrlichen Umgebung und der hohen Qualität der Küche ist ein Essen im Rifugio Fuciade ein einzigartiges Erlebnis. Die schöne Wanderung dorthin beginnt am Passo San Pellegrino und führt über grüne Almwiesen. Die Hütte selbst liegt in einem prächtigen natürlichen Amphitheater, von hinten geschützt von Dolomitengipfeln, nach vorne weit geöffnet zum Horizont, von dem sich die Pale di San Martino abzeichnen. Die heimeligen Speiseräume sind voller Gegenstände, die von der Geschichte und den Traditionen der ladinischen Kultur des Fassatals erzählen. Die Karte ist umfangreich, vielfältig, zuweilen kreativ. Von den Antipasti empfehlen wir hiesigen Speck mit Essiggurken, Guanciale di manzo mit Kartoffelsalat, Tropea-Zwiebeln und Pfifferlingen, Tomino in Pistazienkruste mit Trevisaner Radicchio und Tomatenkompott (12 €). Neben **Minestra di orzo alla trentina** (Trentiner Gerstensuppe) und Tagessuppe sind unter den Primi hausgemachte Pappardelle aus Bio-Kamut in Wild- oder Pilzsauce (12 €), **Canederli allo speck** in zerlassener Butter, mit Wildbirnen und Feigen gefüllte Teigtäschchen – *Ciajoncie* – mit Mohn und Zimt zu entdecken. An Secondi gibt es Hirsch als **Tagliata di cervo mit Latschenkiefernaroma und Apfelpüree**, knusprige Puntine di maiale (Rippchen), **Bocconcini vom Reh mit Polenta di Storo und Safranbirne**, Hähnchen in Form von Cosciotto di pollo arrotolato mit Rotkraut, Saibling in der Spielart Salmerino crudo e cotto mit dessen Kaviar und Caprino (15 €). Köstliche Dolci, breites Sortiment an **Formaggi**, wundervolle Weinkarte.

»
Mit seiner Erdverbundenheit sowie dem Augenmerk auf Wahrung der hiesigen Esskultur und Tradition ist das Fuciade ein Kleinod, das es zu erhalten und zu fördern gilt.
«

TONADICO
Val Canali

110 KM NORDÖSTLICH V. TRIENT, S.S. 47 U. S.S. 50

Cant del Gal

Hotelrestaurant
Ortsteil Sabbionade, 1
Tel. (+39) 04 39 / 629 97
Ruhetag: Dienstag, außer in der Hochsaison
Ferien: November
60 Plätze + 20 Plätze im Freien
Preise: 25–30 €
Kreditkarten: AE, CS, MC, Visa; BM
Mittags und abends geöffnet

In einer Gegend, in der es früher Auerhähne gab, erwartet uns ein Chalet, das als Hotel etwa 20 Personen Platz bietet. Das Haus mit herrlichem Blick auf die Gipfel der Pale di San Martino befindet sich inmitten des wunderschönen Val Canali. Seit 2001 führen Marzia Depaoli und Nicola Cemin ihr Restaurant in vollendetem „Primörer Stil". In der entwaffnend schlichten Stube bieten die beiden Gerichte der hiesigen Tradition und Spezialitäten der regionalen Slow-Food-Presidi, begleitet von einer wunderbaren, mit Sorgfalt und Fachwissen zusammengestellten Weinkarte, die vor allem regionale Etiketten enthält. Für empfehlenswert erachten wir das Menü „Osteria Tipica Trentina" für 20 € und das für 25 € angebotene „Menù della Strada dei Formaggi delle Dolomiti". Die Teigwaren sind hausgemacht und werden mit verschiedenen Saucen angeboten, in der Saison mit Pfifferlingen oder Steinpilzen, oftmals auch mit Wildragout. Wir erinnern uns an die **Gnocchi di mais *sponcio* con luganega e funghi**, die **Ricotta-Gnocchi mit Nüssen und zerlassener Butter** (8 €), das Räucherfleisch – Carne *fumada* – aus Siror (9 €), die superfrische Tosela del Primiero mit Polenta aus Storo (8 €), das **Spezzatino vom Kalb alla trentina**, die Braciola vom Hirsch, das Reh als **Capriolo in salmì**, den Trentiner **Käse**teller. Lob gebührt auch den Bieren von einer Kleinbrauerei und dem glasweisen Weinangebot. Die Karte empfiehlt viele Desserts, etwa klassischen **Strudel** und diverse Kuchen mit hausgemachten Konfitüren oder frischen Früchten.

Ganz hinten im Val Canali erzeugt Gianna Tavernaro auf der gleichnamigen Alm (2 km) Butter und Käse. In **Mezzano** (10 km) kann man im Caseificio Sociale in der Via Roma typischen Käse einkaufen.

Il Libertino

Restaurant-Enoteca
Piazza di Piedicastello, 4–6
Tel. (+39) 04 61 / 26 00 85
Ruhetag: Dienstag
Ferien: zeitweise im Juli
45 Plätze
Preise: 35–40 €
Kreditkarten: AE, CS, MC, Visa; BM
Mittags und abends geöffnet

Im Piedicastello-Viertel, nicht weit vom Museum, das die Geschichte des Trentino erzählt, bestätigt sich dieses kleine, aber feine Restaurant Jahr für Jahr als eine der wichtigen Adressen der Stadt. Das Team ist eingespielt: Während Assunta kocht, erläutert Luca den Gästen mit Bedacht die Speisen und dazu passende Weine. In der umfangreichen Weinkarte sind die besten regionalen, italienischen und internationalen Anbaugegenden aufgeführt. Für den Beginn empfehlen wir Insalatina di denti di cane (Löwenzahn) mit Spiegelei und knusprigem Speck (9 €), Tatar von Carne *salada* und Tosela mit Apfelessig, klassischen ***Tortel* di patate** zu regionalen Wurstwaren wie Nonstaler Mortandela oder Lucanica. Primi wie **Wildkräuter-Tortelli in zerlassener Butter mit Vezzena** (10 €) oder herzhafte Zuppetta di farro con verdure (Dinkel-Gemüse-Suppe) stimmen ein auf **Filetto di salmerino alpino in Maiskruste** oder **Baccalà alla trentina** mit Polenta aus dem Valsugana. Wer Fleisch bevorzugt, ist mit der gefüllten Kaninchenkeule (Coscia di coniglio farcita, 17 €) oder dem Kalbsrücken (Lombatina di vitello) in Kräuterpanade gut beraten. Herausragende Dolci (6 €) sind das Holunder-Zitronen-Parfait mit Erdbeeren al Moscato, die Crostatina mit einheimischer Ricotta, die Crema di yogurt mit Honig, Früchten und Walnusskeksen; echte Naschkatzen werden bei der „Trilogia dolce“ (8 €) schwach werden. Nicht unerwähnt bleiben dürfen die Degustationsmenüs für 22,50 und 37,50 €.

Der Palazzo Roccabruna in der Altstadt beherbergt die Enoteca provinciale del Trentino, in der man die besten Weine aus dem Umland verkosten und kaufen kann. Die Casa del Caffè in der Via San Pietro bietet vorzüglichen Kaffee und feinste Schokolade.

CAVALESE

64 KM NORDÖSTLICH VON TRIENT

Costa Salici

NEU

Restaurant
Via Costa dei Salici, 10
Tel. (+39) 04 62 / 34 01 40
Ruhetag: Montag, außer in der Saison
Ferien: unterschiedlich
35 Plätze + 25 Plätze im Freien
Preise: 40–45 €
Alle Kreditkarten; BM
Mittags und abends geöffnet

In diesem gepflegten Restaurant am Ortsrand von Cavalese folgt Stefano Tait mit Hingabe den Spuren seines Vaters Maurizio und hat dessen Philosophie beibehalten: regionale Küche in Hommage an die Fleimstaler Traditionen. Verwendet werden also Produkte aus der Umgebung, etwa Wildkräuter, Pilze, Käse, Wild, Beeren und Waldessenzen. Man beginnt mit Temolo spadellato – kurz gebratene Äsche – begleitet von feinem Gemüse und Sauce von geräuchertem Tee (12 €), Tatar vom Hirsch mit Wacholder und Brioche oder gratinierter Lasagne mit Wildragout und Reduktion von Pinot Nero (10 €). Es folgen Primi wie Zuppa di castagne mit Raviolini allo speck oder Kartoffel-Tortelloni mit Wildkräutern. Daraufhin genießt man mit Pecorino gratinierte Lammkoteletts an Spargel (21 €), in Heu gegartes Entrecôte vom Rind (Tiroler Grauvieh), Gratin von Mangold und Zuckerschoten oder *Tonco de pontesel*. Zum Dessert kann man sich an Morbido di castagne e cioccolato mit Khakigelee oder Apfelküchlein mit Preiselbeerkonfitüre gütlich tun.

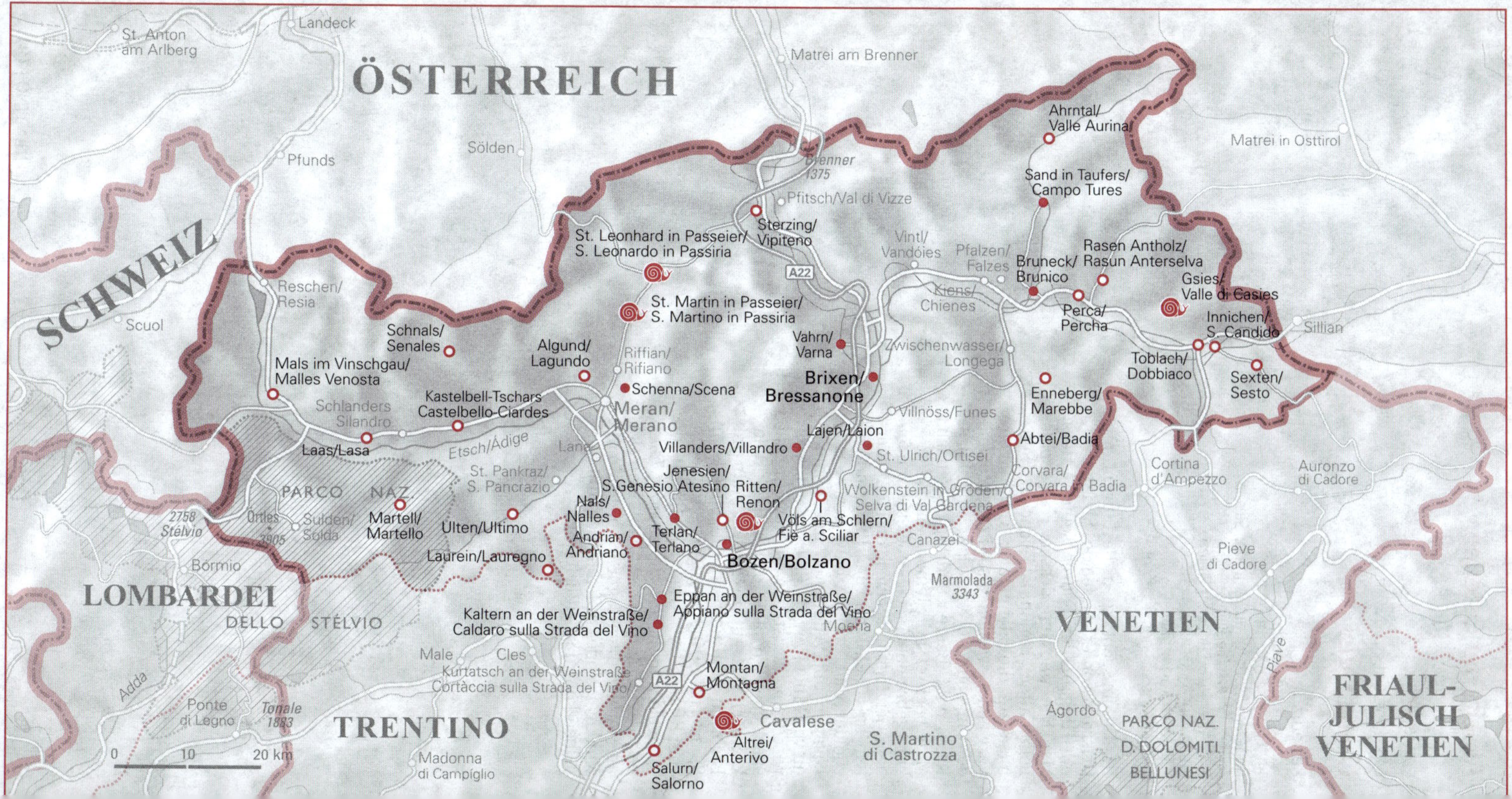
ÖSTERREICH
SCHWEIZ
LOMBARDEI
TRENTINO
VENETIEN
FRIAUL-JULISCH VENETIEN
Landeck
St. Anton am Arlberg
Matrei am Brenner
Matrei in Osttirol
Pfunds
Sölden
Scuol
Brenner 1375
Pfitsch/Val di Vizze
Sterzing/ Vipiteno
St. Leonhard in Passeier/ S. Leonardo in Passiria
St. Martin in Passeier/ S. Martino in Passiria
Reschen/ Resia
Schnals/ Senales
Mals im Vinschgau/ Malles Venosta
Schlanders Silandro
Laas/Lasa
Kastelbell-Tschars Castelbello-Ciardes
Algund/ Lagundo
Riffian/ Rifiano
Schenna/Scena
Meran/ Merano
Etsch/Adige
Lana
St. Pankraz/ S. Pancrazio
PARCO NAZ. DELLO STELVIO
Ortles 3905
Sulden/ Solda
2758 Stelvio
Bormio
Martell/ Martello
Ulten/Ultimo
Laurein/Lauregno
Nals/ Nalles
Andrian/ Andriano
Terlan/ Terlano
Jenesien/ S.Genesio Atesino
Ritten/ Renon
Bozen/Bolzano
Völs am Schlern/ Fiè a. Sciliar
Eppan an der Weinstraße/ Appiano sulla Strada del Vino
Kaltern an der Weinstraße/ Caldaro sulla Strada del Vino
Male
Cles
Kurtatsch an der Weinstraße Cortàccia sulla Strada del Vino
A22
Montan/ Montagna
Cavalese
Altrei/ Anterivo
Salurn/ Salorno
Adda
Ponte di Legno
Tonale 1883
Madonna di Campiglio
0
10
20 km
Vahrn/ Varna
Brixen/ Bressanone
Vintl/ Vandòies
Kiens/ Chienes
Zwischenwasser/ Longega
Villnöss/Funes
Lajen/Laion
Villanders/Villandro
St. Ulrich/Ortisei
Wolkenstein in Gröden/ Selva di Val Gardena
Canazei
Marmolada 3343
Moena
S. Martino di Castrozza
Pfalzen/ Falzes
Bruneck/ Brunico
Ahrntal/ Valle Aurina
Sand in Taufers/ Campo Tures
Rasen Antholz/ Rasun Anterselva
Perca/ Percha
Gsies/ Valle di Casies
Innichen/ S. Candido
Toblach/ Dobbiaco
Sexten/ Sesto
Sillian
Enneberg/ Marebbe
Abtei/Badia
Corvara/ Corvara in Badia
Cortina d'Ampezzo
Auronzo di Cadore
Pieve di Cadore
Piave
Agordo
PARCO NAZ. D. DOLOMITI BELLUNESI

SÜDTIROL/ALTO ADIGE

Die Küche Südtirols, der nördlichsten Provinz Italiens, ist durch die Nähe zu Ländern des deutschen und ungarischen Sprachraums beeinflusst. Zu den besonders traditionellen Gerichten zählen an oberster Stelle die Knödel: Ursprünglich dazu gedacht, Reste zu verwerten, gibt es sie in verschiedensten Spielarten – mit Speck, Leber, Spinat, Käse, aber auch mit aromatischen Kräutern und heimischem Wildgemüse angereichert.
Roggen ist eine der wichtigsten in der Region angebauten Getreidesorten und ergibt exzellente Brotwaren wie Ur-Paarl (Slow-Food-Presidio), Schüttelbrot oder Pusterer Breatl. Ein traditionelles Rezept österreichischer Herkunft ist das Kartoffelgröstl, aus dem je nach weiteren Zutaten ein Stockfischgröstl, ein Bauerngröstl (mit Rind- oder Schweinefleisch) oder ein Herrengröstl (mit Kalbfleisch) werden kann. Einflüsse von der Nordseite des Brenners zeigen sich auch in der Kombination süß-pikant, etwa beim Gulasch – in diesem sorgen Zwiebeln für die süßliche Note und Paprikapulver für die Schärfe. Nicht wegzudenken aus der Küche Südtirols sind Eintöpfe und Suppen: Zu den Klassikern zählen Gerstensuppe und Milzschnittensuppe, fast schon vergessen sind Rezepte wie das traditionelle Muas.
Ähnlichkeiten mit den Küchen anderer italienischer Regionen sind hingegen kaum vorhanden. Auffällig in vielen Rezepten ist die Verwendung von Schnittlauch – eine für Brühen und Suppen nahezu allgegenwärtige Zutat. Eine weitere Südtiroler Besonderheit ist das Törggelen, ein Erntedank- und Weinlesefest, das in den Bauernhäusern vom Nachmittag bis spätnachts bei Esskastanien und Butter, allerlei Fleisch und natürlich Wein gefeiert wird. Auch Bergkäse aus Kuh- und Ziegenmilch sowie der stetig wachsende Weinsektor dürfen nicht unerwähnt bleiben.

Für Sie entdeckt

Zicklein

209 Lamm Mitterwirt
Sankt Martin in Passeier – San Martino in Passiria

Knödel

197 Schwarzer Adler
Andrian – Andriano (Bz)

213 Oberraut
Bruneck – Brunico (Bz)

207 Signaterhof
Ritten – Renon (Bz)

Gibochns

195 Mösenhof
Ahrntal – Valle Aurina (Bz)

Spätzle

201 Sonne
Laurein – Lauregno (Bz)

209 Torgglerhof
Sankt Leonhard in Passeier (Bz) – San Leonardo in Passiria

Schnalser Nudeln

210 Oberraindlhof
Schnals – Senales (Bz)

Hirsch

202 Dorfnerhof
Montan – Montagna (Bz)

208 Jagerhof
Sankt Leonhard in Passeier (Bz) – San Leonardo in Passiria

198 Durnwald
Gsies – Valle di Casies (Bz)

ABTEI – BADIA
Pedratsches – Pedraces

71 KM NORDÖSTLICH V. BOZEN, 30 KM VON BRUNECK

Runchhof

Ferienbauernhof
Runch 11
Tel. (+39) 04 71 / 83 97 96
Ruhetag: Sonntag
Keine Ferien
50 Plätze + 8 Plätze im Freien
Preise: 28 € (Tagesmenü)
Keine Kreditkarten
Mittags und abends geöffnet

In der Nähe des Rathauses von Pedratsches windet sich die Straße die Bergflanke hinauf und führt uns zum Weiler Runch am Fuß des Naturparks Puez-Geisler. Hier befindet sich der Ferienbauernhof der Familie Nagler, bestehend aus einem Gebäude mit ein paar Apartments, Ställen und einem typischen ladinischen Wohnhaus, dessen ursprüngliche Merkmale aus dem 18. Jahrhundert erhalten geblieben sind. Das Haus ist einladend und behaglich, verfügt über mehrere Gasträume, in denen komfortable Tische mit Sorgfalt betont schlicht gedeckt sind. Die ganze Familie ist in den Betrieb eingebunden: Bei Tisch werden wir von Seniorchef Enrico und Schwiegertochter Monica umsorgt; Enricos Frau Maria und die junge Generation kümmern sich um die Küche. Die Gerichte sind jene der klassischen bäuerlichen Tradition, werden unter Verwendung von einfachen, unverfälschten Zutaten mit Erfahrung, Geschick und einem Touch Innovation zubereitet. Das Menü ist vorgegeben und kostet 28 €. Man beginnt mit der fein gewürzten, schmackhaften ***Panicia*** (klassische bäuerliche Gerstensuppe), zu der sich ***Tultres*** (gebackene Blätterteigteilchen mit Spinat- oder Sauerkrautfüllung), *Cancì arstìs* (Kartoffelpuffer mit einer Füllung aus Spinat und Ricotta oder aus Preiselbeerkonfitüre, Ricotta und Mohn) oder *Cancì t'ega* (Teigtaschen mit Spinatfüllung in zerlassener Butter) gesellen. Als Hauptgericht kann man zwischen deftiger ***Giama de purcel cun pulëinta*** (Schweinehaxe mit Polenta), köstlichen **Custëis y craut** (Schweinerippchen mit Sauerkraut) und ***Golasc*** (Gulasch) **mit Knödel** oder Polenta wählen. Zum süßen Schluss werden Strudel mit Eis oder Mandeltorte serviert. Gute Weinauswahl.

ABTEI – BADIA
Pedratsches – Pedraces

90 KM NORDÖSTLICH V. BOZEN, 30 KM VON BRUNECK

Sotciastel

Ferienbauernhof
Sotciastel 5
Tel. (+39) 338 / 764 01 88
Ruhetag: Sonntag
Ferien: unterschiedlich
20 Plätze
Preise: 16 € (Tagesmenü)
Keine Kreditkarten
Abends gegen Vorbestellung geöffnet

Das Val Badia oder Gadertal ist weltweit nicht nur für die Schönheit seiner Natur und Landschaft und für seine Skipisten bekannt, sondern auch für seine facettenreiche Gastronomie, eine beinahe flächendeckende Abfolge von Sterneköchen und kleinen bäuerlichen Gastwirtschaften wie diesem. Fahren Sie von Pedratsches, einem Ortsteil von Abtei, nach Sankt Leonhard (San Linêrt), und Sie werden kurz nach der Ortsausfahrt die Beschilderung zum Hof Sotciastel entdecken. Nach ein paar Minuten sind Sie am Ende einer Straße hoch über dem Tal, in der Nähe einer bronzezeitlichen Ausgrabungsstätte angekommen und haben damit auch den Bauernhof erreicht, auf dem Sie von Hildegard Pitscheider und Familie wie in einem Privathaus willkommen geheißen werden. Die kleine Stube, die von einem großen Ofen beherrscht wird, ist mit allerlei Handwerkserzeugnissen und Fundstücken aus dem Familienschatz dekoriert. Das kulinarische Angebot besteht aus einem Tagesmenü (16 €), das nach Verfügbarkeit der Grundprodukte variiert. Milch, Butter, Käse, Rindfleisch sowie Sirupe und Konfitüren sind selbst gemacht. Zu Beginn könnten Ihnen Schlutzkrapfen oder ***Cajnci*** (typische Teigtäschchen mit Kartoffel-Ricotta-Füllung) in Butter serviert werden. Danach kann es **Gulasch** nach hiesiger Tradition **mit Knödel**, Schweinerippchen oder **Rinderbraten** geben. Als Dessert werden wunderbar flaumige, wirklich köstliche ***Crafun*** mit Erdbeer- und Preiselbeermarmelade aufgewartet. Atemberaubend gut! Weine von der Kellerei Schreckbichl. Reservierung erforderlich.

AHRNTAL – VALLE AURINA
Weißenbach – Rio Bianco

100 KM NORDÖSTLICH V. BOZEN, 15 KM V. BRUNECK

Mösenhof

Gasthof mit Übernachtungsmöglichkeit
Weißenbach 28
Tel. (+39) 04 74 / 67 17 68
Ruhetag: Dienstag
Ferien: zeitweise im Juni und Oktober
40 Plätze + 40 Plätze im Freien
Preise: 25 €
Keine Kreditkarten
Abends geöffnet

Der Ortsteil Weißenbach oberhalb von Sand in Taufers liegt in einem Gebiet, das für seine landschaftlichen Reize und gastronomischen Spezialitäten bekannt ist: das Ahrntal. Die Gegend steht bei Sportlern und Naturliebhabern hoch im Kurs, bietet zahlreiche Wanderwege und einzigartige Aussichten. Der Mösenhof, der neben der Gästepension ein belebtes Gasthaus umfasst, wird von Familie Kirchler geführt. Wie auf den meisten Höfen der Gegend erzeugt man auch hier Käse aus der Milch der eigenen Kühe, unter anderem den Graukäse, der als Ahrntaler Besonderheit gilt. Für den Beginn empfehlen wir den hiesigen Speck (8 €), um den Genuss sodann mit **Schlutzern** (Teigtäschchen mit Spinatfüllung, 8 €), großen Kartoffelteigtaschen mit Sauerkraut, **Pressknödeln mit Graukäse** oder Kasnocken fortzusetzen. Hervorragend sind auch die Gerichte mit Fleisch von Bauernhöfen des Umlandes, etwa das **geschmorte Lamm mit Kartoffeln und Gemüse** (13,50 €), oder mit Wild, das in der Umgebung erlegt wurde. Einige Gerichte werden traditionsgemäß auf gesellige Weise verzehrt, indem sich alle an einem Tisch aus einer großen Pfanne bedienen: Dies gilt beispielsweise für das ***Gibochns*** – ein Brei aus Mehl, Milch und Butter, der mit Zucker oder Zimt bestreut wird und einen würdigen Ausklang der Mahlzeit bildet; meist wird um die Reste in der Pfanne geradezu gekämpft. Zu den weiteren Dessertempfehlungen des Hauses zählen Apfelstrudel, Krapfen, heiße Küchlein mit Preiselbeeren (6,80 €). Die Weine sind alle aus Südtirol.

Der Betrieb Innerhofer in **Sand in Taufers** (12 km), Wierenweg 14, verkauft Bio-Eier.

ALGUND – LAGUNDO
Vellau – Velloi

35 KM NORDWESTLICH VON BOZEN, 8 KM VON MERAN

Oberlechner

Gasthof mit Übernachtungsmöglichkeit
Vellau 7
Tel. (+39) 04 73 / 44 83 50
Ruhetag: Mittwoch
Ferien: Mitte Januar–Mitte März
80 Plätze + 40 Plätze im Freien
Preise: 35–40 €
Kreditkarten: Visa; BM
Mittags und abends geöffnet

Der Ortsteil Vellau auf knapp 1.000 Metern Höhe liegt sieben Kilometer vom Hauptort Algund entfernt. Wer sich den Weg mit dem Auto und damit viele Kurven ersparen möchte, kann tagsüber die Fahrt mit dem Sessellift genießen. Das Hotelrestaurant, von dem man eine herrliche Aussicht hat, wird seit Generationen von Familie Gamper geführt. Peter werkt in der Küche, seine Frau Sabine kümmert sich um den Service. Es ist eine wahre Freude, beim Oberlechner einzukehren und unverfälschte Aromen zu entdecken. Aus exzellenten Grundprodukten zaubert Peter immer frische und ansprechende Speisen in gelungener Balance zwischen Tradition und Innovation. Das Restaurant verfügt über drei Gasträume: Besonders typisch ist wohl die holzgetäfelte historische Stube. Interessant für den Beginn ist die Vorspeise mit Gemüse der Saison und gebratenem Ziegenkäse aus der örtlichen Käserei (10,50 €). Danach kann man sich außergewöhnlich guten traditionellen **Knödeln** oder hervorragenden **hausgemachten Ravioli mit Ricotta und Kräutern** aus dem eigenen Garten (11 €) zuwenden. Große Auswahl besteht bei den Hauptgerichten: von traditionelleren Empfehlungen wie **Schnitzel** (vom Kalb oder Schwein) **nach Wiener Art** mit Bratkartoffeln und Preiselbeeren über **Fleischbällchen mit Pilzsauce und Kartoffelpüree** (17,50 €) bis hin zu innovativeren Kreationen wie dem fantastischen Kaninchen im Sellerie-Apfel-Mantel mit Gemüse und Bärlauch-Kartoffel-Nocken (20 €). Verführerisch die Nachspeisen, die man auch als gemischten Dessertteller bestellen kann. Die Weinkarte empfiehlt Erzeugnisse aus Südtirol und ganz Italien.

Der Erzeugerverband Biokistl in Algund (7 km) bietet biologisches Obst und Gemüse aus dem Umland.

ALGUND – LAGUNDO
Oberplars – Plars di Sopra

37 km nordwestl. von Bozen, 11 km von Meran

Schnalshuberhof

NEU

Ferienbauernhof • Oberplars 2
Tel. (+39) 04 73 / 44 73 24,
(+39) 335 / 587 88 22
Ruhetag: Montag, Dienstag
Ferien: 21. Dezember–15. Februar,
20. Juli–12. August
50 Plätze + 30 Plätze im Freien
Preise: 20–25 € (Tagesmenü)
Keine Kreditkarten
Abends geöffnet

Der alte Hof aus dem 13. Jahrhundert wird seit Generationen von Familie Unterweger-Pinggera geführt. Biologisches ist hier seit Langem eine Selbstverständlichkeit. Mutter Rosa wacht über ihr Reich, die Küche. Unterstützt wird sie von Rosi, die alle **Knödel**gerichte „handsigniert": Neben einer Vielzahl an saisonalen Varianten, von Bärlauch bis hin zu Roter Bete, fabriziert die junge Frau aus Algund auch ganz klassische Spinat- oder Käseknödel. Vater Hansjörg und Sohn Christian werden für Ihr Wohl sorgen und Ihnen zum Auftakt ein Brettchen mit Speck und anderen hausgemachten Köstlichkeiten vom Schwein aus Christians Betrieb in Mölten kredenzen. Neben den Knödeln immer zu empfehlen sind die mit Ricotta und Spinat gefüllten Schlutzkrapfen, während man im Winter mit der Gerstensuppe bestens beraten ist. An Hauptgerichten gibt es feine **Fleischbällchen**, hervorragende **Rippchen**, Ossobuco vom Kalb, Schweinehaxe, manchmal auch **Hammelfleisch**. Die Kartoffeln und das Gemüse für die Beilagen kommen aus dem eigenen Garten oder von benachbarten Höfen. Das Highlight im Herbst ist die Schlachtplatte, bestehend aus geräuchertem Fleisch, hausgemachten Würsten, Blutwurst und Sauerkraut. Im Frühjahr sollten Sie auf eine der Empfehlungen mit Marlinger Spargel nicht verzichten. Als Nachtisch munden mit Mohn oder Konfitüre gefüllte Krapfen, Rouladen mit Beerenobst aus dem Garten, allerlei Kuchen, in der entsprechenden Saison Aprikosenknödel. Christian, der auch Önologe ist, kultiviert in seinen Weinbergen Reben der Sorten Weißburgunder, Vernatsch, Blauburgunder und die seltene Fraueler-Rebe und keltert daraus probate Weine. Zu trinken gibt es außerdem allerlei hausgemachte Sirupe und Säfte (Holunder, schwarze Johannisbeere, Apfel) sowie exzellente selbst gebrannte Spirituosen.

ALTREI – ANTERIVO
Guggal

42 km s. v. Bozen, A 22 Ausfahrt Neumarkt/Egna

Kürbishof

Gasthof mit Übernachtungsmöglichkeit
Guggal 23
Tel. (+39) 04 71 / 88 21 40,
(+39) 338 / 437 88 17
Ruhetag: Dienstag
Ferien: 4 Wochen nach Ostern, November
25 Plätze
Preise: 38–40 €
Kreditkarten: CS, MC, Visa; BM
Mittags und abends geöffnet

Es irrt, wer denkt, eine Liste der besten Restaurants der Provinz Bozen erstellen zu können, ohne jemals diesen Gasthof mit drei Zimmern in der Ortschaft Guggal am Waldesrand, direkt im Naturpark Trudner Horn, besucht zu haben. Was Ihnen bestimmt gleich auffallen wird, ist der Gemüsegarten, der eine wahre Zierde ist. Bewunderung sollte auch dem Fernblick ins Zimmerstal gelten. Die gepflegten Räumlichkeiten bestechen durch stilvolle Schlichtheit. Gute Ideen für den Beginn sind die hausgeräucherte Gänsebrust mit eingelegtem Gartengemüse (9,50 €) oder die Wildkräutercremesuppe mit kleinen Ziegenkäse-Ravioli. Von den warmen Vorspeisen sollten Sie die Borretschknödel auf geriebenem Ziegerkäse (8,50 €) oder die fantastischen **Rote-Beete-Knödel** probieren. Das Fleisch liefert der Fleischer des Dorfes, der seine Ware zum überwiegenden Teil von hiesigen Viehzuchtbetrieben bezieht. Und so gibt es wunderbares **im Ofen gebratenes Karree vom Lamm mit Roascht** (Polenta-Kartoffel-Rösti) **und geschmortem Kohlrabi**, ein immer köstliches **Herrengröstel** mit Speck-Kraut-Salat sowie kurz gebratene Lammkoteletts (18,50 €). Die von Hartmann zusammengestellte Selektion an **Käse** aus dem Trentino und aus Südtirol, kombiniert mit diversen Sorten von hausgemachter Mostarda, ist überaus gepflegt. Bestellen Sie abschließend zumindest eines von Saras Desserts, etwa Angelika-Torte oder Variation vom Altreier Kaffee (7,50 €): Sie werden es nicht bereuen. Die Weinkarte ist breit angelegt und gut strukturiert. Probieren Sie am Ende der Mahlzeit den Altreier Kaffee, eine besondere Spezialität der Gegend.

»*Exzellente Grundzutaten werden in der Küche der Familie Varesco von kompetenter Hand veredelt.*«

10 KM WESTLICH VON BOZEN

Schwarzer Adler

Gasthof mit Übernachtungsmöglichkeit
Sankt-Urban-Platz 4
Tel. (+39) 04 71 / 51 02 88
Ruhetag: Montag, Dienstagmittag
Ferien: 15. Januar–15. März, erste Julihälfte
70 Plätze + 50 Plätze im Freien
Preise: 30 €
Kreditkarten: AE, CS, MC, Visa; BM
Mittags und abends geöffnet

Verlässt man die Schnellstraße, die Bozen mit Meran verbindet, so gelangt man nach ein paar Minuten zu diesem historischen Gasthof, der seit vielen Generationen von Familie Mathà geführt wird. Im Sommer kann man draußen unter einer schönen Pergola neben dem Küchengarten Platz nehmen, ansonsten in einer der Stuben im Lokalinneren. Die Speisenempfehlungen sind traditionell und variieren abhängig davon, was der Markt zu den verschiedenen Jahreszeiten bietet. Eine sehr interessante Zeit ist der Frühling, wenn in Terlan der Spargel geerntet wird: In diesem Fall empfehlen wir Ihnen, die vorzüglichen **Bärlauch-Ravioli mit Bergkäse, Spargelbutter und Tomaten** (9,20 €) zu probieren. Ein ganz besonderes Gericht, das im Rahmen des Projekts zum 2000-jährigen Bestehen der alten Römerstraße Via Claudia Augusta kreiert wurde, ist der Orzotto mit Ziegenkäse, Datteln und Pflaumen. Alternativ dazu immer präsent und sehr beliebt sind die **Knödel**. An Hauptspeisen werden hauptsächlich Fleischgerichte angeboten: Kalb, Schwein, Rind, im Herbst Wild. Sehr gut sind das **Kalbfleischgröstl mit Speck-Kraut-Salat** (14,90 €) und der **mit Essig und Öl angemachte Kalbskopf**. Aus dem kleinen Dessertangebot erwähnt seien der Strudel, die Linzer Torte und der **Kaiserschmarren** (9,80 €). Die interessante Weinkarte enthält eine gute Auswahl an glasweisen Empfehlungen.

In Terlan (5 km) führt Theo Nigg (Karl-Atz-Platz 3) neben seinem Südtiroler Markenspeck ein beachtliches Wurstsortiment und typische Südtiroler Fleischerspezialitäten.

84 KM NORDÖSTL. VON BOZEN, S.S. 12 UND S.S. 49

Garsun

Traditioneller Gasthof
Mantena 9
Tel. (+39) 04 74 / 50 12 82
Ruhetag: Montag
Ferien: Juni, November
30 Plätze
Preise: 23 € (Tagesmenü)
Keine Kreditkarten
Mittags und abends geöffnet

Das Garsun ist mehr als nur eine Gaststätte. Eher könnte man es als offenes Haus bezeichnen, in dem man mehr als Freund denn als Kunde behandelt wird. Der Preis ist festgelegt (23 €), das Menü ebenso. Bitte beachten Sie, dass zuweilen gewünscht wird, man möge den Tisch ungefähr zur gleichen Zeit wie die anderen Gäste reservieren, damit alle gleichzeitig bedient werden können. Der Grund dafür ist einfach: Man möchte ein außergewöhnlich gutes Preis-Leistungs-Verhältnis bieten können. Was auch gelingt, und das seit Jahren. Maria Luisa Obwegs wird Sie am Eingang auf ein Glas Wein empfangen. Danach nimmt man in einer der zwei holzgetäfelten Stuben Platz und erfreut sich am Anblick eines schönen Kachelofens. Wenn Sie die für die Talschaft typischen ***Tultres*** (frittierte Teigtäschchen mit Spinatfüllung) probieren möchten, müssen Sie diese vorbestellen. Danach kann es ***Panicia*** (Gerstensuppe) oder ***Canci*** geben – Teigtäschchen gefüllt mit Ricotta, Spinat und Kartoffeln, bestreut mit Käse oder mit Zucker und Mohn. Die Hauptspeisen sind hauptsächlich Fleischgerichte, etwa prächtige **Schweinehaxe** oder allerlei Wild. Köstlich sind auch die Beilagen, u. a. Bergkartoffeln, Salat von Gemüse oder Pfifferlingen oder Steinpilzen. Wenn Sie dann noch Platz im Magen haben, sollten Sie die ***Puncerle*** probieren – herzhafte Pfannkuchen gefüllt mit Waldbeerenkonfitüre. Oder Sie bestellen zum **Apfelstrudel** frisch zubereitete Schlagsahne aus dem Rahm der Milch von Kühen, die im hauseigenen Stall stehen. Am Ende sollten Sie sich noch einen Keks mit hausgemachter Konfitüre genehmigen. Die gepflegte, wenn auch eher kleine Weinkarte ist preislich sehr fair gestaltet. Fazit: Ein Lokal, das eine Küche ohne Firlefanz bietet und Ihr Herz erobern wird. Reservierung erforderlich.

GSIES – VALLE DI CASIES
Unterplanken – Planca di Sotto

99 KM NÖ. V. BOZEN, S.S. 49 AUSFAHRT WELSBERG

Durnwald

Gasthof
Nikolaus-Amhof-Straße 6
Tel. (+39) 04 74 / 74 69 20
Ruhetag: Montag
Ferien: 15.–30. Juni, 8.–24. Dezember
90 Plätze + 20 Plätze im Freien
Preise: 33–36 €
Alle Kreditkarten; BM
Mittags und abends geöffnet

Sie werden erstaunt sein zu erfahren, wer hier am Herd steht: Die versierte Hand verrät nämlich nichts vom zarten Alter Sylvias, die sich für ihre Interpretationen die hiesige Tradition zu eigen gemacht hat. Im Gastraum erzählt die Mutter auf unaufdringlich nette Art Geschichten und Anekdoten zu den Speisen. Die Auswahl gestaltet sich schwierig, man ist versucht, so viel wie möglich zu probieren. Beginnen könnten Sie mit hausgeräuchertem Speck (9,50 €) oder geräuchertem Forellenfilet mit Salat und Meerrettichsauce. Von den Suppen nicht versäumen sollten Sie die **Kartoffelcreme mit Graukäse und Speck** (6,50 €) oder die Tiroler Knödel in Brühe. Von den sonstigen warmen Vorspeisen empfehlen wir die **Teigtäschchen mit Sauerkraut, Rauchfleisch und Senfbutter** (9,50 €), die Bandnudeln mit Rehragout und Pilzen oder die typischen, seltenen **Blutnudeln mit Graukäse**. Unter den Hauptspeisen sind großzügige Portionen von Kartoffelblättchen mit Sauerkraut, Wurst und Senfbutter (12 €) ebenso zu entdecken wie würziger **Zwiebelrostbraten**, **Hirschgulasch mit Polenta** oder Knödel, Hechtfilet mit Spinat und Kartoffeln; gegen Vorbestellung gibt es zudem Kalbs- oder Schweinehaxe. Zum Ausklang kann man sich an Apfelstrudel (3,50 €), Buchweizenkuchen mit Preiselbeeren und Sahne oder einer **Käse**platte mit ausgesuchten Produkten der besten Erzeuger aus dem Tal erfreuen. Zwei Degustationsmenüs für 38 bzw. 48 € ergänzen das Angebot. Die noble Weinkarte empfiehlt Etiketten aus dem Umland, ganz Italien und auch internationaler Provenienz. Zu Ostern kann man den Osterochs probieren, der nach zwei Sommern auf der Alm geschlachtet wird.

»*Jugend und Erfahrung: eine optimale Verbindung im Dienst der Tradition.*«

INNICHEN – SAN CANDIDO

110 KM NORDÖSTLICH VON BOZEN, S.S. 49

Jora

Bergrestaurant
Haunold
Tel. (+39) 335 / 656 12 56,
(+39) 340 / 152 40 24
Kein Ruhetag
Ferien: April–Mai, Oktober/Dezember
60 Plätze + 60 Plätze im Freien
Preise: 32 € • Kreditkarten: Visa; BM
Mittags geöffnet, abends gegen Vorbestellung

NEU

Wer es bequem mag, fährt mit der Sesselbahn auf den Haunold und schafft es dann in 20 Minuten Fußmarsch zum Lokal. Andere kommen auf Skiern oder mit dem Mountainbike. Jeder aber genießt hier eine der interessantesten Küchen des Pustertals. In der Berghütte, die Rosmarie und Toni Holzer aus antiken Materialien errichten ließen, bietet der junge Markus zuweilen modern interpretierte Südtiroler Klassiker, für die er stets auf die besten Produkte der Bauern aus dem Umland zurückgreift, die fast alle auf biologische Landwirtschaft umgestellt haben. Beginnen könnten Sie mit gegrilltem Ziegenkäse begleitet von Kürbischips, Honig und Blattsalaten (9,50 €) oder dem Dreierlei vom Bauernspeck mit Spätradicchio, um sich danach an **Gerstensuppe mit hausgemachten *Tirtlan*** (7,50 €), **Schwarzbrotnudeln mit Speck, Frühlingslauch und Graukäse** oder Rote-Bete-Täschchen mit Burrata und Pesto zu erfreuen. Die Hauptspeisen sind traditionell: **Kartoffel-Steinpilz-Gröstl**, Schweinehaxe, **Wiener Schnitzel** vom Kalb oder Schwein (12,50 €). An köstlichen Desserts ist die Auswahl groß, reicht von **Sachertorte** über Strauben mit Preiselbeeren (6 €) bis hin zu Apfelküchlein mit Vanilleeis oder Schokoküchlein mit Apfeleis. Der Weinkeller bietet eine ortsbedingt limitierte Auswahl an klug ausgesuchten Etiketten aus der Region. Neben der Speisekarte gibt es Tagesmenüs (ein vegetarisches, ein Alm-Menü, ein Gourmetmenü) und interessante Themenabende inklusive Transport: Mehr darüber erfahren Sie von Markus' Frau Johanna.

Die Vinothek Karadar, M.-Schranzhofer-Straße 2, setzt insbesondere auf biodynamische Produkte und autochthone Weinsorten aus der Region und der ganzen Welt. Großes Edelbrand- und Dessertweinsortiment.

JENESIEN – SAN GENESIO ATESINO
Flaas – Valas

20 KM NORDWESTLICH VON BOZEN

Lanzenschuster

Berggasthof
Flaas 48
Tel. (+39) 04 71 / 34 00 12
Ruhetag: Montag, außer Mai–Oktober
Ferien: 3 Wochen im Februar/März
50 Plätze + 90 Plätze im Freien
Preise: 20–25 €
Keine Kreditkarten
Mittags und abends geöffnet

Wir befinden uns auf 1.500 Metern Höhe, auf dem Hochplateau Salten zwischen Bozen und Meran, wo auch der Ort Jenesien liegt. Dessen Ortsteil Flaas ist ein idealer Ausgangspunkt für Wanderungen in jeder Jahreszeit. Bevor Sie beim Lanzenschuster einkehren, können Sie uralte Lärchenwälder, Almwiesen und Weiden erkunden. Nach dieser angenehmen Art, sich Appetit zu holen, sind Sie eingeladen, auf der großen Terrasse oder in einem der Räume im Inneren Platz zu nehmen, um sich an den Köstlichkeiten, die Küchenchef Christian zaubert, gütlich zu tun. Sämtliche Grundzutaten, die Christian nicht selbst herstellt, sucht er persönlich bei örtlichen Betrieben aus. Viele Käsesorten sind hausgemacht, Schaffleisch, Ziegenkitz, Ochse und Kalb stammen aus der eigenen Viehhaltung, und vor allem im Sommer werden Sie viele Gerichte entdecken, die mit Produkten aus dem Gemüsegarten oder der umliegenden Natur umgesetzt werden. Beginnen kann man mit einer klassischen gemischten Platte oder mit einem Salat von hausgeräuchertem Rindfleisch mit marinierten Radieschen (9,50 €). Es folgen hausgemachte Kartoffelteigtaschen mit Wildkräuterfüllung und Speckbutter, **Roggenteigtaschen mit Brennnesselfüllung und Ahrntaler Graukäse** (9,50 €), ungewöhnliche, aber sehr interessante **Brennnesselknödel mit Spargelsauce**. Unter den Hauptspeisen entdecken wir wiederum Brennnesselknödel, diesmal als Beilage zum großartigen **Ochsenbraten** (13 €), aber auch **Braten vom einheimischen Kitz**, der in der Saison mit Spargelreis kombiniert wird. Als Dessert gibt es vorzügliche Kürbiskernroulade mit Sahne und Erdbeeren, Strudel sowie köstliche Käsesahnetorte. Kleine, aber probate Weinkarte.

JENESIEN – SAN GENESIO ATESINO
Afing – Avigna

17 KM NÖRDLICH VON BOZEN

Tiefthalerhof

Gasthof
Afing 13
Tel. (+39) 04 71 / 35 40 77,
(+39) 348 / 033 33 91
Kein Ruhetag
Ferien: zeitweise im Juni und August
20 Plätze • Preise: 30–32 €
Keine Kreditkarten
Abends geöffnet, Samstag und Sonntag auch mittags (jeweils gegen Vorbestellung)

Wir sind in Afing, einer Oase der Ruhe mitten im Grünen. Um in den Genuss der Köstlichkeiten zu kommen, die Annamaria zubereitet, muss man unbedingt mindestens drei oder vier Tage im Vorhinein reservieren und dabei das Menü vereinbaren, da das Lokal nur auf Anfrage geöffnet ist. Aber wenn Ihnen diese Prozedur gelingt, werden Sie es nicht bereuen. Annamaria kümmert sich um die hauseigene Viehhaltung, aus der alle Sorten Fleisch mit Ausnahme von Schwein stammen, und pflegt den Garten, aus dem sie Gemüse und Beeren holt. Das Lokal besteht aus einem einzigen Raum mit einsehbarer Küche und einem schönen großen Tisch, der maximal 20 Personen Platz bietet. Das Degustationsmenü (30 bis 32 € ohne Getränke) umfasst in der Regel vier großzügig bemessene Gänge, die je nach Jahreszeit variieren. Von den Vorspeisenempfehlungen erwähnt seien die Brennnesselteigtäschchen gefüllt mit Porchetta oder mit Auberginen und Soppressa, die klassischen **Schlutzer** mit Ricotta-Spinat-Füllung **in zerlassener Butter**, der Löwenzahnauflauf mit Speck, die obligaten **Knödel**. Ein reichhaltiges Salatbuffet stimmt den Magen ein auf das gemischte Gegrillte von Lamm, Ziegenkitz und Rind, das von Corrado in der offenen Küche zubereitet wird, auf die schmackhaften geschmorten **Rinderbäckchen in Lagrein** mit Polenta und Pilzen, die Kalbshaxe mit Sauerkraut, das Rindergulasch mit Buchweizenpolenta. Zum Nachtisch empfehlen wir Halbgefrorenes aus frischen Früchten, mit unterschiedlichen Konfitüren gefüllte **Krapfen** oder Strudel. Angenehmer Wein von einer kleinen Bozner Kellerei. Wenn Sie in der glücklichen Lage sind, sich für die Rückfahrt nicht selbst ans Steuer setzen zu müssen, sollten Sie die hausgemachten, wirklich vorzüglichen Schnäpse (Enzian, Wacholder, Walderdbeeren, Heidelbeeren) probieren.

KASTELBELL-TSCHARS – CASTELBELLO-CIARDES

52 KM NW. V. BOZEN, S.S. 38 VINSCHGAUER STRASSE

Schlosswirt Juval

Gasthof
Ortsteil Juval 2
Tel. (+39) 04 73 / 66 80 56
Ruhetag: Mittwoch
Ferien: unterschiedlich
100 Plätze + 50 Plätze im Freien
Preise: 30 €
Kreditkarten: CS, MC, Visa; BM
Mittags und abends geöffnet, Sonntag–Dienstag nur mittags

Beim Schlosswirt ist nicht nur das Essen spektakulär, sondern auch die Lage. Das Gasthaus gehört zum Schloss Juval, das die Einfahrt ins Schnalstal beherrscht. Die steile, schwierige Zufahrtsstraße erfordert Aufmerksamkeit: Vielleicht hat Reinhold Messner, der bekannte Bergsteiger, deshalb das Schloss zu seiner Residenz erkoren. Familie Schölzhorn betreibt den Schlosswirt seit vielen Jahren. Hier bedeuten die Zutaten das Maximum an Authentizität, ist die Null-Kilometer-Philosophie gelebte Realität. Das Fleisch stammt von vor Ort großgezogenen Tieren, denen Sie, falls Sie im Freien essen, beim Grasen zusehen können. Andere Zutaten liefern der große Gemüsegarten und die vielen Obstbäume des Anwesens; Produkte, die der Hof nicht hergibt, bezieht man von Vinschgauer Betrieben, in der Regel Biobauern. In der Küche variiert Mutter Monika je nach Saison häufig den Speiseplan. Für den Beginn empfehlen wir das Juvaler Brettl mit erstklassigen Wurstwaren und Speck von auf dem Hof aufgezogenen Schweinen, alternativ dazu das Carpaccio vom Jungschwein mit Almkäsespänen (7,20 €) oder die **Juvaler Brotsuppe** aus Vinschger „Paarlen" **mit Wachteleiern** (4,70 €). Auf warme Vorspeisen wie **hausgemachte Bandnudeln mit Lammragout und Thymianpesto** (7,50 €) oder **Käse-Spinat-Nocken mit Graukäse und Lauchbutter** (6,80 €) folgen Schweinefleischspezialitäten (16,20 €) oder **Rindergulasch mit Knödel**. Als Dessert gibt es Vinschger Schneemilch und Früchteparfaits. Kleine, aber gute Auswahl an vorrangig regionalen Weinen.

Im Ortsteil Galsaun (2,3 km), Brunnenweg 7, erzeugt Walter Klotz Edelbrände. Auf dem Niedermairhof am Trumsberg gibt es Wurstwaren und Fleisch von Rindern der Tiroler Grauviehrasse.

LAAS – LASA
Allitz – Alliz

67 KM NORDWESTLICH VON BOZEN, S.S. 38

Sonneck

Gasthof
Allitz 11
Tel. (+39) 04 73 / 62 65 89
Ruhetag: Dienstag
Ferien: unterschiedlich
45 Plätze + 30 Plätze im Freien
Preise: 30 €
Alle Kreditkarten; BM
Mittags und abends geöffnet

Dieses Lokal ist problemlos zu erreichen: Folgen Sie einfach der Beschilderung nach Laas und weiter nach Allitz. Gleich hinter der Brücke dieses kleinen Ortsteils biegen Sie dann rechts ab und sind nach ein paar Metern beim Sonneck angelangt. Von der Panoramaterrasse des Gasthofs hat man einen schönen Blick hinunter ins Tal, wo vor 2000 Jahren die Via Claudia Augusta verlief – jene alte Römerstraße, die von der Po-Ebene und der Adria bis zur Donau führte. Im Sonneck können Sie am Tresen einen Aperitif einnehmen oder sich für eine richtige Mahlzeit bei Tisch niederlassen. Die Speisenauswahl ist gut und beinhaltet auch etliche vegetarische Gerichte, vor allem während der Saison des großartigen Kastelbeller Spargels. Einige Gemüsesorten stammen aus dem nahe gelegenen Garten des Anwesens. Beginnen kann man mit Südtiroler Speck oder einem gemischten Käseteller. Von den warmen Vorspeisen erwähnt seien die **Bärlauch-Tagliolini mit grünem und weißem Spargel** (13 €) oder mit Hirschragout, die Zucchinicremesuppe, die **Schlutzkrapfen mit Brennnesselfüllung** (10 €). Auch die Hauptspeisen sind kompetent zubereitet: Rindersteak mit Kräuterbutter, Röstkartoffeln und Salat (20 €), **Hirschgulasch mit Kartoffeln** (23 €), klassisches **Kartoffelgröstl mit Fleisch oder Stockfisch**. Vielfältige Auswahl besteht bei den Desserts (8 €), von Strudel bis hin zu Halbgefrorenem. Gute Auswahl an hauptsächlich regionalen Weinen, die auch glasweise serviert werden, wunderbare Spirituosenkarte. Reservierung dringend empfohlen.

LAUREIN – LAUREGNO
Gassern – Gosseri

60 km westlich von Bozen, S.S. 42

Sonne

Traditioneller Gasthof
Gassern 11
Tel. (+39) 04 63 / 53 02 80
Ruhetag: Mittwoch, außer im August
Ferien: unterschiedlich
30 Plätze + 20 Plätze im Freien
Preise: 20–25 €
Keine Kreditkarten; BM
Mittags und abends geöffnet

Der Gasthof befindet sich in Laurein, einer kleinen Gemeinde mit nicht einmal 400 Einwohnern im südlichsten Teil des Nonstals, deren Name sich vom lateinischen Laurus (Lorbeer) ableitet. Auf 1.150 Metern Höhe gelegen, bietet der Ort einen herrlichen Blick auf die umliegenden Berge. Außerdem gibt es uralte Gehöfte und ein bezauberndes spätgotisches Kirchlein zu bewundern. Auch wartet die Gegend mit zahlreichen Radwegen und Nordic-Walking-Strecken auf. Inmitten dieses Idylls liegt der Gasthof Sonne; die Besitzerin ist Frau Rosa Weiss. Das Lokal ist nicht sehr groß, was zu einer beschaulichen, familiären Atmosphäre beiträgt. Die Karte empfiehlt Gerichte aus saisonalen Zutaten, die großenteils aus dem Hausgarten oder vom eigenen Bauernhof stammen. Beginnen können Sie mit **Kartoffelpuffern** oder Aufschnitt (Speck, schön gereifte Luganega, Käse); an warmen Vorspeisen stehen **Speckknödel**, Käse- oder Gartenkräuternocken zur Auswahl. Es folgt eine Hauptspeise in Form von **Polenta mit Hirsch** oder Kaninchen, und zum Abschluss gibt es **Strudel** oder Waldbeerenroulade. Die Rezepte entstammen der Südtiroler Tradition, wobei jedoch ein gewisser trentinischer Einfluss zu bemerken ist. Auch in Sachen Wein kann man zwischen Etiketten aus Südtirol und dem Trentino wählen.

Auf dem nahen Bäckerhof verkauft die Familie Kessler köstlichen Honig. In **Sankt Felix** (5 km) und **Unsere liebe Frau im Walde** (8 km) gibt es Speck und Würste aus der Erzeugung der Gebrüder Kofler.

MALS IM VINSCHGAU – MALLES VENOSTA
Matsch – Mazia

95 km nordwestl. von Bozen, S.S. 38 u. S.S. 40

Weisskugel

Hotelrestaurant
Matsch 10
Tel. (+39) 04 73 / 84 26 00
Ruhetag: Montag, außer im Juli und August
Ferien: 1. Dezember–30. April
80 Plätze + 16 Plätze im Freien
Preise: 25–30 €
Kreditkarten: CS, DC, MC, Visa; BM
Mittags und abends geöffnet

Das Gasthaus Weisskugel (Restaurant und Zimmer) der Familie Stecher befindet sich in einem Seitental des Vinschgaus, im Bergdorf Matsch, und verdankt seinen Namen dem mit 3.738 Metern höchsten, an der italienisch-österreichischen Grenze gelegenen Gipfel der Gegend. Da das Matschertal häufig mit viel Schnee gesegnet ist, hat der Gasthof nur vom späten Frühjahr bis Ende November geöffnet. Die Küche des Hauses, in der sich die hiesige Kultur wiederspiegelt, ist herzerfrischend schlicht und reich an typischen Aromen. In dieser gebirgigen Region verarbeiten die meisten Höfe ihre Produkte selbst weiter, was insbesondere für Käse (eine Dame liefert hier täglich ihre Ziegenmilcherzeugnisse ab), Würste, Schinken und Speck gilt. Die Speisekarte ändert sich je nach Saison und bietet verschiedene Spezialitäten: **Matscher Kräutersuppe** (4,80 €), spezielle Bandnudeln aus Roggenmehl, mit Speck und Pilzen gebraten (12 €), **Pilzknödel**, aber auch Speck-, Käse- oder Leberknödel. In den Sommermonaten sollten Sie sich eine hiesige Delikatesse – die einzigartige **Heublumensuppe** – nicht entgehen lassen. Es folgen Braten vom Rind oder Schwein aus eigener Haltung, in der Saison Wild oder Tellergerichte wie **Lamm mit Matscher Kräutern, Gerstenrisotto und Kirschtomaten** (25 €). Traditionelle Südtiroler Süßspeisen wie Apfelstrudel oder Strudel mit Vingscher Aprikosen (3,20 €) und Kaiserschmarren mit Preiselbeerkompott runden die Mahlzeit ab. Wer die Natur ringsum länger genießen möchte, kann sich im Gasthof einquartieren.

Im Ortsteil Schleis (2,5 km), Hausnummer 8, verarbeitet die Familie Agethle die Milch ihrer etwa zehn Kühe zu einigen sehr guten Vinschger Käsesorten.

MARTELL – MARTELLO
Hintermartell – Alta Val Martello

73 km nordwestlich von Bozen, S.S. 38

Waldheim

Hotelrestaurant
St. Maria in der Schmelz 16
Tel. (+39) 04 73 / 74 45 46
Kein Ruhetag
Ferien: zeitweise im November
80 Plätze + 80 Plätze im Freien
Preise: 30 €
Kreditkarten: CS, MC, Visa
Mittags und abends geöffnet

Das Hotelrestaurant der Familie Mair im Herzen des Nationalparks Stilfserjoch ist gerahmt von so prächtigen Gipfeln wie jenen des Ortler-Massivs. Bekanntheit genießt das Martelltal nicht nur wegen seiner schönen Landschaft und als beliebtes Wandergebiet, sondern auch für die verschiedenen Beerenkulturen, die hier neben Getreidefeldern und Obstanbau die Landwirtschaft prägen. Gemüse, Getreide und Früchte sind auch im Gasthof Waldheim aus eigener Erzeugung und finden in der Küche Verwendung, wo Seniorchef Hermann sie zu schmackhaften, von der Südtiroler Tradition inspirierten Gerichten verarbeitet. Von den angebotenen Speisen empfehlen wir den hausgeräucherten Bauernspeck (10 €), die hausgemachten **Schlutzkrapfen** (8 €) mit Spinat-, Brennnessel-, Spargel- oder Pilzfüllung, die **Hirschschnitzel mit Preiselbeeren**. Zu den wichtigsten Spezialitäten des Hauses zählen die zu Wild gereichten **Nocken mit gedämpftem Blaukraut** (17,50 €) und die frisch geräucherte **Feinschmeckerforelle** (30 Minuten Wartezeit, die es wert sind) mit Toast, Meerrettich und Butter (13 €). Als herausragend von den Desserts sind der selbst gebackene Apfelstrudel (4 €) und die Omeletts mit Preiselbeer- oder Aprikosenkonfitüre (8 €) zu bezeichnen. Juniorchef Alexander kümmert sich nicht nur um den Service, sondern ist auch für den gut sortierten Keller zuständig, in dem hauptsächlich Südtiroler Weine lagern.

MONTAN – MONTAGNA
Gschnon – Casignano

29 km südlich von Bozen, S.S. 12 oder A 22

Dorfnerhof

Gasthof mit Übernachtungsmöglichkeit
Gschnon 5
Tel. (+39) 04 71 / 81 97 98
Ruhetag: Montag
Ferien: 5 Wochen im Januar/Februar
55 Plätze + 40 Plätze im Freien
Preise: 30 €
Kreditkarten: MC, Visa; BM
Mittags und abends geöffnet

Der Dorfnerhof gilt seit vielen Jahren als bewährte Adresse. Das Lokal, das von Chefkoch Anton immer gut zubereitete Traditionsgerichte bietet, befindet sich in Gschnon. Die Ortschaft liegt nicht weit entfernt vom Weinbaugebiet Mazzon, das dafür bekannt ist, viele für den Anbau von Blauburgunder geeignete Lagen zu haben. Die Familie Dalvei erzeugt viele Grundprodukte selbst, die sie zum Verkauf anbietet oder in der Küche für die Mahlzeiten und das Frühstück der Übernachtungsgäste verwendet: Speck, Würste, Pancetta, Gemüse, eingelegte Delikatessen. Das Ambiente mit stilvoll gedeckten Tischen macht den Dorfnerhof zu einem auch für wichtige Anlässe geeigneten Ort. Beginnen können Sie mit einem Brettchen mit Aufschnitt oder mit einer heißen Suppe der Saison. An warmen Vorspeisen empfiehlt die Karte den gemischten Teller mit **Schlutzkrapfen**, Ricotta-Gnocchi und **Käseknödel** (16 €), der durchaus als Hauptgericht angesehen werden kann. Ebenfalls als Tellergerichte zu empfehlen sind der Braten vom einheimischem Kalb mit Gemüse des Tages und Reis oder der hausgemachte **heiß servierte Kochschinken mit Röstkartoffeln und Meerrettich** (14,50 €). Weitere Hauptspeisenempfehlungen sind Filet vom Saibling aus dem Passeiertal, Bauerngröstl mit Salat und **Gulasch vom Gschnoner Ochsen mit Gemüse und Speckknödel**. In der Saison werden viele Gerichte mit Produkten aus dem Hausgarten gestaltet. Das gepflegte Käsesortiment setzt sich vor allem aus hiesigen Sorten zusammen. Die wirklich feinen Desserts sind immer sehr hübsch präsentiert. Lassen Sie sich verführen von Nougatmousse mit marinierten Orangenfilets oder Eiscreme mit Ahornsirup, Walnüssen und Karamellsauce (8 €).

PERCHA – PERCA
Oberwielenbach – Vila di Sopra

81 KM NORDÖSTLICH VON BOZEN

Moar

NEU

Gasthaus
St.-Nikolaus-Straße 6
Tel. (+39) 04 74 / 40 11 77
Ruhetag: Dienstag, Sonntagabend
Ferien: September, Dezember
60 Plätze
Preise: 25 €
Alle Kreditkarten; BM
Mittags geöffnet, abends gegen Vorbestellung

Es gibt Menschen, die hier einkehren, weil sie in der Gegend sind, um die spektakulären Erdpyramiden zu besichtigen. Die meisten aber kommen, weil ein Betreten des Hauses der Familie Mayr bedeutet, das wahre bäuerliche Südtirol zu erleben. Der Moarhof besteht nachweislich seit 1413 (ein Gasthaus ist er „erst" seit dem späten 19. Jahrhundert), die Stube hat ein wunderbar uriges Flair, das einer gelungenen Restaurierung zu verdanken und mindestens ebenso beeindruckend ist wie der Blick von der Veranda. Dem stehen die kulinarischen Freuden in nichts nach, die Ihnen Peter Mayr schildern wird, angefangen von den durchweg hausgemachten Wurstwaren (8,50 €) oder dem würzigen, mit Zwiebel servierten Graukäse vom Nachbarhof. Von seiner Frau Edith handgefertigt sind die diversen **Knödel** und die **mit Quark und Kartoffeln gefüllten Schlutzkrapfen**; alternativ dazu gibt es **Bandnudeln mit Rehragout** oder Steinpilzen (10 €). Die Zutaten für das **Gulasch mit Polenta** (12 €) und das Rauchfleisch mit Sauerkraut und Kartoffeln stammen aus der eigenen kleinen Viehhaltung. Eine weitere Ressource ist der von Edith bestellte Garten, wo nicht nur Gemüse und Kräuter wachsen, sondern auch der Rhabarber für einen der vielen köstlichen hausgemachten Kuchen (4 €). Zu Peters wunderbaren Edelbränden schmecken auch die göttliche Linzer Torte, das leichte Tiramisu auf Joghurtbasis oder der saftige Birnen-Schoko-Kuchen. Der Weinkeller bietet ein gepflegtes kleines Südtiroler Repertoire. Beachten Sie die Öffnungszeiten: Hier steht man morgens früh auf.

Der Kräuterhof Hauser im Ortsteil Wielenberg (7 km) kultiviert alpine Heilpflanzen und erzeugt Schnäpse, Liköre, Salatwürzen, ätherische Öle, Kräutertees und Kosmetika.

RASEN ANTHOLZ – RASUN ANTERSELVA
Antholz Mittertal – Anterselva di Mezzo

98 KM NORDÖSTLICH VON BOZEN, S.S. 49

Eggerhöfe

Gasthof-Bauernhof
Eggerhöfe 42
Tel. (+39) 04 74 / 49 30 30
Ruhetag: Montag, außer im Juli und August
Ferien: 15. November–30. April
30 Plätze + 20 Plätze im Freien
Preise: 20–25 €
Keine Kreditkarten
Mittags und abends geöffnet

Ein außergewöhnliches Tal mit üppiger Landschaft im Sommer, im Winter hingegen kalt und abgeschieden, bildet die Kulisse für diese Höfe, die Marlies und Christian renoviert und zu einem gemütlichen Gasthaus mit Übernachtungsmöglichkeit umgebaut haben. Neben ihrer Hofschänke betreiben die Leitgebs eine kleine Käserei, in der sie hervorragende Butter und Käsesorten wie Graukäse erzeugen; nebenbei halten sie Legehennen und kümmern sich um die Reifung des Specks. Wenn Sie möchten, können Sie bei der Arbeit im Haus oder in der Landwirtschaft mithelfen. Wir aber empfehlen Ihnen, vor allem die Gastlichkeit zu genießen: Nehmen Sie Platz und probieren Sie den traditionell mit Öl, Essig, Zwiebel und schwarzem Pfeffer perfekt gewürzten Ahrntaler Graukäse oder die obligaten **Knödel** mit unterschiedlichen Saucen. Auch die verschiedenen Wurstspezialitäten, Schinken und Speck, begleitet von selbst gebackenem frischem Brot, sind zu empfehlen. Es folgen **Kartoffelsuppe**, allerlei **Knödel** in Brühe oder mit zerlassener Butter und Krautsalat, **Schlutzkrapfen** mit Quark-Kartoffel-Füllung (8,50 €). Als Klassiker des Hauses, den Sie nicht versäumen sollten, gilt das **Gulasch mit Polenta** (13 €). Während der entsprechenden Saison wird man aber die Rezepte mit Pilzen aus dem nahen Wald bevorzugen. Von den durchweg wunderbaren Desserts erwähnt seien der **Kaiserschmarren** mit Preiselbeeren (6,50 €) und die köstlichen Apfelküchlein. Die rein südtirolerische Weinauswahl ist nicht zwar sehr umfangreich, doch hat sie den Vorzug, dass man glasweise bestellen kann.

Die Bäckerei Seeber führt süßes Gebäck nach Pustertaler Art, Breatl (Schwarzbrot) und Struzen (Wecken aus Weichweizenmehl und Malz).

6 KM NORDÖSTLICH VON BOZEN

Baumannhof

Gasthof-Bauernhof
Ortsteil Signat, Signat 6
Tel. (+39) 04 71 / 36 52 06
Ruhetag: Montag
Ferien: Mitte Juli–Mitte August
25 Plätze
Preise: 20–25 €
Keine Kreditkarten
Mittags und abends geöffnet

Seit fast 50 Jahren arbeitet Amalia, genannt Mali, auf dem von Weinbergen umgebenen Hof an der Straße auf den Ritten, der ein beliebtes sonntägliches Ausflugsziel der Bozner ist. In der Küche hilft noch immer die Mutter mit ihren 88 Lenzen mit. Abgesehen von einem neuen zweiten Gebäude, in dem man übernachten kann, ist der Hof seinem bäuerlichen Gepräge treu geblieben. Diese Treue spiegelt sich auch in den Gerichten, in ihrer Präsentation und der herzlichen Aufmerksamkeit gegenüber dem Gast wider. Mali, die ein wandelndes Lexikon des bäuerlichen Wissens ist, erzählt gerne Anekdoten und spart nicht mit Erklärungen. Da gewisse Rezepte (wie ***Kniekiachl*** oder gebackene Holunderblüten) einen Tag Vorlaufzeit erfordern, empfiehlt es sich rechtzeitig anzurufen, um das Menü zu vereinbaren. Die Grundprodukte sind selbst erzeugt oder lokaler Provenienz. Man beginnt mit Speck begleitet von süßsauer eingelegtem Gemüse der Saison, Gemüsestrudel, Nocken mit Wildspinat, **Knödel mit Gutem Heinrich** oder Roter Bete. Wenn sie auf dem Speisezettel stehen, sollten Sie die Crêpes mit buntem Mangold, die **Bauernsuppe** (Zwiebel, Speck, Weißwein) und die gebackenen Kohlrabischeiben in Haselnusspanade probieren. Die Fleischgerichte wechseln in der Regel je nach Saison: Ziegenkitz im Frühjahr, Kalb-, Rind- oder Schweinefleisch im Sommer, Lamm und Wild im Herbst und im Winter. Man schließt mit zart-flaumiger Sahneroulade, Apfelküchlein, traditionellen **Mohnkrapfen**. Bevor Sie Abschied nehmen, ist eine Kostprobe vom klassischen Treber, vom Enzian- oder Nussschnaps (alles selbst gemacht) ein Muss.

8 KM NORDÖSTLICH VON BOZEN, RITTNER STRASSE

Patscheiderhof

Gasthof-Bauernhof
Signat 178
Tel. (+39) 04 71 / 36 52 67
Ruhetag: Montagabend, Dienstag
Ferien: zeitweise im Januar; Juli
35 Plätze + 70 Plätze im Freien
Preise: 30–35 €
Alle Kreditkarten
Mittags und abends geöffnet

Schön und aussichtsreich ist die kurvige Straße, die von Bozen hinauf auf den Ritten führt. Ungefähr auf halber Höhe biegen wir nach links zum Ortsteil Signat ab. Im Außenbereich zwischen den Gebäuden des Hofes (Stallungen, Scheune, Haupthaus) laden sonnige Terrassenplätze zum Verweilen ein. Im Lokalinneren erzählt eine wunderschöne alte Bauernstube von den Wechselfällen des Lebens in den Bergen. Geführt wird der Gasthof von Familie Rottensteiner: Vater Alois in der Küche, Mutter und Tochter im Service. Eingangs nicht versäumen sollte man den würzig-säuerlichen Graukäse, der mit Essig und Zwiebel serviert wird, den ungemein köstlichen **Kalbskopf** (9,50 €), den klassischen Vorspeisenteller mit Speck, Kochschinken und Käse (10 €). Es folgt das **Knödel-Tris** (10 €), aus dem je nach Saison ein noch interessanteres Quartett werden kann – abhängig davon, welches Gartengemüse gerade erntereif ist. Herausragend von den Hauptgerichten ist der Lammbraten (21 €); falls im Angebot, sollten Sie das **Stockfischgröstl** (14,50 €) als typisches Südtiroler Gericht in der originellen Variante mit getrocknetem Kabeljau probieren. Und in der entsprechenden Saison darf natürlich der **Spargel mit Bozner Sauce** nicht fehlen. Beim Nachtisch angelangt, stehen allerlei Kuchen und hausgemachte Parfaits zur Auswahl, die sämtlich sehr lecker sind. Schöne Auswahl an Weinen aus Südtirol. Im Herbst wird für die Törggelensaison aus Trauben vom eigenen Weinberg unter anderem der neue Wein gekeltert.

Törggelen und einheimische Kost

Tausende Bauernhäuser machen das Landschaftsbild der Dolomiten unverwechselbar. Es sind Gehöfte, kleine landwirtschaftliche Betriebe, einsam gelegene Stätten, die sich zu einzigartigen bäuerlichen Gastwirtschaften entwickelt haben und die nun einfache Gerichte mit Zutaten aus eigener Erzeugung anbieten.
In den als Heurigenschenken ausgewiesenen Lokalen kann man gleich nach der Weinlese dem Törggelen frönen. Was bedeutet, dass man von einem Hof zum anderen wandert, Traubenmost und *Nuien* verkostet und dazu geröstete Esskastanien, Speck und andere hiesige Spezialitäten genießt.

Für die rote Rebsorte Vernatsch bekannte Weinhöfe

ALGUND – LAGUNDO

Wieser

Perdonig 29
Tel. (+39) 04 71 / 66 23 76
Ruhetag: Mittwoch

Auf diesem Hof werden das ganze Jahr hindurch Wein und bäuerliche Kost angeboten. Man bekommt Speck und andere Fleischspezialitäten, Käse, Pfannkuchen mit Konfitüre, geröstete Esskastanien, Schweinefleisch. Großen Stellenwert hat der als Suser bezeichnete gärende Traubenmost.

BOZEN – BOLZANO

Föhrner

Glaningerweg 19
Tel. (+39) 04 71 / 28 71 81
Donnerstag–Sonntag geöffnet (Mitte Januar–Ende Mai, Mitte September–20. Dezember)

Der uralte Hof bietet gute Gerichte (Knödel, saures Rindfleisch, Rippchen) sowie Marenden und ist im Herbst eine beliebte Törggelen-Station. Säfte (Minze, Holunder, Apfel), Weine (Chardonnay, Lagrein, St. Magdalener) und Kuchen sind hausgemacht.

Steidlerhof

Obermagdalena 1
Tel. (+39) 04 71 / 97 31 95
Ruhetag: Montag–Mittwoch
Abends geöffnet (März–Juni, September–Dezember)

Dieser Hof in Panoramalage bietet Wurstwaren, Kartoffelstrauben und Muas (Brei aus Milch und Mehl). Die Weine – *Nuier*, Vernatsch, Lagrein, Sauvignon – sind selbst gekeltert.

EPPAN AN DER WEINSTRASSE – APPIANO SULLA STRADA DEL VINO

Burgschenke Hocheppan

Hocheppaner Straße 17
Missian
Tel. (+39) 04 71 / 63 60 81
Mittags geöffnet (Ostern–Anfang November)

Die Burg aus dem 13. Jahrhundert beherbergt einen Schankbetrieb, der feine süße Sachen (Torten und Strauben), pikante Imbisse (probieren Sie die Wurstspezialitäten und den Speck von Schweinen aus eigener Haltung) sowie ein paar regionaltypische warme Gerichte bietet.

KALTERN AN DER WEINSTRASSE – CALDARO SULLA STRADA DEL VINO

Torgglkeller

Bichl 2
Tel. (+39) 04 71 / 96 34 21
Ruhetag: Sonntag
Geöffnet Ostern–Ende November

Der Hof ist seit 1871 im Besitz der Familie Atz. Hier bekommen Sie vorzügliche Knödel, aus Fässern gezapften Wein, klassische Wurstwaren und Käse, Schweinefleisch mit Sauerkraut. In der Hochsaison sollte man besser reservieren.

NALS – NALLES

Nalserbacherkeller

Prissianer Straße 1
Tel. (+39) 04 71 / 678 66 11
Ruhetag: Mittwoch
März–Mitte Dezember geöffnet

Familie Pallweber serviert reichhaltige Marenden – Aufschnitt, Pfannkuchen mit Konfitüre, geröstete Esskastanien. Das Weinrepertoire umfasst u. a. einen guten Gewürztraminer und einen frischen Vernatsch. Direktverkauf von Honig, Säften und Edelbränden.

Für Traminer, Sauvignon, Kerner, Sylvaner, Riesling und Müller-Thurgau bekannte Weinhöfe

BRIXEN – BRESSANONE

Huberhof

Elvas 3
Tel. (+39) 04 72 / 83 02 40
Ruhetag: Montag
Abends geöffnet, am Wochenende nur mittags (Mitte September–Anfang Februar Donnerstag und Freitag ab 15 Uhr, Samstag und Sonntag ab 12 Uhr)

Auf diesem Hof aus dem 13. Jahrhundert bietet Familie Huber Bauernspeck, Kaminwurzen und Räucherfleisch aus eigener Erzeugung, Schlutzkrapfen, Suppen und süße Köstlichkeiten. All dies lässt sich mit Kerner oder Zweigelt begleiten. Während der Törggelenzeit wird Traubenmost mit Esskastanien und Nüssen serviert.

Gummererhof

Pinzagen 18
Tel. (+39) 04 72 / 83 55 53
Mitte September–Weihnachten täglich ab 15 Uhr geöffnet

Auf diesem zwischen Kastanienhainen und Weinbergen gelegenen Hof werden ein schlichter, sehr süffiger Weißwein namens Blatterle und ein nicht uninteressanter Schaumwein gekeltert. Der neue Wein im Herbst und die angebotene Kost stehen im Einklang mit dem ursprünglichen Flair des Hauses.

KASTELBELL – CASTELBELLO

Niedermairhof

Trumsberg 4
Tel. (+39) 04 73 / 62 40 91
Ruhetag: Sonntag
Geöffnet April–Weihnachten

Auf dem Hof von Ernst Kaserer bekommen Sie Blutwurst, Hauswürste, Sauerkraut, Speck und Knödel, alles hausgemacht. Ein Hochgenuss ist die Butter, die zu den Esskastanien gereicht wird, und vorzüglich sind die in Fett gebackenen süßen Küchlein. Gute Weine und Schnäpse.

LAJEN – LAION

Buchnerhof

Ried 144
Tel. (+39) 04 71 / 65 58 29
Ruhetag: Montag
Mitte September–Weihnachten mittags und abends geöffnet, Februar–April nur abends

Der Buchnerhof mit seiner historischen Stube aus dem 18. Jahrhundert hat sich dem Wein aus hohen Lagen verschrieben. Angeboten werden zudem einige Speisen und Traubenmost. Der Weg hierher führt von Klausen bergan in Richtung Grödnertal.

SCHENNA – SCENA

Zmailerhof

Schennaberg 48
Tel. (+39) 04 73 / 94 58 81, (+39) 331 / 291 88 76
Ruhetag: Freitag
März–November täglich geöffnet (außer Freitag Juli und August)

Die Küche dieses Hofes bietet typische Bergbauernkost, etwa Knödel, Braten oder Eierspeisen. Wenn man sich mit Frau Thaler im Vorhinein abspricht, bereitet sie köstliche Menüs zu. Probieren Sie im Frühjahr den frischen Feldsalat zu den Knödeln.

TERLAN – TERLANO

Oberlegar

Möltner Straße 2
Tel. (+39) 04 71 / 67 81 26, (+39) 334 / 318 95 20
Ruhetag: Dienstag
Mitte März–Ende Dezember abends geöffnet, Sonntag auch mittags

Familie Schwarz bietet schlichte Kost von bester Qualität. Zu feinen Tropfen wie Sauvignon, Vernatsch oder Lagrein gibt es selbst gebackenes Brot, Käse von benachbarten Bauernhöfen, Speck, Kaminwurzen, Gerstensuppe, Kürbisteigtaschen, Käsenocken, Ziegenkitz, herbstliche Schlachtplatte, im Winter Steckrüben.

VAHRN – VARNA

Strasserhof

Neustift, Unterrain 8
Tel. (+39) 04 72 / 83 08 04
Ruhetag: Montag
September–Weihnachten geöffnet

Dieser Hof gehört zum Weinbaubetrieb von Hans Baumgartner. Hier bekommen Sie Speck und Käse, Gerstensuppe, Schlutzkrapfen und Braten, gegen Vorbestellung außerdem *Erdäpfelblatt-*

len (gebackene Kartoffelteigküchlein) mit Sauerkraut, und an Süßem gibt es Esskastanienkuchen.

Hubenbauer

Schattengasse 12
Tel. (+39) 04 72 / 83 00 51
Montag–Freitag abends geöffnet, Samstag und Sonntag mittags, im Sommer Freitagabend, Samstag und Sonntagmittag

In einem Gebäude aus dem 14. Jahrhundert bietet Familie Stolz Fleisch und Wurst aus eigener Erzeugung, Gerstensuppe, Knödel, Schlutzkrapfen, Süßspeisen und hiesige Weine wie Zweigelt und Portugieser. Bemerkenswert ist zudem das obergärige Kellerbier.

VILLANDERS – VILLANDRO

Röckhof

Sankt Valentin 9
Tel. (+39) 04 72 / 84 71 30
Ruhetag: Montag
September–Ostern geöffnet

Dieser Hof ist bekannt für seine Weißweine, die Knödel und Gröstl begleiten. Eine Reservierung ist unerlässlich.

RITTEN – RENON
Signat – Signato

8 KM NORDÖSTLICH VON BOZEN, RITTNER STRASSE

Signaterhof

Gasthof mit Übernachtungsmöglichkeit
Signat 166
Tel. (+39) 04 71 / 36 53 53
Ruhetag: Sonntagabend, Montag
Ferien: 10. Januar–10. Februar, 10. Juni–10. Juli
50 Plätze + 20 Plätze im Freien
Preise: 30 €
Kreditkarten: CS, DC, MC, Visa
Mittags und abends geöffnet

In Signat, einem Ortsteil der Gemeinde Ritten, entdecken wir diesen einladenden Gasthof mit Unterkunft, der eine gewisse Bekanntheit genießt und zu Recht als historisches Gasthaus des kleinen Dorfes gilt. Erika und Gunther Lopiser führen ihr Haus mit Leidenschaft und Hingabe: Erika kümmert sich um das Wohl der Gäste, Gunther ist für die Küche zuständig. Ein Merkmal, das diese Einkehrstätte so zauberhaft und urtümlich macht, ist die Stube aus dem 18. Jahrhundert, in der man zu Tisch gebeten wird. Die Gerichte sind mit unverfälschten Zutaten zubereitet, von denen einige direkt im eigenen Garten geerntet werden. Interessant zum Auftakt sind der Ziegenkäse mit marinierter Roter Bete (11 €) oder die gemischte Platte mit Kochschinken, Rindfleisch und Südtiroler Speck, der in der Gegend aus dem Fleisch von vor Ort großgezogenen Schweinen erzeugt wird. Es folgen **mit Sellerie und Ziegenkäse gefüllte Teigtäschchen mit Lammragout** (12 €), Leberknödel oder Speckknödel in Brühe (5 €), hausgemachte **Schlutzkrapfen** mit Ricotta-Spinat-Füllung, serviert mit Käse und zerlassener Butter, Teigtaschen mit Graukäse (11 €), **Rehgulasch mit Selleriepüree und Steinpilzen**, in Lagrein geschmorte Rinderbäckchen mit Knödel und Pfifferlingen oder klassisches **Rindfleischgröstl mit Krautsalat** (12,50 €). Vorzüglich die Desserts, u. a. in der Pfanne servierter ***Kaiserschmarren*** mit Kirschen (7,50 €) oder Holunderblütensorbet. Kleine Auswahl an Weinen aus der Region.

»
Das historische Dorfgasthaus ist ein zauberhafter Ort, um unverfälschte Traditionskost zu genießen.
«

SALURN – SALORNO
Gfrill – Cauria

34 km südwestlich v. Bozen, A 22 oder S.S. 12

Fichtenhof

Gasthof mit Übernachtungsmöglichkeit
Gfrill 23
Tel. (+39) 04 71 / 88 90 28,
(+39) 338 / 302 86 53
Ruhetag: Montag
Ferien: 6. November–25. Dezember
50 Plätze + 40 Plätze im Freien
Preise: 28 €
Kreditkarten: CS, MC, Visa; BM
Mittags und abends geöffnet

Das Gasthaus liegt auf einem Hochplateau des Etschtals, das für seine Ruhe und die vielen Radwege bekannt ist, die es sportlichen Pedalrittern ebenso wie Genussradlern leicht machen, jeden Winkel der Gegend zu erkunden. Um den Fichtenhof zu erreichen, fährt man von Salurn etwa zehn Kilometer in Richtung Gfrill und gelangt so auf eine Höhe von ungefähr 1.300 Metern. Der Hof verfügt über eine gemütliche Pension mit mehreren Zimmern und ein typisches Südtiroler Gasthaus. Geführt wird der Betrieb von den Geschwistern Ingrid, Ulli und Christian Pardatscher. Jeder hat seinen eigenen, genau definierten Aufgabenbereich. In der von Ingrid zusammengestellten und umgesetzten Speisekarte werden Sie für den Beginn die saisonal variierende Vorspeise des Hauses (6,50 €) entdecken, für danach **Kartoffel-Brennnessel-Nocken** oder Esskastaniennocken mit Wildragout, im Frühjahr **Löwenzahnknödel** mit Salat von ebendieser Pflanzenart (9,50 €), ansonsten Leber- und Speckknödel in Brühe, pikanten Gemüsestrudel, **Gröstl** aus Rindfleisch, Zwiebel und Kartoffeln (14,50 €) in Kombination mit Krautsalat. Zum Nachtisch gibt es Apfelstrudel, **Buchweizenkuchen mit Haselnüssen und Mohn** (4 €), Holunderbeereneis. Alle Gerichte werden mit Gemüse aus eigenem Anbau und Fleisch von benachbarten Viehzüchtern des Vertrauens zubereitet. Auch der Wein, bei dem die Auswahl groß ist, stammt aus dem Umland. Eine Reservierung ist empfehlenswert.

SANKT LEONHARD IN PASSEIER –
SAN LEONARDO IN PASSIRIA
Walten – Vàltina

58 km nordwestlich v. Bozen, 29 km von Meran

Jägerhof

Hotelrestaurant
Walten 80
Tel. (+39) 04 73 / 65 62 50,
(+39) 348 / 442 00 38
Ruhetag: Montag, Dienstag
Ferien: 10. November–10. Dezember
80 Plätze + 20 Plätze im Freien
Preise: 35–37 €
Kreditkarten: Visa; BM
Mittags und abends geöffnet

Mit Blick auf die herrliche Landschaft des Passeiertals erwartet uns in dem ein paar Kilometer vom Jaufenpass entfernten Hotelrestaurant Jägerhof ein schlichtes und überschaubares, jedoch unverfälschtes und saisongerechtes kulinarisches Angebot in einem einladenden Ambiente. In der Küche interpretiert Siegfried Augscheller professionell und zeitgemäß die Klassiker der Südtiroler Tradition; der Service wird von seiner Frau Irmgard koordiniert, die die stets gut gemachten Speisen höchst kompetent präsentiert. Beginnen kann man mit dem Vorspeisenteller mit Spezialitäten aus dem Passeiertal (9,90 €), der u. a. geräuchertes Rindfleisch und frischen Ziegenkäse beinhaltet, um sich dann typische **Knödel in Brühe** oder Graukäse mit Krautsalat (9 €) oder auch Dinkelnudeln mit Ricotta aus Ziegenmilch und würzigen Kräutern schmecken zu lassen; im Herbst sind interessante **Schüttelbrotnudeln mit Speck und Sauerkraut** zu entdecken. Von den Hauptspeisen nicht unerwähnt bleiben darf die Spezialität des Hauses – das in Folie gegarte **Filet vom Passeier Saibling auf Bergheu** (17,90 €); vorzüglich sind auch die Fleischgerichte, etwa Biohähnchenbrust mit Kräutern oder Kalbsmedaillons mit Spätzle. Als Dessert sehr interessant ist der Ziegenfrischkäse mit Erdbeeren und Löwenzahnhonig (6,90 €). Das umfangreiche Degustationsmenü wird für 27,50 € angeboten. Die Weinkarte enthält eine ausgewogene Selektion an Südtiroler Etiketten. Obgleich in der Karte nicht explizit erwähnt, kann man einige Weine auch glasweise bestellen.

»
Siegfried Augscheller interpretiert die Gerichte der Südtiroler Tradition auf zeitgemäße Weise, seine Frau Irmgard sorgt für deren Präsentation in vollendeter Kompetenz.
«

SANKT LEONHARD IN PASSEIER – SAN LEONARDO IN PASSIRIA

Saltaus bei Meran – Saltusio presso Merano

35 KM NW. V. BOZEN, S.S. 44 BIS, RICHTUNG TIMMELSJOCH

Torgglerhof

Hotelrestaurant
Saltaus 19
Tel. (+39) 04 73 / 64 54 33
Ruhetag: Freitag
Ferien: 2. November–Ostern
30 Plätze + 40 Plätze im Freien
Preise: 33–38 €
Kreditkarten: CS, DC, MC, Visa; BM
Mittags und abends geöffnet

Nur wenige Kilometer von Meran, in Richtung Passeiertal, entdecken wir den kleinen Ort Saltaus. Um das Dörfchen zu erreichen, fährt man eine Panoramastraße entlang, auf der sich dem Besucher die Schönheiten des Meraner Hinterlandes offenbaren – vom Schloss Schenna über die Weinberge bis hin zu den Apfelhainen, die auf harmonische Weise das Tal zieren. Für ein eindrückliches Erlebnis der langsamen Art empfehlen wir Ihnen, das Auto in Meran stehen zu lassen und die neun Kilometer lange Strecke zum Lokal zu Fuß oder mit dem Fahrrad zurückzulegen: Der Maiser Waalweg, der an der Tiroler Brücke beginnt, ist ein einfacher Rad- und Wanderweg, den man auch mit Kindern gut bewältigen kann. Von diesem geradezu pittoresken Hintergrund überwältigt, werden Sie sodann inmitten von Obstgärten das Hotelrestaurant der Familie Pircher entdecken, die ihren Gästen ein reichhaltiges und abwechslungsreiches Menü auf der Basis traditioneller Südtiroler Rezepte bietet, darunter etliche Gerichte mit Äpfeln aus eigenem Anbau. Unter den Vorschlägen, die je nach Saison variieren, finden wir hausgemachte **Nudeln mit Lammragout**, Carpaccio vom Rind der Tiroler Grauviehrasse mit Rucola und Pfifferlingen (12 €), **Urpaarlnocken mit Speck**, Apfel-Meerrettich-Creme zu geräuchertem Forellenfilet (6,50 €), **Waldpilzknödel mit Haselnussbutter** auf Krautsalat (11,40 €), **Lammbraten** mit Kartoffeln und Saisongemüse. Zum Ausklang gibt es köstliche Strudel, süße Knödel mit Birnen, Eierlikör-Parfait mit lauwarmer Schokoladensauce (6,90 €). Der Weinkeller ist vor allem mit hiesigen Erzeugnissen gut bestückt.

In **Meran** (8 km) führt der Feinkostladen Gruber & Telfser (Kirchensteig 5) Wurstwaren, Käse und Konfitüren.

SANKT MARTIN IN PASSEIER – SAN MARTINO IN PASSIRIA

45 KM NORDWESTLICH VON BOZEN, S.S. 38

Lamm Mitterwirt

Traditioneller Gasthof
Dorfstraße 36
Tel. (+39) 04 73 / 64 12 40
Ruhetag: Sonntagabend, Montag, im Sommer nur Montag
Ferien: 3 Wochen im November
70 Plätze + 25 Plätze im Freien
Preise: 30 €
Alle Kreditkarten; BM
Mittags und abends geöffnet

Im Zentrum der kleinen Siedlung Sankt Martin in Passeier, im Herzen des gleichnamigen Tals, befindet sich dieses Gasthaus, das auf eine sehr lange Geschichte verweisen kann. Bereits im Jahre 1777 war es Wirtshaus und diente als Treffpunkt der Bauern und ihres Anführers Andreas Hofer im Aufstand gegen die Truppen Napoleons. Das Haus, das heute der Familie Fontana gehört, wird mit viel Geschick von Arnold und seiner Frau Hildegard geführt. Die kulinarische Tradition des Passeiertals trifft in der Küche auf die Aromen des Sarntals, aus dem Hildegard stammt. Nach den Tiroler Antipasti, die unter anderem geräucherten Passeier Speck (5 €) enthalten, empfehlen wir die **Tagliatelle mit geräucherter Forelle und Meerrettich**, die Ziegensuppe mit Speckknödel, die **Rote-Bete-Knödel mit Graukäse** (8,20 €) oder die Creme von Bio-Bergkräutern mit Speck. Danach könnte die Wahl auf **geschmortes Ziegenkitz** oder Lamm bzw. auf Kalbs- oder Lammbraten (15 €) fallen. Wer Fisch bevorzugt, kann sich an verschiedenen Varianten zum Thema Bachsaibling erfreuen. Die Auswahl an **Käse** umfasst ein knappes Dutzend Rohmilchsorten von exzellenten kleinen Erzeugern. Die **süßen Knödel**, die je nach Saison von Erdbeeren und Holunderblüteneis begleitet werden (9,50 €), sind eines der besten Desserts. Im bemerkenswerten Weinrepertoire überwiegen Südtiroler Etiketten: Als profunder Weinkenner empfiehlt Arnold Fontana seinen Gästen den passenden Tropfen zu den jeweiligen Gerichten und hat neuerdings auch einen Eigenbauwein im Angebot.

»*Bodenständige Küche mit großem Augenmerk auf qualitätvolle Grundzutaten, von Arnold und seiner Frau Hildegard meisthaft umgesetzt.*«

SCHNALS – SENALES
Unser Frau – Madonna

58 KM NORDWESTLICH VON BOZEN, S.S. 38

Oberraindlhof

Restaurant mit Übernachtungsmöglichkeit
Unser Frau 49
Tel. (+39) 04 73 / 67 91 31
Ruhetag: Mittwoch
Keine Ferien
80 Plätze + 20 Plätze im Freien
Preise: 37 €
Alle Kreditkarten
Mittags und abends geöffnet

Auf dem Oberraindlhof fühlt man sich von der Türschwelle weg wohl. Das Interieur aus einheimischem Holz trägt ebenso zur angenehmen Atmosphäre bei wie die herzliche Gastlichkeit der Familie Raffeiner. Die Küche bietet viele traditionelle Südtiroler Gerichte, darunter einige mittlerweile seltene Schnalstaler Rezepte. Sorgfältige Zubereitung, ausgesuchte Grundprodukte und ein deutlicher mediterraner Einfluss machen das Angebot dieses Restaurants ausgesprochen niveauvoll und erfreulich erfrischend. Von den Vorspeisen empfehlen wir das geräucherte Lachsforellenfilet mit Salat und die geräucherte Entenbrust mit Preiselbeeren und Meerrettich (9 €). Danach kann man sich an **Tagliatelle vom „Karthauser Schüttelbrot" mit Ragout von Wild aus dem Schnalstal** (11 €) oder an Knödeln mit Rote-Bete-Carpaccio und Sauce von Schnalstaler Bergkäse gütlich tun. Von den Hauptgerichten ein Muss ist das Lamm – sowohl als **Lammkeule in Thymiankruste mit Kartoffelnocken und Gemüse** (22 €) als auch als traditioneller Braten mit Kartoffeln. Das Fleisch stammt von einem Bauernhof der Talschaft. Eine köstliche Beilage, vor allem zu geschmorten Fleischgerichten, sind die kurz in der Pfanne geschwenkten **Schupfnudeln**. Im Herbst kann man die Mahlzeit mit einem Esskastanienparfait mit Schokoüberzug und Khakisauce (7 €) ausklingen lassen. Sehr gute Auswahl an **Käse**. Hausherr Helmuth ist ein leidenschaftlicher Weinkenner und kann Ihnen als solcher den passenden Tropfen zu den von Ihnen ausgesuchten Speisen empfehlen. Das bei Tisch servierte Wasser stammt aus einer Quelle in der Nähe des Hofes.

SEXTEN – SESTO

115 KM NORDÖSTLICH VON BOZEN

Waldruhe

NEU

Gasthof
Ausserberg 6
Tel. (+39) 04 74 / 71 05 12,
(+39) 348 / 565 70 27
Ruhetag: Montag
Ferien: Ostern–Ende Mai, November–Mitte Dezember
45 Plätze + 40 Plätze im Freien
Preise: 25–28 € • Keine Kreditkarten
Mittags und abends geöffnet

Ein paar Minuten mit dem Auto bergan, vorbei an der Pfarrkirche, bringen Sie weit genug hinauf, um die aus einigen der schönsten Gipfel der Pustertaler Dolomiten bestehende Sextner Sonnenuhr bewundern zu können. Besser jedoch wäre es, diesen prächtigen Gasthof zu Fuß zu erreichen, etwa über den Besinnungsweg, der durch den Wald und zu einer der schönsten Kapellen des Tals führt. Stefan Senfter und Melanie Rogger haben das Haus vor sechs Jahren von Stefans Eltern übernommen und setzen damit eine 40-jährige Geschichte der Liebe zur Tradition und der hohen Produktqualität fort. In zwei behaglichen Stuben werden hausgeräucherter Speck und einheimischer Käse serviert, danach **Schlutzkrapfen** mit Kartoffel-Zwiebel-Füllung (8 €), die ebenso handgemacht sind wie die vielen unterschiedlichen **Knödel** (vorzüglich die mit Roter Bete) und die Teigsäckchen mit Pfifferlingen und Ricotta. In der entsprechenden Saison prägen Pilze und Wild das Menü, ergeben herzhafte Saucen zu Bandnudeln (8 €) oder vereinen sich zu kleinen Meisterwerken wie **Hirschfilet mit Steinpilzen** (16,50 €). Zahlreiche Gerichte basieren auf ausgesuchtem Fleisch aus dem Umland, darunter der saftige **Kalbskopf** oder der klassische **Leberkäse**, der mit Eiern serviert wird. Hausgemacht sind auch die Nachspeisen, etwa der köstliche Apfelstrudel (4 €) oder der traditionelle Kaiserschmarren mit Preiselbeeren. Eine Auswahl an guten Weinen aus Südtirol komplettiert das Angebot des Gasthofes, der zudem eine Übernachtungsmöglichkeit in einfachen, aber gemütlichen Zimmern bietet.

Die Fleischerei Villgrater in der Dolomitenstraße 21 bietet das Beste der Pustertaler Wurstmacherkunst und edle Tranchen von Rindfleisch aus regionaler Haltung.

STERZING – VIPITENO
Ried – Novale di Sotto

70 KM NÖRDL. VON BOZEN, 4 KM V. AUSFAHRT A 22

Schaurhof

Gasthof mit Übernachtungsmöglichkeit
Ried 20
Tel. (+39) 04 72 / 76 53 66
Ruhetag: Dienstag, außer im Juli und August
Ferien: je 2 Wochen nach Ostern und im November
45 Plätze + 30 Plätze im Freien
Preise: 30 €
Kreditkarten: CS, DC, MC, Visa
Mittags und abends geöffnet

Dieser schöne Gasthof ein paar Kilometer nördlich der Autobahnmautstelle Sterzing bewirtet seit drei Generationen Reisende auf ihrem Weg über den Brenner. Als Hotel bietet er einige Zimmer und einen kleinen Wellnessbereich. Die Stuben des Restaurants sind einfach, aber gemütlich, und in den Gerichten spiegelt sich die hiesige Traditionsküche mit ein paar kreativen Einsprengseln wider. Küchenchef Georg Steurer kann Ihnen vom Hausgarten und der Erzeugung von Speck und diversen Fleischspezialitäten erzählen, die Sie mit verschiedenen Brotsorten kombinieren können; er wird Ihnen auch vom Lammfleisch berichten, das er von einem lokalen Verband von Schafbauern bezieht, der nach strengen Qualitätskriterien arbeitet. Für den Auftakt zu empfehlen sind Carpaccio vom Hirsch mit marinierten Pfifferlingen (10,50 €), Gersten- oder **Roggensuppe**, **Pressknödel** mit Ahrntaler Graukäse, Kartoffelküchlein mit Sauerkraut und Pökelfleisch (9,50 €). Obligat sind die verschiedenen Arten von Knödeln, „trocken" oder in Brühe, sowie die **Schlutzer mit Käse**, Kräutern oder Pilzen in zerlassener Butter. Köstlich von den Hauptspeisen sind der **Lammbraten mit Polenta und Kartoffelpuffern** (17,90 €) und der Schweinespieß mit Speck und Wirsing (13,90 €). An Sommerwochenenden wird Gegrilltes in großzügigen Portionen aufgetischt. Zum süßen Schluss munden Mascarponemousse mit Himbeerparfait oder Apfelstrudel. Viergängiges Degustationsmenü für 34 €, regionale Weinkarte mit interessanten Etiketten aus dem Eisacktal.

In **Sterzing** (4 km) bietet die Bäckerei Walcher, Weg in die Vill 2, täglich typische Südtiroler Brotsorten. Fleisch und traditionelle Würste gibt es in der Fleischerei Frick (Untertorplatz 5).

TOBLACH – DOBBIACO
Kandellen – Gandelle

100 KM NORDÖSTLICH VON BOZEN, S.S. 49

Seiterhof

Gasthof mit Übernachtungsmöglichkeit
Kandellen 7
Tel. (+39) 04 74 / 97 91 14
Ruhetag: Dienstag, außer in der Hochsaison
Ferien: 10.–31. Januar
30 Plätze + 20 Plätze im Freien
Preise: 30–35 €
Kreditkarten: CS, MC; BM
Mittags und abends geöffnet

Fahren Sie hinter der Pfarrkirche zum Hl. Johannes dem Täufer vorbei ins Silvestertal, und Sie werden zu einem der Tempel der Pustertaler Küche gelangen. In einer gemütlichen Stube oder einem geräumigen Speisezimmer bietet Herbert Kamelger ein Menü, das auf einer fast schon manisch passionierten Auswahl von exzellenten Grundprodukten und auf der Leidenschaft für die Rezepte basiert, die die Geschichte dieser paradiesischen Ecke geschrieben haben. Das Gemüse legt vom Garten auf den Teller nur wenige Meter zurück, einen nicht viel längeren Weg haben der Speck und die vorzüglichen **Käse**sorten, das Fleisch kommt ohnehin vom eigenen Hof. Zahlreich sind hier die Gelegenheiten, Aromen zu genießen, die viele verloren glaubten: **Kalbskopf mit Zwiebel** (8 €), legendäres Rindertatar, das Sieglinde vor Ihren Augen zubereiten wird, saftige Lammkoteletts mit Rosmarin (15 €), Kalbsleber mit Äpfeln, **Rehmedaillons in Sauce Bordelaise**, traditionelles **Herrengröstl**. Trotz der Fülle an Proteinen ist es schwierig, der Auswahl an traditionellen Suppen zu widerstehen, etwa der Terlaner Weinsuppe oder der **Ultentaler Suppe** (4 €) mit Zwiebel, Speck und Schwarzbrot. Umfassende Weinkarte, umwerfendes Angebot an duftenden Edelbränden. Nach derartigen Genüssen fällt es schwer, die Dessertkarte, in der Obst aus Südtirol Kuchen, Eis und Fettgebäck bereichert, gelassen zu studieren. Doch wenn man schon einmal hier ist, sollte man zumindest versuchen, sich einen an Perfektion grenzenden **Kaiserschmarren** (7 €) zu teilen. Reservierung erforderlich.

In der Zipfanger Straße 1 bäckt Bernhard Feichter köstliche Brotsorten aus steingemahlenem Mehl, die er mit Kräutern vom Hof seiner Familie auf 1.200 Metern Höhe veredelt.

ULTEN – ULTIMO
Sankt Gertraud – Santa Gertrude

57 KM NORDWESTLICH VON BOZEN, S.S. 38

Falschauerhof

Gasthof-Bauernhof
Sankt Gertraud 14
Tel. (+39) 04 73 / 79 01 91,
(+39) 349 / 067 49 75
Ruhetag: Mittwoch, Donnerstag
Ferien: Januar
20 Plätze
Preise: 25 € (Tagesmenü)
Keine Kreditkarten
Mittags und abends geöffnet

Das Ultental: Wen es in diese Gegend verschlägt, der wird bemerken, dass die Orte dieser Talschaft noch heute vielfach den Charakter von Einsiedeleien haben. Um beispielsweise den Falschauerhof zu erreichen, benötigt man mit dem Auto ab Lana eine knappe Stunde. Doch die lange Fahrt lohnt sich absolut: Auf diesem Hof ist die Authentizität zu Hause. Eine Menükarte gibt es bei Lisi nicht, vielmehr schlägt sie ihnen die Speisenfolge schon zum Zeitpunkt der Tischreservierung vor. Die Produkte sind ausnahmslos saisongerecht: Gemüse aus dem Hausgarten, Fleisch von örtlichen Produzenten. Die Rezepte entsprechen der Tradition, könnten bodenständiger kaum sein. Zum Essen nimmt man in einer der beiden gemütlichen Stuben Platz. Die Vorspeise beinhaltet häufig einen vorzüglichen Speck und verschiedene geräucherte Fleischspezialitäten begleitet von mariniertem Gemüse (Interessierte dürfen übrigens die Räucherkammer des Hauses besichtigen). Bei den warmen Vorspeisen dominieren **Knödel**: Je nach Saison gibt es sie mit Speck, mit Käse, mit Spinat, mit Rüben oder in vielen anderen Varianten. Alternativ dazu überzeugen die feinen **Blätterteigröllchen mit Gemüsefüllung**. Zu den Hauptgerichten – **Lammbraten** bzw. Braten von Kalb, Rind oder Schwein, in der Saison Wild – werden sorgfältig gemachte Gemüsebeilagen serviert. Wen es danach nach Süßem gelüstet, der kann sich für **Apfelküchlein** oder unterschiedlich gefüllte Krapfen entscheiden. Hausherr Sepp kümmert sich um den Wein und empfiehlt interessante regionale Etiketten, u. a. von Biowinzern. Das Menü ist vorgegeben und kostet ohne Getränke 25 €.

VÖLS AM SCHLERN –
FIÈ ALLO SCILIAR
Prösler Ried – Novale di Presule

10 KM NORDÖSTLICH VON BOZEN

Alter Fausthof

Gasthof mit Übernachtungsmöglichkeit
Prösler Ried 6
Tel. (+39) 04 71 / 60 11 41
Ruhetag: Sonntag
Keine Ferien
30 Plätze + 15 Plätze im Freien
Preise: 28–32 € (Tagesmenü)
Keine Kreditkarten; BM
Abends gegen Vorbestellung geöffnet

Im Ortsteil Prösler Ried, nur wenige Kilometer von Bozen entfernt, entdecken wir den Alten Fausthof, der nur gegen Vorbestellung geöffnet ist. Hausherrin Marta, die von ihrem Mann Gerhard unterstützt wird, interpretiert die alten Rezepte der traditionellen Küche mit einer persönlichen Note. Alles wird mit tagesfrischen Zutaten gemacht, je nach Saison oder Erntezeit im Gemüsegarten: mit ein Grund, weshalb die Menüfolge im Zuge der Reservierung zu vereinbaren ist. Bei Ihrer Ankunft werden Sie selbst gebackenes frisches Brot mit Kümmel, Nüssen, Mohn oder anderen Gewürzen vorfinden und können mit einer Vorspeise bestehend aus Gemüsestrudel sowie Graukäse mit Essig, Olivenöl und Zwiebel beginnen. Es folgen appetitliche Suppen, u. a. klassische **Gerstensuppe**, Buchweizenknödel mit Apfel und Radieschen, Rote-Bete-Knödel oder auch **Leberknödel** in Brühe. Als Hauptgang gibt es fantastische Schweinerippchen aus dem Ofen mit Kirschtomaten und Rosmarinkartoffeln sowie Kalbs- oder **Schweinehaxe aus dem Ofen** mit Gemüsebeilagen. Wunderbar die Süßspeisen: Apfel-Mohn-Kuchen, klassischer **Strudel** und andere Desserts mit Konfitüren, die Marta aus Quitten, Aprikosen, Johannisbeeren oder Himbeeren selbst macht und auch zum Verkauf anbietet. Die kleine Weinkarte enthält vorrangig regionale Empfehlungen, der Hauswein stammt von einer nahe gelegenen Kellerei.

BRUNECK – BRUNICO
Amaten – Ameto

81 km nordöstlich von Bozen, A 22 und S.S. 49

Oberraut

Gasthof mit Übernachtungsmöglichkeit
Amaten 1
Tel. (+39) 04 74 / 55 99 77
Ruhetag: Donnerstag
Ferien: Ende Januar, Ende September
40 Plätze + 25 Plätze im Freien
Preise: 38–45 € • Kreditkarten: AE, CS, MC, Visa; BM • Mittags und abends geöffnet

Ein Haus in idyllischer Umgebung. Von der Terrasse genießt man an sonnigen Tagen einen schönen Blick auf Bruneck. Gleich neben dem Gasthof liegen die Ställe, in denen das Vieh für den eigenen Fleischbedarf gehalten wird, die Weiden, auf denen die Tiere grasen, der Gemüsegarten. Geführt wird das Oberraut seit über 40 Jahren von Familie Feichter. Die zwei sehr gepflegten Stuben mit elegantem Interieur vermitteln immer noch altösterreichisches Flair. Herausragend von den Speisen sind das Tatar vom Jungstier mit Frischkäse (15,50 €), der Hirschschinken mit Rucola und eingelegten Pfifferlingen, die Gerstensuppe mit *Tirtlan* (gebackene Teigtaschen mit Sauerkrautfüllung), die mit Radicchio und Speck gefüllten Kartoffel-Cannelloni (12,50 €), das Rindergulasch mit Speckknödel, das Lammragout mit Mischgemüse (17,50 €). Zum Nachtisch gibt es Apfelküchlein mit Vanillesauce oder wunderbar leichte Buttermilchcreme mit Himbeersauce. Sehr schöne Auswahl an Weinen aus Südtirol und Italien, breites Champagner- und Süßweinsortiment.

SÜDTIROL
TRENTINO
LOMBARDEI
EMILIA-ROMAGNA
Mals im Vinschgau/
Malles Venosta
Meran/
Merano
Brixen/
Bressano
Etsch/Adige
PARCO NAZ.
DELLO STÉLVIO
2758
Stélvio
Órtles
3905
Bórmio
Adda
St. Ulrich/Ortisei
Bozen/
Bolzano
Marmola
Moena
1883
Tonale
Ponte
di Legno
Édolo
3539
Adamello
Madonna
di Campiglio
3150
Brenta
A22
Tione
di Trento
Sarca
Trient
Óglio
Riva
d. Garda
Arco
Rovereto
Enego
Asiago
Solagna
Velo
d'Astico
Bassano
d. Grappa
Fara
Vicentino
Torrebelvicino
Sarcedo
Marostic
Brenzone
Recoaro
Terme
Schio
Breganze
S. Zeno
di Montagna
Brentino
Belluno
A31
Sandrigo
Valdagno
Cornedo
Vicentino
Cittadella
Selva
di Progno
Altissimo
Vicenza
S. Giorgio
in Bosco
Bréscia
Cavaion
Veronese
Fumane
Marano di Valpolicella
Arzignano
Negrar
Montecchia
di Crosara
Gardasee
Lazise
S. Ambrogio
di Valpolicella
Arcugnano
A4
Desenzano
d. Garda
Lavagno
Soave
Montegalda
Peschiera
d. Garda
Verona
A21
Grancona
Sommacampagna
S. Bonifacio
Castiglione
d. Stiv.
Villafranca
di Verona
Ronco
all'Adige
Teolo
Valeggio
sul Mincio
Montegrott
Terme
Isola
d. Scala
Trevenzuolo
Baone
Sorga
Cerea
Legnago
Este
Villa Bartolomea
Masi
Adige
Mantua
Lusia
Bergantino
Badia
Polesine
Ostiglia
Rovigo
Castelnovo
Bariano
Arquà
Polesine
Polesella
Po
Guastalla
Sécchia
Mirándola
Ferrara
A1
A15
Parma

ÖSTERREICH
FRIAUL-JULISCH VENETIEN
SLOWENIEN
Gail
Innichen/S. Candido
Comelico Superiore
Cortina d'Ampezzo
Lozzo di Cadore
Pieve di Cadore
Borca di Cadore
Tarvisio
Tolmezzo
Bovec
Piave
Agordo
PARCO NAZ.
DOLOMITI
Maniago
A23
Pieve d'Alpago
Chies d'Alpago
Belluno
Limana
Udine
A27
Vittorio Veneto
Cison di Valmarino
Tarzo
Pordenone
Codróipo
S. Pietro di Feletto
Farra di Soligo
Refrontolo
A34
A4
A28
Conegliano
Susegana
Cervignano d. Friuli
Aquileia
Monfalcone
Nervesa d. Battaglia
Portogruaro
Volpago d. Montello
S. Michele al Tagliamento
Grado
Treviso
Monastier di Treviso
Noventa di Piave
Lignano Sabbiadoro
Quinto di Treviso
Casier
S. Dona di Piave
Preganziol
Meolo
Noale
Jesolo
Lido di Jesolo
Mestre
Umag/Umago
VENEDIG
Mira
Stra
Camponogara
Saonara
Golf von Venedig
Chioggia
Sottomarina
Cona
Rosolina
Adria
ADRIA
Po
Porto Tolle
Mésola
0 15 30 km
Codigoro

VENETIEN

Die Küche Venetiens fußt auf der Begegnung zwischen Traditionen der Ebenen und der Berge – mit allem Neuen, das venezianische Schiffe einst aus der Ferne mitbrachten. Im Lauf der Zeit wurden diese großen Unterschiede zu einer Stärke der hiesigen Kulinarik. Jedes Gericht hat seine identitätsstiftende Geschichte, die von jahrhundertealten Ritualen und Bräuchen erzählt.
Ein Paradebeispiel ist der Baccalà, wie man hier den Stockfisch, sprich den getrockneten Kabeljau nennt (*Bertagnin,* also gepökelter Kabeljau oder Klippfisch, hat eher geringe Bedeutung): Fisch aus den nördlichen Meeren, ein „Exotikum", gilt seit Jahrhunderten als kulinarische Säule, er ist in der gesamten Region mit Rezepten präsent. Für deren Originalität bürgen zahlreiche Baccalà-Bruderschaften, die sich als Bewahrer der Besonderheit verstehen.
Oft aber blieben althergebrachte Rezepte von Änderungen und Neuerungen nicht verschont. So tauchten in der traditionellen Geflügelküche Gerichte wie die *Sopa coada* auf: Bei dieser typischen Spezialität aus der Provinz Treviso handelt es sich um eine Art Auflauf aus Taubenfleisch, altbackenem Brot, Gemüse und Brühe, der lange im Ofen „brütet" (wörtlich übersetzt ist es denn auch eine „gebrütete Suppe"). Um ein Pastagericht zu erwähnen: Die Bigoli (mit einer speziellen Nudelpresse gezogene dicke Spaghetti) werden einmal in bäuerlicher Manier mit Entensauce kombiniert, dann mit in Salz eingelegten Sardinen oder Sardellen, die den „Bauern des Meeres" so teuer sind.
Dem Anbau von Getreide- und Gemüsesorten aus Amerika zu verdanken sind die Polenta (in den höher gelegenen Teilen der Region meist aus gelbem Maisgrieß, in den Ebenen als weiße Polenta aus geschälten Maiskörnern einer helleren Sorte), außerdem Bohnengerichte wie Pasta e fagioli. Dank ihr ist aus den Gemüsesuppen der Arme-Leute-Küche von einst ein herzhaftes Gericht geworden, das in seiner Popularität einst wie jetzt keine Klassenunterschiede kennt.

Für Sie entdeckt

Baccalà

- 242 Al Ponte — Lusia (Ro)
- 250 Da Culata — Montegalda (Vi)
- 255 Da Paeto — Pianiga (Ve)
- 282 Al Bersagliere — Verona

Pasta e fagioli

- 219 Trattoria degli Amici — Arquà Polesine (Ro)
- 233 Al Portico — Cona (Ve)
- 238 Alla Grigliata — Jesolo (Ve)
- 285 Antica Trattoria Bellinazzo — Villa Bartolomea (Vr)

Bigoi

- 220 Osteria del Gallo — Badia Polesine (Ro)
- 263 Dalla Rosa Alda — Sant'Ambrogio di Valpolicella (Vr)
- 270 Da Antonio — Teolo (Pd)
- 285 Antica Trattoria Bellinazzo — Villa Bartolomea (Vr)

Sopa coada

- 220 La Trave — Asolo (Tv)
- 258 El Patio — Preganziol (Tv)
- 261 Antica Trattoria Da Nicola — San Donà di Piave (Ve)
- 287 Brunello — Zero Branco (Tv)

29 KM ÖSTLICH VON ROVIGO, S.S. 443

Alla Rosa

Trattoria
Ortsteil Possionanza
Strada Treponti, 8
Tel. (+39) 04 26 / 413 00
Ruhetag: Montag
Ferien: zweite Julihälfte
70 Plätze + 30 Plätze im Freien
Preise: 25 €
Alle Kreditkarten; BM
Mittags und abends geöffnet

Das Lokal – ein großes Haus mit Scheune und Laubengängen – befindet sich in einem Gebiet mit vielen Gemüsefeldern, die für die seit über 40 Jahren von Maria Rigoni und Familie geführte Trattoria strategische Bedeutung haben. Daher stammen die meisten Grundprodukte aus lokalem Anbau, was eine schlichte, saisongerechte Küche ergibt, die trotz der Nähe zur Lagune sehr „erdig" ist und als solche von Kennern geschätzt wird. In einem schlichten, aber gepflegten Ambiente wird man auf herzliche Weise ohne große Förmlichkeiten bestens umsorgt. Andrea berichtet, was es zu essen gibt, und empfiehlt ein gutes Glas Wein aus autochthonen Sorten der Gegend. In den saisonalen Menüs entdecken wir ***Fritai*** (Omeletts) – *co'la siòla*, ***de spar'si*** (mit Spargel), *coi s'ciopeti* oder *coi scupiti* (mit Kräutern) – gepaart mit selbst eingelegtem Gemüse (Topinambur, Löwenzahnblüten, Kürbis) und lokalen Wurstwaren. Auch die **Risotti** (6,50 €) sind klassisch: mit Geflügelleber, **con la mortandela**, mit Saisongemüse. Köstlich die **Cappellacci mit Kürbis**- oder Fleischfüllung, die ***Maltaià col desfrito de nòna*** (Nudelflecken mit Salami), die Tagliatelle mit Erbsen (6,50 €), nicht minder gut die Secondi (9 €): ***Anara ala caciatora*** (Ente nach Jägerinart), *Polastro al limon* (Hähnchen mit Zitrone), ***Straculo in técia*** (geschmortes Schweinefleisch), *Anara del inverno* (winterliche Ente). Lassen Sie etwas Platz für die Dolci (4,50 €): *Supa inglese* (Biskuitdessert), *Dolse al cafè* (Süßspeise auf Kaffeebasis), *Torta di spusi* (Hochzeitstorte).

» *Als Bollwerk des hiesigen gastronomischen Erbes lädt das Alla Rosa ein, das Gebiet des Polesine auf unverfälschte Weise kennenzulernen. Ein authentisches Lokal, das einen Besuch lohnt.* «

22 KM ÖSTLICH VON ROVIGO

Scirocco

NEU

Ferienbauernhof
Via Voltascirocco, 3
Tel. (+39) 04 26 / 94 95 03
Ruhetag: Montag–Mittwoch
Ferien: Ende Januar/Anfang Februar, Ende Juni/Anfang Juli
40 Plätze
Preise: 28 €
Kreditkarten: CS, DC, MC, Visa; BM
Abends geöffnet, Samstag und Sonntag auch mittags

Ein Besuch des Scirocco ist wie ein Sprung in die Vergangenheit. Die Scheune des Gehöfts aus dem frühen 19. Jahrhundert, die Innenräume mit Ziegelböden, Holzgebälk, offenem Kamin und Stühlen aus Strohgeflecht sind nur die ersten Schritte auf einer Reise, die Sie in die Ursprünglichkeit führen wird. Andrea Vianna (Service) und Mirko Zanella (Küche) sind die Akteure und Regisseure dieses authentischen Agriturismo, der regionaltypische Produkte des Polesine auf den Tisch bringt. In der entsprechenden Saison kann man Trüffel aus dem Po-Delta probieren, doch eigentlich sind es die hiesigen Salumi, die im Reigen der Antipasti den Ton angeben: Gentile, Zia, Bondola mit Zunge, Coppa oder Soppressa lauten nur einige der angebotenen Spezialitäten. Von besonderem Augenmerk auf Regionalität zeugt auch die Verwendung von Mehl aus lokalem Weizen für die vorzüglichen hausgemachten Teigwaren, das doppelt gebackene Brot und den speziellen Fladen namens ***Pinza onta***. Ravioli mit Ricotta und Bianchetti (8 €), Spinatgnocchi mit Endivien und Gorgonzola, Risotto agli asparagi oder alla contadina (mit Spargel bzw. nach Bauernart), **Bigoli al sugo di anatra** (7 €) wären ein paar Beispiele für sehr gelungene Primi. Die Secondi sind durchweg Fleischgerichte: Hähnchen (Galletto di cortile, 8 €), Manzo (Rind) von Bauern aus der Gegend, hausgemachte **Salsicce**, gemischte Grillteller (Grigliata mista, 12 €). Dazu trinkt man Hausweine (Malbech, Raboso oder eine weiße Cuvée) oder sucht sich etwas aus dem kleinen Repertoire von einem Dutzend Etiketten aus. Die Dolci (3 €) sind eine echte Versuchung: Panna cotta mit Creme von frischen Erdbeeren, **Tenerina**, Zuppa inglese, Tiramisu und Apfelkuchen werden erfreulicherweise auch als gemischter Desertteller angeboten.

ALTISSIMO

38 KM NORDWESTLICH VON VICENZA

Laita La Contrada del Gusto

Restaurant • Via Laita Righello, 3
Tel. (+39) 04 44 / 42 96 18
Ruhetag: Montag, Dienstag
Ferien: je 2 Wochen im Januar und September
80 Plätze • Preise: 27–35 €
Kreditkarten: Visa; BM
Mittags und abends geöffnet

Ein großes Verdienst von Familie Bertinazzi war es, wieder Leben in diesen alten Weiler in den Bergen von Altissimo gebracht zu haben, der über die Gemeinde Crespadoro gut erreichbar ist. Man gelangt zu dem überaus reizvollen Ort, indem man einige Hundert Meter eine Straße entlangfährt, die direkt in die Natur führt. Wir sind im Land der Zimbern, das einst von ebendiesem Volk bajuwarischen Ursprungs bewohnt war, wovon etliche Spuren zeugen. So auch in einigen Rezepten, die in der Contrada del Gusto neu interpretiert werden: Mit Unterstützung seiner Eltern Rosanna und Giancarlo gelingt es Francesco, Tradition, Fantasie und Vorliebe für lokale Produkte zu verbinden; zudem nimmt er besondere Rücksicht auf die Bedürfnisse von Menschen mit Lebensmittelunverträglichkeiten. Unter den in regelmäßigen Abständen wechselnden Empfehlungen immer präsent sind ein Degustationsmenü für 29 € und ein „Menu coi ***cornioi***" (Schneckenmenü) für 37 €. Alternativ dazu bringen verschiedene Gerichte die Leidenschaft und Liebe für die hiesigen Böden schön zum Ausdruck. Einige Beispiele: Tagliolini al ragù d'oca e piselli di Altissimo (Pasta mit Gänsesauce und Erbsen aus lokalem Anbau, 8 €), **Gnocchi di patate con trota affumicata** (Kartoffelklößchen mit geräucherter Forelle, 10 €), **Ravioli di tarassaco e noci** (Löwenzahn-Walnuss-Füllung) **mit Fenchel und Trüffel**. Formidabel von den Secondi sind der Kaninchensalat (**Insalatina di coniglio**, 12 €), das Lamm in Form von **Bocconcini di agnello** mit Rüben und **sautiertem Löwenzahn** (16 €), die in Rotwein geschmorte Guancetta vom Jungschwein mit Lavendelcreme. Die Dolci und Eisvariationen sind selbst gemacht. Das ansehnliche Weinangebot umfasst eine große Auswahl an naturbelassenen Produkten und beinhaltet stets auch einige glasweise Empfehlungen.

ARCUGNANO
Lapio

712 KM SÜDLICH VON VICENZA

Zamboni

Trattoria
Via Santa Croce, 73
Tel. (+39) 04 44 / 27 30 79,
(+39) 333 / 226 89 77
Ruhetag: Montag, Dienstag
Ferien: je 1 Woche im Januar und August
120 Plätze + 70 Plätze im Freien
Preise: 35 €
Alle Kreditkarten; BM
Mittags und abends geöffnet

Das urige Lokal der Familie Zamboni ist ein echter Familienbetrieb. Mittlerweile ist es die vierte Generation, die regionaltypische Kost bietet, zuweilen auch mit kreativen Akzenten. Den Rahmen bilden der stets angefachte Kamin, Klassiker wie **Baccalà alla vicentina**, Produkte der Colli Berici (Broccolo fiolaro, Rapunzeln, Erbsen aus Lumignano, Marano-Mais) und interessante autochthone Weine mit vielen preiswerten Etiketten und zahlreichen glasweisen Auswahlmöglichkeiten. Helle Räume, deren große Fenster den Blick auf die Hügel freigeben. schaffen ein gemütliches Ambiente. Das Lächeln von Lucia und die Aufmerksamkeit des gesamten Teams tragen dazu bei, dass man die Fähigkeiten von Koch Giuseppe gleich noch mehr schätzt. Aus dem saisonal wechselnden Angebot empfehlen wir Kalbskutteln alias **Trippette di vitello alle spezie**, Flan di broccolo fiolaro (10 €), Pasta con ragù di selvaggina e finferli (mit Wild und Pfifferlingen), **Maltagliati con tartufo nero dei Berici** (Pasta mit schwarzem Trüffel, 10 €), Bigoli mit Sardinen und Peperoncino, **Piccione in cottura rosa su bruscandoli** (rosa gebratenes Täubchen auf Hopfenspargel), Coniglio mit Taggiasca-Oliven und Tomaten (13 €), **Filetto di maiale im Speckmantel auf Broccolicreme**. Brot und Grissini sind selbst gebacken, und das **Käse**wägelchen lädt zu eindrücklichen Geschmacksparcours ein. Von den Desserts keinesfalls unerwähnt bleiben dürfen das Semifreddo al mandorlato mit Bitterschokosauce und die Sfoglia caramellata mit Honig und Cremefüllung. Degustationsmenüs für 30 und 45 €.

»

Bewegende Kulinarik in Form schlichter Speisen und traditioneller Köstlichkeiten, wunderbar interpretiert und mit Liebe zum Detail präsentiert.

«

ARQUÀ POLESINE
Granze

8 KM SÜDWESTLICH VON ROVIGO

Trattoria degli Amici

Trattoria • Via Quirina, 539
Tel. (+39) 04 25 / 910 45,
(+39) 347 / 532 79 85
Ruhetag: Mittwoch, Juli und August
Samstag- und Sonntagmittag
Ferien: je 1 Wo. im Januar u. um den 15. Aug.
70 Plätze + 40 Plätze im Freien
Preise: 32–35 €
Kreditkarten: AE, CS, MC, Visa
Mittags und abends geöffnet
G

Vielen Italienern ist das Polesine wegen des Hochwassers von 1951 ein Begriff. Doch dieser Landstrich bietet auch kulturellen Reichtum, der sich in den Dörfern, in der Architektur der Villen, Palazzi und Kirchen, in Museen, in der Herzlichkeit der Menschen und in den kulinarischen Traditionen offenbart. Es sind herzhafte, schlichte Gerichte, etwa ***Fritaia dea rogna*** (Omelett mit Wurst und Zwiebel), ***Bisato in tecia*** (Aal), ***Malafanti*** (Bohnensuppe), ***Barbon in tecia*** (geschmorter Wels) oder ***Miassa*** (Kürbiskuchen). In der Trattoria degli Amici – zwei Räume mit Sichtgebälk und familiärem Ambiente, das dazu einlädt, länger zu verweilen – werden Ihnen Signora Edda und ihre Söhne Nicola und Valerio die hiesigen Spezialitäten schmackhaft machen. Diese lassen sich gut kombinieren mit den zahlreichen lagernden Weinen, die zu fairen Preisen angeboten werden. Es gibt eine geschriebene Karte, doch vorzugsweise lässt man sich von Valerio beraten und von den (vorwiegend lokalen) Produzenten erzählen. Man beginnt mit gerösteter **Polenta zu Baccalà mantecato**, Puntarelle zu Sardellen und Stracchino mit rosa Pfeffer (7 €), Salat mit knuspriger Pancetta und Asiago-Käse. Die Primi basieren hauptsächlich auf frischen Teigwaren: Tagliatelle mit Ragout von gemischtem Fleisch (7 €), **Bigoli in salsa**, Spaghetti alla carbonara mit Hopfenspargel, **Pasta e fagioli**. Von den Secondi ist der Aal eine Überlegung wert, so wie jeder andere Fisch, der angeboten wird, wenn Fischer des Vertrauens frische Ware geliefert haben. Die Hauptrolle aber spielt Fleisch: Perlhuhn (Faraona alla brace) mit Kurkuma und knackigen Artischocken (13 €), Tatar vom Rind ohne Ei, Ziegenkitz (Capretto laccato al forno, 14 €); feine Gemüsebeilagen (Rosole, Erbette di campo). Die Desserts des Hauses sind so niveauvoll wie alles andere.

ASIAGO

58 KM NÖRDLICH VON VICENZA, S.P. 349 UND A 31

Ca' Sorda Ai Pennar

NEU

Ferienbauernhof
Via Cassordar, 55
Tel. (+39) 04 24 / 640 31
Ferien: Mitte Juni–Mitte Juli, Oktober
80 Plätze
Preise: 20–22 € (mit Hauswein)
Kreditkarten: Visa; BM
Geöffnet Freitagabend, Samstag und Sonntag mittags und abends

Etwas außerhalb des Ortes, knapp vor der bekannten Käserei Pennar, entdecken wir diesen Agriturismo. Geführt wird er wie der angrenzende landwirtschaftliche Betrieb seit je von Familie Rigoni, die sich glücklich schätzt, ihre arbeitsintensive Tätigkeit im Zeichen der Tradition fortzusetzen. Hier geben die Jahreszeiten den Takt vor, hier lebt man in engem Kontakt mit der Natur. Das Gebäude, das im oberen Stockwerk über einige Gästezimmer verfügt, bietet für die Bewirtung einen großen Raum, in dem Holz dominiert. In diesem Ambiente wird Ihnen Annamaria, die zwischen Service und Küche pendelt, die Tagesempfehlungen erläutern. Die Rezepte entstammen der hiesigen Kultur und werden mit Grundprodukten aus eigener Erzeugung umgesetzt. Die Vorspeise basiert normalerweise auf Wurstwaren, wird aber nicht immer angeboten. Doch angesichts der großzügigen Portionen werden Sie den Antipasto absolut nicht vermissen. Bei den Primi dominieren Teigwaren, die durchweg hausgemacht sind: **Tagliatelle con ragù d'asino** (Bandnudeln mit Ragout vom Esel, 7 €), **Bigoli all'anatra** (Pasta mit Ente, 6 €), **Gnocchi und Pasticcio** mit saisonalen Saucen. Bei den Secondi überwiegt Fleisch vom eigenen Hof, auf dem die Tiere mit Heu und ausgesuchten, zertifizierten Futtermitteln großgezogen werden: **Rindfleisch für Gulasch und Tagliata**, **Coniglio in umido** (geschmortes Kaninchen, 13 €), Eselfleisch in Form von Spezzatino d'asino. Eine probate Alternative ist der traditionelle „Piatto del malgaro" mit Käse, Salsiccia und Sauerkraut. Für den Nachtisch steht eine gute Auswahl an Dolci bereit: Crostate, Torte alla frutta und eine bemerkenswerte Milcheiscreme (Gelato al latte). Die Lieferanten des überschaubaren Wein- und Bierangebots sind allesamt landwirtschaftliche Genossenschaften.

ASOLO
Pagnano

38 km nordwestlich von Treviso, S.S. 248

La Trave

Traditionelle Osteria
Via Bernardi, 15
Tel. (+39) 04 23 / 95 22 92
Ruhetag: Montag
Ferien: je 2 Wochen im Sommer und Winter
70 Plätze
Preise: 30–32 €
Kreditkarten: CS, DC, MC, Visa; BM
Mittags und abends geöffnet

Das historische La Trave, eine authentische Osteria, liegt halb versteckt in einer Gasse oberhalb des Zentrums von Pagano (wenn hier überhaupt von einem Zentrum die Rede sein kann), nicht weit weg vom schönen Asolo. Die Einrichtung ist rustikal, im Eingangsbereich mit dem Tresen ist an der Decke ein großer Balken zu sehen, dem das Lokal seinen Namen verdankt. Die Schankstube ist auch heute noch der Ort, an dem man ein Gläschen trinkt, mit Freunden Karten spielt, einen Arbeitstag ausklingen lässt. Schon immer sind es Franca und Veronica, die den hübschen Speisesaal mit einfachen Holztischen und großen Fenstern mit Blick auf den Garten und den angrenzenden Wald betreuen; Guido und Paolo hingegen sind die Autoren der geradlinigen, aufrichtigen Küche, die sie täglich mit dem umsetzen, was der Markt bietet, und dazu zählt auch Fisch aus der Region. Die Klassiker der venetischen Volksküche sind alle vertreten: **Pasta e fagioli** (6,50 €), **Faraona in salsa peverada** (11 €), **Polenta e *s'cios*** (11 €), **Baccalà alla vicentina**. Doch auch das restliche Angebot überzeugt durch unverfälschte Aromen: Morlacco-Käse in Kruste mit Radicchio und eingelegten Mäusedornsprossen (*Rustegot* in agrodolce) (9 €), Ragù d'anatra als Sauce zu den **Bigoli al torchio**, Taubenfleisch für eine vorzügliche ***Sopa coada***, Spargel in Kombination mit Tagliatelle oder als Pasticcio mit Frühlingskräutern, Tintenfisch aus der Adria in Form von Seppie al nero mit Polenta, **Coniglio in *tecia*** mit gekochtem Löwenzahn, Spezzatino vom Hirsch mit Polenta. Tartes und andere selbst gemachte einfache Kuchen ergeben das tägliche Dessertangebot; der gefragteste Nachtisch ist jedoch die Coppa d'Annunzio. Etwa 20 ausgesuchte Winzererzeugnisse aus der Region erlauben angemessene Weinbegleitungen.

BADIA POLESINE

25 km westlich von Rovigo

Osteria del Gallo

Osteria
Via Cigno, 25
Tel. (+39) 04 25 / 59 47 60
Ruhetag: Montag
Ferien: letzten 10 Juli-, ersten 10 Augusttage
40 Plätze + 15 Plätze im Freien
Preise: 28–33 €
Kreditkarten: CS, MC, Visa; BM
Mittags und abends geöffnet

Der am Ufer der Etsch gelegene Ort Badia verdankt seinen Namen der Benediktinerabtei Vangadizza, die vor dem Jahre 1000 entstand. Mitten im Ort bietet Ilaria Canali Gastlichkeit in einem kleinen, aber sehr hübschen Lokal. Die Speisekarte, die sie in Absprache mit Koch Alex gestaltet, versteht sich als Hommage an die hiesige bäuerliche Tradition, ist aber auch der Meeresküche nicht abgeneigt. Man startet mit Antipasti wie **Prosciutto crudo aus Montagnana** (5 €), auch als größere Platte (9 €), mit Schnecken à la bourguignonne, mit Tris di polenta zu Monte-Veronese-Käse, Lardo und Pilzen. An Primi gibt es **Bigoli all'anatra** (Pasta mit Entensauce, 9 €), Caserecce al radicchio mit Salsiccia und Rotwein, **Tortelloni di zucca** mit Grana, zerlassener Butter und Amaretti. Unter den Secondi sind Gänsekeule – **Coscia d'oca in onto** (Slow-Food-Presidio, 19 €) – mit Salat, ferner Steaks und Filets sowie eine Käseauswahl zu entdecken. Das interessante Fischmenü beinhaltet einige traditionelle Gerichte wie Risotto al nero di seppia (10 €) oder **Baccalà mit Polenta** (14 €). Man schließt mit hausgemachten Dolci: Zuppa inglese, **Salame al cioccolato**, himmlisches Tiramisu (5 €). In der Bottega del Gallo, die dem Lokal angeschlossen ist, werden typische Produkte, darunter einige Slow-Food-Presidi, und anderes mehr verkauft. Die gute Weinkarte empfiehlt überwiegend italienische Produkte, auch glasweise. Das schnelle Mittagsmenü wird für 13 € (ein Primo oder ein Secondo und Beilage) angeboten.

Premiata Pasticceria Sanremo (Via San Giovanni 48): Panettone und Pandoro, Kleinpatisserie, Salzgebäck, handgemachte Eiscreme, Torten sowie Frittelle mit Crema oder Zabaione.

BAONE

35 km südwestlich von Padua

Bar Venier

Trattoria
Piazza XXV Aprile, 26
Tel. (+39) 04 29 / 47 66
Ruhetag: Dienstag
Ferien: unterschiedlich
50 Plätze + 20 Plätze im Freien
Preise: 20–24 €
Kreditkarten: Visa; BM
Nur abends geöffnet

NEU

Sie möchten eine Reise in die Vergangenheit unternehmen? Kein Problem! Betreten Sie einfach dieses Lokal, das sich in einem Gebäude aus dem 15. Jahrhundert befindet, um das Flair einer Trattoria von anno dazumal zu spüren. Antonio, der Inhaber, ist immer für einen kurzen Wortwechsel mit den Gästen zu haben, bevor er wieder in der Küche verschwindet. Dort bereitet er die Speisen (nach Rezepten der Urgroßmutter) zu, die Ihnen dann von Tochter Valentina serviert werden. Es sind schlichte, traditionelle Gerichte, für die auf Saisonalität geachtet wird und in denen Gemüse von den Feldern und Fleisch von Bauern aus dem Umland Verwendung finden. Der einzige Antipasto im Angebot (5 €) ist eine probate Sache, er besteht aus Salumi aus eigener Erzeugung und gegrilltem oder in Öl eingelegtem Gemüse. Als abwechslungsreicher erweist sich die Auswahl bei den Primi: **Risotto con gli ortaggi** (mit Gartengemüse, 7 €), **Fettuccine** mit Wildschwein, Fleischsauce oder Gemüse (6 €); in der entsprechenden Saison seien Ihnen die Fettuccine **con ragù di piselli del luogo e oca** (Bandnudeln mit hiesigen Erbsen und Gänsefleisch) ans Herz gelegt. Unter den Secondi ist immer ein Schmorgericht (Piatto in umido, 9 €) zu entdecken: Cinghiale (Wildschwein), **Oca** (Gans) oder **Musso** (Esel); alternativ dazu gibt es Grillfleisch (Grigliata mista, 8 €) oder Steak (Tagliata ai ferri). Wenn Sie danach trotz der großzügigen Portionen noch etwas Platz im Magen haben, sollten Sie die klassischen Mürbeteig- und Biskuitkuchen (Crostate bzw. Torta margherita) nicht verschmähen, die ebenso wie die Teigwaren hausgemacht sind. Das Weinangebot beschränkt sich auf einen anständigen Hauswein aus der Gegend und (auf Anfrage) ein paar Flaschenweine von Kellereien aus den Colli Euganei.

BASSANO DEL GRAPPA

39 km nordöstlich v. Vicenza, S.S. 53 u. S.S. 47

Al Cardellino

Osteria
Via Bellavitis, 17
Tel. (+39) 04 24 / 22 01 44
Ruhetag: Donnerstag
Ferien: zeitweise Ende Juli
50 Plätze
Preise: 25–35 €
Alle Kreditkarten; BM
Mittags und abends geöffnet

Wie die Inhaber gerne betonen, wird im Cardellino eine „Küche der Erinnerung" gepflegt: Ein schöner Begriff, der in diesem Fall keine leere Floskel ist. Vielleicht hat es mit der Lage nicht weit vom geschichtsträchtigen Ponte degli Alpini zu tun, dass man hier Historisches im wahrsten Sinne des Wortes schmecken kann. Der herzliche Empfang, die Karten im Dialekt, die alten Fotos, die heimelig-rustikale Einrichtung, die großen Tische mit klassischen karierten Tischdecken wirken auf einkehrende Reisende ebenso entspannend wie auf neugierige Erstbesucher und Stammgäste. Die Inhaber, Patrizia und Dario, bieten das Beste an Saisonalität und Vicentiner Esskultur. Unter den Antipasti sind dies geräucherter Hering, sprich **Aringa affumicata mit Polenta** (6 €), Tortino con asparagi (Küchlein mit einheimischem Spargel) oder **Morlacco del Grappa mit roter Zwiebel** (5 €). Die Tradition der guten Kost von einst findet ihre Fortsetzung bei den Primi: **hausgemachte Bigoli con salsa bassanese** (Sauce aus Salzsardinen, Zwiebel, Knoblauch und Olivenöl, 8,50 €), in der Spargelsaison Tagliatelle und Risotto con gli asparagi, das ganze Jahr über **Pasta e fagioli** (8 €) und Bigoli con ragù di anatra (Pasta mit Entensauce). An Secondi immer im Angebot sind Stockfisch als **Baccalà alla vicentina mit Polenta** (ausgenommen an den heißesten Tagen des Jahres) und Kalbsleber als **Fegato alla veneziana** (14 €); köstlich der Ossobuco vom Kalb mit Spargel. Natürlich sind auch die Dolci hausgemacht: Tiramisu, **Tortino di mele** (4,50 €), Crème caramel. Die schöne Weinkarte ist den venetischen Anbauzonen verbunden und hält für jeden Geschmack etwas bereit. Hinzu kommt eine wunderbare Auswahl an Edelbränden und die willkommene Möglichkeit, eine nicht ausgetrunkene Flasche Wein mit nach Hause zu nehmen.

BASSANO DEL GRAPPA
Valrovina

39 KM NORDÖSTLICH V. VICENZA, S.S. 53 U. S.S. 47

Melograno

Restaurant
Contrà Chiesa Valrovina, 35
Tel. (+39) 04 24 / 50 25 93
Ruhetag: Montag
Ferien: je 10 Tage im Januar und Ende August
80 Plätze + 60 Plätze im Freien
Preise: 35–38 €
Kreditkarten: AE, CS, MC, Visa; BM
Mittags und abends geöffnet

Ein reizvolles Tal nicht weit von Bassano und seiner berühmten Brücke, ein gemütliches Haus mit einem hübschen Garten (und dem namengebenden Granatapfelbaum), ein Paar, das seiner Arbeit mit Leidenschaft nachgeht: Das sind, so finden wir, die richtigen Zutaten für eine erquickende Einkehr. Gigi und Carla haben im Lauf der Zeit unterschiedliche gastronomische Konzepte entwickelt, um einerseits den Jahreszeiten zu entsprechen und andererseits einigen exzellenten Produkten der Gegend zu dem ihnen gebührenden Stellenwert zu verhelfen. So steht einmal Spargel aus Bassano auf dem Programm, dann wieder wird ein Menü den hiesigen Erbsen (*Biso de Borso*) gewidmet, oder es werden vorzügliche Pilze und anderes, das die Natur in der kühleren Jahreszeit bietet, in den Speiseplan aufgenommen. Eröffnen kann man die Mahlzeit mit Insalatina di baccalà (Stockfisch, Kartoffeln aus Rotzo, Sellerie und Oliven, 10 €) oder Tortino di **finferli e morlacco** (Pfifferling-Käse-Flan) in Kombination mit Steinpilzen in Tempura. Es folgen eine schlichte **Zuppetta di radicchio e fagioli**, vorzügliche **Ravioloni di castagna con patata dolce** begleitet von Fasan und Steinpilzen (11 €) oder ein **Risotto di zucca con cappesante e gamberoni** (Kürbis-Risotto mit Jakobsmuscheln und Garnelen). Bei den Secondi reicht die Auswahl von **Faraona farcita con castagne e melagrana** (mit Esskastanien und Granatapfel gefülltes Perlhuhn, 17 €) über **Baccalà alla vicentina mit Polenta aus Marano-Mais** bis hin zu Rind in Form von Taglio di manzo al Teroldego mit schwarzem Pfeffer (18 €). Man schließt mit gepflegten, wirklich guten Dolci (5 €), etwa Crêpes alle castagne mit Zitrusfruchtsauce und Eiscreme. Recht gute Weinauswahl, auch glasweise.

BELLUNO

De Gusto Dolomiti

Moderne Osteria
Via Sagrogna, 35
Tel. (+39) 04 37 / 92 75 03
Ruhetag: Sonntagabend, Montag
Ferien: zeitweise Ende Juni
80 Plätze + 60 Plätze im Freien
Preise: 35 €
Kreditkarten: CS, DC, MC, Visa; BM
Mittags und abends geöffnet

Es war einmal ein schönes Landhaus, erbaut im 17. Jahrhundert von einer Adelsfamilie für die Sommerfrische, nicht weit von den Ufern der Piave. Das Haus steht immer noch dort und präsentiert sich seit der umsichtigen Renovierung, die seinen ganzen Charme bewahrt hat, als idealer Ort der Begegnung im Zeichen weinkulinarischer Genüsse und geselliger Momente. In der Küche orientiert man sich an Rezepten der Tradition und verwendet hochwertige Produkte mit Fokus auf Fleisch, Wurstwaren und Gemüse regionaler Herkunft sowie Käse aus den Belluneser Dolomiten. In den gemütlichen Gaststuben im Erdgeschoss oder an den Tischen auf der Sommerterrasse wählt man aus einer Karte, die mit den Jahreszeiten wechselt und Klassiker der Küche von Belluno in den Vordergrund stellt. Beginnen kann man mit pikantem Kuchen mit Radicchio, Ricotta und Prosciutto oder einer durchaus lohnenden Kostprobe von geräucherter Gänsebrust (Petto d'oca affumicato) oder Entenspeck (Speck d'anatra, 9 €). Verlockend von den Primi ist der mit Birnen verfeinerte **Risotto mantecato con formaggio piave**; alternativ dazu gibt es **frische Tagliatelle mit Steinpilzen und *Pastin*** (würziges Brät aus Rind- und Schweinefleisch), **Zuppa di cereali con verdure e cubetti di speck** (Getreide-Gemüse-Suppe mit Speckwürfeln, 7,50 €). Von den interessanten Hauptspeisen sind der Hirsch in Form von Bocconcini di cervo mit Preiselbeeren und Barbera sowie die bereits erwähnte hiesige Spezialität ***Pastin*, diesmal mit Formaggio ai ferri und Polenta** (13 €), in Erwägung zu ziehen, wenngleich auch der **Baccalà alla vicentina** (18 €) verlockend ist. Lassen Sie sich zum Nachtisch von den Dolci della casa (4 €) verführen, u. a. Crostate und Crema catalana. Niveauvolle Weinkarte, sowohl hinsichtlich der Dichte als auch der Tiefe der Jahrgänge.

53 km nördlich von Belluno, S.S. 51

Cianzia

Restaurant
Via Cavour, 83
Tel. (+39) 04 35 / 48 21 19
Ruhetag: Montagabend, Dienstag, außer in der Hochsaison
Ferien: zweite Junihälfte
60 Plätze + 20 Plätze im Freien
Preise: 30–32 €
Kreditkarten: CS, DC, MC, Visa; BM
Mittags und abends geöffnet

Ein rein weiblicher Betrieb ist das Lokal von Bruna Montesel, die als Wirtin und Küchenchefin am Herd von Schwägerin Daniela und im Service von Nichte Alice und Carmen unterstützt wird. Das Ambiente, von fähigen Handwerksbetrieben aus der Gegend gestaltet, ist familiär und gemütlich. Da darf natürlich die traditionelle Stube nicht fehlen, in der eine schmiedeeiserne Deckenbeleuchtung in Form eines verästelten Zweiges die Blicke auf sich zieht. Großer Wert wird auf die Qualität der Grundprodukte und auf Saisonalität gelegt, weshalb sich die Speisekarte im Laufe des Jahres häufig ändert. Beginnen kann man mit **Prosciutto crudo aus Sauris** (7,80 €) oder **Carpaccio di cervo marinato** (10 €). Genehmigen Sie sich danach eines der Primi: Kräuterauflauf (Timballo alle erbe di campo, 8 €), Tagliatelle caserecce mit Kiefernaroma und *Pastin* vom Hirsch, Ricotta und Rosmarin (9,80 €), ***Casunziei* alle rape rosse** (Teigtäschchen mit Roter Bete), Gnocchi di patate bellunesi alla grappa mit Tomaten und **Fagioli gialèt** (Slow-Food-Presidio, 8,90 €) oder die stets präsenten ***Gnoche da dota*** (traditionelles hiesiges Nudelgericht aus selbst gemachtem Teig, dem Kräuter der Saison beigemengt werden, serviert mit zerlassener Butter und einem speziellen Käse). Es folgen die von Polenta begleiteten Secondi: Rindergulasch mit unpasteurisiertem Bier aus Sauris (12,50 €), **Bocconcini di capriolo con salsa peverada** (Rehragout, 14 €), kurz gebratene Costolette d'agnello (Lammkoteletts). Für den süßen Schluss zu empfehlen sind ein warm serviertes Stück vom klassischen **Strudel**, auf Wunsch mit Sahne oder Eis, eine Crema catalana oder ein Sorbetto. Aus der schlichten Weinkarte kann man ein paar Empfehlungen auch glasweise bestellen. Oder man probiert zur Abwechslung ein Bier aus der Kleinbrauerei von Sauris.

20 km nördl. v. Vicenza, 5 km v. Thiene, S.S. 349

La Ciacola

Enoteca mit Ausschank und Küche
Via Marconi, 9
Tel. (+39) 04 45 / 30 00 01
Ruhetag: Montag
Ferien: unterschiedlich
40 Plätze
Preise: 25 €
Keine Kreditkarten
Geöffnet 18–1 Uhr

Ein Jahrzehnt ist es her, dass Enrico und Lorella ihr Abenteuer beseelt von der Idee begonnen haben, im Lokal ihres Clubs „La Ciacola“ nicht bloß eine Osteria, sondern ein weinkulinarisches Kulturzentrum zu schaffen, in dem jeder in den Genuss der Spitzenprodukte kommen kann, nach denen Enrico vorrangig in venetischen Gefilden ständig und hingebungsvoll auf der Suche ist. Das Ambiente ist das einer klassischen Osteria – heimelig, leger, intim. Sehen wir uns jedoch näher an, was die Küche zu bieten hat: Die Antipasti werden stets mit mindestens sechs verschiedenen Sorten Brot serviert und umfassen eine interessante Auswahl an Aufschnitt und **Käse** (darunter immer einige Slow-Food-Presidi), die je nach Verfügbarkeit häufig wechselt. In den Sommermonaten kann man sich auch für **Pollo in *saor*** (mariniertes Hähnchen, 8 €) entscheiden. Unter den warmen Speisen (6,50 €) stets präsent sind eine Suppe, ferner hiesige Pasta-Klassiker wie ***Bigoi* mori alla veneta** und **Gargati col consiero** oder alternativ dazu eine ganze Reihe von Teigwaren (Fusilli, Fettuccine, Pappardelle) mit Fleisch- oder Saisongemüse. Hauptgerichte sind nicht vorgesehen, weshalb man gleich zu den Desserts übergeht, bei denen die Vielfalt an Empfehlungen groß ist. Die schöne, preislich fair gestaltete Weinkarte enthält über 400 Etiketten, die meisten aus Venetien, wenngleich auch die Selektion aus dem übrigen Italien Beachtung verdient. Wer glasweise bestellen möchte, hat ebenfalls gute Auswahlmöglichkeiten.

BREGANZE

20 KM NÖRDL. V. VICENZA, 5 KM V. THIENE, S.S. 349

La Cusineta

Traditionelle Osteria
Via Pieve, 19
Tel. (+39) 04 45 / 87 36 58
Ruhetag: Sonntagabend, Montag
Ferien: unterschiedlich, Anfang Juli
50 Plätze
Preise: 30–35 €
Alle Kreditkarten; BM
Mittags und abends geöffnet

Nicht weit vom Ortszentrum und der Kirche (wo es Parkmöglichkeiten gibt) entdecken wir das La Cusineta der Familie Scapin. Terenzio, Marzia und Chetti bieten in ihrem Lokal eine perfekte Mischung aus Regionalität, Saisonalität und Tradition. Schon beim Eintreten spürt man die angenehme familiäre Atmosphäre, im freundlichen Speisesaal sorgen hübsch gedeckte Tische für Wohlgefühl. An Antipasti zu probieren gibt es **Sopressa nostrana mit Polenta** (5 €), **Radicchio di Treviso pastellato** (in Backteig) mit Kräuter-Lardo (5 €), mit Essig und Zwiebel **marinierte Sardinen**. Breganze ist nicht nur für den Süßwein Torcolato bekannt, sondern auch für Torresani – gerade einmal 40 Tage alte Täubchen, die hier in einigen Primi zu entdecken sind, etwa den **Bigoli alla breganzese** (8 €) oder der ***Sopa coada*** (überbackener Auflauf von zartem Täubchenfleisch und Brot in Brühe, 8,50 €). Alternativ dazu kann man sich für köstliche Ravioloni gefüllt mit Kaninchenragout oder Fettuccine mit Spargel aus Bassano entscheiden. Es folgt natürlich wiederum die hiesige Spezialität, diesmal als **Torresano allo spiedo** (15 €) mit Polenta, der das Bratenfett vom Spieß, auf dem die Täubchen garen, untergemengt wird; Kalbsbäckchen, sprich **Guanciale di vitello al Cabernet di Breganze**, und **Baccalà** in drei Versionen – alla vicentina, mantecato (als Püree) und vom Grill – sind ebenfalls als Hauptgang zu empfehlen. Köstlich im Geschmack und hübsch präsentiert die Dolci, etwa klassisches Tiramisu und allerlei Halbgefrorenes. Bei den Weinen aus der Karte und den Empfehlungen zu den diversen Gerichten handelt es sich um ausgesuchte Tropfen aus dem Umland und der gesamten Region Venetien; ein paar gute Etiketten aus dem italienweiten Panorama ergänzen die Auswahl.

BRENTINO BELLUNO
Belluno Veronese

41 KM NORDWESTLICH VON VERONA, S.S. 12 ODER A 22

Al Ponte

Trattoria
Piazza Vittoria, 12
Tel. (+39) 045 / 723 01 09
Ruhetag: Dienstagabend, Mittwoch
Ferien: 3 Wochen im Juli/August
75 Plätze
Preise: 23–28 €
Alle Kreditkarten; BM
Mittags und abends geöffnet

In diesem Abschnitt des Etschtals sind die Dörfer einander sehr ähnlich, strömen große Ruhe aus und machen Lust auf eine Einkehr nicht weit von der verkehrsreichen Autobahn. An der Hauptstraße des kleinen Ortsteils, durch den der Radweg von Verona auf den Brenner führt, gibt es ein gastronomisches Kleinod, wo man die Aromen der Terre dei Forti entdecken kann: Die Trattoria von Monica Azzeti und Stefano Bridi mit Barbereich im Erdgeschoss und Speisesaal darüber hat ein schlichtes, anheimelndes und sehr gepflegtes Ambiente. In seiner kargen Freizeit betreut Stefano den Garten, aus dem der Großteil des in der Küche verwendeten Gemüses stammt, und pflegt seine Reben, aus denen er so manch gute Flasche keltert, die er gerne mit Freunden teilt. Darüber hinaus kocht er nach hiesigen Rezepten: **Salame nostrano con *poenta brustolà*** (Wurst mit Polenta), **Carne *salà* alla trentina** (Pökelfleisch, 6 €). Bei den Primi (7 €) gibt Pasta den Ton an: Bigoli, Tagliatelle und Tortelloni mit Pilzen, Artischocken, Monte-Veronese-Käse, schwarzem Trüffel vom Monte Baldo, Bergbutter, Kaninchen-, Enten- oder Perlhuhnragout; hinzu kommen **Gnocchi di patate mit Kürbis** und Crespelle mit Spargel. Unter den Secondi entdecken wir wiederum **Carne *salà*** (11 €), aber auch **Stracotto d'asino** (Esel), **Baccalà alla vicentina** und erstklassiges Rindfleisch vom Grill. Als Dessert erwarten uns **Sbrisolona**, Kuchen des Tages, Semifreddo mit Nüssen und Honig (4 €). Das Weinprogramm umfasst lokale autochthone Sorten (Casetta, Enantio) und andere Veroneser Empfehlungen.

Grissinificio Zorzi in der Via XXIV Maggio 10 in Brentino bäckt dicke, mürbe Grissini, natürlich von Hand gerollt, die in 250-Gramm-Packungen verkauft werden.

BRENTINO BELLUNO
Belluno Veronese

41 KM NORDWESTLICH V. VERONA, S.S. 12 ODER A 22

Roeno

Locanda
Via Mama, 5
Tel. (+39) 045 / 723 01 10
Ruhetag: Montag
Ferien: Juni/Juli
80 Plätze + 30 Plätze im Freien
Preise: 25 €
Kreditkarten: CS, MC, Visa; BM
Mittags und abends geöffnet

An der Einmündung in das Etschtal liegt an der Grenze zum Trentino und nicht weit vom Gardasee, inmitten der Terra dei Forti, dem Land der Burgen und Festungen, die Locanda Roeno, die auch ein Ferienbauernhof und vor allem eine Weinkellerei ist. Hier erwartet uns eine geglückte Mischung aus Gastlichkeit, schönen und komfortablen Zimmern, Hausmannskost und Leidenschaft für Rebe und Wein. Mit viel Liebe interpretieren die Geschwister Fugatti – Cristina, Roberta und Giuseppe – zusammen mit Mamma Giuliana als Köchin ihren Landstrich, der für bemerkenswerte Weine und die gute ländliche Küche mit Rezepten der Veroneser und der Trentiner Tradition bekannt ist. Bei Tisch ist es gleichsam Pflicht, sich für einen der Weine des Hauses zu entscheiden. Die Speisekarte empfiehlt klassische Antipasti auf Basis von Salumi, **Speck**, **Carne affumicata** (geräuchertes Fleisch), Soppressa mit süßsauer eingelegten Paprikaschoten und Polenta (6 €). Die Primi sind aus hausgemachten Teigwaren: Tortelloni mit Radicchio, Strangolapreti in Salbeibutter, **Canerderli alla trentina** mit oder ohne Brühe, Tagliatelle con il capriolo (mit Rehragout, 6 €). Unter den Secondi zu entdecken sind klassisches Pökelfleisch nach Trentiner Art – **Carne *salà* – gekocht oder roh**, Kaninchen und Reh, sprich **Coniglio und Capriolo mit Polenta** (10 €), Stinco di maiale (Schweinehaxe), aber auch saisonale vegetarische Köstlichkeiten wie Asparagi con le uova (Spargel mit Ei, 9 €) und **Polenta con i funghi** (mit Pilzen). Die vorzüglichen Beilagen auf Basis von gekochtem Gemüse seien abschließend ebenso erwähnt wie Mamma Giulianas hervorragende Tagesdesserts.

BRENZONE
Castelletto

52 KM NORDWESTLICH VON VERONA

Alla Fassa

Restaurant
Via Nascimbeni, 13
Tel. (+39) 045 / 743 03 19
Ruhetag: Dienstag, außer im Sommer
Ferien: Mitte Dezember–Mitte Februar
80 Plätze + 80 Plätze im Freien
Preise: 35–40 €
Alle Kreditkarten; BM
Mittags und abends geöffnet

Eine der besten Möglichkeiten, die Veroneser Seite des Gardasees zu genießen, bietet sich in Brenzone am Fuß des Monte Baldo. Sie können per Auto oder Schiff dorthin gelangen und werden ein eindrückliches Bild mit nach Hause nehmen: dank des schönen Panoramas und vor allem wegen der Köstlichkeiten aus der Küche von Tonino und Donatella, die hier seit 25 Jahren erfolgreich ihr Lokal betreiben. Das Menü basiert hauptsächlich auf hiesigen Produkten: Fisch aus dem See, Saisongemüse, Fleisch und Trüffel vom Monte Baldo, aber auch Meeresfisch. Auf der hübschen Veranda am Seeufer werden Sie von den Töchtern Fabiana und Michela mit einem Aperitif und einer Kostprobe von frischem Olivenöl (in der Saison) willkommen geheißen und bekommen die Tagesempfehlungen, die nicht in der Karte stehen, aufgezählt. Zu klassischen Vorspeisen wie **Luccio in salsa mit Polenta** und **Sarde in *saor*** (8,50 €) gesellt sich ein wunderbarer Fischauflauf – **Tortino di lavarello** – mit Kartoffeln und Trüffel vom Monte Baldo. Danach können Sie zwischen **Kartoffelgnocchetti con ragù di tinca**, **Tagliolini al tartufo** bzw. con fonduta di malga (Bergkäse vom Monte Baldo) oder con pioppini e coniglio (mit Stockschwämmchen und Kaninchen, 12 €) wählen. Von den Secondi sind Millefoglie di persico (Blätterteig mit Barsch) und knusprige Renke – **Lavarello croccante** – mit Kartoffeln und Steinpilzen (15 €) zu empfehlen. Als Dessert Crema di mascarpone mit Khakisauce und Schokopralinen, lauwarmes Tortino di pere e cioccolato, Crème brulée mit Karamell. Die umfangreiche Weinkarte widmet sich hauptsächlich der Umgebung, beinhaltet aber auch außerregionale und französische Etiketten. Interessante glasweise Empfehlungen. Im Herbst gibt es zwei Degustationsmenüs (45 € inklusive Wein) zu den Themen frisches Olivenöl und Esskastanien.

BRENZONE
Porto di Brenzone

52 KM NORDWESTLICH VON VERONA

Taverna del Capitano

Trattoria
Via Lungolago, 8
Tel. (+39) 045 / 742 01 01
Ruhetag: Dienstag
Ferien: 8. Dezember–Ostern
60 Plätze + 40 Plätze im Freien
Preise: ■ 32–39 €
Alle Kreditkarten; BM
Mittags und abends geöffnet

Capitano Bortolo Brighenti ist ein eigenwilliger Typ, der sich als Hüter der kulinarischen Tradition des Gardasees – der echten, herzhaften, würzigen – versteht. Die von seiner Frau Gianlucia interpretierte Küche findet Inspiration und Zutaten vor Ort: bei Fischern, die alte Freunde der Familie sind (Vater Bortolo hat das Lokal in den 1950er-Jahren eröffnet), im Hausgarten und an den Hängen der Berge, die sich im See spiegeln; von dort stammen übrigens auch die Oliven für das erstklassige Öl, das im Lokal verwendet wird. Der Gastraum geht nach drei Seiten auf den See; auf der sonnigsten sind oft *Aole* zum Trocknen aufgehängt, die in der Küche für verschiedene, wunderbar aromatische Saucen Verwendung finden, etwa zu den **Filetti di luccio e di coregone** (Hecht und Renke, 11 €) oder zu Spaghetti und **Bigoli al torchio** (11 €). Zu unserem Glück ist das Menü fast immer gleich, variiert höchstens abhängig vom Tagesfang: **Polpettine di cavedano** (Klößchen vom Döbel), **Lavarello con il *sisam*** (Renke mit einer hiesigen Spezialität aus geschmorten Zwiebeln), marinierte Filetti di triotto (Rotauge), gegrillte oder frittierte Sardinen, Maccheroncini al pesce di lago (9 €), Trota (Forelle) nach Wunsch, **Zuppa di pesce**, herrlicher **Fritto misto**, Grillfisch des Tages (16 €). Pasta und Brot sind hausgemacht. Als Dessert empfehlen wir Semifreddo al cioccolato oder das originelle Tiramisu. 50 lagernde Etiketten gewährleisten stets passende Weinbegleitungen.

In **Pai di Torri del Benaco** (5 km), Via Carducci 18, verkauft Raffaella Bertoni Pirlo Honig von den eigenen Bienenstöcken, unter anderem Millefiori von der Riviera Gardesana und Miele di castagno vom Monte Baldo.

CAMPODARSEGO
Sant'Andrea

15 KM NÖRDLICH VON PADUA, S.S. 307

Da Nalin

Restaurant
Via Bassa Prima, 117
Tel. (+39) 049 / 556 41 77
Ruhetag: Dienstagabend, Mittwoch
Ferien: Anfang Januar, zweite Augusthälfte
80 Plätze + 60 Plätze im Freien
Preise: 25–30 €
Alle Kreditkarten; BM
Mittags und abends geöffnet

Eröffnet anno 1913, wird dieses schöne Restaurant seit mehr als einem Jahrhundert von derselben Familie geführt. Der Ortsteil Sant'Andrea der Gemeinde Campodarsego liegt nördlich von Padua im sogenannten Graticolato – eine Flureinteilung aus der Römerzeit, die noch heute die Symmetrie des örtlichen Wegenetzes charakterisiert. Das großzügige, angenehme Lokal mit den in komfortablen Abständen angeordneten Tischen verfügt über einen Gastgarten für die Sommerzeit, während sich die Innenräume mit Sichtgebälk auf zwei Ebenen verteilen. Um das Wohl der Gäste kümmert sich Nicola, in der Küche werken die Frauen der Familie: Meri, Anna und Bernardina; für den Grill ist Umberto zuständig. Die gute Auswahl an Antipasti beinhaltet beispielsweise einheimisches Hähnchen in Form von Straccetti di pollo in *saor* mit Rosinen und Pinienkernen, **Baccalà mantecato** mit geröstetem Brot oder weiche Polenta con funghi e grana (6 €). Unter den Primi entdecken wir das kulinarische Aushängeschild des Hauses – **Zuppa di verdure con trippa** (Gemüsesuppe mit Kutteln). Doch auch **Bigoli in salsa di sarde siciliane** (8 €), **Fettuccine con ragù d'anatra** (Entensauce mit Rosmarin) oder Sformato mit Trevisaner Radicchio und Asiago-Käse sind eine gute Wahl. Bei den Secondi angelangt, werden Grillfans angesichts der großen Auswahl an Tranchen vom großen Kamin im Erdgeschoss begeistert sein. Aus der Küche kommen Klassiker wie **Baccalà alla vicentina** mit Polenta, **Seppie in umido mit gegrillter Polenta** (12 €), Kaninchen alias **Coniglio** oder Stinco di maiale (Schweinehaxe) **al forno** mit Kartoffeln (14 €). Die Dolci – Crema catalana, Soufflé al cioccolato oder Panna cotta mit Karamell – sind hausgemacht. Die nicht besonders umfangreiche Weinkarte enthält ein paar gute Etiketten zu vernünftigen Preisen.

CAMPONOGARA

28 km südwestlich von Venedig, 18 km v. Padua

Al Fogher

Trattoria-Pizzeria
Via Arzerini, 48/1
Tel. (+39) 041 / 46 21 40
Ruhetag: Mittwochabend
Keine Ferien
100 Plätze
Preise: 30 €
Kreditkarten: CS, DC, MC, Visa; BM
Mittags und abends geöffnet, Samstagmittag gegen Vorbestellung

Das am Rande des Städtchens gelegene, aber gut erreichbare Lokal mit großem Parkplatz mag von außen wenig Ähnlichkeit mit dem haben, was Sie sich gemeinhin unter einer Osteria vorstellen. Doch wenn Sie eintreten, wird Ihnen aufrichtige Gastfreundlichkeit entgegengebracht – von Menschen, die auf Ihre Bedürfnisse eingehen und für die das Bewirten eine Herzensangelegenheit zu sein scheint. Raffaele wird Sie begrüßen und Ihnen bei der Auswahl aus dem Menü behilflich sein, das seine Stärke bei Baccalà (die in Venetien übliche Bezeichnung für Stockfisch) hat. Samuele und Annalisa sind am Herd anzutreffen. Das Angebot konzentriert sich von Anfang an auf den getrockneten Kabeljau nordischer Herkunft: traditioneller **Baccalà alla vicentina** oder **Baccalà bianco mantecato** (püriert) oder **Baccalà rosso in umido** (geschmort, 12 €). Es fehlt auch nicht an moderneren Versionen wie Baccalà al miele di barena (mit Honig aus der Lagune), Baccalà rustico mit Pancetta und Bohnen, Baccalà in opera mit Taggiasca-Oliven, Pinienkernen und Kirschtomaten (12 €). Der Wirt bietet auch die Möglichkeit an, einen gemischten Kostprobenteller mit zwei oder mehr Varianten zu bestellen. Wenn Ihnen so gar nicht nach Baccalà ist, keine Angst: à la carte gibt es auch Kutteln in Form von Trippe alla parmigiana, **Bigoli in salsa** (Pasta mit Sardellensauce), ***Risi e bisi*** (Erbsenreis), **Bigoli all'aringa affumicata** (mit geräuchertem Hering), Anatra selvatica ripiena (gefüllte Wildente). Von Montag bis Freitag wird zudem Risotto serviert. Das Lokal bietet außerdem eine große Vielfalt an perfekt gebackenen und fein belegten Pizzen aus Teig, dem eine lange Ruhezeit gegönnt wird. Die Getränkekarte setzt sich aus wenigen, aber ansprechenden Weinempfehlungen und ein paar Bieren aus kleinen Brauereien zusammen.

CAMPONOGARA

28 km südwestlich von Venedig, 18 km v. Padua

Hosteria ai Mitraglieri

Moderne Osteria
Piazza Marconi, 28
Tel. (+39) 041 / 515 08 72
Ruhetag: Montag, im Sommer auch Sonntag
Ferien: 1 Woche im Januar, 2 Wochen im August
40 Plätze + 25 Plätze im Freien
Preise: 35–37 €
Alle Kreditkarten; BM
Mittags und abends geöffnet

Die Osteria befindet sich im Zentrum von Camponogara, einem Durchgangsort zwischen Venedig und der Riviera del Brenta. In dem Familienbetrieb werken Monica und Nonna Graziella in der Küche, für den Service sind Cristina und ihr Mann Federico zuständig. Angeboten wird vor allem Fisch vom nahen Fischmarkt in Chioggia. Mittags besteht die Möglichkeit, ein preislich ausnehmend günstiges Tagesmenü zu bestellen. Herausragend von den Antipasti sind Selezione di crudo (roher Fisch), Cappesante alla brace (gegrillte Jakobsmuscheln), mit Limette marinierte Gamberi rossi (Riesengarnelen, 13 €), **Sarde in *saor*** (marinierte Sardinen, 12 €) oder die Variation von gedämpften Spezialitäten (Krake, Tintenfischrogen, Garnelen). Von den Primi nicht versäumen sollte Sie **Tagliolini mit Vongole** und Zitronenschale (12 €), Spaghettini mit Basilikumpesto (13 €), Maccheroncini con ricciola e asparagi (Makrele und Spargel), **Fusilli mit Calamari und Wildkräutern**, Zuppetta di pesce und *Bigoi* in Sardellensauce. Geht man über zu den Secondi, sollte man die **Frittura di laguna** (18 €) nicht außer Acht zu lassen. Gute Alternativen sind Tagliata di calamari mit Radicchio trevigiano und Stockfisch in Form von **Baccalà mantecato** und **Baccalà alla veneta**. Wer Fleisch bevorzugt, wählt zwischen Lammkoteletts (Costicine di agnello) und Steak (Tagliata di manzo). Von den wunderbaren Dolci erwähnt seien Tiramisu agli amaretti, Zuppa inglese, Gelato ai cachi (wenn die Khaki Saison hat), **Zaleti-Kekse mit Zabaione** und die flaumige Torta di fragole. Die zum Teil auch glasweise servierten Weine werden mündlich präsentiert, wobei die geografische Bandbreite Trentino, Venetien und Friaul umfasst. Das Lokal veranstaltet häufig Spezialitätenabende zu Themen wie Austern und *Moeche*, Gans, Trüffel und Ei.

CANALE D'AGORDO

45 KM NORDWESTLICH VON BELLUNO, S.S. 203

Alle Codole

Hotelrestaurant
Via XX Agosto, 27
Tel. (+39) 04 37 / 59 03 96
Ruhetag: Montag, außer im Sommer und zu Jahresende
Ferien: 3 Wochen im Juni, November
60 Plätze
Preise: 35–40 €
Kreditkarten: CS, MC, Visa; BM
Mittags und abends geöffnet

Der Name Codole leitet sich von *codoi* ab, im hiesigen Dialekt ein Wort für Steine. Am Fuß der Marmolada, zwischen Belluno und Cortina gelegen, ist dieses Lokal ein Vorposten der guten Küche, die auf Tradition ebenso bedacht ist wie auf Erdverbundenheit. Oscar und Mamma Olga kochen, Diego ist für Service und Weinkeller zuständig, ein richtiger Familienbetrieb. Neben der Möglichkeit, à la carte zu essen, gibt es drei Degustationsmenüs (ohne Getränke): „Alto Gusto" (40 €), „dell'Amore" (30 €) und „Tradizione" (Letzteres nur mittags, 20 €). Von den Vorspeisen erwähnt seien die gratinierten Tomaten mit Schnecken in Kräuterbutter (Lumache al burro aromatico) und die **Fonduta al formaggio agordino di malga** (geschmolzener Bergkäse, 12 €). An Primi gibt es **Gnocchi di patate con ricotta affumicata** (8 €), Gnocchi di carote mit Spargel, geschmolzenem Bergkäse der gleichen Sorte wie bei den Vorspeisen und knuspriger Pancetta (12 €), Ravioli alle erbette e ceci mit Mozzarella und Pomodorini (12 €), vorzügliche **Zuppa d'orzo delle valli bellunesi** (mit hiesiger Gerste, Slow-Food-Presidio, 8 €). Das Fleisch für die Hauptspeisen stammt von lokalen Fleischereien: **Hirschrücken mit Steinpilzfarce und Pflaumenchutney** (Lombo di cervo in farcia di porcini e mostarda di prugne, 20 €), Tagliata vom Jungrind (Filetto di sorana) mit Meersalz aus Cervia. Im Kapitel Dolci (7 €) sind Zuppetta di frutta mit hausgemachtem Himbeereis, klassischer **Strudel di mele** und Crema cotta mit Lakritzeeis zu entdecken. Die umfangreiche Weinkarte hat ihren Fokus auf Italien, räumt aber auch Frankreich viel Platz ein.

»*Regionalität, die man mit jedem Bissen schmeckt, unaufgeregt kreativ umgesetzt: Auch das ist Heimatliebe.*«

CASIER
Dosson

3 KM SÜDÖSTLICH VON TREVISO

Alla Pasina

Restaurant mit Übernachtungsmöglichkeit
Via Marie, 3
Tel. (+39) 04 22 / 38 21 12
Ruhetag: Sonntagabend, Montag
Ferien: 28. Dezember–2. Januar
150 Plätze + 50 Plätze im Freien
Preise: 36–38 €
Kreditkarten: MC, Visa; BM
Mittags und abends geöffnet, im August nur abends

Der Weg zu diesem Lokal führt über schmale Straßen, die in den Feldern zu versinken scheinen. Mitten darin heißt ein großes Gehöft mit wunderschönem Garten die Gäste willkommen. Bereits die Umgebung stimmt ein auf das Wohlgefühl, die Entspanntheit, die gute Küche. Familie Pasin (Giancarlo und Teresa mit Tochter Nicoletta und Sohn Simone) bietet in den Gasträumen oder bei entsprechendem Wetter im Außenbereich mit kreativer Hand gemachte Traditionsgerichte. Zum Auftakt kann man sich für Tris di carne (Fasanenterrine, geräuchertes Schweinefleisch, Capocollo, 13 €), Tris di pesce (**Stockfischpüree**, **Scampi in *saor***, **Polenta mit Minikrebsen**, 13 €) oder Sfogliatina di asparagi (Blätterteig mit Spargel) kombiniert mit Morlacco-Käse und Kartoffelcreme entscheiden. An Primi, die auf hausgemachten Teigwaren basieren, gibt es **Tagliatelle ai fiori di zucca ed erbette** (Bandnudeln mit Kürbisblüten und feinen Kräutern, 9 €) oder Tagliatelle mit Radicchio rosso tardivo di Treviso, aber auch Risotto al radicchio oder Risotto agli asparagi. Das Kapitel Secondi beinhaltet Straccetti alla Pasina, vorzüglichen Lammrücken mit Pistazien (**Sella d'agnello ai pistacchi**, 15 €) und Grillfleisch wie Costata (15 €), Fiorentina oder Tagliata. Erstklassige Auswahl an **Formaggi** (darunter einige Slow-Food-Presidi) und exzellente Weinkarte mit Schwerpunkt auf Venetien neben einigen französischen Etiketten. Eine Vielzahl von Weinen kann man auch glasweise bestellen. Die Palette der ausnahmslos hausgemachten Dolci reicht von Tiramisu über Mattonella di nocciole e cioccolato (Haselnuss-Schoko-Dessert) bis hin zur fantastischen Terrina di mandorle e cioccolato fondente (Mandel-Bitterschokoladen-Terrine).

CASTELFRANCO VENETO
Treville

28 KM WESTLICH VON TREVISO, S.S. 52

Pironetomosca

Moderne Osteria
Via Priuli, 17 C
Tel. (+39) 04 23 / 47 27 51
Ruhetag: Montag, Dienstag
Ferien: zweite Augusthälfte
60 Plätze + 30 Plätze im Freien
Preise: 29–30 €
Alle Kreditkarten; BM
Mittags und abends geöffnet

Ein Lokal mit minimalistischer Einrichtung und angenehmem Außenbereich. An gut angeordneten Tischen lässt man sich von Moreno die Tagesempfehlungen schildern. In der Natürlichkeit, die er dabei an den Tag legt, klingt die Philosophie durch, die er zusammen mit Sohn Fabio beim Kreieren der bodenständigen, saisongerechten und nie die Tradition außer Acht lassenden Gerichte aus akribisch ausgesuchten biologischen Produkten mit Hingabe verfolgt. So entdeckt man unter den Antipasti (6 €) **Sarde e zucca in *saor***, **Agretti con acciuga e pomodoro**, Nervetti mit Zwiebel, Affettati mit mariniertem Gemüse. Vegetarisches ist auch unter den Primi (9 €) zu finden: Suppen, **Gnocchi gratinati con fonduta**, Riso venere mit Spinat auf Kürbiscreme; hinzu kommen traditionelle Pastagerichte wie **Bigoli con l'anitra** oder Tagliatelle con ragù tagliato a coltello. Empfehlenswert von den Secondi ist die Rinderbrust (**Petto di garronese al forno**, 13 €); nicht minder köstlich die Guancette brasate al Prosecco, das Kaninchen als **Coniglio alla veneta**, die Kutteln (Trippe, 10 €), das Lamm (Agnello alla friulana) und der nach alter Art zubereitete Baccalà alla vicentina. Brot und Desserts sind selbst gemacht und verdienen auf jeden Fall Applaus. Lob gebührt außerdem dem konstanten Augenmerk auf Tradition, der mit Themenabenden gehuldigt wird, sowie der Sensibilität gegenüber Menschen, die unter Lebensmittelunverträglichkeiten leiden oder Vegetarisches bevorzugen. Der Weinbestand wächst ständig und umfasst eine gute Auswahl an Naturweinen.

» *Die seit dem Eintritt von Sohn Fabio eingeführten Neuerungen tun den Werten wie Tradition, Geradlinigkeit und Produktqualität keinerlei Abbruch.* «

CASTELNOVO BARIANO
Vallona

52 KM W. V. ROVIGO, S.S. 16, S.S. 434 U. S.R. 482

Corte Vallona

Restaurant
Via Cavetto Nappi, 548
Tel. (+39) 04 25 / 876 56,
(+39) 340 / 346 78 51
Ruhetag: Montag, Dienstagmittag
Ferien: 2 Wochen im August/September
40 Plätze + 60 Plätze im Freien
Preise: 25–28 €
Kreditkarten: CS, DC, MC, Visa; BM
Mittags und abends geöffnet

Wir sind in einer ländlichen Gegend, die von unzähligen Bewässerungsgräben durchzogen ist. In dieser Landschaft, dem Polesine, erfreute sich im 17. Jahrhundert die Patrizierfamilie Strozzi an der Jagd und der Beschaulichkeit des Landlebens. Heute wird man hier von Elvira Mantovani und ihrem Sohn Michele hervorragend bewirtet. Seit etlichen Jahren bieten die beiden eine Küche der Tradition und der Erinnerung, die tagtäglich auch von Einflüssen aus den Provinzen Ferrara, Mantua und Verona geprägt ist. So räumt die umfangreiche Speisekarte, die Fleisch und Fisch bietet, den Modeneser Fladen namens **Tigelle**, die man aufschneidet und mit Wurst, Gemüse und feinen Saucen füllt (10 €), ebenso Platz ein wie dem für die Region Emilia typischen Fettgebäck namens **Gnocchi fritti** (hier in einer pikanten Variante). Alternativ dazu kann man sich für bäuerlichen Aufschnitt mit Einlegegemüse (Affettati con sottoli, 6 €) entscheiden. Von den Primi uneingeschränkt zu empfehlen sind die **Risotti** mit Reis der Sorte Veronese (10 €) in den Varianten Rane (**mit Fröschen**), Pesce gatto (Wels), ***Salamela*** (Wurst), Tartufo (Trüffel) oder Zucca (Kürbis). Gut sind auch die Pastagerichte: **Tortelli di zucca mit Salbeibutter** oder Fleischsauce (8 €), **Bigoli al torchio con le sarde** (mit Sardinen) oder **al ragù d'anatra** (mit Entensauce, 7 €). Wagt man sich zu den Secondi vor, so sind **Anguilla alla griglia** (gegrillter Aal, 18 €), **Pesce gatto fritto** (frittierter Katzenwels, 15 €) oder Esel alias Somarino mit Polenta (9 €) in Erwägung zu ziehen. Auch die Grigliata mista (gemischtes Fleisch vom Grill) kann überzeugen. Man schließt mit einem speziellen Tiramisu auf Kürbisbasis (Tiramizucca), mit Zuppa inglese, **Pazientina** oder Tenerina. Neben dem guten Hauswein stehen etliche Flaschenweine zur Auswahl.

CAVAION VERONESE
Villa

30 KM NORDWESTL. VON VERONA, S.P. 1A OD. A 22

Villa

Trattoria
Strada Villa, 32
Tel. (+39) 045 / 723 54 26
Ruhetag: Montag
Ferien: unterschiedlich
100 Plätze + 80 Plätze im Freien
Preise: 25–28 €
Kreditkarten: CS, DC, MC, Visa; BM
Mittags und abends geöffnet

In den zum Gardasee hin abfallenden Hügeln entdecken wir die von Olivenhainen und Weingärten gerahmte Trattoria Villa der Mazzi-Schwestern. Der große Gastraum hat zwar nichts von einer urigen Trattoria an sich, doch die Charakteristika der Küche und die Qualität der Zutaten räumen jegliche Bedenken aus. In der warmen Jahreszeit kann man sich im Freien niederlassen. Auf dem Tisch finden wir kein geschriebenes Menü vor (dieses wird mündlich vorgetragen), dafür aber erstklassiges Olivenöl, gepresst aus Oliven aus eigenem Anbau. Exquisite Antipasti sind **Luccio in salsa mit Polenta** und Carpaccio di carne *salà* mit Radicchio und Monte-Veronese-Käse (7 €); gut sind auch die Sottaceti. Die **hausgemachte Pasta** – das Paradestück des Villa – genießt man in verschiedenen Spielarten: **con le sarde del lago** (8 €), mit Erbsen, Pilzen oder Fleischsauce. Auch die Tortellini in Salbeibutter (9 €) sind exzellent. Ein weiteres kulinarisches Aushängeschild ist das Lamm (**Agnello al forno**, 9,50 €): Die hohe Qualität des Fleisches wird von einem örtlichen Schafzuchtbetrieb garantiert, der seine Tiere im Sommer auf den Almen des Monte Baldo weiden lässt. Ferkel (Maialino al forno), Kaninchen (Coniglio in teglia), Kalbsbraten (Vitello arrosto, 9,50 €), Grillfleisch und Steaks runden das Angebot ab, das je nach Saison variieren kann, etwa in der Spargelzeit. Auch die Desserts sind hausgemacht und so niveauvoll wie der Rest: Torta di mele mit Orangenmarmelade, Semifreddo all'amaretto, Crostata di pere (4 €). Die regional geprägte Weinkarte ist gut strukturiert und preislich fair gestaltet.

Lammfleisch, wie es die Trattoria Villa anbietet, bekommen Sie auf dem Schafbauernhof von Elio und Alessandro Pachera in der Strada Villa 25.

CAVIOLA
Feder

48 KM NORDWESTLICH VON BELLUNO

Tabià

Restaurant
Ortsteil Feder
Tel. (+39) 04 37 / 59 04 34
NEU
Ruhetag: Dienstag, außer in der Hochsaison (Winter)
Ferien: unterschiedlich
70 Plätze
Preise: 25–30 €
Kreditkarten: AE, CS, DC, MC; BM
Mittags und abends geöffnet

Wenn man von Bergregionen, von der Erhaltung kleiner Dörfer und lokaler Traditionen hört, ist man geneigt, an die üblichen Klischees zu denken. Doch in diesem Fall ist nichts banal. Die Familie Pescosta betreibt dieses Lokal seit dem Jahr 1973, hat einen alten Heustadel saniert und in ein typisches Gasthaus verwandelt, das dazu einlädt, Speisen der traditionellen Gebirgsküche zu probieren. Die Küche bringt die natürliche Schlichtheit der Zutaten aus dem Bergland gut zum Ausdruck, indem Kartoffeln, Ricotta, Polenta, Kürbis und Butter den Leitfaden für Gerichte bilden, die von Mal zu Mal mit Saisonprodukten kombiniert werden. Unter den Antipasti entdecken wir Brettchen mit Salumi und verschiedenen Käsesorten aus der Region oder **Carne *salada* mit Bohnen in agrodolce** (9 €). An Primi gibt es Kartoffelgnocchi (oder Gnocchi di zucca während der Kürbiszeit im Herbst), die mit saisonal unterschiedlichen Saucen und mit Ricotta affumicata bestreut serviert werden. Die exzellente **Polenta aus Mais der Sorte Sponcio** begleitet den für das Belluneser Bergland typischen ***Pastin***, den **Schiz** alla piastra (gebratener Frischkäse, 7,50 €), oder das **Capriolo in salmì** (Rehragout, 13,50 €). Auch die Dolci stehen ganz im Zeichen der Tradition, und so gibt es **heißen Apfelstrudel** mit Vanillesauce (3,50 €) oder ***Smorm*** (alte Süßspeise trentinischen Ursprungs, ähnlich dem Kaiserschmarren) begleitet von Preiselbeerkonfitüre. Anlässlich des 40-jährigen Bestehens des Lokals wird das Menü des Jahres 1973 angeboten: alles inklusive für 30 €. Glasweise Weinbegleitungen, eine einfache Weinkarte sowie diverse aromatisierte Schnäpse runden das Angebot ab.

CHIES D'ALPAGO
San Martino d'Alpago

23 KM NORDÖSTLICH VON BELLUNO

San Martino

Trattoria
Via Don Ermolao Barattin, 23
Tel. (+39) 04 37 / 47 01 91,
(+39) 04 37 / 401 11
Ruhetag: Montag- und Dienstagabend, Mittwoch
Keine Ferien
60 Plätze • Preise: 28–32 €
Alle Kreditkarten; BM
Mittags und abends geöffnet

Der Ort San Martino liegt auf 900 Metern Höhe, weit weg vom Verkehr, inmitten der Belluneser Voralpen. In diesem Idyll führt Familie Barattin seit über 60 Jahren ihre Osteria. Konkret sind es die Frauen, die das Zepter schwingen: Norina am Empfang, Gabriella und Nichte Giulia in der Küche, Weinkennerin Alice im Service. Enrica bestellt den Garten, Neffe Pierluigi kümmert sich um das Vieh, von dem das Alpago-Lamm (Slow-Food-Presidio) erwähnt sei, dessen Leber als Fegato alla veneziana (10 €) angeboten wird. Den Auftakt machen hausgemachte Salumi (wie auch sonst alles aus eigener Erzeugung ist), Insalata russa mit gartenfrischem Gemüse, **Fiori di tarassaco in agrodolce** (eingelegte Löwenzahnblüten), Frittatine alle erbe. Suppen und andere Primi entsprechen den Jahreszeiten: **Zuppa di patate con porri e porcini** (Kartoffel-Lauch-Suppe mit Steinpilzen, 10 €), Minestrone di fagioli, Gnocchetti mit geräucherter Ricotta oder mit Ragù d'agnello, **Pappardelle al capriolo** (Pasta mit Reh). Im Zuge der Tischreservierung können Sie **Agnello d'Alpago al forno** (Lammbraten, 15 €) vorbestellen. Hervorragend sind zudem Capriolo mit Polenta, Cinghiale und in den Sommermonaten ***S'cioss* alla pagota** (Schnecken). Zum Dessert gibt es Focaccia, Strudel, Crostata mit Heidelbeeren und Himbeeren, Zabaione (4 €). Schöne Weinkarte mit etlichen italienischen Etiketten, gute glasweise Angebote, für den Ausklang einige Grappas und typische Schnäpse. Das Lokal verkauft auch einige Produkte aus der Wolle von Schafen des Slow-Food-Presidios Alpago.

In **Puos D'Alpago** (8 km), Via Cantore 38, verkauft der Verband Fardjma in Handarbeit gefertigte Decken, Pantoffeln und Kleidung aus der Wolle von Alpago-Schafen.

CHIOGGIA
Sottomarina

51 KM SÜDLICH VON VENEDIG, S.S. 309 ODER FÄHRE

All'Arena

Restaurant
Via Vespucci, 4
Tel. (+39) 041 / 554 42 65,
(+39) 328 / 918 02 20
Ruhetag: Montag, Dienstag
Ferien: je 1 Woche im Januar und September
35 Plätze
Preise: 35–40 €
Alle Kreditkarten; BM
Mittags und abends geöffnet

Das hübsche kleine Restaurant der Familie Scuttari, das ein intimes Flair hat, befindet sich am Beginn der Promenade von Sottomarina, gegenüber der Veranstaltungsarena. Diego im Service und Alessio in der Küche werden von den Eltern unterstützt (der Vater kümmert sich um den Einkauf bei kleinen lokalen Fischern, die Mutter ist für Frittiertes und Süßspeisen zuständig). Alles auf dem Menüplan basiert auf stets superfrischem Fisch und kann täglich je nach Fang bzw. Verfügbarkeit auf dem nahen Markt von Chioggia variieren, dessen Besuch sich übrigens lohnt. Man beginnt mit **Sarde in *saor*** (8 €), Muscheln wie **Canestrelli**, **Cannolicchi und Cappesante alla piastra**, in der entsprechenden Saison Granseola (Meerspinne), **Garusoli** (Stachelschnecken) oder ***Sepe roste*** (Tintenfisch vom Rost) oder einem Teller mit rohen Fischdelikatessen, der immer angeboten wird. Es folgen hausgemachte Tagliolini oder **Spaghettini** (13 €) mit lokalem Saisongemüse wie Artischocken, Spargel, Zucchini, Radicchio und Kürbis in Kombination **mit Gamberi di laguna**, Scampi, Granseola; alternativ dazu kann man sich für Lasagne mit Fischsauce oder eine gute **Zuppa** (16 €) entscheiden. Unter den Secondi darf die klassische **Frittura** (15 €) ebenso wenig fehlen wie in der entsprechenden Saison die *Moeche* (Slow-Food-Presidio) oder die ***Luserna incovercià*** (18 €), ein für Chioggia typisches Knurrhahnrezept. Natürlich sei auch der in seiner Schlichtheit stets perfekte Fisch des Tages aus dem Ofen oder vom Grill erwähnt, doch gilt es zu bedenken, dass der Preis für edlere Arten entsprechend hoch ist. Für das Dessert wählt man unter ein paar selbst gemachten oder von einer örtlichen Konditorei gelieferten einfachen Dolci. Aus dem anständigen Sortiment an Weinen aus dem italienischen Nordosten kann man einige auch glasweise bestellen.

CISON DI VALMARINO
Rolle

39 KM NORDWESTLICH VON TREVISO, 15 KM V. VITTORIO VENETO

Al Monastero di Rolle

Restaurant
Via Enotria, 21
Tel. (+39) 04 38 / 97 54 23
Ruhetag: Montag, Dienstag
Ferien: 3 Wochen im Januar
50 Plätze + 35 Plätze im Freien
Preise: 29–35 €
Alle Kreditkarten; BM
Abends geöffnet, Samstag und Sonntag auch mittags

Wir sind im Herzen der hügeligen Landschaft nördlich von Treviso. Von Pieve di Soligo in Richtung Follina und seiner Abtei biegen wir auf halbem Weg rechts ab und fahren bergan nach Rolle. Der Ort – ein von Terrassenweingärten umgebenes Häusergrüppchen – wurde 2004 als erstes italienisches Dorf unter den Schutz des FAI (Fondo per l'Ambiente Italiano, eine gemeinnützige Stiftung für Denkmalpflege und Naturschutz) gestellt. Am Ortsrand entdecken wir den von üppigem Grün halb versteckten Eingang zu diesem hübschen Lokal, das in einem Steinhaus untergebracht und mit Möbeln und Gegenständen eingerichtet ist, die an die bäuerliche Vergangenheit des Ortes erinnern. Seit 2001 versteht es Roberto Marin, die Trevisaner mit einer für die Gegend ungewöhnlichen Formel zu überzeugen: Jeden Abend ein anderes mehrgängiges Angebot (donnerstags ist es tagesfrischer Fisch aus der Adria) zum festen Preis von 29 € (donnerstags 35 €) ohne Alternativen, außer man vereinbart insbesondere für Kinder oder Personen mit Lebensmittelallergien etwas anderes. Der Wein ist nicht inbegriffen, doch der Keller gestattet gute Kombinationsmöglichkeiten zu vernünftigen Preisen und auch der Hauswein enttäuscht nicht. Abgesehen von den donnerstäglichen Fischgenüssen ist das kulinarische Programm auch an den anderen Tagen vorgegeben, was zumindest für den Hauptgang gilt, denn die drei Antipasti und die zwei Primi können variieren. Und so gibt es freitags im Ganzen gebratenen **Ossocollo vom Schwein**, am Samstag mittags **Tagliata** und abends **Pancettone allo spiedo**, während am Sonntag mittags **Fiocco di vitello** und abends einen gemischter Kostprobenteller angeboten wird; mittwochs geht es mit **Carni alla griglia** wieder von vorne los. Im Preis enthalten ist auch das nach Laune des Küchenchefs wechselnde Dessert.

CISON DI VALMARINO
Rolle

39 KM NORDWESTLICH VON TREVISO, 15 KM V. VITTORIO VENETO

Da Andreetta

Restaurant
Via Enotria, 7
Tel. (+39) 04 38 / 857 61
Ruhetag: Mittwoch (Juli und August nur mittags)
Ferien: erste Januarwoche
100 Plätze + 80 Plätze im Freien
Preise: 28–30 €
Alle Kreditkarten; BM
Mittags und abends geöffnet

Zum Andreetta gelangt man, indem man ein paar Kilometer entlang einer Straße durch die Wälder des reizvollen Hügellandes der Provinz Treviso fährt. Die schöne Landschaft kann man auch von den Gasträumen und der überdachten Terrasse des Lokals bewundern, die sich als perfekter Ort für laue Sommerabende anbietet und wohl deshalb auch „Terrazza Martini" genannt wird. Annamaria und Alberto Andreetta sind als eingeschworenes Paar die Garanten einer immer verlässlichen Küche, die von Chiara mit schlichten, qualitätvollen Zutaten kompetent interpretiert wird. Man kann à la carte bestellen, es gibt aber auch einige Degustationsmenüs (für 35 bis 40 € inklusive Weinbegleitungen), etwa das venetische Traditionsmenü, eines für Käseliebhaber oder eines zum Thema Frühling in der Prosecco-Gegend. Nach Vorspeisen wie Prosciutto di cervo mit Prosecco-Äpfeln und Mostarda von Walderdbeeren, Crema di casatella mit Ingwer oder Tortino di carciofi mit Käsesauce (Colmaggiore Vecchio) empfehlen wir von den Primi die **Tagliolini con salsiccia e radicchio** (8,50 €), die Strigoli mit Rucola und Castel de Conejan (9 €), den Auflauf mit Entensauce (Sformato al ragù d'anatra), den Risotto al Raboso. Bei den Secondi spielt Fleisch die Hauptrolle: Reh als **Capriolo in salmì**, Lonza al latte mit Steinpilzen, **Faraona con salsa peverada** (Perlhuhn in pikanter Sauce), **Arrosto di coniglio al rosmarino** (Kaninchenbraten mit Rosmarin, 14 €), Maiale in agro con castagne (Schweinefleisch mit Esskastanien, 13 €). Jede Speise wird von gut abgestimmten Beilagen begleitet. Dazu einen passenden feinen Tropfen zu finden, ist dank Albertos Weinkompetenz und des außergewöhnlich vielfältigen Weinbestands ein leichtes Unterfangen. Die Auswahl an **Formaggi** und die Desserts des Hauses sind so niveauvoll wie alles andere.

COMELICO SUPERIORE
Padola

73 KM NORDÖSTLICH VON BELLUNO, S.S. 52

Moiè

Ferienbauernhof
Via Valgrande, 54
Tel. (+39) 04 35 / 47 00 02
Ferien: je 3 Wochen im Juni und November
50 Plätze
Preise: 25 €
Kreditkarten: MC, Visa; BM
Mittags und abends gegen Vorbestellung geöffnet

Empfangen werden Sie von Tizianas Lächeln, auf das die Köstlichkeiten von Loretta folgen: Sie, die Frau des Besitzers, kümmert sich persönlich um die Küche. Germano De Martin Topranin betreut den landwirtschaftlichen Betrieb der Familie, die Gemüsefelder und das Vieh. Die Milch vom Hof wird von der lokalen Genossenschaft La Genzianella zu Käse verarbeitet. Der Mais der Sorte Sponcio für Polenta und die Gerste (Slow-Food-Presidio) werden in der Provinz erzeugt. Die Gerichte folgen dem Lauf der Jahreszeiten, und so gibt es im Sommer eine große Vielfalt an frischem Gemüse kombiniert mit Gerste für einen wunderbaren Salat als Vorspeise oder als Beigabe zum Aufschnitt. Unter den Primi (8 €) – hausgemachte Teigwaren stehen immer auf dem Speiseplan – sind **Canederli**, ***Casunziei***, **Gnocchi di ricotta**, **Spätzle** sowie Suppen der Saison vertreten. Die von Polenta oder Kartoffeln begleiteten Secondi (9 €) sind bis auf Formaggio fuso (zerlassener Käse) Fleischgerichte: **Braciola affumicata con crauti** (Geräuchertes mit Sauerkraut) oder köstliches ***Krestel*** (Kartoffelrösti mit gemischtem Fleisch). Die gebackenen Süßspeisen sind hausgemacht, die Eiscreme liefert ein Handwerksbetrieb aus dem Ort. Hausweine und Flaschenweine stammen alle aus Venetien. Wenn man ihn fragt, erzählt Germano geduldig und in aller Ruhe von den hiesigen Produkten, den umliegenden Wäldern, Wiesen und Bergen. Die Öffnungszeiten des Lokals sind eng an die Arbeit auf dem Hof sowie an das touristische Aufkommen gebunden, das hierorts im Winter mit Skilauf und im Sommer mit Wandern einhergeht.

Die genossenschaftliche Käserei La Genzianella, Adresse Largo Calvi 9, erzeugt aus der Milch lokaler Höfe feine Frisch- und Hartkäsesorten.

CONA
Conetta

51 KM SÜDWESTLICH VON VENEDIG, S.S. 309

Al Portico

Trattoria
Via Leonardo da Vinci, 14
Tel. (+39) 04 26 / 50 91 78
Ruhetag: Mittwoch
Ferien: 3 Wochen im August
45 Plätze + 25 Plätze im Freien
Preise: 32–35 €
Alle Kreditkarten; BM
Mittags und abends geöffnet

Wenn man an dem Lokal vorbeikommt, vielleicht abends bei Dunkelheit, würde man nicht vermuten, dass hinter der verglasten Veranda und in den Innenräumen ungemein gut gemachte Speisen und Rezepte angeboten werden. Tiziano ist der Wirt und Hausherr, der über alle Vorgänge wacht, auch wenn er manchmal etwas zerstreut wirkt. Tochter Francesca im Service vertritt die vierte Generation der Gastronomenfamilie, die den Namen und den Ruf dieser Trattoria in der ländlichen Umgebung des venezianischen Hinterlands begründet hat. In den von Tizianos Frau Maruzza und Sohn Giovanni zubereiteten Gerichten klingt eine nicht alltägliche Finesse durch: Es ist eine schmackhafte, einwandfrei und grundsolide interpretierte Traditionsküche. Die Empfehlungen für den Beginn lauten **Prosciutto di Montagnana** (7 €) und Schinken aus Langhirano, gemischter Aufschnitt mit **Verdure sotto aceto** (in Essig eingelegtes Gemüse), Carpaccio di vitello (8 €) mit marinierten Artischocken und Peperoncino oder Carpaccio di girello di manzo mit rohem Spargel (ebenfalls 8 €). Bei den Primi wählt man zwischen **Pasta e fagioli**, **Tagliatelle al ragù di cavallo** (mit Ragout vom Pferd, 7 €) oder **Gnocchi al ragù di anatra** (mit Entensauce, 7 €). Die Auswahl an Secondi kann Spezzatino vom Rind (12 €), geschmorte Kalbsbacke (Guanciale di vitello, 12 €), Kutteln als **Trippe alla parmigiana** oder Carni alla brace (Grillfleisch) umfassen. Für die Sommersaison zu empfehlen sind diverse Primi und Secondi mit **Fröschen**, die in diesem Lokal Tradition haben. Von den durchweg hausgemachten Dolci empfehlen wir nur als Beispiel die spezielle Crema di stracchino (6 €). In Sachen Wein ist das Angebot mehr als anständig. Interessant könnte es sein, einen Moscato secco zu probieren, der hier als Tafelweißwein empfohlen wird.

CONSELVE

30 KM SÜDLICH VON PADUA

In Corte dal Capo

NEU

Trattoria
Via Padova, 38
Tel. (+39) 049 / 538 40 21
Ruhetag: Montagabend, Dienstag
Ferien: 1–6. Januar, ersten 3 Augustwochen
90 Plätze
Preise: 30–32 €
Kreditkarten: AE, CS, MC, Visa; BM
Mittags und abends geöffnet

Ein Dorfgasthaus in der Tiefebene südlich von Padua, in einem Gewirr von Straßen inmitten von Ackerflächen, ist unser Ziel. In dem Lokal, einem Familienbetrieb, spendet ein großer offener Kamin mitten im Raum Wärme. Doch trägt dieser nicht nur zu einer intimen, gemütlichen Atmosphäre bei, sondern dient auch zum Garen des Fleisches vor den Augen der Gäste. Um deren Wohl kümmert sich Maurizio, während seine Frau Marina die zahlreichen Gerichte der hiesigen Traditionsküche zubereitet. Obst und Gemüse sind aus lokalem Anbau, das Fleisch wird von dem nahe gelegenen Schlachthof in Agna bezogen. Von den Antipasti erwähnt seien die Frittata con le erbette (Kräuteromelett, 8 €), die **Sarde in *saor*** (marinierte Sardinen, 10 €), die typischen Salumi, darunter eine vorzügliche Carne *salada*, der Tortino di zucchine mit Prosciutto crudo. Die Primi werden mit hausgemachten Teigwaren zubereitet: Pasta e fagioli (Bohnensuppe mit Nudeln), **Bigoli in salsa** (Pasta in pikanter Sauce), Pasta con ragù casalingo, **Tagliatelle con ragù d'oca** (mit Gänsesauce, 10 €) oder con ragù d'anatra (Entensauce). Venetische Klassiker sind auch unter den Secondi (15 €) zu entdecken: Stockfisch alias Baccalà alla vicentina, **Musso** (Gulasch vom Esel), Carni alla griglia (Grillfleisch), **Anatra in salmì** (Entenragout). Zum Nachtisch nicht versäumen sollte man das frische Millefoglie mit einer vorzüglichen Crema, die Sie ob ihrer Leichtigkeit überraschen wird. Interessant finden wir das Degustationsmenü zum Thema Baccalà (25 €) und das vegetarische Menü (20 €); auch ein einfaches Tagesmenü für 13 € wird angeboten. Recht ordentliche Weinauswahl mit ein paar glasweisen Empfehlungen.

CORNEDO VICENTINO

27 KM NORDWESTLICH VON VICENZA, S.P. 246

La Corte

Enoteca mit Ausschank und Küche
Via Volta, 2 B
Tel. (+39) 04 45 / 95 29 10
Ruhetag: Donnerstagabend, Sonntag
Ferien: 1 Woche im Januar, 10 Tage im August
40 Plätze
Preise: 28–32 €
Alle Kreditkarten; BM
Mittags und abends geöffnet

Von der ursprünglichen Poststation ist nur wenig übrig: der weitläufige Laubengang, der den Speisesaal beherbergt, und der einstige Heuboden oberhalb des Lokals, der als Schauraum für jene Kutschen dient, die im vergangenen Jahrhundert hier Halt machten. Schön anzusehen im Eingangsbereich sind die breiten Holzregale, die allerlei Delikatessen und einen großen Teil der in der Karte enthaltenen Weine zur Schau stellen, was dem Gast die Auswahl erleichtert. Enrico (Küche) und Marisa (Service) haben über die Jahrzehnte ihre Partnerschaft unter der Maxime konsolidiert, ausnahmslos frische Produkte zu bieten. Dazu gestalten sie ein stets abwechslungsreiches Menü, das sich auch im Tagesverlauf ändern kann, je nachdem, was auf dem Markt eingekauft oder von Lieferanten des Vertrauens herangeschafft wurde. Unter diesen Voraussetzungen fällt es schwer, ganz bestimmte Gerichte zu empfehlen. Interessant von den Antipasti ist jedenfalls der ebenso mannigfaltige wie reichhaltige Aufschnitt (Tagliere di salumi). Eine Vielzahl von hausgemachten Pastasorten dominiert bei den Primi (8 €), etwa Gargati con consiero, **Bigolotti al ragù di salame** oder **Chitarrine ai fegatini**. Alternativ dazu raten wir zu Fiocchi di ricotta mit Basilikum und Gnocchi di Valdagno al cumo (mit Wiesenkümmel). Unter den Hauptspeisen darf Fleisch nicht fehlen, von **Filetto di maialino** (Filet vom Jungschwein, 12 €) über Tagliata di bue (Ochsensteak, 14 €) und Tartara di manzo (Rindertatar) bis hin zu **Costolette d'agnello** (Lammkoteletts). Auch die Desserts sind eine Kostprobe wert: neben traditionellen Kuchen werden saisonale Dolci angeboten. Die Weinkarte ist im Vergleich zu den Vorjahren zwar etwas kleiner geworden, wird aber mit gut 100 Etiketten noch immer jedem Anspruch gerecht.

CRESPANO DEL GRAPPA

43 km nw. v. Treviso, 11 km v. Bassano del Grappa

San Marco

Enoteca mit Küche
Piazza San Marco, 12
Tel. (+39) 04 23 / 53 92 17
Ruhetag: Montagabend, Dienstag
Ferien: ersten 2 Januarwochen
25 Plätze
Preise: 25–28 €
Keine Kreditkarten
Mittags und abends geöffnet

Wer meint, dass es keine Lokale mehr gibt, in denen man gut und preiswert isst, wird im San Marco eines Besseren belehrt: Hier findet man eine schlichte, gepflegte Küche mit ständig wechselnden Angeboten vor. Was Tosca und Roberto dazu zwingt, das Menü beinahe täglich neu auf die Tafel zu schreiben, die in dem kleinen Speisezimmer hinter der Schankstube hängt. Letztere gilt als beliebte Enoteca und wird auch wegen der erstklassigen, schmackhaften Appetithäppchen, den *Cicheti*, gerne frequentiert. Auf einer zweiten, größeren Tafel sind die zahlreichen Weine im glasweisen Ausschank aufgelistet. In der Küche arbeitet Roberto, der sich gerne etwas mürrisch gibt, am liebsten allein, um seine Kreationen je nach Marktangebot umzusetzen; auch verzichtet er nicht auf Exkurse in andere Regionen, zu denen er allmonatlich Themenabende gestaltet. Ihr Schutzengel bei Tisch wird Tosca sein, die Sie mit ihrer Freundlichkeit, ihren Aufmerksamkeiten und ihren Süßspeisen, etwa Torta di patate dolci e castagne con mostarda di frutta (Kuchen aus Süßkartoffeln und Esskastanien mit Früchtechutney, 4 €), zum Schwärmen bringen wird. Roberto beschreibt seine Art zu kochen als schlicht, spontan und in den Alltagsgewohnheiten verankert; die Grundidee besteht darin, dass man sich hier als Freund und nicht nur als Gast wohlfühlen soll. Freuen Sie sich auf **Baccalà mit Polenta** (10 €), **Trippe di sorana** (Kutteln vom Jungrind, 7 €), Seppie in umido (geschmorter Tintenfisch, 9 €), Guancette di vitello (Kalbsbäckchen), **Bigoli al torchio con salsiccia**, Zuppa di funghi, **Gnocchi di patate e castagne**, frische Tagliatelle mit Steinpilzen, Reale di vitello al forno (Kalbsbraten) und als Dessert Torta San Marco, Crema catalana, ein köstliches Semifreddo al torroncino oder Sorbetto all'Amarone.

ENEGO

81 km nordöstlich von Vicenza

Sette Teste

NEU

Hotelrestaurant
Piazza San Marco, 20
Tel. (+39) 04 24 / 49 01 12
Ruhetag: Mittwoch, Donnerstag, außer im Sommer
Ferien: unterschiedlich
30 Plätze
Preise: 25–27 €
Kreditkarten: Visa; BM
Mittags und abends geöffnet

Enego befindet sich am Rand der Hochebene von Asiago. Mitten im Dorf, gegenüber den Resten der von Cangrande della Scala errichteten Scaliger-Festung, ist es eine Freude, dieses kleine Hotelrestaurant zu entdecken, das eine schlichte, schmackhafte, saisongerechte Traditionsküche in zeitgemäßer Leichtigkeit bietet. Roberto, Giovanna und Annalisa wechseln sich in Service und Küche ab. Zumeist ist es jedoch der passionierte Roberto, der das keine Menü mündlich vorträgt und liebevoll erläutert. Die Empfehlungen wechseln täglich, je nachdem, was Fantasie und Einkauf bescheren. Während man auf die Primi wartet, ist eine Kostprobe von regionalen Salumi nicht ausgeschlossen. Die Teigwaren sind alle hausgemacht: ***Asagnuni con farinele*** (Bandnudeln mit Wildspinat) **und Bergbutter** (8 €), **Lasagne con asiago e funghi** (mit Käse und Pilzen); eine gute Alternative sind die Vellutate (Cremesuppen, 7 €) aus Gemüse der Saison; in der kalten Jahreszeit wird eine bemerkenswerte Zuppa di verze (Wirsingsuppe) angeboten. Die Secondi zeichnen sich durch die hohe Qualität des Fleisches aus; Roberto ist einschlägig vorbelastet (sein Vater war Fleischer) und kennt sich bestens aus, versteht sich auch auf die Zubereitung und bietet nur das an, was er für „würdig" erachtet: **Costolette di agnello** (Lammkoteletts), Tagliata (Steak), aber auch zu Unrecht als minderwertig angesehene Schlachtererzeugnisse wie **Trippe** (13 €) und – wenn Sie Glück haben – **Coratella di capretto** (Innereien vom Ziegenkitz, 10 €). Gut, wenn auch nicht sehr groß ist die Auswahl an einfachen Dolci nach Hausfrauenart. Die nicht besonders umfangreiche, aber interessante Weinkarte (einige Etiketten gibt es auch glasweise) ist das Ergebnis einer ständigen Suche nach italienischen, aber auch französischen kleinen Erzeugern.

FARA VICENTINO
Costalunga

25 KM NÖRDLICH VON VICENZA, S.S. 248

Costalunga

Ferienbauernhof • Via Costalunga, 10
Tel. (+39) 04 45 / 89 75 42,
(+39) 333 / 372 28 54
Ferien: 15. Juli–15. August
70 Plätze + 20 Plätze im Freien
Preise: 20–22 € (mit Hauswein)
Keine Kreditkarten
Freitagabend, Samstag- und Sonntagmittag geöffnet, wochentags gegen Vorbestellung für Gruppen

Dieser schöne Agriturismo verdankt seinen Ruf nicht nur der guten Küche, sondern auch den vielen Initiativen, die Rosalina Pavan (sie ist die Inhaberin des Anwesens) im Jahresverlauf auf die Beine stellt. Gemüse ist zweifelsohne ein wichtiges Element, das die Wirtin immer wieder schön zu präsentieren weiß. Doch vergessen wir nicht, dass hier eine ganze Familie tagtäglich an der Arbeit ist: Claudio (Rosalinas Mann) unterstützt die Signora in der Küche, während die Töchter hauptsächlich mit dem Service betraut sind. Beginnen können Sie Ihren Parcours mit einer schönen Auswahl an hausgemachten Salumi, darunter eine sensationelle **Soppressa** traditioneller Machart, begleitet von selbst eingelegten Sottoli und Sottaceti. Die Primi (6 €) sind eine Hommage an die großen Klassiker der Vicentiner Küche: So kommen Sie in den Genuss von Gargati col consiero (Pasta mit Fleischsauce), ***Miserie dee femene*** (spezielle Nocken, nur gegen Vorbestellung) oder Risotto der Saison. Mit den Secondi wird hingegen dem Kleinvieh gehuldigt, das sich zuvor auf dem Hof der Familie Pavan getummelt hat: **Pollo in umido** (Schmorhähnchen, 8,50 €), Coniglio (Kaninchen), Piccione (Täubchen), Faraona (Perlhuhn), Anatra (Ente). All dies wird von fabelhaftem Gartengemüse begleitet. Die Desserts, vom klassischen **Macafame** (eine Art Brotpudding) bis hin zu den schlichten Mürbeteigkuchen, sind hausgemacht. Der Wein wird hauptsächlich vom Fass gezapft, doch es fehlt auch nicht an ein paar Flaschen von Winzern aus der Umgebung.

FARRA DI SOLIGO
Col San Martino

32 KM NORDWESTLICH VON TREVISO, S.S. 13

Da Condo

Restaurant
Via Fontana, 134
Tel. (+39) 04 38 / 89 81 06
Ruhetag: Dienstagabend, Mittwoch
Keine Ferien
80 Plätze + 30 Plätze im Freien
Preise: 25–30 €
Alle Kreditkarten; BM
Mittags und abends geöffnet

Am kleinen Dorfplatz entdecken wir die alteingesessene, behagliche Locanda Da Condo. Gegründet von Großvater Giocondo, bewahrt der gediegene Gasthof beinahe unverändert die Aromen der kulinarischen Tradition der Provinz Treviso. Koch Enrico und Hausherrin Beatrice werden Sie bei der Speisenauswahl beraten. Beginnen können Sie mit einem gemischten Vorspeisenteller bestehend aus Wurstwaren, Radicchio und Kürbis in agrodolce, sofern Sie nicht **Involtino di verza con ragù di maiale** (Wirsingroulade mit Schweinefleischragout) oder Budino agli asparagi con *skenal* e mandorle (Spargelpudding mit gepökeltem Schweinefleisch und Mandeln, 6 €) vorziehen. Hausragend von den Primi piatti sind der zarte Rotolo di patate agli spinaci (Kartoffel-Spinat-Rolle, 6 €), während für kältere Tage die zünftige **Pasta e fagioli** oder die **Bigoli con ragù di coltello e funghi** (Pasta mit Hackfleischsauce und Pilzen, 6 €) zu empfehlen sind. Wer frischere, leichtere Kost bevorzugt, dem sei die Zuppa di porri e patate (Kartoffel-Lauch-Suppe) ans Herz gelegt. Wenn Sie danach eine großzügig bemessene, geschmacksintensive Hauptspeise möchten, sollten Sie **Stracotto di manzo al Raboso** mit Polenta bestellen. Alternativ dazu sind die mit Prosecco geschmorten Guance di maiale (Schweinebäckchen) oder die klassische frühlingshafte Spargelkombination Asparagi e uova zu empfehlen. An Desserts gibt es frische Datteln mit Mascarpone-Kaffee-Creme, Pera al vino rosso (Rotweinbirnen) und Panna cotta alla vaniglia. In Sachen Wein sind neben diversen Erzeugnissen aus den Hügeln um Valdobbiadene mehr als 100 Etiketten lagernd. Bevor Sie Abschied nehmen, bitten Sie Enrico, einen Blick in den schönen Weinkeller mit den alten Holzfässern werfen zu dürfen.

FUMANE

17 KM NORDWESTLICH VON VERONA

Enoteca della Valpolicella

Enoteca mit Ausschank und Küche
Via Osan, 45
Tel. (+39) 045 / 683 91 46
Ruhetag: Sonntagabend, Montag
Ferien: unterschiedlich
70 Plätze • Preise: 35 €
Alle Kreditkarten; BM
Mittags und abends geöffnet

In einem von Olivenhainen und Weinbergen umgebenen Herrenhaus aus dem15. Jahrhundert mitten im Valpolicella werden Sie von Ada und Carlotta empfangen, die seit 1996 die Liebe zu Wein und gutem Essen verbindet. Geboten werden Valpolicella-Weine gestützt auf ein traditions- und saisongebundenes Menü: hausgemachte Pasta, Saisongemüse, Wildkräuter, gebratenes oder gegrilltes Fleisch. Man sitzt in einem der zwei miteinander verbundenen Gasträume und genießt den Blick durch die Fenster des größeren. Eingangs empfehlen wir die besten Antipasti der Tradition (7 €): Ricotta mit Apfel-Mostarda, Luppolo mit Spiegelei, **Tarassaco mit Monte Veronese**, Fiori di zucchina mit Basilikumsauce. Interessante Primi (10 €) sind die **hausgemachten Tagliatelle** nach Wahl **mit Ragù di cortile**, Artischocken oder Fleisch, die Ravioli con la papaverina (Blätter von jungem Mohn) und der **Risotto con erba silena** (Leimkraut). Von den Secondi (14 €) empfehlen wir **Stracotto di manzo all'Amarone**, Agnello da latte al forno mit Thymian und Salbei, **Petto d'anatra mit Honig und Recioto** oder Gegrilltes wie Costolette d'agnello und Tagliata. Das große **Käse**sortiment wird als Probierteller oder kombiniert mit anderen hiesigen Traditionsprodukten angeboten. Wer Geduld hat, kann sich auf frisch gemachte Dolci wie Tiramisu mit heißem Kaffee oder Millefoglie freuen; alternativ dazu gibt es Fondente di cioccolato mit Orangenschalen, Mandel-Pastafrolla oder Kirschen mit Zimteis. Die akkurat getroffene Weinselektion stammt von etwa 100 Betrieben des Valpolicella, von renommierten Gütern bis hin zu aufstrebenden kleinen Winzern.

In **San Pietro in Cariano** (4 km) verkauft der Panificio Rossignati, Via San Francesco 6, am Dienstagmorgen frisch gebackenes Traubenbrot.

GRANCONA
Pederiva

24 KM SÜDWESTLICH VON VICENZA

Isetta

Trattoria mit Übernachtungsmöglichkeit
Via Pederiva, 96
Tel. (+39) 04 44 / 88 95 21
Ruhetag: Dienstagabend, Mittwoch
Ferien: unterschiedlich
70 Plätze + 30 Plätze im Freien
Preise: 35–39 €
Kreditkarten: AE, CS, MC, Visa; BM
Mittags und abends geöffnet

Die Trattoria Isetta hat eine lange Familientradition, die Monica und Graziano hingebungsvoll fortführen. Er betreut gemeinsam mit Manuela den Service und insbesondere den Weinkeller, während sie in der Küche auf exzellente Weise Kochtechniken und Aromen interpretiert und inszeniert, die dann in einem behaglichen, geschmackvollen Ambiente ebenso kompetent wie gastfreundlich dargeboten werden. Ein Besuch des Isetta im Sommer bedeutet, ein paar Stunden in einem kühlen grünen Tal nur wenige Kilometer außerhalb der Stadt zu verbringen. In dieser Oase der Ruhe kann man auch über Nacht bleiben: Das Haus bietet neun Zimmer. Die Speisekarte wechselt im Jahresverlauf, was viele dazu bewegt, immer wieder mal einzukehren. In der kalten Jahreszeit empfehlen wir **Straccetti con tastasale e broccolo fiolaro** (12 €), Pappardelle mit Sauce von Wildschwein und Hase, Fettuccine di farina di castagne mit Kürbis und Herbsttrompeten, **Cosce di oca confit mit Kartoffelpüree**, Frittatina mit Wildspargel (12 €), Colombino al forno, Battuta di manzo mit mariniertem Gemüse (15 €), **Risotto con tartufo nero** (Trüffel **aus den Monti Berici)**. Im Herbst gibt es Pilzgerichte wie Insalatina di ovoli oder Sofficiotto di porcini e tartufo, aber auch **Bigoli all'anatra**, Germano reale mit Honig-Orangen-Glasur, **Faraona mit Pflaumen** (13 €). Immer zu haben ist erstklassiges Grillfleisch: Fiorentina, Chianina-Steak, Rinderfilet, Lammkrone. Zum Dessert genießt man Apfelkuchen oder hausgemachte Eiscreme. Der Keller birgt Weine aus ganz Italien und gute französische Etiketten; viele glasweise Angebote.

„Herzliche Gastlichkeit und Verbundenheit mit der lokalen Küche gehen hier Hand in Hand mit akribischer Suche nach hiesigen Spitzenprodukten."

GRANCONA

23 km südwestlich von Vicenza

Toni Cuco

Traditionelle Osteria
Via Arcisi, 12
Tel. (+39) 04 44 / 88 95 48
Ruhetag: Montag, Dienstag
Ferien: unterschiedlich
90 Plätze
Preise: 35 €
Kreditkarten: MC, Visa; BM
Mittags und abends geöffnet

Im Grün der Colli Berici, an diesem reizvollen Ort etwa 20 Autominuten von Vicenza entfernt, hat Familie Trentin-Zanella, die zuvor die Trattoria Il Bersagliere im Zentrum der Provinzhauptstadt geführt hatte, die notwendige Begeisterung zur Förderung einer traditionellen und gleichzeitig einfallsreichen Küche wiedergefunden. Die Räumlichkeiten der alten Osteria sind mit schlichter Eleganz eingerichtet und bieten den Gästen eine gemütliche Atmosphäre, zu der nicht zuletzt die Wärme des Kaminfeuers beiträgt. Das saisonal variierende Menü empfiehlt ansprechende, exquisite Antipasti; stellvertretend erwähnt sei der **Flan von Broccolo fiolaro aus Creazzo** (von dem Goethe im Kapitel *Vicenza* seiner *Italienischen Reise* erzählt) **mit Parmesan-Sauce und gehobeltem Formaggio stravecchio di malga** (8 €). Es folgen Primi aus handgezogener Pasta, darunter herausragende Tortelli alle mandorle mit schwarzem Trüffel aus den Monti Berici (12 €), aber auch Crema di carciofi oder Crema di funghi mit geröstetem Malzbrot (Pane al malto, hausgebacken mit natürlicher Hefe und steingemahlenem Mehl). Von den Secondi piatti hervorzuheben sind die Empfehlungen mit erstklassigem Fleisch von einem örtlichen landwirtschaftlichen Betrieb, der sein Vieh auf der Alm weiden lässt, und der traditionelle **Baccalà alla vicentina mit weicher Polenta aus Marano-Mais** (16 €). Zum Nachtisch kann man sich Semifreddo von **Mandorlato aus Cologna Veneta** (6 €) oder Bavarese all'arancia mit marinierten Erdbeeren und Passionsfruchtsauce genehmigen. Ebenfalls bemerkenswert sind die frisch gerührten Sorbetti und Gelati. Die umfassende, gepflegte Weinkarte enthält interessante Empfehlungen aus der Region.

JESOLO
Lido di Jesolo

44 km nö. v. Venedig, S.S. 14, Abzweigung in Portegrandi

Alla Grigliata

Traditionelle Osteria
Via Buonarroti, 17
Tel. (+39) 04 21 / 37 20 25
Ruhetag: Mittwoch, außer im Juli und August
Ferien: Weihnachten–Mitte März
150 Plätze
Preise: 30–32 €
Kreditkarten: MC, Visa; BM
Abends geöffnet, im Frühling an Feiertagen auch mittags

Das Lokal der Geschwister Lorenzon – Luigi am Grill und Manola, die im Service von ihrem Mann Moreno unterstützt wird – besteht seit fast 30 Jahren. In der Nähe des Acqualandia-Parks gelegen, hat es ein rustikales Gepräge und verfügt über einen großen offenen Kamin, *Fogher* genannt, zum Garen von Fleisch; die hierfür verwendeten großen Gitter und Kohlenbecken hat Luigi selbst entwickelt. Schnell wird klar, dass hier **Fleisch vom Grill** das A und O ist, vor allem Schwein, Geflügel und Ochse aus einheimischer Haltung: Rippchen, Würstchen, Hähnchen (Galletto, 9 €), Filets (Filetto, 19 €), Steaks, Bauchspeck, Spießchen – alles ist perfekt auf den Punkt gegart, sei es direkt über dem Feuer, sei es über der Glut. Falls Sie keine Lust auf Fleisch haben sollten, ist der gegrillte Montasio-Käse (9 €) eine gute Alternative. Die Küche bietet auch sehr ordentliche Antipasti (5 €) an, etwa **Salsiccia in crosta**, **Salame fresco alla brace** oder gepökeltes und geräuchertes Fleisch mit mariniertem Gemüse. Hinzu kommen ein paar feine Primi: Pastasciutta oder hausgemachte **Gnocchi** (6 €) **mit Fleischsauce** aus Schweinerippenfleisch, **Pasta e fagioli** (6,50 €), ***Radici e fasioi*** (passierte Bohnensuppe mit ganzen Bohnen und Radicchio). Als Beilage zu den diversen Fleischgerichten mangelt es nicht an Gemüse der Saison von den nahen Feldern von Cavallino, etwa Auberginen, Paprikaschoten oder gegrillte Spießchen mit Kirschtomaten und Jungzwiebeln. Von den Desserts nach Art des Hauses (4 €) empfohlen seien Tiramisu, Salame al cioccolato und Torta di ricotta. In Sachen Wein können Sie zwischen dem Hauswein von einem Winzer aus der Gegend und ein paar guten venetischen Etiketten wählen. Ein paar Biere von kleinen Brauereien ergänzen das Angebot.

JESOLO
Cortellazzo

44 km NÖ. v. Venedig, S.S. 14, Abzweigung in Portegrandi

La Taverna

Trattoria-Pizzeria
Via Amba Alagi, 11
Tel. (+39) 04 21 / 98 01 13
Ruhetag: Montagmittag, im Winter Montagabend und Dienstag
Ferien: Januar
50 Plätze + 40 Plätze im Freien
Preise: 35 €
Kreditkarten: MC, Visa; BM
Mittags und abends geöffnet

Die Ortschaft Cortellazzo ist im Sommer vom Tourismus geprägt, wobei die Campingplätze das größte Gästeaufkommen verzeichnen. Den Rest des Jahres ist der alte Fischerhafen ein ruhiges Dorf. Das Lokal der Familie Bettio hat ein gutes Angebot an schlichten Fischgerichten; einheimische Fischer und der Markt in Carole sind die Hauptbezugsquellen der Küche. Es werden zwei Menüs vorgeschlagen: einerseits ein Tagesmenü für 28 €, bestehend aus zwei Vorspeisen, einem Primo, einer Hauptspeise und einem Dessert, andererseits ein umfangreicheres, aus dem man frei wählen kann. Jeden Donnerstag wird das „Menù paesano" (28 €) angeboten. Da die Küche maritim orientiert ist, finden Sie unter den Antipasti Miesmuscheln (**Cozze alla marinara**, 10 €), Kammmuscheln (**Canestrelli alla griglia**, 11 €), **Fritti con polenta**, **Sardinen in *saor***, Gran misto al vapore (gedämpfte Meeresfrüchte), Tintenfisch, Jakobsmuscheln, Gransoporo (Taschenkrebs). Die Palette der Primi umfasst **Zuppa di pesce e cereali** (Fischsuppe mit Getreide, 11 €), **Spaghetti alle vongole** oder agli scampi, Gnocchi al granchio und **Risotto alla marinara**. Große Auswahl besteht bei den Secondi: Tintenfisch in Form von **Seppioline alla griglia** oder in umido, Baccalà alla veneziana (14 €), Sogliola, Rombo, Gamberoni, Mazzancolle (Furchengarnelen) und Scampi vom Grill. Immer eine gute Wahl ist der frittierte Fisch: Neben Fritto misto gibt es Fritto di ***moeche***, frittierte Scampi oder Calamari. Ein paar einfache Fleischgerichte sind ebenfalls zu haben. An Süßem stehen Crostatine (Mürbeteigküchlein), Tiramisu und Panna cotta bereit. Die Weinkarte umfasst etwa 120 Etiketten von ausgewählten Kellereien mit einer guten italienischen wie auch internationalen Präsenz. Sechs Weine werden stets glasweise angeboten.

LAVAGNO
Vago

14 km südöstlich von Verona

Il Busolo

Traditionelle Osteria
Via Busolo, 1
Tel. (+39) 045 / 98 21 46
Ruhetag: Samstagmittag
Ferien: unterschiedlich
50 Plätze + 50 Plätze im Freien
Preise: 30–35 €
Alle Kreditkarten; BM
Mittags und abends geöffnet

Was bei diesem Lokal am deutlichsten durchklingt, ist die große Liebe zu ihrer Umgebung, die Loretta, die Inhaberin, in all ihrem Tun erfüllt. Als passionierte Köchin liebt sie es, ihre Rezepte zu beschreiben, von deren Ursprüngen und der Herkunft der einzelnen Produkte zu erzählen. Ihr Mann Damiano betreut den Service und versteht es dank seiner Kompetenz, die Gäste auf das Beste zu beraten. Das Lokal befindet sich in einem alten Wohnhaus an der Straße, die früher Venedig mit dem Hinterland verband, und ist seit einigen Jahrzehnten ein Bezugspunkt für Liebhaber der regionaltypischen klassischen Küche, aber auch für Fans individuell kreierter Köstlichkeiten im Einklang mit den Jahreszeiten. Die Highlights unter den Antipasti (10 €) sind knackige **Bogoni e tartufo** (Schnecken mit Trüffel), **Luccio in *saor*** (marinierter Hecht), **Frittura d'acqua dolce** (gebackene Süßwasserfische). Sehr interessant von den Primi (12 €) ist der **Risotto coi *saltarei* fritti** (mit frittierten Flusskrebsen, eine rar gewordene Delikatesse); alternativ dazu sind aber auch die Nudelgerichte – **Pappardelle di Amarone e tastasal** (mit frischem Schweinewurstbrät) oder Ravioli con asparagi (Spargel) – sowie die Kartoffelgnocchi mit saisonalen Kräutern zu empfehlen. Wiederum Schnecken entdecken wir bei den Secondi (14 €), hier präsentiert als Lumache mit einer leichten Salsa verde; weitere Hauptgerichte basieren auf Fleisch von Tacchinella (Pute), Maialino (Ferkel) oder Agnello (Lamm). Ansprechende Dessertempfehlungen, interessante Weinkarte mit etwa 250 Etiketten, von Damiano mit passionierter Sorgfalt ausgesucht; regelmäßig wechselnde glasweise Angebote.

LAZISE

23 KM NORDWESTLICH VON VERONA

Il Porticciolo

Restaurant
Lungolago Marconi, 22
Tel. (+39) 045 / 758 02 54
Ruhetag: Dienstag
Ferien: 23. Dezember–1. Februar
50 Plätze + 90 Plätze im Freien
Preise: 30 €
Kreditkarten: CS, MC, Visa; BM
Mittags und abends geöffnet

Im Städtchen Lazise, dem Scaliger-Vorposten am Gardasee, führt Renato Azzi mit Geschick seit nunmehr über 25 Jahren dieses Traditionslokal. Das Restaurant verfügt über einen gemütlichen Innenraum, wo in einem Kohlebecken stets die Glut zum Grillen bereitsteht, eine große Veranda und einen schattigen Garten. Geboten wird eine Qualitätsküche, die sich auf Regionaltypisches konzentriert und die man abends bei wunderbaren Sonnenuntergängen über dem See genießen kann. Zu empfehlen sind eingangs der **Antipasto di pesce d'acqua dolce** (Süßwasserfisch vom Büffet, 15 €) und der **Luccio alla gardesana** (Hecht nach Gardaseeart) mit gegrillter Polenta (10 €). Es folgt eine appetitliche Vielfalt an **Risotti** mit Reis der Sorte Vialone Nano, wobei wir insbesondere zu den Varianten **con la tinca** (mit Schleie) **oder col cavedano** (mit Döbel, 10 €) raten; alternativ dazu kann man sich für frisch gemachte Bandnudeln mit Renke, aromatisiert mit Trüffel vom Monte Baldo, entscheiden (Tagliatelle con lavarello profumato al tartufo del Baldo, 12 €). An Hauptspeisen gibt es Fisch aus dem See oder aus Gebirgsbächen, der in dem erwähnten großen Kamin vor den Augen der Gäste gegrillt wird. Zur Auswahl stehen **Lavarello** (Renke, 12 €), **Sarde** (die hiesigen „Seesardinen" sind Verwandte des Herings, ihr lateinischer Name ist Alosa agone, auf Deutsch nennt man sie Finten) oder **Salmerino** (Saibling, 13 €). Auch Meeresfisch, etwa **Baccalà mit Polenta** (in der Winterzeit), und allerlei Fleisch werden aufgetischt. Unter den Süßspeisen gebührt der köstlichen Zuppa inglese (5 €) besonderes Lob. Die interessante Weinkarte enthält eine entsprechende Auswahl an Schaumweinen aus der Gegend oder der nicht weit entfernten Franciacorta.

LIMANA
Valmorel

7,5 KM SÜDWESTLICH VON BELLUNO, S.P. 1

Osteria dei Miracoli

Osteria
Valmorel Centro, 11
Tel. (+39) 340 / 303 37 88
Ruhetag: Dienstagabend, Mittwoch
Keine Ferien
50 Plätze + 20 Plätze im Freien
Preise: 25–33 €
Keine Kreditkarten
Mittags und abends geöffnet

Als der Schriftsteller Dino Buzzati vom verschwundenen Bildstock der heiligen Rita im Morel-Tal träumte, deren „Wunder" in seinen Erzählungen *I miracoli di Val Morel* und im Namen dieser Osteria vorkommen, stellte er sich als dessen Hüter und Maler erstaunlicher Votivbilder den Einzelgänger Toni Della Santa vor. Dessen würdiger Erbe ist Stefano Trevisson, der reservierte Patron dieses Lokals, der zwar nicht mit Pinsel und Farbe, sondern mit Töpfen und Pfannen werkt. Von der Liebe zur Kunst zeugen hier viele Initiativen: Konzerte, Ausstellungen, Kreativ-Workshops. Doch um den Faden nicht zu verlieren, der uns interessiert (sprich, zum Essen zieht …): Von einer strengen Menüfolge kann hier keine Rede sein. Denn was für „Wunder" wären es, wenn Stefano nicht täglich das herbeizaubern würde, was die Natur mit anarchischer Unberechenbarkeit hervorbringt. Auf Wurstwaren, Ziegen- und Kuhmilchkäse aus der Region, **Frittate** mit Garten- und Wildgemüse, appetitliches ***Saor*** folgen vorzügliche Primi (auch in interessanten Zweier- und Dreierkombinationen): **Orzotto mit Wildkräutern**, *Casunziei* (für die Ampezzo-Gegend typische Teigtäschchen), Suppen, Tortelli mit Feldgemüse. Bemerkenswert die Secondi, darunter unvergängliche Klassiker wie **Bracioline vom Lamm in der Kruste**, Geschmortes und Gebratenes von einzigartiger Zartheit. Gepflegte Beilagen aus Zutaten stets lobenswerter Herkunft, häufig wechselnde hausgemachte Dolci. Die kleine Auswahl an sorgfältig ausgesuchten Weinen wird charmant und kompetent präsentiert.

Ein paar Kilometer weiter in der Ortschaft **Valpiana** hält Familie De Toffol auf dem Bauernhof La Schirata Ziegen und erzeugt aus Rohmilch exzellente Frisch- und Schimmelkäsesorten.

22 km n. v. Padua, 12 km v. Castelfranco, S.S. 307

Locanda Aurilia

Restaurant
Via Aurelia, 27
Tel. (+39) 049 / 579 03 95
Ruhetag: Dienstag
Ferien: 1.–15. August
60 Plätze
Preise: 32 €
Kreditkarten: AE, CS, MC, Visa; BM
Mittags und abends geöffnet

Ein Lokal mit einer langen Geschichte, in das einst einkehrte, wer auf der „Strada del Santo" nach Padua kam. Seit den 1950er-Jahren führt es Familie De Marchi, früher die Eltern, nun die junge Generation mit Osorio in der Küche und Ferdinando und Lucia im Saal. Das Ambiente ist ein wenig altmodisch, doch die Atmosphäre angenehm und die Bedienung freundlich. Die Küche geht von der Tradition aus, bevorzugt frisches Gemüse und ist innovativen Einsprengseln nicht abgeneigt. So entdecken wir unter den Antipasti **Crostini con baccalà e acciuga** (geröstete Brotscheiben mit Stockfisch und Sardellen, 8 €), aber auch **Trippa alla menta e formaggio** (Kutteln mit Minze und Käse, 7 €) oder Nervetti mit Salzkartoffeln und Salsa verde. An Primi gibt es **Risotto di verdure al grana padano** (9 €), Crespelle ai formaggi di malga (Bergkäsecrêpes) und Pasta nach Art des Hauses (Bigoli all'Aurilia). Die Liste der Secondi umfasst u. a. **Baccalà e verdure fritte** (12 €), Kalbsnieren in Form von **Rognone di vitello al vino Friularo mit Polenta**, Grillkoteletts vom Lamm oder Kalb mit Ofenkartoffeln (Costolette di agnello bzw. Costoletta di vitello, 14 €). Auf Käseliebhaber wartet eine ansprechende Auswahl an regionalen und ausländischen Formaggi (8 €). Aus der Palette der Desserts (5,50 €) erwähnt seien der Apfelstrudel und die Weinbirnen (Pere al vino Friularo) mit Zimteiscreme. Das Lokal fungiert auch als Enoteca, weshalb die vom Kenner Ferninando zusammengestellte Weinkarte hochinteressant ist: Mit erläuternden Karten gut dokumentiert, präsentiert sie zu angemessenen Preisen Weine aus dem Veneto, aus ganz Italien und auch allerlei aus dem gesamteuropäischen Panorama, wobei klassische Etiketten überwiegen. Passionierte können um eine Besichtigung des schönen, gut sortierten Kellers bitten.

51 km nordöstlich von Belluno, S.S. 51 bis

La Favorita

Trattoria mit Übernachtungsmöglichkeit
Via Giouda, 226
Tel. (+39) 04 35 / 761 42
Ruhetag: Montag, Dienstagabend
Ferien: 1 Woche im Oktober, 2 Wochen im Januar
40 Plätze + 16 Plätze im Freien
Preise: 26–30 €
Kreditkarten: MC, Visa
Mittags und abends geöffnet

Seit nunmehr 40 Jahren führt Familie Forni diese gemütliche Trattoria in einem alten Haus im Zentrum von Lozzo di Cadore. Mittlerweile ist die zweite Generation am Werk, denn 1993 hat Andrea nach wichtigen Erfahrungen in Küchen anderer Restaurants die Nachfolge der Eltern angetreten. Als Koch arbeitet er bevorzugt mit Grundprodukten aus der Region, um schlichte und geradlinige, aber sehr gepflegt präsentierte Gerichte mit Respekt vor der Tradition zu kreieren. Das Maismehl für die Polenta stammt direkt aus Lozzo, das Gemüse wird im eigenen Garten geerntet. Die Wälder ringsum sind eine wertvolle Quelle für Pilze und Wildkräuter, während Andrea in Sachen **Formaggi** Käsern aus dem Cadore und dem nahen Comelico vertraut. Hat man in dem kleinen Speisezimmer mit dem informellen, jedoch bis ins Detail gepflegten Ambiente Platz genommen, kann man sich entscheiden, ob man das fünfgängige Degustationsmenü (28 €) nimmt oder à la carte bestellt. Ist Letzteres der Fall, können Sie mit dem gemischten **Tagliere mit Salami aus Lozzo, Ziegenkäse, Gurke und Polenta** (8 €) oder der herzhaften **Polenta pasticciata** (8 €) beginnen. Unter den Primi (7 €) sind hausgemachte Tagliolini mit einer Sauce aus Salsiccia und Schalotten sowie mit Brennnesseln gefüllte Teigtäschchen – ***Casunziei* all'ortica – mit zerlassener Butter und geräucherter Ricotta** zu entdecken. Empfehlenswerte Secondi sind Gulasch di manzo mit Polenta und Knödel (15 €) sowie **Filetto cadorino mit Gemüsesauce** (18 €). Man schließt man den Desserts des Hauses, etwa einem cremigen Tiramisu. Die Weinkarte empfiehlt hauptsächlich venetische Produkte, wobei die Möglichkeit besteht, den passenden Tropfen zu den einzelnen Gängen auch glasweise zu bestellen.

LUSIA
Bornio

9 km nordwestlich von Rovigo, S.S. 499

Al Ponte

Trattoria
Via Bertolda, 27
Tel. (+39) 04 25 / 66 98 90,
(+39) 04 25 / 66 91 77
Ruhetag: Montag
Ferien: 1 Woche im August
80 Plätze + 20 Plätze im Freien
Preise: 32–35 €
Kreditkarten: CS, DC, MC, Visa; BM
Mittags und abends geöffnet

Vor genau 100 Jahren erbte Lucianos Großvater die Lizenz, ein Lokal zu eröffnen, das sich damals als einfaches Landgasthaus präsentierte. Im Lauf der Zeit entwickelte er sein Angebot weiter, behielt jedoch die ursprüngliche Atmosphäre bei. Mit dem Wissen, dass dieser Teil des Polesine bekannt ist für erlesenes Obst und Gemüse, lassen wir uns von Familie Rizzato gerne verwöhnen: Luciano und Tochter Silvia werden Ihnen die Produkte und die Gerichte erläutern, die Giuliana und Sohn Enrico anhand von historischen Rezepten mit gekonnt gesetzten innovativen Akzenten zubereiten. Gemüse ist natürlich allgegenwärtig: unter den Vorspeisen frittiert, in Begleitung zu Salame di casa (5 €) oder als Häppchen (Assaggi, 7 €), unter den Primi (7 €) kombiniert mit **Tagliatelle**, als Zutat für Tortelloni, **Sformato** und **Risotto**. Bei den Secondi hat Fleisch eine tragende Rolle: Filetto (15 €), **Anatra arrosto** (gebratene Ente, 13 €), Carne al sale … Doch stehen auch ein paar Fischempfehlungen auf dem Speisezettel: **Baccalà alla vicentina**, Anguilla (Aal) und der anderswo kaum mehr zu bekommende **Pesce gatto fritto** (frittierter Katzenwels, Vorbestellung ratsam). Die Trattoria ist darauf bedacht, den Wünschen von Vegetariern und Veganern gerecht zu werden, so wie sie sich gegenüber Menschen, die unter Lebensmittelunverträglichkeiten leiden, sehr sensibel zeigt. Die feinen Nachspeisen sind vorwiegend klassische Dolci der hiesigen Tradition. Die Weinkarte mit ungefähr 200 Etiketten hat ihren Fokus auf Venetien, doch sind auch andere Regionen gut vertreten.

»

Ein Musterbeispiel für Professionalität und Heimatverbundenheit, fabelhaft repräsentiert durch alte Familienrezepte.

«

MARANO DI VALPOLICELLA
Valgatara

16 km nordwestlich von Verona

Antica Osteria Paverno

Osteria
Via Paverno, 9
Tel. (+39) 045 / 683 71 99
Ruhetag: Donnerstag
Ferien: Ende August/Anfang September
60 Plätze + 40 Plätze im Freien
Preise: 28–30 €
Kreditkarten: CS, MC, Visa; BM
Mittags und abends geöffnet

In dem kleinen Ortsteil Valgatara, wo einige der führenden Weingüter des Valpolicella liegen, entdecken wir diese behagliche, von einer Familie geführte Osteria. In dem vor Kurzem renovierten Haus mit Innenwänden aus Sichtstein werden Sie in einer der drei Gaststuben empfangen, haben in der Sommerzeit aber auch die Möglichkeit, im Außenbereich zu speisen. Die Karte empfiehlt Klassiker der Veroneser Küche, die hauptsächlich mit Produkten aus der Region unter Wahrung der Saisongerechtigkeit gestaltet werden. Die Weinkarte basiert im Wesentlichen auf Etiketten von Winzern des Valpolicella; ein paar glasweise Empfehlungen runden das Angebot ab. Für den Auftakt stehen neben **Polenta *brustolà* mit einheimischen Salumi und Giardiniera** oder **Polenta dorata con bogoni in umido** (mit geschmorten Schnecken) eine vorzügliche Terrina di fegatini di pollo (Hühnerleberterrine) mit in Balsamicoessig geschmorten roten Zwiebeln, heißen Crostini und einem Glas Lugana Passito (10 €) zur Auswahl. Als Primo können Sie wählen zwischen **Pasta e *fasoi* con le *codeghe*** (Bohnensuppe mit Nudeln und Schwarten), Kutteln in Form von **Trippe alla parmigiana** und mit Bergkäse gefüllten Teigtäschchen – Tortelli al monte veronese di malga – mit „Pero Misso“, einer autochthonen Birnensorte (8 €). Von den Secondi empfehlenswert sind **Stracotto di musso** (Geschmortes vom Esel) **all'Amarone della Valpolicella mit Polenta morbida** (12 €) oder Gegrilltes wie Costolette vom Lamm und Costata vom Rind, jeweils mit Ofenkartoffeln. Zum süßen Schluss können Sie sich an Kuchen wie Sbrisolana mit Recioto, Salame di cioccolato (Schokowurst, ein Klassiker der hiesigen Desserttradition) oder Torta di cioccolato mit Orangenmarmelade erfreuen.

28 km nö. v. Vicenza, 8 km v. Bassano del Grappa, S.P. 248

Madonnetta

Traditionelle Osteria
Via Vajenti, 21
Tel. (+39) 04 24 / 758 59
Ruhetag: Donnerstag
Ferien: Dreikönig, Ostern, 15. August, 1. November, Weihnachten
40 Plätze + 40 Plätze im Freien
Preise: 22–25 €
Alle Kreditkarten; BM
Geöffnet 10–15, 18–24 Uhr

Ziergegenstände, Mauern und Tische, die viel zu erzählen hätten, führen uns die lange Geschichte dieses kleinen Lokals vor Augen, das nur ein paar Schritte von der schönen Piazza des Städtchens entfernt liegt. Obwohl oder gerade weil ständig Hochbetrieb herrscht, man sich hier täglich trifft, um zu essen, zu trinken und zu plaudern, ist die Atmosphäre sehr angenehm. In der Küche werkt Mamma Anna Maria, die Geschwister Barbara, Sandro und Wladimiro kümmern sich um die Gäste, beschreiben auf sympathische, höfliche Art die Speisen und empfehlen dazu passende Weine. Schlichtheit und Tradition geben den Ton an, unter den verwendeten Zutaten sind etliche Slow-Food-Presidi. An Antipasti (5 €) gibt es **Baccalà mantecato**, Ölmakrelen mit eingelegtem Gemüse, sprich **Sgombro sott'olio con zucchine e cipolle in agrodolce**, Gans in der hiesigen Variante **Oca marosticense mit Broccoli aus Bassano in agrodolce**. Im Kapitel Primi (7 €) finden sich diverse **Suppen** wie **Zuppa di trippe** oder Zuppa di verdure, Farro e orzo delle Dolomiti (Dinkel-Gersten-Suppe), aber auch **Pasta des Tages con la *sardea***. Bei den Hauptgerichten überwiegt Fleisch, fast immer begleitet von Polenta: **Polpette in rosso** (7 €), **Fegato alla veneziana** (8 €), Coniglio al mirto, doch es gibt auch obligaten **Baccalà alla vicentina** (13 €). Als Beilage kann man allerlei Gemüse aus der Pfanne bestellen. Zum Käseteller mit regionalen Produkten werden hausgemachte Kompotte serviert. Die kleine, aber feine Weinauswahl sieht auch glasweise Bestellmöglichkeiten vor. Großes Sortiment an Edelbränden und Likören.

»*Ein Lächeln und eine nette Geste sagen mehr als tausend Worte. Die Geradlinigkeit der Speisen nach bester Tradition ist schlichtweg überwältigend.*«

60 km südwestlich von Padua

Alla Nave

Hotelrestaurant
Via Garibaldi, 2
Tel. (+39) 04 25 / 517 64
Kein Ruhetag
Ferien: 1 Woche im Januar, 3 Wochen im August
100 Plätze
Preise: 25 €
Kreditkarten: AE, CS, MC, Visa; BM
Mittags und abends geöffnet

2016 wird Familie Rigobello das 100-jährige Bestehen dieses Lokals feiern, das einst am Ufer der Etsch als Einkehr für diejenigen entstanden war, die den Fluss für den Handel oder als Verbindungsweg nutzten. Doch während das Angebot früher ausschließlich auf Fische aus dem Fluss beschränkt war, die mittlerweile selten geworden oder gar ganz verschwunden sind, ist die Auswahl heute größer. Die saisongerechte Menügestaltung basiert auf Rezepten der hiesigen Tradition, ein paar ansprechende Gerichte der Meeresküche ergänzen zuweilen den Speiseplan. Dass Koch Filippo ein feines Gespür für gute Sachen hat, zeigt sich an dem konstanten Augenmerk, das er auf qualitätvolle, größtenteils regionale Grundprodukte legt. Dies gilt beispielsweise für den Spargel, dem im Frühjahr ein regelrechtes Fest gewidmet wird, die Teigwaren und die allesamt hausgemachten Würste, aber auch für die vegetarischen Vorschläge. Und so sind unter den Antipasti (7 €) nicht nur **Pollo da passeggio** (Hähnchenhäppchen), sondern auch appetitliche **Zucchine nostrane in insalata** (Zucchinisalat) oder **Guazzetto di polpo e cannellini** (Oktopus mit Bohnen) zu entdecken. Bei den Primi (7 €) spannt sich der Bogen von **Tagliatelle al ragù di faraona** bis hin zu **Straccetti al sugo di anatra**. Unter den Secondi immer präsent sind **Pollo fritto con verdure** (10 €) und **Baccalà alla veneta**; weitere gute Hauptgerichte sind **Faraona in bassa cottura** (bei niedriger Temperatur gegartes Perlhuhn, 12 €), **Somarino** (Esel), Tagliata di anitra (gebratene Tranche von der Ente), Filetto di branzino (Filet vom Wolfsbarsch). Die traditionellen Dolci – Zuppa inglese, Tiramisu, Blätterteig mit Creme und Birnen – sind alle hausgemacht. Die etwa 50 Etiketten umfassende Weinkarte, in der einige lokale Winzer vertreten sind, schenkt auch Naturweinen Beachtung.

Mittagspause in Venetien

In unserem hektischen, schnelllebigen Alltag bleibt für die ohnehin meist notgedrungen kurze Mittagspause immer weniger Zeit. So ist es schön zu wissen, dass es nach wie vor Orte gibt, an denen man sich eine Mahlzeit gönnen kann, die mehr als ein banales Brötchen oder einen ordinären Salat beinhaltet.
Und es bereitet Freude, wenn man sich einiger traditioneller Gerichte sicher sein kann, die häufig gerade wegen ihrer Schlichtheit gut geeignet sind für ein Mittagessen, an das man keine großen Ansprüche stellt, das man aber dennoch genießen möchte.
Deshalb stellen wir Ihnen eine Auswahl von Lokalen (Bars, Feinkostläden, Fleischereien) vor, in denen Sie in ungezwungener Atmosphäre ein schnelles Essen zu sich nehmen können, ohne auf Qualität und die Entdeckung regionaler Besonderheiten verzichten zu müssen.

Anita Inverardi

CEREA (VR)
La Bottega del Buongustaio

NEU

Feinkostgeschäft mit kleinem Restaurant
Via XXV Aprile, 62
Tel. (+39) 04 42 / 312 66
Ruhetag: Donnerstag–Samstag
Ferien: August/September
25 Plätze
Alle Kreditkarten; BM
Abends geöffnet

Das Konzept des Käseexperten Luca Faggioni ist das der Lebensmittelläden von anno dazumal, in denen man im Hinterzimmer zu einem Glas Wein etwas Gutes zu essen bekam. Und so können alle Produkte aus dem Sortiment der Bottega, darunter mehrere Slow-Food-Presidi, in der eigens eingerichteten Verkostungsstube probiert werden. Einige Beispiele: Spaghetti mit Menaica-Sardellen, Nudeln aus alten Weizensorten mit Parmigiano „Vacche Rosse" oder mit Kirschtomaten und Ricotta (6 €), gemischte Teller mit Wurstwaren oder Käse. Ein Primo mit Wasser, Wein und Brot kostet nicht mehr als 10 €. Die Flasche Wein kann man zum Ladenpreis kaufen, probieren und mit nach Hause nehmen. Diverse Biere von kleinen Brauereien sind ebenfalls im Angebot.

CONEGLIANO (TV)
Bar Palazzi in Corte delle Rose

Schankbetrieb mit kleinem Restaurant
Corte delle Rose, 88
Tel. (+39) 04 38 / 356 73
Ruhetag: Sonntag
Ferien: 2 Wochen im August
20 Plätze
Alle Kreditkarten; BM
Geöffnet 7.30–21 Uhr

Hervorragende Produktqualität, eine gepflegte, nie langweilige Küche, elegante Linien, Raffinesse und Liebe zum Detail: Das Palazzi ist eine etablierte Lounge-Bar neuer Prägung. Nach den Aperitifs, zu denen stets köstliche *Cicheti* serviert werden, wird täglich mittags ein knappes Dutzend Gerichte angeboten, die immer von Saison und Marktlage inspiriert sind. Erwähnt seien Insalatina di tacchinella (Pute), frische Tagliatelle mit Spargel, verschiedene Risotti, Kräuterravioli, Carpaccio vom Rind, Filetto, Käseselektion. Hervorragendes Angebot an Flaschenweinen im offenen Ausschank mit einem Auge auf lokale Etiketten. Auch die Patisserie ist hochkarätig.

MESTRE DI VENEZIA (VE)
Bar Perla

NEU

Snackbar mit Küche
Via Mestrina, 28
Tel. (+39) 041 / 97 58 84
Ruhetag: Sonntag
Ferien: 2 Wochen im August
20 Plätze + 28 Plätze im Freien
Keine Kreditkarten
Geöffnet 6–20 Uhr

Eine Snackbar mit nur wenigen Tischen, aber einer Vitrine mit einer unglaublichen Vielfalt an Tramezzini, die klassisch mit Thunfisch, Eiern, Garnelen, Sfilacci, Schinken, Speck und Radicchio, aber auch kreativ oder individuell je nach Wunsch des Gastes gefüllt sind. Ausnahmslos frische Grundzutaten sind das Alleinstellungsmerkmal dieser Bar, in die man typischerweise auf einen schnellen Imbiss oder ein kleines Mittagessen einkehrt. Die superfrische Mayonnaise wird vor Ort nach einem Geheimrezept zubereitet. Zu Mittag gibt es häufig auch gute Primi. Man trinkt Bier, ein Glas Prosecco oder eine andere Sorte Wein.

MESTRINO (PD)

Bar Enoteca Centrale

NEU

Café mit Küche, Enoteca und Patisserie
Via IV Novembre, 59
Tel. (+39) 049 / 900 49 47
Ruhetag: Mittwochnachmittag, Sonntag
Keine Ferien
25 Plätze
Alle Kreditkarten; BM
Geöffnet 6–20 Uhr

Eine Mittagspause im Centrale erweist sich als reizvolles Erlebnis, denn die Atmosphäre ist anregend und die Gerichte lassen einem das Wasser im Mund zusammenlaufen. Modernes Ambiente, aufmerksamer Service und viele hübsch präsentierte Köstlichkeiten zum Mitnehmen: Olivenöl, Wein, Qualitätspatisserie, eingelegte Delikatessen, Bier, Reis, Essig. Jeden Tag um 11 Uhr vormittags werden auf der Website die Empfehlungen für das Mittagessen veröffentlicht: Pasta e fagioli, 22 Monate gereifter Parmaschinken mit Büffelmozzarella, Salat mit Datterini-Tomaten und Sardellen, gebratener Spätradicchio mit heißem piemontesischem Tomino-Käse, um nur einige zu nennen.

PADUA

Gourmetteria

NEU

Feinkostgeschäft mit Küche
Via degli Zabarella, 23
Tel. (+39) 049 / 65 98 30
Kein Ruhetag
Ferien: 1 Woche im August
50 Plätze
Alle Kreditkarten; BM
Mittags und abends geöffnet

Ein Restaurant in einem Wein- und Delikatessengeschäft, in dem auch einige Slow-Food-Presidi vertreten sind. Das Ambiente ist großzügig und modern. Neben venetischer Traditionskost – sehr gut ist der Hähnchensalat (Insalata di gallina padovana) – werden ein paar innovative Gerichte angeboten. All dies lässt sich mit einem Glas Wein aus der Region oder Bier aus einer Kleinbrauerei begleiten. Mittags kann man den Tagesteller für 10 € mit drei Kostproben plus Dessert oder Kaffee bestellen. Ein komplettes Menü kommt auf 20 bis 30 €.

ROMANO D'EZZELINO (VI)

Enoiteca Pomo d'Oro

Enoteca mit kleinem Restaurant
Viale Europa, 3
Tel. (+39) 04 24 / 334 41
Ruhetag: Dienstagnachmittag , Sonntag
Ferien: 1 Woche um den 15. August
25 Plätze
Kreditkarten: CS, DC, MC, Visa; BM
Geöffnet Montag–Samstag 12–14.30 Uhr, Donnerstag–Samstag auch 19.30–23 Uhr

Ein Bezugspunkt für gutes Essen und Trinken mit einer langen Geschichte als Lebensmittelladen, der als solcher nach wie vor ständig auf der Suche nach Spitzenprodukten ist. Heute bieten Maurizio und Letizia mit der Hilfe der jungen Valentina feine Gerichte auf der Basis durchweg beachtlicher Grundprodukte, von Käse über Fleisch und Gemüse bis hin zu einer Vielzahl an Weinen. Für 10 bis 15 € kann man mittags wunderbar essen, abends gibt man etwas mehr aus.

ROSOLINA (RO)

Bar Al Monte

Schankbetrieb und Fischsnackbar
Via Venezia, 32
Tel. (+39) 04 26 / 33 71 55
Ruhetag: Montag
Ferien: ersten 2 Novemberwochen
20 Plätze +10 Plätze im Freien
Keine Kreditkarten; BM
Geöffnet 12–20 Uhr

Tagesempfehlungen, vor allem aber feine Fischfrittüre, bietet diese schlichte Lokal, in dem Nicoletta je nach Lage auf dem nahen Markt von Chioggia Sardinen *in saor*, Cozze und Vongole, Canestrelli und *Moeche* serviert. Auch ein Glas Wein können Sie hier trinken. Eine kleine Mahlzeit schlägt mit 8 bis 15 € zu Buche.

SAN PIETRO DI FELETTO (TV)

PER

NEU

Feinkostgeschäft mit Gaststätte
Ortschaft Bagnolo
Via Cervano, 77 D
Tel. (+39) 04 38 / 348 74
Ruhetag: Montag
Keine Ferien
80 Plätze + 60 Plätze im Freien
Alle Kreditkarten; BM
Mittags und abends geöffnet

Sympathisch, behaglich und innovativ präsentiert sich das Lokal von Emanuela Perenzin und Carlo Piccoli. Hauptschauplatz ist die lange Theke mit dem großen Sortiment an Produkten für den Verkauf, darunter ansprechend präsentierte Käsesorten (viele aus eigener Erzeugung). Komfortables, entspanntes Ambiente, regionale Küche und ebensolche Weine. Wenn es schnell gehen soll, holt man sich etwas von der „Cheese Bar" (Teller mit Formaggi und Salumi, Salate, Fonduta); wer Zeit zum Genießen mitbringt, lässt sich an komfortablen Tischen nieder und probiert Carne *salada* mit mariniertem Radicchio und Formaggio Castel, Fonduta von Rohmilchkäse aus Feletto mit hart gekochtem Ei, Tortelli con ricotta, Maccheroni del casaro (die Teigwaren sind hausgemacht), Tagliatelle al ragù di capretto, Selleriecreme und Formaggio in cera d'api (Käse in Bienenwachs), Risotto *ai s'ciopetin* (mit Leimkraut). Weiter geht es mit Primo sale alla piastra (gegrillter Käse) zu Polenta, Bocconcini vom Kalb mit Birnen und Fonduta, Kartoffeln und gebratenen Artischocken. Vorzügliches Brot. Das Gedeck wird nicht verrechnet. Kostenpunkt: 10 bis 20 €.

SOAVE (VR)

La Casara e non solo ...

Lebensmittelgeschäft mit kleinem Restaurant
Corso Vittorio Emanuele, 42
Tel. (+39) 045 / 619 03 67
Ruhetag: Sonntag, Montagnachmittag
Keine Ferien
14 Plätze
Alle Kreditkarten; BM
Geöffnet Montag 8–12.30 Uhr, Dienstag–Samstag 8–19 Uhr

Neben qualitätvollen Salumi, darunter etliche aus eigener Erzeugung, bietet das Geschäft viele ausgesuchte Käsesorten, vor allem aber Formaggi aus der Käserei der Familie Roncolato. So lassen sich mehr oder wenige umfangreiche Probierteller gestalten. Zudem werden ein paar täglich frisch gemachte Speisen zum Mitnehmen oder für den Verzehr im Lokal angeboten. Bier von Kleinbrauereien und ein paar Weine im offenen Ausschank ergänzen das Angebot. Kosten: 10 bis 20 €.

SOTTOMARINA (VE)

Il Tavernino

Feinkostgeschäft mit Restaurant
Viale Veneto, 35
Tel. (+39) 041 / 550 08 22
Ruhetag: Montag, im Winter auch Sonntagabend
Ferien: unterschiedlich
25 Plätze
Alle Kreditkarten; BM
Geöffnet 12–14.30, 19–23.30 Uhr

Das Tavernino ist eher ein kleines Restaurant als ein Geschäft für Feinkost, die aber ebenso im Programm ist. Cristina und Luigi bieten schmackhafte Fischgerichte, auch zum Mitnehmen. Große Auswahl an Antipasti, etwa allerlei rohe Fischspezialitäten, ein paar Pastagerichte und Fisch aus heimischen Gewässern. Sardinen und Scampi in *saor* sowie Baccalà mantecato stehen immer auf dem Speisezettel und lassen sich eventuell mit einer Flasche Wein (auch glasweise) begleiten. Ein paar Desserts, etwa gute Crema catalana, sind ebenfalls zu haben. Richtpreis: 15 €.

TREVISO

Vineria Vinum et Cetera

Geschäft und Restaurant
Via Castellana, 4
Tel. (+39) 04 22 / 21 04 60
Ruhetag: Sonntag
Keine Ferien
40 Plätze
Alle Kreditkarten; BM
Mittags und abends geöffnet

Die Vineria hat innerhalb weniger Jahre über die Stadtgrenzen hinaus Glaubwürdigkeit und Popularität erlangt, nicht zuletzt dank der mehr als 1.500 lagernden Etiketten, von denen etliche glasweise ausgeschenkt werden. Das kulinarische Angebot wechselt häufig und ist stark auf diverse Slow-Food-Presidi fokussiert. Unsere Empfehlungen für eine Mittagspause, die das Portemonnaie mit 10 bis 20 € strapaziert: gedämpfter Broccolo fiolaro di Creazzo, Crema di fagioli mit Radicchio di Treviso, Bigoli mit Sardinen, geschmorter Tintenfisch, Cheeseburger vom piemontesischen Fassona-Rind, Fegato alla veneziana mit Polenta, Käseteller mit sechs verschiedenen Formaggi und Konfitüren.

VENEDIG

Birreria Forst

NEU

Bierlokal mit Küche
Calle delle Rasse, 4540
Tel. (+39) 041 / 523 05 57
Kein Ruhetag
Keine Ferien
34 Plätze
Kreditkarten: CS, DC, MC, Visa; BM
Geöffnet 10–23 Uhr

Hinter dem Markusdom gelegen, ist dieses kleine Lokal ideal, um im Tagesverlauf oder mittags den Hunger zu bekämpfen. Angeboten werden Tramezzini aus dunklem Brot, aber auch köstliche kleine Panini. Die Füllungen sind in beiden Fällen variantenreich: Wurst, Gemüse, Käse, aber auch Peperonata, gegrilltes Gemüse, Sfilacci, Mayonnaise, Senf – ein Triumphzug der Aromen und Farben. Ihr Bier, ausgewählt aus dem umfangreichen Repertoire der bekannten Südtiroler Brauerei, werden Sie in Gesellschaft von Touristen trinken, aber auch von Gondolieri und Einheimischen, die hier eine Erholungs- und Erfrischungspause einlegen. Hohe Produktqualität und Frische zeichnen dieses Lokal aus, das so anders und doch so venezianisch ist.

VERONA

Scapin

Feinkostgeschäft mit Küche
Via Generale Diaz, 20
Tel. (+39) 045 / 800 35 52
Kein Ruhetag
Ferien: um den 15. August
60 Plätze
Alle Kreditkarten; BM
Geöffnet 12.30–14.30, 19–22.30 Uhr

Das Lokal ist behaglich und nett eingerichtet, das Personal sehr freundlich. Klein und schlicht die Auswahl an Gerichten: Pasta e fagioli, Bigoli con le sarde (in großzügigen Portionen) oder ein Teller mit Salumi und Käse aus der Region, dazu feines zweifach gebackenes Brot. All dies lässt sich mit einem guten Glas Bier oder Wein begleiten.

MEOLO

37 KM NORDÖSTLICH VON VENEDIG, S.S. 14

Roma

Trattoria
Riviera 18 Giugno, 24
Tel. (+39) 04 21 / 612 80
Ruhetag: Dienstagabend, Mittwoch
Ferien: 10.–30. Januar
80 Plätze
Preise: 30 €
Kreditkarten: CS, DC, MC, Visa; BM
Mittags und abends geöffnet

Mitten im Siedlungsgebiet der kleinen ländlichen Gemeinde im venezianischen Hinterland befindet sich die alteingesessene Trattoria Roma. Einrichtung und Ambiente sind schlicht, allein der Anblick des Tresens mit den typisch venetischen Appetithäppchen, den ***Cicheti***, macht klar, dass man an der richtigen Adresse ist. Familie Pillon – der Sohn serviert, die Mutter kocht – ist die Hüterin dieser schönen Stätte, die sich durch typische Küche, regionale Qualitätsprodukte und faire Preise auszeichnet. Ein Leitthema des Menüs ist Wildbret: Hase, Fasan, Blässhuhn und anderes in der Gegend vorkommendes Federvieh. Für den Beginn kann man sich eine Auswahl an *Cicheti* servieren lassen, von denen insbesondere der **Baccalà mantecato** und die **Sarde in *saor*** (8 €) zu empfehlen sind. Vorzüglich von den Primi sind die **Pappardelle con il ragù di lepre** (Bandnudeln mit Hasenragout), die **Pasta e fagioli** und die **Zuppa di verdure** mit Gemüse aus dem Hausgarten. Bei den Secondi raten wir im Winter zu Bollito misto und der unverzichtbaren ***Sopa coada*** (Auflauf aus Brot und Taubenfleisch, sehr langsam in Brühe gegart), Hähnchen aus der hauseigenen Geflügelhaltung in den Varianten Pollo alla brace und Pollo in umido (8 €), Braten von der Wildente (Anatra selvatica arrosto), Hasenpfeffer (Lepre in salmì) und der **Baccalà in umido**; im Sommer sollten Sie ***Bisato coi amoi*** (Aal mit Wildpflaumen, 12 €) oder die Sardoni alla greca (Sardinen auf griechische Art) nicht verpassen. Die Auswahl an Desserts schlichter Machart variiert von Strudel über Pinza und Tiramisu bis hin zu Zuccotto al mascarpone. Die offen ausgeschenkten Rotweine, die gut zu den Speisen passen, sind aus Trauben der örtlichen Weinberge gekeltert.

MIRANO

20 KM NORDWESTLICH VON VENEDIG

Ballarin

Traditionelle Osteria
Via Porara, 2
Tel. (+39) 041 / 43 15 00
Ruhetag: Dienstagabend, Mittwoch
Ferien: August
80 Plätze
Preise: 25–30 €
Kreditkarten: MC, Visa; BM
Mittags und abends geöffnet

Am Rand der Altstadt von Mirano entdecken wir diese alte Osteria, in der trotz Renovierung das ursprüngliche Mobiliar in den beiden Gasträumen erhalten geblieben ist. Auf dem Tresen am Eingang türmen sich schon am Vormittag die venezianischen ***Cicheti*** – Fleisch- und Fischhäppchen, die sich gut mit einem Glas Wein kombinieren lassen. Die Familie Voltan ist vollzählig in den Betrieb eingebunden: in der Küche Andrea mit Oma Maria und Opa Emilio, im Service Renata und Marina. Die schlicht zubereiteten Speisen in großzügigen Portionen werden mit handgeschriebenen Menükarten auf Strohpapier präsentiert. Auf klassische **Sarde in *saor***, Insalata di seppie (9 €), Coppa alla brace mit Spargel und Auberginen (10 €) oder Prosciutto crudo mit Apfelküchlein folgen die Primi: Spaghettoni mit Schwertfisch, getrockneten Tomaten und Kapern (8 €) oder Pasta alla busera, Tagliatelle mit Kaninchenragout oder im Winter mit Entenragout und Steinpilzen, **Zuppa di castradina** (Hammelfleischeintopf, 7 €) oder Gnocchi con carciofi e asiago. An Hauptgerichten mit Fisch sind wechselweise **Baccalà in umido**, alla vicentina bzw. mantecato (12 €), **Seppie alla veneziana in nero** und Rana pescatrice mit Garnelen im Angebot, während von den Fleischgerichten Coniglio arrosto (10 €), Arista di maiale al forno und für den Winter **Trippa alla parmigiana** (8 €) sowie **Bollito misto** erwähnt seien. Handwerklich gefertigte Dolci, von Tiramisu bis hin zu Bavarese mit Erdbeeren. Venetische Flaschenweine, auch glasweise, und ehrlicher Hauswein begleiten die Mahlzeit.

In **Mira** (8,6 km), Ortsteil Piazza Vecchia, Via Volontari della Libertà 38, bietet El Forno a Legna im Holzofen gebackenes Sauerteigbrot aus Biomehl (Sonntag–Donnerstag 15–18 Uhr).

MIRANO
Scaltenigo

18 KM NORDWESTL. V. VENEDIG, A 4 AUSFAHRT DOLO

Il Sogno

Traditionelle Osteria
Via Vetrego, 8
Tel. (+39) 041 / 577 04 71
Ruhetag: Sonntagabend, Montag
Keine Ferien
30 Plätze + 80 Plätze im Freien
Preise: 30–32 €
Kreditkarten: MC, Visa; BM
Mittags und abends geöffnet

Erst Ende 2010 eröffnet, empfiehlt sich diese Osteria bereits als gewachsene Realität mit vielen angenehmen Eigenschaften: die Lage in ländlicher Umgebung, der Empfang durch Silvano und seine Mitarbeiter, die Küche unter der Leitung von Marco und das vorrangig von Fleisch und Saisongemüse charakterisierte Speisenangebot, das auch maritimen Einflüssen nicht abgeneigt ist, auf erstklassigen Grundzutaten basiert und häufig variiert. Von den Antipasti hervorheben möchten wir die Nervetti mit Zwiebel (7 €), die **Gallina padovana in *saor*** (mariniertes Hähnchenfleisch einer lokalen Hühnerrasse, Slow-Food-Presidio), die Fiori di zucca ripieni (gefüllte Kürbisblüten, 7 €), das typische Tatar Carne battuta al coltello vom italienischen Sorana-Rind und anderes mehr – je nach Saison und Marktlage. Es folgen die Primi: frische Gnocchi con ragù di gallina padovana (7 €), Bigoli in tre salse (8 €), **Zuppa di trippe**, Paccheri gratinati alle erbette primaverili (gratinierte Nudeln mit Frühlingskräutern), Ravioli mit Saisongemüsefüllung, Zuppa di cipolle. Unter den Secondi zu entdecken sind Steak (Gran bistecca di sorana italiana, nach Gewicht, 4 € pro 100 Gramm), Cocotte di frattaglie (Innereien), Stracotto vom Rind al Raboso, Entenbraten in Form von **Anatra al forno col pien** begleitet von **Polenta di mais biancoperla** (Slow-Food-Presidio, 12 €), panierte Costicine di agnello, Gran piatto alla griglia (Grillteller). In den kalten Monaten ist das reichhaltige Wägelchen mit den **Bolliti misti** (gemischtes Siedefleisch) zu empfehlen. Die Palette der Dolci reicht von Tiramisu über Crema bruciata al caffè, von Sorbetto alla frutta bis hin zu Sfogliatina mit Mascarponecreme, Erdbeeren und Schokolade. Die Weinkarte beinhaltet hauptsächlich Etiketten aus dem italienischen Nordosten.

MIRANO
Scaltenigo

18 km nordwestl. v. Venedig, A 4 Ausfahrt Dolo

La Ragnatela

Restaurant
Via Caltana, 79
Tel. (+39) 041 / 43 60 50
Ruhetag: Mittwochmittag
Keine Ferien
80 Plätze
Preise: 28–32 €
Kreditkarten: CS, DC, MC, Visa; BM
Mittags und abends geöffnet

30 Jahre jung ist sie und in Bestform, diese von einer Kooperative betriebene Trattoria. Zwei Seelen schlagen in ihrer Brust, verbunden durch die Leidenschaft für Qualität. Ein Auge richtet sich auf die Tradition, das andere auf Produkte des Marktes und Einflüsse aus fernen Ländern, in Erinnerung an den venezianischen Handel von einst. Die zahlreichen Empfehlungen werden à la carte und in preiswerten Komplettmenüs präsentiert, als „Menu della tradizione" oder im innovativeren Menü „Markt und Forschung". Neben ***Saor** di* **sarde** (5 €) und Saor di gallina padovana sowie ***Savor** di* **gamberi** (venezianisches Rezept des 14. Jahrhunderts) entdecken wir Thunfisch-Sashimi mit Kräutern und Leber vom Alpago-Lamm als **Fegato alla veneziana**. Es folgen ***Bigoi* mori in salsa** (4 €), **Spaghettini con seppioline nere di laguna**, Ravioli gefüllt mit Rüben, Erbsen und Koriander (6 €). Von den Secondi sind ***Moeche* oder Seppie nere in *tecia*** in Erwägung zu ziehen, jeweils mit Polenta aus Biancoperla-Mais, sowie **Ombrina *incovercià*** (altes Fischrezept aus Chioggia). Weitere Angebote: Coda di rospo al cartoccio mit Garnelen und Tomaten, marokkanische Peperonata mit Ziegenkäse (5 €), fabelhafte Kutteln als **Trippa in umido** (6 €). Käsefans finden eine interessante Selektion an **Formaggi** vor. An Süßem gibt es **Zaleti** mit Crema (4 €), Gelato alle spezie mit Sesam, Haselnuss und Karamell, Rovesciata di mele (Apfelkuchen). Großes Weinprogramm mit Kleinproduzenten und Naturweinen, auch glasweise. Mit „Cicchetti Jam" werden zu erweiterten Öffnungszeiten appetitliche *Cicheti* für 1 €, darunter **Baccalà fritto** und **Folpeti lessi**, angeboten.

»
Ein sicherer Hafen, immer gleich und doch in ständigem Wandel, der einem wie ein alter Freund ans Herz wächst.
«

MONASTIER DI TREVISO
Chiesa Vecchia

15 km östlich von Treviso

Il Tirante

Restaurant
Via San Pietro Novello, 48
Tel. (+39) 04 22 / 79 10 80
Ruhetag: Montag, Dienstag- und Samstagmittag
Ferien: 16.–31. August, wichtigste Feiertage
16 Plätze
Preise: 32 €
Alle Kreditkarten; BM
Mittags und abends geöffnet

Schlichtheit, Sorgfalt und Tradition: Das sind die Ziele, die Luigi und Caterina bei der Leitung ihres Lokals stets vor Augen haben und auch konsequent umsetzen. Und so charakterisieren Schlichtheit und Tradition nach wie vor das Angebot an Speisen, die hausgemachten Teigwaren und die Verwendung von Produkten möglichst regionaler Herkunft, denen Caterina einen individuellen Touch hinzufügt. Die Sorgfalt zeigt sich in der Einrichtung des behaglichen kleinen Gastraums, in dem Sie speisen werden – umgeben von Büchern und Weinflaschen der besten lokalen Kellereien, die Sie nach Luigis Ratschlägen mit den gewählten Speisen kombinieren können. Aus dem Spektrum der Empfehlungen seien für den Beginn der gemischte Vorspeisenteller mit Salumi aus der Region (6 €) und der Lardo salato al rosmarino erwähnt. Daraufhin kann man sich für die Zuppa dell'osteria (9 €), die ***Bigoi* al baccalà** (Pasta mit Stockfisch) oder die Ravioli ai carciofi con salsa di noci (mit Artischockenfüllung und Walnusssauce, 9 €) entscheiden. Aus dem Kapitel Secondi möchten wir Ihnen die Käsespezialität **Morlacco cotto auf gegrilltem Radicchio** (13 €) und den klassischen **Baccalà alla vicentina** ans Herz legen. Traditionell und hausgemacht sind auch die Desserts, etwa Crostata mit Orangenmarmelade, Torta di ricotta e cioccolato oder Torta di mele.

MONFUMO
Castelli

38 KM NORDWESTLICH VON TREVISO

Dall'Armi

Traditionelle Osteria
Via Chiesa Castelli, 1
Tel. (+39) 04 23 / 56 00 10
Ruhetag: Dienstag, Mittwoch
Ferien: 1 Woche im Mai, letzte Augustwoche, ersten 2 Septemberwochen
36 Plätze + 30 Plätze im Freien
Preise: 20–22 € (mit Hauswein)
Keine Kreditkarten; BM
Mittags und abends geöffnet

Dieses Lokal liegt recht weit vom Schuss, im Nirgendwo in den Hügeln von Asolo. Auf der Straße vor dem Haus ist kaum Verkehr, es herrscht Stille, nur weit weg hört man den Hahn krähen oder einen Hund bellen. Eine Osteria wie anno dazumal: ein paar Tische mit karierten Tischtüchern, Freunde aus dem Dorf, die sich auf ein Gläschen und zum Plaudern treffen, kleine Räumlichkeiten, ein Lebensmittelladen, „Casolino" genannt. Elisa und Silvia empfangen ihre Gäste auf bescheidene, freundliche Weise, während in der Küche Mamma Anna die Gerichte zubereitet, die den kleinen Speiseplan ergeben. Als Vorspeise in Erwägung zu ziehen sind die zarte Makrele mit süßen roten Zwiebeln (**Sgombro con dolce cipolla di Tropea**, 6 €) oder der Aufschnitt mit saurem Einlegegemüse (Affettati con sottaceti). Es folgen Pasta asciutta mit schlichter Fleischsauce oder mit Saisongemüse (5 €). Die Spezialität unter den Secondi ist **Frittata con cipolla e soppressa** bzw. Frittata con formaggio (13 € für zwei Personen) – dicke Omeletts, die im Pfännchen serviert werden; alternativ dazu gibt es Asiago fuso (zerlassener Käse) und Braciola vom Schwein oder Rind (7 €); gegen Vorbestellung bereitet Anna auch Pollo in umido (Schmorhähnchen) zu. Als Beilage wird Gemüse serviert, und zum Nachtisch mundet das Dolce della casa (2 €). Der Hauswein ist ein angenehmer Begleiter.

MONTEGALDA

17 KM SÜDÖSTLICH VON VICENZA

Da Culata

Traditionelle Osteria
Via Roi, 47
Tel. (+39) 04 44 / 63 60 33
Ruhetag: Sonntag
Ferien: August
50 Plätze + 20 Plätze im Freien
Preise: 28–34 €
Kreditkarten: Visa; BM
Mittags geöffnet, Mittwoch und Freitag auch abends

Wem es schwerfällt zu akzeptieren, dass ausgerechnet ein Sarde einen der besten Baccalà alla vicentina der Gegend anbietet, dem sei zum Trost versichert, dass dessen Frau Carla und Schwägerin Isetta nicht nur bravouröse Köchinnen sind, sondern auch die Töchter jenes Mannes, der das Lokal 1932 eröffnete. An der Straße von Longare nach Montegalda gelegen, hat das Culata abgesehen von ein paar Modernisierungen noch immer die klassische Struktur eines Dorfladens, der es ursprünglich war, mit Tresen und Regalen voller regionaler Spitzenprodukte. In den beiden Nebenräumen wird Ihnen Vincenzo, der Sarde, das Menü mündlich vortragen. Nach **Sopressa** di casa oder Baccalà mantecato wendet man sich der täglich frisch hausgemachten Pasta zu: **Tagliolini con baccalà e bottarga** (9 €), Pasta e fagioli, Pasticcio oder **Tagliatelle** – in der kalten Zeit coi *fegadini* in Brühe, im Sommer mit frischem Gemüse (als eines der wenigen Zugeständnisse an Saisonalität). Das Highlight unter den Secondi ist **Baccalà alla vicentina mit Polenta** (15 €); alternativ dazu gibt es Fleisch vom Grill oder Braten, dazu Gemüse aus dem eigenen Garten, wie die Wirtsleute nicht ohne Stolz betonen. Im Winter und gegen Vorbestellung bekommt man **Bollito col cren**. Hausgemacht sind auch die Dolci: Biscotti aus Mürbeteig, Beignets, Tartes. Die kleine Weinkarte beinhaltet gute Tropfen aus der Region, die hauptsächlich auf Baccalà abgestimmt sind. Vor Kurzem hat man begonnen, ein paar Naturweine einzuführen.

Neben der Trattoria befindet sich Il Palazzone, der agrotouristische Betrieb der Distilleria Brunello, bei dem man sich nicht nur mit edlem Grappa, sondern auch mit Wein, Würsten, Konfitüren und eingelegtem Gemüse eindecken kann.

MONTEGROTTO TERME

12 KM SÜDWESTLICH VON PADUA

Da Mario

Restaurant
Corso Terme, 4
Tel. (+39) 049 / 79 40 90
Ruhetag: Dienstag, Mittwochmittag
Keine Ferien
80 Plätze
Preise: 35 €
Alle Kreditkarten; BM
Mittags und abends geöffnet

Es tut gut zu wissen, dass auch in einem so touristischen Umfeld wie dem der Thermen des Euganeischen Hügellandes noch ein paar Lokale existieren, die es bevorzugen, der venetischen Tradition treu zu bleiben, und zwar einige kulinarische Exkurse wagen, aber bewusst auf eine vielleicht weniger aufwendige, aber dafür anonyme Schnellgastronomie verzichten. Die Bernardi-Brüder (Marco in der Küche, Francesco im Service) führen dieses Lokal seit mehr als zehn Jahren und bieten eine Küche, die sich auf das Spektrum an einheimischen Produkten konzentriert; folglich kann das Menü je nach Marktsituation auch mehrmals im Laufe einer Woche wechseln. Überlegenswert von den Antipasti (9 €) sind die lauwarm servierte Terrina di agnello und die herrlichen Carciofi al forno (Artischocken aus dem Ofen) mit weichem Ei; alternativ dazu kann man sich **Salame nostrano** oder Frittelle di pesce schmecken lassen. Von den Primi (10 €) sehr gut ist die traditionelle **Pasta e fagioli**, der jedoch die hausgemachten Tortellini, die Spaghetti mit Guanciale, Pecorino und Pfeffer, die **Lasagne con verdure** und die **Pappardelle con i fegatini** (mit Hühnerleber) in nichts nachstehen. Herausragend von den Secondi (15 €) ist der **Baccalà alla vicentina**, neben einer Vielfalt an gutem Fleisch vom Grill und aus dem Ofen. Für Fischfans stehen neben dem Baccalà stets auch einige andere Piatti di pesce auf dem Speiseplan. Zum Nachtisch gibt es feine Dolci, die ebenfalls von Marcos Bravour zeugen. Interessante Auswahl an offenen Weinen: Man merkt, dass man hier willens ist, den zahlreichen Gästen die lokale Winzerszene näherzubringen. Alternativ dazu beinhaltet die großartige Weinkarte Hunderte in- und ausländische Etiketten, von denen einige auch glasweise angeboten werden.

NEGRAR
Mazzano

18 KM NORDWESTLICH VON VERONA

Alla Ruota

Restaurant
Via Proale, 6
Tel. (+39) 045 / 752 56 05
Ruhetag: Montag, Dienstag
Ferien: unterschiedlich
80 Plätze
Preise: 29–35 €
Kreditkarten: CS, MC, Visa; BM
Mittags und abends geöffnet

Am Fuße der Lessinia, nur wenige Kilometer von Negrar entfernt, ist das Alla Routa in Panoramalage mit Blick auf das Valpolicella ein bekanntes Feinschmeckerziel. In der warmen Jahreszeit kann man auf der großen Terrasse speisen. Die Qualität der Küche und der Zutaten, die herzliche Gastlichkeit und das gute Preis-Leistungs-Verhältnis machen den Besuch dieses Lokals zu einem genussvollen Erlebnis. Das Menü folgt dem Wechsel der Jahreszeiten, ist mit einem Primo, einem Secondo und dem Dessert des Hauses vorgegeben: **Tortelli di carne all'Amarone**, **Carni all'Amarone** nach Inspiration der Köchin, Schokoladendessert „Alla Ruota". Als Vorspeise können Sie einen 24 Monate gereiften **Prosciutto crudo di Montagnana**, ein Stück von der Torta salata di verdure (pikanter Gemüsekuchen), **Baccalà mantecato** oder Hähnchensalat – **Insalata di gallina grisa della Lessinia** – probieren. An Primi kann es exzellente **Ravioli di lumache** (mit Schnecken), Vellutata di broccolo (Brokkolicremesuppe) mit Hackfleischbällchen vom Schwein, Maltagliati con carciofi e coniglio (Pasta mit Artischocken und Kaninchen) oder Gnocchi con nocciole (mit Haselnüssen) geben. Als Hauptgericht könnte alternativ zu Schmorfleisch eine Pressata di chianina (Hackfleischsteak), ein köstlicher Tortino di faraona (Auflauf mit Perlhuhnfleisch) oder Maialino con le mele (Ferkel mit Äpfeln) serviert werden. Für den würdigen Ausklang dürfen die süßen Kreationen nicht unerwähnt bleiben: Allerlei Desserts zum Thema Esskastanien, um dem Gast die Vielseitigkeit dieser Früchte vor Augen zu führen, aber auch Tronchetto di ricotta auf Traubensauce mit Cannolo und Milchcreme. Die Weinkarte hat ihren Fokus auf der Region und ist preislich korrekt gestaltet.

NEGRAR
Torbe

19 KM NORDWESTLICH VON VERONA

Caprini

Trattoria
Via Zanotti, 9
Tel. (+39) 045 / 750 05 11
Ruhetag: Mittwoch
Keine Ferien
90 Plätze
Preise: 25–30 €
Kreditkarten: CS, MC, Visa; BM
Mittags und abends geöffnet

Wunderschön ist der Blick auf das Valpolicella, den man vom Kirchplatz von Torbe hat. Noch schöner aber ist der Anblick des von Hand gezogenen Pastateigs am Eingang zum Speisesaal dieser Trattoria der Familie Caprini, die seit mehr als 100 Jahren ein der Tradition und der Region verpflichtetes Menü bietet, geleitet von der richtigen Überzeugung, dass Bräuche und Erinnerungen nicht verloren gehen dürfen. Der große, luftige Salon ist das Reich von Nicola und Sergio, während der dritte Sohn, Davide, zusammen mit den Eltern Francesco und Pierina für die Küche verantwortlich zeichnet. Wer sich nicht für das Degustationsmenü (28 €) entscheidet, kann mit Aufschnitt und selbst gemachter Giardiniera beginnen und danach **Trippe in brodo** (7 €), Tagliolini coi fegadini oder fantastische **Tagliatelle** (7 €) **mit** verschiedenen **Saucen** (Ragù della Pierina, Sugo al pomodoro, Ragù di lepre) probieren. Bei den Secondi immer präsent ist gutes Grillfleisch (Carni alla brace, 13 €), alternativ dazu venetische Klassiker wie **Baccalà alla vicentina**, Fegato alla veneziana oder **Guanciale di manzo brasato al Valpolicella** (10 €). Zu bestimmten Zeiten kommt man in den Genuss von **Bollito con la pearà** oder Agnello della Lessinia al forno. Verführerisch die Desserts: selbst gemachte Pastafrolla, Tortino al cioccolato, selten zu findende Crema fritta. In der Weinkarte dominieren ganz klar hiesige Erzeugnisse. Wer den bestellten Wein nicht austrinkt, kann ihn in einem vom Lokal bereitgestellten Behälter mitnehmen.

Der Panificio von Silvana Caprini, unterhalb der Trattoria, bäckt Cornéti (Brötchen), samstags Treccia (süßes Brot) und traditionelle Dolci: Pastafrolla gibt es immer, Brasadele broè nur zu Ostern und Nadalìn zur Weihnachtszeit.

NERVESA DELLA BATTAGLIA

35 KM NÖRDLICH VON TREVISO

La Panoramica

Restaurant
Via VIII Armata, 28
Tel. (+39) 04 22 / 88 51 70
Ruhetag: Montag, Dienstag
Ferien: 15.–30. Januar,
1 Woche im Juli/August
60 Plätze + 40 Plätze im Freien
Preise: 30–32 €
Alle Kreditkarten; BM
Mittags und abends geöffnet

Ein Blick vom Montello hinunter auf das Lichtermeer der Ebene in Richtung Piave ist die erste schöne Überraschung, die das Restaurant La Panoramica für uns bereithält. Das Lokal befindet sich in einem Bauernhaus aus dem frühen 20. Jahrhundert und besteht seit etwa 50 Jahren. Hier bietet Sommelier Eddy Furlan mit Sohn Giuliano, Tochter Francesca und seiner Frau und Küchenchefin Antonella schmackhafte Traditionsgerichte, die man mit Wein und Bier von Kleinbrauereien begleiten kann. Für die Getränkeauswahl ist es gleichsam Pflicht, sich auf die Tipps des Hausherrn zu verlassen. Wir beginnen unsere Reise mit der Entdeckung von Antipasti auf der Basis von Wurstwaren, etwa in der Kombination marinierter Spargel zu Ossocollo montelliano (8 €), sautierte **Funghi porcini zu Soppressa** des Hauses oder mit Pancetta. Es folgen geschmacklich rustikale, jedoch zeitgemäß präsentierte Primi wie die Gnocchetti di patate con ragout di coniglio e rosoline (kleine Kartoffelgnocchi mit Kaninchenragout und jungen Blättern vom Klatschmohn) oder Tagliolini con duetto di asparagi e pancetta (feine Bandnudeln mit Spargel und Bauchspeck, 8 €). Die Secondi basieren auf Fleisch und Käse aus der Region. Zur Auswahl stehen Fritto d'agnello e cipollotti all'agro (Gebackenes von Lamm mit Jungzwiebeln), **Filetto di maiale al vecchio carnia ed erbette** (Schweinefilet mit Käse und Kräutern, 16 €) oder die klassische Kombination gegrillter **Formaggio asiago con polenta e funghi** (13 €). Um mit etwas Süßem zu schließen, probieren Sie die Crostata mit Früchten der Saison, die Torta di mele selvatiche (Wildapfelkuchen) oder den frischen Cremino alla vaniglia mit Erdbeeren.

26 KM NORDWESTLICH VON VENEDIG

Agli Spalti

Restaurant
Via Bregolini, 32
Tel. (+39) 041 / 580 09 93
Ruhetag: Sonntag, Montag, Dienstagmittag
Keine Ferien
20 Plätze + 25 Plätze im Freien
Preise: 28–30 €
Kreditkarten: MC, Visa; BM
Mittags und abends geöffnet

Diese schöne Osteria ist ein echter Familienbetrieb. In der Küche setzt Vania die Tradition der Familie fort, bereitet großzügige Speisen aus fast ausschließlich regionalen Produkten und viel Gemüse aus dem eigenen Garten zu. Um den Service kümmert sich ihr Mann Mauro, der die Gerichte mit ausführlichen Informationen zu Zutaten und Garweisen erläutert. Bei den Antipasti kann die Wahl auf **Gallina in *saor*** (mariniertes Hähnchen), Cestino di grana mit Birnen und Pecorino di fossa, **Radicchio rosso con pancetta croccante** (6 €), Toast di mazzancolle mit Endivie, Mandeln und pikanter Zabaione (7 €) oder auf Aufschnitt (Affettati) fallen. Unter den Primi können wir uns für Tagliatelle oder **Bigoli con ragù d'anatra**, exzellente Tagliolini mit Gemüse und Gorgonzola-Sauce (8 €) oder mit Brennnessel-Pesto und Ricotta affumicata, für Spaghetti neri mit Gemüse, Garnelen und Safransauce, Zuppa di porri (Lauchsuppe, 6 €) oder **Bigoli in salsa di acciughe** (Pasta mit Sardellensauce) entscheiden. Bei den Secondi sind **Baccalà alla vicentina**, **Seppie in nero mit Polenta** (13 €) und Filetto di maiale in Rote-Bete-Sauce immer vertreten; ebenfalls als Hauptspeise zu empfehlen sind Ossobuco in gremolada und Roastbeef. Doch sind es die Desserts, für die die versierte Vania ihr Bestes gibt: köstlich und originell ihr Tiramisu mit Keksen, schlicht und duftend das Apfel-Bitterorangen-Küchlein mit Rum (4 €). Die mündlich präsentierten, preislich korrekten Weine sind fast alle regionaler Herkunft.

In der Via La Bova 6, nahe der Piazza XX Settembre, bietet die Enoteca Al Filò ein großartiges Sortiment an italienischem Wein und Bier sowie Käse- und Wurstspezialitäten, die mit Leidenschaft erläutert werden.

37 KM NORDÖSTLICH VON VENEDIG, AUSFAHRT A 4

Ca' Landello

Trattoria
Via Santa Maria di Campagna, 13
Tel. (+39) 04 21 / 30 70 10
Ruhetag: Sonntagabend, Montag
Keine Ferien
80 Plätze
Preise: 36–40 €
Kreditkarten: MC, Visa; BM
Mittags und abends geöffnet

Am Ortsrand von Noventa, in der Nähe der Autobahnmautstelle San Donà-Noventa, entdecken wir inmitten von Weingärten, die zum Besitz gehören, dieses schöne Gehöft, das vor Kurzem renoviert und von Stefano und Luigi Sutto in eine stilvolle Trattoria verwandelt wurde. Die beiden Brüder stammen aus einer Familie, die seit Generationen im Weinbau tätig ist, und bringen zudem Gastronomieerfahrung mit. Die Küche hat ihren Schwerpunkt auf Fleisch und Gemüse. So sind als Vorspeise Cosciotto nostrano mit Meerrettich, aber auch Carciofo fritto con burrata (gebackene Artischocken mit Frischkäse, 10 €) vorgesehen. Es folgen Ravioli ripieni di *schiopet* (Leimkraut) mit zerlassener Butter und Ricotta affumicata, **Radici e *fasioi coi sosoi*** (Radicchio mit Bohnen und durchzogenem Lardo), **Bigoli con ragù di manzo tagliato al coltello** (Pasta mit einer Sauce aus mit dem Messer gehacktem Rindfleisch), *Risi e bisi,* Tagliatelle caserecce mit Spargel, Risotto mit Reis aus Grumolo delle Abbadesse (Slow-Food-Presidio) con bruscandoli (mit Hopfenspargel). Die Auswahl an Secondi umfasst Leber in Form von **Fegato alla veneziana mit Polenta** (18 €), Asparagi di Cima d'Olmo con le uova (Spargel mit Ei, 16 €), Fritto misto di carni (allerlei gebackenes Fleisch – Geflügel, Schwein, Rind) sowie Fleisch vom Grill: Filetto, Costata und Tagliata vom Jungrind (Sorana bzw. Scottona). Die guten Desserts sind hausgemacht. In Sachen Wein sind neben Erzeugnissen vom familieneigenen Gut einige prestigeträchtige Etiketten zu sehr fairen Preisen vorrätig. Auf kulinarischer Seite ergänzen ein vegetarisches Menü für 38 € und ein Degustationsmenü für 40 € die Auswahl.

Antica Osteria dal Capo

NEU

Moderne Osteria
Via degli Obizzi, 2
Tel. (+39) 049 / 66 31 05
Ruhetag: Sonntag
Ferien: 1 Woche ab Dreikönig, ersten 2 Augustwochen
25 Plätze
Preise: 30–35 €
Kreditkarten: CS, MC, Visa; BM
Mittags und abends geöffnet

Das Lokal im alten Ghetto von Padua befindet sich im Stadtzentrum, nahe dem Mittelpunkt des Handels- und Gastronomiegeschehens, dem Obst- und Gemüsemarkt auf der Piazza delle Erbe und der Piazza della Frutta. Dort kauft Michele, Inhaber und Koch dieser Osteria, auch am liebsten ein, um seinen Gästen eine Auswahl an Köstlichkeiten zu bieten, in der sich die Region in all ihren Facetten widerspiegelt. Das Lokal, entstanden anno 1936 als Weinstube, hat sich über die Jahre langsam zu einer Osteria gewandelt. In dem kleinen, aber gemütlichen Gastraum wird man freundlich betreut. Von den Antipasti erwähnt seien Insalata di gallina padovana mit Feldradicchio und kandiertem Kürbis, Mousse oder Salat von Baccalà, **Sarde in *saor*** (8,50 €), gefüllte Kürbisblüten – Fiori di zucca ripieni – auf Tomatensauce. Empfehlenswert sind die hausgemachten frischen Teigwaren: Gnocchi di ricotta di Borgoforte, **Pasta e fagioli** (8 €), aber auch Zuppa di pesce in pagnotta (Fischsuppe im Brotnapf) oder in der Pilzsaison Zuppa di finferli e porcini. Der Protagonist unter den Secondi ist Geflügel von Bauernhöfen der Provinz Padua: **Torresano farcito** (gefülltes Täubchen), Petto d'anatra (Entenbrust) zu Aprikosen mit Orangenblütenhonig (15 €), **Pollo *in tocio dea nonna*** (Schmorhähnchen). Alternativ dazu gibt es Ossobuco vom Kalb mit Pflaumen und Esskastanien, Baccalà alla veneta oder ebenso seltene wie schmackhafte **Trippa di baccalà** (Stockfischkutteln). Man schließt mit einer Auswahl an venetischen Formaggi zu einem Glas Vino rosso passito oder mit hausgemachten Desserts wie Rovesciata di mele (gestürzter Apfelkuchen) mit Calvados-Sauce oder Latte in piedi (Pudding) mit Orangensauce oder Schmelzschokolade. Die schöne, rein venetische Weinkarte empfiehlt viele Etiketten aus den Euganeischen Hügeln.

L'Anfora

Osteria
Via dei Soncin, 13
Tel. (+39) 049 / 65 66 29
Ruhetag: Sonntag
Ferien: 1 Woche um den 15. August
40 Plätze
Preise: 35 €
Kreditkarten: AE, Visa; BM
Geöffnet 9–23 Uhr

Eine echte Osteria ist traditionell von frühmorgens für das Frühstück oder einen Snack bis spätabends für einen Schlummertrunk in Betrieb. Das Anfora als historisches Lokal der Stadt erfüllt diesen Anspruch mit dem schönen Tresen am Eingang, dessen Vitrine eine Vielzahl an **Spuncioni** bereithält: Frittiertes, hart gekochte Eier, Brot und Wurst oder Pizza, stets begleitet von einem Glas Wein. Für ein solches Angebot bedarf es eines gestandenen Wirts, und den treffen wir hier auch an: Der sympathische Alberto Grinzato ist ein Profi, der alle Fäden fest in der Hand hält. Das Menü orientiert sich an der venetischen Tradition im Allgemeinen und der paduanischen im Besonderen. So bekommt man als Vorspeise **Sfilacci di cavallo** (8 €), **Sarde in *saor***, Folpeti nostrani (Tintenfisch aus heimischen Gewässern) oder Impepata di cozze (Miesmuscheln aus der Adria). Um bei den hiesigen Klassikern zu bleiben, sollten Sie danach **Pasta e fagioli** (8 €), frische **Bigoli in salsa alla veneziana** (9 €) oder Spaghetti alle *bibarase* (mit Venusmuscheln) bestellen. Empfehlenswert von den Secondi sind der Piatto di formaggi misti di capra (Ziegenkäseteller, 13,50 €) und der Pesce misto in *saor* (marinierter Fisch). Köstlich von den hausgemachten Dolci ist die Torta di pere, cioccolato e cannella (Birnen-Schoko-Kuchen mit Zimt, 4 €). Die Weinauswahl ist auf den italienischen Nordosten konzentriert, viele Etiketten werden zu günstigen Preisen offen ausgeschenkt.

Die Pasticceria Biasetto, Via Facciolati 12, ist ein Naschkatzenparadies: Brioches, Torten, Feingebäck, Schokoladespezialitäten. Das historische Caffè Pedrocchi an der zentral gelegenen Via VIII Febbraio ist ein beliebtes Lokal unweit der Universität.

PESCHIERA DEL GARDA

30 KM WESTLICH VON VERONA

Da Luisa

Traditionelle Osteria
Via Frassino, 16
Tel. (+39) 04 57 / 55 07 60
Ruhetag: Dienstag
Ferien: 24. Juni–3. Juli, 24. Dezember–Mitte Januar
30 Plätze
Preise: 30 €
Alle Kreditkarten; BM
Mittags und abends geöffnet

In Peschiera del Garda, konkret im Siedlungsgebiet in der Nähe der Wallfahrtskirche Madonna del Frassino, befindet sich die gemütliche Trattoria Da Luisa, ein Lokal mit familiärem Gepräge, das einen vertrauenerweckenden Eindruck macht. Den Takt geben die dynamische Nadia und der erfahrene Paolo vor, der sich gerne als Koch und Landwirt in Personalunion präsentiert und selbst Olivenöl wie auch Wein erzeugt, den er mit Stolz serviert. Saisonalität charakterisiert das Tagesangebot, neben einer Karte, die traditionelle Antipasti wie Salami und Lardo mit Polenta (7 €) oder Schiacciata di patate con lavarello e scorzone della Lessinia (gestampfte Kartoffeln mit Renke und Sommertrüffel, 10 €), aber auch ausgesuchte Spezialitäten wie Prosciutto crudo oder Culatello empfiehlt. Es folgen die Primi piatti: **Pasta e fagioli**, **Tortelli di zucca** (9 €), Penne di Gragnano al baccalà oder **Tortellini di Valeggio** (8 €). Für den Hauptgang kann man zwischen Fisch und Fleisch wählen: **Lavarello del Garda ai ferri** (gegrillte Renke, 13 €), Forelle alias Trota ai ferri, Saibling in Form von Scaloppa di salmerino spadellata al limone, Lammrücken in Kruste (Sella di agnello in crosta, 16 €), **Fegato alla veneziana** (Kalbsleber mit Zwiebeln, 14 €). Alternativ dazu gibt es erstklassige Formaggi (auch Slow-Food-Presidi) mit Honig und Konfitüren (12 €). Die Desserts wechseln mit den Jahreszeiten: Besonders köstlich ist die Crema bruciata al caffè mit Lakritzeeis (5 €). Paolo Bazzoli, der ein passionierter Weinkenner ist, wird Ihren Wünschen aufmerksam lauschen und Ihnen den besten Tropfen zum jeweiligen Gericht empfehlen.

PIANIGA

30 KM NW. VON VENEDIG, A 4 AUSFAHRT DOLO

Da Paeto

Traditionelle Osteria
Via Patriarcato, 78
Tel. (+39) 041 / 46 93 80
Ruhetag: Montag, Dienstag
Ferien: zeitweise im August
40 Plätze
Preise: 26–30 €
Keine Kreditkarten
Mittags und abends geöffnet, im August nur abends

Wir sind im venezianischen Hinterland, in einem Lokal zum Wohlfühlen, wo man in Büchern, Zeitschriften und einer kleinen Auswahl an Delikatessen herumstöbern kann. Tommaso Zacchello wird Ihnen kompetent und leidenschaftlich das Menü und dessen fast durchweg regionale Grundprodukte erläutern: viel Gemüse wie Spargel aus Giare und Erbsen aus Pianiga (im Frühjahr), Broccolo fiolaro, Kürbis der Sorte Zucca marina, Bohnen der Sorte Fagiolo nano di Levada (im Winter) sowie Fisch aus der nahen Lagune. Kompagnon und Küchenchef Eddy Biasiolo zaubert Exzellentes auf Basis von Fisch und Fleisch. Man beginnt mit Salumi, **Nervetti mit Zwiebel**, **Sarde in *saor*** (6 €), Carpaccio di baccalà affumicato oder gedämpftem Baccalà mit Insalatina di porcini. Die Teigwaren sind wie das Brot hausgemacht, die Auswahl umfasst **Tagliolini con i piselli e seppie nere** (10 €), Spaghettini con gamberi di laguna e cipollotto, Bigoli in salsa, Gnocchi con le *sècoe* (Fleisch von Rinderwirbeln). Weitere Primi sind: **Zuppa di trippa** und Risotto di baccalà (gegen Vorbestellung, mit Reis aus Grumolo delle Abbadesse, Slow-Food-Presidio). **Baccalà** wird fast immer (außer im Sommer) in vielen Varianten angeboten: **mantecato**, alla vicentina, alla veneziana (das Tris kostet 15 €); sehr gut ist aber auch der Fritto mit Polenta aus Biancoperla-Mais (Slow-Food-Presidio). Große Auswahl an Käse und an sizilianischen Dolci. Die neu gestaltete, preislich faire Weinkarte präsentiert neben ein paar anderen Regionen hauptsächlich venetische und friulanische Etiketten und bietet auch glasweise Bestellmöglichkeiten.

»*Eine zuverlässige Adresse für gepflegte Küche, die ein Faible für Neues hat, ohne die Produktqualität aus dem Auge zu verlieren.*«

PIEVE D'ALPAGO
Carota

17 KM NORDÖSTLICH VON BELLUNO

Rifugio Carota

Restaurant mit Übernachtungsmöglichkeit
Ortsteil Carota, 2
Tel. (+39) 04 37 / 47 80 33
Ruhetag: Montag, Dienstag, außer im Sommer
Ferien: 3 Wochen im Januar/Februar
50 Plätze + 15 Plätze im Freien
Preise: 34 €
Keine Kreditkarten; BM
Mittags und abends geöffnet

An der Straße von Pieve d'Alpago auf den Monte Dolada, der als Startplatz für Drachenflieger und Paraglider bekannt ist, befindet sich in Panoramalage seit 1969 das Rifugio Carota. Von Anbeginn unter der Leitung der Familie Pellegrinotti, setzen heute die Söhne Luca im Service und Daniele in der Küche die Leidenschaft für regionale Produkte wie Alpago-Lamm (Slow-Food-Presidio) und Wildbret fort. Es lohnt sich, mit dem **Cinghiale in *saor*** (mariniertes Wildschweinfleisch) oder mit der Degustazione di lumache (Schnecken) zu beginnen. Danach werden Sie unter den Primi (9 €) saisonale Suppen, **Vellutata di trippa** (Kuttelcreme), Tortelli agnello e timo (mit Lamm und Thymian gefüllte Teigtäschchen), **Tagliatelle al ragù di germano reale** (mit Sauce von der Stockente) und im Herbst **Lasagne con *pastin* e carciofi** (mit frischem Wurstbrät und Artischocken) entdecken. Für den Hauptgang sollten Sie nach den **Costolette di agnello** fritte fragen (gebackene Lammkoteletts – eine echte Delikatesse). Wenn Sie lieber bei Wild bleiben wollen, können Sie sich zwischen **Tagliata di cervo** (Hirschsteak), Sella di capriolo al forno (Rehrücken aus dem Ofen, 14 €) oder Cinghiale arrosto (Wildschweinbraten) entscheiden. Luca wird Sie bei der Weinauswahl unterstützen: Unter den diversen in- und ausländischen Etiketten finden Sie viele Rotweine, die traditionell zu Fleisch getrunken werden; wir empfehlen Ihnen dennoch, auch eine der diversen Marken von italienischen und französischen Schaumweinproduzenten zu probieren. Die Auswahl an Bier umfasst ein knappes Dutzend Sorten. Für den süßen Ausklang ist mit den Desserts des Hauses gesorgt: Im Sommer leichte Früchtedesserts zum Löffeln, das ganze Jahr über klassische Mürbeteigkuchen. Schönes Spirituosensortiment.

POLVERARA

16 KM SÜDÖSTLICH VON PADUA

L'Operaio dei Fornelli

Trattoria
Via Trieste, 16
Tel. (+39) 049 / 585 53 63
Ruhetag: Mittwoch
Ferien: 1 Woche im August
40 Plätze
Preise: 25–30 €
Kreditkarten: CS, DC, MC, Visa; BM
Mittags und abends geöffnet

Der Ort Polverara liegt im Gebiet der Saccisica, einer geschichten- und wasserreichen Gegend, die bekannt ist für die Hühnerrasse namens Polverara, bei der es sich um eine Verwandte der Gallina padovana handelt. Hier haben vor ein paar Jahren Federico als Koch und sein Bruder Enrico (Service) ein historisches Lokal übernommen und zu einem Fixpunkt der lokalen Küche gemacht. Unter den Antipasti sind **Gallina padovana** (Slow-Food-Presidio) **als Salat** (7,50 €), **Prosciutto crudo di Montagnana**, **Sardinen in *saor*** und **Frittatina con erbette spontanee** (Wildkräuteromelett) zu entdecken. Fortsetzen lassen sich die Gaumenfreuden mit frisch gemachter Pasta: Definitiv einen Versuch wert sind die Tortelli di *Toni dea Simia* (8,50 €), die nach dem legendären früheren Wirt der Osteria benannt sind. Alternativ dazu gibt es Cremesuppen (Vellutate) der Saison, Tagliolini con ragù di gallina padovana oder **Spaghettini con ragù di agnello carciofo brasato e coriandolo** (mit Lammragout, geschmorten Artischocken und Koriander). Die Secondi sind hauptsächlich Fleischgerichte: Empfehlenswert sind ***Musso in tocio al vin Friularo*** (Eselfleisch geschmort mit einem hiesigen DOCG-Wein, 9 €), allerlei Tranchen vom Jungrind (Sorana), Milchlamm (Agnellino da latte al forno) oder der Abwechslung halber Stockfisch in der Variante **Baccalà rosso**. Unter den hausgemachten Dolci sind Köstlichkeiten wie Semifreddo allo yogurt, Panna cotta und allerlei Kuchen zu finden. Die ausgezeichnete Weinkarte beinhaltet u. a. gute italienische Etiketten von biologisch und biodynamisch kultivierten autochthonen Rebsorten.

PORTOGRUARO

60 KM NÖ. V. VENEDIG, S.S. 14, A 4 OD. A 28

Venezia

Trattoria
Viale Venezia, 10–12
Tel. (+39) 04 21 / 27 59 40
Ruhetag: Sonntag
Ferien: August/September, einige Tage nach Weihnachten
45 Plätze
Preise: ⊞ 35–38 €
Alle Kreditkarten; BM
Mittags und abends geöffnet

Die von der Autobahn gut zu erreichende Trattoria liegt nicht weit entfernt vom Zentrum von Portogruaro, das wegen seiner fast tausendjährigen historischen und architektonischen Zeugnisse einen Besuch lohnt. In dem schlichten, eleganten Lokal werden Sie von Claudio und Lucia charmant begrüßt, während Renzo und Maria mit Leidenschaft ihrer Arbeit in der Küche nachgehen. Das Menü (das nur mündlich vorgetragen wird, fragen Sie daher nach den Preisen) basiert auf Fisch und kann je nach Marktlage variieren. Für den Anfang hat man neben dem klassischen Antipasto misto noch andere Vorspeisen zur Auswahl, etwa Seppia con bottarga e salsa di peperoni (Tintenfisch mit getrocknetem Fischrogen und Paprikaschotensauce, 7 €), Tortino di gamberi mit Ricotta affumicata und Steinpilzen (oder Saisongemüse), **Baccalà mantecato** (Stockfischmousse) oder **Sarde in *saor*** (marinierte Sardinen). Unter den Primi immer vertreten sind **Spaghettini con calamaretti** oder **con *zotoli* di laguna** (15 €) oder auch con le vongole. Hinzu kommen in den entsprechenden Jahreszeiten **Gnocchi di zucca con canestrelli e pecorino** (Kürbisnocken mit Kammmuscheln und Schafkäse, 12 €) sowie Crema parmentier (Kartoffelcreme) mit Garnelen und Jakobsmuscheln. **Baccalà alla vicentina**, zarte Krebse namens ***Moeche*** in deren Saison, **Fritto misto** (allerlei frittierter Fisch, 18 €) sowie Fisch des Tages ergänzen die Auswahl. Die Dolci werden von Maria kreiert und reichen von Mousse mit Früchten der Saison über Panna cotta, Semifreddo al torroncino, Schichtdesserts wie Torta bresciana und heißes Schokotörtchen (Tortino di cioccolato) bis hin zu Strudel, der in den Wintermonaten gebacken wird. Im Keller lagern hauptsächlich venetische und friulanische Etiketten zu korrekten Preisen, von denen einige auch glasweise angeboten werden.

PORTO TOLLE
Santa Giulia

71 KM SÜDÖSTLICH VON ROVIGO

Arcadia

Trattoria
Via Longo, 29
Tel. (+39) 04 26 / 38 83 34,
(+39) 347 / 747 63 59
Ruhetag: Mittwoch
Ferien: Ende Januar/Anfang Februar
30 Plätze + 10 Plätze im Freien
Preise: 30–35 €
Alle Kreditkarten; BM
Mittags und abends geöffnet

Das kleine Lokal, dessen charakteristisches Interieur an die Fischerei und die Jagd erinnert, liegt knapp unterhalb des Damms des Po di Gnocca, mitten im Delta, nicht weit vom Fischgrund Sacca di Scardovari. Es ist das Reich von Arcadia, der Köchin, und ihrer Tochter Pamela, die den Saal betreut. Dank des flotten, hinreißend freundlichen Services fühlt man sich wie zu Hause. Der Fisch (rohe Delikatessen sind vorzubestellen) ist stets superfrisch. Die Karte ist zwar nicht sehr umfangreich, aber gut strukturiert, rückt einige Slow-Food-Presidi ins rechte Licht und beinhaltet auch ein paar Empfehlungen für jene, die nichts von Fisch wissen wollen. Mit der **Cozzeria** gibt es außerdem ein Degustationsmenü mit elf Kostproben von Miesmuscheln aus familieneigener Zucht. Die traditionelle Küche ist mit **Sarde in *saor***, **Seppie in umido mit Polenta aus Biancoperla-Mais** (Slow-Food-Presidio), **Fritto misto di laguna** bzw. Fritto misto di mare vertreten. Alternativ dazu kann man sich für Carpaccio di ombrina mit Camillone-Salz (Slow-Food-Presidio, 9 €), **Risotto di pesce mit Carnaroli-Reis aus dem Delta** (11 €) oder **Fritto di *buratei*** (kleine Aale aus der Lagune, Wildfang, 5,50 € pro 100 Gramm) entscheiden. Eine Auswahl an venetischen Formaggi und Salumi aus der Polesine-Gegend ergänzen das Angebot. Im Winter wird Wild serviert: **Germano reale** (Stockente), Fischione (Pfeifente), Lepre (Hase). Pasta, Kuchen, Eis und Sorbets sind hausgemacht. Aus der schlichten, korrekten Weinkarte kann man auch glasweise bestellen. Beachtliches Spirituosensortiment.

»Jedes Gericht erzählt von dieser faszinierenden Ecke Venetiens, wo Fisch selbst in den schlichtesten Darbietungen der unbestrittene Hauptdarsteller ist.«

PREGANZIOL

7 KM SÜDLICH VON TREVISO, S.S. 13

El Patio

Restaurant
Via Croce, 35
Tel. (+39) 04 22 / 932 92,
(+39) 04 22 / 63 32 40
Ruhetag: Dienstag, Mittwochmittag
Keine Ferien
100 Plätze + 40 Plätze im Freien
Preise: 32–34 €
Alle Kreditkarten; BM
Mittags und abends geöffnet

Der Name verweist auf die Veranda mit Blick ins Grüne, die bei schönem Wetter und an lauen Sommerabenden als Oase der Ruhe nicht weit von der verkehrsreichen Strada Terraglio sehr begehrt ist. Die Seele des Lokals sind die Damen der Familie Pistolato, von Nori, die nach wie vor die Küche managt, über die Töchter Giuliana und Marinella im Service bis hin zu Vanda, die mit ihrer freundlichen Art dafür sorgt, dass man sich wohlfühlt. Die Philosophie des Hauses baut auf den immer gleichen Grundlagen auf: Achtung vor den Traditionen, qualitätvolle Grundprodukte, aufrichtige Gastlichkeit und nie zu knapp bemessene Portionen. Der Antipasto misto (10 €) ist ein guter Beginn und wird Sie kulinarisch in diese Gegend einführen, die sich Ihnen auf vorzüglichste Weise mit der ***Sopa coada***, der **Pasta e fagioli** (8 €) oder dem **Risotto al radicchio di Treviso** erschließen wird; ebendieser Radicchio ist zudem Hauptbestandteil einer Zuppa, zu der Crostini gereicht werden. Die Pasta wird jeden Tag frisch zubereitet, beispielsweise für Pappardelle ai funghi oder Farfalle con i finferli al Marsala; hausgemacht sind auch die **Gnocchi di zucca mit Salbeibutter**. Wenn Sie danach trotz der großzügigen Portionen immer noch Hunger haben, fällt die Wahl schwer, da alles sehr gut schmeckt: Petto d'anatra laccato alle pere (glasierte Entenbrust mit Birnen, 15 €), Costicine di agnello scottadito (Lammrippchen), **Pollo casereccio in umido con patate** (Schmorhähnchen mit Kartoffeln, 14 €), Ossobuco vom Kalb mit gemischten Pilzen; **Seppie alla veneta** und **Baccalà alla vicentina** sind die einzigen Fischgerichte. Enttäuschen Sie Vanda nicht, denn sie macht die Desserts, darunter köstliches Tiramisu und gemischte Biscottini. Die Weinauswahl beschränkt sich bis auf ein paar Ausnahmen auf regionale Etiketten.

RECOARO TERME
La Guardia

45 KM NORDWESTLICH VON VICENZA, S.S. 246

Piccole Dolomiti

Berghütte
Strada di Campogrosso, 3300
Tel. (+39) 04 45 / 752 57
Ruhetag: Montagabend, Dienstag
Ferien: unterschiedlich (im Sommer immer geöffnet)
65 Plätze + 30 Plätze im Freien
Preise: 25–28 €
Kreditkarten: MC, Visa; BM
Mittags und abends geöffnet

Der Weg hinauf auf 1.163 Meter Höhe lohnt sich, wenn man dann solche Freuden erlebt: den herrlichen Blick ins Tal und auf die umliegenden Gipfel und eine Küche, die nach Tradition und Heimatliebe schmeckt. Adone, ein erfahrener Koch, und die herzliche Giovanna haben in ihrem klassischen Berggasthof das Flair einer urigen Trattoria geschaffen. Das Lokal ist sehr beliebt: Es gilt zwar als Ausgangspunkt für Wanderungen, doch angesichts der großzügigen Portionen sollte man es besser gleich als Ziel betrachten. In der großen Stube dominiert Holz, an den Wänden hängen alte Gerätschaften und Skier, aufgetischt wird schlichte Kost auf der Basis von hiesigen Produkten und lokalem Gemüse in saisonaler Entsprechung. Man beginnt mit **Polenta zu gerösteter frischer Salami**, **Crostone e baccalà mantecato** oder Carpaccio di carne *salada*. Vorzügliche Primi sind **Gnocchi con la fioretta** (7,50 €) oder Gnocchi con ricotta di malga (9 €), **Gargati con consiero e funghi** (8,50 €), Pasta e fagioli, Gnocchi di patate, Lasagne mit Wildkräutern, die man hier bis Sommerbeginn sammelt. Gute Auswahl besteht auch bei den Secondi: köstliches **Gulasch** (10,50 €), Sella di coniglio mit Steinpilzen, Spezzatino di cervo (11 €), Tagliata di petto d'anatra mit Gemüse, Baccalà alla vicentina (12 €). Wer dann noch Platz hat, kann sich dem breiten Angebot an hausgemachten Desserts zuwenden. Die etwa 30 Etiketten der Weinkarte, einige davon auch glasweise, stammen bis auf ein paar toskanische Exkurse aus Venetien.

Im Zentrum von **Recoaro** (8 km) verkauft Chiara Perlotto in ihrem kleinen Laden in der Via Lelia köstliches in Essig und Öl eingelegtes Gemüse, Konfitüren, Früchtekompotte. Saisonal wechselnde Öffnungszeiten.

REFRONTOLO

34 KM NW. VON TREVISO, 14 KM VON CONEGLIANO

Al Forno

Traditionelle Osteria
Viale degli Alpini, 15
Tel. (+39) 04 38 / 89 44 96
Ruhetag: Montag, Dienstag
Ferien: 2 Wochen im Januar, August
40 Plätze + 40 Plätze im Freien
Preise: 32 €
Alle Kreditkarten; BM
Mittags geöffnet, am Wochenende auch abends

Eine lange Tradition, das Bestreben, dem Gast nur das Beste zu bieten, die Karte beinahe täglich zu wechseln, am nahen Passo San Boldo Kräuter und Gemüse anzubauen und in der Küche zu verwenden: Das ist das Lokal von Mario und Rosita Piol. Sie berät freundlich den Gast und schildert das Menü, er ist an der Bar, aber auch im Service und vor allem am Grill anzutreffen, während aus der Küche perfekt gemachte, hübsch angerichtete Speisen kommen. Beginnen kann man mit dem obligaten ***Pastìn*** **all'aceto balsamico mit weicher Polenta und Käse** (6 €), mit Sformatino di erbe, Zucca in *saor*, sautiertem Radicchio di campo mit zerlassenem Lardo und geräuchertem Käse. Danach kann man sich für ***Bigoi*** **con l'anatra**, Gnocchi mit Mohn auf Kräutercreme (9 €) oder die inzwischen berühmten **Ravioli speck e mirtilli** entscheiden. Unvergleichlich von den Secondi ist die mit Polenta und gekochtem Gemüse servierte **Faraona con la peverada** (10 €), nicht minder interessant sind Coniglio arrosto, Lumache mit Polenta, **Musetto in crosta**, Pollo in umido con fagioli *sofegài*, Filetto di maiale al Refrontolo Passito, Koteletts vom Jungrind (Costate di sorana) und andere Spezialitäten vom Grill. An hausgemachten Dolci gibt es Obstkuchen, Semifreddo mit Karamellkrokant, Biscotti zu einem Glas Marzemino Passito. Der Weinbestand ist fast ausnahmslos lokaler Provenienz und ermöglicht passende glasweise Kombinationen. Der Weißwein und der Rotwein des Hauses, die man in Vierteln bestellen kann, sind ebenfalls nicht von der Hand zu weisen.

»Eine zeitgemäße, leichte Küche, die dennoch der Trevisaner Tradition mit einfachen, regionalen Produkten Respekt zollt. Zu verdanken ist all dies der Passion von Mario und Rosita.«

RONCO ALL'ADIGE

26 KM SÜDÖSTLICH VON VERONA

Sofia

Trattoria
Via Baldo, 10
Tel. (+39) 045 / 661 54 07
Ruhetag: Montagabend, Dienstag
Ferien: unterschiedlich
80 Plätze
Preise: 25 € (Tagesmenü)
Kreditkarten: MC, Visa; BM
Mittags und abends geöffnet

Die durch die Veroneser Ebene fließende Etsch ist Quelle der Wasserversorgung für die blühende Agrarwirtschaft. Auf dem Land haben sich viele Dinge im Lauf der Zeit geändert, doch bei Tisch werden die Traditionen und der regelmäßige saisonale Rhythmus der Produkte lebendig gehalten. Die Gelegenheit, dies zu erleben, bieten Sofia und ihre Töchter in ihrer Trattoria ein paar Kilometer südöstlich von Verona. Ein großer Raum, ordentlich und schlicht, und eine kleinere Stube, die bei Bedarf geöffnet wird, nehmen die Gäste auf, die im Juni **Asparagi con uova** (Spargel mit Ei), im heißen August **Rane** (Frösche), im Herbst gelben Kürbis und im Winter Bolliti (Kochfleisch) probieren können. Es ist ratsam, sich vorab zu informieren, was gerade auf dem Speiseplan steht, denn Sofias Regel zufolge werden keine Empfehlungen à la carte angeboten, wenn das Saisonmenü (25 bis 30 €) serviert wird. Gerichte, die volkstümlichen Rezepten Ehre machen, wenige, aber edle Weine und viel Herzlichkeit machen den Reiz des Lokals aus. Die Farben des Herbstes haben sich uns vor allem bei den Primi offenbart, im **Risotto di zucca gialla** (7 €) und in den zarten, unverkennbar von der Mantuaner Küche beeinflussten **Tortelli di zucca con amaretti** (7 €). Auf Secondi wie gemischtes Grillfleisch (10 €) oder **Carne *salà*** (Pökelfleisch, kurz gebraten oder roh, 5 €) folgt der Piatto dolce della casa (3,50 €), der eine Vielzahl süßer Kostproben beinhaltet.

Cologna Veneta (15 km) ist das Reich des Mandorlato, einer Art türkischem Honig mit gerösteten Mandeln: Gute Marken sind Gli Speziali di Cologna Veneta, San Marco, Rocco Garzotto & Figlio. In **Roveredo di Guà** (18 km) gibt es den Mandorlato Marani.

ROSOLINA
Volte

50 km nö. v. Rovigo, 14 km v. Chioggia, S.S. 309

Al Monte

Restaurant
Via Venezia, 34
Tel. (+39) 04 26 / 33 71 32,
(+39) 338 / 999 90 10
Ruhetag: Montag, Dienstag
Ferien: je 2 Wochen im Januar und September
50 Plätze
Preise: 35 €
Kreditkarten: MC, Visa; BM
Mittags und abends geöffnet

Wer würde denken, dass an der Strada Romea, die sich wie eine Wunde durch das Po-Delta zieht und auf der wegen der vielen an ihr ansässigen Betriebe immer starkes Verkehrsaufkommen herrscht, ein angenehm familiäres Lokal Bestand haben kann? Dass dem dennoch so ist, beweisen Stefano Grossato, der Enkel des Gründers, der von Frau, Mutter und Sohn Schützenhilfe bekommt. Das Lokal ist bekannt für Fisch, aber auch für Gemüse von den nahen sandigen Feldern von Rosolina und Chioggia; es fehlt auch nicht an Fleischgerichten und an einer netten kleinen Überraschung in Form von **Bussolà** (typische Kekskringel). Von den Entrees empfehlen wir die weiche Polentina con frittura (mit frittiertem Fisch), die **Granseola alla pescatora** (7,50 €), die obligaten Vongole veraci in bianco (8 €) und die häufig angebotenen Crudità miste di pesce (allerlei roher Fisch). Neben Tagliolini mit Branzino, Rucola und Kirschtomaten nicht verpassen sollte man die **Spaghetti alle vongole veraci** (8 €) oder einen guten **Risotto di scampi**. Auch danach steht Fisch auf dem Speiseplan: vom Grill etwa Anguilla (Aal, 15 €) oder Rombo (Steinbutt), aus dem Ofen Rombo mit Kartoffeln (18 €) oder Branzino mit Kartoffeln und Tomaten. Eine Frischfrittüre (9 €) darf natürlich nicht fehlen. Radicchio, andere Salate und Gartengemüse ergeben neben frittierten Kartoffelblättchen (3 €) die Beilagen. Zum Abschluss munden ein Sorbetto, eine noch ansprechendere Panna cotta mit Karamell oder Torta al cioccolato. Der Hauswein, ein Frizzante aus den Colli Trevigiani, ist angenehm zu trinken, doch ist die Weinkarte mit Etiketten aus ganz Italien und ein paar ausländischen Positionen gut bestückt. Stefano wird Ihnen gerne den jeweils passenden Tropfen empfehlen, auch glasweise Weinbegleitungen sind möglich.

ROVIGO

Ai Trani

Trattoria
Via Cavour, 30
Tel. (+39) 04 25 / 251 09,
(+39) 340 / 735 86 25
Ruhetag: Mittwoch
Keine Ferien
45 Plätze + 15 Plätze im Freien
Preise: 28–30 €
Alle Kreditkarten; BM
Mittags und abends geöffnet

Man könnte es als Arkadenlokal, als *Ocio de portego* definieren, denn es befindet sich in den Bogengängen, die die Plätze von Rovigo miteinander verbinden: Im Erdgeschoss widmen sich Andrea und Fabrizio dem Ausschank, servieren Wein und Spritz, sorgen für gesellige Stimmung, verstehen ihr Haus als Ort der Begegnung; im Obergeschoss laden Papà Livio und Mamma Mariarosa ein, in aller Ruhe traditionelle Gerichte der Polesine-Gegend zu genießen, die sich mit erstklassigen Weinen aus einem breiten Repertoire begleiten lassen. Familie Conforto hat viele alte Rezepte wiederentdeckt: So wird die klassische **Pinza** zu Salumi und saurem Gemüse oder zu **Luccio in *saore*** (marinierter Hecht) gereicht, während die Polentina die Soppressa (4 €) begleitet. Es folgen die obligate **Pasta e *fasoi*** (6 €), Tagliatelle con verdure (7 €), **Risotto ai fegatini** oder alle trippe (je nach Saison); immer zu haben sind **Bigoli in salsa**. Den Erwartungen gerecht werden auch die Secondi: Baccalà oder **Seppioline in umi-do** (10 €), **Fegato alla veneziana** und Trippe (Kutteln), als Beilage (4 €) Saisongemüse, Bohnen in Form von ***Fasoi in potacin*** oder *Fasoeti* in Sardellensauce. Den süßen Ausklang bilden Mariarosas Tiramisu, ihre Zuppa inglese oder die ***Brazadea***. An Wochentagen wird mittags ein wöchentlich wechselnder Tagesteller (9,90 €) angeboten.

Gelateria Godot, Via Domenico Piva 1: ein im wahrsten Sinne des Wortes cooler Laden, in dem Elio Eissorten der ungewöhnlichen Art kreiert. Blu Ice an der Piazzetta Caffaratti (hinter dem Postamt) und im Ortsteil Borsea (4 km vom Zentrum), Via XXV Aprile 19: köstliche Eissorten, von Gabriele und Mattia Mercuriali aus frischen Früchten und anderen erstklassigen Zutaten erzeugt.

SAN DONÀ DI PIAVE

38 KM NORDÖSTLICH VON VENEDIG, S.S. 14 OD. A 4

Antica Trattoria Da Nicola

Trattoria • Via Sauro, 56
Tel. (+39) 04 21 / 546 24
Ruhetag: Montagabend, Dienstag
Ferien: letzten 2 Augustwochen, 1 Woche im September
70 Plätze + 75 Plätze im Freien
Preise: 32–35 € • Kreditkarten: Visa; BM
Mittags und abends geöffnet

Nicola, der Enkel des gleichnamigen Gründers, wird Sie in diesem Lokal begrüßen, das seit mehr als 100 Jahren am Unterlauf der Piave die traditionelle Qualitätsküche repräsentiert. Der frische Fisch vom Markt in Chioggia, das Gartengemüse, die eigens für die Trattoria im Friaul erzeugten Wurstwaren werden zu exzellenten Gerichten verarbeitet, die im Zuge der Erklärung des Menüs geschildert werden. Der reichhaltige **Antipasto di pesce** (10 bis 30 €, je nach Menge) kann ein Hauptgericht ersetzen, der Antipasto di salumi friulani ebenfalls. Vorzüglich die Risotti mit Fisch, Mollusken und Krustentieren, die **Tagliatelle al ragù di seppioline** (11 €), die **Maltagliati astice e carciofi** (Pasta mit Hummer und Artischocken). Unverzichtbar von den Secondi sind der ***Bisato coi amoi*** (Aal mit Wildpflaumen), die Tinca *rovessà* (mit Wurst und Kräutern gefüllte Schleie, 15 €), der Baccalà alla vicentina, die obligate Frittura di pesce. Wenn Ihnen eine fleischbasierte Speisenfolge lieber ist, sollten Sie auf ***Sopa coada*** (11,50 €), Gnocchi al ragù d'anatra (mit Entensauce, 8 €) oder Gran bollito misto (allerlei gekochtes Fleisch, 13 €) setzen. Von den sämtlich hausgemachten Dolci sind die Ferri di cavallo (Kekse in Hufeisenform nach einem alten Rezept des Großvaters, 4 €) mit Melonen-, Pfirsich- oder Mascarponecreme zu empfehlen. Im schönen Weinprogramm stehen Raboso del Piave und Cabernet von kleinen lokalen Betrieben im Vordergrund. Wenn Sie mittags einkehren, finden Sie zudem ein günstiges Menü für 13,50 € vor.

» *Jedes Gericht erzählt vom Aufspüren von Grundprodukten bei achtsamen, vertrauenswürdigen kleinen Produzenten. Hier zu essen bedeutet, von passionierten, kompetenten Freunden bewirtet zu werden.* «

SANDRIGO

15 KM NÖRDLICH VON VICENZA

Zolin

Moderne Osteria
Via Roma, 14
Tel. (+39) 04 44 / 75 05 42
Ruhetag: Sonntagabend, Montag
Ferien: 1 Woche im August
45 Plätze + 20 Plätze im Freien
Preise: 26–30 €
Alle Kreditkarten; BM
Mittags und abends geöffnet

Dieses Lokal ist etwas ganz Besonderes, angefangen von dem Schild „Ferramenta-Colori" („Eisenwaren und Farben"), das Luigi nicht entfernen ließ, als er es 2010 gründete, ursprünglich mit der Absicht, einen Feinkostladen zu eröffnen. Doch dann, angesichts zahlreicher Anfragen und nachdem seine Schwester Giuseppina, eine perfekte autodidaktische Köchin, ihre Bereitschaft zugesichert hatte, startete Luigi dieses Abenteuer. Als solches kann man seine Idee in der Tat bezeichnen, denn es ging ihm nicht nur darum, gute Speisen zu bieten, sondern auch Geschmacksrichtungen und Aromen wiederzuentdecken, die Teil der hiesigen Esskultur sind. Erfreulicherweise ist dieses Konzept voll aufgegangen – mit einigen Empfehlungen, die immer auf der Karte stehen, ergänzt um andere, die täglich wechseln, abhängig davon, was Garten und Markt gerade bieten. In den beiden Gasträumen mit Regalen voller gastronomischer Spitzenprodukte, darunter mehrere Slow-Food-Presidi, kann man mit Giuseppinas klassischem Pasticcio, mit **Gnocchi col *pestàt*** (mit Wurstbrät, 12 €), Gemüsesuppe (9 €) oder **Tagliatelle con i fegatini** (mit Hühnerleber, falls frisch verfügbar) beginnen. Gute Alternativen sind die Bigoli mit verschiedenen Fleischsaucen und andere Pastagerichte. Unter den Secondi immer vertreten sind **Baccalà alla vicentina** (14 €) und Hähnchen als Pollo col *pestàt* (12 €); ebenfalls zu empfehlen sind Tagliata, **Faraona ripiena**, Vitello tonnato oder Burrata con verdure für die warme Jahreszeit. Die Weinkarte ist auf etwa 40 Etiketten beschränkt, die vorerst hauptsächlich aus der Region stammen, wobei einige Empfehlungen wechselnd glasweise angeboten werden. Besondere Erwähnung gebührt dem Brot, das wie die Teigwaren jeden Morgen frisch gemacht wird und von unvergleichlichem Geschmack ist.

SAN GIORGIO IN BOSCO
Sant'Anna Morosina

22 KM NÖRDLICH VON PADUA, S.S. 47

Da Giovanni

Restaurant
Piazza XXIX Aprile, 39
Tel. (+39) 049 / 599 40 10
Ruhetag: Dienstagabend, Mittwoch
Ferien: 1 Woche im Januar, 3 Wochen im August
120 Plätze
Preise: 25–30 €
Kreditkarten: MC, Visa; BM
Mittags und abends geöffnet

Seit über 40 Jahren wird dieses Restaurant von Familie Pettenuzzo mit Leidenschaft geführt. Im Hauptraum ist auf einem riesigen Tisch ein überdimensionales Nudelholz zu bestaunen, mit dem Giovanni den Teig für die Pasta ausrollt. Unterstützt wird er dabei zuweilen von Sohn Martino, der mit sicherer Hand die Küche leitet. Die zweite Generation ist durch Maria vertreten, die im Service dem Vater und Mutter Anna zur Seite steht. Vor diesem Hintergrund stellt die hausgemachte Pasta eine sichere Wahl dar, insbesondere die köstlichen Tagliatelle alla Giovanni mit einer Sauce aus gemischtem Fleisch, das mit dem Messer gehackt wird. In der Karte explizit erwähnt sind die traditionellen Rezepte, die Produkte der Region und die Erzeugnisse des Hauses, darunter das prächtige Trio Lardo, Prosciutto und Salami (7 €), mit dem Sie beginnen können, sofern Sie sich nicht zu Tortino di zucca e rosmarino mit Grana-Sauce oder in der Spargelsaison zu **Asparagi con salsa all'uovo** hinreißen lassen. Es folgen **Tagliatelle con piselli**, mit Spargel oder Bratensaft, **Bigoli con ragù d'anatra** (7 €) oder Gnocchetti di patate al gorgonzola. Der umsichtigen Auswahl qualitätvoller Produkte, auch hier wiederum einige aus eigener Erzeugung, ist es zu verdanken, dass unter den Secondi **Baccalà mit Polenta aus Marano- oder Biancoperla-Mais** (13 €), **Anatra al forno** als weitere Spezialität des Hauses und einheimisches Hähnchen in Form von Pollo in umido zu entdecken sind; eine sehr gute Alternative ist Gegrilltes: diverse Tranchen vom Rind oder Lammkoteletts. Die Dolci sind hausgemacht: klassisches Mandel-Haselnuss-Krokant oder Schokoflan mit Orangensauce. Die Weinkarte ist nicht sehr umfangreich, enthält jedoch gute Etiketten aus ganz Italien und so manch regionales Spitzenprodukt; auch die Hausweine aus der Piave-Gegend sind einwandfrei.

SAN MICHELE AL TAGLIAMENTO
San Giorgio al Tagliamento

96 KM NORDÖSTLICH V. VENEDIG, S.S. 14 OD. A 4

Al Cjasal

Trattoria
Via Nazionale, 30
Tel. (+39) 04 31 / 51 05 95
Ruhetag: Mittwoch
Ferien: 2 Wochen im September
30 Plätze + 30 Plätze im Freien
Preise: 35–37 €
Alle Kreditkarten; BM
Mittags und abends geöffnet

Das Cjasal (Dialektwort für Gehöft) zu betreten, kommt einem Besuch bei alten Freunden gleich. Das schöne Landhaus mit Arkaden und großem Garten ist ein gastlich-komfortabler Ort der Gaumenfreuden. Zusätzliches Vertrauen erweckt die Tatsache, dass wir es mit einem Familienbetrieb zu tun haben: Vater Enzo als Koch und die Söhne Stefano und Mattia, die trotz ihres jungen Alters bereits auf zahlreiche Erfahrungen verweisen können, die sie in ganz Italien sammeln durften. Die freundliche Rosi wird Sie mit einem Lächeln stets zuvorkommend und effizient umsorgen, ohne je in Aufdringlichkeit oder Eile zu verfallen. Das geradezu akribisch gepflegte Ambiente ist Enzo zu verdanken, der sein Leben in diesen Wänden verbringt. Jedes Detail ist darauf ausgelegt, an die hiesigen Traditionen zu erinnern. Dies gilt für die Atmosphäre ebenso wie für die Speisenempfehlungen, die so weit wie möglich mit dem gestaltet werden, was das Umland und der hauseigene Gemüsegarten bieten. Zu den kulinarischen Aushängeschildern des Lokals zählen die gedämpfte Wachtel, sprich **Quaglia in *savor* rigenerata al vapore**, die in Maismehl der Sorte Biancoperla gehüllte und frittierte Fleischspezialität Pitina aus dem Val Tramontina, die Salumi von D'Osvaldo aus Cormons mit süßsauer eingelegten Zwiebelchen, der **Risotto con lumache ed erbe aromatiche** (mit Schnecken und Kräutern, 12 €) oder con lo *sclopit* (mit Wildkräutern), die knusprige Entenkeule **Coscia d'anatra con rucola selvatica**, die langsam gebratenen Schweinerippchen (Costicine di maiale), die Eiscremespezialität **Gelato alla *pinsa***. Allein wegen des Tellers mit **Formaggi** und Konfitüren lohnt sich ein Besuch dieses Lokals. Brot und Grissini sind selbst gebacken und der Weinkeller vermag jede Neugierde zu befriedigen.

SANT'AMBROGIO DI VALPOLICELLA
San Giorgio di Valpolicella

20 km nordwestlich von Verona

Dalla Rosa Alda

Hotelrestaurant
Strada Garibaldi, 4
Tel. (+39) 045 / 770 10 18
Ruhetag: Sonntagabend, Montag
Ferien: Januar/Februar
60 Plätze + 60 Plätze im Freien
Preise: 35–38 €
Alle Kreditkarten; BM
Mittags und abends geöffnet

Eine Fahrt vom Valpolicella hinauf nach San Giorgio lohnt sich, um die romanische Kirche, den alten Ortskern und den spektakulären Blick auf den Gardasee zu bewundern und sich dann im Dalla Rosa Alda zu Tisch zu begeben, wo man freundlich und professionell bewirtet wird. Die Trattoria ist für ihre traditionelle Küche und eine sehr gute Weinauswahl bekannt. Den in den Fels gehauenen Weinkeller darf man besichtigen, die Gasträume sind komfortabel. Im Sommer kann man sich im hübschen Garten unter einer wunderschönen Pergola niederlassen. Man beginnt mit einem Antipasto della casa (11 €) bestehend aus typischen Salumi und Gartengemüse. An Primi gibt es köstliche hausgemachte Pasta wie **Tagliatelle *embogoné*** (mit Bohnensauce, 13 €) oder **Bigoli con le *sardèle***, Tagliolini con il tartufo nero della Lessinia, **Pappardelle in brodo con fegatini di pollo**. Von den Secondi erwähnt seien der klassische **Brasato all'Amarone mit Polenta aus Marano-Mais** (14 €), der Hase (Lepre in salmì), die im *Fogolar* gebratenen Polpettine di carne mit Kräutern (11 €). Als Dessert gibt es Eiscreme mit eingelegten Sauerkirschen oder **Pissotta**, ein mit Olivenöl aus dem Valpolicella gebackener Hefekuchen. In der entsprechenden Saison wird ein traditionelles Menü mit Kirschen aus der Gegend angeboten. Im Keller lagert ein breites Sortiment an regionalen Etiketten mit besonderem Augenmerk auf Amarone und die „Vini delle Marogne" – jene Sorten des Valpolicella, die in mit traditionellen Trockenmauern angelegten Terrassenweingärten wachsen.

In **Valgatara**, einem Ortsteil von Marano di Valpolicella, (8 km), erzeugt Marco Scamperle im Il Gelato, Via Cadiloi 55, köstliche, saisonal variierende Früchteeissorten.

SAONARA

12 km östlich von Padua

Antica Trattoria al Bosco

Trattoria
Via Valmarana, 13
Tel. (+39) 049 / 64 00 21
Ruhetag: Dienstag
Ferien: 10 Tage nach Weihnachten
80 Plätze + 80 Plätze im Freien
Preise: 30–35 € • Alle Kreditkarten; BM
Mittags und abends geöffnet

Nicht nur Freunde von Pferdefleisch kommen in dieser Trattoria auf ihre Kosten, die immer noch all jene Speisen anbietet, für die sie in und um Padua seit bald 40 Jahren bekannt ist. Während Enrico nach alten Rezepten kocht, kümmert sich Stefania im familiären Ambiente höflich um die Gäste. Das Menü wechselt mit den Jahreszeiten, im Frühling dominieren Kräuter und Spargel. Stammgäste schwören auf die Klassiker des Hauses: zarter **Prosciutto aus Montagnana** mit mariniertem Spargel, **Sfilacci di cavallo mit Polenta aus Mais der Sorte Sponcio** (9 €), **Baccalà mantecato** mit Crostini und Sauté di carciofi (Artischocken). An Primi gibt es **Pasta e fagioli** (8 €), **Bigoli al ragù d'anitra**, Tagliolini con ragù di gallina padovana e ortiche (Hähnchen-Brennnessel-Sauce), ***Bigoi* in salsa** (Pasta mit Sardellensauce, 8 €). Typische Hauptspeisen sind **Spezzatino di cavallo mit Polenta aus Biancoperla-Mais** (12 €), Perlhuhn als Faraona con salsa peverada, Kaninchen als Coniglio al forno. Nicht außer Acht lassen sollte man den Grill, von dem Pferde-, Rind-, Kalb- und Lammfleisch (10 bis 25 €) kommen. Saisonale Beilagen, interessante Käseplatte, darunter viele Slow-Food-Presidi, begleitet von eingemachten Früchten. Als Dessert, das man mit interessanten Süßweinen glasweise begleiten kann, sind die feinen Biscotti di credenza (4 €), der für Padua typische Kuchen namens **Pazientina** (5 €) oder die Crostatina ai frutti di bosco zu empfehlen. Die beachtliche Weinkarte umfasst mehr als 400 ausgesuchte Etiketten der besten Winzer der Colli Euganei und aus ganz Italien.

„Qualität der Grundzutaten, Gespür für Gastlichkeit, Wertschätzung der unverfälschtesten Tradition: Für all das ist diese Trattoria eine zuverlässige Adresse."

SARCEDO

24 km nördlich von Vicenza, 5 km von Thiene

Villa di Bodo

Enoteca mit Küche • Via San Pietro, 1
Tel. (+39) 04 45 / 34 45 06
Ruhetag: Sonntagabend (außer im Sommer), Montag, Samstagmittag
Ferien: je 1 Woche zu Jahresbeginn und Ende September
40 Plätze + 40 Plätze im Freien
Preise: 32–35 €
Kreditkarten: AE, CS, MC, Visa; BM
Mittags und abends geöffnet

In den Hügeln knapp außerhalb von Sarcedo beherbergt eine alte Adelsvilla diese Enoteca, mit der das Ehepaar Zenari (Marilena ist für die Küche, Gianfranco für den Service zuständig) einen Bezugspunkt für Liebhaber von feiner Kost und edlem Wein geschaffen hat. In den Regalen des freundlichen Salons, der das Ergebnis der Renovierung eines alten Stalls ist, kann man einen großen Teil des ansehnlichen Weinbestands bestaunen; die Weinkarte mit über 500 Etiketten gliedert sich in italienische und ausländische Produzenten. Die saisonale Speisekarte ist einem ständigen markt- und naturbedingten Wandel unterworfen. Hinzu kommt der kreative Mix aus lokalen Produkten und einer Vielzahl an Slow-Food-Presidi, was eine Reihe von effektvollen Empfehlungen entstehen lässt, deren poetische Beschreibung Sie mindestens ebenso genießen werden wie das Essen selbst. Mit einer bewusst schmucklosen Aufzählung möchten wir Ihnen die Freude am Entdecken überlassen. Die Vorspeisen: Aufschnitt, **Carpaccio di baccalà mit Dinkel und Kapern**, Tatar vom Rind, Scaloppa di fegato grasso (Foie gras) mit Kirschen. Herausragend unter den Primi ist die hausgemachte Pasta, etwa **Ravioli con burrata su melanzane** (10 €) oder **Tagliolini con finferli e pistacchi** (mit Pfifferlingen und Pistazien); ebenfalls interessant die Pappa al pomodoro und die Pappardelle al ragù della fratellanza (8,50 €). Unverzichtbar von den Secondi sind die Tosella con i funghi (gebratener Käse mit Pilzen, 12,50 €) und der **Baccalà alla vicentina** (13,50 €); alternativ dazu gibt es mariniertes Gänsefilet (Filetto d'oca), blättrig geschnittenes Rindfleisch (Tagliata di scamone) und ein paar Fischgerichte. Zum Abschluss erwartet Sie neben einer Reihe von feinen Dolci eine herrliche Auswahl an italienischem und französischem **Käse**.

SCHIO
Magrè

25 km nordwestlich von Vicenza, S.S. 46

All'Antenna

Restaurant
Via Raga Alta, 4
Tel. (+39) 04 45 / 52 98 12
Ruhetag: Dienstag
Ferien: 2 Wochen im August/September
40 Plätze + 15 Plätze im Freien
Preise: 30–35 €
Kreditkarten: Visa; BM
Abends geöffnet

Hierherzukommen bedeutet, einen der Hügel um Schio zu erklimmen und auf dessen Spitze in einsamer Lage dieses Gasthaus zu entdecken. Dank der breiten Glasfronten hat man eine herrliche Aussicht, die bei Einbruch der Dunkelheit am reizvollsten ist. Giovanni bringt hier seit mehr als 20 Jahren Tradition und Fantasie wunderbar in Einklang, bietet eine niveauvolle Küche, die auf die Schlichtheit der ursprünglichen Rezepte und den Jahreskreis achtet. Seine Frau Laura wird Ihnen die saison- und marktabhängig immer wieder wechselnden Empfehlungen erläutern. Beginnen kann man mit der klassischen Kombination **Polenta e *scopeton*** (Salzhering) oder **Insalata di arance e trota affumicata** (Räucherforelle mit Orangen); auch Baccalà mantecato und Crostone con trippa e parmigiano sind zu empfehlen. Es folgen die Primi (8 €): **Gargati col consiero**, Risotto, Gemüsesuppe, knusprige Cannelloni di ricotta e mozzarella, Parmigiana di melanzane, um nur einige zu nennen. Schließlich die großen Klassiker: **Baccalà alla vicentina** (17 €), Coniglio alla valleogrina (15 €), Lombo d'agnello (Lamm), Lumache in umido (Schnecken), **Cervella fritta di vitello** (Kalbshirn), Insalata di gallina padovana. Auch das eine oder andere Fischgericht wird bisweilen angeboten. Für den süßen Genuss sorgen Dolci von bemerkenswerter Machart. Die schöne Weinkarte deckt ganz Italien ab, hat ihren Fokus aber auf dem Veneto.

In **Schio** führt Dolci Pensieri (Via Santissima Trinità 85) ein breites Sortiment an Kleinpatisserie und anderen süßen Sachen, darunter typische Gata aus Maranomais, Butter, Honig, Eiern, Mandeln, Grappa. In **Thiene** (10 km) bietet Enogramma (Via San Simeone 32) eine große Auswahl an in- und ausländischem Wein.

SEDICO
Mas

11 KM SÜDWESTLICH VON BELLUNO

Alla Stanga

Restaurant
Via La Stanga, 24
Tel. (+39) 04 37 / 876 11
Ruhetag: Montag
Ferien: Juni, November
90 Plätze
Preise: 30–35 €
Kreditkarten: MC, Visa; BM
Mittags und abends geöffnet
G

Ab dem Jahre 1802 war die Raststätte Alla Stanga eine Anlaufstelle für den lokalen Postdienst auf der Strecke Belluno–Agordo, diente als Pferdewechselstation und Zollstelle und bot den Reisenden Verpflegung an. Viele Jahre sind seither vergangen, doch immer noch ist das Restaurant ein wichtiger Bezugspunkt für Touristen und Freunde des Tals (wir sind mitten im Nationalpark der Belluneser Dolomiten). Die Speisenempfehlungen bewegen sich zwischen Innovation und Tradition, zeugen von achtsam ausgewählten Grundprodukten und entsprechen stets den Jahreszeiten. Beginnen kann man mit Tatar vom Rind mit Aceto balsamico (8,50 €) oder **Filetto di maiale affumicato** (geräuchertes Schweinefilet, 6,50 €). Von den Primi (7,50 €) empfehlen wir die hausgemachten **Tagliatelle al ragù di cinghiale** (mit Wildschweinragout) oder die Crema di patate e *sciochet* in crosta di sfoglia (Kartoffelcreme mit Leimkraut in Blätterteig). Als Hauptgang kann man sich einer interessanten Käseselektion widmen (das Lokal ist ein Partnerbetrieb der Genussregion „Strada dei formaggi e dei sapori bellunesi"), den Formaggio schiz mit Polenta (8,50 €) oder die Coscetta di coniglio farcita ai *bruscandoi* (mit Hopfenspargel farcierte Kaninchenkeule, 13 €) probieren. Schönes Angebot an Desserts (5 €), gute Weinauswahl mit der Möglichkeit, auch nur ein Glas zu bestellen.

SELVA DI PROGNO
Giazza

38 KM NORDÖSTLICH VON VERONA

Ljetzan

Traditionelle Osteria
Piazza Don Domenico Mercante, 6
Tel. (+39) 045 / 784 70 26
Ruhetag: Dienstagabend, Mittwoch, außer im Juli und August
Keine Ferien
60 Plätze
Preise: 28–30 €
Kreditkarten: CS, MC, Visa; BM
Mittags und abends geöffnet

Giazza, ein kleiner Ortsteil von Selva di Progno am Fuß des Carega-Massivs, ist sommers wie winters Ausgangspunkt für Wanderungen und eine der wenigen Ortschaften, in denen noch die Traditionen der Zimbern und deren alte deutsche Mundart gepflegt werden. Am Hauptplatz des Dörfchens lädt die Osteria Ljetzan von Giorgio Boschi und seiner Familie, die seit Generationen im Gastgewerbe tätig ist, zur Einkehr ein. Lokale Saisonprodukte und typische Erzeugnisse der hiesigen Tradition sind die Besonderheiten des gastlichen Hauses. In der Küche wird zum Garen vieler Gerichte jene Holzkohle verwendet, die von Giorgios Familie in der einzigen noch aktiven Köhlerei der Lessinia hergestellt wird. Unter den Antipasti (7 €) nicht fehlen dürfen **Trota salmonata affumicata** (geräucherte Lachsforelle), Lardo alle erbette con confettura di fichi (weißer Kräuterspeck mit Feigenkonfitüre) oder eine Kostprobe von ausgesuchten Salumi aus der Region. Unser Tipp: Bestellen Sie dazu eine Portion Giardiniera (hausgemachtes eingelegtes Gartengemüse). Von den Primi piatti (7 €) sehr gut ist die **Pasta e fagioli** (Bohnensuppe mit Nudeln), die direkt über dem Feuer im Kamin gekocht wird; nicht minder interessant sind die **Gnocchi *sbatui*** della Lessinia mit geräucherter Ricotta oder auch die schwarzen Tagliatelle con finferli e ricotta affumicata (mit Pfifferlingen und wiederum geräucherter Ricotta). Obligate Secondi sind Reh alias Capriolo con polenta (9 €), **Braciola di cervo** (Kotelett vom Hirsch, 10 €); wer Fisch bevorzugt, kann sich für Trota ai ferri (Grillforelle, 8 €) oder **Polenta e baccalà** (9 €) entscheiden. Als Dessert empfehlen wir ein Stück Kuchen: **Torta cimbra**, Torta di mele oder **Sabbiosa**. Der Wein stammt aus dem Umland, vor allem aus dem Illasi-Tal, wo Valpolicella und Soave miteinander wetteifern.

SEREN DEL GRAPPA
San Siro

40 KM SÜDWESTLICH VON BELLUNO, 9 KM VON FELTRE

San Siro

Ferienbauernhof
Via San Siro, 8 B
Tel. (+39) 04 39 / 446 28,
(+39) 389 / 679 41 52
Geöffnet Samstagabend, Sonntagmittag
Ferien: unterschiedlich
40 Plätze
Preise: 27 € (Tagesmenü)
Keine Kreditkarten

Zwei Herzen, ein Bauernhof. Bis vor acht Jahren arbeitete der aus Feltre stammende Ivano in der Kunststoffindustrie, während seine Lebensgefährtin Janine, die ihre Wurzeln in Vicenza hat, als elektrotechnische Gutachterin tätig war. Als er ein Häuschen in den grünen Wäldern von Seren del Grappa erbte, kamen die beiden immer öfter in die Gegend, um mit ihrem damals zweijährigen Sohn spazieren zu gehen, Gemüse anzubauen und einen Weingarten zu pflegen. Schließlich gewannen das ländliche Idyll und die Liebe zur Natur die Oberhand. Ivano und Janine gaben alles auf und zogen hierher, um einen landwirtschaftlichen Betrieb zu gründen und bald darauf diesen Agriturismo zu eröffnen. Mit Engagement und Leidenschaft bauten sie Schritt für Schritt ihr kleines Reich auf, in dem sie heute Kartoffeln, Paprikaschoten, Bohnen und viele andere Gemüsesorten auf natürliche Weise produzieren. Hinzu kommen Kastanien- und Walnussbäume sowie Erdbeeren, Himbeeren und Wassermelonen. Auch Kleinvieh wird gehalten: Hühner, Perlhühner, Kaninchen und Legehennen, deren Eier in der Küche Verwendung finden. Praktisch alles, was im Kochtopf landet, stammt aus eigener Produktion. Die Frische der Zutaten ist damit ebenso garantiert wie die Gewissheit, dass man hier in den Genuss eines reichhaltigen Tagesmenüs (27 € ohne Wein) kommt. Man beginnt mit einer Reihe von Vorspeisen, etwa köstlichem Soufflé ai carciofi mit Käsesauce. Es folgen drei Kostproben von Primi, darunter herausragende hausgemachte **Tagliolini con ragù di coniglio e verdure** (mit Kaninchenragout und Gemüse). Schließlich zwei Kostproben von Secondi, z. B. Perlhuhn – **Faraona al forno aromatizzata al timo** – oder Rindergulasch – **Spezzatino di manzo – mit Polenta**. Das süße Finale besteht aus einem gemischten Dessertteller (Mousse, Eis, Kekse).

SERNAGLIA DELLA BATTAGLIA

31 KM NORDWESTLICH VON TREVISO

Dalla Libera

Restaurant
Via Farra, 24
Tel. (+39) 04 38 / 96 62 95
Ruhetag: Montag
Ferien: 2 Wochen im August
60 Plätze
Preise: 35 €
Kreditkarten: CS, MC, Visa; BM
Mittags geöffnet, Donnerstag–Samstag auch abends

Ein Rendezvous mit Andrea Stella ist eine kulinarische Erfahrung, die nie enttäuscht. Erstens, weil der bescheidene, von seinem Handwerk beseelte Mann seine Empfehlungen beinahe täglich neu gestaltet und eine unglaubliche Präzision an den Tag legt, was Garweisen, Geschmackskombinationen und Ästhetik betrifft. Zweitens, weil die 800 lagernden Weine (zu mehr als fairen Preisen, auch beim Champagner) von wahrer Leidenschaft zeugen, ähnlich der für Würzkräuter. Andrea schöpft zwar aus der Tradition, doch kocht er angenehm leicht, da er auf allzu viel Fett verzichtet. Es ist eine zeitgemäße, moderne Küche, die nie exaltiert wirkt, nie den Bezug zur Region verliert. Zuweilen erinnert sie an einfache bäuerliche Kost (wie die **Frittata di bruscandoli** als Vorspeise), doch bewegt sie sich stets auf hohem Niveau und überzeugt obendrein durch ein gutes Preis-Leistungs-Verhältnis (zweigängiges Mittagsmenü 18 €, dreigängiges Degustationsmenü 30 €). Brot, Pasta und Desserts sind hausgemacht. Ein guter Start sind neben Frittata die mit Kräuter-Ricotta gefüllten Peperoni, gefolgt von Ravioli ripieni di *canoce* oder **Raviolo di pura zucca** (in der Kürbissaison) oder **Gnocchi mit Salbeibutter und Ricotta affumicata**. Sodann allerlei gegrilltes Fleisch: **Faraona in due cotture**, Filetto di maiale, **Salsiccetta vom Kalb** auf grünem Radicchio mit einem Hauch Essig. Man schließt je nach Laune des Küchenchefs und Saison mit Crostata di frutta oder Torta al cioccolato.

„Andrea ist ein Koch, der die Traditionsküche hochhält, sie tagtäglich fantasievoll neu interpretiert. Eine Küche wie anno dazumal, nur leichter und moderner, und die Aromen der exzellenten Grundprodukte kommen immer wunderbar zu Geltung."

SOLAGNA

41 KM NÖ. V. VICENZA, 7 KM VON BASSANO DEL GRAPPA

Da Doro

Ferienbauernhof
Via Ferracina, 38
Tel. (+39) 04 24 / 81 60 26
Ruhetag: Montag–Mittwoch
Ferien: Ende Januar/Anfang Februar, letzte Juni-/erste Juliwoche
40 Plätze
Preise: 28 €
Kreditkarten: CS, DC, MC, Visa; BM
Abends geöffnet, Samstag und Sonntag auch mittags

In dem kleinen Dorf Solagna im Tal der Brenta, das besser bekannt ist als Valsugana, befindet sich im Inneren eines ehrwürdigen, schön renovierten kleinen Palazzos ein Juwel der hiesigen Esskultur. Am Schanktresen vorbei gelangt man in den blitzsauberen länglichen Speisesaal mit angenehm antiquiertem Flair und familiärer Atmosphäre. Wirt Giovanni hegt eine unbändige Leidenschaft für die lokale Küche und die Produkte der Region. Diese Verbundenheit schmeckt man in allen Gerichten, sei es Gemüse, sei es Fleisch. Das Angebot an Antipasti reicht von geräuchertem Schweinefleisch (Carne di maiale affumicata) über **Aringa in bella vista** (Hering, hübsch angerichtet, 7 €) bis hin zu gefüllten Zwiebeln (Cipolla ripiena). Unter den Primi zu entdecken sind **Risotto con trota e biete** (mit Forelle und Mangold, 9 €), hausgemachte Pasta namens **Gargati al ragù bianco**, **Vellutata di rape** (Rübencremesuppe 8,50 €), aber auch verlockende Spaghetti aus Hartweizenmehl mit rohen Tomaten, Zucchinisauce und geröstetem Brot. Aus der (eher kleinen) Auswahl an Secondi erwähnt seien die köstliche **Mousse di trota** (12 €), Kaninchen in Form von **Coniglio al *civet***, aber auch Caprino con caponata (11 €). Ebenfalls nicht sehr lang ist die Liste der Desserts (4,50 €), die jedoch sehr ansprechend sind: von Erdbeer-Semifreddo über Budino di ricotta bis hin zu Torta caprese. Die Weinkarte präsentiert eine gute Auswahl an Erzeugnissen, vor allem aus den nordöstlichen Regionen Italiens. Das Brot wird mit Naturhefe gemacht und im Holzofen gebacken.

»
Anna und Giovanni bringen die vene-tische Tradition harmonisch ausbalanciert auf den Tisch – eine wundervolle Synthese aus dem Besten, was die Region hervorbringt.
«

SOMMACAMPAGNA

13 KM W. V. VERONA, A 4 AUSF. SOMMACAMPAGNA

Al Ponte

Osteria
Via Corrobiolo, 38
Tel. (+39) 045 / 896 00 24
Ruhetag: Montagabend, Dienstag
Ferien: Ostern, August und Weihnachten
70 Plätze + 40 Plätze im Freien
Preise: 25 €
Kreditkarten: AE, CS, MC, Visa; BM
Mittags und abends geöffnet

Wenn Sie zur Mittagszeit auf der Autobahn in der Gegend von Verona unterwegs sind, ist eine Pause in dieser Osteria gleichsam ein Muss. Es handelt sich um ein schlichtes, fast schon spartanisches Lokal, was sowohl für die Einrichtung als auch den Service gilt. Doch hat dieses Haus eine lange Tradition, als deren Hüterin sich nunmehr seit einigen Jahren Familie Pedrazzi bewährt. Zwei Gaststuben und ein Schanktresen im Eingangsbereich bilden den idealen Rahmen, um die herzhaften Gerichte zu probieren, die hier aus der Küche kommen. Für den Beginn ist ein großartiger Klassiker zu empfehlen, nämlich Hecht in Sauce, besser bekannt als **Luccio in salsa mit Polenta** (7 €), auf den man eines der guten Primi piatti (7,50 €) folgen lassen kann, vor allem frische Teigwaren, teilweise in gefüllten Varianten. Beispiele aus der Karte hierfür sind **Tortelli di zucca** (Kürbisteigtäschchen), Tagliatelle con ragù (Bandnudeln mit Fleischsauce) und Gnocchi. Mitunter stehen auch die berühmten Tortelli di Valeggio auf dem Speiseplan. Abgesehen von den Fischempfehlungen Baccalà und Hecht, die beide sehr gut sind, konzentriert sich das Angebot an Secondi vor allem auf Fleisch: Costata vom Rind (13 €), Ossobuco, Braciola vom Kalb. Aus der beschränkten Auswahl an Desserts seien die durchweg gut gemachten süßen Backwaren (Millefoglie, Sfoglie, Crostate) erwähnt. Die Weinkarte empfiehlt vorrangig Etiketten aus der Gegend um Verona.

SOSPIROLO
Mis

15 KM WESTLICH VON BELLUNO, S.S. 203

Alla Certosa

Traditionelle Osteria
Via Mis, 83
Tel. (+39) 04 37 / 84 31 43
Ruhetag: Montag, Dienstag
Ferien: 1 Woche im Februar, 15.–30. Juni
40 Plätze
Preise: 22–24 €
Kreditkarten: CS, MC, Visa; BM
Abends geöffnet, Sonntag auch mittags

In ihrer Osteria an der kleinen Piazza von Mis pflegen Nadia und Casimiro eine enge Beziehung zu ihrem Dorf. Dies zeigt sich besonders am 16. Februar, dem Tag der Schutzpatronin Giuliana, wenn hier jeder **Kutteln** isst, die Casimiro auf mindestens fünf verschiedene Arten zubereitet. Mittags kann man hier nur am Sonntag speisen, von Mittwoch bis Samstag kocht Casimiro nur abends. Es gilt die Regel, dass alle an einem Tisch die gleichen Speisen bestellen. Doch die Qualität und Frische der Gerichte sind dieses kleine Opfer wert. Bemühen Sie sich nicht, nach Hauptspeisen zu fragen, es gibt keine, dafür aber eine sorgfältig zusammengestellte Auswahl an lokalen Formaggi (7 €). Wir raten Ihnen, zusammen mit Casimiro zu entscheiden, welcher der unzähligen hervorragenden Flaschenweine der beste Begleiter für Ihren Genussparcours ist. Die zahlreichen Gemüsesorten kommen aus zwei hauseigenen Gärten und werden im Sommer häufig mit heimischen Blüten kombiniert, vor allem für den Antipasto misto (8 €). Von den möglichen Angeboten erwähnt seien für den Beginn **Storta all'aceto**, Frittelle di pasta e fagioli, **Coratella di capriolo**, saisonale Suppen, ***Ravi in saor***, gefolgt von Primi (8 €) wie Dinkeltagliolini mit schön gereifter Guanciale oder mit Fenchelgrün und Sardellen, **Pappardelle al sugo d'asino** (mit Eselragout), Risotto con borragine (Borretsch) oder con spugnole (Morcheln). Als Dessert (4 €) empfehlen wir Mousse di castagne mit Khakisauce, Gelato alla vaniglia mit Kirschsüppchen oder Gelato al Marsala stravecchio mit Rosinen.

Im Laden der Latteria Sociale in **Camolino** (1,5 km) kann man Käse, Ricotta und Butter, Honig, Trockenfrüchte, Konfitüren und Fruchtsäfte einkaufen.

STRA
Paluello

26 KM WESTLICH VON VENEDIG, 14 KM VON PADUA

Da Caronte

Traditionelle Osteria
Via Dolo, 39
Tel. (+39) 041 / 41 20 91
Ruhetag: Dienstagabend, Mittwoch
Ferien: je 2 Wochen im Januar und August
40 Plätze + 40 Plätze im Freien
Preise: 33–35 €
Kreditkarten: CS, MC, Visa; BM
Mittags und abends geöffnet

Roberto im Service und seine Frau Maria Grazia in der Küche führen mit großer Leidenschaft für die traditionelle Küche ihre Osteria an der Riviera del Brenta. Man kann in den behaglichen Innenräumen speisen oder sich bei passendem Wetter im Garten nahe dem langsam vor sich hin plätschernden Fluss niederlassen. Die Küche, die sowohl Fleisch als auch Fisch anbietet, sieht als Vorspeisen **Sarde in *saor* mit Polenta** (6 €), **Baccalà mantecato**, Prosciutto crudo di Montagnana (9 €) oder Verdure crude (Salate, rohes Gemüse) vor. **Bigoli in salsa** (Pasta mit Sardellensauce, 8,50 €), Perle di ricotta con salmone affumicato (mit Räucherlachs), **Zuppa di pesce** (Fischsuppe) und Tagliolini ai porcini freschi (mit frischen Steinpilzen) sind nur einige der Empfehlungen aus dem Kapitel Primi piatti. Die Liste der Secondi umfasst **Tris di baccalà** (Stockfischdreierlei, 15 €), eine vorzügliche **Frittura mista** (Fischfritüre), **Seppie alla veneziana col nero** (Tintenfisch in eigener Tinte geschmort, 9,50 €), Leber mit Zwiebeln in Form des Klassikers **Fegato alla veneziana**, Tagliata vom Rind mit Pilzen und Rosmarin. Die Dolci (4,50 €) sind hausgemacht: Crostata, Zaleti-Kekse, Cestino di vaniglia e mirtilli, Panna cotta. Die Weine stammen hauptsächlich aus dem italienischen Nordosten, einige werden auch glasweise angeboten. Verführerisch die umfangreiche Spirituosenauswahl.

In **Dolo** (6,5 km), Via Ca' Tron 31, befindet sich der Torronificio Scaldafero. Seit 1919 erzeugt diese Manufaktur aus natürlichen Grundprodukten (Mandeln und Honig sind die Hauptzutaten) den typisch venetischen Mandorlato, der nach dem Kochen von Hand weiterverarbeitet wird.

SUSEGANA
Musile

23 KM NÖRDLICH VON TREVISO

Borgoluce

Ferienbauernhof
Via Morgante II, 34
Tel. (+39) 04 38 / 98 10 94
Ruhetag: Montag, Dienstag
Keine Ferien
60 Plätze + 40 Plätze im Freien
Preise: 33 €
Alle Kreditkarten; BM
Mittags und abends geöffnet

Wenn Sie in der Gegend von Treviso unterwegs sind, lohnt sich ein Besuch der Burg San Salvatore und des Gutes Borgoluce, das seit tausend Jahren im Besitz der Familie Collalto ist: 1.220 Hektar Weiden, Wälder, Äcker, Weinberge, Obsthaine, Ställe, Mühlen, Käsereien und ein Museum über bäuerliche Künste und Berufe. Die gleichnamige Osteria liegt recht versteckt in den Hügeln in Richtung Collalto. Ihre Suche wird durch eine schlichte, nicht alltägliche Küche belohnt, die von Jonny Rui, der sich auf zeitgemäße Weise von der Tradition inspirieren lässt, mit Produkten des Gutes umgesetzt wird. Für den Service ist seine Lebensgefährtin Romina zuständig, mit der Jonny die Liebe zur Natur teilt. Man beginnt mit hausgemachtem gekochtem Prosciutto begleitet von Meerrettich und Pan brioche, Bresaola di bufalo, Puntarelle all'arancia e caciotta (9 €), Büffelmozzarella mit Calamaretti, Frittelle di patate. Es folgen Tagliatelle con ragù di bufalo (9 €), **Crema di lenticchie con *muset* e radicchio** (7 €), Tortelli di bieta mit Parmesansauce, **Agnello di razza alpagota** (17 €), Tagliata vom Rind, **Filetto di maiale con purè di topinambur e pancetta**. Im Winter gibt es jeden Freitag **Gran bollito**, in der Osterzeit ein Menü zum Thema *Renga* (Räucherhering). Als Dessert empfiehlt Jonny Linzer Torte (er war eine Zeitlang in Südtirol tätig) mit Radicchio-Konfitüre und vorzügliche Crème brulée alla vaniglia. Neben den anständigen Weinen des Gutes stehen namhafte Etiketten aus der Region und ein paar edle Tropfen aus dem italienweiten Panorama zur Auswahl.

Im Laden des Gutes Borgoluce (Ortschaft Musile, Hausnummer 2) kann man frischen Käse, Fleisch, Wurstwaren, Wein, Öl, Mehl und Honig für zu Hause einkaufen.

TARZO
Arfanta

40 KM NORDW. V. TREVISO, 12 KM V. VITTORIO VENETO

Belvedere da Tullio

Hotelrestaurant
Ortsteil Arfanta
Tel. (+39) 04 38 / 58 70 93
Ruhetag: Montagabend, außer im Sommer
Ferien: ersten 3 Septemberwochen
60 Plätze + 40 Plätze im Freien
Preise: 26–30 €
Alle Kreditkarten; BM
Mittags und abends geöffnet

Die Küche von Roberto Pilat hält viele schöne Überraschungen bereit. Als Hauptattraktion gilt der **Spiedo di carni miste** – ausgesuchte Fleischstücke, die auf dem Spieß über dem Feuer des großen Kamins im Speisesaal langsam garen. Der Spieß ist eine Art „Religion" im Hügelland nördlich von Treviso, wo man Zuflucht vor Stress und Chaos findet: Waldwanderungen, Radausflüge, Genusswege zwischen Weingütern und Käsereien, historische Städtchen wie Vittorio Veneto oder Conegliano. Allein die Fahrt nach Tarzo ist ein schöner Ausflug. Und wenn Sie dann auf der Terrasse des Lokals Platz genommen haben, werden Sie verstehen, warum es Belvedere heißt. Die Aussicht ist beneidenswert (auch an kalten Tagen, durch die großen Fenster); die diskrete, höfliche Art von Nadia und Alice vervollkommnet das Wohlgefühl. Tipps zu geben, ist schwierig und im Grunde sinnlos, denn hier ist alles gut. Ein klassischer Starter sind die fantasievollen Häppchen (Assaggini di antipasti, 10 €), nicht minder köstlich die Schnecken (Lumache al tegamino), die Polenta mit Sopressa und Käse, das marinierte Rindfleisch (Girello marinato) mit süßsauer eingelegtem Gemüse. Es folgen **Risotto con i *bruscandoi*** (mit Hopfensprossen, 7 €), frische Tagliatelle mit Spargel und Pancetta, **Pasta e fagioli** (7 €). Alternativ zum Fleisch vom Spieß gibt es Kaninchenkeule (**Coscia di coniglio arrosto alle olive**, 10 €), Brasato di manzo und Köstliches vom Grill: Hähnchen, typische Würstchen, Costata vom Jungrind; dazu passen Beilagen wie **Fagioli *sofegai*** oder Radici e *fasoi*. Robertos Leidenschaft und Stolz ist die uneingeschränkt zu empfehlende **Käseselektion**, die auch ausländische Sorten enthält. Von den Desserts des Hauses seien das Vanilleeis und die vorzüglichen Sorbets genannt. Auch der Weinkeller ist eine angenehme Überraschung.

TARZO
Arfanta

40 KM NORDW. V. TREVISO, 12 KM V. VITTORIO VENETO

Mondragon

Ferienbauernhof
Via Modragon, 1
Tel. (+39) 04 38 / 93 30 21
Ruhetag: Freitagabend, Samstag, Sonntag
Ferien: 2 Wochen im Juli/August
70 Plätze
Preise: 20–25 €
Kreditkarten: CS, MC, Visa; BM
Mittags und abends geöffnet

Eine kurze Fahrt über steile Straßen führt uns durch das Hügelland nach Arfanta und damit in eine Oase der Ruhe. Hier besteht seit mehr als 30 Jahren eine bäuerliche Gaststätte, die zu einem Hof gehört, auf dem Schafe, Esel, Schweine und vor allem Gänse gehalten werden. Das zwölf Hektar große Anwesen wird mit leidenschaftlichem Engagement von Tina und Roberto, ihren Söhnen Giovanni und Andrea sowie Tochter Manuela geführt, die in ihrem Mann Michael tatkräftige Unterstützung gefunden hat. Von der Bedeutung der erwähnten Gänse zeugt die Tatsache, dass hier der Slow-Food-Presidio **Oca in onto** (13 €) ins Leben gerufen wurde; Manuela wird Ihnen gerne von dieser Delikatesse erzählen und auch die anderen Empfehlungen erläutern: Musetto con tarassaco (Kochwurst und Löwenzahn), Frittata con le erbette (Kräuteromelett), Agrodolce di fattoria (eingelegtes Gemüse, 5 €), Crostini und Paté d'oca (Gänsepastete). Es folgen Tagliatelle oder **Gnocchi al ragù d'oca** bzw. mit Schweineragout (6 €), **Orzotto alle erbe**, Zuppa di orzo e fagioli (Gersten-Bohnen-Suppe), saisonal variierende Risotti. Klassiker im Winter sind die Fleischgerichte vom Spieß, etwa vorzügliches Ferkel. Die **Gans** ist natürlich auch unter den Secondi präsent: geschmort, gekocht, als **Oca arrosto mit Peverada und Polenta** aus Mais der Sorte Sponcio oder Biancoperla (Slow-Food-Presidio) oder auch mit Pflaumen und Esskastanien. Um Christi Himmelfahrt (Mai oder Juni) wird eine spezielle Wurst mit Zunge, die ***Lengual***, zubereitet. Als Nachtisch stehen hausgemachte Kekse und Mürbeteigkuchen mit Früchten bereit. Am Wochenende wird ein Tagesmenü für 22 € angeboten. Eine Reservierung ist ratsam. In der angeschlossenen Manufaktur Ochevino kann man die Produkte des Gutes Mondragon, das auch seinen eigenen Prosecco keltert, kaufen.

TEOLO

21 KM SÜDWESTLICH VON PADUA

Da Antonio

Restaurant
Via Molare, 48
Tel. (+39) 049 / 992 51 09
Ruhetag: Donnerstag
Ferien: 2 Wochen im September
100 Plätze + 80 Plätze im Freien
Preise: 24–26 €
Kreditkarten: CS, DC, MC, Visa; BM
Mittags und abends geöffnet

Der rote Faden in unseren Erinnerungen wird wahrscheinlich die reizvolle Landschaft der Euganeischen Hügel mit ihren kurvenreichen Straßen, ihren Bäumen und Weinbergen sein. Auf der großen Terrasse dieses Lokals mit seinem immer wieder beeindruckenden Panorama zu speisen, ist eine großartige Sache. Seit 40 Jahren teilen sich Antonio und seine Frau die Arbeit am Herd, bieten eine schlichte Küche mit modernen wie auch traditionellen Akzenten, die sich jedes Mal wieder als wahres Fest für den Gaumen erweist. Um den Service kümmert sich Tochter Patrizia zusammen mit ihrem Mann Paolo. Erwähnenswert von den Antipasti sind der Sformato di zucchine (4 €), der Jungspinat – sprich Spinacine – mit Speck und Ricotta (6 €), der unvergleichliche, 18 Monate gereifte Prosciutto di Montagnana, die geröstete Polenta zu den Salumi. Es folgen Primi wie **Bigoli con l'anitra** (Pasta mit Entensauce), Gnocchi al ragù di pollo, Pappardelle con i funghi, **Tagliatelle con piselli** oder anderem Saisongemüse (6 €), und danach die obligate Grigliata mista bestehend aus Rippchen, Hähnchen und Salsiccia (10 €), der Kaninchenbraten (**Arrosto di coniglio**, 9 €), das gebratene Perlhuhn (Faraona), die Kalbskoteletts (Braciole di vitello), der Schweinebraten (Arista di maiale). Als Beilage gibt es Gemüse aus dem Ofen und die in dieser Gegend allgegenwärtige Polenta. Die Dolci sind hausgemacht (4 €): Macedonia (Obstsalat), Salame al cioccolato (Schokowurst), Crema catalana, ein paar Kuchen. In Sachen Wein stammen die interessantesten Empfehlungen natürlich aus den Kellereien der Colli Euganei, doch es fehlt auch nicht an ein paar Etiketten aus den wichtigsten Anbaugebieten ganz Italiens, die Sie auch glasweise bestellen können.

TOMBOLO

33 km nördlich von Padua

Ai Mediatori

Trattoria
Via Roma, 2
Tel. (+39) 049 / 596 95 41,
(+39) 338 / 436 28 32
Ruhetag: Montagabend, Dienstag
Ferien: 1 Woche nach Dreikönig, 2 Wochen um den 15. August
60 Plätze + 40 Plätze im Freien
Preise: 35 €
Kreditkarten: MC, Visa; BM
Mittags und abends geöffnet

Im Zentrum von Tombolo erwartet Sie diese schöne Osteria, die vor mehr als einem Jahrhundert eröffnet und vor Kurzem renoviert wurde. Bei dieser Gelegenheit ist auch die Sommerveranda entstanden. Der Name hat mit der Viehhandelstradition des Ortes und jenen Männern zu tun, die hier einst die von ihnen vermittelten Kaufverträge bei einem guten Teller Kutteln besiegelten. Seit über einem Jahrzehnt leitet Familie Antonello – die Eltern im Service, die Söhne Fabio und Federico in der Küche – professionell das Lokal und hat unter Wahrung der Tradition einige interessante Innovationen eingeführt. Mamma Stefania und Papà Simone werden Ihnen die Stammgerichte sowie etliche saisonal variierende Empfehlungen präsentieren. Als Entree probieren können Sie vorzügliche mit Stockfisch gefüllte Artischocken (Carciofo ripieno di baccalà mantecato, 9 €), geräucherte Gänsebrust (Petto d'oca) mit Trevisaner Radicchio und Senfmarinade, **Polentina di grano maranello con formaggio fuso**, Sfilacci, Salame alla brace, Involtini di radicchio e pancetta, Verdure in carpione. Hervorragende Primi sind Zuppetta di radicchio mit Baccalà und Meeresfrüchten (9 €), Tagliatelle con ragù di salsiccia, **Tortelli ripieni di verdure, speck e casatella in Salbeibutter**. Danach kann man sich an Carne alla griglia, **Trippa alla parmigiana** (Kutteln sind wie erwähnt die historische Spezialität des Lokals), feiner Coscia d'oca al forno oder an **Baccalà alla vicentina** (15 €) nach dem Rezept der Ehrenwerten Bruderschaft des Baccalà von Sondrigo erfreuen. In der Saison fehlt es nicht an Spargel aus Bassano und frischem Grün wie Carletti (Leimkraut) oder Bruscandoli (Hopfensprossen). Die Dolci sind hausgemacht. Die Weinkarte, die auch über die Grenzen Venetiens hinausblickt, empfiehlt einige gute Etiketten und ist preislich fair gestaltet.

TORREGLIA

16 km südwestlich von Padua

La Tavolozza

Restaurant
Via Boschette, 2
Tel. (+39) 049 / 521 10 63
Ruhetag: Mittwoch, Donnerstagmittag
Ferien: Ende Juli/Anfang August
80 Plätze + 70 Plätze im Freien
Preise: 30–35 €
Kreditkarten: CS, DC, MC, Visa; BM
Mittags und abends geöffnet

Nach Torreglia kommen die Bewohner von Padua ebenso gerne wie die Urlauber aus dem nahen Abano Terme, etwa nach einem nachmittäglichen Besuch der Abtei von Praglia oder der Einsiedelei der Kamaldulenser, um ein paar friedliche, im Sommer angenehm kühle Stunden in entspannter Umgebung zu verbringen. Das Lokal in einem alten, schön renovierten Landhaus mit großem gepflegtem Garten enttäuscht nie und hat sich als zuverlässige Adresse für gutes Essen in den Colli Euganei etabliert. Regionalität ist heutzutage ein Modewort, doch Fabio Dal Santo (Küche) und Paolo Putti (Service) teilen vor allem eine ausgeprägte Neugierde und den Wunsch, qualitätvolle Spitzenprodukte aufzuspüren. Das motiviert sie, ihr Angebot ständig zu erneuern, ohne der Tradition untreu zu werden. Die Klassiker des Hauses: Radicchio di Treviso und gebackener Spargel aus Pernumia, einheimische **Salame ai ferri con *rapunsoli*** (9 €), frische Tagliatelle mit Erbsen aus Baone, **Bigoli al torchio con sugo d'anatra**, Piccione aperto gratinato al forno (Täubchen), **Coscia d'oca glassata** (Gänsekeule). Im Jahresverlauf sind außerdem Insalata di gallina mit Puntarelle und Sardellen, Timballo di baccalà mit Lauchcreme (9 €), **Gnocchi di zucca mit Salbeibutter** (8 €), Entenbrust (Magrone d'anatra) mit Honig und Balsamico-Essig (13 €) oder Lamm in Form von Lombo d'agnello mit Kräutern zu entdecken. Niveauvoll auch die Desserts: Crema bruciata al Moscato naturale, Torta tenerella, Biscotti della credenza. Der gut sortierte Keller hält für jeden Geschmack und zu jedem Gericht die passende Weinbegleitung bereit.

»*Herzliche Gastlichkeit und erlesene Grundprodukte sind die Elemente, mit denen Fabio und Paolo Tag für Tag arbeiten.*«

TREVENZUOLO
Fagnano

22 KM SÜDLICH VON VERONA

Alla Pergola

Trattoria
Via Nazario Sauro, 9
Tel. (+39) 045 / 735 00 73
Ruhetag: Sonntag, Montag
Ferien: 24. Dezember–6. Januar, 15. Juli–20. August
50 Plätze
Preise: 25–30 €
Kreditkarten: CS, MC, Visa; BM
Mittags und abends geöffnet

Wer in diese Gegend kommt, hat häufig nur ein Ziel: die Osteria der Familie Bresciani, die bekannt ist für ihr Wägelchen mit den Bolliti und den Risotto all'isolana, denn schließlich sind wir hier im Reisanbaugebiet von Isola della Scala. Die Karte wird mündlich vorgetragen und hat als Besonderheit, dass keine Vorspeisen vorgesehen sind, dafür aber anderen Gerichten umso größeres Augenmerk zuteilwird. Bei den Primi (8 €) gilt dies insbesondere für den meisterhaft zubereiteten **Risotto all'isolana** mit halb geschliffenem Reis der Sorte Vialone Nano und Fleisch vom Schwein und Kalb, das mit dem Messer gehackt wird; alternativ dazu kann man sich für Pasticcio con i carciofi, Tortellini di carne in Brühe oder mit Butter, **Tagliatelle in brodo con i fegatini** (Bandnudeln in Brühe mit Hühnerklein), Tagliatelle **al ragù d'asino** (Eselragout) oder al ragù di vitello (Kalbsragout) entscheiden. Bei den Secondi dominiert der beliebte **Carrello di bolliti e arrosti** (12 €), der bekannt ist für die hohe Qualität des gekochten und gebratenen Fleisches, allen voran Arrosto di vitello (Kalbsbraten), **Cotechino** (Kochwurst) und **Testina** (Kalbskopf). Dazu werden klassische **Pearà veronese** (heiße Sauce auf Basis von Knochenmark, Fleischbrühe, Semmelbrösel, Pfeffer und Parmesan) sowie andere Saucen (Salsa verde, Meerrettichsauce) und Mostarde (diverse Chutneys) gereicht. Vorzüglich ist auch das gekochte Gemüse (4 €), das mit besonderer Sorgfalt zubereitet wird. Die hausgemachten Dolci (4,50 €) sind alle köstlich, insbesondere die Zabaione und der gefüllte Hefekuchen Pandoro; ebenfalls in Erwägung zu ziehen sind die Torta elvezia (mit Haselnüssen und Creme Chantilly) und die Crostata con pere e noci (Tarte mit Birnen und Walnüssen). Die Weinkarte umfasst das Gebiet um Verona und ein paar Lambrusco-Etiketten.

TREVISO

Il Basilisco

Restaurant
Via Bison, 34
Tel. (+39) 04 22 / 54 18 22
Ruhetag: Sonntag, Montagmittag
Ferien: 2 Wochen im August
40 Plätze + 40 Plätze im Freien
Preise: 37 €
Kreditkarten: CS, MC, Visa; BM
Mittags und abends geöffnet

Das Lokal mag auf den ersten Blick ein wenig anonym erscheinen, doch wenn Sie es betreten, werden Sie verstehen, warum die Einheimischen das Flair dieses Hauses lieben. In seiner Küche gelingt Diego Tomasi eine effektvolle Synthese der landwirtschaftlichen Traditionen und Esskulturen zweier Regionen: seinem Trentino, von wo er viele Spitzenprodukte bezieht, und dem Veneto, wo er seit etlichen Jahren lebt und arbeitet. Der anfangs etwas schüchtern wirkende Patron wird Ihnen detaillierte Erläuterungen zu Produkten und Produzenten geben, Sie bei der Auswahl der Speisen und der passenden Weine aus einem klug zusammengestellten Repertoire von gut 150 Etiketten beraten, aus dem er täglich einige für den offenen Ausschank auswählt. Pasta, Brot und eingelegtes Gemüse sind hausgemacht, die Salumi liefert ein Verwandter. Großes Augenmerk wird auf Zutaten gelegt, die zu Unrecht als minderwertig gelten, wie Schlachtnebenprodukte und Fettfisch. Um Ihnen eine Vorstellung zu vermitteln: hausgeräucherter Blaufisch aus der Adria (Pesce serra, 10 €), Tarte tatin von Sardellen mit Zichorie und **Carne *salada* salmistrata** (8 €), gefolgt von **Tagliatelle con ragù di coda di bue** (8 €), Risotto con seppioline, **Zuppa di fagioli di Lamon**, Spaghetti mit Stachelschnecken (Garusoli); aus dem Kapitel Secondi: Kaninchen (Coscia di coniglio al forno, 16 €), Lamm als **Tagliata di coscia d'agnello alpagoto**, Oktopus in Form von Fricassea di piovra mit Ingwergemüse. Die Desserts wechseln täglich – lassen Sie sich überraschen.

»
Große Sorgfalt bei der Auswahl der Produkte, Innovation und Raffinesse mit Respekt vor der Tradition, professioneller Service, passionierte Schilderungen der Gerichte: Für all dies stehen Diego und sein Team.
«

VALDAGNO
Contrà Maso

45 KM NORDWESTLICH VON VICENZA, S.P. 246

Hostaria A le Bele

Trattoria
Via Maso, 11
Tel. (+39) 04 45 / 97 02 70
Ruhetag: Montag, Dienstagmittag
Ferien: 1 Woche im Januar, 2 Wochen im August
90 Plätze
Preise: 33 €
Alle Kreditkarten; BM
Mittags und abends geöffnet

Ein paar Kilometer vom Zentrum von Valdagno in Richtung Castelvecchio entdecken wir ein historisches Lokal, das heute von Vittorio und Paolo geführt wird und nicht zuletzt dank seiner Lage einen warmen Unterschlupf im Winter und angenehme Frische im Sommer bietet. Alles in allem ist die Hostaria eine ausgezeichnete Wahl, um in entspannter Atmosphäre das zu genießen, was die Natur im Wechsel der Jahreszeiten und regionale Produzenten zu bieten haben. Dies gilt nunmehr seit über einem Jahrhundert, seit die Bele (zwei angeblich sehr hübsche Schwestern) dieses gastliche Haus eröffneten. In ebenso stilvollen wie behaglichen Räumen kann man die Mahlzeit mit diversen Gemüsevorspeisen (Kürbisblüten, Radicchio trevigiano, Spargel) oder mit **Baccalà mantecato** eröffnen. Ein wahres Fest für den Gaumen sind die Primi: **Gargati con il consiero** (Pasta mit Fleischsauce), Crema di verdura (Gemüsecreme, 7 €), **Bigoli con il ragù d'anatra** (Pasta mit Entenragout), Risotti (sehr gut ist die Variante alle erbette mit in der Umgebung gesammelten Kräutern). Unter den Secondi, die stets von guten Gemüsebeilagen begleitet werden, sind verschiedene Fleischtranchen vom Grill, **Costicine di agnello** (Lammrippchen, 14 €), Pollo alla diavola (scharfes Hähnchen, 12 €) und traditioneller **Baccalà alla vicentina** zu entdecken. Für den Ausklang stehen Crema fritta (6 €), Tortino al cioccolato, Semifreddi und Sorbetti zur Auswahl. Die Weine stammen zum überwiegenden Teil aus dem Umland und anderen venetischen Anbauzonen; die Hausweine sind anständig, wenn auch nicht sehr anspruchsvoll. Besonderes Lob gebührt dem überaus gepflegten Service.

VALDOBBIADENE
Santo Stefano

39 KM NORDWESTLICH VON TREVISO

Salis

NEU

Restaurant-Enoteca
Strada di Saccol, 52
Tel. (+39) 04 23 / 90 05 61
Kein Ruhetag
Ferien: Anfang Januar
30 Plätze + 20 Plätze im Freien
Preise: 32–34 €
Alle Kreditkarten; BM
Mittags und abends geöffnet

In reizvoller Lage inmitten der Hügel der Anbauzone für Prosecco Superiore, wo in speziellen Lagen die Trauben für den hochwertigen Prosecco Cartizze gedeihen, verspricht das Lokal von Chiara Barisan Qualität und Entspannung. Eine gut interpretierte Trevisaner Küche, die eine Vorliebe für Wildkräuter erkennen lässt, trifft auf die hiesigen Weine, unter denen natürlich Prosecco die Vorrangstellung einnimmt. Sitzt man bei Tisch und genießt den spektakulären Blick auf das Idyll der grünen Hügel, kann man mit Spargelflan (Tortino di asparagi alla casatella trevigiana Dop, 7 €), mariniertem Hähnchen (Pollo marinato) auf Frühlingssalaten, Spargel in *saor*, Bauletto con *s'ciopet* (Leimkrautküchlein), Sopressa con *capee* (Wurst mit Steinpilzkappen) oder anderen Salumi aus eigener und lokaler Erzeugung beginnen. Die Teigwaren sind hausgemacht: köstlich die Tagliatelle mit frischen Cipollotti (8 €) oder mit grünem Spargel und Guanciale affumicato, der **Risotto al basilico e Cartizze Superiore**, der Risotto al Raboso e piave vecchio, die Tagliatelle con le verdure, die **Pappardelle al ragù di carni bianche**. Als Hauptgang gibt es Kaninchen in Form von **Coniglio al rosmarino con salsa peverada e patate** (14 €), Lamm als Rotolo di agnello alle erbe, Stinco di vitello oder Stinco di agnello aus dem Ofen, Perlhuhn (Faraona con la peverada), **Baccalà alla vicentina**. Feine Formaggi, darunter frische Bergkäsesorten, begleitet von Mostarde. Als Nachtisch Misticanza di frutta mit Zitronensorbet, Cestino croccante mit Amarettocreme, Cuore morbido di cioccolato mit Sahnesorbet (4 €). Gepflegte Weinkarte mit über 200 Etiketten, davon etwa 50 aus dem Umland; das umfangreiche Repertoire im offenen Ausschank wechselt regelmäßig. Interessante Biere aus einer lokalen Kleinbrauerei ergänzen die Auswahl.

VALEGGIO SUL MINCIO

26 KM SÜDWESTLICH VON VERONA

Alla Borsa

Restaurant
Via Goito, 2
Tel. (+39) 045 / 795 00 93
Ruhetag: Dienstagabend, Mittwoch, im Winter auch Sonntagabend
Ferien: Ende Februar, 15. Juli–15. August
200 Plätze + 80 Plätze im Freien
Preise: 35 €
Kreditkarten: CS, MC, Visa; BM
Mittags und abends geöffnet

Dieses Restaurant, das seit 1959 ununterbrochen von Alceste Pasquali geführt wird, mit der kostbaren Unterstützung seiner Frau Albina, später auch unter Mitwirkung von Tochter Nadia und Sohn Mirko, bietet ein elegantes Ambiente und einen ebenso gepflegten wie aufmerksamen Service. Die saisonalen Speisenfolgen sehen unter den Antipasti ein gefälliges Mosaik aus Salumi und diversen kulinarischen Petitessen (13 €) vor, während von den Primi die Spezialität des Hauses auf keinen Fall unerwähnt bleiben darf: die berühmten **Tortellini di Valeggio nodo d'amore** (11 €), auch bekannt als „Liebesknoten", aus hauchdünnem Teig und traditionell gefüllt mit Bratenfleisch oder mit Ricotta und Kräutern oder (im Herbst) mit Kürbis, Mostarda und Amaretti. Von den sonstigen Primi piatti zu erwähnen sind die **Tagliatelle mit Monte-Veronese-Käse und Thymian** sowie der Blätterteig (Sfogliata al forno) mit Gemüse. Alle Primi kann man auch als Duo, Trio oder Quartett probieren (14, 18 bzw. 23 €). Unter den Secondi zu entdecken sind vorzügliches Perlhuhn in Folie, sprich **Faraona al cartoccio**, und feiner Bollito mit Saucen (14 €) begleitet von Beilagen auf Basis von Gemüse aus lokalem Anbau. Wie so vieles ist auch die Patisserie aus eigener Erzeugung: Mürbeteigkuchen mit hausgemachten Konfitüren, Semifreddo all'amaretto und exquisites eingemachtes Obst in Sirup (Frutta sciroppata, 6 €). Die Weinkarte, in der auch halbe Flaschen zu finden sind, setzt sich aus Etiketten zusammen, die das Umland gut repräsentieren.

VALEGGIO SUL MINCIO
Santa Lucia ai Monti

25 KM SÜDWESTLICH VON VERONA

Belvedere

Hotelrestaurant
Ortsteil Santa Lucia ai Monti, 12
Tel. (+39) 045 / 630 10 19
Ruhetag: Mittwoch, Donnerstag
Ferien: zeitweise im Februar und November
160 Plätze + 160 Plätze im Freien
Preise: 28–35 €
Kreditkarten: CS, MC, Visa; BM
Mittags und abends geöffnet

Dieses ausgezeichnete Restaurant in den Moränenhügeln im Gardasee-Hinterland beweist, wie man trotz beachtlicher Größe hohe Qualität und nahezu intimes Ambiente bieten kann. An kalten Tagen in stilvollen Gasträumen und im Sommer im prächtigen Garten im Schatten alter Kastanienbäume genießt man sorgfältig zubereitete Gerichte einer traditionellen, bodenständigen Küche. Gleich am Eingang sollte man einen bewundernden Blick in die einsehbare Küche werfen, wo über der Glut des großen offenen Kamins appetitliche, saftige Fleischtranchen gebraten werden. Der klassische Veroneser Aufschnitt als Vorspeise umfasst Salami und Pancetta aus eigener Erzeugung, gegrillte Polenta und Prosciutto crudo aus Modena (8 €); alternativ dazu mundet Hecht in Sauce – **Luccio in salsa** – ebenfalls **mit feiner Polenta vom Grill**. Nicht wegzudenken aus dem Kapitel Primi auf Basis von selbst gemachten frischen Teigwaren sind die **Tortellini di Valeggio in Salbeibutter** (9 €) oder in Brühe, denen jedoch die Eierteigwaren – Tagliatelle, Fettuccine und **Bigoli mit Gemüse- oder Fleischsaucen** – in nichts nachstehen. Die Secondi sind durchweg Fleischgerichte: Vom Grill kommen Pollo, Costata, Fiorentina und Tagliata, aus dem Ofen Stinco, Faraona alle olive, **Lepre in salmì** (12 €). Auch die Dolci sind hausgemacht: Panna cotta, Tiramisu, Millefoglie, Bitterschokopudding. Die Weinkarte und das Angebot im offenen Ausschank haben ihren Fokus auf den hiesigen Böden und präsentieren ausgesuchte Produkte von interessanten kleinen Weingütern des Umlandes.

Das typische Backwerk von **Villafranca di Verona** (10 km) ist mürbe, buttrige Sfogliatina: Die besten davon bekommt man in den Konditoreien Molinari, Roveda und San Giorgio.

40 km sw. von Belluno, S.R. 348 und S.P. 1 bis

Locanda Solagna

Trattoria mit Übernachtungsmöglichkeit
Piazza I Novembre, 2
Tel. (+39) 04 39 / 78 80 19
Ruhetag: Donnerstag
Keine Ferien
38 Plätze + 30 Plätze im Freien
Preise: 28 €
Alle Kreditkarten; BM
Mittags und abends geöffnet

In dem kleinen Ort Vas ist große Kochkunst beheimatet. Die Rede ist von der von Carla und Gerardo mit ebenso viel Leidenschaft wir Sorgfalt geführten Locanda Solagna, in deren Küche Anna Erfahrung und Daniele frischen Wind einbringt. Die vielen Stammgäste aus den Provinzen Treviso und Belluno wissen das legere Ambiente ebenso zu schätzen wie den hübschen Außenbereich für den Sommer mit Blick auf den Garten, dank dem die Küche in Sachen Gemüse autark ist. Das Menü wird detailliert geschildert: Es sind schlichte, unkomplizierte Gerichte, die Aroma, Geschmack und Qualität der Grundzutaten (darunter etliche Slow-Food-Presidi: Gerste aus den Tälern um Belluno, Biancoperla-Mais, Castraure di Sant'Erasmo …) betonen. Man beginnt mit allerlei Kostproben: **Frittatina con bruscandoli**, friulanische Pitina, Castelmagno, Gemüse-Ricotta-Strudel, sautierte Jungartischocken, Spargelcrêpes mit Morlacco. Täglich frisch gemacht wird der Teig für die **Tortelli con le erbette primaverili** (8 €) bzw. mit Kürbis und Mohn sowie für die **Tagliatelle al ragù d'anatra**. Nicht unerwähnt bleiben dürfen die Risotti und die **Trippe in brodo**. Lamm (Agnello al forno), Ente (Anatra alla cortigiana), Reh (**Capriolo in salmì**, 10 €), Ochsenschwanz (Coda di manzo) und Schnecken (***S'cios* mit Polenta**, 15 €) lauten die klassischen Secondi. Als Nachtisch gibt es Torta con pere e cioccolato (5 €) und Dolci mit Kornelkirsche (Corniolo) – eine Frucht, die ein langes Leben symbolisiert, das die Locanda Solagna allen ihren Gästen wünscht. Der gut bestückte Keller erlaubt optimale Weinbegleitungen.

»*Familiäre Gastlichkeit, ursprüngliche Küche, Tradition und Qualität zu angemessenen Preisen: ein einzigartiger Ort, der keine Wünsche offenlässt.*«

46 km nordwestlich von Vicenza

Granpasso

Restaurant
Via Velo, 68
Tel. (+39) 04 45 / 71 43 49
Ruhetag: Montag, Dienstag
Ferien: 2 Wochen im Januar
50 Plätze + 20 Plätze im Freien
Preise: 30–35 €
Kreditkarten: CS, DC, MC, Visa; BM
Mittags und abends geöffnet

In dem wunderschönen, ruhigen Tal zwischen Piovene Rocchette und Arsiero entdecken wir in der Nähe des Zentrums von Velo das auch über einen bequemen Radweg erreichbare angenehme Restaurant der Familie Menegante. Hier wird Tradition mit schwungvoller Bravour und dem richtigen Maß an Spritzigkeit interpretiert. Die Karte wechselt in der Regel jeden Monat und wird je nach Saison durch neue Gerichte ergänzt. Den kulinarischen Reigen eröffnen Salumi aus eigener Erzeugung, **Baccalà con patate e olive** (Stockfisch mit Kartoffeln und Oliven, 9 €), Terrina di quaglia e tartufo nero (Wachtelterrine mit schwarzem Trüffel). Es folgen sehr interessante Primi: **Orzotto mantecato** (9 €), Pagliafieno al ragù di fratellanza (Pasta mit Sauce aus gemischtem Fleisch), **Gnocchi di patate al tartufo nero di Velo** (9 €). Dass Regionalität und Saisongerechtigkeit großen Stellenwert haben, ist auch bei den Secondi zu bemerken: **Cartoccio di salmerino e asparagi** (Saibling und Spargel in Folie, 14 €), Brasato di sorana al Tai Rosso (in Rotwein geschmortes Scottona-Jungrind, 14 €), obligater **Baccalà alla vicentina mit Polenta** (14 €). Lassen Sie sich abschließend eine Kostprobe von den Desserts nicht entgehen: **Macafame** (eine Art Brotpudding) Gelato con salsa alla vaniglia (Eiscreme mit Vanillesauce), Flan di cioccolato fondente, **Torta sbrisolona**, Creme Chantilly al caffè. Als wirklich ausgezeichnet und umfassend ist die Weinkarte zu werten, die von einem Faible für biologische und biodynamische Weine zeugt. Begrüßenswert finden wir die Möglichkeit, eine nicht ausgetrunkene Flasche mit nach Hause nehmen zu können. Neben dem beachtlichen Sortiment an Grappas und anderen Spirituosen seien abschließend das interessante Angebot an Kaffee und Tee sowie der überaus gepflegte Service erwähnt.

Vaporetto-Anlegestelle Rialto

Antico Calice

Traditionelle Osteria-Trattoria
San Marco, Calle degli Stagneri, 5228
Tel. (+39) 041 / 520 97 75
Kein Ruhetag
Ferien: je 1 Woche im Januar, Ende Juli und Anfang August
80 Plätze
Preise: ✚ 35–38 €
Alle Kreditkarten
Mittags und abends geöffnet

Dieses zwischen Rialtobrücke und Markusplatz gelegene alteingesessene Lokal mit zwei Gasträumen, von denen einer sich im Obergeschoss befindet, bietet traditionelle Fischküche und ein paar Fleischgerichte. Vor nunmehr zwei Jahren haben die neuen Betreiber damit begonnen, dem klassischen Speisenangebot der Osteria mit originellen, frischen Akzenten zu neuem Glanz zu verhelfen. Die Vorspeisenauswahl umfasst Insalata di piovra (Oktopussalat), Antipasto di pesce crudo (allerlei roher Fisch), unglaublich köstliche **Polpetti con sedano** (Tintenfisch mit Stangensellerie) oder Minigarnelen namens ***Schie* mit Polenta** (15 €). Unter den Primi mit hausgemachten Teigwaren entdecken wir **Pasta con le seppie in nero** (15 €), Pasta con la coda di rospo (mit Seeteufel) oder auch ***Bigoi* in salsa** (dicke Spaghetti mit Sardellensauce, 12 €). Das Kapitel Secondi beinhaltet marinierten Fisch in Form **Tris di *saor* mit Polenta** (18 €), drei verschiedene Stockfischgerichte als **Tris di baccalà mit Polenta**, Seppie in nero mit Polenta (18 €), Frittura mista (gemischte Fischfrittüre), **Fegato alla veneziana**. Hausgemacht sind auch die Dolci (5 €): Tiramisu, Salame di cioccolato, Torta di mandorle e noci, Amaretto-Schoko-Semifreddo. An Wein sind ungefähr 300 Etiketten lagernd, von denen einige auch glasweise ausgeschenkt werden; die Palette der Hausweine im offenen Ausschank reicht von Pinot Grigio über Cabernet Sauvignon bis hin zu Prosecco und Raboso Frizzante.

Der Feinkostladen von Gabriele Bianchi, Via Garibaldi 1561, bietet ein Wurst- und Käsesortiment mit vielen Slow-Food-Presidi sowie Wein.

VENEDIG

Vaporetto-Anlegestelle Ca' d'Oro

Ca' d'Oro
(vulgo Alla Vedova)

Traditionelle Osteria
Cannaregio 3912/Ramo Ca' d'Oro
Tel. (+39) 041 / 528 53 24
Ruhetag: Donnerstag, Sonntagmittag
Ferien: 20. Juli–31. August
50 Plätze • Preise: 28 €
Keine Kreditkarten
Geöffnet 11.30–14.30, 18.30–22.30 Uhr

Dieses historische Lokal der Stadt, das seit 1891 als Osteria besteht, befindet sich in einer kleinen Seitengasse der belebten Strada Nova auf Höhe der Cà d'Oro. Gleich am Eingang wartet in der Vitrine des alten Tresens eine Reihe von appetitlichen *Cicheti* darauf, verspeist zu werden. Auch viele Venezianer nehmen diese Art des Imbisses gerne in Anspruch, der traditionell von einer Ombra (kleines Glas) guten Weins begleitet wird. Unverzichtbar und sehr beliebt sind **Polpette di carne** (Fleischbällchen, 1,50 € pro Stück), **Baccalà mantecato**, **Sarde in *saor***, **Folpeti lessi** (gekochte Moschuskraken) und **Uova di seppia** (Tintenfischeier). Venezianisches Flair bietet das Lokal aber nicht nur in seiner Funktion als *Bàcaro*, sprich Stehkneipe, sondern auch bei Tisch: Die Geschwister Renzo und Mirella bieten nämlich klassische, typisch venezianische Speisen, für die frische Produkte von hoher Qualität zum Einsatz kommen. Beginnen kann man mit Misto di pesce lesso (allerlei gekochter Fisch, 12 €) oder Misto di verdure ai ferri (Grillgemüse), oder man geht gleich zu den Primi über und wählt zwischen **Bigoli in salsa**, Lasagna vegetariana und **Spaghetto al nero di seppia** (10 €). Frittura mista (gemischte Fischfrittüre), **Seppie nere** (in eigener Tinte geschmorter Tintenfisch, 12 €), ***Schie*** (kleine Garnelen) oder Polpo in umido (geschmorter Oktopus), jeweils mit weißer Polenta serviert, sowie **Fegato alla veneziana** lauten die Hauptspeisenempfehlungen. Abschließend kann man ein paar typisch venezianische Kekse knabbern, vorzugsweise zu einem guten Glas Süßwein. Der Weinbestand mit hauptsächlich nordostitalienischen Etiketten, von denen einige auch glasweise zu haben sind, ist in Ordnung; alternativ dazu mundet der Hauswein. Eine Kuriosität: Fragen Sie nicht nach Kaffee, den gibt es hier nicht!

VAPORETTO-ANLEGESTELLE PONTE TRE ARCHI

Dalla Marisa

Trattoria
Cannaregio, 652 B/Fondamenta San Giobbe
Tel. (+39) 041 / 72 02 11
Ruhetag: Montag-, Dienstag- und Sonntagabend
Ferien: August, Weihnachten
25 Plätze + 45 Plätze im Freien
Preise: 20–40 € (Tagesmenü mit Wein)
Keine Kreditkarten
Mittags und abends geöffnet

Nicht weit vom Bahnhof (zehn Minuten zu Fuß) bietet diese kleine Trattoria ein Menü zu erschwinglichen Preisen für ihre Klientel aus Angestellten, Arbeitern, Studenten und vorbeikommenden Touristen, die hier in der Mittagspause für eine Mahlzeit nicht mehr als 15 € ausgeben. Das Ambiente ist spartanisch, doch im Sommer kann man draußen am Kanal von Cannaregio nett essen. Abends werden ausschließlich zwei Degustationsmenüs angeboten: das Fleischmenü für 35 €, das Fischmenü für 40 €; wenn man den einen oder anderen Gang weglässt, reduziert sich der Preis entsprechend. Inhaberin Anna (die Tochter jener Marisa, der das Lokal seinen Namen verdankt) setzt in der Küche die gastronomische Tradition der Familie fort. Von den vielen typischen Fischgerichten erwähnt seien Moscardini in umido (Tintenfischeintopf), **Baccalà mantecato** (pürierter Stockfisch), marinierter Branzino und Peoci (Miesmuscheln). An Primi gibt es **Risotto *coe secoe*** (mit Fleischstückchen, die von Rinderwirbeln geschabt werden), **Tagliatelle al sugo d'anatra** (mit Entensauce), Fleisch-, Fisch- oder saisonal variierende Gemüseaufläufe (Pasticci). Unter den Secondi zu entdecken sind Bollito (Kochfleisch), **Spienza bollita** (Milz), Sguassetto a la bechera (Ragout aus Lunge, Milz, Kutteln und Kalbsschwanz), Arrosto di coniglio (Kaninchenbraten), klassische **Frittura mista di pesce** (Fischfrittüre). Am 21. November, zum Fest der Madonna della Salute, wird die traditionelle **Castradina** zubereitet: gepökeltes und geräuchertes Hammelfleisch mit Wirsing – ein Gericht, das mit dem Ende der Pest, die im 17. Jahrhundert in Venedig wütete, in Verbindung gebracht wird. Der Nachtisch besteht in der Regel aus Mascarponecreme und Baicoli (venezianische Kekse); das Weinangebot beschränkt sich auf den im Preis inbegriffenen Hauswein.

VAPORETTO-ANLEGESTELLE CA' REZZONICO

La Bitta

Osteria
Dorsoduro 2753 A/Calle Lunga San Barnaba
Tel. (+39) 041 / 523 05 31
Ruhetag: Sonntag
Ferien: 1 Woche vor Weihnachten, 2 Wochen im Juli
28 Plätze + 14 Plätze im Freien
Preise: ⊞ 38–40 €
Keine Kreditkarten; BM
Geöffnet 18.30–24 Uhr

Es gibt viele Gründe, warum uns dieses Lokal so gut gefällt: die Sorgfalt, mit der auf die Saisonalität der Grundprodukte geachtet wird; deren Herkunft, sorgfältig recherchiert, ausschließlich in der Region und nicht zuletzt die Tatsache, dass es sich um eines der seltenen Beispiele für eine – im Übrigen von den Venezianern gerne besuchte – Osteria handelt, die in einem fischdominierten Umfeld ausnahmslos Fleischküche anbietet. Das kleine Lokal verfügt über zwei sehr gepflegte Speiseräume, in denen Debora und Marcellino regieren, die ein großes, von Herzen kommendes Gespür für Gastlichkeit haben. Saisonalität ist der Leitfaden der Küche: Im Frühjahr kann man beispielsweise mit einem Salat von rohen Artischocken mit gehobeltem Grana und Rucola oder mit **Porchetta trevigiana e salsa al rafano** (10 €) beginnen. Es folgen Tagliatelle alla finanziera (mit Hühnerklein, 11 €), **Gnocchi di patate con rape rosse e asparagi** (Kartoffelgnocchi mit Roter Bete und Spargel) oder Sfornato di bruscandoli con fonduta di taleggio (Hopfensprossenflan mit Käsesauce). Als Hauptgang kann man zwischen Hähnchen (Galletto ai peperoni), Kalbsleber (Fegato di vitello alla veneziana, 16 €), Ente (**Anatra arrosto**) und Schweinefilet in Form von **Filetto di maiale alle erbe** wählen. Genug von Fleisch? Dann können Sie den gut sortierten Käseteller (Piatto di formaggi) mit Honig und Mostarda bestellen. Für den Nachtisch stehen täglich wechselnde hausgemachte Dolci (6 €) bereit. In Sachen Wein bietet die Karte eine sorgfältig zusammengestellte Selektion an Produkten aus dem italienischen Nordosten. Der gute Hauswein wird in der Flasche serviert und nach Konsum verrechnet.

Venedig: Bacari, Cicheti und Ombre

Der alte venezianische Brauch des Kneipenbesuchs, um zu plaudern, eine Kleinigkeit zu essen und ein Glas Wein zu trinken (im Dialekt hieße das *far do ciacole gustando un cicheto e bevendo un'ombra*) scheint sich langsam zu verlieren. Dem wirken einige aufgeschlossene, engagierte junge Gastronomen entgegen. Ihr Herz hängt an Venedig und sie lassen traditionelle Gewohnheiten der Stadt mit verstärkt modernem Geist und – vor allem – mit mehr Augenmerk auf die Qualität der Produkte (was in der Vergangenheit häufig ignoriert worden ist) wiederaufleben.

Zwar findet man hier nicht immer *Spienza* (Milz) oder *Coradea* (Innereien), doch auch ein halbes Ei mit Sardelle, gekochte *Folpeti* (Moschuskraken), Sardinen in *saor*, Seppioline alla griglia oder Baccalà sind stets genussreiche Erfahrungen. Auch ein Spießchen mit gegrillten Garnelen oder gebackenem Gemüse können hilfreich sein, um genussvoll zu entschleunigen.

Dies gelingt vor allem dann, wenn man den Gaumenkitzel mit einem der hervorragenden Weine aus dem nordostitalienischen Raum begleitet, die in besonders aufmerksame *Cichetterie* in meist sehr hoher Qualität längst Einzug gehalten haben.

Für unseren Lokalführer ist es eine Verpflichtung, auch all die Lokale des Typus Bacari aufzuspüren, auszuprobieren und zu besprechen, die um erneuerte Traditionen bemüht sind. Den geänderten Ansprüchen an die kleine Mahlzeit in der Mittagspause werden die *Cicheti* sehr gut gerecht. Umso mehr, wenn das Angebot auch einige warme Speisen umfasst: Bigoli in salsa, Spaghetti con le vongole, *Peoci saltai* (sautierte Miesmuscheln), Kuttelsuppe, Knorpelsalat mit Zwiebeln und Lagunenkrebse wie *Masanete conse* oder *Bovoleti agio e ogio* (Schnecken mit Knoblauch und Öl).

Natürlich wird man auch weniger Typisches wie gebackenen Mozzarella oder Brötchen mit Aufschnitt vorfinden. Doch wenn dafür keine Tiefkühlware, sondern gutes Brot sowie qualitätvolle Wurst- und Käsesorten, vielleicht sogar Produkte der Slow-Food-Presidi, verwendet werden, verdienen diese Imbisse denselben Respekt wie Crostini mit Baccalà mantecato oder geröstete Polenta mit einer Scheibe heißer Brühwurst (Musetto). Im Folgenden finden Sie die Lokale, die uns am meisten überzeugt haben.

Rodolfo Agostini

All'Arco

Vaporetto-Anlegestelle Rialto Mercato
San Polo, 436/Rialto
Tel. (+39) 041 / 520 56 66
Ruhetag: Sonntag
Ferien: Weihnachten, Ostern, August
Geöffnet 8–14.30 Uhr, April–November
Mittwoch–Samstag auch 18–20 Uhr

Der nahe Markt von Rialto ist die tägliche Inspirationsquelle für die *Cicheti*, die in diesem sympathischen kleinen Lokal angeboten werden. Die Palette reicht von Panini mit Aufschnitt, Käse oder Gemüse bis hin zu den klassischen Folpeti lessi, von Crostini di baccalà mantecato zu Sarde in *saor*, von Musetto zu frittiertem Fisch und gebackenem Gemüse. Dazu trinkt man vornehmlich offen ausgeschenkten Prosecco, aber auch Markenweine aus dem gesamten Nordosten, während man dem regen Markttreiben zusehen kann.

Al Bacareto

Vaporetto-Anlegestelle San Samuele oder All'Angelo
San Marco, 3447/San Samuele
Tel. (+39) 041 / 528 93 36
Ruhetag: Sonntag
Ferien: 3 Wochen im August
Geöffnet 8–22.30 Uhr

In diesem wunderschönen Lokal eine Pause einzulegen und ein paar *Cicheti* zu genießen, ist im Rahmen eines Venedigaufenthalts gleichsam ein Muss. Die Auswahl an Imbissen ist riesig: gebackene Sardinen, geröstete Brotscheiben mit Stockfisch, gegrillter oder gebackener Tintenfisch (Seppioline), Fleischbällchen, Pierini (frittierter Toast), gebackenes Gemüse. Darüber hinaus werden auch ein paar warme Gerichte angeboten, etwa Pasta wie Bigoli in salsa oder Spaghetti alle vongole, aber auch Risotti di pesce, Fritture miste, Fegato alla veneziana. Hausgemachte Leckereien, gute Flaschenweine aus Venetien und Friaul sowie Hauswein für die klassische Ombra.

Cantinone (vormals Schiavi)

Vaporetto-Anlegestelle Zattere oder Accademia
Dorsoduro, 992/San Trovaso
Tel. (+39) 041/523 00 34
Ruhetag: Sonntag
Ferien: 2 Wochen im August
Geöffnet 8.30–20.30 Uhr

Signora Alessandra bereitet seit mehr als 30 Jahren ihre originellen Crostini in unterschiedlichsten Varianten zu: mit gegrillten Zucchini, hart gekochten Eiern und Sardellen, Baccalà mantecato, Peperoni al tonno, Sardinen in *saor* oder Tintenfisch. In dem historischen Lokal gegenüber der Gondelwerft am Rio San Trovaso lassen sich die *Cicheti* wunderbar mit einem Glas Wein aus dem reichhaltigen Sortiment kombinieren, das in der dazugehörigen Weinhandlung verkauft wird. Es gibt auch eine breite Palette an Grappas und sonstigen in- und ausländischen Spirituosen.

Cavatappi

Vaporetto-Anlegestelle Rialto oder San Zaccaria
San Marco, 525–526/Campo de la Guerra
Tel. (+39) 041/296 02 52
Ruhetag: Montag
Ferien: Januar
Geöffnet 9–21 Uhr, Freitag und Samstag 9–24 Uhr, Sonntag 9–19 Uhr

Der Teil der Stadt, in dem sich dieses Lokal befindet, ist wegen der Nähe zum Markusplatz ziemlich touristisch, doch Francesca und Marco bieten nach wie vor traditionelle *Cicheti* von bester Qualität an und achten insbesondere auf ausgesuchte Grundzutaten, was auch für Wurstwaren und Käse gilt. Für den kleinen Hunger zwischendurch gibt es Folpeti, Baccalà mantecato, Sardinen in *saor* und Sarde fritte, hart gekochte Eier mit Sardellen. Mittags wird immer ein warmes Gericht der Saison angeboten, abends kann man sich mit mehreren Gängen verwöhnen lassen. Für die glasweise Weinbegleitung steht eine schöne Auswahl an Etiketten aus dem italienischen Nordosten bereit.

Codroma

Vaporetto-Anlegestelle San Basilio
Dorsoduro 2540/Fondamenta Briati
Tel. (+39) 041 / 524 67 89
Ruhetag: Sonntag
Ferien: August
Montag–Mittwoch 8–16 Uhr geöffnet, Donnerstag–Samstag 8–16, 18–23 Uhr

Diese Osteria ist tief in der Geschichte der Serenissima, ihrer Gastlichkeit und Esskultur verwurzelt und zelebriert diese Werte nach wie vor Tag für Tag aufs Neue: Mit Fleisch- und Fischbällchen, Baccalà in drei Spielarten, Folpeti, gebackenem Gemüse, der obligaten Vielfalt an gefüllten Panini und einer der typischen Süßspeisen Venedigs, nämlich Crema fritta. An Tellergerichten zur Auswahl stehen Pasticcio di pesce, Spaghetti alle vongole, Seppie in umido mit Polenta und Tris di polentine mit *Schie*, Baccalà und Seppie al nero. Gutes Sortiment an Rot- und Weißweinen, insbesondere aus Venetien und Friaul.

Enoiteca Mascareta

Vaporetto-Anlegestelle Rialto
Castello, 5183/Calle Lunga Santa Maria Formosa
Tel. (+39) 041/523 07 44
Kein Ruhetag
Keine Ferien
Geöffnet 19–2 Uhr

Wir sind hier zu Gast bei Mauro Lorenzon, der einfach erwähnt werden muss, ist er doch die Seele dieses Lokals, das Vinothek, Osteria und Trattoria unter einem Dach vereint. Eine gesellige Atmosphäre ist hier garantiert, doch eigentlich besucht man das Mascareta wegen der großen Auswahl an Wein und Champagner, der Wurst- und Käseplatten, des Sortiments an klassischen, immer frischen *Cicheti*, aber auch wegen der zuweilen angebotenen Delikatessen wie Austern, Kammmuscheln (Canestrelli) und Trüffeln. Es fehlt auch nicht an warmen Speisen: Pasta e fagioli, frisch zubereitete Risotti di pesce, Baccalà alla vicentina oder Seppie in umido. Ein paar Dolci und ausgesuchte Edelbrände runden das Angebot ab.

Al Ponte

Vaporetto-Anlegestelle Ospedale Santi Giovanni e Paolo
Cannaregio, 6369/Ponte della Testa
Tel. (+39) 041/528 61 57
Kein Ruhetag
Keine Ferien
Geöffnet 8–22 Uhr

Das Lokal ist vor Kurzem ein kleines Stück weit umgezogen, dem Cannaregio-Viertel aber treu geblieben. Ivan und Romeo haben nämlich die Räumlichkeiten von Ardenghi, einem der großartigsten Wirte Venedigs des vergangenen Jahrhunderts, übernommen und das Angebot mit einer wirklich beeindruckenden Auswahl an *Cicheti* aufgestockt: Das Potpourri an appetitlichen Häppchen reicht von gebackenem Gemüse über Fleischbällchen, Olive all'ascolana, Sardinen in *saor*, Baccalà mantecato, Folpeti, Seppioline, Insalata di polpo mit Kartoffeln, Prosciutto crudo di Parma bis hin zu Crostini mit Lachs. Wer möchte, kann sich auch ein Tellergericht genehmigen, etwa Tagliatelle all'isolana oder alla scogliera, Makrele (Sgombro in padella), Leber (Fegato alla veneziana). Ausgewogene Auswahl an Rot- und Weißwein aus Venetien und ganz Italien.

Al Portego

Vaporetto-Anlegestelle Rialto
Castello, 6015/San Lio
Tel. (+39) 041/522 90 38
Kein Ruhetag
Ferien: unterschiedlich
Geöffnet 10.30–15, 17.30–22 Uhr

Traditionsgemäß ist die Vitrine mit den *Cicheti* dieses Lokals eine der eindrucksvollsten im Panorama der venezianischen Osterien. Hier können Sie sich an Sardinen in *saor*, Polpette aus Hackfleisch und Fisch, frittierten Fisch- und Gemüsehäppchen, Crostini mit Baccalà mantecato, Panini mit Wurst, Schinken oder Käse, gratinierten Jakobsmuscheln, Olivenspießchen oder gegrilltem Gemüse gütlich tun. An warmen Speisen zur Auswahl stehen Spaghetti alle telline (mit Muscheln), Tagliatelle con gli scampi alla busara, Schwertfisch in Form von Tagliata di pesce spada al balsamico, Frittura mista (gemischte Fischfrittüre). An Dolci gibt es traditionelle Leckereien wie Biscottini und Tiramisu. Weine aus nordostitalienischen Anbauzonen für die obligate Ombra.

Al Prosecco

Vaporetto-Anlegestelle San Stae
Santa Croce, 1503/Campo San Giacomo dell'Orio
Tel. (+39) 041/52 40 22
Ruhetag: Sonntag, Feiertage
Ferien: Januar, August
Geöffnet 9.30–21 Uhr

Auf dem Campo San Giacomo dell'Orio kann man mit Blick auf einen kleinen Gemüsegarten (mit Vogelscheuche), der von den Schülern der nahe gelegenen Grundschule betreut wird, an einem der Tische im Freien Platz nehmen, sich einen *Cicheto* und eine Ombra genehmigen und dabei Kinder beim Spielen, Einheimische beim Plaudern und vorbeikommende Touristen beobachten. Davide könnte ein kleines feines Panino mit Culatta reale di Parma oder mit Lardo di Colonnata für Sie zurechtgemacht haben. Oder auch einen Teller mit Mozzarella di bufala und Gemüse oder eine Insalata di formaggi mit naturbelassenen Konfitüren. Für Ihr Glas Wein können Sie unter zahlreichen Prosecco-Etiketten, friulanischen Weißweinen und venetischen Rotweinen wählen.

9 KM VOM ZENTRUM

Moro

Restaurant
Via Piave, 192
Tel. (+39) 041 / 92 64 56
Ruhetag: Sonntag
Ferien: vierte Juliwoche
28 Plätze
Preise: 35–38 €
Alle Kreditkarten; BM
Mittags und abends geöffnet

Das sehr zentral, nur ein paar Schritte vom Bahnhof Mestre entfernt gelegene Moro präsentiert sich als kleines behagliches Lokal in einem stark multiethnisch geprägten Viertel. Lino Moro, der zusammen mit Tochter Federica den Service dirigiert, wird Sie stets herzlich empfangen, während seine Frau Luisa und Daniele Favaron in der Küche werken. Das Angebot ist abwechslungsreich und zeichnet sich durch einige Verweise auf die regionaltypische Küche aus. Insbesondere bei den Gerichten der Tradition zeigt sich die Osteria von ihrer besten Seite: **Sarde in *saor*** (6 €), **Baccalà mantecato** (9 €) und **Fegato di vitello alla veneziana** (15 €). An Antipasti gibt es Crostini mit Lardo di Colonnata (5 €), Spargel in Form von Asparagi mimosa, Bruschetta al pomodoro fresco. Mit den Primi piatti kommen Cappellacci di burrata, Maccheroncini all'amatriciana, **Spaghetti in salsa di moscardini**, Gnocchi di patate al ragù auf den Tisch. Das Kapitel Secondi beinhaltet Tagliata mit Rucola, Hamburger vom Fassona-Rind, Backhähnchen (Pollo fritto) mit Pommes frites, Piovra ai ferri (gegrillter Oktopus). Auf dem interessanten **Käse**wägelchen sind einige edle Formaggi und eine schöne Präsenz an Slow-Food-Presidi zu entdecken (Käseplatte für 12 €). Gute Dessertauswahl. Der probate Weinkeller wartet hauptsächlich mit Etiketten aus den nordöstlichen Regionen Italiens und einer erklecklichen Anzahl an Halbflaschen auf.

Auf dem Campo Bella Vienna gibt es ein Delikatessengeschäft, das unter anderem Qualitätskäse der Region Venetien führt.

VENEDIG
Mestre

9 KM VOM ZENTRUM

Ostaria Da Mariano

Traditionelle Osteria
Via Spalti, 49/Via Cecchini
Tel. (+39) 041/61 57 65
Ruhetag: Samstag, Sonntag
Ferien: letzte Juliwoche–Mitte August
40 Plätze • Preise: 30–35 €
Kreditkarten: CS, DC, MC, Visa; BM
Mittags und abends geöffnet

Von außen wirkt sie unscheinbar, doch wenn man die Schwelle der Osteria Da Mariano überschritten hat, wird schnell klar, dass hier die gute Küche zu Hause ist. Kaum zu übersehen sind die auf dem Tresen am Eingang sorgfältig drapierten **Formaggi** und die zahlreichen Weinflaschen, die Büchern gleich in den Wandregalen liegen. Die in Holz gehaltene Einrichtung des Gastraums schafft heimeliges Flair, die karierten Tischtücher der hübsch gedeckten Tische zitieren die Tradition. Empfangen wird man vom Hausherrn Antonio, dem Sohn des Gründers Mariano. Antonio weiß seine Gäste kompetent zu beraten, trägt die Tagesempfehlungen vor, erläutert die Rezepte und erzählt von den verwendeten Zutaten, die alle von bester Qualität sind. Die Karte empfiehlt Fleisch- und Fischgerichte. Als Vorspeise raten wir zu ***Cicheti* veneziani** (drei Häppchen nach Wahl, 15 €), **Sarde in *saor*** oder Insalatina di polipo mit Polenta (8 €). An Primi gibt es **Pasta al baccalà** oder Tagliolini alle seppie (8 €), Kürbisgnocchi mit Tomaten oder Gemüse. Von den Hauptspeisen der Meeresküche genannt seien **Baccalà mantecato**, geschmorte **Seppie alla veneziana** mit Polenta und Fisch des Tages mit knusprigen Kartoffeln (15 €). Aus dem Kapitel Fleisch seien das klassische Lebergericht **Fegato alla veneziana**, das Perlhuhn (Faraona disossata ripiena) und das Kaninchen (Coniglio ripieno, 15 €) erwähnt. Gute, gepflegte Auswahl an Formaggi, hausgemachte Kekse und Desserts, facettenreiche Weinkarte mit besonderem Augenmerk auf die nordöstlichen Regionen Italiens.

»*Leidenschaft und Professionalität gehen hier Hand in Hand mit gelebtem Regionalbewusstsein und Wertschätzung der eigenen Traditionen. Ein altbewährter Klassiker.*«

Al Bersagliere

Restaurant
Via Dietro Pallone, 1
Tel. (+39) 045/800 48 24
Ruhetag: Sonntag, Montag
Ferien: unterschiedlich
60 Plätze + 20 Plätze im Freien
Preise: 30 €
Kreditkarten: AE, CS, MC, Visa; BM
Mittags und abends geöffnet

Hier einzukehren ist, als ob man einen Freund besucht, der charakterlich eher schroff ist, aber viele Geschichten zu erzählen hat. Dies bestätigen die Fotos an den Wänden und teils recht ausgefallene Gegenstände in den drei Räumen der Osteria. Wer Leopoldo Ramponi um Erläuterungen zu einem Gericht bittet, kann Überraschendes erleben. Zusammen mit Sohn Alessandro im Service und Ehefrau Marina in der Küche bietet er nicht weit von der Arena eine traditionelle Küche nach präzisen Vorgaben ohne Firlefanz. Man beginnt mit Polenta zu Lardo (7 €), Soppressa oder Formaggio, oder entscheidet sich für Prosciutto crudo, **Sfilacci di cavallo** oder ***Stortina* veronese** (Wurstspezialität, Slow-Food-Presidio). Immer zu haben sind **Pasta e fagioli alla veneta** (7,50 €), **Tagliolini in brodo con fegatini**, **Bigoli al torchio con anatra**; unverzichtbar ist eine Kostprobe vom **Risotto all'Amarone** oder vom Risotto al Bersagliere (mit Salsiccia und Bohnen, 6,50 €). Wir sind bei den Secondi angelangt: berühmt ist die ***Pastissada* mit Polenta** (13 €), neben Filetto all'Amarone, Fleisch vom Grill oder auch **Polenta con il baccalà**; aus dem Kapitel Fisch seien zudem Barsch (Persico al Soave, 10 €) und Forelle – **Trota del lago di Garda** – erwähnt. Abschließend kann man diverse **Formaggi** probieren, darunter Sorten aus der Gegend, oder man gönnt sich ein hausgemachtes Dessert (5 €), etwa Diplomatico oder Zuppa inglese. Die umfangreiche Weinkarte huldigt der Veroneser Winzerszene, die Bestände lagern in einem schönen Keller aus dem 13. Jahrhundert, den man besichtigen kann. Interessante Karten mit Grappas und Whiskys.

»*Leopoldo Ramponi offenbart sich auf seine bescheidene Art nach und nach als Botschafter einer großen Tradition.*«

All'Isolo

NEU

Trattoria
Piazza Isolo, 5
Tel. (+39) 045 / 59 42 91
Ruhetag: Mittwochabend
Ferien: 16.–30. Juli
50 Plätze + 30 Plätze im Freien
Preise: 25 €
Alle Kreditkarten; BM
Mittags und abends geöffnet

Auf der vielleicht weniger touristischen Seite der Etsch, aber nur ein paar Schritte von den Scaliger-Gräbern und dem Palazzo Forti entfernt, entdecken wir eine Piazza, die sich heute an der Stelle eines früheren Seitenarms des Flusses erstreckt. Dieser bildete eine Insel, was den Namen des Platzes und damit auch dieser Veroneser Trattoria erklärt, die man als zerstreuter Passant in ihrer Unscheinbarkeit leicht übersehen kann. Doch hat man einmal hingefunden, fühlt man sich in den zwei kleinen Gasträumen mit familiärem Flair auf der Stelle zu Hause. Im Sommer werden unter großen Sonnenschirmen ein paar Tische auf der Piazza aufgestellt. Die schlicht präsentierten Gerichte entstammen der hiesigen Traditionsküche. Die Auswahl an Antipasti (6 €) kann beispielsweise gemischte Salumi oder den Klassiker **Luccio mit Polenta** beinhalten. Es folgen Tagliatelle all'anitra, **Pasta e *fasoi***, Fettuccine al tartufo (7 €), **Bigoli con le sarde**. Hauptspeisen wie Baccalà alla vicentina, **Pastissada di cavallo**, Fegato alla veneziana und im Winter **Lesso con la pearà** (Kochfleisch mit pikanter Sauce, 12 €) ergänzen das Angebot. Als köstlich erweisen sich die traditionellen Desserts (3 €). Eine kleine, aber mustergültige Selektion an edlen Tropfen aus der Region und ein generöses Angebot an Hauswein vervollkommnet dieses authentische Erlebnis im Stil der alten Veroneser Gasthaustradition. Von Montag bis Freitag bekommt man mittags ein Tagesmenü für 11 € (Primo, Secondo, Beilage und Wasser), während man abends nicht nur à la carte bestellen, sondern sich auch für ein kleines zweigängiges Menü für 15 € entscheiden kann. Eine Tischreservierung ist ratsam.

„Andar per goti“ in Verona

Die Osterien sind das pulsierende Herz Veronas. An den Tresen dieser Lokale sind wichtige Entscheidungen getroffen und im Laufe der Jahrhunderte unterschiedlichste Themen erörtert worden. Eines hat sich indes nie verändert: Immer schon hat man diese Momente mit einem Glas Wein, dem *goto* di vino, und etwas zu essen begleitet.

Von einer Osteria in die nächste zu wechseln ist zweifelsohne eine originelle Weise, um diese wunderschöne Stadt aus einem besonderen Blickwinkel kennenzulernen. In die Osterien, die wir Ihnen hier vorstellen, können Sie einkehren, um einen Aperitif oder auch eine komplette Mahlzeit zu genießen. Denn neben Wurst und Käse fehlt es nie an den großen Klassikern der Veroneser Tradition: Bohnensuppe mit Nudeln (Pasta e fagioli), Kutteln (Trippa), Pferdeschmorfleisch *(Pastissada de caval)* sowie Stockfisch (Baccalà).

Al Carro Armato

Vicolo Gatto, 2 A
Tel. (+39) 045 / 803 01 75
Ruhetag: Montag
Ferien: unterschiedlich
Kreditkarten: BM
Geöffnet 11–2 Uhr

Die von Annalisa Morandini und ihren Töchtern geführte alteingesessene Osteria verdankt ihren Namen (dt.: „Zum Panzer“) dem ersten Besitzer, der vor seiner Karriere als Wirt Panzergrenadier der Armee war. Das Lokal mit dem schlichten Interieur bietet am Tresen ein gutes Glas Wein und appetitliche Häppchen. Im angrenzenden Speisesaal kann man einige Veroneser Traditionsgerichte probieren, von denen insbesondere Nervetti con cipolle (Kalbsknorpelsalat mit Zwiebeln), Pasta e fagioli (Bohnensuppe mit Nudeln), Gnocchi (immer freitags), Kutteln alias Trippe und *Pastisada de caval* (Pferdeschmorfleisch) erwähnt seien. Höchst interessant die Auswahl an italienischen Weinen, im Besonderen aus Veroneser Gefilden.

Alla Corte

Piazzetta Ottolini, 2 A
Tel. (+39) 349 / 249 90 87
Ruhetag: Samstagnachmittag, Sonntag
Ferien: 2 Wochen im August
Geöffnet 7.30–21 Uhr

Die Bar-Enoteca von Massimo Perini liegt im Carega-Viertel. Im Inneren gibt es im ersten Raum gegenüber vom Schanktresen drei Tische; weitere Plätze bietet ein Nebenraum, der für eine gemütliche Mahlzeit besser geeignet ist. Außerdem kann man sich draußen auf der beschaulichen kleinen Piazza niederlassen. Das Lokal bietet eine durchdachte Auswahl an italienischen Weinen, insbesondere aus der Gegend um Verona und dem nahen Trentino-Südtirol. Mittags werden einige typische Gerichte je nach Saison angeboten.

El Bacarin

Vicolo Fogge, 5
Kein Telefon
Ruhetag: Montag
Keine Ferien
Geöffnet 11–22 Uhr

Im Freien gibt es ein paar Tische unter Sonnenschirmen, während im Inneren nur Stehplätze vorhanden sind. Sie können ein gutes Glas Wein aus der Liste an der Tafel bestellen und haben ein paar warme Gerichte (Bigoli mit Fleischsauce, Tortellini mit Sahne, Erbsen und Schinken) und kalte Speisen (Roastbeef, Bresaola, Salate) zur Auswahl. Köstlich sind die belegten Brötchen, die in einer beachtlichen Vielfalt angeboten werden.

Monte Baldo

Via Rosa, 12
Tel. (+39) 045 / 803 05 79
Ruhetag: Montag
Keine Ferien
Geöffnet 10–15, 17–22 Uhr

Diese gemütliche Osteria ist immer rege besucht. Sie hat ein sehr gutes Weinangebot, das sich mit ungemein verführerischen belegten Brötchen (Tartine, 1 € pro Stück, mit Sardellen, Artischockencreme, Peperonata, Zwiebeln, Salami) begleiten lässt. In den beiden kleinen Räumen im Lokalinneren werden ein paar warme und kalte Speisen serviert: Geschnetzeltes vom Fohlen, Baccalà mit Polenta, Roastbeef.

Ostaria a le Petarine

Vicolo San Mamaso, 6 A
Tel. (+39) 045/59 44 53
Ruhetag: Sonntag
Ferien: 2 Wochen im August
Geöffnet 7.30–24 Uhr

Ein uriges Traditionslokal in der Nähe der Piazza delle Erbe. Für eine genussreiche Pause bekommt man eingelegtes Gemüse nach Rezepten des Hauses, traditionelle Wurstwaren, Polpettine, Sardellen, Panini. All dies lässt sich gut mit regionalen Weinen kombinieren, darunter sämtliche Valpolicella-Spielarten sowie Soave und Lugana für Weißweinfans. Mittags gibt es auch ein paar warme Gerichte.

Osteria Sottoriva

Via Sottoriva, 9 A
Tel. (+39) 045 / 801 43 23
Ruhetag: Mittwoch
Keine Ferien
Geöffnet 11–22.30 Uhr

Man kann es immer noch erleben, das Flair der authentischen Osteria mit Holztischen und gelben Papiersets unter den Arkaden der Veroneser Straße par excellence. Traditionskost (Sfilacci di cavallo, Pasta e fagioli, *Pastisada de caval*) mittags und abends in netter Stimmung und einer Bedienung im Schneckentempo.

Zampieri La Mandorla

Via Alberto Mario, 23
Tel. (+39) 045 / 59 70 53
Ruhetag: Montag, außer im Sommer
Keine Ferien
Geöffnet 11–16, 18–2 Uhr

Das alteingesessene Lokal, das seit Beginn des 20. Jahrhundert besteht, liegt nicht weit entfernt von der Piazza Brà. Heute präsentiert es sich als hübsche Enoteca, deren gepflegtes Interieur ein paar originelle Elemente aufweist, und gliedert sich in zwei Räume – einer im Erdgeschoss, der andere im Souterrain. Es handelt sich um ein hauptsächlich von einer jungen heiteren Klientel frequentiertes Lokal, dessen Weinangebot auf einer hervorragenden regionalen Auswahl basiert, begleitet von kleinen Leckerbissen: Polpettine aus Hackfleisch, Olive ascolane, Panini und Salumi. Mittags läuft alles etwas ruhiger ab und man kann die Tagesempfehlungen genießen.

Al Pompiere

Osteria
Vicolo Regina d'Ungheria, 5
Tel. (+39) 045 / 803 05 37
Ruhetag: Sonntag
Ferien: 1 Woche im Juni, Weihnachten–Dreikönig
50 Plätze
Preise: 38–40 €
Kreditkarten: AE, CS, MC, Visa; BM
Mittags und abends geöffnet

Diese nicht weit von der Piazza delle Erbe entfernte Osteria bietet qualitätvolle traditionelle Kost. Die zwei klug eingerichteten Gasträume werden von ebenso aufmerksamem wie professionellem Personal unter der Leitung des Eigentümers Marco Dandrea betreut. Gleich am Eingang fallen die vielen Schwarz-Weiß-Fotografien von mehr oder weniger illustren Persönlichkeiten ins Auge. Im Hauptraum thront nicht nur der Tresen mit einer breit gefächerten Auswahl an (durchweg italienischen) **Formaggi**, sondern es gibt auch eine Ecke, in der auf der historischen roten Berkelmaschine mehr als 30 verschiedene Sorten Salumi aufgeschnitten werden, darunter viele Spezialitäten aus der Region wie schön gereifter Prosciutto veneto, Lardo aus den Bergen der Lessinia und Soppressa veronese; eine Kostprobe davon kann man sich mit eingelegtem Mischgemüse (Giardiniera) als Vorspeise servieren lassen. Unter den Primi gebührt unser Lob der Crema di broccolo fiolaro (10 €), den **Spaghetti alle acciughe salate** (14 €), dem **Risotto al tastasal** oder all'Amarone, den Gnocchi di patate mit Tomaten und gehobeltem Parmigiano di montagna (14 €), der **Pasta e fagioli**. Es folgen geschmorte Rinderbacke (Guancia di manzo brasata nell'Amarone, 18 €), Hähnchen (**Gallina *grisa* della Lessinia**, 18 €), Lammkeule (Cosciotto di agnello alle erbe), **Baccalà mit Polenta**. Darüber hinaus wird ein Degustationsmenü für 40 € angeboten. Von den Dolci (8 €) empfehlenswert sind Cremoso al pistacchio mit Kaffeesauce, Torta di mele mit Vanillesauce und Sahneeis, Pandorino mit heißer Zabaione. Die gut sortierte Weinkarte, die auch glasweise Empfehlungen und eine schöne Auswahl an venetischen Winzerprodukten nennt, beinhaltet insgesamt mehr als 350 Etiketten. Wir empfehlen Ihnen, ein paar Tage im Voraus zu reservieren.

Pane e Vino

Trattoria
Via Garibaldi, 16 A
Tel. (+39) 045 / 800 82 61
Ruhetag: Dienstag
Ferien: 1.–4. Januar
60 Plätze
Preise: 30–38 €
Kreditkarten: AE, CS, MC, Visa; BM
Mittags und abends geöffnet

Die Garibaldi-Brücke führt uns über die Etsch in jenen Teil Veronas, der vom geradlinigen altrömischen Straßenraster (Decumanus Maximus), von mittelalterlichen Elementen und dem Dom charakterisiert ist. Nicht weit von Letzterem entfernt liegt die für regionaltypische Küche bekannte Osteria Pane e Vino – ein intimes, legeres Lokal mit rustikalem Interieur unter der charmanten Leitung von Alessandro. Wer mit einem Antipasto beginnen möchte, ist mit der Insalata di **petto di faraona all'Amarone e monte veronese** (9 €), der weichen Polenta mit Pilzen und gehobeltem Grana oder dem mit Olivenöl cremig gerührten **Baccalà mantecato** (9 €) gut beraten. Von den Primi bringt die **Pasta e fagioli con i bigoli** (9 €) das Wesen der Veroneser Küche schön zum Ausdruck; ebenfalls sehr gut sind der **Risotto all'Amarone** (10 €) und die Gnocchi di patate mit Tomaten. Von den Secondi erwähnt seien die **Tagliata di filetto di cavallo** (17 €), das Filetto di manzo con salsa all'Amarone und – falls man Fisch bevorzugt – der **Baccalà alla vicentina mit Polenta** (15 €). Nicht verpassen sollte man den nur am Sonntag angebotenen **Carrello dei bolliti** mit typischen Saucen wie Pearà, Cren und Salsa verde. Gepflegte **Käse**selektion, probate Weinkarte, die von besonderer Wertschätzung des Umlandes zeugt. Interessanterweise wird der Amarone in Karaffen angeboten – eine seltene, aber gute Alternative zur Flasche. Es fehlt natürlich nicht an Dolci, von Tiramisu über Mascarpone bis hin zu Mousse di liquirizia; Naschkatzen sei zudem die Kleinpatisserie empfohlen.

Auf der Piazza San Zeno bietet Zeno Gelato & Cioccolato Eiscremesorten mit Früchten der Saison und typische Veroneser Produkte. Exzellente Confiserie.

Antica Trattoria Bellinazzo

Trattoria
Via Borgo Chiesa, 20
Tel. (+39) 04 42 / 924 55
Ruhetag: Montagabend, Dienstag
Ferien: August
90 Plätze • Preise: 25–27 €
Alle Kreditkarten; BM
Mittags und abends geöffnet

Wir sind in der Tiefebene von Verona, der Bassa Veronese, einem Landstrich, der von Feldern und Wassergräben so weit das Auge reicht geprägt ist. An der Grenze zur Provinz Rovigo gibt es eine eingesessene Trattoria in einem kleinen Dorf, wo man schlichte Gerichte der Tradition probieren und ein gutes Glas Wein trinken kann. Das heitere Stimmengewirr in den beiden Gasträumen, das geschäftige Kommen und Gehen des Personals und die köstlichen Düfte der Speisen verraten uns, dass wir hier richtig sind. Daniele Bellinazzo, der es immer ein wenig eilig zu haben scheint, empfiehlt die von seiner Frau Chiara angerichteten Köstlichkeiten, etwa **24 Monate gereiften Prosciutto di Montagnana** (6,50 €) oder **Monte-Veronese-Käse aus Rohmilch**, feine Polenta mit Lardo, Käse aus der Lessinia (Cimbro di fossa) und Filetto d'oca (Gänsefilet). Es folgen die Nudelgerichte **Pasta e *fasoi*** (6,50 €), **Bigoli al torchio col musso** (mit Schmorfleisch vom Esel), Fettuccine mit saisonal wechselnden Saucen. An Secondi gibt es **Polentina e *pastizzà* di musso** (8 €), **Polenta e baccalà** (10 €), **Tagliata di puledro** (Steak vom Fohlen) oder Carni alla brace (gemischtes Fleisch vom Grill). Käseliebhaber dürfen sich auf ausgesuchte **Formaggi** in Kombination mit Mostarda di frutta und Honig freuen. Das gute Weinangebot betont zu Recht die Produktion der Region Venetien, räumt zahlreichen renommierten Namen Platz ein und bietet auch die Möglichkeit, glasweise zu bestellen. Interessant finden wir die Mittagsmenüs für 13,50 bis 15 €.

VILLADOSE
Canale

12 km östlich von Rovigo

Da Nadae

Trattoria
Via Garibaldi, 371
Tel. (+39) 04 25 / 47 60 82
Ruhetag: Dienstag
Ferien: 6.–15. Januar, 16.–31. August
75 Plätze
Preise: 28–33 €
Kreditkarten: CS, DC, MC, Visa; BM
Mittags und abends geöffnet

Die mit ihrem schlichten Namenszug an der Fassade eines spartanischen Hauses von der Straße aus nicht sofort zu erkennende Osteria besteht seit den 1950er-Jahren. Geführt wird das Lokal mit dem in seiner Bescheidenheit einladenden Ambiente von den Schwestern Mariuccia und Gabriella, die es vom Großvater (dem der Name zu verdanken ist) übernommen haben. Gabriella werkt in der Küche, Mariuccia wird Sie bedienen und die Karte mündlich erläutern, nicht ohne auf die Unverfälschtheit, Frische und Saisonalität der Produkte zu verweisen. Eingangs sind Sardinen in *saor* oder **Schie** (Minigarnelen aus der Lagune) **mit cremiger Polenta** eine gute Wahl. Wenn Sie bei Fisch bleiben wollen, probieren Sie danach die **Bigoli con le sarde** (7 €); ansonsten gibt es gute Fettuccine con il ragù di *rovinazzi* (Hackfleischsauce) und einfache, aber köstliche Pasta e *fasoi* (Bohnensuppe mit Nudeln, 7 €). Erwähnenswert von den Secondi ist auf jeden Fall der **Baccalà** (12 €) in den Varianten arrosto, **alla polesana**, alla frattona, alla Nadae; eine weitere Spezialität des Hauses ist Aal (**Anguille fritte**, 12 €). Herausragend unter den Fleischgerichten sind Mussetto und **Trippe** (9 €). Die Mahlzeit endet mit hausgemachten Dolci (3,50 €): Zuppa inglese, Panna cotta, Tiramisu, Salame dolce, Torta di mele. Die nach den Wünschen der Gäste entwickelte kleine Weinauswahl umfasst einen Weißwein und einen Rotwein im offenen Ausschank sowie ein Dutzend Etiketten.

■ Der Panificio La Mesa mit Filialen in der Via Rizzo 79 und der Via Liona 7 bietet traditionelle und kreative Backwaren, u. a. auf Sauerteigbasis. Berühmt ist die Bäckerei für das doppelt gebackene Holzofenbrot und den Hefekuchen namens Pinza alla munara.

VITTORIO VENETO
Serravalle

40 km nö. v. Treviso, S.S. 13 u. S.S. 51 od. A 27

Hostaria Via Caprera

Traditionelle Osteria
Via Caprera, 23
Tel. (+39) 04 38 / 575 20
Ruhetag: Donnerstag
Ferien: unterschiedlich
80 Plätze + 40 Plätze im Freien
Preise: 28–36 €
Kreditkarten: CS, MC, Visa; BM
Mittags und abends geöffnet

In dieser geschichtsträchtigen Osteria geht man von der Tradition aus, interpretiert althergebrachte Rezepte auf zeitgemäße Weise, zuweilen mit kreativen Akzenten, um den heutigen Geschmack besser zu treffen. So werden den ganzen Tag lang bis Mitternacht diverse Snacks angeboten und der Gast erfährt dank eines kleinen Geschenks in Form eines Lesezeichens von dem schlichten Mittagsmenü zum günstigen Preis von 11 €. Ein eingespieltes kleines Team ist für das gut strukturierte kulinarische Programm verantwortlich, das einige Konstanten sowie wöchentlich wechselnde saisonentsprechende Themenmenüs umfasst. Auch ein Degustationsmenü für 38 € wird angeboten. Klassische **Pasta e fagioli**, Nervetti mit Zwiebeln und Kutteln in Form von **Trippe in *tecia*** sind immer im Angebot, handelt es sich doch um jene Spezialitäten, mit denen das Lokal Geschichte geschrieben hat. Von den Antipasti (8,50 €) empfehlen wir außerdem das appetitliche Ratatouille mit Crostini und die **Sardinen in *saor***. Sehr gelungen von den Primi (9 €) sind die gute **Zuppa di cipolle** (Zwiebelsuppe) und die speziellen Gnocchi di carote, während von den Hauptgerichten ohne Zweifel das Kaninchen mit Gemüse (**Coniglio con le verdure**, 14 €) und der Schwertfisch in Form von Parmigiana di pesce spada zu empfehlen sind. Man schließt mit Torta di fragole (Erdbeerkuchen), Salame dolce oder einem Stück von der glutenfreien Torta di crema mit frischen Früchten. Die Speisekarte, die die diversen Formaggi, Salumi und *Cicheti* (Snacks) ausführlich erläutert, enthält eine kurze Liste mit Weinempfehlungen (auch glasweise); zusätzlich gibt es eine komplette Weinkarte, die individuellere Auswahlmöglichkeiten erlaubt. Sobald eine Flasche entkorkt ist, gehört Sie Ihnen: Denn wenn Sie sie nicht austrinken, können Sie sie mit nach Hause nehmen.

VOLPAGO DEL MONTELLO

22 KM NORDWESTLICH VON TREVISO

Bosco del Falco

Ferienbauernhof
X Presa/Via Battisti, 25
Tel. (+39) 04 23/61 97 97,
(+39) 335 / 688 34 15
Ferien: 2 Wochen im August, 3 Wochen im Januar • 80 Plätze
Preise: 35 € (Tagesmenü)
Kreditkarten: Visa; BM
Donnerstag- und Freitagabend, Samstag, Sonntagmittag geöffnet

Der große Zuspruch, den dieser Agriturismo nach wie vor findet, ist der Beweis für konstante Qualität und ein Angebot, das sich immer stärker an die Produkte des prächtigen, einen Hektar großen Gemüsegartens (den Sie besichtigen sollten), der Obsthaine und der Geflügelhaltung bindet. Das Haupthaus des Bauernhofen dient unter anderem dem sympathischen Ehepaar Elena und Paolo als Wohnsitz. Sie haben vor ein paar Jahren ihre früheren beruflichen Tätigkeiten aufgegeben und sind von der Ebene hierher in die Hügel gezogen. Elena kümmert sich um die Küche, ihre große Leidenschaft, Paolo koordiniert den Service und hat für jeden ein freundliches Wort. Ein umfassendes Degustationsmenü (35 €) repräsentiert das typische Angebot des Hauses und ermöglicht ein profundes Kennenlernen der saisonalen Aromen der Gegend. Beginnen kann man mit Salumi, Gemüse im Backteig, Wildkräuter- oder Kürbisauflauf mit Käsesauce, um sich dann einem köstlichen Risotto (mit Gemüse, mit Pilzen, mit Kürbis) oder den gefüllten Teigwaren zuzuwenden, etwa **Tortelli con morlacco e carletti** (mit Käse und Leimkraut) oder Tortelli di farina di castagne con pere e noci (aus Esskastanienmehl mit Birnen und Walnüssen). Bei den Secondi spielt Geflügel die Hauptrolle: Hähnchen als **Gallo in *tecia***, Ente in der Spielart Anatra al Raboso, Perlhuhn in der klassischen Darbietung **Faraona in salsa peverada**, gebratene Gans (Oca *rosta*). Alternativ dazu gibt es Kalbsbäckchen (Guancetta di vitello brasata al radicchio), **Baccalà mantecato** oder Baccalà con i funghi barboni (mit Pilzen). Zur Begrüßung wird der Prosecco des Hauses serviert, in weiterer Folge kann man aus einem probaten Sortiment von kleinen, aber interessanten lokalen Winzern wählen. Das Brot ist selbst gebacken. Als Dessert unverzichtbar sind Elenas Mürbeteigkuchen.

ZERO BRANCO
Scandolara

18 KM SÜDWESTLICH VON TREVISO

Brunello

Restaurant
Via Scandolara, 35
Tel. (+39) 04 22 / 34 51 06
Ruhetag: Montag
Ferien: zeitweise im Sommer
50 Plätze
Preise: 30–32 €
Kreditkarten: CS, MC, Visa; BM
Mittags und abends geöffnet

Das Können und die Leidenschaft von Mamma Franca haben viel dazu beigetragen, dass dieses Dorfgasthaus zu einem Wahrzeichen der typischen ländlichen Küche in der Ebene südlich von Treviso avanciert ist. Noch immer gelangt man durch eine Tür der Schankstube in den Speisesaal: geschmackvoll gedeckte Tische, antike Möbel und nur eine Glasfront, die den Gast vom neuen Weinkeller trennt: Dort, im Reich von Andrea, können Sie Ihre Flasche Wein aus dem großen, schön präsentierten Sortiment auswählen. Die Düfte aus der Küche werden Sie betören: Franca gelingt es auf hervorragende Weise, ihr Wissen als Köchin mit den besten Produkten der Region (Spargel, Radicchio, Geflügel, Baccalà, Frühlingskräuter, Fisch aus der Lagune) und dem von ihrem Mann erlegten Wild umzusetzen. Auf Sformatino di radicchio mit Fonduta di morlacco (8 €), **Baccalà mantecato** oder erstklassiges Tatar (Battuta di sorana con burratina e puntarelle crude, 9 €) kann man einen Risottino primavera mit Basilikumeis oder Jungfasan folgen lassen oder man probiert die Ravioli di cinghiale mit Selleriesauce und knuspriger Pancetta (9 €). Wildschwein erfreut den Gaumen in Form von Spezzatino di cinghiale und als Ragout zu den frischen Tagliatelle, während Hase und Kaninchen als **Lepre in salmì** bzw. **Coniglio in *tecia*** angeboten werden. Das Highlight an Winterabenden ist die ***Sopa coada*** (9 €) – eine wahre Delikatesse aus dem Fleisch von Täubchen, die von Freunden des Hauses gezüchtet werden. Francas Desserts zu widerstehen, fällt schwer: Gönnen Sie sich eine süße Sünde.

Die Macelleria Michielan an der Piazza San Martino 13 in **Scorzè** (6 km) führt exzellentes lokales Qualitätsfleisch aus eigener Schlachtung.

ASOLO
34 km nordwestlich von Treviso, S.S. 248

Locanda Baggio

Restaurant
Via Bassane, 1
Tel. (+39) 04 23 / 52 96 48,
(+39) 335 / 529 27 16
Ruhetag: Montag
Keine Ferien • 80 Plätze + 40 Plätze im Freien
Preise: 40–45 €
Alle Kreditkarten; BM
Mittags und abends geöffnet

Nachdem sie 18 Jahre lang die historische Osteria Ca' Derton im Zentrum von Asolo geführt hatte, hat Familie Baggio 2010 eine alte Locanda übernommen und in ein gediegenes Restaurant mit großzügigen, behaglichen Innen- und Außenbereichen verwandelt. Papà Nino leitet mit gekonnter Hand und Achtung vor der Tradition die Küche, wo er von Sohn Guido unterstützt wird, während Mamma Antonietta und Tochter Cristina für Ihr Wohl sorgen und Ihnen bei der Auswahl aus der Karte mit Fleisch- und Fischempfehlungen behilflich sind. Als Entree könnten Sie das Filetto di coniglio (Kaninchenfilet) mit Creme von roten Zwiebeln aus Bassano und sautierten Steinpilzen oder die in nativem Olivenöl extra aus Bassano kurz gebratenen Cappesante (Jakobsmuscheln) auf Crema di *bisi* (mit Erbsen aus Borso) und Chips von violetten Kartoffeln probieren. Anschließend zu empfehlen sind die Tortelli di morlacco del Grappa mit Rotweinreduktion und Birnen oder die Spaghetti von der Pastamanufaktur Felicetti mit Venusmuscheln, Miesmuschelcreme und Saiblingskaviar. Von den Secondi schlichtweg göttlich ist das in Rotwein geschmorte Kalbsbäckchen (Guancetta di vitello) mit Püree von Kartoffeln aus Rotzo. Die preislich fair und ästhetisch ansprechend gestaltete Weinkarte empfiehlt edle Tropfen aus dem italienweiten Spektrum.

BRENZONE – Castelletto
25 km nordwestlich von Verona

Al Pescatore

Osteria
Via Imbarcadero, 31
Tel. (+39) 045 / 743 07 02
Ruhetag: Montag, im Winter auch Dienstag
Ferien: Weihnachten–Mitte Januar
30 Plätze
Preise: 45–50 € (mit Hauswein)
Alle Kreditkarten; BM
Abends geöffnet, Sonntag (außer im Sommer) mittags

Der Gardasee bietet prächtige An- und Aussichten sowie eine große Vielfalt an Fischarten, von denen viele gemeinhin eher unbekannt sind. Umso schöner ist es zu wissen, dass es Menschen wie Livio Parisi (der nicht von ungefähr „professore del lago" genannt wird) gibt, die es verstehen, diesen Reichtum des Sees in Worten und schmackhaften (von Livios Frau Rosaria zubereiteten) Gerichten zum Ausdruck zu bringen. Nacheinander aufgetischt werden Fischklößchen (Polpettine di cavedano), frittierte Agole (Weißfische), Sarde di lago (köstlich in getrockneter Form, ausgefallen in den frischen Versionen), frische Pasta mit verschiedenen Saucen, Fisch vom Grill ohne Firlefanz. Fazit: Dem Genießer bietet sich hier eine wahrlich einzigartige Erfahrung – nicht nur ad hoc für den Gaumen, sondern auch zur Erweiterung des eigenen kulinarischen Horizonts.

FOLLINA

41 KM NORDWESTLICH VON TREVISO

Dai Mazzeri

Restaurant
Via Pallade, 18
Tel. (+39) 04 38 / 97 12 55
Ruhetag: Montag, Dienstagmittag
Ferien: 2 Wochen im Februar/März, letzten 10 Julitage
75 Plätze + 35 Plätze im Freien
Preise: 35 € • Alle Kreditkarten; BM
Mittags und abends geöffnet

Neben der schönen Zisterzienserabtei von Follina haben die Geschwister Mazzero in den Räumlichkeiten des ehemaligen Gemeindehauses dieses schöne Restaurant eingerichtet, in dem man die unverfälschten Aromen der Prosecco-Gegend genießen kann. Empfangen werden Sie auf sehr höfliche und professionelle Weise von Mauro, der den Service mit aufmerksamem Auge leitet, während Vito in der Küche mit Produkten von kleinen Landwirten und Viehzuchtbetrieben aus der Region Köstliches zaubert. Unter den Vorspeisen zu entdecken sind erstklassiger Prosciutto aus Sauris mit gebratenen Jungartischocken (Castraure di Sant'Erasmo), Schnecken à la bourguignonne (Lumache alla Borgogna) und Crostini mit frischen Steinpilzen und Entenspeck (12 €). An Primi gibt es ausnahmslos frische Teigwaren in Form von Tortelli di melanzane oder Tagliolini con finferli (12 €), Pasta e fagioli und Ravioli all'anatra e funghi. In der kühlen Jahreszeit munden von den Hauptgerichten insbesondere der gemischte Spieß (Spiedo misto) und das Lamm (Agnello dell'Alpago). Feine Käsesorten und Desserts, die dem allgemein hohen Niveau der Küche entsprechen. Die Weinkarte widmet sich im Wesentlichen der Region Venetien, zeugt von intensiver Forschungsarbeit in Bezug auf Lagen und neue Etiketten, präsentiert aber auch etliche Spitzenprodukte aus ganz Italien.

LIMANA – Valmorel

17 KM SÜDLICH VON BELLUNO

Al Peden

Traditionelle Osteria
Via Peden, 6
Tel. (+39) 04 37 / 91 80 00
Ruhetag: Montag, Dienstag, außer im Winter
Ferien: 15. Januar–28. Februar
40 Plätze + 20 Plätze im Freien
Preise: 40–45 €
Kreditkarten: CS, DC, MC, Visa; BM
Mittags und abends geöffnet

Das komfortable Bergchalet, das über die Straße der Talschaft gut zu erreichen ist, bietet wundervolle Rundblicke. Massimo Cazzaro und seine Familie haben das Haus in einen Tempel der Spitzengastronomie verwandelt. Jede einzelne Grundzutat ist akribisch ausgesucht und wird auf bestmögliche Weise verwendet. Brot und Grissini sind selbst gebacken und so niveauvoll wie alles, was aus der Küche kommt. An Vorspeisen gibt es beispielsweise Aufschnitt – die Salumi sind aus eigener Erzeugung – kombiniert mit frittiertem oder süßsauer eingelegtem Gemüse, aber auch ungemein köstliche Steinpilze (Porcini al cartoccio, 6 €). Es folgen die Primi: Gnocchi alle erbe, Cannelloni ai porcini oder al ragù (11 €), *Moss* (Polentaroulade mit Kräutern und geräucherter Ricotta). Unter den Secondi, die alle von Polenta aus Marano-Mais begleitet werden, sind viele Fleischgerichte (Hirsch, Mufflon, Wildschwein) zu entdecken, aber auch diverse Gerichte mit Käse wie *Formai frit* (mit Paprikaschoten, Zwiebeln oder anderem gefülltes Omelett, für das ein Dutzend Käsesorten verwendet wird, 10 €). Als süße Krönung könnte eine Crema pasticciera (7 €) oder eine Bavarese ai frutti di bosco munden. Beachtlich die Listen mit den Weinen und den diversen Wassersorten.

SAN ZENO DI MONTAGNA

39 KM NORDWESTLICH V. VERONA, S.S. 12 OD. A 22

Taverna Kus

Restaurant • Via Castello, 14
Tel. (+39) 045 / 728 56 67
Ruhetag: Montag, Dienstag, außer Ostern–September
Ferien: Dreikönig–Ende Februar
80 Plätze + 20 Plätze im Freien
Preise: 40–45 €
Kreditkarten: AE, CS, MC, Visa; BM
Mittags und abends geöffnet
♿

Ein paar Kilometer vom Gardasee entfernt, dessen Einfluss man bis hierher wahrnimmt, präsentiert sich das Restaurant von Giancarlo Zanolli als liebevoll restauriertes Bauernhaus des 17. Jahrhunderts. Das ansprechende Ambiente wird durch eine Veranda unter den Arkaden und einen Pavillon für lauschige Sommerabende ergänzt. In der Küche verarbeitet Mara erstklassige Zutaten zu Speisen, die häufig auf traditionellen Rezepten basieren, da und dort aber auch schwungvolle kreative Akzente aufweisen. So kann man zum Auftakt mariniertes und geräuchertes Rindfleisch, Prosciutto crudo aus Montagnana und Salami, Monte-Veronese-Käse und eingelegtes Gemüse probieren. Von den Primi immer sehr gut sind die frischen Teigwaren: Fettuccine con ragù (Bandnudeln mit Fleischsauce), Gnocchi con rape rosse (Rote-Bete-Klößchen), Perlgraupen in Form von Orzotto mantecato all'Amarone (15 €) oder mit geschmortem Rindfleisch gefüllte Tortelli di carne brasata auf Fenchel-Paprika-Creme. An Secondi gibt es Rinderfilet als Tagliata di filetto di manzo con cremoso di basilico e pomodorini (20 €) oder Gänsebrust in der Version Petto d'oca all'arancia. Die bemerkenswerte Weinkarte umfasst über 300 Etiketten aus ganz Italien.

VENEDIG

VAPORETTO-ANLEGESTELLE RIALTO

Alle Testiere

Osteria
Calle del Mondo Novo/Castello, 5801
Tel. (+39) 041 / 522 72 20
Ruhetag: Sonntag, Montag
Ferien: 23. Dezember–12. Februar, August
22 Plätze
Preise: 60–70 €
Alle Kreditkarten außer AE; BM
Mittags und abends geöffnet

Das Gewirr der typischen venezianischen Gassen macht die Orientierung nicht leicht. Unser Ziel, die Tür zu diesem kleinen Lokal, befindet sich in einer schmalen, immer stark frequentierten Calle. Um die beschauliche Gastlichkeit dieses Hauses genießen zu können, ist angesichts der geringen Platzanzahl eine Reservierung vonnöten. Luca und Bruno bereiten mit sicherer Hand typische Gerichte der venezianischen Tradition in harmonischen Geschmackskombinationen zu und verwenden dafür nur absolut frische Grundprodukte. Die Speisekarte ist eine Augenweide und weist explizit darauf hin, dass die Empfehlungen einzig und allein vom Angebot auf dem Fischmarkt abhängig sind. So finden wir Baccalà mantecato mit Polenta aus Mais der Sorte Biancoperla (Slow-Food-Presidio, 18 €) vor, aber auch Vongole veraci mit Ingwer, Meerspinne als Granceola alla veneziana oder Miesmuscheln in Sud (Cozze in cassopipa). Köstlich die Spaghetti alle vongole bevarasse (21 €) oder die Gnocchetti di patate mit Calamari und Zimt. Schöne Weinauswahl (auch glasweise) mit diversen venetischen Spitzenprodukten und edlen Tropfen aus anderen Regionen.

VAPORETTO-ANLEGEST. SAN ZACCARIA (LINIE 41 OD. 51)

Wildner

Hotelrestaurant
Riva degli Schiavoni, 4161
Tel. (+39) 041 / 522 74 63
Ruhetag: Dienstag
Ferien: 10.–um den 31. Januar
60 Plätze
Preise: 50 €
Alle Kreditkarten; BM
Mittags und abends geöffnet

Das Lokal befindet sich in beneidenswerter Lage, um Venedig und sein heiteres Treiben mit Blick auf die Insel San Giorgio, die Türme und Brücken und in der Ferne den Canal Grande zu genießen. Neben ein paar Exkursen in andere Regionen wird hier eine venezianische Küche nach traditionellen Rezepten geboten, bei der sich alles um Fisch vom nahen Rialtomarkt dreht. Leidenschaftlich beschreibt Luca Fullin die Speisen (bei deren Zubereitung viele Slow-Food-Presidi zum Einsatz kommen) und die Weine, die von einer ständigen Suche nach interessanten kleinen Winzerbetrieben zeugen. Die Zahl der Klassiker ist groß, etwa Sardinen und Scampi in *saor* mit Polenta aus Biancoperla-Mais (17 €), Baccalà mantecato mit Sardellen aus dem Golf von Biskaya und Kapern aus dem sizilianischen Salina oder Polpo alla griglia auf Salat von grünen Bohnen und Kartoffeln (16 €). Neben einem ungewöhnlichen Gazpacho (geeiste Tomatensuppe) sind die Zuppa di pesce (19 €) und der Risotto di pesce del giorno bemerkenswert. Als gut gemacht erweisen sich Pesce alla griglia bzw. Pesce al forno; zu Seppie in nero e *bisi* (Tintenfisch in eigener Tinte, mit Erbsen geschmort, 17 €) und Fegato alla veneziana wird Polenta aus Mais der Sorte Biancoperla serviert. Zahlreiche Gemüsebeilagen, ein paar hausgemachte Desserts. Untadelige Weinempfehlungen, auch glasweise, mit Augenmerk auf Natur- und Bioweine.

0 15 30 km
ÖSTERREICH
Gmünd
Lienz
Drau
Spittal a. d. Drau
Villach
Gail
Forni Avoltri
Cercivento
Paluzza
Prato Carnico
Ovaro
Sutrio
Ravascletto
Malborghetto Valbruna
Tarvisio
Kranjska Gora
Pieve di Cadore
Sauris
Moggio Udinese
A23
Lauco
Forni di Sopra
Tolmezzo
TRIGLAVSKI NARODNI PARK
Verzegnis
Piave
Cavazzo Carnico
Bovec/ Plezzo
SLOWENIEN
Clauzetto
Tarcento
Cavasso Nuovo
Castelnovo del Friuli
Andreis
Pulfero
Grimacco
Tolmin/ Tolmino
Cassacco
Maniago
Pinzano al Tagliamento
S.Daniele d. Friuli
Stregna
Cividale d. Friuli
San Leonardo
Spilimbergo
Fagagna
S. Pietro al Natisone
A23
A27
S. Giorgio d. Richinvelda
Remanzacco
Udine
S. Quirino
Vivaro
Cormons
Vittório Véneto
Caneva
Cordenons
Campoformido
Buttrio
Mossa
Görz
Codroipo
Mariano d. Friuli
Pordenone
Farra d'Isonzo
Prata di Pordenone
A28
Fiume Veneto
Palmanova
Savogna d'Isonzo/ Savodnje ob Soči
Bagnaria Arsa
A4
Gradisca d'Isonzo
Porpetto
Conegliano
Pasiano di Pordenone
Cervignano d. Friuli
Monfalcone
Sgonico/ Zgonik
Piave
Aquileia
Duino Aurisina/ Devin Nabrežina
Portogruaro
VENETIEN
Isola di Anfora
Grado
Triest
Lignano Sabbiadoro
Treviso
S. Donà di Piave
Muggia
S. Dorligo d. Valle/ Dolina
A4
Koper/Capodístria
A57
Lido di Jésolo
Mestre
Umag/Umago
Buje/Búie
VENEDIG
Golf von Venedig
Novigrad/Cittanova
KROATIEN
Poreč/Parenzo
Chióggia
ADRIA
Rovinj/Rovigno

FRIAUL-JULISCH VENETIEN

Die kleine Region zeichnet sich doch durch eine Vielzahl von Gerichten aus, die die Bräuche und Traditionen der verschiedenen Territorien sehr schön repräsentieren. Diese Gerichte bewahren (selbst in den modernen Interpretationen der besten Köche) den Geschmack jener elementaren Grundprodukte, die in der bäuerlichen Welt mit Sorgfalt heranreifen und heutzutage bei all jenen gefragt sind, die unverfälschte, biologisch angebaute Kost suchen.
Eine große Vielfalt an Gnocchi (Kartoffel, Kürbis, Spinat, Kräuter ...), mit den Fingern oder mit einem Löffel – *cu la sedon* – geformt und unterschiedlich abgeschmeckt (zerlassene Butter, Ricotta, Gänsesauce ...), findet man im ganzen historischen Friaul, von der Livenza bis zum Isonzo. In der gleichen Gegend beheimatet ist *Salam tal asêt*: frische Salami, gebraten, mit Essig abgelöscht und auf ein Bett aus Zwiebeln gelegt. In dieser kleinen Auswahl an kulinarischen Besonderheiten darf eine Spezialität nicht fehlen, die ganz wunderbar zum Ausdruck bringt, dass die Region ein Schmelztiegel der mitteleuropäischen und slawischen Kulturen ist: Gulasch, zubereitet aus Rind oder Wildschwein und sehr oft mit Polenta serviert.
Schließlich sei noch ein Dessert aus den Tälern des Natisone erwähnt (*Benecia* im slawischen Dialekt, der an der Grenze zu Slowenien gesprochen wird): *Struki lessi* – Teigteilchen aus Kartoffeln (oder Weizenmehl, in der frugalsten Version aus altbackenem, in Milch eingeweichtem Brot), gefüllt mit Rosinen, Walnüssen, Haselnüssen, Pinienkernen, Pflaumen. Echte *Struki lessi* werden in Wasser in einem Geschirrtuch gekocht, damit die kostbare Füllung nicht im Topf endet, und mit zerlassener Butter und Zimt serviert. Eine kommerzielle Variante will die *Struki* in Fett gebacken und in Vakuumbeutel verpackt: bequem für den Verbraucher, aber längst nicht so schmackhaft wie das Original.

Für Sie entdeckt

Struki lessi

322 Milic
Sgonico – Zgonik (Ts)
305 Alla Posta
Grimacco – Garmak (Ud)
313 Al Vescovo-Skof
Pulfero – Podbonesec (Ud)
323 Sale e Pepe
Stregna – Srednje (Ud)

Gulasch

308 Vecchie Province
Mossa (Go)
309 Aplis
Ovaro (Ud)
320 Alla Pace
Sauris (Ud)
324 Da Alvise
Sutrio (Ud)

Salame all'aceto (salam tal asêt)

295 A le Patrie dal Friûl
Campoformido (Ud)
300 Al Curtif
Cordenons (Pn)
310 Ivana & Secondo
Pinzano al Tagliamento (Pn)
318 L'Osteria di Tancredi
San Daniele del Friuli (Ud)

Gnocchi

294 Mulino delle Tolle
Bagnaria Arsa (Ud)
301 Al Castello
Fagagna (Ud)
303 Mulin Vecio
Gradisca d'Isonzo (Go)
318 Il Favri
San Giorgio della Richinvelda (Pn)

BAGNARIA ARSA
Sevegliano

23 KM SÜDLICH VON UDINE, A 23 ODER A 4

Mulino delle Tolle

Ferienbauernhof
Via Julia, 1
Tel. (+39) 04 32 / 92 47 23
Ruhetag: Montag–Mittwoch
Ferien: Ostern, 15.–30. Juli, 24. Dezember–15. Januar
80 Plätze + 50 Plätze im Freien
Preise: 25 €
Kreditkarten: Visa; BM
Mittags und abends geöffnet

Das Mulino delle Tolle, auch Casa Bianca genannt, liegt ein paar Kilometer von der für ihren sternförmigen Grundriss bekannten Festungsstadt Palmanova entfernt. Das Gehöft wurde unter Wahrung von für das ländliche Friaul typischen Elementen wie dem *Fogolar* (Feuerstelle) renoviert und ist seit je im Besitz der Familie Bertossi. Das Angebot ihres landwirtschaftlichen Betriebs reicht vom Ausschank und Verkauf der von Giorgio (ein gefragter Önologe) erzeugten Weine über Unterkunft bis zur hofeigenen Gaststätte. Folglich konzentriert sich das Menü, wie es sich für einen Agriturismo gehört, auf Produkte aus eigener Erzeugung: Neben Wein sind dies vor allem Frischfleisch und Fleischprodukte sowie Gemüse. Die Salumi (6 €) zum Auftakt – Pancetta, Ossocollo, Salami – sind traditionell gemacht und werden ohne Firlefanz serviert. Bemerkenswerte Primi sind **Minestra di orzo e fagioli** und **Gnocchi con ragù di oca** (6 €). Es folgen ***Frico* mit Polenta** (7 €) und vorrangig weißes Fleisch, z. B. Kaninchen als **Arrotolato di coniglio mit Kartoffeln** oder Hähnchen als **Pollo in umido** (7 €). Wenn im Winter Kutteln – **Trippe** – auf dem Speisezettel stehen, sollte man sie unbedingt probieren. Schlichte hausgemachte Dolci, vor allem Kuchen und Strudel. Große Auswahl an Weiß- und Rotwein aus eigener Erzeugung.

An der schönen Piazza von **Palmanova** (5 km) ist die mehrfach ausgezeichnete historische Caffetteria Torinese der richtige Ort für einen Aperitif mit regionalen Produkten, die von Nereo und Marina angeboten werden. In **Mereto di Capitolo** (8 km), Ortsteil Santa Maria La Longa, kann man Käse vom Hof der Familie Gortani kaufen, die ihr Vieh abwechselnd im Tal und auf der Alm (Malga Pozof) hält.

BUTTRIO
Caminetto

13 KM SÜDÖSTLICH VON UDINE, S.R. 56

Il Vagabondo

Restaurant mit Übernachtungsmöglichkeit
Via Beltrame, 18
Tel. (+39) 04 32 / 67 38 11
Ruhetag: Sonntagabend, Montag
Ferien: letzten 3 Januarwochen
80 Plätze
Preise: 28–30 €
Alle Kreditkarten; BM
Abends geöffnet

Dieses charmante Resort liegt in der Nähe des imposanten Industriegeländes des Stahlriesen Danieli, jedoch abgeschieden in einer ruhigen Ebene nahe den Weinbergen von Buttrio. Das Speiselokal befindet sich in einem schönen Gebäude, in dessen Architektur Stein und Holz dominieren, und bietet mehrere Möglichkeiten: traditionelles Restaurant, Räumlichkeiten für Feiern und Partys, aber auch für Arbeitstreffen. Gepflegte Gärten rahmen das bauliche Ensemble und stimmen auf die Innenräume ein. Der große Speisesaal ist klassisch eingerichtet; das gesamte Ambiente bewahrt schöne alte Sachen und Gerätschaften der bäuerlichen Welt von einst. Das Menü wird mündlich vorgetragen, ist aber auch auf einer Tafel am Eingang angeschlagen. Den Auftakt machen Blattsalate mit Formadi frant (Slow-Food-Presidio, 8 €), Paté d'oca (Gänsepastete) mit Gänsespeck, pikanter Strudel, Teller mit regionalen Salumi. Es folgen Nudelgerichte wie **Ravioli al montasio** (7 €) oder **con formadi frant**, Mezzelune mit Gemüse-Ricotta-Füllung, **Garganelli al ragù d'anatra** (Pasta mit Entensauce, 8 €), Gnocchi mit Trevisaner Radicchio und Speck, Orzotto mit Gemüse. Klassisch die Fleischgerichte: Filetto in verschiedenen Variationen (köstlich die mit Speck und Meerrettich, 12 €), Lamm in Form von **Agnello alla scottadito**, Roastbeef, Schweinebacke – **Guancia di maiale – mit Polenta**; an Fisch wird Baccalà alla vicentina angeboten. Die Beilagen wechseln mit den Jahreszeiten. Als Nachtisch gibt es Früchtedesserts und Kuchen. Die Weinauswahl beschränkt sich auf eigene Erzeugnisse, was schade ist, wenn man bedenkt, dass bekannte große Weingüter der Colli Orientali nicht weit weg sind. Für Übernachtungsgäste gibt es 13 Zimmer und einen Wellnessbereich.

CAMPOFORMIDO

8 KM SÜDWESTLICH VON UDINE, S.S. 13 ODER A 23

A le Patrie dal Friûl

Osteria mit Übernachtungsmöglichkeit
Largo Municipio, 24
Tel. (+39) 04 32 / 63 21 16,
(+39) 347 / 246 05 39
Ruhetag: Montag, Dienstagabend
Ferien: 1 Woche Ende Juni, um den 15. August
60 Plätze + 12 Plätze im Freien
Preise: 25 € • Keine Kreditkarten
Mittags und abends geöffnet

Hat man das Lokal betreten und verweilt vielleicht kurz an der Theke, um mit Luciano einen Aperitif zu trinken, dauert es ein wenig, bis man begreift, dass Regionalität hier sehr ernst genommen wird: die (vielen) Weine, das Interieur des Speisesaals mit den Wappen der Gemeinden, das von Elena (oder von Renato, wenn er zwischendurch die Küche verlässt) vorgetragene Menü – alles ist ausnahmslos streng friulanisch. Ein Gericht gleich vorweg: der Baccalà oder besser gesagt Stockfisch allererster Güte von den Lofoten (Qualitätskategorie Ragno), mürbe geklopft und nach Renatos Rezept als **Stoccafisso in bianco** zubereitet. Auch vergnügliche Themenabende stehen häufig auf dem Programm. Doch gehen wir der Reihe nach vor. Appetitlich und sorgfältig angerichtet die Antipasti (8 €), etwa Aufschnitt wie Speck mit Meerrettich, Käse oder die Forellenspezialität Rosa di San Daniele. Auch auf die Primi (8 €) ist Verlass: hervorragend die Pasta namens ***Biechi* con pitina** (mit einer Räucherfleischspezialität aus dem Val Tramontina, Slow-Food-Presidio); im Frühling sind die **Tagliatelle con lo *sclopìt*** (mit Leimkraut) eine gute Alternative zum klassischen, ebenfalls sehr schmackhaften Risotto oder zu den Saisongemüsesuppen. An Secondi gibt es gute Tagliata di pezzata rossa (Steak, 14 €) oder einen großzügig bemessenen ***Frico*** (10 €, mindestens zwei Personen), ***Salam tal asêt*** (mit Essig gebratene Salami) oder den erwähnten Stockfisch, vorzugsweise mit Gemüse aus dem Hausgarten als Beilage. Die Dolci (5 €) bilden den würdigen Abschluss einer Mahlzeit, die Sie mit einer Flasche Wein aus dem von Luciano bedacht zusammengestellten Repertoire begleiten können. Und wenn Sie sich dann nicht mehr in der Lage fühlen, die Heimreise anzutreten, reservieren Sie eines der beiden Gästezimmer.

CANEVA
Sarone

17 KM NORDWESTLICH VON PORDENONE, S.S. 13

Trota Blu

NEU

Trattoria
Via Santissima, 2
Tel. (+39) 04 34 / 770 27
Ruhetag: Montagabend, Dienstag
Ferien: unterschiedlich
80 Plätze + 50 Plätze im Freien
Preise: 26 €
Alle Kreditkarten; BM
Mittags und abends geöffnet

Wer vorhat, in dieser schönen Trattoria zu speisen, sollte auch ein wenig Zeit damit verbringen, die Natur und die historischen Stätten eines kaum bekannten Landstrichs des Friauls zu erkunden: die Pfahlbauten von Palù di Livenza (UNESCO-Weltkulturerbe), die Quellen von Polcenigo, die Wallfahrtskirche Santissima ... Die Trattoria Trota Blu („Blaue Forelle") wird gerahmt von sauberen fließenden Gewässern, die von den Quellen der Livenzetta gespeist werden und die benachbarte Bioaquakultur versorgen. Im Menü dominieren logischerweise Gerichte auf Basis von Forelle. Man beginnt mit heiß und kalt geräucherter Forelle – **Trota affumicata** – auf Salat (9 €) oder dem Tris di assaggi (Kostprobendreierlei – Forelle als Tatar, mariniert und als Carpaccio). An Primi gibt es **Ravioli di trota mit Kräutern** (9 €), Gnocchi mit Spargel und Forelle, Linguine con trota affumicata, Paccheri alle verdure. Danach kann man sich dem warmen Tagesteller (Piatto unico, 14 €) zuwenden, der **Spießchen, gebackene Filets, Gemüse und Ofenkartoffeln** umfasst. Aber auch die **Trota ai ferri** oder al forno (8 €), die Involtini und die Fischstäbchen – Bastoncini di trota fritti – sind zu empfehlen. Ein paar Fleischgerichte ergänzen das Angebot. Verführerisch von den Dolci (5 €) die **Crostata al figomoro di Caneva** (Kuchen mit schwarzen Feigen, eine seltene Sorte, um deren Erhaltung und Aufwertung ein Konsortium bemüht ist, das alle Bäume erfasst hat), die Torta della nonna, der Schokotraum Tortino con cuore fondente. Gepflegte Auswahl an Wein von kleinen lokalen Erzeugern; interessant das mit Figomoro aromatisierte Bier, das ganz in der Nähe des Lokals gebraut wird. Einige Forellenspezialitäten sind auch zum Mitnehmen erhältlich.

Die Osmize im Karst

Ein im Jahr 1784 von Kaiser Joseph II. erlassenes Dekret, das noch viel ältere Bestimmungen aufgreift, gestattete es den Bauern der heutigen Provinzen Triest und Görz, eigene Produkte während eines Zeitraums von acht Tagen ab Hof zu verkaufen. So entstand die *Osmiza*, abgeleitet vom slowenischen Wort für die Zahl acht *(osem)*.
Auch heute noch bieten viele bäuerliche Betriebe, oftmals an malerischen Orten des Karsthochplateaus, einheimischen und auswärtigen Gästen Speis und Trank. Dabei sind sie nicht mehr auf acht Tage beschränkt, sondern können zu jeder Jahreszeit auch über längere Zeiträume öffnen.
Neben Wein dürfen die *Osmize* Brot, Wurst, Käse und in Öl oder Essig eingelegtes Gemüse anbieten, aber keine gekochten Speisen. Sie sind durchgehend geöffnet, in der Regel ab dem späten Vormittag bis spätabends. Auf eine *Osmiza* verweist vor Ort der charakteristische Strauß.

Sergio Nesich

DUINO-AURISINA – DEVIN-NABREZINA

Radetic

Ortsteil Medeazza – Medjavas, 10
Tel. (+39) 040 / 20 89 87
Geöffnet 20. Mai–5. Juni, 5.–31. Juli
40 Plätze + 50 Plätze im Freien

An den Wochenenden von November bis Mai bietet die Familie Radetic in ihrer bäuerlichen Gaststätte warme Küche, während sie in den Sommermonaten die Tradition der *Osmiza* fortsetzt. Die gute Seele des Betriebs ist Sidonja, eine Viehzuchtexpertin und exzellente Käserin: ihre Formaggi aus roher Kuhmilch, die in verschiedenen Reifegraden angeboten werden, sind vorzüglich. Die kleine Schweinehaltung garantiert hausgemachte Salumi und die angrenzenden Weinberge liefern guten Wein aus autochthonen Rebsorten.

Skerk

Ortsteil Prepotto – Prapot, 20
Tel. (+39) 040 / 20 01 56
Geöffnet 3 Wochen ab Ostern und 10 Tage im November/Dezember
50 Plätze + 50 Plätze im Freien

Unterhalb des Wohnhauses der Familie Skerk, von wo man einen spektakulären Blick auf den Golf von Triest und die Lagune von Grado hat, laden ein paar hübsch eingerichtete kleine Gasträume zum Verweilen ein. Am Schanktresen kann man nicht nur die Eigenbauweine (offen und abgefüllt) bestellen, sondern auch Käse von lokalen Erzeugern, hart gekochte Eier, Brot mit Cotechino und einen vorzüglichen Rohschinken von Hausschweinen, die in der Nähe im Freien gehalten werden. Signora Maria füllt getrockneten Wildfenchel in Döschen, macht einen Likör aus Terrano-Wein und weitere aus lokalen Kräutern. Das Gut Skerk ist in der Weinwelt sehr bekannt und kann auf exzellente Bewertungen verweisen. Darauf sind Sandi und Boris stolz, nicht zuletzt wegen des positiven Effekts für Wirtschaft und Image dieses Landstrichs.

Zidarich

Ortsteil Prepotto – Prapot, 23
Tel. (+39) 040 / 20 12 23
Geöffnet je 3 Wochen ab Karneval und im Juli, letzte November-, erste Dezemberwoche
40 Plätze + 100 Plätze im Freien

Dies ist die Lieblings-*Osmiza* von Freunden naturbelassener Weine, die mit Beniamino Zidarich einen auch im Ausland bekannten Pionier und Bannerträger haben. Im Sommer kann man sich auf der Wiese oder auf der Terrasse oberhalb des in den Fels gegrabenen Weinkellers niederlassen. Dort oder in der freundlichen Gaststube genießt man Haus- und Flaschenweine, die man mit köstlichem Brot, Roh- und Bratschinken, Salami und Kuhmilchkäse von Erzeugern aus dem Karst begleiten kann.

SAN DORLIGO DELLA VALLE – DOLINA

Zahar

Ortsteil Sant'Antonio in Bosco – Borst, 58
Tel. (+39) 040 / 22 84 51
Geöffnet 3 Wochen im Mai/Juni
30 Plätze + 30 Plätze im Freien

Seit den 1960er-Jahren öffnet Familie Zahar jedes Jahr im Spätfrühling ihr Haus, um passionierten Einheimischen und Weintouristen gute Tropfen aus autochthonen Rebsorten anzubieten. Seit einiger Zeit wird ein Teil der Produktion – Malvasia, Refosco, Vitovska – in Flaschen abgefüllt und im wunderschönen uralten Keller unter optimalen Bedingungen gelagert. Bemerkenswert das native Olivenöl extra des Betriebs, das von achtsamen Verbrauchern und qualitätsorientierten Gastronomen geschätzt wird.

TRIEST

Ferluga

Via dei Molini, 26
Tel. (+39) 040 / 41 76 49
Geöffnet letzten 2 Dezember-, ersten 3 Maiwochen
40 Plätze + 60 Plätze im Freien

Mit dem Auto braucht man vom Stadtzentrum nur ein paar Minuten, um in das Viertel Roiano und die darüberliegende Ortschaft Piscanci zu gelangen: eine grüne Oase der Ruhe, in der einige Bewohner, wie Silvano Ferluga und seine Familie, noch von der Landwirtschaft leben. Silvano ist ein Bauer mit Kultur und Verstand, der als profunder Kenner der hiesigen Böden Reben und Olivenbäume kultiviert, Wurstwaren, Wein und Likör erzeugt. Während der Öffnungszeiten der *Osmiza* bietet er den Gästen offenen und Flaschenwein zu Schinken, Salami, Pancetta, Gemüse und Sprossen in Öl. Und das in einem landschaftlich überaus reizvollen Rahmen: Von den Terrassen oder durch die Fenster der Verkostungsstube reicht der Blick bis zur istrischen Küste.

CASSACCO
Conoglano

16 KM NÖRDLICH VON UDINE, 4 KM VON TRICESIMO

Mulino Ferrant

Trattoria
Via dei Mulini, 8
Tel. (+39) 04 32 / 88 13 19,
(+39) 335 / 548 85 37
Ruhetag: Dienstag, Mittwoch
Ferien: je 2 Wochen im Juni und September
50 Plätze + 70 Plätze im Freien
Preise: 31–33 €
Alle Kreditkarten; BM
Abends geöffnet, Samstag und an Feiertagen auch mittags

Der Anblick der ehemaligen Mühle aus dem 18. Jahrhundert am Cormor-Bach, die diese Trattoria beherbergt, ist ohne Zweifel bezaubernd. Dank der umsichtigen Restaurierung hat das Lokal die richtige Atmosphäre für ein angenehmes Verweilen beibehalten: Fotoporträts des bäuerlichen Lebens im vergangenen Jahrhundert verschönern die sehr schlichte rustikale Einrichtung. Bei warmem Wetter kann man draußen sitzen, um die schöne Umgebung so richtig zu genießen. Paolo bietet zusammen mit seiner Familie eine einfache, aber nie langweilige Küche, in der die Produkte lokaler Erzeuger stets die Hauptrolle spielen. Aus dem Kapitel Antipasti lohnt sich neben der friulanischen Käseplatte mit Früchtekompotten, Honig und sämiger Polenta (8 €) eine Kostprobe vom ***Lidric cul pok*** **– mit Schweinegrieben und Sauriser Speck** servierter Feldsalat (6 €): ein für diese Gegend sehr repräsentatives Zusammenspiel von pflanzlichen und tierischen Zutaten. Bemerkenswert von den Primi sind die Caramelle ripiene di carne d'oca (Pasta mit Gänsefleischfüllung), die Minestra di **orzo e fagioli** (Gersten-Bohnen-Suppe) und die gefüllten Teigtaschen namens ***Cjalsons*** nach Art des Hauses (7,50 €). Doch es sind vor allem die Secondi, mit denen die Küche glänzt: das auf Lavastein gegrillte Steak – **Costata di pezzata rossa friulana** – ist an sich schon ein Grund hierherzukommen; gute Alternativen sind **Stinco di maiale al forno con le mele** (Schweinehaxe aus dem Ofen mit Äpfeln) und **Brasato di manzo al Refosco** (Rinderschmorbraten, 10 €). Interessante Auswahl an **Formaggi** von kleinen lokalen Käsereien, u. a. Formadi frant (Slow-Food-Presidio), und exzellente Dolci. Als Weinbegleitung gibt es guten Hauswein, aber auch ein paar Flaschenweine aus der Region.

32 KM NÖRDLICH VON PORDENONE, S.S. 552

Ai Cacciatori

Trattoria
Via Diaz, 4
Tel. (+39) 04 27 / 77 78 00
Ruhetag: Sonntagabend, Montag, Dienstag
Ferien: unterschiedlich
35 Plätze
Preise: 30–35 €
Alle Kreditkarten
Mittags und abends geöffnet

Sorgfalt und Tradition vermittelt bereits die Gestaltung des Speisesaals: Zierteller, Jahrgangsweinflaschen und allerlei sonstiges Dekor zeugen vom Faible der Besitzer für Gemütlichkeit und lukullische Freuden. Man nimmt Platz und fühlt sich wohl, während Daniele das Menü vorträgt und dabei mit Tipps und Erklärungen zu Ingredienzen und Rezepten nicht spart. Sein Bestreben, den Gast glücklich zu machen, ist offenkundig. Die Küche, in der seine Frau Angelina regiert, setzt auf hochwertige Zutaten aus lokaler Erzeugung, etwa rote Zwiebel aus Cavasso und dem Val Cosa oder Pitina (beides Slow-Food-Presidi); nicht ohne einen Hauch Originalität verwandelt Angelina diese in Speisen, die gleichwohl in der Tradition verwurzelt sind. Vorzüglich die Antipasti: **Crostino di pan di zucca e cipolla rossa**, Tortino di porri, Prosciutto d'oca con cren, Arrosticino di capocollo di maiale. An Primi (10 €) gibt es **Gnocchi mit knuspriger Pitina** oder **mit Ragù di faraona**, ***Blecs* con sugo di pitina** oder mit Pilzen, Tagliatelle, Ravioli. Groß die Auswahl bei den Fleischgerichten (15 €): **Capretto al forno**, **Bollito**, Schnecken, in der Wildsaison **Selvaggina**. Käsefreunde dürfen die exzellenten regionalen **Formaggi** nicht versäumen, die mit Gelees und Honig serviert werden. Exquisit auch die Dolci (4 €), z. B. Crostata oder Torta di ricotta. Die Weinkarte beginnt mit einem breiten friulanischen Sortiment, widmet sich außerdem auf übersichtliche Weise dem übrigen Italien und empfiehlt auch ausländische Marken; angenehm der Rotwein des Hauses.

»
Protagonisten dieser überaus ansprechenden Küche sind die Produkte der Provinz Pordenone hier im Alpenvorland. Das Ambiente stellt den Inbegriff von Gastlichkeit dar.
«

45 KM NORDWESTLICH VON UDINE, S.R. 512

Borgo Poscolle

Trattoria
Via Poscolle, 21 A
Tel. (+39) 04 33 / 93 50 85
Ruhetag: Dienstag, Mittwoch
Ferien: je 1 Woche im Januar/Februar und Ende Oktober
40 Plätze + 20 Plätze im Freien
Preise: 33 €
Kreditkarten: CS, DC, MC, Visa; BM
Mittags und abends geöffnet

Auf der Suche nach authentischen Aromen ist ein Besuch dieser Trattoria in einem Dorf in den südlichen Ausläufern der karnischen Alpen ein Muss. Hier verwandeln Rita und Lucio mit Leidenschaft und Könnerhand die Produkte der Gegend und des Hausgartens in Traditionsgerichte mit Pfiff. Das Lokalinnere ist heimelig, intim, mit kleinen Fenstern, die bukolische Ansichten einrahmen. Die freundliche Rita verrät gerne, wo sie die Zutaten für ihre Kreationen entdeckt und wie sie diese verarbeitet. So erfährt man von der Ricotta aus Ziegenmilch für den **Tortino**, der je nach Saison **mit Kürbiscreme**, Erbsen oder Wildspargel als Vorspeise serviert wird. Auf die Teigwaren für die Primi ist das Haus zu Recht stolz: ***Fregoloz* mit Kräutern auf Tomatensauce mit Formadi frant** (9 €), Bigoli aus Hafermehl mit Walnuss-Speck-Sauce, Mezzelune mit Raibler Käse, Buchweizennudeln – ***Blecs* al saraceno – mit Broccoli und Sardellen**, Tagliatelle mit Steinpilzen aus Cabia; hinzu kommen Suppen wie ***Jota*** oder Minestra di orzo e fagioli. Auch die Secondi sind eine Gaumenfreude: **Capretto mit Bratkartoffeln**, Petto di faraona mit knuspriger Pancetta (15 €), Kalbskutteln – **Trippe di vitello in umido – mit Polenta**, Filetto di salmerino (Saibling aus Sutrio). Empfehlenswert die exquisiten karnischen **Formaggi**, verlockend die Dolci (6 €): Fichi al forno mit Marzipan und Mascarponecreme, Crostata mit Sauerkirschkonfitüre und Vanilleeis, Cremoso von Schokolade aus ecuadorianischem Kakao, Haselnuss-Schoko-Kuchen. Gute Auswahl an nicht nur friulanischem Wein.

»
Dieses Dorf aufzusuchen lohnt. Probieren sie die Produkte der Carnia in den geradlinigen Neuinterpretationen und Veredelungen der Küche von Rita und Lucio.
«

CERCIVENTO

64 km nw. v. Udine, 16 km v. Tolmezzo, S.S. 52 bis

In Plàit

Osteria mit Übernachtungsmöglichkeit
Via di Sot, 51
Tel. (+39) 04 33 / 77 84 12,
(+39) 346 / 598 27 71
Kein Ruhetag • Keine Ferien
20 Plätze
Preise: 30–35 €
Keine Kreditkarten
Mittags und abends gegen Vorbestellung geöffnet

Inmitten der herrlichen karnischen Bergwelt werden Sie von Stefania und William in einem geschmackvoll und kreativ gestalteten gemütlichen Ambiente empfangen, das in dem zur „Buchhandlung mit Küche und B&B“ umfunktionierten alten Haus der Familie eingerichtet wurde. William bäckt Brot und bestellt den Hausgarten, aus dem sämtliches Gemüse und die Küchenkräuter stammen; Wildkräuter und Pilze sammelt er im nahen Wald. Stefania kümmert sich hingebungsvoll um die Küche, wo sie alte Rezepte der friulanischen Tradition und aus ihrer Heimat, dem toskanisch-emilianischen Apennin, studiert und neu interpretiert. Eingangs kann man sich für eine Auswahl lokaler Wurstwaren oder Käsesorten (hauptsächlich aus dem Valle del But) mit mariniertem Gartengemüse oder für den Kostprobenteller mit Tortelli, Mousse und Gemüseküchlein (9 €) entscheiden. Die hausgemachten Teigwaren werden mit dem Nudelholz gerollt: köstlich die **Ravioli** con lo *sclopit* oder **alle erbe** (nach Omas Rezept, 10 €). Wer eine Suppe bevorzugt, ist mit der **Minestra di fagioli** gut beraten. An Secondi gibt es **Verdure ripiene**, Kutteln als Trippe alla fiorentina, **Spezzatino**, Filetto vom Schwein oder Jungrind, **Polpettine di vitello** (9 €), Scaloppine mit Zitrone, **Trota**. Das süße Spektrum reicht von Crostata di frutta über Torta di ricotta e spezie, Apfelstrudel (3 €) und Crema pasticciera mit Vanille bis hin zu Eisbechern. Gut, wenn auch nicht sehr groß die preislich vernünftige Weinauswahl.

Mr. Zoncolan in **Sutrio** (3 km), Via Val Calda 13: Wein, Bier und typische Produkte, auch von den Slow-Food-Presidi. Enoteca-Prosciutteria Marangon, ebenfalls in **Sutrio**, Viale Europa Unita 2: Drinks und lokale Salumi und Formaggi zum Probieren.

CLAUZETTO

50 km nö. v. Pordenone, 18 km v. Spilimbergo

Ai Mulinars

Restaurant
Via della Val Cosa, 83
Tel. (+39) 04 27 / 806 84
Ruhetag: Montag
Ferien: unterschiedlich
55 Plätze + 45 Plätze im Freien
Preise: 35 €
Kreditkarten: AE, CS, MC, Visa; BM
Mittags und abends geöffnet

Die Atmosphäre ist ausgesprochen gastlich und entspannend, sowohl im Freien als auch im Lokalinneren. Wir sind im grünen Val Cosa, an einem recht abgelegenen und sehr hübschen Ort in der Gemeinde Clauzetto, die als „Balkon des Friauls“ bekannt ist. Das als Familienbetrieb geführte Restaurant wird Sie mit dem *Fogolar*, der klassischen Feuerstelle jedes bäuerlichen Hauses im Friaul, begrüßen. In der Gestaltung des Ambientes treffen jedoch Merkmale der Tradition auf moderne Details, was auch für die Speisekarte gilt. Gekocht wird mit überwiegend regionalen Grundprodukten und ein paar exotischen Einsprengseln. San-Daniele-Schinken, Haussalami, frische Ricotta, lokale Formaggi, **Pitina**, *Radìc di mont* und anderes in Öl eingelegtes Gemüse sind die Antipasti, die man auch als gemischter Teller (12 €) bestellen kann. Es folgen Primi wie Auberginenröllchen (**Involtini di melanzane con guanciale e montasio**, 8,50 €), typische Nudeltäschchen namens ***Cjalsons* mit Speck und Käse** oder andere hausgemachte Teigwaren, verfeinert je nach Lust und Laune des Küchenchefs, Suppen (z. B. Zwiebelsuppe), **Orzotto con la salsiccia** (9 €). Das Angebot an Secondi, das hauptsächlich Fleischgerichte wie Lammkoteletts (**Costicine di agnello alla griglia**, 18 €), Tagliata vom Hirsch und andere Wildspezialitäten umfasst, sieht auch Schnecken alias Lumache à la *bourguignonne* und – nicht zu vergessen – ***Frico* mit Kartoffeln** sowie Polenta mit Pilzen der Saison vor. Zur Nachspeise, etwa Früchtemousse, hausgemachte Kuchen (u. a. Biskuit mit Crema pasticciera und Walnüssen) oder Strudel (5 €), kann man sich ein Gläschen Grappa genehmigen. Gute Weinauswahl mit vielen vor allem friulanischen Etiketten, zu denen der Wirt gern wertvolle Tipps gibt.

CORDENONS

5 KM NORDÖSTLICH VON PORDENONE

Al Curtif

Osteria
Via del Cristo, 3
Tel. (+39) 04 34 / 93 10 38
Ruhetag: Montagabend, Dienstag
Ferien: 1.–10. Januar, 3 Wochen im August
50 Plätze + 50 Plätze im Freien
Preise: 30 €
Alle Kreditkarten
Mittags und abends geöffnet

Mit aufrichtiger Zuvorkommenheit werden Michela und Luca Sie in ihrer Osteria in Cordenons vor den Toren Pordenones empfangen, die die architektonischen Merkmale eines typischen Landhauses aus unverputzten Flusssteinen wahrt. Das Lokal ist berühmt für ***Frico*** (8 bis 10 €), der in verschiedenen Versionen – Lauch, Birnen, Salsiccia, Speck aus Sauris, Trevisaner Radicchio – immer im Angebot ist. Schlichte und zugleich originelle Geschmackserlebnisse, die vergangene Zeiten und Bräuche wachrufen. Auch andere Speisen entsprechen der kulinarischen Identität der Gegend. Eingangs etwa Polentaküchlein mit kurz gebratener **Pitina** und zerlassenem **Montasio** (9 €)oder **Salame all'aceto mit gerösteter Polenta**. Von den Primi (8 €) überzeugen Orzotto al *grisol* (Perlgraupen mit Leimkraut), Panciotti agli asparagi (in der Spargelsaison), Spaghetti alla carbonara friulana (mit Pitina), **Tagliatelle all'ortolana** (mit Gartengemüse). Hie und da erlaubt sich die Küche Stegreifschöpfungen wie Fettuccine mit iberischem Schinken oder „Secreto di patanegra" unter den Secondi. Besser hierher passen Lammkoteletts (**Costolette d'agnello alle erbe fini**, 15 €), **Baccalà mit Polenta** oder Kutteln, sprich **Trippe**. Als Nachtisch hausgemachte Dolci (4 €): Strudel, Torta alle noci, Sachertorte. Die recht umfangreiche Weinkarte, aus der man auch glasweise bestellen kann, hat ihren Schwerpunkt auf Etiketten aus der Region. Bei schönem Wetter kann man unter der Pergola im Innenhof (auf Friulanisch *Curtif*) essen.

Gelateria Scian, Via Sclavons 75: Straßenverkauf von handwerklich hergestellter Eiscreme auf höchstem Niveau aus Grundprodukten der besten italienischen Erzeuger, darunter einige Slow-Food-Presidi.

DUINO-AURISINA
DEVIN-NABREŽINA
Slivia – Slivno

14 KM NORDW. VON TRIEST, S.S. 14 UND S.S. 202

Sardoc

Traditionelle Osteria-Trattoria
Ortsteil Slivia – Slivno, 5
Tel. (+39) 040 / 20 01 46
Ruhetag: Montag–Mittwoch
Ferien: unterschiedlich
80 Plätze + 80 Plätze im Freien
Preise: 28–30 €
Kreditkarten: CS, DC, MC, Visa; BM
Mittags und abends geöffnet

Steile Straßen, begrenzt von typischen Trockenmauern, weit unten das Meer. Hierher muss man finden wollen: Man achte auf die Beschilderung nach Slivia, nicht zu verwechseln mit einem Lokal gleichen Namens in der Nähe. Das von der Großmutter 1957 gegründete Lokal wird heute in Teamarbeit geführt: Elena (seit 50 Jahren in der Küche), Sohn Ranko (Meister des Grills) und Tochter Roberta (zuständig für Desserts und Service). Das vom Karst und mitteleuropäischen Einflüssen geprägte Menü wird mündlich vorgetragen, gekocht wird ausnahmslos frisch. Die Speisen sind üppig, weshalb man sich nicht lange mit Antipasti aufhalten sollte. Beginnen Sie gleich mit der ***Jota*** (5,50 €) oder einem der exzellenten Primi (6,50 €, drei Kostproben 7,50 €): **Rotolo di patate e spinaci** mit Bratensaft, Kartoffelgnocchi oder **Gnocchi di pane mit Gulasch**, Kräutercrêpes, **Gnocchi con le susine**. Bei den Secondi dominiert Fleisch von einheimischen Bauern, das Rindfleisch kommt aus dem nahen Slowenien. In dicke Scheiben geschnitten servierte Haxe vom Schwein oder Kalb – **Stinco di maiale** (9 €) bzw. **di vitello** (12 €) – ist die Reise ebenso wert wie **Pollo fritto** (Backhähnchen) oder ***Ljublianska*** (Cordon Bleu) in perfekter Panade. Der Grill ist bekannt für seine hohe Qualität, angefangen vom Holz, das Ranko persönlich auswählt. Als Dessert (3,50 €) sind neben klassischer Cremeschnitte die Strudel der Saison (Apfel, Kirsch, Feigen) sowie die typischen Dolci des Karsts, etwa **Strucolo bollito** oder ***Palacinka***, zu empfehlen. Die Hausweine – Friulano, Cabernet, ehrlicher Terrano – sind gut zu trinken, doch lohnt es sich, nicht zuletzt wegen der fairen Preise, eine gute Flasche aus den 150 friulanischen und sonstigen italienischen Etiketten auszusuchen. Fazit: herzhafte Kost, die selig stimmt und das Portemonnaie schont.

FAGAGNA

13 km nordwestlich von Udine

Al Castello

Restaurant
Via San Bartolomeo, 18
Tel. (+39) 04 32 / 80 01 85
Ruhetag: Montag
Ferien: zweite Januarhälfte
50 Plätze + 35 Plätze im Freien
Preise: 35 €
Alle Kreditkarten; BM
Mittags und abends geöffnet

Seit 30 Jahren führen die Brüder Negrini mit Professionalität und Hingabe dieses bekannte Lokal in der Ebene nördlich von Udine. Ihre Küche verbindet sehr gekonnt Traditionelles mit durchdachten modernen Akzenten, achtet auf Saisonalität ebenso wie auf die Charakteristika der Zutaten. Für den Beginn empfiehlt Stefano Prosciutto crudo, im Frühling begleitet von Löwenzahn mit Grieben und Ricotta-Salami-Häppchen (10 €), ferner geräucherten Schinken von der Schulter (Prosciutto di spalla) aus Timau, sämige Mousse di formaggio auf Blattsalaten oder Sformato di castagne mit Kürbiscreme. Je nach Saison gibt es danach Asparagi bianchi mit hart gekochtem Ei, ***Gnocs di sedon*** (mit dem Löffel geformte Nocken) **aus Ricotta und Polentagrieß mit knusprig gebratenem Schweinefleisch**, Fagottini di zucca mit geräucherter Ricotta, **Ravioli di formadi frant** (Slow-Food-Presidio), **Gnocchi di castagne con sugo di salsiccia**, Tagliolini al tartufo, **Orzo e fagioli** (Gersten-Bohnen-Suppe). Als Hauptgang bereitet Koch Angelo häufig **Coniglio ripieno al forno con prugne in camicia** (gefülltes Kaninchen mit Zwetschgen, 15 €) zu, außerdem Bocconcini di fegato (Leber) mit Äpfeln und gebratenen Tropea-Zwiebeln (12 €), **Animelle croccanti su vellutata di aglio ursino** (knusprig gebratenes Kalbsbries auf Bärlauchcreme), Roastbeef von der Ente mit Getreideflan, Filetto di cervo, **Guanciale di maiale stufato**. Beachtlich die Auswahl an **Formaggi**, zu denen diverse Saucen serviert werden. Von den Dolci erwähnt seien ***Pan di mei*** (ein altes friulanisches Rezept mit Äpfeln und würziger Zwetschgencreme), Croccantino mit Karamellsauce und das köstliche Parfait all'arancia. Die Weinauswahl ist zwar zu Recht regional geprägt, schließt aber interessante Empfehlungen der besten Erzeuger aus ganz Italien nicht aus.

FAGAGNA
Casali Lini

15 km nordwestlich von Udine

Casale Cjanor

Ferienbauernhof
Via Casali Lini, 9
Tel. (+39) 04 32 / 80 18 10
Ruhetag: Montag–Donnerstag
Keine Ferien
80 Plätze + 30 Plätze im Freien
Preise: 28–32 €
Kreditkarten: CS, DC, MC, Visa; BM
Mittags und abends geöffnet

In einer hügeligen Landschaft, die heitere Gelassenheit aufkommen lässt, erinnert das Gehöft der Familie Missana an die Orte der bäuerlichen Tradition. Im Inneren ist einer der Gasträume mit bewusster Schlichtheit um den *Fogolar*, den offenen Kamin, eingerichtet, draußen kann man an warmen Tagen idyllisch unter einer Pergola an der Scheune des landwirtschaftlichen Betriebs essen. Auch die Speisen vermitteln Tradition, jedoch mit unverkennbar individuellen Noten. Ein Beispiel ist der in hübschen Gläsern lauwarm servierte **Pestàt** (Slow-Food-Presidio, 7 €): Eigentlich besteht diese Spezialität aus Schweinefett und Kräutern, doch hier gibt man ein wenig Tomaten zu, was die Kräuteraromen noch schöner zur Geltung bringt. Ebenfalls als Vorspeise angeboten und wirklich exzellent sind die Spezialitäten von der Gans (das Geflügel wird auf dem Hof gehalten, wie die meisten Tiere, deren Fleisch hier angeboten wird); vor allem die Salame d'oca (8 €) zeugt von meisterlicher Verarbeitung. Hervorragend von den Primi sind die **Lasagne al sugo d'anatra** (mit Entensauce, 9,50 €) und das herrlich würzige Gerste-Dinkel-Gericht mit Spargel und Brennnesseln (**Orzo e farro agli asparagi e *urticjons***). Geflügel ist auch bei den Secondi vertreten: **Anatra in casseruola mit Polenta** (14 €), im Frühling Gänseeier mit gebratenem Spargel auf einer Scheibe Brot. Mit dem Caffè gourmand (6,50 €) begleitet von Keksen findet sich Originelles unter den Desserts wieder, von denen wir die Panna cotta mit Zimt und die Meringa di fragole mit Minze empfehlen; nicht minder verführerisch die meisterhafte Torta gianduia mit Ricotta und Haselnüssen (4,50 €) und die Crostata aus feinstem Mürbeteig mit Erdbeertraubenkonfitüre. Guter Hauswein, angemessene Auswahl an friulanischen Flaschenweinen.

FARRA D'ISONZO

9 KM SÜDWESTLICH VON GÖRZ, S.S. 351

Borgo Colmello

Restaurant-Enoteca mit Übernachtungsmöglichkeit
Strada della Grotta, 10
Tel. (+39) 04 81 / 88 90 13
Ruhetag: Montag, im Winter auch Sonntagabend, im Sommer auch Samstagmittag • Keine Ferien
50 Plätze + 50 Plätze im Freien
Preise: 35 € • Alle Kreditkarten; BM
Mittags und abends geöffnet

Wer die kurze Auffahrt von der Verbindungsstraße Görz–Gradisca zum Borgo Colmello nimmt, findet sich in einem kleinen Paradies wieder: ein renoviertes Anwesen mit Bauernmuseum und einem Gebäudeensemble mit Restaurant, Vinothek und Locanda. Hier verlangsamen sich die Rhythmen auf angenehme Art und sorgt das Personal dafür, dass man sich fernab der Welt fühlt, ohne die schönsten Facetten der ländlichen Umgebung zu vergessen. In einer Karte, die den Jahreszeiten Tribut zollt, wechseln Kürbis, Spargel, Radicchio und Kräuter in schlichten und doch raffinierten Speisen mit einander ab. Empfangen wird man vom obligaten ***Toc' in braide***, von mit dem Messer aufgeschnittenen San-Daniele-Schinken oder **Sformatino di verdure con fonduta di montasio** (Gemüseflan mit Käsesauce, 8 €), dazu selbst gebackenes Brot. Es folgen delikate Crema di patate mit Salbei und Melisse, aber auch herzhafte **Kartoffelgnocchi con il cinghiale** (mit Wildschwein), Ravioli mit Ricotta und Kräutern, ***Blecs* con il ragù d'anatra** (Pasta mit Entensauce, 8 €). Bei den Secondi herrscht Tradition in Reinkultur mit ***Frico* con patate** oder Kutteln – **Trippe in umido** – **mit reifem Montasio** (10 €), alternativ dazu saftige Guancia di maiale in Merlot geschmort oder Guancia di manzo al Refosco. Bei den Dolci (6 €) konkurrieren Strudel und Millefoglie alla crema pasticciera mit saisonalen Früchtedesserts. In Sachen Wein ist das große Spektrum der benachbarten Vinothek eine Offenbarung, obwohl auch der Rotwein des Hauses gut schmeckt. Interessante kulinarische Themenabende und Degustationen mit anregenden Weinbegleitungen.

»*Hier wird die Grenzlandküche professionell und mit Zutaten von tadelloser Qualität in ihrer Vielfältigkeit zur Geltung gebracht.*«

FIUME VENETO
Praturlone

11 KM SÖ. V. PORDENONE, S.S. 13 U. S.P. 60, 47 U. 6

Turlonia

NEU

Osteria mit Küche
Corso Italia, 5
Tel. (+39) 04 34 / 56 15 86
Ruhetag: Mittwoch, im Sommer Sonntagmittag
Ferien: unterschiedlich
30 Plätze
Preise: 24–26 €
Kreditkarten: CS, DC, MC, Visa; BM
Mittags und abends geöffnet

Der junge Federico Mariutti, ein vielversprechender und engagierter Koch, der von seiner Frau Isabella und der tüchtigen Veronica im Service unterstützt wird, hat 2009 diese Osteria mit Küche in einer Gegend – der Ebene zwischen Livenza und Tagliamento – eröffnet, die an der Grenze zwischen Friaul und Venetien liegt. Diese geografische Lage prägt auch die Küche, die sich geschickt vom typisch friulanischem *Frico* zum ebenso typisch venetischen Baccalà bewegt. Beginnen kann die Mahlzeit mit dem Brettchen, das Salumi und Formaggi aus der Region umfasst, einem Sformatino di ricotta mit Spätradicchio auf Montasio-Käse-Sauce (7 €), einem Getreidesalat – Insalatina di cereali – mit knackigem Gemüse und Aceto balsamico. An Primi gibt es **Gnocchi al ragù di capriolo** (mit Rehragout, 7,50 €), Ravioloni di asiago e radicchio mit Walnusscreme, **Kürbis-Artischocken-Orzotto mit knuspriger Pitina**, *Jota* alla carsolina. Die Secondi sind abgesehen von ***Frico*** und **Baccalà mit Polenta** allesamt Fleischgerichte, darunter auch Wildbret: empfehlenswert die Stockente – ***Masurin* in umido** – **mit Polenta**, die Lammkeule mit Kräutern (**Cosciotto di agnello arrosto alle erbe**, 9 €), die geschmorten Jungschweinebäckchen – Guance di maialino brasate al Pignolo. Von Oktober bis März steht jeden Donnerstag mittags und abends sowie am Sonntagmittag der Gran bollito misto mit sieben Sorten gekochtem Fleisch, vier hausgemachten Saucen und Gemüse (15 €) auf dem Programm. Die Dolci (3,50 €) sind hauptsächlich hausgemachte Sorbets und Kuchen. Die preislich moderate Weinkarte umfasst etwa 50 Etiketten aus dem Umland und den Colli Orientali.

Alla Luna

Traditionelle Osteria
Via Oberdan, 13
Tel. (+39) 04 81 / 53 03 74
Ruhetag: Sonntagabend, Montag
Ferien: zweite Julihälfte
60 Plätze
Preise: 25–30 €
Kreditkarten: CS, DC, MC, Visa; BM
Mittags und abends geöffnet

In der Grenzstadt Görz entdecken wir diese Osteria, die in den 1950er-Jahren dank Milan Pintar zu neuem Leben erwachte. Davor war sie Ziel von Reisenden gewesen, die bei Mondschein einkehrten, was den Namen erklärt. Heute führen Milans Witwe Celestina und die Töchter Elena und Roberta den Betrieb und bieten mit vorzüglicher Küche und herzlicher Gastlichkeit in einem kurios und sehr charakteristisch eingerichteten Ambiente nicht nur Durchreisenden eine angenehme Einkehr. Die Gerichte entspringen der über die Jahrtausende von vielen Völkern beeinflussten Görzer Tradition. Unter den Antipasti (8 €)entdeckt man **Prosciutto con il cren**, Prosciutto crudo, Lardo, Käse aus dem Friaul (Formadi frant, Montasio). Bei den Primi (8 €) spannt sich der Bogen von ortstypischen Suppen und Gerstengerichten zu Klassikern der slowenischen Küche (**Nocken mit Bratensaft – Gnocchi di pane al sugo di carne, Obstknödel**). Die Secondi sind vorwiegend Fleischgerichte: **Gulasch alla goriziana**, geräucherte Salsicce mit Polenta, ***Ljublianska*** (Cordon Bleu, 9 €), Salame friulano aus der Pfanne, ***Frico***. Meeresaromen sind mit Fisch aus der nahen Lagune von Grado oder **Baccalà in bianco** (11 €) vertreten. Als Beilage (3,50 €) gibt es Cren in *tecia*, *Kartofolis* und Kartoffelkipfeln, die angeblich in Anlehnung an das Symbol der Mondsichel während der Wiener Türkenbelagerung erfunden wurden. Verführerisch die Desserts (à 4 €): **Gubana**, Strucoli, Strudel, *Palacinke* (Pfannkuchen). Die Weine sind hauptsächlich aus der Region und von guter Qualität. Empfehlenswert die von Mamma Celestina aromatisierten Grappas.

Die etwa 100 Meter von der Osteria entfernte Pescheria Da Michele (Via Boccaccio 4) führt stets frischen Fisch aus der Lagune.

12 KM SÜDWESTLICH VON GÖRZ, S.S. 351

Mulin Vecio

Traditionelle Osteria
Via Gorizia, 2
Tel. (+39) 04 81 / 997 83
Ruhetag: Mittwoch, Donnerstag
Ferien: unterschiedlich
150 Plätze + 100 Plätze im Freien
Preise: 15–20 €
Keine Kreditkarten; BM
Geöffnet 10.30–15, 18–23 Uhr

Die historischen Mauern dieser Osteria erzählen von der Tradition, den Mühen, der Geselligkeit vergangener Zeiten. Dies nimmt man auch alsbald wahr, sowohl in den beiden großen Gasträumen, die mit unzähligen Kupfertöpfen dekoriert sind, als auch im angrenzenden Hof, wo das Mühlrad immer noch klappert. Nur ein paar Schritte von der Altstadt entfernt, in der Nähe des Parco della Rotonda, trifft man seit 40 Jahren dieselbe Familie an, findet dieselbe Herzlichkeit vor und dieselbe trostreiche Küche, die von Generation zu Generation weitergegeben wird. Das mündlich vorgetragene und erläuterte Menü wechselt je nach saisonaler Verfügbarkeit der Produkte. Immer zu haben sind eingangs Salumi, die mit dem Messer aufgeschnitten werden (Mortadella, **Prosciutto cotto nel pane**, Prosciutto crudo di San Daniele, Salame, um nur einige zu nennen), und eine große Vielfalt an frischen und reifen Käsesorten (der Preis wird nach Gewicht berechnet, ein gemischter Teller kostet etwa 10 €). **Gnocchi di patate mit Gulasch** (8 €), ***Jota*** (Eintopf mit Sauerkraut), **Pasta e fagioli** (Bohnensuppe mit Nudeln, 6 €) können die Empfehlungen unter den Primi sein. Für einige der Secondi gilt der althergebrachte Brauch der Bindung an bestimmte Wochentage: dienstags Kutteln, freitags Baccalà. Hinzu kommen **Gulasch mit Polenta** (7 €), Würste wie **Salsicce di Vienna und Salsicce di Cragno mit Sauerkraut**, in der kalten Jahreszeit Cotechino con brovada (Kochwurst mit gesäuerten Rüben). Als Nachtisch ein großes Stück **Strudel** (2,50 €). Die Weinkarte empfiehlt hauptsächlich Etiketten aus der Gegend und dem Friaul im Allgemeinen; sehr angenehm zu trinken und gut mit den Speisen harmonierend ist der Hauswein.

GRADO

43 KM SÜDWESTLICH VON GÖRZ

Agli Artisti

Restaurant
Campiello Porta Grande, 2
Tel. (+39) 04 31 / 830 81
Ruhetag: Dienstag, außer Mai–September
Ferien: zeitweise im Winter
35 Plätze + 60 Plätze im Freien
Preise: 30–32 €
Kreditkarten: CS, MC, Visa
Mittags und abends geöffnet

Das Ristorante Agli Artisti, das wir seit Langem in unserem Osteriaführer empfehlen, bestätigt sich als Adresse, die man sich nicht entgehen lassen sollte. Es befindet sich in der Altstadt von Grado, dort wo einst das *Castrum romanum* lag und sich heute die charakteristische belebte Fußgängerzone erstreckt. Das Lokal bewahrt in seinem Inneren Zeugnisse aus dieser altrömischen Zeit: Unter dem Fußboden wurden antike Steine entdeckt, die durch eine dicke Glasscheibe zu sehen sind. Empfangen werden Sie von der freundlichen Lisa, die Ihnen mit einem Lächeln auf den Lippen für den Beginn **Sardinen in *savor***, eine Kostprobe vom ***Boreto* di seppie mit weißer Polenta** (8 €) oder Makrele in der Spielart Sgombro alla mediterranea (10 €) empfehlen wird. In der Speisekarte wechseln Fischrezepte aus verschiedenen Regionen mit typischen Speisen der Lagunentradition Grados, wobei die einen wie die anderen von Küchenchef Alessandro Corrazza sorgfältig zubereitet und angerichtet werden. Von den Primi erwähnt seien die Spaghetti con le vongole, der Orzotto ai frutti di mare (11 €)und die köstlichen **Spaghetti con sardoni e pomodorini** (12 €). Nicht minder interessant die Secondi: der traditionelle Gradeser Fischeintopf ***Boreto* di rombo** (15 €), dessen Zutaten je nach Fischmarktlage variieren können, und der mannigfaltige, herrlich knusprige Fritto misto (13 €) sind die gefragtesten Spezialitäten der Meeresküche. Für die Gerichte der Festlandküche finden frische saisonale Produkte aus friulanischen Gefilden Verwendung. Wunderbare Süßspeisenauswahl, schöne Weinkarte mit vorwiegend regionalen Empfehlungen, aber auch ein paar Etiketten aus dem italienweiten Panorama und eine interessante Selektion aus dem nahen Slowenien und Kroatien. Gutes Preis-Leistungs-Verhältnis.

GRADO
Isola di Anfora

43 KM SÜDWESTLICH V. GÖRZ, MOTORSCHIFF V. GRADO

Ai Ciodi

Ferienbauernhof
Ortsteil Anfora
Tel. (+39) 338 / 956 81 42,
(+39) 338 / 567 98 22
Kein Ruhetag
Ferien: Mitte Oktober–vor Ostern
25 Plätze + 150 Plätze im Freien
Preise: 27–30 €
Keine Kreditkarten
Geöffnet 11.30–19 Uhr

Wenn man diese Osteria besuchen möchte, darf man es nicht eilig haben. Auf der Insel Anfora in der Lagune von Grado und Marano gelegen, erreicht man sie nur auf dem Wasserweg. Wer kein eigenes Boot hat, kann vom Hafen Grado mit dem Schiff oder einem Bootstaxi starten. Allein die Fahrt ist ein Genuss, der auf bevorstehende Gaumenfreuden einstimmt. Das Lokal der Familie Tognon – ein Fischerhaus, in dem früher die *Graesani* wohnten, wenn sie in der Lagune auf Fang waren – bietet einfache, aber gepflegte Gerichte mit Fisch ausnahmslos lokaler Herkunft in einem sehr idyllischen Rahmen. Das Menü sieht vor, dass man mit Antipasti beginnt: **Sardinen in *saor***, Cozze und Vongole, **Cefalo marinato** (9 €), Salat von Sepien oder Oktopus. Groß die Auswahl bei den Primi: **Spaghetti** alla marinara, **con i fasolari** (Herzmuscheln), alle vongole oder con il granchio (Krabben, 12 €), **Maltagliati con le sarde** (11 €), Risotto alla marinara. Die Secondi konzentrieren sich auf den tagesfrischen Fang (Dorade, Meeräsche, Steinbutt, Tintenfisch ...), die Grigliata mista (13 €), den **Fritto misto** und den typischen ***Boreto*** als gemischten Fischeintopf (15 €) oder *de bisato* (mit Aal). Der Wein ist überwiegend friulanischer Provenienz. Abschließend ein Dessert des Hauses, Kaffee aus der Mokkamaschine und, falls gewünscht, ein Gläschen Santonego (mit Meeresabsinth aromatisierter Likör): ein letzter Hauch von Unverfälschtheit vor dem Ankerlichten. Wer länger bleiben möchte, kann dort nächtigen, wo früher die Kinder der Fischer die Schulbank drückten (die Unterkünfte gehören zum Albergo diffuso von Grado).

Ausgezeichneter Fisch und herzliche Gastlichkeit auf einer kleinen Insel dieser Lagune von einzigartiger Schönheit.

43 KM SÜDWESTLICH VON GÖRZ

Zero Miglia

Moderne Osteria
Riva Dandolo, 22
Tel. (+39) 04 31 / 802 87
Ruhetag: Dienstag, außer 1. Juli–15. September
Ferien: 7. Januar–28. Februar
100 Plätze + 50 Plätze im Freien
Preise: 37 €
Kreditkarten: CS, DC, MC, Visa; BM
Mittags und abends geöffnet

Die seit 1930 bestehende Cooperativa Pescatori von Grado hat vor Jahren diese „Osteria di mare" mit dem mehr als passenden Namen („Null Seemeilen") eröffnet, der auf die kurze Lieferkette vom Netz auf den Tisch anspielt. Im Sommer verweilt man sehr beschaulich im Freien direkt am Hafenkanal, doch auch das schlicht und modern gestaltete Lokalinnere mit dem von der Lagune und dem Meer inspirierten Ambiente erweist sich als angenehmer Ort. Sehr hübsch sind die Gedecke und die Aufmachung des Menüs und der Weinkarte, überaus freundlich die Kellnerinnen unter der Leitung der stets zuvorkommenden Signora Luisa. Das nicht besonders umfangreiche Speisenangebot lässt große Sorgfalt bei der Auswahl der Zutaten erkennen. Fischchen in *savor* und Öl aus dem Triester Karst, **Cozze alla marinara in *cugiaron*** (10 €), Seppie al vapore oder vier Sorten marinierter roher Fisch (Pesce crudo, 16 €) regen den Appetit an. Es folgen Spaghetti mit Cappelunghe (Messermuscheln) oder con *canocie* (Heuschreckenkrebse), Calamarata con pesciolini e molluschi, **Gnocchi ai fasolari** (mit Herzmuscheln, 12 €). An Secondi gibt es ***Otregan brusao*** (Goldmeeräsche) auf Burrata, klassischen ***Boreto* alla gradese mit Polenta** (14 €), Fritto misto (Fisch und Gemüse in Tempurateig). Wer möchte, kann sich für Fisch im Ganzen (55 € pro Kilogramm) vom Grill, aus dem Ofen oder gedämpft entscheiden. Hausgemacht und ansprechend die Desserts: Crème brulée mit Ingwer und Limetten (5 €), Schokoladenmousse und -soufflé. Für den Trinkgenuss stehen neben dem Hauswein einige gute friulanische Flaschenweine bereit. Im November und Dezember ist das Lokal nur am Wochenende geöffnet.

In der Fischhandlung nebenan kann man von Montag bis Freitag (8.30–12 Uhr) frisch aus den Fischerkähnen geladene Ware kaufen.

33 KM NORDÖSTLICH VON UDINE, 15 KM VON CIVIDALE

Alla Posta

Trattoria
Via Roma, 22
Tel. (+39) 04 32 / 72 50 00
Ruhetag: Dienstag, Mittwoch
Ferien: unterschiedlich
40 Plätze
Preise: 25–30 € (Tagesmenü)
Keine Kreditkarten
Abends geöffnet, Sonntag auch mittags

Eine geradezu wilde Natur und eine uralte Glyzinie, die ein altes Haus gleichsam umarmt, werden Sie an dieser Adresse in der Benecja (so der slowenische Name des Einzugsgebiets der Täler des Natisone) empfangen. Das Alla Posta ist ein Erlebnis im Zeichen der unverfälschtesten Traditionen. Signora Maria, eine begnadete „Küchenmeisterin", wird Ihnen Speisen anbieten, die tagtäglich von ihrer Passion für die Düfte und Aromen der im Hausgarten oder in den nahen Wäldern gesammelten Kräuter und Früchte veredelt werden. Das Menü ist vorgegeben, man isst, was da ist. Den Auftakt machen ***Pinca* mit heißer Salami und *Skuta*** (Quark) oder Spirale di pancetta. Von den Primi sind im Herbst die Zuppa di castagne e porcini (10 €) oder die **Minestra di brovada e patate** empfehlenswert; im Frühling die in einer Artischocke servierten Gnocchi al pomodoro, die ***Buje*** (Maisgrießnocken) mit Birnen oder Riso di montagna, die ***Bleki*** della festa; im Sommer die ***Briza*** (Suppe aus Kartoffeln, Bohnen, weißem Kürbis und Sauermilch). Die Primi sind allesamt vegetarisch, wohingegen bei den Secondi Fleisch überwiegt: **Guancialino di maiale mit Äpfeln und Rotkraut**, Kaninchen als Coniglio alla vecchia maniera, in der Wildsaison Cinghiale oder Cervo mit *Stakanje* als Beilage oder aber auch Hase als **Lepre al *most*** (10 €). Forelle aus dem Natisone und ***Frico*** in einer „bombastischen" Version mit Salami, Käse, Polenta und Ei ergänzen das Repertoire. Zum Nachtisch gibt es Frutta al forno (gebackenes Obst) mit Vino cotto, Crostata mit Holunder, Wildpfirsichen oder Rhabarber, klassische Gubana und Marias legendäre gekochte Strudelteigpäckchen, die ***Struki lessi***. Man trinkt Wein aus dem Collio und den Colli Orientali, auch glasweise. Am Wochenende kann man sich für das Degustationsmenü (25 € ohne Getränke) entscheiden.

62 KM NW. V. UDINE, 11 KM V. TOLMEZZO, S.R. 52

Alla Frasca Verde

Hotelrestaurant
Via Capoluogo, 64
Tel. (+39) 04 33 / 741 22,
(+39) 04 33 / 742 91
Ruhetag: Montag
Ferien: 1 Woche im Juni, 3 Wochen im September/Oktober
80 Plätze + 30 Plätze im Freien
Preise: 33–35 € • Alle Kreditkarten; BM
Mittags und abends geöffnet

Wie in allen Dörfern der Carnia ist es auch in Lauco Brauch, dass die Frauen in der Nacht auf den 24. Juni den *Mac di San Zuan* binden. Mit dieser Komposition aus Heilkräutern, aromatischen Pflanzen und Wildblumen schmücken sie dann die Häuser, in die „der Heilige einkehren möge, um sie mit seinem Tau zu segnen". Ein solcher grüner Strauß ist Namensgeber des Lokals, das wir Ihnen hiermit ans Herz legen, eventuell in Verbindung mit einer Übernachtung in einem der Häuser des Albergo diffuso des Ortes. In der Frasca Verde können Sie von der karnischen Tradition inspirierte Gerichte probieren, was bedeutet, dass man mit einer weichen **Polenta mit Käsecreme**, in der Pilzsaison mit einem Budino di porcini e ricotta oder mit „la selvaggina nel piatto" (Antipasti vom Wild, 12 €) beginnt. Aus der Küche kommen noch andere Spezialitäten dieser gebirgigen Region, etwa **Crema di patate con tortelli e formaggi carnici** (8 €), traditionelle ***Cjarsons***, Tortelli mit Heidelbeeren, Pfifferlingen und Majoran, Risotto mit Spargel, Mousse von Montasio-Käse mit knuspriger Pancetta. Danach wendet man sich dem Milchferkelrücken – **Sella di maialino da latte – mit Senfsaatsauce** auf Wirsing-Kartoffel-Bett (14 €), dem Kaninchen in Olivenkruste – **Coniglio in crosta di olive – mit Paprikaschotensauce**, dem Wildschwein mit Sternanis und Holunder (Cinghiale all'anice stellato e sambuco) zu. Die Käseselektion setzt auf Formaggi von lokalen Erzeugern. Wenn Sie etwas Süßes möchten, bieten sich für den Ausklang ein Sorbetto al sambuco oder ein Sorbetto ai frutti di bosco (5 €), ein Semifreddo oder die Bavarese-Creme aus weißer Schokolade und Kokos mit Himbeeren an. Schöne Weinauswahl, auch glasweise Angebote. Das Degustationsmenü „Carnia in tavola" kostet ohne Getränke 35 €.

62 KM SÜDWESTLICH VON UDINE, S.R. 353 UND 354

Al Guscio

NEU

Moderne Osteria
Via Carso, 4
Tel. (+39) 339 / 601 44 15
Ruhetag: Mittwochabend
Ferien: 21. Dezember–6. Januar
40 Plätze + 20 Plätze im Freien
Preise: 30 €
Kreditkarten: CS, DC, MC, Visa; BM
Mittags und abends geöffnet

Das Al Guscio ist eines der wenigen Lokale in Lignano, die nicht nur in der Badesaison, sondern ganzjährig geöffnet sind. Maddalena Racchelli führt es seit etwa drei Jahren. Das Ambiente ist klein, schlicht und leger, belebt von den maritimen Farben des Tresens, der Tische, der Bilder und von herzlicher Gastlichkeit. Fisch steht im Mittelpunkt des Menüs. Maddalena, die aus einer Familie von Köchen stammt (die Küche steht denn auch unter der Leitung ihres Vaters), erzählt, wie der Fisch aus Marano in typische Gerichte der oberen Adriaküste verwandelt wird. Man beginnt mit den Antipasti: ***Carusoi*** (Schnecken) **in umido mit Polenta** (10 €), Cappesante al forno (gratinierte Jakobsmuscheln), Polpo in insalata (Oktopussalat), Tagliata di cappesante alla rucola, Sauté di vongole e cozze, **Sardinen in *saor***. Die Palette der Primi umfasst Spaghetti allo scoglio (mit Meeresfrüchten, 15 €), **Bigoli in salsa** (Nudeln in Sardellensauce), Pasta al nero di seppia (mit Tintenfischschwärze), Pasta alle sarde (mit Sardinen), Spaghetti al ragù di mare, Spaghetti mit Garnelen und Zucchini, **Risotto di mare** (11 €). An Secondi gibt es **Seppie in umido mit Polenta**, Sarde ai ferri (10 €), Branzino ai ferri, **Grigliata mista** (tagesfrischer gemischter Fisch vom Grill). Wer möchte, kann sich zum Nachtisch ein Dolce des Hauses genehmigen, etwa Kirschkuchen (Crostata di ciliegie) oder Blätterteiggebäck mit Schokolade (Sfoglia al cioccolato). Alternativ zum respektablen Hauswein gibt es ein paar Flaschenweine aus der Region.

MALBORGHETTO-VALBRUNA
Malborghetto

76 KM NORDÖSTL. V. UDINE, 12 KM V. TARVISIO, S.S. 54

Antica Trattoria da Giusi

Osteria-Trattoria
Via Bamberga, 19
Tel. (+39) 04 28 / 600 14
Ruhetag: Montag, Dienstag, im August nur Montag
Ferien: zweite und dritte Juniwoche
60 Plätze
Preise: 30 €
Kreditkarten: AE, CS, MC, Visa; BM
Mittags und abends geöffnet

Wir sind dort, wo Österreich, Slowenien und Italien aufeinandertreffen, in strategischer Position, um die Grenzen und Verkehrswege zu kontrollieren. In napoleonischer Zeit wurde hier nach Plänen von Ingenieur-Hauptmann Friedrich Hensel eine Festung errichtet, die zwischen österreichischen und französischen Kräften lange umkämpft war. Die Speisekarte der Trattoria, die sich in den Gewölben des historischen Palazzos der Della Grotta befindet, knüpft ausgiebig an diese epischen Ereignisse an. Giuseppina in der Küche, ihr Mann Alfredo am Tresen und Valentina im Speisesaal werden Ihren Aufenthalt angenehm gestalten. An Vorspeisen geboten werden Käse mit Konfitüren und Cremes aus dem Kanaltal (7,50 €), Aufschnitt mit eingelegtem Gemüse (9,50 €), geräuchertes Hirschfleisch, geräucherte Gänsebrust. An Primi (7,50 €) gibt es neben **Minestra di orzo e fagioli**, Ravioli al formaggio e noci, Pappardelle mit Hirsch- oder Wildschweinsauce, **Kartoffelgnocchi mit Speck und geräucherter Ricotta** auch Fantasievolleres wie die Margherite di Elvis. Danach kann man sich dem vorzüglichen **Gulasch mit Polenta** (10,50 €), der Carne *salada*, dem **Filetto di maiale al Cabernet** mit Ricotta-Pilz-Creme (12,50 €) zuwenden. Nicht unerwähnt bleiben dürfen jene Gerichte, die an die Begebenheiten des frühen 19. Jahrhunderts erinnern: das Menü Hauptmann Hensel (leicht pikante **Getreidesuppe mit Fleisch**, serviert in einem Napf aus Brot), das Menü des Vizekönigs Eugène Beauharnais (Hirsch, grüne Nocken und Steinpilze, 15 €), Ravioli mit Kürbis und geräucherter Ricotta, Tortelli mit Hirschragout, Krautsuppe mit Bohnen, **Pollo alla Marengo**, Gallische Zwiebelsuppe. Unter den Desserts (4,50 €) Napoleontorte mit Mandeln und Schokolade oder flaumige Napoleonschnitten mit Heidelbeerkonfitüre. Gute Weinkarte.

MARIANO DEL FRIULI
Corona

12 KM SÜDWESTLICH VON GÖRZ

Al Piave

Trattoria
Via Cormons, 8
Tel. (+39) 04 81 / 690 03,
(+39) 380 / 541 81 02
Ruhetag: Dienstag
Ferien: erste Februarwoche, Anfang Juli
35 Plätze + 20 Plätze im Freien
Preise: 30–35 €
Kreditkarten: AE, CS, MC, Visa; BM
Mittags und abends geöffnet

Die 1991 neu eröffnete und 2005 renovierte Trattoria erfreut durch heimelig-entspanntes Ambiente, das auch die Klientel aus dem nahen Slowenien schätzt. In der stets gut besuchten Schankstube wird dem Ritual des *Tajut* gefrönt: Zum Wein genießt man appetitliche Häppchen, u. a. frisch gemachtes Backhähnchen. In den beiden Räumen mit *Fogolar* oder im Sommer im schönen Innenhof berät Claudia, unterstützt von Schwägerin Patrizia, gerne bei der Auswahl. Am Herd steht Koch Patrizio nunmehr sein Bruder Stefano zur Seite. Was die beiden bieten, ist selbst bei den bewährten Empfehlungen positiv überraschend, überzeugt durch präzise Garweisen und sorgfältig angerichtete Teller. Eingangs Salumi und andere Fleischvorspeisen, etwa Filetto di maiale mit Birnen und Montasio-Käse oder Carpaccio vom Hirsch, aber auch ***Frico*** (7,50 €); effektvoll die gebratenen Cubetti di ossocollo auf Mäusedornsprossen in Tempura (10 €). Unter den Primi sind neben klassischem **Risotto** (8,50 €), vegetarischem Strudel di bruscandoli und **Crespelle con *sclopìt* e ricotta** auch **Tagliatelle con l'anatra** (Ente), Gnocchi con la lepre (Hase) und mit Montasio gefüllte **Gnocchi verdi mit Hirschragout und Ricotta affumicata** zu entdecken. Der Hit unter den Secondi ist Kalbshaxe (**Stinco di vitello con patate in *tecia***, 14 €); alternativ dazu Kaninchen alias **Coniglio mit Wildfenchel und Artischocken** (16 €), in der Wildsaison Filetto di cervo und anderes zum Thema Selvaggina. Verführerisch die Dolci, u. a. hausgemachtes Gelato di crema mit Heidelbeersauce oder Rumfeigen. Die regelmäßig aktualisierte Weinkarte mit Augenmerk auf lokale Kellereien umfasst etwa 30 Positionen, von denen einige im Wechsel glasweise ausgeschenkt werden. Angenehm zu trinken der „Null-Kilometer-Hauswein" mit individuell gestaltetem Etikett.

6 KM WESTLICH VON GÖRZ

Blanch

Trattoria
Via Blanchis, 35
Tel. (+39) 04 81 / 800 20
Ruhetag: Dienstagabend, Mittwoch
Ferien: letzte August-, erste Septemberwoche
120 Plätze + 50 Plätze im Freien
Preise: 25–30 €
Alle Kreditkarten; BM
Mittags und abends geöffnet

Wir sind im Valle del Preval, nicht weit von der Grenze zu Slowenien. Ringsum die prächtigen Weinberge des Görzer Collio. In diesem Gebiet, das nicht nur Weinfreunden, sondern auch Radfahrern jeder Gattung wegen der herrlichen Strecken ein Begriff ist, hat seit dem Jahre 1904 die Trattoria der Familie Blanch ihre Pforten geöffnet. Schon immer kehrt man wegen der Spezialität des Hauses hier ein: ***Blecs* al sugo di gallo** (6 €). Es sind dies unregelmäßige geschnittene Nudeln (*blec* auf Friulanisch bzw. *blek* auf Slowenisch bedeutet Fleck), die im Hause Blanch aus einem hauchdünnen Teig hergestellt und mit wunderbar zarten Fleischstückchen vom Hähnchen und dessen überaus köstlicher sämiger Sauce angerichtet werden. Die Sauce ist so gut, dass man sie am liebsten mit Brot auftunken möchte! Wenn Sie mit einer Vorspeise beginnen wollen, können Sie aus den von den Wirtsleuten ausgesuchten lokalen Salumi wählen. Abgesehen von den erwähnten *Blecs* kann man mit anderen köstlichen Primi (6 €)fortfahren, etwa klassischer **Pasta e fagioli** oder im Frühling feiner Pasta mit frischen Frühlingskräutern, sprich **Tagliolini allo *sclopìt*** (Taubenkropfleimkraut). Von den Secondi erwähnt seien **Stinco di maiale** oder Stinco di vitello (Kalbshaxe, 10 €), Fleisch vom Grill, Frittata con le erbe (Kräuteromelett, 7,50 €). Versäumen Sie abschließend nicht die köstliche **Sfogliatina alla crema** (Cremeschnitte, 4 €). Eine Speisekarte gibt es nicht, die Empfehlungen werden mündlich aufgezählt. Gute Auswahl an Flaschenweinen, die zu Recht Erzeuger aus der Umgebung bevorzugt.

Der Bauernladen von Simone Turus, Via Campi 6, führt gut gereifte Würste und Spezialitäten aus Schweinefleisch.

MOSSA

6 KM WESTLICH VON GÖRZ

Vecchie Province

Trattoria
Via Zorutti, 18
Tel. (+39) 04 81 / 80 86 93
Ruhetag: Montag, Dienstag
Keine Ferien
70 Plätze + 80 Plätze im Freien
Preise: 26 €
Alle Kreditkarten; BM
Mittags und abends geöffnet

Im Ort Mossa im Grenzland nahe Görz weist eine Laterne auf den Eingang der Trattoria Vecchie Province hin. Laternen dieser Art, auf Friulanisch *Feral*, signalisierten Reisenden in früheren Zeiten eine Raststätte. Man betritt das Lokal über den Innenhof, wo man im Sommer im Schatten der Bäume speist. Unter der Leitung des gewitzten Mic, bürgerlicher Name Francesco Di Lena, wurde dem kulinarischen Angebot mit Rezepten der hiesigen Tradition und Exkursen ins nahe Slowenien eine sehr charakteristische Note verliehen. Heute wird das Haus von Sohn Cristiano (Küche) und dessen Lebensgefährtin Angela (Service) geführt. Typisch für das Lokal ist, dass eine Abfolge von kalten und warmen Vorspeisen sowie Kostproben von Hauptspeisen empfohlen wird. Man kann aber auch Primi (7 bis 10 €) und Secondi (7 bis 12 €) in normalen Portionen bestellen. In der Brotkruste gegarter Schinken mit Meerrettich, Tortino di patate, Carpaccio vom Rind sind nur einige der exzellenten Antipasti. Von den Primi empfehlen wir die Minestrone mit Gerste und Gemüse, die frühlingshaften **Ravioli di *sclopìt*** (Leimkraut), die ***Sljkrofi* mit Bratensaft**, die Gnocchi mit hausgemachter Orangenmarmelade. Wenn Sie es bis zu den Secondi schaffen, bekommen Sie **Gulasch**, in Rotwein geschmorte **Pancetta alla carsolina**, ***Cevapcici***, ***Ljublianska***, Tagliata di manzo und in der Osterzeit Lamm von einem Bauernhof jenseits der Grenze. Die Fleisch- und Gemüselieferanten sind aus der Gegend und dem nahen Slowenien. Besonders verlockend von den Dolci der **Struccolo lesso** und das Gelato mit Früchten der Saison (im Herbst Khaki oder Erdbeertrauben, 3 €). Man trinkt ausschließlich die sehr süffigen und zu mehr als ehrlichen Preisen angebotenen Weine des Hauses aus Trauben, die auf slowenischem Boden wachsen.

OVARO
Applis

70 KM NORDWESTLICH VON UDINE, S.S. 13 OD. A 23

Aplis

Hotelrestaurant
Ortsteil Applis, 2 C
Tel. (+39) 04 33 / 61 90 08
Ruhetag: Montag, außer im Juli und August
Ferien: Oktober/November
100 Plätze
Preise: 32 €
Kreditkarten: CS, DC, MC, Visa; BM
Mittags und abends geöffnet

Nicht weit vom Zentrum von Ovaro entdecken wir das Ökoresort Aplis, das sich um das aus dem 18. Jahrhundert stammende Sägewerk Micoli-Toscano entwickelt hat. Zu der Anlage gehört auch ein der karnischen Vogelwelt gewidmetes Museum, während das früher von den Werksarbeitern bestellte Land einem Aromapflanzengarten gewichen ist. Wildkräuter sind ein Grund für einen Besuch des Hotelrestaurants, wo Signora Lella Menüs mit Schwerpunkt auf lokalen Produkten kreiert und Patron Antonio Piva seiner Leidenschaft für Botanik frönend traditionelle Rezepte wiederentdeckt und feine Schnäpse macht. Man kann beispielsweise mit **Speck e radìc di mont** (7,50 €) beginnen, um darauf **Orzotto alle erbe** (7,50 €) folgen zu lassen und mit **Vitello con salsa di spinaci selvatici** (Kalb mit Wildspinatsauce, 10 €) abzuschließen. Auch fehlt es nicht an Klassikern der karnischen Küche, von Käse und Milchprodukten von den nahen Almen (Formadi frant, *Scueta fumada*) über Wildschinken und mariniertes Fleisch bis hin zu Primi wie ***Cjarsons* in Butter mit Ricotta affumicata**, ***Blecs* al cinghiale**, Pasta con funghi in der Pilzsaison. Ebenfalls typisch karnisch die Secondi: neben obligatem ***Frico*** allerlei Fleisch, u. a. Wild (**Cervo con polenta**, **Gulasch di cinghiale**). Gute Beilagen, während bei den Dolci noch Spielraum nach oben vorhanden ist. Auch das Weinangebot kann noch besser werden, bietet aber bereits etliche niveauvolle Winzererzeugnisse.

I Salumi di Carnia (ein paar Hundert Meter weiter, gleich hinter dem Ortsteil Luincis) ist eine gute Adresse für Fleisch, Käse und Wurst aus eigener Erzeugung. Im Sommer kann man im angeschlossenen Lokal La Braceria ein Stück Fleisch aus der Vitrine wählen, es grillen lassen und vor Ort verzehren.

PALUZZA
Timau-Tischlbong

77 KM NW. V. UDINE, S.S. 13 OD. A 23 U. S.S. 52

Matiz da Otto

NEU

Hotelrestaurant
Via Plozner Mentil, 15
Tel. (+39) 04 33 / 77 90 02
Ruhetag: Dienstagabend (im Winter)
Ferien: Januar, Februar
80 Plätze + 15 Plätze im Freien
Preise: 30–32 €
Kreditkarten: AE, CS, MC, Visa; BM
Mittags und abends geöffnet

Timau ist ein kleines Dorf in den karnischen Alpen, im But-Tal wenige Kilometer von der Grenze zu Österreich gelegen. Reich an Zeugnissen aus dem Ersten Weltkrieg, ist es auch der Ort, an dem sich dieses Hotelrestaurant befindet, das uns wegen der schlichten und gepflegten, geschmacklich ausgewogenen und mit einer durchaus passenden Prise Innovation gewürzten Küche überzeugt hat. Das Haus ist seit 1870 im Besitz der Familie Matiz und steht seit mehr als 30 Jahren unter der Leitung des Ehepaares Diego und Antonietta. Erwarten Sie kein rustikales Ambiente, sondern vielmehr einen schmucken großen Speisesaal, wo Sie die Kreationen von Küchenchef Stefano Buttazzoni probieren können. Seine Küche empfiehlt klassische Rezepte der Carnia, etwa **Radìc di mont con la pancetta** (6 €), ***Cjalsons*** (9 €), ***Frico*** (10 €), **Hirsch mit Polenta**, aber auch appetitlichen Sformato di tarassaco (Löwenzahnflan) mit Bergkräutern, feines Carpaccio vom Rind mit hauchdünn aufgeschnittenen Steinpilzen oder herzhafte Lammkeule mit Thymian, sprich **Stinco di agnello al timo**. Auch unter den Dolci entdecken wir neben Klassikern wie **Apfelstrudel** (4 €) interessante Kreationen wie den flaumigen Birnen-Pie oder die köstliche Holunder-Bavarese mit Heidelbeersauce. Sie sollten die Mahlzeit nicht beenden, ohne einen der von Diego mit Kräutern oder Früchten aus dem Umland aromatisierten Schnäpse probiert zu haben. Das Weinangebot umfasst einen guten Hauswein aus den friulanischen Colli Orientali und eine Liste hochkarätiger regionaler Flaschenweine. Wer hier nicht nur genussvoll speisen, sondern ein paar Tage in den Bergen der Carnia verbringen möchte, kann sich in einem der zehn komfortablen Zimmer des Hauses einquartieren.

PASIANO DI PORDENONE
Villotta di Visinale

11 KM SÜDWESTLICH VON PORDENONE

Da Carmelo

Traditionelle Osteria-Trattoria
Via Villotta, 41
Tel. (+39) 04 34 / 62 02 59
Ruhetag: Dienstag, Mittwoch
Ferien: 3 Wochen im Juli
70 Plätze + 20 Plätze im Freien
Preise: 25–28 €
Kreditkarten: CS, DC, MC, Visa; BM
Mittags und abends geöffnet

Dank Gabrieles Lächeln fühlt man sich wie zu Hause, unter Freunden. In diesem familiengeführten Lokal (früher Sitz einer Agrargenossenschaft mit Ausschank und Kolonialwarenhandlung) ist die Atmosphäre warm und heiter und die Küche, eine Fusion der friulanischen und venetischen Tradition, ein Garant für Authentizität, gekennzeichnet durch markante Aromen, intensive Düfte und großzügige Portionen. Kurzum, ohne Phrasen zu dreschen: Das Gute von anno dazumal. Eine geschriebene Speisekarte gibt leider nicht, aber Gabriele und seine Frau Lisa erklären die Gerichte sehr gut. Die Grundprodukte sind hochwertig, saisonal, fast immer aus der Nähe, häufig von der Familie selbst hergestellt. Dies gilt beispielsweise für die im Haus gekochte und gewürzte Porchetta, der beste von den Aufschnitten (5 €), die als Vorspeise serviert werden, alternativ zu **Fegatini mit Polenta** (6 €). Danach durften wir bei unserem letzten Besuch eine herrlich aromatische Zuppa di porro (Lauchsuppe, 8,50 €), exzellente **Tagliatelle** (hausgemacht wie alle Teigwaren) **con ragù d'anatra** (mit Entensauce, 8,50 €) und Fasan in Form eines delikaten Pasticcio di fagiano mit feinen Kräutern probieren. Der König unter den Secondi ist der Hahn, der in verschiedenen Gerichten eine tragende Rolle spielt, insbesondere jedoch im kulinarischen Wahrzeichen des Hauses **Gallo in *tecia*** (Schmorhähnchen, würzig und authentisch, 12 €). Zu den Konstanten auf dem Speiseplan zählen Kutteln in der Spielart **Trippe in umido** und im Winter Musetto in crosta (Brühwurst im Teigmantel). Der Weinkeller gewährleistet eine gute Auswahl, doch der bemerkenswerte Hauswein – die Cuvée eines Spitzenwinzers aus dem friulanischen Collio, eigens auf Anregung von Vater Carmelo gekeltert – passt perfekt zu den Speisen.

PINZANO AL TAGLIAMENTO
Manazzons

45 KM NORDÖSTLICH VON PORDENONE, S.P. 1

Ivana & Secondo

Osteria mit Küche
Via Manazzons, 62
Tel. (+39) 04 32 / 95 00 03,
(+39) 04 32 / 95 06 12
Ruhetag: Sonntagabend, Montag
Ferien: zweite Septemberhälfte
50 Plätze + 50 Plätze im Freien
Preise: 30–32 €
Kreditkarten: CS, DC, MC, Visa; BM
Mittags und abends geöffnet

Am Beginn des malerischen Val d'Arzino, im kleinen Ortsteil Manazzons gelegen, besteht dieses Lokal seit dem Jahr 1878 als Osteria mit Kolonialwarenhandlung. Begrüßt werden Sie von Luca Brosolo (dem Sohn von Ivana und Secondo) und seinem Kompagnon Massimo Aviani. Das Menü ist auf einer großen Tafel angeschrieben, doch die beiden schildern es lieber mündlich. Die Rezepte, die der Region und ihren Traditionen Respekt zollen, setzt Chefkoch Alessandro Cortiula mit vielen Zutaten aus eigener Erzeugung kunstgerecht um. Der Vorspeisenteller (11 €) enthielt bei unserem Besuch im Frühling Löwenzahn mit Ei und Guanciale, Kartoffel-*Frico*, Lardo mit Weißkohl und Grana, **Flan di erbette mit zerlassenem Montasio**, gratinierten Spargel mit gebratener Pancetta, Filoteig-Körbchen mit Käsesauce, Crostino mit Hering, Mayonnaise und Kaviar von der Lachsforelle. Danach genossen wir Wildkräuterrisotto und köstliche Brennnesselteigtäschchen (**Raviolo con *orticions*, coniglio e ricotta**, 7 €). Bei den Secondi tritt der obligate ***Frico*** wieder auf den Plan, nebst **Salame all'aceto** (10 €), Asparagi e uova in der Spargelsaison, Hähnchen und anderem Geflügel, Kaninchen als **Coniglio in *tecia*** oder **Selvaggina** wie Reh, Hirsch, Wildschwein (13 €). Die Desserts macht Luca: exquisit der Blätterteig mit Crème Chantilly und Waldbeeren (5 €), das Tortino al cioccolato, die Himbeer-Bavarese. Hochinteressante Weinauswahl mit überwiegend friulanischen, aber auch slowenischen, trentinischen und einigen piemontesischen Etiketten. Umfangreiches Grappasortiment.

❞
Ein historisches Lokal, das es versteht, sich völlig unaufgeregt neu zu erfinden – die lokale Traditionsküche basiert auf erstklassigen Grundzutaten.
❝

Antico Burchiello

Moderne Osteria
Corso Garibaldi, 11 D
Tel. (+39) 04 34 / 52 48 86
Ruhetag: Dienstag; Mai–September Sonntag
Ferien: um den 15. August
35 Plätze + 30 Plätze im Freien
Preise: 29 €
Kreditkarten: Visa; BM
Mittags und abends geöffnet

Nachdem sie lange eine nette Osteria in den Bergen des Valcellina geführt hatten, sind Cristiana und Franco vor einigen Jahren in die Stadt gekommen, um dieses Lokal im Zentrum zu übernehmen. Hier bieten sie ein Tag für Tag neues Menü (beschränkt auf zwei Primi und zwei Secondi) als im wahrsten Sinne des Wortes kostbares Resultat der täglichen Verarbeitung von frischen regionalen Produkten. Was den Besuch, auch nur auf einen Aperitif, zusätzlich empfehlenswert macht, ist der diskrete, freundliche Empfang durch Franco. Er berät gerne bei der Auswahl eines guten Tropfens aus dem Sortiment an der Tafel am Eingang und stellt bei Tisch gemeinsam mit dem Gast die weinkulinarischen Kombinationen zusammen. Von den Antipasti schmeckten uns die ***Scuota*** **andreana** mit Schmorzwiebeln, die Polenta gialla mit Bohnen (8,50 €), die Crema di patate mit Birnen, Ziegenkäse und Nüssen, die Ofenkartoffel mit Formaggio salato und Carne secca, der Zucchinisalat mit Senfsaat, Mandeln und Speck aus Sauris. **Zuppa di fagioli e zucca** (Kürbis-Bohnen-Suppe, 8,50 €), Zuppa di lenticchie (Linsensuppe), Orzotto al montasio, **Pasticcio con salsiccia e verze** sind einige der möglichen Primi. An Secondi werden Cosce di faraona al forno zu Polenta mit Zitrusaroma, Costicine di maiale nel latte, **Insalata di bollito di manzo con cren e noci** (Rindfleischsalat mit Meerrettich und Walnüssen 12,50 €) angeboten. Als Dessert gibt es Kuchen oder Rotweinkirschen auf Vanilleeis (4 €).

La Pasticceria, Corso Garibaldi 50: süßes Gebäck aus feinsten Mehlsorten und Sauerteig, große Auswahl an Schokolade. Die Ariston Bar in der gleichnamigen Galerie bietet exzellente Formaggi, Salumi und Wein aus Friaul, Trentino, Piemont und Slowenien.

La Ferrata

Trattoria-Enoteca
Via Gorizia, 7
Tel. (+39) 04 34 / 205 62
Ruhetag: Dienstag
Ferien: Juli
70 Plätze
Preise: 30 €
Kreditkarten: CS, MC, Visa; BM
Abends geöffnet, Samstag und Sonntag auch mittags

Es gibt mindestens drei gute Gründe, diese Trattoria aufzusuchen: das Flanieren auf dem von alten Palazzi gesäumten Corso im Zentrum, das Flair einer Traditionsosteria mit Granitböden und Regalen aus naturbelassenem oder lackiertem Holz, und vor allem die regionaltypische Kost, präsentiert in einer alle drei bis vier Wochen wechselnden Karte. Herzlich der Empfang durch Anna Scorza und Pino Ranieri, die die von Ugo De Rigo mit regionalen Produkten gekonnt umgesetzten Speisen empfehlen. Besondere Erwähnung gebührt dem Baccalà, denn es war die Pordenoneser Familie Querini, die Mitte des 15. Jahrhunderts mit dem Stockfischimport von den Lofoten begann. An Antipasti gibt es Auflauf aus Zucchini oder anderem Gemüse und einen Teller mit Wurst und Käse aus der Carnia begleitet von hausgemachter Mostarda (8,50 €). Die Primi: Bohnensuppe – ***Sòpe di fasui*** – mit feinen Crostoni (7 €), Kräuterrisotto al *grisol e radìc*, ***Fasui*** **con ciccioli** (Bohnen mit Grieben). **Baccalà in** ***tecia*** **mit Polenta** (11 €), ***Frico*** **con** ***cartufoles*** (Kartoffel-Käse-Omelett) und **Speck e polenta** ***brustolà*** sind nur einige der Secondi. Von den Dolci (4,50 €) seien das Semifreddo alla pordenonese und das Gelato di yogurt mit Waldbeeren erwähnt. Die Weinkarte nennt diverse verlässliche friulanische Etiketten und eine signifikante Selektion aus anderen Regionen Italiens, auch glasweise. Guter offener Weiß- und Rotwein mit hervorragendem Preis-Leistungs-Verhältnis.

L'Orto in Città, Via Grandi 2: Obst und Gemüse, Salumi und Formaggi von lokalen Käsereien, Wein, Bier und alle Slow Food-Presidi der Region. Prosciutteria Fratelli Martin, Piazza della Motta 20 A: Verkostung von typischen Wurst- und Käsesorten, warme Speisen.

PRATA DI PORDENONE
Ghirano

16 KM SÜDWESTLICH VON PORDENONE

Allo Storione

Restaurant
Piazza Mazzini, 11
Tel. (+39) 04 34 / 62 60 28,
(+39) 04 34 / 62 60 10
Ruhetag: Montag, Samstagmittag
Ferien: 3 Wochen im August
70 Plätze + 20 Plätze im Freien
Preise: 30–35 €
Alle Kreditkarten; BM
Mittags und abends geöffnet

An der Piazza von Ghirano finden Sie das Restaurant der Familie Buzzi, die ein paar Meter weiter auch ein Hotel betreibt. Signor Giacomo wird Sie im geräumigen Speisesaal mit dem großen *Fogolar* und dem prächtigen, erst vor Kurzem installierten Kachelofen empfangen. Dank der mündlichen Beschreibung der Speisen können Sie gemeinsam mit dem Küchenchef auswählen, was Sie am ehesten anspricht, und erfahren zudem einiges über die Herkunft der Grundprodukte. Wenn Sie mit einem Antipasto beginnen wollen, raten wir Ihnen zu den karamellisierten Fichi (Feigen aus dem Hausgarten) mit Formadi salat und San-Daniele-Schinken oder zu der exquisiten **Terrina di coniglio**. Viele der in der Küche verwendeten Produkte sind Slow-Food-Presidi, etwa die obligate **Pitina**, der Käse von den Gemeinschaftskäsereien von Buja oder der Formadi frant, der den köstlichen ***Cjalsons* alle erbe** (9 €) Würze verleiht; empfehlenswert von den Primi sind zudem die ***Blecs* con ragù di agnello** (Pasta mit Lammragout). Es folgen Perlhuhn – **Faraona al forno** – mit Gartengemüse, je nach Saison **Capretto arrosto** (Ziegenkitz), **Lumache al verde** (Schnecken) und Süßwasserfisch wie **Storione** (Stör) oder **Trota marinata** (im Haus marinierte Forelle). Von den Dolci (4 €) überzeugte uns die Crostata di albicocche mit Aprikosenkonfitüre und frischen Aprikosen. Das Weinangebot konzentriert sich auf die Anbauzonen Grave, Collio und Colli Orientali, beinhaltet aber auch Erzeugnisse aus dem Piemont.

■ Sfoglia d'Oro von Martina Cavallari in **Porcia,** Ortsteil **Rorai Piccolo** (15 km): Tortelli und andere Pasta aus steingemahlenem Biomehl, ausgesuchte Qualitätsprodukte, u. a. von den Slow-Food-Presidi Friaul-Julisch Venetiens, für die Füllungen.

PRATO CARNICO
Pesariis

72 KM NORDWESTLICH V. UDINE, 27 KM V. TOLMEZZO

Sot la Napa

Ferienbauernhof
Ortsteil Pesariis, 61
Tel. (+39) 04 33 / 69 51 03
Ruhetag: Montag–Donnerstag, außer
15. Juli–31. August und Weihnachten
Ferien: 3 Wochen im Januar, November
45 Plätze
Preise: 30 €
Alle Kreditkarten; BM
Mittags und abends geöffnet

Wir sind mitten in der unverfälschtesten Carnia, im Dorf der Uhrenmacher, die hier seit dem 17. Jahrhundert aktiv sind. Der Biobetrieb von Eliana und Silvia Solari verbindet Anbau und Verarbeitung von Gemüse (vorwiegend alte Bohnensorten), Beeren und Kräutern mit bäuerlicher Gastlichkeit in einem venezianischen Haus des 18. Jahrhunderts. In vier gemütlichen Stuben kann man einer Küche zusprechen, die auf Eigenprodukten und regionalen Grundzutaten basiert, dargeboten in Rezepten, die Teil des kulturellen Erbes dieser alpinen Region sind, und durch eine schöne Balance zwischen kultivierten und wild wachsenden Produkten (Alpenlattich, Löwenzahn, Holunder, Wildspargel) überzeugt. Zu Beginn beispielsweise Bavarese von Blumenkohl und Möhren, Salame nostrano mit wildem Spargel, Tortino di funghi mit Sauce von Käse aus der Carnia (7 €). Von den Primi auf Basis hausgemachter Teigwaren empfehlen wir die exquisiten ***Blecs* al sugo di fagioli** (Pasta mit Bohnensauce, 9 €), die ***Cjarsons*** mit süßer Füllung nach der Tradition des Val Pesarina (Kakao, Nüsse, Ricotta, Rosinen), die Triangoli mit Zucchinicreme und von den Suppen die **Zuppa di orzo e verdure**. Es folgen Filetto di maiale mit Pistazien, **Spezzatino di manzo** mit Bier aus Sauris (14 €), traditioneller ***Frico***, in der Pilzsaison heimische **Funghi mit Käse und Polenta**. Als Dessert Pfirsich-Bavarese, Schoko-Minz-Semifreddo, Torta di more (Brombeerkuchen, 4 €). Kleine, aber feine Weinauswahl mit fast durchweg regionalen biologischen Erzeugnissen zu sehr fairen Preisen.

■ Die Macelleria Polzot im Ortsteil **Avausa** (4 km) verkauft Fleisch, Würste, Käse, Ricotta und Butter vom landwirtschaftlichen Betrieb Val Pesarina in Ovaro, Ortsteil Entrampo.

PULFERO – PODBONESEC

29 km nö. v. Udine, 12 km v. Cividale, S.S. 54

Al Vescovo-Skof

Hotelrestaurant
Via Capoluogo, 67
Tel. (+39) 04 32 / 72 63 75
Ruhetag: Mittwoch, im Winter auch Dienstag
Ferien: Februar
110 Plätze + 50 Plätze im Freien
Preise: 30–32 €
Alle Kreditkarten; BM
Mittags und abends geöffnet

Orte wie dieser, die bis vor einigen Jahren als zuverlässige Adressen an der Grenze zu Slowenien galten, scheinen seit dem Fall ebendieser Grenze ihre Daseinsberechtigung verloren zu haben. Doch Pulfero und das Al Vescovo sind nach wie vor einen Besuch wert. Schließlich hat man hier die Möglichkeit, in eine unberührte Natur einzutauchen und die immer seltenere Erfahrung stiller Nächte ohne Lichtverschmutzung, mit der wir heute leider nur allzu oft leben müssen, zu machen. Hinzu kommen ein gastronomisches Angebot, das die Aromen Friauls und Sloweniens vereint, und die Zuvorkommenheit der kompetenten Michela, die stets bereit ist, die – nicht selten nach Jahrzehnten des Vergessens wiederentdeckten – Speisen und oftmals originellen Rezepte zu erläutern. Unter den Primi (8 €) sind im Frühling Minestra di ortiche, Tagliolini al pesto, Gnocchi di ricotta e rucola zu entdecken, im Herbst **Zuppa di castagne**, ***Zlicnijaki* di zucca**, **Brovada e fagioli**, das ganze Jahr über *Bleki* mit unterschiedlichen Saucen. Als Hauptspeise Kaninchen (Coniglio alle erbe aromatiche, 11 €), Wildschwein in Form von **Bocconcini di cinghiale mit Polenta**, Kalbshaxe alias **Stinco di vitello al forno**, Costicine di agnello (Lammkoteletts), heimisches Wild. Als Beilage Polenta obiajena oder ***Stakanije*** (3,10 €). Unter den Dolci (3,50 €) ***Struki* lessi** (gefüllt mit Rosinen, Walnüssen, Pinienkernen), Torta di ricotta mit Birnen, Semifreddo al caffè. Bemerkenswerte Hausweine (Friulano und Merlot) als Alternative zu den etwa 30 Etiketten aus der Region (auch glasweise).

Im Ortsteil **Montefosca** (13 km) verkauft der Laden der Latteria Sociale allerlei Käse, der mit traditionellen Gerätschaften nach alten Rezepten hergestellt wird.

PULFERO – PODBONESEC
San Giovanni d'Antro – Svet Ivan u Celè

29 km nö. v. Udine, 12 km v. Cividale, S.S. 54

Gastaldia d'Antro

Ferienbauernhof
Via Antro, 179
Tel. (+39) 04 32 / 70 92 47
Ruhetag: Montag, Dienstag
Ferien: Januar
30 Plätze + 30 Plätze im Freien
Preise: 30 €
Alle Kreditkarten; BM
Mittags und abends geöffnet

Die Küche der Täler des Natisone, die sich von Cividale del Friuli Richtung Slowenien erstrecken, ist herzhaft und würzig. Einer der richtigen Orte, um sie zu genießen, befindet sich am Ende der ausgebauten Straße, dort wo der Weg zur Grotta di San Giovanni d'Antro, einer uralten Kultstätte des Volksglaubens, beginnt. Der Agriturismo der Familie Pitassi in einem schönen renovierten Gebäude – ehemals Residenz des Gastalden, der das Gebiet im Auftrag des Königs verwaltete – verfügt über vier Zimmer und eine Suite für Übernachtungsgäste und bietet als Gaststätte 60 Plätze im Inneren und auf einer kleinen Terrasse für die warmen Monate. Maurizio wird Ihnen die von Marisa zubereiteten Speisen erläutern, die ein gemeinsames Leitmotiv haben: Kräuter und Gemüse aus dem Hausgarten oder den umliegenden Wäldern. Das Menü wechselt mit den Jahreszeiten. Beginnen kann man mit einem Antipasto bestehend aus einem knappen Dutzend Kostproben – Kräuter, Omelett, kalte und heiße Käsehäppchen (4 €). Zu empfehlen ist die Proposta di primi misti (12 €), die fünf nacheinander servierte warme Kleinigkeiten umfasst; bei unserem Besuch im Frühling konnten uns insbesondere die **Gnocchi con il sugo di primule** (Primeln) und die **Linguine all'aglio ursino** (Bärlauch) begeistern. Weniger originell die Secondi, bei denen es sich vor allem um Fleischgerichte handelt: Involtini vom Kalb mit Ricotta und Spargel (10 €), in der kalten Jahreszeit **Costicine vom Schwein auf Polenta**. Von den durchweg traditionellen Desserts sollte man die **Struccoli lessi** (4 €) probieren. Die Weinkarte bietet eine hinreichende Auswahl zu recht gemäßigten Preisen. Nach dem Kaffee gehört es zum guten Ton, den von Maurizio angebotenen Kräutergrappa zu probieren.

RAVASCLETTO

75 KM NORDWESTLICH V. UDINE, 23 KM V. TOLMEZZO

Bellavista

Hotelrestaurant
Via Roma, 22
Tel. (+39) 04 33 / 660 89
Ruhetag: Donnerstag
Ferien: November
130 Plätze + 40 Plätze im Freien
Preise: 27–35 €
Kreditkarten: MC, Visa; BM
Mittags und abends geöffnet

Für den Giro d'Italia ist der Monte Zoncolan als unglaublich harte Bergetappe über sechs nicht enden wollende Kilometer das „karnische Monster". Doch von der Terrasse des Hotels Bellavista betrachtet, wirkt der Berg viel einladender, vor allem für Wintersportler, die gerne bei Piero De Infanti und Dina Biancotto einkehren. Die beiden bieten im Sinne einer generationenlangen Familientradition ein karnisches „Kurzstreckenmenü". Was bedeutet, dass neben Eigenbaugemüse nur sorgfältig ausgesuchte Produkte von nahen Almen, Mühlen und Fleischereien den Weg in die Küche finden. Immer Verlass ist im Bellavista auf die Antipasti, angefangen vom obligaten ***Toc' in braide*** (9 €), der eine mollige Polenta aus Maisgrieß aus Socchieve mit einem kalorienreichen Gemisch aus geräucherter Ricotta, Butter und Milch vereint; empfehlenswert ist auch der Lardo all'aceto balsamico. Wenn Sie zu zweit sind, bietet das Brettchen mit karnischen Salumi (20 €) eine schmackhafte Einführung in die hiesige Wurstmacherkunst. Herausragend von den Primi die klassischen ***Cjarsons di Monaj*** (10 €), nicht zu verachten die Pappardelle alla boscaiola mit getrockneten Steinpilzen, die **Buchweizenravioli mit Hirsch, Äpfeln und Speck** (10 €), die **Gnocchi di prugne alla cannella** (Pflaumenknödel mit Zimt). Als Hauptgang sollten Sie die Lammkeule (Cosciotto di agnello) mit Rosmarin, die **Bocconcini di cervo mit Polenta** (12 €), den Guanciale oder Brasato vom Rind, eine zünftige Portion *Frico* mit Polenta oder Grillfleisch wählen, z. B. Tagliata vom Rind auf Rucola oder Bracioline vom Lamm. Köstliche Dolci (6 €), z. B. Mirtilli con gelato (heiße Heidelbeeren mit Eiscreme), ***Pita*** **di mele** (Apfelkuchen), Salame di cioccolato, Tiramisu des Hauses. Ebenso kurz wie eindrücklich die Liste der friulanischen Weine.

REMANZACCO
Cerneglons

8 KM NORDÖSTLICH VON UDINE, S.S. 54

Ai Cacciatori

Traditionelle Osteria
Via Pradamano, 28
Tel. (+39) 04 32 / 67 01 32
Ruhetag: Montag
Ferien: August
60 Plätze
Preise: 20 €
Kreditkarten: CS, DC, MC, Visa; BM
Mittags und abends geöffnet

Als klassische alte Osteria dient das Ai Cacciatori auch als Treffpunkt der – alten und jungen – Bewohner des kleinen Ortes, der Udine und Cividale als städtische Bezugspunkte hat; erwähnenswert ist, dass man hier auch bei Regen Boccia spielen kann. Die Räumlichkeiten sind gemütlich, auch wenn die Einrichtung ein bisschen retro anmutet. Vom Speisesaal aus sieht man, was in der Küche vor sich geht, und das wirkt auf den Gast immer beruhigend. Die gebotene Kost ist auch preislich in Ordnung und typisch für die friulanische Tradition, die Gastlichkeit aufrichtig und unverfälscht. Nicht unwesentlich ist die Tatsache, dass das Lokal seit 60 Jahren von derselben Familie geführt wird: in der Küche Marcello Zanon, unterstützt von Schwester Leonda, die mitunter auch serviert, am Tresen Vanessa, im Saal Nadia und Cristiana. Schon am Eingang stimmt die neben der Tür aufgehängte Speisekarte auf die Köstlichkeiten ein, die man probieren kann. Prosciutto di San Daniele, Pancetta und Salami lokaler Herkunft eröffnen die Mahlzeit. Danach wechseln Suppe und Pasta – **Minestra di orzo e fagioli** und **Pappardelle con sugo di selvaggina** (5 €) – einander ab; im Sommer wird zudem ein feiner kalter Orzotto mit Saisongemüse serviert. Der ***Frico*** (6 €) ist sensationell, herrlich dick, goldgelb, mit knuspriger Kruste: Allein dafür würde es sich lohnen hierherzukommen. Die weiteren Secondi: Frittata con le erbe (Kräuteromelett, 5 €), **Trippe** (Kutteln), **Cotechino e brovada** (Wurst mit gesäuerten Rüben, die Marcello selbst macht), **Salame cotto nell'aceto**, **Stinco di vitello**. In der Jagdsaison macht die Osteria ihrem Namen Ehre, empfiehlt Hase, Wildschwein, Hirsch (10 €), Rebhuhn. Unter den Dolci: obligate Gubana mit Sliwowitz (4,50 €), Torta di mele, Crostate. Der Hauswein ist von guter Qualität.

SAN DANIELE DEL FRIULI

23 KM NORDWESTLICH VON UDINE

Al Cantinon

Restaurant
Via Battisti, 2
Tel. (+39) 04 32 / 95 51 86
Ruhetag: Donnerstag
Ferien: je 1 Woche im Januar und im Sommer
180 Plätze + 20 Plätze im Freien
Preise: 34–36 €
Kreditkarten: MC, Visa; BM
Mittags und abends geöffnet

Mitten im Zentrum von San Daniele, der für den gleichnamigen Rohschinken berühmten Stadt, wird dieses historische Lokal mittlerweile von der Sozialkooperative La Cjalderie geführt, die sich die Berufsbildung von benachteiligten Menschen in der Gastronomie zum Ziel gesetzt hat. Das Lokal ist stilvoll, der Empfang sehr freundlich. Man wird sofort über die Tatsache informiert, dass die Kooperative auch zwei Gemüsegärten betreut, die das Restaurant mit Gemüse und Blüten beliefern (Letztere sind zu gewissen Zeiten Zutat einiger Gerichte). Gleichsam Pflicht ist es, die Mahlzeit mit **Prosciutto di San Daniele** zu beginnen, der entweder ohne Beiwerk oder in allerlei Kombinationen serviert wird, von denen man jene **mit gratiniertem Radicchio** (12 €) nicht versäumen sollte. Von den Primi überzeugen ***Cjarsons***, Tagliolini al San Daniele (8 €), Cremesuppen wie **Crema di porri** oder Crema di fagioli, Risotti der Saison. Die Secondi basieren auf Fleisch, vor allem vom Grill, aber auch in schmackhaften Kreationen wie geschmorte Rinderbäckchen – **Guancialetti brasati al Cabernet** – **mit feiner Polenta** (13,50 €). Interessant finden wir die viergängigen saisonalen Menüs zu Themen wie Spargel oder ungewöhnlichen Blüten (28 € bzw. 25 €). Die Dolci sind traditioneller Machart und die Weinkarte bietet vor allem Erzeugnisse aus der Region; sehr angenehm der Hauswein, den man auch an der Theke probieren kann.

Boutique dell'Alimentare von Aldo Garlatti (Piazza Vittorio Emanuele): exzellente Spezialitäten nicht nur aus Friaul.

SAN DANIELE DEL FRIULI
Aonedis

27 KM NORDWESTLICH VON UDINE

Da Catine

Trattoria
Ortsteil Aonedis, 78
Tel. (+39) 04 32 / 95 65 85
Ruhetag: Montagabend, Dienstag
Ferien: je 1 Woche im Januar und um den 15. August
55 Plätze
Preise: 30 €
Kreditkarten: CS, MC, Visa; BM
Mittags und abends geöffnet

Das kleine Dorf Aonedis ist einer der Ortsteile des für die Erzeugung des berühmten Rohschinkens bekannten San Daniele. Ein weiteres, weniger bekanntes Produkt von unbestreitbarer Qualität ist die Forelle, die dank umsichtiger Fischzucht und handwerklichen Geschicks als Frischfisch wie auch in Form haltbar gemachter Spezialitäten den Feinschmecker erfreut. Das in Atmosphäre und Einrichtung schlichte Da Catine bietet eine Küche, die diese lokalen Spitzenprodukte gut zur Geltung bringt. Der Name des Lokals ist die friulanische Version des Vornamens der Gründerin: Caterina eröffnete in den 1920er-Jahren einen Lebensmittelladen, zu dem später die Trattoria hinzukam, die heute von den Nachkommen Nella und Raffaele Zurro zusammen mit Tochter Caterina und Sohn Luca mit Hingabe geführt wird. Für den Auftakt nicht fehlen dürfen 19 Monate gereifter **Prosciutto crudo** und **Trota regina** di San Daniele **mit heißen Crostini**; weitere Vorspeisen: **Salame all'aceto**, hausgemachte Sottoli und vorzüglicher **Strudel** – je nach Saison mit Spargel, Steinpilzen oder Radicchio – **auf Crema di montasio** (7 €). Empfehlenswerte Primi sind **Gnocchetti di spinaci con ricotta affumicata** (6,50 €) und Riccioli di pasta mit Kalbsragout. Die Auswahl an Secondi kann Filetto di maiale mit Balsamicoessig, Kaninchen (**Coniglio disossato al forno**), Filetto di trota ai ferri (8 €), **Baccalà con polenta** umfassen. Zum Nachtisch gibt es typische Biscotti mit Ramandolo-Wein (4 €), Kuchen, Löffeldesserts, Pistazien-Semifreddo. Hauswein von bester Qualität, kleines Angebot an regionalen Etiketten, auch glasweise.

Friultrota, Via Aonedis 10: Regina di San Daniele (geräuchertes Forellenfilet) und andere Fischspezialitäten.

Auf Schinkentour in San Daniele

Für die Friulaner ist San Daniele das sprachliche Zentrum ihrer Region und wird deshalb auch als das Siena Friauls bezeichnet. In der italienischen Gastronomie ist das Städtchen Synonym für Rohschinken (und in geringerem Maße für die Forelle mit dem schönen Namen Regina di San Daniele).

Doch wann und warum ist dieser Primat der gereiften Schweinekeulen entstanden? Schriftliche Aufzeichnungen datieren die Erzeugung von Schinken (*Breciutis* oder *Persutti*) ins 15. Jahrhundert. Es ist jedoch wahrscheinlich, dass die Spezialität schon den Römern bekannt war, denn in Aquileia prangt auf dem Grabstein eines Fleischers gut erkennbar eine Schweinepfote in Schinkenform. Ebendieses Steinrelief diente dem Consorzio del Prosciutto di San Daniele als Vorlage für sein Logo, das in die Schwarten der Rohschinken gebrannt wird.

Den unvergleichlich zarten Geschmack verdankt der Schinken übrigens dem Mikroklima. San Daniele liegt auf einer reizvollen Anhöhe, die zur Kette der Moränenhügel der nordfriulanischen Ebene gehört. Hier treffen die kühlen Winde aus den Alpen auf die warmen Brisen von der Adria. Das tägliche Wechselspiel von feuchter und trockener Luft übt auf die zum Reifen aufgehängten Keulen eine ständige, wohltuend sanfte Massagewirkung aus, die der natürlichen Trocknung des Fleisches förderlich ist.

Doch ist es nicht nur das Mikroklima, das dem Schinken zu Ruhm verhilft. Entscheidend sind zudem die Qualität des Fleisches (von Schweinen, die – so verlangt es das Regelwerk des Consorzio – ausschließlich aus nord- und mittelitalienischen Regionen stammen, mindestens neun Monate alt sein und ein Durchschnittsgewicht von 160 Kilogramm aufweisen müssen) und die Einhaltung der traditionellen Herstellungsmethoden (Einreiben nur mit Meersalz, manuelle Vorbereitung der Keulen, Pressung zur typischen Gitarrenform, Reifezeit von mindestens 13 Monaten).

Der Erfolg lässt sich an wenigen Daten festmachen: Mehr als 30 Erzeuger (die alle in San Daniele ansässig sind) gehören dem Consorzio an, das 4.300 Zuchtbetriebe zu seinen Partnern zählt und etwa drei Millionen Schinken pro Jahr erzeugt. – Und jedes Jahr wieder bietet die Aria di Festa Ende Juni ein dichtes Programm an Kultur-, Musik-, Sport-, Unterhaltungs- und Kulinarikevents rund um den Prosciutto, den man in den Straßen der Altstadt oder in den Produktionsbetrieben zu Wein aus der Region verkosten kann.

Giorgio Dri

Ai Bintars

Via Trento e Trieste, 63
Tel. (+39) 04 32 / 95 73 22
Ruhetag: Mittwochnachmittag, Donnerstag

Schinken, zum überwiegenden Teil von Kleinerzeugern, und eine reichhaltige Auswahl an anderen typischen Wurstwaren, etwa Salame tagliato a punta di coltello, erfreuen die Gaumen jener, die diese historische Osteria aufsuchen. Der Name des Lokals erinnert an einen nicht gerade mustergültigen Lebensstil (die *Bintars* waren saisonale Emigranten, die im Winter in Deutschland arbeiteten und den Rest des Jahres zu Hause dem Müßiggang frönten). In dem sehr geräumigen Lokal gibt es eine Schankstube, in der man im Stehen eine Kleinigkeit essen kann, und einen Speisesaal mit offenem Kamin. In der Sommerzeit kann man im schattigen Innenhof speisen.

Al Baccaro

Via Kennedy, 121
Tel. (+39) 04 32 / 95 50 19
Ruhetag: Donnerstag

Die *Bacheri* waren Läden, die in Norditalien eröffnet wurden, um süditalienischen Wein zu verkaufen. In diesem Lokal am Stadtrand von San Daniele bietet die vor langer Zeit aus Apulien zugewanderte Familie Coradazzi Schinken aus eigener Erzeugung begleitet von frischem und eingelegtem Obst, Gemüse in Öl sowie Burrata und anderen Käsespezialitäten aus ihrer Herkunftsregion. Es gibt einen Garten für die warme Jahreszeit und einen großen Gastraum mit riesigen Fenstern. Dort kann man einerseits die Aussicht bewundern und andererseits das Ritual des Schinkenschneidens oder das Anrichten der Köstlichkeiten auf Servierplatten (sehr gute Bruschette) verfolgen.

Al Paradiso

Via Battisti, 28
Tel. (+39) 04 32 / 95 72 52
Ruhetag: Sonntag

In dieser sympathischen Trattoria (mit Garten für den Sommer) am Fuß des Hügels von San Daniele kann man den Schinken des kleinen Familienbetriebs Bagatto probieren, der auch zum Mitnehmen angeboten wird, und dazu Käse unterschiedlichen Reifegrades sowie in Öl eingelegtes Gemüse genießen. Im Winter erfreut neben kalten Gerichten ein guter Teller Bohnensuppe oder Minestrone den Gaumen. Die Betriebsstätte, in der die Schinken erzeugt und zum Reifen gelagert werden, kann besichtigt werden.

Al Portonat

Piazza Dante, 7–9
Tel. (+39) 04 32 / 94 08 80
Kein Ruhetag
G

Wir sind in der Nähe des Stadttors mit dem von Palladio entworfenen großen steinernen Bogen, Portonat genannt. Eine stilvolle moderne Einrichtung bildet den Rahmen für den Prosciutto von Morgante, andere lokale Delikatessen wie die Forellenspezialität Trota regina di San Daniele sowie typische Produkte aus ganz Friaul. Ein paar warme Gerichte auf Basis von Rohschinken oder Forelle runden das Angebot ab.

Enoteca Alla Trappola

Via Cairoli, 2
Tel. (+39) 04 32 / 94 20 90
Kein Ruhetag

Vor Jahren trug die Enoteca den Namen Spezieria pei Sani – Spezerei als Ort der Regeneration für Körper und Seele. Der historische Charakter des Lokals (im Mittelalter wurden hier Verträge und öffentliche Urkunden notariell beglaubigt) zeigt sich in der Architektur, mit Kreuzgewölben aus Ziegeln und unverputzten Quadersteinen. Im Alla Trappola genießt man Rohschinken und andere Fleischdelikatessen (z. B. Pitina aus den Tälern um Pordenone) sowie allerlei Käsesorten. Häufig finden geführte Verkostungen von lokalen Spezialitäten statt und man hat Gelegenheit, bei einem Teller Prosciutto und einem guten Glas Wein von Erzeugern aus der Region und aus ganz Italien Livemusik zu hören.

L'Osteria

Via Trento e Trieste, 69
Tel. (+39) 04 32 / 94 20 91
Ruhetag: Montagabend, Dienstag

Tisiot, den Besitzer, dabei anzutreffen, wie er Prosciutto um (handwerklich gefertigte und somit viel bessere) Grissini wickelt oder auf Tellern und Tabletts drapiert, ist nichts Außergewöhnliches: In seiner Osteria sind Verkostungen des berühmtesten Produkts von San Daniele an der Tagesordnung. Begleiten kann man den Prosciutto mit Mozzarella, Pilzen in Öl und anderen eingelegten Köstlichkeiten; exzellent ist übrigens auch der auf heißen Crostini servierte Lardo. Achtung: Da das Lokal nicht sehr groß ist, sollte man besser reservieren.

Prosciutterie Dok Dall'Ava

Via Gemona, 29
Tel. (+39) 04 32 / 94 02 80,
(+39) 04 32 / 95 73 35
Kein Ruhetag

Ein großes Gebäude, dessen Architektur an die Form eines Schinkens erinnert, ist der Ort, an dem man sich vom umfangreichen Sortiment des Schinkenfabrikanten Dall'Ava überzeugen kann: San Daniele in verschiedenen Reifegraden (bis zu 48 Monate), Nebrodok (von jungen Exemplaren des schwarzen Schweins aus den sizilianischen Nebrodi-Bergen), Patadok (vom iberischen Cerdo aus der Estremadura), Hundok (von Schweinen der Mangalica-Rasse aus den ungarischen Steppen, Slow-Food-Presidio). Zusätzlich zu den Schinkenvarianten gibt es eine große und immer wieder neu gestaltete Tageskarte mit vielen warmen Gerichten, von Bohnensuppe bis Tortellini al prosciutto, von Frittata bis Tagliata vom Schwein. Eine mit verpackten Produkten gut bestückte Vitrine erweckt und befriedigt jede gastronomische Neugierde. Sehr interessant: ein Besuch der Schaufabrik.

SAN DANIELE DEL FRIULI

23 KM NORDWESTLICH VON UDINE

L'Osteria di Tancredi

Osteria-Enoteca
Via Monte Sabotino, 10
Tel. (+39) 04 32 / 94 15 94
Ruhetag: Mittwoch
Ferien: unterschiedlich
25 Plätze + 8 Plätze im Freien
Preise: 30 €
Kreditkarten: CS, MC, Visa; BM
Mittags und abends geöffnet

Beginnen wir mit dem Namen: Tancredi Clochiatti, der Vater von Silvia und Großvater von Guendalina, die das Lokal führen, war ein Bergarbeiter. Ihm hat die Tochter die Osteria gewidmet, ihn zeigt die riesige Fotografie mitten im Gastraum. Der familiäre Charakter des gepflegten Lokals spiegelt sich in den Speisen wider, die schlicht, traditionell, unverfälscht sind. Bei Tisch fühlt man sich wie zu Hause, unter Freunden, als Teil der Geschehnisse im Lokal. Ein Tipp: Die Osteria ist klein, weshalb man gut daran tut zu reservieren. Zwei lokale Spezialitäten sollte man eingangs nicht verpassen: Prosciutto crudo und geräucherte Forelle – **Trota** regina di San Daniele **affumicata**, jeweils mit eingelegtem Gemüse und Konfitüren serviert (9 €); wer kräftige Aromen liebt, wird an **Salame all'aceto** Gefallen finden; bevorzugt man eine vegetarische Vorspeise, ist man mit den Sformatini (Küchlein mit Spargel, Zucchini oder anderem Gemüse) gut beraten. Die eher typischen Primi spielen mit dem Kontrast süß-pikant: exzellent die ***Cjarsons* della Val Pontaiba** (8,50 €) und die **Gnocchi di mele mit Ricotta affumicata, Zucker und Zimt**. Hinzu kommen weniger ungewöhnliche, aber nicht minder appetitliche gratinierte Lasagne, Tagliolini al San Daniele oder **Orzo e fagioli** (Gersten-Bohnen-Suppe). Danach können Sie neben ***Frico* con patate** je nach Saison Lumache in umido, **Guanciale di maiale** (14 €), Salsiccia mit Polenta, ***Musetto e brovada*** wählen. Als Dessert knusprige Biscottini, die man in Süßwein tauchen kann, Crostata di ricotta, Torta di pane (Brotkuchen), Apfel-Zimt-Torte mit Gelato alla crema. Gute Auswahl an Wein, auch glasweise, fast ausschließlich aus der Region, die allen Ansprüchen gerecht wird.

SAN GIORGIO DELLA RICHINVELDA
Rauscedo

18 KM NORDÖSTLICH VON PORDENONE

Il Favri

Traditionelle Osteria
Via Borgo Meduna, 12
Tel. (+39) 04 27 / 940 43
Ruhetag: Mittwoch, Sonntagabend
Ferien: 1 Woche Ende Februar, 15.–30 Juni
40 Plätze + 50 Plätze im Freien
Preise: 30 €
Kreditkarten: AE, CS, MC, Visa; BM
Mittags und abends geöffnet

An der Hauptstraße des Dorfes, das als weltweit führend in der Erzeugung von Wurzelreben gilt, entdecken wir diese Osteria, die nicht viel anders ist als so viele ihrer Art im ländlichen Friaul. Man durchquert den Barbereich und kommt an einer Stube vorbei in einen Saal mit offenem Kamin und großer Glasfront mit Blick auf einen hübschen Garten; gleich nebenan befindet sich ein gut bestückter Weinkeller. Alles scheint von unverfälschter Schlichtheit geprägt, ein Eindruck, zu dem nicht zuletzt der herzliche Empfang durch Wirt Mauro beiträgt. Die Küche vermittelt Bodenständigkeit, die Speisen sind der Inbegriff des Friulanischen. Den optimalen Auftakt bilden Salumi und Formaggi von verlässlichen lokalen Kleinbetrieben (8 €). Darauf kann man **Gnocchi ripieni di formaggio** mit kross gebratenem San-Daniele-Schinken (9 €), Ravioli oder andere hausgemachte Pasta, **Zuppa di orzo e fagioli di Lamon** (8 €) folgen lassen. Zu den Secondi übergehend, zählen ***Frico* con patate** (8,50 €), Frittata des Tages und Salsiccia in padella (8,50 €) zu den wohl charakteristischsten, stets von Polenta begleiteten Köstlichkeiten, die man sich gönnen kann; nicht minder erfreulich die typische **Salame all'aceto**. Neben geschmorter Schweinebacke – **Guancia di maiale in umido – mit Polenta** (12 €)oder Cuore di costata ai ferri kommen aus der Küche aber auch **Baccalà** nach einem Rezept von Oma Palmira **mit Polenta**, die Forellenspezialität Regina di San Daniele mit Burrata (13 €) und – um einen Blick über die Grenzen der Region zu werfen – Tatar vom piemontesischen Fassone-Rind mit Saucen. Interessante Auswahl an hausgemachten Desserts, etwa Torta di ricotta di pecora e gocce di cioccolato (mit Schafricotta und Schokostückchen, 5 €). Hauswein von der Kellerei Rauscedo, Flaschenweine von lokalen und nationalen Spitzenwinzern.

SAN LEONARDO
Clastra

28 KM NÖ. V. UDINE, S.S. 54, 10 KM V. CIVIDALE, S.P. 19

Il Melo Innamorato

Ferienbauernhof
Ortsteil Clastra, 1
Tel. (+39) 04 32 / 72 35 32,
(+39) 04 32 / 72 38 49
Ruhetag: Montag–Donnerstag
Ferien: Januar, ersten 2 Juliwochen
40 Plätze + 40 Plätze im Freien
Preise: 30 €
Keine Kreditkarten
Mittags und abends geöffnet

Die Farben der Natur umgeben den entzückenden Agriturismo von Luca und Daniela. Das Lokal, von dem man dank Hanglage einen schönen Blick auf die Natisone-Täler hat, ist eine angenehme Einkehrstätte, wenn man die Gegend auf ungewöhnlichen, entspannenden Wegen zwischen Votivkirchen und auf Pfaden des Ersten Weltkriegs erkunden möchte. Die Küche bietet gehaltvolle Gerichte aus hochwertigen Produkten, von denen viele aus eigener Erzeugung sind. Auf den Aperitif folgen die Antipasti (7 €): Salumi und Käse aus der Region begleitet von Kartoffelkipfeln, **Cotechino con brovada**, herrliches Gemüse in agrodolce. Herausragend unter den Primi (7 €) sind die **Crespelle** del malgaro (Pfannkuchen nach Sennerart) **mit Käse und Kräutern** gefüllt und **mit brauner Butter und Ricotta affumicata** serviert; alternativ dazu Gnocchetti di mais mit Salbeibutter und Prosciutto di San Daniele, im Frühling **Spätzle** mit Spargel oder Farrotto (Dinkel, wie Risotto zubereitet) mit Brennnesseln. Danach Schweinefleischspieß mit Bratkartoffeln (**Spiedone di carni suine con patate in tegame**, 12 €), Kaninchen als **Rotolo di coniglio al rosmarino**, feines Wildkräuteromelett (**Frittata alle erbe spontanee**), mollige Polenta mit Pilzen und Montasio-Käse, der obligate ***Frico*** und für den großen Hunger der friulanische Spezialitätenteller (*Frico*, Frittata, Polenta, Cotechino, 10 €). Appetitliche Beilagen (4 €) auf Basis von Gartengemüse. Als Dessert (4 €) Crema catalana mit zweierlei Karamell (weich und knusprig), kleine Strudel mit Pflaumenfüllung oder „Dolce dell'amore" (Creme mit Erdbeerherz und Schokoladensauce). Klein, aber fein die Auswahl an lokalem Wein, angenehme Hausweine (Cabernet, Merlot, Friulano), interessante aromatisierte Grappas. Degustationsmenü für 29 € ohne Getränke ab vier Personen.

SAN PIETRO AL NATISONE –
ŠPIETAR SLOVENOV

23 KM NORDÖSTLICH VON UDINE

Le Querce

Trattoria
Via del Klancic, 5
Tel. (+39) 04 32 / 72 76 65
Ruhetag: Dienstag
Ferien: 2 Wochen im September
70 Plätze + 15 Plätze im Freien
Preise: 22–25 €
Alle Kreditkarten; BM
Mittags und abends geöffnet

Die Trattoria befindet sich in wunderschöner Panoramalage an der Straße, auf den Pass zwischen den Tälern des Natisone und des Alberone führt. Das Lokal steht seit der Eröffnung im Jahr 1988 unter derselben Leitung. Das reizvolle traditionelle Ambiente wird im Winter vom knisternden Kaminfeuer und einem charakteristischen Holzofen gewärmt. Im Sommer sorgt der namengebende Eichenwald, der das Haus umgibt, für natürliche Kühle. Das von Ediliana Coren – sie ist die Inhaberin und Köchin – vorgetragene Menü hält keine Überraschungen bereit, bietet vielmehr stets schlichte Hausmannskost aus regionalen Zutaten der Saison. Der Aufschnitt (3 €) ist ein guter Anfang, wenn man nicht direkt mit den Primi beginnt: Eierteigwaren (***Blecs***, Pappardelle) oder Kartoffelgnocchi **mit Entensauce** (Sugo di anatra), Wild oder Pilzen, im Frühling mit Brennnesseln und Rucola (6 €), mitunter auch Pflaumenknödel, sprich **Gnocchi di susine mit Butter und Zimt**. Obligate Klassiker unter den Secondi sind der ***Frico*** als kulinarisches Symbol der Region und die würzigen ***Cevapcici*** (aus Rind- und Lammfleisch) slawischer Herkunft; hinzu kommen Empfehlungen wie **Stufato con fagioli piccanti** (Schmorfleisch mit pikanten Bohnen), Anatra arrosto (gebratene Ente), Costolette di agnello (Lammkoteletts) vom Grill, in der Angelsaison **Trota** aus dem Natisone-Fluss (12 €). Das Gemüse für die Beilagen (3 €) wird im Hausgarten geerntet. Im Herbst wird ein Degustationsmenü mit Schwerpunkt auf Suppen, **Pilzen** und **Wild** angeboten. Beim Nachtisch angelangt, kommen Torta alla crema e pinoli (4 €) und Sfogliata alle pere aus der Küche des Hauses, die traditionelle **Gubana** hingegen von lokalen Bäckereien. Neben den Hausweinen sind ein paar Etiketten aus den Colli Orientali vorrätig.

SAN QUIRINO

10 km nördlich von Pordenone

Alle Nazioni

Traditionelle Osteria
Via San Rocco, 47
Tel. (+39) 04 34 / 910 05
Ruhetag: Sonntagabend, Montag
Keine Ferien
50 Plätze
Preise: 28–30 €
Kreditkarten: AE, MC, Visa; BM
Mittags und abends geöffnet

Nicht weit von dem im 16. Jahrhundert erbauten Kirchlein San Rocco, an der gleichnamigen Straße, die zu der schönen Villa Cattaneo führt, lädt die Osteria Alle Nazioni seit über 20 Jahren zu einer einzigartigen kulinarischen Reise in die Magredi ein – jene ursprüngliche Prärielandschaft, die Legenden und botanische Geschichte geschrieben hat. Die Osteria teilt Küche, Zutaten und Keller mit dem renommierten benachbarten Restaurant (mit Zimmern) La Primula, das ebenfalls von Familie Canton geführt wird. Die 50 Plätze verteilen sich auf drei Räume, die modern, jedoch mit Achtung vor der örtlichen Tradition eingerichtet sind. Dieser Stil prägt auch das saisongerechte Menü, das geradlinige, edle Gerichte präsentiert. Wenn sie Zeit hat, setzt sich Emanuela Canton an Ihren Tisch und erläutert das schnelle Garen bei niedriger Temperatur für die lauwarm mit einem Schuss nativem Olivenöl extra servierte Insalata di pesce (10 €) oder das Räuchern über Wacholderholz für den Salmone (9 €); ausgesuchte Salumi und San-Daniele-Schinken ergänzen die Vorspeisenauswahl. Wer hierherkommt, kommt auch wegen der **Gnocchi con ricotta affumicata** (7 €), neben den hausgemachten Tagliatelle, die je nach Saison mit Spargel, Pilzen oder Wild (8 €) kombiniert werden. Empfehlenswert die Cremesuppen und die im Winter zahlreichen Suppengerichte. Köstlich von den Secondi sind der geschmorte **Ossocollo al vino rosso** (12 €) das ganze Jahr über, **Musetto e brovada** in den kalten Monaten und Seppie in umido in der warmen Jahreszeit. Sehr beliebt von den Desserts (3,50 €) ist der Apfelkuchen (**Torta di renette caramellate**), neben Semifreddi und feinen Maiskeksen zu Crema inglese oder Creme von weißer Schokolade. Die in die Kapitel Friaul, übriges Italien und Ausland gegliederte Weinkarte ist unbestreitbar imposant.

SAURIS
Sauris di Sotto

81 km nw. v. Udine, 34 km v. Tolmezzo, S.S. 52

Alla Pace

Restaurant
Via Roma, 38
Tel. (+39) 04 33 / 860 10
Ruhetag: Mittwoch, außer im Sommer
Ferien: 2 Wochen vor Weihnachten, 3 Wochen im Juni
40 Plätze + 15 Plätze im Freien
Preise: 29 €
Kreditkarten: Visa; BM
Mittags und abends geöffnet

Die aus drei Dörfern bestehende Gemeinde Sauris auf 1.200 Metern Seehöhe ist sowohl wegen der pittoresken Landschaft mit den typischen gepflegten Häusern aus Holz und Stein als auch deshalb einen Besuch wert, weil hier einige sehr interessante Betriebe ansässig sind: Wurst- und Schinkenerzeuger, ein Bergkäseaffineur, eine Kleinbrauerei. In einem alten Bürgerhaus vermittelt Familie Schneider (die auch ein gemütliches Gästehaus betreibt) seit Generationen die hiesige kulinarische Tradition, die von friulanischen und österreichischen Einflüssen geprägt ist. In sehr angenehmer, entspannter Atmosphäre empfiehlt Mamma Franca, die immer für ein humorvolles Geplänkel zu haben ist, sogleich ein köstliches Knusperkäsekörbchen (Cestino di *frico*) und rät dann zu einem feinen Antipasto mit Sauriser Schinken und Speck (8 €). Aus dem mündlich geschilderten Menü kann man danach **Gnocchetti di pane e speck** (7,50 €), **Lasagna con verze e salsicce** (7,50 €) oder con *sclopìt* (Leimkraut, im Frühling), **Minestra di orzo e ortiche** wählen. Ebenfalls mündlich empfohlen wird das **Gulasch mit Polenta** (10 €), die als herzhafte Beilage auch Gerichte wie **Cervo in umido** begleitet. Polenta gibt es zudem mit Speck und zerlassenem Käse und in der Saison mit **Pilzen**. Die Dessertkarte ist von Tochter Elena kreiert: heißer Apfelkuchen mit Eis, Semifreddo mit Mandeln und Pinienkernen, Bavarese croccante al caffè (5 €), heißes Tortino al cioccolato. Gute Auswahl an Wein aus der Region, aber auch anderen Teilen Italiens.

Prosciuttificio Wolf (Sauris di Sotto 88): Direktverkauf des bekannten geräucherten Schinkens. Malga Alta Carnia von Pietro Crivellaro (Sauris di Sotto 98 A): Verkauf und Verkostung von Bergkäse.

SAURIS
Lateis

79 KM NORDWESTL. V. UDINE, 32 KM VON TOLMEZZO

Riglarhaus

Hotelrestaurant
Ortsteil Lateis, 3
Tel. (+39) 04 33 / 860 49
Ruhetag: Dienstag, außer im Sommer
Ferien: 15. Januar–15. Februar
50 Plätze + 30 Plätze im Freien
Preise: 30 €
Kreditkarten: Visa; BM
Mittags und abends geöffnet

Durch das schluchtartige Val Lumiei hinauf schlängelt sich die Straße, bis sich das grüne Hochtal mit Blick auf den See von Sauris öffnet. Das am Almweg, der Via delle malghe, gelegene Hotelrestaurant Riglarhaus ist auch Treffpunkt der Einheimischen an der Bar, die die zwei Speisesäle voneinander trennt. In dem einen spendet ein Kamin, im anderen ein schöner *Fogolar* wohlige Wärme. Bei schönem Wetter genießt man auf der Terrasse die Sonne und das Panorama und wird von Paola herzlich empfangen. Die gepflegte, auf lokale Produkte bedachte Küche empfiehlt traditionelle Kost, angefangen von Salumi der nahen Schinkenmanufaktur oder Tris di formaggi mit Saucen (7 €). Die für die karnische Küche typische Kombination süß-pikant kommt bei den ***Cjarsons*** **mit Kräutern und Ricotta von der Alm** (7 €) oder den Gnocchi di zucca mit Zimt und Salbei zum Tragen. Alternativ dazu gibt es Orzotto al *keere* (Gerstenrisotto mit Leimkraut), Tortelloni mit Ziegenricotta und Kräutern (6,50 €), **Triangoloni al formadi frant e noci** (Pasta mit Weichkäse und Nüssen). Neben Hirsch oder Reh mit Wacholder (14 €) als typisches Gericht der Berge werden im Winter das Schweinefleischgericht ***Dunkatle*** und im Sommer ***Schottendunkatle*** (Ricottacreme, 12 €), ferner **Coniglio al forno mit Polenta**, **Cosciotto d'agnello mit Wildthymian** (13 €) und ***Frico***, auch in der knusprigen Version (8,50 €), zubereitet. Hausgemachte Kuchen mit Heidelbeerkonfitüre, Tartellette mit Erdbeercreme und Apfelstrudel sind nur einige der Desserts. Für den Weingenuss stehen friulanische und einige piemontesische Erzeugnisse bereit.

In **Sauris di Sopra** (9 km) wird das Zahre-Bier gebraut, das man in der Kleinbrauerei und in den Lokalen des Ortes kaufen kann.

SAVOGNA D'ISONZO
SOVODNJE OB SOČI
San Michele del Carso – Vrh

7 KM SÜDWESTLICH VON GÖRZ

Devetak

Trattoria-Gostilna mit Übernachtungsmöglichkeit
Via Brezici, 22
Tel. (+39) 04 81 / 88 24 88
Ruhetag: Montag, Dienstag, Mittwoch- und Donnerstagmittag
Ferien: unterschiedlich
70 Plätze + 25 Plätze im Freien
Preise: 35–40 € • Alle Kreditkarten; BM
Mittags und abends geöffnet

Die Straße nach San Michele führt in die raue Natur des Karsts. Die Umgebung stimmt ein auf kulinarische Köstlichkeiten, die von diesem Landstrich geprägt sind. Die Gedanken schweifen ab zu Wildspargel, duftenden Kräutern und Beeren. Augustin Devetak wird Sie begrüßen und Ihnen die von seiner Frau Gabriella hingebungsvoll zubereiteten Speisen erläutern. Gabriella versteht es, die Geheimnisse der hiesigen Küche zu wahren und auf zeitgemäß leichte Art zu interpretieren. Die Zutaten kommen größtenteils aus dem Umland und vom Bauernhof, auf dem Tochter Sara Gemüse, Konfitüren und Kompotte erzeugt. Nach dem von Hand aufgeschnittenen Prosciutto crudo (9 €)haben wir einen Risotto mit Tabor-Käse, Spargel und Frühlingskräutern (8,80 €) und eine **Zwiebel-Spargel-Creme mit Balsamkraut-Ricotta-Knödel** (7,80 €) probiert; ***Snidjeno testo*** (Nocken aus Hefeteig zu Kaninchenragout mit Wildfenchel), ***Selinka*** (Eintopf mit Sellerie und Schweinefleisch) und ***Jota*** zählen zu den typischsten Primi. Als Hauptgang Ziegenkitz oder Lamm aus dem Karst (**Capretto** bzw. Agnello **al forno**, 18 €), in Honig marinierte **Scaloppe di petto d'anatra** (Entenbrust, drei Stunden bei 68 °C gegart) mit Weißweinbirnen und Sternanis. Probieren Sie die **Formaggi** und ein Dolce: ***Bela potica*** (Hefekuchen mit Mandeln, 6 €), *Buhtelni* (Buchteln, Hefeteigteilchen mit Konfitüre auf Vanillesauce). Auch ein Themenmenü für 45 € und ein vegetarisches Menü für 40 € werden angeboten. Die umfangreiche Weinkarte durchstreift ganz Italien, bevorzugt jedoch Weingüter aus der näheren Umgebung.

„*Augustin Devetak und seine Damen sind Interpreten einer traditionellen regionalen Küche, die sich auf vorbildliche Weise zu erneuern weiß.*“

SGONICO – ZGONIK
Sagrado – Zagradec

10 KM NÖRDLICH VON TRIEST

Milic

Ferienbauernhof
Ortsteil Sagrado/Zagradec, 2
Tel. (+39) 040 / 22 93 83,
(+39) 333 / 680 48 74
Ruhetag: Montag–Donnerstag
Ferien: je 1 Woche im Januar und nach dem 15. August
80 Plätze + 20 Plätze im Freien
Preise: 20–25 € • Keine Kreditkarten
Geöffnet 10–22 Uhr

Der Agriturismo Milic hat ganz den Charakter und Charme eines Grenzortes. Wer sich im Karst auskennt, findet problemlos hin. Für alle anderen ist es praktischer, von der Autobahnausfahrt Sgonico der Strada Provinciale 8 bis zu der kleinen Kreuzung zwischen Rupin Piccolo und Rupin Grande zu folgen, die den Weiler Sagrado ankündigt, wo die Familie Milic zumindest seit dem Jahr 1530 ansässig ist. Es bedarf nur weniger Augenblicke, bis man dem Zauber dieses Ortes erliegt und entzückt ist von der zuvorkommenden Freundlichkeit der Wirtsleute, dem Duft von Malven und Rosmarin im Frühling und der angenehmen Ruhe, die hier selbst an Tagen herrscht, an denen viel los ist. Bernarda Milic gestaltet das Menü mit lebhafter Neugierde für alte Familienrezepte und Zutaten, die beinahe alle auf dem Hof erzeugt werden. Neben dem famosen, im Haus gereiften Rohschinken und der **Salame sotto cenere** (4 €) kann man, wenn man sich eingangs zu den Formaggi aus dem Karst hingezogen fühlt, eine vorzügliche Ricotta mit Kürbiskernöl (5 €) probieren. Erwähnenswert von den Primi (6 €)sind die handgemachten Tagliatelle und Gnocchi und die **Strudel di canederli**, die in einem Küchentuch gekocht und mit wechselnden Saucen serviert werden; Aufmerksamkeit gebührt auch den Suppen und Eintöpfen, etwa der ***Jota* carsolina** (3,50 €), die sich als leichtere Variante der *Jota* triestina erweist. Für den Hauptgang umfasst die Auswahl Fleisch vom Grill – sehr beliebt sind ***Pljeskavice*** und ***Cevapcici*** (6 €) –, **Cotechino lesso nel Teran** (in Wein gekochte Wurst, 4 €), Schmorfleisch und langsam gegartes **Gulasch**. Abschließend **Strucolo bollito** (gekochter Strudel, 4 €), ***Potica***, gebackener Strudel, Löffeldesserts (3 €), Caffè *de cogoma* (Kaffee aus der Mokkamaschine) und aromatisierte Grappas. Süffige Hausweine.

SPILIMBERGO

35 KM NORDÖSTLICH V. PORDENONE, 33 KM V. UDINE

Al Bachero

Traditionelle Osteria
Via Pilacorte, 5
Tel. (+39) 04 27 / 23 17
Ruhetag: Montagabend, Sonntag
Ferien: Juni/Juli
90 Plätze
Preise: 20 €
Keine Kreditkarten
Mittags und abends geöffnet

Ein paar Schritte außerhalb der Altstadt des für seine historischen Burganlagen und seine Mosaiktradition weithin bekannten Spilimbergo (eine Mosaikschule gibt es hier seit Beginn des letzten Jahrhunderts) entdecken wir mit dem Al Bachero eine alteingesessene Osteria. Gegründet im späten 19. Jahrhundert für den Verkauf von Wein und Olivenöl aus Apulien, wurde sie in den 1970er-Jahren zu neuem Leben erweckt und hat bis heute ihren wohltuend schlichten Charakter bewahrt. Die gemütlichen Räume, mit vielen Elementen der ursprünglichen Einrichtung, alten Fotos und Postkarten sowie dem klassischen *Fogolar* sind – wie Familie Zavagno selbst – nach wie vor ein wichtiger Bezugspunkt in der örtlichen Gastronomie. Das ganze Jahr über können Sie die Gerichte probieren, mit denen das Lokal Geschichte geschrieben hat: **Baccalà** (9 €)als Schmorgericht oder Püree und **Trippe** (Kutteln, 8 €) **mit Polenta**. Das ganz informell auf Tischsets geschriebene Menü spricht Klartext: Die Küche ist bodenständig und bietet neben den erwähnten Spezialitäten San-Daniele-Schinken, Salame nostrano, Formaggio salato, **Gnocchi** (4,50 €) mit Fleischsauce oder **mit Butter und Ricotta affumicata**, **Minestrone di orzo e fagioli** (Gersten-Bohnen-Suppe), Manzo alla piastra, **Spezzatino con patate** (Ragout mit Kartoffeln), **Salame all'aceto**, ***Frico***. Gepflegte Weinauswahl; eine besondere Erwähnung verdienen die süditalienischen Dessertweine, die mit feinen Keksen serviert eine Alternative zu den hausgemachten Dolci wie dem ungemein köstlichen Strudel sind.

In der Pasticceria Nova (Via XX Settembre 25) bekommt man die knusprig-leichte, mit Mandelcreme gefüllte Kuchenspezialität Dolce di Spilimbergo. Feinsten Käse führt Tosoni (Via Barbeano 9 F).

35 km nordöstlich v. Pordenone, 33 km v. Udine

Da Afro

Trattoria mit Übernachtungsmöglichkeit
Via Umberto I, 14
Tel. (+39) 04 27 / 22 64
Ruhetag: Sonntagabend
Keine Ferien
30 Plätze + 30 Plätze im Freien
Preise: 35 €
Alle Kreditkarten; BM
Mittags und abends geöffnet

Spilimbergo lohnt einen Spaziergang, um historische Bauten und die von der örtlichen Mosaikschule gestalteten Werke zu bewundern und um dann angenehme Momente in einer Osteria zu verbringen, die Auge und Gaumen anspricht. Die von Holz bestimmte Einrichtung und die mit Liebe zum Detail gedeckten Tische machen einen guten Eindruck, den die von Dario Martina meisterhaft geleitete Küche bestätigt. Das Menü wird kontinuierlich weiterentwickelt, präsentiert jedoch immer einige typische Gerichte. Zu Beginn Prosciutto di San Daniele (9,50 €), aufgeschnitten auf der eindrucksvollen Berkel-Maschine im Saal, andere lokale Salumi, allerlei **Gemüse in** Öl und **agrodolce**. Nicht entgehen lassen sollte man sich die **Risotti** mit Wildkräutern, Spargel oder Pilzen, die Zuppa di trippe (in der Saison), die Crespelle, die **Gnocchi** (7 €). Was Dario jedoch am liebsten empfiehlt, heißt ***Balota*** (8,50 €) und ist ein großer Knödel aus Maismehl mit Käsefüllung. Die Secondi sind durch kräftige Aromen charakterisiert, spezielle Garverfahren sorgen für ein harmonisches Gesamtbild: **Salame cotto nell'aceto**, ***Brovade e muset***, Frittate alle erbe, **Coniglio** oder **Piccione ripieno** (gefüllte Taube, 13 €) **mit** obligater **Polenta** und Gemüse aus dem Hausgarten. Von den Desserts sei die über dem Wasserbad gerührte Crema di Afro erwähnt. Sehr umfangreiche Weinkarte mit friulanischen und weiteren italienischen Winzererzeugnissen, die auch glasweise bestellt werden können. Wer glaubt, dass es danach nicht mehr ratsam ist, Auto zu fahren, kann sich in einem der acht charmanten Zimmer des Hauses einquartieren.

„Gepflegtes Ambiente, herzliche Gastlichkeit, aufmerksamer Service und eine Küche auf hohem Niveau: Dario Martina enttäuscht niemals."

31 km nordöstl. von Udine, 14 km von Cividale

Sale e Pepe

Moderne Osteria • Via Capoluogo, 19
Tel. (+39) 04 32 / 72 41 18,
(+39) 04 32 / 72 40 81
Ruhetag: Dienstag, Mittwoch, im Winter Montag–Donnerstag
Ferien: unterschiedlich
40 Plätze • Preise: 30–32 €
Kreditkarten: CS, Visa; BM
Abends geöffnet, Mittwoch, Samstag und Sonntag auch mittags

In Stregna, einer 400-Seelen-Gemeinde der Täler des Natisone an der Grenze zu Slowenien, bildet eine noch intakte Natur (der Weg zum Lokal führt durch Wälder) den Rahmen für diese interessante Gaststätte. Begrüßt wird man eher förmlich von Franco Simoncig, doch das behagliche Ambiente sorgt für Wohlgefühl und stimmt auf die Gerichte ein. Diese werden mit Sorgfalt, Professionalität und Leidenschaft von Teresa Covaceuszach zubereitet, die die Küche der Tradition auf ausgewogene Weise mit der angemessenen Dosis Kreativität interpretiert. Die Speisekarte wechselt mit den Jahreszeiten und basiert in hohem Maße auf lokalen Produkten, vor allem Wildkräutern; das Gemüse wird im Hausgarten geerntet. Unter den Antipasti Insalata di prosciutto bianco mit Kohl, Apfel und Fenchel (8 €), **Buchweizenpolenta** (Polentina di grano saraceno) **mit Ricotta, Apfel und Meerrettich**, im Frühling Sformatino di erbe con fonduta di montasio (Gemüseküchlein mit geschmolzenem Käse), im Herbst „alles Gans". ***Marvice*** mit saisonalen Saucen (9 €), **Gnocchi di susina** (Zwetschgenknödel), Fiori di patate mit Fenchel und Pinienkernen, wunderbare Suppen wie ***Bizna*** sind einige der Primi. Es folgen Kalbsbäckchen (Guanciale di vitello alla birra), ***Ripza* al ribes rosso** (Schweinefilet mit roten Johannisbeeren), gratinierte Bracioline di agnello (Lamm) mit Thymian, Kaninchen in Form von Spiedini di coniglio mit Saisonobst (13 €), in der Jagdsaison auch **Selvaggina**. Die typischste Nachspeise sind ***Struki* lessi** (4 €) in zerlassener Butter. Weinkarte mit mindestens 300 exquisiten Etiketten zu maßvollen Preisen.

„Produkte der Gegend, vor allem Wildkräuter, bilden die Grundlage einer traditionellen und zugleich originellen Küche."

SUTRIO
Noiaris

62 KM NW. V. UDINE, 15 KM V. TOLMEZZO, S.S. 52 BIS

Alle Trote

Trattoria mit Übernachtungsmöglichkeit
Via Peschiera
Tel. (+39) 04 33 / 77 83 29
Ruhetag: Dienstag, außer im August
Ferien: 2 Wochen im März, 3 Wochen im September/Oktober
70 Plätze + 30 Plätze im Freien
Preise: 22–24 €
Kreditkarten: AE, CS, MC, Visa; BM
Mittags und abends geöffnet

Von wegen Null-Kilometer-Regel: Die **Forellen** als absolute Protagonisten der Küche von Anna Fabris, die von Sohn Marco unterstützt wird, werden aus einem nur ein paar Meter entfernten Becken gefischt. Die Nähe dieser Aquakultur, die Qualität der Grundprodukte, die Sorgfalt und das Geschick bei der Zubereitung der Speisen sind seit mehr als 30 Jahren die Stärken dieser Trattoria. Die von Annas Mann Gianni Badini und Tochter Francesca servierten Evergreens dürfen nicht unerwähnt bleiben: frittierte **Bocconcini di trota** (5 €), Filetti di trota gebacken oder gegrillt (8 €), **Crostini con trota affumicata** (5 €). Weitere Spielarten sind Forelle als **Trota al forno mit Chili-Kartoffeln**, **in crosta di pane** (in der Brotkruste, 11 €), als Füllung für schmackhafte Ravioli oder Hauptzutat der Sauce zu den Tagliatelle. Wer keinen Fisch mag, findet Nudelgerichte mit Wildsaucen, **Minestra di orzo e fagioli** (6,50 €), **Zuppa di cipolle**, Tagliata vom Rind mit Gemüse, Spiedone di carne (Fleischspieß) mit Reis vor. Apropos Reis: Signora Anna ist eine tolle „Risottista" und macht gegen Vorbestellung bis zu neungängige Risotto-Degustationen mit Fisch, Gemüse, Fleisch. Hausgemacht sind auch die Desserts, u. a. Panna cotta auf Joghurtbasis, Gelato al croccantino, Biancomangiare, Ricotta- oder Apfelstrudel, Crostata (3,50 €). Angenehmer Hauswein aus den Colli Orientali; man kann sich aber auch die eine oder andere gute Flasche aus der Region entkorken lassen.

Caseificio Val But (Viale Martiri 1): erstklassige Käsesorten aus heimischer Milch. In **Cedarchis di Arta Terme** (7 km) verkauft Giancarlo Morassi typische Formaggi, die er aus der Milch (auch Rohmilch) seiner eigenen Kühe herstellt.

SUTRIO

62 KM NW. V. UDINE, 15 KM V. TOLMEZZO, S.S. 52 BIS

Da Alvise

Trattoria mit Übernachtungsmöglichkeit
Via I Maggio, 5
Tel. (+39) 04 33 / 77 86 92
Ruhetag: Mittwoch
Keine Ferien
40 Plätze + 25 Plätze im Freien
Preise: 24–30 €
Kreditkarten: CS, DC, MC, Visa; BM
Mittags und abends geöffnet

Das im Valle del But gelegene Sutrio ist ein ideales Ziel, wenn man sich Erholung gönnen und/oder die hiesigen Traditionen kennenlernen möchte. Als Einkehr (und zum Übernachten) empfiehlt sich die Trattoria Da Alvise – einst Eisenwarenhandlung, seit Jahren jedoch Feinschmeckertreffpunkt. In den Betrieb ist in bester Teamarbeit die gesamte Familie Di Ronco eingebunden: Elena am Herd, unterstützt von Sohn Giacomo, Enzo im Service. Elena bestellt auch den Garten, um sich auf Kräuter und Gemüse von bester Qualität verlassen zu können. Angesichts der Robustheit der karnischen Küche sollte man bei den Antipasti nicht übertreiben (gönnen Sie sich dennoch eine Kostprobe von den Caprini) und sich auf die Primi konzentrieren: gefüllte Nudeln wie ***Cjarsons*** in der pikanten Version (8 €) oder Ravioli mit saisonalen Füllungen (Pilze, Kräuter, Wildgemüse), aber auch unterschiedlich dargebotene Tagliatelle und **Gnocchi**. Unter den Secondi entdecken wir die Eckpfeiler der hiesigen Küche, etwa ***Frico***, **Salsicce**, **Gulasch**, Filetto vom Hirsch oder Reh (14 €), die alle mit köstlicher Polenta aus grobem Maisgrieß aus Socchieve serviert werden; außerdem Tagliata vom Rind, **Costine di agnello** (Lammkoteletts, 13 €), Filetto di maiale. Lokale Kleinbetriebe liefern das Fleisch, das **Wild** kommt aus dem nahen Österreich. Elena und Giacomo machen auch die Nachspeisen selbst: Crostata, Apfelstrudel, Buchweizenkuchen, Panna cotta. Die Weine sind hauptsächlich aus den Colli Orientali und aus dem Collio, aber auch Toskana und Piemont sind vertreten.

„Karnische Hochgenüsse. Gewürzt mit der Leidenschaft der Gastgeber für ihr Tun, erzählt die exzellente Küche dieses Hauses von den Traditionen des friulanischen Berglands."

TARCENTO
Segnacco

20 km nördlich von Udine, S.S. 13 und S.R. 356

Al Gjal Blanc

Trattoria
Via Alfieri, 16
Tel. (+39) 04 32 / 79 32 60
Ruhetag: Dienstag, Mittwoch
Ferien: unterschiedlich
40 Plätze + 10 Plätze im Freien
Preise: 30–32 €
Kreditkarten: CS, MC, Visa; BM
Mittags und abends geöffnet

Fabrizio Munini, der mit seiner Frau Bruna Costantini diese nette Trattoria auf dem kleinen Hügel von Segnacco (ein Ortsteil von Tarcento) betreibt, hat seine Lehre bei dem Gradeser Koch Vinicio Dovier absolviert, einem der Gurus der friulanischen Regionalküche. Die Hand des Meisters erkennt man in den von Fabrizio zubereiteten Gerichten wieder: Allein aus diesem Grund lohnt sich ein Besuch dieses Lokals. Von den Antipasti hat uns neben dem klassischem ***Toc' in braide*** mit Salsiccia vor allem die Kaninchenroulade – **Rotolo di coniglio al basilico** (7,50 €) – überzeugt. Bei den Primi kann die Wahl auf Crespelle ai formaggi di malga (Pfannkuchen mit Bergkäse), **Tagliatelle al ragù di cervo** (mit Hirschragout, 10 €), Linguine e ceci (Pasta mit Kichererbsen) oder – in der Spargelsaison – auf gratinierte Lasagnette di asparagi fallen. Unter den Secondi sind auch ein paar Fischgerichte vertreten; dennoch sollte man das Lammkarree mit Balsamicoessig (Carré d'agnello all'aceto balsamico, 15 €) oder die geschmorte Rinderbacke, sprich **Guanciale di manzo brasato**, probieren. Gute Auswahl an gemischten Formaggi aus der Gegend und von den Almen Friauls (10 €). Die Dolci (4 €) sind hausgemacht: Neben Tortino di cioccolata mit Vanillesauce raten wir zu der hervorragenden Torta di pere (Birnenkuchen). Die Weinkarte nennt etwa 50 hauptsächlich friulanische Etiketten mit korrektem Preis-Leistungs-Verhältnis.

TARCENTO
Zomeais

20 km nördlich von Udine, S.S. 13 und S.R. 356

Da Gaspar

Trattoria
Via Gaspar, 1
Tel. (+39) 04 32 / 78 59 50
Ruhetag: Montag, Dienstag
Ferien: erste Januarwoche, 4 Wochen im Sommer
50 Plätze + 12 Plätze im Freien
Preise: 30 €
Kreditkarten: CS, Visa; BM
Mittags und abends geöffnet

Wenn Sie an einem düsteren Tag zwischen Spätherbst und Frühjahr (die beste Zeit für die hier gebotene Küche) abends auf dem Weg hierher sind und dabei vielleicht über die Straße hüpfenden Fröschen ausweichen müssen, werden Sie zunächst den Eindruck haben, sich in einer Gegend herumzutreiben, die gut den wildromantischen Hintergrund eines Gemäldes aus dem 16. Jahrhundert abgeben könnte. Doch ein paar gelbe Straßenschilder werden Sie erleichtert feststellen, dass Sie auf der richtigen Fährte sind. Eine zweite Überlegung, die Ihnen in den Sinn kommen könnte, wäre: Wenn dieses Lokal seit ungefähr 150 Jahren existiert, muss es wohl einen guten Grund dafür geben. In der Tat ist das Restaurant der Familie Boezio warm und heimelig, bietet einen freundlichen und aufmerksamen Service, eine zuverlässige Küche und einen Keller, der selbst den anspruchsvollsten Gaumen zufriedenstellt. Das Menü kreist um bewährte Traditionsrezepte wie **Salame all'aceto mit Polenta**, ***Cjarcions di Cjabie*** (gefüllte Teigtäschchen, 9 €), Risotto der Saison (mindestens zwei Personen), **Costa con le verze** (Schweinerippen mit Wirsing 13 €), **Trippa in umido** (Kutteln). Empfehlenswert sind sowohl die **Pappardelle con ragù d'anatra** (Bandnudeln mit Entensauce, 9 €) als auch das **Coniglio in umido** (Schmorkaninchen, 14 €). Wenn Sie Ihren kulinarischen Horizont erweitern wollen, könnten Foie gras mit karamellisierten Äpfeln, Tatar (sprich Tartara di manzo, gegen Vorbestellung) oder Girello di vitello all'arancia (Kalbsbraten mit Orangen) gute Alternativen darstellen. Neben den hausgemachten Dolci verdienen die kleine **Käse**karte mit etlichen interessanten regionalen Formaggi (u. a. Pastorut, ein Blauschimmelkäse aus der Carnia) und die Getränkekarte mit längst vergessenen Aromen besondere Erwähnung.

TARCENTO
Pradandons

19 km nördlich von Udine, S.S. 13 und S.R. 356

Ostarie di Santine

NEU

Osteria-Trattoria
Via Pradandons, 21
Tel. (+39) 04 32 / 78 37 01
Ruhetag: Montag
Keine Ferien
40 Plätze
Preise: 28 €
Alle Kreditkarten; BM
Abends geöffnet, Samstag und Sonntag auch mittags

Die historische Ostarie di Santine hat wiedereröffnet und sich eine neue Identität gegeben. Inhaber Augusto erklärt die Entscheidung, seinem Haus mit dem Spiedo (Fleisch am Spieß) Charakter zu verleihen, damit, dass diese Art der Zubereitung heute kaum mehr verbreitet ist. Die Osteria verfügt über mehrere kleine Räume, doch lohnt es sich, in der Stube mit dem prächtigen *Fogolar* Platz zu nehmen, der weniger zum Beheizen als für die Vorbereitung der Glut für Grill und Spieß dient. Außerdem ist es beeindruckend, Augusto zu beobachten, wie er über das Grillgut wacht und es auf den Tellern anrichtet. Die Speisekarte – man ahnt es – erweist sich als sehr fleischlastig, und diese Ausrichtung ist bereits bei den Antipasti zu bemerken. Man startet mit typischen Salumi, **Bocconcini di manzo al rosmarino** (9 €), Tartara di manzetta (Tatar). Die Primi bieten traditionell Friulanisches in Form von Suppen (Minestra di fagioli, Minestra di zucca, **Zuppa di trippe**) und (hausgemachten) Teigwaren: empfehlenswert die ***Carui* di Santine** (8 €). Sodann Ente als Tagliata d'anatra ai ferri, **Filetto di maiale alle prugne** (Schweinefilet mit Pflaumen, 12 €), **Coniglio in padella** (Kaninchenpfanne), Costa di maiale (Rippchen) mit Wirsing. Sonntagmittag (gegen Vorbestellung täglich) gibt es **Spiedo** – Perlhuhn, Kaninchen, Stockente (15 €) – mit dem Hinweis, dass das Fleisch von lokalen Kleinbetreiben stammt. Eine schöne Käseplatte mit heimischen Formaggi und Konfitüren und in der passenden Saison ***Bisat* alla brace** (Aal vom Grill) ergänzen die Auswahl. Zum Schluss selbst gemachte Eissorten und Dolci (5 €). Die Hausweine (ein Rotwein und ein Weißwein) aus den Colli Orientali harmonieren gut mit den Speisen; für höhere Ansprüche steht eine Selektion lokaler Etiketten zu moderaten Preisen bereit.

TARCENTO
Loneriacco

20 km nördlich von Udine, S.S. 13 und S.R. 356

Osteria di Villafredda

Trattoria
Via Liruti, 7
Tel. (+39) 04 32 / 79 21 53
Ruhetag: Sonntagabend, Montag, im Januar Montag–Donnerstag
Ferien: letzte Juliwoche, 2 Wochen im August • 80 Plätze + 40 Plätze im Freien
Preise: 30 €
Alle Kreditkarten; BM
Mittags und abends geöffnet

Neben dem mittelalterlichen Gemäuer von Villafredda beherbergt ein Gebäude mit drei großen Bögen an der Fassade hin zum Hof mit altem Brunnen und Laube diese Osteria. Das Ambiente ist einfach und gemütlich, im Hauptraum thront ein *Fogolar*. Die Besitzer – Luca Braidot in der Küche, der auch an den Tischen anzutreffen ist, und seine Frau Barbara Spinato im Saal – sind umgänglich und zuvorkommend. Unter den Antipasti immer präsent ist die reichhaltige Aufschnittplatte (8 €) mit San-Daniele-Schinken, Salame a punta di coltello, gereiftem Lardo, Culatello di Sauris, in Öl oder Essig eingelegten Köstlichkeiten und Saisongemüse. Nicht minder interessant der **Käse**teller (5,50 €): Ricotta fresca, frischer und reifer Montasio mit Polenta, Blu di Ramandolo, Formadi frant mit Kastanienhonig, Latteria *sot la trape* (in Trester gereift) mit Traubengelee. Weitere gute Vorspeisen sind ***Frico***, Kräuter-Frittata, in der Pilzsaison ein fantastischer Sformatino ai porcini mit zerlassenem Montasio (7 €). An Primi gibt es neben vorzüglicher **Zuppa di orzo e fagioli** (6 €) fein gefüllte ***Cjalcions*** di Villafredda, Tagliatelle al San Daniele, **Kartoffelgnocchi con ragù d'anatra** (8 €), Crespelle mit Kürbis- und Zucchiniblüten. Von den Secondi probieren muss man die Kalbsnieren (**Rognone di vitello alla senape**, 12,50 €), die gebackenen Coscette di pollo (Hähnchenschenkel), die Entenbrust (Petto d'anatra) mit Kirschen, die Polpettine mit Pilzen und Polenta. Durchweg hausgemacht die Dolci (5 €): Birnentarte, Apfelstrudel, Torta alla ricotta. Neben dem süffigen Hauswein gibt es eine große Karte mit Erzeugnissen der besten friulanischen Winzer.

In **Tricesimo** (5 km) führt Franco Savio, Via De Pilosio 8, vorzüglichen Käse.

Triester Büfettküche

Die industrialisierte Fleischerzeugung setzt immer mehr auf Quantität denn auf Qualität und die Triester Büfetts suchen ständig nach kleinen Produzenten, die ein angemessenes Qualitätsniveau halten können.
Seit mehr als 100 Jahren sind die Büfetts der Stadt mit speziellen Metallkesseln ausgestattet, um Spezialitäten zu erhitzen, die auf Tellern oder in herzhaften gefüllten Brötchen als *Rebechin*, so das Dialektwort für den vormittäglichen Imbiss, serviert werden. In einer Brühe, deren Temperatur knapp unter dem Siedepunkt gehalten wird, garen traditionelle Tranchen vom Schwein.
Besonders begehrt ist die Porcina, ein mehrere Kilogramm schweres Stück Schweinekamm oder -schulter – seit jeher unbestrittenes Symbol der Triester Kesselfleischtradition. Doch jedes zünftige Büfett hat sein eigenes Repertoire an typischen Köstlichkeiten: Cotechino, Zampone, Pancetta und Pökelzunge, Kaiserfleisch (geräuchertes Karree), und allerlei Würstel, hier noch immer Luganighe di Vienna oder Luganighe di Cragno genannt, je nachdem, ob sie aus feinerem oder gröberem Brät gemacht sind. Manche Büfetts locken auch in Zeiten des Kampfes gegen einen hohen Cholesterinspiegel mit einer saftigen Auswahl an Schweinefüßchen und -öhrchen sowie Teilen des Schweinekopfs. Als Würze lässt man sich einen Tupfen Senf oder eine ordentliche Portion frisch geriebenen Meerrettich geben.
Traditionellerweise trinkt man dazu ein helles Bier, doch auch die Kombination mit einem guten Wein aus dem Friaul oder dem Triester Karst ist keineswegs ungewöhnlich. Ergänzend bieten die Büfetts eine Auswahl an *Sbecolezi* (Snacks), etwa belegte Brötchen (klassisch sind die mit Liptauer oder Stockfischpüree), noch heißen Kochschinken, frittierte Fisch- und Gemüsehäppchen. In einigen Lokalen kann man auch zu Mittag oder Abend essen, wobei die besonders typischen hiesigen Rezepte überwiegen: *Jota* carsolina, Semmel- oder Kartoffelknödel sowie zahlreiche Speisen auf Basis von Sardinen, Kutteln und Stockfisch.

Franco Zanini

Benningan's Pub

Riva Ottaviano Augusto, 2
Tel. (+39) 040 / 30 68 40
Ruhetag: Sonntagmittag
Keine Ferien
Geöffnet Montag–Donnerstag 10–24 Uhr, Freitag und Samstag 10–1 Uhr

Das Interieur im Stil eines englischen Pubs mag ein wenig irreführend sein, doch hier genießt man einige der besten Kesselfleischgerichte Triests. Die Grundprodukte von höchster Qualität sind immer frisch, was auch dem stetigen Kundenstrom zu verdanken ist. Die Speisekarte ist gewaltig: von Gerichten der lokalen Tradition (probieren Sie das Gulasch mit Semmelknödel) über Spezialitäten vom Grill und klassische wie auch kreative Primi piatti bis hin zu den immer interessanten Tagesempfehlungen. Das an einem Ende der Rive gelegene Lokal ist geräumig und einladend. Im Sommer bricht der Kampf um die Tische im Freien aus, wo man die Meeresbrise genießen und das Treiben in den nahe gelegenen Segel- und Rudervereinen beobachten kann, in einer der malerischsten Ecken der Regionshauptstadt.

Da Pepi

Via Cassa di Risparmio, 3
Tel. (+39) 040 / 36 68 58
Ruhetag: Sonntag
Ferien: letzten 2 Juliwochen
Geöffnet 8.30–22 Uhr

Als Emblem der Triester Fleischspezialitäten bietet das Pepi S'ciavo (wie dieses Büfett in der Nähe der Piazza della Borsa seit jeher genannt wird) nach wie vor zu jeder Tageszeit das Beste vom Schwein. Dank der sorgfältigen Auswahl der Grundprodukte, der bemerkenswerten Professionalität der für das Garen und Anrichten zuständigen Mitarbeiter sowie des unablässigen Gästestroms genießt man hier belegte Brötchen und gemischte Teller mit Frischegarantie. Auch auf Details wird großes Augenmerk gelegt: von den diversen Brotsorten über einen stets perfekten Senf (der mit etwas Bier geschmacklich abgerundet wird) bis hin zu einem unglaublich köstlichen Sauerkraut. Eine kleine Auswahl an Bier und Qualitätswein rundet das Ganze ab. Die Rechnung fällt zwar für ein Büfett ein wenig hoch aus, aber Da Pepi ist es wert.

Da Siora Rosa

Piazza Hortis, 3
Tel. (+39) 040 / 30 14 60
Ruhetag: Sonntag, Montag
Ferien: unterschiedlich
Geöffnet 8–22 Uhr

Das sehr populäre Büfett nicht weit von den Fakultäten für Geschichte und Literatur ist einer der Tempel der traditionellen Triester Küche: Fleisch- und Gemüseaufläufe, Kartoffel- und Semmelknödel in zahlreichen Varianten, Gulasch, Kutteln und allerlei Interpretationen des Baccalà. Doch das Lokal (mit Sitzgelegenheiten im Freien im Sommer) ist auch zu den Zeiten des vormittäglichen Snacks und der kleinen Stärkung am Nachmittag immer gut besucht, denn es warten Köstlichkeiten aus dem Siedekessel neben einer ständig wechselnden Auswahl an Panini, Polpette und belegten Brötchen. Gutes Bier, recht ordentliche regionale Weinauswahl. Bemerkenswerterweise wird hier auch auf vegetarische Empfehlungen geachtet.

L'Approdo

Via Carducci, 34
Tel. (+39) 040 / 63 34 66
Ruhetag: Samstagnachmittag, Sonntag
Ferien: 3 Wochen im Juli
Geöffnet 8–20 Uhr

Das Angebot dieses stark frequentierten Lokals nicht weit von der Piazza Goldoni und der Markthalle ist ständig am Wachsen: immer umfangreichere Auswahl an Wein nicht nur regionaler Provenienz und an Qualitätsbier, immer mehr Aufmerksamkeit für die Produkte des nahen Karsts. Würstel und sonstige Spezialitäten aus dem Kessel gibt es hier nur in den kalten Monaten, dafür kann man das ganze Jahr über eine beeindruckende Auswahl an Köstlichkeiten genießen. Für den kleinen Hunger stehen belegte Brötchen, feine Käsesorten und Wurstwaren sowie allerlei Frittiertes bereit. Mittags werden hiesige Klassiker wie Kartoffelgnocchi mit Gulasch nach Triester Art oder Spaghetti mit Scampi alla busara aufgetischt. Freitags steht Fisch aus der Adria auf dem Speiseplan, und dienstags gestattet sich die Küche mit Coda alla vaccinara (Ochsenschwanz nach römischer Art) eine außerregionale Abschweifung.

Rudy

Via Valdirivo, 32
Tel. (+39) 040 / 63 94 28
Ruhetag: Sonntag, außer im Dezember
Ferien: letzte Juliwoche, ersten 2 Augustwochen
Geöffnet 9–24 Uhr

Eine beispielhafte Fusion verwandter Kulturen. Hier geht Triester Büfettküche Hand in Hand mit bayerischer Brauhaustradition, das Angebot wechselt mit der Tageszeit. Vormittag und Nachmittag sind mit den Klassikern aus dem Kessel, feinem Aufschnitt und appetitlichen Brötchen, u. a. Liptauer in zwei Versionen, der hiesigen Kultur gewidmet. Mittags wird eine schnelle, jedoch stets traditionsverbundene Küche angeboten, während beim Abendessen Qualitätsbier triumphiert, als würdige Begleitung zu einer langen Liste bayerischer „Schmankerln" (Schweinefleisch, Kartoffeln, Kohl). Doch auch abends fehlt es nie an Gesottenem nach Triester Art und Schinken in Brotkruste.

Sandwich Club

Via Economo, 10 B
Tel. (+39) 335 / 662 51 30
Ruhetag: Samstag, Sonntagnachmittag, im Sommer auch Sonntagvormittag
Ferien: unterschiedlich
Geöffnet 7–23 Uhr

Die Delikatessen aus dem Siedekessel – bestes Qualitätsfleisch, mit Sorgfalt zubereitet – sind nur in den kalten Monaten zu haben. Doch dieses Traditionsbüfett zeichnet sich vor allem durch die bemerkenswerte Tafel mit der Liste der Weine und einer ständig wechselnden Auswahl von Qualitätsetiketten aus, um ein Repertoire von wirklich verlockenden Snacks aller Art zu begleiten. Vorzügliche Tartine mit Baccalà in bianco, Wurst oder Schinken, Rindertatar, köstliche gratinierte Muscheln und frittierte Fischhäppchen, appetitliche Panini, gefüllt mit Salumi, Fleischspezialitäten und Gemüse. Für ein zünftiges Mittagessen verlässt sich Claudio auf die Launen der Saison und des Marktes; wenn Sie aber vorher anrufen, können Sie sich eine seiner Spezialitäten mit Pilzen und Trüffeln oder traditionelle Spaghetti mit Scampi alla busara zubereiten lassen.

Toni da Mariano

Viale Campi Elisi, 31
Tel. (+39) 040 / 30 75 29
Ruhetag: Sonntag
Ferien: letzten 2 Juniwochen, letzte Augustwoche
Geöffnet 8–24 Uhr

Die kleine Vitrine mit allerlei Frittiertem am Eingang lässt erkennen, dass man die Sache hier ernst nimmt. Schon in den frühen Morgenstunden bringt Mariano eine Reihe von unglaublich köstlichen Häppchen mit Fisch und knackigem Gemüse in Stellung. Großartige Panini und Herzhaftes vom Schwein aus dem Siedekessel ergänzen das Imbissangebot dieses beliebten Büfetts, das nicht weit von den Hafenanlagen der Stadt liegt. Mittags diktiert der Markt die Regeln für eine Serie immer wieder wechselnder Tellergerichte auf Basis von Fleisch und Fisch. So findet man Pasta, Polenta und Gnocchi einmal mit Gulasch vor, dann wieder mit Scampi alla busara (in pikanter Tomatensauce) oder aber auch zu Stinco di maiale (Schweinehaxe). Bemerkenswert der Weinkeller: Als umsichtiger Sommelier bietet Mariano immer interessante Etiketten an.

Antica Trattoria Suban

Trattoria
Via Comici, 2 D
Tel. (+39) 040 / 543 68
Ruhetag: Dienstag
Ferien: unterschiedlich
80 Plätze + 80 Plätze im Freien
Preise: 34 €
Alle Kreditkarten; BM
Abends geöffnet, Samstag und Sonntag auch mittags

Selbst bei einer Reservierung lange im Vorhinein ist es schwierig, einen Platz in dieser wirklich alten Trattoria (gegründet 1865) im Stadtteil San Giovanni zu finden: Gute Küche, große Auswahl an Speisen der julischen und slowenischen Tradition, gesellige Atmosphäre und korrekte Preise machen sie zu einer bei den Triestern beliebten Adresse für große Abendessen und sonntägliche Mittagsgelage. Freundlich betreut durch Mario Suban, der das Lokal mit seinen Töchtern Giovanna und Federica führt, können Sie in einem der beiden Speisesäle oder im Garten mit einer Kostprobe von **Schinken in Brotkruste**, Rohschinken aus dem Karst, Meerrettich und Liptauer, mit Insalata di petto d'oca (geräucherte Entenbrust mit Balsamico und Pinienkernen), Sformato di verdure oder Strudel di formaggi beginnen. ***Jota* carsolina** und **Zuppa di cren** wechseln bei den Primi (8 €)mit **Fusi all'istriana con spezzatino di gallina** (Pasta mit Hähnchensauce), *Palacinke* alla mandriera (mit Basilikum und Ziegenkäse), Fagottino servolano (Kartoffelteigtäschchen gefüllt mit Kalbfleisch, Salsiccia und Spinat). Die gefragtesten Secondi sind **Stinco di vitello al forno**, **Gulasch** und ***Pastizzada*** (dalmatinische Spezialität mit Kalbfleisch, Trockenfrüchten, Gewürzen und Wein, 14 €); außerdem Fegato alla veneziana und Fleisch vom Grill. Traditionell auch die Desserts (5 €): Apfelstrudel, ***Rigojancsi***, süße *Palacinke*. Umfangreiche regional geprägte Weinkarte.

Einige Adressen, um guten Wein zu verkosten und zu kaufen: Gran Malabar, Piazza San Giovanni 6; Enoteca Bere Bene, Viale Ippodromo 2–3; Enoteca Nanut, Via Genova 10. Pasticceria Pirona, Largo Barriera Vecchia 12: herrliche traditionelle Süßspeisen (Presnitz, Putizza, Pinza).

UDINE

Ai Frati

Trattoria
Piazzetta Antonini, 5
Tel. (+39) 04 32 / 50 69 26
Ruhetag: Sonntag
Keine Ferien
70 Plätze + 30 Plätze im Freien
Preise: 28–30 €
Alle Kreditkarten; BM
Mittags und abends geöffnet

NEU

Die Lage dieses historischen Lokals ist beneidenswert: Die kleine Piazza vor der Tür ist für den Fahrzeugverkehr gesperrt, und mit dem Palazzo Antonini befindet sich gegenüber ein bedeutendes Stadtpalais des Renaissancearchitekten Andrea Palladio. Die hübschen Räume im Erdgeschoss bewahren altes Flair, die Atmosphäre im oberen Stockwerk, mit einer Terrasse, von der man die Roggia (Teil des alten Kanalsystems der Stadt) vorbeifließen sieht, ist unvergleichlich. Nach wechselnden Betreibern, die nicht alle überzeugen konnten, hat sich Rosa Paolini als Wirtin bewährt. Ihr ist es gelungen, die Vergangenheit mit der Gegenwart zu verbinden, indem sie die alte Osteria in einen Treffpunkt für die Stammgäste von früher ebenso wie für die Dozenten und Studenten der nahe gelegenen Universität verwandelt hat. Während Sie Crostini knabbern, die Sie auf dem Tisch vorfinden werden, können Sie als Antipasto einen feinen Prosciutto di San Daniele, ***Toc' in braide*** mit Wurstbrät (9 €) oder Vorspeisen mit so interessanten Namen wie „Cortigiana" (Kurtisane) oder „Giullare" (Narr) wählen, die eine komplette Mahlzeit ergeben können. Kartoffel**gnocchi al ragù d'anatra** (9 €), **Zuppa di orzo e fagioli** (Gersten-Bohnen-Suppe, 8 €), Tagliatelle con ragù di coniglio e funghi porcini (mit Kaninchenragout und Steinpilzen) sowie Orzotto der Saison geben Gelegenheit, einige Primi der friulanischen Traditionsküche zu probieren. Typisch auch die Secondi: **Guancetta di maiale** (12 €), **Baccalà in bianco** und ***Frico*** (jeweils **mit** guter **Polenta**), neben ein paar Rindfleisch- und Hähnchengerichten. Freitags stehen im Sinne eines alten Brauchs der Udineser Gastronomie Calamari und Frittura di pesce auf dem Speiseplan. Zwar sind viele Flaschenweine lagernd, doch die Hausweine erweisen sich als absolut angemessen.

UDINE
Cussignacco

4 km vom Zentrum

Alle Alpi

Traditionelle Osteria
Via Veneto, 179
Tel. (+39) 04 32 / 60 11 22
Ruhetag: Montag
Ferien: 2 Wochen im August
60 Plätze
Preise: 30 €
Alle Kreditkarten; BM
Mittags und abends geöffnet

Ein paar Kilometer südlich des Zentrums, wo die Hektik der Stadt der Ruhe der friulanischen Tiefebene weicht, finden wir mit dem Alle Alpi ein Lokal, in dem alles von der Tradition dieses Landstrichs zeugt: der Tresen im Eingangsbereich, der dazu einlädt, ein gutes Glas Wein oder besser gesagt *Tajut* zu genießen, der geschmackvoll eingerichtete Hauptraum, in dem ein charakteristischer *Fogolar* für heimelige Wärme sorgt und wo das **Grillfleisch** brät, das als Spezialität der Osteria gilt. Wollen wir mit einer klassischen Vorspeise beginnen, so können wir uns für einen zarten Prosciutto di San Daniele (8,50 €) entscheiden, der wunderbar mit den hausgemachten Sottoli in agrodolce harmoniert. Von Tradition und Saisongerechtigkeit zeugen auch der **Radicchio trevisano gratinato allo speck**, der Pecorino alla piastra mit Honig und Speck, die Schinkenroulade – Involtino di prosciutto di Praga – mit Ricotta und Mandeln. Bei den Primi hat man die Qual der Wahl zwischen hausgemachten Gnocchi, Tagliolini und Orzotti. Doch erst bei den Secondi, und da insbesondere beim Fleisch, das von Alberto vor den Augen der Gäste meisterhaft gebraten wird, zeigt sich die Osteria von ihrer besten Seite. Zur Wahl stehen dann Filetto di manzo (19 €), Tagliata, Roastbeef, Costata oder Fiorentina, um nur die wichtigsten Tranchen vom Rind zu nennen. Alternativ zu den Grillgerichten gibt es **Filetto di maiale alla senape** (Schweinefilet mit Senf), **Fagiolata** (geschmorte Bohnen mit gemischtem Fleisch, 10 €), Montasio-Käse mit gegrilltem Gemüse. Hausgemachte Dolci, hauptsächlich Löffeldesserts. Weinkarte mit zumeist regionalen Etiketten zu fairen Preisen.

Udine: Weingenuss alter und neuer Manier

Seitdem das Glas Wein, in einem Lokal getrunken, neben dem Aspekt der Geselligkeit auch jenen des bewussten Genießens umfasst, hat sich die Geografie des *Tajut* verändert. Dieses traditionelle Ritual begeht man nicht mehr nur in den klassischen Osterien der Altstadt in Gesellschaft von Aficionados, die das eine oder andere Lokal zu ihrem zweiten Wohnzimmer erkoren haben und sich die Zeit (normalerweise sehr lange) vertreiben, bis jeder eine „Runde" gezahlt hat. Die neuen Formen des Rituals verlangen nach neuen Lokalen, neue Arten des Beisammenseins und der Trinkkultur, beziehen unterschiedliche Orte der Stadt mit ein.

In diesem Sinn ist das *Taj* (ein Achtel Wein – vor dem Mittagessen „bianco" und abends „nero" – traditionellerweise in einem randvollen dickwandigen Glas, mittlerweile fast überall von eleganten Stielgläsern verdrängt) heutzutage nicht nur ein Vorwand, um Freunde um einen Tisch oder am Tresen zu versammeln. Vielmehr ist es fast immer eine Gelegenheit, um einen Qualitätswein zu verkosten, mit Weinwissen anzugeben, diesen oder jenen Winzer zu rühmen, über die besten Jahrgänge zu philosophieren. Mit der unvermeidlichen Folge, dass nicht mehr so lange getrunken wird, bis jeder einen „giro" übernommen hat.

Dies hat mit den nicht gerade volksnahen Preisen zu tun, vor allem aber mit einer neuen Betrachtungsweise: Qualität statt Quantität. Was bleibt, ist der Hauptinhalt des Rituals: das Plaudern mit Freunden und anderen Gästen, das Kommentieren eines sportlichen oder politischen Ereignisses, der Abschluss eines Geschäfts oder einfach nur ein wenig Müßiggang.

In gewisser Weise ist der Wandel, der sich während des letzten Jahrzehnts vollzogen hat, ein natürliches Phänomen. Viele historische Osterien haben ihre Pforten geschlossen oder wurden renoviert und haben dadurch ihren alten Charme verloren. Der Wandel hat auch mit dem Generationenwechsel zu tun, der sich nicht nur daran zeigt, dass immer mehr Menschen mittags außer Haus essen (müssen), sondern auch daran, dass es beim Wein immer mehr Auswahl gibt und der Genuss zelebriert wird. Mit der vor ein paar Jahren noch unvorstellbaren Folge, dass sich das Osteria-Publikum radikal verjüngt hat. Junge Frauen und Männer diskutieren heute am Tresen lehnend oder bei Tisch sitzend über diesen oder jenen Wein, diese oder jene Marke. Das lässt durchaus hoffen, dass das *Tajut* auch unter veränderten Rahmenbedingungen und in neuen Ausdrucksformen immer ein guter Grund für geselliges Beisammensein bleiben wird.

Giorgio Dri

Al Cappello

Osteria mit Küche
Via Sarpi, 5
Tel. (+39) 04 32 / 29 93 27
Ruhetag: Sonntag
Ferien: je 2 Wochen im Juni/Juli und Winter
Geöffnet 10–15, 17–23 Uhr

Wenn das moderne Schild nicht Indiz genug dafür ist, dass wir im Cappello sind, reicht ein Blick zu der mit Hüten aller Formen und Epochen tapezierten Decke, um zu verstehen, warum das Lokal so heißt. Lampenschirme aus Trinkgläsern oder Besteck, Wände voller Bilder, Zeichnungen und Herzen aus Schmiedeeisen unterstreichen den sympathisch altmodischen Charakter dieses stets gut besuchten Lokals, das im Udineser Weinpanorama eine tragende Rolle spielt. Auf einer Tafel, die eine ganze Wand einnimmt, sind Hunderte von lagernden Etiketten aufgelistet und zahlreiche Flaschen stehen zur Verkostung bereit. Nicht minder interessant ist das beachtliche Angebot an Brötchen, Häppchen, Polpette und einfachen kalten und warmen Speisen, die allen Ansprüchen gerecht werden. Sehr beliebt, wenn es das Wetter erlaubt, ist der Außenbereich der Osteria gegenüber dem ehemaligen Fischmarkt (ein wunderschönes restauriertes Jugendstilgebäude, das nun ein Museum für Fotografie beherbergt), wo es zuweilen recht munter und laut zugeht und auch gerne geraucht wird.

Caucigh

Caffetteria-Pasticceria
Via Gemona, 36–38
Tel. (+39) 04 32 / 50 27 19
Ruhetag: Montag
Keine Ferien
Geöffnet 7–24 Uhr (ggf. auch länger)

Ein historisches Lokal, von der Region Friaul-Julisch Venetien mit der goldenen Medaille ausgezeichnet: Diese Anerkennung gebührt Betrieben, die seit mindestens 60 Jahren bestehen und mit ihrer Tätigkeit ein soziokulturelles Zeugnis darstellen. Auch bewahrt das Caucigh als einziges Lokal der Stadt das Andenken an ein Café der Belle Époque. Hier kann man die beschauliche mitteleuropäische Atmosphäre von einst genießen (mit klassischer Hintergrundmusik), man kann in Studienabschlussfeiern geraten, man kann (freitagabends) live Jazz hören. Das Publikum ist bunt gemischt: Studenten und Professoren, Politiker und Intellektuelle, ein paar Künstler und viele Zeitungsleser (die Zeitungen sind auf jene klassischen Zeitungshalter gespannt, die man in Gaststätten immer seltener findet). Anständige Weine und appetitliche kulinarische Angebote begleiten mittags die Pause in einem Saal (der nicht ohne Ironie „Refektorium“ genannt wird), in dem die Zeit stillzustehen scheint.

La Ciacarade

Moderne Osteria
Via San Francesco, 6 A
Tel. (+39) 04 32 / 51 02 50
Ruhetag: Dienstag
Ferien: 2 Wochen im Juli
Geöffnet 7.30–15, 17–24 Uhr

Nicht weit entfernt von der Piazza della Libertà, dem pulsierenden Herzen der Stadt, bietet das neben dem Dom aus dem 14. Jahrhundert gelegene Ciacarade eine sehr gute Auswahl an Wein (aber auch Bier von Kleinbrauereien), den man am Tresen mit appetitlichen Kleinigkeiten oder wöchentlich wechselnden einfachen Mahlzeiten begleiten kann. Wer lieber im Sitzen genießt, kann sich in einer der angrenzenden Gaststuben oder bei schönem Wetter im Garten niederlassen. Die Klientel besteht vor allem aus treuen Stammgäste, die hier Freunde treffen; mittags kommen aber auch Angestellte und Beamte zum Essen. Neuerdings hat das Lokal auch morgens geöffnet und bietet Frühstück mit Produkten von Biobauern. Gegen Abend gibt Wirt Emanuele allen Gästen eine kleine Portion Risotto aus (ein alter Brauch, der früher in vielen Udineser Osterien gepflegt wurde), was zur Folge hat, dass man gerne länger als geplant verweilt, noch eine Runde Wein bestellt und weiter munter plaudert (*ciacarade* ist übrigens das Udineser Dialektwort für Plauderei).

Al Fagiano

Osteria mit Ausschank und Imbiss
Via Zanon, 7
Tel. (+39) 04 32 / 29 70 91
Ruhetag: Sonntag, Montagnachmittag
Ferien: 2 Wochen im September
Geöffnet 10–15, 17–22 Uhr

Von der belebten *Plaze dal polam* (auf diesem Platz fand früher unter der riesigen Platane, „Platano di Napoleone“ genannt, der Geflügelmarkt statt) ist nicht viel übriggeblieben. Rühmliche Ausnahme: diese Osteria. Sie bewahrt die Patina vergangener Zeiten in ihren rustikalen Täfelungen – mit einem geglückten Zugeständnis an die moderne Malerei in Form eines Wandfreskos des angesehenen Udineser Künstlers Giorgio Celiberti –, in der schlichten Einrichtung und in den Bildern des Inhabers Giordano Floreancig. Der wiederum als Wirt von sich reden machte, als er zum wackeren Verfechter des Namens Tocai Friulano wurde, der vielleicht zu voreilig aus dem offiziellen Weinvokabular gestrichen wurde. Doch Giordano schert sich darum nicht, und so lesen wir auf der Quittung „Osteria al Fagiano-Tocai Friulano sas“. Eine große Auswahl an offen ausgeschenkten Weinen und kalten Kleinigkeiten von guter Qualität machen die Einkehr zum Vergnügen. Im Sommer sollte man auf jeden Fall draußen sitzen, um dem leisen Plätschern des Kanals entlang der Via Zanon zu lauschen und die fröhliche Geräuschkulisse der Stadt zu genießen.

Al Fari Vecjo

Traditionelle Osteria
Via Grazzano, 78
Tel. (+39) 346 / 224 13 51
Ruhetag: Sonntag
Ferien: 2 Wochen im Juli
Geöffnet 8–22 Uhr

Ein paar ins Pflaster des Gehsteigs integrierte Leuchtspots weisen auf diese anno 1804 im Stadtteil Grazzano eröffnete Osteria hin. Al Fari Vecjo greift in friulanischer Sprache einen früheren Namen (All' Antico Fabbro – „Zur alten Schmiede") des Hauses wieder auf, das in all den Jahren immer wieder anders hieß, u. a. Alla Fenice oder Ai Due Caporali. Die Bauweise und die altmodische Einrichtung der beiden schön renovierten kleinen Gasträume tragen zur typischen Atmosphäre der immer seltener werdenden traditionellen Treffpunkte für das Ritual des *Tajut* bei. Ein gutes Glas Wein, das man unter zahlreichen Marken der besten friulanischen Winzer auswählen kann, und ein umfangreiches Sortiment an Häppchen, zur Mittagszeit auch Primi und Hauptspeisen, gewährleisten eine vergnügliche Einkehr zwischen Stammgästen, die Karten spielen, im Udineser Dialekt plaudern und sich an alte Zeiten erinnern. Für die qualifizierte Weinauswahl und die gepflegte Küche zeichnen Simone, der für den Ausschank und den Service bei Tisch zuständig ist, und Mamma Tiziana als Köchin verantwortlich.

Leon d'Oro

Osteria mit Küche
Via dei Rizzani, 2
Tel. (+39) 04 32 / 50 87 78
Ruhetag: Sonntag
Ferien: 2 Wochen im August
Geöffnet 9–15, 17–24 Uhr

Das Leon d'Oro fällt sofort auf, vor allem im Sommer: Ein paar Tische auf dem kleinen Platz der Via dei Rizzani, zu jeder Tageszeit von Menschen mit einem Glas in der Hand besetzt, weisen auf die Lokalität hin. Wir sind im Gebiet, das einst der Parco dei Pecile war und in den 1950er-Jahren zum Freiluftveranstaltungszentrum Arena Italia (Oper, Theater, Kino) wurde. Vormittags sind überwiegend ältere Semester anzutreffen, die das Lokal gerne frequentieren, um Zeitung zu lesen oder Karten zu spielen. Mittags kommen hauptsächlich junge Leute (wir sind nur wenige Schritte vom Hauptsitz der Universität entfernt), die sich von den appetitlichen Häppchen (Polpette, Nervetti, hart gekochte Eier mit Sardellen, Omeletts, Käse und Wurst) verlocken lassen oder an mit Strohpapiersets gedeckten Tischen zum Essen Platz nehmen. Eine breite Palette an warmen Speisen (vorwiegend Traditionsgerichte wie Pasta e fagioli, Baccalà, Spargel mit hart gekochten Eiern, um nur einige zu nennen) wird begleitet von einem nicht minder umfangreichen Angebot an lokalen Flaschenweinen, die nach Bedarf entkorkt werden. Die Osteria ist nämlich auch Vinothek und offeriert als solche um die 100 Etiketten einheimischer Weinbaubetriebe.

Da Pozzo

NEU

Traditionelle Osteria
Piazzale Cella, 2
Tel. (+39) 04 32 / 174 63 50
Ruhetag: Sonntag
Ferien: 2 Wochen im August
Geöffnet 9–22 Uhr

Nachdem sie ein paar Jahre geschlossen war, hat die historische „Osteria mit Kolonialwarenhandlung" Da Pozzo (das Schild an der Fassade verrät „Weine Liköre Lebensmittel") den Betrieb wieder aufgenommen. An der Einrichtung wie auch am Weinangebot (zahlreiche Winzer der Region sind vertreten) und an der Auswahl an Imbissen (vor allem Salumi, klassischerweise von eingelegten Peperoni begleitet) hat sich nicht viel geändert. Sehr wohl gewandelt hat sich die Klientel: Heute sind es überwiegend junge Menschen, die diese Ecke am Rand der Altstadt mit Leben füllen; in den 1950er-Jahren war das Viertel noch sehr belebt, hatte aber in letzter Zeit an Strahlkraft verloren. Die neuen Betreiber der Osteria hatten die glückliche Eingebung, das Bild der traditionellen Osteria beizubehalten und gerade so viel Neues wie nötig einzubringen, um den aktuellen gastronomischen Standards gerecht zu werden. Die Osteria verfügt neben den Innenräumen über einen hübschen Außenbereich, der mit Sonnensegeln beschattet und spartanisch gestaltet ist: ein beliebter Rückzugsort, an dem man sich vor dem Lärm der Stadt beschützt fühlt.

UDINE

Al Vecchio Stallo

Traditionelle Osteria
Via Viola, 7
Tel. (+39) 04 32 / 212 96
Ruhetag: Mittwoch, im Sommer Sonntag
Ferien: Ostern, 3 Wochen im August, 25. Dezember–7. Januar
100 Plätze + 30 Plätze im Freien
Preise: 23–27 €
Keine Kreditkarten
Mittags und abends geöffnet

Manchen scheint sie fast zu schlicht, aber uns gefällt diese Osteria mit ihrem spartanischen Interieur, den gesellig eng zusammengerückten Tischen und den mit Zeitungsausschnitten, Fotos, Karikaturen und Souvenirs von mehr oder weniger bekannten Stammgästen tapezierten Wänden. Die auch außerhalb der kanonischen Essenszeiten gut besuchte Stätte hat eine Stammklientel, die hier zusammenkommt, um ein Gläschen zu trinken, eine Kleinigkeit zu essen, zu plaudern oder mit den Freunden Karten zu spielen (im Sommer unter einer kühlen Weinlaube). Zum Mittag- und Abendessen kann man sich auf eine Karte verlassen, die zwar auch Fischgerichte und ein paar eher nichtssagende Speisen umfasst, aber auch viele Klassiker der friulanischen Küche bietet. Eingangs **Prosciutto con il cren**, Prosciutto crudo di San Daniele, Salami, Ossocollo, Pancetta, Lardo. Als Primo (7 €) gefüllte Teigtäschchen – ***Cjarsons*** **– mit Butter und Ricotta**, ***Mignaculis cu la luanie*** – kleine Gnocchi mit Schweinefleischragout –, **Orzo e fagioli** oder eine andere Suppe. Traditionell und herzhaft die Secondi: ***Muset e broada***, Salame all'aceto, **Pitina** (Slow-Food-Presidio) mit Balsamicoessig, **Bollito con salse** (Kochfleisch mit Saucen), Spezzatino (Gulasch), Polpette (Fleischbällchen), Trippe (Kutteln) und natürlich ***Frico*** **mit Polenta** (7,50 €). Falls Sie nicht auf Diät sind, bestellen Sie zum Abschluss das Dessert des Hauses, die Coppa Stallo. Hauswein und Flaschenweine regionaler Provenienz.

Fiordilatte, Via Cividale 53: gutes Eis handwerklicher Machart, Semifreddi und Kleinpatisserie. Jeden Montag, Dienstag, Donnerstag und Samstag lohnt sich ein Besuch des Gemüse-, Fisch- und Käsemarktes auf der Piazza del Grano.

VERZEGNIS
Villa

48 KM NORDWESTLICH VON UDINE, S.S. 13

Stella d'Oro

Traditionelle Osteria
Via Tolmezzo, 6
Tel. (+39) 04 33 / 26 99
Ruhetag: Sonntagabend, Montag, außer im August
Ferien: 3 Wochen im Februar
50 Plätze + 12 Plätze im Freien
Preise: 30–35 €
Kreditkarten: MC, Visa; BM
Mittags und abends geöffnet

Der landwirtschaftliche Betrieb der Geschwister Marzona (Gemüse, Obst, Honig) besteht seit den 1980er-Jahren. 2004 kam die Idee auf, sich in der Gastronomie zu versuchen. Als Partnerin konnte Sara Paschini gewonnen werden. Heute ist der gute Ruf der Osteria in der Carnia konsolidiert. Es bereitet Vergnügen, von Francesco zu erfahren, wie Grundprodukte zu Speisen inspirieren, in denen Tradition und Innovation verschmelzen. So werden für die **Brovada** Rüben aus Verzegnis mit Äpfeln einer heimischen Sorte aus eigenem Anbau vergoren; Emanuele bietet sie **mit** Salsiccia oder **Pitina di cervo** (Spezialität vom Hirsch) an. Weitere repräsentative Antipasti sind ***Toc' in braide*** **e** ***frico*** (9 €), Wildspargel mit Ei, Kräuterflans wie **Sformatino di tarassaco** oder di *sclopìt* **con salsa di formadi frant** (Käsesauce). An Primi (8,70 €) gibt es hausgemachten Pasticcio (Wirsing, Spargel, Pilze, Artischocken), Tagliolini all'oca, ***Blecs*** **con selvaggina** (Pasta mit Wild), exzellente gefüllte Pasta wie die typischen ***Cjarsons***. Es folgen Wildgerichte wie Cinghiale bzw. **Capriolo in umido** (12 €) oder Sella di cervo al Cabernet **mit Polenta**. Zarter im Geschmack sind Kaninchen als **Rotolo di coniglio con radìc di mont**, Entenbrust (Petto d'anatra caramellato), Forelle (Trota in crosta di zucchine). Empfehlenswert die karnischen **Formaggi** (10 €) alternativ oder zusätzlich zu einem hausgemachten Dessert: Strudel, Tiramisu, Gubana. Neben dem Hauswein (Friulano) überwiegen regionale Etiketten, auch glasweise. Angenehm als Digestif der Trank aus Honig und Apfelkernen.

»Rezepte, die Tradition mit Innovation in mitunter ungewöhnlichen Kombinationen verschmelzen lassen. Gerichte und Eigenbauprodukte gehen eine geglückte Verbindung ein.«

GÖRZ

Rosenbar

Restaurant
Via Duca d'Aosta, 96
Tel. (+39) 04 81 / 52 27 00
Ruhetag: Sonntag, Montag, Juli und August auch Samstagmittag
Ferien: je 1 Woche im Sommer und Winter
40 Plätze + 40 Plätze im Freien
Preise: 45–50 € • Alle Kreditkarten; BM
Mittags und abends geöffnet

Saisongerechte lokale Produkte von höchster Qualität mit Schwerpunkt auf der Kombination Fisch-Gemüse sind die Zutaten der Küche von Michela Fabbro, die gemeinsam mit ihrem Mann Piero Loviscek (verantwortlich für Service und Wein) dieses schöne Restaurant nur wenige Gehminuten von der Altstadt entfernt führt. Für die Speisekammer schöpft man nicht nur aus dem nahe gelegenen Meer, sondern auch aus den Slow-Food-Presidi der Region: Radicchio rosa aus Görz, Knoblauch aus Resia, Pitina, *Pestàt* di Fagagna und Formadi frant sind die Protagonisten der durchweg nach bester Hausmannsart fabrizierten Gerichte. Je nach Saison kommen Sie in den Genuss von Wildkräuteromeletts, Knoblauchsuppe mit Aglio di Resia und Rotbarbe, Radicchio rosa di Gorizia mit Bohnen und *frizze*, Gnocchi di pesce mit Miesmuscheln und Venusmuscheln *scottadeo* (12 €), Zwetschgenknödel mit Butter und Zimt, Pasta e fagioli mit *Pestàt* und Olivenöl aus dem Karst, gefüllten Sardinen aus dem Ofen, Branzino oder Dorade gebraten, Fritto di pesce e verdure (15 €). An typischen Süßspeisen gibt es Gibanica und Grießkoch. Das Degustationsmenü kostet ohne Wein 40 €.

TRIEST

Scabar

Restaurant
Erta di Sant'Anna, 63
Tel. (+39) 040 / 81 03 68
Ruhetag: Montag
Ferien: unterschiedlich
50 Plätze + 70 Plätze im Freien
Preise: 50 €
Alle Kreditkarten; BM
Mittags und abends geöffnet

Auf einem Hügel in herrlicher Panoramalage ist dieses Restaurant seit fast einem halben Jahrhundert eine der Adressen für Meeresküche. Abgesehen vom Kabeljau, den man in Form von Baccalà genießen kann, stammt der Fisch ausnahmslos aus der Oberen Adria. Auch die Bezugsquellen der anderen Produkte liegen nah: der Küchengarten für Kräuter und einige Gemüsesorten, die Karsthochebene für Fleisch, Käse, Pilze, natives Olivenöl extra (DOP Tergeste), die istrische Halbinsel für Trüffeln. In der Küche werken Claudio Rosso und Ami Scabar, der Service steht unter der Leitung von Amis Bruder Giorgio, seines Zeichens Sommelier. Beginnen kann man mit Misto di pesci crudi (allerlei roher Fisch, 20 €), oder man geht gleich zu den Primi über: Fettuccine oder Maltagliati mit Krustentieren, Ravioli di scampi oder Ravioli di canestrelli (13 €), Paccheri mit gerösteten Calamari und Thymianpesto, Risotti di pesce. Unter den Secondi sind Brodetto (Fischeintopf) mit Polenta, gebratene Fischtranchen wie Ombrina al forno, aber auch Gebackenes wie Fritto di calamari e verdure zu entdecken. Hausgemachte Desserts, Weinkarte mit 150 Etiketten überwiegend aus dem Friaul, Slowenien und Kroatien.

EMILIA-ROMAGNA
PIEMONT
TOSKANA
FRANK-REICH
MONACO
LIGURISCHES MEER
Golf von Genua
GENUA
Savona
La Spezia
Imperia
Sanremo
Bordighera
Ospedaletti
Ventimiglia
Monte Carlo
Dolceacqua
Isolabona
Pigna
Badalucco
Tággia
Mendatica
Montegrosso Pian Latte
Pornassio
Borghetto d'Arroscia
PARC NATIONAL DU MERCANTOUR
Colle di Tenda
1908
Diano Marina
Alassio
Albenga
Loano
Pietra Ligure
Borgio Verezzi
Finale Ligure
Vado Ligure
Mallare
Altare
Garéssio
Millesimo
Cairo Montenotte
Piana Crixia
Albissola Marina
Varazze
Mele
Giovi
472
Sori
Camogli
S. Margherita Ligure
Portofino
Rapallo
Chiavari
Ne
Varese Ligure
Carro
Levanto
Monterosso al Mare
Corniglia
Riomaggiore
Portovenere
PARCO NAZ. D. CINQUE TERRE
Lerici
Arcola
Folio
Sarzana
Castelnuovo Magra
Ortonovo
Carrara
Ameglia
Massa
Marina di Massa
Viaréggio
Aulla
PARCO NAZ. D. APPENNINO TOSCO-EMILIANO
Cisa
1039
Borgo Val di Taro
Fidenza
Trébbia
Novi Ligure
Ácqui Terme
Alba
Tánaro
Bra
Savigliano
Fossano
Busca
Po
Cúneo
Mondovì
Ceva
Borgo S. Dalmazzo
Stura
A6
A33
A26/4
A26
A7
A10
A12
A15
0
10
20 km

LIGURIEN

Während die Genueser Küche durch den regen Austausch über den Seeweg mit dem Orient von außen beeinflusst wurde, schöpfte der von der Not diktierte Einfallsreichtum in den ärmeren Küstengebieten aus dem, was Gemüsegarten, Kräuter und Öl zu bieten hatten, sowie aus dem Geschick, jegliches zur Verfügung stehende essbare Element zu verwerten. Es gab wenig Fleisch und auch nicht viel Fisch, obwohl das Meer vor der Haustür lag.
Mit dem wachsenden Angebot und der größeren Vielfalt an Zutaten passte sich die traditionelle Küche dieses Landstrichs in den ersten Jahrzehnten des 19. Jahrhunderts den Ansprüchen des Bürgertums an und entwickelte sich zu der Form, die wir bis heute kennen und die sich im umfangreichen Rezepteschatz der Osterien und Restaurants widerspiegelt. Wenngleich nicht in allzu großer Zahl, so gibt es doch einige Lokale, in denen man gute kulinarische Erfahrungen mit Gerichten machen kann, die eine gelungene Verschmelzung von Tradition und Innovation, Vergangenheit und Gegenwart bieten.
Der Pesto ist und bleibt ein Bravourstück der ligurischen Küche, großer Beliebtheit erfreuen sich aber auch der Cappon magro, diese schmackhafte Kombination von Produkten aus dem Meer und vom Festland, der Brandacujun, ein üppiges Stockfischpüree mit Kartoffeln, das ursprünglich als Bordverpflegung auf Fischerbooten gedient haben soll, und die Muscoli ripieni, die das Gebiet um La Spezia zu ihrer Wahlheimat erkoren haben. Der Meereseinfluss ist auch bei der *Buridda* aus Genua, einer Suppe orientalischen Ursprungs, und bei der *Ciuppin*, einer Spezialität der Riviera di Levante, zu erkennen.
Zu den Pastasorten, die ideal zum Pesto passen, zählen Trofie und Trenette. Nicht zu verachten sind auch die Corzetti, sowohl jene in der für das Valpolcevera typischen Form einer Acht, die ursprünglich mit Pinienkernen und Majoran serviert wurden, als auch die Version in Scheibenform, kombiniert mit Pilzen. Und nicht zuletzt die Piccagge, lange Teigstreifen, die die Bezeichnung „matte" tragen, wenn sie aus Esskastanienmehl hergestellt werden. Dann noch Ravioli mit Füllung aus Kräutern, Kartoffeln oder Fleisch, weiter Pansotti, Testaroli … Viel Vergnügen auf Ihrer Entdeckungsfahrt zu weiteren Genüssen!

Für Sie entdeckt

Brandacujun

339 Cian de Bià
Badalucco (Im)
340 Da Casetta
Borgio Verezzi (Sv)
343 A Viassa
Dolceacqua (Im)
351 La Molinella
Isolabona (Im)

Ciuppin

339 Magiargè
Bordighera (Im)

Muscoli ripieni

352 La Rosa Canina
Lerici (Sp)
352 Picciarello
La Spezia – Marola (Sp)
355 Il Ciliegio
Monterosso al Mare (Sp)
356 Da Fiorella
Ortonovo (Sp)

Pansotti con salsa di noci

349 Da Pippo
Fontanegli – Genua (Ge)
360 U Giancu
Rapallo (Ge)
362 Da Drin
Sori (Ge)

51 km sw. v. Savona, 22 km v. Imperia, S.S. 1, A 10

I Matetti

Traditionelle Osteria
Viale Hanbury, 132
Tel. (+39) 01 82 / 64 66 80
Ruhetag: Montag, außer im Juli und August
Ferien: unterschiedlich
70 Plätze
Preise: 27–30 €
Kreditkarten: CS, DC, MC, Visa; BM
Mittags und abends geöffnet

Das Lokal in einem anonymen, eher wie eine Touristenfalle wirkenden Gebäude blickt auf die betriebsame Viale Hanbury: Dem Anschein zum Trotz haben wir es hier jedoch mit einer Küche zu tun, die durch Gebietstreue besticht. Das Interieur entspricht dem einer lauten Osteria mit einfachen Tischen, Stühlen aus Holz und Hunderten von Schwarz-Weiß-Fotos von Kindern (*Matetti*) an den Wänden. Spezielle Erwähnung verdienen die Besitzer, die sich zum allgemeinen Amusement gerne flegelhaft und kurz angebunden geben und bühnenreif Unwillen und üble Laune mimen. Die Speisen sind hier dem Preissegment entsprechend korrekt und großzügig wie kaum anderswo in dieser Gegend. Ein Muss zum Einstieg sind die „Appetithäppchen" (10 €): eine Reihe von Antipasti, darunter Torte di verdure, Acciughe ripiene, Baccalà mantecato, Polpo und Cozze. Bei den Primi steht man vor der schwierigen Wahl zwischen Ravioli di pesce, **Pasta e fagioli** (9 €), Ravioli della nonna mit verschiedenen Saucen und **Tagliatelle alla bottarga**. Unter den Secondi ist der reich bestückte Fritto misto di pesce sehr beliebt, unser Tipp gilt jedoch den harmonischen **Seppie con zucchine e patate** (12 €), dem stets vertretenen Polpo con patate und der guten **Trippa accomodata**. Danach werden Frittelle aus Äpfeln und ein Glas Rosé-Wein serviert, die zu Tiramisu, Budino und den hausgemachten Kuchen (5 €) überleiten. Üblicherweise trinkt man offene Weine, auf Wunsch werden aber auch Flaschenweine aus Ligurien angeboten. Vor allem am Wochenende und im Sommer ist eine Reservierung notwendig.

Dargè, Corso Dante 80: frische Teigwaren aus Ligurien (Ravioli) oder dem Piemont (Agnolotti mit dreierlei Fleisch, Tajarin), Pesto und andere Saucen.

44 km nordwestlich von Savona

Osteria del Tempo Stretto

Restaurant
Regione Rollo Inferiore, 40
Tel. (+39) 01 82 / 57 13 87,
(+39) 338 / 893 68 37
Ruhetag: Sonntag, im Juli nur Sonntagabend
Ferien: je 1 Woche im Februar und September
35 Plätze + 15 Plätze im Freien
Preise: 35–40 € • Kreditkarten: Visa; BM
Mittags und abends geöffnet

Lassen Sie sich von der Lage des Lokals an der Staatsstraße nicht abschrecken: Es erwartet Sie ein gepflegtes, angenehmes und gastfreundliches Ambiente und in der schönen Jahreszeit lockt ein Garten, von dem aus Sie den Blick auf die Bergkulisse als Zugabe zu einer gelungenen Küche genießen können. Auf der Karte findet man sämtliche Elemente der traditionellen Küche Liguriens, mit erstklassigen lokalen Zutaten zubereitet und manchmal auf schlichte Weise überarbeitet. Bereitwillig teilen die Inhaber, Cinzia und Massimiliano, ihre Leidenschaft für die Arbeit und ihre Kenntnisse der lokalen Küche mit den Gästen, die mehr über die in der Karte angeführten Speisen erfahren wollen. Zum Einstimmen lassen Sie sich von der Frische der Gamberi al vapore mit Trombetta-Zucchini, den rustikalen, aber leckeren **Sardine in carpione leggero** (9 €) oder von den leichten Frittelle di calamari verführen. Sehr gut schmeckt der **Tortino di asparagi violetti di Albenga con fonduta di pecora brigasca** (Kuchen mit violettem Spargel und Creme aus Schafkäse, 9 €), hergestellt aus zwei Slow-Food-Presidi. Weiter geht es mit **Corzetti alla maggiorana con vongole veraci e zucchine trombette di Albenga** (mit Venusmuscheln und Trombetta-Zucchini, 12 €), Gnocchi agli asparagi violetti (mit violettem Spargel) und hausgemachten Farfalle con calamari. Die Hauptspeisen variieren je nach dem Angebot an frischem Fisch: Gut sind zum Beispiel die in der Pfanne gebratenen Calamari mit violettem Spargel und exzellent der **Polpo al vino Rossese** (16 €). Das Angebot umfasst auch thematisch und saisonal variierende Degustationsmenüs (35 €). Gepflegte Weinkarte. Spezielles Lob gebührt der Zusammenarbeit der Osteria mit den besten landwirtschaftlichen Betrieben der Gegend.

28 KM NORDWESTLICH VON IMPERIA

Cian de Bià

Moderne Osteria
Via Silvio Pellico, 14
Tel. (+39) 320 / 662 20 79
Ruhetag: Montag–Donnerstag (gegen Vorbestellung geöffnet)
Ferien: 10.–30. Januar
20 Plätze
Preise: 30 € (Tagesmenü)
Kreditkarten: Visa; BM
Abends geöffnet

Von Arma di Taggia führt der Weg in das über lange Strecken von Olivenhainen gesäumte Argentina-Tal. Dieses Lokal im historischen Zentrum von Badalucco, angesiedelt in einem alten, fachmännisch renovierten Gebäude, bietet eine gastfreundliche, familiäre Atmosphäre. Die Seele des Lokals, das sind Franca Lanteri und Ivo Orengo: Sie leitet die Küche mit Geschick, profunden Kenntnissen alter Rezepte und Leidenschaft, er vermittelt den Gästen im Saal mit Umsicht, Freundlichkeit und sympathischem Auftreten das Gefühl, Freunde des Hauses zu sein. Die Zutaten stammen vorwiegend aus der Umgebung, auch aus einem kleinen familieneigenen Betrieb (Öl und Gartengemüse), während Fleisch und Käse bei Bauern aus dem Tal gekauft werden. Die Speisenfolge ist feststehend (30 €), wobei die Gerichte je nach Jahreszeit variieren. Üblicherweise kann man mit fünf Antipasti rechnen, darunter Fiori ripieni, Lumache mit Kräutern, Insalata russa, Vitello tonnato, ***Frandura***, Funghi, Trippe mit Bohnen, Frittelle aus Trombetta-Zucchini und ***Brandacujun***. Stets ein Genuss sind die Primi: Pappardelle al cinghiale, Ravioli, Gnocchetti al pesto mit Tomaten, Pasta *cu pesigu* mit Gemüse, **Tagliolini ai gamberi di fiume** und Zimino di fagioli mit Schweinerippchen. Ab Beginn der Jagdsaison bereichern Wildschweingerichte das Angebot. Häufig vertreten sind Coniglio alla ligure und Cima ponentina. Zur gegebenen Zeit werden **Agnello brigasco mit Artischocken** und Capretto, in der Pfanne gebraten, angeboten. Gegen Vorbestellung bekommen Sie **Stoccafisso alla *baucogna***, ein Gericht, für das sich die Anreise lohnt. Den Reigen beenden Frittelle di mela, *Fugassa* und Crème caramel. Auch der Weinkeller kann mithalten: Weine aus Ligurien, dem Piemont, der Toskana und dem Friaul zu angemessenen Preisen. Reservierung empfohlen.

38 KM W. V. IMPERIA, 5 KM V. VENTIMIGLIA, S.S. 1 OD. A 10

Magiargè

Moderne Osteria
Piazza Giacomo Viale, 1
Tel. (+39) 01 84 / 26 29 46
Ruhetag: Donnerstag
Ferien: 1 Woche im Februar, 2 Wochen im November • 45 Plätze + 40 Plätze im Freien
Preise: ⊞ 38–40 €
Kreditkarten: CS, MC, Visa; BM
Mittags und abends geöffnet, im Juli und August nur abends

In der Altstadt von Bordighera Alta, zu Fuß bequem vom Parkplatz auf der Piazza del Capo erreichbar, finden Sie dieses gemütliche Lokal, das seit etwa 20 Jahren von Mauro Benso und seiner Frau Carmen Manfredi geführt wird. In der Küche bereitet Zaira Sbai Gerichte nach ligurischer und mediterraner Tradition zu. Der Wirt gibt bereitwillig Auskunft zu den einzelnen Gängen, berät bei der Weinauswahl und schafft eine richtige Wohlfühlatmosphäre. Genießen Sie den einmaligen *Brandacujun*, ***Buridda* di seppie mit Artischocken aus Perinaldo** (12 €), den kleinen Cappon magro alla genovese, Calamari ripieni mit Sauce aus Siccagno-Tomaten und die Sauce aus Trombetta-Zucchini mit gegrillten Muscoli al salmoriglio. Mögliche Primi sind ***Ciuppin***, pikanter Risotto al ragù di moscardino, feine **Tagliolini verdi con pesce bianco e azzurro mit Fenchel und Brotkrumen** (12 €) und andere, je nach Verfügbarkeit der Zutaten. In der Fischsaison geht es dann weiter mit gebratenem Palamita mit Zwiebeln aus Tropea und frischem Blattspinat, gebratener Orata aus Aquakultur und dem exzellenten **Baccalà mit Gemüse-Couscous** (15 €). Unter den Fleischgerichten: Coniglio nostrano al Pigato und Filetto di fassona piemontese con salsa al Rossese. Zum Abschluss Desserts (6 €) wie Semifreddo al torroncino, Gelato di nocciole (Haselnüsse der Sorte Piemonte Igp), Tortino aus Esskastanienmehl, Äpfeln und weißer Schokolade und Sorbetti aus frischen Früchten. Wer möchte, kann zwischen zwei Menüs für 19 und 26 € wählen. Gut bestückte, abwechslungsreiche Weinkarte mit korrekten Preisen und teilweise glasweisem Ausschank.

»*Den Jahreszeiten getreue Zutaten und Liebe zum Gastgewerbe – das sind die Geheimnisse des Magiargè.*«

29 KM SÜDWESTL. VON SAVONA, S.S. 1 ODER A 10

Da Casetta

Ferienbauernhof
Via XX Settembre, 12
Tel. (+39) 019 / 61 01 66
Ruhetag: Dienstag
Ferien: unterschiedlich
40 Plätze + 15 Plätze im Freien
Preise: 35–40 €
Kreditkarten: CS, DC, MC, Visa; BM
Abends geöffnet, im Winter Samstag und Sonntag auch mittags

In diesem Lokal in der Altstadt von Borgio bietet die Familie Morelli eine Küche nach lokaler Tradition mit Produkten aus dem eigenen Garten. Das Ambiente besitzt Charme: zwei Räume mit unverputztem Ziegelgewölbe, gemütliche Atmosphäre und ein herzlicher Empfang. Als Antipasto – in der Wartezeit werden warme Focaccette mit einer Flöte Spumante gereicht – ist der appetitliche **Cappon magro** (20 €) zu empfehlen, der auch als Hauptgang bestellt werden kann: ein Gericht aus Fisch und Gemüse, das durch Leichtigkeit und Ausgewogenheit besticht. Als Alternative gibt es den Antipasto misto mit gefülltem Gemüse und Quiches. In der entsprechenden Saison werden Gerichte mit Artischocken serviert. Unser Tipp bei den Primi gilt den **Ravioli di asparagi violetti di Albenga** (12 €), Ravioli di brasato e verza (mit Rinderschmorbraten und Wirsing) mit Sugo alla verezzina (11 €), Gnocchi oder Picagge, jeweils kombiniert mit Pesto. Unter den Secondi ist der Stockfisch ***Brandacujun*** (13 €) stets vertreten, einen Versuch wert sind aber auch Lumache alla verezzina und die leichte Frittura alla ligure (18 €) mit Gemüse und Fleisch. Gelegentlich stehen **Seppie in zimino** auf der Karte und auf Wunsch bekommt man Wild (Haarwild). Gemessen am Niveau der Speisen haben uns die Desserts am wenigsten beeindruckt, darunter Torta al cioccolato mit Mascarpone-Creme und Zabaione, Budino al gianduia und Sorbetto mit Chinotto aus Savona (ein Slow-Food-Presidio). Ein interessanter Weinkeller mit guten Etiketten dieser Gegend und anderen qualitätvollen Tropfen aus dem In- und Ausland neben Bieren aus kleinen Brauereien.

”
Ein Lokal, das durch freundlichen Empfang, Bedacht auf Zutaten und hohes Niveau in der Küche zur Wiederkehr anregt.
“

CARRO
Pavareto

48 KM NORDWESTLICH VON LA SPEZIA, A 12

Ca' du Chittu

Ferienbauernhof
Isolato Camporione, 25
Tel. (+39) 01 87 / 86 12 05,
(+39) 335 / 803 73 76
Kein Ruhetag
Ferien: unterschiedlich
54 Plätze • Preise: 25 € (Tagesmenü)
Keine Kreditkarten
Abends geöffnet, Sonntag und Feiertage auch mittags

Wer eine unberührte ländliche Gegend mit frischer, nach Gras und Harz duftender Luft sucht, ist bei diesem Ferienbauernhof im Hinterland von La Spezia am richtigen Platz. Es empfangen Sie Ennio und Donatella Nardi, die sich, unterstützt durch ihren Sohn Mattia, um Hof, Gäste und Küche kümmern und Zutaten aus eigenem Bio-Anbau verarbeiten: Obst, Gemüse, Fleisch von Gänsen, Hühnern, Kaninchen und Cinta-Senese-Schweinen. Die feststehende Speisefolge variiert, dem Konzept entsprechend, je nach Jahreszeit. Die Antipasti stehen wie auch die anderen Speisen ganz im Zeichen der Tradition: *Cuculli* (Küchlein aus Brotteig) mit Kräutern, Zucchine alla *giadda*, **Verdure ripiene** oder Verdure alla moda spezzina, hausgemachte Salumi und im Frühjahr Frittelle di fiori di sambuco. Eine wahre Gaumenfreude sind die Primi, darunter Ravioli mit Fleisch- und Gemüsefüllung, serviert mit Sauce, Minestrone alla genovese, Pasta con borragine mit Sauce aus getrockneten Tomaten, Ricotta, Pinienkernen und Kapern, Tagliolini mit Pilzen, **Pansotti con salsa di noci** und in der Saison Gnocchi alla barbabietola (mit Roter Bete) und **Piccagge aus Esskastanienmehl**. Der Hauptgang punktet mit Braten, **Coniglio alla ligure**, Torte di verdura mit *Prescinseua* und Maiale con le castagne. Das Brot wird selbst gebacken. Zum Abschluss gibt es Kuchen und Crostate di frutta und im Sommer Crostate mit Fruchtgelee und Gelati, verfeinert mit Rosensirup. Neben dem einfachen, naturbelassenen Weißwein des Hauses werden einige Etiketten aus Ligurien ausgeschenkt.

Silvia Bonfiglio (Ortsteil Sepponi) gehört dem Lebensmittelbündnis der Pilzsammler von Carro von Terra Madre an und erzeugt Honig, frische und getrocknete Esskastanien und Mehl.

25 KM ÖSTLICH VON LA SPEZIA, S.S. 1

Armanda

Trattoria
Piazza Garibaldi, 6
Tel. (+39) 01 87 / 67 44 10
Ruhetag: Dienstagabend, Mittwoch, außer im August
Ferien: Weihnachten
25 Plätze + 25 Plätze im Freien
Preise: 30–38 €
Kreditkarten: CS, MC, Visa; BM
Mittags und abends geöffnet, im Sommer nur abends, Samstag und Sonntag auch mittags

Die historische Trattoria Armanda in der Lunigiana hat ihren Sitz am Eingang zur Altstadt von Castelnuovo, einem Städtchen auf einem Hügel über der Ebene des Flusses Magra. Das Äußere des Lokals ist bescheiden. Was die vielschichtige Gästeschar hierherlockt, ist die Küche nach lokaler Tradition. Eng gestellte, aber hübsch gedeckte Tische prägen das Ambiente. Die Atmosphäre ist familiär und der Inhaber Valerio bereitet den Gästen einen freundlichen Empfang, im Sommer auch in einem kleinen, gepflegten Garten. Die seit Jahren bewährte Karte entführt Sie auf einen Streifzug durch die Geschmackswelt dieser Gegend. Manchmal wird das Angebot durch Varianten bereichert, die die Köchin Luciana, Signora Armandas Schwiegertochter, je nach Verfügbarkeit saisonaler Zutaten zubereitet. Unter den Antipasti sind Marocca di Casola (Slow-Food-Presidio) mit Speck aus Colonnata, Verdure ripiene (10 €), Frittelle di baccalà und Prosciutta castelnovese zu erwähnen. Neben **Lattughine ripiene in brodo** (13 €) umfassen die Primi auch **Panigazzi** mit nativem Olivenöl extra oder mit Pesto und Pasta e fagioli alla castelnovese. Gute Fleischgerichte für den Hauptgang: **Coniglio alla ligure** (15 €), Cima ripiena, **Costolette di agnello di Zeri, in Panade frittiert**. Interessante Desserts sind Gelato al latte di capra (Ziegenmilcheis) mit Orangensauce und nativem Olivenöl extra (6 €) und warmes Semifreddo allo zabaione mit Karamell und Pinienkernen. Im Keller lagern verschiedene Weine von Produzenten der ligurischen Küste neben Etiketten aus der Toskana und dem Piemont.

»

Eine traditionelle, solide und schmackhafte Küche, serviert in einer historischen Trattoria mit gastfreundlichem, familiärem Empfang.

«

43 KM SÜDÖSTLICH VON GENUA, S.S. 1 ODER A 12

Luchin

Traditionelle Osteria
Via Bighetti, 51
Tel. (+39) 01 85 / 30 10 63
Ruhetag: Sonntag
Ferien: zeitweise im Juni und November
80 Plätze + 40 Plätze im Freien
Preise: 28–30 €
Keine Kreditkarten
Mittags und abends geöffnet

Seit 1907 ist diese Osteria durchgehend in Betrieb, auch durch die beiden Weltkriege nicht unterbrochen. Heute wird sie von den jüngsten Generationen der Familien Bonino und Mangiante geführt (Onkel Tony und Papa Nicola betreuen den Ausschank, die Weine und die Gäste, der Sohn und Neffe Luca ist für die Küche verantwortlich). Das Lokal ist auf dem neuesten Stand, was das typische Handwerkszeug in der Küche betrifft, trennt sich aber weder von dem alten Backofen, in welchem die einmalige Farinata di ceci zubereitet wird, noch von dem Holzkohleofen, *Ronfò* genannt, auf welchem die wunderbare **Minestrone Luchin** (8 €), Pasta e fagioli, Suppen und Polenta köcheln. Die Antipasti beinhalten Gemüsekuchen und gefülltes Gemüse, Polpettone, Torta di riso mit Zucchini-Blüten, Panissa, frittiert oder mit Frühlingszwiebeln als Salat zubereitet, sowie Acciughe fritte, im Ganzen oder gefüllt serviert (10 €), auch in der Version al limone mit Butter und Crostini. Die Auswahl an Primi und Secondi ist sehr umfangreich. Zu empfehlen sind **Ravioli al *tuccu***, Spaghetti al sugo di muscoli, Pasta mit Pesto, danach ***Capponadda***, Insalata di polpo mit Kartoffeln, Muscoli ripieni, Sarde alla vernazzina, **Cima alla Luchin** (10 €), Coniglio in fricassea und Stracotto *zeneise*. Die Desserts (4 €) sind einfach, aber fein und umfassen ***Bonetto***, Torta di farina di castagne (aus Esskastanienmehl) oder Torta di mandorle mit Frangipane und ***Laite in pe'***. Als Alternative zu dem offen ausgeschenkten Vermentino bietet der Keller eine schöne Auswahl an Weinen. Kaffee gibt es hier nicht. Die Spezialitäten des Hauses können Sie auch in dem angeschlossenen Feinkostladen erstehen. Im Sommer sind kleine Tischchen im Freien platziert, wo Sie in einem luftigen Gässchen gegenüber dem Lokal speisen können.

27 KM NORDWESTLICH VON LA SPEZIA

A Cantina de Mananan

Trattoria
Via Fieschi, 117
Tel. (+39) 01 87 / 82 11 66
Ruhetag: Dienstag
Ferien: unterschiedlich
25 Plätze
Preise: 30–35 €
Keine Kreditkarten
Mittags und abends geöffnet

Corniglia inmitten der Cinque Terre ist mit 100 Höhenmetern die einzige hochgelegene unter den Ortschaften. Am bequemsten ist sie mit dem Zug und dann für den Weg vom Bahnhof hinauf mit einem kostenpflichtigen Minibus zu erreichen. Wer gern zu Fuß geht, kann zwischen einer schönen Straße und dem Aufstieg über eine lange Treppe wählen. Am Ziel angekommen, belohnt Sie ein wunderbarer Blick von den Aussichtsterrassen. Die kulinarische Belohnung bietet das Lokal von Agostino Galletti in einem alten Keller, der seiner Familie gehört. Im Service arbeitet der sympathische, kompetente Andrea, in der Küche bereitet Agostino vorwiegend Gerichte aus Fisch dieser Gegend, Gemüse und weiteren lokalen Produkten zu. Das Potpourri an Acciughe (15 €), die mariniert, in Salz eingelegt, frittiert und in der Version allo scabeccio angeboten werden, eignet sich als Vorspeise oder Hauptgang. Alternative Antipasti sind **Torte di verdure** oder Wurst und Käse aus lokaler Produktion (13 €). Das naturgesäuerte Brot wird im Holzofen gebacken. Es folgt verführerische frische Pasta: **Ravioli di borragine**, Testaroli con *u tuccu*, serviert mit Walnusssauce oder Pesto (10 €), **Taglierini ai frutti di mare** (15 €). Danach können Filets vom Bonito mit Kräutern (16 €), Carpaccio di polpo oder **Muscoli della Spezia alla marinara** (13 €) auf dem Programm stehen. Der einzige „Eindringling" vom Festland ist Coniglio alla ligure (16 €). Einfache, hausgemachte Dolci: Semifreddo mit saisonalen Früchten, Tiramisu, Panna cotta. Im Keller lagern Produkte aus den Cinque Terre und der Hauswein.

■ Auf Hausnummer 123 bietet der Feinkostladen Pan e Vin neben Frühstück mit hervorragendem Feingebäck und Focaccia verschiedene Weine und lokale Produkte.

6 KM NORDÖSTLICH VON IMPERIA

Tavernazero

NEU

Restaurant-Pizzeria
Via Milano, 39
Tel. (+39) 01 83 / 49 31 98
Kein Ruhetag
Keine Ferien
65 Plätze + 55 Plätze im Freien
Preise: 35 €
Alle Kreditkarten; BM
Mittags und abends geöffnet

Mit ihrer in anderen Lokalen dieser Gegend gesammelten Erfahrung im Gepäck haben zwei junge Männer, Daniele Sessa und Nico Giannasi, dieses charmante Restaurant im Zentrum von Diano Marina eröffnet. Der Name, Tavernazero, lässt schon auf das Basiskonzept der Küche schließen: saisonale, bei lokalen Landwirten gekaufte Produkte, Verwendung von Fisch aus der Umgebung, darunter auch vernachlässigte Sorten, Fleisch von einem benachbarten Zuchtbetrieb aus Diano San Pietro. Diese Art der Zutatenbeschaffung wirkt sich in einer häufig wechselnden Karte aus. Mögliche Vorschläge aus dem Kapitel der Antipasti sind ein guter **Polpo alla ligure mit Bohnen aus Conio und Kartoffeln** (12 €), *Brandacujun*, Timballo di acciughe mit Gemüse, Battuta di manzo und Tortino di spinaci mit Schafkäse-Fonduta (mit Toma di pecora brigasca). Unter den Primi verdienen die Piccagge al Vermentino mit Pesto, grünen Bohnen und Kartoffeln (8 €), Linguine con le vongole veraci (mit Venusmuscheln und Knoblauch aus Vessalico), frische Fusilli con triglie e porri (mit Meerbarben und Lauch) und **Ravioli di magro *au tuccu* di carne** (mit Kräuterfüllung und Fleischsauce) eine Erwähnung. Weiter geht es mit **Pesce lama al forno mit Trombetta-Zucchini und Kartoffeln** (12 €), einer Scheibe vom Tonno alletterrato (aus der Familie der Thunfische) mit filetierten Ochsenherz-Tomaten und Taggiasca-Oliven, hiesigen Moscardini al Rossese auf Crostone di panissa (12 €) und ***Ciuppin***. Die feinen, ausgewogenen Desserts (5 €) umfassen Cheesecake mit Waldfrüchten, Tartelette mit Konditorcreme und Erdbeeren sowie Crostata mit Zitronencreme und Pinienkernen. Wirklich günstig ist das Mittagsmenü für 12 € an Werktagen. Der Keller bietet einen ordentlichen offenen Rot- und Weißwein und einige Etiketten aus dem Westen Liguriens.

DOLCEACQUA

48 km westlich von Imperia

A Viassa

Restaurant
Via Liberazione, 13
Tel. (+39) 01 84 / 20 66 65
Ruhetag: Montag
Ferien: 1 Woche im Februar, 2 Wochen im November
35 Plätze + 15 Plätze im Freien
Preise: 32–40 €
Kreditkarten: CS, MC, Visa; BM
Mittags und abends geöffnet

Nicht weit entfernt von der Burg Castello dei Doria und der Bogenbrücke, die Claude Monet 1884 als „Juwel der Leichtigkeit" bezeichnete und malte, befindet sich das von Stefano und Aimone Cassini betriebene Lokal. Der Erstgenannte leitet den Service mit Professionalität, der Zweite führt auf bewährte, zuverlässige Weise das Regiment in der Küche. Das Ambiente mit offener Küche ist modern und minimalistisch gestaltet. Das Speisenangebot entspringt einer Kombination aus frischen lokalen Zutaten und überarbeiteten traditionellen Rezepten. Zum Auftakt können Sie sich als Antipasto die schmackhaften ***Frescioi* di baccalà mit gemischtem Blattsalat** (12 €), kurz gebratene Gamberi mit marinierten Trombetta-Zucchini und Tomatensauce oder die einmaligen ***Barbagiuai*** mit Kompott von Zwiebeln aus Tropea (11 €) schmecken lassen oder die Klassiker Cappon magro und ***Brandacujun*** mit Brot aus Triora wählen. Für den nächsten Gang empfehlen wir Straccetti aus Vollkornmehl mit Auberginen, frischen Tomaten und Primo sale di capra (11 €), Risotto al ragù di mare und Tagliolini mit Sardellen, Majoran und gerösteten Pinienkernen. Als Secondi werden fangfrischer Fisch in unterschiedlichen Varianten, **Calamari grigliati mit violetten Artischocken aus Perinaldo** und das traditionelle **Coniglio al Rossese di Dolceacqua mit Kartoffeln vom Grill** (16 €) angeboten. Für den süßen Abschluss sorgen Parfait al caffè mit Baiserkrumen, Crema di yogurt mit Ingwer-Crumble, Crostatine mit frischen Früchten und Gelato fiordilatte. Die gute Weinkarte nennt die besten Etiketten aus dem Westen Liguriens. Das Lokal bietet ein Degustationsmenü für 32 € an.

FINALE LIGURE
Finalborgo

26 km südwestlich von Savona

Ai Cuattro Canti

Traditionelle Osteria
Via Torcelli, 22
Tel. (+39) 019 / 68 05 40
Ruhetag: Sonntagabend, Montag, im Sommer nur Montag
Ferien: unterschiedlich
20 Plätze
Preise: 25–31 €
Keine Kreditkarten
Mittags und abends geöffnet

Die Gemeinde Finale Ligure ist in drei Ortskerne unterteilt: Final Pia, Finale Marina und Final Borgo, wobei sich der Letztgenannte zur Zeit des Mittelalters im Hinterland entwickelte, um der Bevölkerung besseren Schutz vor den Überfällen der Sarazenen zu bieten. In einem der engen Gässchen nahe der Piazza Garibaldi weist ein Schild aus Schmiedeeisen auf dieses Lokal hin: wenige Tische (es ist ratsam zu reservieren), einfache Einrichtung, ein schönes Ziegelgewölbe. Eines der wenigen Beispiele einer ligurischen Osteria, deren Speisenangebot von Gemüse über Schwarmfische bis zu Weichtieren reicht. Der Koch Patrizio Cirio ist ein Meister seines Fachs, für den flinken, aber dennoch aufmerksamen Service zeichnet Roberta Drago verantwortlich. Neben der unverzichtbaren im Holzofen gebackenen Farinata – aus Weizen und Kichererbsen – umfasst das Angebot an Antipasti (9 €) auch Gemüsetorten, Peperoni con acciughe (Paprikaschoten mit Sardellen) und Tomino piccante. Unter den an einer Schiefertafel angeschriebenen Primi (9 €) können Sie **Tagliolini piccanti alle acciughe** (mit Sardellen) oder die Version al vino, Ravioli di borragine al tocco, *Mandilli de sea* oder Trofie mit Pesto und **Pansotti al sugo di noci** (mit Walnusssauce) finden. Auch die Secondi (10 €) sind fest in der hiesigen Tradition verwurzelt: Coniglio alla ligure, auch in den Versionen disossato (ausgelöstes Kaninchen) und fritto (frittiertes Kaninchen), Trippa, *Buridda* di stoccafisso, **Baccalà mit nativem Olivenöl extra, Pinienkernen und frischen Tomaten**, Calamari mit Kartoffeln und Zucchini und **Fritto di acciughe**. Den Reigen beenden die hervorragenden Millefoglie (Blätterteigtäschchen) mit Konditorcreme und verschiedene Arten von Crostate. Der Keller beschränkt sich auf lokale Etiketten und Biere aus kleinen Brauereien.

Die Farinatalokale

Das Rezept für Farinata ist ganz einfach: Kichererbsenmehl, natives Olivenöl extra, Wasser, Salz. Sie wird in großen Backformen aus verzinntem Kupfer mit niedrigem, robust verstärktem Rand gebacken und dann ofenwarm, mit schwarzem Pfeffer bestreut, gegessen. In der kalten Jahreszeit wird Farinata in gehaltvolleren Versionen angeboten: mit Rosmarin, frischen Frühlingszwiebeln oder Artischocken.
Es handelt sich hier aber um keine rein ligurische Spezialität: In Nizza und Umgebung bereitet man aus denselben Zutaten Zocca zu, zwischen Pisa und Livorno dagegen Cecina. Aber für die Ligurier ist *A fainà* (in der Umgebung von Imperia *Frisciolata* genannt) eine echte Institution. Und wenn sie sich schon nicht als ihre Erfinder betrachten, dann zumindest als deren Bewahrer.
Die Lokale, in denen die Farinata angeboten wird, findet man da und dort in der gesamten Region. Viele tragen nicht einmal einen Namen und verfügen oft nur über wenige Tische oder auch nur über ein paar Hocker vor dem Tresen. Man kann einen schnellen Imbiss einnehmen, begleitet (falls angeboten) von einem Gläschen offenen Wein.
Manche Lokale haben sich der Nachfrage angepasst und ihr Angebot um Pizzaschnitten erweitert, oder man hat sein Lokal in eine Mischung aus Bratstube und Schnellimbiss verwandelt. Aufgrund neuer Essgewohnheiten sind die Farinatalokale in Bedrängnis geraten und fast von der Bildfläche verschwunden. Da sie jedoch Zeugen einer alten Esskultur sind, gilt es dieses Erbe zu bewahren. Hier erhalten Sie einen Überblick über die besten Farinatalokale vom Westen bis in den Osten.

Diego Soracco

SANREMO (IM)

Pasta Madre

NEU

Via Corradi, 54
Tel. (+39) 338 / 355 99 55
Ruhetag: Sonntag
Ferien: 2 Wochen im November
Geöffnet 7–20 Uhr

Die Silvanos, seit 1890 als Bäcker tätig, sind nach einem Umbau an den alten Standort ihres Lokals zurückgekehrt. Neben dem Straßenverkauf stehen auch komfortable Tische und ein Garten zur Verfügung. Zu empfehlen sind die wunderbare Sardenaira, weiter Focaccia mit nativem Olivenöl extra, Farinata, außerdem saisonale Gemüsetorten und Torta pasqualina. Das Angebot umfasst auch einige warme Gerichte.

ALBENGA (SV)

Puppo

Via Torlaro, 20
Tel. (+39) 01 82 / 518 53
Ruhetag: Montag, außer im August
Ferien: 1 Woche im Februar/März, je 10 Tage im Juni/Juli und November
Geöffnet 12–14, 18–22 Uhr, Sonntag und im Sommer 18–22.30 Uhr

In einer der Gassen der Altstadt finden Sie dieses Lokal, das unter der Leitung der Familie Ghigliazza steht. Lassen Sie sich keinesfalls die Farinata di ceci nach Art von Albenga entgehen (dicker und weicher als die Version aus Savona). Daneben dürfen Gemüsetorten, Verdure ripiene, aber auch Fritto misto, Pesci in scabeccio, Coniglio alla ligure, Frittelle di baccalà, Carciofi ripieni, Insalata di polpo sowie hausgemachte Kuchen und Crostate nicht fehlen. Es gibt eine recht gute Auswahl an lokalen Weinen und Bieren aus kleinen Brauereien.

PIETRA LIGURE (SV)

Da Virginia

Via Mazzini, 70
Tel. (+39) 019 / 61 57 55
Ruhetag: Sonntag, Montagnachmittag, außer im Sommer
Ferien: unterschiedlich
Geöffnet 17–20 Uhr, an Feiertagen auch 11–13 Uhr

In den Gässchen des Zentrums stößt man auf diesen kleinen historischen Lebensmittelladen. Am späten Vormittag und am späten Nachmittag wird hier im Holzofen eine knusprige Farinata zum Mitnehmen oder zum sofortigen Verzehr auf der Straße gebacken. Farinata aus Kichererbsenmehl ist stets vorhanden. Wenn Sie Farinata in der Größe einer ganzen Backform bestellen, gibt es sie auch in der für Savona typischen Version aus Weizenmehl.

CAIRO MONTENOTTE (SV)

Da Luciano

Piazza della Vittoria, 54
Tel. (+39) 334 / 800 31 20
Ruhetag: Sonntag
Ferien: unterschiedlich
Abends geöffnet, Mittwoch, Donnerstag und Freitag auch mittags

Das Lokal blickt bereits auf 60 Jahre Tätigkeit zurück. Sein steter Erfolg ist der Sorgfalt zuzuschreiben, die Guido auf die Auswahl der Zutaten für die Zubereitung seiner Pizza vom Blech und seiner Farinata verwendet (die ursprüngliche Bestimmung des Lokals war der Gassenverkauf), wobei diese hier in der klassischen Version, unterschiedlich belegt, angeboten wird. Interessant ist zudem das Angebot an Biersorten aus kleinen italienischen Brauereien.

SAVONA

Vino e Farinata

Via Pia, 15 R
Kein Telefon
Ruhetag: Sonntag, Montag, Feiertage
Ferien: 4 Wochen im August/September
Mittags und abends geöffnet

Das Lokal ist für seine Farinataversionen aus Kichererbsen oder Weizen bekannt, wobei gerade die letztgenannte Art die für Savona typische Spezialität darstellt. Das Vino e Farinata füllt sich mittags wie abends mit Gästen: Einige warten in der Schlange auf ihre Farinata in der Tüte zum Mitnehmen – die perfekte Lösung für einen raschen, aber hochwertigen Mittagssnack, andere hingegen suchen einen Platz an einem der Tische. Um zu reservieren muss man persönlich im Lokal vorbeikommen.

GENOVA BOCCADASSE

L'Angolo della Farinata

Via Boccadasse, 69 R
Tel. (+39) 010 / 376 01 74
Ruhetag: Sonntag, im Juni und Juli auch Samstag
Ferien: August
Geöffnet 11–14.30, 17–20.30 Uhr

Maria und Daniele bieten die typischen Rezepte der Straßenküche aus Genua. Also nicht nur Farinata, sondern auch salzige Kuchen aus Reis oder Gemüse, Polpettone, *Friscieu*, Panissa, Verdure ripiene und weitere Spezialitäten aus Genua zum Mitnehmen: Minestrone genovese, Lasagne al pesto, Ceci in zimino, Acciughe fritte, Stoccafisso und Baccalà. Unter den Süßspeisen: Castagnaccio, Frittelle di castagne, Latte dolce und Crème caramel.

GENOVA CENTRO

Antica Sciamadda

Via San Giorgio, 14 R
Tel. (+39) 010 / 246 85 16
Ferien: zeitweise im Juli, August
Ruhetag: Sonntag, Feiertage
Geöffnet 10–15, 17–19.30 Uhr

Ein Lokal mit jahrhundertealter Tradition. Es ist klein, besticht aber durch sein Flair. Die Öfen (darunter ein Holzofen für die Zubereitung der Farinata) sind stets in Betrieb. Polpettone, Minestrone, pikante Kuchen, gekochten oder geschmorten Stoccafisso, Frittelle di baccalà und Trippe kann man mitnehmen oder im Stehen vor Ort verzehren, begleitet von einem frischen Weißwein aus der Gegend.

Sa Pesta

Via dei Giustiniani, 16 R
Tel. (+39) 010 / 246 83 36
Ferien: Ende Juli–Anfang September
Ruhetag: Montagabend, Sonntag
Mittags geöffnet, abends gegen Vorbestellung

Nicht weit vom Aquarium wird hier seit dem 19. Jahrhundert Farinata gebacken. Im großen Holzofen wird ein Großteil der Speisen zubereitet. Die Farinata wird in der traditionellen Version oder mit Artischocken oder Zwiebeln verfeinert angeboten, aber auch andere Spezialitäten sollte man probieren: gefülltes Gemüse, Gemüse- und Reiskuchen und Castagnaccio. Wer nicht im Stehen essen mag, kann sich in einem der beiden Gasträume an spartanisch gedeckte Tische setzen, die man mit anderen Gästen teilt.

LA SPEZIA

La Pia

Via Magenta, 12
Tel. (+39) 01 87 / 73 99 99
Ruhetag: Sonntag
Ferien: unterschiedlich
Geöffnet 8–22 Uhr

Die Farinata des La Pia ist ein kulinarisches Manifest der Seele von La Spezia. In der Via Magenta ist es angesagt, sie in gelbes Papier gehüllt im Stehen zu essen. Manche lieben es auch, sie in eine Focaccia eingeschlagen zu genießen: In diesem Fall nennen sie die Einheimischen Mezzetta oder Quartino. Es gibt viele Varianten: mit Pesto, Stracchino aus Brugnato oder Salsiccia aus Pignone. Probieren Sie auch Castagnaccio, hergestellt aus Esskastanienmehl aus dem Vara-Tal.

LA SPEZIA LA CHIAPPA

Da Pipeo

Via Genova, 169–173
Tel. (+39) 01 87 / 70 31 00
Ruhetag: Dienstag
Ferien: unterschiedlich
Mittags und abends geöffnet

Die Farinata von Pipeo ist dünn und knusprig und wird auch mit Stracchino, Salsiccia oder Zwiebeln gefüllt angeboten. Das Lokal liegt an einer Straße, die nach wenigen Kilometern zur Via Aurelia führt und dort beginnt, in Richtung Genua anzusteigen. Wenn man Pizza und Farinata zum Verzehr im Stehen oder zum Mitnehmen wünscht, betritt man einen kleinen Raum mit zwei Holzöfen und kann direkt bestellen; wer lieber im Sitzen isst, betritt die Gasträume über einen anderen Eingang.

LA SPEZIA MIGLIARINA

Da Luca

Via Michele Rossi, 114
Tel. (+39) 01 87 / 56 41 81
Ruhetag: Dienstag
Ferien: unterschiedlich
Geöffnet 18–22 Uhr

Das kleine Lokal von Luca an der Einmündung der Via Aurelia ist ein tolles Beispiel für junges Unternehmertum. Hier kommt garantiert Farinata von guter Qualität aus dem Ofen. Man kann sie mitnehmen oder in einem kleinen Bereich vor dem Tresen verzehren.

Pagni

Via Sarzana, 12
Tel. (+39) 01 87 / 50 30 19
Ruhetag: Sonntag
Ferien: August
Geöffnet 8–14, 16–21 Uhr

Seit gut 100 Jahren bewährt sich das Pagni als Osteria, Farinatalokal und als Platz zur Einkehr auf einen guten Tropfen und einen kleinen Plausch. Die Farinata können Sie an einem der Marmortische im kleinen angrenzenden Gastraum zusammen mit einem Glas Weißwein genießen.

LA SPEZIA REBOCCO

Capolinea

Via Rebocco, 57
Tel. (+39) 01 87 / 70 12 50
Ruhetag: Montag
Ferien: zeitweise im August
Mittags und abends geöffnet, im Juli und August nur abends

Alberto, der den Betrieb gemeinsam mit seiner Familie führt, ist eine verlässliche Adresse für alle, die Qualität und Tradition schätzen. Das Lokal besteht aus einem großen Bereich am Eingang und zwei komfortablen Gasträumen. Neben Focaccia und Pizza darf natürlich Farinata nicht fehlen, die mit Zwiebeln, Pesto oder Stracchino gefüllt wird. Eine Reservierung wird empfohlen.

ARCOLA (SP)

Il Tagliere 2

Via Valentini 218
Tel. (+39) 01 87 / 98 75 53
Ruhetag: Dienstag
Ferien: unterschiedlich
Geöffnet: 18.30–22.30 Uhr

Matteo bietet in seinem Lokal eine wirklich knusprige Farinata in der klassischen Version, aber auch mit Beigabe von Stracchino, „frischen und süßen“ Zwiebeln oder mit Pesto. Die Spezialitäten werden auch nach Hause geliefert: Diese Möglichkeit wird gerne genutzt, denn das Lokal bietet nur sehr wenig Platz.

SARZANA (SP)

Pizzeria Forno Bugliani

Piazza San Giorgio, 20
Tel. (+39) 01 87 / 62 00 05
Ruhetag: Sonntag
Keine Ferien
Geöffnet 6.30–13, 16.30–20 Uhr, im Sommer 17.30–21 Uhr

Diese Bäckerei entstand im Jahr 1945 und ist somit die älteste in Sarzana. Das Lokal verfügt über einen kleinen Gastraum, in dem man neben Focaccia auch Torta scema (aus lang gekochtem Reis, Öl und Semmelbröseln), Torta di verdura mit Mangold und Ricotta sowie Farinata mit nativem Olivenöl extra aus dieser Gegend genießen kann. Der Ofen wird mit Holz beheizt, die verarbeiteten Mehlsorten sind von guter Qualität.

Riccardo Bugliani

Via XXV Aprile, 4
Tel. (+39) 01 87 / 62 00 81
Ruhetag: Mittwoch
Ferien: 2 Wochen im Februar
Geöffnet: 18.30–23.30 Uhr

Dieses Lokal unter der Leitung von Riccardo und seiner Frau Laura liegt an der Ortseinfahrt von Sarzana: Es bietet eine köstliche Pizza, sowohl vom Blech als auch Steinofenpizza, neben Reiskuchen in Form von Torta scema und in süßer Version. Der Renner ist Farinata, insbesondere in der Variante mit lokalem nativem Olivenöl extra. Das Angebot umfasst auch einige Biere aus kleinen Brauereien.

FINALE LIGURE

26 KM SÜDWESTLICH VON SAVONA

La Gioiosa

Hotelrestaurant
Via Manie, 55
Tel. (+39) 019 / 60 13 06
Ruhetag: Dienstag, außer im Sommer
Ferien: 15. Januar–15. März, letzten 3 Novemberwochen
30 Plätze + 40 Plätze im Freien
Preise: 35–38 €
Alle Kreditkarten; BM
Mittags und abends geöffnet

Die Schönheit des Ortes versetzt einen schon in gute Stimmung, aber auch die Gaumenfreuden sollen nicht zu kurz kommen. Nichts ist dafür besser geeignet als die einladenden, unverfälschten Gerichte, die die Küche des La Gioiosa vorschlägt. Ein familieneigener Gemüsegarten und Olivenhain, fangfrischer Fisch, geliefert von einem Verwandten der Inhaber (einem Berufsfischer) und das Geschick der Köchin Luisa Ganduglia sind die Geheimnisse des Erfolgs der Speisen, die hier aufgetischt werden. Nach dem Genuss des „Grußes aus der Küche“ mit frischem Gemüse und Pastete von Taggiasca-Oliven begleitet Sie Flavio – Luisas Sohn – bei der Wahl der Gerichte, bei denen gelungene innovative Akzente die traditionelle Linie bereichern. Der gemischte Antipasto della casa (13 €) bietet Kostproben von gefülltem Gemüse, Gemüsetorten, Salat mit Meeresfrüchten und marinierte Sardellen. Von den wechselnden Primi erinnern wir uns mit Freude an **Trenette alle acciughe** (10 €), Tripoline con verdure mit Pesto und **Ravioli di magro con ragù di coniglio** (mit Kaninchensauce, 10 €). Eine konstant gute Empfehlung für den nächsten Gang stellt das klassische Coniglio alla ligure dar, aber auch **Cima alla genovese** (10 €), ein angenehm trockener, leichter **Fritto misto di pesce**, Pescato locale, also Fisch dieser Gegend, im Ofen gebraten mit feinen Kräutern in Kartoffelkruste, und die appetitlichen, in der Pfanne gebratenen Calamari mit Knoblauch, Öl und Peperoncino (15 €) verdienen Beachtung. Frisch und delikat sind die Desserts, die mit hausgemachten Konfitüren zubereitet werden. Die Weinkarte hat rein lokalen Charakter.

GENUA

Barisone

Trattoria
Via Siracusa, 2 R
Tel. (+39) 010 / 604 98 63
Ruhetag: Sonntag, Montag
Ferien: August
60 Plätze + 40 Plätze im Freien
Preise: ✚ 35–40 €
Kreditkarten: CS, MC, Visa; BM
Mittags und abends geöffnet

Eine teilweise einsehbare Küche, eine Veranda im Eingangsbereich zum Sitzen im Freien und ein großer, einfach eingerichteter Speisesaal: Es handelt sich hier um einen Familienbetrieb mit 60-jähriger Geschichte. Nach wie vor werden hier die traditionellen Rezepte der Küche Genuas hochgehalten. Die Trattoria ist bekannt und geschätzt wegen der Frische des Fisches, der hier zubereitet wird, es gibt aber auch das eine oder andere Fleischgericht. Das wechselnde Speisenangebot – ein Pluspunkt – richtet sich nach der Verfügbarkeit der Zutaten auf dem Markt. Im Mittelpunkt steht, wie gesagt, die Meeresküche: So können Sie zum Beispiel gratinierte Cappesante, Insalata di polpo oder **Lumachine in umido** (10,50 €) bekommen, so zubereitet, dass der spezielle Geschmack jeder einzelnen Zutat zur Geltung kommt. Dann folgen häufig einfache, aber schmackhafte **Spaghetti con i muscoli**, aber auch Tagliolini con astice (mit Hummer), Ravioli di pesce und leckere **Corzetti al polpo** (11,50 €). Einen Versuch wert sind die üppigen, knusprigen Fritture, unter denen besonders jene mit **Moscardini novelli** (kleine Tintenfische, 15 €) beeindruckt. Ebenso fein sind Muscoli, Acciughe dieser Gegend, Pesce del giorno (fangfrischer Fisch) auf ligurische Art, Calamari, Totanetti und Gamberoni aus Santa Margherita vom Grill (die den Preis jedoch steigen lassen). Feine hausgemachte Desserts (5 €): Semifreddo, Gelati, Bacioni di dama. Gute Auswahl an vorwiegend regionalen Weinen. Reservierung empfohlen. Auf Wunsch werden spezielle Gerichte für Veganer, Vegetarier und Kinder zubereitet.

Der Betrieb der Brüder Sacco (Via Branega Inferiore 14) ist eine wahre Institution in der Herstellung von Basilikum aus Pra. Direktverkauf von Pesto Genovese.

GENUA
Murta

17 KM VOM ZENTRUM

Da Ö Colla

Osteria
Via alla Chiesa di Murta, 10
Tel. (+39) 010 / 740 85 79
Ruhetag: Montag, Dienstag
Ferien: zeitweise im Januar und Sommer
60 Plätze
Preise: 32–35 €
Keine Kreditkarten
Abends geöffnet, Sonntag nur mittags

Vor etwa 20 Jahren haben die Brüder Risso aus Genua diese Osteria nach alter Tradition übernommen und ein gastliches Lokal mit schnörkellosem Service geschaffen. Die Zutaten werden mit Sorgfalt von den Inhabern selbst ausgewählt, mit Unterstützung durch ihren Vater im hauseigenen Gemüsegarten und durch Jäger und befreundete Produzenten von Fleisch und Käseprodukten. Die Küche steht ganz im Zeichen der Tradition von Genua, lässt aber auch Raum für Andreas Kreativität. Der reich bestückte Antipasto misto (12 €) bietet häufig Gemüseaufläufe, Insalata russa, pikante Kuchen und Wurst aus lokaler Produktion. Im Sommer empfehlen wir, falls vorhanden, die exzellenten **Verdure ripiene alla genovese**. Neben Pasta mit dem einmaligen Pesto werden auch Versionen mit Sugo di coniglio (Kaninchensauce) mit Pinienkernen und Oliven (9 €), Sugo di stoccafisso (Stockfischsauce) und im Winter Sugo di cinghiale (Wildschweinsauce) angeboten. Sehr zu empfehlen ist der rar gewordene **Riso arrosto alla genovese**. Dann folgen Stoccafisso und/oder Baccalà, unterschiedlich zubereitet: accomodato (geschmort) mit Oliven und Kartoffeln, al verde und *Brandacujun* (13 €). Nur selten bekommt man andere Fischgerichte, mit Ausnahme von Suppen. Wer Fleisch liebt, dem werden **Coniglio ripieno**, Battuta di manzo aus lokalem Rindfleisch, Spezzatino di cinghiale sowie Filetti di maiale mit Edelschimmelkäse (im Winter) oder mit Pesto aus Oliven, Pinienkernen und Kirschtomaten (im Sommer) schmecken. In der Saison stehen verschiedene Pilzgerichte zur Wahl. Zum Abschluss Torta di pesche mit Amaretti, **Biancomangiare mit Rosensirup** (5 €), Torta caprese und Crostata mit hausgemachten Konfitüren. Die Weinkarte mit korrektem Preisniveau lässt eine Vorliebe für Rotwein erkennen. Als Alternative gibt es einige Biere aus kleinen Brauereien.

GENUA
Fontanegli

16 km vom Zentrum

Da Pippo

Trattoria
Salita Chiesa di Fontanegli, 13 R
Tel. (+39) 010 / 80 93 51,
(+39) 347 / 086 64 36
Ruhetag: Montag, Dienstagabend
Ferien: unterschiedlich
60 Plätze + 60 Plätze im Freien
Preise: 30 €
Alle Kreditkarten
Mittags und abends geöffnet

Der Weg zu diesem Lokal führt über das Val Bisagno, wo man dann der Abzweigung nach Fontanegli folgt. Nach einigen Kurven ist man mitten auf dem Land. Die Osteria befindet sich seit 1870 an diesem Platz, stets unter der Führung der Familie Villa: Heute sind Christian im Service und Matteo in der Küche tätig, die Söhne von Carlo, der Hand anlegt, wo er gebraucht wird. Das Lokal bietet zwei komfortable Gastzimmer und eine Laube, in der im Sommer ein angenehmes Lüftchen weht. Aus dem eigenen Gemüsegarten stammen einige der Zutaten, etwa für die Antipasti: gefüllte Zucchini, Zwiebeln und Auberginen, Polpettone di fagiolini und Insalata russa. Probieren Sie auf jeden Fall **Acciughe fritte** (8 €): Wir empfehlen Ihnen beide Versionen der Sardellen, aufgeschnitten und paniert und im Ganzen, in Mehl gewälzt. Im Kapitel der Primi findet man sämtliche Klassiker aus Genua, darunter **Lasagne col pesto** (8 €), Ravioli col tocco, **Pansotti con salsa di noci** und Minestrone mit Gartengemüse. Einige Hauptspeisen sind an bestimmte Jahreszeiten gebunden: Zwischen Weihnachten und Ostern kann man zum Beispiel **Costine di agnello mit Artischocken** (10 €) probieren. Das ganze Jahr über vertreten sind Fritto misto genovese, *Stocche* oder Trippe accomodati (geschmorte Kutteln) und die saftigen **Seppie in zimino** (9 €) mit Mangold und Tomaten. Die einzigen, jedoch von den Gästen sehr geschätzten Ausreißer auf dieser rein ligurischen Karte sind Tartare di fassone (Rindertatar) oder Tartare di palamita (Bonito-Tatar). Kirschen von den Bäumen rund um die Laube (natürlich nur im Sommer) und delikate Desserts wie Crostata al mandarino, Latte dolce fritto, Soufflé al cioccolato und Canestrelli beenden den kulinarischen Reigen. Christian berät bei der Wahl des richtigen Weins aus dem Keller. Interessante Auswahl an Champagner.

GENUA

Il Genovese

Restaurant
Via Galata, 35 R
Tel. (+39) 010 / 869 29 37
Ruhetag: Sonntag
Ferien: unterschiedlich
50 Plätze
Preise: 27–30 €
Alle Kreditkarten, BM
Mittags und abends geöffnet

Im Herzen der Stadt, nicht weit vom Bahnhof Brignole entfernt, liegt das Genovese, das seinen Sitz in den Räumlichkeiten eines einstigen Farinatalokals hat. Das Restaurant erstreckt sich über zwei Stockwerke und ist einfach und informell eingerichtet. Die Brüder Roberto und Sergio Panizza bieten eine Küche, die sich treu an die typischen Rezepte Liguriens hält. Die Zutaten stammen vorwiegend von kleinen Produzenten, die ihre Erzeugnisse im benachbarten Mercato Orientale feilbieten. Sobald Sie an einem der Tische Platz genommen haben, wird Ihnen Pesto Genovese in einem kleinen Marmormörser mit Holzofenbrot serviert. Dann können Sie sich gebackene Spezialitäten wie *Frisceu*, Panissette (Stangen aus Kichererbsenmehl) und sogar Trippa (Kutteln) schmecken lassen. Die Nudeln sind hausgemacht: Erwähnung verdienen **Gnocchi aus Quarantina-Kartoffeln mit Pesto** (8,50 €), *Pansoti* con salsa di noci und **Ravioli di cabannina al *toccu* genovese** (9,50 €). Ein wahrer Leckerbissen ist auch die üppige, dicke Minestrone alla genovese mit Brichetti (einer Pastasorte) und Pesto. Was den Hauptgang anbelangt, so sind Sie mit **Cima genovese** mit Ofenkartoffeln (9,50 €) sicher gut beraten, oder Sie wählen die exzellenten Polpette di cabannina (sowohl in der Version mit Tomaten als auch mit Kartoffeln), Coniglio alla ligure mit Taggiasca-Oliven und Pinienkernen oder **Trippe in umido mit Kartoffeln** (8,50 €). Stets vertreten sind Salate, Torte genovesi und eine Auswahl an Formaggi und Salumi, meist ligurischer Provenienz. Zum Ausklang erwarten Sie Latte dolce fritto, Canestrelli, Baci di dama und Friabile stroscia. Gute Auswahl an ligurischen Weinen. Reservierung empfohlen.

GENUA

La Forchetta Curiosa

Restaurant
Piazza Negri, 5 R
Tel. (+39) 010 / 251 12 89
Kein Ruhetag
Keine Ferien
35 Plätze + 20 Plätze im Freien
Preise: 35 €
Alle Kreditkarten; BM
Mittags und abends geöffnet

Mitten in der Altstadt, gegenüber dem Teatro della Tosse und der Kirche Sant'Agostino, bietet Roberto Gillo seinen Gästen abwechslungsreiche Speisen, zubereitet aus hochwertigen frischen Produkten, die dem Lauf der Jahreszeiten entsprechen. In diesem Lokal im Stil einer typischen Osteria werden hauptsächlich Zutaten nach kulinarischer Tradition der Stadt Genua verarbeitet (Fisch, saisonales Gemüse, einige Slow-Food-Presidi), ergänzt durch Fleisch von Rindern der Rasse Fassona: Festland und Meer sind in den klassischen, an heutige Maßstäbe angepassten Rezepten, von denen einige auf das 16. Jahrhundert zurückgehen, gleichermaßen vertreten. Unter den Antipasti finden Sie Insalata di seppie mit Panissa und Haselnüssen, Schiacciatina di polpo mit Kartoffeln und den klassischen **Cappon magro** (16 €). Die frischen Teigwaren sind hausgemacht, hergestellt aus erstklassigem Mehl und Grieß aus biologischem Anbau: Wir empfehlen Ravioli di pesto mit Pinienkernsauce und Fettuccine di pasta di olive mit Tintenfisch und Kirschtomaten. ***Scucuzzun*** (ein Pastaformat aus alten Zeiten) werden sowohl mit Sugo di mare (10 €) als auch als Zutat der klassischen **Minestrone alla genovese** serviert. Bei den Secondi spielt Fisch die Hauptrolle: Branzino alla ligure nach überarbeitetem Rezept, Totani ripieni, gefüllt mit Borretsch, Trancio di ricciola mit Spargel und *Buridda* di seppie (18 €). Bei den Desserts spannt sich der Bogen vom klassischen **Cobeletto**, mit Marmelade gefüllt, über Cassatina mit Chinotto aus Savona (ein Slow-Food-Presidio) bis zu Mousse di *prescinseua* mit Waldfrüchten (5 €). Spezielles Lob gilt der gut bestückten und interessanten Weinkarte: Es handelt sich um naturbelassene Produkte aus biodynamischem Anbau von kleinen Weinbauern, auch aus dem Ausland, angeboten zu korrekten Preisen.

GENUA
Voltri

15 KM VOM ZENTRUM

Ostaia da U Santu

Osteria
Via al Santuario delle Grazie, 33
Tel. (+39) 010 / 613 04 77
Ruhetag: Sonntagabend, Montag, Dienstag
Ferien: unterschiedlich
40 Plätze + 60 Plätze im Freien
Preise: 30–32 €
Kreditkarten: CS, MC, Visa; BM
Mittags und abends geöffnet

Die typisch ligurische Geradlinigkeit und Sachlichkeit von Gianni Barbieri und die joviale Art seiner aus Parma stammenden Frau Silvana prägen diese reizende Osteria wie auch die exzellente Küche. Es gibt zwei Gasträume und – ideal für den Sommer – eine großzügige Laube mit Meeresblick gleich neben dem gepflegten Obst- und Gemüsegarten, aus dem die Köchinnen Zutaten beziehen. Die Spezialität des Hauses ist **Cappon magro**, der von Oktober bis April stets die letzten zehn Tage im Monat oder gegen Vorbestellung angeboten wird. Eine gute Wahl sind Speisen mit Stoccafisso oder **Baccalà**, speziell die Version nach altem Rezept **con noci e pinoli** (13 €), Gnocchi con ragù di stoccafisso und Zuppetta di baccalà in umido mit Tomaten. Die Antipasti (5 €) punkten mit einer Dreierkombination aus *Capponadda*, *Brandacujon* und Fiore fritto di zucchina (mit Sardellen) oder als Alternative gemischten Salumi mit Crescentine. Lob für die Primi (9 €): zarte Lasagnette oder Trofie mit Pesto (häufig mit Bohnen und Kartoffeln), der originelle Risotto verde, Ravioli alla genovese oder Ravioli di magro, Fettuccine all'ortica mit Gemüse und Vellutata aus Trombetta-Zucchini. Dann die Secondi mit **Cima** (12 €), Trippe in umido, Carne di vitella alla ligure, **Acciughe al verde** und Agnelletto in tegame. Eine Anleihe aus der Emilia stellt Coniglio in arrosto mit Rosmarin dar. Hausgemachte Desserts: Crostate, Budini, Torte di frutta, Coppetta di zabaione und Panera, das traditionelle Semifreddo al caffè. Etiketten aus Ligurien und dem Piemont dominieren im Weinkeller. Speziell im Sommer ist eine Reservierung zu empfehlen.

»*Eine Oase des Friedens und der Ruhe, wo Sie qualitativ hochwertige Speisen ganz nach Tradition bekommen.*«

ISOLABONA
Molinella

61 KM NORDWESTL. V. IMPERIA, 14 KM V. VENTIMIGLIA

La Molinella

Ferienbauernhof
Via Aldo Moro, 10
Tel. (+39) 01 84 / 20 81 63
Ferien: zeitweise im Zeitraum November bis Februar
40 Plätze + 40 Plätze im Freien
Preise: 30 € (Tagesmenü)
Kreditkarten: CS, DC, MC, Visa; BM
Freitag-, Samstagabend und Sonntagmittag geöffnet, Juni–Oktober täglich abends

Das Lokal verfügt über rustikal-modern eingerichtete, in warmen Farben getünchte Räume und einen angenehmen, schattenspendenden Garten. Geführt wird es seit langer Zeit von den Brüdern Moro: Nicola ist ein Meister der traditionellen Küche und Piermichele kümmert sich freundlich und unaufdringlich um den Service. Die Mutter Gioia hat zwar die Zügel bereits übergeben, hilft aber bei Bedarf in der Küche mit. Vater Ugo, der Landwirt, liefert Obst und Gemüse vom eigenen Hof. Alle anderen Produkte werden bei vorwiegend lokalen Produzenten gekauft. Die mündlich vorgetragenen Speisen wechseln je nach Saison. Zum Einstieg jeweils vier Antipasti: Stets vertreten sind ***Brandacujun*** und *Barbagiuai*, in den warmen Monaten wechseln *Frisceui* di zucchine, Coniglio marinato, Tartare di palamita, Acciughe oder **Verdure ripiene** miteinander ab. Die kühle Jahreszeit bietet ***Previ***, *Frisceui* di baccalà oder die Version mit Carciofi (Artischocken) und *Fugassun*. Es folgt hausgemachte Pasta mit hervorragenden Ravioli di bietole e borragine, Gnocchi mit Trombetta-Zucchini und Safran, Pasta *sciancà*, *Parpagliui* oder **Cordelle di San Martino mit Pesto** und Tagliatelle mit Steinpilzen. Wahre Meisterschaft beweist der Koch bei Coniglio alla ponentina, Capra mit Bohnen aus Pigna, Cima und **Stoccafisso alla frantoiana**. Zum Abschluss hausgemachte Desserts, Semifreddo di fragole, Pesca al forno mit Eis, *Fugassun* di mele, Zabaione mit Bugie und **Cubaite** nach altem Rezept. Die Auswahl an lokalen Weinen, vorwiegend Rossese di Dolcecaqua, wird durch Etiketten aus Mittel- und Norditalien ergänzt.

„Die Frische der Zutaten, das Niveau der Küche und der familiäre Empfang machen dieses Lokal zu einer kulinarischen Spitzenadresse.“

LA SPEZIA

Da Gianni

Traditionelle Osteria
Corso Cavour, 352
Tel. (+39) 01 87 / 71 79 80
Ruhetag: Sonntag
Ferien: letzte August-, erste Septemberwoche
30 Plätze + 15 Plätze im Freien
Preise: 11–20 € (mit Hauswein)
Keine Kreditkarten
Mittags geöffnet, Ausschank an der Theke bis 20 Uhr

Das Lokal zählt zu den Lieblingsplätzen der Einheimischen, auch wegen seiner zentralen Lage und der Nähe zum täglich stattfindenden Markt. Üblicherweise öffnet es nur mittags seine Tore, in letzter Zeit empfängt Gianni seine Gäste gegen Vorbestellung auch Freitag- und Samstagabend. Unverändert ist die Gepflogenheit, nachmittags Acciughe fritte, Frittelline di stoccafisso, **Torta di riso** oder Torta di verdura und ein Glas Wein anzubieten. Das Speisenangebot ändert sich täglich, es gibt abwechselnd **Pasta con le acciughe** (5 €), *Mes-ciua*, **Minestra di pasta e ceci**, Lasagne oder Trofie al pesto, Spaghetti con i muscoli (5 €), **Stoccafisso mit Kartoffeln** (10 €), Eier und Zucchini, Roastbeef und Trippa in umido. Je nach Verfügbarkeit von Fisch wird Frittura di alici oder Frittura di paranza (8 €) angeboten. Das Repertoire wurde inzwischen erweitert und umfasst nun auch Gemüsegerichte, zubereitet von der Frau und der Tochter des Inhabers, deren Stärke die typische Hausmannskost ist. Das schätzen die Stammgäste – meist ältere Leute, Arbeiter und Angestellte –, die diese „echte“ Osteria bevölkern. In letzter Zeit ist Gianni auch weniger „ruppig“, der Service ist entschieden besser geworden, insbesondere was die Wartezeiten betrifft. Das nüchtern eingerichtete Lokal zeigt Spuren des Alters, ist aber sauber und ordentlich. Außerdem sind die Preise niedrig (mittags 11 € inklusive Wasser, Hauswein und Kaffee, abends gibt man etwas mehr aus) und man isst gut.

Artigiano del Cioccolato in der Via Nino Bixio 46 bietet Schokoladetafeln, -pralinen und -trüffeln. Auf der Piazza Brin findet jeden ersten Sonntagmorgen im Monat der Bauernmarkt statt, auf dem man Gemüse, Öl, Obst und Käse kaufen kann.

LA SPEZIA
Marola

3 KM VOM ZENTRUM

Picciarello

Trattoria
Viale Fieschi, 300–302
Tel. (+39) 01 87 / 77 92 37
Ruhetag: Montag
Ferien: zeitweise im Winter
50 Plätze
Preise: 30–35 €
Alle Kreditkarten; BM
Abends geöffnet, Samstag und Sonntag auch mittags

Das Picciarello befindet sich in einer kleinen Ortschaft am Meer – Marola – an der napoleonischen Straße nach Portovenere. Seele und treibende Kraft des Lokals sind Stefano Poles im Service und seine Frau Laura, eine geschickte Köchin. Das Lokal mit einem kleinen Gastzimmer und einem größeren Saal ist gepflegt und freundlich. In den Regalen stehen interessante Weine nicht nur lokaler Provenienz. Fischgerichte dominieren auf der Karte. Stefano kauft die Fische direkt bei den Fischern, abhängig vom täglichen Fangglück (es ist kein Zufall, dass der Ruhetag auf den Montag fällt, nach der sonntäglichen Ruhepause der Fischer). Das Gemüse stammt zum großen Teil aus dem eigenen Garten. Nun zur Karte: Im Kapitel der Antipasti – durchschnittlich 7, 8 oder 13 € – finden Sie die typischen Torte di verdura, den feinen Tortino di acciughe mit Kartoffeln sowie leicht und knusprig Gebratenes wie Spiedini di totanetti mit Zucchini oder Acciughe ripiene. Es folgt hausgemachte Pasta: **Tagliatelle di borragine mit Cozze und Zucchini** (12 €), Maltagliati di farro mit Sardellen aus Monterosso, Piccagge aus Esskastanienmehl mit Tintenfischen und Pesto sowie **Tagliatelle al sugo di cicale**. Probieren Sie dann Polpo alla diavola (16 €), Calamari a beccafico, klassische **Muscoli ripieni** und schmackhafte Frittura di paranza mit Gemüse. Gute Desserts wie Crema inglese mit Erdbeeren, Panna cotta allo Sciacchetrà mit Schokolade (6 €) und Crostatina di pesche. Das Lokal bietet ein Degustationsmenü für 25 € ohne Wein an.

Odio il Vino (Via Manin 11) bietet eine reiche Auswahl an Weinen im Glas, das Arte Bianca (Via Sapri 79) verkauft Rohmilchkäse, Marocca di Casola (ein Slow-Food-Presidio) und andere Spezialitäten.

LERICI
La Rocchetta

16 KM SÜDÖSTLICH VON LA SPEZIA

La Rosa Canina

Ferienbauernhof
Ortsteil Monti Branzi, 16
Tel. (+39) 01 87 / 96 67 19, (+39) 340 / 963 67 90
Kein Ruhetag
Keine Ferien
30 Plätze + 30 Plätze im Freien
Preise: 30 €
Kreditkarten: AE, CS, DC; BM
Mittags und abends geöffnet

Wenn Sie einen Ausflug in den Naturpark von Montemarcello unternehmen, nützen Sie die Gelegenheit zu einem Besuch in diesem Ferienbauernhof, der auf 300 Metern Höhe oberhalb von Lerici liegt. Sie finden hier eine echte Osteria, gute Musik und wohlgefüllte Bücherregale, die dem Lokal einen heimeligen Charakter verleihen. Für den herzlichen Empfang der Gäste sorgt Marco Bonvicini, der bei vielen guten Gerichten seine Meisterschaft beweist. Bei ihrer Zubereitung verarbeitet er Gemüse aus dem eigenen Garten sowie Produkte von anderen Erzeugern, die nach biologischen Methoden arbeiten. Die Antipasti umfassen sechs bis acht Speisen (12 €): Mögliche Vorschläge sind **Acciughe in *scabecio***, Torte di verdura, Panizza, Focaccia mit Sardellen und Käse und Involtini di melanzane mit Büffelmozzarella. Die Teigwaren sind stets hausgemacht: Probieren Sie Testaroli aus der Lunigiana oder Trofie al pesto, **Tagliatelle** und Ravioli mit Zucchini oder die Version **con fagioli e muscoli** (mit Bohnen und Muscheln, 6 €). Auch bei den Hauptspeisen zeigt sich die Küche gebietstreu: Acciughe fritte, **Muscoli ripieni**, **Seppie in umido mit Mangold oder Erbsen**, Faraona mit saisonalen Früchten und **Coniglio alla ligure** (10 €), stets kombiniert mit Gemüse aus dem Garten. Spezielle Erwähnung verdient das Öl aus eigener Erzeugung. Eine gepflegte Auswahl an Käse wird mit hausgemachten Konfitüren serviert. Unter den einfachen, aber feinen Desserts finden Sie Crostata mit frischen Früchten, Torta di mele und Torta al cioccolato. Den Wein wählen Sie aus einem kleinen Sortiment an lokalen Etiketten. Das Lokal bietet auch ein Degustationsmenü für 30 € ohne Wein. Eine Reservierung ist unumgänglich.

MALLARE

22 km w. v. Savona, S.P. 5 od. A 6 Ausfahrt Altare

La Lanterna

Restaurant
Ortsteil Panelli, 1
Tel. (+39) 019 / 58 63 00
Ruhetag: Donnerstag
Ferien: unterschiedlich
35 Plätze
Preise: 30–32 €
Kreditkarten: CS, MC, Visa
Mittags und abends geöffnet

Dieses gastfreundliche Lokal im Hinterland setzt auf ein Speisenrepertoire, das für das Grenzgebiet zwischen den Regionen Ligurien und Piemont typisch ist. Seit einiger Zeit trägt das Angebot den Stempel der guten Qualität, wofür Daniele Minetti in der Küche und seine Frau im Saal verantwortlich zeichnen. Kräuter und Gemüse aus dem eigenen Garten und verschiedene Produkte aus der Umgebung, in der entsprechenden Saison durch Pilze ergänzt, werden zu traditionellen, klug an moderne Maßstäbe angepassten Gerichten verarbeitet. Sobald man in dem reizend eingerichteten und dekorierten Saal Platz genommen hat, bekommt man als Willkommensgruß Pilze aus der Gegend (in Salz eingelegt), begleitet von Toma aus Kuhmilch. Unter den Antipasti stechen Filetto di maiale conciato alle spezie mit Esskastanien in Honig, **Flan di topinambur** mit Tomatensauce und gebratene Paprikaschoten mit *Bagna caoda* (8 €) hervor. Dann folgen appetitliche Primi, darunter **Piccagge di castagne mit Stockfischsauce** (8 €) oder die originellen Gnocchi di pane e ortiche mit Thymian-Pesto (8 €). Für den Hauptgang gibt es nur Fleischgerichte: Sie bekommen **Arrosto di maialino** (8 €) und **Coniglio al Rossese mit Taggiasca-Oliven** (8 €), wobei die Zubereitung im Holzofen dem Fleisch spezielle Zartheit und Geschmack verleiht. Den Reigen beenden delikate Desserts wie Tiramisù alla nocciola e castagna oder Tortino di cioccolato mit weichem Kern, serviert mit Bitterorangengelee. Wenige, aber gute Weine. Das Lokal bietet ein Degustationsmenü für 28 € ohne Getränke an.

Domenico e Piero (Via Corsi 30): Wurstspezialitäten und piemontesisches Fleisch aus eigener Schlachtung.

MELE
Acquasanta

21 km w. v. Genua, 6 km v. Ausf. Voltri A 10, S.S. 456

Osteria dell'Acquasanta

Trattoria
Via Acquasanta, 281
Tel. (+39) 010 / 63 80 35
Ruhetag: Montag
Ferien: zeitweise im Januar
80 Plätze + 40 Plätze im Freien
Preise: 28–34 €
Kreditkarten: CS, Visa; BM
Mittags und abends geöffnet

Die Osteria ist nicht weit entfernt von der Wallfahrtskirche und der Therme. Das großzügige, einfach eingerichtete Lokal steht unter kompetenter Leitung: Alessandro und Marco in der Küche, Fabio als freundlicher Gastgeber im Saal. Das Speisenangebot enthält einige Rezepte aus der Küche Genuas, die soweit möglich aus lokalen Produkten zubereitet werden. Der üppige Antipasto dell'osteria (10 €) umfasst salzige Torten, Sardenaira, Focaccia al formaggio, Sfogliate mit verschiedenen Füllungen, Insalata russa oder Insalata di patate und Wurstspezialitäten. Unter den Primi (8 €) sind Ravioli und die erstklassigen ***Mandilli* mit Pesto** stets vertreten, manchmal ergänzt durch Minestrone alla genovese, während die Minestre mit Hülsenfrüchten typische Wintergerichte sind. Weitere Vorschläge: Tagliolini con sugo di puntine di maiale al Barbera, Fettuccine con ragù bianco di vitello sowie Linguine di orzo e grano duro mit Pesto aus getrockneten Tomaten, Pistazien und Mandeln. In der Osterzeit erweitern **Lattughe ripiene alla genovese** das Repertoire. Bei den Secondi dominieren Gerichte aus dunklem und hellen Fleisch: Coniglio oder Faraona alla ligure (10 €), Rognoni oder Reale di vitello in Rotwein, Carpaccio di manzo mit Nostrano aus Tonale. Abwechselnd sind auch **Stoccafisso accomodato**, *Buridda* di seppie oder die Version mit Calamari, Acciughe fritte, Totani ripieni, ***Bagnun* di acciughe** und gegen Vorbestellung der Cappon magro verfügbar. Zum Abschluss der Mahlzeit bekommen Sie ein Sortiment an Formaggi (10 €) und Desserts (Cremino di panna mit Kaffeesauce, Bavarese allo zabaione mit Schokoladesauce, Strudel di mele und Cheesecake mit Ananas und Pfirsichen). Neben der guten Auswahl an Weinen mit korrektem Preisniveau werden auch einige Biere aus kleinen Brauereien angeboten.

36 KM NORDWESTLICH VON IMPERIA, S.S. 28

Il Castagno

Ferienbauernhof
Via San Bernardo, 39
Tel. (+39) 01 83 / 32 87 18,
(+39) 349 / 296 19 32
Kein Ruhetag
Keine Ferien
40 Plätze
Preise: 25 € (Tagesmenü)
Keine Kreditkarten
Mittags und abends geöffnet

Wir befinden uns hier in einem Tal an der Grenze zwischen Ligurien und dem Piemont. In der kleinen Ortschaft Mendatica herrscht noch die Tradition der sogenannten „weißen Küche", die zwar arm an Farben, jedoch reich an Geschmack ist, der von Mehl, Milchprodukten, Fleisch und Kartoffeln herrührt, also von Zutaten, die für die Landwirtschaft nach altem Stil und für die Weidewirtschaft typisch sind. Die Leitung des Ferienbauernhofs Il Castagno liegt in den geschickten Händen der Signora Pelassa, der Seele der Küche, und ihrer Tochter Simona, die sich um den Service kümmert: Der familiäre Empfang und die traditionellen Gerichte machen diesen Ort zu einem lohnenden Ziel, auch wegen der Käserei, wo Käse vom Brigasca-Schaf (Slow-Food-Presidio) hergestellt wird. Zum Preis von 25 € bekommen Sie ein feststehendes Menü, das je nach Verfügbarkeit der Zutaten variiert: Das Angebot umfasst einige Antipasti, zwei Primi, zwei Secondi und ein Dessert. Zu Beginn können Salame, *Brusso* di capra auf gekochten Kartoffeln, Fiori di zucca mit Füllung, Torta di patate mit Lauch, *Friscieui* di prezzemolo, Insalata di pollo mit wilden Kräutern oder ***Turle*** (eine große Teigtasche, gefüllt mit Minze und Kartoffeln) auf dem Programm stehen. Unter den verschiedenen Arten von Pasta sind **Suggelli** (Klößchen aus Wasser und Mehl) **mit *Brusso***, Ravioli di spinaci selvatici in Butter und Salbei oder al sugo und ***Streppa e caccia là*** vertreten. Dann schlägt die Stunde für **Capra e fagioli**, Coniglio in umido, Maiale in *civet*, Cinghiale mit Polenta und Capretto al forno. Großes Finale mit hervorragenden Frittelle di mele oder Ricotta di capra mit Esskastanienhonig. Der einzige verfügbare Wein ist ein süffiger Ormeasco di Acquetico. Ein Arquebuse aus eigener Erzeugung wird als Digestif ausgeschenkt. Unbedingt reservieren.

34 KM NORDWESTLICH VON IMPERIA

Osteria del Rododendro

Osteria
Via IV Novembre, 4
Tel. (+39) 0183 / 75 25 30, (+39) 329 / 342 90 28, (+39) 347 / 451 46 31
Ferien: zweite Septemberhälfte
40 Plätze • Preise: 25 € (Tagesmenü)
Kreditkarten: CS, MC, Visa; BM
Samstag und Sonntag mittags, an den übrigen Tagen gegen Vorbestellung geöffnet; im Sommer stets geöffnet

Das Lokal der Familie Cordeglio hat sich zu einer zuverlässigen Adresse für Personen entwickelt, die die sogenannte „weiße Küche" kennenlernen wollen, deren Merkmal die spezifischen Zutaten des Berglands des oberen Arroscia-Tals sind, nämlich Weizenmehl, Milchprodukte, Weißkohl, Lauch, Knoblauch, Rüben und Kartoffeln. Was hier hervorsticht, ist die besondere Aufmerksamkeit, die der Auswahl der Ausgangsprodukte gewidmet wird. Verarbeitet werden Gemüse aus dem eigenen Garten, wilde Kräuter, die den Speisen Geschmack und Frische verleihen, sowie Käse und Fleisch, die bei benachbarten Betrieben gekauft werden. Das Menü mit feststehendem Preis (25 €) umfasst vier Antipasti, Kostproben von drei Primi, ein Secondo und ein Dessert. Der Antipasto besteht aus mehreren Komponenten, darunter zum Beispiel Tortino mit Mangold und Artischocken, Fiore di borragine, Foglie di tarassaco (Löwenzahn) und Ortiche (Brennnesseln), in leichtem Backteig frittiert, **Coniglio disossato e fritto** und Bauletto di verza ripiena (gefüllter Wirsing). Dann folgen delikate Primi, wobei wir als Beispiel **Fagottini di erbe crude** mit Kräutern, angerichtet mit nativem Olivenöl extra aus eigener Herstellung, **Mezzelune ripiene di patate mit Lauchsauce** und Farfalle di pasta fresca mit Stockfisch erwähnen wollen. Die repräsentativsten unter den Secondi sind **Coniglio mit Taggiasca-Oliven**, Cima und Lumache sgusciate (ausgelöste Schnecken) mit Minze. Man beendet die Mahlzeit mit Käse dieser Gegend, Gelato di castagne mit Honig, Cremino al caffè und Budino al forno. Im Preis inbegriffen ist ein interessanter schwefelfreier Ormeasco, als Alternative werden einige gute Etiketten aus der Umgebung angeboten.

MONTEROSSO AL MARE
Beo

34 KM WESTLICH VON LA SPEZIA

Il Ciliegio

Restaurant
Ortsteil Beo, 2
Tel. (+39) 01 87 / 81 78 29,
(+39) 328 / 800 61 15
Ruhetag: Montag
Ferien: 5. November–5. Februar
60 Plätze + 60 Plätze im Freien
Preise: 35–40 €
Alle Kreditkarten; BM
Mittags und abends geöffnet, Februar–April nur für Gruppen gegen Vorbestellung

Dieses Restaurant, wenige Kilometer von Monterosso entfernt, liegt im Schutz der Hügelkette und eröffnet einen herrlichen Blick auf das Meer. Es setzt auf territoriale Küche, komfortables Ambiente und meditative Ruhe. Neben dem großen, freundlichen Speisesaal lockt ein weitläufiger Sitzbereich im Freien mit prachtvollem Panorama. Aufgrund dieser Lage dominiert Fisch auf der Karte. Die Verfügbarkeit an fangfrischem Fisch bestimmt das Speisenangebot. Sehr beliebt sind die hausgemachten Teigwaren: Wir empfehlen **Trofie al pesto** (13 €) oder die Version mit Sugo di pesce (Fischsauce), aber auch Spaghetti con muscoli e vongole (11 €). Bestnoten gibt es für **Muscoli ripieni** (13 €) und **Frittura di paranza** (14 €). Unser spezieller Tipp gilt **Tris di acciughe** (Sardellen, auf dreierlei Art): frittiert, in Panade und gefüllt (12 €). Gegen Vorbestellung und wenn die Zutaten verfügbar sind, kann man sich eine Zuppa di pesce und Pescato al forno mit Kartoffeln und Oliven schmecken lassen. Sie finden auf der Karte auch stets das eine oder andere Gericht aus qualitativ hochwertigem Fleisch in feiner Zubereitung. Gute Desserts, vorwiegend hausgemacht. Die Weinkarte ist nicht sehr umfangreich und nennt Weißweine aus den Cinque Terre und den Colli di Luni. Daneben wird ein angenehmer offener Hauswein angeboten. Wer mit dem Zug nach Monterosso al mare kommt, kann gegen telefonische Voranmeldung den kostenlosen Shuttledienst nutzen, den das Restaurant anbietet. Von Februar bis Ostern ist das Lokal nur am Wochenende und gegen Vorbestellung geöffnet.

Die Enoteca Internazionale (Via Roma 62) bietet Imbisse, Weine und ligurische Spezialitäten. Auf Hausnummer 17 gibt es bei Golosone Eis aus eigener Erzeugung.

NE
Conscenti

53 KM Ö. V. GENUA, S.S. 1 OD. A 12 AUSF. LAVAGNA

Antica Osteria dei Mosto

Trattoria
Piazza dei Mosto, 15/1
Tel. (+39) 01 85 / 38 79 42,
(+39) 348 / 338 35 29
Ruhetag: Mittwoch • Ferien: unterschiedlich
40 Plätze • Preise: 32–35 €
Alle Kreditkarten; BM
Mittags und abends geöffnet, im Juli und August nur abends

In diesem Lokal gegenüber dem Markt der Bauern aus dem Graveglia-Tal (jeden Samstagvormittag von Mai bis Oktober) haben Sie das Vergnügen, Catia Saletti kennenzulernen, die den Betrieb seit 1989 führt, in der Küche werkt und mit Leidenschaft gute Produkte bei kleinen landwirtschaftlichen Betrieben in der Umgebung aufstöbert. Die kulinarische Linie der Trattoria zeigt sich gleich im üppigen Antipasto mit Gemüsetorten, Cuculli und Testaroli al pesto (12 €). Die Primi (10 €) bringen einen zum Schwärmen: Uns beeindruckten **Ravioli di borragine mit Fleischsugo** oder mit nativem Olivenöl extra aus Zerli und Gasse mit Haselnüssen aus dem Parco dell'Aveto. Die Tortelli di patate in Butter entspringen Catias Wunsch, die traditionellen Rezepte von Ferrara aus Großmutters Zeiten zu bewahren. Zum Hauptgang ließen wir uns Cima al forno (12 €), **Lattughe ripiene in umido** und Gallina ripiena schmecken. Hervorragend ist der **Fritto misto**, wo in die Panade der Gemüsestückchen Mandelblätter beigefügt werden (13 €), aber auch Formaggi aus dem Gebiet um Genua (Caciorì aus dem Val d'Aveto, Caprini aus San Massimo). Zum Ausklang gibt es Crostate, Tenerina al cioccolato, *Galanne* fritte, Sorbetti di frutta und Feingebäck. Auf Wunsch wird ein viergängiges Degustationsmenü für 30 € angeboten. Die beachtliche Weinkarte ist nach Gebieten unterteilt und wird durch eine gute Auswahl an Bieren aus kleinen Brauereien ergänzt. Angefangene Weinflaschen können Sie gerne mitnehmen. Das Gleiche gilt für die Speisen: Was Sie nicht aufessen können, wird zum Mitnehmen verpackt.

»*Catia Saletti sucht mit Leidenschaft nach guten Zutaten bei kleinen lokalen Betrieben und verarbeitet sie zu exzellenten Gerichten nach hiesiger Tradition.*«

NE
Campo di Ne

53 km östlich von Genua, A 12 oder S.S. 1

La Brinca

Trattoria
Via Campo di Ne, 58
Tel. (+39) 01 85 / 33 74 80
Ruhetag: Montag
Ferien: unterschiedlich
80 Plätze + 20 Plätze im Freien
Preise: 32–40 €
Alle Kreditkarten; BM
Abends geöffnet, Samstag, Sonntag und Feiertage auch mittags

Die Familie Circella wird seit beinahe 30 Jahren ihrem guten Ruf gerecht. Die Gäste, die die Fahrt von neun Kilometern von Casello di Lavagna bis in diesen Winkel des Graveglia-Tals auf sich nehmen, erwarten ein freundlicher Empfang und ein perfekt arrangierter Speisesaal. Und es lohnt sich, weil das La Brinca in die kulinarischen Gepflogenheiten dieses Landstrichs einführt. Zutaten aus dem eigenen Gemüsegarten und dem Wald werden zu qualitativ hochwertigen Gerichten verarbeitet. Zum Einstieg wählt man zwischen *Prebugiun* aus Ne (ein altes Bauernrezept aus Kartoffeln und Schwarzkohl), **Torta baciocca** aus weißen Quarantina-Kartoffeln und *Testaieu* mit im Mörser gestoßenem Pesto (10 €). Die Primi locken mit **Ravioloni di erbette e *sarazzu* mit Haselnusssauce** (12 €), Minestrone alla genovese, Taglierini oder Piccagge mit Kaninchen-, Pilz- oder Hasensauce. Weiter geht es mit **Tomaxelle** (gefüllte Kalbsrouladen), **Fritto misto alla genovese** (15 €), Coniglio in fricassea mit Oliven und Schwarzwurzeln, Agnello mit Ei und Majoran und fleischlosen Gerichten wie Budino di erbe e ricotta dell'Aveto mit gefülltem Gemüse. Die erlesene Auswahl an **Formaggi** (13 €) aus umliegenden Käsereien wird mit Konfitüre von roten Zwiebeln aus Zerli serviert. Zum Ausklang Kuchen, Cioccolato „alla nostra maniera" und historische Semifreddi wie Brinchetto und **Panera** al caffè. Im Keller lagert eine außergewöhnliche Vielfalt an Weinen, Edelbränden und Bieren aus kleinen Brauereien zu angemessenen Preisen. Einige Etiketten werden auch glasweise ausgeschenkt.

„
Profunde Kenntnisse über Zutaten und historische oder fast vergessene Gerichte, die mit Leidenschaft gekocht werden. Ein Ort, den man stets zufrieden verlässt.
"

ORTONOVO
Nicola

26 km südöstlich von La Spezia

Da Fiorella

Traditionelle Osteria
Via per Nicola, 46
Tel. (+39) 01 87 / 668 57,
(+39) 328 / 681 75 14
Ruhetag: Donnerstag
Ferien: zeitweise im Januar und September
75 Plätze
Preise: 30–35 €
Alle Kreditkarten; BM
Mittags und abends geöffnet

Die charakteristische Ortschaft Nicola auf 180 Metern Höhe bietet einen prachtvollen Ausblick auf das Magra-Tal. Die Großmutter des derzeitigen Inhabers Nicola erwies sich in den 1950er-Jahren mit der Eröffnung eines Lebensmittelladens als wahre Pionierin, und noch heute bekommt man hier einen Einblick in die Geschmackswelt und die typische Atmosphäre dieses ligurischen Landstrichs. Unter den Antipasti (8 €) sind neben guten lokalen Salumi die Torte di verdura, Verze ripiene und Carne salata aus Fleisch von Rindern der Piemontesischen Rasse zu erwähnen. Dann empfehlen wir die Zweierkombination aus Panigacci, in einer Backform aus Gusseisen gebraten (eine für das untere Magra-Tal typische Variante), zubereitet mit Pesto oder einfach mit nativem Olivenöl extra aus den umliegenden Hügeln und Käse (6 €). Als Alternativen werden Tagliolini alle cozze, Lunette mit Radicchio und Gorgonzola und die einzigartigen **Ravioli al ragù** (8,50 €) geboten, die Quintessenz von Tradition und Geschmack. Unser Tipp gilt den Slow-Food-Presidi (12 €): Agnello aus Zeri, frittiert oder vom Grill, Pollo gigante nero aus dem Vara-Tal (wenn vorhanden) und **Coniglio aus Carmagnola, frittiert**. Weitere Vorschläge sind Baccalà marinato, **Muscoli ripieni** (8,50 €) und eine große Auswahl an Fleisch wie Faraona und Piccione alla brace. Mögliche Desserts sind **Torta di riso alla carrarina** oder Gelato aus eigener Erzeugung (zu empfehlen ist die Sorte mit Vanilleschoten). Die Weinkarte schlägt verschiedene Arten von Vermentino und Rotweine aus den Colli di Luni neben Etiketten aus anderen Regionen vor.

„
Die herzliche und familiäre Atmosphäre bildet den Rahmen für eine einfache, unverfälschte Küche, die auf erstklassigen Zutaten basiert.
"

OSPEDALETTI

32 km w. v. Imperia, 11 km v. Ventimiglia, S.S. 1 od. A 10

La Playa

Restaurant
Via XX Settembre, 153
Tel. (+39) 01 84 / 68 80 45
(+39) 328 / 582 38 45
Ruhetag: Dienstag, außer im Sommer
Ferien: Oktober, November
35 Plätze + 40 Plätze im Freien
Preise: 35–40 €
Kreditkarten: MC, Visa; BM
Mittags geöffnet

Dieses Strandlokal liegt unmittelbar an dem 24 Kilometer langen hübschen Radweg von Ospedaletti nach San Lorenzo al Mare und wird seit nunmehr 35 Jahren mit großem Erfolg von der Familie Incerti geführt. Ganz zwanglos betreut Fabrizio die Gäste im Saal und im sommerlichen Gastgarten. Paola und Liliana Vegetta, Köchinnen aus Leidenschaft, setzen auf Einfachheit und Frische. Bei ihren Gerichten steht die Qualität der Zutaten, egal ob aus dem Gemüsegarten oder aus dem Meer, im Mittelpunkt. Die Jahreszeiten und die Verfügbarkeit von Fisch diktieren das Speisenangebot. Für einen guten Einstieg sorgen die hervorragende Tartara di palamita (Bonito-Tatar), Cappon magro nach einem überarbeiteten Rezept, lauwarm serviert, und die einmalige Insalata di gamberi mit Garnelen aus Sanremo, Fenchel und Puntarelle (13 €), der klassische Polpo mit Kartoffeln und Colatura di alici, schmackhafte **Acciughe ripiene alla ligure** (12 €) und Totanacette (Tintenfisch), in der Pfanne gebraten, auf Kartoffelcreme. Stets interessant sind die Primi, darunter Scialatielli con vongole veraci, **Paccheri con ragù di polpo** (12 €), Gnocchetti al pesto, Ravioli di borragine mit Butter und Thymian und Trofie con ragù di pesce. Unter den Hauptspeisen erfreuen sich Fritto misto di paranza mit Fisch aus dieser Gegend, **Parmigiana di pesce lama** (Degenfisch), Merlani impanati (Wittlinge in Panade) mit Caponatina und **Ricciola di fondale** (Adlerfisch) **alla provenzale mit Kartoffeln** (18 €) großer Beliebtheit. Beschließen Sie Ihre Mahlzeit mit Zabaione freddo mit Erdbeeren, Taglio al caffè auf Haselnusseis oder Cialda mit Eis und karamellisierter Weincreme. Auf der kleinen Weinkarte sind gute Etiketten aus dem Gebiet der Riviera di Ponente vertreten. Reservierung empfohlen.

PIANA CRIXIA

35 km nordwestlich von Savona, S.P. 29

Tripoli

Trattoria
Via Chiarlone, 2
Tel. (+39) 019 / 57 00 28
Ruhetag: Mittwoch
Keine Ferien
30 Plätze
Preise: 20–25 €
Keine Kreditkarten
Mittags und abends geöffnet

In früheren Zeiten war es leicht, an den Straßen, die von Ligurien in das Piemont führen, Trattorien wie diese zu finden, wo Hausmannskost ohne Firlefanz, dafür mit Substanz aufgetischt wurde. Heute herrscht bedauerlicherweise der Trend, dass diese Lokale immer mehr von der Bildfläche verschwinden: Umso wichtiger ist es wohl, die Identität solcher Orte und ihre territoriale Zugehörigkeit zu bewahren, wie im Fall dieses einfachen, spartanischen Lokals, das seit mehr als einem Jahrhundert von der Familie Chiarlone geführt wird. Die Tatsache, dass die Karte sich auf wenige Speisen beschränkt, ist die Garantie für Qualität, Frische und Unverfälschtheit. Die Antipasti (5 €), die wir bei unserem Besuch serviert bekamen, bestanden aus Frittate di verdure mit Gemüse aus dem eigenen Garten, **Peperoni con acciughe**, Salumi aus dieser Gegend und Formaggetta, üblicherweise gibt es aber auch Insalata russa, Vitello tonnato und Frittelle. Die Primi (7 €) nehmen Anleihen bei Großmutters Küche, darunter hausgemachte Teigwaren (Tagliatelle und Ravioli), angerichtet mit Ragout, Butter und Salbei, Pesto oder Pilzsauce. Der Einfluss der Nachbarregion ist auch bei den Secondi (7 €) deutlich zu spüren, darunter eine exzellente **Trippa** (das ganze Jahr über auf der Karte), Pollo oder **Coniglio alla cacciatora** und Bollito. Den Schlusspunkt setzen gute Desserts (3 €) wie Mattonella, *Bonet*, **Torta di nocciole** und eventuell ein kleiner Plausch mit Signor Dogliotti, einem munteren Herrn von 91 Jahren, der sehr gerne seine eigene Geschichte und jene der Trattoria erzählt.

Panigacci und Testaroli

Panigacci und Testaroli: So heißen zwei traditionelle Spezialitäten aus der Lunigiana, dem Gebiet zwischen La Spezia und Massa-Carrara. Das alte Rezept ist für beide Regionen das gleiche: Es handelt sich um dünne Fladen aus einem Teig aus Mehl, Wasser und Salz, die in runden Backformen („Testi" aus Gusseisen oder Ton) gebacken werden.

Der Ursprung der Panigacci soll auf dem Hügel von Podenzana zu finden sein. Dort entstand nun aus dem Zusammenschluss einiger Gastronomen der Umgebung ein Konsortium zum Schutz der Spezialität. In diesem Gebiet gibt es auch einen alteingesessenen Handwerksbetrieb, der die entsprechenden kleinen Backformen aus Terrakotta erzeugt.

Im Magra-Tal ändert sich die Bezeichnung zu Panigazzi. Sie werden in kleinen Backformen aus Gusseisen mit langem Stiel gebacken – die Fladen selbst unterscheiden sich im Prinzip nicht. Testaroli, die in großen Gusseisenformen zubereitet werden (exzellent sind die von Hand gefertigten aus Pontremoli, ein Slow-Food-Presidio), erhitzt man über Buchen- oder Kastanienholzfeuer. Die fertigen Fladen werden in Rautenform geschnitten und vor dem Verzehr kurz in warmes Salzwasser getaucht.

Die Testaroli sind auf den Speisekarten unserer Osterien oft unter den Primi zu finden, vor allem in ländlichen Gasthöfen. Sie werden zu Pilzsauce, Pesto oder mit Öl und Parmesan gereicht. Die Panigacci sind ein Kapitel für sich, da es Lokale gibt, wo nur sie und sonst kaum andere Gerichte zubereitet werden. Die in einem großen Kamin ununterbrochen heiß gehaltenen Backformen werden mit einem weichen Teig gefüllt und so übereinander gestapelt, dass jeweils eine Backform mit der Hitze der anderen bäckt. Die Panigacci genießt man zu Wurst und Käse.

Gabriella Molli

LIGURIEN

FOLLO (SP)

Vecchio Mulino

Ortsteil Valdurasca
Via dei Mille, 16
Tel. (+39) 01 87 / 94 75 10
Ruhetag: Dienstag
Ferien: November
Abends geöffnet

Inmitten eines in dichtes Grün gebetteten Gebiets steht ein rustikales, doch gepflegtes Lokal mit einem Gastraum und einer lichtdurchfluteten Veranda. Hier kommen duftende Panigacci mit Wurst, Stracchino, Gorgonzola und Lardo aus Colonnata auf den Tisch, daneben gibt es sogar eine süße Version. Außerdem bietet die Küche Hausmannskost wie Ravioli al ragù, Tagliatelle ai funghi und über der Holzglut gegartes Fleisch.

LA SPEZIA CENTRO

Basta Curve

Piazza Chiodo, 35
Tel. (+39) 01 87 / 89 60 37
Ruhetag: Mittwoch
Ferien: unterschiedlich
Mittags und abends geöffnet, im August nur abends

An der im Zentrum gelegenen Piazza, wo sich der Haupteingang zum Arsenal befindet, liegt das Lokal Basta Curve, das uns – wie sein Name („Genug der Kurven") verrät – ermöglicht, Panigacci bequem in der Stadt zu genießen, ohne den Hügel erklimmen zu müssen, auf dem die meisten Panigaccerie, ob alt oder neu, liegen. Die Panigacci werden mit Wurst und Gorgonzola kombiniert oder in Wasser getaucht und mit dreierlei Saucen serviert. Eine Alternative dazu wären die Trofie al pesto, klassische Ravioli aus La Spezia in der Version al ragù und gegrilltes Fleisch. Gute hausgemachte Süßspeisen.

TOSKANA

PODENZANA (MS)

Da Gambin

Ortsteil Barco
Via Provinciale, 190
Tel. (+39) 01 87 / 41 01 06
Ruhetag: Donnerstag
Ferien: unterschiedlich
Mittags und abends geöffnet

Das Lokal liegt mitten mit Grün des Hügels von Podenzana. Der Hauptdarsteller ist hier Panigaccio mit Pesto, nativem Olivenöl extra, Pilzsauce, einer schönen Auswahl an hausgemachten Wurstspezialitäten oder mit Stracchino und Gorgonzola. Daneben gibt es auch verschiedene Rezepte aus der Küche der Lunigiana. Die Dolci sind hervorragend.

Mirador

Ortsteil Casalina
Via del Gaggio, 22
Tel. (+39) 01 87 / 41 00 64
Ruhetag: Montag
Ferien: unterschiedlich
Mittags und abends geöffnet

Das Mirador liegt an einem der schönsten Aussichtspunkte von Podenzana, denn von hier kann man in Richtung des Golfs von La Spezia die Inseln Palmaria und Tino und bei besonders klarem Wetter sogar Korsika erkennen. Neben duftenden, frisch gebackenen Panigacci mit guten Wurst- und Käsespezialitäten kann man Focaccette aus Mais, Gemüsekuchen, hausgemachte Pasta und über der Holzglut gegartes Fleisch genießen.

PIGNA

53 KM WESTLICH VON IMPERIA, 27 KM VON SANREMO

Terme

Hotelrestaurant
Ortsteil Madonna Assunta
Tel. (+39) 01 84 / 24 10 46,
(+39) 347 / 846 66 69
Ruhetag: Mittwoch
Ferien: 15. Januar–15. Februar
80 Plätze + 25 Plätze im Freien
Preise: 22–32 €
Alle Kreditkarten; BM
Mittags und abends geöffnet

Dieses Restaurant im oberen Nervia-Tal, inmitten von Wäldern und Olivenhainen, ist das Reich der Familie Lanteri: Am Herd bereitet Gloria mit Meisterhand die schmackhaften Gerichte nach hiesiger Tradition zu, die Gäste werden freundlich von ihrem Mann Silvio und ihren Kindern Claudio und Maura betreut. Sie können Degustationsmenüs für 22 und 30 €, in der entsprechenden Saison ein spezielles Pilz-Menü oder à la carte wählen. Ein sicherer Tipp ist der Misto di antipasti (12 €) mit fünf warmen und drei kalten Kostproben: ***Barbagiuai*** (frittierte Ravioli, gefüllt mit Kürbis und *Bruzzu*), Tortino mit Trombetta-Zucchini oder Artischocken, ***Preve*** (gefüllter Kohl), Crêpe di asparagi, Olivenpastete, getrocknete Tomaten und frischer Salamino. Unter den hausgemachten Teigwaren finden Sie Raviolini mit Gemüse und Fleisch (10 €) und Pansotti alla ricotta mit Sauce aus Nüssen und Pinienkernen. Hervorragend ist ***Gran pistau*** (Suppe aus zerstampften Weizen- und/oder Dinkelkörnern), aber auch Zuppa di maltagliati mit Schweinerippchen und weißen Bohnen aus Pigna, ein Slow-Food-Presidio, (12 €) ist nicht zu verachten. Dann folgen die Hauptspeisen mit dem klassischen **Stufato di capra mit weißen Bohnen aus Pigna** (12 €), Agnello da latte mit Kräutern, im Ofen gebraten, (12,50 €) Bocconcini di cinghiale in salmì mit Polenta, Stoccafisso accomodato, Trippe und Tometta di capra mit *Bruzzu*. Der Dessertwagen hält Leckerbissen (5 €) wie Zuppa inglese und hausgemachte Kuchen mit Birnen oder Äpfeln bereit. Im Keller lagern mehr als 300 Etiketten aus Ligurien, dem Piemont und der Toskana.

In der Backstube Le Due Sorelle (Via San Francesco 23) verkauft die Familie Papalia das typische dunkle Vollkornbrot aus Pigna.

PORTOVENERE

13 km südlich von La Spezia

Antica Osteria del Carugio

Traditionelle Osteria
Via Cappellini, 66
Tel. (+39) 01 87 / 79 06 17
Ruhetag: Donnerstag
Ferien: zeitweise im November
60 Plätze
Preise: 20–25 € (mit Hauswein)
Keine Kreditkarten
Mittags und abends geöffnet

Diese Osteria ist eines der ältesten Lokale von Portovenere und liegt im Herzen der Altstadt, genau auf halbem Weg zur romanischen Kirche San Pietro, die auf der Klippe thront und auf das offene Meer blickt. Die beiden mit schmalen, langen Tischen und Bänken eingerichteten Säle schaffen ein gastliches, angenehmes Ambiente, dem die Holzverkleidungen an den Wänden und die zur Dekoration verwendeten Navigationsinstrumente ein maritimes Flair verleihen. Die gut besuchte Osteria nimmt keine Reservierungen entgegen: Deshalb sollten Sie, insbesondere am Abend, Ihren Besuch eher zu früherer Stunde einplanen. Antonio Clerici, den Wirt, findet man im Saal, wo er die Gäste empfängt und ihnen die Gerichte nach ligurischer Tradition präsentiert. Für die Zubereitung zeichnet seine Mutter Maria, eine Köchin mit langjähriger Erfahrung, verantwortlich. Die Primi sind wirklich einladend: **Spaghetti alle acciughe**, die exzellente ***Mes-ciua*** (6 €), eine der besten im Golfgebiet, und **Testaroli mit Pesto** (9 €). Worauf Sie danach nicht verzichten sollten, sind die **Muscoli ripieni** (10 €), Polpo mit Kartoffeln (12 €), **Acciughe di Monterosso mit Knoblauch, Oregano und Peperoncino** oder die Version mit hausgemachtem Brot mit Butter (11 €). Als Alternativen werden ein Teller mit Salumi und der Formaggio caprino in Kräutermantel mit nativem Olivenöl extra (4 €) angeboten. Zum Trinken bekommen Sie einen offenen Hauswein aus der Gegend oder eine kleine Auswahl lokaler Etiketten. Zum süßen Finale gibt es eine Scheibe Pandolce genovese.

RAPALLO
San Massimo

31 km östlich von Genua, A 12 oder S.S. 1

U Giancu

Trattoria
Via San Massimo, 78
Tel. (+39) 01 85 / 26 05 05,
(+39) 01 85 / 26 12 12
Ruhetag: Mittwoch, außer im Sommer
Ferien: zeitweise im Januar und Sommer
90 Plätze + 60 Plätze im Freien
Preise: 35 €
Kreditkarten: CS, MC, Visa; BM
Abends geöffnet, Sonntag auch mittags

Seine typischen Merkmale bewahrt das Lokal seit eh und je: Eine Sammlung von Original-Comicstrips an den Wänden, die Freundlichkeit von Fausto, die Kompetenz von Martino bei der Betreuung des Weinkellers und die Aufmerksamkeit für die speziellen Bedürfnisse von Kindern bei Essen und Spielmöglichkeiten bewirken, dass dieses Lokal wie eine perfekt geschmierte Maschine läuft und auch die anspruchsvollsten Gäste zufriedengestellt werden. Was die Speisen betrifft, so beginnt man mit dem „Gianc'antipasto“ (11 €): Focaccette mit Käse, Frittelline mit Zwiebeln, Bruschetta mit Tomaten und Pesto, exzellente Crostini aus hausgemachtem Brot mit Savoia-Butter und Acciughe aus dem kantabrischen Meer. Unter den Primi, die je nach Saison und Verfügbarkeit von Gemüse aus dem eigenen Garten variieren, sind **Testaroli mit Pesto** oder **con sugo di funghi** (11 €), Fettuccine di farro mit frischem Gemüse, **Pansotti con la salsa di noci** und Zuppe di verdura zu erwähnen. Dann folgen Tagliata mit rohen Pilzen oder mit *Prebuggion* (Salat aus Kräutern und Blüten), **Galletto di San Massimo**, die wunderbaren **Costine di agnello**, Sformati di verdura (13 €) und die Auswahl an Formaggi, darunter auch solche ligurischer Herkunft. Zum Abschluss erwarten Sie Frittelle di mele mit Zimteis, Spuma di zabaione di Mimì (7 €), Torta di pere e cioccolato, Eis und Sorbets. Die umfangreiche, sehr gepflegte Weinkarte achtet auf ein korrektes Preisniveau. Seit diesem Jahr bietet die Familie Oneto dank des Einsatzes des jüngsten Familienmitglieds Emanuele einige Biere, die in der angeschlossenen Minibrauerei hergestellt werden.

»Das Lokal der Familie Oneto gilt als Garant für qualitativ hochwertige Küche und Gastfreundlichkeit.«

RIOMAGGIORE

13 km westlich von La Spezia

Ripa del Sole

Restaurant
Via De Gasperi, 282
Tel. (+39) 01 87 / 92 01 43
Ruhetag: Montag
Ferien: Januar, Februar
40 Plätze + 40 Plätze im Freien
Preise: 30–35 €
Alle Kreditkarten; BM
Abends geöffnet, mittags gegen Vorbestellung

Im oberen Ortsteil von Riomaggiore, einem ruhigen Winkel, von dem aus man einen prachtvollen Ausblick über das Städtchen und das Meer genießen kann, bereitet Daniela Bertola Gerichte zu, für die sie aus dem reichen Rezeptschatz Liguriens schöpft, in die sie aber auch ihre Fantasie einfließen lässt. Sie ist stets bemüht, den Slow-Food-Presidi die gebührende Aufmerksamkeit zu schenken. Die gepflegten Räumlichkeiten und der Garten mit Blick bis zum Horizont runden das Gesamtbild ab. Die Karte schlägt Speisen vor, deren Zutaten aus den verschiedenen Lebensmittelbündnissen des Vara-Tals und von kleinen lokalen Fischern stammen. Ein guter Start gelingt mit Polpo mit Kartoffeln, *Condiggion* (gepresster Thunfisch mit Gemüse), Soppressata di polpo und Gamberi mit Ricotta-Fonduta und Pistazien aus Bronte (12 €). Dann folgen delikate **Pansotti di ricotta mit *Prebuggion***, Trenette bruschettate mit Colatura di alici (mit Sardellen aus Cetara) und Risotto mit Tintenfischen und Zitrone, mit feinen Kräutern verrührt (11 €). Unter den Secondi empfehlen wir neben **Frittura di paranza** auch Coniglio alla ligure, Cosciotto di agnello mit Thymian und in der Saison **Seppie mit Artischocken aus Perinaldo** (12 €). Für den süßen Abschluss sind Millefoglie mit aufgeschlagener gesalzener Ricotta und Chinotto di Savona oder **Zabaione allo Sciacchetrà** ein guter Tipp. Was die Weine betrifft, so können Sie unter einer Auswahl an Etiketten aus ganz Italien oder Produkte von Weinbaubetrieben aus der Umgebung von La Spezia, ein schwierig zu betreuendes Anbaugebiet, wählen.

Am Anfang der Via dell'Amore, ausgehend von Riomaggiore, gibt es bei Piè de Mà Sardellen, Fisch-Carpaccio und Salate und dazu Weine aus den Cinque Terre.

SARZANA

16 km östlich von La Spezia

Il Lupo

Trattoria
Via Cisa, 72
Tel. (+39) 01 87 / 62 26 19, (+39) 339 / 796 48 46
Ruhetag: Montag
Ferien: 2 Wochen im September
25 Plätze
Preise: 25–28 €
Keine Kreditkarten
Abends geöffnet

Wenige Schritte vom historischen Zentrum von Sarzana entfernt, liegt an der historischen Via Cisa dieses kleine, einfache Lokal, das die Null-Kilometer-Philosophie zum Dreh- und Angelpunkt seines gastronomischen Konzepts gemacht hat. Roberta Pelliti führt den Betrieb mit großer Leidenschaft und bereitet die Gerichte zu, die zu einem Streifzug durch den traditionellen Rezeptschatz dieser Gegend, eines Grenzlands zwischen den Regionen Ligurien und der Toskana, einladen. Sämtliche Zutaten stammen vom Mercato della Terra in der Via Gori, der jeden Samstagvormittag abgehalten wird. Auf diesem Markt kann man unter anderem *Spungata*, ein klassisches Blätterteiggebäck, gefüllt mit Konfitüren, Gewürzen und Vermentino, finden, das den idealen Abschluss für jede Mahlzeit darstellt. Seit diesem Jahr gibt es auch eine gedruckte Speisekarte, aber Roberta wird Ihnen dennoch mit dem ihr eigenen Enthusiasmus und dem Sendungsbewusstsein einer Pionierin der traditionellen Küche die Merkmale der einzelnen Gerichte erklären. Unter den Antipasti blieben uns **Farinata con le acciughe** (6 €), Torte di verdura (4 €) und Torte di farro speziell in Erinnerung. Dann liegen Sie mit **Tortelli di erbette e ricotta** (8 €), Zuppa di muscoli e cannellini, serviert mit Crostini all'aglio (10 €), ***Mes-ciua*** (ein typisches Arme-Leute-Gericht aus La Spezia, zubereitet aus Hülsenfrüchten und Getreide) und den Tagliatelle verdi mit Kaninchensauce nach einem alten Rezept dieser Stadt sicher richtig. Fortsetzung folgt mit ***Bagnun*** (Tomatensuppe mit Sardellen), Muscoli ripieni (10 €) und Trippa in umido. Die Liebe zu territorialen Produkten schlägt sich auch in der guten Auswahl an Weinen aus dem DOC-Gebiet Colli di Luni nieder.

SORI
Capreno

16 KM SÜDÖSTLICH VON GENUA, S.S. 1 ODER A 12

Da Drin

Trattoria
Ortsteil Capreno, 66
Tel. (+39) 01 85 / 78 22 10
Ruhetag: Mittwoch
Ferien: unterschiedlich
50 Plätze + 20 Plätze im Freien
Preise: 23–26 €
Kreditkarten: CS, MC, Visa; BM
Mittags und abends geöffnet

Um Capreno zu erreichen, muss man durch die Ortschaft Sori fahren und dann der Straße durch Olivenhaine und üppige mediterrane Macchia bergwärts folgen. Das Da Drin, eine Osteria mit Geschichte, enttäuscht nie: Die Küche der Familie Castagnola entspringt einer langen Erfahrung und ist fest in der lokalen Tradition verankert. Das Lokal verfügt über eine Veranda und eine kleine Terrasse, wo man, sobald es die Temperatur erlaubt, einen herrlichen Ausblick auf grüne Hügel und ein Stückchen Meer genießen kann, was bei Sonnenuntergang einen exklusiven Genuss darstellt. Schlichtheit und Gerichte mit Substanz, das sind die Schlagwörter, die die Küche von Mama Marilva kennzeichnen. Der Service liegt in den Händen ihrer Söhne Gabriele und Gianni, die bei Bedarf auch am Herd helfend einspringen. Zum Auftakt probieren Sie **Focaccine mit Formaggio**, in der Pfanne gebraten (3 €), und Verdure ripiene. Unter den hausgemachten Teigwaren sind die delikaten **Pansotti in salsa di noci** und **Trofie al pesto mit Bohnen und Kartoffeln** (von Gabriele einzeln in Spiralenform gedreht, 6 €) eine besondere Gaumenfreude. Montags steht immer Minestrone alla genovese, ein üppiges, schmackhaftes Gericht mit Gemüse aus dem familieneigenen Garten, auf dem Programm. Für den nächsten Gang empfehlen wir **Coniglio alla ligure in casseruola** (8 €), Costine di agnello mit frittierten Artischocken (von Oktober bis April) und **Fritto misto alla genovese** (8 €). Freitags darf Stoccafisso accomodato nicht fehlen, während im Herbst die Stunde für Funghi fritti schlägt. Die Dolci sind die reinste Verführung, darunter Crostate mit saisonalen Früchten und warmer Tortino di mele mit Eis. Auf der Weinkarte stehen Etiketten aus Ligurien und dem übrigen Italien, auch der offene Hauswein ist gut. Reservieren ist Pflicht.

VARESE LIGURE

52 KM NORDWESTLICH VON LA SPEZIA, S.S. 523

Gli Amici

Hotelrestaurant
Via Garibaldi, 80
Tel. (+39) 01 87 / 84 21 39
Ruhetag: Mittwoch, außer im Sommer
Ferien: 15. Dezember–15. Januar
100 Plätze
Preise: 25–30 €
Kreditkarten: CS, MC, Visa; BM
Mittags und abends geöffnet

Varese Ligure war die erste Gemeinde in Italien, die die Umweltzertifizierung erhielt. Ein Besuch in diesem Ort ist mit einer Fahrt ins Grüne verbunden, die durch eine lange Strecke des Vara-Tals führt, ein Naturschauspiel, das für die Anreise entschädigt. Der weitläufige, helle Speisesaal des Restaurants versetzt den Gast zurück in alte Zeiten: hohe Decken, geschickt platzierte Tische, die mit einer gewissen Eleganz gedeckt sind. Der Empfang ist angenehm familiär und unaufdringlich, die Wartezeiten beim Service sind so gut wie perfekt. Das Speisenangebot variiert häufig, aber die Qualität der Zutaten ist stets konstant, da Fleisch und Milchprodukte aus Biobetrieben der hiesigen Genossenschaften und Weine von kleinen lokalen Weinbauern zum Einsatz kommen. Als Antipasti sind Crostini mit hiesigem Speck, **Acciughe al limone** (7 €) und Sformato di carote in Ziegenkäsesauce stets vertreten. Bei der Wahl der Primi (8 €) sollten Sie sich an **Ravioli al sugo di carne**, Trofie ai fiori di zucca mit Safran und vor allem Croxetti di Varese mit zerstoßenen Pinienkernen und Majoran halten. Für den Hauptgang (10 €) gibt es **Coniglio alla ligure**, Filetto di maiale mit Castelmagno und die einladenden **Crocchini**, kleine, kegelförmige Fleischklößchen, in Backteig gewickelt und frittiert. Beschließen Sie Ihre Mahlzeit mit einer Auswahl an Biokäse aus dem Tal (7 €), hausgemachten Crostate oder dem überragenden Semifreddo all'amaretto mit Mürbeteigkern. Die Weinkarte enthält lokale Etiketten und Weine aus Nachbarregionen. Gut ist auch der offene Hauswein aus den Colli di Luni.

„Der Empfang, die Qualität der Küche und die lokalen Zutaten machen einen Besuch bei Gli Amici zu einer mehr als lohnenden Erfahrung.“

ALTARE

13 km westlich von Savona

Quintilio

Restaurant mit Übernachtungsmöglichkeit
Via Gramsci, 23
Tel. (+39) 019 / 580 00
Ruhetag: Sonntagabend, Montag
Keine Ferien
45 Plätze
Preise: 45–50 €
Alle Kreditkarten; BM
Mittags und abends geöffnet

Fast schon an der Grenze zwischen Ligurien und dem Piemont treffen wir auf das historische Lokal der Familie Bazzano. In der Küche ist der Einfluss der Region Piemont deutlich zu spüren, wenngleich die ligurische Tradition den Ton angibt: solide Gerichte, gepflegt angerichtet und aufgefrischt durch so manche intelligente kreative Kombination. Teigwaren und Brot sind hausgemacht, ein großer Teil des Gemüses stammt aus dem familieneigenen Garten. Von den am stärksten in der Tradition verankerten Gerichten sind Vitello tonnato, Cappon magro, Corsetti altaresi mit Pilzen, Fritto misto alla piemontese (25 €), Brasato al Barolo, Stoccafisso mantecato mit Cialde al parmigiano und Pastete aus Taggiasca-Oliven (22 €) zu nennen. In der entsprechenden Saison stehen auch Menüs auf dem Programm, die den Steinpilzen und Trüffeln aus dem Bormida-Tal gewidmet sind. Auf der umfangreichen Weinkarte stehen Winzer mit klingenden Namen neben kleinen Erzeugern, wobei die Produkte zu angemessenen Preisen angeboten werden. Die Weine können auch glasweise bestellt und in der kleinen Vinothek erstanden werden. Zum Übernachten stehen fünf komfortable Gästezimmer bereit. Die Führung des Lokals zeichnet sich durch große Höflichkeit und Professionalität aus.

RIOMAGGIORE - Groppo

23 km westlich von La Spezia

Cappun Magru

Restaurant
Via Volastra, 19
Tel. (+39) 01 87 / 92 05 63
Ruhetag: Montag, Dienstag
Ferien: Januar/Februar
18 Plätze
Preise: 42–50 €
Alle Kreditkarten außer DC; BM
Abends geöffnet, Sonntag auch mittags

Dieses Lokal liegt oberhalb von Riomaggiore auf 200 Metern Höhe an einem Platz, wo die Zeit stehengeblieben ist. Es hat seinen Sitz in einem charakteristischen Haus im Dörfchen Groppo, das von Manarola über die Straße nach Volastra erreichbar ist. Das kleine, charmante Restaurant wird vom Küchenchef Maurizio Bordoni gemeinsam mit seiner Frau Christiane geführt. Neben dem kleinen Eingangsbereich gibt es einen Raum, der mit alten Möbeln eingerichtet ist. Im oberen Stockwerk befindet sich ein weiterer Gastraum mit offener Küche. Die Zutaten, die zum Großteil biologisch sind, stammen aus der Umgebung. Sie können à la carte essen oder dem viergängigen Degustationsmenü (42 €) vertrauen. Eine der hier erhältlichen Spezialitäten gibt dem Lokal seinen Namen, nämlich *Cappun magru* (20 €) in absolut authentischer Zubereitung. Bemerkenswert sind auch *Ciuppin* (13 €), Lattughe ripiene, Spaghetti allo zafferano und Muscoli (Miesmuscheln) aus Palmaria. Der gepflegte Service ist tadellos und zugleich familiär. In Anbetracht der geringen Größe des Lokals ist eine Reservierung beinahe Pflicht.

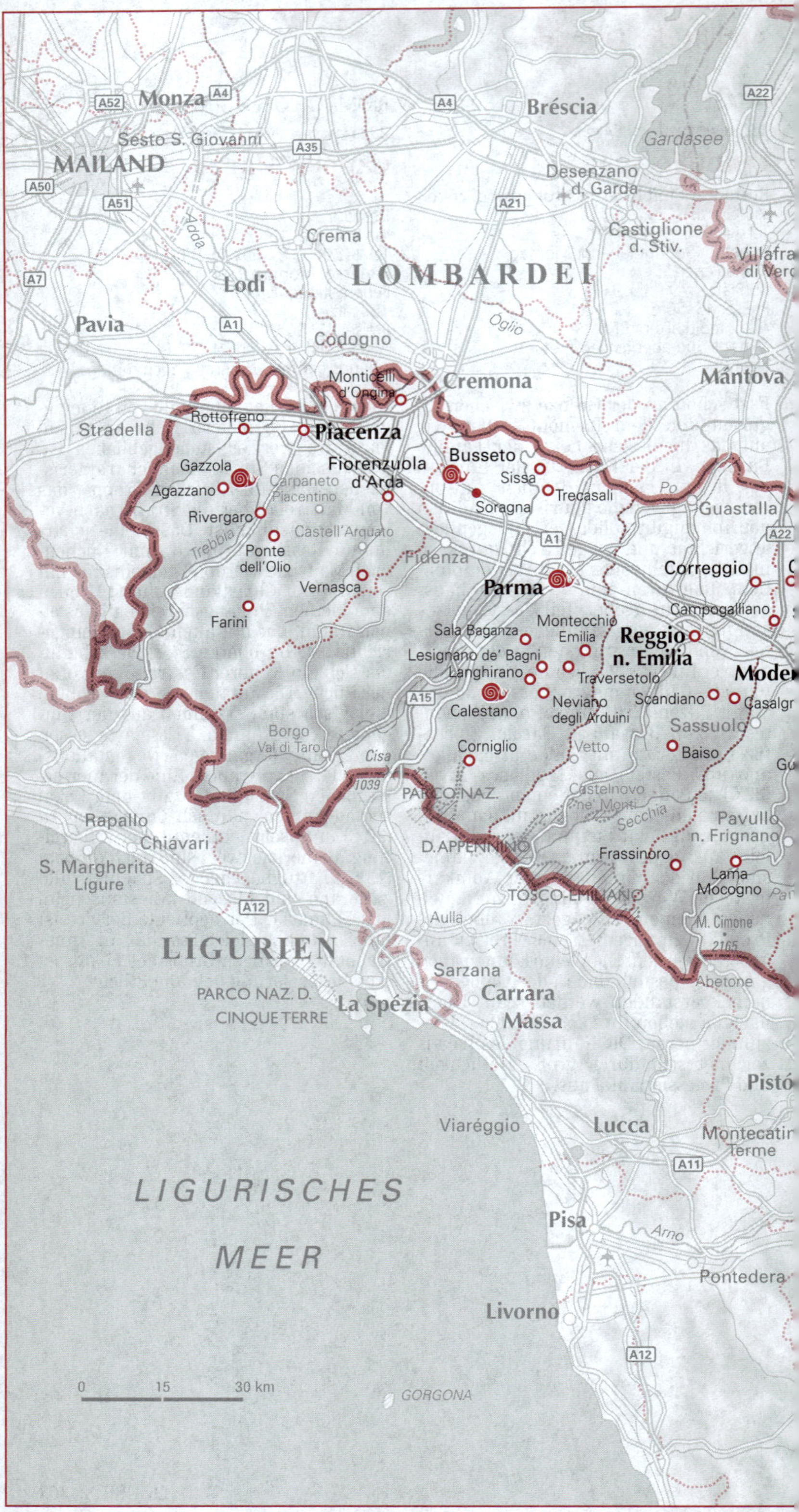
MAILAND
Monza
Sesto S. Giovanni
Bréscia
Gardasee
Desenzano d. Garda
Castiglione d. Stiv.
Crema
Adda
LOMBARDEI
Lodi
Pavia
Codogno
Óglio
Cremona
Mántova
Monticelli d'Ongina
Stradella
Rottofreno
Piacenza
Fiorenzuola d'Arda
Busseto
Sissa
Trecasali
Soragna
Gazzola
Agazzano
Carpaneto Piacentino
Rivergaro
Castell'Arquato
Trebbia
Ponte dell'Olio
Fidenza
Vernasca
Farini
Po
Guastalla
Correggio
Parma
Campogalliano
Montecchio Emilia
Sala Baganza
Reggio n. Emilia
Lesignano de' Bagni
Langhirano
Traversetolo
Calestano
Neviano degli Arduini
Scandiano
Casalgr
Sassuolo
Baiso
Borgo Val di Taro
Cisa
1039
Corniglio
Vetto
Castelnovo ne' Monti
Secchia
PARCO NAZ. D. APPENNINO TOSCO-EMILIANO
Pavullo n. Frignano
Frassinoro
Lama Mocogno
M. Cimone
2165
Abetone
Rapallo
Chiávari
S. Margherita Lígure
LIGURIEN
Aulla
Sarzana
Carrara
Massa
La Spézia
PARCO NAZ. D. CINQUE TERRE
Viaréggio
Lucca
Montecatini Terme
Pisa
Arno
Pontedera
Livorno
LIGURISCHES MEER
GORGONA
0 15 30 km
A4
A52
A35
A50
A51
A21
A22
A7
A1
A15
A12
A11

Vicenza
A31
Mirano
A4
A57
Lido di Jésolo
Mestre
VENEDIG
Mira
S. Bonifacio
Padua
Golf von Venedig
VENETIEN
Monsélice
Chióggia
Legnago
Este
Ádige
Rovigo
Adria
Po
A13
Porto Tolle
Mesola
Finale Emilia
Ferrara
Panaro
Cento
Codigoro
Comacchio
ADRIA
S. Pietro in Casale
Reno
Argenta
BOLOGNA
Monte S. Pietro
Bagnacavallo
Lugo
M4dir
Ravenna
Savigno
Pianoro
Imola
A14
Russi
Faenza
Cervia
A1
Brisighella
Forlì
Forlimpopoli
Cesenatico
Santerno
Cesena
Gambettola
Bertinoro
S. Mauro Pascoli
Savignano sul Rubicone
Rimini
Longiano
Passo della Futa
Roncofreddo
Santarcangelo di Romagna
Galeata
Riccione
Borgo S. Lorenzo
Mercato Saraceno
Sogliano al Rubicone
S. Sofia
S. Marino
Monte Colombo
A14
Prato
M. Falterona 1654
Bagno di Romagna
S. Leo
S. MARINO
FLORENZ
M. FALTERONA E CAMPIGNA
Casteldelci
Pontassieve
Verghereto
Urbino
A1
Arno
Bibbiena
MARKEN
TOSKANA
Montevarchi
Città di Castello
Poggibonsi
Arezzo
UMBRIEN

EMILIA-ROMAGNA

Sprich das Wort Emilia-Romagna aus und nimm die Düfte einer Region wahr, die dich zu jeder Jahreszeit mit starken Sinneseindrücken beschenkt. Jeder Moment hat hier viel zu erzählen und tut es auf die allerbeste Weise. Herzlicher Empfang ist eine Grundregel, wodurch es ganz einfach ist, sich wie zu Hause zu fühlen. Die eigentliche Reise besteht jedoch darin, Zutaten und Speisen zu genießen, die das Ergebnis jahrhundertelanger Arbeit von Frauen und Männern darstellen. Sie bringen ihr Können und ihre Liebe zu diesem Landstrich in einer üppigen, würzigen und schmackhaften gastronomischen Tradition zum Ausdruck.
Unverzichtbar ist eine Kostprobe von den Minestre (unter denen hier nicht Suppen, sondern vor allem Nudelgerichte verstanden werden) aus mit dem Nudelholz ausgezogenem Teig. An ihm lässt sich das meisterhafte Können der Hausfrauen messen, die seit jeher die Herrscherinnen *(Rezdore, Azdore ...)* im Familienleben waren. Hier nun die lange Liste der Köstlichkeiten: Tortellini, Tortelli, Cappelletti, Anolini, Tagliatelle, Pappardelle, Lasagne und Cannelloni. Deren Machart und ihre Füllungen versetzen immer wieder in Erstaunen.
Während das Hügelland eine große Auswahl an Fleisch liefert, bereichert die Adria die Küche mit erlesenem Fisch. Vielfältig und interessant sind die hier produzierten Wurstspezialitäten, darunter Kochwurst (Salama da sugo, Spalla cotta, Zampone und Cotechino) und andere Erzeugnisse wie Salami, Salsicce, Prosciutto und Coppa. Die Käsespezialitäten erzählen von den Nuancen eines reichen Gebiets, angefangen von Parmigiano reggiano bis hin zu Weichkäse wie Raviggiolo und Squacquerone.
Und wenn Sie auf der Suche nach dem Besten der Region zwischen Küste und Hügeln pendeln möchten, stärken Sie sich mit den unverzichtbaren Köstlichkeiten für unterwegs wie Torta fritta und Piadina.

Für Sie entdeckt

AGAZZANO
Sarturano

24 KM SÜDWESTLICH VON PIACENZA

Antica Trattoria Giovanelli

Trattoria
Via Centrale, 5
Tel. (+39) 05 23 / 97 51 55
Ruhetag: Montag, Mittwoch, Feiertage
Ferien: 2 Wochen im Februar/März, 16.–31. August
55 Plätze + 55 Plätze im Freien
Preise: 28–30 €
Kreditkarten: AE, CS, MC, Visa; BM
Mittags und abends geöffnet

Wir sind in einem ruhigen Ortsteil der Gemeinde Agazzano im Luretta-Tal, das sich zwischen das bekanntere Trebbia- und Tidone-Tal zwängt. Diese historische Trattoria steht in einem Gebiet, das von den Traditionen von vier Provinzen – Piacenza, Pavia, Alessandria und Genua – beeinflusst wird. Seit drei Generationen ist hier die Familie Giovanelli am Ruder, die heute durch Raffaella, in der Küche, und ihren Bruder Marco, im Service, vertreten wird. Das Lokal besteht aus drei gemütlichen Gasträumen, die im Sommer jedoch leer bleiben, da es eine schöne, weitläufige Veranda gibt. Im einfachen, absolut bodenständigen Menü ist als Vorspeise eine Kostprobe von den im Keller des Lokals gereiften **Salumi** beinahe Pflicht; dazu gesellt sich verlockendes **Carpaccio di lombo** (8,50 €). Unter den Primi finden wir einige Eckpfeiler der Küche Piacenzas: *Pisarei e fasò*, Anolini di stracotto in brodo und **Tortelli di erbette e ricotta** (8 €), die frisch zubereitet und gefüllt mit Butter und Salbei oder **mit Pilzsauce** serviert werden. Fleisch dominiert die Secondi: **Misto di arrosto**, Misto di bollito (10 €), Salame cotto, **Tasca di vitello ripiena**, Stinco di maiale und Faraona al forno. Bevor man sich den guten hausgemachten Desserts wie **Ciambellone** und Crostate mit Früchten (4 €) zuwendet, besteht die Möglichkeit, Grana-Käse zu probieren. Der Hauswein wird in der traditionellen *Scudlein,* einer typischen weißen Keramikschüssel kredenzt; die Weinkarte enthält eine interessante Selektion an Etiketten aus Piacenza.

BAGNO DI ROMAGNA
San Piero in Bagno

56 KM SÜDWESTLICH VON CESENA, S.S. 71 OD. E 45

Alto Savio

Restaurant
Via Battistini, 76
Tel. (+39) 05 43 / 90 33 97
Ruhetag: Samstag
Ferien: 23. Dezember–8. Januar, 1 Woche nach dem 15. August
90 Plätze + 20 Plätze im Freien
Preise: 25–30 €
Kreditkarten: CS, DC, MC, Visa; BM
Mittags und abends geöffnet

Lassen Sie sich vom ersten Eindruck nicht täuschen: Von außen wirkt dieses Lokal, das dicht an der baumbestandenen Straße nach San Piero in Bagno liegt, wie eine simple Dorfbar. Sobald man aber den Barbereich mit Tresen, der für viele Einwohner aus der Gegend einen Treffpunkt darstellt, hinter sich lässt, gelangt man in einen großen, gemütlichen Speiseraum mit unverfälscht altmodischer Einrichtung. Hier bekommen Sie eine ebenso große wie gute Auswahl an Traditionsgerichten aus der Romagna mit ein paar Ausflügen in die nahe Toskana. Kopf und Seele des Alto Savio ist der junge, ebenso qualifizierte wie begeisterte Alessandro Bravaccini, der von seinem Vater die Leidenschaft für Gastronomie geerbt hat. Seine Frau Paola steht ihm beim Empfang der Gäste zur Seite. Das Menü macht einem die Wahl schwer. Nach einem guten Start mit verschiedenen Crostini oder Wurst- und Käseplatten fährt man mit einem der Hits des Lokals fort: frischer Pasta, die täglich von bewährten *Rezdore* (Hausfrauen) zubereitet wird. Tagliatelle und gefüllte Pasta werden je nach Saison mit Pilzen, Trüffeln, Wild oder Fleischsaucen verfeinert; außerdem gibt es **Passatelli in brodo** (7,50 €) und **Ribollita** (7 €). Eine Kostprobe verdienen auf jeden Fall auch Trippa, Fiorentina, **Stinco al forno** (8,50 €) und vor allem Arrosti di **agnello** (10 €), coniglio, capretto, maialino, piccione (Lamm, Kaninchen, Zicklein, Taube), stets mit würzigen Gemüsebeilagen kombiniert. In der Saison gibt es viele Pilzgerichte und gegen Vorbestellung auch Wild. Es wäre schade, nicht auch ein bisschen Platz für Desserts wie Zuppa inglese, **Lattaiolo**, Crostate und Cantuccini zu lassen. Das nicht allzu große Weinangebot umfasst vorwiegend Tropfen aus dem Umland.

BAISO
Lugo di Baiso

29 KM S. V. REGGIO NELL'EMILIA, S.S. 467 U. S.S. 486

Ca' Poggioli

Trattoria
Via Lugo, 7
Tel. (+39) 05 22 / 84 46 31
Ruhetag: Montagabend, Donnerstag
Ferien: 1 Woche im Januar, 10.–31. August
60 Plätze
Preise: 28–32 €
Kreditkarten: CS, DC, MC, Visa; BM
Mittags und abends geöffnet

Fahren Sie durch das Tal entlang des Secchia in Richtung Passo Radici und biegen Sie kurz vor dem Case-Poggioli-Tunnel nach rechts in Richtung Lugo ab. Nach ein paar Hundert Metern stoßen Sie auf der rechten Seite auf die alte Poststation, die den Rahmen der Trattoria bildet. Seit mehr als 20 Jahren steht sie unter der Leitung der Familie Branduzzi. Mamma Gianna bereitet gekonnt Gerichte aus der traditionellen Küche Reggios zu, während Gabriele sich um den Service kümmert. Er zählt das Menü auf, erklärt die Speisen und berät die Gäste auf ebenso herzliche wie professionelle Weise. Den Anfang machen Antipasto misto di **salumi** (mit in den hauseigenen Kellern gereifter Salami und Coppa) und **Polpettine fritte di baccalà** (8 €), begleitet von einem speziellen Gnocco fritto, dessen Teig mit Parmigiano reggiano gewürzt ist. Unter den Primi sind **Tortelli di erbette e ricotta** oder di zucca (9 €) und hervorragende **Cappelletti in brodo di manzo e gallina** (9 €). Bei den Secondi steht Fleisch im Vordergrund. Probieren Sie unbedingt mit Knoblauch und Rosmarin rasch angebratene **Berzigoli di castrato**, frittierte oder gegrillte **Costolette d'agnello** (13 €) oder auch zarte Arrosti misti und Coniglio al forno. In der Saison gibt es Pilzgerichte aus Morcheln und Steinpilzen, aber auch aus vorzüglichem weißem Trüffel aus der Gegend. Abschließend warten Torta di riso, Torta di tagliatelle, Torta nera und köstliche **Zuppa inglese**. Die Weinkarte nennt interessante Lambruschi aus Reggio und Modena und einen Überblick über italienische Tropfen.

BOLOGNA

Antica Trattoria della Gigina

Restaurant
Via Stendhal, 1 B
Tel. (+39) 051 / 32 23 00
Kein Ruhetag
Ferien: 3 Wochen im August
100 Plätze • Preise: 32–36 €
Kreditkarten: CS, MC, Visa; BM
Mittags und abends geöffnet
♿

Die Trattoria della Gigina empfängt ihre Gäste seit beinahe 60 Jahren und steht dank Rosalba Vigorito und Carlo Cortesi, die das Lokal vor 14 Jahren kauften, heute noch in vorderster Linie. Das Lokal gliedert sich in mehrere, auf verschiedenen Ebenen verteilte Räume mit Jugendstil-Einrichtung und schönen Steinböden. Die Rezepte sind aber die Originale von Gigina: gut zubereitete und schön präsentierte Bologneser Küche. Unter den Antipasti stechen **Spuma di mortadella con gelatina di balsamico e pan brioche** und Roastbeef della Gigina con la sua salsa di cottura (12 €) hervor, aber Sie können sich auch gereiften Prosciutto aus Parma und Culatello aus Zibello schmecken lassen. Als Primi bieten sich hervorragende **Tortellini in brodo** (12 €) und unverzichtbare **Tagliatelle al ragù** an, aber auch Gramignone sporca faccia con salsiccia, Gnocchi di spinaci in fonduta di parmigiano e tartufo (15 €) oder Maccheroncini al torchio con prosciutto e asparagina di Altedo. Als Secondi gibt es eine Parade ganz klassischer Fleischgerichte, darunter winterliche **Cocotte di bolliti con friggione e salsa verde** (12 €), Coniglio al forno (12 €), **Fegato di vitello grigliato con rete e lauro** und Cotoletta alla petroniana mit Trüffeln. Wenn Sie dann noch Platz haben, lassen Sie sich den emilianischen Klassiker Zuppa inglese als Dessert nicht entgehen. Das ausgezeichnete Kellerangebot beinhaltet nicht nur Erzeugnisse aus dem Umland, sondern auch das Beste aus Italien.

La Caramella von Gino Fabbri (Via Cadriano 27/2) ist eine exzellente Konditorei. Die Salumeria Bruno e Franco (Via Oberdan 16) verkauft italienische Wurst- und Käsespezialitäten und Delikatessen.

Meloncello

Trattoria
Via Saragozza, 240 A
Tel. (+39) 051 / 614 39 47
Kein Ruhetag
Ferien: 2 Wochen im August
55 Plätze
Preise: 30–33 €
Alle Kreditkarten; BM
Mittags und abends geöffnet

Wenige Schritte vom Arco del Meloncello und der Porta Saragozza entfernt, wo der Anstieg zum Colle della Guardia und der Kirche Madonna di San Luca beginnt, stellt diese Trattoria von einst eine Pflichtetappe dar. Autogramme und Fotos an ihren Wänden bezeugen die Nähe zum Teatro delle Celebrazioni und zum Dall'Ara-Fußballstadion und bilden den passenden Hintergrund für das Menü. Ganz im Zeichen der Tradition gibt es viele Primi aus hausgemachter Pasta wie **Tagliatelle al ragù** (10 €), Tortelli oder **Passatelli in brodo** (9 €), die in leichter Brühe zubereitet sind und angenehm bissfest bleiben (und allein schon die Anreise lohnen), Tortelloni ricotta e salvia und, zwar in kleinen Portionen, **Lasagne alla bolognese**. Interessant sind die Secondi, von denen zweifelsohne **Coniglio disossato alla cacciatora** (12 €) und **Polpettine con patate e piselli** (11,50 €) die Renner sind. Besonderes Augenmerk gilt den Beilagen (3,50 €), die am jahreszeitlichen Angebot orientiert sind. Im Winter schmecken köstliche **Patate al forno** und Püree, während man im Sommer Pomodori gratinati und natürlich Friggione und Fricandò genießen kann. Exzellent sind die hausgemachten Süßspeisen. Wir probierten ganz frisches, vollmundiges und cremiges **Tiramisu**, Zuppa inglese und Fiordilatte. Recht gute Weinselektion mit besonderem Augenmerk auf Etiketten aus den Colli Bolognesi.

Le Sfogline (Via Belvedere 7 B): Hier gibt es hervorragende, von Hand erzeugte frische Teigwaren wie Tortellini, Tagliatelle, Lasagne, Gnocchi und Passatelli. Die Salumeria Pasquini, Via delle Tofane 38, verkauft hervorragende Wurst aus der Tradition Bolognas.

Osteria Bottega

Traditionelle Osteria
Via Santa Caterina, 51
Tel. (+39) 051 / 58 51 11
Ruhetag: Sonntag, Montag
Ferien: 10 Tage zu Weihnachten/Dreikönig, August
26 Plätze + 10 Plätze im Freien
Preise: 35–40 €
Kreditkarten: MC, Visa; BM
Mittags und abends geöffnet

Wenn Sie auf der Suche nach authentischer, unverfälschter Bologneser Küche sind, führt kein Weg an diesem Lokal vorbei. Unter den Arkaden der Via Santa Caterina hütet Daniele Minarelli eine Tradition, die der Stadt zu ihrem Beinamen „la grassa" – „die Fette" – verhalf. Berühmtheiten der Osteria Bottega sind mittlerweile (und berechtigterweise) **Tortellini in brodo**, üppige Lasagna (15 €) und **Cotoletta alla petroniana**, lauter tadellose Interpretationen der hiesigen Klassiker. „Es schmeckt gut, aber meine Großmutter kocht besser", ist ein Satz, den Sie hier nicht hören werden. Selbst die strengsten *Rezdore* (Hausfrauen) werden hier zugeben müssen, dass man nicht oft einen derart guten **Polpettone con peperonata** (14 €) vorgesetzt bekommt. Die Karte nennt aber auch weniger universell bekannte Gerichte aus der emilianischen Küche wie beispielsweise **Tagliatelle bianche con asparagi verdi di Altedo** (12 €) und Baccalà con passata di pomodorini, olio e basilico. Ein Fest für den Gaumen ist **Giardiniera** sott'olio (6 €), die mit einer hervorragenden Auswahl an Schafkäse und Wurstspezialitäten kombiniert wird, allen voran Mortadella von Pasquini, die durchaus die Bezeichnung sublim verdient. Die Rechnung passt zum Grad der Zufriedenheit und ist auch durch das gute lokale und italienische Weinangebot und den familiären, angenehmen Empfang gerechtfertigt.

»*Die Jahre vergehen, aber die Osteria Bottega behält ihre Vorrangstellung und wird – und das ist nicht einfach – von den Einheimischen als Adresse für Bologneser Küche empfohlen. Alles ist tadellos.*«

Serghei

Trattoria
Via Piella, 12
Tel. (+39) 051 / 23 35 33
Ruhetag: Samstag, Sonntag
Ferien: 1 Woche im Januar, August
28 Plätze
Preise: 35 €
Kreditkarten: CS, MC, Visa; BM
Mittags und abends geöffnet

Diese sehr zentral gelegene Osteria – wenige Schritte von der Via dell'Indipendenza und dem Universitätsviertel entfernt – ist ein Stück altes Bologna. An ihren Tischen finden sich noch heute Einheimische, Studenten und durchreisende Touristen ein, die vom einfachen, authentischen Flair angezogen werden, das den Gast beim Betreten des Lokals sogleich umfängt. Der Bartresen, der Speiseraum mit holzgetäfelten Wänden und kleinen Tischen bieten den idealen Rahmen, um die wechselnden Traditionsgerichte des Menüs zu genießen. Bedient werden Sie von Saverio Pasotti, während seine Schwester Diana und Mutter Ida für die Küche zuständig sind. Sie können mit frischen, gefüllten und ungefüllten Teigwaren wie Tortelli di zucca oder di ricotta e spinaci, Tagliatelle al ragù (10 €), **Tortellini in brodo** und Lasagne beginnen oder auch Zuppa di verdure und Pasta e fagioli wählen. Bei den Secondi nimmt **Bollito con la salsa verde** eine führende Rolle ein, aber auch Zucchine ripiene und Polpette in umido, Coniglio, Ossobuco con purè (nur im Winter erhältlich) und **Faraona al forno** (13 €) schmecken gut. Als Nachspeise (6 €) gibt es Klassiker wie **Zuppa inglese**, Crème caramel und Crostata. Die Weine kommen hauptsächlich aus der Emilia-Romagna, ein paar Tropfen auch aus anderen Regionen.

■ Silvio Scapin, Via Santo Stefano 88A, erzeugt und verkauft ausgezeichnete Wurstwaren, allen voran klassische Mortadella (Slow-Food-Presidio).

BOLOGNA

Trattoria di Via Serra

Moderne Osteria
Via Serra, 9 B
Tel. (+39) 051 / 361 23 30
Ruhetag: Montag, Dienstag
Ferien: unterschiedlich
40 Plätze
Preise: 30–35 €
Kreditkarten: CS, DC, MC, Visa; BM
Abends geöffnet, Freitag–Sonntag auch mittags

Sie brauchen nur ein paar Minuten zu Fuß vom Hauptbahnhof, um zur Via Serra zu gelangen und sich vor der Glasfront der Trattoria zu finden – ein guter Grund, um auf unserer Reise eine Rast einzulegen. Das Lokal ist schlicht, aber aber mit Raffinesse eingerichtet und gliedert sich in drei kleine Räume. Die familiäre Atmosphäre wird von Wirt Flavios herzlicher Art unterstrichen. Er erläutert Ihnen die Tagesgerichte, die es abseits der eher kleinen Karte gibt. Produkte aus der Umgebung werden nach traditionellen und nichttraditionellen Rezepten verarbeitet. Unter den Antipasti (8 €) stechen **Tosone di bianca modenese**, in Pancetta gewickelt und im Ofen gebraten, schmackhafte Animelle su insalata di asparagi und erfrischende **Vellutata fredda di pomodori, succo d'arancia e zenzero** hervor. Als Primi (10 €) serviert man typische Gerichte aus Bologneser Tradition, wie **Gramigna al torchio al ragù di salsiccia montanara** oder **Tortellini** in brodo, flankiert von interessanten Alternativen wie Gnocchi agli asparagi e porcini oder **Tortelloni di sfoglia gialla con ripieno di ricotta di bianca modenese ed erbette**. Das Angebot der Secondi ist schlicht, wie etwa ausgezeichnete Tigelle aus Marzotto-Weizen mit Speckpesto. Unter den verlockenden Tagesgerichten könnten Sie **Noce di manzo cotta al sale** (16 €) oder Coniglio arrosto avvolto nella pancetta vorfinden. Die Desserts wie Mistocche di castagne sind hausgemacht und variieren saisonal. Die Weinkarte lässt besonderes Augenmerk auf regionale Tropfen aus biologischem und biodynamischem Anbau erkennen.

BOMPORTO
Solara

14 KM NORDÖSTLICH VON MODENA, S.S. 12

La Lanterna di Diogene

Osteria-Trattoria • Via Argine Panaro, 20
Tel. (+39) 059 / 80 11 01
Ruhetag: Montag, Dienstagabend
Ferien: ersten 2 Januarwochen
40 Plätze + 40 Plätze im Freien
Preise: 33 € (Tagesmenü)
Alle Kreditkarten
Mittags und abends geöffnet

Um ein Lokal zu finden, das die Philosophie des Guten, Reinen und Richtigen im ursprünglichsten und allumfassenden Sinn verkörpert, muss man nach Solara di Bomporto fahren. Die Genossenschaft La Lucciola, am Damm des Panaro gelegen, bindet hier behinderte Jugendliche in die Führung der Osteria ein. Von der Viehzucht (Schweine, Hühner) über die Pflege des Gemüsegartens, die Erzeugung von Aceto balsamico bis zum Service erledigen sie alles unter Anleitung von Giovanni Cuocci, einem Wirt, wie es nur wenige gibt und aus dessen Worten und Blicken Begeisterung und Leidenschaft sprechen. Diesen Ort umfassend zu beschreiben, ist nicht einfach, viel einfacher ist es, ihn aufzusuchen und sich in ihn zu verlieben. Der Antipasto vom Büfett (7 €) enthält **Verdure** dell'orto, **Torte salate** und Getreide, einen einfachen, frischen und bunten Augen- und Gaumenschmaus, der mindestens nach einem zweiten Durchgang verlangt. Abgesehen von ein paar Ausflügen über die Region hinaus dominiert emilianische Traditionskost. Unverzichtbar sind Primi (10 €) wie **Tortellini in crema di parmigiano** oder Tortelloni di ricotta aus fachgerecht ausgezogenem Teig. Unter den Secondi ragt **Ricotta con aceto balsamico** (12 €) heraus, aber auch **Gallina modenese in padella** (15 €) enttäuscht nicht. Tadellose Qualitätszutaten, wenig Hokuspokus und viel Substanz. Es ist unmöglich, das Menü ohne Likör, auch selbst gemachten, und ohne verlockendes Dessert vom Büfett (5 €) zu beenden. Zu trinken gibt es Bioweine des Hauses und einige regionale Tropfen.

»
Hier wird die Null-Kilometer-Philosophie gelebt. Ein Ort abseits von Stereotypen und Mode mit unverfälschter emilianischer Küche und lobenswerter Ethik hinter den Kulissen.
«

BRISIGHELLA
Monteromano

50 KM SW. V. RAVENNA, 20 KM V. FAENZA, S.S. 302

Croce Daniele

Trattoria
Via Monteromano, 43
Tel. (+39) 05 46 / 870 19
Ruhetag: Montag, Dienstagabend;
September–März Samstag und Sonntag
Keine Ferien
120 Plätze + 50 Plätze im Freien
Preise: 20–25 €
Kreditkarten: CS, MC, Visa; BM
Mittags und abends geöffnet

Nachdem man die Staatsstraße bei dem Schild, das die Provinz Ravenna von der Provinz Florenz trennt, verlassen hat, fährt man einige Kilometer in Richtung Monteromano bergauf. Auf der Höhe des Observatoriums setzt man die Fahrt bis zur Kirche eines kleinen Orts fort, neben der sich die Trattoria befindet. Von außen ist eine Terrasse mit schöner Aussicht zu erkennen, die im Sommer genutzt wird; das Lokal betritt man über ein paar Stufen. Rechts erblicken Sie einen Steinofen, in dem Fleisch gebraten wird, und gleich danach gelangen Sie in den weitläufigen Speisesaal. Luciano Gentilini führt das Lokal mit seiner Familie; das Essen entspricht der bäuerlichen Tradition und spiegelt deren Schlichtheit und Unvermitteltheit wider. Eine Speisekarte gibt es nicht, daher werden die Tagesgerichte mündlich aufgezählt. Am Start stehen ein Antipasto mit **Crostini misti** (3 €) oder eine Selektion an Salumi, gefolgt von hausgemachten Primi (7 €) wie Tagliatelle al ragù, **Tortelli di ricotta al burro** und **di patata mit nativem Olivenöl extra aus Brisighella**. Die Secondi (7 €) sind überwiegend Fleischgerichte. Neben klassischer **Grigliata di** maiale oder di **castrato** (vom Schwein oder vom Hammel) können Sie Agnello, Capretto, Coniglio, Pollo und Faraona (Lamm, **Zicklein**, Kaninchen, Huhn und **Perlhuhn**) **aus dem Holzofen** vorfinden. Unter den Beilagen sind Saisongemüse und Bratkartoffeln. Für einen süßen Abschluss sorgen traditionelle Desserts wie Zabaione, Latte brulé, Mattonella al caffè und Semifreddo di ricotta, die es auch als Kostprobenmix gibt. Zu trinken kredenzt man einige lokale Weine, aber hauptsächlich einen offenen Sangiovese.

BRISIGHELLA

50 KM SW. V. RAVENNA, 20 KM V. FAENZA, S.S. 302

Osteria del Guercinoro

Moderne Osteria
Piazza Marconi, 7
Tel. (+39) 05 46 / 804 64
Ruhetag: Dienstag
Ferien: 20. Dezember–7. Januar
30 Plätze + 15 Plätze im Freien
Preise: 30–35 €
Keine Kreditkarten
Abends geöffnet, September–Mai und an Feiertagen auch mittags

Im mittelalterlichen Kern von Brisighella befindet sich in der Nähe der pittoresken Via degli Asini diese in den Fels gehauene kleine Osteria unter der Leitung von Franco Ricci Maccarini, dem im Service die liebenswürdige Elena zur Seite steht. Hier durchlaufen Sie einen kulinarischen Parcours, der den Einfluss der nahen Toskana erkennen lässt. Das kleine Menü, das mündlich präsentiert wird und auch auf der Tafel beim Eingang angeschrieben ist, wartet immer mit einem stark kontextgebundenen Angebot auf: wenige Gerichte, die gekonnt aus saisonalen Zutaten zubereitet sind und deren Vorzüge so bestens zur Entfaltung bringen. Eingangs können Sie **Frittatina con i fiori di acacia**, Ricotta von einem lokalen Erzeuger mit nativem Olivenöl extra aus Brisighella oder, für Freunde von Klassikern, eine Platte mit **handwerklich erzeugten Salumi** (10 €) in erstklassiger Qualität vorfinden. Das Kapitel Pasta räumt frischen Eierteigwaren zu Recht einen Ehrenplatz ein. Erwähnt seien **Tagliatelle con i piselli** (9 €) und Lasagnette con gli asparagi. Bei den Secondi dominiert dagegen die toskanische Tradition: Battuta di chianina al coltello, **Tagliata di manzo** (16 €) und Lombatina von frei lebenden Schweinen unterstreichen die hohe Qualität des schnörkellos zubereiteten Fleisches. Gute Auswahl an Käse (10 €) und Süßspeisen, die beinahe täglich wechseln. Eine Weinkarte gibt es nicht, aber der Wirt wird Ihnen gerne einige Tropfen von lokalen Erzeugern anbieten und auch ein paar Kostbarkeiten für echte Kenner vorstellen.

BUSSETO
Madonna dei Prati

42 KM NORDWESTLICH VON PARMA, S.S. 558

Campanini

Trattoria
Via Roncole Verdi, 136
Tel. (+39) 05 24 / 925 69
Ruhetag: Dienstag, Mittwoch
Ferien: 2.–15. Januar, 15. Juli–15. August
52 Plätze
Preise: 28–32 €
Kreditkarten: CS, DC, MC, Visa; BM
Abends geöffnet, an Feiertagen gegen Vorbestellung auch mittags

Eine Reise nach Madonna dei Prati im ländlichen Gebiet zwischen Piacenza und Parma bedeutet eine Reise in das Herz der Tiefebene (Bassa) von Parma. Nach dem Überschreiten der Schwelle dieser nunmehr historischen Trattoria mit Laden atmet man die Atmosphäre dieses Landstrichs in vollen Zügen. Das Ambiente ist mit Fotos und Dokumenten aus dem bäuerlichen Leben an den Wänden einfach gestaltet. Für einen angenehmen Empfang sorgt das freundliche Lächeln von Franca Campanini. In der Küche führen ihr Bruder Stefano und Mamma Maria die lokale kulinarische Tradition fort. Ein Einstieg mit **Torta fritta** (4 €) und exzellenten **Salumi** misti (10 €), die allein schon die Anreise lohnen, ist Pflicht. Stefano erzeugt Prosciutto di Parma, Spalla cruda und cotta, Salami, Coppa und Culatello und lässt sie lange reifen. Von den Primi mundet hausgemachte gefüllte Pasta wie klassische **Tortelli di mucca** (8,50 €) und **Cappelletti in brodo** (sonntags, 9 €). Die Secondi? Man hat die Qual der Wahl zwischen Guanciale, Stinco, Trippa della nonna und **Bollito** (sonntags, 20 €), aber die vorzügliche **Mariola con mostarda di pere e mele, zabaione, balsamico e purè** (10 €) ist ein Klassiker des Lokals. Unter den Dolci sind Semifreddi, Crostate und selbst gemachtes Vanilleeis. Die Weinkarte legt einen Akzent auf Perlendes und nennt Erzeugnisse kleiner Winzer der Champagne und italienischer Winzer, die nach der Méthode Classique arbeiten, sowie die lokalen Klassiker Fortana und Lambrusco, die bestens zur hiesigen Küche passen. Ganz traditionell gibt es montags ab 18 Uhr nur Torta fritta und Salumi.

»*Eine Reise in das Innere der Bassa. Die Familie Campanini erzählt weiterhin unbeirrt von der hiesigen kulinarischen Tradition.*«

CALESTANO
Fragnolo

36 KM SÜDWESTLICH VON PARMA

Locanda Mariella

Trattoria
Ortsteil Fragno
Tel. (+39) 05 25 / 521 02
Ruhetag: Montag, Dienstag
Ferien: unterschiedlich
60 Plätze + 40 Plätze im Freien
Preise: ⊞ 35–38 €
Kreditkarten: MC, Visa; BM
Mittags und abends geöffnet, im Winter mittags gegen Vorbestellung

Es gibt viele Gründe, um nach Fragnolo im schönen Apennin von Parma zu fahren und in der Locanda Mariella einzukehren. Zunächst ist das Lokal eine Pflichtstation für Weinliebhaber: Im Keller lagern lokale, regionale, italienische und ausländische Weine zu sehr ehrlichen Preisen, die Mariella und Guido als passionierte Weinsammler in unermüdlicher Suche zusammengetragen haben. Dann wäre da noch die unverfälschte traditionelle Küche, deren Rezepte von Großmutter Luigia und Mamma Adriana weitergegeben wurden. Und überhaupt lädt das gepflegte Lokal mit alter und zugleich moderner Einrichtung und ungezwungenem Stil zu Geselligkeit ein. Am Herd steht Maurizio Pistritto, aber auch Mariellas Vater Virgilio ist noch in die Arbeit involviert. Die Küche stellt lokale Qualitätszutaten in den Vordergrund, insbesondere schwarzen Trüffel aus Fragno. Bevor Sie aus der verheißungsvollen Karte mit den Tagesgerichten wählen, genießen Sie einen Antipasto mit ausgezeichneten Wurstwaren, Leberpastete mit Zwiebelkompott oder **Polentina con fonduta di formaggi al tartufo nero** (12 €). Unter den Primi sind traditionelle **Cappelletti in brodo** (10 €), **Tortelli** di erbette oder Tortelli **dolci con amaretto, mostarda di mele e zucca** und Gnocchetti di patate con crema di formaggi al tartufo. Als Secondi locken **Guancialino di vitello brasato al vino rosso con polenta tenera** (11 €), **Arrosto di anatra** (11 €), Maialino al forno und eine bemerkenswerte Käseselektion. Schönes Angebot an Löffeldesserts, Eis, Mousse, Bavaresi und hausgemachten Kuchen (6 €).

»

Eine schlichte, traditionsbewusste Küche mit überlieferten Rezepten, dazu Leidenschaft für lokale Produkte und die Welt des Weines.

«

CAMPOGALLIANO

9 KM NORDWESTLICH VON MODENA, AUSFAHRT A 22

Laghi

Restaurant
Via Albone, 27 – Laghi Curiel
Tel. (+39) 059 / 52 69 88
Ruhetag: Mittwoch; März, April, Oktober, November Montag–Donnerstag
Ferien: Dezember–Februar
90 Plätze + 120 Plätze im Freien
Preise: 25–30 €
Kreditkarten: CS, MC, Visa; BM
Mittags und abends geöffnet

Wenn man kurz nach der Ausfahrt Campogalliano den Wegweisern nach Laghi Curiel folgt, gelangt man zu einem großen Parkplatz, der für das Parkgebiet vorgesehen ist. Das Restaurant liegt im Grünen und ist von Seen umgeben, ein Anziehungspunkt für Sportfischer. Marcello Righi kümmert sich um den Service und präsentiert Ihnen das Menü, das Küchenchef und Eigentümer Paolo Reggiani unter Verwendung von Qualitätszutaten, lokalen Produkten, Heilkräutern aus dem angrenzenden Garten und einigen Erzeugnissen aus Slow-Food-Presidi kreiert. Als Antipasti stehen ein hervorragendes Sortiment an **Salumi mit Gnocco fritto** nel lardo (9 €), Frittelline di baccalà con crema di spinaci und origineller ***Da ov e da lat*** (Hering, der nach einem alten Rezept in gekochtem Most zubereitet wird) zur Auswahl. Unter den Primi sind Tagliatelle con salsiccia gialla (vom Küchenchef nach einem geheimen Rezept zubereitet), **Riso** grumolo delle Abbadesse (Slow-Food-Presidio) **con Grasparossa e salsiccia sgranata** (10 €) und Tortelli di erbette con aglio dolce. Als Secondi finden wir Guancialino brasato al Grasparossa, **Trittico di bolliti con salse** della tradizione (14 €) und Cotoletta della zia Iris. Wer **Käse** mag, ist mit einer Käseplatte mit hausgemachten Senfsaucen und Konfitüren gut beraten. Probieren Sie zum Abschluss **Semifreddo con croccantino e mandorle di Toritto** (Slow-Food-Presidio, 5 €), Zuppa inglese, Crostata con le visciole und, falls erhältlich, Gelato di mele cotte con croste di formaggio e pistacchi. Gute Auswahl italienischer Weine mit einer sorgsam zusammengestellten, umfassenden Selektion an Lambruschi.

CARPI
Cantone di Gargallo

7,5 KM SÜDWESTLICH VON CARPI, S.P. 468

Trattoria Cantone

NEU

Trattoria
Via Fornace, 36
Tel. (+39) 059 / 66 43 17
Ruhetag: Dienstag, Sonntagabend
Ferien: 2 Wochen im August
50 Plätze + 40 Plätze im Freien
Preise: 20 €
Keine Kreditkarten
Mittags und abends geöffnet

In einem ländlichen Winkel zwischen Modena und Reggio nell'Emilia erfüllt die Trattoria Cantone eine in der Vergangenheit äußerst wichtige Funktion, nämlich jene eines Treffpunkts. Die Stammgäste kehren hier einfach auf ein Gläschen oder ein Billard- oder Kartenspiel ein, und so scheint es, als würde man zwischen einem Spiel und einem Gespräch über das Tagesgeschehen eine Reise in vergangene Zeiten machen. In den Speisesaal gelangt man an der Rückseite das Gebäudes, wo Giorgio und seine Familie Ihnen typische Speisen aus dem Gebiet servieren, die ohne Schnörkel, aber mit umso mehr Substanz präsentiert werden. Der Willkommensgruß besteht aus ein paar Scheiben Salami lokaler Herkunft. Danach fährt man mit ausnahmslos in Handarbeit erzeugten Primi fort, unter denen gefüllte Pasta herausragt, wie **Tortelli** di ricotta e spinaci, di patate oder **di zucca** (7 €), Tortellini in brodo, **Maccheroni al pettine con costine** (7 €) und **Caramelle con ripieno d'anatra**. Bei den Secondi nimmt Schweinefleisch breiten Raum ein: **Guanciale in umido** (8 €), Costine di maiale, Grigliata di salsiccia und Cotechino con purè. Aber auch Rindfleisch ist in Form von Punta di vitello al forno und Filetto alla griglia vertreten. Die hausgemachten Beilagen sind schlicht: Salat sowie Spinat und Kartoffeln aus der Pfanne. Wer sein Essen mit einem Dolce beenden möchte, bewegt sich mit **Zuppa inglese** (4 €), Sbrisolona und Crostata di prugne weiterhin in den Spuren der Tradition. Der Keller bietet einige Lambruschi von lokalen Winzern und Etiketten aus Italien. Mittags gibt es ein preislich festgelegtes Menü für 15 €. Reservierung empfehlenswert.

CASALGRANDE
San Donnino di Liguria

19 KM SÜDÖSTLICH VON REGGIO NELL'EMILIA

Badessa

Restaurant
Via Casa Secchia, 2 A
Tel. (+39) 05 22 / 98 91 38
Ruhetag: Montag, Samstagmittag
Ferien: 1 Woche im Winter, 2 Wochen im Sommer
50 Plätze + 20 Plätze im Freien
Preise: 30 €
Kreditkarten: CS, DC, MC, Visa; BM
Mittags und abends geöffnet

Das La Badessa ist das Abenteuer der beiden zwanzigjährigen Freunde Alberto Ruozzi und Luca Ferrari, die bewiesen haben, dass Qualitätszutaten, Ess- und Weinkultur Trümpfe in der modernen Gastronomie darstellen. Die Philosophie des Lokals basiert auf der Suche nach den besten regionalen Produkten und einer Küche, die den Zutaten die Aufgabe überlässt, das Wesen eines Gerichts zum Ausdruck zu bringen. Passionierte und kompetente gleichaltrige Kollegen verstärken das Team und sorgen für die Bewirtung in ansprechendem, gepflegtem Ambiente. Wir empfehlen, mit **Frittelle di baccalà e rosmarino con salsa all'arancia** (10 €), der Palette der Salumi (aus der familieneigenen Schweinezucht) mit Gnocco fritto und saisonal wechselndem Flan dello chef zu beginnen. Bei den Primi ist die Tradition richtungweisend: Tortelli di zucca con burro e salvia, Cappelletti in brodo di cappone e ganassino und ***Ajeda***, ein Gericht aus der lokalen Geschichte, nämlich Tagliatelle aus doppeltem Teig mit einer Hackmischung aus Gola und Pancetta (10 €). Von den Secondi nennen wir **Faraona agrumata in crosta di pancetta croccante** (14 €), Guance di maialino brasate al Lambrusco con polenta bianca al rosmarino scottata alla piastra und Costolette di agnello con mentuccia e rosmarino. Für einen süßen Abschluss sorgen klassische **Zuppa inglese** (6 €), hausgemachte Crostate mit Früchten und Tiramisu. Eine besondere Erwähnung verdient der Keller, in dem eine schöne Selektion italienischer Etiketten und – vor allem biologische und flaschenvergorene – Lambruschi aus der Umgebung lagern.

CASTEL D'AIANO
Rocca di Roffeno

46 KM SÜDWESTLICH VON BOLOGNA, S.S. 64

La Fenice

Ferienbauernhof
Via Santa Lucia, 29
Tel. (+39) 051 / 91 92 72
Ruhetag: Montag–Mittwoch, außer im Sommer
Ferien: Januar, Februar
60 Plätze + 40 Plätze im Freien
Preise: 25–30 €
Kreditkarten: CS, MC, Visa; BM
Mittags und abends geöffnet

Wenn Sie zu den Besuchern des Mercato della Terra in Bologna zählen, ist es Ihnen sicher nicht gelungen, den Düften zu widerstehen, die vom Stand des Agriturismo herüberwehen, der jeden Samstagmorgen (von September bis Juni) oder Mittwochabend (im Juni und Juli) die Besucher mit gefüllten Tigelle, Porchetta und Wurst verwöhnt. Von hier ist es wirklich nur mehr ein kleiner Schritt, um den im Hügelland von Bologna gelegenen Betrieb und seine Küche näher kennenzulernen. In entspannendem Umfeld mit Schwimmbad und Tieren bietet das La Fenice einfache, bodenständige Hausmannskost. Beim Kapitel Antipasti (5 €) stehen die selbst gemachten **Salumi** aus Fleisch vom Mora-Romagnola-Schwein im Vordergrund. Wenn man bei diesem Fleisch bleiben will, findet man es auch in der interessanten Füllung der Casonetti; als leichtere Alternative empfehlen sich **Tagliatelle alle erbette selvatiche con pancetta stufata** (8 €) oder Gnocchi con i funghi porcini. Bei den Secondi raten wir erneut zu Schweinefleisch: Ein Muss ist **Maialino al forno** (10 €), das an den Tisch serviert wird, gut schmeckt aber auch die delikate, feine **Crema di parmigiano reggiano con funghi porcini** (8 €). Ein empfehlenswertes Dessert ist **Torta di panna, ricotta e mirtilli** (3 €), die ganz im Gegensatz zu dem, was die Zutaten verheißen, leicht und erfrischend ist. Die Weinkarte gibt einen guten Überblick über die regionale Weinproduktion.

Der Landwirtschaftsbetrieb Carboni Lamberto in **Savigno** (7 km) erzeugt und verkauft ausgezeichnete Kartoffeln aus Tolè.

CASTIGLIONE DEI PEPOLI

58 KM SW. V. BOLOGNA, 6 KM V. MAUTSTATION PIAN DEL VOGLIO

Taverna del Cacciatore

NEU

Restaurant
Via Cavanicce, 6
Tel. (+39) 05 34 / 911 43,
(+39) 338 / 125 39 96
Ruhetag: Montag, im Winter auch Sonntagabend
Ferien: unterschiedlich
70 Plätze
Preise: 28–32 €
Alle Kreditkarten; BM
Mittags und abends geöffnet

Im Gespräch mit Lucia Antonelli, der Küchenchefin, bemerken Sie sofort die echte Leidenschaft, die sie beseelt, und den Wunsch, ihr an der Grenze zwischen der Emilia und Toskana gelegenes Gebiet bekannt zu machen. Die Gerichte nach Rezepten ihrer Großmutter sind traditionell und tief mit der lokalen Identität verbunden. Sie wurden wieder aktuell, als sie vor 25 Jahren beschloss, das Restaurant ihrer Schwiegereltern zu übernehmen. Wir befinden uns an den Toren von Castiglione dei Pepoli, und auch dank der wertvollen Unterstützung durch Schwiegermutter Rosina sind die Speisen von den lokalen Gebräuchen geprägt; besondere Aufmerksamkeit gilt Wild. Im modernen, lichtdurchfluteten Speisesaal mit schöner Aussicht auf das Tal stimmen Sie sich mit **Crostini caldi con fegatini**, Polpettine piccanti, **Cinghiale marinato** (5 €) oder Ricotta al tartufo nero ein. Als Primi erwartet Sie mit dem Nudelholz ausgezogene Pasta, wobei **traditionelle Tortellini in brodo** (die das Lokal berühmt gemacht haben) Pflicht sind. Als Alternative bieten sich Ravioli all'ortica con porcini (10 €), klassische Tagliatelle al ragù oder Tortelli di patate con cinghiale (11 €) an. Weiter geht es mit Fleischgerichten wie Tagliata di manzo, **Agnello scottadito con salsa allo yogurt** (€ 12), Stinco di maiale con purè all'aglio, **Germano arrosto con pancetta e uva** und Colombo selvatico arrosto. Die Portionen sind großzügig, aber lassen Sie dennoch Platz für hausgemachte Desserts (4 €) wie Zuppa inglese, Budino di castagne, Panna cotta con frutti di bosco und Muffin alle mele con zabaione. Die gut durchdachte Weinkarte räumt lokalen Winzern viel Platz ein.

CENTO

25 km südwestlich von Ferrara, S.S. 255

Antica Osteria da Cencio

Osteria-Enoteca mit Küche
Via Provenzali, 12 D
Tel. (+39) 051 / 683 18 80
Ruhetag: Montag, im Sommer auch Sonntag
Ferien: 3 Wochen im August, 20.–31. Dezember
70 Plätze • Preise: 35–40 €
Alle Kreditkarten; BM
Mittags und abends geöffnet

Bei Tisch vereinen sich die verschiedenen Seelen der Emilia-Romagna: die kämpferische, die genießerische, die arbeitsame und die großzügige. Und es gibt keinen besseren Ort als die Tafel, um eine Region zu feiern, die vor zwei Jahren so schwer von Erdbeben heimgesucht wurde. Daher fährt man nach Cento zur Antica Osteria in der Altstadt. Ein Schritt in das Lokal genügt, um sich von seiner einladenden, lockeren Atmosphäre einhüllen zu lassen; dasselbe wohltuende Gefühl wiederholt sich beim Aufschlagen der Speisekarte. Die Vorspeisen darf man keinesfalls überspringen, wegen der **Salumi** (darunter Mortadella aus dem Slow-Food-Presidio) mit Sottaceti, wegen des Cestino del fornaio (6 €) mit Erzeugnissen aus der nahen Bäckerei und wegen der vorbildlichen romagnolischen Piadina (5 €). Auch **Tortino di zucca con taleggio e gocce di aceto balsamico** (8 €) stellt zufrieden, ebenso wie **Tortellacci ripieni di ricotta ed erbette con manzo, funghi e scaglie di parmigiano** (10 €) als Primo, was auch das Verdienst exzellenter Qualitätszutaten ist. Die Secondi lösen sich von der Tradition und sind gewagter – mit wechselnden Ergebnissen. Wer nichts riskieren will, wählt **Formaggi con miele e confetture** (15 €), ein selten zu findendes vorzügliches, reichhaltiges Käsesortiment. Die gut bestückte Weinkarte verzeichnet lokale und italienische Tropfen, die es auch glasweise gibt. Die Desserts sind hausgemacht.

Die Bäckerei Palladino bietet Brot, Spezialitäten und Produkte für Zöliakiepatienten. Fleischerei Ceresi (Via Ugo Bassi): Wurst, Rind- und Schweinefleisch sowie Geflügel. Die Salumeria Bonfatti in **Renazzo di Cento**, Via Alberelli 28, erzeugt Wurst, darunter klassische Mortadella (Slow-Food-Presidio).

CERVIA
Pinarella

35 km südlich von Ravenna

Al Deserto

Restaurant
Strada Statale 16 Adriatica, 52
Tel. (+39) 05 44 / 97 61 51
Ruhetag: Montag–Mittwoch
Ferien: Dezember–Februar
80 Plätze + 40 Plätze im Freien
Preise: 33–35 €
Kreditkarten: CS, MC, Visa; BM
Abends geöffnet, Samstag und Sonntag auch mittags

Das Lokal befindet sich im Herzen der Salinen von Cervia an der Staatsstraße. Wir empfehlen Ihnen, in der Abenddämmerung zu kommen und den eindrucksvollen Anblick des Naturschutzgebiets zu genießen. Sie können im Innenbereich oder im Außenbereich mit Blick auf die Salinenbecken speisen. Roberto Bagnolini öffnet Ihnen die Tür zu einer typischen Meeresküche, die Enrico Lubrano mit ein paar kreativen Gerichten anreichert. Schmackhaft sind **Calamaretti fritti su vellutata di patate e salsa balsamica** (13 €), hervorragend sind auch Carpaccio di pesce spada affumicato con melanzane grigliate (12 €) und Insalata di calamari con pomodori secchi e timo (10 €). Keinesfalls versäumen sollten Sie **Mazzancolle al sale della Camillona con verdure** (14 €). Opulent sind Primi wie **Spaghetti piccanti alle vongole, uvetta e pinoli** (12 €), Risotto alla marinara (10 €), Tagliolini al pesto di spinaci e scampi (12 €) und Tortelli al pistacchio di Bronte con gamberi e salvia (12 €). Frittiertes und Gegrilltes findet sich bei den Secondi: Fritto misto oder Frittura di pesce con rucola e polenta (14 €), **Grigliata mista di pesce azzurro alla cervese con aceto rosso di Sangiovese** (nur Donnerstag, Freitag und Samstagmittag erhältlich, 16 €) oder Mazzancolle alla diavola (15 €), Sogliole (16 €) und Grigliata mista (21 €). Unter den Dolci sind klassische Zuppa inglese und ein interessantes Semifreddo di squacquerone e fichi. Die Weinkarte zeigt besonderes Augenmerk auf Weißweine und nennt einen recht guten offenen Wein. Im Frühling und Herbst gibt es donnerstags ein Menü für 25 €, das dem Fisch vom Tagesfang gewidmet ist; den Wein dazu können Sie von zu Hause mitbringen.

CESENA
San Vittore

6 km vom Zentrum

Cerina

Restaurant-Pizzeria
Via San Vittore, 936
Tel. (+39) 05 47 / 66 11 15
Ruhetag: Montagabend, Dienstag
Ferien: je 1 Woche im Januar, Juni und August
150 Plätze
Preise: 30 €
Alle Kreditkarten; BM
Mittags und abends geöffnet
♿

Ein paar Minuten von der Autobahnausfahrt Cesena Nord können Sie im Cerina bodenständige, ländliche Küche genießen. Das familiengeführte Restaurant blickt auf ein halbes Jahrhundert Geschichte zurück und bietet Gerichte aus hiesigen Saisonzutaten. Zur Auswahl stehen ein kleiner Raum für die Osteria, zwei Räume für das Restaurant mit Pizzeria und eine kühle Innenveranda. Graziella begrüßt die Gäste, während ihre Schwester Rosanna und Sohn Piergiorgio kochen. Man kann mit Frittatina di funghi prugnoli, Salumi di mora (Slow-Food-Presidio) con crostone al lardo e piadina oder mit **Fegatini di coniglio con cipolla** (7,50 €) beginnen. Unter den mit dem Nudelholz ausgezogenen Teigwaren sind **Tagliatelle ai porcini** (10 €), agli stridoli oder ai piselli, **Cappelletti** oder Passatelli **in brodo** und Ravioloni di ricotta e spinaci al burro e salvia. Nur hier gibt es ***Canolo*** della casa, eine mit Fleischsauce und Béchamelsauce gefüllte Teigrolle. Schmackhaft sind Galletto alla cacciatora, Coniglio al forno con patate und Polpette al sugo, die mit Zucchine ripiene wechseln, und **Agnello ai ferri** (10 €). Am Freitag und Samstag gibt es je nach Tagesfang auch Meeresgerichte: Sardoncini al tegame con limone, Strozzapreti con mazzancolle, vongole, calamari e pomodorini, Fritto di paranza, Sgombro al forno und Canocchie. Panna cotta, Mascarpone alle fragole, Salame di cioccolato, Ciambella con la crema und Crostate con marmellate e *savor* runden das Essen ab. Die große Weinkarte nennt viele Erzeugnisse aus den Colli Romagnoli, die es auch glasweise gibt.

Der Laden La Delizia der Familie Falchetti (Via Savio 1171) verkauft Käse und Produkte aus Slow-Food-Presidi, hausgemachte Kekse, Fleisch und Wurst.

CESENA

Michiletta

Trattoria
Via Strinati, 41
Tel. (+39) 05 47 / 246 91
Ruhetag: Sonntag
Ferien: unterschiedlich
90 Plätze + 10 Plätze im Freien
Preise: 28–30 €
Alle Kreditkarten; BM
Mittags und abends geöffnet

Die älteste Osteria im Zentrum von Cesena empfängt Sie seit einigen Jahren an ihrem neuen Standort nahe dem Dom mit einem Tresen aus Holz und Metall im Eingangsbereich. Der Wirt hat ihn neben anderen Gegenständen wie etwa dem alten Schild mitgenommen. Sie verleihen dem Lokal einen Hauch Wärme und vermitteln, wie viel Stadtgeschichte sich seit damals ereignet hat. Johanna empfängt Sie in schlichtem, ungezwungenem und gleichzeitig gepflegtem Ambiente. Die Küche von Rocco Angarola basiert auf lokalen Zutaten und Saisongemüse. Sie ist in der Tradition der Romagna verwurzelt, wirft jedoch auch einen Blick in andere Regionen. Es gibt immer einige Gerichte abseits der Karte, im Winter auch auf Schokoladebasis. Als Vorspeise gibt es neben der Wurstplatte auch **Sformatino di pancotto alle erbette** (7 €), Imbroglio di radicchi con bruciatini und Zucca al gorgonzola. Unter den Primi sind **Stringhetti con salsiccia e spinaci**, Tagliatelle con radicchio e prosciutto (9 €), Ravioli al peperone dolce oder Tagliolini di farro alle verdure di stagione. Als Secondi bieten sich Filetti di manzo und di maiale an, Straccetti und **Coniglio al forno con patate** (11 €) und für Nostalgiker der Gasthausküche **Fegatelli nella rete con patate** (9 €) und **Trippa in umido**. Interessante Auswahl lokaler Pecorini, mit *Savor* und Marmeladen serviert. Abschließend gibt es Löffeldesserts wie Zuppa inglese, Crostate, Pere cotte al Sangiovese und hausgemachtes Eis. Der Keller bietet die besten Tropfen aus der Romagna, auch im glasweisen Ausschank. Es gibt zwei Degustationsmenüs für 26 und 30 €.

Il Buongustaio in **Gambettola** (13 km), Piazza Cavour 5: in Nussblättern gereifter Pecorino sowie Grotten- und Höhlenkäse.

CESENATICO

53 km östlich von Forlì, S.S. 9 und S.S. 304

Osteria del Gran Fritto

Moderne Osteria
Corso Garibaldi, 41
Tel. (+39) 05 47 / 824 74
Kein Ruhetag
Keine Ferien
110 Plätze + 40 Plätze im Freien
Preise: 28–35 €
Kreditkarten: CS, MC, Visa; BM
Mittags und abends geöffnet

Am Hafenkanal von Cesenatico, wo alte Kähne mit bunten Segeln neben modernen Fischerbooten liegen, finden Sie die Osteria von Stefano Bartolini. Im Voraus reservieren kann man nicht, aber wenn es keinen Platz gibt, fragt man Sie sofort nach Ihrer Telefonnummer. Sobald ein Tisch frei wird, werden Sie verständigt. Das Lokalinnere präsentiert sich mit in Blau gehaltenen Leinwandgemälden von Tinin Mantegazza sehr hübsch; der angrenzende Raum ist mit alten Fotos von Fischern geschmückt. Das Menü steht auf einem Papierdeckchen angeschrieben, das als Tischset dient. Es wechselt je nach Saison und Angebot aus dem Meer. Der Hit des Hauses ist Fritto, angefangen vom **Gran fritto di pesce dell'Adriatico** (13,50 €) über grätenfreies Fritto für „vagabondi" (die „Ahnungslosen", die nicht wissen, welchen Genuss sie bei Grätenfisch versäumen), entgrätete Sarda fritta con pomodoro aromatico bis zu Calamaretti con carciofi croccanti. Der Fischertradition entspringen **Risotto alla moda di una volta** (9 €) und Tagliolini al ragù bianco di pesce. Wir empfehlen auch **Sardoncini saltati in tegame all'olio e limone** (8,50 €), um das Aroma von **Pesce azzurro** zu genießen. Weiter geht es mit *Poverazze* alla marinara (heimischen Miesmuscheln in Tomatensüppchen), **Saraghina scottata alla griglia** (13 €), Spiedini di calamari e gamberi und Insalata di polpo e patate. Himmlisch sind die Desserts wie Crema di gelato alle bucce di arancia, Sorbetti aus frischen Früchten, Gelato al pistacchio di Bronte (Slow-Food-Presidio) und Terrina morbida alla crema con colata di zabaione fresco (6,50 €). Die Getränkekarte enthält Schaumweine, romagnolische und italienische Etiketten, teils auch im glasweisen Ausschank, und einige Biere aus kleinen Brauereien.

COMACCHIO

52 km südöstlich von Ferrara, Anschluss A 13

Da Vasco e Giulia

Trattoria
Via Muratori, 21
Tel. (+39) 05 33 / 812 52
Ruhetag: Montag, Mittwochabend
Ferien: 7.–31. Januar
40 Plätze
Preise: 28–35 €
Keine Kreditkarten; BM
Mittags und abends geöffnet

Ein Spaziergang durch diese einzigartige Lagunenstadt mit zahlreichen Kanälen und eindrucksvollen Brücken, vor allem der berühmten Trepponti-Brücke mit ihren charakteristischen fünf Treppen, lohnt sich. Nicht weit davon befindet sich diese historische Trattoria, die von den Frauen der Familie Fogli geführt wird. Signora Giulia kümmert sich um den Empfang der Gäste; ihre Tochter Irene unterstützt sie im Service, die andere Tochter, Elena, werkt in der Küche. Das Menü basiert hauptsächlich auf Fisch, riskiert jedoch auch einen Blick ins Hinterland. Ein Teil der Karte ist aber ausschließlich dem führenden Produkt aus dem Gebiet gewidmet, dem **Aal**. Probieren Sie ihn in verschiedenen Traditionsrezepten: als Risotto, gegrillt, **mit Wirsing geschmort** (12 €), mariniert und als Brodetto. Wer diesen Fisch nicht besonders mag, findet je nach Saison und Tagesfang gute Alternativen wie **Vongole alla marinara** (9 €) und Antipasto tiepido di pesce. Unter den Primi sind hervorragender, delikater **Risotto di mare** (9,50 €) und Garganelli al sugo di pesce. Bei den Secondi bieten sich ganz frisches **Misto pesce ai ferri** (18 €) und leichtes, knuspriges Fritto an, auch mit frisch gefangenen kleinen Fischchen (12 €). Gegrillt wird im Kamin, was besonders für die perfekte Zubereitung von Aal wichtig ist. Den Schlusspunkt setzen hervorragende hausgemachte Kuchen und ein nicht minder köstliches Sorbetto al limone. Die Weinkarte beinhaltet vor allem Tropfen aus dem Umland, darunter Weine aus dem DOC-Gebiet Bosco Eliceo.

In der Fischhandlung Lidomar am Platz neben der Trepponti-Brücke finden Sie in der Saison den traditionellen marinierten Aal aus dem Slow-Food-Presidio.

CORNIGLIO
Ghiare

40 KM SÜDWESTLICH VON PARMA

Da Vigion

Trattoria mit Übernachtungsmöglichkeit
Via Provinciale, 21
Tel. (+39) 05 21 / 88 81 13
Ruhetag: Montag, Dienstag
Ferien: 10.–20. Juni, 1.–10. September
80 Plätze + 20 Plätze im Freien
Preise: 25–27 €
Kreditkarten: CS, MC, Visa; BM
Mittags und abends geöffnet

Seit 1947 und nunmehr drei Generationen serviert die Familie Rabaglia wenige Kilometer von Corniglio im Herzen des Apennins um Parma traditionelle Küche aus diesem Gebiet. Elda leitet gemeinsam mit Schwiegertochter Gabriella die Küche, während ihr Sohn Carlo (auf die Verarbeitung von Schwein spezialisierter Fleischer) und Enkelin Celeste für den Service verantwortlich sind. Das Ambiente mit charakteristischer Wandvertäfelung aus Holz präsentiert sich rustikal und einfach, aber gepflegt. Die Bedienung ist höflich und entgegenkommend. Das Menü, das im Allgemeinen mündlich präsentiert wird, verspricht eine kulinarische Reise durch dieses Gebiet. Am Start stehen klassische **Salumi** misti (6 €), die unter anderem auch Spalla cruda und Cicciolata umfassen. In der Saison können Sie auch Insalata di porcini freschi wählen. Von den obligaten Primi müssen Sie **Tortelli di erbetta al burro fuso** (8 €) und würzige **Cappelletti in brodo** (9 €) neben Tortelli di patate ai porcini und Tagliolini ai funghi probieren. Zahlreich sind die Secondi aus Fleisch, unter denen Arrosti (Schweinehaxe, Kalb, Perlhuhn und Ente) herausragen, aber **Bolliti misti con le salse** (10 €) dürfen ebenso wenig fehlen. Erwähnt seien auch **Coppa oder Spalla di maiale al forno** (8 €) und in der Saison **Funghi** (frittiert, **gegrillt** oder mit Öl, Knoblauch und Petersilie). Die Nachspeisen sind opulent und reichhaltig, wie Torta calda di mele e cioccolato, köstliche Crostate und Torroncino con cioccolata calda. Das Weinangebot kreist um Etiketten aus dem Gebiet um Parma und der Emilia-Romagna.

CORREGGIO

17 KM NORDÖSTL. V. REGGIO NELL'EMILIA, S.S. 468

Tre Spade

Trattoria
Via Roma, 3 A
Tel. (+39) 05 22 / 64 15 00,
(+39) 340 / 312 88 29
Ruhetag: Sonntagabend
Ferien: 2 Wochen Mitte August
40 Plätze + 15 Plätze im Freien
Preise: 30–35 €
Kreditkarten: CS, MC, Visa; BM
Mittags und abends geöffnet

Wie in vielen – vielleicht auch allen – Orten in der Bassa präsentiert sich auch in Correggio die Altstadt mit Arkaden, die Raum für Geschäfte bieten und unter denen es sich herrlich spazieren lässt, bis man zum Tre Spade mit seinem roten Holzportal gelangt. Seit etwa 30 Jahren bewirten die Schwestern Masoni – Marzia im Service, Cinzia am Herd – ihre Gäste in diesem Lokal mit der Atmosphäre alter Trattorien. Aus der Küche kommen hervorragender Erbazzone oder duftende Grieben, während Sie das auf einer Wandtafel angeschriebene Menü studieren. Vorspeisen sind keine angeführt, aber Prosciutto, Salami und Coppa sind natürlich vorhanden. Man beginnt mit den obligaten **Cappelletti in brodo** oder ausgezeichneten **Cappellacci verdi al prosciutto**, **Tortelli di zucca** (9 €) oder Tortelli di patate alla crema di tartufo (15 €). Die Teigwaren aus Weichweizenmehl sind alle hausgemacht und mit Gemüse und Saisonzutaten verfeinert. Sie finden auch Risotto agli asparagi, al radicchio oder ai funghi vor. Bei den Secondi erwarten Sie verschiedene Fleischgerichte wie Gallina bianca di Saluzzo al forno (13 €), **Coniglio al balsamico**, Stinco di maiale al forno (12 €) und Filetto al balsamico. In der Saison sollten Sie **Cotechino con purea di patate** nicht versäumen. Zum Abschluss genießt man eine kleine Käseselektion, darunter Parmigiano reggiano aus Milch der Roten Kuh, und Süßspeisen wie Pere alla crema oder traditionelle Köstlichkeiten wie Zuppa inglese und Torta di tagliatelle. Die Weinkarte nennt eine schöne Palette an Lambruschi mit klarer Unterscheidung der verschiedenen Sorten und einige italienische Weine.

31 KM SW. V. RAVENNA, S.S. 9 OD. AUSFAHRT A 14

La Baita

Enoteca mit Küche
Via Naviglio, 25
Tel. (+39) 05 46 / 215 84
Ruhetag: Sonntag, Montag
Ferien: 1.–15. Januar, 2 Wochen Mitte August
55 Plätze + 55 Plätze im Freien
Preise: 30 €
Kreditkarten: CS, MC, Visa; BM
Mittags und abends geöffnet

Der Eingangsbereich dieses historischen Lokals im Zentrum ist eine traditionelle Gemischtwarenhandlung, wo im großen Kühltresen eine beträchtliche Anzahl an Wurst- und **Käse**spezialitäten sowie andere Köstlichkeiten lagern, die sich dann auch im Menü wiederfinden. Man speist in drei gemütlichen, sorgfältig eingerichteten Räumen und im Sommer in einem weitläufigen Hof. Empfangen werden Sie von Roberto, seinem Sohn Fabio und seiner Frau Rosanna, die Ihnen die Tagesgerichte erläutern, aber Sie können sich auch nur einen einfachen Imbiss mit den Spezialitäten genehmigen, die Sie am Eingang gesehen haben. Für eine komplette Mahlzeit bietet die Küche Meeres- und Festlandgerichte. Küchenchef Antonio stellt das wöchentlich wechselnde Menü zusammen und legt besonderen Wert auf Zutaten lokaler Erzeuger. Von den Primi (9,50 €) nennen wir **Tagliatelle con gli stridoli**, Risotto al ragù di colombaccio und **Passatelli alla carbonara**. Als Secondi empfehlen wir Wildgerichte, **Agnello in casseruola con porcini e patate** (14,50 €), **Spezzato di coniglio al forno con carciofi e olive** (13,50 €), Arrosto di campagna con patate (14 €) und von den Meeresspeisen **Baccalà in umido**. Abschließend erwartet Sie eine gute Auswahl an Desserts (5 €) wie Torta caprese, Latte alla portoghese oder opulente Zuppa inglese. Sehr umfangreich und gut aufgebaut ist die Weinkarte mit einer Vielzahl an Etiketten und besonderem Augenmerk auf Weine kleiner Winzer, die nicht immer einfach zu finden sind.

» *Es ist ein bisschen, wie bei Freunden zu sein, die dir mit Liebe zubereitete Traditionsgerichte vorsetzen.* «

FAENZA

31 KM SW. V. RAVENNA, S.S. 9 OD. AUSFAHRT A 14

Manuëli

Trattoria
Via Santa Lucia, 171
Tel. (+39) 05 46 / 64 20 47
Ruhetag: Sonntagabend, Montag
Ferien: 1 Woche im September, 2 Wochen im Februar
90 Plätze + 90 Plätze im Freien
Preise: 30–33 €
Kreditkarten: CS, Visa; BM
Mittags und abends geöffnet

Eine Trattoria mit Substanz, bestehend aus einem großen Speiseraum mit bunten Wänden und einer weitläufigen Veranda. Grazia, Alieto und das effiziente Personal bieten einen Service, bei dem ein paar nette Worte nebenbei niemals fehlen. Das ist in der romagnolischen Tradition so üblich, die im Lokal authentisch zum Ausdruck kommt. Die Karte kann einem Angst einjagen, denn sie bietet eine enorme Auswahl an Speisen im klassischen und Tagesmenü, die beide sehr umfangreich sind. Wir raten Ihnen, auf bodenständige Gerichte wie hausgemachte Pasta, Schweine-, Lamm- und Hammelfleisch und pikant zubereitetes Gemüse zu setzen. Vorzüglich, falls erhältlich, ist Insalata di ovoli mit frischem Kuhmilchkäse (11 €) neben **Involtini di radicchio rosso e pancetta all'aceto** und Rotolo freddo di coniglio con verdure e olive (9,50 €). Als Alternative bieten sich Tortino di porri e patate und Crema di patate con funghi porcini (8 €) an. Frische Pasta feiert einen Triumph in Form von Minestra matta, Cappelletti e crespelle, umwerfenden **Strichetti con ragù bianco di faraona e peperoni** (9,50 €) und *Curzul* allo scalogno oder al ragù di castrato. Ein sicherer Tipp ist Fleisch von der Holzglut wie **Agnello romagnolo agli odori** (13 €), überaus zartes **Spezzatino di castrato con patate**, Fegato di coniglio all'olio e salvia (8 €), Piccione und Anatra al forno. Viel Platz wird Gemüsegerichten eingeräumt, wie **Frecandò di stagione** (6 €), Spinaci in padella und Patate alla cacciatora. Wenn Sie bei den Desserts anlangen, genießen Sie Crema fritta (4,40 €) und Biancomangiare. Die Weinkarte ist im Wachsen begriffen. Es gibt fast die ganze Romagna zu trinken und auch eine gute Selektion italienischer Weine (auch Flaschen zu 375 cl); daneben bietet man Biere aus kleinen Brauereien.

FAENZA

31 KM SW. V. RAVENNA, S.S. 9 OD. AUSFAHRT A 14

Marianaza

Trattoria
Via Torricelli, 21
Tel. (+39) 05 46 / 68 14 61
Ruhetag: Dienstag, Mittwoch; Juli und August Mittwoch, Donnerstag
Ferien: August
50 Plätze
Preise: 30–35 €
Alle Kreditkarten
Mittags und abends geöffnet

Das Marianaza ist eine Institution in Faenza. Es blickt auf eine lange Geschichte zurück, aber seit 1969 halten die Frauen der Familie Cucchi die Zügel fest in der Hand. Derzeit sind sie durch Natascia vertreten, die sich um den Empfang kümmert. Das schlicht eingerichtete Lokal verströmt auch dank der Wärme des Kamins, der seit jeher ein besonderes Merkmal der Trattoria ist, ein heiteres Flair. Die bodenständigen Antipasti sind unprätentiös und beinhalten mit Lardo aus Colonnata einen kleinen Ausflug in eine andere Region, aber ansonsten Bahn frei für **Salumi misti mit Piadina** und ein reichhaltiges Sortiment an Bruschette (7,50 €). Von den hausgemachten Primi empfehlen wir **Tagliatelle** al ragù oder **al prosciutto e piselli**, eine Sauce, die auch für Garganelli verwendet wird; Letztere schmecken auch in der Variante mit Radicchio gut. Sehr gefragt sind Spaghetti alla buttera (leicht pikant) und **Tortelloni al ragù** (9 €). Der große Kamin lässt den Hit der Secondi erahnen, nämlich **Carne ai ferri**. Freuen Sie sich daher auf Pancetta, Hammel, Coppone und Salsiccia, vereint in einem köstlichen Misto sulle braci (16 €). Wer Innereien mag, lässt sich Fegato nella rete schmecken, wer dagegen Koteletts und Steaks wünscht, genießt diese aus Fleisch vom Chianinarind. Bei den Nachspeisen stechen neben himmlischer Torta alla robiola (6 €) einige traditionelle Rezepte hervor, wie **Zuppa inglese**, Mascarpone und Crostata. Sehr gepflegt präsentiert sich die Weinkarte, die ihre Vorliebe für Etiketten aus der Romagna nicht leugnen kann.

FARINI
Mareto

53 KM SÜDWESTLICH VON PIACENZA, S.P. 654

Albergo dei Cacciatori

Hotelrestaurant
Ortsteil Mareto
Tel. (+39) 05 23 / 91 51 31
Ruhetag: Montag
Keine Ferien
150 Plätze
Preise: 20–25 €
Kreditkarten: CS, DC, MC, Visa; BM
Mittags und abends geöffnet

Das obere Nure-Tal ist nach wie vor ein unberührter Landstrich. Hier sind die Osterien noch Treffpunkte, an denen sich die Einheimischen aus den kleinen Dörfern für ein Glas Wein einfinden und die Bewohner von Piacenza gewohnheitsmäßig im Sommer logieren, um der Schwüle der Stadt zu entfliehen. In den Fünfzigerjahren vergrößerte Giovanni Morandi die kleine Osteria in Mareto um einige Gästezimmer. Heute empfangen Sie in dem in der Gegend noch unter dem Namen Morandi bekannten Lokal Renzo, Eleonora und Alessandro, während Elena am Herd steht. Das Menü wird mündlich präsentiert. Der Antipasto (6 €) besteht aus Wurstspezialitäten: Salami aus eigener Erzeugung, vor Ort gereifte Coppa und Pancetta und dazu Giardiniera und Torta di patate (mit kommunaler Ursprungsbezeichnung) aus erstklassigen hiesigen Kartoffeln. Unter den Primi (6 €) finden Sie **Tortelli** al burro e salvia oder **con sugo di funghi**, Tagliatelle al ragù, **Cannelloni** oder Anolini in brodo. Die Secondi sind alle aus Fleisch zubereitet (7 €): Coppa oder Vitello arrosto, **Faraona**, Carpaccio di bovino oder **Cinghiale in umido**. Das Finale bilden Crostata, Ciambella und **Semifreddo all'amaretto** oder con cioccolata calda. Zu trinken gibt es einen offenen Hauswein und eine Auswahl an Weinen aus dem Umland. Das Lokal eignet sich perfekt für Spaziergänger und Wanderer, denn es liegt an einer Verzweigung der Via Francigena, bekannt als Via degli Abati. Außerdem zeichnet es sich durch ein hervorragendes Preis-Leistungs-Verhältnis aus.

FARINI
Groppallo

52 km südlich von Piacenza, S.S. 654

Fratelli Salini

Trattoria mit Übernachtungsmöglichkeit
Viale Europa, 46
Tel. (+39) 05 23 / 91 61 04
Ruhetag: Mittwoch, außer im Sommer
Ferien: unterschiedlich
80 Plätze
Preise: 24–30 €
Kreditkarten: CS, MC, Visa; BM
Mittags und abends geöffnet

Die Trattoria der Brüder Salini ist eine der ältesten und authentischsten in diesem hügeligen Gebiet in der Provinz Piacenza. Die Fahrt hierher ist sicherlich nicht sehr angenehm, aber sobald Sie in einem der schönen, mit Geschmack und Wärme eingerichteten Räume sitzen, vergessen Sie die Mühen der Anreise in Anbetracht der auf Sie wartenden Köstlichkeiten. Beinahe Pflicht ist ein Einstieg mit den Salumi des Antipasto misto (8 €), denn Pancetta, Coppa, Mariola (Slow-Food-Presidio) und Salame sind Fixpunkte des Angebots. Die Salini sind nämlich nicht nur Wirtsleute, sondern eine bekannte Fleischerfamilie – und diese Tätigkeit wird mit Enthusiasmus weitergeführt. Zusammen mit den Wurstspezialitäten finden Sie knackige Giardiniera, ***Grass pist***, Torta di patate, Nervetti und einige saisonal wechselnde salzige Kuchen vor. Unverzichtbare Primi (8 €) sind ***Pisarei e fasò***, aber man kann ruhig behaupten, dass das gesamte Angebot an frischer Pasta, gefüllt oder nicht gefüllt, von absolut hohem Niveau ist: **Tortelli di patate con pasta di salame** oder di zucca (in der Saison), Ravioli di carne in brodo oder con sugo di funghi und Tagliatelle. Bei den Secondi (8 €) dominiert Fleisch die Szene, wobei der Akzent in der kühleren Jahreszeit auf Bolliti und **Arrosti** liegt. Gute Alternativen sind auf jeden Fall Trippa, Ossobuco, Fegato di vitello alla salvia und Brasato. Die hausgemachten Dolci glänzen mit guter Zubereitung, die Weinkarte enthält eine schöne Selektion lokaler Etiketten.

FINALE EMILIA
Massa Finalese

42 km nordöstlich v. Modena, S.S. 12 u. S.S. 468

Entrà

Trattoria
Via Salde Entrà, 60
Tel. (+39) 05 35 / 971 05
Ruhetag: Montag, Dienstag
Ferien: 7.–14. Januar, 16. August–Anfang September
40 Plätze + 40 Plätze im Freien
Preise: 25–28 €
Kreditkarten: MC, Visa; BM
Abends geöffnet

Schwierig ist die Anreise zu dieser kleinen, gottverlassenen Trattoria von einst im ländlichen Gebiet der Bassa um Modena. Aber noch schwieriger ist es, beim Abschied den Wunsch zu überwinden, noch ein Glas flaschenvergorenen Lambrusco (einen der Weine aus einem Keller, mit dem du nicht rechnest) mit Antonio Previdi zu trinken und dazu Salami zu genießen, mit der das Mahl begonnen hat. Im Entrà lernt man die Bedeutung der Worte Einfachheit, Sorgsamkeit und Würde besser verstehen. Die Küche von Schwester Elvira ist jene ihrer Mutter, überliefert durch Nachahmung und unterstützt durch Antonios hingebungsvolle Suche nach unverfälschten Produkten von huter Qualität. Zu Beginn gibt es **Salumi** (Salami, Pancetta, Mortadella, Rohschinken, 5,50 €), die zu Primi wie Tortellini und Passatelli in brodo, Risotto con le verdure, *Gratin* con i fagioli borlotti und **Maccheroni al pettine al ragù** (9 €) überleiten. Ragù (Fleischsauce) verfeinert gemäß der Tradition der Bassa auch **Tortelli di zucca** (9,50 €) und natürlich Tagliatelle. Unter den Secondi sind bäuerliche Traditionsgerichte mit Fleisch wie **Cotechino con i fagioli in umido**, Stracotto di somaro, Trippa und **Faraona arrosto con patate** (12 €), aber auch Baccalà con la polenta. Als Dolci locken **Zuppa inglese** (4 €), Semifreddo al mascarpone und Torta tenerina oder di mandorle. Erstaunlich ist es, wie perfekt die Speisen mit den lokalen Weinen harmonieren, etwa solchen aus der Pellegrina-Traube mit ihrer ungewöhnlichen Säure oder jenem unvergesslichen Lambrusco mit ausgewogener Säure und Würze.

»*Elvira und Antonio sind, vielleicht unbewusst, militante Vertreter der Gastronomie der Befreiung: ein Beispiel, wie Essen und nicht Geld uns glücklich machen kann.*«

22 KM SÜDÖSTLICH VON PIACENZA, S.S. 9

Battibue

Ferienbauernhof • Ortsteil Battibue, 278
Tel. (+39) 05 23 / 94 23 14,
(+39) 335 / 589 15 85
Ruhetag: Montag, Dienstagmittag
Ferien: 2 Wochen im September
70 Plätze + 70 Plätze im Freien
Preise: 18–26 €
Kreditkarten: CS, DC, MC, Visa; BM
Abends geöffnet, mittags gegen Vorbestellung

Dieser Ferienbauernhof wenige Kilometer von der Ausfahrt Fiorenzuola bietet Ihnen nicht nur gesunde Hausmannskost, sondern auch Momente echter Entspannung, vor allem in der warmen Jahreszeit, wenn man den schönen Garten genießen kann. Er entstand durch die Renovierung eines alten Landhauses; die Wände des Hauptraums mit charakteristischer achteckiger Form sind mit zahlreichen Gerätschaften dekoriert. Giampiero und seine Frau Monica empfangen Sie herzlich und schlagen Ihnen die festgelegten Tagesmenüs vor (26 € für das komplette Menü, 18 € für das reduzierte; man kann die Menüs auch vereinbaren). Ein Muss zu Beginn sind die guten **Salumi** (Culaccia, Pancetta, Salami und vor allem fabelhafte **Coppa**) und Gorgonzola, und dazu die unausbleiblichen Chisolini, die ein paar Kilometer von hier Torta fritta oder Gnocco fritto heißen. Weiter geht es mit einigen Primi wie bemerkenswerten **Tortelli con ricotta e spinaci**, Anolini in brodo und Crespelle; ***Pisarei e fasò***, ein Erbe der Küche von Piacenza, fehlen fast nie. Unter den Secondi sind schmackhafte **Costine** und Coppa **di maiale al forno** und abwechselnd Stracotto di ganassino, Anatra und Oca al forno. Dazu reicht man Saisongemüse (außergewöhnlich gut ist der Spargel) und Kartoffeln aus dem Ofen. Abschließend gibt es ausgezeichnet zubereitete Desserts wie Sbrisolona und Torta al cioccolato oder Eis als Alternative dazu. Ein Lob verdient die schlanke, aber gut aufgebaute Weinkarte mit einem schönen Foto der hiesigen Weine. Reservierung erwünscht.

In **Soarza di Villanova** (15 km) erzeugt und verkauft die Cascina Pizzavacca exzellente Fruchtsäfte, Sottoli, Sottaceti, Gemüsecremes und Konfitüren aus selbst erzeugten Grundzutaten.

Don Abbondio

Osteria-Enoteca
Piazza Guido da Montefeltro, 16
Tel. (+39) 05 43 / 254 60
Ruhetag: Sonntagabend, Juli–Dezember Samstagmittag, Sonntag
Ferien: 1 Woche im Januar, August
45 Plätze + 20 Plätze im Freien
Preise: 28–34 €
Kreditkarten: AE, CS, MC, Visa
Mittags und abends geöffnet

Simone Zolis Lokal, im Zentrum von Forlì neben einem der meistbesuchten Museen gelegen, wartet mit heimeligem, familiärem Ambiente auf. Schon beim Öffnen der Karte ist die Leidenschaft des Wirts einfach zu erkennen: Alles ist sorgfältig bis ins kleinste Detail aufgelistet, angefangen von den ausnahmslos lokalen Lieferanten, über die Speisen bis hin zu den Weinen. Nichts wird hier dem Zufall überlassen. Die Linie der Küche reicht von Tradition bis zu moderner Überarbeitung der großen Klassiker. Beginnen Sie mit **Spiedino di saraghina gratin con pane alle erbe e misticanza** (8 €) oder Fleisch vom Romagnola-Rind mit Tomatensauce. Unter den Primi (9 €) sind vorzügliche **Basotti con crema al pecorino di fossa e scaglie di mortadella** oder Passatelli con cozze, vongole poveracce e lischi (Mönchsbart). Unter den Hauptgerichten ragen **Trippa** di bovina romagnola **con verdure e parmigiano reggiano** (12 €), Strudel di verdure con salsa di carote oder Stracotto di manzo al Sangiovese con patate, porri e purè di sedano rapa hervor. Zum Abschluss hat man die Qual der Wahl zwischen **Formaggi** und Dolci, von denen wir **Cassata romagnola** (5,50 €) und Zuppetta di fragole con sorbetto al basilico nennen. Der Wein ist ein Kapitel für sich, denn die Karte ist mit keinesfalls alltäglichen lokalen und italienischen Weinen reich bestückt. Es gibt Flaschenweine in verschiedenen Preiskategorien, viele auch im glasweisen Ausschank. Der Wirt bietet überdies drei Degustationsmenüs, ein Festlands-, ein Meeres- und ein Gartenmenü für jeweils 28 €.

Die Bio-Eisdiele Puro & Bio (Viale Vittorio Veneto 24) bietet köstliches Fruchteis und unter den Cremeeissorten die Variante mit Pistazien aus Bronte.

FORLÌ

Petito

Moderne Osteria
Viale Corridoni, 14
Tel. (+39) 05 43 / 357 84
Ruhetag: Sonntag
Ferien: 2 Wochen im August
55 Plätze + 25 Plätze im Freien
Preise: 33–35 €
Kreditkarten: AE, CS, MC, Visa; BM
Mittags und abends geöffnet

Sie finden diese moderne Osteria an einer der Alleen, die das Zentrum umgeben. Der Eigentümer Roberto Zondini kümmert sich gemeinsam mit seinem Sohn Andrea um den Service, während Chefkoch Davide Gardini Seite an Seite mit Signora Tina am Herd werkt. Die Lieferantenliste am Ende der Karte, die präzise Beschreibung der Gerichte und die Verwendung von Produkten aus Slow-Food-Presidi lassen die Sorgfalt erkennen, die Roberto und sein Team bei der Suche nach Qualität walten lassen, die sich in gelungener Weise mit Tradition verbindet. Man beginnt mit Vorspeisen wie einer Auswahl an **Salumi vom Mora-Romagnola-Schwein** (Slow-Food-Presidio, 13 €), Tartara di bovina romagnola (ebenfalls Slow-Food-Presidio) und **Bocconcini di coniglio con salsa di yogurt e menta**, alle von warmer Piadina begleitet. Von den Primi empfehlen wir Tagliatelle al ragù delle due razze romagnole (9 €), **Cappelletti con pesto di pomodorini secchi e ricotta** biologica, Passatelli asciutti su crema di piselli und Guanciale di mora e tartufo nero. Gehen wir nun zu den Secondi über, die alle vom Festland geprägt sind: **Grigliata mista di mora** con verdure e patate al forno (16 €) und Tagliata di manzo mit Salz aus Cervia und nativem Olivenöl extra aus Brisighella, begleitet von Saisongemüse und Kartoffeln aus dem Ofen (6 €). Als Alternative zu Fleisch können Sie aus einer gut zusammengestellten Selektion an **Formaggi** wählen. Interessant und gut zubereitet sind die Nachspeisen, darunter Crostate und Scroccadenti, Löffeldesserts und Semifreddo al pistacchio di Bronte (7 €), begleitet von einer schönen Auswahl an Bränden. Hervorragend und umfangreich präsentiert sich das Kellerangebot mit den besten Weinen lokaler Winzer, die es auch im glasweisen Ausschank gibt.

FRASSINORO
Fontanaluccia

66 KM SÜDWESTLICH VON MODENA, S.S. 486

Alla Peschiera

Osteria-Trattoria
Via Ponte Volpi, 1
Tel. (+39) 05 36 / 96 82 75
Ruhetag: Montag
Ferien: unterschiedlich
90 Plätze
Preise: 25 € (Tagesmenü)
Keine Kreditkarten
Mittags und abends geöffnet

Das Ziel muss Kurve um Kurve, Kehre um Kehre erobert werden. Sobald Sie aber in Fontanaluccia angekommen sind, werden Sie in die Ruhe dieses kleinen Winkels in den Bergen eintauchen. Den Rahmen der Trattoria bildet ein altes Landhaus mit riesigen Fenstern, die den Blick auf den Dolo-Wildbach freigeben. Bereits Ende der Sechzigerjahre betrieben die Eltern des derzeitigen Patrons, Franco Manni, einen Stand, an dem sie die Fischer mit Forellen und Saiblingen verköstigten. Seitdem ist viel Zeit vergangen, aber **Trota** (Forelle) ist nach wie vor der Hit des Lokals: Genießen Sie sie **frittiert**, gegrillt und mit hausgemachter Mayonnaise (Trota primavera). Probieren Sie als Einstieg die **Selektion der Salumi** (Salami, Coppa, Pancetta und Prosciutto), die mit ausgezeichnetem in Öl eingelegtem Gemüse kombiniert wird. Danach kommen aus der Küche, Valerias Reich, Primi in Form von Pasta: **Tortellini in brodo**, **Tagliatelle ai funghi** oder al prosciutto und Tortelloni di ricotta. Von den Secondi mit Fleisch schmecken Arrosto di maiale, **Cacciagione** und Roastbeef. Von den Süßigkeiten dürfen Sie sich **Zuppa inglese** oder traditionelle Crostate nicht entgehen lassen. Ein Lambrusco und Trebbiano des Hauses sind die Begleiter zum Essen. Die letzte Versuchung sind die hausgemachten Liköre aus Walnüssen, Kornelkirschen und Schlehen. Plaudern Sie nach dem Essen noch mit Franco. Er ist eine vielseitige, zurückhaltende Person mit Tiefgang. Er sammelt alte Radiogeräte, Akustikgitarren, Oldtimer und Dampfwalzen und widmet sich auch der Renovierung alter Landwirtschaftsbetriebe wie kürzlich einer alten Wassermühle. Ein Ort, an den man zurückkehrt.

GALEATA
Pianetto

32 KM SÜDWESTLICH VON FORLÌ, S.S. 310

La Campanara

Moderne Osteria mit Übernachtungsmöglichkeit
Via Pianetto Borgo, 24 A
Tel. (+39) 05 43 / 98 15 61, (+39) 333 / 407 33 24
Ruhetag: Montag, Dienstag
Ferien: unterschiedlich
40 Plätze + 60 Plätze im Freien
Preise: 30 € • Kreditkarten: CS, MC, Visa; BM
Abends geöffnet, Samstag, Sonntag und Feiertage auch mittags

Zu dem mittelalterlichen Dörfchen Pianetto führt eine Landstraße, die sich durch dichtes Grün bergauf schlängelt. Die zauberhafte Atmosphäre aus alten Zeiten wird in diesem kleinen Steinbau fühlbar, dem aus dem 16. Jahrhundert stammenden Pfarrhaus des Ortes. Alessandra und Roberto, sie Lehrerin, er Vermessungsingenieur, beschlossen 2005, es zu renovieren, und verwandelten es in eine gepflegte, sehr ansprechende Osteria; vor ein paar Jahren kam eine ebenso gemütliche Locanda mit sechs Zimmern und einem reizenden Schwimmbad im Hof des Gebäudes hinzu. Die Leidenschaft der beiden zeigt sich in der Liebe zum Detail, beim Ambiente ebenso wie bei Tisch: Ihre ausgesprochen deftige Küche ist das offensichtliche Ergebnis einer kompetenten Hand. Wir empfehlen zur Einstimmung Tortello alla lastra mit hausgemachter in Öl eingelegter Giardiniera oder unwiderstehlichen **Cartoccio di polpettine** di razza bovina romagnola (8 €); vom Romagnola-Rind sind auch **Trippa al sugo** (13 €) und die Fleischsauce für **Tagliatelle**. Unter den weiteren ebenso köstlichen Angeboten sind **Passatelli asciutti agli stridoli e pancetta** (9 €), Tortelli ripieni di erbe spontanee, **Ribollita** (8 €), **Polpette di lesso rifatte in padella** und verschiedene Pilzgerichte. Wirklich interessant ist die Selektion der lokalen **Formaggi** von der Ziege und vom Schaf. Dazu passt gutes Pane sciocco (ungesalzenes Brot), wie es die Tradition in der nahen Toskana will. Abschließend lohnen Scroccadenti und traditioneller Ramerone aus Pianetto einen Versuch. Die kleine Weinkarte enthält ausschließlich Tropfen aus lokaler Erzeugung.

»

Eine klassische, deftige, aber äußerst gepflegte Küche. Alessandras und Robertos Leidenschaft ist in jedem Detail erkennbar.

«

GAZZOLA
Rivalta

21 KM SÜDWESTLICH VON PIACENZA

Antica Locanda del Falco

Restaurant
Ortsteil Rivalta
Tel. (+39) 05 23 / 97 81 01
Ruhetag: Dienstag
Keine Ferien
80 Plätze + 60 Plätze im Freien
Preise: 35–40 €
Kreditkarten: CS, MC, Visa; BM
Mittags und abends geöffnet

Auf den ersten Hügeln des Trebbia-Tals, wo die berühmte Schlacht zwischen Hannibal und den römischen Legionen stattfand, liegt der kleine Ort Rivalta. Das innerhalb der Befestigungsmauern befindliche Restaurant vermittelt schon bei der ersten Annäherung einen angenehmen Eindruck dank der Düfte und Farben der Produkte im dazugehörigen Laden. Es besteht aus drei gemütlichen Räumen; im Sommer kann man sein Abendessen in einem gepflegten, von Glyzinien überwachsenen Hof genießen. Die Inhaberin Sabrina Piazza arbeitet mit Tomo und Yurika in der Küche und zeigt sich auch zusammen mit Marco und Filippo im Speisesaal. Zur Einstimmung bietet Sie DOP-**Salumi mit hausgemachten Verdure sott'olio** (14,50 €) oder Insalata di cappone e verdure all'agro con maionese della casa (11 €) an. Weiter geht es mit klassischen Primi wie **Anolini in brodo di cappone** (13 €) und **Tortelli al burro e salvia**; gut sind auch Tagliolini al sugo di funghi porcini (11 €). Eine große Vielfalt an Fleischgerichten prägt die Secondi, von denen wir **Maialino al forno con miele e limone** (€14,50), **Oca con le mele** (18 €) oder Storione in salsa di olio, capperi e limone erwähnen. Das Programm der Desserts (8 €) erlaubt auch Kombinationen mit Süßweinen. Keinesfalls versäumen sollten Sie in der Saison die schlichte, aber exquisite Zuppetta di ciliegie alla vaniglia con fiordilatte und Tarte tatin alle pere caramellate con gelato alla panna; daneben bieten sich Semifreddi al torroncino, caffè und nocciole an. Das reichhaltige Kellerangebot besteht aus lokalen, italienischen und internationalen Weinen.

»

Dieses Lokal punktet mit seinem Empfang, der Qualität der Zutaten und mit der Saisontreue seiner ehrlichen, klaren Gerichte.

«

34 km südlich von Modena, S.S. 569

Da Giovanni Al Belvedere

Hotelrestaurant
Via Roma, 22 • Tel. (+39) 059 / 79 24 51
Ferien: 2 Wochen im Oktober
40 Plätze • Preise: 35 € (Tagesmenü)
Kreditkarten: AE, CS, MC, Visa; BM
Freitag und Sonntag sowie gegen Vorbestellung abends geöffnet, Feiertage auch mittags

Giovanni Montanaris Lektion ist seit 36 Jahren ganz einfach: Da unsere Sinne von manipulierten Speisen leicht zu täuschen sind, ist der Griff zu Bioprodukten grundlegend, um zu echtem Geschmack zurückzukehren und das Gute durch eine Landwirtschaft, die weder der Erde noch dem Menschen schadet, neu zu lernen. Passen Sie aber auf, denn Giovanni ist ein geborener Komödiant und Polemiker, der die Aufmerksamkeit auf sich allein zieht und von allem Schönen und Guten um ihn herum ablenkt: der prachtvollen Aussicht von den Fenstern des schlichten Lokals auf das Panaro-Tal und die Ebene und dem herrlichen Anblick des Büfetts am Eingang, das großes Augenmerk auf Gemüse, erkennen lässt, ungewöhnlich in der für Pasta und Schweinefleisch bekannten Emilia. Es ist so reichhaltig, dass man allein von gekochtem und rohem Gemüse, Getreidesalaten, **Käse** und Wurst mit Crescentine, Gnocco fritto und selbst gebackenem Brot satt wird. Halten Sie sich zurück, wenn Sie weiteressen möchten. Je nach Verfügbarkeit gibt es **Tortellini in brodo**, **Tagliatelle** al ragù di bianca modenese und **Zuppe di legumi** oder di verdure. Klassisch sind die Fleischgerichte aus Modena: **Cotechino** oder Zampone con purè, Pollo und Coniglio, gebraten oder geschmort, und **Stracotto di bianca modenese**. Traditionelle Dolci wie Löffeldesserts (**Zuppa inglese**, Panna cotta, Crème caramel) sowie Crostate und Tortina di cioccolato. Zu trinken gibt es Bioweine oder solche, die auf dem Weg zur Bio-Zertifizierung sind, wie der Lambrusco des Hauses.

” *Die Schnecke steht für ein stimmiges Leben, in dem biologische Produkte und eine ökologische Marktwirtschaft Vorrang haben: Die Rettung des Planeten beginnt bei Tisch.* **“**

33 km südöstlich von Bologna, S.S. 9 od. A 14

Hostaria 900

Moderne Osteria
Viale Dante, 20
Tel. (+39) 05 42 / 242 11
Ruhetag: Samstagmittag, Sonntag
Ferien: 2 Wochen im August
60 Plätze + 60 Plätze im Freien
Preise: 35 €
Alle Kreditkarten; BM
Mittags und abends geöffnet

Diese Osteria in einer schönen Jugendstilvilla ein paar Kilometer entfernt von der Rennstrecke hat sich im Lauf der Jahre zu einer fixen Anlaufstelle für alle entwickelt, die auf der Suche nach traditioneller Küche aus Saisonzutaten von hoher Qualität sind. Auch zahlreiche Produkte aus Slow-Food-Presidi werden hier verarbeitet; oft sind auch einige Meeresgerichte vorhanden, die das vornehmlich auf Fleisch und Gemüse basierende Menü ergänzen. Eingangs können Sie sich von Fiori di zucca ripieni di ricotta, **Tortino di patate e funghi porcini** (10 €), würzigem Carpaccio di romagnola oder klassischem Aufschnitt lokaler Herkunft (12 €) mit Piadina und Squacquerone verführen lassen. Frische Pasta ist der Hauptdarsteller bei den Primi: **Cappelletti verdi 900 con prosciutto croccante**, Cappelletti in brodo di cappone (12 €), **Tortelli di ricotta** und Passatelli verdi con salsiccia e porcini. Breit gefächert präsentiert sich die Auswahl der Secondi, die von Castrato alla brace con pomodoro (14 €) über Filetto di romagnola con verdure bis zu köstlicher **Spalla di mora romagnola con funghi porcini e schiacciata di patate** (18 €) reicht. Zum Abschluss können Sie sich für eine Käseselektion entscheiden oder eines der zahlreichen Desserts auf der Karte wählen, darunter Crème caramel, Semifreddo al mascarpone con scaglie di cioccolato und Frittelle di mele con gelato alla crema (6 €). Es gibt zwei Degustationsmenüs für 26 und 30 € und ein reines Fischmenü für 30 €. Sehr gute Weinkarte mit einer schönen Auswahl lokaler Weine und zahlreichen Informationen.

IMOLA

33 km südöstlich von Bologna, S.S. 9 od. A 14

Osteria del Vicolo Nuovo da Rosa e Ambra

Restaurant • Vicolo Codronchi, 6/
Via Calatafimi, 6
Tel. (+39) 05 42 / 325 52, (+39) 338 / 924 95 55
Ruhetag: Sonntag (November, Dezember nur abends), Montag • Ferien: 20. Juli–20. August
60 Plätze + 40 Plätze im Freien
Preise: 35 € • Alle Kreditkarten; BM
Mittags und abends geöffnet

Allein der Rahmen des Lokals, ein Gebäude aus dem 17. Jahrhundert in einem Gässchen, wo man im Sommer im Freien essen kann, ist zauberhaft. Wenn Sie dann noch die sympathische Art der Inhaberinnen Ambra und Rosa hinzufügen, erhalten Sie die ideale Mischung, um sich wirklich wohlzufühlen. Die Qualität der Küche steht all dem in nichts nach, was durch die Verwendung vieler Produkte aus Slow-Food-Presidi, ein saisonal ausgerichtetes Angebot und die faszinierende Kombination von Fischgerichten mit traditionelleren Speisen bezeugt wird. Den Anfang machen **Crostatina di spinaci e squacquerone** (8 €), Tortino di porri con mazzancolle e vellutata di ceci und Involtini di melanzana con ricotta alle erbe oder als Alternative eine reichhaltige Wurstplatte. Mit dem Nudelholz ausgezogene Pasta kennzeichnet die Primi: **Lasagnetta con zucchine allo zafferano e provola** (10 €), Garganelli allo scalogno di Romagna e pancetta, Strozzapreti con gamberi rosa e basilico und natürlich Tagliatelle al ragù. Unter den Fischgerichten sind köstliche Calamari ripieni su crema di fave und Insalata catalana di gamberi all'arancia (16 €); wer Fleisch mag, wählt **Coniglio arrosto** und Tagliata di scottona al sale di Cervia. Sehr reichhaltig ist die Palette der **Formaggi** (13 €) mit Kastanienhonig und Konfitüren. Zuppa inglese, Torta sabbiosa und Crespella di marroni con ricotta e marmellata di pera cocomerina sind einige der Süßspeisen (7 €). Die große, umsichtig aufgebaute Weinkarte umfasst die besten Tropfen aus dem Gebiet, eine gut gegliederte Auswahl italienischer Etiketten und einige ausländische Weine.

”
Qualität, Herzlichkeit und Tradition sind die Trümpfe eines Lokals, in dem man sich wirklich wohlfühlt.
“

LAMA MOCOGNO
La Santona

56 km südlich von Modena, 30 km von Abetone

Miramonti

Restaurant
Via Giardini, 601
Tel. (+39) 05 36 / 450 13
Ruhetag: Dienstag, außer im Sommer
Ferien: 1 Woche im September/Oktober
40 Plätze + 12 Plätze im Freien
Preise: 20–25 €
Alle Kreditkarten; BM
Mittags und abends geöffnet

Das authentische, rustikale Restaurant Miramonti liegt an der Staatsstraße und behauptet sich seit Jahrzehnten als gefragte Adresse in der Umgebung. Vom Speisesaal genießt man eine prachtvolle Aussicht über das Tal und die Hänge des Cimone. Vittorio Galli und seine Frau Lidia, die von ihren Kindern unterstützt werden, bereiten den Gästen einen schlichten Empfang. Ein Antipasto mit **Salumi** (5 €) kann am Wochenende eine ganze Mahlzeit darstellen, die mit Crescentine und Gnocco fritto (gegen Vorbestellung) kombiniert wird. Alle Pastasorten, sämtlich frisch und von Hand erzeugt, verdienen Lob für ihre Konsistenz und Dicke und allein schon ein guter Grund, hier einzukehren. Auf der Karte finden Sie würzige, kompakte **Tagliatelle** al ragù oder **ai funghi** (vor allem mit Steinpilzen, aber in der Saison auch mit Mairitterlingen, 8 €). Als Alternative bieten sich **Tortelloni di ricotta**, al ragù oder **con burro e salvia** (8 €) und Tortellini in brodo di carne (8,50 €) an. Als Secondi gibt es viel Schweinefleisch (Salsiccia alla griglia, **Prosciutto al forno**, Lonza), Grigliate miste und helles Fleisch (Cacciatora di pollo oder di coniglio, 10 €). Dazu serviert man schlichte Beilagen wie Patate al forno und, wenn Sie Glück haben, **Funghi fritti**. Die Dolci wie Zuppa inglese, Torta nera und Torta al cioccolato sind hausgemacht. Das Weinangebot beschränkt sich auf Tropfen aus dem Raum Modena und der nahen Toskana. Bemerkens- und lobenswert ist das über die Jahre beibehaltene ausgezeichnete Preis-Leistungs-Verhältnis.

In **Barigazzo** (10 km) bietet das Delikatessengeschäft La Sorgente del Benessere (Via Nazionale 32) Marmeladen, Kräutertees, Kosmetikprodukte sowie weitere Spezialitäten aus Waldbeeren.

LANGHIRANO
Pilastro

10 KM SÜDLICH VON PARMA, S.S. 665

Masticabrodo

Osteria-Trattoria
Strada Provinciale per Torrechiara, 45 A
Tel. (+39) 05 21 / 63 91 10
Ruhetag: Sonntagabend, Montag
Ferien: je 2 Wochen im Januar und August
60 Plätze + 70 Plätze im Freien
Preise: 25–30 €
Alle Kreditkarten; BM
Mittags und abends geöffnet

Von Parma kommend folgen Sie den Wegweisern nach Langhirano und gelangen in den kleinen Ort Pilastro. Dort stoßen Sie auf der linken Seite auf die Osteria in der Nähe des Castello di Torrechiara. In zwei einfachen, gemütlichen Räumen werden Sie von Ida begrüßt, während Francesco Bigliardi am Herd hantiert. Im Sommer kann man auch im Garten essen. Die Karte ist von der klassischen Küche Parmas geprägt, nennt aber auch einige saisonale Varianten und stets einige Gerichte abseits des Menüs, die auf sehr originelle Weise präsentiert werden. Käse und Wurst kommen ebenso wie Gemüse von lokalen Erzeugern. Einen hervorragenden Start gewährleisten Kostproben von hiesigen **Salumi** (10 €) oder Spalla cotta aus San Secondo (8 €); eine exzellente Alternative wäre Cipolla caramellata con mousse di parmigiano all'aceto balsamico. Von den hausgemachten Primi, dem Flaggschiff des Lokals, empfehlen wir **Anolini in brodo** (10 €) und **Tortelli di erbetta** (8 €), die frisch zubereitet werden und wegen ihres zarten, hauchdünnen Teigs eine Kostprobe lohnen. Außerdem finden Sie Tagliolini al prosciutto di Parma (8 €) und Gnocchi di patate con pasta di salame e rosmarino vor. Unter den Secondi sind hervorragende **Rosellina del Pilastro** – mit Parmesan und Schinken gefülltes Schweinefilet (12 €) –, **Trippa alla parmigiana** und Guancialetti di vitello al san marzano piccante. Tortino di mele mit täglich frisch gerührtem Eis, Sorbetti und **Semifreddo al croccante** (5 €) setzen den Schlusspunkt. Zu trinken gibt es Weine aus dem Umland und ganz Italien.

LESIGNANO DE'BAGNI
Rivalta

31 KM SÜDLICH VON PARMA

Capelli

Trattoria
Via Fossola, 10
Tel. (+39) 05 21 / 35 01 22,
(+39) 335 / 669 42 79
Ruhetag: Donnerstag
Keine Ferien
75 Plätze
Preise: 30–32 €
Kreditkarten: CS, DC, MC, Visa; BM
Mittags und abends geöffnet

Diese Trattoria erreichen Sie über eine Panoramastraße, die über die ersten Hügel des Apennins zwischen Parma und Reggio Emilia verläuft. Eine Außentreppe führt in den Hof, über den man das Lokal betritt. Es gliedert sich in drei Räume mit häuslichem Flair und verfügt auch über einen Kamin. Cristina und Vincenzo empfangen Sie und warten mit einem reichhaltigen Menü auf; daneben empfehlen sie Ihnen diverse Tagesgerichte. Ein Muss zum Auftakt sind die **Salumi**, vor allem der unverzichtbare, 36 Monate gereifte Parmaschinken. Danach folgen verlockende Primi, die aus der Hand von *Rezdora* Carla stammen: Tortelli di patate in soffritto rosso, Tagliatelle verdi di ricotta con spalla cotta, burro e salvia, **Tagliatelle al ragù di salsiccia**, di fagiano (8,50 €) oder in der Saison in der Version al tartufo nero; wenn Sie möchten, können Sie auch zwei oder drei Versionen in Form eines Bis oder Tris kombinieren. Als Secondo steht viel Fleisch **alla cacciatora** (12 €) auf dem Programm: Hähnchen, Reh, Feldhase, **Wildschwein** und weitere Braten bilden das Aushängeschild des gastronomischen Angebots; dazu reicht man Polenta. Alternativen sind Coniglio ripieno oder **Brasato all'agrodolce** (11 €) und Uova con pancetta e polenta fritta. Auch bei den Süßspeisen tun sich zahlreiche Möglichkeiten auf: Neben unübertrefflichem Zabaione cotto con le visciole gibt es Crostate (4 €) und **Tiramigiù** mit Mascarpone, Mandeln, Amaretti und Marsala. Interessant ist das Käseangebot. Die Weinkarte gibt eine schöne Übersicht über die lokale Produktion, neben einigen anderen Weinen.

In der Via Torchia 12 bietet die Bio-Käserei Iris Ricotta, Caciotta, Butter, Caciocavallo und sehr guten Parmigiano reggiano.

16 KM SÜDÖSTLICH VON CESENA

Il Ristorante dei Cantoni

Restaurant
Via Santa Maria, 19
Tel. (+39) 05 47 / 66 58 99
Ruhetag: Mittwoch
Ferien: 15. Februar–15. März
80 Plätze + 70 Plätze im Freien
Preise: 30–35 €
Alle Kreditkarten; BM
Mittags und abends geöffnet

Im ehemaligen Armenviertel des zauberhaften mittelalterlichen Städtchens Longiano finden Sie genau unter der Rocca Malatestiana das Restaurant der Cantoni, das 1989 von Küchenchef Danilo Bianchi und seiner Frau Teresa eröffnet wurde. Aus dem eleganten, aber gemütlichen Ambiente sprechen Liebe zum Detail und Achtung für die Tradition. Das Menü bietet eine Auswahl an Gerichten, bei denen auf die Verwendung von Zutaten aus dem Umland geachtet wird. Man beginnt mit **Frittelle di melanzane ripiene di gamberi allo zenzero** (9 €), Misticanza di radicchi con pancetta calda all'aceto balsamico, Culatello aus Parma mit Squacquerone und Piadina und einer Palette ausgewählter Käsesorten von lokalen Erzeugern. Die Teigwaren sind mit dem Nudelholz ausgezogen: **Tagliatelle con funghi prugnoli** (8 €) oder in der klassischen Version al ragù, Pizzicotti und Cappellacci ripieni sowie **Passatelli in brodo di carne**. Danach folgen **Straccetti di filetto di mora romagnola,** in Pancetta gewickelt, über dem Rost gegart und mit Gemüse serviert (10 €), Spezzato di coniglio disossato cotto nel coccio con patate, carciofi e limone (Kaninchenragout mit Kartoffeln, Artischocken und Zitrone im Tontopf gegart) und Fiorentina di scottona di romagnola. Die Desserts reichen von traditioneller Ciambella mit Sahne und Schokoladesauce oder mit einem Glas Albana passito (4,50 €) bis zu aufwendigeren Rezepten wie Millefoglie con crema chantilly alle arance und Granella di caramello ai pistacchi di Bronte e fili di cioccolato. Gute Auswahl an Weinen, die auch glasweise kredenzt werden, wobei Erzeugnisse der Romagna eine Vorrangstellung einnehmen.

25 KM WESTLICH VON RAVENNA, S.S. 253

Antica Trattoria del Teatro

Restaurant • Vicolo del Teatro, 6
Tel. (+39) 05 45 / 351 64
(+39) 348 / 611 01 14
Ruhetag: Sonntag, Montag
Ferien: 1 Woche im Januar, 3 Wochen im August • 50 Plätze • Preise: 30–34 €
Alle Kreditkarten; BM
Mittags und abends geöffnet

Es handelt sich um eine alte Osteria aus dem Jahr 1804, die wenige Meter vom Theater und nahe den berühmten Arkaden des Pavaglione liegt. Das Lokal wird von Daniele Francesconi und seiner Frau Fiorella geleitet, die seit Jahren mit Hingabe seine Tradition weiterführen und dabei auf den Reigen der Jahreszeiten achten. Bei den Antipasti darf ein Mix aus Salumi nicht fehlen, wie **Salami vom Mora-Romagnola-Schwein mit Piadina** (10 €) und lauwarme Spalla aus San Secondo mit grüner Sauce (14 €); gut sind auch Insalata di alici marinate e verdure, Baccalà mantecato con crostone (10 €) oder **Insalata con uova di quaglia, crostini e pancetta affumicata** (12 €). Die Spezialität des Hauses, die Sie absolut nicht versäumen dürfen, ist **Zuppa di fave alla romagnola** (7 €), aber auch traditionelle **Cappelletti in brodo di carne** (12 €) und origineller Risotto al parmigiano con salsa al Sangiovese sind empfehlenswert. Von den Secondi empfehlen wir **Ossobuco di vitello con patate al prezzemolo** (14 €) und Fegato di vitello con cipolla (12 €). Probieren Sie im Frühling Frittata con erbe di primavera oder Costata di manzo con salsa allo scalogno di Romagna e patate arrosto. Die Osteria bietet auch ein viergängiges Degustationsmenü für 30 €, Getränke exklusive. Abschließend kann man zwischen einer Käseselektion oder Squacquerone mit Konfitüre wählen. Die Süßspeisen (6 €) wechseln wöchentlich. Die umfangreiche, gut aufgebaute Weinkarte konzentriert sich auf Weine aus dem Umland und die besten Etiketten aus dem übrigen Italien.

MERCATO SARACENO
Ciola

33 KM SÜDLICH VON CESENA, S.S. 71 ODER E 45

Allegria

Osteria
Via Ciola, 381
Tel. (+39) 05 47 / 69 23 82
Ruhetag: Sonntagabend, Montag
Ferien: Juni
40 Plätze
Preise: 25 €
Keine Kreditkarten
Mittags und abends geöffnet

Verlieren Sie nicht den Mut, wenn Sie das Gefühl haben, sich nach der Ortschaft Mercato Saraceno verirrt zu haben. Sie müssen noch acht Kilometer bergauf bis zum Ortsteil Ciola fahren, um diese Bar und Trattoria zu finden. Aligria war der Spitzname ihres Gründers, und heute ist hier die dritte Generation am Werk. Das Lokal ist schlicht, Annas Empfang herzlich und spontan – kurzum, Sie fühlen sich als willkommener Gast. Die Küche ist ein Beispiel für Saisontreue und Verbundenheit mit dem Gebiet. Sie können mit Wurst (die **Salami** ist eine handwerklich erzeugte Spezialität von Annas Bruder Massimo) und Käse beginnen, die mit Holzbrett und Messer auf den Tisch kommen. Als Primi gibt es **Tagliatelle al ragù** classico, **di lepre** oder ai funghi (7€) und als Alternative gute Tortelloni di ricotta. Stets erhältlich ist **Grigliata di** carne (10 €): besonders gut ist **Castrato** (Hammel), aber auch Agnello al forno, **Pollo ruspante alla cacciatora** (10 €) und Costolette di agnello schmecken herrlich. Im Herbst und Winter finden Sie Cacciagione (Wild), **Funghi** (Pilze) und Tartufi (Trüffel) zu wirklich ehrlichen Preisen. Die Dolci sind hausgemacht: ausgezeichnete cremige **Zuppa inglese** (4 €), Mascarpone und in der Osterzeit typische Pagnotta dolce. Zu trinken gibt es Weine von lokalen Winzern und einige italienische Etiketten zu korrekten Preisen. Sie werden dieses Lokal aus fernen Zeiten zufrieden, aber auch mit einem Hauch von Traurigkeit wegen Annas Prophezeiung verlassen: „Wenn ich aufhöre zu arbeiten, wird das Lokal schließen." Das Problem ist jedoch nicht aktuell, und wir hoffen, dass es sich erst so spät wie möglich stellt.

MERCATO SARACENO
Montecastello

29 KM SÜDLICH VON CESENA, S.S. 71 ODER E 45

Da Elena

Trattoria
Via XXX Aprile, 104
Tel. (+39) 05 47 / 915 65
Kein Ruhetag
Ferien: 3 Wochen im Januar/Februar, zeitweise im Juli
70 Plätze
Preise: 25 €
Kreditkarten: AE, CS, MC, Visa
Mittags geöffnet, abends gegen Vorbestellung

Die zwischen den Häusern des Dörfchens Montecastello versteckte Trattoria Da Elena besteht aus einem einzigen einfachen, gemütlichen Raum mit Bildern von wichtigen Persönlichkeiten des Risorgimento an den Wänden. In der Küche auf der linken Seite erblickt man den zum Schneiden oder Füllen bereiten Pastateig. Elena betreibt das Lokal mit der Familie und bietet ein einfaches, aber traditionsreiches Menü, das auf lokalen Rezepten und Produkten basiert. Nach Crostini misti (5 €) con porcini oder klassischem Antipasto mit Wurst, Käse und warmer Piadina geht es mit Primi aus mit dem Nudelholz ausgezogener Pasta weiter, und zwar leicht pikanten **Tagliatelle ai piselli** (7 €), Ravioli di ricotta con burro e salvia, **Strozzapreti ai porcini** (in der Saison) und traditionellen Cappelletti in brodo oder con il ragù; zu speziellen Anlässen oder gegen Vorbestellung gibt es Lasagne al forno und Pasta verde. Als Secondi wird ausgezeichnetes gegrilltes Fleisch lokaler Herkunft serviert: die unausbleibliche Grigliata mista, **Castrato** und **Tagliata con sale grosso e rosmarino** (15 €). Weitere Möglichkeiten sind Fiorentina di razza romagnola con osso e filetto, **gebratenes** Fleisch sowie Fleisch aus der Pfanne wie Kaninchen, Taube und **Lamm**. Beilagen sind **Verdure gratinate** (5€), Carciofi in agro ripassati al forno und Funghi fritti. Die Dolci sind hausgemacht: Panna cotta, Crème caramel und sonntags Mascarpone (5 €); gegen Vorbestellung gibt es traditionellen Porcospino, eine für Mercato typische Süßspeise.

Die Bottega del Pane (Piazza Mazzini) und die Bäckerei Panificio Bertozzi (Piazza Gaiani) verkaufen österliche Pagnotta dolce und im Oktober „Fave dei morti". Die Konditorei Van den Bergh (Via Saffi) erzeugt gute Dolci.

Aldina

Trattoria
Via Albinelli, 40
Tel. (+39) 059 / 23 61 06
Ruhetag: Sonntag
Ferien: 29. Juli–31. August,
24. Dezember–6. Januar
70 Plätze
Preise: 18–20 €
Keine Kreditkarten
Mittags geöffnet, Freitag und Samstag auch abends

Ein kleines Stück Modena aus den Sechzigerjahren, das praktisch intakt geblieben ist, wie auch der rote Schriftzug „Trattoria Aldina" auf gelbem Grund, der oberhalb der Eingangstür zwischen den Fenstern im ersten Stock zu erkennen ist. Die Eigentümer Giancarlo Ferri (im Service) und Gaetano Strippoli (am Herd) haben das Lokal so gelassen, wie es war: als ganz schlichte Jugendstil-Trattoria im ersten Stock in der Via Albinelli, die ihren Zauber von einst bewahrt hat. Sie ist stark in das Geschehen des schönen Markts gegenüber eingebunden und wird von Studenten, Arbeitern, Marktverkäufern und Angestellten aus den umliegenden Büros frequentiert. Wenn das Lokal voll ist, und das ist es beinahe immer, ist die Geräuschkulisse aus Stimmen, Teller- und Besteckgeklapper unverändert wie früher. Das Menü wird mündlich präsentiert, aber an der Eingangstür hängt eine große Preisliste. Die Portionen sind großzügig, Vorspeisen gibt es nicht. Man beginnt sofort mit hausgemachter Pasta wie **Tortellini in brodo** (8 €), Tortelloni, Tagliatelle al ragù, **Lasagne** (7 €) und Gnocchi di patata. Unter den getrockneten Teigwaren ist Gramigna con ragù di culatello. Weiter geht es mit Arrosti und Bollito misto oder als Alternative mit **Cotechino con i fagioli** (8 €), Tagliata di manzo, Stinco oder **Filetto di maiale all'aceto balsamico** (8 €) und Frittelle di baccalà. Bratkartoffeln, gekochtes Gemüse und Salat begleiten die Gerichte; das Menü endet mit Macedonia oder klassischen Süßspeisen wie Zuppa inglese (3 €), **Mascarpone**, Crème caramel alla zucca (3 €) und Torta al cioccolato. Der Wein wird in der Karaffe kredenzt, aber es gibt auch eine Auswahl an Lambruschi. Die Preise sind wie einst an die Portemonnaies von Studenten und Arbeitern angepasst.

Ermes

Trattoria
Via Ganaceto, 89–91
Tel. (+39) 059 / 23 80 65
Ruhetag: Sonntag
Ferien: Juli, August; zeitweise zu Weihnachten/Neujahr
30 Plätze
Preise: 15–20 €
Keine Kreditkarten
Mittags geöffnet

Diese traditionelle Trattoria liegt in der Altstadt nicht weit vom Hauptplatz. Das Lokal besteht aus einem einzigen einfachen Raum mit alten Fotos, Zeitungsartikeln und Urkunden verschiedener Vereine an den Wänden. Es scheint, als wäre hier die Zeit stehen geblieben. Reservieren kann man nicht, aber Ermes, seit mehr als 50 Jahren der Betreiber des Lokals, findet in kurzer Zeit einen Platz für Sie an großen Gemeinschaftstischen neben anderen Gästen. Dank der sympathischen Art des Wirts findet man rasch Anschluss. Da es keine Speisekarte gibt, zählt Ihnen Ermes schnell die wenigen Tagesgerichte auf. Erwarten Sie sich keine modernen Speisen oder Überarbeitungen, denn Bruna, die Frau des Wirts, bereitet meisterhaft typische Gerichte aus der emilianischen Tradition zu, die während der Woche wechseln. Unter den Primi sind klassische **Tagliatelle al ragù**, Passatelli in brodo, freitags **Pasta e fagioli** und samstags Tortellini in brodo. Bei den Secondi erwarten Sie schmackhafte **Zucchine ripiene in umido con piselli**, **Ossobuco con patate**, Bollito misto di manzo e gallina con salsa verde und freitags **Baccalà**. Die Auswahl der Dolci beschränkt sich auf einfache Ciambella, die in Wein getaucht wird, oder Crostata. Als Begleiter zum Essen werden gewöhnlich ein ganz guter Lambrusco oder ein Pignoletto auf den Tisch gestellt, den man mit anderen Gästen teilen kann, falls man alleine ist. Es ist nicht nötig, beim Essen und beim Wein zu sparen, denn die Rechnung macht nicht mehr als 20 € aus.

MONTECCHIO EMILIA

16 km westlich v. Reggio Emilia, 18 km v. Parma

La Ghironda

Restaurant
Via XX Settembre, 61
Tel. (+39) 05 22 / 86 35 50
Ruhetag: Sonntagabend, Montag
Ferien: erste Woche des Jahres, 3 Wochen im Juli/August
15 Plätze
Preise: 35–40 €
Kreditkarten: CS, MC, Visa; BM
Mittags und abends geöffnet

Nach rund zehn Jahren bewährter Arbeit haben Camillo (im Service) und Daniele (am Herd) den Ansatz des Lokals geändert und die Anzahl der Plätze drastisch reduziert; Qualität und Vielfalt des gastronomischen Angebots sind aber unverändert geblieben. Neben klassischem Erbazzone können Sie unter den Antipasti **Fonduta di asparagi bianchi** (11 €) oder di zucca, Almkäse, *Caval pist* (gehacktes Pferdefleisch) und in Handarbeit erzeugte Mortadella mit Schiacciata montanara finden. Es folgen ausgezeichnete **Tortelli di ricotta, spinaci ed erbe di campo** (11 €) und je nach Saison Lasagne ai carciofi, Maltagliati con fagioli freschi und unübertreffliche **Bigoli al torchio con guanciale e pepe**. Eine gute Alternative dazu sind **Zuppe** (11 €) di ortaggi oder di carciofi, patate e maggiorana. Von den Secondi seien **Trippa di vitellone all'emiliana** (15 €), Arrosti di anatra oder di coniglio und interessante Insalata di baccalà e tartufo dell'Appennino reggiano besonders hervorgehoben. Ansonsten bieten sich Tartara di cavallo, roh oder in der für Parma typischen Version angeröstet (die sogenannte *Vècia*), oder eine Degustation von 30 Monate gereiftem Parmigiano reggiano mit exzellenten Mostarde di frutta aus handwerklicher Erzeugung an. Als Dessert (7 €) stehen Zuccotto di zucca, Pesca ripiena, Zuppa inglese und Pera al forno auf dem Programm. Die Weinempfehlungen erfolgen mündlich: Das Weinangebot ist begrenzter als früher, reicht jedoch vollkommen aus, um die Speisen mit den passenden regionalen und italienischen Etiketten zu begleiten.

MONTE SAN PIETRO
Montepastore

35 km südwestlich von Bologna, S.P. 26

Antica Trattoria Belletti

Trattoria
Via Lavino, 499
Tel. (+39) 051 / 676 70 04
Ruhetag: Montag
Ferien: unterschiedlich
50 Plätze + 40 Plätze im Freien
Preise: 25–30 €
Alle Kreditkarten; BM
Mittags und abends geöffnet, Januar und Februar nur mittags, Samstag auch abends

Montepastore ist ein kleiner Ortsteil im ruhigen Lavino-Tal. Hier führt die Familie Belletti mit Babbo Ubaldo, in der Küche tatkräftig von seiner Frau Edvige und der sympathischen Tochter Camilla unterstützt, die seit mehr als einem Jahrhundert bestehende Trattoria. Der Eingang befindet sich im Barbereich, der von einheimischen Gästen frequentiert wird. Dahinter tun sich zwei sehr gemütliche, heimelige Räume mit Steinwänden auf. Das Menü setzt sich aus wenigen traditionellen Gerichten zusammen, bei denen Wert auf Substanz und Qualität der Zutaten gelegt wird. Sie können mit einer schönen Selektion an Salumi oder vorzüglichen **Polpettine aus der Füllung der Tortellini** (5 €) beginnen. Weiter geht es mit **Tagliatelle al ragù** (8,50 €) oder Tortellini in brodo, Gnocchi di patate con prosciutto e asparagi und **Stianconi** (eine Art von Hand gerissene Maltagliati) **di farina integrale al ragù di coniglio** (9,50 €). Fleisch spielt die Hauptrolle bei den Secondi: Castrato, Salsiccia artigianale ai ferri und **Coniglio nostrano arrosto** (10 €); als Alternative gibt es einen verlockenden Teller mit Crescentine fritte, Tigelle, Wurst, Sottoli und Caciotta aus Monte San Pietro. An erster Stelle der Beilagen steht **Padellata di funghi porcini**. Im Herbst können Sie auch Trüffel und Tagliatelle di castagne vorfinden. Gute Süßspeisen, vorwiegend Löffeldesserts. Die umsichtig aufgebaute Weinkarte legt den Schwerpunkt auf Tropfen aus den Colli Bolognesi und regionale Etiketten; es gibt aber auch einige Weine aus dem übrigen Italien. Alle werden zu sehr korrekten Preisen angeboten.

MONTEVEGLIO

26 KM WESTLICH VON BOLOGNA

Trattoria del Borgo

Trattoria
Via San Rocco, 12
Tel. (+39) 051 / 670 79 82
Ruhetag: Dienstag
Ferien: 2 Wochen im Januar, 1.–10. September
40 Plätze + 35 Plätze im Freien
Preise: 30 €
Alle Kreditkarten; BM
Abends geöffnet, Feiertage auch mittags

Eine steile Straße führt Sie in das Innere des mittelalterlichen Komplexes der Abtei von Monteveglio, die über die Weingärten der Colli Bolognesi blickt. Nachdem man das Tor zum Ort zu Fuß durchschritten hat, findet man auf der rechten Seite die Trattoria in einem an die Befestigungsmauern angebauten Haus. Sie besteht aus drei schlichten, leger gestalteten kleinen Räumen, die auf mehreren Ebenen angeordnet sind; im Sommer kann man auch im Freien essen. Paolo Parmeggiani, von seiner Frau Alessandra im Service und von Andrea Rubini in der Küche unterstützt, bietet nicht nur Traditionsküche, sondern zeigt auch große Sensibilität bei der Suche nach lokalen Zutaten, besonders Gemüse, wodurch er die Arbeit der hiesigen Landwirte aufwertet. Es gibt vier Degustationsmenüs: ein Menü mit Traditionsgerichten (25 €), ein Menü mit Pilzen, frischen Trüffeln und Kartoffeln aus Tolè (35 €), ein vegetarisches Menü (25 €) und Tigellata (Crescentine mit Speck-Rosmarin-Pesto, Wurst und frischem Käse, 15 €). Auf der Karte finden Sie Antipasti wie Zucchini und Fiori fritti (8 €) und Bocconcini di polenta croccante, während die Primi durchwegs traditionell sind: **Tortellini nel brodo buono** (11 €), Tortelloni di ricotta, **Strichetti al ragù**, Tagliolini alle verdure und **Tagliatelle ai funghi** (13 €). Bei den Secondi bieten sich Guancialino di vitella, **Spalla d'agnello al tegame** (13 €), **Ossobuco** di bianca modenese **in umido** (13 €) und Cotoletta di melanzane an. Unter den Dolci sind Crostate und einige ungewöhnliche, verlockende Löffeldesserts. Die schöne Weinkarte rückt Tropfen aus dem Gebiet der Colli Bolognesi in den Vordergrund und zeigt eine Vorliebe für biologische und biodynamische Weine.

MONTICELLI D'ONGINA
Isola Serafini

23 KM NÖ. V. PIACENZA, S.S. 10, 8 KM V. CREMONA

Antica Trattoria Cattivelli

Trattoria
Via Chiesa, 2
Tel. (+39) 05 23 / 82 94 18
Ruhetag: Dienstagabend, Mittwoch
Ferien: 2 Wochen im Juli/August
150 Plätze + 15 Plätze im Freien
Preise: 35–40 €
Alle Kreditkarten; BM
Mittags und abends geöffnet

Es ist seltsam, im Herzen der Poebene auf einer Insel zu landen. Das ist aber auf der Isola Serafini im Po der Fall, wo die Trattoria Cattivelli seit mehr als einem halben Jahrhundert eine zwischen Wasser und Festland angesiedelte Küche auf den Tisch bringt. Papà Valentino und Mamma Cesira haben die Führung des Lokals in die kundigen Hände der Töchter Claudia und Emanuela gelegt, die die Lektion über frische Saisonzutaten gut gelernt haben. Luca und Massimiliano servieren und beraten Sie gekonnt zur Speiseauswahl. Für ein denkwürdiges Erlebnis empfehlen wir Ihnen, auf den Pfaden der Tradition zu bleiben. Man kann mit **Tortino dell'orto su letto d'insalata** (11 €) oder 20 Monate vor Ort gereiftem Culatello, begleitet von Giardiniera, beginnen. Von den ausnahmslos hausgemachten Primi seien Maccheroni al torchio al ragù di agnello e carciofi, Tortelli piacentini di ricotta e spinaci und traditionelle ***Pisarei e fasò*** (10 €) erwähnt. Umfangreich und vielfältig ist das Angebot der Secondi, darunter hervorragende Fritti (alle in nativem Olivenöl extra frittiert) wie Anguilla und **Filetti di pesce gatto e acquadelle** (15 €). Unter den Fleischgerichten sind Cosciotto d'oca rosolato, **Faraona disossata e ripiena** (16 €) und Lumache alla piacentina. Hervorgehoben seien auch die **Formaggi a latte crudo**, davon einige aus Slow-Food-Presidi. Von den Dolci sticht **Spongata** aus Monticelli (7 €) nach einem alten Rezept hervor, das von der Trattoria wiederentdeckt wurde. Schönes Kellerangebot mit zahlreichen Weinen kleiner Winzer aus dem Umland und ausgewählten italienischen Etiketten.

Die Bäckerei Migliorati in Monticelli (Via Martiri della Libertà 75) erzeugt und verkauft hervorragende Spongata.

NEVIANO DEGLI ARDUINI

30 KM SÜDLICH VON PARMA

Mazzini

Restaurant
Via Ferrari, 16
Tel. (+39) 05 21 / 84 31 02
Ruhetag: Montag, Dienstag
Ferien: Oktober
50 Plätze + 40 Plätze im Freien
Preise: 35 €
Kreditkarten: CS, MC, Visa; BM
Mittags und abends geöffnet

Das sorgfältig gestaltete Ambiente ist bereits Teil des zuvorkommenden Empfangs, den Roberto im Service und Marina am Herd Ihnen angedeihen lassen. Es lohnt sich, mit dem **Antipasti-Teller** (12 €) zu beginnen, einer Reihe kleiner Kostproben, von denen Polenta abbrustolita con il lardo, Torta fritta con prosciutto crudo, Cipolla fritta, Torta di patate, Parmigiano reggiano con aceto balsamico e finocchi und Fiori di zucca hervorgehoben seien. Das Angebot der Primi (9 €) sieht sowohl gefüllte Pasta wie **Cappelletti in brodo** und klassische, unterschiedlich verfeinerte Tortelli parmigiani als auch innovativere Gerichte wie **Lasagne con melanzane e pomodoro**, Gnocchi alle verdure e taleggio und Paccheri al forno con ragù vor. In der Saison dürfen Pilze und Trüffeln aus dem Apennin nicht fehlen. Die Secondi (14 €) sind eher dem Fleisch von Schafen und Hoftieren als dem unausbleiblichen Angebot an Schweine- und Rindfleisch zugeneigt (gut sind allerdings Tagliata und Filetto di manzo): Probieren Sie **Cotolette di coniglio**, Costolette di agnello und **Coscia d'oca al forno**. Als Alternative bieten sich eine Degustation von Parmigiano reggiano und eine Käseplatte mit hervorragendem mildem Pecorino mit Birnen und Feigen-Nuss-Konfitüre (12 €) an. Opulente, gut zubereitete Dolci (5 €) setzen den Schlusspunkt: **Semifreddo di nocciola e gianduia**, Zabaione tiepido con biscotti, Budino di nonna Pepa und Cheesecake ai frutti di bosco. Im Keller lagert ein Querschnitt der regionalen und italienischen Weinproduktion, darunter einige wirklich interessante biologische Lambruschi und ein gutes Angebot an Demi-Bouteilles.

NONANTOLA
Rubbiara

12 KM NORDÖSTLICH VON MODENA, S.S. 255

Osteria di Rubbiara

Traditionelle Osteria
Via Risaia, 2
Tel. (+39) 059 / 54 90 19
Ruhetag: Dienstag
Ferien: August, 15. Dezember–15. Januar
35 Plätze + 40 Plätze im Freien
Preise: 25–35 €
Kreditkarten: Visa
Mittags geöffnet, Freitag und Samstag auch abends

Viel Tinte ist im Lauf der Jahre geflossen, um Italo Pedroni zu beschreiben, den originellen, mürrischen Wirt, der zuerst die Männer und dann die Frauen bedient. Seine Person macht aber viel mehr aus; wenn Sie neugierig sind, lassen Sie ihn reden, und Sie werden es feststellen. Die Küche interessiert sich nicht für Innovationen, sondern entspringt der kundigen Hand von Ehefrau Franca, die auf traditionelle Speisen setzt. Aus dem hauseigenen Garten kommen die Tomaten zum Einmachen und Radicchio. Ein hervorragender Einstieg ist **Frittatina all'aceto balsamico tradizionale**, die zu den Primi überleitet, unter denen sich im Winter ausgezeichnete **Tortellini in brodo** (7 €) und Tagliatelle oder ***Strichet* al ragù di carne** finden; im Sommer gibt es auch **Tortelloni di ricotta** (7 €) al burro oder **all'aceto balsamico tradizionale**. Als Secondi serviert man Schweinefleisch in verschiedenen Varianten, darunter **Costine arrosto** in exzellenter Qualität und Zubereitung, und daneben **Pollo al Lambrusco** (7 €) und Coniglio arrosto oder alla cacciatora (7 €). Samstagabend und Sonntagmittag ist das Menü festgelegt (35 €) und eignet sich für Gäste mit großem Appetit. Gute hausgemachte Dolci, darunter **Torta di tagliatelle**, al cioccolato und alla ricotta sowie Crostate. Die lokalen Weine, Lambrusco di Sorbara, Pignoletto und Ruggine (eine weiße Rebsorte, die dank dem Engagement des Patrons erhalten blieb), stammen aus eigener Erzeugung. Zum Schluss wartet eine Kostprobe verschiedener hausgemachter Liköre und Brände. Reservierung erwünscht, Mobiltelefone nicht.

»*Die Überlieferung alten, nicht nur rein gastronomischen Wissens stellt den Mehrwert dieses ganz traditionellen Lokals dar.*«

Die Piadina – Straßenessen und Sinnbild der Romagna

Das Rezept ist dem Anschein nach das denkbar einfachste: Mehl, Wasser, etwas Schmalz und eine Prise Salz. In ihrer territorialen Besonderheit (in der Romagna gibt es über 100 Varianten) können die Rezepte auch die Beigabe einiger weiterer Zutaten vorsehen, wie Bikarbonat, Hefe, Milch oder Honig und Öl anstelle von Schmalz.
Sie sind aber nicht in der Romagna, wenn Sie nicht den Duft der Piadina wahrnehmen. Die Rede ist natürlich von jenem Produkt, das an den in der ganzen Region verstreuten Ständen gebacken wird – wo die Rolle der spezialisierten *Piadinaiola* jene der *Azdora* (Hausfrau) ersetzt hat. Diese Arbeiterinnen haben ein symbolträchtiges Produkt gerettet, indem sie zu Beginn der Sechzigerjahre einen neuen Beruf ins Leben gerufen haben.
Sie können verschiedene Benennungen hören – *Pieda, Pida, Piè, Piada* –, da sich der Name der Piadina je nach Gegend ändert, ebenso wie der Tonfall des Dialekts und die Art ihrer Zubereitung. Die Unterschiede machen sich in der Dicke, im Durchmesser und Geschmack bemerkbar. Dann zählen noch die über den Daumen gepeilte Backzeit sowie die Geschicklichkeit bei der Zubereitung.
Einst wurde sie auf einer feuerfesten Form über der Holzglut im häuslichen Kamin gebacken, heute auf einer Metallplatte, aber es bleibt echte romagnolische Piadina! Dies trifft sicher nicht auf die mechanisch erzeugte, lange haltbare abgepackte Industriepiadina zu, für die sogar das Igp-Siegel angestrebt wird, indem man sie mit dem traditionellen Produkt der Stände gleichzusetzen versucht.
Die Piadina, authentisches Symbol der Romagna und ausgezeichnetes Essen für unterwegs, wird mit Wurst und Käse (typisch ist Squacquerone) genossen. Dann gibt es noch die Guscioni (auch Crescioni oder Cassoni) aus demselben Teig, traditionell mit Wildkräutern oder Kürbis und Kartoffeln gefüllt. Eine Piadina kostet 0,80 bis 0,90 €, mit Schinken gefüllt 3,50 bis 4,00 €, ein Crescione mit Kräutern 2,30 bis 3,00 €. Nachfolgend einige Adressen, wo Sie Piadina probieren können.

Gianpiero Giordani

BERTINORO
La Casa della Piadina
Largo Cairoli, 5 A
Tel. (+39) 340 / 791 49 50
Ruhetag: Montag
Geöffnet wochentags 15–23 Uhr, an Feiertagen 9–23 Uhr

Ein paar Schritte vom mittelalterlichen Viertel entfernt bietet Marina neben traditioneller Piadina auch Crescione mit sautierten Wildkräutern (2,50 €) und persönliche Innovationen zu diesem Thema. 30 Plätze im Sommer und Winter.

CESENA
Giuseppina Ceccaroni
Via Zazzeri, 13 – San Michele
Tel. (+39) 333 / 421 47 98
Ruhetag: Samstag
Geöffnet 16–20 Uhr

Der Stand befindet sich neben einem großen öffentlichen Park mit Spielplatz. Piadina und Crescioni alla mozzarella e pomodoro oder alle erbe (2,30 €) kann man auf einer Bank sitzend verzehren.

CESENA
La Mia Piadina Acqua e Farina di Donatella Ricci
Viale Marconi, 300
Tel. (+39) 328 / 713 91 20
Ruhetag: Samstag
Geöffnet 16–20.30 Uhr

Der Stand an der alten Via Emilia verfügt über drei Bänke und zwei Tischchen. Die Spezialitäten sind Rotoli (Rollen) mit Rohschinken und Käse, Sfogliatine (Blätterteiggebäck) mit Wurst (3,50 €), Piadina al sesamo, al rosmarino und alle olive, Fricò (geschmortes Gemüse), köstliche Panetti sowie süße Piadina.

La Regina della Piadina di Maria Casadei

Via San Remo, 35 – Torre del Moro
Tel. (+39) 340 / 359 82 63
Ruhetag: Dienstag
Geöffnet 16.30–21 Uhr

Wenige Tische mit 16 Plätzen in der Nähe eines großen Parkplatzes. Einer der wenigen Stände, wo Backformen aus feuerfestem Material verwendet werden. Die Spezialität sind Crescioni mit Füllung aus Kräutern (2,10 €) und Gemüse, die im Landwirtschaftsbetrieb der Familie angebaut werden.

L'Antica Piadina Della Valdoca

Ortsteil Albertini, 48
Tel. (+39) 333 / 290 68 32
Ruhetag: Dienstag, im Winter auch Samstagvormittag
Geöffnet 11.30–13.30, 16–20 Uhr, im Sommer 17–20.30 Uhr

Ein kleiner Betrieb und Laden in der Altstadt. Eine der Spezialitäten ist eine große, dicke Piadina, auf einer feuerfesten Platte gebacken. Außerdem gibt es Crescioni alle erbe con il lardo (mit Kräutern und Speck, 2,40 €) und di zucca e patate (mit Kürbis und Kartoffeln).

La Piadina del Chiosco

Via Giardini Savelli, 10
Tel. (+39) 349 / 514 38 18
Ruhetag: Sonntagmittag, im Winter Donnerstag
Geöffnet: 11.30–15, 17–1 Uhr, im Winter 11.30–14, 17–21 Uhr

Der Stand bietet verschiedene Sitzgelegenheiten an Tischen im Freien, auf Mäuerchen und Bänken. Zu essen bietet man ausgewählte Affettati (Aufschnitt) und Formaggi, Piadina aus Kamut mit nativem Olivenöl extra, auch ohne Hefe, Salsiccia alla griglia, Piadipizza, Crescioni con verdure alla griglia (mit gegrilltem Gemüse), mozzarella e pomodoro (3 €), alle erbe und in der Version con zucca e patate (mit Kürbis und Kartoffeln).

Maria Pavirani

Piazza Fabbri, 15
Tel. (+39) 05 47 / 281 63
Ruhetag: Mittwoch
Geöffnet 12.30–14.30, 15.30–21 Uhr

Der Stand steht in der Altstadt neben der Biblioteca Malatestiana und bietet rund 20 Plätze an den Tischen. Es gibt Rotoli alle verdure (Gemüserollen), Crescioni con zucca e patate (mit Kürbis und Kartoffeln; 2,30 €) oder in der Variante con cipolla e radicchio (mit Zwiebeln und Radicchio).

Micamat

Piazzale Ambrosini, 27 (bei der Pferderennbahn)
Tel. (+39) 347 / 302 38 86
Ruhetag: Sonntag, Montag
Geöffnet 9–21 Uhr, im Sommer 9–22 Uhr

Der Stand in der Nähe der Pferderennbahn bietet einen großen Parkplatz und rund 50 Plätze an den Tischen. Innovative und klassische Piadina-Varianten bis zu traditionellen Crescioni con spinaci (mit Spinat, 2,50 €) und con pomodoro e cipolla (mit Tomaten und Zwiebeln).

Piadina di Loretta e Germano

Via Versilia, 190
San Mauro in Valle
Tel. (+39) 340 / 988 47 94
Ruhetag: Sonntag
Geöffnet 11.00–14, 17–21 Uhr

Ein Stand mit Parkplatz und Tischchen mit insgesamt zehn Plätzen in einem Park mit Bänken und Spieleinrichtungen für Kinder. Die Spezialitäten sind Piadina all'olio extravergine di oliva und Crescioni con verdure fresche di stagione (mit frischem Saisongemüse): con fagiolini, salsiccia e pomodoro, zucca e patate (mit grünen Bohnen, Salsiccia und Tomaten, Kürbis und Kartoffeln, 2,80 €).

Tiziana Zanelli

Via Padre Genocchi, 485
Ponte Abbadesse
Tel. 347 / 323 53 50
Ruhetag: Montag
Geöffnet 15–20.30 Uhr

Der Stand verfügt über ein paar Tische und Bänke und befindet sich in der Nähe des Parks mit Spielplatz und Radweg. Die Spezialität sind Crescioni alla cipolla, fricò e salame piccante (mit Zwiebeln, geschmortem Gemüse und pikanter Salami), zucca, patate e salsiccia (mit Kürbis, Kartoffeln und Salsiccia), mozzarella, pomodoro, acciughe e origano (mit Mozzarella, Tomaten, Sardellen und Oregano, 3,50 €).

BORELLO DI CESENA

La Piadina di Melania Facciani

Piazza San Pietro in Solfrino, 3
Tel. (+39) 340 / 582 26 37
Ruhetag: Montag
Geöffnet 15–20, im Sommer 16–21 Uhr, Feiertage 11–13 Uhr

Der Stand mit Parkmöglichkeit befindet sich am Hauptplatz neben einem Park mit Bänken. Die Spezialitäten sind Crescioni con cavoli e pancetta (mit Kohl und Pancetta), zucca e patate (mit Kürbis und Kartoffeln; 2,50 €), aber auch Salsiccia und Gemüse vom Grill.

MACERONE DI CESENA

E' Tulir di Francesco Ricci

Via 18 Agosto 1994, 490
Tel. (+39) 339 / 127 23 39
Ruhetag: Mittwoch
Geöffnet 14.30–22.30 Uhr

Der Stand in einem öffentlichen Park mit Bänken und Spieleinrichtungen für Kinder verfügt über rund 70 Plätze an den Tischen. Die Spezialitäten sind Battilarda (großes Brett) mit Crescioncini di verdure fresche grigliate (mit Grillgemüse) und *Piadaza* mit Kräutern, Käse und Pancetta gefüllt (6,50 €).

PIEVESESTINA DI CESENA

Maria Cellini

Via Dismano, 4830
Tel. (+39) 333 / 870 32 63
Ruhetag: Montag
Geöffnet 11–14, 16–20.30 Uhr, im Sommer 11–14, 17–20.30 Uhr

Der Stand mit rund 30 Plätzen an Tischen mit Sonnenschirmen und Parkmöglichkeit befindet sich nicht weit von einem Park mit Bänken und Spieleinrichtungen für Kinder. Die Spezialitäten sind Piadina al rosmarino und alle olive und Crescione zucca e patate (mit Kürbis und Kartoffeln, 3 €).

PINARELLA DI CERVIA

Chiosco della Pineta

NEU

Via Mezzanotte-Zona Mare
Tel. (+39) 338 / 325 68 27
Geöffnet 11.30–15/17–22.30 Uhr
Von April bis September geöffnet

Der seit 1963 in Betrieb befindliche Stand wurde von Großmutter Teresina an ihre Tochter Carla übergeben. Heute führt ihn Enkelin Sabina gemeinsam mit ihrem Mann und den Kindern. Wenige Schritte vom Meer entfernt genießt man in einem Pinienhain mit Tischen und Bänken Piadina, die mit Qualitätszutaten gefüllt ist. Außerdem gibt es Crescione alle erbe e mozzarella (4,50 €), Salsiccia, Squacquerone, hiesige Salami und 24 Monate gereiften Prosciutto di Parma.

PONTE PIETRA DI CESENA

Da Rita di La Porta Rita

Via Cesenatico, 1777
Tel. (+39) 368 / 318 04 83
Ruhetag: Montag, außer im Sommer
Geöffnet 16–20 Uhr, im Sommer 16–20.30 Uhr

Der Stand liegt an der Hauptstraße nach Cesenatico. Es gibt rund 30 Plätze an den Tischen im großen angrenzenden Park mit Bänken und Spieleinrichtungen für Kinder. Geboten werden eine herrliche, dezent gewürzte Piadina und klassische Crescioni mit Gemüse (2,40 €).

SAN CARLO DI CESENA
Marina Guidazzi
Via Castiglione, 33
Tel. (+39) 349 / 744 81 74
Ruhetag: Mittwoch
Geöffnet 11.30–13.30 Uhr, Sonntag 9–13.30, 16–21 Uhr

Der Stand liegt an einer frequentierten Stelle der Straße, die von der Kirche zum Savio führt. Es gibt Piadina aus Bio-Dinkelmehl ohne Schmalz und Crescioni alle erbe (2,40 €).

SANT'EGIDIO DI CESENA
Acqua e Farina di Montanari Andrea
Via Cerchia di Sant'Egidio, 2365
Tel. (+39) 349 / 317 36 38
Ruhetag: Dienstag
Geöffnet 16–21.30 Uhr, im Sommer 17–22 Uhr

Dieser Stand bietet rund 40 Sitzplätze im öffentlichen Park mit Bänken und Spieleinrichtungen für Kinder. Die Spezialitäten sind Rotoli (Rollen) mit Squacquerone, Prosciutto crudo und Rucola (4 €), Crescioni alle erbe und Spezialitäten aus Dinkel.

SAVIGNANO SUL RUBICONE
Al Giardinetto di Alessandra Ricci
Via Emilia Ovest
Tel. (+39) 05 41 / 94 64 56
Ruhetag: Dienstag ab 15.30 Uhr und Mittwoch
Geöffnet 12–21 Uhr

An der Via Emilia befindet sich an der Ortseinfahrt eine Laube mit Bänken und Tischen mit rund 40 Plätzen. Aufgrund der Nähe zu Rimini ist die Piadina hier dünner. Probieren Sie die Variante mit Squacquerone und Crescioni con erbe e verdure fresche (mit Kräutern und frischem Gemüse).

SOGLIANO AL RUBICONE
Da Giuli e Stefano Pumdor
Via Montepetra Piolo, 73 B
Tel. (+39) 347 / 278 66 37
Ruhetag: Montag
Geöffnet 14.30–22 Uhr, Samstag und Sonntag 11.30–22 Uhr

Der Stand befindet sich an der Staatsstraße wenige Hundert Meter von der Ausfahrt Montecastello di Mercato Saraceno der Schnellstraße E 45. Er bietet rund 30 Sitzplätze. Die Spezialitäten sind Crescioni con zucca e patate, alle erbe (2,50 €) und con salsiccia alla griglia (mit gegrillter Salsiccia).

CERVIA
Al Parco da Eleonora
Via Salara/Strada Statale Adriatica, 12
Tel. (+39) 339 / 704 91 99
Ruhetag: Dienstag, außer im Sommer
Geöffnet 12.30–14.30, 16.30–21 Uhr

Der Stand verfügt über einige Sitzplätze. Unbedingt sehenswert ist das unglaubliche Panorama bei Sonnenuntergang. Die Atmosphäre an der kleinen angrenzenden Wiese ist nicht nur angenehm, sondern auch eindrucksvoll, denn der Stand blickt auf die historischen Salinen. Die Spezialität des Hauses sind in vielen Varianten zubereiteter Rotolino und knusprige Piada mit Salz und Rosmarin (1,20 €) oder mit Salz aus Cervia und Zwiebeln.

FORLIMPOPOLI
Tom & Jerry
Via Armando Diaz/Giardini La Malfa
Tel. (+39) 339 / 131 47 11
Ruhetag: Montag
Geöffnet 16–21 Uhr, an Feiertagen 10–12.30, 16–21 Uhr

Ein paar Schritte von der Geburtsstadt Pellegrino Artusis entfernt können Sie in einer komfortablen Laube mit zwölf Sitzplätzen Platz nehmen. Der große Garten macht eine Einkehr noch angenehmer. Empfehlenswerte Spezialitäten, vor allem im Winter, sind Crescioni con fagioli e salsiccia (mit Bohnen und Salsiccia) und con verza e pancetta (mit Wirsing und Pancetta, 3,80 €).

GAMBETTOLA
80 Voglia di Piada di Andrea e Roberta
Piazza Cavour, 8
Tel. (+39) 349 / 470 90 80
Ruhetag: Montag
Geöffnet 16.30–21 Uhr

Der Stand befindet sich neben der zentralen Dorfkirche und einem kleinen Park mit Bänken und zwei Tischchen. Spezialitäten sind Crescioni und Piadina con salsiccia alla griglia (4 €), Rotoli und Piadipizza sowie glutenfreie Teige.

LONGIANO
Gradisca di Manuela Bianchi

Piazza 11 Ottobre, 2
Tel. (+39) 333 / 461 14 01
Ruhetag: Montag
Geöffnet 15–21 Uhr

Der Stand befindet sich am großen Parkplatz vor dem Platz neben der Post. An den Tischen sind rund 20 Sitzplätze vorhanden. Die hervorragenden Crescioni gibt es mit Mangold (2,70 €), mit Kartoffeln und Salsiccia sowie mit Tomaten und Mozzarella. Als Alternative bieten sich frische Tagliatelle, Cappelletti e Lasagne an, deren Teig mit dem Nudelholz ausgezogen wird.

BUDRIO DI LONGIANO
Box 23

Piazza Aldo Moro
Tel. (+39) 328 / 713 91 15
Ruhetag: Dienstag • Geöffnet 16–20.30 Uhr

Der Stand befindet sich an der Straße, die von der Via Emilia nach Longiano führt, an einem großen Parkplatz neben einem Park mit Bänken und Spieleinrichtungen für Kinder. Die Spezialitäten sind Rotoli gefüllt mit Käse und Wurst sowie Crescioni con erbe e salsiccia (mit Kräutern und Salsiccia, 2,80 €).

MERCATO SARACENO
Ruggero e Gemma

Via Sandro Pertini, 1
Tel. (+39) 347 / 688 11 80
Ruhetag: Montag, Dienstag
Geöffnet 15–21 Uhr

Der Stand in der Nähe des öffentlichen Schwimmbades blickt auf eine lange Familientradition zurück und verfügt über 30 Plätze an den Tischchen unter einer Laube. Neben Piadina können Sie Guscioni alle erbe (2,30 €) und alle melanzane probieren. Es gibt einen großen Parkplatz und auch einen Halteplatz für Campingmobile.

PIAVOLA DI MERCATO SARACENO
L'Oasi della Piadina

Via Pietro Nenni, 55
Tel. (+39) 342 / 593 16 34
Ruhetag: Mittwoch
Geöffnet 16–19.30 Uhr, im Sommer 16.30–20.30 Uhr

Der Stand neben dem Fußballplatz und nahe dem Wildbach Borello hat rund 20 Sitzplätze an Tischen in der Laube. Hervorragend sind Piadina und Crescioni mit Kürbis und Kartoffeln (2,60 €), mit Kräutern sowie mit Salsiccia und Zwiebeln.

BORA DI MERCATO SARACENO
Piadineria il Minatore

Via Torricelli, 8
Tel. (+39) 05 47 / 32 32 57
Ruhetag: Montag
Geöffnet 11.30–23 Uhr

Die Piadineria mit Küche war ursprünglich ein Imbissstand. Heute werden auch Gerichte zubereitet, die man mit Piadina und Crescioni genießen kann. Probieren Sie Coniglio arrosto con il latte (gebratenes Kaninchen mit Milch) und Crescione con verze e cotechino (mit Wirsing und Cotechino, 3 €). Es gibt 150 Plätze im Innenbereich und 100 auf der Sommerterrasse.

RAVENNA
Tradizione Dolce & Sale

Via Cassino (Stadio Benelli)
Tel. (+39) 05 44 / 40 06 21
Ruhetag: Montag
Geöffnet 15–20.15 Uhr

Der Stand befindet sich an der Straße nahe am Stadion. Man kann nur auf ein paar Stühlen Platz nehmen, Tische gibt es nicht. Hervorragend sind Piadina und Crescioni alle melanzane und con salsiccia e cipolla (3,10 €); verarbeitet werden Saisonprodukte und -gemüse. Probieren Sie auch knusprige Piada a velo (Sbriciolona).

SAN MAURO MARE
La Piadina di Bicio e Vale

Via della Libertà, 22
Tel. (+39) 340 / 495 30 02
Ruhetag: Oktober–Februar Montag–Freitag
Geöffnet: 11.30–14.30/18.00 Uhr bis spätabends

Der im öffentlichen Parco Benelli befindliche Betrieb verfügt über insgesamt sechzig Plätze an Tischen und Bänken. Die Spezialitäten sind Crescione con le erbette saltate in padella (mit sautiertem Mangold) und Piadina 9 Colli mit Spänen vom Höhlenkäse, Honig und Oliven (8 €).

RIMINI

Doppio Zero

Via Dario Campana, 78 B–C
Tel. (+39) 335 / 657 51 69
Ruhetag: Montag
Geöffnet 10.30–21.30 Uhr

Der Stand nicht weit vom Castel Sismondo, vom Zentrum und vom Parco 25 Aprile verfügt über Tischchen im Innen- und Außenbereich und bietet rund 100 Plätze. Hier ist man auf mit erstklassigen Zutaten gefüllte Cassoni spezialisiert. Probieren Sie die Variante mit Mozzarella und Tomaten (2,50 €) und Rotolo con i sardoncini. Zu Mittag kann man zur Piadina auch ein paar Gerichte bestellen.

Bar Ilde – Il Baretto della Buona Piadina

Via Covignano, 245
Tel. (+39) 05 41 / 75 32 74
Täglich geöffnet April–September
12–24 Uhr

Der Stand auf dem Hügel von Covignano liegt im Grünen und bietet im Innen- und Außenbereich Sitzplätze für rund 180 Personen. Speziell sind die mit Salaten, Gemüse und Squacquerone gefüllten Piade. Herrlich ist auch Piadina mit Prosciutto crudo, Squacquerone und Rucola (6,50 €).

Nud e Crud

Viale Tiberio, 27–29
Borgo San Giuliano
Tel. (+39) 05 41 / 290 09
Kein Ruhetag
Geöffnet 11–16, 18–24 Uhr

Piada, Cassoni, Bar und Küche: ein innovativer und junger Ansatz, wobei klassische Piada und Produkte mit nachvollziehbarer Herkunft geboten werden, vom Frühstück bis zum Aperitif, vom Mittagessen bis zum Abendessen. Es gibt unter anderem Piada aus Biomehl mit Sardinen (6,90 €) oder Radicchio und Frühlingszwiebeln sowie Cassoni con le rosole (mit jungem Klatschmohn) und mit Kartoffeln und Salsiccia.

PARMA
Coloreto

7 KM VOM ZENTRUM

Ai Due Platani

Restaurant
Via Budellungo, 104 A
Tel. (+39) 05 21 / 64 56 26
Ruhetag: Montagabend, Dienstag
Ferien: 15. Februar–2. März, 15. August–erste Septemberwoche
65 Plätze + 65 Plätze im Freien
Preise: 25–30 €
Kreditkarten: CS, DC, MC, Visa; BM
Mittags und abends geöffnet

Der im ländlichen Gebiet, jedoch nur ein paar Minuten von Parma gelegene Ort Coloreto verströmt die Atmosphäre emilianischer Landgüter. In seinem Herzen befindet sich abgesehen von der kleinen Kirche dieses Restaurant, das die Tradition einer Osteria fortsetzt. Seine Eckpfeiler wurzeln in der typischen Küche, und es gibt nur kurze Ausflüge zu Gerichten und Zutaten aus anderen Regionen. Matteo Ugolotti, am Herd, und Giancarlo Tavani, im Service, sind keine Berufsanfänger und legen neben unendlicher Leidenschaft auch Fähigkeit und Professionalität an den Tag. Unverzichtbar sind die Antipasti, bei denen von Torta fritta begleitete Wurstwaren in erstklassiger Qualität dominieren, wie Coppa, **24 Monate gereifte Spalletta cruda** (7 €) und der unverzichtbare Rohschinken aus Parma; probieren Sie auch Vitello tonnato nach alter Art (ohne Mayonnaise). Bei den Primi sind die gefüllten Teigwaren Matteos ganzer Stolz, wie ausgezeichnete **Tortelli di zucca** (10 €) oder di erbette; Maccheroni al pettine con ragù di coniglio schmecken ebenfalls köstlich. Von den Secondi seien Baccalà croccante con crema di patate al nero di seppia, **Battuta** al coltello di fassona **con giardiniera casalinga** (14 €) und Coscia d'anatra al forno hervorgehoben. Den Schlusspunkt setzen Zabaione caldo e sbrisolona, feinstes Gelato alla crema in unterschiedlichen Kombinationen und **Zuppa inglese** (5 €). Der Keller zeichnet sich durch ausgesuchte lokale Tropfen und ein gutes Angebot italienischer Weine aus.

”
Leidenschaft, Kompetenz und eingehende Erforschung der Umgebung kennzeichnen diese Osteria. Man bemerkt den Respekt für die Zutaten und die Saisontreue.
“

PARMA
Gaione

7 KM VOM ZENTRUM

Antichi Sapori

Restaurant
Via Montanara, 318
Tel. (+39) 05 21 / 64 81 65
Ruhetag: Dienstag
Ferien: 2 Wochen Mitte August
80 Plätze + 80 Plätze im Freien
Preise: 35 €
Alle Kreditkarten; BM
Mittags und abends geöffnet

Das Restaurant Antichi Sapori im ländlichen Gebiet um Parma ist aus vielen Gründen ansprechend: Seine einfache, aber gepflegte Einrichtung und die leuchtenden Farben erzeugen eine warme, gemütliche Stimmung, und dank des Spielbereichs für die Kleinsten eignet sich das Lokal auch für Familien. Beim Öffnen der Speisekarte zeigt sich die doppelte Seele der Küche von Davide und seinem Team, denn hier trifft Tradition auf innovative Ansätze, die dem Gaumen zu neuen geschmacklichen Erfahrungen verhelfen. Unter den Antipasti ragt klassischer **gereifter Prosciutto di Parma** (9 €) heraus, dem schmackhafte **Melanzana caramellata con crema di parmigiano e sorbetto al pomodoro** (10 €) gegenübersteht. Perfekt auf der Linie der emilianischen Tradition der Eierteigwaren sind **Tortelli di erbetta** (9 €) und Anolini in brodo, aber die Kombination von Gnocchetti di grano arso mit gelbem Paprika und getrockneten Oliven trifft ebenso ins Schwarze. Von den Secondi sollte man **Punta di vitello ripiena al forno** (12 €) probieren, während es für Fischliebhaber einige Meeresgerichte wie Passatelli asciutti con vongole, gamberi, mandorle e cipollotti gibt. Beim Käse liegt der Schwerpunkt auf dem führenden Produkt aus dem Gebiet, Parmigiano reggiano, den man auch vertikal verkosten kann, um die Nuancen der verschiedenen Reifegrade zu schmecken. Sehr gute Dolci (6 €) sind Mousse di zabaione und Torta sbrisolona. Die Weinkarte nennt eine gute Auswahl italienischer und ausländischer Etiketten und einige natürlich vinifizierte Weine.

»

Hier wird auf geschickte Weise traditionell gekocht und parallel nach modernen Gerichten gesucht, die auf neue Konsistenzen, Kombinationen und Geschmacksnoten setzen.

«

PARMA
Botteghino

6 KM VOM ZENTRUM

Da Romeo

Trattoria
Via Traversetolo, 185
Tel. (+39) 05 21 / 64 11 67
Ruhetag: Donnerstag
Ferien: 1 Woche im Januar, 15. August–7. September
150 Plätze + 150 Plätze im Freien
Preise: 35–38 €
Kreditkarten: CS, MC, Visa; BM
Mittags und abends geöffnet

Seit Anfang der Fünfzigerjahre empfängt die Familie Zanichelli die Bewohner Parmas im Ortsteil Botteghino an der Straße, die nach Traversetolo führt. Das einst ländliche Gebiet ist mittlerweile mit der Stadt zusammengewachsen. Romeos Sohn Lorenzo kümmert sich auf sympathische und kompetente Weise um Service und Wein, während seine Frau Antonia Seite an Seite mit Mamma Paola am Herd steht. Die Speiseräume sind im typischen Stil der Trattorien der Siebzigerjahre eingerichtet; im Sommer kann man unter der weitläufigen, angenehmen Laube Platz nehmen. Die supertraditionelle Küche zeichnet sich durch klare Geschmacksnoten und großzügige Portionen aus. Ein Muss zu Beginn ist Antipasto misto di **salumi** (Salami, Coppa, Rohschinken aus Parma, Culatello aus Zibello, 12 €). Bei den Primi (12 €) wählen Sie zwischen **Tortelli di erbette e ricotta** (die allein schon die Anreise wert sind) oder Tortelli di patate con funghi oder, in der Saison, **con la zucca**; gut sind aber auch **Cappelletti in brodo**, **Tagliatelle ai funghi** und Pasta e fagioli im Winter. Unter den Secondi (13 €) finden Sie **Coniglio alla cacciatora**, **Punta al forno ripiena** (einen Klassiker aus der Küche Parmas) und Arrosti misti; im Winter stehen auch Cotechino und Cinghiale auf dem Programm. Wenn Sie es dann noch schaffen, gibt es Süßes wie hausgemachte Kuchen und Crostate. Die Weinkarte wurde verkleinert, enthält aber gute lokale Etiketten und gibt einen Überblick über die italienische Weinproduktion. Und ganz zum Schluss wartet noch eine recht gute Auswahl an Bränden.

Torrefazione del Gallo (Piazzale San Bartolomeo): Bei Gianluca Montanari genießen Sie einen der besten Kaffees der Stadt.

PARMA
Castelnovo

11 km vom Zentrum

Le Viole

Trattoria
Strada Nuova di Castelnovo, 60 A
Tel. (+39) 05 21 / 60 10 00
Ruhetag: Montag, Dienstag; Juni und August Sonntag, Montag
Ferien: letzten 2 Januar- und Augustwochen
45 Plätze
Preise: 28 €
Kreditkarten: AE, CS, MC, Visa; BM
Mittags und abends geöffnet

Seit nunmehr 25 Jahren hat die in diesem grünen Teil der Ebene gelegene Trattoria ihre Pforten geöffnet. Roberto kocht mit Unterstützung von Rosanna, Lucia versieht den Service. Getreu dem Motto „Never change a winning team" wartet man hier mit schmackhafter Küche auf, die durch gute Zubereitung glänzt, in den hiesigen kulinarischen Gebräuchen wurzelt und mit einem Hauch Extras angereichert ist. Die Zutaten sind sorgfältig ausgewählt, wie dies Spalla cruda aus San Secondo und Rohschinken aus Parma beweisen, die den Startschuss für die Antipasti darstellen, ebenso wie perfekt für den Sommer passende **frische Salami con vino e fichi** (7 €) und schmackhafter Flan di parmigiano con salsa ai porcini (8 €). Von den Primi nennen wir Tortelli di erbetta, **Agnolotti di patate con fonduta di cipolle** (8 €) und *Blinis* alle viole (8,50 €); als Alternative können Sie sich auch Savarin di riso und Lasagnette di montasio e carciofi schmecken lassen. Bei den Secondi überwiegt Fleisch, hell und dunkel; besonders gut fanden wir **Coppa** (Capocollo) **con cipolline caramellate** (12 €) und Lombo di porchetta in agrodolce (10 €). Weitere gute Gerichte sind Anatra al forno con ciliegie, **Guanciale di manzo brasato al vino rosso con polenta** und Coniglio con pomodori e olive taggiasche. Unübertreffliche Desserts (6 €) sind Semifreddo alla nocciola con cioccolato bianco e zabaione und Torta di mele con gelato alla cannella e frutti di bosco. Das vielfältige Weinangebot beinhaltet diverse regionale und italienische Etiketten zu angemessenen Preisen.

PIACENZA

Da Marco Osteria del Trentino

NEU

Restaurant
Via del Castello, 31
Tel. (+39) 05 23 / 32 42 60
Ruhetag: Sonntag
Keine Ferien
35 Plätze + 20 Plätze im Freien
Preise: 33–35 € • Keine Kreditkarten
Mittags und abends geöffnet

Die 1910 eröffnete Osteria del Trentino ist eine der ältesten von Piacenza. Einst wurde sie von den Arbeitern der nahen Fabriken aufgesucht, heute ist sie dank Marco Piazzas Leitung eine ideale Adresse für ein romantisches Abendessen mit ausgezeichneter Küche. Der ruhige kleine Raum ist bis ins kleinste Detail gepflegt, und im Sommer steht auch ein entzückender Hof mit Laube zur Verfügung. Die Rezepte entsprechen der traditionellen Küche Piacenzas, für die hochwertige lokale Produkte verarbeitet werden. Man beginnt mit Salumi und hausgemachter Giardiniera, Lardo con crostini caldi (8 €) oder Strudel di verdure (9 €). Unter den Primi (9 €) finden wir typische **Tortelli piacentini con le code**, Anolini in brodo, ***Pisarei e fasò*** und Lasagnette al forno con zucchine. Viel Tradition macht sich bei den Secondi breit und zudem viel Fleisch, darunter auch weniger edle Teile vom fünften Viertel: **Trippa di manzo con fagioli** (9 €) und Animelle di vitello, mit Knoblauch und Petersilie oder frittiert (13 €). Als Alternative munden vorzügliche **Bracioline** di agnello con erbette (18 €) und Bracioline **di maialino fritte** (12 €), die mit Schwartenstückchen serviert werden. Wer Fleisch nicht mag, kann Storione al forno con verdure croccanti (16 €) oder Sformato di verdure wählen. Als Beilagen (4 €) schmecken Patate arrosto con pancetta e ginepro oder in der entsprechenden Saison Asparagi (Spargel). Zahlreich sind die Dolci des Hauses: Croccantino al cioccolato, Torta di mele con gelato und Semifreddo allo zenzero (9 €). Der Kaffee aus der Mokkamaschine wird mit Sbrisolona serviert. Im Keller lagern ein reichhaltiges Weinsortiment aus den Colli Piacentini und dem übrigen Italien sowie eine Selektion an Passiti. Reservierung empfehlenswert.

San Giovanni

Restaurant
Via Garibaldi, 49
Tel. (+39) 05 23 / 32 10 29
Ruhetag: Montagmittag, Mai–September auch Sonntag
Ferien: zeitweise im August
40 Plätze
Preise: 30–35 €
Kreditkarten: AE, CS, MC, Visa; BM
Mittags und abends geöffnet

In dieses Lokal einzukehren, ist immer wieder ein Vergnügen. Die beiden Inhaber Roberto und Carla empfangen ihre Gäste mit einem Lächeln und bieten saisonale Gerichte mit einer Prise Originalität. Wir möchten hervorheben, dass Roberto, wann immer möglich, Gemüse aus dem eigenen Garten und Zutaten lokaler Herkunft verwendet. Zu Beginn natürlich Bahn frei für **Salumi piacentini** (10 €), die in den hauseigenen Kellern reifen, **Guazzetto di lumache alla bobbiese** (11 €) und Bavarese di gorgonzola con composta di fichi e balsamico (9 €). Weiter geht es mit traditionellen **Tortelli con la coda** (9 €), Passatelli con cime di rapa e scaglie di pecorino (einem überarbeiteten Klassiker) und ausgezeichnetem **Risotto con rapa rossa e fonduta di gorgonzola**. Von den Secondi lohnt besonders **Guanciale di manzo al Gutturnio** (13 €) den Versuch; Filetto di maialino al miele di castagno e castagne (14 €) und Timballo di zucca con scalogno al balsamico (9 €) vervollständigen das Menü. Bei den Dolci fiel unsere Wahl auf schlicht und einfach perfekten Tortino fondente di cioccolato (aus Schokolade mit 72 % Kakaoanteil) con zuppetta di fragole (5 €), aber Sie finden auch diverse andere saisonale Spezialitäten. In Sachen Wein versucht Roberto, die besten lokalen Weine mit besonderem Augenmerk auf natürlich vinifizierte und biologische Weine auf die Karte zu bringen.

La Taverna del Gusto, Via Taverna 27, bietet sehr gute lokale Weine, Käse und Wurst aus Slow-Food-Presidi. Il Giusto Gusto, Via Calzolai 4, verkauft gute Panini mit Produkten aus Slow-Food-Presidi. Gelateria K2, Corso Garibaldi 12: Hier gibt es ausgezeichnetes Eis aus Qualitätszutaten.

Santo Stefano

Moderne Osteria
Via Santo Stefano, 22
Tel. (+39) 05 23 / 32 78 02
Ruhetag: Sonntagabend, Montag
Ferien: August
45 Plätze + 30 Plätze im Freien
Preise: 25–30 €
Kreditkarten: CS, DC, MC, Visa; BM
Mittags und abends geöffnet

Dieser kleinen Trattoria im Zentrum von Piacenza ist es in kürzester Zeit gelungen, zu einem der Lieblingslokale vieler Gäste zu werden. Zweifelsohne macht unter anderem die Fähigkeit Eindruck, Einfachheit, sorgfältige Recherche und Leichtigkeit miteinander zu verbinden. Die zahlreichen Gerichte auf der schönen Tafel mit dem Tagesmenü, das sich je nach Saison und Marktangebot ändert, zeugen von einer Küche, die in der Lage ist, mit derselben Sicherheit an große Klassiker der Tradition wie auch an Gerichte heranzugehen, die der Fantasie des Kochs entspringen. Francesco und Clara begrüßen die Gäste, während Camillo Pavesi in der Küche herrscht. Beginnen Sie mit einer schönen Selektion lokaler Wurstspezialitäten, begleitet von knackiger Giardiniera di verdure, und Sie werden nicht enttäuscht sein. Danach haben Sie die Qual der Wahl zwischen traditionellen ***Pisarei e fasò*** (8 €) und köstlichen Tortelli con ricotta e spinaci. Keinesfalls versäumen dürfen Sie **Bomba di riso**, einen Reisauflauf, der mit Taubenragout gefüllt und angerichtet ist (für mindestens zwei Personen). Die Secondi sind von Fleischgerichten dominiert: Trippa con i ceci, guancia di maiale in umido con polenta, ***Picula ad caval*** und, für richtige Schlemmer, **Testa di maiale con erbe di stagione**, ein kleines Juwel aus der Armenküche. Daneben gibt es auch Fischgerichte. Die Dolci sind dem restlichen Angebot ebenbürtig. Die interessante Weinkarte ist das Ergebnis intensiver Suche und beinhaltet viele, oft natürlich vinifizierte Weine aus kleinen Kellereien, einige Biere aus Kleinbrauereien und ausgezeichnete Brände.

PIANORO
Rastignano

13 km südlich von Bologna

Osteria al Numero Sette

Moderne Osteria
Via Andrea Costa, 7
Tel. (+39) 051 / 74 20 17,
(+39) 335 / 32 38 94
Ruhetag: Montag
Ferien: unterschiedlich
30 Plätze
Preise: 31–35 €
Kreditkarten: CS, MC, Visa; BM
Mittags und abends geöffnet

Im Ortsteil Rastignano finden Sie diese modern aussehende Osteria, die einst der Dorfladen war. Piero Pompili, der das Lokal seit 1996 mit Arnaldo Laghi am Herd führt, bereitet Ihnen einen freundlichen, herzlichen Empfang. Achtsamkeit bei der Auswahl der Zutaten und Verwendung ausgewählter Produkte aus dem Umland kennzeichnen die Küche, die Respekt vor der Tradition zeigt, es aber verstanden hat, sich geschmackvoll neu zu erfinden. Unter den Antipasti (8 €) sind **Crostatina di cipolle caramellate**, Melanzane alla parmigiana, Panna cotta con gorgonzola dolce e pere und Antipasto di salame rosa e mortadella. Der Hit des Lokals sind, auch im Hinblick auf ihren früheren Namen „Il Minestraio", die Minestre. Und unter Minestre versteht man hier auch handgezogene Teigwaren wie **Tagliatelle al friggione bolognese** (8 €) oder al ragù, Lasagnetta gratinata alle verdure, **Tortellini in crema di parmigiano** (14 €) oder in brodo und Passatelli asciutti con salsa di parmigiano, ragù bianco di pinoli e uvetta (10 €). Bei den Secondi haben Battuta di carne cruda di fassona (Slow-Food-Presidio), unverzichtbare **Guanciale di vitello brasato** und Coscia d'anatra cotta al forno (14 €) ihren Auftritt. Danach sind Desserts wie Fiordilatte al caramello, Semifreddo al mascarpone con nocciole e amaretti (5 €), Mousse di yogurt con frutti rossi und Semifreddo allo zabaione an der Reihe. Die Weinkarte lässt Augenmerk auf Tropfen aus den Weinbaugebieten der Colli Bolognesi und der Colli Imolesi erkennen; manche Weine gibt es im glasweisen Ausschank. Außerdem stehen einige Biere aus kleinen Brauereien in der Romagna und in Norditalien zur Auswahl. Alles in allem erwartet Sie ein angenehm höfliches Klima.

PONTE DELL'OLIO
Biana

28 km südlich von Piacenza

Bellaria

Trattoria
Ortsteil Biana, 17
Tel. (+39) 05 23 / 87 83 33
Ruhetag: Donnerstag
Ferien: ersten 3 Septemberwochen
50 Plätze + 30 Plätze im Freien
Preise: 30–35 €
Kreditkarten: CS, MC, Visa; BM
Mittags und abends geöffnet

Biana ist ein kleiner Ort zwischen Ponte dell'Olio und Bettola, wo die Hügel etwas rauer und die Vegetation dichter zu werden beginnen. Unweit der Staatsstraße steht diese Trattoria mit hundertjähriger Geschichte, die seit 40 Jahren von der Familie Trecordi geführt wird. Trotz gewisser Anpassungen sind die Preise weiterhin günstig, aber das, was wirklich zählt, ist die Qualität der Gerichte, die seit Jahren keine Schwächen zeigt und ein Geschmackserlebnis von hohem Niveau garantiert. Die Palette der zur Auswahl stehenden Antipasti hängt von der Saison ab, aber zum Glück gibt es immer einige Klassiker wie hervorragende ***Burtleina*** (Omelett aus Mehl und Wasser), ein von den Gästen aus den Tälern um Piacenza etwas vergessenes Gericht, das hier aber zu klassischen Wurstwaren aus Piacenza (6,50 €) gereicht wird. Von den Primi verdienen ***Pisarei e fasò*** (9 €) eine besondere Erwähnung, aber nicht minder gut sind **Tortelli con ricotta e spinaci** (10 €): Am besten, Sie überzeugen sich selbst davon. Auch bei den Secondi stehen viele Speisen zur Auswahl, von klassischer Tagliata al Gutturnio über ebenso klassische Braten bis zu traditioneller ***Picula ad caval*** (gehacktem, geschmortem Pferdefleisch mit Saisonbeilagen, besonders gut mit Kartoffelpüree, 9 €). Den Schlusspunkt setzen exzellente Crostate und Zabaione ghiacciato al Porto, aber Schlemmer finden auch eine Käseplatte vor. Zu trinken steht eine gute Weinauswahl bereit, die sich größtenteils auf Tropfen aus Piacenza zu ehrlichen Preisen konzentriert.

In der Bäckerei Pelizzoni in Ponte dell'Olio (Via Vittorio Veneto 79) bekommen Sie ein Brot mit Siegel, das Brot der Pilger, die auf der Via Francigena unterwegs waren.

60 KM SÜDWESTLICH VON BOLOGNA

Trattoria delle Tele

Trattoria
Piazza Massarenti, 1
Tel. (+39) 05 34 / 245 75
Ruhetag: Dienstagabend, Mittwoch, außer Juli und August
Ferien: erste Septemberwoche
30 Plätze + 10 Plätze im Freien
Preise: 32–35 €
Kreditkarten: CS, DC, MC, Visa; BM
Mittags und abends geöffnet

In dem für sein Thermalwasser bekannten Städtchen Porretta Terme, in dem seit Jahren eines der bedeutendsten Soulfestivals Italiens stattfindet, hat Emiliano Valdisserri mit der Unterstützung seiner Eltern Giovanni und Elisabetta diese Trattoria in der Nähe des Bahnhofs eröffnet. Dank der Erfahrung und Leidenschaft der Inhaber stehen Qualität und sorgfältige Suche nach Grundzutaten, an denen dieses Gebiet reich ist (Esskastanien und Pilze), stets im Vordergrund. Einfache Einrichtung, ruhiges Ambiente und einheimisches Publikum, das hier unverfälschte und gepflegte Gerichte vorfindet, in denen eine emilianische, aber bereits von der nahen Toskana beeinflusste Küche zum Ausdruck kommt. Klare Geschmacksnoten und ein saisonal häufig wechselndes Menü sind die Pluspunkte eines Lokals, das hausgemachte Pasta und eine sorgsam zusammengestellte Selektion an Fleisch, Wurst und Käse bietet. Einen hervorragenden Einstieg haben Sie mit **Fiori di zucca con ricotta** di vacca bianca modenese (7 €), Sformato di melanzane (8 €) und Wurstspezialitäten aus dem Casentino (10 €). Probieren Sie von den Primi **Tortellone montanaro con ricotta e parmigiano reggiano** (10 €), der allein schon die Anreise wert ist, **Balanzoni vecchia Bologna** (10 €) und Gnocchi aus Kartoffeln aus Tolè. Weiter geht es mit Fleischgerichten wie köstlichen **Costolette di agnello fritte** (12 €) und **Cotoletta alla petroniana** und im Sommer einigen Fischgerichten. Gutes Käsesortiment. Naschkatzen können sich auf Crème brulée, Zabaione con cantucci (4 €) und Crostata di ricotta freuen. Die Weinkarte ist umfangreich. Mittags gibt es ein Menü für 15 €, Getränke inbegriffen.

Osteria dei Battibecchi

Moderne Osteria
Via della Tesoreria Vecchia, 16
Tel. (+39) 05 44 / 21 95 36
Kein Ruhetag
Ferien: 15. Juli–15. August
45 Plätze + 25 Plätze im Freien
Preise: 30–33 €
Kreditkarten: CS, MC, Visa; BM
Mittags und abends geöffnet

Eine bewährte Adresse für gute romagnolische Küche mitten in der Altstadt von Ravenna, der – vergessen wir es nicht – ehemaligen Hauptstadt des oströmischen Kaisers mit außergewöhnlichem künstlerischem Erbe. Das kleine, kürzlich etwas erweiterte Lokal ist schlicht und leger, sowohl im Hinblick auf die Einrichtung als auch auf die Bedienung. Mit einem großen Tisch am Eingang, wo sich die Gäste bunt gemischt niederlassen können, dem Bartresen und den dicht nebeneinanderstehenden Tischen erinnert es an die Osterien der Sechzigerjahre. Die Küche der sympathischen, bis zur Überschwänglichkeit lebhaften Eigentümerin, Nicoletta Molducci, entspricht der Hausmannskost der *Azdore*. Das Menü steht in schöner Schrift in einem Heft, die Tagesgerichte sind auf der Tafel an der Wand aufgelistet. Zusammen mit dem Brot kommt warme, mit der Hand ausgezogene Piadina auf den Tisch, die auch gefüllt bestellt werden kann; der Preis variiert zwischen 2,5 € und 7 €. Als Antipasti probieren Sie neben Wurst und Käse auch **Saraghina marinata** (6 €) oder Frittatine di zucchine e cipollotti. Fortgesetzt wird mit **Tagliatelle al ragù** (8 €), Gnocchi di patate, Lasagne, Tortelloni und Pasta **in Brühe** wie **Cappelletti** oder Passatelli (10 €). Unter den Secondi sind klassischer **Castrato** (15 €) und anderes Fleisch **vom Rost** sowie Coniglio con le patate rosse, aber es gibt auch **Squacquerone con i fichi caramellati**. Die Dolci (jeweils 5 €) reichen von Zuppa inglese, Crostata della nonna bis Tortelli alla mostarda. Die umfangreiche Weinkarte räumt Weinen aus dem Umland gebührenden Platz ein.

Die Enogastronomia I Grisi (Via Rava 6) bietet Spezialitäten aus der Romagna und anderen Regionen, darunter verschiedene Produkte aus Slow-Food-Förderkreisen.

14 KM VOM ZENTRUM

Terrae Maris

Trattoria
Via Reale, 440
Tel. (+39) 05 44 / 52 90 48,
(+39) 333 / 718 52 53
Ruhetag: Mittwoch, Sonntagabend, im Sommer nur Mittwoch
Ferien: unterschiedlich
40 Plätze
Preise: 35–40 €
Alle Kreditkarten; BM
Mittags und abends geöffnet

Das Lokal befindet sich in Mezzano in der Nähe der Brücke über den Lamone. Trotz seines etwas anonymen Äußeren erwartet Sie ein gepflegter, gemütlicher Speiseraum. Eigentümer und Küchenchef Damiano Proni bietet eine Meeresküche, die von rohen, mit der Mode liebäugelnden Spezialitäten bis zu ganz traditionellen Gerichten wie Anguilla (Aal) in brodetto reicht. Achtsamkeit auf die Herkunft des Fischs (dessen Fanggebiet angegeben ist) und seine sorgsame Zubereitung ohne zu aufwendige Saucen und zu lange Garzeiten sind die Vorzüge des kulinarischen Angebots. Da das Menü häufig wechselt, empfiehlt es sich, die Tafel mit den Tagesgerichten zu studieren. Man kann mit rohem Fisch oder Meeresfrüchten beginnen, um danach Baccalà mantecato, **Sarde in *saor***, dampfend heißen **Brodetto d'anguilla con cipolla all'agro** (9 €) und Frittura di cozze con ristretto di pomodoro piccante zu genießen. An Primi gibt es **Riso** carnaroli di Pontelagorino **con polpa di anguilla** (10 €), **Ravioli di ricotta e branzino con pachino e mazzancolle** und Orecchiette alle alici e pomodoro acidulo. Als Secondi empfehlen wird **Pesce azzurro** alla griglia (12 €), frischen Fisch vom Tagesfang oder klassischen **Brodetto di pesce**, von den Beilagen Crudità di verdure, Patate fritte con sale grosso di Cervia (4 €) oder Verdure grigliate. Auch die Süßspeisen wechseln häufig: Millefoglie in crema, Zuppa inglese, Scroccadenti alle mandorle und Latte al forno caramellato (5 €). Die Weinkarte nennt vorwiegend Tropfen aus dem Umland und einige gute Schaumweine. Wer keinen Fisch mag, findet ein kleines Menü, das darauf Rücksicht nimmt.

A Mangiare

Restaurant
Viale Monte Grappa, 3 A
Tel. (+39) 05 22 / 43 36 00
Ruhetag: Sonntag, im Sommer Samstagmittag
Ferien: 1.–8. Januar, 3 Wochen im August
40 Plätze
Preise: 35–40 €
Kreditkarten: AE, CS, MC, Visa; BM
Mittags und abends geöffnet

Das seit 2002 in diesem Buch vertretene A Mangiare ist ein kleines, aber zuverlässiges Bollwerk der Qualitätsgastronomie in der Stadt. Seine Entwicklung entspricht derjenigen vieler Trattorien, die, um auf dem Markt zu bleiben, sich in Restaurants verwandelt haben und einige Traditionsgerichte in innovative und internationale Küche einflechten. Donatella Donati präsentiert liebenswürdig und kompetent das Angebot und legt Ihnen eine ansehnliche Weinkarte mit rund 150 Etiketten vor. Am Herd steht die baskischstämmige Köchin Olatz Agoues, unterstützt von Alex Coviello. Es gibt auch ein viergängiges Degustationsmenü (30 €), das Tortelli di patate mit calamari alla piastra oder Finta aragosta (Angler) vereint. Von der Karte kann man Vorspeisen von guter Qualität wie **Giardiniera** (7 €), Affettato misto con gnocco fritto (10 €) oder Spuma di parmigiano reggiano con mostarda di pere (9 €) wählen. Die Primi sind mit Tradition und innovativer Küche ebenfalls zweigleisig unterwegs: klassische **Tortelli verdi**, Tortelli di sgombro arrosto und Crema di barbabietola e fiammiferi di speck (10 €); es gibt auch ein Tris für 18 €. Unter den Secondi sind viele Fleischgerichte wie **Guanciale di suino in agrodolce** (15 €), Agnello und Tagliate; es gibt aber auch überragenden **Rana pescatrice arrosto con taccole und Insalatina di patate e battuto di olive verdi** (17 €). Erwähnt sei auch die Selektion italienischer Formaggi (4 bis 6 Kostproben, 12 bis 18 €). Von den Desserts nennen wir Zuppa inglese (7 €) und Gelato con radice di zenzero e prugne sciroppate.

In der Biosteria Ghirbia, Via Roma 76, kann man zwischen einem Konzert und einem Indie-„Seminar" gutes Bier aus einer kleinen Brauerei und Biowein genießen.

Il Pescato del Canevone

Restaurant
Via Luigi Tonini, 34
Tel. (+39) 366 / 354 15 10
Ruhetag: Montag
Ferien: während der Fischfangsperre
80 Plätze + 80 Plätze im Freien
Preise: ⊞ 35–40 €
Alle Kreditkarten; BM
Mittags und abends geöffnet, Samstag nur abends

Die Familie Francioni, die einige Fischerboote und einen Verkaufsstand auf dem Fischmarkt der Stadt besitzt, hat ein mittelalterliches Gebäude renoviert, um dort ein Restaurant einzurichten. Sein Name ist von jenem des Gebäudes, „Canevone", abgeleitet. Auf den Tisch kommt selbst gefangener Fisch, daher ist das Lokal während der Fischfangsperre und bei widrigen Wetterverhältnissen gesperrt. Es besteht aus einem einzigen großen Raum, der mit Segeln und Gerätschaften dekoriert ist; im Sommer steht auch der weitläufige angrenzende Garten zur Verfügung. Alberto und seine Frau Arianna empfangen Sie und erläutern Ihnen die Tagesgerichte, die Sie auch von der großen Tafel am Eingang ablesen können. Die Adria ist das einzige Fanggebiet, aus dem der hier angebotene Fisch kommt, wobei „Pesce azzurro" eine Vorrangstellung einnimmt. Sie beginnen mit **Sardoncini fritti con cipolla di Tropea** (9 €), Polpette di tonno e baccalà al sugo und **Filetto di sgombro con cipolle caramellate** (10 €). Von den Primi seien **Risotto al nero di seppia** (12 €), Tagliatelle con ragù rosso di pesce und **Rigatoni al sugo di canocchie** hervorgehoben. Unter den Secondi finden Sie traditionelles Fritto di paranza (17 €), **Polpo gratinato con cicoria**, Gamberoni spaccati alla brace, Spiedone del pescato alla brace (17 €) oder köstlichen **Brodetto** (18 €). Zum Abschluss erwartet Sie eine reiche Auswahl an Dolci, darunter Zabaione ghiacciato al caramello (4 €), Mascarpone und verschiedene Sorbetti. Zu trinken gibt es eine umfangreiche Selektion an Schaumweinen aus Italien und Frankreich und eine recht gute Auswahl italienischer Weine. Reservierung empfehlenswert.

La Marianna

Trattoria
Via Tiberio, 19
Tel. (+39) 05 41 / 225 30
Kein Ruhetag
Keine Ferien
110 Plätze + 100 Plätze im Freien
Preise: 30–35 €
Alle Kreditkarten; BM
Mittags und abends geöffnet

La Marianna ist eine einladende, stilvoll eingerichtete Meerestrattoria mit Blick auf das San-Giuliano-Viertel, nicht weit vom Ponte di Tiberio. In diesem ehemaligen Fischerhaus, dessen Fassade erhalten geblieben ist und renoviert wurde, gibt es eine Küche, die von Tradition, Qualität und Saisontreue gekennzeichnet ist. Zu verdanken ist dies dem Können von Küchenchef Angelo Iervolino. Der Fisch kommt frisch vom städtischen Markt und das effiziente Servicepersonal unter Enricas Leitung führt Sie durch die Auswahl der Speisen. Es gibt auch zwei Degustationsmenüs für 30 und 40 €. Bei den Antipasti ist man mit Sardoncini marinati all'aceto auf der sicheren Seite, aber auch **Insalatina di seppioline con verdure croccanti** (12 €) und der Klassiker Vongole e cozze alla marinara schmecken gut. Bei den Primi sollten Sie nicht auf hausgemachte, mit dem Nudelholz ausgezogene Pasta verzichten, etwa **Tagliatelle alle poveracce** (9 €) und Passatelli con mazzancolle, calamaretti, pomodorini e asparagina; Sie können sich aber auch für Risotto alla marinara entscheiden. Bei den Secondi dürfen Spiedini misti di calamaretti e mazzancolle und Sardoncini fritti nicht fehlen, aber auch **Fritto misto di calamaretti, mazzancolle, zanchetti e verdure** (13 €) ist einen Versuch wert. Dazu kann man Beilagen aus rohem oder gegrilltem Gemüse genießen. Als hausgemachte Desserts stehen Zuppa inglese (5 €), Crema catalana, **Panna cotta al caffè con gelo di Sambuca** und Sorbetto al caffè oder al limone zur Auswahl. Die Weinkarte nennt eine Weinselektion aus dem Umland; einige Tropfen gibt es auch im glasweisen Ausschank. Vor allem am Wochenende empfiehlt es sich zu reservieren.

Osteria dë Börg

Moderne Osteria
Via Forzieri, 12
Tel. (+39) 05 41 / 560 74,
(+39) 05 41 / 560 71
Kein Ruhetag
Keine Ferien
90 Plätze + 60 Plätze im Freien
Preise: 30–33 €
Alle Kreditkarten; BM
Mittags und abends geöffnet

In Rimini, bekannt als Stadt des Amüsements, finden Sie in der Nähe des Ponte di Tiberio das alte San-Giuliano-Viertel, in dem das andere Gesicht der Stadt zum Vorschein kommt: Menschen, die plaudernd auf der Türschwelle sitzen, alte Häuser mit Malereien, die an Fellini erinnern, kleine Restaurants und Bars. Hier steht auch diese historische Osteria, ein ehemaliger Arbeiterklub und nach wie vor eine empfehlenswerte Adresse in dieser Gegend. Das Ambiente präsentiert sich komfortabel und einladend mit einem großen Kamin im Erdgeschoss, in dem Fleisch und Piadina zubereitet werden. Das kürzlich renovierte Lokal mit schlichter, legerer Einrichtung ist mit zahlreichen Drucken geschmückt, die an Tonino Guerra erinnern. Unter den Angeboten ist ein Aperitif mit Pizza aus biologischem Vollkornmehl, die im Holzofen gebacken und mit Produkten aus Slow-Food-Presidi belegt wird. Man beginnt mit ausgezeichneter Piadina, die mit einer Auswahl von Formaggi (9 €) oder Wurst aus dem Fleisch von Mora-Romagnola-Schwein begleitet wird. Unverzichtbare Primi sind **Tagliatelle con ragù tradizionale** al coltello (8,50 €), Cappelletti in brodo oder Cappelletti alle carote und **Gnocchi di patate gialle** di Gemmano **con crema di fossa, verza e noci**. Weiter geht es mit Costata oder Fiorentina aus dem Val Marecchia oder mit **Castrato** oder Misto di mora romagnola **alla brace**. Zu empfehlen ist auch **Galletto al tegame con pomodorini** (10 €). Die Desserts sind hausgemacht, wie etwa Zuppa inglese und **Sfogliatine** dell'Osteria (6 €). Die Weinkarte enthält vor allem Erzeugnisse der Romagna. Das Degustationsmenü für 28 oder 35 € ist ab zwei Personen erhältlich.

18 KM SÜDLICH VON PIACENZA

Caffè Grande

Restaurant
Piazza Paolo, 9
Tel. (+39) 05 23 / 95 85 24
Ruhetag: Dienstag, im Winter auch Montag
Ferien: letzte Septemberwoche,
3 Wochen im Januar
70 Plätze + 80 Plätze im Freien
Preise: 32 €
Kreditkarten: CS, DC, MC, Visa; BM
Mittags und abends geöffnet

Die von der Familie Bertuzzi geführte Trattoria, bei manchen Gästen auch als Da Sugò (Spitzname eines der früheren Wirte) bekannt, ist eine verlässliche Adresse. Betty steht am Herd und kocht Traditionsgerichte, die gerade im richtigen Maß überarbeitet sind, so dass sie auch dem modernen Geschmack entsprechen. Die großzügigen Portionen bleiben davon jedoch unberührt. Von den Antipasti verdienen die **Salumi** (10 €) eine Erwähnung, gemischt (Pancetta, Salami, Coppa) oder nur Culatello, die mit delikater Giardiniera kombiniert werden. Eine wohlschmeckende Alternative dazu ist Sformato di ricotta ovina con erbe aromatiche. ***Pisarei e fasò*** (8 €) eröffnen den Reigen der Primi; weiter geht es mit Anolini in brodo di cappone (nach einem Rezept aus Piacenza mit Füllung aus Schmorbraten) und Tortelli di ricotta e spinaci al burro fuso e parmigiano. Probieren Sie im Herbst **Timballo di riso con lingua salmistrata**. Im Frühling begleitet Spargel aus Piacenza diverse Spezialitäten. Sehr gute Hauptspeisen sind **Involtino di coniglio con verdure e mandorle** (12 €) und **Guanciale di vitello** (12 €), im Winter mit Gutturnio-Reduktion, im Sommer mit Püree aus Sellerie und Rüben serviert. Weitere Möglichkeiten sind Filetto di maiale (ebenfalls in zweifacher saisonaler Version mit Esskastanien oder Kräutern), unter Vakuum gegartes Maialino und Costolette di agnello. An Süßspeisen (7 €) gibt es Tarte tatin alle mele oder Torta sbrisolona, mit Vanilleeis serviert, Zabaione di Zibibbo con lingue di gatto und Crostata con crema pasticciera. Die Weinkarte legt den Akzent auf Produkte aus dem Umland, doch auch gute Weine aus dem übrigen Italien sind vertreten.

RONCOFREDDO

48 KM SÜDÖSTLICH VON FORLÌ

Osteria dei Frati

Moderne Osteria
Via Romolo Comandini, 149
Tel. (+39) 05 41 / 94 96 49
Ruhetag: Montag, Dienstag; Juli und August auch Sonntagmittag
Ferien: unterschiedlich
40 Plätze + 40 Plätze im Freien
Preise: 25–32 € • Alle Kreditkarten; BM
Abends geöffnet, Samstag und Sonntag auch mittags

Valentinas Lächeln ist der Willkommensgruß in dieser Osteria, in der sich Gastlichkeit, Aufmerksamkeit für lokale Produkte und deren gekonnte Verarbeitung zu köstlichen Traditionsgerichten verbinden. Am Herd stehen Mamma Emanuela und Schwiegersohn Giorgio. Beginnen Sie mit sehr guter Giardiniera, Salumi und Formaggi, begleitet von duftender Piadina oder selbst gebackenem Brot. Probieren Sie auch Bruschette oder **Polpettine di vitello con purè di patate** (8 €). Reichliche Verwendung von Slow-Food-Presidi kennzeichnet die vorzüglichen **Tagliatelle al ragù delle due romagnole** (mit Fleisch vom Romagnola-Schwein und -Rind, 9,50 €) oder Cappelletti di ricotta e parmigiano delle vacche rosse con crema di zucchine e menta; daneben gibt es Passatelli in brodo di stridoli und Strozzapreti di farina integrale al ragù di salsiccia, melanzane e cacioricotta. Die Secondi umspannen **Agnello al tegame con cicoria saltata** (14 €), Coniglio alla cacciatora con patate al forno, Salsiccia di mora romagnola con cavolo verza e olive taggiasche und **Spezzatino di vitello con piselli** (11 €). Misticanza d'insalate ed erbette aromatiche, Erbe di campo al tegame, Carciofi, Fricò di verdure al forno und Fiori di zucca ripieni di ricotta (5 €) sind interessante Beilagen. Verlockend sind Dolci (5 €) wie Salame di cioccolato, Biancomangiare, Dolce di ricotta con amaretti e savoiardi allo Strega, **Pere volpine cotte nella Cagnina** con gelato alla vaniglia, frutta sciroppata und al liquore. Zu trinken gibt es lokale und italienische Weine.

La Fossa dell'Abbondanza von Renato Brancaleoni und seiner Tochter Anna (Piazza Allende): hervorragendes Käseangebot.

ROTTOFRENO
Centora

12 KM WESTLICH VON PIACENZA, S.S. 10

Antica Trattoria Braghieri

Trattoria
Ortsteil Centora, 8
Tel. (+39) 05 23 / 78 11 23
Ruhetag: Montag
Ferien: 1.–13. Januar, 25. Juli–25. August
100 Plätze
Preise: 20–26 €
Alle Kreditkarten; BM
Mittags geöffnet, Freitag und Samstag auch abends

Eine spartanische und herrlich altmodische Trattoria, die seit mehr als 50 Jahren in diesem von der Landwirtschaft geprägten Gebiet nahe Piacenza existiert, das schon auf die Lombardei blickt. Nach mehreren Generationen hält nun Floriana die Zügel in der Küche in der Hand, unterstützt von soliden, tüchtigen *Rezdore*. Man betritt den Speisesaal, wie es heutzutage kaum noch der Fall ist, über den Barbereich, dessen Wände mit Vintageobjekten dekoriert sind. Das Lokal ist mittags stark besucht (das festgelegte Menü kostet 12 €), abends nur am Freitag und Samstag geöffnet: ein weiterer Hinweis auf ein Lokal, das auf die Substanz der Gericht und auf das Gebiet achtet, in dem sein Standort ist. Die hervorragenden Antipasti lohnen die Anreise: **Salumi** (Coppa, Pancetta, Salami, Prosciutto, 8 €) und Fesa di manzo alla tartara con salsa verde (6 €). Unter den Primi sind traditionelle ***Pisarei e fasò*** und **Tortelli con le code**; als Alternative bietet sich Lasagna ai funghi an, deren Teigqualität eine angenehme Überraschung darstellt (7 €). Weitere Pastagerichte sind je nach Jahreszeit Ravioli agli asparagi, agli spinaci und alle patate e funghi. Die Secondi sind ein weiterer guter Grund für eine Fahrt nach Rottofreno: exzellente **Faraona all'albicocca** (7 €) und in der Saison **Stracotto d'asino** sowie Cinghiale alla cacciatora, kombiniert mit Patate arrosto oder Carciofi. Unter den Süßspeisen gibt es ein hausgemachtes dreilagiges Dessert, Mousse al gianduia und Meringata. Im Keller lagern rund 20 Weine, die für das Gebiet repräsentativ sind. Ehrliche Preise

Dolce Risveglio (Via Emilia Ovest 16): Erzeugung und Verkauf von Kringeln und Kuchen aus biologischen Zutaten.

RUSSI
Ponte Vico

15 km südwestlich von Ravenna

Da Luciano

Trattoria
Via Montone, 1
Tel. (+39) 05 44 / 58 13 14
Ruhetag: Montagabend, Dienstag
Ferien: zweite und dritte Augustwoche
80 Plätze + 30 Plätze im Freien
Preise: 28–30 €
Kreditkarten: AE, CS, MC, Visa; BM
Mittags und abends geöffnet

Am rechten Uferdamm des Montone steht an der Grenze zwischen der Provinz Ravenna und Forlì die alte Trattoria Da Luciano. Die einstige Osteria für Durchreisende setzt heute auf ein bunt gemischtes Publikum, das Traditionsgerichte mit unverfälschten Geschmacksnoten genießen möchte. Der Teig wird noch von Hand gezogen und die lokalen Zutaten kommen aus dem umliegenden ländlichen Gebiet sowie aus dem eigenen Gemüsegarten und Hühnerstall. Die Küche ist Mamma Minas Reich. Sie gewährleistet ein ausgesprochen bodenständiges Menü mit ein paar unverfälschten Variationen und neuerdings Aufmerksamkeit für alternative Mehlsorten aus Kamut oder Buchweizen. Erwähnt seien Fleischgerichte mit Beilagen, die als ganze Mahlzeit angerichtet werden, vegetarische Gerichte und verschiedene Platten mit Aufschnitt. Eingangs wählen Sie zwischen Crostini misti (6 €) und **Antipasto rustico**; von den Primi erwähnen wir **Tagliatelle** oder Cappelletti **al ragù**, Tortelli alle erbe oder saisongebundene **Taglioline di grano saraceno agli asparagi** (9 €). Viel Platz wird Fleisch vom Rost bei den Secondi eingeräumt: Coniglio und **Faraona arrosto** (12€), Quaglia, Piccione und verlockendem **Castrato**. Außerdem gibt es Misto ai ferri und gute Tagliata di manzo. Interessantes Käsesortiment und traditionelle Süßspeisen, wie Zuppa inglese, selbst gemachte Crostate und Semifreddi: In der entsprechenden Saison empfehlen wir Semifreddo alla crema pasticciera con fragole (5 €). Das Weinangebot mit angemessenen Preisen ist romagnolisch gehalten.

SALA BAGANZA

14 km südlich von Parma

Milla

Trattoria • Via Maestri, 40
Tel. (+39) 05 21 / 83 32 67
Ruhetag: Donnerstag, im Winter auch Montag
Ferien: 1.–15. Januar, 2 Wochen im August
50 Plätze + 40 Plätze im Freien
Preise: 30 €
Kreditkarten: CS, DC, MC, Visa; BM
Abends geöffnet, Samstag und Sonntag auch mittags

Seit 1947, als Signora Milla sie übernahm, ist diese Trattoria im Hügelland von Parma ein Bollwerk der unverfälschten Lokalküche. Nun führen ihr Sohn Luciano und seine Frau Catia mit Unterstützung ihrer Tochter Paola die Tradition weiter. Neben dem vielfältigen Menü finden Sie stets Tagesgerichte, die auf einer Tafel angeschrieben sind. Keinesfalls entgehen lassen sollten Sie sich die exzellente Platte mit **Torta fritta und** Salumi, wie **36 Monate gereiften Rohschinken** (9 €), Strolghino, Spalla cruda und Lardo vom schwarzen Schwein mit Kräutern. Weitere Vorspeisen wären unter anderem Polentina tenera al gorgonzola und Tortino di verdure. Als Primi bieten sich bemerkenswerte **Tagliatelle con i carciofi** und **Tortelli alle ortiche** (9 €) aus hauchdünnem Teig an oder Gnocchetti di patate in fonduta di tartufo, Riso con verza e pasta di strolghino und Anolini in brodo, die immer auf dem Programm stehen. Sehr interessante Secondi sind Stinco di maiale alla birra und ganz zarte **Guancialini di maiale alla paprica dolce** (11 €); außerdem erwähnen wir das bewährte **Bollito con le salse**, Stracotto di asinina, Coscia d'anatra und Costata di manzo. Sehr köstlich sind Dolci wie Semifreddo di torroncino con zabaione caldo e salsa al cioccolato, Torta di mele con gelato alla vaniglia e panna (5 €) und eher sommerliches Tris di sorbetti aus frischen Früchten. Die beachtliche Weinkarte vermittelt einen schönen Überblick über die lokale und italienische Weinproduktion; dazu gesellen sich rund 20 Schaumweine auch aus Gebieten jenseits der Alpen.

SAN LEO

26 km südwestlich von Rimini, S.P. 258

La Rocca

Hotelrestaurant
Via Leopardi, 16
Tel. (+39) 05 41 / 91 62 41
Ruhetag: Montag, außer im Juli und August
Ferien: Januar, Mitte Februar
80 Plätze + 100 Plätze im Freien
Preise: 30 €
Kreditkarten: AE, CS, MC, Visa; BM
Mittags und abends geöffnet

Ivo Rossi und seine Schwester Anna Lisa feiern bald das fünfzigjährige Jubiläum dieses Lokals. Es entstand aus einer alten Schreinerei, die ihre Eltern Mitte der Sechzigerjahre übernahmen und zunächst in eine Locanda und später in eine Gaststätte verwandelten. Wir befinden uns in der Nähe der imposanten Festung, die San Leo beherrscht. Hier weist Ihnen Ivo, eine Person von aufrichtiger Herzlichkeit, einen Platz im großen Speisesaal (einem ehemaligen Bocciafeld) mit majestätischem Kamin zu. Im Sommer kann man dagegen auf der kühlen Terrasse speisen. Man beginnt mit einer Kostprobe von hiesigen Wurstspezialitäten wie Lonza, Pancetta, Salami und vor allem **Prosciutto aus Carpegna** (8 €) oder mit Carpaccio di chianina affumicato. Danach Bahn frei für Primi aus frischem, von Hand gezogenem Teig: Passatelli asciutti al tartufo, Cappelletti in brodo (8 €), Tagliatelle al ragù und **Tortelloni con formaggio di fossa ed extravergine di Cartoceto**. In der entsprechenden Saison sollten Sie Gerichte mit **Funghi**, **Tartufi** und **Selvaggina** nicht versäumen. Gut schmeckt auch Agnello in verschiedenen Varianten wie etwa Carré al timo, Spalla all'ambra di Talamello (Höhlenkäse, 8 €) und **Cosciotto al Sangiovese e zenzero**. Besondere Sorgfalt widmet man der Auswahl und dem Affinieren von **Formaggi** aus Schaf- und Ziegenmilch, die mit Konfitüren und Honig kombiniert werden. Das Finale bilden hausgemachte Dolci: Crostata di farro con confettura di fichi e albicocche, **Mousse di visciole con gelato** (6 €) und Soufflé ghiacciato al cioccolato. Schön und überzeugend präsentiert sich Ivos Weinangebot mit einem korrekten Preis-Leistungs-Verhältnis. Die Auswahl lässt Augenmerk auf kleine Winzer aus dem Umland und dem übrigen Italien erkennen.

SAN PIETRO IN CASALE

24 km nördlich von Bologna

Tubino

Trattoria
Via Pescerelli, 98
Tel. (+39) 051 / 81 14 84
Ruhetag: Freitag, Samstagmittag
Ferien: 1 Woche im Sommer
40 Plätze
Preise: 30–35 €
Alle Kreditkarten
Mittags und abends geöffnet

Ein schlichtes, familiär wirkendes Lokal: ein kleiner Raum im Eingangsbereich und ein größerer im ersten Stock mit einem einzigartigen Innenbalkon, in dem Sie sich gleich wohlfühlen. Herzlichkeit ist nämlich ein besonderes Kennzeichen des Tubino, das ein paar Schritte vom Zentrum entfernt gelegen ist. Daniela, im Service, und Pierluigi (Pigi), in der Küche, bringen seit über 20 Jahren lokale Traditionsküche mit einigen gezielten Ausflügen in andere Regionen auf den Tisch. Die Basis dafür sind Qualitätszutaten (auch Slow-Food-Presidi), die das Ergebnis einer beständigen Suche sind. Dank der überwiegend lokalen Lieferanten ist das Menü den Jahreszeiten angepasst. An einem Winterabend begannen wir mit **Crescentine mit heimischen Salumi**, Sformato di funghi porcini su crema di ricotta (10 €) und Lumache al burro con creme di stagione. Unter den Primi sind neben traditionellen **Tortellini in brodo di cappone** und Tagliatelle verdi con ragù bolognese auch würzige **Tortelli di zucca con pancetta di mora romagnola** und eher ausgefallene Gnocchi di patate al pesto di radicchio rosso e baccalà (10 €). Bei den Secondi steht Fleisch im Vordergrund: Petto d'anatra allo zenzero e agrumi, **Spezzato di bovina romagnola con verze e patate** und Misto di mora romagnola auf Speckstein serviert. Alternativ dazu können Sie sich von ausgezeichneter Fantasia di **formaggi con miele e marmellate** (15 €) verführen lassen. Den Schlusspunkt setzen **Castagnaccio con crema di zabaione** (6 €), Bicchiere di crema al cioccolato bianco con biscotti und Gelato di crema all'aceto balsamico tradizionale. Klein, aber von guter Qualität ist das Weinangebot. Daniela stellt es persönlich zusammen und berät Sie kompetent dazu.

SAN PROSPERO

19 km nordöstlich von Modena, S.S. 12

Bistrò

Trattoria
Via Canaletto, 38 A
Tel. (+39) 059 / 90 60 96
Ruhetag: Mittwoch
Ferien: 2–3 Wochen im August, 23. Dezember–3. Januar
60 Plätze + 40 Plätze im Freien
Preise: 30–35 €
Alle Kreditkarten; BM
Mittags und abends geöffnet

Wir sind in San Prospero, einem betriebsamen Städtchen in der Bassa modenese, das vom Erdbeben im Mai 2012 schwer heimgesucht wurde. Die Familie Fregni, die diese Trattoria führt, hat das Unglück überstanden und arbeitet mit Hingabe und Einsatz weiter, um ihren Gästen neben der sehr gefragten Pizza auch einfache, unverfälschte bodenständige Kost aus lokalen Zutaten vorzusetzen. Unter den Vorspeisen ist **Frittata di cipolle e aceto balsamico** (aus eigener Erzeugung, 9 €), aber auch die Selektion der Salumi mit Gnocchini fritti und Lumache alla bourguignonne sind eine gute Wahl. Von den Primi aus selbst gemachter Pasta verdienen **Tortelli di zucca con scaglie di parmigiano e aceto balsamico**, Maccheroni al pettine con anatra, Tagliatelle con prosciutto e piselli und **Tortellini in brodo di cappone** (12 €) eine Erwähnung. In der Saison finden Sie auch Gnocchi di patate con salsiccia e asparagi vor. Mit Ausnahme von gutem Baccalà gibt bei den Secondi Fleisch den Ton an: Tagliata di manzo, Filetto all'aceto balsamico, Noce di vitello arrosto und **Guancialino brasato** (14 €). Andere Möglichkeiten wären hervorragende Gerichte wie **Coniglio alla cacciatora** und Costine d'agnello a scottadito. Die Süßspeisen sind hausgemacht, darunter Zuppa inglese, Crème caramel und eine **Torta di tagliatelline e limone**, die Sie auf keinen Fall verpassen dürfen (4 €). Interessant, wenn auch klein, ist die Weinauswahl, die um Lambrusco kreist, zumal wir uns im Gebiet des Lambrusco di Sorbara befinden.

SANTARCANGELO DI ROMAGNA

10 km westlich von Rimini

La Sangiovesa

Restaurant-Osteria
Piazza Balacchi, 14
Tel. (+39) 05 41 / 62 07 10
Kein Ruhetag
Ferien: vor Weihnachten, 1. Januar
240 Plätze + 50 Plätze im Freien
Preise: 35–38 €
Alle Kreditkarten; BM
Abends geöffnet, Sonntag und Feiertage auch mittags

Der schöne Ort Santarcangelo liegt auf dem ersten Hügel von Rimini mit Blick auf das Meer. Es ist herrlich, durch seine Gässchen zu spazieren, wo sich coole und traditionelle Lokale in einem fröhlichen Mix aneinanderreihen. Besonders beindruckt das Sangiovesa, zunächst weil es wie eine überdachte Stadt mit vielen Räumen angelegt ist, die wie Plätze an einer Straßenecke wirken; die Tische scheinen dort gleichsam im Freien aufgestellt zu sein, wie man es früher im Sommer handhabte. Der zweite Grund ist die fast geschlossene Versorgungskette, denn die enge Verbindung mit dem Landgut Saiano ermöglicht dem Restaurant, Fleisch, Wurst und Käse aus Eigenproduktion zu verarbeiten, zu denen sich mit dem Nudelholz ausgezogene Pasta und selbst gemachte Dolci gesellen. Der dritte Grund ist die hohe Qualität der Speisen. Im Sangiovesa isst man gut und würzig, wie die romagnolische Küche eben ist. Man beginnt mit Salumi misti (12 €) – oder nur mit Salamino – Sottoli, Frittate, **Cassoni** und Squacquerone. Weiter geht es mit Pasta e fagioli, **Stringhetti con cipolla, goletta e scaglie di formaggio**, Lasagne verdi, Tagliatelle al ragù und Ravioli ai porcini (jeweils 12 €). Fleisch und Käse schließen den Kreis: Hervorragend ist die Auswahl an frischem und gereiftem Käse, auch Höhlenkäse (14 €), exzellent sind **Trippa** (15 €), Salsiccia con cipolla, Scortichino di filetto con balsamico und **Pollastra alla cacciatora** (16 €). Es gibt viele Gemüsegerichte und ein vegetarisches Menü (36 €). Schöne, lokal geprägte und umfassende Karte mit Weinen, Bieren und Bränden. Die Dolci schmecken wie zu Hause. Probieren Sie Crema in scodella (7 €).

In der Via Ruggeri 8 bietet Laura mit dem Nudelholz ausgezogene Eierteigwaren.

SANTA SOFIA
Campigna

60 KM SÜDWESTLICH VON FORLÌ, S.S. 310

Il Poderone

Ferienbauernhof
Via Poderone, 64
Tel. (+39) 05 43 / 98 00 69
Kein Ruhetag
Ferien: unterschiedlich
80 Plätze
Preise: 28–32 € (Tagesmenü)
Alle Kreditkarten; BM
Mittags und abends geöffnet

Das Poderone finden Sie drei Kilometer von Campigna entfernt, wenn Sie in den Parco delle Foreste Casentinesi vordringen. Sie biegen in eine Schotterstraße ein und stoßen auf dieses perfekt renovierte Landhaus aus Stein. Empfangen werden Sie von Lorenzina Benilli, die bereits bei der Reservierung die Regeln klar darlegt: Mittagessen gibt es um 13 Uhr, Abendessen um 20 Uhr, das Menü ist festgelegt, wechselt aber ständig und steht nirgendwo angeschrieben. Wenn Sie vegetarisch essen wollen oder an Nahrungsmittelunverträglichkeiten leiden, müssen Sie das nur vorher bekannt geben. Die Atmosphäre ist wie zu Hause bei Freunden, auf dem Tisch stehen eine Flasche Rotwein und ein Krug Quellwasser, das Personal ist freundlich und aufmerksam. Seien Sie neugierig und stellen Sie Fragen, denn Lorenzina wird Ihnen die Geschichte der Gerichte und die Herkunft der Zutaten erklären. Sie könnten mit Pappa al pomodoro oder **Acquacotta** beginnen und dann als Primi leicht gratinierte **Tortelli con ripieno di patate**, hervorragende Tagliatelle al ragù oder **Polenta con i fagioli** genießen. Die Secondi sind vorwiegend aus Fleisch zubereitet, das Lorenzina bei lokalen Erzeugern auswählt. Dazu gibt es Salat und Gemüse aus dem herrlichen Garten hinter dem Landhaus. **Anatra arrosto**, Costolette di maiale, Pancetta, aber auch Piccione und die mittlerweile berühmte **Scottiglia** sind einige der Angebote, die Sie vorfinden könnten. An hausgemachten Süßspeisen erwarten Sie Crostata mit selbst gemachten Konfitüren, Zuppa inglese und Semifreddi. Reservierung stets erforderlich. Sie können auch in einem der vier gemütlichen Gästezimmer übernachten.

SANTA SOFIA

29 KM SÜDWESTLICH VON FORLÌ, S.S. 310

Osteria del Borgo da Fischio

Moderne Osteria
Via San Martino, 61 B
Tel. (+39) 05 43 / 97 04 17, (+39) 347 / 212 11 58
Ruhetag: Donnerstag
Ferien: erste Januar-, erste Juliwoche
50 Plätze + 30 Plätze im Freien
Preise: 25–30 €
Kreditkarten: CS, MC, Visa; BM
Mittags und abends geöffnet

Wir befinden uns an der Grenze der Romagna, wo schon der Duft der Toskana herüberweht. Fabio Castellucci und Mamma Mirella erarbeiten in der Küche ein Menü aus exzellenten bodenständigen Zutaten, die in einfachen Gerichten bestens zum Ausdruck kommen. Im Speisesaal werden Sie von Franco, genannt Fischio, empfangen, der Sie zu Essen und Wein berät. Lassen Sie den Antipasto misto nicht außer Acht, der sich aus Crostini, Salumi und Formaggi (7 €) oder auch nur aus **Salumi vom Mora-Romagnola-Schwein** zusammensetzt (11,50 €); als Alternative bieten sich **Tortelli alla lastra** an. Die Pasta ist hausgemacht und ganz frisch. Hervorragend sind **Tagliatelle con ragù bianco di cinghiale** (9 €), Cappellacci di ricotta con burro, rosmarino e mandorle und Tortelli verdi con prosciutto, pomodorini e pecorino (7,80 €). Fragen Sie nach dem Tagesangebot und lassen Sie sich im Frühling oder Sommer **Tagliatelle ai prugnoli** (10 €) oder ai porcini nicht entgehen. Die Secondi stehen im Zeichen von Fleisch: exzellente Stinco di maiale al forno (11,50 €), Brasato di manzo al Sangiovese (9,50 €), Prosciutto arrosto (8,90 €) und **Costole e salsicce di maiale in umido con sedano** (8,90 €), die man nicht versäumen sollte. Je nach Verfügbarkeit können Sie auch Wildgerichte vorfinden. Die Dolci (4 €) schaffen es mit Sicherheit, Sie in Versuchung zu führen: Torta al caffè, Ricotta con marmellata, Lattaiolo und Crema tradizionale e castagne spiritose. Die Weinkarte ist umfangreich und gut zusammengestellt. Großes Augenmerk gilt romagnolischen Weinen, aber auch das Angebot aus anderen Regionen ist hervorragend. Wenn Sie nachmittags vorbeikommen, genehmigen Sie sich einen schmackhaften Imbiss.

SAVIGNANO SUL RUBICONE

15 KM SÖ. VON CESENA, S.S. 9, 15 KM VON RIMINI

Trattoria dell'Autista

Trattoria
Via Battisti, 20
Tel. (+39) 05 41 / 94 51 33
Ruhetag: Freitag- und Samstagabend, Sonntag
Ferien: letzten 2 Dezemberwochen, 3 Wochen im August
50 Plätze + 35 Plätze im Freien
Preise: 20–25 €
Alle Kreditkarten; BM
Mittags und abends geöffnet

Die Zeit ändert an dieser Trattoria an der Via Emilia in Savignano nichts, denn hier genießt man weiterhin gute Hausmannskost. Mauro und sein Sohn Nicola versehen den Service und zählen Ihnen Mamma Valentinas Gerichte auf, denn das im Schaukasten am Lokaleingang angeschlagene Menü ändert sich täglich und ist an die Jahreszeit angepasst. Die Antipasti präsentieren sich mit Hauptdarstellerin Piadina in Kombination mit Wurst oder Käse (7 €) oder klassischem Prosciutto e melone gutbürgerlich. Besonders gute Primi aus mit dem Nudelholz ausgezogenem Teig sind **Tortelli di ricotta e prezzemolo al ragù**, al pomodoro oder burro e salvia (8 €) und Tagliatelle al ragù (8 €), die nach Art der Romagna etwas breiter als in der Emilia sind. Zur passenden Zeit dürfen auch Gnocchi di patate, **Passatelli in brodo** und Pasta e fagioli nicht fehlen. **Grigliata di carne** steht bei den Secondi an vorderster Stelle und beinhaltet Fiorentina vom Romagnola-Rind, äußerst selten zu findendes Fegato di maiale nella rete und Braciola di castrato (8 €). Als Alternative lohnen **Coniglio al forno** (8 €) und in der Saison Trippa und Baccalà eine Kostprobe. Als Beilage gibt es stets sautiertes Gemüse (grüne Bohnen, Mangold, Spinat) und Kartoffeln oder Zwiebeln aus dem Ofen (4 €). Abschließend bekommen Sie eine schöne Platte mit lokalem Ziegenkäse (3,50 €) oder gemischten Käsesorten (5 €), die mit hausgemachter Feigenkonfitüre serviert werden, oder eines der traditionellen Desserts wie Zuppa inglese, Crostate, Crème caramel, Mascarpone oder Torta di ricotta. Die kleine Weinkarte enthält lokale Tropfen, aber auch der weiße und rote offene Hauswein trinken sich gut.

SCANDIANO

12 KM SÜDWESTLICH VON REGGIO NELL'EMILIA

Osteria in Scandiano

Restaurant
Piazza Boiardo, 9
Tel. (+39) 05 22 / 85 70 79, (+39) 335 / 645 02 09
Ruhetag: Donnerstag, im Sommer Sonntag
Ferien: August, Jahresende–Dreikönig
38 Plätze + 30 Plätze im Freien
Preise: ■ 40 €
Alle Kreditkarten; BM
Mittags und abends geöffnet

Hier macht die Familie Medici seit 30 Jahren achtsame Gastronomie zu ihrer Lebensphilosophie. Mamma Nadia und Sohn Andrea (in der Küche) und Papà Contrano und der andere Sohn Simone (im Service) bieten eine Speisekarte, die sehr von den Jahreszeiten bestimmt wird und auch einige Fischgerichte enthält. Besonderes Augenmerk gilt auch Zutaten aus dem Niederwald und Wild. Man beginnt mit **Polenta fritta con crema di formaggio e tartufo nero** (15 €) und Minibrioche con scaloppa di fegato d'anatra, indivia, radicchio, mele, noci, uva e aceto di lamponi (13 €). Weitere Möglichkeiten wären Battuta di fassona con valeriana, salse di capperi e cipolla di Tropea con uova di quaglia, typische Salumi mit Gnocco fritto oder **Culatello con spuma di reggiano e pan dolce** (14 €). Stets vertretene Teigwaren sind Cappelletti in brodo di cappone (13 €) und Passatelli, aber auch Risotto con fiori di zucca, zafferano e crema di reggiano (12 €), **Tortelli con zucca** di Novellara **al soffritto** (11 €) und Tagliatelle con funghi galletti (13 €) schmecken vorzüglich. Unter den Secondi finden sich Stinchetto di maialino con tartara di melanzane e tartufo (17 €) und **Bolliti con salse e mostarde** (18 €). Ebenfalls interessant sind Coniglio al forno con patate (16 €) und Filetto di scottona all'aceto balsamico con fagiolini e confettura di cipolla (20 €). Runden Sie Ihre Mahlzeit mit Zuppa inglese (8 €), Hamburger di meringhe ai pistacchi e yogurt al limone oder mit üppiger Cioccoterapia (10 €) ab. Die Weinkarte ist umfangreich; verlangen Sie aber eine gute Flasche Wein aus der autochthonen Rebsorte Spergola di Scandiano – Sie werden es nicht bereuen.

SISSA
Gramignazzo

25 KM NÖRDLICH VON PARMA

Laghi Verdi

Trattoria
Via Co' di Sotto, 74
Tel. (+39) 05 21 / 87 90 28
Ruhetag: Montag, Dienstag
Ferien: Dezember–Februar
90 Plätze + 60 Plätze im Freien
Preise: 30 €
Kreditkarten: CS, DC, MC, Visa; BM
Mittags und abends geöffnet

Genießen Sie einen Spaziergang entlang der Dämme des Pos und entdecken Sie zeitlose Landschaften und grüne Ebenen, bis Sie in den Schatten hoher Pappeln gelangen, die ein von kleinen Seen durchsetztes Gebiet überragen. Hier züchtet Maurizio Bergamaschi seit vielen Jahren Katzenwels. Wir sind im Flussreich einer opulenten und sehr bodenständigen Küche. Signora Mirella und ihr Sohn Andrea bedienen Sie und vermitteln Ihnen das Gefühl, zu Hause zu sein. Beginnen Sie mit **Pesce gatto in carpione e salsa di prezzemolo, cipollotto ed extravergine** (8,50 €); wenn Sie Wurst bevorzugen, lassen Sie sich gute Culaccia und Spalla cruda aus Palasone (7,50 €) schmecken. Unter den hausgemachten Primi stechen neben klassischen **Tortelli** di erbetta burro e salvia auch Tortelli di **pesce persico al burro ed erbe aromatiche** und ***Pisarei* al pesce gatto e fagioli** (8,50 €) hervor; ebenfalls sehr schmackhaft sind Spaghetti al sugo di pesce gatto (8 €). Die sehr opulenten Secondi rufen etwas vergessene Geschmacksnoten wieder wach: **Frittura** di pesce gatto (13 €), di alborelle (10 €) und **di anguilla** (20 €) oder **Pesce gatto in umido con piselli** (11 €) und al forno con aceto balsamico oder con le patate (10 €). Wenn Sie lieber andere Speisen mögen, finden Sie gewöhnlich Trippa alla parmigiana, Merluzzo fritto, Guancialini al Barolo (10 €) und Anatra arrosto con patate (12 €) vor. Schließen Sie mit klassischer Sbrisolona oder hauchdünner, lauwarmer Cialda di mandorle a tocchi (5 €). Die Weine stammen vorwiegend aus dem Umland, es gibt aber auch einige Etiketten aus anderen Regionen.

SOGLIANO AL RUBICONE
Savignano di Rigo

30 KM SÜDLICH VON CESENA

Da Ottavio

Restaurant
Via Savignano di Rigo, 3
Tel. (+39) 05 47 / 960 00
Ruhetag: Dienstag
Ferien: 2 Wochen im Januar
70 Plätze + 12 Plätze im Freien
Preise: 25–28 €
Kreditkarten: CS, MC, Visa; BM
Mittags und abends geöffnet

Verlassen Sie die Schnellstraße E 45 Ravenna-Orte bei Mercato Saraceno und fahren Sie den von Radfahrern stark frequentierten Barbotto bergauf. Dort erreichen Sie den kleinen Ortsteil Savignano di Rigo, der einst dank der nahen Schwefelmine in Perticara ein dicht bevölkertes Dorf war. Aus Mariolinas und Fabianos Küche kommen köstliche Antipasti (9 €) wie Focacce salate alle erbe, alle cipolle oder mit anderem Saisongemüse, Insalatine, **Bustrengo** di pane, uova, formaggio und auch Wurst und Käse mit hervorragender Piadina, die niemals fehlen darf. Unter den traditionellen Primi (8 €) sind exquisite Cappelletti in brodo, Tagliatelle al ragù oder con le verdure, **Tortelli** alle erbe und **Minestre di sughi matti**. Interessant sind überarbeitete Primi wie **Cappellettoni di ricotta**, Sfogliatine ai funghi und Mezzelune di verdura. Im Herbst gibt es gegen Vorbestellung auch Gerichte mit weißem Trüffel. Weiter geht es mit ausgezeichnetem Fleisch lokaler Herkunft wie **Agnello al forno con salvia e aceto** (10 €), das allein schon die Anreise wert ist, Coniglio in porchetta con finocchio selvatico (8 €), Faraona alla frutta (8 €) und Fiorentina e maiale in porchetta. Probieren Sie von den Süßspeisen (4 €) deliziösen **Lattaiolo**, Kuchen, Ciambella, Crostate, Pesche con la crema und in der Saison traditionelle Pagnotta di Pasqua. Zu trinken gibt es nur wenige Weine von lokalen Winzern. Reservierung sehr empfehlenswert.

”
Herausragend wegen der Qualität der Ausgangsprodukte und des liebenswürdigen Empfangs; sorgfältig zubereitete Gerichte im Zeichen der Tradition, schlichte Zutaten, die zu Speisen von überraschender Originalität verarbeitet werden.
“

SOLIERA
Sozzigalli

12 KM NÖRDLICH VON MODENA

Bohemia

Restaurant mit Übernachtungsmöglichkeit
Via Canale, 497
Tel. (+39) 059 / 56 30 41
Ruhetag: Sonntag, Montag
Ferien: 3 Wochen im August, 26. Dezember–5. Januar
25 Plätze + 15 Plätze im Freien
Preise: 32–35 €
Kreditkarten: CS, MC, Visa; BM
Mittags und abends geöffnet

In der fruchtbaren Ebene, die sich nördlich von Modena ausdehnt, lebt nicht weit vom Damm des Secchia Angelo Lancellotti mit seiner Osteria und seinem Gemüsegarten, zwei Leidenschaften, die für ihn untrennbar verbunden sind. Der Lokalname zu Ehren der Herkunft seiner Frau, der ein paar Speisen im Menü gewidmet sind, soll nicht täuschen, denn hier ist man fest in der Tradition verankert. Man beginnt sofort mit **Lardo aromatizzato con le erbe del nostro orto** (8 €) oder köstlicher Insalatina di pere, tarassaco, aceto balsamico tradizionale e scaglie di parmigiano. Unter den Primi sind unverzichtbare **Tagliolini all'erba cipollina, tarassaco e cerfoglio** (11 €), Risotto all'aceto balsamico di Modena con foglia d'oro oder auch Tortelloni di zucca al battuto di lardo e scalogno. Unter den Hauptspeisen repräsentiert **Frittatina alle erbette aromatiche con aceto tradizionale di Modena** (9 €) den Stil des Lokals besonders gut; als Alternative finden Sie auch diverse Stücke vom Rind und Schwein in verschiedenen Variationen und ausgezeichnetes Petto di anatra alla menta selvatica, die auch die anspruchsvollsten Gaumen zufriedenstellen. Zum Abschluss empfehlen wir **Crostata di amarene** (4 €) oder delikate Zuppa inglese, die einer angenehmen Einkehr den letzten Schliff verleihen. Die umfangreiche Weinkarte nennt ausgewählte Etiketten aus den wichtigsten Kellereien Italiens, behält aber auch, sehr zu Recht, die besten lokalen Tropfen im Auge.

SPILAMBERTO

20 KM SÖ. V. MODENA, S.S. 623, 4 KM V. MAUTST. MODENA SUD

Da Cesare

Trattoria
Via San Giovanni, 38
Tel. (+39) 059 / 78 42 59
Ruhetag: Sonntagabend, Montag, Dienstag
Ferien: 20. Juli–20. August
28 Plätze
Preise: 25–35 €
Kreditkarten: AE, CS, MC, Visa; BM
Mittags und abends geöffnet

„Der Teig fühlt die Wärme der Hand, daher gibt es keinen Teig, der dem anderen gleicht." Mit dieser einfachen Feststellung vermittelt Giancarlo Sola die bestmögliche Präsentation der Primi, für die das Lokal berühmt ist: **Tagliatelle al ragù tradizionale** (€ 9), Tagliatelle verdi con ragù bianco oder ai funghi, **Tortelloni di ricotta alle erbe**, Maltagliati con i fagioli und am Wochenende Tortellini in brodo. Jeder Teig ist dank Maricas meisterhaftem Können unterschiedlich dick. Den einzigen Kummer, den sie und ihr Mann haben, ist, dass sie bis jetzt keine jungen Leute gefunden haben, an die sie ihre Erfahrung und Fähigkeit weitergeben können, eine Region bei Tisch zu interpretieren. Wenn Sie im großen Speisesaal im ersten Stock des Lokals im Zentrum von Spilamberto (der Hauptstadt des Aceto balsamico tradizionale di Modena) nicht weit von der Rocca Rangoni Platz nehmen, finden Sie sogleich einen Teller mit Mortadellawürfelchen mit Zwiebeln, Pecorino und Aceto balsamico tradizionale vor. Im Anschluss daran empfehlen wir Frittata con aceto balsamico (5 €). Zügeln Sie aber Ihren Appetit (die Portionen sind großzügig) und reservieren Sie noch ein Plätzchen für Secondi. Lassen Sie sich **Fritto di carciofi, fiori di zucca, formaggio e crema**, zarte Guancia di vitello oder würziges **Coniglio arrosto** (8 €) nicht entgehen. Wählen Sie zum Abschluss ohne Bedenken, auf das falsche Dessert zu setzen, zwischen **Zuppa inglese**, Torta di cioccolato, Croccante, Torta di riso und Pesche all'Alchermes (5 €). Gut sind die Lambruschi, die Cesare mündlich empfiehlt, aber es sind auch gute regionale und italienische Tropfen vorhanden.

TRAVERSETOLO
Castione de'Baratti

25 km südlich von Parma, S.P. 513 R

Lo Scalocchio

Moderne Osteria
Via Provinciale, 50
Tel. (+39) 05 21 / 84 25 00
Ruhetag: Montagabend, Dienstag
Ferien: zeitweise im September
40 Plätze + 15 Plätze im Freien
Preise: 30–35 €
Keine Kreditkarten
Mittags und abends geöffnet

Leidenschaft, Aromen und Liebe zu ihrem Gebiet: Die Schwestern Lorenza und Manuela empfangen Sie mit authentischer Küche, die Hand in Hand mit den Jahreszeiten geht. Man bietet Ihnen ein „sesshaftes" („stanziale") Menü an, aber vergessen Sie nicht, nach den Gerichten des „Nomadenmenüs" zu fragen, die das Ergebnis ungewöhnlicher Kombinationen sind. Sie sind hier in der Region der Wurstspezialitäten gelandet, daher ist es angezeigt, Prosciutto di Parma (8,50 €) oder **Strolghino di culatello** (8,50 €) zu probieren; wenn Sie jedoch lieber auf die Stuzzichini della casa (8 €) setzen, finden Sie einige interessante warme und kalte Überraschungen vor, wie Microspiedini di salsiccia oder Microspiedini di pancetta e prugne. Die Primi aus Eierteigwaren beinhalten Tortelli al radicchio oder alle erbette (7,50 €), kleine **Tortelli d'anatra con sfoglia di farina integrale** (8,50 €), Ombelichi con fonduta di parmigiano (8,50 €), **Tagliatelle di fegatini di coniglio e acciughe**. Wenn Sie Wildkräuter mögen, sind Sie hier richtig. Bestellen Sie im Sommer Tagliatelle al misto di raccolto (unter anderem mit Brennnesseln und Minze). Im April und Mai ist Pasta all'uovo di oca ein Muss. Von den Secondi müssen Sie **Filetto di maiale affumicato** su foglie di alberi da frutto essiccate (geräuchertes Schweinefilet auf getrockneten Obstbaumblättern), in crosta di pane e pepe verde (in Kruste aus Brot und grünem Pfeffer) con pere, scalogni e salsa di yogurt della casa (15 €) probieren, aber **Carpaccio** di manzo oder **di petto d'oca** (11 €) ist ebenfalls gut; ein bewährter Tipp ist Filetto di limousine al gorgonzola (18 €). Unter den Desserts (5 €) findet sich perfektes Crema-Gelato mit Kartoffeln aus Rusino. Gute Auswahl an Weinen lokaler Winzer und ein nicht minder gutes Sortiment italienischer Weine.

TRECASALI
Viarolo

12 km nordwestlich von Parma

La Porta a Viarolo
(vormals La Porta di Felino)

Trattoria
Via Provinciale Cremonese, 103
Tel. (+39) 05 21 / 83 68 39
Ruhetag: Mittwoch, Sonntagabend
Ferien: unterschiedlich
45 Plätze + 40 Plätze im Freien
Preise: 28–32 € • Alle Kreditkarten; BM
Mittags und abends geöffnet

Wenige Kilometer von der Ausfahrt Parma Ovest und der Fiera (Messe) führt die Familie Zerbini seit vielen Jahren die Osteria, die sich seit einiger Zeit nicht mehr in Felino, sondern in Viarolo di Trecasali an der Staatsstraße befindet. Giuliano „Ciccio" und seine Tochter Nicole kochen, Ehefrau Paola bedient mit Unterstützung der Kinder Martina und Simone die Gäste. Geboten werden traditionelle Gerichte, die Aufmerksamkeit auf lokale Erzeuger und auf das tägliche saisonabhängige Marktangebot erkennen lassen. Sie beginnen mit klassischen Wurstspezialitäten aus Parma: Fantasia di **salumi** locali (10 €) mit Coppa, Salami aus Felino, Spalla cotta aus San Secondo und Culaccia **con torta fritta** (2 €). Ebenfalls gut ist Tortino di patate con porro e crema di parmigiano. Unter den Primi sind **Tortelli di zucca** oder di erbette (8,50 €), traditionelle Anolini in brodo di manzo, cappone e vitello, **Gnocchi di patate con culatello** und Risotto alla salsiccia ed erba cipollina. Von den Secondi seien Trippa alla parmigiana, Punta di vitello ripiena und **Coniglio disossato e ripieno con patate arrosto** (11€) hervorgehoben. Als Alternative bieten sich **Vecchia con polpette di cavallo** oder Cavallo pesto an, die der großen Tradition in diesem Gebiet entspringen. Als Beilage serviert man Gemüse, aus dem Ofen oder roh. Zum Abschluss warten von Nicole zubereitete Desserts wie Crostate, Torta sbrisolona und Zabaione con Marsala (5€). In dem vom Speisesaal aus einsehbaren Keller, der für Besucher zugänglich ist, lagern die Würste, Weine aus dem Hügelland von Piacenza und Parma sowie Klassiker aus anderen Regionen.

VERGHERETO
Alfero

63 KM SÜDWESTLICH VON CESENA

Lanzi

Restaurant mit Übernachtungsmöglichkeit
Via Don Babbini, 10
Tel. (+39) 05 43 / 91 00 24
Ruhetag: Mittwoch, außer 21. Juni–31. Oktober
Ferien: Februar
70 Plätze
Preise: 30–35 €
Kreditkarten: AE, CS, MC, Visa; BM
Mittags und abends geöffnet

Das an das Hotel angeschlossene Restaurant befindet sich im Zentrum von Alfero. Es besteht aus zwei Räumen, einem kleinen mit mächtigem Kamin und alten Familienmöbeln und einem etwas größeren, der weniger charakteristisch ist. Für einen freundlichen Empfang sorgt der Patron des Hauses, Giovanni Maria, den Sie bei der Auswahl der Gerichte zu Rate ziehen können. Auf den Tisch kommt bodenständige Küche, für die viele Zutaten aus dem Tal und in der Saison auch Pilze und Trüffeln verarbeitet werden. Zur Überbrückung der Wartezeit serviert man Ihnen Kostproben von Wurst und Käse, kombiniert mit Bergbrot und nativem Olivenöl extra. Von den Antipasti empfehlen wir **Prosciutto e crostino con lardo fuso di Colonnata** (8,50 €), „den echten", wie Signor Lanzi unterstreicht, und, falls erhältlich, Insalata ai porcini. Bei den Primi steht mit dem Nudelholz ausgezogene Pasta zur Wahl: Tagliatelle al ragù oder ai porcini und Tortelli di patate oder **Cannoli alla Rossini** (8 €). Bei den Secondi dominiert Fleisch, das Giovanni Maria sorgfältig bei lokalen Erzeugern auswählt. Wer **Agnello** (Lamm) mag, findet es in den Versionen al forno (aus dem Ofen), alla brace (vom Holzkohlengrill) oder **al tegame con aglio e rosmarino** vor. Außergewöhnlich gut ist **Faraona al ginepro** (8 €); Piccione gibt es dagegen nur gegen Vorbestellung. Probieren Sie auch saisonale **Porcini fritti**. Die Desserts wie Zuppa inglese, Crème caramel und Crostata con confettura di more sind hausgemacht. Die Weinkarte ist nicht groß, zeigt aber Augenmerk auf das Gebiet.

Nicht weit vom Restaurant bietet La Dispensa della Nonna Konfitüren, Säfte und Kekse aus Esskastanienmehl.

VERNASCA
Trinità

48 KM SÜDLICH VON PIACENZA, S.P. 6 ODER S.S. 9

Trinità

NEU

Trattoria
Ortsteil Trinità, 16
Tel. (+39) 05 23 / 89 81 33, (+39) 333 / 839 23 31
Ruhetag: Mittwoch, Donnerstagmittag
Ferien: 2 Wochen Ende August
80 Plätze + 50 Plätze im Freien
Preise: 30 €
Alle Kreditkarten; BM
Mittags und abends geöffnet

Der kleine Ortsteil Trinità an der Grenze zwischen den Provinzen Parma und Piacenza, gleich hinter dem zauberhaften Ort Vigoleno, ist der Standort dieser Trattoria, einem Bollwerk der lokalen Küche. Filippo serviert und bietet Ihnen eine ausgezeichnete Auswahl an Wurstspezialitäten aus eigener Erzeugung oder von bewährten Lieferanten an: **Spalla cotta aus San Secondo** (9 €), Prosciutto crudo, Lardo e polenta oder einen verlockenden Mix aus DOP-Produkten aus Piacenza (Salami, Coppa, Pancetta), begleitet von Torta fritta, Saucen und hausgemachten Sottoli und Sottaceti. Hausgemachte Pasta von Mamma Ornella bestimmt das Programm der Primi, wobei der gefüllten Pasta gemäß der Tradition Parmas große Aufmerksamkeit gilt: Tortelli di ricotta e spinaci, Tortelli verdi con il sugo di funghi und **Anolini in brodo** (8 €) con ripieno di formaggio. Vervollständigt wird das Angebot durch die obligaten *Pisarei e fasò*, Tagliolini al ragù und Gnocchi. Unter den Secondi ragen **Guancialino di vitello al Gutturnio** (12 €), Filetto di maiale al rosmarino und Punta di vitello con patate hervor. Hoftiere haben ihren Auftritt in Form von **Pollo fritto** (9 €) und Faraona farcita. In der Saison gibt es Wild (Wildschwein, Feldhase, Reh), das auch zu Saucen verarbeitet wird. Nicht fehlen darf Käse (ausgezeichnet ist Parmigiano reggiano), der mit Honig, Konfitüren und Senfsaucen serviert wird. Zu den schlichten Dolci (4 €) – Crostate und Semifreddi – passt ein Glas Vin Santo aus Vigoleno (6 €). Im Keller lagert neben den besten Weinen aus dem Gebiet auch eine gute Selektion italienischer Tropfen, die der Wirt persönlich zusammenstellt.

VIGNOLA

23 KM SÜDÖSTLICH VON MODENA, S.S. 623

Trattoria la Bolognese

Trattoria
Via Muratori, 1
Tel. (+39) 059 / 77 12 07
Ruhetag: Samstag, Sonntag
Ferien: zeitweise im August,
24. Dezember–6. Januar
40 Plätze
Preise: 20–25 €
Kreditkarten: CS, MC, Visa; BM
Mittags geöffnet

Neben der Rocca von Vignola finden Sie im Zentrum dieses für seine hervorragenden Kirschen bekannten Orts das Lokal der Schwestern Franchini, die Sie auf außergewöhnlich fröhliche und sympathische Weise empfangen. Eine Speisekarte ist nicht vorhanden, daher wird das Menü mündlich erläutert. Das Ambiente ist ungezwungen und schlicht. Die gastronomische Tradition dieses Grenzgebiets zwischen den Provinzen Modena und Bologna wird durch die Küche perfekt repräsentiert und ohne Übertreibungen gekonnt interpretiert. Von den Primi (6,50 €) seien **Tagliatelle alla bolognese** – sie durften nicht fehlen – oder deftige **Pasta e fagioli** genannt, aber auch die hervorragenden Gnocchi di patata und traditionelle Tortellini verdienen eine Erwähnung. Von den Secondi ist Signora Laras **Fegato alla veneziana** (7,50 €) das Paradegericht; als Alternative können Sie zarte Scaloppine probieren – Sie werden es nicht bereuen. Zu sämtlichen Gerichten gibt es sautiertes Gemüse, Ofenkartoffeln oder Salat. Einen würdigen Abschluss bilden Desserts, die ebenfalls in den Spuren der Tradition wandeln. Sehr empfehlenswert ist **Torta tipo Barozzi** (lassen Sie sich die Geschichte zu ihrem Namen erzählen); ansonsten können Sie auch gute Torta di mele oder Crème caramel (3,50 €) wählen. Die Weinauswahl ist begrenzt, aber auf intelligente Weise mit dem Gebiet verbunden. Lambrusco und Pignoletto können auch nach konsumierter Menge verrechnet werden.

Die Pasticceria Gollini (Piazza Garibaldi 1) bietet traditionelle Torta Barozzi aus Schokolade und Kaffee. Von Mai bis August findet am Wochenende an der Piazza Maestri del Lavoro ein Bauernmarkt statt.

ZOCCA
Missano

48 KM SÜDÖSTLICH VON MODENA, S.P. 623

Il Cantacucco

Restaurant
Via Montalbano, 5500 B
Tel. (+39) 059 / 98 50 67
Ruhetag: Donnerstag
Ferien: je 2 Wochen im Juni und September
60 Plätze
Preise: 32–35 €
Kreditkarten: CS, DC, MC, Visa; BM
Mittags und abends geöffnet

Nachdem Sie das Tal und eine Reihe von Kehren hinter sich gelassen haben, taucht unvermittelt das Restaurant auf, das wie ein Wachposten wirkt. Carla ist die *Rezdora* in der Küche, Roberto serviert. Die ehrliche Küche resultiert aus konstanter Suche nach Rohstoffen. Bereits die Antipasti zeigen das Wesen des Lokals: **Tagliere di salumi** con le tigelle (8 €; von Oktober bis April gibt es auch Borlenghi, dünnen Pfannkuchen mit Lardo Pesto), Crostini misti, Battuta di manzo con tartufo und **Insalata di galletto** nostrano. Die Primi sind ein Triumphzug frischer Pasta: **Tagliatelle** (al ragù oder ai funghi), Pizzicotti di ricotta oder Lasagne ai porcini, **Gnocchi di patate al parmigiano** di bianca modenese (Slow-Food-Presidio) **con aceto balsamico tradizionale** (9 €), Tortellini in brodo und Pappardelle al sugo di lepre. Wild und helles Fleisch bilden die Basis der Secondi und werden mit Gemüse aus dem Hausgarten kombiniert: **Brasato di cervo** (10 €), Cinghiale in umi-do con olive nere, Tagliata di faraona und Coniglio all'aceto. **Coppone di mora romagnola al latte** (10 €), Costate di manzo und Costolette d'agnello dorate dürfen auch nicht fehlen. Die opulente Platte der **Formaggi** enthält neben vielen anderen Sorten 24 Monate gereiften Parmigiano reggiano. Köstliche Dolci (4 bis 5 €) wie Zuppa inglese, Crema chantilly, Semifreddi und Torta di tagliatelle runden das Essen ab. Reiche Weinauswahl, auch im glasweisen Ausschank: das Beste aus der Region und eine schöne Selektion italienischer und internationaler Tropfen.

In **Zocca** (Via Rosola 1083) bietet die Verkaufsstelle der Käserei Rosola Milchprodukte und Ricotta vom Bianca-Modenese-Rind, unterschiedlich gereiften Parmesan und gegen Vorbestellung Fleisch vom Bianca-Modenese-Rind.

BOLOGNA

Caminetto d'Oro

Restaurant
Via dei Falegnami, 4
Tel. (+39) 051 / 26 34 94
Ruhetag: Sonntag
Ferien: 6.–20. August, 31. Dezember–10. Januar
40 Plätze + 20 Plätze im Freien
Preise: 50–60 €
Kreditkarten: AE, CS, MC, Visa; BM
Mittags und abends geöffnet

Im Caminetto treffen ausgezeichnete Zutaten und Tradition aufeinander. Seit Jahren bringen Paolo Carati und seine Mutter Maria an dieser bewährten Adresse hervorragende Bologneser Küche aus ausgewählten Zutaten auf den Tisch, ohne deshalb interessante Neuheiten zu negieren. Wunderbar ist die Selektion der Salumi con verdure in agrodolce (14 €), nicht minder köstlich sind Insalatina con alici marinate e scorzette di agrumi, Lingua di manzo con salsa verde e cipolla di Tropea in agrodolce oder Paté di fegatelli con gelatina di vino e pan brioche. Von den Primi sind Tortellini in brodo ein zeitloser Klassiker ebenso wie Tagliatelle alla bolognese con ragù tradizionale (14 €). Exzellent sind Lasagnetta verde con ricotta ed erbe aromatiche (14 €) und Tortellacci con crema di formaggio e pere. Lassen Sie aber noch Platz für die überaus schmackhaften Secondi wie Branzino al forno con agretti e finocchi al vapore (20 €), Coniglio ai grani di senape con caponata di verdure (18 €) und Cosciotto d'agnello con patate, pomodorini e cipolline confit. Auf der großen Weinkarte sind sowohl italienische als auch internationale Tropfen repräsentiert. Neben dem Restaurant finden Sie das Twinside, ein kleines, eher ungezwungenes Lokal, in dem es hervorragende, aber schnelle Küche gibt.

SAVIGNO

31 KM SÜDWESTLICH VON BOLOGNA, S.P. 75

Amerigo dal 1934

Restaurant mit Übernachtungsmöglichkeit
Via Marconi, 14–16
Tel. (+39) 051 / 670 83 26
Ruhetag: Montag, Januar–Mai auch Dienstag
Ferien: unterschiedlich
50 Plätze + 30 Plätze im Freien
Preise: 45–50 €
Alle Kreditkarten; BM
Abends geöffnet, an Feiertagen auch mittags

Das Amerigo ist seit 1934 der Archetyp der italienischen Osteria, die auf Tradition, Regionalität, Biodiversität, Saisontreue, Sorgfalt und Gastlichkeit fußt. Alberto Bettinis Lokal ist auf zwei Ebenen angelegt und sehr reizvoll: Im Eingangsbereich erblicken Sie die ordentlichen Regale des Geschäfts Dispensa di Amerigo; im anschließenden Speiseraum thront der historische Bartresen; im ersten Stock tauchen Sie dagegen in die fantastische Welt der Trompe-l'œil-Malerei des Gino Pellegrini ein. Edel und einzigartig sind die fünf Zimmer der Locanda. Unter den Antipasti sind Mortadella su crescenta bolognese (8 €), Tigelle con gelato di parmigiano all'aceto balsamico tradizionale und Cruda di bianca modenese. Darauf folgen Tortellini in brodo (15 €), Tagliatelle al ragù, Lasagne al forno und weitere hausgemachte Pasta mit Gemüse, Pilzen und Trüffeln, je nach Saison. Das Angebot der Secondi umspannt Salmerino del Corno alle Scale (19 €), Baccalà alla bolognese, Zucchina bianca ripiena di carne und Capocollo di maiale brado di mora romagnola. Außerdem gibt es eine exzellente Käseselektion. Die Weine kommen hauptsächlich aus den Colli Bolognesi. Die Dolci sind eine Entdeckungsreise. Das „Menù delle Premiate Trattorie" für 34 € liegt innerhalb der Preisobergrenze in diesem Buch.

SORAGNA

35 KM NORDWESTLICH VON PARMA, A1

Stella d'Oro

Restaurant
Via Mazzini, 8
Tel. (+39) 05 24 / 59 71 22
Kein Ruhetag
Keine Ferien
45 Plätze
Preise: 65 €
Kreditkarten: CS, Visa; BM
Mittags und abends geöffnet

Wir haben es hier mit einem der besten Restaurants der Region zu tun. Hier bekommen Sie reinste emilianische Traditionsküche vorgesetzt, der Empfang entspricht jenem in großen Häusern, und die sehr interessante Weinkarte besticht durch Umfang, Vielfalt und Tiefgang (nicht zuletzt wegen der schönen Champagnerauswahl). Beginnen Sie mit einer Selektion an Salumi oder Bianco di galletto morbido, Insalate novelle, uovo marinato e vinagret di lamponi, und Sie werden nicht enttäuscht sein. Von den Primi dürfen Sie sich Savarin di riso nicht entgehen lassen, eines der Paradegerichte der italienischen Küche (erfunden und unsterblich gemacht von der Familie Cantarelli aus Samboseto) und des Lokals; als Alternative bieten sich Anolini in brodo, Tortelli di erbette oder gute Risotti an. Die Secondi sind vor allem aus Fleisch zubereitet, darunter Suprema di faraona, Bollito oder Punta di vitello farcita. Die Desserts sind von ausgezeichnetem Niveau.

ADRIA
EMILIA-ROMAGNA
LIGURIEN
MARKEN
S. MARINO
BOLOGNA
Ravenna
Forlì
Cesena
Cérvia
Lugo
Faenza
Ímola
Sassuolo
Vignola
Pavullo n. Frignano
Borgo Val di Taro
Castelnovo ne' Monti
Cisa
1039
PARCO NAZ. D. APPENNINO TOSCO-EMILIANO
Pontremoli
Bagnone
Podenzana
Aulla
Sarzana
La Spezia
PARCO NAZ. D. CINQUE TERRE
Carrara
Massa
Marina di Massa
Pietrasanta
Viareggio
Massarosa
Castelnuovo di Garfagnana
Pieve Fosciana
Barga
Borgo a Mozzano
M. Cimone
2165
Abetone
Cutigliano
San Marcello Pistoiese
Sambuca Pistoiese
Villa Basilica
Pescia
Pistoia
Montale
Prato
Montecarlo
Montecatini Terme
Lucca
Capannori
Carmignano
San Giuliano Terme
Calci
Pisa
Livorno
Pontedera
San Miniato
Montopoli in Val d'Arno
Empoli
Montelupo Fiorentino
Signa
Scandicci
FLORENZ
Fiesole
Bagno a Ripoli
Pontassieve
Pelago
Rignano sull'Arno
S. Casciano in Val di Pesa
Tavarnelle Val di Pesa
Certaldo
San Gimignano
Poggibonsi
Greve in Chianti
Radda in Chianti
San Giovanni Valdarno
Loro Ciuffenna
Terranuova Bracciolini
Montevarchi
Arezzo
Anghiari
Sansepolcro
Bibbiena
Marciano
Pratovecchio
E. CAMPIGNA
M. FALTERONA
1654
M. Falterona
PARCO NAZ. D. FORESTE CASENTINESI,
San Piero a Sieve
Borgo S. Lorenzo
Vicchio
Marradi
Palazzuolo sul Senio
Santerno
Passo della Futa
903
Reno
Panaro
Sécchia
Arno
A1
A11
A12
A14
A15
S. Marino
S. Leo
Città

TYRRHENISCHES
MEER
Cecina
Guardistallo
Bibbona
Castagneto Carducci
Suvereto
Massa Marittima
1060
Piombino
Follonica
Gavorrano
CAPRAIA
Siena
Lucignano
A1
Trequanda
San Giovanni d'Asso
Buonconvento
Torrita di Siena
Cortona
Trasimenischer See
PERUGIA
Montepulciano
Pienza
Montalcino
Chiusi
Civitella Paganico
Castiglione d'Orcia
Sarteano
Cetona
Ombrone
Castel del Piano
Arcidosso
M. Amiata
1738
Tevere
UMBRIEN
Grosseto
Portoferraio
Rio Marina
ELBA
Marciana
Porto Azzurro
Capoliveri
Castiglione della Pescaia
Acquapendente
Orvieto
Todi
Semproniano
Sorano
PARCO NAZIONALE
Scansano
Pitigliano
Bolsena
Amelia
Bolsena-See
Manciano
Montefiascone
PIANOSA
Orbetello
Tuscania
Orte
Viterbo
DELL'ARCIPELAGO TOSCANO
M. Argentario
835
Ansedonia
MONTECRISTO
GIGLIO
Vetralla
LATIUM
Tarquinia
GIANNUTRI
0
15
30 km

TOSKANA

Die toskanische Küche ist weltberühmt. Ihre typischen Gerichte sind überall unter ihrem Originalnamen bekannt (Ribollita, Fiorentina, *Pici*, Cacciucco). Ganz wichtig ist ohne Zweifel das Brot, man findet es in der gesamten Region in tausend Formen und Geschmacksrichtungen vor: in Stangen- oder Kranzform, von Crostini bis Focacce, von Schiacciata all'olio bis zum Rosmaringebäck Pan di ramerino. Brot wird in zahlreichen Rezepten verarbeitet: Das bekannteste ist Pappa al pomodoro, eine einfache bäuerliche Suppe, bei welcher sich zum ungesalzenen, leicht altbackenen Brot reife Tomaten, Basilikum und Knoblauch gesellen. Es findet sich auch in der ebenfalls traditionellen Zuppa di cipolle, auch Carabaccia genannt wie das Tongefäß, in dem sie gekocht wird: Einigen Meinungen zufolge wurde diese Suppe schon im 16. Jahrhundert mit Scheiben von toskanischem Brot genossen.
Alte Wurzeln soll auch Cibreo haben, ein Gericht aus gerösteten Hühnerlebern und Hahnenkämmen, die geschmort und mit verquirlten Eiern mit Zitrone und Brühe gebunden werden. Artusi betrachtete das Gericht als „einfachen, aber schmackhaften und feinen Eintopf, geeignet für Damen mit schwachem Appetit und für Rekonvaleszente". Der Legende nach hat sich Katharina von Medici (sie zu zitieren ist wohl unumgänglich, wenn man von toskanischer Küche spricht), obwohl sie nicht rekonvaleszent und noch viel weniger von schwachem Appetit war, derart an diesem Eintopf überessen, dass sie einem wenig rühmlichen Tod durch Indigestion knapp entgangen sein soll.
Ein Jahrhundert vor Katharina von Medici schrieb auch der Peposo alla fornacina, ein weiteres typisch florentinisches Gericht, toskanische Gastronomiegeschichte. Seine Wurzeln liegen im Chianti-Gebiet, genauer gesagt in Impruneta, dem Ort der Terrakotta-Brennereien. Die Speise besteht aus Rinderwade, schwarzen Pfefferkörnern und Rotwein und wurde stundenlang über der Resthitze am nicht mehr angefachten Ofen geköchelt. Der Überlieferung nach war es der typische Mittagstisch der Fornacini, also der Leute, die im Bäckerhandwerk tätig waren.

Für Sie entdeckt

Cibreo

440 Da Burde
Florenz

476 La Bottega a Rosano
Rignano sull'Arno (Fi)

484 Da Gagliano
Sarteano (Si)

Zuppa di cipolle

434 La Saletta
Certaldo (Fi)

479 Osteria del Carcere
San Gimignano (Si)

492 La Carabaccia
Volterra (Pi)

Pappa al pomodoro

441 Del Fagioli
Florenz

463 Osteria di Porta al Cassero
Montalcino (Si)

474 Cibbè
Prato

Peposo

451 Mangiando Mangiando
Greve in Chianti (Fi)

482 Antico Ristoro Le Colombaie
San Miniato (Pi)

489 Il Canto del Maggio
Terranuova Bracciolini (Ar)

ABETONE
Le Regine

46 km nordwestlich von Pistoia, S.R. 66

La Locanda dello Yeti

Bar-Trattoria
Via Brennero, 324
Tel. (+39) 05 73 / 60 69 74
Ruhetag: Montagabend, Dienstag
Ferien: je 2 Wochen im Juni und September
20 Plätze + 20 Plätze im Freien
Preise: 35 €
Kreditkarten: Visa; BM
Mittags und abends geöffnet

Von Le Regine, zwei Kilometer vor dem Abetone, führen Bergbahnen hinauf zum Selletta, und die Piazza vor der Osteria dient auch als Parkplatz für Skifahrer. An einem solchen Ort erwartet man Polenta mit Pilzen und sonstige typische (deftige) Gerichte für stadtflüchtige Ausflügler. Stattdessen entdeckt man ein kleines Feinschmeckerparadies, geprägt von warmer Atmosphäre und Gastlichkeit. Elisabetta erläutert alle in der Karte angeführten und sonstigen Gerichte, darunter das exzellente Tartare mit Pecorino. Die Liste der einladenden Gerichte ist lang, die Weine besitzen Niveau, einschließlich des Chianti, der auch in Halbliterflaschen serviert wird und nichts mit den üblichen mittelmäßigen „Hausweinen" zu tun hat. Dem Angebot der **Tagliolini ai funghi porcini** (10 €) mit frischer Pasta und Pilzen aus der Umgebung konnten wir nicht widerstehen. Überragend waren **Tortelli** al cacao, gefüllt **mit Ricotta di pecora**, mit Sauce aus Butter, Salbei und Pecorino, verfeinert mit knusprigen Riccioli di speck (10 €). Am Tag unseres Besuchs bedauerten unsere Tischnachbarn das Fehlen der Chicche di patate mit Minze-Pesto, die sie schwärmend als delikate, ungewöhnliche Klößchen von harmonischem Geschmack beschrieben. Vom geschickten Einsatz von Gewürzen, Kräutern und Aromen legt das **Filetto di maiale mit Wacholderbeeren** (13 €) Zeugnis ab. Dazu trägt auch dieser an Rohstoffen reiche Landstrich bei, der gute Gelegenheiten zur Erweiterung der Sinne und der Fantasie bietet. Etwa bei dem süßen Finale: Crostata mit Waldbeerenkonfitüre oder mit Ricotta und Schokoladesplittern.

Auf dem Hof von Giuseppe Corsini, Ortsteil **La Secchia** (4 km), bekommen Sie Frisch- und Edelschimmelkäse aus Kuhmilch, aber auch Hoftiere.

ANGHIARI

27 km nordöstlich von Arezzo

La Nena

Restaurant
Corso Matteotti, 10–14
Tel. (+39) 05 75 / 78 94 91
Ruhetag: Montag, außer im Sommer
Ferien: zeitweise im Winter
50 Plätze + 20 Plätze im Freien
Preise: 35 €
Alle Kreditkarten; BM
Mittags und abends geöffnet

Im prachtvollen mittelalterlichen Städtchen Anghiari hält sich die Küche des historischen Restaurants von Paolo Severi, Palmira Alberti und Sergio Cappetti bei einer sehr umfangreichen Karte an die Traditionen von Arezzo und dem Valtiberina. Die saisonalen Zutaten werden bei kleinen lokalen Produzenten gekauft und nach hiesigen Rezepten zu einfachen Gerichten mit klarem Geschmacksbild verarbeitet. Unter den Antipasti finden Sie feine **Salumi di grigio** (10 €), Crostini mit Hühnerleber und Milz und im Frühling Ricotta mit Prugnoli (stark duftende Maipilze). Die Primi umfassen spezielle, hausgemachte **Tagliatelle** aus Hartweizen, serviert **mit Ragù bianco mit Hühnerleber**, **Bringoli al sugo finto**, Gnocchi di patate viola mit Rehragout, Pappa al pomodoro (8 €), sonstige Suppen und exquisite Risotti. Der Hauptgang bietet **Grifi al sugo**, **Costoliccio di maiale**, Sformato di selvaggina (15 €), Trippa al sugo oder Grigliata mista. Als Beilage gibt es Sformati di verdure, Fagioli in bianco und in der Saison Funghi fritti. Alle Desserts sind hausgemacht: Crostate, Panna cotta, Pan caffè (4 €) und die einzigartigen Cantucci zum Eintauchen in Vin Santo. Eine gute Auswahl an nativen Olivenölen extra und **Formaggi**, vor allem Pecorini von kleinen lokalen Käsereien. Auf der Weinkarte dominieren Etiketten aus dem Gebiet um Arezzo, ergänzt durch Flaschen aus anderen Teilen der Toskana. Die sorgfältig ausgewählten Weine spiegeln die starke territoriale Bindung wider. Gut ist auch der Hauswein.

Auf der Piazza Mameli 10 befindet sich eine Verkaufsstelle der Vereinigung Strada dei Sapori Valtiberina Toscana. Im Ortsteil Casale produziert und verkauft die Genossenschaft Montemercole Rohmilchkäse, Wurst und Fleisch.

ARCIDOSSO
Bivio Aiole

58 KM NORDÖSTLICH VON GROSSETO

Aiuole

Hotelrestaurant
Ortsteil Bivio Aiole
Tel. (+39) 05 64 / 96 73 00
Ruhetag: Sonntagabend, im Winter auch Montag
Ferien: zeitweise im Januar
80 Plätze
Preise: 29–33 €
Kreditkarten: AE, CS, MC, Visa; BM
Mittags und abends geöffnet

Seit fast einem halben Jahrhundert verkörpert Ugo Quattrini exemplarisch die Figur des Gastwirts. Ein profunder Kenner des Territoriums, der sich nicht von Modeströmungen beeinflussen lässt und auf eine Kochkunst baut, die ihn in die Riege der größten Gastronomen im Gebiet des Amiata aufsteigen ließ. In diesem Landstrich bezieht der Wirt dank eines über Jahre aufgebauten Netzes von bewährten Lieferanten auch alle Zutaten für seine Küche: Gemüse aus dem eigenen Garten und von einem Nachbarn, Salumi aus der Fleischerei von Piancastagnaio, Fleisch von kleinen Zuchtbetrieben, Wild aus der Umgebung und Käse einer kleinen Käserei. Zutaten unbestimmter Herkunft haben hier keinen Platz, und dieses Prinzip verfolgt auch Ugos Frau Lionella, die die traditionellen Speisen zubereitet: mit einem ausgewogenen Maß an richtig gewählten und korrekt dosierten Gewürzen, jedoch stets mit der speziellen Prägung dieses Gebietes, das ihnen den Charakter verleiht. Als Beispiele sind unter den Primi **Polenta di farina di castagne mit geschmortem Schweinebries** (10 €) und hausgemachte Pasta wie **Tortelli** oder Tagliatelle **al ragù** und ***Gnudi* mit Ricotta und Blattspinat** (10 €) anzuführen. Die Secondi umfassen Cervo oder Capriolo in salmì (12 €), **Coniglio alle erbette** (10 €) und **Maialino al Brunello** (12 €). Die Desserts (5 €) reichen von einer wunderbaren Latte alla portoghese bis zur einfachen Ricotta, serviert mit hausgemachter Esskastanienkonfitüre. Eine Weinkarte, die Produkten aufstrebender Anbaugebiete gegenüber offen ist.

»Seit vielen Jahre beweist man Engagement beim Angebot traditioneller Gerichte aus lokalen Zutaten, die auf Einfachheit und Saisontreue setzen. Das macht dieses Lokal zu einer empfehlenswerten Adresse.«

AREZZO

La Torre di Gnicche

Osteria-Enoteca mit Küche
Piaggia San Martino, 8
Tel. (+39) 05 75 / 35 20 35
Ruhetag: Mittwoch
Keine Ferien
30 Plätze + 18 Plätze im Freien
Preise: 23–30 €
Kreditkarten: CS, DC, MC, Visa; BM
Geöffnet 12–15, 18–1 Uhr

Diese Osteria liegt nahe der Piazza Grande, dem Brennpunkt der Stadt, in einer Seitenstraße des Palazzo delle Logge von Vasari. Der Name geht auf den Räuber Gnicche zurück, der im 19. Jahrhundert hier hauste. An den Wänden des mit Holztischen bestückten Gastraums sind etwa 800 lokale Etiketten mit Preisangaben ausgestellt, gleichsam als Alternative zur Weinkarte, mit einem großen Angebot an offen ausgeschenkten Weinen und einem guten Hauswein. Die Inhaberin Lucia Fioroni, seit zwölf Jahren im Saal unterstützt durch Stefano, bereitet traditionelle Gerichte aus saisonalen Zutaten der Umgebung zu. Als Antipasti bekommen Sie neben toskanischen Affettati wunderbare Sottoli, Acciughe al pesto (7,50 €) und verschiedene Bruschette (7,50 €). Unter den Primi locken **Zuppa di cipolle infornata**, **Ribollita** und Pappa al pomodoro. Empfehlenswerte sommerliche Alternativen sind Insalata di farro (mit Dinkel) und/oder mit Legumi (Hülsenfrüchten, 7 €), Cuscus di verdure und **Panzanella**. Verschiedene Secondi: **Spezzatino con patate**, **Polpettone**, **Trippa**, Baccalà in umido und ein Gericht, das der hiesigen Tradition der Innereien entspricht, nämlich **Grifi** (11 €), magere, knorpelige Teile des Kälbermauls. Das Angebot umfasst auch saisonales Gemüse in Form von Sformati und Hülsenfrüchte, darunter die exzellenten Fagioli zolfini. Erlesene Auswahl an Pecorini und Caprini. Zum Abschluss ein hausgemachtes Dessert (5 €): Crostate mit frischen Früchten oder Konfitüren, Cremes, Torta di riso oder die delikate Torta al cioccolato.

Die Macelleria Tonioni in der Via Margaritone 35 verkauft Chianina-Fleisch und gute Salumi. Paola Camaiani baut im Ortsteil **Battifolle** 3 (8 km) Safran ohne Einsatz von Chemie an.

BAGNO A RIPOLI
Grassina

8 km südöstlich von Florenz, S.S. 222

Osteria del Rosso

Trattoria
Via Costa al Rosso, 20
Tel. (+39) 055 / 64 02 40
Ruhetag: Sonntag
Ferien: 2 Wochen im August
38 Plätze + 40 Plätze im Freien
Preise: 27–30 €
Kreditkarten: AE, CS, MC, Visa; BM
Mittags und abends geöffnet

Paolo Sani und Gino Barbieri haben es vor mittlerweile mehr als zehn Jahren geschafft, eine alte Backstube in eine Trattoria umzuwandeln, die diese Bezeichnung auch wirklich verdient, ohne dabei das Flair der Tradition aus längst vergangenen Zeiten zu verlieren: ein Ort der Geselligkeit und echten Sympathie für Stammgäste und neue Besucher. Die Atmosphäre ist rustikal, warm und heimelig und harmoniert perfekt mit dem Wunsch, dem Gast die Leidenschaft für gutes Essen zu vermitteln. In der Karte findet man Gerichte – darunter auch einige auf Fischbasis –, die niemals ins Banale abgleiten und aus dem reichen Rezeptschatz nach toskanischer Gepflogenheit schöpfen. Für die täglich frische Zubereitung in der Küche sorgen Boris und Gino. Beginnen kann man mit dem Antipasto del Rosso (8 €), einem Teller mit Salumi, lokalem Käse und Crostini oder mit marinierten Alici sott'olio. Dann folgen – in großzügigen Portionen – Ravioli di ricotta e ortica (mit Ricotta und Brennnesseln) in Butter, **Paccheri al sugo** (6,50 €), Linguine al polpo, **Bistecca** alla fiorentina, **Polpettone con fagioli** (10 €) und **Baccalà** ***di no' altri*** **mit Kichererbsen**. Unter den Desserts findet man Tiramisu (4 €), Torta al cioccolato und **Zuccotto**. In dem von Paolo betreuten Weinkeller lagert ein schönes Sortiment an Rotweinen, die hauptsächlich aus toskanischen Kellereien stammen. Nach den Gaumenfreuden können Sie noch den an die Trattoria angeschlossenen Lebensmittelladen besuchen, in dem eine Auswahl lokaler und regionaler Spezialitäten angeboten wird.

BAGNO A RIPOLI
Antella

13 km südöstlich von Florenz, S.S. 222

Staccia Buratta

NEU

Osteria-Trattoria
Via di Pulicciano, 22
Tel. (+39) 055 / 62 16 43
Kein Ruhetag
Ferien: unterschiedlich
20 Plätze + 10 Plätze im Freien
Preise: 27–30 €
Alle Kreditkarten; BM
Mittags und abends geöffnet

Stacciaburatta ist nicht nur eine Wortschöpfung aus einem kulinarischen Kinderreim über ein Kätzchen und eine Katze, sondern auch der Name einer Trattoria – klein, aber oho! – in Antella, zehn Minuten Autofahrt vom südlichen Stadtrand von Florenz entfernt. Das Ambiente ist intim und heimelig, die Einrichtung informell, zum Teil etwas extravagant (Omas Unterhosen als Dekor) und versetzt den Gast ein wenig in längst vergangene Zeiten. Im Sommer wird auch auf dem kleinen Platz vor dem Haus gedeckt. Das Team besteht fast ausschließlich aus Frauen (Ivana und Bianca, das Kätzchen und die Katze), deren Leidenschaft dem Kochen und den Tafelfreuden gilt. Das große Interesse daran, die Dinge wirklich gut zu machen, spiegelt sich auch in der Wahl der Produkte wider: ganz frisch, der Jahreszeit entsprechend und aus der unmittelbaren Umgebung stammend. Die Karte lässt einem das Wasser im Mund zusammenfließen und reicht von Acciughe marinate oder **Collo di pollo ripieno** als Antipasti bis zu den hausgemachten Biscotti zum Abschluss. Dazwischen liegen zahlreiche weitere Vorschläge, darunter Salumi und Formaggi von kleinen Betrieben, danach **Passata di fagioli**, ***Pici*** **al ragù** oder Ravioli ripieni di crema di fave (mit Bohnencreme gefüllt) und das überragende **Cervello fritto** (Hirn, dem Namen zum Trotz nicht frittiert, sondern kurz in Butter gebraten), **Trippa alla fiorentina** oder die überwältigenden Polpettine di **carne bianca**. Man findet auf der Karte auch das eine oder andere Fischgericht, etwa Spaghetti con le vongole oder Baccalà mantecato. Auch bei den Weinen hält sich das Lokal an die Umgebung und bietet Etiketten aus Betrieben aus dem Hügelland rund um Florenz. Sehr fein ist die Auswahl an Gourmet-Kaffees am Ende der Mahlzeit.

BAGNONE

53 km nordwestlich von Massa, S.S. 62

La Lina

Trattoria mit Übernachtungsmöglichkeit
Piazza Marconi, 1
Tel. (+39) 01 87 / 42 90 69,
(+39) 347 / 095 90 26
Ruhetag: Donnerstag
Keine Ferien
50 Plätze
Preise: 26–28 €
Kreditkarte: CS, MC, Visa; BM
Mittags und abends geöffnet

In der oberen Lunigiana, auf halbem Weg zwischen Pontremoli und Aulla, liegt das Städtchen Bagnone. Im historischen Zentrum empfängt Sie Walter Pigoni im ersten Stock eines alten Gebäudes in zwei hübsch eingerichteten Räumen mit Retro-Flair. Der Wirt empfiehlt die Gerichte, die seine Frau Francesca Ruzzi, würdige Nachfolgerin und Erbin der langen Erfahrung ihrer Mutter Lina, zubereitet. Gastfreundlichkeit, Höflichkeit und eine exquisite Küche im Zeichen der lokalen Tradition und Jahreszeitentreue bilden das Erfolgsrezept dieser Trattoria. Der perfekte Einstieg gelingt mit Antipasto della casa (10 €), der neben Salumi und Sottoli dieser Gegend auch **Torte** salate nach hiesiger Tradition enthält, darunter Torta ***d'erbi*** und **Barbotta**. Dieser Landstrich „zwingt" beinahe zur Wahl von **Testaroli artigianali mit Pesto** (6 €) als Primo, aber auch alle anderen frischen, hausgemachten Teigwaren können mithalten: **Tordelli**, gefüllt mit Fleisch oder Artischocken, **Lasagne bastarde** (Maltagliati aus Esskastanienmehl), serviert mit nativem Olivenöl extra aus Ligurien und Käse. Ein weiteres Muss unter den Secondi ist, falls verfügbar, **Agnello di Zeri al forno** (12 €). Als Alternativen gibt es frittierte Costolette di agnello, **Coniglio** oder Tacchino **farcito**, gefüllt mit Gemüse und hiesigen Kräutern. Sämtliches Fleisch wird von lokalen Züchtern bezogen. Die Küche zaubert auch delikat zubereitete, schön angerichtete Desserts (3 €). Süffige Hausweine und eine gute Weinkarte mit Etiketten dieser Gegend aus autochthonen Rebsorten.

Der Handwerksbetrieb Il Testarolo von Graziella Ravera in **Villafranca in Lunigiana** (4 km), Via Provinciale per Mocrone 48, verkauft traditionelle Testaroli.

BARGA

39 km nördlich von Lucca, S.S. 445

L'Altana

Trattoria
Via di Mezzo, 1
Tel. (+39) 05 83 / 72 31 92
Ruhetag: Mittwoch, Donnerstagmittag
Ferien: Oktober
30 Plätze + 10 Plätze im Freien
Preise: 28 €
Alle Kreditkarten; BM
Mittags und abends geöffnet

In der Nähe des Haupttores des Städtchens findet man die Trattoria L' Altana. Der Name bezeichnet die charakteristischen überdachten Terrassen im alten Barga, wo das Getreide getrocknet wurde. Die Leitung des Lokals – das in mehrere freundliche Gasträume unterteilt ist und im Sommer über einige Tische im Freien verfügt – liegt in den Händen der Frauen einer Familie, die Küche und Saal betreuen. Hier trifft die Tradition der Garfagnana auf die florentinische Kulinarik, da Barga historisch mit Florenz verbunden ist. Die Karte sieht zum großen Teil Gerichte nach lokaler Tradition vor, ergänzt durch Anleihen aus der italienischen Landesküche. Unter den Antipasti (10 €) dominiert Prosciutto bazzone (ein Slow-Food-Presidio), begleitet von Crostini oder Pecorino und im Frühling von Baccelli (Bohnen). Das Kapitel der Primi umfasst die wunderbare **Minestrone di farro** (7 €), Zuppe oder Vellutate, Risotti, Orecchiette alla salsiccia und verschiedene Arten von frischer Pasta, serviert mit saisonalem Gemüse: **Lasagne mit Zucchini und Lauch**, **Ravioli all'ortica** (mit Brennnesseln). In den Wintermonaten kann man sich **Infarinata** schmecken lassen: Schwarzkohl und Bohnen mit Maismehl in Schweinebrühe gekocht. Unter den Secondi tauchen häufig **Trippa alla fiorentina** (8 €), **Fegato di vitello mit Zwiebeln**, **Bistecca di cinta senese mit Fenchelsamen** (11 €), Ossobuco, Carni alla griglia und Baccalà in unterschiedlichen Varianten auf. Was nicht fehlen darf, sind Sformati und weitere Gerichte aus Gemüse, das aus dem familieneigenen Garten stammt. Viele Desserts sind hausgemacht, darunter Cheesecake, Torta di riso und Ricotta-Creme. Gut ist der offene Wein aus Lucca.

32 km nördlich von Arezzo, S.S. 70 od. S.S. 71

Il Tirabusciò

Restaurant
Via Scoti, 12
Tel. (+39) 05 75 / 59 54 74
Ruhetag: Montagmittag, Dienstag
Ferien: unterschiedlich
30 Plätze
Preise: 35 €
Kreditkarten: AE, CS, MC, Visa; BM
Mittags und abends geöffnet

Das elegante Lokal Il Tirabusciò, das Maßstäbe für die Küche des Casentino setzt, wird von Chefkoch Alberto Degl'Innocenti geführt, der dank seiner stetigen Suche nach hochwertigen Zutaten und Rezepten für seine meisterlich ausgeführten Traditionsgerichte hoch geschätzt wird. Seine Frau Marinella hilft in der Küche und teilt mit Alberto die Liebe zu diesem Landstrich, den die Leidenschaft der Leute prägt, die hier Produkte herstellen und verarbeiten. Zum Einstieg delikate Battuta vom Chianina-Rind (8 €) mit Weißkohlsalat und Acciugata, Flan di carciofo, Paté di fegato d'anatra oder **Sugo di piccione nel coccio** (Taube, im Tontopf gegart) mit getoastetem toskanischem Brot. Die Primi umfassen exzellente **Tortelli di patata rossa di Cetica mit Fleischragout vom Grigio-Schwein aus dem Casentino** (8,50 €), **Raviolini di anatra**, serviert mit Butter, Muskatnuss und Parmigiano reggiano von den roten Kühen und **Gnocchi di baccalà mit Topinambur-Creme**. Das Fleisch stammt aus lokalen Betrieben: Probieren Sie Filetto di maiale grigio al pepe (15 €) mit Pistazien aus Bronte, **Petti di piccione arrosto farciti** (gebratene Taubenbrust), gefüllt mit Taubenleber in Vin Santo, und **Coniglio in porchetta** mit Möhren, Ingwer und Fenchel. Die Dolci, mit einem Glas Dessertwein zu genießen, bestechen durch Lattaiolo mit Karamell und Tortina di mele mit englischer Creme und Pinienkernen (5 €). Große Auswahl der besten toskanischen Etiketten mit Schwerpunkt im Gebiet um Arezzo und dem Casentino, neben guten Edelbränden und Bieren aus kleinen Brauereien.

„Die sorgfältige Suche nach saisonalen Zutaten und der Wunsch, die Passion für die Küche mit der Liebe zum Casentino zu verschmelzen, führen zu kulinarischen Höhenflügen.“

21 km nördlich von Lucca

I Macelli

Moderne Osteria
Via del Cerreto
Tel. (+39) 05 83 / 887 00,
(+39) 347 / 760 21 66
Ruhetag: Montag, Mittwochmittag
Ferien: unterschiedlich
35 Plätze + 30 Plätze im Freien
Preise: 30 €
Kreditkarten: CS, DC, MC, Visa; BM
Mittags und abends geöffnet

Unmittelbar außerhalb des historischen Zentrums von Borgo a Mozzano, einer reizenden Ortschaft im Serchio-Tal, trifft man auf diese angenehme Osteria. Sie hat ihren Sitz im einstigen Schlachthof und verbindet einen elegant modernen Stil mit Retro-Flair. Die Speisenauswahl, an mobilen Tafeln angeschlagen, wechselt häufig und umfasst Gerichte aus der Festland- und der Meeresküche, die Samuele, der Wirt, gerne erläutert. Das Repertoire der Antipasti reicht vom klassischen von Hand geschnittenen Prosciutto bis zu Carpaccio di noce di manzo mit gehobeltem Grana, ergänzt durch Tentacoli di polpo spadellati mit Kichererbsencreme (10 €). Als Primo bereitet die Köchin Lara häufig die traditionelle **Minestra di farro** (8 €) und verschiedene Arten von frischen Teigwaren zu, serviert mit saisonalen Saucen, zum Beispiel **Tagliolini agli asparagi di monte** (mit Bergspargel, 10 €) oder die Version mit Meeresfrüchten, insbesondere Cozze und Vongole. Unter den Secondi entdeckt man Arrosto di anatra all'arancia, **Coniglio ripieno** (10 €), **Cinghiale in umido**, Arrotolato di vitella, im Ofen gebraten, Fleisch und Fisch vom Grill und **Baccalà marinato mit Kichererbsen**, der von Stammkunden sehr geschätzt wird. In der entsprechenden Jahreszeit gibt es **Selvaggina** (Wild) und Trüffeln. Als Beilage wird saisonales Gemüse serviert, auch in Form von Sformati. Es gibt nicht viele, aber jedenfalls hausgemachte Desserts: Torta agli amaretti, Cheesecake und Cremedesserts. Die Weinkarte nennt zahlreiche Etiketten aus dem Gebiet um Lucca, mit Schwerpunkt auf Produkten aus biologischem und vor allem aus biodynamischem Anbau.

In **Ghivizzano** (8 km) bekommen Sie in der Antica Norcineria (Via Rinascimento 6) typische Salumi der Garfagnana.

BUONCONVENTO

27 KM SÜDÖSTLICH VON SIENA

Da Mario

Trattoria
Via Soccini, 60
Tel. (+39) 05 77 / 80 61 57
Ruhetag: Samstag
Ferien: August
70 Plätze + 80 Plätze im Freien
Preise: 25 €
Alle Kreditkarten; BM
Mittags und abends geöffnet

Im Spätmittelalter entstand an der Frankenstraße, die von Nordeuropa nach Rom führte, rund um die Burg von Percenna die Siedlung Buonconvento, die bald unter die Herrschaft von Siena geriet. Im 14. Jahrhundert wurden die schönen Stadtmauern errichtet, die bis heute vollständig erhalten sind. Wer nicht gerade zu Fuß auf dem Pilgerweg entlang der Via Francigena unterwegs ist, kann diesen Ort über die Via Cassia bequem mit dem Auto erreichen und dabei die Landschaft der Crete Senesi bewundern. Im historischen Zentrum, das unter den „Schönsten Dörfern Italiens" gereiht ist, führt die Familie Pallassini seit 1971 diese reizende Trattoria, die von Einheimischen, aber auch von zahlreichen Fremden und Touristen besucht wird. Bei Mario kann man die Gerichte nach bester toskanischer Tradition neu entdecken, jene Köstlichkeiten, die man sich einst am Sonntag auf Bauern- und Gutshöfen schmecken ließ. Wir erlebten diese einmaligen Tafelfreuden in Form von ***Pici* all'aglione**, eine einfache, frische Pasta aus Wasser und Mehl, die im Gebiet um Siena *Pinci* genannt wird, aber auch mit **Ribollita** (7 €), **Guancia al vino rosso**, **Faraona agli agrumi** und **Agnello ai carciofi** (10 €). Als Nachtisch gab es Cantuccini mit Vin Santo (5 €) oder Cremedesserts (4 €) wie Zuppa inglese, der klassische Abschluss eines Sonntagsmahls. Nicht sehr umfangreich, aber von Niveau ist die Weinkarte mit Etiketten aus dem nahe gelegenen Montalcino, die alle auch glasweise angeboten werden, ergänzt durch einen guten offenen Hauswein.

CAPANNORI
Camigliano

10 KM ÖSTLICH VON LUCCA

I Diavoletti

Restaurant
Stradone di Camigliano, 302
Tel. (+39) 05 83 / 92 03 23,
(+39) 328 / 734 06 34
Ruhetag: Mittwoch • Ferien: unterschiedlich
50 Plätze + 40 Plätze im Freien
Preise: 30–35 €
Kreditkarten: CS, MC, Visa; BM
Abends geöffnet, September–Mai auch mittags

An der Straße nach Camigliano liegt etwa 100 Meter von der historischen Villa Torrigiani entfernt das Restaurant I Diavoletti, geführt von den Bosi-Schwestern (Alda am Herd, Paola im Saal), die eine toskanische Küche mit besonderem Augenmerk auf typische Gerichte und Vorliebe für lokale Produkte und Slow-Food-Presidi bieten. Die Rezepte einiger Speisen wurden maßvoll modernisiert. Die Einrichtung ist schlicht, mit Tischen und Stühlen aus Holz, ergänzt durch rustikale Möbel. Große Sorgfalt wird auf das Tischarrangement verwendet. Auch die Karte ist einfach, aber gut gegliedert, und wird mündlich von Paola durch die Tagesgerichte ergänzt, wobei man die Leidenschaft spürt, die sie für ihre Arbeit und die Produkte dieses Landstrichs hegt. Als Antipasto sollte man auf jeden Fall den Teller mit feinen Salumi (9 €) probieren. Unter den Primi blieben uns **Tordelli, gefüllt mit roten Bohnen aus Lucca**, serviert mit Accasciato, einem Rohmilchkäse aus der Garfagnana, und ***Pici* mit weißem Ragout vom Cinta-Senese-Schwein** (€ 9) in Erinnerung. Im Frühling ist **Garmugia**, eine Suppe aus Lucca nach altem Rezept auf Basis von Gemüse und Rindfleisch, zu empfehlen. Beim Hauptgang brilliert **Coniglio ripieno con cipolle** (9 €), aber auch **Trippa lucchese**, Fritto dell'aia mit saisonalem Gemüse, **Agnello alla brace** und Tagliata mit Rucola oder Steinpilzen können mithalten. Unter den sämtlich hausgemachten Desserts (4 €) locken besonders Tortino al cioccolato fondente und Torta monferrina mit Äpfeln. Der Schwerpunkt der Weinkarte liegt bei Produkten aus biodynamischem Anbau.

„In raffiniert einfachem Ambiente bieten die Bosi-Schwestern eine für die Umgebung von Lucca typische Küche, die auf exzellenten Produkten basiert."

CARMIGNANO

12 km südwestlich von Prato

Su pe' i' Canto

Enoteca mit Ausschank und Küche
Piazza Matteotti, 25–26
Tel. (+39) 055 / 871 24 90
Ruhetag: Montag
Ferien: zeitweise im August
30 Plätze + 20 Plätze im Freien
Preise: 30 €
Kreditkarten: MC, Visa; BM
Mittags und abends geöffnet

Diese charakteristische Osteria liegt auf einem der zentralen Plätze von Carmignano. Das Lokal – nicht sehr groß, mit einer Sommerterrasse – ist freundlich, die Einrichtung in rustikalem Stil ist sorgsam gewählt. Der Familienbetrieb bietet Speisen im Zeichen der toskanischen Tradition, insbesondere jener des Gebiets um Prato. Unter den Antipasti (7 €) findet man Affettati misti mit Crostini, aber auch mariniertes Filetto di aringa und Lampredotto. Im Kapitel der Primi sind die toskanischen Klassiker wie **Ribollita**, nach Art von Prato in der Pfanne geschwenkt, **Pappa al pomodoro**, Farinata di cavolo nero, **Tortelli mit Pecorino und Birnen**, ***Pici* al ragù di anatra** (mit Entenragout), auch in den Versionen mit Kaninchen oder Schaf (10 €), vertreten. **Pecora** (das Schaf) gibt es dann **in umido** (geschmort, 15 €) unter den Secondi, neben oder als Alternative zu **Coniglio mit Oliven und Pinienkernen** (13 €), Fritto vom Hähnchen, Kaninchen und Gemüse, Arista con le prugne (mit Pflaumen) und **Peposo**. Die Karte folgt dem Lauf der Jahreszeiten: Im Sommer und Herbst gibt es Pilze (als Salat, in Saucen, gratiniert oder frittiert), Panzanella und Insalata di trippa, im Herbst und Winter Karden und Artischocken, im Mai und Juni Stufato di baccelli. Die exzellenten Desserts (6 €) sind hausgemacht: Bavarese allo yogurt, Castagnaccio, Schiacciata mit Trauben, Crème caramel mit Cantuccini und Frutta cotta al Vin Santo. Sehr interessant ist das Sortiment an Weinen mit einem großen Teil der Produktion von Carmignano, auch mit Etiketten kleiner Kellereien, die man außerhalb des Herstellungsgebietes kaum bekommt.

Die Bottega d' Fochi (Via Roma 10) bietet typische Dolci, etwa Pan di ramerino für die Osterfeiertage.

CARRARA
Colonnata

7 km vom Zentrum

Locanda Apuana

Trattoria
Via Comunale, 1
Tel. (+39) 05 85 / 76 80 17
Ruhetag: Sonntagabend, Montag
Ferien: Weihnachten–Ende Januar
58 Plätze
Preise: 28–30 €
Alle Kreditkarten; BM
Mittags und abends geöffnet

Wenn man auf der Fahrt hinauf nach Colonnata an den Steinbrüchen vorbeikommt, kann man kaum umhin, an die Kunstwerke zu denken, die aus diesem Material geschaffen wurden: Wir sind hier im Gebiet des weißen Carrara-Marmors. Weiß ist in Colonnata neben den Steinbrüchen auch der berühmte Lardo (Speck), dessen Besonderheit in der Art seiner Reifung liegt: Er wird mit Salzlake in Marmorwannen eingelegt, wo er sechs bis 24 Monate reift. Im Zentrum der Ortschaft hat die Locanda Apuana ihren Sitz, eine Trattoria, die bereits seit mehr als 50 Jahren besteht. Gleich beim Eintreten fällt der Blick auf den schön zur Schau gestellten Lardo, der von Fausto Guadagni in seinem Betrieb auf der gegenüberliegenden Straßenseite hergestellt wird. Seine Schwester Carla ist die Köchin, der Service liegt in den Händen von Dario, der die Gerichte aus der Karte präsentiert. Für den Einstieg dürfen Lardo und andere Salumi als Alternative zum Antipasto dell'osteria (9 €) neben Crostini und Bocconcini di cecina fritta nicht fehlen. Unter den Primi findet man **Pasta e fagioli con cotenne** (mit Schwarte, 7 €), **Tordelli carrarini** (9 €) und Tagliatelle di castagne mit Sahne und Gorgonzola. Für den Hauptgang empfehlen wir **Coniglio lardellato ripieno** (gefülltes, mit Speck gespicktes Kaninchen), **Ciccina del cavatore** (10 €), das sind die mageren Schweinefleischteile, die bei der Herstellung von Lardo übrig bleiben, serviert mit Ofenkartoffeln und Lardo. Zum Abschluss wählt man Flan di ricotta mit Quittenkompott (5 €) oder **Torta di riso alla carrarina**. Sehr interessant ist die Auswahl an **Formaggi**. Neben dem offenen Hauswein gibt es eine schöne Weinkarte, in der vorwiegend Produkte aus der Toskana und dem Piemont zu korrekten Preisen angeboten werden.

CARRARA
Colonnata

7 KM VOM ZENTRUM

Venanzio

Restaurant
Piazza Palestro, 3
Tel. (+39) 05 85 / 75 80 33,
(+39) 336 / 563 58 77
Ruhetag: Donnerstag, Sonntagabend, außer im August
Ferien: 22. Dezember–15. Januar
45 Plätze + 20 Plätze im Freien
Preise: 32–35 €
Alle Kreditkarten
Mittags und abends geöffnet

Auf dem Hauptplatz von Colonnata, einem kleinen Juwel in den Apuanischen Alpen, liegt das Restaurant Venanzio, in dem der von der Familie der Inhaber hergestellte Lardo im Rampenlicht steht. Das Lokal ist auch der richtige Ort, um nach einem erquicklichen Spaziergang einen Imbiss zu genießen: wunderbare warme Crostini mit Lardo, mit Kirschtomaten oder Sardellen (6 €), oder Lardo mit Mostarda. Roberto bedient im Saal, Alessio werkt gemeinsam mit Pamela und Anna in der Küche. Das Team begleitet Sie liebenswert bei der Wahl eines exzellenten Mittagessens oder eines sommerlichen Abendessens im Freien. Zum Einstieg wählt man den Antipasto della casa (12 €) mit Lardo, Carne in salamoia, angerichtet mit erstklassigem nativen Olivenöl extra, Tortino mit saisonalem Gemüse, Flan di verdure und Verzette ripiene oder Polenta lardellata mit Radicchio und Taleggio. Unter den Primi erwarten Sie **Lasagnette verdi mit Borretsch und Wurstragout** (8 €), Tagliolini di farro mit Salsiccia und im Herbst Pappardelle alla lepre. Als Secondi werden erstklassige Carne in salamoia, in der Saison mit schwarzem Trüffel (15 €), Tartara di chianina mit Trüffel oder mit Lardo, **Filetto al lardo in Chianti-Sauce** mit Pfannengemüse, **Agnello al forno mit Rosmarin** und **Coniglio disossato e farcito al lardo** mit Speck-Bratkartoffeln angeboten. Die Desserts sind alle hausgemacht, darunter Torta di mele mit Calvados. Die Weinkarte ist gut und legt Wert auf lokale Produkte. Für mindestens zwei Personen bekommt man ein Degustationsmenü für 40 € ohne Getränke.

In der Via della Fontana 52, gegenüber den Steinbrüchen, produziert und verkauft Renata Ricci Lardo, Vergazzata (in Marmorwannen gereifte Pancetta) und Crema di lardo.

CASTAGNETO CARDUCCI
Bolgheri

68 KM SÜDLICH VON LIVORNO, S.S. 1 UND S.P. 39

Magona

NEU

Moderne Osteria
Piazza Ugo, 2–3
Tel. (+39) 05 65 / 76 21 73
Ruhetag: Montag
Ferien: Februar
60 Plätze + 20 Plätze im Freien
Preise: 30–35 €
Kreditkarten: AE, CS, MC, Visa; BM
Abends geöffnet, Sonntag auch mittags

Innerhalb der Stadtmauern von Bolgheri, einem Ort, der keiner näheren Vorstellung bedarf, hat Gionata D'Alessi, Koch und Inhaber, die Festlandküche der Maremma Livornese zum Zentrum seiner Interessen gemacht und schlägt charmant überarbeitete Rezepte nach hiesiger Tradition vor. Die sorgfältige Wahl der Zutaten, der Einsatz von lokalen Produkten und einiger Slow-Food-Presidi sowie die hauseigene Zubereitung vieler Zutaten, beginnend mit den Teigwaren, bewirken, dass die Mahlzeiten hier zur Gaumenfreude werden. Der Stil des Lokals ist schlicht, aber gepflegt: In den beiden Sälen und auf der Veranda (wo eine große Pinie durch die Decke wächst) wie auch im Garten vor dem Eingang sind die Tische niveauvoll gedeckt. Der Service unter der Leitung von Alessandro ist professionell, entgegenkommend und nie aufdringlich. Die Karte, die an den Tisch gebracht und erklärt wird, nennt als Antipasti eine Degustation von Tartara, Arrosticini und Bocconcini (10 €), die typischen Salumi mit Crostini und einen großen Teller mit Formaggi und Konfitüren. Speisen wie ***Gnudi* mit Lardo vom Cinta-Senese-Schwein** (8 €) oder Ravioli di ricotta del pastore mit Feldkräutern, Cacio und Pfeffer leiten zum Hauptgang mit **Tagliata d'anatra mit Balsamico-Essig** (13 €) oder **Piccione** della Magona (Taube) über. Nimmt man eine etwas höhere Rechnung in Kauf, kann man auch Lombata oder **Bistecca** (Fiorentina und Panzanese), zubereitet aus erstklassigem Fleisch, wählen. Die Desserts variieren nach Lust und Laune des Kochs und werden stets mit hausgemachtem Eis kombiniert (exzellent das Pistazieneis). Der Schwerpunkt bei den Weinen liegt bei lokalen Produkten, wie es in einem begnadeten Weinanbaugebiet wie diesem nur logisch ist, es werden aber auch Anleihen aus anderen Regionen genommen, ergänzt durch eine kleine Auswahl an Champagner.

CASTEL DEL PIANO
Montenero

50 KM NORDÖSTLICH VON GROSSETO

Antica Fattoria del Grottaione

Moderne Osteria • Via della Piazza, 1
Tel. (+39) 05 64 / 95 40 20,
(+39) 349 / 820 25 75
Ruhetag: Montag • Ferien: Januar/Februar
40 Plätze + 40 Plätze im Freien
Preise: 32–40 €
Kreditkarten: AE, CS, MC, Visa; BM
Mittags und abends geöffnet

Wir empfehlen Ihnen, in der Nähe von Arcidosso an der vom Meer und von Civitella kommenden Straße in die Hügel zum Dorf Montenero abzubiegen, um die Gerichte des Grottaione zu genießen. Die Partnerschaft von Flavio Biserni – dem Inhaber, einem Einheimischen mit Leib und Seele – und Renzo Galeazzo – dem Chefkoch, einem Venezianer, den es in die Toskana verschlagen hat – führt zu gastronomischen Höhenflügen. Das hübsche Lokal, ein alter Getreidespeicher, ist rustikal eingerichtet, in der warmen Jahreszeit kann man auf einer Terrasse speisen. In der Karte werden Produkte dieses Landstrichs durch traditionelle Rezepte ins rechte Licht gerückt: Fleisch von Maremmana-Rindern, Käse, Öle (mit eigener Karte für native Olivenöle extra). Gemüse stammt aus dem eigenen Garten, der Rest wird von lokalen Lieferanten geliefert und mit Slow-Food-Presidi ergänzt. Fein gehackte Battuta vom Maremmana-Rind (13 €) ist der Antipasto par excellence. Die Primi punkten mit **Zup-pa arcidossina** (10 €), ***Pici* alle briciole** und in der Saison Ravioli di castagne mit Scottiglia di cinghiale. Dann kann man sich **Peposo** (12 €), **Guancia di maremmana, in Brunello geschmort**, oder **Scottiglia di cinghiale al Vermentino** (12 €) schmecken lassen. Freunde von **Formaggi** können sich auf ein umfangreiches Sortiment freuen, aber auch die hausgemachten Desserts, oft mit Ricotta zubereitet, sollte man nicht verpassen. Zwei Degustationsmenüs für 30 und 40 €. Sehr interessant ist die Weinkarte mit einer Vorliebe für Etiketten aus der Maremma und aus Montalcino.

Ein warmer, heimeliger Platz, ideal geeignet, um die Top-Produkte dieses Landstrichs, vom Fleisch des Maremmana-Rindes bis zu den lokalen Ölen, kennenzulernen und zu genießen.

CASTELNUOVO DI GARFAGNANA

49 KM NORDWESTLICH VON LUCCA, S.R. 445

Il Vecchio Mulino

Traditionelle Osteria
Via Vittorio Emanuele, 12
Tel. (+39) 05 83 / 621 92,
(+39) 347 / 366 45 66
Ruhetag: Montag
Ferien: Oktober/November
30 Plätze
Preise: 15–25 €
Kreditkarten: CS, MC, Visa; BM
Geöffnet 7.30–20 Uhr

Nach Castelnuovo zu fahren, ohne im Vecchio Mulino einzukehren, ist wie Rom zu besuchen, ohne das Kolosseum zu sehen. Der Wirt Andrea Bertucci, unterstützt durch seine Schwester Cinzia und von Debora, ist eine wahre Institution. Erwarten Sie sich keine Osteria mit Küche und Köchen: Hier gibt es fast nur kalte Gerichte und das Beste vom Besten an Wurst, Käse und sonstigen Spezialitäten. Die Palette umfasst zahlreiche Slow-Food-Presidi wie Pane di patate, Marocca aus Casola, Prosciutto bazzone und Biroldo aus der Garfagnana. Es gibt ein Degustationsmenü für 20 €, man kann aber auch aus der Karte wählen, wobei man zum Beispiel mit einer **Torta salata** (5 €) **mit Kräutern**, Kartoffeln, Zwiebeln oder Lauch beginnen kann. Unter den Salumi (ab 8 €) findet man neben den Presidi auch Speck aus Colonnata, Mondiola, verschiedene Arten von Salami, von der toskanischen bis zur Mailänder Salami, und eine hervorragende Mortadella, die bei Ankunft im Geschäft 150 Kilogramm wiegt und mit dem Messer geschnitten wird. Als Alternativen stehen **Carpaccio di manzo di pozza** oder **Filetti di trota affumicata** aus der Garfagnana auf dem Programm. Was nicht fehlen darf, ist eine schöne Auswahl an **Formaggi** aus Schafs- und Kuhmilch, begleitet von Konfitüren. Zum süßen Ausklang wird ein Stück hausgemachte Torte serviert, zum Beispiel mit Ricotta und Waldbeeren. Eine Weinkarte gibt es nicht, die Flaschen – zahlreiche Abfüllungen aus dem In- und Ausland – sind alle zur Schau gestellt, einschließlich Champagner und Biere aus kleinen Brauereien. Auch bei Kaffee gibt es eine große Auswahl an Mischungen. Eine weitere Besonderheit des Lokals ist der lange Tisch, an dem mehrere Personen Platz nehmen können, auch Gruppen, und wo eine gesellige Atmosphäre, auch dank dem Wein, garantiert ist.

CASTIGLIONE D'ORCIA
Vivo d'Orcia

62 KM SÜDÖSTLICH VON SIENA

La Taverna del Pian delle Mura

Restaurant • Via delle Casine, 12
Tel. (+39) 05 77 / 87 40 09,
(+39) 330 / 28 92 97
Ruhetag: Montag • Ferien: unterschiedlich
36 Plätze + 14 Plätze im Freien
Preise: 33–39 € • Alle Kreditkarten; BM
Abends geöffnet, Samstag, Sonntag und an Feiertagen auch mittags

In Vivo d'Orcia, einem Dorf am Hang des Amiata, stehen Luisa am Herd und Nadia im Saal, unterstützt durch Umberto. Dieses Team ist die Seele des Lokals, in dem ausschließlich lokale Produkte aus biologischem und biodynamischem Anbau verwendet und mit Mehl aus alten Getreidesorten und Esskastanien sowohl Pasta als auch Brot selbst hergestellt werden. Man beginnt mit Salumi vom Cinta-Senese-Schwein, Carpaccio vom Chianina-Rind sowie Pecorini und Caprini mit Fruchtkompott. Am besten lernt man den Stil des Lokals bei Fantasia della Taverna (10 €) kennen, bei der auch die Wildkräuter der Expertin Luisa zum Einsatz kommen. Als Primo wählt man ***Pici* all'aglione**, Tagliolini oder Strozzapreti mit Sugo bugiardo (in Rotwein gekochtes Fleisch, ohne Tomaten) oder in der Saison mit Pilzen, **Strozzapreti di castagne mit Salsiccia vom Cinta-Senese-Schwein** (13 €) und **Acquacotta**. Die Secondi umfassen Fegatelli di cinta senese, Trippa, **Coniglio alle erbette**, **Faraona al Vin Santo** und **Agnellone amiatino al forno** (eine autochthone Lammrasse, 14 €). Zum Schluss **Caffè in forchetta mit Zabaione** (4 €), Tortino di mele oder Tortino mit Schokolade und warmer Creme. Die Weinkarte ist klein, aber gut strukturiert und basiert auf Produkten, die, wie auch der hervorragende Hauswein, aus dieser Gegend stammen. Gönnen Sie sich noch ein Gläschen Giulebbe, einen alten Edelbrand, dessen Geschichte Umberto Ihnen gerne erzählt. Die Produkte, die Luisa in der Küche einsetzt, werden auch im Laden gegenüber dem Lokal verkauft.

» *Eine traditionelle Küche, die hochwertige Gerichte mit Umweltverträglichkeit verbindet. Es werden ausschließlich Produkte aus biologischem und biodynamischem Anbau aus dem Gebiet um den Amiata verwendet.* «

CERTALDO

46 KM SÜDWESTLICH VON FLORENZ, S.P. 125

La Saletta

Osteria
Via Roma, 4
Tel. (+39) 05 71 / 66 81 88
Ruhetag: Dienstag
Ferien: Weihnachten
20 Plätze + 15 Plätze im Freien
Preise: 33–35 €
Kreditkarten: AE, CS, MC, Visa; BM
Mittags und abends geöffnet

Mitten im Zentrum führt Giampiero Niccolini, unterstützt durch seine Mutter Eda am Herd, seit 20 Jahren dieses kleine, komfortable Lokal, das direkt mit der familieneigenen Konditorei Dolci Follie verbunden ist. Da Giampiero allein für den Service an den Tischen verantwortlich ist und dazwischen auch Handgriffe in der Küche erledigt, sind die Wartezeiten manchmal ein wenig lang, aber diese kleine Schwäche wird bei Weitem durch das Entgegenkommen, die Fachkenntnis und Höflichkeit des Inhabers kompensiert, der stets bereitwillig Erklärungen und Ratschläge gibt und die richtigen Kombinationen empfiehlt. Die Gerichte entsprechen vorwiegend der hiesigen Tradition, manchmal mit gelungenen Variationen und Modernisierungen. Die Weinkarte ist reich bestückt und bietet eine gute Auswahl an hauptsächlich toskanischen Produkten, wobei auch Weine von hohem Wert (und Preis) angeführt sind. Man kann verschiedene Etiketten auch glasweise bestellen oder einen angenehmen Hauswein wählen. Zum Einstieg gibt es traditionelle toskanische Salumi mit Sottoli und Pecorino (12 €), aber auch Insalata di petto d'oca mit Parmigiano und Balsamico-Essig oder Crostini mit Lardo aus Colonnata. Die Primi umfassen **Zuppa di cipolle** (mit Zwiebeln aus Certaldo), ***Pici* al coniglio ubriaco** nach Art von Eda (10 €), **Ravioli alla maremmana in Entensauce**, Mezze maniche alla cinta senese und ***Gnudi* di spinaci in Nuss-Ricotta-Sauce**. Für den Hauptgang stehen **Trippa alla fiorentina**, Cinghiale alla maremmana, Coniglio di Fonterutoli mit Balsamico-Essig (18 €), Filetto ai profumi di sottobosco (20 €), **Tonno del Chianti** und Sformato di verdure auf der Karte. Stets verfügbar sind einige Beilagen (4 €), darunter Bio-Salat. Bezüglich der Nachspeisen hält sich das La Saletta natürlich fast ausschließlich an die Produkte der eigenen Konditorei.

77 KM SÜDÖSTL. V. SIENA, AUSFAHRT A 1 OD. S.S. 326

Il Grillo è Buoncantore

Restaurant-Pizzeria
Piazza XX Settembre, 10
Tel. (+39) 05 78 / 201 12,
(+39) 335 / 871 62 38
Ruhetag: Montag, außer im Sommer
Ferien: 10 Tage im November
60 Plätze + 20 Plätze im Freien
Preise: 35 €
Alle Kreditkarten; BM
Mittags und abends geöffnet

Wenn Sie ein Lokal suchen, in dem die Beschäftigung mit Zutaten von Qualität mit klug zubereiteten und niveauvoll präsentierten Gerichten zusammenfällt, dann ist das der richtige Platz für Sie. Tiziana Tacchi betreibt geradezu einen Kult um die Ingredienzen für die Gerichte, die sie mit Sorgfalt und bewährter Professionalität zubereitet. Neben den Produkten, die dieser Landstrich im Überfluss bietet, in erster Linie das Fleisch vom Chianina-Rind, verwendet sie eine ganze Reihe weiterer Slow-Food-Presidi: Marocca aus Casola, Prosciutto bazzone, Bohnen vom Trasimenischen See, Linsen aus Ustica und Möhren aus Polignano. Als Antipasti können Sie zum Beispiel Morbidezza di spinaci glassata mit Ei und Speck auf Marocca aus Casola (9 €) oder Millefoglie mit Polenta aus Biancoperla-Mais, Gorgonzola und Speck, im Ofen gebraten, wählen. Unter den Primi findet man **Fagotti, gefüllt mit Schweinehaxe und Kartoffeln**, mit Fiaschetti-Tomaten aus Torre Guaceto (11 €) oder Zuppetta di lenticchie mit Linsen aus Ustica, Salsiccia und Trüffel. Beim Hauptgang kann die Wahl auf **Filetto di maiale grigio in Nuss-Kruste mit Auberginen-Auflauf** oder **Cappello da prete di chianina, in Nobile geschmort**, mit gebratenen Frühlingszwiebeln (12 €) fallen. Beim Dessert sind Crème brulée mit Peperoncino (5 €) und Dolce di ricotta e pere mit Glassa al fondente mögliche Vorschläge. Die Weinkarte nennt nicht nur lokale Produkte, einige Weine werden auch glasweise ausgeschenkt. Große Auswahl an Bieren aus kleinen Brauereien.

» *Freundlicher Empfang, Augenmerk auf die Umgebung, Zutaten aus lokalen Betrieben und die Atmosphäre einer toskanischen Osteria, obwohl hier auch Haute Cuisine geboten wird.* «

CHIUSI

77 KM SÜDÖSTL. V. SIENA, AUSFAHRT A1 OD. S.P. 326

La Solita Zuppa

NEU

Osteria-Trattoria
Via Porsenna, 21
Tel. (+39) 05 78 / 210 06,
(+39) 349 / 817 32 86
Ruhetag: Dienstag
Ferien: zeitweise im Januar/Februar
45 Plätze
Preise: 30 €
Alle Kreditkarten; BM
Mittags und abends geöffnet

Das Städtchen Chiusi im Grenzland zu den Regionen Latium und Umbrien ist durch zahlreiche Erinnerungen an die etruskische Vergangenheit mit diesem Landstrich verbunden. Andrea und Lorella haben bei der Übernahme des La Solita Zuppa ein schwieriges Erbe angetreten, aber der Erfolg ließ nicht lange auf sich warten, dank ihrer Vorgaben: die Suche nach hochwertigen Zutaten und die Fähigkeit, diese in der Küche so einzusetzen, dass der Besuch in der Osteria zu einer angenehmen Erfahrung wird. Beinahe alle Produkte in der Vorratskammer stammen aus dieser Gegend und von lokalen Lieferanten, vom Fleisch vom Chianina-Rind und dem Cinta-Senese-Schwein bis zum Geflügel, von Gemüse bis zu saisonalen Wildkräutern. Die eigene Zubereitung der frischen Teigwaren aus Mehl einer handwerklich betriebenen Mühle wird speziell bei *Pici* geschätzt, einem der stets vertretenen lokaltypischen Gerichte. Die Antipasti (7,50 €) umfassen **Lampredotto in grüner Sauce**, Affettati vom Cinta-Senese-Schwein und saisonale Gerichte wie die sommerliche Ribollita oder Lingua salmistrata, mit Wein angeboten. Unter den Primi (9 €) finden Sie neben ***Pici* alla *nana*, all'aglione** oder al ragù di cinta auch Ravioli allo zenzero und eine interessante Auswahl an **Zuppe** mit Gemüse und Hülsenfrüchten. Als Secondi (11 €) werden **Guancia alle spezie**, **Maiale alle mele** oder mit Rosmarin, **Coniglio allo zenzero** und **Agnello al buglione** genannt. Zu empfehlen ist auch die Auswahl an Käse von toskanischen Produzenten und Affineuren aus dem Piemont und der Lombardei. Wenn Sie es noch schaffen (die Portionen sind üppig), erwartet Sie eines der hausgemachten Desserts: Panna cotta, Crostate, Torta di mele. Die Weinkarte, die mit Ausnahme einiger Weißweine der Toskana gewidmet ist, hat vernünftige Preise, und auch der Hauswein aus Montalcino ist gut.

CIVITELLA PAGANICO
Civitella Marittima

35 KM NORDÖSTLICH VON GROSSETO, S.S. 223

Locanda nel Cassero

Trattoria mit Übernachtungsmöglichkeit
Via del Cassero, 29–31
Tel. (+39) 05 64 / 90 06 80,
(+39) 338 / 303 00 33
Ruhetag: Dienstag, im Frühling und Herbst auch Donnerstagmittag
Ferien: Dezember–Februar
55 Plätze + 25 Plätze im Freien
Preise: 32 € • Alle Kreditkarten; BM
Mittags und abends geöffnet

Civitella Marittima ist ein Ortsteil der Gemeinde Civitella Paganico, den man über die Straße von Siena nach Grosseto erreicht. Wenn Sie sich fragen, warum dieses kleine Dorf auf dem Gipfel eines hübschen Hügels in seinem Namen das Beiwort „Marittima" enthält, obwohl es vom Meer gut 50 Kilometer entfernt liegt, dann sei Ihnen gesagt, dass diese Spezifizierung für „aus der Maremma" (im Lateinischen *Maritima*) steht. Im Zentrum des Mauerrings um den Ortskern führt Alessandro Prosperi die Locanda nel Cassero mit fünf Gästezimmern und einem Restaurant, das lange saisonabhängige Öffnungszeiten mit einigen Terminen außer der Reihe, nämlich während der Weihnachtsfeiertage, hat. Die Karte folgt den Jahreszeiten, bei der Zubereitung der Gerichte wird auch Gemüse aus dem familieneigenen Garten verarbeitet. Unter den Vorspeisen kann die Karte neben dem typischen toskanischen Antipasto mit Bruschette, Salumi und Sottaceti auch Rivolto del Cassero (6 €) enthalten, ein Brot, gefüllt mit Pancetta und Pecorino, und **Millefoglie mit Polenta und Lauch mit Stockfischragout**. Als Primo empfahl uns Paola, die sich um den Service kümmert, exzellente Gnocchi di patate, mit Gamberi und Spargel gebraten und mit Safran aus der Maremma gewürzt (12 €), ***Pici* alla chitarra con sugo bugiardo** mit Hähnchen und Rosmarin, sowie **Tortelli maremmani mit Artischocken, Bohnen und Pecorino**. Weiter geht es mit **Agnello fritto mit Artischocken und Kartoffeln** (14 €), Filetto di vitellone arrosto, mit Balsamico-Essig abgelöscht, mit Spargelspitzen und **Piccione farcito mit Kichererbsenpüree**. Unter den Dolci ist Crostata di ricotta angeführt, serviert mit hausgemachter Fruchtkonfitüre (5 €). Das Angebot umfasst außerdem eine gute Auswahl lokaler Weine, die man auch glasweise trinken kann.

COLLE DI VAL D'ELSA

30 KM NORDWESTLICH VON SIENA, S.R. 2 UND S.S. 68

Sbarbacipolla Biosteria

Moderne Osteria
Piazza Bartolomeo Scala, 11
Tel. (+39) 05 77 / 92 67 01,
(+39) 339 / 703 03 31
Ruhetag: Dienstag
Ferien: 2 Wochen im August, zeitweise im Winter • 30 Plätze + 15 Plätze im Freien
Preise: 28 €
Kreditkarten: CS, DC, MC, Visa; BM
Abends geöffnet, So. u. Mo. auch mittags

In „Colle Bassa" nahe der Piazza Arnolfo haben Chiara Salvadori und Nicola Bochicchio vor wenigen Jahren diesen Betrieb eröffnet, in dem sie glühende Begeisterung und ihr Wissen rund um die fast zur Gänze aus biologischem und biodynamischem Anbau stammenden Produkte dieser Gegend einbringen. Diese Prinzipien, die Nicola von Kindheit an vertraut waren, finden nun in der Küche Anwendung. Die Leidenschaft des Chefs gilt dem Gemüse, das zum Großteil aus dem eigenen Garten stammt (ein Hektar in Permakultur angebaut). Das Angebot wechselt täglich, jeweils der Jahreszeit entsprechend, und auch die übrigen Zutaten werden jeden Tag direkt bei den Produzenten gekauft, darunter Steinmühlen-Mehl aus alten Getreidesorten. Sehr zu empfehlen sind Sformatini di verdure (7 €), vegetarische Crostini, **Crema di lenticchie** (9 €) oder Suppen mit anderen Hülsenfrüchten, **Pasta e ceci mit Rosmarin**, **Gnocchi di farro** oder ***Gnudi* mit Ricotta** aus einer kleinen lokalen Käserei, Polpette di quinoa (10 €) oder **Fegatelli di cinta** (Schweineleber), eines der wenigen Fleischgerichte im Rahmen des von Chiara mit liebenswerter Kompetenz erläuterten Repertoires. Die konstante Beschäftigung mit **Formaggi**, fast alle aus Rohmilch und pflanzlichem Lab hergestellt, ermöglicht den Genuss ungewöhnlicher Spitzenprodukte aus der Toskana. Die Desserts sind ausgefallen und delikat. Die kleine, preislich korrekte Weinkarte ist im Wachsen begriffen und bevorzugt rebsortenreine Weine (einige auch glasweise angeboten). Kaffee unterschiedlicher Sorten wird in der Pressfilterkanne zubereitet.

Der Laden Il Cipollino hinter der Biosteria verkauft viele der Produkte, die Nicola verwendet, und Weine aus biodynamischem und natürlichem Anbau.

28 KM SÜDÖSTLICH VON AREZZO, S.S. 71

Osteria del Teatro

Restaurant
Via Maffei, 2
Tel. (+39) 05 75 / 63 05 56
Ruhetag: Mittwoch
Ferien: 2 Wochen im November
70 Plätze + 16 Plätze im Freien
Preise: 30–35 €
Alle Kreditkarten; BM
Mittags und abends geöffnet

Wir befinden uns hier in Cortona, einem reizenden Städtchen im Chiana-Tal, in der Nähe der Piazza del Comune. Ein kurzer Treppenabsatz führt zum Eingang des Lokals in einem herrschaftlichen Palazzo aus dem 16. Jahrhundert, mit drei ebenso originell wie gepflegt eingerichteten Räumen. Aus den besten Produkten dieser Gegend bereitet Emiliano Rossi Gerichte zu, die in der hiesigen Tradition wurzeln. Seine Frau Ylenia betreut die Gäste und gibt Erklärungen zu einigen Speisen, die auf die etruskische Küche zurückgehen. Die zahlreichen Vorschläge in der Karte variieren je nach Jahreszeit. Die **Terrina di coniglio mit Artischocken** (8,50 €), die Dreierkombination toskanischer Zuppe und Scrigno di chianina mit Pinzimonio bezeugen den sorgfältigen Umgang mit den Zutaten, deren ursprünglicher Geschmack immer klar erkennbar bleibt. Die frischen Teigwaren werden in einer kleinen Pasta-Werkstatt im Lokal gefertigt: ***Pici* mit Ragout vom Chianina-Rind und Steinpilzen** (9 €), **Gnocchi di farro mit Hasenragout und Birnen in Wein**, Ravioli mit Kürbisblüten und Zucchini. Die Secondi umfassen **Spiedo di porco brado mit Bohnen vom Trasimener See** (15,50 €), Petto di faraona, gefüllt mit Pecorino und Steinpilzen und Tagliata mit Salsa all'acciugata und Tomate vom Grill. Zum Abschluss dürfen neben den Desserts das Eis und Tagliere di cioccolato nicht fehlen, zwei echte Leidenschaften von Emiliano, die er dank intensiver Beschäftigung und einer akribischen Suche nach den besten Techniken und hochwertigsten Produkten für ihre Herstellung perfektioniert hat. Erstklassige Weinkarte.

»*Eine Küche, die respektvoll mit Spitzenprodukten umgeht, einfache, elegante Gerichte, ein offener, freundlicher Umgang mit den Gästen.*«

CORTONA

28 KM SÜDÖSTLICH VON AREZZO S.S. 71

Taverna Pane e Vino

Restaurant-Enoteca mit Übernachtungsmöglichkeit
Piazza Signorelli, 27
Tel. (+39) 05 75 / 63 10 10,
(+39) 347 / 349 35 83
Ruhetag: Montag
Ferien: 16.–30. Juni
55 Plätze + 55 Plätze im Freien
Preise: 30 €
Kreditkarten: CS, MC, Visa; BM
Mittags und abends geöffnet

Dieses Lokal liegt auf einem der zentralen Plätze von Cortona, einer Piazza mit Marktständen, auf die der Palazzo Pretorio, der Sitz des Museums der Etruskischen Akademie, und das Teatro Signorelli blicken. Das hübsch und rustikal eingerichtete Restaurant ist in den Kellergewölben eines Gebäudes aus dem 14. Jahrhundert untergebracht. Arnaldo Rossi empfängt Sie mit ausgesuchter Freundlichkeit und empfiehlt die zu den Speisen passenden Weine aus einem Weinkeller, der rund 1.000 Etiketten umfasst. Mit großer Sorgfalt werden in der Küche Gerichte zubereitet, deren Zutaten aus der Umgebung stammen und den Wandel der Jahreszeiten widerspiegeln. Für den Einstieg gibt es eine große Auswahl an Bruschette (4 €), von der klassischen Version mit Knoblauch und Öl bis zu jenen mit Bohnen und geräuchertem Hering oder mit Makrele und Kapern, Salumi und **Formaggi** lokaler und anderer Herkunft. Es fällt schwer, bei den Primi auf die traditionellen ***Pici* alle molliche** (mit Brot, Sardellen und Peperoncino, 7 €) und im Winter auf einen schönen Teller **Ribollita** (6,50 €) zu verzichten. Für den Hauptgang empfehlen wir Ihnen **Piccione** (eine ganze Taube) **al forno** mit Gemüse (13 €) und **Anatra arrotolata**, im Ofen gebraten, mit wildem Fenchel und Gemüse. Sehr gut ist auch **Baccalà con bietole e ceci** (Stockfisch mit Mangold und Kichererbsen, 9 €). Da die Küche auf Jahreszeitentreue achtet, bekommen Sie im Sommer sicher andere Speisen, etwa Tartara di chianina. Zum Abschluss gönnen Sie sich die Desserts der Taverna: Crema calda mit Rohrzucker und Feingebäck (4 €), Torta lingotto und die traditionellen Cantuccini mit Dessertwein (3 €). Nicht weit vom Lokal entfernt bietet die Familie Rossi Unterkunft in einem alten Gebäude mit Garten.

40 KM NORDWESTLICH VON PISTOIA

Nonno Cianco

NEU

Restaurant
Viale Europa, 23
Tel. (+39) 05 73 / 680 41
Ruhetag: Donnerstag
Ferien: 7.–17. Januar, letzte Juniwoche
60 Plätze + 40 Plätze im Freien
Preise: 28–32 €
Kreditkarten: CS, DC, MC, Visa; BM
Mittags und abends geöffnet

Ein passioniertes Familienteam an der Spitze dieses Restaurants: in der Küche Andrea Alisi, ein ehemaliger Konditor, an seiner Seite die kompetente Mutter Graziella Destefani, im Saal seine Frau Tatiana Strufaldi, die verlässlich über die Gerichte informiert und berät. Das Lokal wurde 2001 übernommen und erhielt den Name „Nonno Cianco" zu Ehren von Andreas Großvater, der in den 1920er-Jahren in Florenz die Trattoria Il Cianco führte. Die Liebe zur Küche wurde demnach über zwei Generationen weitergegeben und blüht nun hier im schönen Lima-Tal wieder auf. Das Restaurant, in der Nähe der Seilbahn zu den Skipisten der Doganaccia gelegen, präsentiert sich wie eine klassische Berghütte mit großer Glasfront vom Speisesaal bis zur Veranda. Die Bergland-Produkte (Pilze, Esskastanien, Waldbeeren) spielen in der jeweiligen Saison eine wichtige Rolle auf der Karte. Nach dem Antipasto del Cianco (9 €) mit saisonal wechselnden Leckerbissen werden hausgemachte Teigwaren aufgetischt: **Tagliolini mit Steinpilzen**, **Maccheroni pistoiesi** (aus Vollkornmehl, in Steinmühlen gemahlen) **al ragù di anatra** (mit Entenragout) oder ragù di manzo (Rinderragout), ***Gnudi* mit Butter und Salbei** oder al ragù und die schmackhaften Gonfiate al gorgonzola (8 €), weiche Klößchen aus Kartoffeln aus Melo, einer nahe gelegenen Ortschaft. Weitere Vorschläge sind **Zuppa di cipolle** oder sonstige Minestre. Unter den Hauptspeisen entdeckt man **Cinghiale in umido mit Polenta** (12 €), **Trippa**, **Peposo** mit Püree und in der Steinpilz-Saison das wunderbare Controfiletto Doganaccia. Die Desserts werden, was angesichts seiner Vergangenheit auf der Hand liegt, von dem tüchtigen Andrea zubereitet: Am stärksten beeindruckte uns Crema di ravaggiolo mit Himbeerpüree (4 €). Durchaus angenehm ist der Hauswein, ein Sangiovese aus Montespertoli.

41 KM NORDWESTLICH VON PISTOIA

Silvio La Storia a Tavola

Restaurant
Via Brennero, 181–183
Tel. (+39) 05 73 / 62 92 04
Ruhetag: Dienstag
Ferien: je 2 Wochen im Mai und Oktober
40 Plätze • Preise: 25–30 €
Alle Kreditkarten; BM
Mittags und abends geöffnet

Geschichte, Tradition und erprobte alte Rezepte sind die hervorstechenden Merkmale des Restaurants. Silvio Zanni, seit vielen Jahren Inhaber des Lokals, wird im Saal durch Andrea Vannucci, einen erfahrenen Sommelier, und Lidia Gaggini unterstützt, die auch die Desserts zubereitet. Die günstigste Jahreszeit für die Bravourstücke des Kochs ist die Pilzsaison, in der er zu seiner Höchstform aufläuft. Etwa ab Ende März tauchen die Dormienti (Schneepilze) in der Küche auf, um dann zu Herbstbeginn den Platz vorwiegend an die Steinpilze abzutreten. Beginnen können Sie mit **Polenta fritta mit Pilzen**, Affettati misti, darunter Mortadella aus Prato, Kartoffeln aus Melo (ein Ort in der Nähe von Cutigliano) mit schwarzem Trüffel und Filetto di trota affumicata. Die Primi umfassen die beliebte **Zuppa di dormienti** (7 €) oder Zuppa di porcini, Passato di piselli e porcini und **Guazzo di funghi**. Wer nicht auf Teigwaren verzichten will, kann Gnocchetti al tartufo oder **Straccetti di germe di grano mit Steinpilzen** (oder mit Dormienti) oder **al capriolo** (mit Reh) genießen. Als Secondi werden Tagliata oder Filetto mit Pilzen (12 €) und Pancetta di vitella arrosto mit Trüffelsauce genannt. Falls verfügbar, sollten Sie **Porcini fritti** (8 €) nicht verpassen. Zum Ausklang **Castagnaccio** und Castagne al naturale mit warmer Schokolade. Die gepflegte Weinkarte mit sehr moderaten Preisen lässt eine Vorliebe für toskanische Etiketten erkennen, als Alternative gibt es rote Hausweine (aus Carmignano und Greve in Chianti).

Die Latteria von Tiziana Pagliai in **Cutigliano** (6 km), Via Pacioni 17, verkauft Käse der Produzenten dieser Gegend, darunter Rohmilch-Pecorino aus den Bergen um Pistoia (Slow-Food-Presidio).

FIESOLE
Pian di San Bartolo

5 KM NORDÖSTLICH VON FLORENZ

Tremoto

Trattoria
Via Bolognese, 16
Tel. (+39) 055 / 40 14 25
Ruhetag: Mittwoch
Ferien: August
50 Plätze
Preise: 24–27 €
Alle Kreditkarten; BM
Mittags geöffnet

An der Via Bolognese, vor dem Friedhof von Trespiano, genau an der Grenze zwischen Florenz und Fiesole, liegt das Tremoto, das klassische Dorflokal – Bar, Lebensmittelladen und Trattoria in einem –, das seit Generationen von der Familie Fabiani geführt wird. Die Älteren unter den Gästen werden beim Betreten der Räumlichkeiten den Eindruck haben, eine Zeitreise in die Vergangenheit zu unternehmen, da der Laden und die dahinterliegenden Räume im typischen Stil der 1970-/80er-Jahre eingerichtet sind. Der Empfang und der Service sind sehr zwanglos, aber überaus freundlich. Die Inhaber, die auch an den Tischen bedienen, machen immer wieder die Runde, um sich zu vergewissern, dass auch alles gut läuft. Man kann das Menü mit feststehendem Preis (13 €, mit der Wahl zwischen drei Primi, drei Secondi und zwei Beilagen) oder eines der Tagesgerichte wählen, die handschriftlich auf gelbem Papier aufgelistet sind. Für den Einstieg werden gemischte Crostini (3 €) oder der Antipasto di Tremoto (8,50 €) mit Salumi, Formaggi und Crostini angeboten. Ein klassisches Primo ist die **Ribollita** (7,50 €), aber auch Pappa al pomodoro, Penne alla carrettiera, Ravioli al pomodoro und **Tortelli al ragù** verdienen Beachtung. Unter den Secondi empfehlen wir Ihnen **Fegato alla salvia** (Leber mit Salbei, 10 €), ein Gericht, für das allein sich die Fahrt hierher lohnt, **Pollo fritto** (10 €), Bistecca und Baccalà alla livornese. Sonntags gibt es wie zu Hause Arrosto (Braten). Hervorragend sind auch die Beilagen (3,50 €): Fagioli (Bohnen) mit Öl, Patate fritte (wie anno dazumal von Hand geschnitten) und Brokkoli, in der Pfanne gebraten. Zum Abschluss stehen Crostate, Tiramisu oder Gelato (3,50 €) auf dem Programm. Der Wein des Hauses ist ein guter Tropfen, daneben hat man die Wahl zwischen einigen Etiketten.

FIESOLE

5 KM NORDÖSTLICH VON FLORENZ

Vinandro

Osteria
Piazza Mino da Fiesole, 33
Tel. (+39) 055 / 591 21
Ruhetag: Montag, außer im Frühling und Sommer
Keine Ferien
26 Plätze + 12 Plätze im Freien
Preise: 25–28 €
Kreditkarten: AE, CS, MC, Visa; BM
Mittags und abends geöffnet

Auf dem Hauptplatz von Fiesole trifft man auf dieses kleine, charakteristische Lokal, das in seinen Räumlichkeiten und in der Einrichtung, aber vor allem in seinen Gerichten an die alten florentinischen Osterien erinnert. Geführt wird es von Alessandro Corradossi, der in der Küche von Riccardo Toschi unterstützt wird. Auch wegen des beachtlichen Zustroms von Touristen bietet das Lokal tagsüber die Möglichkeit, einen Imbiss und eine rasche Mahlzeit einzunehmen. Abends ist die Atmosphäre dann ruhiger und entspannter. Das Speisenrepertoire variiert je nach Jahreszeit und wird durch Tagesgerichte ergänzt, die mündlich vorgetragen werden. Ein guter Einstieg gelingt mit dem klassischen toskanischen Antipasto mit Salumi und Crostini, Crostone mit Artischocken und Stracchino (6,50), **Tonno del Chianti** und Alici marinate mit Zwiebeln aus Tropea. Unter den Primi (die frischen Teigwaren sind alle hausgemacht) findet man **Tagliatelle col ragù di lampredotto** (9 €), Maccheroncini mit Brokkoli und Sardellen und **Ribollita**. Als Hauptgerichte werden **Peposo** (11 €), **Trippa alla fiorentina**, **Lampredotto bollito mit grüner Sauce** (10 €), Polpette al sugo sowie Frittata mit Kartoffeln und Zwiebeln, serviert mit den klassischen Beilagen (3,50 €) wie **Fagioli all'uccelletto**, Patate fritte und Insalata mista angeboten. Die von Alessandro zubereiteten Desserts werden mündlich empfohlen. Die Weinauswahl ist begrenzt, ermöglicht aber bei den Rotweinen einen recht guten Streifzug durch das Angebot dieses Landstrichs. Einige Etiketten werden auch glasweise ausgeschenkt. Die offenen Hausweine sind ein mehr als ordentlicher Sangiovese aus San Casciano als Rotwein und ein Vernaccia aus San Gimignano als Weißwein.

Al Tranvai

Trattoria
Piazza Tasso, 14 R
Tel. (+39) 055 / 22 51 97
Ruhetag: Sonntag, Montagmittag
Ferien: 1 Woche zu Weihnachten
40 Plätze
Preise: 30 €
Alle Kreditkarten; BM
Mittags und abends geöffnet

Das Al Tranvai ist ein typisches volkstümliches Lokal nach florentinischer Art, in dem der Inhaber Graziano Scorteccia Gerichte der toskanischen Tradition anbietet, ergänzt durch nostalgische Abschweifungen, die an seine Herkunft aus Umbrien erinnern (das Öl stammt aus dem Betrieb seiner Schwester, die frische Pasta aus Perugia, „weil sie dort einfach besser ist"), durch ungewöhnliche berufliche Erfahrungen (der Koch hat ein Praktikum in Japan absolviert, um dort die Frittiertechnik zu vertiefen) und durch kreative Einfälle wie die Verwendung von Fenchel im Ragout alla chiantigiana oder der gehackten Minzeblätter, die über Rognone trifolato (Niere) gestreut werden. Man findet hier ein nicht sehr raffiniertes, aber korrektes Ambiente mit freundlichem und flottem Service. Die monatlich wechselnde Karte, ab und zu durch Tagesgerichte ergänzt, wird auf gelbem Papier von Hand geschrieben. Für den Einstieg bietet sich die Wahl zwischen den klassischen **Crostini di fegato** (6 €), Polenta fritta mit Speck und Carpaccio di carciofi. Als Primi bekommt man ein Paradegericht der florentinischen Küche, nämlich **Zuppa di cipolle**, **Ribollita** (8 €), Pappa al pomodoro und Tortellacci mit Steinpilzen. Unter den Secondi sind stets Trippa und Lampredotto und häufig **Peposo**, **Lesso rifatto**, Baccalà mit Lauch und Kartoffeln sowie das hervorragende **Coniglio fritto mit Zucchini** oder Artischocken (13 €) vertreten. Lassen Sie sich die von Antonella Petroni selbst gemachten Desserts nicht entgehen, darunter eine wunderbare **Torta di fichi e noci** (mit Feigen und Nüssen, 5 €), Crostata di crema mit Äpfeln, Torta di cioccolato mit Birnen und Budino di castagne. Eine Weinkarte gibt es nicht und es wird meistens der mehr als ordentliche offene Hauswein gewählt, der in Bauchflaschen serviert und nach Konsum verrechnet wird.

FLORENZ

Da Burde

Trattoria
Via Pistoiese, 154 N
Tel. (+39) 055 / 31 13 29,
(+39) 055 / 31 72 06
Ruhetag: Sonntag
Ferien: 1 Woche um den 15. August
90 Plätze + 30 Plätze im Freien
Preise: 25–35 €
Alle Kreditkarten; BM
Mittags geöffnet, Freitag auch abends, andere Abende gegen Vorbestellung

Die historische Trattoria der Brüder Andrea und Paolo Gori, die Weiterführung einer vor mehr als 100 Jahren eröffneten Weinstube, die danach als charakteristischer Lebensmittelladen mit Bar geführt wurde, liegt an der Straße nach Pistoia. Die Küche dieses Lokals, das einfach und traditionell mit Holztischen und Stühlen mit Strohgeflecht eingerichtet ist, entspricht der klassischen toskanischen Tradition und achtet auf Saisontreue und Herkunft der Zutaten. Die umfangreiche Karte wird mündlich vorgetragen, liegt aber auch in schriftlicher Form vor. Zum Auftakt gibt es toskanische Crostini und erstklassige Salumi: Finocchiona, Soprassata, Lardo in conca, Tarese aus dem Valdarno und Mortadella aus Prato (Slow-Food-Presidi). Unter den Primi (7,50 €) dominieren die Suppen: **Farinata di cavolo nero**, Ribollita, **Minestra di pane** und Zuppa lombarda. Die Pasta kann man mit Sugo toscano oder al pollo scappato (ohne Fleisch) bestellen. Eine große Auswahl bietet das Kapitel der Secondi (9,50 €), darunter **Polpettone in crosta**, Fegatelli di maiale (Schweineleber im Netz), **Peposo**, Trippa und **Cibreo**. Freunde von gekochtem Rindfleisch sollten sich die makellose Version des **Bollito misto mit Saucen** (14 €) nicht entgehen lassen. Die zahlreichen hausgemachten Desserts wechseln je nach Jahreszeit: Cavallucci aus Siena, Torta di mele, Crostata di frutta, Schiacciata mit hellen oder dunklen Trauben und Torta di fichi. Die voluminöse, sehr gepflegte Weinkarte präsentiert neben zahlreichen Etiketten aus der Toskana auch eine gute Auswahl anderer in- und ausländischer Weine.

Der Konditor Claudio Pistocchi (Via del Ponte di Mezzo 20) produziert verschiedene Versionen der Torta fondente di cioccolato.

Del Fagioli

Trattoria
Corso de' Tintori, 47 R
Tel. (+39) 055 / 24 42 85
Ruhetag: Samstag, Sonntag
Ferien: August
50 Plätze
Preise: 30 €
Keine Kreditkarten
Mittags und abends geöffnet

Diese weit über die Landesgrenze hinaus bekannte Trattoria im Zentrum ist und bleibt eine der verlässlichsten Adressen für die florentinische Küche. Um nicht Schlange stehen zu müssen, ist eine Reservierung unerlässlich. Das Lokal, dessen Name eines satirischen Dichters gedenkt, der vor gut 300 Jahren in einem Theater hier in der Nähe aufgetreten war, wurde nach dem Hochwasser im Jahr 1966 von Luigi Zucchini eröffnet. Heute wird der Betrieb mit Leidenschaft und klarer Linie von den Söhnen Simone und Antonio (Service) und Schwiegersohn Maurizio (Küche) geführt. Nach dem Einstieg mit Bruschette oder toskanischen Affettati (5 €) erwartet Sie ein schönes Repertoire an Minestre (8 €): **Pappa al pomodoro**, **Ribollita**, **Zuppa di cavolo nero e fagioli** und Pastina in brodo di gallina. Als Alternative bekommen Sie ungewöhnliche Spaghetti di farro mit toskanischem Pecorino, Olio *bono* und Pfeffer. Bei den Secondi wechseln einander Bolliti (**Gallina** nostrale **lessa**, **Bollito misto mit grüner Sauce**) und Umidi (Involtini alla contadina, **Braciole rifatte**) sowie klassische Gerichte aus dem Ofen und vom Grill ab. Unser Tipp gilt den **Polpettine** della nonna **fritte**. Am Freitag bekommt man zwei fleischlose Gerichte (10 €), Baccalà mit Tomaten und Totani in zimino. Es gibt nicht viele Desserts, aber diese sind hausgemacht, auch die Cantuccini. Neben den Hausweinen (ein Chianti aus Montespertoli und ein Rotwein aus Bolgheri) gibt es Flaschen der wichtigsten Kellereien dieser Gegend, ergänzt durch andere interessante Etiketten.

Die historische Macelleria Anzuini e Massi (Via de' Neri 84 R) verkauft in schönem Ambiente aus dem späten 19. Jahrhundert hervorragendes Fleisch und Wurst aus eigener Herstellung, darunter Finocchiona.

FLORENZ

Il Cibreo Trattoria

Trattoria
Via de' Macci, 122 R
Kein Telefon
Ruhetag: Montag
Ferien: 10 Tage im Januar/Februar, August
36 Plätze
Preise: 30 €
Alle Kreditkarten; BM
Mittags und abends geöffnet

Diese Trattoria des Spitzenkochs Fabio Picchi ist nach einem alten florentinischen Gericht benannt. Picchi ist es gelungen, in Sant'Ambrogio ein Gastronomie- und Kulturzentrum zu schaffen, das auch das elegante Restaurant Il Cibreo, die Bar und das Teatro del Sale umfasst. In der einfach und rustikal eingerichteten Trattoria, „Il Cibreino" genannt, kann man nicht reservieren: Man muss also pünktlich kommen oder warten, bis ein Tisch, manchmal auch nur ein Teil eines Tisches frei wird, um sich dann zu den anderen Gästen zu gesellen. In der gemeinsamen Küche des Restaurants und der Trattoria werden überarbeitete Versionen von toskanischen Traditionsgerichten zubereitet. Zu Beginn Crostini mit Pasteten, Sformatino di salsiccia mit Pecorino und Kardamomsauce, **Insalata di trippa** und Scordiglià paté del Cibreo (7 €). Es gibt keine Pasta asciutta, nur Suppen und Minestre, wenngleich in erstklassiger Qualität, darunter **Ribollita**, Passato di pesce oder Passato di porcini und **Minestra di pane**, ergänzt durch **Sformato di ricotta e patate** (8 €). Als Secondi bekommt man **Cervellino di vitello al cartoccio**, **Collo di pollo ripieno**, **Polpettone mit hausgemachter Mayonnaise** (15 €), Coniglio ripieno, Seppie in inzimino und Baccalà mantecato mit Kartoffeln. Unter den Desserts (7 €) sind Torta al cioccolato, Torta al formaggio und Bavarese al caffè zu erwähnen. Die Liste der Weine ist auf toskanische Etiketten begrenzt, aber man kann auch aus der umfangreicheren Karte des Restaurants wählen.

Die Qualität der Küche ist die gleiche wie in dem renommierten (und natürlich teureren) Restaurant nebenan. Traditionsgerichte, erstklassige Zutaten und die Atmosphäre einer klassischen toskanischen Trattoria.

„I trippai" – die Kuttelverkäufer von Florenz

Die Zunft der Kuttelverkäufer zählte einst zu den wichtigsten Berufsgruppen im Florentiner Fleischgewerbe. Übertroffen wurde ihre Bedeutung nur durch jene der Fleischer selbst. Diese unterhielten zu Beginn des großen urbanen und ökonomischen Aufschwungs der Stadt, der mit dem Aufstieg des Hauses Medici Hand in Hand ging, ihre Läden auf dem Ponte Vecchio.

Weitere Gruppen in der Fleischbranche waren Agnellai (Verkäufer von Lamm), Pollaioli (von Geflügel), Frattagliai (von Innereien) und Testai, die nur die Schädel der Lämmer verkaufen durften. Jede Zunft hatte ein genau abgestecktes Betätigungsfeld. Nur die Trippai waren befugt, die beim Fleischer gekauften Innereien zu vertreiben und auf Marktständen oder auch in fahrenden Verkaufswagen anzubieten.

Die Tradition setzt sich fort, und auch wenn sich der eine oder andere Anbieter der Mode der Hamburger und Würste unterworfen hat, halten viele Trippai weiterhin das echte, streng nach alter florentinischer Art zubereitete Straßenessen bereit. Im Wesentlichen besteht es aus einem Brötchen mit Lampredotto (Labmagen vom Rind) und Trippa (Kutteln) in unterschiedlichen Zubereitungsarten.

Gian Marco Mazzanti

Mario Albergucci

Piazzale di Porta Romana
Ferien: 3 Wochen im August
Montag–Freitag 8.30–15.30 Uhr geöffnet

Marios Präsenz auf dieser Piazza ist mittlerweile historisch wie die Porta Romana, die sich wenige Meter von seinem Stand erhebt. Bei Marione, der großen Wert auf Tradition und Qualität legt, können Sie Panino al lampredotto und die einzigartige Trippa alla fiorentina in Reinkultur erleben, doch auch Bollito misto verdient eine Erwähnung.

Marco Bolognesi

Via Gioberti (auf Höhe Nr. 133 R)
Ferien: August
Montag–Samstag 8–20 Uhr geöffnet

Es ist ganz unmöglich, diesen Wagen in der quirligen Via Gioberti zu übersehen, der am Straßenrand geparkt ist und stets von einer Traube von Gästen, auch zahlreichen Stammgästen, umringt ist. Die Spezialität ist Bollito aus Innereien, hier als „Bollito erotico" bezeichnet (wir überlassen es Ihrer Fantasie, die Zutaten zu erraten ...), aber auch Trippa und Lampredotto stehen dem Bollito in nichts nach.

Lupen e Margò

Via dell'Ariento/
Via Sant'Antonino
Ferien: 2 Wochen im August
Montag–Samstag 9–18.30 Uhr geöffnet,
Oktober–März auch Sonntag

Im lebhaften Stadtteil San Lorenzo weist ein Dampfwölkchen, das aus den heißen Töpfen aufsteigt, auf den Kiosk von Beatrice Trambusti hin, die den Stammkunden als „die Trippaina vom Mercato Centrale" bekannt ist. Touristen aus aller Welt, aber auch viele Florentiner kommen hier vorbei und nur wenige können der Versuchung der Panini al lampredotto und der übrigen einfachen Gerichte aus der typischen Innereienküche widerstehen.

Sergio Pollini

Via de' Macci/
Borgo La Croce
Ferien: August
Montag–Samstag 9–15.30 Uhr geöffnet

Der Kiosk der Familie Pollini (Vater und Sohn) steht an einem Platz, an dem schon in den Tagen, als Florenz die Hauptstadt Italiens war, ein Kuttelverkäufer mit seinem Karren tätig war. Überwältigend ist das Panino mit Stracotto di guancia (Schmorbacke), aber auch die anderen Vorschläge, alle ganz im Zeichen der Tradition, können mithalten.

Mario Tato

Piazza Alberti/Via Aretina
Ferien: August
Montag–Freitag 9–19 Uhr geöffnet, Juni und Juli 9–16 Uhr

Neben einem der besten Panini mit Lampredotto von ganz Florenz findet man bei Mario Tatini, Tato genannt, jeden Tag eine andere Spezialität: Lampredotto und Trippa, begleitet von Hülsenfrüchten oder Gemüse, in kalten Salaten oder in dampfend heißen Schmorgerichten.

Leonardo Torrini

Piazzetta del Bandino
Ferien: August
Montag–Freitag 9–14.30, 16–19.30 geöffnet, Samstag 9–14.30 Uhr, Juli 9–14.30 Uhr

Man konnte nie wirklich sicher sein, wer hier am Herd des „Trippaio di Gavinana“ die Zügel in der Hand hält: Leonardo oder seine Frau Silvia. Dieser Zweifel wird wohl bis in alle Ewigkeit bestehen, wie auch der Ratschlag ewig gelten wird, hier eine der besten Trippa alla fiorentina der Stadt und ein erstklassiges Panino al lampredotto zu probieren.

Le Trippaie

Piazza Dalmazia
Ferien: zeitweise im August
Montag–Freitag 8.30–14.30, 17–20 geöffnet, Samstag 8.30–14.30 Uhr, Juni–August Montag–Freitag 8.30–14.30 Uhr

Ein Kiosk ganz in weiblicher Hand (Mutter und zwei Töchter), wobei die Damen den Vergleich mit männlichen Kollegen nicht scheuen müssen. Ein Spitzengericht ist neben dem Lampredotto die Trippa, kombiniert mit Gemüse und Hülsenfrüchten.

Il Trippaio di San Frediano

Piazza de' Nerli
Ferien: August
Montag–Freitag 10–19 Uhr geöffnet, Samstag 10–15 Uhr

Auch wenn die Atmosphäre in diesem Stadtviertel heute nicht mehr die gleiche ist wie anno dazumal, bleibt die Piazza de' Nerli doch einer der charakteristischsten Plätze des Stadtteils von Florenz jenseits des Arno, wo es seit jeher Kuttelverkäufer gab. Hier bietet Simone unvergleichliche Panini mit Lampredotto, auch in der Version „ubriaca“, also getränkt.

Il Trippaio di Sant'Ambrogio

Mercato di Sant'Ambrogio
Piazza Ghiberti
Ferien: 3 Wochen im August
Montag–Samstag 8–15 Uhr geöffnet

Seit 2005 führen die Geschwister Giannelli, Stefania und Fabrizio, diesen Kiosk auf dem Markt von Sant'Ambrogio. Neben Lampredotto und Trippa, auf unterschiedliche Weise zubereitet, gibt es noch weitere Vorschläge, darunter die appetitlichen Polpettine di mastro Pelliccia, die mit „vielen Kartoffeln und wenig Fett“ zubereitet werden.

La Tripperia delle Cure

Mercato Rionale delle Cure
Piazza delle Cure
Ferien: 2–3 Wochen im August
Montag–Samstag 8–15 Uhr geöffnet

Unter den Dächern des Mercato delle Cure steht ein historischer Kiosk (ein Wagen stand hier schon seit den 1960er-Jahren): Luca und Massimo betreiben ihn seit wenigen Jahren, sind aber bereits bekannt wie der überdachte Markt selbst. Die beiden bereiten Panini und Gerichte ganz nach hiesiger Tradition zu, mit einer originellen Ergänzung, nämlich Trippa mit Orangenschale, Basilikum und Pecorino.

Il Magazzino

Osteria-Tripperia
Piazza della Passera, 2–3 R
Tel. (+39) 055 / 21 59 69
Kein Ruhetag
Keine Ferien
36 Plätze + 20 Plätze im Freien
Preise: 30–34 €
Alle Kreditkarten; BM
Mittags und abends geöffnet

Wir befinden uns hier im Herzen der Altstadt von Florenz im charakteristischen Stadtviertel San Frediano. Hier eröffneten vor mittlerweile zehn Jahren Luca Cai und Alessandro Caldini, ein ehemaliger Kuttelverkäufer der Erste, Weinhändler der Zweite, dieses Lokal, das die beiden als Osteria-Tripperia bezeichnen: zu Recht, weil der Hauptanteil in ihrer Küche auf Innereien und weniger edle Fleischteile entfällt, jene Stücke, die viele Leute meiden und dabei gar nicht wissen, was sie verpassen. Die Gerichte sind eine Hommage an die sogenannten Schlachtabfälle. Es heißt daher: Bahn frei für Trippa (Kutteln), Lingua (Zunge), Guancia (Backe), Poppa (Euter), Musetto (Maul) und Lampredotto (Labmagen). Ein guter Auftakt gelingt mit Antipasto del trippaio (**Polpette di lampredotto**, Carpaccio di lingua und **Poppa in tegame**, 9 €) als Einstimmung auf **Ravioli di lampredotto mit Zwiebeln aus Tropea** (13 €), Chitarra del trippaio oder Chiocciole al fegatino toscano. Beim Hauptgang verdienen **Lampredotto bollito** (9 €) und die klassische Trippa alla fiorentina Beachtung. Wer möchte, kann auch Tagliata di manzo oder Tagliata di pollo, Coniglio alla cacciatora und Ossobuco mit Bohnen wählen, spezielle Erwähnung gebührt jedenfalls der **Guancia di vitello mit süßsauer eingelegten Frühlingszwiebeln** (13 €). Auch vegetarische Speisen werden angeboten. Zum Abschluss bekommen Sie hausgemachte Desserts, die täglich wechseln, darunter Budino di pistacchio oder Torta al cioccolato. Stets vertreten sind die klassischen Cantucci mit Vin Santo. Eine schöne Weinkarte mit etwa 170 Etiketten, fast ausschließlich toskanischer Herkunft, von denen einige auch glasweise ausgeschenkt werden. Aber auch der Hauswein, ein Rotwein aus dem Chiantigebiet, der auch in Halbliterflaschen angeboten wird, macht eine gute Figur.

La Casalinga

Trattoria
Via dei Michelozzi, 9 R
Tel. (+39) 055 / 21 86 24
Ruhetag: Sonntag
Ferien: 3 Wochen im August
90 Plätze
Preise: 20–25 €
Kreditkarten: CS, DC, MC, Visa; BM
Mittags und abends geöffnet

Der Name (La Casalinga, die Hausfrau) ist mehr als gerechtfertigt: In dieser Trattoria im Stadtviertel Santo Spirito isst man wie zu Hause. Graziella, die seit Jahren am Herd steht, hat den von ihrem Vater im Jahr 1964 gegründeten Betrieb übernommen und kocht mit Leidenschaft Gerichte, bei denen Einfachheit und Jahreszeitentreue der Rezepte im Vordergrund stehen („Wenn eine Zutat nicht der Jahreszeit entspricht, wird das Kochergebnis nicht zufriedenstellend sein."). Aus diesem Grund bekommt man im Winter **Polenta al sugo** oder **Bollito alla toscana** und im Sommer **Panzanella** oder Roastbeef. Die Karte ist jedoch stets sehr umfangreich und schlägt viele typische Speisen vor: gemischte Crostini, typische Salumi (in erster Linie Sbriciolona), **Ribollita**, **Pasta e fagioli** (5,50 €), **Lesso rifatto mit Zwiebeln**, Coniglio in umido, Arista con l'osso, **Trippa alla fiorentina**, die einzigartige **Bistecca** (38 € pro Kilo) und den legendären Baccalà alla livornese (8,50 €). Die Beilagen entsprechen immer der Saison und viele der Desserts sind hausgemacht, wie etwa die Torta di fichi (4,50 €). Die Zutaten, insbesondere Fleisch und Fisch, werden an den Ständen des Mercato Centrale von San Lorenzo gekauft. Die Weinkarte ist sehr einfach und umfasst vor allem Rotweine aus der Toskana. Gut ist auch der offene Hauswein. Wie Paolo und Beppe so trefflich sagen: „Hierher kommt man zum Essen, Lachen und Plaudern … und zum Trinken!" Das ist der Grund, weshalb hier täglich Handwerker, Kaufleute, Pensionisten, Studenten und Touristen Seite an Seite sitzen, über Gott und die Welt reden und vor allem ihr Essen „alla casalinga", nach Hausmannsart, genießen.

Die Weinhändler von Florenz

Zur Zeit des Geschichtsschreibers Villani (1276–1348) führten etwa 90 sogenannte Vinattieri einen Schankbetrieb. Sie verkauften Wein in winzigen Hausnischen und Lagerräumen, von denen die meisten jenseits des Arno lagen.
Der gewaltige Strom an Wein, der bereits damals floss, wurde Ende des 15. Jahrhunderts durch die Krise im Textil- und Leinensektor noch verstärkt. Die florentinischen Kaufleute sahen sich gezwungen, ihr Geld in landwirtschaftliche Betriebe, insbesondere Weingärten, zu investieren. So wurde auch im Erdgeschoss der Stadtpalais jener Grundbesitzer der Wein in den typischen Fiaschette (den bauchigen geblasenen und mit Stroh umflochtenen Flaschen) zum Verkauf angeboten.
Um ein Eindringen des Volkes in die herrschaftlichen Häuser zu vermeiden, erfolgte der Verkauf durch die „Buchette", die Weinfenster, das sind kleine Öffnungen auf Augenhöhe, begrenzt durch einen schmalen Bogen und Flügeltürchen aus Holz. Sie waren in den Hausfassaden in der Nähe der Kellereingänge angebracht.
Noch heute kann man diese „Buchette" an zahlreichen florentinischen Gebäuden sehen, sie sind jedoch alle schon seit einiger Zeit verschlossen. Die aus der Mode geratenen Fenster haben jedoch würdige Nachfolge in Lokalen gefunden, in denen der Wein auch heute noch glasweise ausgeschenkt wird, begleitet von Köstlichkeiten wie Crostini, Polpette, Panini und Aufschnitt von Salumi.

Gian Marco Mazzanti

All'Antico Vinaio

Via de' Neri, 65 R
Tel. (+39) 055 / 238 27 23
Ruhetag: Sonntagnachmittag
Keine Ferien
Geöffnet 10–21.30 Uhr

Dieses Weinlokal erkennt man an den vielen Leuten, die stets am Eingang Schlange stehen. Es gibt zwei Möglichkeiten für die Gäste: die historische Vineria, wo man im Stehen isst und trinkt, auf der gegenüberliegenden Seite die Osteria mit Tischen und Stühlen. Die Vineria erfreut sich immer größeren Zuspruchs wegen ihrer einfachen Imbisse, darunter Leckerbissen wie die unterschiedlichen Arten von Polpette oder Crostini, serviert in Kombination mit guten offenen Weinen, die an der Theke ausgeschenkt werden. Sehr fein sind auch die Panini mit Arista und Schiacciata all'olio mit Sbriciolona.

Casa del Vino

Via dell'Ariento, 16 R
Tel. (+39) 055 / 21 56 09
Ruhetag: Sonntag, Juni–September auch Samstag
Ferien: August
Geöffnet Montag–Freitag 9.30–18 Uhr, Samstag 9.30–17 Uhr

Eine alte Vineria, die seit drei Generationen (heute steht Gianni Migliorini hinter dem Tresen) wunderbare, eher unbekannte Weine anbietet, die der Wirt bei seinen Erkundungstouren entdeckt. Dazu serviert er Häppchen von Trippa, verschiedene Crostini (köstlich jene mit hartem Ei, Sardellen und Peperoncino) und Panini, gefüllt mit appetitlichen Zutaten (zum Beispiel Uova di aringa, Heringsrogen, und Scorza di arancia, Orangenschalen). Allein wegen der Einrichtung vom Ende des 19. Jahrhunderts lohnt sich der Besuch.

I Fratellini

Via de' Cimatori, 38 R
Tel. (39) 055 / 239 60 96
Ruhetag: Sonntag im Juli und August
Ferien: 1 Woche im August
Geöffnet 9–20 Uhr

Vielleicht hat das Lokal nicht mehr das Flair von einst, aber das Angebot an glasweise ausgeschenkten Weinen ist nach wie vor sehr gut und das Sortiment an Panini verlockend. Vor dem winzigen Laden (ein echter Ausschank nach florentinischer Art, wie zu Großmutters Zeiten) tummeln sich heute fast nur mehr Touristen aus aller Welt, Florentiner findet man kaum mehr.

Il Santino

Via Santo Spirito, 60 R
Tel. (+39) 055 / 230 28 20
Kein Ruhetag
Ferien: 1 Woche im August
Geöffnet 10–23 Uhr

Das Santino repräsentiert ohne Zweifel das neue Konzept des Vinaio in Florenz. Ein kleines, traditionelles Ambiente (wir befinden uns hier in einem Keller aus dem 16. Jahrhundert), aber modern und attraktiv mit einem erlesenen Angebot an offen ausgeschenkten Weinen, kombiniert mit Panini und Aufschnitt exzellenter Spezialitäten wie Salumi aus dem Casentino oder Fleisch von La Granda.

Le Volpi e l'Uva

Piazza de' Rossi, 1 R
Tel. (+39) 055 / 239 81 32
Ruhetag: Sonntag
Keine Ferien
Geöffnet 11–21 Uhr

Eine reizende Vinothek, seit mehr als 20 Jahren geführt von Emilio, Riccardo und Ciro, auf einem kleinen Platz, wenige Schritte vom Ponte Vecchio entfernt. Das ist der ideale Ort, um einen guten Tropfen zu genießen (zahlreiche exquisite Etiketten aus Italien und Frankreich). Die Weine werden mit einer Auswahl italienischer und französischer Käsesorten der gehobenen Klasse oder mit Crostoni, gefüllt mit Spitzenprodukten aus Italien und aus anderen Ländern, serviert. Eine kleine große Vinothek, die Sie sich nicht entgehen lassen sollten.

Zanobili

Via Sant'Antonino, 47 R
Tel. (+39) 055 / 239 68 50
Ruhetag: Sonntag
Ferien: 1 Woche um den 15. August
Geöffnet 9–14, 15.30–20 Uhr

Die Vineria von Mario Zanobini, in ganz Florenz bekannt wegen des enormen Sortiments an Etiketten (mehr als 2.500 Weine, Edelbrände und Liköre) erfreut sich stets regen Zuspruchs durch Weinfreunde und Gelegenheitsgäste, da sie in einem der beliebtesten Viertel der Stadt angesiedelt ist, nämlich in San Lorenzo, dem Standort des berühmten Marktes. Das Lokal bietet keine Imbisse an, sondern setzt auf den glasweisen Ausschank und den Verkauf von Flaschen.

FLORENZ

Mario

Trattoria
Via della Rosina, 2 R
Tel. (+39) 055 / 21 85 50
Ruhetag: Sonntag, Feiertage
Ferien: August
50 Plätze
Preise: 20–25 €
Keine Kreditkarten; BM
Mittags geöffnet

Die Trattoria, die einst als Weinausschank für die Arbeiter des Stadtviertels von San Lorenzo eröffnet und über all die Jahre kaum verändert wurde, wird nun von den Enkeln des Gründers, Romeo und Fabio, geführt. Das Lokal ist von 12 bis 15.30 Uhr geöffnet, Reservierungen werden nicht entgegengenommen: Man muss also am Eingang warten, bis man zu einem der Gemeinschaftstische geführt wird. Hier geht es rustikal zu, ohne jeglichen Firlefanz, wie auch ein Schild neben der Kasse ankündigt, belohnt wird man aber mit bodenständiger Küche. Die Speisen werden mündlich vorgetragen, der Schwerpunkt liegt bei florentinischer Hausmannskost, in üppigen Portionen serviert. Anfangen kann man mit typischen Salumi oder man beginnt gleich mit dem Primo: Ribollita, **Minestra di riso e ceci** (5 €), **Ravioli al ragù** (6,50 €), manchmal Pasta mit einer Wildsauce, zum Beispiel Cinghiale (Wildschwein), Cervo (Hirsch) oder Capriolo (Reh). Für den Hauptgang werden neben der überaus beliebten **Bistecca**, nach hiesiger Tradition englisch gebraten, auch **Peposo**, **Arista di maiale vom Spieß** und manchmal **Agnello mit Artischocken** (12,50 €) angeboten. Freitags gibt es immer Fischgerichte, am Samstag Ossobuco. Als Beilagen (3 €) bekommt man **Fagioli all'olio**, Insalata, Patate, gekocht oder frittiert. Zum Abschluss erwarten Sie Cantucci mit Vin Santo. Der Hauswein ist ein Chianti aus den Hügeln östlich von Florenz, serviert in der typischen Flasche mit Strohgeflecht. Als Alternativen werden einige gute Etiketten aus der Toskana genannt.

Bei Perché No! (Via dei Tavolini 19 R), nicht weit von Dantes Haus entfernt, wird köstliches Eis aus hochwertigen naturbelassenen Zutaten angeboten, darunter auch Slow-Food-Presidi.

Ruggero

Trattoria
Via Senese, 89 R
Tel. (+39) 055 / 22 05 42
Ruhetag: Dienstag, Mittwoch
Ferien: 2 Wochen im Winter, Mitte Juli–Mitte August
40 Plätze
Preise: 30–32 €
Alle Kreditkarten; BM
Mittags und abends geöffnet

In dieser gastfreundlichen Trattoria gleich außerhalb des Stadtzentrums führen Riccardo und Paola mit Charme und Professionalität das Werk ihres Vaters Ruggero weiter, der den beiden schon vor einiger Zeit das Steuer überlassen hat. Die Küche steht im Zeichen der Tradition, die Gerichte halten sich an den Lauf der Jahreszeiten und bestehen aus Zutaten, die zum Teil aus dem familieneigenen Gemüsegarten stammen. Die Karte wird jeweils an die Produkte angepasst, die die Natur und die Umgebung gerade bieten. Im Saal beantworten Daniele und Ivan, die auch Englisch und Französisch sprechen, jede Frage zu den Gerichten und deren Zubereitung und kümmern sich rasch, aber stets sehr aufmerksam um die Gäste. Unter den Antipasti sind die klassischen toskanischen Crostini (6 €) immer vertreten, und auch die Primi bieten mit Spaghetti alla carrettiera, **Ribollita** (8 €) und je nach Saison **Farinata di cavolo nero** (mit Schwarzkohl), Risotto ai funghi oder der köstlichen Version agli asparagi (mit Spargel, 10 €) unverzichtbare Elemente. Von den Secondi empfehlen wir **Bollito misto**, **Bistecca**, Cacciagione (Wild), **Piccione arrosto** (gebratene Taube) oder Pollo di fattoria mit Kartoffeln (12 €). Als Beilagen bekommen Sie gekochte Fagiolini (Bohnen) und Zucchini, Carciofi al tegame (Artischocken) und **Fagioli all'uccelletto** (6 €). Freitags erweitert sich das Angebot um Fischgerichte: Risotto di mare, Baccalà alla livornese und Totani in zimino. Auch die Desserts sind hausgemacht, beginnend bei den einfachen, aber wirklich delikaten Mele al forno (Bratäpfel), die man eventuell mit Eis kombinieren kann. Neben einer Auswahl toskanischer Etiketten wird als Hauswein der Roger angeboten, ein Produkt aus dem familieneigenen Weingarten in Mercatale im Val di Pesa, das auch zum Verkauf angeboten wird.

Sabatino

Trattoria
Via Pisana, 2 R
Tel. (+39) 055 / 22 59 55
Ruhetag: Samstag, Sonntag
Ferien: August
70 Plätze
Preise: 15–25 €
Kreditkarten: CS, MC, Visa; BM
Mittags und abends geöffnet

Das Sabatino ist das Paradebeispiel einer florentinischen Trattoria wie in alten Zeiten, ein einfaches Lokal, wo Ilaria und ihre Familie mit großer Leidenschaft den von den Großeltern Sabatino und Fidalma im Jahr 1956 gegründeten Betrieb weiterführen. Die Atmosphäre von anno dazumal umfängt den Gast gleich beim Betreten der Räumlichkeiten: eine spartanische Einrichtung, schlicht gedeckte Tische, ein freundlicher Empfang ohne große Umstände und eine zwanglose Präsentation der Gerichte. Das Speisenangebot passt zu dieser Umgebung, beginnend mit dem Antipasto mit toskanischen Salumi und Crostini. Die recht gute Auswahl an Primi umfasst sowohl Minestre wie **Farinata** und **Ribollita** im Winter oder Pappa al pomodoro im Sommer als auch verschiedene Pastagerichte mit Saucen (3 €). Größer ist die Auswahl bei den Secondi: Neben der stets vertretenen **Bistecca** werden abwechselnd **Francesina** (4,15 €), **Trippa** und **Fegatelli di maiale al forno** (Schweineleber) angeboten, aber auch ganz einfache Gerichte wie **Vitello steccato arrosto** oder **Arista disossata**. Freitags stehen einige Fischgerichte auf dem Programm, darunter Inzimino di seppie und Baccalà alla livornese (4,80 €). Ein besonderes Lob verdient die Präsenz von saisonalem Gemüse auf der Karte (einige Sorten aus dem familieneigenen Garten), das roh, gekocht, mit Tomaten geschmort oder in der Pfanne geschwenkt (2 bis 3 €) serviert wird. Auch Hülsenfrüchte sind stets vertreten: Sie finden hier Ceci (Kichererbsen) oder **Fagioli** (Bohnen) in den Versionen all'olio und **all'uccelletto**. Einige der typischen Desserts sind hausgemacht. Die Auswahl an Weinen ist begrenzt und bewegt sich im Rahmen der klassischen toskanischen Produkte. Als roter und weißer Hauswein wird jeweils ein IGT aus Tavarnelle ausgeschenkt.

Sergio Gozzi

Trattoria
Piazza San Lorenzo, 8 R
Tel. (+39) 055 / 28 19 41,
(+39) 338 / 721 36 18
Ruhetag: Sonntag, Feiertage
Ferien: August
70 Plätze
Preise: 20–25 €
Kreditkarten: CS, MC, Visa; BM
Mittags geöffnet

Auf der Piazza San Lorenzo, die nun endlich von Marktständen befreit und im Vergleich zur jüngeren Vergangenheit kaum wiederzuerkennen ist, befinden sich zahlreiche Gastronomiebetriebe: Die Trattoria Sergio Gozzi erkennen Sie an der langen Warteschlange. Das Lokal, seit 1915 von derselben Familie geführt, wird von einer bunten Gästeschar gestürmt, darunter Studenten auf der Suche nach einer preisgünstigen Mahlzeit, aber auch Touristen, die die traditionelle Küche probieren wollen. Wie es in den volkstümlichen Osterien von Florenz üblich ist, kann man hier nicht reservieren, sondern wartet, bis man an einem der Marmortische in den beiden Speisesälen Platz nehmen kann. Andrea erläutert das Speisenrepertoire seines Bruders Alessandro: traditionelle Rezepte, ergänzt durch Fischgerichte. Antipasti gibt es nicht, aber dank der üppigen Portionen werden Sie nichts vermissen. Man beginnt mit Pasta asciutta, zum Beispiel **Topini di patate mit Ragout** oder *Pici* alla carrettiera, oder einer Suppe: **Passato di ceci e fagioli** (5 €), **Ribollita** und Pappa al pomodoro. Als Primo aus der Fischküche gibt es Risotto di seppie e calamari. Die traditionellsten Secondi sind **Peposo mit Schmorkartoffeln** (10,50 €), **Francesina**, **Agnello al tegame mit Artischocken** und **Trippa alla fiorentina** (9,50 €). Die Beilagen sind normalerweise inbegriffen, aber auf Wunsch kann man exzellente Patate fritte (3 €) oder klassische **Fagioli all'olio** bestellen. Zum Abschluss Cantucci und Vin Santo. Der offene Hauswein passt gut zur Mahlzeit.

Suchen Sie auf dem Markt von San Lorenzo (Montag bis Samstag von 7 bis 14 Uhr geöffnet) den Stand von Baroni: Er bietet eine wunderbare Auswahl an Käse und Wurst aus dem In- und Ausland.

Tre Soldi

Trattoria
Via D'Annunzio, 4 A R
Tel. (+39) 055 / 67 93 66
Ruhetag: Samstag, im Sommer auch Freitagabend
Ferien: August
38 Plätze + 30 Plätze im Freien
Preise: 35 €
Alle Kreditkarten; BM
Mittags und abends geöffnet

In der Via D'Annunzio etablierte sich schon 1951 ein Ort der Einkehr, als die Familie Romano hier ein Weingeschäft eröffnete. Heute führen Massimo und Lorenzo gemeinsam mit ihren Mitarbeitern den Betrieb und teilen sich die Arbeit in der Küche und im Saal. Das Ambiente ist elegant, die Atmosphäre gesellig. Wenn Sie einen gehaltvollen Antipasto wollen, dann wählen Sie den großen Tagliere di cinta senese mit Wurstspezialitäten (10 €). Als Alternative bekommen Sie **Tonno di maiale** – ebenfalls vom Cinta-Senese-Schwein – **mit Bohnen und Zwiebeln**, Speck aus Colonnata und toskanische Crostini. Als Primo sehr beliebt ist Spadellata Tre Soldi mit Basilikum und Pinienkernen (8 €), eine kurz in Wasser gekochte und dann nach Risotto-Art mit der Sauce in der Pfanne geschwenkte Pasta. Je nach Saison stehen auch Tagliolini mit Marzolo-Trüffeln aus dem Mugello oder die Version aus Buchweizenmehl mit Porcini, Testaroli lunigiani mit Pesto und Käse (9 €), **Tortelli di patata mit Öl, Pecorino und Pfeffer**, ***Gnudi* mit Butter und Salbei**, Pasta e fagioli und Zuppa di cipolle auf der Karte. Der Hauptgang ist ein Triumphzug von Fleisch der besten Qualität, geliefert von regionalen Zuchtbetrieben: **Bistecca** vom Chianina-Rind, Tagliata oder **Chitarrina di maiale** vom Cinta-Senese-Schwein, Cinghiale (Wildschwein) mit Rosmarin, Trancio di coscio d'agnello (Lamm) mit Thymian und der ungewöhnliche **Stufato di ciuchino** (11 €). Erwähnung verdient auch das große Sortiment lokaler **Formaggi** (etwa zehn Sorten). Die Spezialität unter den Desserts sind Gelato mit Pistazien aus Bronte und Sorbetto mit Spätmandarinen aus Ciaculli, die mit Slow-Food-Presidi zubereitet werden. Der Keller – für Besichtigungen geöffnet – nennt eine beachtliche Anzahl großer Weine aus der Toskana und anderen Anbaugebieten.

GAIOLE IN CHIANTI

28 KM NORDÖSTLICH VON SIENA, S.S. 408

Al Ponte

Moderne Osteria
Via Casabianca, 25
Tel. (+39) 05 77 / 74 40 07,
(+39) 328 / 402 19 57
Ruhetag: Montag, außer im Sommer
Ferien: Mitte Januar–Ende Februar
50 Plätze + 100 Plätze im Freien
Preise: 32–35 €
Alle Kreditkarten; BM
Mittags und abends geöffnet

Antonio Cabizza führt diese Osteria schon seit vielen Jahren. Seine Leidenschaft gilt zwei Produkten: Trüffeln und Artischocken. Wenn Ihr Besuch in die richtige Jahreszeit fällt, dann probieren Sie **Carciofi nel cartoccio**, ein einfaches Rezept, das die Qualität der Artischocken zur Geltung bringt. Die Stärke des Lokals sind die Zutaten, die Antonio bewusst wählt. Er kauft Gemüse bei hiesigen Bauern, Öl, Wurst, Fleisch (wenn möglich vom Chianina-Rind), Brot und Wein in der Nachbarschaft oder jedenfalls in der Region. Im Saal ist der tüchtige Tony tätig, ein junger Albaner, der sich gut in der hiesigen Kultur eingelebt hat und ein passionierter Weinkenner ist. Die Karte setzt auf Gerichte nach toskanischer Tradition, ergänzt durch Spezialitäten aus anderen Regionen. Die Antipasti umfassen neben dem Misto della casa in der passenden Saison Uova al tartufo und Carpaccio di carciofi mit Trüffeln (9 €). Ihr Primo wählen Sie unter **Straccetti al ragù**, **Ribollita**, Tagliolini al tartufo und Trofie mit Brokkoli und Salsiccia (9 €). **Bistecca** und Tagliate vom Rind sind die Bravourstücke unter den Secondi, aber auch **Coniglio al tegame**, **Trippa alla gaiolese** (13 €) und Parmigiana di melanzane sind zu empfehlen. Als Beilagen bekommen Sie neben Patate arrosto und Insalata auch Fagioli zolfini (6 €) und Gemüse vom Grill oder kurzgebraten. Die Desserts sind hausgemacht: Wir probierten Tiramisu. Die Weinkarte schöpft aus den klassischen Produkten der Toskana, es gibt aber auch den offenen Hauswein, einen Chianti Classico aus dem Betrieb des Grundbesitzers.

Die Fleischerei Chini (Via Roma 2) verkauft hochwertige Wurstwaren aus eigener Produktion, die in einem sehenswerten Keller zur Reifung lagern.

GAIOLE IN CHIANTI
San Regolo

26 KM NORDÖSTLICH VON SIENA

Il Carlino d'Oro

Restaurant mit Übernachtungsmöglichkeit
Ortsteil San Regolo, 33
Tel. (+39) 05 77 / 74 71 36
Ruhetag: Montag
Ferien: letzte Juliwoche
60 Plätze
Preise: 25 €
Kreditkarten: CS, DC, MC, Visa; BM
Mittags geöffnet

Im kleinen Ortsteil San Regolo, wenige Kilometer vom Zentrum von Gaiole entfernt, liegt gegenüber dem Schloss von Brolio das Restaurant Carlino d'Oro, eingebettet in die Weingärten des Chianti Classico. Es besteht aus zwei Räumen, einem Speisesaal und einer Veranda mit prachtvollem Panoramablick auf die umliegenden Hügel. In diesem Lokal – einfach, ordentlich, hell – fühlt man sich wie zu Besuch bei Freunden. Von Beginn an gehörte der Betrieb der Familie Fabbri: Vater Carlo und Fabrizio begleiten Sie höflich und freundlich auf Ihrem kulinarischen Streifzug, während in der Küche ihre Frauen, Marisa und Roberta, die Gerichte nach hiesiger Tradition zubereiten. Das erste Kapitel der Karte ist den Antipasti gewidmet, mit klassischem toskanischem Antipasto della casa (12 €), Crostini und Sottoli. Unter den Primi erwarten Sie eine erstklassige **Ribollita** (5 €), **Tagliatelle al sugo di cinghiale** (mit Wildschwein) oder die Version ai funghi porcini (mit Steinpilzen) sowie hausgemachte Lasagne und Ravioli. Den Hauptgang wählt man unter einer vorzüglichen **Bistecca**, Fleisch vom Grill, darunter Piccione (Taube), Maiale (Schwein) oder Fegato di bove (Rinderleber), **Arista arrosto** oder der Version in porchetta und **Anatra in porchetta** (8 €). Als Beilagen bekommen Sie Insalata, Patate oder frittiertes Gemüse der Saison, zum Beispiel Artischocken (4 €). Unter den Formaggi sind Pecorino „abbucciato" (Rohmilchkäse) oder Pecorino fresco hervorzuheben. Zum Abschluss Desserts, darunter hausgemachte Panna cotta (4 €) und Cantucci mit Vin Santo oder frisches Obst. Die Weinkarte ist fast zur Gänze den Etiketten des Chianti Classico gewidmet. Spezielle Erwähnung verdienen die exzellenten offenen Hausweine aus drei Kellereien dieser Gegend. Für Übernachtungsgäste gibt es drei Apartments und ein Schwimmbad.

GAVORRANO
Bagno di Gavorrano

38 KM NORDWESTL. V. GROSSETO, 14 KM V. FOLLONICA

La Vecchia Hosteria

Restaurant
Viale Marconi, 249
Tel. (+39) 05 66 / 84 49 80
Ruhetag: Donnerstag
Ferien: Januar
70 Plätze + 70 Plätze im Freien
Preise: 35 €
Kreditkarten: CS, DC, MC, Visa; BM
Mittags und abends geöffnet

In Bagno, einem talabwärts gelegenen, stark besiedelten Ortsteil von Gavorrano, empfängt die Vecchia Hosteria ihre Gäste in einem hübschen Garten, der in der schönen Jahreszeit sehr beliebt ist. Bereits bei Betreten des schlichten, rustikalen Lokals erkennt man, dass hier traditionelle Hausmannskost angeboten wird, einfach, aber mit der für die Maremma typischen Sorgfalt zubereitet. Eine Schlichtheit und Sorgfalt, die auch für die Zutaten gilt, die in Betrieben der Umgebung gewählt und dann vom Chef Alberto Rabissi meisterhaft verarbeitet und von Sohn Tommaso serviert werden. Besondere Erwähnung unter den Zutaten verdient das native Olivenöl extra aus eigener Produktion. Als Antipasto empfehlen wir Polenta alla piastra mit Speck, den großen Misto dei fattori oder Misto di selvaggina (9 €). Die Primi (8 bis 9 €) umfassen interessante **Tortelli di ricotta mit Mangold**, serviert **mit Butter und Salbei**, Gnocchi mit Steinpilzen und **Pappardelle al cinghiale**. Fortsetzung folgt mit Fritto misto di carne (10 €) mit verschiedenem Fleisch vom Grill oder **Baccalà alla livornese** (10 €). Eine Spezialität des Hauses ist die **Bistecca alla fiorentina**, auf einem heißen Stein serviert (45 € pro Kilo). Alle Dolci sind hausgemacht, einschließlich der grandiosen Latte alla portoghese (4 €) und der feinen Panna cotta. Der Weinkeller beeindruckt mit seinem Umfang und der Qualität der Weine, nicht nur lokaler Herkunft, wobei auch sehr teure Etiketten vertreten sind. Die Auswahl ist jedoch so groß und vielfältig, dass jeder einen guten Tropfen zu einem erschwinglichen Preis findet.

Die Bäckerei Cambri e Bondani (Via Marconi 185) bietet eine schöne Auswahl an Brot, Schiacce und traditionellen Süßspeisen.

GREVE IN CHIANTI
Passo del Sugame

30 KM SÜDLICH VON FLORENZ, S.P. 222

Borgo Antico

Restaurant
Via delle Convertoie, 11 A
Tel. (+39) 055 / 85 10 24
Ruhetag: Dienstag
Ferien: 7. Januar–13. Februar
80 Plätze + 50 Plätze im Freien
Preise: 33–35 €
Alle Kreditkarten; BM
Mittags und abends geöffnet

Sie lieben hausgemachte Pasta? Patrizia bereitet für Sie Spaghetti aus Hartweizengrieß, Tagliatelle und Pappardelle mit Ei und aus Esskastanienmehl nach Rezepten ihrer Mutter zu. Gegen Vorbestellung bekommen Sie auch andere Spezialitäten wie Trippa, Coniglio in fricassea und Cinghiale in dolce e forte. Patrizias Mann Stefano bemüht sich freundlich und unaufdringlich um die Gäste. Das Lokal wurde vom alten Standort in Lucolena hierher verlegt und liegt nun mitten im Grünen an der Straße nach Figline Valdarno. Die Küche entspricht der hiesigen Tradition, die Zutaten stammen zum Großteil aus lokalen Betrieben. Als Antipasti bekommen Sie **Crostini di fegatini** (7 €) oder mit Funghi porcini, **Fettunta** mit und ohne Speck und typischen Aufschnitt, darunter auch Wurst von der Gans. Tagliatelle und **Pappardelle** werden **mit Ragout** vom Rind, vom Wildschwein oder von der Ente (**di anatra**), in der Saison mit Steinpilzen oder Trüffel angeboten. Sehr gut sind auch gefüllte Teigwaren wie **Ravioli** pere e gorgonzola (9 €) und die Version mit **Ricotta e spinaci**, **mit pikanter Tomatensauce** serviert. Evergreens unter den Secondi sind Arrosti, **Fritto mit Kaninchen, Hähnchen und Gemüse** (14,50 €), **Bistecca** oder Tagliata. Vegetarier können Pecorino al forno (10 €) und Tegamino al forno mit Ei, Tomatensauce und Pecorino wählen. Die hausgemachten Dolci wechseln täglich. Das Weinsortiment ist sehr umfangreich, vor allem was den Chianti Classico betrifft, man bekommt aber auch einen guten Hauswein aus Montalcino, der nach Konsum zu bezahlen ist. Gedeck wird nicht verrechnet.

GREVE IN CHIANTI
Strada in Chianti

20 KM SÜDLICH VON FLORENZ, S.P. 222

Da Padellina

Restaurant
Corso del Popolo, 54
Tel. (+39) 055 / 85 83 88
Ruhetag: Donnerstag
Ferien: zeitweise im Januar
70 Plätze + 25 Plätze im Freien
Preise: 35 €
Alle Kreditkarten; BM
Mittags und abends geöffnet

Gleich beim Betreten dieses Restaurants an der Chiantigiana fällt der Blick auf ein Tablett mit drei großen Lendenstücken für eine Bistecca, eine einladende Vorschau auf die kommenden Tafelfreuden. Das Padellina wird seit ewig langer Zeit von der Familie Parenti geführt, mit Onkel Rolando und Francesco in der Küche, Daniele, Andrea und dem unvergleichlichen Alvaro im Saal. Auf sein Betreiben hielten hier neben zahlreichen Rezepten aus diesem Landstrich auch die Leidenschaft für Dante und die *Divina Commedia* Einzug. Verschiedene Ausgaben dieses Werkes in jeder nur denkbaren Sprache sind als Leitmotiv im Lokal verteilt. Zwischen dem einen und anderen Vers beschäftigt man sich dann mit der Karte und beginnt mit dem Antipasto, bestehend aus Crostini und Salumi einer lokalen Fleischerei (6 €), Prosciutto und Fettunta. Dann folgen klassische **Penne strascicate**, ungewöhnliche **Penne sul gallo** (9 €), Rigatoni pasticciati mit Pilzen, **Pappardelle al cinghiale** und **Pasta e fagioli**. Die Königin unter den Secondi ist die **Bistecca** (36 € pro Kilo, wenn es sich nicht um Chianina-Rind handelt), gekrönt von **Peposo**, ***Nana* muta arrosto** (schmackhafte Stockente vom Bauernhof, 12 €), Arista al forno und exzellente Fegatelli di maiale. Als Beilage (4 €) bekommt man Patate arrosto, saisonales Gemüse und **Fagioli all'uccelletto**. Zum Abschluss werden Cantuccini aus Panzano mit Vin Santo, Mattonella „dai-dai" mit heißer Schokolade und Torta di ricotta e pere serviert. Das exzellente in der Küche verwendete native Olivenöl extra wird zum Kauf angeboten.

Das Pastificio Fabbri auf der Piazza Landi bietet Teigwaren aus Hartweizen aus Panzano in Chianti, durch Bronzewalzen gezogen und bei niedriger Temperatur getrocknet.

GREVE IN CHIANTI

30 KM SÜDLICH VON FLORENZ, S.P. 222

Mangiando Mangiando

Moderne Osteria
Piazza Matteotti, 80
Tel. (+39) 055 / 854 63 72
Ruhetag: Donnerstag, außer im April und Oktober
Ferien: zeitweise im Januar
30 Plätze + 30 Plätze im Freien
Preise: 35 €
Kreditkarten: CS, MC, Visa; BM
Mittags und abends geöffnet

Auf einem der schönsten Plätze des Chianti-Gebietes hat die Osteria von Salvatore Toscano ihren Sitz: eine Pflichtetappe für Freunde der unverfälschten regionalen Küche. Das Überfliegen der Lieferantenliste, eines Anhangs zur Karte (sehr umfangreich und mündlich durch Tagesgerichte ergänzt), vermittelt einen Eindruck von dem Netz an lokalen Produzenten und Herstellern von Slow-Food-Presidi, von denen die von Salvatore verarbeiteten Zutaten stammen. Die Antipasti umfassen verschiedene Crostini wie **Crostone al lampredotto mit Schwarzkohl auf Cannellini-Bohnen-Creme** (8,50 €), feine Salumi und Tartare di girello di vitellone (vom Chianina-Rind). Das nächste Kapitel ist in „Zuppe e pan bagnato" (ein Wortspiel für „Suppen und Co.") und „Primi piatti" unterteilt. Aus der ersten Kategorie begeisterten uns **Ribollita**, im Sommer ersetzt durch Pappa al pomodoro, und **Crema di patate mit Safran aus dem Chianti-Gebiet und Tarese aus dem Valdarno** (10 €). Unter den Pastagerichten sind **Lasagnette di cavolo nero mit Ragout von roten Bohnen aus Lucca** (12 €) zu erwähnen. Ab Mai enthält die Auswahl der Secondi auch einige Fischgerichte, doch der Hauptanteil entfällt auf Fleisch: Neben Tagliata finden Sie **Peposo di chianina alla fornacina**, **Scamerita di maiale mit Wirsingsauce und Cipolline borettane all'agresto** (17 €), **Lampredotto** und Trippa. Unter den zahlreichen hausgemachten Dolci sind Budino di latte al cioccolato und Crema bruciata zu entdecken. Eine Weinkarte mit guten Etiketten nicht nur toskanischer Herkunft.

»*Ein Stück Gastronomie-Geschichte dieser Region. Ein Paradebeispiel einer engen Bindung zwischen Küche und Territorium, verkörpert in der Person von Salvatore, der Inkarnation des toskanischen Wirtes.*«

GREVE IN CHIANTI
Montefioralle

30 KM SÜDLICH VON FLORENZ, S.P. 222

Taverna del Guerrino

Trattoria
Via Montefioralle, 39
Tel. (+39) 055 / 85 31 06,
(+39) 055 / 202 98 21
Ruhetag: Montag, Dienstag, im Winter auch Mittwoch
Ferien: je 1 Woche im Juli und im Winter
40 Plätze + 40 Plätze im Freien
Preise: 28–32 €
Kreditkarten: MC, Visa; BM
Mittags und abends geöffnet

Die Ortschaft Montefioralle liegt auf einer Anhöhe und ist für den Verkehr gesperrt. Von den komfortablen Parkplätzen am Fuße des Hügels geht man ein kleines Stück zum Lokal hinauf, es sei denn man hat Glück, einen näher gelegenen Parkplatz zu finden. Die freundliche Trattoria in einem alten Gebäude bietet bei schönem Wetter vom Fenster aus (und im Sommer von der Veranda) einen prachtvollen Ausblick auf das hügelige Chianti-Gebiet. Die Familie Niccolai – im Saal Marco und seine Frau Idelia, in der Küche seine Mutter Gabriella Bindi – führt dieses mit dem Landstrich und seinen Traditionen verbundene Lokal mit Professionalität und großer Höflichkeit. Die Lieferanten der Zutaten und Weine (auch des Hausweins) stammen vorwiegend aus der Gegend. Die Karte bleibt im Wesentlichen das ganze Jahr über unverändert und wird durch mündlich präsentierte Tagesgerichte ergänzt. Man beginnt mit klassischem Antipasto mit Crostini und Affettati, **Crostone al lardo di maiale** aus dem Chianti-Gebiet (€ 4) oder Fettunta. Weiter geht es mit **Spaghetti al ragù di cinghiale** grevigiano (mit Wildschweinragout, 10 €), al ragù di manzo alla contadina (mit Rinderragout) oder al pomodoro. Weitere Vorschläge sind **Ribollita**, Panzanella und Pappa al pomodoro. Wunderbares Fleisch, über der Glut gebraten, darunter **Bistecca** di chianina (40 € pro Kilo), **Rosticciane** und **Salsicce**, serviert mit Gemüse oder Cannellini-Bohnen (5 €). Zum Abschluss eine Auswahl an Formaggi oder ein hausgemachtes Dessert.

Die Antica Macelleria Falorni im Zentrum von **Greve** (Piazza Matteotti 69–70) bietet traditionelles Fleisch und Salumi. Podere Le Fornaci, Ortsteil **Greti** (3 km), Via di Citille: Herstellung von hervorragendem Bio-Käse von der Ziege.

GROSSETO
Braccagni

10 KM VOM ZENTRUM

Oste Scuro

Moderne Osteria
Via Malenchini, 38
Tel. (+39) 05 64 / 32 40 68,
(+39) 339 / 878 17 94
Ruhetag: Montag, Dienstag
Ferien: unterschiedlich
20 Plätze + 8 Plätze im Freien
Preise: 33–39 €
Alle Kreditkarten; BM
Mittags und abends geöffnet

Seit Jahren führt der Piemonteser Ezio Enrico Formica diese moderne Osteria mit gepflegtem, freundlichem Interieur im kleinen Ortsteil Braccagni. Die streng saisonale Küche, in der Produkte der Slow-Food-Presidi (abwechselnd etwa 30) eine wichtige Rolle spielen, bevorzugt Festlandsgerichte, die je nach Verfügbarkeit der Zutaten variieren. Die Rezepte entsprechen der hiesiger Tradition, lassen aber auch moderne Crossover-Elemente zu. An der Tafel im Lokal sind die Tagesempfehlungen angeführt, für gewöhnlich zwei Primi und zwei Secondi, davon mindestens ein Gericht aus der Meeresküche. Zur Einleitung können Sie auf Antipasto toscano „Merenda" (12,50 €), Acciughe (Sardellen im Ganzen) sotto pesto mit Almbutterflocken und eine äußerst gepflegte Auswahl an **Formaggi** vom Amiata mit Honig, Kompott und Mostarde zählen. Die Primi umfassen **Gnocchetti di patate rosse di Cetica mit Ragout vom Chianina-Rind** (10,50 €), verfeinert mit getrockneten Steinpilzen vom Amiata und **Mezzemaniche al sugo finto** (vegetarisch). Für den Hauptgang werden Tagliata di controfiletto di manzo auf Marsala-Sauce und rosa Pfeffer oder die wunderbare **Trippa alla maremmana** (12,50 €) angeboten. Auch bei den Desserts – Crema catalana, Semifreddi, Crostate – zeigen sich das Geschick und die unbeirrbare Sorgfalt des Kochs. Die Weinkarte mit einer großen Auswahl an Etiketten zu korrekten Preisen hat Niveau; einige Weine werden auch glasweise ausgeschenkt. Bei Bedarf hilft Ihnen Ezio gerne, die richtige Wahl zu treffen. Lob gilt dem großen Sortiment an Edelbränden und der Kaffeekarte.

»*Alles, was Sie bei einem Lokal aus diesem Buch finden wollen: Schlichtheit, Sorgfalt, Charme, Geselligkeit, gutes Essen und gute Weine.*«

ISOLA D'ELBA
Porto Azzurro

12 KM VON PORTOFERRAIO + FÄHRE VON PIOMBINO

Cecconi

NEU

Osteria-Trattoria
Via Ricasoli, 21
Tel. (+39) 339 / 144 29 07
Ruhetag: Mittwoch, im Sommer nur Mittwochmittag
Ferien: unterschiedlich
35 Plätze
Preise: 30 €
Alle Kreditkarten; BM
Mittags und abends geöffnet

Wenn man durch die Straßen des historischen Zentrums von Porto Azzurro, einer Ortschaft am Golf von Mola, streift, trifft man auf diese kleine Osteria mit Interieur aus Holz und einigen wenigen Tischen auf dem Abgang zum Hafen: keine Autos ... endlich! Das Gedeck ist äußerst schlicht, mit Tischtüchern aus Strohpapier. Das Lokal ist ein Familienbetrieb: Zum Team gehören Angela, die Köchin, ihr Sohn Federico, ein kunstfertiger Restaurateur (von ihm stammen die Schilder und die Bilder im Lokal), und Antonio, ein erfahrener Wirt, der als Einziger nicht von der Insel Elba stammt, diese aber dennoch für den perfekten Platz für eine authentische lokale Küche hält. Die Speisen sind einfach, die Zutaten von lokaler Herkunft und stets frisch: fangfrischer Fisch, nur saisonales Obst und Gemüse, alles direkt bezogen bei Fischern, Bauern und Winzern der Insel. Die Speisenauswahl steht an einer Tafel angeschlagen und wechselt je nach saisonaler Verfügbarkeit der Produkte. Hier einige Beispiele von möglichen Vorschlägen: marinierte Alici, **Acciughe fritte** (7 €), Palamita in olio (€ 9), **Polpo lesso all'elbana** (bissfest gegart mit Haut, im Kochwasser serviert), **Zerri scavecciati** (in einer hier üblichen Marinade), **Fritto di paranza** (13 €), Spaghetti con il grongo (mit Meeraal), Minestra di riso mit Bohnen und Fenchel, **Seppie con cipolla**, Sgombro ai ferri, **Gurguglione** (ein Gemüsegericht) und Fave coll'*ova*. Eine exzellente Auswahl an italienischen Formaggi (12 €), darunter zahlreiche Slow-Food-Presidi, und einige gute Salumi, die man dank der langen Öffnungszeiten auch als Mitternachtssnack genießen kann. Hausgemachte Dolci mit Cantucci und **Schiaccia *briaca*** nach Familienrezepten. Eine Auswahl von Weinen kleiner italienischer und französischer Kellereien, mit besonderem Augenmerk auf lokale Produkte.

ISOLA D'ELBA
Porto Azzurro

12 KM VON PORTOFERRAIO + FÄHRE VON PIOMBINO

La Botte Gaia

Traditionelle Osteria
Viale Europa, 5–7
Tel. (+39) 05 65 / 956 07
Ruhetag: Montag, außer im Sommer
Ferien: 1. Dezember–10. Februar
40 Plätze + 30 Plätze im Freien
Preise: 35–40 €
Kreditkarten: CS, MC, Visa; BM
Abends geöffnet

Ein Juwel der Insel Elba ist Porto Azzurro, ein im Sommer stark frequentierter Ort, der aber auch im Frühling und im Herbst seine schönen Seiten zeigt. Die Osteria La Botte Gaia liegt zwar nicht im pulsierenden Zentrum der Touristengegend, erfreut sich aber dennoch regen Zuspruchs dank des umsichtigen Einsatzes von Zutaten aus dem Meer und vom Festland in der Küche. Dort regiert Antonella, die für konstante Verlässlichkeit garantiert, während ihr Mann Riccardo effizient den Service leitet. Die Karte ist nicht sehr umfangreich, enthält aber sowohl traditionelle als auch etwas innovativere Gerichte, bei denen stets auf gute Zutaten und Jahreszeitentreue geachtet wird. Für das Degustationsmenü zahlt man 34 € inklusive Wein, bei der Wahl aus der Karte etwas mehr. Zum Anregen des Appetits werden **Palamita mit** hausgemachter **Giardiniera** (10 €), Stoccafisso mit Kürbiscreme und Fantasia di mare mit unterschiedlichen Zutaten, je nach Verfügbarkeit und Saison, angeboten. Unter den Paste (die frischen Teigwaren sind aus eigener Produktion) findet man **Tagliatelle di grano saraceno al pesce mit Möhren und Zucchini**, die meisterhaften **Tonnarelli mit Kichererbsen und Vongole** (12 €), Paccheri al ragù di polpo und als Festlandsgericht Ravioli di ricotta e pistacchi mit Balsamico-Essig. Der Hauptgang punktet mit Pesce del giorno (Tagesfisch, 60 € pro Kilo), meistens im Ofen gebraten oder all'acquapazza, **Stoccafisso in umido mit Pinienkernen, Oliven und Kartoffeln**. Als Alternativen bekommen Sie Fleisch aus der Toskana oder eine interessante Auswahl von Formaggi. Zum Abschluss Semifreddo di schiaccia *briaca*, Morbido di cioccolato (6 €) und Mousse di zabaione mit Amaretti und Mandelsplittern. Reich bestückte, niveauvolle Weinkarte, mit vielen Etiketten von der Insel und aus der restlichen Toskana.

ISOLA D'ELBA
Marciana Castello

27 km von Portoferraio + Fähre von Piombino

Osteria del Noce

Traditionelle Osteria
Via della Madonna, 27
Tel. (+39) 05 65 / 90 12 84
Kein Ruhetag
Ferien: Oktober–März
30 Plätze + 45 Plätze im Freien
Preise: 32–36 €
Kreditkarten: AE, CS, MC, Visa; BM
Mittags und abends geöffnet

Wenn man die Gässchen des Bergdorfes Marciana hinaufspaziert, sieht man unterhalb der Festung Pisana einen alten Nussbaum als Hinweis auf den Eingang der Osteria. Alberto und Rita empfangen Sie in dem charakteristischen Saal oder bei schönem Wetter auf der Aussichtsterrasse. Die kleine Tafel mit den Speisevorschlägen geht von Tisch zu Tisch. Das Repertoire verrät deutlich die Herkunft der Inhaber aus Ligurien, mischt aber lokale Rezepte und Zutaten darunter. Simona erteilt bereitwillig Auskunft und bringt den Gästen einen schönen Korb hausgemachtes Brot (Weißbrot und Esskastanienbrot). Der Antipasto del leudo (10 €), nach einer typischen alten Bootsform katalanischer Herkunft benannt, besteht aus Mosciame di tonno mit saisonalem Gemüse. Weitere Vorspeisen sind **Acquadelle in scabeccio** nach ligurischer Art oder **Insalata di polpo mit Bohnen**. Unter den Primi findet man Tagliolini al ragù antico di pesce (€ 11), **Gnocchi di castagna mit Bottarga**, **Trofie all'arzillo di mare** (€ 11) und den klassischen **Brodetto all'elbana** (9 €). Für den Hauptgang können Sie einen Blick auf das Tablett mit fangfrischem Fisch werfen und ein Exemplar aussuchen, das dann alla genovese mit Kartoffeln, Oliven und Tomaten zubereitet wird, oder Sie entscheiden sich für das hervorragende **Filetto di sarago in Haselnusskruste**, **Capone mit Fenchelsamen** oder ***Bagnun* di acciughe** (13 €). Anklänge an die Berglandküche findet man bei den Desserts, unter denen Torta di castagne und Spuma di menta selvatica hervorstechen. Auf der Weinkarte sind viele lokale Etiketten angeführt.

Il Capepe (Via del Pretorio 2) ist ein kleiner Handwerksbetrieb, bei dem man eingelegte Produkte, Konfitüren und Fruchtcremes probieren und kaufen kann.

ISOLA D'ELBA
Capoliveri

17 km von Portoferraio + Fähre von Piombino

Summertime

Restaurant
Via Roma, 56
Tel. (+39) 05 65 / 93 51 80
Ruhetag: Montag, Dienstagmittag
Ferien: zeitweise im Winter
30 Plätze + 20 Plätze im Freien
Preise: 35–40 €
Kreditkarten: CS, MC, Visa; BM
Mittags und abends geöffnet, im August nur abends

Im historischen Zentrum von Capoliveri führt eine Straße wie in alten Zeiten vorbei an verwinkelten Seitengässchen und blumengeschmückten Terrassen zum Restaurant von Maurizio Tosi. Das Lokal mit freundlichem Speisesaal und einigen Tischen im Freien für die schöne Jahreszeit setzt seit mehr als 20 Jahren auf ein Repertoire mit fangfrischem Fisch, den der Wirt selbst nach hiesiger Tradition auf schlichte Weise zubereitet. Beginnen Sie mit Carpaccio di pesce (13 €), Pesci marinati oder **Frittino aus Brot und Fisch**. Unter den Primi sind **Maccheroncelli dorati alle acciughe mit Pistazien** (12 €), Tagliolini al pesce di scoglio, **Linguine ai frutti di mare** und Fedelini mit Venusmuscheln, Zucchini und Safran vertreten. Pesci azzurri (Schwarmfische) aus dem Tyrrhenischen Meer sind die Zutaten der Grigliata (15 €), serviert mit Gemüse, wie auch Pesce del giorno al forno (fangfrischer Fisch). Ein guter Tipp ist der typische **Polpo al vino bianco**. Auch für Freunde von hochwertigem Fleisch hält die Karte geeignete Vorschläge bereit. Unter den Desserts darf die traditionelle **Schiaccia *'mbriaca*** nicht fehlen. Alternativen sind Gelato al pistacchio, Semifreddo al torrone mit Pistazien (5 €) und Sorbetti di frutta. Schöne Auswahl von offenen Weinen und Flaschenweinen (einige Etiketten auch glasweise angeboten) und eine gute Auswahl an Ölen.

Die Enoteca della Fortezza in **Portoferraio** (13 km), in der Via Scoscesa, bietet die besten Produkte der toskanischen Inselgruppe, sämtliche DOC-Weine dieser Gegend und andere Abfüllungen. La Tonnina (Calata Mazzini 14) verkauft gemischte Teller und Panini mit Sardellen, Tintenfisch und Tonnina (in Salz eingelegte Palamita-Filets), eine Spezialität der Insel Elba.

ISOLA DEL GIGLIO
Giglio Porto

52 km v. Grosseto + Fähre v. Porto Santo Stefano

La Paloma

Restaurant
Via Umberto I, 48
Tel. (+39) 05 64 / 80 92 33
Ruhetag: Montag, außer im Juli und August
Ferien: unterschiedlich
20 Plätze + 40 Plätze im Freien
Preise: 30–40 €
Kreditkarten: CS, DC, MC, Visa; BM
Mittags und abends geöffnet

Das Schild verspricht eine „spontane Küche". Auf unsere Frage nach deren Bedeutung antwortete Claudio Bossini, der legendäre Wirt des Paloma, lachend: „Der Koch macht eigentlich, was ihm gerade einfällt." Und genau so ist es: Hier wird nur gekocht, was am Morgen frisch gebracht wurde – Fisch, Obst, Gemüse –, weshalb das Angebot täglich variiert: Die Karte ist nur als Richtlinie zu verstehen. Claudio hat sich entschieden, die Qualität hochzuhalten, ohne Zugeständnisse an die Verlockungen des touristischen „Fast Food", das es auf der Insel Giglio besonders im Sommer im Übermaß gibt. Die Zufriedenheit ob dieser Entscheidung steht dem Wirt ins Gesicht geschrieben. Seit mehr als drei Jahrzehnten setzt er hier allen Schwierigkeiten zum Trotz seine Küchenideen nach den Prinzipien „gut, sauber und richtig" um. Man nimmt in einem kleinen Saal oder bei schönem Wetter im Garten Platz. Die Gerichte – auch in einem Degustationsmenü für 30 € zusammengefasst – variieren je nach Fangergebnis, aber die Ausführung ist stets einfach, mit minimalistischen Gartechniken. Einige Beispiele: Polpette di razza mit Kartoffeln, Ombrina di laguna affumicata, **Risotto al polpo**, Spaghetti mit Venusmuscheln und Weichtieren (12 €), **Pesce sciabola in Kartoffelkruste** (18 €), Bonito alla piastra, **Murena fritta** und **Timballo di pesce bandiera** (14 €). Alles Gerichte, die Applaus verdienen, wie auch Sfoglia di mele calda mit Eis (8 €) und Panficato. Der Weinkeller beschränkt sich auf wenige Etiketten der nahen Küste, mit Ausnahme eines Ansonica, der auf der Insel produziert wird.

»

Spontane Küche. Schon in diesen beiden Worten ist das Geheimnis der Kunst von Claudio versteckt: Fisch und ein paar superfrische Produkte für einfach zubereitete Gerichte.

«

LIVORNO
Banditella

7 km vom Zentrum

Caciaia in Banditella

Moderne Osteria
Via Puini, 97
Tel. (+39) 05 86 / 58 04 03
(+39) 335 / 575 82 75
Kein Ruhetag
Ferien: unterschiedlich
80 Plätze + 40 Plätze im Freien
Preise: 28–30 €
Alle Kreditkarten; BM
Abends geöffnet, Sonntag auch mittags

Südlich von Livorno, nur wenige Schritte vom Meer entfernt, befindet sich diese moderne Osteria, die sich durch hochwertige Zutaten und moderate Preise auszeichnet. Der einladende Saal – mit einem Gemeinschaftstisch, an dem der Wirt Gangio die Gäste platziert, die alleine kommen – ist von einer großen Bibliothek umgeben, in deren Regalen auch die verfügbaren Weine von lokalen Kellereien und aus anderen Regionen Italiens zur Schau gestellt sind. An einer Tafel sind die Tagesgerichte angeschlagen, die das Personal den Gästen mit ebenso viel Kompetenz wie Herzlichkeit präsentiert. Die Küche, die vom Saal aus gut zu sehen ist, hält sich an Rezepte, die ganz im Zeichen der Tradition dieser Stadt stehen. Ergänzt wird das Repertoire durch überarbeitete Versionen von Gerichten, die dennoch ihr harmonisches Geschmacksbild bewahren. Die Aufmerksamkeit, die den Zutaten und ihrer Verarbeitung geschenkt wird, erkennt man auch daran, dass die Küche eine eigene Linie an Speisen für Zöliakie-Betroffene anbietet. Zum Auftakt gibt es eine gute Auswahl an Antipasti (8 €), darunter der reich bestückte Misto mare Caciaia, die charakteristischen **Chiocciolini di mare** und **Zuppetta di cozze**. Als Primi (10 €) ließen wir uns **Riso nero** und **Minestra di pesce** schmecken, wobei uns auch Gnocchi alla polpa di capone (mit rotem Knurrhahn und Kirschtomaten) und Spaghetti sulle pietruzze gelockt hätten. Unter den Secondi (12 €) dominiert fangfrischer Fisch – häufig vertreten sind **Cacciucchino**, Cozze ripiene und Totani alla piastra –, es gibt aber auch exzellenten **Baccalà mit Lauch**. Zum Ausklang können Sie sich auf eine sehr gute Auswahl an Desserts freuen, die fast alle hausgemacht sind. Sie sollten den Abend nicht beschließen, ohne den klassischen **Ponce alla livornese** getrunken zu haben.

Cantina Nardi

Enoteca mit Ausschank und Küche
Via Cambini, 6–8
Tel. (+39) 05 86 / 80 80 06
Ruhetag: Sonntag, Feiertage
Ferien: 3 Wochen im August
35 Plätze + 32 Plätze im Freien
Preise: 23–28 €
Alle Kreditkarten; BM
Mittags geöffnet

Die Cantina Nardi, die seit Jahrzehnten von den derzeitigen Inhabern geführt wird, ist ein Bezugspunkt für Einheimische, deren Herz für Wein und gutes Essen schlägt. In der Küche steht die sympathische und erfahrene Nora Nardi, die stets auf die Wahl der besten Produkte der jeweiligen Saison achtet: Jeden Morgen gehen sie oder ihr Mann Massimo auf den zentralen Markt der Stadt, um Fisch, Fleisch und Gemüse zu kaufen. Das Ambiente steht im Zeichen der Geselligkeit: Weine aller Art sind überall zur Schau gestellt und zieren Wände, Regale und Kommoden. Die Speisenauswahl wechselt täglich und die Tagesgerichte – zwei oder drei Primi und ebenso viele Secondi – sind an einer Tafel angeschlagen. Wir befinden uns hier in Meeresnähe, aber die Küche schlägt neben Fisch stets auch erstklassige Gerichte der Festlandküche vor. Nach einer Begrüßung mit warmen Focaccine können Sie zwischen **Batuffoli con le cicale** (6 €), Fusilli ai cannolicchi und **Minestra mit Dolichos-Bohnen** wählen. Im Kapitel der Secondi erwarten Sie Razza alla livornese (Rochen, 11 €), **Aringhe mit roten Bohnen aus Lucca**, **Insalata di galletto mit Kartoffeln und Spargel** (€ 10) und **Francesina**. Die Glut im Holzofen ist stets bereit, um Fisch und Steaks je nach Wunsch des Gastes zu braten. Gegen Vorbestellung wird auch Cacciucco zubereitet. Als Dessert gibt es neben der Torta di carote auch Torta di cioccolato und eine exquisite Mattonella oder **Torta di riso** (4 €). Die Weinkarte liest man von den Tausenden Etiketten der ausgestellten Weine ab. Eine schöne Palette an Weinen wird auch glasweise ausgeschenkt, wobei sich der Bogen von der Toskana bis nach Frankreich spannt. Großes Augenmerk wird der Wahl der Öle geschenkt, die in der Küche verwendet und bei Tisch angeboten werden, darunter exzellente lokale Produkte der letzten Pressung.

7 KM VOM ZENTRUM

In Piazzetta

Restaurant
Piazza Bartolommei, 1
Tel. (+39) 05 86 / 50 42 01
Ruhetag: Montag
Ferien: 1 Woche vor Ostern, 3 Wochen im September
55 Plätze + 40 Plätze im Freien
Preise: 25–35 € • Alle Kreditkarten; BM
Abends geöffnet, im Winter Samstag und Sonntag auch mittags

Von außen erkennt man nicht, was das Innere zu bieten hat: Der Eingang liegt abgeschieden auf einer als Parkplatz genützten Piazzetta an der alten Staatsstraße Aurelia und versteckt die beiden freundlichen, gepflegten Gasträume, in denen alte Gebäudestrukturen mit moderner Innenarchitektur verschmelzen. Die hier gebotene Fischküche ist sicher einfach, aber wohl gerade aus diesem Grund wirklich angenehm. Keine Höhenflüge, keine gewagten Kombinationen, alles ausgewogen und gut ausgeführt in klar definierten Gerichten. Silvia Salti, unterstützt durch Simone im Saal und durch Elena, Rossella und Christian in der Küche, empfängt Sie mit sympathischer Kompetenz in diesem schönen Lokal, dessen besondere Pluspunkte der dahinterliegende Garten und die Fischvitrine am Eingang sind. Die Speisenauswahl wird durch den Tagesfang bestimmt, daher reduziert sich das Angebot zu späterer Stunde. Der Antipasto Piazzetta Mare (9 €) ist ein guter Einstieg: Dieser kann Polpette di pesce, **Polpo mit Kartoffeln**, Cuscus di mare oder sonstige Leckerbissen enthalten. Die Primi des Tagesangebots (9 €) werden mündlich aufgezählt. Falls vorhanden, empfehlen wir Ihnen **Bordatino di mare** mit Schwarzkohl, Bohnenbrühe, kleinen Fischen, Cozze, Vongole und Crostini. Dann die Secondi (12 bis 15 €), unter denen die **Frittura** mit Tintenfischen und die Version **di paranza**, Crostacei, Catalana di scampi e gamberi und **Baccalà in Kartoffelkruste** hervorstechen. Gegen Vorbestellung bekommen Sie Cacciucco und Paella di mare. Die hausgemachten Dolci (4 €) umfassen Cheesecake, Flan al cioccolato, Sfogliatina mit Chantilly-Creme, Tarte tatin und Crème brulée. Schöne Auswahl an Weinen, vorwiegend Weißweine, mit Etiketten aus der Toskana und anderen Regionen. Der rote und der weiße Hauswein stammen aus den Colli di Luni und sind jedenfalls eine exzellente Wahl.

Osteria del Mare

Trattoria
Via Borgo dei Cappuccini, 5
Tel. (+39) 05 86 / 88 10 27
Ruhetag: Donnerstag
Ferien: Ende August/September
40 Plätze
Preise: 30–35 €
Kreditkarten: AE, CS, MC, Visa; BM
Mittags und abends geöffnet

Nach einem Rundgang durch die Stadt oder bei der Heimkehr von einem Ausflug auf die nahe gelegenen Inseln sollten Sie einen Besuch in dieser einfachen, freundlichen Trattoria einplanen, um deren exzellente Küche zu genießen. Das Lokal verfügt über zwei kleine Räume, deren Wände mit Bildern und Insignien im Zeichen der Seefahrt dekoriert sind und in denen die Einrichtung aus Holz eine Atmosphäre der Gemütlichkeit schafft. In der Küche steht der Wirt Claudio Mazza, der durch seine sorgfältige Wahl und Verarbeitung der Zutaten den Gast mit einfachen oder auch komplexen, jedoch stets sehr schmackhaften Gerichten überzeugt. Beginnend mit den Antipasti können Sie sich **Cozze alla marinara** (7 €), Zuppa di cozze, Crostini Osteria del Mare oder die originelle Macedonia ai frutti di mare mit saisonalem Obst schmecken lassen. Bei den Primi spannt sich der Bogen von Spaghetti allo scoglio über Spaghetti alle vongole veraci und **Rigatoni agli scampi** bis zu **Riso al gambero rosa** (8 €) und Riso nero neben dem klassischen Riso di mare. Für den Hauptgang können Sie fangfrischen Fisch bestellen und sich bezüglich der Zubereitungsart beraten lassen: Vorgeschlagen werden alla griglia, all'Osteria del Mare, al cartoccio, alla Vernaccia, all'isolana, all'acquapazza. Zu empfehlen sind auch die **Grigliata mista** (21 €) und der hervorragende, einzigartige **Cacciucco** (in üppigen Portionen mit großer Vielfalt an Fischen). Unter den von Marila selbst zubereiteten Desserts bestechen Tortino di pere e cioccolato und Tiramisu. Gute Weinauswahl zu korrekten Preisen.

Bei Caprilli (Via dei Funaioli 2, Ecke Viale Italia), an der Meerespromenade, gibt es erstklassiges Eis aus natürlichen Zutaten.

30 KM NORDWESTLICH VON AREZZO, S.P. 1

Cassia Vetus

Osteria • Via Setteponti Levante, 18 C
Tel. (+39) 055 / 917 21 16,
(+39) 338 / 832 23 58
Ruhetag: Montag, Dienstag, im Frühling und Sommer Mittwoch
Ferien: Ende Januar/Februar
30 Plätze + 60 Plätze im Freien
Preise: 25–30 € • Kreditk: AE, CS, MC, Visa; BM
Abends geöffnet, Samstag und Sonntag auch mittags

Im März 2015 wird das Cassia Vetus den historischen Sitz in Loro Ciuffenna verlassen, um nach Terranuova Bracciolini in die Via Manzoni 9–11 (ein Lokal mit 40 Plätzen, Montag Ruhetag) zu übersiedeln. Aber, wie der Wirt Claudio Cavaliere versichert, die Ausrichtung der Osteria, die auch als Vinothek und Eissalon fungiert, wird nicht geändert: Die Gerichte werden auch weiterhin aus den gleichen Zutaten zubereitet werden, die das Ergebnis einer sorgfältigen – und durch lange Erfahrung bestätigten – Suche nach guten Lieferanten sind, von denen viele Slow-Food-Presidi herstellen. Das Brot wird aus Mehl der alten Getreidesorte Verna gebacken, Gemüse und natives Olivenöl extra, auch sortenreine Öle, stammen aus Betrieben der Umgebung, die Esskastanien aus Pratomagno und von den Presidi sind Tarese aus dem Valdarno, Prosciutto vom grauen Schwein aus dem Casentino, Bottarga di muggine (Meeräschenrogen) aus Orbetello, Pistazien aus Bronte und Mandeln aus Toritto vertreten. Die Produkte werden in traditionellen Versionen oder mit kreativen Abwandlungen verarbeitet, wobei stets die Jahreszeitentreue beachtet wird. Als Antipasto bekommt man exzellente Salumi, Crostini, Rohmilchkäse oder mit Gemüse gefüllte Crespelle. Unter den Primi sind **Pappardelle al ragù di chianina**, ***Pici* al sugo d'anatra** (mit Entensauce), im Frühling Tagliatelle all'ortica (10 €) oder Suppen wie **Ribollita** vertreten. Als Secondo bekommt man **Coniglio** (13 €) oder Anatra **in porchetta**, Pollo al limone und **Stracotto alla fiorentina**. Als Beilagen oder auch anstelle eines Fleischgerichtes kann man **Tegamaccio di verdure** (4 €) wählen. Zum Abschluss ein wunderbares Gelato oder das ebenso exzellente Cannolo. Die Weinkarte ist umfangreich und gut strukturiert und enthält auch Etiketten aus biologischem und biodynamischem Anbau.

5 KM VOM ZENTRUM

Antica Osteria di Meati

Bar-Trattoria • Via della Chiesa Ottava, 1245
Tel. (+39) 05 83 / 51 03 73,
(+39) 347 / 723 31 79
Ruhetag: Dienstag
Ferien: 4 Wochen nach Dreikönig
60 Plätze + 70 Plätze im Freien
Preise: 25–28 €
Kreditkarten: CS, DC, MC, Visa; BM
Abends geöffnet, Samstag und an Feiertagen auch mittags

In Meati, wenige Kilometer von den Stadtmauern von Lucca entfernt, liegt diese einstige Raststation für Fuhrleute auf ihrem Weg von Lucca nach Pisa, heute Sitz einer Osteria, in der die Traditionen der Gastbetriebe alter Zeiten weiterleben. Fabio und Francesca bieten hier ein Ambiente mitten im Grünen, wo man die typischen Gerichte der Küche des Gebietes um Lucca und der nahe gelegenen Garfagnana genießen kann. Um den Einkauf und den Gemüsegarten kümmert sich Fabio, der frische, unverfälschte Zutaten für eine saisontreue Speisenauswahl besorgt. Schon bei den Antipasti regiert die hiesige Tradition: klassischer Misto mit toskanischen Salumi und Crostini, Lardo di conca aus Colonnata, Biroldo aus der Garfagnana, serviert mit frittierter Polenta (6 €), und **Fagioli cannellini mit Carne di bigoncia**. Die Teigwaren für die Primi sind stets hausgemacht: **Tortelli con ripieno di piccione** (gefüllt mit Taube, in Herbst und Winter), **Tortelli di ricotta, spinaci e borragine mit weißer Sauce vom Cinta-Senese-Schwein**, Fettuccine ai funghi pioppini (mit Stockschwämmen) oder mit Porcini (7 €) und Tacconi alla Meati. Weitere Vorschläge sind Risotto alle erbe fini und unter den Suppen **Minestra di farro della Garfagnana** (7 €). Als Secondi gibt es **Pollo und Coniglio fritto** (9 €), Grigliata di maiale mit Rapini (kleine Rüben, in der Pfanne geschwenkt), Trippa, in der Saison mit Pilzen serviert, Bistecca del norcino und **Baccalà** in verschiedenen Versionen (**alla griglia mit Kichererbsenpüree**, fritto mit Artischocken und Zucchini). Als Alternative oder zusätzlich bekommen Sie ein Sortiment an Formaggi. Einige Desserts sind hausgemacht, darunter Latte alla portoghese (4,50 €) und die Torte di frutta. Auf einer Tafel sind die Weine angeschlagen, die neben dem guten lokalen Hauswein angeboten werden.

Il Mecenate

Restaurant
Via del Fosso, 94
Tel. (+39) 05 83 / 51 21 67,
(+39) 05 83 / 51 18 61
Kein Ruhetag
Ferien: je 10 Tage im Februar und November
50 Plätze + 35 Plätze im Freien
Preise: 35 €
Alle Kreditkarten; BM
Mittags und abends geöffnet

Das Lokal ist in den Räumen der früheren Antica e Premiata Tintoria-Lavanderia Verciani im Zentrum von Lucca angesiedelt. Das Ambiente ist rustikal, aber sehr gepflegt. Die Karte ist klar und gut strukturiert und Stefano De Ranieri, der kompetente, geschäftige Wirt, gibt bereitwillig weitere Auskünfte zu den Gerichten. In der Küche verarbeitet seine Frau Soledad vorwiegend Zutaten kleiner lokaler Produzenten. Tradition und Jahreszeitentreue sind Merkmale aller Speisen. Unter den zahlreichen Antipasti bestechen feine Salumi (9 €), serviert mit Marocca aus Casola (dem traditionellen Kartoffelbrot, ein Slow-Food-Presidio), Budino di peperoni rossi mit Käsesauce und der reich bestückte Misto del Mecenate. Die handwerklich gefertigten **Testaroli** aus Pontremoli, Maltagliati alle tre farine mit Gemüse und gereiftem Cacio aus Kuhmilch, **Tordelli** und das Frühlingsgericht **Garmugia** sind einige der Primi (11 €). Tradition und gebietstypische Rezepte kennzeichnen auch die Secondi: **Rovelline lucchesi** (frittiertes Fleisch mit Tomaten, 13 €), **Coniglio** nostrale, **mariniert mit würzigen Kräutern**, Filetto di maiale in Kruste. Als Alternative oder zusätzlich wird eine Auswahl an Rohmilchkäse aufgetischt. Die Desserts (6 €) sind hausgemacht und stehen ganz im Zeichen der hiesigen Tradition: Zuppetta di buccellato mit Sahne und Erdbeeren, Budino di pane und **Piatto forte**. Die Weinkarte umfasst zahlreiche gute Etiketten: Wenn Sie Hilfe bei Ihrer Wahl benötigen, wenden Sie sich vertrauensvoll an Stefano.

» *Ein Lokal zum Wohlfühlen, ganz abgesehen von Speisen und Weinen: freundlich, warm, traditionell, ohne altmodisch zu sein. Jahreszeiten und Umgebung inspirieren den Wirt und das ist der Karte stets anzumerken.* «

MANCIANO

56 km südöstlich von Grosseto, S.S. 322

Da Paolino

Trattoria
Via Marsala, 41
Tel. (+39) 05 64 / 62 93 88
Ruhetag: Montag
Ferien: Januar/Februar, zeitweise im November
40 Plätze + 40 Plätze im Freien
Preise: 35 €
Kreditkarten: AE, CS, MC, Visa; BM
Mittags und abends geöffnet

Im historischen Zentrum von Manciano trifft man auf dieses reizende Lokal mit hübsch eingerichteten Räumen, deren kleine Fenster einen prächtigen Ausblick auf das Meer bieten. Im Sommer sind einige Tische in der gegenüberliegenden Fußgängerzone gedeckt. Marino Pieraccini und Sabrina Benicchi empfangen die Gäste sehr herzlich und begleiten sie unaufdringlich während der gesamten Mahlzeit. Die von Paola Boscherini und Pina Perugini zubereiteten Gerichte (aus der Karte oder mündlich hinzugefügt) sind zum großen Teil von der hiesigen Tradition geprägt. Beginnen kann man mit Crostini und Bruschette (7 €), Filetti di cinghiale oder Polentina al forno mit Pancetta und Rosmarin. Unter den Primi (9 €) darf **Acquacotta** nicht fehlen. Hervorragend sind auch ***Pici* alla campagnola**, **Tortelli maremmani** und Ravioli, gefüllt mit Caciotta in Tomatensauce. Im Frühling und im Sommer stehen Insalata di farro, Trofie mit Zucchini, Maltagliati mit Sauce aus Cannellini-Bohnen und sonstige Gerichte auf dem Programm, die von saisonalen Produkten wie etwa Auberginen abhängen. **Maialino al forno** (14 €) gesellt sich im Kapitel der Secondi zum Paradegericht dieser Gegend, dem **Cinghiale**, das hier in den Versionen alla maremmana und **mit wildem Fenchel** serviert wird. Sehr geschätzt wird das Sortiment an Pecorini aus einer lokalen Käserei, serviert mit Honig und Konfitüren. Die Beilagen variieren je nach Jahreszeit. Gute Desserts (5 €), vor allem jene auf Ricotta-Basis. Die Weinkarte ist nicht sehr umfangreich, doch fest in diesem Landstrich verwurzelt.

In der Macelleria von Raffaele Giannarini am Dorfeingang (Piazza della Pace 5) wird Fleisch von Maremmana-Rindern aus dem Familienbetrieb zu guter Wurst verarbeitet.

MARCIANO DELLA CHIANA

22 km südwestlich von Arezzo

Hosteria La Vecchia Ròta

Traditionelle Osteria
Via XX Settembre, 4
Tel. (+39) 05 75/84 53 62, (+39) 335/591 28 12
Ruhetag: Montag, Dienstag (außer gegen Vorbestellung) • Ferien: unterschiedlich
60 Plätze + 40 Plätze im Freien
Preise: 35 € • Kreditkarten: Visa
Mittags und abends geöffnet

Diese Osteria befindet sich wenige Meter vor dem Tor zum historischen Kern der Ortschaft. Einige Stufen führen zu dem hübsch eingerichteten Speisesaal im Erdgeschoss. Ein weiterer Raum liegt im ersten Stock, im Sommer kann man auf der Piazzetta vor dem Lokal speisen. Massimo Giovannini, eine echte Persönlichkeit, führt die Osteria seit 1997. Mit Eifer bemüht er sich, Gerichte aus alten Zeiten neu zu beleben, wie die Karte und seine Erläuterungen erkennen lassen. Gemüse stammt aus dem eigenen Garten und alles, auch die Pasta, wird in der Küche selbst zubereitet. Die Karte ist nicht sehr groß und jahreszeitenabhängig. Man beginnt mit Antipasto toscano (10 €) oder gemischten Crostini. Ein ungewöhnliches Primo sind Pezze della nonna (verfeinert mit Käse, Birnen und Peperoncino, 12 €). Sehr zu empfehlen sind ***Pici* al ragù di anatra** oder al ragù di lepre und Suppen. Im Frühling kann man Spaghetti „pasqualini“, Tagliatelle mit Bohnen und wildem Fenchel und **Gnocchi mit Waldspargel und Maipilzen** genießen. Dann folgen **Bistecca** vom Chianina-Rind IGP, **Tagliata,** klassisch oder **all'aretina, mit Sardellen und Kapern**, **Maialino al forno mit wildem Fenchel** und **Pollo arrosto** nach alter Art (13 €). Als Beilagen bekommt man Fagioli al forno (4 €), Cipolle, in Asche eingelegt, oder Patate arrosto. Zum Schluss Cantucci mit Vin Santo, Panna cotta, in der Saison Fragole al limone oder mit Sahne. Neben den Etiketten aus der Karte gibt es einen guten roten Hauswein.

„Der Wunsch, die einfachen, aber bedeutenden alten Traditionen nicht in Vergessenheit geraten zu lassen, ist an Massimos Erzählungen und an den Gerichten abzulesen, die er auftischt.“

MARRADI

64 KM NORDÖSTLICH VON FLORENZ, S.R. 302

Il Camino

Trattoria mit Übernachtungsmöglichkeit
Viale Baccarini, 38
Tel. (+39) 055 / 804 50 69
Ruhetag: Mittwoch
Ferien: 1.–10. September
90 Plätze + 50 Plätze im Freien
Preise: 30–35 €
Alle Kreditkarten; BM
Mittags und abends geöffnet

Die Trattoria knapp außerhalb des Zentrums von Marradi, wo Toskana und Emilia-Romagna aufeinandertreffen, vereint in sich alle Eigenschaften dieses Ortes. Das Ambiente ist rustikal und zwanglos, typisch für das Bergland: Holz und Keramik an den Wänden, ein Kamin im Hauptraum. In der Küche spiegelt sich das Grenzgebiet wider. Die Speisen werden von Mirco präsentiert, dem Schwiegersohn der legendären Inhaberin Rita, die seit jeher die Küche führt, nun gemeinsam mit ihrer Tochter Simona. Als Antipasti locken warme **Crostini** mit Pilzen, Käse und Hühnerleber (10 €) und abends **Crescentine** mit Salumi. Die Pasta ist hausgemacht: wunderbare **Cappelletti in brodo** (7 €) und **Tagliatelle al ragù di cinghiale** (8,50 €). Eine Spezialität sind Tortellini fritti di marroni (mit Esskastanien, in der Saison) und **Crema di fagioli**. Die Secondi umfassen **Fritto misto** all'italiana mit Gemüse, Käse und sogar Obst, aber ohne Fleisch: eine appetitliche Alternative für Vegetarier. Weitere Vorschläge sind **Filetto** del Camino (**gefüllt mit Prosciutto** und in der Saison mit Pilzen) und **Bocconcini ai porcini mit Polenta** (9 €). Die beliebtesten Desserts sind Bicchierino di zabaione und Ostrica, zwei frittierte Äpfel, gefüllt mit Vanilleeis. Gute Auswahl an Weinen aus der Toskana und der Emilia. Eine Neuheit ist die Karte mit Bieren von kleinen lokalen Brauereien (als Tipp das Esskastanienbier). Kürzlich wurden die Räume im Obergeschoss renoviert und stehen nun als Gästezimmer zur Verfügung.

Die Bäckerei Sartoni (Via Fabbrini 22) bäckt Brot im Holzkohlenofen, Süßspeisen und Mürbegebäck aus Esskastanienmehl und herrlichen Castagnaccio. Wunderbares Esskastanieneis gibt es in der Konditorei Bar Bianco (Piazza Scalelle 19).

MASSA
Castagnetola

5 KM VOM ZENTRUM

Emma

Trattoria
Via Bergiola, 14 A
Tel. (+39) 05 85 / 419 31
Ruhetag: Dienstag
Ferien: 2 Wochen im September
30 Plätze + 50 Plätze im Freien
Preise: 25–28 €
Alle Kreditkarten; BM
Mittags und abends geöffnet

In Castagnetola fühlt man sich an die Küste von Sorrent versetzt: überall Zitronenbäume und das Meer. In Wirklichkeit sind wir oberhalb von Massa, unterhalb der Apuanischen Alpen, neben dem Schloss der Malaspina. Von der Straße, die sich den Hügel hinaufschlängelt, führen drei Stufen hinunter zur Trattoria von Emma Cristiani. Das Lokal und die Tischdekoration sind einfach und gepflegt. Es gibt zwei Räume und eine von Zitronenbäumen gesäumte Terrasse mit Meerblick, die auch im Winter an schönen Tagen genutzt wird. In der Küche steht Emma (sie zeichnet für die Gerichte und die frische Pasta verantwortlich), im Saal arbeiten die Tochter Sara und die Schwiegertochter Caterina, die mündlich die Speisenauswahl präsentieren und bereitwillig über die Rezepte plaudern, die sich an die Tradition des Hinterlandes von Massa und an die Jahreszeiten halten. Klassisch und üppig ist der Antipasto mit Salumi und Crostini. Unter den Primi dürfen die typischen **Tordelli al ragù** (9 €), **Tagliolini nel brodo di fagioli** (8 €), Tagliatelle al cinghiale oder Tagliatelle con i funghi nicht fehlen. Fleisch und Fisch unter den Secondi: Bistecca, Tagliata di manzo, **Cinghiale in umido** (8 €), **Trippa**, **Fritto di pesce** (12 €), Stoccafisso und manchmal auch Zuppa di pesce. Die Desserts mit Buccellato (3 €) und **Torta di riso** sind alle hausgemacht, wie auch der Limoncello, der am Ende der Mahlzeit angeboten wird. Eine Weinkarte gibt es nicht, nur einige Etiketten aus der Toskana als Alternative zum offenen Hauswein.

Gastronomia Valeria in Massa (5 km), in der Via Fermi 1: köstliche Produkte und fertige Speisen. Die Macelleria Daniele Galeotti (Via Aurelia Ovest 42) verkauft Pferde- und Eselfleisch und erzeugt vorzügliche Wurstwaren.

Osteria del Borgo

Restaurant • Via Beatrice, 17
Tel. (+39) 05 85 / 81 06 80,
(+39) 331 / 812 37 39
Ruhetag: Dienstag
Ferien: je 1 Woche Ende Februar und Ende September
30 Plätze + 25 Plätze im Freien
Preise: 28–30 €
Kreditkarten: CS, MC, Visa; BM
Abends geöffnet, im Winter Sonntag auch mittags

Im Winkelwerk der Gässchen der Altstadt finden Sie die Osteria del Borgo, ein einfaches, gepflegtes Lokal, in dem Alessio Raffaelli, seine Frau und seine Mutter Ivana die heimelige Atmosphäre eines Familienbetriebs bieten. Die Inhaber haben die Jahreszeitentreue der Produkte und deren Beschaffung in der nahen Umgebung zu ihrer Leitlinie erhoben und die Karte ist dementsprechend variabel. Die Leidenschaft des Wirtes für Bier bereichert das Angebot. Alessio produziert Biere nach hiesiger Tradition, die häufig nicht nur die Gerichte begleiten, sondern auch als Zutat Verwendung finden. Pasta, Brot (auch mit ungewöhnlichen Ingredienzen) und Desserts sind sämtlich hausgemacht. Als Antipasto (8 €) gibt es stets Tagliere del porco (Aufschnitt mit Produkten aus Massa und der Garfagnana, serviert mit Brot, in dessen Teig Wurst und Wein eingearbeitet werden) und Galletta dell'oste mit Brot aus Esskastanienmehl. In der entsprechenden Jahreszeit bekommt man auch Insalate di funghi. Die Primi (8 €) umfassen traditionelle **Lasagne stordellate**, **Testaroli** mit Rucola oder mit Pistaziensauce, **Zuppa di farro** oder Zuppa di patate e funghi mit Bier. **Stinco di maiale al forno mit Mandeln und Pflaumen**, **Coppa di cinta senese vom Grill**, Tagliata di scamone mit Sauce aus roten Zwiebeln und Bier oder mit Rucola und Pecorino (13 €) sind einige der Secondi, zu denen auch Grigliata mista mit Gemüse und Käse (10 €) zählt. Die Nachspeisen (5 €), vorwiegend Cremedesserts, variieren je nach Saison. Der hochkarätige Weinkeller enthält Etiketten dieser und anderer Gegenden Italiens, doch auch der Hauswein, ein im Krug servierter Candia, ist zu empfehlen. Als Alternative bekommen Sie Biere aus kleinen Brauereien. Sympathisch ist der Einfall, Sprichwörter und Redewendungen aus Massa auf die Papiertischtücher zu drucken.

50 KM NORDWESTLICH VON GROSSETO, S.S. 439

Da Tronca

Trattoria
Vicolo Porte, 5
Tel. (+39) 05 66 / 90 19 91,
(+39) 338 / 743 70 73
Ruhetag: Mittwoch, außer im August
Ferien: zeitweise im Winter
50 Plätze • Preise: 30 €
Kreditkarten: CS, DC, MC, Visa; BM
Abends geöffnet, April–Juli, Ostern–September auch mittags

Wir befinden uns hier in Massa Marittima, in einem Gässchen nahe dem Dom. Hier führen die Brüder Venturi, Giancarlo („Tronca" genannt) und Moreno, gemeinsam mit Enzo Congiu seit mehr als 20 Jahren ihre Trattoria, ein Lokal auf zwei Ebenen mit in den Fels gehauenen Wänden. Es erwarten Sie ein herzlicher Empfang und ein aufmerksamer Service an einfach, aber gepflegt gedeckten Tischen. In den Gerichten zeigt sich die Essenz der rustikalen Tradition der Maremma, die durch die erstklassige Qualität der lokalen Zutaten und durch meisterhafte Verarbeitung an Glanz gewinnen. Ein guter Einstieg gelingt mit den sieben Arten von **Crostini** (10 €), Bruschette oder dem typischen Antipasto toscano (8,50). Tradition regiert bei den Primi: **Tortelli alla maremmana**, **Pappardelle al cinghiale** (9,50 €), delikate Conchiglie alla pastora (mit Tomaten, Schafricotta und pikanter Ricotta), **Tagliolini ai ceci** und **Acquacotta** (8 €). Dieser Linie entsprechen auch die Secondi mit **Trippa alla maremmana** (€ 9,50), **Cinghiale alla cacciatora**, Tasca di vitellone mit süßsauren Frühlingszwiebeln (€ 12,50) und Baccalà alla maremmana. Als Beilagen sind Sformati di bietole selvatiche (Auflauf mit wildem Mangold) oder die Version mit Carciofi zu empfehlen. Die Desserts sind meist hausgemacht: Besonderes Lob gilt den köstlichen Crostate (3,50 €) und Panpepato mit Feigen. Die Weinkarte enthält einige wenige Etiketten vorwiegend lokaler Herkunft. Sehr gut ist der Weißwein des Hauses, durchaus korrekt ist auch der offene Rotwein aus Montalcino.

Enoteca Il Bacchino, gleich beim Dom: 800 Weine, darunter alle Weine aus dem DOC-Gebiet Monteregio di Massa Marittima, Käse, Wurst und andere Delikatessen (viele aus Slow-Food-Presidi).

50 KM NORDWESTLICH VON GROSSETO, S.S. 439

La Tana dei Brilli Parlante

Moderne Osteria
Vicolo del Ciambellano, 4
Tel. (+39) 05 66 / 90 12 74
Ruhetag: Mittwoch
Ferien: November
10 Plätze + 6 Plätze im Freien
Preise: 28–35 € • Keine Kreditkarten
Mittags und abends geöffnet

Beginnen wir mit der Lage: ein charakteristisches Gässchen, beliebtes Fotomotiv, wenige Schritte von einem der schönsten Plätze der Toskana mit der Basilika von San Cerbone entfernt. Dann das Lokal: vier Tische, drei mit zwei Plätzen, einer für vier Gäste. Die Inhaberin: Raffaella Cecchelli, groß geworden in der Trattoria ihrer Familie. Der Koch: Ciro Murolo, ein passionierter Autodidakt mit einer Wissbegierde in Bezug auf Gastronomie, die fast an Besessenheit grenzt. Des Weiteren die Produkte: Fleisch, Öl und Gemüse lokaler Provenienz. Und schließlich die Slow-Food-Presidi: wirklich viele. Die beste Wahl für den Beginn ist der Antipasto della casa (20 €) mit Salumi, Crostini und Formaggi, die je nach Verfügbarkeit der Presidi variieren. Wenn Sie nicht die kleine Portion bestellen, reicht er auch als ganze Mahlzeit, so zahlreich sind die gebotenen Leckerbissen. Die Primi umfassen exzellente ***Gnudi* di ricotta e verdura mit Butter und Salbei** (9 €) und Pappa al pomodoro. Unter den Secondi ist **Stinco di maiale alla birra, im Ofen gebraten mit Kartoffeln in Weißwein** (15 €) zu erwähnen. Wenn Sie **Formaggi** lieben, sollten Sie den gemischten Käseteller nicht auslassen. Die Desserts wechseln je nach Lust und Laune des Kochs. Falls vorhanden, empfehlen wir **Infornata di ricotta** (5 €). Der Kaffee (Terre Alte, ein Slow-Food-Presidio) wird in der Mokkakanne serviert. Der erstklassige offene Hauswein, Sangiovese oder Vermentino von lokalen Winzern, tröstet über den winzigen Weinkeller hinweg, der aber der geringen Größe des Lokals entspricht. Service und Gedeck werden nicht verrechnet.

»*Ein Lokal in der Größe eines Wohnzimmers, eine Küche nach Art der Maremma, überarbeitet voller Konsequenz, Respekt und Leidenschaft.*«

MASSAROSA
Piano di Conca

23 KM NORDWESTLICH VON LUCCA, S.R. 439

Da Ferro

Restaurant
Via Sarzanese Nord, 5324 A
Tel. (+39) 05 84 / 99 66 22
Ruhetag: Dienstag
Ferien: 2 Wochen im Oktober
150 Plätze + 150 Plätze im Freien
Preise: 28–30 €
Alle Kreditkarten; BM
Mittags und abends geöffnet

Im Hinterland der Versilia trifft man auf ein Restaurant ganz nach altem Stil, in welchem die Familie Ceragioli seit Jahrzehnten die Tradition der herzlichen Gastlichkeit hochhält. Das Ambiente im typischen Stil der 1950er- und 1960er-Jahre besteht aus großzügig angelegten Räumen, es gibt aber auch einen hübschen Garten, der im Sommer genutzt werden kann. Vittoriano, Urenkel des Gründers Ferruccio, „Ferro" genannt, empfängt die Gäste und kümmert sich um die Wahl der Zutaten. Der familieneigene Gemüsegarten, die Bauern und kleinen Zuchtbetriebe aus der Umgebung liefern die Ingredienzen für die Rezepte, die je nach Jahreszeit wechseln. Im Wochenrhythmus wird täglich ein Gericht ganz nach hiesiger Tradition aufgetischt. Die Karte, die am Eingang angeschlagen ist, wird bei Tisch mündlich erläutert, wie auch die Degustationsmenüs für 20, 25 und 28 €. Toskanische Crostini mit Hühnerleber und mit Sauce werden während der Wartezeit auf die Antipasti (8 €) serviert, die neben Salumi und Formaggi auch **Verdure in agrodolce**, süßsauer eingelegtes Gemüse aus eigener Produktion, enthalten. Unter den Primi (8 €) ist die hausgemachte Pasta der Star, wie bei **Tordelli al ragù** und **Tagliolini**, serviert **con il cinghiale** (mit Wildschwein) oder im Sommer con il pesto (mit Pesto). Weitere Vorschläge sind **Zuppa di farro** (Dinkelsuppe) oder Zuppa di verdure. Auch die Secondi (9 €) halten sich an die Tradition: **Coniglio fritto** oder **in umido** (geschmort) **mit Oliven**, **Spezzatino di vitello**, **Trippa**, Arrosti (Braten vom Perlhuhn, Schwein oder Rind), Stoccafisso oder Baccalà alla brace. Zum Ausklang erwarten Sie hausgemachte Desserts (4 €) wie das Tiramisu. Als Alternative zum guten offenen Wein können Sie eine Flasche aus einem Sortiment an Etiketten aus der Toskana wählen.

MONTALCINO

41 KM SÜDÖSTLICH VON SIENA

Osteria di Porta al Cassero

Traditionelle Osteria
Via della Libertà, 9
Tel. (+39) 05 77 / 84 71 96
Ruhetag: Mittwoch
Ferien: 1 Woche im November, Januar
40 Plätze
Preise: 20–25 €
Kreditkarten: AE, CS, MC, Visa; BM
Mittags und abends geöffnet

In Montalcino müssen sich die Mitglieder von Slow Food eigentlich wie zu Hause fühlen: Die Gründung dieser Vereinigung ist eng mit dem Ort verbunden, einerseits durch den Besuch der Gruppe Arci Langhe unter der Leitung des jungen Petrini bei der Sagra del tordo im Oktober 1982 und andererseits durch den ersten landesweiten Kongress von Arcigola im Jahr 1988. Nicht weit entfernt von der schönen, gut erhaltenen Festung hat diese reizende Osteria ihren Sitz. Sie ist einfach eingerichtet mit Tischchen von anno dazumal aus Marmor und Gusseisen, gedeckt mit gelben Papiertischtüchern. Hier verwöhnen Sie Piero und Silvia Cecchini mit Gerichten nach hiesiger Tradition, begleitet von Etiketten aus einem umfangreichen Sortiment an Brunello und Rosso di Montalcino, von denen einige auch glasweise angeboten werden. Als Antipasti werden Salumi, Crostini (mit Hühnerleber, Zwiebeln oder frischen Tomaten und Knoblauch) und Bruschette angeboten. Eine Spezialität unter den Primi sind *Pici*, im Gebiet des Senese ***Pinci*** genannt, in den Versionen **all'aglione**, **alle briciole** oder al sugo (8 €). Weitere Vorschläge sind Zuppa di pane, Zuppa di funghi oder **Pappa al pomodoro** (7 €). Für den Hauptgang empfehlen wir **Coniglio in arrosto morto** (9 €), **Scottiglia di cinghiale mit Bohnen** (10 €) oder **Trippa allo zafferano** (mit Safran) nach einem Rezept aus dem Mittelalter. Zum Abschluss köstliche Cremedesserts (4 €) und Cantucci zum Eintauchen in Vin Santo (5 €). Die Rechnung ist eine positive Überraschung, umso mehr, wenn Sie den exzellenten Hauswein aus der Karaffe gewählt haben.

Honig ist ein wichtiges Erzeugnis des Ortes: Eine breite Produkt- und Sortenpalette bietet die Enoteca La Fortezza im Hauptturm der Burg.

MONTALE
Fognano

13 KM NORDÖSTLICH VON PISTOIA, S.P. 5

Il Fienile

Restaurant
Via Martelli
Tel. (+39) 05 73 / 59 06 24,
(+39) 329 / 175 57 11
Ruhetag: Dienstag
Ferien: unterschiedlich
60 Plätze + 60 Plätze im Freien
Preise: 30–35 €
Kreditkarten: MC, Visa; BM
Mittags und abends geöffnet

In einer grünen Oase auf den Hügeln um den Wildbach Agna haben die Brüder Monticelli mit viel Geschmack einen alten Heuboden zu einem Restaurant umgebaut. Im Gastzimmer links finden Einzelpersonen, Paare und kleine Gruppen Platz, größere Gesellschaften können an der langen Tafel im oberen Stock speisen. Im Sommer stehen Plätze im Freien zur Verfügung. Francesco leitet den Service, Tommaso die Küche. Das Repertoire ist nicht sehr groß, was aber einer sorgsamen Wahl saisonaler Produkte und einem häufigen Wechsel von Gerichten zugutekommt. Der Appetit wird mit Crostini, hochwertigen Salumi und Formaggi angeregt, im Sommer ergänzt durch Lingua fredda mit Sauce Tartare und Carpaccio di baccalà. Das Bravourstück des Küchenchefs sind die Suppen, von denen viele Gäste einen Nachschlag bestellen: **Pappa con il pomodoro** (8,50 €), **Farinata gialla mit Schwarzkohl**, Zuppa di porri (9 €), oder die Versionen mit Zwiebeln und mit Kichererbsen und Mangold. Wer eine Pasta asciutta möchte, kann **Maccheroni all'anatra** oder im Herbst und im Winter mit Saucen von Wild, Schaf oder Schwein oder aber **Tortelli di patate al ragù** bestellen. Das charakteristischste Hauptgericht ist **Peposo** (13 €) in einer überarbeiteten Version, nach Möglichkeit mit Fleisch vom Calvana-Rind, in Wein aus Carmignano geschmort. Erwähnung verdienen auch **Pentolaccio di maiale**, **Trippa alla fiorentina** und Polpette di ricotta (12 €). Zum Abschluss ein Stück Torte, Castagnaccio, Eis oder frisches Obst. Die anständige Weinkarte hat ihren Schwerpunkt in der Toskana, aber auch der Hauswein ist zu empfehlen.

In der Macelleria Meoni, 50 Meter vom Fienile entfernt, kann man die lokalen Wurstspezialitäten kaufen, die auch im Restaurant serviert werden.

68 KM SÜDÖSTLICH VON SIENA

Osteria dell'Acquacheta

Trattoria
Via del Teatro, 22
Tel. (+39) 05 78 / 75 84 43
Ruhetag: Montag
Ferien: 1 Woche zu Weihnachten, Mitte Januar–Mitte März
35 Plätze
Preise: 25–30 €
Kreditkarten: AE, CS, MC, Visa; BM
Mittags und abends geöffnet

Diese Osteria unterscheidet sich von den anderen und macht aus ihrer Andersartigkeit eine Stärke. Den Tisch teilt man mit anderen Personen, was, gemeinsam mit dem herzlichen Empfang, den Giulio und Chiara den Gästen bereiten, ein geselliges, gemütliches Klima schafft. Auch die gelben Papiertischtücher, auf welche die (moderate) Rechnung geschrieben wird, das eine Glas für alle Getränke und die Plätze, die vom Wirt je nach Größe der Gruppen wie in einem Puzzle zugewiesen werden, sind Teil einer Ouvertüre, die auf die Gaumenfreuden einstimmt. Die Merkmale der Speisen sind ihre Qualität und Einfachheit, in bester toskanischer Tradition. Neben der Karte, die die stets vertretenen typischen Gerichte umfasst, gibt es eine Liste mit Tagesspezialitäten, auf dem allgegenwärtigen gelben Papier gedruckt. In der Karte sind die Antipasti – mit hausgemachtem Brot und lokalen Zutaten zubereitet –, frische, selbst gemachte Pasta mit Saucen nach Wahl und **Bistecca** von erstklassiger Qualität (30 € pro Kilo) angeführt. Die Tageskarte ist der interessantere Teil des Angebots, in welchem Vorschläge aus saisonalen Produkten und damit Gerichte zu finden sind, die man nicht in jeder Osteria bekommt. Einige Beispiele: **Frittata di prugnoli** (mit Maipilzen), ein köstlicher Pecorino al forno mit Trüffel (6 €), **Tagliatelle mit Trüffel** (12 €), ***Pici* al ragù di cinghiale** (mit Wildschweinragout, 7,50 €), ein kräftiges, aber harmonisches Gericht, und **Coratella di capretto e agnello** (Gekröse vom Zicklein und vom Lamm, 7,50 €). Sehr gut zum Abschluss die hausgemachten Cantucci mit Vin Santo (4 €). Die Weinauswahl beschränkt sich auf wenige Etiketten, die im Lokal zur Schau gestellt sind.

74 KM SÜDÖSTLICH VON SIENA

Piccola Trattoria Guastini

Trattoria
Via Lauretana Nord, 20
Tel. (+39) 05 78 / 72 40 06
Ruhetag: Mittwoch
Ferien: November
35 Plätze + 35 Plätze im Freien
Preise: 30–35 €
Alle Kreditkarten; BM
Mittags und abends geöffnet

Wenn Sie wunderbare traditionelle Gerichte, zubereitet wie in alten Zeiten von den Hausfrauen im Chiana-Tal, probieren wollen, dann lohnt es sich, die Fahrt von einigen Kilometern zur Piccola Trattoria Guastini auf sich zu nehmen. Was Sie erwartet, ist ein reizendes, hübsch eingerichtetes Lokal und Gerichte, die keinerlei Zugeständnisse an Schnickschnack und Präsentationen wie bei Starköchen machen. Hier zählt die Substanz und das heißt in erster Linie die Qualität und die Gebietstreue der Zutaten. Im Saal werden Sie von Davide (dem Inhaber) und von Katia verwöhnt, während Ihr Gaumen sich auf Speisen, zubereitet nach Hausmannsart von Emanuela (Davides Frau) und Giorgia, freuen kann. Unter den Antipasti findet man nur ein Gericht, das nicht in diese Gegend passt, das wir Ihnen wegen seiner Originalität und des perfekt harmonierenden Geschmacksbildes aber dennoch empfehlen, und zwar Acciughe aus dem Mar Cantabrico mit salzigen Cantucci. Wenn man auf der klassischen Schiene bleiben will, dann wählt man Carpaccio di chianina (9,50 €) und **Fegatelli mit Äpfeln und Zwiebeln**. Die Primi locken mit **Ravioli di piccione mit nativem Olivenöl extra und Speck aus Colonnata** und **Pappardelle mit weißem Ragout vom Chianina-Rind** (9,50 €). Danach empfehlen wir Ihnen die überragende Tagliata vom Chianina-Rind (15 €) oder **Maialino al forno** (13 €), Ferkel, auf den Punkt genau gegart, außen knusprig, innen weich und saftig. Als Beilagen gibt es neben dem saisonalen Gemüse schmackhafte Patate fritte (Pommes frites). Eine große Auswahl erwartet Sie bei den Desserts, die von der Inspiration von Emanuela abhängen. Die recht ordentliche Weinkarte bietet vorwiegend Produkte dieser Gegend, einige werden auch glasweise ausgeschenkt. Wer möchte, kann gute Biere kleiner Brauereien probieren.

MONTE SAN SAVINO
Bano

20 KM SÜDWESTLICH VON AREZZO, S.S. 73

Belvedere

Restaurant
Ortsteil Bano, 226
Tel. (+39) 05 75 / 84 42 62
Ruhetag: Montag, Dienstag, im Winter auch Mittwoch
Ferien: letzten 2 Novemberwochen
80 Plätze + 80 Plätze im Freien
Preise: 35 €
Alle Kreditkarten; BM
Mittags und abends geöffnet

Das Restaurant liegt in den Hügeln, wenige Kilometer vom Zentrum von Monte San Savino entfernt: Von der Terrasse und den großen Fenstern aus genießt man den Ausblick auf das Valdichiana. Das Belvedere wird sehr professionell vom Inhaber und Chefkoch Massimo Rossi geführt, im Saal gibt sein Sohn Lucio perfekte Ratschläge zur Wahl der passenden Weine. Die saisonal wechselnde Karte lässt erkennen, dass hier auf Qualität der Produkte geachtet wird, darunter zahlreiche Slow-Food-Presidi. Beginnen können Sie mit einer köstlichen Dadolata di **nervetti all'olio extravergine** (Knorpelsalat, 7 €), mit Crostini und Salumi oder mit **Lampredotto** mit knusprigem Brot. Die Teigwaren für die Primi sind hausgemacht: ***Pici***, durch Bronzewalzen gezogen, **all'aglione** (8 €), Pappardelle mit weißer Sauce vom Chianina-Rind und Maccheroni torti all'uovo mit Wildschweinsauce. Als Alternative bekommen Sie Risotto aus Reis der Sorte Carnaroli Riserva mit Kürbis oder mit Artischocken oder eine schöne Suppe wie die traditionelle **Ribollita** oder Vellutata mit roten Bohnen aus Lucca (ein Slow-Food-Presidio) und Sonnenblumenkernen (8 €). Die Secondi punkten mit Pollastro alla griglia, **Cinghiale alla cacciatora** und **Spezzatino al ginepro** (10 €), oder für Vegetarier Millefette di patate alle verdure (9 €). Das Gemüse stammt aus dem eigenen Garten. Hausgemacht sind auch die Desserts (6 €): Hier gilt unser Lob der Zuppa inglese mit warmer Creme und Zabaione al Marsala. Lassen Sie sich keinesfalls die umfangreiche Auswahl an **Formaggi** aus dem Aretino, serviert mit Konfitüren oder speziellem Honig, entgehen. Die auf die Toskana konzentrierte Weinkarte ist sehr gepflegt, enthält auch weniger bekannte Etiketten, alles zu korrekten Preisen. Wunderbar die Ölkarte mit einer großen Auswahl an nativen Olivenölen extra aus dieser Gegend.

MONTESCUDAIO

62 KM S. V. PISA, S.S. 206, 10 KM V. CECINA, S.S. 68

Il Frantoio

Restaurant
Via della Madonna, 9
Tel. (+39) 05 86 / 65 03 81,
(+39) 388 / 140 39 89
Ruhetag: Dienstag
Ferien: 10. Januar–10. Februar
40 Plätze • Preise: 35 €
Kreditkarten: CS, MC, Visa; BM
Abends geöffnet, im Winter an Feiertagen auch mittags

Der Hügel von Montescudaio in der Nähe der Küste von Cecina bietet ein einzigartiges Panorama. Ein Besuch im Frantoio kann den Genuss noch steigern. Seit mehr als 25 Jahren führt Giorgio Scarpa das Lokal mit unbeirrbarer Leidenschaft für und Rücksicht auf die Merkmale dieses Landstrichs, aus dem er Zutaten und alte Rezepte schöpft, die er manchmal ein wenig auffrischt, ohne ihren Charakter zu verändern. Er kauft hochwertiges Fleisch und Gemüse bei hiesigen Bauern und täglich frischen Meeresfisch stets bei den gleichen Fischern. Seine Küche ist bodenständig, jahreszeitentreu und achtet auf die Zutaten. Einfache Antipasti (10 €) wie **Acciughe marinate** oder raffiniertere Gerichte wie die exzellente Caramella di pecorino mit Sardellen, Datteln und getrockneten Feigen zum Einstieg, als Alternative zu den klassischen Salumi. **Pappa al pomodoro**, Tagliolini al pesto oder mit Gambero rosso, **Gnocchetti di patate mit Artischocken und Salsiccia** und ***Pici* mit Pilzragout** (9 €) sind einige der Primi. Die Secondi umfassen **Brasato di chianina mit Artischocken** (16 €), Tartare oder **Bistecca** vom Chianina-Rind oder Cacciucchino mit Tintenfisch und Miesmuscheln. Erlesene Auswahl an **Formaggi** aus der Toskana und dem Piemont. Delikate Desserts (6 €): Tortino di frutta secca mit Konditorcreme, Torta di pere al cioccolato, Crumble di mele und Sformato di ricotta. Die Weinkarte hat ihren Schwerpunkt in diesem Gebiet, ergänzt das Sortiment jedoch durch weitere bedeutende Etiketten. Gedeck und Service werden nicht verrechnet.

»

Hochwertige Zutaten, Meeres- und Festlandsgerichte nach toskanischer Tradition, mit Geschick und Raffinesse ausgeführt von Giorgio Scarpa. Ein familiäres, gastfreundliches Ambiente.

«

ORBETELLO
La Parrina

40 KM SÜDLICH VON GROSSETO, S.S. 1

La Posta di Torrenova

Hotelrestaurant
Strada Provinciale della Parrina, 46
Tel. (+39) 05 64 / 86 24 79,
(+39) 327 / 188 99 27
Ruhetag: Dienstag, außer im Sommer
Ferien: 15.–29. Februar, 15.–30. November
50 Plätze
Preise: 35 €
Kreditkarten: CS, DC, MC, Visa; BM
Mittags und abends geöffnet

Das Lokal ist Teil einer schönen Hotelanlage an der Provinzstraße von La Parrina, nahe der Staatsstraße Aurelia. Der Wirt Massimo Lombardelli wird im Saal unterstützt durch Ilenia, in der Küche fabriziert Maurizio Grossi Gerichte, die auf hochwertigen Produkten und dem Wunsch nach einer unverfälschten Verarbeitung basieren. Das Ambiente ist funktionell, hell und elegant. Das Angebot an Meeres- und Festlandsgerichten variiert je nach Jahreszeit und räumt Slow-Food-Presidi viel Platz ein. Unter den Antipasti findet man neben dem klassischen Teller mit Salumi und Formaggi (exzellent die hausgemachten Crostini di pane) auch Alici marinate auf Cuscus alla mediterranea mit roten Zwiebeln aus Certaldo (6 €). Als Primo bekommt man Spaghetti alla chitarra mit Bottarga aus Orbetello und Majoranöl, ***Gnudi* su crema di pecorino mit knusprigen Streifen von Prosciutto bazzone** (10 €) und **Ravioli di ricotta e spinaci mit Ragout vom Maremma-na-Rind** (10 €). Die Secondi punkten mit **Frittura di paranza** oder Frittura mista (14 €), Turbante di spigola auf Creme von hiesigem Spargel, **Peposo di maremmana** sowie Tagliata di manzo mit Rosmarin und saisonalem Gemüse. Zum Abschluss Semifreddo al caffè, Soufflé al cioccolato mit flüssigem Kern (6 €) und hausgemachte Cantucci mit Vin Santo. Ein gutes Sortiment an Weinen, vorwiegend lokaler Herkunft und aus der restlichen Toskana, einige davon auch glasweise angeboten. Ein günstiges Degustationsmenü für 35 € mit vier Antipasti, Primo, Secondo und Dessert.

■ Die Pasticceria Millevoglie von Paolo Rufo im Ortsteil **Albinia** (5 km), Via Maremmana 66, bietet Süßspeisen aus Bio-Produkten und Slow-Food-Presidi. Spezialitäten: Mignon, Torten, Eis und Schokolade (auch Ostereier).

ORBETELLO
Giannella

40 KM SÜDLICH VON GROSSETO, S.S. 1

L'Oste Dispensa

Hotelrestaurant
Strada Provinciale Giannella, 113
Tel. (+39) 05 64 / 82 00 85,
(+39) 347 / 180 36 79
Ruhetag: Dienstag, außer im Sommer
Ferien: 22. Dezember–15. Februar (zweite Februarhälfte nur am Wochenende geöffnet)
40 Plätze • Preise: 35 €
Kreditkarten: MC, Visa; BM
Mittags und abends geöffnet

Stefano Sorci und seine Frau Francesca führen das Lokal mit großer Leidenschaft und erheben dabei die Achtung vor den territorialen Besonderheiten der Lagune von Orbetello, der Verwendung von weniger bekannten Fischarten und von Slow-Food-Presidi zu ihrer Leitlinie. Die Karte ist eine Hymne auf „vergessene Fische“, wie Stefano sie gerne nennt, nach traditionellen Rezepten und auch in innovativen Kombinationen zubereitet, um das Beste aus den Zutaten herauszuholen. Neben den beiden Menüs (25 und 35 €) gibt es eine Karte, in deren einleitendem Kapitel „Nudo e crudo“ Barchino in laguna (13 €) und verschiedene Leckerbissen der Tradition von Orbetello (Bottarga und Gerichte mit Sardellen, etwa eine sehr interessante Kombination mit Marocca aus Casola) antrifft. Als Primi bekommen Sie **Risotto con cefalotto affumicato** mit getrockneten Tomaten, Pinienkernen und karamellisierter Zitrone (14 €), **Spaghetti alla chitarra mit Bottarga aus Orbetello**, **Testarolo pontremolese mit Kräuterpesto, Filetto di celeta und Miesmuscheln** (12 €). Für den nächsten Gang empfehlen wir Filetto di pesce mit Gemüseauflauf, Pesce di giornata alla griglia und **Acquapazza** (6 € pro 100 g). Auch Fleischgerichte wie **Brasato di maremmana al Ciliegiolo** werden aus lokalen Produkten zubereitet und sprechen die Sprache dieses Landstrichs. Zum Ausklang Sfratto dei goym, falls verfügbar, und Desserts nach Familientradition. Die Weine stammen aus einem Betrieb in der Maremma, die Biere aus zwei kleinen Brauereien.

»
Fangfrischer Fisch, ein Koch, der die verarbeiteten Produkte liebt und kennt, wobei deren Hauptmerkmal die regionale Zugehörigkeit ist.
«

PALAZZUOLO SUL SENIO

62 KM NORDÖSTLICH VON FLORENZ

La Bottega dei Portici

Osteria-Enoteca
Piazza Garibaldi, 3
Tel. (+39) 055 / 804 65 80
Ruhetag: Montag
Ferien.: zeitweise im September
30 Plätze + 50 Plätze im Freien
Preise: 35 €
Kreditkarten: CS, DC, MC, Visa; BM
Mittags und abends geöffnet

Wir befinden uns hier im Mugello im Gebiet des Apennins, an der Grenze zur Romagna: Die Straße, die hierher führt, ist ein wenig beschwerlich, aber der Platz ist wirklich zauberhaft. Wie der Name bereits erahnen lässt, besteht das Lokal aus mehreren Räumen: Ein Raum wird als Feinkostgeschäft für den Verkauf von typischen Delikatessen – Brot, Pasta, Dolci, Käse dieser Gegend – genutzt, ein weiterer als gut bestückte Vinothek mit renommierten Etiketten zu korrekten Preisen und Bieren aus kleinen Brauereien. Schließlich gibt es noch den Speisesaal, in dem man eine komplette Mahlzeit oder einen einfachen Imbiss genießen kann. Francesco Piromalli, der Wirt, empfängt Sie herzlich, danach werden Sie von einer sehr umgänglichen, sympathischen Mitarbeiterin unter die Fittiche genommen. Die Gerichte nach toskanischer Tradition zeigen deutliche Spuren des Einflusses der angrenzenden Region Romagna, eine sehr interessante Verbindung. Als Antipasti (6 €) sind **Crostini**, di fegatini (mit Hühnerleber, von kräftigem Geschmack) und gemischt, und Tomino mit Bruciatini in Balsamico-Essig zu erwähnen. Unter den Primi (9 €) stellen die **Tortelli ai ceci** (mit Kichererbsen) oder ai carciofi (mit Artischocken) interessante Variationen zur klassischen gefüllten Pasta dar. Eindeutig dem romagnolischen Einfluss zuzuschreiben sind die **Passatelli asciutti mit Prosciutto und Zucchini**. Die Portionen sind großzügig, auch unter den Secondi, wo von der Tagliata di scottona (15 €) zwei Personen leicht satt werden. Wer ein raffinierteres Gericht probieren will, dem empfehlen wir Coniglio alla birra mit Kartoffeln, **Stinco di maiale al forno** und **Trippa alla fiorentina** (8 €). Zum Abschluss Tagliere di **formaggi** mit Honig und Konfitüren oder erstklassiges Feingebäck, das auch im Laden verkauft wird.

PESCIA
Monte a Pescia

28 KM SÜDWESTLICH VON PISTOIA, S.S. 435

Monte a Pescia Da Palmira

Restaurant • Via del Monte Ovest, 1
Tel. (+39) 05 72 / 49 00 00,
(+39) 338 / 687 40 19
Ruhetag: Mittwoch
Ferien: 3 Wochen im Oktober
80 Plätze + 70 Plätze im Freien
Preise: 30–35 €
Kreditkarten: CS, DC, MC, Visa; BM
Abends geöffnet, an Feiertagen auch mittags

Es lohnt sich, die drei Kilometer lange enge Straße von Monte hinauf nach Pescia zu fahren, wo Sie ein prachtvoller Panoramablick und dieses nach der Ortschaft benannte Lokal mit traditionellen Gerichten, zubereitet aus exzellenten saisonalen Zutaten, erwarten. In einem gastfreundlichen Ambiente begleitet Sie Roberto Ghilardi auf Ihrem kulinarischen Streifzug. Er führt das Lokal gemeinsam mit seiner Frau Patrizia Pellegrini, die am Herd steht, und mit seinem Sohn Fabio, der für den Grill verantwortlich ist. Sie können eines der drei Degustationsmenüs für 20, 25 und 30 € wählen oder sich an die Karte halten. Ein guter Auftakt sind Salumi, kombiniert mit Früchten, und in der Pilzsaison Insalata di porcini e ovoli (8 €). Unter den von Hand gefertigten Teigwaren sind Maccheroni spianati, Maltagliati, **Malfatti** (7 €), Tortelli mit saisonalen Saucen, etwa **mit** Tomaten, Butter und Salbei, **Wildschweinragout**, Pilzen, Spargel aus Pescia und weißem Trüffel aus San Miniato zu empfehlen. Die Suppen, darunter **Zuppa di farro**, werden vorzugsweise im Winter angeboten, während bei den Secondi Fleisch vom Grill mit **Bistecca**, Tagliata, Filetto, Rosticciana und Salsicce, **Piccione** (14 €), **Pollo** und Coniglio **al mattone** stets vertreten sind. Ein sicherer Tipp sind **Fritto di pollo e coniglio** und **Cioncia alla pesciatina** (10 €), ein Gericht, das – zubereitet aus allen Teilen des Lammmauls, über Stunden geschmort – gemeinsam mit Trippa einst das typische Mittagessen der Gerber darstellte. Dann die Dolci: in der entsprechenden Saison Castagnaccio, Frittelle aus süßem Mehl und fabelhafte **Necci** (5 €) mit Kastanienblättern, auf heißen Formen gebacken und mit wunderbarer Ricotta serviert. Sehr gut ist der offene Hauswein. Die Weinkarte enthält zahlreiche Etiketten aus der Toskana und anderen Anbaugebieten.

PIENZA
Monticchiello

59 KM SÜDÖSTLICH VON SIENA, S.S. 146

La Porta

Restaurant
Via del Piano, 3
Tel. (+39) 05 78 / 75 51 63
Ruhetag: Donnerstag, außer im Sommer
Ferien: 10. Januar–5. Februar
30 Plätze + 30 Plätze im Freien
Preise: 35–40 €
Kreditkarten: CS, Visa; BM
Mittags und abends geöffnet

Das Orcia-Tal, eine der anmutigsten Gegenden der Toskana, wurde vor Jahren von der UNESCO zum Weltkulturerbe ernannt. Unter den Natur- und Kunstschätzen ist Monticchiello, ein mittelalterliches Dorf, einst zur Republik Siena gehörig, wohl eines der glänzendsten Juwelen. Hier in Monticchiello führt die zuvorkommende, höfliche Gastwirtin Daria Cappelli das Restaurant La Porta, ein freundliches Lokal mit intimem Ambiente und schlicht, aber elegant gedeckten Tischen nach solider toskanischer Tradition. Ein kleiner Gruß aus der Küche begleitet den Gast während der Wahl des Weines: Die Weinkarte umfasst mehr als 250 Etiketten, nicht nur aus der Toskana, wovon viele auch glasweise ausgeschenkt werden. Ergänzt wird sie durch feine Biere aus kleinen lokalen Brauereien. Der Service erfolgt flink, im richtigen Rhythmus, freundlich und unaufdringlich. Die Gerichte sind jahreszeiten- und gebietstreu und bestechen durch exzellente Zubereitung und raffinierte Präsentation. Probieren Sie **Lasagnetta croccante di baccalà mantecato** (12 €), Pappardelle al capriolo und ***Pici* al ragù di anatra** (12 €). Delikat sind die Tagliata di manzo mit wilden Kräutern (18 €) und der überragende **Peposo di guancette di manzo** (16 €). Verlockende Desserts wie Amaretti, in Kaffee getränkt und mit Chantilly-Creme und Mascarpone serviert (6 €). Sehr umfangreich und erlesen ist das Sortiment an Edelbränden und ungewöhnlichen Kräuterlikören aus dem Gebiet des Amiata. Die Locanda San Lorenzo, die Signora Cappelli ganz in der Nähe des Restaurants betreibt, bietet Gästezimmer.

Die Fattoria San Polo, etwa 3 km von Pienza in Richtung Sant'Anna in Camprena entfernt, produziert und verkauft exzellenten Pecorino.

PIETRASANTA

30 KM NORDWESTLICH VON LUCCA

Alla Giudea

Osteria-Trattoria
Via Barsanti, 54/Vicolo dei Lavatoi
Tel. (+39) 05 84 / 715 14
Ruhetag: Montag, außer im Sommer
Ferien: 2 Wochen im November
40 Plätze + 30 Plätze im Freien
Preise: 35 €
Kreditkarten: AE, CS, MC, Visa; BM
Mittags und abends geöffnet, im Sommer nur abends

Wenige Kilometer von der Küste der Versilia entfernt liegt das geschichtsträchtige Städtchen Pietrasanta, wo man auch viele Werke zeitgenössischer Künstler bewundern kann, die sich hier niedergelassen haben. In der Via Barsanti, in der einst zahlreiche Häuser jüdischer Familien standen, hat heute die Trattoria Alla Giudea ihren Standort, ein einfaches Lokal mit typischem Flair sowohl in dem von einem großen Sonnenschirm geschützten Sitzbereich im Freien als auch im großen Speisesaal mit Blick auf den Garten, wo man an Tischen aus weißem Carrara-Marmor speist. Graziella Bertellotti führt den Service mit Präzision und Sorgfalt, Luciano Lucchi zeichnet als Küchenchef verantwortlich. Beginnen kann man mit den gemischten Antipasti della casa, Insalata di **polpo e patate** (13 €), Crostone di arselle (mit Archenmuscheln) oder mit Aufschnitt von erstklassigen Salumi. Unter den Primi findet man neben den einzigartigen **Tordelli versiliesi al ragù** (9 €) auch **Straccetti di farro mit Baccalà und Kichererbsen**, Spaghetti alle arselle und **Bavette con le acciughe**. Dann folgen **Arista alla pietrasantina mit Kartoffeln** (12 €), Guancia brasata und Baccalà alla livornese. Man kann auch eines der beiden Degustationsmenüs (Meeres- oder Festlandküche) für 28 oder 30 € wählen. Zum Ausklang lassen Sie sich von einem der schlichten, hausgemachten Desserts verführen, darunter Torten und im Frühling Cestino di sfoglia mit Sahne und Erdbeeren (5 €). Ausgeschenkt werden ein guter Hauswein und Etiketten aus einer Karte, die einen Querschnitt der Region Toskana bietet.

Die Antica Norcineria Macelleria Lanè in der Via Mazzini 90 produziert seit 1907 erstklassige Wurst aus Fleisch von Schweinen aus eigener Zucht.

52 KM NORDWESTL. V. LUCCA, S.S. 445 U. S.S. 324

Il Pozzo

Restaurant-Pizzeria
Via Europa, 2 A
Tel. (+39) 05 83 / 66 63 80
Ruhetag: Mittwoch
Ferien: unterschiedlich
130 Plätze + 130 Plätze im Freien
Preise: 25–30 €
Alle Kreditkarten; BM
Mittags und abends geöffnet

Das Restaurant Il Pozzo in einem rustikalen, gepflegten Gebäude aus dem frühen 20. Jahrhundert, das einst als Stallung genutzt wurde, wird von Maurizio Romei (Küche) und Giordano Andreucci (Service) geführt. Die Produkte dieses Landstrichs, die Traditionen der Garfagnana und die hiesigen Slow-Food-Presidi, nämlich Kartoffelbrot, Prosciutto bazzone und Biroldo, werden hier richtig in Szene gesetzt. Die Karte wechselt wöchentlich, jeweils der Jahreszeit entsprechend, und bietet auch die Wahl zwischen zwei oder drei Menüs: typisches Menü (25 €), Degustationsmenü (30 €) und manchmal ein Fischmenü. Aus eigenem Anbau kommen Kartoffeln und Gemüse, darunter die kleinen Rüben, die im Winter mit Schweinefleisch kombiniert werden. Lämmer, Garfagnina-Rinder und Hoftiere werden bei lokalen Züchtern gekauft. Die zahlreichen Käsesorten stammen aus diesem Tal, Fisch aus dem Meer der Versilia und auch die Forellen sind lokaler Provenienz. Als Antipasto ist Manzo di pozza mit Rucola und Grana (8,50 €) unser Favorit, dann folgen Primi wie **Minestra di farro (IGT-Dinkel aus der Garfagnana)** und **Tagliatelle** oder sonstige hausgemachte Teigwaren **mit Wildragout** oder Trüffel. Empfehlenswert sind auch Filetto di manzo alla brace (14 €), Tagliata alle erbette und **Petto di faraona al forno**. Zum Abschluss **Formaggi** (8 €) oder ein hausgemachtes Dessert wie Torta squisita (3,50 €). Eine große Weinkarte, die zu einem Drittel mit lokalen Produkten bestückt ist.

”
Die erlesene Wahl der Zutaten, die Aufwertung der alten Küchenkultur und die Leidenschaft für Traditionsgerichte zeigen die Garfagnana und ihre Geschmacksvielfalt von ihrer besten Seite. Die Gastlichkeit und das reizende Ambiente schaffen eine Wohlfühlatmosphäre.
“

82 KM SÜDLICH VON LIVORNO, S.S. 1

Il Garibaldi Innamorato

Trattoria
Via Giuseppe Garibaldi, 5
Tel. (+39) 05 65/494 10, (+39) 329/963 47 48
Kein Ruhetag
Ferien: unterschiedlich
45 Plätze
Preise: 33 € • Alle Kreditkarten; BM
Mittags und abends geöffnet

Der Arme-Leute-Fisch schlägt zurück! Endlich ein Restaurant, wo ein Koch arbeitet, nämlich Roberto „Pippo" Filippeschi, der den Gästen die geschmacklichen und sensorischen Eigenschaften jener „Fischgattung" näher bringt, die auf Speisekarten oft in die zweite Reihe verbannt wird. Pippo und seine Mitarbeiter empfehlen Ihnen Fische, deren Namen den meisten unbekannt sein werden (wie Centrofolo viola aus der Familie der Schwarzfische) und die im Meer vor der Haustüre mit nachhaltigen Methoden gefangen und meisterlich zubereitet werden. Der Fisch wird fangfrisch geliefert, das heißt, vor dem Bestellen kennt man nur die Preise der verschiedenen Kombinationen, bis maximal 38 € für Antipasti, drei Kostproben von Primi und einem Secondo. Wir entschieden uns für das Sortiment an Antipasti (acht Leckerbissen, 20 €) mit **Polpo e fagioli**, Tartare di cernia mit Orangen, **Fritto di sciabola**, **Acciughe all'aceto**, Gamberetti saltati alla grappa, **Palamita alla diavola**, Baccalà mit Knoblauchmayonnaise und **Centrofolo viola alla piastra**. Eine spezielle Erwähnung verdient die beliebte **Zuppa corsa** (10 €), ein Fischpüree auf getoasteten, mit pikanter Sauce bestrichenen und mit Käse überbackenen Brot-Crostoni. Unter den Dolci (4 €) blieben uns **Lingue di gatto**, in heiße Sauce getaucht, in Erinnerung. Was die Weine betrifft, so gibt es neben einer großen Auswahl an Champagner zahlreiche interessante Etiketten aus diesem und anderen Anbaugebieten. Auch der Hauswein, ein Weißwein, der den Namen Garibaldi Innamorato trägt, ist ein guter Tropfen.

”
Eine Karte, die auf fangfrischen Fisch setzt, insbesondere unbekannte oder als weniger edel erachtete Sorten, die Pippo für Sie entdeckt, zubereitet und Ihnen nahebringt.
“

Osteria dei Cavalieri

Restaurant
Via San Frediano, 16
Tel. (+39) 050 / 58 08 58
Ruhetag: Samstagmittag, Sonntag
Ferien: August, 30. Dezember–7. Januar
60 Plätze
Preise: 30–35 €
Kreditkarten: AE, MC, Visa; BM
Mittags und abends geöffnet

Das Lokal zwischen dem Lungarno Mediceo und der stimmungsvollen Piazza dei Cavalieri, im Erdgeschoss eines alten Turmhauses, bietet eine lebendige Atmosphäre. In den vom Koch Liano Pratesi mit saisonalen Zutaten zubereiteten und von Francesca Pratesi und Franco Saiocco in den beiden Gasträumen präsentierten Gerichten lässt sich der Geschmack der Tradition wiederentdecken. Es gibt drei Degustationsmenüs mit Festlands-, Meeres- und vegetarischen Gerichten, für 30, 32 und 26 €, und zu Mittag das Tagesgericht für 11 €. Zum Einstieg wählt man die leichte, nicht fette Pasta fritta mit Prosciutto toscano, Sformatino di formaggio mit Bohnencreme (6 €), **Antipasto di trippa** und Zuppetta di vongole veraci e cozze. Die frischen Teigwaren, vorwiegend **Tagliatelline**, werden in den Versionen con funghi pioppini, con coniglio e asparagi, con **anatra alle carote e bacche di ginepro** (9 €) und con cannolicchi serviert. Als Alternative bekommt man exzellente **Ravioli di pecorino mit schwarzem Pfeffer, Bohnen und Tomaten** (10 €), Gnocchi alla gallinella di mare oder unter den Suppen Minestra di farro und Passato di ceci. Auch bei den Secondi sind Festland und Meer vertreten: Tagliata mit Stockschwämmen und Piattella-Bohnen, Coniglio all'origano, **Ossobuco in umido mit Bohnen** (12 €), Totanini alla piastra mit Rucola und Filetto di pesce (fangfrisch) mit Gemüse. Zum Abschluss köstlicher Flan al cioccolato oder Crostata mit Birne und Zimt (5 €). Die exzellente Weinkarte beinhaltet gute Etiketten aus der Toskana und andere in- und ausländische Abfüllungen. Guter Hauswein.

De Bondt, Lungarno Pacinotti 5: exzellente Schokoladeproduktion; besonders gut die Varianten mit Tee, Ingwer und Peperoncino.

6 KM VOM ZENTRUM

Re di Puglia

Restaurant
Via Aurelia Sud, 7
Tel. (+39) 050 / 96 01 57,
(+39) 345 / 439 09 31
Ruhetag: Montag, Dienstag
Ferien: Januar
80 Plätze + 70 Plätze im Freien
Preise: 35–40 €
Keine Kreditkarten; BM
Abends geöffnet, Sonntag auch mittags

Dieses Restaurant hat seinen Sitz in einem schön adaptierten rustikalen Gebäude an der Via Aurelia, auf der Strecke zwischen Livorno und Pisa. In der Mitte des großen Speisesaals thront ein enormer Kamin, das Herzstück des Lokals, über dessen Glut das Fleisch gegrillt wird. Im Sommer kann man im Freien essen, wobei dann auch der Grill nach draußen verlegt wird. Dem Fleisch kommt hier zwar der Löwenanteil zu, das schließt aber das Angebot von reinen Gemüsegerichten nicht aus: Es gibt eine Karte für Vegetarier und schon unter den Antipasti finden sich als Alternative zu den warmen Crostoni und zum Aufschnitt mit Salumi aus dem Gebiet um Lucca (15 €) verschiedene Sformati di ortaggi (Gemüseaufläufe), serviert mit frischer Schafricotta. Das Primo wählt man unter Tortiglioni al caprino mit Rucola und Prosciutto (10 €), **Pappardelle al montone** oder **al coniglio mit Rosmarin** und Tagliolini mit Rucola-Pesto und Nüssen. Bei den Secondi dominiert gegrilltes Fleisch von Tieren aus lokalen Zuchtbetrieben: **Bistecca** vom Rind, vom Schwein oder **di montone** (vom Hammel), Tagliata di maiale (vom Schwein) mit Trauben-Nuss-Sauce, di manzo (vom Rind) mit Artischocken, di cavallo (vom Pferd) mit schwarzem Pfeffer, und Salsicce mit Salsa alla diavola. Als Beilage bekommt man Gemüse, ebenfalls vom Grill. Weitere Vorschläge sind **Coniglio disossato impanato** und **Trippa alla pisana** (10 €). Zahlreiche Desserts (5 €), von Morbidella di cioccolato bianco mit Himbeersauce bis zu Semifreddo alle fragole mit Minzesauce und die Version alle pere al vino mit Mandelcreme. Die Weinkarte schlägt zahlreiche Etiketten dieses Landstrichs zu angemessenen Preisen vor, sie blickt aber auch über die Grenzen des Gebietes um Pisa hinaus.

Baldo Vino

Restaurant-Enoteca
Piazza San Lorenzo, 5
Tel. (+39) 05 73 / 215 91
Ruhetag: Sonntag, Samstagmittag
Ferien: 1.–5. Januar, 3 Wochen im August
50 Plätze + 20 Plätze im Freien
Preise: 32–35 €
Alle Kreditkarten; BM
Mittags und abends geöffnet

Im Zentrum der Stadt empfängt Sie Francesco Balloni für ein Mittagessen in der Arbeitspause oder ein romantisches Abendessen in einem eleganten und doch zwanglosen Ambiente mit einer gepflegten, auf gute Zutaten bedachten Küche. Die Karte ist vielfältig und umfasst jahreszeitentreue Gerichte aus der Festland- wie auch aus der Meeresküche. Als Antipasto können Sie Prosciutto toscano, einen 24 Monate gereiften DOP-Schinken, Sformato di asparagi mit Fonduta di parmigiano und Speck vom Cinta-Schwein, **Flan di cavolfiore auf Ragout vom Knurrhahn** (10 €) sowie Calamaretti spadellati mit getoasteten Bröseln und Artischocken wählen. Der nächste Gang lockt mit **Paccheri con ragù di zampina di vitello alla fiorentina** (mit Kalbsfuß, 10 €), **Pappardelle al ragù d'anatra**, Tagliolini all'uovo mit Makrele, getrockneten Tomaten, Schalotten und Kapern sowie Calamarata mit Drachenkopf und Taggiasca-Oliven (12 €). Unter den Secondi sind **Cervello di vitello fritto** (Kalbshirn, 12 €), Guancia di vitello alla pesciatina, frittierte Filetti di sarde und Alici sowie Baccalà alla livornese (14 €) zu finden. Es gibt auch eine große Auswahl an Degustationsmenüs mit Preisen zwischen 22 und 32 €: Traditionsmenü, Meeresküche, Pesce azzurro (Arme-Leute-Fische), Vegetariermenü und von Oktober bis Februar Quinto quarto (Innereien). Gute Nachspeisen zum Kombinieren mit den empfohlenen Dessertweinen. Die Weinkarte ist reich bestückt mit italienischen und ausländischen Etiketten, die man nach einem Besuch in den interessanten Kellereien des Betriebs auch kaufen kann. Eine besondere Erwähnung verdient das gute Sortiment an Edelbränden.

Gastronomia Al Gusto Giusto (Via Leoncavallo 1): Käse, Wurst und Weinecke.

PISTOIA

La Bottegaia

Moderne Osteria
Via del Lastrone, 17
Tel. (+39) 05 73 / 36 56 02
Ruhetag: Montag, außer im Sommer
Ferien: 2 Wochen im August
35 Plätze + 60 Plätze im Freien
Preise: 35–40 €
Alle Kreditkarten; BM
Abends geöffnet

Wir sind hier wenige Meter von der Piazza della Sala entfernt, einst Standort des wichtigsten Marktes der Stadt, wo auch heute noch Läden mit Steinbänken und Brettertoren ihren Sitz haben. Die Osteria besteht aus drei kleinen Räumen, einer mit Gang zu einem Garten für die schöne Jahreszeit. Alessandro Olmi und Carlo Malentacchi führen den Betrieb seit mehr als 15 Jahren und bieten gemeinsam mit Chefkoch Cristian Ercolini eine wunderbare Version der Traditionsgerichte dieses Gebietes. Carlo wählt die Zutaten nach dem Null-Kilometer-Prinzip, Cristian verarbeitet sie mit innovativen Garmethoden. Zum Auftakt Salumi und Crostini, eine erlesene Auswahl an **Formaggi aus den Bergen rund um Pistoia** (10 €) und Terrina di coniglio mit Haselnüssen, Pflaumenkompott und Salatblättern (8 €). Von den Primi empfehlen wir die typischen **Maccheroni di San Jacopo sull'anatra** (9 €), **Zuppa di farro** und Risotto biologico mit Artischocken und Taleggio. Das Repertoire an Secondi umfasst Fritto di costolette di agnello in Pistazienkruste mit Artischocken (18 €), **Guancia di vitello in Linsensuppe**, langsam gegart (13 €), und fein gehackte Carne cruda vom Piemontese-Rind. Unter den Desserts finden Sie neben Cantucci auch **Pera in giulebbe** (5 €), in Rotwein gekocht und mit Spuma di Cognac serviert. In Alessandros Kompetenz fällt der Weinkeller, der hochkarätige Weine aus der Toskana und anderen Gebieten enthält, wovon einige auch glasweise ausgeschenkt werden. Ergänzt wird das Angebot durch gute Biere aus kleinen Brauereien.

„*Diese gastliche, lebhafte Osteria bietet einen guten Einblick in die Traditionen dieses Gebietes. Carlo und Alessandro präsentieren die von Cristian mit Meisterhand zubereiteten Gerichte.*“

Trattoria dell'Abbondanza

Trattoria
Via dell'Abbondanza, 10–14
Tel. (+39) 05 73 / 36 80 37
Ruhetag: Mittwoch, Donnerstagmittag
Ferien: je 2 Wochen im Mai und Oktober
40 Plätze + 40 Plätze im Freien
Preise: 30–35 €
Kreditkarten: CS, MC, Visa; BM
Mittags und abends geöffnet

Die Osteria liegt mitten im Zentrum, jedoch etwas abseits vom allabendlichen bunten Treiben. Die Qualität der Speisen lohnt jedenfalls die Mühe, ein wenig nach ihr zu suchen. Die Karte, die der Wirt Patrizio, „Iccio“ genannt, an den Tisch bringt, besteht aus einem einzigen Blatt, das Angebot ist dennoch komplett und legt Zeugnis von einer Küche ab, die auf gute Zutaten, die Geschichte und – warum nicht? – auch auf die Dinge des Alltags Wert legt: Auf den Papierservietten ist das aktuelle Veranstaltungsprogramm der Stadt aufgedruckt, als Zeichen der Anteilnahme am Leben in der Gemeinschaft und gute Ergänzung zu einer gelebten Gastlichkeit. Auf der Karte findet man traditionelle Gerichte wie **Ribollita** und **Pappa al pomodoro**, aber auch Cuscus di verdura (8 €) und Spaghettini alla chitarra mit Garnelen (10 €). Wir starteten mit dem klassischen Antipasto toscano (Crostini mit Hühnerleber oder gehackten Kirschtomaten und Salumi, darunter Soppressata vom Cinta-Senese-Schwein). Dann probierten wir **Panzanella** und **Maccheroni al ragù** (10 €), ein wahres Feuerwerk an Geschmack. Als Hauptgericht konnten wir **Bistecca**, Tagliata, Filetto al Chianti (18 €) oder **Pollo fritto** wählen, und, um noch einmal zum Cinta-Senese-Schwein zurückzukehren, auch **Scamerita**, in einer üppigen Portion, perfekt gegart, **con spinaci saltati** (mit sautiertem Blattspinat) verdient eine Erwähnung. Man hört, dass viele wegen des Tiramisu hierher kommen, wir bevorzugten aber Torta con arance amare (mit Bitterorangen und Mandeln), ohne Mehl und ohne Butter zubereitet: ein Traum! Das Öl, so erzählt Iccio, wird von einem seiner Schwäger hier in der Umgebung hergestellt. Auch der Sangiovese des Hauses stammt aus dieser Gegend. Wir haben noch einen Blick in die Weinkarte geworfen: ein angemessenes Angebot mit korrekten Preisen.

74 km südöstlich von Grosseto, S.S. 322

Hostaria del Ceccottino

Restaurant mit Übernachtungsmöglichkeit
Piazza San Gregorio VII, 64
Tel. (+39) 05 64 / 61 42 73,
(+39) 393 / 979 00 69
Ruhetag: Donnerstag
Ferien: 10. Januar–10. März
45 Plätze + 30 Plätze im Freien
Preise: 30–35 €
Kreditkarten: AE, CS, MC, Visa; BM
Mittags und abends geöffnet

Die steigende Wertschätzung des Territoriums inspiriert Alessandro Francardi, den Inhaber der Hostaria del Ceccottino, bei der Zusammenstellung seines Speisenrepertoires, in dem viele Gerichte mit dem Zusatz „0 km“ versehen sind: Fleisch stammt aus dem Schlachthof von Pitigliano, Gemüse aus kleinen Gärten rund um die Ortschaft, Käse wird in lokalen Käsereien hergestellt. Die Gerichte, zubereitet nach jahrhundertealten Rezepten, jedoch in Garmethoden und Präsentation den heutigen Gepflogenheiten angepasst, ermöglichen es, den Geschmack der Küche von Pitigliano zu genießen. Darin eingeschlossen ist auch die kulinarische Tradition der jüdischen Gemeinde, die dem Ort den Beinamen „Klein-Jerusalem“ eingebracht hat. Die Trattoria liegt auf dem Hauptplatz neben dem prachtvollen Dom, wenige Schritte von der Synagoge und dem Ghetto entfernt. Als Antipasto ist Crostino mit Salsiccia und Stracchino aus Sorano (6 €) zu empfehlen. Dann folgen Primi, darunter die unvergleichlichen ***Pici* al ragù bianco di anatra** (11 €) und in der Saison **Tagliatelle mit Artischocken und Rigatino vom Cinta-Senese-Schwein**. Häufig vertretene Secondi sind **Coniglio alle erbette** (13 €) und **Cinghiale alla cacciatora**. Köstliche Dolci wie Bavarese al Vin Santo mit Mandelsplittern (6 €) und Fagottino di mele mit Zimtcreme. Schöne Karte mit Weinen vorwiegend lokaler Herkunft, die auch glasweise angeboten werden. Als Alternative bekommen Sie Biere aus kleinen Brauereien. Wenige Schritte vom Restaurant entfernt, in der Via Roma, bieten Le Camere del Ceccottino Unterkunft in sehr komfortablen Zimmern.

Pasticceria Celata, Via Unità d'Italia 48: typische Süßspeisen, darunter Sfratti, Feingebäck nach jüdischer Tradition, gefüllt mit Nüssen, Honig und getrockneten Früchten.

PONTASSIEVE
Doccia

21 KM NORDÖSTLICH VON FLORENZ, S.S. 67

Il Maccherone

Restaurant
Via Doccia, 69
Tel. (+39) 055 / 836 41 94,
(+39) 328 / 647 73 83
Ruhetag: Montag, Dienstag
Ferien: zeitweise im Sommer
40 Plätze
Preise: 25 € • Alle Kreditkarten
Abends geöffnet, Samstag und Sonntag auch mittags

Das Lokal der Familie Somigli mit einem Barbereich und einem hellen, freundlichen Speisesaal hat seinen Sitz in Doccia, in den Hügeln westlich des Sieve-Tals, und ist einen Besuch allemal wert. Seit 40 Jahren werden hier fast täglich mit Leidenschaft und Kompetenz Gerichte der hiesigen Küche gekocht. Aldo und Lisetta verarbeiten Produkte, die sie bei Bauern und bewährten kleinen Betrieben in der Umgebung kaufen, zu traditionellen Gerichten. Um die Gäste kümmert sich die aufmerksame, freundliche Tochter Sabrina. Neben der hübsch präsentierten Speisekarte gibt es eine Weinkarte, deren Schwerpunkt bei Produkten kleiner Winzer aus dem Gebiet des Chianti Rufina liegt, die Ihnen von Sabrina, einer Sommelière, kredenzt werden. Man beginnt mit Antipasti: Sopprassata mit warmem Brot, ein Teller mit Prosciutto, Salame und Finocchiona, **Crostone di trippa mit Butter und Salbei** (4 €), kleine Parmigiane di melanzane und Crostini mit Mozzarella und Sardellen. Der nächste Gang bietet **Pappardelle al cinghiale** (7,50 €), **Garganelli aus Esskastanienmehl mit Bardiccio und Kohl** und **Tortelli di patate mugellane** (7 €). Häufig vertretene Secondi sind **Fritto di coniglio e pollo** (11 €) und Steccata al forno mit Rosmarin und grünem Pfeffer (12 €), ergänzt durch **Bistecca** und sonstiges Fleisch vom Grill. Dazu klassische Beilagen (4 €) wie weiße Bohnen und Kichererbsen mit Öl. Für den Ausklang wählt man neben Cantuccini aus Prato zum Eintauchen in Vin Santo eines der von Sabrina zubereiteten Desserts, zum Beispiel Mousse di yogurt und Crème brulée.

Antica Macelleria Spolveri in **Diacceto di Pelago** (17 km), Via Casentinese 45: Rind- und Schweinefleisch von lokalen Züchtern und Wurst aus eigener Erzeugung.

PONTREMOLI

56 KM NW. V. MASSA, 40 KM V. LA SPEZIA, S.S. 330 OD. A 15

Antica Trattoria Pelliccia

Restaurant
Via Garibaldi, 137
Tel. (+39) 01 87 / 83 05 77
Ruhetag: Dienstag
Ferien: Juli
45 Plätze
Preise: 38 €
Kreditkarten: AE, CS, MC, Visa; BM
Mittags und abends geöffnet

Das Städtchen Pontremoli liegt in der Lunigiana, einem einst heiß umkämpften Grenzland, dessen Bevölkerung von genügsamem, eher sprödem Charakter ist. Mit dem Fluss, der es durchquert, und den alten Häusern gleicht es einem anmutigen Aquarell. Nach Überschreiten der schwankenden Brücke betritt man durch die Porta Parma das Zentrum, wo man nach wenigen Schritten die Trattoria erreicht. Im ersten Stock empfangen Sie kompetent und unaufdringlich die Wirtin Veronica Tosi und ihre Tochter Valentina. Schön gedeckte Tische verleihen den hübsch eingerichteten Räumen ein elegantes Flair. Raffaello Ceruttis Speisenrepertoire ist vorwiegend von lokaler Tradition geprägt. Beginnen Sie mit exzellenten Salumi mit ***Padletti*** – Fladen aus Wasser und Mehl –, **Torte di verdure**, Baccalà mit Kräutern (12 €) und Sfilacci di puledro mit Möhren und Balsamico-Essig. Unter den Primi bestechen **Testaroli della Lunigiana al pesto**, aber auch **Zuppa di cipolle gratinata**, Tagliatelle ai funghi porcini trifolati und Gnocchetti di castagne mit Toma (10 €) sind zu empfehlen. Fleisch dominiert bei den Secondi: exquisites **Agnello di Zeri** (ein Slow-Food-Presidio), **im Ofen gebraten mit Kartoffeln** (14 €), Petto d'anatra, mit Honig und Balsamico-Essig karamellisiert, und Entrecôte di manzo mit Steinpilzen. Als Ergänzung gibt es **Baccalà al forno mit Speck und Rosmarin**. Unser Tipp bei den Dolci: Tortino di confettura di castagne mit Rumcreme. Die Weinkarte umfasst interessante lokale Produkte neben Etiketten aus der restlichen Toskana und anderen Regionen, einige auch glasweise angeboten.

»Eine Pflichtetappe, um die Traditionen der Lunigiana kennenzulernen und wunderbar zubereitete Gerichte auf Basis lokaler Produkte zu genießen.«

56 KM NW. V. MASSA, 40 KM V. LA SPEZIA, S.S. 330 OD. A 15

Da Bussè

Trattoria
Piazza Duomo, 31
Tel. (+39) 01 87 / 83 13 71
Ruhetag: Freitag
Ferien: 2 Wochen im Juli
45 Plätze
Preise: 25–28 €
Kreditkarten: CS, MC, Visa; BM
Mittags geöffnet, Samstag und Sonntag auch abends

Seit den 1930er-Jahren ist diese Trattoria ein fester Bezugspunkt in der Lunigiana und über deren Grenzen hinaus. Geführt wird sie von den Geschwistern Bertocchi, Antonietta, Luciano und Isa, tatkräftig unterstützt durch Elisa, Lorena und Maura. Die drei freskengeschmückten Räume bieten ein einfaches, gepflegtes Ambiente. Mittwochs und samstags von 9 bis 12 Uhr wird den Gästen als Vormittagsimbiss die **Zuppa del pellegrino** di Bussè (5 €) angeboten: Das in einem Tontopf servierte Gericht basiert auf altbackenem Brot, Brühe und Fleischragout, Pecorino oder Parmigiano und kann auch zu Mittag bestellt werden. Die von Tradition und Jahreszeiten geprägte Küche zeigt eine Vorliebe für lokale Produkte. Das mündlich präsentierte Speisenrepertoire wird stets mit **Torta *d'erbi*** oder anderen Quiches eröffnet. Das typischste Primo sind die **Testaroli mit Pesto** (in einem Holzmörser angerührt). Als Alternativen werden **Tortelli di verdura** (7 €), Tortellini mit Fleischfüllung, Tagliatelle und im Winter Lasagne dolci mit Öl und Käse angeboten. Erwähnenswerte Secondi sind **Cima ripiena**, Arrosto di vitello (9,50 €) und **Polpettone**. Zum Ausklang bekommen Sie **Spongata**, die traditionelle Süßspeise der Lunigiana, Torta di mandorle oder Crème caramel „sexy" (5 €), serviert mit Eis, Honig oder saisonalen Früchten. Kaffee gibt es nicht, Sie können sich aber zum Schluss einen wunderbaren China gönnen. Aus dem kleinen Weinkeller empfehlen wir den Vermentino aus der Lunigiana und den lokalen Hauswein.

„Die alte Trattoria der Geschwister Bertocchi ist einer Hochburg der Traditionen der Lunigiana. Küche, Ambiente und Lucianos Erzählungen geben die Geschichte und die Geschmacksvarianten dieses Landstrichs weiter."

Cibbè

Trattoria
Piazza Mercatale, 49
Tel. (+39) 05 74 / 60 75 09
Ruhetag: Sonntag
Ferien: August, Weihnachten/Neujahr
45 Plätze
Preise: 28–30 €
Kreditkarten: MC, Visa; BM
Mittags und abends geöffnet

Diese kleine Trattoria auf einer historischen Piazza innerhalb der Stadtmauern versetzt Sie zurück in alte Zeiten, in ein gemütliches Ambiente mit Ziegelgewölbe und schlichter Einrichtung. Giuseppina Panerai (Küche) und Spartaco Monticelli (Service) bieten eine einfache, schmackhafte Küche mit Gerichten nach hiesiger Tradition, die auf Jahreszeitentreue und hochwertige Zutaten setzt, darunter auch Slow-Food-Presidi (Mortadella aus Prato, rote Bohnen aus Lucca). Spartaco trägt die Speisen mündlich vor, beginnend mit dem klassischen Antipasto mit Crostini und Salumi. Suppen und Pasta unter den Primi: **Pappa al pomodoro**, **Zuppa** toscana oder **Zuppa di fave e lattughino** (7 €) neben Toppe oder **Tagliatelle** mit Gemüse, **con il sugo di anatra** oder con sugo contadino (mit Sauce aus Hähnchen, Kaninchen, Perlhuhn, magerem Schweinefleisch), **Gnocchetti di farina di farro mit Pesto und gereifter Ricotta**. Dann folgen Involtini, Polpette di ricotta, **Trippa**, **Lampredotto lesso mit grüner Sauce**, **Peposo**, Magro mit Öl, Faraona al mandarino (12 €), auch mit Pilzen oder alla ghiotta und Baccalà (frittiert alla livornese im Winter, als Carpaccio mit Gemüse im Sommer). Als Beilagen bekommt man Purè di patate, Fagioli (3,50 €) und saisonales Gemüse. Zum Abschluss Süßes, darunter Torten (4 €) wie Torta di mela, di farro (aus Dinkel), di riso (aus Reis) mit Orangencreme oder mit Waldfrüchten. Neben dem guten offenen Hauswein nennt eine Weinkarte Etiketten aus dem Gebiet des Carmignano.

Bozza di Prato, ungesalzenes Brot aus Natursauerteig, gibt es bei Loggetti (Via Matteotti 11). Pasticceria Nuovo Mondo (Via Garibaldi 23): süße Spezialitäten wie Pesche di Prato, Sfogliatine alla crema, Cremini und Millefoglie.

La Vecchia Cucina di Soldano

Trattoria
Via Simintendi, 1
Tel. (+39) 05 74 / 346 65
Ruhetag: Sonntag
Ferien: August
70 Plätze
Preise: 23–26 €
Kreditkarten: CS, MC, Visa; BM
Mittags und abends geöffnet

Dieses Lokal, wenige Minuten Fußweg vom historischen Zentrum entfernt, wird von Lisa Mattei und Alessandro Ranfagni unter der Aufsicht von Lisas erfahrenem Vater Aldo geführt. Es bietet eine traditionelle toskanische Küche zu moderaten Preisen und verzeichnet daher einen starken Zustrom von Gästen. Im Laufe des Jahres sind Umbauarbeiten in den Gasträumen und auf längere Sicht auch der Ausbau von Gästezimmern im oberen Stock geplant. Der Service läuft korrekt und flink ab. Die handgeschriebene Karte ist in zwei Abschnitte unterteilt: Einer umfasst die saisonalen Gerichte, der zweite die Tagesspezialitäten. Unter den Antipasti findet man Pratese (Mortadella aus Prato, ein Slow-Food-Presidio, mit Pilz-Crostini, 4,50 €), den Antipasto di nonno Oreste (Fettunta mit Tomaten und Sardellen) und die Version von Tante Carla (Rohschinken, Speck und Coccoli). Ihr Primo wählen Sie unter **Tortelli di patate mit Fleischragout** (4,50 €), **Tagliolini sui fagioli**, *Pici* al capriolo (mit Reh) oder al ragù, Lasagne al forno und **Acquacotta**. Nur Fleisch beim Hauptgang: **Bollito misto mit grüner Sauce**, **Brasato alla pratese** (€ 7,50), Coniglio fritto, **Collo di pollo ripieno** (6,50 €), **Trippa alla fiorentina**, Arrosti (Spanferkel, Hähnchen, Schweinekotelett) und Fleisch vom Grill (Bistecca, Fegato di vitella, Pollo, Maiale, Spiedini und Cotolette di agnello). Hausgemachte Dolci und gutes Feingebäck (Cantucci, Pesche di Prato). Nicht sehr umfangreich, aber gut zusammengestellt präsentiert sich die Weinkarte: Rotweine aus der Toskana, einige Weißweine aus dem Veneto und dem Trentino.

Biscottificio Mattei (Via Ricasoli 20–22): Biscotti di Prato, Brutti e buoni, Mantovana di Prato und Schiacciata fiorentina.

46 km nördlich von Arezzo, S.S. 71 u. S.S. 310

La Tana degli Orsi

Osteria-Enoteca
Via Roma, 1
Tel. (+39) 05 75 / 58 33 77,
(+39) 329 / 898 14 73
Ruhetag: Dienstag, Mittwoch
Ferien: 1 Woche im Frühling, 1.–15. Juli
18 Plätze + 18 Plätze im Freien
Preise: 30–35 €
Kreditkarten: CS, DC, MC, Visa; BM
Abends geöffnet

Das Tana degli Orsi in Pratovecchio, einer Slow-Stadt im Casentino, hat einen rustikal und gepflegt eingerichteten Speisesaal mit Holzverkleidungen und Dekorelementen von Weinfässern aus den einstigen Kellereien der Familie. Seit vielen Jahren bieten Simone Maglioni und Caterina Caporalini eine exzellente Küche nach hiesiger Tradition, zubereitet aus hochwertigen Produkten dieser Gegend und Slow-Food-Presidi. Man bekommt hier eine komplette Mahlzeit oder einen späten Imbiss mit Salumi, Focacce aus dem Holzofen und einem Glas Wein (der Keller umfasst Hunderte von Top-Etiketten) oder einem Krug Bier aus kleinen Brauereien. Um von Caterina empfangen zu werden, müssen Sie lang im Vorhinein reservieren. Das von Simone zusammengestellte Repertoire ist in historische und moderne Gerichte unterteilt. Zum Einstieg warme Brioche mit Spargel, Taleggio und Rohschinken, Tartara di chianina mit Bohnen aus Garliano und Steinpilzen sowie **Sformatino di formaggio di fossa mit Birnensauce und Speck aus Colonnata** (7,50 €). Unter den Primi erwarten Sie **Gnocchi di patate mit Rigatino vom Grigio-Schwein aus dem Casentino** und **Ravioli di trota fario mit Kartoffelcreme** (8 €). Dann folgen **Bocconcini di coniglio mit Preiselbeeren und Steinpilzen** (13,50 €), Filetto di manzo all'imperiale (14,50 €) und der „Null-Kilometer-Hamburger". Ein umfangreiches Sortiment an **Formaggi** und unter den Dolci (5 €) Spumino di limone mit frischen Früchten, Crostatina di crema cotta mit karamellisierten Pinienkernen und Schokoladeeis.

”
Simone und Caterina führen virtuos ihren Betrieb und sind exzellente Interpreten der Küchentradition des Casentino. Sie bereiten den Gästen einen herzlichen Empfang und bieten erstklassige Gerichte.
“

RADDA IN CHIANTI
Lucarelli

40 KM NÖRDLICH VON SIENA

Le Panzanelle

Trattoria
Ortsteil Lucarelli, 29
Tel. (+39) 05 77 / 73 35 11
Ruhetag: Montag
Ferien: 10. Januar–Ende Februar
50 Plätze + 35 Plätze im Freien
Preise: 30–35 €
Kreditkarten: CS, DC, MC, Visa; BM
Mittags und abends geöffnet

Lucarelli ist ein kleiner Ortsteil an der Grenze zwischen den Provinzen Siena und Florenz, mitten in den Hügeln des Chianti. Seit mehr als zehn Jahren führen hier zwei Freundinnen, wegen ihrer Herkunft aus Panzano „Le Panzanelle" genannt, diese Trattoria, die unter Touristen und Einheimischen, aber auch bei Weinliebhabern sehr beliebt ist. In einem heimeligen, gastfreundlichen Ambiente mit zwei Gastzimmern, einem im Erdgeschoss mit prachtvollem Ziegelboden und einem kleineren Raum im oberen Stock, können Sie sich eine meisterhaft zubereitete Küche nach toskanischer Tradition schmecken lassen. Die Karte wechselt im Monatsrhythmus und umfasst fünf oder sechs Gerichte pro Gang. An einer Tafel im Eingangsbereich sind die Tagesspezialitäten angeschlagen, darunter manchmal auch Fischgerichte. Man beginnt mit gemischten Crostini, unter denen vor allem die Versionen mit Fegatini (Hühnerleber) oder mit **Lampredotto in inzimino** (6 €) bestechen. Die Primi (8 €) umfassen hervorragende **Stracci** di Pesticcia, serviert **mit Salsiccia und Pilzen**, ***Pici* all'aglione**, Lasagne all'ortica und **Pappardelle sul cinghiale**. Neben der obligaten **Bistecca** können Sie für den Hauptgang auch **Stracotto di agnello mit Artischocken** (13 €), **Peposo** oder eine üppige Portion **Ossobuco al pomodoro** wählen. Wir beendeten unsere Mahlzeit mit Gelato al Vin Santo und einer feinen Panna cotta (3,50 €) mit Erdbeerkompott. Die Weinkarte ist gut bestückt mit interessanten Etiketten aus ganz Italien, wobei ein eigenes Kapitel dem Chianti Classico, unterteilt nach den einzelnen Gemeinden, gewidmet ist.

»
Gerichte, die in der hiesigen Tradition wurzeln, meisterhaft ausgeführt und von einem aufmerksamen Service in angenehmem Ambiente serviert.
«

RIGNANO SULL'ARNO
Rosano

19 KM SÜDÖSTL. V. FLORENZ, S.P. 34, S.S. 67 OD. A 1

La Bottega a Rosano

Trattoria
Via I Maggio, 10
Tel. (+39) 055 / 830 30 13
Ruhetag: Montag
Ferien: 10 Tage zu Weihnachten, 3 Wochen im August
60 Plätze + 60 Plätze im Freien
Preise: 23–28 €
Kreditkarten: CS, DC, MC, Visa; BM
Mittags geöffnet, Freitag und Samstag auch abends

Das Bottega, in der Nähe des uralten Klosters Santa Maria in Rosano gelegen, war einst ein Lebensmittelgeschäft, das bereits auf Fotos aus dem Jahr 1901 abgebildet ist. Seit 1989 führt Romana Fantechi den Betrieb, der seit den 1960er-Jahren in seiner heutigen Form besteht, nämlich, wie Matteo es bezeichnet, als „Mischmasch": Man kommt hierher für ein Panino an der Theke, für etwas Süßes an der Bar, für ein rasches Mittagessen – wobei man die Speisen an der Kasse wählt und bezahlt, bevor man auf der Veranda Platz nimmt – oder am Freitag und am Samstag für ein Abendessen, bei dem ein wesentlich langsamerer Rhythmus vorgegeben wird. Der klassische Antipasto toscano mit Crostini di fegato oder Kostproben von frischem Rohmilch-Pecorino (4,50 €) ist ein guter Einstieg. Als Primo wählt man von Hand gefertigte **Gnocchi al ragù di capriolo** (mit Rehragout), Testaroli mit frischem Pesto und Kartoffeln, ***Gnudi* di ricotta mit Artischocken** (8,50 €) oder Spaghetti alle briciole. Für den Hauptgang empfehlen wir Ihnen den in großzügigen Portionen servierten **Fritto mit gemischtem Fleisch, Bries, Hirn und Gemüse** (14,50 €), den traditionellen **Cibreo** sowie Lombata di maiale mit Äpfeln und Fenchelsamen. Als Beilagen werden Sformato di cipolle (Zwiebelkuchen) und Gemüse dieser Gegend als Insalata, frittiert oder gekocht, aufgetischt. Den Reigen beschließen Cantuccini mit Vin Santo oder hausgemachte Desserts (4,80 €): Torten, Crostate und in der Saison Castagnaccio. Seit dem vergangenen Jahr ist die größte Abteilung der an das Lebensmittelgeschäft angeschlossenen Vinothek den Etiketten des Konsortiums des Chianti Rufina gewidmet, die auch in der umfangreichen Weinkarte aufgelistet sind und teilweise glasweise ausgeschenkt werden.

ROSIGNANO MARITTIMO
Castelnuovo Misericordia

30 KM SÜDÖSTLICH V. LIVORNO, S.S. 1 UND S.P. 39

Bacco & la Volpe

NEU

Osteria-Enoteca mit Küche
Via dei Poderini, 1
Tel. (+39) 05 86 / 74 43 23,
(+39) 392 / 968 53 85
Ruhetag: Montag, im Winter Montag und Donnerstag • Keine Ferien
35 Plätze + 40 Plätze im Freien
Preise: 31–35 €
Kreditkarten: CS, MC, Visa; BM
Abends geöffnet, im Sommer Samstag und Sonntag auch mittags

Im Hinterland von Livorno widmen sich Silvia Volpe und ihre Familie seit einigen Jahren der Wiederentdeckung von Arme-Leute-Fisch: Wir befinden uns hier zwar in den Hügeln, aber die Meeresküche dominiert auf der Karte – abhängig vom Tagesfang –, ergänzt durch gute Festlandsgerichte. Der persönlich getätigte tägliche Einkauf bei lokalen Produzenten, viel Raum für Slow-Food-Presidi, Jahreszeitentreue und eine harmonische Symbiose von Tradition und Innovation: Das sind die Hauptmerkmale dieser Osteria. Gamberoni bruschettati auf karamellisierten roten Zwiebeln (11 €), **Misticanza a mare calda** sowie Millefoglie di carasau mit gegrilltem Gemüse, sardischem Pecorino und Granella di amaretti finden Sie unter den Antipasti. Das Kapitel der Primi umfasst Spaghetti con colatura di alici (mit Sardellen aus Cetara) und Piennolo-Tomaten (11,50 €), **Carbonara di mare** mit Bio-Eiern, von Hand gezogene **Pappardelle al ragù di scottona e maiale** (mit Ragout vom Scottona-Rind und lokalem Schweinefleisch). Auch bei den Secondi beweist Silvia ihr Können: Wir bekamen eine leichte, duftende **Frittura di gamberi biondi e calamari mit Gemüse in Backteig**. Mit Pesce del giorno (fangfrischem Fisch, 13 €) unterstützt das Lokal Mr. Goodfish, eine Kampagne des World Ocean Network für verantwortungsvollen Konsum von Meerestieren, in Italien gefördert durch die Aquarien von Genua und Livorno. Feine Desserts sind Mousse di ricotta mit Honig von schwarzen Bienen aus Sizilien, Zuppa di frutta (6 €) und Tarte tatin alle mele. Es gibt zwei Degustationsmenüs, eines mit Festlandsgerichten für 32 und eines mit Meeresküche für 35 €. Der Weinkeller (das Lokal fungiert auch als Vinothek) nennt mehr als 50 Etiketten, vorwiegend lokaler Provenienz, einige auch glasweise verfügbar. Kleine Auswahl an Dessertweinen.

SAMBUCA PISTOIESE
Pavana

27 KM NORDÖSTLICH V. PISTOIA, ANSCHLUSS S.S. 64

Caciosteria dei Due Ponti

Osteria-Trattoria mit Übernachtungsmöglichkeit
Ponte della Venturina, 47
Tel. (+39) 05 73 / 89 25 20
Ruhetag: Samstag, im Sommer auch Freitagabend • Ferien: unterschiedlich
60 Plätze • Preise: 28–33 €
Alle Kreditkarten; BM
Mittags und abends geöffnet

Wenn man auf der Porrettana zwischen Pistoia und Bologna unterwegs ist oder einen Ausflug in die Berge unternommen hat (besonders faszinierende Ziele sind der Suviana- und der Brasimone-See), dann sollte man auf jeden Fall einen Besuch in der Caciosteria dei Due Ponti in Pavana einplanen. Die Trattoria – mit angeschlossenem Lebensmittelladen und zwei Gästezimmern – ist die Weiterentwicklung eines Familienbetriebs, den die Inhaber, erfahrene Käse-Affineure, vor langer Zeit gegründet haben. Strategisch günstig ist auch die Lage nahe einer erstklassigen Fleischerei und Wurstfabrik: Erzeugnisse aus der Käserei, frisches Fleisch und eingelegte Produkte sind also die Stärken des Repertoires. Bereits bei den Antipasti stehen Sie vor der Qual der Wahl zischen Antipasto di cinta DOP (aus Bio-Fleisch vom Cinta-Schwein), „Gioco dell'oca romagnola" (13 €) mit verschiedenen Wurstsorten von der Romagnola-Gans und einer exzellenten Auswahl an **Formaggi**, die wunderbar präsentiert und beschrieben sind. Unter den Primi empfehlen wir Ihnen Tortelloni di burrata allo shropshire, ***Gnudi* di ricotta di bufala mit Pesto**, traditionellen **Cacio e pepe** oder die Variante **mit Höhlenpecorino** (9 €). Das Braten über der Glut ist die beliebteste Zubereitungsart bei den Secondi, egal ob Fleisch oder Käse: **Bistecca**, Filetto, **Cinta** biologica **alla brace** (15 €) und heiße Tomini. Weitere Vorschläge sind **Arista al forno**, Roastbeef mit grüner Sauce und Nodino di vitello impanato. Käse und Milchprodukte stehen auch bei den Dolci im Rampenlicht, mit einem köstlichen Cheesecake „rovesciato" und Mousse di ricotta. Was die Getränkewahl betrifft, ist das Angebot einer Abfolge von glasweise ausgeschenkten Weinen, passend zu den einzelnen Gängen, interessant. Mittags gibt es ein kleines Menü für 14 €.

SAN CASCIANO IN VAL DI PESA

16 KM SW. V. FLORENZ, S.S. 2 OD. AUSF. SUPERSTRADA

Cantinetta del Nonno

Trattoria
Via IV Novembre, 18
Tel. (+39) 055 / 82 05 70
Ruhetag: Mittwoch
Ferien: Januar/Februar
40 Plätze + 20 Plätze im Freien
Preise: 25–30 €
Kreditkarten: MC, Visa
Mittags und abends geöffnet

Dieses historische Lokal, einst ein Weinausschank und immer noch Lebensmittelgeschäft, besteht aus zwei Gasträumen und einer Terrasse, wo klassische Küche nach toskanischer Tradition angeboten wird. In gastlicher Atmosphäre präsentieren Signora Gianna (Küche) und der Inhaber Giuseppe Casu (Service) ihr Speisenrepertoire, in dem einige Vorschläge immer vertreten sind, während andere je nach Saison variieren. Beginnen wir mit den Antipasti: Neben Misto toscano und Bruschette mit Speck und Schwarzkohl gibt es Caprino und in Öl eingelegte Carciofini, Paté di fegato di cinghiale (6 €) und im Winter Sformato di cavolo nero mit Pecorino-Sauce. Unter den Primi locken **Pappardelle** oder andere frische Teigwaren, serviert **mit Enten-**, Wildschwein- oder Reh**sauce**, 8 €), Tagliatelle mit Waldspargel, Gnocchetti al cavolo nero, **Zuppa di porri**, Zuppa di cavolfiore und **Ribollita**. Dann der Hauptgang mit **Trippa alla fiorentina**, **Peposo** (12 €) in der Version von Impruneta, Giannas Heimatstadt, und eine große Auswahl an Fleisch vom Grill – **Bistecca**, Rosticciana, Salsiccia – begleitet von saisonalem Gemüse oder **Fagioli all'olio**. Weitere Vorschläge sind Baccalà all'acquapazza, mit Lauch oder alla livornese. Zum Abschluss Formaggi oder ein hausgemachtes Dessert: Crème caramel, Zuppa inglese und abwechselnd auch Torta di mele, Torta di pere al cioccolato, Torta di ricotta mit Waldfrüchten (5 €) und Sfogliatina di pere mit Chantilly-Creme. Eine stetig wachsende Weinkarte mit einer guten Auswahl an glasweise ausgeschenkten Weinen und ein süffiger Hauswein.

In **Mercatale** (6 km) verkauft Il Panaio di Giuseppe Scialabba (Via Gramsci 12) zahlreiche Arten von Brot, Imbisse und Desserts, häufig aus lokalem Weizenmehl.

SAN CASCIANO IN VAL DI PESA
Calzaiolo

17 KM SW. V. FLORENZ, S.S. 2 OD. AUSF. SUPERSTRADA

Mammarosa

Trattoria
Via Cassia per Siena, 32
Tel. (+39) 055 / 824 94 54
Ruhetag: Sonntagabend, Montag
Keine Ferien
70 Plätze + 60 Plätze im Freien
Preise: 35 €
Kreditkarten: CS, DC, MC, Visa; BM
Mittags und abends geöffnet

Das Mammarosa an der Via Cassia, nicht weit von der Ausfahrt San Casciano entfernt, ist ein lohnendes Ziel für eine Einkehr, wenn man durch das ländliche Gebiet zwischen den Provinzen Florenz und Siena fährt. Beim Betreten des Lokals glaubt man in ein Privathaus zu kommen, auch wenn das gepflegte Ambiente eigentlich sehr groß und mit modernen Einrichtungsgegenständen ausgestattet ist. Die Küche ist jedenfalls ganz traditionell. Auf der Speisekarte sind zwar nicht sehr viele Gerichte angeführt, aber diese zeigen – mit Ausnahme von einigen wenigen eher banalen, untypischen Vorschlägen – ihre starke Verbundenheit mit diesem Landstrich. Die Antipasti sind die Klassiker nach hiesiger Tradition: gemischte Crostini, ein Teller mit Salumi und Crostini (10 €) und **Coccole mit Prosciutto und Stracchino**. Bei den Primi kann das Kapitel der Suppen (7 €) **Ribollita**, **Pappa al pomodoro** und Zuppa di farro enthalten. Wer Teigwaren vorzieht, wird unter anderem zwischen **Tortelli di patate al sugo** und ***Pici*** mit Cacio und Pfeffer (9 €) oder in der Version **all'aglione** wählen. Die Liste der Hauptspeisen nennt **Peposo alla fornacina** (10 €), **Trippa alla fiorentina**, Tagliata di manzo, Filetto alla griglia, **Fritto di pollo, coniglio e verdure** (mit Hähnchen, Kaninchen und Gemüse) und andere Fleischgerichte. Was einfach nicht fehlen darf, sind die Cannellini-Bohnen unter den Beilagen. Der letzte Gang hält Tiramisu, Tortino al cioccolato oder Cantuccini mit Vin Santo für Sie bereit. Ausgeschenkt wird nur ein in Flaschen abgefüllter Hauswein, der aber ein wirklich guter Tropfen ist.

Die Genossenschaft La Ginestra in **Bargino** (5 km), Via Pergoleto 3, verkauft hochwertige Bio-Produkte.

SAN GIMIGNANO

38 km nordwestlich von Siena

Osteria del Carcere

Moderne Osteria
Via del Castello, 13
Tel. (+39) 05 77 / 94 19 05
Ruhetag: Mittwoch, Donnerstagmittag
Ferien: Mitte Januar–Mitte März
30 Plätze
Preise: 35 €
Keine Kreditkarten
Mittags und abends geöffnet

San Gimignano präsentiert sich als ein nahezu unverändert gebliebenes Beispiel des mittelalterlichen Städtebaus in dieser Region und bewahrt die Faszination der Vergangenheit. Im 12. Jahrhundert, der Hochblüte der Stadt, bot die Stadtverwaltung jedem Gastfreundschaft an und gestattete den Ankömmlingen auch den Bau eines eigenen Hauses. Diese Gastfreundlichkeit wurde vor mittlerweile 20 Jahren auch der Mailänderin Elena Merelli und dem Brasilianer Ribamar Da Costa zuteil. Es mag seltsam anmuten, ein solches Paar an der Spitze einer toskanischen Osteria zu sehen, aber wir können Ihnen versichern, dass man hier authentischer isst als an so manchem anderen Platz. Die Atmosphäre ist freundlich, lyrische Musik bildet den Hintergrund und so entsteht das richtige Klima, um das Abendessen genießen zu können. Auch Ribamar, der Opernarien vor sich hinträllert, während er professionell von Tisch zu Tisch eilt, trägt zu dem entspannten Ambiente bei. Nun zur Speisekarte: Fragen Sie nicht nach Teigwaren, hier gibt es nur Suppen (9 €, eine überragende **Zuppa di cipolle**), auf die Sie sich mit einer **Terrina** (10 €) einstimmen können, zum Beispiel mit der Variante **di agnello alle olive** (Lammterrine mit Oliven) bzw. Terrina rinascimentale alle prugne (mit Pflaumen), oder aber mit dem exzellenten Sortiment an Salumi und **Formaggi** dieser Gegend. Unter den Hauptspeisen verdienen Tacchinella mit Pistazien und Orangen (16 €), **Faraona alle castagne** und **Tonno del Chianti mit Bohnen** eine besondere Erwähnung. Von den Desserts (7 €) werden Sie sicher nicht enttäuscht: Tarte tatin, Cheesecake und andere hausgemachte Köstlichkeiten. Gut ausgestattet zeigt sich der Weinkeller mit einigen Etiketten, die glasweise ausgeschenkt werden, und einem gutem Hauswein.

SAN GIOVANNI D'ASSO
Montisi

47 km südöstlich von Siena, S.S. 2

Da Roberto Taverna in Montisi

Trattoria
Via Umberto I, 3
Tel. (+39) 05 77 / 84 51 59
Kein Ruhetag
Ferien: Mitte November–Mitte März
25 Plätze + 15 Plätze im Freien
Preise: 26–31 € • Alle Kreditkarten; BM
Mittags und abends geöffnet

In der kleinen Ortschaft Montisi, einem zauberhaften Platz im Orcia-Tal, durchquert man einen Garten und eine Veranda, um in das Innere dieser Trattoria zu gelangen. Roberto Crocenzi empfängt Sie, als wären Sie Gast in seinem Privathaus. Die Einrichtung ist einfach, aber gepflegt. Wenn Ihr Besuch in den Sommer fällt, dann nehmen Sie auf der Veranda Platz und lassen Sie sich von den Passanten beneiden. Die Karte wechselt je nach Jahreszeit und jeder Gang lässt die Sorgfalt erkennen, die auf die Wahl der Zutaten und die Produkte der Slow-Food-Presidi (17 Stück bei unserem letzten Besuch) verwendet wird. Insalata di legumi (13 €), Bruschetta mit schwarzem Trüffel aus den Crete Senesi (8 €) sowie Insalata di polpo mit Kartoffeln, Oliven und Sellerie sind ein guter Beginn. Unverzichtbar unter den Primi sind die ***Pici*** aus Cappelli-Weizen **al ragù di chianina** oder in der Version **con le briciole** (mit Bröseln, 10 €) und Tagliatelle di farro, in der Saison serviert mit Trüffeln aus den Crete Senesi. In der kühlen Jahreszeit bekommen Sie auch **Ribollita**. Was die Hauptspeisen betrifft, die von einer Tagesbeilage begleitet werden, empfehlen wir Ihnen **Polpettone di cinta senese** (16 €) und **Stracotto di fracosta vom Chianina-Rind mit Zwiebeln** (18 €). Nicht zu verachten sind auch Bistecca di capocollo di cinta (19 €) und Bistecca alla fiorentina. Ein guter Tipp ist das Sortiment an **Formaggi** a latte crudo (Rohmilchkäse, 18 €), ebenso die sämtlich hausgemachten Desserts wie Panna cotta (7 €) und frischer Ricotta di pecora (aus Schafmilch) mit Kaffee und Blütenhonig. Die Weinkarte listet mehr als 120 Etiketten aus der Toskana und dem übrigen Italien auf, einige davon werden auch glasweise ausgeschenkt. Weitere Möglichkeiten sind der gute Hauswein oder ausgezeichnete Biere aus kleinen Brauereien.

SAN GIOVANNI VALDARNO

40 KM NORDWESTLICH VON AREZZO, S.P. 85 OD. A 1

Osteria dell'Angelo

Traditionelle Osteria
Via della Madonna, 3–5
Tel. (+39) 055 / 94 37 99
Ruhetag: Sonntagabend, Montag
Ferien: 1 Woche um den 15. August
35 Plätze + 20 Plätze im Freien
Preise: 32 €
Kreditkarten: AE, CS, MC, Visa; BM
Mittags und abends geöffnet

Diese kleine Osteria liegt in einem schmalen Gässchen mit Blick auf die schöne Piazza Masaccio. Sie besteht aus zwei unprätentiösen, in typisch toskanischem Stil eingerichteten Gasträumen. Die freundliche Atmosphäre und der herzliche Empfang, den das Servicepersonal den Gästen bereitet, bewirken, dass man sich rundum wohlfühlt. Sie können hier Gerichte genießen, die in der Tradition des Valdarno wurzeln und dem Lauf der Jahreszeiten folgen. Die Küche ist das Reich der Inhaberin Rossana Capaccioli, unterstützt durch Annunziata, während die Gäste im Saal von Alberto ebenso herzlich wie kompetent auf ihrem kulinarischen Streifzug begleitet werden. Unter den Antipasti findet man neben den unverzichtbaren Crostini di fegatini auch Salumi (darunter Wurst vom Wild), Sottoli, Bruschetta mit Schwarzkohl und Speck aus Colonnata, Crema di ceci mit Baccalà sowie **Insalatina di coniglio mit Pancetta und Kartoffeln in Lauchsauce** (9 €). Die Pastagerichte bestehen aus hausgemachten Teigwaren, darunter Maccheroni al sugo toscano, Triangoli mit roten Rüben, zerlassener Butter und Pecorino (9,50 €) und ***Pici* al sugo di faraona**. Als Alternative bekommen Sie Pappa al pomodoro, **Ribollita** oder **Zuppa di cipolle**. Unter den Secondi erwartet Sie eine hiesige Spezialität, nämlich **Stufato alla sangiovannese** (13 €), ein sehr würziges Schmorgericht, zu dem sich **Lampredotto mit grüner Sauce**, Cotolette di agnello mit Blattspinat und **Trippa** dell'Angelo gesellen. Die Desserts (6 €) sind hausgemacht und wechseln häufig. Die Weinkarte lässt eine Vorliebe für Etiketten aus der Toskana erkennen und umfasst zusätzlich einen offenen Hauswein von Niveau (wie auch das aus Reggello stammende native Olivenöl extra). Als weiteres Angebot sind einige Biere aus kleinen Brauereien vertreten.

SAN GIULIANO TERME

6 KM NORDÖSTLICH VON PISA

Pasta e Vino

NEU

Restaurant
Vicolo Corto, 1
Tel. (+39) 050 / 81 51 81
Ruhetag: Montag
Ferien: 2 Wochen im November
32 Plätze + 24 Plätze im Freien
Preise: 35 €
Kreditkarten: CS, MC, Visa; BM
Mittags und abends geöffnet

Das Pasta e Vino liegt wenige Schritte vom Haupteingang der Thermen von San Giuliano entfernt, an einem etwas abgelegenen Ort. Die Wände des Speisesaals sind mit kräftigen Farben getüncht, die Holztische sind einfach, aber doch mit einer gewissen Raffinesse gedeckt. Um den Empfang der Gäste und den Service kümmert sich Lucia Landi, am Herd steht Virgilio Casentini. Als Aperitif wird ein Glas Prosecco mit einem Raviolo fritto mit Fleischfüllung (üblicherweise vom Mucco-Pisano-Rind) gereicht. Von den Antipasti blieben uns die Fantasia di terra (fünf Kostproben von vegetarischen Crostini und Gemüse-Tortini, 12 €), der Teller mit toskanischen Salumi und Slow-Food-Presidi, Totani ripieni (9,50 €) und **Baccalà mit Zwiebelchutney** in Erinnerung. Die Primi sind das Bravourstück des Lokals, nicht zuletzt, weil die Inhaber vor ihrem Einstieg in die Gastronomie etwa 15 Jahre lang einen renommierten Betrieb zur Herstellung von Teigwaren geleitet haben: Es gibt wunderbare Quadrucci, serviert mit Gemüse oder in der Meeresversion mit Garnelen und Gemüse (11 €), ***Pici* al pesto di cavolo nero** (mit Schwarzkohlpesto), **Pappardelle al cinghiale** (mit Wildschweinsauce) sowie Gnocchi di patate mit Tarese aus dem Valdarno und Erbsen. Erwähnung verdienen des Weiteren die Ravioli mit Miele di Spiaggia (einem speziellen Blütenhonig), Pecorino aus Coltano und Pinienkernen aus dem Naturpark San Rossore. Auch beim Hauptgang wechseln Festlands- und Meeresgerichte miteinander ab: **Bocconcini di filetto al Chianti** (16 €), **Tagliata mit Fagioli al fiasco**, **Seppie in zimino** (15 €) und Filetto di pesce all'acqua pazza. Ausgeschenkt werden Weine aus dem Gebiet um Pisa und der restlichen Toskana. Unter den Desserts gilt unser Tipp dem Tortino al cioccolato mit flüssigem Kern und den Sorbets.

SAN MARCELLO PISTOIESE

29 KM NORDWESTLICH VON PISTOIA, S.R. 66

Il Poggiolo

Hotelrestaurant
Via del Poggiolo, 52
Tel. (+39) 05 73 / 63 01 53
Ruhetag: Dienstagabend, Mittwoch
Ferien: unterschiedlich
70 Plätze
Preise: 26–30 €
Keine Kreditkarten
Mittags und abends geöffnet

San Marcello, im Herzen des Berglands von Pistoia gelegen, ist ein stimmungsvolles Städtchen, gesäumt von Wäldern, mit prachtvollen Aussichtspunkten. Hier, in einer alten Poststation, hat das von Giuseppina Colti und ihrem Sohn Giampaolo betriebene Hotelrestaurant seinen Sitz. Die Leitung durch eine Familie, eine lange Erfahrung und die starke Verwurzelung in der hiesigen Tradition finden ihren Ausdruck in einer unverfälschten Küche nach Hausfrauenart, die sich an lokale Rezepte und Produkte hält, insbesondere **Pilze** und **Wild**. Aromatische Porcini (Steinpilze) können Sie in der entsprechenden Saison bei jedem Gang der Mahlzeit genießen: roh und knackig als Salat oder eingeschlossen in ein Nido di polenta fritta (9 €) als Antipasto, dann in der Sauce der **Tagliolini** (9 €), die Giuseppina selbst von Hand aus hauchdünnem Teig herstellt, in der **Zuppa di funghi** und im **Filetto di manzo con cappella di porcino** (mit Steinpilzköpfen). Aber auch die anderen Gerichte sind einen Versuch wert: **Tortelli alla ricotta** (mit Ricotta aus den Bergen), **Agnello al forno**, Anatra al profumo d'arancia (Ente mit Orangen, 9 €) und **Trippa**. Appetitliche Beilagen aus saisonalem Gemüse. Die Desserts wie Crostatina di crema chantilly mit Waldfrüchten (4 €) sind ebenfalls hausgemacht. Um die Gäste im Saal kümmert sich Giampaolo, der auch für das zum Großteil aus der Toskana stammende Weinsortiment verantwortlich ist. Wer möchte, kann seinen Aufenthalt verlängern und sich in einem der 15 schlichten, aber mit allem Komfort ausgestatteten Hotelzimmer einquartieren.

Der landwirtschaftliche Betrieb von Franco Pagliai (Via Uffiziatura 156 B) produziert Rohmilch-Pecorino aus dem Bergland von Pistoia, ein Slow-Food-Presidio.

SAN MARCELLO PISTOIESE
Maresca

23 KM NORDWESTL. V. PISTOIA, S.S. 632 U. S.S. 66

La Vecchia Cantina

Trattoria
Via Risorgimento, 4
Tel. (+39) 05 73 / 641 58
Ruhetag: Montagabend, Dienstag, außer im Sommer
Ferien: Weihnachten, letzten 3 Januarwochen
40 Plätze + 20 Plätze im Freien
Preise: 28 €
Alle Kreditkarten; BM
Mittags und abends geöffnet

Im Zentrum von Maresca, dem Ausgangspunkt für Ausflüge in den Waldkomplex Foresta del Teso, trifft man auf diese Trattoria, die von einem jungen Paar geführt wird: Der aus San Marcello stammende Marco Giovannetti zeigt sein Können am Herd, die Südtirolerin Daniela kümmert sich um den Service. In der Küche werden Produkte dieses Landstrichs und andere verarbeitet, die jedoch stets von hoher Qualität und saisontreu sind. Aus diesen entstehen Gerichte im Zeichen der hiesigen Tradition, aber auch solche, die der Fusionsküche zuzuordnen sind. Sehr interessant ist der Antipasto della Vecchia Cantina (8 €), bei welchem Sie je nach Jahreszeit Frittelle di castagne, Crostini mit Speckcreme, Ravioli di sfoglia mit unterschiedlicher Füllung und Bruschetta mit Speck probieren können. Eine weitere Möglichkeit zum Auftakt sind Camembert, im Ofen geschmolzen, serviert mit Preiselbeermarmelade, oder der Teller mit Lardo (Speck) vom Cinta-Senese-Schwein mit einer Konfitüre aus Cannellini-Bohnen. Unter den Primi wollen wie die **Zuppa di farro** (Suppe mit Dinkel aus den Bergen um Pistoia, 6 €), die hausgemachten **Maccheroni con farina di castagne** (aus Esskastanienmehl) **alla salsiccia**, Tortelloni di capriolo (mit Reh) mit Butter und Wacholderbeeren und Crespelle ai funghi porcini hervorheben. Für den Hauptgang sind **Cinghiale in umido mit Taggiasca-Oliven und gegrillter Polenta**, Tagliata (12 €) in den Versionen ai profumi di bosco, al tartufo oder ai funghi porcini, Filetto di manzo in Chianti-Sauce und **Baccalà in umido mit Lauch und Polenta** zu empfehlen. Zum Ausklang ein hausgemachtes Dessert: Soufflé di castagne (€ 5), Strudel di mele, Mousse di mascarpone oder Zabaione mit heißer Schokolade. Neben dem offenen Hauswein gibt es eine Karte mit Etiketten aus der Toskana und anderen Regionen.

SAN MINIATO
San Miniato Basso-Catena

40 KM SÖ. V. PISA, 40 KM V. FLORENZ, AUSF. SUPERSTRADA

Antico Ristoro Le Colombaie

Restaurant
Via Montanelli 22
Tel. (+39) 05 71 / 48 42 20
Ruhetag: Montag
Ferien: 3 Wochen im Januar
32 Plätze + 40 Plätze im Freien
Preise: 30 € • Kreditkarten: CS, Visa; BM
Abends geöffnet, Sonntag auch mittags

Das zweigeschossige Restaurant hat seinen Sitz in einem ehemaligen Heuboden, dessen architektonische Merkmale im Zuge der Adaptierung erhalten wurden. Die gepflegte Karte präsentiert sich nicht als einfache Auflistung der Gerichte, sondern vielmehr als Visitenkarte des Lokals und des Küchenchefs Daniele Fagiolini, dessen Enthusiasmus ansteckt. Große Aufmerksamkeit wird der Jahreszeitentreue gewidmet: Auf kleinen Tafeln werden die mehrmals im Jahr wechselnden Gerichte angekündigt. Als Antipasti wurden uns neben Käse (einige davon von Daniele selbst im Keller veredelt) und Aufschnitt auch Millefoglie di melanzane mit Lauchcreme, frischen Tomaten und Burrata-Klößchen (9,50 €) angeboten. Die Primi punkten mit hausgemachter Pasta aus Bio-Eiern und Bio-Mehl: Uns beeindruckten **Malfatti mit Ragout vom Chianina-Rind** (10 €) und Carbonara mit Guanciale vom Cinta-Senese-Schwein und Bio-Eiern. In der Saison werden die Tagliolini mit dem berühmten Trüffel dieser Gegend verfeinert. Exzellent ist **Raviolo fritto**, gefüllt mit Mallegato aus San Miniato und Zwiebeln aus Certaldo, auf einer Creme von toskanischem Pecorino (9,50 €). Unser Tipp bei den Hauptgerichten gilt dem überragenden **Peposo** mit Pfeffer aus Rimbas und **Leprino** viterbese (Kaninchen aus einer Zucht aus dem Ortsteil Corazzano), **geschmort mit Gemüse** (15 €). Wunderbare Desserts wie Zuppa inglese (mit Vanille aus Madagaskar), im Glas serviert, und Mousse di ricotta mit Alpenmilch und warmer Feigen- und Mandelkonfitüre. Interessante Weinkarte.

„Ein lebendiges Lokal, das viele Geschichten erzählt: Mit jedem Gericht unternimmt man dank seiner Zutaten, die der Chef mit Respekt und Leidenschaft verwendet, eine Reise durch diesen Landstrich."

SAN MINIATO
Corazzano

42 KM SÜDÖSTLICH VON PISA, S.S. 67

La Taverna dell'Ozio

Trattoria
Via Zara, 85
Tel. (+39) 05 71 / 46 28 62
Ruhetag: Montag
Ferien: unterschiedlich
30 Plätze + 15 Plätze im Freien
Preise: 30–32 €
Keine Kreditkarten
Mittags und abends geöffnet

Für einen Besuch in diesem Lokal, vor allem am Freitag oder Samstag, müssen Sie lang im Vorhinein reservieren. Das liegt an der geringen Größe (klein, aber gepflegt, mit Tischen im Freien für die warme Saison), aber auch an der hohen Qualität der Küche und der großen Weinauswahl. Der Chef Simone Fiaschi führt die Taverna mit Kompetenz und Leidenschaft und bietet neben der Karte täglich wechselnde saisonale Gerichte. Im Saal werden Sie ebenso professionell wie freundlich von Giorgio Castaldi, einem erfahrenen Sommelier, betreut. In San Miniato, der Stadt der Trüffeln, muss diese kostbare Erdknolle in ihren verschiedenen Formen wohl eine Hauptrolle spielen. Simone, ein erfahrener Trüffelsammler, verarbeitet diese in einfachen Gerichten wie **Taglierini al tartufo** (8,50 €), einem Genuss der Superlative, oder über die Tagliata gehobelt, aber auch in aufwendigeren Rezepten wie **Ravioli di pecorino di fossa mit Sommertrüffeln**. Gemüse stammt aus dem eigenen Garten und auch die anderen Produkte werden mit Sorgfalt gewählt. Sehr beliebt sind neben der großen Auswahl an Antipasti die **Zuppa di orzo e verdure**, Gnocchi al ragù und **Stracotto di asino**. Häufige Vorschläge im Frühling sind Lumache, **Trippa fritta** und Rane fritte (10 €). Die Desserts sind hausgemacht und wechseln täglich. Die Weinkarte nennt viele lokale Etiketten, aber auch andere hochkarätige Weine aus Italien und Frankreich, teilweise in größeren Gebinden. Der Hauswein wird in Karaffen angeboten.

Die historische Macelleria Falaschi in **San Miniato Alto** (10 km), Via Conti 18–20, verkauft Fleisch vom Chianina-Rind und vom Cinta-Senese-Schwein, frisch und konserviert, sowie weitere Spezialitäten aus eigener Herstellung.

SAN PIERO A SIEVE

26 KM NORDÖSTLICH VON FLORENZ, S.R. 65

Osteria di San Piero

Enoteca mit Ausschank und Küche
Piazza Cambray Digny, 6
Tel. (+39) 055 / 848 71 09
Ruhetag: Montag, Dienstag
Keine Ferien
25 Plätze + 10 Plätze im Freien
Preise: 30 €
Kreditkarten: CS, DC, MC, Visa; BM
Abends geöffnet

Degustationen, Treffen mit Herstellern, Veranstaltungen, eine Ecke mit Büchern, Zeitschriften und Restaurant-Guides, kurz und gut, die einzige wirkliche Spätabendunterhaltung im Mugello wird hier in der Osteria di San Piero, einer Enoteca mit Küche, geboten: ein gutes Glas Wein, ein Abend mit Plausch und Imbissen oder ein zwangloses Abendessen. Elisabettas große Leidenschaft für das Kochen und die Kompetenz von Roberto in der Vinothek prägen eines der interessantesten Lokale des Mugello, eine Pflichtetappe auch für Touristen auf der Suche nach charakteristischer Atmosphäre und typischen Gerichten. Die Speisenauswahl umfasst zehn Gerichte, die beinahe täglich wechseln und von einem Pult abzulesen sind. Es gibt keine Unterteilung nach Gängen, weil jeder Vorschlag als Antipasto, als Primo oder als Secondo gelten kann. Der gemeinsame Nenner sind die strikt jahreszeiten- und gebietstreuen Zutaten. Gemüse, Käse, Geflügel und sonstiges Fleisch stammen vorwiegend aus lokalen Betrieben, ergänzt durch Gemüse aus dem eigenen Garten. Auch das in der Küche und bei Tisch verwendete native Olivenöl extra wird meistens bei den in der Karte angeführten Weinbauern bezogen. Einige der saisonalen Gerichte: **Tortino viola di patate mit Weißkohl** (9 €), Lasagne mit Emmentaler Käse und Artischocken (10 €), **Bocconcini di maiale mit wilder Myrte** (16 €), **Polpettone** (14 €), Zuppa inglese mit Fondant-Splittern und **Torta al cioccolato mit Birnen** (6 €). Zum Abschluss wählt man Kaffee aus einer eigenen Karte. Brot und Gedeck sind im Preis inbegriffen.

Schlichtheit, Tradition, Gastfreundlichkeit, Jahreszeiten- und Gebietstreue, Sorgfalt bis ins Detail: all das, was wir in jeder Osteria gerne antreffen würden.

SANSEPOLCRO

38 KM NORDÖSTLICH VON AREZZO, S.S. 73

Fiorentino

Restaurant mit Übernachtungsmöglichkeit
Via Pacioli, 60
Tel. (+39) 05 75 / 74 20 33
Ruhetag: Mittwoch
Ferien: letzte Januarwoche, November
90 Plätze + 20 Plätze im Freien
Preise: € 28–30
Kreditkarten: CS, DC, MC, Visa; BM
Mittags und abends geöffnet

Ein Sprung in die Vergangenheit: Das empfindet man bei Betreten des Fiorentino, das seit 1807 im historischen Zentrum von Sansepolcro seinen Sitz hat. Wie uns die Wirtin Alessia Uccellini erzählt, waren einst im Erdgeschoss die Pferdeställe untergebracht und so wurde das Fiorentino als Restaurant von gehobenem Niveau im oberen Stock angesiedelt, wo es heute noch liegt. Beim Genuss der Gerichte kehrt dieses Gefühl der Zeitreise zurück: ein Geschmack wie anno dazumal. Die Wirtsleute achten auf die Qualität der Zutaten und besorgen die Produkte bei lokalen Herstellern. Es gibt hier auch eine große Auswahl an Ölen aus dem Gebiet um Arezzo und aus Umbrien. Als Antipasti findet Sie neben den traditionellen Crostini und Salumi saisonale Gerichte wie Tortino di riso nero mit Ricotta-Fonduta und schwarzem Wintertrüffel (12 €) oder Insalata di arance mit Fenchel, Sellerie und Granatapfel (7,50 €). Die Teigwaren, von Hand gefertigt, werden mit unterschiedlichen Saucen serviert. Wir probierten köstliche **Ravioli di castagne mit Ricotta, Basilikum und frisch gepresstem Öl** (9 €) und klassische Tortellini in brodo di carne (€ 8,50), aber auch **Zuppa di cicerchie e farro** verdient unser Lob. Als Secondi werden **Involtini di vitello mit Artischocken** (9,50 €), **Piccione alle olive** (11,50 €), Tagliata mit würzigen Kräutern und Coniglio alle mele angeboten. Die traditionellen Dolci, wie in alten Zeiten auf einem Wagen präsentiert, sind alle hausgemacht. Die Weinkarte nennt eine Auswahl an Etiketten aus der Umgebung, wobei auch Umbrien eingeschlossen ist. Alessias Bruder wird Sie kompetent beraten.

Bei Valtiberina, Piazza Gramsci, bekommen Sie die gastronomischen und handwerklichen Spitzenprodukte des Tals.

87 KM SÜDÖSTLICH VON SIENA, S.S. 2

Da Gagliano

Trattoria
Via Roma, 5
Tel. (+39) 05 78 / 26 80 22
Ruhetag: Dienstag, Mittwoch; im Winter nur am Wochenende geöffnet
Ferien: zeitweise im Winter
24 Plätze
Preise: 29–30 €
Keine Kreditkarten
Mittags und abends geöffnet

Giuliano Gonnelli und seine Frau Angela Olmi prägen die gute Küche ihrer am Rand des Orcia-Tals, nicht weit vom Chiana-Tal entfernt, gelegenen Trattoria: In diesem einfachen, charakteristischen Lokal lernt man die Geschmacksvielfalt dieses Gebietes kennen. Giulianos Gastfreundlichkeit verbreitet gute Laune. In der Küche verarbeitet Angela hochwertige Produkte beginnend mit den Antipasti: Tartara di chianina (8,50 €), Pappa al pomodoro, Tortino di porcini mit Parmesancreme, Terrina di paté di petto d'anatra mit Birnen und für Freunde von Innereien **Cibreo**. Die Primi werden stets mit verschiedenen Saucen mit Fleisch oder saisonalem Gemüse serviert, zum Beispiel **Stringozzi al ragù di chianina** (9,5 €) oder al sugo d'autunno (mit Wirsing, Safran und Nüssen), Farro a risotto mit Kürbis und Trüffeln oder Rotolo di ricotta e barbabietola mit Parmesan, Butter und Mandeln. Als Alternativen bekommen Sie **Suppen** wie **Zuppa di cavolo nero e fagioli** oder die Version di ceci e porcini. Die Secondi punkten mit **Polpettone di farro e manzo mit Kichererbsen**, **Capocollo, gefüllt mit Pflaumen und Schinken** (12 €), Quaglia ripiena al forno, Coniglio ripieno ai porcini und Terrina di baccalà mit Wirsing und Kartoffeln. Gute Desserts, darunter Bavarese mit Pistazien oder mit Joghurt, Mousse al cioccolato fondente und Crema con castagne glassate al cioccolato. Die kleine Weinkarte, ergänzt durch zwei offene Hausweine, bevorzugt lokale Produkte, was auch für die Biere aus kleinen Brauereien und die nativen Olivenöle extra zutrifft.

»*Kurze Lieferwege, qualitativ hochwertige Zutaten, große Kompetenz in der Küche, Herzlichkeit im Service und korrekte Preise machen dieses Lokal zu einer Hochburg der hiesigen Tradition.*«

7 KM SÜDWESTLICH VON FLORENZ

Bistrot del Mondo da Bobo all'Acciaiolo

Moderne Osteria
Via Pantin/Via Scarlatti
Tel. (+39) 055 / 735 16 20, (+39) 346 / 885 74 47, (+39) 348 / 286 56 59
Ruhetag: Samstagmittag, Sonntagabend
Keine Ferien • 80 Plätze + 80 Plätze im Freien
Preise: 30 € • Kreditkarten: MC, Visa; BM
Mittags und abends geöffnet

Das Lokal, der erste Kulturverein der Stiftung für Biodiversität, wird von Slow Food Scandicci geführt, selbstverständlich unter Einhaltung der Umweltverträglichkeit, der Traditionen und der Saisontreue. Es ist gar nicht einfach, über die Speisenauswahl zu berichten, die Francesca Cianchi mit Unterstützung ihrer tüchtigen Mitarbeiter Monat für Monat präsentiert, da sie je nach Verfügbarkeit der Zutaten variiert. Einige Köstlichkeiten wie Salumi vom Cinta-Senese-Schwein, gemischte Crostini, lauwarme Insalata di polpo mit Kartoffeln (10 €) oder Insalata di fagioli del San Ginese mit Sellerieherzen und Bottarga aus Orbetello sind häufig vertreten. Bei den Primi wechseln **Linguine mit Schwarzkohlpesto** oder Tortiglioni al sugo leggero di salsiccia mit saisonalen Suppen und Cremesuppen miteinander ab, darunter **Passato di fagioli rossi di Lucca** mit Miesmuscheln, kleinen Tintenfischen und Pfeffer aus Rimbas. Jahreszeitentreue prägt auch die Secondi: Kräftiges im Winter, Frisches im Sommer, wobei sich der Bogen von **Stracotto alla fiorentina** (14 €) über **Lampredotto in umido mit Lauch und Kartoffeln** und Baccalà agli agrumi mit Petersilienkartoffeln bis zu Formaggi mit hausgemachtem Zitronenkompott (10 €) spannt. Als Desserts (6 €) gibt es Cheesecake mit Maisgebäck, Ricotta del pastore und Orangenmarmelade und weiche Torta di mele mit Rum-Schlagsahne. Die Weinkarte nennt Produkte dieser Gegend, vorzugsweise aus biologischem und biodynamischem Anbau, ergänzt durch Biere aus kleinen Brauereien und naturalisiertes Wasser.

»*Kein Restaurant, sondern ein Lokal, wo Kultur gemacht wird, beginnend bei den Speisen. Ein Ort, an dem durch die Gerichte über Produzenten, Traditionen und Saisontreue berichtet wird.*«

SCANDICCI
San Colombano

15 km westlich von Florenz

Dino

Trattoria mit Übernachtungsmöglichkeit
Via San Colombano, 78
Tel. (+39) 055 / 79 00 05,
(+49) 393 / 872 02 19
Ruhetag: Montag, außer im Sommer
Ferien: zeitweise im Winter
50 Plätze + 20 Plätze im Freien
Preise: 35 €
Kreditkarten: MC, Visa; BM
Mittags und abends geöffnet

Diese Osteria aus dem späten 19. Jahrhundert war einst eine Raststation, wie der noch immer bestehende Lebensmittelladen mit Ausschank vermuten lässt. In den Räumen mit mächtigen Gewölben scheint die Zeit zum Zeitpunkt eines „modernen", aber mittlerweile schon lange zurückliegenden Umbaus stehen geblieben zu sein. Aus der umfangreichen Karte sind leider nur wenige Köstlichkeiten verfügbar, einerseits wegen der (lobenswert) strikten Einhaltung der Saisontreue, andererseits aufgrund der Tatsache, dass dieser Ort vor allem am Sonntag gut besucht ist. Wir verließen uns also auf den Rat der Dame im Service. Eine gute **Ribollita** (9 €) nach dem klassischen Antipasto toscano (9 €) mit Salumi vom Cinta-Senese-Schwein und Crostini mit Hühnerleber. Als Secondo wählten wir Grigliata für zwei mit frittiertem Gemüse. Vorzüglich waren **Pollo**, **Braciola di maiale** und **Salsiccia**, die **Verdure fritte** schlichtweg umwerfend: Artischocken, Zwiebeln und Zucchini, so frittiert, wie das nur wenige zustande bringen (20 € Fleisch und Gemüse). Wir verzichteten auf das Dessert, warfen aber einen Blick auf den Wagen: Panna cotta, Cantuccini mit Vin Santo und Torta di mele (5 €). Zum Trinken wählten wir einen hervorragenden DOC-Chianti aus der gut bestückten Karte. Erstklassige Edelbrände mit einer umfangreichen Auswahl an Rum und Cognac. Ein Ort, dessen größte Überraschung darin besteht zu entdecken, dass es solche Orte überhaupt noch gibt.

Francesco Montrone und Antonella Urzi in **Scandicci** (6 km), Via Monti 14, produzieren feine Schokolade aus bestem Kakao. La Volpe e La Volpe in der Via della Pieve 1 (6 km vom Zentrum): Käse, Wurst, Wein, Schnäpse, eingelegte Produkte, Teigwaren, Reis, Brot und Schiacciate.

SEMPRONIANO
Catabbio

65 km südöstlich von Grosseto, S.S. 322

La Posta

Trattoria
Via Verdi, 13
Tel. (+39) 05 64 / 98 63 76,
(+39) 338 / 395 31 77
Ruhetag: Montag
Ferien: 7. Januar–28. Februar
60 Plätze + 20 Plätze im Freien
Preise: 30–35 € • Kreditkarten: MC, Visa; BM
Mittags und abends geöffnet, im Winter Montag–Freitag nur abends

In dieser Trattoria zwischen Semproniano und Saturnia, in der kleinen Ortschaft Catabbio, halten Danilo Zammarchi, sein Bruder Giulio (Service) und seine Mutter Antonella Pinzi (Küche) die Familientradition eines Gastbetriebs im Stil der Maremma hoch. Das Konzept der kurzen Transportwege wird hier zum Motto erhoben: Die Pasta ist hausgemacht, alle anderen Produkte stammen aus Betrieben der Umgebung, Fleisch aus einer Fleischerei mit Zuchtbetrieb aus Pitigliano, Öl und Cinta-Senese-Fleisch aus Cinigiano, Käse (vor allem Rohmilch-Pecorino) aus Semproniano. Mit diesen lokalen Produkten kann Antonella perfekt umgehen: Das beweisen die einfachen, aber schmackhaften Crostini (4 €), **Frutta e verdura in pastella**, **Tortelli maremmani al ragù** (8 €), **Fritto** di pollo oder **di costolette di agnello** (12 €, wunderbar leicht) sowie **Cinghiale** (12 €), klassisch zubereitet **mit Oliven**, mit Pflaumen oder Polenta. Das Speisenangebot wird von der Jahreszeit vorgegeben und man bekommt in der entsprechenden Saison Tagliatelle agli asparagi oder ai funghi und Carciofi fritti. Sie zahlen etwas mehr, wenn Sie Tagliata di manzo maremmano, Filetto oder **Bistecca** wählen. Gegen Vorbestellung wird Buglione di agnello zubereitet. Hausgemachte Desserts wie Zuppa inglese (4 €), Crema dell'Antonella und Tronchetto al cioccolato. Die Weinkarte ist klein, aber niveauvoll und misst lokalen Produkten einen hohen Stellenwert bei. Eine gute Wahl ist jedenfalls der Rotwein des Hauses aus Scansano. Nette Auswahl an Grappa.

Der Caseificio Il Fiorino in **Roccalbegna** (20 km), Ortsteil Paiolaio, ist bekannt für die Erzeugung von toskanischem Pecorino und Marzolino. Im Laden kann man neben Käse weitere lokale Produkte probieren und kaufen.

Grotta di Santa Caterina da Bagoga

Restaurant • Via della Galluzza, 26
Tel. (+39) 05 77 / 28 22 08
Ruhetag: Sonntagabend, Montag
Ferien: 15.–31. Januar, letzte Juliwoche
60 Plätze + 24 Plätze im Freien
Preise: 30–33 €
Kreditkarten: AE, CS, MC, Visa; BM
Mittags und abends geöffnet

Seit 1973 führt Pierino Fagnani dieses Lokal, wo Tradition und Kochkunst, basierend auf einfachen, lokalen und saisonalen Zutaten, eine fruchtbare Symbiose eingehen. Schon seit einiger Zeit ist im Grotta Pierinos Sohn Francesco für Service und Weine verantwortlich, aber der Herr Papa liebt es noch immer, wenn es die Arbeit in der Küche erlaubt, von Tisch zu Tisch zu streifen, um mit den Gästen zu plaudern. Wir begannen mit einem köstlichen Tortino di formaggio mit Nusscreme (7 €), Tonno dei colli senesi – in Öl eingelegtes gekochtes Schweinefleisch –, **Collo di pollo ripieno** und Crostini. Im Herbst und im Winter gibt es auch warme Antipasti. Im Kapitel der Primi findet man ***Pici* all'aglione**, al cinghiale oder ai porcini (10 €), Pappardelle mit Wildsaucen, in der Saison exzellente Gnocchetti al tartufo und **Zuppa di fagiano e lenticchie** (Fasansuppe mit Linsen). Sorgfältig gewähltes Fleisch für den Hauptgang, auch bei den Grillgerichten: **Bistecca**, Tagliata, Filetto. Originalität und Tradition verschmelzen bei **Gallo indiano** (9 €), einem pikanten Rezept aus dem 15. Jahrhundert, und im **Peposo** del Brunelleschi. Eine gute Wahl sind auch Coniglio alle Crete Senesi, **Tegamata di maiale** und Tagliata di pollo in unterschiedlichen Versionen. Als Beilagen bekommen Sie Bohnen, Kichererbsen und saisonales Gemüse. Ein weiterer Vorschlag ist die Auswahl an Formaggi. Panpepato, Pinolata, Panforte, Torta di riso und Fantasia di bavarese sind die Desserts (7,50 €), serviert mit einem Glas Dessertwein. Neben den eigenen Weinen aus dem Brunello-Gebiet und dem guten Chianti des Hauses bietet Francesco eine erlesene Auswahl an Etiketten mit Schwerpunkt auf lokalen Produkten. Einige Weine werden auch glasweise angeboten. Sie bekommen hier auch Biere aus kleinen Brauereien und hochwertige Edelbrände.

Hosteria Il Carroccio

Restaurant
Via del Casato di Sotto, 32
Tel. (+39) 05 77 / 411 65
Ruhetag: Mittwoch
Ferien: Februar, November
35 Plätze + 20 Plätze im Freien
Preise: 32–35 €
Keine Kreditkarten
Mittags und abends geöffnet

Dieses Lokal im Zentrum der prachtvollen Stadt Siena ist winzig: ein Raum mit etwa 30 Plätzen, im Sommer zusätzlich einige Tische im Freien. Das Ambiente ist freundlich und Renata, die Inhaberin, vermittelt jedem Wohlbehagen. Das Speisenangebot wechselt mit den Jahreszeiten, wobei die Tradition aber stets deutlich zu spüren ist, manchmal auch durch die humorvollen Verse, die in der Karte zitiert werden. Man beginnt mit Antipasti: Es gibt die Version Medievale, den Classico toscano (10 €), pikante Fegatini di pollo mit Vin Santo, Crostini neri mit Milz, **Lampredotto** alla Re' und *Ovo* sodo mit Sardellen, in Pesto eingelegt. Spitzengerichte unter den Primi sind ***Pici*, mit Cacio und Pfeffer** oder al Carroccio (8 €), Tagliatelle al ragù und Risotto mit rotem Radicchio, Pinienkernen und Gorgonzola. Zu erwähnen sind auch die Suppen, darunter **Ribollita**, Pappa al pomodoro und **Zuppetta *inceciata* mit Salsiccia** (8 €). Für den Hauptgang empfehlen wir **Tegamata di maiale** (14 €), eine wahre Gaumenfreude, oder frittierte Fettona di scamerita, aber auch Spezzatino alla Re', **Coniglio allo zimino di spinaci** (18 €) und **Bistecca** können mithalten. Als Beilagen bekommt man Fagioli all'uccelletto, Bratkartoffeln, Tombolino di fagioli mit Bohnen und Guancia di maiale sowie Rapetti (kleine Rüben), mit Knoblauch in der Pfanne gebraten (5 €). Als Desserts erwarten Sie Torta di pere e cioccolato mit Peperoncino (4 €), Ricotta al Marsala mit zerlassener Schokolade (5 €), Ricciarelli und Cantuccini. Zum Abschluss wählt man einen aromatisierten Grappa und Vin Santo aus dem angebotenen Sortiment. Schöne Auswahl an Etiketten aus der Toskana, ergänzt durch einen guten Sangiovese als Hauswein. Ab zwei Personen besteht die Möglichkeit, ein Degustationsmenü für 30 € inklusive Getränke zu bestellen.

SIGNA
Sant'Angelo a Lecore

16 km westlich von Florenz, S.S. 66

Antica Trattoria di' Tramway

Trattoria • Via Pistoiese, 353–357
Tel. (+39) 055 / 877 82 03,
(+39) 333 / 463 60 68
Ruhetag: Sonntagabend, Montag
Ferien: zeitweise im August
75 Plätze + 25 Plätze im Freien
Preise: 25–30 € • Alle Kreditkarten; BM
Mittags und abends geöffnet

Diese Trattoria liegt ein paar hundert Meter von der zum Weltkulturerbe ernannten Villa Medici in Poggio a Caiano entfernt. Das Lokal, einst an die 1921 aufgelassene Endstation der Straßenbahn von Florenz angeschlossen, versetzt den Gast in die Vergangenheit. Morando, „Stoppino" genannt, eröffnete hier 1961 einen Treffpunkt für Leute, die zu ihm kamen „für einen Kaffee, ein Kartenspiel und um über Gott und die Welt zu schimpfen". Sehr gerne wird er Ihnen die Geschichte der Trattoria erzählen. Man durchquert den Lebensmittelladen und wird von Sandro und Adelina in einem der beiden großen Gastzimmer mit Retro-Chic empfangen, die an Feiertagen von einheimischen Familien gestürmt werden. In der Küche hält sich Margherita, Morandos Schwiegertochter, treu an die Rezepte, auf denen der gute Ruf des Lokals beruht, insbesondere die Gerichte mit Schaffleisch. Zum Auftakt empfehlen wir als Alternative zu den gemischten Crostini den Tagliere di cinta senese (12 €), einen erstklassigen Wurstaufschnitt. Weiter geht es mit **Maltagliati al sugo di pecora**, **Maremmani al pomodoro** oder Lasagne al forno (8 €). Der Hauptgang sieht **Pecora** oder Cinghiale **in umido**, Bistecchine di pecora (12 €) und weiteres Fleisch vom Grill, **Bollito misto**, Polpette und **Trippa alla fiorentina** vor. **Fagioli all'uccelletto** (3 €) sind die traditionellste Beilage. Zum Schluss können Sie, was heute bereits eine Seltenheit ist, aus einem Sortiment an Vin Santo zum Eintauchen der Cantuccini wählen. Als Alternative zum Hauswein gibt es einige interessante Rotweine aus dem nahe gelegenen Anbaugebiet Carmignano.

Caseus in **Scandicci** (10 km), in der Via Aleardi 27–29: hervorragende Auswahl an italienischen und ausländischen Käsesorten.

SUVERETO

82 km südöstlich von Livorno, S.S. 1

I' Ciocio

Moderne Osteria
Piazza dei Giudici, 1
Tel. (+39) 05 65 / 82 99 47
Ruhetag: Montag
Ferien: 1 Woche im November, 3 Wochen im Februar
50 Plätze + 50 Plätze im Freien
Preise: 35–40 €
Kreditkarten: AE, CS, MC, Visa; BM
Mittags und abends geöffnet

Diese Osteria, im Zentrum des prachtvollen mittelalterlichen Städtchens Suvereto in der oberen Maremma gelegen, nutzt das Gebäude einer alten Mühle, wo Stein, Schmiedeeisen und Holz eine rustikale, aber stilvolle Atmosphäre schaffen. An einer kleinen Tafel sind die Tagesgerichte angeschlagen. Die Vorschläge aus der umfangreichen Karte erfordern wegen der frischen Zubereitung aller Speisen längere Wartezeiten. Unter den zahlreichen Antipasti finden Sie Fegato di chianina mit Weißkohl und Rosinen (9 €), Flan di zucchina in fiore e ricotta, dazu ein Sandwich mit lauwarmem Schweinekopf und Pecorino a crosta fiorita sowie gut bestückte gemischte Teller (sechs Kostproben) mit Fisch oder warmen Häppchen (12 €). Als Primo können Sie Crespelle mit Caprino und Nüssen auf knackigem Gemüse, **Gnocchetti di ricotta e pecorino in Lauchcreme mit Kichererbsen** (8 €) und Carbonara di calamaro e seppie in blu probieren. Die Secondi erinnern an Fabrizios florentinische Wurzeln: Es gibt **Lampredotto mit Saucen** (8 €), aber auch **Cinghiale stufato mit Preiselbeeren und Kichererbsenpolenta** (16 €), **Reale di chianina, in Most mariniert**, bei niedriger Temperatur gegart, und Petto di galletto, mit Pecorino gefüllt. Beispiele aus der gewaltigen Dessertkarte: Tiramisu, Crespelle al mascarpone mit Orangenblüten in Orangensauce mit Pinienkernen (6 €) und Tortino rustico mit nativem Olivenöl extra, getrockneten Äpfeln und kalter Honigcreme. Die Weinkarte achtet auf territoriale Zugehörigkeit, wobei die Produkte aus dem Cornia-Tal im Rampenlicht stehen, ergänzt durch andere Etiketten aus der Toskana. Zwei Degustationsmenüs: eines mit Gerichten nach historischen Festlandrezepten (sechs Gänge, 35 €), das andere mit Fischgerichten (sieben Kostproben von Antipasti, ein Primo, ein Secondo, zwei Dolci, 45 €).

SUVERETO
San Lorenzo

86 KM SÖ. V. LIVORNO, S.S. 1, S.S. 398 U. S.P. 22

San Lorenzo Da Ghigo

Trattoria
Ortsteil San Lorenzo, 73
Tel. (+39) 05 65 / 84 51 53,
(+39) 334 / 931 58 99
Ruhetag: Mittwoch
Ferien: Februar
40 Plätze + 40 Plätze im Freien
Preise: 25–35 €
Alle Kreditkarten; BM
Mittags und abends geöffnet

Wir befinden uns hier in San Lorenzo, einem kleinen Ortsteil von Suvereto, mitten im Grünen. Diese Trattoria hat ihren Sitz in einem Landhaus, das auch über einen Außenbereich für die schöne Jahreszeit verfügt. Sergio Righetti, der den Spitznamen „Ghigo" trägt, begleitet Sie auf einer kulinarischen Reise, bei der sich dieser Landstrich in seinen Produkten und Weinen vorstellt. Die Küche bevorzugt jahreszeitentreue Zutaten vorwiegend lokaler Provenienz und achtet auf eine sorgfältige Präsentation der Gerichte, die im richtigen Rhythmus und mit höflichem, professionellem Service aufgetischt werden. Schon bei den Antipasti beweist die Karte, dass die Toskana ihr Leitmotiv ist: Crostini (5 €), Salumi aus den Crete Senesi, gegrillte Polenta mit Speck aus Colonnata und Sformati aus saisonalem Gemüse mit Pecorino-Fonduta (6 €). Die Teigwaren für **Tortelli mit Ricottafüllung**, serviert **mit Ragout**, mit Tomaten oder Butter und Salbei, **Pappardelle al cinghiale** und **Gnocchi di patate rosse di Cetica mit Chianina-Ragout** (10 €) sind hausgemacht. Als Alternative bekommen Sie Zuppa toscana, **Acquacotta** oder **Minestra di farro**. Fleisch feiert bei den Secondi seinen Triumph: Probieren Sie **Cinghiale alla maremmana in umido mit Oliven** (15 €), Filetto di manzo vom Grill mit Zwiebeln, in Balsamico-Essig und Rotwein geschmort, **Peposo di chianina dell'Impruneta** (15 €), Tagliata di cinta senese mit Gemüse-Caponata und **Bistecca** alla fiorentina. Manchmal gibt es Stoccafisso und ausschließlich im Sommer werden Gerichte mit frischem Fisch zubereitet. Hervorragende Dolci, alle hausgemacht, darin eingeschlossen die Cantuccini, die in Vin Santo getaucht werden. Die Weinkarte ist gut bestückt mit Etiketten aus dieser Gegend. Zu empfehlen sind auch die beiden Hausweine, die von einem lokalen Winzer stammen.

TAVARNELLE VAL DI PESA

30 KM SÖ. V. FLORENZ, S.S. 2 OD. SUPERSTRADA FLORENZ-SIENA

La Gramola

Osteria-Enoteca
Via delle Fonti, 1
Tel. (+39) 055 / 805 03 21,
(+39) 338 / 603 93 56
Ruhetag: Dienstag, außer im Juni und Juli
Keine Ferien
70 Plätze + 30 Plätze im Freien
Preise: 32–35 €
Alle Kreditkarten; BM
Mittags und abends geöffnet

Ein Besuch in dieser kleinen Ortschaft nach einer schönen Fahrt durch die Hügel zwischen dem Pesa- und dem Elsa-Tal ist stets ein Vergnügen. Seit etwa 20 Jahren führen Massimiliano und Cecilia hier diese Osteria mit familiärer, intimer Atmosphäre. Hier lernen Sie Produkte dieses Landstrichs – Obst, Gemüse, Fleisch, Käse, Mehl – kennen, mit denen Cecilia die Traditionsgerichte zubereitet. Zum Einstieg Antipasti: Salumi und Formaggi, aber auch schmackhafte Frittatina mit Kräutern (5 €), Insalate und Sformati mit saisonalem Gemüse. Die Primi umfassen Suppen wie **Vellutata di zucca gialla** (8 €), die mit Gnocchi, Ravioli, Pappardelle und erstklassigem **Risotto al Chianti Classico** (10 €) abwechseln. Lokale Tradition dominiert auch bei den Secondi: **Nodini di manzo alla salsa di Chianti mit Kartoffelpüree**, Tagliata di manzo all'aspretto di Chianti, Spiedino mit Hähnchen, Schwein und Salsiccia, serviert mit Feldsalat, und feines **Coniglio ripieno con prosciutto toscano mit Pfannengemüse** (16 €). Hier wird auch der Hamburger zum Toskaner erhoben: Es gibt ihn in zwei Versionen, mit Fleisch vom Chianina-Rind, Pecorino, Brot, Osteria-Sauce und saisonalem Gemüse (12 €) und mit Bardiccio fiorentino (oder Salsiccia matta, einer Wurst aus Schweine- und Rindfleisch). Zum Abschluss hausgemachte Gelati oder Desserts (6 €). Im Keller lagern gute Weine mit vielen Vorschlägen aus dem Chianti-Gebiet, auch in Halbliterflaschen oder zum glasweisen Ausschank. Es gibt ein Tagesgericht für 20 bis 22 € und Degustationsmenüs für 30, 35 und 45 €.

Nicht weit vom Lokal entfernt finden Sie bei Caratello (Via Roma 184) die besten Weine der Gegend, die Sie zu Käse, Wurst und anderen Spezialitäten probieren können.

TERRANUOVA BRACCIOLINI
Penna Alta

37 KM NORDWESTLICH VON AREZZO, S.S. 69 OD. A 1

Il Canto del Maggio

Moderne Osteria mit Übernachtungsmöglichkeit
Ortsteil Penna Alta, 30 D
Tel. (+39) 055 / 970 51 47,
(+39) 339 / 264 16 72
Ruhetag: Montag • Ferien: unterschiedlich
30 Plätze + 40 Plätze im Freien
Preise: 32–35 €
Kreditkarten: CS, DC, MC, Visa; BM
Abends geöffnet, an Feiertagen auch mittags

Wollen Sie erleben, wie ein Märchen wahr wird? Dann auf zum Canto del Maggio! Mit Mühe und Geduld hat die Familie Quirini das alte, verlassene Dörfchen Penna Alta neu belebt, zu einem Juwel der toskanischen Landschaft werden lassen und hier eine Osteria wie in alten Zeiten errichtet. Heute ist Simona Quirini die gute Fee und erzählt den Zauberstab schwingend, was in den Töpfen brodelt: „Gemüse und Kräuter stammen aus unserem Garten, natursgesäuertes Brot backen wir einmal pro Woche im Holzofen, hausgemacht sind die Pasta mit Ei und *Pici* aus biologischem Steinmühlen-Mehl, Kirschtomaten gibt es auch im Winter, weil wir sie im Sommer ernten und in Gläsern einlegen. Und alles, was wir nicht selbst produzieren, kaufen wir bei lokalen Herstellern." Jedes Gericht auf der Karte würde eine Erwähnung verdienen, aber da wir eine Auswahl treffen müssen, nennen wir unsere Favoriten: Terrina di cinta mit Pistazien und Kartoffelsauce (8 €), ***Pici* mit Brokkoli, Sardellen und Brotkrumen** (9 €), Vellutata ai ceci rosa mit knusprigem Rigatino, **Peposo alla fornacina** (19 €) sowie **Cinghiale mit Oliven und Paprikaschoten**. Nicht zuletzt die Desserts (auch ein Werk der Fee): Zabaione alla birra mit Eis und knuspriger Cialda al tè (6 €), Cheesecake mit Cantuccini und Vin-Santo-Gelée. Die Karte enthält auch ein schönes Sortiment an **Formaggi** von kleinen lokalen Käsereien. Die Weinkarte hat ihren Schwerpunkt bei lokalen Etiketten, mit erlesenen Produkten zu angemessenen Preisen. Und wie es sich für ein Märchen gehört, gibt es auch ein Happy End: In der angeschlossenen Locanda kann man übernachten.

„*Die Formel ist denkbar einfach: eine Küche, die den Landstrich authentisch und perfekt widerspiegelt.*"

TERRANUOVA BRACCIOLINI
Cicogna

37 KM NORDWESTLICH VON AREZZO, S.S. 69 OD. A 1

L'Acquolina

Restaurant mit Übernachtungsmöglichkeit
Via Setteponti di Levante, 26
Tel. (+39) 055 / 97 74 97
Ruhetag: Montag
Keine Ferien
80 Plätze + 60 Plätze im Freien
Preise: 35 €
Kreditkarten: CS, DC, MC, Visa; BM
Mittags und abends geöffnet

Nach einer Fahrt über die Staatsstraße Setteponti durch die Hügel des Valdarno biegt man in eine Schotterstraße ein, die zu diesem von Olivenbäumen umgebenen Lokal führt. Der Saal ist riesengroß, an den rot getünchten Wänden hängen zahlreiche Bilder. Säulen und Trennelemente schaffen ein gemütliches, freundliches Ambiente, trotz der Größe. Das Interieur ist ein angenehmer Mix aus modernen Elementen und einfachem toskanischem Dekor. Paolo Tizzanini, seine Frau Daniela und ihr Sohn Giulio, ein tüchtiger Sommelier, führen die Osteria mit großer Professionalität, Leidenschaft, Aufmerksamkeit und Höflichkeit gegenüber dem Gast. Die Gerichte, mit allen notwendigen Details mündlich vorgetragen, halten sich an die Traditionen dieser Region, insbesondere des Valdarno, und werden jeweils der Jahreszeit entsprechend aus hochwertigen Zutaten zubereitet. Der Gemüsegarten und der Olivenhain, beides Familieneigentum, liefern Gemüse, Kräuter und Öl. Der einzig verfügbare Antipasto besteht aus Tortini, Gemüse und Polpette aus saisonal unterschiedlichen Ingredienzen. Unter den Primi (12 €) dürfen **Risotti** aus Reis einer in der Toskana angebauten Carnaroli-Sorte, die ***Pici*** mit Salbeipesto oder **al ragù di chianina** und Suppen (**Acquacotta**, **Ribollita**, Passato di fagioli) nicht fehlen. Zum Hauptgang können Sie sich den köstlichen **Stufato alla sangiovannese** (12 €), **Anatra in porchetta**, Fritto misto und Fegatelli di cinta senese schmecken lassen. Unter den allesamt hausgemachten Desserts verdienen Crema di latte al rum (4 €), Zuppa inglese und Castagnaccio ein besonderes Lob. Angenehmer Hauswein und eine Weinkarte mit erlesenen Etiketten dieses Landstrichs, einige auch zum glasweisen Ausschank. In zwei kleinen Gebäuden mitten im Olivenhain bietet die Locanda vier schöne Gästezimmer zum Übernachten.

TORRITA DI SIENA
Montefollonico

51 KM SÜDÖSTL. V. SIENA, 6 KM V. PIENZA, S.S. 326

La Botte Piena

Moderne Osteria
Piazza Cinughi, 12
Tel. (+39) 05 77 / 66 94 81
Ruhetag: Mittwoch
Ferien: Januar, Juli
45 Plätze + 25 Plätze im Freien
Preise: 28–30 €
Alle Kreditkarten; BM
Mittags und abends geöffnet

Wenn Sie zum Abendessen in dieses Lokal kommen und auf der Fahrt die Schönheit der Umgebung und der Ortschaft nur erahnen können, dann werden Sie es bereuen, nicht bei Tageslicht gekommen zu sein. Das La Botte Piena liegt innerhalb der alten Stadtmauern von Montefollonico. Der Eingang weist deutlich auf das hin, was Sie bei Tisch erwartet: eine Vinothek mit vielen der Flaschen aus der ganzen Welt, die auch auf der Weinkarte stehen, eine reich bestückte Käsetheke, Salumi in ebenso großen Mengen (und von hoher Qualität). Die Holzbalken an den Decken der beiden Räume, Cotto-Fliesen, Fässer, Korbflaschen, Regale, alte Kommoden und ein Kamin vermitteln ein heimeliges Gefühl. Nach dem höflichen Empfang bekommen Sie Erklärungen, die Sie bei der Wahl der Speisen und Weine (auch glasweise ausgeschenkt) unterstützen. Die Karte spiegelt eine Küche wider, in der die lokalen Produkte saisontreu und mit großem Geschick verarbeitet werden. Unter den Antipasti bestechen exzellente Salumi und **Formaggi**, serviert mit unterschiedlichen Crostini (3 €) und Bruschette, aber wir probierten auch einen hervorragenden **Sformato di parmigiano mit Birnensauce** (7,50 €). Dann die Primi mit ***Pici*** al sugo, all'aglione oder **alle briciole**, rustikale **Caserecce al ragù di cinta senese** (9,50 €), Zuppa di legumi, **Ribollita** oder Pappa al pomodoro. Schmackhafte, gehaltvolle Secondi: Fegatelli di maiale, Salsiccia oder **Cotiche mit Bohnen**, Trippa (auch in einer Sommerversion) und meisterlich zubereitete **Piccione nel tegame** (14 €). Der klassische Abschluss sind Cantucci, es gibt aber auch hausgemachte Torten und Cremedesserts.

»
Die Wertschätzung des Gebietes und die Aufmerksamkeit gegenüber Details machen diese Osteria zu einer zuverlässigen Adresse.
«

TREQUANDA

44 KM SÜDÖSTLICH VON SIENA

Il Conte Matto

Restaurant mit Übernachtungsmöglichkeit
Via Taverne, 40
Tel. (+39) 05 77 / 66 20 79
Ruhetag: Dienstag, im Sommer Montag und Dienstagmittag
Ferien: zeitweise im Winter
60 Plätze + 50 Plätze im Freien
Preise: 25–35 €
Kreditkarten: MC, Visa; BM
Mittags und abends geöffnet

Seit mehr als 30 Jahren führt die Familie Arrigucci dieses charmante Lokal mit prachtvollem Panoramablick über die Crete Senesi. Davide, im Saal von Chiara und Sebastiana unterstützt, begleitet Sie bei Ihrem kulinarischen Streifzug. Die Gerichte, teilweise aus der Renaissancezeit wie **Cinghiale in dolceforte** (11 €), basieren auf exzellenten Zutaten von lokalen Herstellern und auf Slow-Food-Presidi. Öl, Süßspeisen und frische Teigwaren sind aus eigener Produktion. Der warmherzige Empfang, die Professionalität bei der Empfehlung von Speisen und Weinen und die hohe Qualität der Küche machen den Besuch in diesem Lokal zu einem nachhaltigen Erlebnis. Die Karte folgt den Jahreszeiten, aber einige Gerichte sind das ganze Jahr über vertreten. Beginnen können Sie mit Tartara di vitellone chianino mit Artischocken (12 €), gemischten Crostini neri mit Hühnerleber und anderen Innereien sowie Fiore di lingua mit Bratkartoffeln und grüner Sauce mit Orange. Unter den Primi finden Sie ***Pici* alle briciole**, Gnocchi di patate mit Guanciale, Bohnen und gehobeltem Pecorino oder **Ribollita mit frischem Zwiebel** (7 €). Die Secondi: Anatra disossata in porchetta, **Scottiglia di polmone**, Coda, Lingua und Muscolo vom Chianina-Rind mit Kräutern und **Bistecca**. Umfangreiche, gepflegte Auswahl an **Formaggi** dieser Gegend. Zum Abschluss Tortino al cioccolato, Crostate mit hausgemachten Konfitüren und Cantucci. Die Weinkarte enthält zahlreiche interessante Etiketten mit Lokalbezug. Sehr gut ist auch der Hauswein.

»
Wenige Zeilen können nicht genügen, um dieses Lokal zu beschreiben. Hier werden Gebietszugehörigkeit und Jahreszeitentreue betont, aber nicht überstrapaziert: ein Lokal, das Sie selbst ausprobieren müssen.
«

29 KM NORDWESTL. VON LUCCA, S.S. 439 OD. A 11

Buonumore

Trattoria
Viale Capponi, 1/Via Marco Polo
Tel. (+39) 339 / 692 09 36
Ruhetag: Montag, außer im Sommer
Ferien: Dezember
25 Plätze + 60 Plätze im Freien
Preise: 35 € (Tagesmenü)
Keine Kreditkarten
Mittags und abends geöffnet, im Winter Mittwoch und Donnerstag nur abends

Die Trattoria von Amelio Fantoni, einem bekannten Gastronomen der Versilia, hat ihren Sitz in einer maritim gestalteten Holzhütte im Pinienwald an der Ostküste, nicht weit von der Strandpromenade entfernt. Amelio tummelt sich im Saal, seine Tochter Simona arbeitet in der Küche, unterstützt durch Emanuele Morelli. Das Lokal ist sehr einfach, aber angenehm, mit einem schönen Garten, einem Eingangsbereich mit Bartresen, der auch einen Service für den Außenbereich ermöglicht, und links einem kleinen Raum mit papiergedeckten Holztischen. Mittags gibt es eine beschränkte Auswahl an Gerichten, abends ist die Speisenfolge festgelegt: Man isst, was die Küche aus fangfrischem Fisch dieser Gegend, oft auch aus Arme-Leute-Fisch, zubereitet hat. Amelio beschreibt sowohl die Fische als auch die Rezepte, die auf einfachen Zutaten und Garmethoden basieren, um Geschmack und Frische zu unterstreichen. Das Gemüse stammt aus Bio-Anbau, Brot wird aus Mutterhefe aus hochwertigem Mehl selbst gebacken. Zum Antipasto di mare (drei Kostproben, 15 €) können sich **Pancotto** (Brotsuppe mit Tomaten und Tintenfisch), Crudité di gamberi, Polpettine von Rochen und Meeresschnecken und die berühmten Crostini di fegato di razza (mit Rochenleber) gesellen. Für gewöhnlich wird das Secondo gleich nach dem Antipasto serviert: Bei unserem letzten Besuch gab es eine wunderbar duftende **Frittura di gamberi e totani** (15 €). Wenn Sie auf das Primo nicht verzichten wollen, dann wählen Sie Bavette mit Meeräsche und Spargel (10 €), **Linguine alle cicale** (mit Heuschreckenkrebsen) und Spaghetti mit Venus- und Miesmuscheln. Zum Abschluss Simonas Desserts, darunter Quadretto di torta al cioccolato und Bicchierino di crema (5 €). Eine Weinkarte mit guten, vorwiegend toskanischen Etiketten, auch aus biologischem und biodynamischem Anbau.

40 KM NORDÖSTLICH VON FLORENZ, S.R. 65

Giotto

NEU

Trattoria
Via del Popolo, 63
Tel. (+39) 055 / 84 41 95
Ruhetag: Mittwoch
Ferien: unterschiedlich
40 Plätze
Preise: 23 €
Kreditkarten: CS, DC, MC, Visa; BM
Mittags geöffnet

„Giotto breitete ein großes weißes Papier aus, tauchte den Pinsel in die Dose mit roter Farbe und zeichnete im Nu freihändig einen so perfekten Kreis, wie man ihn nur mit einem Zirkel hätte ziehen können. ‚Das ist mein bestes Gemälde!', rief er aus und übergab das Blatt dem Abgesandten des Papstes." Mit dieser einfachen Geste begann Giottos Ruhm in der Welt. Andere einfache Gesten sind heute die Merkmale der traditionellen und unverfälschten Küche von Mama Rosa. Giottos Statue steht draußen auf der Piazzetta di Vicchio, als würde er über die Trattoria wachen, die seinen Namen trägt. Wenn Sie wirklich Lust auf toskanisches Essen haben, dann sind Sie hier richtig. Eine Trattoria nach alter Art: Papa und Mama in der Küche, der Sohn Massimo im Saal. Die Karte: unprätentiös, mit wenigen, aber guten Vorschlägen zu mehr als moderaten Preisen. Hervorragende Primi aus hausgemachten Teigwaren, insbesondere **Tortelli di patate** (eine Spezialität des Mugello), serviert **mit Ragout** vom Kalb oder **von der Ente**, mit Funghi oder mit Tomaten. Gut sind auch **Tagliatelle** und **Lasagne**. Das Repertoire, von Massimo mündlich vorgetragen, umfasst auch einen aromatischen **Fritto di pollo**, **Coniglio ripieno**, **Bracioline ripassate nel pomodoro**, **Arista** und am Sonntag den fabelhaften, „echten" Arrosto girato mit Lendenfilets, Leber, Hähnchen und anderem. Die Beilagen variieren je nach Saison, die Dolci sind hausgemacht: Besondere Erwähnung verdient die gute Version des Tiramisu. Angenehmer offener Hauswein. Dann kommt Massimo mit der Rechnung – und wir haben einen weiteren perfekten Kreis!

La Casa del Prosciutto (Via Ponte a Vicchio 1): Verkauf und Verkostung von lokalen Salumi und Formaggi, Brot und Schiacciate.

66 KM SÜDÖSTLICH VON PISA, S.S. 68 UND S.S. 439

Da Badò

Trattoria
Borgo San Lazzero, 9
Tel. (+39) 05 88 / 804 02,
(+39) 342 / 395 83 85
Ruhetag: Mittwoch
Keine Ferien
40 Plätze
Preise: 35 €
Kreditkarten: CS, DC, MC, Visa; BM
Mittags und abends geöffnet

Knapp außerhalb des historischen Zentrums der Etruskerstadt liegt diese Trattoria, ein Familienbetrieb mit Bar, wo man einen Imbiss mit lokalen Wurst- und Käsespezialitäten bekommt. Im Saal mit weinrot gedeckten Tischen und Weinflaschen auf den Regalen werden Sie von Giacomo Nencini empfangen, der Seele des Lokals, das er gemeinsam mit seiner Mutter Lucia, einer erfahrenen Meisterköchin, führt. Ihr Werk ist die bodenständige Küche nach hiesiger Tradition mit typischem, klarem Geschmacksbild. Das Kapitel der Antipasti umfasst neben klassischen Salumi und Crostini auch Sformati mit saisonalem Gemüse. Die Teigwaren von einem kleinen lokalen Betrieb sind sehr appetitlich: ***Pici* al ragù di maiale** (mit Schweineragout) oder di anatra (Entenragout, 12 €), **Pappardelle al cinghiale** oder alla lepre und die exzellenten **Tortelloni al pecorino erborinato**. Als Alternative bekommen Sie die traditionelle **Zuppa alla volterrana** (10 €), eine Variante der bekannteren Zuppa toscana. Unter den Secondi haben uns **Faraona al Vin Santo**, **Cinghiale in umido**, **Trippa** und **Baccalà rifatto** (13 €) ganz besonders überzeugt. Wenn Sie Glück haben, können Sie sich **Collo di gallina ripieno** schmecken lassen. Auch für die Desserts zeichnet Lucia verantwortlich: gutes Semifreddo, Budino di ricotta mit Brombeeren (6 €), Crostate und Torta di mele. Schade, dass es keine Weinkarte gibt, aber Giacomo berät Sie gern zu den verfügbaren, vorwiegend toskanischen Etiketten, ergänzt durch einen guten Hauswein aus der Gegend von Certaldo.

La Vena di Vino (Via Don Minzoni 30) ist eine Vinothek mit vielen toskanischen und anderen italienischen Weinen, die man zusammen mit den besten lokalen Käse- und Wurstsorten genießen kann.

VOLTERRA

65 KM SÜDÖSTLICH VON PISA

La Carabaccia

Traditionelle Osteria
Piazza XX Settembre, 4–5
Tel. (+39) 05 88 / 862 39
Ruhetag: Montag, außer im Sommer
Ferien: zeitweise im November
38 Plätze + 25 Plätze im Freien
Preise: 24 €
Alle Kreditkarten; BM
Mittags und abends geöffnet

Dieses kleine Lokal in der Altstadt von Volterra liegt ganz in weiblicher Hand: in der Küche Patrizia Boldrini und Enrichetta Lupi, im Saal (und als Schöpferin der Desserts) Sara Gremigni. Die weibliche Note zeigt sich auch in der einfachen, bis ins Detail gepflegten Einrichtung des Saals, dessen Wände mit alten Fotografien, landwirtschaftlichem Gerät und Dekor von anno dazumal geschmückt sind. Neben Antipasti und Dolci werden immer nur zwei Primi und ebenso viele Secondi angeboten, die jeden Tag wechseln. Eine große Herausforderung für die Köchinnen, die mit Fantasie und großem Geschick eine Unzahl von Rezepten aus dem Ärmel schütteln, von denen die meisten der hiesigen Tradition entsprechen. Die beschränkte Auswahl wird durch die Frische der Produkte und der Zubereitung mehr als wettgemacht. In der Vitrine am Eingang sind Käse- und Wurstspezialitäten dieser Gegend zur Schau gestellt. Dies gibt Ihnen bereits eine Vorschau auf den Antipasto della casa, serviert mit Crostini (8,50 €). Was die weiteren Speisen betrifft, können wir uns nur darauf beschränken, einige der zahlreichen Möglichkeit anzuführen. Die hausgemachten Teigwaren können ***Pici* all'aglione** oder al ragù, Tortelli, **Pappardelle mit Sugo di lepre**, cinghiale oder coniglio (mit Hase, Wildschwein oder Kaninchen) umfassen, neben Suppen wie **Carabaccia** und Zuppa di verdure alla volterrana (6,50 €). Der Hauptgang bietet als Varianten **Cinghiale mit Polenta**, **Piccione ripieno** oder mit Vin Santo, Chiocciole alla volterrana und **Fritto misto mit Kaninchen, Hirn und Bries** (9,50 €). Freitags wird stets ein Fischgericht gekocht, häufig Baccalà. Zum Abschluss Gelato oder eines von Saras Desserts (3 €). Guter Hauswein aus dem Gebiet von Montaione und eine kleine Auswahl anderer toskanischer Etiketten. Das Gedeck wird nicht verrechnet.

BIBBONA - Marina di Bibbona

46 KM SÜDLICH VON LIVORNO, S.S. 11

La Pineta

Restaurant
Via dei Cavalleggeri Nord, 27
Tel. (+39) 05 86 / 60 00 16
Ruhetag: Montag, Dienstagmittag
Ferien: 10. Oktober–10. November
45 Plätze
Preise: 60–70 €
Alle Kreditkarten; BM
Mittags und abends geöffnet

Am Ende einer Straße, die kilometerweit den Strand entlangführt, erreichen Sie eine kleine Holzhütte: La Pineta von Luciano Zazzeri, von ihm „Bude" genannt, ein Geheimtipp für Gourmets. Die Küche ist offen einsehbar, davor ein großer Arbeitstisch, an einer Seitenwand eine hübsche Vitrine mit Flügeltüren. Im Saal oder auf der Veranda bietet Ihnen Lucianos Sohn Andrea gemeinsam mit Roberto, einem Sommelier, und Giovanni perfekte Assistenz. Die Karte liest sich wie eine Ode an die Meeresküche: Hier werden nur Zutaten von herausragender Qualität verwendet und alles wird frisch zubereitet serviert, es gibt keine aufgewärmten Gerichte. Unter den Köstlichkeiten, die Sie hier genießen können, befinden sich Millefoglie di baccalà mantecato mit Lauchcreme, Ravioli, gefüllt mit Cacciucco (20 €), Ricciola (Adlerfisch) aus der Pfanne mit Rosmarin, Kapern und Oliven (28 €) sowie Pesce bollito mit Mayonnaise und Bottarga. Zum Abschluss Millefoglie mit Creme von grünen Äpfeln und Calvados. Die monumentale Weinkarte bietet Etiketten zu moderaten Preisen.

GUARDISTALLO - Casino di Terra

72 KM SÜDÖSTL. V. PISA, S.S. 1 OD. A 12 U. S.R. 68

Mocajo

Restaurant
S.R. 68 in Richtung Volterra
Tel. (+39) 05 68 / 65 50 18
Ruhetag: Mittwoch
Ferien: unterschiedlich
35 Plätze + 10 Plätze im Freien
Preise: 40–42 €
Alle Kreditkarten; BM
Mittags und abends geöffnet

Seit 1963 begeistert das Mocajo seine Gäste mit leckeren Spezialitäten von Selvaggina (Wild) und Gerichten aus toskanischem Fleisch, das mit größter Sorgfalt ausgewählt wird. Auch die sonstigen Zutaten sind von erstklassiger Qualität und stammen von lokalen Herstellern, die nach biologischen Methoden arbeiten. Die von Mamma Lia und Babbo Adelmo gegründete einfache Trattoria ist heute, auch dank der Professionalität der Kinder Laura und Fabrizio, zu einem der renommiertesten Restaurants der Gegend geworden. Die Karte wechselt im Rhythmus der Jahreszeiten: Unter den Vorschlägen finden Sie zum Beispiel Coppa di zabaione verde mit Spargel, Kräutern und würziger Ricotta, Lumache fritte in Backteig aus Reismehl, Tortelli di maiale auf Sauce von Bohnen und Auberginen, Lasagnette verdi mit Entenbrust und Artischocken (13 €), Arrosto vom Pomarancino-Lamm (18 €) und Beccaccia al gin (Schnepfe) mit Pilzen. Wie die Teigwaren sind auch die Desserts hausgemacht: Wir wollen Millefoglie di brigidini und Cassata mit Pistazien aus Bronte speziell hervorheben. Die Weinkarte enthält Etiketten aus der Toskana und anderen Gebieten. An das Restaurant angeschlossen ist das Dispensa, ein Ort für ein rasches Mittagessen, Degustationen und Kauf von Wein, Öl, Teigwaren, Honig, Wurst und Käse.

LIVORNO

In Vernice

Restaurant
Via Sproni, 32
Tel. (+39) 05 86 / 21 95 46
Ruhetag: Sonntag
Ferien: 2 Wochen im September
50 Plätze
Preise: 35–40 €
Kreditkarten: CS, DC, MC, Visa; BM
Mittags und abends geöffnet
G

Dieses Lokal liegt im Zentrum, in einer der alten Gassen aus dem 19. Jahrhundert zwischen dem Wasserspeicher (Cisternone) und der Piazza XX Settembre (bekannt für den amerikanischen Markt) und erstreckt sich auf zwei Ebenen in den Räumlichkeiten eines ehemaligen Pubs namens Vernice Fresca. Im Barbereich am Eingang steht der Tresen, wo man einen Aperitif genießen kann, im ersten Stock ist auf der einen Seite der Speisesaal, auf der anderen die Küche untergebracht. Geschickte, erfahrene Köche bereiten hier vorzugsweise Gerichte der Festlandküche aus Zutaten von erstklassiger Qualität zu. Wir empfehlen Ihnen Tortino di melanzane mit Büffelmozzarella, Mezze maniche mit Verdure in carbonara (12 €), Coniglio in pasta fillo mit getrüffelter Sahnesauce und Piccione arrostito mit Heidelbeersauce (13 €). Die Desserts sind alle hausgemacht. Der Keller ist gut bestückt mit Weinen aus der Toskana, dem übrigen Italien und Frankreich. Es gibt auch eine große Auswahl an Bieren kleiner Brauereien dieser und anderer Gegenden.

MONTOPOLI IN VALDARNO
35 KM SÖ. V. PISA, SUPERSTRADA FLORENZ–PISA–LIVORNO

Quattro Gigli con Trattoria dell'Orcio Interrato

Hotelrestaurant
Piazza Michele de Montopoli, 2
Tel. (+39) 05 71 / 46 68 78
Ruhetag: Montagmittag
Ferien: unterschiedlich
50 Plätze + 50 Plätze im Freien
Preise: 50 € • Alle Kreditkarten; BM
Mittags und abends geöffnet

Auf dem Höhenweg, der die ganze Ortschaft durchquert, trifft man auf dieses bekannte Restaurant (seit mehr als 80 Jahren auch als Hotel geführt), das seit jeher von der Familie Puccioni betrieben wird. Neben den Vorschlägen der Karte kann man hier ein Traditionsmenü oder Pizza in nur vier Versionen bestellen, wobei der Pizzateig eine Ruhezeit von 36 bis 48 Stunden hinter sich hat. Unter den häufig vertretenen Speisen findet man Terrina all'anatra muta (Stockententerrine), Millefoglie di funghi porcini mit Parmesan, Linguine nere alla carbonara di mare, Ravioli di cavolfiore (13 €), Gamberi in rete mit Filetto di cinta in tempura und Costolette di agnello mit Honig und Mandeln (18 €). Schöne Auswahl an Formaggi und Desserts. Interessante Weinkarte, wobei auch der rote und der weiße Hauswein sehr gut sind.

SCANSANO

30 km südöstlich von Grosseto, S.S. 322

La Cantina

Restaurant-Enoteca
Via della Botte, 1–3
Tel. (+39) 05 64 / 50 76 05
Ruhetag: Sonntagabend, Montag
Ferien: 10. Januar–zweiter Freitag im März
50 Plätze + 8 Plätze im Freien
Preise: 40–50 €
Kreditkarten: CS, MC, Visa; BM
Mittags und abends geöffnet

Scansano befindet sich in dem Teil der Maremma, der zwischen den Tälern des Albegna und des Ombrone liegt, wo sich die wichtigsten Anbaugebiete des Morellino befinden. Das schöne Restaurant hat seinen Sitz im Ortszentrum, in den Räumen einer alten Kellerei mit unverputzten Ziegelwänden. Die Küche von Silvia Bargagli wird von den Gepflogenheiten dieses Landstrichs inspiriert und hält sich an saisonale Zutaten, wobei auch häufig der Morellino in Rezepten vorkommt, in denen Tradition und Innovation verschmelzen. Einige Beispiele: Strudel dell'ortolano, Coniglio in porchetta mit Möhren und Zucchini, Gnocchi all'acquacotta (8,50 €), Lasagnetta al Morellino mit Kaninchensauce und wildem Fenchel, Stracotto di cinghiale, mit Morellino mariniert, Filetto di maiale mit Tortino di radicchio mit Most von Morellino-Trauben sowie Agnello disossato spadellato in bianco mit Artischocken und Lorbeer (20 €). Wunderbare Desserts des Hauses, serviert mit einem Glas Passito. Den Wein wählt man aus der Vinothek, wobei die Preise bei Tisch den Regalpreisen entsprechen.

SIENA

Le Logge

Restaurant
Via del Porrione, 33
Tel. (+39) 05 77 / 480 13,
(+39) 339 / 749 47 95
Ruhetag: Sonntag
Ferien: 2 Wochen nach Dreikönig
70 Plätze + 40 Plätze im Freien
Preise: 50 € • Alle Kreditkarten; BM
Mittags und abends geöffnet

Das Restaurant Le Logge in den Räumlichkeiten eines einstigen Lebensmittelladens aus dem 19. Jahrhundert, von dem die Möbel und Glasfenster erhalten sind, ist eine zuverlässige Adresse sowohl für Touristen, die die nahegelegene Piazza del Campo bevölkern, als auch für die Einheimischen. Chefkoch Gianni Brunelli überarbeitet Rezepte nach toskanischer Tradition unter Verwendung von Zutaten von erstklassiger Qualität, häufig aus Bio-Anbau, und wendet Garmethoden an, die die Gerichte leichter machen. Unter den Antipasti sind Insalata di puntarelle und Cialda di farina di castagne mit fein geschnittenem Knollensellerie zu empfehlen. Unter den Primi wollen wir Lasagne al ragù di maiale mit Wirsing und pikantem Provolone (12 €) erwähnen, unter den Secondi Coda di bue in terrina (24 €). Hausgemacht sind auch die Desserts wie Gelo di mandarino oder Sfera di cioccolato. Die Weinkarte ist klug strukturiert und enthält Etiketten – einige davon auch zum glasweisen Ausschank – für jeden Geschmack (und natürlich zu jedem Preis). Ein Ort, an welchen man immer wieder gerne zurückkehrt, ganz abgesehen von der Schönheit der Stadt.

EMILIA-ROMAGNA
Rímini
0 10 20 km
Riccione
ADRIA
S. MARINO
S. Marino
S. Leo
Pésaro
PARCO NAZ. D. FORESTE CASENTINESI, M. FALTERONA E CAMPIGNA
Fano
A14
Urbino
Senigállia
Arno
Bibbiena
TOSKANA
MARKEN
Falconara Maríttima
Jesi
Arezzo
Citta di Castello
A1
Gubbio
Tevere
Fabriano
Umbertide
Cortona
Tolentino
Nocera Umbra
Trasimenischer See
Corciano
PERUGIA
Assisi
Castiglione d. Lago
Magione
PARCO NAZ. D.
Spello
Torgiano
Cannara
Panicale
MONTI SIBILLINI
Deruta
Foligno
Visso
Cetona
Bevagna
Montefalco
Trevi
Preci
Vettore
2476
Giano dell'Umbria
Norcia
Castel Ritaldi
Campello sul Clitunno
Massa Martana
Acquapendente
Todi
Orvieto
Spoleto
Scheggino
Porano
Montecchio
Acquasparta
Baschi
Avigliano Umbro
Ferentillo
Bolsena
Terni
Bolsenasee
Amelia
A1
Montefiascone
Narni
Stroncone
Terminillo
2216
Tuscania
Orte
Viterbo
Rieti
Vetralla
Tarquínia
LATIUM
A24
Bracciano-See
Civitavécchia
ABRUZZEN
A12
Bracciano
A1dir
A1

UMBRIEN

Über Jahrhunderte stellte das ländliche Gebiet das identitätsstiftende Element dieser Region dar. Es sorgte für den symbiotischen Austausch zwischen Stadt und Land, zwischen befestigten und unbefestigten Dörfern. Trotz des industriellen Intermezzos im 20. Jahrhundert, das sich im südlichen Umbrien entwickelt und wieder geendet hat, ist das Verhältnis zur landwirtschaftlichen Tradition heute noch lebendig und stark. In diesem Aspekt findet die gastronomische Tradition ihre Kontinuität. Sie stützt sich auf Oliven-, Wein- und Weizenanbau, auf noch in familiären Dimensionen betriebene Schaf- und Rinderzucht und auf die Schätze des Waldes.
Öl ist ein unersetzlicher und vielseitiger Begleiter: bei der Zubereitung von Teigwaren aus Wasser und Mehl (Strangozzi, Umbricelli, Gnocchi oder Ciriole), bei Suppen aus Hülsenfrüchten und Getreide, bei Fleisch oder appetitlichen Saucen wie Salmì. Letztere entfaltet durch die Kombination von Jungzwiebeln, Lorbeer und Weinessig einen süßsauren Geschmack, ihr unverfälschtes, kraftvolles und schlichtes Aroma bildet das Herz der umbrischen Tradition.
Über der Holzglut gegrillte Wurstspezialitäten und Fleisch vom Rind und Schaf, etwa die omnipräsente Porchetta, die auf jeder Piazza am Kiosk verkauft wird, bilden ein reichhaltiges, vielfältiges kulinarisches Netz, ergänzt durch weißen und schwarzen Trüffel, Zutaten aus dem Wald sowie Haar- und Federwild, das „alla leccarda" oder „alla ghiotta" zubereitet wird.
Akzente aus dem Wasser setzen schließlich der Trasimenische See sowie der Tiber und seine Zuflüsse: Krebse, Forellen, Karpfen, Hechte, Barsche und Aale alleine sind eine Köstlichkeit, vereinen sich aber auch zu aromareichen Kombinationen. Davon ist Tegamaccio eine der besonders typischen Spielarten.

Für Sie entdeckt

Pesce di lago

502 L'Acquario
Castiglione del Lago (Pg)

507 I Bonci
Magione – San Feliciano (Pg)

Cipolla

502 Perbacco
Cannara (Pg)

Cacciagione

510 La Palomba
Orvieto (Tr)

498 La Gabelletta
Amelia (Tr)

503 La Miniera di Galparino
Città di Castello (Pg)

Fegatelli

517 Il Testamento del Porco
Terni

519 La Vecchia Posta
Trevi (Pg)

Paste fatte a mano

505 Piermarini
Ferentillo (Tr)

25 KM ÖSTLICH VON TERNI

La Gabelletta

Restaurant mit Übernachtungsmöglichkeit
Via Tuderte, 20
Tel. (+39) 07 44 / 98 17 75
Ruhetag: Dienstag
Keine Ferien
100 Plätze + 60 Plätze im Freien
Preise: 30–35 €
Alle Kreditkarten; BM
Mittags und abends geöffnet

La Gabelletta ist eine Wohlfühladresse für kulinarischen Genuss und Übernachtung. Den Rahmen des Lokals bildet ein Landhaus aus dem 18. Jahrhundert. Das Menü ist den Jahreszeiten angepasst. Wir legen jedoch auch Fleischliebhabern ans Herz, mindestens ein Gericht mit saisonalen Kräutern, eine Spezialität des Hauses, zu probieren. Von den Antipasti erinnern wir uns an klassischen Baccalà fritto, frühlingshafte **Pentolaccia di fave, piselli, carciofi e lattuga con pansecco al mentastro** (7 €) und einen Korb mit umbrischem Schafkäse, gefüllt mit Fava cottòra dell'Amerino (eine Dicke-Bohnen-Sorte und Slow-Food-Presidio). Stets erhältlich sind hervorragende umbrische Käsesorten mit Senfsaucen, Honig und Saisonfrüchten. Von den Primi empfehlen wir **Panzerotti alle erbette di stagione e ragù di castrato**, Spaghetti cacio e pepe, Zuppa di farro di Monteleone, klassische **Ciriole al tartufo estivo** (13 €) und Pilzgerichte. Neben Fleisch vom Schwein, Wildschwein, Kalb und Lamm, das über der Holzglut und am Spieß gegart wird, sollten Sie auch Pollo (aus Freilandhaltung) del Gabelliere, Coniglio fritto mit Gemüse und **Piccione alla ghiotta con crostone di santoreggia** (14 €) nicht versäumen. Immer im Angebot sind vegetarische Gerichte wie Flan di zucca ai funghi con pesto di noci ed erbe (10 €). Die ausnahmslos aus Saisonkräutern und -gemüse zubereiteten Beilagen kosten 4 bis 6 €. Die Desserts reichen von traditioneller Crostata über **Millefoglie ai fichi** (5 €) bis zu Dolce-Mangiare mit Erdbeeren. Im Keller lagern die besten Weine aus der Region sowie Tropfen aus dem übrigen Italien und Gebieten jenseits der Alpen. Unpasteurisierte Biere und Brände, die in einem Verkostungsraum probiert werden können, vervollständigen das Getränkeangebot.

24 KM ÖSTLICH VON PERUGIA

Malvarina

Ferienbauernhof
Via Pieve di Sant'Apollinare, 32
Tel. (+39) 075 / 806 42 80
Kein Ruhetag
Keine Ferien
65 Plätze + 65 Plätze im Freien
Preise: 30 €
Kreditkarten: AE, CS, MC, Visa; BM
Abends geöffnet, mittags gegen Vorbestellung

Dieser Agriturismo liegt an den Hängen des Monte Subasio zwischen Assisi und Spello, eingebettet in das Grün alter Eichen und Olivenbäume. Die Gäste werden mit Zutaten aus Eigenproduktion im Zeichen der Tradition und Echtheit verwöhnt, denn mehr als 70 Prozent des Essens, das hier aufgetischt wird, ist aus hauseigenen Erzeugnissen zubereitet. Darauf können Eigentümer Claudio Fabrizi und sein bewährter Mitarbeiter Giacomo zu Recht stolz sein. Letzterer kümmert sich um die Aufzucht von Hoftieren, Schweinen, Schafen und Kälbern und um den Gemüseanbau nach biologischen Richtlinien. Auch Würste und Käse werden im Betrieb erzeugt, ebenso wie das vorzügliche native Olivenöl extra, das zahlreiche Auszeichnungen erhalten hat. Aus diesen Zutaten bereitet Claudios Frau Patrizia Menghinella verlockende, schmackhafte und markant lokal gefärbte Speisen zu. Das Menü ist festgelegt und variiert täglich je nach den im Betrieb verfügbaren Zutaten. Bestellen Sie ruhig – Sie werden keine Enttäuschung erleben. Den Auftakt machen hausgemachte Wurstspezialitäten, Parmigiana di melanzane, **Crostini di paté di fegato** und Fagioli con le cotiche. An Primi erwarten Sie vielfältige Köstlichkeiten, angefangen von **Strangozzi con germogli d'aglio e barbozza** über Tagliatelle al ragù d'oca bis zu **Pasta con fave e pecorino**. Bei den Secondi überwiegen Fleischgerichte wie Coniglio ripieno, **Oca arrosto**, Cosciotto d'agnello und Piccione alla brace. Zuppa inglese oder **Rocciata** machen den Abschluss. Die Weinkarte lässt eine Vorliebe für lokale Etiketten erkennen.

24 KM ÖSTLICH VON PERUGIA, S.S. 147 UND S.S. 75

Pallotta

Trattoria mit Übernachtungsmöglichkeit
Via Volta Pinta, 2
Tel. (+39) 075 / 81 26 49
Ruhetag: Dienstag
Ferien: Ende Februar/Anfang März
80 Plätze
Preise: 30–35 €
Kreditkarten: CS, MC, Visa; BM
Mittags und abends geöffnet

Assisi zählt sicher zu den wichtigsten umbrischen Zielen für Pilger wie kunsthistorisch Interessierte aus dem In- und Ausland. In der Nähe des bestens erhaltenen Minervatempels finden Sie diese Trattoria unter der Leitung der Familie Balducci. Signora Margherita kauft jeden Morgen bei Erzeugern ihres Vertrauens ein, um danach zu kochen und bei Bedarf ihre drei Kinder im Service zu unterstützen. Die Bedienung ist ungezwungen, aber präzise. Sie beginnen mit umbrischen Wurstspezialitäten oder lokalen Schafkäsesorten mit Honig und Saucen (8,50 €), im Sommer mit traditioneller Panzanella aus Tomaten und Zwiebeln, mit exzellentem nativem Olivenöl extra aus der Umgebung verfeinert, im Winter mit **Tortino di farro con formaggio fuso** oder vegetarischem Antipasto misto. Als Primi folgen köstliche Cappellacci al pecorino di fossa e miele (10 €), Strangozzi al tartufo estivo oder con pesto di olive e funghi piccantini (9 €) und **Zuppa** di verdure oder Zuppa **di fagiolina del Trasimeno** (Slow-Food-Presidio). Häufig ist **Baccalà** auf der Karte vertreten. Probieren Sie ihn in der Variante **in umido con uvetta e pinoli** (14 €). Als Alternative bieten sich Grigliata mista, Coniglio alla cacciatora, **Piccione alla ghiotta su crostone di pane** (18 €) und Agnello a scottadito an; dazu gibt es saisonale Beilagen. Unter den Desserts finden sich Rocciata umbra, Zuppa inglese, Tortino al cioccolato con crema d'arancia und Tozzetti mit Süßwein. Es gibt günstige Menüs zu einem festgelegten Preis, darunter ein vegetarisches für 26 €. Recht gut ist das Angebot des Kellers, der auf Anfrage besichtigt werden kann.

Die Käserei Brufani in **Santa Maria degli Angeli** (4 km) verkauft gereiften und frischen Käse.

29 KM NORDWESTLICH VON TERNI, S.S. 3 BIS

La Casareccia

Restaurant
Strada Pian dell'Ara, 69
Tel. (+39) 07 44 / 93 34 82
Ruhetag: Montag
Ferien: unterschiedlich
100 Plätze + 25 Plätze im Freien
Preise: 30 €
Alle Kreditkarten; BM
Mittags und abends geöffnet

In einem zauberhaften Gebiet in der Nähe des fossilen Waldes von Dunarobba und der Burgen von Sismano und Toscolano befindet sich diese Trattoria unter familiärer Leitung. Lokaltypische Geschmacksnoten finden hier ihren besten Ausdruck. Das Lokal ist schlicht, der Service herzlich, aber das ganz große Plus sind die unverfälschten, würzigen Speisen. Das auf das Wesentliche beschränkte Grundmenü wird durch eine große Auswahl an Gerichten abseits der Karte ergänzt, die entsprechend den jahreszeitlich verfügbaren Produkten angeboten werden. Das Mahl beginnt mit Vorspeisen wie Bruschette al tartufo, al pomodoro oder all'olio (3 bis 6 €) und lokalen Wurstsorten, um danach mit hausgemachter Pasta fortgesetzt zu werden, die mit Mehl aus der Steinmühle zubereitet wird. Bemerkenswert sind **Manfricoli** aus Wasser und Mehl, die es in den Versionen con pomodoro (5 €), con tartufo (10 €) oder **con carbonara di asparagi** (8 €) gibt, und Fettuccine al sugo con le interiora di pollo (mit Hühnerinnereien) oder con pomodorini pancetta e pesto di rucola (8 €). Falls vorhanden, sollten Sie auch Gnocchi **al sugo di castrato** und Polenta probieren. Als Hauptgang bieten sich Fleisch vom Rind, Schwein oder **Lamm von der Holzglut** (3 bis 8 €), das ausnahmslos lokaler Herkunft ist, oder **Pizza sotto il fuoco**, ein auf Stein gebackener Fladen, der mit Pancetta, Schinken, Käse, Salsicce oder Gemüse (4–10 €) kombiniert wird. Als Alternativen stehen Tacchino con carciofi e nocciole (7 €), **Fave stufate con verza e guanciale** (6 €) und Cinghiale alla cacciatora (8 €) zur Auswahl. Zur Abrundung des Essens genießt man herrliche Zuppa inglese (4 €), die in einem Gläschen für Eingelegtes serviert wird. Eine besondere Erwähnung verdient der ausgezeichnete Hauswein.

29 KM NORDWESTLICH VON TERNI, S.S. 3 BIS

La Posta

Restaurant-Bottega
Via Matteotti, 21
Tel. (+39) 07 44 / 93 39 27
Ruhetag: Montag, Dienstag
Ferien: unterschiedlich
45 Plätze + 45 Plätze im Freien
Preise: 30–35 €
Alle Kreditkarten; BM
Abends geöffnet, an Feiertagen auch mittags

Das Restaurant der Familie Venturini, das heute auch eine Bäckerei umfasst, liegt an der Hauptstraße von Avigliano Umbro, nicht weit von Amelia. Die Küche zeichnet sich wie immer durch die Qualität der nicht nur aus dem Gebiet stammenden Rohstoffe aus. Empfangen werden Sie von Sohn Guglielmo, der auch für die Zubereitung von Brot und Pizza zuständig ist: Hervorragend schmecken die Focacce, die aus Sauerteig und Biomehl gebacken und mit Fiordilatte aus lokaler Produktion angerichtet werden (7,50 bis 9,50 €); sie sind auch mittags gemeinsam mit Frittiertem und Wurst erhältlich. Abends kocht dagegen Vater Piero einfache, schmackhafte Gerichte, bei denen stets die jahreszeitliche Verfügbarkeit der Zutaten berücksichtigt wird. Man beginnt mit vorwiegend frittierten Antipasti, von denen deliziöse **Crocchette di melanzane con salsa di pomodoro** (7 €), Supplì al ragù (5€) oder con alici e fiori di zucca (8 €) und **Fiori di zucca ripieni** di ricotta **con salsa di pomodoro e sesamo** (7 €) erwähnt seien. Die Auswahl ist nicht sehr groß, aber das Menü bietet dennoch vegetarische, Fleisch- und Fischgerichte. Bei den Primi spannt sich der Bogen von Paccheri con sugo di pomodoro, guanciale croccante e cacioricotta caprino (8 €) über klassische, mit dem Nudelholz ausgezogene **Tagliatelle con tartufo** (10 €) bis zu hausgemachten Spaghetti al tonno (10 €). Unter den Secondi finden sich hingegen **Fondi di carciofo con uova e tartufo** (14 €), **Baccalà in guazzetto** (14 €) und knuspriges Pollo fritto mit Gemüse-Tempura (12 €). Hervorgehoben sei auch die Weinauswahl mit einem guten Preis-Leistungs-Verhältnis, die sich aus lokalen und italienischen Tropfen zusammensetzt.

38 KM SÜDÖSTLICH VON PERUGIA

Antiche Sere

NEU

Osteria
Piazza Garibaldi, 10
Tel. (+39) 07 42 / 36 19 38
Kein Ruhetag
Ferien: unterschiedlich
16 Plätze + 20 Plätze im Freien
Preise: 30–35 €
Alle Kreditkarten; BM
Mittags und abends geöffnet

Der schöne Betrieb Antiche Sere liegt an der Ortseinfahrt von Bevagna unter der Torre della Meridiana. Bevagna ist durch seinen „Mercato delle Gaite“ bekannt geworden, eine Schau über mittelalterliches Handwerk und Neuauflage des mittelalterlichen Markts; er zählt zu den historisch authentischsten Märkten und wird jedes Jahr Ende Juni abgehalten. Touristen, die während der Veranstaltung in der Stadt weilen, können auf diese Weise eine wahre Zeitreise unternehmen. Die von Luciano Sabbatini geführte Osteria besteht aus einem einzigen gemütlichen, familiären Raum, dessen Wände mit alten Drucken geschmückt sind. Der Empfang gestaltet sich angenehm und gepflegt und soll dem Gast das Gefühl vermitteln, bei sich zu Hause zu sein. Die angebotenen Speisen stellen eine gelungene Bearbeitung der umbrischen Tradition dar. Luciano wählt die Zutaten aufmerksam aus, wobei er lokale und saisonale Produkte bevorzugt. Aus diesem Grund variiert das Tagesmenü je nach Marktangebot. Sie können mit klassischer **Panzanella** (6 €), Frittata al tartufo fresco oder mit gutem, von Hand geschnittenem Prosciutto beginnen. Unter den Primi sind **Gnocchi al Sagrantino passito** (10 €) sowie Stringozzi mit Amatriciana mit Guanciale vom Mora-romagnola-Schwein (Slow-Food-Presidio) und Pecorino. Als Secondo erwarten Sie **Coniglio casereccio in porchetta**, im Ganzen servierte **Piccione arrosto** (15 €) oder Guanciale brasato al Sagrantino. Die Weinkarte führt überwiegend lokale Weine auf, darunter eine interessante Auswahl an Schaumweinen, die gut mit dem Spezialitätenangebot harmonieren.

BEVAGNA

38 KM SÜDÖSTLICH VON PERUGIA

La Tavernetta di Porta Guelfa

Restaurant
Via Raggiolo, 2
Tel. (+39) 333 / 430 07 22
Ruhetag: Montag
Ferien: unterschiedlich
25 Plätze + 15 Plätze im Freien
Preise: 20–25 € • Keine Kreditkarten
Abends geöffnet, mittags gegen Vorbestellung

Wenn man im wunderschönen Bevagna durch die perfekt erhaltenen mittelalterlichen Gässchen spaziert, stößt man auf die Porta Guelfa, eines der vier alten Stadttore. Dort finden Sie auch diese kleine familiengeführte Osteria. Empfangen werden Sie von Silvestro Taccucci, der es als guter Wirt versteht, Ihnen ein Gefühl des Behagens zu vermitteln, ohne aufdringlich zu sein. Er empfiehlt Ihnen die territorial geprägten, einfachen Gerichte, die seine Frau Annarita mit Sorgfalt zubereitet hat. Ihre tägliche Aufgabe ist es, die Auswahl der sorgsam ausgesuchten und dem Rhythmus der Jahreszeiten angepassten Rohstoffe zu überwachen. Für unnötige Schnörkel gibt es hier keinen Platz, wohl aber für hochwertige Speisen im Zeichen der Tradition. Das (preislich festgelegte) Menü variiert je nach Marktangebot. Lassen Sie sich durch einen Geschmacksparcours führen, der Sie nicht enttäuschen wird. Den Anfang macht ein guter und reichhaltiger Antipasto misto bestehend aus **Salumi**, Käse, Salaten, Omeletts, Bruschette und weiteren Köstlichkeiten. Bei den Primi stechen hausgemachte Teigwaren hervor, darunter **Ravioli** ripieni **di ricotta con fave e guanciale**, Tagliatelle al ragù di chianina, Cappelletti und Gnocchi. Bei den Secondi spielt Kalbfleisch eine wichtige Rolle. In Anbetracht der geringen Platzanzahl legen wir Ihnen nahe, rechtzeitig zu reservieren und Spezialgerichte vorzubestellen, wie **Lumache in umido**, Quaglie ripiene und **Trecciola di agnello**. Der Hauswein ist überwiegend lokaler Herkunft und von guter Qualität. Der Preis für ein vollständiges Menü bewegt sich zwischen 20 und 25 €, Hauswein inbegriffen. Das Gedeck wird nicht verrechnet.

CAMPELLO SUL CLITUNNO
Fonti del Clitunno

54 KM SÖ. V. PERUGIA, 10 KM V. SPOLETO, 15 KM V. FOLIGNI, S.S. 3

La Trattoria

Trattoria
Strada Statale Flaminia, km 137
Tel. (+39) 07 43 / 27 57 97
Ruhetag: Sonntagabend, Montag
Ferien: Januar
70 Plätze + 70 Plätze im Freien
Preise: 30–35 €
Kreditkarten: CS, DC, MC, Visa; BM
Mittags und abends geöffnet

Wenn Sie in diesen Ort wenige Kilometer von Spoleto kommen, wird ein Besuch der Fonti del Clitunno Ihr Herz und Auge erfreuen. Unter den nicht immer stimmigen lokalen Gastronomiebetrieben ragt die Trattoria von Gabriele Ceccarelli heraus, die sowohl einheimischen als auch durchreisenden Gästen ein Begriff ist. Sobald Sie im großen, in modernem Stil hübsch eingerichteten Speisesaal Platz genommen haben, zählt Gabriele die Tagesgerichte auf, die auf einer knappen, aber niemals einfallslosen Karte stehen. Die Antipasti folgen den Jahreszeiten und beinhalten verschiedene Omeletts mit Trüffel, Spargel und Zucchini. Ausgezeichnet sind auch die **Salumi**, die aus Viehzuchtbetrieben im nahen Nera-Tal stammen. Ein „Evergreen“, auch wegen der leuchtend grünen Farbe des lokalen Öls, sind die Bruschette miste. Die Primi reichen von klassischer **Fettuccina** über traditionelle Strangozzi **con tartufo** oder con asparagi selvatici (10 bis 13 €) bis zu guten Suppen, wie Zuppa di lenticchie oder phänomenale **Zuppa di ceci e baccalà** (10 €); als Alternative nicht zu vergessen ist delikate Pasta ripiena in brodo (gefüllte Pasta in Brühe). Die Secondi sind sogar noch schmackhafter, angefangen von **Parmigiana di sedano nero di Trevi** (Slow-Food-Presidio, 12 €), Pollo fritto (12 €), **Palombacce alla ghiotta** bis hin zu Grillfleisch vom Schwein und Kalb. Die Beilagen werden oft mit den Gerichten kombiniert und reichen von in der Pfanne geschwenktem Gemüse bis zu kleinen Kostproben von Hülsenfrüchten. Die Süßspeisen entsprechen mit Tiramisu, Crostate (5 €) und Keksen der klassischen italienischen Tradition. Die lokalen und italienischen Weine zeichnen sich durch gute Qualität aus.

31 KM SÜDÖSTLICH VON PERUGIA

Perbacco

Moderne Osteria
Via Umberto I, 14
Tel. (+39) 07 42 / 72 04 92
Ruhetag: Montag
Ferien: Ende Juni/Anfang Juli
50 Plätze
Preise: 30–35 €
Kreditkarten: CS, DC, MC, Visa; BM
Abends geöffnet, Sonntag und Feiertage auch mittags

Ernesto Parziani ist stolz darauf, seinen Gästen beweisen zu können, dass die Pasta in seiner Osteria tatsächlich hausgemacht ist. An ruhigen Tagen geht er sogar so weit, in einem Raum ein Holzbrett und alle nötigen Gerätschaften aufzustellen, die für die Herstellung und Zubereitung der Primi vor den Augen der Gäste nötig sind. Das Menü ist vielfältig und geht mit den Jahreszeiten. Cannara ist für seine äußerst milden Zwiebeln, die der lehmige Boden hervorbringt, und deren Verarbeitung bekannt. Daher ist diese Zutat in vielen Gerichten auf der Karte vertreten. Den Auftakt machen warme Paté di fegato caldo, **Sformato di cipolle con crema al parmigiano e crostini di cipollata** (7 €), **Lumache in umido**, Parmigiana di melanzane, verschiedene Wurstspezialitäten aus Norcia und Torta al testo (9 €). Weiter geht es mit köstlichen Pastagerichten wie Spaghetti Perbacco mit Sardellen und Zwiebeln (9 €), **Taglierini** ai funghi porcini und Taglierini **con carbonara di fave**; eine stets schmackhafte Alternative ist Zuppa di cipolla (Zwiebelsuppe) mit getoastetem Brot und gratiniertem Gruyère (7 €). Die mit vorzüglichem frisch gebackenem Brot servierten Secondi sind die großen umbrischen Klassiker, nach allen Regeln der Kunst zubereitet: **Faraona alla leccarda** (13 €), Involtinini di capocollo tartufati con crema di fave, Costolette di agnello impanate alle erbe und Tartara di chianina (17 €). Als Beilage gibt es Panzanella con cipolla rossa (4 €) oder Cartoccio di verdure. Die Desserts wechseln wöchentlich, aber es gibt auch einige Fixpunkte wie Zuppa inglese und Salame del re. Die umfangreiche und gut aufgebaute Weinkarte enthält auch internationale Tropfen.

44 KM W. V. PERUGIA, ZUBRINGER ZUR A 1 OD. S.S. 559

L'Acquario

Restaurant
Via Vittorio Emanuele II, 69
Tel. (+39) 075 / 965 24 32
Ruhetag: Mittwoch
Ferien: Januar, Februar
50 Plätze + 20 Plätze im Freien
Preise: 30–35 €
Alle Kreditkarten; BM
Mittags und abends geöffnet

Dieses mittlerweile historische Lokal an der Hauptstraße des wunderschönen Orts bietet nach wie vor eine Küche, die in Sachen Qualität keine Schwäche zeigt. Die Erfahrung und die alten Bräuche der Fischer und Bauern am Trasimenischen See bilden das Rückgrat des Menüs, das zusätzlich mit tadellosen Rohstoffen besticht, die in der Küche mit sicherer Hand und Kompetenz verarbeitet werden. Man beginnt mit Antipasti vom Festland oder aus dem See. Eine besondere Erwähnung verdienen **Caviale del Trasimeno** auf warmen Crostini (7,50 €) und Gamberi di lago con porro e mandorle (8 €). Phänomenale Primi wie die vorzüglichen **Cappellacci con formaggi e pinoli alla salsa di luccio e tartufo** (13 €), Chitarrini con tinca affumicata ed erbette (9,50 €) oder Pici con sugo d'oca leiten zu schmackhaften Secondi über, die zwischen Meer und Festland pendeln. Filetti d'anatra con salsa di fichi e aceto di lamponi (14,50 €), **Grigliata mista di lago** (14 €) und **Filetto di persico con tartufo, timo pinoli e fagiolina del Trasimeno** (Slow-Food-Presidio, 13,50 €) sind einige der Angebote. Sehr gut ist die saisonale Käseauswahl; auch die Dolci des Hauses munden. Die zum Essen passenden Weine sind auf einer recht guten Karte zusammengefasst.

„Der Umgang mit der Vielfalt der hiesigen Zutaten, wobei Festland und Meer gekonnt vereint werden, bildet die Essenz dieses einladenden Lokals."

CITTÀ DI CASTELLO

54 KM NÖRDLICH V. PERUGIA, S.S. 3 BIS U. S.S. 257

Dagamò

Restaurant
Via Lapi, 2 D
Tel. (+39) 075 / 372 14 19,
(+39) 333 / 246 58 82
Ruhetag: Sonntag
Ferien: 1 Woche um den 15. August
40 Plätze + 45 Plätze im Freien
Preise: 28–30 €
Kreditkarten: CS, DC, MC, Visa; BM
Mittags und abends geöffnet

Der kleine Ort Città di Castello ist wegen seiner Gässchen, mittelalterlichen Plätze und seiner zwei Museen mit Arbeiten des großen zeitgenössischen Künstlers Alberto Burri eine Entdeckungsreise wert. Von den vielen gastronomischen Adressen empfehlen wir Ihnen eine Einkehr bei Mirko, dem Patron des Dagamò. Er empfängt Sie zuvorkommend und höflich am Ende der Treppe, die zum angenehmen, modernen Speisesaal führt, und erläutert Ihnen die Tagesgerichte, die Patrizio zubereitet hat. Schon die Antipasti signalisieren Tradition und Bodenständigkeit: **Mozzarella locale ripiena di ricotta** (8 €), Tagliata di fegato d'anatra con pinoli (8 €) und klassischer, reichhaltiger Antipasto della casa (12 €) mit lokalen Wurst- und Käsesorten. Unter den Primi finden sich viele hausgemachte getrocknete Pastasorten in hervorragender Qualität, darunter vorzügliche Pennoni gorgonzola e pinoli und feurige **Cappelletti piccanti** (8 €). Von den Secondi verdienen klassisches **Scottadito di agnello** (14 €), Fleisch vom Chianinarind und Tagliata di manzo (14 €) besondere Aufmerksamkeit. Als Beilage wählen Sie Grillgemüse und sautierte Wildkräuter. Die Desserts variieren von überarbeiteten Klassikern wie Tiramisù soffiato und Crème brûlée all'arancia bis zu traditionellen umbrischen Dolci wie **Torcolo con Vin Santo** (4 €). Gutes Weinangebot, bestehend aus lokalen und italienischen Tropfen; wer nur wenig Alkohol konsumieren möchte, findet eine Auswahl glasweise ausgeschenkter Weine aus der Umgebung vor.

Alimentari Il Girasole (Via Liviero 2 M/Viale della Stazione) ist ein klassischer Lebensmittelladen, spezialisiert auf Wurst, Käse, typische Süßspeisen und Produkte aus Slow-Food-Presidi.

CITTÀ DI CASTELLO
San Secondo

54 KM NÖRDLICH V. PERUGIA, S.S. 3 BIS U. S.S. 257

La Miniera di Galparino

Ferienbauernhof • Vocabolo Galparino, 34
Tel. (+39) 075 / 854 07 84,
(+39) 347 / 614 07 98
Ruhetag: Sonntag–Mittwoch • Keine Ferien
40 Plätze + 25 Plätze im Freien
Preise: 25 € (Tagesmenü) • Keine Kreditkarten
Abends geöffnet, im Sommer auch Sonntagmittag

Das kulinarische Angebot dieses Agriturismo im umbrischen Hügelland ist durch Verbundenheit mit Traditionsprodukten und -gerichten und einige Zugeständnisse an die Kreativität von Köchin Chiara gekennzeichnet. In der Küche werden vor allem Erzeugnisse aus dem (biologischen) Landwirtschaftsbetrieb verarbeitet, etwa hochwertiges natives Olivenöl extra. Von den Antipasti sind uns Tomino con verdure grigliate und gegrillte Mortadella con scaglie di grana e balsamico in Erinnerung geblieben; im Frühling schmecken herrliche **Fiori di acacia fritti** und Sgonfiotti di borragine, während es im Herbst **Sformatino di pecorino con riduzione di pere** und Flan di funghi con tartufo zu genießen gilt. Im Sommer sollten Sie Panzanella ai semi di papavero probieren. Deftig sind die Primi wie Tagliatelle con basilico nero, ciliegini e pecorino, Gnocchi **al mazzafegato** (Slow-Food-Presidio) **e rape**, Cinghiale in bianco con polenta di farro und Tagliatelle con sugo alle rose. Die Secondi aus Fleisch sind saisonal gehalten: Im Herbst und Winter gibt es **Wildgerichte** wie Capriolo al ginepro con cipolla stufata all'aceto, im Sommer Bocconcini di pollo alla lavanda, im Frühling **Coniglio al rosmarino**. An Süßem bieten sich **Torta alla crema e ciliegie**, Crostata alla cannella e mirtilli und Zuccotto all'albicocca an, begleitet von einem Gläschen Vin Santo affumicato aus einem winzigen lokalen Betrieb. Die umfangreiche Weinkarte ist gepflegt und hält einige schöne Überraschungen bereit, wie eine enorme Auswahl hausgemachter Kräuterliköre.

»Ein in jeder Hinsicht exzellentes Lokal – vom Empfang bis zu den Zutaten aus eigener Produktion. Die deutlich lokal geprägten Speisen sind meisterhaft zubereitet.«

CITTÀ DI CASTELLO

54 KM NÖRDLICH V. PERUGIA, S.S. 3 BIS U. S.S. 257

Lea

Trattoria
Via San Florido, 38
Tel. (+39) 075 / 852 16 78
Ruhetag: Montag
Ferien: Mitte Juli–Mitte August
50 Plätze
Preise: 20–25 €
Alle Kreditkarten; BM
Mittags und abends geöffnet

Die Trattoria von einst gibt es nicht mehr … Irrtum! Das Lea ist eine Trattoria wie aus dem Bilderbuch. Das 1986 von Lea gegründete Lokal im Herzen der Stadt zieht eine bunte, treue Gästeschar an, die sich von der zwischen Umbrien und der benachbarten Toskana angesiedelten Küche angezogen fühlt. Heute führen es die Söhne Cristiano und Marco, die beschlossen, den volkstümlichen Charakter im bestmöglichen Sinne zu erhalten. Wenn Sie mit den Antipasti beginnen, finden Sie **mit dem Messer geschnittenen hiesigen Prosciutto** (5 €), Bruschetta al lardo oder al pomodoro fresco (4,50 €) und Panzanella vor. Die Primi sind hausgemacht: **Agnellotti al ragù** (5 €), unverzichtbare Cappelletti in brodo (7 €), Penne alla norcina, **Tagliatelle ai porcini**, Minestrone di verdure sowie Pasta e ceci. Interessant ist Tris di primi mit saisonalem Trüffel (8,50 €). Besonders gute Secondi sind **Agnello e il castrato alla brace** (9 €) und **Mazzafegato** (Slow-Food-Presidio); Alternativen dazu sind Filetto di manzo ai porcini und Tagliata di manzo (9,50 €). Jeden Tag gibt es eine Spezialität, die von der Laune des Küchenchefs bestimmt wird. Die Beilagen gehen mit den Jahreszeiten: Radicchio di campagna (2,50 €), Verdura cotta, **Porcini** alla brace, in padella und **fritti** (8 €), Ceci und Fagioli all'olio. Gute Auswahl an frischen und gereiften Schafkäsesorten. An Werktagen gibt es auch Trippa, Coniglio und Agnello aus der Pfanne. Die reich bestückte, gut aufgebaute Weinkarte nennt viele toskanische Tropfen und einen offenen Wein, bei dem Preis und Qualität stimmen. Reservierung unbedingt erforderlich.

Sergio Bendini, Piazza Fanti 8 C, verkauft ausgewählte Wurstsorten, Weine, Öle und andere lokale Spezialitäten.

CORCIANO
Mantignana

13 KM NORDWESTLICH VON PERUGIA

Taverna dei Sapori

NEU

Osteria
Via Alighieri, 12
Tel. (+39) 075 / 60 57 20
Ruhetag: Dienstag
Keine Ferien
30 Plätze + 10 Plätze im Freien
Preise: 25–30 €
Alle Kreditkarten; BM
Abends geöffnet

An der Straße zur alten Burg von Mantignana, einer wunderschönen befestigten Ortschaft inmitten der Hügel, die die Ebene von Corciana umrahmen, stoßen Sie auf dieses kleine Lokal. Es ist in einem alten Keller des Schlosses eingerichtet und wird von einer Familie betrieben. Bei der schlichten, fast spartanischen Einrichtung lösen die alten Mauern die Aufgabe, das Ambiente gemütlich wirken zu lassen, aufs Beste. Die Küche steht unter der Leitung von Signora Francesca, die die kulinarische Tradition dieses Gebiets hütet. Sohn Cristian ist dagegen für den Service zuständig. Der Einkauf erfolgt täglich bei ausschließlich lokalen Erzeugern. Das Menü ist streng jahreszeitlich ausgerichtet, Brot und Pasta sind hausgemacht. Den Anfang machen Vorspeisen wie Bruschette all'olio, Crostini misti (4 €), lokale Salumi und traditioneller süßer oder salziger Arvoltolo. Als Alternative gibt es natürlich **Torta al testo gefüllt mit Aufschnitt**, Salsicce oder Kräutern. Die Palette der Primi reicht von **Zuppa di farro** con osso di prosciutto (7,50 €) bis zu Tagliatelle al ragù; hervorragend sind auch Taglierini al tartufo. An Secondi stehen Grigliata mista di maiale (12 €), **Coccio** – Brot, Schafkäse und Sella aus San Venanzo (8 €) – Scaloppine con pomodori secchi e olive und **Tasca di tacchino al tartufo** (12 €) zur Auswahl. Der deliziöse Spitzenreiter unter den Beilagen ist Fritturina mista di verdure. Auf Wunsch kann man auch Spezialitäten aus Fisch aus dem See genießen, wie **Tegamaccio**, Carpa in porchetta und Agoni fritti. Die Weinkarte gibt lokalen Erzeugnissen den Vorzug und bietet eine schöne Selektion mit gutem Preis-Leistungs-Verhältnis.

18 KM NORDÖSTLICH VON TERNI

Piermarini

Restaurant mit Übernachtungsmöglichkeit
Via Ancaiano, 23
Tel. (+39) 07 44 / 78 07 14,
(+39) 335 / 545 61 28
Ruhetag: Sonntagabend, Montag
Ferien: unterschiedlich
50 Plätze
Preise: 35 €
Alle Kreditkarten; BM
Abends geöffnet, Sonntag auch mittags

Durch das Tor betreten Sie einen perfekt gepflegten Garten, der zum schönen Speiseraum dieses in der Tradition verwurzelten Lokals führt. Die Familie Piermarini tischt zum Großteil Produkte aus ihrem Landwirtschaftsbetrieb auf und stellt so eine virtuose geschlossene Versorgungskette her, die wiederum die Zubereitung von Speisen in wirklich exzellenter Qualität ermöglicht. Zum Ausdruck kommt dies in einem schnörkellosen Menü mit vier bis fünf bestens ausgewählten Gerichten pro Gang, die achtsam zubereitet sind, so dass der natürliche Geschmack der Zutaten zur Geltung kommt. Bei den Antipasti darf zu keiner Jahreszeit **Coccorè** fehlen, weiches Ei mit Trüffelsauce und Crostini aus Brot (15 €). Weiter geht es mit Formaggetta al tartufo (13 €), Lonzino in carpaccio con sformato di formaggio (8 €) und Verdure fritte con arancini (9 €). Als Primi bieten sich Spaghetti al tartufo nero (25 €), **Stringozzi alle erbette con asparagi** (8 €), Risotto allo zafferano e fiori di zucca (10 €) und **Pennette con porcini e tartufo** (12 €) an. Die Secondi sind allesamt aus Fleisch zubereitet: klassische Tagliate, Filetto di vitellone, aber auch **Maialino arrosto al limone con purè di mele** (10 €) und perfekter **Cosciotto d'agnello arrosto**. Die Süßspeisen sind den anderen Gängen ebenbürtig; die umfangreiche Weinkarte nennt diverse italienische Etiketten und zahlreiche Qualitätstropfen im glasweisen Ausschank.

»
Exzellente Grundzutaten, ein glückliches Händchen in der Küche, angenehmer Empfang, gepaart mit schönem Ambiente – all das erfreut die Gäste dieser Oase der Entspannung.
«

37 KM SÜDÖSTLICH VON PERUGIA, S.S. 75

Osteria del Teatro

NEU

Osteria
Via Petrucci, 8
Tel. (+39) 347 / 340 17 78
Ruhetag: Sonntagabend, Montagmittag
Keine Ferien
40 Plätze + 30 Plätze im Freien
Preise: 27–32 €
Kreditkarten: CS, MC, Visa; BM
Mittags und abends geöffnet

In dem Gässchen, das neben dem mittelalterlichen Haus des Arztes Gentile da Foligno abzweigt, befindet sich der Eingang dieses charakteristischen Lokals mit authentischer Küche, die vom Ergebnis des täglichen Einkaufs bestimmt wird. Das Menü zählt Patron Piero de Mai mündlich auf. Signora Roslana unterstützt ihn bei der Zubereitung der schmackhaften Gerichte, die Sie hier genießen können. Auf ausgefallene Antipasti, die sich aus kleinen Kostproben zusammensetzen, folgt stets eine schöne Auswahl an Primi und Secondi, deren Grundlage frische Saisonprodukte sind. Beginnen wir mit den Vorspeisen: Aus einer Reihe von Schüsseln und Tellerchen probieren Sie **Insalata di farro**, Caponata, Cuscus alle verdure, Frittatina di bieta, Melanzane alla parmigiana und Fiori di zucca fritti. Von den Primi sollten Sie sich Tortelli ricotta e tartufo, Tagliatelle (handgezogen) agli asparagi oder con guanciale e zucchine und **Zuppa d'orzo e patate** nicht entgehen lassen. Die Secondi räumen dem Fleisch seinen gebührenden Platz ein: **Piccione ripieno alla folignate**, Stinco di maiale arrosto, **Coniglio in casseruola**, Pollo arrosto con patate, Porchetta und verschiedene Fleischstücke vom Rind. In der Saison dürfen auch Lumache in umido nicht fehlen. Unbedingt eine Kostprobe wert sind die klassischen Gerichte aus dem **Quinto quarto** wie Trippa, Coratella und Coda alla vaccinara, die sich durch hervorragende Zubereitung auszeichnen. Die Desserts sind hausgemacht; die Weinkarte enthält ein schönes Sortiment regionaler und italienischer Weine.

GIANO DELL'UMBRIA
Bastardo

40 KM SÜDÖSTLICH VON PERUGIA

4 Piedi & 8.5 Pollici

Moderne Osteria
Piazza del Mercato, 10
Tel. (+39) 07 42 / 999 49,
(+39) 333 / 997 99 58
Ruhetag: Sonntag • Ferien: unterschiedlich
25 Plätze
Preise: 27–35 €
Kreditkarten: CS, MC, Visa; BM
Mittags geöffnet, abends und Sonntag gegen Vorbestellung

Wenn Sie im Herzen Umbriens im Gebiet der Monti Martani und ihrer Täler unterwegs sind, kehren Sie in diese bizarre Osteria ein: Bizarr ist ihr Name, und bizarr ist auch ihr Standort, ein riesiger, grauer Parkplatz auf dem Marktplatz. Beim Betreten des Lokals umfängt den Gast eine rein weibliche Atmosphäre. Dies bestätigen auch die Worte der Hausherrin Laura Saleggia, die Ihnen in ihrer direkten Art von der Entstehung der Idee zu dieser Osteria und der Geschichte der Speisen erzählt, die sie auf den Tisch bringt. Sehr verlockend sind die Antipasti, die die Wahl schwer machen: lokale **Salumi** mit heller Focaccia sowie hervorragende Käsesorten in Kombination mit hausgemachten Konfitüren (ausgefallen ist die Rosenkonfitüre) und **Bruschette con uova sbattute e tartufo e paté di fegatini** (12 €). Die Pasta ist überwiegend hausgemacht (10 €) und wird mit saisonal variierenden Saucen angerichtet: **Strangozzi con guanciale, capperi e pomodoro**, Maltagliati alle melanzane e ricotta salata und einige gefüllte Pastasorten, die abwechselnd auf dem Programm stehen. Als Secondi gibt es vorzügliche Tartara di chianina, **Straccetti al tartufo** (12 €), Stracotti und gegrilltes Fleisch. Die Desserts (4 €) variieren, aber Torta sbrisolona, Zabaione caldo und Semifreddo di vaniglia, begleitet von hausgemachten Sirupen oder Rosenkonfitüre, sind häufig erhältlich. Neben dem guten offenen Wein gibt es auch einige Flaschenweine aus der Region zu trinken.

GUBBIO
Santa Cristina

45 KM NÖ. V. PERUGIA, S.S. 3 BIS OD. E 45 AUSF. PONTE PATTOLI

Alcatraz

Moderne Osteria
Ortsteil Santa Cristina
Tel. (+39) 075 / 922 99 11
Keine Ferien
60 Plätze + 60 Plätze im Freien
Preise: 25 € (Tagesmenü)
Alle Kreditkarten; BM
Gegen Vorbestellung täglich mittags und abends geöffnet

Wenn Sie die Libera Università di Alcatraz unter der Führung von Jacopo Fo besuchen, werden Sie nicht nur von der Schönheit der Landschaft, sondern auch von dem Ort selbst verzaubert sein, an dem Fantasie und Ironie mit der Konkretheit des Energiesparens und der Nachhaltigkeit verschmelzen. Das Alcatraz ist nicht nur ein Agriturismo und ein in seiner Originalität einzigartiger Kultur- und Experimentierraum, sondern auch ein exzellentes Restaurant, in dem hochwertige biologische Saisonprodukte zur Verarbeitung gelangen. Das von der unbezahlbaren Angela erstellte Menü ist festgelegt, ändert sich aber täglich. Das Essen wird auf einem Büfett dargeboten. Jacopo und Angela stehen Ihnen mit ihren Mitarbeitern aber gerne zur Seite, falls Sie Wünsche oder Bedürfnisse hinsichtlich Nahrungsmittelunverträglichkeiten haben. Eingangs gibt es eine große Vorspeisenvielfalt, wobei die originellsten Kreationen **Fiori fritti di calendula e sambuco** und Fiori di zucca ripieni di ricotta ed erbe aromatiche sind. Unter den Primi finden sich viele winterliche **Zuppe**, Tagliolini al ragù d'anatra und **Malfatti con ricotta, borragine ed erbe di campo in salsa di parmigiano**. Probieren Sie von den Secondi **Coniglio in porchetta con finocchio selvatico**, Agnello al timo und Pollo allo yogurt e mirtilli. Das Fleisch stammt ausnahmslos aus lokalen Aufzuchtbetrieben. Dazu gibt es zahlreiche Beilagen aus frischem oder gegrilltem Gemüse, das im hauseigenen Garten gedeiht. Das gute Käsesortiment wird mit hausgemachten Quitten-, Rosen- und Holunderkonfitüren kombiniert. Als Nachspeise locken ganz im Zeichen der Tradition Arvoltolo und Brustengolo neben wahrhaft deliziösen Überraschungen. Im Keller lagert eine recht ansehnliche Auswahl biologischer Weine.

MAGIONE
San Feliciano

20 km nordwestlich von Perugia, S.S. 75 bis

I Bonci

Trattoria
Via Lungolago Alicata, 31
Tel. (+39) 075 / 847 93 55
Ruhetag: Mittwoch, außer im Sommer
Ferien: Januar/Februar
35 Plätze + 60 Plätze im Freien
Preise: 35 €
Alle Kreditkarten; BM
Mittags und abends geöffnet

Im Ortsteil San Feliciano stoßen Sie am Seeufer auf dieses charakteristische Lokal, in dem man es versteht, die hohe Qualität des Süßwasserfischs ins rechte Licht zu rücken. Dank der Zusammenarbeit mit der Fischereigenossenschaft des kleinen Ortes gelangen die besten Fischereiprodukte der Umgebung in die Küche der Restaurantinhaber, Matteo und Alessandro Moschi. Die unbezahlbare Unterstützung durch Sabrina am Herd trägt zusätzlich zu einem besonderen kulinarischen Erlebnis bei. Gönnen Sie sich als Einstieg würzige **Ricotta con anguilla affumicata** (im Betrieb geräuchert) **e miele** (9 €), die allein schon die Anreise wert wäre, aber in **Bruschetta con caviale del Trasimeno** (7 €) und Patate ripiene di tinca eine ebenbürtige Begleitung findet. Die Primi (10 €) umfassen **Tagliolini al ragù di lago**, Gnocchetti alla tinca affumicata und Risotto ai gamberi d'acqua dolce. Bei den Secondi hat Fisch erneut seinen Auftritt; ein besonderes Lob verdienen **Filetti di persico in crosta di patate** (16 €) und tadelloser **Tegamaccio**, eine wohlschmeckende traditionelle Suppe (18 €). Daneben fehlt es auch nicht an guten Festlandsgerichten wie Taglieri di salumi e formaggi und Filetto di maiale in crosta. Dank dem nahen Fischmarkt stehen auch ein paar Speisen aus fangfrischem Meeresfisch auf dem Programm. Die schlichten Süßspeisen sind gut zubereitet und eher klassisch gehalten. Die gut ausgewogene Weinkarte nennt eine schöne Palette regionaler und italienischer Weine.

MASSA MARTANA

57 km südöstlich von Perugia, A 14

Fontana delle Pere

Ferienbauernhof
Vocabolo Perticara, 138 B
Tel. (+39) 075 / 88 95 06,
(+39) 348 / 692 98 26
Ruhetag: Sonntagabend
Ferien: zweite Januarhälfte
45 Plätze • Preise: 24–33 € (Tagesmenü)
Keine Kreditkarten
Mittags und abends gegen Vorbestellung geöffnet

Der Agriturismo befindet sich in der Nähe der Landstraße, die von der E 45 nach Massa Martana führt, und liegt am Fuß des gleichnamigen Berges. Alessia und Alessandro heißen Sie willkommen und beraten Sie professionell bei der Auswahl der Gerichte. Die Küche ist das Reich von Serenella und Rossella, die hausgemachte Wurstspezialitäten, Gartengemüse und Fleisch aus der Hoftierzucht bieten, die selbst auch einen Besuch lohnt. Der Speisesaal ist mit altem bäuerlichem Gerät geschmückt; im Sommer kann man im Freien essen. Sie haben die Wahl zwischen drei Degustationsmenüs für 24, 27 und 30 €, die je nach Verfügbarkeit der Produkte aus dem Betrieb und Jahreszeit variieren. Man beginnt mit einer Reihe warmer Antipasti mit Schiacciata rossa, alla cipolla und al rosmarino, um mit Saisongerichten wie Legumi lessi und Salvia fritta fortzufahren und schließlich mit hausgemachten Wurstspezialitäten (hervorragend ist die **Salami**), begleitet von Schiacciata bianca, abzuschließen. Je nach Menü gibt es ein oder zwei Primi aus hausgemachter Pasta: Maltagliati con asparagi di bosco, **Fettuccine con sugo di carne mista** oder in der Version con sugo e ossi di maiale und **Stringozzi con fiori di zucca e salsiccia**. Auch die Secondi variieren: Arrosti misti di pollo, **Coniglio ripieno in porchetta**, Piccioni, Faraona, Oca, **Agnello al forno** und Maiale (Schwein), das im Winter im Kamin im Speisesaal zubereitet wird. Neben Beilagen aus Gartengemüse gibt es stets auch Bratkartoffeln und Salat. Zum Abschluss locken Dolce della casa und selbst gemachte Crostate. Wasser, Hauswein, Kaffee und Digestif sind im Preis inbegriffen.

50 KM NORDWESTLICH VON TERNI

La Locanda

Osteria
Via Alessandro degli Atti, 1
Tel. (+39) 07 44 / 95 10 17,
(+39) 340 / 750 83 42
Ruhetag: Dienstag
Ferien: ersten 2 Oktoberwochen
40 Plätze + 50 Plätze im Freien
Preise: 30–35 €
Alle Kreditkarten; BM
Mittags und abends geöffnet

Der ruhige mittelalterliche Ort Montecchio ist von alten Stadtmauern umgeben und liegt in zauberhafter Umgebung nicht weit von Orvieto, eingebettet in das Grün von Weingärten und Wäldern. Das Lokal ist gemütlich, und schon eine kurze Unterhaltung mit Luciano lässt Sie erkennen, welche Leidenschaft ihn beseelt. Die meisten Rohstoffe, die in die Küche der kolumbianischen, aber in Umbrien eingebürgerten Chefköchin Maria De La Paz gelangen, kommen aus dem Gemüsegarten, den der Lokaleigentümer selbst bestellt. Das Menü spiegelt alle Nuancen dieses reichen Gebiets wider: Das Fleisch ist lokaler Herkunft, die Pasta wird mit dem Nudelholz ausgezogen, und die diversen Sorten von Sauerteigbrot werden täglich frisch gebacken. Die Berücksichtigung der Jahreszeiten und eine ständig in Entwicklung befindliche Karte ermöglichen, stets verschiedene und immer originelle Speisen zu genießen. In der Jagdsaison finden Sie Wild und Saisonfrüchte vor, wobei Letztere in angenehmer Ausgewogenheit in vielen Gerichten ihren Auftritt haben. Stets auf dem Plan stehen Traditionsrezepte wie **Spezzatino di cinghiale in umido** (8 €), **Pagnottella di grano duro ripiena di trippa al sugo** (8 €) und natürlich lokale Wurst- und Käsespezialitäten. Von den Primi müssen Sie **Umbricelli con agretti, aglio, porro e pancetta** (12 €), aber auch Pappardelle und Ravioli mit verschiedenen Saucen probieren. Ein Muss unter den Secondi sind **Faraona con albicocche e finocchio selvatico** (14 €) und über der Holzglut gegrilltes Fleisch. Gut sind die frischen Süßspeisen, die teils vor Ihren Augen fertiggestellt werden.

63 KM NW. VON TERNI, A 1 AUSFAHRT ATTIGLIANO

Semiramide

Restaurant-Pizzeria
Via Pian dell'Ara, 1
Tel. (+39) 07 44 / 95 10 08
Ruhetag: Dienstag, im Winter auch Mittwoch
Ferien: unterschiedlich
40 Plätze + 40 Plätze im Freien
Preise: 30 €
Alle Kreditkarten; BM
Mittags und abends geöffnet

Wenn Sie in dem inmitten von Kastanienwäldern gelegenen kleinen Ort Melezzole im Herzen der Monti Amerini ankommen, stehen alle Zeichen auf kulinarischen Genuss. Am Eingang des Lokals heißen Antonios und Semiramides Kinder, Chiara und Pierluigi, Sie sehr freundlich willkommen. Sie lieben und kennen ihr Gebiet und seine kostbaren Rohstoffe. Neben Fleisch von der lokalen Genossenschaft gibt es viele Schätze aus dem Wald, wie Pilze, Esskastanien, Spargel und Wildkräuter. Der Antipasto misto (8 €) beinhaltet im Betrieb gereifte Salumi vom Schwein, selbst gemachte Sottoli und **Cicoria in pastella** (in Backteig aus Wasser, Mehl und Borretsch, 6 €). Unter den ausnahmslos von Hand erzeugten Primi finden sich köstliche **Tagliatelle al ragù di chianina** (8 €), Maltagliati di borragine al pomodoro con guanciale (8 €) und **Ciriole** (Pasta aus Wasser und Mehl) **con gli asparagi** (10 €). Von den Secondi sollten Sie Bistecca und Filetto alla brace (15 €) oder Salsicce di maiale (7 €), die vom Fleischer des Hauses erzeugt werden, unbedingt probieren. Empfehlenswerte Spezialitäten, die aber vorbestellt werden müssen, sind Pollo, Coniglio ripieno und **Piccione allo spiedo**, nach einem Traditionsrezept zubereitet. Die Beilagen aus Saison- und Wildgemüse sind hervorragend: Bieta, **Scafata con patate e carciofi** (4 €) und unverzichtbare Misticanza dell'orto (4 €). Brot und Pizza werden aus Sauerteig zubereitet. Die hausgemachten Dolci zeichnen sich durch hervorragende Zubereitung aus. Die sehr schlichte Weinkarte führt einige Etiketten aus dem Umland auf.

NARNI
Schifanoia-Moricone

22 km südwestlich von Terni, S.S. 3

Da Sara

Trattoria
Strada Calvese, 55–57
Tel. (+39) 07 44 / 79 61 38
Ruhetag: Mittwoch
Ferien: unterschiedlich
60 Plätze + 25 Plätze im Freien
Preise: 20–25 €
Kreditkarten: CS, DC, MC, Visa; BM
Mittags und abends geöffnet

Diese anmutige Osteria liegt im grünen Hügelland an der Straße von Narni nach Calvi, nicht weit von der Abtei San Michele Arcangelo. Sie wurde 1927 von Sara Cianchini gegründet und steht heute unter der Leitung ihres Sohnes Ravisio und der Enkelinnen Catia und Lorella. Die beinahe ausschließliche Verwendung von lokalen Rohstoffen, Gartengemüse und Hoftieren, die von der Familie gezüchtet werden, bilden die Grundlage der hier aufgetischten Traditionsgerichte. **Scafata di fave**, mit Wurst, Käse, Sottoli und Crostini di fegatini serviert, stellt einen guten Einstieg für einen gastronomischen Parcours im Zeichen der lokalen Tradition dar. Die Primi sind hausgemacht: **Manfricoli con verdure di stagione** (6 €) oder al tartufo scorzone (7 €), Gnocchi alle ortiche und Cappellacci agli asparagi selvatici. Im Winter greifen Sie zu **Zuppa di cipolle** oder Vellutata di zucca. Die Secondi zeichnen sich durch Vielfalt aus: **Piccione ripieno** (8 €), Carni alla brace, Pollo alla diavola, Agnello a scottadito, **Faraona** oder Palombaccio **alla leccarda** (10 €) und Coratella d'agnello, in der Jagdsaison ergänzt von Tordi (Drosseln) und Allodole (Lerchen) allo spiedo. Es gibt reichhaltige Beilagen mit *Raponzoli* (Rapunzel-Glockenblumen) und Wildsalaten: Caccialepri (Reichardia picroides), Crispigni (Acker-Gänsedistel) und Cicoriette (wilde Zichorien) (5 €). Einen hervorragenden Abschluss bilden Zuppa inglese und Crostate. Die Weine, auch der Hauswein, stammen aus dem Gebiet; die lokale Rebsorte Ciliegiolo ist dabei gut vertreten. Im Sommer können Sie die angenehme Terrasse im Schatten einer Laube genießen. An Feiertagen ist eine Reservierung sehr anzuraten.

ORVIETO

72 km nordwestlich von Terni, S.S. 71 Ausf. A 1

Antica Cantina

NEU

Osteria
Corso Cavour, 212
Tel. (+39) 07 63 / 34 47 46
Ruhetag: Sonntagabend, Montag
Ferien: unterschiedlich
45 Plätze + 14 Plätze im Freien
Preise: 30–35 €
Kreditkarten: CS, DC, MC, Visa; BM
Mittags und abends geöffnet

Vier Freunde haben im Jahr 2010 dieses Lokal übernommen. Es bietet seit jeher traditionelle Küche aus ausgewählten Rohstoffen, die dadurch eine noch stärkere lokale Prägung erfährt. Cecilia versieht den Service, Ludmila (moldauischer Herkunft, aber mit Gastronomieerfahrung in Umbrien) steht am Herd. Die beiden servieren typische Küche in dieser Osteria, in der seit 20 Jahren die Theaterkompanien aus dem nahen Mancinelli einkehren, wie dies zahlreiche Plakate an den Wänden bezeugen. Das Menü ist an die Jahreszeiten angepasst und beinhaltet auch vegetarische und glutenfreie Gerichte. Hervorragend sind **Fiori di zucca farciti e fritti** (6 €) und Carpaccio di pere e noci con rucola, pecorino e aceto balsamico. Bruschette miste und **Crostini al lardo di cinta senese e fagioli cannellini** oder Crostini al tartufo (9 €) dürfen natürlich auch nicht fehlen. Unter den Spezialitäten finden sich Salumi vom Schwein aus lokaler Erzeugung. Wenn Sie Glück haben, können Sie auch ausgezeichnete Lingua di vitellone con salsa verde all'orvietana (Zunge vom Jungochsen mit Kapern, gekochtem Ei, Knoblauch, Zitrone und Öl) probieren. Die getrocknete Pasta kommt aus Gragnano; das Angebot reicht von Spaghetti pomodoro e basilico (8 €) bis **Rigatoni all'aglione** (10 €). Als Alternative bieten sich klassische Tagliatelle ai funghi porcini (12 €) oder al tartufo an. Das Fleisch stammt aus der Umgebung. Die Palette umspannt Schweinefleischgerichte wie **Costolette al timo** (12 €), aber auch Arrosto di vitello al forno con le erbette oder **Faraona in salmì** (13 €). Sehr schmackhaft ist Stinco di maiale con le erbe. Das Gemüse wird vorzugsweise gedämpft. Von den hausgemachten Süßspeisen sollten Sie Torta di pane con pere, cacao e cannella (6 €) probieren. Die Weine aus der Umgebung sind sorgsam ausgewählt.

72 km nordwestl. v. Terni, S.S. 71, Ausfahrt A 1

La Grotta

Trattoria
Via Signorelli, 5
Tel. (+39) 07 63 / 34 13 48
Ruhetag: Dienstag
Ferien: unterschiedlich
60 Plätze
Preise: 30–35 €
Alle Kreditkarten; BM
Mittags und abends geöffnet

Nach einem Besuch des herrlichen Doms von Orvieto empfehlen wir Ihnen eine Einkehr in diesem Lokal, in dem Kunst und Küche einander ergänzen. Das in einem Pferdestall aus dem 15. Jahrhundert geschaffene La Grotta wartet mit bodenständigen Saisongerichten auf, die kompetent und professionell präsentiert werden. Den Anfang machen Antipasti wie Wurst und eine schöne Palette an Käsespezialitäten, die der langjährig gastronomieerfahrene Inhaber Franco Tittocchia bei verschiedenen lokalen Betrieben auswählt. Von den winterlichen Primi munden vor allem **Zuppe**, die Klassiker der umbrischen Küche, und Minestre, von denen Minestra **di ceci** (mit Kichererbsen) hervorgehoben sei. Die hausgemachte Pasta beinhaltet klassische **Umbrichelli** aus Orvieto in den Varianten all'arrabbiata und **cacio e pepe**, Tagliolini con il ragù di anatra, Maltagliati con i carciofi und **Pappardelle al ragù di cinghiale** (8,50 €). Exquisit sind auch Gnocchi, besonders in der Version agli asparagi. An Secondi gibt es gegrilltes Fleisch, Agnello alla cacciatora, zarten **Ossobuco con piselli** und Geflügel, die Spezialität in diesem Gebiet: Probieren Sie **Piccione alle olive** (15 €) und Faraona in salmì. Die saisonalen Beilagen werden mit einem außergewöhnlichen nativen Olivenöl extra aus dem DOP-Gebiet von Orvieto verfeinert. Von den Desserts dürfen Sie Tiramisu (5 €) nicht versäumen, eine lokale Institution, aber auch Tozzetti mit Vin Santo schmecken köstlich. Die Weinkarte enthält die besten Erzeugnisse aus lokalen Betrieben, einen ausgezeichneten offenen Hauswein und eine Reihe italienischer Tropfen.

Die Gelateria Pasqualetti an der Piazza Duomo 14 bietet Creme- und Fruchteis sowie einige originelle Kreationen.

ORVIETO

72 km nordwestl. v. Terni, S.S. 71, Ausfahrt A 1

La Palomba

Trattoria
Via Manente, 16
Tel. (+39) 07 63 / 34 33 95
Ruhetag: Mittwoch
Ferien: zeitweise im Juli
50 Plätze
Preise: 30–35 €
Alle Kreditkarten; BM
Mittags und abends geöffnet

Diese Trattoria aus alten Zeiten wird seit 49 Jahren von der Familie Cinti geführt. Sie liegt in der Altstadt von Orvieto und präsentiert sich mit einfacher, aber gepflegter Einrichtung als gemütliches Lokal. In den beiden Räumen duftet es verführerisch aus der Küche, in der Signora Giovanna hochwertige Rohstoffe mit Augenmerk auf die Tradition verarbeitet. Den Service versieht ihr Bruder Giampiero, der Sie zusammen mit seiner Tochter Enrica bei der Speisenauswahl berät. Den Anfang machen typische Vorspeisen wie Bruschette con affettati misti und **Pane e salsiccia** (8 €): Die Frischwurst wird von bewährten Lieferanten bezogen und roh zum Aufstreichen auf Brot serviert. Als Primi bieten sich **Tagliatelle alle rigaglie di pollo** (9 €), al ragù di cinghiale oder **al tartufo** (mit frisch geriebenem Trüffel). Als Secondo lockt die Spezialität, die der Namensgeber der Osteria ist: **Palomba** (Taube) **alla leccarda** (gegen Vorbestellung, 15 €); Alternativen wären Agnello a scottadito und **Trippa** alla palomba. Gute Auswahl an Käsespezialitäten von lokalen Erzeugern, darunter Ziegen- und Kuhmilchkäse, die eine ausgezeichnete Option zur Eröffnung der Mahlzeit oder aber einen würdigen Abschluss darstellen können. Einige Süßspeisen wie Caldo freddo alla palomba runden das Menü ab. Die Weinkarte lässt erkennen, dass bei der Auswahl auf ein gutes Preis-Leistungs-Verhältnis geachtet wurde. Etiketten aus der Umgebung von Orvieto dominieren.

Il Dolce Forno (Via Manente 20) bietet Sauerteigbrot, Focacce und die typischen süßen und salzigen Lumachelle.

ORVIETO

72 KM NORDWESTL. V. TERNI, S.S. 71, AUSFAHRT A 1

La Pergola

Trattoria
Via dei Magoni, 9 B
Tel. (+39) 07 63 / 34 30 65
Ruhetag: Mittwoch
Ferien: Februar, 3.–30. November
30 Plätze + 45 Plätze im Freien
Preise: 30–35 €
Kreditkarten: CS, Visa; BM
Mittags und abends geöffnet

Von der Seilbahn aus, die sich am Felsen entlang langsam nach oben bewegt, kann man die Schönheit Orvietos bewundern, einer Stadt, die auf jeden Fall sehenswert ist. Das La Pergola ist mit Sicherheit eine Adresse, wo die Erwartungen nicht enttäuscht werden. Wir haben es mit einem Lokal unter familiärer Leitung mit schlichtem Ambiente und häuslicher Atmosphäre zu tun. Die einfachen, aber nicht einfallslosen Vorspeisen sind vielfältig und verlockend und reichen von klassischen Bruschette miste bis zu **Crostino caldo con caprino** (6 €), um danach zu in Essig gekochtem Guanciale überzuleiten, der mit einem Blatt Salbei serviert wird. Von den Primi empfehlen wir Minestrone di verdure e farro, **Maccheroni cacio e pepe con fave fresche e baffo** (10 €), Tagliatelle al ragù di anatra, Ciriole **all'arrabbiata** (8 €) und Gnocchi cacio e pepe. Die Hauptspeisen werden mit hausgemachtem Brot gereicht und umfassen Tagliata oder Entrecôte di manzo, **Petto d'anatra al finocchietto** (14 €), Cinghiale alla cacciatora, Pollo alla brace (12 €), Trippa in umido und schließlich einen Klassiker des Lokals und der Stadt, nämlich superben **Baccalà all'orvietana** (14 €); dazu gibt es Beilagen aus Saisongemüse. Die Dolci folgen mit kleinen Varianten der Tradition: Tiramisu, Zuppa inglese und Zuccotto di ricotta e cioccolato (6 €). Die Weinkarte nennt Weine aus dem Gebiet mit ein paar Ausflügen in benachbarte Regionen; ausgezeichnet ist die Auswahl an Weinen im glasweisen Ausschank, die an einer Tafel am Lokaleingang angeschrieben sind.

PANICALE

34 KM SÜDWESTLICH VON PERUGIA

Lillo Tatini

Restaurant
Piazza Umberto I, 13
Tel. (039) 075 / 83 77 71,
(+39) 329 / 076 46 14
Ruhetag: Montag
Ferien: Januar/Februar
30 Plätze + 20 Plätze im Freien
Preise: 35 €
Alle Kreditkarten; BM
Mittags und abends geöffnet

Der anmutige Ort Panicale ist besonders schön gelegen, denn von hier aus kann der Blick von der Ebene um den Trasimenischen See bis zum Hügelland von Siena und zu den Bergen des umbrischen Apennins, die den See umrahmen, frei schweifen. An der Piazza mit mittelalterlichem Brunnen finden Sie das Restaurant Lillo Tatini. Patrizia Spadoni ist hier die treibende Kraft und vermag es mit außerordentlicher Geschicklichkeit, Tradition, Territorialität und Innovation in der Vielfalt der Gerichte zu vereinen, die Sie auf der Speisekarte finden. Bei den Primi kommt der Einfluss der traditionellen Seeküche deutlich zum Ausdruck, die sich mit Spezialitäten aus dem Apennin verbindet. Keinesfalls entgehen lassen sollten Sie sich **Cannelloni di pesce su letto di lenticchie di Castelluccio** (12 €) und Tagliatelle con ragù di persico del Trasimeno (12 €). Süßwasserfisch hat auch bei den Secondi seinen Auftritt. Hier empfehlen wir vorbehaltslos **Anguilla gratinata con uvetta e pinoli** (14 €). Wenn Sie Fleisch bevorzugen, werden **Polpettine di chianina** oder di cinghiale **in agrodolce** auf jeden Fall Ihren Gaumen erfreuen. Die traditionellen Dolci glänzen durch gekonnte Zubereitung, etwa die exquisite **Rocciata** aus Assisi mit Eis. Ausgezeichnet ist das Kellerangebot, das Augenmerk auf regionale Weine erkennen lässt, aber auch eine große Auswahl der besten italienischen Etiketten beinhaltet, die den Wohlgeschmack der Speisen bestens zur Geltung bringen; auch die anspruchsvollsten Gaumen werden zufriedengestellt.

Al Mangiar Bene

NEU

Osteria-Pizzeria
Via della Luna, 21
Tel. (+39) 07 55 / 73 10 47
Ruhetag: Sonntag, Montagmittag
Ferien: Mitte Juli–Anfang August
60 Plätze
Preise: 30–35 €
Kreditkarten: CS, MC, Visa; BM
Mittags und abends geöffnet

Wenn Sie auf der heiligen Akropolis Perugias spazierengehen und über eine der prachtvollen Treppen hinabsteigen, stoßen Sie auf den Eingang des Al Mangiar Bene, dessen Namen („Zum guten Essen") Sie vielleicht als ein bisschen prätentiös empfinden werden. Sobald Sie aber in einem der schönen Räume mit Kreuzgewölbe Platz genommen und einige der Spezialitäten bestellt haben, etwa die köstlichen Aufschnitte mit lokalen **Salumi** (9 €) oder das vielfältige Käsesortiment (12 €), ist jeglicher Zweifel verflogen: Sie sind an der richtigen Adresse. Davide Bortolo (im Service) sowie Enrico Curci und Emma Mascietti (in der Küche) sind die Urheber dieses kulinarischen Projekts, dessen Parole Einfachheit, meisterhaftes Können und Leidenschaft sind. Aus Sauerteig hausgemacht sind Brot und Pasta für die Primi: Umbricelli, Tagliatelle und Pappardelle, die zu heller oder Tomatensauce passen. Ein Muss sind **Pappardelle con ragù di chianina** (9,50 €) oder ganz klassische, gut zubereitete **Umbricelli cacio e pepe** (7 €). Die Secondi umspannen eine hervorragende Palette sorgfältig ausgewählter Fleischsorten: Neben Rindfleisch finden Sie auch Fleisch von anderen Tieren, das von bewährten Züchtern bezogen wird. Probieren Sie exzellente **Trippa al sugo** (7 €) und **Tagliata** di chianina **al rosmarino con sformato di verdura** di stagione (14 €). Das gepflegte Kellerangebot beinhaltet die wichtigsten Etiketten aus der Region. Gut sind die Süßspeisen aus handwerklicher Erzeugung. Abends können Sie auf Wunsch auch aus Sauerteig zubereitete Pizza genießen.

PERUGIA

Altromondo

Restaurant
Via Caporali, 11
Tel. (+39) 075 / 572 61 57
Ruhetag: Sonntag
Ferien: 1 Woche zu Weihnachten
80 Plätze
Preise: 30–35 €
Alle Kreditkarten; BM
Mittags und abends geöffnet

Der Eingang zum Altromondo öffnet sich am Beginn der Via Caporali, nicht weit vom ganz zentral gelegenen Corso Vannucci in der Altstadt. Empfangen werden Sie von der stets lächelnden Signora Guglielma, die das Lokal seit fast 50 Jahren führt und sich gemeinsam mit ihrem Mann um Sie kümmert, so dass Sie sich als willkommener Gast fühlen. Alles in diesem Lokal scheint vom Zahn der Zeit unberührt geblieben zu sein: die alten Ziegelgewölbe, die eigentümlichen eingerahmten Trophäen von Pferderennen an den Wänden und die geflochtenen Stühle. Die Küche ist ebenso zuverlässig geblieben und bietet Jahr um Jahr Speisen aus der Tradition Perugias. Eine schlichte, nicht erlesene, jedoch absolut typische und unverfälschte Küche, für die Rohstoffe aus der Umgebung verwendet und ins rechte Licht gerückt werden, insbesondere Wurst, Fleisch, Innereien und Gemüse. Eine kleine Ausnahme stellen die Fischgerichte dar, die vor ein paar Jahren in das Menü aufgenommen wurden. Sie sind aber dennoch nach traditionellen Rezepten zubereitet, wie etwa **Fritto di baccalà**. Vom Festland geprägt sind dagegen Crostini di fegatini oder Antipasto misto di salumi (8,50 €). Weiter geht es mit **Pappardelle al cinghiale** (15 €), hervorragenden Tagliatelle con le interiora di pollo und bei den Secondi mit **Trippa in umido** oder Parmigiana di melanzane. Als Alternative bieten sich Grigliata di carni Altromondo (12 €) und **Polpettine alla pizzaiola** (12 €) an, begleitet von Pommes frites oder Bratkartoffeln. Die Desserts sind einfach, wie Crostata con crema pasticciera oder Spuma di zabaione. Bei den Weinen gibt man Erzeugnissen aus klassischen umbrischen Winzerbetrieben den Vorzug.

Civico 25

Moderne Osteria
Via della Viola, 25
Tel. (+39) 075 / 571 63 76
Ruhetag: Sonntag
Ferien: 2 Wochen im August
40 Plätze + 15 Plätze im Freien
Preise: 35 €
Alle Kreditkarten; BM
Abends geöffnet

In einem Gässchen der Altstadt, nicht weit vom historischen überdachten Markt, finden Sie diese Osteria mit Ausschank, die vor allem ein junges internationales Publikum anzieht. Perugia ist nämlich Sitz der Università per Stranieri, daher trifft man auf Studenten aus der ganzen Welt. Das Lokal ist mit kleinen Tischen, Papiertischdeckchen und einem hübschen Hängeboden im Bistro-Stil eingerichtet; in der schönen Jahreszeit gesellen sich ein paar Tische im Freien dazu. Das Menü folgt dank der kompetenten Betreiber, die sich in Sachen Essen und Wein gut auskennen, den Jahreszeiten. Ein hervorragender **Prosciutto** wird stets gut sichtbar dargeboten und mit dem Messer aufgeschnitten (eine ganze Portion kostet 10 €, eine halbe 5 €); als Alternative bieten sich gute Käseplatten (10 €) und Tartara di chianina mit verschiedenen Saucen (14 €) an. Das kleine Angebot an Primi entfaltet sich im Winter in Form von dampfenden Suppen, **Lasagna ai porcini e salsiccia** und Gnocchi al ragù d'agnello; im Frühling treten dagegen **Strangozzi con fave fresche e pancetta** (10 €) oder con pomodori, guanciale e pecorino auf den Plan. Ausgezeichnete Secondi sind **Strapazzata d'uova con asparagi** oder con tartufo estivo (13 €), Ossobuco di vitello, Stinco di maiale und, falls erhältlich, **Brasato al Sagrantino** (14 €), der auch von Feldradicchio (4 €) begleitet wird. Den süßen Schlusspunkt setzen unter anderem Tortino al cioccolato fondente und Millefoglie con ricotta e fragole. Die große Weinkarte listet das Beste aus der Region auf und lässt Augenmerk auf kleine Winzerbetriebe erkennen. Darüber hinaus gibt es ein ausgezeichnetes Weinsortiment aus dem übrigen Italien und anderen Ländern, das zu ehrlichen Preisen professionell angeboten wird.

PERUGIA

Hosteria Wine Bartolo

Moderne Osteria
Via Bartolo, 30
Tel. (+39) 075 / 571 60 27
Ruhetag: Mittwoch
Ferien: 24. und 25. Dezember
40 Plätze
Preise: 30 €
Kreditkarten: CS, MC, Visa; BM
Abends geöffnet, Sonntag auch mittags

Diese historische „Hosteria" befindet sich im Herzen der Stadt in der Via Bartolo. Die Leitung liegt in den Händen von Koch und Patron Umberto Bava, der sie vor einigen Jahren geschmackvoll renovierte. Das Lokal besticht mit schönen Ziegelgewölben und Regalen voll von Flaschen, die auf eine Weinkarte mit neuen Angeboten und Tendenzen verweisen: natürlich vinifizierte, biologische und biodynamische Weine. Es gibt auch eine recht gute Auswahl regionaler und glasweise ausgeschenkter Weine. Die Küche konzentriert sich vorwiegend darauf, Fleisch vom umbrischen Chianinarind in den Vordergrund zu rücken. Für 20 € ist auch ein Degustationsmenü erhältlich, bestehend aus Girello di vitellone marinato sotto sale con salsa di agrumi, Tagliatelle (hausgemacht wie die übrige Pasta und das Brot) al ragù bianco und Stracotto di vitellone con patate al forno. Auf der Karte finden Sie unter den Vorspeisen **Uova strapazzate al tartufo nero di Norcia**, Tartara di chianina con burro e senape und biologischen Orzotto alla menta su crema di peperoni. Als Primi seien neben hausgemachten **Chitarrini con pomodorini, pistacchio di Bronte e ricotta di pecora salata** (10 €) **Cappellacci con tinca del Trasimeno e cipolla di Cannara** (10 €) genannt, eine interessante Kombination zweier hochwertiger Produkte aus Umbrien. Als Hauptspeisen sind **Grillfleisch**, vom Chianinarind bis zum Schwein, sowie Costolette di agnello und di pecora vorgesehen; das Fleisch ist lokaler Herkunft und je nach Marktangebot unterschiedlich zusammengesetzt im Misto (18 €) erhältlich.

Die historische Pasticceria Sandri (Corso Vannucci 32) bietet ausgezeichnete traditionelle Süßspeisen.

La Lumera

Trattoria
Corso Bersaglieri, 22
Tel. (+39) 075 / 572 61 81
Ruhetag: Montag
Ferien: 1 Woche im Juni, zeitweise im Januar und September
60 Plätze + 20 Plätze im Freien
Preise: 30–35 €
Alle Kreditkarten; BM
Abends geöffnet, mittags gegen Vorbestellung

Das Lokal dicht an der Stadtmauer steht unter der Leitung von Roberto Sammartano, für die Küche zuständig, und Antonio Staltari Ferraro, verantwortlich für Service und Keller. Geboten wird an der Lokaltradition orientierte Küche, die auf Qualitätsprodukte (viele Slow-Food-Presidi) achtet, ohne darüber die sizilianischen und kalabrischen Wurzeln der Inhaber zu vernachlässigen. Die Trattoria präsentiert sich anmutig und ungekünstelt und wartet mit einem angenehmen Sitzbereich im Freien auf. Der Service ist aufmerksam, die Beschreibung der Gerichte präzise. Probieren Sie Antipasto Lumera (Wurst, Käse und Gemüse, 12 €), **mit dem Messer gehackte Paté alla perugina** und eine Degustation von Slow-Food-Presidi: Fagiolina del Trasimeno, Roveja und Farrechiata in salsa di alici, Biroldo auf Marocca aus Casola, Pitina di capra, klassische Mortadella, Puzzone aus Moena (12 €) und im Herbst **Parmigiana di sedano nero di Trevi** (8 €). Von den Primi dürfen Sie sich **Umbricelli guanciale e pecorino** (8,50 €), Strascinati di grano saraceno con speck e carciofi oder con pomodorini, basilico, fagiolini e ricotta forte pugliese (9,50 €), Taglierini con ricotta di pecora, salsiccia e scorzone (12 €) und Ravioli di fiori di zucca e porri con crema al sedano rapa e pancetta nicht entgehen lassen. Vielfalt kennzeichnet die Secondi: Stinco di maiale arrosto al ginepro (14 €), Coniglio in salsa di capperi, alici e vino bianco (14 €), **Faraona alla ghiotta** (13 €) und **Stracotto al rosso di Montefalco** (15 €). Sizilien zu Ehren bietet Roberto auch Gerichte aus frischem Fisch, begleitet von Gartengemüse aus der Umgebung. Beschließen Sie Ihr Mahl mit Semifreddo al bergamotto und Semifreddo alla fagiolina del Trasimeno. Die Weinkarte führt Tropfen aus ganz Italien und viele glasweise ausgeschenkte Weine auf.

PERUGIA
Casaglia

4 km vom Zentrum

Stella

Restaurant-Enoteca
Via dei Narcisi, 47 A
Tel. (+39) 075 / 692 00 02
Ruhetag: Dienstag
Ferien: 2 Wochen im August
35 Plätze + 20 Plätze im Freien
Preise: 35 €
Alle Kreditkarten; BM
Abends geöffnet, an Feiertagen im Winter auch mittags

Sobald Sie die Schwelle dieses wirklich ansprechenden Lokals überschritten haben, umfängt Sie ein Gefühl des Wohlbefindens und der Ruhe, als wären Sie bei sich zu Hause. Verdienst und Dank dafür gebühren dem kompetenten, gastfreundlichen Personal. Arek und Silvia lassen Ihnen diskrete Aufmerksamkeit zuteilwerden, und jeder Ihrer Wünsche wird höflich und zuvorkommend erfüllt. Das von Silvia mit Unterstützung von Koch Nicola zusammengestellte gastronomische Angebot durchstreift die Region mit ihren herausragenden Erzeugnissen, die teils auch durch Slow-Food-Presidi geschützt sind. Von den Antipasti sind uns handwerklich erzeugter **Prosciutto aus Visso** (7 €), Supplì (6 €), **Antipasto di quinto quarto** vom Chianinarind (g.g.A.) (7 €) und Fiori di zucca fritti in angenehmer Erinnerung geblieben. Weiter geht es mit **Linguine con tinca affumicata** (9,50 €), hausgemachten Stinghetti con fave e pecorino (9 €) und Cappellacci con fior di latte e pomodoro (9 €). Die Secondi stehen im Zeichen von Fleisch: Pollo alla diavola (10,50 €), Straccetti di chianina con roveja (Slow-Food-Presidio, 11,50 €) und **gebratener Coscio di agnello** aus Visso con battuto al rosmarino (12,50 €). Dazu gibt es Saisonbeilagen. Den Schlusspunkt setzen köstliche Süßspeisen und selbst gemachtes Eis. Der Keller ist außerordentlich gut bestückt und bietet ein überraschendes Angebot glasweise ausgeschenkter Weine. Das Brot ist vorzüglich.

» *Hier werden Slow-Food-Presidi verwendet, mit minutiöser Sorgfalt wird gekocht und werden die Grundzutaten ausgewählt, zudem empfangen die Inhaber ihre Gäste mit Umsicht. Auf dieses bewährte, niemals exaltierte Lokal kann man bauen.* «

PORANO

77 km nordwestlich von Terni, 9 km von Orvieto

La Locanda di Colle Ombroso

NEU

Ferienbauernhof
Stada Provinciale 55, km 4,800
Tel. (+39) 07 63 / 61 65 88
Ruhetag: Montag
Ferien: zeitweise im November
12 Plätze + 20 Plätze im Freien
Preise: 30 € • Keine Kreditkarten
Mittags und abends geöffnet

In der Locanda von Eleonora und Ivan kommt jede Zutat aus eigener Erzeugung oder von kleinen lokalen Betrieben, mit denen die beiden Eigentümer in einem Partnerschaftsprojekt zusammenarbeiten. Daraus entspringen originelle Produkte wie mit Kleie bedeckter Ziegenkäse und Würste aus Schweinefleisch mit von Ivan angebauter Myrte gewürzt. Im ehemaligen Heuschober, der zu einem Speisesaal umgebaut wurde, bietet Eleonora gute Antipasti an, darunter Salumi aus Fleisch vom grauen Schwein und Sopravvissana-Schaf, Farinata, Frittatine dell'orto con caprino fresco und gereiften Ziegen- und Schafkäse mit Gartengemüse (13 €). Brot und Pasta werden aus selbst erzeugtem Mehl aus der Steinmühle gebacken. Im Winter finden sich unter den Primi Vellutata di ceci con caprino e noci und Pasta al guanciale croccante con crema di latte di capra (8 €), im Sommer dagegen **Pasta con zucchine e zafferano** (9,50 €) oder con pesto di erbe, pepe, mandorle, parmigiano e olio al lime. Fleisch lokaler Herkunft ist das Thema der Secondi: Filetto di chianina con uova di quaglia e mosto cotto und **Involtinino di pollo ruspante con peperoni rossi, menta e salsa di peperone giallo** (8 €). Immer auf dem Plan stehen vegetarische Gerichte wie **Tortino di pomodorini e basilico** oder di patate e zafferano. Die Beilagen sind vielfältig (4 €): Caponata con pinoli, uva passa e basilico, Verza al vino rosso und Patate al burrolio. Himmlisch sind auch die Dolci, darunter Torta al cacao e crema di mascarpone, Semifreddo alla vaniglia con gelée di pomodorini e menta und Coppa campagna con crema, panna, riduzione di caramello, mandorle, lamponi e fragole. Zu trinken steht eine interessante Weinselektion meist aus kleinen lokalen Winzerbetrieben bereit, und zwar natürlich vinifizierte, biologische oder biodynamische Weine.

SCHEGGINO

88 km südöstlich von Perugia, 31 km von Terni

Baciafemmine

Osteria
Vicolo Baciafemmine
Tel. (+39) 07 43 / 61 83 11
Ruhetag: Mittwoch
Ferien: unterschiedlich
60 Plätze
Preise: 28–32 €
Kreditkarten: CS, DC, MC, Visa; BM
Mittags und abends geöffnet

Sobald Sie den Parkplatz und die Brücke über den Nera hinter sich gelassen haben, müssen Sie nur durch die charakteristischen Gässchen der Trüffelhauptstadt des Nera-Tals bergaufwärts fahren, um die alte Ölmühle zu erreichen, die den Rahmen der reizenden Osteria bildet. In gemütlichem Ambiente genießt man schmackhafte Gerichte, für deren Zubereitung fast ausschließlich Zutaten aus dem Landwirtschaftsbetrieb der Familie verwendet werden. Wurst, Fleisch und Gemüse bilden ein Menü, das mit für Norcia typischen Leckerbissen aus eigener Erzeugung beginnt, darunter Sfizi dell'oste oder **Strapazzata al tartufo** (9 €). Bei den Primi dürfen Strangozzi a *culo mosso* nicht fehlen, die aus schlichtem Teig ohne Ei nach einer Tradition zubereitet werden, die heute ein besonderes Merkmal des Lokals darstellt. Eine Alternative wären von Hand erzeugte vorzügliche **Gnocchi ai gamberi di fiume e zafferano di Cascia** (9 €). Mit schmackhaften Braciole di castrato, **Filetto di maiale alla birra con mele e miele**, **Fegatelli** und Costine **alla brace** oder Agnello a scottadito feiert Fleisch seinen Triumph bei den Secondi. Aus dem Fluss kommt auch delikate Trota (Forelle), die gebraten mit Trüffel (10,50 €) serviert wird. Die Beilagen (2,50 €) zu den Gerichten sind ein gutes Abbild der Jahreszeiten. Nicht minder köstlich schmecken die Süßspeisen des Hauses, einfach, aber mit Geschmack zubereitet. Die Weinkarte präsentiert sich mit verschiedenen Etiketten aus der Region recht gut. Der Aufpreis für edlen Trüffel beträgt 3 € pro Gang; es gibt auch zwei Degustationsmenüs für 20 und 25 €.

31 KM SÜDÖSTLICH VON PERUGIA, S.S. 75

La Cantina di Spello

Restaurant
Via Cavour, 2
Tel. (+39) 07 42 / 65 17 75
Ruhetag: Montag
Keine Ferien
60 Plätze + 30 Plätze im Freien
Preise: 30–35 €
Alle Kreditkarten; BM
Abends geöffnet, Samstag und an Feiertagen auch mittags

Eine eindrucksvolle Osteria erwartet Sie in den schmalen Straßen dieser kleinen Stadt, vielleicht einer der schönsten Umbriens. Sobald Sie das reizende Lokal betreten haben, führt Efisio Troffa, ein Gesellschafter der landwirtschaftlichen Genossenschaft, Sie in das Angebot der Tagesgerichte ein; dabei spart er nicht an Details und beweist ausgezeichnete Kenntnisse über die Zutaten aus Eigenerzeugung (Hülsenfrüchte, darunter Bohnen aus Cave, Trüffeln und Hoftiere). Beginnen Sie mit dem **Antipasto della cantina** (12 €), um einen großzügigen Überblick über den Inhalt des Menüs zu bekommen: Omeletts mit Trüffel oder Spargel, hiesiger Schinken, Schaf- und Ziegenkäse, Bohnensuppe mit Schwarte, Dinkelsalate und viele andere Spezialitäten. Unter den Primi verdienen **Zuppa di legumi** (10 €), **Paccheri con ragù di coniglio e pomodorini**, Mezzemaniche con fave, guanciale e pecorino, Gnocchi di patate al tartufo und **Pappardelle con baccalà e carciofi su crema di ceci** eine Kostprobe. Von den Secondi schmeckt **Guanciale di vitello brasato al Sagrantino** (14 €) ausnehmend gut; Alternativen wären Piccione alla diavola, Lumache in umido, Galletto alla brace, Coniglio con capperi e limone und natürlich gegrilltes Fleisch vom Chianinarind. Die Beilagen sind zahlreich und umspannen Verdure ripassate, Fagioli, Sformatini und Patate al rosmarino. Bei einem derart reichhaltigen Menü dürfen hausgemachte Desserts nicht fehlen, von denen Panna cotta allo zafferano (5 €) besondere Aufmerksamkeit verdient. Die Weinkarte zeigt eine Vorliebe für Winzerbetriebe aus der Umgebung und benachbarten Regionen.

6 KM SÜDLICH VON TERNI, S.P. 16

Taverna La Mola

Restaurant
Via del Sacramento, 2
Tel. (+39) 07 44 / 60 81 00,
(+39) 328 / 328 33 01
Ruhetag: Donnerstag
Ferien: zeitweise im Juli
100 Plätze
Preise: 30–35 €
Alle Kreditkarten; BM
Abends geöffnet, an Feiertagen auch mittags

Bei der Ankunft in diesem kleinen Ort genießen Sie einen Ausblick, der von Narni bis zu den Bergen des Terminillo reicht. Die in einer alten Ölmühle eingerichtete Osteria erinnert mit ihrer gesamten Ausstattung an das ländliche Leben, das historische Erbe dieses Ortes. Das familiengeführte Lokal zeichnet sich durch besonderes Augenmerk auf gute Bewirtung aus. Das Menü wird durch eine reichhaltige Auswahl an Vorspeisen eröffnet, von denen wir Ihnen Antipasto della casa mit lokalen Wurstsorten und kleinen Kostproben von Bohnen, Coratella, Paté di fegato zum Aufstreichen auf warmes Brot und Panzanella empfehlen; eine weitere Möglichkeit wären frisch zubereitete Crostini misti. Bei den Primi wählt man zwischen Suppen mit Pastaeinlage wie **Zuppa** medievale **di ceci** und Zuppa del nonno (8 €) oder Pastagerichten wie Maltagliati della nonna (9 €), **Tagliatelle con coratella di agnello** (10 €), Taglierini Anna Maria (Geheimrezept), **Ciriole profumate** (9 €) oder den stets beliebten Pappardelle al cinghiale. Ebenfalls umfangreich ist die Auswahl der Secondi, angefangen von gegrilltem Fleisch (Steak und Bruststück von der Färse), Tagliata und Arrosto bis zu **Filetto di maiale** in verschiedenen Zubereitungsarten: **con lamelle di tartufo** (11 €), radicchio, funghi trifolati oder con pecorino fuso e tartufo (13 €). Probieren Sie typische **Pizza sotto il fuoco**, kombiniert mit lokalen Wurstsorten oder gekochtem Gemüse. Die hausgemachten Desserts sind fachgerecht zubereitet. Die Weinkarte ist schlicht, aber aussagekräftig.

11 KM NORDWESTLICH VON TERNI

Il Testamento del Porco

Traditionelle Osteria
Via della Lince, 4
Tel. (+39) 07 44 / 24 10 29,
(+39) 327 / 689 88 11
Ruhetag: Mittwoch
Ferien: unterschiedlich
70 Plätze + 80 Plätze im Freien
Preise: 20–25 €
Kreditkarten: CS, DC, MC, Visa; BM
Abends geöffnet, Samstag und Sonntag auch mittags, außer im Sommer

In der Nähe des Bahnhofs von Cesi Scalo finden wir „die Spelunke“, wie Eigentümer Leonardo Rengo sein Lokal gerne bezeichnet. Es besteht aus einem einzigen Raum im Erdgeschoss. Rechnen Sie mit sehr rustikaler Atmosphäre und viel Sympathie. Das Ambiente ist spartanisch, das Tischgedeck mit Papierdeckchen einfach und schnörkellos. Im Speisesaal sticht überdies ein auffallendes Piratenwappen ins Auge, bei dem der Totenkopf durch einen Schweinekopf ersetzt wurde, ein Logo, das sich auch auf den T-Shirts des Personals wiederfindet. In der schönen Jahreszeit kann man im großen Garten unter freiem Himmel speisen. Das liebenswerte junge Personal bietet Ihnen Gerichte an, bei denen – unnötig, es zu erwähnen –, Schwein der unbestrittene Hauptdarsteller ist. Das Fleisch kommt von Fleischern des Vertrauens, die übrigen Zutaten, nach Jahreszeit, Marktangebot und im Zeichen der Tradition ausgewählt, sind lokaler Herkunft. Die Gerichte wechseln je nach Zeitpunkt, wobei die Secondi überwiegen. Probieren Sie von den Antipasti **Spalletta con pecorino e paté** (8 €) und Bruschette e verdure grigliate. Weiter geht es mit **Ciriole**, einer typischen Pasta aus Wasser und Mehl aus dem Gebiet Terni, **con ragù bianco** (8 €) oder con aglio, olio e pomodoro und, falls erhältlich, vorzüglichen Gnocchi di patate. Breit gefächert präsentiert sich die Palette der Secondi, das Flaggschiff der Osteria: **Padellaccia** (8 €), Spezzatino di maiale con fagioli, Stinco di maiale, **Fegatelli**, Braciole oder **Scottaporco** del testamento, das wir als eine Art Fiorentina vom Schwein (16 €) bezeichnen würden. Das Essen schließt mit den Tagesdesserts. Zu trinken gibt es nur offenen Hauswein.

La Mora

Trattoria
Strada San Martino, 44
Tel. (+39) 07 44 / 42 12 56
Ruhetag: Dienstag
Ferien: Ende Juli–15. August
60 Plätze + 40 Plätze im Freien
Preise: 25–30 €
Alle Kreditkarten; BM
Mittags und abends geöffnet

An diesen Tischen haben sich schon Generationen von Einwohnern von Terni niedergelassen, um Speisen zu genießen, die der traditionellen Familienküche ebenbürtig sind; mit genau dieser Einstellung bringen Andrea und Mamma Stella heute noch Gerichte auf den Tisch, die einfach, aber mit dem Geschmack von einst zubereitet sind. Das Lokal ist Teil einer kleinen Häusergruppe am Ufer des Nera und verfügt über einen Bereich im Freien, wo man in der schönen Jahreszeit speisen kann. Im Winter können Sie dagegen zwischen zwei gemütlichen kleinen Räumen wählen. Wir empfehlen als Einstieg eine Auswahl lokaler Salumi (9,50 €) mit gemischten Bruschette oder – in der Saison – mit **Fiori di zucca pastellati** (3,50 €). Keinesfalls fehlen dürfen Ciriole **alla ternana** (mit Knoblauch, Öl und Tomaten, 6,50 €), aber Sie können sie je nach Saison auf andere Art verfeinert genießen, etwa mit Trüffel oder wildem Spargel. Als Alternative bieten sich gefüllte Pasta, Tagliatelle al ragù und **Tagliolini con pesto di fave e ricotta salata** an. Von den Secondi munden besonders **Coniglio in padella con erbe aromatiche** (9), **Trippa** di bovino **al sugo**, Coratella di agnello, traditionelles Faraona alla leccarda und über der Holzglut gegartes Fleisch. In der Saison stehen auch Schneckengerichte auf dem Programm. Vielfalt zeichnet die Beilagen aus, darunter Patate alla brace, Agretti (Gartenkresse), Cicoria (Zichorien) und klassische Scafata (Dicke Bohnen aus der Pfanne mit Barbozzo und Tomaten). Recht gut präsentiert sich das Käsesortiment. Abschließend warten hausgemachte Süßspeisen (4 €) wie Crostate, Zuppa inglese und Cialde con crema e fragole. Zu trinken gibt es offenen Wein oder eine ganz gute Auswahl lokaler Flaschenweine, auch in Halbliterflaschen.

Lillero

Trattoria
Via De Filis, 8
Tel. (+39) 339 / 591 41 40
Ruhetag: Sonntagabend, im Sommer auch Sonntagmittag
Ferien: 1 Woche im Januar, Juli
30 Plätze
Preise: 24–27 €
Alle Kreditkarten; BM
Mittags und abends geöffnet

Paolo und Elena führen dieses Lokal, einen ehemaligen Ausschank aus dem 17. Jahrhundert, mit Authentizität und profundem gastronomischem Wissen. Mehr denn je versuchen sie, den verloren gegangenen Dialog zwischen Stadt und Land wiederzubeleben. Bestätigt wird dies durch Saisongemüse und Wildkräuter, die stets im Menü vertreten sind. Den Anfang machen umbrische Wurst- und Käsesorten, darunter hervorragende, eigens von einem Fleischer aus Norcia zubereitete Spalletta di maiale. Ein Muss ist **Frittatina morbida al tartufo** (10 €); für Vegetarier seien auch der hervorragende lokale Käse aus pflanzlichem Lab und durch Säuregewinnung erhaltener Ziegenkäse erwähnt. Von den Primi nennen wir Bombolotti alla Lillero (Mezze maniche mit Guanciale und Pecorino) und frühlingshafte **Tagliatelle alla vignarola** (9 €), die mit den letzten Artischocken, den ersten Dicken Bohnen, Spargel, Waldreben, Kartoffeln und höhlengereiftem Schafkäse angerichtet werden. Im Winter gibt es gute **Suppen**, wie etwa die exzellente **Zuppa di ceci e castagne**. Winterliche Secondi sind geschmorte Fleischgerichte, begleitet von Parmigiana di cardi, oder Agnello fritto, ein Klassiker aus Terni. Hervorragend sind **Faraona alla leccarda** (12 €) und Scottadito di maiale mit Saisongemüse. Neben traditionellen Dolci wie Torta al cioccolato (5 €), Tozzetti und Tiramisu gibt es Mousse con yogurt e frutta di stagione. Hohes Niveau zeichnet die regionalen und italienischen Weine sowie den Hauswein aus; bevorzugt werden natürlich vinifizierte, biologische und biodynamische Tropfen. Exzellentes Sortiment an Bränden.

■ Die Cioccolateria Artigiana Fani (Corso Vecchio 145) verkauft Schokoladetafeln, Süßspeisen und Pralinen aus Eigenerzeugung sowie Wein.

45 KM SÜDLICH VON PERUGIA, S.S. 3 BIS

Pane e Vino

Osteria-Enoteca mit Übernachtungsmöglichkeit
Via Ciuffelli, 33
Tel. (+39) 075 / 894 54 48
Ruhetag: Mittwoch
Ferien: unterschiedlich
50 Plätze + 40 Plätze im Freien
Preise: 25–30 €
Alle Kreditkarten; BM
Mittags und abends geöffnet

Die Stadt von Jacopone da Todi ist nicht nur wegen des berühmten Mönchs und mittelalterlichen Dichters bekannt, sondern auch für ihre herrliche Architektur und die prachtvolle Piazza. Im Umland ist die charakteristische Hügellandschaft mit ihrer typischen Vegetation und ihren Anpflanzungen intakt geblieben. Nachdem Sie die Basilika San Fortunato zu Ihrer Linken gelassen haben, finden Sie das Gässchen mit der Osteria. Fabio kümmert sich um den Service, seine Frau Loredana um die Küche. Die beiden Räume, davon einer mit Hängeboden, wirken angenehm und familiär. Man beginnt mit opulenten Vorspeisen wie Carpaccio di petto d'oca affumicato, Pancetta Gioconda oder **Mortadella di cinghiale grigliata** (7,50 €), beide **mit Aceto balsamico** verfeinert. Unter den Primi sind Lune Pane e Vino (mit Käse gefüllte Ravioli mit Rucola, Tomaten und salziger Ricotta) und **Strangozzi al tartufo nero estivo** (10 €); Suppenliebhaber genießen köstliche **Zuppe di ceci e porcini**. Bei den Secondi dominiert geschmortes und gebratenes Fleisch. Wählen Sie zwischen **Bocconcini di cervo alla cacciatora**, Crostone di **maiale affumicato con porcini e tartufo nero** (15 €), Stinco di maiale al forno und Coscia di agnello speziato con tartufo nero. Mousse al cioccolato, Tozzetti al Sagrantino passito und Amor polenta con crema e frutti di bosco (5 €) bilden das Finale. Die Weinkarte nennt die besten Tropfen aus Italien und von kleinen hiesigen Betrieben. Die Osteria verfügt auch über einige Zimmer und eine kleine Verkaufsstelle für lokale Produkte.

■ In der Käserei Montecristo in Pian di Porto (6 km), Via Campette, kann man Käsereiprodukte aus dem Istituto Ciuffelli, einer alten italienischen Agrarschule, kaufen.

TORGIANO
Miralduolo

14 KM SÜDLICH VON PERUGIA, S.S. 3 BIS

I Birbi

Restaurant
Ortsteil Le Casacce
Tel. (+39) 349 / 869 82 53
Ruhetag: Montag
Ferien: unterschiedlich
80 Plätze + 80 Plätze im Freien
Preise: 30–35 €
Kreditkarten: MC, Visa; BM
Abends geöffnet, Samstag, Sonntag und Feiertage auch mittags

In Miralduolo, genauer gesagt im Ortsteil Le Casacce in der Gemeinde Torgiano, befindet sich dieses Restaurant. Seinen Rahmen bildet ein hübsches Landhaus auf einem Hügel, zu dem man über einen engen, von Olivenbäumen gesäumten Schotterweg mit schöner Aussicht gelangt. Das gefällige, gut organisierte Lokal besteht aus mehreren Räumen auf zwei Ebenen und einer weitläufigen, kühlen Terrasse in herrlicher Lage, wo es sich im Sommer angenehm speisen lässt. Die Einrichtung ist einfach, aber behaglich: Große Tische und dunkles Holz erzeugen eine Atmosphäre, in der man sich rasch wohlfühlt. Der Inhaber Luca Ciabattini begrüßt die Gäste liebenswürdig und taktvoll und lässt ihnen das richtige Maß an Aufmerksamkeit zuteilwerden; er empfiehlt auch die Köstlichkeiten, die seine Frau Amanda zubereitet. Aus der Küche kommen schmackhafte Speisen, von denen einige auch eine charmante Mischung aus umbrischer und toskanischer Kost erkennen lassen, was auf die Herkunft der Köchin zurückzuführen ist. Wir empfehlen einen Einstieg mit Antipastone del birbone (für zwei Personen, 19 €), Salumi vom Cinta-senese-Schwein und **Patate alla brace con tartufo**. Von den Primi sollten Sie **Pappardelle al ragù bianco di coniglio** (10 €), Spaghettoni alla carbonara di carciofi oder ***Pici* con colatura di alici e pangrattato** wählen. Die Secondi bieten eine schöne Palette an Fleischgerichten, darunter **Piccione con fichi caramellati**, Carré di agnello al forno con pistacchi (19 €) und Fritto misto di carne. Die Auswahl der hausgemachten Dolci ist groß. Die gut zusammengestellte Weinkarte enthält Erzeugnisse Italiens und anderer Länder, die Lucas Leidenschaft für den Rebensaft erkennen lassen.

TREVI

50 KM SÜDÖSTL. V. PERUGIA, 52 KM V. TERNI, S.S. 3

La Vecchia Posta

Restaurant mit Übernachtungsmöglichkeit
Piazza Mazzini, 14
Tel. (+39) 07 42 / 38 16 90,
(+39) 393 / 901 00 99
Kein Ruhetag
Keine Ferien
40 Plätze + 25 Plätze im Freien
Preise: 30–35 €
Alle Kreditkarten; BM
Mittags und abends geöffnet

Das Restaurant, das im angrenzenden Renaissancepalast auch über fünf Gästezimmer verfügt, ist in der ehemaligen Poststation an der schönen Piazza von Trevi eingerichtet. Küche aus Trevi und Umbrien bildet die Grundlage des Angebots von Marco Morosini und seiner Familie. Die Antipasti beinhalten einen Bruschette-Mix, **Torta al testo con salumi** di Norcia (9 €), Paté di fegato, Patata al cartoccio con lardo di pata negra (5 €), Focaccia con verdure di campo (7 €) und **Guanciale di maiale cotto nell' aceto** (in Essig gekocht). Von den Primi sind **Strangozzi** alla trevana (mit frischen Tomaten, Basilikum und Peperoni, 6,50 €), **agli asparagi selvatici** oder al tartufo, Ravioli al radicchio (8 €) und Pappardelle al cinghiale (8,50 €) Pflicht. Die aus Fleisch zubereiteten Secondi reichen von Spezzatino di cinghiale in bianco (14 €) über Pancetta di maiale in porchetta con patate al forno (11 €) bis zu vorzüglichen **Fegatelli di maiale caramellati al forno con patate** (11 €). Im Winter sollten Sie unbedingt Sedano nero (schwarzen Sellerie; Slow-Food-Presidio) nach einem alten hiesigen Rezept probieren. Auf der Karte finden sich auch Gemüsegerichte, die Sie als Beilage oder leichte Hauptspeise bestellen können: Erbette ripassate in padella (5 €), Insalata di carciofi, Insalatina di farro con rucola e pomodori. Die Desserts sind hausgemacht: Tortino di mele in crema calda (5 €), Cialda con gelato artigianale e amarene (5 €) und Tozzetti alle mandorle con Sagrantino passito. Die Weinkarte ist im Wesentlichen umbrisch gehalten und zeigt besonderes Augenmerk auf Tropfen aus dem nahen Montefalco.

UMBERTIDE
Niccone

34 km nördlich von Perugia

Locanda di Nonna Gelsa

Restaurant
Via Caduti di Penetola, 31
Tel. (+39) 075 / 941 06 99
Ruhetag: Dienstag
Ferien: Januar/Februar
60 Plätze + 80 Plätze im Freien
Preise: 27–32 €
Kreditkarten: AE, CS, MC, Visa; BM
Mittags und abends geöffnet

Das Restaurant liegt an der alten Straße, die den Niccone entlangführt, und bezaubert mit der leicht verträumten Atmosphäre der Trattorien von einst. Das Ambiente ist einfach, aber gepflegt; es gibt auch einen kühlen, abgeschirmten Garten, der sich an Sommertagen anbietet. Die Küche ist ein Abbild der hier herrschenden Atmosphäre: schlicht, sauber, ohne Schnickschnack. Charakteristisch für das Lokal sind Würste aus handwerklicher Erzeugung, Fleisch von Tieren aus kleinen lokalen Aufzuchtbetrieben und frisches Gemüse aus den Gärten des Umlands. Dies ist Ausdruck des Versuchs, die Versorgungskette stets kurz zu halten und Menüs anzubieten, die mit den Jahreszeiten gehen. Chiara serviert und wird Ihnen gerne das Menü und die Tagesgerichte erläutern, in denen die Inspiration und Sensibilität des Küchenchefs zum Ausdruck kommen. Unter den Antipasti ist ganz klassischer **Arvoltolo** aus der Tradition Perugias (frittierter Teig aus Wasser und Mehl), begleitet von einer Palette hervorragender lokaler Wurstspezialitäten. Von den durchwegs guten Primi verdienen **Strongozzi con fagiolina del Trasimeno** (Slow-Food-Presidio) **e guanciale** oder con il persico reale (8 €) eine besondere Erwähnung, aber Sie können auch verschiedene Pastasorten mit Saucen aus Fleisch von Hoftieren probieren. Unverzichtbare Secondi sind **Piccione in salmì** (9 €) und **Coniglio all'arrabbiata con Torta al testo** (9 €). Die hausgemachten Desserts beinhalten Torta della nonna und Semifreddo al croccante (3,50 €). Große Sorgfalt gilt der Auswahl der nativen Olivenöle extra und dem Kellerangebot, das eine ansehnliche Anzahl vorwiegend lokaler Tropfen umfasst.

UMBERTIDE

34 km nördlich von Perugia

San Giorgio

Restaurant
Via Mancini, 3
Tel. (+39) 075 / 941 29 44
Ruhetag: Dienstag
Keine Ferien
30 Plätze + 16 Plätze im Freien
Preise: 35 €
Kreditkarten: CS, DC, MC, Visa; BM
Mittags und abends geöffnet

Das in kleine Räume und einen kleinen Hängeboden gegliederte Restaurant verfügt auch über einen schönen Laubengang, der im Sommer genützt werden kann und dem Hauptplatz zugewandt ist. Dort findet jeden Samstagmorgen der Mercato della Terra statt. Mirko und Paolo, die seit sieben Jahren das San Giorgio führen, empfangen Sie herzlich und aufmerksam. Das Fleisch kommt aus dem Betrieb Agri Simba, der Käse vom Affineur in Foligno, Cosimo Romito, das Gemüse vom lokalen Markt und vom Mercato della Terra. Pasta, Brot und Süßspeisen sind hausgemacht. Von den verschiedenen Antipasti verdienen Tartara di chianina con uova e tartufo (10 €), Sformatino con ricotta di bufala, Antipasto della tradizione (12 €) und das Käsesortiment eine besondere Erwähnung. Von den Primi stechen ausgezeichnete Mezzelune con ripieno di carbonara e asparagi (9,50 €) und **Tagliatelle al ragù bianco di manzo** hervor, probieren Sie aber auch Maccheroni con cime di rapa e baccalà und Ravioli di ricotta con pomodoro e basilico. Von den Secondi empfehlen wir **Piccione petto scottato coscia farcita e foie gras** und Pancia di manzo stracotta con verdure saltate (16 €). Als Alternative bieten sich Coniglio con olive taggiasche und **Capocollo di maiale in porchetta** an, alle von Saisongemüse begleitet. Die Desserts sind hausgemacht; besonders gut schmeckt Mousse di pere con gianduia. Die Weinkarte nennt eine aufmerksam getroffene reichhaltige Auswahl italienischer und regionaler Etiketten, die sich durch ein gutes Preis-Leistungs-Verhältnis auszeichnen. Außerdem gibt es einige Biere aus anerkannten kleinen Brauereien in Umbrien.

BASCHI - Civitella del Lago

74 KM NORDWESTLICH VON TERNI

Trippini

Restaurant mit Übernachtungsmöglichkeit
Via Italia, 14
Tel. (+39) 07 44 / 95 03 16
Ruhetag: Montag
Ferien: 1 Woche im Oktober, 4 Wochen nach Dreikönig
25 Plätze
Preise: 35–50 €
Alle Kreditkarten; BM
Mittags und abends geöffnet

Der schöne Rahmen des Corbara-Sees bietet den richtigen Hintergrund für eine unübertroffene gastronomische Erfahrung, die Sie an einem der Tische des Restaurants der Familie Trippini machen können. Zur Auswahl stehen drei Degustationsmenüs: ein Traditionsmenü (38 €), das Menü des Küchenchefs (48 €) und das „historische" Menü (70 €) mit allen bedeutenden Gerichten, die das Restaurant im Lauf der Jahre groß gemacht haben. Sie können aber auch von der Karte unter zahlreichen verlockenden Angeboten wählen, wie Uovo morbido, asparagi e patate al limone, Quaglia arrostita con melone e capperi und Gnocchi di patate con ricotta e menta, scaglie di parmigiano e olio di frantoio. Wenn Sie Fleisch mögen, greifen Sie zu Tagliata di maiale umbro con melanzane allo yogurt und Agnello in drei Zubereitungsarten (frittiert, gebraten und als Frikassee). Nicht minder köstlich sind die Desserts wie Zuppa di ciliegie, Cannolo croccante und Mousse di cioccolato bianco, biscotto al mandarino e cioccolato bianco.

PERUGIA

Giò Arte e Vini

Hotelrestaurant
Via Ruggero d'Andreotto, 19
Tel. (+39) 075 / 573 11 00
Ruhetag: Sonntagabend
Keine Ferien
200 Plätze
Preise: 35–45 €
Alle Kreditkarten; BM
Mittags und abends geöffnet

Ein besonderer Ort mit vielen Seelen, und zwar mit einem überaus gepflegtem Hotel, einem Kongresszentrum, einen exzellenten Restaurant, das sich durch die Suche nach Rohstoffen und deren tadellose Verarbeitung auszeichnet, und einer Vinothek mit Feinkostladen, die mehr als tausend edle Weine und hochwertige Produkte bereithält. Das Menü bleibt mit Flan di pecorino di Colfiorito con salsa di baccelli di fave (8 €), Tagliere dei salumi und Uovo al coccio meringato con il tartufo nahe der Tradition. An Pasta aus handwerklicher Erzeugung gibt es Ravioli ai formaggi e crema di zucca gialla und Spaghetti trafilati al bronzo con baccalà abbrustolito (10 €) oder als Alternative klassische Zuppa di lenticchie di Castelluccio. Weiter geht es mit Coniglio umbro in porchetta (16 €), Baccalà alla perugina con prugne e uvetta und Guanciola di manzo umbro stracotta al Sagrantino, begleitet von Saisonbeilagen. Den Desserts ist ebenso wie den Weinen eine gesonderte Karte gewidmet. Zu trinken gibt es zahlreiche exzellent zusammengestellte preisgekrönte Tropfen.

0
15
30 km
Ravenna
ADRIA
Cérvia
EMILIA-ROMAGNA
A14
Cesena
Rímini
Riccione
Gabicce Mare
S. Marino
S. MARINO
Tavullia
Pesaro
Fano
Vallefoglia
Colbordolo
Sassocorvaro
Urbino
Serrungarina
Mondolfo
Senigallia
Piandimeleto
Fossombrone
Falconara
Marittima
ANCONA
Acqualagna
Mondavio
Morro
d'Alba
Serra
de' Conti
M. Conero
572
Sirolo
Cagli
Frontone
Jesi
Città
di Castello
Arcevia
Serra
S. Quirico
Staffolo
Loreto
Porto Recanati
Recanati
Potenza Picena
Cingoli
Fabriano
Gúbbio
Tevere
Macerata
Morrovalle
Civitanova
Marche
S. Severino
Marche
Matelica
Tolentino
Monte
S. Giusto
Porto
S. Giorgio
Castelraimondo
Colmurano
Loro Piceno
Serrapetrona
Fermo
PERÚGIA
Camerino
S. Angelo
in Pontano
Magliano
di Tenna
Pedaso
Petritoli
Cupra
Marittima
Assisi
PARCO NAZ. D.
MONTI SIBILLINI
Ortezzano
Ripatransone
Grottammare
Montalto d. Marche
Offida
Comunanza
Foligno
Visso
Appignano
d. Tronto
S. Benedetto
d. Tronto
Venarotta
UMBRIEN
M. Vettore
2476
Ascoli
Piceno
Maltignano
Norcia
Acquasanta
Terme
PARCO NAZ.
Giulianova
Todi
Orvieto
Spoleto
Téramo
DEL
A14
Amelia
Terni
GRAN SASSO
A24
A1
Gran Sasso
d'Italia
2912
E MONTI
Terminillo
2216
Orte
Rieti
D. LAGA
Viterbo
L'ÁQUILA
ABRUZZEN
A25
LATIUM
A24

MARKEN

Polenta und Gemüse werden Sie hier bekommen, Polenta und Salsiccia, Polenta und Sapa (eingekochten Most), Polenta mit Tomatensauce und Fisch oder mit Stoccafisso, vielleicht auch mit Venusmuscheln. Quer durch alle kulinarischen Bereiche finden sich in den Marken Rezepte mit Polenta, dem für die bäuerliche Gesellschaft vielleicht typischsten Alltagsessen, einem wesentlichen Bestandteil der Esskultur dieser Region.

Mais spielt seit dem 18. Jahrhundert eine zentrale Rolle. Damals begann sich die Polenta als Hauptgericht und oft auch einzige Speise der armen Bauern vor allem in Nord-, aber auch in Mittelitalien durchzusetzen. In den Marken erkennt man diesen Umstand auch heute noch deutlich an den Mühlen und Bäckereien wie auch an den Getreidespeichern, die strategisch günstig und flächendeckend über die Region verteilt sind – Zeugen der immens hohen Bedeutung von Getreide in der Ernährung nach dem Jahr 1000, präziser gesagt nach der Ansiedlung verschiedener Klöster.

Heute ist die Polenta kein Grundnahrungsmittel mehr, im Gegenteil, sie wurde zu einem Gericht für gesellige Runden, ein Freundschaftsessen und, so könnte man sagen, sie evoziert eine Vergangenheit, die noch nicht ganz vergessen ist. Einige der Osterien, die wir auf den folgenden Seiten empfehlen, haben den Brauch beibehalten, die Polenta auf einem Brett, der *Spianatora*, zu servieren. Von dort nimmt sich jeder am Tisch seine Portion.

Auch vor der Einführung von Mais gab es in der Region eine Polenta aus anderem Getreide oder Hülsenfrüchten (Dicken Bohnen, Dinkel, Buchweizen, Gerste, Hirse und mehr), und auch der Brauch, Polenta aus weißem Mehl zuzubereiten, hat sich erhalten. Ein Beispiel dafür sind Frascarelli, eine Art volkstümliche Minestra, die vor allem im Gebiet von Macerata verbreitet ist. Üblicherweise wird sie mit fetten und mageren Teilen vom Schwein serviert, in der Volkstradition gilt sie als das geeignete Essen für Frauen im Wochenbett.

Für Sie entdeckt

Polenta con 'mbignata di maiale

549 Iervasciò
Ripatransone (Ap)

Polenta con salvia e acciuga

543 Ponterosa
Morrovalle (Mc)

Polenta con sugo di baccalà

548 Osteria del Vicolo
Potenza Picena (Mc)

Polenta con sugo di maiale

546 Osteria de le Cornacchie
Petritoli (Fm)

551 Da Pippo e Gabriella
Sant'Angelo in Pontano (Mc)

Polenta con sugo di pesce

537 Da Maria
Fano (Pu)

ACQUASANTA TERME
San Martino

24 KM SÜDÖSTLICH VON ASCOLI PICENO

Mini Ranch

Bar-Trattoria
Ortsteil San Martino
Tel. (+39) 07 36 / 80 71 43
Ruhetag: Mittwoch, außer im Sommer
Keine Ferien
30 Plätze
Preise: 25–28 €
Keine Kreditkarten
Mittags und abends geöffnet

San Martino, ein kleiner Ortsteil im Parco della Laga, zwischen den Marken und Abruzzen, ist nicht leicht zu erreichen, aber gewiss eine Reise wert, vor allem für diejenigen, die an Pilzen interessiert sind. Gegenüber der Kirche des fast unbewohnten Ortszentrums stoßen Sie auf die Osteria der Familie Orsini im Erdgeschoss eines hundertjährigen Bauernhauses. Wir empfehlen Ihnen, zu reservieren und auf diese Weise das Menü zu vereinbaren, das andernfalls feststehend ist. Bei den Antipasti finden Sie mit dem Messer geschnittenen Prosciutto, Lonza und gereifte Würste, anschließend Bruschette mit Steinpilzen und **Assogna** (gewürztes Fleisch und Fett vom Schwein) oder Ventricina, Salat mit in Essig eingelegtem Gemüse, während im Sommer und Herbst **Insalata di porcini crudi** (mit rohen Steinpilzen) lockt. Gereifter Pecorino und frische Ricotta als Vervollständigung der ersten Gänge. Der Stolz des Lokals sind allerdings die Primi: **Tagliatelle** (frisch in Streifen geschnittene Teigwaren) **ai porcini** oder aber **Ravioloni con galletti** (mit Pfifferlingen) in Tomatensauce oder mit Butter und Salbei und in der kühleren Jahreszeit Polenta con cinghiale (mit Wildschwein). Obwohl es Steinpilze konserviert das ganze Jahr über gibt, empfehlen wir die frischen Pilze der Saison, das sind im Frühling Morcheln und Maipilze, im Herbst Hallimasche und Piopparelli (Südlicher Ackerling), im Sommer Pfifferlinge. Als Secondo gemischtes gegrilltes Fleisch vom **lokalen Lamm alla brace** sowie Schweine- und Kalbfleisch mit Pilzen, grünen Bohnen mit Kartoffeln und Minze oder anderem Gemüse je nach Saison. Hausgemachte, warm servierte Dolci wie Castagnole werden mit dem typischen Digestif des Ortes gereicht, einem hausgemachten Genziana. Anständiger offener Wein, außerdem einige Etiketten aus der Umgebung.

ANCONA
Portonovo

12 KM VOM ZENTRUM

Da Marcello

Restaurant
Ortsteil Portonovo
Tel. (+39) 071 / 80 11 83
Ruhetag: Mittwoch, außer im Sommer
Ferien: 15. Januar–1. März, 2 Wochen im November
80 Plätze + 40 Plätze im Freien
Preise: 35–40 €
Alle Kreditkarten; BM
Mittags und abends geöffnet

Nennen Sie die Muscheln nicht Cozze, denn in Portonovo heißen die wilden Miesmuscheln Moscioli und werden ausschließlich von Hand gefischt, in der Tiefe des Meeres, wo sie wild auf den Felsen in der Bucht wachsen. In Ancona sind sie heute zum Inbegriff von nicht verschmutzter Umwelt, Regionalität und Gastronomie geworden. Ihr Fang, dessen Schicksal eng mit Schutzprojekten von Slow Food verbunden ist (Mosciolo ist seit 2003 Slow-Food-Presidio), hat einen begrüßenswerten Prozess im Bereich der Wirtschaft und des Sozialen in Gang gesetzt, da sich alle daran beteiligten Kräfte zusammengeschlossen haben. Auch Marcello ist aktiv involviert. Als Inhaber des gleichnamigen Lokals ist er schon seit den Anfängen für die Aufwertung der Moscioli (die von April bis September gefischt werden) und der lokalen Fischküche verantwortlich. Herzlich und formvollendet, auch dann, wenn das Lokal sehr voll ist (im Sommer sollten Sie unbedingt reservieren), hat er stets den Überblick über den Speisesaal und versucht, alle Gäste zufriedenzustellen. Zu Beginn können Sie einen vollständigen Antipasto (19 €) oder à la carte wählen: **Moscioli scoppiati** (10 €) oder mit Brotkrumen, Raguse in porchetta, Sardoncini und anderen Blaufisch a scottadito sowie dampfgegarte Scampi mit Rucola und Kirschtomaten. Unter den Primi **Spaghetti con i moscioli** (10 €) oder alle vongole, gefolgt von einem schön zusammengestellten Grillteller des Tagesfangs (19 €), Frittura (nur mit Fisch oder gemischt), gedämpftem Fisch mit Salz aus Cervia oder **Coda di rospo in potacchio**. Zu guter Letzt Sorbetto al limone (3,50 €), Semifreddo al caffè und Torroncino, aber vor allem **Ginas Ciambellone mit dem Likör Varnelli**. Auf der gepflegten Weinkarte zu Recht vor allem Weine aus den Marken.

ANCONA
Portonovo

12 KM VOM ZENTRUM

Emilia da Marisa

Restaurant
Ortsteil Portonovo
Tel. (+39) 071 / 80 11 09
Ruhetag: Montagmittag
Ferien: Ende Oktober–Mitte April
40 Plätze + 40 Plätze im Freien
Preise: 35–40 €
Alle Kreditkarten; BM
Mittags und abends geöffnet

Die Bucht von Portonovo ist nicht nur der Lieblingsstrand der Bewohner von Ancona (zu dem sie verwaltungstechnisch gehört und von dessen Zentrum sie nur wenig mehr als 10 km entfernt ist), sie bildet mit ihrem Grün und ihren Felsen auch eine willkommene Unterbrechung der Monotonie der Küste der Marken. Das Emilia, als erstes wegbereitendes Büdchen in der Bucht entstanden, in dem man in den 1950er-Jahren Spaghetti ai moscioli und ein bisschen mehr essen konnte, interpretiert seit Jahren die Meeresküche getreu der lokalen, immer noch sehr lebendigen Tradition. Heute ist es Federica, die das Steuer des Lokals fest in Händen hält. Bei unserem letzten Besuch haben wir – wieder einmal – **Moscioli** (Slow-Food-Presidio) gegessen, sowohl **alla marinara** (10 €) als auch gratiniert, gefolgt von Insalatina di seppie, Bomboletti und Raguse in porchetta, Riesengarnelen mit hausgemachter Mayonnaise, **Sgombro con pacasassi** (Makrele mit am Meer wachsenden Wildkräutern) **in aceto**. Danach können Sie **Spaghetti con i moscioli** (10 €) oder mit lokalen Venusmuscheln bestellen, Gnocchetti con calamari e scampi, Calamarata con vongole e cicerchia di Serra de' Conti (mit den Spalterbsen eines weiteren Slow-Food-Presidio, 10 €) sowie Linguine con alici e pomodorini. Weiter geht es mit den Secondi: Grigliata mista, guter **Bollito di pesce** (15 €), Spieße mit Kalmaren und Frittura mista dell'Adriatico (15 €). Von den Dolci empfehlen wir Tortino al cioccolato, Tiramisu, **Panna cotta con lonzino di fichi e sapa** (5 €) und Zuppa inglese. Die schöne Auswahl an Weinen aus den Marken und dem übrigen Italien passt zum Fischangebot.

ANCONA
Portonovo

12 KM VOM ZENTRUM

Il Molo

Restaurant
Ortsteil Portonovo
Tel.: (+39) 071 / 80 10 40
Ruhetag: Dienstag, außer im Sommer
Ferien: November–März
80 Plätze + 20 Plätze im Freien
Preise: 35 €
Alle Kreditkarten; BM
Mittags und abends geöffnet

Es gibt viele Restaurants, die zum Meer hin gehen, aber bei Il Molo bekommt man das Gefühl, sich direkt im Meer zu befinden. Nur wenige Meter vom Wasser entfernt hat Ilario Giacchetti auf dem weißen Kieselstrand, der aus dem grünen natürlichen Amphitheater der Bucht von Portonovo hervorleuchtet, das Lokal vor mehr als 50 Jahren aus dem Holz eines in der Nähe gestrandeten Schiffs errichtet. Später hat er es vergrößert, ohne dabei jedoch die angenehme Atmosphäre der ersten Strandbuden zu verändern. Heute wird es von Fabrizio mithilfe seines Sohns Giacomo geführt und bietet die Möglichkeit, guten, hervorragend zubereiteten Fisch zu Preisen zu essen, die sich an jeden Geschmack und jede Brieftasche anpassen. Für 30 Euro bekommen Sie zwei Antipasti, ein Primo, Frittura, Sorbet und Kaffee. Wenn Sie 40 Euro ausgeben möchten, bringt man Ihnen den Antipasto „completo". Das Menü „Tuttomolo" (50 €) ist ein Abenteuer, das mit rohem Fisch beginnt und mit dem Dessert endet. Auch für 20 Euro können Sie einen Tag am Meer verbringen und ein Mittagessen mit Antipasto, Primo, Sorbet und Kaffee zu sich nehmen. Ebenso möglich ist es selbstverständlich, à la carte zu wählen. Wir empfehlen in diesem Fall **Spaghetti al mosciolo selvatico di Portonovo** (11 €), **Tagliatelle ai frutti di mare** (10 €) und **Carbonara di pesce** (12 €) sowie als Fortsetzung Frittura dell' Adriatico, **Moscioli selvatici gratinati** (11 €), Grigliata, Brodetto oder **Zuppa del Molo** (20 €) und Fisch aus dem Ofen. Gute Dolci und eine beachtliche Weinkarte, deren Preise erstaunlich gemäßigt sind, vor allem wenn es um die edelsten Etiketten geht. Auch ein glutenfreies Menü ist erhältlich.

Osterien und Trattorien des „Stoccafisso all'anconetana"

„Stoccafisso all'anconetana" ist ein Symbol für den regen kulturellen und kommerziellen Austausch der Stadt Ancona. Es ist eine weit verbreitete Gewohnheit, diese Speise, wenn schon nicht als Straßenessen, so doch als Gericht zum Mitnehmen zu betrachten. All diese Umstände ließen eine Tradition entstehen, die wir an dieser Stelle gerne vorstellen möchten.

Als historische Grundlage der Speise gilt die Aufnahme der Handelstätigkeit, die die Flotte von Ancona an die Ostsee führte. Während bei den nordischen Völkern der Stockfisch seine Identität als Essen für Notzeiten behalten hat, wurde er in den Mittelmeerhäfen von Venedig bis Genua und eben Ancona mit größerem Enthusiasmus willkommen geheißen.

Wie auch bei anderen Gerichten (zum Beispiel bei Brodetto), sind wir vorsichtig, wenn jemand behauptet, das einzige und wahre Rezept für den „Stocco all'anconetana" zu kennen. Wir würden dazu raten, die subtilen Unterschiede zwischen verschiedenen Köchen zu vergleichen und auch, nach Möglichkeit, zwischen Familien aus unterschiedlichen Vierteln Anconas. Auf jeden Fall lohnt es sich, das Gericht – außer in den Lokalen, die wir im Folgenden vorstellen – auch im Restaurant des Hotels Fortino Napoleonico in Portonovo zu probieren, dem Entstehungsort und Sitz der Accademia dello stoccafisso all'anconitana. Hier wurde festgelegt, was wir als das offizielle Rezept bezeichnen könnten.

Sicherlich kann man in der Tradition all'anconetana Eigentümlichkeiten feststellen, die auch heute noch lebendig sind. Gemeint sind Besonderheiten, die den langsamen, etwa zwei Stunden dauernden Kochvorgang betreffen, oder die trockenen Schilfrohre, die auf den Boden eines großen Topfes gelegt werden, um zu verhindern, dass die Stockfischstücke sich anlegen, weiter die großzügige Verwendung von Weißwein, vor allem Verdicchio.

Zu Beginn des letzten Jahrhunderts gab es in Ancona etwa 200 Trattorien, die Stockfisch mehr oder weniger regelmäßig auf die Speisekarte setzten. Heute ist die Anzahl geringer, bleibt jedoch beachtlich. Stockfisch gilt in Ancona hauptsächlich, wenn nicht ausschließlich, als Wintergericht, deshalb findet man ihn meistens zwischen Mitte September und Mai, fast immer freitags.

Antonio Attorre

Gino

Piazza Rosselli, 26
Tel. (+39) 071 / 433 10
Ruhetag: Sonntag
Keine Ferien
Preise: 30 €
Alle Kreditkarten
Mittags und abends geöffnet

Der bescheidene Eindruck, den das Lokal gegenüber dem Bahnhof macht, sollte Sie nicht täuschen, denn hier wird die beste traditionelle Küche geboten. Besondere Bedeutung wird den Fischspezialitäten beigemessen, vor allem dem „Stoccafisso all'anconetana". Umberto Polverini hat mit diesem Gericht zahlreiche Wettbewerbe gewonnen und gilt als Autorität auf dem Gebiet. Der Patron wählt mit gewissenhafter Sorgfalt die Zutaten aus, vor allem lokale Produkte. „Stoccafisso all'anconetana" gibt es hier immer auch zum Mitnehmen.

La Bottega di Pinocchio

Via Pinocchio, 48
Tel. (+39) 071 / 89 80 10,
(+39) 338 / 444 05 43
Ruhetag: Sonntag
Ferien: 3 Wochen im August
Preise: 25 €
Alle Kreditkarten
Mittags geöffnet, September–Juni auch Freitag- und Samstagabend

Die Trattoria hat ihren Anfangserfolg mittlerweile mit einem soliden, traditionellen Angebot gefestigt. Typische Gerichte aus Ancona sowohl mit Fleisch als auch mit Fisch zu einem guten Preis-Leistungs-Verhältnis. Neben dem ausgezeichneten „Stoccafisso all'anconetana" gibt es auch eine mit Sorgfalt getroffene Auswahl an Käse und Salumi und einige interessante Etiketten aus den Marken. Stoccafisso bekommen Sie hier dienstags und freitags, jedoch ist es immer ratsam vorzubestellen.

Trattoria del Piano

Piazza d'Armi, 2
Tel. (+39) 071 / 89 43 39
Ruhetag: Sonntag
Ferien: 2 Wochen im August
Preise: 20 €
Die wichtigsten Kreditkarten
Mittags geöffnet

Im einzigen Raum, aus dem das Lokal besteht – gegenüber dem Mercato del Piano – befinden sich die Bar und ein Zimmer, in das mit Mühe 25 bis 30 Personen passen. Die Pforten werden nur mittags geöffnet, dann kommen ständig Kaufleute und Arbeiter. Die Gerichte entsprechen der typischen Küche Anconas und wechseln nach Wochentagen. Je nach Jahreszeit können Sie interessante Gerichte aus Meeresprodukten finden: Bombetti in porchetta, gefüllte Tintenfische und gebratene Moscioli, die Muscheln des Slow-Food-Presidio. Natürlich ist Stoccafisso das beliebteste Gericht, gegen Vorbestellung kann man ihn auch mitnehmen.

Il Giardino

Via Filzi, 2
Tel. (+39) 071 / 207 46 60
Ruhetag: Montag
Keine Ferien
Preise: 30 €
Alle Kreditkarten
Mittags und abends geöffnet

In der Nähe der Piazza Diaz und des Strandes Passetto, mitten im Zentrum, gelingt es diesem Restaurant, große Besucherzahlen mit guter Qualität in Einklang zu bringen. Man isst in einer schönen Veranda mit Klimaanlage. Das Angebot ist breit gefächert und beinhaltet Fleisch- und Fischgerichte. Gut ist die hausgemachte Version des „Stoccafisso all'anconetana", er ist täglich erhältlich, aber eine Vorbestellung schadet nie, vor allem, wenn Sie ihn zum Mitnehmen kaufen wollen.

La Botte

NEU

Via Tavernelle, 14
Tel. (+39) 071 / 853 25
Kein Ruhetag
Keine Ferien
Preise: 35 €
Die wichtigsten Kreditkarten
Abends geöffnet, sonntags auch mittags

Im dicht besiedelten Viertel Tavernelle am Stadtrand ist dieses Restaurant ein beliebtes Ziel, nicht nur wegen der guten Pizza, sondern auch wegen der Fleisch- und Fischgerichte, die zum Großteil eng mit den Produkten und Rezepten der Umgebung verknüpft sind. Hier wird der „Stoccafisso all'anconetana" nicht mehr wie üblich freitags zubereitet, sondern am Sonntag, als allseits geschätztes Festtagsgericht. Natürlich können Sie ihn nach Vorbestellung auch zum Mitnehmen bekommen.

ANCONA
Torrette

5 km vom Zentrum

La Tavola del Carmine

Moderne Osteria
Via del Carmine, 51
Tel. (+39) 071 / 88 94 03, (+39) 327 / 959 27 68
Ruhetag: Montagabend, Samstagmittag, Sonntag
Ferien: je 2 Wochen im Januar und September
35 Plätze + 20 Plätze im Freien • Preise: 35 €
Kreditkarten: CS, DC, MC, Visa; BM
Mittags und abends geöffnet

Vom Zentrum Anconas aus müssen Sie nur wenige Kilometer fahren, um dieses Lokal mit der entspannten Atmosphäre zu erreichen, in dem beste Traditionsküche mit Augenmerk auf die Zutaten geboten wird. La Tavola del Carmine ist vor allem ein landwirtschaftlicher Betrieb, in dem ein renommiertes natives Olivenöl extra erzeugt wird – dem ein ganzes Degustationsmenü für 30 € gewidmet ist – sowie biologisch angebautes Obst und Gemüse. Außerdem gibt es eine Aufzucht von Hoftieren. Im Zeichen der Transparenz und der Unverfälschtheit dessen, was auf den Tisch kommt, lassen sich Alice Cerni und Raffaella Perri in der einsehbaren Küche gerne über die Schulter schauen. Wir denken immer noch mit Vergnügen an die sorgfältige Auswahl an Salumi der Marken auf dem Brett namens „Gran tagliere" (13 €), an **Käse** aus Büffel- und Kuhmilch, und an die ausgezeichneten **Carciofi gratinati** mit geschmolzenem Pecorino canestrato auf Mürbeteigblättern (10 €). Danach kommen **Tagliatelle** aus handgemachtem Eierteig **mit Sauce von der Ente** oder einer Sauce mit Hähnchenfleisch, Oliven, Mandeln und Parmesan (10 €). Eine weitere Möglichkeit stellt Riso venere con lenticchie, pancetta e carote croccanti dar. Unter den Secondi Costine di maiale al miele e aceto balsamico mit gebratenen Kartoffeln, **Pollo ruspante alla cacciatora** (10 €) und über der Holzkohlenglut Gegrilltes – auch Vegetarisches wie Hamburger aus Kichererbsen und Linsen – mit knackig frischem Salat und dem Gemüse aus dem Garten als saisonalen Beilagen (5 €). Probieren Sie unbedingt **Semifreddo di ricotta di bufala** mit Honig und Praline di mandorle (5 €). Auf der Karte finden Sie eine schöne Auswahl an Weinen aus der Umgebung und ein spezielles Menü, das handwerklich erzeugtem Bier gewidmet ist.

ARCEVIA
Costa

65 km südwestl. v. Ancona, 26 km v. Fabriano

La Baita

Restaurant
Via Monte Sant'Angelo, 115
Tel. (+39) 07 31 / 98 45 28
Ruhetag: Donnerstag
Ferien: November
400 Plätze + 40 Plätze im Freien
Preise: 28–35 €
Alle Kreditkarten; BM
Mittags und abends geöffnet

Im Jahr 2013 entstand die „Carta di Arcevia", ein Manifest und Bezugspunkt für die biologische und nachhaltige Landwirtschaft der nächsten Jahre, das von den Vertretern der Öko-Landwirtschaft Italiens unterzeichnet wurde. Es war kein Zufall, dass die Wahl auf diesen traditionsreichen und von einer unberührten Natur umgebenen Ort fiel. Hier, wo der Apennin der Marken die Formen des Monte Sant' Angelo annimmt und wo Sie nach einem Spaziergang in den Wäldern, Schauplatz von Partisanenkämpfen, in der Baita einkehren können, haben Sie auch die Gelegenheit, eine Küche kennenzulernen, die sich auf die besten Erzeugnisse der Umgebung stützt und Slow-Food-Presidi verwendet. Lassen Sie sich von den Ausmaßen des Speisesaals, der groß genug für Bankette ist, nicht irritieren und konzentrieren Sie sich auf zwei wesentliche Details: das Wägelchen mit dem Öl und jenes mit verschiedenem Salz, die Sie während des Essens begleiten werden. Beginnen Sie mit Salumi, Käse und **Crescia di Cicerchia di Serra de' Conti** (8 €) um dann mit beinahe ausnahmslos hausgemachten Primi fortzufahren, wie der traditionellen *Cresc' tajat*, ein breites Pastaformat aus Maismehl (8,50 €), das mit verschiedenen Saucen serviert wird. Oder Sie entscheiden sich für die köstlichen **Spaghetti con sugo di capriolo** (8,50 €). Von den Secondi empfehlen wir die Gerichte, die der bäuerlichen Vergangenheit entstammen, **Conditella con verdure** zum Beispiel (ein typisches Gericht für die Zeit der Getreideernte) oder **Quaglie alla brace** (Wachteln über der Holzkohlenglut gegart, 10 €). Hausgemachte Dolci (4 €) wie Crostata oder **Lonzino di fichi** und ein höchst respektabler Weinkeller, dessen Inhalt ausgezeichnet zur Speisekarte passt, tragen zum Gelingen des Aufenthalts bei.

ASCOLI PICENO
Piagge

6 KM VOM ZENTRUM

C'era una Volta

Trattoria
Ortsteil Piagge, 336
Tel. (+39) 07 36 / 26 17 80
Ruhetag: Dienstag
Ferien: während der Weinmesse Vinitaly und zeitweise im September
40 Plätze + 40 Plätze im Freien
Preise: 25 €
Kreditkarten: CS, MC, Visa
Mittags und abends geöffnet

Folgen Sie unseren Rat und fragen Sie nach Ihrer Ankunft Marco, den Inhaber, ob Sie auf der Veranda Platz nehmen können, von wo aus Sie einen der schönsten Panoramablicke der Stadt Ascoli Piceno genießen. Die Trattoria an der Straße, die nach Colle San Marco führt, ist eine Hommage an die Küche des Landesinneren um Ascoli Piceno, sie kommt ohne Speisekarte aus, die Tagesgerichte werden mündlich, doch lückenlos von Marco aufgezählt, der auch Ratschläge und Empfehlungen einfließen lässt. Zu Beginn Fritto misto mit Zucchini und **Olive all'ascolana** (6 €), mit dem Messer geschnittener Prosciutto di Montemonaco, lokale Salumi, **Frittata con le tolle** (Omelett mit Knoblauchsprossen) und Trippa in bianco. Die Primi (7 €) beinhalten **Gnocchi di patate, mit Fleisch oder Ricotta gefüllt**, Maccheroncini di Campofilone al ragù tradizionale, Maltagliati ai funghi porcini, Ravioli con ricotta e noci und Pasta all'intrecciata con tolle, fave e piselli freschi. Fleisch aus lokaler Aufzucht: **Schwein** und **Agnello scottato e ripassato in padella** (7 €), Faraona con funghi (Perlhuhn mit Pilzen), Spezzatino und Involtino di vitello (Kalbsroulade) werden immer von Beilagen mit Gemüse der Saison begleitet. Freitags und nur gegen Vorbestellung bekommen Sie **Baccalà** (25 € das ganze Menü). Biologische Erzeugnisse für die hausgemachten Dolci (3 €): **Crostata mit Konfitüre**, Crema catalana, Panna cotta, Zuppa inglese und Millefoglie e crema con fragole. Die Weinkarte ist begrenzt und im Wesentlichen auf die Umgebung beschränkt. Bemerkenswert der offene Rosso Piceno.

ASCOLI PICENO

Ristorante del Corso

Trattoria
Corso Mazzini, 277
Tel. (+39) 07 36 / 25 67 60
Ruhetag: Sonntagabend, Montag
Ferien: 1 Woche zu Weihnachten, je 2 Wochen im August und Oktober
30 Plätze
Preise: 35–40 €
Kreditkarten: CS, MC, Visa
Mittags und abends geöffnet, Sonntag gegen Vorbestellung

In einem Palazzo aus dem 16. Jahrhundert in einer der schönsten Altstädte der Marken ist dieses Restaurant beheimatet, in dem Sie eine unverfälschte, schnörkellose Fischküche geboten bekommen. Die Zutaten stammen aus dem täglichen Fang des nahen Fischerhafens San Benedetto del Tronto, einem der wichtigsten in ganz Italien. Der ursprünglich aus San Benedetto stammende Gino D'Ignazi führt das Lokal, er betreut den Service und wählt die Grundzutaten aus, dabei stützt er sich auf die solide Erfahrung seiner Frau in der Küche und auf das jeweilige Angebot des Marktes. Beginnen Sie mit einem Antipasto completo (17 €) oder mit einigen Kostproben der gesamten Palette, die sich in kalte und warme Speisen gliedert: **Panocchie** bollite (gekochte Meerzikaden), Insalatina di seppie, Scampi al vapore, Lumachine di mare in umido oder in porchetta, gekochter Lachs und **Zuppa di polpi con fagioli** (Suppe mit Oktopus und Bohnen). Bei den Primi (12 €) Risotto alla marinara, Mezze maniche ai granchi oder agli scampi und **Tagliatelline alla spigola**. Nun fahren Sie mit **Frittura mista** (15 €) fort oder Sie bestellen nur frittierte Kalmare und Garnelen oder aber Grigliata mista alla brace. Ebenso empfehlenswert Sogliola oder Rana pescatrice al vino bianco, **Guazzetto oder** gegen Vorbestellung Brodetto di pesce. Zum Abschluss ein einfaches Sorbet. Das Weinangebot ist an einigen ausgesuchten Etiketten der Marken ausgerichtet. Eine Reservierung ist immer empfehlenswert, denn es gibt nur eine begrenzte Anzahl an Plätzen.

Libreria Rinascita (Piazza Roma 7): kleine Weinbar mit einem gut sortierten Regal der besten öno-kulinarischen Bücher.

Ascoli Piceno – die Olive Tenera Ascolana

Obwohl es sich um ein aufwendiges und ausgefeiltes Gericht handelt, bewahrt die gefüllte und frittierte Olive Tenera Ascolana den gefälligen Charakter eines Straßenessens, das man gerne bei einem Spaziergang durch die Stadt verzehrt, aus einer Tüte, die man in der Hand hält. Das raffinierte und vermutlich aus dem Bürgertum stammende Rezept (auch wenn einige Forscher meinen, der Gedanke der Resteverwertung liege ihm zugrunde) ist, schon allein was die Zubereitung betrifft, als barock zu bezeichnen: Die spiralförmige Entkernung, die den Platz für die üppige Füllung schafft, lässt eher an die erfindungsreichen und dekorationsverliebten Methoden der französischen Kochkunst denken als an spartanische volkstümliche Fleischbällchen.

Das traditionelle Rezept – aber jede Familie in Ascoli führt dabei eine kleine geheime Variante aus – sieht als Zutaten Fleisch vom Rind, Schwein und Hähnchen vor, zu unterschiedlichen Teilen, in Würfel geschnitten und mit Möhren, Staudensellerie und Zwiebeln angebraten. Danach wird das Ganze durch den Fleischwolf gedreht und mit Ei, Muskat und Parmesan versehen. Diese weiche Masse kommt in die zuvor entkernten Oliven. Dann werden sie in Mehl, verquirltem Ei und Semmelbröseln gewälzt, in ausreichend nativem Olivenöl extra frittiert und als Hauptgericht serviert. Möglich ist auch die Kombination mit anderem Frittierten wie Artischocken, Zucchini, Crema-Käse und Lammrippenstücken, die zusammen das traditionelle Fritto Misto all'ascolana ergeben.

Basis und Hauptbestandteil dieser Köstlichkeit ist die Olive der Sorte Tenera Ascolana mit ihrem leicht bitteren Nachgeschmack. Sie wird im Gebiet der Provinzen Ascoli Piceno und Teramo angebaut. Ihre ersten Erfolge feierte sie zu der Zeit, als das Gebiet von den Picenern besiedelt war und die römischen Soldaten jene aus Ascoli besonders schmackhaft fanden und begannen, sie nach Rom auszuführen, wo sie am Beginn und Ende jedes wichtigen Fests gereicht wurden. Die Oliven der Sorte Tenera Ascolana kann man dank der traditionellen Konservierung in Salzlake praktisch das ganze Jahr über finden. Hervorragend passen sie zu einem Aperitif, auch wenn sie ihren Bekanntheitsgrad der frittierten Version zu verdanken haben. Die Lokale, die wir Ihnen hier empfehlen, verwenden während des Großteils des Jahres für ihre Gerichte garantiert die Olive Tenera Ascolana.

Antonio Attorre

APPIGNANO DEL TRONTO (AP)

Santa Lucia

Restaurant
Valle Chifenti, 93
Tel. (+39) 07 36 / 81 71 77
Ruhetag: Montag
Ferien: Januar oder November
50 Plätze + Festsaal
Preise: 25–30 €
Mittags und abends geöffnet

Von Ascoli Piceno nehmen Sie die alte Straße nach Appignano, dann finden Sie leicht das seit Jahren von den Brüdern Graziano und Nazzareno Simonetti geführte Lokal. Die herzliche Gastfreundschaft in diesem Restaurant wird Sie für die raue Kargheit der Landschaft entschädigen. Die an der Umgebung ausgerichtete Küche erreicht durchaus Gourmet-Niveau, ist aber auch für Feste und Feierlichkeiten geeignet. Gefüllte und frittierte Oliven gibt es immer, wie auch verschiedene andere Gerichte, beispielsweise Coratella d'agnello, Tacchinella sedano e grana, Gnocchi di ricotta e patate, Tagliatelle mit Taube und Trüffel oder mit Pilzen, Ricottaravioli und Coniglio al forno. Ausgezeichnete Dolci, darunter verschiedene Flammkuchen. Die Auswahl an guten Etiketten ermöglicht einen schönen Überblick über die Weine der Marken.

ASCOLI PICENO

Case Rosse

Ferienbauernhof
Ortsteil Case Rosse-Poggio di Bretta
Tel. (+39) 07 36 / 40 39 95
Ferien: unterschiedlich
75 Plätze
Preise: 25 €
Samstag und Sonntag geöffnet, für Gruppen täglich gegen Vorbestellung

Vom Zentrum von Ascoli aus folgen Sie den Schildern nach Poggio di Bretta und erreichen so diesen Agriturismo. Die Kooperative mit ihrem Vorsitzenden Ugo Marcelli betreut etwa 100 Hektar Land mit vielen Olivenbäumen. Im alten, renovierten Bauernhaus werden Gerichte aus der Umgebung serviert, manchmal echte Seltenheiten wie Lammschulter mit Bohnen oder Pasta di ricotta in brodo di pecora, die aus alten Zeiten der Transhumanz überliefert sind. Normalerweise gibt es zu Beginn Salumi, frische Ricotta, Gemüse, die Olive Tenera in Salzlake und *Caccia' nnanza* zu einer schmackhaften Focaccia. Anschließend Gnocchi, Rigatoni al sugo di pecora, gefüllte Oliven mit leichter Panade, Fleisch vom Lamm, Schwein und Kaninchen aus dem Holzofen.

Gallo d'Oro

Restaurant
Corso Vittorio Emanuele, 54
Tel. (+39) 07 36 / 25 35 20
Ruhetag: Samstagmittag, Sonntag
Ferien: unterschiedlich
120 Plätze
Preise: 25–30 €
Mittags und abends geöffnet

Das angenehme Lokal auf dem Corso Vittorio Emanuele bestätigt sich unter der Leitung von Bruno Pignotti als die glaubwürdigste Interpretation der klassischen bürgerlichen Trattoria von Ascoli Piceno. Die Oliven und Frittura ascolana in ihren verschiedenen, auch saisonalen Varianten sind das Zugpferd des Lokals, aber beachten Sie auch andere Speisen wie Spaghetti di magro con tonno e olive verdi und Gerichte mit Baccalà (vorwiegend freitags). In der entsprechenden Jahreszeit bekommen Sie Trüffeln und Pilze. Auf der Weinkarte stehen vor allem Etiketten aus den Marken.

Kursaal

Restaurant-Enoteca
Via Luigi Mercantini, 66
Tel. (+39) 07 36 / 25 31 40
Ruhetag: Sonntag
Keine Ferien
80 Plätze
Preise: 20–25 €
Mittags und abends geöffnet

Lucio Sestili hat den Kursaal Ende der 1950er-Jahre gegründet und seit damals gilt er, trotz des Ortswechsels (heute befindet er sich in bester Lage ganz in der Nähe der Altstadt), als eines der historischen Lokale von Ascoli Piceno. Im Speisesaal ist der professionelle Sommelier gemeinsam mit seiner Tochter Simona tätig, einer tüchtigen Expertin für native Olivenöle extra, die Sie beraten wird. Das Rezept für die gefüllte Olive der Sorte Tenera Ascolana ist einer der Stützpfeiler des Lokals, ebenso wie Spaghetti di magro con tonno e olive und verschiedene weitere Gerichte aus der lokalen Tradition mit Fleisch, Pilzen und Trüffeln.

Migliori

Trattoria-Lebensmittelverkauf
Piazza Arringo, 2
Tel. (+39) 07 36 / 25 00 42
Ruhetag: Montag
Keine Ferien
25 Plätze
Preise: 20–25 €
Mittags und abends geöffnet

Ehre, wem Ehre gebührt – und Nazzareno Migliori, Zé genannt, verdient Respekt für seine Rolle bei der Aufwertung der Olive Tenera Ascolana (Olea Europae Sativa) und dafür, dass er sie nicht nur nach dem klassischen Rezept von Ascoli Piceno anbietet, sondern in einer weiteren, ebenso klassischen Version der sogenannten *Liva concia*, in Salzlake mit dem DOP-Zertifikat. Im Lokal werden Gerichte zum Mitnehmen verkauft, in der Trattoria weicht man vom Festreigen der Olive gern ein wenig ab und widmet sich Speisen aus der Umgebung, von Baccalà bis Kutteln. Außerdem gibt es am Eingang eine Theke mit Frittiertem, das man in der traditionellen Tüte kaufen und unterwegs essen kann.

MALTIGNANO (AP)

L'Arco

Trattoria
Via IV Novembre, 63–65
Tel. (+39) 07 36 / 30 44 90
Ruhetag: Mittwoch
Ferien: 15.–30. Juli
60 Plätze • Preise: 20–25 €
Mittags und abends geöffnet

Von Ascoli Piceno nehmen Sie die Straße in das Val Vibrata, um in diesem gemütlichen Lokal im Zentrum von Maltignano zu essen. Dass das Lokal von einer Familie geführt wird, werden Sie schon daran merken, dass die Oliven von Hand gefüllt werden. Sie bekommen sie zur Eröffnung, als Beilage oder im Fritto misto all'ascolana. Die Tatsache, dass wir uns hier im Grenzgebiet zu den Abruzzen befinden, spiegelt sich in Primi wie Ceppe, einer für die Provinz von Teramo typischen Pasta, mit Pilzen. Außerdem gibt es Spaghetti all'amatriciana und als Secondo Agnello scottadito und Spezzatino d'agnello. Die eigentliche Spezialität des Lokals ist und bleibt das komplette Menü, das dem Baccalà gewidmet ist und immer freitags zur Verfügung steht. Zum Abschluss hausgemachte Zuppa inglese. Die Weine stammen aus den Marken und Abruzzen.

VENAROTTA (AP)

Il Casolare

Restaurant
Via Case Sparse, 31
Tel. (+39) 07 36 / 36 21 62,
(+39) 07 36 / 36 21 39
Ruhetag: Montag, Dienstag
Ferien: zeitweise im Winter und Spätsommer • 100 Plätze
Preise: 30–35 €
Mittags geöffnet, Freitag und Samstag auch abends

In diesem Lokal, das Tonino mit seiner Frau Rita und Tochter Laura ein wenig außerhalb der Provinzhauptstadt führt, spricht die Küche die Sprache der Umgebung. Das merkt man gleich bei den warmen Pfannküchlein, begleitet von einem duftenden lokalen Prosciutto. Fortsetzung mit Gemüse im Backteig, Polentina und dem traditionellen Fritto misto all'ascolana (Lammrippenstücke, gefüllte Oliven und Cremino-Käse). Von den Primi sollten Sie Tagliatelle al tartufo bianco (mit weißem Trüffel, von Oktober bis November) oder mit dem wertvollen schwarzen Trüffel probieren sowie Pasta e ceci. Anschließend Scottadito di agnello nostrano alla brace, Stinco di vitello und Porcini arrosto. Gute Auswahl an Flaschenweinen, aber auch der Hauswein ist beliebt.

CAGLI

25 km südlich von Urbino, 62 km von Pesaro

Guazza

Traditionelle Osteria
Piazza Federico da Montefeltro, 1
Tel. (+39) 07 21 / 78 72 31
Ruhetag: Freitag
Ferien: 2 Wochen im Juli/August
50 Plätze
Preise: 30 €
Keine Kreditkarten
Mittags geöffnet, abends gegen Vorbestellung

Ein Mittagessen im Restaurant Guazza ist wie eine Reise in frühere Zeiten mit ihren längst vergangenen Sonntagsessen. Wenn Sie in Marias Küche spähen, sehen Sie keine Sahne-Siphons oder Thermometer für das Garen bei Niedrigtemperatur, sondern das Nudelbrett für die Teigwaren, einen Kamin, in dem Fleisch gegrillt wird, Pfannen, Töpfe und sogar einen alten Holzofen. Eine geschriebene Speisekarte gibt nicht, jeden Tag wird das Beste gekocht, das bei den Lieferanten des Vertrauens zu bekommen war, nach den immer gleichen Regeln und Rezepten. Versäumen Sie bei den verschiedenen Gängen des Antipasto completo (12 €) nicht die schmackhafte **Coratella d'agnello** – eigentlich ein Gericht für die Osterzeit, das sich hier ganzjährig großer Beliebtheit erfreut –, eventuell begleitet von Crostini und Käse. Im Frühling empfehlen wir Baggiana, eine aromatische Suppe mit Dicken Bohnen und Mangold. Der Stolz des Lokals sind die Primi mit täglich frisch zubereiteten Eierteigwaren, zum Beispiel Maltagliati con le fave, **Tagliatelle mit den Pilzen der Saison** (10 €), **Vincisgrassi** (10 €) oder die weichen Gnocchi al pomodoro. Außerdem **Erbe di campo ripassate in padella** (in der Pfanne gewürztes Wildgemüse), alleine oder mit zerstampften Kartoffeln, eine perfekte Beilage zu saftigen Secondi wie Grigliate di castrato, gemischtes gegrilltes Fleisch, **Pollo in fricò** (lange in der Pfanne mit Knoblauch, Rosmarin und einem Spritzer Essig gegartes Hähnchen, 11 €). Lassen Sie Platz für eine bäuerliche Torte oder eine Kostprobe der hausgemachten Kekse, die auch in der angeschlossenen Bar zum Frühstück serviert werden. Nur wenige Flaschen stehen zur Auswahl, dafür gibt es einen guten offenen Wein und ganz frisches Quellwasser.

» *Ein unverfälschtes Beispiel für eine Küche angenehm altmodischen, familiären Stils.* «

CAGLI

25 KM SÜDLICH VON URBINO, 62 KM VON PESARO

Nani

Osteria • Via Porta Vittoria, 27
Tel. (+39) 07 21 / 78 72 92,
(+39) 338 / 29 79 77
Ruhetag: Montag–Mittwoch
Ferien: 1 Woche im März, 2 Wochen im September/Oktober
35 Plätze + 10 Plätze im Freien
Preise: 30–33 €
Kreditkarten: CS, DC, MC, Visa; BM
Abends geöffnet, Samstag und Sonntag auch mittags

Mindestens zwei Gründe gibt es, die dafür sprechen, bei Nani einzukehren, dem kleinen Lokal, das Anastasia (Nani) Pieri mitten im Zentrum von Cagli führt: die Qualität der Grundzutaten und die Sorgfalt, mit der die Gerichte zubereitet werden. Die minimalistische moderne Einrichtung könnte an eines der vielen gerade aktuellen Lokale, die dem letzten Schrei folgen, denken lassen. Bei Nani finden Sie jedoch Substanz, Leidenschaft und den Willen, eine frische Küche zu bieten, deren Gerichte auf die Minute zubereitet werden. **Coratella d'agnello** (9 €) und Crostini mit Hühnerleber und Kapern aus Salina überzeugen aufgrund ihrer Ausgewogenheit, **Fritto misto di verdure** (7 €) – je nach Saison mit Brokkoli, Artischocken, Pilzen, Spargel, Kürbisblüten und dem Apfel aus Montelabate – ist besonders knusprig goldbraun frittiert, während man beim Carpaccio vom Nussstück oder bei Filets von frei lebend biologisch aufgezogenen Wildschweinen und Schweinen (9 €) die hohe Qualität des Fleisches schätzt. Fortsetzung mit Primi (10 €) wie **Tagliatelle al ragù di piccione**, Ravioli di erbe e ricotta al pomodoro und Vincisgrassi. Bei den Secondi ist die ausgezeichnete Garung der rosigen, mit einer Mischung aus Öl und Rosmarin bestrichenen **Bracioline di agnello alla griglia** (14 €) hervorzuheben. Eine Alternative bieten Piccione in umido (geschmortes Täubchen, 14 €) und Lombata di vitellone alla griglia. Torte mit Erdbeeren, Creme und Sahne oder mit Mascarpone und Zartbitterschokolade (4 €) sind verführerische Dessertvorschläge, überdies gibt es ein köstliches Sorbet aus rosa Grapefruit oder der Spätmandarine aus Ciaculli (4 €). Die Weinkarte ist zwar nicht sehr weitreichend, bietet jedoch ausgezeichnete Etiketten aus den Marken.

CAMERINO
Polverina

40 KM SÜDWESTLICH VON MACERATA, S.S. 77

Il Cavaliere

Hotelrestaurant
Via Mariani, 33–35
Tel. (+39) 07 37 / 461 28
Ruhetag: Montag
Keine Ferien
65 Plätze
Preise: 23–28 €
Kreditkarten: AE, CS, MC, Visa
Mittags und abends geöffnet

Das Lokal erreichen Sie über die alte Staatsstraße 77, die das Hinterland von Macerata mit Umbrien verbindet. Auf der Höhe der Festung Varano, im Ortsteil Polverina, finden Sie dann das gemütliche kleine Restaurant, das schon seit seinen Anfängen unter der Leitung von Familie Moreni steht. Die Speisen stammen aus der Tradition Maceratas und reichen von hausgemachten Salumi (Ciauscolo, gespickte Salami und Leber) bis zu Schafkäse aus der Umgebung, von Bruschette mit dem exzellenten und seltenen Olivenöl der Sorte Coroncina bis zu süßen Salsicce, deren Füllung aus Fleisch, Pinienkernen und Rosinen besteht und die nur im Winter verfügbar sind. Bemerkenswerte Primi sind Gnocchi und Ravioli ai funghi oder mit Ricotta und Spinat sowie die köstlichen **hausgemachten Tagliatelle mit Trüffel** oder mit Fleischsauce (6 €). Bei den Secondi stechen Gerichte hervor, deren Fleisch alla brace gegart wurde – häufig finden Sie **Agnello alla brace** (12 €), das Lammfleisch können Sie allerdings auch frittiert oder im Ofen gebraten bestellen. Eine zusätzliche Erwähnung verdienen auch **Fegatini di maiale alla brace**. Auf der Speisekarte finden Sie außerdem frei lebendes Hähnchen alla cacciatora, Piccione ripieno al forno und Cinghiale in salmì, dazu guten Salat aus verschiedenen Blattgemüsen oder gekochtem Gemüse. Zum Abschluss hausgemachte Dolci wie Torta pinolata, Zuppa inglese, Crostata di nonna Colomba und **Tortiglione con mele e cannella** (1,50 €). Schwerpunkt der Weinkarte sind etwa 100 Etiketten aus den Marken zu ausgewogenen Preisen.

CASTELRAIMONDO
Castel Sant'Angelo

40 km südwestlich von Macerata

Il Giardino degli Ulivi

Trattoria
Via Crucianelli, 64
Tel. (+39) 07 37 / 64 21 21,
(+39) 338 / 503 60 78
Ruhetag: Dienstag, außer im August
Ferien: 2 Wochen im September
60 Plätze + 60 Plätze im Freien
Preise: 35 €
Kreditkarten: CS, DC, MC, Visa; BM
Mittags und abends geöffnet

Zum Giardino degli Ulivi im Ortsteil Castel Sant'Angelo von Castelraimondo zu kommen, ist ein bisschen wie eine Zeitreise, während derer Sie sich die bäuerlichen Orte dieser Gegend vorstellen können, bevor die Abwanderung eingesetzt hat. Lassen Sie sich nicht die Gelegenheit entgehen, zwischen den Häusern und in der umgebenden Natur spazieren zu gehen. In dem Lokal in den renovierten Ställen eines alten Bauernhauses bieten Ihnen Francesco und seine Frau Dori dann Gerichte, die sie von der mittlerweile in den verdienten Ruhestand getretenen Mamma Maria Pia übernommen haben und die ein regelrechtes Lexikon der Küche des vorapenninischen Gebiets um Macerata ergeben. Gehaltvolle Antipasti (13 €) mit Salumi, Käse oder Gemüse. Die ausgezeichneten traditionellen Salumi stammen von einem Fleischer des Vertrauens und werden selbst zur Reife gebracht, Käse wird mit hausgemachten Konfitüren serviert. Von den saisonal unterschiedlichen Primi (10 €) empfehlen wir **Penciarelle al sugo di capriolo**, das sind handgemachte lange, dicke Nudeln aus Brotteig, zu denen ausgezeichnet Sauce mit Wild passt. Ebenso gut schmecken **Ravioli con ripieno di ricotta ed erbe aromatiche**. Unter den vielfältigen Secondi (15 €), die alle mit einer der Jahreszeit entsprechenden Beilage serviert werden, könnte die Wahl auf **Capriolo in salmì** fallen, auf Prosciutto mit Waldbeeren aus dem Holzofen oder auf das Perlhuhn **Faraona all'aceto nero**. Es versteht sich von selbst, dass auch die Desserts hausgemacht sind, wir erwähnen Mousse al cioccolato und die Auswahl an Trockengebäck. Die wenigen Etiketten sind eindeutig regional geprägt. Im Sommer kann man in der rustikal gepflasterten Tenne essen.

»Eine Trattoria, die zum Bollwerk der kulinarischen Kulturgeschichte der Umgebung geworden ist.«

CIVITANOVA MARCHE

27 km östlich von Macerata, S.S. 485

Chalet Galileo

Restaurant
Via IV Novembre
Tel. (+39) 07 33 / 81 76 56
Ruhetag: Dienstag
Ferien: unterschiedlich
44 Plätze
Preise: 35–40 €
Kreditkarten: CS, DC, MC, Visa; BM
Mittags und abends geöffnet

Ob man nun meint, dass der liebe Gott oder der Teufel im Detail stecke, relevant sind Details auf jeden Fall – solange es sich nicht um wertlose Blendung handelt –, wenn es um die Charakterisierung eines Lokals geht und um die kleinen Freuden, die einem dort bereitet werden. Ein Beispiel sind **Ostriche adriatiche** (3 €), herrliche Austern aus der Adria, oder die akribische Angabe von Lieferanten für Fisch, Öl und Teigwaren. Dass Brot und Gedeck nicht verrechnet werden, ist ein Zeichen dafür, dass man hier auf die Preise achtet, die für eines der besten Küstenlokale der Marken wettbewerbsfähig und kundenfreundlich sind. Wählt man größere Fische, kann die von uns angegebene Preisgrenze freilich überschritten werden. In der Küche agiert ein weibliches Team, der reizende, blitzblanke, in maritimem Stil gehaltene Speisesaal liegt in männlichen Händen, beginnend beim Verantwortlichen Stefano Orso (dem jedoch seine junge Tochter zur Seite steht). Das appetitanregenden Verkostung von kompetent ausgesuchtem, aus den Marken stammendem oder selbst erzeugtem Olivenöl folgen je nach Jahreszeit **Paccheri con fave e vongole**, Spaghetti alici, capperi e pinoli (10 €), **Mezze maniche con carciofi e mazzancolle** (12 €) oder Passatelli asciutti sowie Risotto con asparagi, vongole, calamaretti. Danach reicht das Angebot von knuspriger Frittura (15 €) bis zu Grigliata (23 €) und **Bollito misto con verdure** (24 €), von Guazzetto bis zum exzellenten Sanktpetersfisch mit Gemüse. Die Desserts entspringen zwar der Tradition der Marken, stehen jedoch im Zeichen der Erneuerung, Anis ist dabei der rote Faden. Die Weinkarte ist breit gefächert, aktuell und ausgewogen.

»Mit beharrlichem Augenmerk auf die Zutaten und auf die Details bei der Zubereitung der Gerichte pflegt Galileo sein mustergültiges Angebot.«

27 KM ÖSTLICH VON MACERATA, S.S. 485

Locanda Fontezoppa

NEU

Moderne Osteria
Ortsteil San Domenico, 38
Tel. (+39) 07 33 / 80 15 51
Ruhetag: Sonntagabend, Montag
Ferien: unterschiedlich
60 Plätze
Preise: 30–35 €
Alle Kreditkarten; BM
Mittags und abends geöffnet

Fontezoppa liegt nicht weit von der Autobahnausfahrt Civitanova Marche entfernt, es ist leicht zu erreichen, wenn Sie Richtung Civitanova Alta fahren und dann den Schildern zur Cantina (dem Weinkeller) und zur Locanda selbst folgen. Das Unternehmen ist Ergebnis einer architektonischen Erneuerung, ein gelungenes Projekt, in dem die Anziehungskraft der Weine des Betriebs mit dem gepflegten kulinarischen Angebot aus der Umgebung, kulturellen und musikalischen Veranstaltungen und Verkostungen verbunden wird, ohne dabei die Tageskundschaft dieses dicht mit Betrieben besiedelten Gebiets außer Acht zu lassen. Immer vorhanden bei den Antipasti sind lokale Salumi und Käse aus kleinen Betrieben, von **Ciauscolo** bis zu gereiftem Prosciutto, von Pecorino bis zu Käse aus Kuh- und Ziegenmilch, zu denen Brot und Focaccia aus Sauerteig serviert wird. Häufig als Primi angeboten werden **Ravioli al pomodoro** (9 €) oder **Tagliatelle, mit Trüffeln oder Pilzen** (14 €) in der entsprechenden Saison, andernfalls mit Fleischsauce oder im Frühling mit Spargel oder Artischocken. Überdies weisen wir auf **Cappelletti in brodo** hin, ein Gericht, das Signora Agata, der Mutter von Francesco Pettorossi, zu verdanken ist. Gutes Fleisch bei den Secondi: **Agnello a scottadito** (12 €), **Coniglio in porchetta**, Tagliata oder Filets, dazu Gemüse der Jahreszeit. Zuppa inglese und hausgemachtes Eis zum Abschluss. Das native Olivenöl extra stammt aus eigener Erzeugung, so wie natürlich der Wein. Er verfeinert auch Speisen wie Filet mit Wacholderbeeren oder Risotto al radicchio. Die Anlage verfügt über fünf Zimmer zum Übernachten. Im Sommer können Sie in der schönen Veranda essen, mittags gibt es günstige Menüs mit frisch zubereiteten Gerichten.

20 KM SÜDLICH VON MACERATA, S.S. 77 U. S.S. 78

Agra Mater

Ferienbauernhof
Ortsteil Monti, 3
Tel. (+39) 339 / 376 93 57
Ruhetag: Montag–Donnerstag, im Sommer Montag, Dienstag
Ferien: unterschiedlich
40 Plätze + 20 Plätze im Freien
Preise: 30–35 € • Kreditkarten: MC, Visa; BM
Abends geöffnet, am Wochenende und vor Feiertagen auch mittags

Ein wenig außerhalb des bewohnten Gebiets von Colmurano führen Lara und Melissa mit Begeisterung gemeinschaftlich dieses junge Unternehmen. Beeindruckend sind die Ruhe und Schönheit der Natur, die die beiden Schwestern mit ihrem Agriturismo pflegen. Aus der Liebe zu den Traditionen sowie einer Prise Persönlichkeit entstehen ausgewogene, makellose Gerichte. Die konstante Qualität der Zutaten von den eigenen Feldern und von nahe gelegenen kleinen Betrieben sichert Frische und Unverfälschtheit. Als Antipasto (fünf Gerichte für 14 €) **Lingua croccante con erbe di campo** e agrodolce di lamponi, Tortino di pecorino dei Monti Sibillini con crema di fave in porchetta e porri fritti oder auch dampfgegarte Schweineschulter mit süßsauren Zwiebeln, Himbeerkonfitüre und Sonnenblumenkernen. Getrocknete Pasta (9 €) oder Eierteigwaren (10 €) bei den Primi: Trenette mit aromatischem Pesto und gerösteten Mandeln, von Hand gezogene **Tagliatelle al ragù tradizionale** oder Ravioli mit Schafricotta. Im Anschluss **Guanciola di vitellone brasata al Rosso Piceno** e patata morbida (15 €) oder **Carciofo alla maceratese**, das sind Artischocken mit Weißwein, Petersilie, Wildfenchel und Brot. Artischocken können Sie ebenso roh mit Minze und Höhlenkäse bestellen oder aber frittiert oder in der Kokotte (12 €) serviert bekommen. Nicht zu vergessen das ausgelöste Perlhuhn aus dem Ofen – Faraona disossata al forno con ratatouille di verdure. Gute Dolci (6 €): Crema bruciata all'orzo e gelato al Varnelli, Sfera di cioccolato con mousse di cioccolato e pere sowie Mandel-Vanille-Semifreddo. Niveauvolle Karte mit Weinen aus der Umgebung.

33 KM NORDWESTLICH VON ASCOLI PICENO, S.S. 78

Da Roverino

Trattoria mit Übernachtungsmöglichkeit
Via Ascoli, 10
Tel. (+39) 07 36 / 84 42 42,
(+39) 07 36 / 84 45 49
Ruhetag: Sonntag
Ferien: September oder Oktober
100 Plätze
Preise: 25–30 €
Alle Kreditkarten
Mittags und abends geöffnet

Als Kreuzungspunkt im Gebiet der Monti Sibillini ist Comunanza eine von einer Reihe kleinerer Dörfer umgebene Gemeinde zwischen den Provinzen Ascoli Piceno und Fermo. In der Umgebung gibt es Industriebetriebe, aber auch bäuerliche und touristische Aktivitäten, wie eben das Da Roverino, eine Trattoria, die von den alten Bergtraditionen Zeugnis ablegt. Im Lokal mit dem klaren Erscheinungsbild steht nun, was die Leitung betrifft, der junge Koch Stefano Morganti an der Seite des legendären Peppe Cutini. Die Speisekarte wechselt häufig und Sie bekommen auch Gerichte, die nicht in der Karte angeführt sind. Bei den Antipasti (7 €) Pecorino im Backteig, **Olive all'ascolana**, Frittata in trippa, Coratella sowie ausgezeichneter lokaler Käse und Salumi. Unter den Primi **Zuppa di castagne con fagioli e costine di maiale**, Zuppa di ceci, patate e funghi porcini, handgemachte Tagliatelle mit Fleischsauce oder Sauce vom Wildschwein sowie **Gnocchi con sugo di piccione** (8 €). Als Fortsetzung empfehlen wir **Tordi matti** (ein traditionelles Gericht aus Comunanza mit gebratenem Schweinefleisch, dem Netz der Leber und Wacholderbeeren), gebratenen oder gekochten Baccalà, Kutteln, Pollo con i peperoni, Piccione in casseruola und **Arrosto misto** (12 €). Süßer Ausklang mit hausgemachter Crostata (probieren Sie auf jeden Fall jene mit Konfitüre aus rosa Äpfeln) oder Süßspeisen mit Nüssen und Honig und Pizza ripiena. Im Weinkeller wartet eine kleine Auswahl mit überwiegend Erzeugnissen aus den Marken und ein paar italienischen Weinen, die gerade in Mode sind. Die Preise sind fair.

Pasticceria Irma, Via Trieste 5: Torten mit Schokolade und Kaffee, Mousse und gutes Kleingebäck. Schöne Auswahl an Salumi, Käse und anderem in der Salumeria Bruno Strada, Viale Dante 58.

46 KM NORDÖSTL. V. ASCOLI PICENO, S.S. 4 OD. A 14

Pepenero

NEU

Moderne Osteria
Via Castello
Tel. (+39) 335 / 611 55 34
Ruhetag: Montag, Dienstag (nur im Winter)
Ferien: unterschiedlich
30 Plätze + 15 Plätze im Freien
Preise: 25 € (Tagesmenü)
Alle Kreditkarten; BM
Abends geöffnet, im Winter auch Sonntagmittag

Die Fahrt hinauf in den winzigen mittelalterlichen Ort Marano, vielleicht besser bekannt als Cupra Alta, ist der Mühe wert, wenn man einen der reizvollsten Panoramablicke der Mittleren Adria bewundern möchte. Bevor Sie auf den Gipfel kommen, finden Sie zwischen den gepflasterten *Rue* unterhalb der Burg dieses Lokal, das vor zwei Jahren von dem erfahrenen Gastwirt Michele Alesiani übernommen wurde. Wein und gute Küche in zwanglos und originell eingerichteten Räumlichkeiten zu verbinden, ist eine Aufgabe, der er mit Leichtigkeit gerecht wird. Gegessen wird unter den hohen Gewölben, zwischen einer alten, restaurierten Osteriatheke, Objekten aus der Nachkriegszeit, großen Bildern an den Wänden und alten, erbsengrün gestrichenen Kredenzen. Das feststehende Menü wird nicht niedergeschrieben und verändert sich auch häufig, normalerweise sind zwei Antipasti vorgesehen, zwei Primi, Secondo und Dessert. Bei den Antipasti gesellen sich zum immer vorhandenen gemischten Brett mit **hausgemachten Salumi mit Gnocco fritto** auch manchmal Artischocken auf geschmolzenem Käse, köstliche **Rüben mit Sardellen**, Polpettina di carne con verdura e polentina di mais sowie Tortino di carne bollita. Schließlich Lasagna mit Pilzen und Artischocken, Reis mit Wildspargel, Tagliatelle al ragù „di babbo" und **Gnocchi al sugo di papera**. Dann wechseln Girello al forno con cicoria, Faraona in salmì, Coniglio in porchetta und **Agnello con carciofi** (Lamm mit Artischocken) miteinander ab. Abschließend Kostproben von Crostata, Trockengebäck oder eine traditionelle **Pizza sbattuta** alle creme. Zu trinken gibt es nur den im Preis inbegriffenen offenen Wein, doch es ist erlaubt, besser gesagt erwünscht, dass man eigene gute Flaschen von zu Hause mitbringt, für die kein Zuschlag verlangt wird.

10 KM NORDWESTLICH VON ANCONA

L'Arnia del Cuciniere

Restaurant
Via Baluffi, 12
Tel. (+39) 071 / 916 00 55,
(+39) 339 / 658 61 07
Ruhetag: Montag
Ferien: unterschiedlich
120 Plätze
Preise: 30–38 €
Alle Kreditkarten; BM
Mittags und abends geöffnet

L'Arnia ist übersiedelt. Eigentlich hat sich das Lokal nicht weit entfernt, man muss nur in den alten Ortskern von Falconara Alta hinauffahren und dort findet man es neben der Burg aus dem 13. Jahrhundert. Durch den Wechsel hat das Restaurant an Plätzen gewonnen, denn nun verfügt es über zwei Speisesäle. Vom höher gelegenen aus genießt man einen schönen Ausblick über die Küste, der bis Ancona reicht, dem sogenannten „Ellbogen", wie der aus dem Griechischen stammende Name der Stadt lautet. Küche und Speisesaal sind nach wie vor Domäne von Claudio Api und Alessio Andreoni und nach wie vor werden sowohl Fisch als auch Fleisch mit Sorgfalt ausgewählt. Breit gefächertes Angebot bei den Antipasti mit zwei gehaltvollen Tellern wie der Degustation vom rohen Fisch Crudità di mare (19 €) sowie Sinfonia di mare, eine Reihe an warmen und kalten Antipasti. Abgesehen davon bekommen Sie Seppie e piselli con mentuccia e crema di pomodoro (Tintenfische mit Erbsen und Minze auf Tomatencreme) und Guazzetto di vongole con pendolini e baccalà fritto. Unter den Primi (10 €) ausgezeichnete **Gnocchi di patate al ragù di brodetto** und Padellata di chitarrine mit Krustentieren und Muscheln. Frittura mista dell'Adriatico, Grigliata alla moda del Cuciniere (18 €) und **Stoccafisso all'anconetana** sind die Secondi. Wenn Sie hingegen ein Menü mit Fleisch bevorzugen, bekommen Sie hervorragende **Salumi** mit dem Fladenbrot **Crescia** (8 €), Tortelloni di carne con pecorino di Farindola e tartufo, Grigliatona vom Fleisch mit Gemüse und Crostini ai formaggi (16 €), eigentlich ein Hauptgericht. Von den verschiedenen Angeboten bei den Dolci erwähnen wir **Lonzino di fico con pecorino fresco e sapa** (4 €). Die Weinkarte ist groß und gut strukturiert, die Preise sind angemessen.

12 KM SÜDÖSTL. V. PESARO, S.S. 16 OD. AUSF. A 14

Da Maria

Trattoria
Via IV Novembre, 86
Tel. (+39) 07 21 / 80 89 62
Ruhetag: Sonntag, außer im Sommer
Ferien: Ostern, Weihnachten
30 Plätze + 20 Plätze im Freien
Preise: 35–40 €
Keine Kreditkarten
Abends geöffnet, mittags gegen Vorbestellung

Wir hatten reserviert und wurden ausnahmsweise mittags empfangen, in der von Efeu beschatteten, ruhigen Veranda, denn Maria öffnet nur noch abends, wie sie uns erzählt. In jedem Fall raten wir Ihnen, immer vor Ihrem Besuch anzurufen, denn wie Stammgäste wissen, bleibt das Lokal geschlossen, wenn der Fischfang nicht ergiebig genug war. Wiedergefunden haben wir eine Küche, die unvergesslich ist und schwer zu definieren, außer mit der Terminologie der Zen-Ästhetik. Das aufs Wesentliche reduzierte Garen von eben erst ans Ufer gebrachten Fischen (in unserem Fall eine Scholle, eine Seezunge, rosa Garnelen, kleine Hummer, der stachelige Fisch Mazzolina, ein makrelenartiger Blaufisch namens Suro und ein paar Miesmuscheln) bringt deren Charakteristik zur Geltung. Gemeinsam mit **Polentina con ragù di pesce**, Bruschetta aus hausgemachtem Brot und mit Öl gewürztem Gemüse, wurde dies als Tagesgericht von der umsichtigen Tochter Domenica, die auch für die Herstellung des Olivenöls verantwortlich ist, in den Speisesaal gebracht. **Spaghetti alle vongole** haben uns gleichfalls geschmeckt, an anderen Tagen hätten es die bemerkenswerten von Hand gemachten **Tagliatelle con sugo di sogliole** sein können oder die Meerbarben **Triglie al sugo**, **Rana pescatrice arrosto** oder **Brodetto**, den Maria auf ihre Art mit Tomatensauce in einem Tontopf kocht. Sie werden verstanden haben, dass die Faszination dieser Küche in den Zwischentönen und in den großartigen Zutaten liegt, und wir hoffen, dass Sie nicht enttäuscht über die Zwanglosigkeit des Empfangs oder die begrenzte Zahl der angebotenen Gerichte sind. Wir finden das Lokal weiterhin herausragend und einzigartig.

»*Mit nahezu unsichtbare Hand vollführt Maria minimalistische Kochtechniken – hausfraulich, volkstümlich und doch als Zeichen hoher Modernität.*«

L'Enoteca Bar a Vino

Moderne Osteria
Via Mazzini, 1
Tel. (+39) 07 34 / 22 80 67,
(+39) 348 / 903 52 57
Ruhetag: Montag, Dienstagmittag, außer im Sommer • Ferien: unterschiedlich
35 Plätze + 35 Plätze im Freien
Preise: 40 €
Kreditkarten: CS, MC, Visa
Mittags und abends geöffnet

Wer zum ersten Mal nach Fermo kommt, wird bezaubert sein von der Piazza del Popolo, einem zur Kontemplation einladenden Ort, den man am besten genießen kann, wenn man im Freien an einem der Tische dieser Osteria-Enoteca sitzt, die in einem kommunalen Gebäude unter dem Laubengang San Rocco untergebracht ist. Peppe und Roberta bestimmen die Auswahl für die Küche – in erster Linie den Einkauf –, den Wein und die Atmosphäre, Letztere eine nicht zweitrangige Zutat für die Räumlichkeiten mit eindeutig französischem Einschlag, der schon im an „Bar à vin" angelehnten Namen anklingt und sich in den schönen Fotos im Speisesaal fortsetzt. Zum Degustationsmenü für 40 € mit drei Weinen (weiß, rot und Dessertwein) gehört stets ein Brett mit lokalen Salumi (von **Ciauscolo** bis zu 24 Monate gereiftem Prosciutto) und in der Saison ebenso Dicke Bohnen und Pecorino mit Focaccia, Sformatino di ricotta con zucchine e peperoni oder mit Trüffel, Panzanella con pomodori e cipolline, Crostini mit Wildgemüse und Käse aus Rohmilch, **Zuppetta di ceci, fave e cicoria** oder mit Artischocken und Linsen. Dann **Parmigiana di melanzane** im Sommer, **Vincisgrassi**, Maccheroncini di Campofilone al ragù, Hähnchen oder Kaninchen aus der Pfanne mit Kartoffeln, **Agnello al forno**, Galantina oder Porchetta. Und schließlich Dolci mit dem Obst aus dem Valdaso. Die Enoteca können Sie auch ganz zwanglos besuchen und einen kleinen Imbiss für 15 € bestellen, ein Häppchen mit Wein (8 €) und außerdem die Auswahl an Käse, eine der Spezialitäten des Lokals, oder Salumi, die mit Wein kombiniert werden (zum Beispiel jene naturbelassenen, die an einer Wand des Lokals ausgestellt sind). Ein Beitrag zu größerer Transparenz wäre, diese Möglichkeiten wie auch die Tagesgerichte vor dem Lokal auszuhängen.

20 km südöstlich von Urbino, 37 km von Pesaro

Osteria dalla Vipera

Traditionelle Osteria
Via La Peja, 3
Tel. (+39) 07 21 / 71 41 81
Ruhetag: Montag
Ferien: unterschiedlich
50 Plätze + 15 Plätze im Freien
Preise: 25–32 €
Kreditkarten: MC, Visa; BM
Mittags und abends geöffnet

Wenn Essen für Sie eine Gelegenheit zu Vergnügen, Entspannung und Wohlbefinden bedeutet, sollten Sie einen Besuch in der Osteria dalla Vipera nicht verpassen, vor allem, wenn Sie sich bereits in der Gegend von Fossombrone aufhalten – wo der Apennin beginnt, sich gegen die Adria hin zu öffnen –, einem Gebiet, das wie eine Brücke ist, ein Wachposten zwischen der faszinierenden Gola del Furlo und dem Valle del Metauro, das zum Meer bei Fano führt. An der Hauptstraße im Zentrum bietet die Osteria – auch eine „Bottega del gusto", ein Spezialitätengeschäft mit einem einladenden Saal zur Verkostung – eine unwiderstehliche Küche der Marken, die von bemerkenswerten Angeboten aus dem Weinkeller begleitet wird. Die einfache Atmosphäre ist mit frischen Blumen auf den Tischen, passender Beleuchtung und Hintergrundmusik bis ins Detail gepflegt, die Speisekarte beginnt mit dem **Antipasto della vipera** (12 €) oder dem Käseteller, um dann mit **Chitarrine ai porcini e zafferano** (10 €) oder der Suppe mit biologisch angebauten Hülsenfrüchten fortzusetzen. Bei den Secondi reicht der Bogen von mit dem Messer geschnittenem Tatar vom Rind der Marchigiana- oder Chianinarasse bis zu den herrlichen hausgemachten **Polpette di carne alla crema di basilico e purè** (12 €). Nehmen Sie ruhig auch die Herausforderung der einladenden Auswahl an hausgemachten Dolci an und genießen Sie Crostata di mandorle e miele oder **Torta caprese di cioccolato e mandorle** (5 €). Abschließend möchten wir betonen, dass diese Viper (deren Name sich von einer ehemaligen Wirtin mit spitzer Zunge ableitet) weit davon entfernt ist, uns zu vergiften, sondern uns im Gegenteil wirksame Heilmittel gegen das Banale und einen schlechten Lebensstil bietet.

35 KM SÜDÖSTLICH VON URBINO

Il Daino

Hotelrestaurant
Via Roma, 19
Tel. (+39) 07 21 / 78 61 01,
(+39) 338 / 775 75 18
Ruhetag: Montag, außer im Juli und August
Ferien: zeitweise im Oktober
120 Plätze
Preise: 30 €
Alle Kreditkarten; BM
Mittags und abends geöffnet

Capretto arrosto (Braten vom Zicklein) oder sogar **Fegatini di maiale alla griglia** essen zu können, ist eine Seltenheit geworden – hier jedoch werden diese Speisen häufig serviert. Nach einem Ausflug auf den Monte Catria oder einem Besuch der Einsiedelei Fonte Avellana kann man hier, unabhängig von einer Übernachtung im angeschlossenen Hotel, eine ursprüngliche, geschmacksintensive Küche kennenlernen, wie man sie nicht oft findet. Eingangs kalte Antipasti mit gemischtem Aufschnitt aus den Marken, geröstetem Brot mit Tomaten, Insalata di pollo con carciofi e pinoli und dann warme Vorspeisen wie Frittata al tartufo nero, Polpetta di carciofi und Frittella alla casciotta di Urbino. Von Hand gemacht sind **Gnocchi al ragù di anatra**, Ravioli mit Spargel und gehobeltem Pecorinokäse, Tortellini mit oder ohne Brühe, **Tagliatelle ai porcini e pomodoro crudo** und Lasagne bianche (ohne Tomaten). Als Secondo bekommt man neben den oben erwähnten Spezialitäten auch **Faraona in salmì** sowie paniertes, frittiertes oder gebratenes Lamm, Coniglio in porchetta, Tagliata di vitellone und außerdem Steaks, Rouladen, Salsiccia, dazu immer eine Beilage wie Patate arrosto, Salat und in der Pfanne gewürztes oder gratiniertes Gemüse. Brot und das Fladenbrot Crescia sind hausgemacht wie auch die Dolci, darunter Semifreddo alla polvere di amaretti oder alla granella con nocciole tostate, außerdem die jeweiligen traditionellen Süßspeisen der Festtage. Die gepflegte, übersichtliche Weinkarte wird alljährlich nach der Weinmesse Vinitaly erneuert. Das Preis-Leistungs-Verhältnis ist nahezu überraschend.

Das biologische Getreide (Dinkel, Gerste und Weizen) der Fattoria Montesecco in **Pergola** (12 km), Ortsteil Montesecco 149, wird unverarbeitet oder in Form von Mehl und Teigwaren verkauft.

40 KM NORDÖSTL. V. ASCOLI PICENO, S.S. 16 OD. A 14

Don Diego

Restaurant
Via Lungomare De Gasperi,
Consessione 25
Tel. (+39) 07 35 / 58 82 57
Kein Ruhetag
Ferien: November–März
40 Plätze
Preise: 30–35 €
Alle Kreditkarten; BM
Mittags und abends geöffnet

Die überaus frische, wirklich gelungene Verbindung zwischen Kräutern und dem Fisch des Tages macht die Anziehungskraft dieses Chalet-Restaurants an der Strandpromenade von Grottammare aus. Beliebt bei allen, die Wert auf Details legen: Statt **Spaghetti alle vongole ed erba cipollina** (9 €) kann man auch jene mit Miesmuscheln und Thymian wählen, den **Mezze maniche** mit Meerzikaden und Salbeiblättern wird mancher Spaghetti al nero di seppia oder **con le vecchie** (mit lokalen Krebsen) vorziehen. In keinem Fall sind die Kombinationen zufällig und die über 70 Kräutersorten im mit Umsicht und Geduld zusammengestellten Herbarium von Inhaber Giuseppe De Santis (Zio Peppe), aus dem seine Frau Cinzia schöpft, garantieren eine angenehm mediterrane Note bei **Seppie e fave al finocchietto** (7 €), Ricciola avvolta in foglie di pepe (in Pfefferblätter gewickelte Bernsteinmakrele), Alici marinate alla pimpinella und Aspic di polpo (eine Meeresversion der Galantine). Auf der Speisekarte gibt es Antipasto-Versionen mit drei, fünf oder sieben Kostproben zu 15, 20 oder 25 € und unter den Secondi eine nie banale **Frittura adriatica** für 15 €. Wenn Sie Plattfisch, Sanktpetersfisch oder mit der Angel gefangene Meerbrasse wählen, wird die Rechnung unvermeidbar steigen, aber es gibt immer verschiedene Menüs für 25, 30 und 40 €. Wir empfehlen, an einem Wochentag zu kommen, sowohl wegen des Angebots als auch der Servicezeiten wegen, die an Wochenenden im Hochsommer etwas länger ausfallen. Desserts ebenfalls im Zeichen der Kräuter mit deliziösen Sorbets und Eis mit Minze oder Pistazie. Im Weinkeller finden die lokalen Weißweine einen angemessenen Platz, vor allem die autochthonen Sorten Pecorino und Passerina. Die nativen Olivenöle extra stammen ebenfalls aus der Provinz von Ascoli Piceno.

Antonietta

Trattoria
Via Garibaldi, 19
Tel. (+39) 07 31 / 20 71 73
Ruhetag: Sonntag
Ferien: 3 Wochen im August
45 Plätze
Preise: 25 €
Kreditkarten: CS, MC, Visa; BM
Mittags geöffnet, Freitag und Samstag auch abends

Antonietta gibt es nicht mehr – heute ist es an Roberta Castaldi, einer jungen Frau aus Jesi, diese hundertjährige Trattoria in nur ein paar Metern Entfernung von der Porta Garibaldi, einem der Eingänge in die wunderbare Altstadt, zu führen. Roberta ist auf Nummer sicher gegangen und hat auf die Einfachheit der Gerichte gesetzt und auf Spezialitäten aus der Tradition von Jesi und Ancona. In zwei kleinen Sälen mit gemütlicher, schlichter Einrichtung sieht die schlanke, mündlich vorgetragene Tageskarte immer hausgemachte Teigwaren sowie eine Bandbreite an Gemüse der Saison vor. Freitags bekommt man gegen Vorbestellung Polenta oder Tagliatelle con stoccafisso (10 €) sowie **Stoccafisso in umido** (15 €). Normalerweise sind keine Antipasti vorgesehen, auch wenn Sie manchmal ein Brett mit Salumi und Käse mit dem Fladenbrot Crescia aus Polenta sowie Bruschetta (13 €) finden können, das ebenso als Secondo fungiert. Unter den Primi sind Zuppe und ausgezeichnete getrocknete Pasta: Vellutata di porri e patate con crostini, **mit Fleisch gefüllte Cannelloni**, Cappelletti in brodo, **Tagliatelle** al ragù tradizionale oder al **ragù bianco di coniglio** (Kaninchensauce ohne Tomaten, 7 €) und nicht zuletzt Rigatoni all'amatriciana. Fleisch bildet die Basis von Secondi wie **Coniglio alla cacciatora** (12 €), Kalbsbraten, gemischter Grillteller und Bistecca di manzo. Dazu Beilagen aus **Erbe di campo strascinate** (in der Pfanne gewürztes Wildgemüse) oder mit Rosmarin gewürzter Wirsing (4 €). Und als Abschluss Crostata mit Konfitüre (5 €). Der Hauswein, ein Verdicchio, ist annehmbar, aber in der kleinen, gut sortierten Weinkarte finden Sie gute lokale Flaschenweine zu gemäßigten Preisen. Eine lobende Erwähnung verdient der freundliche und rasche Service.

Osteria dei Fiori

Trattoria
Via Lauro Rossi, 61
Tel. (+39) 07 33 / 26 01 42
Ruhetag: Sonntag
Ferien: Weihnachten–Neujahr
30 Plätze + 20 Plätze im Freien
Preise: 30 €
Alle Kreditkarten; BM
Mittags und abends geöffnet

Die lange Treppe, die Plätze im Freien und das hübsche Gässchen in der Altstadt von Macerata tragen das Ihre zum Reiz dieser angenehmen Osteria bei. Seit den 1980er-Jahren bemühen sich die Geschwister Carducci unermüdlich, eine gute Küche aus lokalen Produkten und Rezepten anzubieten. Iginia, die älteste der drei, ist die Seele der Küche, während sich Paolo und Letizia auf zurückhaltende und aufmerksame Weise um die Gäste kümmern. Beginnen können Sie mit **Panzanella alla maceratese con mentuccia e ciauscolo** (6 €), dem Fladenbrot Crescia aus Dinkelmehl mit Salumi aus den Marken, **Crostone all'olio di mignola con cicoria, ceci e ciauscolo**, Pecorino dei Monti Sibillini alla griglia und dazu frischem Salat. Bei den Primi werden Sie den traditionellen **Vincisgrassi alla maceratese** (8 €) in ihrer ursprünglichen Version „in bianco", also ohne Tomaten, nicht widerstehen können. Oder Sie wählen **Tagliulì pelusi** con sugo finto, ceci e guanciale. Auch Tagliatelle al ragù bianco di anatra e verdure al timo und Spaghetti mit frischen Tomaten, Dicken Bohnen und Basilikum sind eine Kostprobe wert. Ausschließlich lokales Fleisch wird für die Secondi verwendet: **Coniglio in porchetta al finocchio selvatico** (14 €), Bocconcini di agnello in fricassea con carciofi, Filetto di maiale con riduzione di vino cotto und Tagliata di vitello alla griglia con sale grosso e rosmarino (14 €). Dazu immer frisches Landgemüse. Hausgemachte Dolci: Semifreddo al caffè con mistrà Varnelli, Neve nel bicchiere con la sapa (eingekochtem Most), Kekse, Savarin al rum con macedonia di frutta fresca. Die Weinkarte ist im Wesentlichen auf die Umgebung konzentriert, die Preise sind korrekt.

MAGLIANO DI TENNA

16 KM WESTL. V. FERMO, 62 KM V. ASCOLI PICENO

Osteria dell'Arco

Moderne Osteria
Piazza Gramsci, 27
Tel. (+39) 07 34 / 63 16 30
Ruhetag: Mittwoch
Ferien: unterschiedlich
35 Plätze + 30 Plätze im Freien
Preise: 35 €
Alle Kreditkarten; BM
Mittags und abends geöffnet, im Sommer abends, vor und an Feiertagen auch mittags

Der Uhrturm des alten Rathauses von Magliano kann als Orientierungspunkt für die Osteria auf der Piazza des kleinen Dorfes gelten. Tiziano Natali und seine Frau Natalyia Hayrish führen sie mit beispielhafter Professionalität. Beginnen Sie in einem der beiden kleinen Speisesäle oder im Sommer auf der Terrasse mit dem schönen Rundblick über das Tenna-Tal mit guten Salumi zu weicher Focaccia (9 €). Weitere Antipasti sind die unwiderstehliche **Galantina di pollo** und Insalata russa (8 €) sowie Kostproben von **Coniglio in porchetta**, Fritto misto und kaltem Rindfleisch mit Höhlenkäse. Anschließend Ravioli ripieni di magro con tartufo, **Maccheroncini di Campofilone al ragù di carne** und Spaghetti mit Steinpilzen (10 €). Im Kamin können Sie den Grill sehen, auf dem Tiziano empfehlenswertes Fleisch gart: **Costolette di agnello a scottadito** mit Bratkartoffeln, Filetto con lardo und Tagliata di scottona, dazu Beilagen der Saison oder Patate arrosto (16 €). Die Dolci (6 €) können mit dem Niveau des restlichen Angebots mithalten, freuen Sie sich daher auf Millefoglie con crema chantilly e fragole, Crema catalana al caffè und Semifreddo alla liquirizia mit heißer Schokolade. Alles andere als banal ist die von dem professionellen Sommelier Tiziano persönlich betreute Weinkarte. Sie enthält eine wertvolle Auswahl an Etiketten aus den Marken und dem übrigen Italien zu korrekten Preisen.

In **Belmonte Piceno** (8 km), im Ortsteil Castellano d'Ete 11, erzeugt der Caseificio Fontegranne Käse aus roher Schaf-, Ziegen- und Kuhmilch.

MONDAVIO
Cavallara

39 KM SÜDÖSTLICH VON URBINO, S.S. 73 BIS

Maria

Trattoria
Ortsteil Cavallara, 2
Tel. (+39) 07 21 / 97 62 20
Ruhetag: Sonntagabend, Montag, im August nur Montag
Ferien: 1 Woche im März, 3 Wochen im Juli
80 Plätze + 20 Plätze im Freien
Preise: 25–35 €
Kreditkarten: CS, MC, Visa
Mittags und abends geöffnet

Bei Maria praktizieren Angela und Elena eine korrekt neu interpretierte Küche mit besonderem Augenmerk auf Zubereitungsart, Kontrast zwischen den Konsistenzen und Farbgestaltung der Gerichte bei Antipasti und Primi. Was die kräftigen Secondi mit Wild, Schwein und Geflügel betrifft, verfolgen die beiden die Linie des Traditionellen. Im Speisesaal berät Sie Gabriele kompetent bei der Auswahl aus einer beschränkten, aber gut aufgebauten Weinkarte mit wirklich korrekten Preisen. Zu Beginn könnten Sie Salumi und Käse probieren, oder Sie entscheiden sich für die breiter gefächerte Degustation der Antipasti (15 €) mit **Polentina con formaggio fuso e porcini**, Carpaccio di maiale con rafano e agrumi, Crema di patate con pancetta croccante e uova sowie Kürbistörtchen mit geschmolzenem Käse. Diese Antipasti können Sie auch einzeln bestellen (7 €). Weiter geht es mit Risotto carnaroli al salmì di fagiano, den aufwendigen „Gianduiotti" (gefüllte grüne Teigwaren mit Zabaione, Parmesan und Gemüse) und **Gnocchi di patate ripieni di salmì di cacciagione**. Zusätzlich zur Karte oder gegen Vorbestellung bekommen Sie mit dem Nudelholz ausgerollte Teigwaren, die mit traditionellen Saucen serviert werden. Unserer Meinung nach sind alle Secondi empfehlenswert, von **Faraona alle olive** (12 €) bis zu **Filetto di maiale ai carciofi** (12 €) und dem einfachen, aber köstlich schmeckenden gegrillten Fleisch (je nach Verfügbarkeit, also haben Sie immer wieder neue Möglichkeiten). Ganz besonders hat uns zum Abschluss Semifreddo alla moretta fanese geschmeckt.

MONDOLFO
Marotta

26 KM SÜDL. V. PESARO, S.S. 16, 60 KM V. URBINO

El Gatt

Restaurant
Lungomare Colombo, 10
Tel. (+39) 07 21 / 96 73 07
Ruhetag: Dienstag
Ferien: Dezember–März
35 Plätze + 30 Plätze im Freien
Preise: 35 €
Alle Kreditkarten; BM
Mittags und abends geöffnet

Nicht auffällig, aber alles andere als anonym ist diese Trattoria in einem Haus am Meer, das ursprünglich von Fischern bewohnt wurde, die vor Jahren begonnen haben, „zu kochen" und Wein anzubieten. Seit 16 Jahren führen nun die jetzigen Inhaber das Lokal. Es besteht aus einem kleinen Speisesaal, in dem die Tische sehr nahe beisammen stehen, der Service ist aufmerksam und sympathisch, wenn auch nicht gerade schnell, denn der Großteil der Gerichte wird frisch zubereitet. Die Portionen sind definitiv üppig. Eingangs eine große Auswahl an Antipasti, darunter Salat mit Tintenfischen oder Oktopus oder auch Alici marinate all'arancia. Die Gesamtheit können Sie probieren, wenn Sie den Antipasto „Mille delizie" (20 €) bestellen, andernfalls wählen Sie aus dem Tagesangebot. Breit gefächertes Angebot an Primi (10 €), von Risotto alla marinara zu Pasta e ceci con le vongole oder **Tagliatelle allo scoglio**. Gut schmeckt die traditionelle ***Rustita***, wie der Grillteller vom Blaufisch (11 €) genannt wird, ebenso verlockend sind Sardoncini a scottadito und **Fritto misto** (11 €) mit den weniger wertvollen, doch umso schmackhafteren Fischen aus der Adria. Nur gegen Vorbestellung und für mindestens zwei Personen haben Sie die Gelegenheit, Guazzetto und Brodetto (32 €) kennenzulernen. Für 40 € können Sie sich an einem kompletten Degustationsmenü, ebenfalls für mindestens zwei Personen, erfreuen. Zum Dessert empfehlen wir **Tiramisù** (4 €). Das Angebot an Weinen beschränkt sich auf einige beachtliche Etiketten von Verdicchio und Bianchello del Metauro sowie ein paar Schaumweine.

MONTALTO DELLE MARCHE
Porchia

32 KM NORDÖSTLICH VON ASCOLI PICENO, S.P. 24

Fattoria Marchetti

Ferienbauernhof
Ortsteil Maliscia di Porchia, 50/1
Tel. (+39) 07 36 / 82 90 01
Ferien: Februar
40 Plätze
Preise: 35 €
Alle Kreditkarten; BM
Freitag und Samstag mittags und abends sowie Sonntag gegen Vorbestellung geöffnet

Zwischen den grünen Hügeln des Val Menocchia, nicht weit von der Provinzhauptstadt Ascoli Piceno entfernt, finden Sie im kleinen Ortsteil Porchia die Fattoria Marchetti, das Resultat eines Projekts des brillanten Unternehmergeistes von Giovanni Lucci und seiner Frau Luigina Marchetti. Der schöne Agriturismo ist 2007 aus der Renovierung eines alten Bauernhauses aus dem 19. Jahrhundert hervorgegangen, die Atmosphäre im kleinen Speisesaal ist gemütlich und heimelig. In der Küche verarbeitet Luigina mit Sorgfalt die ausnahmslos aus dem eigenen Betrieb stammenden Grundzutaten. Das Menü ist feststehend, die Portionen üppig. Man beginnt mit dem Antipasto della Fattoria (8 €) mit Brot, Pizza und Grissini aus dem Holzofen, Pecorino con mostarda, **Frittura di olive all'ascolana e cremini** und einem hervorragenden Primo sale aus Kuhmilch. Unter den Primi sind **handgemachte Ravioli, gefüllt mit Ricotta und Salsiccia** (9 €) oder Maccheroncini di Campofilone mit Fleischsauce von Hoftieren. Geflügel ist der wichtigste Bestandteil der Braten, darunter köstliche **Cosce di pollo** und Schweine- oder Lammbraten mit Gemüse der Saison (13 €). Ausklang mit hausgemachten Dolci, u. a. deliziöse **Zuppa inglese** (5 €) oder eingekochter Most aus eigener Erzeugung mit Cantucci alle mandorle. Der Hauswein ist zufriedenstellend, aber auch eine Weinkarte ist in Arbeit. Eine Reservierung ist zu empfehlen.

29 KM WESTLICH VON ANCONA, 11 KM VON JESI

Dal Mago

Restaurant
Via Morganti, 16
Tel. (+39) 07 31 / 630 39
Ruhetag: Mittwoch
Ferien: 2 Wochen im Januar/Februar
70 Plätze + 40 Plätze im Freien
Preise: 35 €
Alle Kreditkarten; BM
Mittags und abends geöffnet

Raoul Romiti hat den Titel des „Magiers" – der Küche, wohlgemerkt – von seinem Vater geerbt, welcher in den 1950er-Jahren seine Aktivität als Gastwirt in diesem Lokal begonnen hatte. Es befindet sich in der Straße an der hohen Stadtmauer jener Stadt, die für ihren Wein, den Morro d'Alba, bekannt ist, einen nach Veilchen und Teerose duftenden Rotwein. Der Empfang durch den Patron und seinen Sohn Loris steht im Einklang mit der einfachen und zwanglosen Atmosphäre. Es gibt keine geschriebene Speisekarte, mündlich werden die besten Gerichte des Tagesangebots aus der Küche von Raouls Frau Lorena hervorgehoben. Bevor Sie eine Bestellung aufgeben, kommt schon eine ursprüngliche Pizza pasquale al formaggio an den Tisch, dazu Bruschette, die mit ausgezeichnetem nativem Olivenöl extra aus ungemischten Sorten aus den Marken gewürzt werden, eine Besonderheit des Lokals, wie auch die immer vorhandenen Wildgerichte. Wir empfehlen eine Kostprobe der **Frittata al mentastro** (8 €) oder al tartufo nero, andernfalls Salumi (mit dem Messer geschnitten), danach **Pappardelle in bianco con fave, lonza croccante e pecorino 20 mesi** (8 €), Maccheroni alla pecorara, Tagliatelle oder Gnocchi mit Sauce von der Ente oder vom Wild. Hähnchen oder **Kaninchen in potacchio** (18 €), Girello brasato, **Spezzatino di capriolo al pomodoro** (18 €) und Bistecca di marchigiana werden von gratiniertem Gemüse begleitet oder von Fave in porchetta (4 €). Beenden Sie das Menü mit Ciambellone al cioccolato, Crostata mit Konfitüren oder Cantucci und anderem Trockengebäck. Der offene Rotwein ist von guter Qualität, außerdem können Sie aus einer kleinen Karte wählen, die vor allem Verdicchio und Lacrima di Morro d'Alba enthält.

14 KM ÖSTLICH VON MACERATA

Ponterosa

Ferienbauernhof
Ortsteil Montigliano, 14
Tel. (+39) 07 33 / 22 29 54, (+39) 328 / 085 19 08, (+39) 392 / 910 58 10
Ruhetag: Montag–Donnerstag, außer im Sommer
Ferien: zeitweise im Februar und November
25 Plätze • Preise: 33–36 €
Kreditkarten: CS, DC, MC, Visa; BM
Abends geöffnet, Samstag und an Feiertagen auch mittags
♿

Großes Augenmerk auf die Saisonalität der Produkte, biologische Zutaten aus eigener Erzeugung oder von kleinen Herstellern aus der Umgebung und aus fairem Handel – das ist zusammenfassend die Beschreibung des Ponterosa, zu der sich noch die nicht zu unterschätzende Herstellung des guten hausgemachten Sauerteigbrotes gesellt. Der Agriturismo liegt im milden bäuerlichen Hinterland von Macerata, wenige Kilometer von Morrovalle entfernt, in einem alten, schön renovierten Landhaus. Die Tische sind im hübschen Speisesaal mit der Futterkrippe angeordnet, in der nun ein paar jener Flaschen liegen, die auf der gut sortierten Karte neben einigen Bieren aus handwerklichen Betrieben stehen. Die Inhaber Fabrizio und Iolanda sind Mitglieder der Associazione Cuochi di Campagna, der Vereinigung der Landköche, deren Manifest im Lokal ausgestellt ist. Zur Sorgfalt bei der Auswahl kommt natürlich auch die kenntnisreiche Verarbeitung der Zutaten. Hier zeigt sich selbstverständlich das von der Familie und der Umgebung vermittelte traditionelle Wissen, doch hat man auch keine Scheu vor intelligent ausgeführten originellen Kreationen. Von der Speisekarte zitieren wir bei den Antipasti (7 €) die ausgezeichneten Salumi aus dem Fleisch der selbst aufgezogenen Schweine, **Tortino di fave al finocchietto** con toast al formaggio oder Carciofo incartato. Als Primo (9 €) finden Sie im Frühling zum Beispiel **Cannoli di pane ricotta e carciofi** sowie Chitarrina con pecorino profumato, im Winter hingegen **Polenta con salvia e acciuga** (mit Salbei und Sardellen). Bei den Secondi reicht die Bandbreite von **Faraona all'agro** (13 €) bis Stracotto di cinghiale (13 €) und **Agnello con molliche aromatizzate** (Lamm mit gewürzten Brotkrumen, 14 €). Zum Dessert (6 €) empfehlen wir das gute **Semifreddo ai fichi e noci caramellate.**

28 km nö v. Ascoli Piceno, S.P. 1 bis und S.P. 43

Ophis

Moderne Osteria
Corso Serpente Aureo, 54 C
Tel. (+39) 07 36 / 88 99 20
Ruhetag: Montagabend, Dienstag
Ferien: Ende November/Anfang Dezember
40 Plätze
Preise: 25–30 €
Alle Kreditkarten; BM
Mittags und abends geöffnet

Offida ist berühmt für seine Spitzenklöpplerei, bleibt aber auch wegen einer in Italien einzigartigen Piazza mit dreieckiger Anlage in Erinnerung, Schauplatz eines gut besuchten historischen Karnevals. Ganz in der Nähe dieser Piazza befindet sich das Ophis mit einer der für das Dorf typischen Eingangstüren, die auf einen kleinen Innenhof gehen, in dem im Sommer Tische gedeckt werden. Durch diesen Hof gelangt man in die Speisesäle des Restaurants, die in den ehemaligen Stallungen des Palazzo Alessandrini eingerichtet wurden. Die Küche von Chefkoch Daniele Citeroni ist solide und unverfälscht, sowohl was den Einsatz frischer Produkte aus der Umgebung als auch was die Ausführung der Gerichte betrifft. Im Speisesaal begegnen Ihnen Professionalität und Liebenswürdigkeit, auch wenn es um die Auswahl aus der die Umgebung berücksichtigenden Weinkarte geht. Den Beginn macht traditionellerweise die klassische Auswahl an **handwerklich erzeugten lokalen Salumi**, Crostino mit hausgemachter Guanciale (12 €) und ausgezeichneter **Galantina di pollo e giardiniera** oder aber ein Teller mit Käse (15 €), darauf Produkte aus kleinen Betrieben, vielleicht auch Carpaccio di carciofo. Unter den Primi (9 €) finden Sie **Taccù** (unregelmäßige Pastastücke) **con pomodoro fresco e pancetta**, Rigatoni mit Lauch, biologischen Borlotti-Bohnen und knusprig gebratener Guanciale sowie Paccheri di Gragnano mit Höhlenkäse und Pfeffer. Es folgen gemischter Grillteller vom Lamm, Kalb und Schwein (15 €), **Pollo 'ncip 'nciap** sowie Coniglio in porchetta mit in der Pfanne gewürzter Zichorie und gebratenen Kartoffeln. Hausgemachte Dolci wie Zuppa inglese, hier unter dem Namen Coppetta 3-6-9, was auf die Dosierung der Zutaten zurückzuführen ist.

27 km südwestl. v. Fermo, 45 km v. Ascoli Piceno

I Piceni

Restaurant mit Übernachtungsmöglichkeit
Piazza Savini, 1
Tel. (+39) 07 34 / 77 80 00
Ruhetag: Dienstag
Ferien: letzten 2 Januarwochen
35 Plätze + 30 Plätze im Freien
Preise: 33 €
Alle Kreditkarten
Abends geöffnet, Samstag und an Feiertagen auch mittags

„Stoccafisso e baccalà, tutta robba da villà" lautet ein Spruch aus den Marken, der daran erinnert, dass der konservierte Kabeljau als Essen für arme Leute und für Bauern galt, das im Landesinneren der Region vor allem in der Fastenzeit und an Fasttagen verzehrt wurde. In diesem Restaurant im mittleren Valdaso nimmt man diese Tradition wieder auf. Giampiero Giammarini vertraut bei der Reihe der Gerichte mit Baccalà zu Recht auf die Intelligenz seiner persönlichen Gestaltung: Der Antipasto Millefoglie di patate e baccalà wird mit einer Sauce aus karamellisierten Zwiebeln serviert und **Lasagnetta in bianco con verdure** (8 €) ist ebenso ausgewogen wie Baccalà in tegame con porri, carciofi e ceci. Natürlich ist die eigentliche Linie des Restaurants vor allem auf Fleisch aufgebaut und die Gerichte hängen von den Jahreszeiten ab, wobei den Erzeugnissen vom Land besonderes Augenmerk gilt. Außerdem bekommen Sie, vor allem im Sommer, ein paar Fischgerichte. Beginnen können Sie mit dem Antipasto I Piceni (10 €), der gehaltvolle Kostproben von **Coniglio in porchetta**, kaltem mit Lorbeer geräuchertem Rindfleisch mit Höhlenpecorino und ausgezeichneten Salumi umfasst. Unter den Primi (8 €) **Maccheroncini di Campofilone al ragù tradizionale und** Ravioli di anatra con tartufo nero. Als Secondi (15 €) gibt es **Piccione grigliato con cime di rapa** (gegrilltes Täubchen mit Rübensprossen), Agnello scottadito con le erbette, Maialino croccante con cavolfiore und ein Brett mit Käse, begleitet von Konfitüren (10 €). Zum Abschluss **Fagottino di mele rosa dei monti Sibillini con gelato alla cannella** (6 €). Die große Auswahl an Weinen beinhaltet vor allem Produkte aus den Marken, einen großen Stellenwert genießen die Erzeuger aus dem Gebiet um Ascoli Piceno.

17 km sö. v. Fermo, 50 km v. Ascoli Piceno, Ausf. A 14

Pennesi

Trattoria
Via Battisti, 50
Tel. (+39) 07 34 / 93 13 82
Ruhetag: Sonntagabend, Montag
Ferien: unterschiedlich
35 Plätze + 35 Plätze im Freien
Preise: 25–30 €
Alle Kreditkarten
Mittags und abends geöffnet

Eine Spezialität dieses bescheidenen, zuverlässigen und familiären Lokals im Zentrum von Pedaso (dennoch nur wenige Meter von der Autobahnausfahrt entfernt) ist die originelle **Parmigiana di melanzane con sugo di pesce** (Auberginenauflauf mit Fischsauce), die Signora Albina Mattetti regelmäßig und natürlich nur wenn es die Verfügbarkeit der Zutaten erlaubt, auf die Karte setzt und um die von den Liebhabern ein wahrer, durchaus gerechtfertigter Kult betrieben wird. Zwei kleine Speisesäle, einer davon ruhiger, sowie eine Veranda für die wärmere Jahreszeit bieten eine begrenzte Anzahl an Plätzen, die überwiegend von Stammgästen, aber vor allem im Sommer auch von überzeugten Fans gerne besetzt werden. Signora Albinas Sohn Mario betreut den Service und berät auch bei der Weinauswahl. Die Anzahl an Flaschen ist nicht extrem groß, doch beim Einkauf wurden sowohl Preis als auch Qualität berücksichtigt. Die komplette Reihe an Antipasti (16 €) gliedert sich in eine kalte Abteilung (mit Orange marinierte Seebarben, Scampetti, Insalata di mare, **Mammelle di seppie**, Crostino mit der köstlichen Leber des Anglerfisches sowie Makrele) und warme Speisen (Alici scottadito, **Zuppetta di cozze e vongole**, kleiner Lachs-Brokkoli-Auflauf und Parmigiana di pesce). Es folgen **Spaghetti mit frischen Sardellen** oder mit Sardinen, Rosinen und Pinienkernen (8 €), alternativ Venusmuscheln. Außerdem Chitarrine con calamaretti, Maccheroncini di Campofilone con scampi und Mezze maniche allo scoglio. Danach **Fritture** (12 bis 14 €), Grigliata mista, **Coda di rospo in potacchio**, Guazzetto misto (mit wenigen Tomaten und kurzer Schmorzeit). Ein paar hausgemachte Desserts stehen für den süßen Abschluss bereit.

17 km südöstl. v. Fermo, 50 km v. Ascoli Piceno

Tilt 2

NEU

Trattoria
Via Dante Alighieri, 13
Tel. (+39) 07 34 / 93 19 16,
(+39) 380 / 790 82 10
Kein Ruhetag
Ferien: unterschiedlich
30 Plätze
Preise: 15–25 €
Kreditkarten: CS, MC, Visa; BM
Mittags geöffnet, am Wochenende auch abends

Der Name des Lokals, der an Comics erinnert, hat uns neugierig gemacht und wir haben auf den Rat von Freunden vertraut, die immer darüber informiert sind, welche Restaurants man gerade besuchen muss. Also haben wir diesen Gasthof im Zentrum von Pedaso, direkt hinter der Kirche, aufgesucht. Links neben der unscheinbaren Bar haben wir den bescheidenen und „alltäglichen" kleinen Speisesaal betreten, in dem sich sechs oder sieben Tische befinden, eine Anrichte und ein Backtrog, die nicht nur dekorativ sind, sondern auch die nötigen Utensilien enthalten. Die Zusammenstellung der Gäste – Arbeiter, Stammgäste, ein paar Engländer auf der Durchreise sowie das gesamte Team eines Büros aus der Umgebung – hat den Eindruck bestätigt, dass es sich um eine echte Trattoria handelt. Bei den Tagesgerichten haben wir vertrauenerweckende Speisen wie Minestrone wahrgenommen, „Steak, wenn Sie wollen", „heute **Polpette**" (sowohl mit Fleisch als auch mit Fisch) und daneben andere, ebenso häuslich angehauchte Angebote, vor allem vom Meer: **Calamari ripieni** (7 €), Alici marinate, Antipasto di mare (kalt oder warm für 10 bzw. 12 oder 20 € die ganze Sammlung), **Maltagliati con sugo di pesce** (8 €), Paccheri allo scoglio, Spaghetti alle vongole, Spiedini di calamari e gamberi, **Frittura mista** (7 €) und Grigliata di pesce. Letztere, gemeinsam mit gekochtem Gemüse der Saison serviert, ist nie standardisiert, sondern hängt vom lokalen Fischfang des Tages ab und ist preislich eindeutig günstig. Zur Begleitung der Speisen gibt es einen offenen Hauswein, aber auch einige gute Etiketten.

Taverna Zongo

Moderne Osteria
Via Zongo, 15
Tel. (+39) 07 21 / 670 42,
(+39) 347 / 750 52 42
Ruhetag: Mittwoch, außer im Sommer
Keine Ferien
20 Plätze + 20 Plätze im Freien
Preise: 20–25 €
Alle Kreditkarten; BM
Mittags und abends geöffnet

In Pesaro und Umgebung gibt es ein unbestritten volkstümliches Rezept, das wirklich alle kennen, und das ist ***Rostita*** – die sich von dem gleichnamigen für Rimini typischen Grillteller unterscheidet. Die Taverna Zongo, ein paar Schritte von der Piazza del Popolo entfernt (die älteren Bewohner von Pesaro erinnern sich noch an die hier einst befindliche Osteria del Ferro), bietet eine originalgetreue Version zu einem überzeugenden Preis (14 €). Man macht sie aus Fisch mit weißem Fleisch, aber auch aus Sardellen, Sardinen, kleinen Makrelen, Meerbarben, Meerbrassen, kleinem Kabeljau und anderen Fischchen, die im Ofen gegart, mit Zitronensaft beträufelt und dann mit einem Mantel aus mit Kräutern gewürzten Semmelbröseln bedeckt werden, daher auch der Ausdruck „geheimer Braten". Die Spezialität dieser gemütlichen Osteria mit freundschaftlicher Atmosphäre, die Fabrizio Tartaglia (Enci) und seine Frau Sabrina Pecchia führen, wird flankiert von einfachen Angeboten wie **Caserecce con sarde, pinoli, uvetta**, Rigatoni fave e pecorino, Ravioli mit Höhlenkäse oder Fischsauce, mit Fleischsauce ohne Tomaten oder mit Steinpilzen, Penne aus Dinkelmehl mit Auberginen und gereifter Ricotta und **Tagliatelle con ragù di vitellone marchigiano** (8 €). Bei den Secondi finden Sie Coniglio in porchetta (10 €), **Pollo al limone** oder al rosmarino (9 €), dazu immer Gemüse der Saison (4 €), frisch und – wie auch alle anderen Zutaten – mit Sorgfalt bei biologischen Erzeugern ausgewählt. Günstige Preise haben die einfacheren Gerichte, die für eine jugendliche Kundschaft gedacht sind (es gibt auch gratis WLAN), wie Olive all'ascolana, Crostini misti, Bruschette, Salumi und Käse. Zum Abschluss Crema catalana oder Semifreddo al caffè (3 €). Weinauswahl zwischen ein paar lokalen Etiketten und einem unverfälschten biologischen offenen Wein.

18 KM SÜDL. V. FERMO, 48 KM VON ASCOLI PICENO

Osteria de le Cornacchie

Traditionelle Osteria
Via del Forno, 10
Tel. (+39) 07 34 / 65 87 07,
(+39) 333 / 352 65 23
Ruhetag: Dienstag, außer im Sommer
Ferien: unterschiedlich
35 Plätze + 10 Plätze im Freien
Preise: 23 € (Tagesmenü mit Hauswein)
Alle Kreditkarten; BM
Abends geöffnet, im Winter an Feiertagen mittags

Alle essen gemeinsam um 13 Uhr und um 20.30 Uhr an zwei großen Tischen, an denen sowohl die Gäste aus dem Ort, als auch Touristen sitzen, in einer herzlichen, lebhaften und extrem geselligen Atmosphäre. Das sollten Sie wissen, wenn Sie in dieser schönen Trattoria reservieren, in der Sie im einzigen Speisesaal mit einem großen Kamin und Salumi, die an den Deckenbalken baumeln, einen unverfälschten Einblick in die volkstümliche Küche des Gebiets um Fermo bekommen können. Die über 30-jährige Formel von Sergio Federici, dem gutmütig raubeinigen Wirt, der nur auf den Wein im Krug vertraut, lautet: feststehendes Menü, in dem sich das Einfache und das Ursprüngliche verbinden und das im reichhaltigen Angebot an Antipasti seine Stärke zeigt. Aus der Küche kommt eingangs ein Brett mit Ciauscolo, Salsicce und Coppa di testa zum Aufschneiden, Prosciutto, Lonza und Käse aus Kuhmilch, dann **Trippa col mentastro** (Kutteln mit wilder Minze), Fagioli in umido con gambuccio (geschmorte Bohnen mit Schinkenbein), **Funghi con uova strapazzate**, **Alici marinate con cipolla rossa**, Erba di campo in padella und in der entsprechenden Jahreszeit Lumache in umido (geschmorte Schnecken) sowie Fave *'ngrecce*. Als Primo folgt auf ein Brett gestrichene **Polenta**, bedeckt mit **Sugo di costarelle di maiale**. Das Secondo ist ein **frisch geschnittener Stinco di vitello** mit Kartoffeln aus dem Ofen. Zum guten hausgemachten **Ciambellone** passt ein Schluck des Likörs Mistrà aus eigener Erzeugung, in klassischer Version oder aus Wacholderbeeren. Auf die großzügigen Portionen sollte ein schöner Spaziergang in den Gassen des mittelalterlichen Ortskerns folgen.

In **Monte Vidon Combatte** (4 km) bietet die Fleischerei Passamonti, Via Leopardi 12, Ciauscolo, Würste aus Leber sowie Lonza an.

PIANDIMELETO

38 km östlich von Urbino

Le Contrade

Trattoria-Pizzeria
Via IV Novembre, 37
Tel. (+39) 07 22 / 72 17 97
Ruhetag: Montag
Ferien: zeitweise im Juni/Juli
50 Plätze
Preise: 35 €
Alle Kreditkarten; BM
Mittags und abends geöffnet

Trüffeln und Pilze, soviel man will, ohne dafür einen Kredit aufnehmen zu müssen, das ist ein guter Grund, diesem einfachen, einladenden Lokal einen Besuch abzustatten. Und rechtfertigt auch den Weg, den Sie in Kauf nehmen müssen, um die Osteria am Ortseingang dieses Dorfes im Apennin der Marken nahe der Provinz Arezzo zu erreichen. In seiner Präsentation preist Marcello Rivi die Gerichte, die seine Frau Norina zubereitet und die oft einen toskanischen Akzent tragen. Der weiße Trüffel, den sie bevorzugt einsetzt, wird so gut konserviert, dass man ihn auch nach der Sammelzeit bekommen kann. Sie können zwischen der kleinen Trüffelverkostung (18 €) und der großen mit sieben Kostproben wählen oder à la carte bestellen und mit dem Antipasto „del toscano" oder „dell'aretino" beginnen und mit Zuppa di fagioli fortsetzen, mit Strozzapreti pomodoro e mozzarella, mit Tagliatelle, Ravioli oder Gnocchi al ragù di carne (6 €), **Matassina di farro cacio e pepe** oder **handgemachten Cappelletti mit Fleischsauce und Milchcreme** (8 €). Noch einmal Trüffel für **Filetto di vitello glassato al midollo di ossobuco** (18 €), alternativ Stinco di maiale al forno (9 €), Tagliata di vitellone ai funghi porcini, Filet mit Steinpilzkappen (17 €) oder Fiorentina. Unter den Desserts ragen Neve di Carpegna (ein Milchcremeeis mit heißen Waldbeeren) hervor, Cagliata di crema all'arancia amara und Soufflé di cioccolato con cuore caldo. Die Weine auf der Karte stammen überwiegend aus den Marken und der Toskana.

PORTO RECANATI

30 km nördöstl. v. Macerata, 18 km v. Ancona

Il Diavolo del Brodetto

Restaurant
Via Emilio Gardini, 10
Tel. (+39) 071 / 979 92 51
Ruhetag: Sonntagabend, Montag
Ferien: 15. Oktober–15. November
40 Plätze
Preise: 38–40 €
Kreditkarten: CS, MC, Visa; BM
Mittags und abends geöffnet, im Winter nur mittags, Freitag und Samstag auch abends

Wenn Sie an einem Tisch in der Veranda oder im Speisesaal dieser kleinen Trattoria an der Strandpromenade sitzen, werden Sie den Eindruck haben, zu Gast im Haus der Familie Giri zu sein. Heute sind es die Geschwister Giuseppe und Piera, die an der Spitze des traditionsreichen Familienbetriebs stehen: Er kümmert sich am Herd um die gewissenhafte Zubereitung des Fisches, sie betreut angenehm informell die Gäste und stellt ihnen die Tagesgerichte vor. Das Angebot aus der Küche ist nie allzu groß und es wird nur frischer Fisch verwendet, daher hängt die Speisekarte von der Marktlage ab. Der Ruhm des Lokals liegt in zwei traditionellen Speisen begründet, die man als Hauptgerichte bezeichnen kann: **Brodetto alla portorecanatese** (30 €), ein wenig mit Tomaten gefärbt und mit auch unbekannten Fischsorten, und **Grigliata di pesce** (30 €), deren tadellose Zubereitung die Qualität der Fische unterstreicht. Alternativ gibt es bei den Secondi eine ausgezeichnete Frittura di paranza (20 €). Sie können Ihr Menü auch um einige der Antipasti und Primi des Tages erweitern. Wir empfehlen Alici marinate in casa (5 €) – manchmal erfordert leicht stechendes Essigaroma Nachsicht –, **Sauté di moscioli di Portonovo** (10 €), Insalatina di mare (7 €) und in der richtigen Saison Raguse in porchetta. Unter den Primi die schmackhaften **Spaghetti alle vongole nostrane** (13 €) oder Tagliatelle allo scoglio (gemischte Krustentiere und Muscheln). Das Essen begleiten neben einem hervorragenden offenen Wein einige lokale Etiketten. Eine Reservierung wird empfohlen, auch für den Brodetto.

In **Numana** (10 km) verkauft die Enoteca Azzurra handwerkliche Erzeugnisse aus den Marken. Neben einer breiten Auswahl an Weinen bekommen Sie Salumi, Käse, Öl, Honig und Konfitüren.

PORTO SAN GIORGIO

7 KM ÖSTLICH VON FERMO

Lorè

NEU

Trattoria
Via Giordano Bruno, 271
Tel. (+39) 07 34 / 67 38 70,
(+39) 338 / 375 84 33
Ruhetag: Montag, Dienstag, Mittwochabend
Ferien: zeitweise im Januar und September
40 Plätze + 15 Plätze im Freien
Preise: 35 €
Alle Kreditkarten; BM
Mittags und abends geöffnet

Vor über 40 Jahren beschlossen Lorenzo Traini – Lorè genannt – und seine Frau Maria Zazzetta, ihr Leben auf dem Land aufzugeben und einen Weinausschank für die Fischer des Ortes zu eröffnen. Erst schüchtern, dann mit der Sicherheit derjenigen, die ihrer Leidenschaft folgen, hat Maria begonnen, Gerichte zu kochen, die auf dem frischen Fang der Fischer basieren und in denen die Geheimnisse der Küche dieses Teils der Adria einfließen. Und nach wie vor bietet sie mit Hilfe der Tochter Edi, einer perfekten Gastgeberin, Speisen an, die in Erinnerung bleiben. Zusätzlich machen eine interessante Weinkarte, vor allem mit Erzeugnissen aus den Marken, und eine schöne Auswahl an Öl den Aufenthalt wirklich angenehm. Von den Antipasti (Degustation für 19 €) empfehlen wir die deliziösen **Olive ascolane, mit Fisch gefüllt** (6 €), Canocchie bollite con arancia, umwerfende **Bombetti al sugo bianco**, Frittelle di baccalà e uvetta oder Trippa di rana pescatrice (Kutteln vom Anglerfisch). Sehr gut schmecken dann auch hausgemachte Ravioli di pesce und **Spaghetti allo sgombro** (9 €). Die Verfügbarkeit auf dem lokalen Markt bestimmt das Angebot der Gerichte, vor allem was die Fische bei den Secondi betrifft, die Sie alla brace oder frittiert bekommen können. Stets vorhanden sind **Sardoncini scottadito e cipolla** (12 €), der knusprige, goldbraune Fritto di paranza und, um aus vollen Zügen aus der absoluten Qualität der Grundzutaten zu schöpfen, **Bollito di mare con verdure** (18 €). Ebenfalls immer bestellen können Sie verschiedene Gerichte mit Hummer, die natürlich den Preis steigen lassen. Zum Abschluss Semifreddi aus verlässlichen Konditoreien.

POTENZA PICENA

18 KM NORDÖSTLICH VON MACERATA

Osteria del Vicolo

Trattoria
Via Battisti, 1
Tel. (+39) 07 33 / 67 23 40
Ruhetag: Donnerstag
Ferien: 3 Wochen im Juni
35 Plätze
Preise: 25–30 €
Kreditkarten: CS, MC, Visa; BM
Mittags und abends geöffnet

Eine als archetypisch zu bezeichnende Osteria: Das betrifft sowohl die Räumlichkeiten des im Zentrum gelegenen Lokals mit ihren niedrigen Decken und durch Bögen geteilten Zimmern als auch den Stil der Osterien der neuen Generation. Dieser verbürgt Regionalität, Sorgfalt bei der Auswahl von Weinen und Grundzutaten und eine ausgewogene Preisgestaltung mit einem Degustationsmenü. Hier zum Beispiel kostet dieses 25 € (fünf Antipasti, zwei Kostproben vom Primo und ein Dessert) oder 30 €. Brot, Pasta und Konfitüren sind hausgemacht und seit diesem Jahr können Sie auch à la carte wählen (vorzugsweise an Wochentagen). Zum Charme des Ortes Porto Potenza gehört auch die einladende Atmosphäre, in der Osteria spiegelt sie sich im angenehm Verblichenen der Räumlichkeiten. Beginnen können Sie mit Salumi und Käse mit Konfitüre aus grünen Tomaten oder Zwiebeln, mit **Panzanella**, dampfgegarter Ricottina, Äpfeln und Trüffeln, **Baccalà mantecato su polenta al nero di seppia** oder mit Brot mit der Tinte des Tintenfischs und Giardiniera, Frittata con tartufo nero e tortino di funghi und Trippa con pecorino di fossa (Kutteln mit Höhlenkäse). Anschließend Sedanini con pesto al basilico estivo, **Chitarre con guanciale e fagioli borlotti**, Tagliatelle al ragù, Frascarelli al sugo con pecorino di fossa (8 €) und Crespelle (mit Artischocken gefüllte Crêpes). **Coniglio in porchetta**, Brasato al Rosso Conero mit Rettichpüree (13 €), Mailino in crosta con finocchietto e purè di patate, Agnello ai ferri con cicoria oder Lamm aus dem Ofen mit Kartoffeln unter den Secondi. Zum Abschluss drei Kostproben von Desserts wie Crostata, sommerliche Mousse mit Melone oder Wassermelone sowie Zuppa inglese. Bemerkenswerte Auswahl an Weinen, bevorzugt aus den Marken.

RECANATI

20 KM NORDÖSTLICH VON MACERATA, S.P. 571

Osteria di Via Leopardi

Neu gegründete Osteria
Via Leopardi, 7
Tel. (+39) 071 / 757 43 74
Ruhetag: Mittwoch
Ferien: zeitweise im Herbst/Winter
60 Plätze + 30 Plätze im Freien
Preise: 35 €
Alle Kreditkarten; BM
Mittags und abends geöffnet

In dieser Osteria können Sie alles finden, was zum Gelingen des Aufenthalts beiträgt: gepflegte Räumlichkeiten, gute Weine zu korrekten Preisen, die das Beste der Produktion aus den Marken und darüber hinaus vorstellen, und vor allem eine Küche im Zeichen der Umgebung. Und dass sich das Lokal dann auch noch in der Altstadt von Recanati befindet, nur ein paar Schritte von dem Turm entfernt, auf dem der Dichter Giacomo Leopardi seinen „einsamen Sperling" gesehen hatte, wird zu einem nicht zu unterschätzenden Mehrwert. Mauro Mengoni bietet verschiedene Gerichte zu Ehren des Baccalà, immer schon ein Fisch des Landesinneren, darunter Cappuccino di patate e baccalà und **Lunette di baccalà, passatina di ceci e rosette di cavolfiore** (12 €). Zu Beginn Antipasti oder Suppen wie **Guazzetto di cannellini con coniglio e pesto di salvia** (9 €), Involtini di verza con fonduta di patate e gorgonzola (Wirsingrouladen mit Kartoffel-Gorgonzola-Creme) oder Zuppa di lenticchie dei Sibillini con medaglioni di verza e salsicce (9 €). Primi, die Sie unbedingt probieren sollten, sind **Ravioli allo stracotto e bietoline saltate** (10 €) oder Gnocchetti alla maggiorana al ragù bianco d'anatra. Bei den Secondi können Sie ein zartes **Filetto di maiale in padella** mit Spinat, Ei und Parmesancreme (13 €) bestellen, oder aber Piccione della tradizione con guazzetto di funghi e tortino di verze. Wenn Sie keinen großen Appetit haben und nur einen kleinen Imbiss einnehmen wollen, dann fragen Sie nach Tavoletta di salumi del Maceratese (10 €) oder der Käseauswahl (10 €). Als Dessert wählen Sie Apfelstrudel oder Torta bavarese al triplo cioccolato.

RIPATRANSONE

38 KM NORDÖSTLICH VON ASCOLI PICENO

Iervasciò

Ferienbauernhof
Ortsteil San Michele, 18
Tel. (+39) 07 35 / 979 36,
(+39) 333 / 774 24 82
Ferien: zur Weinlese
50 Plätze
Preise: 22–25 € (mit Hauswein)
Kreditkarten: Visa; BM
Freitag und Samstag abends, Sonntag mittags geöffnet

Das schöne Banjo, das über dem Kamin hängt, verrät die musikalische Leidenschaft von Familie Giannetti, welche schon seit jeher diesen Agriturismo inmitten der Landschaft um Ripatransone, nur sieben Kilometer vom Meer und der Abzweigung zur Adriatica-Staatsstraße entfernt, führt. Zutaten aus eigener Erzeugung und der nahezu ausschließliche Gebrauch des Holzofens, um alles von Brot bis Fleisch, von Desserts bis zu Teigwaren zu garen, sind die Angelpunkte der Küche. Massimo hat das Wissen und den behutsamen Umgang mit dem Herd von der Mutter geerbt, während der sympathische bärtige Attilio sich mit Zurückhaltung und Sorgfalt um den Saal kümmert. Vorgesehen ist ein feststehendes Menü je nach Jahreszeit, das mündlich beschrieben und rasch serviert wird. Beginnen können Sie mit ursprünglichen **Salumi**, dann Zichorien und Bohnen, **Fegatini e uova und Olive all'ascolana**. Anschließend **Vincisgrassi bianchi**, ***Taccù*** (hausgemachte unregelmäßige Teigwaren aus Wasser und Mehl) mit Artischocken und Erbsen und schließlich Fleisch aus dem Ofen (Hähnchen, Hammel, Schwein). Zum Abschluss Crostata mit Konfitüre aus Pflaumen mit eingekochtem Wein. Gegen Vorbestellung kocht man auch Baccalà und **Stoccafisso in salsa** alla maniera ripana sowie im Sommer ***Li cuccelò*** (Erdschnecken) und im Winter **Polenta con *'mbignata* di maiale**. In der Osterzeit wird neben Brot auch die köstliche Pizza mit Käse serviert, natürlich aus dem Holzofen. Begleitet werden die Speisen vom offenen Wein aus eigener Erzeugung, aber es gibt auch einige gute Flaschen von Winzern aus der Gegend. Vor oder nach dem Essen sollten Sie der nur fünf Kilometer entfernten Altstadt von Ripatransone, einem geschichtsträchtigen Ort, der stolz auf seine Dichter, Handwerker und Barbiere ist, einen Besuch abstatten.

SAN BENEDETTO DEL TRONTO
Porto d'Ascoli

33 KM ÖSTL. VON ASCOLI PICENO, S.S. 16 OD. A 14

Caserma Guelfa

Moderne Osteria
Via Caserma Guelfa, 5
Tel. (+39) 07 35 / 75 39 00
Ruhetag: Montag
Ferien: während der Fischfangsperre, 1 Woche nach Dreikönig
60 Plätze + 30 Plätze im Freien
Preise: 35–40 €
Alle Kreditkarten
Mittags und abends geöffnet, im Juli nur abends

Einige Spezialitäten des Lokals haben zu Recht Eingang in den kulinarischen Kanon der Einheimischen gefunden. Diesen Kult praktizieren auch Gäste von auswärts, die regelmäßig wiederkehren, um nicht den Geschmack der zuweilen verfügbaren **Triglie marinate**, Spaghetti oder **Paccheri con cozze e pesto di basilico** und Minestra in brodo di pesce zu vergessen. Im Sommer kann man im Innenhof zu Abend essen, dann sind die Tische im Laubengang aufgestellt. Der Speisesaal mit den frei liegenden Ziegelwänden und dem Tonnengewölbe ist Teil eines Zollgebäudes aus dem 16. Jahrhundert, als San Benedetto des Tronto an der Grenze zwischen dem Kirchenstaat und dem Königreich beider Sizilien lag. Heute ist Federico Palestini, ein ehemaliger Fischer mit bemerkenswerter Erfahrung und Kompetenz, Inhaber und Seele des Lokals. Unverzichtbare Hilfe in der Küche bekam er früher von Amelia Scipioni, nun unterstützt ihn ihr Sohn Francesco. Unter den Antipasti Oktopus mit Paprikaschoten und Kartoffeln, Insalata di calamaretti, Crema di patate con gambero fritto sowie Alici salate con cicoria e melecche und **Trippa di rana pescatrice** (5 €). Ein Menü mit kleinerem Angebot für 35 € steht immer zur Verfügung, aber wenn man à la carte wählt oder abseits der Tagesgerichte, kann die Rechnung höher ausfallen, vor allem wenn der Fisch eine gewisse Größe aufweist. Unter den Primi sind Spaghetti con le *cazòle* (mit Fischeiern) oder **Linguine al battuto di coda di rospo** (beide 12 €). Nur gegen Vorbestellung bekommt man **Brodetto di pesce sambenedettese** (25 €), ein Gericht, das ein ganzes Mahl ergibt, oder Fritture, gekochten Sanktpetersfisch mit Gemüse, Rombo al forno con patate und Rospo in potacchio. Semifreddo und Desserts nach Hausfrauenart zum Abschluss. Zu trinken gibt es verschiedene gute Flaschenweine, nicht nur aus den Marken.

SAN BENEDETTO DEL TRONTO

33 KM ÖSTL. VON ASCOLI PICENO, S.S. 16 OD. A 14

Vinicio

Restaurant
Via Colleoni, 40
Tel. (+39) 07 35 / 65 96 32
Ruhetag: Sonntagabend, Montag
Keine Ferien
40 Plätze
Preise: 30–35 €
Kreditkarten: CS, DC, MC, Visa; BM
Mittags und abends geöffnet

Jeden Morgen, bevor sie das Restaurant öffnen, ist es für die Inhaber Domenico und Luca seit nunmehr drei Jahren Usus, auf dem kleinen Fischmarkt einzukaufen. Die Gerichte sind unverfälscht und entsprechen tatsächlich dem jeweiligen Tag, sie haben eine lokale Note und werden doch mit einem Funken Kreativität zubereitet und schön präsentiert. Wir empfehlen immer zu reservieren, vor allem am Wochenende, denn dass das Lokal voll ist (mehr als 40 Plätze können nicht bedient werden), ist eigentlich an der Tagesordnung. Beginnen können Sie mit der vollständigen Serie an Antipasti (25 €), die auch als ganzes Menü bestellt werden kann. Unter den elf Gängen – Calamari gratinati, **Suro menta e limone gratinato in padella**, dampfgegarte Seezunge, lokaler Kabeljau, Salsa verde und karamellisierte Zwiebel, Triglia marinata, Insalata di sgombro, mentuccia, limone e pepe rosa – sind auch roher lokaler Fisch wie gehackte Mazzolina, rosa Garnelen und Hummer. Sie können jedes dieser Gerichte auch einzeln bestellen (5 €). Bei den Primi finden Sie neben den traditionellen, empfehlenswerten **Spaghetti alle vongole dell'Adriatico** Mezze maniche all'amatriciana di mare (10 €) oder allo scoglio. Fortgesetzt wird mit dem Fisch **Mazzolina, geschmort oder in guazzetto** (18 €), mit Scampi e calamari alla griglia, Rombo al forno con patate, Guazzetto dell'Adriatico mit frischen Tomaten oder der traditionellen **Frittura di pesce** (12 €). Die hausgemachten Dolci sind ein Geschenk des Hauses und werden nicht in Rechnung gestellt. Auf der Weinkarte stehen im Wesentlichen Erzeugnisse aus der Umgebung zu korrekten Preisen, die deutlich sichtbar auf den einzelnen Flaschen im Speisesaal angebracht sind.

SANT'ANGELO IN PONTANO

28 KM SÜDLICH VON MACERATA

Da Pippo e Gabriella

Trattoria
Viale L'Immacolata, 33
Tel. (+39) 07 33 / 66 11 20
Ruhetag: Montag
Ferien: 10. Januar–Anfang Februar, 1 Woche im Juni
70 Plätze
Preise: 26–30 €
Kreditkarten: CS, DC, MC, Visa; BM
Mittags und abends geöffnet
♿

Hier haben wir ein gutes Beispiel für eine regional orientierte Gastronomie mit einem einfachen, doch nie banalen Angebot und einer engagierten und zuvorkommenden familiären Führung. Das wird von lokaler Stammkundschaft, von Gelegenheitsgästen sowie von durchreisenden Gourmets honoriert. Sie erreichen das im Erdgeschoss eines Bauernhauses gelegene Lokal über die bezaubernde Panoramastraße von Falerone in der Provinz Fermo Richtung Macerata. Zwei Kilometer vor Sant'Angelo in Pontano betreuen Pippo und sein Sohn Fabio mit spontaner Herzlichkeit die Gäste. Zu Beginn gibt es hervorragende selbst erzeugte Salumi (darunter ein bemerkenswerter **Ciauscolo**) mit süßsaurem oder gegrilltem Gemüse (7 €) oder aber Frittelline und Sottoli. Die Attraktion unter den Primi sind die Teigwaren, die Gabriella von Hand zieht: **Tagliatelle al ragù**, Crespelle di ricotta alla crema di spinaci und **Agnolotti di carne al ragù** oder mit Steinpilzen (8 €). Außerdem im Ofen gratinierte Cannelloni di carne und im Winter **Polenta con sugo di maiale** sowie Polentone (Lasagne aus autochthonem Maismehl). In der Weihnachtszeit sollten Sie Cappelletti in brodo und Galantina di pollo nicht verpassen. Als Secondo wählen Sie Fleisch vom Lamm, Schwein und Rind, das nach der Bestellung auf dem großen einsehbaren Kamin gebraten wird. Das breite Angebot reicht von **Agnello a scottadito** (12 €) bis zu Kalbsrückenstück und Rinderfilet, von Koteletts zu Rippenstücken vom Schwein (7 €) oder Kalbsleber. Dazu immer Gemüse oder dünne, von Hand geschnittene und gebratene Kartoffeln als Beilage. Für Tiramisu, Ciambellone und Zuppa inglese (in Wirklichkeit die köstliche traditionelle **Pizza sbattuta**) sollten Sie Platz frei halten. Gute Weinauswahl mit Flaschen aus den Marken und dem übrigen Italien zu korrekten Preisen.

SENIGALLIA

26 KM NORDWESTL. V. ANCONA, S.S. 16 OD. AUSFAHRT A 14

Cibo e Vino

NEU

Osteria
Via Fagnani, 16–18
Tel. (+39) 071 / 632 06
Ruhetag: Montag
Ferien: unterschiedlich
20 Plätze + 15 Plätze im Freien
Preise: 25–30 €
Keine Kreditkarten
Mittags und abends geöffnet

Ein paar Schritte von der Piazza mit dem Rathaus entfernt sehen Sie im Sommer ein paar Plätze im Freien und dahinter ein Lokal, das sich in das ohnehin bereits bemerkenswerte Panorama an kleinen Lokalen für Wein und Essen in der Altstadt sowie in der Badegegend von Senigallia einreiht. Nur dass wir hier, gleich nachdem wir an einem der vier Tische im Inneren – winzig, aber zweifellos gemütlich und einladend – Platz genommen hatten, eine besondere Sorgfalt und Substanz wahrgenommen haben. Und eine geübte Hand in der Küche, denn die **Minestra di pesce con *bocca in capa*** für 10 € (nur wer mit der lokalen Fischerei vertraut ist, weiß, dass dieser Name den Fisch „Himmelsgucker" bezeichnet), die uns neugierig gemacht hatte, als wir sie auf der Tafel mit der formlosen, aber gut gegliederten Speisekarte sahen, ist ausgezeichnet ausgeführt und schmeckt hervorragend. Als wir wiederkamen, nicht nur, um unserer Arbeit nachzugehen und das Lokal zu beschreiben, haben wir **Tagliolini con sugo di coda di rospo, granseole e seppioline** (10 €) kennen und schätzen gelernt, wie auch Linguine aus unbehandeltem Weizen mit kleinen Sardinen und Pinienkernen zum selben Preis, deliziöse **Seppioline scottate con pane aromatico** (14 €) und Baccalà con pomodoro confit. Von der Tafel mit den Tagesgerichten – ohne Unterscheidung in Primi oder Secondi – wählt man aus, was man möchte, auch ein einfaches und überaus schmackhaftes **Panino allo sgombro** (5 €) ist eine Möglichkeit. Es ist jeweils nur ein Fleischgericht vorhanden, zum Beispiel dünn geschnittenes Fleisch vom Jungstier der Marchigiana-Rasse mit Gemüse. Auf der Weinkarte stehen etwa 30 gut ausgewählte Etiketten, von denen einige die Marken repräsentieren. Die meisten Weine werden auch glasweise ausgeschenkt.

26 KM NORDWESTL. V. ANCONA, S.S. 16 OD. AUSFAHRT A 14

Palazzo Barberini

NEU

Moderne Osteria
Via Mastai Ferretti 17–18
Tel. (+39) 071 / 792 67 03
Ruhetag: Montag
Ferien: unterschiedlich
25 Plätze
Preise: 25–30 €
Kreditkarten: CS, DC, Visa; BM
Mittags und abends geöffnet

Erster Pluspunkt ist das duftende knusprige Brot in verschiedenen Sorten (auch aus Hanf oder Roggen) an bestimmten Wochentagen, das von einem Bio-Erzeuger aus Scapezzano geliefert wird. Das Lokal ist gemütlich, zentral gelegen, hübsch, anspruchslos und doch mit – keineswegs prahlerischem – Augenmerk auf Zutaten bester Qualität, die man oft in der Osteria selbst erwerben kann. Nehmen Sie an einem der acht kleinen Tische im mit viel Holz gestalteten Speisesaal Platz, genießen Sie den Blick aus den Fensterfronten auf die Via Mastai Ferretti und die köstlichen **Paccheri con sugo di campagna** mit Salsiccia oder **Tagliolini** von perfekter Konsistenz **mit Bohnen** (9 €), Vincisgrassi, Ravioli mit Fleischsauce oder freitags ***Cresc' tajat*** (eine eher dicke, unregelmäßige Pasta aus Getreidemehl) **con ceci e mazzancolle** (12 €). Danach ein erfreuliches **Coniglio alle prugne** (12 €), biologisches Hähnchen „wie es der Brauch will" (vor allem am Sonntag), verschiedene, auch vegetarische Angebote wie Seitan mit Saisongemüse oder veganer Hamburger aus Mangold und Kartoffeln. Die Portionen sind großzügig und einige Gerichte, sowohl vom Fleisch als auch vom Fisch, mit Gemüse und Hülsenfrüchten als Beilage, dürfen durchaus als komplette Hauptgerichte betrachtet werden. Crostata con crema chantilly e fragole oder mit Schokolade und Brombeeren und hervorragende Kekse vervollständigen das Angebot. Die mit Umsicht getroffene Weinauswahl ist auf die Speisen abgestimmt.

SENIGALLIA

26 KM NORDWESTL. V. ANCONA, S.S. 16 OD. AUSFAHRT A 14

Rimante

Osteria
Via Pisacane, 59
Tel. (+39) 071 / 792 93 84
Ruhetag: Mittwoch
Ferien: 2 Wochen im Mai/Juni, Ende September
40 Plätze + 25 Plätze im Freien
Preise: 30–35 €
Alle Kreditkarten; BM
Abends geöffnet

Es ist eine am Landesinneren orientierte Küche, die Cesare De Rocco in seinem Lokal in der Via Pisacane – einer kleinen Fußgängerzone entlang des Theaters La Fenice –, bietet, in einer Stadt wie Senigallia, die sich immer mehr als ein Ort des guten Essens bestätigt. In den kleinen Speisesälen und im Sommer an den Tischen auf der Straße gegenüber dem Lokal werden Traditionsgerichte serviert, zubereitet mit einigen einfachen und sinnvollen Erneuerungen von Köchin Giuseppina Ciarloni mithilfe von Paola Longarini. Eingangs probieren Sie das ausgezeichnete hausgemachte Brot, dann wählen Sie beim Antipasto zwischen Carne marinata al sale in salsa di agrumi, **Millefoglie di melanzane**, Coniglio in porchetta con sformato di spinaci, lokalem Prosciutto, Büffelricotta u. a. **Mit dem Nudelholz ausgerollte Tagliatelle mit Fleischsauce**, Passatelli alla crema di ortiche e casciotta (mit Brennnesselcreme und Käse), Gnocchi con salsiccia, porri e pomodorini oder Menestrelle al radicchio e pecorino di fossa sind einige der Primi. Im Sommer sollten Sie **Filetto di maiale con ciliegie e Vernaccia di Serrapetrona** nicht verpassen, aber auch Oca al forno con patate oder **Fritto tradizionale** mit Fleisch, Cremino-Käse, Olive all'ascolana, Mozzarella in carrozza und knusprig frittiertem Gemüse sind verführerisch. Immer vorhanden sind gute Beilagen der Saison wie Mangold mit Zitrone und in der Pfanne gewürzte grüne Bohnen neben Salat mit Radicchio oder Rosmarin-Kartoffeln. Zuppa inglese oder **Moretta** – das typische Getränk der Fischer aus Fano gibt es hier als Süßspeise – zum Ausklang. Weine vor allem, aber nicht nur aus den Marken mit einigen interessanten glasweise ausgeschenkten Angeboten.

Neben dem Lokal finden Sie Ser Caramello, Simonetta De Roccos herrlichen Teesalon mit Konditorei.

SERRA DE' CONTI

52 KM W. V. ANCONA, 29 KM V. SENIGALLIA, S.S. 360

Coquus Fornacis

Restaurant
Via Fornace, 7
Tel. (+39) 07 31 / 87 80 96
Ferien: 1 Woche im Januar
60 Plätze + 20 Plätze im Freien
Preise: 30 €
Kreditkarten: AE, CS, MC, Visa; BM
Freitag–Sonntag, vor und an Feiertagen mittags und abends geöffnet

Der Schornstein und der kreisförmige Laubengang um die einstige, heute auf bewundernswerte Weise neu instand gesetzte Ziegelbrennerei und dann die unverzichtbare **Zuppa di cicerchia di Serra de' Conti in pagnotta** (Spalterbsensuppe im Brotlaib, 7 €) sind die besonderen Merkmale dieses schönen Restaurants. Marco Giacomelli erläutert die Herkunft aller Zutaten, die auf der Speisekarte, den Jahreszeiten entsprechend, erscheinen. Man beginnt zum Beispiel mit Antipasti wie **Capriccio di coppa di testa con finocchio e arancio** (5 €) oder mit Fritto del Coquus und geht dann über zu **Mezze maniche con lardo su crema di ceci**, Passatelli asciutti con carciofi, **Tagliatelle al sugo *de'na volta*** (8 €) oder zu Risotto Grumolo delle Abbadesse con tartufo bianchetto (10 €). Ebenso große Auswahl bei den Secondi mit Fleisch: Coniglio in porchetta, **Agnello in casseruola con erbe e pomodoro** (13 €), Stracci di cappello da prete (Streifen vom Schulterstück) al Rosso Conero sowie Filetto di vitello alla mela rosa dei Sibillini. Wir raten Ihnen, ein wenig Platz zu lassen, um nicht auf die gute Mousse al Varnelli con salsa al caffè verzichten zu müssen. Als Dessert gibt es überdies Tortino di cioccolato caldo con salsa di rum, Millefoglie di mandorle con mascarpone e ananas oder Semifreddo all'arancia con salsa al cioccolato (6 €). Oft kann man auch guten Fisch essen. Auf der Weinkarte wird neben anderen Etiketten aus den Marken Verdicchio bevorzugt, die Preise sind moderat.

»*Ein schönes Beispiel für die Wiederbelebung alter Industriearchitektur. Eine Küche, die bestens in der Lage ist, den Geschmack der Umgebung zu verarbeiten, ein professioneller, herzlicher Service und ausgewogene Preise.*«

SERRAPETRONA
Borgiano

30 KM SÜDWESTLICH VON MACERATA, S.S. 77

Osteria dei Borgia

Traditionelle Osteria
Via Cameraldo, 3
Tel. (+39) 07 33 / 90 51 31
Ruhetag: Montag, im Winter auch Dienstag
Ferien: letzte Juni-, erste Juliwoche
60 Plätze + 50 Plätze im Freien
Preise: 30 €
Kreditkarten: CS, MC, Visa; BM
Abends geöffnet, Sonntag ab 16.30 Uhr

In der Erinnerung an frühere schmackhafte Kostproben haben wir in der Pfanne gewürztes Wildgemüse verlangt, aber wir bekamen zur Antwort, dass die Köchin beschlossen habe, es nicht mehr zuzubereiten, da die Saison vorüber sei: „Die Triebe sind schon anderthalb Meter hoch und hart, jetzt gibt es anderes Gemüse." Denn es ist die Saisonalität, die in dieser sympathischen Trattoria in einem Ortsteil von Serrapetrona, wo Vernaccia angebaut wird, in der Mitte zwischen den fruchtbaren Feldern um Macerata und dem Apennin, den Ton angibt. Die Jahreszeiten bestimmen das Angebot so stark, dass es auch keine geschriebene Speisekarte gibt, da die Gerichte ständig wechseln. Als wir zu Gast waren, konnten wir Tris di antipasti (16 €) probieren, der Dreiervorschlag bestand aus einem Salat mit frischen Dicken Bohnen und Mousse di pecorino dolce, **Sformatino di asparagi, zenzero e fonduta di pecorino** sowie Polentina aus Dinkelmehl zu Rippenstücken mit Wildfenchel. Danach Tagliatelle al ragù bianco sfumato alla Vernaccia, **Tortelloni di ricotta con asparagi, piselli e carciofi** (7,50 €) und als Secondo ein zartes **Ferkel aus dem Ofen mit Bratkartoffeln** (10 €). Als Alternative oder im Anschluss ein reichhaltiger Teller mit bestem **Käse**. Wählen Sie als Dessert (4,50 €) klassische Zuppa inglese con cioccolato caldo e alla panna cotta oder aber Bavarese all'ananas e fragole, Coppa al Varnelli con cuore di caffè e meringhe, vielleicht auch **Mousse di zabaione al Marsala con croccantino**. Neben dem Vernaccia in all seinen Varianten gibt es auf der Karte vor allem Weine aus den Marken und einige gute Etiketten aus dem übrigen Italien.

In **Tolentino** (7 km) verkauft Tre Mori in der Via Santa Lucia 27 Torrone und Honig und röstet überdies Gerste aus biologischem Anbau.

SERRUNGARINA
Bargni

34 KM SW. V. PESARO, S.S. 16 U. 73 BIS, 35 KM V. URBINO

Da Gustin

Traditionelle Osteria
Via Castello, 27
Tel. (+39) 07 21 / 89 15 17
Kein Ruhetag
Ferien: zeitweise im Winter
15 Plätze + 12 Plätze im Freien
Preise: 30 €
Kreditkarten: CS, MC, Visa; BM
Mittags und abends geöffnet

Wenige Orte verkörpern die Quintessenz der Osteria und auch der Locanda besser als dieses Lokal. Ein abgelegenes Gasthaus auf dem Kamm sanfter Hügel über dem Val Metauro, von wo aus der Blick über das einstige Schlachtfeld im Krieg zwischen Karthagern und Römern reicht, heute ein friedliches Mosaik aus Weingärten, Olivenhainen und Feldern. Um den winzigen Ort Bargni zu erreichen, muss man über Serrungarina hinaus fahren und einen Parkplatz außerhalb des Ortes suchen, da im Zentrum richtigerweise Fahrverbot herrscht. Nach ein paar Schritten kündigt das Schild des Da Gustin ein Refugium an, mit wenigen Tischen nahe dem Tresen, einem Kamin und einer gigantischen Wurstschneidemaschine. Virginio und Catia erläutern Ihnen das Menü, das die Jahreszeit bietet. Wir haben als Antipasti den bemerkenswerten **Crost'uovo al bianchetto** (13 €) und das unverzichtbare Brett mit Käse und lokalen Salumi gekostet, während bei den Primi (10 €) **Tagliatelle al matterello** und **Cresc' tajat al ragout di cinghiale** zu empfehlen sind. Bei den Secondi waren standen **Coniglio alla cartocetana** (13 €) sowie Hähnchen mit Pancetta und Gewürzen auf dem Programm, als Beilage **Erbe di campo saltate** (3 €), natürlich mit dem nativen Olivenöl extra aus Cartoceto gewürzt. Das gute Angebot an lokalen, auch glasweise ausgeschenkten Weinen können Sie im Winter am wärmenden Kamin, im Sommer an einem der drei Tische im Freien genießen. Das Lokal hat keinen Ruhetag, ein Anruf zur Reservierung genügt, oder Sie klingeln einfach – normalerweise wird Ihnen geöffnet.

SIROLO

20 KM SÜDLICH VON ANCONA

Il Ritorno

NEU

Ferienbauernhof
Via Piani d'Aspio 12
Tel. (+39) 071 / 933 15 44,
(+39) 333 / 149 61 65
Ruhetag: Montag, Dienstag, im Sommer jeweils nur mittags
Ferien: Februar, 2 Wochen im November
70 Plätze + 100 Plätze im Freien
Preise: 30 € • Kreditkarten: CS, MC, Visa; BM
Mittags und abends geöffnet

Wer die Küche der Marken kennt, weiß genau, dass man hier normalerweise das Essen mit Gerichten von kräftigem Geschmack beginnt. Auch Familie Clementi folgt in ihrem Agriturismo an den Hängen des Monte Conero und bietet Ihnen als ersten Gang außer Salumi und Käse auch eine hervorragende **Trippa in bianco con le patate** (8 €) oder eine schmackhafte **Coratella di agnello**. Die Brüder Federico und Mirco haben nach Jahren der Leidenschaft für das Reiten ins gastronomische Fach gewechselt, und das auf hohem Niveau. Sie stützen sich dabei auf das Öl und zertifizierte Rindfleisch aus dem Familienbetrieb sowie auf die Produkte der lokalen Kooperative Terre del Conero, die Brot, Hülsenfrüchte und Mehl liefert. Die Teigwaren, beginnend bei den köstlichen **Spaghetti marchigiani trafilati al bronzo con pancetta, salsiccia, pomodori, ricotta e ceci** (8 €) und mit Fleisch gefüllten Gnocchi mit Kirschtomaten und Thymian, sind hausgemacht. Bei den Secondi alla brace gegartes Fleisch und gutes **warmes Carpaccio vom Kalb mit Caponata di verdure** (12 €), dazu Gemüse und Wildgemüse der Saison (3 €). Ciambellone und Crostata (3 €) zum Abschluss, wie es die Tradition verlangt. Eine Weinkarte gibt es nicht, aber außer dem qualitätvollen offenen weißen und roten Wein im Krug werden einige Flaschen von guten Erzeugern des Rosso Conero angeboten. Das Lokal nimmt Sie im Winter am warmen Kamin in Empfang, im Sommer in der Tenne verschafft die frische Brise vom nahen Meer Abkühlung.

STAFFOLO

46 KM SÜDWESTLICH VON ANCONA, S.S. 76

Vino e Cucina

Trattoria
Via XX Settembre, 54
Tel. (+39) 07 31 / 77 97 83
Ruhetag: Montag
Ferien: ersten 3 Juliwochen
50 Plätze
Preise: 25–32 €
Alle Kreditkarten; BM
Abends geöffnet, Samstag und Sonntag auch mittags

In Staffolo, einer der historischen Gemeinden der Castelli di Jesi – und Anbaugebiet des Verdicchio –, finden Sie problemlos diese Trattoria, deren Eingang bei einem der beiden Tore in den Stadtmauern liegt. Gabriella Scortichinis Empfang ist herzlich und zwanglos und als wir genauere Informationen über die Gnocchi al sugo di papera wünschen, sagt sie uns, dass „die Gnocchi wirklich gut sind", aber dass „wer hierherkommt, normalerweise die Teigwaren, vor allem die gefüllten, die wir von Hand zubereiten und die es auch glutenfrei gibt, probieren will". Folgen Sie dieser Empfehlung. Nach einem würfelförmigen Omelett mit Spargel und Tomaten passt nun einer der schmackhaften Antipasti, doch wenn Sie darauf verzichten, könnten Sie sich auch zwei oder sogar drei Primi gönnen, vielleicht halbe Portionen. Wählen Sie unter **Tagliatelle mit Fleischsauce** (8 €), mit Steinpilzen oder mit schwarzem Trüffel, **Ravioli ai porcini** (10 €) oder mit Butter und Salbei oder wiederum mit Trüffel. Abgesehen davon gute **Cappelletti in brodo** oder ohne Brühe oder in der Folie, gefüllt mit Ricotta, Zucchini und Möhren. Von bester Qualität auch die Secondi, darunter Coniglio in porchetta, **Oca in potacchio**, **Faraona al prosciutto** (10 €), Mailino al forno, Agnello a scottadito und schließlich **Trippa** (7 €) oder Coratella d'agnello, dazu gibt es immer Beilagen der Saison. Zum Dessert **Mousse di ricotta con fragole** oder Mousse al caffè (3,50 €), Crema caramellata, Semifreddo und hausgemachte Süßspeisen. Die kurze Weinkarte bietet vor allem Verdicchio und gut ausgewählte Rotweine aus den Marken zu moderaten Preisen.

TAVULLIA
Rio Salso-Case Bernardi

19 KM SÜDLICH VON URBINO, 23 KM VOM PESARO

Agri Rio

NEU

Ferienbauernhof
Via Ofanto 4
Tel. (+39) 07 21 / 47 82 39
Ruhetag: Samstagmittag, Sonntagabend, Montag
Ferien: unterschiedlich
45 Plätze
Preise: 30–34 €
Keine Kreditkarten
Mittags und abends geöffnet

Im kleinen Ortsteil Rio Salso-Case Bernardi, ein paar Kilometer von Pesaro entfernt, an der Straße entlang der Romagna, liegt das Agri Rio, ein Restaurant, B & B, Bauernhof und „Agrinido", das ist ein Kindergarten, dessen Mensa mit Erzeugnissen des Betriebs bestückt wird. Die gepflegte Küche mit den wirklich großzügigen Portionen bezieht den Hauptteil der Zutaten aus dem landwirtschaftlichen Betrieb. Biologisch angebautes Gemüse, halbwild aufgezogene Schweine, Salumi ohne Gluten und Konservierungsmittel, Brot, Fladenbrot, Grissini und Desserts stammen aus eigener Erzeugung. Zu Beginn „Antipastiamo" (12 €): eine umfangreiche Degustation von Salumi und Käse, Tortino di spinaci oder anderen Gemüsetörtchen, Crocchetta fritta di miglio e verdure, Schiacciata di patate con guanciale e cipolla und **Cascione** (kleine Teigtasche) **mit Gemüse gefüllt**. Eine Alternative stellt der kleinere Antipasto di territorio (9 €) mit Salumi und Käse, Crostino al lardo, Zucchine sott'olio und hausgemachten eingelegten Oliven dar. Von den Primi (8 €) empfehlen wir **Passatelli asciutti con carciofi e salsiccia**, Tagliatelle con ragù di maialino sowie mit Ricotta gefüllte Gnocchi in Kaninchensauce mit Steinpilzen. Ausgezeichnetes Fleisch aus eigener Erzeugung bei den Secondi wie Agnello alla brace con patate arrosto (12 €), **Coniglio disossato con guanciale e cipollotti fritti** und Tagliata di costata al rosmarino. Zum Abschluss Kekse und Crema al mascarpone con visciole di Cantiano. Den Wein wählen Sie aus hochwertigen lokalen Etiketten. Interessant sind die Menüs, die für den ganzen Tisch angeboten werden: Antipasti und Primo für 20 €, Primo und Secondo für 18 €.

TAVULLIA

17 KM WESTLICH VON PESARO

Da Rossi
(vormals Osteria degli Ultimi)

Osteria-Pizzeria
Via Battisti, 1 A
Tel. (+39) 07 21 / 47 67 65
Ruhetag: Dienstag, außer im Sommer
Ferien: Januar
60 Plätze + 100 Plätze im Freien
Preise: 25–35 €
Kreditkarten: CS, DC, MC, Visa
Mittags und abends geöffnet

Zahlreiche Veränderungen haben sich in der Osteria degli Ultimi in Tavullia ergeben, beginnend beim Namen: „Da Rossi" soll (auch) heißen, dass es sich um das offizielle Lokal des Fanklubs von Motorradsportler Valentino Rossi handelt. Die Räumlichkeiten der nebenan gelegenen Pizzeria wurden integriert und die Plätze im Freien sind mehr geworden. In jedem der kleinen Speisesäle gibt es einen Fernseher, um Sportsendungen zu verfolgen (sprich: Valentinos Rennen). Nun könnten ernsthafte Zweifel in Bezug auf die Qualität des kulinarischen Angebots aufkommen, welches jedoch erfreulich unverändert blieb, mit ausgezeichneten Gerichten und großzügigem Einsatz von Slow-Food-Presidi aus den Marken und der Romagna, auch für die Pizzen. Wenn Sie à la carte wählen, sollten Sie die köstliche **Giardiniera di verdure** (3,50 €) oder das in Kräutern marinierte Carpaccio vom Capocollo in Betracht ziehen und dazu das Fladenbrot Crescia sfogliata bestellen. Von den Primi (9 €) empfehlen wir **Strozzapreti di patate al ragù di mora romagnola**, Maccheroni al ragù di uvetta sultanina und Cappelletti gratinati. Bei den Secondi gibt es vor allem Fleisch vom Grill, aber wir haben auch die hervorragenden **Polpette di mora romagnola al sugo** (9 €) geschätzt, dazu gratiniertes Gemüse, hochwertig, wie im Übrigen alle Beilagen. Als Dessert (5 €) empfehlen wir **Mascarpone alle visciole di Cantiano** (mit Wildkirschen) oder Zuppa inglese. Als Alternative zu dem in jedem Fall guten offenen Hauswein finden Sie wenige, doch mit Bedacht ausgewählte Flaschen. Wenn Sie mindestens zu zweit sind, können Sie das Menü „Degusteria" (20 €) bestellen, es besteht aus einem mit Gemüse, Käse und Salumi reich bestückten Antipasto und einem Primo nach Wahl.

URBINO
Gadana

6 KM VOM ZENTRUM

Ca' Andreana

Ferienbauernhof
Via Gadana, 119
Tel. (+39) 07 22 / 32 78 45
Ruhetag: Montag, außer im Sommer
Ferien: zeitweise im Januar
35 Plätze + 25 Plätze im Freien
Preise: 30–35 €
Kreditkarten: CS, MC, Visa; BM
Abends geöffnet, an Feiertagen mittags gegen Vorbestellung

Von der schönen Altstadt von Urbino aus erreicht man die Ca' Andreana, ein renoviertes Landhaus, die in der bereits den nahen Apennin ankündigenden Landschaft frei steht, wenn man nach Gadana hinunterfährt, die Straße nach Pieve di Cagna nimmt und nach ein paar Kilometern auf ein kurzes Stück ungepflasterter Straße abbiegt. Wer nach dem angenehmen Essen hier übernachten möchte, kann dies in einem der sechs gepflegten Zimmer tun. Die abwechslungsreiche Küche baut auf überwiegend biologische Produkte, die zum Großteil aus eigener Erzeugung stammen. Das gute Fleisch von Schwein und Rind, Salumi und Käse hingegen kommen von zuverlässigen landwirtschaftlichen Betrieben in der Nachbarschaft. Eine geschriebene Karte gibt es nicht und es besteht durchaus die Gefahr, sich in dem reichhaltigen, mündlich vorgetragenen Angebot zu verlieren. Die von den Jahreszeiten bestimmten Gerichte wechseln häufig. Ein Klassiker für den Beginn ist „Sfilata" (Aufmarsch) der Antipasti (22 € für zwei Personen): Vellutata di patate ai funghi porcini, ausgezeichnete **Salumi con la crescia**, Tortino di zucca con fonduta di caciotta e zafferano, Sformato di spinaci und Bruschetta mit Öl aus Cartoceto und Kirschtomaten. Bei den Primi exzellente **Ravioli con le erbe di campo al burro e parmigiano** (10 €), Tagliatelle con porcini sowie Gnocchi di patate con formaggio di fossa e noci. Anschließend Coniglio in porchetta, Galletto ai funghi porcini oder **Stinco di maiale** (13 €). Von den Dolci (5 €) empfehlen wir Torta di mele, Zuppa inglese und Millefoglie mit Zabaione und Waldbeeren. Eine nicht sehr breite, aber gut getroffene Weinauswahl, vor allem aus den Marken.

Der landwirtschaftliche Betrieb Cal Bianchino in der Via Gadana 114 züchtet Cinta-Senese-Schweine nach biologischer Methode und erzeugt Fleisch, Salumi und Eier.

URBINO
Montesoffio

9 KM VOM ZENTRUM

La Valle del Vento

Ferienbauernhof
Via Monte Olivo 12
Tel. (+39) 07 22 / 572 15,
(+39) 329 / 353 80 59
Ruhetag: Montag
Ferien: 2 Wochen im Oktober
60 Plätze + 60 Plätze im Freien
Preise: 28–30 € • Kreditkarten: MC, Visa; BM
Abends geöffnet, Sonntag und Feiertage auch mittags

NEU

Über die Staatsstraße mit Panoramablick, die Urbino mit Urbania verbindet, erreichen Sie den Ortsteil Montesoffio, biegen dort in Richtung Monte Olivo ab und folgen den Schildern zum La Valle del Vento. Francesco und Sara heißen Sie mit liebenswürdiger Diskretion willkommen und stellen Ihnen die Gerichte einer einfachen, gepflegten Küche vor, deren Zutaten sorgfältig ausgewählt sind. Man beginnt mit „Antipasto goloso" (10 €), je nach Jahreszeit bestehend aus **Frittatine di erbette**, Crostino con lardo, einer stärkenden **Zuppa di farro e legumi**, Couscous mit Gemüse, Salame di lumache (eine Wurst mit Schweinefleisch und Schnecken, die vor Ort gezüchtet wurden) und in der Höhle gereiftem Käse. Es gibt aber auch Käse aus Rohmilch, dazu Konfitüren aus dem Betrieb (8 €) oder eine Auswahl an Salumi. Bei den Primi (8 €) finden Sie Tagliatelle aus Dinkelmehl mit gelbem Kürbis und Salsiccia sowie schmackhafte bäuerliche **Gnocchi di patata di Sompiano con ragù di cinghiale**. Als Secondo **Filetto di maiale ai ferri** con sale di Cervia (14 €) oder „Marchigian burgher". Hervorzuheben ist die besondere Qualität der Beilagen (4 €), darunter das ausgezeichnete in der Pfanne gewürzte Wildgemüse **Erbe di campo ripassate in padella**. Dieselbe Sorgfalt gilt den wenigen einfachen hausgemachten Dolci, zum Beispiel Crostata mit den Konfitüren des Betriebs. Als Alternative zum Brot bekommen Sie die traditionellen Cresce sfogliate, auch gefüllt, wenn Sie ein rasches, wohlschmeckendes Gericht möchten. Der Stolz auf die eigene Umgebung spiegelt sich ebenso im Angebot von Wein, Bier, Hochprozentigem und Likören, das Erzeuger der Provinz in den Mittelpunkt stellt. Alle Lieferanten sind auf der Karte und der Website korrekt angegeben. Intelligent konzipierte Degustationsmenüs (20 und 25 €) mit großzügigen Portionen.

VALLEFOGLIA
Capponello

16 KM NÖ. V. URBINO, 20 KM V. PESARO, S.P. 30

Locanda Montelippo

Ferienbauernhof
Via Canarecchia 29–31
Tel. (+39) 07 21 / 41 67 35
Ruhetag: Montagmittag, Dienstag
Ferien: unterschiedlich
50 Plätze + 20 Plätze im Freien
Preise: 28–30 €
Kreditkarten: CS, MC; BM
Mittags und abends geöffnet

NEU

Ein in biologischer Bauweise renovierter, energietechnisch autarker Gebäudekomplex beherbergt die Locanda Montelippo, einen landwirtschaftlichen Betrieb mit Direktverkauf, Bewirtung und Gästezimmern. Am Herd steht Andrea Aiudi, nach diversen beruflichen Erfahrungen im Ausland hat er vor drei Jahren beschlossen, die landwirtschaftliche Tätigkeit seiner Familie auf angemessene Weise zu ergänzen. Selbst angebaut werden Gemüse sowie Waldbeeren, Hoftiere und Schafe kommen aus eigener Aufzucht, den Rest liefern lokale handwerkliche Betriebe. Die Küche ist traditionell, gepflegt und ohne große persönliche Eingriffe, doch durchaus in der Lage, die Grundzutaten aufs Beste hervorzuheben. Auf der Karte gibt es eine für die „Klassiker" vorgesehene Seite mit Salumi und Käse aus kleinen Betrieben, Tagliatelle al ragù, Passatelli in geklärter Brühe (7 €) und Tagliata di fesa di manzo (11 €). Des Weiteren die Spezialitäten der Jahreszeit, von denen wir die schmackhaften und ausgewogenen **Coratelle d'agnello ai carciofi** (7 €) empfehlen, Girello di vitello con insalata di carciofi und Dicke Bohnen aus dem Garten mit Pecorino. Weiter geht es mit hausgemachter Pasta: **Tortelli con asparagi e pomodorini** (8 €), Strozzapreti (Pasta mit Wasser und Mehl) mit Artischocken und Pancetta, außerdem Gnocchi di ricotta al ragù di cinghiale. Perfekt ist das weiche zarte **Coniglio in porchetta** (13 €), wie auch Piccione ripieno al forno. Als Dessert **Panna cotta e frutti di bosco** (4 €) oder Mascarponemousse mit Hagebuttencreme. Interessant ist das Angebot für 27 € mit fünf Gängen, Getränke inbegriffen. Die Weinkarte hat eine regionale Prägung, einige Weine können Sie auch glasweise bestellen. Im Zuschlag für das Gedeck ist auch Wasser enthalten.

ANCONA

Mandracchio

Restaurant
Largo Fiera della Pesca, 11
Tel. (+39) 071 / 20 29 90
Ruhetag: Sonntagabend, Montag, im Sommer auch Sonntagmittag
Ferien: August, während der Fischfangsperre
60 Plätze • Preise: 40–45 €
Alle Kreditkarten
Mittags und abends geöffnet

Im Herzen der Hafengegend, im ersten Stock eines anonymen Gebäudes am Messegelände befindet sich dieses Juwel der adriatischen Meeresgastronomie. In der Küche werkt ein rein männliches Team von Chefköchen unter der Leitung von Mariano, den Service betreut Teresa mit ihren Damen. Unter den Antipasti Insalata russa di merluzzo und Arancino in crosta fritta di caprino (12 €), danach Spaghetti alle verdure arrosto oder Tortelli ai carciofi. Klassische Secondi wie Crescia alla griglia (16 €), gefülltes Täubchen und Scampi bolliti. Zum Abschluss Fondente di cioccolato amaro e lamponi sowie Granita di violetta. Breite und durchdachte Weinauswahl.

PORTO SAN GIORGIO

7 KM ÖSTL. VON FERMO, 60 KM VON ASCOLI PICENO

Damiani e Rossi Mare

Trattoria • Lungomare Gramsci, Conces. 29
Tel. (+39) 07 34 / 67 44 01,
(+39) 335 / 522 44 54
Ruhetag: Montag, Dienstag
Ferien: zeitweise im Winter
30 Plätze + 40 Plätze im Freien
Preise: 50–55 € • Kreditk.: CS, MC, Visa; BM
Mittags und abends geöffnet, Oktober–April nur abends, an Feiertagen auch mittags

Chefkoch Aurelio Damiani bleibt für die Gastronomie der Marken maßgeblich, ein Wegbereiter und weniger bekannt, als er es verdient (was wohl auch an seiner dezenten Art liegt). In Porto San Giorgio hat er nach seiner Arbeit auf dem Hügel (in unserem Buch mit der Schnecke ausgezeichnet) eine ehemalige Badeanlage renoviert. Unvergesslich Filetti di sogliola dorati in pastella di borragine (Seezungenfilets im Backteig mit Borretsch), Stracci di pasta all'uovo con pomodoro fresco, melanzane, basilico sowie Filetto di spigola e verdure con salsa di olive nere, Ciambella al limone con gelato fiordilatte neben Brodetto, Grilltellern und der Frittura des Tages.

JESI

29 KM SÜDWESTLICH VON ANCONA, S.S. 76

Hostaria Santa Lucia

Trattoria
Via Marche 2 B
Tel. (+39) 07 31 / 644 09
Ruhetag: im Sommer Sonntag
Ferien: 10.–30. August
40 Plätze
Preise: 30–42 €
Kreditkarten: MC, Visa; BM
Mittags und abends geöffnet

Gianni Giacani in Jesi ist Synonym für Öl und Fisch. Das gute Öl kommt aus eigener Erzeugung und die Fischküche ist beispielhaft minimalistisch in den Zubereitungsarten. Wir empfehlen Linguine con le sarde e olive, Spaghetti di bottarga di muggine ed erbette, Ravioli ricotta e basilico, Filetti di triglie e zenzero, Composta di pesci al vapore, Filetti di testoline al sale marino e olio di frantoio oder San pietro ai profumi dell'orto. Interessante Weinkarte mit großer Auswahl an lokalen Etiketten sowie einigen Angeboten aus dem übrigen Italien, nach Preisklassen geordnet.

LORETO

31 KM SÜDLICH VON ANCONA

Andreina

Osteria
Via Buffolareccia, 14
Tel. (+39) 071 / 97 01 24
Ruhetag: Dienstag, Mittwoch
Ferien: 1 Woche im Juli
150 Plätze
Preise: 50–60 €
Alle Kreditkarten
Mittags und abends geöffnet

Die Gründerin, Andreina, hat die Verantwortung für das Lokal, besser gesagt, für die Küche (oder noch besser gesagt, für den Bratenspieß) ihrem Neffen Errico Recanati übergeben, der ihr Werk fortführt – ein perfektes Beispiel dafür, wie Tradition und Innovation zusammenwirken können. A la carte können Sie Baccalà e pomodoro (18 €) wählen, Ravioli di pollo in potacchio sowie eine Interpretation des Fritto marchigiano (20 €) oder Anatra, burrata e ciliegie. Der Meisterschaft der altüberlieferten Zubereitungsarten alla brace und allo spiedo wird in einem eigenen Menü gehuldigt, es kostet 60 € für den ganzen Tisch.

MACERATA

Enoteca Le Case

Restaurant
Ortsteil Mozzavinci, 16–17
Tel. (+39) 07 33 / 23 18 97
Ruhetag: Montag
Ferien: 10 Tage im Januar, 2 Wochen im August
40 Plätze
Preise: 50–70 €
Alle Kreditkarten
Abends geöffnet, Sonntag auch mittags

Der Name entspricht ausnahmsweise einmal wirklich der Anlage: Le Case (die Häuser) ist ein kleiner bäuerlicher Ort, der aus drei Gebäuden mit Restaurant, Hotel und der im Jahr 2005 eröffneten, hier empfohlenen Enoteca besteht. Inhaberin Elvia ist eine Kräuterexpertin, ihre Tochter Francesca versteht sich auf Weine (die Karte ist umwerfend), Michele Biagiola, Chefkoch, bietet Traditionsgerichte aus den Marken, vom Land und vom Meer, beginnend bei Vegetali con l'orto nel piatto. Gelungene Interpretationen von Ravioli di coniglio con finocchietto e fave bis zu *Pistacopp* (gefülltes Täubchen).

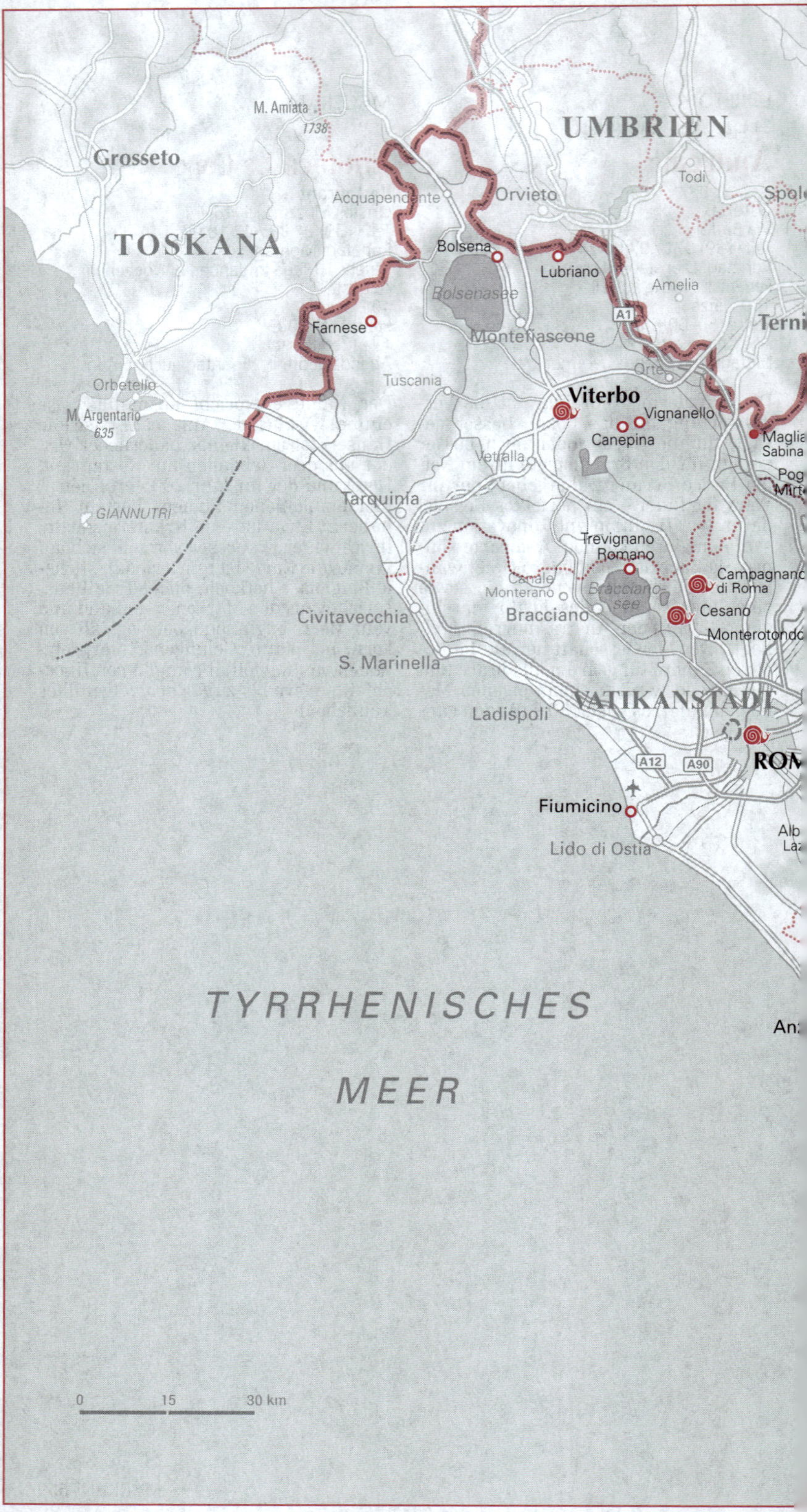
M. Amiata
1738
UMBRIEN
Grosseto
Todi
Acquapendente
Orvieto
Spol
TOSKANA
Bolsena
Lubriano
Amelia
Bolsenasee
A1
Farnese
Montefiascone
Terni
Orte
Orbetello
Tuscania
M. Argentario
635
Viterbo
Vignanello
Canepina
Maglia
Sabina
Vetralla
Pog
Mirte
GIANNUTRI
Tarquinia
Trevignano
Romano
Canale
Monterano
Braccianosee
Campagnano
di Roma
Cesano
Civitavecchia
Bracciano
Monterotondo
S. Marinella
VATIKANSTADT
Ladispoli
A12
A90
ROM
Fiumicino
Alb
Laz
Lido di Ostia
TYRRHENISCHES
MEER
An
0
15
30 km

MARKEN
ADRIA
Nórcia
PARCO
NAZ.
DEL
GRAN SASSO
E
MONTI
D. LAGA
Gran Sasso d'Itália 2912
Téramo
Giulianova
Roseto d. Abruzzi
Amatrice
A24
A14
Pescara
Labro
Cantalice
2216 Terminillo
Rieti
Chieti
L'ÁQUILA
ABRUZZEN
Poggio Moiano
Orvinio
A24
PARCO
NAZ.
la Maiella 2793
D. MAIELLA
Sulmona
A25
Avezzano
Olevano Romano
Arcinazzo Romano
PARCO NAZ.
D'ABRUZZO,
LAZIO E MOLISE
Colonna
S. Cesareo
Paliano
Piglio
M.te Porzio Catone
Artena
A1
Anagni
Alatri
Ferentino
Sora
Casalvieri
Picinisco
MOLISE
Frosinone
Arpino
Isérnia
Cori
Carpineto Romano
Supino
Ceprano
Cassino
Sezze
Prossedi
Castro d. Volsci
Latina
Priverno
Amaseno
Campodimele
A1
Monte S. Biagio
Fondi
PARCO NAZ.
Sabaudia
D. CIRCEO
Castelforte
Minturno
Formia
Terracina
Sperlonga
Gaeta
Golf von Gaeta
KAMPANIEN
Capo Circeo
Cápua
PONTINISCHE INSELN
PONZA
Ponza
A56
NEAPEL
VENTOTENE
Ventotene

LATIUM

Die Pasta ist wahrscheinlich das kennzeichnende Element der traditionellen Küche in Latium, gefolgt von Abbacchio a scottadito, Coda alla vaccinara, Trippa alla romana und einigem mehr. Unten finden Sie ausgewählte Lokale für die Pastavarianten Cacio e pepe, Gricia, Amatriciana und Carbonara. Es sind die bekanntesten und beliebtesten Ausführungen innerhalb der Region und darüber hinaus, auch wenn sie manchmal neu interpretiert werden und die Ergebnisse einen dann ein wenig ratlos zurücklassen.

Eine für alle diese Teigwarengerichte geltende Regel ist, zum Binden der Sauce nie Öl zu verwenden, sondern das Fett von Guanciale oder Wasser (im Fall von Cacio e pepe). Grundlegend ist außerdem der Gebrauch von Guanciale – nicht von Pancetta –, wenn es um Gricia, Amatriciana und Carbonara geht. Ebenso darf es sich beim Käse ausschließlich um Pecorino, nicht gemischt mit Parmigiano, handeln. Will man sich an die Originalrezepte halten, so ist auch vorgesehen, dass die Guanciale knusprig angebraten wird (manche jedoch mögen sie lieber weich). Für eine Amatriciana sind ferner der Gebrauch von Weißwein zum Ablöschen sowie von Tomaten festgelegt.

Welche Teigwarenformate sind zu verwenden? Beinahe verschwunden sind Bucatini, die vor allem als Begleiter der Amatriciana aufgewertet werden müssten. Spaghetti sind eigentlich für alle vier Saucen geeignet, wie auch Rigatoni (oder Paccheri und ähnliche kurze Röhrennudeln), Gnocchi aus Kartoffeln bieten sich als ausgezeichnete Alternative an. Und schließlich kommen wir auf den passenden Wein zu sprechen: Setzen Sie auf einen gut strukturierten Weißwein oder einen Rotwein mit dem richtigen Tanningehalt.

Für Sie entdeckt

Amatriciana

563 Lo Scoiattolo
Amatrice (Ri)

570 Il Ruspante
Castro dei Volsci (Fr)

577 Pietrino e Renata
Genzano di Roma (Rm)

585 Sora Maria e Arcangelo
Olevano Romano (Rm)

Carbonara

599 Osteria del Borgo
Rom

594 Grappolo d'Oro
Rom

592 Da Cesare
Rom

598 Lo'steria
Rom

Cacio e pepe

600 Osteria del Velodromo Vecchio
Rom

601 Roberto e Loretta
Rom

564 Da Silvana
Arcinazzo Romano (Rm)

578 L'Oste della Bon'Ora
Grottaferrata (Rm)

Gricia

581 Teresa
Latina

591 Da Armando al Pantheon
Rom

583 La Rocca del Gusto
Monterotondo (Rm)

579 Taverna Mari
Grottaferrata (Rm)

66 km nordöstlich von Rieti

Lo Scoiattolo

Restaurant
Via Ponte Tre Occhi Sud, km 1,5
Tel. (+39) 07 46 / 82 50 86
Ruhetag: Montag, außer im Frühling und Sommer
Keine Ferien
140 Plätze + 60 Plätze im Freien
Preise: 25 €
Keine Kreditkarten; BM
Mittags und abends geöffnet

Das herrliche Szenario der Monti della Laga und der Ebene von Amatrice bilden den Rahmen für dieses Feriendorf mit Restaurant. Das Lokal verfügt über eine Terrasse, von der aus man auf einen Fischteich blickt. Gekocht wird von den Berardis, einer in der Gastronomie und Fleischerei tätigen Familie, die nicht nur eng an die Traditionen von Amatrice gebunden ist, sondern auch Wurzeln in den Abruzzen und sogar in Apulien hat. Das schlägt sich sowohl in ihrem Charakter als auch in der Speisekarte nieder. Zu Beginn des Essens lokaler Schafkäse und leckere gemischte Salumi – Ernestos Fleischerei ist bekannt für Mortadella di Campotosto (Slow-Food-Presidio). Unter den Primi dürfen natürlich **Pasta all'amatriciana**, Gricia, der seltene Gnocco riccio und **Orecchiette con i broccoletti** (7,50 €) nicht fehlen. Weiter geht es mit ausgezeichnetem, aus lokaler Aufzucht stammendem Fleisch vom Grill, **Brasato di manzo al Montepulciano d'Abruzzo** (10 €) sowie Agnello alla cacciatora. Aus dem Fischteich kommen ganz frische **Forellen**, die die Köchin in Trota ai ferri, eine echte Spezialität, verwandelt. Die Desserts sind hausgemacht, die Weinkarte ist begrenzt, aber dem offenen Montepulciano d'Abruzzo kann niemand seine Qualität absprechen. Das Restaurant nimmt an einem Projekt für umweltverträglichen bäuerlichen Tourismus teil, in dessen Rahmen für die Gäste eine zweisprachige Speisekarte erstellt wurde, auf der die klimaverändernde Abgasemission im Zusammenhang mit dem Service und der Zubereitung der einzelnen Gerichte angegeben ist.

57 km südöstl. v. Rom, S.S. 207 od. S.S. 601

Fraschetta del Mare

Trattoria
Corso del Popolo, 38
Tel. (+39) 06 / 984 62 40
Ruhetag: Montag
Ferien: zeitweise im Januar und November
50 Plätze + 40 Plätze im Freien
Preise: 16 € (Tagesmenü)
Kreditkarten: CS, DC, MC, Visa; BM
Mittags und abends geöffnet

Die Fraschetta der Geschwister Naciti ist eine zuverlässige Adresse für guten sogenannten armen Fisch, frisch und von bester Qualität, in einer Gegend, die sonst durch zahlreiche kaum in der Umgebung verankerte Touristenlokale geprägt ist. Es gibt ein feststehendes Menü zum wirklich günstigen Preis von 16 €. Die Atmosphäre ist zwanglos wie in einer Meerestrattoria mit einfachen, aber feinen Gerichten. Bestimmt werden diese vom täglich von den lokalen Booten gebrachten Fischfang, der Inspiration des Kochs und dem, was der eigene Gemüsegarten bietet. Die motivierten, netten jungen Kellner zählen die vier Antipasti des Tages, ein reichhaltiges Primo wie **Gnocchi con le vongole** (donnerstags) und drei Kostproben an Secondi auf. Das Dessert wählen Sie hingegen à la carte (4 €). Es ist unmöglich, präzise vorauszusehen, was Sie erwartet, aber das ist auch die Stärke, wenn es um Frische und gemäßigte Preise geht. Wenn es kalt ist, könnten Sie **Polenta grigliata con alici e olive**, Fragolini con puntarelle (Rotbrasse mit Zichorienspitzen) bekommen, im Sommer hingegen **Panzanella con sgombro** oder **Cuscus con baccalà**. Großzügige Portionen an Spaghetti werden mit Vongole, Cozze, Lupini und wenn verfügbar mit Telline-Muscheln des Slow-Food-Presidio serviert. Tonno alletterato (Kleiner Thun), Pesce sciabola (Strumpfbandfisch), Sugarelli (Bastardmakrelen), Aguglie (Hornhechte) und andere Fische werden geschmort oder im Ofen gebraten, mit Sauce oder alla cacciatora zubereitet. Neben dem Hauswein (Malvasia oder Syrah) aus einer lokalen Kellerei gibt es eine passende Karte mit breiter Auswahl an Schaumweinen und anderen, auch Demi-Bouteilles sind verfügbar.

Bei Paolo Pollastini, Via XX Settembre 16, bekommen Sie frischen Fisch, Krustentiere und Meeresfrüchte, darunter Tellina del litorale romano (Slow-Food-Presidio).

ANZIO

57 KM SÜDÖSTLICH V. ROM, S.S. 207 OD. S.S. 601

Il Grecale

Restaurant
Riviera Zanardelli, 57
Tel. (+39) 06 / 984 68 22
Ruhetag: Mittwoch
Ferien: unterschiedlich
48 Plätze + 50 Plätze im Freien
Preise: 33–35 €
Kreditkarten: AE, CS, MC, Visa; BM
Mittags und abends geöffnet

Der Hafen mit seinen romantisch anmutenden Fischerbooten bildet den Rahmen für die Meeresküche von Anzio, auch wenn es nicht immer leicht ist, solide Ankerpunkte in der Gastronomie zu finden. Severina und Silvestro Gervasis Restaurant Grecale hat zwar keinen Blick aufs Meer, aber die Entscheidung, lokalen, auch weniger wertvollen Fisch zu bevorzugen und Zutaten aus der Umgebung des Hauses in der Küche zu verwenden, wiegen dieses Manko auf. Das Erscheinungsbild des Lokals ist schlicht und aufs Wesentliche beschränkt, die Tische sind jedoch mit Geschmack gedeckt. Im Sommer können Sie in der Veranda, die auf ein stilles Gässchen geht, sitzen. Der Antipasto ist zusammen mit den hausgemachten Brötchen sicherlich die Spezialität des Hauses, es gibt zwei Varianten, eine mit acht verschiedenen Kostproben (11 €) und eine umfangreichere mit elf Kostproben (15 €). Unter den gepflegten kleinen, frisch gemachten Gerichten finden wir **Melanzana ripiena con pesce sciabola**, mit Provola-Käse und Prosciutto gefüllte frittierte Sardinen, Tortino gratinato di zucchine con cernia, Calamaretti ripieni, zarte **Insalata di mare** mit duftendem Olivenöl und eine hervorragende **Sauté di cozze**. Nach diesem erfreulichen Beginn kann man auch einfach mit einem Primo (10 €) abschließen. Probieren Sie die einzigartige **Gricia di polpo** mit hausgemachten Maltagliati aus Wasser und Mehl, aber auch mit Fisch gefüllte Ravioli, originelle Gnocchetti con gorgonzola e mazzancolle sowie **Linguine con cannolicchi e vongole** schmecken ausgezeichnet. Rombo al gratin (für zwei Personen 35 €) unter den Secondi, des Weiteren Frittura di paranza und Krustentiere wie Hummer, Mazzancolle (Furchengarnelen) und Krebse. Einige hausgemachte Dolci zum Dessert und eine zufriedenstellende Weinkarte mit ehrlichen Preisen. Der Service ist immer aufmerksam und freundlich.

ARCINAZZO ROMANO
Altipiani di Arcinazzo

90 KM ÖSTLICH VON ROM, 49 KM VON FROSINONE

Da Silvana

Restaurant
Via Sublacense, 33
Tel. (+39) 07 75 / 59 80 02
Ruhetag: Dienstag
Keine Ferien
80 Plätze + 20 Plätze im Freien
Preise: 28 €
Kreditkarten: AE, CS, MC, Visa; BM
Mittags geöffnet, im August auch abends

In der herrlichen Talebene der Altipiani di Arcinazzo, ein paar Kilometer von der Wallfahrtskirche Santissima Trinità entfernt, finden wir dieses Lokal mit der typischen Einrichtung einer Berghütte. Inhaberin und Sommelière Giovanna bietet eine fest in der Tradition verwurzelte Küche. Teigwaren und Brot werden aus Vollkornmehl, das in einer alten Mühle mit Mahlstein in der Nähe gemahlen wird, selbst gemacht. Beginnen können Sie mit Tortini della nonna mit Gemüsefüllung (7 €), einem Brett mit Käse – exzellent vor allem Cacio di Morolo und Marzolina di Campoli Appennino –, mit Salumi aus kleinen Betrieben, zum Beispiel Prosciutto di Guarcino, begleitet von Polenta. Von den Primi empfehlen wir **Paccheri cacio e pepe** (7 €), Fettuccine al ragù und Spaghettoni con funghi porcini (mit Steinpilzen). Immer vorhanden sind **Polenta con le spuntature** (mit Rippchen) sowie **Pallocco**, ein reichhaltiges Hauptgericht, bestehend aus Polenta ohne Tomatensauce, Brasato al Cesanese, Feldzichorien und Bohnen der Sorte Ciavattoni. Weiter geht es mit kräftigen Secondi wie Arista di maiale al Cesanese, Costolette di agnello a scottadito (10 €), Coniglio alla cacciatora und Tagliata von lokalem Rind. Süßer Abschluss mit typischen Dolci und einer exquisiten Apfeltorte mit nach handwerklichen Methoden erzeugtem Eis aus Esskastanien. Die Weine stammen ausschließlich aus dem Latium. Liköre aus Enzian, Mandarinen oder Kaffee sind Teil der breiten Auswahl an Digestifs.

In **Affile** (10 km) verkauft der Betrieb Elis in der Via Santa Croce 11 biologisch gezüchtete Schnecken.

28 KM ÖSTLICH VON FROSINONE

Il Laureto

Ferienbauernhof
Via Campostinelli
Tel. (+39) 07 76 / 88 33 10,
(+39) 335 / 589 96 75
Ruhetag: Dienstag, außer im Sommer
Ferien: zeitweise im Winter
60 Plätze + 40 Plätze im Freien
Preise: 30–35 €
Kreditkarten: CS, DC, MC, Visa; BM
Abends geöffnet, im Sommer auch mittags

In der schönen Landschaft der Ciociaria rund um den Ortsteil Collecarino liegt der Agriturismo von Massimo Viscoglioso, eine sieben Hektar große Anlage mit hundertjährigen Olivenbäumen, einem Schwimmbecken und schön renovierten Häusern aus Holz, Stein und Cotto-Böden. Das Restaurant befindet sich in einem der Hauptgebäude. Die Grundzutaten für die Küche von Pasquale Leone stammen aus dem eigenen Betrieb, in dem Schweine, Schafe und Hoftiere aufgezogen werden. Das Gemüse, immer der Jahreszeit entsprechend, wird mit dem selbst erzeugten nativen Olivenöl extra angerichtet. Beginnen Sie entweder mit dem Antipasto mit Salumi und Käse (10 €) oder dem **Tortino di patate affumicate all'olivo con fonduta di pecorino e radicchio** oder aber mit Crespella gratinata con ricotta e erbette di montagna (gratinierter Pfannkuchen mit Ricotta und Bergkräutern). Unter den Primi verdienen **Paccheri con crema di porro e caciocavallo affumicato** (9 €), mit dem Messer geschnittene Tagliolini aus Dinkelmehl mit Bohnen aus Atina sowie Pappardelle al cinghiale eine Erwähnung. Als Secondo wählen Sie Petto di anatra brasato con riduzione di Cesanese e arancia (12 €), **Magro di maiale scaloppato con crema di melanzane e sedano rapa** oder Grigliata mista mit dem Fleisch der Tiere des Bauernhofs. Zum Abschluss ein Dessert wie Birnen in Moscato di Terracina (3 €), Schokolade-Apfel-Torte und **Mousse al cioccolato bianco e ricotta di bufala**. Die Weinkarte ist der Umgebung gewidmet, bevorzugt werden Atina und Cesanese del Piglio mit den Zertifikaten DOC und DOCG.

ARPINO

28 KM ÖSTLICH VON FROSINONE

Le Delizie di Maria

NEU

Osteria
Via Scaffa, 84
Tel. (+39) 07 76 / 88 21 37,
(+39) 349 / 367 26 19
Ruhetag: Montag
Ferien: unterschiedlich
50 Plätze + 50 Plätze im Freien
Preise: 35 €
Kreditkarten: CS, MC, Visa; BM
Mittags und abends geöffnet

Dieses als Pasticceria entstandene Lokal hat sich im Lauf der Zeit zu einer Osteria mit Verkaufsstelle entwickelt. Maria wählt für ihre Gerichte nur die besten Zutaten aus. Für die Betreuung der Gäste ist ihr Mann Giammarco zuständig, unaufdringlich erklärt er, was es hier zu essen und zu trinken gibt. Unter den Antipasti finden Sie Crostone di broccoletti mit Pecorino di Picinisco (DOP-Zertifikat), **Trippa di baccalà con ceci di Vallepietra**, frittierte Artischocken mit Peperone cornetto di Pontecorvo, Stracciata di bufala di Amaseno und gehackte Forelle aus dem Fluss Fibreno mit Kräutern (10 €). Es folgen Fettuccine al Cabernet di Atina (Wein mit dem DOC-Zertifikat) con vellutata di fagioli, Ziti spezzati con zucchine e alici di Cetara, **Rigatoni alla marzolina** (Slow-Food-Presidio), Gnocchi con salsiccia e carciofi und Spaghettoni con broccoletti, acciughe e ciambella di Morolo (10 €). Als Secondo **Stracotto di bufalo di Amaseno al Cesanese del Piglio** (Wein mit dem **DOCG**-Zertifikat), langsam geschmorte Lammkeule mit Kräutern aus der Garten, Sfilacci di baccalà con polenta, Zuppa di aringhe (Suppe mit Heringen) sowie **Pollo casereccio in padella con peperoni** (15 €). Gut getroffene Auswahl an **Käse** aus der Umgebung und dem übrigen Italien, mit vielen Slow-Food-Presidi. Für den süßen Ausklang steht eine ganze Pasticceria zur Verfügung, mit 15 verschiedenen Mini-Torten, Eis, Keksen, kleinen Süßspeisen und einer Selektion von Likören, Tees und Kräutertees. Gute Auswahl an Wein und Schaumwein mit etwa 100 Etiketten aus der Gegend, dem übrigen Italien und international, 20 Bieren aus kleinen Betrieben und 50 Sorten an Rum, Tequila und Grappa. Gegen Vorbestellung gibt es auch vegetarische und vegane Menüs. Das Sauerteigbrot macht Maria selbst. An manchen Abenden gibt es auch Pizza.

ARTENA

43 km sö. v. Rom, A 1 Ausfahrt Valmontone

La Locanda del Principe

Restaurant
Via Principe Amedeo, 4
Tel. (+39) 06 / 951 77 12
Ruhetag: Montag
Ferien: letzten 2 Augustwochen
60 Plätze
Preise: 33–35 €
Alle Kreditkarten; BM
Mittags und abends geöffnet

Im reizenden kleinen Ort Artena mit seinen tausend Gässchen und Treppen versteckt sich die faszinierende Locanda del Principe, geleitet von Fabio Pomponi. Er hat sich auf den Service spezialisiert, seine Frau Rossana auf die Küche. Eigenartig und reizvoll präsentieren sich die kleinen Speisesäle, die in die Felsen geschlagen wurden, zu ihnen passen die einfachen Gerichte, die immer auf besten Zutaten basieren. Zu Beginn der Antipasto rustico della casa (10 €), bestehend aus gutem Aufschnitt, gratiniertem Gemüse, Polpettine und frittierten Kürbisblüten. Bemerkenswerte Qualität bei der hausgemachten Pasta, sowohl bei den Teigwaren mit Ei als auch bei den einfachen aus Wasser und Mehl, die von Hand gezogen werden (**Gnocchi lunghi**). Viele Saucen können mit diesen kombiniert werden, unter anderem mit Spargel und Guanciale oder mit **Zucchine, menta romana, pecorino, guanciale** (10 €) und in der entsprechenden Jahreszeit mit Funghi galletti al pomodoro (Pfifferlingen und Tomaten). Außerdem gibt es eine ganz persönliche Version von Cacio e pepe con gli gnocchi lunghi, in der ein Zugeständnis an ein bisschen natives Olivenöl extra gemacht wird. Im Winter ist **Zuppa di farro** (Suppe mit Dinkel) eine der Spezialitäten des Hauses, wie **Cinghiale al vino rosso** (in Rotwein geschmortes Wildschwein) bei den Secondi. Die Stärke des Lokals ist nach wie vor das hochwertige Fleisch, das genau richtig gegart wird: Abbacchio a scottadito, **Maialino al forno con patate** (15 €), Tagliata und ein hauchzartes Filet. Freitags gibt es frischen Fisch, welchen, bestimmt der Markt. Man beendet das Menü mit hausgemachten Dolci (5 €), darunter Tiramisu, klassisch oder mit Erdbeeren. Die Weinauswahl ist beschränkt, der offene Cesanese zufriedenstellend.

BOLSENA
Montesegnale

31 km nördlich von Viterbo, S.S. 2 „Cassia"

La Tana dell'Orso

Trattoria
Ortsteil Montesegnale, 162
Tel. (+39) 07 61 / 79 81 62
Ruhetag: Donnerstag, Sonntagabend
Keine Ferien
25 Plätze + 25 Plätze im Freien
Preise: 27–30 €
Kreditkarten: CS, MC, Visa; BM
Mittags und abends geöffnet

Der Blick von hier auf den Bolsenasee ist wunderschön. Bruno Parrino und seine Frau Rosella haben ihr Lokal an den Waldrand versetzt, auf die Hügel gleich außerhalb des Wohngebiets. Sie erreichen die Osteria, wenn Sie durch die zum Betrieb gehörigen Olivenpflanzungen, aus denen im Übrigen das exzellente Olivenöl stammt, hinauffahren. Auch die anderen Produkte der Speisekarte sind lokaler Herkunft: Der frische Fisch stammt aus dem See und das Fleisch aus dem nahen Val d'Orcia. Zu Beginn gibt es Bruschetta, Crostini con paté di fegatini di pollo, Lardo di Colonnata und Prosciutto della Valnerina. Von den Primi (7 €) bleiben **Spaghetti al germe di grano con batturo di pesce di lago di Bolsena** in Erinnerung, aber auch **Pasta e fagioli del purgatorio**, mit den kleinen zarten Bohnen aus dem nahen Ort Gradoli. Hausgemacht sind Gnocchi und Cannelloni di ricotta e radicchio. Als Secondo **Filetto di coregone alle erbette croccanti** (Filet von der Renke mit frischem Blattgemüse, 12 €), Fettine di maiale in padella con aromi naturali oder **Käse** aus dem Latium mit Kastanienhonig aus Bolsena (15 €) sowie Tagliata mit Salat aus dem Garten und Wildfenchel (16 €). Neben dem knackigen Salat finden Sie bei den Beilagen (5 €) auch Steinpilze, **Cicoria ripassata in padella con aglio rosso di Proceno** sowie den ganz speziellen Tallo (Knoblauchsprossen) und gegrillten Knoblauch mit Petersilie. Zum Abschluss Schafmilchricotta mit Zucker, Zimt und Kastanienhonig (5 €) – Sie werden sich in ihre Kindheit zurückversetzt fühlen. Die lokalen offenen Trebbiano und Sangiovese werden von einigen guten Flaschenweinen aus dem Latium flankiert.

Besuchen Sie in **Bolsena** (1,5 km) die Enoteca-Gelateria Santa Cristina, Corso della Repubblica 8, und probieren Sie das gute Eis, vor allem aus Ricotta und Zimt.

CAMPAGNANO DI ROMA

34 KM NÖRDLICH VON ROM

Iotto

Moderne Osteria
Corso Vittorio Emanuele, 96
Tel. (+39) 06 / 904 17 46
Ruhetag: Sonntagabend (im Sommer auch Sonntagmittag), Montag
Ferien: 23. Dezember–2. Januar
30 Plätze + 12 Plätze im Freien
Preise: 30 €
Kreditkarten: CS, DC, MC, Visa; BM
Mittags und abends geöffnet

Schwierig, die passenden Adjektive für diese kleine großartige Osteria auf dem zentralen Corso von Campagnano zu finden, so zahlreich sind ihre Qualitäten und Besonderheiten. In das Lokal von Marco und Ines – Mirco in der Küche nicht zu vergessen – kommt man wegen der soliden Küche des Latium. Im einzigen, ästhetisch schlicht gehaltenen Speisesaal vermittelt sich die Passion für die Gastronomie auf zwanglose und lebendige Weise. Versäumen Sie bei den Antipasti nicht den **Fritto misto di Iotto** (12 €) für zwei Personen, bestehend aus Pfannkuchen mit Äpfeln, Zucchini, Kartoffeln mit Mortadella, Zwiebelringen, Stracchino und Silano-Käse. Das Angebot ist im Winter und Sommer unterschiedlich, in der kalten Jahreszeit wärmen die gute Zuppa di castagne e porcini oder Sagne con la cicoria, bei Sommerhitze schmecken die bestechend schlichte Pasta **Calamarata con pomodoro, mozzarella di bufala e pesto di basilico** (9 €) oder aber hervorragende **Tagliatelle con cicoria e pecorino** (9 €). Es folgen die großen, ausnahmslos perfekt interpretierten Klassiker wie Coda alla vaccinara und Coniglio alla cacciatora. Probieren Sie unbedingt **Polpette di un tempo che fu** (11 €), Bällchen aus Rind- und Schweinefleisch. Ebenso ausgezeichnet zubereitet sind die Beilagen, vor allem Cicoria ripassata e cazzimperio (in der Pfanne gewürzte Zichorien mit Pinzimonio). Das Gemüse kommt übrigens aus der eigenen Landwirtschaft, auch die Dolci (Tiramisu und Biscotti spumoni) macht Ines selbst. Die gut gegliederte, reichhaltige Weinkarte konzentriert sich auf das Latium und berücksichtigt naturbelassene Weine.

»

Authentische Leidenschaft für die eigene Arbeit und Respekt gegenüber den Jahreszeiten sowie dem, was der Garten der Familie zu bieten hat: Das sind die Zutaten einer bewährten Formel mit stets richtigem Ergebnis.

«

CAMPODIMELE
Taverna

87 KM SÜDÖSTLICH VON LATINA, S.S. 7 UND S.S. 82

Lo Stuzzichino

Restaurant-Pizzeria
Via Taverna, 14
Tel. (+39) 07 71 / 59 81 31, (+39) 349 / 367 84 86
Ruhetag: Mittwoch
Ferien: unterschiedlich
50 Plätze
Preise: 30–32 €
Kreditkarten: CS, DC, MC, Visa; BM
Mittags und abends geöffnet

Campodimele ist ein kleines Dorf in den Monti Aurunci, wenige Kilometer vom Meer entfernt. Francesco und seine Mutter Pina stehen in der Küche, Bruder Roberto heißt die Gäste im Speisesaal willkommen. Die Speisekarte ändert sich mit den Jahreszeiten und je nach Verfügbarkeit der Produkte aus der Umgebung. Die Familie baut Spalterbsen an und hat unter 17 Sorten das im Ort ursprüngliche Saatgut ausgewählt. Zu Beginn des Essens können Sie sich an Tortino di asparagi selvatici con crema di patate (Kuchen mit Wildspargel und Kartoffelcreme), Parmigiana di porcini (8 €) und **Baccalà con passatina di cicerchie** erfreuen, im Winter an Suppen mit Hülsenfrüchten. Unter den Primi, die auf jeden Fall eine Kostprobe verdienen, finden sich Gnocchetti di borragine con ragù di coniglio, olive itrane e pomodoro torpedino sowie **Tagliatelle con asparagi e guanciale**. Qual der Wahl bei den Secondi zwischen **Spezzatino di capra** (10 €), Cinghiale alla cacciatora, Rotolo di coniglio e broccoletti con purè di patate (11 €) und Wild in der entsprechenden Saison. Das Fleisch stammt ausnahmslos aus der Umgebung. Große Auswahl an gutem lokalen Käse, Dolci nach Hausfrauenart, von denen der Cheesecake aus Ziegenkäse mit Spalterbsen-Krokant und Honig hervorsticht. Die Weinkarte listet stets die besten Etiketten der Provinz auf.

»

Ein schönes Beispiel für eine Küche der Vergangenheit, die dank eines Hauchs Fantasie und großartiger Grundzutaten einen Blick in die Zukunft wirft.

«

27 KM SÜDÖSTLICH VON VITERBO, S.P. 1

Il Calice e la Stella

Ferienbauernhof
Piazza Garibaldi, 9
Tel. (+39) 328 / 902 47 61
Ruhetag: Montag–Donnerstag
Ferien: 25. Juni–15. Juli
50 Plätze
Preise: 28 €
Alle Kreditkarten; BM
Mittags und abends geöffnet

Die Geschwister Arletti verstehen es, in ihrem Restaurant die eigene Umgebung zu präsentieren. Dabei bedienen sie sich der Produkte der eigenen Landwirtschaft im Gebiet der Hügel um Canepina, einem kleinen Ort mit mittelalterlichen Wurzeln inmitten von Kastanienwäldern und Haselnusspflanzungen. Das Lokal besteht aus drei miteinander verbundenen Gebäuden und verfügt über zwei unterschiedlich große Speisesäle. Normalerweise isst man in dem größeren Saal im Erdgeschoss, aber wer es ruhiger haben möchte, zieht einen der zwölf Plätze im ersten Stock vor. Ein Teil der in der Küche verwendeten Produkte stammt aus eigenem Anbau und eigener Verarbeitung: Haselnüsse, Esskastanien, natives Olivenöl extra, Gemüse und Konfitüren. Was nicht selbst gemacht wird, wird in der Umgebung eingekauft. Auf der Speisekarte ist ein Antipasto mit verschiedenen Bruschette, Aufschnitt aus dem Gebiet der Tuscia und Käse vorgesehen, es gibt verschiedene Größen mit Preisen von 5 bis 9 €, oder aber Sie wählen als Einstieg den guten Tortino di melanzane. Die Primi sind geprägt durch die für den Ort typische hausgemachte Pasta, das **Fieno** (also Heu, ein Gericht, das in historischen Schriften schon im 17. Jahrhundert erwähnt wird) und die **Ceciliani** (8,50 €), die mit Pesto di nocciole, al profumo di bosco, ai porcini oder al ragù serviert werden. Es gibt aber auch **Ravioli ripieni alle castagne** und Gnocchi di castagne al ragù. Intensiver Geschmack bei den Secondi mit Fleisch an erster Stelle: Filetto di **maialino al timo castagne e funghi** (8,50 €), Polpettone con cuore di castagna (mit Esskastanien gefüllter Hackfleischbraten) und **Coniglio leprino viterbese alla cacciatora** (halbwild aufgezogenes Kaninchen). Zum Desserts Gran caffè Maria (4 €), das ist Mousse mit Sahne, Kaffee und Schokolade. Im Keller lagern lokale Bio-Weine.

45 KM ÖSTLICH VON FROSINONE

Osteria del Tempo Perso

Moderne Osteria
Piazza San Rocco, 13
Tel. (+39) 07 76 / 63 80 39, (+39) 329 / 403 12 23, (+39) 340 / 253 22 07
Ruhetag: Montag • Ferien: 1 Woche im Juli, 2 Wochen im September • 60 Plätze
Preise: 30 € • Kreditkarten: CS, MC, Visa; BM
Abends geöffnet, Sonntag und Feiertage auch mittags

Eine Familie ist der Motor dieser im Jahr 2003 in einem Ort mit 3000 Seelen im Valle del Comino entstandenen Osteria. Das Engagement für qualitätvolle, zertifizierte Grundzutaten hat sie motiviert, eine eigene Landwirtschaft aufzubauen, um vergessene lokale Produkte wieder zum Leben zu erwecken. Die Küche liegt in den geschickten Händen von Mamma Sabrina und ihrem Sohn Matteo, gemeinsam verbessern sie im Lauf der Jahre ihre Gerichte und ändern die Speisekarte gemäß den Jahreszeiten. Der Antipasto besteht aus sechs warmen Gerichten, Aufschnitt und Käse (8 €), die frische Pasta wird aus einer Auswahl an lokalem Mehl gemacht, also gibt es **Gnocchi di cicoria**, pecorino di Picinisco Dop e guanciale croccante di maiale nero casertano, **Malfatti acqua e farina con la salsiccia di produzione propria, pomodoro e finocchietto** (unregelmäßige breite Pasta aus einem Teig aus Wasser und Mehl mit selbst gemachter Salsiccia, Tomaten und Wildfenchel) sowie Paccheri di Campofilone con zucchine, fiori di zucca e zafferano (8 €). Der schmackhafte Stracotto di manzo maremmano e purè bei den Secondi wird im Sommer von **Insalata di manzo con verdure croccanti e salse** (14 €) abgelöst. Legendäre Gerichte der Osteria sind **Polpettone** nach einem Rezept der aus der Romagna stammenden Großmutter, Abbacchio in padella con rosmarino und Filetto di maiale in salsa di Cabernet Atina Doc. Matteo besorgt das Fleisch und lässt es abhängen, wie im Fall der Tagliata des Marchigiana-Rinds, das in null Kilometer Entfernung aufgezogen wurde. Das Gemüse liefern die Bauern aus der Umgebung jeden Morgen, dann wird es gleich geputzt und gekocht. Die Weinkarte reicht von lokalen Erzeugnissen bis zu Weinen aus ganz Italien.

”
Bewundernswert sind die Konstanz und der Wille dieser Familie, ihre Idee einer Osteria voranzubringen.
“

100 KM SÜDÖSTLICH V. LATINA, S.S. 7

Bacchettone e Zazzà

Restaurant
Via delle Terme, 77
Tel. (+39) 07 71 / 60 70 15,
(+39) 07 71 / 190 73 30
Ruhetag: Mittwoch
Keine Ferien
60 Plätze + 40 Plätze im Freien
Preise: 35 €
Alle Kreditkarten; BM
Mittags und abends geöffnet

Wer den Thermalkurort Suio, einen Ortsteil von Castelforte, besucht, kann den angenehmen, im warmen Wasser verbrachten Tag mit einem Abendessen in diesem schönen Restaurant am Fuß der Monti Aurunici ausklingen lassen. In der schönen Jahreszeit probieren Sie in der Veranda aus Stein und unverputzten Ziegeln die typischen Speisen von Bacchettone und Zazzà, wie die Spitznamen lauten, mit denen die Mutter die beiden Inhaber als Kinder rief. Im Winter wird die Atmosphäre durch den beeindruckenden Kamin in der Mitte des Raumes belebt, vor allem, wenn auf dem Feuer die Suppe mit Hülsenfrüchten in den traditionellen Tontöpfen vor sich hin köchelt. Beginnen Sie mit Antipasti mit Salumi und Käse aus lokaler Erzeugung, mit Lumache in salsa di cipolle e pomodoro (Erdschnecken in Zwiebelsauce mit Tomaten, 8 €), oder in der entsprechenden Saison mit **Uovo con il tartufo bianco**, Ei mit weißem Trüffel, der von einem der beiden Eigentümer, Antonio, einem leidenschaftlichen und kompetenten Trüffelsucher, persönlich gesammelt wird. Dann kommen die Primi, die Auswahl besteht zwischen hausgemachter Pasta mit Ei mit Steinpilzen, **Ravioli di speck e provola in salsa amatriciana** oder Caserecce con il ragù di cinghiale (mit Sauce vom Wildschwein, 8 €). Die Secondi gliedern sich in Fleisch alla brace, zum Beispiel vom weiblichen Rind, Arrosticini di pecora (8 €), Lamm und Salsiccia, sowie Fisch: Hier finden Sie unter anderen **Anguille** (Aale) aus dem Fluss Garigliano, die ein lokaler Fischer fängt. Zum Abschluss Crostate con marmellate di arance di Suio und Cialda nocciolata ripiena. Die Weinkarte ist umfassend und gut bestückt mit Weinen aus ganz Italien, einen besonderen Stellenwert haben lokale Erzeuger.

100 KM SÜDÖSTLICH V. LATINA, S.S. 7

Terra di Briganti

Osteria
Via delle Terme, 60
Tel. (+39) 07 71 / 60 87 30,
(+39) 336 / 445 26 71
Ruhetag: Dienstagabend
Keine Ferien
60 Plätze
Preise: 26 €
Alle Kreditkarten
Mittags und abends geöffnet

Einst Terra di Lavoro genannt, Land der Arbeit, gezeichnet vom Phänomen des Banditentums, das auch im Namen der Osteria anklingt, ist dieses Gebiet heute ein gutes Beispiel für eine Küche des Grenzlandes, an den Rändern zweier Regionen, Kampanien und Latium, mit ihren verschiedenen, in ganz Italien bekannten Spezialitäten. Veränderungen gab es in diesem Lokal im Lauf der Zeit viele, denn aus einem Pub haben die Cousins Alberto und Michele Loretta eine moderne Osteria gestaltet, deren Ziel die Geselligkeit war, wie die zahlreichen von den Inhabern organisierten Themenabende bestätigen. Die Zutaten kommen aus dem Latium und Kampanien, wie auch die Weine aus autochthonen Sorten, die sich gut in die internationale Karte mit vorwiegend belgischen Bieren, eine Erbschaft des Pubs, einfügen. Die Portionen sind großzügig und die Küche unverfälscht, beginnend bei den Antipasti, zum Beispiel „del Brigante“ mit einer Auswahl an lokalen Salumi und Käse, dazu Kutteln, Bruschette und Oliven. Oder Sie entscheiden sich für den typischen Pane *cuotto* (Brotsuppe) und **Asparagi in frittata con pancetta croccante** (Spargelomelett mit knusprig gebratener Pancetta). Bei den Primi finden Sie die klassischen Bucatini all'amatriciana, Gnocchi al ragù di capra (7,50 €), Spaghetti al baccalà alla moliternese sowie die verlässliche **Pasta e fagioli con le cotiche** (mit Bohnen und Schwarten). Fortsetzung mit Fleisch von der Ziege, Milchlamm oder lokalem Schwein oder mit den ausgezeichneten **Medaglioni di vitello con asparagi, patate e carciofi spadellati**. Baccalà (10 €) und **Anguilla in umido** haben ebenfalls einen Stammplatz bei den Secondi. Gewürzt wird alles mit dem nativen Olivenöl extra aus eigener Erzeugung. Breitgefächerte Auswahl an Dolci (4 €) mit hausgemachten Konfitüren.

24 KM SÖ. V. FROSINONE, A 1 AUSF. CEPRANO OD. E 45

Il Ruspante

Ferienbauernhof
Via Pozzotello, 18
Tel. (+39) 07 75 / 68 67 50,
(+39) 335 / 823 86 47
Ruhetag: Dienstag, Mittwoch, Sonntagabend
Ferien: letzte August-, erste Septemberwoche
60 Plätze
Preise: 28–30 € (mit Hauswein)
Alle Kreditkarten; BM
Mittags und abends geöffnet
G

In der üppigen grünen Landschaft der Ciociaria, inmitten eines Gartens mit einem kleinen Kinderspielplatz und einem Innenhof, in dem man im Freien essen kann, können Sie in diesem familiengeführten Agriturismo die schmackhafte Küche der Umgebung kennenlernen. Am Herd steht Antonella, sie liebt Rezepte aus vergangenen Zeiten, die von den Jahreszeiten ausgehen, und verwendet dafür die Produkte aus dem Familienbetrieb oder von lokalen Lieferanten. Pasqualino und Sohn Diego sind gemeinsam mit den Damen des Services für den angenehmen Empfang verantwortlich. Zu Beginn ein reichhaltiger Antipasto (12 €), dessen Grundlage **Salsiccia di Castro dei Volsci** ist, Prosciutto, Käse (darunter Ricotta und **Marzolina aus Ziegenmilch**), Omeletts, Peperoni di Pontecorvo, gegrilltes Gemüse und **Patate ripassate con cicorietta di campo**. Unter den Primi ausgezeichnete **handgemachte Pasta mit Ei** (8 €), außerdem Paccheri al pomodoro con scaglie di ricotta di capra, **Strozzapreti all'amatriciana**, Tagliolini mit wenn möglich frischen Tomaten, oder ohne Tomaten, dann mit Steinpilzen und Salsiccia oder mit Wildspargel. Des Weiteren Pappardelle al sugo di cinghiale, Polenta con spuntature (mit Rippchen) und verschiedene Suppen. Exzellentes **Fleisch alla brace** (10 €): Rind, Hähnchen, Schwein (Salsiccia, Pancetta, Rippchen) und Milchlamm. Oder aber **Lumache al sugo**, Trippetta di abbacchio (Kutteln vom Milchlamm), Pecora in umido und gegen Vorbestellung Faraona cotta sotto terra (Perlhuhn). Gute hausgemachte Dolci (4 €) wie Ciambelline al vino, Amaretti, Crostata. Zu trinken gibt es nur den ursprünglichen Hauswein. In der angrenzenden Locanda können Sie in einem der komfortablen Zimmer übernachten, deren Einrichtung aus recyceltem, von lokalen Handwerkern geschickt verarbeiteten Material besteht.

24 KM SÜDÖSTL. V. FROSINONE, A 1 OD. E 45

Locanda del Ditirambo

Hotelrestaurant
Via dell'Orologio, 11
Tel.(+39) 07 75 / 66 20 91
Ruhetag: Montag–Mittwoch
Ferien: Ende Januar
45 Plätze + 50 Plätze im Freien
Preise: 35 €
Kreditkarten: CS, MC, Visa; BM
Abends geöffnet, Sonntag nur mittags
G

Castro dei Volsci wird wegen seines weit reichenden, bezaubernden Blicks „Balkon der Ciociaria" genannt. Nachdem Sie den Ring der mittelalterlichen Mauern abgeschritten haben, erreichen Sie die an einem antiken Brunnen erkennbare Piazza, auf der sich dieses Hotelrestaurant befindet. Die sympathische Inhaberin Daniela Accolla begrüßt die Gäste freundschaftlich. Die ausgezeichneten traditionellen Gerichte werden aus lokalen Zutaten zubereitet. Beginnen Sie mit Involtini di peperone e mousse di baccalà (8 €) und Carpaccio di bufaletto con caciottine di bufala (9 €), um mit exzellenter **Pasta e patate con scamorza affumicata, pancetta e basilico** (mit Kartoffeln, geräuchertem Käse, Pancetta und Basilikum) fortzufahren. Aber auch Fregnacce del casaro (breite Nudeln mit Tomaten, Ricotta und Wildfenchel) oder **Zuppa di cicerchie di Serra de' Conti** (8 €) sind empfehlenswert. Reich an Geschmack sind die Secondi: **Millefoglie di agnello con patate alla salvia** (15 €), Stufato di bufaletto con i fagiolini (geschmortes Büffelfleisch mit grünen Bohnen) und **Baccalà alla pofana** (14 €). Ausgezeichnete hausgemachte Dolci wie Ricotta con cialda mandorlata e melangoli canditi, Mousse alla menta e cioccolato und Crostata mit Obst. Die Umgebung spiegelt sich in der Weinkarte mit Cesanese, Cabernet di Atina, Bellone und Nero Buono di Cori, die Sie auch glasweise verkosten können.

In **Patrica** (24 km) an der S.S. 156 Monti Lepini bei km 9 bietet die Cooperativa Stella Büffelmozzarella aus der Ciociaria und verschiedene Sorten Büffelfleisch und -wurst.

CEPRANO

21 km südöstlich von Frosinone, A 1

Enoteca Federici

Enoteca mit Ausschank und Küche
Piazza Martiri di Via Fani, 8
Tel. (+39) 07 75 / 91 40 48
Ruhetag: Dienstag
Ferien: unterschiedlich
30 Plätze + 40 Plätze im Freien
Preise: 25–30 €
Kreditkarten: CS, DC, MC, Visa; BM
Mittags und abends geöffnet

Auf dem Hauptplatz von Ceprano finden Sie das Federici, Bar mit Pasticceria und Gelateria, Restaurant und Pizzeria und nicht zuletzt überaus gut bestückte Enoteca mit über 200 Etiketten vor allem aus dem Latium und der Umgebung. Patron Luca hat im Lauf der Jahre einen Ort geschaffen, der einen umfassenden Überblick über die Spezialitäten der Gegend gewährt. Das Spektrum reicht von den klassischen Gerichten der bäuerlichen Tradition zu gelungenen Neuinterpretationen. Die Speisekarte folgt den Jahreszeiten, doch es gibt auch stets vom Markt abhängige Gerichte, die nicht auf der Karte stehen. Luca kauft täglich bei ausschließlich lokalen Erzeugern ein, die Milch für das Eis ist kommt warm vom Melken, Käse (ausgezeichnete Ricotta und Büffelmozzarella) stammen aus wenige Kilometer vom Lokal entfernten Betrieben wie auch Eier, Mehl und Gemüse. Zu Beginn **Tortino in pasta di pane con scarola, olive di Gaeta e acciughe** (Endivien, Oliven und Sardellen in Brotteig). Die Primi sind einfach und köstlich, an erster Stelle steht **Raviolone del fattore con un ripieno di ricotta di mucca** (9 €). Probieren Sie auch die Klassiker **Cacio e pepe** (8 €), Carbonara und Amatriciana. Unter den Secondi sind typische Costata vom Marchigiana-Rind oder Tagliata (15 €). Falls Sie sich am 28. Juli in der Stadt befinden, dem Tag des Schutzpatrons Sant'Arduino, bekommen Sie **Pollo con peperoni** oder Fini fini con rigaglie di pollo (mit Hühnerklein). Aus der Vielzahl an Dolci sticht Crema chantilly (4 €) hervor, im Sommer wird sie mit roten Früchten und Erdbeeren serviert, im Winter mit Esskastanien und Schokolade.

Die Fattoria Maiuri (Via delle Cese 8) erzeugt Käse aus biologischer Kuhmilch. Die Käserei Valle del Liri (Via Campo Stefano 223, Località Carlesimo) verkauft Mozzarella und Käse aus Büffelmilch.

CONTIGLIANO
Collebaccaro

12 km westlich von Rieti

Il Liocorno

Moderne Osteria
Via Sant'Andrea, 18
Tel. (+39) 334 / 867 24 96
Ruhetag: Montag, Dienstag
Ferien: September
30 Plätze
Preise: 30–35 €
Keine Kreditkarten
Abends geöffnet, Sonntag auch mittags

Ein Besuch der vielen Franz von Assisi geweihten Stätten führt in ein kleines, in den Hügeln um Rieti beheimatetes Dorf, in dem Alessandra und Francesco ihr gastronomisches Abenteuer fortsetzen, das darin besteht, Gastlichkeit und Qualität in einem für den Massentourismus nicht leicht erreichbaren Ort zu bieten. Im geschmackvoll renovierten Lokal beschreibt Alessandra kompetent und passioniert das von der Jahreszeit abhängige Menü, in dem sich immer ein paar Überraschungen befinden, welche Francesco in seine Gerichte einbaut. Verzichten Sie nicht auf den **Antipasto del Liocorno** (12 €), eine kluge Zusammenstellung von Geschmacksrichtungen und Farben, basierend auf Salumi vom schwarzen Schwein der Reatino-Rasse, Pecorino, Kräutern und Blumen von den Feldern. Unter den Primi sind die handgemachten **Stringozzi con funghi galletti** (mit Pfifferlingen) oder mit Sauce vom Rind der Chianina-Rasse besonders charakteristisch. Dinkel und Hülsenfrüchte aus der Umgebung sind die Zutaten der leckeren Suppen, die mit schwarzem Trüffel angereichert und von Crostino und nativem Olivenöl extra der Sorte Sabina mit dem DOP-Zertifikat begleitet werden. Aus den Betrieben der Gegend um Rieti kommt das Fleisch vom schwarzen Schwein, Lamm und Rind, das alla brace gegart wird. Außerdem bekommen Sie ausgezeichneten Manzo alla bourguignonne, Filetto di **maiale nero con radicchio stufato** (12 €) und **frischen, im Ofen gebratenen Pecorino mit Honig**. Verlockend ist auch das Angebot an den ausnahmslos hausgemachten Dolci. Vom Speisesaal gelangt man in einen in den Felsen geschlagenen antiken Keller, der eine gute Auswahl an Wein, nicht nur aus dem Latium, beherbergt.

CONTIGLIANO

12 KM WESTLICH VON RIETI

Le Fontanelle

Ferienbauernhof
Via Madonna del Piano, 6
Tel. (+39) 07 46 / 70 71 43,
(+39) 339 / 134 60 68
Ruhetag: Montag–Donnerstag, außer im Sommer • Ferien: Februar
100 Plätze + 30 Plätze im Freien
Preise: 28–36 €
Kreditkarten: CS, DC, MC, Visa; BM
Mittags und abends geöffnet

Kurz bevor Sie die Altstadt von Contigliano erreichen, statten Sie dem landwirtschaftlichen Betrieb Le Fontanelle einen Besuch ab: Hier werden seit vier Generationen Pferde, Rinder und Schweine autochthoner Rassen wie das schwarze Schwein der Monti Sabini halbwild aufgezogen. Der Platz ist bezaubernd – dahinter befindet sich der dicht bewaldete Berg, nicht weit entfernt die franziskanischen Wallfahrtskirchen von Greccio, Fonte Colombo und Poggio Bustone. Im Sommer essen Sie zwischen alten Fässern und Schubkarren, die heute mit Lavendel, Rosmarin, Rosen und Geranien bepflanzt sind. Den Rest des Jahres im ehemaligen Heuschober, wo im Kamin stets der Grill bereit ist für das Fleisch, das der Gast persönlich auswählt (Salsicce, Rouladen und die Rippchen **Spuntature di maiale** für 2,50 € je 100 Gramm, Fiorentina für 4,50 €, Filet für 6 €). Ausgezeichnete hausgemachte Teigwaren (8 €): Stringozzi, Tagliatelle, Fregnacce und **Gnocchi al sugo di agnellone**, alla gricia, mit Spargel, Pilzen und im Frühling mit Guanciale und Dicken Bohnen. Prosciutto und Salumi, die man wie das übrige Fleisch in der Fleischerei des Betriebs kaufen kann, bereichern den Antipasto della casa (10 €), der auch frittiertes Gemüse aus dem eigenen Garten enthält. Neben alla brace gegartem Fleisch gibt es **Bocconcini di vitellone** und Scamorza con il prosciutto (7 €). Anschließend Torten und Crostate mit hausgemachten Konfitüren (4 €) oder Eis aus einem nahen traditionell arbeitenden Betrieb. Zum Abschluss wählen Sie von einer originellen Karte einen Digestif aus zwei kleinen, doch bereits bekannten lokalen Destillerien. Weine bevorzugt aus dem Gebiet der nahen Abruzzen und den Provinzen Rieti, Viterbo, Latina und Frosinone. Auch Biere aus lokalen kleinen Betrieben und dem übrigen Italien sind vorrätig.

CORI
Giulianello

26 KM NÖRDLICH VON LATINA

Osteria del Contadino

Osteria
Via Anita Garibaldi, 55
Tel. (+39) 06 / 966 54 14
Ruhetag: Dienstag
Ferien: 15.–31. August
50 Plätze + 20 Plätze im Freien
Preise: 25 €
Alle Kreditkarten; BM
Mittags und abends geöffnet

Typische römische Küche bietet die Osteria des aufmerksamen Gastgebers Tonino Martelloni und seiner Frau Simonetta Garbati. Das einfache, gemütliche Lokal befindet sich in der Nähe des mittelalterlichen Ortsteils Giulianello. Unter den Antipasti finden Sie ganzjährig herrliches **Gemüse aus dem eigenen Garten im Backteig und gegrillt** (die Sorten wechseln natürlich im Lauf der Jahreszeiten) sowie gemischte Salumi und lokalen Käse (7 €). Ebenso immer vorhanden sind köstliche Suppen, darunter jene mit Bohnen und Schwarzkohl, sowie die der berühmteren Vignarola ähnliche **Scafata** (7,50 €). Hausgemachte Pasta bildet die Basis von Primi wie Tagliatelle con funghi oder in der entsprechenden Saison mit Spargel. Zum Angebot der Secondi gehören Gerichte von intensivem Geschmack wie **Coratella di abbacchio**, Arista di maiale con le castagne (Schweinebraten mit Esskastanien), Kutteln, **Coniglio con finocchietto** und der interessante Baccalà in guazzetto. Oft trifft man auch auf Gerichte mit Wildgemüse, das Tonino selbst sammelt. Abschließend die Dolci, darunter eine exquisite Zuppa inglese und viele Süßspeisen der Tradition wie Crostata mit hausgemachten Konfitüren. Die Weine stammen vorwiegend aus der Umgebung und Cori, aber es mangelt auch nicht an Etiketten aus dem übrigen Italien.

FARNESE

44 KM NORDWESTLICH VON VITERBO

La Piazzetta del Sole

Trattoria
Via XX Settembre, 129
Tel. (+39) 07 61 / 45 86 06,
(+39) 328 / 690 74 93
Ruhetag: Montag
Ferien: unterschiedlich
35 Plätze
Preise: 27–33 €
Kreditkarten: CS, MC, Visa; BM
Abends geöffnet, Samstag und Feiertage auch mittags

Inmitten der Tuscia, unweit der romanischen Baudenkmäler von Tuscania, des Bolsenasees und des Naturschutzgebiets Selva del Lamone, liegt das weniger bekannte Städtchen Farnese. In einem der blumengeschmückten Gässchen im Zentrum stoßen Sie auf ein altmodisches Haus, in dem zwei entschlossene und leidenschaftliche Frauen, Miriam und Antonella, ein gemütliches Lokal eröffnet haben, in dem sich alle zu Hause fühlen. Die Landwirtschaft und die Geschichte der Umgebung sind Inspiration für die Gerichte, Neuinterpretationen von Rezepten mit traditionellen und lokalen Zutaten. Unter den Antipasti Ricottina al forno con pomodorini e origano (8 €), klassisches Brett mit Käse und Salumi, Salat mit Fenchel, Orangen und Coppa di testa, Paté di fegatini con verza marinata (Leberpastete mit mariniertem Wirsing) und Baccalà sfilettato con crema di ceci. Von den durchweg guten Primi verdienen **Tagliatelle alla vignarola** (8,50 €), Risotto con i porri e il tartufo sowie Lasagne con asparagi e provola affumicata eine spezielle Erwähnung. In der entsprechenden Jahreszeit finden Sie Gerichte mit Pilzen aus der Umgebung. Fleisch bei den Secondi: **Coratella d'agnello con carciofi** (12 €), Agnello a *buione*, **Coniglio porchettato**. Köstlich die **Patate al forno** (3,50 €) mit lokalem Wildfenchel. Von Antonellas Hand stammen köstliche Dolci (6 €) wie Millefoglie con crema chantilly, **Cassatina alle rose con salsa al cioccolato** und Mousse al cioccolato con salsa di lamponi. Im von Miriam kompetent betreuten Keller lagert nicht nur Wein aus dem Latium, ihr Augenmerk liegt ebenso auf biologischen und biodynamischen Weinen.

In der Via San Magno 61 erzeugt und verkauft der nach biologischen Methoden arbeitende Betrieb La Poppetta natives Olivenöl extra der Sorte Canino sowie Kirschen und Konfitüren.

FIUMICINO
Isola Sacra

31 KM SÜDWESTLICH VON ROM

Pinzimonio

Restaurant
Via Formoso, 95
Tel. (+39) 066 / 502 97 64
Ruhetag: Donnerstag, außer im Sommer
Keine Ferien
85 Plätze
Preise: 30–35 €
Alle Kreditkarten; BM
Mittags und abends geöffnet

Eine einfache, aber authentische Meeresküche erwartet Sie versteckt in einem der Gässchen von Isola Sacra, ein paar Meter vom Meer entfernt, bequem zu erreichen, wenn man von Rom oder vom Flughafen Fiumicino kommt. Für den Empfang ist Carmine persönlich zuständig, er bietet Ihnen einen Platz an einem der angenehmen Tische im großen Speisesaal oder im Freien an. Das Angebot besteht aus zahlreichen Gerichten, die stets auf der Speisekarte zu finden sind, und einer Auswahl an Tagesgerichten, die von den Jahreszeiten abhängen. In unserem Fall umfasste der überaus reichhaltige Antipasto misto für zwei Personen (21 €) unter anderem einen guten Tortino di polpo e patate, Cozze e vongole in guazzetto alla marinara, **Pomodoro ripieno di cuscus con ragù di gallinella** (mit Couscous gefüllte Tomaten mit Sauce vom Knurrhahn, eine Abwandlung des traditionellen römischen Gerichts Tomaten mit Reis), **Sgombro in umido** (geschmorte Makrele) und Caponatina. Einzelne Antipasti bekommen Sie für 8 €. Unter den Primi stechen die köstlichen **Spaghetti con le telline del litorale romano** (mit den lokalen Telline-Muscheln, 10 €) oder Linguine con alici, pinoli e marzolina (mit Sardellen, Pinienkernen und Marzolina-Käse) hervor. Als Fortsetzung eine gut bestückte Frittura di paranza (16 €), abhängig vom Fischfang, oder aber die ausgewogene, wohlschmeckende und üppige **Zuppa di pesce** (18 €). Das Angebot an Wein ist vielfältig und gut strukturiert. Der Gast darf hier auf kompetente Beratung zählen, sowohl die Speisen als auch den passenden Wein betreffend. Liebenswürdigkeit ist an der Tagesordnung, der Gesamteindruck immer erfreulich und nicht zuletzt ist auch das Preis-Leistungs-Verhältnis günstig, berücksichtigt man die Qualität des Gebotenen.

FORMIA

76 km südöstlich von Latina, S.S. 7 od. S.S. 213

Il Gatto & la Volpe

Restaurant
Via Abate Tosti, 83
Tel. (+39) 07 71 / 213 54
Ruhetag: Mittwoch, außer im Sommer
Ferien: Weihnachten–Dreikönig
70 Plätze + 50 Plätze im Freien
Preise: 30–35 €
Alle Kreditkarten; BM
Mittags und abends geöffnet

Einst war das Gässchen, über das man das Restaurant betritt, die historische Via Appia. Im Lokal, einer ehemaligen Mühle, haben die Brüder Giancarlo und Tonino Respekt vor der Geschichte derjenigen, die vor ihnen hier gearbeitet haben, bewiesen und die Ecke mit dem Holzofen, auf dem man kochen konnte, intakt gelassen: Auch heute köcheln hier noch einige Gerichte in Tontöpfen vor sich hin. Beginnen können Sie mit dem Antipasto del Gatto e la Volpe (12 €), bestehend aus sieben verschiedenen Kostproben: Seppioline arrostite col nero (kleine gebratene Tintenfische mit Tinte), Polpo e patate (8 €), **Guazzetto di tellina laziale con crostini** (10 €) sowie Salumi und Käse lokaler Herkunft. Unter den Primi Spaghettone di Gragnano con colatura di alici di Cetara (9 €) und **Pasta mischiata con fagioli di Controne e cozze** (mit Bohnen und Miesmuscheln, 9 €). **Calamari farciti** sind ein Beispiel für die Secondi, serviert werden sie im „Piatto di Cicerone", einem von Hand bemalten Teller, den man später mit nach Hause nehmen kann. Außerdem gibt es **Zuppa di pesce al coccio**, Fritturella di paranza (10 €) und Fisch, je nach dem, was der Markt zu bieten hat. Unter den hausgemachten Dolci sticht Crostata di pesche tabacchiere (mit Weinbergpfirsichen) ins Auge. Breit gefächerte, intelligente Auswahl an Wein, Flaschen aus dem Latium und Kampanien, oft auch glasweise angeboten, werden bevorzugt.

In **Itri**, bei km 136,30 der Via Appia, können Sie köstlichen von Enzo Recco zur Reife gebrachten Käse kaufen.

FRASCATI

21 km südöstlich von Rom, S.S. 215

Da una Cantina

Restaurant
Via Ottaviani, 18
Tel. (+39) 06 / 941 73 79
Ruhetag: Montag, im Sommer Sonntag
Ferien: August
40 Plätze + 10 Plätze im Freien
Preise: 30–35 €
Alle Kreditkarten; BM
Abends geöffnet, Sonntag nur mittags

In einem der Gässchen, die sich hinter der Kathedrale von Frascati nach oben schlängeln, begrüßen Pier Paolo und seine Frau Marina die Gäste in ihrem kleinen, gemütlichen Lokal. Ihre Passion für die Gastronomie hat dazu geführt, dass sie ihre früheren Berufe an den Nagel hängten und sich mit erfahrenen Kräften umgaben: In der Küche bereitet Mariella versiert die Gerichte der lokalen Tradition zu, am Markt ist Irma die Person des Vertrauens, sie verkauft in Grottaferrata das beste Gemüse. Pier Paolo ist Sommelier und widmet sich vor allem den Antipasti und Dolci, abgesehen davon ist er stolz auf seine Neuinterpretation von Stinco di maiale (Schweinehaxe), geschmort mit Ananas und Lauch (14 €). Die Gerichte des Tages stehen auf einer Tafel; auch glutenfreie Speisen werden zubereitet. Wir empfehlen zu Beginn die sogenannten **Sfizi** (8 €), fünf kleine Kostproben (frittierte kleine Pizzen, Omelett mit Zucchini und Minze, Ricotta mit Orangenkonfitüre, salziger Muffin und Torta rustica). Unter den Primi: **Mezzelune di ramoracce su vellutata di patate** (mit Wildgemüse gefüllte und auf Kartoffelcreme servierte Teigtaschen, 12 €), von Hand gezogene Tonnarelli al cacio e pepe sowie **Carbonara di fave e pancetta**. Fleischgerichte wie **Abbacchio delle campagne romane a scottadito** (Milchlamm, auch mit Artischocken verfügbar) sowie Arista di maiale alle prugne bei den Secondi. Verpassen Sie nicht den guten Salat **Misticanza di campo di Irma con battuto di alici** (5 €). Zum Dessert (5 €) Torta morbidona di ricotta e mascarpone con salsa di cioccolato caldo, Zabaione semifreddo al Marsala con uvetta e brandy, Triangolo di millefoglie con crema chantilly e gocce di cioccolato oder Zuppa inglese. Die gut aufgebaute Weinkarte umfasst 135 Etiketten, nicht nur aus der Umgebung und dem Latium.

Die Wirte von Frascati

Seit beinahe fünf Jahren ist in Frascati eine „Gemeinschaft des Essens“ aktiv: eine Verbindung zwischen einem Wein mit tausendjähriger Tradition und den Institutionen, die diesen ausschenken. Hier geht es darum, die authentische und anerkannte hundertjährige Gepflogenheit der Gastlichkeit und der Kultur des Essens zu bewahren – zu diesem Zweck wurde die Gemeinschaft der Wirte von Frascati gegründet.

Die Figur des Gastwirts steht für das Modell der eigenen Erzeugung und des lokalen Konsums und ist seit jeher mit nicht zu unterschätzenden sozialen und gemeinschaftlichen Werten verbunden. Heute geht es unseren „Marketendern“ darum, die Würde ihrer Rolle wieder aufleben zu lassen. Ihrem Wunsch nach einer Rennaissance des alten Konzepts der Gastlichkeit verleihen sie Ausdruck, indem selbst produzierten Produkten innerhalb des kulinarischen Angebots großer Wert beigemessen wird.

Das Gewerbe dieser Wirte zeichnet sich folglich dadurch aus, dass in ihren saisonal oder ganzjährig geöffneten Lokalen stets Wein aus eigener Erzeugung oder aus lokalen Winzerbetrieben angeboten wird. Bei den „Fraschette“ (den mit einem Laubzweig gekennzeichneten alten Osterien), „Tinelli“ und Osterien geht es im Grunde genommen nicht um die Küche, auch wenn einige dieses Metier ausgezeichnet beherrschen, sondern um den Ausschank. Diesem schließen sich nach Möglichkeit einige Speisenangebote an, in einigen Fällen können die Gäste nach wie vor ihr eigenes Essen mitbringen.

Diese Gemeinschaft ist das beste Sinnbild für die volkstümliche Geselligkeit und Gastfreundschaft gegenüber dem Durchreisenden oder Touristen, ganz zu schweigen von dem großen sozialen Wert, den der tägliche Besuch einer Gaststätte für ganze Generationen aus der Umgebung dargestellt hat. An diesen Orten wurden oftmals Arbeit, Freundschaft, Trost, Rat und manchmal sogar eine Familie gefunden.

Der offene Wein für den Verkauf muss aus eigener Erzeugung stammen. Die Trauben müssen im Gebiet des Frascati DOC oder in unmittelbar angrenzender Umgebung wachsen und auch verarbeitet werden. Die Zutaten für das Essen sollen überwiegend aus eigenen Gemüsegärten, Obst- und Weinpflanzungen kommen oder von lokalen, nach handwerklichen Methoden arbeitenden Erzeugern, die Brot, Honig, Käse und Salumi liefern. Der Wirt ist unbestritten eine Figur des Vertrauens, eine Bezugsperson, die in ihrem Lokal mit Leidenschaft und Respekt über die eigene Umgebung und das, was diese bietet, zu sprechen weiß: Während des Essens dürfen Sie also auch mit Erzählungen zum Leben und zum Wein rechnen, mit Anekdoten und persönlichen Erinnerungen.

In der Folge finden Sie eine Liste der an der Gemeinschaft der Wirte von Frascati teilnehmenden Lokale.

Stefano Asaro

Cantina Bucciarelli

Viale Regina Margherita, 27
Tel. (+39) 06 / 94 01 08 71
Ruhetag: Dienstag, außer im Sommer

Dieses Lokal am Belvedere des sommerlichen Spazierwegs hebt sich von den vielen anderen Lokalen durch seine Qualität ab und durch die charakteristischen Rezepte, die in der Küche täglich realisiert werden. Der freundliche Empfang durch Enzo Bucciarelli und seine Frau ist die Fortsetzung einer alten Familientradition.

Cantina Ceccarelli

Via Fontana, 61
Tel. (+39) 06 / 941 94 41
Nur im Sommer täglich geöffnet

Eine Osteria, die nur im Sommer geöffnet ist. Dann werden auf der Piazza San Rocco Tische aufgestellt und der Wein aus Familienproduktion ausgeschenkt. Luca und sein Vater Giancarlo sind Wirte alter Tradition, sie erlauben den Gästen, eigene Speisen mitzubringen, aber sie bieten auch ein anständiges Sortiment an lokalen Spezialitäten.

Cantina da Santino

Via Campana, 15
Tel. (+39) 06 / 94 29 81 10
Kein Ruhetag

Hier kann man auch mit mitgebrachtem Essen Platz nehmen und Hauswein bestellen. Das Ambiente ist für die Umgebung typisch und höchst angenehm. Felice Ramaccia ist in die Fußstapfen seines Vaters Santino getreten, dem es ein halbes Jahrhundert lang stets gelungen ist, einen Tisch für die vielen Tagesgäste aus Rom zu finden.

Cantina del Principe

Via del Castello, 25
Tel. (+39) 335 / 813 25 76
Kein Ruhetag

Diese Frascetta existiert seit etwa zwölf Jahren, aber die Berufserfahrung von Inhaber Ennio De Luca (Vizepräsident der Vereinigung der Weinbauern der Frascatitraube) reicht viel weiter zurück. Das Lokal befindet sich genau unterhalb des „Muro di Via Pensa" (eigentlich Viale Regina Margherita) und bietet guten Wein und selbst gemachtes Essen.

Cantina Grappolo d'Oro

Piazza Filzi, 5
Tel. (+39) 06 / 942 20 14
Kein Ruhetag

Familie Vanelli hat die Osteria zu Beginn des 20. Jahrhunderts gegründet, heute leiten sie Stefano und Isabella mit Sachverstand. Neben Käse, Salumi und eingemachtem Gemüse werden auch ein paar warme Gerichte angeboten. Plätze gibt es auch im Freien, in einem gemütlichen, dem Lokal vorbehaltenen Bereich.

Cantina Martini

Via delle Fratte, 5
Tel. (+39) 347 / 717 65 46
Kein Ruhetag

Mauro Martini begrüßt Sie mit seiner üblichen guten Laune zu einer Einkehr zwischen Fässern und schön präsentierten Flaschen. Ihm zur Seite steht bis heute seine über neunzigjährige Mutter. Ohne großen Wert auf Formalitäten zu legen, bietet er stolz seinen guten Rot- und Weißwein an und erzählt gerne Geschichten aus der Umgebung.

Cantina Simonetti

Piazza San Rocco, 4
Tel. (+39) 347 / 630 02 69
Ruhetag: Montag, im Winter auch Dienstag

Eine der ältesten Osterien von Frascati bestätigte sich in den letzten Jahren dank dem Eifer von Fabrizio Simonetti, aus dessen Küche jeden Tag ein anderes Speisenangebot kommt. Standort ist eine im Sommer viel besuchte Piazza, von der aus man einen weitreichenden Panoramablick über die Hauptstadt genießen kann.

Osteria dell'Olmo

Piazza dell'Olmo, 5
Tel. (+39) 347 / 404 52 73
Kein Ruhetag

Vielleicht ist das die Osteria von Frascati schlechthin. Sie befindet sich an einer kleinen Piazza in der Altstadt. Es ist nicht leicht, ein Gründungsdatum anzugeben, Rita Reggi mit ihrer witzigen, geselligen Art stand immer schon am Ruder und oft bringt sie Obst und Gemüse aus ihrem Garten mit. Im Sommer können Sie auch an einem Tisch im Freien sitzen.

Vinoteca Trinca

Viale Balilla, 14
Tel. (+39) 06 / 94 01 02 66
Ruhetag: Montag

Familie Trinca hat eine langjährige Erfahrung im Weinanbau und im Ausschank mit Bewirtung. In diesem eindrucksvollen renovierten Lokal bieten Andrea und Luca zusätzlich ein Büfett, das stark von der Käse- und Wurst-erzeugung des Gebiets der Castelli Romani geprägt ist.

21 KM SÜDÖSTLICH VON ROM

Zarazà

Restaurant
Via Regina Margherita, 45
Tel. (+39) 06 / 942 20 53
Ruhetag: Montag
Ferien: zeitweise im August
50 Plätze + 30 Plätze im Freien
Preise: 32 €
Kreditkarten: AE, CS, MC, Visa
Mittags und abends geöffnet

Dieses schöne Restaurant an einem Aussichtspunkt von Frascati, von wo aus Sie einen weitreichenden Panoramablick über das Gebiet der Castelli Romani bis zum nahen Rom genießen können, bewegt sich nach wie vor auf dem Weg der Tradition. Der Speisesaal ist behaglich, im Sommer können Sie auf der angenehmen, großzügigen Terrasse Platz nehmen. Der Patron der Familie Bronzetti erzählt, dass der kuriose Name des Restaurants keine besondere Bedeutung hat, doch einige russische und argentinische Gäste meinten, es handle sich um ein Wort aus ihrer Sprache. Der Service im Saal arbeitet professionell, immer freundlich und auf die Wünsche der Gäste bedacht, was dem Vater und dem Sohn zu verdanken ist, während das Lob für die Küche an die Mutter geht. Auf der Speisekarte stehen Gerichte der römischen Tradition, dazu kommen am Freitag Speisen mit Fisch. Beginnen Sie mit einem aus Auberginen im Backteig, Torta rustica, Oliven und Gerste mit Pesto bestehenden Antipasto (5,50 €) und fahren Sie fort mit klassischen Primi wie **Tagliolini con ragù di coda alla vaccinara** (11 €), Mezze maniche alla norcina (10 €) und **Bucatini all'amatriciana** (10 €). Der typische **Abbacchio scottadito** (14 €) ist und bleibt eines der wichtigsten Secondi wie auch Prosciutto di maiale al forno con patate und, wenn verfügbar, **Guancialini di vitello al tegame** (12 €). Zum Abschluss Schafkäse aus dem Latium und von Signora Piera selbst gemachte Dolci, von denen Sie vor allem Tiramisù alle fragole probieren sollten. Im Keller lagert eine breite, durchdachte Auswahl an Etiketten aus der Gegend der Castelli Romani und dem Latium.

»*Eine gemütliche und einladende Osteria, in der man die Wertschätzung der Tradition und der Umgebung spüren kann.*«

25 KM SÜDLICH VON ROM

Pietrino e Renata

Traditionelle Osteria
Via Generale Lordi, 70
Tel. (+39) 06 / 97 24 94 78
Ruhetag: Montag
Ferien: unterschiedlich
120 Plätze + 100 Plätze im Freien
Preise: 30 €
Kreditkarten: CS, MC, Visa; BM
Mittags und abends geöffnet

Ein neuer Standort für Pietrino e Renata, größer als das vorige Lokal und mit einem komfortablen Privatparkplatz ausgestattet. Vielleicht fehlt es den Räumen ein wenig an Persönlichkeit, was jedoch durch die Herzlichkeit der beiden Töchter Giorgia und Claudia wettgemacht wird. Sie beschreiben die fest in der Tradition von Genzano verwurzelte Küche. Alle Zutaten stammen aus der Umgebung, Obst und Gemüse werden auf nahen Märkten eingekauft, Fleisch bei Fleischereien des Vertrauens und die frischen Teigwaren macht Pietrino selbst. Obligatorischer Beginn mit dem überaus reichhaltigen Antipasto misto della casa (9 €), in dem Sie wechselnde Saisongerichte wie **Scafata** (Vignarola), Coppa, Prosciutto, frittiertes Gemüse, Käse sowie Bohnen mit Schwarten finden. Ausgezeichnete Trenette con funghi galletti, zucchine, menta romana e pecorino bei den Primi, ebenso **Tagliolini ai carciofi con guanciale e pecorino** (9 €) oder Fettuccine con cinghiale e ginepro (mit Wildschwein und Wacholderbeeren). Natürlich dürfen Klassiker wie **Amatriciana** und Ragù con *rigaje* di pollo nicht fehlen. Auch bei den Secondi herrscht große Auswahl an traditionellen Gerichten, zum Beispiel Trippa alla romana, Coda alla vaccinara, Bollito alla picchiapò und das köstliche **Coniglio porchettato** (12 €). Nicht zu vergessen das Fleisch, das von Pietrino persönlich alla brace gegrillt wird: **Maialino alla brace** (12 €) mit vielen Kräutern, ebenso gut Spuntature di vitella alla fornara (Kalbsrippchen). Die guten Beilagen hängen von den Jahreszeiten ab, Sie könnten Carciofi alla romana (3 €) sowie in der Pfanne gewürzte Zichorien, die wie anno dazumal schmecken, vorfinden. Interessante Weinkarte mit eindeutigem Schwergewicht auf dem Latium.

Mit der Fleischerei Azzocchi, Corso Don Minzoni 47, führt Danilo eine seit 1830 bestehende Tradition fort.

20 KM SÜDÖSTLICH VON ROM, S.S. 511

La Briciola di Adriana

Restaurant
Via D'Annunzio, 12
Tel. (+39) 06 / 945 93 38
Ruhetag: Sonntagabend, Montag
Ferien: zeitweise im August
35 Plätze + 15 Plätze im Freien
Preise: 35 €
Alle Kreditkarten; BM
Mittags und abends geöffnet

Herzlich und familiär sind die Adjektive, die einem in den Sinn kommen, sobald man diese kleine Osteria im Gebiet der Castelli Romani betritt, wo die Zeit bei Tradition und Ursprünglichkeit stehen geblieben zu sein scheint. Adriana, Alberto und ihr Sohn Raul führen das Lokal. Die Speisenfolge, die die Hausherrin gut zu erläutern versteht, basiert auf den besten Zutaten der Jahreszeit, die überwiegend von Bauern aus der Umgebung geliefert werden. Unter den Antipasti sind **Zucchine alla velletrana** (10 €) die Spezialität, aber, wenn verfügbar, sollten Sie auch die wirklich köstliche Vignarola di Adriana (10 €) und Misticanza con nervetti (gemischter Feldsalat mit Knorpeln) probieren. Die Primi (10 €) sind der perfekte Ausdruck einer soliden Hausfrauenküche, bestes Beispiel dafür sind **Pappardelle al ragù della Briciola**, Zuppa di fagioli e finocchietto oder **Farfalle al verde** mit Pesto aus ganz frischen lokalen Kräutern. Substanz bei allen Secondi, eine besondere Erwähnung verdienen Spezzatino di filetto con i peperoni, außerdem **Fagottini di vitella** (15 €) und für Freunde einfacher Fischgerichte Tegamino di aliciotti e indivia (Sardellen-Endivien-Pfännchen aus dem Ofen, 14 €). Unter den hausgemachten Dolci (6 €) stechen die leckere Millefoglioline di Adriana, Crumble di ciliegie sowie Babà al rum giamaicano con zabaione hervor. Die Weinkarte hat ihren Schwerpunkt auf den Erzeugnissen der Umgebung, doch auch der hochwertige Hauswein ist eine gute Wahl.

»*Ein gemütliches familiäres Lokal, in dem aus hochwertigen Zutaten unverfälschte Gerichte entstehen.*«

GROTTAFERRATA

20 KM SÜDÖSTLICH VON ROM, S.S. 511

L'Oste della Bon'Ora

Restaurant
Via Vittorio Veneto, 133
Tel. (+39) 06 / 941 37 78
Ruhetag: Montag
Ferien: 20. Juni–10. Juli
35 Plätze + 15 Plätze im Freien
Preise: 35 € • Alle Kreditkarten; BM
Mittags und abends geöffnet

Grottaferrata bestätigt sich als hervorragendes Ziel für kulinarische Ausflüge. Im Restaurant von Familie Pulicati stehen Gastlichkeit und gute Küche an erster Stelle. Die Einrichtung ist geschmackvoll einfach, im Sommer kann man auch sehr angenehm im Freien sitzen. Das Team besteht aus Gastwirt Massimo, seiner Frau Maria Luisa, Chefköchin, und den Söhnen Flavio und Marco sowie der kompetenten Martina im Service. Das Angebot ist vielfältig, es reicht von Degustationsmenüs zu ansprechenden Preisen (38 und 28 €) über vegetarische, vegane und glutenfreie Gerichte bis zu in der römischen Küchentradition verwurzelten Speisen, die dennoch Raum für Kreativität und Fantasie lassen. Von den Antipasti empfehlen wir **Crema di ceci con baccalà croccante** (12 €) sowie Tortino di indivia e alici di menaica. Als Primi **Lasagna cacio e pepe** mit römischem Salat, **Tagliolini con ragù di faraona al profumo di rosmarino** (12 €), Amatriciana in cornucopia und Gnocchi di patate al castelmagno, papavero e spinacino croccante (Kartoffelgnocchi mit Castemagno-Käse, Mohn und knackigem Jungspinat). **Saltimbocca** (12 €), Stinco di maiale alle erbe con purè di mele in agrodolce, **Bollito alla picchiapò** und Abbacchio al forno con le patate sind ein Teil der Auswahl bei den Secondi. Das Sortiment an Salumi und Käse beinhaltet einige kleine Seltenheiten, Zeichen einer ebenso beständigen wie passionierten Recherche. Vervollständigt wird das Menü von saisonalen Beilagen und hausgemachten Süßspeisen. Auf der schönen Weinkarte nimmt die Produktion des Latiums viel Raum ein. Anspruchsvolle Gäste finden sogar eine Karte für Öle und eine für Wasser.

»*Leidenschaft, Geselligkeit und die Liebe zur römischen Küche: Hier werden seit Jahren die verschiedensten Gäste und Geschmäcker zufriedengestellt.*«

GROTTAFERRATA

20 KM SÜDÖSTLICH VON ROM, S.S. 511

Taverna Mari

Restaurant
Via Piave, 29
Tel. (+39) 06 / 93 66 82 61,
(+39) 340 / 104 24 66
Ruhetag: Mittwoch
Ferien: zweite Augusthälfte
60 Plätze + 60 Plätze im Freien
Preise: 32 €
Alle Kreditkarten; BM
Mittags und abends geöffnet

Wie zu Gast bei einer Familie fühlt man sich in der Taverna Mari: ein schönes Haus, gepflegte Einrichtung und viel Platz im Freien, Mamma Iole in der Küche und Papà Enzo im Speisesaal, an seiner Seite Fabrizio mit seiner Frau Marianna. Die solide Erfahrung der Eltern ergänzt sich harmonisch mit Fabrizios Bedürfnis, zeitgemäß zu sein. Er bietet nicht nur Nischenprodukte und einen respektablen Keller, sondern auch eine originelle, zugleich traditionelle Speisekarte. Immer verlässlich ist der Antipasto misto (11 €), eine Auswahl an Aufschnitt sowie frittiertes Gemüse, zarte **Trippa alla romana**, Melanzane alla parmigiana „povera", schmackhafte Omeletts mit Spargel und Bruschetta mit Lardo vom Schwein der Mora-Romagnola-Rasse. Ausgezeichnete Primi mit hausgemachten Eierteigwaren (10 €) sind **Tagliatelle con le *regaje* di pollo** (mit Hühnerklein), mit Brokkoli oder mit Artischocken, Guanciale und Pecorino. Daneben gibt es die traditionellen Cacio e pepe, Carbonara, Amatriciana und **Gricia**, für die getrocknete Pasta aus kleinen Betrieben zum Einsatz kommt. Fleisch ist der Protagonist bei den Secondi: Abbacchio a scottadito und alla cacciatora, wie auch Perlhuhn, **Saltimbocca alla romana** (11 €), nach Lorbeer duftende Rouladen und Tagliata di manzo. In der entsprechenden Saison bilden **Carciofo romanesco alla giudia** (6 €) und Misticanza di campo zusammen mit dem Wildgemüse Ramoracce ein komplettes Essen. Zum Abschluss eine durchdachte Auswahl an italienischem Käse oder hausgemachte Dolci wie Millefoglie ai frutti di bosco, Torta di mele, Crema catalana und Tiramisu. Ein Lob dem Keller für die über 100 vor allem aus dem Latium stammenden Etiketten mit korrekten Preisen.

Freundlicher Empfang und Atmosphäre sowie Professionalität sind Basis einer mit Liebe interpretierten lokalen Küche.

ISOLA DI PONZA
Ponza

FÄHRE V. ANZIO, FORMIA, TERRACINA, S. FELICE CIRCEO

A Casa di Assunta

Restaurant
Via Panoramica
Tel. (+39) 07 71 / 82 00 86,
(+39) 338 / 804 17 66
Kein Ruhetag
Ferien: November–März
60 Plätze
Preise: 40 €
Kreditkarten: CS, DC, MC, Visa
Abends geöffnet

Ein Naturschauspiel steht am Beginn des Besuchs der Casa di Assunta, denn von dem im 17. Jahrhundert errichteten Gebäude aus genießt man den Blick über das Meer und den von Klippen und Ginster eingerahmten Hafen. Assunta selbst heißt Sie willkommen, an ihrer Seite ein rein weibliches Team. Hier finden Sie noch die Glasvitrine der Familie mit dem Geschirr und den Gläsern der Ururgroßmutter, aber auch Produkte mit kurzer Lieferkette, frischen Fisch und Gemüse aus Terrassenanbau. Beginnen Sie mit Antipasti (10 €) wie Insalata di polpo e patate, der in Öl eingelegten Thunfischsorte Alalunga, Parmigiana di zucchine, Panzarotti und Melanzane in barchetta. Die Primi (15 €) entspringen der Fantasie, respektieren jedoch immer die Eigenheiten der Zutaten: Fusilli al ferretto al pesto di Palmarola, **Gnocchi alla Ferdinando** mit Brennnesseln im Teig und einer Sauce aus Kürbisblüten, Venusmuscheln und ein paar Tropfen Colatura di alici, dann **Pasta con *i suonne*** (lokalen, intensiv nach Meer schmeckenden Krebsen, nicht zu verwechseln mit Seespinnen), außerdem Suppen mit Spalterbsen und Linsen sowie **Scarola con i fagioli**. Die Secondi (17 €) werden „pur" serviert: Polpo arrosto, **Calamari ripieni grigliati**, reichhaltige Frittura, Cotoletta di pesce spatola, **Rana pescatrice in zuppetta di ceci**, Sackbrassen und was der Markt am jeweiligen Tag zu bieten hat. Am Wochenende werden auch **Coniglio alla ponzese** und Trippa alla cacciatora gekocht. Einladende Dolci sind Mattonella bicolore, La Nonna Chiatta (Mürbeteig mit Konditorcreme und Schokolade mit weichen Meringen) sowie geeiste Cremes. Die Weinkarte beschränkt sich auf das Latium, ausgenommen die Schaumweine.

Assunta strahlt die Liebe zur Insel mit ihren Schönheiten und Erzeugnissen aus. Man fühlt sich einfach zu Hause.

22 km nördlich von Rieti

Boccondivino

Enoteca mit Ausschank und Küche
Via Garibaldi, 9
Tel. (+39) 07 46 / 63 60 86
Ruhetag: Montag
Ferien: 15. Januar–15. Februar
25 Plätze + 12 Plätze im Freien
Preise: 28 €
Alle Kreditkarten; BM
Abends geöffnet, Sonntag und Feiertage auch mittags

Der kleine, in einer mittelalterlichen Struktur hervorragend erhaltene und von seinen Bewohnern gepflegte Ort Labro blickt auf den See Piediluco. Zwischen der Festung und der Porta Reatina empfangen Mauro und Valeria die Gäste in einer kleinen, gemütlichen Enoteca mit etwa zwanzig Plätzen unterhalb des Rathauses. Hinter einer Wand aus Weinkisten befindet sich die Küche, in der Valerias sardische Wurzeln auf die kulinarischen Bergtraditionen des Gebiets der Sabina treffen. Dazu kommt die überaus sorgfältige Verwendung von Kräutern und Gewürzen. Der Antipasto (10 €) besteht aus einer Auswahl an Salumi aus kleinen Betrieben, Mortadella di prosciutto, Käse und **Pfannkuchen mit Kräutern**. Qual der Wahl bei den Primi (7,50 €), deren Teigwaren ohne Ausnahme hausgemacht sind: Maltagliati con menta, guanciale e roquefort, **Girella di pasta ripiena** (gefüllte Teigroulade) und **Ciriole di carciofi e pancetta**. Bei den Secondi sollten Sie **Ovetto del pollaio di Mauro meringato al tartufo** oder agli asparagi (10 €) nicht versäumen, ebenso wie Carpaccio di chianina al tartufo, serviert mit einer runden Zucchini, die mit dem Heilkraut Steinklee gefüllt ist. Von den Dolci (4 €) empfehlen wir mit Ricotta und kandierten Früchten gefüllten Croccantino mit Zartbitterschokolade sowie Panna cotta con ganache di cioccolato. Gut bestückter Keller in einem angrenzenden Lokal und auch glasweise ausgeschenkter Wein (3,50 €). Für Bierfreunde gibt es einige Flaschen aus einem kleinen Betrieb im nahen Ort Terminillo.

Die Bäckerei Taddei Vittori verkauft in ihren beiden Läden – in **Rieti** in der Via Garibaldi 150, in **Vazia** in der Via del Terminillo – Brot und Pizza, Pagnotta mit Kartoffeln, hausgemachtes Stangenbrot und Ciambelloni. Als Cafeteria ist sie bis 21 Uhr geöffnet.

La Taberna dei Lari

Osteria
Via Leopardi, 21
Tel. (+39) 07 73 / 41 10 61
Ruhetag: Montag
Ferien: zeitweise im August
40 Plätze + 25 Plätze im Freien
Preise: 35 €
Alle Kreditkarten; BM
Abends geöffnet

Die Laren, Figuren aus der römischen Mythologie, die für die Schutzgeister der Ahnen stehen, welche über Bestehen und Erfolg der Familie, des Besitzes oder der Tätigkeiten im Allgemeinen wachen, beschützen seit Jahren die Geschicke dieser Trattoria im Gebiet des Agro Pontino. Das mitten im Zentrum der Stadt befindliche einladende, gepflegte Lokal verfügt über eine Veranda, in der man im Frühling und Sommer Platz nehmen kann. Es ist ein Familienbetrieb, Isabella Faraglia und ihre Tochter liegt besonders der Einkauf der Grundzutaten am Herzen, die sie täglich bei traditionell arbeitenden Betrieben und Bauern aus der Gegend auswählen, so dass immer saisonale und unverfälschte Produkte zum Einsatz kommen. Bei den Antipasti haben wir in diesem Jahr einen **Tortino di zucchine e alici** und knusprige Panzanella mit Kalmaren vom Plattengrill (8 €) probiert und beide gut gefunden. In der entsprechenden Jahreszeit gibt es einen üppigen Flan di zucca con fonduta di gorgonzola e noci, in der Folge Tagliolini al tartufo estivo (12 €) oder **Fusilli lunghi con alici e *muddica*** (mit Sardellen und Brotkrumen, 12 €). Ein beliebtes Gericht ist die überaus reichhaltige Calamarata allo scoglio (13 €). Unter den Secondi finden Sie Rombo al forno con patate (15 €), Pesce spada con pomodorini, capperi e olive und **Polpettine di bufala con erbe aromatiche su vellutata di piselli** (Hackfleischbällchen vom Büffel mit Kräutern auf Erbsencreme). Beachtliches Sortiment an **Käse** vor allem aus dem Latium, zum Beispiel Marzolina und Caciottina von der Ziege, ausgezeichneter Höhlenkäse und nach alten Methoden erzeugter Gorgonzola. Das Essen beenden Semifreddo mit Ricotta und Zimt oder mit Karamel und Ingwer, Tiramisù con caffè amaretti e cioccolato sowie Trockengebäck aus Cori. Große Weinkarte, vor allem Produkte aus dem Latium.

LATINA

5 km vom Zentrum

Teresa

Trattoria
Strada Statale 148 Pontina, km 76,100
Tel. (+39) 07 73 / 24 17 54
Ruhetag: Samstagmittag, Sonntag
Ferien: 2 Wochen im August
42 Plätze + 30 Plätze im Freien
Preise: 28–35 €
Kreditkarten: AE, CS, MC, Visa; BM
Mittags geöffnet, Freitag und Samstag auch abends

Wenn Sie unterwegs auf der Pontina-Straße sind, vielleicht zum schönen Parco del Circeo, sei Ihnen eine Einkehr bei Teresa ans Herz gelegt. Wir befinden uns im Gebiet des Agro Pontino, wo die harte Arbeit der Trockenlegung einen beträchtlichen Reichtum an Lebensmitteln hinterlassen hat, wobei die Büffelzucht einen der wichtigsten Faktoren der lokalen Wirtschaft darstellt. Wenn Sie die Trattoria betreten, finden Sie sich vor einem großen Kamin wieder, in dem Eichenholz zur Holzkohlenglut wird. Ornella und Alice kümmern sich um die Gäste, während Teresa in der Küche das Teigblatt zieht und die Zubereitung aller hausgemachten Teigwaren überwacht. Ganz im Zeichen der Tradition betreut Ehemann Francesco den Grill. Die Antipasti reichen vom „Tutto bufalino" (alles vom Büffel) zur erfreulichen **Mini parmigiana di melanzane** (5 €), dazwischen Insalatina di batata, mit einer speziellen violetten Kartoffelsorte, die in dieser Gegend wächst. Bei den Teigwaren Panzerotti ripieni di carne di bufala e ricotta al burro e salvia, **Tagliatelle alla gricia** sowie die köstlichen **Maltagliati aus Buchweizenmehl mit Salsiccia vom Büffel, Pilzen und frischem Sommertrüffel** aus Campoli Appennino (10 €). Bei den Secondi wird durch das Garen alla brace die Qualität des Büffelfleischs in Form von Salsicce, Bistecche und dem zarten **Filetto** (16 €) betont. Eine interessante Wahl ist auch Coscia di pollo alla brace mit leichter Marinade. Ein Applaus den Dolci (5 €), darunter cremiges **Tiramisù al caffè**, Semifreddo al Marsala e nocciole und Semifreddo al pistacchio. Schöne Karten für Wein, mit Fokus auf dem Latium, und für Bier.

LUBRIANO

33 km nördlich von Viterbo

Il Vecchio Mulino

Trattoria
Via Marconi, 25
Tel. (+39) 07 61 / 78 05 05
Ruhetag: Mittwoch
Ferien: unterschiedlich
28 Plätze + 8 Plätze im Freien
Preise: 28 €
Alle Kreditkarten; BM
Mittags und abends geöffnet

Wir befinden uns in der oberen Tuscia im Gebiet um Viterbo, wo Latium, Umbrien und Toskana zusammentreffen. Die kleine Gemeinde Lubriano verdient wegen des Panoramablicks einen Besuch, man sieht über Civita di Bagnoregio, eine der „sterbenden Städte" Italiens, und die Wälder und Klüfte aus Tuffstein, die sie umgeben. Das Vecchio Mulino finden Sie am Eingang des Orts, die hier gebotene Küche ist fest mit den typischen Gerichten der Umgebung verbunden und natürlich fehlen nie (zumindest nicht in der entsprechenden Saison) Pilze aus den umliegenden Wäldern. Köchin Barbara Pettinelli bereitet Speisen mit eindeutigem Geschmack zu, beginnend bei Antipasti wie Pappa al pomodoro (eine Art Brotsuppe mit Tomaten und Gewürzen), **Trippa in insalata**, Crostini misti und Fantasie del Vecchio Mulino (9 €). Es folgen Fettuccine mit frischen Steinpilzen (12 €), **Pappardelle al cinghiale**, Tortelli di ortica con cavolo nero e ricotta (Teigtäschchen mit Brennnesseln, Schwarzkohl und Ricotta) und nicht zuletzt Tagliolini con guanciale e pecorino. In den kühleren Monaten finden Sie immer Suppen wie Ribollita (8 €) und Carabaccia, ceci e castagne (Zwiebelsuppe mit Kichererbsen und Esskastanien). Unter den Secondi sind Klassiker wie **Coda alla vaccinara** und Coniglio in porchetta, aber auch Porcini arrosto con patate (gebratene Steinpilze mit Kartoffeln), Stracotto al Chianti (12 €), **Coratella con cipolla**, Tagliata al rosmarino und Bistecca alla fiorentina. Als Beilagen Bohnen der Sorten Cannellini oder Borlotti mit frischen Zwiebeln und Saisongemüse. Hausgemachte Dolci zum Abschluss: Millefoglie, Tiramisu, Zuppa inglese. Der weiße und rote Hauswein sind nicht zu verachten, es gibt auch einige Flaschenweinen aus Kellereien der Umgebung zur Auswahl.

25 KM SÜDÖSTLICH VON ROM

Fontana Candida

Restaurant
Via Fontana Candida, 5
Tel. (+39) 06 / 944 90 30
Ruhetag: Sonntagabend, Montag, außer im Sommer
Keine Ferien
100 Plätze + 30 Plätze im Freien
Preise: 30 €
Kreditkarten: CS, MC, Visa
Mittags und abends geöffnet
♿

Ein kleiner Winkel gastronomischer Gelassenheit im Gebiet der Castelli Romani, wo man sich vom professionellen und sympathischen Antonio Ciminelli, einem ruhigen, aber aufmerksamen Zeremonienmeister verwöhnen lassen kann. Der Name der Osteria stammt von der angrenzenden historischen Kellerei. Viel Platz sowohl bei den Tischen im kühlen Freien als auch im weitläufigen Speisesaal. Maria ist Garantin für den Stil der wohlschmeckenden Gerichte, die schön präsentiert werden und tief im Gebiet der Castelli verwurzelt sind, wobei es einige Verweise auf andere Gegenden im Latium gibt. Gleich zu Beginn einige Speisen auf höchstem Niveau: Millefoglie di patate con coppa di testa e scorza di agrumi, Polpette di bollito con misticanza cotta und der legendäre **Spiedino di quaglia alla brace con funghi pioppini** (Wachtelspieß mit Südlichem Ackerling, 8 €). Unter den Primi Vermicelli di Gragnano con carbonara di agnello, großzügige Portionen an **Gnocchi di patate con ragù di vaccinara** (12 €) sowie Ravioli di pecorino alla vignarola, also mit Dicken Bohnen, Erbsen und Artischocken (nur im Frühling). Was die Secondi betrifft, so arbeitet man viel mit dem Grill und der Holzkohlenglut, daher finden Sie den immer interessanten Abbacchio scottadito (15 €) und die wirklich empfehlenswerten **Costolette di maialino in panatura croccante** (10 €). Außerdem ein ausgezeichneter **Tegamino di baccalà con pomodorini e cipollotti** (mit Kirschtomaten und Jungzwiebeln geschmorter Baccalà, 12 €). Gleiche Sorgfalt bei den Desserts: weicher Sorbetto di limone e menta romana (mit Zitronen und Pfefferminze aus dem eigenen Garten) und Sfoglia calda con mela, uvetta e pinoli su zabaione al Marsala. Den Wein wählen Sie aus einem reichen Bestand an Etiketten, in dem es für jeden das Richtige gibt.

MONTE PORZIO CATONE

25 KM SÜDÖSTLICH VON ROM

Il Monticello

Restaurant
Via Romoli, 27
Tel. (+39) 06 / 944 93 53
NEU
Ruhetag: Montag, im Winter auch Sonntagabend
Ferien: 16.–22. August
120 Plätze + 120 Plätze im Freien
Preise: 28–32 €
Kreditkarten: AE, CS, MC, Visa; BM
Mittags und abends geöffnet

Familie Intreccialagli feiert bald ihr 30-jähriges Arbeitsjubiläum und ihr Engagement, eine ausschließlich an der Umgebung orientierte Küche zu präsentieren, wird durch die Rückkehr in unser Buch bestätigt. Mamma Imperia ist nach wie vor dabei, wenn die frische Pasta gemacht wird, in der Küche steht Angela, während Erasmo und Fulvio sich um die Gäste im Speisesaal kümmern. Wenn man durch das Eingangstor tritt, sieht man rechts den Garten, der die Küche mit Gemüse versorgt. Für einen optimalen Beginn sorgen der klassische Supplì con sugo di *regaje* di pollo, Bruschetta con caciotta di pecora e puntarelle, Cocotte con cavolo cappuccio e provola affumicata (im Tontopf geschmorter Kohl mit Räucherkäse, 5 €) oder das Brett mit Salumi aus dem Fleisch der Schweine aus eigener Aufzucht. Frische Pasta ist die Grundlage der Primi, täglich werden Tagliolini und Fettuccine mit verschiedenen Saucen serviert, wir empfehlen aber vor allem die duftenden **Ravioli di ricotta e melanzane con pomodorini e mentuccia** (12 €). Eine besondere Vorliebe des Hauses gilt der toskanisch inspirierten **Zuppa di fagioli con cavolo nero** (10 €). Außer gegrilltem Fleisch gibt es bei den Secondi Klassiker wie **Trippa alla romana** (13 €) und Coratella con cipolle wie auch **Polpette fritte di agnello e carciofi** (15 €). Vom Meer kommen gute Ideen wie Sgombro scottato con insalata al pesto di aglio e alici (kurz gebratene Makrele, dazu Salat mit Pesto aus Knoblauch und Sardellen). Eine eigene Abteilung bilden die Pilze, dank der Mitarbeit eines professionellen Sammlers gibt es sie frisch, aus der Umgebung und der Jahreszeit entsprechend. Unter den Dolci Crème brulée, hausgemachtes Eis und im Herbst Bavarese di castagne (7 €). Etwa 500 Etiketten ergeben eine Weinkarte, die auch Liebhaber überzeugen wird.

29 KM NORDÖSTLICH VON ROM

La Rocca del Gusto

Restaurant
Via della Rocca, 36
Tel. (+39) 333 / 924 37 53
Ruhetag: Sonntag, Montag
Ferien: August
24 Plätze
Preise: 30–35 €
Keine Kreditkarten
Abends geöffnet

Monterotondo ist eine Gemeinde mit mittelalterlichen Wurzeln, aus der der gut erhaltene eindrucksvolle Palazzo Orsini-Barberini herausragt. Auf der linken Seite des Gebäudes befindet sich das Restaurant von Maria Luisa Conrado. Hier wird nichts dem Zufall überlassen, die Suche nach Zutaten aus Bio-Landbau und nach Produkten aus Slow-Food-Presidi ist beständig, die Nähe zu den Erzeugern essenziell. Der kleine, hübsch eingerichtete Speisesaal trägt zur familiären Atmosphäre bei. Liebevoll kümmert sich Maria Luisa um ihre Gäste, sie ist immer gerne bereit, präzise Informationen zu den Gerichten und den passenden Weinen zu geben. Unter den Antipasti heben sich die Käseauswahl (10 €) sowie eine **Crema di ceci di Capena su pane croccante con melanzane sott'olio di Nerola** (Kichererbsencreme auf knusprigem Brot mit in Öl eingelegten Auberginen) von den übrigen Vorschlägen ab. Im Anschluss empfehlen wir **Pasta alla gricia**, **traditionell erzeugte Mezze maniche mit Pecorino-Creme und frischen Dicken Bohnen** oder mit Tomaten aus Torre Canne und Guanciale (9 €), Couscous mit Gewürzen und Gemüse sowie Crespelle (gefüllte Pfannkuchen). Als Secondo **Uova di anatra in trippa alla romana** (11 €) und **Straccetti di vitellone ubriachi all'olio di minuta siciliana** oder gegrilltes Fleisch. Die Beilagen wechseln täglich, zum Abschluss gibt es eine kleine, aber exquisite Selektion an hausgemachten Dolci, darunter Biancomangiare con salsa alle fragole und Torta al cioccolato 70%. Die Weinkarte ist bescheiden, aber gut zusammengestellt, Sie finden kleine Erzeuger und einige naturbelassene Weine, die den Willen zur Recherche bezeugen.

53 KM SÜDÖSTLICH VON LATINA, S.S. 7

Hostaria della Piazzetta

Trattoria
Viale Littoria, 13
Tel. (+39) 07 71 / 56 67 93
Ruhetag: Dienstag
Keine Ferien
45 Plätze
Preise: 28–30 €
Keine Kreditkarten
Mittags und abends geöffnet

In der Hostaria della Piazzetta scheint die Zeit stillzustehen. Am Eingang begrüßt uns Flaviano Rizzi mit der Schürze des Wirts aus vergangenen Zeiten. Er präsentiert die Gerichte, die seine Frau Luisa mit versierter Meisterschaft zubereitet. Wir beginnen mit dem traditionellen Antipasto mit Salumi (**Lonza, Lonzino und Guanciale**) oder der typischen Salsiccia mit Koriander, die nach einem Familienrezept hergestellt wird. Dazu passen ausgezeichnet der Käse Marzolina aus der Milch einer autochthonen Ziegenrasse und Omeletts mit Saisongemüse. Bei den Primi (7 €) geht es mit Traditionellem weiter: Fettuccine, je nach Saison mit Spargel oder Steinpilzen aus dem nahen Korkeichenwald von San Vito serviert, Linguine mit Garnelen aus dem See von Fondi, Zippi con broccoletti e salsiccia, ***Pittia* e fagioli**, Zuppa di fagioli con l'erba di santamaria (mit Frauenminze gewürzte Bohnensuppe). Der Bezug zur Umgebung wird ebenso deutlich bei den Secondi (10 €): Aus dem See kommen Cefali (Meeräschen), die alla brace zubereitet werden und meisterlich gegrillte Garnelen, von den Monti Ausoni die Ziegen und Schafe, deren Fleisch zu Spezzatino und Abbuoti (um ein Stäbchen aus Fett gewickelte Därme) verarbeitet werden. Bemerkenswerter **Baccalà alla brace**. Unter den Beilagen (3 €) ragen **Cicoria selvatica** und Augenbohnen hervor. Im Zeichen der Tradition die Dolci (4 €): Crostata mit hausgemachter Konfitüre, gefülltes Biskuit und Tiramisu. Flaviano verabschiedet uns mit einem seiner Kräuterliköre aus Basilikum, Lorbeer und Myrte.

»*Die Emotion eines Schritts in die Vergangenheit: Flaviano und Luisa feiern und bewahren die kulinarische Tradition dieser Umgebung, indem sie Produkte aus dem See, vom Land und den Hügeln zur Geltung bringen.*«

NETTUNO
Acciarella

66 KM SÜDLICH VON ROM

La Nuova Fattoria

Ferienbauernhof • Via di Valmontorio, 11
Tel. (+39) 077 / 364 41 11,
(+39) 339 / 472 90 76
Ruhetag: Montag–Mittwoch, im Sommer nur Mittwoch
Keine Ferien • 80 Plätze + 50 Plätze im Freien
Preise: 32–35 € (Tagesmenü)
Kreditkarten: CS, DC, MC, Visa; BM
Abends geöffnet, Samstag und Sonntag auch mittags

Im Grenzgebiet der Provinzen Rom und Latina, an der Straße von Nettuno nach Torre Astura, ist der landwirtschaftliche Betrieb Di Pietro zu Hause. Der Agriturismo der sympathischen, Freude ausstrahlenden Familie Taurelli ist das ideale Ziel für Freunde der Erzeugnisse des Gemüsegartens, des selbst Eingelegten und haltbar Gemachten und der Oliven der Sorte Itrana. Michela ist Sommelière, ihr Schwager Emiliano hilft ihr beim Service im Speisesaal und an milden Tagen im Garten, in dem es nach Blumen und Obst duftet, während Alessandra die Küche beaufsichtigt. Seit diesem Jahr kann man nicht nur das Degustationsmenü des Tages (35 €), sondern auch von der beinahe zu großen Speisekarte wählen. Als Einstieg sind die kleinen Kostproben dem „Antipasto della casa" vorzuziehen: Ricotta di bufala con mandarino cinese del „nostro" frutteto (Büffelricotta mit Kumqat aus eigenem Anbau, 5 €), Pecorino romano con mostarda di pomodori verdi und Mozzarella di bufala dell'Agro Pontino. Von den Primi empfehlen wir **Fettuccine all'uovo cacio e pepe con mentuccia romana e carciofo croccante** (12 €), **Pasta al forno**, mit Büffelricotta und frischem Spinat gefüllte Cannelloni und Ravioli in einer Sauce aus Kirschtomaten. Ein schöner großer Grill thront in einem zum Freien hin geöffneten Saal, es folgen daher **Grigliata mista** (15 €) oder **Costata di manzo**, auch eine gute Möglichkeit, wenn man nur ein Hauptgericht möchte. Zum Abschluss Tortino di frolla di mandorle con cuore di uva fragola e mele oder handgemachte Millefoglie mit Konditorcreme (8 €). Das Weinangebot stützt sich auf die respektablen Erzeugnisse eines lokalen Bio-Winzers.

In Nettuno verkauft L'Apeoperosa, Via Terminillo 25, selbst erzeugten Akazienblüten-, Esskastanien-, Lindenblüten- und Tausendblütenhonig sowie Honigtau.

OLEVANO ROMANO

56 KM ÖSTLICH V. ROM, A 1 AUSFAHRT VALMONTONE

Il Boschetto

Hotelrestaurant
Viale San Francesco d'Assisi, 95
Tel. (+39) 06 / 956 40 25
Ruhetag: Mittwoch
Ferien: 10–15 Tage im November
100 Plätze
Preise: 30 €
Alle Kreditkarten; BM
Mittags und abends geöffnet

In diesem traditionellen Restaurant steht Silvestro Ciolli am Ruder, seine Tochter betreut den Service, seine Frau Margherita ist für die Küche verantwortlich. Das Lokal liegt im Grünen und verfügt über viel Platz in gemütlichen, schön renovierten Räumlichkeiten. Silvestro betreut auch einen Weinanbaubetrieb namens Compagnia di Ermes, der sich zunehmend auf naturbelassene Weine und Sorten der Umgebung spezialisiert. Auch die Küche spiegelt die Traditionen des Umfelds in den Zutaten und den Gerichten, die manchmal mit etwas Innovation interpretiert werden. Zu Beginn wählen Sie unter zahlreichen Antipasti wie ausgezeichnetem Prosciutto crudo di Bassiano und Mozzarella di bufala di Amaseno (8 €), Crema di finocchi con pepe nero, Fiore di zucca fritto ripieno di alici e mozzarella (mit Sardellen und Mozzarella gefüllte und frittierte Kürbisblüten), Polpette di fassona in crema di patate, mentuccia e pecorino (Fleischbällchen vom Rind der Fassona-Rasse in einer Creme aus Kartoffeln, Minze und Pecorino), Cocotte di provola con funghi porcini e tartufi sowie Parmigiana di asparagi, tartufi e uovo di quaglia (Auflauf mit Spargel, Trüffeln und Wachtelei). Sehr gut schmecken bei den Primi **Codine di acqua, farina e Cesanese con guanciale di Bassiano, pomodoro scottato e scamosciato cinque anni** (8 €) sowie Spaghettoni con pomodori freschi, alici e finocchietto. Es folgen **Guancia di bovino adulto brasata al Cesanese** (14 €) und **Costine di agnello di Pereto a scottadito** (14 €). Beenden können Sie das Essen mit Käse, unter anderem einem Blauschimmelkäse aus Büffelmilch aus Amaseno, oder mit einem üppigen Zuccotto mit Konditorcreme und Obst. Die Etiketten im gut bestückten Keller stammen vor allem aus dem Latium.

56 KM ÖSTLICH V. ROM, A 1 AUSFAHRT VALMONTONE

Sora Maria e Arcangelo

Osteria
Via Roma, 42
Tel. (+39) 06 / 956 40 43
Ruhetag: Montagabend, Mittwoch
Ferien: 10.–30. Juli
80 Plätze
Preise: 35 €
Alle Kreditkarten
Mittags und abends geöffnet

Das Restaurant von Giovanni Milana stellt seit Jahrzehnten einen Bezugspunkt der Gastronomie dieses Gebietes dar. In den Räumlichkeiten des Lokals wurden die ursprünglichen Steine, die historischen Bögen und Böden gewissenhaft zum Vorschein gebracht. Die gleiche Sorgfalt zeigt sich beim Empfang der Gäste in der zwangloser Atmosphäre, dem tadellosen Service und dem Angebot der Speisekarte. In der detaillierten Beschreibung der überwiegend lokalen Zutaten spiegelt sich die Seriosität bei der Auswahl der Produkte. Unter den Antipasti (10 €) ragt die **Trilogia di polpette** (Baccalà in Sauce aus Kichererbsen, Kochfleisch mit grüner Sauce und Artischocken mit geschmolzenem Pecorino) hervor, desgleichen Animelle scaloppate con robiolina di capra und Fiore di zucchina farcita di ricotta di bufala con pomodoro san marzano. Unter den Primi (10 €) „Klassiker" wie **Cannelloni della sora Maria** (mit Pastete vom Jungstier gefüllte Teigröllchen), **Code di *soreca*** (von Hand gezogene frische Pasta) **all'amatriciana** und im Frühling Ravioli di ricotta ed erbe spontanee. Von der breiten Auswahl an Secondi (15 €) bevorzugen wir **Abbacchio di Carpineto** (ein knuspriges Kotelett und mit Kräutern geschmorte Keule vom Milchlamm mit Pecorino) sowie **Baccalà morro con la vignarola** (Baccalà mit Dicken Bohnen, Erbsen und Artischocken). Köstliche Dolci (9 €), darunter Tiramisù alle fragole di Terracina und verschiedene Sorbets. Die Weinkarte bietet viele Informationen und zahlreiche Angebote von Cesanese.

„Qualitätvolle Gerichte, Aufwertung typischer Produkte, Sinn für die Gastlichkeit – das alles trägt dazu bei, aus dem Sora Maria e Arcangelo einen ganz besonderen Ort zu machen."

41 KM SÜDÖSTLICH VON RIETI

Vini e Cucina

Moderne Osteria
Via Roma, 7
Tel. (+39) 07 65 / 93 30 02
Ruhetag: Montag
Keine Ferien
40 Plätze
Preise: 25 €
Kreditkarten: CS, DC, MC, Visa; BM
Mittags und abends geöffnet

Orvinio, ein kleiner Ort mittelalterlichen Ursprungs, ist ein beliebtes Ziel nicht nur für kunsthistorisch Interessierte, sondern auch für Naturfreunde und Wanderer, die den Pfaden im Parco dei Monti Lucretili folgen. Mittags und abends bietet die Osteria Vini e Cucina im Zentrum des Dorfes eine gepflegte traditionelle Küche, deren Gerichte mit Sorgfalt zubereitet werden. Die Speisekarte ist immer an den Jahreszeiten ausgerichtet und baut auf der Verfügbarkeit lokaler Produkte auf. Eingangs der Antipasto della casa (4 bis 8 €), in dem lokale Salumi vorgesehen sind, Speisen mit Hülsenfrüchten, ganz frische Ricotta sowie Schafkäse in verschiedenen Reifegraden, dazu Akazienblütenhonig. Die Teigwaren sind handgemacht, probieren Sie die ausgezeichneten **Ravioli con ricotta e borragine** (9 €) und verpassen Sie auch nicht die hauchdünnen **Fettuccine al farro locale condite con il sugo di coda alla vaccinara** (aus lokalem Dinkelmehl mit Sauce vom geschmorten Ochsenschwanz), ebenso wenig **Polentone**, das im Winter ein wohlschmeckendes Hauptgericht ergibt. Fleischliebhabern empfehlen wir Grigliata (10 €) und **Bollito della casa** (10 €). Schöne Auswahl bei den Beilagen (3,50 €): in der Pfanne gewürzte Feldzichorien, Insalata di zucchine e pecorino, gegrilltes Gemüse und verschiedene Rezepte mit Kartoffeln. Das Brot ist aus Sauerteig, auf dem Tisch steht ein köstliches natives Olivenöl extra der Sorte Sabina aus dem Gebiet von Scandriglia. Zum Abschluss lohnen Millefoglie (4,50 €), Tiramisu und das Dessert aus Ricotta mit Schokolade einen Versuch.

37 KM NÖRDLICH VON FROSINONE

La Polledrara

Ferienbauernhof
Via Polledrara
Tel. (+39) 07 75 / 53 32 77,
(+39) 339 / 868 09 93
Ruhetag: Montag–Donnerstag, Mai–September Montag und Dienstag
Ferien: Januar • 50 Plätze + 100 Plätze im Freien
Preise: 27 € (Tagesmenü)
Kreditkarten: CS, MC, Visa; BM
Mittags und abends geöffnet

Vor ein paar Jahren haben Francesca und Vincenzo eine ehemaliges Gestüt am Eingang des Naturparks Selva di Paliano in einen einladenden Agriturismo im Zeichen des gesunden guten Essens verwandelt. Zum Betrieb gehören auch Übernachtungsmöglichkeiten und ein Schwimmbad. Das Menü zum feststehenden Preis von 27 € wechselt wöchentlich und besteht aus einem Antipasto, zwei Primi, zwei Secondi, Dessert, Wasser, Kaffee und Digestif. Alle Zutaten stammen aus eigener Erzeugung oder aus Betrieben in der Nähe. Die liebenswerte Tochter Chiara empfängt Sie freundlich und bietet Ihnen einen Platz im angenehmen, rustikalen Speisesaal an. Zu Beginn werden Bretter mit guten Salumi und Käse aus der Gegend, darunter einige Slow-Food-Presidi, frittiertes Gemüse und Omeletts aufgetischt. Danach handgemachte Fettuccine und Pataccacce, leckere **frische Casarecce** nur aus Wasser und Mehl **mit Kürbisblüten und Safran aus Affile** und ganz frisch gemachter **Timballo al ragù bianco con carote e menta**. Von den Secondi erwähnen wir **Brasato alle erbe aromatiche** und das leckere **Maialino al limone**, als Beilagen Patate arrosto und gemischten Salat aus dem Garten. In der Jagdsaison werden auch Wildschwein und Fasan aus lokaler Abstammung zubereitet. Originell und gut die kleinen Süßspeisen des Hauses, die Sie mit einem Dessertwein aus dem Latium probieren können. Der empfohlene Wein ist – wie könnte es anders sein – ein hervorragender Cesanese del Piglio DOCG, in der Flasche oder glasweise serviert, wie auch die anderen 40 Etiketten, die fast alle aus dem Latium stammen und ein gutes Preis-Leistungs-Verhältnis aufweisen. Auch Biere aus kleinen Betrieben sind vorhanden.

Hier ist das Bemühen, etwas Besonderes zu bieten – sowohl im Bereich des Essens als auch auf dem Gebiet der Gastlichkeit – eine Grundfeste.

60 KM ÖSTLICH VON FROSINONE, S.R. 509

La Locanda di Arturo

NEU

Trattoria
Piazza Capocci
Tel. (+39) 347 / 831 43 88,
(+39) 333 / 384 47 28
Ruhetag: Dienstag, Januar–April auch Mittwoch
Ferien: zeitweise im November
Plätze: 40 • Preise: 25–30 €
Alle Kreditkarten; BM
Mittags und abends geöffnet

Umgeben von einem herrlichen Panorama stellen Annamaria und Martina, für die Küche verantwortlich, und Davide, im Service, in ihrem Lokal auf die Jahreszeit bezogene Menüs und Spezialitäten der Umgebung vor. Davide ist diplomierter Agrartechniker und Sommelier, außerdem in der vierten Generation Züchter von halbwilden Rindern der Marchigiana-Rasse. Dem Willkommensgruß des Hauses in Form von Bruschetta al **lardo di maiale nero** di Arpino und **Ricottina di pecora** folgt eine Auswahl an Salumi aus kleinen Betrieben, darunter **Prosciutto di capra** (von der Ziege) und **Mortadella d'asino** (vom Esel) sowie hochwertiger Käse wie **Pecorino DOP**, anschließend eine Kostprobe von Salumi, Käse, Frittiertem und geschmortem Fleisch (12 €). Vorzügliche Primi: **Fettuccine al ragù di vitellone bianco** oder mit Sugo di capretto, Tagliolini e fagioli cannellini di Atina, **Gnocchi di patate con orapi** (mit wildem Spinat), Ravioli di rape rosse, Gnocchetti verdi all'ortica e guanciale di maiale nero und Hartweizenspaghetti mit Zitrone und Basilikumpesto. Die frischen Teigwaren werden von Hand gemacht. Exzellente **Grigliate** (10 €). Gemüse aus dem Garten (2 €) wird mit dem delikaten Öl beträufelt, das Annamarias Vater herstellt. Auf einer Tafel stehen die abseits der Karte angebotenen Gerichte: Schnecken, Trüffeln, Steinpilze, Innereien, Wild oder Eselfleisch. Martina macht gute Crostata di crema al limone (3 €), Semifreddo al cioccolato, Cannolo siciliano con ricotta locale sowie alkoholfreien Babà. Im Weinkeller ausgewählte Etiketten aus der Umgebung, besonderes Augenmerk auf den DOC-Wein Atina Cabernet.

Auf dem Hauptplatz von **Casalvieri** (20 km) verkauft La Bottega del Macellaio von Roberto Mazzola frisches Fleisch von lokalen Züchtern, darunter vom schwarzen Schwein aus Arpino sowie Salumi und Käse aus kleinen Betrieben.

42 km nordwestlich von Frosinone

Osteria del Vicolo Fatato

Moderne Osteria
Vicolo del Forno Fatato, 11
Tel. (+39) 320 / 965 34 64
Ruhetag: Mittwoch; Sonntag und Feiertage abends
Ferien: 2 Wochen im September
25 Plätze
Preise: 25 €
Kreditkarten: CS, DC, MC, Visa
Mittags und abends geöffnet

Kompetenz und Passion für die Küche und die eigene Arbeit – das ist die Atmosphäre, die im Vicolo Fatato herrscht. Pompeo Domenico De Bellis und seine Frau Nadia Aglitti haben vor 15 Jahren beschlossen, im Herzen des kleinen Ortes, das Gebiet der Ciociaria neu zu interpretieren und einen modernen kulinarischen Ausdruck mit lokalen Produkten mit Respekt für den Lauf der Jahreszeiten zu finden. Nadia kreiert deliziöse Leckerbissen, Versuchungen wie den reichhaltigen Antipasto (12 €), eine Art „Degustationsmenü" mit acht Gängen, die der vielseitige Pompeo und der junge Andrea, sein Schwager, einen nach dem anderen beschreiben. Unter den Antipasti finden Sie **Frittella di acetosa e caprino fresco** (Pfannkuchen mit Sauerampfer und frischem Ziegenkäse), Spiedini con salsiccia, Polpetta di manzo, Friggitelli und in Ingwer mariniertes Gemüse. Als Primo (5 €, ein Tris – eine Kostprobe von drei Gerichten – 10 €) können Sie Suppe mit Spalterbsen oder Bohnen aus Atina bestellen, **Gnocchetti ciociari con ragù di castrato** oder mit scharfer Wurst, Brennnesseln und Safran sowie Tagliolini al sugo di pancetta d'agnello. Unter den Secondi (8 €) **Coscio di capra in salsa di vino rosso e cacao**, frei lebendes Huhn alla cacciatora mit wildem Oregano, **Pancia di manzo con scorzone ciociaro** (Rinderbauch mit Sommertrüffel aus der Ciociaria) oder Collo di maiale nero dei Monti Lepini con ginepro e prugne. Zum Abschluss feine Dolci nach Hausfrauenart (Tris 5 €): Tiramisù con ciambelle al vino, ciliegie e mirtilli und Coppa biscotto con crema, fragole e ciliegie. Passerina und Cesanese als offene Weine, dazu gesellen sich Etiketten von etwa 20 lokalen Betrieben, der Schwerpunkt liegt auf dem Gebiet der Ciociaria.

45 km südwestlich von Rieti

La Chianina

Moderne Osteria
Via Matteotti, 235
Tel. (+39) 07 65 / 221 97
Ruhetag: Sonntag
Ferien: letzten 2 Juliwochen
30 Plätze + 20 Plätze im Freien
Preise: 30–32 €
Alle Kreditkarten; BM
Mittags und abends geöffnet

„Nicht nur Fleisch" heißt es auf dem Plakat am Eingang des Feinkostgeschäfts und der angeschlossenen Osteria. Dennoch ist die überragende Qualität des Fleisches (vor allem Chianina-Rind) zweifellos die Visitenkarte von Stefano Facioni. Unentwegt ist er auf der Suche nach Erzeugnissen und Betrieben in einem Gebiet, das nicht immer angemessen bewertet wird. Sein jüngstes Abenteuer ist der Kauf einiger Hektar Land, um den wertvollen Weizen der Sorte Senatore Cappelli anzubauen. Die Osteria verfügt über einen Speisesaal und Plätze im Freien für die wärmere Jahreszeit. Die Speisekarte ist breit gefächert, beginnend bei den Antipasti: von Hand geschnittener Prosciutto vom Schwein der Cinta-Senese-Rasse (9 €), verschiedene Bruschette, Carpaccio vom Rind der Chianina-Rasse und ein Brett mit Salumi und Käse. Sie können auch den reichhaltigen Antipasto misto wählen. Das Angebot bei den Primi sieht **Gnocchi di patate al ragù di cinghiale** (Kartoffelgnocchi mit Wildschweinsauce, 9 €) vor, Paccheri con ragù di faraona und Zuppa di ceci con crostini, des Weiteren **Stringozzi al tartufo**, Pappardelle al ragù di chianina e porcini sowie **Pasta alla gricia**, alles großzügige Gerichte mit kräftigem Geschmack. Dieselbe Linie herrscht bei Tagliata di chianina (14 €) vor, die Sie in zehn unterschiedlichen Varianten bekommen können. Als Alternative Coniglio con i funghi porcini (Kaninchen mit Steinpilzen, 12 €), **Costolette di abbacchio con pancetta**, Abbacchio a scottadito und Grigliata mista, für die das Fleisch direkt von der Theke der Fleischerei kommt. Süßer Abschied mit hausgemachten Dolci. Die umfangreiche Weinkarte macht alle denkbaren Kombinationen möglich.

POGGIO MIRTETO

45 km südöstlich von Rieti, S.S. 4

Terra Sabina

Ferienbauernhof
Via Santa Lucia, 5
Tel. (+39) 07 65 / 44 60 37
Ruhetag: Montag, Dienstag
Ferien: unterschiedlich
50 Plätze + 50 Plätze im Freien
Preise: 20–28 €
Kreditkarten: CS, MC, Visa; BM
Mittags geöffnet, Samstag und Sonntag auch abends

200 Meter, nachdem Sie die Staatsstraße in Richtung Terni genommen haben, zweigt rechts eine kleine Landstraße ab, die Via Santa Lucia, an der sich auf Nummer 5 der Agriturismo Terra Sabina befindet. Serenas Empfang ist ungekünstelt und herzlich und manchmal kann man sich vor dem Essen noch ein wenig auf einer der vielen Bänke im großen Garten vor dem Lokal ausruhen. Das Menü kostet 28 €, ist für alle gleich und hat die frischen Erzeugnisse des Biogartens zur Grundlage. Dieses Menü wird auch ohne Fleisch – schmackhafter Aufschnitt beim Antipasto sowie eine Fleischsauce bei den Primi und Secondo – angeboten. In diesem Fall ist für das „Menù vegetariano" ein niedrigerer Preis, 18 €, vorgesehen. Bei unserem Besuch gab es **Bruschette** mit dem exzellenten Olivenöl der Sorte Sabina, ein Stück Pizza mit einer kleinen Aubergine, die am selben Morgen geerntet worden war, Omeletts und ausgezeichnete **Zucchine crude marinate** als reichhaltigen Antipasto. Es folgte ein Teller mit Trofie con sugo morbido di zucchine e cipolle rosse, con bocconcini di pancetta rosolata (Sauce aus Zucchini und roten Zwiebeln mit gerösteten Pancettastückchen). Danach (biologisches) **Hähnchen mit Paprikaschoten**, das wegen seines Geschmacks und der perfekten Garzeit, welche das Fleisch zur Geltung brachte, ohne dass es dabei zu trocken geraten wäre, in Erinnerung blieb. Zum Hähnchen gab es einen knackigen gemischten Salat. Das Dessert bestand an diesem Sommertag aus **Gelato alla pera** (Birneneis) und Eis mit Pistazien. Der Agriturismo verfügt über einige Gästezimmer. Zum Verkauf werden Gläschen mit Konfitüre, eingelegtes Gemüse, Honig und Flaschen mit biologischem Olivenöl angeboten. Alle Produkte stammen aus dem eigenen landwirtschaftlichen Betrieb.

POGGIO MOIANO

30 km südlich von Rieti, S.S. 4

Da Maria Fontana

Osteria
Viale Manzoni, 13
Tel. (+39) 07 65 / 87 61 69
Ruhetag: Montag
Ferien: 1 Woche im August
70 Plätze
Preise: 25–30 €
Kreditkarten: Visa; BM
Mittags geöffnet, abends gegen Vorbestellung

Seit Jahren schon erzählen wir von diesem Lokal, in dem die Tradition von Rieti hochgehalten wird. Die Kinder von Maria Fontana führen es kompetent in der wunderschönen Umgebung des Parco Regionale dei Monti Lucretili. Rodolfo und Rosa verbinden bestens die lokalen Erzeugnisse, die Traditionen und die kulinarischen Geheimnisse dieses Winkels der Sabina in einer gemütlichen, einfachen Osteria, auf deren Tischen immer frische Blumen stehen. Feldgemüse, die Erzeugnisse aus ihrem Garten in Öl eingelegt, Ricotta, Schafkäse und eine Auswahl an lokalem Aufschnitt sind die Ingredienzen des Antipasto (7 €), in dem auch die hochgeschätzte **Coratella di agnello** nie fehlt. Wer hierher kommt, möchte die hausgemachten Teigwaren probieren, vor allem Sagne (Capelli d'angelo), **Ravioli di ricotta**, Fettuccine aus dem Mehl von Esskastanien oder mit Brennnesseln sowie Gnocchetti, die man auch als Tris (drei Kostproben, 9 €) bestellen kann. Vom stets angefachten Grill kommt schmackhaftes Fleisch von lokalen, biologisch aufgezogenen Rindern, Lämmern und Schweinen. Außerdem gutes **Capretto alla cacciatora** (13 €), verschieden zubereitete Schnitzel und dazu Saisongemüse, Misticanza oder Wildgemüse, das Rodolfo auf den Feldern des Naturparks sammelt. Auch die Desserts erinnern an den Geschmack von früher: **Crostata di visciole** (mit Wildkirschen), Panna cotta mit wilden Brombeeren und Moretta al cioccolato. Rodolfo hat das Angebot an Weinen und Bieren aus kleinen Betrieben verbessert, zusätzlich gibt es eine Auswahl an hausgemachten Likören (mit Wildfenchel, Enzian und Brombeeren).

PRIVERNO

30 km östlich von Latina, S.S. 7

Glio Montano

Restaurant
Via Majo, 10
Tel. (+39) 07 73 / 90 38 38
Ruhetag: Montag, Dienstag
Ferien: 2 Wochen im Juli/August
70 Plätze
Preise: 32 €
Kreditkarten: CS, DC, MC, Visa; BM
Mittags und abends geöffnet

An der zentralen „Straße des Büffels“, so genannt von den Züchtern des Valle dell'Amaseno, liegt das Glio Montano, das Lokal der Cousins Ines und Luigi Lia, sie in der Küche, er im Service. Sie können hier à la carte bestellen oder eines der beiden Degustationsmenüs für 20 oder 25 € wählen. Der rote Faden im kulinarischen Angebot vom Antipasto bis zum Eis sind der Büffel und seine Erzeugnisse. Interessanter Beginn mit Antipasto rustico (13 €), ein schönes Sortiment an typischen lokalen Produkten. Als Alternative eine Käseplatte oder zartes Carpaccio di bufala con carciofi e marzolina (mit Artischocken und dem Ziegenfrischkäse des Slow-Food-Presidio). Anschließend stehen gute **Fusilloni con speck di bufala, pachino e ricotta secca** (8 €) sowie Fettuccine con ragù di bufalina e scaglie di marzolina zur Auswahl. Im Frühling sollten Sie **Bazzoffia** nicht verpassen, eine schmackhafte Suppe mit Dicken Bohnen, Erbsen, Mangold und Artischocken aus Sezze und einem verquirlten Ei. Danach ist Misto di carne sulla pietra ollare (auf dem Speckstein gegartes gemischtes Fleisch, 24 €, für mindestens zwei Personen), zu empfehlen, außerdem **Spezzatino di bufala al coccio** (im Tontopf geschmortes Büffelragout, 10 €). Falls vorhanden, probieren Sie ***Chiacchetegli***, eine lokale Brokkolisorte, die im Biogarten des Vaters wächst. Unter den Desserts Millefoglie con crema chantilly ai frutti di bosco, Coppettine con cantucci, cioccolato e crema al mascarpone (4 €) und nicht zuletzt Eis, darunter jenes aus Büffelmilch. Zufriedenstellende Auswahl an Weinen aus dem Latium und einige Etiketten aus ganz Italien.

Die Fleischerei von Gaetano Mastrantoni, Via della Grotta, verkauft ausschließlich Fleisch vom Büffel (Carpaccio, Speck, Salame, Coppiette) und vom Schwein.

PRIVERNO
Fossanova

37 km östlich von Latina

Locanda Borgo Antico

NEU

Restaurant mit Übernachtungsmöglichkeit
Via dei Guitti
Tel. (+39) 0773 / 187 56 74
Ruhetag: Montag, Dienstag
Ferien: unterschiedlich
35 Plätze + 30 Plätze im Freien
Preise: 35 €
Kreditkarten: CS, DC, MC, Visa; BM
Mittags und abends geöffnet

Dieses kleine mittelalterliche Dorf ist Ziel von Touristen, die das hoheitsvolle Zisterzienserkloster bewundern möchten. Das Restaurant, das sich hinter der Kirche befindet, verfügt über einen eleganten Außenbereich und ist mit schlichtem Geschmack eingerichtet, gemäß den Regeln, über die die Denkmalschutzbehörde wacht. Die passionierte Inhaberin Mariacarla bietet zusammen mit Koch Andrea Ciarla viele Gerichte aus der Tradition von Sezze. Beginnen können Sie mit dem reichhaltigen Antipasto „all'italiana“, bestehend aus Salsiccia, Lonzino vom schwarzen Schwein, Gemüse in Tempura-Teig, in Öl eingelegten kleinen Artischocken, Carpaccio di bufala und Mozzarella. Da wir uns hier in einer Gegend befinden, in der Artischocken angebaut werden, folgt unweigerlich bei den Primi **Lasagnetta ai carciofi di Sezze** (10 €). Sie können aber auch Strozzapreti al ragù di cinghiale e tartufo und **Gnocchi con asparagi selvatici e ricotta salata** (mit Wildspargel und gereifter Ricotta) bestellen. Als Secondo wählen Sie zwischen **Pollo ruspante con patate al forno** (frei lebendes Huhn mit Kartoffeln aus dem Ofen, 12 €), dem witzigen Bufala Burger (10 €) und Abbacchio al forno. Von den Dolci empfehlen wir **Semifreddo alla vaniglia con moscato di Terracina** und Crostata di visciole. Die Weinkarte berücksichtigt Etiketten aus ganz Italien, bietet aber vor allem Terracina und Cori an. Sie können ein einladendes Degustationsmenü zum Preis von 30 € bestellen, das gut sechs Kostproben an Antipasti, zwei Primi, ein Secondo, ein Dessert und ein Glas Wein enthält.

38 KM NORDÖSTLICH VON LATINA, S.S. 156

Persei

Osteria mit Übernachtungsmöglichkeit
Vicolo del Montano, 3
Tel. (+39) 07 73 / 95 73 51,
(+39) 339 / 233 19 30
Ruhetag: Montag–Mittwoch, außer im August • Ferien: unterschiedlich
45 Plätze
Preise: 30–32 €
Kreditkarten: Visa; BM
Abends geöffnet, Sonntag auch mittags

Parken Sie außerhalb der Stadtmauern des reizenden mittelalterlichen Dorfes Prossedi und folgen Sie den Schildern, dann erreichen Sie nach ein paar Metern auf der Straße und einer Treppe die Osteria Persei, bis in die 1980er-Jahre eine Ölmühle mit zahlreichen Mühlsteinen aus Granit und Pressen. Heute handelt es sich um ein elegantes Restaurant auf mehreren Ebenen. Es gibt zwei Speisesäle, einer davon mit Kamin, eine weitläufige Terrasse, die das faszinierende Valle dell'Amaseno überblickt, sowie einen angenehmen, gepflegten Garten. Die reichhaltige Speisekarte, die im Lauf der Jahreszeiten wechselt, ist ganz auf Büffelfleisch ausgerichtet. **Delizia di bufala** (eine Auswahl an Salumi und Käse), **Carpaccio di bufala** (7,50 €) sind unter den Antipasti sowie eine Idee des Chefkochs: Insalata di petto d'oca affumicato con caprino, pere e vinaigrette di balsamico. Die Teigwaren für die Primi sind hausgemacht, probieren Sie Fini fini mit Räucherspeck vom Büffel und Pachino-Tomaten (7,50 €) sowie Cappellacci Persei und Lasagnette con ragù di papera muta e radicchio trevigiano. Bei den Secondi könnte die Wahl auf eines der verschiedenen Stücke vom Büffel (Tagliata, Lombata, Filetto) fallen, entweder gegrillt oder alla cacciatora. Des Weiteren **Abbacchio a scottadito** (13 €), **Agnello fritto panato**, Ciambella di Morolo affumicata alla piastra oder al coccio con verdure grigliate (9 €). Hausgemachte Kekse, knusprige Cialde di mandorle con crema e lamponi, **Sformato di pinolata in foglia di pere con Moscato Passito di Terracina e pinoli** sind einige der zahlreichen Dolci. Das sehr interessante „0 km"-Degustationsmenü für 25 € gibt die Möglichkeit, einen Antipasto, ein Primo und ein Secondo von der Karte zu wählen. Die Familie bietet auch die Möglichkeit, in der gleichnamigen Locanda zu übernachten.

Antonietta

Moderne Osteria
Via San Rufo, 12
Tel. (+39) 07 46 / 20 21 05
Ruhetag: Sonntag
Keine Ferien
50 Plätze
Preise: 22 €
Kreditkarten: CS, MC, Visa; BM
Mittags geöffnet

Wer auf der Suche nach der gutbürgerlichen Küche des Gebiets von Rieti ist, findet in dieser Trattoria den richtigen Ort für ein günstiges, bodenständiges Essen von bester Qualität. In dem kleinen Lokal in der Altstadt, in dem Guido serviert und Stefania in der Küche tätig ist, werden Sie sich gut aufgehoben fühlen. Wer oft kommt, wählt gerne das Degustationsmenü für 18 €, Getränke inbegriffen. Das Plakat am Eingang listet die Spezialitäten auf und die Tage, an denen diese verfügbar sind. Als Primi die für Rieti typischen Teigwaren aus Wasser und Mehl: Stringozzi und **Pizzicotti al ragù di maiale** oder mit Zucchini und Pancetta, Gnocchi (am Donnerstag) und **Pasta e ceci** am Freitag (6 €). Besonders gute Secondi sind **Punta di petto di vitello arrosto** (Kalbsbraten) und der klassische **Polpettone in bianco con cipolla e uvetta** (Hackfleischbraten ohne Tomaten mit Zwiebeln und Rosinen). Jeden Freitag stehen zusätzlich einige Fischgerichte zur Auswahl, von denen wir Baccalà alla livornese, in guazzetto oder im Backteig frittiert empfehlen. Große Vielfalt beim Gemüse als Beilage, gekocht oder in der Pfanne gewürzt. Im Herbst sollten Sie Rüben aus Rieti probieren. Einen Triumph der Schlichtheit unter den verschiedenen Dolci nach Hausfrauenart stellt der Ciambellone tricolore dar, serviert mit Sahne, Crème Chantilly und Schokoladecreme, nicht weniger gut schmecken Zuppa inglese oder Tiramisu. Die Weinauswahl ist bescheiden, doch trinken Sie unbesorgt den hochwertigen offenen Wein. Als Digestif empfehlen wir den lokal erzeugten Genziana.

RIETI

L'Osteria

Trattoria
Vicolo Fra' Fedele Bressi, 4
Tel. (+39) 07 46 / 49 66 66
Ruhetag: Sonntag
Ferien: zeitweise im Sommer
25 Plätze + 25 Plätze im Freien
Preise: 22 €
Keine Kreditkarten; BM
Mittags und abends geöffnet

Wenn man an der schönen Stadtmauer, die die Altstadt von Rieti umgibt, entlanggeht, kommt man zwischen den Stadttoren Cinthia und Conca zu einem Gässchen für Fußgänger, in dem die Osteria der Familie Mancini, den Bewohnern von Rieti unter dem Namen Archetto bekannt, liegt. Francesca und ihre Schwester im Service sowie der Bruder Luca in der Küche leiten das kleine Lokal mit 25 Plätzen im Inneren und acht Tischen im Sommer im Freien an der Mauer der nahen Kirche. Die Speisekarte auf dem großen Blatt Strohpapier wechselt täglich, gleich bleibt, dass hier die römische kulinarische Tradition hochgehalten wird. Beginn mit dem großzügigen „Stuzzico" (Häppchen) der Osteria oder der Bruschetta al ciauscolo (5 €). Bei den Primi haben Sie die Auswahl zwischen **Bucatini all'amatriciana**, Pappardelle ai broccoli und **Stringozzi alla gricia con le fave** (8 €). Die Secondi bieten eine große Vielfalt an Gerichten des „Quinto quarto", also mit Innereien: Coda alla vaccinara, **Trippa alla romana**, Bollito und Zunge mit grüner Sauce. Köstlich auch **Baccalà mantecato con peperoni** (8,50 €), Baccalà auf gekochten Kartoffeln, als Beilage Paprikaschoten, beträufelt mit dem nativen Olivenöl extra der Sorte Sabina. Vegetarier bekommen den Frischkäse Tomino mit Steinpilzen oder frisch gemachte, sehr leichte Parmigiana di melanzane. Kartoffeln und Carciofi alla romana oder Puntarelle (Zichorienspitzen) als Beilagen. Unter den hausgemachten Dolci (4 €) Crostata mit Cremes oder Obst oder frische Ricotta mit Honig und Pinienkernen. Der Keller ist klein, aber gut bestückt und die Preise sind korrekt. Gute offene Weine aus den nahen Marken.

Im landwirtschaftlichen Betrieb Le Fontanelle in **Contigliano** (12 km) züchtet Vincenzo Marchetti frei lebende schwarze Schweine und erzeugt Fleisch und Salumi ohne künstliche Zusätze.

ROM
Pantheon

STRASSENBAHN-HALTESTELLE ARGENTINA (LINIE 8)

Da Armando al Pantheon

Trattoria
Salita de' Crescenzi, 31
Tel. (+39) 06 / 68 80 30 34
Ruhetag: Samstagabend, Sonntag
Ferien: August
35 Plätze • Preise: 35 €
Kreditkarten: AE, CS, MC, Visa; BM
Mittags und abends geöffnet

In 50 Metern Entfernung vom Pantheon respektiert dieses kleine Lokal die römische Tradition und betont sie sowohl in den Gerichten als auch im Umgang mit den Gästen. Chefkoch Claudio Gargioli in der Küche und im Service sein Bruder Fabrizio (Armandos Söhne) kümmern sich professionell und unaufdringlich um die Kundschaft. Die Auswahl der saisonalen Produkte erfolgt mit größter Sorgfalt und das Resultat offenbart sich in den Gerichten. Hierher kommen Besucher aus der ganzen Welt, die neugierig auf die römische Küche sind und hochwertiges, doch gleichzeitig einfaches Essen suchen. Zu Beginn Bruschette mit Tomaten oder mit Butter und Sardellen aus Sizilien (8 €) oder die ausgezeichnete **Coratella d'abbacchio** (10 €), Mozzarella di bufala aus Cancello Arnone und **Aringhe con fagioli verdolini di Viterbo, cipolla rossa e aceto balsamico** (10 €). Große Auswahl an Primi: Spaghetti alla matriciana, **alla gricia** oder alla carbonara (10,50 €). Als Alternative Cacio e pepe oder **Fettuccine con le rigaglie di pollo** (mit Hühnerklein, 13 €). In der entsprechenden Jahreszeit auch Suppen wie Farro spezzettato alla romana (mit zerkleinertem Dinkel) oder Stracciatella. Trippa alla romana mit Minze und Pecorino (15 €) als Secondo, außerdem die berühmten Saltimbocca (16 €), Vitella arrosto con patate, Aliciotti all'indivia (14 €) oder „Ihre Majestät" **Coda alla vaccinara** (18 €). Gemüse als Beilage: Cicoria saltata und Puntarelle (in der Pfanne gewürzte Zichorien und Zichorienspitzen). Zum Abschluss Torta antica Roma (mit Ricotta und Erdbeerkonfitüre). Eine Reservierung lang im Voraus ist unerlässlich.

»
Die Brüder Gargioli zeigen der Welt die echte römische Küche in Form einfacher, aber perfekt und mit Liebe zubereiteter Gerichte.
«

ROM
Monteverde Nuovo

STRASSENBAHN-HALTESTELLE CASALETTO (LINIE 8)

Da Cesare

Trattoria-Pizzeria
Via del Casaletto, 45
Tel. (+39) 06 / 53 60 15
Ruhetag: Mittwoch
Ferien: zeitweise im Herbst
60 Plätze + 80 Plätze im Freien
Preise: 30 €
Kreditkarten: CS, MC, Visa; BM
Mittags und abends geöffnet

Die von Leonardo Vignoli und seiner Frau Maria Pia angenommene Herausforderung scheint gemeistert. Die einstige Trattoria des Viertels mit „Halblitern Wein, Kartenspiel und großen Portionen" in einem der typischen Wohnhäuser der Via del Casaletto ist zu einer zuverlässigen Adresse des guten Geschmacks geworden. Im hellen, angenehm eingerichteten Speisesaal – im Sommer kann man auch im Freien unter einer Weinlaube sitzen – finden die Gäste liebenswürdige und kompetente Betreuung. Die Klassiker der römischen Tradition werden mit Sorgfalt zubereitet und die Portionen sind stets großzügig. Der Antipasto steht im Zeichen von Frittura: **Polpette di bollito** con pesto delicato oder Auberginenbällchen mit scharfer Sauce (6 €), Supplì, Kürbisblüten und frittierte Kartoffelgnocchi al cacio e pepe. Die traditionellen Saucen der Primi werden mit den üblichen Teigwaren kombiniert (**Spaghetti alla carbonara**), doch wir finden auch Ravioli all'amatriciana, Fettuccine alla gricia con i carciofi (10 €), **Minestra di broccoli e arzilla** (8 €) und weitere Gerichte je nach Jahreszeit, etwa **Tagliolini con la vignarola** (11 €) mit dem klassischen, frühlingshaft grünen Schmorgericht aus Dicken Bohnen, Artischocken und Erbsen. Anschließend Kutteln, **Involtini al sugo** (11 €), Cotolette d'abbacchio panate oder **Baccalà alla romana** (14 €). Abends fungiert das Lokal auch als Pizzeria. Von den hausgemachten Dolci und dem Eis können Sie einen Teller mit gemischten Kostproben bestellen. Die Weinkarte wird immer interessanter, vor allem authentische Produkte zeugen von einer ausdauernden Recherche. Serviert und beschrieben werden die Weine fern jeder leeren Rhetorik.

»
Beständige Suche nach Qualität, Bemühen um Innovation ohne Zwanghaftigkeit. Leidenschaft und Feingefühl beim Kochen und Servieren.
«

ROM
Colonna

BUSHALTESTELLE PARLAMENTO (LINIE 116)

Dal Cavalier Gino

Trattoria
Vicolo Rosini, 4
Tel. (+39) 06 / 687 34 34
Ruhetag: Sonntag
Ferien: August
48 Plätze
Preise: 30 €
Keine Kreditkarten
Mittags und abends geöffnet

In wenigen Metern Entfernung vom Sitz der Abgeordnetenkammer des italienischen Parlaments verbirgt sich in einem winzigen Gässchen ein Vorposten der römischen Küche, eine echte Trattoria, eine der wenigen verbliebenen vielleicht. Gino, der von Präsident Saragat mit dem Orden „Cavaliere" ausgezeichnet wurde, stehen heute seine Kinder Carla und Fabrizio zur Seite, immer freundlich versichern sie sich des Wohlbefindens der Gäste. Hier isst man Ellbogen an Ellbogen mit den Tischnachbarn und dass der höfliche Service rasch ist, ist durch die Menschenschlange, die vor allem mittags vor dem Lokal ansteht, bedingt. Die Speisekarte beruht auf den Gerichten der römischen Tradition – am Eingang finden Sie eine Tafel, auf der die Tagesgerichte stehen. Als kräftige Primi finden Sie die ausgezeichneten **Spaghetti alla carbonara** (8 €), die guten Tonnarelli cacio e pepe, die exzellenten **Rigatoni al ragù di polpo** (10 €) sowie Minestra di ceci in brodo d'arzilla (Kichererbsen in Rochenbrühe). Auch die Secondi enttäuschen nie, lassen Sie sich, falls verfügbar, von **Alici gratinate** (10 €) und köstlichem Baccalà alla romana con pomodorini überraschen, aber auch die immer vorhandenen Klassiker Coda alla vaccinara, Saltimbocca alla romana und **Bollito alla picchiapò** verdienen eine Kostprobe. Im Lauf der Saison wechseln die Beilagen, als Beispiele führen wir **Cicoria ripassata** (5 €) und die Artischocken Carciofi alla romana an. Die Dolci nach Hausfrauenart (Tiramisu und Crostata di visciole) sind weniger denkwürdig. Ordentliches Weinangebot mit vielen Flaschen aus dem Latium. Kaffee wird nicht serviert, aber die vielen Bars in der Umgebung gleichen diesen Mangel aus.

BUSHALTESTELLE MARMORATA-VANVITELLI

Felice

Trattoria
Via Mastro Giorgio, 29
Tel. (+39) 06 / 574 68 00
Kein Ruhetag
Ferien: 3 Wochen im August
90 Plätze
Preise: 35 €
Alle Kreditkarten; BM
Mittags und abends geöffnet

Das Lokal wurde im Jahr 1936 von Felice Trivelloni, einem barschen Wirt aus vergangenen Zeiten, gegründet und befindet sich auch heute noch im Besitz der Familie, Sohn Franco ist der jetzige Inhaber. Obwohl das Viertel, in dessen Mitte es beheimatet ist, jenes einst proletarische und heute modern gewordene Testaccio, durch das Macro (Museum für zeitgenössische Kunst) und die Città dell'Altra Economia ein neues Gesicht bekommen hat, scheint die Küche des Restaurants doch unverändert, fest verankert in der römischen Tradition. Auf der Speisekarte stehen einige feststehende Gerichte, die vom Wochentag abhängen. Täglich gibt es **Tonnarelli cacio e pepe** (11 €), Mezze maniche alla gricia oder all'amatriciana, Rigatoni alla carbonara, **Abbacchio al forno con patate** (18 €) und Involtini al sugo (Rouladen in Tomatensauce). Abwechselnd hingegen Carciofo alla romana, Filetti di baccalà in pastella (Baccalàfilets im Backteig), Alici fritte, Rigatoni al sugo di abbacchio, Pasta e ceci und Spaghetti alla Felice (mit Kirschtomaten, gereifter Ricotta, Thymian, Majoran, Minze, Basilikum und Oregano). Außerdem **Polpette di bollito** (Fleischbällchen aus gesottenem Fleisch), Baccalà, Arzilla in bianco (Rochen ohne Tomaten), Costolette di abbacchio panate sowie verschiedene Versionen von Coratella (Lamminnereien): mit Artischocken, alla romana oder alla cacciatora. Gute Beilagen sind Purè (5 €), Cicoria, Carciofi und **Puntarelle con alici** (Zichorienspitzen mit Sardellen). Zum Abschluss Torta di pere e ricotta (7 €) oder Torte mit Schokolade, Ricotta und Wildkirschen. Neben dem offenen Cesanese steht eine breite Auswahl an Weinen zur Verfügung, besonders die Abteilung Latium ist interessant.

ROM
Testaccio

U-BAHN-STATION PIRAMIDE (LINIE B)

Flavio al Velavevodetto

Traditionelle Osteria
Via di Monte Testaccio, 97
Tel. (+39) 06 / 574 41 94
Kein Ruhetag
Ferien: um den 15. August
100 Plätze + 110 Plätze im Freien
Preise: 35 €
Alle Kreditkarten; BM
Mittags und abends geöffnet

In einem bäuerlich wirkenden Gebäude im volkstümlichen Viertel Testaccio finden wir Flavio, den Meister der Liebenswürdigkeit und der guten traditionellen Küche. An warmen Abenden fragen Sie nach einem Platz im Freien im ehemaligen Hinterhof des Hauses oder auf der Galerie im ersten Stock. Die Speisesäle im Inneren dringen in die Höhlen des Monte dei Cocci vor, von dem Testaccio seinen Namen bezieht (*testum* bedeutet coccio, Tonscherbe). Flavio De Maio hat vor Jahren den Herd eines Lokals in der Nähe verlassen, um diese Osteria mit Küche zu eröffnen und eine familiäre, kommunikationsfreudige und überaus angenehme Atmosphäre zu schaffen. Plätze gibt es viele, aber der Service ist dank eines jungen, gut eingespielten Teams effizient. Auf der Rückseite der Speisekarte aus Strohpapier finden Sie das Abstammungszertifikat für das verwendete Rindfleisch der Rasse Maremmana. Das Gemüse kommt oft aus Flavios Garten in Cerveteri. Zu Beginn traditionell erzeugter Fior di latte (7 €), lokaler Schafkäse und Nervetti (Knorpeln). Zu den klassischen Primi Amatriciana, **Gricia**, Carbonara und **Cacio e pepe** gesellen sich Ravioli alla Velavevodetto mit Ricotta (in der Füllung und auch auf den Teigtaschen, 12 €). Die Teigwaren mit Ei sind hausgemacht. Unter den Secondi **Polpette di bollito**, Pollo ai peperoni und der spektakuläre **Involtone al sugo** (14 €). Der Fisch kommt aus Ladispoli, das Brot von einem beliebten Bäcker der Umgebung. Beendet wird das Essen mit den hausgemachten Süßspeisen Tiramisu, Crostata und Semifreddo. Guter offener Wein (die Bio-Weine Merlot und Malvasia) neben einer respektablen Auswahl an Etiketten.

Der historische Markt des Viertels Testaccio in der Via Beniamino Franklin beherbergt Fleischereien, Drogerien, Fisch- sowie Obst- und Gemüsehändler.

ROM
Campo de' Fiori

BUSHALTESTELLE ARGENTINA

Grappolo d'Oro

Restaurant
Piazza della Cancelleria, 80–84
Tel. (+39) 06 / 689 70 80
Ruhetag: Mittwochmittag
Ferien: um den 15. August
85 Plätze + 30 Plätze im Freien
Preise: 35 €
Kreditkarten: AE, CS, MC, Visa; BM
Mittags und abends geöffnet

Mittlerweile muss man es als Luxus bezeichnen, im Herzen Roms in den Genuss einer echten traditionellen Küche zu kommen. Hier, auf dem Campo De' Fiori, findet man in der Osteria von Antonello Magliari und seinem Team noch den ungebrochenen Willen, von der Stadt Rom durch ihre Geschmacksnoten zu erzählen und Touristen wie Stammgäste zu bewirten. Probieren Sie die beispielhaft zubereiteten **Animelle burro e salvia** (Bries mit Butter und Salbei) oder in der Saison mit Artischocken (9 €) oder auch **Polpette di bollito o di coda e sedano** (Bällchen aus gekochtem Fleisch oder aus Ochsenschwanz mit Sellerie, 10,50 €). Interessant ist auch Millefoglie di burrata (mit immer frischem Käse), in dem die Sardellen den feinen Unterschied ausmachen. Ebenso empfehlenswert Polpo alla pignata, Crocchette di baccalà e patate in salsa d'aglio und im Frühling Vignarola mit Dicken Bohnen, Artischocken, Erbsen und grünem Salat. Widmen wir uns nun den traditionellen Primi, bei denen die Wahl eigentlich auf **Cacio e pepe** (9 €), Amatriciana und **Carbonara** fallen muss. Doch auch Mezze maniche con il sugo di coda alla vaccinara oder hausgemachte Gnocchi con spuntature di maiale (10 €) im Winter sind interessant. Als Secondo Lamm und Abbacchio alla romana, also Milchlamm mit Knoblauch, Sardellen, Rosmarin und Salbei oder a scottadito. Als Alternative der reichhaltige **Baccalà alla romana** con uvetta, pinoli e olive di Gaeta (16 €), begleitet von Wildgemüse, Zichorien, Puntarelle und Artischocken. Hausgemachte Dolci (6,50 €) zum Abschluss, beispielsweise Zabaione und Crostata di ricotta e visciole aus der antiken jüdischen Tradition. Hochkarätige, sorgfältig zusammengestellte Weinkarte mit 130 Etiketten und eine gut getroffene Auswahl an Weinen aus dem Latium, vor allem Neuheiten und naturbelassene Weine.

ROM
Farnesina

BUSHALTESTELLE PONTE MILVIO

Il Quinto Quarto

Moderne Osteria
Via della Farnesina, 13
Tel. (+39) 06 / 333 87 68
Ruhetag: Sonntag
Ferien: 1 Woche im August
40 Plätze
Preise: 35–37 €
Kreditkarten: CS, MC, Visa; BM
Mittags geöffnet, Samstag nur abends

Schwer zu sagen, ob im Quinto Quarto mehr Wert auf die Gastlichkeit oder auf die Qualität des Essens gelegt wird – uns haben beide gefallen. Amaranta und Federico gelingt es, mit Charme und Kompetenz ihre Gäste auf einen Weg zu lenken, der zwischen Tradition und kleinen kreativen Einfällen verläuft. Köstlich sind **Caponatina di melanzane con tuorlo fritto** (7 €), die Sie als Antipasto bestellen können, wie auch **Passatina di ceci con baccalà**. Des Weiteren unverzichtbare Fritti wie frittiertes Hirn oder Fritto alla romana, bestehend aus Baccalà, Crocchette di patate, Mozzarella in carrozza und Brokkoli und die immer vorhandene Kostprobe von Salumi und Käse, alle von kleinen Erzeugern. Bei den Primi finden Sie neben den unsterblichen Carbonara und Amatriciana auch **Gricia con le pere** (10 €), Rigatoni con pajatina d'abbacchio sowie die herrlich üppigen **Tonnarelli cacio e pepe**. Von den Secondi empfehlen wir Guancialetto di manzo stracotto sowie **Variazione di polpettine** – Hackfleischbällchen mit Tomaten, Bällchen aus Kartoffeln und gekochtem Fleisch – (13 €). Coda alla vaccinara wird hier dem klassischen Rezept getreu mit Rosinen, Pinienkernen und Kakao zubereitet. Trippa, coratella und weitere Fleischgerichte erweitern das Angebot, doch die Speisekarte wechselt im Lauf der Jahreszeiten. Für Freunde von Süßspeisen Crema di tiramisù (5 €), Tortino al cioccolato fondente und Pera cotta su crema inglese. Es stehen drei interessante Degustationsmenüs für 30, 25 und 18 € zur Verfügung. Ausgezeichnete, maßgeschneiderte Weinauswahl. Die Weine, die Sie auch glasweise verkosten können, kommen überwiegend aus dem Latium, wie auch die Biere aus kleinen Betrieben und die hochprozentigen Getränke.

Mondi (Via Flaminia Vecchia 468) ist eine Institution für Kaffee, Dolci und Eis.

Überraschungen & Supplì

Ich erinnere mich, ja, ich erinnere mich an Supplì di riso. – Aber man konnte sie nicht jeden Tag kaufen, sie kosteten 40 Centesimi.

Marcello Mastroianni

Wann und wo sie entstanden sind, weiß niemand – in den Erzählungen und der kulinarischen Berichterstattung tauchen sie erst im 20. Jahrhundert auf. 1907, so schreibt der deutsche Schriftsteller Hans Barth in seinem Buch „Osteria" (1922), findet er auf der Suche nach Frittiertem Lammhoden, Koteletts vom Milchlamm, Flussfische, die herrlichen Artischocken und Filets vom Baccalà im Lokal Padre Abramo auf der Piazza Monte de' Cenci, wo sich heute das Restaurant Piperno befindet. Aber keine Supplì.
Wir finden „Souplis di riso" auf einer Speisekarte der Trattoria del Lepre auf den Nummern 9 und 10 der Via Condotti, einem im 19. Jahrhundert namhaften Restaurant. Auch seine vielfach auf das Jahr 1847 datierte Speisekarte ist berühmt geworden. Ein Aquarell der Serie „Roma sparita" („Verschwundenes Rom") von Ettore Roesler Franz zeigt einen Blick auf die Via Giulio Romano, in der man das Schild einer „Friggitoria" sieht – ein wenig unterhalb eine kleinere Aufschrift, auf der geschrieben steht: „Supplì al buon gusto". Diese Indizien lassen darauf schließen, dass die Supplì gemeinsam mit den Köchen und Betreibern der „Rosticcerie" für die neuen Bürger, die im Rom der Zeit von König Umberto I. die gerade erbauten Viertel besiedelten, Einzug gehalten haben.
Der Name stammt vom französischen „Surprise" ab und zeugt von dem Willen, einer frittierten Reiskugel, die ja tatsächlich eine Überraschung in Form von Innereien im Mittelpunkt verbirgt, Ausstrahlung zu verleihen. Der berühmte Ausdruck „al telefono" für Supplì mit dem Fäden ziehenden Knetkäse Provatura in der Mitte geht auf die Wandtelefone zurück, deren Hörer an einer langen Schnur hingen.
Sicher sind die Verwendung von Reis in Tomatensauce, eines Würfels Mozzarella, der Fäden ziehen soll (zur Bindung darf kein Ei gebraucht werden), sowie Füllungen, welche die Kompaktheit unterstützen, von einfachen Innereien bis zu Fleischsaucen oder schlichter Tomatensauce.
Die aktuelle neue „Welle" bietet sich für Neuinterpretationen an, aber die klassischen Supplì bleiben stets präsent. Davor waren es nur wenige tüchtige Betreiber von „Rosticcerie", die den Weg der Qualität einschlugen – vorgekochte und tiefgefrorene Supplì waren weit verbreitet. Auf jeden Fall lässt sich sagen, dass es heute einfach ist, einen schönen und guten Supplì zu genießen – viele haben die Kultur des *Magnà all'impiedi* entdeckt, des Essens, das man im Stehen zu sich nehmen kann und dessen Wurzeln viel weiter zurückreichen als die des „Street Food".

Giancarlo Rolandi

Pizzarium

Trionfale • Via della Meloria, 43
Tel. (+39) 06 / 39 74 54 16
Keine Ferien
Geöffnet Montag–Samstag 10–22 Uhr, Sonntag 12–16, 18–22 Uhr

Von allen lokalen Ablegern und Projekten in der Welt des Essens gefällt uns das Stammhaus von Gabriele Bonci am besten. Obwohl es in den Stoßzeiten übervoll ist, behält es seine hohe Qualität, auch was die ausgesuchten Zutaten betrifft. Die Auswahl an Supplì ist groß, es gibt die klassischen (1,50 €) – mit gut aufgelockerten Reiskörnern und viel Ragù – und andere, die oft wechseln, zum Beispiel mit Radicchio, Gorgonzola und Speck, mit Hähnchen und Kaninchen und mit Salsiccia und Tomaten. Außerdem ist da noch die Pizza: 40 Arten von Sauerteig und 1.500 verschiedene Pizzarezepte. Zu trinken gibt es Bio-Wein, Bier und Schaumweine.

Trapizzino

NEU

Ponte Milvio • Piazzale di Ponte Milvio 13
Tel. (+39) 06 / 33 22 19 64
Geöffnet: Montag–Donnerstag 11–1 Uhr, Freitag–Samstag 11–2 Uhr, Sonntag 12–24 Uhr
Testaccio • Via Giovanni Branca 88
Tel (+39) 06 / 43 41 96 24
Ruhetag: Montag • Geöffnet 12–24 Uhr

Das ist das neue Lokal von Stefano Callegari und seinen Teilhabern, gewidmet ist es dem Pizzadreieck mit seinen köstlichen Füllungen. Sie bekommen hier den klassischen Supplì (2 €), einen Krapfen mit gehackten Zwiebeln, Möhren und Sellerie, Rinderhack, viel Parmesan und Basilikumblättern. Ein großer, großartiger Supplì. Außerdem ungewöhnliche Kombinationen bei kleineren Exemplaren: Zucchini und Taleggio, Auberginen und Mozzarella oder *Suplong* mit Hähnchen und Curry. In beiden Lokalen gibt es kleine Tische und Hocker. Zu trinken Bier, Schaumweine und Champagner.

Supplizio

NEU

Campo de' Fiori
Via dei Banchi Vecchi, 143
Tel. (+39) 345 / 425 70 13, (+39) 347 / 617 00 85 • Ruhetag: Sonntag
Geöffnet 12–20 Uhr

Jahrelang wurde Arcangelo Dandini, Chefkoch des Restaurants Arcangelo, für seine Supplì gelobt. 2014 hat er dann zusammen mit Lorenzo D'Ettorre das Supplizio geschaffen, ein kleines „Wohnzimmer", in dem Supplì (3 €) frisch gemacht werden. Zubereitet werden sie aus hochwertigem Reis, gefüllt mit Innereien, Fior di latte, Ragù aus gemischtem Fleisch und Tomaten für die rote Variante und schließlich Paniermehl. Außerdem gibt es geräucherte Kartoffelkroketten (2 €), Crema fritta con pecorino, zucchero e cannella (2 €) und Polpetta di allesso. Ausgezeichnete Grundzutaten, Biere aus kleinen Betrieben, Wein im Glas und Champagner.

Sisini

NEU

Appio Latino
Piazza Re di Roma 20
Tel. (+39) 06 / 70 49 14 09
Trastevere
Via di San Francesco a Ripa, 137
Tel. (+39) 06 / 589 71 10
Ruhetag: Sonntag
Geöffnet 9.30–21 Uhr

Zwei Lokale, ein Eigentümer, in Trastevere und auf der Piazza Re di Roma: Liebenswürdigkeit und gute Dinge zum Essen. Ein überaus reichhaltiger Supplì mit schmackhafter Tomatensauce, länglich, mit Faden ziehendem Mozzarella in der Mitte, schön frittiert und mit bissfestem Reis. Neben dem klassischen Supplì (1,10 €) gibt es auch die Versionen all'amatriciana sowie Cacio e pepe. Außerdem Crocchette, Arancini, Olive ascolane und Calzoni. Gute Pizzastücke und fertige Gerichte. Es gibt ein paar Hocker. Zu trinken alkoholfreie Getränke und Bier.

Al Mattarello d'Oro

NEU

Via della Bufalotta, 292
Tel. (+39) 06 / 87 14 13 90
Ruhetag: Sonntag • Geöffnet 10–21.30 Uhr

Erinnerungen an längst vergangene Zeiten: Supplì wie Fußbälle für die Jugendlichen der Stadtteile Bufalotta, Talenti und Montesacro. das Al Mattarello ist seit 1981 geöffnet und seither werden hier die großen und herrlich gewürzten klassischen Supplì (1,50 €) frittiert. Gut schmecken auch Crocchette di patate, Calzoni und Pizzen, darunter ein paar Exemplare im Stil der 1980er Jahre wie Pizza mit Lachs und Garnelen. Eine typische Pizzeria des Viertels, mit Sorgfalt von Signora Fiorani geführt. Zu trinken gibt es Bier und alkoholfreie Getränke, sonst nichts.

Freetto

NEU

Sallustiano • Via Silvio Spaventa, 20
Tel. (+39) 06 / 42 01 47 97
Ruhetag: Sonntag
Geöffnet 12 – 21 Uhr, Freitag–Samstag 12–1 Uhr

Ein Name und eine Mission, nämlich gutes frisch Frittiertes aus hochwertigen Zutaten zu schaffen. Man kann sich auf einen Hocker setzen oder sich einen Thermobehälter zum Mitnehmen geben lassen. Neben dem klassischen länglichen und knusprigen Supplì (1 €), charakterisiert von einem Hauch guten Parmesans, gibt es auch die gut gemachten Supplì Amatriciana, Gricia und Cacio e pepe. Patron Federico Gallitti vertraut auf Claudio Galloni, wenn es um das umfangreiche Angebot an Frittiertem geht: Gemüse im Backteig, Polpicce (Bällchen aus Salsiccia und Fenchelsamen), Kürbisblüten und Kartoffelkroketten mit Pfefferminze. Zu trinken gibt es frisch gepresste Säfte, Demi-Bouteilles Champagner, Bier und Flaschenweine.

I Fritti de Sora Milvia

NEU

Ponte Milvio
Via Cassia, 4
Tel. (+39) 06 / 332 22 08 28
Geöffnet 12–24 Uhr, Montag 17.30–24 Uhr, Freitag–Samstag 12–2 Uhr

Patron Riccardo Cangini arbeitet in der Küche mit Giacomo Lepri und Davide Fracasso zusammen. Hier bekommen Sie klassischen Supplì al ragù mit perfekt gekochtem Reis sowie Varianten wie scharfe Amatriciana, Cacio e pepe, Radicchio und Gorgonzola (1,20 €). Außerdem Polpette, Panzerotti, Mozzarella in carrozza, Crocchette, Kürbisblüten, Baccalàfilets, Artischocken und Gemüse im Backteig. Es gibt ein paar Plätze im Freien. Zu trinken einige Sorten Bier.

ROM
Monti

U-BAHN-STATION CAVOUR

L'Asino d'Oro

Restaurant
Via del Boschetto, 73
Tel. (+39) 06 / 48 91 38 32
Ruhetag: Sonntag, Montagmittag
Ferien: 16.–30. August
40 Plätze + 20 Plätze im Freien
Preise: 35 €
Alle Kreditkarten
Mittags und abends geöffnet

Es ist nicht leicht, einen Unterschied auszumachen zwischen den Dutzenden von Lokalen im brausenden Leben dieses römischen Viertels, das von historischen Häuserblocks mit vielen Kunsthandwerksläden umschlossen wird. Lucio Sforza scheint seinen geheimen Weg zum Erfolg gefunden zu haben: ein sicherlich breites kulinarisches Angebot mit starkem mediterranem Einschlag, oft verflochten mit deutlich spürbaren Elementen aus dem Latium. Die Räumlichkeiten sind angenehm und komfortabel. Sobald Sie Platz genommen haben, wird Ihnen ein Appetizer gebracht, dann wählen Sie zuerst aus einer langen Reihe an Gerichten, die man nicht nur als Antipasti bestellen kann: Frittata di fichi acerbi con crema di fave secche e finocchietto (Omeletts aus unreifen Feigen mit Creme aus getrockneten Dicken Bohnen und Wildfenchel, 10 €), klassische **Trippa alla romana** und die bekannten Lumache in umido (geschmorte Schnecken). Das Spektrum an Primi, nach Jahreszeit unterschiedlich, umfasst auch Suppen wie **Crema fredda di lenticchie di Onano** (ein Gericht mit einem leicht mittelalterlichen Einschlag), doch der Akzent liegt stets auf den frischen, von Hand gemachten und gefüllten Teigwaren wie **Ravioloni verdi con pomodori infornati e mentuccia** (13 €). Von den zahlreichen Secondi mit Fleisch haben wir Stinco di agnello brasato con emulsione di rughetta e cipolla al cartoccio gewählt, aber **Baccalà con cipolla e uva di Corinto su passata di peperoni rossi** (16 €) ist eine durchaus ebenbürtige Alternative. Die Dolci entspringen der Fantasie des Patrons, ein Beispiel ist „sein" Tiramisu. Die Weinkarte ist auf die Produktion Mittelitaliens konzentriert. Mittags gibt es ein Menü zum Preis von 12 €.

»
Fantasie, mediterraner Einschlag und bäuerliche Tradition werden hier meisterhaft miteinander verbunden.
«

ROM
Trastevere

STRASSENBAHN-HALTESTELLE TRASTEVERE (LINIE 3)

La Tavernaccia

Trattoria
Via Giovanni da Castel Bolognese, 63
Tel. (+39) 06 / 581 27 92
Ruhetag: Mittwoch
Ferien: 2 Wochen im August
75 Plätze
Preise: 32–35 €
Alle Kreditkarten; BM
Mittags und abends geöffnet

50 Jahre und zwei Generationen, das sind die Zahlen, die den Einsatz der gesamten Familie für die Gastwirtschaft an dieser Adresse bezeugen. Große rote Fensterrahmen bilden einen Kontrast zu den weißen Wänden, die Gedecke nehmen die Farbgestaltung auf und so entsteht der Eindruck von Sauberkeit und Harmonie. Die Küche ist nicht unfehlbar, aber die stattlichen Portionen sind gut zubereitet und ausgewogen angerichtet. Bei der Zusammenstellung der Speisen wird Rücksicht auf die Zutaten und auf die Jahreszeiten genommen. Vielen Gerichten, Pizza inbegriffen, verleiht die Verwendung des Holzofens zusätzlichen Wert. Bei den Antipasti eine schöne Auswahl an Käse aus dem Latium, Salumi aus Umbrien und Bruschette – wir empfehlen vor allem jene mit in der Pfanne gewürzten Zichorien und mit Auberginen (6 €). Zu den immer vorhandenen typischen Primi der Hauptstadt (9 €) wie **Carbonara**, **Amatriciana** und **Pajata** gesellen sich Gerichte mit Gemüse und an manchen Wochentagen mit Fisch, zum Beispiel die schmackhaften Spaghettoni con pomodorini e moscardini (13 €), für die die Moschuspolypen samt Kopf verwendet werden, um einen intensiveren Geschmack zu erzielen. Fleisch dominiert bei den Secondi, vom **Quinto quarto** (Innereien) bis zu **Involtini alla romana** (10 €), nicht zu vergessen das zarte Ferkel Maialino al forno con patate profumate ai semi di finocchietto e rosmarino (13 €). Zum Abschluss stehen neben den Dolci della casa auch Süßspeisen eines berühmten Konditors aus Kampanien zur Verfügung. Gute Weinauswahl mit einigen biologischen Etiketten. Sie können aber auch einige Biere aus kleinen Brauereien wählen.

In der Via Ettore Rolli 29–35 erzeugt „C'è pasta … e pasta" frische koschere Teigwaren.

Lo'steria

Moderne Osteria
Via dei Prati della Farnesina, 61
Tel. (+39) 06 / 33 21 87 49
Ruhetag: im Winter Montag, im Sommer Sonntag
Ferien: 2 Wochen im August
60 Plätze + 40 Plätze im Freien
Preise: 26–31 €
Alle Kreditkarten; BM
Abends geöffnet, Juli und August auch Sonntagmittag

Lo'steria ist ein modernes Lokal, entstanden aus der Initiative der Brüder Ogliotti, Luca in der Küche und Andrea im Service. Als Sitz ihrer Unternehmung haben Sie Ponte Milvio, das Viertel, aus dem sie stammen, ausgewählt. Die Einrichtung ist einfach, aber einladend, die Tische sind aus Holz und auf großen Tafeln sehen wir die Tagesgerichte aufgelistet. Auch wenn der Stil neu ist, ist die Speisekarte doch überaus traditionell, Sie finden hier einige der typischsten Gerichte der römischen Küche. Die Zubereitung erfolgt mit beachtlicher Kompetenz, das Ergebnis sind deutlich zu erkennende Zutaten und im perfekten Gleichgewicht angerichtete Speisen. Beginnen Sie mit den Antipasti (6 €), darunter in der entsprechenden Jahreszeit die köstlichen Artischocken Carciofo alla giudia oder alla romana, **Saccoccio di fritti** (Supplì, Baccalà, Polpetta di lesso, Gemüse) und Bruschetta con guanciale cotto al vino di Cori. Als Alternative ein Brett mit Käse und Salumi aus dem Latium (15 € für zwei Personen). Unter den Primi (8 €)sind **Bombolotti alla *gricia*** oder all'amatriciana, Spaghettone mit Pancetta und Spargel, **Rigatoni con il sugo di coda**, Gnocchi alla romana und nicht zuletzt **Carbonara**. Weiter geht es mit Secondi wie Saltimbocca alla romana (12 €), Coniglio alla cacciatora, Animelle fritte (frittiertes Bries) und **Coratella con i carciofi** (15 €), zu denen als Beilagen (5 €) **Cicoria ripassata e pancetta**, Agretti, Misticanza und Patate arrosto passen. Dolci (5 €) zum Abschluss: Ciambelline zu Cannellino (einem Dessertwein), Crema bruciata und Tiramisu. Auf der Weinkarte gute Angebote aus Italien mit besonderem Augenmerk auf Betriebe aus dem Latium.

Strassenbahn-Haltestelle Gianicolense-S. Camillo (L. 8)

L'Osteria di Monteverde

Restaurant
Via Pietro Cartoni, 163–165
Tel. (+39) 06 / 53 27 38 87
Ruhetag: Montagmittag
Ferien: unterschiedlich
40 Plätze
Preise: 25–30 €
Kreditkarten: CS, MC, Visa
Mittags und abends geöffnet

Schon beim Betreten dieses kleinen, schlichten Lokals im Viertel Monteverde bekommt man das Gefühl, sich in einer traditionellen römischen Osteria zu befinden. Auch der Empfang und die Gedecke, alles jugendlich und informell, verspricht ein Angebot im Zeichen des Klassischen. Doch dann … vermittelt eine Gruppe passionierter Gastronomen auf originelle Weise Geschichte und Identität durch eine Speisekarte, die von der Umgebung ausgeht, aber auch in die Ferne blickt. Es gibt die „Primi della tradizione di Roma" (8,50 €), besser gesagt Amatriciana, **Carbonara**, **Gricia**, Cacio e pepe, und sie sind wirklich gut gemacht. Aber: Um diese herum gruppiert finden sich auch noch Linguine al pesto di pistacchi e aliciotte fresche (9,50 €), **Mezzelune ripiene di ricotta di bufala e 'nduja** und Tagliolini con piccione marinato all'arancio (mit in Orangen marinierter Taube). Und davor Polpo rosticciato, Panzanella alla puttanesca e acqua di mozzarella di bufala oder **Animella glassata con zucchine romanesche e crema inglese alla carbonara** (9,50 €). Die Secondi beziehen ihre Zutaten aus der Umgebung, wie es bei **Baccalà arrosto con pecorino, broccoletti, acqua di pomodoro e vaniglia** (15 €) der Fall ist, oder aus Ponza wie Padellotto crudo e cotto (roher und gekochter Fisch). Ausgezeichnet auch das Controfiletto vom Rind der Marchigiana-Rasse mit Salat aus frischen Bohnen (17 €). Alles ist auf tadellose Weise zubereitet und wird einfach und schnörkellos präsentiert. Eine Art Erzählung über das Leben, über das Reisen und Erfahrungen, die ein interessantes Bild einer zeitgenössischen Osteria vermittelt, weit entfernt von der typischen Vorstellung eines kreativen Restaurants. Gleiche Originalität auch beim Weinangebot, dessen Schwerpunkt auf umweltfreundlich arbeitenden Kellereien und natürlichem Weinbau.

40 KM VOM ZENTRUM

Osteria del Borgo

NEU

Trattoria
Via Borgo di Sopra, 21
Tel. (+39) 06 / 30 43 00 23
Kein Ruhetag
Keine Ferien
45 Plätze
Preise: 30–35 €
Alle Kreditkarten; BM
Mittags und abends geöffnet

Wir sind 40 Kilometer vom Zentrum Roms entfernt, im Herzen des kleinen, stillen Orts Cesano, der so authentisch ist wie die Küche von Andrea Boscatti und die Leitung von Stefano Gismundi, zwei Freunden des guten Essens und der kulinarischen Spezialitäten aus dem Latium. Salumi und Käse (7,50 €) werden als Antipasto präsentiert, darunter ein ausgezeichneter **Caciofiore di Columella** sowie Prosciutto di Bassiano. Doch für den Beginn können Sie auch Crostini mit Lardo oder mit Wild bestellen, **Fagioli di Sutri con le cotichelle** oder **Tallo di Proceno**, das ist der in Öl eingelegte Stiel der Knoblauchblüte, oder auch Panunta con il guanciale croccante (knusprig gebratene Guanciale auf Brot). Ausgesprochen gut die Primi „romani“: nach allen Regeln der Kunst zubereitete **Amatriciana** (7 €) und **Cacio e pepe**. Ebenso erwähnenswert **Carbonara**, Pappardelle al cinghiale und die hausgemachten Ravioli. Am Donnerstag, so der Brauch, gibt es Gnocchi. Unter den Secondi finden Sie Tagliata und Bistecca vom Rind, gut abgehangen und gegrillt, des Weiteren Salsiccia, Costine di cinghiale alla cacciatora (10 €) und außerdem Anatra confit con fegato e cipolla rossa in agrodolce, **Petto di piccione con fegato d'oca**, Coniglio porchettato und Kutteln (nur samstags). Die hausgemachten Dolci wechseln täglich, wir haben einen köstlichen Babà (6 €) und eine delikate Crema catalana gekostet. Eine umfangreiche Auswahl an nativem Olivenöl extra flankiert die akkurate Weinauswahl von lokalen Produzenten. Überdies gibt es einige „extreme“ italienische Weine, aus Trauben, welche nur von Hand zu lesen sind und an unzugänglichen Plätzen angebaut werden, auf winzigen, dem Meer oder den Felsen abgerungenen Stückchen Erde.

„Eine kleine authentische Trattoria aus vergangenen Zeiten, geleitet von großen Liebhabern kulinarischer Spezialitäten.“

U-BAHN-STATION OTTAVIANO-SAN PIETRO

Osteria dell'Angelo

Osteria
Via Bettolo, 24
Tel. (+39) 06 / 372 94 70
Ruhetag: Montag- und Samstagmittag, Sonntag
Ferien: August
60 Plätze + 20 Plätze im Freien
Preise: 25 €
Keine Kreditkarten; BM
Mittags und abends geöffnet

Das Lokal präsentiert sich wie ein offenes Buch mit Erinnerungen, die Angelo Croce während seiner Karriere als gefeierter Sportler gesammelt hat. Dies bezeugen zahlreiche Rugby-Trikots mit Autogrammen, alte Fotografien und ein paar Andenken an seine Zeit als Fallschirmspringer der Armee. Die Jahre ziehen vorüber, aber das Temperament ist immer noch gleich und überträgt sich auf die Angestellten, die in Sporttrikots im natürlichen, direkten römischen Ton die Bestellungen aufnehmen. Die alten Holztische mit roten Marmorplatten sind mit Strohsets gedeckt, die auf gemäßigte Preise schließen lassen. Mittags bestellt man à la carte, abends zum feststehenden Preis von 25 € mit Ciambelline al vino und dem Dessertwein Cesanese dolce di Olevano Romano. 35 € kostet das Menü, wenn man Bistecca ai ferri genießen möchte. Schmackhafter Antipasto mit Bruschette, Aufschnitt, dem Aufstrich *Tonno de guera* (Kartoffeln, Thunfisch, Sardellen, Kapern und Mayonnaise). Unter *Li primi* (7 €) im Winter Pasta e ceci, Zuppa di fagioli, Pasta con broccoli in brodo d'arzilla, zu anderen Zeiten die wunderbaren hausgemachten **Tonnarelli cacio e pepe**, Rigatoni all'amatriciana, Gricia, Carbonara oder al sugo di coda alla vaccinara sowie Gnocchi con spuntature di vitella. Es folgen **Spezzatino alla picchiapò** (8 €), Coda alla vaccinara, die immer vorhandene delikate **Trippa alla romana**, Involtini oder Polpette vom Kalb und Coniglio alla cacciatora. Dazu die traditionellen Beilagen (4 €) Cicoria ripassata, Patate al forno und in der Saison Puntarelle oder geschmorte Artischocken. Der rote Hauswein stammt aus einem römischen Betrieb, der Weißwein von den Colli Lanuvini.

In der Via dei Gracchi 272 bietet die nach traditionellen Methoden arbeitende Gelateria dei Gracchi eine schöne Auswahl an Frucht- und Sahneeis.

ROM
Appio-Tuscolano

U-Bahn-Station Colli Albani

Osteria del Velodromo Vecchio

Moderne Osteria
Via Genzano, 139
Tel. (+39) 06 / 788 67 93
Ruhetag: Sonntag
Ferien: 3 Wochen im August
65 Plätze • Preise: 35 €
Alle Kreditkarten; BM
Mittags geöffnet, Donnerstag–Samstag auch abends

Wenige Schritte vom Largo Colli Albani entfernt, auf der Via Appia, wo einst das alte Velodrom stand, das bis zum Ende der 1950er Jahre in Betrieb war, gab es eine typische Osteria mit einer schönen Pergola für den Sommer. Es gab einmal eine Osteria und es gibt wieder eine, nämlich das Lokal, das seit 1995 von Matteo Ballarini in der Küche und seiner Frau Alessandra im Service geführt wird. In den zwei einfachen Räumlichkeiten kümmert sie sich liebenswürdig um die Gäste, während die frisch zubereiteten Gerichte die notwendige Wartezeit einfordern. Für den Beginn empfehlen wir den Antipasto del Velodromo (12 €), bestehend aus einer exzellenten Auswahl an Salumi und Käse, Bruschetta und vielem anderen. Bei den Primi hingegen der klassische Reigen: **Gnocchi al sugo di coda**, Carbonara, Amatriciana, **Pasta e broccoli con brodo d'arzilla**, **Cacio e pepe**, Pasta e fagioli, **Pasta e ceci**, aber auch Linguine al coccio und Paccheri mit geschmortem Rindfleisch. Unter den Secondi **Trippa**, Coda alla vaccinara, **Abbacchio e coratella con i carciofi** (11 €), Baccalà e scaloppa del Velodromo sowie Involtino (mit Gemüse gefüllte und in der Pfanne gewürzte Roulade). Und außerdem der köstliche **Tortino di aliciotti e indivia** (Kuchen mit Sardellen und Endivien, 12 €). Als Beilagen Vignarola, Cicoria und Puntarelle. Zum Dessert (5 €) Torta di ricotta e cioccolato, **Crostata di visciole** sowie Torte mit Creme und Äpfeln. Auf der Weinkarte stehen über 300 Etiketten, darunter ausgewählte Beispiele aus dem Latium. Viele Weine, die von großer Passion zeugen, können Sie auch glasweise zu gemäßigten Preisen verkosten.

„Frisch gemachte römische Gerichte, die Geschichte schreiben und die angemessene Zubereitungszeit einfordern. Ein deutliches Beispiel für Authentizität und Respekt für die Umgebung."

ROM
Monteverde

Strassenbahn-Haltestelle San Giovanni di Dio (Linie 8)

Osteria Palmira

NEU

Traditionelle Osteria
Via Abate Ugone, 29
Tel. (+39) 06 / 58 20 42 98
Kein Ruhetag
Ferien: Januar
70 Plätze
Preise: 30–35 €
Alle Kreditkarten; BM
Mittags und abends geöffnet

Seit 2013 ist in Monteverde, in der Nähe des Hügels Gianicolo, die Osteria Palmira der Treffpunkt für die Liebhaber der Küche von Rom und Amatrice. Das Plakat am Eingang sagt es deutlich: „Willkommen in Amatrice, 940 Meter über dem Meeresspiegel, im Parco Nazionale del Gran Sasso e Monti della Laga." Zur sorgfältigen Auswahl der Zutaten (Käse, Guanciale, Eis und Bier aus kleinen Betrieben, natives Olivenöl extra, Fleisch und Wein aus dem Latium) kommt der herzliche Empfang der Inhaber. Der reichhaltige Antipasto della casa beinhaltet biologischen Käse und Salumi aus den Bergen sowie eine breitgefächerte Auswahl an Kostproben. Es sind jedoch die Primi, die die Vielfalt und Qualität der Tradition von Rom und der Sabina illustrieren: **Spaghettoni all'amatriciana**, alla carbonara und alla **gricia** (mit Pfeffer und Guanciale), **Gnocchi ricci** (12 €) al ragù, die man außer in Amatrice eigentlich nirgendwo bekommt, Pasta e ceci mit Bruschette und Öl der Sorte Sabina, Polenta con salsicce e spuntature und Zuppa del contadino. Das Quinto quarto (Innereien), Hauptdarsteller der typisch römischen Küche, tritt bei **Rigatoni alla pajata**, al sugo di coda oder mit einer Sauce aus Hühnermägen auf, ebenso bei Trippa. Außerdem gibt es Coda alla vaccinara, Bollito in salsa verde und alla picchiapò und **Polpette di bollito al forno** (10 €). Weitere Fleischgerichte von Petto di vitella alla fornara bis hin zu panierten und frittierten Koteletts vom Milchlamm und Involtini alla romana. Köstliche hausgemachte Dolci wie Crostata mit Konfitüre von Pflaumen oder Wildkirschen (4 €), Pere cotte al vino rosso und traditionell erzeugtes Eis aus Casperia. Der Weinkeller mit einigen wenigen hochwertigen Etiketten zu vernünftigen Preisen wird durch Bier aus kleinen Betrieben aus der Umgebung und dem übrigen Italien ergänzt.

ROM
Centocelle

AUTOBUSHALTESTELLE CENTOCELLE

Pro Loco D.O.L.

NEU

Osteria
Via Domenico Panaroli, 35
Tel. (+39) 06 / 24 30 07 65
Ruhetag: Sonntag
Ferien: 2 Wochen im August
45 Plätze
Preise: 27 €
Alle Kreditkarten; BM
Mittags und abends geöffnet

Das Lokal ist die natürliche Weiterentwicklung des Projekts D.O.L., „Di Origine Laziale“ (Ursprungsgebiet Latium), das vor 15 Jahren eine Vertriebsstelle für kulinarische Spezialitäten ausschließlich aus dem Latium eingerichtet hat und dabei den Schutz von traditionellen Betrieben, kleinen Handwerksunternehmen und umweltschonender Landwirtschaft vorantrieb. Der lateinische Name Pro Loco bedeutet „zugunsten eines Ortes, für die Umgebung“. Und das ist die Philosophie des Lokals, das von der Gruppe der unter 40-jährigen Gianfranco, Marina, Serenella, Vincenzo und Zazà zusammen mit dem 23-jährigen Fabrizio in der Küche geleitet wird. Die Räumlichkeiten sind aufs Wesentliche reduziert und gemütlich, dominiert von einer riesigen Tafel (die Speisekarte wechselt täglich) und einer großen Theke für den Verkauf von Salumi und Käse, dem Ergebnis von Auswahl, Recherche und Reisen durch das Latium. Sie können diese Spezialitäten wie den seltenen, knapp vor dem Aussterben geretteten Conciato di San Vittore auch am Tisch bestellen. Unter den Primi sind **Fusilli acqua e farina con pomodoro confit e pesto di salvia** (12 €) oder mit Zucchini und Kirschtomaten sowie Suppen mit biologischen Hülsenfrüchten. Die Secondi, immer mit Beilage serviert, reichen von **Stinco di maiale cotto nella birra** (14 €) bis zu **Pizzaiola di vitella** (12 €). Außerdem Fleisch vom Lamm, halbwild aufgezogenen Kaninchen aus Viterbo und vom Schwein der Mangalica-Rasse aus dem Gebiet der Tuscia. Dolci in Einzelportionen von **Tiramisù alla genziana** bis Semifreddo. Wählen Sie aus etwa 60 Etiketten biologischen oder biodynamischen Weins. Zusätzlich einige Biere aus kleinen Betrieben, aus – wie sollte es anders sein – dem Latium. Auch Pizza aus Sauerteig mit biologischem Mehl gibt es, sie wird jedoch in der Ofenform gebacken.

ROM
San Giovanni

U-BAHN-STATION RE DI ROMA

Roberto e Loretta

Restaurant
Via Saturnia, 18–24
Tel. (+39) 06 / 77 20 10 37
Ruhetag: Montag
Ferien: 2 Wochen im August
100 Plätze
Preise: 35 €
Alle Kreditkarten; BM
Mittags und abends geöffnet

In der Tradition des Vaters Alfredo, der seine Trattoria ganz in der Nähe in der Via Gabi hatte, leiten Roberto Mancinelli, seine Frau Loretta und Sohn Riccardo dieses klassische römische Restaurant. Klassisch, weil die Einrichtung, Drucke und Atmosphäre an die 1960er- und 1970er-Jahre erinnern, als auswärts zu essen bedeutete, sich in einem gemütlichen, zwanglosen Ambiente wie dem von zu Hause wiederzufinden. Die Küche beruht auf der römischen Tradition, manche Gerichte orientieren sich an anderen Regionen, doch im Vordergrund steht immer die Aufmerksamkeit gegenüber der Saisonalität der Grundzutaten. Als Antipasto **Sformatino di baccalà bianco con patate al vapore e cipolla di Tropea** (11 €), knusprige Roulade mit Goldbrasse, Artischocken und Pinienkernen, mit Sardellen und Mozzarella gefüllte Zucchiniblüten und Insalata di radicchio con polpo verace e noci. Neben den Primi der römischen Tradition – **Cacio e pepe** an erster Stelle – finden wir auch Tagliolini con orata, fiori di zucca e scaglie di pecorino (mit Goldbrasse, Kürbisblüten und gehobeltem Pecorino), **Timballo siciliano di anellini con melanzane e provola fresca** (10 €) und Tonnarelli ai sapori di bosco (mit Pilzen und Gorgonzola). Abbacchio al forno con patate, **Timballo di alici fresche e carciofi cotto al forno** (14 €), Melanzane alla parmigiana, ausgelöstes Kaninchen mit schwarzen Trüffeln und Filetti di baccalà in umido sind einige der Secondi, zu denen sich verschiedene Fleischsorten gesellt, die alla brace gegart werden. Beilagen der Saison und hausgemachte Dolci (5 €) von denen wir Tiramisu, Cremolato alle fragole und Mousse allo zabaione erwähnen. Gute Weinkarte, die den Erzeugnissen aus dem Latium den gebührenden Platz einräumt. Die Preise sind korrekt, der Service ist aufmerksam und präzise.

ROM
Prati

Velavevodetto ai Quiriti

Trattoria
Piazza dei Quiriti, 4
Tel. (+39) 06 / 36 00 00 09
Kein Ruhetag
Ferien: um den 15. August
70 Plätze + 30 Plätze im Freien
Preise: 35 €
Alle Kreditkarten; BM
Abends geöffnet, Feiertage auch mittags

Vielleicht liegt es daran, dass sich hier zuvor ein exotisches Restaurant befand, das bekannt war, weil es im Trend lag, oder daran, dass das Viertel Prati nicht viele Trattorien aufzuweisen hat, oder vielleicht daran, dass Flavio – mit seinem erfolgreichen Lokal im Viertel Testaccio – in der ganzen Stadt ziemlich bekannt ist, auf jeden Fall ist „Cacio e pepe bei den Quiriti“ für viele zum Bezugspunkt geworden. Die Plätze im Freien gehen auf die sonnige Piazza in der Nähe der Peterskirche und der Engelsburg. Im Inneren ist das Lokal zwar komfortabel, doch ein wenig dunkel. Aber es geht ja um die Substanz. Und die findet sich, wie bereits erwähnt, in einem ebenso einfachen wie beliebten Gericht: **Tonnarelli cacio e pepe** (10 €), bei Flavio zum regelrechten Kultobjekt geworden. Substanz und Großzügigkeit auch bei Fettuccine al ragù di capretto und bei den anderen Klassikern der römischen Küche wie Amatriciana und Carbonara. Ebenso gut sind die **Ravioli alla Velavevodetto** mit Tomatensauce. Die Antipasti hingegen beschränken sich aufs Wesentliche: typische traditionelle Fritti (6 €), Aufschnitt oder Büffelmozzarella. Bei den Secondi vorwiegend Schmorgerichte, also **Coda alla vaccinara**, Polpette alla romana und **Involtino al sugo**, die auch als interessanter gemischter Teller angeboten werden (16 €). Als Alternative (und es gibt auch Gäste, die sie als Antipasto bestellen) Polpette di bollito (14 €), einst ein Gericht der Resteverwertung, heute begehrt bei Stammgästen wie Touristen. Sie können auch Fleischtranchen (Steaks und Rippenstücke) von lokalen Rassen, die im eigenen landwirtschaftlichen Betrieb aufgezogen werden, bestellen. Als Beilagen in der Pfanne gewürztes Gemüse und in der Saison Puntarelle. Täglich wechselnde Dolci (6 €). Gesellige Atmosphäre und gute Weinauswahl.

SEZZE

21 KM NORDÖSTLICH VON LATINA, S.S. 156

Santuccio

Restaurant
Via Santi Sebastiano e Rocco, 95
Tel. (+39) 07 73 / 88 85 73,
(+39) 320 / 033 21 22
Ruhetag: Mittwoch
Ferien: Januar/Februar
90 Plätze + 50 Plätze im Freien
Preise: 35 €
Alle Kreditkarten; BM
Mittags und abends geöffnet

Um hierher zu kommen, ist immer der richtige Moment, doch ganz besonders lohnt es sich in der Artischocken-Saison (hier am Ende des Winters und am Frühlingsbeginn), wenn die runde Artischocke Romanesco, auch Cimarolo oder Mammola genannt, ihren Triumph feiert. Zu diesem verhelfen der außergewöhnlichen Blume Mamma Lina und ihre Söhne Giannino und Sisto. Es kann vorkommen, dass einer der Brüder sich zu Ihnen an den Tisch setzt und Sie nach Ihrer Meinung zu dem, was Sie gerade essen, fragt – nehmen Sie das Angebot an, es wird zu einer interessanten Konversation kommen. Beginn mit Artischocken aus dem Ofen, roh, frittiert und auf verschiedene andere Arten zubereitet, außerdem Prosciutto di Bassiano, Ricotta und Mozzarella aus Büffelmilch, Polenta fritta, Crostini mit Pilzen und gratinierte Paprikaschoten – das ist der Antipasto, besser gesagt ein ganzes Menü (18 €). Wer noch fortsetzen möchte, kann unter den verschiedenen Primi (10 €) Penne con i carciofi (mit einer Creme aus Artischocken, Ei und Käse) wählen, Strozzapreti all'amatriciana, Zuppa di fagioli, den wohlschmeckenden **Raviolone di ricotta e carciofi** oder Risotto con gli spinaci. Artischocken dienen auch als Füllung für **Filetto di maiale**, ein ausgezeichnetes Secondo. Nicht weniger einladend sind **Costolette di agnello alla scottadito** (15 €), Coniglio in tegame und ***Gnorante***, ein saftiges, alla brace gegartes Filet auf einer gerösteten Brotscheibe, bedeckt mit dünnen Scheiben Lardo und schwarzem Trüffel. Auch Steaks vom Scottona-Rind und Tagliata bekommen Sie hier. Zum Abschluss Tiramisu, Panna cotta (5 €), Bocconcino di pasta sfoglia con crema chantilly e frutta, Sorbetto al limone sowie Erdbeeren mit Sahne. Der Weinkeller ist zwar nicht sehr weitreichend, verfügt jedoch über eine gute Auswahl an Weinen lokaler Kellereien.

55 km südöstlich von Latina, S.S. 7

Ricciola Saracena

Moderne Osteria
Via Porta Piccola della Chiesa
Tel. (+39) 333 / 214 68 44
NEU
Ruhetag: Montag–Donnerstag, außer im Sommer • Ferien: zeitweise im November, 15. Februar–15. März
25 Plätze + 10 Plätze im Freien
Preise: 25–35 €
Alle Kreditkarten; BM
Nur abends geöffnet

Die Schwestern Chinappi haben diese kleine, moderne Osteria ins Leben gerufen. Zu zweit, ohne sonstige Unterstützung, haben Sie das Lokal geschaffen, Stühle, Bänke und alte Fässer bemalt wie auch die Tische, alles in Blau und Weiß, in der typischen Meerestradition, aufgelockert durch einige leuchtend rote Elemente. Speisen und Getränke haben null Kilometer zurückgelegt, das Angebot ist die Quintessenz einer Osteria der neuen Generation. Die Speisekarte steht im Zeichen von „wenig, aber gut": eine Auswahl an kleinen lokalen Erzeugern, abseits der ohnehin bekannten. Auch im Keller lagern Produkte aus der Umgebung, wirklich interessanter Wein und Bier aus kleinen Betrieben. Ab 18.30 Uhr gibt es die Möglichkeit, zwischen einer Degustation vom Meer (12 €) und einer vom Land zu wählen, sie bestehen aus drei Häppchen, darunter möglicherweise **Crudo di ricciola** (Rohes von der Bernsteinmakrele) und Gratin di alici e melanzane. Außer den Kostproben kommen stets zwei oder drei Tagesgerichte aus der Küche, von denen wir **Crostone con lenticchie di Ventotene e polpo** (13 €), **Panzanella alici e tonno di Ponza** (10 €) und **Tagliata di alalunga** (eine Thunfischart) empfehlen. Auch Desserts sind immer vorhanden, probieren Sie die gute **Torta di ricotta di bufala e miele** (5 €) und die typischen Ciambelline al Moscato Passito di Terracina. Ein gutes Glas Wein an der Bar können Sie im Sommer auch nach 22.30 Uhr genießen. Besonders beeindruckt sind wir von Irenes Mut, ihr Lokal nicht nur einfach im Sommer zu betreiben, sondern es zu einem ganzjährig geöffneten hervorragenden Spezialitätenrestaurant zu machen, in dem sie immer besten Service garantiert. Wirklich kein einfaches Unterfangen in einer Stadt, die im Winter beinahe zur „Geisterstadt" wird.

40 km südöstlich von Latina, S.S. 148

Borgo Pio

Osteria • Via Marconi, 10
Tel. (+39) 07 73 / 70 37 69, (+39) 338 / 227 16 63
Ruhetag: Dienstag
Ferien: je 10 Tage im Januar und November
40 Plätze + 30 Plätze im Freien
Preise: 25–35 €
Alle Kreditkarten; BM
Mittags und abends geöffnet, 15. Juni–31. September nur abends

Im Zentrum von Terracina finden Sie unter den vielen Meerestrattorien auf dem Hauptplatz unschwer die hinter einer Hausecke verborgene Osteria Borgo Pio. Die Räumlichkeiten entsprechen einem modernen Lokal, im Sommer gibt es zusätzliche Plätze in der kühlen Veranda. Roberta Palazzi und Pierpaolo Rossi haben sich entschlossen, nicht nur die traditionelle Küche mit sogenanntem armem Fisch aufzuwerten, sondern auch Gerichte aus dem Landesinneren einzubeziehen. Es ist eine Freude, auf einer Speisekarte **Zuppa di erba pazza** (mit Wildgemüse, 7 €) zusammen mit **Minestra di pesce** zu sehen. Als Willkommensgruß serviert man Ihnen Pfannküchlein mit dem Gemüse der Jahreszeit. Empfehlenswert sind **Baccalà fritto su cipolla rossa di Tropea**, **Involtini di melanzane con mozzarella di bufala e alici** (Auberginenrouladen mit Büffelmozzarella und Sardellen), Coniglio alla cacciatora, Trippa al sugo, **Straccetti di carne bufalina**, im Sommer Carpaccio di bufala e melone (12 €) und das immer vorhandene Tiramisu. Rigoroser Respekt gilt der Saisonalität der Fische, direkt aus dem lokalen Kleinfischfang stammen Rochen, Makrelen, die Thunfischart Palamita, Sardellen, lokaler Oktopus und Meerzikaden. Falls Sie sie auf der Karte entdecken, bestellen Sie Tonnarelli alici e pecorino (10 €) oder die Bastardmakrele **Sughero in guazzetto** (12 €) sowie den bemerkenswerten Fritto di paranza. Crostata mit dem Obst der Saison oder die stets verfügbaren leckeren Ciambelline al vino zum Abschluss. Auf der Karte stehen auch vegetarische Speisen mit Gemüse aus sorgfältig ausgewählten Gärten. Die Weinkarte ist dem Latium gewidmet.

»*Die Konzentration auf lokale Produkte wird durch die direkte Bekanntschaft mit Bauern und Fischern bestätigt. Pierpaolo besucht die Betriebe, um die besten Zutaten auszuwählen.*«

40 KM SÜDÖSTLICH VON LATINA, S.S. 148

Il Bistrot del Granchio

Moderne Osteria
Via San Francesco Nuovo, 80
Tel. (+39) 07 73 / 70 96 96
Ruhetag: Montag
Ferien: 1 Woche im Februar oder November
40 Plätze
Preise: 35 €
Alle Kreditkarten; BM
Abends geöffnet, Sonntag auch mittags

Das Ehepaar Ciamberlano hat die richtige Intuition gehabt – dem bereits hochgelobten Engagement in ihrem Restaurant Il Granchio eine lebhaftere Variante mit einem einfachen, doch keineswegs banalen Angebot hinzuzufügen. Nehmen Sie an einem der Tische des Bistros in bemerkenswert schöner Panoramalage Platz und warten Sie auf die Speisekarte mit den in ungewöhnlicher Reihenfolge aufgelisteten Tagesgerichten. Verlassen Sie sich auf Daniela Onoratos Talent in der Küche, im Saal bringt Luca nicht nur die Speisen, sondern auch ein paar scharfsinnige Bemerkungen an den Tisch. Von den Gerichten, die wir als Eröffnung bezeichnen könnten, empfehlen wir frittierte oder **marinierte Alici** (9 €) und Porchetta della casa su vellutata di patate, aber vor allem, falls vorhanden, die althergebrachte **Minestra di sgavaglioni** (8 €), mit kleinen lokalen, überaus schmackhaften Fischchen. Es folgt eine stattliche Reihe an Gerichten, von denen uns **Spaghetto di Gragnano con alici e pecorino** mit seinem ausgewogenen Geschmack überrascht hat. Gut schmecken auch Insalata di ceci, polpi, seppie, calamari e cipolla dolce und Arzilla fritta su panzanella di pomodoro (frittierter Rochen auf Tomaten-Brot-Suppe, 13 €). Und wer auf Fleisch nicht verzichten kann, bekommt gegrilltes Filet mit karamellisierten Zwiebeln. Alle Produkte sind lokal und ganz frisch, auf dem Tisch steht immer das native Olivenöl extra der Sorte Itrana neben ausgesuchtem Salz und Pfeffer. Bei den saisonabhängigen Dolci eine denkwürdige Apfeltorte mit Zimtcreme sowie Sfizio di una coppa di fragole favetta di Terracina mit frisch geschlagener Sahne. Gleichgewicht und Sensibilität beim Weinangebot, das, auch mit glasweiser Verkostung, eine originelle und zufriedenstellende Möglichkeit, das Essen zu begleiten, garantiert.

TERRACINA

40 KM SÜDÖSTLICH V. LATINA, S.S. 148

Saint Patrick

Enoteca mit Ausschank und Küche
Corso Anita Garibaldi, 56
Tel. (+39) 07 73 / 70 31 70
Ruhetag: Dienstag
Ferien: November/Dezember
45 Plätze + 35 Plätze im Freien
Preise: 32–35 €
Kreditkarten: CS, Visa; BM
Abends geöffnet

In einem schönen Gebäude mittelalterlichen Ursprungs in der faszinierenden Altstadt von Terracina bewirten Ivana und Massimo Masci mit beeindruckender Liebenswürdigkeit ihre Stammgäste und die Touristen, die im Sommer die Küste der Provinz von Latina bevölkern. Ursprünglich eine Vinothek, ist das Lokal später auch durch seine Küche bekannt geworden. Die Speisekarte wird im Lauf der Jahreszeiten gewechselt, denn Massimo verliert nie die Auswahl der verwendeten Produkte aus den Augen. Als passionierter Experte für **Käse** bietet er seltene und besondere Exemplare aus allen Teilen der Welt. Uns interessieren vor allem die Spezialitäten aus der Umgebung: **Marzolina von Schaf oder Ziege** (6 €) sowie Ricotta und Mozzarella aus Milch von den Büffeln des Agro Pontino. Unter den Salumi ragen **in Moscato di Terracina gereifte Coppa** hervor, Coppietta und Prosciutto aus Bassiano, Pancetta mit den Kräutern aus Itri sowie Salsiccia aus Monte San Biagio mit Brokkoli. Bei den Primi dürfen Involtini di melanzane ripieni di tagliolini (mit Nudeln gefüllte Auberginenrouladen, 9 €) nicht unerwähnt bleiben. Die interessantesten Fleischgerichte sind Tris di carne di maiale und der deliziöse **Spezzatino di carne di bufala con la polenta** (15 €). An Sommerabenden empfehlen sich besonders Panzanella con tonno e mozzarella und Carpaccio di zucchine. Als Dessert (5 €) Budino di pane und **Torte mit Erdbeeren aus Terracina oder mit Feigen**. Zur reichhaltigen Weinkarte, die den besten Weinen aus der Provinz Raum gibt, gesellen sich hochwertige Biere aus kleinen Brauereien.

»*Professionalität, Liebenswürdigkeit und Sorgfalt bei der Auswahl der Produkte sind die Erkennungsmerkmale dieser Enoteca, einem zuverlässigen Bezugspunkt für alle, die Wein und Essen dieser Gegend kennenlernen möchten.*«

40 km südöstlich von Latina, S.S. 148

Vineria Cesare 1963

Vineria mit Küche
Via San Francesco Nuovo, 5
Tel. (+39) 07 73 / 70 39 21
Ruhetag: Mittwoch
Ferien: 2 Wochen im November
35 Plätze + 70 Plätze im Freien
Preise: 35 €
Kreditkarten: CS, MC, Visa; BM
Abends geöffnet, Sonntag auch mittags

Massimo Cappellanti hat vor ein paar Jahren die Leitung dieses historischen Lokals in Terracina von seinem Vater übernommen, um frischen Wind in das Unternehmen zu bringen. Er hat sich auf Weinhandel spezialisiert und präsentiert ein reichhaltiges Angebot an Etiketten aus ganz Italien mit Schwerpunkt auf dem Latium und der Provinz Latina. Doch ebenso vielfältig sind die Gerichte, für die aus dem Meer von Terracina sowie der Landwirtschaft und Viehzucht im Agro Pontino geschöpft wird. Nachdem Sie im kleinen angenehmen Speisesaal oder im größeren Garten Platz genommen haben, beginnen Sie mit **Polpette di pesce**, frittierten Kürbisblüten, Carpaccio vom Büffel und **Frittura di occhioni** (Meerbrassen, 8 €) oder Parmigiana di zucca e zucchine. Es folgen Primi wie Riccioli di Gragnano al ragù di pesce (12 €), Couscous mit Gartengemüse und Fisch sowie Tortino di riso venere con i gamberi. Dass die Familie ihre Wurzeln im Gebiet von Rieti hat, merkt man bei Gerichten wie Spaghetti cacio e pepe oder in der Saison bei Pilzen, welche die Teigwaren bereichern und die Grundlage weiterer Speisen bilden. Fisch dominiert wiederum bei Millefoglie di pesce mit Spargeln oder Artischocken, in **Frittura di totani** (14 €) und im **Tortino di alici e mozzarelle**. Natürlich bekommen Sie auch Secondi mit Fleisch, besonders empfehlenswert ist Hamburger aus Büffelfleisch. Zum Dessert wählen Sie eines der zahlreichen Dolci (5 €), vor allem Cannoli di pasta sfoglia con ricotta e fragole, Crème brulée ai pistacchi und die köstlichen Sorbets mit Obst stechen ins Auge.

Der Markt Mercato della Terra e del Mare, der jeden ersten Sonntag im Monat in der Via del Rio stattfindet, ist nicht irgendein Markt, sondern der richtige Ort, um die Produkte der Umgebung kennenzulernen und zu kaufen.

58 km nordwestlich von Rom S.R. 2

Il Porticciolo

Restaurant
Via Settevene Palo Est, 197
Tel. (+39) 06 / 999 96 04,
(+39) 335 /540 57 70
Ruhetag: Montag
Ferien: Weihnachten
30 Plätze + 55 Plätze im Freien
Preise: 35 €
Kreditkarten: AE, CS, DC, Visa; BM
Mittags und abends geöffnet

NEU

Am Seeufer, wo sich früher der Garten der Familie befand und das Fischerboot von Großvater Marzio lag, laden heute zwei kleine Speisesäle und ein bezaubernder Garten die Gäste zum Verweilen ein. Im familiengeführten Lokal steht Carla Berti in der Küche am Ruder, die Söhne Fabrizio und Enrico kümmern sich um den Service. Einladend präsentiert sich der Antipasto di lago (12 €) mit ausschließlich lokalem Fisch, bestehend aus Polpettine di persico (Bällchen aus Kaulbarschfleisch), nach einem traditionellen Rezept **mariniertem Fisch**, Carpaccio di luccio (Hecht) con salsa giardiniera, Pesce persico al pepe rosa und Involtini di coregone con uva passa (Rouladen aus dem Fleisch der Renke mit Rosinen). Versäumen Sie bei den Primi nicht die handgemachten Tagliatelle all'uovo oder jene mit roten Rüben im Teig (10 €). Interessant sind auch Cannelloni ripieni di ricotta e persico, **Ravioli con ricotta e borragine con sugo di coregone** (12 €) oder **Acquacotta** sowie **Pasta e fagioli con quadrucci** (10 €). Auch bei den Secondi fehlt der Fisch aus dem See nie, er wird in frittura, alla trevignanese (10 €), alla piastra oder in salsa verde zubereitet. Nur im November und gegen Vorbestellung bekommen Sie Anguilla alla cacciatora. Die Beilagen stammen aus dem eigenen Garten, zum Beispiel Brokkoli, Artischocken, Zucchini und Tomaten. Das Brot kommt vom Bäcker des Dorfes, die Dolci sind hausgemacht: **Zuppa inglese** mit Meringe, Tiramisu oder Crostata mit Konfitüre aus Brombeeren oder mit Creme und Pomeranzen. Sehr gepflegte Weinkarte, dabei viele lokale Etiketten. Zu günstigen Preisen können Sie gewisse Weine auch glasweise verkosten.

Im landwirtschaftlichen Betrieb Acquaranda (Via dello Sboccatore 8) bekommen Sie Schafkäse, vor allem Caciofiore della campagna romana (Slow-Food-Presidio).

18 KM SÜDÖSTLICH VON VITERBO

Ristorante Il Vicoletto 1563

Restaurant
Piazza della Repubblica, 18
Tel. (+39) 07 61 / 75 40 73
Ruhetag: Dienstag, Mittwoch
Keine Ferien
36 Plätze + 20 Plätze im Freien
Preise: 30–35 €
Alle Kreditkarten; BM
Mittags und abends geöffnet

Das Vicoletto finden Sie auf der Piazza im Zentrum von Vignanello, die Zahl 1563, die auf den Namen folgt, bezeichnet das Jahr, in dem die Familie „Lagrimanti" begann, dieses Gebäude zu bauen. In der Zeit zurückzugehen, ist nämlich die typische Vorgehensweise des jungen Kochs und Patrons Ezio Gnisci. Die Speisekarte wird etwa viermal pro Jahr erneuert, die Gerichte werden erst nach einer langen Zeit der Erprobung durch den Eigentümer selbst freigegeben. Die Betreuung im Saal liegt in den Händen der jungen Agnieszka Lubacha, doch wenn er die Zeit findet, verlässt auch Ezio den Herd, um in angenehm entspannter Atmosphäre mit den Tischgenossen zu plaudern. Bei den Antipasti (9 €) große Vielfalt an **Käse** und lokalen Salumi und eine ebenso breite Auswahl an Suppen (9 €) mit Hülsenfrüchten aus der Umgebung. Das gleiche Variantenreichtum herrscht bei den Teigwaren, unter denen köstliche **Tagliolini carciofi e pecorino romano** (9 €) ins Auge fallen, schmackhafte **Gnocchetti di patate e nocciola al ragù di cinghiale** (Kartoffel-Haselnuss-Gnocchi mit Sauce vom Wildschwein, 9 €) sowie originelle Ravioloni di ricotta di capra. Interessante Auswahl an Fleisch bei den Secondi (mit Beilage serviert), wir empfehlen **Salsicciotto di coniglio verde leprino** (Wurst aus dem Fleisch des halbwild aufgezogenen Kaninchens, 15 €) und Medaglioni di maiale con scalogno, pere e zucca in salsa di balsamico. Ausnahmslos gute hausgemachte Dolci (4 €). Gepflegte Weinauswahl mit vorwiegend naturbelassenen und biodynamischen Weinen aus Kellereien der Gegend um Viterbo und gute Etiketten aus dem übrigen Italien mit einem korrekten Preis-Leistungs-Verhältnis. Zusätzlich Biere aus kleinen Betrieben.

Al Vecchio Orologio

Traditionelle Osteria-Pizzeria
Via Orologio Vecchio, 25
Tel. (+39) 335 / 33 77 54
Kein Ruhetag
Ferien: 10.–20. August
40 Plätze
Preise: 30 €
Kreditkarten: AE, CS, MC, Visa; BM
Abends geöffnet, Samstag und Sonntag auch mittags

Eine der Straßen, die von der wunderbaren Piazza delle Erbe mit dem aus dem 17. Jahrhundert stammenden Brunnen Fontana dei Leoni abzweigen, führt uns zum Lokal von Paolo Bianchini. Drei Rundbögen, gestützt von den starken Mauern aus Peperino und dem typischen Stein von Viterbo bilden den Rahmen der drei kleinen Speisesäle, aus denen die 1966 eröffnete Osteria besteht. Paolo beschreibt den Gästen die Gerichte, die Ester und Claudio aus Produkten von lokalen Herstellern zubereiten. Pasta, Brot, Pizza und Focaccia sind hausgemacht, das native Olivenöl extra stammt aus den besten Betrieben der Umgebung. Beginnen Sie mit dem üppigen Antipasto misto (9 €) mit Gemüse im Backteig, gemischten Crostini, ausgezeichnetem Käse und Salumi, darunter Susianella viterbese (Slow-Food-Presidio). Wenn Sie in der richtigen Jahreszeit kommen, können Sie bei den Primi (8,50 €) **Carbonara con i carciofi** oder **Tonnarelli con asparagi e guanciale** probieren. Ansonsten Amatriciana, Riso e lenticchie, Pasta e fagioli oder im Winter **Zuppa di ceci e castagne** und Suppe mit Hülsenfrüchten. Intensiver Geschmack bei den Secondi (9,50 €) mit Fleisch im Mittelpunkt: **Trippa alla romana**, Bohnen mit Schwarten und Salsiccia, **Cosciotto di pollo alla viterbese** und Fleisch vom Grill. Als Beilage Cicoriella und Kürbisblüten im Backteig, Patate alla paracula sowie Broccoli strascinati. Zum Abschluss die Dolci des Hauses (5 €): Trockengebäck, Crostata con crema chiboust e frutti rossi (mit Vanillecreme und roten Früchten) und Tartufo di nocciola e cacao. Eine besondere Erwähnung verdient die Weinauswahl, Paolo hat das Angebot an Weinen aus der Umgebung und dem Latium auf 100 Etiketten erweitert, außerdem gibt es Bier aus zwei kleinen Brauereien. Auch glasweiser Ausschank ist möglich.

VITERBO
Bagnaia

6 KM VOM ZENTRUM

I Giardini di Ararat

NEU

Ferienbauernhof
Strada Romana, 30
Tel. (+39) 07 61 / 28 99 34,
(+39) 328 / 648 44 84
Ruhetag, Montag, Dienstag
Keine Ferien
80 Plätze + 60 Plätze im Freien
Preise: 30–35 €
Alle Kreditkarten; BM
Mittags und abends geöffnet

Das Bauernhaus der Familie, fünf Hektar Land am Fuß der Monti Cimini, in dem man herumwandern kann, und ein enormer Wille, eine nachhaltig arbeitende kleine Landwirtschaft zu betreiben, in der die Erzeugnisse gleich vor Ort verarbeitet werden und auch Momente zur Verbreitung und Vermittlung dieser Arbeitsweise vorgesehen sind – das alles sind „die Gärten des Ararat". Laura ist die Seele des Bauernhofs und der Küche, Sergio schiebt Brot in den Ofen und bereitet die Teigwaren zu und die liebenswerte Emanuela betreut mit Geschmack und Kompetenz das Erscheinungsbild des Lokals und die Gastlichkeit. Die reichhaltige Speisekarte hängt von dem ab, was die Saison zu bieten hat. Zu Beginn Antipasto rustico dei giardini, eine Mischung aus den Zutaten des Tages, vielleicht **Sformato di ricotta caprina e verdure** (9 €) oder leckeres Gemüse im Backteig aus der Pfanne. Große Auswahl an Primi (10 €): **Maltagliati di castagna con pomodorini di Pachino e finocchietto**, Straccetti al ragù di coniglio leprino in bianco con timo (das Kaninchen wird halbwild im eigenen Betrieb aufgezogen) und Fettuccine con le patate (nach einem alten Rezept von Lauras Großmutter). Gehaltvolle Secondi: **Leprino alla cacciatora** oder goldbraun frittiertes Kaninchen (15 €), Guanciale ai lamponi, Pancia di vitella in agrodolce, Uova di oca in terrina con tartufo e verdure (im Tonpfännchen im Ofen gebratenes Gänseei mit Trüffel und Gemüse), Parmigiana di melanzane und Gemüse aus dem Ofen. Vor allem im Winter bekommen Sie Suppen wie **Scafata** mit Dicken Bohnen und Erbsen oder mit Kichererbsen und Esskastanien und wenn möglich auch mit Pilzen (10 €). Von den Dolci schmecken Mela fritta alla cannella con crema calda (5 €) und Visciole maraschinate besonders gut. Im Keller lagern 20 überwiegend lokale Etiketten.

VITERBO
San Martino al Cimino

5 KM VOM ZENTRUM

Il Moderno

Restaurant-Pizzeria
Piazza Buratti, 22
Tel. (+39) 07 61 / 37 99 52
Ruhetag: Dienstag
Ferien: 15.–30. Juni, Weihnachten
70 Plätze + 70 Plätze im Freien
Preise: 30–35 €
Kreditkarten: CS, MC, Visa; BM
Mittags und abends geöffnet

Im Gebiet der Monti Cimini, nahe dem Naturreservat um den kleinen vulkanischen See Vico, befindet sich San Martino in fantastischer Lage, umgeben von der Schönheit der Natur und der Geschichte, die sich in sehenswerten Bauwerken ausdrückt. Das Lokal der Familie Grani befindet sich auf der Piazza des Dorfs am Beginn der Steigung, die zur Kathedrale führt. Diese sehen Sie von der Veranda aus, in der Sie an warmen Sommerabenden speisen können. Im Lauf der Jahre hat Aldo der Küche seinen Stempel aufgedrückt, ein Koch mit großer Erfahrung, der als Hobby Käse zur Reife bringt. Sein Sohn Maurizio hat dem ein wenig Experimentierfreude hinzugefügt. Beginnen wir mit **Käse** oder Salumi (darunter auch Slow-Food-Presidi), die mit hausgemachter Mostarda und lokalem Honig serviert werden. Oder aber Sie bestellen **Mela in pastella, pecorino romano e miele** (8,50 €). Bei den Primi ausgezeichnete **Gnocchi di castagne** (aus Esskastanienmehl) mit Pilzsauce, Sauce vom Wildschwein oder mit Sommertrüffel sowie leckere und doch schlichte **Lombrichelli al sugo di fave**. Schmackhafte Secondi: alla brace gegartes Fleisch, **Trippa alla romana** (8 €), Agnello ai carciofi (9 €) und **Padellata di porcini e patate**. Gegen Vorbestellung gibt es Pollo ruspante alla creta (frei lebendes Huhn, langsam im Tontopf im Ofen gekocht). Zum Abschluss Balocchi di nocciola, uvetta e pinoli (das Rezept für diese Kekse stammt von der Mamma), Tiramisù agli amaretti und Gelato di nocciola al cioccolato bianco. Im Keller viele Etiketten aus der Umgebung, auch glasweiser Ausschank ist möglich. Außerdem Bier aus kleinen Betrieben. Es gibt die Möglichkeit, Pizza und andere Gerichte glutenfrei zu bestellen.

In der Nähe von Viterbo, bei km 2,200 der Provinzstraße 7, erzeugt der landwirtschaftliche Betrieb Montelugo Ziegenkäse.

’L Richiastro

Traditionelle Osteria
Via della Marrocca, 16–18
Tel. (+39) 07 61 / 22 80 09
Ruhetag: Sonntagabend–Donnerstag
Ferien: Juli–September
60 Plätze + 20 Plätze im Freien
Preise: 25–30 €
Keine Kreditkarten; BM
Mittags und abends geöffnet

Alles begann im Jahr 1981, als die Architektin Giovanna, die es müde geworden war, in Viterbo Essen für verschiedene Künstler zu organisieren, gemeinsam mit ihrem Mann Cesare beschloss, eine Osteria zu eröffnen, um unter anderem die kulinarische Tradition des antiken Etrurien zu verbreiten. Der Name des Lokals verweist ebenfalls auf die Vergangenheit: Unter Richiastro verstand man den Innenhof eines Palazzos. Emiliano, der Sohn des Paars, empfängt Sie und gibt Ihnen eine ausführliche Beschreibung des Menüs. Man beginnt mit einem klassischen Antipasto, bestehend aus Bruschettine (kleinen gerösteten Brotscheiben) mit vier wechselnden Saucen (besonders gut schmeckt jene mit Schweineleber) und geht dann (im Winter) über zu **Zuppe di ceci e castagne** (7 €), Suppe mit Linsen und Pilzen oder mit Dinkel und Zichorien. Die Saucen für die ausnahmslos hausgemachten Teigwaren (8 €) sind von den Jahreszeiten abhängig. Es könnte also **Lombrichi alla vitorchianese** (mit Tomaten, Wildfenchel und Pecorino) geben, Fettuccine all’uccelletto pazzo oder Gnocchi con il guanciale. Gewürzte Saucen begleiten auch das Fleisch: interessante **Spiedini di maiale** mit einer Sauce aus Pflaumen (10 €) mit Peperoncino und Honig oder mit Salsa tredura (mit Ingwer, Ei und Safran), saftiger Arrosto ai fichi secchi oder al vino rosso in agrodolce und gut gemachte **Trippetta di maiale in bianco con cannella**. Desserts nach Hausfrauenart (5 €), vor allem Löffeldesserts. Als Alternative empfehlen wir Biscottini zu einem Gläschen Ippocrasso, einem mit verschiedenen Gewürzen eingekochten und kalt servierten Rotwein. Als Hauswein trinken Sie einen Rotwein aus der Umgebung.

VITERBO

Tredici Gradi

Traditionelle Osteria
Via Cardinal La Fontaine, 28
Tel. (+39) 07 61 / 30 55 96
Ruhetag: im Winter Montag, im Sommer Sonntag
Ferien: 2 Wochen im Januar
45 Plätze + 30 Plätze im Freien
Preise: 30 €
Kreditkarten: CS, MC, Visa
Mittags und abends geöffnet

Diese Osteria im Herzen der Stadt der Päpste ist ein Bezugspunkt für alle, die auf der Suche nach Gastlichkeit sind. Die Passion für die lokale Küche verbindet sich mit der Suche nach Produkten aus der Umgebung. Nehmen Sie in einem der Speisesäle oder, wenn es das Wetter erlaubt, im rustikalen Innenhof Platz. Oft beginnt das Menü mit gemischtem **Käse und Salumi aus der lokalen Tradition** und dem übrigen Italien von einer einladenden Theke, darunter einige Slow-Food-Presidi. Sie können auch einen appetitanregenden gemischten Antipasto della casa (9 €) bestellen. Bei den Primi wählen Sie unter dem berühmten **Fieno al ragù**, klassischen Lombrichelli cacio e pepe (10 €) und wohlschmeckenden **Fettuccine al cinghiale**. Im Winter empfehlen wir Suppen, zum Beispiel mit **Linsen und Esskastanien** oder mit Bohnen und Wildfenchel. Die Secondi sind kräftig im Geschmack, doch leicht in der Zubereitung, eine Kostprobe verdienen Spezzatino con prugne e pinoli (Ragout mit Pflaumen und Pinienkernen, 14 €), **Coniglio leprino viterbese alla cacciatora** sowie Bollito alla picchiapò. Als Beilage finden Sie immer in der Pfanne gewürzte Zichorien oder Patate al forno con finocchietto. Wer eines der zahlreichen, täglich frisch gemachten Desserts (4 €) möchte, geht mit der deliziösen Crostata di visciole (mit Wildkirschen) auf Nummer sicher. Das Lokal ist als Vinothek entstanden, daher enthält der Keller zahlreiche Etiketten mit besonderem Augenmerk auf das Gebiet der nahen Tuscia. Besonders beliebt ist der Rotwein des Hauses.

»*Respekt gegenüber der Tradition und die ausgewogene, doch zwanglose Eleganz, mit der die Gerichte präsentiert werden, machen das Lokal zu einer Perle im Gebiet von Viterbo.*«

ALBANO LAZIALE

24 km südöstlich von Rom

La Galleria di Sopra

NEU

Restaurant
Via Leonardo Murialdo, 9
Tel. (+39) 06 / 932 27 91
Ruhetag: Montag
Ferien: 15.–30. August
35 Plätze
Preise: 40–50 €
Kreditkarten: CS, DC, MC, Visa; BM
Abends geöffnet, Sonntag auch mittags

Das Lokal der Geschwister Carfagna hat in den zehn Jahren seines Bestehens nie seine Identität eingebüßt noch sein Ziel einer hoch entwickelten Gastronomie, die jedoch auf lokalen Zutaten beruht. Die Räumlichkeiten sind überaus angenehm und einladend. Andrea betreut die Gäste und erläutert die Details der Tageskarte, deren Gerichte Claudio mit offensichtlicher Souveränität und sinnlichen Eingebungen folgend zubereitet. Beide legen Wert auf die familiären Wurzeln, den Gemüsegarten, aus dem sie beziehen, was die Jahreszeiten zu bieten haben, und auf die Auswahl des frischen Fischs. Einige typische Speisen helfen uns, das Bild zu vervollständigen: Pomodori (vier Sorten Tomaten, ebenso viele Zubereitungsarten), Cannelloni di melanzane e cacio di Morolo (12 €), Triglia in cartoccio di timo (13 €), Agnello in due cotture (geschmorte Lammkeule und bei niedriger Temperatur gegarter Lammrücken) sowie Crema brunita alla genziana con gelato alla liquirizia. Klug zusammengestellte Weinkarte mit einigen Jahrgängen, die den auf dem Gebiet bewanderten Gästen gefallen werden.

ISOLA DI VENTOTENE - Ventotene

76 km v. Latina + 18 Min. Fähre v. Anzio, Formia, Terracina

Il Giardino

Restaurant
Via Olivi, 43
Tel. (+39) 07 71 / 850 20
Ruhetag: Montagmittag
Keine Ferien
80 Plätze
Preise: 45 €
Kreditkarten: CS, DC, MC, Visa
Mittags und abends geöffnet

Giovanni Impagliazzo beschafft täglich Zutaten von höchster Qualität, die er mit gewohntem Enthusiasmus in seinem Lokal anbietet – einem bis ins Detail perfekten Haus, einladend und anziehend, wie es diese ganze kleine Mittelmeerinsel ist. Die Angelpunkte der Speisekarte sind nach wie vor der tägliche Fischfang und die lokalen Gartenprodukte, allen voran die hochwertigen Linsen, die in schlichten Gerichten mit unverwechselbarem Geschmack zur Geltung kommen. Zwei Degustationsmenüs stehen zur Verfügung, eines bietet drei Gänge und kostet 30 €, das andere sechs Gänge für 50 €, Wein inbegriffen. Die Wahl aus der vom Angebot am Markt abhängigen Karte ist ebenso immer möglich. Probieren Sie, falls vorhanden, Linguine al dentice (mit Zahnbrasse), Parmigiana di melanzane e merluzzo und Murena in scapece.

MAGLIANO SABINA - Madonna degli Angeli

86 KM SÜDWESTLICH VON RIETI

Ristorante degli Angeli

Restaurant
Ortsteil Madonna degli Angeli
Tel. (+39) 07 44 / 913 77,
(+39) 07 44 / 918 92
Ruhetag: Sonntagabend, Montag
Ferien: Juli/August
80 Plätze
Preise: 40–45 €
Alle Kreditkarten
Mittags und abends geöffnet

Einen wichtigen Bezugspunkt für die Gastlichkeit und Gastronomie der Sabina hat Familie Marciani mit ihrem Hotel und Restaurant mit Verkaufsstelle geschaffen und lebendig erhalten. Im reichhaltigen Angebot werden die Klassiker der Küche mit Fleisch und Wild neu und in leichterer Form interpretiert, bereichert durch lokales Gemüse. Ausgezeichnete Primi sind gefüllter Raviolo und Tagliolini al guanciale, bei den Secondi steht das Fleisch von kleinen Hoftieren an erster Stelle, gefolgt von Hammelfleisch und Innereien, darunter köstliche Schweineleber mit Honig und Rosinen. Eine Alternative bieten die Gerichte mit Baccalà, oft alla brace mit Rosmarin zubereitet. Bemerkenswerter Keller mit einer breit gefächerten Auswahl an wichtigen Etiketten und Hochprozentigem. Außerdem gibt es eine schöne Karte für Öl.

ROM - PRATI

BUSHALTESTELLE CICERONE-CAVOUR

Arcangelo

NEU

Moderne Osteria
Via Belli, 59
Tel. (+39) 06 / 321 09 92
Ruhetag: Samstagmittag, Sonntag
Ferien: 20 Tage im August
40 Plätze
Preise: 50–60 €
Kreditkarten: AE, MC, Visa; BM

Arcangelo Dandini hat vor ein paar Jahren seine Losung geändert. Weg mit den Tischtüchern, Speisekarte mehr auf die Umgebung von Rom und das Latium konzentriert, einfaches Prinzip. Und sein Restaurant ist beinahe zu einer Osteria geworden. Sicherlich, die Preise sind ein wenig höher, aber man kommt in den Genuss der perfekten römischen Küche. Das ist dem Bewusstsein und der Passion des Inhabers für die Zutaten zu verdanken, aus denen nun großartige Pastagerichte entstehen (Rigatoni alla carbonara, Spaghettoni all'amatriciana con i pomodori del piennolo sowie Pennoni pepe bianco, pecorino e olio alle erbe) und Trippa di vitello con menta romana e pecorino, einfach meisterhaft wie auch Coda alla vaccinara und Animelle (Bries). Speisen, die aus der Kultur der traditionellen Küche schöpfen, zubereitet mit scheinbarer Einfachheit, doch in Wirklichkeit in ihren Kochzeiten, ihrem Gleichgewicht und in allen Details das Ergebnis präziser Überlegung. Sehr interessante Weinkarte.

SAN CESAREO

30 KM SÜDÖSTLICH VON ROM

Osteria di San Cesario

Osteria
Via Corridoni, 60
Tel. (+39) 06 / 958 79 50
Ruhetag: Sonntagabend, Montag
Ferien: ersten 2 Augustwochen
50 Plätze
Preise: 50 €
Kreditkarten: AE, CS, MC, Visa; BM
Mittags und abends geöffnet

Anna Dente, eine Köchin von gewandtem Auftreten, bietet eine Küche, die aus der Umgebung schöpft, aus dem unverfälschten Geschmack, und sich keineswegs scheut, sich in ihren volkstümlichen und kraftvollen Varianten zu zeigen. Rigatoni *ar sugo de coda a la vaccinara* oder con la *pajata de vitella* bleiben die Aushängeschilder. Es folgen *Pulenta co le spuntature e zazzicchie* und Fleisch von unbestrittener Qualität, das auf drei traditionelle Arten gegart wird: gegrillt, im Ofen gebraten und geschmort. Unverzichtbar, wenn man schon römischen Dialekt spricht, die sogenannte arme Küche des Quinto Quarto, der Innereien, die hier ihren vollkommenen Ausdruck finden. Außerdem ein schönes Kompendium an Gemüse als Beilagen – mit den obligaten Artischocken – und guter Käse aus dem Agro Pontino. Die Dolci sind gehaltvoll wie der Rest des Angebots, der Wein wird offen *ar litro* gebracht.

0
15
30 km
ADRIA
Loreto
Recanati
Civitanova Marche
Macerata
Tolentino
MARKEN
Fermo
A14
PARCO NAZ. D.
MONTI SIBILLINI
S. Benedetto d. Tronto
Visso
Áscoli Piceno
Colonnella
M. Vettore 2476
UMBRIEN
Mosciano S. Angelo
S. Omero
Giulianova
Nórcia
PARCO
NAZ.
Campli
Castellalto
Roseto d. Abruzzi
Teramo
DEL
Notaresco
Canzano
Pineto
GRAN SASSO
A24
Città S. Angelo
Castilenti
Montesilvano
Isola d. Gr. Sasso d'Italia
Picciano
Pescara
Gran Sasso d'Italia 2912
Penne
Spoltore
MONTI
Loreto Aprutino
Moscufo
Terminillo 2216
Farindola
S. Giovanni Teatino
Villa Celiera
Pianella
Poggio Picenze
D. LAGA
Civitella Casanova
Ortona
L'ÁQUILA
Ofena
Chieti
S. Vito Chietino
Carpineto della Nora
Rocca S. Giovanni
Prata d'Ansidonia
Guardiagrele
Lanciano
PARCO
Castel Frentano
Caramanico Terme
Vasto
NAZ.
2793
la Maiella
A24
Carsoli
Sulmona
S. Salvo
Bomba
A14
A25
Pacentro
Avezzano
Anversa d. Abruzzi
D. MAJELLA
Rosello
Rivisondoli
LATIUM
Schiavi di Abruzzo
PARCO NAZ.
Pescasseroli
D'ABRUZZO
MOLISE
LAZIO E MOLISE
Alatri
2247
Sora
M.ti della Meta
Pescolanciano
Frosinone
Isérnia
CAMPOBASSO
Cassino
A1
Latina
PARCO NAZ.
Fórmia
KAMPANIEN
Sabáudia
Terracina
D. CIRCEO
Gaeta
Golf von Gaeta
S. Maria Cápua Vétere
Cápua
Caserta
TYRRHENISCHES MEER

ABRUZZEN

Aufgrund ihrer geografischen, historischen und sozialen Gegebenheiten hatte die Region Abruzzen schon immer eine doppelte kulinarische Identität – auf der einen Seite die Kultur der Bauern und Hirten, auf der anderen Seite jene des Meeres. Oft treffen diese beiden Kulturen aufeinander. Es scheint daher kein Widerspruch zu sein, wenn Rana pescatrice oder Coda di rospo (beides Seeteufel) alla cacciatora (nach Jägerart) und nicht alla pescatora (nach Fischerart) zubereitet werden, in der Pfanne mit Knoblauch und Rosmarin geschmort und manchmal mit dem lokalen getrockneten milden Paprika – Fuffellone oder Bastardone genannt – verfeinert.
Ein Schritt in Richtung Landesinneres führt zur Entdeckung eines kulinarischen Meisterstücks, das seine Erfindung mehr der Notwendigkeit als der Genialität verdankt. Es stammt aus einer Zeit, in der man sich durch das Verwerten von Lebensmitteln ernähren musste, da es Fleisch nicht für alle und nicht für jeden Tag gab. So sind Pallotte cac' e ova entstanden, Bällchen aus getrocknetem Brot, das in Milch eingeweicht, ausgedrückt und mit Ei und geriebenem Käse vermischt wird. Die Bällchen werden anschließend in nativem Olivenöl extra frittiert und in fleischloser Tomatensauce serviert. Ein außergewöhnlicher Leckerbissen, dessen perfektes Gelingen sowohl von der Dosierung der Zutaten als auch von der Ausgewogenheit zwischen dem zarten knusprigen Äußeren und dem weichen oder porösen Inneren abhängt.
Zwei Schritte in Richtung Berge bedeuten hingegen, in die Küche der Hirten einzutauchen, die echte, ja, wenn wir eine solche Bezeichnung verwenden wollen, die Urküche der Lamminnereien. Oft werden aus Coratella (Leber, Lunge, Herz, Nieren und Bries) acht bis zehn Zentimeter lange Rouladen gemacht, in Därme gewickelt und zu Torcinelli, wie die Röllchen in der Provinz von Chieti heißen, zusammengebunden. Oder man verpackt die Innereien in Endivienblätter, wie im Fall der Mazzarelle aus der Gegend von Teramo, und gart sie in der Pfanne, vielleicht unter Zugabe von Tomatensauce. Im Gebiet von L'Aquila werden die Rouladen doppelt so groß gemacht, alla brace gegrillt und Marro genannt. Kommt nur Leber zur Verwendung, wird diese in der Pfanne mit oder ohne Tomaten oder noch öfter mit Cacio e uova (Käse und Ei) gebraten und als Antipasto serviert.

Für Sie entdeckt

Coda di rospo alla cacciatora

628 Il Corallo
Pescara

617 Osteria delle Piane
Chieti

Pallotte cacio e uova

622 Santa Chiara
Guardiagrele (Ch)

636 La Valletta
San Vito Chietino (Ch)

Coratella di agnello/torcinelli/marro/mazzarelle)

624 La Bilancia
Loreto Aprutino (Pe)

634 Lo Scamorzaro
Rosello (Ch)

616 Pervoglia
Castellalto (Te)

627 Taverna de li Caldora
Pacentro (Aq)

Fegatini

624 La Bilancia
Loreto Aprutino (Pe)

631 Font'Artana
Picciano (Pe)

75 km sö. v. L'Aquila, 15 km v. Sulmona, S.S. 479

La Fiaccola

Trattoria
Corso Raynaldo D'Anversa, 7–9
Tel. (+39) 08 64 / 494 74,
(+39) 329 / 852 89 58
Ruhetag: Dienstag, außer im Sommer
Ferien: unterschiedlich
70 Plätze
Preise: 22–27 €
Kreditkarten: CS, MC, Visa; BM
Mittags und abends geöffnet

Dieses Lokal zu entdecken, bedeutet, ein Stück Abruzzen zu entdecken, im schönen, ursprünglichen Landesinneren. Die gemeinsamen Erfahrungen, die Bianca Marcelli (im Saal) und ihr Mann Gino (in der Küche) mit der Weide- und Ackerbaukultur gesammelt haben, fließen in ihre Trattoria ein. Das Lokal mit der schlichten und geradlinigen Atmosphäre befindet sich fast genau gegenüber der Kirche San Marcello mit ihrem wunderbaren Portal, einer der Sehenswürdigkeiten von Anversa, dem Ort, in dem die Tragödie *La fiaccola sotto il moggio* von Gabriele D'Annunzio angesiedelt ist. Liebhaber von gutem Schafkäse und -fleisch sind hier richtig. Der Beginn obliegt also einem Tablett (8 €) mit Ricotta und Käse aus biologischer Schafmilch, begleitet von Salumi (ebenfalls vom Schaf). Unverzichtbar im Anschluss **Gnocchi del pastore**, die Spezialität des Hauses mit Nüssen und cremig gerührten verschiedenen lokalen Käsesorten. Sie können aber auch Trofie con ricotta, zafferano e pecorino oder mit Ricotta, Tomaten und Pecorino (7 €) wählen oder eines der Tagesgerichte wie Ravioli di burrata al sugo semplice und **Maccheroni alla mugnaia con tartufo e funghi**. Alla brace ist die Zubereitungsart für exzellentes **Agnello** (10 €), Salsiccia vom Schwein, Pecorino arrosto con mandorle e miele oder **Arrosticini di pecora**, die typischen Spieße (1 € pro Stück) mit von Hand geschnittenem Schaffleisch aus den Bergen der Abruzzen. Dazu passend eine Beilage der Saison. Ebenbürtig die hausgemachten Dolci (4 €). Weine aus der Umgebung zu korrekten Preisen und Biere aus kleinen Betrieben zur angemessenen Begleitung des Essens.

Nicht weit von der Trattoria entfernt erzeugt die biologisch arbeitende Kooperative Porta dei Parchi ausgezeichneten Schaf- und Ziegenkäse, frische und geräucherte Ricotta und Wurst aus Schaffleisch.

15 km östlich von Teramo

La Tacchinella

Trattoria
Via Roma, 18
Tel. (+39) 08 61 / 55 51 07,
(+39) 333 / 663 31 25
Ruhetag: Sonntag, Montag, Dienstagabend, außer im Sommer
Ferien: 1.–15. September
50 Plätze • Preise: 28–30 €
Alle Kreditkarten; BM
Mittags und abends geöffnet

Diese Trattoria bezieht ihren Namen vom Symbolgericht des Val Vomano, einem der raffiniertesten Rezepte der gesamten Region, dem **Tacchino alla canzanese** (7 €), einem langsam gegarten ausgelösten Truthahn, der ruhen muss, um dann kalt, gemeinsam mit seiner Gelatine, serviert zu werden. Doch Tacchino ist nicht die einzige Spezialität dieses seit drei Generationen von Familie Di Clemente geleiteten Lokals, in dem Antonietta und ihre Schwiegertochter Aurora am Herd stehen, während Sohn Dario und die junge Enkelin Antonietta die Gäste betreuen. Zu Beginn hervorragender Prosciutto, lokaler Pecorino und hausgemachte Sottoli. Anschließend **Riso del moro** (7 €), Spaghetti alla lacrima (mit Wein und Peperoncino in der Pfanne gewürzt), **Scrippelle *'mbusse***, Fettuccine tricolore (breite Nudeln in den Farben weiß, rot und grün, mit Hühnermägen und Pilzen) oder die traditionelle **Chitarrina con le pallottine di carne**. Jedes Jahr am und um den 1. Mai bereitet man **Virtù** (8 €) zu, eine schmackhafte bäuerliche Gemüsesuppe, die Sie vorbestellen sollten. Bei den Secondi gibt es neben dem Truthahn auch **Mazzarelle** (8 €), Agnello alla scottadito, Stücke vom Rind und Schwein alla brace und hin und wieder Baccalà. Zum Abschluss typische lokale Dolci wie **Storione** (4 €) und Pizza dolce abruzzese (3 €). Im Weinkeller lagern die besten Etiketten aus der Umgebung. Einen Besuch verdient die prächtige Neviera (Schneedepot zur Kühlung von Lebensmitteln) aus dem 13. Jahrhundert im Keller des Lokals, in der Sie im Licht von Fackeln und Kerzen zu Abend essen können, wenn Sie rechtzeitig reservieren.

Den Truthahn Tacchino alla canzanese kann man vakuumverpackt im nahen Geschäft von Familie Michini oder gegen Vorbestellung bei Erardo Di Battista im Ortsteil Santa Maria kaufen.

CARAMANICO TERME
San Vittorino

53 KM SW. V. PESCARA, A 25 AUSF. ALANNO-SCAFA U. S.S. 487

La Locanda del Barone

Hotelrestaurant
Ortsteil Case del Barone, 1
Tel. (+39) 085 / 925 84,
(+39) 340 / 510 45 09
Ruhetag: im Winter Montag
Keine Ferien
60 Plätze
Preise: 29–33 €
Kreditkarten: AE, CS, MC, Visa; BM
Mittags und abends geöffnet

Eine gewundene Straße knapp außerhalb des Dorfes im Zentrum des Parco Nazionale della Majella führt zu diesem Betrieb, den Inhaber Biase Bucciferro gern als „Hüter des Terroirs" definiert. Er erzählt, wie schwierig es in letzter Zeit geworden ist, sich mit lokalen Lebensmitteln zu versorgen, da die kleinen Erzeuger verschwinden. Das hat ihm jedoch nicht die Kraft geraubt, zu kämpfen und die anderen, die wie er diesen Widrigkeiten trotzen, anzuspornen. Nehmen Sie auf der Terrasse mit Blick auf die unberührte Natur Platz und genießen Sie die Liebenswürdigkeit und Aufmerksamkeit, mit der Sie betreut werden. Die Küche ist typisch für diese Gegend an den Hängen der Majella und strikt an die Jahreszeiten gebunden, eine Note Leichtigkeit gibt den Ausschlag. Der Antipasto „Proposte della casa" (10 €) ist breit gefächert: kleine Soufflés mit Brokkoli oder Blumenkohl, die unverzichtbaren **Pallotte *cac' e ova*** sowie Wirsingroulade mit Salsiccia in Tomatensauce. Ebenso Leckeres auf dem Brett mit Salumi vom schwarzen Schwein, das im eigenen Betrieb aufgezogen wurde, und bei der Auswahl an verschieden gereiftem Käse (10 €). Unter den Primi **Lane di pecora** („Schafwolle", ein hausgemachtes, eher großes Teigwarenformat) **con sugo di maiale**, Maccheroni con stracotto di cervo (mit geschmortem Hirschfleisch) und Gnocchi di patate rosse con broccoli e salsiccia (7 €). Es folgt gut zubereitetes Fleisch wie das zarte **Agnello alla brace** (13 €), Salsicce (7 €), **Arrosticini di pecora** (1,10 € pro Stück) und Hähnchenbrust in der Kruste oder gefüllt (9 €). Die hausgemachten Dolci (4 €) reichen von Mousse all'arancia über den typischen Parrozzo bis zu Torten mit Amaretto, Creme und Kirschen oder mit Schokolade. Angemessene Karte mit Weinen, die Sie zum Teil auch glasweise bestellen können.

CARPINETO DELLA NORA

42 KM SÜDWESTLICH VON PESCARA, S.R. 602

La Roccia

Trattoria • Ortsteil Versante al Bosco, 35
Tel. (+39) 085 / 84 91 42,
(+39) 333 / 575 98 22
Ruhetag: Dienstag
Ferien: 2 Wochen im September/Oktober
90 Plätze + 90 Plätze im Freien
Preise: 20–25 €
Alle Kreditkarten; BM
Mittags und abends gegen Vorbestellung geöffnet

Ein paar Kilometer außerhalb des bewohnten Gebiets von Carpineto della Nora finden Sie dieses reizende kleine, von einer Familie geführte Restaurant. Es gibt zwei Speisesäle, im Sommer kann man auch im Freien sitzen. Dann ist man unmittelbar im Kontakt mit der wilden Natur dieses unberührten Landstrichs des Parco Nazionale del Gran Sasso im Gebiet von Pescara und ganz in der Nähe des wunderbaren Valle del Voltigno, aus dem beinahe alle der in den verschiedenen Gerichten verwendeten Zutaten stammen. Aufgrund dieser Lage raten wir vor allem im Winter und an Wochentagen dringend zu einer Vorbestellung. Adelina Scena, die Königin der Küche seit 1979, führt das Lokal zusammen mit ihren Töchtern Cinzia und Sonia, beide in Speisesaal und Küche tätig. Beginnen Sie mit dem Antipasto La Roccia (5 €), bestehend aus Käse, Salumi und Sottoli (alles hausgemacht) sowie der klassischen Pallotta *cac' e ova*. Anschließend die berühmten **Ravioli di ricotta al pomodoro** (5 €) und **Pasta alla mugnaia all'alloro** (5 €) sowie Tagliatelle ai funghi e tartufo (mit Pilzen und Trüffeln), doch wenn Sie mindestens zu zweit sind, können Sie auch eine Kostprobe der drei „roten" Primi (mit Tomatensauce, 6 €) bestellen. Viel Raum für Fleisch vom Schwein, Lamm und Kalb bei den Secondi, einzeln serviert oder in Form des Arrosto misto (9 €). Doch die eigentliche Spezialität sind **Arrosticini di carne e di fegato** (Spieße mit Fleisch und Leber, 0,80 € pro Stück), für die das Fleisch mit dem Messer geschnitten und von Hand auf den Spieß gesteckt wird. Dazu gibt es immer gute Beilagen mit Gemüse aus dem eigenen Garten. Hausgemacht sind auch die Desserts, unsere Wahl fällt stets auf die klassische **Pizza dolce abruzzese** (2,50 €). Zufriedenstellendes Angebot an Etiketten aus den Abruzzen.

CASTEL FRENTANO

40 KM SÜDÖSTLICH VON CHIETI, S.S. 81 ODER A 14

Da Peppone

Traditionelle Osteria
Via Ripitelli, 1
Tel. (+39) 08 72 / 561 52,
(+39) 348 / 511 48 70
Ruhetag: Dienstag, außer im Juli und August
Keine Ferien
30 Plätze + 30 Plätze im Freien
Preise: 35 €
Kreditkarten: CS, MC, Visa; BM
Mittags und abends geöffnet

Diese lebhafte Osteria am Ortsrand von Castelfrentano, geleitet von Giuseppe (Peppone) Di Donato und seiner Frau Patrizia, ist eine der besten Adressen für die Freunde des **Baccalà**. Der Fisch ist in dieser Gegend stark verbreitet, was auch daran liegt, dass einer der wichtigsten Importeure für Baccalà in Italien hier seinen Standort hat. Sie können ein Degustationsmenü bestellen – mit fünf Antipasti und einem Primo zum Preis von 30 € – oder selbst Ihr Menü zusammenstellen, beginnend bei den Antipasti (7 €) mit Baccalà in carpaccio, frittiert, als Salat mit gebratenen getrockneten Paprikaschoten, als Roulade, aus dem Ofen mit Kartoffeln und Zwiebeln oder geschmort. Unter den Primi (8 €) Linguine con baccalà oder mit Bottarga di baccalà (gepresstem Rogen), **Sagnette con ceci e baccalà**, Pennette con cavoli e baccalà und schließlich als Secondo **Lingue, teste e trippa di baccalà**. Nur gegen Vorbestellung kocht der Chefkoch auch andere traditionelle Gerichte wie Pappardelle di castrato (mit Hammelfleisch), ausgezeichnetes **Coniglio sotto il coppo** und frei lebendes Huhn, im Tontopf geschmort. Ebenfalls gegen Vorbestellung kommen Sie von Mai bis September mittwochs bis sonntags in den Genuss eines Menüs mit Fisch aus der Adria. Im Sommer können Sie auf der schönen Terrasse speisen. Jedes Menü wird mit dem exquisiten **Bocconotto** di Castelfrentano abgerundet. Der nicht sehr große Weinkeller bietet eine Auswahl an überwiegend aus den Abruzzen stammenden Etiketten und einen zufriedenstellenden offenen Wein.

Den Bocconotto, ein weiches, mit Mandeln und Schokolade gefülltes Mürbeteigtäschchen, kaufen Sie bei Pierino Bucci in der Bottega del bocconotto (Via dei Peligni 6) bei Rosa Lo Bosco im Ortsteil Clementi 4 und bei Bocconotto di Liliana (Via Trastulli 7).

CASTELLALTO
Castelbasso

20 KM ÖSTLICH VON TERAMO

Pervoglia

Moderne Osteria
Via XXIV Maggio
Tel. (+39) 08 61 / 50 80 35,
(+39) 08 61 / 579 70
Ruhetag: Sonntagabend, Montag, außer im Sommer
Ferien: 15. Oktober–15. November
50 Plätze + 30 Plätze im Freien
Preise: 30–32 € • Alle Kreditkarten; BM
Mittags und abends geöffnet

Castelbasso liegt in der Mitte zwischen Castellalto und Castelnuovo Vomano, Sie erreichen es sowohl von der Provinzhauptstadt Teramo aus, über eine Straße im Landesinneren, als auch über die bequemere Straße im Val Vomano. Teile des Ortes wurden mit großem Geschick renoviert und in der so vermittelten Atmosphäre scheint die Zeit zum Stillstand gekommen zu sein, wie Sie in den Gässchen und an den blumengeschmückten kleinen Plätzen spüren werden, vor allem im Sommer, wenn das Dorf durch kulturelle Aktivitäten belebt wird. Die Kunst und Kultur der Küche des Lokals ist der Passion von Marco Di Stefano und seiner Frau Elenia Alcantarini anvertraut. Kürzlich haben die beiden ihrem Restaurant eine in modernem Design-Stil eingerichtete „Winebar" unter den alten Gewölbebögen hinzugefügt. An erster Stelle steht die Umgebung, dann kommt ein eingespieltes Familienteam am Herd und aus beiden zusammen ergibt sich eine Speisekarte, die beim Antipasto Salumi aus den Provinzen Teramo und L'Aquila (7 €) vorsieht, kleine, perfekt frittierte Käsestücke und zwei schmackhafte Stützpfeiler der lokalen Küche, nämlich **Tacchino alla canzanese** und **Mazzarelle** (4 €). Ebenso gut die nun folgenden **Ravioli con fiori di zucca e zafferano** (mit Kürbisblüten und Safran, 8 €) oder **Chitarra teramana con le polpettine** (7 €). Außerdem Timballo di scrippelle, **Costolette d'agnello panato** (6 €), Tagliata von wertvollen Rinderrassen und Filet vom Schwein in Montepulciano d'Abruzzo. Gute einfache, hausgemachte Dolci. Die Weinkarte bietet Kennern nicht wenige erfreuliche Überraschungen, weiterer Pluspunkt sind die korrekten Preise und eine schöne Auswahl an Bier aus kleinen Betrieben.

CHIETI
Chieti Scalo

5 KM VOM ZENTRUM

Osteria delle Piane

Osteria
Viale Benedetto Croce, 496–498
Tel. (+39) 08 71 / 55 18 04
Ruhetag: Montag- und Sonntagabend
Ferien: 2 Wochen zu Weihnachten, 3 Wochen im August
35 Plätze
Preise: 32–35 €
Kreditkarten: CS, MC, Visa; BM
Mittags und abends geöffnet

Wenn Sie in Chieti sind und Fisch essen wollen, müssen Sie nicht unbedingt bis zur Küste bei Pescara fahren – in Chieti Scalo ist die Osteria delle Piane das richtige Lokal für alle, die eine unverfälschte Meeresküche in zwangloser Atmosphäre suchen. Liebenswürdigkeit und Aufmerksamkeit den Gästen gegenüber garantiert Valeria, die Frau des Kochs Gianfranco Di Girolamo, einem leidenschaftlichen Verfechter des absolut frischen Fisches aus den Häfen Ortona und Pescara. Auf der umfangreichen, vom Fischfang abhängigen Speisekarte bietet er Gerichte mit rohem Fisch oder eine Reihe an kalten und warmen Speisen in acht Gängen (18 €). Sie können jedoch auch einzelne Antipasti (6 €) wählen, darunter marinierte Sardellen und Seebarben, **Carpaccio di baccalà**, Frittarello misto spinato (verschiedene frittierte Fische ohne Gräten) oder **Calamari ripieni alle verdure**. Üppige Portionen bei den Primi: Spaghetti mit geschälten Scampi, Zitrone und Muskatnuss, Ravioli ripieni di pesce (12 €) und schmackhafte Spaghetti con alici e capperi. Unverzichtbare Secondi sind **Sogliola alla mugnaia** (10 €) und **Coda di rospo** (Seeteufel) **alla cacciatora** oder aus dem Ofen mit Saisongemüse sowie Scamponi alla brace oder aus der Pfanne. Ebenso gut die Klassiker Fritto oder Grigliata mista. Zum Abschluss einige hausgemachte Löffeldesserts, Sorbet oder Semifreddo. Die Weinauswahl mit Etiketten aus den Abruzzen passt gut zum Speisenangebot. Es gibt ein komplettes Degustationsmenü (warmer und kalter Antipasto, Primo und Secondo nach Wahl, Dessert und Kaffee) für 35 €.

Die Pasticceria Veronese, Via Pescara 554, ist bekannt für ihre Croissants, Bignè, Torten und für ihr Eis. In der Via Ravizza 28 bietet Piccola Salumeria eine sorgfältig getroffene Auswahl an Salumi, Käse und anderen Spezialitäten aus Slow-Food-Presidi.

COLONNELLA
Rio Moro

46 KM NÖ. V. TERAMO, 10 KM V. S. BENEDETTO D. TRONTO

Zenobi

Restaurant
Ortsteil Rio Moro, 132
Tel. (+39) 08 61 / 705 81
Ruhetag: Dienstag, außer im August, im Februar Montag–Freitag
Ferien: 3 Wochen nach Dreikönig
80 Plätze + 60 Plätze im Freien
Preise: 32–35 €
Kreditkarten: AE, CS, MC, Visa; BM
Mittags und abends geöffnet

Nicht nur ein Restaurant, sondern zehn Hektar Natur bilden den Rahmen für diese ausgezeichnete kulinarische Erfahrung, die von der seit 14 Jahren mit unserer Schnecke ausgezeichneten Familie Zenobi geboten wird. Ein großer Teil der verwendeten Erzeugnisse stammt aus dem eigenen Betrieb: das native Olivenöl extra, der Wein Montepulciano d'Abruzzo, das Gemüse der Jahreszeit, die Kräuter aus dem Garten und schließlich der Honig. Und dann ist da die Küche von Patrizia Corradetti, nun bereits seit einigen Jahren von Tochter Cristiana unterstützt, während Sohn Marcello zum sympathischen und kompetenten Mann des Speisesaals und des Kellers mit seiner schönen, über die Abruzzen hinausgehenden Auswahl geworden ist. Und zusätzlich können Sie sich, wenn Sie im Sommer im Freien sitzen, am Anblick der entspannenden Landschaft erfreuen. Beginnen Sie einfach mit dem reichhaltigen Antipasto Zenobi (13 €), er besteht aus lokalen Salumi, Käse, selbst erzeugtem Honig, Focaccine, **Panzerotti ripieni** dei sapori della Val Vibrata, Broccoletti e guanciale con salsa di patate und Filets vom Baccalà. Bei den Primi (8 €) finden Sie Zuppa di ceci con quadraccioli di farro, **Gnocchi di patate al ragù di verdure** croccanti, Timballo tradizionale, klassische Chitarra alla teramana und mit frischer Ricotta gefüllte Ravioli, serviert mit Sauce aus Tomatenstücken und gereifter Ricotta. Die Liste der Secondi führt **Coniglio rosolato alle olive**, Pollo alla cacciatora, Filetto di maiale al ginepro, Agnello alla brace und das außergewöhnliche Gericht mit Ziegenfleisch namens **Capra alla neretese** (10 €) an. Als Abschluss empfehlen wir hausgemachtes Tiramisu (3 €).

»*Eine großartige kulinarische Erfahrung, die den Gaumen voll und ganz zufriedenstellt – an einem Ort, an dem immer noch die unberührte Natur herrscht.*«

Die Arrosticini

Wenn die Hirten während der Transhumanz von den Bergen in Richtung Meer zogen, war Schaffleisch die Basis ihrer Ernährung. Gerichte vom Lamm, Schaf, von Hammel und Zicklein sind in den Abruzzen traditionellerweise stark verbreitet, sowohl in den Küchen der Restaurants als auch in den Haushalten.

Vor allem am Fuße des Osthangs des Gran Sasso finden wir eine schmackhafte Spezialität: die Arrosticini oder *Rustelle*. Dafür wird Fleisch vom Hammel (heute fast ausschließlich vom erwachsenen Schaf) in kleine Stücke geschnitten, auf Holzspieße gesteckt und auf einen speziellen schmalen, langen Holzkohlengrill (Furnacella) gelegt.

Einer traditionellen Erzählung zufolge wurden zwei große Herden einmal von einem plötzlichen Schneesturm auf der Hochebene des Voltigno überrascht. Die Hirten waren gezwungen, sich ein paar Tage lang vom Fleisch der ältesten Schafe zu ernähren. Sie schnitten es in kleine Stücke und brieten es, auf Zweige gespießt, über der Holzkohlenglut. Der Duft des Fleisches war so einladend, dass viele Bewohner dieser Gegend die Technik übernahmen, und so hat sich der Brauch bis heute erhalten.

Probieren kann man die Spieße (etwa zehn Arrosticini pro Person) auf bäuerlichen und kirchlichen Festen, an den Markt- und Messeständen, am besten jedoch in einfachen Lokalen auf dem Land oder in den Bergen. Dazu isst man mit lokalem nativen Olivenöl beträufeltes Brot, ein paar Scheiben Schafkäse und Wurst und trinkt Montepulciano d'Abruzzo. Wir empfehlen hier Lokale, in denen besonderes Augenmerk auf gute Zutaten und eine Verarbeitung von Hand gelegt wird.

Massimo Di Cintio

CASTILENTI (TE)

Perilli

Ortsteil Casabianca, Via Quote, 1
Tel. (+39) 08 61 / 99 92 20
Ruhetag: Montag, außer im Juli und August
Ferien: 3 Wochen im Dezember
100 Plätze
Preise: 15–20 €
Abends geöffnet

Die Familie Perilli führt ihre Bar-Tabacchi und Rosticceria nun schon seit 30 Jahren. Das Lokal ist einfach und wird immer noch vom Familienoberhaupt Camillo und seiner Frau Annamaria betrieben, die Kinder stehen ihnen zur Seite. Junge Schafe der Bergamasca-Rasse werden gekauft, das Fleisch von Hand verarbeitet, mit einem hauchdünnen Streifen Fett belegt und mustergültig gegart – das Ergebnis ist ein wirklich zarter und schmackhafter Arrosticino. In der Wartezeit können Sie Salumi und Käse probieren, in Öl eingelegtes Gemüse und Bruschette. Einige gute Weine aus den Abruzzen begleiten das Essen.

CIVITELLA CASANOVA (PE)

Macalusa

NEU

Piazza del Borgo, 57
Tel. (+39) 085 / 84 67 31
Ruhetag: Dienstag
Ferien: unterschiedlich
50 Plätze
Preise: 10–25 €
Abends geöffnet

Dieses schöne Lokal am Ortseingang war ursprünglich eine von einem Maultier angetriebene Ölmühle. Marco im Service und seine Frau Sonia in der Küche sind seit ein paar Jahren zu einem der Bezugspunkte für Arrosticini in der Gegend geworden. Fleisch und Leber werden von Hand geschnitten und nach allen Regeln der Kunst alla brace gegart. Über der Holzkohlenglut werden auch Steaks vom Jungstier der Marchigiana-Rasse gegrillt und außerdem bekommen Sie Pecora alla callara (geschmortes Schaffleisch) und Trippa. Das Fleisch (vom Schaf) stammt jedoch nicht aus den Abruzzen, sondern aus Frankreich (was andere Gastwirte aus Mangel an Ehrlichkeit einfach nicht zugeben). Zu trinken gibt es einen respektablen offenen Wein und Bier vom Fass, das in eiskalten Tonkrügen serviert wird.

FARINDOLA (PE)

Villa Cupoli

Ortsteil Villa Cupoli/Abzweigung Farindola
Tel. (+39) 085 / 82 33 81,
(+39) 338 / 742 13 45
Ruhetag: Montag
Ferien: unterschiedlich
70 Plätze + 70 Plätze im Freien
Preise: 15–18 €
Abends geöffnet, mittags gegen Vorbestellung

Die von Modestino Mascia und seinem Sohn Domenico geführte Osteria bleibt eine Autorität im Bereich der Arrosticini. Das exzellente Fleisch stammt von kleinen lokalen Züchtern und wird höchst professionell zubereitet. Brot, natives Olivenöl extra und in Öl eingelegtes Gemüse sind hausgemacht und werden zu Salumi und dem unverzichtbaren Pecorino di Farindola gereicht. Im Sommer – und im Winter gegen Vorbestellung – gibt es auch mit Schafricotta gefüllte Ravioli, Chitarra al ragù oder mit Tomatensauce sowie Strapezzoni (Teigwaren aus Wasser und Mehl) aglio e olio. Zu trinken gibt es offenen Wein und einige Etiketten aus den Abruzzen.

Lu Strego

Strada Provinciale per Rigopiano
Tel. (+39) 085 / 82 31 04,
(+39) 333 / 305 47 80
Ruhetag: Mittwoch, außer im August
Ferien: unterschiedlich
120 Plätze
Preise: 15–18 €
Abends geöffnet, Sonntag und im Sommer auch mittags

In diesem Lokal, das seit 40 Jahren in Betrieb ist, verkörpert der sympathische Franco Marzola die dritte Generation in der Kunst der Zubereitung des Arrosticino aus Schaffleisch und seiner Variante mit Leber. Probieren Sie die Sottoli von Signora Maria, die mit lokalem Prosciutto und Pecorino di Farindola serviert werden. Außerdem gibt es einige gute Primi und andere Fleisch-Spezialitäten.

MOSCUFO (PE)

Torre Antica

NEU

Ortsteil Pischiarano, 2
Tel. (+39) 085 / 97 93 46,
(+39) 328 / 783 42 56
Ruhetag: Dienstag
Ferien: unterschiedlich
80 Plätze + 100 Plätze im Freien
Preise: 8–25 €
Abends geöffnet, September–Mai auch Sonntagmittag

Das 2005 eröffnete, knapp außerhalb des Zentrums gelegene Lokal Torre Antica ist immer schon ein Ort für gutes Essen gewesen, doch erst vor ein paar Jahren hat es sich aus einem Vereinslokal in ein für alle zugängliches Restaurant verwandelt. Geleitet wird es nach wie vor von Familie Cilli mit Francesco im Saal und den Eltern Enzo und Pina in der Küche. Enzo kümmert sich um die Auswahl und Vorbereitung sowie das Garen der Arrosticini und des übrigen Fleisches über der Holzkohlenglut, während die tüchtige Pina Gerichte nach Hausfrauenart aus hochwertigen Zutaten zubereitet. Probieren Sie Salumi und Käse, Polpette al sugo, gefülltes Gemüse, Cipollata, *Pependon' e ova* (Paprikaschoten und Ei), Ravioli di ricotta und Pasta alla mugnaia. Außerdem Salsicce aus Fleisch und Leber sowie Agnello alla brace. Schöne Weinauswahl.

SAN GIOVANNI TEATINO (CH)

Zaff

Via Chieti, 2
Tel. (+39) 085 / 446 90 48,
(+39) 333 / 954 71 37
Ruhetag: Montag
Ferien: unterschiedlich
100 Plätze
Preise: 16–18 €
Abends geöffnet

„Nicht nur Arrosticini" könnte der Slogan dieses Lokals lauten, geführt von Romolo Chiacchiaretta, in den Hügeln des Val Pescara. Außer den von Hand gemachten Spießen aus Schaffleisch gibt es eine Reihe an Häppchen: reichhaltige Bruschette (mit Tomaten, Salsiccia oder Paprikaschoten und Ei), Zichorienspitzen, fleischige, in Öl eingelegte Auberginen, gebratene Paprikaschoten, Tomaten, mit dem Messer geschnittener Prosciutto und Pecorino. Ebenso von der Holzkohlenglut können Bistecca di vitello, Salsiccia, Spezzatino di pecora oder Trippa kommen. Es gibt auch einige Pastagerichte und als Getränke offenen Wein und Bier.

PESCARA
Il Signore delle Pecore

NEU

Via Marco Polo, 12
Tel. (+39) 085 / 793 00 67
Ruhetag: Dienstag, außer im Sommer
Ferien: unterschiedlich
15 Plätze + 30 Plätze im Freien
Preise: 8–20 €
Abends geöffnet

Eine gute Idee von Brunella Spinozzi, Mitinhaberin einer in der Stadt bekannten Fleischerei („Il Signore delle Pecore“ – Herr der Schafe), ein kleines, aber funktionelles Lokal (Untertitel: „Bello di Notte“) zu eröffnen, in dem man ausgezeichnete Arrosticini probieren, mitnehmen oder gleich essen kann. Für die perfekte Vorbereitung und das Garen zeichnet der ebenso professionelle wie liebenswürdige Gianluca Curti verantwortlich. Es gibt ein paar Tische und im Sommer traditionellerweise auch ein paar Plätze vor dem Lokal. Vervollständigt wird das Angebot von Arrosticini di fegato (Spießen mit Rinderleber), Salsicce aus Fleisch und Leber, Bruschette, Focacce und Panini. Kleine, doch beachtliche Auswahl an Wein und Bier aus den Abruzzen.

PIANELLA (PE)
La Quercia

Via San Martino, 2
Tel. (+39) 085 / 97 11 07
Ruhetag: Dienstag, Mittwoch, außer im Sommer
Ferien: unterschiedlich
45 Plätze + 40 Plätze im Freien
Preise: 20–23 €
Abends geöffnet, mittags gegen Vorbestellung

Nevio Fidanza und seine Frau Violetta führen diese Trattoria, eines der zuverlässigsten Lokale, was die Qualität des Fleisches vom Holzkohlengrill betrifft. Neben den Arrosticini und weiterem Fleisch gibt es Kostproben von täglich wechselnden kleinen Gerichten sowie von unterschiedlich gereiften Salumi und Käse. Im Winter auch gute Primi und Suppen. Trinken können Sie den offenen Hauswein oder einige gute regionale Etiketten.

Osteria Margherita

Via Regina Margherita, 3
Tel. (+39) 085 / 97 22 04
Ruhetag: Montag
Ferien: 23. August–5. September
70 Plätze + 20 Plätze im Freien
Preise: 15–18 €
Abends geöffnet

Eine historische Osteria und ein Bezugspunkt für Generationen von Liebhabern der Arrosticini aus Schaffleisch – am Dienstag gibt es die seltene Version mit Leber –, gekonnt gegart und begleitet von Brot und gutem lokalen nativen Olivenöl extra. Gemischte Bruschette, hervorragende Salsiccia aus Fleisch und aus Leber sowie gute Weine aus den Abruzzen vervollständigen das Angebot. Reservieren Sie immer rechtzeitig, denn an gut besuchten Tagen müssen Sie mit längeren Wartezeiten rechnen.

VILLA CELIERA (PE)
Delle Querce

Ortsteil Santa Maria, 202
Tel. (+39) 085 / 84 62 11
Ruhetag: Dienstag
Keine Ferien
80 Plätze + 10 Plätze im Freien
Preise: 12–15 €
Abends geöffnet, Sonntag auch mittags

Maria setzt die – von ihrem kürzlich verstorbenen Ehemann Erasmo begonnene – Tradition fort, ihr zur Seite steht Schwiegersohn Serafino, der sein Handwerk beim früheren Patron gelernt hat. Die große Kunst der Auswahl der Stücke, die Vorbereitung des Schaffleisches, das auf die Spieße gesteckt wird, und die schlichte Gastlichkeit machen aus diesem spartanischen Lokal eine angenehme Einkehr. Antipasto mit Brot und nativem Olivenöl extra, Prosciutto und lokalem Käse. Der offene Wein ist von guter Qualität, zusätzlich gibt es Bier und ein paar andere Getränke. Gegen Vorbestellung bekommen Sie Arrosticini di fegato (mit Leber).

GIULIANOVA
Lido

25 KM NORDÖSTL. V. TERAMO, S.S. 16 OD. AUSF. A 14

La Stracciavocc

Restaurant
Via Trieste, 159
Tel. (+39) 085 / 800 53 26,
(+39) 348 / 724 31 19
Ruhetag: Sonntagabend, Montag
Ferien: 2 Wochen im November
50 Plätze + 30 Plätze im Freien
Preise: ⊞ 37 €
Kreditkarten: CS, MC, Visa
Mittags und abends geöffnet

Die Trattoria befindet sich an einer Straße zwischen der Strada Nazionale 16 und der südlichen Strandpromenade von Giulianova, in der Nähe des Hafens. Das Lokal bezieht seinen Namen von einem Dialektausdruck für Meerzikaden, die Ihnen hier auch in den verschiedensten Zubereitungsarten serviert werden. Die Räumlichkeiten sind zwanglos und angenehm, die Kundschaft ist vielfältig, viele Stammgäste wissen, dass sie hier eine einfache, unverfälschte Küche bekommen, die auf hochwertigen Ausgangsmaterialien beruht. Freundlich empfängt Sie Fabio Spitilli, in der Küche sind stets seine Mutter Maria und seine Frau Monia am Werk. Um die gute kulinarische Tradition dieser Gegend am besten genießen zu können, empfehlen wir zu Beginn die lange Reihe an warmen und kalten Antipasti (19 €): Passata di ceci con filetti di triglie (Kichererbsencreme mit Seebarbenfilets), Alici marinate, **Sgombro su pane al nero di seppia**, Scampetti con il pomodoro, Cozze e cicale di mare ripiene (gefüllte Miesmuscheln und Meerzikaden), Fritto di calamaretti sowie Guazzetto di cozze. Breit und verlockend die Auswahl bei den Primi piatti, ausgehend von den köstlichen **Straccetti aus Buchweizenmehl mit Meeresfrüchten** (10 €), Strozzapreti con spigola e scampi oder den mit der Tinte des Tintenfischs gefärbten Tagliatelle con le seppie e pescatrice (mit Tintenfischen und Seeteufel). **Brodetto alla giuliese** ist eigentlich ein köstliches Hauptgericht, Sie können aber auch mit den klassischen gemischten Grigliate (16 €) und Fritture (9,50 €) oder mit Knochenfisch aus dem Ofen fortfahren. Gutes Angebot an Dolci. Die Weinauswahl beinhaltet sowohl Erzeugnisse aus den Abruzzen als auch aus dem übrigen Italien.

GUARDIAGRELE
Comino

25 KM SÜDLICH VON CHIETI, S.S. 81

La Grotta dei Raselli

Restaurant
Via Raselli, 146
Tel. (+39) 08 71 / 80 82 92,
(+39) 347 / 869 46 93
Ruhetag: Dienstagabend, Mittwoch
Ferien: je 10 Tage im Januar und Juli
55 Plätze
Preise: 30–33 €
Alle Kreditkarten; BM
Mittags und abends geöffnet

Das kleine, in den Felsen geschlagene Restaurant im Erdgeschoss eines Wohnhauses im kleinen Ortsteil Raselli im Parco Nazionale della Majella, das Franco und Anna Spadaccini mit Engagement betreiben, strahlt einen ganz eigenen Reiz aus. Der Speisesaal wurde in einer Grotte eingerichtet, die einst als Kohlelager diente, heute finden Sie hier eine traditionelle Küche, mitunter in moderner Fassung. Zu Beginn eine Auswahl an lokalen Salumi oder Käse, **Lumache alla guardiese** (Schnecken), Carpaccio di baccalà, coriandolo e olio al cedro oder Fonduta di pecorino con ovetto nostrano e tartufo (10 €). Überwiegend von Hand gemacht sind die Teigwaren für die Primi, zum Beispiel Chitarra aus Dinkelmehl mit Sauce vom Kaninchen mit Safran (8 €), **Anellini alla pecorara con verdurine e ricotta fresca**, Laganelli guardiesi con ragù di cinghiale sowie Ravioli di baccalà ed erba cipollina. Das gute Fleisch wird über der Holzkohlenglut oder im Ofen gebraten, Sie bekommen **Coniglio farcito alla guardiese *cac' e ova* con misticanza di campo strascinata** (mit Käse und Ei gefülltes Kaninchen, als Beilage gemischtes, in der Pfanne gewürztes Feldgemüse, 10 €), Filetto di vitello bardato con guanciale e burro aromatizzato al falso pepe, aber auch Lamm, Schwein und Hirsch nach verschiedenen Rezepten. Abschluss des Essens mit Mousse alla vaniglia e amaretto, einigen Semifreddi und dem hervorragenden Cheesecake mit kleinen roten Früchten (4 €). Zur Auswahl stehen verschiedene, thematisch unterschiedliche Menüs: vegetarisch für 28 €, für Freunde von Pasta ein Menü für 22 €, mit Baccalà für 30 € und Menù classico für 35 €. Die breit gefächerte Weinkarte reicht von den besten Kellereien der Abruzzen zu wichtigen Vertretern der italienischen Winzerszene.

25 KM SÜDLICH VON CHIETI, S.S. 81

Santa Chiara

Restaurant
Via Roma, 10
Tel. (+39) 08 71 / 80 11 39
Ruhetag: Dienstag
Ferien: zeitweise im Februar
70 Plätze
Preise: 28–33 €
Alle Kreditkarten; BM
Mittags und abends geöffnet

Guardiagrele ist eine dynamische Berggemeinde in der Provinz von Chieti, Eingang in den Parco Nazionale della Majella und Schatzkammer für die kulinarischen Spezialitäten zahlreicher Betriebe. Aufgrund der intensiven Suche des erfahrenen und engagierten Gino Primavera, Gründer des Lokals und gemeinsam mit den Miteigentümern Domenico Scotti Del Greco und Valerio Liberatoscioli auch seine Seele, beruht die gut gegliederte Speisekarte auf Produkten der Umgebung. Es gibt eine schöne Auswahl an Tagesgerichten sowie Spezialitäten, die nur gegen Vorbestellung zubereitet werden. Geschmack und Aroma der Abruzzen finden sich in den Antipasti (8 €) bei Crema di pecorino, **Ventricina vastese con spuma di patate**, Orzo mantecato con funghi e caffè (Gerstencreme mit Pilzen und Kaffee) sowie Tortino rustico al formaggio con prosciutto. Unter den Primi (8 €) sind **Crespelle con cicoria e pecorino**, Linguine aus Dinkelmehl mit Kirschtomaten und Käse, Spaghetti al sugo di salsiccia und gegen Vorbestellung die trefflichen **Sagne stracciate con i cascigni**, Scrippelle *'mbusse* und Tacconi grezzi brodosi al sugo finto. Das Angebot der Secondi reicht von den klassischen **Pallotte *cac' e ova*** (9 €) bis zu Agnello gratinato alle erbe (gratiniertes Lamm mit Kräutern, 12 €) oder zu Reale di maiale allo zenzero. Braciole di cavallo alla guardiese (Roulade aus Pferdefleisch), Capretto farcito (gefülltes Zicklein) oder Cif' e ciaf' vom Schwein gehören zu den Klassikern, die rechtzeitig vorbestellt werden müssen. Die Weinkarte präsentiert die besten Etiketten der Abruzzen.

In der Pasticceria Lullo, Via Roma 99, können Sie Sise delle monache kaufen, auf Nummer 212 verkauft Tempio del Gusto typische Salumi und Käse sowie ungewöhnliche Teigwarenformate aus einem lokalen Pastificio.

40 KM SÜDLICH VON TERAMO, S.S. 81, 150, 491

Il Mandrone

Restaurant
Ortsteil San Pietro
Tel. (+39) 08 61 / 97 61 52,
(+39) 334 / 110 43 11
Ruhetag: Dienstag, im Winter auch Mittwoch; im August kein Ruhetag
Ferien: 15.–31. Januar, 15.–30. November
45 Plätze • Preise: 20–26 €
Alle Kreditkarten; BM
Mittags und abends geöffnet

Der Name dieses Lokals ist mit der Hirtenkultur verknüpft, denn auf der engen kleinen Piazza des Ortes begegneten sich die Herden, wenn sie während der Transhumanz zu den Weiden zogen oder von ihnen zurückkamen. Schauplatz sind die Hänge des Gran Sasso, auf dem es immer noch schöne und wilde Landschaften mit wenigen winzigen Dörfern gibt. In einem solchen befindet sich das Lokal der Familie Canuti, die der Abgeschiedenheit mit ihrer immer verlässlichen, einfachen und ursprünglichen Küche trotzt. In den drei kleinen Speisesälen in einem typischen Haus aus Stein und Holz erläutert Nada die von ihrer Schwester Loredana zubereiteten Speisen, Bruder Nicola ist für die Holzkohlenglut zuständig und Mamma Assunta bäckt seit über 40 Jahren Brot in einem alten Holzofen. Zu Beginn Antipasto misto (6 €) mit Prosciutto und Käse, warmen Crostini mit Cacio marcetto und der exquisiten typischen Wurst **Ventricina teramana**, außerdem Crocchette di ricotta e melanzane, Salsicce di cinghiale und köstliche **Zuppa di ceci e porcini**. Jeden Tag gibt es von Hand gemachte Teigwaren wie **Strongole alla barcarola** (6,50 €) mit Fleischsauce ohne Tomaten, Pilzen und Kräutern aus dem Gran Sasso (18 € im Winter, 25 € im Sommer), Ceppe ai funghi porcini und die sogenannten Sorprese del pastore, die „Überraschungen des Hirten", nämlich Pfannkuchen mit Schafricotta und Zucchini und die typische Chitarra al sugo di polpettine di carne. Natürlich gilt hier dem Schaffleisch besondere Aufmerksamkeit für **Pecora alla callara** (7 €), Agnello al coccio und Arrosticini (gegen Vorbestellung), doch auch Salsiccia di maiale alla brace mit Gemüse aus dem Garten der Familie ist zu empfehlen. Zum Abschluss Torta di ricotta oder klassische Pizza dolce. Zu trinken gibt es einen passenden offenen Wein und einige Etiketten aus den Abruzzen.

Antiche Mura

NEU

Traditionelle Osteria
Via XXV Aprile, 2
Tel. (+39) 08 62 / 624 22
Ruhetag: Sonntag
Ferien: unterschiedlich
40 Plätze
Preise: 30 €
Alle Kreditkarten; BM
Mittags und abends geöffnet

Wenn Sie von Westen nach L'Aquila kommen, unter den Resten der mittelalterlichen Stadtmauern hindurch, wird es Ihnen nicht schwerfallen, dieses Lokal zu finden. Es war einst eine Zollstation, die in den 1930er Jahren in einen Weinausschank mit Küche verwandelt wurde. Die jetzigen Inhaber, die die Osteria seit 1992 leiten, haben sie im Dezember 2010 neu eröffnet, eineinhalb Jahre nach dem Erdbeben, das die Hauptstadt der Region Abruzzen zerstört hat. In der Nähe des Gerichtshofs führen Antonello De Dominicis, im Service, und Maurizio Videtta am Herd das Restaurant. Nehmen Sie in einem der sechs mit antiquarischen Möbeln eingerichteten Speisesälen auf zwei Ebenen Platz. Als Willkommensgruß bringen die Besitzer eine Kostprobe von **Sagnarelle e fagioli** oder Pasta e patate, auf jeden Fall eine der immer in der Karte vorhandenen Suppen. Unter den Primi **Pasta alla chitarra, pomodoro e basilico** oder all'amatriciana (10 €), Maccheroni con guanciale e pecorino oder gefüllte Teigwaren nach Hausfrauenart. Große Auswahl bei den Secondi, darunter **Polpette di vitello al sugo** (9 €) oder in Weißwein geschmorte Hackfleischbällchen, Coniglio allo zafferano (12 €), Gallo al tegame oder Agnello alla brace, außerdem Käse: Scamorza allo spiedo und Pecorino alla brace. Von den Dolci della casa (5 €) empfehlen wir die gute Crema con meringa e cioccolato, Pera cotta nel Montepulciano und mit Orangenschalen aromatisierte **Ferratelle**. Breite Auswahl an Weinen aus den Abruzzen. Es stehen drei Degustationsmenüs zur Verfügung: mittags für 30 €, abends für 35 € und das „Gran menù aquilano" für 40 €.

L'AQUILA

La Rupe

Trattoria
Via San Giacomo, 7
Tel. (+39) 08 62 / 274 81,
(+39) 347 / 904 40 84
Ruhetag: Sonntagabend, Montag
Ferien: 1 Woche im September,
2 Wochen im Juli
80 Plätze
Preise: 25 €
Alle Kreditkarten; BM
Mittags und abends geöffnet

Ein paar Schritte vom Viertel Torrione entfernt, an der Straße nach San Giacomo, ist diese Trattoria seit über 40 Jahren ein verlässlicher Bezugspunkt für die Liebhaber des guten Essens. Schon die zweite Generation ist hier tätig, doch Peppe Brocchella, der legendäre Gründer des Lokals, hat weiterhin, dank der entscheidenden Hilfe seiner ganzen Familie im Service und in der Küche, hohe Ansprüche. Zubereitet werden die Gerichte aus einfachen, ursprünglichen Zutaten, zum Großteil aus lokaler Abstammung. Die starke Verbindung mit der Umgebung wird in schmackhaften Speisen deutlich, die immer konkreten Bezug zu den Jahreszeiten haben. Das Kult-Gericht des Lokals sind die unverwechselbaren **Fregnacce** (6 €), frische, von Hand gezogene Teigwaren, die mit einer Sauce aus Tomaten, Pancetta, Guanciale und Pecorino serviert werden, doch auch **Chitarra al ragù bianco** (ohne Tomaten) und die heißen Suppen mit Hülsenfrüchten sind hervorragend. Viel Fleisch bei den Secondi, darunter exzellentes **Agnello alla cacciatora** (11 €), doch auch traditioneller Käse wie **Scamorza allo spiedo** (5 €). Alles andere als gewöhnlich ist die Liste der Beilagen mit dem ganz frischen Gemüse der Saison, das darauf wartet, in der Pfanne gewürzt zu werden. Gute Löffeldesserts wie Pizza dolce, Zuppa inglese und **Sfogliatine con crema** (4 €) zum Abschluss, oder typisches Trockengebäck. Angemessenes Augenmerk gilt dem Weinkeller mit seinem schönen Überblick über die Produktion aus den Abruzzen.

Im nahen Viertel Torrione bietet L'Angolo dei Buongustai, Viale Alcide de Gasperi 26, ausgewählte Spezialitäten aus den Abruzzen und darüber hinaus. In der Bar Fratelli Nurzia, Piazza Duomo, dem Symbol für den Wiederaufbau der Hauptstadt, können Sie den seit 1835 erzeugten Torrone tenero aquilano kaufen.

LORETO APRUTINO

24 KM WESTLICH VON PESCARA, S.S. 51

La Bilancia

Restaurant
Ortsteil Palazzo, 11
Tel. (+39) 085 / 828 93 21
Ruhetag: Montag
Ferien: zeitweise im Januar
100 Plätze
Preise: 25–28 €
Alle Kreditkarten; BM
Mittags und abends geöffnet

„Einfach" und „authentisch" sind die Schlagworte für dieses Restaurant am Fuß der Altstadt von Loreto Aprutino, einem kleinen Ort in einem Gebiet, das sich durch seinen Reichtum an hervorragendem Wein und Oliven auszeichnet. Hier widmen sich Nicola Sergio Di Zio und seine Frau Antonietta Marrone nun schon seit 40 Jahren dem Geschmack der guten Küche und den Erzeugnissen dieser Gegend. Es gelingt ihnen dabei, ein Niveau an Qualität (und an Preisen) beizubehalten, das wirklich Applaus verdient, vor allem wenn an Feiertagen und davor auch große Gruppen das Lokal besuchen. In einem der Speisesäle thront der große Kamin vor der einsehbaren Küche, aus der vortreffliches Brot und hausgemachte Teigwaren kommen. Doch das Übrige ist ebeno gut, beginnend bei der Reihe an Antipasti (10 €), je nach Saison bestehend aus **Coratella di agnello**, **Trippa di vitello**, Pallotte cacio e uova und **Fegatini**, bis hin zur sommerlichen Ciaudella oder Pan cotto (im Winter) und einer Auswahl an lokalen Käse und Salumi. Unter den Primi repräsentieren **Maccheroni alla mugnaia** (7 €) – gewürzt mit Knoblauch, Öl und sonnengetrockneten Paprikaschoten oder mit Sauce vom Hammel – eines der historischen Gerichte, zusammen mit **Cavatelli alla trappetana**, Pappardelle al ragù di lepre oder Ravioli di ricotta (8 €). Perfekt alla brace gegart ist Fleisch vom Lamm (12 €), Kalb und Schwein, darunter Rippenstücke und **Salsicce di carne e fegato** (aus Fleisch und Leber), während Kaninchen (8 €), Hähnchen und Taube geschmort werden. Wer Käse bevorzugt, bestellt Scamorza appassita und Formaggio sui carboni. Hausgemachte Dolci, guter offener Wein und verschiedene Etiketten aus den Abruzzen.

Im Ortsteil Salmacina erzeugt und verkauft der Betrieb Del Proposto hervorragende Ricotta, Schafkäse und Fleisch von Hoftieren.

MOSCIANO SANT'ANGELO
Selva de' Colli

25 KM NÖ. V. TERAMO, A 14, S.S. 80 U. S.S. 262 D

Borgo Spoltino

Restaurant
Strada Selva Alta
Tel. (+39) 085 / 807 10 21
Ruhetag: Sonntagabend–Dienstag
Ferien: November
45 Plätze + 50 Plätze im Freien
Preise: 32–35 €
Kreditkarten: CS, DC, MC, Visa; BM
Abends geöffnet, Sonntag nur mittags

Wenige Kilometer hinter der Ausfahrt Teramo der Autobahn A 14 finden Sie die Schilder, die Sie zu einem alten, schön renovierten Bauernhaus mit kleiner Kirche (San Pietro ad Spoltinum aus dem Jahr 1000) führen. Hier liegt inmitten von Getreidefeldern und jahrhundertealten Olivenbäumen seit zehn Jahren das Reich von Gabriele Marrangoni, einem autodidaktischen Koch, der sich als „Fundamentalist der typischen Produkte" bezeichnet. An seiner Seite Teilhaber und Koch Mauro Angeloni. Den Service betreuen Adriana Lo Nigro, die Lebensgefährtin von Gabriele, und der mittlerweile legendäre Maître und Sommelier Gabriele Ruffini. Beide beschreiben mit interessanten Worten die Speisekarte, die nicht nur die Spezialitäten der Umgebung ins Licht rückt, sondern auch eine ungewöhnliche Weinauswahl enthält. Neben den Degustationsmenüs mit jeweils drei Weinen – „Tradizione e territorio" sowie „Vegetariano", beide umfangreich und einladend für 33 €, „A modo nostro" mit sieben Gängen für 45 € und Menü mit Baccalà für 38 € – gibt es eine immer vielfältige Karte. Diese beginnt bei mit dem Messer geschnittenem rohem Filet vom Jungstier der Marchigiana-Rasse, **Mazzarelle alla teramana** (9 €) oder dem reichhaltigen Brett mit Salumi und Käse aus der Umgebung. Nur schwer werden Sie **Chitarrina alla teramana con pallottine di carne** (9 €) widerstehen können, Minestra di pappicci verdi con i fagioli tondini del Tavo e conserva di pomodoro und Farrotto con carciofi e liquirizia di Atri (einer Art Risotto aus Dinkel mit Artischocken und Lakritze aus Atri). Außerdem gibt es Trippa alla teramana (12 €), traditionelle **Pecora alla callara** (12 €) und verschiedene Stücke von weißem und rotem Fleisch, die geschmort oder alla brace gegart werden. Zum Abschluss **Tortino alla ratafià** (4 €) oder klassische Pizza dolce.

36 KM NORDÖSTLICH VON TERAMO

Osteria dei Sani

NEU

Restaurant
Via Martiri della Libertà, 24
Tel. (+39) 085 / 895 80 31
Ruhetag: Montag
Ferien: unterschiedlich
60 Plätze + 50 Plätze im Freien
Preise: 20–30 €
Kreditkarten: CS, Visa; BM
Mittags und abends geöffnet

Luca Mettimano ist vor einem Jahr aus dem beengten ursprünglichen Sitz in der Altstadt in ein neues und modernes Lokal übersiedelt. Breite Fensterfronten gewähren den Ausblick über die Hügel von Teramo, die Einrichtung ist schlicht und zeigt eine elegante Note, im Sommer können Sie auch auf der Terrasse speisen. In der Küche bereitet Lucas Frau Annamaria Ferrara aus Zutaten aus ihrem Garten oder von Erzeugern aus der Umgebung mit Bravur bodenständige Gerichte zu. Wenn Sie nicht gleich zu Beginn mit dem üppigen Antipasto dei Sani (15 €) übertreiben wollen – er besteht aus Salumi und Käse mit hausgemachter Focaccia, Suppe und Tortino di patate con lardo –, können Sie auch einen einfachen Carpaccio di manzo, alternativ ein kleines oder großes Brett mit verschiedenen Salumi und Käse bestellen. Als anregende Primi sind **Tagliatelle con ragù d'agnello** e cardamomo (6 €), **Chitarra con asparagi**, Gnocchi con i funghi oder Paccheri con sugo di lepre (mit Sauce vom Wildhasen) vorgesehen. Anschließend Tagliata vom Schwein oder Lamm alla brace, **Trippa** (6 €) und die typischen **Mazzarelle** (3 €), das sind in Endivienblätter gewickelte Lamminnereien. Auf der Speisekarte könnten Sie auch Schnecken finden (sogar als Sauce für die Pasta) und den in allen Gängen vorhandenen Baccalà. Zum Abschluss gute Löffeldesserts. Die Weinkarte ist begrenzt, die Preise sind korrekt. Es gibt ein Degustationsmenü für 25 €.

48 KM ÖSTLICH VON L'AQUILA, S.S. 17 U. S.S. 153

Sapori di Campagna

Ferienbauernhof
Ortsteil Colonia Frasca, km 7,800
Tel. (+39) 08 62 / 95 42 53,
(+39) 348 / 480 47 73
Ruhetag: Donnerstag, an Feiertagen abends
Ferien: 1 Woche im Mai/Juni, zeitweise im November
30 Plätze + 20 Plätze im Freien
Preise: 30–38 € • Alle Kreditkarten; BM
Mittags und abends geöffnet

Eine Einkehr im reizenden Landhaus von Familie Di Battista ist eine Erfahrung, die sich immer lohnt, egal zu welcher Jahreszeit. Genauigkeit bei der Auswahl der Grundzutaten, unverrückbare Bindung an die Jahreszeiten und Gewissenhaftigkeit bei der Ausführung der Rezepte sind die unumstößlichen Regeln, die Signora Gabriella Costantini für ihre Küche aufgestellt hat. Die sympathischen Töchter Livia und Serenella betreuen die Gäste im Speisesaal. Wildkräuter, Gemüse, Hülsenfrüchte, Schafkäse, Pilze, Trüffeln und Fleisch aus eigener Aufzucht garantieren die Frische und das Aroma der Gerichte aus der Bergtradition. Die ausgezeichneten Antipasti, regelmäßig auf der Speisekarte erneuert, und von heißer, knuspriger Pizza fritta begleitet, sind der Vorgeschmack auf den Triumph des traditionellen Geschmacks von **Chitarra all'aglio rosso di Sulmona con erbe aromatiche** (mit dem roten Knoblauch aus Sulmona und Kräutern, 8 €) oder der köstlichen Suppen mit Hülsenfrüchten, unter denen die unnachahmliche Lenticchia di Santo Stefano di Sessanio (die Linsen sind ein Slow-Food-Presidio) herausragt. Secondi mit Persönlichkeit wie das selten zu findende **Agnello panato** (15 €), das den Duft der nahen Weiden des Gran Sasso verströmt, oder das originelle **Uovo composto del contadino** (10 €). Zum Abschluss eine hervorragende Auswahl an **Käse**, Crostata und kleine hausgemachte Torten oder eine zarte **Mousse di ricotta fresca** (5 €), dazu ein Gläschen Dessertwein. Auch die Weinkarte steht verlässlich im Zeichen der Produktion der Abruzzen und der näheren Umgebung.

„Zutaten aus eigener Erzeugung, eine einfache traditionellen Küche und die höchst erfreuliche Gastlichkeit sind die Stärken dieser ruhigen ländlichen Oase an den Hängen des Gran Sasso."

29 km östlich von Chieti, S.S. 649 und S.S. 16

Al Vecchio Teatro

Restaurant
Largo Ripetta, 7
Tel. (+39) 085 / 906 44 95
Ruhetag: Mittwoch, außer im Sommer
Keine Ferien
35 Plätze + 30 Plätze im Freien
Preise: 30–40 €
Alle Kreditkarten; BM
Mittags und abends geöffnet

Das Interesse für die Produkte der Umgebung, der gute Kontakt zu den legendären Fischern des Ortes, darunter dem über 80-jährigen Pasquale Palermo, sowie einige gute traditionelle Rezepte sind die Vorzüge dieses Restaurants, in dem auch ein paar Fleischgerichte und einige glutenfreie Speisen angeboten werden. Und dann sind da noch die Leidenschaft und Professionalität von Armando Carusi, der gemeinsam mit seiner Frau Daniela in der Küche und seiner Tochter Leonora das Lokal leitet. Nehmen Sie Platz auf der Terrasse mit Blick auf die Promenade an der Ostseite von Ortona und beginnen Sie mit einer Abfolge an Antipasti, in der Carpaccios von der Bernsteinmakrele mit Pesto aus Rucola und vom Seeteufel mit Wildfenchel vorgesehen sind, außerdem Scampi marinati all'arancia, Nido di carciofi con calamari alla griglia (12 €), Garnelen ohne Schale mit knusprig gebratenem Lardo (14 €), Totanetti affogati (geschmorte Tintenfischchen) und klassischer **Guazzetto di cozze e vongole**. Tacconi con cime di ortica e rana pescatrice, Chitarrina mit Krebsen oder allo scoglio con pomodorini (€10) sowie **Pappardelle al nero con seppie e fave** sind nur einige der Primi. Es folgen **Frittura di paranza** und Orata al forno con patate e asparagi (Goldbrasse aus dem Ofen mit Kartoffeln und Spargel), aber je nach Fischfang könnten Sie auch unter Salz gegarte Fische und Mormore all'ortonese gratinate al forno (Marmorbrassen, 14 €) finden. Köstliche Semifreddi und Löffeldesserts – wir empfehlen eine Kostprobe der **Nevole ortonesi** (4 €), weichen Waffeln mit Mosto cotto und Zimt im Teig, mit Eis serviert. Gut zusammengestellte Weinkarte, im Vordergrund stehen die besten Etiketten aus den Abruzzen. Es gibt zwei Degustationsmenüs, „dal Mare" (30 €) und „dalla Montagna" (25 €). Für das Gedeck werden 3 € verrechnet.

ORTONA

29 km östlich von Chieti, S.S. 649 und S.S. 16

San Domenico

Trattoria
Vicolo San Domenico,1
Tel. (+39) 085 / 906 64 42
Ruhetag: Sonntagabend, Montag; im Sommer Montag, Sonntagmittag
Ferien: unterschiedlich
30 Plätze + 30 Plätze im Freien
Preise: 30–35 €
Kreditkarten: CS, Visa; BM
Mittags und abends geöffnet

Schlichtheit ist das Wort, das dieses kleine, einladende Meeresrestaurant am besten beschreibt. Inhaber und Koch Sergio D'Ottavio – nun schon seit einigen Jahren von seinen Arbeitserfahrungen in Italien und im Ausland zurückgekehrt – fügt der Frische des Fisches aus der Adria den Respekt für die von der Fischertradition inspirierten Rezepte hinzu. Im Sommer können Sie im Freien speisen – mit Blick auf das eindrucksvolle Kastell von Ortona, einer aufs Meer gehenden Festung aus der Zeit der Herrschaft des Hauses Anjou, die vor einigen Jahren renoviert wurde –, im Winter nehmen Sie an einem der wenigen Tische in den kleinen, schön gestalteten Räumlichkeiten Platz. Das Angebot ist begrenzt und wechselt von Tag zu Tag, doch es ist immer interessant; in Form des Degustationsmenüs (30 €) ist es zusammengefasst. Eingangs eventuell **Insalata di polpo con patate e prezzemolo** (6 €), Sogliole al vapore con verdure, Totanetti mollicati con i peperoni (Tintenfischchen mit Brotkrumen und Paprikaschoten, 7 €) sowie verlockende kleine Fische, alla siciliana mit Kirschtomaten, Oregano und Kapern zubereitet. Köstlicher **Spaghettone con seppie e peperone** (10 €) bringt den Geschmack des Meeres auf den Tisch wie im übrigen **Brodetto dell'Adriatico** (20 €), eigentlich ein Hauptgericht, das die Schätze des lokalen Fischfangs in sich birgt. Der Philosophie des Respekts gegenüber der Umgebung entsprechen auch die hausgemachten Dolci (2 €): Amaretti, Crostata mit Ricotta und mit Weintrauben sowie die typische Süßspeise von Ortona: Nevole al mosto cotto. Neben dem Hauswein steht eine kleine Auswahl an Weinen aus den Abruzzen zur Verfügung.

🍷 Auf dem Corso Matteotti ist die Enoteca Regionale d'Abruzzo der ideale Ort, um sämtliche Weine und Liköre der Abruzzen zu probieren und einzukaufen.

70 KM SÜDÖSTLICH V. L'AQUILA, 8 KM V. SULMONA

Taverna de li Caldora

Restaurant • Piazza Umberto I, 13
Tel. (+39) 08 64 / 411 39
Ruhetag: Dienstag, Sonntagabend, Januar–März auch Montag
Ferien: unterschiedlich
100 Plätze • Preise: 35 €
Kreditkarten: AE, CS, MC, Visa; BM
Mittags und abends geöffnet

Die Taverna de li Caldora gibt ein präzises Abbild des Reichtums dieser Berggegend. Das mittelalterliche Dorf Pacentro wird wegen seiner „Rue" genannten Gässchen, wegen seiner vielen kleinen Plätze und seines eindrucksvollen Kastells gern besucht. Das Restaurant befindet sich in einem Palazzo aus dem 16. Jahrhundert auf der Piazza des Ortes. Nehmen Sie Platz in einem der beiden Speisesäle und genießen Sie die Küche von Teresa Cercone, die Ihnen Carmine erläutert. Er beschreibt dabei sowohl die ausgewählten Produkte der Umgebung samt ihren Erzeugern als auch die Etiketten seines Kellers, die für jeden Geschmack und jedes Portemonnaie geeignet sind. Der Antipasto della casa (15 €) ist die richtige Wahl, um die Umgebung mittels Ziegenricotta, **Coratella d'agnello cacio e uova**, Straccetti d'agnello (Lammstreifen) in Backteig mit knackigem Gemüse, **Käse** und hochwertigen Salumi sowie weiteren kleinen saisonalen Speisen kennenzulernen. Bei den Primi (10 €) verdienen auf jeden Fall Tagliatelle al ragù d'anatra, Maccheroni alla chitarra mit Sauce vom Reh oder vom Hammel eine Kostprobe, ebenso empfehlenswert sind Chitarrina al tartufo und die unvergleichlichen Ravioli di ricotta mit Tomatensauce. Bei den Secondi dominiert die Vielfalt des Fleisches aus der Majella: **Pecora al cotturo** (12 €), Lamm und **Zicklein alla brace**, Fegatazzo und manchmal auch Wildschwein (14 €), Reh und Wildhase. Süßer Ausklang mit der unübertrefflichen **Pizza dolce**, Crostata und den traditionellen kleinen Dolci von Donna Teresa.

„Familie Cercone hält standhaft die stark von Ackerbau und Viehzucht geprägte Identität der Küche hoch; zubereitet werden unverfälschte saisonale Produkte nach zeitlosen Rezepten."

33 KM WESTLICH VON PESCARA, S.S. 151

Osteria del Leone

Moderne Osteria
Piazza XX Settembre
Tel. (+39) 085 / 821 32 24, (+39) 328 / 773 21 68
Ruhetag: Montag
Ferien: 1 Woche Anfang November
50 Plätze
Preise: 26–28 €
Alle Kreditkarten; BM
Mittags und abends geöffnet

Penne, eine der wichtigsten Gemeinden der Berggemeinschaft Vestina, rühmt sich einer weit zurückreichenden Geschichte sowie interessanter historischer Gebäude und Kirchen, während gleich außerhalb des Ortes das schöne Naturreservat Lago di Penne, das Eingangstor zum Parco Nazionale del Gran Sasso e Monti della Laga, liegt. Auf einer hübschen kleinen Piazza in der Altstadt befindet sich die Osteria von Antonio Catone, einem Agronomen mit Passion für die Küche, die zu seinem Hauptberuf geworden ist. Sohn Silvio betreut den Service sowie die Auswahl der Weine (vor allem aus den Abruzzen), die Sie auch glasweise verkosten können. Bei Erzeugern der Umgebung ausgesuchte oder selbst angebaute Produkte bilden die Basis von Rezepten, die von der Tradition der Abruzzen ausgehen und bis zu vegetarischen und veganen Gerichten reichen. Der vielfältige und reichhaltige Antipasto della casa (17 €) besteht aus kalten und warmen Kostproben: mit Kräutern mariniertes Carpaccio vom Rind und Schwein, Insalata di bulgur e pecorino di Farindola, Borragine fritta (frittierter Borretsch) und grüne Bohnen, Crocchetta di patate e miglio, Millefoglie di verza, **Pallottine *cac' e ova***, Tortino di ortica, knusprige Zwiebeln im Backteig, Formaggio lazzato, gefüllte Pilze, Omeletts mit Gemüse, Kürbisblüten und Paprikaschoten mit Ei. Es folgen Ravioli al profumo di bosco con tartufo e funghi (8 €), Gnocchi con zucchine e zafferano oder die bekannten **Maccheroni alla chitarra** mit Tomatensauce. Der Bogen der Secondi spannt sich von schmackhafter Tagliata di controfiletto con riduzione di Montepulciano über **Trippa alla pennese** (9 €) zu Scaloppine al Trebbiano d'Abruzzo. Gute Löffeldesserts, Crostata und typisches Festtagsgebäck. Es gibt drei Degustationsmenüs: „Turistico" für 20 €, „Rustico" für 28 € und „Vegano" für 25 €.

Acquapazza

Trattoria
Via Italica, 94
Tel.: (+39) 085 / 451 44 70
Ruhetag: Samstagmittag, Sonntag
Ferien: unterschiedlich
35 Plätze + 12 Plätze im Freien
Preise: ⊞ 35–38 €
Alle Kreditkarten; BM
Mittags und abends geöffnet

Trotz ihrer Nähe zum Labyrinth der kleinen Gässchen in Pescara, in denen (nachts) das Leben pulsiert, und zum Bahnhof von Portanuova strahlt diese Osteria doch eine ruhige und entspannte Atmosphäre aus, selbst im Sommer, wenn die Tische im Freien gedeckt werden. Die Küche ist geradlinig und vertrauenswürdig, sie beruht auf der jeweiligen Verfügbarkeit von frischem Fisch. Ernesto Vianello und Paola Cetrullo kümmern sich um Sie und empfehlen Ihnen auf angenehme Weise die Tagesgerichte. Zu Beginn Antipasti, normalerweise aus sechs oder sieben Gängen bestehend, bei denen Sie unter den kalten Gerichten **Alici marinate**, Insalata di mare und Salat mit Oktopus und Kartoffeln oder Seppie e cozze in umido finden können, die warmen Speisen hingegen – meistens in den Kochpfännchen serviert – beinhalten vielleicht Scampetti saltati con gli asparagi, Seppie e piselli, Sogliole in guazzetto, Cozze gratinate al pomodoro oder **Seppie ripiene**. Die ausgezeichnete **Chitarrina con i frutti di mare**, die Bucatini con alici e peperone secco und Spaghetti con radicchio, rucola e frutti di mare sind drei der beliebtesten Primi. Die Jahreszeit und die Bedingungen des Meeres bestimmen auch das Angebot an Secondi wie im Fall von **Frittura di paranza**, Arrosto misto oder der Fische, die all'acquapazza gegart werden, das ist eine Zubereitungsart in Wasser, Öl und Weißwein, mit Kirschtomaten und verschiedenen Kräutern, von der das Lokal seinen Namen bezieht. Begrenzte, aber schöne Auswahl bei den Desserts, darunter **Tiramisu** oder hausgemachtes Eis. Zu trinken gibt es einige Etiketten aus den Abruzzen und dem übrigen Italien.

Auf der nahen Piazza Garibaldi befindet sich die Bar-Pasticceria Caprice von Fabrizio Camplone: Semifreddo, Süßgebäck, Konfekt und eine originelle Vielfalt an Eis aus lokalen Produkten.

PESCARA

Il Corallo

Trattoria
Via Primo Vere, 71
Tel. (+39) 085 / 451 44 90
Ruhetag: Sonntagabend, Montag, im Sommer Sonntag und Montagabend
Ferien: zeitweise nach Weihnachten
90 Plätze + 90 Plätze im Freien
Preise: ⊞ 38 €
Kreditkarten: CS, Visa; BM
Mittags und abends geöffnet

So groß wie die Familie Pacchione ist auch ihre Liebe zum Meer. Großvater Ennio hinterließ seinen sechs Kindern nicht nur ein nach ihm benanntes Fischerboot, sondern auch die Leidenschaft für den Fisch und den Respekt dem Meer gegenüber. Seit mehreren Jahren hat die Familie zum Fischfang auch die Gastronomie hinzugefügt und so stehen Rosaria und Stefania in der Küche, die Brüder Paolo und Massimiliano sind für den Holzkohlengrill zuständig und die jungen Familienmitglieder Maria, Ennio und Mattia betreuen in einfachem und zwanglosem Stil die Gäste. Das Restaurant ist einer Badeanlage angeschlossen und verfügt über einen Speisesaal mit Fensterfront und Blick aufs Meer sowie über zwei Terrassen für den Sommer. Alici marinate, Polpette di merluzzo, Cozze e cannolicchi gratinati, Moscardini al tegame, Sgombro e palamita con cipollotto, **Lumaconi di mare con peperone e pomodoro**, **Seppie arrosto** (gebratene Tintenfische) oder mit Artischocken geschmort, gekochte Scampi, Sauté di cozze e vongole sind nur ein Teil des Antipasto (15 €). Unter den Primi (9 €) Paccheri con gli scampi, **Linguine al sugo di granchi pelosi**, Bucatini con sugo di seppie alla marinara oder die klassischen Spaghetti allo scoglio. Außer den edlen Misti di arrosto und **Frittura di paranza** (9 €) verdienen **Coda di rospo alla cacciatora**, Brodetto alla marinara (25 €) und Razza al pomodoro (Rochen mit Tomaten) eine Erwähnung, überdies werden Rombo (Plattfisch) oder Scorfano (Drachenkopf) je nach Größe alla brace, im Ofen oder in der Pfanne gegart. Ein paar hausgemachte Desserts wie der gute Cheesecake zum Abschluss. Schöne Weinkarte mit Schwergewicht auf den Abruzzen.

In der Gegend von Portanuova, gegenüber dem Bauernmarkt, bietet die Fleischerei Rino (Via dei Bastioni 81) mit Sachverstand ausgewähltes Fleisch und kleine Gerichte.

Locanda Manthoné

Moderne Osteria
Corso Manthoné, 58
Tel. (+39) 085 / 454 90 34
Ruhetag: Sonntag
Ferien: unterschiedlich
70 Plätze + 25 Plätze im Freien
Preise: 35–39 €
Alle Kreditkarten; BM
Abends geöffnet

Die Altstadt von Pescara verdient wegen ihrer sehenswerten Gebäude einen Besuch, zum Beispiel das Geburtshaus von Gabriele D'Annunzio und jenes von Ennio Flaiano oder das Museo delle Genti d'Abruzzo im einstigen Gefängnis „Bagno borbonico", aber auch weil es ein reges Nachtleben gibt, mit vielen Lokalen, die auf die kleinen Plätze und Gässchen der Gegend gehen. In diesem Umfeld haben Luca Panunzio und Enzo D'Andreamatteo beschlossen, diese Osteria mit vereinten Kräften im Speisesaal und in der Küche zu führen, um mit bevorzugt lokalen Zutaten eine Speisekarte zu schaffen, in der Gerichte der Tradition Seite an Seite mit neuen Kombinationen stehen. Als Eröffnung **Pallotte cac' e ova**, Cacigni (ein für die Felder der Abruzzen typisches Wildgemüse) mit Tondini-Bohnen aus dem Tavo-Tal und getrockneten Paprikaschoten (10 €), gefüllte Artischocken und Ricotta allo zafferano. Von den Primi (10 €) empfehlen wir Ravioli di burrata e tartufo nero, die traditionelle **Chitarra con le polpettine di carne** sowie Fusilli con ventricina del Vastese, pomodoro e pecorino. Es gibt auch immer Gerichte mit Baccalà, doch beim Fleisch steht **Agnello alla brace** (16 €) an erster Stelle. Das Garen über der Holzkohlenglut ist auch die Zubereitungsart von Koteletts, Salsiccia, Filets und Rippenstücken vom Rind. Unter den hausgemachten Dolci (6,50 €) **Soufflé al cioccolato con crema all'inglese** und Millefoglie con crema casereccia. Im Keller eine schöne Auswahl an Etiketten aus den Abruzzen und dem übrigen Italien mit einigen Ausflügen über die Alpen hinaus.

In der Via Trento 84 finden Sie im Lebensmittelladen Cicchelli eine breite Auswahl an Salumi, Käse, Brot und in Öl eingelegtem Gemüse. Auf Nummer 111 verkauft Chitarra Antica Süßspeisen und hervorragende frische (auch gefüllte) Pasta.

PESCARA

Nonna Bruna

Moderne Osteria
Via Michelangelo Forti, 34
Tel. (+39) 085 / 240 19 23,
(+39) 338 / 489 09 05
Ruhetag: Sonntag, Montag; im Winter Sonntagabend, Montag
Ferien: Ostern, 3 Wochen im August
25 Plätze • Preise: 33–35 €
Alle Kreditkarten; BM
Mittags und abends geöffnet

Eine minimalistische Speisekarte bietet diese kleine Osteria im Zentrum von Pescara, die in den drei Jahren ihres Bestehens, einen beachtlichen Bekanntheitsgrad erlangt hat. Das ist der Schlichtheit zu verdanken, mit der das Lokal geführt wird und dem unverfälschten Geschmack der Gerichte, die die lebhafte Signora Bruna zubereitet. Unterstützung findet sie in Sohn Lorenzo Cigliano, er betreut die Gäste im einzigen kleinen Speisesaal und besorgt gemeinsam mit seinem Vater Antonio den Einkauf von Fisch. Die Gerichte wechseln häufig, auf der Tafel im Saal sind sie detailliert beschrieben. Der Antipasto Nonna Bruna (12 €) besteht aus mehreren kleinen Gängen – die Sie auch einzeln (4 €) bestellen können – mit **Calamari ripieni**, Tortino di cozze e pomodoro, Polpo (Oktopus) mit grünen Bohnen oder mit Kartoffeln, Sgombro marinato und delikaten Polpettine di pesce. Die Primi (10 €) schmecken nach hausgemachter Pasta: **Maltagliati gamberi e zucchine**, feine **Sagne con ceci e cozze** und grüne Fettuccine mit Venusmuscheln. Unter den Secondi immer präsent sind **Frittura di paranza** (14 €), Arrosto, Scampi alla brace und ein paar Fische des Tages. Als Alternative **Brodetto alla pescarese** (28 €), den Sie allerdings (für mindestens zwei Personen) vorbestellen müssen. Semifreddo alla panna con amaretti sbriciolati e cioccolato fondente fuso und Millefoglie (4 €) zum Dessert. Angemessene Weinkarte mit guten lokalen Etiketten, die auch glasweise ausgeschenkt werden.

In der Mitte des zentral gelegenen Corso Umberto verdient die Bar Excelsior nicht nur wegen ihres im Gläschen servierten Kaffees einen Besuch. Nach dem Abendessen können Sie das Nachtleben in der angrenzenden Via De Cesaris genießen. In den Lokalen Papille, Zolfo, Visaggio und Caracò bekommen Sie guten Wein und Hochprozentiges.

Taverna 58

Restaurant
Corso Manthoné, 46
Tel. (+39) 085 / 69 07 24
Ruhetag: Freitag- und Samstagmittag, Sonntag
Ferien: 1 Woche zu Weihnachten/Neujahr, August • 50 Plätze
Preise: 34–40 €
Kreditkarten: AE, CS, MC, Visa; BM
Mittags und abends geöffnet

Seit jeher einer der besten Plätze für gutes Essen in Pescara, so gut, dass eine Reservierung auch unter der Woche unumgänglich geworden ist. Patron Giovanni Marrone und seine außergewöhnlichen Mitarbeiter folgen seit beinahe 30 Jahren einem oft imitierten, doch nie erreichten Stil, der den Aufenthalt hier zu einer vergnüglichen kulinarischen und kulturellen Erfahrung werden lässt. Eingangs kann man den sympathischen, für den Service verantwortlichen Gino bitten, einen Blick in den reichhaltigen Keller werfen zu dürfen. Die Wortspiele auf der Speisekarte betonen das Traditionelle des Angebots, das hier mit ein wenig ausgewogener Kreativität und unter Verwendung lokaler, zum Teil aus eigener Erzeugung stammender Zutaten verwirklicht wird. Und dann kommt Fellata (Brett mit Aufschnitt, Käse und Gemüse), Trippa alla pennese oder **Farro con misticanza di campo** (9 €). Anschließend leichte **Minestra di ceci con verdure** (9 €), Strangozzi alla borbonica mit Grieben, Schokolade und Peperoncino, ein Gericht, das von jenem inspiriert ist, das einst am Sonntag den „Gästen" im Gefängnis „Bagno borbonico" serviert wurde. Oder **Polenta di granturco con lumache**. Immer bestellen können Sie einen Teller mit gutem Baccalà, doch es erwarten Sie auch **Vitellone palluto**, auf dem Plattengrill am Tisch kurz gebraten, oder **Pollastrello in porchetta al miele** (16 €) – in diesem Fall empfehlen wir, das Hähnchen mit den Fingern zu essen. Qual der Wahl auf dem Wägelchen der Süßspeisen, von denen Crespella con Aurum flambé und Budino di Domenico (Domenico leitet gemeinsam mit Chefkoch Giuseppe Marro die Küche) die richtige Wahl sein könnten.

„Seit fast drei Jahrzehnten eines der typischen Lokale in der gastronomischen Landschaft der Abruzzen, der ideale Ort, die traditionelle Esskultur aus der Nähe zu entdecken."

100 KM SÖ. V. L'AQUILA, 36 KM V. SULMONA, S.S. 83

Plistia

Hotelrestaurant
Via Principe di Napoli, 28
Tel. (+39) 08 63 / 91 04 29, (+39) 08 63 / 91 07 32
Ruhetag: Montag
Ferien: 1 Woche im Mai
35 Plätze
Preise: 35–38 €
Alle Kreditkarten
Mittags und abends geöffnet

Cicitto Decinas Lokal ist zweifellos einer jener Orte, an denen man sich darauf verlassen kann, immer eine gute traditionelle Küche vorzufinden. Überdies zählt Pescasseroli im Sommer wie im Winter zu den beliebtesten Urlaubsorten des Parco Nazionale d'Abruzzo und ist Geburtsort des Philosophen Benedetto Croce, daher kann auch ein längerer Aufenthalt hier eine angenehme Erfahrung werden. Das Plistia befindet sich mitten im Zentrum und verfügt auch über etwa zehn Gästezimmer. Cicitto mit seiner liebenswerten, manchmal ein bisschen schroffen Art verkörpert die Figur des typischen Wirts, der es versteht, den Gast bei der Auswahl der von seiner Frau Laura zubereiteten Gerichte zu beraten und die beste Kombination mit einem der überwiegend aus den Abruzzen stammenden Weine zu finden. Für den Beginn ist eine ausgezeichnete Selektion an lokalen Salumi und Käse vorgesehen, **Coratella d'agnello** und in der Saison eine beeindruckende Reihe an **Fritti** (4 €) mit Kürbisblüten, Salbei, Holunderblüten sowie Brotteig mit Lardo. Erfreuliche Primi (12 €) sind **Carratelli con gli orapi** (wilder Spinat), Pasta con patate e ricotta salata, Lasagne in brodo con polpettine di carne e scamorza und im Winter Gemüsesuppen mit Linsen, schwarzen Kichererbsen aus dem Gebiet des Gran Sasso oder auch mit Bohnen und Dinkel. Bei den Secondi gibt eindeutig das Fleisch den Ton an, weiß oder rot, alla brace gegart, aus dem Ofen oder geschmort, Koteletts vom Rind, **Lamm** sowie kleine Hoftiere. Eine schöne Alternative sind **Patate maritate** (8 €), eine der Spezialitäten der Osteria. Gute hausgemachte Dolci.

In der Altstadt (Via della Chiesa 83) können Sie bei Bottega del Formaggio frischen oder gereiften Käse aus Schaf-, Ziegen- oder Kuhmilch kaufen. Täglich guter handwerklich erzeugter Joghurt.

24 km westlich v. Pescara, S.S. 16 bis u. S.S. 151

Font'Artana

Trattoria
Piazza Duca degli Abruzzi, 8
Tel. (+39) 085 / 828 54 51
Ruhetag: Dienstag
Ferien: letzte Januar-, erste Juli- und Septemberwoche
50 Plätze + 15 Plätze im Freien
Preise: 32–37 €
Kreditkarten: AE, CS, MC, Visa; BM
Abends geöffnet, Feiertage auch mittags

Der halb versteckte Eingang dieser Osteria auf einer kleinen Piazza in der Altstadt führt in schöne Räumlichkeiten mit Holz und unverputzten Steinmauern. Geht man die Stufen hinunter, bemerkt man die kleine Grotte, in der sich der Weinkeller befindet, der Stolz von Patron Antonio Di Gioacchino. Mit Bravour und Leidenschaft beschreibt er die Speisen, die seine Frau Cristina, manchmal mit Hilfe der noch jungen Söhne Filippo und Saverio, zubereitet. Zum reichhaltigen Antipasto werden hausgemachtes Brot und heiße *Pizz'onta* serviert. Unvergesslich vor allem Minzeblätter im Backteig mit Pecorino und Mosto cotto, **Frittatina con le tolle** (Omelett mit den Sprossen des roten Knoblauchs aus Sulmona, 5 €) sowie Pizza di *randinjie* mit weißer Zwiebel. Unter den Primi Zuppa di strapizzi con fagioli tondini del Tavo, **Gnocchi mit Brennnesseln und Pecorino** (10 €) oder mit Ziegenfleischsauce und Erbsen, Sparone (der Name stammt vom Geschirrtuch, mit dem die Pasta eingerollt wird) mit Artischocken sowie Fettuccine aus Vollkornmehl mit Auberginen und Salsiccia. Ein Verweis auf längst vergangene Zeiten ist **Fracchiata** (Polenta aus Kichererbsen- und Spalterbsenmehl) **con le sarde e il peperone secco fritto**. Außer den klassischen Stücken vom Lamm oder Schwein (alla brace oder *cif' e ciaf'*, also mit viel Öl und Zwiebeln kurz gebraten) können Sie auch **Stracotto di pancetta di capra** bestellen, frei lebendes Huhn (13 €), Coniglio porchettato alle melanzane sowie **Fegatini**. Hausgemachte Dolci und Torten, außerdem traditionelle Lattarola, Crema di ricotta e arance und Semifreddo di ricotta e cannella zum Abschluss.

»
Produkte und Küche der Tradition sowie der uneingeschränkte Respekt gegenüber den Jahreszeiten werden hier auch der jüngeren Generation kompetent vermittelt.
«

48 km südöstlich von Teramo, S.S. 16 od. A 14

Bacucco d'Oro

Trattoria
Via del Pozzo, 8
Tel. (+39) 085 / 93 62 27
Ruhetag: Mittwoch
Ferien: 2 Wochen im November
30 Plätze + 80 Plätze im Freien
Preise: 25–28 €
Kreditkarten: CS, MC, Visa; BM
Mittags und abends geöffnet

Die gewinnbringende Formel hier liegt in der Achse Mutter – Kinder: Isolina Petrini ist eine überaus tüchtige Köchin und hat ihren Kindern Francesco und Morena die Kultur der Tradition vermittelt, die sie mit Enthusiasmus weiter interpretieren. Francesco betreut den Service und erzählt mit Begeisterung jede Kuriosität (deutlich spürbar ist sein Interesse für Wildkräuter und -gemüse sowie Pilze), Morena hilft der Mutter am Herd, ihre Leidenschaft sind die Dolci. Und so hat dieses Lokal mit den einfachen Räumlichkeiten und der unverfälschten, auf den Spezialitäten von Teramo basierenden Küche eben das erste Vierteljahrhundert ihres Bestehens gefeiert. Neben dem Brett mit Käse aus den Abruzzen (sechs Sorten 8 €) oder mit Salumi, beinahe alle aus eigener Erzeugung, gibt es auch einige kleine warme Gerichte, bevor man zu den Primi übergeht. Diese bestehen aus **Chitarrina con polpettine di carne** (7 €), Pasta alla pecorara con ricotta fresca, peperoni e melanzane fritte, Timballo alla teramana, von Hand gezogenen Fusilli aus einem Teig aus Wasser und Mehl mit wildem Spinat und gereifter Ricotta, ***Scrippelle' m busse*** (mit Hühnerbrühe übergossene Pfannkuchen) oder den klassischen **Virtù del Primo Maggio**. Beim Fleisch verdient Coatto eine Kostprobe, es handelt sich um schmackhaftes geschmortes Ragout vom Zicklein (8 €), ebenso die typischen **Mazzarelle** aus Lamminnereien, die auch in einer weniger kräftigen Variante mit den Innereien vom Zicklein angeboten werden. Außerdem können Sie Baccalà arrosto con i peperoni (12 €) bestellen. Die Dolci reichen von Löffeldesserts zur klassischen **Pizza dolce** (3 €), oder aber Sie lassen sich von Spuma al torrone verführen. Begrenzte Weinauswahl auf einer Karte mit lokalen Etiketten.

POGGIO PICENZE

15 KM SÜDÖSTLICH VON L'AQUILA

Paneolio

Restaurant
Via Umberto I, 89–91
Tel. (+39) 0862 / 801 01,
(+39) 347 / 401 47 65
Ruhetag: Dienstag
Keine Ferien
50 Plätze
Preise: 25–30 €
Kreditkarten: CS, DC, MC, Visa; BM
Mittags und abends geöffnet

NEU

Nach einer erfolgreichen Ausbildungszeit kehrt Eugenio in sein Dorf zurück und eröffnet das Lokal von Großmutter Maria (bekannt unter dem Namen Sorelle Urbani) wieder in einer erneuerten Stilrichtung, die eindeutig auf Tradition und Umgebung setzt. Die Räumlichkeiten sind hell und bieten einige hübsche Winkel mit unverputzten Ziegelmauern und Kreuzgewölben, rustikal mit kleinen Anflügen von Modernität – so lautet auch die Philosophie in der Küche. Das Ergebnis ist positiv, das kulinarische Angebot breit und originell. Und so beginnen wir also mit einem appetitanregenden Antipasto wie dem Pot pourri di riso selvatico (6 €) oder dem verlockenden **Pinzimonio di baccalà** oder aber mit lokalen Salumi und Käse und einer guten **Coratella di agnello**. Sichere Handhabung und ausgewogener Geschmack bei **Tagliatella di grani antichi con verdurine croccanti** (7 €) und Spizzico di asparagi e zafferano mit hausgemachten Teigwaren, oft aus dem Mehl von selbst angebautem Getreide. Eigens erwähnt werden muss **Spaghetto Paneolio**, in dunklem Fond gekocht und mit frischem Pecorino serviert. Bei den Secondi findet aufgrund der klugen Auswahl der besten Stücke eine Aufwertung des Fleisches statt, als Beispiel mag der Dauerbrenner Agnello alla griglia gelten oder der kräftigere Schmorbraten **Brasato al Montepulciano d'Abruzzo** (9 €). Stolz des Lokals bei den Desserts sind **Soffice di ricotta con pere caramellate** (4,50 €) und die ungewöhnliche Süßspeise Pane e cioccolato. Beschränkte, aber intelligente Weinauswahl mit wohlüberlegtem Schwergewicht auf den besten Erzeugnissen aus den Abruzzen. Wenn Sie von allem ein wenig probieren wollen, empfehlen wir Ihnen das Degustationsmenü für 25 €. Eine angenehme Erfahrung im Rahmen einer tadellosen Gastlichkeit.

PRATA D'ANSIDONIA

23 KM SÜDÖSTL. V. L'AQUILA, S.S. 261 UND S.S. 17

Il Borgo dei Fumari

Traditionelle Osteria
Via 25 aprile, 14
Tel. (+39) 08 62 / 93 14 56,
(+39) 347 / 271 85 89
Ruhetag: Sonntagabend, Montag
Ferien: 10 Tage im Oktober, 1 Woche im Juli/August
40 Plätze
Preise: 30–33 €
Kreditkarten: CS, DC, MC, Visa; BM
Mittags und abends geöffnet

NEU

In der Antike hieß diese auf die Hochebene von Navelli gehende römische Stadt Peltuinum und befand sich im Siedlungsgebiet der Vestini. Außerdem hatte der Ort eine strategisch wichtige Position in Verbindung mit der Weidewirtschaft und der Transhumanz. In einem liebevoll und mit viel Geschmack renovierten Gebäude aus dem 14. Jahrhundert ist seit einigen Jahren Lino Marascio tätig. Der Koch-Patron mit apulischen Wurzeln hat einen zauberhaften Ort geschaffen, ein Labyrinth aus kleinen und größeren Speisesälen, die alle von Kaminen erwärmt werden, welche schließlich dem Namen „Fumari" inspirierten. Linos Küche basiert auf der Suche nach den besten Erzeugnissen der Umgebung (vor allem Safran und Trüffeln), die er mit dem richtigen Maß an Kreativität zu verbinden versteht. Man beginnt mit der überaus reichhaltigen „Selezione grand gourmet" (15 €), die eigentlich als Hauptgericht gelten kann, wenn man die Anzahl an Produkten und Speisen bedenkt, die auf den Tisch kommen: Salumi, Käse und Ricotta, **Zuppette di legumi** sowie Gerichte mit verschiedenem Gemüse der Saison. Es folgen Primi wie **Ravioli lune di miele** (12 €) mit Ricotta aus Castel del Monte und Safran, Gnocchi con peperoncino cotto al forno und Chitarra al tartufo. Auch die Secondi enttäuschen nie, einen Triumph feiern **Agnello alle erbe aromatiche** (15 €) und Filetto di maialino con pancetta semi stagionata. Würdiger Abschluss mit **Spuma di arancia** (5 €), vielleicht nach einer Kostprobe des lokalen Pecorino. Weinkarte mit guten Etiketten aus den Abruzzen.

96 KM SÖ. V. L'AQUILA, 32 KM V. SULMONA, S.S. 17

Giocondo

Trattoria
Via del Suffragio, 2
Tel. (+39) 08 64 / 691 23
Ruhetag: Dienstag
Ferien: unterschiedlich
40 Plätze
Preise: 30–35 €
Alle Kreditkarten; BM
Mittags und abends geöffnet

Die kleine, in der Umgebung gut bekannte Trattoria befindet sich in der Altstadt von Rivisondoli, einem charakteristischen kleinen Ort auf der Hochebene Cinque Miglia, in der Nähe der Skipisten von Roccaraso Aremogna. Elisabetta, die Tochter des leider verstorbenen Giocondo, leitet heute das rustikal, in typischer Bergmanier eingerichtete Lokal mit schlichten, geschmackvollen Gedecken. Sie begleitet Sie an Ihren Tisch und beschreibt Ihnen die Speisekarte. Das Angebot wechselt von Saison zu Saison, aber im Winter können Sie sehr wahrscheinlich mit den ausgezeichneten lokalen Salumi und Käse (12 €) beginnen, darunter die exquisite Ricotta aus dem Weidenkörbchen, die mit hausgemachtem in Öl eingelegtem Gemüse serviert wird. Spezialität der Osteria sind nach wie vor die Teigwaren (8 €), ebenfalls alle hausgemacht, unter denen **Tagliatelle alla morronese** mit einer Fleischsauce ohne Tomaten, mit Paprikaschoten und Wildzichorien, herausragen, ebenso empfehlenswert sind **Cordicelle** (lange, durch die Wurstmaschine gedrehte Pasta) mit Pancetta, Prosciutto, Salsiccia und Pecorino. Nicht weniger gut schmecken die klassischen **Cazzarielli** (kleine Nocken) **con i fagioli** oder Polenta con broccoli e salsiccia. Aus lokaler Herkunft stammt das Fleisch, das vorwiegend alla brace (15 €) gegart wird und zusammen mit einer Auswahl an **gegrilltem Käse** mit Honig aus der Umgebung das Angebot an Secondi ausmacht. Zum Abschluss einige Löffeldesserts, Semifreddi oder Crostate mit traditionell erzeugten Konfitüren. Die Weinkarte ist der Umgebung gewidmet, einige Ausflüge führen in andere Regionen Italiens.

Ein paar Schritte weiter verkaufen dieselben Inhaber im Laden Enogiò Wein und lokale Spezialitäten wie Käse, Salumi, Safran, Honig und Konfitüren.

47 KM SÜDÖSTLICH VON CHIETI, A 14

La Balena

Osteria
Ortsteil Vallevò, 158
Tel. (+39) 08 72 / 60 92 01
Ruhetag: Montag
Ferien: 1 Woche im Dezember, Ostern
35 Plätze + 35 Plätze im Freien
Preise: 35 €
Alle Kreditkarten; BM
Mittags und abends geöffnet

In dieser Meeres-Osteria, die vor der letztjährigen Öffnung renoviert wurde, können Sie mit Blick auf die Costa dei Trabocchi speisen. Sie finden sie problemlos zwischen San Vito und Fossacesia, wenn Sie auf der ruhigen Panoramastraße Adriatica (Staatsstraße 16) fahren. Stefano Tucci heißt Sie gemeinsam mit seinem jungen Servicepersonal willkommen und bietet Ihnen eine Speisekarte, die sich auf die Qualität des frischen lokalen Fisches stützt; daher sind nicht immer alle Gerichte vorhanden. Beginnen Sie mit **Sauté di vongole e cozze** und **Cozze ripiene** (8 €), mit „unserem Salat mit Oktopus" und mit rohem Baccalà mit rosa Pfeffer, um dann mit Chitarrina con i cannolicchi (mit länglichen Muscheln), **Rentrocele** al sugo di razza e cozze (mit Rochen und Miesmuscheln, 11 €) und Tacconcelli caserecci al sugo di panocchie (mit Meerzikaden) fortzusetzen. Leicht und knusprig die **Frittura di paranza** (12 €), delikat der Spieß mit Kalmaren und Scampi alla brace, im Übrigen die Zubereitungsweise, die auch für Plattfisch, Zahnbrasse, Petersfisch oder Marmorbrasse, je nach Tagesfang, vorgesehen ist. Als Alternative (am besten gegen Vorbestellung) wählen Sie **Brodetto** (Hauptgericht, 35 €) oder Minibrodetto. Die Auswahl an Dolci beschränkt sich auf Sorbet und Trockengebäck mit den köstlichen **Celli pieni** aus San Vito Chietino. Auf der gepflegten Weinkarte stehen gut ausgewählte Produkte auch von außerhalb der Abruzzen. Degustationsmenü für 35 €, für das Gedeck werden 3 € verrechnet.

ROSELLO

77 km südlich von Chieti, S.S. 81 und S.S. 652

Lo Scamorzaro

Ferienbauernhof
Ortsteil Fonte Ginepri, 4
Tel. (+39) 08 72 / 94 84 41,
(+39) 340 / 071 07 73, (+39) 333 / 182 59 05
Ruhetag: Mittwoch
Keine Ferien
50 Plätze + 20 Plätze im Freien
Preise: 25 €
Kreditkarten: AE, CS, MC, Visa; BM
Mittags und abends geöffnet

Der auf über 1.000 Metern Höhe zwischen den Abruzzen und dem Molise gelegene Ort Rosello ist bekannt für das Gebiet „Abetina", seit 1992 ein Naturreservat, in dem die heute selten gewordene Weißtanne und mehr als 60 weitere Pflanzenarten wachsen. Eine großteils unberührte Umgebung, überdies reich an Trüffeln und Pilzen. Hier werden Weidewirtschaft und Ackerbau kultiviert, auch in diesem authentischen Agriturismo, den übrigens ausschließlich Frauen leiten. Signora Dina, ihre Töchter und die Schwiegertochter kümmern sich um die Küche, den Service und die Viehzucht – von Rindern, Schweinen und kleinen Hoftieren – wie auch um die Käseerzeugung. Die Großmutter schaut ab und zu zufrieden aus der Küche heraus. Eine geschriebene Speisekarte gibt es nicht. Der Antipasto (10 €) sieht normalerweise Käse, frische Ricotta, Prosciutto, Lonza und Salsiccia vor und außerdem typische Rezepte wie Coratella di agnello, **Pallotte *cac' e ova*** al sugo di pomodoro e peperone, Zuppetta di farro e legumi (mit Dinkel und Hülsenfrüchten), sowie pikante Kuchen mit dem Gemüse der Saison. Die ausgezeichneten Primi lassen in ihrem ursprünglichen Charakter viel Geschick erkennen, etwa **Ravioli ripieni di ricotta e spinaci con funghi** oder Ravioli mit Zucchini und Guanciale, Gnocchi di patate und **Chitarrina al sugo di agnello** (in überaus großzügigen Portionen mit Stücken von zartem, wohlschmeckenden Lammfleisch serviert), des Weiteren bei Sagne e fagioli. Der gebratene Käse Scamorza arrosto, **Agnello** (7 €) und selbst gemachte Salsicce haben einen bereits vergessen geglaubten Geschmack, den Sie auch bei der breiten Auswahl an hausgemachten Torten wiederfinden. Eine schöne Reise also, von der Sie auch Erinnerungen mit nach Hause nehmen können, da einige Produkte des Betriebs zum Verkauf angeboten werden.

SAN SALVO
San Salvo Marina

91 km südöstlich von Chieti, 11 km von Vasto

Marina

Restaurant
Via Pigafetta, 21/Strada Statale 16,
Piazzale Agip
Tel. (+39) 08 73 / 80 31 42
Ruhetag: 1 Woche im September,
Weihnachten/Dreikönig
50 Plätze
Preise: ✚ 35–38 €
Alle Kreditkarten; BM
Mittags und abends geöffnet

Das schöne Lokal von Michele Raspa feiert sein 25-jähriges Bestehen, ein Jubiläum, das ohne Mühe erreicht wurde, dank der traditionsbewussten Küche und der Achtung gebietenden Professionalität. Eine bewährte Formel, innerhalb derer Michele organisiert und mit Charme und Kompetenz den Service leitet, während Mutter Adele und Schwester Anna die Küche betreuen. Die Speisekarte steht im Zeichen des täglichen Fischfangs und setzt auf unaufwendige, à la minute zubereitete Gerichte, eine Strategie, mit der Frische und Qualität des Fisches betont werden. Beginnen können Sie mit verschiedenen Carpaccios oder einem kalten Antipasto, alternativ entscheiden Sie sich für einen (6 €) oder mehrere warme Antipasti, die in Kupferpfännchen serviert werden. Gut sind sie alle: **Scampi al peperone trito dolce** (mit zerstoßenen milden Paprikaschoten), Seppioline con l'erba cipollina (Tintenfische mit Schnittlauch), **Ricciola alla pizzaiola** sowie Guazzetto di alici. Bei den Primi finden Sie eine breite Auswahl an von Hand gezogenen Teigwaren wie Fusilli con pomodoro fresco, ricciola e capperi (mit frischen Tomaten, Bernsteinmakrele und Kapern, 10 €), Chitarra allo scoglio, Cavatelli con scampi e pomodoro, Vermicelli ai frutti di mare, **Gnocchi con calamari, pomodoro fresco e basilico** und den unverzichtbaren Risotto alla marinara. Hervorragende Secondi, immer in der Tradition verwurzelt, mit klassischem Brodetto di pesce, knuspriger **Frittura di paranza** (13 €) und Knochenfischen all'acquapazza (18 €). Die Dolci nach Hausfrauenart bereitet Micheles Frau Patrizia zu, unter anderem eine interessante Neuinterpretation der **Pizza dolce** (4 €). Auf der raffinierten Weinkarte stehen viele Weine aus den Abruzzen und eine sachverständig getroffene Auswahl an Etiketten aus dem übrigen Italien und international.

91 KM SÜDÖSTLICH VON CHIETI, 11 KM VON VASTO

Osteria delle Spezie

Moderne Osteria
Corso Garibaldi, 44
Tel. (+39) 08 73 / 34 16 02
Ruhetag: Mittwoch, Sonntagabend
Ferien: zeitweise im September
35 Plätze
Preise: 32–35 €
Kreditkarten: CS, MC, Visa; BM
Mittags und abends geöffnet

Wie viele Küstenorte gliedert sich auch San Salvo im Grenzgebiet von Abruzzen und Molise in einen Teil am Meer und eine Altstadt auf dem Hügel. Fast als wolle er diese kurze, aber bedeutsame Distanz unterstreichen, hat sich Giancarlo Cilli schon vor vielen Jahren entschlossen, eine am Landesinneren orientierte Küche anzubieten, unverfälscht und großzügig, wodurch sein Lokal sofort zu einem Bezugspunkt geworden ist. Die Räumlichkeiten sind klein und gepflegt und die Gastlichkeit ist herzlich, trotz des zurückhaltenden Charakter des Patrons. Vertrauen Sie ihm jedoch voll und ganz bei der Auswahl der Gerichte, die im Lauf der Jahreszeiten wechseln. Zu Beginn Antipasto dell'osteria (10 €) mit bei Erzeugern der Umgebung ausgewählten Salumi und Käse, kleinen Gerichten mit Gemüse und ein paar „Perlen" wie Cappuccino di porcini oder im Frühling **Sfogliatina croccante di fave e cicoria**. Als Fortsetzung **Caprini** (12 €), das sind ausgezeichnete hausgemachte Raviolini mit Ricotta und Ziegenkäse mit Kräutern, außerdem Pennoni con mandorle, zafferano e pecorino oder **Paccheri con le melanzane**. Bei den Secondi, die auch eine Beilage beinhalten, stehen Baccalà in padella (geschmort, 15 €) oder in pastella (im Backteig), **Capocollo di maialino al finocchietto** (12 €) oder Filetto di manzo al mosto cotto zur Auswahl, doch im Frühling ist eine Kostprobe der gefüllten Artischocke Carciofo di Cupello Pflicht. Abschluss mit Torten, Mousse und täglich oder auf Bestellung frisch gemachtem Eis. Auf der Weinkarte vor allem Erzeugnisse aus den Abruzzen mit überaus korrekten Preisen.

In der Via Istonia 31 stellt Familie Roberti in ihrer Fleischerei ausgezeichnete Salumi wie die traditionelle Ventricina del Vastese oder köstliche Porchetta arrosto her.

25 KM NORDÖSTLICH VON TERAMO

La Piazzetta

Restaurant
Via alla Salara, 9
Tel. (+39) 08 61 / 885 30
Ruhetag: Sonntag
Ferien: 2 Wochen im August
35 Plätze + 20 Plätze im Freien
Preise: 30 €
Kreditkarten: CS, DC, MC, Visa; BM
Mittags und abends geöffnet

Zu behaupten, man käme vor allem wegen des auf verschiedenste, nicht nur klassische Art und Weise zubereiteten Baccalà, wäre eine Schmälerung der Kochkünste von Roberta Nepa. Sicherlich, wichtigste Zutat ist der Baccalà mit seiner in dem kleinen Städtchen stark verwurzelten Tradition (während des seit mehr als 100 Jahren veranstalteten Festes im Juli bekommen Sie ein Menü für 25 €), doch unsere Köchin interpretiert bravourös die gesamte traditionelle Küche des Gebiets von Teramo: Timballi, Trippa, **Capra alla neretese**, Coniglio in padella, Mazzarelle und andere Teile vom Lamm in verschiedenen Rezepten. Das Lokal gegenüber dem Krankenhaus hat zwei Gesichter – mittags betritt man es über die Bar und nimmt an einem der wenigen Tische im Speisesaal nebenan Platz (leider mit laufendem Fernsehgerät), während abends der große Speisesaal geöffnet wird und auch die Speisekarte umfangreicher ist. Sohn Nico führt Sie durch die kleine, aber klug ausgewählte Weinsammlung und berät Sie bei der Auswahl der köstlichen Antipasti. Baccalà bekommen Sie nun mit Ingwer als Carpaccio, dampfgegart mit Orangen und Fenchel, mit Paprikaschoten vom Grill oder als heiße frittierte Bällchen mit Knoblauchsauce, alla portoghese oder mit Guanciale und Kartoffeln (8 €). Falls verfügbar, sollten Sie **Lingua in umido con pomodorini** (mit Kirschtomaten geschmorte Zunge, 6 €) nicht versäumen. Unter den Primi (8 €) erstaunliche Qualität bei **Carbonara di baccalà con bottarga fresca di baccalà** und Gnocchi con asparagi e guanciole di baccalà. Anschließend der exquisite **Baccalà in potacchio** (10 €) oder Baccalàpüree mit Kichererbsencreme. Klassische Dolci wie Pizza dolce (4 €) und **Loffe delle monache**, ein knuspriges, luftiges Gebäck mit Puderzucker zum Abschluss.

SAN VITO CHIETINO
Sant'Apollinare

39 KM SÜDÖSTLICH VON CHIETI, A 14 UND S.S. 16

La Valletta

Trattoria
Largo Colle Fonte, 30
Tel. (+39) 08 72 / 585 87,
(+39) 380 / 306 47 41
Ruhetag: Dienstag
Ferien: Januar/Februar
100 Plätze
Preise: 25–30 €
Alle Kreditkarten; BM
Abends geöffnet, Sonntag auch mittags

Auf einem Hügel zwischen Oliven- und Weinpflanzungen liegt das La Valletta, eines jener Lokale, in dem man die kulinarische Tradition dieses einst vom italischen Volk der Frentaner besiedelten Gebiets kennenlernen kann. Für die hausgemachten klassischen Gerichte zeichnet Signora Anna verantwortlich, gemeinsam mit ihrem Sohn Carlo Dragani leitet sie das Lokal seit 1983 und stützt sich dabei auf eine beschränkte, doch erprobte Speisekarte. Als Eröffnung exzellente *Pizz' e foje*, ein winterliches Gericht der bäuerlichen Tradition, bei dem Pizza aus Maismehl mit in der Pfanne gewürztem Wildgemüse kombiniert und mit Sardinen und getrockneten Paprikaschoten gewürzt wird. Unter den unverzichtbaren Antipasti sind auch die bekannten ***Pallott cac' e ova*** (5 €), also Bällchen aus Brot, Käse und Ei in Tomatensauce. Viele hausgemachte frische Teigwaren folgen, an erster Stelle ***Rentròcele*** (8 €), große quadratische Spaghetti aus einem Teig nur aus Mehl und Wasser mit **Ragù**. Die Secondi sollten Sie am besten vorbestellen, damit Sie das gute Kaninchen **Coniglio sotto al coppo con le patate** (10 €), gegart in einem speziellen Topf, der unter die Glut im Ofen geschoben wird, auch sicher vorfinden. Das Gleiche gilt für Trippa und das hochwertige Fleisch von Kalb, Lamm oder Schwein, das alla brace gegart wird. Süßer Ausklang mit den typischen **Celli pieni sanvitesi** und mit Mandelkeksen, zu denen ein Gläschen Vino cotto serviert wird. Zu trinken wählen Sie aus einer kleinen Selektion an Etiketten aus den Abruzzen oder den offenen Wein.

In **San Vito Marina** (7 km) können Sie bei L'Arte del Pane von Venceslao Ruccolo (Via San Rocco 232 und Via Sauro 31) hausgemachtes Sauerteigbrot kaufen. In der Via Nazionale Adriatica kaufen Sie auf Nummer 17 bei Rocco frischen Fisch, auf Nummer 10 bei Copa de Dora Eis.

SCHIAVI DI ABRUZZO

99 KM SÜDL. V. CHIETI, 58 KM V. VASTO, S.S. 650

Antica Trattoria Vittoria

Trattoria
Ortsteil Valloni, 5
Tel. (+39) 08 73 / 97 02 50,
(+39) 338 / 353 24 84
Ruhetag: Donnerstag, außer im August
Ferien: 1.–10. Oktober
70 Plätze + 25 Plätze im Freien
Preise: 25 €
Alle Kreditkarten; BM
Mittags und abends geöffnet

Sicher werden Sie nicht zufällig in diese etwa 50 Kilometer von der Adriaküste entfernte Gegend kommen, in diesen Winkel des mittleren und südlichen Apennins mit kleinen Dörfern, viel Geschichte (die Templi Italici, vorrömische Tempel samnitischen Ursprungs aus dem 2. Jahrhundert v. Chr. verdienen einen Besuch), viel Natur, aber auch ein paar Windrädern zur Energieerzeugung, die, ob es einem gefällt oder nicht, mittlerweile das Bild vieler Bergkämme in Italien prägen. Was auch immer Sie hierhergeführt haben mag, zögern Sie nicht, in dieser historischen Trattoria einzukehren. Gegründet wurde sie im Jahr 1929 von Vittoria Di Bello, heute wird sie von ihrem Enkel Vittorio Di Carlo geführt. Von außen werden Sie das Lokal vielleicht gar nicht bemerken, so einfach ist die Bauweise, doch wenn Sie einmal Platz genommen haben, werden Sie sich durch Vittorios entspannte Gastlichkeit bald wie zu Hause fühlen. Achten Sie beim klassischen Antipasto (9 €) mit Salumi, Käse, Sottoli sowie Bruschette mit Hühnerleber und Gemüse der Saison auf **Ventricina vastese**, eine traditionelle Wurst aus dem Landesinneren. Es folgen einfache Primi in großzügigen Portionen wie Chitarra mit Spargel und Ricotta oder mit Wirsing und Baccalà, **Gnocchi al sugo di ventricina**, Tagliolini in brodo di gallina (in Hühnerbrühe) und *Tajarill'* con i fagioli (4,50 €). Unter den Secondi **Pollo al mattone** (4,50 €), die Spezialität des Lokals, ausgezeichnete Grillteller mit Kalbs- und Lammsteaks sowie Salsiccia. Als Alternative Baccalà al sugo con patate (9 €) oder die typischen, sehr beliebten ***Pallotte cac' e ova*** (Brotbällchen mit Käse und Ei, 3 €). Kleine, aber ausgewogene Weinkarte, hausgemachte Dolci. Von November bis März öffnet das Lokal von Montag bis Mittwoch abends nur gegen Vorbestellung.

SPOLTORE
Villa Raspa

9,5 KM W. V. PESCARA, S.S. 16 BIS OD. RA 12 U. S.S. 16

La Corte

Restaurant
Via Montani
Tel. (+39) 085 / 415 97 87,
(+39) 335 / 848 77 63
Ruhetag: Dienstag, Sonntagabend, im Sommer Sonntagmittag
Ferien: unterschiedlich
80 Plätze
Preise: ⊞ 38–40 €
Alle Kreditkarten; BM
Mittags und abends geöffnet

Leicht zu erreichen ist dieses Bauernhaus mit Kornspeicher, ein schönes Beispiel für eine gelungene Instandhaltung durch Renovierung. Die Räumlichkeiten erstrecken sich über zwei Stockwerke, im Sommer erfreut der weitläufige Garten. Die Erzeuger der am Eingang ausgestellten lokalen Salumi und Käse finden verdienterweise auf der Speisekarte Erwähnung. Das nette, eingespielte Team wird auch am Wochenende, wenn das Lokal voll ist, mit Umsicht von Rocco Cardone koordiniert. Maurizio Della Valle in der Küche zeichnet verantwortlich dafür, dass das Lokal zu einer der erfreulichsten gastronomischen Neuheiten im Gebiet von Pescara geworden ist. Beginnen Sie mit dem Antipasto della casa (18 €), einer Reihe an Klassikern wie Pallotte cacio e uova, in der Pfanne gebratene Leber, Omelett mit Jungzwiebeln, Peperoni in agrodolce und Baccalà in pastella (im Backteig). Unter den frischen Teigwaren ausgezeichneter **Timballo di polpettine e cardi in brodo di cappone**, Pasta pazza con verza stufata oder schmackhafte **Sagnacce con ragù bianco d'agnello** (10 €). Probieren Sie als Secondo den köstlichen **Gallo in padella al vino bianco** (14 €) und Trippa alla pennese oder aber **Baccalà alla neretese**, Cif' e ciaf' di costatine di maiale sowie Fleisch alla brace wie Agnello „scotta dita", Salsicce oder verschiedene Stücke vom Jungstier. Zum Abschluss ein umwerfender Tortino di pizza dolce oder Crema bruciata con ciliegie. Das Degustationsmenü gibt es sowohl mittags (20 €) als auch abends (38 €). Schöne Auswahl an Weinen aus den Abruzzen.

Die Bäckerei Da Maria in der Via Pescarina 46 bäckt im Holzofen Brot und Pizza sowie köstliche Fiadoni di formaggio (eine Art Käsekuchen). Hervorragendes Fleisch kaufen Sie in der gut sortierten Fleischerei Fabio (Viale Europa 100) oder bei Pompa in der Via Italia 64.

SULMONA

56 KM SÜDÖSTLICH VON L'AQUILA, S.S. 17

Clemente

Restaurant
Piazza Solimo
Tel. (+39) 08 64 / 21 06 79,
(+39) 333 / 655 81 00
Ruhetag: Donnerstag, Sonntagabend
Ferien: ersten 2 Juliwochen
90 Plätze + 60 Plätze im Freien
Preise: 30–35 €
Keine Kreditkarten
Mittags und abends geöffnet

Eine angenehme Erfahrung in einem gepflegten, einladenden Lokal mit viel Persönlichkeit und einem Hauch Fantasie. Clemente Maiorano hat die Herausforderung des neuen Standorts und des originellen Bistros, das dem klassischen Lokal zur Seite steht, gut gemeistert. In den Gerichten kommen der Saison entsprechende ausgesuchte Zutaten zur Geltung, das Ergebnis erfreut mit alles andere als banalem Geschmack. Die Tradition befindet sich hier im Gleichgewicht mit Rezepten einer moderneren Küche, Farben und Geschmack werden perfekt kombiniert. Kann man mit einem „Elogio al porco" (Lobrede auf das Schwein) beginnen? Bei Clemente schon, nämlich mit einer Kostprobe der typischen Salumi aus lokalen kleinen Betrieben. Einen sanfteren Einstieg bieten **Pecorino fritto in pastella con miele** (6 €) und die verschiedenen vegetarischen Häppchen. Unter den Primi (8 €) lohnen die hervorragenden Gnocchi con zucchine e zafferano einen Versuch, ebenso **Paccheri con melanzane e cacio ricotta**. Die Secondi kommen vom Grill oder aus der Pfanne, wie man auf der Speisekarte lesen kann, die Auswahl reicht von Tagliata di coscia di agnellone (14 €) bis zu **Coniglio al tegame con porcini**. Vielleicht würde zusätzlich auch Rindfleisch auf die Speisekarte passen. Epilog mit hausgemachten Desserts (4 €) wie **Crostata di ricotta e cioccolato al profumo di Centerbe** oder der überaus klassischen Apfeltorte. Bei der Weinauswahl Produkte nicht nur aus den Abruzzen, auch Bio-Weine sind vorhanden.

Kaufen Sie in Sulmona Confetti und Torrone bei Pelino, William Di Carlo und Rapone, Milchprodukte bei Reginella d'Abruzzo, Salumi und roten Knoblauch bei Pingue; in **Pratola Peligna** (9 km) bekommen Sie Honig bei Colle Salera von Walter Pace.

Antico Cantinone

NEU

Restaurant
Via Ciotti, 5
Tel. (+39) 0861 / 25 08 81,
(+39) 335 / 565 11 12
Ruhetag: Mittwoch
Ferien: 1 Woche Ende Juli
50 Plätze
Preise: 28–30 €
Alle Kreditkarten; BM
Mittags und abends geöffnet

Familie Pompa hat in der Gastronomie in Teramo im letzten Jahrhundert Geschichte geschrieben. Heute ist es Paolo, der die Dynastie vertritt, er pendelt zwischen dieser Adresse in der Altstadt und der Locanda del Pompa, einem Landgasthaus mit Gästezimmern im nahen Campli. Das Antico Cantinone befindet sich in einem Palazzo aus dem frühen 20. Jahrhundert und verfügt über einen großen Speisesaal mit Kreuzrippengewölbe, dessen Bögen mit unverputzten Ziegeln gestaltet sind, und azurblau gestrichenen Wänden. Sie können mit dem Antipastone (20 € für zwei Personen) beginnen, er enthält Gemüse der Jahreszeit, frischen Käse und Salumi, oder aber Sie entscheiden sich für mit dem Messer geschnittenen Prosciutto und für Pecorino aus den nahen Monti della Laga sowie für die kräftige Torretta di melanzane con caprino, pomodoro, pesto di rucola e mandorle (8 €). Im Repertoire der Primi finden Sie die Klassiker der Küche der Umgebung von Teramo: ***Scrippelle 'mbusse*** (7,50 €), mit köstlicher Hühnerbrühe übergossene Pfannkuchen, Chitarrina con le pallottine di carne (8 €) und ***Lu rentrocele*** (8 €), eine altüberlieferte Pasta, die mit einem gerillten Bronzestab in Form gedrückt und mit Prosciutto, schwarzen Oliven und Kapern in Tomatensauce mit Basilikum serviert wird. Am und um den 1. Mai (an dem Sie unbedingt reservieren müssen) gibt es die klassischen **Virtù**, ein schmackhaftes Gericht, das einer antiken bäuerlichen Tradition folgend Reste aus dem Winter mit Frühgemüse vermischt. Danach **Agnello della Laga alla scottadito** (13 €) oder Stücke vom Schwein und Rind. Als Dessert Pizza dolce. Angesichts von Paolos Kompetenz verwundert das Fehlen einer Weinkarte, die die Wahl aus den besten Etiketten der Umgebung von Teramo und der Abruzzen vereinfachen würde.

75 KM SÜDÖSTLICH VON CHIETI, S.S. 16 ODER A 14

Da Ferri

Trattoria
Via Osca, 58
Tel. (+39) 08 73 / 31 03 20,
(+39) 334 / 120 30 17
Ruhetag: Sonntagabend, Montag
Ferien: unterschiedlich
80 Plätze + 30 Plätze im Freien
Preise: ⊞ 38 €
Kreditkarten: CS, MC, Visa; BM
Mittags und abends geöffnet

Diese Trattoria liegt in der Nähe des schönen Naturreservats Punta Aderci und nur wenige Schritte vom Leuchtturm von Punta Penna entfernt. Sie hat ihren authentisch familiären Stil über die Jahre hinweg beibehalten. Italo Ferri hat von seinen Eltern die Kunst der perfekten Meeresküche geerbt, gemeinsam mit seiner Frau Patrizia hat er Professionalität und einen Hauch Eleganz in das Lokal gebracht. Plätze gibt es im Haupt-Speisesaal und auf dem hübschen langen Balkon mit Blick auf den Hafen. Bereits das Körbchen mit gerösteten Brotscheiben und die Serviette, die man sich umbindet, um die Kleidung nicht zu beflecken, lassen darauf schließen, dass das Essen mit der entsprechenden Ruhe angegangen werden muss. Die Spezialität hier ist nämlich *Lu vrudatt*, **Brodetto alla vastese** (29 €), der allein schon die Reise wert ist. Dampfend heiß, in einem Tontopf serviert, präsentiert sich ein triumphales Abbild des Fischfangs aus der Adria mit Seebarben, Meerzikaden, Grundeln, Petermännchen, Rochen, Scampi, Mies- und Venusmuscheln in einer duftenden Sauce mit Kirschtomaten und milden Paprikaschoten, in die, sollte sie am Ende noch vorhanden sein, der Koch gerne ein paar Spaghetti wirft, um dieses kulinarische Kunstwerk zu vollenden. Die anderen Gerichte der Speisekarte stehen da natürlich im Hintergrund, obwohl weitere Klassiker und zahlreiche vom Fischfang abhängige Variationen vorhanden sind. Unter den Antipasti Scampi bolliti, Alici in *scapece* und Carpaccio di gallinella, anschließend **Chitarrina ai frutti di mare** (12 €) und Tubetti in brodo di pesce. Als Secondi Panocchie con la bietola (Meerzikaden mit Mangold) und knusprige **Frittura di paranza** (12 €). Gute hausgemachte Dolci (4 €). Durchdachte Auswahl an Weinen auch von außerhalb der Abruzzen mit korrekten Preisen.

75 KM SÜDÖSTLICH VON CHIETI, S.S. 16 ODER A 14

Vineria per Passione

Enoteca mit Küche • Via Santa Maria, 9
Tel. (+39) 08 73 / 39 19 07,
(+39) 366 / 574 97 18
Ruhetag: Montag, außer im August
Ferien: unterschiedlich
30 Plätze + 20 im Freien
Preise: 20–25 €
Kreditkarten: CS, DC, MC, Visa; BM
Abends geöffnet, mittags gegen Vorbestellung

Sich blockiert zu fühlen, kann auch positive Auswirkungen haben. Man ist zum Nachdenken gezwungen und es kommt vor, dass man wichtige Entscheidungen trifft. Auf diese Weise hat Giorgio Suriani sich von einer wenig anregenden Arbeit verabschiedet und sich seinen beiden großen Leidenschaften, der Gastronomie und dem Wein, zugewandt. Ein paar Jahre Lehrzeit und Probeläufe und das Projekt in der schönen Altstadt von Vasto nimmt Form an. Giorgio und seine Frau Silvia begleiten Sie liebenswürdig und kompetent auf einem Rundgang durch Gerichte mit hochwertigen Zutaten, Weine (gute Auswahl an Produkten aus den Abruzzen und dem übrigen Italien) und Biere aus kleinen Betrieben. Zu Beginn eine Auswahl an edlem Käse und **Salumi** begleitet von Sauerteigbrot, Konfitüren und Honig, dazu Tortino di melanzane alla menta su crema di bufala oder Girello di vitello al profumo di senape (9 €). Es folgen anregend präsentierte Primi mit einer Prise Innovation, von denen wir **Chitarra con aglio, olio e alici di Menaica**, cicorie, pinoli e pane tostato (9 €) empfehlen, ebenso Gnocchetti mit Wildspargel und Safran und Passata di ceci con cornetto al baccalà. Unter den Secondi Käse wie Scamorza arrostita con prosciutto crudo und Caciocavallo al cartoccio, aber auch Fleisch: Schweinefilet aus der Pfanne mit Äpfeln und Zimt und Bocconcini di pollo con pesto di pistacchio, pomodorini e caciocavallo sowie **Baccalà con pomodori e olive verdi** (11 €). Nicht unerwähnt bleiben darf das hervorragende Angebot an Beilagen aus Gemüse der Saison wie **Cicoria con pomodorini e olive** (6 €) und Fagiolini alla menta su crema di patate (grüne Bohnen mit Minze auf Kartoffelcreme). Zum Abschluss Fogliatina di ricotta, noci e pere con gelato al pistacchio oder die Kekse **Cantuccini** und **Ferratelle** (4,50 €).

41 KM SÜDWESTLICH VON PESCARA

Nonno Liborio

Trattoria
Via Sant'Egidio, 64
Tel. (+39) 085 / 84 61 55
Kein Ruhetag
Keine Ferien
40 Plätze
Preise: 22–24 €
Alle Kreditkarten; BM
Mittags und abends geöffnet

Das Nonno Liborio ist Bar und Trattoria zugleich, nach der besten Tradition der kleinen Dörfer in der italienischen Provinz. Wenige Einwohner und viel geschützte Natur auf der Hochebene des Voltigno, eines Ausläufers der Hänge des Gran Sasso in der Provinz von Pescara. Durch dieses Gebiet zogen die Herden auf dem Weg zu den Weiden und die Kultur von Ackerbau und Weidewirtschaft findet sich in einigen authentischen Gerichten verewigt. Niemand weiß das besser als Signora Maria (Liborios Frau), seit vielen Jahren ein Bezugspunkt in der Umgebung. Gemeinsam mit Tochter Alessandra bietet sie eine einfache, aber an Geschmack reiche Küche in einem schlichten, rustikalen Lokal. Zu Beginn lokale Salumi und der obligate **Pecorino di Farindola** (aus Rohmilch, der einzige Käse der Welt, der mit dem Lab vom Schwein erzeugt wird und den ausschließlich die Frauen der Gegend herstellen), frische Ricotta, **Cipollata**, in Öl eingelegtes Gemüse, Suppen mit Hülsenfrüchten, Coratella di agnello und Pallotte cacio e uova. Anschließend reichhaltige Portionen von handgemachten Teigwaren, alle köstlich wie die berühmten **Maccheroni alla molinara** (8 €), zu deren Ehren im Sommer sogar ein gut besuchtes Fest stattfindet. Außerdem mit Ricotta gefüllte Ravioli in Tomatensauce, **Sagne con i ceci** (mit Kichererbsen, ohne Tomaten) oder mit Bohnen (und Tomatensauce) sowie Gnocchi con sugo di agnello. Es folgen Fleisch vom Lamm oder gemischtes Fleisch alla brace (8 €) sowie Spezzatino di vitello (6 €) und **Spezzatino di capretto**, trefflich in der Pfanne gegart. Zum Abschluss hausgemachte Dolci von **Pizza dolce** bis zu Crostata mit Creme oder Früchten sowie Süßspeisen für bäuerliche und religiöse Feste wie Chiacchiere, Caggionetti und mehr. Zufriedenstellender offener Wein und einige Etiketten aus den Abruzzen.

AVEZZANO

55 KM SÜDLICH VON L'AQUILA, A 24 UND A 25

Mammaròssa

Moderne Osteria
Via Giuseppe Garibaldi, 388
Tel. (+39) 08 63 / 332 50
Ruhetag: Sonntag
Ferien: 10 Tage im Januar
60 Plätze + 40 Plätze im Freien
Preise: 35–45 €
Alle Kreditkarten; BM
Abends geöffnet

NEU

Ein gewinnbringendes Doppelspiel aus Küche und Design, eine Idee des autodidaktischen Kochs Franco Franciosi und seiner Schwester Daniela. Der Name Mammaròssa geht auf die Urgroßmutter (Mamma grossa) zurück, von der die beiden die Leidenschaft für die Küche geerbt haben. In den Gerichten auf der beinahe täglich wechselnden Speisekarte finden sich viele Erzeugnisse aus dem eigenen Gemüsegarten. Zu Beginn Uovo con mugnuli selvatici (Ei mit einer lokalen Kohlsorte), Parmigiana cocktail (12 €) und Composta da salsa di datterini con mozzarella di bufala, melanzane affumicate e parmigiano, gefolgt von Gnocchi con crema di zucchine, tolle d'aglio, cozze e pecorino (mit Zucchinicreme, Knoblauchsprossen, Miesmuscheln und Pecorino, 16 €) und Zuppetta di ceci con cicoria di campo e gamberi. Als Secondo Lonzino oder Pollastrella ruspante (16 €). Zum Abschluss Tiramisù di pane (12 €) aus Nussbrot mit Kaffee, Creme, Kapern und Zitrone.

CARSOLI

58 KM SÜDÖSTLICH VON L'AQUILA, A 24

L'Angolo d'Abruzzo

Restaurant
Piazza Aldo Moro, 8–9
Tel. (+39) 08 63 / 99 74 29
Ruhetag: Mittwoch
Keine Ferien
70 Plätze
Preise: 45–50 €
Alle Kreditkarten; BM
Mittags und abends geöffnet

Eine unzertrennliche Einheit ist die Familie Centofanti, ebenso fest verbunden ist ihr Name mit der Gastronomie der Abruzzen. Seit beinahe 30 Jahren liegt die Philosophie dieses Restaurants im Respekt gegenüber der Erde, der Weidewirtschaft und der nachhaltigen Landwirtschaft. Lanfranco Centofanti und die leider verstorbene Maria Teresa haben ihre Kinder Valentina und Valerio nach diesem Prinzip erzogen. Weide- und Ackerbau sind die Worte, die am besten das Angebot des Angolo d'Abruzzo charakterisieren: Frittata con orapi (15 €), Insalata di ovoli, Panzanella con baccalà oder bäuerliche Salumi. Als Primi Pappardelle alla pecora ciavarra con pecorino dell'alta valle del Turano (15 €), Tagliatelle aus alten Weizensorten mit Sauce aus drei Fleischsorten (ohne Tomaten), Chitarrina con il tartufo und Ravioli con ricotta di pecora. Vielfalt beim Fleisch, beginnend beim Milchferkel Maialino lattonzolo in doppia cottura con patate (20 €) über Bocconcini d'agnello ai funghi porcini (23 €) bis zu Galletto alla brace. Die Dolci sollten Sie keinesfalls verpassen. Im Keller lagert eine wirklich profunde Auswahl an Weinen, von denen täglich andere glasweise ausgeschenkt werden.

CIVITELLA CASANOVA

42 KM SÜDWESTLICH VON PESCARA

La Bandiera

Restaurant mit Übernachtungsmöglichkeit
Ortsteil Pastini, 4
Tel. (+39) 085 / 84 52 19
Ruhetag: Mittwoch, Sonntagabend
Ferien: 3 Wochen im Januar
80 Plätze + 30 Plätze im Freien
Preise: 45 €
Alle Kreditkarten; BM
Mittags und abends geöffnet

Die gedämpften Farben der Hügel um Pescara strömen Gelassenheit und Entspannung aus. Mitten darin liegt dieser Ort, an dem Sie ein ausgeprägtes kulinarisches Erlebnis haben werden. Das Restaurant La Bandiera ist seit jeher berühmt für seine raffinierte Interpretation der Küche der Abruzzen. Geleitet wird es von Marcello und Bruna Spadone und den perfekt integrierten Söhnen Alessio und Mattia. Auf den Tisch kommen Cracker di coniglio, Battuta tiepida di vitellone con granita di finocchio (15 €) und Bottoncini di caciocavallo in brodo di cipollotti. Dann Gnocchi di rape rosse e patate affumicate, provola e maggiorana (12 €) und Animelle al mosto cotto, Faraona farcita con i suoi fegatini e purè di mele sowie Cosciotto di agnello all'oliva e misticanza (18 €). Gelungener Abschluss mit Zabaione caldo-freddo (8 €), Dolce orto oder Pazzia di cioccolato.

GUARDIAGRELE

25 KM SÜDLICH VON CHIETI, S.S. 81

Villa Maiella

Restaurant mit Übernachtungsmöglichkeit
Via Sette Dolori, 30
Tel. (+39) 08 71 / 80 93 19,
(+39) 08 71 / 80 93 62
Ruhetag: Sonntagabend, Montag
Ferien: 10 Tage im Februar, 2 Wochen im Juli
60 Plätze + 20 Plätze im Freien
Preise: 45 € • Alle Kreditkarten; BM
Mittags und abends geöffnet

Die Villa Maiella steht für Tradition, Familie, Passion. Ein Restaurant mit starker Identität, das im Lauf der Jahre zum Emblem der Gastronomie der Abruzzen geworden ist. Einen weiteren Qualitätszuwachs bringt nun der eigene kleine landwirtschaftliche Betrieb. Es freut uns, hier die Generationen nebeneinander zu sehen: Arcangelo in der Küche an der Seite von Mamma Angela und Großmutter Ginetta, während Pascal den Service gemeinsam mit Patron Peppino Tinari betreut. Das ausgezeichnete Ergebnis dieses Zusammenspiels spiegelt sich in den Degustationsmenüs „Tradizione" (45 €) und „Proposta" (60 €), aber auch in den Gerichten, die Sie à la carte wählen können, zum Beispiel Salumi aus eigener Erzeugung, Insalata di funghi e pecorino, hausgemachte Teigwaren (ein Applaus für Maccheroni alla chitarra, 12 €) mit verschiedenen saisonalen Saucen, Ravioli di burrata oder Zuppa di farro (Dinkelsuppe) mit Trüffel. Schließlich Coniglio in porchetta (18 €), Spalla di agnello al ginepro (Lammkeule mit Wacholderbeeren), Pollo al vino cotto und Filetto di maiale con spinaci e pancetta. Zum Ausklang außergewöhnlich edle Dolci. Breit gefächerte Weinkarte.

RIVISONDOLI

96 km so v. L'Aquila, 32 km v. Sulmona, S.S. 17

Spazio

NEU

Moderne Osteria
Via Regina Elena, 49
Tel. (+39) 085 / 893 11 70
Ruhetag: Montag–Donnerstag, außer im Sommer und zu Weihnachten
Ferien: unterschiedlich
40 Plätze • Preise: 20–30 €
Kreditkarten: AE, CS, MC, Visa; BM
Abends geöffnet, Samstag und Sonntag auch mittags

Das Lokal hieß einmal Reale und heute ist es das Spazio, ausschließlich den Schülern der Kochschule „Niko Romito Formazione" gewidmet, die der Chefkoch mit den drei Sternen im nahen Castel di Sangro eröffnet hat. Den Absolventen des Kurses wird hier die Möglichkeit gegeben, ihre Künste zu erproben. Es gibt keine Gedecke, keine Weinkarte und keinen Kellner oder Koch, sondern in jeder Saison zwölf andere junge Menschen, die sich zwischen Speisesaal und Küche aufteilen. Die Grundlage bilden die Verwendung saisonaler Zutaten und Kreativität in Maßen. Einige Gerichte: Baccalà mantecato con i peperoni und Manzo marinato con la salsa tonnata (8 €), dann Fettucce con pesto di fagiolini e basilico (10 €) und ausgezeichnete Tortelli di ricotta e pecorino. Die Secondi reichen von Coniglio fritto in scapece zu Galletto arrosto con i peperoni (10 €), von Lamm zu Bianchetto di vitello (Kalbsragout). Zuppa di cioccolato und Sorbetto di yogurt (5 €) beenden das Essen. Denken Sie daran, dass es sich lohnt, zu reservieren und sich dabei der Öffnungszeiten zu versichern, da diese vom Kalender der Kochkurse abhängig sind.

ROSETO DEGLI ABRUZZI

32 km östlich von Teramo, S.S. 81 und S.S. 150

Vecchia Marina

Restaurant
Lungomare Trento, 37
Tel. (+39) 085 / 893 11 70
Ruhetag: Sonntagabend, Montag
Ferien: unterschiedlich
45 Plätze + 60 Plätze im Freien
Preise: 40–60 €
Kreditkarten: AE, CS, MC, Visa; BM
Mittags und abends geöffnet

Dieses Lokal gilt als eine der besten Trattorien für Fisch. Die kulinarischen Ideen der Geschwister Loredana und Gennaro D'Ignazio und des Schwagers Giovanni Parnanzone finden ihren besten Ausdruck in Gerichten mit als weniger wertvoll geltendem Fisch. Immer vorhanden ist die Auswahl an rohem Fisch, außerdem schmackhafte Muscheln oder Krustentiere, überbrüht oder dampfgegart, manchmal mit frischem Gemüse serviert. Ausgezeichnete Quadrucci mit Kichererbsen oder Bohnen in Brodo di mare (11 €) und ein erstaunlicher Spaghetto aglio e olio con peperoni e totanetti bei den Primi. Als Hauptgericht kann Guazzetto alla rosetana (25 €) gelten, für ihn werden etwa 1 kg Filets und andere Stücke der Fische der Saison in demselben Topf gegart, in dem sie dann auch serviert werden. Als Alternative schmackhafter Rombo mollicato al forno (20 €) oder einzelne Knochenfische vom Grill. Köstliche Sorbets mit Obst und Löffeldesserts zum Abschluss. Mittags kostet das Degustationsmenü 26 €, abends stehen drei Menüs für 38, 45 und 63 € zur Verfügung. Im Keller lagern verschiedene gute Etiketten, nicht nur aus den Abruzzen.

SAN SALVO - San Salvo Marina

83 km südöstlich von Chieti, A 14

Al Metrò

Restaurant
Via Magellano, 35
Tel. (+39) 08 73 / 80 34 28
Ruhetag: Sonntagabend, Montag, Juli–15. August Dienstagmittag
Ferien: unterschiedlich
40 Plätze
Preise: 40–45 €
Alle Kreditkarten; BM
Mittags und abends geöffnet

Nicola Fossaceca ist einer der besten Vertreter der neuen Generation der Küche der Abruzzen. Der gerade 30-Jährige hat in der Küche bereits eine bemerkenswerte Reife erlangt, gewürzt wird diese mit der richtigen Dosis an Bescheidenheit und Sympathie, alles in allem ein Vorbild für die kommenden Jahrgänge. Unzertrennlich ist er von seinem Bruder Antonio, der den Service und die Weinauswahl betreut und die Gerichte auf eine Art erklärt, die deren Stil und Persönlichkeit offenbart: Insalata di mare con mandarini e finocchio (14 €), Cannolicchi gratinati aglio e prezzemolo (längliche Muscheln, mit Knoblauch und Petersilie gratiniert), Riso con calamaretti, zenzero e sugo di cicale, Ravioli di ricotta nel brodetto di crostacei, bis hin zu Baccalà patate e peperoni (20 €) oder Dentice (Zahnbrasse) con verdure al salto e foie gras. Passender Abschluss mit Cioccobiscotto di gelato, pesche e pistacchio (6 €). Die beachtliche Weinkarte folgt dem Trend zu biologischem und naturbelassenem Wein.

SAN VITO CHIETINO

40 km südöstlich von Chieti

Bottega Culinaria Biologica

Moderne Osteria • Ortsteil Pontoni, 72
Tel. (+39) 08 72 / 616 09,
(+39) 339 / 142 11 11
Ruhetag: Montag • Ferien: unterschiedlich
35 Plätze + 35 Plätze im Freien
Preise: 35–38 € • Alle Kreditkarten; BM
Abends geöffnet, Sonntag nur mittags

Das kleine Restaurant von Cinzia Mancini, einer talentierten autodidaktischen Köchin aus den Abruzzen, befindet sich im unmittelbaren Hinterland der Costa dei Trabocchi, umgeben von Natur und einem eigenen Gemüsegarten. Es gibt wenige, mit Bravour betreute Tische (dieselben, die im Sommer im Freien aufgestellt werden), und kreative Gerichte von einer Köchin, die nach ihren Lehrjahren an verschiedenen Orten in Europa beschlossen hat, sich dem Guten zu widmen, das ihr Herkunftsort zu bieten hat. Und so kommen aus der Küche Uovo con scampo e radicchio, Cannellone green ripieno di cuscus con zucchine e menta, cremiger Baccalà in einer dünnen Paprikascheibe, Ravioli primavera al vapore sowie Tortelli ripieni di melanzane con pomodoro e crema di parmigiano. Unter den Secondi sind schmackhafter Vitello erbaceo, Anatra e pere oder Coniglio laccato. Ausgewogene Weinauswahl. Degustationsmenüs für 30 und 38 €.

0
10
20 km
A14
Pescara
Francavilla al Mare
Ortona
ADRIA
Chieti
A25
Lanciano
PARCO
Orsogna
ABRUZZEN
Vasto
NAZ.
la Maiella
2793
Casoli
Bomba
S. Salvo
Termoli
A14
D. MAIELLA
Campomarino
Guglionesi
Montecilfone
Roccaraso
Capracotta
Larino
PARCO NAZ.
Agnone
Trivento
Castel di Sangro
Montelongo
Casacalenda
D'ABRUZZO
M.ti della Meta
Carovilli
LAZIO E MOLISE
Pescolanciano
APULIEN
Isernia
CAMPOBASSO
Venafro
Bojano
S. Bartolomeo in Galdo
A1
Morcone
Teano
KAMPANIEN
Ariano Irpino
Benevento
Grottaminarda
A16
Cápua
Caserta
S. Maria Cápua Vétere
Maddaloni
Aversa
A1
A30
A16
Nola
Avellino
TYR-RHENISCHES MEER
NEAPEL
PARCO NAZ. D. VESÚVIO

MOLISE

Die Küche des Molise ist grundsätzlich an der Kultur der Bauern und Hirten ausgerichtet, auch wenn sie einen raschen, doch durchaus interessierten Seitenblick auf das Küstengebiet wirft. Daher gibt es Ähnlichkeiten mit den Traditionen der Abruzzen und Züge, die an Apulien und Kampanien erinnern.
Die Aufzucht von Rindern dient vor allem der Käseerzeugung, was in der hochwertigen Sorte Filata deutlich wird. Schafe, obwohl die Wollgewinnung an Relevanz verloren hat, haben immer noch einen zweifachen Wert, denn sie liefern sowohl Fleisch als auch Milch zur Erzeugung von Hartkäse.
Und dann gibt es natürlich noch das Schwein: Von jeher bedeutete es weniger Reichtum als vielmehr Sicherheit, und zwar wegen der Möglichkeit der vollständigen Verarbeitung all seiner Teile. Damit sind auch regelmäßig wiederkehrende bäuerliche Riten und die Entstehung vieler kulinarischer Spezialitäten verbunden. Für eine davon werden die Leber und die sogenannte *Rezza*, das Fettnetz, verarbeitet (das ist das Bauchfell des Schweins, das in warmem Wasser eingeweicht wird). In das Netz wird die Leber zusammen mit einem Lorbeerblatt, Salz und Pfeffer gewickelt, um dann alla brace gegart zu werden – ein heute selten gewordener Leckerbissen.
Ebenso unüblich geworden ist die Pizza aus Mais, die jahrhundertelang das tägliche Brot der Armen war und in der *Pizz' e* minestra ihren besten Ausdruck findet. Zubereitet wird dieses Gericht aus Maismehl, das in kochendes Wasser mit Öl und Salz eingerührt und etwa eine Stunde lang im Ofen oder auf dem Boden des Kamins („Liscia" genannt) unter der „Coppa", einem Metalldeckel, auf den die Glut gehäuft wird, gebacken wird. Anschließend wird die Pizza in grobe Stücke gebrochen und kurz in einem Topf mit dem bereits darin gekochten Wintergemüse vermischt: Am besten eignen sich dafür Stängelkohl, dunkles Blattgemüse oder Brokkoli.

Für Sie entdeckt

Pizz 'e minestra

649 Osteria del Borgo
Larino (Cb)

650 La Nostrana
Montelongo (Cb)

Fegato di maiale con rezza

647 La Grotta Da Concetta
Campobasso

646 Aciniello
Campobasso

24 km südwestlich von Campobasso, S.S. 17

Da Filomena

Trattoria
Ortsteil Limpilli, 199
Tel. (+39) 08 74 / 77 30 78
Ruhetag: Montag
Ferien: Juli
70 Plätze
Preise: 25–30 €
Kreditkarten: CS, MC, Visa; BM
Mittags geöffnet, Samstag gegen Vorbestellung auch abends

Wir befinden uns am Fuß des Matese-Massivs, auf halbem Weg zwischen den beiden Provinzhauptstädten des Molise, in einem Gebiet mit Weiden und Rinderzucht, der Grundlage der berühmten Milchprodukte von Bojano. Knapp außerhalb des Wohngebiets findet man, trotz fehlender Straßenschilder, die von einer Familie geführte Trattoria, in der sich die Speisekarte im Lauf der Jahre mit wenigen Variationen, aber vielen Gewissheiten wiederholt. Gewissheiten, wie sie eine traditionelle Küche mit Hülsenfrüchten, Gemüse und Fleisch bietet, die überdies mit Pilzen und Trüffeln, an denen diese Gegend reich ist, aufwarten kann. Donna Filomena steht am Herd, Sohn Stefano betreut die Gäste an der Seite von Papà Teodoro, der auch für die handgemachte Pasta sorgt und die Weine für die kleine Karte auswählt. Im überaus klassischen Antipasto finden sich Salumi, Käse aus Schaf- und Kuhmilch und in Öl eingelegtes Gemüse. Doch gleich danach kommen ausgefallenere Gerichte in Form von Primi wie Pantacce con i fagioli, **Taccozze con i ceci** (6,50 €), Lasagne oder Cannelloni aus dem Ofen, mit Fleischsauce gefüllte Lumaconi, Paccheri mit Flusskrebsen, Zucchini und Kirschtomaten, **Chitarrone con funghi porcini** (7,50 €) und Ravioli di ricotta al pomodoro. Als Secondi könnten Sie Baccalà vorfinden oder Trota salmerino (Rotforelle), die wie Scamorza und verschiedene Stücke von gemischtem Fleisch alla brace gegrillt wird. Besonders beachtenswert unter Letzteren **Agnello** (12 €), von dem auch die Spezialität Torcinello di interiora (Roulade aus Lamminnereien, 6 €) stammt. Zum Abschluss gute Dolci (3 €) wie **Tiramisu**, Crostata und typisches Festtagsgebäck.

Fior di latte und Scamorza aus Bojano können Sie in den Käsereien Biferno, Via San Bartolomeo 31, und La Molisanella, Via Calderari 109, kaufen.

Aciniello

Trattoria
Via Torino, 4
Tel. (+39) 08 74 / 940 01, (+39) 328 / 558 54 84
Ruhetag: Sonntag
Ferien: 10.–24. August
50 Plätze + 20 Plätze im Freien
Preise: 23–28 €
Alle Kreditkarten; BM
Mittags und abends geöffnet

Gerade hat sie ein Vierteljahrhundert Bestehen gefeiert, diese Trattoria in der Nähe der Altstadt von Campobasso. Sie ist schlicht in ihrer Einrichtung und in ihrer Haltung (schade nur, dass das Fernsehgerät immer eingeschaltet ist), geführt wird sie von den Brüdern Raffaele und Christian Di Cesare. Mit Liebenswürdigkeit zählen sie die immer unterschiedlichen Tagesgerichte (in üppigen Portionen) auf, die ihre Mutter Maria zubereitet. Es gibt ein kleines Menü für diejenigen, die in Eile sind (ein Entree und ein Primo, 15 €), normalerweise beginnen Sie jedoch mit dem eher umfangreichen Misto di antipasti (10 €): Salumi und Käse aus der Umgebung, Aufläufe aus Kartoffeln und Gemüse (Letzteres auch im Backteig), Omeletts sowie die obligate, gute Pallotta cacio e uova. Unter den Primi delikate Speisen wie **Pantacce al sugo di baccalà** (8 €) oder die beliebte Zuppa di ceci con filetto di baccalà e crema di tartufo, kräftige Cavatelli con pomodoro e cipollina, Suppen mit Hülsenfrüchten und die klassische ***Pizz' e* minestra** (7 €), typische Pizza aus Maismehl, die in Stücke gebrochen und mit Wildgemüse aromatisiert wird. Bei den Secondi sind immer Torcinelli (Rouladen aus Lamminnereien und Gewürzen) vorhanden, **Baccalà arraganato** (10 €) aus dem Ofen und alla brace gegrilltes Fleisch, außerdem zarte Trippetta di agnello al pomodoro oder **Fegato di maiale con la rezza** (7 €). Die Auswahl an hausgemachten Desserts beschränkt sich aufs Wesentliche wie Semifreddo alle mandorle e nocciole (3,50 €) oder Pizza dolce. Die Weinkarte enthält die besten Etiketten aus dem Molise.

Gutes Fleisch und Salumi gibt es in der Fleischerei von Michelina Roselli, Via XXIV Maggio 165. In **Matrice** (11,5 km) erzeugt die Bäckerei Petrella Laurino, Via Calvario 55, ausgezeichnetes Sauerteigbrot aus Hartweizenmehl.

La Grotta Da Concetta

Trattoria
Via Larino, 9
Tel. (+39) 08 74 / 31 13 78
Ruhetag: Samstag, Sonntag, Feiertage
Ferien: zeitweise im August
50 Plätze • Preise: 25–30 €
Keine Kreditkarten
Mittags und abends geöffnet

Das La Grotta ist die Quintessenz der traditionellen Trattoria mit ihrer unverfälschten Küche der Umgebung und ihrer lebhaften, zwanglosen Gastlichkeit. Das Lokal wurde vor Kurzem renoviert und setzt sich heute aus drei hübschen kleinen Speisesälen zusammen, von denen zwei dem Restaurant dienen und einer der Verkostung und dem Verkauf von lokalen Produkten. Auf die Präsentation der Gerichte wird nun mehr Wert gelegt, an deren Schlichtheit ändert dies jedoch nichts. Die Trattoria ist normalerweise gut besucht und Sie kommen vielleicht an einem Tisch neben anderen Gästen zu sitzen, doch Lucia und Fabio sorgen dafür, dass alle sich wohlfühlen. Beginnen Sie mit Carpaccio di baccalà mit Salat aus Melone und Stangensellerie, **gefüllten Paprikaschoten** oder Artischocken (8 €), Pizza di patate, Melanzane fritte con provola affumicata, Insalata di muscolo di vitello con salsa *jevzarola* (Salat mit Wadschinken vom Kalb und süßsaurer Sauce) sowie Involtino di verza con pasta di salsiccia e purè di patate. Unter den Primi ***Pizz' e* minestra** (8 €), Torte aus Maismehl mit Gemüse (auch in einer sommerlichen Version mit knackigem Mais) und hausgemachte Teigwaren – von Cavatelli bis Scialatielli mit gemischten Fleischsaucen oder mit Saisongemüse – sowie Suppe mit Cannellini, Bohnen und Mangold. Die breite Auswahl bei den Secondi reicht von klassischer Braciola (Roulade) al sugo bis zu **Pancetta arrosto con fave fresche**, von Bollito di gallina (gekochtem Huhn) bis zu **Fegato di maiale con la rezza**. Baccalà arracanato ist die Alternative zum Fleisch. Zum Abschluss gute Crostata mit Obst, Pizza dolce (4 €) und **Mandorle atterrate**. Im Wachstum befindet sich der kleine Keller, der eine intelligente Weinauswahl bietet.

Der Reiz eines traditionellen Lokals. Und Concettas Gerichte werden Sie in beste Stimmung versetzen.

69 km nordöstlich von Campobasso, S.S. 647

Da Nonna Rosa

Trattoria
Via Biferno, 41
Tel. (+39) 08 75 / 53 99 48,
(+39) 348 / 904 00 59
Ruhetag: Dienstag
Ferien: 10 Tage im September, Weihnachten
25 Plätze
Preise: 32–35 €
Alle Kreditkarten; BM
Mittags und abends geöffnet

„Un uomo solo al comando!" (Ein Mann allein hat hier das Kommando!) lauteten die berühmt gewordenen Worte des Radiosprechers, als Fausto Coppi im Jahr 1949 den Giro d'Italia gewann, und sie gelten auch für dieses Lokal. Er trägt nicht das blau-weiße Trikot des legendären Radrennfahrers, noch ähnelt sein Körper dem des „Airone" genannten Sportlers, doch mit berechtigtem Stolz trägt er den weißen Doppelreiher des Chefkochs. Die Rede ist von Giuseppe L' Abbate, dem unbestrittenen Patron dieses kleinen, ansprechenden Lokals in einer Gasse der Altstadt von Campomarino, dem höher gelegenen Teil des Ortes, von dessen wunderbarem, in der Nähe des Lokals befindlichem Belvedere aus Sie einen Großteil des Küste des Molise bewundern können. Hier, so lesen Sie in der Einführung der Speisekarte, gibt es keine Nonna (Großmutter) am Herd, doch das oft mit der richtigen Dosis an Fantasie neu interpretierte Angebot lässt den einst von den „guten Hausgeistern" erzeugten Geschmack des Essens von anno dazumal wiederauferstehen. Nach einem anregenden **Carpaccio di fesa di manzo marinato** (10 €) gehen Sie zu den je nach Jahreszeit unterschiedlichen Primi der Tradition über, also zu **Zuppa di farro e ceci** (7 €), Orecchiette al ragù di agnello oder **Fettuccine ai funghi porcini** (9 €). Zu Nonna Rosa kommt man vor allem wegen des guten Fleisches, das im Kamin im Speisesaal gebraten wird. Sicher nicht enttäuschen wird Sie der prächtige **Filetto di manzo** (15 €), Kopf an Kopf mit dem lokalen Lamm, um im Sportjargon zu bleiben. Eine reichhaltige Auswahl an **Käse** und zarte Löffeldesserts beenden das Menü. Gute Weinauswahl mit besonderem Augenmerk auf die Produktion des Molise und der nahen Abruzzen.

43 KM NÖRDLICH VON ISERNIA

Guado Cannavina

Ferienbauernhof
Ortsteil Macchia, 11
Tel. (+39) 08 65 / 94 91 35
Ruhetag: Donnerstag
Keine Ferien
65 Plätze
Preise: 18–24 €
Alle Kreditkarten; BM
Mittags und abends geöffnet

Obwohl dieser Agriturismo abseits der Touristenrouten liegt, legen wir Ihnen einen Besuch hier dringend ans Herz. Die Räumlichkeiten sind schlicht, die Gastlichkeit ist geradlinig, die Atmosphäre zwanglos und aufgelockert durch die lebhafte Konversation der Stammgäste, die Qualität der Grundzutaten ist von hohem Niveau. Sie erreichen den Bauernhof vom nahen Agnone aus, wenn Sie vom Krankenhaus aus ein paar Kilometer Richtung Rosello und Villa Santa Maria fahren, ohne dass Sie den Ort Capracotta selbst erreichen müssen. Willkommen geheißen werden Sie mit einem kräftigen Antipasto misto (6,50 €), in dem sich neben lokalen Salumi, Pilzen, Hühnerleber und anderen kleinen Gerichten eine unglaubliche, noch warm servierte **Ricotta** befindet, die zusammen mit anderen guten Milchprodukten deren Liebhaber glücklich machen wird. Die gleiche Großzügigkeit finden wir später bei den Portionen und den Saucen der **Sagne a pezze al sugo di agnello** (4 €) und Sagnette con fagioli, aber auch beim ausgezeichneten alla brace gegarten Fleisch, unter dem Lamm (8 €) und **Salsicce di carne e di fegato** (Würste aus Fleisch und Leber, verfeinert mit ein wenig Orangenschale, 5 €) den Ton angeben. Die Beilagen (1,50 €) entsprechen der Jahreszeit. Beendet wird die Reise in die kulinarische Landschaft des Molise mit einer Kostprobe von einfachen und schmackhaften lokalen kleinen Süßspeisen (1,50 €). Das Angebot an Wein beschränkt sich auf einen offenen Wein und einige Flaschen aus dem Molise. Das Degustationsmenü kostet 24 €.

46 KM NÖRDLICH VON ISERNIA

L'Elfo

Restaurant
Via Campanelli
Tel. (+39) 08 65 / 94 91 31
Ruhetag: Montag
Ferien: zeitweise im Mai und November
60 Plätze + 20 Plätze im Freien
Preise: 28–30 €
Kreditkarten: CS, Visa; BM
Mittags und abends geöffnet

Von Jahr zu Jahr deutlicher ist in diesem Lokal der Wunsch zu spüren, neue kulinarische Wege zu beschreiten, auf der Suche nach modernen Lösungen, ohne dabei die Ursprünge und die hohe Qualität des lokalen Ausgangsmaterials außer Acht zu lassen. Das Lokal liegt im Zentrum einer der höchstgelegenen Gemeinden des Apennin. Es ist in rustikalem Stil, doch nicht ohne Eleganz eingerichtet und wie der Name sagt, ist es auf sympathische Weise von Gnomen, Elfen und andern Fabelwesen „in Besitz genommen". Beim Essen wird klar, wie sehr das Molise immer noch ein Schatzkästchen an unentdeckten Geschmacksknospen ist. Michele in der Küche und Franca im Service empfehlen Ihnen zu Beginn den Antipasto dell'elfo (7 €) mit dem Besten, was die Gegend im Lauf der Jahreszeiten zu bieten hat: **Sformatini** (Aufläufe, besonders gut jener **mit Kartoffeln und Artischocken auf Hülsenfrüchtecreme**) und Spiegelei von der Wachtel mit gehobeltem weißem Trüffel. In der Saison bekommen Sie **Chitarrina con orapi al profumo di limone** (8 €), Zuppa di cicoria selvatica, patate e lenticchie (7 €) und Ravioli di stracciata e pistacchi (mit Frischkäse und Pistazien). Anschließend bemerkenswerte Gerichte wie **Pezzata** (mit Kräutern gekochte Schaffleischstücke, 8 €), Castrato agli agrumi (Hammel mit Zitrusfrüchten) oder **Bocconi di cinghiale** (Wildschweinragout mit autochthonen Äpfeln aus Castel del Giudice). Gute, nie banale Dolci, von denen die schöne **Crostata al semifreddo di ricotta** (5 €) hervorragt. Angemessene Weinkarte mit Etiketten aus dem Molise und dem übrigen Italien.

Spezialitäten aus dem oberen Molise finden Sie in der Käserei Pallotta, Via Falconi: Stracciata, Ricotta, Scamorza und Caciocavallo. In der Via Santa Maria di Loreto 13 bringt der Betrieb Trotta ausgewählten Caciocavallo und Pecorino zur Reife.

CAROVILLI

25 km nördlich von Isernia

Adriano

Osteria
Via Napoli, 14
Tel. (+39) 08 65 / 83 86 88
Ruhetag: Dienstag
Keine Ferien
40 Plätze
Preise: 32–35 €
Alle Kreditkarten; BM
Mittags und abends geöffnet

In diese Gegend kommt man nicht durch Zufall, wer beschließt, hier vorbeizuschauen, tut dies wegen der wunderbaren Berglandschaft, der gastfreundlichen Menschen und des unverfälschten Essens. Wenn Ihr Ziel der Ort Carovilli im Herzen des Apennin des Molise ist, dann empfehlen wir Ihnen einen Besuch in der Osteria von Adriano Scarpitti, der Sie mit schwungvoller Herzlichkeit begrüßt. Gönnen Sie sich den reichhaltigen Antipasto (15 €) mit ausgezeichnetem lokalem Käse aus Kuhmilch, gefülltem Gemüse aus dem Ofen, Spiegeleiern mit Wildzichorien, Pallotte cacio e uova, Coratella di agnello con cipolle (Lamminnereien mit Zwiebeln) und der mittlerweile selten gewordenen ***Lesconda martièta***: *Lesche* sind Brotscheiben, die in Ei getaucht und im Fett von Pancetta gebraten werden. Unter den Primi finden Sie hausgemachte Pappardelle und Cavatelli con ragù di agnello und in der Saison mit Steinpilzen oder weißem Trüffel. Außerdem klassische Lasagna in brodo, **Gnocchi con pomodoro fresco e scamorza** (8 €), Timballo di riso con uova e salsiccia und köstliche Minestre, zum Beispiel Kartoffeln in Brühe mit Sellerie und frischen Tomaten. Das exzellente **Lamm** (11 €) bei den Secondi wird unter dem „Coppo", einem mit Holzkohlenglut bedeckten Deckel, gegart oder in den Ofen geschoben, aber auch paniert und gebraten. Als Alternative zum Fleisch stehen **Scamorze arrosto** zur Verfügung. Nach einem süßen Abschluss mit zartem **Dolce di ricotta** oder Crostata mit Obst ist der Moment gekommen, Adrianos Einladung anzunehmen und mit ihm ein geselliges und verdauungsförderndes Gläschen Grappa zu trinken. Die Weine kommen aus dem Molise und den Abruzzen.

■ In der Via Roma erzeugt der Caseificio Santo Stefano von Roberto D'Andrea außerordentliche Stracciata, Ricotta, Manteca und Caciocavallo aus Rohmilch.

LARINO

56 km sw. v. Campobasso, S.S. 647 u. S.S. 87

Osteria del Borgo

Osteria
Via Cluenzio, 44
Tel. (+39) 349 / 392 80 13
Ruhetag: Sonntag, Montag
Ferien: unterschiedlich
30 Plätze
Preise: 25–30 €
Keine Kreditkarten
Mittags und abends geöffnet

Im hübschen historischen Ortskern der im einstigen Gebiet des italischen Volks der Frentaner gelegenen Stadt, die nach dem tragischen Erdbeben von 2002 zu neuem Leben erwacht ist, finden wir diese Osteria, die von dem jungen Paar Assunta D'Ermes und Domenico Starinieri geführt wird. Die Räumlichkeiten sind einladend, die Atmosphäre entspannt, Assunta betreut den Service und versorgt die Gäste mit Tipps und Anekdoten zur Geschichte der Küche in dieser Umgebung. Das Rezept ist ganz einfach: Zutaten aus der Umgebung und bäuerliche Tradition, auch wenn dabei das eine oder andere Zugeständnis an eine eher mittelmäßige Küche gemacht wird (wie im Fall der Tagliata vom argentinischen Angus-Rind). Zu Beginn Antipasti (12 €) mit lokalen Salumi und Käse und einer Abfolge an kleinen Kostproben mit Saisongemüse, Omeletts, ***Pizz'e* minestra** (Wildgemüse mit Stückchen einer Maistorte), Zuppa di cipolle und ***Pallotte cac'e ova***. Fortsetzung im Zeichen der Schlichtheit mit frischer, handgemachter Pasta, von der wir **Cicatelli al ragù di bianco di coniglio** (8 €) oder mit Stängelkohl erwähnen, Cavatelli *'ncatenat* mit Käse, Ei und Guanciale, Ravioli alla borragine und Chitarrine in bianco e nero con crema di caciocavallo e tartufo. Für die Secondi wird lokales Fleisch gegrillt, der Bogen spannt sich von **Agnello con arrosticini** (10 €) bis zu Salsicce vom Schwein. Als Alternative Filetto di maiale alle prugne (10 €), Filetto di vitello alla Tintilia (Kalbsfilet mit dem autochthonen Rotwein aus dem Molise) und die traditionellen **Torcinelli**, also Rouladen aus Lamminnereien. Gute hausgemachte Dolci. Zu trinken gibt es neben dem Hauswein eine kleine Auswahl an Weinen aus dem Molise.

54 KM NÖ. V. CAMPOBASSO, S.S. 87 U. S.S. 376

La Nostrana

Trattoria
Vico d'Ovidio, 6
Tel. (+39) 08 74 / 83 81 33,
(+39) 320 / 045 82 50
Ruhetag: Montag
Ferien: unterschiedlich
50 Plätze • Preise: 33–35 €
Keine Kreditkarten
Mittags und abends gegen Vorbestellung geöffnet

Diese Trattoria im winzigen Ort Montelongo, beinahe an der Grenze zwischen dem Molise und Apulien, liegt ein wenig neben dem üblichen Schema und so verhält es sich auch mit dem Charakter ihrer Köchin und Inhaberin Maria Concetta Pannunzio. Das Kochen hat sie in ihrer Jugend zu Hause gelernt und nahezu alles, was serviert wird, ist selbst erzeugt oder in der Umgebung gesammelt wie das Wildgemüse, das viele Gerichte begleitet. Diese klare und leidenschaftliche Autarkie lässt verzeihen, dass man selbst die Flasche öffnen oder darum bitten muss, das Fernsehgerät auszuschalten und einen wackelnden Stuhl auszutauschen oder sich im Winter am Kamin wärmen zu dürfen: Die kulinarische Erfahrung macht alles wett. Man beginnt mit einem umfangreichen Antipasto (10 €) aus Salumi und Käse, **Giardiniera casalinga** (hausgemachtem in Öl eingelegtem gemischtem Gemüse), Pizza con i ciccioli und schmackhaften **Omeletts**. Es folgt hausgemachte Pasta wie **Taccozze con la fegatazza** (einer gut gewürzten Salsiccia aus Leber), Orecchiette con ragù di galluccio ripieno oder langen Teigwaren mit Brotkrumen und anderen Saucen je nach Jahreszeit. Als Alternative **Pizza e minestra**. Bei den Secondi verdienen auf jeden Fall **Agnello brodettato** (12 €) und Coniglio alla cacciatora (9 €), hier mit Tomaten und eingekochtem Wein, eine Kostprobe, doch es gibt auch die Holzkohlenglut, über der Fleisch und Scamorza-Käse gegrillt werden. Gegen Vorbestellung bekommen Sie Testina di agnello al forno. Originelle Dolci mit der einfachen, wohlschmeckenden Süßspeise Latte portoghese (3 €) oder den heutzutage in Vergessenheit geratenen **Tagliolini con il latte** (4 €), dünnen Nudeln aus Eierteig, in Milch mit Zucker, Zitrone und Zimt gekocht. Neben einigen Etiketten aus dem Molise ein passabler Hauswein.

68 KM NORDÖSTLICH VON CAMPOBASSO, S.S. 647

Osteria Dentro le Mura

Osteria • Via Federico II di Svevia, 3
Tel. (+39) 08 75 / 70 59 51,
(+39) 349 / 196 94 70
Ruhetag: Mittwoch, im Sommer Sonntag
Ferien: 10 Tage zu Weihnachten/Neujahr
28 Plätze + 30 Plätze im Freien
Preise: 35–38 €
Kreditkarten: CS, DC, MC, Visa; BM
Abends geöffnet, September–März auch Sonntagmittag

Antonio und Lina Terzano sind nicht einmal 100 Meter weitergezogen, in ein etwas komfortableres Lokal im Erdgeschoss eines alten Palazzos in der Nähe der Stauferburg mit Tonnengewölben im Speisesaal, einer einsehbaren Küche und im Sommer einigen Tischen im Freien. Er kocht exquisite Gerichte aus dem Tagesfischfang, sie organisiert den Service sympathisch und professionell. Hauptdarsteller ist also der Fisch, den Antonio, ein Kenner des Meeres, selbst täglich auf dem Markt auswählt und der Tradition entsprechend mit passenden Neuinterpretationen verarbeitet. Durch Kombinationen mit Erzeugnissen aus dem Landesinneren des Molise kreiert er ein Menü im Zeichen der Schlichtheit. Als Antipasto können Sie Crudità di Mare oder warme Antipasti wie Sgombro con peperoni arrosto, Merluzzo in pastella con lo zafferano und **Vongole alla termolese con brodetto di cipolle** wählen. Probieren Sie Colazione del pescatore (der traditionelle Imbiss der Fischer auf den Booten), nämlich Kabeljau oder Seezunge in Brühe auf geröstetem, über Dampf gewärmtem Brot (7 €). Unter den Primi ausgezeichneter Risotto di mare oder mit Calamaretti (13 €) sowie Orecchiette con mazzancolle e rape, **Taccozze in brodetto di rombo** oder Chitarrina con seppia ripiena al sugo. Bei den Secondi setzt man auf Klassisches mit gebratenen oder al guazzetto geschmorten Plattfisch und Petersfisch, mit den köstlichen Seebarben ***Triglie alla 'ngorda*** (14 €) oder der traditionellen **Zuppa di pesce** (22 €). Gute Dolci und interessante Weinkarte. Zwei Degustationsmenüs für 35 € und 45 € stehen zur Verfügung.

»
Eine Entdeckungsreise in die beste Meeresküche der Umgebung. Größte Aufmerksamkeit für lokalen Fischfang und köstliche Gerichte, die in Erinnerung bleiben.
«

CAMPOBASSO

Vecchia Trattoria da Tonino

Restaurant
Corso Vittorio Emanuele, 8
Tel. (+39) 08 74 / 41 52 00
Ruhetag: Sonntagabend, Montag; im Winter auch Dienstag und Mittwochabend; im Juli und August Samstag und Sonntag
Ferien: je 1 Woche im Januar und Juli
25 Plätze • Preise: 45 €
Alle Kreditkarten; BM
Mittags und abends geöffnet

Seit über 20 Jahren führt das erfolgreiche Paar Aldo Casilli und Maria Margherita dieses vortreffliche Restaurant im Herzen von Campobasso und macht es zum Ausdruck der Geschichte wie der Gegenwart der Gastronomie im Molise. Sie ist eine erfahrene Köchin und bietet einfache, essenzielle Speisen von ausgeprägtem Geschmack, die von Fleischgerichten zu ausgezeichneten Rezepten mit Baccalà reichen. Er dominiert die Atmosphäre des Speisesaals, in dem er die Gästen geradlinig, aber nicht ohne Charme betreut. Gelungener Beginn mit Gemüseaufläufen (8 €) und mit Pecorino gefüllten Kürbisblüten. Anschließend Spaghetto con sugo di baccalà e mollica croccante (mit Sauce vom Baccalà und knusprig gebratenen Brotkrumen, 10 €) oder Tagliolini mit weißem Trüffel im Teig. Duftend und perfekt gegart sind Faraona ripiena di ricotta e verdura sowie Filetto di vitello al caciocavallo (18 €). Millefoglie con crema chantilly (6 €) oder andere Löffeldesserts sorgen für den richtigen Abschluss.

GUGLIONESI

58 KM NORDÖSTLICH VON CAMPOBASSO

Ribo

Restaurant mit Übernachtungsmöglichkeit
Ortsteil Malecoste, 7
Tel. (+39) 08 75 / 68 06 55
Ruhetag: Montag
Ferien: unterschiedlich
55 Plätze
Preise: 45 €
Alle Kreditkarten
Mittags und abends geöffnet

Im Grünen, auf den Hügeln, die auf das Meer von Termoli blicken, leben Bobo Vincenzi und Rita ihre Leidenschaft: mit einem Hauch Kreativität, auf einer gefestigten traditionellen Grundlage zu Gleichgewicht zwischen hochstehender und volkstümlicher Küche. Ihr Betrieb ist eine kleine Siedlung, zu der ein Restaurant, die Entoca Terramia und einige Gästezimmer gehören. Cartoccio di ortaggi, scampetti, pomodori e mozzarella zu Beginn. Probieren Sie danach Tagliatelle con fiori di zucca e scampi (12 €) und Spaghetti con rombo e tartufo wie auch Crostacei cotti al panno (12 €), ein echter Leckerbissen. Knochenfische werden je nach Größe geschmort, im Ofen oder alla brace gegart, in jedem Fall können Sie auch auf die traditionelle Zuppa con pesce misto zählen. Unter den Löffeldesserts eine ganz besondere Mousse di melanzane.

TREMITI-INSELN
PARCO NAZ.
D. GARGANO
Térmoli
Rodi Gargánico
Peschici
Vieste
Lesina
San Nicandro Gargánico
PARCO NAZ.
Vico del Gargano
D. GARGANO
MOLISE
A14
S. Giovanni Rotondo
1055
Monte S. Angelo
S. Severo
Golf von
Manfredonia
Manfredonia
Lucera
Foggia
Margherita di Savoia
Barletta
Trani
Orsara di Puglia
Andria
Cerignola
A14
Bovino
Canosa di Puglia
Corato
Minervino Murge
Ruvo di Puglia
A16
PARCO NAZ.
DELL'ALTA MURGIA
KAMPANIEN
Melfi
S. Ángelo d. Lomb.
Gravina in Puglia
Muro Lucano
Matera
POTENZA
Salerno
Éboli
Basento
Battipáglia
PARCO NAZ.
Laurenzana
DELL'APPENNINO
Pisticci
PARCO
Sala Consilina
LUCANO
BASILIKATA
Agrópoli
NAZ. D. CILENTO
EVALLO DI DIANO
A3
VAL D'AGRI
Agri
S. Arcangelo
Vallo d. Lucania
LAGONEGRESE
PARCO NAZ.
Palinuro
Sapri
Capo Palinuro
Camerota
Golf von Policastro
D. POLLINO
Castrovillari
Scalea
KALABRIEN
TYRRHENISCHES MEER

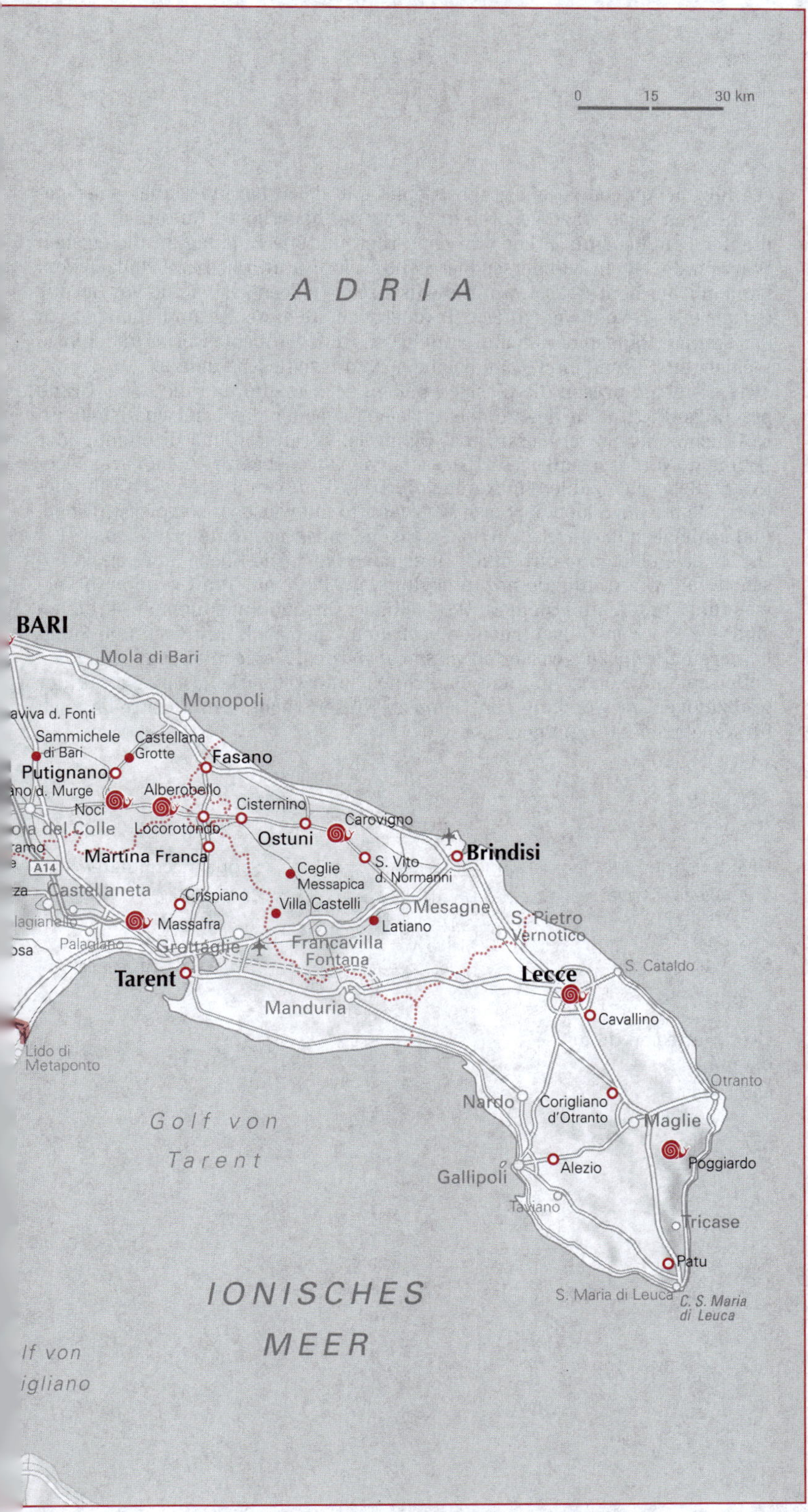
0
15
30 km
ADRIA
BARI
Mola di Bari
Monopoli
aviva d. Fonti
Sammichele di Bari
Castellana Grotte
Fasano
Putignano
ano d. Murge
Alberobello
Noci
Cisternino
Carovigno
ora del Colle
Locorotondo
Ostuni
Brindisi
Martina Franca
S. Vito d. Normanni
A14
Ceglie Messapica
Castellaneta
Crispiano
Villa Castelli
Mesagne
S. Pietro Vernotico
Massafra
Latiano
Palagiano
Grottaglie
Francavilla Fontana
Tarent
Lecce
S. Cataldo
Manduria
Cavallino
Lido di Metaponto
Otranto
Nardò
Corigliano d'Otranto
Maglie
Golf von Tarent
Gallipoli
Alezio
Poggiardo
Taviano
Tricase
Patu
IONISCHES MEER
S. Maria di Leuca
C. S. Maria di Leuca
lf von
igliano

APULIEN

Die Region Apulien ist ein großes Gebiet mit vielen Facetten, aber einer gemeinsamen Seele. Dazu gehören die Werte der bäuerlichen Kultur, ein ausgeprägter Familiensinn, Freude an der Arbeit und die Bindung an die eigenen Wurzeln. Es ist ein wunderschönes Land voller Natur, reich an Schätzen vom Land und aus dem Wasser, wofür die fischreichen Seen Lesina und Varano nur Beispiele sind. Vom weitläufigen Tavoliere kommen Weizen und Tomaten, an den sanften Hängen der Monti Dauni liegen weiß getünchte Dörfer und üppige Weiden, die Gegend um Ostuni beeindruckt mit zeitloser Schönheit.
Zwei Elemente prägen die hiesigen Böden: der Ölbaum und die Rebe. Uralte prächtige Olivenhaine bestimmen in vielen Gegenden das Landschaftsbild, ihre Früchte (der Sorten Peranzana, Ogliarola, Coratina, Cima di Bitonto oder Cellina di Nardò) schenken kostbares natives Olivenöl extra. Zu den drei wichtigsten Rebsorten zählen im Norden die Troia-Traube mit strengen, tanninbetonten Noten, im Süden die Sorte Negroamaro mit weichen, komplexen Tönen, und schließlich der für seinen hohen Alkoholgehalt bekannte Primitivo.
Die Osterien bieten mehrheitlich Hausmannskost. Die Küche ist reich an frischen Teigwaren, für die mitunter dunkles Mehl vom Typ Grano arso Verwendung findet, außerdem an Wildgemüse, Olivenöl und Tomaten. Proteine sind in Form von Hülsenfrüchten vertreten, aber auch mit Fisch und Schalentieren, die vorzugsweise roh verspeist werden, sowie mit Schaf- und Pferdefleisch. Die Küche Apuliens ist schlicht und schnörkellos und dank der großzügigen Verwendung von Gemüse, Hülsenfrüchten und Getreide auch für Vegetarier sehr gut geeignet.

Für Sie entdeckt

Fave e cicorie

672 Palazzo D'Auria Secondo
Lucera (Fg)
656 Antichi Sapori
Andria (Bt)

Orecchiette con cime di rapa

655 L'Aratro
Alberobello (Ba)
657 Le Giare
Bari

Gnummaridd

662 La Cuccagna
Crispiano (Ta)
676 Medioevo
Monte Sant'Angelo (Fg)

Sagne 'ncannulate

662 Olo Kalò
Corigliano d'Otranto (Le)
670 Cucina Casareccia Le Zie
Lecce

55 km südöstlich v. Bari, S.S. 100 u. 172 od. 634

La Cantina

Osteria
Vico Lippolis 9
Tel. (+39) 080 / 432 34 73,
(+39) 347 / 740 15 88
Ruhetag: Dienstag
Ferien: je 2–3 Wochen im Februar und Juli
32 Plätze
Preise: 30–35 €
Alle Kreditkarten; BM
Mittags und abends geöffnet

Vorweg sei erwähnt, dass dieses schöne, von einer Familie geführte Lokal an einem wirklich bezaubernden Ort gelegen ist. Das Hauptmerkmal des Restaurants als „einsehbare Küche" zu beschreiben, wäre allzu einfach. Denn wer hier zu Mittag oder am Abend speist (Achtung: Es gibt nur 32 Plätze – unbedingt reservieren!), hat den Eindruck, sich mitten in der Küche zu befinden, da diese nicht einmal durch eine Glasscheibe vom Gästebereich getrennt ist. Überspitzt gesagt hat man das Gefühl, einer Koch-Reality-Show beizuwohnen, in der ein einfallsreicher Küchenchef vor den Augen der Gäste die unterschiedlichsten kulinarischen Meisterleistungen vollführt. Wir empfehlen Ihnen, mit dem Antipasto misto (15 €) zu beginnen, der sich als reichhaltige Abfolge von kalten und warmen Kostproben präsentiert: ausgesuchte Käse- und Wurstsorten von probaten lokalen Betrieben, hausgemachtes Einlegegemüse, verschiedene Focacce, **Peperoni fritti** (die hierfür verwendeten Paprikaschoten heißen Cornaletti, schmecken exzellent und sind typisch für die Gegend) und diverse andere Gaumenkitzel. Von den Primi, die je nach Saison variieren, erwähnen wir die Orecchiette integrali mit Salsiccia, Zucchini und Pomodorini (7,50 €), die appetitlichen **Orecchiette al ragù pugliese** (Sauce, in der Fleischrouladen gegart werden) sowie die traditionelle Kombination **Fave e foglie** (Dicke Bohnen mit gekochtem Blattgemüse). An Secondi gibt es allerlei Fleisch vom Grill, insbesondere aber eine vortreffliche **Trippa soffocata** (mit Sellerie, Möhren, Zwiebeln und Tomaten langsam geschmorte Kutteln, 9,50 €). Zum Schluss sollte man sich eine Kostprobe von den unschlagbaren Dolcetti di mandorla (Mandelfeingebäck) gönnen. Die recht ordentliche Weinkarte empfiehlt vorwiegend apulische Etiketten.

ALBEROBELLO

55 km südöstlich v. Bari, S.S. 100 u. 172 od. 634

L'Aratro

Restaurant
Via Monte San Michele, 25–29
Tel. (+39) 080 / 432 27 89
Kein Ruhetag
Keine Ferien
50 Plätze + 50 Plätze im Freien
Preise: 30 €
Alle Kreditkarten; BM
Mittags und abends geöffnet

Wir finden dieses typische Restaurant, das seit 1996 von Küchenchef Domenico Laera geleitet wird, am oberen Ende einer schönen Treppe. Platz nehmen kann man auf verschiedenen Ebenen im Inneren der bis ins 15. Jahrhundert zurückreichenden, umsichtig renovierten Trulli oder auf der Terrasse mit Holzüberdachung. Der Service ist sehr professionell und freundlich, die einfache, aber abwechslungsreiche Küche in der apulischen Tradition verwurzelt. Eine gute warme Focaccia stimmt ein auf den Antipasto misto (18 €), der für zwei Personen reicht und Burratina sowie andere Käsesorten aus der Region ebenso umfasst wie Gemüse in Backteig oder vom Grill, in Öl eingelegtes Gartengemüse, verschiedene Arten von Aufläufen und Omeletts, erstklassige Salumi und Polpette di pane. Zahlreiche Slow-Food-Presidi bereichern die Primi: Fricelli mit Blumenkohl, Caciocavallo podolico und Fiaschetto-Tomaten aus Torre Guaceto (10 €), Cavatelli aus Hartweizengrieß der Sorte Senatore Cappelli mit Dicken Bohnen und Capocollo di Martina Franca, **Orecchiette con cime di rape**. Sehr gut von den Secondi sind die **Tiella paesana** (Pfannengericht mit Lammfleisch, Kartoffeln und Zwiebeln, 15 €), der Arrosto misto mit Salsiccia a punta di coltello, Lammfleisch und Bombette, aber auch das Schaffleischgericht **Pecora in *pignata***. Von den traditionellen Desserts sei das **Semifreddo alla mandorla di Toritto** (Slow-Food-Presidio, 5 €) erwähnt. Der Keller wartet mit einem breiten Sortiment an typisch apulischen Weinen auf. Zwei Degustationsmenüs für 16 bzw. 35 € ergänzen die Auswahl.

»
Domenicos Achtsamkeit bei der Auswahl der Grundprodukte ist bewundernswert, seine Küche eine authentische Reise in die Tradition der Murgia.
«

ALEZIO

39 KM SÜDWESTLICH VON LECCE

Le Macare

Trattoria-Pizzeria
Via Mariana Albina, 140
Tel. (+39) 08 33 / 28 21 92
Ruhetag: Dienstag, außer im Sommer
Ferien: Oktober/November
45 Plätze + 50 Plätze im Freien
Preise: 25–35 €
Alle Kreditkarten; BM
Mittags und abends geöffnet, im Winter nur abends

Macàre ist ein salentinischer Ausdruck für Magierinnen oder Hexen. In dieser Trattoria bekommen Sie jedoch keine Zaubertränke gereicht, sondern werden von Annarita (im Service) mit den von Daniela kreierten Köstlichkeiten verwöhnt. Dazu nehmen Sie in einem nüchtern gestalteten Raum oder bei schönem Wetter auf der kleinen Terrasse am Eingang bzw. in dem Vorgarten auf dem Bürgersteig Platz. Zu den mit Sorgfalt ausgewählten lokalen Grundprodukten zählen Gemüse aus dem Hausgarten, Fisch von einem Fischer des Vertrauens, Käse von Bauernhöfen aus dem Umland und von der Lebensmittelgemeinschaft Alto Salento. Die Antipasti der Festland- und Meeresküche (10 €) umfassen ein knappes Dutzend Häppchen, etwa überbackene Auberginen, **Polpette di carne al sugo**, Kroketten, *Pittule* (frittierte Hefeteigbällchen), Kartoffelkuchen, Fettgebäck namens Sgonfiotti mit Capocollo, Bruschette mit süßsauer eingelegten roten Zwiebeln, geröstete Artischocken, Sardellenflan, gratinierte Miesmuscheln, Meeresfrüchtesalat. Empfehlenswert von den Primi sind die **Linguine con i ricci**, die Orecchiette mit Fiaschetto-Tomaten aus Torre Guaceto (8 €), in der Saison die Spaghetti mit Tomatensauce, Fagiolini und Cacioricotta. Von den Secondi mit Fleisch überzeugen **Carne a *pignatu*** (10 €), Agnello oder **Capretto al forno**, während die Fischempfehlungen je nach täglicher Verfügbarkeit wechseln: Wenn sich die Gelegenheit bietet, sollten Sie die vorzügliche **Palamita all'acquapazza** probieren. Auch die Desserts sind gut: Spumone (5 €), Millefoglie con crema pasticciera, Birnen-Schoko-Kuchen, leckere Crostate. Gepflegte regionale Weinkarte, sehr guter Hauswein, schönes Angebot an Bier aus apulischen Kleinbrauereien. Das Lokal fungiert zudem als Pizzeria und legt auch bei den Pizzen großes Augenmerk auf Produktqualität.

ANDRIA
Montegrosso

15 KM VOM ZENTRUM

Antichi Sapori

Trattoria
Piazza Sant'Isidoro, 10
Tel. (+39) 08 83 / 56 95 29
Ruhetag: Samstagabend, Sonntag
Ferien: 1 Woche im Dezember, 3 Wochen im Juli
40 Plätze
Preise: 35–38 €
Alle Kreditkarten
Mittags und abends geöffnet

Bei Pietro Zito zu Gast zu sein, ist ein einzigartiges Erlebnis. In seinem schlichten kleinen Lokal wird man so richtig verwöhnt. Und dann verliebt man sich in seine Küche, in seine unvergleichliche Art, sorgfältig ausgesuchte Produkte zu verarbeiten: autochthone Sorten, Erzeugnisse von Produzenten und Handwerkern, die fast alle in nächster Nähe angesiedelt sind. Gemüse und Kräuter stammen aus dem prachtvollen Garten, den Pietro und sein Vater nicht weit von der Trattoria pflegen. Die Abfolge an Antipasti (12 €) kann gekochte Dicke Bohnen mit Öl, Essig und Petersilie, Rouladen von schwarzem Wildmangold mit Ricotta und Creme von Möhren aus Polignano, gefüllte Artischocken, Kuhmilch-Ricotta, Tomaten-Focaccia oder Focaccia di farina di grano arso mit Oregano umfassen. An Primi (8 €) gibt es **Orecchiette di grano arso mit Platterbsenpüree, süßen Oliven und Ricotta salata**, Strascinati aus feinem Hartweizengrieß mit schwarzem Wildmangold, Ricotta dura und Tomaten, klassisches **Purè di fave con cicoriette selvatiche**. Es folgen Secondi mit einheimischem Fleisch vom Grill: Arrosto misto, **Costolette di agnello** (11 €), Büffelfleisch (Lombetti di diaframma), **Filetto di asino**. Wunderbar ausgewogene Aromen charakterisieren das klassische Pfannengericht **Tiella di agnello** mit Lamm aus der Murgia, Kartoffeln und Artischocken (12 €). Abschließend genießt man edle **Formaggi** oder Crostata mit Apfel-Zitronen-Konfitüre, Tiramisu mit Amaretti, Cassata di ricotta mit Mandeln, hausgemachte Rosoli und knusprige karamellisierte Mandeln. In Sachen Wein sind die besten Etiketten aus der Region vorrätig.

»*Bei Pietro Zito einzukehren ist einzigartig: wegen der Küche, der Produktqualität, der Gastlichkeit.*«

Il Turacciolo

Enoteca mit Ausschank und Küche
Piazza Vittorio Emanuele, 4
Tel. (+39) 388 / 199 88 89
Ruhetag: Mittwoch
Ferien: zweite Julihälfte
30 Plätze + 25 Plätze im Freien
Preise: 20–25 €
Kreditkarten: MC, Visa; BM
Abends geöffnet

Der herzliche Empfang durch Luciano Matera macht diese kleine Osteria zu einem angenehm ungezwungenen Ort. Neben dem Gastraum gibt es für den Sommer eine kleine Laube an der größten Piazza der Stadt. Das Menü wechselt beinahe täglich, häufig präsent sind Gerichte auf Basis von Produkten aus Slow-Food-Presidi. Der Antipasto (6 €) beinhaltet Käse aus Milch von Podolica-Rindern vom Gargano, Ziegenkäse und handwerklich gefertigte Wurstwaren wie Capocollo di Martina Franca oder Pezzente di Matera. Es folgen **Purè di fave, grano e cime di zucchine** oder Purè di cicorie selvatiche, **Pancotto con cime di rape e pomodorino al filo** (6 €), im Frühling Piatto primavera mit Artischocken, Jungzwiebeln, Wildspargel, Dicken Bohnen und frischen Erbsen. An Secondi gibt es Carpaccio vom Podolica-Rind mit roten Zwiebeln aus Acquaviva, Kirschtomaten, Kapernblüten und Wildrucola (7 €), Stockfisch in Form von **Bocconcini di baccalà marinato** (8 €), Tagliata di podolica, Pancetta vom Schwein mit Fenchel, gebratenen **Capocollo di suino nero della Daunia** (7 €). In der entsprechenden Saison sollte man die Gerichte mit hiesigem Trüffel nicht verpassen. Sehr gut von den Desserts sind die Cassata di ricotta mit Pistazien, das Tiramisu mit Pane di Altamura und Traubensirup, das Mandelkrokant. Die Weinkarte pflegt Luciano, der ein erfahrener Sommelier ist, höchstpersönlich: Die Auswahl ist groß und bevorzugt Produkte aus der Region, beinhaltet aber auch Etiketten aus ganz Italien; ein paar Weine sind glasweise erhältlich. Das Degustationsmenü mit zwölf warmen und kalten Kostproben kostet 13 €.

Die Antica Fabbrica di Confetti Mucci (Via Gammarota 12) bietet himmlische Naschereien, Gratisverkostungen sowie ein Konfektmuseum.

Le Giare

NEU

Restaurant
Corso Alcide de Gasperi, 308 F
Tel. (+39) 080 / 501 13 83,
(+39) 328 / 025 61 68
Ruhetag: Sonntag
Ferien: 3 Wochen im August
40 Plätze + 40 Plätze im Freien
Preise: 30–35 €
Alle Kreditkarten; BM
Mittags und abends geöffnet

Es ist der Faktor Mensch, der diese Osteria prägt. Massimo Lanini – ein Florentiner, den es vor über zehn Jahren nach Bari verschlagen hat, erst wegen eines Jobs, dann wegen der Liebe – sprüht vor Energie und Charme. Als Weinexperte mit Faible für Naturweine ist er stets auf der Suche nach regionalen Spitzenprodukten, und gemeinsam mit seiner Lebensgefährtin Flora im Service und Chefkoch Giovanni Liuzzi bietet er eine frische, nie banale Küche, die mit den Jahreszeiten wechselt. Man kann sich für das Degustationsmenü (30 €) entscheiden oder wählt eingangs gefüllte Calamari auf Tomaten-Basilikum-Sauce (10 €), **Tortino di alici con crema di cicerchie** (Sardellenflan mit Platterbsencreme), Lonza vom Schwein nach Art des Hauses mit Artischocken à la nature, Parmigiana di zucca e acciughe (überbackener Kürbis mit Sardellen). Ebenfalls sehr gut die Primi: frische Spaghettoni mit Gamberi rossi aus Gallipoli, klassische **Orecchiette di grano arso mit Knoblauch, Öl und Stängelkohl** (9 €), Zuppetta di ceci, Orzo perlato e funghi cardoncelli (Perlweizen mit Pilzen), Gnocchetti alla crudaiola. Fisch aus heimischen Gewässern, vor allem weniger edle Sorten, und apulisches Qualitätsfleisch von ausgesuchten Zuchtbetrieben bestimmen die Auswahl an Secondi. So gibt es einerseits gebratene Makrele mit Wildsalat (**Sgombro scottato con farina di taralli e insalatina selvatica**, 11 €) oder Tranchen von lokalem Fisch mit Zitrone, andererseits **Filetto d'asino alla brace** oder einheimisches Lamm in Form von Costine d'agnello mit Kartoffeln in Salzkruste. Auf die Dolci (5 €) sollte man keinesfalls verzichten: Cassatina mit Mandeln und Ricotta aus Schafmilch, Semifreddo mit Feigen und Vincotto, Crostatina di semola mit Crème Chantilly, Erdbeeren und Meringe. Hochkarätige Weine zu angemessenen Preisen.

Perbacco

Restaurant
Via Abbrescia, 99
Tel. (+39) 080 / 558 85 63,
(+39) 347 / 895 77 37
Ruhetag: Samstagmittag, Sonntag
Ferien: Juli, August
35 Plätze
Preise: 35–38 €
Alle Kreditkarten
Mittags und abends geöffnet

Das nicht weit vom Teatro Petruzzelli und vom Lungomare entfernte Perbacco bestätigt sich als zuverlässige Adresse in der Restaurantszene Baris. Charmant und freundlich werden wir in dem gemütlichen kleinen Gastraum mit Sichtgebälk und Retroflair empfangen. Die entspannte Atmosphäre sorgt für Wohlgefühl, der Service ist nie aufdringlich. Wir lassen uns gerne beraten und beginnen mit den Antipasti, etwa Flan di gamberi oder **Fave e cicorie** (Dicke Bohnen mit Zichorie, ein hiesiger Klassiker, 7 €). Die Küche hat ein klares Konzept: Es geht darum, traditionelle Rezepte respektvoll und ohne Verzerrungen neu zu interpretieren. Das gilt auch für die Primi (10 €), die sich durch achtsame Auswahl und bedachten Umgang mit saisonalen Zutaten aus der Region auszeichnen. Beispiele hierfür sind die **Orecchiette di grano arso mit Platterbsencreme, Miesmuscheln und Garnelen**, die Cicatielli alla Perbacco oder die mit Auberginen gefüllten Mezzelune mit Pomodori Regina und Cacioricotta. Bemerkenswert von den Secondi sind der Seeteufel mit Majoran, sprich **Bocconcino di pescatrice alla maggiorana**, und das Filet vom Jungrind – Filetto di scottona – mit Pfirsichen (18 €), das dank Fleisch in Topqualität und mustergültiger Garweise exzellent schmeckt. Wir schließen mit **Semifreddo alla liquirizia** (6 €) oder Tortino alle ciliegie, die beide wunderbar mit den hausgemachten Likören harmonieren. Als Weinfreund ist man in besten Händen, denn das große Sortiment an interessanten apulischen und italienischen Etiketten wird vom Wirt, der ein echter Kenner ist, persönlich betreut.

„Seit 1998 ist Beppe Schino mit Leib und Seele Wirt und beweist, dass er in sein Tun hoffnungslos verliebt ist.“

37 KM SÜDWESTLICH VON FOGGIA, S.S. 90

La Cantina

NEU

Moderne Osteria
Via Giovanni Barone, 1
Tel. (+39) 08 81 / 96 18 49,
(+39) 389 / 789 79 56
Kein Ruhetag
Ferien: September/Oktober
22 Plätze + 30 Plätze im Freien
Preise: 25–30 € • Kreditkarten: MC, Visa; BM
Mittags und abends geöffnet, Feiertage nur mittags

Die Monti Dauni in dem von sanften Hügeln geprägten westlichen Teil der Provinz Foggia sind mit ihren wunderschönen, perfekt erhaltenen Dörfern ein wahres Reservoir an kulturgeschichtlichen und landschaftlichen Reizen. Auch der Ort Bovino, der sich rühmen darf, zu den „Borghi più belli d'Italia“, den schönsten Dörfern Italiens, zu zählen, lohnt eine eingehende Besichtigung, was insbesondere für die Burg, die Kathedrale und das Labyrinth typischer Gassen gilt. In einer von diesen, wo man bei passendem Wetter im Freien essen kann, befindet sich das von dem dynamischen Nicola Consiglio zusammen mit der Köchin, seiner Frau Agata, geführte Lokal. Das Angebot basiert auf Salumi und Formaggi vom Bauernhof der Familie, Gemüse aus dem eigenen Garten, einem besonderen Augenmerk auf hochwertige Ausgangsprodukte im Allgemeinen und auf traditionsbewusste, jedoch mit frischen, innovativen Akzenten umgesetzte Zubereitungsarten. Beginnen kann man mit dem großzügig bemessenen, vielfältigen Antipasto della casa (15 €) oder man entscheidet sich für einzelne Vorspeisen: Fiori di ricotta, Mozzarella, Salsiccia und Soppressata a punta di coltello, *Misciska* (Trockenfleischspezialität), Bohnen mit Wirsing und Schwarten, Gemüsesuppe. Je nach Saison gibt es danach **Pezzelle con i talli di zucchine**, Orecchiette con pomodorini e cacioricotta, Cavatelli con crema di broccoli, guanciale e pane croccante, herzhafte **Paccheri al ragù di cinghiale** (9 €). Für den Hauptgang setzt man auf Fleisch aus der Region: Schwein in Form von **Soffritto di maiale** (7 €) und Maialino ai ferri, **Agnello** und **Torcinelli mit Ofenkartoffeln**, Kaninchen als Coniglio in coccio. Köstliche hausgemachte Dolci (3 €): Mürbeteigkuchen mit Konfitüre aus Feigen, roten Maulbeeren oder *Spinatrigne* (Schlehen), Semifreddo di ricotta, Bastone pasquale.

Antica Osteria La Sciabica

NEU

Osteria–Pizzeria
Via Tahon De Revel, 29–33
Tel. (+39) 08 31 / 56 28 70
Ruhetag: Samstagmittag
Keine Ferien
50 Plätze + 80 Plätze im Freien
Preise: 35 €
Alle Kreditkarten; BM
Mittags und abends geöffnet

Diese charakteristische Osteria liegt nicht weit weg von der Festungsanlage des Castello Svevo am Hafen und belegt drei Ebenen eines kleinen Palazzos aus dem 19. Jahrhundert. Das Interieur im Erdgeschoss stammt teilweise noch aus dem einst hier befindlichen Lager für Schiffszubehör; der Tresen mit der schönen bronzenen Galionsfigur ist der Überrest eines abgewrackten Schiffes. Vom obersten Stockwerk aus hat man einen atemberaubenden Blick auf den Hafen. Die Küche von Ernesto Palma entspricht der Tradition, weist jedoch innovative Akzente auf. Cosimo Alfarano wird Sie herzlich empfangen und ebenso flott wie zuvorkommend bedienen. Beginnen Sie mit Frittatine und Crocchette di verdure, mit Focaccia und Frittelle oder einem Fischvorspeisenteller mit gekochten oder rohen Köstlichkeiten (Antipasto misto di mare, 15 €). An Primi gibt es **Orecchiette di grano arso mit Miesmuscheln, leichtem Pesto und Kartoffeln**, mit Fisch gefüllte Tortellacci neri in einer Sauce aus Calamari und Cozze (12 €), **Minestra di fave e cicoriette**, hausgemachte Vollkornspaghetti mit Salsa agli scampi, Orecchiette aus Buchweizenmehl mit rosa Garnelen und Weißkohl (12 €), **Risotto mit Capocollo di Martina Franca** (Slow-Food-Presidio) **und Scamorza affumicata** (14 €). Es folgen Scampi, Gamberi rossi di Gallipoli al forno oder al vapore, Seppie ai ferri mit Gemüse, **Zuppa di pesce con crostoni agliati** (Fischsuppe mit Knoblauchbrot, 14 €), Fritto misto, Lombetto di agnello (Lammlenden) mit knackigem Blattspinat. Als Nachtisch munden Sbriciolata di babà und vorzügliche selbst gebackene Crostate. Der Keller bietet eine gute Auswahl an regionalen Etiketten und ein paar weitere italienische Weine. Köstliche Pizzen, die in einem mit Olivenholz befeuerten Ofen gebacken werden und für deren Teig steingemahlenes Mehl verwendet wird.

27 KM NORDWESTLICH VON BRINDISI, S.S. 16

Casale Ferrovia

Restaurant-Winebar
Strada Provinciale 34, Via Stazione, 1
Tel. (+39) 08 31 / 99 00 25
Ruhetag: Montag, außer im Sommer
Ferien: unterschiedlich
35 Plätze + 35 Plätze im Freien
Preise: 30–35 €
Alle Kreditkarten; BM
Mittags und abends geöffnet

Auf halbem Weg zwischen Carovigno und dem an der Küste gelegenen Ortsteil Santa Sabina bildet eine schön restaurierte alte Ölmühle nicht weit vom Bahnhof seit 2013 den neuen Rahmen für diese Osteria. Giuseppe Galeone und seine Frau Maria werden Sie auf gewohnt höfliche Art willkommen heißen und mit erstklassigen, nie banalen Gerichten verwöhnen, die eine Synthese aus erlesenen Ausgangsprodukten (viele Slow-Food-Presidi), traditionellen Rezepten und einer Prise interessanter Innovation sind. Sobald das Körbchen mit vorzüglichen ofenwarmen aromatisierten Brotsorten auf dem Tisch steht, kann man sich den Antipasti widmen: heißer Fagotto di burrata mit Capocollo di Martina Franca, Polpette aus Kalbshackfleisch mit Pappa di pomodoro (Fiaschetto-Tomaten aus Torre Guaceto), Tortino di cefalo (5 €). Unter den Primi (10 €) sind **Orecchiette di cruschello Senatore Cappelli** (spezielle Schrotmehlsorte) **mit Regina-Tomaten aus Torre Canne und Ricotta forte**, Vellutata di cicerchia mit gedämpftem Oktopus und Kräuterricotta, **Zuppa di ceci neri della Murgia carsica mit *Minchiareddi* und knusprigen Brotcroutons** zu entdecken. Als Hauptgericht (13 €) empfehlen wir das Hähnchen (Pollo nostrano) oder die gefüllte Lammkeule (**Cosciotto di agnello farcito di carciofi brindisini e pancetta croccante**). Zum süßen Ausklang kann man die typischen **Ditali di pasta all'uovo mit einer Füllung aus Ricotta, kandierten Früchten und Rumrosinen** (8 €) probieren. Vortreffliche Auswahl an Wein und Spirituosen, gelagert in einer Höhle, die früher als Zisterne der Ölpresse diente. Degustationsmenü für 30 €.

„Eine großartige Synthese aus erlesenen Ausgangsprodukten, traditionellen Rezepten und einer Prise interessanter Innovation.“

5 KM SÜDLICH VON LECCE

Osteria del Pozzo Vecchio

Osteria-Pizzeria • Via Silvestro, 16
Tel. (+39) 08 32 / 61 16 49
Ruhetag: Montag
Keine Ferien
100 Plätze + 100 Plätze im Freien
Preise: 25–30 € • Alle Kreditkarten; BM
Mittags und abends geöffnet, im Sommer nur abends

In diesem Dorf im salentinischen Hinterland, wenige Kilometer von Lecce entfernt, führt Adelaide Della Monica mit unverminderter Begeisterung und Hingabe ihre Trattoria weiter, die sie vor 20 Jahren mit ihrem mittlerweile verstorbenen Mann Fernando Calà eröffnet hat. Davor war das Lokal eine einfache Schankwirtschaft. Das Ambiente ist angenehm, was für den Speisesaal ebenso gilt wie für den Garten. Der Service ist aufmerksam und freundlich, das Menü bietet einen Streifzug durch die traditionelle Küche des Salento. Der Antipasto della casa (7 €) umfasst geschmortes oder gegrilltes Gemüse, knusprige frittierte Häppchen, Parmigiana di melanzane, Frittata mit Zucchini oder Paprikaschoten, Auberginenröllchen, Polpette und die obligaten *Pittule* (frittierte Hefeteigbällchen). Bei den Primi wechseln Pastagerichte der Festland- und der Meeresküche miteinander ab: ***Sagne 'ncannulate*** (gedrehte Bandnudeln) **mit Ricotta forte** oder Cacioricotta, Orecchiette mit Stängelkohl, ***Ciceri e tria*** (Pasta mit Kichererbsen, 8 €), Tagliatelle al Negroamaro mit Meeresfrüchten, Tubettini alla cernia (Zackenbarsch), Pasta e fagioli con le cozze (Bohnensuppe mit Nudeln und Miesmuscheln), Trofie con i ricci (Seeigelfleisch). Bei den Secondi ist die Auswahl groß: gemischtes Grillfleisch, Lamm- oder Pferdefleisch vom Rost, Kutteln (Trippa in umido), typische **Pezzetti di cavallo al sugo** (6 €). Auch die Empfehlungen zum Thema Fisch, der gegrillt oder frittiert angeboten wird, können überzeugen; köstlich der geschmorte Oktopus – **Polpo a *pignatu***. Als Dessert mundet Spumone (3,50 €) oder ein Stück hausgemachte Crostata. Die gut strukturierte Weinkarte umfasst salentinische, weitere apulische und italienische Etiketten zu korrekten Preisen. Großes Augenmerk wird den verschiedenen Olivenölen zuteil.

37 KM SÜDÖSTLICH VON FOGGIA, A 14 ODER A 16

'U Vulesce

Restaurant
Via Battisti, 3
Tel. (+39) 08 85 / 42 57 98
Ruhetag: Sonntagabend, Montag, im Sommer Sonntag, Montagmittag
Ferien: 2 Wochen im August
40 Plätze + 35 Plätze im Freien
Preise: 30–35 €
Alle Kreditkarten; BM
Mittags und abends geöffnet

Unbändiges Verlangen nach etwas Gutem: Das ist im hiesigen Dialekt die Bedeutung des Wortes, das dieser kleinen Osteria nahe dem Stadtpark ihren Namen schenkt. Die Arbeit in der Küche steht unter dem Regiment von Signora Giuseppina, die ein wandelndes Lexikon der Kochkunst ist, der Service wird auf bewährt gastfreundliche und kompetente Weise von Rosario koordiniert. Die nie trivialen Speisenempfehlungen entsprechen den kulinarischen Traditionen der Provinz Foggia. Man beginnt mit Antipasti (9 €) wie Oktopus (Tentacoli di polpo) mit Püree aus Dicken Bohnen, Oliven und Zichorie, Carpaccio di gamberi rossi mit Vanilleöl, Stockfisch als **Baccalà in pastella**, frittierten Seppioline und Calamari, Insalata di gamberi. Als abwechslungsreich erweist sich die Auswahl an Primi (12 €): Puntarelle con purea di fave, **Troccoli con taccole, pomodoro fresco, basilico e caciocavallo podolico** (Nudeln mit Erbsen, Tomaten, Basilikum und Käse), **Cicatelli di grano arso** mit Miesmuscheln, Venusmuscheln und Rucola bzw. mit Schmelztomaten, Fenchel und Käse (**con pomodoro infornato, finocchietto e cacioricotta**), Risotto mit Zucchini, Burratina und Gamberi rossi. Nicht minder verlockend das Angebot an Secondi (16 €): Tagliata all'aceto balsamico, Cardoncelli trifolati (sautierte Kräuterseitlinge), **Trancio di ricciola in umido** (Bernsteinmakrele). Ausnehmend breit gefächert das Kapitel Dolci (5 €): Crostata di ricotta mit Birnen, Crostata con panna e fragole, Tiramisu, Schokosoufflé, **Sporcamusi**. Zufriedenstellende Weinauswahl.

»*Sie möchten die traditionelle Küche Foggias kennenlernen? Dann sind Sie im 'U Vulesce goldrichtig. Hier werden einheimische Produkte allererster Güte kunstgerecht kombiniert.*«

49 KM NORDWESTLICH VON BRINDISI, S.S. 16

Taverna della Torre

Restaurant
Via San Quirico, 3
Tel. (+39) 080 / 444 92 64
Ruhetag: Dienstag
Ferien: Januar
45 Plätze + 45 Plätze im Freien
Preise: 28–35 €
Alle Kreditkarten; BM
Mittags und abends geöffnet

Mit seiner Altstadt und der reizvollen, von Trulli und Bauernhöfen geprägten ländlichen Umgebung ist Cisternino ein wahres Schmuckstück im Herzen des Valle d'Itria. Neben dem Stadtturm betreibt Mario Lorusso sein gastliches, stilvolles Restaurant, dessen Leitmotive hochwertige Ausgangsprodukte, Saisonalität und Tradition sind. Der Gruß aus der Küche ist verheißungsvoll: **Polpettine di pane**, dazu ein prickelnder Spumante. Man kann à la carte bestellen oder sich für das viergängige Degustationsmenü für 28 € entscheiden. Den Auftakt machen gemischte Salumi aus der Region, knackige Gamberi mit Gemüse in Tempurateig (10 €) oder der Antipasto della casa mit Gemüse aus dem eigenen Garten – vom Grill, in Backteig, alla parmigiana, als Omelett. In der entsprechenden Saison ergeben die mit Ricotta aus Kuhmilch und Minze gefüllten Fiori di zucca (Kürbisblüten) eine feine Vorspeise. Von den Primi überzeugen der Riso con fiori di zucca e gamberi, die **Orecchiette con sugo di pomodoro fresco e cacioricotta** (9 €), die Laganari aus Hartweizengrieß der Sorte Senatore Cappelli mit grünen Tomaten und Ricotta, das Purè di fave (Dicke Bohnen als Püree). Unter den Secondi zeichnen sich der **Arrosto misto** (13 €) und das einheimische Kaninchen mit Fenchel und Oliven – sprich **Coniglio della valle d'Itria al finocchietto e olive leccine** – durch beste Fleischqualität und perfekte Garung aus, während die Garnelen mit Kapern und Tomaten (Gamberoni al cartoccio con capperi e pomodorini) an Frische und Schmackhaftigkeit ihresgleichen suchen. Die Dolci sind hausgemacht: Ananas-Zitronen-Torte mit Vanillesauce, Panna cotta mit Minze und glasierten Früchten, Mousse di Tiramisu, Tartufi al torroncino e cioccolato. Gepflegte Weinkarte mit regionalen Etiketten zu fairen Preisen.

45 KM WESTLICH VON BARI, S.S. 98

La Bottega dell'Allegria

Osteria-Enoteca
Via Matteo Renato Imbriani, 49
Tel. (+39) 080 / 872 28 73,
(+39) 334 / 113 76 60
Ruhetag: Montag
Ferien: 2 Wochen im Juli
40 Plätze
Preise: 30–35 €
Kreditkarten: CS, DC, MC, Visa; BM
Mittags und abends geöffnet

Zwei Seelen prägen das Lokal: die Osteria und die Enoteca. Das Angebot basiert auf schlichten Gerichten, die sich dazu eignen, ein gutes Glas Wein aus der in Umfang und Vielfalt beeindruckenden Karte zu begleiten. Das Ambiente des Familienbetriebs ist schlicht und einladend. Savino Di Bartolomeo, der Inhaber, erläutert das Menü, während sich seine Frau Cinzia um die Küche kümmert. Beginnen kann man mit dem Antipasto (10 €) bestehend aus Focaccia und Ricotta aus Schafmilch, Tortino di zucchine mit Tomatensauce, **Timballo di patate e sivoni** (Kartoffel-Gänsedistel-Auflauf), Frittata con finocchio selvatico (Wildfenchelomelett). Immer auf dem Speiseplan stehen zumindest zwei Primi mit frischen Teigwaren (8 €), etwa Orecchiette mit wildem Rucola und Passato di pomodorini, Taglierini mit Artischocken und Wurst (Pezzente di Matera), Fusilli mit Wildspargel und getrockneten Tomaten, **Spaghettoni al caciocavallo podolico e pepe**, Spaghetti mit Fenchel und Sardellen. Von den Secondi (8 €) nicht unerwähnt bleiben darf das stets verfügbare Pferdefleisch (probieren Sie die **Striscette di cavallo**), doch als Spezialität des Hauses gilt **Agnello murgiano cotto nel coccio** (im Tontopf gegartes Lamm, leider nicht immer im Angebot). Ebenfalls gut sind das Grillhähnchen, sprich Pollo ruspante alla griglia, und die Schweinewurst (Salsiccia di suino a punta di coltello). Regionaltypische Käsesorten wie Pecorino, Caciocavallo und Canestrato ergänzen die Auswahl. Unverzichtbar als Dessert ist das Soufflé di mele mit Rosinen, weitere gute Dolci sind Torta al cioccolato mit Walnüssen und Mandeln, Tortino mit heißem Schokokern und Vanillesauce, Tiramisu. Die preislich vernünftige Weinkarte umfasst die besten apulischen Etiketten sowie edle Tropfen einiger der namhaftesten Winzer Italiens.

23 KM SÜDÖSTLICH VON LECCE, S.S. 16

Olo Kalò

Trattoria mit Übernachtungsmöglichkeit
Via Umberto I, 5
Tel. (+39) 08 36 / 47 10 04,
(+39) 333 / 846 63 67
Ruhetag: Dienstag
Ferien: je 2 Wochen im Mai und November
50 Plätze + 70 Plätze im Freien
Preise: 30–33 €
Kreditkarten: CS, DC, MC, Visa; BM
Mittags und abends geöffnet, im Sommer nur abends

Das Lokal, das nicht nur Trattoria ist, sondern auch über einige geschmackvoll eingerichtete Zimmer für Übernachtungsgäste verfügt, wird von Enzo Potenza und seiner Frau Annamaria geführt. Wir sind in Corigliano, einer der elf Gemeinden der Grecìa Salentina, wo noch heute Griko, ein neugriechischer Dialekt, gesprochen wird. *Olo Kalò* bedeutet in diesem besonderen Idiom „Alles Gute", was als Glückwunsch, aber auch als Einladung zu verstehen ist, eine von Bodenständigkeit und lokalen Traditionen geprägte Küche zu entdecken. Für den Antipasto misto (5 €) wird sehr viel Gemüse verwendet: Paprikaschoten, Auberginen und Zucchini vom Grill, aus dem Ofen oder gebacken begleiten Kartoffelkroketten, Fleischbällchen, Käsespezialitäten und Pittule (frittierte Hefeteigbällchen). Die Primi sind typische Gerichte der salentinischen Esskultur: ***Ciciri e tria*** (Pasta mit Kichererbsen, 7 €), Fave e cicorie (Dicke Bohnen und Zichorie), Orecchiette (oder *Sagne 'ncannulate*) mit Salsiccia, Melanzane, Cacioricotta und Kirschtomaten, ***Taieddha* salentina** (Pfannengericht mit Kartoffeln, Miesmuscheln, Zucchini und Zwiebeln). Unter den Secondi häufig zu entdecken sind Lamm und Ziegenkitz vom Rost, sprich Agnello bzw. Capretto alla brace, ferner ***Turcinieddhi*** (Rouladen mit Innereien vom Lamm oder Ziegenkitz), obligate **Pezzetti di cavallo al sugo** (Pferdefleisch in Sauce, 8 €), aber auch gegrilltes Pferdesteak (Diaframma equino alla brace). Als Dessert werden in der Regel Torta pasticciotto und Crostata mit Früchten oder hausgemachten Konfitüren angeboten. Die Weinkarte nennt zahlreiche exzellente Etiketten aus Apulien und von anderswo; auch der in der Karaffe servierte Hauswein ist gut.

17 KM NÖRDLICH VON TARENT

La Cuccagna

Restaurant-Enoteca
Corso Umberto, 168
Tel. (+39) 099 / 61 60 87
Ruhetag: Dienstag
Ferien: 10.–20. Januar, 20.–30. Juni
60 Plätze + 40 Plätze im Freien
Preise: 35 €
Alle Kreditkarten; BM
Mittags und abends geöffnet, Juli und August nur abends

Dieses Restaurant, in dem jedes Familienmitglied genügend Raum findet, um seine Fähigkeiten zu entfalten, entstand 1969 an der Stelle einer historischen Fleischerei mit angeschlossenem Fornello: Für diese spezielle Art des Garens von Fleisch genießt der Ort Crispiano noch heute Bekanntheit, und auch im Cuccagna wird diese Tradition hochgehalten. Bereits bei den Antipasti (12 €) merkt man, welch besonderes Augenmerk die Gastgeber auf hochwertige Ausgangsprodukte legen: Neben einer erlesenen Selektion an Salumi und Formaggi aus der Region sind geschmacklich herrlich ausgewogene Kreationen wie Flan di porri in salsa di caciocavallo (Lauchküchlein in Käsesauce), Sformato di melanzane in salsa di olive (Auberginenflan in Olivensauce), **Polpette fritte** (gebackene Fleischbällchen) oder Verza al forno (überbackener Wirsing) mit Capocollo und Käse zu entdecken. Zu den bemerkenswertesten Primi zählen die Tortelli alla brasata mit Spargelcreme (8 €), die **Gnocchi di patate al ragù bianco di maiale** und die Ruote di zucca e capocollo (Kürbis und Schweinewurst) in Parmesansauce. Auf den Hauptgang zu verzichten wäre eine Sünde, denn schließlich gilt es, die Spezialitäten aus dem erwähnten Fornello zu probieren: Bombette, Salsicce, Schweinekoteletts. Gute Steaks vom Jungrind (Costata di scottona), saftige ***Gnummarieddi*** (20 € pro Kilogramm). Von den Dolci unverzichtbar sind die Sbriciolata alla crema pasticciera e amarena (Streuselkuchen mit Konditorcreme und Sauerkirschen), zu der Vanilleeis serviert wird, und der Budino al cappuccino mit Crème Chantilly à la Sambuca (6 €). Mit über 500 Etiketten wird die Weinkarte den höchsten Erwartungen gerecht und hat für jeden Geschmack etwas zu bieten.

Der Fornello in der Murgia

„Fornello pronto": Ein solcher Hinweis, zumeist mit der Hand auf ein Stück Karton geschrieben, findet sich an den Fassaden vieler Fleischereien der Region. Wer mit den hiesigen Sitten und Bräuchen nicht vertraut ist, wird mit dieser Botschaft (wörtlich: „das Öfchen ist bereit") wenig anfangen können.
Es handelt sich um eine regionale Besonderheit der authentischen Art. Der Hinweis verrät nämlich, dass die jeweilige Fleischerei auch außerhalb der Geschäftszeiten geöffnet ist und dass es dort einen Fornello, sprich einen kleinen Steinofen gibt, in dem verschiedenste Fleischspezialitäten gegart werden.
Das Fleisch wird auf lange Spieße gesteckt und langsam über Eichen- oder Olivenholzkohle gebraten. Dank dieses alten Brauchs, der von ebenso engagierten wie passionierten Fleischern der Murgia nach wie vor hochgehalten wird, kann man schmackhafte Speisen zu günstigen Preisen vor Ort genießen oder zum Mitnehmen kaufen.
Zu den typischen Spezialitäten aus dem Fornello zählen Lammkoteletts, Würste mit feinem oder grob mit dem Messer gehacktem Brät, die beliebten *Gnummarieddi* (zarte kleine Rouladen mit Leber, Lunge oder Nieren, in Lamm- oder Ziegenkitzdärme gewickelt) sowie Bombette (Rouladen vom Schweinenacken, gefüllt mit apulischem Canestrato-Käse).

Francesco Biasi, Carmela Angiulli, Salvatore Pulimeno

ACQUAVIVA DELLE FONTI (BA)

La Grigliata

Via Ciro Menotti, 57
Tel. (+39) 080 / 75 76 77,
(+39) 349 / 560 77 50
Ruhetag: Sonntag, Montag

Herzliche Gastlichkeit und Fleisch von bester Qualität sind die Zutaten, dank deren die Fleischerei von Michele und Rosa zu einem echten Feinschmeckertreff avanciert ist. Neben vielen klassischen Tranchen hat das La Grigliata seit einiger Zeit einen sehr appetitlichen Panzerotto (eine Art Hacksteak, mit Schinken und Mozzarella gefüllt) im Angebot. Auf den offenen Rotwein des Hauses ist immer Verlass.

Macelleria dell'Arco

Via Sant'Agostino, 3
Tel. (+39) 080 / 76 78 62
Ruhetag: Donnerstag, Sonntag

Das Wurst- und Fleischwarengeschäft von Vincenzo Pastore ist seit mehreren Generationen in der Altstadt angesiedelt. In beschaulich-familiärer Atmosphäre bietet Vincenzo seinen Gästen eine Vielzahl an Fleischgenüssen aus dem Fornello, etwa Salsiccia mit gemischtem Brät aus Kalb- und Schweinefleisch oder *Brasciolette* (kleine Kalbsrouladen) in Panade, aber auch allerlei Feinkost aus eigener Erzeugung wie in Öl eingelegtes Gemüse oder Pancetta.

ALBEROBELLO (BA)

La Fontana 1914

Largo Martellotta, 55
Tel. (+39) 380 / 369 69 69
Ruhetag: Sonntag, außer im Sommer

Ob ein schneller Imbiss in Form eines mit Salsiccia oder Bombette gefüllten Brötchens oder eine genüssliche Mahlzeit vor dem pittoresken Hintergrund der Trulli: „Mentor" dieses hübschen kleinen Lokals am Fuß einer der schönsten Treppen von Alberobello ist der gute Mimino, der sich seit vielen Jahren mit Hingabe und Bravour der Zubereitung von Fleisch im Fornello widmet. In dem nicht besonders großen, aber gemütlichen Gastraum können Sie Pancetta, Lammkoteletts, *Gnummarieddi*, Salsiccia fine (mit feinem Brät), Salsiccia a punta di coltello (gröbere Wurstmasse) und viele andere Spezialitäten probieren. Wenn Ihnen die Wahl schwerfällt, lassen Sie sich am besten von Mimino persönlich beraten.

CASSANO DELLE MURGE (BA)

Rizzi

Via Toti, 33
Tel. (+39) 080 / 76 45 20
Ruhetag: Donnerstag, Sonntag

In Hommage an einen alten Brauch der Wanderhirten, nämlich das Trocknen von Schaf- oder Ziegenfleisch an der Sonne, um es dann in den Wintermonaten zu verzehren, empfiehlt die Fleischerei Rizzi „ihre" *Misciska*, will heißen gedörrtes Pferdefleisch in feinen Streifen, zu dem das vorzügliche Holzofenbrot einer benachbarten Bäckerei gereicht wird. Doch dies ist nur der Auftakt zu einer formidablen Mahlzeit bestehend aus *Gnummarieddi*, Salsiccia fine, gefüllten Kalbsmedaillons und – wenn man es wagen möchte – Cassanina (optimal gereiftes Kalbssteak von einem Kilogramm Gewicht). Guter Wein aus der Region.

CASTELLANA GROTTE (BA)

Carlo Pinto

Via Mater Domini, 51
Tel. (+39) 080 / 496 17 37
Ruhetag: Sonntag, Montag, Dienstag

Carlo und Rossella Pinto werden nicht müde, ihren Gästen verschiedenste Fleischdelikatessen aus dem Steinöfchen anzubieten. Was diese Fleischerei mit angeschlossenem Fornello auszeichnet, sind definitiv Carlos Bravour bei der Beratung und der Auswahl der besten Fleischstücke sowie die Zuvorkommenheit und Liebenswürdigkeit seiner unermüdlichen Frau, die fast jeden Abend ihre treuen Stammkunden begrüßt und ihnen gute hausgemachte Sottoli, Lammrippchen, Bombette, Salsiccia a punta di coltello oder Tagliata mit Rucola und Grana serviert.

CISTERNINO (BR)

Al Vecchio Fornello

Via Brasiliani, 18
Tel. (+39) 080 / 444 64 31
Ruhetag: Montag, außer im Sommer

Von vielen als „Tempel der Fleischrouladen" bezeichnet, bietet dieses rustikale Lokal mit der sympathisch legeren Atmosphäre ebendiese köstlichen Bombette (gebraten oder paniert), vor Ort produzierte Wurstwaren, Salsicce, *Gnummarieddi* sowie Lamm aus eigener Haltung. Bevor Sie sich zu Tisch begeben (im Sommer können Sie dies abends in einer der malerischen Gassen der Altstadt tun), sollten Sie einen Blick in die Bedienungstheke der Fleischerei werfen und in Ruhe auswählen, was Sie am meisten anspricht.

Pietro De Mola

Via Duca D'Aosta, 3
Tel. (+39) 080 / 444 83 00
Ruhetag: Montag, Dienstag, Donnerstag, außer im Sommer

Da es sich um eine beliebte Adresse und echte Kultstätte für Fleischliebhaber handelt, sollte man in dem Lokal von Pietro (die Einheimischen nennen ihn Zi, also Onkel), der von seinem Sohn Vincenzo unterstützt wird, entweder reservieren oder früh am Abend erscheinen, da man ansonsten mitunter recht lange Wartezeiten in Kauf nehmen muss. Das Fleisch wählt man aus der Theke am Eingang, dann nimmt man Platz in einem hübschen kleinen Raum, um Steak, Kotelett oder Lamm zu genießen, vor allem aber die Spezialitäten, für die das Lokal zu Recht berühmt ist: Bombette (fabelhaft sind die in Pancetta gehüllten Versionen dieser Fleischrouladen), *Turcineddi* (Rouladen mit Innereien), Patate al forno (Ofenkartoffeln).

Rosticceria L'Antico Borgo

Via Tarantini, 48
Tel (+39) 080 / 444 64 00,
(+39) 346 / 132 30 00
Ruhetag: Sonntag, außer im Sommer

In dem Gewirr der auf und ab führenden engen Gassen des Städtchens Cisternino mit seinen weiß getünchten kleinen Häusern gibt es mehrere urige Fleischereien, die ihren Gästen in rustikalen Nebenzimmern Fleisch aus dem Fornello servieren. Das Antico Borgo hingegen kann als richtiggehendes kleines Restaurant angesehen werden. Denn neben Spezialitäten aus dem Fornello, beispielsweise exzellente Bombette in Panade, werden noch andere Köstlichkeiten angeboten. Hervorragend sind die Gerichte mit Eselfleisch, das man unter anderem in Form von schmackhaften Involtini in umido probieren sollte.

CRISPIANO (TA)

Bello Carni, Salumi e Fornello

Via Gravina, 40
Tel. (+39) 099 / 61 63 80
Ruhetag: Donnerstagnachmittag, Sonntag

Die begeisterte Stammklientel dieses Lokals ließe sich gerne auch bei Tisch bedienen, doch stößt sie mit diesem Wunsch bei Inhaber Fabio auf taube Ohren. Andererseits hat es durchaus seinen Reiz, ein feines, mit panierten Fleischrouladen gefülltes Brötchen

„einmal anders" zu genießen, etwa indem man es auf der Treppe des Hauses gegenüber sitzend verzehrt. Darüber hinaus bietet Fabio *Gnummarieddi*, Salsiccia a punta di coltello und verschiedenste Wurstwaren. Das Fleisch stammt ausnahmslos von einheimischen Betrieben.

La Taverna del Cavaliere

Via Mazzini, 2
Tel. (+39) 099 / 61 62 66
Ruhetag: Montag

Kaum zu übersehen an der Ecke zwischen Via Mazzini und dem zentralen Corso Umberto I ist eines der ältesten Fornello-Lokale der Gegend, das zur Fleischerei von Anthony Ricci gehört. Mit eingelegten Delikatessen, Wurstwaren und Käse aus der Region lässt sich die Wartezeit auf Bombette, Fegatini und Salsicce aus feinem oder gröberem Brät genüsslich verkürzen. Das Ambiente ist gemütlich und rustikal. Ihre Mahlzeit können Sie mit einem guten offenen Primitivo oder einem apulischen Flaschenwein begleiten.

GINOSA (TA)

Franco Dragone

Via Roma, 117
Tel. (+39) 099 / 824 57 08
Ruhetag: Donnerstag, Sonntag; gegen Vorbestellung immer geöffnet

Franco, der Inhaber dieser eleganten, gut sortierten Fleischerei in Ginosa, eilt abends zwischen der Fleischtheke und dem angrenzenden Raum mit dem Fornello hin und her. Im Winter nimmt man zum Essen im Souterrain Platz, wo es eine kleine Küche gibt, in der Rouladen und Fleischbällchen in Sauce zubereitet werden. Im Sommer kann man sich draußen auf der Veranda an der Rückseite des Hauses niederlassen. Salsiccia, *Gnummarieddi*, Bombette und Lammfleisch, begleitet von Brot und Focaccia aus dem Holzofen und einem exzellenten Hauswein, erfreuen selbst den anspruchsvollsten Gaumen.

Vito Ribecco

Via Lucania, 43
Tel. (+39) 099 / 824 57 31,
(+39) 347 / 231 28 38
Ruhetag: Donnerstagabend, Sonntag

Im klassischsten aller klassischen Hinterzimmer einer Fleischerei, spartanische Einrichtung und Papiertischdecken inklusive, bietet Vito Ribecco nicht nur Spezialitäten aus dem Fornello, sondern auch Marro al forno (Innereien mit Kartoffeln aus dem Ofen), Kutteln, Involtini al sugo (Fleischrouladen in Sauce) sowie Straccetti (dünne Schnitzel) mit Käse und Knoblauchpesto. Das Abendessen lässt sich mit Limoncello und Kaffee beschließen.

LATERZA (TA)

Rizzi

Via Giannone, 45
Tel. (+39) 099 / 821 39 17
Ruhetag: Sonntag

Dino Rizzi, der Inhaber der gleichnamigen Fleischerei, wird Sie im Hinterzimmer oder in den wunderschönen altehrwürdigen Räumen im Obergeschoss mit Freskengewölben zu Tisch bitten. Zunächst aber können Sie aus der mehr als gut bestückten Theke die Fleischspezialitäten aussuchen, die für Sie im Fornello gebraten werden sollen. Die Wartezeit können Sie sich mit Einlegegemüse, Käse, Oliven und Salumi begleitet von köstlichem Brot und feiner Focaccia (beides im Holzofen gebacken) und einem Glas Hauswein vertreiben.

Tamborrino

Via Roma, 58
Tel. (+39) 099 / 821 61 92
Ruhetag: Sonntag

Seit den Fünfzigerjahren des vorigen Jahrhunderts hält die Macelleria Tamborrino die Tradition des Fornello in Laterza hoch. Der Gastraum bietet im Erdgeschoss und auf der Galerie Platz für 60 Personen. Nachdem man an der Theke zwischen *Gnummarieddi*, Fegatelli, Bombette und Schweine- oder Kalbswürsten gewählt hat, wartet man darauf, dass diese Köstlichkeiten in den zwei Fornelli, die Domenico zur Verfügung hat, gebraten werden. In der Zwischenzeit serviert Domenicos Frau Stella Caciocavallo, Salsiccia secca, Oliven in Salzlake, in Öl eingelegtes Gemüse, Brot und Focaccia. Die Mahlzeit lässt sich mit einem guten Hauswein oder einem von 30 apulischen Flaschenweinen begleiten.

LATIANO (BR)

La Taverna di Pascalone

NEU

Via Roma, 82
Tel. (+39) 08 31 / 72 68 69
Ruhetag: Mittwoch

Mit Sorgfalt und Achtsamkeit führen Meggi und Pasquale (für seine Freunde Pascalone) seit Jahren diesen ihren Fornello. Während man darauf wartet, den ursprünglichen Geschmack der regionalen Fleischspezialitäten zu genießen, die man aus der Vitrine wählen kann, werden Fleischrouladen (Involtini di carne in *pignata*) und frittierte Fleischbällchen (Polpettine di carne) begleitet von köstlichem Brot und frittierten Crostini serviert. Zum Nachtisch kann man sich einen von Meggis Dolci gönnen. Guter Hauswein.

LOCOROTONDO (BA)

Da Nicola Semeraro

NEU

Ortsteil Lamie di Olimpia, 217
Tel. (+39) 080 / 443 42 38
Ruhetag: Montag

Diesen Ortsteil unter den etwa 100 Contrade von Locorotondo zu finden, ist kein leichtes Unterfangen. Doch wenn Sie einmal dort sind, werden Sie feststellen, dass es sich um einen sehr netten, ruhigen Ort handelt. Die Wurstwaren als Vorgeschmack auf die Spezialitäten aus dem Fornello sind aus eigener Erzeugung, der gute Rohschinken kommt aus Faeto. Bombette, Salsiccia a punta di coltello und Innereien vom Lamm sind die gefragtesten Spezialitäten. Begleiten lässt sich der Fleischgenuss mit der einen oder anderen guten Flasche Wein.

LOCOROTONDO (BA)

I Piaceri della Carne

Traversa Maestro Curri, 68
Tel. (+39) 328 / 468 07 43,
(+39) 320 / 387 53 62
Geöffnet Mittwoch, Samstag, Sonntag,
Juli–September täglich

Immer größere Sorgfalt legt Francesco an den Tag, wenn er bei Betrieben vor Ort das Fleisch für die Verkaufstheke seiner Fleischerei auswählt. Giacomo kümmert sich um Verarbeitung und Veredelung, während Corrado – der Jüngste – als Meister des Fornello für stets perfekt gegarte Köstlichkeiten sorgt. Die Palette der Spezialitäten reicht von ungemein appetitlichen Bombette über Salsicce und *Gnummarieddi* bis hin zu Lammkoteletts. Die als Vorspeise angebotene Selektion von Salumi ist exzellent: Pagnottella (Salami in einer Kruste aus Kleie von Weizen der Sorte Senatore Cappelli), Soppressa und Capocollo di Martina Franca (Slow-Food-Presidio), den diese Macelleria erzeugt und natürlich auch vor Ort verkauft.

MARTINA FRANCA (TA)

Granaldi

Via Bellini, 108
Tel. (+39) 328 / 321 83 71,
(+39) 347 / 683 32 10
Kein Ruhetag

Köstliche kleine Rouladen mit Kalbslunge, wegen ihrer charakteristischen Gummiartigkeit im hiesigen Dialekt *Gingumm* genannt, sind nur eine der Spezialitäten, die man in dieser Fleischerei mit angeschlossenem Fornello probieren kann. Das Lokal ist gemütlich, wenn auch recht klein, weshalb eine Reservierung ratsam ist. Bemerkenswert das Kalbsfilet, der gebratene Capocollo und die Rindfleischstreifen (Straccetti di manzo) mit Rucola. Den guten Rotwein des Hauses gibt es in einer süßen und in einer trockenen Variante.

ROSSO DI SERA

Macelleria Cervellera

Via Mottola, 68
Tel. (+39) 080 / 483 88 12,
(+39) 328 / 006 96 60
Ruhetag: Sonntag

Die zuvörderst für die Freundlichkeit und Aufmerksamkeit des gesamten Personals zu lobende Fleischerei bietet ihren Kunden eine Vielzahl an köstlichen Fleischgerichten aus dem Fornello. Während man auf diese wartet, kann man den Gaumen mit anderen feinen Sachen verwöhnen: Kartoffeln aus der Glut, Oliven, gute Rohkost (je nach Saison Fenchel, Gurken, Möhren), Frielline (typische Brotkringel) mit Olivenöl, Salz, Oregano und Tomaten, aber auch feine Käsesorten und Wurstwaren aus eigener Erzeugung, einschließlich Capocollo di Martina Franca (Slow-Food-Presidio). Von den Spezialitäten aus dem Fornello besonders schmackhaft sind die Bombette sowie die Salsicce mit gemischtem Brät und aus reiner Kalbfleischmasse. Für den Ausklang stehen hausgemachte Bitterliköre und typische Süßigkeiten bereit.

Vito Serio

Via Ferrucci, 20
Kein Telefon
Geöffnet Dienstag und Samstag

Diese Macelleria ist die älteste Fleischerei von Martina Franca. Bei Vito Serio, besser bekannt als *U' Salvasod*, zu Gast zu sein, kommt einer Reise in die Vergangenheit gleich. In seinem alten Ofen brät Vito mit viel Geschick zahlreiche lokale Spezialitäten. Unverzichtbar sind seine „Sigarette" (Würste aus Kalb- und Schweinefleisch), die Bombette, die *Gingumm*, die *Gnummarieddi*. Traditionsgemäß gibt es keine Bedienung bei Tisch, und die Getränke muss man selbst mitbringen.

NOCI (BA)

Domenico Scarano

Via Vittorio Emanuele, 15
Tel. (+39) 080 / 497 73 15
Mittwoch und Freitag geöffnet, gegen Vorbestellung auch Dienstag, Donnerstag und Samstag

Zwanzig Meter vom Hauptplatz entfernt entdecken wir diese Fleischerei, die seit vier Generationen nicht nur für Frischfleisch, sondern auch für ihren Fornello bekannt ist. Die Gerichte gibt es sowohl zum Mitnehmen als auch für den Genuss vor Ort. Salsiccia aus Kalb- und Schweinefleisch, Kalbs- und Schweineschnitzel (Nodini), kleine Lammfleischrouladen, Kalbskopf (Testine al forno), Kalbskoteletts, Steaks (Fiorentina) und Kaninchenbraten (Coniglio arrosto) sind nur einige der interessanten kulinarischen Empfehlungen des guten Domenico. Dazu passt der durchaus passable Rotwein des Hauses.

PALAGIANO (TA)

L'Amico Rosticciere

Via Bernini, 29
Tel. (+39) 099 / 888 31 23
Ruhetag: Sonntag, Montag

Die Fleischerei von Franco Lazzaro befindet sich in der Nähe des Postamtes. Die Theke, aus der Sie die Stücke wählen, um sie im Fornello braten zu lassen, ist mit Fleisch aus der nahen Murgia stets gut bestückt. Während Sie auf Ihr Essen warten, wird Ihnen Franco im angrenzenden Lokal (das einfache Ambiente besteht aus ein paar Tischen für etwa 20 Personen) Oliven, köstliche in Asche gegarte Kartoffeln, Wurst und Käse aus der Gegend servieren. Zu trinken gibt es ein Dutzend apulische Rotweinetiketten und einen guten offenen Primitivo. Abschließend kann man sich an Mandelgebäck und hausgemachten Likören gütlich tun.

PUTIGNANO (BA)

Marchio Murgia

Via Noci, 119
Tel. (+39) 080 / 405 54 43
Ruhetag: Sonntag, Montag

Diese Fleischerei wird von einem tollen Team betrieben. Das Fleisch stammt aus dem eigenen Zuchtbetrieb, die Reifungszeiten sind mustergültig, die Zubereitung ist kunstgerecht. Während man darauf wartet, dass die aus der Theke gewählten Stücke im Ofen gar werden, kann man Aufschnitt von lokalen Salumi, frischen Caciocavallo und Saisongemüse probieren. Aus dem Fornello kommen Bombette und Salsicce a punta di coltello, Koteletts vom Podolica-Rind und Costolette di agnello (Lammrippchen, eine echte Delikatesse). Begleiten lässt sich die Mahlzeit mit einigen Weinen aus der Region oder mit dem durchaus anständigen Hauswein, bei dem es sich um einen Primitivo aus Gioia del Colle handelt.

SAMMICHELE DI BARI (BA)

La Tradizione

Via della Resistenza, 68
Tel. (+39) 080 / 891 84 67
Ruhetag: Montag

Eine verlockende, bestens sortierte Theke erwartet Sie am Eingang dieser längst legendären Fleischbraterei von Sammichele. Die typische Zampina, die Bombette, die Gnummarielli, die Lammkoteletts und das auf Lavastein servierte Entrecote vom Kalb zählen zu den gefragtesten Klassikern. Nicht minder interessant sind die mit Zitrone aromatisierten Fleischbällchen (Polpette al limone), die Kalbfleischspießchen (Spiedini di vitello) mit Zwiebel, die Rouladen (Involtini) mit Pancetta und Mozzarella oder mit Prosciutto und Käse. In dem netten Gastraum im Obergeschoss verweilt man sehr angenehm. Alternativ zu guten apulischen Etiketten gibt es einen recht ordentlichen Rotwein im offenen Ausschank.

SANTERAMO IN COLLE (BA)

Casa del Puledro

Corso Roma, 142
Tel. (+39) 080 / 303 96 41,
(+39) 388 / 793 31 96
Ruhetag: Sonntag

Der Name dieser Fleischerei (wörtlich: „Haus des Fohlens") sagt bereits alles: In dieser Gegend spielt Pferdefleisch eine tragende Rolle. Neben dem Braten im Fornello wird als Garverfahren das Schmoren im Ofen angewendet, das sich für diese Art von Fleisch besser eignet. Es ist gleichsam ein Muss, mit einem Carpaccio zu beginnen, um danach *Brasciole* in *pignata* (Rouladen aus dem Tontopf), Spezzatino mit Kräutern und Saisongemüse, gegrillte Bistecche und Fettine vom Esel sowie die abschließend servierten Salate zu genießen. Guter Hauswein.

Da Mimmo e Valeria

Via Iacoviello, 47–49
Tel. (+39) 080 / 303 96 36
Ruhetag: Sonntag

Das Bestreben, sich zu verbessern und zu wachsen, ist seitens der Hauptakteure dieser Fleischerei im Lauf der Zeit immer stärker geworden. Mimmo, der mittlerweile sogar diplomierter Sommelier ist, bietet neben den bewährten Fleischspezialitäten neuerdings edle Tropfen und gibt Weintipps zu den jeweiligen Speisen. Käse, Eselsalami, Bruschette und Carpaccio lauten die Empfehlungen für den Auftakt in dem ruhigen Ambiente mit heimeligem Flair, bis schließlich die Fleischspezialitäten aufgetragen werden: Carne in *pignata*, *Brasciole* in umido, pikante Arrosti.

VILLA CASTELLI (BR)

Pietro Alò

Via San Carlo Borromeo, 71
Tel. (+39) 08 31 / 86 60 58
Gegen Vorbestellung geöffnet

Als Bezugspunkt für anspruchsvolle Feinschmecker wird diese Fleischerei dem Konzept eines Fornello vollends gerecht. Vor der Fleischtheke stehen gerade einmal drei Tische, die nach Ladenschluss gedeckt werden, was seit mittlerweile 30 Jahren Tradition hat. Wenn Pietro in die Rolle des Wirts schlüpft, ist er ein anderer Mensch, sorgt für Stimmung, berät und erzählt: von den Bauern, die ihm die Ausgangsprodukte liefern, von Fleischveredelungsverfahren, Koch- und Brattechniken. Lokale Käse und Wurstwaren aus eigener Erzeugung stimmen den Gaumen ein auf die Fleischspezialitäten: *Gnummarieddi*, Lammfleischspieße, Salsiccia a punta di coltello, Steak von lokalem Rindfleisch. Der in der Karaffe servierte Hauswein ist ein durchaus ebenbürtiger Begleiter.

FASANO
Speziale

44 KM NORDWESTL. V. BRINDISI, S.S. 16 U. S.S. 379

Masseria Parco di Castro

Ferienbauernhof
Strada Statale 16, km 868,400
Tel. (+39) 080 / 481 09 44
Ruhetag: Sonntagabend, Montag, Dienstag, außer im Sommer
Ferien: Januar/Februar
100 Plätze
Preise: 31–35 €
Alle Kreditkarten; BM
Abends geöffnet, im Sommer auch mittags

Das von Olivenhainen und Gemüsefeldern umgebene weiß getünchte Gehöft lädt in der Sommerzeit mit einem hübschen Innenhof zum Essen ein. Im Inneren gibt es drei behagliche Räume mit familiärem Flair. Die von Signora Maria De Pasquale mit Martinos Hilfe präsentierte Küche spiegelt die lokalen Traditionen wider; viele Grundprodukte kommen aus dem eigenen Gemüsegarten und von benachbarten Betrieben des Regionalparks Dune Costiere. Auf dem reichhaltigen Vorspeisenteller (16 €), der für zwei Personen reicht, sind beispielsweise Zucchine alla poverella, allerlei Frittate mit Gemüse, **Fave e cicorie selvatiche** (Dicke Bohnen und Wildzichorie), im Ofen gratinierte Paprikaschoten, Parmigiana di zucchine oder Parmigiana di melanzane, **Polpettine di pane** (Brotbällchen), apulische Formaggi und Salumi, Getreidesalat mit Kirschtomaten, Sellerie und Cacioricotta zu entdecken. An Primi (8 €) auf Basis von frischen Teigwaren gibt es Laganari mit im Ofen gratinierten Regina-Tomaten aus Torre Canne (Slow-Food-Presidio), Kapern und Basilikum, **Fricelli mit Brokkoli und Capocollo di Martina Franca** (ebenfalls ein Presidio), Gnocchetti mit Gorgonzola und Zichorie. Es folgen Kaninchen in Lorbeersauce (Coniglio arrosto in salsa di alloro, 15 €), Tagliata di maiale mit Rucolapesto, Grigliata mista (Lamm, Salsiccia und Bombette), jeweils begleitet von köstlichen Ofenkartoffeln oder Grillgemüse. Als Dessert Tortino al cioccolato, **Crostata di ricotta e fichi**, Mousse di ricotta mit Birnenkonfitüre, Mandelgebäck zu einem Gläschen Limoncino oder hausgemachtem Likör. Gute Auswahl an hauptsächlich apulischen Weinen.

Der Caseificio Crovace e Figli (Strada Statale 16) bietet Mozzarella, Ricotta und diverse andere Käsesorten.

FOGGIA

Da Pompeo

Restaurant
Vicolo al Piano, 14
Tel. (+39) 08 81 / 72 46 40
Ruhetag: Sonntag
Ferien: zeitweise im August
60 Plätze
Preise: 30 €
Kreditkarten: MC, Visa
Mittags und abends geöffnet

Hat man die Schwelle dieses typischen Restaurants nicht weit vom Teatro Giordano überschritten, erblickt man auch schon die große offene Küche, die den Eingangsbereich charakterisiert. Dort die beiden legendären Köchinnen Assunta und Ida bei der Zubereitung der Speisen zu beobachten, ist ein wahres Vergnügen. Das von Pinuccio bis ins Detail beschriebene Menü ist von der kulinarischen Tradition der Daunia inspiriert und wird mit ausgesuchten Grundzutaten umgesetzt. Und so kommt man in den Genuss von Paté di fave e cicorie (Mousse aus Dicken Bohnen und Zichorie, 8 €), Parmigiana di melanzane (überbackene Auberginen), Frittatina di carciofi (Artischockenomelett), Timballo di patate (Kartoffelauflauf), **Tortino di acciughe** (Sardellenküchlein), Antipasti di mare mit Produkten aus dem Golf von Manfredonia. Unbedingt probieren sollten Sie eines der Primi auf Basis von frischen hausgemachten Teigwaren (8 €): **Paccheri con pomodoro e ricotta dura**, Orecchiette ai broccoletti, Strascinati mit Rucola, Troccoli mit Spargel und Pancetta. An Hauptgerichten mit Fleisch (12 €) gibt es ***Brasciola*** (typische Roulade, in Tomatensauce gegart), **Agnello al forno con patate e funghi** (Lamm aus dem Ofen mit Kartoffeln und Pilzen), diverse Fleischtranchen vom Grill des offenen Kamins. Was die Secondi mit Fisch anbelangt, so stehen Seppioline oder Polpetti alla griglia (Tintenfisch bzw. Oktopus vom Grill), Filetto di pescatrice in umido (geschmortes Filet vom Seeteufel, 17 €), Orata al forno (Dorade aus dem Ofen) zur Auswahl. Von den Dolci (5 €) wahrhaft köstlich sind die Mousse di ricotta mit Erdbeeren, die Mürbeteigkuchen, die Zuppa inglese. Recht ordentliche Weinauswahl.

58 KM SÜDWESTLICH VON BARI, S.S. 96

La Murgiana

Restaurant
Via XXIV Maggio, 25
Tel. (+39) 080 / 325 03 42,
(+39) 331 / 739 64 18
Ruhetag: Sonntagabend, Montag
Ferien: 2 Wochen im Juli
70 Plätze + 20 Plätze im Freien
Preise: 30–35 €
Alle Kreditkarten; BM
Mittags und abends geöffnet

Das von zwei miteinander verbundenen Räumen mit dicken Mauern und Tonnengewölben charakterisierte Lokal liegt nur ein paar Schritte von der Altstadt entfernt. Konkret befindet es sich in der Nähe der Gassen, die in die Gravina führen – jene tiefe Karstschlucht, dem das für seine Höhlensiedlungen bekannte Städtchen der Murgia seinen Namen verdankt. Patron und Küchenchef des Restaurants ist Franco Capozzo, dessen schlichte Kreationen die hohe Qualität der verwendeten Zutaten gut zur Geltung bringen. Beginnen können Sie mit einem reichhaltigen Antipasto (12 €), der allerlei Köstlichkeiten umfasst: ***U cuzzutidd*** (rohe Artischocken mit Kirschtomaten und Paprikaschoten), Parmigiana di melanzane, gebratene oder gebackene Zucchini, Bietole in tiella (Mangoldkuchen), Nodini di mozzarella, **Trippa in umido** (Kutteln), Frittelle di lampascioni, Sformato di ricotta. Es folgen Cavatelli mit Wildspargel, mit Brokkoli, Kichererbsen und gerösteten Brotbröseln oder ebendiese Pasta in ihrer winterlichen Spielart mit Cardoncelli-Pilzen und Salsiccia (8 €), Spaghetti con pomodorini, zucchine e cacioricotta, Tagliolini mit Platterbsenpüree, Zwiebel und frittierten Pilzen. An Secondi stehen **Costolette di agnello con funghi cardoncelli** (Lammkoteletts mit Pilzen, 12 €), Lamm in Form von Agnello in umido mit Kräutern aus der Murgia, Misto di carne alla brace (Grillfleisch) und **Capretto arrosto con le patate** (Ziegenkitz mit Kartoffeln) zur Auswahl. An Dolci (4 €) gibt es Crostata di frutta oder Crostata di ricotta, **Sasanelli** (ortstypische Kekse), Dolcetti di pasta di mandorle (Mandelgebäck). Die Weinkarte umfasst einige Dutzend apulische Etiketten und ein paar weitere italienische Winzerprodukte. Die offen ausgeschenkten Weine aus lokalem Anbau sind passabel.

Cucina Casereccia Le Zie

Trattoria
Via Costadura, 19
Tel. (+39) 08 32 / 24 51 78
Ruhetag: Sonntagabend, Montag
Ferien: Ostern, Ende August/Anfang September, Weihnachten
50 Plätze
Preise: 25–30 € • Alle Kreditkarten; BM
Mittags und abends geöffnet

Nicht weit vom Stadtpark entdecken wir die Casa delle Zie, die deshalb als Casa bezeichnet wird, weil das nunmehrige Speiselokal früher ein Wohnhaus war. Warm und familiär ist die Atmosphäre in den zwei Gasträumen; vom größeren aus kann man beobachten, wie Anna Carmela Perrone in der Küche Anweisungen erteilt oder selbst den Kochlöffel schwingt. Sie leitet dieses Lokal, das seit etwa 50 Jahren das Beste der hiesigen Esskultur präsentiert, auf traditionelle und schnörkellose Weise. Für den Beginn raten wir zum Antipasto della casa (10 €), der je nach Saison Kartoffelsalat, Frittelle mit Oliven, Kapern und Tomaten, Kartoffelkuchen, Pittule (frittierte Hefeteigteilchen), Peperonata, gefüllte und frittierte Zucchiniblüten, Peperoni in agrodolce, Kardonen oder Artischocken mit Ofenkartoffeln umfasst. Von den Primi mit hausgemachten Teigwaren überzeugen Orecchiette mit Stängelkohl und ***Sagne 'ncannulate*** mit Tomatensauce und Cacioricotta oder mit Ricotta forte; gut ist auch das **Purè di fave con cicorielle** (pürierte Dicke Bohnen mit Jungzichorie, 7 €). Der Genuss lässt sich fortsetzen mit Involtini oder Pferdefleisch in Form von **Pezzetti di cavallo al sugo** (9 €), Polpettone in umido und – aus der Meeresküche – mit gefüllten Calamari, *Tiedda* di baccalà e patate (Stockfisch-Kartoffel-Pfanne) oder Oktopus als **Polpo *a pignatu***. Als Dessert sind typische Torta pasticciotto (4,50 €), handwerklich gefertigter Spumone oder Torta di ricotta in Erwägung zu ziehen. Die Weinauswahl beschränkt sich bewusst auf ein paar wenige, aber signifikante lokale Etiketten, doch ist auch der in der Karaffe servierte Hauswein sehr gut.

»*Das Beste der hiesigen Esskultur: traditionell und schnörkellos – und das seit etwa 50 Jahren.*«

LESINA

58 km nördlich von Foggia

Le Antiche Sere

Traditionelle Osteria
Via Micca, 22
Tel. (+39) 08 82 / 99 19 42,
(+39) 347 / 355 10 79
Ruhetag: Montag, außer im August
Ferien: ersten 2 Septemberwochen
35 Plätze + 30 Plätze im Freien
Preise: 30–35 €
Kreditkarten: CS, DC, MC, Visa; BM
Mittags und abends geöffnet

Am Ufer des Lago di Lesina, der zusammen mit dem Lago di Varano einen wichtigen Wirtschaftsfaktor darstellt (gefangen werden vor allem Aal und Meeräsche, deren Rogen eine köstliche Bottarga ergibt), entdecken wir die behagliche Osteria der Eheleute Biscotti (Nazario serviert, Lucia kocht), die ihr Lokal mit großer Leidenschaft führen. Besonders im Sommer raten wir Ihnen, in der netten Laube mit Seeblick Platz zu nehmen. Die Küche zeichnet sich durch schmackhafte Speisen aus, die die Gegend gut repräsentieren und auf mitunter ungewöhnlichen Kombinationen von exzellenten Produkten beruhen. Der Antipasto Antiche Sere (13 €) bietet einen schönen Überblick über die Spezialitäten, die man auch einzeln bestellen kann: Tagliatelle di seppia mit Quinoa, Erbsencreme und Wildspargel, Carpaccio di cefalo mit Salicornia, Kräuterricotta und Zitrusfruchtemulsion (8 €), Flan di verza e anguilla (Wirsing und Aal) auf Tomatensauce. Die Teigwaren sind hausgemacht: **Tagliatelle di grano arso con anguilla e pomodorini**, Maltagliati al verde con cefalo e la sua bottarga (grüne Nudeln mit Meeräsche und dessen getrocknetem Rogen), **Orecchiette mit Stängelkohl, Salsiccia, Cardoncelli-Pilzen und Caciocavallo podolico**, Fricelli ai ceci mit Meeresspargel und kleinen Scampi (12 €); gegen Vorbestellung kommt man in den Genuss von **Minestra d'anguille** (Aaleintopf). An Secondi gibt es je nach tagesfrischem Fang **Frittura di paranza** (14 €), Involtino di anguilla fritta, Grigliata mista, Scaloppa di cefalo mit Pilzen. Man schließt mit Käse aus der Gegend (5 €), etwa Caciocavallo podolico oder Canestrato pugliese, oder genehmigt sich etwas Süßes: Crostata di ricotta oder Tiramisu aus altbackenem Brot und Ricotta sifonata. Gute Auswahl an Wein hauptsächlich regionaler Provenienz und an Edelbränden.

LOCOROTONDO

65 km südöstlich v. Bari, S.S. 16 oder S.S. 172

La Taverna del Duca

Trattoria
Via Papadotero, 3
Tel. (+39) 080 / 431 30 07,
(+39) 388 / 940 83 39
Ruhetag: Sonntag, Montagabend, außer im Sommer • Ferien: zeitweise im Januar
35 Plätze + 30 Plätze im Freien
Preise: 25–30 €
Kreditkarten: CS, DC, MC, Visa; BM
Mittags und abends geöffnet

Nicht weit von der Adriaküste entdecken wir im malerischen Valle d'Itria das auf einem Hügel gelegene Städtchen Locorotondo. Die gemütliche kleine Osteria, auf die wir zustreben, befindet sich in der Altstadt. Geführt wird sie von Antonella Scatigna, für die das Kochen nicht nur Beruf, sondern pure Leidenschaft ist und die sich auch auf sozialer Ebene schon immer sehr engagiert hat. Sobald Sie Platz genommen haben, werden Ihnen diverse Empfehlungen aufgezählt, die zumeist nicht in der Karte stehen; Sie werden beeindruckt sein von der sympathischen und professionellen Beratung durch Fabio. Abhängig davon, was der tägliche Einkauf an frischen Zutaten (darunter viele aus der unmittelbaren Umgebung) beschert hat, kann Ihr kulinarischer Parcours mit einem Misto di antipasti (6 bis 13 €) beginnen, der beispielsweise Capocollo di Martina Franca (Slow-Food-Presidio), verschiedene Formaggi und Latticini, Frittatine mit Saisongemüse oder ***Cialledda* di pane** (Brotsalat) umfasst. Von den Primi sehr gut sind die Cavatelli aus Hartweizenmehl der Sorte Senatore Cappelli mit schwarzen Kichererbsen aus biologischem Anbau, die **Orecchiette con braciole al sugo** (mit Rouladen in Sauce, 9 €), die **Fave *n'capriata*** (Püree aus Dicken Bohnen mit Jungzichorie), die Zuppe di verdure (Gemüsesuppen, 7 €). Als Hauptgang bietet sich Asino (Eselfleisch) oder Schaffleisch in Form von **Pecora in *pignata*** (10 €) an, aber auch Stinco di maiale (Schweinehaxe) mit Gemüse, Involtini di trippa (Kuttelrouladen), Pollo con i peperoni (Hähnchen mit Paprikaschoten) sind eine gute Wahl. Gegen Vorbestellung gibt es zudem Coniglio (Kaninchen) und Agnello (Lamm). Den Abschluss bilden Torta di ricotta oder Torta di mele und Biscotti di Ceglie (Mandelfeingebäck, Slow-Food-Presidio). Regionale Weinkarte, hausgemachte Liköre.

19 KM WESTLICH VON FOGGIA

Palazzo d'Auria Secondo

NEU

Restaurant
Piazza Oberdan, 3
Tel. (+39) 0881 / 53 04 46,
(+39) 333 / 918 84 72
Ruhetag: Montag
Ferien: unterschiedlich im Winter
80 Plätze + 50 Plätze im Freien
Preise: 30–35 €
Kreditkarten: AE, CS, MC, Visa; BM
Mittags und abends geöffnet
G

Ein Palazzo aus dem 16. Jahrhundert bildet den Rahmen für die Aktivitäten des Junggastronomen Alberto Trincucci. In das Lokalinnere gelangt man über einen prächtigen Innenhof, der mit typischem Kalkstein gepflastert ist und bei passendem Wetter zum Verweilen einlädt. Alberto, der ein passionierter Vintage-Sammler ist, hat sein Lokal mit schönen Gegenständen eingerichtet, die das Ambiente behaglich machen. Die Küche zeugt von Regionalverbundenheit und unablässiger Suche nach exzellenten Grundprodukten, auch viele Slow-Food-Presidi sind vertreten. Während Sie köstlich duftende **Pettole fritte** probieren, sollten Sie einen der vortrefflichen Antipasti (5 €) bestellen: köstliche Sfogliatina mit Burrata und Feldzichorie, delikater Tortino di ricotta di bufala – in gegrillte Auberginenscheiben gehüllt und von kleinen Prunilli-Tomaten begleitet, Oktopus (Tentacolo di polpo alla brace) mit Püree von Dicken Bohnen aus Carpino. Es folgen typische Suppen und hausgemachte frische Pasta: Orecchiette mit Cime di rapa und frittierten Brotbröseln (6 €), **Fave e cicoria** (Dicke Bohnen und Zichorie), Bohnen aus Faeto mit Wildkräutern, **Pancotto**, Ravioli di borragine mit Baccalà, Nasuta-Oliven und Wildspargel (8 €). Die Secondi basieren zumeist auf Fleisch lokaler Herkunft: Salsiccia a punta di coltello mit Kartoffeln und Lampascioni (8 €), Filetto di vitello mit apulischem Mosto cotto, **Involtini di cavallo al ragù** (Pferdefleischrouladen), Asino stufato in terracotta (Eselschmorfleisch), herzhafte *Misciska* (gedörrtes Ziegenfleisch vom Gargano) mit Blattgemüse. Von den Dolci (4 €) unwiderstehlich sind die Torta passionata von einer bekannten Konditorei aus Troia, der Semifreddo al caffè und das Tiramisu. Der Weinkeller ist mit vorwiegend apulischen Etiketten sehr gut sortiert.

39 KM NORDÖSTLICH VON FOGGIA, S.S. 89

Il Baracchio

Trattoria
Corso Roma, 38
Tel. (+39) 08 84 / 58 38 74
Ruhetag: Donnerstag
Keine Ferien
70 Plätze
Preise: 30–35 €
Kreditkarten: CS, MC, Visa; BM
Mittags geöffnet, Samstag auch abends

In einem schlichten und geselligen Lokal, dem eine umfassende Renovierung bevorsteht, wird Sie Hausherr Fiorenzo, der ein Faible für Poesie und – wie wir aus der Hintergrundbeschallung schließen – für gute Musik hat, mit sprichwörtlicher Liebenswürdigkeit empfangen. Das kulinarische Angebot entspringt der traditionellen Meeresküche, der frische Fisch wird in der vom Eingang aus einsehbaren Küche mit Sorgfalt verarbeitet. Man kann à la carte wählen oder sich für eines der Degustationsmenüs entscheiden. Doch wenn Sie sich vom Wirt beraten lassen, werden Sie es nicht bereuen. Das Potpourri der Antipasti (10 €) beinhaltet Crudi di mare (rohe Meeresfrüchte), Alici (Sardellen) – mariniert oder frittiert, Seppie al nero (Tintenfisch in eigener Tinte), Cozze ripiene (gefüllte Miesmuscheln), Ostriche gratinate (gratinierte Austern). Große Auswahl besteht bei den Primi: exzellente **Troccoletti con filetti di triglia** (Pasta mit Seebarbenfilets, 9,50 €), typische **Zuppetta di mare** (Meeresfrüchtespezialität), Spaghetti ai frutti di mare, Orecchiette mit Scampi und Rucola, Troccoli al sugo rosso oder al nero di seppia. Es folgen Makrele vom Grill mit Fenchel (Sgombro alla griglia con finocchietto, 8 €), Tintenfisch in Form von **Seppia ripiena al sugo**, Grigliata mista (allerlei gegrillter Fisch) und Frittura mista (gemischte Fischfrittüre), herrlich duftende Triglie al limone e origano (Rotbarben mit Zitrone und Oregano), Spigola al forno (Seebarsch aus dem Ofen) mit Oliven. Schließlich die Dolci (4,50 €): Ostia ripiena, Torroncini, Cheesecake mit Erdbeeren, leckere Eiscreme handwerklicher Machart. Nach einer Verkostung der hausgemachten Rosoli (Liköre) steht einem Verdauungsspaziergang am Lungomare von Manfredonia nichts im Wege. Die Weinkarte beschränkt sich auf das Wesentliche.

14 KM NORDWESTLICH VON BARLETTA, S.S. 159

Canneto Beach 2

NEU

Restaurant
Via Amoroso, 11
Tel. (+39) 08 83 / 651 09,
(+39) 392 / 894 47 99
Ruhetag: Montag
Ferien: je 1 Woche im Januar und November
80 Plätze + 40 Plätze im Freien
Preise: 35 €
Alle Kreditkarten; BM
Mittags und abends geöffnet
G

In der Stadt mit den größten Salinen Europas, die auch für ihre Thermalbäder bekannt ist, werden Sie wenige Meter vom Strand entfernt das Lokal der Familie Riontino entdecken. Das Restaurant mit der angenehm entspannten Atmosphäre gliedert sich in zwei große Räume. Am Eingang gibt es einen großen Ofen und eine Fischtheke zu bewundern. Salvatore Riontino, Hausherr und Chefkoch, bietet typische hiesige Gerichte, die naturgemäß hauptsächlich auf frischem Fisch basieren. Der reichhaltige Antipasto misto (10 €) kann aus rohen oder gekochten Kostproben bestehen: Sehr gut sind Polpo alla griglia mit Schiacciata di patate (gestampfte Kartoffeln aus lokalem Anbau, mit Balsamicoessig abgeschmeckt), **Seppie ripiene di erbe spontanee** (Tintenfisch mit Wildkräuterfüllung), Ceci con asparagi e gamberi rosa (Kichererbsen mit Spargel und Garnelen). Herausragend von den Primi sind die **Troccoli con le cicale**, die Spaghetti ai frutti di mare (12 €), der Risotto alla pescatora, die Linguine al nero di seppia. Es folgen ein üppiger, herrlich knuspriger **Fritto misto di paranza** (9 €), wunderbare Triglie al cartoccio, Pescatrice oder **Rombo al forno mit Kartoffeln**, Grigliata mista, Spigola di cattura (Seebarbe, Wildfang), Brassen wie Dentice oder Sarago al sale (in Salzkruste). Der Fisch des Tages wird nach Gewicht verrechnet; es fehlt auch nicht an Krustentieren, die das Portemonnaie zwangsläufig stärker belasten. Wer keinen Fisch mag, kann sich für Filetto di maiale mit grünem Pfeffer oder Nodino di vitello mit Rucola und Grana entscheiden. Man schließt mit Eiscreme, Sorbetto oder Sgroppino. Die umfangreiche, preislich korrekte Weinauswahl wird ergänzt durch ein beachtliches Sortiment an Schaumweinen und Edelbränden, die in einem speziellen temperaturkontrollierten Raum lagern.

30 KM NÖRDLICH VON TARENT, S.S. 172

La Tana

Restaurant
Via Mascagni, 2–4–6
Tel. (+39) 080 / 480 53 20,
(+39) 339 / 249 53 03
Ruhetag: Donnerstag, außer im Sommer
Keine Ferien
40 Plätze + 20 Plätze im Freien
Preise: 25–35 €
Kreditkarten: CS, MC, Visa; BM
Mittags und abends geöffnet

Martina Franca ist mit seiner eleganten, von barocken Bauten geprägten Altstadt ein Muss für jeden, der die Schönheiten des Valle d'Itria genießen möchte. Das Restaurant von Nicola Colucci befindet sich in den ehemaligen Kornspeichern des Palazzos der Herzöge Caracciolo, der heute Sitz der Stadtverwaltung ist. Die schönen Gewölbe, der Kamin und die Steinmauern verleihen dem Lokal eine warme, einladende Atmosphäre. Nicola und seine Frau Rosa Amodio kümmern sich auf charmante und sympathische Weise um die Gäste, während Rosas Bruder Martino mit ausgewählten Grundprodukten gepflegte Gerichte der Tradition zubereitet. Man beginnt mit einem Antipasto auf Basis von Gemüse, Wurstwaren aus Martina Franca und Polpette di pane in Sauce oder gönnt sich vorzügliche gefüllte Calamari in guazzetto di olive oder aber auch schmackhafte Miesmuscheln (**Pepata di cozze tarantine con fette di pane amaro**, 8 €). Sehr gut von den Primi sind die **Tagliatelle con cardoncelli e tartufo nostrano** (mit Kräuterseitlingen und einheimischem Trüffel, 14 €), die Maccheroni con passata di fagioli con rosmarino, cozze e vongole (Bohnensauce, Rosmarin, Mies- und Venusmuscheln) und der mit Scamorza affumicata verfeinerte Risotto al Primitivo. Bei den Secondi dominiert Fleisch vom Grill: Agnello, Scottona, ***Gnumarielli***, Salsicce; alternativ dazu munden Geschmortes vom Jungschwein mit Pflaumen (Stracotto di maialino con prugne in terrina ricoperta di sfoglia, 14 €) und feine Fischfrittüre (Fritturina di mare). Als Dessert gibt es **Bocconotto farcito di crema e amarene** (mit Creme und Sauerkirschen gefülltes Feingebäck, 5 €), ein Stück handwerklich gefertigten Spumone, Pasticciotto aus Mürbeteig mit einer Füllung aus Ricotta und Birnen, und dazu hausgemachte Liköre (Rosoli) oder Limoncello. Regionale Weinkarte.

16 KM NORDWESTLICH VON TARENT

Falsopepe

Restaurant-Enoteca
Via II Santi Medici, 45
Tel. (+39) 099 / 880 46 87
Ruhetag: Mittwoch, Sonntagabend
Ferien: 3 Wochen im November
35 Plätze + 30 Plätze im Freien
Preise: 30–35 €
Alle Kreditkarten; BM
Abends geöffnet, im Winter und an Feiertagen auch mittags

Bei dem Tausendsassa Vincenzo Madaro und seiner Mutter Anna Maria zu essen, ist einfach sensationell – wegen des Ambientes, der Gastlichkeit, der Qualität des Speisen- und Weinangebots. Im Sommer ist das Restaurant noch reizvoller, da man über den Dächern von Massafra speisen kann: Das Lokal verfügt über zwei bezaubernde Terrassen auf unterschiedlichen Ebenen, von denen man die hübsche weiß getünchte Altstadt überblickt. In behaglicher Atmosphäre genießt man traditionelle Rezepte in zeitgemäßen Interpretationen, die mitunter auf originellen, jedoch nie überspitzten Geschmackskombinationen basieren. Beispielhaft hierfür sind unter den Vorspeisen die mit Kirschen oder grünen Paprikaschoten verfeinerten **Polpette di carne**. Ebenfalls sehr schmackhaft sind die **Formaggi**, das Dicke-Bohnen-Püree mit Saisongemüse und Crostini sowie die mit Käse, Kräutern der Saison und Orangengelee servierten Rouladen (Involtini di capocollo di Martina Franca). Ein sehr gelungener Mix aus Tradition und Innovation charakterisiert auch die Primi: Spaghetti alla chitarra mit Lammragout und Artischockenpesto (10 €), frische **Paccheri con purè di patate e cozze dell'Adriatico** (10 €). Den Secondi gebührt besonderes Lob: **Costine impanate di agnello** (panierte Lammrippchen), mit Bier gebratenes Filetto di maialino (14 €), **Terrina di calamari, cozze e polpo in umido**, Filetti di orata mit Kräutern. Eine Dessertempfehlung ist schwierig, da die Dolci je nach Laune des Küchenchefs häufig wechseln. In der reich sortierten Weinkarte sind auch Bioweine gut vertreten; zudem fehlt es nicht an Bieren aus Kleinbrauereien.

»
Vincenzo und Anna Maria interpretieren die Region wie wenige andere: Erleben Sie einen Gaumenkitzel der Extraklasse.
«

MASSAFRA

16 KM NORDWESTLICH VON TARENT

La Volpe e L'Uva

NEU

Restaurant
Vico IV SS. Medici, 12
Tel. (+39) 099 / 400 43 37,
(+39) 340 / 845 27 19
Ruhetag: Dienstag
Keine Ferien
35 Plätze + 20 Plätze im Freien
Preise: 25–35 €
Kreditkarten: Visa; BM
Abends geöffnet, im Sommer und an Feiertagen auch mittags

In der Nähe der malerischen Schlucht Gravina di San Marco gelegen, ist das weiße Gemäuer dieses Lokals nicht zu übersehen. Seinen Namen (dt.: „Der Wolf und die Traube") verdankt es der Rebe, die sich an der Hauptfassade hochrankt, und dem Nachnamen des Inhabers und Chefkochs Antonio Volpe. In der Küche wird er von Mamma Maria unterstützt, die man oft dabei beobachten kann, wie sie den Teig aus Hartweizengrieß knetet und daraus typische Orecchiette formt. Im Sommer kann man sich unter der hübschen Pergola auch nur auf ein Glas Wein oder ein gutes Bier niederlassen und dazu traditionelle Appetithappen oder eine gehaltvollere Abfolge von kalten Speisen (12 € für zwei Personen) genießen. Im Inneren sind die Tische in einem Raum gedeckt, der in den Fels gehauen und mit rustikaler Schlichtheit gestaltet ist. Für den Auftakt empfehlen wir die Auswahl an lokalen Formaggi und Salumi (7 €), die **Involtini di cavallo** (Pferdefleischrouladen), die Ceci con ricotta *ascant'* (Kichererbsen mit pikanter Ricotta), in der Saison Tortino di finocchi (Fenchelflan). Unverzichtbar von den Primi sind die **Orecchiette – mit Pomodori secchi, Ricotta salata, Melanzane und Basilikum** (8 €) oder einfach nur mit frischer Tomatensauce und Käse; ebenfalls gut sind die **Strascinate di grano arso mit Salsiccia, Pomodorini und Purè di fave**. Es folgen **Costata di manzo** (13 €) mit Bier einer lokalen Kleinbrauerei, Bistecca di scottona alla brace (Steak vom Jungrind aus der Murgia), Filetto di manzo mit Zwiebeln und Weinreduktion. Die Desserts enttäuschen nicht: traditionelle Eiscremespezialität „Tornerai" (gefüllter Keks mit Schokoüberzug) oder Spumone di nocciola e fiordilatte mit San-Marzano-Likör (3,50 €). Ausgesuchte apulische Weine, Biere von Kleinbrauereien. Degustationsmenüs für 25, 30 und 35 €.

29 km sw. v. Andria, 34 km v. Barletta, S.S. 98

La Tradizione Cucina Casalinga

Trattoria
Via Imbriani, 11–13
Tel. (+39) 08 83 / 69 16 90
Ruhetag: Donnerstag
Ferien: 1.–15. März, 1.–15. September
40 Plätze + 16 Plätze im Freien
Preise: 25–30 € • Alle Kreditkarten
Mittags und abends geöffnet

Wir sind im Herzen der Murgia der Provinz Bari, einem landschaftlich reizvollen Gebiet von unbestrittener Schönheit. Das Lokal präsentiert sich rustikal, mit Tonnengewölben und Bögen, Wänden voller Bilder und historischer Fotografien der Stadt Minervino Murge, schlichten Möbeln im Arte-Povera-Stil und verschiedenen Gegenständen der bäuerlichen Tradition. Hier finden Sie Gastlichkeit der herzlichen Art, ohne Brimborium, ganz so wie die Küche der Geschwister Di Noia: schlicht, ursprünglich, in der authentischsten Esskultur der Alta Murgia verwurzelt. Der Antipasto (8 €) erweist sich als reichhaltige Abfolge gut aufeinander abgestimmter Köstlichkeiten: Wurstwaren, Ricotta und Pecorino aus der Region, frittiertes oder geschmortes Saisongemüse, **Lumache soffritte** (gebratene Schnecken) mit Lorbeer und Minze, **Trippa alla contadina** (Kutteln nach Bauernart), Gemüse wie Asparagi oder Sponsali mit gerösteter Pancetta. Von den Primi erwähnt seien die Troccoli alla murgese mit Kirschtomaten und Ricotta dura (6 €), die Maccheroncini mit Pomodorini, Auberginen und Baccalà in feinen Streifen, die Orecchiette di grano arso mit Zucchinistängeln, die Cavatelli con tris di legumi (mit dreierlei Hülsenfrüchten). Die Secondi basieren auf erstklassigem Fleisch aus der Murgia: Agnello da latte (Milchlamm), ***Brasciole di cavallo al sugo*** (Pferdefleischrouladen in Sauce, 6 €), Kaninchen in der Spielart Coniglio alla cacciatora; nur gegen Vorbestellung zu haben ist die Lammfleischspezialität ***U cutturidd'*** mit Stängelkohl. Die Nachspeisen (4 €) – heiße Sfogliatine, Dolce di ricotta, Dolcetti di mandorle, Tiramisu – sind hausgemacht. Der Hauswein ist eine gute Alternative zu dem kleinen Sortiment an Flaschenweinen aus der Gegend um Castel del Monte. Reservierung wärmstens empfohlen.

MINERVINO MURGE

29 km sw. v. Andria, 34 km v. Barletta, S.S. 98

Masseria Barbera

Ferienbauernhof
Strada Provinciale 230 (vormals S.S. 97), km 5,850
Tel. (+39) 08 83 / 69 20 95
Ruhetag: Sonntagabend, Montag
Ferien: 1.–20. November
120 Plätze
Preise: 30 €
Alle Kreditkarten
Mittags und abends geöffnet

An der ehemaligen Strada Statale 97, knapp außerhalb von Minervino Murge, befindet sich das Anwesen der Familie Barbera: etwa 50 Hektar Weingärten, Obstplantagen, Olivenhainen und Weideland. Die heute dem Restaurantbetrieb dienenden Räume bildeten im vergangenen Jahrhundert den Kern des Landgutes. Die Küche ist sehr regionalbewusst, die erstklassigen Zutaten stammen großteils vom eigenen Hof. Man beginnt mit dem Benvenuto della masseria, einer Vorspeise, die Gemüsesuppe, Püree von Baccalà und Kartoffeln mit gerösteten Tomaten, **Zuppa di sponsali und Polpettine di carne al limone** (6 €) beinhaltet. Hervorragende Primi sind **Orecchiette di grano arso mit Blattgemüse und knusprigem Brot** (8 €), Paccheri con il baccalà, Spaghetti Senatore Cappelli mit Carbonara di verdure, Ravioli di ricotta mit Butter aus Andria und kantabrischen Sardellen. Bei den Secondi konzentriert sich die Auswahl auf schmackhaftes lokales Fleisch: Guancia di vitello al Nero di Troia mit Püree aus geräucherten Kartoffeln (14 €), **Tegame di agnello al forno** (geschmortes Lamm mit Pilzen, Kartoffeln und Zwiebeln, 13 €), Kaninchen aus eigener Haltung als Coniglio con salsa alla cacciatora, Grigliata mista. Auch der von Früchtekompott begleitete Käse (Pecorino und Caciocavallo podolico) ist eine gute Wahl. An Dolci gibt es Tiramisu mit Gerstenmalz und gerösteten Pistazien, Crostata, Pasticciotto di grano arso con crema fondente. Gepflegte Weinkarte mit überwiegend apulischen Winzerprodukten. Ein Degustationsmenü für 35 € und ein Mittagsmenü für 20 € ergänzen die Auswahl.

„Respekt vor der Tradition und Sorgfalt bei der Auswahl der Grundzutaten sind das A und O beim kulinarischen Angebot von Riccardo Barbera."

55 KM NORDÖSTLICH VON FOGGIA, S.S. 272

Medioevo

Restaurant
Via Castello, 21
Tel. (+39) 08 84 / 56 53 56,
(+39) 348 / 823 61 62
Ruhetag: Montag, außer im Sommer
Ferien: 15.–30. November
60 Plätze
Preise: 30–35 €
Alle Kreditkarten; BM
Mittags und abends geöffnet, im Winter nur mittags

An der flachen Treppe, die zur Wallfahrtskirche San Michele Arcangelo (UNESCO-Weltkulturerbe) hinaufführt, beherbergt ein typisches kleines Haus dieses gemütliche Restaurant, das als Inbegriff der hiesigen Esskultur gelten kann. In den zwei kleinen Räumen mit Gewölbedecke erläutert Patron Pasquale Mazzone mit Hingabe die Grundprodukte und die von Chefkoch Tonino Palumbo zubereiteten Speisen. Die beiden sind seit 20 Jahren ein eingespieltes Team. Beginnen kann man mit Focaccia di patate auf Basis von natürlichem Weizensauerteig und Antipasto rustico (12 €): Dieser beinhaltet gebackenes Gemüse aus lokalem Anbau, Ricotta di capra, regionaltypische Käsesorten, selbst gemachte Salumi aus Fleisch von frei gehaltenen Schweinen. An Primi gibt es vortreffliche frische Teigwaren wie Troccoli mit Tomatensauce und Cacioricotta oder mit Tintenfisch und Wildfenchel, Orecchiette mit Tomaten, Lamm, Rucola und Pecorino (8 €) oder mit Scampi und Kürbisblüten, ***Lajine*** (Bandnudeln) **mit Kichererbsen und Ragù di baccalà** oder mit Funghi porcini (Steinpilze). Gut sind auch die Eintöpfe, etwa **Pancotto con cavoli, patate e fave** (7,50 €), und die Fave con verdure di campo (Dicke Bohnen mit Blattgemüse). Von den Secondi überzeugen Ziegenkitz und **Lamm** lokaler Provenienz, etwa **Agnello** al profumo del Gargano (14 €) oder **in tiella con *turcinieddi* e patate**, gebratener Caciocavallo podolico, im Sommer Tintenfisch, gefüllte Melanzane oder Peperoni. Akkurate Auswahl an frischen und gereiften **Formaggi** aus der Region. Neben traditionellen Dolci (**Ostie *chiene***, Mostaccioli, Poperati) gibt es himmlische Mousses. Eine Kostprobe wert sind zudem die hausgemachten Liköre mit Olivenblättern, roten Maulbeeren, Granatapfel. Der gepflegte, gut sortierte Weinkeller empfiehlt preiswerte regionale Etiketten (auch glasweise).

49 KM SÜDÖSTLICH VON BARI, S.S. 100 U. S.S. 634

L'Antica Locanda

Traditionelle Osteria
Via Santo Spirito, 49
Tel. (+39) 080 / 497 24 60
Ruhetag: Dienstag, Sonntagabend
Keine Ferien
70 Plätze + 30 Plätze im Freien
Preise: 30–35 €
Alle Kreditkarten
Mittags und abends geöffnet

Die Altstadt von Noci mit ihrem typischen Kalksteinpflaster ist ein Gewirr aus engen Gassen und kleinen Plätzen, Gnostre genannt, an die bäuerliche Wohnhäuser ebenso angrenzen wie historische Palazzi. In diesem Gefüge entdecken wir die Osteria von Pasquale Fatalino: Er, der Küchenchef und Patron, wird Sie in Räumen mit Steinmauern begrüßen, in der warmen Jahreszeit auch auf dem Platz vor dem Lokal. Lassen Sie sich bei der Speisenauswahl von Pasquale helfen, er wird Sie kompetent, zuvorkommend und freundlich beraten. Während Sie auf die eigentliche Mahlzeit warten, können Sie mit Polpettine di uova, Lupini und grünen Oliven den Appetit anregen. Der Antipasto (12 €) umfasst frischen Mozzarella, Formaggi und Salumi von einem Bauernhof aus der Nähe, Capocollo di Martina Franca (Slow-Food-Presidio), gebackenes und in Öl eingelegtes Gemüse, Spargelomelett, frittierte Lampascioni mit Vincotto. Die frische Pasta ist hausgemacht: **Orecchiette mit Cardoncelli-Pilzen aus der Murgia** (8 €), Maccheroncini di grano arso mit Kaninchenragout, **Cavatellini con ceci e baccalà** (mit Kichererbsen und Stockfisch). Von den Secondi (12 €, allesamt Fleischgerichte), seien Pecora in *pignata*, **Agnello con patate e lampascioni al forno**, Coniglio disossato alle erbe, **Involtini di trippa di vitellino** und die Fleischtranchen erwähnt, die über Eichenholz gegrillt werden. Zu den Desserts – Mandel-Dolcetti (4 €) und Amaretti von einer örtlichen Konditorei, Feingebäck mit Cremefüllung, Crostata di frutta – können Sie hausgemachte Liköre probieren. Vortreffliche Weinkarte mit vor allem regionalen Winzererzeugnissen.

» *Kompetent und zuvorkommend empfiehlt Pasquale traditionelle Speisen aus erstklassigen Grundprodukten.* «

44 KM SÜDWESTLICH VON FOGGIA, S.S. 90

Peppe Zullo

Restaurant mit Übernachtungsmöglichkeit
Via Piano Paradiso, 11
Tel. (+39) 08 81 / 96 47 63,
(+39) 320 / 747 00 93
Ruhetag: Dienstag
Ferien: November
40 Plätze + 40 Plätze im Freien
Preise: 35 € (Tagesmenü)
Alle Kreditkarten; BM
Mittags geöffnet

Eine Begegnung mit Peppe, dem umgänglichen, leutseligen Inhaber und Küchenchef des Lokals, ist immer ein spannendes Erlebnis. Die hervorragenden Grundzutaten stammen teils aus seinem großen Garten, den er vor Kurzem weiter vergrößert hat, teils aus eigener Viehhaltung. Angeboten werden drei Degustationsmenüs à 35 €, darunter auch ein vegetarisches. Zu Beginn werden Primosale mit frischen Tomaten und Trüffel aus der Daunia, **Ciambotta**, Parmigiana di borragine, Feigen mit Capocollo und Mosto cotto, Fiori di zucca mit Caciocavallo und Basilikum oder **Involtini di melanzana mit Provola affumicata und Minze** serviert. Es folgen **Troccoli con *fogl'a misc*** (Pasta mit Blattgemüse), Fusilloni Senatore Cappelli mit Auberginenragout al *pulio* (Wildminzeart), **Maccheroncelli con ragù di polpette di pane**, Orecchiette di grano arso mit Kürbissprossen, Scialatielli di grano arso in salsa di marasciuolo (leicht bitter schmeckendes Wildkraut). Herausragend von den Secondi sind das Kaninchen in der Spielart **Coniglio con sponsali e pomodorini al forno**, die Millefoglie di vitellino mit Wildkräutern und Provola affumicata, die Cotoletta di borragine mit Salzkartoffeln. Die beeindruckende Selektion an **Formaggi** aus der Daunia wird mit Kürbis-Orangen-Konfitüre und einheimischem Honig serviert. An Süßem gibt es z. B. Crostata mit Holunder- oder Maulbeerkonfitüre und Mandelkrokant mit Sauerkirschencreme. Top-Auswahl an Spirituosen und Wein, u. a. ein interessanter selbst gekelterter Rotwein aus Trauben der einheimischen Rebsorte Tuccanese.

»

Bei Peppe zu essen ist immer ein spannendes Erlebnis. Mit ungemein geschickter Hand verarbeitet er exzellente, großenteils selbst produzierte Zutaten.

«

36 KM NORDWESTLICH V. BRINDISI

San Filippo

Restaurant
Via Vittorio Emanuele, 222
Tel. (+39) 08 31 / 33 45 46
Kein Ruhetag
Keine Ferien
70 Plätze
Preise: 35–38 €
Kreditkarten: CS, DC, MC, Visa; BM
Mittags und abends geöffnet

Das San Filippo ist ein Restaurant, das sich perfekt in den stilvollen Rahmen eines ehrwürdigen Gebäudes einfügt, aus dem durch einen durchdachten Umbau das Hotel Ostuni Palace hervorgegangen ist. Aufgrund der Eleganz und Raffinesse des Ambientes könnte man meinen, in einem Lokal der gehobenen Art gelandet zu sein, doch sind die Preise hier durchaus vernünftig. Am Empfang werden Sie Francesca De Pascale, die Inhaberin und Küchenchefin, antreffen. Das Menü, das häufig durch Empfehlungen bereichert wird, die nicht in der Karte stehen, umfasst zwei Vorspeisenpotpourris für 8 bzw. 14 €, die Folgendes beinhalten können: Tatar von der Goldbrasse aus Torre Guaceto mit Zitrusfruchtsalat, **Purè di fave con alici fritte, cornaletti e chicchi d'uva** (Dicke-Bohnen-Püree mit frittierten Sardellen, Paprikaschoten und Trauben), Tortino di zucchine mit Pomodorini Fiaschetto (Slow-Food-Presidio), ***Acquasala*** mit Friselle aus Weizenmehl der Sorte Senatore Cappelli, geschmorte Cime di rapa mit Tranchen von frittiertem Sgombro. Herausragend von den Primi sind die *Laganari* mit Gemüse und Capocollo di Martina Franca (Slow-Food-Presidio), die Spaghettoni alla chitarra mit Gamberi rossi aus Gallipoli, die Maltagliati con ragù di pesce (12 €), die **Calamarata di Gragnano mit Seeteufel**. Auch bei den Secondi wechseln Meer und Festland miteinander ab: Filetto di pesce azzurro (12 €), gemischte Fischfrittüren, Fleischspieß mit Aschenkartoffeln (**Spiedino di bombette e salsiccia della valle d'Itria con patate sotto cenere**), knusprige Costolette vom Lamm, gefülltes Kaninchen im Speckmantel (Coniglio ripieno e lardellato). Köstlich die Dolci: Torta di ricotta mit kandierten Früchten und Mascarpone (6 €), Semifreddo all'amaretto mit Mandeln und Bitterschokolade, Sfogliatina mit Orangencreme. Gute Weinkarte.

65 KM SÜDÖSTLICH VON LECCE, S.S. 275

Rua de li Travaj

Trattoria
Piazza Indipendenza
Tel. (+39) 349 / 058 45 31
Ruhetag: Mittwoch, außer im Sommer
Ferien: Oktober
35 Plätze + 40 Plätze im Freien
Preise: 25 €
Kreditkarten: CS, DC, MC, Visa; BM
Abends geöffnet, November–Juni an Feiertagen nur mittags

Allein Fiorinas **Brasato al Negroamaro** rechtfertigt einen Stopp in dem kleinen Ort Patù, der ansonsten den zahlreichen Touristen, die vor allem im Sommer die salentinische Halbinsel bevölkern, nicht allzu viel zu bieten hat. Die von Gino De Salvo und seiner Frau Annamaria geführte Trattoria befindet sich in einem alten Gebäude mit charakteristischen Tuffsteingewölben und ist nach der früheren Bezeichnung der Gasse Vicolo Cavallotti nahe dem Hauptplatz benannt. Fiorina, die piemontesische Schwiegermutter von Gino, bereitet neben dem herzhaften Brasato, der ihre Herkunft verrät, mit meisterlicher Hand die besten Gerichte der salentinischen Tradition zu. Den Auftakt macht ein Kaleidoskop an Antipasti (15 €), die hauptsächlich auf Gemüse basieren: Zwiebel-Frittata, geröstete Paprikaschoten, Pizza rustica, Pitta di patate, Parmigiana di melanzane, Pomodori *scattarisciati* (gebratene Tomaten), in Öl eingelegte getrocknete Tomaten und Lampascioni, geröstete Auberginen, frittierte Peperoni mit Brotbröseln, Kartoffelsalat und andere Kostproben, die je nach Saison variieren. Unter den Primi sind einige schmackhafte Gemüse- und Hülsenfrüchtesuppen, Minestra di farro e fagioli (Dinkel-Bohnen-Suppe), ***Ciciri e tria***, Orecchiette und ***Sagne torte*** oder Sagne *'ncannulate* **al pomodoro e ricotta forte** (8 €) zu entdecken. Die Secondi sind mit Ausnahme des ***Purpu alla pignata*** (in einem Tongefäß geschmorter Oktopus) Fleischgerichte: Pferdefleisch in Form von **Pezzetti di cavallo al sugo**, Kaninchen als Coniglio al forno con patate (9 €), Grigliata mista, Polpettone. Gute hausgemachte Dolci (5 €), zu denen man einige unterschiedlich aromatisierte Rosoli probieren kann. Der Weinkeller bietet neben den besten Etiketten des Salento einen guten offenen Rotwein.

32 KM SÜDÖSTL. VON LECCE, S.S. 16 UND S.S. 275

La Piazza

Trattoria
Piazza Umberto I, 13
Tel. (+39) 08 36 / 90 19 25,
(+39) 339 / 777 70 73
Ruhetag: Montag, außer im Sommer
Ferien: November
35 Plätze + 60 Plätze im Freien
Preise: 30–35 € • Alle Kreditkarten; BM
Abends geöffnet, Sonntag und Feiertage auch mittags

Poggiardo, eine kleine Gemeinde des salentinischen Hinterlandes, bietet ein schönes Beispiel für Traditionsbewusstsein und Lebensqualität. In diesem beschaulichen Rahmen betreiben Stefano und Klejda mit ungebrochener Leidenschaft ihr hübsches Lokal. Man kann durchaus behaupten, dass die viel gepriesene Null-Kilometer-Philosophie in diesem Restaurant gelebte Realität ist: Die Grundprodukte stammen ausschließlich aus einheimischen Betrieben und vom lokalen Markt. Die Primi und im Grunde das gesamte Angebot variieren abhängig davon, was die Gastgeber von ihren täglichen Streifzügen mitbringen. Der reichhaltige Antipasto misto (13 €) verbindet Meeres- und Festlandküche: Polpettine vom Oktopus, gratinierte Cozze mit Püree aus Dicken Bohnen, frittierte Calamari oder Kürbisblüten mit Ricottafüllung, Pittule (gefüllte und frittierte Teigteilchen), Zucchini-Sardellen-Kuchen und viele andere Spezialitäten. Großartig die **Maccheroncini al sugo con cacioricotta**, die Gnocchi di patate mit Kürbisblüten und Garnelen (10 €), die ***Sagne torte* alla ricotta *scante*** (gewirbelte Bandnudeln mit würziger Ricotta), die Linguine alle uova di pesce (Pasta mit Fischrogen). Die **Zuppa di pesce** (12 €) müssen Sie mindestens 24 Stunden im Voraus bestellen. An Secondi gibt es Coniglio oder Gallo in casseruola (9 €), **Polpette al sugo**, Agnello al forno, Pferdefleisch. Von den Dolci des Hauses sollten Sie das Zimteis (Gelato di cannella) mit eingemachten Sauerkirschen (6 €) und das exquisite Parfait di mandorle probieren. Etiketten aus Apulien und ganz Italien ergeben eine gute Weinkarte.

»*Ausgesuchte regionale Produkte für ein traditionsbewusstes und gleichzeitig behutsam innovativ gestaltetes Menü.*«

42 KM SÜDÖSTL. VON BARI, S.S. 100 UND S.S. 172

A' Cr'janz

Osteria
Via Goito, 22–24
Tel. (+39) 080 / 405 57 45,
(+39) 320 / 899 93 44
Ruhetag: Mittwoch-, Sonntagabend
Ferien: 1 Woche im September
40 Plätze
Preise: 23–28 €
Kreditkarten: MC, Visa; BM
Mittags und abends geöffnet

Wenn man den Willen zu wachsen hat und neue Kräfte ins Spiel gebracht werden sollen, geschieht auch das: Stefano D'Onghia und Rino Barletta haben – einvernehmlich – beschlossen, getrennte Wege zu gehen, jeder für sich. Rino ist dem A' Cr'janz treu geblieben und setzt mit neuen Mitarbeitern in der Küche den bewährten Kurs fort: Saisonalität, Regionalität und Verwendung von diversen apulischen Slow-Food-Presidi. Die Palette der Antipasti (10 €) kann Folgendes umfassen: Purè di fave (Püree von Dicken Bohnen aus Carpino) mit Garnelen und roten Zwiebeln aus Acquaviva, Bio-Burratina in knuspriger Hülle mit Creme von Tomaten der Sorte Regina aus Torre Canne, **Tortino di patate con alici** (Flan aus einheimischen Kartoffeln – genau gesagt aus Polignano – und Sardellen), Zuppetta di ceci neri con polpo ubriaco (Süppchen von schwarzen Kichererbsen aus Altamura mit „betrunkenem" Oktopus). Werfen Sie einen Blick auf die große Tafel an der Wand, auf der die Tagesempfehlungen aufgelistet sind: klassische **Orecchiette con ragù di *brasciole* di asino** (mit Ragout von Eselfleischrouladen), Strascinate aus Hartweizengrieß der Sorte Senatore Cappelli mit frischen grünen Bohnen, Miesmuscheln und Cacioricotta (5 €), Zuppa di cicerchia (Platterbsensuppe). Die Secondi sind vorrangig Fleischgerichte: im Tongefäß namens *Pignata* langsam geschmortes Eselfleisch in Form von Brasciole al ragù oder Stracotto, Kaninchenbraten mit Kartoffeln (**Coniglio al forno con le patate di Polignano**, 12 €), Grillsteak (Costata di vacca podolica alla brace). Lassen Sie noch ein wenig Platz für das Dessert, denn der mit Mousse von Formaggio podolico gefüllte Biscotto ai cinque cereali integrali mit Erdbeer-Sangria und Sahne (4 €) ist traumhaft. Für den Weingenuss stehen Produkte von bewährten apulischen Winzern bereit.

33 KM WESTLICH VON BARI, S.S. 98

U.p.e.p.i.d.d.e.

Restaurant
Via Sant'Agnese, 2
Tel. (+39) 080 / 361 38 79
Ruhetag: Montagabend, Sonntag
Ferien: 15. Juli–15. August
70 Plätze
Preise: 30–35 €
Kreditkarten: CS, DC, MC, Visa; BM
Mittags und abends geöffnet

Das lange Akronym U.p.e.p.i.d.d.e. steht für „Unico posto esclusivo per individui di doppia esigenza", sprich „exklusiver Ort für zweifach anspruchsvolle Menschen". Mit dem zweifachen Anspruch sind natürlich qualitätvolles Essen und Trinken gemeint. Das nicht weit von der eindrucksvollen romanischen Kathedrale entfernte Lokal befindet sich in einem Palazzo des 16. Jahrhunderts mit noblem Touch. Die Tische sind gepflegt gedeckt, der Empfang freundlich, die Bedienung flott und nie aufdringlich. Die Antipasti (13 €) umfassen Sformato di patate e crema di formaggi (Kartoffelflan mit Käsesauce), Peperone ripieno (gefüllte Paprikaschoten) sowie eine gute Auswahl an Käse und Wurstwaren aus der Region. Es folgen **Cavatelli con cardoncelli e purè di fave** (7,50 €) und die Spezialität des Hauses **Orecchiette alla pastora** (7 €). Diese zwei Pastagerichte könnten unterschiedlicher nicht sein: Während die Cavatelli durch eine perfekte Balance der Zutaten – Pilze und pürierte Dicke Bohnen – überzeugen, sind die nach allen Regeln der Kunst zubereiteten Orecchiette eine wahre Explosion der für das Terroir der Murgia typischen Aromen. Danach kann man einheimisches Fleisch in Form einer vorzüglichen Grigliata mista (10 €) probieren, aus der die Schmackhaftigkeit des Lamms und die Zartheit der **Torcinelli** hervorstechen. Ebenfalls sehr zu empfehlen sind die **Funghi cardoncelli alla brace** (gegrillte Kräuterseitlinge, 7 €). Auch die gepflegte Auswahl an **Formaggi** darf nicht unerwähnt bleiben. Herausragend unter den Dolci (4 €) ist das Semifreddo al torroncino, das sich ideal mit den hausgemachten Bitterlikören kombinieren lässt. Der von Patron Dino Saulle vorbildlich gepflegte und bestens bestückte Weinkeller, in dem auch große Jahrgangsweine lagern, lohnt einen Besuch.

SAN GIOVANNI ROTONDO

41 km nordöstlich von Foggia

Opus Wine

Restaurant-Enoteca
Traversa Castellana, 12
Tel. (+39) 08 82 / 45 64 13,
(+39) 333 / 657 44 96
Ruhetag: Sonntag
Ferien: unterschiedlich
35 Plätze + 25 Plätze im Freien
Preise: 25–30 €
Kreditkarten: AE, CS, DC, Visa
Mittags und abends geöffnet

San Giovanni Rotondo wurde im 11. Jahrhundert auf den Resten einer Siedlung aus dem 4. Jahrhundert v. Chr. gegründet, von der noch einige Gräber und ein Baptisterium erhalten sind. Bei diesem handelt es sich um einen Rundbau, von dem sich der Ortsname Rotondo (dt.: rund) des Städtchens ableitet, dessen wohl bekanntester Bürger der mittlerweile heilig gesprochene Padre Pio ist. Durch die Gassen der Altstadt schlendernd treffen wir auf das Ristorante mit Enoteca von Pietro Placentino und Matteo Melchionda: zwei Räume mit Steinmauern, Tuffsteinquadern und Kreuzgewölben, eingerichtet mit rustikalen Möbeln, auf denen Hunderte Weinflaschen stehen. An Antipasti (7 €) gibt es Salumi von einem Betrieb aus dem nahen Apricena und **Käse** wie Canestrato pugliese oder Caciocavallo podolico vom Gargano (Slow-Food-Presidio); je nach Saison werden Gemüsevorspeisen wie **Cicoriette e purè di fave**, Parmigiana di melanzane oder Parmigiana di zucchine, geschmorte Cime di rape u. a. angeboten. Hülsenfrüchtesuppen bereichern die Auswahl an Primi (7 €), von denen die **Orecchiette con cime di rape** oder alla crudaiola, verfeinert mit Mozzarella di bufala von einem Bauernhof der Gegend, und die Cavatelli con guanciale e purè di patate (mit Wangenspeck und Kartoffelpüree) erwähnt seien. Fortsetzen lässt sich die Mahlzeit mit **Filetto di vitello podolico** (12 €) oder Bistecca di vacca podolica, Salsiccia al finocchietto, ***Musciska*** (gedörrtes Ziegenfleisch in feinen Streifen). Für den süßen Schluss erwarten uns hausgemachte Dolci (3 €): Cassata, Biscotti aus Mürbeteig, Semifreddo alle mandorle, Semifreddo al caffè. Exzellente Weinkarte mit Etiketten aus Apulien und ganz Italien, zu denen sich ein drei Hausweine gesellen (Weißwein, Rotwein, Rosé); einige Biere aus Kleinbrauereien, erstklassige Spirituosen.

SAN NICANDRO GARGANICO

57 km nördl. von Foggia, A 14 Ausfahrt Lesina

La Costa

Restaurant
Via Magenta, 11–15
Tel. (+39) 08 82 / 47 17 68,
(+39) 329 / 209 81 39
Kein Ruhetag
Keine Ferien
40 Plätze + 25 Plätze im Freien
Preise: 25–30 €
Alle Kreditkarten
Mittags und abends geöffnet

In einem weißen Gebäude im Zentrum des mittelalterlichen Städtchens gibt es ein angenehme, familiäre Einkehr: Es handelt sich um das Restaurant von Franchino Sticozzi, der zwischen Saal und Küche pendelt. Seit das Lokal einer sanften Renovierung unterzogen wurde, ist es heller und kühler. Hübsch anzusehen sind die Wandleuchter aus Terrakotta einer lokalen Künstlerin. Aufgewachsen in einer Fischer- und Bauernfamilie, ist Franchino stolz auf seine Wurzeln und zudem ein profunder Kenner der lokalen Kultur. Gerichte mit Zutaten aus Meer und See sowie vom Festland wechseln miteinander ab. Exzellent als Entree sind **Tortino di alici e ricotta con fave e salicornia** (Sardellen-Ricotta-Flan mit Bohnen und Meeresspargel, 8 €), die schlichte, schmackhafte Impepata di cozze, die Lenticchie con sgombro (Linsen mit Makrele), die Calamaretti mit Ricottafüllung und das wunderbare Carpaccio di cefalo (von der Meeräsche, 10 €). An Primi gibt es Cavatelli mit Salicornia und Aal aus dem Lago di Lesina (8,50 €), **Pancotto con le verdure di campo** (Eintopf mit Blattgemüse), Farfalle con bocconcini di rana pescatrice (mit Seeteufel), **Orecchiette al sugo di capretto garganico** (Pasta mit Ziegenkitz, gegen Vorbestellung). Das Angebot an Secondi reicht von Capretto oder **Agnello al forno mit Spargel und Wildfenchel** über Spigola al sale aus dem Tontopf, geschmorten Oktopus in Form von **Tiella di polpo, patate e lampascioni** (12 €), Frittura di paranza (Fischfrittüre), Capitone oder Cefalo alla pescatora (Aal bzw. Meeräsche) bis hin zu Zuppa di pesce in terracotta (ebenfalls nur gegen Vorbestellung). Gute regionale Formaggi wie Caciocavallo podolico und Cacioricotta, kleine Dessertauswahl: *Pupurato* mit köstlichem Feigensirup und Millefoglie di crostini di pane e ricotta. Regionales Weinsortiment.

29 KM NW. V. FOGGIA, S.S. 16, AUSFAHRT A 14

La Fossa del Grano

Trattoria
Via Minuziano, 63
Tel. (+39) 08 82 / 24 11 22
Ruhetag: Sonntagabend, Montag
Ferien: 10 Tage im August, Weihnachten, Neujahr
35 Plätze + 35 Plätze im Freien
Preise: 30–35 €
Kreditkarten: CS, DC, MC, Visa; BM
Mittags und abends geöffnet

Die mitten in der Altstadt von San Severo gelegene Osteria wird mit ungebrochener Leidenschaft von Familie Stella geführt. Der schöne Speisesaal beeindruckt mit Gewölbedecke und Mauern aus Sichtziegeln. Carlo und Gino werden Sie bei der Auswahl aus dem facettenreichen kulinarischen Angebot höflich und aufmerksam beraten. Hohe Qualität der Grundzutaten und kreative Akzente bei der Zubereitung der Traditionsgerichte sind die Stärken einer nie banalen Küche, für die Tonia, Giuseppe und Teresa verantwortlich zeichnen. Der Antipasto (15 €) kann Folgendes beinhalten: Mozzarella di bufala aus der Region, Frittelle mit Sardellen, Fiori di zucca in Backteig, Blätterteig mit Spargel, Flan von Ricotta di bufala, **Baccalà con patate**, Oktopussalat, Parmigiana di melanzane. Es folgen Primi (11 €) wie **Orecchiette con funghi cardoncelli, salsiccia e patate** (mit Pilzen, Wurst und Kartoffeln), Paccheri con pescatrice e pomodoro fresco gratinato (mit Seeteufel und gratinierten Tomaten), Tortelli con caciocavallo podolico, Semola battuta (Mininudeln aus Hartweizengrieß) mit Krustentieren und Safran aus San Severo. Interessant die Secondi (15 €): Tagliata di filetto al mosto cotto, Grigliata mista, **Agnello al pepe nero**, Filetto di pescatrice mit Spargel, Tagliata di calamari. Schwer fällt die Entscheidung bei den Dolci (4 €): Schoko-Birnen- oder Ricotta-Zimt-Kuchen, Croccante al cioccolato mit Mascarpone. Die Weinkarte erweist sich als repräsentativer Querschnitt durch die Winzerszene der Daunia und empfiehlt überdies ein paar gut ausgewählte Etiketten aus ganz Italien.

»*Besonderes Augenmerk auf qualitätvolle Ausgangsprodukte, gepaart mit der Fähigkeit, Tradition und Kreativität zu verbinden.*«

21 KM WESTLICH VON BRINDISI, S.S. 16

La Locanda di Nonna Mena

Trattoria • Via Edison, 30
Tel. (+39) 349 / 672 42 04
Ruhetag: Mittwoch
Ferien: 2 Wochen im November
28 Plätze + 10 Plätze im Freien
Preise: 25–30 €
Alle Kreditkarten; BM
Mittags und abends geöffnet

Die Osteria befindet sich in einer pittoresken Gasse der Altstadt und liegt nur ein paar Minuten vom Castello Dentice di Frasso entfernt. Entzückend ist der kleine Speisesaal des Hauses, das einst im Besitz der namengebenden Nonna Mena war und in dem nun Familie Errico Gäste bewirtet. Applaus gebührt Toni, der in der Küche mit Hilfe seiner Frau Gerichte der Tradition zubereitet, während seine beiden Geschwister Mariella und Luigi für eine ebenso aufmerksame wie freundliche Bedienung sorgen. Das Menü wird mündlich vorgetragen und wechselt mit den Jahreszeiten. An Antipasti (9 €) kann es **Acquasala** (Suppe aus altbackenem Brot mit Öl, Tomaten und Gemüse) geben, aber auch Salumi aus Martina Franca und lokale Formaggi, Polpettine mit Chips von roten Möhren, **Purè di fave mit Jungzichorie und Paprikaschoten** oder frische Salate. Schlicht und untadelig die Maccheroncini di grano arso mit Fiaschetto-Tomaten (Slow-Food-Presidio), Basilikum und Cacioricotta, schmackhaft die **Cavatelli di grano Senatore Cappelli mit Miesmuscheln und Calamaretti** (8 €), interessant die Gnocchetti con monacelle (typische Schneckenart) und Kürbisblüten, unverzichtbar im Winter die **Zuppa di ceci**. Beachtenswert von den Secondi die **Involtini di cavallo**, der Rollè di coniglio mit Blattgemüse und Capocollo (9 €), die je nach Fischmarktlage wechselnden Piatti di pesce, im Frühling mit Salicornia (Meeresspargel). Das köstliche Brot mit Natursauerteig ist wie die Dolci (3 €) hausgemacht. Klein und durchdacht die Auswahl an apulischen Weinen (auch glasweise) zu äußerst günstigen Preisen.

Bei der Comunità dei Produttori Caseari dell'Alto Salento, Via Vito Oronzo Errico 33, bekommt man alle typischen hiesigen Käsesorten.

Al Gatto Rosso

NEU

Restaurant
Via Cavour, 2
Tel. (+39) 099 / 452 98 75,
(+39) 340 / 533 78 00
Ruhetag: Montag
Ferien: 1.–15. September
45 Plätze + 40 Plätze im Freien
Preise: 35 €
Kreditkarten: AE, CS, MC, Visa
Mittags und abends geöffnet

Das Restaurant ist günstig gelegen: In unmittelbarer Nähe befinden sich der Hafen, das Archäologische Museum, die Drehbrücke, die als Wahrzeichen von Tarent gilt, und die Einkaufsstraßen der Stadt. Familie Bartoli betreibt das Lokal seit 60 Jahren. Mittlerweile ist der junge Agostino am Werk, der eine Reihe von soliden Gerichten der traditionellen hiesigen Meeresküche anbietet, denen er sowohl bei den Primi wie auch bei den Secondi stets jeweils zwei Empfehlungen der Festlandküche zur Seite stellt. Sie werden in einem der zwei hübschen Innenräume oder in dem luftigen Garten zu Tisch gebeten und von fachkundigem Personal professionell betreut. An Vorspeisen gibt es klassische rohe Frutti di mare, Oktopus als **Polpo al Negroamaro auf Püree aus Dicken Bohnen**, Antipasto misto di pesce (13 €) mit gebackenen und marinierten Sardellen, Meeresfrüchtesalat mit Artischocken und grünen Bohnen, gratinierten Miesmuscheln, Garnelen in Filoteig, Polpettine vom Schwertfisch und allerlei Frittiertem. Es folgen Risotto ai frutti di mare, **Paccheri con sugo di pescatrice**, Gnocchetti con gamberi e melanzane fritte (10 €), **Laganari aus Hartweizengrieß der Sorte Senatore Cappelli con frutti di mare** oder mit Artischocken und Pancetta auf geschmolzenem Käse (Caciocavallo podolico). Als Hauptgang erwarten uns **Pesce in guazzetto** (Fischsuppe), Calamaretti mit Rucola und Pomodorini (12 €), Gamberi mi würzigen Kräutern, **Frittura di paranza** (gemischte Fischfrittüre), Tagliata vom Podolica-Rind, Filetto al Negroamaro. Schönes Angebot an Dolci (6 €), Eis und Sorbets. Recht ordentliche, wenngleich nicht immer auf den neuesten Stand gebrachte Weinkarte. Auch ein paar Biere von Kleinbrauereien sind erhältlich.

101 KM NORDÖSTL. V. FOGGIA, S.S. 89 U. S.S. 528

Il Trappeto

Enoteca mit Küche • Via Casale, 168
Tel. (+39) 347 / 915 33 63,
(+39) 320 / 632 00 17
Ruhetag: Montag–Donnerstag, außer im Sommer
Ferien: je 2 Wochen im März und Oktober
120 Plätze • Preise: 20–33 €
Alle Kreditkarten; BM
Abends geöffnet, Sonntag und Feiertage auch mittags

Vico, eines der schönsten Städtchen des Gargano, liegt am Rand des Naturschutzgebiets Foresta Umbra, in einer Gegend, die für Oliven- und Zitrusfrüchteanbau bekannt ist. Die reizvolle Altstadt ist ein echter Magnet für die zahlreichen Gäste, die im Sommer die Küsten des Gargano bevölkern. Das Restaurant befindet sich in wunderschönen in Kalkstein gehauenen unterirdischen Räumlichkeiten, in denen früher Olivenöl gepresst wurde. In der warmen Jahreszeit ist die Dependance namens Orto del Conte (benannt nach einem von Mauern aus dem 15. Jahrhundert umgebenen botanischen Garten) zu empfehlen. Die von Edoardo Tomaiuoli mit viel Liebe und Leidenschaft gegründete Enoteca hat vor drei Jahren sein nicht minder geschickter Neffe Simone übernommen. Das gastronomische Angebot, in dem bäuerliche Traditionen auf Klassiker der Meeresküche treffen, basiert auf regionalen Produkten und Gemüse aus dem eigenen Biogarten. Man beginnt mit Alici in pastella, Polpo in umido, *U caudedd* (mit Olivenöl oder Schweinefett geröstetes Brot), Insalata di arance, gebackenen Kürbisblüten, erstklassigen typischen Salumi und Formaggi. Diese Köstlichkeiten kann man einzeln oder als gemischten Teller (15 €) bestellen. Von den Primi empfehlen wir die **Orecchiette con ragù di cinghiale**, die Minestra verde, die Troccoli con i fagioli, die **Fave di Carpino con le cicorie** (8 €). Es folgen Stracotto di cinghiale (Wildschweinragout), **Stufato di capriolo** (Schmorbraten vom Reh), Grillfleisch; Fisch gibt es zumeist nur gegen Vorbestellung, doch mitunter stehen Seppie ripiene, Frittura di paranza (13 €) oder **Rombo in umido** auf dem Speiseplan. Die Dolci (4 €) werden von Edoardos Schwester hergestellt: Sospiri, Bocche di dama, Spumette. Im gut bestückten Weinkeller lagern etliche Etiketten überwiegend regionaler Herkunft.

CEGLIE MESSAPICA

49 KM WESTLICH VON BRINDISI

Cibus

Restaurant
Via Chianche di Scarano, 7
Tel. (+39) 08 31 / 38 89 80
Ruhetag: Dienstag
Ferien: 1.–15. Juli
80 Plätze + 30 Plätze im Freien
Preise: 35–45 €
Alle Kreditkarten
Mittags und abends geöffnet

In dem alten Städtchen Ceglie Messapica befindet sich nicht weit von der zentralen Piazza del Plebiscito seit nunmehr 20 Jahren dieses gediegene Restaurant, das Gerichte der regionalen und mediterranen Tradition in oft kreativen Abwandlungen bietet. Beginnen kann man mit einer Serie von typischen kleinen Vorspeisen oder mit einer Auswahl an regionaltypischen Wurstwaren und Käsesorten. Unter den Primi zu entdecken sind Bandnudeln namens *Sagna penta* mit frittierten Brotbröseln, Ricotta forte und Fleischsauce (10 €), Bavette alle olive mennella mit passierten jungen Dicken Bohnen und Pecorino, Zuppetta di ceci neri e baccalà (die schwarzen Kichererbsen in dieser Suppe sind ein Slow-Food-Presidio), Grano con fonduta di caciocavallo e tartufo (Weizen mit geschmolzenem Käse und Trüffel). Es folgen Arrosto misto, einheimisches Kaninchen alias Coniglio mit Pomodorini aus Torre Guaceto (ebenfalls ein Slow-Food-Presidio) und Oliven der Sorte Cellina, Porchetta di maialino nero con lampascioni (Spanferkel mit typischen Wildzwiebeln, 12 €) sowie eine hervorragende Selektion von apulischen Käsesorten. Hausgemachte Desserts, vorwiegend apulische Weine.

PESCHICI

104 KM NORDÖSTLICH VON FOGGIA

Porta di Basso

Restaurant
Via Colombo, 38
Tel. (+39) 08 84 / 35 51 67
Ruhetag: Donnerstag, außer im Sommer
Ferien: Dezember/Januar
40 Plätze + 10 Plätze im Freien
Preise: 35–60 €
Kreditkarten: CS, DC, MC, Visa; BM
Mittags und abends geöffnet

Domenico Cilenti hegt die Leidenschaft für das Kochen seit der Zeit, als er seiner Mutter im Restaurant der Familie half. Fisch aus dem Meer vor der Haustür, Kräuter aus der freien Natur oder aus dem eigenen Garten sowie hausgemachte Teigwaren bilden die Grundlage für die Empfehlungen einer häufig wechselnden Karte. Sehr gut für den Auftakt sind die Zuppetta di fave di Carpino con salicornia e seppie (Dicke-Bohnen-Süppchen mit Meeresspargel und Tintenfisch, 16 €) oder der Battuto di baccalà con patate, barbabietole e peperoni (pürierter Stockfisch mit Kartoffeln, Roter Bete und Paprikaschoten). Es folgen Spaghetti con zenzero e crostacei (mit Ingwer und Krustentieren), Risotto alla barbabietola mit Kalmar und karamellisiertem Sellerie, Orecchiette mit Ofentomaten und Stracciatella, Ravioli al nero di seppia mit Mangold und Steinbutt. Die Secondi sind zum überwiegenden Teil Fischgerichte: Zuppa di fave con gamberi al vapore (Suppe von Dicken Bohnen mit gedämpften Garnelen, 22 €), Pesce azzurro in Tempurateig mit geschmorten Jungzwiebeln und Artischocken, Pescato con cime di rapa e patate violette (Fisch des Tages mit Stängelkohl und violetten Kartoffeln). Man schließt mit pfeffrigem Flan al cioccolato bianco auf Lakritzesauce oder Pasticciotto mit Creme und Kirschkonfitüre. In Sachen Wein überwiegen gute apulische Etiketten.

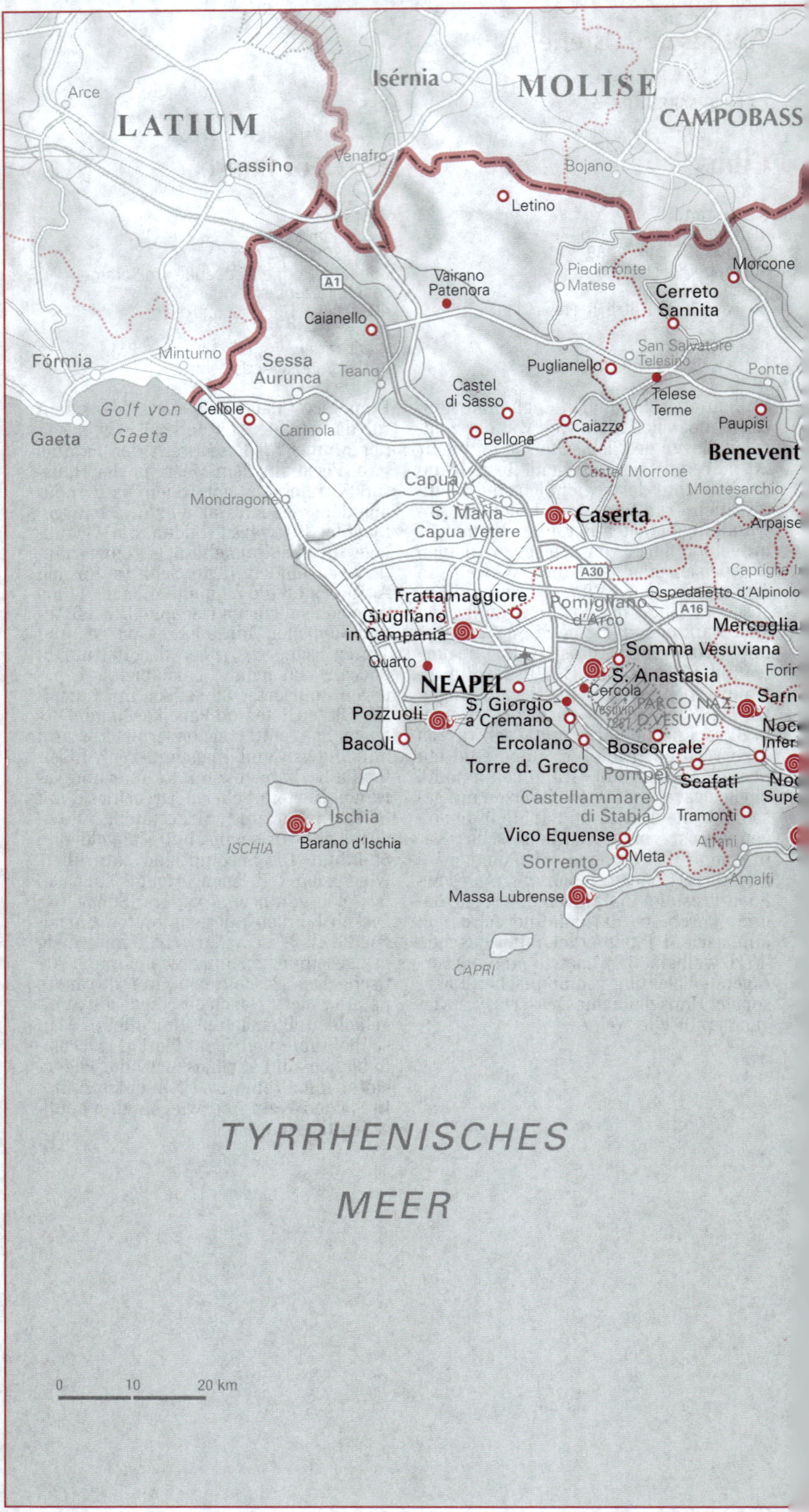

LATIUM
MOLISE
CAMPOBASS
Arce
Isérnia
Cassino
Venafro
Bojano
Letino
Piedimonte
Matese
Morcone
Vairano
Patenora
A1
Cerreto
Sannita
Caianello
San Salvatore
Telesino
Fórmia
Minturno
Sessa
Aurunca
Teano
Puglianello
Ponte
Castel
di Sasso
Telese
Terme
Golf von
Gaeta
Cellole
Paupisi
Gaeta
Carinola
Caiazzo
Bellona
Benevent
Castel Morrone
Capua
Mondragone
Montesarchio
S. Maria
Capua Vetere
Caserta
Arpaise
A30
Frattamaggiore
Pomigliano
d'Arco
Ospedaletto d'Alpinolo
A16
Giugliano
in Campania
Mercoglia
Somma Vesuviana
Quarto
S. Anastasia
NEAPEL
Cercola
Forin
S. Giorgio
a Cremano
PARCO NAZ.
D. VESÚVIO
Sarn
Pozzuoli
Vesuvio
1281
Noc
Infer
Bacoli
Ercolano
Boscoreale
Torre d. Greco
Pompei
Scafati
Noc
Supe
Castellammare
di Stabia
Ischia
Tramonti
Barano d'Ischia
ISCHIA
Vico Equense
Atrani
Meta
Sorrento
Amalfi
Massa Lubrense
CAPRI
TYRRHENISCHES
MEER
0
10
20 km

L. di Occhito
Lucera
Fóggia
ADRIA
APULIEN
Tróia
Orta Nova
Cerignola
Canosa di Púglia
Marco Cavoti
Molinara
A16
Ariano Irpino
Melito Irpino
an Giorgio el Sannio
Scampitella
Vallesaccarda
Melfi
Venosa
Gesualdo
Frigento
Bisaccia
Paternopoli
Rocca S. Felice
S. Angelo dei Lombardi
Rionero in Vúlture
Atripalda
Montemarano
Lioni
ellino
Santo Stefano del Sole
BASILIKATA
San Michele di Serino
Muro Lucano
Giffoni Sei Casali
Oliveto Citra
alerno
Campagna
Buccino
POTENZA
Basento
A3
Eboli
Battipaglia
PARCO NAZ.
Laurenzana
DELL'APPENNINO
PARCO
Sala Consilina
Trentinara
Padula
Valle dell'Angelo
LUCANO
Agropoli
Cicerale
NAZ. D. CILENTO
A3
Castellabate
Vallo d. Lucania
VAL D'AGRI
S. Mauro Cilento
Montecorice
Novi Velia
Caselle in Pittari
LAGONEGRESE
Casal Velino
E VALLO DI DIANO
Torre Orsaia
S. Marina
Lagonegro
Pisciotta
Sapri
PARCO NAZ.
Palinuro
Camerota
Golf von Policastro
Maratea
Capo Palinuro
D. POLLINO

KAMPANIEN

Es ist eine ganz eigene kampanische Fähigkeit, dem Essen tausend verschiedene Formen zu verleihen und jeden Tag etwas Neues zu erfinden. Das erweckt beim aufmerksamen oder einfach neugierigen Entdecker den Wunsch kennenzulernen, was seit der Antike als Campania Felix bekannt ist. Forscher, auf der Suche nach Schätzen, nach Archetypen unverfälschten volkstümlichen Wissens und nach nicht mehr üblichen bäuerlichen Arbeitsweisen, finden all das in einer Küche, die sich mehr denn je bemüht, die Verbindung der Region mit ihrer wiedergefundenen Identität zum Ausdruck zu bringen.
Die folgende Auswahl soll Kampanien vorstellen. Wir wollten dabei besonders jene Gastronomie hervorheben, die nach dem Subtraktionsverfahren vorgeht und mit wenigen, simplen und essenziellen Zutaten operiert – Sinnbildern hoher Qualität und zugleich zur Geltung gebracht durch eine weder einfache noch triviale, den Regeln entsprechende Verarbeitung.
Heute wie einst ist es das Wissen der Züchter, Bauern, Käsereien und Fischer, auf das die in unserem Buch gewürdigten alten und neuen Interpreten der regionalen Küche setzen. Und wenn wir uns nun in der Fantasie auf eine Reise begeben, die vom grünen Gebiet der Irpinia über die reichen produktiven Gegenden um Caserta und Benevent bis zum Meer an der Küste bei Neapel und Salerno führt, erkennen wir einige Spezialitäten: Die Tomatensorten San Marzano und Piennolo, Fior di latte aus Agerola, autochthone Lämmer und lokaler Fischfang finden an einigen herausragenden Orten der Esskultur, wie jenen, die wir hier beschreiben, zu ihrem bestmöglichen Ausdruck. Ihnen allen ist die Überzeugung gemein, dass es die Feuer der Holzkohlenglut und der zahlreichen mit Passion betriebenen Herde sind, die Kampanien wirklich erwärmen und befeuern.

Für Sie entdeckt

49 KM NORDÖSTLICH VON AVELLINO

La Pignata

Restaurant
Viale dei Tigli, 7
Tel. (+39) 08 25 / 87 25 71,
(+39) 08 25 / 87 23 55
Ruhetag: Dienstag
Ferien: 10 Tage im Sommer
60 Plätze
Preise: 35 €
Alle Kreditkarten; BM
Mittags und abends geöffnet

In Ariano werden zwei Dornen aus der Krone Christi aufbewahrt. Die Grafschaft Ariano stieg unter der Herrschaft des Normannenkönigs Roger zum „Herzogtum" auf. Aufgrund ihrer Lage am „Regio Tratturo", der Trift, auf der einst Menschen und Schafe während der Transhumanz unterwegs waren, wurde die Stadt in kulinarischer Hinsicht auch von den angrenzenden Regionen beeinflusst. La Pignata ist ein Lokal mit Familientradition, gegründet wurde es von Guglielmo und seiner Mutter (Nonna Rita), heute ist Ezio für die angenehm gastfreundliche Atmosphäre verantwortlich. Die konstante Suche nach adäquaten Zutaten und die Leidenschaft für die eigene Arbeit spiegeln sich in den Gerichten. Unter den Antipasti finden wir Aufschnitt, **Pancotto di erbe di campo e fagioli tarantelli** (8 €) und Tortino di baccalà. Im Winter **Minestra maritata** (8 €) und Cicatielli con broccoli e peperoni *cruschi* bei den Primi, im Sommer hingegen Tagliolini mit Kürbisblüten und lokaler Ricotta. Misto di carne al ragù, **Tegame arianese** (11 €) mit Schweinefleisch und Paprikaschoten, Agnello con erbe e riduzione di Aglianico sind einige Beispiele für Secondi, im Sommer Medaglione di podolica con zucchine e provola sowie **Baccalà fritto con peperoni *cruschi*** (12 €). Immer vorrätig ist die Auswahl an **Käse** aus der Irpinia und den angrenzenden Regionen mit einigen Slow-Food-Presidi. Bei den Dolci Fagottino di sfoglia con mele e mandorle, Semifreddo al torrone und Delizia di frutta. Die umfangreiche, gepflegte Weinkarte wird ständig erneuert.

» *Eine ganze Familie voller Leidenschaft für die Küche. Professionell werden komplizierte Spuren der Vergangenheit verfolgt, ohne innovative Kombinationen lokaler Zutaten zu scheuen.* «

15 KM SÜDLICH VON BENEVENT

Buca dei Ladroni

Traditionelle Osteria
Corso Capone, 1
Tel. (+39) 08 24 / 466 99
Ruhetag: Sonntagabend, Montag
Ferien: 10 Tage in der zweiten Julihälfte
35 Plätze + 20 Plätze im Freien
Preise: 32–35 €
Keine Kreditkarten
Mittags und abends geöffnet

Der Name des Lokals geht auf eine Legende zurück, laut der in der Nähe des Ortes eine Gruppe Schmuggler ein Versteck hatte (Buca – die Grube), in der die Beute geteilt wurde. Das Lokal befindet sich im Erdgeschoss eines kleinen Palazzos vom Beginn des letzten Jahrhunderts, im Sommer kann man in einem kleinen Garten sitzen. Inhaber ist der ehemalige Enoteca-Betreiber Giuseppe Puglisi, der als Gastwirt nun eine Speisekarte mit kräftigen Gerichten aus dem Landesinneren bietet und sich dabei auf sorgfältig ausgewählte, unterschiedlichst verarbeitete Produkte stützt. Der Antipasto (9 €) beinhaltet normalerweise Prosciutto di Venticano, Lardo, Ricotta, Bohnen und Pfannkuchen mit Prosciutto und wird im Sommer durch Auberginencreme bereichert. Unter den Primi **Rigatoni con ragù di carne e caciocavallo** oder mit Hackfleischbällchen, Salsiccia und Caciocavallo (9 €), Polenta con salsiccia (8 €) oder mit **Pezzente** (einer Wurst aus den weniger wertvollen Teilen vom Schwein), die auch dem Bohnengericht **Fagiolata di cannellini** kräftigen Geschmack verleiht. Im Sommer finden Sie Mezze maniche mit Sauce aus im Ofen gebratenen Kirschtomaten und Oregano sowie Cavatelli con pomodoro, provola e rucola selvatica. Als Secondi im Allgemeinen Fleisch alla brace, **Pezzente al vino** oder alla brace, Costolette di agnello in umido al vino bianco, Guanciale vom Schwein mit Papaccelle (milden Paprikaschoten) sowie Carpaccio di carne con caciocavallo. Für Käseliebhaber Caciocavallo di Castelfranco und verschiedene Sorten Pecorino. Unter den hausgemachten Dolci (3 €) Biscotti di Ceppaloni, Crostata und Schokoladentorte. Zu trinken ein offener, gekühlt servierter Barbera sowie einige Flaschenweine aus der Umgebung und dem übrigen Italien. Zum Abschluss einige Digestifs aus kleinen Betrieben.

ATRIPALDA

4 KM ÖSTLICH VON AVELLINO

Valleverde Zi' Pasqualina

Trattoria • Via Pianodardine, 112
Tel. (+39) 08 25 / 62 61 15
Ruhetag: Sonntag
Ferien: Ostern, letzten 2 Augustwochen, Weihnachten
100 Plätze + 15 Plätze im Freien
Preise: 30–38 € • Kreditk: CS, MC, Visa; BM
Mittags und abends geöffnet

Der Duft des außergewöhnlichen nativen Olivenöls extra der Sorte Ravece aus der Irpinia vermischt sich mit dem Aroma der Geschichte dieses Lokals, das seit über 60 Jahren Durchreisenden ebenso wie bekannten Persönlichkeiten, die gerne hierherkommen, und Stammgästen einen erfreulichen Aufenthalt beschert. Daran erinnern die Fotos an den Wänden neben den handschriftlichen Notizen der unvergesslichen Zì Pasqualina, einer echten Ikone der Gastronomie der Irpinia. Schwiegertochter Enza führt heute zusammen mit ihren Kindern die Trattoria, deren Speisekarte seit drei Generationen unverändert geblieben ist. Spezialität sind Suppen mit Gemüse und Hülsenfrüchten, je nach Jahreszeit, gewürzt mit einem der zahlreichen nativen Olivenöle extra aus der Umgebung, sowie **Pasta *'miscata cu fasule e cutechino*** (8 €). Sabino stellt dieses Gericht vor und erklärt, dass die verschiedenen Teigwarenformate von der Mutter persönlich gemischt werden und dass *Lu cutechino* ein lokaler Cotechino ist, der sich maßgeblich von seinem berühmteren Namensvetter unterscheidet, bei dem es sich um eine Kochwurst handelt. Liebhaber von frischer Pasta werden im Winter mit Fusilli und Ravioli al ragù antico (8 €) verwöhnt, bestreut werden diese mit Pecorino di Carmasciano oder gereifter Ricotta di Montella. Im Sommer serviert man die Pasta mit Tomaten der Sorte San Marzano und Kürbisblüten (9 €) oder mit Tomaten der Sorte Pachino, Auberginen, Basilikum und Cacioricotta di Lioni. **Baccalà alla perticaregna** (14 €) neben **Braciola di cotica al ragù** und Coniglio alla cacciatora (10 €) bei den Secondi. Die Dolci sind Davides Spezialität, probieren Sie die interessanten Biscotti all'olio extravergine di oliva.

Diese Trattoria ist ein Bollwerk der Tradition, perfekt für alle, die Einfaches und Konkretes suchen.

BACOLI
Casevecchie

25 KM WESTLICH VON NEAPEL

Da Fefè

Trattoria
Via della Shoah, 15
Tel. (+39) 081 / 523 30 11, (+39) 331 / 981 11 74
Ruhetag: Sonntagabend, Montag, außer im Sommer • Ferien: 10 Tage im Januar
40 Plätze + 80 Plätze im Freien
Preise: 35–40 €
Kreditkarten: AE, CS, MC, Visa; BM
Mittags und abends geöffnet, im Sommer nur abends

Eine wunderbare Location, zuvorkommender Service – Fefè widmet seine Küche den Liebhabern des Meeres und seiner Erzeugnisse, die alle aus dem Kleinfischfang an der Küste der Campi Flegrei und Neapels stammen. Das Lokal im Ortsteil Casevecchie wird von Bruno Esposito geführt, es handelt sich um eine Meerestrattoria im alten Stil am Hafen von Miseno. Die klassische **Insalata di mare** (10 €) ist eine passende Eröffnung und lässt Platz für **Pasta con patate e calamaretti** (12 €) oder Spaghetti con alici, peperoncini verdi e pomodorini (13 €). Eindeutig für belastbarere Gaumen sind Pappardelle aus frischen Teigwaren mit Miesmuscheln und Zucchini gedacht. Sehr beliebt ist Zuppa di cozze alla portoghese, aber wenn Sie von außerhalb Neapels hierher kommen, sollten Sie Klassiker wie **Impepata di cozze** (8 €) und **Frittura di paranza** probieren oder einen weiteren Renner, **Genovese di polpessa**. Die Dolci sind alle hausgemacht, ihre gemeinsame Basis ist die Liebe zum Einfachen. Probieren Sie die köstliche **Spuma di ricotta** (4 €) und Semifreddo alle mandorle con crema di caffè. Zufriedenstellende Auswahl an Flaschenweinen, aber auch der offene Wein kann mithalten. Bevor Sie wieder gehen, gönnen Sie sich einen der wirklich angenehmen Digestifs aus eigener Erzeugung – neben Limoncello und Mandarinenlikör könnten Ihnen auch Likör mit Basilikum oder Lorbeer begegnen. Da Fefè bestätigt sich weiterhin als Ort angenehmer Versuchungen.

In **Pozzuoli** (7 km) können Sie bei Dolci Qualità (Via Carlo Rosini 45) sehr guten Honig und andere lokale Spezialitäten kaufen.

23 km westlich von Neapel

La Catagna

Trattoria
Via Pennata, 50
Tel. (+39) 081 / 523 42 18,
(+39) 328 / 167 94 31
Ruhetag: Sonntagabend, Montag
Ferien: 1 Woche im August, 2 Wochen zu Weihnachten/Neujahr
32 Plätze + 20 Plätze im Freien
Preise: 35–40 € • Keine Kreditkarten
Abends geöffnet, Samstag und Sonntag auch mittags

Die kleine Trattoria liegt ein Stück hinter dem Eingang zur Piscina Mirabilis – einem grandiosen Wasserbecken aus der Zeit von Kaiser Augustus, als Trinkwasserreservoir der römischen Flotte während ihres Aufenthalts im Hafen von Miseno in den Tuffstein geschlagen –, die zwischen einfachen Häusern am Meer verborgen liegt. Nur wenige Tische befinden sich in den Räumen und auf der angenehmen Terrasse unter einer Pergola. Das Angebot des Lokals wird vom Tagesfischfang bestimmt, den Crescenzo, der gemeinsam mit seiner Mutter Amalia kocht, persönlich fängt oder bei lokalen Fischern kauft und dann geschickt verarbeitet. Eine geschriebene Speisekarte finden Sie nicht, aber vertrauen Sie einfach auf Elio, er erläutert die Gerichte des Tages und berät Sie bei der Wahl des passenden Weins. Der reichhaltige Antipasto (15 €) beinhaltet verschiedene warme und kalte Kostproben, darunter **Zuppetta di alici**, Riso in agrodolce con gambero crudo, Purè di patate con totano (Kartoffelpüree mit Tintenfisch) und Polpetta di baccalà. Schmackhafte Primi: **Linguine con granchio locale e pomodorino del piennolo** (12 €), Ragù di dentice, **Spaghetti al nero di seppia** sowie Pasta e patate con calamaretti. Als Secondo wählen Sie **Frittura di paranza** (10 €) oder gegrillte Goldbrasse und Zahnbrasse mit Colatura di alici (13 €) sowie ein Stück Seebarsch oder Marmorbrasse. Die guten Dolci della casa (Crostata, Cassata, **Babà** oder Millefoglie) bereitet Maurizio, Amalias Bruder, zu. Interessante Weinkarte mit einer Auswahl an Weinen der Umgebung und darüber hinaus. Auch das Degustationsmenü für 40 € hängt vom Tagesfang ab.

In der Gegend des Fusaro-Sees, Via Cuma 124, bietet Giovanni Quadrano eine gepflegte Auswahl an Salumi und Käse aus Kampanien und dem übrigen Italien sowie selbst gemachte Büffelmilchprodukte.

19 km nw. v. Caserta, A 1 Neapel-Rom Ausf. Capua

’A Luna Rossa

Restaurant-Pizzeria
Via Vinciguerra, 106
Tel. (+39) 08 23 / 96 68 58,
(+39) 333 / 256 17 02
Ruhetag: Montag
Ferien: Juli
80 Plätze + 30 Plätze im Freien
Preise: 30–32 €
Kreditkarten: AE, CS, MC, Visa; BM
Abends geöffnet, Sonntag auch mittags

Dies ist eine Gegend mit Berufung zur Landwirtschaft, einige Spezialitäten wie die Artischocke „Capuanella“ werden hier angebaut. In den gepflegten Räumlichkeiten des Lokals herrscht das übliche Kommen und Gehen eines Restaurants mit Pizzeriabetrieb. Für die Gastlichkeit zeichnet Lorenzo Pascarella, Empfangschef und Sommelier, verantwortlich. Der Degustations-Antipasto (10 €) ist ein schönes Repertoire an allem, was die Umgebung zu bieten hat. Als Alternative empfehlen wir **Baccalà con olive di Gaeta e purea di patate** (9 €), Zuppa di piselli con maiale casertano e uovo affogato (Erbsensuppe mit Fleisch vom Schwein der Casertano-Rasse und pochiertem Ei) oder Tortino di friarielli e pane raffermo su passata di fagioli con provolone del monaco. Die Primi (9 €) setzen traditionelle Rezepte aus Kampanien mit einem Hauch Originalität um: **Tubettoni con cavolfiore e colatura di alici di Cetara**, kräftig und robust schmeckende Linguine mit Spargel, Pancetta und Conciato romano sowie Maruzze con fiori di zucca, cozze e pecorino. Bei den Secondi das unverzichtbare Büffelfleisch, roh, gebraten oder gekocht (€ 14), **Pollo ruspante con pomodorini e origano** und Rotolo di agnello speziato in foglia di carciofi (gewürzte Lammroulade in Artischockenblättern). Breite und gepflegte Auswahl an unterschiedlich gereiftem **Käse**. Von den Dolci empfehlen wir **Crostata di mele annurche con gelato al profumo di cannella** (6 €) sowie Millefoglie con crema chantilly e amarene. Aktuelle, überaus reichhaltige Weinkarte mit dem Besten der italienischen Produktion und darüber hinaus. Ausgezeichnete Auswahl an nativem Olivenöl extra. Es gibt ein Degustationsmenü für 35 € sowie ein glutenfreies Menü.

Nunzia

Traditionelle Osteria
Via Annunziata, 152
Tel. (+39) 08 24 / 294 31
Ruhetag: Sonntag
Ferien: August
60 Plätze
Preise: 22–25 €
Alle Kreditkarten; BM
Mittags und abends geöffnet

Wenn Sie durch die Straßen der Altstadt des reizenden Benevent spazieren, gönnen Sie sich einen Besuch in dieser historischen Osteria, die seit 1927 Gäste aus der ganzen Welt empfängt. Familie Nazzaro, heute in der dritten Generation vertreten durch Nunzia und ihren Sohn Antonio, bietet eine Küche, die vor allem durch die Tradition des Sannio-Tals geprägt, doch um Einflüsse aus Neapel und Apulien bereichert ist, was eine gute, geschmacksintensive Mischung ergibt. Eine einfache und erprobte Formel. Die Tafel am Eingang gibt Ihnen eine Vorstellung vom Tagesmenü: Unter den Antipasti könnten Sie **Mozzarella di bufala in carrozza** oder Misto di salumi finden. Im Winter empfehlen wir Ihnen **Cardone**, ein typisches Gericht mit Karden, Hackfleischbällchen vom Kalb, Hühnerbrühe, verquirltem Ei und Pinienkernen (7 €). Die freundliche Nunzia begleitet Sie bei der Auswahl der Primi: **Paccheri al baccalà** (7 €) oder mit Tomaten, Fettuccine con carciofi e provola affumicata sowie Lagane e ceci. Köstlich ist **Padellata beneventana** mit Schweinefleisch, Papaccelle und Kartoffeln (8 €), verlockend aber auch Involtini di vitello al ragù. Empfehlenswerte Fischgerichte wie Seppie ripiene (gefüllte Tintenfische) oder mit Kartoffeln, Artischocken und Erbsen. Vielfältige Auswahl bei **Käse** und Desserts, **Babà** (2,50 €) wird selbst gemacht, die Cassata kommt aus einer Konditorei aus der Gegend. Zum Abschluss empfehlen wir das traditionelle Eis Gelato mela stregata. Die Weinkarte berücksichtigt die Umgebung in angemessener Weise, ein paar Ausnahmen bestätigen die Regel.

»*Ausgewählte Produkte, traditionelle Rezepte, gemütliche Atmosphäre – diese drei Zutaten bringt Nunzia mit meisterhaft gekonnt an den Tisch. Eine wichtige Adresse im Sannio-Gebiet.*«

68 km nordöstlich von Avellino

Grillo d'Oro

Trattoria mit Übernachtungsmöglichkeit
Via Orto del Convento
Tel. (+39) 08 27 / 892 78,
(+39) 328 / 025 66 06
Ruhetag: Montag- und Sonntagabend
Keine Ferien
60 Plätze
Preise: 30–35 €
Kreditkarten: CS, DC, MC, Visa; BM
Mittags und abends geöffnet

Eine Rast in der historischen Osteria Grillo d'Oro ist für alle, die in diesen Teil des kampanischen Apennin kommen, ein Muss. Viele Jahre sind vergangen, seit Luigi, der Wirt und Gründer des Lokals, begonnen hat, den Gästen seine betont traditionelle Küche anzubieten, und heute ist es sein Sohn Vito, der diese Tradition aufarbeitet und auf gelungene Weise erneuert. Man beginnt mit einem ausgiebigen Antipasto, der auch als Hauptmahlzeit (15 €) fungieren kann: Salumi und Gemüse der Jahreszeit, Soffritto di maiale, Fegatini di agnello in umido sowie **Zuppa** nach Art des 19. Jahrhunderts **mit Gemüse, Ei und Käse**. Die Pasta für die Primi wird stets von Hand gezogen, gut schmecken **Cavatelli con i fagioli** (8 €) oder mit Spargel (in der Saison). Der Tradition entsprechen **Marcannali al sugo di carne** sowie mit Ricotta aus der Hochebene des Formicoso gefüllte Ravioli. Ausgezeichnetes lokales Fleisch wird alla brace oder im Ofen gegart, das exzellente Lamm mit Kartoffeln ist ein Beispiel. Anspruchsvolle Gaumen können gegen Vorbestellung **Piccione in umido** (geschmortes Täubchen) oder gefüllt (15 €) probieren, eine der legendären Spezialitäten des Hauses. Zum Abschluss köstlicher Caciocavallo della piana di Montella. Die Dolci (5 €) sind hausgemacht. Zum Essen können Sie den guten Hauswein trinken oder eine würdige Flasche aus Kampanien wählen.

In der Bäckerei Masucci in der Altstadt, Via Cavallerizza 65, kaufen Sie Brot und Pizza moscia, ausgezeichnete Scaldatelli, Kekse mit Mandeln und Schokolade sowie Taralli. Zu Ostern gibt es Pastiera und Squarciarella.

30 km sö. von Neapel, S.S. 268, A 3 oder A 30

La Locanda da Alfonso

Restaurant • Via Passanti Flocco, 344
Tel. (+39) 081 / 859 31 56,
(+39) 320 / 317 25 42
Ruhetag: Sonntagabend, Montag
Ferien: je 10 Tage im August und zu Weihnachten/Neujahr
30 Plätze + 30 Plätze im Freien
Preise: ⊞ 38–40 €
Kreditkarten: CS, MC, Visa; BM
Mittags und abends geöffnet

Am Fuß des Vesuvs kann man im Städtchen Boscoreale nicht nur das Antiquarium besuchen und die archäologischen Entdeckungen, die in der seit der Eruption des Jahres 79 n. Chr. verschütteten Ebene ans Tageslicht gekommen sind, bewundern, sondern auch La Locanda da Alfonso. Der Fisch, der an die wenigen Tische serviert wird, stammt von den Fischern aus Torre Annunziata und wird auf dem Markt von Pozzuoli eingekauft. Der Antipasto (13 €) variiert abhängig von Jahreszeit und Fischfang, er könnte Kalmare und grüne Bohnen beinhalten oder **Involtini di pesce bandiera con scarola e provola** (Rouladen vom Bandfisch mit Endivien und Provola-Käse), Totani e carciofi oder Polpette di ricciola. Ergänzt wird das Angebot durch Crudi di pesce e frutti di mare (20 €). Alle Primi (12 €) wie Treccioni gamberi e zucchine, Fettuccine seppie e carciofi und **Paccheri ricciola e melanzane** (mit Bernsteinmakrele und Auberginen) zeichnen sich durch die Verbindung von Fisch und Gemüse und durch die langsame Trocknung der über einen Bronzestab gerollten Pasta aus. Die schlicht zubereiteten Secondi betonen die Frische und den ursprünglichen Geschmack des Fisches, wie Sie bei **Ricciola all'acquapazza, Polpetti** affogati (14 €) und Grigliate miste feststellen können. Zwischen zwei Gängen schaut der sympathische Inhaber Alfonso Cirillo bei Ihnen vorbei, um sicherzugehen, dass Sie zufrieden sind. Er definiert sich selbst gerne „nicht als Chefkoch, sondern als jemand, der guten Küchendienst leistet". Durch das Menü begleitet Sie eine gute Karte mit lokalen Weinen und einigen Flaschen aus dem übrigen Italien. Die Dolci stammen aus der berühmten Pasticceria von Pasquale Marigliano in Ottaviano.

In der Via Brancaccio 75 A stellt die Cooperativa Arte & Pasta über den Bronzestab gerollte und langsam getrocknete Pasta her.

40 km nordwestlich von Caserta, A 1

Il Contadino

Ferienbauernhof
Via Starze
Tel. (+39) 08 23 / 92 20 43,
(+39) 339 / 592 86 49
Ruhetag: Sonntagabend, außer im Sommer
Keine Ferien
60 Plätze + 60 Plätze im Freien
Preise: 30–35 €
Kreditkarten: CS, DC, MC, Visa; BM
Mittags und abends geöffnet

Nicht weit von der Autobahnausfahrt Caianello entfernt, mitten auf dem Lande, darf dieses Lokal als Vorposten der lokalen Küche gelten. Nach einer etwa fünfjährigen Pause hat Berardino Lombardi es 2010 wiedereröffnet. Die Räumlichkeiten sind rustikal und einladend, der Service zeichnet sich nun durch die angemessene Aufmerksamkeit für alle Details aus. Die Küche ist ursprünglich, den Jahreszeiten verbunden und misst den Zutaten große Bedeutung bei. Aus sechs oder sieben Kostproben besteht der Antipasto: Der berühmte **Uovo a susciello** (eine raffinierte Version von Ei in Brühe), verschiedener Aufschnitt, Omeletts mit Wildkräutern, gegrilltes Gemüse und einige Gemüsesuppen passen gut zueinander. Von den Primi (8 €) erwähnen wir **Ziti alla genovese** oder al ragù. Im Sommer wird das Angebot um schnellere und einfachere Gerichte erweitert, dann gibt es zum Beispiel Pasta con la colatura di alici und Panzanella. Wenn es warm ist, kann man im Freien sitzen, wo ein Sortiment an wirklich gutem Fleisch alla brace gegrillt wird. Als Secondi (10 €) überwiegend Fleischgerichte, probieren sollten Sie **Pollo ruspante**, das frei lebende Huhn wird in verschiedenen Versionen wie alla diavola oder auch allo spiedo zubereitet. Schweinefleisch und Tracchiolelle (Rippchen) beenden das Angebot. Probieren Sie zum Dessert (5 €) die zahlreichen hausgemachten Torten oder die frische, duftende **Delizia al limone**. Zu trinken bringt man Ihnen guten offenen Wein, aber man empfiehlt gerne auch einige Etiketten aus der Umgebung.

15 KM NORDÖSTLICH VON CASERTA

Il Generale

Restaurant
Largo Plebiscito Veneto
Tel. (+39) 08 23 / 86 26 06,
(+39) 335 / 685 43 94
Ruhetag: Montag, Dienstag
Ferien: August
35 Plätze
Preise: 25–30 €
Alle Kreditkarten; BM
Abends geöffnet, Samstag und Sonntag auch mittags

Schaupatz ist die Terra di Lavoro, genauer die Altstadt von Caiazzo, eine Stadt mit solider Tradition im Olivenanbau. Hier ist in den ehemaligen Wasserspeichern der sogenannten Fattoria De Angelis auf den Resten des aus dem 18. Jahrhundert stammenden Adelspalazzos De Capua seit 1988 das Restaurant von Stefano De Matteo untergebracht. In den schönen Speisesälen mit den originalen Tuffsteinwänden bietet Stefano – er selbst steht am Herd – eine Küche, die den Wurzeln der lokalen Gastronomie entspringt, dabei jedoch auch kreative Einflüsse setzt. Für den Beginn empfehlen wir den Antipasto del Generale (7 €) mit frischer Büffelricotta, gereifter Salsiccia, Tortino di patate al rosmarino, süßsauren Karotten, Insalata di olive di Caiazzo, Filoncino di maiale affumicato und **Papaccelle ripiene** (in Essig eingelegte, gefüllte Paprikaschoten). Als Alternative Blinis di patate con cicoria e fonduta di caciocavallo molisano. Von den Primi (7 €) sollten Sie mit Steinpilzen gefüllte Rondelloni probieren, Gnocchi di melanzane con mozzarella e pomodorino di collina oder **Zuppa di fagioli con scarola e crostini**. Von der ebenso breiten Auswahl an Secondi empfehlen wir das schmackhafte Entrecôte al radicchio rosso in salsa di Aglianico (8,50 €), Filetto di vitellone in salsa di timo e rosmarino mit **Sformatino di cicoria** als Beilage und Costine di agnello oder **Trancio di baccalà** mit Oliven aus Caiazzo und Pendolino-Tomaten. Ein hausgemachtes Dolce (3,50 €) zum Abschluss: Torroncino allo Strega con salsa di caramello e granella di nocciola, Tortino di cioccolato caldo con crema alla vaniglia oder Zuccotto. Gute Weinkarte, überwiegend Flaschen aus der Umgebung und dem übrigen Kampanien.

Die Pasticceria Sparono in der Via Cattabeni 34–36 erzeugt eine einzigartige Süßspeise namens Sospiro d'angelo.

121 KM SÜDÖSTLICH VON SALERNO, S.S. 562

La Cantina del Marchese

Traditionelle Osteria
Via del Marchese, 13
Tel. (+39) 09 74 / 93 25 70,
(+39) 393 / 965 99 68
140 Plätze
Preise: 20–25 €
Alle Kreditkarten; BM
Juni–September täglich geöffnet, April, Mai und Oktober nur am Wochenende
Abends geöffnet, mittags gegen Vorbestellung

In einer winzigen Straße in der Altstadt von Camerota befindet sich diese Osteria im Stil früherer Zeiten, in der immer noch die Tradition den Ton angibt. Das Personal im Saal trägt die traditionellen Kleider des Cilento, die an jene Zeit erinnern, als der Marquis von Camerota in der Umgebung spazieren zu gehen pflegte. Bis vor 40 Jahren diente das Lokal der Verkostung von Wein, Salumi und der berühmten **Maracucciata** (7,50 €), einer Polenta aus dem Mehl des Maracuoccio, einer in Camerota, genauer gesagt im Ortsteil Lentiscosa, angebauten Hülsenfrucht. Begrüßt werden die Gäste vom überaus sympathischen Franco, der die Osteria gemeinsam mit seiner Frau Daniela und Schwager Antonio leitet. Man beginnt mit einem reichhaltigen Antipasto della casa, mit dabei sind Salumi aus eigener Erzeugung sowie lokaler Käse (9 €). Von den Primi empfehlen wir die von Hand gemachten Lagane mit im eigenen Garten angebauten Kichererbsen, aber auch die unverzichtbare **Zuppa di cannellini** mit den weißen Cannellini Bohnen, Möhren, Lauch und Tintenfischchen (8 €). Unter den Secondi **Alici in tortiera**, das sind Schichten von Sardellen, Kartoffeln und Lorbeerblättern, sowie Coniglio alla cacciatora. Ausgezeichnete handgemachte Dolci: **Cannoli cilentani** (2,50 €), Biscotti con le mandorle und Crostata mit dem Obst der Saison. Der offene Hauswein ist zufriedenstellend, doch auch einige Etiketten aus den besten Kellern des Cilento und dem übrigen Kampanien stehen zur Verfügung. An der Theke nahe dem Eingang können Sie ausgezeichnete Salumi aus dem Familienbetrieb neben verschiedenem Käse aus der Umgebung und dem Mehl des Maracuoccio zum Mitnehmen kaufen.

43 KM SÜDÖSTLICH VON SALERNO, A 3 UND S.S. 91

'A Bersagliera

Traditionelle Osteria
Largo della Memoria
Tel. (+39) 08 28 / 461 88,
(+39) 333 / 362 57 83
Ruhetag: Mittwoch- und Sonntagabend, außer im Sommer
Ferien: 10 Tage im September
50 Plätze + 15 Plätze im Freien
Preise: 20 € • Keine Kreditkarten
Mittags und abends geöffnet

Campagna ist berühmt für eine der bedeutendsten volkstümlichen Traditionen in Kampanien, *A chiena*. Während dieses Fests, das von Mitte Juli bis Mitte August stattfindet, wird der Fluss Tenza in die Stadt umgeleitet, was in früheren Zeiten dazu diente, die Straßen zu reinigen, heute, um die Besucher zum Spaß mit einem Eimer Wasser zu erschrecken. Seit 1994 existiert diese traditionelle Osteria, beherbergt wird sie von Lokalitäten, die in der Nachkriegszeit als Keller für den Weinverkauf und -ausschank dienten, und in denen heute Palmira (genannt „'A Bersagliera", wie die Scharfschützen der italienischen Infanterie) für die Küche verantwortlich zeichnet; ihr Sohn Roberto betreut den Service. Aus Aufschnitt von Prosciutto, Capicollo, Pancetta und Soppressata besteht der Antipasto della casa (4 €), außerdem gibt es eine interessante **Insalata di alici, pappacella e olive**. Die Teigwaren sind hausgemacht, probieren Sie **Matasse mit Kichererbsen**, mit Bohnen oder mit Steinpilzen. Auf die Tradition verweisen auch Spaghetti con il soffritto di vitello oder mit Lammfleisch (4 €). Beim Secondo können Sie sich nicht nur auf Fleisch aus lokaler Zucht freuen, das alla brace gegart wird, sondern auch auf ***Gnummarielli al sugo*** (Rouladen aus Lamminnereien, 4 €) und Cotica ripiena con salsiccia. Viel Platz auf der Speisekarte wird dem Baccalà gewidmet, gekocht wird dieser mit Oliven und Kapern, Pappacelle oder Zwiebeln. Beilagen (2 €) mit Gemüse, wild gewachsenem oder aus eigenem Anbau. Auch **Zeppole** sind hausgemacht, die übrigen Dolci kommen aus einer Pasticceria im Ort. Begleitet wird das Essen von einem unverfälschten selbst gekelterten Wein, auch das reichhaltige Sortiment an Digestifs von Finocchietto bis Meloncello ist selbst gemacht.

80 KM SÜDLICH VON SALERNO

I Moresani

Ferienbauernhof
Ortsteil Moresani
Tel. (+39) 09 74 / 90 20 86,
(+39) 347 / 360 55 86
Ferien: 10. Januar–28. Februar
60 Plätze + 30 Plätze im Freien
Preise: 25 € • Alle Kreditkarten; BM
Täglich mittags und abends geöffnet,
November–Februar nur am Wochenende gegen Vorbestellung

Ferienbauernhöfe gibt es viele, aber wenige sind so authentisch wie I Moresani. Garten, Aufzucht von Schafen und Schweinen, Wildkräuter, all dies gibt es in dem schönen Betrieb im Cilento, auf einem Hügel, von dem aus man ein atemberaubendes Panorama bewundern kann. Wir empfehlen Ihnen zu reservieren. Hier stellt man **Cacioricotta** her, einen Käse alter Tradition und Slow-Food-Presidio, auch in einer Version mit dem Duft der lokalen Myrte. Der Antipasto (10 €) sieht **Salumi** aus eigener Erzeugung vor, darunter eine hervorragende Soppressata, die unverzichtbare Cacioricotta mit hausgemachten Konfitüren und verschiedene Gerichte aus Gartengemüse, die je nach Jahreszeit variieren. Von den Primi empfehlen wir **Ravioli con asparagi e pancetta** (7 €) oder die einfacheren, doch nicht weniger schmackhaften Ravioli al burro e salvia (mit Butter und Salbei). Lassen Sie sich eine Kostprobe der traditionellen ***Fusiddi* con il ragù** mit gereifter Cacioricotta nicht entgehen. Weiter geht es mit einem köstlichen **Capretto al forno** (12 €), Kalbsrouladen in Tomatensauce oder Schweinefleisch alla brace. Immer vorhanden sind Beilagen (3 €) aus lokalem Gemüse, auf unterschiedlichste Art zubereitet, zum Beispiel gefüllt. Zum Abschluss Cannoli cilentani oder Crostata mit Aprikosen und Kirschen und eine Kostprobe der hausgemachten Rosoli, darunter ein duftender Finocchietto.

80 KM SÜDLICH VON SALERNO

Tre Sorelle

Hotelrestaurant • Via Roma, 48
Tel. (+39) 09 74 / 90 20 24,
(+39) 366 / 480 24 52
Ruhetag: Montag–Donnerstag, außer
15. Juni–15. September
Ferien: 1. Oktober–15. April
25 Plätze + 25 Plätze im Freien
Preise: 35–38 €
Alle Kreditkarten; BM
Abends geöffnet, Sonntag und Feiertage
auch mittags

Franca Feola verfügt über ein Naturtalent im Umgang mit den Grundzutaten, hier in erster Linie Fisch, den sie täglich bei zuverlässigen Fischern aus Acciaroli und Casalvelino kauft. Diese Vertrautheit ist auf ihren Vater, einen Fischer, zurückzuführen. Dazu kommt eine große Leidenschaft für das Kochen und ein ungebrochener Wille zur permanenten Verbesserung sowie das Bedürfnis, die Spezialitäten der Umgebung aufzuwerten. In dem schönen Lokal in Casal Velino sind Frühling und Sommer die Jahreszeiten, in denen Gemüse und Fisch in der Küche ihren besten Ausdruck finden und die Arbeit intensiv wird. Beginnen können Sie mit **Acquasale con alici marinate** (10 €) oder Zuppetta di fiori di zucca con vongole e polpettine di alici di menaica. Fortsetzung mit ausgezeichneten, von Hand gemachten Teigwaren wie **Tagliolini con seppie**, pomodorini datterini e crema di carciofi (mit Tintenfischen, länglichen Kirschtomaten und Artischockencreme, 10 €) oder Tortelli bianchi e neri ripieni di gamberi rossi su crema di bieta. Als Secondo könnte Ihnen eine schöne Pezzogna cotta al sale (Sackbrasse in Salzkruste) oder gegrillt begegnen, Caprese vom Bandfisch (12 €), **Polpetielli in cassuola** oder das einfache, nichtsdestoweniger schmackhafte **Filetto di merluzzo** gratinato con pane profumato al limone (13 €). Unter den traditionellen Dolci des Cilento die klassische Torta con pan di Spagna e naspro oder **Cannolo con crema pasticciera bianca** und Cannolo mit Schokolade. Die Passion der Chefköchin, hier in ihrer Funktion als Sommelière, spiegelt sich in der Präzision der Weinkarte.

„Die gewissenhafte Auswahl der Zutaten, die kluge Verarbeitung in der Küche und das angeborene Talent zur Gastlichkeit machen dieses Lokal zur Verkörperung der Idee einer Osteria, die uns immer besser gefällt.“

130 KM SÜDÖSTLICH V. SALERNO, 25 KM NÖ. V. SAPRI

Zi' Filomena

Traditionelle Osteria
Viale Roma, 11
Tel. (+39) 09 74 / 98 80 24,
(+39) 393 / 844 83 70
Ruhetag: Mittwoch, außer im Sommer
Ferien: zeitweise im Winter
60 Plätze + 20 Plätze im Freien
Preise: 30–35 €
Kreditkarten: CS, MC, Visa; BM
Mittags und abends geöffnet

In der Nähe des herrlichen Naturschutzgebietes des WWF Grotte del Bussento di Morigerati stoßen wir auf diese Osteria, die in der dritten Generation von derselben Familie geführt wird. Zi' Filomenas wurde berühmt wegen ihrer Mittagsimbisse für die Schauspieler, darunter Sofia Loren und Omar Sharif, während der Dreharbeiten zum Film C'era una volta (dt. Titel: Schöne Isabella) in der Kartause von Padula. Ihre Tochter Grazia zeichnet jetzt gemeinsam mit Sohn Mario für die Küche verantwortlich. Er hat sich zum Ziel gesetzt, „die familiäre Essenstradition dieser Gegend“ zu pflegen. Der Antipasto Zi' Filomena (15 €) enthält hausgemachten in Öl eingelegten Kürbis, Artischocken und Auberginen, verschiedene kleine Aufläufe und Omelett mit Ricotta, Spinat und Zwiebel sowie eine Reihe an Aufschnitten, darunter Pancetta, Capicollo und eine köstliche **Prosciutella** (alle Erzeugnisse stammen aus einer kleinen Wurstfabrik im nahen Ort Sicilì). Das Angebot bei den Primi setzt sich aus verschiedenen hausgemachten Teigwaren zusammen, zum Beispiel Ravioli, **Fusilli** und Cavatelli, die je nach Saison mit Sauce aus Artischocken, Sugo con provola oder **Ragù** (7 €) serviert werden. Sie können aber auch **Tagliatelle ai funghi porcini** (9 €) oder Tagliolini con il tartufo del Monte Cervati probieren. Im großen Kamin wird Fleisch vom Schwein (6 €), **Lamm** und Kalb gebraten, dazu gibt es Gemüse, unter anderem **Fagiolini allardiati** (grüne Bohnen mit Lardo). Bei den Dolci haben Sie die Auswahl zwischen **Crostata mit Obst** und Mousse al cioccolato. Der hervorragende Hauswein wird von einer bekannten Winzerei im Cilento hergestellt.

Das Art Cafè, Via Roma 15, ist Café, Vinothek und Kunstgalerie. Verkauft werden Flaschenweine aus den wichtigsten Kellereien des Cilento, an der Bar werden hervorragende Cocktails gemixt.

CASERTA
Caserta Vecchia

10 KM VOM ZENTRUM

Gli Scacchi

Restaurant
Strada Provinciale per Caserta Vecchia
Tel. (+39) 08 23/37 10 86
Ruhetag: Montag, im Winter auch Dienstag und Mittwoch
Ferien: zeitweise im Sommer
70 Plätze + 30 Plätze im Freien
Preise: 32–35 €
Kreditkarten: CS, DC, MC, Visa; BM
Mittags und abends geöffnet

Wenn Sie rechtzeitig nach Caserta Vecchia kommen, lassen Sie das Auto auf dem großen Parkplatz des Lokals stehen und unternehmen Sie einen Spaziergang durch die engen Gässchen des eindrucksvollen mittelalterlichen Ortskerns. Durch einen hübschen Garten betreten Sie dann das Lokal, in dem Patron Gino Della Valle Sie mit herzlicher Gastfreundschaft begrüßt. Die Küche ist das Reich seiner Frau Marilena, mit unbestreitbarer Fantasie und Persönlichkeit gelingt es ihr, die traditionellen Gerichte mit frischem Charme zu gestalten. Beginnen Sie mit dem reichhaltigen Antipasto dell'orto (12,50 €): Cialda di patate con insalatina di fagiolini su crema di zucca, Strudel mit Endivien und geschmolzenem Provola-Käse, Polpettina di melanzane su passata di San Marzano und Pomodorino *arracanato*. Außerdem **Caponata di baccalà** oder Filet vom Baccalà mit Bohnen aus Controne (12 €). Ebenfalls vorhanden sind ausgewählte Salumi aus der Umgebung. Frische, hausgemachte Pasta für Primi wie **Ravioli ai profumi e sapori dell'orto** (10 €) oder Pappardelle allo zafferano con ragù bianco di bufalo. Im Winter gibt es Pettole e fagioli di Controne oder Ravioli aus Esskastanienmehl mit Kartoffeln und Salsiccia. Als Fortsetzung **Bocconcini di bufalo all'Aglianico** (12,50 €) oder das unverzichtbare Lamm der Laticauda-Rasse. Unter den Desserts Torte mit Annurca-Äpfeln oder Delizia al limone (€ 6). Reichhaltige Karte für **Käse**, die das Beste der kampanischen Produktion und ein paar Vertreter anderer Regionen beinhaltet. Ausgezeichnete Weinkarte, einige Weine können auch glasweise bestellt werden.

»
Gino und Marilena Della Valle gestalten ein überzeugendes Spiel der Sinne. Sie haben die Gabe Neues zu schaffen, ohne dabei Grundlagen, Regeln und Erfahrungen der Gastronomie aus den Augen zu verlieren.
«

CASTEL DI SASSO
Le Campestre

27 KM NÖRDLICH VON CASERTA, S.S. 87

Le Campestre

Ferienbauernhof
Via Strangolagalli
Tel. (+39) 08 23 / 87 82 77, (+39) 347 / 058 00 14
Kein Ruhetag • Keine Ferien
80 Plätze + 40 Plätze im Freien
Preise: 30 € (Tagesmenü)
Kreditkarten: CS, MC, Visa; BM
Mittags und abends gegen Vorbestellung geöffnet

Familie Lombardi hat eine mutige Entscheidung getroffen: Nachdem sie auf der Suche nach einer weniger unsicheren Zukunft nach Belgien ausgewandert war, kam sie zurück und verwirklichte den Traum, ihre Heimat als produktive Ressource zu nützen. Liliana und Francesco haben gemeinsam mit ihrem Sohn Manuel und seiner Frau Eulalia diesen Agriturismo in den Hügeln von Castel di Sasso geschaffen und erzeugen hier einen Großteil dessen, was auf den Tisch kommt, nämlich Mehl, Hülsenfrüchte, Fleisch, Gemüse, Obst (darunter einige selten gewordene Sorten), Öl, Wein und Käse. Ihnen ist auch die erneute Herstellung des **Conciato romano** (Slow-Food-Presidio) eines altüberlieferten Käses aus Rohmilch, der in Tonkrügen reift, zu verdanken. In der schönen Jahreszeit werden Sie auf der weitläufigen Terrasse mit Panoramablick über den Monte Sasso begrüßt, im Winter im Speisesaal, der von dem schönen Kamin in der Mitte erwärmt wird. Das feststehende Menü für 30 € – inbegriffen ist auch der Hauswein – verändert sich im Lauf der Jahreszeiten und mit der Verfügbarkeit der Zutaten. Als Antipasto könnte Fior di sale con pomodorini, Olive caiazzane, Frittata alle erbette, Cavoli rossi in umido, Salsiccia und Pancetta vom schwarzen Schwein der Casertano-Rasse vorgesehen sein, des Weiteren **Zuppa di fagioli, ceci e castagne**. Unter den Primi **Scialatielli con vellutata di carciofi, pesto di finocchiella e conciato romano**, Mezze maniche con ragù di tracchiolelle (mit Sauce von Schweinerippchen) sowie Fusilli al sugo tirato di casavecchia. Als Secondo Arista di maiale, **Agnello al forno con patate** oder weißes Fleisch. Zum Abschluss Annurca-Äpfel aus dem Ofen mit einer Kostprobe des Conciato romano oder ein Dessert wie Crostata con crema al limone e confettura. Zur Abrundung hausgemachte Liköre.

54 KM NORDWESTLICH VON CASERTA, S.S. 7

Locanda del Falerno
(vormals Villa Matilde)

Ferienbauernhof
Via Domitiana, 18
Tel. (+39) 08 23 / 93 20 88
70 Plätze + 50 Plätze im Freien
Preise: 30–35 €
Kreditkarten: AE, MC, Visa; BM
Juni–September täglich mittags und abends geöffnet, Oktober–Mai nur mittags

An der Domiziana-Straße, gerade einen Kilometer von Baia Domizia entfernt, liegt dieses zum bekannten Weingut Villa Matilde gehörende Lokal. Die Atmosphäre ist gepflegt und einladend, der Service präzise und umsichtig. Die Speisekarte zeigt eine enge Verbindung zur Umgebung, die verwendeten Zutaten werden auf ihr ausgewiesen wie auch die Produkte aus dem eigenen Garten, die in der Küche der Locanda mit Geschick und Enthusiasmus verarbeitet werden. Nach einem Entree kommen die Antipasti (10 €) mit Gemüsestreifen (Zwiebel, Auberginen ...) im Backteig mit Petersiliensauce, mit Sorprese mediterranee, das sind Spießchen mit Tomaten und Mozzarella, die paniert und frittiert werden, und mit Zuppa al vino, Zuppa di lenticchie di Ventotene con gnocchetti di pane fritto sowie **Fiori di zucca ripieni di provola e formaggio di bufala** (mit Provola- und Büffelkäse gefüllte Kürbisblüten). Bei den Primi (10 €) vorzugsweise hausgemachte Pasta: Trofie con zucchine e mandorle, von Hand gezogene Tagliatelle mit einer Creme aus Kürbis und Guanciale, Pettole con ceci e baccalà und **Ravioli di carciofi al sugo di pomodorini e pancetta di maiale nero casertano**. Als Secondi (15 €) Agnello al Cecubo (Lamm mit hochwertigen alten Weinen), Kalbsfilet mit Annurca-Äpfeln, Pflaumen und Gelatine aus Aglianico-Wein, **Arista di maiale di nero casertano al latte** und zum Abschluss Sorbets mit dem Obst der Saison, **Torta al vino** und Delizie di castagne. Auf der Weinkarte stehen ausschließlich die zahlreichen Etiketten des Betriebs. Vorgesehen ist auch ein Degustationsmenü für 35 € bestehend aus Antipasto, Primo, Secondo mit Beilage und Dessert.

33 KM NORDWESTLICH VON BENEVENT, S.S. 372

Masella

Restaurant
Ortsteil Pezzalonga, 32
Tel. (+39) 08 24 / 86 19 75,
(+39) 328 / 663 05 76
Ruhetag: Sonntagabend, Donnerstag
Keine Ferien
110 Plätze + 20 Plätze im Freien
Preise: 20–25 €
Kreditkarten: CS, MC, Visa; BM
Mittags und abends geöffnet

Augenmerk auf die Familientradition, Respekt gegenüber der Umgebung, die gute Küche einer Trattoria: Das sind die wichtigsten Zutaten des Restaurants Masella, das sich in dem reizenden Ort Cerreto Sannita, am Beginn des Matesemassivs befindet. Koch Dino folgt mit seinen Rezepten den Spuren der Vorfahren, er bietet ein den Jahreszeiten entsprechendes Menü, das um eine Reihe von Erzeugnissen aus dem eigenen Garten, bereichert wird, nämlich Gemüse, Kräuter und lokale Hülsenfrüchte. Die Küche ist einfach und ursprünglich. Unter den Antipasti finden sich reichhaltige Bretter mit Salumi, aber auch Suppen, wie jene ***d' Cucuzz*** (4 €) mit Zucchini, „ein wenig" Salsiccia und „viel" Käse. Ebenfalls lokale Produkte bei Abbuoti (6 €) aus Lammdärmen oder bei Prosciutto di Pietraroja. Wenn Sie ein Pastagericht möchten, empfehlen wir **Gnocchi con virno e pomodorini** (7 €) oder *Curiul'* con il ragù di cinghiale (7 €). Bei den Secondi mit Fleisch gibt es eine sehr schmackhafte **Salsiccia sotto la cenere** (8 €) oder **Agnello cacio e uova** sowie einen saftigen Arrosto misto. Deliziöse Dolci: **Pizza dolce** aus der hochwertigen Milch Latte nobile (Slow-Food-Presidio) sowie Pizza di Pasqua und Torta sannita (2 €) mit Morsette, Schokolade und nativem Olivenöl extra. Gute Weinkarte. Ganz in der Nähe des Restaurants befindet sich eine Verkaufsstelle, in der Sie die Erzeugnisse des Betriebs (Öl, eingekochten Most und verschiedene Konfitüren) kaufen können.

50 Meter von der Trattoria entfernt verkauft der Forno Guarino Morsette und Pastorella della sposa, Mürbeteiggebäck, das früher von den Frauen kurz vor der Hochzeit gemeinsam mit Confetti verschenkt wurde.

8 KM WESTLICH VON SALERNO

Al Convento

Restaurant
Piazza San Francesco, 16
Tel. (+39) 089 / 26 10 39
Ruhetag: Mittwoch, außer im Sommer
Keine Ferien
80 Plätze + 60 Plätze im Freien
Preise: 35–40 €
Alle Kreditkarten; BM
Mittags und abends geöffnet

Cetara ist ein Fischerort an der Amalfi-Küste und wird als Weltkulturerbe von der Unesco geschützt. Auch heute noch kann man im Morgengrauen beobachten, wie die kleinen Fischerboote Richtung offenes Meer unterwegs sind, um Sardinen oder Thunfische zu fangen. Hier führt in einem Kloster aus dem 17. Jahrhundert Familie Torrente ihr Lokal und bietet Gerichte, die der im Dorf seit jeher üblichen Fischertradition entsprechen. Der Geschmack der alten Zeit wird durch einige innovative Ideen aufgelockert. Beginnen Sie mit dem kalten Antipasto – **Alici marinate**, Carpaccio di polpo, Tonno affumicato und Bruschetta di burro e alici (9 €) – oder mit den warmen Vorspeisen, nämlich Polpetta fritta di alici con uvetta e pinoli (frittierte Bällchen aus Sardellen, Rosinen und Pinienkernen) und Parmigiana di pesce bandiera. Von den Primi empfehlen wir **Ziti lisci spezzati a mano alla genovese di tonno**, **Spaghetti alla colatura di alici** (10 €) oder Scammaro con la pasta e lacrime di colatura di alici, eine neue Interpretation des neapolitanischen Omeletts Scammaro. Ausgezeichnet schmecken im Anschluss Spaghetti cacio e pepe con le cozze (9 €). Im Winter sollten Sie gegrillte Polenta probieren oder Paccheri con puttanesca di pesce bandiera. Unter den Secondi nennen wir an erster Stelle Tonno alla brace (14 €) und je nach Verfügbarkeit Frittura del golfo und **Pesci del golfo all'acquapazza**, außerdem Seppie e piselli. Zum Dessert die klassischen Süßspeisen der Küste: Delizia al limone sowie Torta ricotta e pera. Die breit gefächerte Weinkarte ist auch mit internationalen Angeboten reich bestückt.

»
Familie Torrente bietet nach wie vor ausgezeichnete Meeresküche von erstaunlicher Ausgewogenheit in einer persönlicher Interpretation der lokalen Traditionen.
«

CETARA

8 KM WESTLICH VON SALERNO

San Pietro

Restaurant
Piazza San Francesco, 2
Tel. (+39) 089 / 26 10 91,
(+39) 333 / 829 62 51
Ruhetag: Dienstag, außer im Juli und August
Keine Ferien
40 Plätze + 35 Plätze im Freien
Preise: 38–40 €
Kreditkarten: CS, DC, MC, Visa; BM
Mittags und abends geöffnet

Colatura di alici (Slow-Food-Presidio), die charakteristische Sauce, die aus der Konservierung der Sardellen mit Salz entsteht, war in Cetara üblicherweise für die Verfeinerung der Spaghetti beim Weihnachtsessen reserviert. Das Restaurant San Pietro ist eine regelrechte Institution für den Genuss der Colatura, beginnend bei den Antipasti wie Crostone con ricotta vaccina mantecata e alice affumicata oder Fettine di tonno affumicate, die mit nativem Olivenöl extra und Colatura beträufelt werden. Außerdem gibt es als Vorspeisen knuspriges Gemüse, **Insalata di farro con colatura di alici** (8 €) und Garnelen aus der Reuse, diese jedoch nur während einer begrenzten Zeit im Jahr. Als Primo Ditali alla genovese di tonno, Risotto alla pescatora, Pasta alla San Pietro (mit Tomaten, Provola und anderem Käse sowie Basilikum, 10 €) oder aber die traditionellen **Spaghetti con colatura di alici** (13 €). Auch Broccoli und Kartoffeln als Salat können mit Colatura gewürzt werden. Die Secondi mit Fisch reichen von einfachen, rasch zubereiteten Gerichten wie **Frittura mista del golfo** (18 €) bis zu entschieden aufwendigen wie **Zuppa di pesce**. Bestechend in seiner Schlichtheit der kleine Kabeljau Merluzzetto in guazzetto con crema di patate. Wählen Sie zum Essen aus der schönen Karte einen Wein aus Kampanien oder dem übrigen Italien. Als Dessert **Scomposta di millefoglie con crema chantilly** (6 €) oder eine Scheibe der Torta caprese, aus der der Geschmack von Mandeln hervorsticht.

Bei den nach traditionellen Methoden arbeitenden Betrieben Nettuno (Corso Umberto I 64), Sapori Cetaresi (Corso Garibaldi 44) und Cetarii (Largo Marina 48–50) können Sie Colatura di alici und andere Meeresspezialitäten kaufen.

ERCOLANO

9 KM SÜDLICH VON NEAPEL, A 3 AUSFAHRT ERCOLANO

Viva lo Re

Restaurant mit Übernachtungsmöglichkeit
Corso Resina, 261
Tel. (+39) 081 / 739 02 07
Ruhetag: Sonntagabend, Montag
Ferien: August
50 Plätze + 20 Plätze im Freien
Preise: 35–38 €
Alle Kreditkarten; BM
Mittags und abends geöffnet

Nur ein paar Schritte von den berühmten Ausgrabungen entfernt, in unmittelbarer Nähe der wunderbaren Villa Campolieto, können Sie eines der Bollwerke der Gastronomie im Gebiet des Vesuvs entdecken, sein explosiver Name spricht bereits Bände: Viva lo Re. Das Lokal befindet sich auf dem zentralen Corso Resina, seine Stärken sind die Gastlichkeit, die sorgfältige Auswahl der Zutaten und das kulinarische Angebot, stets aktuell und mit den Jahreszeiten verbunden. Jede Woche wird die Speisekarte vollständig erneuert. **Zuppa di ceci con frutti di mare** (14 €), Spaghetti con peperoncini verdi e cacioricotta oder Spaghetti aglio e olio su fonduta di parmigiano (10 €) sind außergewöhnliche Beispiele für die Kunst, Tradition mit der Suche nach Neuem zu verbinden. Bei den Secondi gilt **Baccalà** als die Spezialität, doch **Polpo alla griglia su passatina di scarole e finocchi** (gegrillter Oktopus auf Endivien-Fenchel-Creme, 14 €) steht ihm um nichts nach. Fleischliebhabern empfehlen wir **Maialino da latte** (15 €) und Tagliata di chianina. Unmöglich, auf eine Kostprobe der Dolci (5 €) zu verzichten: **Tortino di mele annurche** oder Tris di cioccolato sind Verführungen für Feinschmecker. Aus dem guten Weinsortiment können Sie Ihre bevorzugte Flasche auswählen, indem Sie sich einfach umschauen. Große Aufmerksamkeit für den Käse, Sie können ihn auf einem eigens eingerichteten Tablett (12 €) bestellen. Ein feststehendes Menü bietet die Möglichkeit, für 35 € alles vom Antipasto bis zum Dessert (ohne Weine) zu probieren.

FORINO
Celzi

49 KM SÜDWESTLICH VON AVELLINO, S.S. 400

Tenuta Monte Laura

NEU

Ferienbauernhof
Via Due Principati, 101
Tel. (+39) 08 25 / 76 25 00
Ruhetag: Montag
Keine Ferien
60 Plätze
Preise: 30 €
Kreditkarten: CS, MC, Visa; BM
Mittags und abends geöffnet

An der Strada dei due Principati (S.S. 88), die Avellino mit Salerno verbindet, entdecken Sie in einem Ortsteil von Forino, in Celzi, den gepflegten botanischen Garten des Gutes Monte Laura. In den Räumlichkeiten eines schönen Bauernhauses mit angeschlossener Osteria begrüßt Familie Tornatore Sie in einer rustikalen Atmosphäre, die längst vergangene Zeiten evoziert. Die Küche entspricht ohne Konzessionen der Umgebung, sie ist Ergebnis der kulinarischen Interpretationen durch Köchin Flavia, die Sie mit ihren schmackhaften Rezepten erfreuen wird. Im Speisesaal beraten Sie Luigi und Raffaele zuverlässig bei der Auswahl aus den besten Gerichten der Saison. Beginnen Sie mit einer Kostprobe an hausgemachten Salumi, darunter ein ausgezeichneter Schinken vom Hammel, und gehen Sie dann zu einer Reihe an Gerichten mit Eiern, Gemüse, Hülsenfrüchten und anderem mehr über. Unter den Primi **Lardiata di zuzzeri** (6 €), eine von Hand gezogene Pasta mit Kirschtomaten, Pancetta und Ramata-Zwiebeln mit Zugabe von Caciocavallo podolico. Ausgezeichnet schmeckt **Mallone con pizza di mais** (7 €), eine typische lokale Suppe mit Gemüse, Kartoffeln und dem Fladenbrot Focaccia aus Hartweizen. Ebenso wenig sollten Sie **Pasta e fagioli montorese** versäumen. Das Fleisch stammt aus dem eigenen Betrieb oder aus lokaler Erzeugung, besonders gut **Maialino con castagne al forno** (8 €) und Coniglio ripieno. Hervorragendes Agnello ai carciofi di Montoro (10 €). Hausgemachte traditionelle Dolci, darunter Biscottini alle nocciole e miele, dazu einen der köstlichen hausgemachten Liköre. Das reichhaltige Weinangebot spannt sich von Weinen aus der Umgebung zu den besten Etiketten aus Kampanien und dem übrigen Italien. Auch der Hauswein ist gut.

FRATTAMAGGIORE

15 km nördlich von Neapel

Mirù Cantina Nova

NEU

Restaurant
Via Padre Mario Vergara, 216
Tel. (+39) 081 / 19 25 55 29,
(+39) 347 / 534 05 10
Ruhetag: Sonntagabend, Montag
Ferien: 3 Wochen im August
43 Plätze
Preise: 28–30 €
Kreditkarten: Visa; BM
Mittags und abends geöffnet

Frattamaggiore liegt an der Peripherie von Neapel und ist durch eine Schnellstraße namens Asse Mediano mit der Metropole verbunden. Hier eröffnete am 1. November 2010, sozusagen im Schutz von Allerheiligen, dieses Lokal. Die Initiative lag bei Ruggero (Koch und Inhaber) und Michele (unermüdlichem Faktotum), leidenschaftlichen Unternehmern auf dem Gebiet der Öno-Gastronomie, die sich trotz aller Schwierigkeiten in diesem Gebiet und trotz der Wirtschaftskrise für dieses Projekt eingesetzt haben. Die Leitlinie, die das Angebot bestimmt, ist die Küche der Tradition Kampaniens mit einem Seitenblick auf neue Tendenzen und mit einem immer aufmerksamen Auge auf die lokalen Märkte, wo täglich die Zutaten gekauft werden. Als Antipasto (10 €) werden normalerweise fünf Kostproben angeboten, zum Beispiel **Involtino di melanzane**, Peperone imbottito (gefüllte Paprikaschote), Millefoglie patate e zucchine, Cozza in carrozza, alles der Jahreszeit entsprechend. Von den Primi empfehlen wir **Pasta fagioli e cozze** (8 €), Ziti alla genovese, Mezzano lardiato, Spaghetto al tarallo sugna e pepe, Pacchero baccalà e friarielli, Spaghettone scampo, pomodoro giallo e fiore di zucca (mit Hummer, gelben Tomaten und Kürbisblüten, 15 €) sowie Orecchiette asparagi, acqua di mozzarella e primo sale. Große Auswahl bei Fleisch und Fisch: **Stocco in cassuola**, Baccalà in tempura oder dampfgegarter Baccalà auf Kichererbsencreme (12 €), Calamaro ripieno con provola patata e friarielli und gegrillte Scottona (weibliches Jungrind) der Marchigiana- oder Cilentana-Rasse. Alle Dolci sind hausgemacht, darunter köstliches **Tiramisù di lamponi** (5 €), ebenso Ricotta e pera oder Crostatina alla frutta. Auf der Weinkarte stehen etwa 130 Etiketten aus der Umgebung und dem übrigen Italien.

FRIGENTO
Fontana Madonna

48 km NÖ v. Avellino, A 16 od. S.S. 303 Mautst. Grottaminarda

Fontana Madonna

Ferienbauernhof
Ortsteil Fontana Madonna
Tel. (+39) 08 25 / 44 46 47,
(+39) 333 / 796 97 93
Ruhetag: Dienstag
Ferien: 1 Woche im Juli, Weihnachten
40 Plätze + 100 Plätze im Freien
Preise: 30 €
Alle Kreditkarten; BM
Mittags und abends geöffnet

Dass das Essen hier so angenehm und zufriedenstellend ist, liegt am reichhaltigen typischen Menü der Irpinia, der entspannten Atmosphäre in den Räumlichkeiten aus Stein und Holz und der sympathischen Gastlichkeit, die mit Erklärungen zu den Gerichten, Ingredienzen und Rezepten niemals geizt. Das kulinarische Geschick betont das Ursprüngliche der Produkte, die großenteils aus dem eigenen Betrieb stammen: Konfitüren, Gemüse und natives Olivenöl extra in zwei autochthonen Sorten. Verschiedene Gänge beim Antipasto (12 €) je nach Jahreszeit: Tortino mit Brennnesseln, dazu überbrühtes, gratiniertes Eigelb auf Bohnenpüree, **Minestra *asciatizza*** mit gemischtem Feldgemüse und Straccetti di carne (dazu das arabische Brot Pane azzimo, das gut zum bitteren Aroma des Gemüses passt) sowie Ricottina con fiori di borragine (Ricotta mit Borretschblüten). Königin der Primi ist hausgemachte Pasta: *Cicatielli* oder **Ravioli ripieni di ricotta vaccina in salsa di noci** (mit Kuhricotta gefüllte Ravioli in Nusssauce mit Kartoffeln oder zerkrümelten Peperoni *cruschi* sowohl in der Sauce als auch für die Füllung, 7 €). Bei den Secondi (10 €), vorzugsweise Fleischgerichte, können Sie zwischen Bistecca di marchigiana auf Lavastein, Coniglio imporchettato e aromatizzato con finocchietto (mit Kräutern, vor allem Wildfenchel gewürztes Kaninchen), **Stinco di maiale in salsa di mele cotogne** (Schweinehaxe in Quittensauce) oder einer einfachen Tagliata wählen. Traditionell erzeugte Konfitüren verfeinern die hervorragenden Crostate, die zusammen mit Tortino di noci und **Delizia di cachi** das Sortiment bei den Desserts (3 €) ergeben. Der im Betrieb erzeugte Wein und eine schöne Liste an Etiketten aus der Irpinia begleiten die Speisen.

GESUALDO

40 km nordöstlich von Avellino

La Pergola

Restaurant-Pizzeria
Via Freda
Tel. (+39) 08 25/40 14 35
Ruhetag: Mittwoch
Keine Ferien
60 Plätze + 20 Plätze im Freien
Preise: 25–35 €
Alle Kreditkarten; BM
Abends geöffnet, Samstag und Sonntag auch mittags

La Pergola – bekannt für sein gutes Angebot an lokalen Produkten, vor allem aus Käserei und Landwirtschaft – bietet den Geschmack des Gebietes der oberen Irpinia, deren kulinarische Traditionen sie von den Antipasti an vorstellt. Eingangs ausgezeichneter **Pancotto con verdure di campo**, fagioli piattelli e pomodorini infornati (Brotsuppe mit Wildgemüse, Piattelli-Bohnen und im Ofen gebratenen Kirschtomaten), lokale Salumi oder, direkt aus den Gärten von Gesulado, Sformato di verdure, ricotta, erbette (Gemüseauflauf mit Ricotta und Blattgemüse) sowie gefülltes Gemüse (7 €). Unter den Primi (8 €) Polenta, hier unter dem Namen Paparotta, sowie über den Bronzestab gerollte Pasta wie **Spaghetti alla chitarra con peperoni friarelli, pomodorini e polpette di alici**. Danach beeindruckt das reichhaltige Sortiment an Secondi, das ermöglicht, zwischen verschiedenen Rezepten zu wählen: **Carré di agnello con mollica di pane alle erbette aromatiche** (12 €), Maiale con alloro e cipollotti (Schweinefleisch mit Lorbeer und Jungzwiebelchen) sowie Stracotto di vitello all'Aglianico. Interessante Version von Cosciotto di agnello al fieno maggengo, ein typisches Gericht aus dem 18. Jahrhundert, das nur gegen Vorbestellung erhältlich ist. Probieren Sie auch eine der zahlreichen **Käse**sorten, vor allem Pecorino di Carmasciano und Caciocavallo podolico, die aus umliegenden Gegenden kommen, in denen auch heute noch die Schafe in den Bergen weiden und wo wilde Aufzucht betrieben wird. Die Desserts (4 €) sind hausgemacht: Gutes Erdbeereis mit eingekochtem Most oder **Sfogliatella di mele annurche e crema alla vaniglia** bilden einen schönen Abschluss Ihres Essens. Die Vielfalt der vorhandenen Weine aus der Irpinia verdient auch wegen der besonderen Sorgfalt bei der Auswahl Lob.

GIFFONI SEI CASALI
Capitignano

21 km nordöstlich von Salerno

Il Brigante

Traditionelle Osteria
Ortsteil Sant'Anna, 2
Tel. (+39) 089/88 18 54,
(+39) 328/359 29 87
Ruhetag: Dienstag
Ferien: 2 Wochen zu Weihnachten
60 Plätze + 50 Plätze im Freien
Preise: 25 € • Alle Kreditkarten; BM
Abends geöffnet, Samstag und an Feiertagen auch mittags

Sie finden die Osteria bei dem schönen Pinienwald am Beginn des Ortsteils Capitignano. Rosaria und Guido Brancaccio sind vor Kurzem in das neue Gebäude umgezogen, wo es einige Plätze mehr gibt und einen kleinen Garten, in dem sie ein wenig Gemüse und Kräuter anbauen können. Guido nimmt sich der Gäste im Speisesaal an und erklärt ihnen die Gerichte, Rosaria widmet sich wie immer ihrer Küche. Zu Beginn können Sie aus zwei Antipasti (6 €) wählen, einer besteht aus Salumi und Milchprodukten, der andere aus unterschiedlich gekochtem Saisongemüse wie Zucchine alla *scapece*, Parmigiana oder Polpette di melanzane (Auberginenauflauf oder -bällchen), **Fiori di zucca ripieni di ricotta** oder **Broccoli e fagioli**. Unter den Primi (6 €) finden Sie Spaghetti alla nocciola tonda di Giffoni (mit der runden Haselnuss aus Giffoni), **Pasta e fagioli** (mit Augenbohnen aus dem obere Sele-Tal) und die klassischen Fusilli al ragù di cinghiale. Alla brace werden Kalbssteaks gegart, Salsiccia vom Schwein und Lammkoteletts, gelegentlich gibt es auch **Coniglio ruspante alla cacciatora** (7 €). Begleitet wird das Fleisch von Beilagen wie in der Pfanne gewürzten Brokkoli oder Kartoffeln und Steinpilzen. Die Dolci des Tages sind ein Geschenk des Hauses – probieren Sie Crostata di nocciole di Giffoni, warme Zeppole oder in der Weihnachtszeit **Calzoncelli**, gefüllt mit Esskastaniencreme. Bei den Weinen haben Sie die Auswahl zwischen dem unverfälschten Rotwein des Hauses und einer begrenzten Anzahl an Flaschenweinen von Winzereien der Umgebung.

Probieren Sie in Janis Cafè (Via Sant' Anna 15) Blätterteig mit Honig, Haselnüssen und Schokoladesplittern. In **Giffoni Valle Piana** (8 km) verkauft die Pasticceria Elia (Via Scarpone 2) Calzoncello mit Esskastanien und Raviolo dolce mit Ricotta und Zimt.

14 KM NORDWESTLICH VON NEAPEL

Fenesta Verde

Restaurant
Vico Sorbo, 1
Tel. (+39) 081/894 12 39
Ruhetag: Sonntagabend, Montag
Ferien: August
60 Plätze + 30 Plätze im Freien
Preise: 35 €
Kreditkarten: AE, CS, MC, Visa; BM
Mittags und abends geöffnet, Feiertage nur mittags

Ganz in der Nähe der Piazza dell' Annunziata – die am Sonntag nach Pfingsten während des sehenswerten Festes der Madonna della Pace stark besucht wird – steht diese Osteria. Ihre Geschichte beginnt im Jahr 1948, als Andrea Guarino und seine Frau Luisa beginnen, den Verkauf in ihrem Keller, einem ehemaligen Luftschutzkeller, aufzunehmen. Nach zwei Generationen wird das mittlerweile modernisierte Lokal von Luisa, Laura und ihren Ehemännern Guido und Giacomo geleitet. Außer in den schönen Räumlichkeiten können Sie im Sommer auch auf der Terrasse speisen. Der Antipasto ist feststehend und sieht acht leckere Kostproben vor (12 €), die im Lauf der Jahreszeiten wechseln: **Gattò salsiccia friarielli e provola** oder gefüllte Paprikaschoten, **Insalata di farro e verdurine con cozze** sowie Polpo con patate als Beispiele. Bei den Primi (10 €) gibt es nicht nur die regelgerecht zubereiteten Klassiker der Tradition wie **Genovese**, **Ragù** und Pasta e patate con provola, sondern auch ausgezeichnete mit Garnelen und Zucchini gefüllte Ravioli und **Paccheri con frutti di mare e cime di rapa**. Probieren Sie als Secondo **Baccalà alla brace con scarole stufate** (10 €) und Ferkel aus dem Ofen oder Misto di carne al ragù. Von den raffinierten hausgemachten Dolci dürfen Sie **Millefoglie scomposta crema e amarena** (5 €) und Semifreddo alla nocciola nicht versäumen. Überaus gut bestückter Keller mit Etiketten aus Italien und international zu fairen Preisen.

„*Höfliche, zurückhaltende Gastlichkeit, die besten Produkte der Region, Aufwertung der Tradition sowie ausgewogene innovative Kombinationen: Das Lokal bestätigt sich im Bereich der hochstehenden Gastronomie Kampaniens.*"

GIUGLIANO IN CAMPANIA

14 KM NORDWESTLICH VON NEAPEL

La Marchesella

Restaurant
Via Marchesella, 184
Tel. (+39) 081/894 52 19
Ruhetag: Mittwoch
Ferien: 2 Wochen im August
80 Plätze + 20 Plätze im Freien
Preise: 33–35 €
Alle Kreditkarten; BM
Mittags und abends geöffnet

Tommaso und Gena Iodice sind seit Jahren im großräumigen und dicht bevölkerten Umfeld von Giugliano tätig, wobei sie eine reiche, fruchtbare Familientradition fortführen. Grundlage ist die Aufmerksamkeit den Zutaten gegenüber sowie das Vergnügen, die typischen lokalen Gerichte neu zu interpretieren, was dank Genas ausgewogener Kreativität immer gelingt. Die Speisekarte lädt zu einer Kostprobe von vier Antipasti aus dem Landesinneren (8 €) ein – Parmigiana di melanzane bianca, **Gnocco fritto con pancetta**, Fiore di zucca ripieno con ricotta e basilico, Gateau di salsicce, friarielli e provola – oder zu fünf vom Meer (12 €): Gateau di asparagi e gamberetti, Julienne di seppie e friarielli, Alici ripiene, Vellutata di patate con polpo, Crema di fagioli con ricotta di bufala und Crudité di gamberi e pomodorini. Von den Primi empfehlen wir die unverzichtbaren **Gnocchi con fonduta di caciocavallo** (9 €), Pasta mit Erbsen und gereifter Pancetta, Spaghetti al pesto di basilico, cozze e caciocavallo irpino und außerdem Gnocchi di patate in tegame con mozzarella di bufala e ragù di carne gratinati nel forno a legna (Kartoffelgnocchi, die mit Büffelricotta und Fleischsauce im Holzofen gratiniert und im Pfännchen serviert werden). Secondi vom Fleisch oder Fisch, wir raten zu Costoletta di suino casertano (10 €), Salsiccia con finocchietto, **Zuppa di cozze alla pupatella** oder zum klassischen Baccalà fritto. Es gibt ausgezeichnete Beilagen, darunter **Scarola alla carrettiera con aglio e pinoli** sowie zahlreiche Dolci: **Zuppetta con babà al rhum e crema chantilly** (4 €), Ananas e fragole al limone, warme kleine Crostata mit Konditorcreme und gerösteten Pinienkernen. Reiche Auswahl an Weinen, besonderes Augenmerk gilt Erzeugnissen aus Kampanien. Abends ist das Lokal auch Pizzeria.

ISOLA DI ISCHIA
Barano d'Ischia
Fiaiano

90 MIN. FÄHRE VON NEAPEL + 9 KM VON ISCHIA

Il Focolare

Restaurant
Via Cretajo al Crocifisso, 3
Tel. (+39) 081 / 90 29 44
Ruhetag: Mittwoch, außer im Sommer
Ferien: 3 Tage zu Weihnachten, 2 Wochen im Februar/März
100 Plätze + 100 Plätze im Freien
Preise: 35 € • Kreditkarten: CS, MC, Visa; BM
Abends geöffnet, am Wochenende auch mittags

Familie D'Ambra pflegt seit vielen Jahren die Tradition der Küche von Ischia in ihrer einzigartigen Osteria in einem Kastanienwald, nur ein paar Autominuten vom Hafen von Casamicciola entfernt. Fast vergisst man, dass man sich auf einer Insel befindet, noch dazu einer der schönsten im Golf von Neapel, würde einen nicht das wunderbare Panorama erinnern, das man von der großen Terrasse vor dem Speisesaal bewundern kann – denn das kulinarische Angebot ist ausnahmslos ans Landesinnere gebunden. Aus der Küche kommt ein vielfältiges, an den Jahreszeiten orientiertes Menü, bei dem viele Zutaten der Umgebung sowie einige Slow-Food-Presidi zum Einsatz kommen. Ein guter Beginn sind die Antipasti (9,50 €), darunter Fantasia di verdure mit **Finocchi saltati con le mandorle e carote alla salvia** oder Rotolo di zucchina con mozzarella di bufala. Weiter geht es mit einer einladenden Auswahl an Primi: **Gnocchi di melanzane con pomodorini e provola** (9,50 €), Lasagne mit Spargel und Caciocavallo podolico, Tortelli di patate con porri e salsicce und Caponatina di fagioli zampognari. Wählen Sie bei den Secondi unter Lumache alla Matilde Serao (Erdschnecken, 11€), Pollo in crosta di pane speziato und **Coniglio all'ischitana** (Kaninchen im Tontopf, nur gegen Vorbestellung, 47 € für vier Personen). Süßer Ausklang mit **Crostata al limone di Procida** und Pan di mele con lavanda e rosmarino (4,50 €). Die Weinkarte ist vorwiegend auf die Insel und Kampanien im Allgemeinen ausgerichtet, einige gute Ausnahmen aus dem Piemont und der Toskana bestätigen die Regel.

»
Die Truppe D' Ambra geleitet Sie auf einer fröhlichen, gefahrlosen Kreuzfahrt durch die kulinarische Landschaft der Insel. Halt gemacht wird an klassischen Stationen und bei begeisternden Neuentdeckungen.
«

LETINO
Le Fossate

76 KM NORDWESTLICH VON CASERTA

Le Fossate

Ferienbauernhof
Ortsteil Licia
Tel. (+39) 08 23 / 94 95 95
100 Plätze + 100 Plätze im Freien
Preise: 25 €
Alle Kreditkarten; BM
Juni–September täglich mittags geöffnet, sonst Freitag–Sonntag, vor und an Feiertagen

Ein paar Kilometer außerhalb des Wohngebiets von Letino, im prachtvollen Gebirgsszenario des Matese-Massivs inmitten des gleichnamigen Naturparks, befindet sich der landwirtschaftliche Betrieb Le Fossate im Besitz der Kooperative Agroturistica Matese Società. In einem sehr rustikalen Speisesaal kann man verschiedene bäuerliche Geräte der Vergangenheit sehen, ein großes Kohlenbecken, an dem man sich wärmen kann, einen Holzofen, aus dem die knusprigen **Focacce** kommen, die anstelle von Brot serviert werden, und in einem daneben liegenden kleinen Saal Käse und Salumi, die hier zum Reifen gebracht werden (alle stammen aus eigener Erzeugung, was der Aufzucht des schwarzen Ferkels der Casertano-Rasse vor Ort zu verdanken ist). Zu Beginn des Essens ein ausgiebiger Antipasto (7 €), dabei sind Salumi, Käse und hausgemachte **Giardiniera** mit Gemüse aus biologischem Anbau. Unter den zahlreichen Primi (7 €), alle mit hausgemachten Teigwaren, finden wir die köstlichen **Cavatelli e ceci**, famose **Tagliatelle con sugo di cinghiale oder mit Hammelsauce** oder aber Tagliatelle e fagioli, Zuppa di fagioli con le cotiche (Suppe aus Bohnen mit Schwarten) sowie Polenta con sugo di salsiccia (8 €). Bei den Secondi **Abbuoti** (9 €) und der typische Soffritto vom Lamm (Coratella). Empfehlenswert ist auch das gute Fleisch, das alla brace gegrillt oder im Ofen gebraten wird. Dazu werden Kartoffeln aus Letino serviert, sie schmecken wie in früheren Zeiten. Schöne Auswahl an Käse und guter Hauswein.

LIONI

48 km östlich von Avellino

La Pentola d'Oro

Trattoria-Pizzeria
Via Torino, 14
Tel. (+39) 08 27 / 461 02,
(+39) 347 / 840 16 75
Ruhetag: Dienstag
Ferien: zeitweise im Juli, Weihnachten
120 Plätze
Preise: 28–30 €
Alle Kreditkarten; BM
Mittags und abends geöffnet

Vier Elemente machen diese Osteria so attraktiv: die Gastlichkeit, der Holzofen, der sowohl mittags als auch abends in Betrieb ist, Matassa (frisch und von Hand, ohne Küchengeräte gemachte Pasta) und ... das Verzeichnis der Lieferanten, das von den Geschwistern Di Sapio sorgsam gehütet wird. In dem großen Buch stehen sowohl die Namen der Schäfer, die dem Lokal das Fleisch für den saftigen Misto alla brace (14 €) bringen als auch die Erzeuger der eingemachten Tomaten, des Gemüses und der Eier sowie des Wildgemüses, mit dem Teresa **Stracciatella di cardoncelli e agnello** (7 €) zubereitet. Neben den Speisen auf der Karte gibt es auch immer Tagesgerichte wie **Matasse al ragù bianco** (8 €), deren Sauce aus mit Rosmarin gewürztem Kaninchenfleisch gemacht wird, **Lardiata con tartufo** (8 €) oder Orecchiette alla montanara mit Salsiccia und Zwiebel. **Scarola e fagioli** und ***Menesta sciatizza***, Kartoffeln, Endivien und getrocknete Paprikaschoten werden stets mit dem nativen Olivenöl extra der Sorte Ravece gewürzt, das Imma an den Tischen zur Verfügung stellt. Dieses Öl bereichert zusammen mit Pfefferminze und Peperoncino auch den Käse Primo sale. Für die Dolci zeichnet Franco verantwortlich, sie kommen alle aus dem großen einsehbaren Ofen, in dem ein paarmal pro Woche auch Brot gebacken wird. Zu trinken gibt es guten Aglianico del Vulture als Hauswein, ein Sortiment an Weinen aus dem Gebiet des Avellino und Liköre aus den verschiedenen Kräutern, die üppig auf den umliegenden Feldern wachsen.

Auf der Staatsstraße Appia bietet die Käserei Perna (Nummer 7) nach traditionellen Methoden hergestellte Produkte wie Treccia di Lioni, Cacioricotta und anderen frischen oder gereiften Käse aus Bio-Milch.

MASSA LUBRENSE
Santa Maria Annunziata

53 km südlich von Neapel, 9 km von Sorrent, S.S. 145

La Torre

Restaurant
Piazzetta Annunziata, 7
Tel. (+39) 081 / 808 95 66, (+39) 333 / 396 62 61, (+39) 338 / 943 88 04
Ruhetag: Dienstag, außer im Sommer
Ferien: unterschiedlich
60 Plätze + 120 Plätze im Freien
Preise: 35–38 €
Alle Kreditkarten; BM
Mittags und abends geöffnet

Das Restaurant befindet sich in der Nähe des Turms aus dem 14. Jahrhundert, einem Teil der Burg von Massa, und des Belvedere dell'Annunziata, wo „man so nahe an Capri ist, dass man es scheinbar berühren kann". Seit dem Jahr 2000 bereichern Antonino und seine nette Familie die Abende in diesem lieblichen Winkel der Küste von Sorrent mit Gerichten aus lokalem Fischfang und mit Erzeugnissen aus dem Landesinneren, genauer gesagt aus dem kleinen Garten von Großvater Liberato. Das Team besteht aus Tonino, „One fire" genannt, der gemeinsam mit seiner Tochter Alessia den Speisesaal betreut, seiner Frau Maria in der Küche und der zweiten Tochter Amelia in der Rolle der Alleskönnerin. Der Antipasto (14 €) bietet sieben Kostproben, die je nach Jahreszeit variieren. Um nur einige aufzuzählen, erwähnen wir Parmigiana di melanzane, Suppe mit Bohne der Sorten Cannellini und Dente di morto, Polpetta di baccalà sowie **Insalata di polpo con peperoncino verde di fiume**. Unter den Primi sind hausgemachte Caserecce con frutti di mare (12 €), **Spaghetti con polpetto affogato**, Pacchero con ragù di ricciola (mit Sauce von der Bernsteinmakrele) und **Genovese di tonno**. Als Secondo wird Ricciola mit Kirschtomaten, Kapern und Oliven zubereitet (14 €), **Pezzogna al sale** (Sackbrasse in Salzkruste) und die Garnelen aus Crapolla, die roh oder mit Pfeffer und Salz serviert werden. Im Winter kocht man Fleischbällchen und Rouladen in einer Sauce aus San-Marzano-Tomaten gekocht. Zum Abschluss warten neben einer Selektion an **Käse** auch verschiedene hausgemachte Dolci (4 €). Zufriedenstellende Auswahl an Weinen aus Kampanien, doch Sie können bedenkenlos den unverfälschten weißen Hauswein bestellen, der mit einer gelbfleischigen Pfirsichart namens Percoche serviert wird.

MASSA LUBRENSE
Sant'Agata sui Due Golfi

53 KM SÜDLICH VON NEAPEL, 9 KM VON SORRENT, S.S. 145

Lo Stuzzichino

Restaurant
Via Deserto, 1 A
Tel. (+39) 081 / 533 00 10,
(+39) 333 / 332 31 89
Ruhetag: Mittwoch, außer im August
Ferien: 25. Januar–20. Februar
50 Plätze + 80 Plätze im Freien
Preise: 30–35 €
Kreditkarten: AE, CS, MC, Visa; BM
Mittags und abends geöffnet

Direkt im Zentrum von Sant' Agata sui Due Golfi gelegen, verfügt dieses Lokal über viel Platz im Freien und eine einsehbare Küche. Draußen herrscht die angenehme, touristisch angehauchte Atmosphäre der Küste, drinnen die Heiterkeit und der professionelle Rhythmus des Teams von Paolo (mit seinem 50-jährigen Küchenjubiläum), das viele kampanische Spezialitäten in köstliche für die Halbinsel von Sorrent typische Gerichte verwandelt. Vertrauen Sie sich der herzlichen Gastfreundlichkeit von Mimmo und Dora an, die drei Menüs zu 30, 40 und 45 € mit Wein vorschlagen. Die qualitativ hochwertige Pasta kommt aus Gragnano, dazu gibt es einfache, aromatische Saucen. **Pacchero con ricciola e alloro** (mit Bernsteinmakrele und Lorbeer, 12 €) ist Sinnbild dieser geglückten Verbindung. **Ravioli** werden im Sommer mit Ricotta und Zitrone gefüllt und mit einer Sauce aus Zucchini und Venusmuscheln (12 €) oder **mit Tomatensauce** serviert, im Winter besteht die Füllung aus Endivien und die Sauce aus Ricotta und Nüssen aus Sorrent. In der kalten Jahreszeit finden Sie wohlschmeckende **Minestra di verza con castagne di Montella** (8,50 €). **Alici in tortiera** oder Totani e patate unter den Secondi, die wie ***'Mpepata* di cozze** den intensiven Duft des Meeres verströmen. Januar bis Juni sind **Gamberetti di Crapolla** (11 €) verfügbar. Sollte aufgrund der Wetterlage kein frischer Fisch erhältlich sein, gibt es **Baccalà con papaccella napoletana** (die in Essig eingelegten Paprikaschoten sind ein Slow-Food-Presidio). Ausgezeichneter lokaler **Käse** mit exzellentem Provolone del monaco oder die Süßspeisen Torta di Nonna Filomena, Babà und Mousse al pistacchio zum Abschluss. Der Keller ist reich mit den besten Etiketten bestückt.

„*In einfacher, heiterer Atmosphäre unternehmen Sie einen kulinarischen Rundgang mit Augenmerk auf die Produkte und die Tradition.*"

MELITO IRPINO

41 KM NORDÖSTLICH VON AVELLINO

Di Pietro

Trattoria
Corso Italia, 8
Tel. (+39) 08 25 / 47 20 10
Ruhetag: Mittwoch
Ferien: zeitweise im September
90 Plätze + 15 Plätze im Freien
Preise: 30–32 €
Alle Kreditkarten; BM
Mittags und abends geöffnet

Enzo Di Pietro empfängt jeden einzelnen seiner Gäste mit einem erfreuten Lächeln und zieht aus seiner unvermeidlichen Schürze einen kleinen Block, auf den er rasch die Bestellung schreibt. Er vermag die klassische Speisekarte so zu beschreiben, dass einem bei der Aufzählung der Gerichte und Rezepte das Wasser im Mund zusammenläuft. Seine Trattoria liegt in der Mitte des Ortes und verfügt über einen gut bestückten Keller, in dem die besten Weine Italiens durchaus mit der näheren Umgebung kommunizieren. Beginnen Sie mit dem Antipasto (10 €), bestehend aus lokalen Salumi, Mozzarellazöpfen, Gemüse aus dem Garten der Familie wie Peperoni verdi saltati in padella con pomodori ciliegini (in der Pfanne mit Kirschtomaten gewürzten grünen Paprikaschoten), Cardarelle alla pizzaiola (Kräuterseitlinge), **Insalata di farro con fave e cacioricotta** und Bruschette al pomodoro. Große Vielfalt bei der von Hand gemachten Pasta bei den Primi: mit Ricotta und Gemüse gefüllte Ravioloni mit Fleischsauce, **Cicatielli al sugo con menta selvatica** (9 €) sowie Orecchiette con salsa e cacioricotta. Enzo ist ein Kenner der alten und neuen Produkte seines Landes, daher wird das Fleisch für die Secondi (9 €) bei lokalen Züchtern gekauft und in **Pollo ruspante alla cacciatora**, **Tasca di agnello ripiena** (gefüllter Lammbraten), Misto di carne alla brace und Braciola di maiale in padella verwandelt. In der Speisekammer lagert hochwertiger **Käse** wie gereifter Pecorino di Castel del Monte, Provolone del monaco und Montebore, zu finden sind diese auf der Karte der Slow-Food-Presidi. Bemerkenswerte hausgemachte Dolci (3 €) wie **Croccante**, Cioccolateria und Trockengebäck.

„*Enzo und Teresa erfreuen mit Gerichten der Tradition, die in der Erinnerung an die besten Momente bei Tisch einen Ehrenplatz einnehmen werden.*"

MERCOGLIANO
Capocastello

7 KM NW. V. AVELLINO, S.S. 374 D OD. AUSFAHRT A 14

I Santi

Moderne Osteria
Via San Francesco, 17
Tel. (+39) 08 25/78 87 76
Ruhetag: Sonntagabend, Montag
Keine Ferien
54 Plätze
Preise: 35 €
Kreditkarten: CS, MC, Visa; BM
Mittags und abends geöffnet

Die Brüder Emilio und Federico Grieco leiten dieses schöne Restaurant im mittelalterlichen Ortskern von Mercogliano, nicht weit von der Provinzhauptstadt entfernt, am Fuß jener Straße, die zum Kloster Montevergine, einem wichtigen kampanischen Wallfahrtsort, hinaufführt. Geduldige Suche nach Grundzutaten, Aufmerksamkeit gegenüber den Gästen, präziser und herzlicher Service, das ist die Grundlage des Erfolgs des Lokals. Die Küche setzt auf Produkte der Irpinia und mischt sie mit ausgewählten, überlegt eingesetzten Erzeugnissen aus anderen Gebieten. Zu Beginn ein Brett mit Salumi und Käse, zum Großteil Ausdruck dessen, was in der Umgebung hergestellt wird, oder der Antipasto I Santi mit gleich zehn Kostproben typischer Rezepte, viele von der Jahreszeit abhängig. Von diesen empfehlen wir **Parmigiana fredda di zucchine**. Weiter könnte es mit Trenetta lardiata (8 €) gehen, mit **Cecatiello con funghi porcini e tartufo nero** oder mit Raviolo con ricotta di Capocastello. Das Fleisch für die Secondi stammt aus lokalen Züchtungen, die Brüder Grieco wählen es mit großer Sorgfalt aus. Wir möchten **Maialino nero con mandorle formaggio e miele** (schwarzes Ferkel mit Mandeln, Käse und Honig) oder mit Aglianico und Rosmarin (15 €) hervorheben. Als Alternative **Bocconcini di vitello con funghi porcini e tartufo nero** (15 €), Stracotto di cinghiale und ein schönes Sortiment von alla brace gegrilltem Fleisch. Zum Dessert Semifreddo al torrone, **Crème caramel al Fiano cotto** (4 €) sowie Semifreddo alle fragole e mentuccia. Die schöne Auswahl an **Käse** ist Emilio zu verdanken, immer vorhanden sind Carmasciano und Caciocchiato. Im Weinangebot die erfreuliche Tatsache, dass täglich vier Rotweine und ein Weißwein glasweise angeboten werden. Es gibt zwei Degustationsmenüs für 30 und 35 €.

META
Marina di Alimuri

44 KM SÜDÖSTLICH VON NEAPEL

La Conca

Moderne Osteria
Via del Mare, III Traversa Alimuri
Tel. (+39) 081 / 532 14 95,
(+39) 331 / 735 67 26
Ruhetag: Montag
Ferien: 7.–31. Januar
35 Plätze + 35 Plätze im Freien
Preise: 32–34 €
Alle Kreditkarten; BM
Mittags und abends geöffnet

Der herrliche Ausblick, den man von Marina di Alimuri aus genießen kann, verleiht dem Lokal von Antonio Cafiero, hier mit seinem Team aus Familienmitgliedern und Mitarbeitern am Werk, einen Mehrwert zum bereits unbestrittenen kulinarischen Vergnügen. Der Golf von Neapel bildet Rahmen und Inspiration der Gerichte. Die Zutaten werden ja nach Jahreszeit und Verfügbarkeit auf dem Markt ausgewählt. Unter den Antipasti Polpo alla griglia oder **Marinati di pesce azzurro** (7 €); wenn sie vorhanden sind, sollten Sie unbedingt die klassischen Gamberetti sale e pepe (10 €) probieren. Bei den Primi finden Sie köstliche **Spaghetti con alici e pangrattato** (10 €) oder mit Pesto aus Zitrusfrüchten, Nüssen, Basilikum und Garnelen. Fisch, Krustentiere und Muscheln werden in allen Zubereitungsarten angeboten, so bekommen Sie eine an Inhalt und Geschmack reiche **Grigliata di pesce azzurro** (13 €) **mit Bandfisch, den Thunfischarten Palamita oder Alalunga und Alici**, aber auch klassische Frittura oder Fisch all'acquapazza. Wer auch ohne Fisch leben kann, wählt als Alternative deliziöse Ravioli capresi, gegrilltes Fleisch oder ein Brett mit Käse aus dem Mittelmeerraum mit Honig und Konfitüren. Zum Abschluss eine große Auswahl an hausgemachten Dolci, darunter Tortino di mela annurca con crema pasticciera (5 €) oder **Semifreddo al pistacchio**. Interessante Weinkarte mit etwa 100 Etiketten aus Kampanien und darüber hinaus. Zu guter Letzt können Sie die hausgemachten Liköre Nocino, Finocchietto, Limoncello oder Liquirizia probieren.

MOLINARA

31 km nordöstlich von Benevent

Al Borgo

Restaurant-Pizzeria
Corso Umberto I, 1
Tel. (+39) 08 24 / 99 40 04
Ruhetag: Montag
Ferien: unterschiedlich
70 Plätze + 40 Plätze im Freien
Preise: 20–25 €
Kreditkarten: CS, MC, Visa; BM
Mittags und abends geöffnet

Das Lokal ist in der Altstadt von Molinara angesiedelt, in der beispielhafte Renovierungsarbeiten und weitere Aktivitäten zur Erhaltung von Bauwerken mit hohem identitätsstiftendem Wert unternommen wurden. Im Sommer locken die Plätze im Freien, die Räumlichkeiten im Inneren sind gepflegt und auf raffinierte Weise schlicht. Geleitet wird das Restaurant vom liebenswürdigen Rocco. Für den Beginn schlägt er den Antipasto Al Borgo (7 €) vor: Aufschnitt, Caciocavallo, Ricottina al forno und Bruschette, die mit dem Olivenöl der Sorte Ortice beträufelt werden. Fortsetzung mit Primi wie Paccozzelle mit Brokkoli oder mit Kichererbsen, Cavatelli pomodorini e basilico und **Quagliatelli** (kleine breite Nudeln) **e fagioli** (6 €). Von den Secondi mit ausschließlich lokalem Fleisch empfehlen wir Agnello alla brace, Costata di maiale, Salsiccia con le rape (mit Rübensprossen, nur im Winter), **Trippa** (8 €) und **Mugnatielli** (gefüllte Rouladen aus Därmen, Herz, Lunge und Leber vom Lamm). Als Beilagen gegrilltes Gemüse, Zichorien und Endivien. Auf der reichhaltigen Speisekarte der Pizzeria sehen Sie die Spezialitäten Neapels in interessanten Verbindungen mit Produkten der Umgebung wie Caciocavallo di Castelfranco in Miscano. Sehr gute Pizzen mit Saisongemüse, Kürbisblüten und Provola und im Winter mit Rübensprossen und frischer Salsiccia. Zu trinken bekommen Sie ausgesuchte Weine aus den besten Winzereien des Sannio-Gebiets. Zum Dessert **Cassatina** di San Marco dei Cavoti, eine Süßspeise aus Biskuit, Marzipan, zarter Ricotta und Schokoladestückchen.

Im nahen Ortsteil Gregaria finden Sie im kleinen Supermarkt Callisto in der Abteilung für lokale Produkte die Hülsenfrüchte der Comunità del cibo del Fortore und im Winter die gelben Kirschtomaten.

MONTECORICE
Agnone Cilento

78 km südlich von Salerno

Paisà

Osteria
Via Marina Nuova, 82
Tel. (+39) 329 / 912 12 04
Ruhetag: Februar–Juni nur am Wochenende gegen Vorbestellung geöffnet, sonst kein Ruhetag
Ferien: November–Januar
20 Plätze + 20 Plätze im Freien
Preise: 35 € • Keine Kreditkarten
Mittags und abends geöffnet

Die Brüder Pasquale und Luca Tarallo, die seit ein paar Jahren die historische Osteria ihrer Familie an der kleinen Strandpromenade von Agnone führen, haben vor einiger Zeit begonnen, selbst Fisch in Öl zu konservieren, Bottarga herzustellen und Alici sowie seit Kurzem auch Kapern in Salz einzulegen. Die Küche orientiert sich vorwiegend am Meer, die Zubereitungsarbeiten sind nicht aufwendig und die Kombinationen einfach. Die Speisekarte wird vom verfügbaren Fisch diktiert und oft täglich verändert. Zu reservieren ist immer empfehlenswert, vor allem aber an Wochenenden im Sommer. Man beginnt mit einem Antipasto misto, bestehend aus Saisongemüse und Fisch (12 € für zwei Personen). Oft bekommen Sie als Primo die sehr guten **Spaghetti aglio extravergine e bottarga** (mit Knoblauch, nativem Olivenöl extra und gepresstem Thunfischrogen, 10 €) neben Paccheri, melanzane e tonnetto und Pasta e fagioli con il polpo. Bei den Secondi wird dem Blaufisch ein Ehrenplatz zugewiesen, als Gerichte könnten Sie **Sgombro pomodoro e capperi** (8 €) oder **Pancetta di alalunga alla griglia con menta** (gegrilltes Bauchstück vom Alalunga-Thunfisch mit Pfefferminze, 5 €) finden. Außerdem gibt es Cacioricotta von der Ziege und weiteren Ziegenkäse aus Rohmilch sowohl frisch als auch gereift. Eine schöne Entdeckung ist **Mousse di ricotta di bufala e basilico con extravergine** (mit dem nativen Olivenöl extra der Sorte Salella, 4,50 €) und **Crostata con frutta di stagione** (4 €). Zu trinken gibt es verschiedene Flaschenweine aus der Umgebung und einige Erzeugnisse aus dem übrigen Kampanien, außerdem hausgemachte Liköre.

La Bufalina (Corso Matarazzo 159) in **Santa Maria di Castellabate** (14 km) ist ein gut bestückter Feinkostladen mit besonderem Augenmerk auf Käse aus Italien und anderen Ländern.

MONTEMARANO
Ponteromito

32 KM ÖSTLICH VON AVELLINO

Trattovia Il Gastronomo

Restaurant
Via Nazionale, 77 A
Tel. (+39) 392 / 260 39 52
Ruhetag: Mittwoch
Ferien: 10 Tage im Juli
70 Plätze + 50 Plätze im Freien
Preise: 25–30 €
Alle Kreditkarten; BM
Mittags und abends geöffnet

Montemarano ist für seinen aus weit zurückliegenden Zeiten überlieferten Karneval, einem der schönsten in ganz Italien, bekannt. Stolz erläutert Francesco im Speisesaal die Gerichte, die Koch Felice Gaglione meisterlich zubereitet, inspiriert von Antonio Pisaniello, dem Schöpfer der Philosophie des Lokals. Zu Beginn der Antipasto del gastronomo (10 €): Funghi porcini trifolati, **Scarola e fagioli**, Prosciutto di Ventecano, Mozzarellina di Montella, Purè di patate con crema di tartufo, Insalatina di rucola selvatica con pecorino sowie Käse und Focaccia mit der Ramata-Zwiebel aus Montoro. Die ausnahmslos hausgemachten Primi werden mündlich aufgezählt, es sind täglich andere, je nachdem, was der Garten gerade zu bieten hat. Immer verfügbar sind **Maccaronara ai cecaluccoli** (6 €), **Minestra maritata**, Mezze maniche broccoli e alici, Paccheri con baccalà (7 €) sowie verschiedene Suppen mit Kichererbsen, Esskastanien und Bohnen. Als Secondo verschieden zubereiteter **Baccalà**: **alla perticaregna** (12 €), mit Kartoffeln und Sellerie und alla *Ualanegna* (mit Knoblauch, Öl, Petersilie und Peperoncino). Das Fleisch stammt vom Rind der Podolica-Rasse und wird alla brace oder mit Steinpilzen gegart. Wärmstens empfehlen wir Schweinebauch und auch **Lamm**. Bei den Dolci (€ 4) sollten Sie **Millefoglie amarene e cioccolato**, Cestino di frolla, warmes Tortino al cioccolato sowie Kekse mit Nüssen und Mandeln nicht versäumen. Zu trinken gibt es viele Etiketten aus der unmittelbaren Umgebung wie auch aus dem übrigen Kampanien – die es verdienten, geordnet in einer Karte präsentiert zu werden – und einen sehr guten Hauswein.

Im Ortsteil Ponte von **Cassano Irpino** (7 km) verkauft der Caseificio La Regina ausgezeichnete Kuhmilchprodukte, vor allem Nodini und Mozzarelline.

MORCONE

32 KM NÖRDLICH VON BENEVENT, S.S. 87

Mastrofrancesco

Ferienbauernhof
Ortsteil Piana, 262
Tel. (+39) 08 24 / 95 70 33,
(+39) 328 / 622 99 99
Keine Ferien
26 Plätze • Preise: 25–30 €
Keine Kreditkarten
Samstag und Sonntag mittags und abends geöffnet, Montag–Freitag gegen Vorbestellung

In einer Naturoase an den Hängen des Morcone befindet sich diese ruhige Osteria, die an den von Dino und seiner Familie enthusiastisch geführten landwirtschaftlichen Betrieb angeschlossen ist. Die Atmosphäre und das Angebot des Lokals in einem alten, schön renovierten Bauernhaus sind, wie zu erwarten, spezifisch ländlich und manchmal kann man auch die Hoftiere sehen. Man beginnt mit dem Antipasto (7 €) mit Käse und einem schönen Sortiment an **Salumi** vom schwarzen Schwein der Casertano-Rasse, alle aus eigener Erzeugung, begleitet von saisonalem Wildgemüse, das Dino selbst sammelt und nach verschiedenen Rezepten verarbeitet. Je nach Verfügbarkeit wählen Sie unter diversen Suppen, zum Beispiel mit Esskastanien oder Hülsenfrüchten. Unter den Primi sind **Gnudi di ricotta al forno con erbette di campo** (7 €) eine besondere Delikatesse, gut schmecken aber auch Gnocchetti di ricotta con tarassaco, pancetta e formaggio morbido (mit Löwenzahn, Pancetta und weichem Käse) und die einladenden von Hand gezogenen Teigwaren, mit oder ohne Tomatensauce. Bei den Secondi wartet neben dem verschieden zubereiteten schwarzen Schwein der Casertano-Rasse auch Ferkel aus dem Ofen oder alla brace (9 €), Sella di vitello alla brace sowie **Pollo disossato** (ausgelöstes Hähnchen im Ofen mit Wildkräutern gebraten). Von zartem Geschmack **Trota** (Forelle aus dem nahen Fluss, 9 €), im Vakuum bei Niedrigtemperatur gegart. Unter den Dolci **Spuma di ricotta di capra con scaglie di cioccolato** (5 €) und Mousse semifredda di fragole con granella di nocciole, mandorle e miele. Zu trinken gibt es den Hauswein und einige Etiketten aus der Region.

Im Caseificio Fortunato bei km 97,300 der Staatsstraße 87 bekommen Sie Caciocavallo, Pecorino, Fior di latte, Stracciata und Cremoso aus Kuhmilch.

Die Pizza und das Essen „di strada"

Es könnte ein Zeichen der schlechten Konjunktur sein oder ein Phänomen, das sich in zyklischen Abständen wiederholt und schwer interpretierbar ist, oder auch ein Effekt der zweifellos kraftvollen Social Networks. Ja vielleicht sind es diese und noch weitere Gründe, dass die Pizza und das „Straßenessen" in letzter Zeit eine nie dagewesene mediale Aufmerksamkeit genießen – und unserer Meinung nach Gefahr laufen, ihre volkstümliche Seele zu verlieren.
Als das einfache Essen schlechthin erlebt die Pizza heute eine Phase der Neuentdeckung im Zeichen der Qualität. Dies vorangestellt, wollen wir nicht verschweigen, dass manche übertriebene Darstellung von Eigenschaften, Herkunft und Verarbeitungsweise der Zutaten eher für die narzisstischen Bedürfnisse der Personen dahinter spricht als einer authentischen Suche nach dem Gleichgewicht zwischen gekonnter Zubereitung und richtigem Gebrauch der Produkte dient.
Und manchmal entflammen Diskussionen um Dinge, die uns gänzlich fernliegen. Daher halten wir es nun für angebracht, auch mit Rücksicht auf den gesunden Menschenverstand, die Grundlagen zu bekräftigen: die Qualität des Mehls und des Teiges; die angemessene Zeit, die der Teig braucht, um aufzugehen; der Gebrauch des *Criscito*, des Sauerteigs; der hohe Rand; das native Olivenöl extra.
Neben den Pizzerien würden wir die Friggitorie und Carnacottari als Bannerträger des Essens „di strada" und treue Hüter der neapolitanischen Tradition bezeichnen. Sie sind die Hauptdarsteller einer Küche, in der die weniger wertvollen Teile – Innereien und Kutteln – kulinarisch neu erfunden werden.
Die folgenden Seiten verstehen sich als Orientierungshilfe und nicht als vollständige Auflistung von Lokalen im urbanen Gebiet Neapels, denen zugestanden werden muss, jene „Fermente" vorweggenommen zu haben, die dann in ganz Kampanien und nun auch im übrigen Italien aufgenommen und weiterentwickelt wurden.

Pino Mandarano und Vito Trotta

Antica Cantina del Gallo

450 Meter von der U-Bahn-Station Materdei (Linie 1)
Via Telesino, 21
Zona Fontanelle – erste Kreuzung
Tel. (+39) 081 / 544 15 21, (+39) 328 / 081 30 45
Ruhetag: Sonntagabend
Ferien: 3 Wochen im August
Geöffnet 10.30–15.30, 19–23 Uhr

Eingebettet zwischen den Vierteln Sanità und Materdei, in der Umgebung des Friedhofs Fontanelle – dem Ort, an dem der Tradition zufolge die Seelen im Fegefeuer hausen – steht seit dem Jahr 1898 die Antica Cantina del Gallo. Die Pizzeria, tägliches Ziel für Touristen und für die vielen Arbeiter, die in der Umgebung die für ausgezeichnetes neapolitanisches Schuhwerk und Lederwaren bekannten Straßen bevölkern, ist ein kleiner Zufluchtsort in den verworrenen und faszinierenden Gässchen Neapels. Sie bietet ihren Gästen eine mit Klassikern der Tradition reich bestückte Speisekarte, darunter eine große Anzahl von Produkten bester Qualität. Außer Pizza bietet das Lokal eine Auswahl an traditionellen Gerichten, allen voran Baccalà. Viele gute Fritti, Pizzicotti und Cappello del prete, eine Pizzaspezialität namens „Priesterhut", deren Rand mit Salsiccia und Friarielli gefüllt ist.

Cafasso

200 Meter von der U-Bahn-Station Campi Flegrei (Linie 2)
Fuorigrotta, Via Giulio Cesare, 156–158
Tel. (+39) 081 / 239 52 81
Ruhetag: Sonntag
Ferien: August
Geöffnet 12.30–15, 19.30–23.30 Uhr

In Fuorigrotta, in der Nähe des Stadions San Paolo und abseits des touristischen Treibens der Stadt, finden Sie diese Pizzeria, in der seit mehr als einem halben Jahrhundert unermüdlich Pizzen nach einem überlieferten Familienrezept aus dem Ofen geholt werden. Ugo Cafasso bereitet Pizzen zu, die ein wenig kleiner als der Durchschnitt, aber sehr schmackhaft sind. Neben den Klassikern gibt es auch einige erfreuliche Varianten wie 3P (Provola, patate e porcini – Käse, Kartoffeln und Steinpilze) oder Prato dell'amore, mit Tomatenstücken, Mozzarella, Auberginen, Prosciutto crudo und Rucola. Leicht und knusprig die Frittura all'italiana. Gerichte aus der klassischen neapolitanischen Küche wie Gnocchi alla sorrentina, Linguine alle vongole, Alici fritte und Baccalà vervollständigen das Angebot.

Carmenella

400 Meter vom Hauptbahnhof,
200 Meter von der Regionalbahn-Station der Circumvesuviana
Zona Ferrovia
Via Cristoforo Marino, 22
Tel. (+39) 081 / 553 74 25
Ruhetag: Sonntag
Ferien: 15.–31. August
Mittags und abends geöffnet

Abseits der Touristenströme, doch mit einem hochwertigen Produkt setzt Vincenzo Esposito in seiner Pizzeria im volkstümlichen Viertel hinter der Piazza Garibaldi die Aktivität fort, die von seiner Großmutter Carmela Sorrentino begonnen wurde. Das Lokal ist klein, die Atmosphäre wie in einem privaten Haushalt, das Angebot verweist trotz einiger innovativer Experimente auf die neapolitanische Tradition. Wir bevorzugen die Klassiker Margherita und Marinara mit leichtem, schmackhaftem Teig und ausgewogenen Zutaten. Auch die gefüllten, frittierten oder im Ofen gebackenen Pizzen sind ausgezeichnet. Im Sommer empfehlen wir die Pizza mit Kirschtomaten, Kürbisblüten und frischer Ricotta. Als Dessert sollten Sie Graffette con la cioccolata kosten.

Da Attilio

Station Montesanto der Seilbahn *(funicolare)*
Via Pignasecca,17
Tel. (+39) 081 / 552 04 79
Ruhetag: Sonntag
Ferien: August
Mittags und abends geöffnet

Pignasecca, eines der charakteristischsten Viertel von Neapel, bietet eine bunte Welt von Verkäufern und Passanten. Hier stoßen wir auf die seit 1938 bestehende Pizzeria, die derzeitigen Inhaber sind Attilio und Angelina sowie Mamma Maria Francesca. Mittags kann man an der klassischen Theke Gerichte zum Mitnehmen kaufen oder im Stehen essen; sehr preisgünstig ist die zusammengefaltete Pizza. Der Teig ist weich und gut aufgegangen, die Zutaten sind hochwertig, die Auswahl groß. Zu den Klassikern Marinara und Margherita gesellen sich die gefüllte und im Ofen gebackene Pizza mit Grieben, Ricotta und Pfeffer, jene mit Salsiccia e friarielli oder mit Pomodorini del piennolo e bufala. Einzigartig ist die Pizza mit dem Namen „Sole nel piatto" mit einem mit Ricotta gefülltem Rand, die mit ein wenig nativem Olivenöl extra gewürzt wird. Gut schmecken die frittierten Speisen, versäumen Sie nicht die riesigen Crocchè mit Salsiccia, Friarielli und Provola-Käse zu probieren. Zusätzlich gibt es einige Gerichte der neapolitanischen Küche.

Da Carminiello

U-Bahn-Station Piscinola (Linie 1), dann Bus nach Corso Secondigliano
Corso Secondigliano, 350
Tel. (+39) 081 / 754 00 37
Ruhetag: Sonntag
Ferien: unterschiedlich
Mittags und abends geöffnet (außer 16–18 Uhr)

Auf dem Corso Secondigliano finden Sie diese Pizzeria, die heute von Vincenzo und Maria De Lucia geleitet wird. Sie haben das Erbe einer Familientradition angetreten, die im Jahr 1910 von ihrem Urgroßonkel Carmine begonnen wurde. Zu Beginn sollten Sie die im Schaufenster ausgestellten Fritti kosten und nach dem großen Crocchè fragen. Die Pizzen zeichnen sich durch einen leichten und gut verdaulichen Teig aus. Wir empfehlen die klassische Margherita mit Büffelkäse sowie Marinara, außerdem die frittierte Füllung und Pizza Vesuvio. Die Stammkundschaft ist sehr volkstümlich.

Da Concettina Ai Tre Santi

NEU

U-Bahn-Station Piazza Cavour (Linie 1 und Linie 2)
Via Arena alla Sanità, 7 Bis
Tel. (+39) 081 / 29 00 37
Ruhetag: Sonntag
Ferien: 1 Woche Mitte August
Geöffnet 10.30–23 Uhr

Der Name dieser Pizzeria im pulsierenden Zentrum von Neapel bezieht sich auf einen kleinen Votivaltar neben dem Lokal. Ciro Oliva, Abkömmling einer langjährigen Familientradition, die 1951 von Concettina und Antonio begonnen wurde, leitet das Lokal heute. Mit einem Auge blickt der unternehmungslustige junge Pizzaiolo in Richtung Tradition, mit dem anderen auf die Erfindung neuer Sorten. Er bietet eine Reihe an Pizzen, die sich durch hochwertige Zutaten auszeichnen. Das Angebot ist äußerst vielfältig: Zu Beginn die guten Fritti oder Mont-ragù, ein Dreiervorschlag von Pizza Montanara (einer frittierten kleinen Pizza) mit verschiedenen Saucen. Von den Pizzen empfehlen wir außer den klassischen Margherita und Marinara die innovativen Pizzen wie Aumm (mit Fleisch vom Chianina-Rind) sowie Casatiello (mit *Cicoli* – Grieben – und einer Kruste mit Ei). Zum Abschluss ein kleines Dessert als Überraschung. Als Begleitung zum Essen gibt es Bier, auch aus kleinen Brauereien.

Da Gaetano

Hauptbahnhof
U-Bahn-Station Piazza Garibaldi (Linie 2)
Via Casanova, 109
Tel. (+39) 338 / 603 86 18
Ruhetag: Sonntag
Ferien: 2 Wochen Mitte August
Geöffnet 9.30–21 Uhr, Samstag 9.30–23 Uhr

NEU

Abseits der Touristenpfade gelegen, kann diese Pizzeria als Beispiel für ehrliches, volkstümliches Handwerk gelten, das dem Lärm und den Moden widersteht. Das 1924 von Gaetano Giaccio eröffnete Lokal wird heute von Giaccio Domenico und seiner Familie geleitet, besucht wird es gern von einer aufmerksamen und kompetenten Kundschaft. Der Teig für die Pizzen ist gut aufgegangen und leicht verdaulich. Die Pizzen, beginnend bei Marinara und Margherita, sind traditionell, die klassischen Varianten Capricciosa, Ai funghi und Al prosciutto inbegriffen. Besonders ausgewogen ist der Geschmack der Pizza con salsiccia e friarielli. Die Preise sind günstig.

Da Michele

U-Bahn-Station Piazza Garibaldi (Linie 2)
Forcella, Via Cesare Sersale, 1–3/ Via Colletta
Tel. (+39) 081 / 553 92 04
Ruhetag: Sonntag
Ferien: 3 Wochen im August
Geöffnet 10.30–24 Uhr

Diese Pizzeria in der Nähe des Hauptbahnhofs erkennen wir an der langen Menschenschlange, die vor dem Lokal ansteht. Doch lassen Sie sich nicht abschrecken – der Service ist sehr rasch und normalerweise kann man nach kurzer Zeit Platz nehmen, eventuell teilt man seinen Tisch (einen Marmortisch, wie in früheren Zeiten) mit anderen Gästen. Michele Condurro hat die Pizzeria 1870 eröffnet, heute wird sie im Zeichen der Tradition von der vierten Generation der Familie geführt. Die Auswahl beschränkt sich auf Marinara oder Margherita, beide sind köstlich, gut aufgegangen, mit einem niedrigen Rand, ohne Zugeständnis an die Moden. Alles in allem ein Bollwerk der neapolitanischen Pizza.

De' Figliole

900 Meter vom Hauptbahnhof (Piazza Garibaldi)
Forcella, Via Giudecca Vecchia, 39
Tel. (+39) 081 / 28 67 61
Ruhetag: Sonntag
Ferien: August
Geöffnet 10–20 Uhr, Samstag 10–24 Uhr

In der volkstümlichen Gegend um Forcella, nicht weit vom Castel Capuano, wo mehr als 500 Jahre lang das Gericht von Neapel seinen Sitz hatte, erzählt die Familiengeschichte dieses Lokals, dass es aus der Zeit der Vereinigung Italiens stammt. Heute sind es die „Figliole", die Töchter, die die Pizzeria leiten, Giuseppina, Immacolata und Carmela, Neffe Francesco steht ihnen zur Seite. Hier regiert unbestritten die Pizza fritta. Das Essen „di strada" par excellence wird aus zwei übereinanderliegenden Teigscheiben mit einer Füllung gemacht, während es doch heutzutage eher üblich ist, eine gefüllte und halbmondförmig zusammengelegte Scheibe zu finden. Die Atmosphäre ist lebhaft, ein Kommen und Gehen von Gästen und Pizzen. Der Belag der „kompletten" Pizza besteht aus Fior di latte, Ricotta, Ciccioli (Grieben), Pfeffer und Tomaten oder auch aus Provola-Käse, Ricotta, Salami und Pfeffer sowie rohen Endivien, Provola-Käse, Sardellen und Oliven. Im Winter wird sie manchmal mit Soffritto belegt, eine Erfahrung, die wir widerstandsfähigen Mägen nahelegen möchten.

Di Matteo

Via dei Tribunali, 94
Tel. (+39) 081 / 45 52 62
Ruhetag: Sonntag
Ferien: 2 Wochen im August
Geöffnet 9.30–24 Uhr

Eine der bestbesuchten Pizzerien Neapels. Im Umkreis des antiken Zentrums, in der Via dei Tribunali, immer noch unter der Leitung von Familie Di Matteo, bleibt sie ein Bezugspunkt und ein Prototyp der klassischen Pizzeria, meilenweit vom heutigen Stil entfernt. Die Pizzen sind aus einem gut gemachten Teig, sie sind unzählig und vielfältig. Uns schmecken weiterhin die traditionellen am besten, vor allem die Margherita, auch in den Versionen mit Provola-Käse oder Büffelmozzarella. Während Sie auf einen Platz warten, gehen über die Theke vor dem Lokal zahlreiche Fritti: Sciurilli (gefüllte Kürbisblüten) Crocchè, Auberginen, Arancini di riso, Paste cresciute und zusammengelegte Pizzen. Der Service erfolgt rasch, doch aufmerksam und höflich, die Atmosphäre ist geräuschvoll und bunt. Die Preise sind volkstümlich.

Gorizia 1962

U-Bahn-Station Quattro Giornate (Linie 1)
Vomero, Via Albini, 18-20
Tel. (+ 39) 081 / 560 46 42
Kein Ruhetag
Keine Ferien
Mittags und abends geöffnet
G

Vomero ist ein Viertel in Neapel, das wie wenig andere seine Identität auszudrücken vermag. Ein Beispiel dafür ist dieses Lokal, sehr repräsentativ für sein kulturelles Umfeld. Ein sympathischer Prolog zur Speisekarte erzählt die Geschichte der Pizzeria und ihres Gründers, des kürzlich verstorbenen Don Salvatore. Heute wird das Lokal von seinem Sohn Antonio Grasso geführt. Die traditionellen Marinara und Margherita werden rasch Ihr Herz erobern, dank der gekonnten Verarbeitung des Teigs und der Sorgfalt bei der Auswahl der Ingredienzen. Ausgezeichnet schmecken die Füllung Gorizia mit Mozzarella und Auberginen sowie die Pizza Gorizia, eine schöne Version der Marinara mit Artischocken. Das Lokal fungiert auch als Trattoria und bietet Gerichte der neapolitanischen Küche.

La Figlia del Presidente

400 Meter von der U-Bahn-Station Piazza Cavour (Linie B)
Via del Grande Archivio, 23–24
Tel. (+39) 081 / 28 67 38
Ruhetag: Sonntag, im Sommer auch Montagabend
Ferien: 2 Wochen Mitte August
Geöffnet 8.30–16, 18.30–24 Uhr

Den jüngeren Besuchern mag der Hinweis auf Bill Clinton wenig sagen, aber die Experten der Pizza napoletana erinnern sich noch gut an die Bilder des amerikanischen Präsidenten auf seinem Rundgang durch Neapel mit einer zusammengelegten Pizza in der Hand. Um ehrlich zu sein, die Füllung war nicht empfehlenswert (Würstel und Pommes frites, aber wenn der Präsident es so verlangt …), aber speziell für ihn vom Meister der Pizza, Ernesto Cacialli, zubereitet. Seine Tochter Maria macht, dank ihrer genetischen wie auch gefühlsmäßigen Bestimmung, gemeinsam mit ihrem Mann Felice Messina der Familientradition Ehre und bietet in ihrem Lokal Pizzen für jeden Geschmack. Verpassen Sie nicht die Pizza fritta mit *Cicoli* (Grieben) und Ricotta, sie ist knusprig und leicht, ein Schauspiel auf ästhetischer und kulinarischer Ebene. Die Preise sind gemäßigt.

La Notizia

Vomero, Via Caravaggio, 53–59
Tel. (+39) 081 / 714 21 55
Ruhetag: Montag
Ferien: August
Geöffnet 19.30–24, Samstag und Sonntag 19.30–1.30 Uhr

Enzo Coccia, der eben den Preis „Best Pizzeria AVPN 2014“ erhalten hat, zählt sicherlich zu den Protagonisten der modernen Geschichte der Pizza. Er definiert sich gerne als „Handwerker im Dienst einer der ältesten Aktivitäten in Neapel, ein Pizzajuolo“. Mittels der demokratischsten aller Speisen hat er dazu beigetragen, im Bewusstsein der Gastwirte von heute das Verständnis zu wecken, dass die gefeierte Teigscheibe in Wirklichkeit ein Produkt ist, das eine tiefe kulinarische Weisheit in sich trägt. In Enzos Lokal gibt es ausschließlich Pizza, vom Antipasto bis zum Dessert. Unmöglich, der Verführung der Mastunicola (Schmalz und Pfeffer) zu widerstehen, aber auch Pizza coi sciurilli (mit Kürbisblüten) ist eine Delikatesse. Ertragen Sie also mit Geduld die notwendige Wartezeit, bevor Sie im Speisesaal Platz hemen können, und erleben Sie eine unvergessliche Sinneserfahrung.

Le Zendraglie

100 Meter von der U-Bahn- oder Seilbahn-Station Montesanto bzw. von der Station der Vorortelinie Circumflegrea (Linie 5)
Via Pignasecca, 14
Tel. (+39) 081 / 551 19 93
Ruhetag: Sonntag
Ferien: 14.–23. August
Geöffnet 9–22 Uhr

Zur Bestätigung der Tatsache, dass im die Gastronomie betreffenden neapolitanischen Dialekt die Vermischung die Regel ist *(Ragù, Babà, Sartù, Scapece …)*, dient der vom Französischen Les entrailles (Innereien) abgeleitete Ausdruck „Zendraglie“. In diesem Lokal sind sie die Hausherren: verschieden zubereitete Kutteln, an den Tisch serviert oder zum Mitnehmen, *'O pere e 'o musso* (Füße und Maul vom Schwein) und Stentiniello (Lammdärme mit Kartoffeln). Doch die gelungene Verschmelzung endet nicht beim Sprachlichen, denn die Frau von Inhaber Antonio, Signora Liuba, osteuropäischer Abstammung, hat gelernt, die Gerichte der neapolitanischen Küche perfekt zuzubereiten, und so kommen hier hervorragende Polpi affogati, Spaghetti con alici e peperoni, Paccheri con baccalà sowie Pasta e fagioli an den Tisch.

Masardona

Hauptbahnhof, U-Bahn-Station Piazza Garibaldi (Linie 2)
Via Capaccio, 27
Tel. (+39) 081 / 28 10 57
Ruhetag: Montag
Ferien: zeitweise im August
Geöffnet 7–15.30 Uhr, Samstag auch 18–22 Uhr

In der dicht bewohnten Gegend „Case nuove", zehn Minuten zu Fuß vom Hauptbahnhof Neapels entfernt, ist diese Friggitoria seit mehr als 60 Jahren immer gut besucht, obwohl sie abseits der touristischen Zentren und der Einkaufsstraßen liegt. Protagonist ist Enzo Piccirillo, er setzt das Werk der Masardona, seiner Großmutter Anna Manfredi, fort. Von Crocchè (Teigtäschchen) zu Battilocchio, Pagnotielli und Pizza fritta completa mit Ricotta, *Cicoli* (Grieben), Provola-Käse, Tomaten und Pfeffer, im Stehen an der Theke oder an einem der kleinen Tische im angrenzenden Lokal zu verzehren. Es gibt zahlreiche Versionen mit Endivien, Salami und Prosciutto und sogar eine vegetarische Pizza. Zur Begleitung der Pizza können Sie das früher übliche Gläschen Marsala mit Ei probieren.

Gino Sorbillo

U-Bahn-Stationen Montesanto oder Piazza Cavour (Linie 2) • Via Tribunali, 32
Tel. (+39) 081 / 44 66 43
Ruhetag: Sonntag, außer zu Weihnachten
Ferien: zeitweise im August
Geöffnet 12.30–15.30, 19–23.30 Uhr

Wenn Sie auf der Via dei Tribunali sind, müssen Sie niemanden fragen, um die renommierte Pizzeria zu finden, es reicht, die Menschenansammlungen wahrzunehmen, die mittags und abends geduldig auf eine der berühmtesten Pizzen der Welt wartet. Familie Sorbillo, in der Gino und Antonio die vierte Generation an „Pizzaioli" darstellen, hat eine bemerkenswerte Tradition: Großvater Luigi hatte 21 Kinder, alle bestätigte Meister in der Verarbeitung der „Teigscheibe". Von den klassischen Margherita und Marinara bis zu den moderneren Varianten, wahrhaftigen Pop-Art-Kunststücken, zeichnet sich jede der über den Tellerrand reichenden Pizzen durch die Leichtigkeit des Teiges aus. Das handwerkliche Können und die sorgfältige Auswahl der Produkte machen aus diesem Ort einen Tempel der Gastronomie für jedes Portemonnaie.

Pellone

Hauptbahnhof, U-Bahn-Station Piazza Garibaldi (Linie 2)
Via Nazionale, 93
Tel. (+39) 081 / 553 86 14
Ruhetag: Sonntag
Ferien: 15.–31. August
Mittags und abends geöffnet

Eine bunte, abwechslungsreiche und, leider, auch überfüllte Pizzeria. Um die Wartezeit zu verkürzen, sollten Sie erklären, dass Sie bereit sind, einen Tisch mit anderen Gästen zu teilen. Franco De Luca stellt am Eingang bestimmt die schicksalsschwere Frage: „Kann ich euch an einen Tisch dazusetzen?" Die Wartezeit macht auch eine verlockende Verkaufstheke erträglich, reich bestückt mit köstlichem Frittiertem und Pizzen, die man im Stehen essen kann. Die Pizzen sind größer als im Durchschnitt, reich belegt und bestechen durch Schmackhaftigkeit und hohe Qualität der Zutaten. Vor allem Margherita und die mit Endivien gefüllte Pizza schmecken gut, aber auch Pizza fritta ist zu empfehlen. Der Service ist selbst in den hektischsten Momenten höflich und aufmerksam.

Tripperia O' Russ

1.800 Meter von den U-Bahn-Stationen Piazza Garibaldi oder Piazza Cavour
Via Sant'Eframo Vecchio, 68
Tel. (+39) 081 / 599 17 01, (+39) 349 / 66 44 16 04
Ruhetag: Sonntag • Keine Ferien
Geöffnet 10–22 Uhr

Die kulinarische Tradition des Südens ist reich an Rezepten auf Basis von Innereien, Kutteln und anderen weniger wertvollen Teilen vom Fleisch, dem „Quinto quarto". Einst war Neapel, wie man in zahlreichen Quellen nachlesen kann, voller Läden, in denen die „Carnacottari" gekochte Innereien verkauften. Abseits der Touristenströme finden wir diese familiär geführte Tripperia , den richtigen Ort, um typische Zuppa di carne cotta oder Zuppa alla marescialla mit Tomaten zu probieren. Im Winter sollten Sie die Zuppa di soffritto nicht verpassen, auch Zuppa forte genannt, typisch neapolitanisch und besonders schmackhaft, bestehend aus den Innereien von Ochse und Lamm mit Schweinegrieben, die auf Freselle (getrocknete Brotscheiben) oder zu Primi mit Teigwaren passt. Im Sommer empfehlen wir *'O per' e 'o musso*, mit Salz und Zitrone gewürzte Schweinefüßchen und -maul, die in Tüten verkauft werden, um beim Gehen oder auch bequem an einem Tisch sitzend verzehrt zu werden.

CERCOLA (NA)

Del Pino

Via Don Minzoni, 225
Tel. (+39) 081 / 733 11 45
Kein Ruhetag
Mittags und abends geöffnet, 2 Wochen um den 15. August nur abends
G

In Cercola, an den äußersten Ausläufern des Stadtgebiets von Neapel, befindet sich das Reich von Mario Leonessa. Erstaunlicherweise schafft es die Pizzeria trotz ihrer Größe, immer einen hohen Qualitätsstandard aufrechtzuerhalten, was ebenso an den drei Öfen liegt wie an der Aufmerksamkeit und Professionalität des Patrons. Von den ausgezeichnet gemachten Pizzen empfehlen wir neben Margherita mit Ricotta aus dem Weidenkörbchen jene mit Provola-Käse und zahlreiche andere Varianten. Probieren Sie auch die Füllung mit Pilzen aus dem Ofen. Überdies vorhanden ist nicht nur eine Anzahl an guten Fritti, sondern auch eine große Auswahl an Beilagen vom Büfett. Die verlockenden Desserts werden in der gleichnamigen Pasticceria erzeugt.

SAN GIORGIO A CREMANO (NA)

Pizzeria Francesco e Salvatore Salvo

Via Largo Arso, 10–16
Tel. (+39) 081 / 27 53 06
Ruhetag: Sonntag
Ferien: zeitweise im August

Auf der kleinen Piazza, die kürzlich aus dem Largo Arso entstanden ist, finden wir ein Lokal, das als Prototyp der Avantgarde unter den Pizzerien Neapels bezeichnet werden kann: ein modernes Lokal, das auf die größte Qualität bei den unter lokalen Erzeugern ausgewählten Ingredienzen setzt und auf einen hervorragend hergestellten Teig. Superlative für die Fritti, unter denen Frittatina und der klassische Crocchè con patate interrate del Taburno hervorstechen. Außer Mar-gherita und Marinara und den beiden gefüllten Pizzen (frittiert oder aus dem Ofen), können Sie zahlreiche weitere Pizzen probieren: Papaccelle e conciato (mit in Essig eingelegten Paprikaschoten und Käse), Cipollotto e alici und Pizza con la burrata di bufala. Zu trinken wählen Sie aus einem großen Angebot an Wein oder Bieren aus kleinen Betrieben. Zum Dessert warme Graffette zu einem Gläschen Marsala.

NEAPEL
Vomero

U-BAHN-STATION VANVITELLI (LINIE 1)

Antica Cantina di Sica

NEU

Moderne Osteria
Via Bernini, 17
Tel. (+39) 081 / 556 75 20,
(+39) 392 / 803 56 74
Ruhetag: Sonntagabend, Montag
Ferien: 15.–30. August
45 Plätze + 25 Plätze im Freien
Keine Kreditkarten
Mittags und abends geöffnet

Man schrieb den 10. Mai 1936, als Antonio Sica seine Weinhandlung und Trattoria eröffnete. Der Ruhm seiner Küche verbreitete sich rasch, und vor einem Teller Minestra di *spollichini* (einer Bohnensorte, die man nicht einweichen muss) und einer Karaffe guten Weins sah man die Intellektuellen der Stadt sitzen, denen die lebhafte Atmosphäre gefiel. Auch heute noch kann man hier die Spezialitäten der neapolitanischen Küche kennenlernen. Am Herd stehen Ciro Iacovelli und Enzo Coppola, den Speisesaal betreut Ciro Felleca mit Hilfe seiner Frau Piera. Von den Antipasti empfehlen wir **Parmigiana di melanzane** (4,50 €) und Montanarine fritte. Bei den Primi wie der kardinalroten **Genovese** (7 €) und Pasta e patate mit geräuchertem Provola-Käse sowie verschiedenen Risotti wird die sorgfältige Suche nach den besten Zutaten deutlich. Unter den Secondi Baccalà in crema di limone (11 €), **Polpetti alla luciana**, Entrecôte ai carciofi und in der kühleren Jahreszeit **Salsiccia rossa di Castelpoto**. Als Alternative zum klassischen Menü einige Hauptgerichte: Fantasia di pasta, ein üppiger Dreiervorschlag namens Tris di assaggi oder Pescatore (Fischsuppe mit Colatura di alici di Cetara, Frutti di mare und Crostini, 15 €). Außerdem sind zwei Degustationsmenüs vorgesehen, vom Meer für 28 € und vom Landesinneren für 24 €. Alle Dolci sind hausgemacht, köstlich die gebackene **Cassata napoletana** mit Latte nobile (einer hochwertigen Milch mit kurzer Lieferkette) aus dem kampanischen Apennin (3,50 €) und ausgezeichneter Babà. Breit gefächerte Weinkarte mit viel Aufmerksamkeit für biologische und biodynamische Weine, ebenfalls vorhanden sind gute Dessertweine und Hochprozentiges.

In der Via Belvedere 112 bekommen Sie im Lebensmittelgeschäft Campania Mia das Beste aus kleinen Betrieben Kampaniens und darüber hinaus.

A' Taverna do' Re'

Restaurant-Pizzeria
Via Supportico Fondo di Separazione, 2
Tel. (+39) 081 / 552 24 24
Ruhetag: Sonntagabend
Keine Ferien
65 Plätze + 25 Plätze im Freien
Preise: 35 €
Kreditkarten: CS, DC, MC, Visa; BM
Mittags und abends geöffnet

Mitten in der „City", hinter dem Teatro Mercadante, in einer Seitengasse der Piazza Municipio, auf der immer noch an der Fertigstellung der U-Bahn-Linie gearbeitet wird und die daher in Kürze ihr Aussehen verändern wird, befindet sich dieses Restaurant mit Speisesälen auf zwei Ebenen. In familiärer, entspannter Atmosphäre begrüßt Sie Massimo Paduano, gewohnt an eine breit gefächerte, polyglotte Gästeschar, die er bei der Auswahl aus den Tagesgerichten berät. Chefkoch Francesco Parrella folgt den Regeln der neapolitanischen Küche, manchmal in neuerer Interpretation, ohne dabei jedoch alles Bewährte umzustoßen. Als Einstieg wählen Sie den Antipasto di mare mit rohem Fisch, bestehend aus den Muscheln Cozze, Taratufi, Fasolari, Garnelen, Carpaccio di baccalà und Seppie alla julienne, oder den warmen Antipasto – **Involtino di verza e baccalà** und Parmigiana di alici e pesce bandiera (Auflauf mit Sardellen und Bandfisch, 10 €) – oder aber, in der entsprechenden Jahreszeit, gute Impepata di cozze. Reichhaltiges Angebot bei den Primi, aus dem wir **Spaghettoni di Gragnano con colatura di alici e crema di scarole** (8 €), Paccheri zucchine e orata, Spaghetti alla pescatora, Zuppetta di patate e vongole con pomodorini del piennolo hervorheben. Denjenigen, die keine Fischliebhaber sind, empfehlen wir Pennoni oder **Ziti al ragù** oder alla genovese, außerdem schmackhafte Pasta e patate con la provola. Unter den Secondi Spigola all'acquapazza (15 €), Orata al sale oder auch **Frittura di gamberi e calamari** und als Fleischgerichte köstliche Bistecche alla brace. Zum Dessert Delizia al limone, Pastiera, Babà (4,50 €) und Millefoglie con crema amarena. Die gute Auswahl an kampanischen Weinen wird durch einige Etiketten aus dem übrigen Italien unterstützt.

NEAPEL

U-Bahn-Station P. Garibaldi (2), 100 m v. Bhf. Circumvesuviana

Da Donato

Restaurant-Pizzeria
Via San Cosmo fuori Porta Nolana, 26
Tel. (+39) 081 / 28 78 28
Ruhetag: Montag
Ferien: August, 25./26. Dezember, 1. Januar
44 Plätze
Preise: 25 €
Kreditkarten: CS, MC, Visa; BM
Mittags und abends geöffnet

Als Prototyp der neapolitanischen Trattoria bietet dieses Lokal viele Gerichte der klassischen Küche, immer mit größter Aufmerksamkeit für die meist lokalen Zutaten und die Rhythmen, die einige traditionelle Gerichte fordern. Donato Amoroso hat das Restaurant 1956 eröffnet und heute ist es die dritte Generation, die mit der Leitung betraut ist. Tochter Marilena ist für die Küche verantwortlich, ihr Mann Ciro Addo für den Service. Die Speisekarte ist eine Tageskarte mit einigen Fixpunkten wie Ragout in den kühleren Jahreszeiten, einfachen und raschen Gerichten der Fischküche, Parmigiana und der obligaten **Zuppa di cozze** am Gründonnerstag. Von den Antipasti empfehlen wir **Gattò di patate** (5 €) aus dem Holzofen, Insalata di polpo, Impepata di cozze (7 €), Artischocken gebraten oder mit Kartoffeln. Dann gibt es die Primi eines typischen Haushalts: Teigwaren mit Hülsenfrüchten, leckere **Pasta, patate e provola**, Scarpariello, Mezzanielli lardiati oder alla genovese oder aber mit Guanciale und Kirschtomaten vom Vesuv, daneben Linguine allo scoglio (12 €). Außer **Parmigiana di melanzane** können Sie auch auch Parmigiana mit Kartoffeln oder Zucchini bekommen. Von den Secondi mit Fleisch, das beim Fleischer gegenüber gekauft wird, erwähnen wir Genovese und Ragout wie auch Cotoletta alla Donato (ein frittiertes und anschließend im Holzofen gebratenes Kotelett). **Alici fritte**, Spigola all'acqua pazza, Calamari ripieni und die in einem Korb aus Pizzateig servierten ***Purpetielli* affogati** (8 €) vervollständigen das breite Angebot. Tradition bei den Dolci (4 €) mit Caprese, Babà, **Pastiera** und Tiramisu. Begrenzte Auswahl an Weinflaschen aus Kampanien. Das Lokal ist auch Pizzeria.

Hosteria Toledo

Traditionelle Osteria
Vico Giardinetto a Toledo, 78 A
Tel. (+39) 081 / 42 12 57,
(+39) 333 / 585 95 00
Ruhetag: Dienstagabend
Ferien: 2 Wochen im August
70 Plätze
Preise: 25–30 €
Kreditkarten: AE, CS, MC, Visa; BM
Mittags und abends geöffnet

Erst wenn man die engen, steilen Gassen der Quartieri Spagnoli hinaufgeht, begegnet man wirklich der Seele Neapels. Im Vico Giardinetto, nur ein paar Schritte von der zentral gelegenen Via Toledo entfernt, setzen Anna De Martino und ihr Mann Stefano eine Tradition fort, die im Jahr 1951 von der Mutter Sosora begonnen wurde. Ihr, so erzählen die heutigen Inhaber, genügte es, einen Gast zu sehen, um zu wissen, welches Gericht sie ihm vorschlagen sollte. Der Speisesaal ist in einem „Basso" eingerichtet, einer für die volkstümlichen Gegenden Neapels typischen Wohnung im Untergeschoss, in denen die Hausfrauen oft die von ihnen gekochten Speisen zum Verkauf anboten, um finanziell über die Runden zu kommen. Die Hosteria Toledo stellt ihren Gästen die Gerichte der klassischen kulinarischen Tradition Neapels vor. Von den Primi sollten Sie **Sartù di riso** (10 €) und **Pasta e cavolo** keinesfalls verpassen. Wenn Sie Fisch mögen, können Sie auch ***Purpetielli in cassuola*** und im Sommer **Risotto alla pescatora** probieren. Auch die Secondi sind einfache Gerichte, in denen die Qualität der Zutaten zur Geltung kommt. Scaloppine ai funghi (12 €) und **Filetto alla griglia** können wir wärmstens empfehlen. Ausgezeichnet sind Beilagen wie **Friarielli** (3 €), in der Pfanne gewürzte Broccoli nani (eine Brokkolisorte, die man fast nur in der Provinz Neapel bekommt). Verzichten Sie beim Dessert nicht auf **Babà** oder **Zeppolone**, eine Brandteigform mit Creme und Weichselkonfitüre. Zu Mittag können Sie das Angebot eines feststehenden Menüs mit Primo, Secondo und Beilage für 13 € nutzen. Zufriedenstellende Auswahl an Flaschenwein aus Kampanien und einige erfreuliche Angebote, die über die Region hinausgehen.

U-Bahn-Station Università (Linie 1)

La Chitarra

Traditionelle Osteria
Rampe San Giovanni Maggiore, 1 Bis
Tel. (+39) 081 / 552 91 03,
(+39) 347 / 674 00 73
Ruhetag: Sonntag (mittags gegen Vorbestellung geöffnet)
Ferien: 3 Wochen um den 15. August
32 Plätze + 6 Plätze im Freien
Preise: 25–32 €
Alle Kreditkarten; BM
Abends geöffnet

Peppino Maiorano führt nach dem frühen Tod seines Bruders Luigi alleine, aber mit großem Engagement diese nur abends geöffnete Osteria weiter. Im Herzen des aragonischen Viertels von Neapel, in der Nähe der prächtigen Basilika San Giovanni Maggiore Pignatelli, am oberen Absatz einer breiten Treppe, geht das Lokal auf eine kleine Terrasse, wo im Sommer zwei Tische Platz finden. Ansonsten gibt es nur einen Raum, ein paar Dekorationen wie die unverzichtbare Gitarre, neapolitanische Atmosphäre, bunt gemischte Kundschaft und herzliches Klima. Das einfache Angebot beruht auf den klassischen Rezepten eines Neapel, das sich der Nivellierung entzieht. Also keine Spaghetti e vongole oder Frittura di calamari, wie es in den an der Wand hängenden „10 Geboten" steht. Beginnen können Sie mit dem Antipasto della casa, der je nach Jahreszeit verschiedene Kostproben wie Würfel vom Zwiebelomelett, Caciotta, Wurst, Bällchen aus frittiertem Brot und Fior di latte enthält. Bei den Primi (7 €) stechen Ziti al ragù napoletano, **allardiati** oder alla genovese hervor, aber auch Pasta, patate e provola, **Minestra maritata**, Spaghetti con la colatura di alici di Cetara, Fagioli alla maruzzara oder **Zuppa di soffritto** sind empfehlenswert. Gute Auswahl an Secondi mit **Salsiccia con provola e friarielli** (10 €), Alici in tortiera, Maiale con le papaccelle (Schweinefleisch mit in Essig eingelegten Paprikaschoten) und Carne alla pizzaiola (9 €). Ebenso lecker sind Calamari con patate, Baccalà su passatina ceci, Cotica imbottita und **Coroniello** (Stockfischfilet) **alla napoletana** (12 €). Ein paar klassische Desserts der neapolitanischen Tradition (Babà, Pastiera, Torta al limoncello) beenden das schlichte Menü. Außer dem anständigen Hauswein können Sie auch eine gute Flasche aus Kampanien bestellen.

U-BAHN-STATION UNIVERSITÀ (LINIE 1)

L'Europeo di Mattozzi

Restaurant-Pizzeria
Via Marchese Campodisola, 4–8
Tel. (+39) 081/552 13 23
Ruhetag: Sonntag, im Winter Sonntagabend, Montag
Ferien: letzten 2 Augustwochen
75 Plätze
Preise: 38–40 €
Alle Kreditkarten; BM
Mittags und abends geöffnet

Viele Restaurants in Neapel tragen den Nachnamen Mattozzi, schließlich handelt es sich hierbei um ein Symbol für herausragende Fähigkeiten in der gastronomischen Tradition der Stadt. Alfonso ist ein authentischer, unverwechselbarer Interpret dieser Familiengeschichte. Seine Tochter Luigia hat vom Vater zweifellos die kommunikativen Fähigkeiten sowie eine natürliche Begabung für den Beruf der Gastwirtin geerbt. Vater und Tochter begleiten Sie gemeinsam mit Erfahrung bei der Auswahl aus der reichhaltigen Speisekarte. Als Antipasti empfehlen wir Insalata caprese (12 €), Sauté di frutti di mare oder den üppigen Antipasto della casa mit verschieden zubereitetem Gemüse. Gute Primi wie **Candele alla genovese**, Tubettoni con fagioli e cozze (12 €), Zuppa di fagioli del Cilento e seppioline, Pasta e patate con provola e basilico und **Paccheri di Gragnano con cozze e *sciurilli*.** Weiter geht es mit **Alici in tortiera** (12 €), Polpette al ragù, Filet vom Bandfisch alla pizzaiola, Salsicce e friarielli oder Polpetti affogati in cassuola. Botschafter der Umgebung sind die Beilagen: Friarielli saltati in padella (ein in der Pfanne gewürztes Brokkoligemüse), **Parmigiana di melanzane** (8 €), Pomodorini di nonna Luisa all'insalata (6 €) sowie Peperoncini verdi con pomodorini. Traditionelle Dolci wie Babà, Zuppa inglese und **hausgemachte Mignon di graffette** (6 €) zum Abschluss. Große Auswahl beim Wein zwischen den besten italienischen und internationalen Etiketten. Das Lokal wird auch als Pizzeria geführt. Zwei Degustationsmenüs (Getränk inbegriffen) für 15 und 18 € stehen zur Verfügung.

Traditionell erzeugtes Eis und gute Desserts mit ausgewählten Zutaten gibt es bei Fantasia Gelati in der Via Toledo 381 (weitere Verkaufsstellen: Piazza Vanvitelli 22 und Via Cilea 80 im Viertel Vomero).

NEAPEL

U-BAHN-STATION PIAZZA AMEDEO (LINIE 2)

Umberto

Restaurant-Pizzeria
Via Alabardieri, 30–31
Tel. (+39) 081 / 41 85 55
Ruhetag: Montagmittag
Ferien: unterschiedlich
110 Plätze
Preise: 32–35 €
Alle Kreditkarten; BM
Mittags und abends geöffnet, August nur abends
G

Dieses in günstiger Position im belebtesten Teil von Neapel gelegene Restaurant ist der beste Ausdruck einer gelungenen gegenseitigen Beeinflussung und Synthese von Tradition und Modernität. Die Inhaber Lorella, Massimo und Roberta Di Porzio arbeiten nach wie vor hochprofessionell. Sie bringen in die langjährige Familiengeschichte, deren heutige Repräsentanten sie sind, angemessene und ausgewogene Elemente des Neuen ein, welche ihrer Leistungsbereitschaft, ihrer Neugier und Kultiviertheit entspringen. Auf der Speisekarte stehen bei den typischen Antipasti der „Napoletano" (roher Fisch, Tintenfisch und Austern), mit Ricotta und Sardellen gefüllte Kürbisblüten, **Mozzarella in carrozza** (7,50 €) sowie Polpettine di ceci e gamberi con fonduta di mozzarella di bufala (Bällchen aus Kicherebsen und Krebsen mit geschmolzenem Büffelmozzarella). Von den Primi finden wir Linguine di Gragnano con scampi e pistacchi besonders empfehlenswert, aber auch Tubettoni con polpetti veraci, olive nere, capperi e pomodorini (12 €) und **Paccheri di Gragnano con peperoncini verdi, provola e pomodorini** (10 €) sind nicht zu verachten. **Involtini di pesce bandiera con scarole alla monachina** (12,50 €) oder Polpettine di nonna Ermelinda unter den Secondi. Bei den Beilagen die unverzichtbaren Zucchine alla *scapece* oder **Parmigiana di melanzane** (5,50 €). Zum Abschluss klassischer **Babà napoletano con panna** (5 €), traditionell erzeugter Tartufo sowie Fondant al cioccolato con salsa ai frutti di bosco. Umfassende Weinkarte mit besonderem Augenmerk auf Kampanien. Großartige Pizzen.

NOCERA INFERIORE

19 KM NORDWESTLICH VON SALERNO, A 3

O Ca Bistrò

NEU

Moderne Osteria
Via Papa Giovanni XXIII, 16–18
Tel. (+39) 081 / 92 32 87
Ruhetag: Montag
Ferien: August
40 Plätze
Preise: 20–25 €
Kreditkarten: CS, DC, MC, Visa; BM
Mittags und abends geöffnet

Diese überaus charakteristische Osteria ist in einem Palazzo aus dem 18. Jahrhundert beheimatet. Hier haben Antonio Pepe und seine Frau Giovanna unter Beibehaltung der ursprünglichen Raumaufteilung einen Rückzugsort für alle Liebhaber der traditionellen Küche geschaffen. Den ganzen Tag über ist das Lokal auch Salumeria, in der Sie die besten Erzeugnisse aus Kampanien kaufen können, von den Wurstwaren des schwarzen Schweins bis zu Käse aus den Monti Lattari und den Tomaten der Sorten San Marzano und Corbarino, dem lokalen Vorzeigeprodukt. Mittags und abends können Sie in den typischen Zimmern mit den originalen Holzbalken an der Decke Pizza fritta con corbarino e provolone del monaco (4 €) probieren, **Crostone di pane all'olio extravergine, cipollotto nocerino e fior di latte di Tramonti** oder auch ein Brett mit Käse und Salumi aus kleinen Betrieben bestellen. Unter den Primi *'Ndunderi* mit Schafricotta und in Streifen geschnittenen San-Marzano-Tomaten und Caciocavallo (7 €), **Mezzi paccheri con cozze e patata ricciona** oder eine delikate Genovese con cipollotto nocerino. Mit Salsiccia und Friarielli gefülltes Kaninchen (12 €), **Frittata con friggitelli del Sarno e provola** (Omelett mit gebratenen Paprikaschoten und Provola-Köse, 6 €), Stoccafisso arracanato oder, für Freunde kräftiger Fleischgerichte, Costata di marchigiana alla brace sind die Secondi. Für den süßen Abschluss sorgen Millefoglie di sfogliatelle con crema all'arancia di Sant'Egidio (4 €) oder **Scomposta di pasta sfoglia allo sfusato amalfitano**. Probieren Sie die Rosoli, die Antonio aus den Wildkräutern des Monte Albino zubereitet. Reichhaltige Weinkarte mit dem Besten des kampanischen Weinbaus und Augenmerk auf kleine Kellereien.

NOCERA SUPERIORE

23 KM NÖRDLICH VON SALERNO, 36 KM VON NEAPEL

Luna Galante

Restaurant
Via Santacroce, 13
Tel. (+39) 081 / 517 60 65
Ruhetag: Montag
Keine Ferien
40 Plätze + 60 Plätze im Freien
Preise: 25–35 €
Alle Keditkarten; BM
Mittags und abends geöffnet

In einer Gegend etwas abseits des Zentrums, die man über eine steile kleine Straße erreicht, stoßen wir auf das Reich von Lorenzo Principe. In enger Bindung an die Umgebung führt er mit Leidenschaft das von seinen Großeltern geerbte Lokal. Und als Zeichen des Respekts für die Arbeit der Vergangenheit wird Lorenzo in Kürze zum historischen Namen des Restaurants die Bezeichnung „Famiglia Principe 1968" hinzufügen. Es gibt zwei Möglichkeiten, im Freien Platz zu nehmen, an einen der beiden Teile wird probehalber nur Pizza serviert. Der Empfang ist herzlich, das Angebot reichhaltig und den lokalen Traditionen verpflichtet. Sie können das Degustationsmenü „dell'Agro" für 25 €, das vom Meer für 30 € oder jenes mit dem Namen *Nu murzill* für 15 € wählen, alle bestehen aus fünf Gängen. A la carte empfiehlt der Patron Zuppetta di cereali all'acqua di mare (8,50 €), **Patata ricciona e carciofi di Starza** und die unverzichtbare Frittatina con uova di filina e cipollotto nocerino, doch die Auswahl ist groß und wechselt mit den Jahreszeiten. Ähnliches gilt für die Primi, vom traditionellen Scarpariello con pomodori corbarini über die ausgezeichneten **Candele con San Marzano** (8,50 €) bis zur Tagliatella bruna *allardiata*, von Paccheri alla starzese bis zu Linguine alla Antonio con colatura di alici e seppia. Was die Secondi betrifft, so empfehlen wir **Duetto di maialino paretano**, Baccalà arenula con papaccelle (12 €) sowie Polpo scottato con broccoli dell'agro. Unter den Dolci ein exzellenter **Yogurt di bufala con biscotto alla nocciola** (4,50 €) und klassischer Babà. Reichhaltige Weinkarte und gute Auswahl an Salumi und Käse.

»*Eine Küche, die sich stets ihrer Wurzeln bewusst ist, und eine aufmerksame Gastlichkeit: Das sind die Merkmale dieses Lokals.*«

NOVI VELIA
Bivio di Novi Velia

90 KM SÜDÖSTLICH VON SALERNO

La Chioccia d'Oro

Restaurant
Via Novi Massa
Tel. (+39) 09 74/700 04,
(+39) 338 / 299 80 69
Ruhetag: Freitag
Ferien: 2 Wochen im Februar/März, erste Septemberwoche
70 Plätze + 40 Plätze im Freien
Preise: 25 € • Alle Kreditkarten; BM
Mittags und abends geöffnet

Der Name dieses 1979 entstandenen Restaurants in Novi Velia, im Herzen des Parco Nazionale del Cilento, Vallo di Diano e Alburni, leitet sich von einer Legende ab, die mit der Gluckhenne (Chioccia) von Theodolinde, der Königin der Langobarden, zusammenhängt. Der sympathische Patron Giovanni Positano und seine Tochter Rosa heißen die Gäste willkommen und beraten sie bei der Auswahl der Gerichte aus der Tradition des Cilento. Größte Aufmerksamkeit gilt den Zutaten aus der Umgebung: Brot aus dem Holzofen und natives Olivenöl extra, Mozzarella nella mortella und die Slow-Food-Presidi Kichererbsen aus Cicerale und Soppressata di Gioi. In der Küche sind Ehefrau Maria und der Koch Antonio unter dem wachsamen Auge der fast hundertjährigen Großmutter Peppoccia am Werk. Nicht verpassen sollten Sie den überaus reichhaltigen Antipasto della casa (12 €), dessen Zusammensetzung von der Jahreszeit abhängt. Unter den Primi sticht Nido Chioccia d'Oro (8 €) hervor, das sind **Pappardelle** aus handgemachtem Eierteig mit Béchamelsauce, Prosciutto cotto und Mozzarella, die mit Tomatensauce mit magerem Kalbfleisch in einem Tonpfännchen serviert werden. Unter den Secondi mit Saisongemüse **gefülltes Kaninchen**, im Winter mit Artischocken und im Sommer mit Kürbisblüten, dazu **Patate arraganate** als Beilage (10 €). Beendet wird das Essen mit den guten Dolci della casa: **Cannoli mignon** mit Konditor- und Kakaocreme (3 €) und **Pan di Spagna con ricotta, pere e granella di pistacchi** (3 €). Zufriedenstellender Hauswein und einige gute Flaschenweine aus dem Cilento und ganz Kampanien.

In **Pattano** (5 km), einem Ortsteil von Vallo della Lucania, können Sie beim landwirtschaftlichen Betrieb Starze den typischen Mozzarella nella mortella kaufen. Auch Ricotta lohnt eine Kostprobe.

OLIVETO CITRA

53 KM NORDÖSTLICH VON SALERNO

I Due Cannoni

Restaurant
Piazza Monumento
Tel. (+39) 08 28 / 79 37 88,
(+39) 335 / 622 42 61
Ruhetag: Montag- und Sonntagabend, Dienstag
Ferien: 2 Wochen im Juli
60 Plätze • Preise: 20–25 €
Kreditkarten: AE, CS, MC, Visa; BM
Mittags und abends geöffnet

Mitten im Valle del Sele, wenige Kilometer von der Autobahnausfahrt Contursi Terme der A 3 entfernt, stößt man auf das hübsche Dorf Oliveto Citra. Der Name verweist gleich auf die natürliche landwirtschaftliche und produktive Berufung dieser Umgebung, die nur am Rande von der vor allem ästhetischen Verschmutzung durch die Windräder betroffen ist. Das Lokal befindet sich in der Mitte des Ortes, gegenüber dem Monument zum Gedenken an den Ersten Weltkrieg, von dem das Restaurant seinen Namen bezieht. Die reizenden Räumlichkeiten mit den Steinbögen sind in einen Hauptsaal und einen kleineren, intimeren Speisesaal geteilt. Inhaber Giuseppe Acquaviva illustriert mit sympathischer Liebenswürdigkeit das Angebot der Speisekarte, auf der als Antipasto (5 €) ein Teller mit gutem **Prosciutto**, Mozzarella, Ricottina und lokalen Salumi zu köstlichen **Bruschette al pomodoro** vorgesehen ist. Die Qualität der Primi liegt in der wertvollen frisch gemachten Pasta, ein Muss ist die Spezialität des Hauses ***Lagan e fasul*** (6 €), aber auch Ravioli ai fiori di zucca (mit Kürbisblüten) oder Fusilli allo *scarpariello* schmecken hervorragend. Von den Secondi empfehlen wir **Agnello alla brace** (10 €), Kalbfleisch aus dem Ofen mit Kartoffeln (6 €) sowie **Fianchetto ripieno con uova e salsicce**. Die Desserts sind hausgemacht, probieren Sie Torta ricotta e pera, Millefoglie oder Pan di Spagna. Zu trinken gibt es einen ordentlichen Hauswein und einige gute Etiketten aus Kampanien.

8 KM NÖRDLICH VON AVELLINO, S.S. 374 D

Hosteria del Tritone

Restaurant-Pizzeria
Piazza Demanio, 17
Tel. (+39) 08 25 / 69 13 34
Ruhetag: Mittwoch
Ferien: 1.–10. Juli, 24. Dezember–1. Januar
80 Plätze
Preise: 35–38 €
Alle Kreditkarten; BM
Abends geöffnet, Feiertage mittags

Als guter Hausherr begrüßt Sie Antonio Iannaccone herzlich in dieser kleinen Berg-Osteria auf einer hübschen Piazza. Die frische Luft von Ospedaletto – von jeher wegen der traditionellen Erzeugung von Torrone Ziel der Freunde von Süßigkeiten – wird zusammen mit Antonios bravouröser Schilderung der Umgebung Ihren Appetit anregen. Die angebotenen Gerichte werden aus Produkten lokaler Abstammung zubereitet. Unter den Antipasti finden Sie, je nach Verfügbarkeit, Trüffel mit Rucola und Käse (10 €) sowie ein schönes Brett mit lokalen **Salumi** und **Käse** (10 €). Bei den Primi mit Pasta sollten Sie sich von Tagliolino al tartufo mit Bergkräutern verführen lassen oder aber den leckeren **Fettuccine al cinghiale con Aglianico dell'Irpinia** (8 €) den Vorzug geben. Vielleicht finden Sie aber auch gerade Risotto con porcini e tartufo vor, der manchmal im Laib eines Caciocavallo podolico (10 €) serviert wird. Als Fleischgericht empfehlen wir die *T'arrusti e t'a magni* genannte Tagliata vom Kalb in einer Tonpfanne sowie das geschmorte Wildschwein **Cinghiale brasato al vino rosso** (8 €). Sie können Ihr Essen mit dem guten lokalen Wein begleiten oder sich vom Personal beraten lassen sowie aus einer guten Auswahl auf der Karte wählen. Von den verschiedenen Möglichkeiten, einen süßen Schlusspunkt zu setzen, empfehlen wir **Bacio di castagna** oder Torta tartufata. Zweifellos verdient auch der lokale Torrone (3 €) eine Kostprobe.

Die Tradition des Torrone ist im Ort durch den Torronificio del Casale (Via Casale 7) mit einer breiten Palette an Produkten vertreten.

8 KM NÖRDLICH VON AVELLINO, S.S. 374 D

Osteria del Gallo e della Volpe

Restaurant • Piazza Umberto I, 11–13
Tel. (+39) 08 25 / 69 12 25, (+39) 328 / 095 42 46
Ruhetag: Sonntagabend, Montag
Ferien: 2 Wo. im Juli, 10 Tage zu Weihnachten
45 Plätze • Preise: 32–35 €
Kreditkarten: AE, MC, Visa; BM
Abends geöffnet, Samstag und Feiertage auch mittags

Ospedaletto d'Alpinolo gehört zur Comunità Montana del Partenio und ist bekannt für die Herstellung des Torrone (früher Copeto genannt), für den Anbau von Haselnüssen, Esskastanien (die dann im Ofen getrocknet zu „Castagne del prete" werden) und Walnüssen. Das Restaurant finden Sie im alten Teil der Stadt, geleitet wird es von Familie Silvestro. Antonio betreut Speisesaal und Keller, die Küche liegt mittlerweile fest in den Händen des tüchtigen jungen Kochs Davide, an seiner Seite Mutter Filomena. Die Küche der Irpinia findet hier eine elegante Umsetzung, bei Bedarf mit innovativen, doch immer schlichten und ausgewogenen Noten abgerundet. Im Winter finden Sie bei den Antipasti Millefoglie di baccalà e patate und **Scarola farcita con pinoli, uva passa, noci** (mit Pinienkernen, Rosinen und Nüssen gefüllte Endivien, 8 €), im Sommer hingegen Parmigiana oder Tortino di pane e verdure. Bei den Primi sind Candele alla genovese vorgesehen, Fusilli con ragù di pezzente, **Ravioli con ragù bianco di agnello laticauda** (9 €) und im Sommer Spaghettoni con pesto di erbe e cacioricotta und Ravioli con i talli (Triebe und Blüten von Zucchini). Unter den Secondi Stracotto di guancia di vitello all'Aglianico, Baccalà, **Coniglio al forno in pancetta** (13 €) und sommerlicher Capicollo vom Schwein mit Gemüse und Steinpilzen oder Agnello farcito con mentuccia e pecorino. Zum Dessert **Mousse al torrone** (5 €) oder Pasticciotto. Außerdem **Käse** aus der Irpinia und verschiedene Slow-Food-Presidi. Die umfangreiche Weinkarte stützt sich auf die benachbarte Enoteca der Familie.

„Die Küche dieses Lokals geht stets von lokalen Zutaten bester Qualität aus. Trotz gewisser Neuinterpretationen bleibt doch immer die kulinarische Tradition der Irpinia erkennbar."

105 KM SÜDÖSTLICH VON SALERNO, A 3

Fattoria Alvaneta

Ferienbauernhof
Ortsteil Pantagnoni
Tel. (+39) 09 75 / 771 39,
(+39) 328 / 704 65 91
Ruhetag: Dienstag
Ferien: 1.–10. Juli
40 Plätze • Preise: 23–25 € (mit Hauswein)
Kreditkarten: MC, Visa; BM
Mittags und abends geöffnet, im Winter abends gegen Vorbestellung

Francesco Barra, die Seele dieser wunderbaren Gegend, setzt seine interessante Mischung aus Agriturismo, Lehrbauernhof und biologischer Landwirtschaft in den Bergen oberhalb des Ortes Padula fort. Wenige Kilometer von der herrlichen Kartause von San Lorenzo entfernt, die seit 1998 Weltkulturerbe ist, gelangt man über eine enge, steile Landstraße zur Fattoria Alvaneta. Fast alles hier stammt aus eigener Erzeugung: Pasta, Fleisch, Gemüse und Öl. In der Küche sind Antonietta und Lucia am Werk. Der Antipasto (12 €), wirklich reichhaltig, besteht aus **Salsiccia** und **Soppressata del Vallo di Diano** (Slow-Food-Presidio), Pfannkuchen mit Toma, frischem Toma-Käse und Ricotta mit Honig und Nüssen sowie frischem Gemüse. Von den Primi (7 €) erwähnen wir Fusilli al sugo di carne di cinghiale, Tagliatelle con funghi porcini e tartufi, **Cavatelli con porcini e salsiccia**, **Lagane e ceci** sowie ein Hauptgericht namens **Cuccìa**, eine Suppe aus Hülsenfrüchten und Getreide. Unter den Secondi (10 €) Fleisch vom Lamm, Schwein und Zicklein alla brace, Polpette di pane, **Pollo ruspante alla brace**, Capicollo di maiale con *peperuol 'acit* e mollica di pane sowie Pancotto con fagioli cannellini di Casalbuono. Zum Abschluss ein Panzerotto (Teigtäschchen) mit Esskastanien oder Ricotta und Schokolade oder Sanguinaccio, Canestrelli und Obstcrostata, außerdem die für Padula typische **Pizza di crema e amarene**. All diese süßen Köstlichkeiten kann man auf Wunsch mit einem hausgemachten Likör begleiten. Zufriedenstellender Wein aus dem Betrieb. Degustationsmenü für 23 oder 25 €.

In **Padula Scalo** bietet die Fleischerei Sant'Arcangela von Giovanni Videtta (Via Caiazzano) gute Wurstwaren. Der Antico Forno von Gaetana Rubino (Via Nazionale) verkauft Brot aus dem Holzofen.

30 KM NORDÖSTLICH VON AVELLINO, S.S. 400

Megaron

Restaurant
Via Neviera, 11
Tel. (+39) 08 27 / 715 88
Ruhetag: Montag; Dienstag–Freitag nur gegen Vorbestellung geöffnet
Ferien: 1 Woche im Juli/August
30 Plätze
Preise: 35–38 €
Kreditkarten: CS, MC, Visa; BM

Auch wenn der Ort nicht im touristischen Durchzugsgebiet liegt, könnte ein Besuch im Megaron in Paternopoli doch ein erfreuliches Erlebnis für die Freunde der traditionellen Küche darstellen. Inhaberin Valentina Martone verarbeitet auf tadellose Weise die Erzeugnisse des Gartens zu Gerichten nach überlieferten Rezepten, die sie manchmal neu interpretiert, ohne dabei je zu übertreiben. Ihr Mann Giovanni kümmert sich um den Service. Die Speisen werden, je nach Jahreszeit, im Rahmen von Degustationsmenüs mit sieben Gängen angeboten. Es gibt ein sommerliches und ein winterliches Menü, eines mit dem Titel „I sapori di territorio" (inspiriert von den Produkten des Berg- und Hügellandes) für 35 € sowie das Menü „Tra la mia terra e la mia famiglia" für 38 € mit Wein und ein kleines Mittagsmenü für 18 €. Einige Beispiele für Antipasti und Primi sind Fior di carciofo su specchio di pomodoro, Suppe mit Esskastanien, Steinpilzen und gelbem Kürbis, **Sformatino di melanzana con pomodoro e pecorino bagnolese**, **Lasagne di grano arso con fagioli e cotechino**, traditionell erzeugte Fusilli mit Baccalà und Ramata-Zwiebel und **Fusilli al pesto di zucchine e mentuccia**. Bei den Secondi Vitella con mela annurca e glassa di Aglianico, **Bocconi di carne al profumo di agrumi** und Brasato di carne podolica irpina. Verschiedene Crostate mit hausgemachten Konfitüren und Eis zum Abschluss. Das Weinangebot bietet einen Überblick über die besten Weine Kampaniens und umspannt ganz Italien, wobei es interessante Etiketten zu gemäßigten Preisen kennenzulernen gibt.

In **Gesualdo** (8,5 km) bekommen Sie beim Fleischer Mario Carrabs auf dem Hauptplatz, gegenüber dem Rathaus, hochwertiges lokales Fleisch und besonders gut gemachte Salumi, daneben andere typische lokale Erzeugnisse.

PAUPISI

17 KM NORDWESTL. V. BENEVENT, S.S. 88 U. S.S. 372

'A Taccolella

Osteria
Via Valloni
Tel. (+39) 08 24 / 88 60 69
Ruhetag: Montag
Ferien: unterschiedlich
65 Plätze
Preise: 25–30 €
Kreditkarten: CS, DC, MC, Visa; BM
Mittags und abends geöffnet

Paupisi ist eine ruhige Gemeinde am Fuß des Monte San Mennato. Wenige Minuten nach der Abzweigung finden Sie diese reizende Osteria. Mit Liebe bereitet Köchin Irene traditionelle Gerichte zu. Besondere Aufmerksamkeit gilt dabei der Auswahl des Gemüses, das in jeder Speise vertreten ist. Im Speisesaal schlägt Ihnen Cosimo, der junge Patron des Lokals, die Tagesgerichte vor. Man beginnt mit einem Antipasto (8 €) mit Käse und Salumi aus eigener Erzeugung, dazu eine Vielfalt an Salaten aus Gemüse, Hülsenfrüchten und anderen Zutaten, die mit überraschender Fantasie ausgewählt werden. Bei den Primi schmeckt Pasta mista con fave e pancetta con formaggio fresco (mit Dicken Bohnen, Pancetta und frischem Käse, 6 €) hervorragend, wie auch **Girella di pasta all'ortolana cotta al forno** (7 €). Außerdem Lasagne mit dem Gemüse der Jahreszeit und Taccolella *'imbriaca*, eine von Hand gezogene Pasta mit Fleischbällchen, Salsiccia, Bohnen und eingekochtem Aglianico. Fleisch aus der familieneigenen Fleischerei wird für die Secondi verwendet, ausgezeichnet sind **Spinacina di vitello al forno ripiena di carciofi** (mit Artischocken gefüllte Kalbsschnitzel aus dem Ofen, 8 €), **Stufato di vitello in crosta al forno** sowie Haxe vom Kalb oder Schwein. Als Dolci **Biscottini naspratì** mit in Alkohol eingelegten Kirschen (3 €) und Torten der lokalen Tradition mit einem Gläschen von Irenes Likören. Auf der gut strukturierten Weinkarte stehen viele Erzeuger aus der Umgebung und Kampanien, außerdem gibt es einen sehr guten Hauswein.

Wenn man in Richtung Ortsmitte fährt, findet man nach etwa 2 km die Fleischerei Antica Macelleria Rapuano, in der aus dem besten Fleisch des Sannio-Gebiets ausgezeichnete Salumi erzeugt werden.

PISCIOTTA
Marina

103 KM SÜDÖSTLICH V. SALERNO, S.S. 18 U. S.S. 447

Angiolina

Restaurant
Via Passeriello, 2
Tel. (+39) 09 74 / 97 31 88,
(+39) 333 / 169 39 93
Kein Ruhetag
Ferien: Oktober–Ostern
40 Plätze + 50 Plätze im Freien
Preise: 35 €
Alle Kreditkarten; BM
Mittags und abends geöffnet, im April nur gegen Vorbestellung

Angiolina ist immer noch präsent, mit ihren 94 Lenzen und der Erfahrung derer, die in den letzten 50 Jahren die Veränderung des Cilento miterlebt haben. Das Meer ist nur ein paar Schritte entfernt und wenn man an den Tischen des Lokals sitzt, kann man die Wellen am Strand auslaufen hören. Rinaldo, Angiolinas Sohn, pendelt zwischen Speisesaal und Küche, ihm zur Seite stehen seine Frau Ivana und der junge Italo. In der Küche hat die Tradition das Sagen, ohne dabei den einen oder anderen Ausflug in die Neuinterpretation zu verbieten. Zu Beginn gibt es **Cauraro** (8 €), eine Suppe mit Sardellen und Frühlingsgemüse, klassische Melanzane e patate *'mbuttunate* oder den „Piacere cilento" genannten Teller mit allen Slow-Food-Presidi aus dem Cilento, darunter die zarten **Alici di menaica**, der Stolz von Marina di Pisciotta. Unverfälschte Tradition bei den Primi mit **Pasta con le alici** (10 €), Paccheri con il sugo della zuppa oder für alle, die das Neue lockt, mit der Tinte des Tintenfischs gefärbte Ravioli mit Seebarben und Wildfenchel. Viel Blaufisch unter den Secondi mit **Alici alla *scapece*** (10 €) und dem Fisch des Tagesfangs aus dem Ofen oder vom Grill. Reichhaltige **Zuppa di pesce** mit dem Besten, was das Meer an diesem Tag zu bieten hatte, darunter der sehr schmackhafte, doch kaum bekannte Fisch Sciarrano (Schriftbarsch). Bei den guten Dolci können Sie die klassische **Pastiera con il gelato** (5 €) oder Mousse di ricotta di bufala al limone entdecken. Reichhaltige Weinsammlung mit besonderem Augenmerk auf die lokalen Spezialitäten. Außerdem in kleinen Betrieben erzeugte Liköre aus Wildfenchel und Myrte.

„Seit über 50 Jahren ist dieses Lokal ein Bollwerk der lokalen Festlands- und Meeresküche, mit Konzentration auf Produkte von kleinen lokalen Betrieben."

96 km südöstlich von Salerno, S.S. 447

Perbacco

Osteria-Enoteca
Ortsteil Marina Campagna, 5
Tel. (+39) 09 74 / 97 38 89,
(+39) 347 / 895 77 37
Juni–15. Oktober mittags und abends täglich geöffnet, Ostern–Mai nur am Wochenende, den Rest des Jahres geschlossen
45 Plätze
Preise: 35–38 €
Alle Kreditkarten; BM

Das Lokal entstand schon vor einiger Zeit auf dem Gut der Familie als „Circolo Arcigola", wie Slow Food sich in den Anfängen nannte, zwischen dem Grün der majestätischen Olivenbäume und dem Blau des Meeres, direkt gegenüber von Capo Palinuro, und der Leitgedanke des Projekts ist immer noch der gleiche. Auch der Initiator ist noch derselbe: Vito Puglia, profunder Kenner der Produkte und Persönlichkeiten der Gastronomie und Weinkultur Italiens. In der Osteria beraten Sie einige der Familienmitglieder gemeinsam mit verlässlichen Mitarbeitern bei der Auswahl der Tagesgerichte. Die Karte repräsentiert ein klassisches Repertoire an Speisen der Tradition sowohl des Landesinneren als auch der Küste des Cilento. Wir empfehlen zu Beginn eine Reihe an Kostproben, „Princìpi" (12 €), wie hier die Antipasti genannt werden, oder aber **Alici ammollicate in tortiera** (8 €) oder in insalata. Was die Teigwaren betrifft, so sollten Sie **Vermicelli alla marina campagna** (9 €) mit dem Brokkoligemüse Friarielli und frischen Sardellen probieren, **Tubetti in brodetto di pesce** (11 €), Ravioli di ricotta und Fusilli con un ragù di San Marzano. Anschließend viele Gerichte mit Blaufisch, vor allem alla brace zubereitet, als Alternative **Rombo al forno con patate** (8 €), Ombrina (Schattenfisch) al sale oder Fleisch wie **Filetto di bufalo alla brace** (16 €). Immer beachtlich ist die Auswahl an **Käse** aus Rohmilch. Zum Abschied eine Kostprobe der Torta di amaretti con crema al Marsala (6 €) und eine ganz persönliche Version von **Caprese** (6 €). Unter den Weinen finden Sie nicht nur Etiketten der Umgebung, sondern aus allen Regionen Italiens. Bemerkenswert auch die zahlreichen hochprozentigen Getränke.

»
Eingebettet in eine reizvolle Landschaft setzt diese Osteria ihre Geschichte als exzellenter Ausdruck der Gastronomie des Cilento fort.
«

18 km westlich von Neapel

Abraxas

Moderne Osteria • Via Scalandrone, 15
Tel. (+39) 081 / 854 93 47,
(+39) 339 / 223 67 00
Ruhetag: Dienstag
Ferien: je 1 Woche im August und zu Weihnachten
80 Plätze + 70 Plätze im Freien • Preise: 30–33 €
Kreditkarten: CS, MC, Visa; BM
Abends geöffnet, Sonntag und Feiertage auch mittags

Das Gebiet der Campi Flegrei, das in der jüngsten Vergangenheit allzu oft von Vernachlässigung und fahrlässiger Umweltschädigung betroffen war, erlebt seit einigen Jahren einen verdienten Aufschwung. Nando Salemme stellt mit seinem Lokal zweifellos einen Wegbereiter für diesen Neubeginn dar. Das Menü sieht eingangs eine Kostprobe der mit Zitrone marinierten Sardellen aus dem Golf von Pozzuoli vor oder aber Carpaccio di chianina con panzanella di verdura e salsa tonnata. Nun kommt der Antipasto (11 €) mit sieben Kostproben, darunter **Sbriciolata di peperoni**, **Insalata di patate con verdure di stagione**, Parmigiana di melanzane, Pancotto di broccoli con crema di patate und mehr. Unter den Primi **Spaghettone con alici su crema di zucchine alla *scapece*** (11 €), Gnocchi aus Kartoffeln und Kürbisblüten mit Lupinen und Ricotta aus dem Weidenkörbchen und im Winter Paccheri alla genovese. **Polpette di scottona con mozzarella di bufala** (10 €), Zuppa di cozze di capo Miseno, ***Pullast 'mbuttunato*** (gefülltes Hähnchen) oder Coniglio con l'aceto (nach Tradition von Bacoli zubereitetes Kaninchen mit Essig) bei den Secondi. Zum Dessert (5 €) nicht nur Klassiker wie Tiramisu oder Cheesecake, sondern auch **Gelato di latte nobile alle nocciole**, Croccante con crema e amarena und Sorbetto agli agrumi. Die Weinkarte ist umfassend, was lokale Produkte und Flaschen aus dem übrigen Italien betrifft, und stellt darüber hinaus einige internationale Vertreter vor. Verführerische Auswahl an **Käse** und Salumi. Degustationsmenü für 32 €.

»
Dieses Lokal im Gebiet der Campi Flegrei ist eine Grundfeste der Kulinarik und zugleich in erstaunlicher, beständiger Weiterentwicklung. Zu verdanken ist dies der unermüdlichen positiven Gedankenarbeit von Nando Salemme, der Seele des Lokals.
«

39 KM NORDWESTLICH VON BENEVENT, S.S. 372

Il Foro dei Baroni

Restaurant
Via Chiesa, 6
Tel. (+39) 08 24 / 94 60 33
Ruhetag: Montag
Keine Ferien
60 Plätze
Preise: 28–30 €
Alle Kreditkarten; BM
Mittags und abends geöffnet

An der Grenze zwischen den Provinzen Benevent und Caserta, im Valle Telesina, das man leicht über die Talstraße Fondovalle Isclero erreicht, liegt das kleine Dorf Puglianello. Hier befindet sich ein eine zuverlässige Adresse für alle, die an einer raffinierten, ausgewogenen Küche mit Substanz zu erschwinglichen Preisen interessiert sind. Koch und Inhaber Raffaele D'Addio ist es gelungen, die Suche nach hochwertigen Zutaten und das Leitbild einer professionellen Küche mit der Tradition zu verbinden. Das Angebot hängt von den Jahreszeiten und der Laune des Kochs ab, wir empfehlen Peperone arrosto, Pane, mozzarella e pistacchi, Crema di patate e olio ai capperi (6 €), **Uovo poché, zucchine, crema di fiori di zucca, conciato romano** sowie eine interessante Käsedegustation namens „Casaro nostrano", mit einem köstlichen Blu di bufala. Unter den Primi **Gnocchi, caponata di verdure e salsa al pomodoro secco** (7,90 €), Spaghetti mit getrockneten Kirschtomaten, Sardellen aus Cetara, Kapern und knusprigem Brot oder die klassische Mezza candela con genovese di manzo e salsa al formaggio. Als Secondi Petto di faraona con baccalà mantecato e insalatina di scarola (Perlhuhnbrust mit Creme vom Baccalà und Endiviensalat, 13 €), bei Niedrigtemperatur gegarte Lammkeule **Coscio d'agnello** con melanzane sott'olio e cipollotto all'agro sowie Capicollo di maiale nero casertano con papaccelle e confetture di visciole. **Crème brulée di liquirizia, frutti rossi e nocciola** (4,90 €) oder Millefoglie con mousse di gianduia e agrumi cotti sotto cenere (Tausendblätterteig mit Nougatmousse und unter der Asche gekochten Zitrusfrüchten) bei den Desserts. Die Weinkarte präsentiert kampanische Etiketten.

46 KM ÖSTLICH VON AVELLINO

La Ripa

Restaurant
Via La Ripa, 2
Tel. (+39) 08 27 / 21 50 23,
(+39) 347 / 238 90 97
Ruhetag: Montag, Dienstag
Keine Ferien
60 Plätze + 20 Plätze im Freien
Preise: 25–28 € • Alle Kreditkarten; BM
Abends geöffnet, Samstag und Feiertage auch mittags

Vier Freunde, Enza, Rocco, Rino und Antonio, sowie die Verwirklichung eines Vorhabens, der Entscheidung für dieses Restaurant-Museum (wie es am Eingang geschrieben steht), dem Ziel eines Lebensprojekts. Direkt unter der Burg, unweit der Piazza des Ortes, finden Sie das Restaurant in einem sorgfältig mit den originalen Materialien renovierten Gebäude. Der Bezug zu den Jahreszeiten hat hier einen tiefen Sinn und daher ist es schwierig, Ihnen einen vollständigen Überblick über das Angebot zu vermitteln, das mit Antipasti (7 €) wie dem exzellenten Sformato di patate con fonduta di caciocavallo e funghi porcini, **Timballo di baccalà con zucchine in agrodolce** und Tortino di melanzane beginnt. Es folgen Primi mit zahlreichen Suppen, vor allem mit Hülsenfrüchten und dann von Hand gemachte Pasta (8 €), im Sommer **Cavatelli con ragù di ortaggi** (mit Gemüsesauce), Maccaronaro con San Marzano, salsiccia secca e scaglie di cacioricotta, Ravioli oder Pacchero aglio olio e alici di menaica (mit Knoblauch, Öl und den Sardinen des Slow-Food-Presidio). Fleisch dominiert bei den Secondi, zum Beispiel **Agnello di Carmasciano alla griglia** (12 €) und **Coniglio con asparagi e olive infornate di Ferrandina**, Ausnahmen sind einige Gerichte mit Baccalà wie Tempura di baccalà su insalatina di spinaci (10 €). Zur Abrundung des Angebots stehen ausgewählter **Käse** und Salumi zur Verfügung. Süßer Abschluss mit **Tiramisu tiepido al cocco** (warmes Tiramisu mit Kokos) und Pasticcio di millefoglie con crema chantilly alla frutta di stagione (5 €). Gepflegtes, aktuelles Sortiment an Etiketten aus der Irpinia.

»
Eine Auszeichnung an Enza und ihre Mitstreiter für ihre Beharrlichkeit und die gelungene Aufwertung einer Gegend, die wertvolle und einzigartige Elemente in sich birgt.
«

Hostaria il Brigante dal 1985

Traditionelle Osteria
Via Fratelli Linguiti, 4
Tel. (+39) 089 / 25 13 91,
(+39) 366 / 931 57 33
Ruhetag: Montag
Ferien: unterschiedlich
40 Plätze • Preise: 20 €
Keine Kreditkarten
Mittags und abends geöffnet

Eine alte Osteria, in unserem Buch seit dem Jahr 1996 vertreten, im antiken Stadtkern von Salerno, nur ein paar Schritte vom Dom entfernt. Wenig hat sich verändert, die Räumlichkeiten sind spartanisch geblieben, die Küche traditionell, die Gästeschar vielfältig und auch der unterhaltsame Inhaber Sandrino Donnabella, ein ehemaliger Tierarzt, der alle wie alte Freunde begrüßt, ist immer noch derselbe. Man beginnt mit Antipasto misto (6 €) mit Gemüse (gebraten, in der Pfanne gewürzt oder als Auflauf) und einigen Milchprodukten. Bei den Primi finden Sie bestimmt **Sangiovannara** (6 €), aber probieren Sie auch die frisch gemachten Teigwaren mit Hülsenfrüchten oder mit Borretsch und Cacioricotta. **Genovese di polpo** wird hier seit gut 25 Jahren zubereitet. Schmackhafter, günstiger Blaufisch in großer Anzahl bei den Secondi (Sardellen, Makrelenarten, Meeräschen) und guter **Baccalà con i peperoni *cruschi*** (7 €). Für Fleischliebhaber zartes Lamm mit Käse oder **Salsiccia vestita di verza**. Die Beilagen entsprechen den Jahreszeiten, der Gemüseeintopf Cianfotta ist ein Beispiel für sommerliche Aromen. Zum Abschluss **Torta caprese** (4 €) oder Pudding mit den duftenden Zitronen der Amalfi-Küste. Wein gibt es nur offen, die Rechnung ist wirklich niedrig und wie in den Trattorien aus alten Zeiten kann es passieren, dass man mit Studenten aus dem benachbarten Studentenheim am Tisch sitzt, mit Universitätsprofessoren, ausländischen Touristen oder echten Salernitanern, die immer wieder gern an einen seit Jahren wegen seiner Schlichtheit und guten traditionellen Küche geschätzten Ort kommen.

In der historischen Pasticceria Pantaleone (Via De' Mercanti 75) gibt es traditionelle Spezialitäten aus Kampanien: Pastiera, Babà, Millefoglie, Sfogliatelle und Scazzetta, also Biskuit mit Konditorcreme und Walderdbeeren.

10 km südöstlich von Benevent, Anschluss A 16

La Locanda della Luna

Restaurant • Via delle Oche, 7
Tel. (+39) 08 24 / 401 57,
(+39) 320 / 047 86 09
Ruhetag: Montag, Dienstag
Ferien: unterschiedlich
35 Plätze + 45 Plätze im Freien
Preise: 32–34 € • Kreditkarten: CS, MC, Visa
Abends geöffnet, Feiertage nur mittags

Das Lokal finden Sie ein wenig abgelegen in einer Seitengasse der Piazza Bocchini, es geht angenehmerweise auf die grünen Hügel, die die Grenze zwischen dem Sannio-Gebiet und der Irpinia bezeichnen. Daniele Luongo, der aus Liebe zu seiner Frau Teresa in die Irpinia gefunden hat, gelingt es mit dem kulinarischen Angebot, seinen ursprünglichen bäuerlichen Einschlag mit seinem angeborenen Talent für die Verarbeitung der besten Zutaten zu verbinden. Den Auftakt macht eine Auswahl an **Salumi** aus dem Sannio-Gebiet oder **Pancotto mit Gemüse** der Jahreszeit und Alici di menaica su crema vegetale (8 €). Die Speisekarte wechselt alle zwei Wochen, als Primo (9,50 €) können Sie **Pasta e patata** (große Ravioli, gefüllt mit Kartoffeln und Provola-Käse, dazu im Ofen gegarte Kirschtomaten), Cavatelli aus Buchweizenmehl mit Salsiccia rossa di Castelpoto und Kürbiscreme oder Risotto con verdure e fonduta di caciocavallo wählen. Bei den Secondi eine Neuinterpretation des Soffritto di maiale mit dem Namen **Maialino del Sannio agli aromi**, patate e papaccella napoletana (13 €), außerdem Carrè di agnello con pane profumato (14 €) und am Freitag **Baccalà in umido** con erbette di campo e colatura di alici di Cetara. Eine Auswahl an **Käse** aus Kampanien – Conciato romano mit einem Kompott aus Kürbisblüten und dem Likör Strega – zum Abschluss oder ein Dessert wie Millefoglie con crema al miele und Tartina di frutta con gelato alla vaniglia. Breit gefächert und mit Sorgfalt ausgewählt ist das Angebot an Weinen. Eine Reservierung ist unumgänglich.

„Die Qualität des Angebots sowie die durchdachte und sorgfältige Gestaltung der Gerichte gefallen uns besonders in diesem Lokal. Besitzer Daniele Luongo ist ein tüchtiger Interpret seiner Umgebung."

36 KM NÖRDLICH V. BENEVENT, S.S. 212 U. S.S. 369

U Magazzeo

Trattoria
Via Porta di Rose, 26
Tel. (+39) 339 / 357 87 33
Ruhetag: Dienstagabend, Mittwoch
Ferien: unterschiedlich
25 Plätze
Preise: 20–25 €
Keine Kreditkarten
Mittags und abends geöffnet

Das Lokal befindet sich in der Altstadt von San Marco dei Cavoti, einem reizenden Ort provenzalischen Ursprungs, in dem die prachtvollen Portale der alten Palazzi aus Kalkstein ins Auge fallen. Die Trattoria liegt in der Nähe eines der historischen Tore zum Stadtkern. Die Räumlichkeiten sind mit Einrichtungsgegenständen ausgestattet, an deren Herstellung der kreative Inhaber Alessio selbst beteiligt war. Nun zählt er auf, was er gemeinsam mit Signora Lina zubereitet. Einige wenige Regeln gelten hier: Einfachheit, lokale Produkte, Öl und Teigwaren sowie Gemüse aus eigener Erzeugung. Unter den Antipasti Käse in unterschiedlichen Reifegraden, Aufschnitt, Frittiertes und kleine Häppchen mit Kräutern und Wildgemüse, **Polpette di ceci** (8 €) sowie Involtini di cotica e verza. Unter den Primi Cavatelli salsiccia e carciofi, Pasta e fagioli, Gnocchi di ricotta con pomodorini del piennolo, **Pasta con sugo di piccione** (8 €) und Suppen mit Hülsenfrüchten. Danach alla brace oder im Ofen gegartes Fleisch: **Bistecca di razza marchigiana alla brace**, Salsiccia di maiale scomposta al forno und Lamm gegrillt oder in der Folie mit Kapern sowie **Trippa al sugo** (7 €). Außerdem gefüllte oder frittierte Artischocken, aber auch Baccalà fritto. Aus einem schönen Holzofen werden am Abend gute Pizzen geholt. Zum Abschluss hausgemachte Dolci wie **Torta di ricotta**, Semifreddo U Magazzeo (4 €), Cantucci und Süßspeisen aus Marzipan. Zu trinken gibt es einen offenen Wein und eine schöne Auswahl an Etiketten aus Kampanien und dem übrigen Italien, außerdem Liköre und Hochprozentiges.

Drei gute Adressen für Torrone, Croccantino und verwandte Süßspeisen: Premiata Fabbrica Innocenzo Borrillo, Via Roma 64, Pasticceria Laboratorio Serio, Via Roma 30, und Cioccolateria Artigianale Autore, Via Beviera 64.

SAN MAURO CILENTO
Casal Sottano

85 KM SÜDÖSTLICH VON SALERNO

Al Frantoio

Restaurant
Via Ortale, 31
Tel. (+39) 09 74 / 90 32 43,
(+39) 348 / 808 34 97
15. Juni–15. September täglich geöffnet, sonst Samstag, Sonntag und Feiertage
100 Plätze + 150 Plätze im Freien
Preise: 20–25 €
Alle Kreditkarten; BM
Mittags und abends geöffnet

Nehmen Sie von der Küstenstraße zwischen Agropoli und Acciaroli auf der Höhe von Mezzatorre die Straße, die ins Zentrum von San Mauro hinaufführt. Der Aufenthalt im Restaurant kann der Abschluss eines schönen Tages am Meer sein oder aber der Auftakt zu einer Wanderung auf einem der Naturpfade, die im Dorf beginnen. Hier einzukehren heißt, an einer Idee teilzuhaben, die mit der Verwirklichung der landwirtschaftlichen Kooperative Nuovo Cilento begonnen hat, deren verschiedene Aktivitäten wie das Laboratorium der Sinne, der biologische Lehrbauernhof und natürlich das Restaurant hier zusammentreffen. Unter den von den Mitgliedern der Kooperative stammenden Produkten sticht das native Olivenöl extra heraus, das zum Probieren auf den wie früher unter der Asche gegarten Kartoffeln angeboten wird. In der Küche ist die tüchtige Köchin Carmela Baglivi am Werk, sie hat nach einem Hochschulabschluss im Bereich der Sozialarbeit beschlossen, ihrer eigentlichen Leidenschaft zu folgen. Der Antipasto contadino und gegrilltes Gemüse stehen normalerweise am Beginn des Essens, dann folgen Suppen mit Baccalà und Kichererbsen, ***Cicci 'maretati*** (6 €) oder Zuppa di fagioli. Hausgemachte Pasta wie Fusilli oder **Cavatielli al ragù di carne** (6 €), Tagliatelle alla *gaggìa* (mit Zucchini und Paprikaschoten) und Lagane e ceci. Bei den Secondi **Coniglio ai semi di finocchio** (7,50 €), Agnello al mirto, gebratener Ziegenkäse oder Parmigiana di melanzane e patate. Als Beilagen das Gemüse der Kooperative (die gefüllten Artischocken Carciofi *'mbuttunati*, Mangold, Brokkoli). Zum Dessert Gelato di fichi e noci, **Cannoli cilentani** con crema pasticciera e cioccolato (2,50 €) und Crostata alla menta. Zu trinken gibt es den offenen Hauswein und eine kleine Auswahl an Weinen vor allem aus dem Cilento.

SAN MICHELE DI SERINO

9 km s. v. Avellino, Anschluss Avellino-Salerno

Tavernetta Marinella

Moderne Osteria
Via Cotone, 3
Tel. (+39) 08 25 / 59 51 28
Ruhetag: Sonntagabend, Montag
Ferien: zeitweise im Juli
90 Plätze + 15 Plätze im Freien
Preise: 30 €
Kreditkarten: AE, CS, MC, Visa; BM
Mittags und abends geöffnet

Wir befinden uns am Fuß des Monte Terminio, in einer Landschaft, die bekannt für die Reinheit des Wassers ist, das seit Jahrhunderten die Wasserleitungen Neapels speist. Das Restaurant im Zentrum des Dorfes zeichnet sich durch seine Schlichtheit und die herzliche Gastlichkeit von Giovanni Romano aus, dem Erben einer eng mit der kulinarischen Tradition der Irpinia verbundenen Familiengeschichte. Man wird mit einem Teller mit gebratener Ricotta und Hackfleischbällchen empfangen, darauf folgt ein reichhaltiger Antipasto (10 €), bestehend aus **Tortino di patate e cipolle,** Purè di patate con funghi porcini, Ricottina di bufala, Millefoglie di melanzane alla parmigiana und bäuerlichen Salumi. Die Primi mit frischer Pasta reichen von Tagliatelle con lardo e noci bis zu **Ravioli di ricotta con salsa ai pomodorini, basilico e olio di pinoli** (8 €) und Fettuccine al ragù di carne. Vor allem im Winter werden typische Suppen mit Esskastanien und Steinpilzen, mit Endivien und Bohnen und mit **Funghi chiodini e fagioli** (Hallimasch und Bohnen) serviert (8 €). Bei den Secondi überwiegen Gerichte mit ausnahmslos lokalem Fleisch, einige werden auf Lavastein serviert. Gut gelungen sind **Coniglio alla cacciatora** (10 €) wie auch Agnello arrosto und Filetti di maiale in cassuola, dazu gibt es immer Gemüse aus dem Garten der Familie, zum Beispiel unter der Asche gebackene Kartoffeln, die dann in Scheiben geschnitten und mit Öl oder Schmalz in der Pfanne geschwenkt werden. Zu guter Letzt hausgemachte Dolci: **Pan di Spagna con crema pasticciera e frutti di bosco** (Biskuit mit Konditorcreme und Waldbeeren, 3 €) oder warmes Schokoladetörtchen. Die Weine stammen vorwiegend aus Kampanien, doch es gibt auch einige Etiketten aus dem übrigen Italien.

SANTA MARINA
Policastro Bussentino

151 km südöstlich von Salerno

Il Ghiottone

Restaurant
Via Nazionale, 42
Tel. 09 74 / 98 41 86
Ruhetag: Dienstag, Sonntagabend, außer im Sommer
Ferien: November
70 Plätze + 35 Plätze im Freien
Preise: 30–35 €
Alle Kreditkarten; BM
Mittags und abends geöffnet

Maria Rina vertieft seit Jahrzehnten ihre Sorgfalt und Meisterschaft in der Auswahl und Zubereitung niemals banaler Gerichte. Ihre Küche bietet Speisen vom Landesinneren und vom Meer, eine Synthese aus dem, was im Garten angebaut wird, und dem, was der Fischfang im Golf liefert, dabei liegt der Schwerpunkt auf weniger wertvollen Fischsorten. In ihrem hellen Lokal mit den hübsch mit Tischtüchern aus Naturfasern gedeckten Tischen ist es oft sie selbst, die die Gäste begrüßt, gemeinsam mit der liebenswerten, netten Maria Teresa, die dann bei der Auswahl der Speisen und des Weins berät. Natürlich richtet sich die Speisekarte nach den Jahreszeiten und dem Fischfang. Eine köstliche knusprig gebratene Artischocke mit Pancetta und Provolone del monaco (6 €) eignet sich als Beginn genauso gut wie **Alici in tortiera** (8 €), dazu mit Lorbeer gewürztes Brot. Von den Primi empfehlen wir frisch gemachte Linguine aus Vollkornmehl mit grünen Peperoncini und in Salz eingelegten Sardellen, **Tubetti patate e merluzzo** (10 €) oder aber ein Hauptgericht wie **Zuppa di scarola e fagioli con lo scorfano** (Endiviensuppe mit Bohnen und Drachenkopf, 15 €). Unter den unfehlbaren Secondi die immer von der Jahreszeit abhängige **Frittura di paranza** (13 €), Rombo al vapore in guazzetto di carciofi alla menta (dampfgegarter Plattfisch, geschmort mit Artischocken und Minze) sowie Angebote vom Landesinneren wie **Nodino di manzo con ciambotta cilentana** oder Uovo in camicia e peperone. Selbst die Dolci (5 €) sind saisonabhängig: Millefoglie di pane, getrocknete Feigen, Mousse aus Ziegenricotta und **Cannoli cilentani**. Diverse Flaschenweine aus Kampanien und dem übrigen Italien neben jenen aus der Umgebung. Außerdem finden Sie eine gute Auswahl an Cognac, Whisky, Rum und Grappa.

14 km östlich von Neapel, S.S. 268

'E Curti

Traditionelle Osteria
Via Padre Michele Abete, 6
Tel. (+39) 081 / 897 28 21,
(+39) 340 / 465 10 29
Ruhetag: Sonntagabend, Montag
Ferien: 3 Wochen im August
35 Plätze
Preise: 35 €
Alle Kreditkarten; BM
Mittags und abends geöffnet

In Carmine und Angelina ist der Enthusiasmus für das Leben ungebrochen, das merkt man an der Gelassenheit ihrer Worte, an ihrer echten Herzlichkeit, am Engagement, das sie in alles legen, was sie herstellen und anbieten, seit nunmehr … einem Leben. Schwiegersohn Roberto hat sich ihnen angeschlossen und sofort akklimatisiert. Als profunde Kenner der Umgebung wählen sie die Zutaten bei kleinen Lieferanten aus Kampanien: Prosciutto aus der Irpinia, Fior di latte aus einem nahen Caseificio, Fleisch vom Monte Somma und Wein kleiner Kellereien aus der Gegend des Vesuvs. Infolgedessen haben die Gerichte den unverfälschten Geschmack des Einfachen, angefangen beim Antipasto di terra (9 €) mit Prosciutto, eingelegten grünen Oliven, Pizzette di friarielli, **Panzerotti** und anderem, je nach Jahreszeit. Unter den Primi **Paccheri con lo stocco** (8,50 €), Zuppa di fagioli cannellini e funghi pioppini (mit Cannellini Bohnen und Südlichem Ackerling), Linguine con le cozze, Casarecce con funghi pioppini, pomodorini e parmigiano a scaglie und **Minestra maritata**. Rosinen und Piennolo-Kirschtomaten sind einige der Zutaten des ***'O secchio d'a munnezza*** (8,50 €), der Spezialität des Lokals. Reichhaltiges Angebot bei den Secondi mit **Baccalà fritto con le papaccelle** oder Baccalà arracanato, **Agnello con i piselli** (12 €), *'Ntrugliatielli*, Baccalà alla paulotta, Calamaretti ripieni, **Locena di maiale con i peperoni** (Schweinehals mit Paprika) und Frittura di paranza. Zum Abschluss hausgemachtes **Tiramisu** oder Pasticciotto zu einem Gläschen Nocillo (Nussslikör) aus der angeschlossenen Werkstatt. Neben dem Hauswein gibt es einige Etiketten aus Kampanien und dem übrigen Italien.

»*Alle für die Gegend des Vesuvs typischen Elemente finden sich in diesem Lokal, dem Hort einer absolut unverfälschten Tradition.*«

33 km nordwestlich v. Salerno, Ausfahrt A 30

'O Romano

Trattoria
Via Diego De Liguori, 81
Tel. (+39) 081 / 513 64 88,
(+39) 329 / 611 72 83
Ruhetag: Sonntagabend, Montag
Ferien: 2 Wochen im Juli/August
40 Plätze + 20 Plätze im Freien
Preise: 25–30 €
Kreditkarten: CS, DC, MC, Visa; BM
Mittags und abends geöffnet

Gaetano Cerrato und seine Frau Antonietta, zutiefst verliebt in ihre Arbeit und Umgebung, sind die unbestrittenen Hauptdarsteller in dieser Trattoria im Zentrum von Sarno, umgeben von schönen, gepflegten Palazzi. Das Lokal liegt am Rio Palazzo, einem der vier Quellflüsse des Sarno, mit kristallklarem Wasser, in dem Gaetano Aale hält. Im Angebot, das ganz auf die Gegend konzentriert ist, sind viele lokale Rezepte enthalten, einige von ihnen dem Vergessen entrissen. Ammarielli (lokale Flussgarnelen), Anguille (Aale), Ziegenfleisch und Baccalà stellen einige typische Gerichte auf der Speisekarte dar. Zu Beginn die Sfizi della casa mit Hackfleischbällchen, Pfannküchlein und **Mescete** (Pancotto mit Öl und Gemüse), die unverzichtbaren **Ammarielli** oder auch geräucherter oder marinierter Baccalà (12 €). Unter den Primi sind **Mezzi paccheri con stocco arracanato** der Renner des Lokals, aber auch **Minestra maritata** aus acht verschiedenen Gemüsesorten, der groben Wurst Noglia und Schwarten lohnt einen Versuch. Außerdem bekommen Sie Fusilli al ragù di capra (6 €) und viele Suppen mit Getreide und Hülsenfrüchten. Unter den Secondi guter **Stocco arracanato** (13 €), Anguille fritte, ***Purpetielli in cassuola*** (geschmorter Oktopus), Braciola di capra (Roulade aus Ziegenfleisch), Baccalà fritto und andere Zubereitungen aus Blaufisch wie **Parmigiana di pesce bandiera**. Die einfachen, wohlschmeckenden Dolci des Hauses (3,50 €) beinhalten Pastiera, Crostata und Pan di Spagna. Neben dem Hauswein gibt es eine eingeschränkte, aber durchdachte Auswahl an Weinen aus Kampanien.

»*Gaetano Cerrato ist ein Koch, der seiner Zeit voraus ist: Aus dem Bauch heraus und mit Leidenschaft findet er den passenden Ausdruck für die verirrte Seele eines wenig bekannten Kampaniens.*«

SCAFATI

26 KM NORDWESTLICH VON SALERNO

Taverna Mascalzone Vini & Cucina

Trattoria
Via Trieste, 54
Tel. (+39) 081 / 850 87 17, (+39) 393 / 646 41 32
Ruhetag: Dienstag
Ferien: 1 Woche Mitte August
24 Plätze + 10 Plätze im Freien
Preise: 28–30 €
Kreditkarten: CS, DC, MC, Visa; BM
Mittags und abends geöffnet

In dieser Trattoria, in der eine ganze Familie zusammenarbeitet, gibt es seit mittlerweile zehn Jahren das Beste, das eine am Fluss orientierte Küche bieten kann. Die kulinarischen Vorzüge von Flusskrebsen, Aalen und vor allem der lokalen Süßwassergarnelen *Iammarielli* aus dem Sarno werden betont. In die Küche gelangen täglich Zutaten von kompetent ausgesuchten Erzeugern aus ganz Kampanien. Der Antipasto huldigt dem Sannio-Gebiet mit seinen schmackhaften **Salumi vom schwarzen Schwein**, aber auch den Monti Lattari, aus denen Fior di latte und Ricotta stammen. Mit der Pasta, die ein historischer Pastificio am Ort liefert, werden **Spaghetti con alici di menaica** (Slow-Food-Presidio), pomodorini e pane raffermo (8 €) zubereitet, **Paccheri mit Baccalà** (9 €) oder mit Flusskrebsen, Kirschtomaten und Peperoncino. Antonietta, Albertos Mutter, die gemeinsam mit ihrem Sohn in der kleinen Küche steht, erzählt, dass die Gäste ihr verboten haben, **Pasta e patate con la provola** (9 €) von der Speisekarte zu nehmen, und so finden Sie diese während des ganzen Jahres. Nur im Winter jedoch bekommen Sie **Minestra maritata**, im Sommer hingegen **Straccetti con peperoncini verdi** (8 €). Die immer freundliche Carmela kümmert sich um die Gäste und rät zur die Kombination mit dem leichten, eigens für das Lokal erzeugten Wein oder mit dem lokalen Bier aus einem kleinen Betrieb. Zu den leckeren hausgemachten Dolci empfiehlt sie einen Rosolio aus Pfirsichen oder einen Digestif mit Zimt, den die *Mammà* macht.

In **Nocera Inferiore** (10 km) bietet die Enoteca Some Wine, Via Provinciale Nocera-Sarno 6, ein breit gefächertes Sortiment an Wein und Öl aus Kampanien. In **Nocera Superiore** (13,5 km) gibt es in der Pasticceria Mamma Grazia, Via Russo 136, die berühmte Torta di San Pasquale.

SCAMPITELLA

68 KM NORDÖSTLICH VON AVELLINO, A 16

La Vecchia Scalinata

Restaurant
Via Mazzini, 20
Tel. (+39) 08 27 / 936 56,
(+39) 349 / 155 03 41
Ruhetag: Dienstag
Ferien: Mitte Juli
40 Plätze + 10 Plätze im Freien
Preise: 25–30 €
Kreditkarten: CS, DC, MC, Visa; BM
Mittags und abends geöffnet

Scampitella liegt in der Mitte eines großen, beinahe zur Gänze bepflanzten Gebiets zwischen Kampanien und Apulien, einer Abfolge von Hügeln, die bis an den Horizont reicht. In dieser Landschaft hat Michele Flammia seinem landwirtschaftlichen Betrieb eine schlichte Gastwirtschaft angefügt. Er betreut sie gemeinsam mit seiner Frau Maria Teresa, die für die Zubereitung der Gerichte zuständig ist. Der einzige, mit Charme eingerichtete Speisesaal ist hell, die Tische sind hübsch gedeckt. Die Speisekarte wird mündlich vorgetragen, die Gerichte wechseln häufig jeden Tag. Normalerweise beginnt man mit einem Antipasto (7 €), bestehend aus Salumi und frischem Käse, begleitet von verschieden zubereitetem Gemüse. Unter den Primi verdienen **Pasta e fagioli con il guanciale** (7 €) wie auch Cannazze (große Röhrennudeln) al ragù, mit Steinpilzen oder Spargel unser Lob. Von den Secondi – bei denen von Michele persönlich ausgewähltes Fleisch an erster Stelle steht – empfehlen wir **Filetto di maiale alla brace con porcini** oder den köstlichen **Brasato di vitello** (10 €). Des Weiteren sind guter Käse aus der Umgebung wie Caciocavallo und verschiedener Pecorino vorhanden. Alle Dolci sind selbst gemacht, probieren Sie unbedingt **Crostata di castagne** (5 €) oder Crostata mit Ricotta. Die Weinkarte bietet einige Etiketten aus der Umgebung sowie ein paar Weine aus Italien und verschiedene hochprozentige Getränke.

SCAMPITELLA

68 km östlich von Avellino

Osteria dei Briganti

Restaurant-Pizzeria
Via IV Novembre, 5
Tel. (+39) 08 27 / 935 72,
(+39) 347 / 941 61 75
Ruhetag: Montag
Ferien: 10 Tage im Juni/Juli
70 Plätze
Preise: 23–25 €
Alle Kreditkarten; BM
Mittags und abends geöffnet

Mario und Maurizio Lo Russo sind nach einiger Arbeitserfahrung im Ausland in ihren Heimatort zurückgekehrt und haben vor ein paar Jahren in diesem bäuerlichen Lokal in Scampitella ihre Berufung gefunden, nämlich die Qualität der lokalen Produkte und Gerichte aufzuwerten. Bis heute erweist sich diese Entscheidung als richtig, schließlich kann man sich in diesem Gebiet in Venticano mit guten Salumi eindecken, in San Sossio Baronia mit Kuhmilchprodukten, in Frigento mit Spalterbsen und in Paternopoli mit der Brokkolisorte Aprilatico. All diese Spezialitäten verarbeitet Maurizio mit der Hilfe von Pina und Carmela in der Küche in aufs Wesentliche reduzierte, doch geschmacksintensive Speisen. Nachdem Sie als Antipasto Salumi und Käse probiert haben, können Sie mit einer Suppe der Jahreszeit, vielleicht mit Endivien und Bohnen (5,50 €) oder Kichererbsen, alternativ mit der klassischen **Minestra maritata** fortfahren. Aus einem kleinen Pastificio kommen die Teigwaren für **Troccoli allo scarpariello** (7,50 €), in der entsprechenden Saison mit Pomodorini del piennolo del Vesuvio und für die ebenso guten **Ravioli di ricotta ai funghi porcini** (8 €). Ausgezeichnetes Fleisch wird gebraten serviert, vom Rind kommen Stücke wie Filet, Fiorentina oder Tagliata, doch dem Zicklein oder **Lamm** (9 €) werden Sie ebenfalls schwer widerstehen können. Im Holzofen des Lokals werden auch Pizzen gebacken. Dolci wie Tiramisu, Flan al cioccolato oder **Crostate di frutta** sind hausgemacht. Verlangen Sie zur Weinauswahl die Karte und wählen Sie aus einer guten Selektion an Rotweinen aus der Irpinia.

■ In **Vallata** (8 km) verkauft die Fleischerei von Elio Ferrucci (Piazza Garibaldi 3) ausgezeichnetes Fleisch vom Rind, Schwein, Lamm sowie Zicklein und erzeugt Salumi wie Soppressata, Capocollo und Pancetta.

SOMMA VESUVIANA

16 km östl. v. Neapel, S.S. 268, Ausfahrt d. A 16

Antica Trattoria Zoppicone

Trattoria
Via Pomintella, 2
Tel. (+39) 081 / 530 46 18
Ruhetag: Sonntagabend, Montag
Ferien: 10 Tage im August
80 Plätze
Preise: 25 €
Keine Kreditkarten
Mittags und abends geöffnet

Verzweifeln Sie nicht, wenn Sie dieses Lokal nicht gleich finden. Suchen Sie an der Straße, die Sant'Anastasia mit Somma Vesuviana verbindet, an der Grenze zwischen den beiden Gemeinden das fast nicht sichtbare Schild des Zoppicone. Die in der Gegend gut bekannte Trattoria genießt einen langjährigen soliden Ruhm, der vor allem auf den Gerichten mit Stoccafisso und Baccalà beruht, da in Somma Vesuviana traditionellerweise ein blühender Handel mit dem Fisch aus Norwegen stattfindet. Und so wählt Diego Porricelli, der dreißigjährige Küchenchef, der durch die Schule seiner Mutter Jolanda gegangen ist, mit größter Aufmerksamkeit die Stücke, die in seiner Küche verarbeitet werden. Im großen, kürzlich frisch gestrichenen Speisesaal schlägt Ihnen Michele als Antipasto Fritture miste alla napoletana vor, ein Vorspiel zu dem kräftig schmeckenden **Pacchero allo stocco** (7,50 €), zu Pasta e fagioli oder **Mezzani lardiati** (4,50 €), dem beliebtesten aller Primi. Wer mit dem Fisch aus dem Baltikum fortfahren möchte, kann noch verschiedene Gerichte mit Stoccafisso probieren oder **Baccalà** fritto wie auch **in cassuola con il pomodoro** (8 €) bestellen. Weitere Secondi sind Braciole, cotiche, polpette (lang in Ragù napoletano geköchelte Rouladen, Schwarten und Hackfleischbällchen, 10 €) sowie hochwertige **Salsiccia con friarielli**. Am Wochenende kommen auch Pizzen aus dem Holzofen. Wir empfehlen dringend, die traditionellen Dolci wie die köstliche **Pastiera** oder Migliaccio nicht zu verpassen. Der offene Weißwein stammt von Trauben der Sorte Catalanesca, der Rotwein aus Aglianico-Trauben.

■ In **Sant'Anastasia** (2 km) bietet die Cioccolateria Theobroma, Via Antonio D'Auria 8, verschiedene Schokoladesorten, Pralinen und mit Schokolade überzogene Trockenfrüchte vom Vesuv.

16 KM ÖSTL. V. NEAPEL, S.S. 268, AUSFAHRT D. A 16

La Lanterna

Restaurant-Pizzeria
Via Colonnello Aliperta, 8
Tel. (+39) 081 / 899 10 67,
(+39) 081 / 899 18 43
Ruhetag: Montag
Keine Ferien
60 Plätze + 30 Plätze im Freien
Preise: 25–32 €
Alle Kreditkarten; BM
Mittags und abends geöffnet

An den Hängen des Vesuvs gibt es Gemüse, Obst und … Baccalà! Denn Somma Vesuviana war seit der Bourbonenherrschaft Standort von Lagern, in denen dieses Importprodukt konserviert wurde, daher ist der Kabeljau von den Lofoten auch heute noch Protagonist in der Küche dieses Lokals. Den Beginn macht der Antipasto misto (8 €) mit verschieden zubereitetem Baccalà, zum Beispiel in Form der köstlichen **Frittelle**, die in einer klassischen Papiertüte serviert werden. Als Alternative **Insalata di mare con un polpo calloso** (10 €). Bei den Primi taucht die getrocknete Version des Kabeljaus, der Stoccafisso also, in Kombination mit Paccheri und Piennolo-Kirschtomaten auf (8 €), die eingesalzene Version hingegen in **Risotto con baccalà, zucca e patate**. Probieren Sie **Matriciana di baccalà** (8 €), eine leckere lokale Neuinterpretation des berühmten Gerichts aus dem Latium. Unter den Secondi finden wir Baccalà in carrozza und **Baccalà fritto** (10 €), die Spezialität des Lokals, die Sie auch in der Version „al tegamino" mit einer Sauce aus im Kupfertopf geschmorten Zwiebeln und Tomaten bestellen können. Manchmal wird auch Agnello con patate gekocht. Die Dolci entstammen der Tradition Neapels, zu trinken gibt es offenen Hauswein oder einen Wein aus der Gegend des Vesuvs, auch einige aus dem übrigen Italien. Eine Weinkarte gibt es nicht und auch das Speisenangebot wird vom freundlichen Servicepersonal mündlich erläutert. Dem Lokal gegenüber gibt es einen Parkplatz.

13 KM SÜDÖSTLICH VON NEAPEL

Al Veliero

Restaurant
Via Spiaggia del Fronte, 32
Tel. (+39) 081 / 881 87 12,
(+39) 081 / 881 26 30
Ruhetag: Sonntagabend, Montag
Ferien: 16.–20. August, Weihnachten
70 Plätze
Preise: 25–28 €
Keine Kreditkarten; BM
Mittags und abends geöffnet

Der komödiantisch begabte Umberto und seine Frau Anna sind ohne Zweifel die Helden dieses Restaurants am Hafen von Torre del Greco, des in der ganzen Welt für die Korallenverarbeitung bekannten Städtchens. Umberto ist liebenswert, unverstellt herzlich und ein guter Führer durch das Angebot des Lokals, das der Tradition und der Schlichtheit verbunden ist und sich den Jahreszeiten und der Verfügbarkeit auf dem nahen Markt anpasst. Hier gibt es eine geradlinige Fischküche, ohne Schnörkel, schmackhaft und unverfälscht, wie sie in den Trattorien von früher üblich war. Die Kundschaft ist überwiegend lokal, die Preise sind volkstümlich und der Service zuvorkommend. Zu Beginn gibt es **Seppie e patate** (7 €) oder Frittelle di alghe, Polpette di alici und Bällchen vom Baccalà, Polpo all'insalata (Oktopussalat) mit Oliven aus Gaeta und Kartoffeln, Gattò di mare sowie **Involtini di pesce al sugo**. Die Klassiker der Meeresküche bei den Primi bekommen Sie **Linguine con alici fresche**, Spaghetti ai frutti di mare, Tubettoni con le cozze (6,50 €), im Winter Cannelloni di mare und Zuppa di fagioli e cozze con crostini. Nur gegen Vorbestellung **Linguine con i ricci di mare** (mit Seeigeln, 6,50 €). Als Secondo empfehlen wir **Seppie arrostite** (8 €) oder affogate, Frittura di paranza und **Calamari imbottiti**. Die typischen Dolci der neapolitanischen Tradition stammen aus der nahen Pasticceria Fontana. Trinken können Sie den anständigen Hauswein und einige Etiketten aus Kampanien und dem übrigen Italien.

In der Via Fontana 28 stellt die Pasticceria Fontana klassische neapolitanische Dolci her.

TORRE ORSAIA

113 KM SÜDÖSTLICH VON SALERNO

Da Addolorata

Traditionelle Osteria
Via Pulsaria, 16
Tel. (+39) 09 74 / 98 56 69
Kein Ruhetag
Ferien: 2 Wochen im Oktober
45 Plätze
Preise: 18–22 € (mit Hauswein)
Keine Kreditkarten
Mittags und abends geöffnet, im Sommer nur abends

Wenn man die Osteria von Addolorata betritt, glaubt man sich in jene Zeit zurückversetzt, in der die einzige Straße, die Kalabrien mit Neapel verband, durch Torre Orsaia ging und an deren Verlauf einige Locande zur Verpflegung der Reisenden entstanden waren. Im Saal stehen etwa zehn Tische und zwei große Glasschränke, in denen das Geschirr zu sehen ist, an den weißen Wänden hängen Fotos von Kindern und Enkeln und einige Utensilien aus der bäuerlichen Kultur. Der Empfang, den Addolorata bereitet, ist wie der einer Großmutter, man fühlt sich gleich wie zu Hause, wenn sie einem einen Platz anbietet und von dem spricht, was sie gerade kocht und bald an den Tisch bringen wird. Antipasti werden nicht in Betracht gezogen, hierher kommt man, um hausgemachte Pasta zu essen. Lagane e ceci (5 €), **Ravioli**, **Cavatelli**, Tagliatelle **mit Ragout**, Kürbis oder Steinpilzen. Kurz gesagt mit all dem, was die Bauern des Ortes ihr je nach Saison bringen. Das alles wird entweder mit Cacioricotta von der Ziege oder mit selbst angebautem Peperoncino gewürzt. Die Secondi sind Fleischgerichte, die von **Polpette e salsicce al sugo** (6 €) bis zu Zicklein oder **Hähnchen aus dem Ofen** (7 €) reichen, als Beilagen Brokkoli, **Peperoni gratinati**, Polpette di melanzane und Ciambotta. Wie Addolorata sagt: „Je einfacher die Küche ist, desto besser schmeckt es." Und tatsächlich ist das Resultat ursprünglich und leicht. Zum Abschluss gibt es die unverzichtbaren **Scaldatelle** (3 €) mit Honig oder Zucker überzogen, dazu eine Kostprobe von Limoncello oder Likör aus Lorbeer, Wildfenchel oder Nüssen, natürlich hausgemacht. Zu trinken bekommen Sie offenen Hauswein und einige Flaschenweine aus der Umgebung.

TRAMONTI
Gete

26 KM WESTLICH VON SALERNO, S.S. 163

Reale Doc

Osteria
Via Cardamone, 75
Tel. (+39) 089/85 61 44,
(+39) 333 / 178 37 88
Ruhetag: Mittwoch, außer im August
Ferien: zweite Februarhälfte
55 Plätze + 30 Plätze im Freien
Preise: 30–32 €
Alle Kreditkarten; BM
Mittags und abends geöffnet

Obwohl es nur wenige Kilometer von der Amalfi-Küste trennen, ist Tramonti ein an Vegetation und Wäldern reiches Dorf; außerdem Sitz der Comunità Montana, der Berggemeinschaft der Halbinsel von Sorrent. Viel Geschichte und ebenso viele kunsthistorische Schönheiten, allen voran die „Cappella rupestre", die Kapelle in einer Felsgrotte, die im Gebiet des Ortsteils Gete steht. Die Brüder Luigi und Gaetano stellen auch einen bemerkenswerten, hochwertigen Wein her. Viele der Gerichte, die Sie hier probieren können, schlagen eine Brücke vom Landesinneren zum nahen Meer. Man beginnt mit dem Antipasto della casa (9 €), darunter die begehrten lokalen Milchprodukte, selbst erzeugte Salumi und ein ausgezeichneter **Fior di ricotta con sfusato amalfitano**. Ebenso gut sind **Sarchiapone ripieno**, das ist gefüllter Kürbis einer lokalen Sorte, und Timballo di verdure selvatiche e salsiccione. Von den Primi empfehlen wir die im Tontopf „Pignata" gekochten Cavatelli e patate (9 €) sowie ***'Ndunderi* con seppie e crema di piselli** oder mit Ragù tradizionale. Im Frühling werden verschiedene Teigwaren mit Gemüse aus dem eigenen Garten zubereitet, darunter Fusilli con i ricci di Minori, fave e guanciale (mit Seeigeln, Dicken Bohnen und Guanciale). Was die Secondi betrifft, raten wir Ihnen zu **Coniglio disossato con broccoli** oder zu Filetto di maiale con pomodori secchi e olive (13 €). Als Abschluss des Essens ist eine Kostprobe der **Torta pere e cioccolato** (4 €) oder von Fiore di ricotta di Tramonti con sfusato amalfitano e scaglie cioccolato vorgesehen. Wer hier übernachten möchte, kann dies in einem der Gästezimmer tun.

Im Ortsteil **Chiancolelle** erzeugt und verkauft der landwirtschaftliche Betrieb von Antonia Rastelli (Via Chiunzi 172) typischen Käse, vor allem Caciocavallo di San Francesco.

50 km südöstlich von Salerno

Lo Vottaro

Osteria
Via Paolillo
Tel. (+39) 08 28 / 82 11 34
(+39) 329 / 779 33 47
Ruhetag: Montag
Keine Ferien
20 Plätze + 26 Plätze im Freien
Preise: 28–30 € (Tagesmenü)
Keine Kreditkarten
Abends geöffnet, mittags gegen Vorbestellung

Trentinara, ein Labyrinth kleiner Gassen und verlassener Häuser, die allmählich wieder zum Leben erwachen, wird „Balkon des Cilento" genannt, denn vom Belvedere aus hat man einen der schönsten Ausblicke über dieses zum Glück noch ziemlich unberührte Gebiet. Hier befindet sich im Erdgeschoss eines Palazzos aus dem 18. Jahrhundert dieses Lokal. Die für ein altes Landhaus typischen Räumlichkeiten sind mit einem Brunnen in der Mitte des Speisesaals ausgestattet, einem einsehbaren Weinkeller und einem Kamin, in dem im Winter ein Feuer knistert. Das Menü ist feststehend, aber wenn Sie reservieren, wird man Sie nach Ihren Wünschen und eventuellen Unverträglichkeiten fragen. Die Küche spricht die unverfälschte Sprache der ländlichen Umgebung, die hier von einem Hauch Weiblichkeit gemildert wird, den Cristina, die feinsinnige Gastwirtin, hinzufügt. Man beginnt mit lokalem Käse und Salumi und verschiedenen kleinen Gerichten aus angebautem und wildem Gemüse, darunter ein köstlicher **Involtino di zucchine e noglia** (eine Art Salsiccia aus den weniger edlen Fleischteilen, dafür umso aromatischer) und ein zartes Soufflé aus Ziegenricotta mit Weizen. Zwei Kostproben von Primi werden gebracht, Sie haben die Auswahl zwischen **Ravioli di ricotta e finocchietto**, Strangolapreti con funghi e tartufo, Uovo a susciello und **Zuppetta di verdure spontanee primaverili**. Paniertes Lamm, **Sfrionzola** (Ragout vom Schwein mit Paprikaschoten), Wildschwein aus dem Ofen und gefüllte Zucchini bei den Secondi. Torta cioccolato e pere oder **Crostata di confettura di fiori d'acacia** (mit Konfitüre aus Akazienblüten) befinden sich unter den von Cristina zubereiteten Dolci. Zum Preis von 30 € bekommen Sie ein komplettes Menü. Gute Auswahl an Weinen aus dem Cilento. Eine Reservierung ist unumgänglich.

96 km sö. v. Salerno, A 3 Ausf. Atena Lucana u. S.S. 166

La Piazzetta

Osteria mit Übernachtungsmöglichkeit
Piazza Canonico Iannuzzi, 2
Tel. (+39) 09 74 / 94 20 08,
(+39) 320 / 140 30 16
Kein Ruhetag
Ferien: 1 Woche im Oktober
30 Plätze + 20 Plätze im Freien
Preise: 34 €
Keine Kreditkarten
Mittags und abends geöffnet

Jede Unbequemlichkeit, die Sie in Kauf nehmen, um diese kleine Osteria im Herzen des Cilento zu erreichen, wird durch Carmelas Küche mehr als wettgemacht. Das von den Hausfrauen ihres kleinen Ortes ererbte kulinarische Wissen und die gekonnte Verwendung des reichhaltigen Schatzes an Produkten aus den Gärten und Tierzuchtbetrieben dieser Gegend sind die Quellen ihrer Gerichte. Am Eingang steht der ironische Spruch „Confusi ma felici", was „Verwirrt, aber glücklich" bedeutet, doch wenn es ums Kochen geht, sind die Vorstellungen ganz klar. Nachdem Sie reserviert haben (was notwendig ist), überlassen Sie den Rest Carmela und ihrem Mann Angelo, der Ihnen den Antipasto (10 €) serviert: **mit Mangold und Sardellen** oder mit Toma-Käse aus Schafmilch und Reis gefüllte Calzoni, ein Brett mit Caciocavallo podolico, Schaf- und Ziegenkäse, dazu Konfitüren aus Feigen und Hagebutten sowie ein Kompott aus der gelben Pfirsichsorte Percoche. Die Teigwaren werden aus dem Mehl einer selbst angebauten lokalen Weizensorte gemacht, Sie bekommen **Fusilli**, *Parmarieddi* und Ravioli di ricotta **al ragù**, aber auch **Lagane e fagioli** con peperoni *cruschi* (10 €). Fleisch bei den Secondi (14 €), darunter ausgezeichnetes **Capretto al forno**, Maialino grigliato con verzetta spadellata und Braciole di vitello al ragù. Auch die Dolci stehen im Zeichen der Tradition, probieren Sie Morzellette con confettura di fichi, miele e cannella und Torte aus Biskuitteig. Die Weine stammen aus einigen wichtigen Kellereien im Cilento, außerdem gibt es eine kleine Auswahl an Etiketten aus dem übrigen Italien.

„Carmela und Angelo, respektvolle Interpreten einer Tradition mit innovativem Charakter, empfangen ihre Gäste in gelassener Atmosphäre, die dazu einlädt, den Wert der Langsamkeit wiederzuentdecken."

VICO EQUENSE
San Vito

41 KM SÜDLICH VON NEAPEL

Il Cellaio di Don Gennaro

Restaurant • Via Raffaele Bosco, 92
Tel. (+39) 081 / 879 87 13,
(+39) 339 / 352 93 94
Ruhetag: Montag, im Winter Montag–Freitag
Ferien: 8. Januar–13. Februar • 34 Plätze +
30 Plätze im Freien • Preise: 30–32 €
Kreditkarten: CS, DC, MC, Visa; BM
Abends geöffnet, Samstag und Sonntag mittags

Vico Equense erfreut sich eines produktiven Zirkels an Restaurants, zu dem sich zweifellos auch Il Cellaio di Don Gennaro zählen darf. Vor Kurzem ist die Küche des Lokals durch den Beitrag des jungen, doch erfahrenen Kochs Vincenzo Maresca noch eigenständiger geworden. Die Zutaten stammen fast alle aus der unmittelbaren Umgebung, das Gemüse aus dem kleinen, dicht bebauten Garten der Familie. Der Antipasto ist beinahe ein Hauptgericht: Vielfältige Kostproben reichen von Boccaccetto di zuppetta di fagioli butirri (Suppe mit der Bohnensorte Butirri) bis zu **Alici indorate e fritte**, dazwischen Gemüse, Salumi und Käse (10 €). Qual der Wahl bei den Primi (8 €): **Fusilli alla genovese di baccalà**, Linguine cozze e limone, Ravioli ai formaggi delle colline vicane con carciofi croccanti (mit dem Käse aus den Hügeln um die Stadt gefüllt und mit knusprig gebratenen Artischocken serviert) und die klassische Pasta e fagioli butirri vom Vortag, die im Holzofen gekocht wird. Unter den Secondi ***Tianiello di baccalà*** oder **Pesce bandiera in carrozza con scarola e pomodori secchi** (10 €). Als Beilage die klassischen Gemüseaufläufe Parmigiane di verdure (4 €). Die Dolci (4 €) sind hausgemacht, probieren Sie Pasticciotto con le amarene und **Latte in piedi** mit Latte nobile (der hochwertigen Milch mit kurzer Lieferkette des Slow-Food-Presidio). Käse und Salumi werden in der Umgebung hergestellt, sieht man von einer Abschweifung in Richtung einiger Spezialitäten aus anderen Regionen Italiens ab. Gute Weinauswahl mit etwa 50 Etiketten vor allem aus Kampanien. Zum Abschluss des Essens gibt es die herrlichen, nach alten Methoden erzeugten Liköre Finocchietto, Nocino und Limoncello, das Ausgangsmaterial dafür stammt von eigenen Pflanzen.

VICO EQUENSE
Arola

38 KM SÖ. V. NEAPEL, 7 KM V. CAPOLUOGO COMUNALE

Torre Ferano

Restaurant
Via Raffaele Bosco, 810
Tel. (+39) 081 / 802 47 86,
(+39) 339 / 689 57 01
Ruhetag: Dienstag, außer im Sommer
Ferien: 10. Januar–10. Februar
40 Plätze + 40 Plätze im Freien
Preise: 30–32 €
Alle Kreditkarten; BM
Mittags und abends geöffnet

In Arola, einem der zahlreichen kleinen Dörfer der Hügel um Vico Equense, empfangen uns Toni Staiano und Camillo Sorrentino freundschaftlich in ihrer Osteria, einem schönen Bauernhaus mit Räumen auf mehreren Stockwerken und einer Terrasse mit spektakulärem Blick auf den Golf von Neapel. Die Produkte der Halbinsel von Sorrent sind der rote Faden, dem der junge Koch Luigi Sorrentino mit seinen sehr persönlichen Rezepten folgt. Die Speisekarte bewegt sich zwischen Tagesfischfang und Gemüsegarten, im Winter ist sie eher an Fleisch und Hülsenfrüchten orientiert, einen Stammplatz haben Stoccafisso und Baccalà. Im Antipasto (10 €) Milchprodukte aus der Käserei der Familie, Salumi aus kleinen Betrieben, **Parmigiana di melanzane** (Auberginenauflauf, auch mit Zucchini möglich), Involtini di peperoni oder gefüllte Kürbisblüten. Als Primo ist eigentlich **Zito spezzato con la genovese**, im Winter al ragù napoletano, Pflicht. Als Alternative Pasta e patate con provolone del monaco, von Hand gemachte Gnocchi mit Zucchini und Krebsen sowie **Paccheri ripieni di melanzane provola con salsa di pomodorini freschi e basilico** (10 €). Wenn verfügbar, probieren Sie **Parmigiana di pesce bandiera con provola e basilico** (12 €), weitere empfehlenswerte Secondi sind Gamberetti sale e pepe, eine schmackhafte Frittura di alici (9 €) und Baccalà fritto oder in cassuola. Süßer Ausklang mit hausgemachten Dolci wie mit Ricotta gefüllter Cannoletto oder beim entsprechenden Anlass **Zeppole di San Giuseppe** und zu Ostern Pastiera. Zu trinken gibt es einen selbst gekelterten Hauswein.

In der Nähe des Restaurants können Sie in der Käserei Gustami von Toni Staiano (Via Bosco 803) Provolone del monaco, Fior di latte, Ricotta und Diavoletti, Caciocavallo mit schwarzen Oliven und Peperoncino kaufen.

EBOLI

33 KM SÜDÖSTLICH VON SALERNO, AUSFAHRT A 3

Il Papavero

Restaurant
Corso Garibaldi, 111–112
Tel. (+39) 08 28 / 33 06 89
Ruhetag: Sonntagabend, Montag
Ferien: unterschiedlich
40 Plätze + 40 Plätze im Freien
Preise: 32–40 €
Alle Kreditkarten; BM
Mittags und abends geöffnet

Der ausgezeichnete Ruf, den das Papavero genießt, ist das Ergebnis der harmonischen Zusammenarbeit zwischen Patron Maurizio Somma und Chefkoch Fabio Pesticcio, der mit jugendlichem Elan einzigartige Gerichte zubereitet. Produkte wie Pomodorino del piennolo del Vesuvio oder die traditionelle Colatura di alici di Cetara, Cipolle di Montoro oder weiße Feigen aus dem Cilento werden in wahre Gaumenfreuden verwandelt. Von den Antipasti (9 €) wollen wir den köstlich zubereiteten Rochen Razza panata agli agrumi su passatina di ceci di Cicerale e ricotta di bufala hervorheben, während bei den Primi (10 €) Gnocchetti di ceci neri su vellutata di patate al rosmarino, cannolicchi arrostiti e polvere di patate viola oder der ganz besondere Raviolo ripieno di pesto di basilico, coulisse di pomodoro, salsa di burrata auffallen. Reichhaltige, mit Umsicht getroffene Weinauswahl. Degustationsmenüs für 32 und 40 €.

NEAPEL

Veritas

Restaurant
Corso Vittorio Emanuele, 141
Tel. (+39) 081 / 66 05 85
Ruhetag: Sonntagabend, Montag, im Sommer nur Sonntag
Ferien: August
50 Plätze
Preise: 45–55 €
Alle Kreditkarten; BM
Abends geöffnet, Feiertage auch mittags

Das Restaurant befindet sich an der Panoramastraße Corso Vittorio Emanuele, der ersten Tangente der Stadt aus dem 19. Jahrhundert. Den Service koordiniert der aufmerksame, diskrete Maître Pasquale Marzano, während Betreiber Stefano Giancotti und Chefkoch Gianluca D'Agostino symbiotisch zusammenarbeiten, um die Linie des kulinarischen Angebots mit der richtigen Mischung aus Tradition und Innovation zu finden. Von den Antipasti erwähnen wir Passatina di borragine con mandorle e ostriche scottate, Zuppetta di talli e frutti di mare al lime e peperoncino sowie Mantecato di baccalà con ristretto di polpo e lenticchie di Ventotene. Bei den Primi Fettuccine al limone con gamberi e fiorilli, Cavatelli con totani, fagioli di Controne e guanciale und Ravioli di formaggio con salsa alla genovese, während Piccione con purea di sedano rapa, cicerchie e salsa di lampone sowie Agnello arrosto con carciofo alla romana als Beispiele für die Secondi stehen können. Zum Dessert Mousse al caffè, Biscotto al cioccolato, Granita di mandarino und Profiterole al cioccolato fondente con salsa di albicocche. Umfassende und gut durchdachte Wein- und Spirituosenkarte.

QUARTO

20 km westlich von Neapel

Sud

Restaurant
Via Santi Pietro e Paolo, 8
Tel. (+39) 081 / 020 27 08, (+39) 327 / 010 47 25
Ruhetag: Sonntagabend
Ferien: 1 Woche im Januar, 3 Wochen im August
40 Plätze + 24 Plätze im Freien
Preise: 40–65 € • Alle Kreditkarten; BM
Abends geöffnet, Samstag und Sonntag auch mittags

In Quarto, einem Ort, von dem man sich solches nicht erwartet, haben Marianna Vitale, die Köchin, und Pino Esposito dieses gelungene Restaurant ins Leben gerufen. Wie es auf ihrer Website steht, ist „Sud eine kleine Idee mit vielen Worten", die vor allem gebraucht werden, um zu erzählen, wie Leidenschaft und Engagement sich als täglich praktizierte Suche nach Qualität äußern können. Die Küche hat eine starke innovative Prägung, Ausgangspunkt ist jedoch die Tradition und in den Gerichten werden mit überraschenden und gut gelungenen Kombinationen die unterschiedlichsten Linien gezogen. Wir empfehlen als schöne Auswahl Zuppa di fagioli cannellini, sconcigli e funghi (18 €), Sgombro arrosto, gazpacho e grano spezzato, Spaghettoni con carciofi e colatura di alici (16 €), Tagliolini con vongole, pomodori gialli e profumo di liquirizia, Baccalà e parmigiana di melanzane (18 €) und Vitello stonnato. Außerdem können Sie ein exzellentes Sortiment an Salumi und Käse probieren. Unter den Dolci Mousse al caffè, cuore di liquirizia, salsa di cioccolato e sambuca (12 €). Breit gefächerte, gepflegte Weinkarte. Es gibt drei Degustationsmenüs für 40, 50 und 65 €. Reservierung empfohlen.

TELESE TERME

31 km nordwestlich von Avellino, S.S. 372

Kresios

NEU

Restaurant
Via San Giovanni, 59
Tel. (+39) 08 24 / 94 07 23
Ruhetag: Sonntagabend, Montag
Keine Ferien
50 Plätze
Preise: 45–75 €
Alle Kreditkarten; BM
Mittags und abends geöffnet

In den Räumlichkeiten des Bauernhauses seiner Familie hat Giuseppe Iannotti Platz für ein Restaurant, einen gut bestückten Schauraum für ausgesuchte kulinarische Spezialitäten, ein Café, einen Weinkeller und ein kleines Hotel mit ein paar schönen Zimmern geschaffen. Die Speisekarte setzt auf unübliche Kombinationen, die von Elementen der Umgebung und der Tradition zusammengehalten werden. Dies beginnt beim Antipasto mit Mozzarella e pomodoro (13 €), Pizzaiola, Minestra maritata di chiocciole di mare oder den 3P mit Pescatrice, patate e patanegra (Anglerfisch, Kartoffeln und dem spanischen Rohschinken Patanegra, 20 €) und setzt sich fort bei den Primi, zum Beispiel Raviolo mozzarella di bufala e gambero rosso di Mazara del Vallo con ragù di coniglio affumicato (16 €), Pasta al burro oder Risotto al castelmagno, cardamono e rapa rossa. Morro in pastella di ginger ale, mela verde e germogli di erbe aromatiche (Baccalà im Backteig, 16 €) ist ein köstliches Secondo. Als Abschluss Marshmallow al limone e salsa alle more (15 €). Gewaltige Weinkarte mit einer Abteilung für französische Weine und andere wichtige Anbaugebiete.

VAIRANO PATENORA

43 KM NORDWESTLICH VON CASERTA

Il Vairo del Volturno

Restaurant
Via IV Novembre, 60
Tel. (+39) 08 23 / 64 30 18
Ruhetag: Sonntagabend, Montag
Ferien: ersten 2 Juliwochen
60 Plätze
Preise: 50–65 €
Alle Kreditkarten; BM
Mittags und abends geöffnet

Die Küche von Renato Martino ist fest mit der Tradition des Landesinneren verknüpft und gleichzeitig außergewöhnlich offen gegenüber Innovationen. Die Zutaten stammen aus der Umgebung – Lamm der Laticauda-Rasse, Büffel, schwarzes Schwein der Casertana-Rasse – , die Gerichte sind das Ergebnis der kreativen Ader von Renato. Wir empfehlen Gateau di patate con tuorlo d'uovo, polvere di cipolla e zafferano (18 €), Zuppa di lupini giganti di Vairano con aringa, castagne e zafferano (14 €) und ebenso Ravioli di zucca, ricotta e zenzero con salsa di broccoli e fagioli cera wie Cavati di mozzarella con salsa di acciughe e pomodori secchi als Primi. Filetto di vitellone in olio cottura con zabaione alla birra (22 €) und Maiale nero casertano con anice stellato e confettura di papaccelle sind zwei der Secondi. Unter den Desserts finden Sie Tortina alla mela annurca con salsa di pinoli e nocciole (10 €) und Cremoso al cioccolato con granella di roccocò e gelatina di gassosa e peperoncino. Es gibt verschiedene Menüs zur Auswahl, ein Mittagsmenü für 30 €, ein Menü der Tradition für 40 €, ein Fischmenü für 50 € und das „Menù delle idee e degli assaggi" für 60 €. Gute und reichhaltige Auswahl an lokalen Weinen.

VALLESACCARDA

68 KM NORDÖSTLICH VON AVELLINO

Oasis Sapori Antichi

Restaurant
Via Provinciale, 5
Tel. (+39) 08 27 / 970 21,
(+39) 08 27 / 974 44
Ruhetag: Donnerstag, an Feiertagen abends
Ferien: 2 Wochen im Juli
60 Plätze • Preise: 55–60 €
Alle Kreditkarten; BM
Mittags und abends geöffnet

Das Oasis ist ein Ort für alle, die die gute Küche lieben und die moderne Interpretation der Tradition. Mit Weitblick wird hier die Entwicklung des Geschmacks durch die beharrliche Suche nach exzellenten Zutaten unterstützt. Empfangen werden Sie von den fünf Geschwistern Fischetti – die Herren sind im Service tätig, die Damen in der Küche – mit Gerichten, die authentischen Geschmack vermitteln: Suppen je nach Jahreszeit (10 €), Tagliolini all'uovo con porro, zafferano di Lacedonia e limone (15), Filetto di vitello all'extravergine di oliva, sentore di porcini secchi e tartufo irpino (22 €) und als Dessert Ricotta mantecata con prugne secche, miele millefiori e gelato al caramello (10 €). Die umfangreiche Weinkarte erlaubt eine önologische Reise ohne Grenzen. Es gibt drei Degustationsmenüs für 35, 45 und 55 € sowie ein Mittagsmenü für 19 € (Primo, Secondo und Obst).

ADRIA
Fóggia
A14
Barletta
Trani
Bisceglie
Cerignola
Ándria
A14
BARI
Canosa di Púglia
APULIEN
A16
Bitonto
PARCO NAZ.
DELL'ALTA MURGIA
A14
Melfi
Venosa
Rionero in Vulture
Gravina in Púglia
Altamura
Gióia del Colle
Ruvo del Monte
Rapone
San Fele
Avigliano
Irsina
Muro Lucano
Matera
Tricarico
POTENZA
Basento
Miglionico
PARCO NAZ.
Castelmezzano
Abriola
Accettura
DELL'APPENNINO
Laurenzana
Mársico Nuovo
Stigliano
Cirigliano
Pisticci
Lido di Metaponto
Sala Consilina
Mársico Vetere
PARCO NAZ. D. CILENTO E VALLO DI DIANO
A3
LUCANO
Agri
S. Arcangelo
Moliterno
Policoro
KAMPANIEN
VAL D'AGRI
Rotondella
IONISCHES MEER
Vallo d. Lucánia
Lagonegro
LAGONEGRESE
Latronico
Francavilla in Sinni
Sapri
Rivello
San Severino Lucano
PARCO NAZ.
Palinuro
Terranova di Pollino
Amendolara Marina
Capo Palinuro
Maratea
Rotonda
Camerota
Golf von Policastro
Golf von Corigliano
D. POLLINO
Castrovillari
Scalea
TYRRHENISCHES MEER
A3
Marina di Belvedere
Corigliano Cálabro
Rossano
KALABRIEN
PARCO NAZ.
DELLA
SILA
Páola
0
15
30 km

BASILIKATA

Wie in einem Traum könnte man sich ein riesiges Tischtuch vorstellen – ausgebreitet von den Gipfeln des Pollino-Gebirges bis zur Küste des Ionischen Meeres, von den Dolomiten Lukaniens bis zum Krater des Monte Vulture –, auf dem die regionalen Spezialitäten der Basilikata angerichtet sind. Rund um diesen Tisch sehen wir in unserer Fantasie die klassischen Hausfrauen, die dabei sind, aus großen Mengen an Teig Manate, Mischiglio, Frizzuli, Cavatelli, Strascinate und Orecchiette zu formen. Pasta, die dann mit gehaltvollen Fleischsaucen aus Tomaten und Podolica-Rind oder Pancetta und Schwarten vom Schwarzen Schwein oder aber mit Kräuterseitlingen serviert wird, bestreut mit Scamorza oder Pecorino aus Moliterno oder aber Filiano.
Ein kräftiger Halbmond aus Caciocavallo podolico lugt hinter einem kleinen Berg an Brot aus Hartweizengrieß aus Matera hervor. Das ist ein Brot, dessen Farbton und Duft zum sofortigen Verzehr einladen und das perfekt zu den im Ofen getrockneten Oliven aus Ferrandina passt, zu den roten Auberginen aus Rotonda, zu einem Stück Salsiccia pezzente oder das einfach mit dem intensiv nach Kräutern duftenden Olivenöl der Sorte Majatica beträufelt wird.
Nun kommen langsam die Gäste an unseren imaginären Tisch – Reisende, Grundbesitzer, Bauern, von denen jemand zwei reich bestückte Tabletts abstellt. Auf einem steht eine Sauce aus Baccalà mit Rosinen, auf dem anderen liegen die unvergleichlich knusprig gebratenen Paprikaschoten Peperoni *cruschi*. Während in einem riesigen Kupferkessel das Schmorgericht Pastorale di pecora vor sich hinköchelt, werden, angeheizt durch den reichlichen Genuss von gutem Aglianico-Wein, rund um die Feuerstelle archaische Baumriten zum Klang von Akkordeon und Tamburin wiederbelebt.
Ein Traum freilich, einem Bild des Malers Luzzati gleich, doch voller Szenarien und Traditionen, die in Lukanien immer noch Teil der Gegenwart sind.

Für Sie entdeckt

Cavatelli con peperone crusco e mollica fritta

740 Gagliardi
Avigliano (Pz)
744 La Taverna dei Gesuiti
Latronico (Pz)
748 La Mangiatoia
Rotondella (Mt)

Pastorale

740 Pezzolla
Accettura (Mt)
741 Al Becco della Civetta
Castelmezzano (Pz)
744 La Taverna dei Gesuiti
Latronico (Pz)

Mischiglio

743 La Fontana del Tasso
Francavilla in Sinni (Pz)
744 La Taverna dei Gesuiti
Latronico (Pz)
749 Il Salice
San Severino Lucano (Pz)
750 Luna Rossa
Terranova di Pollino (Pz)

Baccalà con peperoni cruschi

740 Gagliardi
Avigliano (Pz)
741 Pietra del Sale
Avigliano (Pz)
741 Al Becco della Civetta
Castelmezzano (Pz)
747 Da Peppe
Rotonda (Pz)

82 KM SÜDWESTLICH VON MATERA, S.S. 277

Pezzolla

Restaurant mit Übernachtungsmöglichkeit
Via Roma, 21
Tel. (+39) 08 35 / 67 50 08
Ruhetag: Freitag
Keine Ferien
40 Plätze + 20 Plätze im Freien
Preise: 25–35 €
Alle Kreditkarten; BM
Mittags und abends geöffnet

Angesichts des gelassenen Lächelns von Zia Isa könnte man meinen, die 87-Jährige erledige auch heute noch die schweren Arbeiten der Vergangenheit mit der Leichtigkeit eines Mädchens. Sohn Mario ist in ihre Fußstapfen getreten und lebt so die Liebe zu seinem Land und dessen kulinarischen Spezialitäten aus. Authentischer Geschmack bereits bei den Antipasti (6 €), sowohl kalt (lokale Salumi, Manteca-Käse mit lokalem Trüffel, Sottoli und in Öl eingelegte Wildzwiebelchen) als auch warm: Gemüse, Scamorza und Pilze im Backteig, Peperoni *cruschi und* **Rafanata**. Manchmal zeigt Zia Isa ihre Kunst in der Zubereitung frischer Teigwaren, dann sehen Sie die Herstellung von Orecchiette con ragù di *brasciole* di podolica, Manate alla sangiovannara, **Pappardelle con tartufi e funghi misti** (6 €) und Ferricelli mit Meerrettich und Brotkrumen, Zichorien und Guanciale, bestreut mit gemahlenen Paprikaschoten. Aus dem Fleisch des Podolica-Kalbs von den Weiden der lukanischen Dolomiten macht sie **Costata con arance di Scanzano** (10 €), *Brasciolette* oder Spezzatino al ragù. Über der Holzkohlenglut ist auch immer noch Platz für Zicklein, Lamm und Salsiccia. Gegen Vorbestellung können Sie den reichhaltigen **Pastorale** und gefüllte Lammkeule probieren. Ebenso interessant sind die Käsesorten der Region: Caciocavallo podolico mit Kastanienhonig oder Cotognata (3 €), Pecorino di Filiano und Canestrato di Moliterno. Schließlich Desserts nach Hausfrauenart wie diverse Crostate mit Konfitüre (3 €) oder Ricotta, Mousse di cioccolata con fragole und in der Weihnachtszeit Zeppole oder *Finicchiosole* mit Honig oder Zucker. Zu trinken gibt es einen anständigen offenen Wein und ein paar Flaschen Aglianico.

■ Neben dem Restaurant verkauft die Macelleria del Centro Fleisch vom Schaf und Podolica-Rind aus den Tälern Lukaniens.

21 KM NORDWESTLICH VON POTENZA

Gagliardi

Traditionelle Osteria
Via Martiri Ungheresi, 18
Tel. (+39) 09 71 / 70 07 43,
(+39) 339 / 152 98 57
Ruhetag: Sonntagabend, Montag
Ferien: unterschiedlich
50 Plätze + 30 Plätze im Freien
Preise: 25 €
Alle Kreditkarten; BM
Mittags und abends geöffnet

Die Hauptattraktion von Avigliano, einem auf 800 Metern Höhe gelegenen kleinen Dorf, ist die grandiose Burg im nahen Ortsteil Lagopesole. Für den Stauferkaiser Friedrich II. als Ferienaufenthalt und Jagdschloss errichtet, ist sie heute, nach einer gewissenhaften Renovierung, Ort kultureller Veranstaltungen. In kulinarischer Hinsicht dominiert hier unbestritten der Baccalà. Diesem leicht zu konservierenden und nicht allzu teuren Lebensmittel zu Ehren veranstaltet das Dorf im August ein Fest. Und um den Baccalà, der oft mit verschiedenen Hülsenfrüchten kombiniert wird, kreist auf Wunsch auch das Menü des Restaurants Gagliardi. Das Lokal befindet sich im Ortszentrum und geht auf eine kleine Piazza, auf der im Sommer einige Tische gedeckt werden. Den Service betreut Stefano Errichetti, in der Küche stehen Mario Pagliuca und Vito Scavone. Zu Beginn kommen Frittelle di baccalà, **Frittata con baccalà e peperoni *cruschi***, Salat mit Baccalà und Garnelen, Bohnen, Zucchini, Karotten und Oliven, außerdem **Parmigiana di baccalà** und Baccalà aus dem Ofen (8 €). Es folgen **Cavatelli con peperoni *cruschi* e mollica fritta**, Ravioli mit Baccalà und Kichererbsencreme, Orecchiette con baccalà, cavoli e peperoni *cruschi* sowie **Strascinate con sugo di baccalà** (6 €). Danach **Baccalà fritto** oder zusammen mit Pilzen gebratener Baccalà, oder auch alla brace mit Öl und Zitrone oder mit Pinienkernen, Rosinen, Zwiebeln und Tomaten geschmort (12 €). Alternativen stellen einige Salumi, Käse und typische Gerichte der Umgebung dar, doch es wäre schade, diese Spezialität in ihren mannigfaltigen Variationen nicht zu probieren. Zum Abschluss Mustazzuoli und Sospiri. Zufriedenstellende Weinkarte mit lokalen und italienischen Erzeugnissen.

AVIGLIANO
Frusci – Monte Carmine

26 KM NÖRDLICH VON POTENZA, S.S. 658

Pietra del Sale

Restaurant
Ortsteil Pietra del Sale
Tel. (+39) 09 71 / 870 63,
(+39) 348 / 336 91 55
Ruhetag: Sonntagabend, Montag
Keine Ferien
80 Plätze + 30 Plätze im Freien
Preise: 30 €
Kreditkarten: AE, CS, MC, Visa; BM
Mittags und abends geöffnet

Das Lokal liegt auf über 1.100 Metern Höhe, an der Straße, die Avigliano mit Castel Lagopesole verbindet, beherbergt wird es von einem schön renovierten ehemaligen Wachhaus der Doria am Waldrand. Die alles überblickende Lage gewährt den Ausblick über die Burg und den Monte Vulture, einen erloschenen Vulkan, in dessen beiden Kratern sich heute die Seen von Monticchio befinden. Seit vielen Jahren schon ist das Lokal ein Fixpunkt für Liebhaber einer traditionellen Küche, die auf den besten Grundzutaten basiert, zum Großteil aus eigener Erzeugung oder von kleinen lokalen Betrieben. Leonardo Samela garantiert einen tadellosen, aufmerksamen und charmanten Service. Der reichhaltige Antipasto lucano besteht aus lokalen Salumi, handwerklich erzeugtem Mozzarella, Caprino in crosta, Peperoni *cruschi*, kleinen Ricottaformen mit Honig, Kürbisblüten im Backteig und Kräuterseitlingen. Als Alternative das Süppchen **Acquasale** del pastore (3 €). Bei den Primi dominieren handgemachte frische Teigwaren: **mit Baccalà gefüllte Calzoncelli, bestreut mit Brotkrumen, Peperoni *cruschi* und Pecorino di Filiano**, Orecchiette mit Steinpilzen und Feldgemüse oder mit Nüssen und Brotkrumen (6 €) sowie **Ferretto aviglianese al ragù di cinghiale**. Nur Superlative werden der Beschreibung der Secondi gerecht: **Baccalà all'aviglianese con peperoncino e peperoni *cruschi*** (10 €), Rippenstücke vom Wildschwein alla brace (9 €) und Tagliata di podolica con rucola e cardoncelli (13 €). Gute Gemüsebeilagen je nach Saison. Als Dessert Crostata mit Himbeeren, Sospiri aviglianesi, Vasetto lucano (eine Creme aus Frischkäse und Schokolade), Cassata mit Schafricotta und Eis mit Waldbeeren. Gute Weinauswahl, an erster Stelle Aglianico del Vulture.

CASTELMEZZANO

42 KM SÜDÖSTLICH VON POTENZA, S.S. 407

Al Becco della Civetta

Hotelrestaurant • Vicolo I Maglietta, 7
Tel. (+39) 09 71 / 98 62 49,
(+39) 345 / 986 48 55
Ruhetag: Dienstag, außer im August
Ferien: zeitweise im Winter
80 Plätze + 20 Plätze im Freien
Preise: 30–35 € • Kreditk.: AE, CS, MC, Visa; BM
Mittags und abends geöffnet

Das fantastische Panorama der tausendjährigen lukanischen Dolomiten bilden den Rahmen für das Lokal von Antonietta Santoro, einer ausdauernden Forscherin auf dem Gebiet der Traditionen und kulinarischen Spezialitäten ihrer Heimat. Den Auftakt machen typische Salumi und **Käse** wie *A'ventr* (einer Art mit Ei und Käse gefüllter Soppressata), Manteca, Caciocavallo podolico, Pezzente (Slow-Food-Presidio), eventuell dazu Holunder- oder Akazienblüten im Backteig. Gut ist auch der mit Butter gefüllte Käse Burratina auf Creme aus Dicken Bohnen und Trüffeln (8 €). Bei den Primi große Auswahl zwischen Minestra maritata, **Ravioli di ricotta con asparagi e cardoncelli** (9 €) oder aber mit Trüffeln und Mozzarella, Cavatellini mit Salsiccia, Zichorien und Bohnencreme, Manate con ragù di pezzente sowie Suppe mit weißen und schwarzen Kichererbsen und Pilzen. Üppige Secondi: **Baccalà con peperoni *cruschi***, der Gemüseeintopf Ciambotto mit Paprikaschoten und Auberginen sowie der unvergessliche **Pastorale di pecora**. Außerdem Gerichte mit Fleisch wie Pezzente al ragù, **Nello alle erbe** (12 €), *Brasciola* (Roulade) vom Kalb der Podolica-Rasse, Polpette su schiacciata di patate und außerdem Capocollo vom Schwein mit Rucola oder Portulak. Crostole al miele, Decotto di Giuggiole (Tee aus Chinesischen Datteln) mit Torrone und Mandeln in Schokolade (5 €), Sospiri alla crema oder Semifreddo al pistacchio sind ein würdiger Abschluss, vor allem in Kombination mit einem der ausgezeichneten hochprozentigen Getränke. Gewaltiger Weinkeller mit gut 350 Etiketten aus der Basilikata und ganz Italien sowie einige internationale Weine. Der Service ist aufmerksam und sorgfältig.

„Antonietta ist immer auf der Suche nach Neuem und zugleich eine wunderbare Interpretin der kulinarischen Vergangenheit ihrer Umgebung."

97 KM SÜDWESTLICH VON MATERA

Il Mulino

Osteria
Via Fontana, 54
Tel. (+39) 08 35 / 56 32 15,
(+39) 328 / 421 09 97
Ruhetag: Dienstag
Ferien: 1.–15. September
65 Plätze
Preise: 25–30 €
Keine Kreditkarten
Mittags und abends geöffnet

Die wichtigsten Sehenswürdigkeiten von Cirigliano sind die Burg mit dem seltenen ovalen Grundriss und der davor gelegene „Parco Avventura" im Zerreichenwald. In den schlichten Räumlichkeiten des Restaurants Il Mulino, in dem das Speisenangebot mehr auf die Substanz als auf das Erscheinungsbild ausgerichtet ist, bereitet Signora Franca Urga aus verschiedenen der Jahreszeit entsprechenden Zutaten diverse Spezialitäten der Umgebung zu. Das Lokal wird von einem großen Holzofen dominiert, in dem unter anderem auch das gute Brot zubereitet wird. Der Antipasto (7 €) besteht aus hausgemachten Sottoli, im Ofen getrockneten Oliven aus Ferrandina (Slow-Food-Presidio), Peperoni *cruschi*, Wurst und Capocollo aus eigener Erzeugung und Käse wie Scamorza und Manteca aus der Milch der Podolica-Kuh sowie Ricotta und Pecorino aus einer kleinen Käserei, die von einem Verwandten betrieben wird. Basis der Primi (8 €) ist hausgemachte Pasta: ***Sanguittelle* con mollica e salsiccia** oder mit Spargel und Pancetta, Cavatelli con pomodorino e basilico, Ferricelli mit sonnengetrockneten Tomaten, Brotkrumen und Sardellen sowie **Tagliolini cotica e ceci**. Unverzichtbar sind die Secondi vom Fleisch (8 €): Zicklein, Lamm oder Salsiccia alla brace und – nur gegen explizite Vorbestellung bei der Reservierung – die mittlerweile kaum noch zu findenden ***Cantart*** (Ohren, Maul und Füße vom Schwein, zusammen mit Gemüse gekocht). Freuen Sie sich auf Desserts wie Obstcrostata, **Sanguinaccio** und in der Weihnachtszeit auf Scrippelle. Zu trinken bekommen Sie einen unverfälschten Primitivo als Hauswein. Damit Sie auch die aufwendigen Gerichte probieren können, sollten Sie unbedingt reservieren.

In **Gorgoglione** (6 km) verkauft Giovanni Costa in der Via Roma ausgezeichnete Salumi und Fleisch aus lokaler Aufzucht.

135 KM SÜDÖSTLICH V. POTENZA, S.S. 92 U. S.S. 653

Il Crepuscolo

Ferienbauernhof
Ortsteil Piano Rivitale, 1
Tel. (+39) 09 73 / 64 89 00,
(+39) 333 / 314 66 82
Ruhetag: Montag, außer im Sommer
Ferien: Januar, Februar
60 Plätze
Preise: 20–30 €
Keine Kreditkarten
Mittags und abends geöffnet

Wir befinden uns hier auf 900 Metern Höhe, im üppigen Grün des Parco Nazionale del Pollino, inmitten der Zerreichen-, Buchen- und Eichenwälder. Der aus zwei alten Bauernhäusern aus Stein bestehende Agriturismo wurde wegen des Reichtums an Farben, die man bei Sonnenuntergang bewundern kann, Il Crepuscolo (die Abenddämmerung) genannt. Eduardo Marziale wird Sie begrüßen, am Herd zeigen seine Frau Lidia und seine Schwester Elisabetta ihr Talent. Für den aufmerksamen und charmanten Service sind die Kinder verantwortlich. Die Vielfalt der Antipasti (9 €) ist wirklich beeindruckend: Salumi aus eigener Erzeugung, Soppressata, Capocollo und Lardo zum Beispiel, verschiedener Käse, darunter Caciocavallo podolico und Canestrato di Moliterno mit der Herkunftsbezeichnung IGP, eine hervorragende Ricotta und außerdem Ricotta- oder Auberginenbällchen, gefüllte Steinpilze, Kartoffeln und Peperoni *cruschi*, Omeletts mit Holunderblüten (Holunderbüsche sind in dieser Gegend sehr häufig) oder mit Kichererbsen, Minze und Spargel, außerdem Pancotto con l'uovo sowie Schweineschwarten. Primi mit hausgemachten Teigwaren: ***Rascatieddi*** (über einen Eisenstab gerollte Nudeln) **con funghi e tartufi** (6 €), Ravioli mit Ricotta und Gemüse in Tomatensauce, **Mischiglio** (5 €) und **Lagane con legumi e cotica**. Ausgezeichnetes Fleisch alla brace oder aus dem Ofen für die Secondi (10 €): Lamm, Schwein, Salsiccia, Hähnchen – alles aus lokaler Aufzucht. Zum Abschluss Desserts mit Obst, zu denen Hochprozentiges aus Waldbeeren, Lorbeer oder Wildfenchel gereicht wird. Als Wein bekommen Sie Grottino di Roccanova und einige Etiketten von Aglianico.

FRANCAVILLA IN SINNI
Scaldaferri

135 km südöstlich v. Potenza, S.S. 92 u. S.S. 653

La Fontana del Tasso

Ferienbauernhof
Ortsteil Scaldaferri, 40
Tel. (+39) 09 73 / 64 45 66
Ruhetag: Dienstag
Ferien: unterschiedlich
60 Plätze + 20 Plätze im Freien
Preise: 18–33 €
Keine Kreditkarten
Mittags und abends geöffnet

Der Name des Lokals ist auf eine Legende zurückzuführen, in der erzählt wird, dass sich im Naturschutzgebiet Riserva di Rubbio eine Quelle befand, zu der ein Dachs kam, um seinen Durst zu stillen. Heute begrüßen Sie in dem Bauernhaus mit Wänden aus frei liegendem Stein Prospero und Maria mit ihren Kindern Veronica und Luca. Die Gesamtheit der Antipasti (18 €) kann bereits als Menü gelten, je nach Saison könnte dieses Lardo, Pancetta, Soppressata, Capocollo, Salsiccia und Soffritto di capretto beinhalten, aber auch Ricotta mit verschiedenen Konfitüren, unterschiedlich gewürztem Käse, **Pancotto al pomodoro e puleio** (Brotsuppe mit Tomaten und einem Wildgewürz), Polpette di melanzane, mit Ricotta gefüllte Kürbisblüten, **Minestra impastata** mit grünen Bohnen, Kartoffeln, Kürbis und Peperoni *cruschi* und außerdem Pagnotta con la **ciambotta** (Gemüseeintopf, serviert in einem Brotlaib). Frische Teigwaren bei den Primi (10 €) mit Trüffeln oder Steinpilzen, **Lagane e ceci**, Ravioli di ricotta e salsiccia, **Mischiglio**, Rascatielli mit Peperoni *cruschi* aus Senise und frischer Ricotta sowie Cavatelli mit Kartoffeln, Pancetta und Rosmarin. Ein prächtiges **Capretto imbottito**, also ein mit gehackten Kräutern, Knoblauch, Lardo und Petersilie gefülltes Zicklein, sticht unter den Secondi (12 €) hervor. Doch Sie bekommen auch Lamm, Schweinerippchen oder frei lebendes Huhn aus dem Holzofen. Zum Abschluss Crostata, Torten mit Creme und Ricotta, oft von einem Gläschen Kräuterlikör begleitet. Zufriedenstellende Auswahl an Weinen aus der Basilikata, viele Rosoli aus Obst und Kräutern. Sonntags gibt es ein feststehendes Menü.

IRSINA

40 km nordwestlich von Matera

Nugent

Trattoria
Piazza Garibaldi, 6
Tel. (+39) 08 35 / 62 81 80,
(+39) 328 / 776 85 91,
(+39) 338 / 374 17 80
Ruhetag: Dienstag
Ferien: unterschiedlich
60 Plätze + 25 Plätze im Freien
Preise: 25–30 €
Alle Kreditkarten; BM
Mittags und abends geöffnet

General Laval Nugent von Westmeath, der im Österreichisch-Neapolitanischen Krieg Joachim Murat, den König von Neapel, besiegte, ließ in Irsina, dem einstigen Montepeloso, einen schönen Palazzo errichten. Der mit Kies gepflasterte Innenhof des Gebäudes ist heute Sitz des kleinen Restaurants, das Mario und Gigia mit Liebe und Kompetenz leiten. Lächelnd begrüßt Gigia die Gäste und beschreibt detailreich die Speisekarte. Die Antipasti (10 €) beinhalten Dicke Bohnen und Wildzichorien, Pomodorini piccanti, Ei und Salsiccia, Orangensalat mit Knoblauch und Peperone *crusco*, Pettole, frittierte Wildzwiebelchen, Baccalà con patate, geschmorte Salsiccia pezzente (Slow-Food-Presidio) und **Peperone *crusco*, gefüllt mit Mousse vom Baccalà**. Viele unterschiedliche Formate hausgemachter frischer Teigwaren: **Cavatellini con cardoncelli** (mit wilden Karden) **oder mit Spalterbsen und Bohnen** (7 €), Orecchiette di grano senatore Cappelli (aus einer alten Weizensorte) mit der Wurst Pezzente und Kirschtomaten oder aber mit Linsen oder biologisch angebauten Kichererbsen. Im Frühling sollten Sie den Auflauf Sformato di cardoncelli versuchen. Dann folgen ausgezeichnete Rippenstücke und Filet vom Rind der Podolica-Rasse, aber auch Lamm, Salsiccia, ***Gnummridd*** (Rouladen aus Innereien) und Schweinerippchen (8 €), alle vom Grill, schmecken herrlich. Gegen rechtzeitige Vorbestellung können Sie **Pastorale**, das köstliche Schmorgericht mit Lammfleisch probieren. Als Alternative zum Fleisch gibt es verschiedene Gerichte mit Baccalà sowie eine Auswahl an hochwertigem Käse aus Lukanien. Den Abschluss bilden Dolci al vincotto, Taralli al vino, Mostaccioli und **Mostaccere** (2,50 €). Neben einem unverfälschten offenen Wein stehen einige der besten Aglianico aus Lukanien und ein paar gute Biere von kleinen Erzeugern zur Verfügung.

LAGONEGRO
Monte Sirino

100 KM SÜDL. V. POTENZA, S.P. 26 U. AUSFAHRT A 3

Valsirino

Ferienbauernhof
Ortsteil Ceraso, 4
Tel. (+39) 09 73 / 415 65,
(+39) 338 / 815 84 96
Ruhetag: Dienstag
Keine Ferien
80 Plätze + 40 Plätze im Freien
Preise: 25–27 €
Keine Kreditkarten
Mittags und abends geöffnet

An den Ausläufern des Monte Sirino, in einer Berghütte aus Stein, ist dieses Lokal untergebracht, umgeben von einem Wald, in dem man auch Ausritte mit Pferden unternehmen oder die Wallfahrtskirche der Madonna delle Nevi besuchen kann. Familie Civale führt den Agriturismo seit 35 Jahren – Mario kann sich seiner langjährigen Erfahrung auf dem Gebiet der Gastlichkeit rühmen (es gibt auch Zimmer zum Übernachten). Seine Frau Pina und Schwägerin Lucia zeichnen für die Küche verantwortlich. Zur Auswahl stehen zwei Degustationsmenüs für 25 und 27 € ohne Wein. Zu Beginn ist eine Abfolge an Antipasti vorgesehen, zum Beispiel Polpette di pane, **Soffritto**, Melanzane *mollicate*, Suppe mit gemischten Hülsenfrüchten, **Cotiche con cicorie e fagioli**, Patate con ricotta, funghi e peperoni, Salumi aus eigener Erzeugung, Erbsen und Dicke Bohnen, Patate e lampascioni (Kartoffeln und Wildzwiebelchen) sowie Asparagi con uova strapazzate. Danach entscheidet man sich zwischen **Fusilli con peperoni *cruschi*** (milde Paprikaschoten, die an der Sonne getrocknet und dann frittiert werden), Tagliatelle ai porcini und Ravioli mit Ricotta. Breites Spektrum an Fleisch, überwiegend alla brace gegart. Ausgezeichnet schmeckt auch **Arrosto di maiale nero**, das schwarze Schwein für diesen Braten stammt aus eigener Aufzucht. Zum Ausklang selbst erzeugte Ricotta und Caciocavallo, Crostata mit Erdbeeren oder Torta di ricotta e pera. Die Weinauswahl beschränkt sich auf den offenen Hauswein. Die Salumi und den Käse aus dem Betrieb können Sie auch zum Mitnehmen kaufen.

LATRONICO

124 KM SÖ. VON POTENZA, A 3 UND S.S. 653

La Taverna dei Gesuiti

Restaurant
Via Lacava, 6
Tel. (+39) 09 73 / 85 82 94,
(+39) 389 / 113 61 16
Kein Ruhetag
Keine Ferien
50 Plätze + 60 Plätze im Freien
Preise: 30–35 €
Alle Kreditkarten; BM
Mittags und abends geöffnet

Die Brüder Mastroianni (Francesco, Andrea und Salvatore) kümmern sich mit Leidenschaft um dieses Lokal, sie betreuen den Service, während Mamma Maria Antonietta in der Küche ausgezeichnete Traditionsgerichte zubereitet und Vater Agostino den Gemüsegarten bestellt. Wählen Sie bei den Antipasti (8 €) zwischen **Cime di rapa con salsiccione**, Ciambotto (Gemüseeintopf mit Paprikaschoten und Zucchini), Peperone *crusco*, Baccalà fritto, Fiori di zucca, Alici alla *scapece* und einer Mozzarellaroulade aus dem Ofen. Auch die Großmutter trägt ihren Teil zur Bewirtung bei, sie ist für die traditionellen Ricottaravioli verantwortlich, die oft mit Steinpilzen serviert werden. Außerdem gibt es Mischiglio con broccoli, salsiccia e cacioricotta, **Cavatelli con peperoni *cruschi* e mollica fritta** sowie **Paccheri farciti di ricotta con baccalà**, **pomodorini e *crusco*** (8 €). Breites Angebot bei den Secondi: Rippenstücke, Lonza, Pancetta und Salsiccia vom Schwein alla brace, außerdem Filetto sotto sugna, **Zuppa di trippa**, *Gliummariedd* (Rouladen aus Innereien), gutes Fleisch vom Rind der Podolica-Rasse und das aufwendige Gericht ***Coria e sausizzone cù l'uocchio cicat*** (8 €), mit Schwarten, Salsiccia pezzente und Ei. Nur gegen Vorbestellung bereitet man **Pastorale** und gefüllte Lammkeule zu. Signora Minghina, eine 92-jährige Käseerzeugerin, versorgt bis heute das Lokal mit ihrem ausgezeichneten Pecorino und Caciocavallo podolico. Ursprüngliche Dolci wie gute Torte mit Ricotta und Birnen und Rotolo di castagne e cioccolato. Der Weinkeller ist nicht sehr weitläufig, enthält jedoch durchaus respektable Etiketten aus der Basilikata. Unverfälschter offener Aglianico.

In den Fleischereien von Latronico kaufen Sie ausgezeichneten Prosciutto und Salsiccia, gewürzt mit Zafarana, den gemahlenen Peperoni di Senise.

135 KM SÜDLICH VON POTENZA, A 3 UND S.S. 585

Il Giardino di Epicuro

Restaurant
Ortsteil Massa
Tel. (+39) 09 73 / 87 01 30
Kein Ruhetag
Keine Ferien
30 Plätze + 50 Plätze im Freien
Preise: 30–35 €
Alle Kreditkarten; BM
Abends geöffnet

In diesem angenehmen Lokal kümmert sich Antonio um die Gäste, Mamma Milena um die Küche und Vater Michele um die Versorgung mit den Grundzutaten. Gut sortierte Antipasti della casa (10 €): Fritturine und Omeletts je nach Jahreszeit, in Essig oder Öl eingelegtes Gemüse, lokale Salumi wie Soppressata, Salsiccia, Capocollo, Prosciutto und überdies Ricotta, gereifter Ziegenkäse mit Myrtenkonfitüre und gegen Vorbestellung auch die begehrten kleinen Mozzarellaformen aus Massa di Maratea. In der entsprechenden Jahreszeit mangelt es nicht an Gerichten mit Pilzen oder Trüffeln. Signora Milena stellt verschiedene Teigwarenformate her, von denen besonders **Ravioli di ricotta** (10 €) beliebt sind. Es gibt die Ravioli auch mit Salsiccia gefüllt, serviert werden sie mit Schweinefleischsauce mit Tomaten. Außerdem duftende Pappardelle con i porcini, köstliche **Strascinati con la crema di finocchietto** (10 €) sowie Cavatelli oder Fusilli mit Sauce vom Hammel oder Wildschwein. Sehr empfehlenswert die Cremesuppen aus dem gemischten Gemüse der Saison, aus Bohnen oder Dicken Bohnen, desgleichen **Lagane con i ceci** oder mit Bohnen. Fleisch vom Kalb der Podolica-Rasse, Zicklein oder Lamm wird vor allem gegrillt. Gegen Vorbestellung kommen Sie in den Genuss einer **Zuppa di pesce**. Fortsetzung mit gutem Pecorino oder Caciocavallo podolico (8 €) – frisch oder vom Grill – und Abschluss mit Crostata mit Ricotta und Myrte, Zitronen- oder Nusstorte sowie Caprese. Im Weinkeller lagern einige Etiketten aus der Basilikata, vor allem Aglianico del Vulture. Die guten mit Wildfenchel, Basilikum, Zitrone oder Myrte aromatisierten Rosoli macht Antonios Schwester Annelia.

Baccus

Restaurant
Piazzetta San Pietro Barisano, 5–6
Tel. (+39) 08 35 / 33 01 24,
(+39) 339 / 633 77 13
Ruhetag: Montag
Keine Ferien
50 Plätze + 25 Plätze im Freien
Preise: 35 €
Alle Kreditkarten; BM
Mittags und abends geöffnet

Unternehmen Sie im bezaubernden Viertel Sasso Barisano erst einen Rundgang mit Panoramablick entlang des Wildbachs Gravina, von wo aus Sie die Via Fiorentini und dann die Piazzetta San Pietro mit ihrem Restaurant Baccus erreichen. Begrüßt werden Sie von der netten, charmanten Mariella, der Frau von Carlo Pozzuoli, einem Koch mit langjähriger Erfahrung. Das Lokal ist hell, schlicht und geschmackvoll eingerichtet, die Küche ist einsehbar. Im Sommer können Sie angenehm im Freien speisen. Die Gerichte hängen von den Jahreszeiten ab und sind auch auf die unterschiedlichen Vorlieben der zahlreichen Touristen in der Stadt ausgerichtet. Der Antipasto della casa (12 €) beinhaltet Salumi, Pecorino delle Murge, panierten Caciocavallo, gefüllte Zucchini und Tomaten, eingelegte Zwiebelchen sowie in Öl eingelegte Pilze. Wählen Sie bei den Primi zwischen **Tagliolini con cicerchie e funghi** (8 €), Orecchiette al tegamino, **Lasagnette imbottite alla materana** oder eine sommerliche Zuppa di patate, zucchine e basilico. Die Secondi sind vor allem Fleischgerichte: gute **Pizzetta di vitello** (15 €), Lammrippchen aus dem Ofen (18 €), Costata di podolica oder Pollo alla diavola. Zum Abschluss der typische leckere **Sporcamuso** (4 €) oder als Alternative Meringhe. Der Weinkeller orientiert sich strikt an der Basilikata. Empfehlenswert der Mandarinenlikör.

19 km südlich von Matera

Hosteria del Malconsiglio

NEU

Moderne Osteria
Extramurale Castello, 32
Tel. (+39) 0835 / 55 99 41
(+39) 347 / 670 72 58
Ruhetag: Montag, Dienstag
Ferien: 1.–15. September
60 Plätze
Preise: 25–30 € • Alle Kreditkarten
Abends geöffnet, mittags gegen Vorbestellung

Die Osteria von Attilio und Giulio Vesia bezieht ihren Namen von der Festung, die oberhalb von Miglionico liegt. Geboten wird traditionelle Küche mit ein wenig Neuinterpretation. Angelo Radogna erläutert die teilweise an den Jahreszeiten ausgerichtete Speisekarte, beginnend mit einer langen Reihe an kalten und warmen Antipasti (12 €): lokale Salumi, Caciocavallo podolico, Schafmilchricotta, Pecorino mit Peperoncino-Konfitüre, geräucherter Scamorza-Käse auf Vincotto, hausgemachtes in Öl eingelegtes Gemüse und Omeletts mit Spargel oder Erbsen. Außerdem **Polpette di pane fritte** (auch in Tomatensauce), wilde Rüben mit frischer Salsiccia sowie Bruschette. Bei den Primi (7 €) finden Sie Strozzapreti mit Kräuterseitlingen, Salsiccia und Tomaten, Tagliolini mit Bohnen und Lorbeer, **Strascinati con borragine selvatica**, Pappardelle di rosmarino con pancetta tesa e pomodoro und Spaghetti alla San Giovannino mit einer Sauce aus sonnengetrockneten Tomaten. Es folgen ***Gnummerieddi*** (Rouladen aus Lamminnereien) mit Tomaten und Lorbeerblättern, Lammrippenstücke, gebraten oder gemeinsam mit Wildzwiebelchen geschmort (10 €), Salsiccia arrosto, Braciole di cotenna di maiale (Rouladen aus Schweineschwarten) und **Trippa con patate** (4 €). Als Alternative einige Fischgerichte wie Vongole e porcini (Venusmuscheln und Steinpilze) und Miesmuscheln mit Bohnen oder Spalterbsen. Traditionelle Dolci: Sospiri, Sporcamusi, kleines Mandelgebäck und gegen Vorbestellung Tortino di fichi secchi. Neben einem unverfälschten Hauswein ist eine schöne Auswahl an Aglianico del Vulture sowie einige italienische Etiketten vorhanden. Reservierung empfohlen.

Auf der Piazza Castello bietet die Pasticceria-Gelateria Tritto Spezialitäten wie Puzzdolc (glasierte Teigkringel), Limoncini und mit Schokolade überzogene Fichi ubriachi.

82 km südlich von Potenza, S.S. 95 und S.S. 598

L'Eco del Fiume

Restaurant
Ortsteil Fiumara
Tel. (+39) 09 75 / 66 80 62
Ruhetag: Dienstag
Ferien: 6.–18. Januar
50 Plätze + 50 Plätze im Freien
Preise: 20–25 €
Alle Kreditkarten; BM
Mittags und abends geöffnet

Moliterno im Val d'Agri im südlichen Teil des Parco Nazionale dell' Appenino ist die Heimat des Canestrato mit der Herkunftsbezeichnung IGP, einem der höchst geschätzten und schmackhaftesten Schafkäse Lukaniens. Und wenn Sie schon hier sind, dann ist eine Rast im L' Eco del Fiume angebracht, dem Lokal in einer ehemaligen wasserbetriebenen Mühle, ein paar Meter vom Fluss Sciuava entfernt. Seele des Restaurants ist Peppe Vitale, seit 2001 bietet er schmackhafte Gerichte, vor allem mit Baccalà, ganz im Einklang mit den überlieferten Traditionen dieser Gegend. Im Speisesaal begrüßt Sie Rosario und beschreibt Ihnen die verschiedenen Gänge. Wir empfehlen für den Beginn Misto di **baccalà** (als Carpaccio, mariniert, als Bällchen und Kroketten, 7 €) oder aber Peperoni *cruschi*, Pecorino di Moliterno arrostito und einen Teller lokaler Salumi (Guanciale, Soppressata, Prosciutto di Marsicovetere). Dann kommen Primi wie **Lagane e fagioli di Sarconi** (6 €), Ferricelli mit Nusssauce, Ravioli al pomodoro oder *Scialatielli* con baccalà e peperoni *cruschi* di Senise. Auch bei den Secondi spielt Baccalà die Hauptrolle, er wird frittiert, gebraten, in Suppe und alla moliternese zubereitet. **Trota**, Forelle aus dieser Gegend, gibt es **alla diavola**, gegrillt, in der Folie oder alla contadina. Wer Fleisch bevorzugt, bekommt Arrosto misto (Lamm, Schwein, Salsiccia) und **Agnello alla brace** (7 €). Nicht zu verachten sind die Pizzen aus dem Ofen, der mit dem Holz lokaler Buchen beheizt wird. Auf der Weinkarte stehen vor allem Etiketten aus Lukanien wie der lokale Terre dell'Alta Val d'Agri, Grottino di Roccanova und Aglianico.

Im Ortsteil Pantanelle (6 km) wird im Pastificio Cirigliano Vito e figli seit 25 Jahren gute typische Pasta aus Lukanien hergestellt.

RIVELLO

125 km südlich von Potenza, A 3 und S.S. 585

Coccovello

Ferienbauernhof
Ortsteil Carpuscino, 2
Tel. (+39) 09 73 / 42 80 25,
(+39) 329 / 223 93 18
Ruhetag: Montag, außer im Sommer
Ferien: 3 Wochen im Januar/Februar
40 Plätze + 100 Plätze im Freien
Preise: 25 € (Tagesmenü)
Keine Kreditkarten
Mittags und abends geöffnet

An der Talstraße Fondovalle del Noce, die an die wunderbare Küste von Maratea führt, liegt dieser Agriturismo. Sein kürzlich erweiterter Gemüsegarten und die zum Betrieb gehörige Aufzucht von schwarzen Schweinen, Geflügel und Kaninchen liefern beinahe alle Zutaten für das Restaurant. In einer Ecke des Lokals sind einige der schönen hausgemachten Produkte wie Honig, Bohnen und Konfitüren aus Erdbeeren, Aprikosen und wilden Brombeeren ausgestellt. Wählen Sie à la carte oder das Degustationsmenü (Antipasto, Primo, Secondo und Dessert) für 25 €. Aus einem Dutzend Kostproben besteht der Antipasto misto (10 €): Salumi vom schwarzen Schwein Lukaniens (Salsiccia, Capocollo, Prosciutto, Lardo, Pancetta, *Soperzata* di Rivello), Käse (Ricotta, Primo sale, im Heu gereifter Ziegenkäse), Frittelle di patate, Kürbisblüten im Backteig, Peperone *crusch*, Kräuter- oder Gemüseomeletts, Polenta aus dem Weizen Grano marrano, **Zuppa di fagioli di Rotale** (mit der lokalen Bohnensorte Ziminella). Unter den Primi schmackhafte **Cavatelli mit Paprikaschoten und Brotkrumen** (6 €), Pappardelle ai funghi porcini, **Fusilli al sugo di capra**, Ricottaravioli in Tomatensauce und schließlich Lagane con i fagioli. Arrosto di carni miste (gebratenes Lamm, Zicklein und schwarzes Schwein) ist das beliebteste Gericht der Secondi, doch auch **Agnello al forno con patate ed erbette aromatiche** (10 €) und Steak vom Rind der Podolica-Rasse schmecken gut. Zum Abschluss leckerer lokaler Käse, Crostata mit Obst, Friselline mit Honig und Walderdbeeren, wenn diese reif sind. Der Weinkeller ist beschränkt, es gibt einen zufriedenstellenden offenen Wein und empfehlenswerte Kräuterliköre.

In der Fleischerei La Podolica, Viale Monastero 133 B, können Sie ausgezeichnetes Rindfleisch aus eigener Schlachtung kaufen.

ROTONDA

141 km südöstlich v. Potenza, A 3 und S.S. 19

Da Peppe

Restaurant
Corso Garibaldi, 13
Tel. (+39) 09 73 / 66 12 51,
(+39) 339 / 270 69 25
Ruhetag: Montagabend, Sonntag
Keine Ferien
120 Plätze
Preise: 30 €
Alle Kreditkarten; BM
Mittags und abends geöffnet

Hier im Parco Nazionale del Pollino, an der Grenze zu Kalabrien, ist die Vegetation besonders üppig. Die tiefen Wälder werden im Sommer von Hirten und Bauern bevölkert, die hier ihre archaischen Baumriten zelebrieren, bei denen die mächtigen Ochsen der Podolica-Rasse eine wichtige Rolle spielen. Das Fleisch dieser wertvollen Rinderrasse ist eine der wichtigsten Zutaten in der Küche von Peppe De Marco und seiner Frau Anna. Tochter Angela heißt Sie mit einem Lächeln willkommen, ihre Schwester Flavia, Sommelière und Konditorin, empfiehlt den passenden Wein zum Essen. Das reichhaltige Menù del Parco (35 €) setzte sich bei unserem Besuch folgendermaßen zusammen: Sformato di patate e funghi porcini, hausgemachte Sottoli, **Mischiglio** mit verschiedenen Saucen, Ravioli mit Brennnesselspitzen, Zuppa di poverelli bianchi (typischen lokalen Bohnen), Coniglio al profumo del Pollino, ***Zafarane crusche*** (milde, in der Sonne getrocknete und dann frittierte Paprikaschote) sowie Semifreddo al torroncino. Das Angebot à la carte beinhaltet unter anderem eine Auswahl an Salumi (7 €), rohes Fleisch vom Podolica-Rind, anschließend Fusilli con bocconcini di cinghiale e pecorino (8 €), **Agnello con patate, pomodori e cipolla rossa di Tropea** (13 €), Capocollo di maiale und **Baccalà con purè di fave** oder mit **Peperoni *cruschi***. Zum Ausklang Pecorino di Morano, Caciocavallo podolico oder **Panna cotta mit Waldbeeren aus dem Pollino-Gebirge**. Die Weine stammen überwiegend aus Lukanien, das Schwergewicht liegt auf Aglianico del Vulture.

»
Eine authentische Osteria: familiär, einladend und ursprünglich. Mit einer Küche, in der sich die Umgebung widerspiegelt.
«

102 KM SÜDLICH V. MATERA, S.S. 380 U. S.S. 106

La Mangiatoia

Restaurant
Via Giotto, 23
Tel. (+39) 08 35 / 50 44 40,
(+39) 348 / 382 01 70
Ruhetag: Mittwoch
Keine Ferien
90 Plätze + 40 Plätze im Freien
Preise: 25 €
Alle Kreditkarten; BM
Mittags und abends geöffnet

Auf der Spitze eines Hügels thront Rotondella, „der Balkon über dem Ionischen Meer". Der Blick reicht vom Fluss Sinni bis zum Golf von Tarent. Die Straße zum Ort ist von Aprikosenbäumen gesäumt, der Frucht widmet man im Sommer ein großes Fest. In der einfachen Osteria im Zentrum entdecken Sie den Geschmack der traditionellen Küche, für die Signora Cosima Zutaten der Umgebung verwendet, oft aus dem Gemüsegarten oder der eigenen Aufzucht. Probieren Sie bei den Antipasti (6 €) ***Pastizz*** und ***Falagoni,*** typische gefüllte Teigtaschen, Erstere mit gemischtem Fleisch, Letztere mit Gemüse. Außerdem gibt es Sottoli, Soppressata, Salame al coriandolo, Capocollo, Burrata, Ricotta, Canestrato di Moliterno, P*eperoni cruschi* di Senise, Fave arrappate und in Öl eingelegte Zichorien. Die Teigwaren sind von Hand gemacht: **Frizzuli** (über einen Eisenstab gerollte kleine Zylinder) **con ragù e mollica di pane fritta** (5 €), Strascinate con funghi, Orecchiette verdi mit Lammsauce und **Cavatelli mit Peperoni *cruschi* und frittierten Brotkrumen.** Im Winter serviert man **Lagane e ceci,** im Frühling köstliche Minestra mit frischen Dicken Bohnen und wilden Zichorien. Zicklein, Lamm, Kalb der Podolica-Rasse, frei lebendes Huhn und Kaninchen (8 €) werden alla brace gegart. Als Alternative gute Omeletts mit Peperoni *cruschi*, Wildspargel oder Zucchini. Süßer Abschluss mit ***Pastizzott*** (2,50 €) aus Kichererbsen, Schokolade und Zimt sowie Crostata mit Ricotta oder hausgemachten Konfitüren. Im Speisesaal unterhält Giuseppe mit Anekdoten und Erklärungen zu den Gerichten, die seine Frau Felicetta mit ihrem offenen Lächeln serviert. Anständiger Hauswein, Keller mit einigen Etiketten aus der Basilikata.

Eine einfache und wahrhaftige Osteria, in der Sie den authentischen Geschmack der traditionellen Küche wiederfinden.

71 KM NORDWESTLICH VON POTENZA

Al Giglio d'Oro

Restaurant
Ortsteil Serre Sant'Andrea
Tel. (+39) 09 76 / 975 16,
(+39) 388 / 619 63 89
Ruhetag: Montag
Keine Ferien
50 Plätze + 20 Plätze im Freien
Preise: 25–30 €
Keine Kreditkarten
Mittags und abends geöffnet

Nach vorangegangener Berufspraxis in verschiedenen Tourismusbetrieben in der Basilikata hat das Ehepaar Giglio vor zehn Jahren diese Locanda eröffnet. Das Gebäude ist ausgesprochen hübsch und von Blumen in vielen Farben geschmückt. Im Speisesaal empfängt Sie Domenico mit eleganter Professionalität und stellt die kulinarischen Leistungen seiner Frau Maria vor. Bei den Antipasti (6 €) wählen Sie zwischen Fave con la cipolla, Omeletts mit Gemüse, Soffritto di agnello con l'alloro, gebratenen Paprikaschoten und Auberginen sowie gegrilltem Gemüse. Der Käse kommt aus einer bekannten Käserei aus der Gegend, die Salumi hingegen stammen zum Teil aus eigener Erzeugung. Gute Primi: **Ravioli mit Ricotta und Minze**, gewürzt mit schwarzem Trüffel aus Lukanien, Strascinati mit Auberginen oder Zucchini und Caciocavallo, Orecchiette con salsiccia, die typischen **Cavatelli con fagioli e ceci** (7 €) sowie Fusilli mit Fleischsauce und im Winter mit scharfem Meerrettich. Eine der Spezialitäten von Signora Maria ist **Lamm, mit Kräutern geschmort** (8 €) oder gegrillt. Ebenso köstlich schmecken das mit Gemüse gefüllte Kalb, ausgelöste Keule mit Artischocken, **Maiale in padella con i peperoni all'aceto** (in der Pfanne gebratenes Schwein mit in Essig eingelegten Paprikaschoten) und Spezzatino di vitello al vino bianco. Gegen Vorbestellung bekommen Sie Wildschwein mit Tomatensauce oder mit Pflaumen und Pinienkernen sowie gefülltes Kaninchen oder Hähnchen. Für die Süßspeisen ist Daniele, der Sohn der Eigentümer, verantwortlich: Torta alla crema pasticciera con la glassa oder aber Crostata mit Konfitüre. Im Keller lagern einige Flaschen Aglianico del Vulture.

56 KM NORDWESTLICH VON POTENZA

Tipicamente

Restaurant
Corso Umberto I, 40
Tel. (+39) 09 76 / 940 04,
(+39) 346 / 588 56 56
Ruhetag: Montag
Keine Ferien
40 Plätze
Preise: 30–35 €
Alle Kreditkarten; BM
Abends geöffnet, mittags gegen Vorbestellung

Die Küche von San Fele, wie im Übrigen die aller Orte im Landesinneren von Lukanien, entstammt der Hirten- und Weidewirtschaft und der volkstümlichen Tradition. Dessen ist sich Antonio Puppio, Chefkoch des Restaurants, bewusst. Mit großem Geschick verbindet er das Typische der Spezialitäten des Vulture-Gebiets mit seiner Kreativität und stellt aus wertvollen Zutaten hübsch präsentierte und hervorragend schmeckende Gerichte her. Wählen Sie à la carte oder zwischen zwei Degustationsmenüs für 30 oder 35 €. Der beliebteste Antipasto ist Tris di baccalà (10 €), bestehend aus einem Törtchen, Tempura und Pfannkuchen mit Baccalà. Gute Alternativen sind Soufflé con asparagi e peperone *crusco* sowie **Ciambotta**, der Gemüseeintopf aus Auberginen, Paprikaschoten und Tomaten. Stellvertretend für die Primi führen wir **Fettucce di grano arso con pomodoro, arancia staccia di Tursi e caciocavallo podolico** (9 €) an, Mezzi paccheri con friarielli, patate e uovo marinato, klassische **Minestra di fave e cicorie** und Ravioli, gefüllt mit der roten Aubergine aus Rotonda und Caciocavallo. Verschieden zubereitetes Fleisch vom Rind der Podolica-Rasse bei den Secondi: Wir empfehlen Involtino (Roulade), dazu eine Beilage aus Pistazien, Spinat und Kartoffeln, die mit Öl beträufelt wird. Ebenso ansprechend ist **Baccalà con il caciocavallo** (12 €). Die Süßspeisen sind hausgemacht und wechseln häufig, ständig im Angebot finden Sie Bocconotti di mandorle und Parfait di pistacchi (5 €). Auf der Weinkarte stehen vor allem Aglianico del Vulture sowie einige italienische Weine.

153 KM SÜDÖSTLICH VON POTENZA

Il Salice

Ferienbauernhof
Ortsteil Mezzana Salice
Tel. (+39) 09 73 / 57 00 91,
(+39) 349 / 388 72 85
Ruhetag: Dienstag
Ferien: zeitweise im Januar und Februar
60 Plätze + 30 Plätze im Freien
Preise: 22–24 €
Keine Kreditkarten
Mittags und abends geöffnet

Die Locanda von Silvana Viceconti liegt im Parco Nazionale del Pollino. Das Tagesangebot ist nicht sehr groß, überrascht aber durch seine Frische, seinen Geschmacks und seinen Duft. Sie können à la carte oder zwischen einem Degustationsmenü für 22 €, einem vegetarischen und einem veganen Menü wählen. Bei den Antipasti (6 €) Salumi (Capicollo, Salsiccia, Prosciutto, Soppressata), Gemüse aus dem Ofen, alla brace oder aus der Pfanne, Omeletts mit Paprikaschoten, Spargel oder Salsiccia, Wildzichorien mit Bohnen, Peperoni *cruschi* im Backteig, im Tontopf Pignata gekochte Bohnen und im Winter Wirsing mit Schweineschwarten. Hervorragender Käse wie zarte Ricotta aus Ziegenmilch, gereifter Pecorino sowie Toma mit Äpfeln, Nüssen und frischen Dicken Bohnen. Die Teigwaren sind ausschließlich hausgemacht, probieren Sie die exquisiten **Rascatielli con mollica di pane** (4,50 €), Fusilli con il sugo di cinghiale, Tapparelle mit Hülsenfrüchten oder Pappardelle mit dem Sommertrüffel aus dem Pollino-Gebirge, mit Steinpilzen oder mit Gemüse sowie **Mischiglio** mit verschiedenen Saucen. Anschließend Fleisch vom Holzkohlengrill (8 €): Lamm, Zicklein, Schwein, Wildschwein, Kalb und gegen Vorbestellung kleine Hoftiere. Ebenfalls gegen Vorbestellung können Sie aufwendigere Traditionsgerichte wie Pastorale (gut gewürztes Schmorgericht vom Schaf) probieren. Koteletts vom Wildschwein mit Honig sind ebenfalls empfehlenswert. Zum Abschluss **Crostata mit Ricotta**, Konfitüre oder Obst (Äpfel, Birnen, Kirschen) aus eigenem Anbau. Zu trinken gibt es offenen Wein, aber auch einige Etiketten aus der Basilikata (Grottino di Roccanova und Aglianico del Vulture).

Die Fleischerei Gioia (Via San Vincenzo 81) verkauft ausgezeichnetes Fleisch vom Podolica-Rind, selbst gemachte Salumi und Fleisch von Schafen der Weiden des Pollino.

154 KM SÜDÖSTLICH V. POTENZA, S.S. 653 U. S.S. 92

Giardini degli Dei

Ferienbauernhof
Ortsteil Casa del Conte
Tel. (+39) 09 73 / 930 37,
(+39) 340 / 559 35 14
Kein Ruhetag
Keine Ferien
90 Plätze
Preise: 25–30 €
Alle Kreditkarten; BM
Mittags und abends geöffnet

In Casa del Conte, einem kleinen Ort auf etwa 1.000 Metern Höhe, in dem wenig mehr als 50 Familien leben, finden wir den von Giuseppe Guarino und seiner Frau Maria geführten Agriturismo. Giuseppe wechselt zwischen Speisesaal und Küche, Maria ist gerne bereit, die Geheimnisse ihrer Rezepte preiszugeben, darunter auch zahlreiche Konfitüren, Rosoli und Honig. Sohn Salvatore serviert die Gerichte und beschreibt genau die für die einfache, aber schmackhafte Küche verwendeten Grundzutaten, zum Großteil aus eigener Erzeugung. Der Antipasto (9 €) beinhaltet außer selbst gemachten Salumi Ciambottella, **Ingrattonato** (Lammkutteln mit Käse und Ei), Soffritto d'agnello, ***Gnummriedd*** (Rouladen aus Lamminnereien), Bohnen und Schwarten, Cicoriella e fave, gegrillte Auberginen, Peperoni *cruschi*, Omeletts mit Kräutern und Gemüse, Ricotta, Caprino, Pecorino und Caciocavallo podolico. Hausgemachte Pasta für die Primi (6 €): Fusilli und Orecchiette mit Fleischsauce oder Steinpilzen, **Ravioli di ricotta e verdure campestri** mit Ragout, mit Butter und Salbei oder mit Peperoni *cruschi* und Brotkrumen. Gut schmecken auch einfach Dicke Bohnen mit wilden Zichorien. Vorwiegend Fleisch vom Holzkohlengrill bei den Secondi (9 €). Als Alternative **Capretto al forno con patate**, Interiora di agnello (Lamminnereien) oder **Agnello maritato**. Süßer Ausklang mit Crema con frutti di bosco e fragole, Crostata mit lokalem Obst und traditionellen Dolci. Der Hauswein, der an den Tisch gebracht wird, ist ein guter Aglianico del Vulture. In einem der Zimmer mit wunderschönem Blick auf das Pollino-Massiv können Sie auch übernachten.

■ Ausgezeichneten Schafkäse und Ricotta aus biologischer Landwirtschaft bekommen Sie beim Caseificio Tosa in **San Paolo Albanese** (20 km), Ortsteil San Giovanni 1.

TERRANOVA DI POLLINO

154 KM SÜDÖSTLICH V. POTENZA, S.S. 653 U. S.S. 92

Luna Rossa

Restaurant
Via Marconi, 18
Tel. (+39) 09 73 / 932 54
Ruhetag: Mittwoch, außer im Sommer
Ferien: zeitweise im Oktober
60 Plätze + 30 Plätze im Freien
Preise: 35 €
Alle Kreditkarten; BM
Mittags und abends geöffnet

Federico Valicenti macht bereits seit vielen Jahren Werbung für die traditionellen Erzeugnisse seiner Gegend und zweifellos wird er Ihnen von der Geschichte der Gerichte, die er in seinem Lokal anbietet, erzählen. Für den Beginn ist **Ciambottella** (10 €) vorgesehen, Brot mit Paprikaschoten sowie die mit einem Hauch Maismehl bestreute Steinpilzsuppe. Es folgen **Fettuccine di mischiglio** (Mehl aus Getreide und Hülsenfrüchten) mit Tomaten und Salsiccia, Petali di pasta rossa al peperone di Senise, Cavatelli con porcini e mollica di pane al finocchietto (10 €) und Maccheroni ubriachi mit einer Sauce aus Aglianico-Wein, Hackfleischbällchen vom Podolica-Rind, Wildfenchel, Tomaten und zerteilten Peperoni *cruschi*, außerdem Foglie di olivo mit frischer Ricotta, Zimt, Zitrone und eingekochtem Most. Von den Secondi empfehlen wir Schweinefilet auf grobkörnigem Salz, dazu unter der Asche gebratene, mit Öl beträufelte Kartoffeln. Überdies **Capretto in salsa dorata** (ein mittelalterliches Rezept aus Esskastanienmehl, Ei und Zitrone), **Maiale all'arancia con peperoni *cruschi* e vincotto** (11 €) und Arista (Schweinebraten mit milden Zwiebeln, Wacholderbeeren und in Aglianico-Wein eingeweichten Rosinen, 10 €). Als Alternative oder zusätzlich eine Vielfalt an **Käse** aus Lukanien und dem übrigen Italien. Erwähnenswert sind auch Beilagen wie Macco di fave e finocchietto oder frittierte Steinpilzkappen mit Oregano. Schließlich probieren Sie, zu einem Gläschen Rosolio, Pepite di mandorle con cioccolato caldo und Zimt-Ricotta mit Mandeln und Kastanienhonig. Im Keller lagert eine schöne Auswahl an Etiketten aus Italien mit einem deutlichen Akzent zum Aglianico del Vulture.

Essen bei Federico, dem Bannerträger der lokalen Erzeugnisse und Traditionen, ist immer ein erfreuliches Erlebnis.

MATERA

Le Botteghe

Restaurant
Piazza San Pietro Barisano, 22
Tel. (+39) 08 35 / 34 40 72,
(+39) 338 / 303 84 21
Kein Ruhetag
Keine Ferien
95 Plätze + 50 Plätze im Freien
Preise: 40 €
Kreditkarten: CS, DC, MC, Visa; BM
Mittags und abends geöffnet

Die Osteria, in deren Räumlichkeiten einst Handwerker tätig waren, ist durch die typischen Gewölbe aus Tuffstein gekennzeichnet. Paolo bereitet den Gästen einen familiären Empfang, Angelo kümmert sich darum, dass die Holzkohlenglut stets heiß ist, für die übrigen Gerichte zeichnet Nicola verantwortlich. Der Antipasto misto (13,50 €) beinhaltet Caponata di melanzane e zucchine, gratinierte Artischocken, gefüllte Kürbisblüten, Polpette aus Wildzwiebelchen oder aus Auberginen und Oliven. Als Alternative Carpaccio di manzetta con funghi e peperoni oder Salumi lucani und Käse aus der Murgia. Zahlreiche Primi, darunter Tagliatelle con ceci, cipolla e mollica fritta (10 €), Cavatelli con il pezzente (die Wurst ist ein Slow- Food-Presidio), Scialatielli al baccalà und Purè di fave con cicorielle. Im großen Kamin im Speisesaal wird Fleisch vom Podolica-Rind, Lamm und Capocollo vom Schwein gegart. Wer Fisch bevorzugt, bekommt Baccalà: in umido con peperone *crusco* (16 €), fritto oder in tegame. Hausgemachte Dolci wie Sporcamuso und Meringhe. Weinkarte mit Erzeugnissen aus der Basilikata und dem übrigen Italien.

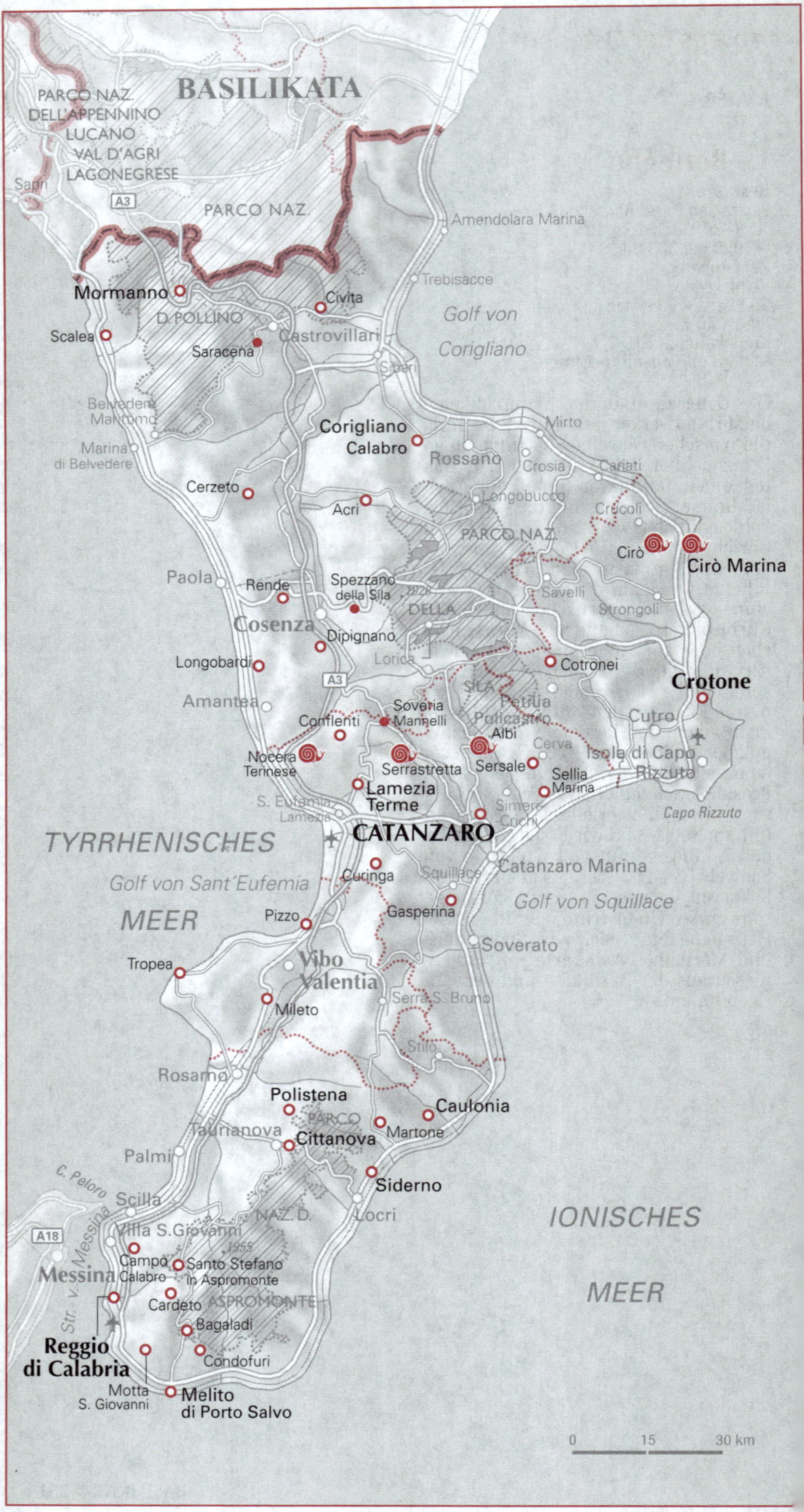
BASILIKATA
PARCO NAZ. DELL'APPENNINO LUCANO VAL D'AGRI LAGONEGRESE
Sapri
A3
PARCO NAZ.
D. POLLINO
Amendolara Marina
Trebisacce
Golf von Corigliano
Mormanno
Civita
Scalea
Castrovillari
Saracena
Sibari
Belvedere Marittimo
Marina di Belvedere
Corigliano Calabro
Rossano
Mirto
Crosia
Cariati
Longobucco
Cerzeto
Acri
Crucoli
PARCO NAZ.
Cirò
Cirò Marina
Paola
Rende
Spezzano della Sila
1928
DELLA
Savelli
Strongoli
Cosenza
Dipignano
Lorica
Longobardi
Cotronei
A3
SILA
Crotone
Amantea
Soveria Mannelli
Petilia Policastro
Conflenti
Albi
Cutro
Cerva
Nocera Terinese
Serrastretta
Sersale
Isola di Capo Rizzuto
Sellia Marina
Lamezia Terme
S. Eufemia Lamezia
Simeri Crichi
Capo Rizzuto
TYRRHENISCHES
CATANZARO
Catanzaro Marina
Curinga
Squillace
Golf von Sant´Eufemia
Gasperina
Golf von Squillace
MEER
Pizzo
Soverato
Vibo Valentia
Tropea
Mileto
Serra S. Bruno
Stilo
Rosarno
Polistena
Caulonia
PARCO
Martone
Taurianova
Cittanova
Palmi
C. Peloro
Siderno
Scilla
Locri
IONISCHES
NAZ. D.
A18
Villa S.Giovanni
1955
Str. v. Messina
Campo Calabro
Santo Stefano in Aspromonte
Messina
MEER
Cardeto
ASPROMONTE
Bagaladi
Reggio di Calabria
Condofuri
Motta S. Giovanni
Melito di Porto Salvo
0
15
30 km

KALABRIEN

Die kalabrische Küche, die wir hier mit 44 Osterien und sechs Putiche vorstellen, definiert sich durch eine Vielfalt an Zutaten: natives Olivenöl extra, das gemeinsam mit Brot und Wein die Triade der klassischen Mittelmeerprodukte ergibt, frisches oder getrocknetes Obst, Gemüse, Fisch, Fleisch, Milchprodukte sowie viele Gewürze und Kräuter.

Ein Element, das man nicht übergehen kann, ist Peperoncino (*Capsicum annuum*), die frische oder getrocknete und dann gemahlene Chilischote, die in dieser Gegend ihre Wahlheimat gefunden hat, was auch an der starken – exzessiven, wie manche meinen – Aufwertung in den letzten Jahren durch Institutionen und Vereine liegen mag. Auf jeden Fall findet man nur selten ein Gericht, dem das scharfe Schötchen nicht maßvoll, oder oft auch übertrieben, Geschmack verleihen würde. Wir finden es sogar in Likören, Konfitüren und Eis.

Den zweiten Platz auf der Rangliste nehmen Salumi vom Schwein ein, wobei das schwarze Schwein zu Lasten seines weißen Cousins in den Vordergrund tritt – zum Glück, denn so erleben wir die Rückkehr einer früher stark verbreiteten Rasse. Es ist kein Zufall, dass von 21 italienischen Wurstprodukten mit dem DOP-Zertifikat vier aus Kalabrien stammen (Capocollo, Pancetta, Salsiccia und Sopressata) und von fünf Slow-Food-Presidi in Kalabrien zwei aus dem Bereich der Salumi kommen (Capicollo azze anca grecanico und Gammune di Belmonte). Den Duft dieser hochwertigen, traditionell erzeugten Wurstwaren finden Sie in allen Teilen der Region und sehr häufig werden die Produkte von den Familien noch selbst hergestellt.

Das dritte Element ist konservierter Fisch. Kalabrien ist eine Region, die von 400 Kilometern Küste umgeben ist. Die Meeresküche müsste hier also eigentlich den Ton angeben, sie gerät jedoch immer weiter ins Hintertreffen. Der meistverbreitete Fisch ist der Kabeljau, der in der italienischen Küche perfekt integriert ist und uns in seinen haltbar gemachten Formen als Baccalà und vor allem als Stoccafisso begegnet. Daher darf es nicht überraschen, dass die norwegische Ministerin für Fischerei vor Kurzem einen jungen kalabrischen Chefkoch zum italienischen Botschafter dieses Fisches nominiert hat.

Für Sie entdeckt

Salumi

756 Il Tipico Calabrese
Cardeto (Rc)
774 U Ricriju
Siderno (Rc)
763 La Taverna dei Briganti
Cotronei (Kr)

Peperoncino

756 Da Pepè
La Vecchia Hostaria
Catanzaro
775 Zio Salvatore
Siderno (Rc)
762 Le Bistrot
Corigliano Calabro (Cs)

Pescestocco

760 La Mamma
Cittanova (Rc)
766 La Collinetta
Martone (Rc)
767 Turioleddu
Melito di Porto Salvo (Rc)

ACRI
Cocozzello

38 KM NORDÖSTLICH VON COSENZA

Il Carpaccio

Restaurant-Enoteca
Ortsteil Cocozzello, 197 A
Tel. (+39) 09 84 / 94 92 05,
(+39) 328 / 842 92 63
Ruhetag: Montag
Keine Ferien
90 Plätze + 25 Plätze im Freien
Preise: 25–30 €
Alle Kreditkarten; BM
Mittags und abends geöffnet

Sie erreichen das Lokal, wenn Sie bei Montalto Uffugo von der Autobahn A 3 abbiegen und die Strada Statale 660, die von Acri ins Gebirge Sila Grande führt, hinauffahren. Das Restaurant ist für alle interessant, die Wert auf die Qualität der Grundzutaten legen. Das Spektrum reicht von Käse über Pilze und auf alle erdenkliche Arten zubereitete Kartoffeln bis zum schwarzen Schwein der Calabrese-Rasse und anderem Fleisch sowie Olivenöl; alles wird bei lokalen Produzenten eingekauft. Es gibt zwei Speisesäle, der größere ist modern und elegant gestaltet, hier erwarten Sie ein einladendes Wägelchen mit Käse und eine gut bestückte Reihe an Flaschen – die Weinkarte ist in ständigem Wachstum begriffen – in Regalen und Kühlvitrinen, der zweite Saal ist kleiner und rustikaler. Der junge Inhaber Gianluigi Miceli begrüßt die Gäste selbst und berät sie bei der Auswahl der Gerichte. Verpassen Sie nicht den üppigen Antipasto della casa (10 bis 12 €) mit hausgemachtem in Essig oder Öl eingelegtem Gemüse, rohem und gekochtem Gemüse, **Carpaccio di podolica calabrese** (Slow-Food-Presidio), frischer Ricotta, Soppressata, Prosciutto di suino nero calabrese und in der Saison Salat aus Steinpilzen aus dem Sila-Gebirge. Als Primo (6 bis 7 €) **Fusilli al ferretto con sugo di capra**, Tagliatelle mit Trüffeln aus dem Pollino-Gebirge oder mit Steinpilzen, **Lagane e ceci**, Zuppa di lenticchie oder Tagliolini alla calabrese. Als Fleischgericht (15 €) können Sie Grigliata mista di carne, **Agnello al forno** oder Tagliata wählen. Unter den Beilagen heben sich die gebratenen Kartoffeln **Patate** silane ***'mpacchiuse*** ab. Hausgemachter Bocconotto alla mostarda d'uva oder das Eis Tartufo di Pizzo zum Dessert, dazu ein Schluck Likör oder guter Grappa.

ALBI
Buturo

55 KM NORDÖSTLICH VON CATANZARO

Pecora Nera

Osteria mit Übernachtungsmöglichkeit
Strada Provinciale 20, km 14
Tel. (+39) 339 / 422 25 31
Ruhetag: Montag, außer im Sommer
Ferien: 7. Januar–1. März
30 Plätze
Preise: 25–30 €
Keine Kreditkarten
Mittags und abends geöffnet

Auf Straßen, die durch die unberührte Landschaft des Parco Nazionale della Sila führen, gelangen Sie zu dieser Osteria. Die Fußböden bestehen aus alten Holzbalken, die Wände sind in natürlichen Pastellfarben gestrichen. Stefano beschreibt die Gerichte, die Raffaella im Wechsel der Jahreszeiten und je nach Verfügbarkeit der Produkte bei Bauern und Betrieben der Umgebung zubereitet. Wählen Sie entweder ein reichhaltiges Degustationsmenü (27 €) oder à la carte. Als Antipasti (7 €) kommen in rascher Abfolge Capocollo, Salsiccia und Sopressata, **Zuppa di fave con erbe di campo**, Büffelricotta, Pecorino und Caciocavallo di Ciminà in verschiedenen Reifegraden, dazu biologische Erdbeerkonfitüre, Salaturo (ein Tongefäß mit zwei Griffen) mit in Öl eingelegten zerquetschten Oliven, Crostino di guanciale di suino nero und Lardo in coccio di terracotta (ebenfalls in einem Keramiktopf). Unter den Primi (8 €) finden Sie Crespelle (Pfannkuchen) mit Karden oder Artischocken, Tortelli di patate e peperoni arrostiti con mollica e acciughe, **Paccheri** aus dem Grieß der alten Weizensorte Senatore Cappelli **mit Dicken Bohnen und Erbsen** oder mit Ragù con ricotta. Als Secondi (10 €) in Bier mit Orangen marinierter **Stinco di maiale**, Stracotto di bufalo con cipollotto glassato al miele di castagno, **Brasato al Cirò** mit Steinpilzen und Cima di vitello con le fave. Unter den sämtlich guten Beilagen (3 €) ragen Pomodorini siccagni di Zagarise und Salat mit Orangen hervor. Die Dolci (3 €) werden mit Myrtenlikör und Moscato di Saracena serviert, probieren Sie Crostata di ricotta e arance und **Torta di cioccolato**.

» *Die Küche von Stefano und Raffaella steht ganz im Zeichen des außergewöhnlichen Berggebiets, das sie umgibt. Aus exzellenten Zutaten entstehen gut zubereitete Gerichte lokaler Rezepte.* «

45 KM SÜDÖSTLICH VON REGGIO DI CALABRIA

Porta del Parco

Restaurant
Via Torrente Zervo
Tel. (+39) 09 65 / 72 48 06,
(+39) 346 / 602 88 15
Ruhetag: Freitagabend
Ferien: unterschiedlich
100 Plätze + 30 Plätze im Freien
Preise: 25 €
Alle Kreditkarten; BM
Mittags und abends geöffnet

Bagaladi im griechischsprachigen Gebiet Kalabriens ist einer der Orte, über die man in den Parco Nazionale dell'Aspromonte kommt. Das Lokal von Carmelo und Peppe befindet sich in der aus dem 19. Jahrhundert stammenden, mit Wasserkraft betriebenen Ölpresse Jacopino, die nach kompetenter Instandsetzung auch heute noch funktioniert. Im Restaurant stellt man in einladender, familiärer Atmosphäre Gerichte aus alten Zeiten vor und erzählt deren Geschichten. Als Antipasto (6 €) ist eine Auswahl an Salumi und Käse aus dem Aspromonte vorgesehen, in Öl eingelegtes Gemüse, Ricotta mit ihrer noch warmem Molke, ***Vastedda*** (frittierter Teig), Kartoffeln – ungeschält – mit Zwiebel und Guanciale, Frittelle di *sculimbri* (Pfannkuchen mit einem lokalen Wildgemüse) sowie gefüllte Auberginen, Tomaten und Paprikaschoten. Unter den Primi köstliche ***Curdeddi i jurmanu* con sugo d'agnello** (6 €) und nicht weniger anregende Minestra di fagioli e finocchietto, ***Maccaruni* con sugo di capra** oder mit Dicken Bohnen und Auberginen sowie Pastina in brodo di capra con ricotta salata (winzige Teigwaren in Ziegenbrühe mit gereifter Ricotta). Es folgen Spiedini d'agnello (6 €), **Frittole** di maiale mit Salat aus Orangen und Bergamotten, Salsiccia e cicerchie sowie Tortino di asparagi selvatici. Das Brot aus dem Holzofen und die Teigwaren sind hausgemacht. Zum Abschluss gute traditionelle Dolci, darunter ***Petrali*, *Cudduraci*** und ***Scaddateddi***. Zu trinken gibt es einen guten lokalen Rotwein, als Alternative auch einige Etiketten aus Kalabrien. Besuchen Sie das kleine, dem Restaurant angeschlossene Museum zum Thema Öl, in dem auch Workshops zur Verarbeitung von Ginster, dem Flechten von Weidekörben und zur Arbeit mit Seidenraupen stattfinden, sowie zu Themenbereichen wie Milchprodukte, Öl, Honig, Weizen und Mehl.

15 KM N. V. REGGIO DI CALABRIA, 5 KM V. VILLA S. GIOVANNI

Il Giardino degli Allori

Restaurant
Via Sant'Angelo, 1
Tel. (+39) 09 65 / 75 75 48,
(+39) 335 / 536 79 20
Ruhetag: Montag, außer im Sommer
Ferien: nach Dreikönig–Ende Januar
100 Plätze + 100 Plätze im Freien
Preise: 25–35 €
Alle Kreditkarten; BM
Mittags und abends geöffnet

Auf den Hügeln an der Meeresenge von Messina begleiten Gabriella und Orlando in einer Villa aus den 1960er Jahren inmitten duftender Lorbeer- und Zitrusfruchtbäume ihre Gäste auf dem Weg durch die authentische kalabrische Küche, inspiriert von der Tradition der Umgebung. Vorgestellt werden Salumi des schwarzen Schweins der Calabrese-Rasse und typischer Käse, von Hand gezogene Pasta und biologische Tomatensauce sowie Öl und Wein zur Vervollständigung der schmackhaften Rezepte. Die Speisekarte wechselt je nach Jahreszeit und Verfügbarkeit der Zutaten. Im Herbst und Winter erwarten Sie Tagliatelle mit Steinpilzen aus dem Aspromonte, **Maccheroni mit Tomatensauce und Fleisch vom schwarzen Schwein** oder mit Lammsauce ohne Tomaten (beides Meisterwerke), Scialatielli al sugo di coniglio (9 €), Linguine con ghiotta di stocco, **Zuppe di legumi**, Cappello da prete con broccoletti (8,50 €) und als Secondi **Stinco di suino nero**, Rollate al vino passito und Agnello in umido. Im Sommer bereichern typische Gerichte mit Blaufisch die Karte: **Paccheri mit dem Tagesfang**, mit Fisch (oder mit Ricotta und Kürbisblüten) gefüllte Ravioli auf Zucchini-Minze-Creme, unvergleichliche **Cortecce *'ncaciate***, Tortiera di alici, Involtini di pesce spatola al bacio di pistacchio (10 €) sowie die Thunfischart **Alalonga con cipolle di Tropea**. Als Beilagen Saisongemüse, gefüllt oder in Form von Kuchen. Zum Abschluss Dolci aus kleinen Betrieben mit Pistazien, Schokolade und Mandeln oder Bergamotte-Eis in Primitivo-Wein (5 €). Gut bestückter Keller mit einer Auswahl an Etiketten aus Kalabrien und Süditalien.

In der Zona industriale verkauft der Salumificio Benedetto auf Nummer 7 A ausgezeichnete nach traditionellen Methoden erzeugte Produkte vom schwarzen Schwein der Calabrese-Rasse.

18 KM ÖSTLICH VON REGGIO DI CALABRIA

Il Tipico Calabrese

Trattoria
Via Torrente Sant'Agata, 53 B
Tel. (+39) 09 65 / 34 36 96,
(+39) 329 / 343 61 79
Ruhetag: Montag
Ferien: Dezember
20 Plätze + 12 Plätze im Freien
Preise: 25–30 €
Keine Kreditkarten
Mittags und abends geöffnet

Wenn Sie am Wildbach Sant'Agata entlangfahren, durch eine Landschaft von rarer Schönheit, kommen Sie in das Dorf Cardeto (vom lateinischen Wort *Carditum*, Land der Karden). Hier hat der Holzschnitzer Marcello Manti in einer der zum Teil renovierten kleinen Gassen eine Trattoria mit angeschlossenem Laden für Lebensmittel und Kunsthandwerk der Umgebung geschaffen. Die Fotos und Geräte an den Wänden aus unverputztem Stein verweisen auf eine weit zurückliegende Vergangenheit. In der Küche stehen Giovanna, Marcellos Frau, und seine Schwiegermutter. Er selbst übernimmt die Rolle des Erzählers im Saal. Ob Sie das feststehende Menü für 25 € oder à la carte wählen, in beiden Fällen ist der Antipasto (7 €) unverzichtbar: **Käse** aus Schaf- und Ziegenmilch und Ricotta *du massaru* sowie Capicollo, Lardo und Gemüse aus dem Garten der Familie. Unter den Primi (8 €) **Strascinati di *jurmanu*** (aus Roggenmehl) mit Zucchini, Kürbisblüten, Guanciale und Ricotta, oder aber mit Pasta, Caciocavallo di Ciminà und Wildkräutern gefüllte Auberginenrouladen und im Frühling ***Cuppatedi*** (frische eingerollte Teigwaren) **con fave e piselli**, im Winter hingegen Zuppa di erbe selvatiche con fagioli e pane *jurmano* biscottato. Als Secondi (12 €) die würzige weiße **Salsiccia** aus Cardeto **con „costa del capicollo"** mit lokalen rosa Kartoffeln mit Basilikum und in der Pfanne gewürztem Gemüse und für Vegetarier **Polpette di erbe spontanee** (Bällchen aus Wildgemüse). Vor den Dolci köstlicher Salat aus Spätorangen der Sorte San Giuseppe, schwarzen Oliven und Wildfenchel. Die Teller (3 €) zum Abschluss stellt die junge Irene zusammen: **Torta di cioccolato e mandorle**, Eis und Crostata mit Giovannas selbst gemachter Konfitüre, dazu ein Gläschen Myrtenlikör, Limoncello aus lokalen Zitronen oder Digestif aus Wildkräutern.

Da Pepè La Vecchia Hostaria

Trattoria
Vico I Piazza Roma
Tel. (+39) 09 61 / 72 62 54,
(+39) 347 / 456 41 52
Ruhetag: Sonntag, Feiertage
Keine Ferien
40 Plätze • Preise: 20 €
Kreditkarten: CS, DC, MC, Visa; BM
Geöffnet 10–15, 17.30–23 Uhr

Gewisse Orte tragen die Erkennungsmerkmale der Kultur und Identität einer Stadt oder eines Gebiets mit sich – und Da Pepè ist zweifellos ein solcher. Umgeben von der Altstadt ist die kleine, doch gemütliche und einladende Osteria seit fast einem Jahrhundert Symbol für die einfache, althergebrachte Gastronomie von Catanzaro. Diese möchte der junge Koch Massimiliano Cartaginese bewahren, indem er Rezepte der Tradition mit größtem Augenmerk auf lokale Zutaten verwirklicht. Ausgezeichnete Antipasti (8 €) mit **Bucce di patate silane fritte** (frittierte Schalen von Kartoffeln aus der Sila), mit Lorbeerblättern und Oregano gewürzten **Morzello di trippa** im Fladenbrot Pitta, mit nativem Olivenöl extra, Essig und **Peperoncino** verfeinerte Sardellen, Salumi vom schwarzen Schwein sowie Ricotta und Pecorino von den Schäfern der Umgebung. Es folgen appetitanregende Primi (6 €): **Spaghetti con mollica e broccolo rapa**, schmackhafte Gnocchi *'nduja* e gorgonzola und der köstliche, am Tisch mit dem duftenden Olivenöl beträufelte Macco (Creme aus Dicken Bohnen) mit Pasta. Tradition und eine Prise Kreativität verschmelzen bei den Secondi (7 bis 8 €) miteinander: Morzello und Baccalà, **Timballo di zucchine e melanzane** und hervorragende, mit Pfeffer und Oregano gewürzte Kartoffeln aus der Sila. Nach einem Rezept des Hauses werden die leckere **Crostata di marmellata di arance** und jene mit Crème caramel (4 €) zubereitet. Exquisite Auswahl an Weinen aus Kalabrien neben Etiketten aus Sizilien und weiteren Regionen Italiens. Eine schöne Erfahrung, die man gerne wiederholt.

In der Nähe der Altstadt gibt es bei Le Bontà di Oreste, Via Mario Greco 37, eine interessante Auswahl an Käse und ein großes Angebot an kalabrischen Spezialitäten, darunter Slow-Food-Presidi und Produkte von Libera Terra, zu kaufen.

Catanzaro: Morzello und Putìche

U morzeddu – wie der italianisierte Morzello eigentlich heißt – ist das kulinarische Wahrzeichen von Catanzaro. Ein ausgesprochen schmackhaftes Gericht, das auf originelle Art angeboten und verzehrt wird. Traditionsgemäß startet die Zubereitung bereits in den frühen Morgenstunden, wenn eine sehr scharfe Sauce in einem großen Topf beginnt, langsam vor sich hinzuköcheln.
Zusammen mit Oregano und Lorbeer werden dann die typischen Ingredienzen, nämlich Kalbsinnereien – Lunge, Milz, Leber – und die verschiedenen Stücke der Kutteln (Pansen, Fettnetz, Lab- und vor allem Blättermagen) hinzugefügt. Nach mindestens drei Stunden Kochzeit wird der Morzello in die charakteristische *Pitta* (kalabrische Focaccia aus Hefeteig) gefüllt und dann „a morsi" (in Bissen, daher der Name) gegessen.
Die *Putìca* gilt als die klassische Osteria Catanzaros, in der man früher Morzello und ein paar andere Gerichte bekam. Dazu trank man offenen Wein, oft gemischt mit Gassosa, einer kohlensäurehaltigen Limonade.
Heute gibt es nur noch zwei Lokale, die wirklich als *Putica* bezeichnet werden können. Sie bekommen ausgezeichneten Morzello aber auch in einigen Trattorien, und zwar der jahrhundertealten Tradition entsprechend bereits ab 10 Uhr morgens.

Nicola Fiorita

Da Talarico (Santo)

Putìca
Scesa Poerio
Kein Telefon
Ruhetag: Sonntag, Feiertage
Keine Ferien
Mittags geöffnet

Die älteste noch erhaltene *Putìca* wird seit 1962 von Santo Talarico und seiner Frau Patrizia geführt. Sie besteht aus einem kleinen gemütlichen Saal mit vier Tischen. Außer dem Morzello in der Pitta (4 €), der schon ab 8.30 Uhr fertig ist, gibt es Pasta e ceci oder Pasta und Bohnen, Fleisch in Tomatensauce und einmal pro Woche Soffritto di maiale. Geöffnet bleibt so lange, bis die 10 bis 12 kg Morzello, die täglich gekocht werden, gegessen sind. Zu trinken gibt es einen anständigen offenen Wein.

Da Talarico (Salvatore)

Putica
Via Turco, 16
Tel. (+39) 09 61 / 74 51 79
Ruhetag: Sonntag, Feiertage
Keine Ferien
Mittags geöffnet

Salvatore Talarico und seine Frau Maria Stella kochen seit 1972 *U morzeddu* in dieser günstig gelegenen *Putìca* gleich beim Gerichtsgebäude. Heute findet sich Morzello (4 € in der Pitta, 5 € auf dem Teller) in allen Varianten auf einer Speisekarte, welche zwei Primi und zwei Secondi vorsieht und täglich wechselt. Trotz der beiden großen Säle empfehlen wir Ihnen, nicht zu spät zu kommen, um den großen Topf nicht bereits leer vorzufinden.

La Furnacia

Trattoria-Pizzeria
Via Jannoni, 46 A
Tel. (+39) 09 61 / 72 09 70
Ruhetag: Sonntag
Ferien: Ende Juli
Mittags und abends geöffnet

Pietro und Marisas Trattoria wird von der ganzen Familie geführt. Zu den Eltern hat sich Andrea in der Küche gesellt, Rosy und ihr Mann betreuen den Service. Typisches Merkmal ist die Küche mit Fleisch und Fisch und als Spezialität Morzello. Manchmal oder gegen Vorbestellung gibt es auch Soffritto di maiale und Morzello di baccalà. Gute Pizza und zufriedenstellende Weinauswahl zu wirklich ehrlichen Preisen.

A Tijana

Trattoria-Pizzeria
Via degli Angioni
Tel. (+39) 09 61 / 75 18 38
Ruhetag: Sonntag
Ferien: unterschiedlich
Mittags und abends geöffnet

Die vor drei Jahren entstandene Trattoria verdankt ihren Ruf der *Tijana* – Lamm, Artischocken und Erbsen, die mit Semmelbröseln bestreut und in den Ofen geschoben werden (8 €) – Flora Virgillos Morzello. Sie finden ihn täglich in seiner klassischen Version (6 €), mit Baccalà müssen Sie ihn vorbestellen, was auch für Soffritto di maiale gilt. Unter den weiteren angebotenen lokalen Spezialitäten sind Scilatelle al sugo, Baccalà in umido und Zuppa di fagioli. Es gibt einen guten offenen Wein und tadellose lokale Etiketten.

La Vecchia Posta

Traditionelle Osteria
Via degli Angioini, 81
Tel. (+39) 330 / 81 57 11
Ruhetag: Sonntag
Ferien: 2 Wochen im September
Mittags geöffnet

In einem ehemaligen Postamt im Viertel Sala, in der Nähe der Altstadt, wird seit 23 Jahren eines der bekanntesten Lokale der Stadt betrieben. Stefanos Aufgabe ist es, die Wünsche der Gäste zu erfüllen, die sich an den sechs Tischen der Osteria drängen, während seine Frau Teresa Alici fritte oder marinate, Insalata di polpo, Pasta al sugo, Polpettine di carne und vieles mehr kocht. Die Speisekarte wechselt täglich. Immer vorhanden ist Morzello (5 € in der *Pitta*, 9 € auf dem Teller), serviert wird er ab 9 Uhr morgens.

LAMEZIA TERME (CZ)

Alla Pentolaccia

NEU

Osteria
Località Nicastro
Via Fratelli Muraca, 17
Tel. (+39) 366 / 210 86 10
Ruhetag: Montag
Keine Ferien
Abends geöffnet

Morzello außerhalb von Catanzaro zu finden, ist sehr selten. Grazia und Franco bieten in der Altstadt von Nicastro, in wunderbar renovierten Räumlichkeiten, eine an die Umgebung gebundene Küche, deren unbestrittene Spezialität Morzello (6 €) ist. Am Freitag bekommen Sie ihn auch in der Version mit Baccalà (8 €). Für die Wartezeit empfehlen wir den Antipasto della casa mit Gemüse, Salumi und Käse (12 €). Im Sommer kann man auch im Freien sitzen. Manche Gerichte können Sie auch zum Mitnehmen kaufen.

CAULONIA

119 KM NORDÖSTLICH V. REGGIO DI CALABRIA, S.S. 106

Da Giglio

Traditionelle Osteria • Ortsteil Carrubara, 20
Tel. (+39) 09 64 / 86 15 72,
(+39) 338 / 543 57 62
Ruhetag: Montag, außer im Sommer
Ferien: unterschiedlich
40 Plätze + 50 Plätze im Freien
Preise: 25–30 €
Kreditkarten: CS, DC, MC, Visa; BM
Abends geöffnet, Sonntag und gegen Vorbestellung auch mittags

Von der Kuppe dieses Hügels im oberen Teil der Ionischen Küste in der Provinz von Reggio Calabria reicht der Blick vom Meer bis zu den Serre d'Aspromonte. Wenn man aus dem alten Ortskern hinunterfährt, trifft man auf die von einer Familie betriebene Osteria, in der man die Spezialitäten des Landesinneren probieren kann. Ilario wählt die für die Zubereitung der Gerichte verwendeten Zutaten mit größter Sorgfalt aus. Der Duft des nativen Olivenöls extra kennzeichnet das eingelegte Gemüse, das zusammen mit goldbraunen Pfannkuchen mit Kürbis und Kürbisblüten sowie schmackhaften Bällchen aus Auberginen oder Ricotta als Antipasto (11 €) serviert wird. Außerdem **Olive geracitane** (der Sorte Ottobratica) **alla trappitara** (mit nativem Olivenöl extra, Kirschtomaten aus Kalabrien, Oregano und Peperoncino). Fortsetzung mit hausgemachten Salumi, dazu das knusprige Brot aus dem Holzofen, das Mamma Natalina bäckt. Die liebenswerte Hausherrin verführt im Anschluss ihre Gäste mit Spaghetti agli asparagi selvatici e pancetta und von Hand gezogenen ***Maccarruni* con sugo di cococciuli** (dem Inneren von wilden Karden, die im Mai gepflückt werden, bevor die Pflanze blüht, 9 €). Bei den Secondi panierter und **frittierter Baccalà**, dessen perfekte Harmonie zwischen knusprig und weich auf den korrekten Gebrauch der Flamme zurückzuführen ist. Im Übrigen können Sie Baccalà auch mit der vielseitigen Salsa trappitara (9 €) bestellen oder aber das Fleisch von Tieren aus eigener Aufzucht wie das köstliche Kaninchen **Coniglio alla cacciatora** und Zicklein in Tomatensauce oder alla brace. Zu den hausgemachten Dolci passt ein Schluck aromatischer Likör. Der selbst gemachte Wein stammt vor allem aus roten Trauben (Nerello cappuccio), doch es sind auch einige Etiketten aus Kalabrien vorhanden.

CERZETO

38 KM NORDWESTLICH VON COSENZA

La Giara

Traditionelle Osteria
Piazza Santi Pietro e Paolo, 1
Tel. (+39) 09 84 / 52 34 65,
(+39) 330 / 70 06 99
Ruhetag: Montag
Keine Ferien
35 Plätze + 30 Plätze im Freien
Preise: 25–30 €
Kreditkarten: CS, MC, Visa; BM
Mittags und abends geöffnet

Familie Rotondò betreibt in dem kleinen Ort albanischen Ursprungs („Qana", wie Cerzeto in der Sprache der Volksgruppe der Arbëreshë genannt wird) ihre Osteria auf dem Domplatz, der wegen des Kontrastes zwischen der renovierten Kirche und den baufälligen Adelshäusern um sie herum ein wenig seltsam anmutet. Die Küche orientiert sich an der Tradition und der Umgebung, die Gerichte werden mit Zutaten aus dem eigenen Betrieb zubereitet – vor allem dem guten Fleisch der selbst aufgezogenen Tiere, das in der Fleischerei des Sohnes verarbeitet wird. Der Antipasto enthält Salumi, Käse, **Polpette di melanzane** oder Fleischbällchen, Ricotta mit Feigenmelasse, Gemüse, Omeletts und Pfannkuchen (10 €). Es folgen appetitliche handgemachte Teigwaren (5 €) wie **Lagane e ceci** mit getrockneten Paprikaschoten oder mit frischen Tomaten, Fusilli (oder Ziti) mit Fleisch vom Schwein oder Wildschwein, Tagliatelle mit Steinpilzen oder Gemüse, ***Fjliglie*** (Teigstreifen, die um einen Ginsterzweig gerollt werden) **con sugo di agnello** oder mit Hühnersauce. Außerdem mit gereifter Salsiccia, Caciocavallo, Ei und Hackfleischbällchen gefüllte Pasta (einst das Essen für ein Hochzeitspaar). Im Winter gibt es danach Schweinefleisch: Rippenstücke in Tomatensauce, Soffritto, Leber, im Kupfertopf mit Fett gegartes Fleisch mit gekochtem Gemüse und Sottaceti und zu guter Letzt Sanguinaccio. Als Alternative gebratenes Kalb- und Schweinefleisch mit Steinpilzen und Kaiserlingen, **Involtini di maiale**, Zicklein oder Lamm mit Kartoffeln, Spezzatino di agnello und **Mazzacorde** (Rouladen aus Lamminnereien), **Baccalà al pomodoro con patate** oder frittierten Baccalà mit getrockneten Paprikaschoten (7 €). Süßer Ausklang mit **Bocconotti**, Ginetti, Mostaccioli, Scalille und Turdilli. Neben dem Hauswein gute Etiketten aus Kalabrien.

CIRÒ
Sant'Elia

38 KM NÖRDLICH VON CROTONE, S.S. 106

L'Aquila d'Oro

Trattoria-Pizzeria
Via Sant'Elia, 7
Tel. (+39) 09 62 / 385 50
Ruhetag: Montag, außer im Sommer
Ferien: 2 Wochen im Oktober
40 Plätze + 25 Plätze im Freien
Preise: 25–28 €
Keine Kreditkarten
Mittags und abends geöffnet

Im Ortsteil Sant'Elia hält das Aquila d'Oro die bäuerliche Esskultur mit Gerichten hoch, die den Geschmack und die Geschichten von anno dazumal vermitteln. In einladender, familiärer Atmosphäre kommt das Beste der Jahreszeiten, von Signora Elisabetta gekonnt zubereitet, auf den Tisch. Im reichhaltigen Antipasto (10 €) sind Salumi aus eigener Erzeugung vorgesehen sowie lokaler **Käse** mit Honig, Konfitüren und Mosto cotto. Außerdem frische und frittierte Ricotta, Crostini con **frittole** (mit Schweinegrieben) ***e 'nduja*** (scharfer, weicher Wurst), Rührei mit Zwiebel und Tomaten, in der Pfanne gewürzte Schalen von Dicken Bohnen mit Brotkrumen und Essig, Conserva di alici con peperoncino und gebratene Kartoffeln mit in Salz eingelegten Paprikaschoten. Hausgemachte Pasta (8 bis 9 €): **Maccheroni al ferretto**, Cavatelli und Tagliatelle **con salsiccia, porcini e ricotta tosta** (mit Salsiccia, Steinpilzen und gereifter Ricotta) oder mit Fleischsauce und Hackfleischbällchen. Ausgezeichnete **Pasta ripiena alla cirotana con salsiccia** (gefüllte Teigwaren). Ebenso vorhanden sind Hülsenfrüchte wie **Dicke Bohnen** und Bohnen **mit *Cannarozzeddi*** (kleiner, röhrenförmiger Pasta). Hervorragendes Capretto al forno con le patate (11 €) bei den Secondi, Coniglio oder **Lepre alla cacciatora**, Spezzatino di cinghiale und in der Saison exzellente Lumache con pomodoro e peperoni (Schnecken mit Tomaten und Paprikaschoten). Zum Abschluss hausgemachte Torten und Crostata sowie Festtagsgebäck, dazu selbst gemachte Liköre mit Lorbeer, Wildfenchel, Myrte und Granatapfel. Zu trinken gibt es Hauswein und einige Etiketten aus Cirò. Degustationsmenü für 16 €.

»*Ein authentisches Lokal, in dem die Gastlichkeit und Elisabettas Küche eine Einheit bilden – alles ist gepflegt und vermittelt die lokalen Traditionen.*«

33 KM NÖRDLICH VON CROTONE, S.S. 106

Max

Trattoria-Pizzeria-Enoteca
Via Pola
Tel. (+39) 09 62 / 37 30 09
Ruhetag: Montag, außer im Sommer
Keine Ferien
90 Plätze + 70 Plätze im Freien
Preise: 35–40 €
Kreditkarten: CS, DC, MC, Visa; BM
Mittags und abends geöffnet

Im Zentrum des angenehmen Badeortes heißt das Max seine Gäste in einem hellen, gepflegt eingerichteten Lokal mit hübsch gedeckten Tischen willkommen. Der liebenswürdige, gern zum Gespräch bereite Koch Salvatore Murano beschreibt die Gerichte, die er aus der Jahreszeit entsprechenden lokalen Erzeugnissen zubereitet. Als Einstieg ein Brett mit erlesenem **Käse**, darunter Pecorino crotonese und exzellenter frischer oder gereifter Podolico (8 €), oder „Fantasie di mare" (14 €) eine von der Verfügbarkeit des Fischfangs abhängige Zusammenstellung. Bestellen Sie als Primo ruhig das Tagesgericht, das der Chefkoch empfiehlt, oder wählen Sie zwischen den innovativen Tagliolini alla liquirizia con sugo di pesce (flache Nudeln mit Lakritze in Fischsauce, 10 €), Paccheri al ragù und den nach einem alten bäuerlichen Rezept zubereiteten **Orecchiette alla pecorara** mit Kirschtomaten und frischer oder geräucherter Ricotta. Weiter geht es mit dem herrlichen **Filetto di podolica calabrese** (Slow-Food-Presidio) **al vino rosso** di Cirò (14 €) und, natürlich nur wenn vorhanden, verlockenden Fischgerichten mit **gebratenen Goldbrassen**, Tintenfischen oder Seebarschen, dazu Saisongemüse (12 €), Salat oder **im Ofen gebratene Kartoffeln aus der Sila**. Als Alternative Frittura und Zuppa di pesce. Eine hausgemachte Süßspeise mit Zitrone oder Pistazien oder das Eis Tartufo di Pizzo als Abschluss. Angemessene Weinkarte mit den besten lokalen und kalabrischen Etiketten, zusätzlich ein paar Weine aus dem übrigen Italien und ein interessantes Angebot an Likören und Hochprozentigem.

„Ein einladendes und bis ins Detail gepflegtes Lokal mit Augenmerk auf ausgewählte Zutaten. Diese kommen in Gerichten vom Landesinneren und vom Meer zur Geltung, die die Besonderheiten der Umgebung vermitteln."

66 KM NORDÖSTLICH VON REGGIO DI CALABRIA

La Mamma

Trattoria
Via San Giuseppe, 33
Tel. (+39) 09 66 / 66 01 47,
(+39) 347 / 039 30 19
Ruhetag: Dienstag
Ferien: 15.–31. Juli, 15.–30. September
60 Plätze + 70 Plätze im Freien
Preise: 25–28 €
Alle Kreditkarten; BM
Mittags und abends geöffnet

Die Erfahrung und die Begeisterung für eine gute Küche von Mamma Maria bilden die Basis dieser Trattoria, die gesamte Familie D'Agostino leistet jedoch ihren Beitrag: Vater Girolamo betreut die Weinauswahl, die Kinder Enza, Rosanna, Isabella und Maurizio teilen sich die Aufgaben in der Küche und den drei Speisesälen sowie im kleinen Garten des Lokals in der Altstadt von Cittanova. Unbestrittener Held der Speisekarte ist Stocco (Stockfisch), sein Triumph beginnt schon beim Antipasto: **Insalata di stocco** mit Kirschtomaten, Oliven der Sorte Ottobratico und Kapern (6,50 €), Stockfisch als Carpaccio mit Wildfenchel oder im Antipasto misto (7 €). Als Alternative Salumi, lokaler Pecorino und Ricotta sowie verschieden zubereitetes Gemüse aus dem Garten. Unter den Primi **Ravioli di stocco e pistacchi al pomodoro fresco** (6,50 €), **Struncatura con stocco e olive** (6,50 €) und außerdem köstliche Suppe mit roten Bohnen, Gemüse und gerösteten Brotscheiben, Strangozzi al pesto di pistacchi e carciofi, Tagliatelle mit Steinpilzen sowie Pasta al forno con polpettine, soppressata e formaggio. **Stocco** natürlich auch bei den Secondi: **mit grünen Oliven, Kartoffeln und Kapern geschmort** (9,60 €), alla griglia con salmoriglio e peperoni arrostiti, gratiniert mit Zitrone oder in Stückchen mit schwarzen Oliven angebräunt. Probieren Sie auch ***Ventriceddi* ripieni** (gefüllte Stockfischinnereien). Außerdem bekommen Sie Braten, Rouladen und gegrilltes Fleisch vom Schwein und Kalb. Hausgemachte Dolci wie Torta setteveli und Cannolo di ricotta. Breit gefächerte Weinauswahl, darunter viele Etiketten aus Kalabrien.

Auf der Piazza Italia in **Taurianova** (7 km) bekommen Sie Torrone alle mandorle di Avola e miele di zagara, Torrone al bergamotto sowie gefüllte und mit Schokolade überzogene Feigen in den Konditoreien Murdolo und Taverna.

CIVITA

72 KM NÖRDL. V. COSENZA, 13 KM V. CASTROVILLARI

Kamastra

Restaurant
Piazza Municipio, 3–6
Tel. (+39) 09 81 / 733 87
Ruhetag: Mittwoch, außer im August
Ferien: 2 Wochen im November
80 Plätze
Preise: 25–30 €
Alle Kreditkarten; BM
Mittags und abends geöffnet

Das Lokal ist gemütlich und einladend, der liebenswerte, sympathische Inhaber Enzo Filardi ist ein profunder Kenner der Geschichte und der Traditionen der in Civita beheimateten albanischen Volksgruppe. Probieren Sie in dieser entspannten Atmosphäre einfach alle Antipasti, sie sind ein wahrer Spiegel der Umgebung. Das Spektrum reicht von hochwertigen Salumi über Käse aus Ziegen- und Schafmilch von den Tieren der nahen Weiden, Dicken Bohnen, Oliven, Paprikaschoten, Rübensprossen und **in Öl und Essig eingelegten Auberginen** bis zu warmen Gerichten wie Omeletts, verschieden zubereiteten Cannellini Bohnen und Pfannkuchen mit Gemüse und mit *'Nduja* (10 €). Unter den Primi, alle mit hausgemachter Pasta, ragen Maccheroni al ferretto con ragù di capretto lattante (8 €) und ***Strangùle me neneze*** (kurze Teigwaren mit typischen Kräutern aus dem Pollino-Gebirge) hervor. Interessant sind ***Drömsat***, Teigwaren, die durch das Versieben des Mehls mit einem Oreganozweig entstehen und dann in Tomaten-Fleisch-Sauce gekocht werden. Ebenso empfehlenswert Lagane e ceci. Als Secondo Cinghiale alla bracconiera, Wildschwein, das mit seinem Aroma und seiner Zartheit mit beliebteren Fleischsorten konkurrieren kann. Aber auch **Costine di maiale** (in Schmalz mit rotem Pfeffer konservierte Schweinerippenstücke) **alla campagnola** (mit Kartoffeln, Kapern, Paprikaschoten und Auberginen, 10 €) und Capretto al tegame oder alla brace sind zu empfehlen. Zum Abschluss **Krustuli**, typisches Süßgebäck aus Mehl, Ei, Zucker und Zimt, das mit Mosto cotto und Konfitüre aus „Piretto" (kalabrischen Limetten) begossen wird. Im Keller bevorzugt lokale Etiketten und vor allem der gute offene Wein aus der Gegend. Werfen Sie vor oder nach dem Essen einen Blick auf die steilen Felsen oberhalb des Naturschutzgebiets Gole del Raganello und der Brücke Ponte del Diavolo.

CONDOFURI
Amendolea

48 KM SÜDÖSTLICH VON REGGIO DI CALABRIA

Il Bergamotto

Ferienbauernhof
Ortsteil Amendolea
Tel. (+39) 09 65 / 72 72 13,
(+39) 347 / 601 23 38
Ferien: unterschiedlich
70 Plätze + 50 Plätze im Freien
Preise: 17–20 € (Tagesmenü)
Keine Kreditkarten
Gegen Vorbestellung täglich mittags und abends geöffnet

Im Parco Nazionale dell'Aspromonte, im Gebiet der griechischsprachigen Minderheit in Kalabrien, liegt dieses Lokal, das Sie nicht leicht vergessen werden. Im Sommer isst man unter Bäumen im Freien, mit Blick auf die zwischen den Hängen des Aspromonte verlaufende Fiumara Amendolea, deren Flussbett hier fast einen Kilometer misst – ein wirklich lohnendes Erlebnis. Leicht zu erreichen ist das Bergamotto nicht, auch weil der Inhaber jede Art von Werbung ablehnt, die nicht Mundpropaganda ist. Ugo Sergi ist ein Mann weniger Worte; früher war er Anwalt und er erzählt, dass ein neues Leben für ihn begonnen hat, seit er sich ausschließlich seinem Betrieb widmet. Wie sollte man ihm nicht glauben, betrachtet man die Umgebung, in der er lebt – in der Nähe des Punkts, an dem Ionisches und Tyrrhenisches Meer aufeinandertreffen, am südlichsten Ausläufer Kalabriens, einem geschichtsträchtigen Gebiet, in dem man länger bleiben müsste, um es besser zu verstehen. Die Jahreszeiten bestimmen das feststehende Menü, das mit dem reichhaltigen Antipasto beginnt: Salumi und Käse von lokalen Schäfern und Bauern, dazu hausgemachtes Brot, **Parmigiana** und **Caponata**, Zucchine agrodolci alla mentuccia und **Focaccia rustica con erbe spontanee**. Hausgemachte Pasta für Primi wie **Maccheroni con ragù di maiale** (Tomatensauce mit Fleisch vom Schwein) oder Ziege und Trofie mit saisonalen Saucen (besonders gut mit Artischocken und getrockneten Tomaten). Probieren Sie, wenn möglich, Risotto con zucca e bergamotto. Als Secondo **Grigliata mista** vom Schweinefleisch „alla maniera grecanica". Als Beilagen Kartoffeln und Salat. Desserts finden Sie keine, denn der Patron meint, man solle diese nur an Feiertagen essen. Zu trinken gibt es Quellwasser und einen angenehmen offenen Wein aus dem eigenen Betrieb.

CONFLENTI
Muraglie

55 KM NORDWESTL. V. CATANZARO, S.S. 19 OD. A 3

Le Muraglie

Ferienbauernhof
Ortsteil Muraglie
Tel. (+39) 09 68 / 643 67
Ruhetag: Montag, außer im August
Keine Ferien
65 Plätze + 30 Plätze im Freien
Preise: 20–25 €
Keine Kreditkarten
Mittags und abends geöffnet

Mit Höflichkeit und Professionalität leiten Massimiliano Roperti und seine Familie ihr Lokal, dessen Küche immer wieder neu zu überraschen vermag. Die Tradition des unteren Savuto-Tals wird in aromatischen, wohlschmeckenden Gerichten zum Ausdruck gebracht, ausgehend von ursprünglichen Zutaten aus dem Garten und von verlässlichen Lieferanten (das Fleisch stammt von lokalen Züchtern). Zu Beginn ein reichhaltiger Antipasto, bestehend aus Salumi, Käse und hausgemachtem in Öl eingelegtem Gemüse. Dann exzellente Primi (7 €): ***Pignata* di fagioli, fave e curacchio** (im Tontopf gekochte Bohnen, Dicke Bohnen und Schwarten) passen zur täglich frisch gemachten Pasta. Scilatelle werden in der Saison mit Steinpilzen serviert, Strozzapreti mit Soppressata und schwarzen Oliven, außerdem gibt es klassische **Lasagna**. Ein Secondo wählen Sie zwischen **Agnello al forno**, Costolette al sugo, **Coniglio alla cacciatora** und frei lebendem Huhn, frittiert, gegrillt oder aus dem Ofen. Als Beilagen Patate fritte und Saisongemüse aus dem eigenen Garten, roh, in der Pfanne gewürzt oder geschmort. Im Herbst oder Winter bekommen Sie kräftige Maialata, also ein ganzes Menü mit Schwein (25 €) mit Aspik und ausgezeichneten Wurstwaren, **Pasta con i *frisoli*** (Grieben), *Logna* con l'osso (Schweinefilet mit Knochen), Curacchio con salsiccia, gegrillter oder frittierter Leber mit gebratenen Rübensprossen, Wirsing oder anderem Gemüse. Gehen Sie nicht, ohne zuvor **Bocconotti all'uva** und Mostaccioli al miele mit traditionell erzeugtem Wildfenchel- oder Lakritzelikör probiert zu haben. Gute Auswahl an lokalen und kalabrischen Etiketten, respektabler Hauswein.

In **Soveria Mannelli** (16 km) konservieren einige kleine Betriebe Pilze, Tomaten und Peperoncini. Gute Adressen sind Cimino, Luna Funghi, Belmonte und Artigiana Funghi.

CORIGLIANO CALABRO
Cantinella

61 KM NORDÖSTLICH VON COSENZA

Le Bistrot

NEU

Trattoria
Via Favella Della Corte, 13
Tel. (+39) 09 83 / 80 80 25
Ruhetag: Sonntag
Ferien: erste Septemberwoche
30 Plätze
Preise: 30 €
Alle Kreditkarten; BM
Mittags und abends geöffnet

In der gemütlichen Trattoria von Patrizia Servidio verbindet sich das Beste der Küche des Gebiets von Sibari in der einstigen Magna Graecia mit den weit zurückliegenden Wurzeln der albanischen Volksgruppe in Kalabrien. Als Grundlage dienen Mamma Domenicas wohlgehütete Rezepte. Der Antipasto sieht 15 Kostproben (13,50 €) vor, abhängig von der Verfügbarkeit der Zutaten: Sformato di zucchine, Hackfleisch- oder Auberginenbällchen in Tomatensauce, Patate e peperoni, Salumi und Käse aus der Umgebung, hausgemachte **Sottoli** mit Gemüse aus Anbau oder Wildwuchs – Artischocken, Spargeln, ***Cipuddizzi*** (Wildzwiebelchen) – oder frisches Gemüse, in der Pfanne gewürzt oder **in leckeren Omeletts**. Hausgemachte Pasta bei den Primi (7 €), besonders gut sind Tagliatelle con asparagi e salsiccia, **Fusilli al ferretto con sugo di castrato** (mit Sauce vom Hammel) oder vom Schwein sowie Gnocchi con ragù di pollo. Ebenso interessant die typische **Pasta mit Wildfenchel und Dicken Bohnen** oder mit Kichererbsen und rotem, scharfem Öl. Außerdem Spaghetti con alici, peperoni *cruschi* e olive nere und vor allem im Winter exzellente **Suppen** mit langsam in der *Pignata* (Tontopf) gekochten **Bohnen und wilden Zichorien**, Kichererbsen mit Wirsing oder Brokkoli oder mit dem Gemüse, das gerade im Garten wächst. Unter den Secondi traditionsgemäßes **Capretto alla cacciatora** (10 €), Coniglio con peperoni e olive, **Spezzatino di interiora di capretto** und Kalbswadenstück mit Kartoffeln. Auch das gute Fleisch vom schwarzen Schwein aus Kalabrien, gegrillt oder in der Pfanne gebraten, ist immer vorrätig. Zum Abschluss knusprige Crostata und die hausgemachten, „Spiriti" genannten Digestifs aus Lakritze und Wildfenchel. Gut gegliedertes Weinangebot mit Etiketten aus der Umgebung, ganz Kalabrien und dem übrigen Italien.

COTRONEI

45 km nordwestlich von Crotone

La Taverna dei Briganti

Ferienbauernhof
Ortsteil Difisella
Tel. (+39) 09 62 / 49 19 79,
(+39) 328 / 710 74 31,
(+39) 389 / 988 04 92
Ruhetag: Dienstagabend
Keine Ferien
100 Plätze + 50 Plätze im Freien
Preise: 20–30 € • Alle Kreditkarten; BM
Mittags und abends geöffnet

Von der Ausfahrt Cotronei auf der Staatsstraße, die Cosenza mit Crotone verbindet und vom Tyrrhenischen Meer über die Hochebene der Sila ans Ionische Meer führt, erreichen Sie nach etwa 20 Minuten den Familienbetrieb. Um die Gäste kümmern sich die Brüder Andrea und Carmine Garofalo, für das leibliche Wohl sorgen Teresa, die Mutter, und Elena, die Schwester. Die Räumlichkeiten sind typisch für ein Lokal in den Bergen, hell, weitläufig und gemütlich. Warme und kalte Speisen beim Antipasto: Gemüse aus dem Garten, Wildgemüse, **Salumi vom schwarzen Schwein**, lokaler Käse sowie **Patate *'mpacchiuse* con pomodori verdi, olive e polpette** (8 €). Die Teigwaren für die guten Primi sind hausgemacht (und auf dem Tisch stehen stets Peperoncino und Pecorino zum Würzen): leckere Lasagna ohne Tomatensauce mit Radicchio oder Steinpilzen, **Scialatielli mit Tomatensauce und Fleisch vom schwarzen Schwein** oder vom Lamm oder Zicklein (8 €). Eine würdige Alternative sind die Hülsenfrüchte aus eigenem Anbau, die langsam über dem Kaminfeuer köcheln. Bestechend schlichte und zarte Secondi mit dem Fleisch der selbst aufgezogenen Tiere: Applaus für **Arista di suino nero con porcini**, außerdem Brasato di vitello, **Capretto arrosto** (8 €) und gemischtes gegrilltes Fleisch. Zum Abschluss typische hausgemachte Dolci und in der Saison die duftende Torta di formaggio ai frutti di bosco (4 €). Weine aus der Umgebung mit schöner Auswahl an Cirò neben gutem offenem Bio-Wein. Dem Restaurant angeschlossen ist das Museo del brigantaggio. Der Betrieb ist auch Lehrbauernhof und informiert Schulklassen über die Aufzucht von Schweinen, Ziegen und Schafen sowie die typischen Anbauweisen der Gegend. Verschiedene Produkte können Sie zum Mitnehmen kaufen. Für einen längeren Aufenthalt stehen einige reizende Zimmer zur Verfügung.

CROTONE

La Pignata

Restaurant
Vico Orfeo, 8
Tel. (+39) 09 62 / 229 84,
(+39) 334 / 334 09 93
Ruhetag: Sonntag
Ferien: 1.–15. Juli
30 Plätze
Preise: 30–35 €
Alle Kreditkarten; BM
Mittags und abends geöffnet

In Crotone, dem antiken Kroton, in dem Pythagoras seine Schule gründete, bietet das Pignata in der Nähe des Hafens das Beste der Umgebung in Form meisterhaft zubereiteter Gerichte im Respekt gegenüber den Besonderheiten und der Tradition dieser Gegend, die von Sonne und Meer verwöhnt ist. Das Lokal ist gemütlich und einladend, in der Küche verarbeitet der Koch hochwertige Zutaten. Als Antipasto (10 €) **Pomodori secchi gratinati con alici**, Gamberetti mit hausgemachter Mayonnaise oder mit Kirschtomaten und Paprikaschoten, Crudo marinato, Cozze gratinate, geschmorte Tintenfische mit Bohnen und Gamberoni con vellutata di piselli. Unter den Primi (9 €) finden Sie Gnocchi mit Brokkoli und Venusmuscheln oder mit Kürbis, Oktopus und Gorgonzola, **Linguine con gli *scrini*** (Seeanemonen) mit der Tinte des Tintenfischs, Orecchiette mit geräuchertem Thunfisch und frisch gepflückten Feigen sowie Paccheri ripieni di vongole e gamberetti con crema di ceci. Gegen Vorbestellung – ein Pflichtgericht – **Zuppa di pesce** aus dem Tontopf *Pignata* mit Brot-Crostini oder Ditali (kurzer, röhrenförmiger Pasta). Bei den Secondi (10 bis 12 €) gibt es neben der köstlichen klassischen **Frittura di paranza**, die immer vorhanden ist, zarte Sogliola al limone (Seezunge), die Thunfischart Alalunga con patate e pomodorini und die Bernsteinmakrele **Ricciola con capperi al vino bianco**. Auf der Karte finden Sie noch viele andere Vorschläge, abhängig von Jahreszeit und Fischfang. Zum Abschluss ein kühles, traditionell erzeugtes Sorbetto al limone, Semifreddo al cioccolato, Profiterole mit Haselnussfüllung, weicher Pan di Spagna con crema pasticciera al cioccolato bianco sowie ausgezeichnete Crostata. Gepflegte Auswahl an Weinen aus Kalabrien, doch es gibt auch Etiketten aus dem übrigen Italien, die gut zu den Fischgerichten passen.

CURINGA

42 KM SW. V. CATANZARO, 25 KM V. VIBO VALENTIA

Antico Frantoio Oleario Bardari

Ferienbauernhof • Ortsteil Trunchi, 1
Tel. (+39) 09 68 / 78 90 37,
(+39) 338 / 428 89 54 • Ruhetag: Montag
Ferien: letzten 2 Januar-, ersten 2 Novemberwochen • 50 Plätze + 100 Plätze im Freien
Preise: 35 € (Tagesmenü)
Kreditkarten: CS, DC, MC, Visa; BM
Mittags u. abends gegen Vorbestellung geöff.

Auf den Hügeln mit Blick auf den Golfo di Sant'Eufemia, im Gebiet der Gemeinde Curinga, steht inmitten der jahrhundertealten Anlage aus Olivenbäumen der Familie Bardari diese alte Ölpresse, die gegen Ende der 1990er Jahre renoviert wurde. Die Inhaberin, die nette Signora Patrizia, führt gemeinsam mit ihrer Familie das rustikal eingerichtete Restaurant. Kleine Details wie die bestickten Tischtücher aus Leinen und die Teller aus Porzellan zeugen von Eleganz und Geschmack. Im großen, einladenden Speisesaal geben die Fensterfronten der wunderbaren Veranda den Blick auf die Olivenbäume frei. Die Küche interpretiert die Umgebung, die Speisekarte respektiert die Jahreszeiten. Angeboten wird ein feststehendes Tagesmenü. Zur Eröffnung gibt es Kostproben von Schafkäse (Ricotta und Pecorino), dazu appetitliche hausgemachte Konfitüren aus Orangen, Zwiebeln und Weintrauben, außerdem gefüllte Kürbisblüten, **Parmigiana di melanzane** oder Auflauf mit Zucchini (8 €), Involtini di verza (Wirsingrouladen), exzellenten gratinierten Mangold und Crocchette ai porcini. Bei den Primi verdienen vor allem ***Strangujapreviti*** („Priesterwürger", eine kurze, um sich selbst gedrehte Pasta) **con salsiccia rossa e noci** (10 €) eine Erwähnung, nicht weniger empfehlenswert sind Tagliatelle con pesto di zucchine oder in der Saison mit Steinpilzen. Des Weiteren Cavatelli con crema di asparagi e prosciutto affumicato. Im Anschluss ausgezeichnete Tagliata di vitello con patate croccanti (15 €), **Medaglione di suino nero alla contadina** (13 €) sowie Zicklein und Lamm aus dem Ofen. Alle Beilagen werden mit den Produkten aus dem Garten des Betriebs zubereitet und je nach Saison roh oder gekocht serviert. Zum Abschluss hausgemachte **Crostata** mit Konfitüren und Konditorcreme. Beachtliche Auswahl an Weinen aus Kalabrien.

DIPIGNANO
Tessano

5 KM SÜDLICH VON COSENZA

Da Livio

Restaurant-Pizzeria
Via Pulsano, 63
Tel. (+39) 09 84 / 44 55 06
Ruhetag: Montag
Ferien: je 1 Woche im Juli und nach dem 15. August
140 Plätze + 60 Plätze im Freien
Preise: 20–25 €
Kreditkarten: CS, MC, Visa; BM
Mittags und abends geöffnet, Sonntagabend gegen Vorbestellung

Das einfache, geräumige Restaurant, das über einen günstig gelegenen Parkplatz verfügt, erreichen Sie über kleine Straßen, die sich von Cosenza aus über die Hügel schlängeln. Der ebenso herzliche wie professionelle Livio empfängt die Gäste und beschreibt ihnen die Gerichte auf der Speisekarte, die unverfälscht und traditionsgemäß zubereitet werden. Zu jedem Gericht gibt es eine Geschichte und Livio beschreibt auch die Zutaten, die null Kilometer zurückgelegt haben oder zumindest aus der nahen Umgebung stammen. Die Portionen sind großzügig, wie es in einem kalabrischen Haushalt Brauch ist, wenn Gäste kommen, die Preise korrekt, ja moderat. Die kalten und warmen Antipasti (8 €) bereitet der Patron selbst zu: Sottoli, **Olive schiacciate**, Pilze, Auberginen, mariniert oder in Form von Rouladen, süßsaure Zwiebeln aus Tropea, grüne Tomaten, lokale Salumi und Käse, **Polpettine di carne** und Omeletts mit Gemüse. Das alles wird von gutem Brot aus dem Holzofen begleitet. Bei den Primi – mit hausgemachter Pasta – **Lagane e ceci** (6 €), mit Pancetta und Zwiebel gebratene Pasta, **Fusilli con salsiccia** (8 €), Gnocchi di patate con ragù di maiale und Tonnarelli mit Artischocken. Als Fortsetzung gemischtes gegrilltes Fleisch (8 €), Salsiccia e broccoli di rapa, **Stinco di maiale** (10 €), Zicklein und auch frittierter Fisch, womit weniger wertvoller Fisch gemeint ist. Verzichten Sie am Ende nicht auf die Dolci – **Crostata** mit hausgemachter Konfitüre, Mele in gabbia, Tozzetti, Torta di ricotta und Cuculi (nach einer lokalen Tradition zubereitetes österliches Süßgebäck) –, die mit hausgemachten Likören aus Wildfenchel, Myrte und Nüssen serviert werden. Zum Essen trinken Sie einen anständigen offenen Wein oder eines der vor allem aus Kalabrien stammenden Etiketten.

33 KM SÜDWESTLICH VON CATANZARO

La Paladina

Restaurant-Pizzeria
Via Pertini
Tel. (+39) 09 67 / 480 94,
(+39) 328 / 662 26 09
Ruhetag Dienstag, außer 15. Juli–31. August
Ferien: März/April
60 Plätze • Preise: 25–30 €
Kreditkarten: CS, MC, Visa; BM
Abends geöffnet, mittags gegen Vorbestellung

Im Paladiana, gelegen an der Ionischen Küste in der Provinz Catanzaro, an der Straße nach Gasperina, bietet der junge Koch Nicola Macrina eine Küche, die eng mit der Umgebung verbunden ist und durch einen Hauch Kreativität noch interessanter wird. Daher gilt die Aufmerksamkeit der Tradition, der jahreszeitlichen Verfügbarkeit und der lokalen Herkunft von Produkten wie Pilzen, Hülsenfrüchten, Blaufisch und Wildgemüse. Die Räumlichkeiten sind schlicht und gepflegt, der Service höflich. Beginnen Sie mit dem Antipasto della casa (11,50 €), einer Abfolge an warmen und kalten Speisen, darunter Kartoffeln aus der Sila mit Oregano, in der Pfanne gewürztes Wildgemüse, **Fagioli cotti nella *pignata*** (im Tontopf über dem Kaminfeuer gegarte Bohnen), Salumi, Käse, **Kichererbsen mit Rosmarin**, in Öl eingelegte Auberginen sowie Olive schiacciate. Als Alternative aufwendigere Gerichte mit Fisch, Fleisch und Gemüse. Unter den Primi finden Sie Ravioloni mit aromatischen Kartoffeln oder mit Steinpilzen und Nüssen, begossen mit Butter und Salbei (7,50 €), schmackhafte **Gnocchi con mozzarella di bufala, pomodoro e *'nduja*** (6,50 €), Paccheri alla carbonara di mare und hausgemachte Scilatelle mit Sauce vom Wildschwein. Bei den Secondi mit Fleisch stehen Tagliata di manzo d'Aspromonte con riduzione di aceto balsamico (13 €), Rippenstück vom Podolica-Rind mit gegrilltem Gemüse und Bratkartoffeln und **Hachse vom schwarzen Ferkel aus Kalabrien mit Rosmarin-Kartoffeln** (9 €) zur Wahl. Um im Winter eine größere Auswahl an Fischgerichten vorzufinden, empfehlen wir, zumindest einen Tag im Voraus zu reservieren. Die Weinkarte ist interessant und der bekannte Hauswein aus Gasperina sehr gut. Bier vom Fass oder aus der Flasche passt zu den Pizzen, die der Inhaber selbst macht. Auf Anfrage bekommen Sie auch ein vegetarisches und ein glutenfreies Menü.

35 KM NORDWESTLICH VON CATANZARO

BarriQuando

NEU

Trattoria
Piazza Mercato Nuovo
Tel. (+39) 345 / 494 02 55
Ruhetag: Samstagmittag, Sonntag, Montag
Keine Ferien
30 Plätze + 40 Plätze im Freien
Preise: 30 €
Alle Kreditkarten; BM
Mittags und abends geöffnet

Die Trattoria befindet sich auf der schönen Piazza Mercato Nuovo von Nicastro, der größten der drei ehemaligen Gemeinden, aus denen die Stadt heute besteht. Der Speisesaal ist klein, aber gepflegt, Tische und Stühle sind aus Holz, Gewölbe und Decken aus Stein. Im Sommer kann man auch im Freien essen. Inhaber Roberto Lancillotto schätzt guten Wein und gutes Essen und in wenigen Jahren ist es ihm gelungen, das Vertrauen von Gourmets zu gewinnen. In die Gerichte finden traditionelle Zutaten aus der Umgebung Eingang – viele Slow-Food-Presidi –, von Salumi bis Käse, von Fleisch bis Fisch, von Gemüse bis Obst. Am Freitag gibt es ein Degustationsmenü mit Fisch, darunter die erstaunlichen **Tubetti con polpo *'ntumati*** (kleine Teigröhren, die man mit Oktopus im Tontopf kocht und ziehen lässt, 10 €), Spaghetti con alici e mollica und Filet der Thunfischsorte Alalunga mit Minze. Von den Antipasti empfehlen wir Caprino (Ziegenkäse) aus der Ebene von Lamezia Terme mit Gelee aus der Weintraubensorte Gaglioppo (7 €), mit Ricotta und Haselnüssen gefüllte Kürbisblüten, **Polpette di podolica con crema di fave e finocchietto** sowie gebratenen Caciocavallo silano mit Gewürzen und Konfitüre und die hervorragenden lokalen Salumi (Capocollo, scharfe Pancetta, Soppressata). Als Primo ***Lagani* con ragù bianco di macinato di podolica, verza e caciocavallo** di Ciminà (10 €) oder Bucatini in rosso con crema di pomodorini secchi, olive nere carolea infornate, cipolla di Tropea e mollica tostata. Es folgen schmackhafte Secondi – Bistecca di podolica silana und **Filetto di suino nero calabrese** con mousse di peperoni (16 €) – und Beilagen mit lokalem Saisongemüse. Hausgemachte Torten und Crostata als Dessert. Auf der Weinkarte eine kompetent getroffene Auswahl an Etiketten aus Italien und den besten Kellereien Kalabriens.

39 km südwestlich von Cosenza

Magnatum La Degusteria

Restaurant
Via Indipendenza, 56
Tel. (+39) 09 82 / 752 01
Ruhetag: Sonntagabend
Keine Ferien
16 Plätze + 20 Plätze im Freien
Preise: 30–35 €
Alle Kreditkarten
Mittags und abends geöffnet

Vor vier Jahren hat Francesco die alte Bar Sport übernommen – immer schon Gemischtwarenladen, Tabakverkauf und Osteria – und den einfachen und aufs Wesentliche reduzierten Stil mit fünf Holztischen und 16 Gedecken beibehalten. Die Speisekarte hat er jedoch um einige überraschende Spezialitäten bereichert. So ist das Magnatum La Degusteria entstanden, seinen Namen verdankt es dem Trüffel, auf dessen Gebiet Francesco Experte ist. Hier können Sie die wenig bekannte kalabrische Knolle in ihrer besten Form verkosten und andere Schätze der Umgebung sowie zahlreiche Slow-Food-Presidi kennenlernen. Die Speisekarte wechselt täglich, die Auswahl ist nicht sehr groß, erlaubt jedoch immer, einem von den Jahreszeiten inspirierten roten Faden zu folgen und ein paar Spezialitäten aus Giovannas Küche zu probieren: **Frittata di patate** (eine Art Millefoglie aus Kartoffeln, ein Omelett ohne Ei), **Insalata di baccalà** alla calabrese (12 €) mit zerquetschten Oliven und getrockneten Tomaten, hausgemachte **Tagliatelle** (8 €) **mit Zichorien, Wildfenchel und Guanciale vom schwarzen Ferkel** aus Kalabrien, anschließend Nussstück oder **Manzo affumicato** (8 €) con scaglie di pecorino crotonese, tartufo nero ed extravergine locale und als Dessert die rar gewordenen **Panicelli** (Zibibbotrauben und Schalen der Cedro genannten Zitronatzitrone, gewickelt in Blätter des Cedro). Wirklich außergewöhnlich sind die Weinkarte mit über 300 Etiketten und durchaus mutiger Auswahl sowie das Angebot an Bieren aus kleinen Betrieben, nativem Olivenöl extra und **Käse** (ein beachtliches Sortiment mit einigen schwer zu findenden Sorten). Eine rechtzeitige Reservierung ist unumgänglich; was den Rest betrifft, können Sie ganz auf Francescos Professionalität und Kompetenz vertrauen.

99 km nö. von Reggio di Calabria, S.S.106

La Collinetta

Trattoria-Pizzeria
Via Colacà, 1
Tel. (+39) 09 64 / 516 80,
(+39) 338 / 855 09 30
Ruhetag: Dienstag
Ferien: unterschiedlich
80 Plätze + 10 Plätze im Freien
Preise: 25 €
Keine Kreditkarten
Mittags und abends geöffnet

In der gemütlichen Trattoria von Giuseppe Trimboli in der Nähe von Gioiosa Jonica kommen unverfälschte saisonale Produkte zum Einsatz, die zum Großteil aus der Landwirtschaft der Familie stammen: Gemüse, **Bomba** (eine Creme aus scharf gewürztem Gemüse, die zu Pasta oder Brot passt), Obst, Konfitüren, Honig, Öl, Wein und Liköre (probieren Sie jenen aus Süßholzwurzel und den Kräuterbitter). Zu Beginn der vielfältige Antipasto della casa (9 €) mit etwa 20 Kostproben, darunter Frittiertes, Gerichte mit Hülsenfrüchten, Bohnencreme, Gemüse und Wildgemüse, Sottoli, Käse, Ricotta und Salumi. Unter den Primi mit frischen Teigwaren die köstlichen scharfen Spaghetti alla corte d'assise della Locride (mit Knoblauch, Peperoncino und frischen Tomaten, 7 €), außerdem mit Speck und Caciocavallo silano gefüllte Gnocchi, **Panzerotti di carne e caciocavallo**, Pasta mit Steinpilzen und Nüssen oder mit Steinpilzen und Salsiccia (7 €) und die immer vorhandenen **Bucatini con lo stocco**. Zählen Sie auch auf aromatische Suppen mit Hülsenfrüchten. Als Secondo verschieden zubereitetes lokales Wild (Perlhuhn, Wachtel, Ente, Fasan, Hirsch, Wildschwein), Baccalà gratinato (8 €), Funghi porcini alla martonese (scharf gewürzte Steinpilze mit Brot und Kartoffeln) und ausgezeichneter **Cosciotto d'agnello** cotto nella creta (unter einer Tonschicht gekochte Lammkeule, mindestens sechs Portionen). Finale mit hausgemachten Dolci, darunter Tortino al cioccolato caldo, Torta con limone e fragoline, Sfoglia con crema pasticciera sowie Crostata. Trinken Sie den durchaus angenehmen Rotwein des Hauses oder wählen Sie unter verschiedenen Etiketten aus Kalabrien oder ein paar guten Bieren. Zu guter Letzt einer der seit Kurzem vom Betrieb erzeugten Digestifs, die Sie auch zum Mitnehmen kaufen können.

MELITO DI PORTO SALVO

32 KM SÜDÖSTLICH VON REGGIO DI CALABRIA

Turioleddu

Traditionelle Osteria
Piazza Municipio Vecchio/Via Olmo, 1
Tel. (+39) 09 65 / 77 17 83, (+39) 339 / 845 35 58, (+39) 366 / 528 91 41
Ruhetag: Montag, außer im Sommer
Ferien: 10 Tage im November
30 Plätze + 20 Plätze im Freien
Preise: 25 € (Tagesmenü)
Keine Kreditkarten
Mittags und abends geöffnet

Ein Ausflug entlang des tiefblauen Meeres zum südlichsten Ausläufer der Halbinsel lohnt sich auf jeden Fall. Machen Sie, bevor Sie in Melito di Porto Salvo ankommen, einen Abstecher von wenigen Kilometern ins Landesinnere und besuchen Sie Pentedattilo, einen faszinierenden Ort antiken Ursprungs, der heute verlassen daliegt – auch wenn es Initiativen zur Wiederbelebung gibt. Der Monte Calvario, an dessen Felswand der Ort erbaut wurde, erinnert an eine riesige Hand, daher der Name *Penta daktylos* (fünf Finger). Auf der Rückfahrt zum Meer stoßen Sie auf das Turioleddu, eine Osteria, die als *Putìca* entstanden ist – ein Weinausschank, in dem es auch ein paar Häppchen zu essen gibt – und später von den Kindern von Patron Turioleddu weiterentwickelt wurde. Giuseppe empfängt Sie herzlich, das Menü ist feststehend (im Preis von 25 € ist auch ein guter lokaler Wein inbegriffen) und wechselt im Lauf der Monate, denn in der Küche werden nur Produkte der Jahreszeit verwendet. Als Antipasti (8 €) sind **Tortiera di alici** (Auflauf mit Sardellen) und mit Artischocken vorgesehen, **Polpette di melanzane**, Parmigiana sowie gefüllte Zucchini und Paprikaschoten. Ebenso immer dabei Oliven, köstlicher Pecorino, Vastedda fritta (Pfannkuchen), sonnengetrocknete Tomaten und Soppressata. Es folgen **Maccheroni con melanzane** (6 €) oder mit Tomatensauce und Lammfleisch, Tagliolini mit Hülsenfrüchten oder Brokkoli und Macco di fave. Als Secondo **Pescestocco alla ghiotta con patate e olive** (9 €) oder Stockfisch in Form von Insalata, gewürzt mit nativem Olivenöl extra und Zitrone. Außerdem Salsiccia arrosto, Trippa con patate, Broccolo affogato und Cotolette di spatola (Kotelett vom Strumpfbandfisch). Eine schöne Einkehr im Zeichen von Schlichtheit und Traditionsbewusstsein.

MILETO

12 KM SÜDWESTLICH VON VIBO VALENTIA, S.S. 18

Il Normanno

Trattoria-Pizzeria
Via Duomo, 12
Tel. (+39) 09 63 / 33 63 98, (+39) 338 / 857 64 63
Ruhetag: Montag
Ferien: 1.–20. September
50 Plätze + 30 Plätze im Freien
Preise: 20–25 €
Alle Kreditkarten; BM
Mittags und abends geöffnet

Im Zentrum von Mileto, einst Residenz des Normannen Roger I., präsentiert die Trattoria von Giovanni Garoffolo wie gewohnt Produkte aus der Umgebung. In rustikaler, gemütlicher Atmosphäre begrüßt der Patron lächelnd seine Gäste, während Signora Clementina aus hochwertigen lokalen Zutaten einfache, geschmacksintensive Gerichte kocht. Beginnen Sie in einem der zwei kleinen Speisesäle und im Sommer auf der kühlen Veranda mit dem üppigen Antipasto (9 €), bestehend aus kalabrischen Salumi, Pecorino del Monte Poro, Ricotta, Pfannkuchen, Hackfleischbällchen, in der Pfanne gewürztem Gemüse, **im Tontopf gekochten Hülsenfrüchten** und Omeletts mit Kartoffeln und Zwiebeln. Spezialität des Hauses sind die Primi, die mit köstlichen Fleisch- und anderen Saucen serviert werden. Probieren Sie ***Fileja***, frisch gemachte Pasta aus Mehl und Wasser, **con il ragù di capra** (mit Tomatensauce und Ziegenfleisch, 6 €) oder mit Kürbisblüten und Salsiccia oder aber alla normanna, mit Auberginen, Pilzen, Paprikaschoten und Tomaten. Ebenso empfehlenswert sind hausgemachte Pappardelle mit Steinpilzen, Nüssen und Pancetta sowie Linguine al pesto di finocchio selvatico, **Pasta e fagioli** (mit in der *Pignata*, einem Tontopf, gekochten Bohnen). Breit gefächertes Angebot an Secondi mit Grigliata mista (Lamm, Kalb, Schwein, 10 €), Trippa alla miletese, **Baccalà al forno** con patate e peperoni, panierten Lammkoteletts, Stocco alla griglia und **Pollo alla diavola** (langsam im Ofen mit Paprikaschoten und der scharfen Wurst *'Nduja* geschmortes Hähnchen). Die Beilagen wechseln im Lauf des Jahres: gegrilltes Gemüse, frischer Salat oder ***Pipi*** (Paprikaschoten) **e patate**. Als Dessert Crostata, Obsttorten oder gute Eiscreme. Neben dem lokalen offenen Wein steht eine zufriedenstellende Auswahl an Flaschenweinen aus Kalabrien zur Verfügung.

MORMANNO

96 KM NORDWESTLICH VON COSENZA

Osteria del Vicolo

Trattoria-Pizzeria
Vico I San Francesco, 5
Tel. (+39) 09 81 / 804 75,
(+39) 339 / 584 41 32
Ruhetag: Mittwoch
Ferien: zeitweise im November
25 Plätze
Preise: 25–30 €
Alle Kreditkarten; BM
Mittags und abends geöffnet

Auf der Piazza des hübschen kleinen Orts lädt die Trattoria gegenüber der schönen Kathedrale Santa Maria del Colle zum Kennenlernen der kalabrischen Spezialitäten ein. Francesco Armentano und seine Frau Katia empfangen ihre Gäste liebenswürdig; bei der Beschreibung der Gerichte, die Vincenzo zubereitet, wird die Liebe zu ihrer Umgebung und deren Produkten deutlich. Gemüse und Hülsenfrüchte kommen fast alle aus dem eigenen Garten – die Gegend ist bekannt für Bohnen und Linsen –, die frischen Teigwaren sind hausgemacht, wie auch die Freselle (doppelt gebackene Brotscheiben), die zu den Suppen serviert werden. Die **Bocconotti** zum Abschluss bäckt Mamma Pina im Holzofen. Eingangs gibt es neben lokalen Salumi und Käse hausgemachte Sottoli und Sottaceti, **Tortino di lenticchie con cuore di zucca** (6 €) sowie gegrilltes und in der Pfanne gewürztes Gemüse. Probieren Sie bei den Primi **Zuppa** di lenticchie al profumo di origano del Pollino und Suppe **mit Bohnen** der Sorte Poverello bianco (6 €) und, wenn vorhanden, Riso nero su cialda di caciocavallo podolico con tartufo del Pollino (12 €). Anschließend verdient Baccalà gratinato al pistacchio con vellutata di fagioli Lob, ebenso interessant sind **Costolette di agnello con erbette aromatiche** (8 €) und das Ferkel vom schwarzen Schwein mit Steinpilzen und Nüssen. Neben dem typischen Bocconotto gibt es als Dessert auch Signora Pinas **Crostate** (köstlich jene mit **Konfitüre aus süßen Zitronen** aus Sibari, 4 €) dazu ein Gläschen guter Moscato oder hausgemachter Kräuterlikör. Zum Essen trinken Sie den guten Rotwein aus eigener Erzeugung oder einige Etiketten aus Kalabrien und dem übrigen Italien.

In der Via Costapiana können Sie in der Pasticceria Silvana ausgezeichnete Bocconotti und andere typische Süßspeisen kaufen.

MOTTA SAN GIOVANNI
Fornaci-Lazzaro

23 KM SÜDLICH VON REGGIO DI CALABRIA

AgriRiggio

Ferienbauernhof
Via Mameli, 7
Tel. (+39) 09 65 / 71 23 04,
(+39) 339 / 811 75 06
Kein Ruhetag • Keine Ferien
60 Plätze
Preise: 20–25 € (Tagesmenü)
Keine Kreditkarten
Mittags und abends gegen Vorbestellung geöffnet

Annunziato Riggio, gemeinsam mit seinen Söhnen Giuseppe und Francesco Inhaber des Agriturismo, ist Experte für die Geschichte der griechischsprachigen Volksgruppe in Kalabrien und der Magna Graecia. Am Ende des opulenten Essens erzählt er gerne interessante und unterhaltsame Geschichten. Das feststehende Menü im Zeichen der Jahreszeiten wird aus dem zubereitet, was im eigenen Betrieb entsteht. Den Beginn macht ein reichhaltiger Antipasto mit Gemüse, **Crespelle con la *'nduja*** (Pfannkuchen mit einer scharfen, weichen Wurst) oder Crespelle, gefüllt mit Salsiccia und Zwiebeln oder mit Blumenkohl sowie *Alivi cunzati* (gewürzte Oliven). Dazu gibt es Focaccia, gefüllt mit dem Wildgemüse Costa di vecchia oder wildem Kürbis, Ricotta aus Schaf- oder Ziegenmilch, frischen oder gereiften Käse (sehr guter *Musulupu* aus Schaf- und Ziegenmilch) und ***U curcuci cull'ovi*** (Eier von frei lebenden Hennen mit Schwarten). Unter den Primi einfache, doch leckere Maccheroni al ragù (mit Fleisch vom schwarzen Schwein) oder **Taglierini mit Fleischsauce von Lamm** oder Ziege. Spezialität des Hauses ist **Grigliata omerica**, deren Fleisch, wie früher üblich, mit ein wenig Mehl bestäubt wird, wodurch es noch zarter und weicher wird. Als Secondo empfehlen wir ***Pecura grisca*** (sechs Stunden gekochtes Schaffleisch). Eine besondere Erwähnung für den Slow-Food-Presidio **Capicollo azze anca grecanico**, der in geringer Anzahl nach altüberlieferten Techniken hergestellt wird und in der Meeresbrise reift. Bei Agririggio kann man ihn sowie frischen und gereiften Schaf- und Ziegenkäse auch zum Mitnehmen kaufen. Zum Abschluss traditionelle Ciambella mit Ricotta oder die typischen glasierten ***Petruddhi*** aus Mehl, Ei und Zucker. Das Sauerteigbrot ist hausgemacht. Zu trinken gibt es den unverfälschten Rotwein Nerello.

NOCERA TERINESE

59 KM NORDWESTLICH VON CATANZARO

Calabrialcubo

Ferienbauernhof
Ortsteil Pietra di Grotta
Tel. (+39) 09 68 / 190 33 91,
(+39) 345 / 892 43 67
Ruhetag: Montag
Ferien: zeitweise im Januar
60 Plätze
Preise: 25–30 €
Kreditkarten: CS, DC, MC, Visa; BM
Mittags und abends geöffnet

Wer weiß, was die kleine, vor drei Jahren in Nocera Terinese geborene Laura von ihren vielbeschäftigten Eltern denkt, die vor ein paar Jahren die Marken und Spanien verlassen haben, um in Kalabrien einen der gelungensten Betriebe des Gebiets aufzubauen? Claudio Villella verarbeitet täglich die ausgezeichneten, selbst erzeugten Zutaten, die Energie stammt aus erneuerbaren Quellen und das Wasser wird selbst abgefüllt. In der Küche geben die Jahreszeiten den Ton an. Immer auf der Karte stehen Salumi und haltbar gemachtes Gemüse aus eigener Erzeugung, aus der eigenen Aufzucht stammt **Scamone di manzo marinato** (geräuchertes Keulenstück, serviert mit Baldrian, Granatapfel und Nüssen, 8 €). Im Sommer sollten Sie **Sformato di melanzana** in cialda di pane su fonduta di caciocavallo (8 €) bestellen. Als Primi empfiehlt der Koch eine Kostprobe von Risotto – besonders gut jener mit Steinpilzen (natürlich in der Saison) und Blauschimmelkäse, bestreut mit Süßholzwurzel (10 €) – und gefüllte Pasta (uns haben **Tortelli di ricotta affumicata** mit Spargel und Brotbällchen besonders gut geschmeckt). Unter den Secondi **Stufato di muscolo alla birra** mit gegrilltem Käse und Jungspinat mit Pistazien, gegrilltes Fleisch und im Sommer auch Gemüse (18 €) sowie einige vegetarische Gerichte. Köstlicher Käse mit Konfitüren (8 €) und leckere Dolci, unter denen Cuore morbido di cioccolato bianco con frollino e confettura al corbezzolo (3,50 €) besonders ins Auge fällt. Im Keller lagern gute lokale Biere und einige der besten Etiketten Kalabriens. Sie können hier auch übernachten.

„Applaus für Asuncion und Claudio: Calabrialcubo ist eine schön renovierte Wasserühle, die man besichtigen kann, ein landwirtschaftlicher Betrieb auf höchstem Niveau, eine Brauerei, eine exzellente Trattoria und noch viel mehr."

PIZZO
Mangano

10 KM NORDÖSTLICH VON VIBO VALENTIA

Go

Restaurant
Ortsteil Mangano
Tel. (+39) 335 / 817 33 79
Ruhetag: Montag, im Juli und Oktober auch Samstag- und Sonntagmittag
Ferien: 7.–20. Januar
70 Plätze + 80 Plätze im Freien
Preise: 35 €
Kreditkarten: CS, MC, Visa; BM
Mittags und abends geöffnet

Die bunte Wandmalerei, das Schild des Lokals, ließe eine Tendenz zur heute beliebten Street Art vermuten, doch Go ist die typisch kalabrische Abkürzung für Gregorio, den Gründer dieses einladenden Restaurants. Hier wird die authentische Tradition nicht nur in der Küche vermittelt, sondern durch Vittorio, den jetzigen Besitzer des Lokals, auch auf dem Gebiet der Ethno-Musik. Wenn möglich, unterhält er seine Gäste mit heiteren Tarantelle. Verlassen Sie die A 3 bei Sant'Onofrio, dann erreichen Sie leicht das schöne Bauernhaus mit drei gemütlichen kleinen Speisesälen mit Wänden aus freiliegendem Stein. In einem Saal befindet sich ein im Winter immer angefachter Kamin, im Sommer kann man unter einem schönen Laubengang essen. Die Atmosphäre ist fröhlich und gesellig, die Karte unterteilt in Meer und Land. Zu Beginn Salumi, knusprige Pfannkuchen mit Kürbis, schmackhafte Polpettine di carne, einladende **Parmigiana di zucchine** und außergewöhnlich guter in Öl eingelegter Thunfisch der Sorte Alalunga (8 €). Danach exzellente hausgemachte Teigwaren wie ***Fileja*** – in bianco, also ohne Tomaten – **con frutti di mare** oder mit Thunfisch, alternativ mit saftiger **Tomatensauce mit Lamm** (10-12 €) und **Spaghetti alla cipolla rossa di Tropea**. Die rote Zwiebel ist der Star der Zutaten, sie wird auf vielfältige Weise eingesetzt. Unter den Secondi **Spatola ripiena di ricotta e verdura** (mit Ricotta und Gemüse gefüllter Strumpfbandfisch, 12 €), Frittura di pesce azzurro oder Fritto di paranza. Falls das Wetter keinen Fischfang zulässt, gibt es ***Claureja*** (Ziegenhirn mit Tomaten, ein Gericht aus dem Landesinneren), Tagliata und Filet mit Gemüse der Saison. Am Ende hausgemachte Dolci und Eis aus Pizzo. Die Weinkarte ist nicht sehr groß, doch tadellos, mit Schwerpunkt auf Kalabrien.

PIZZO

10 KM NORDÖSTLICH VON VIBO VALENTIA

San Domenico

Restaurant
Via Colapesce, 2–8
Tel. (+39) 349 / 139 02 55,
(+39) 346 / 76 54 43 88
Keine Ferien
30 Plätze + 30 Plätze im Freien
Preise: 30–35 €
Kreditkarten: MC, Visa; BM
Im Sommer und gegen Vorbestellung täglich geöffnet, sonst Freitag- und Samstagabend sowie Sonntag und Feiertage

Auf der schönen Panoramaterrasse, die auf den kleinen Hafen blickt, garantiert Bruno Tassone, der junge tüchtige Koch des Restaurants San Domenico, den Gästen Gerichte, die aus exzellenten Zutaten nach Rezepten der Tradition mit einigen interessanten neuen Ideen zubereitet werden. In Pizzo, dem früheren Hafen der kalabrischen Marine, kann die täglich wechselnde Speisekarte nichts anderes sein als eine Abfolge an Gerichten mit Fisch, ausnahmslos aus lokaler Abstammung. Beginnen könnten Sie mit Spuma di topinambur con seppie croccanti, rapa rossa e il suo nero, Polpo cotto alla piastra (gegrillter Oktopus) mit gegrillten Kartoffeln und Knoblauchsauce (9 €), Alici marinate, gefüllten Kürbisblüten oder aber mit **Involtini di spatola** (Rouladen vom Strumpfbandfisch) aromatisiert mit lokalen Kräutern. Als Primo empfehlen wir die klassischen schmackhaften **Vermicelli con cozze e vongole**, Calamarata, Tagliolini con la bottarga, **Paccheri** con ventresca di tonno e cipolla rossa di Tropea auf einer Creme aus Datterini-Kirschtomaten (11 €) oder die köstlichen Paccheri **con alici e *'nduja*** sowie fabelhaften Reis mit der Tinte des Tintenfischs. Es folgen **Filetto di branzino con patate viola**, pinoli, arancia candita e asparagi (14 €), im Frühling Parmigiana di alici e fiori di zucca, Rouladen und Spieße, die von der Verfügbarkeit des Tagesfangs abhängen. Mit einem Schlückchen des lokal erzeugten Likörs werden die Dolci (5 €) zum Abschluss serviert: **Sfogliatine con crema di mele**, Meringata, Tiramisù dissociato, Cassata rivisitata con coulisse di fragole allo zenzero e crema inglese, Eis und Sorbets. Die Weinkarte verzeichnet eine interessante Auswahl an Etiketten, vor allem aus Kalabrien, doch es gibt auch einige Angebote aus anderen Regionen.

POLISTENA

43 KM NORDÖSTLICH VON REGGIO DI CALABRIA, A 3

Donna Nela

Restaurant-Enoteca
Corso Mazzini, 23
Tel. (+39) 09 66 / 93 29 43,
(+39) 333 / 657 20 20
Ruhetag: Sonntag, Montagmittag
Ferien: 1.–10. September
60 Plätze + 70 Plätze im Freien
Preise: 25–30 €
Alle Kreditkarten; BM
Mittags und abends geöffnet

In der eleganten Altstadt aus den Anfängen des 19. Jahrhunderts, zwischen Portalen aus Granit und raffiniertem Fassadendekor, befindet sich im Inneren eines geschmackvoll renovierten Palazzos – besonders gelungen ist die Wiederherstellung des einstigen Innenhofs – das Donna Nela mit seinem einladenden, originell eingerichteten Speisesaal. Giampiero und seine Frau Erika, beide ebenso kompetent wie enthusiastisch, erarbeiten mit Sorgfalt und ausgehend von ausgezeichneten Zutaten die Speisekarte mit einer Abteilung für Vegetarier. Zu Beginn ein an Kostproben und Geschmack reicher Antipasto (8 €) mit milden und pikanten **Salumi** aus der Tradition Kalabriens (Soppressata, eingerollte Pancetta, Capicollo), Ricotta, Pecorino aspromontano, roter Zwiebel und Zucchini. Alternativ der vegetarische Antipasto mit gegrilltem, gekochtem oder dampfgegartem Saisongemüse, gewürzt mit dem ausgezeichneten lokalen nativen Olivenöl extra, Jungzwiebel mit Aceto balsamico und lokalem Käse aus Kuhmilch. Große Auswahl bei den Primi, neben der klassischen **Stroncatura** (8 €) auch Cortecce mit Kichererbsen und Pancetta, **Scialatielli alla mediterranea** (mit Sauce aus Auberginen, roter Zwiebel, schwarzen Oliven und Peperoncino) sowie Pennette *'nduja* e ricotta in salsa rosa. Im Mittelpunkt der Secondi steht das hervorragende Fleisch des lokalen Kalbs: auf verschiedene Arten gewürzte Tagliate, gegrillte Rouladen (9 €) und **Filetto ubriaco** mit Rotwein. Außerdem vielfältig zubereitete Gemüsegerichte. Gute Torten (4 €) am Ende des Essens. Hervorragend bestückter Weinkeller, Giampiero wählt die besten Etiketten aus der Umgebung, Kalabrien oder dem übrigen Italien. Sie können die Weine auch in der dem Lokal angeschlossenen Enoteca kaufen, außerdem Hochprozentiges, Spezialitäten und einige Slow-Food-Presidi.

Baylik

Restaurant
Vico Leone, 1–5
Tel. (+39) 09 65 / 486 24,
(+39) 338 / 787 63 75
Kein Ruhetag
Keine Ferien
80 Plätze
Preise: 25–35 €
Alle Kreditkarten; BM
Mittags und abends geöffnet

Seit den 1950er Jahren wird die kulinarische Tradition der Stadt an der Meerenge von Messina auf unnachahmliche Weise von Familie Zappia vertreten. Das Lokal im Viertel Santa Caterina blickt auf den Hafen und wurde durch die neu gebaute Umgehungsstraße leider etwas in Mitleidenschaft gezogen. Nato, der Sohn des Gründers Giovanni, setzt die Aktivität der Familie fort, indem er den typischen lokalen Rezepten einen Hauch Leichtigkeit und einen neuen Ton gibt. Absoluter Protagonist in der Küche ist der Fisch von der Küste um Reggio, frisch, ausgesucht und nach gewollt einfachen Rezepten verarbeitet, um den Gästen den ursprünglichen Geschmack des Ausgangsmaterials zu erhalten. Als Eröffnung rohe und gekochte Antipasti di mare, von deren frischen Salaten Sie keinesfalls **Insalata** di mare und **di grano all'agro** (mit Weizenkörnern, Gemüse und Orangenspalten, 9 €) versäumen sollten. Außerdem **Alici marinate**, Polpo al vapore (über Dampf gegarter Oktopus) und Biscotto con caponata. Fortsetzung mit den großen Klassikern der Fischküche, gute Gnocchetti con gamberetti, Spaghettini al pesce azzurro mit Oliven und Bottarga sowie **Carbonara di pesce** (12 €). Nicht weniger exzellent sind die Secondi mit ihrer großen Bandbreite an frittiertem und gebratenem Fisch. Probieren Sie **Parmigiana di mare** (12 €), einem Auflauf mit Schichten von Auberginen und Filets vom Strumpfbandfisch. Daneben gibt es reichhaltige gemischte Grillteller. Zum Abschluss **Sorbetto al bergamotto**, jener Zitrusfrucht, die zum Symbol der Stadt geworden ist, und gutes hausgemachtes Eis. Auf der ausgewogenen Weinkarte sind neben einer angemessenen Präsenz an kalabrischen Weinen einige gute Etiketten aus anderen Regionen verzeichnet. Das köstliche Bier wird vom Pub Malto Gradimento zur Verfügung gestellt.

10 KM NORDWESTLICH VON COSENZA

Hostaria de Mendoza

Restaurant
Piazza degli Eroi, 3
Tel. (+39) 09 84 / 44 40 22,
(+39) 348 / 928 00 60
Ruhetag: Dienstag, im Juli Sonntag
Ferien: 3 Wochen im August,
24., 25., 31. Dezember
46 Plätze
Preise: 30 €
Kreditkarten: CS, MC, Visa; BM
Mittags und abends geöffnet

Auf einer gepflegten Piazzetta im kleinen Ort Rende ist in einem schönen Palazzo aus dem 16. Jahrhundert, der Zeit der Herrschaft der De Mendoza, die gleichnamige Hostaria beheimatet. Signora Elisa leitet mit größter Kompetenz dieses Lokal, in dem Sie die Gerichte der besten kulinarischen Bergtradition Kalabriens genießen können. Auch wenn es sich nicht um eigene Erzeugnisse handelt, so werden doch lokale Zutaten verwendet, die die Hausherrin selbst auswählt und die Schwiegertochter Maria Beatrice auf exzellente Weise verarbeitet. Probieren Sie von den Antipasti **Fonduta al tartufo nero** (mit dem schwarzen Trüffel aus dem Pollino) **con crostini** (9 €) sowie Guanciale alle noci con miele e frutta. Die Primi, mit frisch gemachter Pasta, sind alle ausgezeichnet: Ravioli al basilico ripieni di formaggio con salsa al gorgonzola e pistacchio und **Pappardelle al ragù di cinghiale** (8 €) sowie Risotto und Tagliatelle, in der entsprechenden Saison mit Pilzen und Trüffeln. Ebenso köstlich Zuppa di fagioli e porcini (8 €). Aus dem gut strukturierten Angebot an Secondi – alle Fleischstücke zeichnen sich durch besondere Zartheit aus – stechen Filetto di maiale in crosta di pistacchio con mousse di ricotta (16 €) und **Lombo di cervo con fondo al Porto e cipolle caramellate** (Lendenstück vom Hirsch, 18 €) hervor, doch auch Costolette di agnello a scottadito (13 €) und Kalbsfilet alla brace in verschiedenen Garstufen sind empfehlenswert, ebenso wie Tagliata mit köstlichen, hausgemachten Saucen. Zum Abschluss Millefoglie con cioccolato e nocciole oder mit Waldbeeren, Sbriciolata, **Crema di mascarpone con pistacchi** (4 €) und Crema catalana. Der kleine, gepflegte Keller besticht durch niveauvolle Etiketten aus Kalabrien und dem übrigen Italien, präsentiert werden sie kompetent von Antonio, Elisas Sohn.

SANTO STEFANO IN ASPROMONTE
Mannoli

29 KM NORDÖSTLICH VON REGGIO DI CALABRIA

Le Fate dei Fiori

Restaurant • Via Nazionale, 55
Tel. (+39) 09 65 / 74 90 15,
(+39) 328 / 810 31 57
Keine Ferien
30 Plätze + 15 Plätze im Freien
Preise: 30–35 €
Kreditkarten: CS, MC, Visa; BM
Im Sommer täglich mittags und abends geöffnet, sonst Freitag–Sonntag und Feiertage

Im Parco d'Aspromonte, in drei Kilometer Entfernung von Gambarie, einem von Touristen, die Ski fahren und ein unverschmutztes Meer genießen wollen, gern besuchten Urlaubsort, bietet das Hotelrestaurant von Enzo und Teresa Milasi die Möglichkeit, die gute, aus exzellenten Zutaten gemachte kalabrische Küche kennenzulernen. In den gepflegten Räumlichkeiten werden Sie mit familiärer, liebenswürdiger Aufmerksamkeit betreut. Patron Enzo hegt größten Respekt für die Erzeuger, welche die von ihm verwendeten Zutaten angebaut oder aufgezogen haben und legt viel Wert auf die richtige Art der Zubereitung und die Beilagen. Im Herbst können Sie zum Beispiel Caciocavallo di Ciminà mit Steinpilzen aus dem Aspromonte probieren, Cestino di canestrato con cavatelli di pasta fresca, salsiccia di suino nero dei Nebrodi e porcini, **Quaglia farcita** (gefüllte Wachtel) und Rosmarin-Kartoffeln und schließlich **Tortino caldo di cioccolato**. Im Sommer speisen Sie auf der angenehmen Terrasse, im Winter wärmen Sie sich am Feuer im Kamin, über dem **Polenta** aus einem hervorragenden lokalen Maismehl köchelt. Doch auf der Karte stehen noch viele weitere Gerichte: **Tagliatelle con ragù di cinghiale**, im Lauf der Jahreszeiten wechselnde Risotti, **Stinco di maiale con lenticchie** oder Tagliata und bei den Desserts Biancomangiare alle mandorle di Noto und Dolce di ricotta con pistacchi di Bronte. Das Menü ist, wenn möglich, „natürlich" glutenfrei (Teigwaren und Brot sind hausgemacht) und das Lokal nimmt an „Resistenza casearia", dem Projekt zur Rettung selten werdender Käsesorten von Slow Food, teil. Die Merkmale der Exemplare der gepflegten Käseauswahl werden beschrieben und auf der Speisekarte sind auch die Erzeuger verzeichnet. Ausschließlich kalabrische Produkte stehen auf der kompetent zusammengestellten Weinkarte.

SCALEA

92 KM NW V. COSENZA, 50 KM V. LAGONEGRO, S.S.18

La Rondinella

NEU

Restaurant
Piazza Principe Spinelli, 1
Tel. (+39) 09 85 / 913 60
Ruhetag: Sonntag, außer im Sommer
Keine Ferien
42 Plätze + 12 Plätze im Freien
Preise: 22–25 €
Kreditkarten: CS, DC, MC, Visa; BM
Mittags und abends geöffnet

Es gibt noch Leben in Scalea, nach Jahrzehnten von wildem Tourismus, Bauspekulation und Zerstörung der Küste und der Identität. Es gibt noch Leben dank dem La Rondinella, der Osteria, die Francesca – nach einigen Monaten Stilllegung – von ihren Eltern übernommen hat, da diese sich mittlerweile nur mehr der Landwirtschaft widmen. Aus diesem Familienbetrieb kommt der Großteil der Produkte für eine Küche, die bewusst einfach und traditionell bleiben will. Auf einer Tafel am Eingang stehen die täglich wechselnden Gerichte in moderater, doch stets vertrauenswürdiger Auswahl. Zu Beginn ein Brett mit Antipasti (8 €), darauf Crespelle fritte, **Melanzane fritte con pomodorini**, selbst gemachter Prosciutto, in der Pfanne mit Zwiebel und Stücken von roten, getrockneten Paprikaschoten gewürzte Zucchini und einige kleine Omeletts. Unter den Primi **Spaghetti alla scaleota** (7,50 €) mit Sardellen, Kirschtomaten und Brotkrumen sowie die traditionellen Lagane con fagioli (7 €). Ausgezeichnet im Anschluss **Costine di maiale** (in Rotwein, mit Pfeffer und Gewürzen marinierte Rippenstücke vom Schwein, die im Holzofen gebraten werden, 8 €), und Braciole di cotica (in Tomatensauce gekochte und gewürzte Rouladen aus Schwarten). Selbst die Desserts (5 €) wechseln täglich – neben den traditionellen Torten und **Crostate** finden Sie auch Experimentes, das seinen Ursprung in Francescas Passion für Süßspeisen hat. Köstliches Brot aus einem kleinen Betrieb. Die Weinkarte ist begrenzt, aber mit Intelligenz und Integrität zusammengestellt. Den Mühen des Vaters ist der ordentliche Rotwein des Hauses zu verdanken. Ein paar Meter von der Osteria entfernt befindet sich auf einer hübschen kleinen Piazza ein Laden, in dem Sie die Produkte des Betriebs zum Mitnehmen kaufen können.

SELLIA MARINA
La Petrizia

24 KM NORDÖSTLICH VON CATANZARO, S.S. 106

Alla Vecchia Osteria U Nozzularu

Trattoria
Ortsteil La Petrizia
Tel. (+39)0961/96 98 54, (+39)328/263 07 84
Ruhetag: Montag, außer im Sommer
Ferien: Oktober
85 Plätze + 70 Plätze im Freien
Preise: 25–30 € • Kreditk.: CS, DC, MC, Visa; BM
Abends geöffnet, im Sommer und Feiertage auch mittags

Zwischen Crotone und Catanzaro befindet sich in einem einstigen Lager für die Rückstände aus der Ölpressung – der praktisch unversehrte Mahlstein ist noch zu sehen – eine Trattoria mit Mauern aus freiliegendem Stein und Holzbalken unter dem Dach. Die gemütliche, einladende Atmosphäre ist Patron Peppino Camastra zu verdanken, einem jungen Agronomen, der die Bauern der Umgebung kennt und auf Zutaten der Null-Kilometer-Philosophie setzt. Aus dem besten Getreide mahlt sein Cousin, der Müller, Mehl für **Pizza** aus dem Holzofen und hausgemachte Teigwaren. Das Gemüse und die Hülsenfrüchte für die langsam in den Tongefäßen *Pignate* köchelnden Suppen sind selbst angebaut. Sie finden sie auch in Beilagen und dem Antipasto misto: köstlich schmecken **Fave *vaianate***, Dicke Bohnen, in der Pfanne mit Knoblauch, Peperoncino und Semmelbröseln gewürzt. Außerdem lokale Salumi und Büffelmozzarella von einem befreundeten Züchter aus der Umgebung, von dem auch das Fleisch für den schmackhaften Braten und die Sauce auf den Gnocchi kommt. Probieren Sie bei den Primi **Scilatelli alla Nozzularu** (9 €) mit der roten Zwiebel aus Tropea und Saisongemüse oder mit Ragù di maiale oder aber mit schwarzen Oliven und Pilzen. Fleisch dominiert die Secondi: **Zicklein** – Kaninchen oder Lamm – **aus dem Ofen mit Kartoffeln** (12 €) oder gegrilltes Fleisch vom Podolica-Rind. Als Alternative **Melanzane ripiene** (gefüllte Auberginen, 9 €). Hausgemachte Dolci und Eis aus Pizzo zum Abschluss, zu trinken respektable Etiketten aus Kalabrien. Das Degustationsmenü kostet 25 €, Hauswein inbegriffen.

■ In **Soveria Simeri** (10 km) erzeugt der landwirtschaftliche Betrieb Salazar im Ortsteil Guglielmina hervorragenden Pecorino und seit ein paar Jahren mit Erfolg auch Joghurt, Mozzarella, Ricotta und Edelschimmelkäse aus Büffelmilch.

SERRASTRETTA

34 KM NW. V. CATANZARO, 30 KM V. LAMEZIA TERME

Il Vecchio Castagno

Restaurant
Via Alvaro, 1
Tel. (+39) 09 68 / 810 71, (+39) 339 / 841 01 15
Ruhetag: Dienstag
Keine Ferien
90 Plätze
Preise: 25–30 €
Kreditkarten: CS, MC, Visa; BM
Mittags und abends geöffnet

Die Mühen der Fahrt in die Sila der Provinz von Catanzaro werden durch den Duft des Unterholzes wettgemacht – mit Pilzen, Esskastanien und Heilkräutern – und den Geschmack der Gerichte von Delfino Maruca, der mit seiner Frau Annarita und dem Rest der Familie diese moderne Osteria betreibt. Außerdem können Sie die schönen Stühle im Ort bewundern, deren Design weltweit jahrhundertelang von einer alteingesessenen lokalen Werkstatt vorgegeben wurde. Doch nun zur schönen, großen und ordentlichen Küche, aus der die guten Gerichte kommen: als Antipasti (10 €) Salumi aus kleinen Betrieben, Käse, Ricotta und verschiedene **hausgemachte Sottoli**. Es folgen Primi mit frisch gemachter Pasta (6,50 €): **Garganelli con crema di carciofi**, Tagliatelle di ortica (mit Brennnesseln im Teig) oder aus Esskastanienmehl sowie Gnocchi di borragine (aus Boretsch) mit saisonalen Saucen. Bei den Secondi (8,50 €) paniertes Lammfleisch, **Maiale con castagne e bacche di ginepro**, Tortino di baccalà con crema di ceci sowie ***U provaturu***: Das mit dem Messer geschnittene Schweinefleisch für die Würste wird mit Gewürzen, Salz und Peperoncino gewürzt und vor dem Einfüllen in die Därme einem alten Brauch folgend „zum Probieren" in der Pfanne gebraten. Unter den hausgemachten Dolci Mousse, Semifreddi, **Praline di castagne** und das Eis Tartufo, originellerweise in Pilzform. Untadeliger Keller mit Etiketten aus Kalabrien, einigen Flaschen aus dem übrigen Italien sowie Likören und Kräuterbittern aus kleinen Betrieben. Bitten Sie vor der Abreise, einen Blick in die Vorratskammer werfen zu dürfen, in der die Würste hängen, die bei Ihrem nächsten Besuch gereift sein werden.

„Der Enthusiasmus, mit dem Delfino und seine Familie ihre Osteria betreiben, hat diese zu einem Fixpunkt für die Liebhaber der Küche dieser Gegend gemacht."

SERSALE

40 KM NORDÖSTLICH VON CATANZARO, S.S. 106

Scacco Matto

Trattoria
Via Salita De Seta, 29
Tel. (+39) 333 / 733 41 60
Ruhetag: Montag, außer im August
Ferien: 1.–15. September
30 Plätze + 8 Plätze im Freien
Preise: 15–20 € (Tagesmenü)
Alle Kreditkarten; BM
Mittags und abends geöffnet

Das hübsche kleine Dorf im Hinterland von Catanzaro ist von der Straße an der Küste des Ionischen Meeres, der Strada Statale 106 aus leicht zu erreichen. Es befindet sich in perfekter Lage für alle, die gerne ans Meer fahren, aber auch für schöne Spaziergänge (in der Nähe des Naturparks Valli Cupe und dem Gebirge Sila Piccola) zu gewinnen sind. In Raffaella und Mario Rizzutis gemütlichem Lokal, dessen Wände mit Plakaten von Autorenfilmen tapeziert sind, heißt der Patron seine Gäste persönlich willkommen. Mit angemessenem Detailreichtum beschreibt er die Ingredienzen, die in der Küche verarbeitet werden. Der klassische Antipasto ist ein Spiegel der Berglandschaft mit gutem lokalen Prosciutto, in Öl eingelegten Pilzen, **Polpette di patate con *'nduja***, warmer Focaccia mit gebratenen Paprikaschoten und einem köstlichen halbreifen Pecorino, der mit Akazienhonig serviert wird. Als Primo empfehlen wir die Spezialität des Hauses, hausgemachte frische Pasta, die über eine Stricknadel gerollt wird: ***Imparrettati* al ragù di cinghiale**. Als Alternative Tagliolini mit Steinpilzen aus der Sila, mit gehobeltem Scorzone, dem schwarzen lokalen Trüffel, bestreut. Das Secondo wählen Sie unter Kalbsrouladen, gefüllt mit dem guten Provola-Käse aus diesem Gebiet, Grigliata mista vom Schwein und einer ausgezeichneten **Bistecca di maiale con porcini arrosto** und in der Pfanne gewürzten Kartoffeln aus der Sila. Ein erstaunlicher Hauswein nur aus Gaglioppo-Trauben und einige Etiketten aus der Gegend von Cirò begleiten das Essen. Abschluss mit typischen Dolci und einem guten Digestif aus in der Umgebung gesammelten Kräutern. Da es nur wenige Plätze gibt, sollten Sie reservieren.

Besuchen Sie in der Via Michele Bianchi die Pasticceria De Fazio oder die Gelateria Dolce Sila in der Nähe der Grundschule.

SIDERNO
Siderno Marina

106 KM NÖ. V. REGGIO DI CALABRIA, 72 KM V. VIBO VALENTIA

U Ricriju

Traditionelle Osteria
Via Circonvallazione, 173
Tel.(+39) 09 64 / 38 03 99,
(+39) 389 / 968 72 28
Ruhetag: Sonntag
Ferien: unterschiedlich
60 Plätze
Preise: 20–25 €
Kreditkarten: AE, MC, Visa; BM
Mittags und abends geöffnet

NEU

Emìse immasto ecìno ti trògome (Wir sind, was wir essen): Dieser am Eingang angeschriebene Satz repräsentiert die Essenz der Osteria von Ciccio Trichilo, einem jungen, doch erfahrenen Koch, der das kalabrische Repertoire beherrscht und das Lokal rundum belebt. Die Zutaten für die einfachen, schmackhaften Gerichte entsprechen der Null-Kilometer-Philosophie (Honig, **Salumi vom schwarzen Schwein der Calabrese-Rasse**, verarbeitete Bergamotte, Konfitüren, Sottaceti und Wein können Sie auch zum Mitnehmen kaufen). Zu Beginn eine Reihe an Kostproben (12 €): **Bruschette con *'nduja***, getrocknete Salsiccia mit Wildfenchel, Käse und Ricotta mit Konfitüre aus Bergamotte, Blumenkohl *friddu c'acitu*, Polpette di zucca, ***Crispeddi c'alici*** (Pfannkuchen mit Sardellen), Frosa (Omelett aus Wasser und Mehl), Sottaceti und *Patati e pitteji* (Kartoffeln und Pfannkuchen). Fortsetzung mit **Pasta di *farina i jermanu*** (aus Roggenmehl) ***cu porcini e pumadurelli i resta*** (mit Steinpilzen und getrockneten Kirschtomaten, 6 €) und Pasta *cu 'zzinurra* (mit wilden Karden) und Salsiccia. Als Secondo ***Purpetti* all'arangara** (8 €), große Bällchen aus mit dem Messer gehacktem Fleisch in Tomatensauce (8 €) sowie exzellente **Alici *chjini*** (gefüllte Sardellen). Gegen Vorbestellung ***Crapa a cardola***, 15 Stunden über dem Feuer einer Kerze im Tontopf gekochtes Ziegenfleisch und nach einer uralten Technik unter der Erde gegartes Ziegenfleisch. Guter Wein aus den Trauben Nerello, Greco nero und Gaglioppo. Als Alternative einige Etiketten aus Kalabrien. Zum Abschluss **Crema *vrusciata*** (Crème brulée aus Ziegenmilch, 3 €) und Verdauungstees aus Johannisbrot, Süßholzwurzel, Feigen und Lorbeer.

In **Marina di Gioiosa Jonica** (6 km) kaufen Sie bei Cantina Micuicola, Via Torre Vecchia I, die interessantesten Produkte aus der Umgebung und viele Slow-Food-Presidi.

SIDERNO
Siderno Superiore

101 KM NÖ. V. REGGIO DI CALABRIA, 14 KM V. LOCRI, S.S. 106

Zio Salvatore

Trattoria
Piazza San Nicola
Tel. (+39) 09 64 / 38 53 30,
(+39) 334 / 243 81 77
Ruhetag: Dienstag • Ferien: 1.–15. September
100 Plätze + 50 Plätze im Freien
Preise: 20–28 € (mit Hauswein)
Kreditkarten: CS, DC, MC, Visa; BM
Abends geöffnet, mittags gegen Vorbestellung

Siderno kann, wie viele kalabrische Orte, als ein zweigeteiltes Dorf angesehen werden, mit einer Marina, der anonymen Siedlung an der Küste, und einer Altstadt auf dem Hügel mit der Piazza der Kirche San Nicola, auf der diese Osteria steht, repräsentativ für ihre Umgebung. Geführt wird sie von Familie Fragomeni, der Hüterin der einfachen Küche der besten kalabrischen Tradition. Man betritt gemütliche Räumlichkeiten, die als Bar genutzt werden – im Sommer kann man auch auf einer schönen Terrasse speisen –, und begreift augenblicklich, dass hier die Substanz zählt und nicht das Dekor. Gekocht werden saisonale bäuerliche Gerichte und obwohl das alte Schild in den Ruhestand geschickt und durch ein moderneres ersetzt wurde, entspricht die Philosophie doch der Küche der Großmütter aus dem Gebiet von Locri. Auf der Karte steht der typische Antipasto (6 €) der kalabrischen Trattorien, bestehend aus gegrilltem oder **gefülltem Gemüse** (Auberginen, Paprikaschoten oder Artischocken, je nach Jahreszeit), Pfannkuchen und Aufläufen, frischem oder gereiftem Schafkäse, Capocolla und Soppressata. Hausgemachte Pasta ist die Spezialität des Lokals: Probieren Sie unbedingt **Maccheroni al ferretto** (um einen quadratischen Eisenstab gerollte Nudeln, 6 €) **con il sugo delle polpette** oder mit gebratenen Kirschtomaten und gereifter Soppressata und im Sommer Lasagna mit Gemüse. Unter den Secondi finden sich stets **Polpette di carne e pane raffermo al sugo di pomodoro** (Bällchen aus Fleisch und getrocknetem Brot in Tomatensauce), Salsiccia und **Braciole arrosto** (gebratene Rouladen, 8 €). Zum Abschluss das Eis Tartufo di Pizzo. Zu trinken gibt es offenen Rotwein aus autochthonen Trauben, den die Familie selbst herstellt – dies gilt auch für die exzellenten Wurstwaren aus dem Fleisch der Schweine aus der Umgebung.

TROPEA

30 KM WESTLICH VON VIBO VALENTIA, S.S. 522

Osteria del Pescatore

Trattoria
Via del Monte, 7
Tel. (+39) 09 63 / 60 30 18,
(+39) 347 / 531 89 89
Kein Ruhetag
Ferien: Anfang November–Ende März
36 Plätze + 12 Plätze im Freien
Preise: 30–35 €
Keine Kreditkarten
Abends geöffnet, im Sommer auch mittags

Das gemütliche Lokal in einer der vielen typischen Gässchen in der Altstadt von Tropea, in dem man die Atmosphäre eines ganz normalen Haushalts spürt, wird seit 1980 von einer Familie geleitet, die seit Generationen in der Fischerei tätig ist. Daher sind frische Zutaten immer garantiert. **Frittura mista di pesce** (15 €) ist der beste Beweis, denn normalerweise findet man keine Seezungen in diesem Gericht. Gerardo und Francesca, die die Gäste begrüßen, sind Schwager und Schwägerin, Anna, Gerardos Frau und die andere Schwägerin, Rosalba, bereiten in der Küche die Gerichte zu. Das Essen mit dem Antipasto della casa (12 €) zu beginnen, ist eigentlich Pflicht. Hier gilt unser Lob neben den **Polpette di pesce**, dem gegrillten Gemüse und der Königin aller Gerichte Tropeas, der roten, in unserem Fall marinierten, Zwiebel, auch dem Käse, nämlich Pecorino di Monte Poro. Außerdem ***'Nduja***, die weiche, hier nicht extrem scharfe Wurst, fast wie ein Zugeständnis an alle, die sie nicht schätzen würden, wenn sie auf traditionelle Weise zubereitet wäre, und ein weiteres typisches Gericht der Gegend, ***Pittea di cicinnea*** (Pfannkuchen aus Mittelmeersandaalen mit Semmelbröseln, Knoblauch, Oregano und Peperoncino) oder mit Sardellen. Doch das Gericht, das am besten die Verbindung des Lokals mit seiner Umgebung beschreibt, ist ein Primo, und zwar **Fileja alla tropeana** (9 €), frische Pasta aus Wasser und Mehl, serviert in einer Tonschüssel mit dem Gemüse der Saison, Pecorino und Zwiebel. Fileja können Sie auch mit Mies- und Venusmuscheln bestellen oder mit einer Sauce mit der Tinte des Tintenfischs. Als Secondi gibt es neben der Frittura mista **Spatola arrosto** (gebratener Strumpfbandfisch) und den Tagesfang vom Grill. Der Wein – offen oder in der Flasche – stammt aus Kalabrien.

SARACENA

71 KM NORDWESTLICH VON COSENZA

Porta del Vaglio

Moderne Osteria
Vico Primo Santa Maria Maddalena, 12
Tel. (+39) 09 68 / 66 66 68
Ruhetag: Montag-, Dienstagabend
Ferien: 15.–30. Januar
28 Plätze
Preise: 40 €
Kreditkarten: MC, Visa; BM
Mittags und abends geöffnet

Am Fuß des Pollino-Gebirges ist eine moderne Osteria zum Fixpunkt für alle Liebhaber der guten Küche geworden. Geführt wird sie von Gennaro De Pace, 29 Jahre alt und aus der Emilia Romagna zurückgekehrt, mit Hilfe seiner Partnerin Rossana. Experimentierfreudigkeit und Innovation machen die Einzigartigkeit der Gerichte aus, für die Zutaten der Umgebung mit einem unverrückbaren Respekt für die Jahreszeiten verarbeitet werden. Zu Beginn Polpo al pistacchio su crema di ceci e olive nere (€ 9), Tartara di manzo podolico (€ 9) con grissini al peperoncino, liquirizia e finocchietto sowie Focaccine (kalabrisches Fladenbrot) mit Zwiebel oder mit Essiggurken und mit Zitrone aromatisierter „Butter" aus Olivenöl. Als Primi Paccheri aglio olio e peperone (9 €) und Reis aus Sibari mit Artischocken und Garnelen. Bei den Secondi Agnello laccato alla melassa di fichi (12 €) sowie Filetto di manzo podolico al pepe verde. Süßer Ausklang mit Marquise al cioccolato nero e caffè con crema inglese (6 €). Der Keller wird fortlaufend mit den besten Etiketten aus Kalabrien vervollständigt.

SOVERIA MANNELLI

41 KM NORDÖSTLICH VON CATANZARO

La Rosa nel Bicchiere

NEU

Restaurant mit Übernachtungsmöglichkeit
Ortsteil Polso
Tel. (+39) 09 68 / 66 66 68
Ruhetag: Sonntagabend, Montag
Ferien: 6. Januar–Ende März
60 Plätze
Preise: 35 €
Alle Kreditkarten; BM
Mittags und abends geöffnet

Auf einem der Hügel um den Ortskern entstand das Lokal La Rosa nel Bicchiere, dessen Name von einem Gedicht Franco Costabiles inspiriert wurde, auf Initiative der Verlegerfamilie Rubbettino. Das Projekt begann vor ein paar Jahren mit der Renovierung einer ländlichen Siedlung mit alten Bauernhäusern und einem Gutshof. In der Küche des Restaurants haben wichtige kalabrische Köche ihren Beitrag geleistet; heute liegt sie in den Händen des jungen Orazio Lupia, der die Gerichte der Umgebung in interessanten Neuinterpretationen präsentiert. Einige Beispiele sind Insalata di baccalà e patate con pomodori di Belmonte e cipolla di Tropea (9 €), Risotto con pomodori secchi, arancia e bottarga (9 €), Rollé di maiale mit dem Gemüse der Saison als Beilage (12 €) und zum Abschluss Torta di cioccolata con crema di mandorle (4 €).

SPEZZANO DELLA SILA – Camigliatello Silano

31 KM ÖSTLICH VON COSENZA, S.S. 107

La Tavernetta

Restaurant
Ortsteil Campo San Lorenzo, 14
Tel.(+39) 09 84 / 57 90 26
Ruhetag: Montag
Ferien: unterschiedlich
80 Plätze
Preise: 50 €
Alle Kreditkarten; BM
Mittags und abends geöffnet

Mitten im Parco della Sila Grande gelegen, einem an Pilzen und exzellenten Produkten aus dem Unterholz reichen Gebiet, entspricht das La Tavernetta von Pietro und Denise Lecce ganz und gar nicht dem Stereotyp eines Pilzrestaurants; es ist vielmehr ein Lokal hochstehender Küche mit Öffnung in Richtung Recherche und Innovation, in dem die Erzeugnisse der Umgebung und traditionelle Rezepte zur Geltung gebracht werden. Zu Beginn Prosciutto vom schwarzen Schwein der Calabrese-Rasse, Wurst vom Podolica-Rind und Pancotto con pomodori e porcini. Bei den Primi Fusilli al ferretto con ragù di cinghiale, Spaghetti all'acqua di pomodoro und Ravioloni di porcini al tartufo (14 €). Boccone reale steht seit 1985 auf der Speisekarte, es handelt sich um ein Kalbsfilet auf knusprigem Brot mit Steinpilzkappen. Raffinierter ist ein Gericht, das dem schwarzen Schwein der Calabrese-Rasse gewidmet ist: Filetto steccato con radice di liquirizia e petto laccato con miele di fichi (mit Süßholzwurzel gespicktes Schweinefilet und mit Feigenmelasse lackierte Brust vom Schwein), serviert mit Patate all'olio e timo e gelatina di clementine (16 €). Ausgezeichnete Auswahl an Käse aus Kalabrien und eine schier unbegrenzte Weinauswahl mit tausend Etiketten aus der ganzen Welt.

TYRRHENISCHES
USTICA
Ustica
S. Vito lo Capo
PALERMO
Monreale
Bagheria
S. Flavia
Castellammare d. Golfo
Erice
Trapani
Paceco
ÄGIDISCHE INSELN
Marettimo
MARETTIMO
Favignana
FAVIGNANA
Piana d. Albanesi
Belmonte Mezzagno
A19
A29d
A29
Alcamo
S. Giuseppe Jato
Caccamo
Corleone
Marsala
Capo Boeo
Partanna
Castelvetrano
Belice
Chiusa Sclafani
Cammarata
Mazara d. Vallo
Caltabellotta
Bivona
S. Stefano Quisquina
Menfi
S. Angelo Muxaro
Sciacca
Platani
Joppolo Giancaxio
Montallegro
Agrigent
Porto Empedocle
MITTELMEER
LINOSA
PELAGISCHE INSELN
Pantelleria
PANTELLERIA
LAMPIONE
Lampedusa
LAMPEDUSA

MEER
STROMBOLI
ÄOLISCHE ODER LIPARISCHE INSELN
PANAREA
FILICUDI
SALINA
S. Marina
Salina
Leni
ALICUDI
LIPARI
Lipari
VULCANO
C. Peloro
Str. v. Messina
Villafranca Tirrena
Milazzo
Messina
Capo d'Orlando
Terme Vigliatore
Patti
Barcellona-Pozzo di Gotto
Naso
Sinagra
Capri Leone
Castroreale
S. Piero Patti
S. Agata Militello
S. Salvatore di Fitalia
Réggio di Calábria
Cefalu
Longi
Galati Mamertino
Novara di Sicilia
A20
Roccalumera
Tusa
Taormina
S. Alessio Siculo
Castelbuono
Randazzo
Petralia Sottana
Castiglione di Sicilia
Giardini-Naxos
Polizzi Generosa
Gangi
3323 M. Etna
Mascali
Castellana Sicula
Petralia Soprana
Nicosia
Simeto
Milo
Giarre
Adrano
A18
IONISCHES MEER
Acireale
Paterno
Aci Castello
Enna
A19
Catania
Caltanissetta
Aidone
Golf von Catania
Piazza Armerina
Lentini
Ravanusa
Augusta
Caltagirone
Campobello di Licata
Buccheri
Niscemi
Syrakus
Palazzolo Acreide
Chiaramonte Gulfi
A18
Licata
Gela
Golf von Gela
Comiso
Ragusa
Noto
Avola
Vittoria
Modica
Golf von Noto
Scicli
Rosolini
Pachino
Portopalo di Capo Passero
Pozzallo
C. Passero
0
15
30 km

SIZILIEN

Essbare Wildpflanzen haben in Notzeiten oder in anderen Situationen, in denen eine sparsame Küche auf der Tagesordnung steht, seit jeher große Bedeutung. Wild wachsende Früchte und Gemüsesorten werden jedoch auch verwendet, weil sie einfach gut schmecken, vor allem an jenen Orten, wo noch Traditionsrezepte weitergegeben werden.
In Sizilien werden Pflanzen dieser Art besonders häufig in den hügeligen und gebirgigen Gegenden der Monti Iblei, des Ätnas, der Monti Nebrodi und der Monti Madonie verwendet. Wildgemüse gedeiht freilich auch in den Küstengebieten und Ebenen, es wird auf volkstümlichen Märkten in den Städten angeboten. Man denke nur an den weit verbreiteten Gebrauch von Wildfenchel in der Festlands- und Meeresküche.
In der Gastronomie finden wir vor allem im Inselinneren zahlreiche relevante Beispiele für schmackhafte Gerichte aus Wildpflanzen – in Rezepten für Pastagerichte, Risotti, Suppen, Salate, Omeletts, Küchlein oder Klöße. Beispiele dafür sind *Spariciu sarbaggiu* (wilder Spargel), Borretsch, *Carduni* (wilde Artischocken), Mariendisteln, *Cavuliceddu* (Brassica fruticulosa aus der Familie der Brassicaceae), Sparacogna (Triebe von Tamus communis, gekocht essbar, Beeren und Wurzeln hingegen sind giftig; Anm. d. Red.), außerdem wilder Mangold, für den es zahlreiche Dialektbezeichnungen gibt, etwa *Aiti, Anciti, Giri, Zarchi, Mazzareddi* oder *Sacchi sabbaggi*.

Für Sie entdeckt

Bieta selvatica

784 Da Calogero
Bivona (Ag)
784 U Locale
Buccheri (Sr)
807 Maria Fidone
Modica (Rg)
822 Anzalone
San Cataldo (Cl)

Borragine

801 A Maidda
Lentini (Sr)
811 Andrea
Palazzolo Acreide (Sr)
811 Lo Scrigno dei Sapori
Palazzolo Acreide (Sr)
832 Le Giare
Tusa (Me)

Asparago

787 San Martino de Kamerata
Cammarata (Ag)
794 Villa Rainò
Gangi (Pa)
806 La Rusticana
Modica (Rg)
812 Trattoria del Gallo
Palazzolo Acreide (Sr)
827 Fratelli Borrello
Sinagra (Me)

Cavuliceddu und Sparacogna

790 Cave Ox
Castiglione di Sicilia (Ct)
805 4 Archi
Milo (Ct)
821 San Giorgio e il Drago
Randazzo (Ct)

ACI CASTELLO
Aci Trezza

12 km nordöstlich von Catania, S.S. 114

Gente di Mare

NEU

Trattoria
Via Dietro Chiesa, 22
Tel. (+39) 095 / 817 87 81
Ruhetag: Montag
Ferien: 2 Wochen im November
36 Plätze
Preise: 27–30 €
Kreditkarten: CS, DC, MC, Visa; BM
Abends geöffnet, Feiertage auch mittags

Im Ortsteil Aci Trezza – nicht weit vom kleinen Hafen mit Ausblick auf die legendären Klippen der Zyklopeninseln – führt gleich nach der Kirche San Giovanni eine schmale Straße zu dieser Trattoria mit einfacher, herzlicher Atmosphäre. Sie entstand im Rahmen eines Projekts der Fischereigenossenschaft und wird von Rocco Petronio, einem achtsamen Kenner der Fischereibranche, geführt. Er bedient zusammen mit Danilo die Gäste, während Anna mit Pinas Unterstützung in der offenen Küche werkt. Die Aufwertung lokaler Fischarten, darunter solcher, die in der Gastronomie gewöhnlich ignoriert werden, und die jahreszeitliche Anpassung der Zutaten kennzeichnen das Menü bereits ab dem Antipasto misto (drei Varianten für 5, 8 und 13 €). Wer die üppigste Variante wählt, kann mit mindestens vierzehn schmackhaften Kostproben rechnen, wie Alici e gamberetti marinati, Fritture di gronchi oder di *ope* (Gelbstriemen), Sarde (Sardinen) a beccafico und auch in Form von Polpette, Cozze gratinate, Involtini di melanzane con le sarde, Parmigiana, Peperonata und Zucchine infornate. Unter den Primi sind würzige Pennette con gamberetti e pistacchio (12 €), Linguine con polpo e frutti di mare, **Pasta alla catanese** (mit Sardellen und Erbsen), Pasta con le sarde oder Pasta alla Norma (10 €). Schmackhaft sind auch die Secondi, bei denen ***Sauri*** (Stöcker) **all'*agghiata*** (12 €), Tonno alletterato al forno, *Aiula* (Marmorbrasse) arrostita, **Alalunga *ca' cipuddata***, Palombo *a ghiotta*, Pesce castagna al sale und **Frittura mista** (12 €) mit *Spicara* (Laxierfisch), *Luvaro* (Meerbrasse) und *Scazzubbolo* (Fisch aus der Familie der Meerbrassen) wechseln. Zum Abschluss genießt man erfrischendes Sorbetto al limone e cannella. Das Kellerangebot beschränkt sich auf einige sizilianische Tropfen und einen ordentlichen Hauswein.

AGRIGENT
San Leone

7 km vom Zentrum

Caico

Restaurant
Via Nettuno, 35
Tel. (+39) 09 22 / 41 27 88
Ruhetag: Dienstag
Ferien: je 2 Wochen im Januar und November
80 Plätze + 80 Plätze im Freien
Preise: 30–35 €
Alle Kreditkarten; BM
Mittags und abends geöffnet

In dem im Jahr 1952 gegründeten Restaurant der Familie Maccarrone bieten Marco und seine Frau Patrizia vorwiegend auf Fisch gestützte sizilianische Küche mit einigen ansprechenden innovativen Akzenten. Der Fisch wird stets frisch im nahen Hafen eingekauft. Den Anfang können Antipasti wie exquisiter **Spatola in agrodolce** (8 €) oder Polpo a *stricasale* machen. Weitere mögliche Vorspeisen sind Polpette di patate e baccalà, Insalata di gamberetti e carciofi und Caponata di pesce. Von den Primi erinnern wir uns an frische Pasta con pesce spada e melanzane (10 €), *Maccarrones* alla Caico (nach einem von Marcos Mamma kreierten Rezept), **Pasta con le sarde**, Ravioli di cernia con polpa di granchio, Involtini del carrettiere und winterliche Zuppe di legumi. Bei den Secondi wird das Angebot im Wesentlichen vom Tagesfang bestimmt: Weißbrassen, Zahnbrassen und Meerbarben (5 € je 100 Gramm) werden in ganz klassischen Zubereitungsarten (arrosto und all'acqua di mare) aufgetischt; dazu gesellen sich **Frittura di paranza** (15 €), Marinature und einige recht gute Fleischgerichte wie **Bistecca panata alla palermitana** und Filetto di Manzo al Nero d'Avola. Auch Beilagen wie Insalata di arance und stets gute Caponata di melanzane dürfen nicht fehlen. Köstlich sind die Dolci (5 €), angefangen von Klassikern, wie Cassata und Torta rustica, über innovatives Ricottamisù bis zu sommerlicher Torta con le fragoline di Ribera (Slow-Food-Presidio). Gepflegte Auswahl an Öl. Die hervorragende Weinkarte verzeichnet ein breites Sortiment regionaler und italienischer Weine und eine ansehnliche Anzahl an Bränden.

In Agrigent erzeugen und verkaufen die Schwestern des Klosters Santo Spirito gegen Vorbestellung Süßspeisen.

35 KM SÜDÖSTLICH VON ENNA

La Vecchia Aidone

Restaurant
Via Senatore Cordova, 88
Tel. (+39) 09 35 / 87863,
(+39) 334 / 144 34 54
Ruhetag: Sonntagabend, Montag
Ferien: 2 Wochen im Juli
80 Plätze + 20 Plätze im Freien
Preise: 25–30 €
Alle Kreditkarten; BM
Mittags und abends geöffnet

NEU

Das Städtchen Aidone liegt in den Monti Erei auf rund 850 Metern Höhe und bezaubert in seinem ältesten Teil mit einem charakteristischen mittelalterlichen Gewirr aus Gassen und Gässchen. Ein triftiger Grund für einen Besuch des Städtchens ist zweifelsohne die berühmte Göttin von Morgantina, die neben weiteren kostbaren Ausgrabungsstücken im Archäologischen Museum ausgestellt ist. In der Nähe der Altstadt finden Sie dieses Restaurant, das mit einem rustikalen Speiseraum und einem gepflegten Garten für die schöne Jahreszeit aufwartet. Am Ruder steht Küchenchef Liborio Ganci, unterstützt von Signora Cesira, die den Service koordiniert. Der Patron kocht im Zeichen der lokalen und regionalen Tradition und achtet besonders auf bodenständige Zutaten, darunter auch Produkte aus Slow-Food-Presidi und sizilianischen Lebensmittelbündnissen. Man kann mit gratinierter Polenta aus Platterbsen, begleitet von Sformato di *piacentinu*, und Kostproben von lokalen Wurst- und Käsespezialitäten (8 €) beginnen. Mögliche Primi sind gute, von Hand erzeugte Tortelli ripieni di melanzane, **Maccheroncini al ragù bianco di suino nero dei Nebrodi**, Tagliatelle con cicerchia, finocchietto, pomodoro e ricotta (7 €) und **Risotto con zucca gialla e scamorza affumicata**. Bei den Secondi werden abwechselnd kräftige Fleischgerichte angeboten, wie Filetto di maiale con verdure croccanti e sesamo (10 €), **Agnello al forno con patate**, Stinco di maiale infornato und **Coniglio in agrodolce** oder alla cacciatora. Mousse di ricotta oder con i galletti (3 €) und für die Gegend typische Biscotti al vino bianco bilden das Finale. Im Keller lagert ein gutes Weinsortiment aus Sizilien und anderen Regionen.

39 KM NÖRDLICH VON SYRAKUS

I Rizzari

Trattoria
Via Libertà, 63
Tel. (+39) 09 31 / 98 27 09
Ruhetag: Mittwoch, im Winter auch Sonntagabend
Ferien: 10.–25. September
36 Plätze + 70 Plätze im Freien
Preise: 38–40 €
Kreditkarten: AE, CS, MC, Visa
Mittags und abends geöffnet

Das von einer Familie geführte Lokal vor der Bucht von Brucoli verfügt über zwei winzige Räume und einen Sitzbereich im Freien zwei Meter über den niedrigen Felsen und dem Meer, auf dem von Juni bis zum Ende des Sommers eine Veranda aus Schilfrohr aufgebaut ist. Patron und Küchenchef Emanuele Fede steht in der Küche, unterstützt von seinem sehr jungen Sohn Giulio; seine Frau Viviana Valente ist mit Schwester Andrea ist für den Service zuständig. Emanuele wählt den Fisch aus, der zum Teil von Fischern aus dem Ort geliefert wird, und verarbeitet neben anderen Zutaten auch Gewürze und Kräuter aus dem eigenen Garten. Als Antipasto kann man Gambero marinato, Lumachine di mare con cipolletta e pomodoro, Zuppa „mare caldo" mit Miesmuscheln, Venusmuscheln, Krebsen und Kirschtomaten sowie Tartara di dotto (aus Wrackbarsch, 10 €) genießen. Die Auswahl der Primi beinhaltet gute **Spaccatelle al ragù di triglie** (13 €) oder con il dotto, Maccheroncini con vongole e carciofi, **Spaghetti al nero di seppia**, frische Pasta con telline e pomodori secchi und **Minestrina di pesce**, die gewöhnlich in den Wintermonaten auf dem Programm steht. Als Secondi schmecken Frittura di calamari, würzige **Seppie arrostite** (15 €), zarter Polpo bollito con formaggio „ubriaco" (12 €) sowie Dentici (Zahnbrassen), Ricciole (Bernsteinmakrelen) und andere Fischarten, die nach Gewicht verrechnet und all'acqua di mare, al sale oder auf dem Grill zubereitet werden. Zwischen Herbst und Frühling lockt ein recht gutes Käsesortiment aus Sizilien und anderen Regionen. Als Nachspeise bieten sich Gelo di limone, Sorbetti di frutta und hausgemachte Crostate an. Zu trinken gibt es eine recht gute Selektion überwiegend sizilianischer Weine, einige Brände und Biere aus Kleinbrauereien.

16 KM SÜDÖSTLICH VON PALERMO, AUSFAHRT A 19

Don Ciccio

Trattoria
Via del Cavaliere, 87
Tel. (+39) 091 / 93 24 42
Ruhetage: Mittwoch, Sonntag
Ferien: August
80 Plätze
Preise: 25 €
Alle Kreditkarten
Mittags und abends geöffnet
♿

Nicht weit von der prachtvollen Villa Palagonia finden wir diese Trattoria, die den Namen ihres Gründers trägt, der sie 1943 eröffnete. Bis heute ist die Küche der Tradition jener Jahre treu geblieben, denn hier finden Sie unverfälschte typische Gerichte aus Palermo. Das Lokal ist einfach, der Service entgegenkommend und flink. Derzeit wird der Betrieb von Sohn Santo gemeinsam mit seinen Söhnen Francesco und Salvatore und Enkel Santino geführt. Sobald Sie Platz genommen haben, serviert man Ihnen ein hart gekochtes Ei und ein Gläschen Zibibbo oder Marsala, wie es in alten Zeiten der Brauch war. Das Menü wird mit ausschweifenden Erklärungen zu den Speisen und deren Zubereitung mündlich erläutert. Denkwürdige Primi sind Spaghetti alla carrettiera (mit klassischem Pesto aus Tomaten, Knoblauch, Basilikum und nativem Olivenöl extra) oder con pesce spada e menta. Vorzüglich sind **Bucatini con le sarde alla paolina** (7 €) oder con i *vruoccoli arriminati* (mit Brokkoli, sautiert mit Zwiebeln, Sultaninen, Tomatenkonzentrat und gerösteter Brotkrume). Unter den Secondi mit Fleisch sind ***Bruciuluni*** (Fleischroulade mit Zwiebeln, Brotkrume, Petersilie und Caciocavallo gefüllt), **Trippa alla palermitana** und Involtini di vitello alla palermitana (9 €). Wer Fisch bevorzugt, findet Pesce spada (Schwertfisch), gebraten oder in Form von Involtini (12 €), Tonno *ammuttunatu* (mit Knoblauch, Petersilie, Minze und Caciocavallo gespickt und in einer Tomatensauce mit Erbsen geschmort) sowie **Sarde a beccafico** vor, nach einem Rezept aus der Adelsküche zubereitet, das diesen schlichten Fisch in ein äußerst schmackhaftes Gericht verwandelt. Saisonobst, Cannoli und Cassata siciliana (3 €) runden das Essen ab. Im Keller lagert eine gute Auswahl sizilianischer Etiketten.

17 KM SÜDÖSTLICH VON PALERMO

Italiano Cibus

Trattoria
Piazza Martiri d'Ungheria, 14
Tel. (+39) 091 / 872 03 97,
(+39) 340 / 486 61 74
Ruhetag: Dienstag
Ferien: zeitweise im Sommer
50 Plätze
Preise: 26–30 €
Kreditkarten: AE, SC, MC, Visa
Mittags und abends geöffnet

Fünfzehn Kilometer sind es zum Zentrum von Palermo bis zur kleinen Ortschaft Belmonte Mezzagno, im Dialekt *Bellumunti* genannt, die sich über den alten Gärten von Ciaculli und Gibilrossa an die hohen Hügel hinter der Stadt schmiegt. Seit Jahren wird die Osteria von der Familie Italiano geführt: Mamma Maria leitet die Küche im Zeichen der Tradition und kümmert sich auch um die Beschaffung der Zutaten aus der unmittelbaren Umgebung, die Söhne Dario und Fabio sind für den Service bzw. den Keller zuständig. Vorspeisen gibt es nicht, denn nach Ansicht der Wirtsleute beeinträchtigen sie den Genuss der Hauptgerichte. Die Primi beinhalten Bavette con polpa di agnello e tuma, **Bucatini con i broccoli in tegame**, Tagliatelle con carciofi e mollica tostata (8 €), Caserecce al finocchietto di montagna e frutta secca, **Ravioli di ricotta al ragù di maiale**, Pasta e fagioli und Zuppa di cipolle. Gerichte aus Lammfleisch sind die Spezialität des Lokals. Probieren Sie daher unbedingt Agnello in umido al vino bianco, **Spalla al forno** (30 € für zwei Personen) sowie panierte und frittierte Costolette (12 €); gute Alternativen sind **Capretto in tegame**, Coniglio in umido, Costoletta di maiale farcita und Arrosto di vitello ai funghi. Als Dessert locken Mandelgebäck und Cannolo di ricotta (2 €). Das Degustationsmenü kostet 30 €. Der Keller hält rund 90 Etiketten bereit, vorwiegend sizilianische Rotweine. Reservierung unbedingt erforderlich.

In **Piana degli Albanesi** (14 km), Ortsteil Ponte Rosso, gibt es bei Aura Brot aus Hartweizengrieß, Trockengebäck und Sfiunciuni.

61 KM NÖRDLICH VON AGRIGENT

Da Calogero

NEU

Restaurant
Via San Pietro, 1
Tel. (+39) 09 22 / 98 60 07,
(+39) 328 / 759 44 29
Ruhetag: Sonntag
Ferien: 6.–20. September
40 Plätze
Preise: 20–25 €
Keine Kreditkarten
Mittags und abends geöffnet

Dieses Lokal finden Sie an der Hauptstraße des Ortes, ein paar Schritte von der alten Piazza della Fiera mit dem *Mezzaranciu* (einem Gusseisenbrunnen mit zwei Brunnenröhren aus dem 18. Jahrhundert) entfernt. Seit mehr als 40 Jahren vergnügt sich Patron und Küchenchef Calogero Lo Presti damit, erlesene Gerichte mit territorialer Färbung zu kochen und zu servieren. Seine Frau Patrizia empfängt die Gäste und bedient sie in wirklich familiärer Atmosphäre. Das authentische gastronomische Programm wird bereits bei den Antipasti (6 €) deutlich, wie Fave *a bozza cu i giri* (mit Mangold gekochten Dicken Bohnen), Zuppa di ceci, Caponata di olive, Frittate con carciofi, asparagi oder mit anderem Saisongemüse. Von den Primi (5 €) erinnern wir uns an Maltagliati con la borragine, ***Attuppateddi* con il macco di fave**, Gnocchetti con broccoletti e mollica tostata und **Pasta con le patate**. Ein vorzügliches Gericht unter den Secondi (9 €) ist **Manzo lesso**, aber auch Involtini alla siciliana, **Agnello al sugo**, Lingua di bue con salsa verde und Trippa con i fagioli verdienen eine Erwähnung. Dazu gibt es Beilagen aus gekochtem oder rohem Gemüse. Den Abschluss machen Desserts (3 €) wie exzellente Pignolata, ***Ucciardunedda*** (eine Art Mürbeteig-Cannolo mit gerösteten Mandelsplittern bestreut und mit Ricotta gefüllt) und sommerliche Pesche ripiene. Das Weinangebot beschränkt sich auf einen offenen Wein aus dem Umland und ein paar Etiketten aus der Region.

56 KM WESTLICH VON SYRAKUS

U Locale

Trattoria
Via Dusmet, 14
Tel. (+39) 09 31 / 87 39 23
Ruhetag: Dienstag
Ferien: Ende Juni–Ende Juli
50 Plätze + 20 Plätze im Freien
Preise: 20–25 €
Keine Kreditkarten; BM
Mittags und abends geöffnet

In die Trattoria der Brüder Formica kommt man immer wieder gerne – wegen des volkstümlichen Ambientes der beiden kleinen Gasträume, der an das bäuerliche Leben erinnernden Einrichtung und des freundlichen Empfangs von Pippo, der die Köstlichkeiten erläutert, die Sebastiano in der winzigen offenen Küche zaubert. Das Menü hängt von der saisonalen Verfügbarkeit des Gemüses und der Kräuter aus dem hauseigenen Garten ab. Selbst gemachte Oliven-, Tomaten- und Peperonipasteten auf Bruschette gestrichen werden neben Lumache a *strecasale*, Fave aus der Pfanne, Finocchietto *ammuddicatu* und **Frittate di verdure selvatiche** (3 €) als Vorspeise gereicht. Die guten Primi sind aus von Hand gezogener Hartweizengrießpasta gefertigt. Wir erinnern uns an Taglierini con asparagi, finocchietto e *sinapa* (8 €), **Spaccatelle con il macco di fave**, Tagliolini con porcini, pinoli, timo e nepetella und im Sommer **Pasta con i tenerumi di zucchine** und *Arricciata ca' lumia* (mit Zitrone und Minze). Bei den Secondi wechseln Cosciotto di maiale alle mandorle, Stinco di suino al forno, Cinghiale oder Agnello alla griglia, Trippa con i fagioli und Gerichte, die andernorts schwierig zu finden sind, wie **Lingua alla stimpirata** (6 €), Spiedini di pecora und ***Lattuchedda*** (Dialektbezeichnung für Bauchfleisch vom Rind, 7 €). Exquisiter Cannolo di ricotta oder sommerliches Sorbetto runden neben *Funciddi* (typischen Haselnuss- und Mandelkeksen aus Buccheri) das Essen ab. Zu trinken gibt es eine kleine Selektion sizilianischer Weine zu ehrlichen Preisen.

» *Ein authentisches Lokal. Hier genießt man bäuerliche Gerichte, die durch einen tüchtigen Koch und die Verwendung von erstklassigen Zutaten ins beste Licht gerückt werden.* «

44 km südöstlich v. Palermo, A 19 und S.S. 285

A Castellana

Restaurant-Pizzeria
Piazza Caduti, 4
Tel. (+39) 091 / 814 86 67,
(+39) 339 / 869 95 20
Ruhetag: Montag
Keine Ferien
180 Plätze + 170 Plätze im Freien
Preise: 25–28 €
Alle Kreditkarten
Mittags und abends geöffnet
G

Ein imposantes Kastell aus dem 12. Jahrhundert, eines der wenigen im Gebiet der Madonie, das noch zu besichtigen ist, beherrscht das mittelalterliche Caccamo. Seit mehr als 30 Jahren betreibt die Familie Porretta in den früheren Kornspeichern des Kastells ein rustikales Restaurant mit eindrucksvoller Terrasse und angeschlossener Pizzeria. Zu essen gibt es viele lokaltypische Traditionsgerichte von der Karte oder in Form von zwei Degustationsmenüs für 22 oder 26 €. Der Antipasto rustico (8,50 €) umfasst Caponata, Frittate di verdure, Sfincionelli, Bruschette, Insalata di arance, Ricotta sowie hiesige Käse- und Wurstsorten wie Salsiccia pasqualora. Als Primi locken **Pasta con i broccoli**, Tagliatelle con salsiccia, funghi porcini, ricotta e scaglie di pecorino stagionato (9 €) und **Ditalini con la *frittedda*** (mit Dicken Bohnen, Erbsen, Artischocken und Wildfenchel). Es folgen Misto alla brace mit Kalbskotelett, Salsiccia und Schweinefleisch (12 €), Salsiccia in crosta di lardo und **Braciole di maiale al Marsala**. Beilagen sind Funghi arrostiti und vorzügliche Insalata di cipolla mit im Holzofen gebratenen und Oregano gewürzten Tomaten. Das Finale bilden exzellenter **Cannolo di ricotta** ovina (2,50 €), Gelo di cannella und im Sommer Gelo di anguria oder Eis. Abends gibt es ausgezeichnete Pizza aus lange aufgegangenem Teig mit Mehl der Weizensorte *Tumminia* (Timilia). Eine schöne Auswahl regionaler Weine, einige italienische Tropfen, ein guter offener Hauswein und Biere aus kleinen Brauereien begleiten das Essen.

Salsiccia pasqualora und frisches Qualitätsfleisch gibt es in den Fleischereien von Nino Siragusa Gullo, Via Liccio 39, und von Raimondo Canzone, Via XII Novembre 11.

65 km nordwestlich von Agrigent

M.A.T.E.S.

Trattoria mit Übernachtungsmöglichkeit
Vicolo Storto, 3
Tel. (+39) 09 25 / 95 23 27,
(+39) 338 / 413 37 63
Ruhetag: Sonntagabend
Ferien: 2 Wochen im Oktober
50 Plätze
Preise: 28–30 €
Kreditkarten: CS, DC, MC, Visa; BM
Mittags und abends geöffnet

Caltabellotta liegt auf beinahe 1.000 Metern Höhe und ist seit der Antike wegen seines Reichtums an Quellen und seinen fruchtbaren Böden in der Umgebung bekannt. Auch heute noch gedeihen dort mehrere Jahrhunderte alte Olivenbäume. In einem Gässchen der Altstadt finden wir diese Trattoria mit rustikaler Atmosphäre, die durch alte Gegenstände und Gerätschaften aus dem bäuerlichen Leben, wie einen Mahlstein, unterstrichen wird. An der Spitze des Lokals steht Felice Augello; Ehefrau Laura und Sohn Leonardo sind für die Küche zuständig, die beiden anderen Söhne unterstützen den Patron im Service. Die Formel ist stets dieselbe: An Feiertagen gibt es nur ein Menü zu einem festgelegten Preis (30 €), während man an den übrigen Tagen frei wählen kann. Reservieren ist Pflicht. Der opulente Antipasto misto (10 €) beinhaltet Schafmilchricotta, Caciocavallo, Pecorino, Salsiccia secca, Caponata, Frittate di verdure spontanee, Cardi fritti, Carciofi panati und andere Speisen aus Saisongemüse. Einige eingelegte Produkte sind ebenso wie das native Olivenöl extra aus eigener Erzeugung. Der Reigen der Primi (8 €) sieht abwechselnd frische gefüllte Pasta con ragù bianco di melanzane e guanciale di maiale, **Ditali con macco verde e finocchietto**, Busiate con melanzane e pistacchio di Raffadali, **Ravioli con ricotta ed erbette** und Risotto agli asparagi vor. Mögliche Secondi (10 €) aus Fleisch, das aus hiesigen Aufzuchtbetrieben stammt, sind **Cosciotto di maiale al forno**, Castrato und Salsiccia vom Grill sowie **Agnello in casseruola**. Das Mahl endet gewöhnlich mit Süßspeisen aus Ricotta wie Cannolo, Cassatelle oder Tortini. Zu trinken stehen rund zehn Weine aus sizilianischen Winzerbetrieben bereit.

68 KM SÜDWESTLICH VON CATANIA

Il Locandiere

NEU

Restaurant
Via Luigi Sturzo, 55
Tel. (+39) 09 33 / 582 92
Ruhetag: Montag
Ferien: unterschiedlich
35 Plätze
Preise: 30–35 €
Alle Kreditkarten; BM
Mittags und abends geöffnet

Hundert Meter von der mit Majolikafliesen ausgelegten Treppe Santa Maria del Monte entfernt befindet sich dieses aus zwei ruhigen Räumen bestehende Restaurant unter der Leitung von Chefkoch Mario Cannizzaro. Im Service wird er von seinem Bruder Fabrizio, in der Küche von Fabrizio Cusumano unterstützt. Das kulinarische Angebot setzt zum Großteil auf sizilianische Spezialitäten aus Fisch, der überwiegend auf dem Fischmarkt in Aci Trezza eingekauft wird. Bei den kalten Antipasti haben Aringa con insalata di arance, Alici marinate e noci und Carpaccio di spada ihren Auftritt, während Sie bei den warmen Vorspeisen (9 €) **Baccalà con cipolle in agrodolce** oder Sarde ripiene con pecorino vorfinden können. Von den Primi sind uns **Mezze maniche con sarde, ricotta fresca e finocchietto** (12 €), Gnocchetti con ricciola, pomodorino e pistacchio tostato, Spaghetti con bottarga di muggine, noci e ricotta (14 €), Caserecce con il ragù di seppie und vegetarische Gerichte wie Pasta con zucchine, pomodorino e mandorle oder Spaghetti aglio, olio e peperoncino in Erinnerung geblieben. Herausragende Secondi (die je nach Fangergebnis variieren und nach Gewicht verrechnet werden) sind **Alalunga alla siciliana** con pomodoro secco, olive e capperi, *Mupa* (Meerbrasse) impanata al forno oder alla griglia, Filetti di dentice oder di ricciola al cartoccio mit Kartoffeln oder Caponata aus dem Ofen. Das Finale bilden deliziöser **Cannolo di ricotta al cucchiaio** mit warmer Feigenkonfitüre, Semifreddi di mandorla e pistacchi oder sommerliche Granite di frutta. Der gut bestückte Keller hält regionale Weine mit besonderem Augenmerk auf Tropfen aus dem Ätnagebiet sowie eine gute Auswahl an Bränden und einige Biere aus kleinen Braubetrieben bereit. Es gibt zwei Degustationsmenüs für 24 und 40 €.

Sale & Pepe

NEU

Restaurant
Corso Umberto I, 146
Tel. (+39) 327 / 239 41 42
Ruhetag: Montag, im Sommer Sonntag
Ferien: unterschiedlich
60 Plätze
Preise: 30–35 €
Keine Kreditkarten
Mittags und abends geöffnet

Ein paar Schritte von der Piazza Garibaldi entfernt liegt das Restaurant unter der Führung von Michele Tornatore und Valeria Pennisi. Sie bieten mit Unterstützung des jungen, aber versierten Kochs Andrea Romè sizilianische Küche in moderner Interpretation. Unter den guten, gefällig präsentierten Antipasti sind Sformato di zucchine, caciocavallo ragusano, ricotta, miele, pistacchio e marmellata di arance (9 €), Caponata di pesce spada con crostini al pesto di basilico, Ricotta con miele d'arancia e pistacchi und Formaggi caprini in crosta con pere al vino rosso, miele e noci. Die Qualität der Zutaten wird auch bei den Primi deutlich, darunter **Paccheri con pomodoro siccagno della valle del Belìce** (Slow-Food-Presidio), **ricotta, melanzane e bottarga** (10 €), Pappardelle con gamberoni rossi di Mazara, porcini, burrata e mandorle und **Macco di fave al finocchietto** con i crostini. Die Secondi reichen ebenfalls von Fleisch bis Fisch: Involtini di pesce spada alla siciliana (12 €), **Maialino porchettato con patate e composta di cipolla** (10 €), Spigola di mare in crosta di patate e lardo di suino nero dei Nebrodi und **Involtini al pistacchio con fonduta di piacentino ennese**. Hervorgehoben sei das Brot, das aus in der Steinmühle gemahlenem Biogetreide gebacken wird. Unter den feinen hausgemachten Desserts finden sich Parfait di mandorle, Semifreddo al melone und Gelo di anguria; dazu gesellt sich Cuddrireddra aus Delia (Slow-Food-Presidio). Zu trinken gibt es eine gute Selektion regionaler Weine und Biere aus Kleinbrauereien.

La Botteguccia, Via Consultore Benintendi 60, bietet guten sizilianischen Käse, Wurstwaren aus den Nebrodi, Oliven, getrocknete Tomaten, Kapern und Oregano aus dem Umland.

Vicolo Duomo al Collegio

Restaurant
Via Gravina, 9
Tel. (+39) 09 34 / 68 02 88,
(+39) 388 / 110 60 10
Ruhetag: Sonntag
Ferien: August
50 Plätze + 20 Plätze im Freien
Preise: 25–28 €
Kreditkarten: CS, MC, Visa; BM
Mittags und abends geöffnet

Das von Küchenchefin Angela Mendola und ihrem Mann Aldo Scarlata betriebene Restaurant liegt in einem Gässchen, das von der Hauptstraße zur *Strata 'a Foglia* führt, einem eindrucksvollen historischen Markt, reich an Farben, Düften und unverfälschten Produkten aus dem Landesinneren von Sizilien. In schlichtem, behaglichem Ambiente kann man traditionelle und weniger traditionelle Speisen genießen, die Angela von ihrer Inspiration geleitet kompetent zubereitet. Der Antipasto misto (8,50 €) kann Rotolini di zucchine con ricotta e menta, Sformato di verdure grigliate con caciocavallo ragusano, Sfincione alla palermitana und Frittatina di verdure selvatiche beinhalten. Vom ausgezeichneten Angebot an Primi (9 €) seien Maccheroncini con cipollotto bianco e alloro, Maltagliati con crema di fave e cicoria, **Ditali con fave, piselli e *mazzareddi*** (Wildgemüse), Spaghetti alla zolfatara con zucchine fritte, ricotta salata e zafferano, **Tagliatelle alla *cuncimata* con ragù di maiale e finocchietto** und Fusilli mit Pesto aus Sardellen, Wildfenchel und Schalen und Saft von Orangen und Zitronen erwähnt. Als Secondi können Sie Köstlichkeiten wie **Arrotolato di coniglio con *capuliato* di pomodoro** (10 €), Fagottino con broccoletti e piacentino ennese, **Falsomagro alla nissena** und Involtini al finocchietto oder con radicchio e tuma (9 €) finden. Die Mahlzeit endet mit hausgemachten Desserts wie Mousse di limone e ananas, Torta di cioccolato e mandorle con granella di pistacchio und Rollò di ricotta. Kleine Auswahl sizilianischer Weine.

Torronificio Geraci, Via Canonico Pulci 14: seit 1870 Erzeugung von klassischem Torrone sowie von Mandel- und Pistaziengebäck, die aus lokalen Zutaten handwerklich hergestellt werden.

52 KM NÖRDLICH VON AGRIGENT

San Martino de Kamerata

Restaurant
Via Ugo La Malfa, 10
Tel. (+39) 09 22 / 90 55 72,
(+39) 349 / 393 05 40
Ruhetag: Montag, außer im August
Ferien: zeitweise im September
50 Plätze + 60 Plätze im Freien
Preise: 20–30 €
Kreditkarten: CS, MC, Visa; BM
Mittags und abends geöffnet

Das Restaurant des Ehepaares Dario und Egizia wurde in einem alten Steinhäuschen geschaffen, das bis zum Ende der Achtzigerjahre als Schuppen und bäuerliche Unterkunft diente. Es verfügt über einen gemütlichen, von seiner Bauweise her rustikalen, in seiner Einrichtung jedoch gepflegten Raum und eine Veranda für die Sommermonate. Auf der wechselnden Karte erscheinen unter den Antipasti (eine Selektion an Kostproben kostet 10 €) frische Ricotta, Frittata di asparagi, Impanata di verdure di campo, Polpettine di patate oder di carne al sugo und gute Käsesorten aus hiesiger Erzeugung. Weiter geht es mit sehr guten Primi (6 €) wie Risotto con gli asparagi oder con funghi porcini e lardo, **Ravioli di ricotta e noci al ragù** mit Spänen von Caciocavallo di vacca modicana (Slow-Food-Presidio), **Pasta con salsa al finocchietto** und Gnocchetti al ragù bianco di asparagi. Als Secondo warten schmackhafte **Spiedini di carne al rosmarino**, Maialino alla paprica (10 €), Costolette di agnello alla senape in crosta di pistacchio und **Filetto di vitello al Nero d'Avola**. Mögliche Beilagen sind Patate con pomodoro ciliegino e cipollotti und sautierte Funghi. Aus dem Dessertangebot (4 €) stechen Cannolo in coppa con ricotta ovicaprina (mit Ricotta aus Schaf- und Ziegenmilch aus den Monti Sicani) und Tortino di cioccolato al cuore morbido di amarena oder pistacchio hervor (mit weichem Amarena- oder Pistazienkern). Recht gutes Weinsortiment aus Sizilien und anderen Regionen. Es gibt ein Degustationsmenü für 20 €.

Im Ortsteil Casalicchio, Viale Sandro Pertini, erzeugt und verkauft Liborio Mangiapane hervorragenden Käse, darunter Caciocavallo aus Milch der Modicana-Kuh.

45 KM ÖSTLICH VON AGRIGENT

La Madonnina

Restaurant-Pizzeria
Via Edison, 162
Tel. (+39) 09 22 / 87 01 77
Ruhetag: Dienstag
Ferien: zweite Oktoberhälfte
96 Plätze
Preise: 25–30 €
Kreditkarten: CS, DC, MC, Visa; BM
Mittags und abends geöffnet

Ein Ausflug nach Campobello lohnt sich, um das kulinarische Angebot von Gianni Gruttad'Auria und seiner Frau Veronica zu genießen. Zahlreich sind die hiesigen Spezialitäten, angefangen von *'Mpanate* (Teigtaschen mit Spinat, Oliven und Pecorino gefüllt) bis zu ***'Mpurnatu*** (Nudelauflauf aus dem Holzofen mit Blumenkohl und Eiern). Unter den Antipasti stechen Busambrina (eine Art lokale Bresaola), Torta alle erbe, die gepflegte Platte mit sizilianischen Salumi und **Formaggi**, auch mit Produkten aus Slow-Food-Presidi, Polpo a *stricasale* und klassische Sarde a beccafico (5 €) hervor. Danach sollten Sie **Cavatelli con il macco di fave e la ricotta** (8 €), Busiati con biete, pancetta di suino nero dei Nebrodi e formaggio di capra girgentana, Bucatini con il *piacintinu* (Käse aus Enna mit Safran) und Risotto con scampi, zucchine e pistacchio wählen. Pflicht bei den Secondi sind **Agnello al pistacchio**, Involtini di filetto di suino nero (10 €) und **Cosciotto di capretto al Marsala**. Der täglich aus dem nahen Hafen in Licata gelieferte Fisch wird auf dem Grill zubereitet. Himmlische Bomba al pistacchio mit Ricotta aus Milch der Girgentana-Ziege und Biskuit, Semifreddo alle mandorle oder Robiola di capra mit Zitrusfrüchtemarmelade und Saisonfrüchten runden das Essen ab. Abends gibt es gute Pizza aus Sauerteig und Mehl aus alten sizilianischen Getreidesorten. Gutes natives Olivenöl aus lokaler Erzeugung darf bei Tisch nie fehlen. Die niveauvolle Weinkarte nennt bevorzugt hervorragende Erzeugnisse aus der Umgebung.

Im Ortsteil Montalbo erzeugt Giacomo Gatì ganzjährig Qualitätskäse aus Rohmilch, die von den Züchtern der seltenen, von einem Slow-Food-Presidio geschützten Girgentana-Ziege geliefert wird.

89 KM ÖSTL. V. PALERMO, A 19, S.S. 113 U. S.S. 286

Nangalarruni

Restaurant
Via delle Confraternite, 5
Tel. (+39) 09 21 / 67 12 28,
(+39) 09 21 / 67 14 28
Ruhetag: Mittwoch
Ferien: unterschiedlich
100 Plätze + 30 Plätze im Freien
Preise: 23–35 €
Alle Kreditkarten
Mittags und abends geöffnet

Die alte Stadt Castelbuono im Gebiet der Madonie wartet mit Giuseppe Carollos beliebtem Restaurant auf. Die bodenständigen Zutaten sind exzellent, denn aus den nahen Wäldern und Bergen stammen einige der besten, durch Slow-Food-Presidi geschützten Produkte der Insel, wie Manna, Provola delle Madonie und Fagiolo badda aus Polizzi; Kräuter und Gemüse kommen aus dem Hausgarten und einem nahen Biobetrieb. Zu Reservieren ist empfehlenswert, vor allem um zu erfahren, ob Pilze und Trüffeln, die Spezialität des Lokals, erhältlich sind. Es gibt drei Degustationsmenüs: das „kleine" mit drei Gängen plus Dessert (23 €), das vegetarische (25 €) und das Menü des Küchenchefs (32 €). Caponata, **Sformato di funghi con patate e tartufo** (10 €), Tortino di pane cotto con vellutata di pomodoro und Funghi gratinati con ricotta, biete e caciocavallo affumicato leiten über zu Primi wie **Zuppa di funghi e legumi con verdure di campo**, Fusilloni al ragù di maialino nero dei Nebrodi e prodotti dell'orto und Spaghetti con melanzane, pomodorini, pesto di basilico, pistacchi e ricotta ai funghi basilischi (9 €). An Secondi finden Sie **Filetto di maialino in crosta di manna, mandorle e pistacchi** (15 €), Tagliata di Manzo al sale affumicato con verdura cotta und Stinco in salsa di agrumi e miele di ape nera sicula. Als Dessert locken **Testa di turco** (4 €), Gelo di cannella und Cassata con gelato di ricotta. Der Service ist schlicht. Die Getränkekarte verzeichnet über 300 Weine aus Sizilien und anderen Regionen Italiens neben guten Bieren aus Kleinbrauereien.

»*Kräuter und Gemüse aus dem Hausgarten, viele Produkte aus den nahen Wäldern. Eine Osteria, die in aller Schlichtheit die Schätze seiner Umgebung ins beste Licht rückt.*«

89 km östl. v. Palermo, A 19, S.S. 113 u. S.S. 286

Romitaggio San Guglielmo

Restaurant-Pizzeria
Ortsteil San Guglielmo
Tel. (+39) 09 21 / 67 13 23
Ruhetag: Mittwoch
Ferien: unterschiedlich
80 Plätze + 50 Plätze im Freien
Preise: 30 €
Keine Kreditkarten
Mittags und abends geöffnet

Eine alte Abtei auf dem von den Wäldern des Parco delle Madonie umgebenen Hügel von San Guglielmo bildet seit 1981 den Rahmen von Salvatore Baggesis Restaurant. Man speist in einem der beiden rustikalen Räume oder in der schönen Jahreszeit unter einer Laube. In der Küche werden Zutaten lokaler Herkunft und vor allem eine Vielfalt an Saisongemüse und Pilzen verarbeitet, die in diesem Gebiet sehr reich gedeihen: Pfifferlinge, Kräuterseitlinge, Steinpilze, Fenchelseitlinge und blasse Kräuterseitlinge, eine edle Frühlingssorte. Unter den von Hartweizenbrot aus dem Holzofen begleiteten Antipasti finden sich schmackhafte Kostproben von Provola delle Madonie (Slow-Food-Presidio), frischer Ricotta, Pecorino, Capocollo, Lonza affumicata und Frittate mit Wildgemüse (Wildrüben, Senfgrün, Zichorien, Eselsdisteln, Karden, wildem Mangold, Borretsch). Weiter geht es mit opulenten Primi aus frischer Pasta (8 €): **Tortellacci di ricotta e verdure alle ortiche**, Agnolotti alla carne con pomodoro aromatico, Tagliolini con carciofi, asparagi e noci und, in der Saison, mit köstlichen **Pappardelle con funghi porcini**. Darauf folgen Fleischgerichte wie **Stufato di cinghiale alle castagne** (13 €), Castrato alla griglia, **Cosciotto di maiale al forno** (12 €), Salsiccia arrosto, Coniglio alla cacciatora und Stracotto di daino. Das Menü endet mit Cassata al forno, Crostata alla frutta, Semifreddo alle mandorle und **Testa di turco** (einer typischen Süßspeise aus Castelbuono). Zu trinken gibt es einige Weine aus der Umgebung und einen ganz guten offenen Hauswein.

■ In der Via Sant'Anna 6 befindet sich die Verkaufsstelle des Betriebs von Giulio Gelardi, der Manna aus den Madonie (Slow-Food-Presidio) erzeugt.

90 km südöstlich von Palermo, S.S. 120, A 19

Vinvito

Restaurant
Corso Mazzini, 16
Tel. (+39) 09 21 / 56 21 29
Ruhetag: Montag
Ferien: je 2 Wochen im Januar und Juli
70 Plätze + 50 Plätze im Freien
Preise: 25 €
Alle Kreditkarten
Mittags und abends geöffnet

Von den charakteristischen Orten des Parco delle Madonie ist Castellana Sicula der jüngste. Sein Ursprung liegt im 18. Jahrhundert, aber es existieren auch erwähnenswerte archäologische Funde wie die Reste einer römischen Villa mit Therme aus dem 1. Jahrhundert n. Chr. Das Restaurant in einem eleganten, aus Stein erbauten Landhaus liegt an der Ortseinfahrt und besteht aus zwei geschmackvoll gestalteten Räumen. Santino Raineri kauft ein und leitet die Küche gemeinsam mit seiner Frau Anna Maria; oft kümmert er sich mit Ivan auch um den Empfang der Gäste. Zu essen gibt es gepflegte Hausmannskost; das Menü variiert saisonal. Man kann mit Tortino di funghi di ferla, di asparagi oder di carciofi con fonduta di erborinato di capra oder mit **Polpettine di maialino nero dei Nebrodi in agrodolce** (8 €) beginnen. An Primi gibt es vegetarische Lasagne con favette, piselli, zucchine, funghi e radicchio trevigiano (8 €), frische, durch eine Bronzeform gepresste Maccheroni con sugo di salsiccia e asparagi selvatici und **Pappardelle con cardoncelli**. Unter den Secondi finden sich Agnello da latte oder **Capretto al forno con le patate** (13 €), Filetto di maialino nero dei Nebrodi (10 €) und **Arrotolato di vitello farcito di pistacchi con salsa al rosmarino** (8 €). Abschließend locken Cassata castellanese (ohne kandierte Früchte und Glasur), Bavarese ai fichi oder al mandarino tardivo di Ciaculli (Slow-Food-Presidio) und Tortino caldo al cioccolato con cuore fondente. Zu trinken gibt es einige sizilianische Etiketten und einen guten offenen Wein.

■ Wenige Meter vom Restaurant entfernt erzeugt die Pasticceria Orlando, Via Mazzini, Sfoglio, eine für das Madonie-Gebiet typische Käsetorte, und herrliche Amaretti.

CASTELVETRANO

73 KM SÜDÖSTLICH VON TRAPANI

Da Giovanni

Trattoria
Via Milazzo, 26
Tel. (+39) 09 24 / 890 53
Ruhetag: Sonntag
Keine Ferien
50 Plätze
Preise: 28 €
Keine Kreditkarten
Mittags und abends geöffnet

Die uralte Stadt Castelvetrano befindet sich in einem Gebiet von großem historischem und künstlerischem Interesse, besticht aber auch mit tollen Stränden. Im Ortsteil Selinunt liegt eine der größten Ausgrabungsstätten des Mittelmeerraums. Die Trattoria im Zentrum wird von Giovanni Santangelo und seinen Söhnen Massimo und Matteo geführt, unterstützt von Filippo Lo Sciuto. Ambiente und Einrichtung sind wie in den alten sizilianischen Trattorien rustikal, die Atmosphäre ist familiär. Das Menü wechselt häufig je nach Marktangebot; die Gerichte werden hingebungsvoll und detailreich erläutert. Panelle, Bruschette, Olive *cunzate* der Sorte Nocellara, eine kleine Parmigiana, Caponata, Ricotta und Primo sale, begleitet von Schwarzbrot aus Castelvetrano (Slow-Food-Presidio), bilden den Antipasto des Hauses. Sehr gut sind auch Insalata di mare und Frittate (exzellent ist die Variante mit Artischocken). Weiter geht es mit Minestra con legumi e verdure, Spaghetti alla Norma, **Pasta in brodo con fave, carciofi e piselli** (5 €), Spaghetti allo scoglio con vongole e pesce spada und Penne al ragù di maiale e salsiccia. Als Hauptspeisen serviert man Gamberoni alla griglia, **Calamari arrosto** (8 €), Fritto di triglie e merluzzi (Meerbarbe und Dorsch), sgombro (Makrele) oder pesce spada (Schwertfisch), **Involtini di carne alla palermitana** (5 €) und Grigliata di carne mista. Obst, Cannoli und **Cassatelle fritte di ricotta** setzen den Schlusspunkt. Zum Essen trinkt man einen kräftigen Hauswein, weiß oder rot.

In der Mühle Molino del Ponte, Via Parini 29, werden die besten alten sizilianischen Getreidesorten gemahlen und zu Mehl und Pasta verarbeitet.

CASTIGLIONE DI SICILIA
Solicchiata

55 KM NORDWESTLICH V. CATANIA, E 45 U. S.S. 120

Cave Ox

NEU

Osteria-Pizzeria
Via Nazionale, 159
Tel. (+39) 09 42 / 986 11 71,
(+39) 328 / 134 96 83
Ruhetag: Dienstag
Ferien: unterschiedlich
50 Plätze + 50 Plätze im Freien
Preise: 25 €
Kreditkarten: CS, DC, MC, Visa; BM
Mittags und abends geöffnet

Der Ortsteil Solicchiata liegt wenige Kilometer von Castiglione di Sicilia entfernt am Nordhang des Ätna. Hier sind einige der bedeutendsten Winzerbetriebe des Gebiets ansässig. Daher kann man durchaus auch Weinbauern im Cave Ox („Ochsengrotte") antreffen, dem Lokal von Sandro Dibella und seine Frau Lucia. Es verfügt über mehrere rustikale kleine Räume und einige Sitzplätze im Freien und fungiert mittags als Osteria, abends als Pizzeria. Die Atmosphäre ist wohltuend entspannt, unterstrichen durch die überall herumstehenden leeren Weinflaschen. Sandro, ein passionierter Weinkenner, bietet rund 250 Etiketten aus dem Ätnagebiet und Weinregionen aus anderen Ländern sowie viele natürlich vinifizierte Tropfen. Die kleine Karte listet Lucias stets sorgfältig zubereitete Gerichte auf, die sich durch achtsame Verwendung saisonaler Zutaten auszeichnen. Der Antipasto misto (8 €) kann sizilianische Wurst- und Käsespezialitäten wie Canestrato oder Pecorino, getrocknete Tomaten, Oliven, gegrillte Auberginen und Zucchini, warmes Kompott aus Gartengemüse und in der Pfanne gratinierte Peperoni beinhalten; Alternativen wären Frittate und Sformati aus Wildgemüse und -kräutern. Als Primi (8 €) gibt es Pasta con crema di zucchine e limone, Gnocchi di patate con salsa fresca di pomodoro, frühlingshafte **Pasta con le sparacogne**, **Maccheroni con ragù di salsiccia** und Zuppetta del contadino mit Ei, Pilzen und Kräutern. Unter den Secondi finden sich **Polpette al forno** (9 €), Melanzana alla pizzaiola, **Castrato in casseruola** (9 €) und Grigliata mista. Gute Desserts wie Semifreddo alle mandorle und Salame di cioccolato. Die Pizza am Abend wird aus Sauerteig und Biomehl aus der Steinmühle gebacken. Neben dem enormen Weinangebot gibt es einige Biere aus kleinen Brauereien.

24 km nordöstlich von Agrigent, S.S. 122

Osteria del Cacciatore

Trattoria-Pizzeria
Via Puglia
Tel. (+39) 09 22 / 82 98 24,
(+39) 347 / 680 09 18
Ruhetag: Mittwoch
Ferien: 1 Woche im Juli
130 Plätze
Preise: 20–25 €
Keine Kreditkarten
Abends geöffnet, Sonntag nur mittags

Die Schwestern Eleonora, Giusi, Graziella, Maria Rita und Salvina Alessi führen weiterhin das Lokal, das ihre Eltern in den Siebzigerjahren gegründet haben. Im Service leisten einige Verwandte Unterstützung. Auf den Tisch kommt traditionell geprägte Küche, auch mit Zutaten aus Eigenproduktion wie Öl, Gartengemüse und Brot, das wie verschiedene andere Gerichte aus dem Holzofen kommt. Von den Antipasti (3 €) verdienen Caponata di carciofi, Ricotta infornata, Cardi al cartoccio, Melanzane in pastella di ceci sowie Scacciate, gefüllt mit Sardellen, schwarzen Oliven Schafkäse oder mit Zwiebeln und frischen Tomaten, auf jeden Fall eine Kostprobe. Vorzüglich schmeckt **Zabbinata**, ein im Ofen gratinierter Gemüsemix, der gewöhnlich im Sommer auf dem Programm steht. Unter den Primi finden sich interessante Ravioli di ricotta gratinati (6 €), Anelletti con le melanzane und ***Frascatula*** (eine Art Grieß) **con finocchietto e verdure di campo**. Weiter geht es mit Coniglio alla cacciatora (8 €), **Stigliole**, Grigliata mista mit Kalb, Hammel und Schwein und **Trippa a spezzatino con patate**. Zum Abschluss genießt man Saisonobst, Cannolo di ricotta, Mandelgebäck, Tortino di cioccolato und sommerliches Sorbetto di limoni (3 €). Neben dem recht guten offenen Hauswein gibt es eine beschränkte Auswahl sizilianischer Etiketten. Ein Degustationsmenü ist für 25 € erhältlich, Wasser und Wein aus lokaler Erzeugung inbegriffen.

Cortile Capuana

NEU

Moderne Osteria
Via Capuana, 104
Tel. (+39) 095 / 53 47 48,
(+39)347 / 037 97 95
Kein Ruhetag
Ferien: 10.–31. August
45 Plätze + 40 Plätze im Freien
Preise: 35–40 €
Alle Kreditkarten; BM
Abends geöffnet

Diese moderne Osteria befindet sich in einem zauberhaften Hof in einem Mehrzweckkomplex, der eine Vinothek und eine Verkaufsstelle für regionale gastronomische Spezialitäten beherbergt. Das junge Inhaberpaar, Marco Corsale und Luna Guarnaccia, hat Chefkoch Angelo Rapisarda mit den Küchenangelegenheiten betraut. Er stellt Zutaten aus Sizilien (auch aus Slow-Food-Presidi) in den Vordergrund und bereitet schön präsentierte, schmackhafte Gerichte zu. Solange der Sommer es erlaubt, finden sich unter den Antipasti hervorragender Tortino di melanzana nera con fonduta di formaggio ragusano da latte di razza modicana (7 €) und Melanzana all'eoliana con crescenza di capra girgentana, capperi di Salina e pomodoro datterino; gut sind auch Masculina da magghia (Sardellen) marinata con pancotto und im Winter Matarocco con crostini e vastedda del Belice. Von den Primi munden traditioneller **Timballo di anelletti al forno**, originelle „Paccheri al forno fuori Norma" (12 €) und **Linguine con masculina da magghia, pomodorini e mollica atturrata**. Danach kann man mit **Filetto di suino nero dei Nebrodi con cipolla di Giarratana**, Tonno di coniglio (10 €) und **Stracotto d'asina all'Etna rosso** fortfahren, den es eher im Winter gibt. Deliziös sind die Dolci (6 €) wie Semifreddo alla mandorla di Noto con scaglie di cioccolato di Modica al peperoncino. Im gut bestückten Keller lagern rund vierzig Weine aus sizilianischen Weinbaubetrieben, auch Biobetrieben, rund hundert Weine aus anderen Regionen und einige Biere aus kleinen Brauereien.

Die Pasticceria Spinella, Via Etnea 300, verkauft Minni di vergini, Frutta martorana, Torroni und andere Süßigkeiten der lokalen und regionalen Tradition.

Mc Turiddu

Restaurant
Via Monsignor Ventimiglia, 15
Tel. (+39) 095 / 715 01 42
Ruhetag: Sonntagabend
Ferien: zeitweise im Sommer
40 Plätze + 20 Plätze im Freien
Preise: 35 €
Alle Kreditkarten; BM
Mittags und abends geöffnet

In einer Seitenstraße im oberen Teil der Via Vittorio Emanuele befindet sich dieses einfache, lichtdurchflutete Lokal. Die dynamische Roberta Capizzi leitet es in Zusammenarbeit mit jungem, freundlichem Service- und Küchenpersonal. Gianluca Leocata koordiniert die Arbeit in der Küche. Ein großes Lob verdient die Auswahl sizilianischer Zutaten, auch vieler Produkte aus Slow-Food-Presidi. Als Einstieg empfehlen wir Tortini di patate e pomodori secchi, di broccoletti e olive oder di erbe di campo, **Insalata di pescestocco alla messinese** und interessantes *Ke spert* (11 €), sizilianisches Kebab aus Fleisch vom Rind, Ragusana-Esel und schwarzen Schwein von den Nebrodi, begleitet von Kichererbsenpüree. Von den Primi munden gute **Spaghetti con masculina da magghia** (Sardellen) ***e muddica atturrata***, Caserecce al pesto dei Presìdi (mit Pistazien aus Bronte, Mandeln aus Noto und Knoblauch aus Nubia,11 €), ***Stipateddi* ripieni di ricotta con sugo di suino nero** und Suppen aus Linsen aus Ustica, Bohnen aus Polizzi oder anderen Hülsenfrüchten. Herausragende Secondi sind **Involtini di spatola** (Degenfischrouladen) con verdure alla stimpirata (12 €), Salsiccia (12 €), deren Brät mit dem Messer gehackt wurde, Bistecca panata alla palermitana und Stocco alla brace con cipolle di Giarratana e pomodoro nocca. Gepflegtes sizilianisches Käsesortiment. Deliziöse Desserts sind Fresco al mandarino di Ciaculli und Biancomangiare alle mandorle di Noto. Das Kellerangebot kreist um regionale Weine und Biere aus Kleinbrauereien.

Die Gastronomia Scollo, Via Messina 225, bietet eine gute Selektion an Käse, Wurst, Wein, Arancini und weitere sizilianische Rosticceria-Spezialitäten.

20 KM NORDWESTLICH VON RAGUSA

Majore

Restaurant
Via dei Martiri Ungheresi, 12
Tel. (+39) 09 32 / 92 80 19
Ruhetag: Montag
Ferien: zeitweise im Juli
105 Plätze
Preise: 20–22 €
Alle Kreditkarten; BM
Mittags und abends geöffnet

Salvatore Laterra repräsentiert die vierte Generation der Familie Laterra-Majore, die seit dem fernen Jahr 1896 dieses Restaurant führt. Im Erdgeschoss betreten Sie den kleinen historischen Gastraum mit schönen Wandmalereien und ein paar Tischen mit rund 20 Plätzen; in der oberen Etage befindet sich ein größerer Raum, der bei Bedarf genutzt wird. Das gastronomische Angebot kreist seit jeher um Gerichte und Zutaten aus Schweinefleisch und daraus erzeugte Produkte und spiegelt damit die Ernährungsgewohnheiten wider, die heute noch im Gebiet der Monti Iblei verwurzelt sind. Salami, Capicollo und *Jlatina* di maiale (im Tresen am Eingang auch zum Verkauf angeboten) haben ihren Auftritt im klassischen Antipasto della casa (5,50 €), der von Giardiniera di olive oder Caponata vervollständigt wird. Unter den Primi (5,50 €) sind unverzichtbare **Ravioli di ricotta al sugo di maiale** und Risotto alla Majore, nach einem Familienrezept, bei dem die Schweinefleischsauce mit einer kräftigen Prise Caciocavallo ragusano angereichert wird. Unter den saisonabhängigen Alternativen sind Tagliatelle con salsa fresca di pomodoro, Trofie alla Norma, Minestra di fave und **Pappardelle con i porcini**. Weitere Fixpunkte sind ***Cuòsti chini*** (gefülltes Kotelett, 7 €), ebenso deftiger **Falsomagro alla siciliana** (Hackfleisch mit einer Füllung aus Salami, Käse, hart gekochtem Ei und Zwiebeln), Salsiccia (6,50 €), gebraten oder in Saft gegart, und Filetto di maiale ai ferri. Frisches Obst und Parfait di mandorle con gocce di cioccolato runden das Essen ab. Dank der Leidenschaft des Lokalinhabers lagern im Keller rund 500 Weine aus Sizilien (mit besonderem Augenmerk auf das Gebiet um Ragusa) und anderen italienischen Regionen.

66 KM ÖSTLICH VON PALERMO

Casale Drinzi

Ferienbauernhof
Ortsteil Drinzi
Tel. (+39) 09 21 / 66 40 27
Kein Ruhetag
Ferien: 2 Wochen im Januar oder Februar
100 Plätze + 60 Plätze im Freien
Preise: 24–28 €
Kreditkarten: CS, DC, MC, Visa; BM
Mittags und abends geöffnet

Der einladende Agriturismo befindet sich ein kleines Stück außerhalb von Collesano, eingebettet ins Grün des Parco delle Madonie. Die Leitung liegt in den Händen von Giovanni Gulino, im Service, und Antonio Di Gaudio, in der Küche. Holzträger und -dach, Cottoböden und der große Holzofen im hinteren Bereich des Gastraums, in dem abends Pizza aus Natursauerteig gebacken wird, verleihen dem Ambiente eine wohltuend rustikale Note. Das von den Jahreszeiten und achtsamer Auswahl der Zutaten geprägte kulinarische Angebot sieht als Einstieg eine Degustation von Antipasti rustici (7 €), Carpaccio di manzo con scaglie di tartufo und Formaggi aus den Madonie in Kombination mit Konfitüren und Honig aus lokaler Erzeugung vor. Von den Primi seien Zuppa del casale, **Gnocchi al ragù di maialino nero dei Nebrodi**, Tagliatelle ai funghi und traditionelle **Maccheroni con sugo di castrato e scaglie di ricotta salata** (7,50 €) hervorgehoben. Fleisch ist Hauptdarsteller bei den Secondi wie Costata di cavallo, Stinco di maiale al vino rosso, Coniglio alla cacciatora, Tagliata di manzo und **Agnello alle erbe madonite** (8 €). Verlockend sind die Beilagen, für die vorwiegend Wildgemüse und Gemüse aus eigenem Anbau verarbeitet werden. Als Dessert warten Flan di pistacchio oder di cioccolato, **Testa di turco** und Sfincette con ricotta (2 €). Im Keller lagern regionale Weine, die zum Teil auch glasweise angeboten werden. Als Alternative gibt es Biere aus kleinen Brauereien.

Im Ortsteil Santa Anastasia erzeugt Sandra Invidiata in ihrem Biobetrieb Rohmilchkäse wie Provola delle Madonie (Slow-Food-Presidio) und zieht Fagioli badda di Polizzi (Bohnensorte), die ebenfalls von einem Presidio geschützt sind.

La Rustica

Trattoria
Via Gagliano Castelferrato
Tel. (+39) 09 35 / 255 22
Ruhetag: Sonntag
Ferien: August
35 Plätze
Preise: 15–18 €
Keine Kreditkarten
Mittags und abends geöffnet

Diese sympathische Trattoria mit volkstümlicher Traditionsküche aus Sizilien und ebenso volkstümlichen Preisen ist im neueren Teil der Oberstadt von Enna problemlos zu finden. Köchin und Lokaleigentümerin Carmela Messina führt seit nunmehr vielen Jahren das von ihrer Mutter im Jahr 1963 gegründete Lokal. Ehemann Gaetano Tilaro hilft ihr und bedient die Gäste im kleinen Speiseraum mit unverfälscht häuslichem Ambiente; mittags finden sich Angestellte aus den umliegenden Büros zum Essen ein. Bei den Antipasti (4 €) gilt unsere Vorliebe weiterhin **Frittata di ricotta** oder di patate e cipolla, aber auch Melanzane ripiene infornate, Caponata und Peperonata verdienen eine Kostprobe. Bei den Primi wechseln einige Klassiker der Regionalküche wie **Pasta alla Norma** (5 €), Pasta alla carrettiera, Pasta con il cavolfiore, Pasta con il pesto siciliano, Spaghetti con acciughe e mollica abbrustolita, **Macco di fave** sowie Zuppe di fagioli, di lenticchie oder di ceci. Die Portionen sind großzügig, auch bei den Secondi wie schmackhaftem **Spezzatino con patate** (7 €), Polpettone ripieno all'ennese con salsa e piselli, Salsiccia arrostita, fritta oder al sugo (6 €), Bollito, Costata di maiale und **Stigghiola**. Frisches Obst und hausgemachte Desserts lassen das Mahl ausklingen. Zu trinken gibt es eine kleine Selektion sizilianischer Weine zu ehrlichen Preisen.

GALATI MAMERTINO

110 KM SÜDWESTL. V. MESSINA, S.S. 113 OD. A 20

Fattoria Fabio

Trattoria
Ortsteil Sciara Bacci
Tel. (+39) 09 41 / 43 40 42,
(+39) 389 / 162 89 66
Ruhetag: Mittwoch
Ferien: unterschiedlich
40 Plätze + 30 Plätze im Freien
Preise: 25 €
Alle Kreditkarten; BM
Mittags und abends geöffnet

Die Fattoria Fabio in der Nähe von Galati Mamertino ist eine ländliche Osteria inmitten von Olivenbäumen, Haselnusssträuchern und Obstbäumen; außerdem gibt es einen Gemüsegarten und eine kleine Schweine- und Schafzucht. Salvatrice kocht mit ihren Söhnen Marco und Simone an der Tradition orientierte Gerichte. Ehemann Giacomo und der dritte Sohn Francesco erläutern das Menü mündlich. Frittate di verdura e ortaggi eröffnen den großzügigen Reigen der Antipasti (8 €), der auch Würste vom schwarzen Schwein und guten Käse wie Canestrato, gereifte Provola sfoglia, gegrillten Primo sale und Ricotta di capra beinhaltet. Schmackhaft sind Melanzane, gebraten und mit Römischer Minze gewürzt oder paniert und in nativem Olivenöl extra aus eigener Erzeugung frittiert. Aus frischer hausgemachter Pasta werden verschiedene Primi zubereitet, darunter frühlingshafte Ravioli di ortica mit Kartoffel-Gemüse-Füllung und mit Brunnenkresse und Kirschtomaten verfeinert (6 €), **Maccheroni con il ragù di suino nero**, Tagliatelle con funghi porcini, carciofi oder con verdure spontanee und **Ravioli di ricotta con pistacchi**. Nur gegen Vorbestellung gibt es Timballo di tagliatelle und Involtini di maccheroni. Schaffleisch lokaler Herkunft hat seinen Auftritt als Arrosto di castrato und obligates **Agnello cotto in padella con le patate** (9 €); von diesem Rezept gibt es auch eine schmackhafte Variante mit Capretto (Zicklein). Braciole di vitello vervollständigen das Angebot der Secondi. Als Nachspeise locken himmlische **Cremolata di fragole** (2 €), Semifreddo alle nocciole oder alle mandorle und Crocchette di nocciola (ähnlich der Kekssorte „Brutti ma Buoni"), begleitet von hausgemachtem Rosolio. Zu trinken gibt es einen ordentlichen offenen Hauswein und einige Etiketten aus der Gegend.

GANGI

117 KM SÜDÖSTLICH VON PALERMO, S.S. 120

Villa Rainò

Hotelrestaurant
Ortsteil Rainò
Tel. (+39) 09 21 / 64 46 80
Kein Ruhetag
Keine Ferien
70 Plätze + 70 Plätze im Freien
Preise: 23–28 €
Alle Kreditkarten; BM
Mittags und abends geöffnet

Das kürzlich in den Kreis der „schönsten Dörfer Italiens" aufgenommene Städtchen Gangi ist einen ausgedehnten Besuch wert, damit man seinen einzigartigen Charme entdecken und genießen kann. Zahlreiche touristische Veranstaltungen, die dem Reigen der Jahreszeiten folgen, lassen die Traditionen wieder aufleben. Wir empfehlen einen Besuch des Ährenfestes (Festa della Spiga), das im August stattfindet und am Nachmittag des zweiten Sonntags im Monat im Umzug zu Ehren der Göttin Demeter gipfelt. Wenn Sie von Petralia Soprana und Petralia Sottana kommend über die Staatsstraße fahren, nehmen Sie kurz vor Gangi die Abzweigung zum Ortsteil Rainò, denn dort befindet sich diese bewährte Trattoria, die an ein Hotel angeschlossen ist. Ihr Betreiber Aldo Conte bereitet den Gästen einen stets herzlichen Empfang, während seine Frau Nina in der Küche einen reichhaltigen Antipasto (9 €) mit den besten Köstlichkeiten vorbereitet, die die Saison gerade bietet: gute Frittatine con le verdure e il finocchietto, **Polpettine in agrodolce con uova e formaggio**, Wurst und Käse, einschließlich Provola delle Madonie (Slow-Food-Presidio) und **Interiora di agnello fritte**. Darauf folgen Primi aus hausgemachter Pasta (7 €): **Taglierini *cu sucu*** (mit Ragout aus gemischtem Fleisch), Pasta con broccoli, salsiccia e *muddica atturrata* (gerösteter Brotkrume) oder con carciofi e ricotta. Unter den Secondi (9 €) sind Coniglio alla cacciatora, Grigliata aus Fleisch lokaler Herkunft und **Agnello al forno** mit Saisongemüse, Kartoffeln oder frischen Salaten. Zum Abschluss genießt man Desserts (2,50 €) wie Cannoli di ricotta oder Parfait di mandorle con cioccolato. Zu trinken steht eine kleine Selektion regionaler Weine bereit. Das Angebot umfasst auch ein reichhaltiges festgelegtes Menü für 25 €, das einen ordentlichen Wein aus der Gegend einschließt.

77 KM SÜDÖSTLICH VON PALERMO

La Brace

Trattoria mit Übernachtungsmöglichkeit
Via Monsignor Romero
Tel. (+39) 09 21 / 66 28 10,
(+39) 328 / 909 64 57
Ruhetag: Montag
Ferien: 1 Woche im September
55 Plätze
Preise: 30 €
Kreditkarten: CS, MC, Visa; BM
Mittags und abends geöffnet

Chefkoch Giuseppe Capuano leitet die Küche mit großem Einsatz und bietet jedes Jahr einige interessante Neuheiten. Das Menü wird von Santino erläutert. Es gibt nämlich keine Karte, da der Speiseplan täglich wechselt, je nachdem, was das an Wildgemüse, Pilzen, Hülsenfrüchten und außerordentlich gutem Käse reiche Gebiet Tag für Tag bereithält. Die hausgemachte Pasta ist aus den besten sizilianischen Mehlsorten zubereitet, das warm servierte Brot kommt aus dem Holzofen wie viele andere Speisen, die dadurch einen einzigartigen Geschmack und ein unverwechselbares Aroma bekommen. Unter den Antipasti sind **Zuppetta di salsiccia, funghi e asparagi** (8 €), Tuma calda und im Frühling rohe Funghi basilischi (Kräuterseitlinge) mit Spänen von Provola delle Madonie (Slow-Food-Presidio). Weiter geht es mit **durch eine Bronzeform gepressten Tagliatelle con basilischi** (10 €) oder con porcini, **frischen Maccheroncini con ragù di castrato** oder di maialino locale (Ferkel), Zuppe di ceci, di funghi e verdure selvatiche oder di funghi e fagioli badda (Slow-Food-Presidio). Denkwürdige Secondi sind Castrato alla griglia, **Coniglio in umido** (9 €), Filetto di maiale fritto in pastella accompagnato da marmellata di arance amare (Schweinefilet in Backteig mit Bitterorangenmarmelade) und Tagliata con i funghi. Gut sind die Beilagen aus hiesigem Gemüse. Das Finale bilden **Agrifoglio nero con ricotta** (3 €), Testa di turco, Semifreddo di pistacchio oder di mandorle. Abends gibt es auch Pizza aus sizilianischen Mehlsorten. Das Kellerangebot setzt auf regionale Weine und Biere aus kleinen Brauereien.

Schmackhaftes Brot aus eigener Herstellung gibt es in der Bäckerei Badamo, Corso Vittorio Emanuele 56.

6 STD. FÄHRE VON TRAPANI, 5 STD. VON MARSALA

Il Cappero

NEU

Trattoria-Pizzeria
Via Roma, 33
Tel. (+39) 09 23 / 91 27 25,
(+39) 389 / 965 97 87
Ruhetag: Mittwoch, im Sommer Sonntagmittag
Ferien: November–Februar
70 Plätze
Preise: 30–35 €
Kreditkarten: CS, DC, MC, Visa; BM
Mittags und abends geöffnet

Il Cappero, im Zentrum Pantellerias ein paar Schritte von der Piazza del Municipio gelegen, ist eines der historischen Lokale der Insel, das seit einigen Jahren von Salvatore und Serena Rizzo geführt wird, die zuvor schon Erfahrung in einem anderen Restaurant gesammelt haben. Salvatore kümmert sich um den Einkauf – ein guter Teil der Zutaten ist lokaler Herkunft – und bedient gemeinsam mit Serena die Gäste. In der Küche finden wir den jungen Salvatore Zambito, dessen Rezepte von Pantellerias Traditionen geprägt sind. Aus dem Holzofen, in dem auch fantastische Pizza gebacken wird, kommen köstliche Focaccine, die die Wartezeit auf das Essen überbrücken. Als Antipasti gibt es interessante Alici all'acqua di mare (10 €), **Cappuccetti fritti** und Insalata di polpo. Danach greift man zu Spaghetti con filetti di pesce bianco e finocchietto selvatico (11 €) oder con gamberi, zucchine e conza (Hackmischung aus altbackenem Brot und gerösteten Mandeln), **Ravioli di ricotta e menta** con burro e salvia oder al pomodoro und Zuppa di legumi ai frutti di mare (10 €). Unverzichtbar ist **Cuscus** in der lokalen Version mit Fisch und Gemüse. Weiter geht es mit **Calamari ripieni od**er grigliati, Seppie ripiene gratinate (14 €) und Involtini di pesce spada al Passito con mollica di pane, pinoli, cipolla imbiondita e uva passa (14 €). Im Winter haben schmackhafte **Zuppa di funghi panteschi e castagne con straccetti di pasta fresca** (14 €) oder Cuore di vitello in piatto di ghisa ihren Auftritt im Menü. Als Nachspeise gibt es Bacio pantesco und Crostate. Das kleine, aber gut strukturierte Kellerangebot besteht aus rund hundert Weinen aus Pantelleria und Sizilien und einer schönen Selektion an Passiti. Der Service ist höflich und leger.

Il Principe e il Pirata

NEU

Osteria
Ortsteil Punta Karace
Tel. (+39) 09 23 / 69 11 08
Ruhetag: Montag, außer im Sommer
Ferien: November–April
40 Plätze + 80 Plätze im Freien
Preise: ⊞ 35–40 €
Keine Kreditkarten
Mittags und abends geöffnet

Um zu diesem reizenden Lokal zu gelangen, muss man die um die Insel verlaufende Straße verlassen und in eine steile Straße einbiegen, die nach Punta Karace führt. Von dort tut sich ein herrlicher Rundblick von Punta Spadillo bis Cala Levante auf. Die Familie Casano führt das Lokal mit ansprechendem, einladendem Ambiente. Luciano wird im Service von den Söhnen Marco und Simone unterstützt, während die Küche Francas unbestrittenes Reich ist. Die Speisen folgen – mit kleinen Variationen und leichteren Zubereitungsarten – der Tradition. Größte Aufmerksamkeit gilt den Zutaten, einschließlich Produkten aus Slow-Food-Presidi von der nahen sizilianischen Küste. Von den Antipasti (9 €) nennen wir **Vellutata di fave fresche e scampi**, Insalatina tiepida di mare al vapore (mit Kaisergranaten, Krebsen, Oktopus und Kalmar) und ausgefallene Millefoglie di pane nero di Castelvetrano (aus Schwarzbrot) con rucola, tuma pantesca e filetti di alici di Favignana. Anschließend warten **Ravioli panteschi di ricotta e menta ai ricci di mare** und schmackhafte Maltagliati al sugo di scorfano con *conza* pantesca, capperi e olive (14 €), die zu herrlicher, gut abgetropfter **Frittura di paranza** (18 €), Calamari grigliati mit exquisiten Zucchini lokaler Herkunft (16 €) und zu tagesfrischem Fisch in ganz klassischen Zubereitungsarten überleiten. Das süße Programm setzt sich aus **Baci panteschi**, Tortino all'uva passa con crema chantilly al Passito und herrlichen sommerlichen Granite alla frutta zusammen. Im Keller lagen zahlreiche natürlich vinifizierte Weine, eine große Auswahl an Passiti aus Pantelleria, ein paar gute Marsala-Weine und einige Brände. Im Sommer kann man im Freien auf einer schönen Terrasse mit Meeresblick speisen. Der Service ist leger, aber effizient.

La Favarotta

Trattoria
Ortsteil Kamma fuori Favarotta
Tel. (+39) 09 23 / 91 54 46
Kein Ruhetag
Ferien: Oktober–Dezember
40 Plätze + 40 Plätze im Freien
Preise: ⊞ 34–36 €
Alle Kreditkarten; BM
Abends geöffnet

Die zwischen Afrika und Sizilien gelegen Vulkaninsel Pantelleria ist in ihrer Erscheinung einzigartig. Hier gedeiht eine herrliche Mittelmeermacchia, dominiert von Ginster, Westlichen Erdbeerbäumen, Meerkiefern und unzähligen Würzkräutern. Berühmt ist die Insel auch für ihre Kapern und den intensiven Anbau der Rebsorte Zibibbo. La Favarotta liegt im ländlichen Gebiet Pantellerias, was den Vorteil mit sich bringt, Gemüse aus Eigenanbau verarbeiten zu können. Das Ambiente des Lokals ist leger und gemütlich. Alessandro Gabriele und Michele Liuzza kochen nach Inselrezepten, die bekanntermaßen von der arabisch-nordafrikanischen Küche beeinflusst sind. Ein Beispiel dafür sind Cuscus di pesce oder di verdure und ***Ciaki ciuka***, eine Art Caponata aus Auberginen, Peperoni, Kartoffeln und Zwiebeln (5 €), passend auch als Sauce für Bruschette oder als Beilage. Der Antipasto des Hauses setzt sich aus Tuma, Oliven, Kapern und gebratenem Gemüse aus dem Holzofen zusammen. Unter den Primi finden sich hausgemachte **Ravioli con ricotta e menta** (15 €), frische Tagliatelle alla pescatora und Pasta alla pantesca con le verdure. Als Secondo ist **Coniglio in agrodolce** (14 €) mit Kräutern von der Insel eine Spezialität; abgesehen davon gibt es Calamaro al forno ripieno oder in casseruola, Seppie gratinate und Pesce in bianco con patate lesse e uva zibibbo (16 €). Als Dessert genießt man traditionellen **Bacio pantesco** (knuspriges Teigküchlein mit Ricottacreme, 3 €) oder auch Tiramisù alla pesca e Passito. Ein recht guter offener Wein und einige Flaschenweine aus dem Raum Trapani begleiten das Essen.

Die Pasticceria Cosi Duci, Piazzetta Messina 8, verkauft Baci panteschi, Pasticciotti und Mostaccioli.

ISOLA DI USTICA
Ustica

75 MIN. MIT DEM TRAGFLÜGELBOOT VON PALERMO

Da Umberto

Trattoria
Piazza della Vittoria, 7
Tel. (+39) 091 / 844 95 42
Kein Ruhetag
Ferien: Oktober–April
40 Plätze + 70 Plätze im Freien
Preise: 30–35 €
Kreditkarten: AE, CS, MC, Visa; BM
Mittags und abends geöffnet

Seit mehr als 60 Jahren leitet die Familie Tranchina diese Trattoria gegenüber dem kleinen Stadtpark im Ort Ustica. Eine hübsche Terrasse führt zum kleinen Gastraum, dessen Fenster den Blick auf das Meer freigeben. Giovanna Longo, Umbertos Frau, zaubert in der Küche herrliche Gerichte, die von ihrer eigenen Kocherfahrung und den traditionellen Rezepten der Meeresküche inspiriert sind. Als Antipasti bieten sich Totani in agrodolce (10 €), Filetto di pesce all'olio e limone, **Zuppa di lenticchie di Ustica** con le verdure di Tramontana (mit Linsen aus dem Slow-Food-Presidio und Gemüse aus dem Ortsteil Tramontana) und **Polpettine di finocchietto in agrodolce** an. Unter den Primi sind interessante Spaghetti al sugo di scorfano e profumo di capperi (8 €), Spaghetti con pesce azzurro, olive, capperi e mollica tostata, Risotto allo scoglio und Pasta con gamberetti di nassa al profumo di pistacchio. Das Angebot der Secondi beinhaltet unter anderem Rotolini grigliati di pesce spada, **Scorfano in tegame con patate e basilico**, Seppie sfumate al vino bianco, **Totano all'usticese** und Tonno al ragù con aglio e mentuccia (13 €). Beilagen wie Cotolette di melanzane und Insalata usticese mit gekochten Kartoffeln, Zwiebeln, Gurken, Kapern, Kirschtomaten und Oliven dürfen natürlich auch nicht fehlen. Hervorragender Budino di limone und Gigi (frittierte Teigbällchen) mit Vino cotto aus lokaler Erzeugung runden das Essen ab. Das Kellerangebot beschränkt sich auf einige regionale Weine.

ISOLE EGADI
Marettimo

1 STUNDE MIT DEM TRAGFLÜGELBOOT VON TRAPANI

Il Veliero

Trattoria
Via Umberto, 22
Tel. (+39) 09 23 / 92 32 74
Kein Ruhetag
Ferien: November–Februar
60 Plätze + 80 Plätze im Freien
Preise: ⊞ 37 €
Alle Kreditkarten; BM
Mittags und abends geöffnet

Hierà nésos – heiliger Ort: So lautet Marettimos altes Toponym, der am weitesten von der Küste entfernten Ägadischen Insel, eines wundervollen Stückchen Landes im Blau des Tyrrhenischen Meeres. Fragen Sie die Fischer im Hafen nach einer Inselumrundung im Boot, damit Sie die Möglichkeit haben, an den zauberhaftesten Stellen zu baden. Die Osteria liegt im kleinen Ort und wird von einer Familie geführt. Giuseppe und Alberto Bevilacqua kümmern sich um den Fischfang – sie sind Fischer von Beruf –, Mamma Paolina und Tochter Anna stehen am Herd. Der Rest der Familie – Roberto, Enrico, Alberto und Alina – versieht den Service. Einrichtung und Ambiente sind schlicht; im Sommer kann man im Freien mit Blick auf das Meer speisen. Erkundigen Sie sich zunächst nach dem Tagesangebot der Secondi und wenden Sie sich dann dem Büfett der Antipasti (8 €) zu: Es erwarten Sie Verdure grigliate, Sarde allinguate oder a beccafico, **Polpettine di pesce azzurro**, Sgombro oder Tonno sott'olio und Caponata. Von den Primi dürfen Sie sich die Spezialität des Hauses, **Zuppa di aragoste con gli spaghetti spezzati**, nicht entgehen lassen; erkundigen Sie sich bei der Vorbestellung nach dem Preis. Andere Möglichkeiten wären **Busiate con pesto trapanese**, Cuscus di pesce und Spaghetti con pomodoro ciliegino, tonno, peperoni e pinoli tostati (14 €) oder con pesce spada e pesto di limone (13 €). Bei den Secondi steht Fisch, ganz schlicht gegrillt, im Vordergrund; gut sind außerdem Ricciola al forno con cipolle, pomodorini, capperi e olive, Fritto di lenza, Bistecca di pesce spada, Calamari arrosto und in der Saison Tonno con pesto di pistacchi, aglio e menta. Als Dessert locken Cassatelle di ricotta, Cannoli (3 €) und Sorbetto al limone oder alla mela verde. Zu trinken gibt es einige Weine aus dem Umland.

ISOLE EGADI
Favignana

20 MIN. MIT DEM TRAGFLÜGELBOOT VON TRAPANI

La Bettola

Trattoria
Via Nicotera, 47
Tel. (+39) 09 23 / 189 81 40,
(+39) 09 23 / 92 19 88
Ruhetag: Donnerstag, außer im Sommer
Ferien: zeitweise im Herbst
30 Plätze + 60 Plätze im Freien
Preise: 30–35 €
Kreditkarten: AE, CS, MC, Visa; BM
Mittags und abends geöffnet

Die ehemalige Thunfischfanganlage von Favignana, eine der größten des Mittelmeerraumes, die ab 1874 von der Familie Florio saniert und ausgebaut wurde, dient heute als Museum und leuchtendes Beispiel für Industriearchäologie. Nicht weit davon entfernt liegt die Trattoria der Familie Messina. In der Küche regieren Bastiano und seine Frau Maria Teresa, die Kinder Maria und Peppe kümmern sich um den Service. Zu essen gibt es selbstverständlich Meeresgerichte. Man kann sich mit Caponata di melanzane, Pesci affumicati und Gamberetti marinati oder in Form von Frittelle (Garnelenküchlein) einstimmen. Der besonders opulente Antipasto misto kann als ganze Mahlzeit (12 €) betrachtet werden. Die Hauptattraktion des Hauses ist ***Cuscusu* di pesce alla trapanese**, eine Art gastronomischer Bindestrich zwischen Sizilien und dem Maghreb. Als Alternativen bieten sich **Pasta con le sarde**, Spaghetti al nero di seppia oder con i frutti di mare an und im Mai und Juni Busiate, eine typische frische Pasta, con polpette di tonno stufate nella passata di pomodoro (mit in Tomatensauce geschmorten Thunfischbällchen, 12 €). Je nach Tagesangebot genießen Sie verschiedene Fischarten, geschmort, frittiert oder gegrillt, darunter ausgezeichnete Ricciola (Bernsteinmakrele); des Weiteren stehen **Sgombro lardiato** und Tonno fritto con la cipollata in agrodolce (12€) auf dem Programm. Den Schlusspunkt setzen frisches Obst, **Cassatelle fritte** di ricotta ovina, Cannolo scomposto und Cassata siciliana. Das kleine Kellerangebot setzt sich aus regionalen Weinen zusammen.

Bei La Pinnata, Via Garibaldi 43, gibt es eine große Auswahl an Käse, Wurst und typischen Produkten aus Sizilien.

ISOLE EOLIE
Santa Marina Salina
Lingua

41 KM VON MESSINA + FÄHRE

'A Cannata

Hotelrestaurant
Via Umberto I, 13
Tel. (+39) 090 / 984 31 61
Kein Ruhetag
Keine Ferien
120 Plätze + 150 Plätze im Freien
Preise: 35 €
Kreditkarten: CS, DC, MC, Visa
Mittags und abends geöffnet

In der Nähe des kleinen Hafens von Lingua finden Sie das Restaurant der Familie Ruggera, wo sich im Sommer der Betrieb auf der großen Veranda konzentriert. Santino koordiniert den Service, während seine Schwestern Angela und Franca gemeinsam mit Mamma Concetta das großartige Küchenteam bilden, das saisonalen Fisch und Zutaten lokaler Herkunft gekonnt in den Vordergrund rückt. Am Start stehen neben klassischem Antipasto all'eoliana, der auch selbst gemachte Sottoli enthält, Insalata di totani (10 €), **Polpette di ricciola in agrodolce**, Polpette di totano, Parmigiana di *cucuzzi* (Zucchini) und Caponata di verdure. Denkwürdige Primi sind würzige **Pasta al ragù di scorfano** (10 €), Penne con pesto di capperi di Salina (Slow-Food-Presidio), olive e rosmarino, Risotto Stromboli al nero di seppia e pomodoro piccante, Spaghetti del Postino (dem Schauspieler Massimo Troisi gewidmet, der im gleichnamigen, auf der Insel gedrehten Film mitwirkte) und Spaghetti „Isola Slow", die anlässlich der ebenso benannten jährlichen Veranstaltung zubereitet werden. Schmackhafte Secondi sind ***Sauri*** (Stöcker) **con zucchine e menta**, Involtini di cernia con salsa di finocchietto (15 €), **Timballo di spatola** (Degenfisch), Totani ripieni alla Malvasia und Filetto di opa (Gelbstrieme) gratinato al forno. Gut sind auch Beilagen wie Peperoni con mollica e mele, Melanzane grigliate con trito di capperi und Scarola con uvetta, olive nere e pinoli. Das Mahl endet mit Semifreddo alle mandorle und gelegentlich mit *Spicchitedda* und *Sfinci d'ova* (traditionellen Keksen). Recht gutes Angebot an sizilianischen Weinen.

Bar da Alfredo (Piazza Marina Garibaldi): herrliche Granita mit Früchten sowie verlockendes Pane cunsatu.

ISOLE EOLIE
Lipari
Pianoconte

FÄHRE VON MESSINA ODER VON MILAZZO + 5 KM

Le Macine

Restaurant-Pizzeria
Via Stradale, 9
Tel. (+39) 090 / 982 23 87
Ruhetag: Dienstag, außer im Sommer
Ferien: zeitweise im Februar
80 Plätze + 130 Plätze im Freien
Preise: 35 €
Alle Kreditkarten
Mittags und abends geöffnet

Das im oberen Teil der Insel gelegene Lokal verfügt neben den Gasträumen über drei angenehme Terrassen, die vor allem in der schönen Jahreszeit genutzt werden. Giovanni Cipicchia, Ehefrau Tina und Sohn Duilio empfangen die Gäste; Emiliano, der zweite Sohn, bereitet Gerichte zu, die sich durch eine gelungene Kombination von Zutaten aus dem ländlichen Gebiet, dem hauseigenen Gemüsegarten und dem Meer auszeichnen. Von den Antipasti verdienen **Parmigiana di alici** (8 €), Totano all'ortolana, Luvaro (Rotbrasse) marinato, Crostino con caponata di cappero, vino cotto e mentuccia und getrocknete Feigen aus Pianoconte mit Käse aus Vulcano auf jeden Fall eine Kostprobe. Als Primi können schmackhafte Tagliolini con spatola (Degenfisch), zucca rossa, pesto di mentuccia e colatura di alici, Casarecce con alalunga, fiori di zucca, filetti di melanzane e mandorle di Noto (13 €), **Bavette con polpettine di pesce azzurro, verdure e miele di corbezzolo di Salina** und Risotto con pesce, fiori di zucca, capperi e zafferano vorgesehen sein. Anschließend gibt es Girello di spatola agli agrumi e Malvasia, **Alalunga *ammuttunata*** (14 €), Totano alla griglia con pesto di pomodoro secco e verdure (14 €) und Pesce azzurro al pesto di pistacchio di Bronte e vino cotto. Unter den wenigen Fleischgerichten ist stets gutes **Coniglio in agrodolce**. Deliziös sind Semifreddo all'arancia con crema di bergamotto und Croccante di mandorla con ricotta e polvere di caffè. Danach gibt es als Zugabe des Hauses Sesamini-Kekse und ein Gläschen Malvasia. Die Weinkarte präsentiert sich sehr gepflegt.

In derselben Straße gibt es bei I Dolci di Marisa unter anderem typische Nacatula mit Mandeln und Sesamini.

ISOLE EOLIE
Leni
Salina

FÄHRE VON MESSINA ODER MILAZZO + 12 KM

Villa Carla

Restaurant
Via Santa Lucia
Tel. (+39) 090 / 980 90 13,
(+39) 334 / 104 68 51
Kein Ruhetag
Keine Ferien
12 Plätze + 20 Plätze im Freien
Preise: 30 €
Kreditkarten: CS; BM
Abends geöffnet

In Leni, einer der drei kleinen Gemeinden, die die Insel Salina verwalten, hat die ausgezeichnete Köchin Signora Carla gemeinsam mit ihrem Mann Carmelo einige Räume ihres Hauses in eine Gaststätte umgestaltet. Das geringe Platzangebot und das häusliche Umfeld erfordern eine Reservierung eine gewisse Zeit im Voraus, die sich aber bezahlt macht: Fangfrischer Fisch, Gemüse aus dem Hausgarten und ein paar weitere sorgfältig ausgesuchte Zutaten bilden die Grundlage für köstliche typische Gerichte. Probieren Sie von den Antipasti (8 €) Alici fritte con Primo sale, miele di castagno e cipolla in agrodolce oder sautierte Gamberetti con succo e buccia di limone, Ortaggi di casa grigliati und Insalata di capperi di Salina. Von den Primi (10 €) sind uns frische Pasta wie **Tagliolini con la spatola** (Degenfisch), Tagliatelle al pistacchio di Bronte e agrumi oder con zucchina, ricotta e fiori di lavanda und Ravioli ripieni ai capperi di Salina e crema di formaggio in Erinnerung geblieben. Je nach Fangergebnis finden Sie unter den Secondi (12 €) **Spiedini di alalunga marinati e scottati alla piastra**, Spatola all'arancia, Totani ripieni, **Capone** (Gemeine Goldmakrele) **al forno** und Involtini di *ope* (Gelbstriemen) in salsa di pomodoro con olive e capperi. Stets im Einklang mit den Jahreszeiten schließt das Essen mit guten Desserts wie Tiramisù all'arancia, Pesca cotta nel vino (in Wein gekochter Pfirsich, mit Ricotta, Zitrone und Zimt kalt serviert) oder traditionellem Gebäck der Äolischen Inseln: *Vastidduzzi* und **Spicchitedda**. Zu trinken gibt es einige sizilianische Weine.

Der Landwirtschaftsbetrieb D'Amico (Via Rotabile) verkauft Kapern und Cucunci (Kapernbeeren) aus dem Slow-Food-Presidio.

ISOLE PELAGIE
Lampedusa

8 KM V. AGRIGENT + 4 STD. TRAGFLÜGELBOOT V. PORTO EMPEDOCLE

Da Bernardo

Trattoria
Via Terranova, 5
Tel. (+39) 09 22 / 97 19 25,
(+39) 339 / 359 21 40
Ruhetag: Dienstag, außer im Sommer
Ferien: zeitweise im Januar und Februar
40 Plätze + 40 Plätze im Freien
Preise: 32–35 €
Alle Kreditkarten; BM
Abends geöffnet, im Sommer auch mittags

Nicht weit vom Hauptort der Insel entfernt liegt diese seit einigen Jahrzehnten bestehende Trattoria mit authentischer Meeresküche. Sie besteht aus einem Gastraum und einem netten Bereich im Freien und verströmt häusliches Flair. Patron Luca Bernardo ist der Schöpfer des kulinarischen Programms, unterstützt von Sohn Gianni, der sich auch um den Service kümmert; wenn Hochbetrieb herrscht, unterstützen ihn Tochter Fiorenza und Cousin Giovanni. Bei den auf dem Büfett dargebotenen Vorspeisen (10 €) hat man die Wahl zwischen verlockenden Kostproben wie Polpo con pomodorini e capperi, Sarde marinate, Sgombro lessato, **Polpette al pomodoro**, Caponata und hausgemachten eingelegten Spezialitäten wie Alici sotto sale und Tonno sott'olio. Fisch lokaler Herkunft beeinflusst je nach saisonaler Verfügbarkeit ganz zu Recht das Menü. Die Primi beinhalten Spaghetti al nero di seppia oder alla Terranova (mit Tintenfischchen, Kapern und Sardellen, 9 €) und **Ravioli di cernia** mit Zackenbarschsud verfeinert. Eine Kostprobe wert ist **Pasta fresca al *garum*** (9 €), das heißt mit einer Würzsauce aus Sardellen, Makrele oder einem anderen „Pesce azzurro". Von den schmackhaften Secondi erinnern wir uns an **Calamaro ripieno**, Filetto di pesce serra panato al forno, Seppie gratinate e infornate (12 €) sowie an Triglie (Meerbarben), *Praio* (Sackbrassen) und andere Fische, die gebraten werden. Nur gegen Vorbestellung erhältlich ist köstliche **Ghiotta alla lampedusana** mit Zackenbarsch, Kartoffeln und Kräutern, die eine ganze Mahlzeit darstellt. Ravioli und Rollò di ricotta, Cannolo oder Cassata della nonna setzen den süßen Schlusspunkt. Das Weinangebot ist in Ordnung.

JOPPOLO GIANCAXIO

12 KM NÖRDLICH VON AGRIGENT, S.S. 118 U. S.P. 18

Da Carmelo

Trattoria
Via Roma, 16
Tel. (+39) 09 22 / 63 13 76,
(+39) 340 / 714 18 44
Ruhetag: Mittwoch
Ferien: unterschiedlich
48 Plätze + 30 Plätze im Freien
Preise: 18–20 €
Keine Kreditkarten
Abends geöffnet, Sonntag auch mittags

An der Hauptstraße dieses kleinen Ortes wenige Kilometer von Agrigent entfernt führen Koch Carmelo Argento und seine Frau Concetta mit der Unterstützung ihres Schwiegersohns im Service eine Osteria mit urwüchsiger, volkstümlicher Atmosphäre. Das in äußerster Schlichtheit eingerichtete Lokal verfügt über wenige Plätze im Innenbereich und einige Tische vor dem Eingang, die in der schönen Jahreszeit gedeckt werden. Falls erhältlich, sollten Sie sich mit Cardi lessi oder fritti und in der Pfanne geschwenkten Zarchi (Mangold) einstimmen. Bei den Primi wechseln je nach Jahreszeit **Ravioli di ricotta al ragù** (6 €), Zuppe di legumi, Spaghetti aglio olio e peperoncino und **Pasta con il macco di fave**. Schmackhafte Secondi sind **Spezzatino di capretto con patate** (7 €), Involtini di vitello, Coniglio in agrodolce und Chioccioline in padella neben klassischen Fleischgerichten von der Holzglut wie Castrato, Costata di maiale und Spiedini. Für Liebhaber des „fünften Viertels" beinhaltet das – eher als einzigartig denn als selten zu bezeichnende – Angebot abwechselnd Trippa al sugo oder in bianco (6 €), Piedini di maiale, **Involtini al sugo di trippa** oder Involtini di cotenna (Schwartenrouladen) und Stigghiole. Im Sommer stehen auch einige Fischgerichte wie Insalata di polpo und Frittura di calamari auf dem Programm. Obst rundet die Mahlzeit ab. Das Weinangebot beschränkt sich leider auf einen gewöhnlichen offenen Hauswein aus dem Umland.

Die Bars Le Cuspidi und Di Stefano an der Ortseinfahrt von **Raffadali** (4 km) bieten gutes Eis aus eigener Erzeugung, auch aus lokalen Pistazien.

LENTINI

44 KM NORDWESTLICH VON SYRAKUS

A Maidda

Trattoria-Pizzeria
Via Alfieri, 2
Tel. (+39) 095 / 94 15 37
Ruhetag: Mittwoch
Ferien: zeitweise im August
80 Plätze + 40 Plätze im Freien
Preise: 25–30 €
Alle Kreditkarten
Abends geöffnet

Küchenchef Salvo Bordonaro leitet mit großem Einsatz und Unterstützung der Familienmitglieder eine wirkliche Trattoria. Die kleinen Gasträume mit Holzdecke und gemauerten Wänden werden im Sommer um einen Sitzbereich im Freien ergänzt. Wenn seine Zeit und der Kalender der Natur es erlauben, sammelt der Patron Wildgemüse, das er häufig in der Küche verarbeitet. Probieren Sie daher **Frittata con *anciti*** oder con asparagi, Polpette di borragine, Polpette di finocchietto und Cardi fritti, die gemeinsam mit Caponata, Parmigiana und Involtini di peperoni im Antipasto rustico (8 €) ihren Auftritt haben. Aus dem Holzofen kommen unter anderem frisch und heiß die beiden typischen Focacce namens *Facci 'i vecchia* und Pizzolotto. Herausragende Primi sind Orecchiette alla crema di finocchio, Penne con zucchine e salsa di pistacchio di Bronte, Minestre di legumi, **Tagliatelle con le fave novelle** oder con i porcini und Linguine all'arancia rossa (8 €), das heißt mit Blutorangen, die in dieser Gegend besonders gut gedeihen. Noch einmal treten Wildkräuter auf den Plan, und zwar in Pasta con gli *amareddi* oder als Beilage wie *Sinapa* (Ackersenf) zu Salsiccia di maiale aus dem Ofen. Weitere deftige Secondi sind **Coniglio alla stimpirata** oder alla cacciatora (12 €), **Trippa in umido** (8 €), Suino nero dei Nebrodi arrosto, Lumache alla lentinese und Coda di bovino alla siciliana. Den Schlusspunkt setzen Süßspeisen mit Ricotta, Crostate agli agrumi und Semifreddo alle mandorle. Zu trinken gibt es ein kleines Sortiment regionaler Weine und Biere aus kleinen Brauereien.

Navarria (Via Conte Alaimo 12) bietet Süßes und Rosticceria-Spezialitäten.

LONGI

110 KM SÜDWESTLICH VON MESSINA

La Petrusa

Trattoria
Ortsteil Petrusa
Tel. (+39) 09 41/ 48 53 77,
(+39) 333 / 740 64 25
Kein Ruhetag
Keine Ferien
90 Plätze
Preise: 25 €
Keine Kreditkarten
Mittags und abends geöffnet

NEU

Ein Stückchen außerhalb von Longi finden Sie dieses Lokal in reizvoller Landschaft mit Blick auf den Pizzo Muele und das Massiv der Rocche del Crasto. Die von Inhaber und Koch Nino Lazzara geführte Trattoria bietet seit nunmehr einigen Jahrzehnten einfache, typische Küche, die sich im Wesentlichen auf Fleisch und lokales Gemüse stützt. Den Auftakt macht eine ganze Reihe Antipasti (10 €), die zumindest für manche schon eine ganze Mahlzeit darstellen könnten: selbst gemachte Sottoli und Salumi vom schwarzen Schwein, guter Ziegen-, Schaf- und anderer Käse aus lokalen Käsereien, ausgezeichnetes Gemüse in Form von Tortini oder in der Pfanne frittiert, wie Zichorien, Karden, weiße Brokkoli und *Smuzzatur*a (grüne Brokkoli), Parmigiana di zucchine und in der Pilzsaison Insalate di ovoli e porcini (mit Kaiserlingen und Steinpilzen aus den nahen Wäldern). Als Primi können Sie hausgemachte **Maccheroni al ragù di suino nero dei Nebrodi**, winterliche Fagioli con pancetta di maiale und, ebenfalls in der Pilzsaison, **Tagliatelle con i funghi porcini** (6 €) genießen. Die Auswahl der möglichen – deftigen – Secondi umspannt **Castrato arrostito**, Porchetta di suino nero (7 €), Agnello oder **Capretto al forno con patate**. Wer Lust auf etwas Großes hat, gönnt sich opulente Grigliata mista mit Salsiccia *sutta e supra* und verschiedenem Fleisch. Das Menü endet mit Ramette di nocciola (einer typischen Süßigkeit aus Longi) aus einer hiesigen Konditorei. Zu trinken gibt es nur einen ganz guten gehaltvollen Rotwein, den der Patron keltert.

Emanumiele in **Galati Mamertino** (7 km), Via Cavour 94, bietet geführte Verkostungen und verkauft Honig von der Dunklen Sizilianischen Biene aus dem Slow-Food-Presidio.

31 KM SÜDWESTLICH VON TRAPANI

Il Gallo e l'Innamorata

Trattoria
Via Stefano Bilardello, 18
Tel. (+39) 09 23 / 195 44 46
Ruhetag: Montag
Ferien: unterschiedlich
42 Plätze
Preise: 30–35 €
Kreditkarten: AE, CS, MC, Visa; BM
Mittags und abends geöffnet

Gabriele Li Mandri betreibt dieses gemütliche, ruhige Lokal in der Altstadt seit etlichen Jahren. Während Dario Montalto sich mit sympathischer Höflichkeit um den Empfang der Gäste kümmert, bereitet Gabriele einfache, unverfälschte Speisen zu. Für Innovationen gibt es wenig Raum, denn die Küche ist hier ganz klar den lokalen Gepflogenheiten, der Tradition und dem Wechsel der Jahreszeiten verbunden. Den Auftakt machen Polpettine di gattuccio alla menta (6 €), **Insalata di polpo** con purè di patate e zucchine oder reichhaltiger Misto mare (12 €), der neben den bereits erwähnten Vorspeisen weitere Häppchen wie etwa schmackhafte Arancine di pesce affumicato enthält. Unter den Primi finden sich im Winter Gnocchi con mandorle, pistacchi, salsiccia, pomodorino e basilico, im Frühling und Sommer frische Pasta – gewöhnlich **Busiate** – **con ragù di crostacei** (12 €). Interessant ist auch Pasta con filetti di astice, uova di pesce spada, pomodorino e odori d'arancia. Triglie (Meerbarben), Orate (Goldbrassen), Calamari und Gamberoni (Riesengarnelen) gibt es gegrillt oder geschmort. Zwischen Mai und Juni steht Thunfisch auf dem Programm, und zwar arrosto con salsa alla menta (gebraten mit Minzesauce), oder stufato in agrodolce (süßsauer geschmort, 12 €). Hauptspeisen aus Fleisch sind Filetto di manzo al Marsala (16 €) oder **Involtini di manzo** ripieni di caciocavallo e prosciutto. Als Dolci locken neben traditionellen Cannoli ***Cappidduzzi* fritti** (Ravioli mit Schafmilchricotta), die warm und mit Puderzucker bestäubt serviert werden. Die kleine Weinkarte nennt vorwiegend lokale Etiketten.

Gegenüber der Osteria bietet Gianfranco Vivona klassisches frisches und getrocknetes sizilianisches Feingebäck.

MARSALA

31 KM SÜDWESTLICH VON TRAPANI

Le Lumie

Restaurant
Ortsteil Fontanelle, 178 B
Tel. (+39) 09 23 / 99 51 97,
(+39) 334 / 938 55 12
Ruhetag: Mittwoch
Ferien: November
40 Plätze + 40 Plätze im Freien
Preise: 35 €
Alle Kreditkarten; BM
Mittags und abends geöffnet

Das Restaurant von Küchenchef und Patron Emanuele Russo liegt auf einer Anhöhe mit Ausblick bis zum Stagnone von Marsala. Mit seinem kulinarischen Angebot hat es ziemlich rasch die Gunst passionierter Feinschmecker erobert, denn sorgsam ausgesuchte Zutaten, Respekt für lokale Gepflogenheiten und gekonnte Kochtechnik verbinden sich hier zu einem gelungenen Ganzen. Im modernen, gepflegten Speisesaal können Sie mit Caponata di pesce azzurro, Gambero rosso crudo, Seppia con la ricotta (8 €), Scrigno di pesce spada con patate e scampo und einer Platte mit sizilianischen Formaggi und Salumi beginnen. Als Primi gibt es **Busiate al pesto di mandorle e citronella**, Risotto agli asparagi e bottarga di tonno, **Cuscus di pesce** (12 €) und frische Gnocchetti con macco di fave. Weiter geht es mit Involtini di pesce spada su fonduta di Primo sale oder **Filetto di capone** (Gemeine Goldmakrele) con patate al sale (12 €), aber man kann auch **Suino nero dei Nebrodi in crosta di pistacchio**, Filetto di vitello al Marsala e cioccolato di Modica und Costolette di agnello al timo wählen. Pasta, aromatisiertes Brot und Grissini sind selbst gemacht, das Gemüse und die Kräuter gedeihen im Garten der Familie. Das süße Finale bilden Semifreddo di fichi secchi al Marsala (3,50 €) oder Granite di limone, gelsi neri (im Sommer), mandorle. Das gepflegte Kellerangebot ist regional gehalten und beinhaltet etliche natürlich vinifizierte Weine. Außerdem gibt es eine große Selektion an Marsala und Passiti aus Pantelleria sowie einige Biere aus kleinen Brauereien.

”
Sorgsamkeit bei der Auswahl der Zutaten, vereint mit echter Passion für Gastronomie, machen Emanuele zu einem Hüter der sizilianischen Küche.
“

MASCALI
Sant'Anna

36 km nordöstlich von Catania

La Vecchia Posta

Trattoria
Via Spiaggia, 307 D
Tel. (+39) 095 / 97 12 40,
(+39) 331 / 855 45 79
Ruhetag: Mittwoch
Ferien: zeitweise im November
40 Plätze + 40 Plätze im Freien
Preise: 32–35 €
Kreditkarten: CS, DC, MC, Visa
Abends geöffnet, Sonntag und Feiertage auch mittags

Den Ortsteil Sant'Anna erreicht man über die Strandpromenade, die vom Jachthafen von Riposto in Richtung Fondachello führt. Giovanni Savia führt dieses Restaurant mit klassischer sizilianischer Fischküche. Ihm zur Seite stehen Schwester Antonella und Bruder Matteo in der Küche und Vater Angelo an der Kasse, während er selbst gemeinsam mit seiner Tochter Paola die Gäste bedient. Sie sitzen einem kleinen Gastraum oder im Freien und können mit Alici oder Gamberetti marinati, Insalata di polpo, Zuppa oder Impepata di cozze und Frittura di pesci di paranza (12 €) mit Fischen wie Sardellen, Schermesserfischen, Flundern und Meerbarben beginnen. Darauf folgen gute **Linguine con il granchio** (12 €) mit einer im lokalen Dialekt „Castagna" genannten Krabbenart, Pennette al finocchietto und Pasta al nero di seppia oder con le vongole. Interessant, aber nur saisonal (von Mai bis Ende Juli) erhältlich sind **Linguine con cozze e mauro**, das heißt mit einer lokalen Algenart, die auch als Salat gereicht wird. Die Palette der Secondi umfasst Pesce spada alla messinese (12 €), Spiedino di gamberoni, saisonalen Tonno a cipollata oder arrosto und (nach Gewicht verrechneten) Tagesfisch, der all'acquapazza oder auf dem Grill zubereitet wird. Jeden Montag, Dienstag und Donnerstag ist ein dreigängiges Degustationsmenü mit „Pesce azzurro" für 22 € erhältlich, und zwar eine Frittura, ein Primo wie **Pasta con le sarde** oder con la masculina sowie gebratene Makrelen, Stöcker oder andere Fische dieser Art. Dienstag und Donnerstag kann man außerdem – nur gegen Vorbestellung – **Cuscus di pesce** probieren. Unter den vielfältigen und exquisiten Dolci des Hauses sind Cassatelle di ricotta, Torta setteveli ai pistacchi und Tiramisù. Kleines sizilianisches Weinsortiment.

MAZARA DEL VALLO

53 km südlich von Trapani

Scopari

NEU

Osteria
Via Scopari, 3–5
Tel. (+39) 09 23 / 93 36 39
Ruhetag: Mittwoch
Ferien: unterschiedlich
50 Plätze + 90 Plätze im Freien
Preise: 30–32 €
Keine Kreditkarten
Mittags und abends geöffnet

Das einladend und heimelig wirkende Lokal von Gaspare D'Amico liegt in einem Gässchen der Altstadt, ein paar Schritte von der imposanten Kathedrale entfernt. Um den Service kümmert sich neben Gaspare auch der dynamische und aufmerksame Nicola; in der Küche werkt dagegen der erfahrene Chefkoch Paolo Austero, unterstützt von Francesco Macrì. Paolo kauft das Gemüse höchstpersönlich bei im Umland ansässigen Gärtnern und Bauern ein. **Cuscus**, je nach Saison und Marktlage unterschiedlich verfeinert, ist eine der Spezialitäten des Lokals. Da wir in einer Stadt am Meer sind, ist Fisch der Hauptdarsteller, und das bereits ab den Vorspeisen, die Polpette di pesce palombo, Razza in agrodolce mit Nelken und Zwiebeln und **Involtini di pesce spatola** beinhalten. Die frische Pasta wird ausschließlich aus sizilianischen Mehlsorten erzeugt: Eine Kostprobe lohnen **Calamarata al pesto verde con pomodoro ciliegino, salsiccia pasqualora al finocchietto e ricotta fresca** (11 €) und Pappardelle con bietola, pesce san pietro e pomodorini secchi (15,50 €). Als Hauptspeisen können Sie neben dem Tagesfischangebot auch interessante Tagliata di pesce spada su caponata leggera ed emulsione di mentuccia sowie **Calamari alla brace** oder Calamari grigliati (14 €) vorfinden; wer Fleisch bevorzugt, wählt auf Lavastein zubereitete Tagliata mit Würzkräutern (15 €) und gegrillten Cilindro di filetto di manzo. Unter den hausgemachten Dolci ist ein interessanter Gâteau di ricotta. Zu trinken gibt es eine kleine Selektion an Weinen, die ausschließlich aus Trapani stammen. Das Lokal verfügt auch über einen Ofen, in dem abends Pizza gebacken wird.

Al Padrino

Trattoria
Via Santa Cecilia, 54–56
Tel. (+39) 090 / 292 10 00,
(+39) 349 / 114 81 98
Ruhetag: Samstagabend, Sonntag, Feiertage
Ferien: zeitweise im August
50 Plätze
Preise: 25 €
Kreditkarten: MC, Visa; BM
Mittags und abends geöffnet

Über 30 Jahre lang ist der eigenwillige und ironische „Padrino" Pietro Denaro die Seele dieser Trattoria gewesen. Nun genießt er seinen Ruhestand, aber das Lokal hat sowohl in Bezug auf das Ambiente als auch auf das gastronomische Angebot sein volkstümliches Gesicht bewahrt. Ansonsten werkt Pietros Schwester, Signora Cettina, nach wie vor in der offenen Küche, unterstützt von den Töchtern Lucia und Loretta, während Sohn Ugo sich um den Service kümmert. Der Antipasto misto (7 €) sieht einen Mix aus verlockenden Kostproben vor, bei dem Caponata bianca con alalunga e melanzane, Acciughe a beccafico, Frittelle di cavolfiori, Peperoni ripieni, Crocchette di patate, Involtini di melanzane, Zucchine ammollicate, Broccoletti affogati und Frittelle di verdure wechseln. Als Primi stehen gewöhnlich **Spaccatella con la ghiotta di stoccu**, Pasta con i ceci, con le lenticchie oder con i fagioli (8 €), **Pasta** e patate und Pasta **„riposata" con il macco di fave** auf dem Programm. Dienstags werden auch Rigatoni alla contadina con spezzatino, piselli e patate zubereitet. Bei den Secondi darf würziger Pesce stocco alla ghiotta (10 €) nicht fehlen; gut sind auch **Alalunga con la cipollata**, Braciole di spatola (Degenfisch) alla matalotta (10 €) und von den Fleischgerichten **Involtini alla messinese**, Bollito *ammuddicatu* und Spezzatino. Donnerstag und Freitag lockt Pesce stocco arrostito. Frisches Obst und Cannolicchi di ricotta oder di crema versüßen den Abschluss. Sehr beschränktes Angebot an sizilianischen Weinen.

Die Bar Pasticceria Sala Ausilia an der Strada Statale in **Itala** (22 km) bietet typische Spezialitäten wie Pignolata, Piparelli, Zuddi und ein Dolce aus der Zitronensorte Interdonato.

41 km westlich von Messina

Al Bagatto

NEU

Osteria-Enoteca mit Übernachtungsmöglichkeit
Via Regis, 11
Tel. (+39) 090 / 922 42 12
Ruhetag: Sonntag
Ferien: Februar
40 Plätze + 15 Plätze im Freien
Preise: 35 €
Alle Kreditkarten; BM
Mittags und abends geöffnet

In einem Gässchen nahe der Altstadt finden wir diese moderne Osteria und Vinothek. Bei der kürzlich erfolgten Erweiterung wurden einige Tische im Bereich neben dem Eingang des angeschlossenen Beherbergungsbetriebs hinzugefügt. Raffaele Esposito führt das Lokal und koordiniert Empfang und Service; seine Frau Chiara steht in der Küche und bereitet modern interpretierte bodenständige Gerichte zu, die mit erstklassigen Zutaten aus Sizilien glänzen. Von den Antipasti sollten Sie Melanzane al vapore con alalunga (12 €), Insalata di coniglio con pomodori secchi e capperi di Salina, **Tortino di baccalà** (10 €) oder auch Carpaccio di carciofi e la tartara di vacca modicana probieren. Von den Primi (10 €) munden gute, aus frischem Teig zubereitete Gnocchi con pomodoro e ricotta infornata dei Nebrodi, **Pasta con i fagioli cosaruciari di Scicli**, Crema di fave con verdure di campo saltate und **Paccheri al ragù bianco di suino nero**. Unter den Secondi finden sich schmackhaftes **Agnello in padella**, Tagliata di vacca modicana und Filetto di maialino dei Nebrodi con patate aromatizzate al pistacchio (13 €). Den Schlusspunkt setzen feine Desserts wie Cassata al forno, Torta ai pistacchi di Bronte e mandorle di Noto und sommerliches Gelo di anguria al gelsomino. Die umfangreiche, gepflegte Weinkarte bietet ein schönes Repertoire an Weinen aus Sizilien und anderen, nicht nur italienischen Weinanbaugebieten; daneben stehen auch einige Biere aus kleinen Braubetrieben zur Auswahl.

41 KM WESTLICH VON MESSINA

Mediterranima

Restaurant
Via dei Gigli, 13
Tel. (+39) 090 / 921 08 61,
(+39) 335 / 598 17 90
Ruhetag: Montag
Ferien: zeitweise im Januar
60 Plätze + 90 Plätze im Freien
Preise: 35 € • Alle Kreditkarten
Abends geöffnet, Sonntag und Feiertage auch mittags

Den Rahmen dieses rund drei Kilometer von Milazzo entfernten Restaurants bildet eine Villa aus dem frühen 20. Jahrhundert inmitten eines schönen Gartens. Nach einer freundlichen Begrüßung durch Rossella und Santino genießt man im hübsch eingerichteten Innenbereich oder im Freien schmackhafte Speisen, die Küchenchef Salvatore in Zusammenarbeit mit der tüchtigen Maria zubereitet. Dabei schöpft er meist aus Rezepten der hiesigen Meeresküche und überarbeitet sie. Der Antipasto degustazione (12 €) kann etwa Falsomagro di *prisintuni* (mit Unechtem Bonito), **Anemoni e lattuga di mare in pastella**, Spatola (Degenfisch) imbottita con gambero rosso, Polpette di totano ripiene, Carpaccio di polpo, Rosette di melanzane con alalunga e mandorle, Cozze ripiene, Sformatino di patate con polpo, mentuccia e olive und Fiori di zucca con ricotta e timo beinhalten. Von den Primi (10 €) lohnen Pasta alla Mediterranima (mit Sardellen, Kirschtomaten und Mandeln), **Paccheri con alalunga e finocchietto di mare**, Tagliolini con anemoni und Tortelli ripieni di verdure e fiori (mit Gemüse und Holunder-, Malven, Borretsch- und Robinienblüten gefüllt) in brodetto di cernia einen Versuch. Interessant sind Secondi wie Totani ripieni al sugo (13 €), Cernia in umido (14 €), Frittura di gamberetti di nassa e totani und **Filetto di sugarello in crosta di pistacchio di Bronte**. Abschließend warten Torta di ricotta e pistacchio, Mousse di mandorla oder di fragola, Gelatina di agrumi und andere hausgemachte Dolci. Recht gutes sizilianisches Weinsortiment.

Der Delikatessenladen von Michele Nania (Via Risorgimento 151) bietet ein gutes Sortiment, darunter viele Produkte aus nicht nur sizilianischen Slow-Food-Presidi.

26 KM NORDÖSTL. V. CATANIA, 38 KM V. TAORMINA

4 Archi

Restaurant-Pizzeria
Via Crispi, 9
Tel. (+39) 095 / 95 55 66
Ruhetag: Mittwoch
Ferien: zeitweise im November
60 Plätze + 20 Plätze im Freien
Preise: 25–30 €
Alle Kreditkarten
Abends geöffnet, Samstag und an Feiertagen auch mittags

Die lebendig gestaltete Osteria mit holzgetäfelten Räumen erfreut sich an Feiertagen regen Besuchs, daher ist eine Reservierung unerlässlich. Der sympathische Patron Saro Grasso empfängt die Gäste gemeinsam mit Francesco, der den Service koordiniert. Lina Castorina leitet dagegen mit Bravour die Küche, in der exzellente Zutaten (auch verschiedene Produkte aus Slow-Food-Presidi) verarbeitet werden, die Saro auswählt. Der Antipasto misto vom Büfett (7 €) umfasst einige sizilianische Klassiker, wie Caponata, Peperoni arrostiti, Zucchine ripiene, Parmigiana und Tortini di verdure, manchmal ergänzt von Arancini oder anderen warmen Häppchen. Im Reigen der Primi (10 €) wechseln hervorragende, von Hand erzeugte Gnocchi con ragù bianco di coniglio und **Pasta con il cavolo trunzu di Aci a *stufateddu***. Gut sind auch frische Tagliatelle mit Pilzen vom Ätna, Maccheroni al ragù di suino nero dei Nebrodi, Pasta con la masculina da magghia (Sardellen) und **Zuppa di fave fresche con i *caliceddi*** (mit einem Wildgemüse). Deftig und schmackhaft präsentieren sich die Secondi: Costine panate di suino nero (12 €), typische Salsiccia dell'Etna alla brace, **Stinco di maiale cotto nel forno a pietra** (11 €), Coniglio alle erbe aromatiche con i porcini, **Crastuni** (Schnecken) **in umido** und Trippa. Unter den exquisiten Desserts des Hauses sind Budino di castagne al miele di ape nera sicula, Semifreddi alle mandorle di Noto oder ai pistacchi di Bronte. Die Weinauswahl mit Schwerpunkt auf Etiketten aus dem Ätnagebiet ist gepflegt.

»*Aus hervorragend ausgewählten Zutaten entstehen schmackhafte, authentische Gerichte traditioneller Prägung.*«

14 KM SÜDÖSTLICH VON RAGUSA

La Rusticana

Trattoria
Viale Medaglie d'Oro, 34
Tel. (+39) 09 32 / 94 29 50
Ruhetag: Sonntagabend, im Sommer auch Sonntagmittag
Keine Ferien
40 Plätze
Preise: 20–23 €
Kreditkarten: CS, Visa; BM
Mittags und abends geöffnet

Die Trattoria der Familie Giannone ist seit Jahrzehnten eine zuverlässige Adresse für Küche aus Modica und präsentiert sich schlicht: ein lichtdurchfluteter Gastraum mit einfach gedeckten Tischen, Bartresen und einer typischen Tafel mit dem Menü. Patron Francesco kümmert sich mit gelegentlicher Unterstützung der Kinder um den Service; Ehefrau Maria Teresa beweist ihr Kochtalent mit lokalen und regionalen Traditionsgerichten. Häufig beginnt man mit den beliebten **Scacce** (Focacce) mit Füllung aus Salsiccia und Ricotta oder mit Kartoffeln und Zwiebeln. Man kann auch Salsiccia secca, Gelatina di maiale oder Caciocavallo ragusano probieren – Produkte aus dem Umland wie auch viele Zutaten, die Signora Maria Teresa verarbeitet. Bei den köstlichen Primi aus frischer Pasta (7 €) wechseln **Ravioli di ricotta al sugo di maiale**, Gnocchi di patate, Tagliatelle alla carrettiera und Lolli con olio, peperoncino, origano e caciocavallo oder con le fave di varietà cottoia (Dicke-Bohnen-Sorte aus dem Slow-Food-Presidio; auch für gute Salate geeignet). Ebenfalls gut sind Minestrone di verdure und Zuppe di legumi. An Secondi gibt es ein geschmacksintensives **Agnello a spezzatino** oder al forno (10 €), Coniglio alla stimpirata, **Bollito**, Polpette di carne, Fegato con cipolle und Frittata di ricotta e asparagi (7 €). Im Sommer steht auch qualitätvoller Fisch wie Sarde a beccafico oder Sarde a cotoletta (8 €) und Calamari infornati auf dem Programm. Das würdige Finale bilden Geli di limone und cannella oder Biancomangiare. Ein kleines sizilianisches Weinsortiment mit ehrlichen Preisen begleitet das Essen.

»*Einfache, unverfälschte und schmackhafte bodenständige Küche in häuslichem Ambiente zu überaus ehrlichen Preisen.*«

14 KM SÜDÖSTLICH VON RAGUSA

Le Magnolie

Restaurant-Pizzeria
Via Gianforma, 179
Tel. (+39) 09 32 / 90 81 36
Ruhetag: Montagmittag, Dienstag
Ferien: 2 Wochen im Januar
120 Plätze + 100 Plätze im Freien
Preise: 33–35 €
Alle Kreditkarten; BM
Mittags und abends geöffnet, Juli und August nur abends

Giuseppe Giunta und seine Frau Emanuela Macauda leiten dieses hübsch eingerichtete, auf zwei Ebenen angelegte Lokal mit einem großen Bereich im Freien; in der Küche werkt Chefkoch Massimiliano Schininà. Das Angebot kreist um Produkte und Gerichte aus dem Gebiet der Monti Iblei, wobei Tradition und Innovation auf gelungene Weise verschmelzen. Stets empfehlenswert ist Antipasto degli Iblei (8 €) mit frischer Ricotta, Provola, Salsiccia secca, Focaccia modicana, Pomodori secchi und Insalata di fava cottoia (Slow-Food-Presidio) *a sali minutu*. Weitere Möglichkeiten zur Einstimmung sind Prosciutto cotto affumicato aus eigener Herstellung, Fagioli cosaruciaru aus Scicli (Slow-Food-Presidio) con gamberi e pancetta und Antipasto di mare. Als Primi bieten sich **Tagliolini con acciughe e *muddica atturrata*** (9 €), *Cavateddi* con il sugo di maiale, **Lolli con le fave** oder in der sommerlichen Version con il nero di seppia e la crema di tenerumi (13 €), Lasagnette di grano *cuturru* con le sarde und Ravioli di melanzane con il tartufo estivo di Palazzolo an. Im August und September gibt es gute Tagliatelle con fungo di carrubo. Köstliche Secondi sind klassisches **Coniglio alla stimpirata** (10 €), Filetto di maialino in crosta di cuturru, Rotolini di pesce spada con melanzane e nepitella (14 €) und **Frittura di pesce in salsa agrodolce**. Als Dessert locken Geli di frutta, Biancomangiare di mandorla und im Sommer Gelati. Bei Tisch stehen native Olivenöle extra von lokalen Erzeugern bereit. Zu trinken bietet man sizilianische Weine und etwa zehn Biere aus Kleinbrauereien.

Michele Blandino, Via Gianforma 2, bietet typische Focacce aus Modica wie Scacce, Pastieri und Buccunedda mit unterschiedlichen Füllungen.

MODICA
Frigintini

14 KM SÜDÖSTLICH VON RAGUSA

L'Oste del Borgo

Trattoria
Via Pozzo Barone, 30
Tel. (+39) 09 32 / 94 24 23,
(+39) 329 / 463 67 46
Ruhetag: Sonntagabend, Montag; im Sommer nur Montag
Ferien: November
60 Plätze • Preise: 25–30 €
Alle Kreditkarten; BM
Mittags und abends geöffnet

NEU

In Modica Bassa führt neben der Piazza Madonnina eine Treppe zum Lokal von Küchenchef Marco Cannata. Er leitet es in Zusammenarbeit mit Pietro Di Rosa in der Küche und Paola Bonomo im Service. Die Festlands- und Meeresgerichte sind aus guten Zutaten, Kräutern aus dem Hausgarten und selbst gemachten eingelegen Produkten zubereitet. Der Antipasto del contadino (7 €) enthält lokalen Mozzarella di bufala, Insalata di manzo, *Scaccia* modicana, Verdure grigliate und typische eingelegte Spezialitäten; der Mix di mare schließt unter anderem Insalata di polpo und Alici e gamberetti marinati ein. Außerdem gibt es Soppressata und andere hiesige Salumi sowie sizilianischen Käse wie Ragusano, Pecorino und *Piacentinu*, kombiniert mit handwerklich erzeugten Paprika- oder Zwiebelkonfitüren. Im Reigen der Primi wechseln gute Ravioli di verdure con pesto di ricotta e finocchietto, **Pasta con le sarde fritte** (8 €), Pasta di farina di carrubo con pesto alle mandorle, Ravioli di ricotta con fonduta di formaggio, Tortelli con ragù di coniglio und traditionelle **Lolli con le fave cottoia** (mit Dicken Bohnen aus dem Slow-Food-Presidio, die auch für klassischen *Maccu* verwendet werden). Danach schmecken Secondi wie **Costata di maiale ripiena**, Suino nero dei Nebrodi grigliato (8 €), Stracotto d'asino, Sarde a cotoletta, Sgombro in crosta di patate, **Alalunga a cipollata** (12 €) und Lampuga al vapore. Gelato al cioccolato modicano con panna, Geli di anguria e cannella und Cannolo runden das Essen ab. Zu trinken gibt es rund 60 sizilianische Weine.

■ Rosticceria Antichi Sapori, Corso Vittorio Emanuele 2, und Focacceria Don Puglisi, Vico Denaro 9: gute Auswahl an typischen Focacce aus Modica und Arancini.

MODICA
Frigintini

14 KM SÜDÖSTLICH VON RAGUSA

Maria Fidone

Trattoria
Via Gianforma, 6
Tel. (+39) 09 32 / 90 11 35,
(+39) 335 / 820 71 53
Ruhetag: Montag
Ferien: unterschiedlich
110 Plätze + 70 Plätze im Freien
Preise: 20–22 €
Keine Kreditkarten
Mittags und abends geöffnet

Das Lokal präsentiert sich mit einem schmucklosen Raum und einem angenehmen Bereich im Freien für Sommerabende. Über das Geschehen wacht Signora Maria Fidone, eine tolle Köchin unverfälschter bodenständiger Kost. Kinder und Verwandte stehen ihr am Herd und im Service zur Seite. Was die Zutaten angeht, so kommt das Gemüse aus dem hauseigenen Garten, Oliven und Öl sind ebenso wie einige eingemachte Produkte aus eigener Erzeugung; die Pasta wird von Hand gezogen, das Brot häufig selbst gebacken. Wenn man mit dem Antipasto misto (10 €) beginnt, sieht das Repertoire frische Ricotta, Pecorino, Giardiniera di olive, Pomodori secchi und typische Focacce vor, darunter ***Scacce*** mit Käse-Zwiebel-Füllung, Tomasine mit Ricotta und Salsiccia und **Pastieri** mit Lamm-, Schweine- und Kalbfleisch gefüllt. Mögliche saisonale Varianten sind Focaccia mit grünen Dicken Bohnen, Frittata di asparagi und Pasticcetto di *aiti* (mit wildem Mangold). Als Primi erwarten Sie unumgängliche und unübertroffene **Ravioli di ricotta e maggiorana con il sugo di maiale** und *Cavateddi* al sugo oder con pomodoro e melanzane (5 €), flankiert von Minestre di verdure und di legumi, und weniger häufig Lolli con le fave. Die Secondi (7 €) sind ebenfalls köstlich: **Coniglio alla stimpirata**, Costata di maiale ripiena und Salsiccia arrosto und al sugo. Im Sommer gibt es gewöhnlich Zucchine e pomodori gratinati, **Peperoni *ammuddicati*** und Parmigiana di melanzane (4 €). Geli di mandorla und di limone bilden das deliziöse Finale. Kleine sizilianische Weinauswahl. Reservierung empfehlenswert.

■ Laboratorio dolciario Don Puglisi, Corso Umberto 267: exzellente Dolci aus der Tradition Modicas und Schokolade aus Kakaomasse aus Ecuador.

14 KM SÜDÖSTLICH VON RAGUSA

Taverna Nicastro

Trattoria
Via Sant'Antonino, 28
Tel. (+39) 09 32 / 94 58 84
Ruhetag: Sonntag, Montag
Ferien: 1 Woche im Juni, um den 15. August
80 Plätze + 40 Plätze im Freien
Preise: 23–26 €
Kreditkarten: CS, Visa; BM
Abends geöffnet

Diese im Jahr 1948 eröffnete historische Trattoria liegt in der Oberstadt von Modica in einer ruhigen Ecke am Ende einer Treppe. Dort werden im Sommer einige Tische gedeckt, damit man unter dem Sternenhimmel speisen kann. Die kleinen Gasträume sind gemütlich und schlicht eingerichtet. In der Küche regiert Patron Salvatore Nicastro in Zusammenarbeit mit einigen Köchinnen. Das gastronomische Angebot ist zum Großteil von bewährten Gerichten aus der lokalen und der für die Monti Iblei typischen Tradition geprägt. Zur Einstimmung können Sie zwischen Gelatina di maiale, typischen Salumi und Formaggi, Verdure grigliate oder schmackhaften Rustici wie Arancino al ragù, *Scacce* (Focacce) und **Pastieri** di carne wählen; wenn Sie alles probieren möchten, bestellen Sie den opulenten Antipasto completo della casa (8 €). Bei den Primi ist Sugo di maiale die unverzichtbare Sauce für **Ravioli di ricotta** (7 €), Tagliatelle und Cavati. Gut sind auch Fusilli con ricotta, sugo e salsiccia (8 €), Cavati con pomodorino, ricotta e finocchietto, **Pasta con le favette** und Zuppe di legumi. Weiter geht es mit diversen Gerichten aus Schweinefleisch wie Costata arrosto und Salsiccia arrostita al Nero d'Avola (7 €) oder al sugo. Ein weiterer Fixpunkt im Menü ist **Coniglio alla Nicastro**; als Alternative zu Fleisch bieten sich Uovo fritto al pomodoro und Frittata con le patate an. Unter den exquisiten Dolci des Hauses sind Gelo di mandorla oder di cannella und Semifreddo al carrubo. Kleines sizilianisches Weinangebot zu gemäßigten Preisen.

Antica Dolceria Bonajuto, Corso Umberto 159: köstliche 'Mpanatigghi, Nucatoli, Cedrata, Cubbaita und Schokolade mit Vanille, Zimt und Peperoni aromatisiert.

90 KM SÜDWESTLICH VON MESSINA

La Perla

Restaurant
Ortsteil Franci
Tel. (+39) 09 41 / 95 41 35,
(+39) 339 / 701 41 78
Ruhetag: Montag, außer im Sommer
Ferien: zeitweise im Winter
70 Plätze + 100 Plätze im Freien
Preise: 32–35 €
Alle Kreditkarten
Mittags und abends geöffnet

Einige Kilometer von Naso entfernt betreiben Küchenchef Franco Mentesana und seine Frau Isabella dieses gemütliche Restaurant mit einem Sitzbereich im Freien, von dem aus man die Silhouette des Ätna erblickt. Neben seiner langen Erfahrung als Koch und Konditor kann der Patron auch auf seine Herkunft aus einer Fischerfamilie verweisen. Sein profundes Wissen über Fisch trägt zu einem kulinarischen Angebot bei, das an saisonal verfügbaren Fischarten orientiert ist, die häufig mit Gemüse und Kräutern aus dem eigenen Garten kombiniert werden. Eingangs bieten sich Filetti di pesce sciabola alla curcuma (7 €), Alici marinate, Arancini al nero di seppia, Caponata con alalunga, selbst gemachter Räucherfisch und **Sformato di acciughe** oder di sarde con pinoli, uvetta, finocchietto e salsa alla Malvasia delle Lipari an. Die reichhaltige Vorspeisendegustation (15 €) kann allein schon als ganze Mahlzeit gelten. Von den wechselnden Primi (viele aus frischer Pasta) erinnern wir uns an Linguine al pesto di pistacchi e gamberi, **Tagliatelle col sughetto di scorfano** oder di *fagianu* (Knurrhahn), Tagliolini neri con seppie e favette und Agnolotti ripieni di pesce (10 €) ai fiori di zucca, ai funghi freschi oder mit anderen Saucen. Als Secondi munden **Pesce balestra** in umido oder **alla ghiotta**, Merluzzo all'acquapazza (13 €), **Totani ripieni alla Malvasia** und Pagello in crosta di sale. Ein Lob verdienen die Desserts wie Bignè con crema pasticciera oder con ricotta, Semifreddi aus Saisonfrüchten und Praline alle nocciole dei Nebrodi. Recht gutes sizilianisches Weinsortiment.

» *Dieses ausgezeichnete gastronomische Angebot ist das Produkt von Erfahrung, guter Kochtechnik und profundem Wissen über Fisch.* «

31 KM SÜDWESTLICH VON SYRAKUS

I Sapori del Val di Noto

Restaurant
Ronco Bernardo Leanti, 9
Tel. (+39) 09 31 / 83 93 22,
(+39) 329 / 392 04 42
Ruhetag: Montag
Ferien: je 2 Wochen im Januar und November
52 Plätze + 22 Plätze im Freien
Preise: 33–35 €
Alle Kreditkarten
Mittags und abends geöffnet

Zwischen den Barockbauten in der Altstadt von Noto befindet sich in einer Seitengasse der Via Nicolaci gleich neben dem Palast der Fürsten von Villadorata dieses Restaurant, das der junge Patron und Küchenchef gemeinsam mit seiner Frau Carmen hingebungsvoll betreibt. Die Geschmacksnoten des Val di Noto – die auch im Namen des Lokals Widerhall finden – entfalten sich ab dem Antipasto des Hauses (10 €) mit Ricotta impanata e fritta, ***Maccu di fave***, Arancino al pistacchio, Frittata di zucca gialla e cipollotto, Formaggio ragusano und *Sanapo* con pomodoro secco. Gute Gerichte zur Einstimmung sind auch Baccalà fritto und Polpo al barbecue mit Kartoffelcreme und einem Hauch nativem Olivenöl extra aus lokaler Erzeugung. Von den Primi nennen wir klassische **Ravioli di ricotta** con guanciale di maiale e crema di pistacchi di Bronte (12 €) oder con salvia e mandorla (Mandeln aus dem lokalen Slow-Food-Presidio), Maccheroni con crema di cavolfiori e ragù di maiale (9 €), Spaghetti con carciofi, cozze, calamari und sommerliche **Pasta con tenerumi di zucca e ragù bianco di ricciola**. Von den Secondi erinnern wir uns an Lombata d'asino, Agnello al forno, **Coniglio alla stimpirata** und, je nach verfügbarem Fisch, an Alalunga con porri e ciliegino, Sgombro arrosto al salmoriglio, **Involtino di spatola** (12 €) und Tonnetto alletterato con cipolla stufata. Als Nachspeise bieten sich Leckereien wie Semifreddo di mandorla e carrube und Tortino di cioccolato con gelato all'arancia an. Zu trinken gibt es ein recht gutes sizilianisches Weinsortiment und einige Biere aus kleinen Brauereien.

Das historische Caffè Sicilia (Corso Vittorio Emanuele 125) bietet hervorragende Dolci, Eis, Granite, Torroni und Honig.

NOTO

31 KM SÜDWESTLICH VON SYRAKUS

Trattoria del Crocifisso da Baglieri

Trattoria
Via Principe Umberto, 48
Tel. (+39) 09 31 / 57 11 51
Ruhetag: Mittwoch, November–März auch Sonntagabend; im Sommer kein Ruhetag
Ferien: zeitweise im Januar
50 Plätze • Preise: 33–35 €
Alle Kreditkarten; BM
Mittags und abends geöffnet

Dieses Lokal in Noto Alta in der Nähe der Crocifisso-Kirche besteht aus zwei ruhigen kleinen Gasträumen und wartet mit guter bodenständiger Küche auf. Mit Unterstützung von Küchen- und Servicepersonal bietet Patron und Küchenchef Marco Baglieri sowohl einige Fixsterne aus der sizilianischen Tradition als auch persönlich gestaltete Rezepte. So finden Sie stets ausgezeichneten Antipasto rustico (10 €) vor, der Polpette di patate, Salsiccia secca, Oliven, Cotoletta di melanzane und andere Kostproben beinhaltet, ebenso typischen Macco di fave con ricotta (auch in einer Variante mit Streifenbarbe), würzigen Polpo arrosto su crema di patate al rosmarino e mollica al finocchietto und Arancino di melanzane e ragusano. Von den Primi (aus selbst gemachter, durch Bronzeformen gepresster Pasta) müssen **Ravioli di ricotta al sugo di maiale** oder con il nero di seppia, Pasta con le sarde (12 €) und Lasagna con broccoletti e salsiccia di Palazzolo unbedingt erwähnt werden. Weiter geht es mit **Coniglio alla stimpirata**, kombiniert mit Verdure in agrodolce, Filetto di maiale con le patate (12 €) und Agnello al forno. Bei den schmackhaften Secondi aus Fisch wechseln je nach Verfügbarkeit Ventresca di tonno con cipollata (14 €), Filetto di dentice con carciofi fritti und **Lampuga alla matalotta**. Für ein süßes Finale sorgen Biancomangiare di mandorle, Gelo di caffè und andere exquisite Desserts. Gepflegtes Angebot an sizilianischen Weinen und guten Bieren aus kleinen Brauereien.

» *Neben traditionellen Gerichten bietet Marco einige Neuheiten, lässt aber stets seine sizilianische Seele erkennen und verarbeitet nur ausgezeichnete Grundzutaten.* «

72 KM SÜDWESTLICH VON MESSINA

La Pineta

Trattoria
Via Nazionale, 159
Tel. (+39) 09 41 / 65 05 22
Ruhetag: Montag
Ferien: 2 Wochen im November
64 Plätze
Preise: 22 €
Kreditkarten: CS, MC, Visa
Mittags und abends geöffnet

Die Trattoria der Eheleute Giamboi verfügt über einige rustikale Gasträume, in denen man überzeugende bodenständige Küche genießen kann. Zu Fleisch und anderen Zutaten lokaler Herkunft gesellen sich Gemüse und Kräuter aus dem häuslichen Garten. Der Antipasto della casa (6 €) umfasst gewöhnlich sieben oder acht Kostproben, von denen Sie (unter Berücksichtigung jahreszeitlicher Varianten und unterschiedlich verfügbarer Produkte) Oliven, hausgemachte Sottoli, gratinierte und gebratene Zwiebeln aus Novara, frittierte und gebratene Ricotta, gefüllte Auberginen, Blumenkohl in Backteig, Maiorchino-Käse, *Scacciata* (Focaccia) con salsiccia e broccoletti, Insalata di pesce stocco con cipollotto, pomodoro e peperoncino und frische Dicke Bohnen aus der Pfanne vorfinden können. Danach stehen abwechselnd Primi (6 €) wie klassische hausgemachte **Maccheroni al sugo di maiale**, Pennette con zucchine e pancetta, würzige Spaghetti al sugo di pesce stocco alla ghiotta, Mezze maniche con melanzane, carote e ricotta al forno und **Centime** auf dem Programm, eine lokaltypische grobkörnige Polenta mit Wildfenchel und Rübenkohl. Unter den Secondi sind schmackhafte Gerichte wie Agnello und **Capretto al forno**, Stracotto di maiale, Trippa al pomodoro (9 €), **Stocco a beccafico** con cipolla, pomodorino e peperoncino (8 €), unverzichtbare Grigliata mista di carni und in der Pilzsaison Controfiletto di vitello con i porcini. Cannolicchi und Ravioli ripieni di ricotta setzen den Schlusspunkt. Zu trinken gibt es leider nur einen offenen Wein aus lokaler Erzeugung.

Pasticceria San Nicola, Via Nazionale 119: Dita di apostolo, Raviole di ricotta. In derselben Straße verkauft die Macelleria U Murgaellu Qualitätsfleisch.

7 KM SÜDLICH VON TRAPANI

Il Piccolo Borgo

NEU

Restaurant
Via Principe Tommaso, 2
Tel. (+39) 09 23 / 86 11 32,
(+39) 320 / 027 67 57
Ruhetag: Montagmittag
Ferien: zeitweise im Winter
60 Plätze + 20 Plätze im Freien
Preise: 35 €
Kreditkarten: CS, DC, MC, Visa; BM
Mittags und abends geöffnet

Neben dem Hauptplatz stoßen wir auf dieses kleine Restaurant, das dem jungen Küchenchef Maurizio Bono gehört. Nach langjährige Erfahrung in anderen Lokalen in der Umgebung beschloss er vor einigen Jahren den Schritt in die Selbständigkeit. Als Experte für Meeresküche begibt er sich jeden Morgen zum Fischmarkt in Trapani, wo er die Zutaten für seine Küche kauft. Sie können mit **Polpette di sarde stufate in salsa di pomodoro** (8 €), Tortino di alici e pistacchi con crema di arance, Tortino di melanzane, Bruschette con bottarga di tonno, traditionellen Thunfischprodukten aus dem Raum Trapani wie Musciame und Ficazza, Polpo lesso con olio e limone und Pesci marinati beginnen; der Antipasto della casa (14 €) beinhaltet rund fünfzehn Kostproben. Von den Primi schmeckten uns Tagliatelle nere con uovo di pesce e pomodoro tostato, **Busiate con il pesto trapanese** oder con pesce spada, zucchine e mandorle tostate, Spaghetti al nero di seppia (10 €) und Bucatini con le sarde besonders. Danach können **Pagro alla pantesca** con capperi, mandorle, origano e pomodorini, Calamari ripieni (10 €), Sarde allinguate, **Sgombro lardiato**, Pesce spada scaloppato con mandorle und Cernia all'acquapazza oder alla pantesca auf dem Programm stehen. Die Desserts wie Semifreddo con ricotta e pera, Parfait di mandorle, Cassata siciliana und Dolci di riposto, begleitet von einem Gläschen Zibibbo, sind hausgemacht. Die Weinkarte mit sizilianischen Tropfen ist klein, aber aussagekräftig; daneben gibt es auch einige Biere aus kleinen Brauereien.

41 KM WESTLICH VON SYRAKUS

Andrea

Restaurant-Pizzeria
Via Judica, 4
Tel. (+39) 09 31 / 88 14 88
Ruhetag: Dienstag
Ferien: 2 Wochen im November
55 Plätze + 35 Plätze im Freien
Preise: 30–35 €
Kreditkarten: CS, DC, MC, Visa
Mittags und abends geöffnet

Das Restaurant befindet sich im ersten Stock eines alten Palasts und steht unter der Leitung von Küchenchef Andrea Alì und seiner Frau Lucia, die sich um den Service kümmert; der Bruder hilft bei der Arbeit in der Küche. Wildgemüse und Grundzutaten aus dem kleinen Landgut der Familie ergänzt Andrea mit ausgewählten Produkten von sizilianischen Erzeugern und aus verschiedenen Slow-Food-Presidi. Unter Berücksichtigung saisonaler Variationen schmeckten uns eingangs Tortino di cuscus con passata di lenticchie (7 €), **Macco di fave con verdure di campo**, Pane fritto con burrata e salame di suino nero dei Nebrodi, Frittata di asparagi selvatici und Polpette di finocchietto. An Primi finden sich gute Maccheroncini con salsiccia, finocchietto, pinoli e uva passa, Caserecce con pesto di borragine (9 €), **Ravioli di ricotta al pistacchio di Bronte**, Pasta con melanzane e ricotta salata und Tagliolini con i funghi freschi sowie in der Variante con il tartufo degli Iblei. Mögliche Secondi sind **Agnello arrosto con agrodolce e patate** (11 €), Suino nero al pistacchio e cavolo cappuccio, **Bollito di vitello**, Baccalà con salsa alla carruba, **Coniglio alla stimpirata** und Salsiccia aus Palazzolo (14 €) in unterschiedlichen Varianten. Die knusprigen Panini sind hausgemacht, das native Olivenöl extra stammt aus den Monti Iblei. Sehr gut ist die Platte mit **Formaggi**, exquisit Biancomangiare aus Eselmilch. Die Getränkekarte kann sich sehen lassen und nennt auch einige Biere aus kleinen Brauereien. Es gibt zwei Degustationsmenüs für 30 und 34 €.

»*Gut ausgesuchte oder selbst hergestellte Grundzutaten bilden hier die Basis für ausgezeichnete traditionelle Speisen.*«

PALAZZOLO ACREIDE

41 KM WESTLICH VON SYRAKUS

Lo Scrigno dei Sapori

Restaurant-Pizzeria
Via Maddalena, 50
Tel. (+39) 09 31 / 88 29 41
Ruhetag: Montag
Ferien: zeitweise im November
90 Plätze
Preise: 25–30 €
Kreditkarten: CS, DC, MC, Visa
Mittags und abends geöffnet

In dieser behaglichen Trattoria stehen Patron und Küchenchef Paolo Di Domenico und sein Bruder Luigi am Herd, während Lidia Cannata die Gäste bedient. Paolo verarbeitet gute Zutaten zu eindeutig territorial geprägten Gerichten. Stets empfehlenswert ist der Antipasto della casa (13 € für zwei Personen) mit Tortini di ricotta e asparagi con macco di fave, Sformatino di borragine oder di ricotta e pancetta, Involtini di carne, Crema di ceci und geräucherter Lonza di maiale aus eigener Erzeugung. Von den Primi sollten Sie **Ravioli di ricotta al tartufo ibleo** (10 €) und in der Variante con il sugo di maiale, **Maccheroncini con il pesto di mandorle di Noto** (Slow-Food-Presidio) und Pasta con cinghiale e funghi freschi probieren. Ab und zu taucht auch ein Fischgericht auf, wie Pasta con la masculina da magghia (mit Sardellen aus dem Slow-Food-Presidio, 8 €). Festlandaromen kennzeichnen die köstlichen Secondi wie **Ossobuco con i piselli** (10 €) im Sommer, Puntine di maiale al miele di timo (9 €), Stinco di suino, **Salsiccia di Palazzolo arrostita**, Coniglio farcito al tartufo nero im Winter, Agnello al forno con patate und in der Osterzeit traditionellen ***Iaddu cinu*** (gefüllter Hahn). Abschließend locken Semifreddo ai fichi, alle mandorle oder alla cannella und unwiderstehlicher Tortino di pan di Spagna al cioccolato con ricotta, noci e crema di caffè. Zu trinken gibt es eine breite Palette sizilianischer Weine zu einem guten Preis-Leistungs-Verhältnis und einige Biere aus Kleinbrauereien.

Drei gute Interpreten der lokalen Süßwarentradition sind die Pasticceria Corsino, Via Nazionale 2, die Pasticceria Caprice, Corso Vittorio Emanuele 21, und die Bar Infantino, Corso Vittorio Emanuele 18.

41 KM WESTLICH VON SYRAKUS

Trattoria del Gallo

Osteria-Trattoria
Via Roma, 228
Tel. (+39) 09 31 / 88 13 34
Ruhetag: Mittwoch
Ferien: 3 Wochen im Juli
62 Plätze
Preise: 22–25 €
Alle Kreditkarten
Abends geöffnet, Sonntag und Feiertage auch mittags

Giovanni Savasta, am Herd, und Heros Rizza, im Service, führen diese ganz klassische Trattoria im volkstümlichen San-Paolo-Viertel nahe der gleichnamigen Barockkirche. Etliche Grundzutaten sind lokaler oder regionaler Herkunft, manche aus eigener Erzeugung, wie etwa Schweineaspik. Auf dem Tresen beim Eingang werden Pizza, Arancini, Fleisch- und Kartoffelbällchen sowie hart gekochte Eier dargeboten, die es schon nachmittags gibt, wenn das Lokal öffnet. Wer dagegen abends (oder an Feiertagen mittags) kommt, speist in einem der beiden angrenzenden rustikalen Räume. Das Vorspeisenrepertoire (7 €) sieht Kostproben von Frittate, Polpette, frischer Ricotta und typischem Käse wie *Piacentinu* und Ragusano vor. Das Angebot der Primi enthält schmackhafte **Cavati aus frischem Teig con il sugo di capretto** (10 €), con il ragù di carne oder con il ragù bianco di suino nero, Ravioli di ricotta al sugo di maiale und im Sommer Pasta con i peperoni sowie Lasagne con la zucca gialla. In der Saison gibt es **Tagliatelle con i funghi di ferula** (7 €), con gli asparagi selvatici oder con i tartufi (mit Trüffeln aus den nahen Wäldern). Von den Gerichten mit Schweinefleisch erinnern wir uns an Salsiccia und **Pittinicchi al sugo** (8 €), Costata ripiena und Porchetta alla palazzolese. Appetitlich sind auch **Capretto infornato**, Trippa con patate, Coniglio alla stimpirata oder con i peperoni und **Crastuna** (Schnecken) **aus der Pfanne**. Saisonobst und Tortino di mandorle al cioccolato bilden das Finale. Zu trinken steht eine recht gute Selektion sizilianischer Weine bereit.

» *Territorial verwurzelte Gerichte, gemütliches Ambiente mit legerer, herzlicher Bedienung sowie wirklich ehrliche Preise.* «

Ai Cascinari

Trattoria
Via D'Ossuna, 43–45
Tel. (+39) 091 / 651 98 04
Ruhetag: Montag
Ferien: zeitweise im August
75 Plätze
Preise: 25–30 €
Kreditkarten: CS, MC, Visa; BM
Mittags und abends geöffnet, Dienstag und Sonntag nur abends

Wir finden dieses einladende Lokal, das seit jeher als Adresse für traditionelles Essen geschätzt wird, im Herzen von Palermo in der Nähe des Flohmarkts und nicht weit von den berühmtesten Monumenten wie dem Palazzo Reale, der Kathedrale und dem Castello della Zisa. Gleich beim Betreten sticht links ein Fenster zur Küche ins Auge, wo Vito und sein Team köstliche Speisen zubereiten. Sie sind das Produkt seiner stetigen Suche nach traditionellen Aromen und Geschmacksnoten sowie der besten Zutaten, die der Markt bietet. Sein Bruder Piero begleitet uns an den Tisch in einem der vielen kleinen Räume des Lokals. Das Menü wird detailliert erläutert. Wir beginnen mit dem Antipasto misto (8 €), aus dem **Polpette di melanzane con la salsa di pomodoro**, Panelle und Crocchè di patate und Bollito tiepido di carne con olive verdi e acciughe herausragen. Von den Primi (7 €) erwähnen wir **Bucatini con le sarde**, Spaghetti con carciofi e caciocavallo di razza cinisara (Slow-Food-Presidio) und Pasta con fagioli freschi oder con le lenticchie di Ustica (mit Linsen aus dem Slow-Food-Presidio). Als Secondo locken fantastischer ***Bruciuluni*** (8 €), Involtini di carne, verdure oder pesce (10 €), **Triglie panate** und Frittura mista. Zum Abschluss genießt man herrliche Sorbetti di agrumi oder di fragole, hausgemachte Kuchen oder Torta setteveli aus einer bekannten lokalen Konditorei. Gute Auswahl regionaler und italienischer Weine, ausgezeichnete Biere aus kleinen Brauereien.

» *Konstante Suche nach traditionellen Geschmacksnoten in Verbindung mit Höflichkeit und Professionalität – das macht dieses Lokal zu einer Top-Adresse für Feinschmecker.* «

Straßenessen

Das Leben in Palermo ist historisch gesehen mit seinen Stadtmauern und zahlreichen Stadttoren verbunden. Sie übten nicht nur die Schutzfunktion in Form einer Zugangskontrolle aus, sondern sie regulierten das komplexe Versorgungssystem. Es ist kein Zufall, dass sich einige berühmte und heute noch bestehende Märkte in der Nähe von Stadttoren entwickelten: der Capo-Markt befindet sich bei der Porta Carini, der Ballarò-Markt gleich bei der Porta Sant'Agta und der Porta di Vicari sowie der Vuccìria-Markt in der Nähe der Anlegestelle des La-Cala-Hafens.

Hier wird Straßenessen in verschiedenen Formen angeboten – von Bratstuben, fliegenden Händlern, Bäckereien, „Stigghiolari" (Verkäufern von Stigghiole, also frittierten Lammdärmen), „Frittolari" (Verkäufern von Frittole, das sind in Schmalz frittierte Schlachtabfälle vom Kalb) und Büfettbetreibern.

Eine der am häufigsten anzutreffenden Spezialitäten ist gehaltvolles Pane e panelle con le crocchè (Brot mit Kichererbsenfladen und Kartoffelkroketten gefüllt). Aber auch Pane con la milza (Brötchen mit Milz), in den Versionen „schietta" oder „maritata" (mit Ricotta), Arancine con carne (Reisbällchen mit Fleisch), Sfincione (dicke Pizzaschnitte mit Tomaten, Zwiebeln, Cacio und Sardellen), Stigghiole (gebratene Innereien vom Milchlamm) sowie Frittole, Musso und Quarume (würzig zubereitete Schlachtnebenprodukte und Innereien) stehen zur Auswahl – jede davon eine einfache, aber geschmacklich hervorragende Mahlzeit.

Francesco Pensovecchio

Der Vuccirìa-Markt

Der berühmteste Markt der Stadt, den ein Gemälde von Guttuso bekannt gemacht hat, liegt eingezwängt zwischen der Via Roma, dem La-Cala-Hafen und dem Corso Vittorio Emanuele. Die Renovierung einiger historischer Bauten und die Verteuerung der Wohnungen haben ihn etwas entvölkert; neu entstanden sind dagegen kleine Nachtlokale, die von einem jungen, feierfreudigen Publikum frequentiert werden. Tagsüber serviert Rocky, der König des Vuccirìa-Markts, Brot mit Milz an der Piazza Caracciolo und preist seine Ware lautstark mit *Abbanniate* (rhythmischem Singsang) an. Gasthäuser in dieser Gegend sind Il Maestro del Brodo (siehe Seite 816) und Zia Pina (siehe Seite 815). An der großen Biegung des La-Cala-Hafens befindet sich schließlich Porta Carbone, ein weiterer Klassiker für Brot mit Milz.

Der Capo-Markt

Der Markt erstreckt sich zwischen dem Teatro Massimo und dem Justizpalast entlang der Via Carini und Via Beati Paoli sowie der Via di Sant'Agostino und Via Cappuccinelle. Den Haupteingang bildet die Porta Carini von der Via Volturno aus. Bemerkenswert sind die Sant'Agostino-Kirche (auch Santa-Rita-Kirche genannt) und der Kreuzgang. Sie gehen auf die Zeit der Anjou um 1275 zurück. Der Markt zählt zu den größten und betriebsamsten der Stadt und wird wegen seines qualitativ ausgezeichneten großen Fischangebots geschätzt. Unterhalb des Tores befinden sich Stände, an denen Sfincione sowie Pane e Panelle verkauft werden, und einige Bäckereien. Ausgefallen sind die Namen einiger Straßen: Via Sedie Volanti („Straße der fliegenden Stühle"), Via Scippateste („Straße der Kopfentreißer"), Via Gioia Mia („Straße meiner Freude").

Der Ballarò-Markt

Der älteste und meistbesuchte Markt der Stadt erstreckt sich von der Piazza Casa Professa bis zum Hauptbahnhof, zur Porta Sant'Agata und zum Albergheria-Viertel und ist 24 Stunden geöffnet. Vergangenheit und Gegenwart verschmelzen hier in einem Kaleidoskop von Geräuschen und Farben; Fisch, Gemüse, Fleisch und andere Nahrungsmittel drängen sich dicht aneinander. Hier ist der perfekte Ort für Freunde von Straßenessen. Beginnen Sie mit Pane e panelle und Sfincione von den fliegenden Händlern auf ihren „Lapini" (Ape-Dreirädern); an der Piazza del Carmine stehen abwechselnd drei davon. Bei den Obst- und Gemüsehändlern können Sie gekochte oder gebratene Zwiebeln, gekochte Kartoffeln und gegrilltes Gemüse genießen. Und dann sind da noch die Stände mit Polpo e limone, Frittola, Quarume oder Caldume (gekochte Kalbsinnereien mit Zwiebeln, Sellerie, Möhren, Petersilie, die warm mit Salz, Pfeffer, Öl und Zitronensaft serviert werden).

Al Chioschetto da Viviano

Corso dei Mille/Via Ingrassia
Tel. (+39) 091 / 617 37 19
Ruhetag: Donnerstag und Sonntag, August und Dezember Sonntag und Feiertage
Ferien: ersten 2 Septemberwochen
Geöffnet 6–21 Uhr, Samstag 6–23 Uhr

Der Stand in der Nähe des Hauptbahnhofs ist von 6 Uhr morgens bis in die Nacht geöffnet und wird von Kundschaft aufgesucht, die im Morgengrauen zu Bett geht. Gaetano, Giuseppe und Mimmo Viviano bieten einige wichtige Spezialitäten, vor allem Pane *ca' meusa* (Brötchen mit Milz).

Antica Focacceria San Francesco

Via Paternostro, 58
Tel. (+39) 091 / 32 02 64
Kein Ruhetag
Ferien: 2 Wochen im Januar/Februar
Mittags und abends geöffnet

Die im Jahr 1834 entstandene Focacceria liegt gegenüber der Franz von Assisi geweihten Kirche aus dem 14. Jahrhundert. Der Küchentresen und ein Teil der Einrichtung sind original erhalten geblieben und wurden in den Fonderie Florio aus Gusseisen gefertigt. Am Tresen werden die besten Leckerbissen für einen Imbiss unterwegs verkauft: Sfincione, Crocché, Panelle, Arancine con ragù oder formaggio, Anelletti und Timballi di pasta al forno, Bucatini con i broccoli arriminati, Sarde a beccafico, Pizza und für einen süßen Abschluss Cassata und Cannoli alla ricotta. Die Preise beginnen bei 3 € für Sfincione und Brot mit Milz. Seit 2013 gehört der Betrieb der Feltrinelli-Gruppe, die daraus eine Erfolgsmarke in verschiedenen italienischen Städten gemacht hat.

Antichi Sapori Palermitani

Via Messina Marine, 683
Tel. (+39) 339 / 847 03 18
Kein Ruhetag
Ferien: unterschiedlich
Mittags und abends geöffnet

In einem der am dichtesten bevölkerten Viertel der Stadt befindet sich eine Bratstube mit Grill, wo man Stigghiole, Pane e panelle, Pane *ca' meusa*, gegrilltes Fleisch und Gemüse, Caponata, Anelletti al forno, Gattò di patate und Panini con salsiccia bekommen kann. Gegessen wird nur im Stehen. Der Stand befindet sich im Endabschnitt der Via Messina Marina in Richtung Villabate.

Antico Forno San Michele

NEU

Via Pipitone Federico, 61–63
Tel. (+39) 347 / 198 65 40

In einem Wohnviertel der Stadt zwischen der Via Notarbartolo und der Villa Sperlinga bietet die Bäckerei von Ottavio Guccione Brot, Kekse und Pizzaschnitten. Eine der Spezialitäten ist die Erzeugung von Schwarzbrot aus Castelvetrano (Slow-Food-Presidio) aus Weizen der Sorte *Tumminìa* (Timilia). Das sehr würzige und kompakte Brot hält sich mehrere Tage.

Chiluzzo

Piazza Kalsa, 11
Kein Ruhetag
Keine Ferien

Das Angebot dieses Standes zählt zu den besonders reichhaltigen: Anelletti al forno, Pane con panelle e crocchè, Melanzane a quaglia oder Melanzane (Auberginen) in Form von Caponata oder Parmigiana, Verdure in pastella oder grigliate, Polpette di carne, Arancine und Panini con sgombro sott'olio. Es gibt auch sogenannte Rascature, grobe, frittierte Reste der Teige für Kroketten und Panelle. Zu trinken stehen Softdrinks und offener Wein im glasweisen Ausschank bereit.

Da Davide

NEU

Via Villa Sofia/
Via Croce Rossa
Tel. (+39) 329 / 092 67 47
Ruhetag: Sonntag
Geöffnet 9.30–16.00 Uhr

Er ist blutjung, akribisch, liebt seine Arbeit über alles und überrascht mit reichhaltigem, gut zusammengestelltem Angebot. Seine kleine fliegende Bratstube, ein blaues Ape-Dreirad mit einer schönen Plane, steht auf der Einfahrtstraße zum Villa-Sofia-Krankenhaus. Bei Panelle und Kroketten können Sie zwischen drei Sorten Brot wählen (Brot aus Weißmehl, doppelt gemahlenem Mehl und *Tumminìa*-Mehl); auf Wunsch gibt es auch weitere. Andere Spezialitäten sind Auberginen, Rosties (Kartoffeln und Zwiebeln), Panini con acciughe oder con sgombro e pomodoro sowie Pommes frites.

Il Panellaro di Ballarò

Piazza del Carmine/
Via Giovanni Grasso

Zwischen Obstständen eingezwängt befindet sich dieser Stand im mittleren Teil der Piazza del Carmine. Den ganzen Morgen wird hier eine Aufeinanderfolge an Panelle, *Crocchè* und Panini produziert. Die Verwendung von Minze und Petersilie für den Teig lässt die Köstlichkeiten noch aromatischer duften. Wenige Meter entfernt steht die *Lapa* des *Sfincionaro* (das Ape-Dreirad des Sfincione-Bäckers). Die beste Zeit, um hierherzukommen, ist zwischen 10 und 12 Uhr, wenn am Markt reges Treiben herrscht. Zu Mittag wird alles abgebaut.

Zia Pina

Via Cassari, 67–69
Ruhetag: Sonntag
Ferien: unterschiedlich
Mittags geöffnet, Freitag und Samstag auch abends

Der Betrieb zwischen der Piazza Caracciolo (Vuccirìa) und dem La-Cala-Hafen ist ein anschauliches Beispiel des einstigen Berufsbilds der Büfettbetreiber. Das Wort leitet sich vom französischen „buffet" oder spanischen „bufeta" (Tisch) ab. Hier wählt man die dargebotene Ware aus und kann sie dann nach eigenem Geschmack zubereiten lassen. Tisch und Stühle bestehen aus Plastik, den Tisch deckt man selbst nur mit Papierdeckchen. Die Speisen sind ganz einfach: Pasta alla Norma, Spaghetti con aglio, olio, peperoncino e *muddica atturrata*, con i ricci oder con le vongole, Grigliata di carne mista und Frittura di gamberi, calamari e triglie. Der Service ist familiär, getrunken wird ein offener Wein.

Ballarò

NEU

Osteria
Via Calascibetta, 25
Tel. (+39) 091 / 791 01 84
Kein Ruhetag
Ferien: 2 Wochen im August
80 Plätze
Preise: 25–35 €
Alle Kreditkarten; BM
Mittags und abends geöffnet

Das Ballarò liegt zwischen der Piazza Borsa und der Kirche San Francesco di Assisi und somit nicht in unmittelbarer Nähe des populären Markts, dessen Namen es trägt. Es handelt sich um ein vielseitiges Lokal, das Essen zum Mitnehmen an einem Stand auf der Straße bietet, gleichzeitig aber auch Weinbar und Osteria ist. Die Räumlichkeiten der ehemaligen Stallungen des Palazzo Cattolica bilden seinen ebenso eindrucksvollen wie trendigen Rahmen. Die Familie Ribaudo ist vom Fach: Gaetano überwacht alles, unterstützt von Tochter Doriana mit ihrem Mann Gianluca Buono. Am Stand auf der Straße finden Sie Arancine (1,50 bis 3 €), Panelle, Crocchè, Verdure in pastella, Muffolette, Panino con la milza, *Babbaluci* (Schnecken), **Stigghiole di agnello** (7 €), Fritturina di pesce, Caponata und Polpette di sarde. Bei Tisch erwarten Sie dagegen Alici marinate agli agrumi, **Polpetti murati**, Pepata di cozze, Sauté di vongole, Insalata *vastasa* und Carpaccio di cinisara (Slow-Food-Presidio). An Primi bieten sich Spaghetti ai ricci di mare, **Margherite all'*anciova*** (€ 10), Paccheri alla Norma con ricotta fresca, Zuppa di lenticchie di Ustica (mit Linsen aus dem Slow-Food- Presidio, Timballo di anelletti und **Pasta con i broccoli arriminati** (9 €) an. Als Secondi locken Polpette di sarde (10 €), Involtini di pesce spada, Baccalà oder Calamari fritti, ***Trippa a' livitana*** (nach einem alten Rezept der Olivetaner), Bistecca alla palermitana, Falsomagro und Bollito con i giri (Mangold). Obst, Cannolicchi oder eine Platte mit sizilianischem Käse runden das Essen ab. Die Weinkarte nennt rund 100 sizilianische Etiketten. Der Service ist herzlich. Reservierung empfehlenswert.

Il Maestro del Brodo

Trattoria
Vicolo Pannieri, 7
Tel. (+39) 091 / 32 95 23
Ruhetag: Montag, im Sommer Sonntag
Ferien: 2 Wochen um den 15. August
80 Plätze
Preise: 25–35 €
Kreditkarten: CS, MC, Visa
Mittags geöffnet, Donnerstag–Samstag auch abends

Das von Bartolo Arusa und seinen Söhnen Alessandro und Giuseppe in familiärem Stil geführte Lokal liegt im Vicolo Pannieri, das den Corso Vittorio Emanuele mit dem berühmten Vuccirìa-Markt verbindet. Die einfache Ausstattung des Gastraums entspricht jenem der Trattorien von einst; die Küche ist einsehbar. Im Lauf der Jahre hat sich die Qualität des Angebots stetig verbessert, so dass das Lokal mittlerweile zu den besten Adressen für Liebhaber der schmackhaften palermitanischen Küche zählt. Sie können die Antipasti (8 €) vom reichhaltigen Büfett wählen und sich mit Funghi ripieni, Alici marinate, Pomodori secchi sott'olio, Involtini di melanzane, **Sarde a beccafico**, Oliven, Frittatine und Verdure grigliate einstimmen. Unter den Primi sind gute Linguine allo scoglio, Risotto ai sapori di mare, **Bucatini con sarde e finocchietto** (9 €), Spaghetti con pomodoro e melanzane und Tortellini in brodo oder al pomodoro. Darauf folgen erstklassige Secondi wie **Manzo lesso con patate e zafferano**, Involtino di vitello alla siciliana und **Bistecca panata alla palermitana**. Der tagesfrische Fisch (der Preis hängt von der Art und vom Gewicht ab) wird aus dem Kühltresen ausgesucht und anschließend gegrillt oder all'acqua di mare zubereitet. Andere Fischgerichte sind Trancio di pesce spada arrosto (11 €) und Frittura di calamari. Zum Abschluss gibt es Saisonobst und im Winter **Cassata al forno siciliana** (3 €). Kleines sizilianisches Kellerangebot. Liebenswürdiger, familiärer Service.

Die Pasticceria Scimone in der Via Miceli 18 B bietet eine gute Auswahl an traditionellen Süßspeisen; in der Pasticceria-Gelateria Cappello, Via Colonna Rotta 68, gibt es gutes Eis und hervorragende Kuchen.

PALERMO

Lo Bianco

NEU

Osteria
Via Emerico Amari, 104
Tel. (+39) 091/ 251 49 06,
(+39) 329 / 903 68 51
Ruhetag: Sonntagabend
Keine Ferien
70 Plätze
Preise: 20 €
Alle Kreditkarten; BM
Mittags und abends geöffnet

Die beiden jungen dynamischen Unternehmer Giulio Messina Vitrano und Michele Biondo haben 2009 diese historische, im Jahr 1931 gegründete Osteria im Zentrum Palermos gleich bei der Piazza Politeama übernommen. Dank der Modernisierungsarbeiten in den letzten beiden Jahren erlebt das Lokal einen neuen Aufschwung und behauptet sich als ideale Anlaufstelle für typische Küche aus Palermo. Der Gastraum ist mit Fotos aus der Vergangenheit und altem bäuerlichen Gerät geschmückt. Dank des flotten und kompetenten Teams kann man die mitreißende Stimmung nachempfinden, die so typisch für die alten Trattorien Palermos ist. Unter den Antipasti (4 €) finden wir **Crocchette di latte e panelle**, Involtini di melanzane, zucca in agrodolce und unverzichtbare Caponata. Als Primi (6 €) stehen **Pasta *aggrassata* con patate e bollito**, Pasta con pomodoro, melanzane, mentuccia e pesce spada, **Pasta *c'anciova*** (mit Brotkrume, Tomaten, Sardellen, Sultaninen und Pinienkernen) auf dem Programm. Die Palette der Secondi (8 €) beinhaltet **Bollito con verdure**, Involtino alla siciliana, **Polpette di sarde al sugo**, Stufatino con carote e piselli und Sarde allinguate. Die Dolci (4 €) sind hausgemacht: Cassata al forno, Cannoli siciliani und Tiramisu. Neben dem Hauswein gibt es eine kleine Auswahl sizilianischer Weine.

Piccolo Napoli

Trattoria
Piazzetta Mulino a Vento, 4
Tel. (+39) 091 / 32 04 31
Ruhetag: Sonntag
Ferien: 15.–30. August
52 Plätze
Preise: 30–35 €
Alle Kreditkarten
Mittags geöffnet, Donnerstag–Samstag auch abends

Die Trattoria der Familie Corona an einer Piazza im historischen Borgo-Vecchio-Viertel bietet seit Generationen solide Traditionsküche. Um den Empfang kümmern sich Orazio mit Sohn Davide und Pippo mit seiner Frau Rosamaria, während die Küche Carlos Reich ist. Die Qualität der Zutaten und der liebenswürdige, ruhige Empfang machen dieses Lokal zu einer obligaten Adresse für Freunde der Meeresküche. Es besteht aus einem einzigen, geschickt eingerichteten Raum mit wenigen Tischen. Den Anfang machen Olive nocellara del Belice mit nativem Olivenöl extra und Oregano (4 €), **Insalata di mare con polpo e calamari** (8 €), Gamberi marinati, Caponata di melanzane und *Frittedda* di fave, piselli e carciofi. Als Primi folgen Caserecce con pesce spada, menta e melanzane, Spaghetti con i ricci di mare (12 €) und **Bucatini con broccoli arriminati** oder con le sarde. Unter den Secondi sind neben dem tagesfrischen Fisch (Goldbrassen, Meerbarben, Rotbrassen) Spiedini di calamari e gamberi (12 €), **Gamberi panati e arrostiti** (12 €), Triglie allinguate und Lampuga con la cipollata. Den Abschluss versüßen hausgemachte Kekse mit Marzipan oder **Buccellatino**, eine für Palermo typische Süßspeise aus Mürbeteig, getrockneten Feigen, Walnüssen, Honig, Zimt und Schokolade. Keinesfalls fehlen darf Cassata siciliana. Die Weinkarte nennt eine mehr als ordentliche Auswahl sizilianischer Tropfen zu korrekten Preisen.

»*Qualitativ hochwertige Zutaten und liebenswürdiger Empfang machen dieses Lokal zu einer obligante Adresse für Liebhaber der Meeresküche.*«

PALERMO

Trattoria del Pesce Fresco Al Vecchio Mafone

Trattoria • Via Judica, 22
Tel. (+39) 091 / 507 96 2,
(+39) 338 / 367 50 34
Ruhetag: im Winter Montag,
im Sommer Sonntag
Ferien: August/September
50 Plätze + 40 Plätze im Freien
Preise: 30 € • Alle Kreditkarten; BM
Mittags und abends geöffnet

In einem Altstadtviertel nahe der Piazza Verdi und des Teatro Massimo, das noch dicht bewohnt und vielleicht deswegen reich an Märkten und kleinen Lokalen ist, wo man zu vernünftigen Preisen essen kann, bietet Antonio Mafone mit Ehefrau Grazia und den Kindern Anna und Vincenzo gute Meeresküche. Besonderen Wert legt man auf das Prinzip „Mangiamoli giusti" („Essen wir sie richtig"): Sie werden aus diesem Grund keinen Thunfisch, frisch geschlüpfte Fischchen oder andere edle Fischarten vorfinden, sondern ein besonders sensibel an Nachhaltigkeit orientiertes Angebot. Der Fisch kommt vom Capo-Markt, einem der besten in puncto Auswahl und Qualität. Auch in seiner Einrichtung ist das Lokal auf das Wesentliche beschränkt. Im Sommer stellt man im Gässchen daneben noch zusätzlich sechs oder sieben Tische auf. Den Auftakt machen Patate e alici, **Polpette di sarde** (5 €), Sarde fritte con aceto, Impepata di cozze (6 €), Insalata di polpo und **Fritto di calamari e cappuccetti**. Als Primi bieten sich **Spaghetti con le sarde** in bianco con il finocchietto (8 €) oder **alla palina** (mit Tomaten), Risotto alla marinara, **Spaghetti con i ricci** (8 €) und Pasta alla Norma an. Fast alle Secondi wie Meerbarben, Riesengarnelen, Calamari, Goldbrassen, Seebarsche und Brandbrassen (10 €) werden klassisch in guazzetto oder alla griglia zubereitet. Frische Früchte oder Sorbetto al limone runden das Essen ab. Das Weinangebot beschränkt sich auf fünf oder sechs lokale Etiketten, die aber gut zu dieser Art von Küche passen und zu korrekten Preisen angeboten werden. Das festgelegte Menü kostet 25 € und beinhaltet einen Antipasto, ein Primo und ein Secondo mit einem Getränk und Kaffee. Reservierung empfehlenswert.

103 KM SÜDÖSTLICH VON PALERMO

Da Salvatore

Trattoria-Pizzeria
Piazza San Michele, 3
Tel. (+39) 09 21 / 68 01 69
Ruhetag: Dienstag, außer im Sommer
Ferien: je 2 Wochen im Juli und September
40 Plätze + 30 Plätze im Freien
Preise: 25–30 €
Keine Kreditkarten; BM
Mittags geöffnet, Samstag, an Feiertagen und im Sommer auch abends

Der an Geschichte und Kultur reiche kleine Ort Petralia Soprana liegt eingebettet in die Naturlandschaft des Parco delle Madonie. Nicht weit vom Hauptplatz befindet sich die Osteria der Familie Ruvutuso an einem reizenden kleinen Platz mit schönem Steinbrunnen. Beim Betreten des Lokals umfängt Sie sofort familiäres Flair. Begrüßt werden Sie von Salvatore oder den Kindern, die ihn kompetent im Service unterstützen, während Ehefrau Maria aus lokalen Saisonprodukten Traditionsgerichte kocht. Den vielen Kostproben des Antipasto misto (12 €) zu widerstehen, ist schwierig: Peperoni con pomodori secchi, acciughe, uvetta e pinoli, **Frittata con ricotta e menta**, Provola delle Madonie (Slow-Food-Presidio) mit hausgemachten Konfitüren, Cavolo cappuccio con pecorino, Funghi trifolati al Marsala, **Caponata di melanzane** sowie hiesige Formaggi und Salumi; in der Saison gibt es auch Porri, *Cucuzzeddi* (wilde Artischocken) und Bietole aus der Pfanne. Als Primi gibt es Rigatoni al ragù di carne con funghi e finocchietto oder con salsa di zucchine e pancetta (8 €) oder auch con salsa piccante, olive e capperi. In der Saison serviert man ausgezeichnete **Minestre di legumi** (6 €), auch aus Badda-Bohnen (Slow-Food-Presidio). Fortgesetzt wird mit exquisiten, über der Holzglut zubereiteten Secondi: **Arrosto panato** (7 €), Tris di capocollo, salsiccia e pancetta und Grigliata mista (12 €). Als Beilagen gibt es Kartoffeln und gemischten Salat. Süßspeisen aus den Madonie oder frische Früchte runden das Essen ab. Man trinkt den Hauswein oder ein paar regionale Etiketten. Das Degustationsmenü kostet 30 €.

»
Salvatore empfängt seine Gäste mit eindrucksvoller Liebenswürdigkeit, ebenso begeistern Marias exzellente Gerichte nach Tradition.
«

99 KM SÜDÖSTLICH VON PALERMO

Petrae Lejum

Restaurant
Corso Pietro Agliata, 113
Tel. (+39) 09 21 / 64 19 08, (+39) 09 21 / 68 01 54
Ruhetag: Donnerstagabend
Ferien: 11.–20. September
46 Plätze
Preise: 25–30 €
Alle Kreditkarten
Mittags und abends geöffnet

Das Städtchen Petralia im Herzen des Parco delle Madonie ist ein zentraler Ausgangspunkt für Ausflüge im Zeichen von Kunst, Natur und Landschaft und wartet mit an Kunstwerken reichen Kirchen und Palästen auf. In der Altstadt finden wir dieses charakteristische Lokal unter der Leitung von Vincenzo Occorsio: Es ist einfach, aber ansprechend und setzt sich aus einem Barbereich und zwei Gasträumen zusammen. Man beginnt mit Antipasti aus den Madonie (9 €) wie Frittata con finocchietto, Frischkäse und Provola delle Madonie (Slow-Food-Presidio), begleitet von Honig oder Konfitüren, Lardo vom Ferkel lokaler Herkunft und zerlassenem Pecorino. Aus der vom Gastraum aus einsehbaren Küche kommen hervorragende Primi, von denen wir **Paccheri al ragù di suidi**, das heißt mit Sauce aus Fleisch von Schwein-Wildschwein-Mischlingen, die mit Bergkräutern 48 Stunden langsam köchelt, Tagliatelle ai funghi, Penne alla montanara con mandorle, pomodori essiccati, basilico e acciughe und **Zuppa di fagioli badda** oder di lenticchie di Villalba (Bohnen und Linsen, beide aus Slow-Food-Presidi) empfehlen. Interessant sind auch die Secondi wie **Salsiccia di cinghiale** (€ 8), Fagottino con pomodori secchi e caciocavallo (9 €) und Tagliata con riduzione di pecorino e vino rosso (14 €). Als Beilagen serviert man Verdure grigliate, Insalata mista oder Patate al forno. Zum Ausklang gibt es Semifreddo di nocciole di Polizzi mit Amaretti, Sfoglio aus Polizzi, **Torta al pistacchio** und im Sommer Cassata gelato. Zu trinken stehen rund 20 Weine auch im glasweisen Ausschank sowie einige Biere aus kleinen Brauereien bereit.

24 KM SÜDWESTLICH VON PALERMO

Antica Trattoria San Giovanni

Trattoria
Via Matteotti, 34
Tel. (+39) 091 / 856 10 25,
(+39) 338 / 712 91 69
Ruhetag: Dienstagabend
Ferien: 20. Juli–16. August
80 Plätze • Preise: 25–28 €
Keine Kreditkarten
Mittags und abends geöffnet

Piana degli Albanesi wurde im 15. Jahrhundert nach der Eroberung des Balkans durch das Osmanische Reich gegründet. Die Bewohner suchten Zuflucht in Süditalien; die albanische Gemeinschaft südlich von Palermo ist noch heute eine der größten. Die Trattoria im Zentrum von Piana, wenige Meter vom Rathaus entfernt, wird von einer Familie geführt: Vincenzo Salemi kocht und kauft ein, Ehefrau Gina und Schwiegertochter Adriana servieren. Brot wird aus Sauerteig selbst gebacken. Der Antipasto misto (5 €) bietet in Trestern affinierten Käse, Capocollo, Prosciutto crudo aus eigener Erzeugung, Oliven, Gemüse, gefüllte Tomaten und Bruschette mit Speck aus Colonnata (das ist keine Spielerei, denn Gina ist aus Carrara); gut sind auch Involtini di melanzane alla brace (7 €). Als Primi gibt es Fettuccine alla crema di pistacchi (7,50 €) oder con ricotta salata, pancetta, olive e rosmarino, **Caserecce con i funghi** oder con pomodoro e carne di maiale, **Ravioli di ricotta e spinaci con fave e finocchietto** und Tortelli al ragù. Ein Klassiker unter den Secondi ist Grigliata mista di carne (9 €), gewöhnlich aus Kalb, Schweinerippchen, Agnello und Salsiccia, kombiniert mit Pommes frites, Bratkartoffeln und Wildgemüse; außerdem gibt es **Capretto al forno** (11 €), Coniglio stufato und **Stigghiole**. Cassata di ricotta con il caffè, Parfait di mandorle und exquisiter Cannolo di ricotta krönen das Mahl. Zu trinken gibt es guten offenen Wein und einige lokale Tropfen.

■ Bei Gusti e Sapori di una Volta (Via Kastriota 34) gibt es ein großes Sortiment an Wurst, Käse, Eingemachtem und Wein aus dem Gebiet und anderen Regionen Italiens. In derselben Straße an der Hausnummer 46 bietet die Bar dello Sport köstliche Cannoli.

83 KM SÜDÖSTLICH VON PALERMO

Itria

Trattoria-Pizzeria
Via Beato Gnoffi, 8
Tel. (+39) 09 21 / 68 87 90,
(+39) 347 / 686 89 43
Ruhetag: Mittwoch
Ferien: letzten 2 Septemberwochen
50 Plätze + 30 Plätze im Freien
Preise: 28–32 €
Kreditkarten: CS, DC, MC, Visa; BM
Mittags und abends geöffnet

Das auf etwas mehr als 900 Metern Höhe gelegene Städtchen Polizzi, dem Kaiser Friedrich II. den Beinamen Generosa (die Großzügige) verlieh, beherrscht dieses mit Haselnusshainen, Eichen- und Steineichenwäldern bewachsene Gebiet des Parco delle Madonie. Nicht weit von der Piazza Belvedere befindet sich das Lokal unter der Leitung von Giuseppina und Renato Tumminello. In den beiden kleinen rustikalen Gasträumen mit alten bäuerlichen Gerätschaften an den Wänden atmet man schlichte, aber authentische Atmosphäre. Das Speisenangebot ist unverfälscht und den lokalen gastronomischen Traditionen treu, die hier wirklich speziell sind; die Zutaten variieren jahreszeitlich. Sie können mit Carpaccio di funghi locali (6 €), Tortino di pasta sfoglia con verdure und Frittata di asparagi selvatici beginnen. Von den Primi erwähnen wir Pappardelle con ragù di cinghiale, Pasta oder **Zuppa con fagioli badda** (Slow-Food-Presidio), **Ditali con la *frittedda*** (aus Dicken Bohnen, Erbsen, Artischocken und Wildfenchel) und schmackhafte Pasta con tartufo e porcini (10 €). An Secondi gibt es Castrato alla griglia, **Cosciotto di agnello al forno**, exquisites Filetto di mailino nero in crosta di pane (12 €) sowie Salsiccia alla brace. Die Desserts (3 €) sind verlockend: Panna cotta, Cassata siciliana, Cannolo di ricotta und ***Sfogghiu*** (typische Käsetorte aus der Gegend). Kleine, regional gehaltene Weinkarte. Es gibt ein günstiges Degustationsmenü für 26 €.

■ Die Pasticceria Vinci (Via Garibaldi 134) bietet traditionellen Sfogghiu, Kekse und andere Spezialitäten.

8 KM WESTLICH VON AGRIGENT, S.S. 115

Salmoriglio

Trattoria
Via Roma, 27
Tel. (+39) 09 22 / 63 66 13,
(+39) 340 / 868 05 61
Ruhetag: Dienstag
Ferien: Januar/Februar
80 Plätze + 30 Plätze im Freien
Preise: 30–35 €
Alle Kreditkarten; BM
Mittags und abends geöffnet

Sie finden das Restaurant an der Hauptstraße des Orts, ein paar Schritte vom Hafen entfernt. Das Lokal wirkt sehr gepflegt, die Küche ist aber die klassische der Meerestrattorien, in der Fisch und lokale Grundzutaten verwendet werden. Hier stehen die Brüder Ravanà am Ruder: Den älteren Bruder, Enzo, können Sie hinter der großen Glaswand mit direktem Blick in die Küche beobachten, während er sich auf die Zubereitung der Speisen konzentriert, der jüngere Bruder, Alessandro, der früher servierte, hilft nun beim Kochen. Um den Empfang der Gäste kümmert sich dagegen seine Frau, Alessandra Zambuto. Im Erdgeschoss befindet sich ein gemütlicher Raum, ein zweiter, weniger heller Raum im Stockwerk darüber. In der schönen Jahreszeit kann man im Sitzbereich vor dem Lokal Platz nehmen. Als Vorspeise finden Sie wunderbare **Sarde a beccafico**, Pesce crudo, Insalata di mare und *Parmiciana* Salmoriglio (10 €) mit Auberginen, Schwertfisch, Provola aus den Madonie und Mandelpesto. Als Primi können Sie unterschiedliche **frische Pasta con sarde e mollica**, con ragù di triglia e finocchietto (12 €), al nero di seppia oder al pesto con i pomodori datterini bestellen. Danach folgen neben üblicher Grigliata aus tagesfrischem Fisch andere Köstlichkeiten wie **Zuppetta di pesce con crostini all'aglio**, Polpo alla piastra und Seppia scottata con misticanza (12 €), die mit guten nativen Olivenölen extra aus Sizilien verfeinert werden. Das krönende Finale bilden gute Semifreddi alla mandorla und al pistacchio, Gelo di agrumi (3,50 €) und in der entsprechenden Saison exzellentes **Sorbetto di gelso** (aus Maulbeeren). Die Weinkarte ist recht gut; es gibt auch einige Biere aus kleinen Brauereien.

57 KM SÜDLICH VON SYRAKUS

Scala

Hotelrestaurant
Via Carducci, 6
Tel. (+39) 09 31 / 84 27 01
Kein Ruhetag
Ferien: unterschiedlich
45 Plätze + 15 Plätze im Freien
Preise: 20–32 €
Kreditkarten: CS, MC, Visa; BM
Mittags und abends geöffnet

In Portopalo di Capo Passero kann man auf der gleichnamigen Insel gegenüber der Küste nun endlich die interessante Festung aus dem 16. Jahrhundert besichtigen. Zur Verwöhnung des Gaumens bietet sich dagegen dieses kleine Restaurant mit guter Fischküche an, das Corrado Scala mit den Söhnen Andrea, im Service, und Gabriele führt. Letzterer teilt sich die Küche mit einem Team erfahrener Köchinnen. Man kann à la carte speisen, aber es sei auch darauf hingewiesen, dass die Menüs zu einem festgelegten Preis (20 bis 30 €) breit gefächerte und zufriedenstellende Möglichkeiten bieten. Das Programm der Antipasti sieht nicht weniger als sieben oder acht Kostproben vor, unter anderem Polpo bollito, Alici e gamberetti marinati, Sgombro in agrodolce, **Ghiotta di pesce palombo**, Involtini di sarde oder di spatola (Degenfisch), Caponata, Frittura di triglie, merluzzetti oder argentine und weitere Köstlichkeiten, je nach erhältlichem Fisch lokaler Herkunft. Wer Rohes mag, sollte Misto di alici, triglie, pagello, seppia, polpo (Sardellen, Meerbarben, Rotbrasse, Tintenfisch, Oktopus) probieren. Aus dem Reigen der Primi sind uns Spaghetti con cernia e pomodorini, con la ricciola, con la rana pescatrice, al nero di seppia e ricotta, Penne con cozze, gamberetti e pistacchio di Bronte und **Strozzapreti con il capone** (lampuga) **fritto** in Erinnerung geblieben. Gut zubereitete und schmackhafte Secondi sind **Zuppa di ricciola** oder di scorfano, Pagro oder **Cernia con patate**, Seppia gratinata, Occhiata oder Pesce san pietro alla portopalese (mit Kapern, Oliven und Tomaten) und in der Saison Tagliata di tonno. Zum Abschluss stehen Cannolo, Tortino con cioccolato fondente und Sorbetto di limoni zur Auswahl. Zu trinken gibt es ein recht gutes Sortiment sizilianischer Weine zu moderaten Preisen.

RAGUSA
Ibla

4 KM VOM ZENTRUM

Cucina e Vino

Trattoria
Via Orfanotrofio, 91
Tel. (+39) 09 32 / 68 64 47
Ruhetag: Mittwoch, außer im Sommer
Ferien: zeitweise im Februar
40 Plätze + 45 Plätze im Freien
Preise: 25–35 €
Alle Kreditkarten
Mittags und abends geöffnet

Gleich neben der kleinen Annunziata-Kirche betreibt die gut eingespielte Familie Cilia diese Trattoria mit drei Gasträumen, einem kleinen Hof und einigen Plätzen vor dem Eingang. In der Küche bereiten der tüchtige Chefkoch Giovanni und seine Mutter Mimma eindeutig sizilianisch geprägte Gerichte mit Schwerpunkt auf der Tradition von Ragusa und Umgebung zu. Um den Service kümmern sich Salvatore und Tochter Rossana. Das Angebot ist bunt, einige Speisen wechseln je nach Saison und Marktangebot. Als Einstieg kann man beispielsweise zwischen klassischen Focaccine ragusane, Insalata di polpo e mandorle tostate, **Spatola** (Degenfisch) **con la cipolletta**, Zucca gialla con il pomodoro secco und Vastedda del Belice con la caponata wählen. Von den möglichen Primi stechen Gerichte aus frischer Pasta – Cavati con pomodoro e melanzane, **Ravioli di ricotta al sugo di maiale**, Tagliolini con ragù di coniglio e verdure (7,50 €), Calamarata con la rana pescatrice (12 €) – sowie Minestre di verdure, Zuppe di fagioli cosaruciaru (Bohnensorte aus Scicli) und Suppen aus anderen Hülsenfrüchten hervor. Unverfälschte Geschmacksnoten kennzeichnen auch die Secondi wie **Trippa in umido** (8,50 €), Costata di maiale ripiena, **Falsomagro di vitello al sugo**, interessante Ricciola scottata con patate (13 €) und Triglie al pomodoro. Gute Auswahl an sizilianischem Käse, dabei auch einige Sorten aus Slow-Food-Presidi. Das Essen endet mit Geli di frutta oder Cannolo di ricotta. Schöne Selektion sizilianischer Weine, die dem Cerasuolo-Gebiet gebührenden Platz einräumt. Ein Degustationsmenü ist für 25 bzw. 30 € erhältlich.

Exquisites Eis gibt bei Gelati DiVini, Piazza Duomo 20, und bei Mastro Ciliegia, Via Valverde 2.

RANDAZZO

69 KM NW. V. CATANIA, A 18 OD. S.S. 114 U. S.S. 120

San Giorgio e il Drago

Trattoria
Piazza San Giorgio, 28
Tel. (+39) 095 / 92 39 72
Ruhetag: Dienstag
Ferien: zeitweise im Januar
80 Plätze + 50 Plätze im Freien
Preise: 25–28 €
Alle Kreditkarten
Mittags und abends geöffnet

Dieses gemütliche Lokal entstand in den alten Kellern des Klosters San Giorgio und wird seit fast 20 Jahren von den Brüdern Anzalone und Mamma Paola geführt, einer tüchtigen Köchin, die von einem rein weiblichen Küchenteam unterstützt wird. In der schönen Jahreszeit kann man auch an den Tischen im kühlen Hof Platz nehmen. Das Menü ist bodenständig und größtenteils an der Verfügbarkeit von Gemüse, Fleisch und Käse von kleinen Erzeugern orientiert. Den Auftakt macht opulenter Antipasto della casa (10 €) mit Pecorino, Provola con noci, **Crocchette di patate**, Salumi, Caciotta affumicata und Gemüse, in Öl eingelegt, gegrillt oder gedünstet. Die aus frischer Pasta zubereiteten Primi kommen in großzügigen Portionen daher: Orecchiette con zucchinette in fiore (7 €), hausgemachte Maccheroni con salsa piccante, Ravioli di melanzane alla Norma und **Tonnacchioli con erbe dell'Etna** (8 €), und zwar je nach Saison mit Sparacogne, *Cavuliceddi* und wilder Zichorie. Coniglio alla paolina, **Ossobuco con verdure**, Tagliata di manzo al pepe verde e rosmarino (10 €), **Salsiccia mit Wildgemüse aus der Pfanne** (8,50 €) und traditionelle Grigliata mista bilden das Angebot der Secondi. Zum Abschluss gibt es Saisonobst, Macedonia (2,50 €) und wenige, aber bemerkenswerte Dolci (3 €): Torta al cioccolato e vino, Semifreddo con semi di zucca caramellati und Tiramisù alle mandorle. Im Keller lagert ein schönes Weinsortiment vorwiegend aus dem Ätnagebiet.

Pasticceria di Santo Musumeci, Piazza Santa Maria 9: Dolci aus Mandeln, Haselnüssen und Pistazien, Marzipanobst, Mustaccioli und selbst gemachtes Eis.

50 KM SÜDWESTLICH VON SYRAKUS

U Sulicce'nti

Trattoria
Via Aprile, 3
Tel. (+39) 09 31 / 85 99 35,
(+39) 339 / 314 37 24
Ruhetag: Sonntag- und Montagabend, außer im August
Ferien: unterschiedlich
25 Plätze • Preise: 25–27 €
Kreditkarten: CS, MC, Visa; BM
Mittags und abends geöffnet

U Sulicce'nti bedeutet „Die Sonne im Westen". Küchenchefin Graziella Cataldi hat den Namen wieder aufgegriffen, den ihr Vater einst für ein anderes Lokal gewählt hatte. Die Geschichte der Familie begann mit einer *Putia* (Weinstube), die der Großvater im Jahr 1936 eröffnete. Die heutige Trattoria unweit der Piazza Garibaldi, die Graziella mit ihrem Mann Santino Baglieri führt, ist ein anmutiges Lokal mit einfacher, origineller Einrichtung, Anrichten, Borden, bunten Zeichnungen und sogar einer ansehnlichen Sammlung an Abenteuercomics. Aus der offenen Küche kommen würzige Gerichte, verzeichnet auf einer Karte, die auch die lokalen Lieferanten der Zutaten nennt. Gute Vorspeisen sind Parmigiana, Caponata und „Fritture della nonna" mit Fleisch- und Kartoffelbällchen und Ricotta-, Spargel- und Lauch-Omeletts. Opulent präsentiert sich der Gemüseteller mit Zucchini, Auberginen, Paprikaschoten, Kartoffeln, Spinat und Möhren. Die handgezogene Pasta wird auch aus Johannisbrot-, Mandel-, Esskastanien- und Pistazienmehl zubereitet: wohlschmeckend sind **Cavati con ragù di sarde** (10 €), Pasta di farina di castagne con i porcini (10 €) und **Ravioli di ricotta al sugo di maiale**. Weiter geht es mit **Coniglio alla stimpirata**, Polpette cotte nella salsa, **Salsiccia *a rusalinara*** (8 €), Filetto di vitello al limone oder al Nero d'Avola, Baccalà fritto und Spatola (Degenfisch) in umido (10 €). Sehr gut sind auch die Beilagen wie etwa die ausgefallene Caponata di frutta. Gelo agli agrumi, Tortino di pistacchio und andere Desserts setzen den Schlusspunkt. Zu trinken gibt es ein gutes regionales Weinangebot zu angemessenen Preisen.

8 KM WESTLICH VON CALTANISSETTA

Anzalone

Trattoria
Piazza Crispi, 3
Tel. (+39) 09 34 / 58 66 24
Ruhetag: Sonntag, außer Mai–Oktober
Ferien: August
75 Plätze + 40 Plätze im Freien
Preise: 25 €
Alle Kreditkarten; BM
Mittags und abends geöffnet

In diesem Lokal in der Altstadt pendelt Claudio Rizzo zwischen Speisesaal und Küche, unterstützt von seiner Frau Filomena. Caponata, Frittate di verdura, Olive *cunsate*, Broccoli in padella, Pomodori secchi und saisonabhängige Fave *spizzica e ammucca* sind Fixpunkte bei den Antipasti (8 €), die auch Büffelmozzarella und einige Käsesorten aus lokaler Herstellung umfassen. Als Primi folgen Pasta alla carrettiera, alla Norma und con il pomodoro fresco (im Sommer), Zuppe di legumi (im Winter) und **Cavati con i *mazzareddi*** (mit einem schmackhaften, im Umland gedeihenden Wildgemüse) oder im Frühling in der Version con fave e piselli freschi. Immer vorhanden sind dagegen **Macco di fave**, Pasta con la sminuzzatura e le olive sowie frische Pasta con l'*asparacello* e la ricotta (6 €). Ein Neuzugang bei den Secondi ist Suino nero dei Nebrodi al finocchietto; ansonsten wartet das Menü mit Bewährtem wie Trippa in bianco oder alla parmigiana, **Carcagnola** (Schweinefüße) **bolliti**, Costolette di castrato arrosto (7 €), Bollito di manzo, Stinco di maiale al forno con le patate und **Stigghiole** (gefüllten Kalbsinnereien) auf. Gut schmecken auch Babbaluci, mit Knoblauch, Öl, Petersilie und Peperoni in der Pfanne geschwenkte Schnecken, sowie Wildgerichte. Die Nachspeisenauswahl (3 €) beschränkt sich im Winter auf Torta di ricotta e pistacchi und im Sommer auf Sorbetti alla frutta. Zu trinken gibt es eine recht schöne Anzahl regionaler Weine, zu denen sich einige Biere aus Kleinbrauereien gesellen.

Die Pasticceria Campisi, Piazza Giovanni XXIII 7, bietet vorzügliches Gebäck aus Marzipan und Pistazien sowie Torrone-Eis mit ganzen Mandeln.

SAN GIUSEPPE JATO

30 KM SÜDWESTLICH VON PALERMO

Z'Alia

Trattoria
Via Piana degli Albanesi, 2
Tel. (+39) 091 / 857 70 65,
(+39) 338 / 830 37 43
Ruhetag: Dienstag
Ferien: 2 Wochen im Juli
50 Plätze + 20 Plätze im Freien
Preise: 32 €
Alle Kreditkarten; BM
Mittags und abends geöffnet

Die Straße von Palermo in Richtung San Giuseppe Jato führt hinter Poggio San Francesco durch einen engen Canyon, nach dem sich ein herrliches Tal auftut, das sich rechts bis zum Lago Poma erstreckt und links vom Monte Jato mit seinen Fundstücken aus der Antike beherrscht wird. In diesem sehr reichen und überaus produktiven Gebiet finden wir Weingärten, Olivenhaine und ausgedehnte Getreidefelder; auf dem Land weiden Herden und schwarzfellige Kühe der Rasse Cinisara. Die Trattoria im Ortskern wird von Signora Maria ordentlich geführt, die liebend gerne das aus selbst erzeugten und hiesigen Zutaten zubereitete Menü erläutert. Der Antipasto (12 €) stellt mit Ricotta, Frittatine con verdure di stagione, Funghi sowie lokalem Formaggio mit Honig beinahe eine vollständige Mahlzeit dar. Weiter geht es mit Primi wie guten hausgemachten **Tagliatelle con funghi, salsiccia e finocchietto** (9,50 €) sowie winterlichen Minestre und Vellutate di legumi. Wir probierten eine ebenso vorzügliche wie unerwartete **Pasta con le sarde** (6,50 €). Herausragende Secondi sind ***Bruciuluni*** (Falsomagro) und **Involtini di carne** con caciocavallo di razza cinisara (9 €); in der Saison sind gute Beilagen aus Pilzen ein Muss. Am Ende warten Saisonobst, deliziöse Cassatelle di ricotta, Parfait di mandorle, Panna cotta con salsa alle fragole und handwerklich erzeugte Cassata. Die Weine aus der Gegend haben korrekte Preise. Abends gibt es hervorragende Pizza.

■ Bei Salvatore Cerniglia, Via Palermo, gibt es Cannoli, Cassate, Biscotti und Gelati im Zeichen bester albanischer Tradition auf Sizilien.

SAN PIERO PATTI
Sambuco

100 KM SÜDWESTL. VON MESSINA, A 20, S.P. 122

Da Luciana

Trattoria
Ortsteil Sambuco, 1
Tel. (+39) 09 41 / 66 03 09,
(+39) 09 41 / 66 10 49
Ruhetag: Sonntagabend, Montag
Keine Ferien
80 Plätze + 40 Plätze im Freien
Preise: 25–30 €
Alle Kreditkarten
Mittags und abends geöffnet

Wenige Kilometer von San Piero Patti entfernt finden Sie im Ortsteil Sambuco diese nette ländliche Trattoria. Luciana Bovaro führt sie nunmehr seit etlichen Jahren und bringt sizilianisch geprägte Gerichte auf den Tisch. Die gekauften Zutaten ergänzt sie durch einige Produkte aus dem Garten der Familie. Der reichhaltige Antipasto della casa (9 €) umfasst etwa zehn Kostproben wie frische Ricotta mit hausgemachten Konfitüren, Sottoli aus eigener Erzeugung, Tortino al pistacchio di Bronte, Fagiolini alla pizzaiola, **Polpettine al limone**, Fiori di zucca ripieni, Lonzino di suino nero con insalata di carciofi und weitere Speisen, die im Einklang mit den Jahreszeiten sind. Dies gilt auch für das restliche Menü, das als Primi (7 €) frühlingshafte **Girasoli con ragù di suino nero** und sommerliche Rotolini di tuma con tagliolini al pesto di basilico e nocciole vorsehen kann, während im Herbst und Winter eher Pappardelle con i funghi und **Maccheroni al forno con finocchietto, salsiccia e provola** auf dem Plan stehen. Im Programm der ebenso deftigen Secondi (8 €) wechseln Coscia di agnello ripiena alle melanzane, Arista di suino nero cotta al sale, Involtini di vitello al pistacchio, Arrosto di vitellina all'arancia und **Agnello al forno con patate**. Auch die Desserts sind köstlich: Gelo di mandarino, Parfait di nocciole locali und Semifreddo al torrone con miele, mandorle e pistacchi. Zu trinken gibt es ein kleines sizilianisches Weinsortiment.

■ Die Salumeria Il Buongustaio in **Patti Marina** (25 km), Via Cristoforo Colombo 33, bietet eine hervorragende Auswahl typischer lokaler und sizilianischer Produkte.

SAN SALVATORE DI FITALIA

122 KM SÜDWESTL. V. MESSINA, S.S. 113 OD. A 20

La Vedetta dei Nebrodi

Ferienbauernhof
Ortsteil Bufana Alta, 101
Tel. (+39) 09 41 / 42 19 77,
(+39) 389 / 806 20 98
Kein Ruhetag
Keine Ferien
20 Plätze + 20 Plätze im Freien
Preise: 18–30 €
Kreditkarten: Visa; BM
Mittags und abends geöffnet

Wälder mit Kastanienbäumen, Eichen und Haselnusssträuchern umgeben diesen Landwirtschaftsbetrieb kurz außerhalb von San Salvatore di Fitalia. Dora, Elena, Sebastiano und seine Frau Giovanna kümmern sich um den Service. In der Küche verarbeitet Mutter Nuccia Produkte aus dem Wald und Garten, für die ihr Mann Carmelo zuständig ist; er betreibt auch eine kleine Aufzucht von Ziegen, Kühen und schwarzen Schweinen. Eine Bruschetta leitet zu den Antipasti (7 €) über, die sich vorwiegend aus Wurst (darunter Capicollo vom schwarzen Schwein) und Käse aus eigener Erzeugung zusammensetzen. In der Saison tischt man Porcini (Steinpilze) al cartoccio, paniert und als Salat auf. Tortino di zucca oder di melanzane, Asparagi selvatici mit Speck vom schwarzen Schwein sautiert und Fiori di zucca ripieni bereichern das Angebot zusammen mit Tuma di capra in tegame, Frittelle di cardo mariano oder di cicoria selvatica und Sformato di verdura con salsiccia. Die Pasta wird von Nuccia selbst gemacht: **Tagliatelle con salsiccia di suino nero dei Nebrodi** oder ai porcini (8 €), Maccheroni al ragù di suino, Ravioli al pesto di nocciole oder di noci, Tortino di linguine al radicchio rosso und Cannelloni con ricotta di capra e spinaci. Im Spätfrühling schmeckt **Risotto agli asparagi selvatici**. Wer es dann noch schafft, kann mit **Porchetta di suino nero infornata**, Grigliata mista di agnello, Salsiccia und Involtini di vitello sowie **Capretto al forno con le patate** (9 €) fortfahren. Als Dessert (3 €) warten Kuchen, Croccantini, Semifreddo di nocciole und Crostate di frutta, die ebenso wie die Rosoli und der Magenbitter aus 25 Kräutern hausgemacht sind. Das Kellerangebot beschränkt sich auf einige sizilianische Flaschenweine und einen ordentlichen offenen Wein.

SANTA FLAVIA
Porticello

17 KM ÖSTLICH VON PALERMO

Arrhais

Restaurant
Largo Marino, 6
Tel. (+39) 091 / 94 71 27,
(+39) 366 / 549 13 23
Kein Ruhetag
Keine Ferien
50 Plätze + 150 Plätze im Freien
Preise: 33–35 €
Alle Kreditkarten
Mittags und abends geöffnet

Wenige Meter vom Fischmarkt und von dem Hafen entfernt, in dem eine der bedeutendsten Fischfangflotten Siziliens liegt, steht diese Trattoria, die die Brüder Giovanni und Calogero Tarantino mit großem Engagement betreiben. Das Lokal war einst ein altes Fischerhaus und besteht aus zwei gemütlichen Räumen mit schlichter, wohlgeordneter Einrichtung; in der warmen Jahreszeit steht auch ein großer Sitzbereich im Freien mit schöner Aussicht zur Verfügung. Der fangfrische Fisch wird sorgsam ausgewählt; die klaren, ausgewogenen Geschmacksnoten der Gerichte sind das Ergebnis von Geschicklichkeit und Erfahrung in der Küche. Den Anfang können vielfältige Antipasti machen: **Sarde a beccafico**, Crudi marinati, Frittura di paranza und interessanter Involtino di spatola (Degenfisch) aromatizzato all'arancia (8 €). Denkwürdige Primi sind **Spaghetti con i ricci** oder al nero di seppia, Risotto alla marinara und köstliche Pasta corta „eolie" mit Stückchen vom Weißen Thunfisch, Kapern aus Salina, Kirschtomaten und Basilikum (13 €). Der Reigen der Secondi umspannt **Calamari ripieni**, Polpette di sarde con salsa e mentuccia (14 €) und Fisch vom Tagesfang vom Grill oder all'acquapazza zubereitet. Nur im Mai und Juni finden Sie frischen Thunfisch vor, der auch in den Saucen für die Primi seinen Auftritt hat. Als Nachspeise (4 €) gibt es **Cassatelle fritte**, Cannoli di ricotta aus dem bekannten Ort Piana degli Albanesi und Saisonobst. Die umfangreiche Weinkarte nennt Weine aus Italien und anderen Ländern zu ausgewogenen Preisen.

In **Aspra** (6 km) muss man unbedingt Sfincione bei Sardina e Martorana (Via Catania 18) probieren.

21 KM ÖSTLICH VON PALERMO

Villa Cefalà

Ferienbauernhof
Strada Statale 113, 48
Tel. (+39) / 091 / 93 15 45,
(+39) 349 / 555 69 30,
(+39) 347 / 751 93 90
Kein Ruhetag
Keine Ferien
70 Plätze + 30 Plätze im Freien
Preise: 30–35 €
Alle Kreditkarten; BM
Mittags und abends geöffnet

Das Lokal liegt an der Staatsstraße 113 wenige Hundert Meter von der Kreuzung entfernt, von der man zum Autobahnkreuz Casteldaccia gelangt. Der Weg zu dieser einstigen Adelsvilla durchquert einen herrlichen Zitrusfrüchtehain. Die Villa gehörte der Familie von Rosolino Pilo, dem Grafen von Capaci und berühmten Patrioten aus der Renaissance. Heute kann man dort auch übernachten. Patron Giovanni Scaduto kümmert sich gemeinsam mit Battista um den Service. Das Menü richtet sich nach den Jahreszeiten, den landwirtschaftlichen Produkten aus der Umgebung und dem frischen Fisch vom nahen Markt in Porticello. Für die Küche zuständig ist Fabio Cardilio. Als Antipasto erwarten Sie Polpette di pesce azzurro, **Caciocavallo di razza cinisara** (Slow-Food-Presidio) **fritto con origano e aceto** (7 €) und Involtini di melanzane alla palermitana. Die Pasta wird aus sizilianischen Mehlsorten selbst gemacht: **Busiati con ragù di salsiccia, cannella e cacao amaro** (9 €), Ravioloni di cernia al pesto di pistacchi e scampi und Pasta di grano di *tumminìa* alla „fantasia di mare". Als Secondo serviert man tagesfrischen, klassisch zubereiteten Fisch: **Filetto di vitello all'acciuga rossa** (16 €) und Involtini alla palermitana (12 €). Abschließend gibt es frische Früchte und ausgefallene Desserts, von Ignazio nach alten lokalen Rezepten zubereitet, wie **Frogia** (Ricotta-Käse-Torte) und Cutumè (arabische Süßspeise mit Honig, Ricotta und Zimt). Zu trinken gibt es recht gute Weine aus dem Umland und Biere aus Kleinbrauereien. Bei der Reservierung kann man auch spezielle Menüs bestellen.

Die Antica Pasticceria Don Gino in **Bagheria** (3 km), Via Dante 66, bietet hervorragende Dolci, Eis und Rosticceria-Spezialitäten.

73 KM NÖRDLICH VON AGRIGENT

Acquarius

Restaurant-Pizzeria
Via Attardi, 62
Tel. (+39) 09 22 / 98 24 32
Ruhetag: Mittwoch
Keine Ferien
50 Plätze + 70 Plätze im Freien
Preise: 23–30 €
Alle Kreditkarten; BM
Mittags und abends geöffnet

Nach einem Ausflug in die Wälder der Quisquina und einem Besuch der Einsiedelei der heiligen Rosalia bietet sich ein üppiges Mahl bei Ignazio an. Der Patron, Küchenchef und Sommelier des Lokals wird in der Küche von Mario und im Service von seinem Sohn Pier Paolo unterstützt. Das Repertoire der Speisen – auch aus Zutaten aus dem häuslichen Garten – ist eine gute Interpretation der sizilianischen Tradition. Die reiche Auswahl der Vorspeisen vom Büfett (7 €) beinhaltet unter anderem frische Ricotta aus Schaf- und Ziegenmilch, Kräuterseitlinge vom Monte Mola, *Alivi cunzati*, Karden in Backteig, gedünstete Karden alla stefanese und frittierten Fenchel. Von den Primi (7 €) sollten **Tagliatelle di grano *tumminìa* con asparagi selvatici** nicht unversucht bleiben; gut sind auch Paccheri con ragù di cinghiale, Minestra alla paesana (mit Artischocken und Fenchel oder mit Erbsen und Dicken Bohnen) und **Calamarata *'ncaciata***. Die Hits unter den Secondi sind **Fegato di maiale con la caiola** (im Netz), Rollatina di pancetta fresca con asparagi (10 €), **Agnello al forno con** und weniger häufig *Farsumagru*. Dazu genießt man hervorragendes selbst gebackenes Holzofenbrot aus lokalen Mehlsorten. Die Palette der **Formaggi** umfasst eine schöne Selektion sizilianischer Sorten, darunter einen von einem Slow-Food-Presidio geschützten Caciocavallo sicano von der Modicana-Kuh. Das deliziöse Finale bilden Sfinci fritti, Cannoli di ricotta ovicaprina, Testa di *turcu* und Pignolata glassata al miele di ape nera sicula. Der gepflegte Weinsortiment mit ehrlichen Preisen stammt aus der Region und dem übrigen Italien.

» *Unverfälschtheit, Schlichtheit sowie mit Liebe und Kompetenz ausgewählte Grundzutaten.* «

SAN VITO LO CAPO
Castelluzzo

31 KM NORDÖSTLICH VON TRAPANI

Al Ritrovo

Restaurant mit Übernachtungsmöglichkeit
Viale Cristoforo Colombo, 314
Tel. (+39) 09 23 / 97 56 56
Ruhetag: Dienstag, außer im Sommer
Ferien: zeitweise im Februar
50 Plätze + 30 Plätze im Freien
Preise: 28–30 €
Kreditkarten: CS, DC, MC, Visa; BM
Mittags und abends geöffnet

Peppe Buffas Restaurant liegt etwa acht Kilometer vom Zentrum entfernt an der Staatsstraße, die nach San Vito Lo Capo führt. Als Koch mit großer Persönlichkeit, der lokale Zutaten geschickt ins beste Licht rückt, kümmert sich Peppe selbst um den Einkauf und überarbeitet Traditionsgerichte auf intelligente Weise. Antonio begrüßt Sie im eleganten Speiseraum oder im sommerlichen Sitzbereich im Freien und berät Sie bei der Auswahl der Gerichte. Den Anfang machen Crudi di pesce, **Lampuga affumicata con purè di *favuzze*** (10 €), Caponata di palamita und Involtini di melanzane e vastedda del Belice (Slow-Food-Presidio). Unter den Primi sind Riso basmati con verdure di campo, pesce crudo e ristretto al Marsala, Spaghetti rotti in brodo di aragosta (13 €), **Busiate fresche con ragù di alletterato** (Fisch aus der Thunfisch-Familie) e mandorle tostate oder con sgombro e pomodori secchi. Die Spezialität des Hauses ist ***Cuscusu* di pesce alla sanvitese** oder con maialino nero dei Nebrodi (mit schwarzem Schwein aus dem Slow-Food-Presidio, 12 €). Die Palette der Secondi sieht eine große Vielfalt an frischem lokalem Fisch vor, insbesondere weniger edle Arten. Von den diversen Gerichten nennen wir Involtini dorati di pesce azzurro (13 €), **Sgombro lardiato** und Trancio di cernia alla matalotta, mit Safran und Tomaten aus Pachino geschmort. Außerdem gibt es Secondi mit Fleisch wie Braciole di maialino nero dei Nebrodi und Involtini di carne alla siciliana. Den Schlusspunkt setzen Sorbetti mit frischen Früchten und Torta di ricotta al forno. Gute Weinkarte.

SAN VITO LO CAPO

39 KM NORDÖSTLICH VON TRAPANI

Syrah

Restaurant
Via Savoia, 5
Tel. (+39) 09 23 / 97 20 28,
(+39) 347 / 136 73 15
Ruhetag: Montag, außer im Sommer
Ferien: zeitweise im Februar und November
38 Plätze + 25 Plätze im Freien
Preise: 35 €
Kreditkarten: AE, CS, MC, Visa; BM
Mittags und abends geöffnet

Das zwischen dem Zingaro- und dem Monte-Cofano-Naturreservat gelegene Städtchen San Vito Lo Capo ist ein beliebtes Touristenziel. Das Restaurant liegt im hinteren Abschnitt der Via Savoia, mitten im Zentrum und wenige Meter vom Strand entfernt. Patron und Küchenchef Vito Cipponeri hat Qualitätszutaten zu einem unverzichtbaren Kriterium gemacht und kocht typische bodenständige Kost, die er mit umsichtiger Kreativität harmonisch überarbeitet. Das im Ethno-Stil eingerichtete Lokal besteht aus einem Raum mit wenigen Tischen und einer einladenden Veranda. Man beginnt mit Sfera di gambero con ragusano e zucchine (11 €), **Tortino di alici all'arancia** di Bronte, Sformato di tenerumi, zucchine, patate e ricci di mare und Sfoglia di palamita con cipollata in agrodolce; die reichhaltige Degustazione dello chef (23 €) umfasst gut 15 Kostproben. Als Primi bieten sich frische Tagliolini con ragù di triglia e patate croccanti an, ***Cuscusu* di finocchietto e gamberi** (12 €) oder al nero di seppia e ricci di mare, Spaghetti con carbonara di tonno und Busiate con carciofi e scampi. Unter den Secondi finden wir **Spirale di spatola con crema di pistacchio di Bronte** (11 €), Filetto di ricciola con cremolata di agrumi und Fritto di paranza. Zum Abschluss locken ausgezeichnete Löffeldesserts, Cassata alle fragole und ***Cuscusu* dolce** (4 €). Der Keller hält rund 50 Weine, nicht nur aus Sizilien, sowie verschiedene Sorten Grappa, Passito und Marsala bereit.

25 KM SÜDLICH VON RAGUSA

La Grotta

Restaurant-Pizzeria
Via Dolomiti, 62
Tel. (+39) 09 32 / 93 13 63,
(+39) 338 / 655 51 52
Ruhetag: Montag, außer Juli–September
Ferien: je 2 Wochen im Januar und November
60 Plätze + 50 Plätze im Freien
Preise: 28–33 €
Kreditkarten: AE, CS, MC, Visa; BM
Mittags und abends geöffnet

Das Lokal verdankt seinen Namen einer natürlichen Grotte, in der die Gasträume und anderen zum Betrieb gehörigen Räumlichkeiten eingerichtet sind; dazu kommen noch ein paar Tische im Freien. Küchenchef und Patron Angelo Di Tommasi bringt Meeres- und Festlandsgerichte aus der Tradition Siziliens auf den Tisch, flankiert von einigen persönlichen Rezepten. Man kann sich mit Bruschetta con ortaggi, alici marinate e fagioli cosaruciaru (Bohnensorte aus Sicicli; Slow-Food-Presidio) oder in der Version con il caciocavallo ragusano all'argentiera, ***Purpiceddi affucati*** (kleine Tintenfische mit Tomaten, Pinienkernen und Rosinen geschmort) oder auch originellem Tortino di cuturro (9,50 €) einstimmen, einer Art Polenta aus zerstoßenem Weizen, Auberginen und Mandeln mit Ricotta und Sepiatinte. Von den Primi erinnern wir uns an schmackhafte **Paccheri con ragù di agnello e patate** (9,50 €), Caserecce con pomodoro, melanzane fritte e ricotta salata, Busiate con le sarde, **Ravioli di ricotta con sugo di maiale** und Gnocchi aus Kartoffeln und Kichererbsenmehl con vongole e cosaruciaru oder con le cozze e i *tinniruma* di zucchina. Einige Gerichte gibt es nur zu bestimmten Gelegenheiten, wie für die Osterzeit typischen Tiano di ceci (mit Cavati, Reis, Kichererbsen und Ricotta). Als Hauptgang schmecken **Stracotto di maiale al sugo** (9 €), Medaglioni di carne al Nero d'Avola, Filetto di cernia al basilico und Seppia arrostita con insalata di finocchio e arance (13,50 €). Sorbetti di agrumi, Semifreddo al caffè und andere gute hausgemachte Süßspeisen runden das Essen ab. Zu trinken gibt es eine recht gute Selektion sizilianischer Weine und ein paar Biere aus kleinen Brauereien. Erwähnt sei das Degustationsmenü für 25 €.

107 KM SÜDWESTLICH VON MESSINA, S.S. 139

Fratelli Borrello

Trattoria
Ortsteil Forte
Tel. (+39) 09 41 / 59 44 36,
(+39) 09 41 / 59 48 44
Ruhetag: Mittwoch
Ferien: 1.–10. Juli
150 Plätze
Preise: 26 €
Alle Kreditkarten
Mittags und abends geöffnet

In der Trattoria von Pippo, Franco und Graziella Borrello werden hauptsächlich Zutaten aus dem eigenen Landwirtschaftsbetrieb verwendet, der eine große Vielfalt hervorbringt: Gartengemüse, Oliven, Pilze, Fleisch, Wurst und Käse. Außerdem zählt der Betrieb seit Langem zu den Erzeugern von sortenreinem nativem Olivenöl extra aus Minuta-Oliven und nimmt am Projekt der Slow-Food-Presidi für das schwarze Schwein und Provola dei Nebrodi teil. All dies bildet in diesem volkstümlichen Lokal drei Kilometer von Sinagra die Basis für schmackhafte, in der lokalen Tradition verankerte Küche. Am Start steht eine reichliche Abfolge an Antipasti (12 €), darunter Provola dei Nebrodi, gereift und mit Zitrone, Canestrato, Ricotta fritta, Salsiccia secca, Fellata und Prosciutto crudo vom schwarzen Schwein, Salsiccia fritta con le uova und einige saisonale Varianten wie Pilzgerichte, Insalata di asparagi und Insalata aus Wildgemüse. Von den möglichen Primi (7 €) schmecken **Maccheroncini con ragù di maiale e ricotta infornata** und hausgemachte Tagliatelle con erbe spontanee, con i carciofi oder con i porcini. Als Secondi (7 €) dürfen Costatine, Involtini e salsicce di suino nero sowie **Fegato di maiale arrosto avvolto nell'omento** (im Schweinenetz) niemals fehlen; weniger häufig ist **Agnello arrosto**. Gegen Vorbestellung gibt es **Capretto al forno** oder in padella. Das übliche Finale bilden Haselnussgebäck und hausgemachter Likör. Kleine sizilianische Weinauswahl zu gemäßigten Preisen. Im angeschlossenen Laden kann man Wurst und andere Produkte aus dem Betrieb zum Mitnehmen kaufen.

»Ein Lokal mit einer so kurzen Versorgungskette wie dieses ist eine Rarität; aus exzellenten Zutaten entstehen absolut typische Gerichte.«

La Gazza Ladra

Moderne Osteria
Via Cavour, 8
Tel. (+39) 340 / 060 24 28
Ruhetag: Montag
Ferien: Juli, August
30 Plätze
Preise: 25 €
Keine Kreditkarten
Abends geöffnet

Marcello Foti und seine Frau Maria Grazia Troncon betreiben in der Nähe der Piazza Duomo dieses sizilianische Bistro mit wenigen Plätzen und lockerer Atmosphäre. Das Lokal öffnet am späten Nachmittag (Reservierung unerlässlich) und bietet ein gutes Repertoire bodenständiger Speisen, von denen einige bereits in der Vitrine der Theke dargeboten werden: Caponata, Peperonata, Olive *cunzate*, Pomodori secchi, Tortini di verdure und di patate, *Piscirovu* (Omelett) con ricotta e menta oder con patate e cipolla, asparagi e biete selvatiche und Carciofi al forno. Übliche Primi sind **Pasta alla siracusana** con le acciughe e la mollica abbrustolita (8,50 €), Pasta con i pistacchi di Bronte oder con la crema di mandorle di Noto (Slow-Food-Presidio), Penne con la matalotta di pesce, **Spaghetti con il ragù di alalunga** (10 €) oder di palamita und Pasta con il sugo di sauri (Stöcker) oder al nero di seppia. In den weniger warmen Monaten gibt es Minestre di ortaggi, Macco di San Giuseppe und andere Hülsenfrüchtesuppen. Abgesehen von winterlicher Salsiccia al forno con le verdure ist saisonal variierender Fisch aus dem Ionischen Meer der Protagonist bei den Secondi: Caponata di palamita (13 €), **Lampuga alla matalotta**, Filetti pesce sciabola al vino bianco, Polpo con patate (10 €), ***'Nfanfula*** (Lotsenfisch) ***a stimpirata***, Tunnina oder Alalunga coi peperoni, Sgombri oder Sugarelli all'*agghiata*. Das süße Finale bilden Gelo di mandorle oder di carrube. Kleine Auswahl sizilianischer Weine zu ehrlichen Preisen, auch im glasweisen Ausschank.

Pasticceria Artale und Marciante, beide in der Via Landolina: traditionelle Dolci. Antiche Siracuse, Piazza Archimede: typische sizilianische Produkte.

Taberna Sveva

Trattoria
Piazza Federico di Svevia, 1
Tel. (+39) 09 31 / 246 63
Ruhetag: Mittwoch, außer im Sommer
Ferien: 3 Wochen im Januar
40 Plätze + 60 Plätze im Freien
Preise: 30–35 €
Kreditkarten: CS, MC, Visa; BM
Mittags und abends geöffnet, Juni–September nur abends

In der Altstadt Ortigia steht das imposante und zweifelsohne sehenswerte Castello Maniace aus der Zeit der Stauferherrschaft. An demselben kleinen Platz finden wir diese Trattoria mit hübscher Veranda und zwei spartanisch gestalteten Gasträumen. An der Spitze des Lokals stehen die beiden sympathischen Herren Piero Bondì und Marco Crescimone, im Service unterstützt von Giuseppe Attardo; Antonio Galfo leitet die Arbeit in der Küche. Wer mit Vorspeisen beginnt, findet beim Antipasto di mare Sarde a beccafico, Acciughe marinate, Merluzzi, Triglie oder andere frittierte Fischchen lokaler Herkunft vor. Als Alternative gibt es pikanten **Polpo alla luciana** (10 €), Polpette di patate, Zuppetta di cozze oder ebenso klassische Parmigiana di melanzane. Unter den Primi sind gute **Tagliolini con alici fresche, pomodorini e mollica tostata** (9 €), Caserecce alla Norma und Pasta con il ragù di coniglio. In den kälteren Monaten typisch sind Busiate con salsiccia, pomodoro secco, pistacchi, **Ravioli di ricotta al sugo di maiale** und Secondi aus Fleisch wie Stinco di maiale in casseruola und Salsiccia al sugo. Vielfältiger ist das Fischangebot, das je nach Saison und Marktlage **Totani ripieni** oder in guazzetto (12 €), Seppie oder Sgombri locali arrostiti, sommerliche Tunnina con i peperoni, für den Herbst typische **Lampuga alla cipollata** oder in crosta di patate (12 €) und Gamberoni panati al miele beinhaltet. Danach warten Saisonobst, Tortino al cioccolato oder Sorbetto di limone. Kleine, überwiegend regionale Weinselektion mit gemäßigten Preisen.

Bei Fratelli Burgio, Piazza Cesare Battisti, auf dem Markt von Ortigia, bekommt man eingelegte Produkte, Käse und Wurst sizilianischer Herkunft.

52 km südlich von Messina, S.S. 114

Tischi Toschi

Restaurant
Via Francesco Paladini, 3
Tel. (+39) 339 / 364 20 88
Ruhetag: Montag
Ferien: zeitweise im Januar
40 Plätze
Preise: 35–40 €
Alle Kreditkarten; BM
Mittags und abends geöffnet

Am Ende eines Gässchens in der Nähe des Doms liegt dieses reizende winzige Restaurant. Der kleine Platz davor bietet Raum für einige Tische im Freien. Im Innenbereich gesellt sich zu dem mit Bildern und Keramikgegenständen geschmückten Gastraum ein Zwischengeschoss mit weiteren Plätzen. Luca Casablanca ist Gastronom und Koch aus Leidenschaft, zuerst in Messina und seit 2013 in Taormina. Als Kenner von kulinarischen Gewohnheiten und Geschichten ist er von der Theorie zur Praxis übergegangen, indem er Rezepte aus der regionalen Tradition aufwertet. Dies beginnt bereits bei der exzellenten Selektion der Grundzutaten. Unter den Antipasti können Sie **Sarde a beccafico**, Sarde allinguate (8 €), Pecorino al cartoccio (10 €), Polpette di finocchietto, Caponata, Parmigiana und Scauratello (mit Zwiebeln, Kapern, Essig und Oregano gekochte Thunfischreste) finden. Ebenso authentisch und gut sind Primi wie Pasta alla Norma oder con le sarde, Tagliatelle di carruba, Involtini di melanzane, Tagliatelle al ragù di mare (12 €) und **Pasta di farina di *tumminìa* con aglio di Nubia, peperoncino e *muddica atturrata***. Das Repertoire der Secondi sieht Köstliches wie **Sgombro con cipollata e miele di ape nera sicula** (16 €), Pescestocco arrosto, **Alalunga alla matalotta** (15 €), Aguglia imperiale alla liparota, Involtini e le braciole alla messinese und Manzo al fumo d'alloro vor. Als Dessert serviert man deliziöse Geli di limone e anguria und Semifreddi alle mandorle und al gianduia. Zu trinken gibt es ein recht gutes Sortiment meist sizilianischer Weine neben Bieren aus kleinen Brauereien.

„Lucas Küche weiß von sizilianischen Produkten und kulinarischen Traditionen zu erzählen.“

Al Solito Posto

Trattoria
Via Orlandini, 30 A
Tel. (+39) 09 23 / 245 45
Ruhetag: Sonntag
Ferien: August
50 Plätze
Preise: 30 €
Alle Kreditkarten; BM
Mittags und abends geöffnet

Ein kleines Stück außerhalb der Altstadt von Trapani befindet sich in einer Quergasse der Via Fardella, der Geschäftsader der Stadt, dieses einladende Lokal unter der Leitung der Brüder Basciano. Vito ist für den Einkauf zuständig und sucht jeden Morgen seine Lieferanten vom Fischhändler bis zum Gemüsegärtner auf. Rudy kümmert sich um die Küche und liefert perfekt interpretierte Gerichte aus der Küche Trapanis. Man kann mit verlockenden Antipasti beginnen, wie Insalata di mare, Polpo bollito, Moscardini affogati in salsa di pomodoro, **Polpette di pesce con crema di capperi** (8 €) und vorzüglichen Tortini di melanzane, carciofi oder sarde. Danach empfehlen wir Busiate (eine typische hausgemachte Pasta, nach der Spindel benannt, auf die der Teig gewickelt wird) con pesto trapanese, con sughi di mare oder alla Norma; gut sind auch **Spaghetti con i ricci** oder al nero di seppia, **Timballo di pasta con le triglie** oder con le sarde (10 €) und Cuscus di pesce. Der frische Fisch vom Tagesfang wird arrosto, al sale oder all'acquapazza zubereitet. Auch bemerkenswert gute **Frittura di calamari** (12 €), Seppie ripiene und **Cernia alla matalotta** (16 €) lohnen einen Versuch. Wie in allen Meerestrattorien im Raum Trapani kann man nur im Mai und Juni Thunfisch bestellen, mariniert, mit Zwiebeln oder in Saucen für Pasta. Zum Abschluss verführt Rudys Ehefrau Teresa Sie mit Süßem wie Cannoli, Cassata, Semifreddi und Eis. Gutes Kellerangebot an sizilianischen Weinen, Marsala, Grappa und Passiti.

Probieren Sie sizilianische Cannoli, traditionelles Feingebäck, Rosticceria-Spezialitäten und fertig zubereitete Speisen bei Angelino, Via Ammiraglio Staiti 87.

Cantina Siciliana

Traditionelle Osteria
Via Giudecca, 32
Tel. (+39) 09 23 / 286 73
Kein Ruhetag
Ferien: zeitweise im November
45 Plätze
Preise: 30–33 €
Kreditkarten: AE, CS, MC, Visa; BM
Mittags und abends geöffnet

Das mit alten Majoliken, bäuerlichen Gerätschaften von einst und Küchenutensilien aus dem frühen 20. Jahrhundert dekorierte Lokal wirkt wie ein kleines Museum. Patron Pino Maggiore gilt bei Liebhabern der Küche Trapanis als bewährter Ansprechpartner, denn mit seiner leidenschaftlichen Art, über die Geschichte der Speisen und seiner Stadt zu erzählen, erobert er die Herzen der zahlreichen Gäste. Ibitsen (im Service) und ihre Schwester Hajer (in der Küche) stehen ihm seit Langem und mit Hingabe zur Seite. Von Anfang an kreist das gastronomische Angebot um Schätze aus dem Meer: Crudi di pesce, **Sarde allinguate** (6 €), Gamberi marinati und Polpi bolliti, die auch im Antipasto misto enthalten sind. Bei den Primi ist die Spezialität ***Cuscusu* di pesce alla trapanese** (15 €), das auch eine ganze Mahlzeit darstellen kann, da es sehr großzügig angerichtet ist; als Alternative dazu bieten sich Frascatole al profumo di mare e gambero rosso di Mazara an (15 €), Caserecce con uova di tonno e mandorle di Noto und von Hand erzeugte **Busiate con pesto alla trapanese**, für dessen Zubereitung roter Knoblauch aus Nubia (Slow-Food-Presidio) verwendet wird. Im Kapitel Secondi finden sich **Sgombri lardiati**, Gamberi rossi panati, Frittura mista aus weniger edleren Fischarten und Pesce spada alla pantesca (12 €). Abschließend gönnt man sich Cassatelle di ricotta, Quaresimali oder selbst gemachtes Parfait di mandorle. Der Keller bietet die besten Weine aus Sizilien und auch eine hervorragende Auswahl an Grappa, Marsala und Passiti aus Pantelleria.

Die Pasticceria Colicchia, Via delle Arti, bietet ausgezeichnete Granite, Marzipanobst, Mandelgebäck und traditionelle Zuckerfiguren.

TRAPANI

Caupona Taverna di Sicilia

Trattoria
Via San Francesco d'Assisi, 32
Tel. (+39) 09 23 / 54 66 18,
(+39) 340 / 342 13 35
Ruhetag: Dienstag
Ferien: zeitweise im Februar
30 Plätze + 24 Plätze im Freien
Preise: 30–36 €
Alle Kreditkarten; BM
Mittags und abends geöffnet

Dieses gemütliche kleine Lokal unter der Leitung von Claudio Carbonari und seiner Frau Rosaria liegt ein paar Schritte von der Stazione marittima entfernt gegenüber der Purgatorio-Kirche. Das gastronomische Programm passt sich den Jahreszeiten und dem Marktangebot an. Man kann mit dem Piatto dello chef (12 €) beginnen, einem Mix aus verschiedenen Vorspeisen wie Polpette di sarde stufate nel passato di pomodoro, Polpette di sgombro in agrodolce, Frittelle di gambero und Polpette di seppie. Weitere Möglichkeiten sind ***Caupona*** (typische Caponata aus Fisch und Auberginen), Ragusano arrostito con miele di sulla, Fiori di zucca con ricotta e bottarga und Salumi vom schwarzen Schwein der Nebrodi (Slow-Food-Presidio). Weiter geht es mit Spaghetti con i ricci, **Cassatelle intrecciate**, Ravioli di ricotta ovina in brodo di pesce und im Winter mit Zuppe di verdure e legumi, **Macco di fave**, Busiate con il pesto trapanese und *Cuscusu* di pesce; im Mai und Juni sind Spaghetti con uova di minnole (€ 12) oder con il lattume di tonno eine Kostprobe wert. Als Secondi gibt es Seppioline cotte con il loro nero (12 €), **Sgombro lardiato** und Calamari, gebraten oder gefüllt. Im Winter kann man Involtini di carne alla palermitana, Brasato di vitello al Nero d'Avola und Costata di maialino dei Nebrodi al forno bestellen. Den Schlusspunkt setzen Cannoli, Cassata siciliana, Parfait di mandorle und köstliche Cassatelle fritte mit Schafmilchricotta (3 €). Gute Auswahl an sizilianischen Weinen, Marsala, Passiti und Bränden.

La Rinascente (Via Gatti 3) bietet ausgezeichnetes klassisches Feingebäck aus Sizilien.

Trattoria del Corso

NEU

Trattoria
Corso Italia, 51
Tel. (+39) 09 23 / 234 75,
(+39) 328 / 684 45 55
Ruhetag: Sonntag
Ferien: 10.–20. September
30 Plätze + 20 Plätze im Freien
Preise: 25–30 €
Alle Kreditkarten; BM
Mittags und abends geöffnet

Hier geht es um eine historische Osteria, die ein paar Schritte vom Giudecca-Viertel entfernt an der Hauptstraße der Stadt gelegen ist. Das gemütliche kleine Lokal verfügt im Sommer auch über einen angenehmen Sitzbereich im Freien mit rund 20 Plätzen. Patron Puccio Salone bringt nichts anderes als Küche aus Trapani auf den Tisch; der Empfang ist ungezwungen und familiär, aber dennoch niveauvoll. Puccio ist vom frühen Morgen an mit dem Einkauf auf dem Fischmarkt beschäftigt (seine Vorliebe gilt Fisch aus dem Gebiet der Ägadischen Inseln) und betraut daher Letizia Lazzara und Edia Gmadh mit der Verarbeitung der Zutaten. Unter den Antipasti finden wir Sarde al gratin (8 €), Sarde marinate, Insalata di polpo, Seppioline saltate con verdure di stagione und Caponata di melanzane; im Mai und Juni, der Fangzeit für Thunfisch, ist es möglich, den raren Lattume fritto zu probieren. Es folgen **Spaghetti con i ricci di mare** (15€), Linguine con le patelle (12 €), **Pasta *ca'nciova e cucuzza*** (mit in Salzlake eingelegten Sardellen und Zucchini) und Busiate con il pesto alla trapanese. Als Secondi stehen Spatola con le fave oder all'uva (12 €), Sarde allinguate (der Länge nach geöffnet, mariniert und frittiert), Zuppa di pesce, **Totani ripieni** (12 €) und natürlich ganz klassisch zubereiteter Fisch vom Tagesfang zur Auswahl. Als süßer Ausklang bieten sich Cannolo *scafazzato* oder *Tagliancozzi* (eine Art lokale Cantucci) an, serviert mit dem Passito des Hauses. Die nicht sehr umfangreiche Weinkarte beschränkt sich auf lokale Etiketten.

13 KM VOM ZENTRUM

Vultaggio

Ferienbauernhof
Ortsteil Misiliscemi
Tel. (+39) 09 23 / 86 42 61,
(+39) 347 / 669 60 59
Kein Ruhetag
Ferien: zeitweise im Januar
55 Plätze + 55 Plätze im Freien
Preise: 25–30 €
Alle Kreditkarten; BM
Mittags und abends geöffnet

An der Staatsstraße 115, die Trapani mit Marsala verbindet, befindet sich im Ortsteil Misiliscemi der Agriturismo der Familie Vultaggio. Er verfügt über ein Restaurant und komfortable Gästezimmer. Die modern renovierten bäuerlichen Gebäude von einst sind von ausgedehnten Olivenhainen und Weingärten umgeben. Grundlage für die unverfälschte bodenständige Hausmannskost sind einige Produkte aus Slow-Food-Presidi und viele Zutaten aus eigener Erzeugung wie Gartengemüse, Obst, Wein und Öl. Giuseppe und seine Frau Giovanna bereiten den Gästen einen liebenswürdigen Empfang und erläutern das Menü, das als Einstieg opulenten Antipasto misto mit Carciofini, Panelle, Olive *cunsate*, Caponata di melanzane, Frittatine di verdure und Taronzoli (panierten und frittierten Käsebällchen) vorsieht; Alternativen sind Pecora bollita (7 €) oder Caciocavallo all'argentiera. Die Pasta ist hausgemacht: **Busiate con ragù di suino nero dei Nebrodi** (8 €), Ravioli ripieni di zucchine e mentuccia oder di ricotta ovina und **Cuscus** con le verdure oder **con i crastuna** (Schnecken). Unter den Secondi sind schmackhaftes **Coniglio lardiato** (7 €), Costata di vitello, Costolette di cinghiale allo zibibbo, **Agnello al forno con patate** und sizilianische Formaggi mit Fruchtkonfitüren und Vino cotto. Auch die Dolci des Hauses sind gut: **Cassatelle di ricotta**, Parfait di mandorle (2,50 €) und im Sommer Eis und Granite. Im Keller lagert ein gutes Sortiment regionaler Weine, von denen einige glasweise ausgeschenkt werden; außerdem gibt es einige Biere aus kleinen Brauereien, auch vom Fass. Das Degustationsmenü kostet 25 €.

TUSA

143 KM WESTLICH VON MESSINA

Le Giare

Trattoria
Piazza Trento e Trieste, 9
Tel. (+39) 09 21 / 33 01 32
Ruhetag: Freitag
Ferien: zeitweise im Winter
40 Plätze + 60 Plätze im Freien
Preise: 25 €
Alle Kreditkarten; BM
Mittags und abends geöffnet

Die Berggemeinde Tusa liegt an der Grenze zwischen den Nebrodi und den Madonie und zwischen den Provinzen Messina und Palermo. Am Hauptplatz stoßen wir auf diese Trattoria, die der Wirt Vincenzo gerne als „Geschmacksklinik" bezeichnet, da er von der engen Verbindung zwischen Essen und Gesundheit fest überzeugt ist. Die guten Zutaten, die der Patron (auch aus seinem Garten) beschafft, werden in der Küche von Marinella und Marco geschickt verarbeitet. Man kann mit dem reichen Antipasto della casa (9 €) beginnen, der gewöhnlich etwa zehn Kostproben beinhaltet, wie gewürzte und getrocknete Oliven lokaler Herkunft, Insalata di *purciddana* (Portulak) oder di mela verde, Misticanza, Manna und Siccagno-Zitrone aus Pettineo, Frittelle mit Saisongemüse (Zichorie, Brokkoli, Mangold), Tortino di finocchietto, Melanzane e peperone a cornetto und Artischocken in Öl mit Knoblauch aus Nubia. Von den Primi empfehlen wir je nach Saison Spaghetti con borragine e salsiccia (8 €), **Pasta con il macco di castagne** (8 €), Zuppa di ceci und zu Ferragosto traditionelle deftige **Pasta *'ntaganata*** mit Schweine-, Kalb- und Lammfleisch. Schmackhaft sind auch die Secondi wie Salsiccia al vino rosso, **Spezzatino di agnello con patate** (8 €), Carciofi stufati con ricotta e menta und ***Pitanzedda*** (8 €), eine Suppe aus Dicken Bohnen, Erbsen, Artischocken, Fenchel, Pancetta und einem Hauch Öl, das Vincenzo selbst erzeugt. Das Menü endet mit einer Süßspeise aus Milch und in Wermut getränkten Keksen oder mit Torta di mele, begleitet von Limoncello aus der Siccagno-Zitrone oder einem Likör aus hiesigen Sauerkirschen. Das Weinangebot beschränkt sich auf wenige sizilianische Etiketten und einen offenen Wein.

VILLAFRANCA TIRRENA
Serro

15 KM WESTLICH VON MESSINA

Hostaria Disio

Hotelrestaurant
Ortsteil Romeo
Tel. (+39) 329 / 796 70 75
Ruhetag: Sonntagabend, außer im Sommer
Keine Ferien
60 Plätze + 180 Plätze im Freien
Preise: 35 €
Kreditkarten: CS; BM
Abends geöffnet, Sonntag nur mittags

Dieses an das Hotel Il Parco degli Ulivi angeschlossene Restaurant wartet mit einem Speisesaal und einem großen Garten mit Blick auf das zauberhafte Panorama der Äolischen Inseln auf. Adriana und Nino führen es mit Hingabe, was sich bereits bei der gelungenen Auswahl der Zutaten, darunter auch Produkte aus sizilianischen Slow-Food-Presidi, bemerkbar macht. Küchenchef Antonio wertet die Grundprodukte durch Rezepte auf, die eine moderne Interpretation der Regionalküche darstellen. Von dem regelmäßig an die Jahreszeiten angepassten Menü nennen wir bei den Antipasti (10 €) schmackhaften Prosciutto di alalunga mit nativem Olivenöl extra der Sorte Minuta, Crostone di pane di *tumminìa* con *anciove* affumicate, originelle Focaccia di pescestocco und Millefoglie di melanzane con formaggio maiorchino. Als Primi verdienen **Spaghettoni *ca' ghiotta da ventri*** (12 €), Tortello di stocco con pesto di capperi di Salina, Raviolo nero ripieno di baccalà con pesto di fiori di zucca, Linguine con gambero di Mazara und **Mafalde spezzate con purea di fave e bottarga di sgombro** (das Püree aus Dicken Bohnen und Makrelenrogen ist hausgemacht) eine Erwähnung. Weiter geht es mit sehr guten Secondi wie **Spatola** (Degenfisch) **con caponata di melanzane** (12 €), Arrotolato di ricciola oder di spada con guazzetto di frutti di mare e polpo (15 €), **Palamita con arance e finocchietto** und fantasievollem Hamburger di alalunga con confettura di pomodoro datterino. Als Nachspeise warten Geli di cannella, anguria oder agrumi, Pan di Spagna alle mandorle di Avola con crema chantilly und Gelato all'olio di minuta, al maiorchino oder al piacentino ennese. Zu trinken gibt es eine gute Weinauswahl aus Sizilien und anderen Regionen sowie Biere aus Kleinbrauereien. Ein Degustationsmenü ist für 32 € erhältlich.

AGRIGENT

Locanda di Terra

Restaurant
Via Crispi, 34
Tel. (+39) 09 22 / 297 42,
(+39) 392 / 686 97 36
Ruhetag: Montag, außer im Sommer
Ferien: zweite Novemberhälfte
30 Plätze + 20 Plätze im Freien
Preise: 40–43 € • Alle Kreditkarten
Mittags und abends geöffnet, im Sommer nur abends

Sie finden dieses gemütliche kleine Lokal ein paar Schritte vom Bahnhof entfernt. Die Leitung liegt in den kompetenten Händen von Küchenchef Fabio Gullotta. Große Aufmerksamkeit gilt der Qualität der Zutaten, die bei in der Provinz Agrigent ansässigen Lieferanten von Gartengemüse, Fleisch und Fisch ausgewählt werden. Dazu kommt noch eine schöne Auswahl an Produkten aus sizilianischen Slow-Food-Presidi. Von den vielen wechselnden Tagesgerichten erinnern wir uns an Macco di fave, Zuppa di cicerchie (12 €), Busiate con triglie e finocchietto (15 €) und Gnocchi di ricotta con pesce e verdure. Von den köstlichen Secondi sollten Sie Parmigiana di spatola (16 €) und Stufato di totani e cicoria probieren. Außerdem gibt es gute Öle aus der Umgebung, interessante Weine und einige Biere aus kleinen Brauereien. Auf der Karte sind auch diverse glutenfreie Gerichte zu finden.

LICATA
44 KM SÜDÖSTLICH VON AGRIGENT

L'Oste e il Sacrestano

Restaurant
Via Sant'Andrea, 19
Tel. (+39) 09 22 / 77 47 36
Ruhetag: Sonntagabend, Montag, außer im August
Ferien: Oktober/November
24 Plätze + 24 Plätze im Freien
Preise: 35–45 €
Kreditkarten: CS, DC, MC, Visa; BM
Mittags und abends geöffnet

Die Gaststätte von Chiara Sabella und Peppe Bonsignore ist eine erfrischend kreative Alternative zu einer traditionellen Osteria. Dieser Lokaltyp ist undefinierbar und steht mit Peppes Lust, ständig neue Gerichte zu ersinnen, in engem Zusammenhang. Das Lokal ist winzig, aber im Sommer können Sie an den Tischen im Gässchen speisen. Die Verbindung mit dem Gebiet ist im Menü namens „Io parlo siciliano" („Ich spreche sizilianisch", 38 €) offensichtlich: Spremuta di pomodoro nero, Ricotta con pane alle olive, Fish & Chips alla licatese, Palamita con la panatura delle arancine, Seppia arrosto con spaghetti di zucchine e carote e crema di patate, Polpo cotto nel tè, piastrato in padella e affumicato, Pesce d'amo cotto sulla sua pelle patata affumicata e olio al timo, Cannolo di ricotta und Kleingebäck. Die Weinkarte ist überwiegend sizilianisch gehalten; es gibt auch Biere aus kleinen Brauereien. Das Business-Lunch mit drei Gängen kostet 25 €.

MODICA

14 km südöstlich von Ragusa

Accursio

NEU

Restaurant
Via Grimaldi, 39
Tel. (+39) 09 32 / 94 16 89
Ruhetag: Sonntagabend, Montag, außer im Sommer
Ferien: unterschiedlich
20 Plätze + 20 Plätze im Freien
Preise: 35–75 €
Kreditkarten: AE, CS, DC, MC, Visa; BM
Mittags und abends geöffnet

Das entzückende Lokal bietet traditionelle und kreative Gerichte. Das klassische Menü sieht vier Gänge für 35 € vor: Arancina al ragù, Scacce ragusane, Melanzane con ricotta salata, Panelle und Crocchè di patate, danach Pasta alla Norma, Involtino di pesce spatola con caponata in agrodolce und Cassata alla ricotta. Unter den weiteren Speisen sind Panino con sgombro sott'olio e ortaggi (14 €), Minestra di crostacei con pasta di farro e mandorle (14 €) und Cipolla ripiena. Die exzellente Weinkarte lässt Augenmerk auf biologische und biodynamische Tropfen erkennen.

SYRAKUS

Don Camillo

Restaurant
Via delle Maestranze, 96
Tel. (+39) 09 31 / 671 33
Ruhetag: Sonntag
Ferien: je 2 Wochen im Januar und Juli
70 Plätze
Preise: 55–60 €
Kreditkarten: AE, CS, DC, MC, Visa; BM
Mittags und abends geöffnet

In Ortigia tischt Giovanni Guarneri innovativ gestaltete bodenständige sizilianische Gerichte auf, die ausgewogen zubereitet sind und die hervorragenden Zutaten, auch einige Produkte aus Slow-Food-Presidi, gebührend zur Geltung bringen. Bemerkenswert sind Crema di mandorle di Noto con gamberi in crosta nera (16 €), Spaghetti con gamberi e ricci, Costolette di suino nero con caponata, Filetto di dentice al limone femminello e fichi agrodolci (20 €) und Mousse di pesca e gelatina di Nero d'Avola. Hervorragende Auswahl an typischen sizilianischen Käsesorten. Umfangreiche Weinkarte mit guten Erläuterungen.

MONTALLEGRO

29 km nordwestlich von Agrigent

Capitolo Primo

NEU

Hotelrestaurant
Via Trieste, 1
Tel. (+39) 339 / 759 21 76
Ruhetag: Montag, außer im August
Ferien: unterschiedlich
40 Plätze im Freien
Preise: 37–48 €
Kreditkarten: AE, CS, DC, MC, Visa; BM
Mittags und abends geöffnet

Hier geht es um das Restaurant des kleinen, aber feinen Relais Briuccia, in dem Zutaten lokaler Herkunft je nach Inspiration verarbeitet werden. Ein Degustationsmenü ist für 37 € erhältlich. Unter den Angeboten sind Filetti di sgombro e sarde al ristretto agrodolce di cipolle, pinoli e uvetta (10 €), Lasagnetta alla Norma in salsa di pomodoro siccagno (10 €), Minestra di ceci, Tenerumi e *cucuzza* ai gamberi, Sformato di spatola alle patate fondenti, Falsomagro con crema di patate, Cupoletta di pane nero di Castelvetrano e spatola alla tuma, Gamberi e salsa di piacentino allo zafferano und Sartù del *monsù* con ristretto di cernia e tenerumi. Die Weinkarte ist regional geprägt, bietet aber auch ein paar gute Tropfen aus dem übrigen Italien. Der Service ist tadellos.

PACHINO - MARZAMEMI

53 KM SÜDWESTLICH VON SYRAKUS

La Cialoma

Restaurant
Piazza Regina Margherita, 23
Tel. (+39) 09 31 / 84 17 72
Ruhetag Dienstagmittag, außer April–Oktober • Ferien: November
50 Plätze + 150 Plätze im Freien
Preise: 45 €
Kreditkarten: AE, CS, DC, MC, Visa; BM
Mittags und abends geöffnet

Der am Meer gelegene kleine Ortsteil Marzamemi ist heutzutage im Sommer ein beliebtes Touristenziel. Vor einigen Jahren beschloss Lina Campisi, hier dieses schöne Restaurant zu eröffnen, das sie gemeinsam mit Kindern und Verwandten führt. Protagonist in der Küche ist selbstverständlich Fisch, der in exzellenter Qualität von Fischern des Vertrauens geliefert und gekonnt zubereitet wird. Tadellos sind Cernia marinata (15 €), Insalata di polpo, Pasta con le sarde, Tagliolini al nero (16 €), Tonnetto *cunzatu* und Triglie fritte. Durchdachte Auswahl regionaler Weine. Das Lokal verfügt auch über eine angenehme Terrasse.

SCIACCA

62 KM NÖRDLICH VON AGRIGENT

Hostaria del Vicolo

Restaurant
Vicolo Sammaritano, 10
Tel. (+39) 09 25 / 230 71
Ruhetag: Montag
Ferien: zeitweise im Nov.
38 Plätze
Preise: 45–50 €
Kreditkarten: AE, CS, DC, MC, Visa; BM
Mittags und abends geöffnet
G

Seit beinahe 30 Jahren führt Nino Bentivegna dieses Restaurant, in der Küche unterstützt von seiner Tochter Lila und im Service von seinem Neffen Matteo. Einer der Pluspunkte des Lokals ist seit jeher die gute Qualität der Zutaten, die teils aus Slow-Food-Presidi stammen. Fisch in Kombination mit Gartengemüse oder Hülsenfrüchten ist die Grundlage für modern gestaltete bodenständige Rezepte wie Insalata tiepida di calamari e gamberi rosa con verdure crude (12 €), Polpo con lenticchie di Ustica, Paccheri al ragù di totani e melanzane (15 €), Tagliatelle agli scampi con crema di ceci e peperoni, Pesce san pietro alla birra (18 €) und Medaglioni di rana pescatrice alle erbette. Es gibt auch vegetarische Gerichte. Gepflegte Käseauswahl und deliziöse hausgemachte Süßspeisen.

FRANKREICH
KORSIKA
S. Teresa Gallura
Capo Testa
MADDALENA
PARCO NAZ. D. ARCIPELAGO DE LA MADDALENA
CAPRERA
Palau
Porto Cervo
PARCO NAZ. D. ASINARA
ASINARA
Luogosanto
S. Antonio di Gallura
Golfo Aranci
Stintino
Castelsardo
Calangianus
Olbia
Porto Torres
Tempio Pausania
Sennori
Sassari
Budoni
Ploaghe
Ittiri
Pattada
C. Caccia
Alghero
Ozieri
Siniscola
Bitti
Lula
Bosa Marina
Bosa
Orosei
Nuoro
Dorgali
Macomer
Magomadas
Oliena
Golf von Orosei
Sennariolo
Cuglieri
Ottana
PARCO NAZ. D.
Sedilo
Mamoiada
Gavoi
GENNARGENTU
Santu Lussurgiu
Abbasanta
Teti
E. D. GOLFO DI OROSEI
Tonara
Gennargentu
Tirso
Fordongianus
1834
Arzana
Tortoli
Cabras
Oristano
Laconi
Lanusei
MITTELMEER
Genoni
Ulassai
TYRRHENISCHES MEER
Terralba
Barumini
Siddi
Villamar
Guspini
Sanluri
Senorbi
Flumendosa
Villasalto
Fluminimaggiore
Villacidro
S. Sperate
Muravera
Dolianova
Iglesias
Decimomannu
Assemini
Portoscuso
Quartu S. Elena
S. PIETRO
Carbonia
Capoterra
CAGLIARI
Carloforte
Nuxis
Villasimius
Calasetta
Capo Carbonara
Sant'Antioco
Giba
Sarroch
Pula
S. ANTIOCO
Teulada
S. Margherita
Capo Teulada
MITTELMEER
0
15
30 km

SARDINIEN

Auch die sardische Küche hat es in den letzten Jahren verstanden, den Blick in die Zukunft zu richten. Seit jeher geprägt von starker Achtsamkeit auf die Zutaten und auf Bodenständigkeit konzentriert (gegrillte Meeres- und Festlandsgerichte, rohes Gemüse, handwerklich erzeugte Pasta), hat sie sich nicht viel Kreativität gegönnt, um nur ja keine Einbuße an Identität zu riskieren.
Heute hat sich das Bild gewandelt: Junge oder sehr junge Köche leben in Sardinien oder kehren dorthin zurück, um authentische Geschmacksnoten in ländlichen Gebieten, in Aufzuchtbetrieben von frei lebenden Tieren und in kleinen Oasen nachhaltiger Fischerei aufzuspüren. Aber sie geben sich damit nicht zufrieden. Sie wissen nämlich, dass sich ihre Küche an ein ziemlich breites Publikum richtet: von jungen Leuten mit weniger urwüchsigem Geschmack über weinkundige Frauen bis hin zu Touristen, die bewusst auf der Suche nach der Identität des Gebiets sind.
All dies hat zu unerwarteter und neuer Kreativität geführt. Beispiele dafür gibt es viele – man muss nur dieses Buch durchblättern, um sie zu entdecken. Fleisch vom Schaf wird als Tagliata zubereitet oder paniert und mit lokalen Kräutern verfeinert, *Pane carasau* ersetzt Lasagneblätter und dient als Basis für Strudel mit sardischen Äpfeln oder wird in frittierter Form mit Krebsen und Krustentieren kombiniert. Gleichermaßen werden die besten Käsesorten der Insel zu Körbchen geformt, damit sie Teigwaren oder Gemüse aufnehmen können, Fisch und Meeresfrüchte verbinden sich mit Spargel, Pilzen und Zucchini, aus Seeigeln wird ein Teig …
Kurzum – die sardische Osteria entpuppt sich als Ort der Erneuerung, die von Respekt vor der Natur und Nachhaltigkeit geprägt ist und die Tradition nicht außer Acht lässt. Der sardische Koch überbringt, vor allem wenn er seine Ausbildung in der jüngeren Vergangenheit abgeschlossen hat, eine neue, aber ebenso wie früher einladende Slow-Botschaft.

Für Sie entdeckt

Zuppetta di cozze/arselle

Zuppe tradizionali

Ghisadu (umido di bue rosso)

Carne di cighiale

36 km nordöstlich von Oristano, S.S. 131

Su Carduleu

Restaurant
Via Sant'Agostino, 1
Tel. (+39) 07 85 / 56 31 34,
(+39) 339 / 783 52 84
Ruhetag: Mittwoch
Ferien: unterschiedlich
35 Plätze
Preise: ✚ 38 €
Alle Kreditkarten; BM
Mittags und abends geöffnet

Roberto Serra ist ein aufstrebender junger Küchenchef, der nach respektablen Arbeitserfahrungen im Ausland den Mut hatte, in seinen in der Mitte der Insel gelegenen kleinen Geburtsort zurückzukehren. Das Lokal ist nicht sehr geräumig, die Tische sind eher eng angeordnet, doch das Ambiente beeindruckt durch einen sehr angenehmen Stil von schlichter Eleganz. Es gibt eine Karte, aber viele Gerichte zählt man Ihnen mündlich auf, wobei der Service manchmal mit kleinen Aufmerksamkeiten besticht, dann jedoch wieder etwas zu flott ist. Die Küche geht auf die Tendenz ein, Traditionsgerichte mit ein paar Auffrischungen zu überarbeiten. Dies erfolgt mit untadeligem Respekt gegenüber lokalen Produkten und ihrer Verwendung, vor allem Wurst, Fleisch und Käse. Daraus ergibt sich eine gewisse, durchaus willkommene Vielfalt des Angebots. Hervorragende winterliche Antipasti sind der Teller mit Salumi und Kostproben verschiedener Sottoli, Zuppe, Sformati, **Carpaccio di muggine** (8 €) und **Quaglietta in crosta** (7 €). Als Primo empfehlen wir **Tagliatelle** all'uovo **con montone e pecorino** locale (10 €) und *Culurgionis* con brodetto di gamberi e asparagi (12 €), als Secondo ***Azolu in pistoccu*** oder *in pani e casu* (Lamm in Brotkruste oder mit Brot und Käse, 16 €) oder Controfiletto di melina (von der autochthonen Rinderrasse Melina, 15 €). Das Finale bilden Tortino di amaretti con gocce di cioccolato und Semifreddo con mandorle tostate (8 €). Außerdem gibt es ein Degustationsmenü vom Festland (25 €), eines vom Meer (32 €) und eines mit Empfehlungen des Küchenchefs (42 €). Das nicht sehr umfangreiche, verbesserungswürdige Weinangebot wird durch eine interessante Selektion an Bieren kleiner Brauereien kompensiert. Zum Kaffee bietet man Ihnen traditionelles sardisches Gebäck an.

11 km westlich von Tortolì, 8 km von Lanusei

La Pineta

Restaurant-Pizzeria
Vico I Don Orione, 5
Tel. (+39) 07 82 / 374 35,
(+39) 328 / 320 53 86
Ruhetag: Samstag
Ferien: 3 Wochen im September/Oktober
120 Plätze + 20 Plätze im Freien
Preise: 30–35 €
Alle Kreditkarten; BM
Mittags und abends geöffnet

Arzana liegt im Herzen der wilden Ogliastra zwischen den Hängen des Monte Idolo und der Foresta Perdas auf einer Anhöhe, von der man eine prachtvolle Aussicht auf das Meer genießen kann. Der Ort bietet sich an, um Spaziergänge zu unternehmen und dabei vielleicht auch nach Steinpilzen zu suchen, die die Gegend bekannt gemacht haben. Hier tischt Cesare Nieddus Familie im Restaurant La Pineta seit 1977 typische Gerichte der lokalen Küche mit den authentischen Geschmacksnoten von frischer Pasta, Fleisch, Käse und Kräutern auf (Fisch gibt es nur gegen Vorbestellung). Zur Auswahl stehen ein deftiges Degustationsmenü (35 €) oder verschiedene Spezialitäten von der Karte wie Fleisch und *Culurgiones* (mit Kartoffeln, Käse und Minze gefüllte Teigtäschchen), die von der tüchtigen Köchin Lina Sumas a *spighitta* (in Ährenform) geschlossen werden. Die Antipasti misti (10 €) setzen sich aus lokalen Wurstspezialitäten (Prosciutto, Guanciale, Coppa), Ricotta salata, ***Casu agedu*** (erstem saurem Käsebruch) und Crema di pecorino zusammen, gefolgt von Frittelline di porcini, Fagottini ai funghi und ***Orrubiolosus*** (Ringen aus Kartoffeln und Zwiebeln). Unter den Primi finden sich Ravioli di ricotta e carne, ***Culurgiones*** ai quattro sughi (mit Steinpilzen, Spargel, Tomaten und Thymian, 9 €) oder, gegen Vorbestellung, Zuppa di porcini und **Fregola con ragù e porcini**. Fleisch vom Ferkel, Kalb, Zicklein, Schaf und Pferd wird mit Pinzimonio gebraten, während **Cinghiale** (Wildschwein, 10 €) **in umido con i porcini** zubereitet wird (mit Steinpilzen geschmort). Die Desserts werden Ihnen in besonderer Erinnerung bleiben: *Sebadas* di formaggio al miele (3 €) oder *Culurgioneddos* di ricotta con zucchero a velo. Die Weine (gut ist Cannonau) und Liköre sind aus eigener Erzeugung oder stammen aus lokalen Kellereien.

8 km nordwestlich von Oristano, S.S. 131

Il Caminetto

Restaurant
Via Battisti, 8
Tel. (+39) 07 83 / 39 11 39
Ruhetag: Montag
Ferien: 15. Januar–15. Februar
120 Plätze
Preise: 32 €
Kreditkarten: AE, CS, MC, Visa; BM
Mittags und abends geöffnet

Der eindrucksvolle Ort Cabras am Ufer des gleichnamigen Teiches ist für die Zucht von Meeräschen und die aus ihrem Rogen gewonnene kostbare Bottarga berühmt, die den wirtschaftlichen Reichtum der Gegend begründet. Das Restaurant in der Altstadt befindet sich in einem eleganten herrschaftlichen Gebäude und besteht aus einem gemütlichen großen Raum mit imposantem Kamin. Die Küche zeigt eine ausgeprägte Tendenz zu Menüs aus Fisch. Unbestreitbare Qualität und Frische zeichnen alle Spezialitäten aus, die Ihnen das professionelle und höfliche Personal vorschlägt. Das in reichhaltigen Portionen angerichtete Essen wird in großen weißen Tellern schön präsentiert; den Fisch zerlegt man stets vor Ihren Augen. Von den Antipasti (10 €) empfehlen wir Zuppetta di cozze con crostini, **Mousse di bottarga**, **Razza con sugo in agliata**, Cozze gratinate, Moscardini piccanti und Verdure all'agro; wenn Sie einen kompletten Überblick möchten, können Sie Antipasto misto mare (12 €) wählen. Unter den Pastagerichten sind hervorragende **Fregola con arselle**, Spaghetti allo scoglio (10 €) und traditionelle ***Malloreddus* al pomodoro**. Die Secondi lassen mit Anguille und Seppie (4 € je 100 Gramm) Gebratenem die gebührende Aufmerksamkeit zuteilwerden; als Alternative bieten sich Aragosta alla bosana (12 € je 100 Gramm) und **Scorfano in umido con patate** an. Der ausgesprochen reich bestückte Keller hält regionale und italienische Weine bereit. Interessant sind auch die hausgemachten Süßspeisen wie Crema alla catalana, Cheesecake und Crema con pinoli e ananas.

Flora

Restaurant
Via Sassari, 45
Tel. (+39) 070 / 66 47 35
Ruhetag: Sonntag
Ferien: 1 Woche zu Neujahr, 3 Wochen im August
80 Plätze + 50 Plätze im Freien
Preise: 35 €
Alle Kreditkarten; BM
Mittags und abends geöffnet
G

Das Flora ist ein historisches Restaurant im Zentrum von Cagliari, nicht weit entfernt vom Rathaus und den Arkaden der Via Roma, einer der belebtesten Straßen der Stadt. Das Lokal mit erlesenem Geschmack eingerichtet, der Service ausgesprochen präzise. In der schönen Jahreszeit kann man auch im einladenden Innengarten speisen. Das Menü wird Ihnen vom Lokalinhaber und seinen Söhnen erläutert, die gemeinsam mit ihm den Betrieb führen. Bei den Antipasti haben Sie eine sehr große Auswahl zwischen Festlands- und Meeresspeisen: **Insalata di polpi** (7 €), Frittura di novellame und di orziadas (Seeanemonen), Cannolicchi, **Cozze e arselle in salsa piccante** (7 €) oder verlockende **Zuppetta** sowie Saisongemüse in Form von Tempura und Frittata. Besonders gute Primi vom Festland sind Ravioli al sugo ripieni di ricotta und für die Ogliastra typische ***Culurgionis*** (hausgemachte Ravioli mit Kartoffeln und Minze gefüllt). Ausgezeichnet sind Spaghetti al cartoccio con cozze e pomodorini (10 €), **Spaghetti alla bottarga** (10 €) oder – in einer der weiteren möglichen Varianten – con ragù di cernia. Bei den Secondi könnten Sie zwischen Seppie oder Calamari arrosto (12 €) und **Frittura mista del pescato del giorno** (15 €) wählen. Auch viele Festlandsgerichte stehen auf dem Programm, darunter exquisite Polpettine di carne oder di verdure, Ravioli di cipolla und **Pecora in umido**. Geben Sie bei den Desserts frischem Croccantino con salsa di fragole (5 €) oder Gelato con mousse al cioccolato den Vorzug. Das gute Weinangebot beinhaltet die besten Etiketten aus der Region.

Bonu in der Viale Diaz 162 bietet zahlreiche sardische Qualitätsprodukte.

Il Fana'

Restaurant
Corso Vittorio Emanuele, 161
Tel. (+39) 070 / 68 03 26
Ruhetag: Sonntagabend, Montag
Ferien: unterschiedlich
36 Plätze
Preise: 35 €
Alle Kreditkarten; BM
Mittags und abends geöffnet

Erneut bestätigen wir die Qualität des gastronomischen Angebots von Maria Luisa Pinnas Restaurant. Dennoch sind wir überzeugt, dass ein bisschen mehr Freundlichkeit beim Empfang und bei der Präsentation der hervorragenden Gerichte nicht schaden würde, um den Eindruck, sich wie zu Hause zu fühlen, wie es der Lokalname verheißt, zu verstärken. Sie haben es hier mit geradliniger Meeresküche zu tun, die intelligente kreative Akzente setzt. Eingangs serviert man Ihnen sofort in einem Hauch nativem Olivenöl extra gegrillte Scheiben von Pane *modditzosu* vor. Wir raten Ihnen, bei den zu gleichen Teilen angebotenen klassischen und innovativen Vorspeisen nicht zu kräftig zuzugreifen, wenn Sie den Rest auch noch probieren möchten; **Gamberi in crosta di carasau** sollten Sie sich aber keinesfalls entgehen lassen. Ausgezeichnet sind die hausgemachten Primi (12 €), angefangen von ***Lados*** (Scheiben aus frischem Teig) **ai frutti di mare** über Tagliatelle al nero di seppia bis zu Ravioli ripieni di cernia al pomodoro fresco. Besonders erwähnenswerte Secondi sind **Astice alla cagliaritana** (mit Sauce aus Ei und Zitrone, 20 € pro Kilogramm), Trancio di tonno fresco panato con le erbette und **Pescato** del giorno alla griglia oder **al forno con Vernaccia** (14 €). Elegant und originell ist die Präsentation der Dolci, nämlich eine Reihe von Gläschen mit verschiedenen Cremes, Sorbets und Kaffee- und Schokolademousse mit Früchten und Crème caramel. Interessante Weine aus wenig bekannten Winzerbetrieben, auch aus Italien, mit besonderem Augenmerk auf Schaumweine.

CAGLIARI

Is Fradis

Restaurant
Via Coco, 1
Tel. (+39) 070 / 65 76 52
Ruhetag: Montag- und Sonntagmittag
Ferien: 2–3 Wochen im August
40 Plätze + 8 Plätze im Freien
Preise: 30–37 €
Alle Kreditkarten; BM
Mittags und abends geöffnet

In der Via Garibaldi, der Fußgängerzone von Cagliari, warten Is Fradis (die Geschwister) Matteo (Küchenchef), Enrico und Candida Serreli in ihrem modernen kleinen Restaurant mit schöner sommerlicher Veranda mit erlesener Bewirtung auf. Die Küche stellt eine geglückte Kombination von Kreativität mit lokalen Qualitätsprodukten dar, bei der sich sardische Tradition und Innovation die Waage halten. Probieren Sie von den Antipasti Insalata di seppia, finocchio e bottarga, Zuppetta di cozze, pomodori e crostini alle erbette, Ventresca di tonno affumicata con frutta e germogli, Fichi arrosto con erborinato di pecora e prosciutto und ***Pani frattau*** (Carasau-Blätter mit Schafkäse, Tomatensauce und pochiertem Ei, 8 €). Die Primi (12 €) wie Spaghetti con salicornia, gamberi e bottarga di tonno, **Fregola con frutti di mare, zafferano e scorza di limone**, ***Lorighittas*** **con ragù di salsiccia, cime di rapa e ricotta salata** und Risotto alla zucca con guanciale, rosmarino ed erborinato di pecora verzaubern geradezu. Das Angebot der Secondi reicht von Polpo abbrustolito con confettura di radicchio e cipolle rosse bis zu Medaglioni di pecora con crema di peperoni e patate. Nicht fehlen dürfen natürlich Maialino da latte arrotolato con salsa al mirto e pinzimonio und **Agnellino al finocchio selvatico e carciofi** (17 €). Käse rundet das Essen ab, etwa **Tronchetto di capra arrosto con pomodorini, noci e pinoli** (8 €) oder Ricotta e miele di asfodelo. Die Desserts wie Parfait di torrone con frutta e menta sind hervorragend. Die recht ordentliche Weinkarte nennt italienische und regionale Tropfen sowie interessante Biere aus kleinen Brauereien. Von Juni bis Oktober betreiben die Inhaber auch den Is Fradis Beach Club am Cala-Sinzias-Strand in Castiadas.

La Locanda dei Buoni e Cattivi

Restaurant mit Übernachtungsmöglichkeit
Via Vittorio Veneto, 96
Tel. (+39) 070 / 734 52 23
Kein Ruhetag • Ferien: August
30 Plätze + 30 Plätze im Freien
Preise: 20–30 € • Kreditkarten: MC, Visa; BM
Mittags geöffnet, Donnerstag–Samstag auch abends

Kann man gutes Essen zubereiten und dabei die soziale Eingliederung von Jugendlichen in schwierigen Situationen fördern und mit lokalen Erzeugern für ein gutes, nachhaltiges Wachstum zusammenarbeiten? Diese Herausforderung hat Domus de Luna Onlus mit diesem kleinen Restaurant mit drei Gästezimmern in einem Stadtviertel zwischen Büros und der punisch-romanischen Nekropolis gemeistert. Im Speisesaal oder im angenehmen Garten wird Luca Toddes Talent Sie erobern, der regionale Bioprodukte zu raffinierten Rezepten verarbeitet. Dies ist das Ergebnis der Unterweisungen eines großen Küchenchefs, der gemeinsam mit Produzenten und verschiedenen Unterstützern an dieses ethische und nachhaltige Projekt geglaubt hat. Die Speisen wechseln ständig, wobei die Möglichkeit besteht, von der Karte oder zwischen zahlreichen Degustationsmenüs zu wählen: einem Businessmenü (von Montag bis Freitag, 16 €), *Sa pichettada* – dem Sonntagsbüffet (15 €) –, einem vegetarischen Menü (Donnerstagabend, 22 €) und einem literarischen Büfett (Mittwochabend, 22 €). Die vielfältigen Angebote beinhalten **Insalata di farro, cozze, pomodori e cicoria** (6 €), Sformato di patate, zucchine e spinaci, Frittura di zerri und Flan di carciofi e fiore sardo als Einstieg. Darauf folgen Zuppa di cicerchie con verdure, mentuccia e pecorino, Tagliatelle al nero di seppia con arselle, sedano e pomodoro (7,50 €) und **Lasagne di pane carasau con ragù, besciamella e pecorino** (7 €). Unter den Secondi finden sich **Cefalo in guazzetto di cozze e arselle**, **Pecora *a succhittu* con patate al forno** (10 €) und Frittate. Zum Abschluss erwarten Sie Macedonia aus Biofrüchten, Millefoglie crema e cioccolato oder Budino alla menta (4 €). Sowohl offene als auch in Flaschen abgefüllten Weine liefert Cantine Argiolas, ein Unterstützer des Projekts.

CAGLIARI

Sa Domu Sarda

Restaurant
Via Sassari, 51
Tel. (+39) 070 / 65 34 00
Ruhetag: Samstagmittag
Ferien: Weihnachten, Neujahr
70 Plätze
Preise: 25–40 €
Kreditkarten: CS, MC, Visa; BM
Mittags und abends geöffnet

Wenn Sie gute regionale Traditionsgerichte aus dem Landesinneren mögen, kommen Sie um einen Besuch bei Miro nicht herum. Nur ein paar Schritte abseits vom städtischen Treiben können Sie mit Leidenschaft und Enthusiasmus zubereitete bodenständige Gerichte aus den besten Zutaten genießen. Die eindeutig bäuerliche Einrichtung mit historischen Fotos an den Wänden verweist auf den ländlichen Charakter der Insel und ihrer Küche. Als Einstieg empfehlen wir eine Platte mit einem Mix aus Salumi oder Formaggi (8 €), **Melanzane a *sa carrettonera*** (8 €) oder – für Gäste mit kräftigem Appetit – eine Degustation des Hauses (15 € für zwei Personen). Von den Primi können Sie ***Culurgiones* ogliastrini** in verschiedenen Versionen probieren: traditionell con noci e pinoli (mit Walnüssen und Pinienkernen) oder in crema di porri (10 €); als Alternative bietet sich ein weiteres tolles Gericht an, nämlich **Fregola *incasada* con lo zafferano** oder con funghi e salsiccia (10 €). Bei den Secondi ist die Auswahl ebenfalls groß: Parasangue und Costata di cavallo alla griglia (15 €) oder Tagliata di manzo con rucola e fiore sardo (20 €). Wenn Sie sich dagegen **Porchetto al mirto** oder **Agnello al forno** (15 €) schmecken lassen möchten, denken Sie daran, sie vorzubestellen. Zum Abschluss müssen Sie unbedingt sardisches Feingebäck oder hausgemachte Desserts probieren, die je nach Inspiration des Küchenchefs variieren. Die Weinkarte ist vorwiegend regional gehalten und nennt auch Weine aus wenig bekannten Kellereien, die Sie angenehm überraschen werden. Es gibt vier Degustationsmenüs zu Preisen von 20 bis 35 €.

CAGLIARI

Sa Piola della Vecchia Trattoria

Moderne Osteria
Vico Santa Margherita, 3
Tel. (+39) 070 / 66 67 14
Kein Ruhetag • Ferien: unterschiedlich
60 Plätze + 10 Plätze im Freien
Preise: 40 €
Kreditkarten: MC, Visa; BM
Mittags und abends geöffnet

Giuseppe Vinci hat dem Sa Piola mit einigen nunmehr klassischen (oft von Slow-Food-Presidi geschützten) Produkten seinen Stempel aufgedrückt. Die sympathische Art, mit der er den Service versieht, ist mitreißend, denn er ist stets bereit, kleine Wünsche zu erfüllen und spontane Menüs zu kreieren. Wenn Sie einen Überblick über die bodenständige Küche möchten, greifen Sie zu den Antipasti (20 € für Festlandsgerichte, 25 € für Meeresgerichte); wir machen Sie aber darauf aufmerksam, dass Sie danach höchstens noch ein Dessert schaffen. Sonst wählen Sie einzelne Gerichte von der Karte wie die Platte mit hervorragenden Salumi und Formaggi (16 €), Insalata di moscardini e cozze con orzo perlato (12 €), **Polpettine di bue rosso al Vermentino** (12 €) und Frittura di mare oder di terra con le verdure (16 €). Trippa, Crudi di mare, **Zuppetta di cozze e arselle** und Tartara di bue rosso sind ebenfalls vorzüglich. Originell sind die Primi aus handwerklich erzeugter sardischer Pasta: ***Lorighittas* scampi e gamberi** (18 €), *Ciccioneddas* al pesto di mare oder al pomodoro (14 und 8 €), *Fregula* al ragù di mare und ***Tallutzas* al ragù di selvaggina**. Bei den Secondi steht Bue rosso auf dem Programm: Probieren Sie **Melanzane** di nonna Pina **ripiene** (15 €) oder Stufato (14 €). Es gibt auch herrlichen tagesfrischen Fisch con zafferano e patate (20 €). Die Dolci flirten mit der Tradition, bieten dabei aber doch einiges Neue: Tiramisù coi savoiardi di Dorgali (5 €), Panna cotta con latte di capra und **Strudel di *carasau* con mele di Barrali** (6 €). Das schöne Weinangebot wartet stets mit regionalen Neuheiten auf.

„Bewirtung und Experimente mit bodenständigen Rezepten stellen eine echte Anthologie der Küche Cagliaris und Sardiniens dar.“

Su Tzilleri e su Doge

NEU

Trattoria
Piazza San Giuseppe, 2
Tel. (+39) 327 / 154 22 16
Ruhetag: Sonntagabend
Keine Ferien
50 Plätze + 30 Plätze im Freien
Preise: 35 €
Alle Kreditkarten; BM
Mittags und abends geöffnet

Der Name dieses zwischen der Torre dell'Elefante und der Bastion Santa Croce gut platzierten Lokals im Castello-Viertel weist auf die Verschmelzung zwischen einer traditionellen sardischen Osteria und dem Vorgängerlokal hin, das zur Hälfte unter venezianischer Leitung war. Davon zeugt die Speisekarte, auf der Polenta, Baccalà und Orzo überlebt haben. Die bewusste Verwendung von Slow-Food-Presidi und die Wiederentdeckung alter Rezepte beweisen aber die territoriale Prägung des Lokals. Claudio Ara ist der launige Küchenchef, Maître und Animateur der aus mehreren rustikalen Räumen bestehenden Trattoria. Das Menü geht mit dem Marktangebot, weist aber einige Konstanten auf: Bue rosso, das in den Antipasti – Polpettine (14 €) oder **Trippa** – und den Secondi (*Ghisadu*, Stracotto und Bollito) präsent ist, und Muscheln aus Santa Gilla, die Linguine und ***Minestr'e'cocciula*** (14 €) verfeinern. Die Karte nennt auch Crudi di mare, Fregola con il ragù di pesce (14 €) und Spezialitäten mit Kapern aus Selargius, die **Coniglio *a succhittu*** (nach Jägerart) und diversen Salaten Würze verleihen. Tradition kennzeichnet auch ***Ciccioneddas*** (Klößchen) **con casizolu e zafferano**, **Matz' a murru**, *Nattalis* al ragù di selvaggina (16 €), die Platte mit Salumi und Formaggi kleiner lokaler Erzeuger und Gallina ripiena (18 €). Die ganze Palette der Antipasti mit Festlands- und Meeresgerichten bildet praktisch eine vollständige Mahlzeit und kostet 20 €. Es sind auch zwei Degustationsmenüs vorhanden, ein Festlandsmenü (25 bis 35 €) und ein Meeresmenü (30 bis 40 €). Der Kreis schließt sich mit Tiramisù con i biscotti di Dorgali, Panna cotta con latte di capra und traditionellem *Timball'e'latti* (Crème caramel), die jeweils 8 € kosten. Das vorwiegend sardische Weinangebot ist interessant, wobei kleine Winzerbetriebe im Vordergrund stehen.

CAGLIARI
Giorgino

3 km vom Zentrum

Zenit da Minestrone

Restaurant
Viale Pula/Villaggio dei Pescatori
Tel. (+39) 070 / 25 00 09,
(+39) 338 / 435 05 05
Ruhetag: Montag
Ferien: 1.–10. Januar, 3 Wochen im November
40 Plätze + 40 Plätze im Freien
Preise: 32–35 €
Alle Kreditkarten; BM
Mittags und abends geöffnet

Dieses Lokal ist seit Langem ein sicherer Hafen für alle, die authentische Interpretationen der traditionellen Meeresküche von Cagliari suchen, und bietet davon einige unerschütterliche und andernorts nicht zu findende Eckpfeiler. Meeresstil kennzeichnet auch die Einrichtung des ersten Raumes, während die wunderschöne überdachte Terrasse mit herrlichem Blick auf den historischen Giorgino-Strand an der Westküste der Insel aufwartet. Was den jüngsten Wechsel des Servicepersonals angeht, waren wir jedoch im Hinblick auf die Art des Empfangs und die Genauigkeit der Bedienung etwas verdutzt. Bei manchen Vorspeisen wird mit Essig bisweilen zu großzügig umgegangen, aber dennoch sind **Burrida** (Katzenhai, mit seinen Innereien, Nüssen und Essig zubereitet, 7 €) und Cozze alla marinara (6 €) gut zubereitet und bleiben der Tradition treu. Von den Primi ist **Fregola in umido con le arselle** (10 €) wirklich gut und wird in der traditionellen Suppenschüssel serviert; in der entsprechenden Saison (vom 1. November bis 30. April) muss man kommen, wenn man **Spaghetti** in der Version **con i ricci di mare** (12 €) probieren will, die aber als Alternative auch in den Fassungen con i gamberi (13 €) oder con gli scampi gut schmecken. Von den Secondi sind abgesehen von den Grigliate miste di pesce auch ebenso delikate wie üppige **Frittura mista** (15 €) und **Pesce cappone in umido con patate e zafferano** (6 € je 100 Gramm) zu erwähnen. Die Dolci präsentieren sich international, während im Keller eine Vielfalt sardischer Weine und einige recht gute Schaumweine lagern.

CALANGIANUS

9 km ö. v. Tempio Pausania, 35 km v. Olbia, S.S. 127

Il Tirabusciò

Restaurant
Via Bixio, 5
Tel. (+39) 079 / 66 18 49,
(+39) 347 / 058 05 48
Ruhetag: Sonntag
Ferien: unterschiedlich
30 Plätze
Preise: 30–35 €
Kreditkarten: CS, DC, MC, Visa; BM
Mittags und abends geöffnet

Das Haus, das den Rahmen dieses Lokals in der Altstadt von Calangianus bildet, ist wie viele andere Gebäude des faszinierenden Ortes aus Granit erbaut. Wir sind im Reich des Korks, in dem Betriebe zur Gewinnung und Verarbeitung dieses kostbaren Produkts ansässig sind und hochwertige Weinkorken in die ganze Welt exportieren. Die freundlichen jungen Inhaber des von einer Familie geführten Restaurants präsentieren Ihnen das Menü, das vorwiegend aus Festlandsgerichten besteht, aber auch einige Meeresgerichte umfasst. Unter den Antipasti sind hervorragende Cavolfiori gratinati, Favette con la menta, Involtini di melanzane und Frittata di asparagi; als Alternative bieten sich ausgezeichnete Wurstspezialitäten und **Verdure in pastella** an (7 €); die gesamte Vorspeisenpalette ist für 12 € erhältlich. Besonderen Wert legt die Küche auf Primi und im Besonderen auf hausgemachte Pasta in wirklich großzügigen Portionen. Wir empfehlen traditionelle ***Fiuritti*** (schmackhafte Tagliolini) **con ragù di salsiccia piccante** (8,50 €). Sehr gut sind auch ***Chiusoni*** (Kartoffelklößchen) **con radicchio, speck e gorgonzola** (8,50 €) und traditionelle Zuppa gallurese. Unter den Secondi finden Sie sehr würzige **Stinco di maiale in umido** (10 €) und wunderbare Tagliata aus lokalem Rindfleisch mit Rucola (13 €). Das Kapitel Dolci beinhaltet ausgezeichnetes hausgemachtes **Tiramisu** (5 €), Ravioli dolci fritti ripieni di ricotta und in der entsprechenden Saison Fragole al limone. Zu trinken gibt es ein gutes Weinsortiment, das sich vorwiegend auf Erzeugnisse aus dem Gebiet der Gallura konzentriert.

CAPOTERRA

20 KM SÜDWESTLICH VON CAGLIARI, S.S. 195

Il Rubino

Restaurant
Via Bari, 6
Tel. (+39) 348 / 739 55 96
Ruhetag: Montag
Ferien: zeitweise im Januar
40 Plätze
Preise: 30–35 €
Kreditkarten: CS, MC, Visa; BM
Abends geöffnet, im Sommer Freitag–Sonntag auch mittags

Obwohl nicht weit von Cagliari entfernt, liegt Capoterra nicht an einer Durchfahrtsstraße, und die Via Bari, in der sich das Restaurant befindet, ist auch nicht leicht zu finden. Dazu kommt noch, dass das Lokal auf den ersten Blick nicht den besten Eindruck vermittelt – sobald man aber bei Tisch sitzt, ändert sich alles. Graziano Zuddas, Küchenchef und bei Bedarf auch Kellner, organisiert das Menü mit viel Fantasie und Geschicklichkeit am Herd und ausgehend von den besten Zutaten, die er auf dem Fischmarkt auftreiben kann. Das Angebot der Küche wechselt täglich. Jedes Mal ist das Essen ein neues, wunderschönes Abenteuer, das die Liebe des Patrons zu seiner Arbeit und seine unerschöpfliche Kreativität unterstreicht. Lassen Sie sich daher bedenkenlos leiten und probieren Sie den Antipasti-Mix (16 € für mindestens zwei Personen): **Frittura di piccola pesca**, Spiedini di seppie, **Cozze al pomodoro** und Carpacci e gamberoni, alles mit hervorragendem nativen Olivenöl extra verfeinert und stets schön dargeboten und mit Gemüse kombiniert. Unter den Primi sind gute **Tagliolini al nero di seppia e profumo d'arancia** (14 €) und raffinierte, ungewöhnliche **Ravioli di pesce al pesto**. Guten Fisch gibt es auch als Secondi, von denen Tagliata di tonno (12 €), Arrosti, Astice und Gamberoni (16 €) nur Beispiele sind. Die Desserts sind hausgemacht und beinhalten Crème caramel, Profiterole und Sorbetto alla mela verde (4 €). Der Keller hält diverse regionale Etiketten bereit, aber auch die Hausweine, ein Carignano (rot) und ein Vermentino (weiß) sind hervorragend.

CUGLIERI

40 KM NÖRDLICH VON ORISTANO, S.S. 292

Desogos

Restaurant
Via I Cugia, 6
Tel. (+39) 07 85 / 396 60
Kein Ruhetag
Keine Ferien
60 Plätze
Preise: 20–25 € (Tagesmenü)
Kreditkarten: CS, DC, MC, Visa; BM
Mittags geöffnet, Samstag und Sonntag auch abends

Wenn Sie in das Montiferru kommen, müssen Sie unbedingt Cuglieri besuchen. Vom höchsten Punkt der Gemeinde aus, an dem sich das Bischöfliche Seminar befindet, können Sie das Meer von Oristano und die üppige Natur bewundern. Eine Entdeckungsreise durch die Altstadt mit ihren zauberhaften authentischen, mit Steinen gepflasterten Gässchen wird Ihnen wundervolle Momente bescheren, die Sie mit einer Einkehr im Desogos krönen können. Lassen Sie sich von der gepflegten familiären Atmosphäre dieser reizenden, im Jahr 1949 eröffneten Osteria verführen. Heute ist hier die dritte Generation mit unveränderter Leidenschaft für das Gastgewerbe am Werk und zielt darauf ab, das Potenzial des Gebiets bestmöglich zum Ausdruck zu bringen. Beginnen Sie mit **Verdure sott'olio** (4,50 €) und Prosciutto crudo con salsiccia (7 €), um danach zu den Primi überzugehen. Absolut empfehlenswert davon sind ***Malloreddus*** al sugo semplice (6 €) oder **con salsiccia di cinghiale** (8 €). Eine Alternative dazu wären gute Ravioli di ricotta (7 €). Probieren Sie von den Secondi **Cinghiale alle olive** (10 €), **Asinello in umido con i peperoni** (8 €) oder Maialetto arrosto (10 €). Das Menü endet mit hervorragendem Feingebäck aus handwerklicher Erzeugung. Der Hauswein ist in Ordnung, aber Sie können auch aus der Weinkarte mit aussagekräftigeren Tropfen wählen. Hervorgehoben sei, dass jedes Gericht mit sehr gutem nativem Olivenöl extra aus dem Gebiet verfeinert wird. Es gibt verschiedene Degustationsmenüs für jedes Portemonnaie; Kinder sind willkommene Gäste, daher muss ihr Essen nicht bezahlt werden.

32 KM ÖSTLICH VON NUORO, S.S. 129 UND S.S. 125

Ispinigoli

Hotelrestaurant
Strada Statale 125, km 210
Tel. (+39) 07 84 / 952 68,
(+39) 07 84 / 942 93
Kein Ruhetag
Ferien: Oktober–März
350 Plätze + 150 Plätze im Freien
Preise: 30–38 €
Kreditkarten: AE, CS, MC, Visa; BM
Mittags und abends geöffnet

In einem gastronomisch überaus reichen Gebiet ist Piero Mula, der für seine Achtsamkeit auf Rohstoffe und Gerichte von hoher Qualität bekannt ist, seit 30 Jahren erfolgreich am Werk. Wenn Sie von der weitläufigen Aussichtsterrasse des Lokals hinunterblicken, werden Sie verstehen, von welchen Quellen das Menü inspiriert ist: die Weingärten, der Olivenhain, der Gemüsegarten, die Tiere, der Wald, aber vor allem der wunderschöne Golf von Orosei, aus dem der Fisch kommt, den Sie in Grigliata mista und **Moscardini in salsa piccante** (11 €) wiederfinden. Zwischen Festlands- und Meeresgerichten findet eine enorme Selektion an **Formaggi** Platz, von denen viele aus der nahen Genossenschaft Dorgali Pastori kommen: Unter anderem gibt es Ricotta, *Sa frue* (gesäuerten Frischkäse), der als Vorspeise serviert wird – ***Tamata e frue salia*** (6 €) –, und viele Schaf- und Ziegenkäsesorten in verschiedenen Reifegraden. Andere Vorspeisen, die wir empfehlen, sind ***Casadina*** dorgalese, ein gehaltvoller Kuchen aus Frischkäse und Minze (8 €), und Pescatrice alla catalana. Als Primi bieten sich *Maccarones furriaos* con formaggi, timo e zafferano oder **Ravioli al nero di seppia ripieni di ombrina e zucchine** (13 €) an. Danach sind Maialetto arrostito (15 €) und Cinghiale aromatizzato alle erbe e Cannonau unverzichtbar. Den Schlusspunkt setzen *Seadas*, Feingebäck aus Dorgali, oder auch Millefoglie barbaricina con ricotta und Panna cotta al miele di cardo e vincotto (6 €). Wenn Sie nicht wissen, welchen der zahlreichen Weine Sie von der Karte wählen sollen, lassen Sie sich von der Hausherrin professionell beraten. Es gibt ein Degustationsmenü (30 €), ein vegetarisches Menü (27 €) und ein Kindermenü (15 €).

41 KM SÜDWESTLICH VON NUORO, S.S. 128

Santa Rughe

Restaurant-Pizzeria
Via Carlo Felice, 2
Tel. (+39) 07 84 / 537 74
Ruhetag: Mittwoch, außer im August
Ferien: zeitweise im Februar und November
100 Plätze + 20 Plätze im Freien
Preise: 30 €
Alle Kreditkarten; BM
Mittags und abends geöffnet

Gavoi ist mit seiner Altstadt, deren Straßen und Häuser aus solidem Granit erbaut sind, eine Ikone der Landwirtschafts- und Weidekultur der Barbagia, wo Wissen gehütet wird, das in anderen Gegenden der Insel verloren gegangen ist. Das Santa Rughe fügt sich gut in diesen Rahmen ein. Obwohl das Angebot heute auch um Meeresspezialitäten erweitert ist, spiegeln doch vor allem die Festlandsgerichte die Identität dieses wunderbaren Landstrichs wider. Als Antipasti (14 €) bieten sich warme und kalte Speisen von gutem Niveau an, darunter Prosciutto crudo, Guanciale, Pecorino al mirto e al timo, Fiore sardo dei pastori (Slow-Food-Presidio) mit Kompotten und Honig, Ricotta, *Hazzau* (frischer, säuerlicher Käsebruch) und Peperoni und Funghi sott'olio. An warmen Entrees folgen Favette con latte e menta, *Purpuzza*, Animelle di vitello al vino bianco, Trippa con fiore sardo und Cervellina fritte. Danach noch weiterzuessen, ist schwierig, aber die Primi (9 €) sind es wert: Zur Wahl stehen **Ravioli di formaggio al ragù di pecora**, Gnocchetti con ricotta fresca, zafferano e menta, ***Maharrones curzos*** **con patate e ricotta** und im Frühling und Herbst ***S'erbuzzu***, eine Suppe aus 15 Wildkräutern und Frischkäse (9,50 €). Lassen Sie sich von den Secondi **Grigliata mista** (13 €) mit Ferkel, Kalb, Salsiccia und *Sa horda* (geflochtenen Innereien) nicht entgehen. Die **Formaggi** vom Wagen bleiben ein Plus, das sich von Jahr zu Jahr bestätigt, aber auch **Raviolini fritti di ricotta e miele** (3,50 €) bilden ein würdiges Finale. Die vorwiegend von der Insel stammenden Weine passen gut zum Essen.

» *Die Achtsamkeit auf die Zutaten spiegelt sich in authentischen, mit Leidenschaft beschriebenen Gerichten: Eine Mahlzeit hier stellt eine wertvolle Erfahrung dar.* «

GENONI
Giara di Genoni

51 km südöstlich von Oristano

Monti Paulis

Trattoria mit Übernachtungsmöglichkeit
Strada Proviciale 16 Genoni-Senis
Tel. (+39) 328 / 491 55 76
Ruhetag: Mittwoch
Ferien: zeitweise im Winter
70 Plätze + 100 Plätze im Freien
Preise: 30–35 € (Tagesmenü)
Keine Kreditkarten
Mittags und abends gegen Vorbestellung geöffnet

Die Hochebene von Genoni mit dichtem mediterranem Wald, wo man noch die für diese typischen Pferde sehen kann, bildet die Kulisse des Monti Paulis. Der sehr fähige Küchenchef und Lehrer Adriano Zucca führt die an der Straße zwischen Genoni und Senis gelegene Trattoria mit Übernachtungsmöglichkeit und herrlicher Aussicht auf das Tal. Ein Ausflug zu Fuß, zu Pferd oder mit dem Fahrrad stimmt bestens auf die beiden festgelegten Menüs ein, die von Kreativität und der Verwendung lokaler Zutaten geprägt sind. Sie wechseln je nach verfügbaren Produkten und sind aus Fisch (aus der Umgebung von Oristano) oder Fleisch zubereitet, ergänzt von Gemüse sowie gut ausgewählten lokalen Salumi und Formaggi. Man beginnt mit Guanciale und Prosciutto, Formaggi, **Insalatina di vitello al balsamico**, **Gallina ripiena in crosta**, Costine di agnello alle erbe, Canestrini di pane con salsiccia e pomodoro, Sardine gratinate oder Zup-petta di molluschi. Die frische Pasta ist hausgemacht: Hervorragend sind **Ravioli di ricotta e melanzane al pomodoro e menta**, Straccetti con vitello, pomodori, zucchine e ricotta mustia (geräuchert), Trofie con cozze e bottarga oder klassische Fregola alle arselle. Es folgen erlesene Secondi wie Vitello con vino rosso e tartufo su rösti di patate e verdure, **Zuppa di pesce in crosta**, Cernia con patate, pomodoro e zafferano oder superbes **Porcetto arrosto** mit knuspriger Schwarte. Tiramisù alle fragole, Spuma alla pesca con menta und Semifreddo al miele, begleitet von hausgemachten Likören, bilden das Finale. Der Hauswein und das gute regionale Weinsortiment sind ausgezeichnet.

»*Hingebungsvolle Suche nach exzellenten lokalen Produkten, hohe Kreativität, virtuose Bewirtung.*«

GIBA

22 km südöstlich v. Carbonia, 43 km v. Iglesias

La Rosella

Hotelrestaurant
Via Principe di Piemonte, 135
Tel. (+39) 07 81 / 96 40 29,
(+39) 340 / 313 43 76
Kein Ruhetag
Ferien: zweite Dezemberhälfte
150 Plätze
Preise: 35 €
Alle Kreditkarten; BM
Mittags und abends geöffnet, November–März nur mittags

Das La Rosella ist seit jeher eine zuverlässige Adresse für typische Küche aus dem Sulcis. Dies ist den einfachen, schnörkellosen Gerichten zu verdanken, die nach traditionellen Rezepten und aus bodenständigen Saisonprodukten zubereitet sind. Letztere stammen aus Betrieben, die im Umkreis von wenigen Kilometern angesiedelt sind. Herrlich duftend ist das Sauerteigbrot aus sardischem Grieß, das einen wunderbaren Begleiter zum gesamten Essen abgibt und mit intensivem Geschmack und Aroma beeindruckt. Die Selektion der gemischten Antipasti vom Festland, vom Meer oder von beiden (20 €) ist reichhaltig und umspannt kleine Fritture, Grigliate di verdure (auch mit Wildgemüse), Crostini und Frittate di ortaggi; danach gibt es noch Salumi, Zuppa di cozze, frittierte Orziadas (Seeanemonen), Pesce affumicato und Seppie ripiene al pecorino. Die Pasta aus handwerklicher Erzeugung entspricht der lokalen Tradition. Ausgezeichnet sind **Ravioli agli asparagi** oder ai carciofi (10 €), Fregola con le arselle und ***Pillus*** (Teigscheiben) **con il ragù di capra** (10 €). Als Secondi stehen Zuppe di pesce, Conchiglie und Gegrilltes auf dem Programm. Von den Fleischgerichten sollten Sie neben klassischen Arrosti (Braten) aus Fleisch lokaler Herkunft auch **Trattalia** (Spieß mit in Därme gewickelten Lamm- oder Zickleininnereien, 12 €) probieren; als Alternative bieten sich Capra oder Capretto in umido und **Agnello al finocchio selvatico** (12 €) oder ai carciofi an. Falls erhältlich, gönnen Sie sich zum Abschluss Raviolini fritti di ricotta e zucchero oder *Seadas*. Das Weinangebot ist eher bescheiden, kreist aber um die Hauptrebsorte des Gebiets, Carignano del Sulcis.

Pintadera

Trattoria
Via Manno, 22–24
Tel. (+39) 349 / 522 85 56,
(+39) 346 / 677 01 83
Ruhetag: Mittwoch
Keine Ferien
90 Plätze • Preise: 30–35 €
Kreditkarten: CS, MC, Visa; BM
Mittags und abends geöffnet, Juli und August nur abends

Die Bergbautradition in Iglesias wird von der UNESCO als industriearchäologisches Erbe anerkannt. In der Altstadt finden Sie dieses ansprechende Lokal unter der Leitung des gesprächigen Patrons Pietro Vivarelli, der Sie durch einen gastronomischen Parcours aus exzellenten bodenständigen Produkten (darunter einige Slow-Food-Presidi) mit authentischen Geschmacksnoten und in tadelloser Zubereitung führt. Pietro versteht es, Sie mit seinen Erzählungen zu fesseln, und erklärt Ihnen jedes einzelne, ausnahmslos vom Festland geprägte Gericht. Den Auftakt bildet ausgezeichnetes **Carpaccio salato di bue rosso**, gefolgt von Salumi di pecora e maiale, Treccina di agnello und Casizolu aus dem Montiferru al forno (vier Vorspeisen für 15 €). Die traditionelle Pasta ist hausgemacht: Probieren Sie **Ravioli di ricotta e ortica con burro, erbe e casizolu** (12 €), Ravioli di **brasato di bue rosso** (12 €) oder *Culurgiones* di patate e menta (10 €). Was Fleisch anbelangt, ist Pietro ein wahrer Meister; daher haben Sie die Wahl zwischen Capra in umido (8 €), Pecora arrosto con aromi (10 €) oder **Bue rosso** als Tagliata (12 €), **Costata** oder Fiorentina (5 € je 100 g). Wenn Sie Fisch bevorzugen, denken Sie daran, ihn vorzubestellen. Zur Abrundung Ihrer Mahlzeit legen wir Ihnen ***Sebada* di casizolu con mostarda di pompìa** (Slow-Food-Presidio) oder Millefoglie di carasau con mirto e torroncino (je 6 €) ans Herz. Die regional geprägte Weinkarte nennt interessante Tropfen eines lokalen Winzers, die Achtung und Respekt verdienen.

Pietros Empfang und Erzählkunst werden Ihnen gefallen und die Gerichte, die das Gebiet auf beste Weise zum Ausdruck bringen, unvergesslich machen.

IGLESIAS

S'Arragatteri

Traditionelle Osteria
Strada Provinciale 85, Ortsteil Cixerri
Tel. (+39) 340 / 569 12 46,
(+39) 331 / 438 19 47
Ruhetag: Montag
Ferien: erste Oktoberwoche
60 Plätze + 20 Plätze im Freien
Preise: 30 €
Kreditkarten: CS, DC, MC, Visa; BM
Mittags und abends geöffnet, Juli und August mittags gegen Vorbestellung

Das S'Arragatteri gleich außerhalb der Stadt Iglesias empfängt seine Gäste in einem renovierten, sehr gepflegten Bauernhaus. Der angenehme Gastraum ist mit maritimen Gegenständen dekoriert, die eindrucksvolle Veranda blickt auf ein großes Stück Land mit einem herrlichen Olivenhain, der an die Osteria angeschlossen ist. Die Küche bestätigt sich erneut in all ihrer Frische und Unverfälschtheit mit Zutaten von den täglich aus Sant'Antioco anlegenden Booten der Fischer, mit denen Gianfranco seit Langem zusammenarbeitet. Sorgfalt und Leidenschaft sind in allen von seiner Frau und seinem Sohn zubereiteten Gerichten erkennbar, die er Ihnen mit wertvollen Tipps präsentiert; außerdem lässt er Sie den tagesfrischen Fisch vor seiner Zubereitung aussuchen. Die Tradition dominiert bei jedem Gang. Die **Selektion der Antipasti** (16 €), die allein schon eine ganze Mahlzeit darstellen kann, reicht von Cozze gratinate, deliziösen Crostini con seppiette, sehr schmackhaften Sardine con patate al polpo con radicchio e noci, appetitlichen Bocconi (Purpurschnecken) bis zu **Cozze al pecorino**. Unter den Primi ragen **Spaghetti ai ricci** (13 €) heraus, auch in der Variante mit Orziadas (Seeanemonen), aber auch Spaghetti allo scoglio (15 €) schmecken gut. Von den Secondi sind gut abgetropftes, knuspriges und leichtes **Fritto misto di mare** (14 €) und natürlich tagesfrischer Fisch (4,50 € je 10 Gramm), gebraten oder in Salzkruste, zu bevorzugen. Das Menü endet mit hausgemachten Süßspeisen, *Sebadas* oder Raviolini fritti di ricotta. Die Weinauswahl besteht aus einer bescheidenen Selektion lokaler Tropfen, aber der weiße Hauswein trinkt sich sehr angenehm.

ISOLA DI SAN PIETRO
Carloforte

33,5 KM SÜDWESTLICH VON IGLESIAS, S.P. 84 + FÄHRE

A Galaia

NEU

Restaurant
Via Don Nicolo Segni, 36
Tel. (+39) 07 81 / 85 40 81,
(+39) 07 81 / 87 21 52
Ruhetag: Montag
Keine Ferien
80 Plätze + 20 Plätze im Freien
Preise: 30–35 €
Kreditkarten: CS, MC, Visa; BM
Mittags und abends geöffnet

San Pietro ist eine Insel auf der Insel, und zwar seit dem 18. Jahrhundert, als sich nach der Übersiedlung einer Fischerkolonie aus Tabarka eine ligurische Enklave auf sardischem Gebiet 30 Fährminuten von der südwestlichen Spitze Sardiniens entfernt bildete. Die Natur besticht durch außerordentliche Schönheit, das Meer durch großen Reichtum. Ein Ausflug auf die Insel bedeutet eine Rückkehr in die Vergangenheit, in eine unberührte, fragile Umgebung. Begleitend dazu erwartet Sie eine ebenso außerordentliche Gastronomie, die um Thunfisch kreist, den König der hiesigen Gerichte. Die Brüder Buzzo bieten reichhaltige, schmackhafte Meeresküche, die auf die Traditionen achtet und von Beppe im Saal in ihren Farben und Aromen eindrucksvoll beschrieben wird. Aus dem Fang nach alter und nachhaltiger Methode mit der Thunfischfanganlage stammt der Thunfisch für Antipasti **Tutto tonno** (20 €) – Ventresca, Mosciame, Cuore, Bottarga und Affumicato (je 10 €) – und *Cappunada* (Tomate, Facussa-Gurke, Basilikum und Thunfisch auf Schiffszwieback); außerdem gibt es ***Panissa*** (Kichererbsenfladen). Bei den Primi finden sich traditionelle Einflüsse aus Genua und Tunesien im **Pasticcio carlofortino** (zwei Pastasorten mit Tomaten, Pesto und Thunfisch, 12 €), auf den Spaghetti in carbonara di mare e bottarga oder alle cozze e vongole folgen. Thunfisch beherrscht auch die Secondi, und zwar in den Versionen alla carlofortina (mit Tomaten und Lorbeer, 12 €) oder gebraten als Tagliata; als Alternativen bieten sich **Cassòla** (Fischsuppe, gegen Vorbestellung), Pesce spada oder Grillgerichte aus hiesigem Fleisch an. Als Dessert locken Tiramisù all'arancia oder klassischer **Canestrello** (glaciertes Gebäck) mit Moscato. Gut zusammengestellte regionale Weinauswahl. Es gibt auch zwei gute Menüs für 25 und 35 €.

ISOLA DI SAN PIETRO
Carloforte

33,5 KM SÜDWESTLICH VON IGLESIAS, S.P. 84 + FÄHRE

Osteria della Tonnara Da Andrea

NEU

Moderne Osteria • Corso Battellieri, 36
Tel. (+39) 0781 / 85 57 34
Ruhetag: Mittwoch
Ferien: Mitte Januar–Mitte März
100 Plätze + 40 Plätze im Freien
Preise: 35 € • Keine Kreditkarten
Mittags und abends geöffnet, Oktober–April nur abends

Die außergewöhnliche Gastronomie in Carloforte, das zwischen dem Meer und einzigartigen Landschaften mit unberührter Natur gelegen ist, geht auf eine Gemeinschaft ligurischer Fischer zurück, die sich auf der Insel San Pietro angesiedelt haben. Sie waren es auch, die die Tradition eines selektiven und nachhaltigen Fangs des roten Thunfischs, das heißt eines „Eilfangs" (Fangzeit von Mai bis Juni), mit der Verwendung von Käfigen initiirten, die entlang den natürlichen Wegen der Fische angelegt sind. Küchenchef Andrea Rosso kocht saisonal und mit kreativen Akzenten in einem nicht einfachen Umfeld für jene, die von der Fischerei leben: Thunfisch ist daher in vielen Rezepten vertreten. Opulent präsentiert sich der Antipasti-Mix (18 €) mit Involtini di melanzane, ***Cappunadda*** (gesalzenem Thunfisch, Gurken und Tomaten auf Zwieback), Carpaccio di pesce spada, Tris di sarde ai peperoni, limone e basilico, Gamberi in tempura und Misto tonno mit Musciame, Bottarga und Filetti sott'olio. **Cascà** (Couscous) **alle verdure**, **Bobba** (Suprême aus getrockneten Dicken Bohnen), Lasagne tonno e pesto, Spaghetti alla bottarga und Fresine di Andrea (mit grünen und schwarzen Oliven, Kapern, Schafkäse und Zitronenschale; 12 €) sind Traditionsgerichte in leicht überarbeiteter Form. Als Alternative kann man Pasticcio di crostacei oder **Cassulli alla carlofortina** (mit Tomaten, Thunfisch und Pesto, 12 €) wählen. Bei den Secondi sollten Sie sich Tonno oder **Ventresca**, gebraten, als Tagliata oder **alla tabarkina** (mit Tomaten, Weißwein und Lorbeer, 16 €), nicht entgehen lassen. Beschließen Sie Ihre Mahlzeit mit Canestrello all'anice zum Eintauchen in Moscato oder mit Cassata (aus Ricotta und weißer Schokolade, 6 €). Der Keller hält ein hervorragendes Angebot an Weinen, Likören und regionalen Bieren bereit.

ISOLA DI SANT'ANTIOCO
Calasetta

28 KM SÜDWESTL. V. CARBONIA, 49 KM V. IGLESIAS

Da Pasqualino

Restaurant
Via Regina Margherita, 85
Tel. (+39) 07 81 / 884 73
Ruhetag: Dienstag, außer im Sommer
Ferien: 15. Januar–28. Februar, 2 Wochen im November
70 Plätze + 20 Plätze im Freien
Preise: 35 €
Kreditkarten: AE, CS, MC, Visa; BM
Mittags und abends geöffnet

Wenn Sie das Sulcis besuchen und sich entschließen, auf die Insel Sant'Antioco zu fahren, kehren Sie bei Pasqualino in Calasetta ein. Sie werden es nicht bereuen, denn es erwartet Sie eine derselben, aber zuverlässige Trattoria, die nunmehr seit drei Generationen von einer Familie geführt wird. Der aufrichtig herzliche Empfang und die voll und ganz von der Umgebung inspirierte Küche werden Sie erobern. Meeresgerichte sind vorherrschend, aber die Wahl wird Ihnen nicht leichtfallen; folgen Sie daher den Empfehlungen des freundlichen Personals, das Ihnen sofort das Gefühl vermittelt, willkommen zu sein. Wir raten Ihnen, mit **Insalata di mare** (10 €) und **Misto di affettati di pesce** (11 €), einem für die hiesige Küche sehr repräsentativen Gericht, zu beginnen. Bei den Primi haben Sie die Wahl zwischen **Cuscus di pesce** (14 €), das aus Hartweizengrieß handwerklich erzeugt wird, und eher klassischen, aber gleichfalls köstlichen **Spaghetti alla marinara** (11 €). Die Qual der Wahl setzt sich bei den Secondi fort: Greifen Sie zu **Cozze alla marinara** (8,50 €), hervorragender Frittura mista (14 €) oder **Orata alla griglia** (4,50 € pro 100 Gramm). Die Dolci des Hauses verdienen noch eine letzte Anstrengung, und zwar *Sebadas* (4 €), Sorbetto (3 €) oder das süße Tagesangebot, bei dem Sie stets feine Überraschungen erwarten. Die Weinkarte ist ausschließlich regional sortiert. Ausgezeichnete Weine aus lokalen Winzerbetrieben repräsentieren vortrefflich ein Gebiet, das alle Trümpfe in der Hand hat, um sich auch in Sachen Weinkultur zu behaupten.

ITTIRI
Butios

25 KM SÜDLICH VON SASSARI

Su Recreu

Ferienbauernhof
Camedda, Strada Provinciale 28 Ittiri-Romana
Tel. (+39) 079 / 44 24 56,
(+39) 335 / 652 97 46
Ruhetag: Montag
Keine Ferien
80 Plätze + 100 Plätze im Freien
Preise: 30–35 € (Tagesmenü)
Alle Kreditkarten; BM
Mittags und abends geöffnet

Nicht weit von Ittiri, dessen Trachythäuser an seine adelige Vergangenheit erinnern, erheben sich die Hügel des Logudoro mit unberührten Landschaften, Nuraghen und einzigartigen Handwerksbetrieben. Hier halten Gavino und Piera Demontis den Sinn für echte Landwirtschaft aufrecht, den sie mit Freude Kindern im Lehrbauernhof und Gästen vermitteln, die die Speisen aus der Küche und die Ruhe der *Domittas* genannten Häuschen inmitten der Felder genießen. Viehzucht ist eine weitere Säule des Ferienbauernhofs, der typische Gerichte von hoher Qualität in saisonalen Menüs zusammengefasst bietet: Recreu (Antipasti, Primi, Secondi, Beilagen und Desserts, 30 €), Buttios (Antipasti, Primi und nur ein Secondo, 25 €) und Pitzinnos (für Kinder, 15 €). Die deftigen Antipasti bestehen aus Salumi, Formaggi, darunter **Tenerello fresco** (Primo sale aus Ziegenmilch), Gemüse, in Öl und süßsauer eingelegt und in Backteig, sowie Zuppe di legumi und Sauerteigbrot. Unter den Primi sind klassische ***Mariposas*** (Cannelloni mit Tenerello und Spargel), Ravioli di ricotta ai carciofi, ***Pane zichi*** (getoastet und in Schafbrühe gekocht) **alle zucchine e fiori di zucca** und Gnocchetti al sugo di pecora. An Fleisch gibt es **Capretto con finocchietto e olive**, **Coratella con cipolle in agrodolce**, Porcetto arrosto oder Rollata di agnello alle erbe con verdure dell'orto. Abschließend warten ***Recreu***, eine frittierte und mit Honig verfeinerte Teigtasche mit Käse-Orangen-Füllung, Crostate mit hausgemachten Konfitüren oder Feingebäck mit ebenfalls hausgemachten Likören.

»*Die geschlossene Versorgungskette ist ein exzellentes Beispiel ihrer Art. Piera bietet ein superbes gastronomisches Angebot, das Gavino Demontis treffend erläutert.*«

LULA
Ogoli

46 KM NORDÖSTLICH VON NUORO, S.P. 45 U. S.P. 38

Janna e' Ruche

Ferienbauernhof
Strada Prov. Lula-Sant'Anna, Ortsteil Ogoli
Tel. (+39) 347 / 792 33 93,
(+39) 333 / 846 49 83
Ferien: Januar/Februar
200 Plätze + 100 Plätze im Freien
Preise: 25–27 € (Tagesmenü)
Keine Kreditkarten
Samstag und Sonntag mittags und abends geöffnet, Montag–Freitag gegen Vorbestellung

Wir befinden uns an der Straße in Richtung Sant'Anna rund zehn Kilometer von Lula entfernt, einem Ort, der in der Vergangenheit für seinen Minen bekannt war. Der in den Achtzigerjahren entstandene Betrieb ist sehr schön und erstreckt sich über 120 Hektar zwischen Wäldern und dem Montalba, einem Berg aus Kalkfelsen mit vielfältiger Fauna. Die Eigentümer züchten Schafe, Kühe, Ziegen und Schweine und bauen im Garten Gemüse an, das in der Küche verarbeitet wird. Das Menü bietet einige Spezialitäten aus dem Betrieb mit besonderem Schwerpunkt auf Ziegenmilch und ihren Derivaten. Man beginnt mit einer großen Anzahl an Vorspeisen, die vorwiegend aus Gemüse zubereitet sind: Kohl, Auberginen, **Peperoni sott'olio**, Guanciale, Prosciutto sowie Fritture aus Auberginen, Zucchini und Paprikaschoten. Darauf folgen Frattaglie di maiale in agrodolce, Polpette di salsiccia und besondere Rondelle di zucchine farcite con formaggio fresco di capra e pomodorini. Sehr gut ist ***Pane 'e gherda***, ein winterliches Gericht, das aus einer Focaccia mit Schweinegrieben besteht. Danach gibt es Torte salate ripiene di verdure, Formaggio misto di capra e di mucca und ***Casadinas*** **salate** ripiene di formaggi misti e menta. Unter den Primi sind hervorragende ***Maccarrones de busa***, eine Art Bucatini mit Sauce, die mit reichlich Käse aufgetischt werden, und Ravioli ripieni di ricotta di capra e spinaci. Als Fleischgericht bietet sich neben traditionellem **Maialetto** ein sehr würziges, in Rotwein gegartes **Cinghiale in umido** an. Von den Desserts müssen Sie unbedingt *Sebada* mit Honig probieren. Der Hauswein ist ein ausgezeichneter Cannonau mit angenehmem Alkoholgehalt.

MAGOMADAS

54 KM NÖRDLICH VON ORISTANO, S.S. 292

Da Riccardo

Trattoria
Via Vittorio Emanuele, 13–15
Tel. (+39) 07 85 / 356 31
Ruhetag: Dienstag
Ferien: zeitweise im November
35 Plätze + 10 Plätze im Freien
Preise: 25–30 €
Keine Kreditkarten
Mittags und abends geöffnet

Die von einer Familie geführte Trattoria Da Riccardo liegt an der Hauptstraße von Magomadas beinahe gegenüber dem Rathaus und wartet mit einem ruhigen Gastraum und einem kleinen Hof mit ein paar Tischen auf. Das Menü wird jeden Tag abgestimmt auf das Fangergebnis und das saisonal verfügbare Gemüse zusammengestellt. Zu den Antipasti zählen **Sardine con cipolle** oder impanate e fritte, Bocconi mit hausgemachtem Gemüse in Öl und Insalata con tonno; der Antipasti-Mix ist für 12 € erhältlich. Riccados Frau, die Königin der Küche, kombiniert die Zutaten und verwöhnt uns mit fabelhaften Trofie con porcini e pesce spada (10 €) und weniger ausgefallenen **Tagliatelle** oder Spaghetti **con l'aragosta** (15 €). Im Winter findet sich eine köstliche **Zuppa con fave e finocchietto** auf der Karte, während Ravioli und *Culurgiones* stets auf dem Programm stehen. Unübertreffliche Hauptgerichte sind **Pesce alla griglia** (Schwertisch 7 € pro 100 Gramm, Meeräsche 4 € pro 100 Gramm) oder Fisch mit Wildfenchel und Zichorie gegart, die auch als Beilage (4 €) serviert werden. Das Kapitel Desserts sieht klassische ***Sebada***, Ricotta con cannella e miele, verschiedene Kuchen und Semifreddi vor, die aus gerade verfügbaren Zutaten erzeugt werden. Der Hauswein, ein Weiß- oder Rotwein aus Cabras, ist in Ordnung und trinkt sich angenehm. Wenn Sie Lust haben zu plaudern, wird Ihnen Riccardo gerne von seiner Leidenschaft für Honig erzählen, den er selbst erzeugt, und von seinen Ausflügen auf der Suche nach Pilzen, Wildspargel und Wildkräutern; außerdem beschreibt er Ihnen die Merkmale und Vorzüge der Fische, die er von den Fischern aus dem nahen Bosa kauft und im kleinen Hof hinter dem Restaurant brät.

18 KM SÜDLICH VON NUORO, S.S. 389

Sa Rosada

Restaurant mit Übernachtungsmöglichkeit
Piazza Europa, 2
Tel. (+39) 07 84 / 567 13
Ruhetag: Mittwoch
Ferien: zeitweise im November
30 Plätze + 20 Plätze im Freien
Preise: 25–30 €
Kreditkarten: CS, DC, MC, Visa; BM
Mittags und abends geöffnet

Augusto Sanna, der liebenswürdige Patron des Sa Rosada, ist ein überzeugter Unterstützer der These, wonach der frühere argentinische Präsident Juan Peron in Wirklichkeit ein Bürger Mamoiadas mit dem wahren Namen Giovanni Piras gewesen sein soll, der 1909 nach Argentinien auswanderte. Daher rührt der Name des Restaurants mit Übernachtungsmöglichkeit, der auf den Sitz des Präsidenten in Buenos Aires anspielt. Ihre Aufgabe ist es, den Besuch in einem Lokal zu genießen, das im Hinblick auf sein Ambiente und kulinarisches Angebot vollkommen im Gebiet verhaftet ist. Der Gastraum mit den Masken der berühmten *Mamuttones* und der sommerliche Sitzbereich im Hof sind wunderschön. Was auf den Tisch kommt, hängt von der Saison ab, ist jedoch stets Ausdruck der lokalen Tradition. Das komplette Menü, das einen guten Cannonau einschließt, kostet 30 €, während man 25 € bezahlt, wenn man den Hauptgang weglässt. Wir haben eine Reihe von warmen Gerichten mit Beigabe von Tomaten probiert: **Piedini d'agnello**, Trippa e patate, **Cordula** (Lammeingeweide), danach Melanzane ripiene di cervelletto fritto, Prosciutto aus Villagrande, Guanciale und Pecorino lokaler Herkunft. Auch die Primi wie ***Culurgiones* ogliastrini**, Ravioli di ricotta e spinaci und ***Malloreddus* con salsiccia e melanzane** sind mit Tomaten zubereitet. Als Secondo können Sie zwischen Fleisch von Schafen lokaler Aufzucht wählen, das auf dem Grill gegart wird, oder zu Cinghiale oder **Agnello in umido** greifen. Abschließend genießen Sie perfekte *Sebada* al miele, hausgemachtes Tiramisù della casa oder traditionelles Pan di sapa. Zu trinken gibt es neben dem erwähnten offenen Rotwein einige Etiketten aus dem Umland.

Il Portico

Restaurant
Via Monsignor Bua, 13
Tel. (+39) 07 84 / 21 76 41,
(+39) 07 84 / 23 29 09,
(+39) 331 / 929 41 19
Ruhetag: Mittwoch
Ferien: letzten 2 Januar- und Juliwochen
40 Plätze • Preise: ⊞ 35–40 €
Kreditkarten: CS, MC, Visa; BM
Mittags und abends geöffnet

Das Restaurant befindet sich am Beginn des Anstiegs, der zur Kathedrale Santa Maria della Neve führt, und damit in einer der schönsten Gegenden der Stadt. Mit seinen Gewölbedecken und den weit auseinanderstehenden, schön gedeckten Tischen präsentiert es sich sehr elegant. Für den Service zuständig ist der ebenso liebenswürdige wie kompetente Graziano Ladu, unterstützt von Vania Tolu. Das kulinarische Angebot konzentriert sich (mit Ausnahme eines vegetarischen Menüs) beinahe ausschließlich auf das Meer und zielt darauf ab, frischen Fisch aus dem Golfo Aranci durch kreative Rezepte zur Geltung zu bringen, bei denen auch Saisongemüse ins rechte Licht gerückt wird. Neben dem Degustationsmenü mit Meeresgerichten für 40 € (für mindestens zwei Personen) können Sie reichhaltige und fantasievolle Antipasti (der komplette Mix kostet 18 €) probieren, von denen wir Filetti di triglia in crosta, **Calamari spillo in crema di cavolo**, **Flan di pecorino, bottarga e cuori di carciofo** und Filetti di sgombro al vapore (alle zwischen 9 und 11 €) gut fanden. Von den Primi schmecken hervorragende **Zuppetta di fregola con asparagi e pescato del giorno** (12 €), klassische Spaghetti con bottarga, calamari, vongole e pomodorini (11 €) und – für Freunde von Fleisch – handwerklich erzeugte **Gnocchetti con ragù d'agnello** (9,50 €). Ein Secondo, das Sie unbedingt probieren sollten, ist Cartoccio al carasau di orata e gamberi (15 €). Erwähnt sei, dass Frittiertes überhaupt nicht vorgesehen ist. Kreativität prägt die Desserts, die sardische Klassiker in neuem Kleid darstellen, wie **Mousse di ricotta e sapa all'arancia** (5 €) oder die Selektion an Feingebäck (5 €). Die ordentliche Weinkarte nennt interessante Etiketten aus dem Gebiet.

Il Rifugio

Restaurant-Pizzeria
Via Antonio Mereu, 28–36
Tel. (+39) 07 84 / 23 23 55
Ruhetag: Mittwoch
Keine Ferien
70 Plätze
Preise: 35 €
Kreditkarten: AE, CS, MC, Visa; BM
Mittags und abends geöffnet

Das Il Rifugio in Nuoros Altstadt, wenige Meter vom Dom entfernt, ist eine ideale Adresse für Liebhaber guter Küche. Die Küchenchefs Silverio und Francesco Nanu verwöhnen Sie mit meisterhaft zubereiteten Traditionsgerichten, aber auch fantasievollen innovativen Speisen. Hier setzt man auf rigorose Auswahl frischer Saisonzutaten in erstklassiger Qualität, von denen viele aus Slow-Food-Presidi stammen (Fiore sardo, Pecorino aus Osilo, Safran aus San Gavino, Pompìa). Sie können zwischen Festlands- und Meeresküche wählen, aber es gibt auch ein traditionelles Degustationsmenü für 30 €. Unter den Antipasti sind Prosciutto di cinghiale und di capra, Lardo und Guanciale aus dem Fleisch frei lebend gezüchteter Schweine (10 €), Crostini con ricotta e miele di castagno, **Tempura di asparagi di mare** (Queller) **in agrodolce** (10 €) oder Ostriche (Austern) aus San Teodoro (12 €). Einige der unzähligen Primi sind ***Culurgiones*** **ogliastrini** con crema di pecorino, guanciale, mandorle e buccia d'arancia (12 €), ***Maccarones de busa*** (handgemache Bucatini) **con vongole e bottarga di muggine** (12 €) und würziger **Pistizzone**, das heißt mit Schattenfisch und Queller vermengte Fregola (11 €). Vortreffliche Secondi sind **Pecora** sarda **con patate e fagiolini** (10 €) und Tonno con indivia e aceto balsamico (16 €). Als Dessert locken Parfait alla grappa oder Semifreddo al miele d'arancio e pecorino con abbamele. Das schöne Kellerangebot umfasst italienische Weine, die besten sardischen Tropfen und Biere aus Kleinbrauereien.

»
Ein Lokal, das sich durch Qualität der Zutaten, freundlichen Empfang und Erfolg von anderen abhebt. Ein perfektes Beispiel für die von Weide- und Landwirtschaft geprägte Küche Sardiniens.
«

Montiblu

Restaurant-Pizzeria
Via Roma, 22
Tel. (+39) 07 84 / 23 14 43,
(+39) 335 / 878 77 89
Ruhetag: Montag
Keine Ferien
80 Plätze + 30 Plätze im Freien
Preise: 35–40 €
Alle Kreditkarten; BM
Mittags und abends geöffnet

In einer hübsch renovierten Villa mit Blick auf die Piazza Deledda befindet sich das Montiblu im dritten Stock eines Concept Stores, der neben kulinarischen Erlebnissen auch Mode und Wohnaccessoires bietet. Diese Letzteren sind integrierter Bestandteil des Lokals und begleiten den Gast auf einem Parcours über Treppen und durch gemütliche Räume im Vintage- und Shabby-Chic-Stil. Von diesem Empfang gut eingestimmt, widmet man sich der Küche, die sich in ihrer Schlichtheit als äußerst hochwertig erweist. Die Selektion der Antipasti misti di mare (22 €) würde allein schon für ein Mittagessen ausreichen, denn sie besteht aus zehn Kostproben, die in einer Sequenz von Geschmack und Fantasie serviert werden. Wenn Sie nicht übertreiben wollen, können Sie auch nur einzelne Gerichte wählen, von denen wir **Insalatina tiepida di seppie con ceci e pancetta croccante** (11 €) und die Selektion der sardischen Salumi (11 €) nennen. Als Primi bieten sich ***Maharrones de busa*** (auf Eisenstäbe gewickelte Pasta) **con salsa di porcini e scampi** (15 €), Spaghetti alla carbonara di verdure (10 €) und **Raviolini neri di carciofi con salsa ai gamberi** (16 €) an. Es ist nicht einfach, dann noch ein Secondo zu verspeisen, aber es lohnt sich, unter anderem **Fritto del pescatore** (15 €), Trancio di pesce in guazzetto di carciofi (16 €) und **Cotoletta con patate fritte di Ovodda** (14 €) zu versuchen. Bei den ausnahmslos selbst gemachten Dolci haben Sie die Möglichkeit, Löffeldesserts wie Crema ai frutti di bosco und Semifreddo all'arancia (6 €) zu wählen, die an den Tisch serviert werden, oder sich ein Stück Kuchen im angenehmen Teesalon oder im Café im Erdgeschoss zu genehmigen.

NUXIS

29 KM ÖSTLICH VON CARBONIA, 39 KM VON IGLESIAS

Letizia

Restaurant-Pizzeria
Via San Pietro, 12–14
Tel. (+39) 07 81 / 95 70 21
Ruhetag: Dienstag
Ferien: zeitweise im Winter
80 Plätze + 100 Plätze im Freien
Preise: 30–35 €
Kreditkarten: CS, DC, MC, Visa; BM
Mittags und abends geöffnet

Nuxis ist eine kleine Gemeinde im unteren Sulcis, weit vom Meer entfernt, aber von fruchtbaren Hügeln umgeben, wo die Familie Fanutza Wildkräuter und Pilze sammelt und in der Küche nach traditionellen Rezepten zu originellen Gerichten und Saucen für Pasta und Fleisch verarbeitet. Das Lokal ist mit alten Gegenständen, Stoffen und Fotos dekoriert, die Geschichten aus dem Bergwerk und dem Landleben erzählen. Ein wundervoller Garten mit einem Fischbecken und einer Laube macht ein sommerliches Abendessen noch angenehmer, ebenso wie die hervorragende Pizza aus dem Holzofen, aus dem auch die Focacce und das selbst gebackene Brot kommen, die man Ihnen an den Tisch bringt. Vor allem bei den Antipasti (die ganze Palette kostet 18 €) werden Sie die Vielfalt der Jahreszeiten schmecken: Tortino di malva e ortica, **Flan di tarassaco aglio e ricotta mustia**, Frittelle di erbe, salumi, **Fritture** di verdure oder **di funghi** und Strudel con lardo, melanzane e ricotta. Von den Primi dürfen Sie sich **Ravioli di formaggio all'ortica** (10 €) nicht entgehen lassen, die aber auch in der Version ai porcini (mit Steinpilzen) ebenso wie Lasagne di pane carasau con porcini e salsiccia ein herrliches Geschmackserlebnis vermitteln. Von den Secondi heben wir **Stufato di capra ai profumi diversi** (Sandthymian und Thymian, 16 €) oder **Cinghiale in umido** hervor. Die Süßspeisen (6 €) lassen bei den verschiedenen Cremes, Eissorten und handwerklich erzeugten Sorbetti al caffè, al mirto, ai funghi und finocchietto einen Hauch Kreativität erkennen. Eine Alternative wäre gutes Millefoglie ai frutti di bosco. Der Service ist höflich und liebenswürdig, bei der Präsentation der Speisen vielleicht aber ein bisschen zu kurz angebunden.

OLIENA

12 KM SÜDÖSTLICH VON NUORO

Gikappa

Restaurant-Pizzeria mit Übernachtungsmöglichkeit
Corso Martin Luther King, 2–4
Tel. (+39) 07 84 / 28 80 24,
(+39) 07 84 / 28 87 33,
(+39) 347 / 794 78 58
Kein Ruhetag • Keine Ferien
100 Plätze + 50 Plätze im Freien
Preise: 30 € • Alle Kreditkarten; BM
Mittags und abends geöffnet

Die neue Zusammensetzung der Gesellschaft hat zu einer Änderung des Restaurantnamens in Gikappa geführt und gleichzeitig ein bisschen Frische in das kürzlich renovierte Lokal gebracht. Abgesehen davon hat sich nichts geändert, denn die beiden altgedienten Eigentümer Cenceddu und Killeddu stehen mit ihren Familien nach wie vor am Ruder und begrüßen Sie mit derselben Herzlichkeit und demselben unvergesslichen kulinarischen Angebot. Bei den Vorspeisen stellt die Selektion des Hauses (12 €) wie immer einen guten Einstieg dar und setzt sich aus lokalen Wurstspezialitäten, Käse und Oliven, in Petersilie und Knoblauch geschwenkten Pilzen und unterschiedlichem Saisongemüse zusammen. Schmackhaft und interessant ist das Angebot an Pasta aus traditioneller handwerklicher Erzeugung wie ***Macarrones hurriaos*** (7 €), mithilfe eines Eisenstabs von Hand erzeugte Röhrennudeln, in den Versionen **con pecorino filante** oder al pomodoro, und *Culurgiones* (7 €), typische Teigtäschchen aus Kartoffelteig, die ährenförmig verschlossen sind. Das Fleischangebot hängt von der Saison ab. Es gibt unter anderem ein ungemein schmackhaftes **Agnello al finocchietto** (9 €) und gegen Vorbestellung ein fantastisches **Porcetto arrosto** (10 €). Sehr interessant ist die Selektion der **Formaggi** (8 €), etwa unterschiedlich gereifte Pecorini und geräucherte Ricotta, die auf Wunsch mit fabelhafter Pompìa (Slow-Food-Presidio) kombiniert werden, einer kandierten und mit Honig verfeinerten Zitrusfrucht. Alternativ dazu können Sie Ihr Menü mit geschmolzenem Pecorino oder mit klassischen, aber nie trivialen *Seadas* abschließen, die hier mit Honig aus Baumerdbeeren oder Esskastanien angerichtet werden. Es sind drei Degustationsmenüs für 25, 30 und 35 € erhältlich.

Da Gino

Trattoria
Via Tirso, 13
Tel. (+39) 07 83 / 714 28
Ruhetag: Sonntag
Ferien: unterschiedlich
40 Plätze
Preise: 35 €
Kreditkarten: CS, MC, Visa; BM
Mittags und abends geöffnet

Die Trattoria Da Gino in unmittelbarer Nähe der Altstadt von Oristano ist leicht zu finden und bietet sich für eine Einkehr geradezu an. Nazzaro wird Sie höflich begrüßen und Ihnen ein Menü vorstellen, das stets einige vom aktuellen Marktangebot bestimmte Variationen enthält. Als Antipasti finden Sie neben den Vorspeisen vom Wagen **Verdure in agrodolce** und alla griglia, Insalata di polpo, **Moscardini affogati** und, wenn Sie Glück haben, Orziadas (Seeanemonen) und **Crostini con i ricci** (10 €), die Sie absolut probieren müssen. Das Menü ist reich an Fisch- und Festlandsgerichten, aber die Kreativität des Kochs Tonino Cappeddu kommt bei den Meeresgerichten am besten zum Vorschein. Von den Primi schmeckt besonders Pasta con gamberi e funghi (10 €), con bottarga e carciofi, al nero di seppia oder con i ricci, aber auch **Gnocchi alla campidanese** (8 €) und Ravioli al ragù sind gut. Die Secondi kommen ganz klassisch daher, und zwar in Form von Pesce spada (Schwertfisch), Calamari, Seppie (Tintenfischen), Triglie (Meerbarben) und Sogliole (Seezungen) arrosto, fritti oder in tegame (gebraten, frittiert oder geschmort). Wir probierten knuspriges Fritto misto (14 €) und **Rana pescatrice alla catalana** (14 €). Falls verfügbar, können Sie auch heimische Astici und Aragoste (11 € pro 100 Gramm) genießen; wenn Sie Fleisch bevorzugen, greifen Sie zu Tagliata ai funghi oder con la rucola. Die hausgemachten Dessert sind tadellos zubereitet. Probieren Sie neben klassischer *Sebada* auch frittierte **Raviolini di mandorle**, mit Honig oder Zucker angerichtet, Coppa di amaretti al caffè con crema e salsa di fragole oder Tiramisu. Zu trinken gibt es ein ordentliches Weinangebot und einen guten Hauswein.

ORISTANO

Josto al Duomo

NEU

Hotelrestaurant
Via Vittorio Emanuele II, 34
Tel. (+39) 07 83 / 77 80 61
Ruhetag: Sonntagabend
Ferien: unterschiedlich
70 Plätze + 25 Plätze im Freien
Preise: 28–35 €
Kreditkarten: CS, DC, MC, Visa; BM
Mittags und abends geöffnet

Sie finden dieses Restaurant in der Altstadt nahe der Kathedrale, wo im Februar die Sartiglia (Reiterspiel) stattfindet. Geführt wird es ebenso wie das Hotel von der Familie Fais. Hier können Sie die Köstlichkeiten der sardischen Küche in innovativer Interpretation probieren. Das Menü ändert sich je nach Jahreszeit und Laune des Patrons Pierluigi und seiner jungen Gehilfen Matteo und Enrico. Bahn frei also für Maiale und **Pecora al cubo** (kurz geschmort und danach paniert und im Ofen gebraten, 12 €), Filetto di muggine affumicato (Meeräschenfilet) con scorza di limone e pecorino, das Spaghettoni aus Hartweizen (14 €) verfeinert, und **Purpuzza** (Salsicciabrät) **con vellutata di cardi selvatici** (8 €). Als Alternative bieten sich Ricci di mare con crema di finocchi und Riso venere (von lokalen Reisfeldern) e verdure di stagione in tegame con uovo poché (8 €) an. Auf der Karte stehen aber auch die großen Klassiker wie **Ravioli al casizolu** (Slow-Food-Presidio) **e limone** (10 €), Frittura mista con patate fritte (22 € für zwei Personen) und **Grigliata aus hiesigem Fleisch**, auch vom Melina-Rind. Der Speisesaal ist einfach und sehr gemütlich, ebenso wie der Innengarten, in dem im Sommer Tische gedeckt werden. Man bietet auch eine umfangreiche Auswahl lokaler Käsesorten (10 €), die von Konfitüren und Honig begleitet werden. Chiara und Elisabetta bedienen Sie auf sehr freundliche Weise und beraten Sie auch bei der Auswahl der Desserts, von denen Mostaccioli mit Konfitüre und selbst gemachtem Eis (4 €) besonders köstlich sind. Respekt für die Umgebung lässt auch die Weinkarte erkennen, die – vielfach biologisch oder biodynamisch erzeugte – Weine von kleinen, aber feinen Winzern empfiehlt. Im Lokal gibt es auch einen kleinen Shop, in dem Sie typische Qualitätsprodukte kaufen können.

PATTADA

70 KM SÜDÖSTLICH VON SASSARI

Liberty

Hotelrestaurant
Via San Martino, 7
Tel. (+39) 079 / 75 53 84
Kein Ruhetag
Keine Ferien
100 Plätze
Preise: 25–35 € (Tagesmenü)
Kreditkarten: CS, MC, Visa; BM
Mittags und abends geöffnet

Pattada ist vor allem für die Erzeugung von „Pattadesi" genannten Messern bekannt und wartet mit Geschäften, Werkstätten und sogar einem Museum auf, in dem man diese traditionelle Kunst näher kennenlernen kann. Da wir hier am Kreuzungspunkt zwischen den Provinzen Olbia, Sassari und Nuoro sind, machen sich deren Traditionen auch an den Tischen dieses Hotelrestaurants bemerkbar. An seiner Spitze steht der ebenso liebenswürdige wie kompetente Tommaso Corveddu, der nach bereichernden Arbeitserfahrungen in Norditalien wieder nach Sardinien zurückgekehrt ist. Wir empfehlen das Degustationsmenü, das für 30 € die Möglichkeit bietet, zahlreiche Spezialitäten von Signora Corveddu zu probieren. Besonders verlockend sind die Antipasti (der Vorspeisenmix von der Karte kostet 12 €), die Folgendes umfassen können: Affettati (Aufschnitt) aus Produkten des Hauses, exquisite Tortini di pecorino con asparagi, porcini e zafferano, **Lingua in verde** und **Gelatina di carne in insalata**. Von den ganz traditionellen Primi erinnern wir uns an ***Pellitzas***, Stücke von handwerklich erzeugter Grieß-Pasta, **con pomodoro e formaggio** (10 €) und Ravioli pattadesi al formaggio (10 €). An Secondi gibt es vorwiegend Schmorgerichte wie **Brasato di cinghiale** (12 €) und **Agnello con carciofi, olive e finocchietto** (12 €), aber auch Braten und gegen Vorbestellung Fisch für jene, die der Festlandküche entkommen wollen. Von den Süßspeisen nennen wir abgesehen von *Sebadas* und traditionellem sardischen Feingebäck das ausgefallene Duo di sorbetti al caffè e al mirto (8 €). Der offene Wein des Hauses in Ordnung, es gibt aber auch die wichtigsten Weine aus dem Umland und einige Tropfen aus dem übrigen Italien zu trinken.

PORTO TORRES
Li Lioni

20 KM NORDWESTLICH V. SASSARI, S.P. 60 U. S.P. 61

Li Lioni

Restaurant
Staatsstraße 131-Regione Li Lioni
Tel. (+39) 079 / 50 22 86,
(+39) 340 / 522 64 68
Ruhetag: Mittwoch, im Winter auch Sonntagabend
Keine Ferien • 100 Plätze
Preise: 27–35 €
Kreditkarten: MC, Visa; BM
Mittags und abends geöffnet

Diese „Panifratteria" ist eine gute Adresse und liegt an der Stadteinfahrt in einem Garten mit schönem Baumbestand, in dem sich ein alter Landsitz mit zahlreichen Hinweisen auf das lokale Holz- und Keramikhandwerk befindet. Der Name des Lokals ist von den gut zehn Gerichten abgeleitet, deren Basis ***Pani frattau*** ist: ein traditionelles Gericht, im Wesentlichen eine Suppe, die aus Pane carasau, Tomaten und Käse zubereitet ist und auf unterschiedliche Arten mit geräucherter Ricotta, Ragout, Gemüse ... angereichert wird (6 bis 8 €). Als Alternative bieten sich Gerichte aus der lokalen und regionalen Tradition an, die aus Produkten von nachvollziehbarer Herkunft zubereitet sind. Beginnen Sie mit einem Antipasto-Mix bestehend aus **lokalen Wurstwaren** mit unterschiedlich zubereitetem Saisongemüse (10 €) und setzen Sie mit einem der originellen Primi fort, beispielsweise ***Macharones de busa* con ragù di *saccaja*** (mit Schaffleisch, Thymian und Wildfenchel, 9 €), Gnocchi *a li lioni* (Klößchen mit Fleischsauce, 8 €) oder **Ravioli di ricotta mustìa** (8 €). Lassen Sie noch Platz, um exzellente **Grigliate** di vitella oder **di pecora** (13 €), ***Vitella abis abis*** (im Holzofen geschmort, 13 €) und ausnehmend schmackhaften Pecorino arrosto (10 €) zu probieren. Denkwürdig sind die Dolci (4 €) wie traditioneller Timballo della nonna, typischer Flan di latte mit Beigabe von Ei, Kaffee und Mandeln, *Sebadas* und hiesiges Feingebäck. Zu trinken gibt es eine gute Auswahl lokaler Weine, aber auch der Hauswein aus einer bedeutenden Kellerei im nahen Usini ist wirklich in Ordnung. Für einen liebenswürdigen und entgegenkommenden Service sorgen die vier Geschwister Pintus, die Kinder der Gründer Giovanni und Baingia.

PULA
Nora

36 KM SÜDWESTLICH VON CAGLIARI, S.S. 195

Fradis Minoris

Restaurant
Laguna di Nora
Tel. (+39) 070 / 920 95 44
Ruhetag: Montag
Ferien: November–April
30 Plätze
Preise: 35 €
Kreditkarten: MC, Visa; BM
Mittags und abends geöffnet

Die Lagune von Nora dehnt sich am Rand der alten phönizisch-römischen Stadt Nora entlang der Landzunge aus, die sich hinter der dem Märtyrer Ephysius, dem Schutzpatron Sardiniens, geweihten Kirche erstreckt. Mit ihrem ruhigen, fischreichen Gewässer, das vom Meer durch eine Barriere aus Sedimenten, fossilen Überresten und Schwämmen getrennt ist, stellt sie einen einzigartigen Naturschatz mit einem vor allem bei Sonnenuntergang atemberaubenden Panorama dar. Im Gebäude des hier ansässigen Zentrums für Umwelterziehung, das das fragile Ökosystem schützt, und des Aquariums zur Rettung von Walen und Meeresschildkröten befindet sich auf einer schönen Terrasse das Restaurant Fradis Minoris. Das Speisenangebot beschränkt sich strikt auf Fisch und umweltfreundlich angebautes Gemüse. Küchenchef Emanuele Senis bietet ständig wechselnde, sehr kreative Gerichte aus wiederentdeckten weniger edlen Fischarten, die üblicherweise vernachlässigt werden. Sie haben die Wahl zwischen dem Degustationsmenü (bestehend aus zwei Antipasti, zwei Primi, einem Secondo und einem Dessert, 35 €) und den Speisen von der Karte, von denen wir Filettini di razza fritti con verdure locali e crema acida di capra, **Polpo arrosto con maionese di rape rosse** und Carpaccio di pesce con mandorle tostate e frutta fresca (18 €) hervorheben. Weiter geht es mit Zuppa di ceci, piante spontanee della laguna con pesciolini di scoglio und **Zuppa di pesce con pomodori secchi e patate alle erbe** (18 €). Ein interessantes Hauptgericht ist **Scaloppa di pesce** del giorno **con patate fritte, pomodori camone di Pula e misticanza**. Sehr gut sind die Süßspeisen wie **Fichi al vino con crema al pistacchio** oder Zuppa di fragole al fiordilatte. Das Weinangebot ist im Wesentlichen regional geprägt.

QUARTU SANT'ELENA

8 KM NORDÖSTLICH VON CAGLIARI

Pani e Casu

Restaurant
Via Eligio Porcu, 53
Tel. (+39) 070 / 867 50 32
Ruhetag: Sonntagabend, Montagmittag
Keine Ferien
90 Plätze
Preise: 35 € (Tagesmenü)
Kreditkarten: AE, CS, MC, Visa; BM
Mittags und abends geöffnet

Dieses Restaurant gehört einer alteingesessenen Gastronomenfamilie, die auch ein gleichnamiges Lokal in der Via Santa Croce in Cagliari betreibt. Wir befinden uns am Meer, aber die Inhaber haben die Entscheidung getroffen, sich ausschließlich der Festlandküche zu widmen. Geboten werden ein Degustationsmenü mit verschiedenen Kostproben von Antipasti, Primi und verschiedenen Arten Fleisch (25 €) und ein festgelegtes Menü (35 €), das einem gastronomischen Parcours im Zeichen der Weide- und Landwirtschaft der Insel folgt. Das Lokal ist sehr gemütlich; abends kann man auch angenehmen Jazzklängen lauschen. Jedes Gericht wird Ihnen sympathischerweise auf Sardisch und Italienisch präsentiert. Man beginnt mit einer Reihe von Speisen, die je nach Saison von Ricotta mustia, einer großen Wurstauswahl, Favette con pancetta bis zu einem deliziösen Antipasto reichen, der aus Kichererbsen, Kirschtomaten, Rucola und Crostini aus Brot besteht. Ausgezeichnet sind Melanzane in rosso con crema di capperi. Von den Primi empfehlen wir Ihnen Ravioli di ricotta, di carciofi oder di cipolle, **Fregola sarda al pomodoro e pecorino** und klassische ***Malloreddus* alla campidanese con sugo di salsiccia**. Unter den Secondi sind **Capra in umido con lo zafferano**, Stufato di **cinghiale al Cannonau**, Lumache al sugo piccante, Trippa con menta, Gallina ripiena und **Cordula di agnello con piselli**. Interessant sind auch Arrosti di asino, cavallo und di maiale, Bistecca di vitella oder di agnello und di castrato. Zum Abschluss lockt traditionelles sardisches Feingebäck wie Amaretti, Guelfi und *Pirichittos*. Guter Hauswein und umfangreiche Auswahl an Tropfen aus den besten sardischen Winzerbetrieben.

33 KM NÖRDLICH VON ORISTANO

Antica Dimora del Gruccione

Hotelrestaurant
Via Obinu, 31
Tel. (+39) 07 83 / 55 20 35,
(+39) 07 83 / 55 03 00
Kein Ruhetag • Ferien: Januar
50 Plätze • Preise: 35 € (Tagesmenü)
Kreditkarten: CS, MC, Visa; BM
Abends geöffnet

Die Antica Dimora ist wegen ihrer Schönheit, ihres ruhigen Hofes und ihrer höflichen Hausherrin ein ganz besonderer Ort. Seit mehr als zehn Jahren beleben Workshops und kleine Events die Abende, an denen es niemals an gutem Essen fehlt. Der aufstrebende Küchenchef ist nun Riccardo Porceddu, der mit Unterstützung von Daniele Craba zwei Degustationsmenüs anbietet, ein traditionelles und ein vegetarisches. Bei beiden verbinden sich Produkte aus kurzen lokalen Versorgungsketten und sardischen Slow-Food-Presidi mit Samen, Beeren und Gewürzen: ein Engagement, das auf den Respekt und die Sensibilität gegenüber der Umwelt sowie die Stützung des fairen Markts abzielt. Als Vorspeise können Sie **Crocchette di casizolu** con panatura di mais e olive con pesto di rucola oder Insalatina di suino locale con caprino di Ittiri, cipolla rossa in agrodolce, senape e tartufo di Nurallao genießen. Es folgen hausgemachte Pasta mit Füllung auf Basis von Wildkräutern und **Crema di finocchi con riso venere e *ghisadu*** (mit geschmortem Fleisch vom Bue rosso). Unter den Secondi sind Rollè di coniglio und Prosciutto crudo del Montiferru con verze tartufate e riduzione di Vernaccia, **Stinco di razza sardo modicana**, aber auch Millefoglie di polenta grigliata, Bietole all'aglio und Crema di pomodoro arrosto. Hervorragend ist das Sauerteigbrot aus Bäckereien in der Umgebung, unverzichtbar sind die Desserts wie Mousse di ricotta gentile al basilico con macedonia di frutta fresca e secca, **Budino di riso venere** con spuma di *gioddu* al limone und Croccante alla nocciola di Belvì.

SANTU LUSSURGIU

33 KM NÖRDLICH VON ORISTANO

Sas Benas

Restaurant mit Übernachtungsmöglichkeit
Piazza San Giovanni, 31
Tel. (+39) 07 83 / 55 08 70,
8+39) 338 / 291 22 04
Ruhetag: Montag
Keine Ferien
50 Plätze
Preise: 25–35 €
Alle Kreditkarten; BM
Mittags und abends geöffnet

In dem an edlen Produkten reichen Montiferru ragen Bue rosso (Fleisch vom Sardo-Modicana-Rind) und Casizolu (Filatakäse aus Kuhmilch) heraus, beide von Slow-Food-Presidi geschützt. Inmitten von Wäldern, deren Duft über die Weiden weht, liegt der reizende Ort Santu Lussurgiu mit Steinhäusern, der für farbenfrohe Karnevalsveranstaltungen, traditionelle Chöre sowie für handwerklich erzeugte Messer und Brände berühmt ist. Das Sas Benas bietet als „Albergo diffuso“ Unterkunft in mehreren nicht weit voneinander entfernten Patrizierhäusern und ein Restaurant mit Küche aus unverfälschten hiesigen Produkten, in der Tradition und interessante Kreativität miteinander verschmelzen. Geboten werden Festlandsgerichte, die um Produkte aus lokalen Slow-Food-Presidi kreisen. Neben À-la-carte-Speisen gibt es drei festgelegte Menüs (22, 25 und 35 €). Auf Bruschette aus Sauerteigbrot, **Casizolu fuso su pane carasau** (8 €), Zucchine ripiene und **Bue rosso** als Carpaccio mit Rucola und Casizolu oder als **Bollito con insalatina di olive e pomodori** folgen **Cestino Montiferru** (13 €) – Linguine mit Fleischsauce vom Bue rosso oder mit Steinpilzen in einem Casizolu-Körbchen –, Linguine al cinghiale e porcini oder al radicchio e funghi und Ravioli di formaggio al pomodoro. Als Secondi gibt es Fleisch vom Sardo-Modicana-Rind: **Tagliata con rucola e casizolu** (12 €) oder con porcini, Costata, Fagottini ripieni oder Filetto. Alternativen wären Maialetto (15 €) und Vitella arrosto. Ein besonders gutes Dessert ist Semifreddo al mirto e al corbezzolo (5 €). Guter roter Hauswein und hochwertige regionale Weine.

»Die Eigentümer zeigen Beständigkeit in der Aufwertung lokaler Produkte und werden Tradition und Kreativität gleichermaßen gerecht.«

L'Assassino

Trattoria
Via Pettenadu, 19
Tel. (+39) 079 / 23 34 63,
(+39) 333 / 628 49 03
Ruhetag: Sonntagabend
Ferien: 15.–30. August
120 Plätze + 80 Plätze im Freien
Preise: 23–35 €
Alle Kreditkarten; BM
Mittags und abends geöffnet

Die Trattoria befindet sich in einem charakteristischen Winkel in der Altstadt von Sassari und verfügt über eine schöne Laube, die im Sommer sehr angenehm ist. Sie ist seit jeher für typische Gerichte aus Sassari bekannt, hat aber ihr Angebot um von der Tradition weit entfernte Speisen erweitert, nämlich zahlreiche Fischgerichte mit leicht spanisch angehauchten Geschmacksnoten und einen Aperitif mit Sangria, die ihren lokaltypischen Charakter etwas vergessen lassen. Unser Rat lautet, auf bekanntem Terrain zu verweilen, und das ist auch der Grund, warum das Lokal in unserem Buch erscheint. Wählen Sie das Degustationsmenü „L'Assassinata" (mit saisonal variierenden Kostproben, 20 € für zwei Personen), das Melanzane alla sassarese, Fave aglio e prezzemolo, Trippa, Cordula, Piedini di maiale, Salsiccia con fagioli, Lumaconi in rosso, Grigliata di carne mista, Asinello und Cavallo con patate arrosto vorsieht. Falls Ihnen das komplette Angebot zu üppig ist, können Sie die Gerichte einzeln von der Karte wählen. Hervorragend sind **Fave a *ribisali* con lardo** (7 €), Trippa alla parmigiana, **Lumache *licchitte***, Lumaconi in rosso, Monzette alla sarda con aglio e prezzemolo (10 €), **Cordula con piselli** (10 €) und **Piatto da re** (frittierte Hoden und Hirn mit Kartoffeln, 16 €). Bei den Primi greifen Sie zu frischer Pasta und **Gnocchetti alla gallurese** (9 €). Als Nachspeise bietet man hausgemachte Dolci (4 €) wie *Seadas* und sardische Spezialitäten. Zu trinken gibt es Weine aus ganz Sardinien und einen zufriedenstellenden offenen Cagnulari aus eigenem Anbau.

La Vela Latina

Restaurant
Largo Sisini, 3
Tel. (+39) 079 / 23 37 37
Ruhetag: Sonntag
Ferien: August, 24. Dezember–14. Januar
40 Plätze + 20 Plätze im Freien
Preise: ⊞ 35–40 €
Kreditkarten: CS, MC, Visa; BM
Mittags und abends geöffnet

Das Lokal befindet sich in einer verkehrsberuhigten Zone in der Altstadt von Sassari. Francesco Fois bietet hier seit 1978 traditionelle Spezialitäten aus Sassari und frischen Fisch aus dem Golf von Asinara. In der Küche werken die Schwestern des Patrons, der die Gäste begrüßt und sie auf höfliche, entgegenkommende Weise unterhält. Im ruhigen Speiseraum, der von bunten Gemälden belebt wird, nimmt man an kleinen Tischen Platz, während man im Sommer auch im Freien essen und dabei das lebendige Treiben der Stadt beobachten kann. Das reichhaltige Angebot der Antipasti umspannt Misti di mare mit sechs Kostproben (18 €) oder Einzelgerichte (10 €) wie Polpo con rucola, Spiedini di calamari e zucchine, **Rana pescatrice in insalata**, Sardine marinate con cipolle, Salumi – wenn Sie Fleisch bevorzugen –, und *Gnagnarie* (Käse und Sottoli). Danach gibt es verschiedene Primi, etwa hervorragende **Spaghetti con sardine, pomodorini e capperi** (10 €), ai frutti di mare oder con gamberi e pomodoro fresco; eine andere Möglichkeit wären Zuppe di ceci, di fagioli oder di frutti di mare. Zahlreich sind auch die Secondi. Von den Fleischgerichten nennen wir Cavallo und **Asinello con patate al forno** (12 €), **Trippa al sugo e pecorino** (10 €), Cervella e granelli fritti con patate (10 €) und Lumaconi piccanti al forno oder al sugo. Das Meeresangebot sieht dagegen je nach verfügbaren Zutaten **Anguille** arrosto oder **in cassola** (14 €) und Pesce spada con capperi e pomodorini (14 €) vor. Von den Nachspeisen (4 €) heben wir *Seadas*, Feingebäck und Saisonfrüchte hervor, die auch zu Macedonia (Obstsalat) verarbeitet werden. Das Weinangebot lässt mit Etiketten aus ausschließlich sardischen Winzerbetrieben Respekt für die Umgebung erkennen.

SEDILO
Talasai

47 KM NORDÖSTLICH VON ORISTANO, S.S. 131

Da Armando

Restaurant
Ortsteil Talasai, S.S. 131 bis, km 13
Tel. (+39) 07 85 / 56 80 43,
(+39) 328 / 384 76 07
Ruhetag: Montag
Keine Ferien
50 Plätze + 40 Plätze im Freien
Preise: 30–37 €
Kreditkarten: AE, CS, MC, Visa; BM
Mittags und abends geöffnet

Das von einer Familie geleitete Restaurant Da Armando liegt am zauberhaften Lago Omodeo ein paar Hundert Meter von Sedilo entfernt und stellt seit Langem eine bewährte Adresse für gute Festland- und Meeresküche dar. Der Service ist präzise, das Personal aufmerksam. Da es keine Speisekarte gibt, zählt Ihnen die Inhaberin, die gemeinsam mit ihrem Mann den Betrieb führt, die Tagesgerichte mündlich auf. Die Preise betragen 28 bis 30 € für das Festlandsmenü und 30 bis 37 € für das Meeresmenü. Sehr interessant ist das vielfältige Angebot der Antipasti mit Fisch: Code di gamberi e baccalà in tempura, Polpette di alghe, Cozze fritte, Insalata di polpi, Aragostelle con pomodorini e cipolle dolci und schließlich Zuppetta di cozze. Wenn Sie das Festlandsmenü wählen, finden Sie hervorragende lokale Salumi und Formaggi sowie Fritture di animelle, di cervella und di verdure di stagione vor. Unter den Primi sind schmackhafte ***Sas spighittas*** (Ravioli mit Füllung aus Frischkäse und Artischocken) **con gamberi e pomodorini**. Sehr würzig sind auch **Linguine con cozze e zafferano** und Gnocchetti sardi al ragù. Unter den Secondi finden sich **Ricciola con i funghi e zafferano** oder originell dargebotene Tagliata di manzo, die nach einem alten Rezept zubereitet wird, nämlich in einer Dachpfanne im Ofen gegart und mit Rucola und Pecorinospänen verfeinert. Hervorragend sind auch die traditionellen Braten aus Fleisch lokaler Herkunft: Maialetto, Agnello und Vitella (Ferkel, Lamm und Kalb). Von den Dolci empfehlen wird neben traditioneller ***Sebada*** köstlichen Flan al caramello. Schöne Weinkarte mit den besten Tropfen aus sardischen Winzerbetrieben. Exzellente Biere aus einer kleinen Brauerei in Sedilo.

SENNARIOLO

45 KM NÖRDLICH VON ORISTANO

La Rosa dei Venti

Restaurant mit Übernachtungsmöglichkeit
Ortsteil Santa Vittoria
Tel. (+39) 349 / 068 38 62,
(+39) 340 / 272 27 13
Ruhetag: Montag
Ferien: zeitweise im Winter
80 Plätze + 30 Plätze im Freien
Preise: 28–35 €
Keine Kreditkarten
Mittags und abends geöffnet

Wenige Kilometer von den an der Küste gelegenen Ortsteilen der Gemeinde Cuglieri entfernt gibt es im ländlichen Gebiet des Montiferru seit 2002 das La Rosa dei Venti, von dem man eine atemberaubende Aussicht genießt. Seinen Rahmen bildet eine ehemalige Kaserne, die renoviert wurde. Das Gebäude hat seine traditionellen Merkmale beibehalten und umfasst auch einen Haltebereich für Campingmobile, einen Mehrzwecksaal und einige Gästezimmer. Das Ambiente ist warm und behaglich gestaltet. Es gibt einen Raum mit Kamin und eine schöne überdachte Terrasse, die von mediterraner Macchia umgeben ist. Der tüchtige und launige Küchenchef Gianluca Del Rio empfängt Sie gemeinsam mit Patrizia, die sich mit freundlichem Lächeln um die Bedienung und die Weine kümmert und Ihnen verschiedene Traditionsgerichte und einige innovative Speisen anbietet. Sehr schmackhaft sind ***Maccarrones a ferrittu*** **con sugo di pomodoro e carne di ariete** (9 €), ***Cicciones*** **alle erbe selvatiche e pecorino** (8 €) und ***Petta imbinada*** (mariniertes Schweinefleisch) **con crostini e cardi selvatici** (12 €). Als Alternative bieten sich gute Zuppa di finocchietti, Misto alla brace di carne bovina di razza melina (Fleisch vom Melina-Rind aus dem Lebensmittelbündnis), **Pistizzone *cun ghisadu*** (grobe Fregola mit Ragout, 9 €), Agliata di razza al pomodoro und *Madrighe frissa* (frittierter Hefeteig), mit Abbamele serviert, an. Das Finale bilden ausnahmslos hausgemachte Desserts wie Semifreddo al mirto und *Seada* mit Honig lokaler Herkunft. Die Zutaten werden rigoros ausgewählt, darunter Honig aus Sennariolo, Gartengemüse aus Riola, Öl aus dem Montiferru und Käse aus dem Umland. Im Keller lagern regionale Weine und Biere aus Kleinbrauereien.

19 KM NORDÖSTL. V. SASSARI, S.S. 200 U. S.P. 29

Kent'Annos

Ferienbauernhof
Ortsteil Badde Nigolosu, S.P. 29, km 10
Tel. (+39) 079 / 51 27 72,
(+39) 348 / 333 09 00
Kein Ruhetag • Keine Ferien
60 Plätze + 80 Plätze im Freien
Preise: 35 € (Tagesmenü)
Alle Kreditkarten; BM
Abends geöffnet, Oktober–Mai
Samstagabend und Sonntagmittag

Das Restaurant liegt im Herzen der Anglona auf dem Gelände der Tenute Dettori, die für die gleichnamige Kellerei und den biologischen Landwirtschaftsbetrieb bekannt sind. Vom angenehmen grünen Park, der das Gebäude umgibt, kann man eine schöne Aussicht auf die Hügel und den Golf genießen, die bei Sonnenuntergang besonders eindrucksvoll ist. Wer Lust hat, kann auch die Keller besichtigen und vor Ort Weine aus dem Betrieb kaufen. Das festgelegte Menü (35 €) sieht eine Reihe von Traditionsgerichten vor, die aus Zutaten aus eigener Erzeugung oder aus benachbarten Landwirtschaftsbetrieben zubereitet sind. An Antipasti gibt es Prosciutto, Lardo, Formaggio, Fagiolini con carote, Melanzane alla parmigiana, **Polpettine in agliata** und Peperoni in agrodolce. Die Primi sind zwei an der Zahl: **Zuppa anglonese**, aus Brot, Schaffleischbrühe sowie Kuh- und Schafmilchkäse zubereitet, und von Hand erzeugte sardische Gnocchetti mit Salsiccia. Ebenfalls zwei Wahlmöglichkeiten bietet sich bei den Secondi, die in Form von Porcetto arrosto con le patate und **Pecora in rosso con olive** vertreten sind. Zu den einzelnen Speisen reicht man hausgemachtes Brot aus selbst erzeugtem Biomehl (hervorragend ist Pane carasau). Zu trinken gibt es Weine aus dem Betrieb: einen Renosu, aus den Rebsorten Monica und Cannonau gekeltert, oder einen Vermentino mit einem Anteil von 10 Prozent Muskat. Für Kenner oder einfach nur Liebhaber oder Interessierte gibt es für einen Aufpreis von 15 € die Möglichkeit, das Menü mit der passenden Weinbegleitung aus dem Keller des Hauses zu kombinieren. Zur Abrundung des Essens bietet man Ihnen Feingebäck (Tiricche und Amaretti) mit Acquavit oder Limoncello an.

Il Purgatorio

Restaurant
Via Garibaldi, 9
Tel. (+39) 079 / 63 40 42
Ruhetag: Dienstag
Ferien: zeitweise im Winter
50 Plätze
Preise: 30–35 €
Kreditkarten: MC, Visa; BM
Mittags und abends geöffnet

Sobald Sie in die Altstadt des Hauptorts der Gallura gelangt sind, finden Sie nicht weit vom Dom dieses Lokal, dessen seltsamer Name (Fegefeuer) jenem des Stadtviertels entspricht. Es stellt eine verlässliche Adresse für alle dar, die traditionelle Küche mit ein paar Ausflügen zum nicht allzu weit entfernten Meer wünschen. Francesca Suelzu führt das kleine, ruhige Restaurant, das nicht mehr als zehn Tische aufweist, mit sicherer Hand. Man beginnt mit verschiedenen Antipasti, die von Aufschnitt aus Oliena (10 €) über **Filetto di cinghiale con pecorino** (10 €) bis zu einer Selektion von unterschiedlich zubereitetem Gemüse (12 €) reichen. Die Primi sind passenderweise sehr bodenständig: **Zuppa alla gallurese** (aus altbackenem Brot, Schafbrühe, Petersilie und Käse; stets erhältlich, aber Wartezeit möglich, 13 €), **Ravioli di ricotta dolci al limone in rosso** (10 €), *Maccherones de busa* con pomodorini, bottarga e ricotta mustia (10 €) und Tagliolini scampi e zucchine. Von den Secondi erwähnen wir Cinghiale in agrodolce (15 €), ***Rivea*** (Spießchen mit weniger edlen Fleischteilen vom Lamm, die zusammen mit Schinkenfett in Lammdärme gewickelt werden, 15 €), Formaggio arrosto (8 €) und eine gute Käseselektion aus lokalen Käsereien (6 €); darauf folgen Fritture und Grigliate di mare (15 bis 20 €). Traditionell gehalten sind die Dolci, angefangen von **Raviolini di ricotta** (manchmal auch ein einziger Raviolone) **fritti** (4 €), *Seadas* (5 €) oder Desserts mit Abbamele (Honigderivat mit Ricotta oder Eis serviert, 4 bis 5 €). Interessantes Kellerangebot mit vielen Weinen aus dem Umland und originellen Tropfen. Der Service ist höflich und akkurat.

27 KM SÜDWESTLICH VON ORISTANO

Da Lucio

Restaurant-Pizzeria
Via Sardus Pater, 34
Tel. (+39) 07 83 / 86 71 30,
(+39) 07 83 / 826 33, (+39) 348 / 837 98 94
Ruhetag: Donnerstag
Ferien: zeitweise im November
60 Plätze + 30 Plätze im Freien
Preise: 31–40 € • Alle Kreditkarten; BM
Mittags und abends geöffnet, Oktober–Mai nur mittags

Im Da Lucio zu essen, dabei auf die Fischerhäuschen und Boote im kleinen Hafen zu blicken und Speisen zu genießen, die uns Geschmacksnoten und Aromen ferner Zeiten in Erinnerung rufen, kommt einem wohltuenden Sprung in die Vergangenheit gleich. Dieses im Jahr 1971 eröffnete Lokal wird heute von Cristiano und Fabio Putzolu geführt und besticht mit traditionellen Rezepten, einfachen Zubereitungsarten und ganz frischen Zutaten wie jenen, die aus der Lagune kommen, im Besonderen *Sa cocciua niedda* (Teppichmuschel aus Marceddì), der Königin des Menüs. Wir empfehlen Ihnen einen Einstieg mit **Crudi di cozze e arselle** (10 €) und Carpacci di scampi e gamberi oder di muggine, je nach Tagesfang. Als Alternative bietet sich Antipasto misto (14 €) an, bei dem Sie Insalata di polpo, die lokale Variante der Burrida – aus gekochtem Zitterrochen und delikater Knoblauchsauce – oder **Zuppetta di arselle nere** di Marceddì probieren können. Die Primi sind reichhaltig und mit guten Saucen angerichtet: Sehr köstlich sind **Spaghetti ai frutti di mare** mit Krabben, Mies- und Venusmuscheln (12 €) und Fregola sarda in brodo. An Sommerabenden gibt es auch gute Pizza (unverzichtbar in der Version mit Meeresfrüchten). Die Secondi folgen dem Fangergebnis und den Jahreszeiten. Von März bis August können Sie auch Aragosta (Languste; 14 € pro 100 Gramm) vorfinden, aber auch **Seppie alla brace** (12 €) Grigliata mista und Frittura sind köstlich; gegen Vorbestellung serviert man **Zimino**, eine reichhaltige Fischsuppe (25 €). Den Schlusspunkt setzen traditionelle *Seadas*, sardisches Feingebäck, fabelhaftes Tiramisù al limoncello und hausgemachte Crostate mit frischen Früchten aus dem nahen Terralba. Das Degustationsmenü kostet 31 €.

23 KM SÜDLICH VON ORISTANO, S.S. 131

Grekà

Restaurant-Enoteca
Via Marceddì, 195
Tel. (+39) 0783 / 817 61,
(+39) 329 / 897 67 09,
(+39) 340 / 789 54 80
Kein Ruhetag • Keine Ferien
25 Plätze + 10 Plätze im Freien
Preise: 35 € • Alle Kreditkarten; BM
Abends geöffnet, mittags gegen Vorbestellung

Zwischen dem Monte Arci mit seinen Obsidianvorkommen und der fischreichen Lagune von Marceddì liegt die Ebene von Terralba, in der Gemüseanbau, Viehzucht und viel Fischerei betrieben werden, wobei Venus- und Miesmuscheln im Vordergrund stehen. Das Grekà von Franco und Denise Atzori ist ein kleines, erlesenes Lokal mit offener Küche, die Festlandsaromen aus einer sorgfältigen Selektion an Fleisch, Käse, Weinen und lokaler Pasta – darunter die Slow-Food-Presidi Bue rosso und Casizolu aus dem Montiferru – in einem gelungenen Mix aus Kreativität und Tradition bietet. Das Menü wechselt häufig, da auf Null-Kilometer-Produkte geachtet wird, damit ihre Frische in jedem Rezept zum Ausdruck kommt. Beginnen Sie mit **Crudi di carne** (Fleisch vom Melina-Rind, mit dem Messer gehackt, als Tatar und Carpaccio, 18 €), einer Platte mit sardischen Käse- und Wurstspezialitäten, Casizolu fuso su pane carasau con miele di sulla (8 €) oder unter Asche gegarten Melanzane und Patate. Köstliche Primi sind Zuppa di legumi con polpa di ricci, ***Lorighittas*** (typische Pasta aus Morgongiori) **con ragù di agnello, carciofi e fiore sardo** und ***Maccarones de busa*** (um einen Eisenstab gerollte Pasta) **con ragù di bue rosso** (12 €). Saftig ist das Fleisch für die Secondi, etwa bei **Tagliata di sardomodicana al pepe nero** (13 €), Pancia di cavallo (14 €), mariniert und über der Holzglut gegart, und Fiorentina aus Bortigali con patate. Alternativen wären guter Pesce affumicato in insalata und **Formaggi** mit intensivem Aroma wie Pecorino alla piastra con miele, Fiore sardo und Erborinato di pecora mit Fruchtkompott. Beenden Sie Ihre Mahlzeit mit hausgemachtem Tortino allo zabaione oder Crema catalana. Die exzellente, umfangreiche Weinkarte setzt auf viele regionale Tropfen, besonders aus autochthonen Rebsorten und kleinen Betrieben.

58 km südwestlich von Nuoro

L'Oasi

Restaurant
Via Trento, 10
Tel. (+39) 07 84 / 682 11
Ruhetag: Montag
Keine Ferien
80 Plätze
Preise: 35 € (Tagesmenü mit Hauswein)
Kreditkarten: CS, MC, Visa; BM
Mittags und abends geöffnet, im Winter abends nur gegen Vorbestellung

Luigi De Arca ist der Inhaber dieses schönen Restaurants im sardischen Hinterland, das auf viele erstklassige Produkte setzt, wie hochwertiges Fleisch, deftige Primi und Gemüse aus dem Garten und den Wäldern. Von diesen ist die Küche des Lokals inspiriert, die das Richtige für Leute ist, die bodenständige Kost genießen und der Küste mit ihrem vielfältigen Angebot an Fischgerichten einmal den Rücken kehren wollen. Sobald Sie an einem der Tische des Lokals Platz genommen haben, das eine schöne Aussicht auf die Hügel der Barbagia und des Mandrolisai bietet, schlägt man Ihnen ein reichhaltiges festgelegtes Menü vor, das dem Reigen der Jahreszeiten folgt. Den Anfang macht eine opulente Auswahl an Antipasti, unter denen Sie Funghi und **Cardi selvatici sott'olio**, *Apara* (wilde Zwiebelchen) in agrodolce, **Insalata di nervetti con fagioli e olive**, Polpettine di capra al pomodoro e chiodini, Salumi, wie Prosciutto und Salsiccia lokaler Herkunft, und **Cinghiale al vino** finden können. Beschränkter, aber nicht minder schmackhaft ist die Auswahl der Primi mit *Culurgiones* di patate e formaggio in bianco, **Ravioli di ricotta e ramolaccio al sugo** und Trofie con pecorino e ortaggi di stagione. Die Secondi stehen im Zeichen von Fleisch. Probieren Sie daher klassisches Porcetto und Agnello arrosto, Maiale alle castagne und **Vitello al tegame con funghi e rosmarino**. Die Nachspeisen liegen auf derselben Linie und setzen sich aus einigen Löffeldesserts wie Crema di mascarpone und verschiedenen Arten des berühmten Feingebäcks der Region zusammen. Das Kellerangebot stellt mit einigen guten offenen Weinen und regionalen Tropfen zufrieden, ergänzt durch hausgemachte Liköre und Acquavit.

63 km südwestlich von Nuoro, S.S. 128

Mugianeddu

Hotelrestaurant
Via Monsignor Tore, 10
Tel. (+39) 07 84 / 638 85
Ruhetag: Montag, außer im August
Ferien: 15. Januar–15. März
50 Plätze
Preise: 25–30 €
Kreditkarten: CS, MC, Visa; BM
Mittags und abends geöffnet

Tonara liegt im Herzen der Barbagia, in einem wald- und quellreichen Gebiet am Fuße des Monte Muggianeddu. Der Ort kann sich gesunder Luft und sauberen Wassers rühmen. Die Häuser der charakteristischen Altstadt sind mit Holzbalkonen versehen, dank der handwerklichen Erzeugung von Torrone und Viehglocken atmet man hier die Atmosphäre alter Zeiten. In dem seit 1965 bestehenden Restaurant herrscht ebenfalls ein angenehmes Flair. Es besteht aus zwei kleinen in Holz eingerichteten Räumen, in einem davon steht ein schöner Keramikofen, im anderen ein alter Kamin. Am Herd werkt Mauro Zucca, während sein Frau Tina den Gästen die für die Umgebung typischen Gerichte erläutert. Zu essen gibt es bodenständige Festlandskost. Man beginnt mit Antipasto misto (10 €) mit Prosciutto, Guanciale, Salsiccia secca und Saisongemüse in Backteig und aus dem Ofen, ***Bombasa cun bagna*** (Fleischbällchen mit Saft), Raviolini di formaggio fresco e menta fritti, *Casu axedu* (Milchbruch), Caglio di capretto und Piedini d'agnello piccanti. Deliziös sind danach ***Suppa e lampatzu*** (6 €) und ***Culurgiones di patate*** (7 €), für die unsere Empfehlung lautet, sie „in bianco" zu genießen. Unter den Secondi (7 €) finden sich köstliche Lumache al sugo, ***Erbè in cappotto*** (gekochtes Schaffleisch), Agnello in umido und ***Corda cun pisurze*** oder *Arrostu* (geflochtene Lamminnereien mit Erbsen oder gebraten). Zum Finale lassen Sie sich das typische Dessertangebot munden: Arrubiolos (Käsekrapfen), Pane di noci oder Torrone aus Tonara und dazu hausgemachte Liköre. Zu trinken gibt es einige lokale Weiß- und Rotweine, wir raten zum offenen Rotwein aus dem nahen Atzara.

In der Via Porru 13 gibt es Torrone von Pruneddu, ein glänzendes Beispiel für Tradition in höchster Qualität.

TORTOLÌ
Arbatax

5 KM VOM ZENTRUM, 19 KM VON LANUSEI

Lucitta

Restaurant
Viale Europa, Porto Frailis
Tel. (+39) 07 82 / 66 40 95
Ruhetag: Montag, im August Montagmittag
Ferien: Oktober–April
40 Plätze + 20 Plätze im Freien
Preise: 32–35 €
Alle Kreditkarten; BM
Abends geöffnet, mittags gegen Vorbestellung

Eine zauberhafte dem Meer zugewandte Terrasse, professioneller Empfang, Liebe zum Detail bei der Präsentation der Gerichte, lokale Zutaten, Leidenschaft und Technik bilden das Erfolgsrezept von Clelia Bandini, die seit 2011 deliziös überarbeitete Gerichte bietet. Viel Arbeitseinsatz und viel Fantasie tragen auf diese Weise dazu bei, Schaffleisch in ungemein köstliches **Carpaccio** und **Tartara aromatica** (11 €) zu verwandeln, während aus der Auseinandersetzung mit Kombinationsmöglichkeiten perfekte Verbindungen entstehen, etwa beim Tris di carpacci di pesce di mare (Thunfisch, Bernsteinmakrele und Zahnbrasse) mit frischen Früchten und zu würzigem Pulver zerstoßenen Pflanzenessenzen (15 €). Gut und vielfältig ist auch die Auswahl an selbst gebackenem Brot und an Primi, von denen Sie **Gnocchi di patate bianchi e neri con cozze, vongole e pomodori** (12 €) oder Lasagna al ragù di agnello e ricotta mustia probieren können. Unvergessliche Secondi sind **Ricciola in crosta di pane alle olive nere su guazzetto di granchio** (15 €) und Grigliata di crostacei (25 €). Das Fleisch stammt aus sehr kurzen Versorgungsketten, das heißt aus lokalen Zuchtbetrieben, und kommt in ungewöhnlichen Gerichten wie Tagliata di pecora oder in neuen Kombinationen wie **Maialino e indivia belga** (16 €) bestens zur Geltung. ***Sebadas* e gelato allo zafferano** (7 €) oder Pesche di casa sciroppate con spuma di yogurt e crumble di mandorle krönen das Mahl. Zu trinken gibt es eine gute Weinselektion, die auch regionale Tropfen enthält, und eine kleine Auswahl an Grappa und Bränden. Es sind auch zwei Degustationsmenüs erhältlich, ein Festlandsmenü für 34 €, ein Meeresmenü für 36 €.

ULASSAI

18 KM WESTLICH VON LANUSEI

Su Bullicciu

Restaurant
Ortsteil Su Marmuri
Tel. (+39) 07 82 / 798 59
Kein Ruhetag
Ferien: November–Ostern
80 Plätze + 70 Plätze im Freien
Preise: 30–35 €
Alle Kreditkarten; BM
Mittags geöffnet

Von einer Spelunke, wie der Name dieses Restaurants lautet, ist nur das Lokalschild vorhanden. Nehmen Sie Platz, und Sie werden es sofort bemerken. Das Engagement bei der Suche nach Rohstoffen ist offensichtlich, ebenso wie Sorgfalt bei der Zubereitung der Speisen. Diese sind nicht übertrieben traditionell gehalten, sondern kommen in leichteren Fassungen daher, wobei aber die für diese Gegend typische Festlandküche respektiert wird. Dank der stetigen Zusammenarbeit mit der Genossenschaft im nahen Jerzu gelangen hiesige Weine, Saisongemüse, Kartoffeln, Pilze aus den umliegenden Wäldern und Fleisch aus lokalen Zuchtbetrieben auf den Tisch. An diesen Leitlinien ist ein einfaches, aber reichhaltiges und würziges Menü ausgerichtet. Man beginnt mit hausgemachten Sottoli, die auch im opulenten Antipasto misto (9 €) enthalten sind, ebenso wie Kartoffelbrot mit vielfältigen **Salumi** und knusprigem *Pistoccu*, eine der vielen sardischen Spezialitäten zum Thema Bäckerkunst. Weiter geht es mit hausgemachten Primi wie den obligaten ***Culurgiones* di patate al pomodoro** (ährenförmig verschlossenen Teigtäschchen mit Kartoffel-Minze-Füllung, 8 €) und Gnocchetti al sugo di carne. Fleisch ist bei den Secondi der Hauptdarsteller und die Spezialität des Hauses. Probieren Sie von den unübertrefflichen regionalen Klassikern, die meist gebraten oder am Spieß zubereitet sind, Porchetto (14 €) oder exquisite **Capra** oder Pecora **aus dem Holzofen**. Wenn Sie dann noch ein bisschen Platz haben, empfehlen wir Ihnen eine Kostprobe von Schafkäse in verschiedenen Reifegraden oder eine Portion der lokalen Süßspeisen wie *Seadas* und ***Papassinas***. Es gibt auch ein reichhaltiges Degustationsmenü, das eine komplette Übersicht über das Menü bietet, Hauswein inklusive.

ALGHERO

36 km südwestl. v. Sassari, S.P. 15 d, S.S. 127 bis

La Botteghina

Restaurant-Pizzeria
Via Principe Umberto, 63
Tel. (+39) 079 / 973 83 75
Ruhetag: Donnerstag
Ferien: zeitweise im Februar und November
20 Plätze + 20 Plätze im Freien
Preise: 40 €
Kreditkarten: CS, DC, MC, Visa; BM
Mittags und abends geöffnet

Die Zutaten bleiben die Visitenkarte des schönen Restaurants: Slow-Food-Presidi, Fleisch vom Bue rosso und Melina-Rind, lokaler Fisch, hiesiges Gartengemüse. Bewährt sind auch die traditionellen, mitunter modern interpretierten Eckpfeiler des Menüs: Agliata di gattuccio (10 €), Fregola alle arselle e cozze (14 €), Hamburger aus hochwertigem Fleisch (12 €). Oder Sie wählen ausgezeichnete Pizza aus Sauerteig und biologischem Mehl der Sorte „Senatore Cappelli" oder aus Dinkel, belegt mit erstklassigen Zutaten. Köstliche hausgemachten Süßspeisen der lokalen Konditorkunst mit interessanten Ausflügen in andere Regionen. Das Kellerangebot wird den Erwartungen absolut gerecht.

ISOLA DI SANT'ANTIOCO - Sant'Antioco

28 km südwestl. v. Carbonia, 49 km v. Iglesias

Da Achille

Hotelrestaurant • Via Nazionale, 82
Tel. (+39) 07 81 / 831 05, (+39) 07 81 / 84 02 52
Ruhetag: Sonntag, außer im Sommer
Keine Ferien • 80 Plätze
Preise: 40–60 €
Kreditkarten: AE, MC, Visa; BM
Mittags und abends geöffnet

Hier vereinen sich perfekte Gastlichkeit in zauberhafter Natur mit hervorragender Küche. Am Ruder steht Achille Pinna, der in wenigen Jahren den Gipfel der gehobenen Gastronomie erklommen hat. Zur Auswahl stehen vier Degustationsmenüs, eines mit Fisch (60 €), eines mit Thunfisch (50 €), eines mit Fleisch (50 €) und ein vegetarisches Menü (40 €). Man kann auch à la carte wählen, etwa Carpacci (16 €), handwerklich erzeugte Pasta wie *Fregula* und ausgezeichnete *Lorighittas* con cozze e verdure (14 €), Scaloppa di ricciola, Cotoletta di luvaro und Grillgerichte. Bodenständige Dolci und Formaggi. Enormes Kellerangebot mit italienischen und ausländischen Weinen, gute Auswahl an Bieren aus kleinen Brauereien.

OLIENA

12 km südöstlich von Nuoro, S.P. 22

Su Gologone

Hotelrestaurant
Ortsteil Su Gologone
Tel. (+39) 07 84 / 28 75 12,
(+39) 07 84 / 28 75 52
Kein Ruhetag
Ferien: November–März
350 Plätze + 250 Plätze im Freien
Preise: 40–50 €
Kreditkarten: AE, CS, MC, Visa; BM
Mittags und abends geöffnet

Das Su Gologone hat es verstanden, sich über die Jahre hinweg seine Brillanz zu bewahren, und ist so zu einer der repräsentativsten Adressen der gehobenen sardischen Küche geworden. Die Trümpfe des gastronomischen Angebots bleiben jedoch die Einfachheit und das Feingefühl für hochwertige Zutaten, die ohne Verfälschung ihrer Eigenschaften verarbeitet werden. Ganz traditionell präsentiert sich das Menü mit *Filindeu* (einer alten Pastasorte aus hauchdünnen, zu einem Gewebe verflochtenen Fäden, die in Brühe gekocht werden), *Culurgiones* (9 €) und über einen Eisenstab gewickelter Pasta, die lokal als *Maccarones de busa* bezeichnet wird. Hervorragend ist das Fleisch, das bei den Secondi den Ton angibt, meist über der Holzglut gegrillt: klassisches Porcetto allo spiedo (13 €) und Carne di vitella arrosto. Geachtet wird auch auf ergänzende Zutaten, die ein gutes Essen ausmachen, wie lokales natives Olivenöl extra, Honig, Wildkräuter, Käse und die Rebsorte Cannonau, die hier Nepente heißt.

SIDDI

14 KM NÖRDLICH VON SANLURI, S.P. 48

S'Apposentu a Casa Puddu

Restaurant
Vico Cagliari, 3
Tel. (+39) 070 / 934 10 45
Ruhetag: Sonntagabend, Montag
Ferien: unterschiedlich
35 Plätze + 35 Plätze im Freien
Preise: 50 €
Alle Kreditkarten; BM
Mittags und abends geöffnet

Das Reich von Roberto Petza steht im Zeichen von Geschmack und Qualität und öffnet seine Pforten im Haus der Fondazione Casa Puddu, wo sich auch eine renommierte Kochakademie befindet. Rohstoffe von unbestreitbarer Qualität werden vom Küchenchef mit Stil und Feingefühl verarbeitet. Es gibt zwei Degustationsmenüs (vom Festland und vom Meer, 50 €) und verschiedene Speisen von der Karte, darunter Seppie arrostite alle erbe e fiori di campo con crema di ricotta affumicata e verdure croccanti (15 €), Lasagnette con ragù di pecora, cipollotti, uvetta, pinoli e finocchietto (16 €) und Triglie croccanti con indivia e gelato al peperoncino (22 €). Sehr hohes Niveau zeichnet das Angebot der lokalen Formaggi aus; unwiderstehlich ist das Programm der Dolci mit Millefoglie con crema di liquirizia, Albicocche allo sciroppo di Moscato und Sorbetto (8 €). Das Weinsortiment ist dem Speisenangebot ebenbürtig; die passende Weinbegleitung zu den Menüs gibt es für einen Aufpreis von 15 €.

VILLASALTO

64 KM NORDÖSTLICH VON CAGLIARI, S.S. 387

Paolo Perella

Restaurant
Corso Repubblica, 8
Tel. (+39) 070 / 95 62 98
Kein Ruhetag
Ferien: unterschiedlich
20 Plätze
Preise: 45–50 €
Keine Kreditkarten
Mittags und abends gegen Vorbestellung geöffnet

Eher denn als Gastronom ist Paolo Perella als Geschmacksforscher und Wiederentdecker alter Rezepte und Zutaten von absolut hohem Niveau zu bezeichnen. Seit Jahren widmet er ihnen seine gesamte Energie und bringt sie, von seiner Frau verarbeitet, in Gerichten auf den Tisch, die in ihrer Harmonie und Frische den Gast in Erstaunen versetzen. Hier wird eine gastronomische Erfahrung geboten, die sich aus der Verwendung hervorragender bodenständiger Produkte ergibt, über die der Patron seinen Gästen unermüdlich berichtet. Das gesamte Angebot zu probieren, ist hinsichtlich Vielfalt und Großzügigkeit der Portionen eine Herausforderung, aber sich durch das Kaleidoskop von Farben und Aromen leiten zu lassen, eine absolute Notwendigkeit. Die Antipasti finden Sie bei Ihrer Ankunft schon auf dem Tisch vor, wobei ganz passend verschiedene Käsesorten vorherrschen. Darauf folgen Ravioli con verdure di stagione (8 €), Cordula con piselli und Stufato di capra (10 €) – nur um ein paar Beispiele zu nennen, denn die Gerichte wechseln von einem zum anderen Mal beträchtlich. Versäumen Sie bei den Desserts den interessanten Croccante di ghiande (mit Eicheln) nicht; es gibt aber auch andere Dolci, die weniger ungewöhnlich sind. Sorgfältig getroffene Auswahl an Weinen, wobei solchen aus biologischem und biodynamischem Anbau der Vorzug gegeben wird. Das Lokal ist nur gegen Vorbestellung geöffnet.

Register der Lokale

Register der Ortschaften

M

Kulinarisches Lexikon Italienisch – Deutsch

A

abbacchio Milchlamm, d.h. Lamm, das noch gesäugt wurde oder gerade erst begonnen hatte, Gras zu fressen; an der blassrosa Farbe des Fleisches erkennbar

abbacchio alla svinatora Milchlamm, nach dem Rezept „alla cacciatora" mit Knoblauch, Weißwein und frischen Tomaten zubereitet (Latium)

abbuoti in Öl geröstete oder auf dem Grill zubereitete Eingeweide vom Milchlamm (Latium, Kampanien)

abruzzese (all') auf abruzzesische Art

accia/accio Dialektbezeichnung für Sellerie in Kampanien, Kalabrien und Sizilien

acciugata ligurische Sauce aus in Salz eingelegten und in lauwarmem Öl aufgelösten Sardellen, die zu Fisch, Ei und gekochtem Gemüse gereicht wird

acciughe Sardellen

acciughe ripiene Sardellen nach Genueser Rezept mit Füllung aus in Milch getränktem Brot, Ei, Parmesan, Oregano und Sardellenfleisch, wobei die frischen Sardellen gefüllt und dann frittiert werden

accomodato geschmort

aceto Essig

aceto balsamico Balsamico-Essig

acinata Konfitüre aus Weintrauben (Basilikata)

aciugheta/aciughete agre kleine Sardellen in Essigmarinade, meist mit Zwiebeln (Venetien)

acquacotta Gemüsesuppe mit Weißbrotscheiben, zubereitet aus Wasser, Öl, Eiern und gerade verfügbarem Gemüse; Armengericht aus der Maremma (Toskana)

acquapazza (all') Zubereitungsart für Fisch aus Knoblauch, Öl, Tomaten und Wasser (einst Meerwasser) .Heute werden auch Gewürze und Gemüse zugefügt.

acquasala Brot, das in warmem Wasser erweicht und mit nativem Olivenöl extra, Salz, Pfeffer, roter Zwiebel und Kirschtomaten gewürzt wird (Basilikata)

acquasale Tomatensuppe mit Gurken, Oregano und Brotscheiben

affettato Aufschnitt

affumicato geräuchert

agerti regionale Bezeichnung für Makrele

agghiata süßsaure Sauce aus Knoblauchzehen, Essig und Zucker zur Verfeinerung von Fischgerichten; ähnlich der ligurischen > **aggiada**

agghiotta/a ghiotta/alla ghiotta in Süditalien verbreitete Zubereitungsart für frischen und eingelegten Fisch, mit Kirschtomaten, Oliven, Kapern und manchmal Rosinen geschmort. In Umbrien und der Toskana Bezeichnung für die Sauce, in der man Taube schmort.

aggiada süßsaure Sauce aus Knoblauch, Öl, Minze, Petersilie und Essig (Ligurien)

agglassato/aggrassato Lamm, Zicklein oder Kalb in Wein und Tomaten geschmort

aglio Knoblauch

aglio orsino/ursino Bärlauch

aglione Sauce für > **pici** aus gekochten und passierten Tomaten und in Öl gerösteten Knoblauchzehen

agnello Lamm

agnello abbottonato Lammschulter gefüllt mit Brot, Ei, Mandeln, Parmesan und Petersilie (Abruzzen)

agnello/abbacchio brodettato Lamm, in gehackten Zwiebeln und Prosciutto gegart und mit Weißwein begossen. Am Ende der Kochzeit werden verschlagene Eier mit Zitronensaft, Petersilie und Majoran hinzugefügt, oft werden auch Artischocken beigegeben. Typisch für die Osterzeit in Mittelitalien.

agnello sotto la coppa Lammstücke, auf der Herdplatte unter einer Eisenschale gegart, die mit Holzkohlenglutstückchen bedeckt wird (Molise)

agnoli/agnolini gefüllte Pasta aus Mantua, in der Form ähnlich den > **cappelletti**

agnolotti > **ravioli**

agnolotti a culo nudo Agnolotti, ohne Sauce serviert, damit der feine Teig und die Füllung voll zur Geltung kommen. Im Piemont wird diese Zubereitungsart auch „al tovagliolo" („auf der Serviette") genannt.

agnolotti dal plin kleinformatige Pasta aus dünnem Teig mit Fleischfüllung (Langhe)

agostinelle kleine Meerbarben

agresto traditionelle Sauce aus Essig, sauren Trauben, Zucker, Brühe, Knoblauch, zerkleinerten Nüssen und Mandeln; wird zu Fleisch gereicht

agretto volkstümlicher Name für das Wildkraut Lepidium sativum, auch englische Kresse genannt

agro (all') sauer; mit Zitronensaft oder Essig abgeschmeckt

agrodolce süßsauer

agrumi Zitrusfrüchte

ajucche Krautpflanze der Spezies Phiteuma talleri, ähnlich dem Spinat; im Canavese (Piemont) und im Aostatal zum Würzen von Suppen, Minestre und Omeletts verwendet

ajvar Creme aus grünen Paprikaschoten, Tomaten, Zwiebel, Knoblauch und Zitronensaft; als Brotaufstrich oder zu Fleisch und Gemüse (Friaul)

alalunga Weißer Thun

alice, alici Sardelle(n)

alici all'ammiraglia in Weißwein und Essig marinierte Sardellen, die anschließend mit Öl, Petersilie, Knoblauch und Oregano verfeinert werden (Latium)

Alici in tortiera geschichtete Sardellen, mit einem Gemisch aus Semmelmehl, Pecorino und Kräutern bestreut und im Ofen gebacken (Kampanien)

alici scattiate mit Kräutern und Essig in der Pfanne geschwenkte Sardellen

Aliciotti con l'indivia kleine aufgeklappte Sardellen, die abwechselnd mit Endivien in eine Tortenform geschichtet und im Ofen gebacken werden

alivi cunzati (olive condite) in Wasser und Essig gekochte Oliven, die nach dem Abseihen mit Knoblauch, Minze und Oregano abgeschmeckt werden. Anschließend werden Sie mit nativem Olivenöl extra bedeckt und sind dadurch mehrere Monate haltbar. (Sizilien)

allulur (l') Päckchen aus gewürzten und in den Pansen gewickelten Lammkutteln. In Scheiben geschnitten und mit Öl und Zitrone verfeinert serviert. (Molise)

amaretti Bittermandelmakronen

amatriciana (all') Sauce für Teigwaren aus Guanciale, Zwiebel, Tomaten, Pfeffer oder Peperoncino und Pecorino; ursprünglich aus Amatrice (Latium)

ambariegl Dialektbezeichnung für im See lebende Krebse (Provinz Latina)

ambra di Talamello/ambra anderer Name für Käse, Pecorino oder gemischt, der in den Höhlen von Talamello (Marken) reift

ammogghiu Pesto aus Pantelleria, zubereitet aus Tomaten, Basilikum und Peperoni

ammollicate (di verdure) Gemüse, das mit in Würfeln geschnittenem altbackenen Brot und geriebenem Käse in der Pfanne geschwenkt wird

ammugliatielli Lamminnereien, um einen Holzstab gewickelt, mit Knoblauch, Petersilie, Käse und Peperoncino gewürzt

ammuttunatu Zubereitungsart, bei der Gemüse oder ein Stück Fisch, gefüllt mit Knoblauchzehen und Minzeblättern, in Tomatensauce gegart wird

ampazzu dicke Gemüsesuppe aus der Barbagia (Sardinien)

anatra Ente

anatra in tecia wörtlich „Ente in der Pfanne"; in Friaul und im nördlichen Venetien typische Garart für Ente mit einer Sauce aus Paprikaschoten und Entenklein

ancìti Dialektbezeichnung für wilden Mangold

anellini alla pecorara Teigschnürchen in Ringform, mit Sauce aus Guanciale, Rindfleisch, Pilzen, Sommergemüse, Pecorino oder Ricotta

angiolottus/anzelottos/anzollotos sardische > **ravioli** aus Hartweizengrieß mit einer Füllung aus Käse und Römischer Minze

anguidda incasada/incasata gekochter Aal, im Ofen mit geriebenem Schafkäse überbacken (Sardinien)

anguilla Aal

anguilla a becco d'asino > brodet(t)o aus Aal, der in Stücke geschnitten, mit Zwiebeln, Tomatenkonzentrat und Wasser gekocht und anschließend mit gerösteter Polenta serviert wird (Comacchio, Emilia-Romagna)

anguleddas harte Teigware aus Grieß, Wasser, Schmalz, Hefe und Salz (Sardinien)

animelle Bries

anolini kleine runde > **ravioli** aus Eierteig, meist in Brühe serviert (Emilia)

antipasti Vorspeisen

antunna sardische Bezeichnung für > **cardoncelli**

aole kleine Süßwasserfische

aragosta Languste

aragosta alla bosana gekochte, mit Olivenöl verfeinerte Languste, von hart gekochten Eiern und Gemüse begleitet; typisches Gericht aus Bosa (Sardinien)

aragosta alla catalana in Kakao, Tomaten, Knoblauch, Zwiebeln und Weinbrand gegarte Languste

arancini di riso Reisbällchen in Orangenform

arancino Reisbällchen, mit einer Sauce aus Fleisch und Tomaten oder aus Hühnerklein gefüllt, paniert und frittiert; in Mittel- und Süditalien verbreitet

aranzada Süßspeise aus Nuoro, zubereitet aus kandierten Orangenschalen, Mandeln und Honig

ardelut friulanisches Dialektwort für Feldsalat

aringa Hering

arista Schweinekotelett mit Knochen, im Ofen oder am Spieß zubereitet. Der Name stammt aus der Toskana.

ariule sizilianische Dialektbezeichnung für Meerjunker

armidda sardische Dialektbezeichnung für Feldthymian

arna venetische Dialektbezeichnung für Ente („anatra")

arrabbiata (all') scharfe Sauce für Teigwaren aus Tomaten, Zwiebel und Peperoncino. In einigen Regionen wird auch Fleisch (Kaninchen) darin zubereitet.

arrecanato/arreganato Zubereitungsart mit Semmelmehl, Knoblauch, Gewürzen wie Oregano oder Minze, oft auch mit Kapern (Bari, Apulien)

arrosticini/rosticini Hammelfleischstückchen, die auf Holzspieße gesteckt und über der Holzkohlenglut gebraten werden (Abruzzen)

arrostita an der gesamten Adriaküste übliche Bezeichnung für gemischten Fisch vom Holzkohlengrill

arrosto Braten

arrosto della vena besonders mürbes Stück vom Rind für Braten und Schmorgerichte

arrosto morto eine Zubereitungsart für Fleisch, bei der dieses zunächst kurz angebraten und anschließend unter Beigabe von Flüssigkeit weitergeschmort wird

arrusti e mancia/'rrusti e mancia Fleisch oder Fischfrisch von der Holzglut, zum sofortigen Verzehr bestimmt (wörtlich übersetzt „brate und iss"; Sizilien)

arselle regionale Bezeichnung für Venusmuscheln

arvolto in Olivenöl frittierte Pizza, gewürzt mit einer scharfen Sauce aus Tomaten und Knoblauch

asino Esel

asíno/asín friulanischer Kuhmilchkäse aus weichem Teig, wird frisch oder gereift angeboten

asparago Spargel

asparago selvatico Wildspargel

astice Hummer

asulette Aostataler Suppengericht aus Roggenmehl, mit Brotscheiben und Fontina serviert

B

babà kleines süßes Gebäck aus weichem Teig, das sofort, wenn es aus dem Ofen gekommen ist, in Sirup aus Wasser, Zucker und Rum getränkt wird

babbaluci sizilianische Dialektbezeichnung für kleine Schnecken

babi (alla) piemontesischer Dialektausdruck für Kröte. Der Begriff steht für das Zusammendrücken des Garguts (gewöhnlich Huhn) während der Garzeit, wodurch es eine krötenähnliche Form bekommt.

baccalà konservierter Fisch aus nördlichen Meeren, längst fester Bestandteil der italienischen Küche. Baccalà ist der gepökelte Kabeljau (dt. Klippfisch, da er nach dem Einsalzen auf den Klippen getrocknet wurde), allerdings wird in Venetien auch der luftgetrocknete Kabeljau (dt. Stockfisch, da auf Stöcken getrocknet) als Baccalà bezeichnet. Überall sonst in Italien heißt der Stockfisch hingegen „stoccafisso".

baccalà a ciauredda lukanische Suppe mit Baccalà, Tomaten und vielen frischen Jungzwiebeln, serviert mit geröstetem Brot

baccalà alla fiorentina in Salz eingelegter Dorsch, mit Kartoffeln und Tomaten gedünstet und mit feinen Knoblauchscheiben garniert

baccalà alla perticaregna geschmorter Baccalà mit süßen Paprikaschoten und scharfen Peperoncini, kalt und warm serviert (Avellino)

baccalà alla trentina in der Pfanne zusammen mit Kartoffeln und Zwiebeln gegarter Stockfisch (Trentino)

Baccalà arraganato Baccalà, mit Semmelbröseln und Rosinen bestreut, im Ofen gebacken

baccalà con peperoni cruschi Baccalà mit getrockneten, knusprig gebratenen Paprikaschoten (Basilikata)

baccalà in cassuola frittierter Baccalà mit einer Sauce aus Tomaten, Kapern, Oliven, Pinienkernen und Rosinen

baccalà mantecato Stockfischpüree; hergestellt aus in Stücke geteiltem gekochtem Stockfisch, mit einem Handrührgerät unter langsamer Beigabe von Öl mit Knoblauch vermengt, bis eine cremige Masse entsteht, die mit Salz und Pfeffer abgeschmeckt wird (Venetien)

baccalà sotto il pesto frittierter Baccalà mit zerstampftem Knoblauch, Peperoncino, Öl und Essig bedeckt

baci panteschi frittierte Teigblätter mit Ricottafüllung, typisch für Pantelleria

bacicci Dialektausdruck für Meerfenchel (Crithmum maritimum), ein Wildkraut von intensivem, salzigem Geschmack

bacio di dama Feingebäck in Form zweier kleiner Halbkugeln, gebacken mit einem Teig aus Mehl, Haselnüssen (oder Mandeln), Zucker und Butter, gebunden mit einem Tropfen Schokolade (Piemont)

baciocca pikante Torte der Riviera di Levante (Ligurien) aus Kartoffeln, Eiern, Parmesan und Speck gebacken in einer mit Kastanienblättern ausgelegten Form

baffo eine Art Guanciale, in der Pfanne gebraten

bagna caoda Sardellensauce mit Knoblauch und Olivenöl, in die rohes und gekochtes Gemüse getaucht wird (Piemont)

bagnarese (alla) Zubereitungsart, normalerweise für Fisch, mit Kapern, Paprikaschoten und der roten Zwiebel von Tropea (Kalabrien)

bagnet heiße Sauce

bagnét (rosso/verde) Saucen aus dem Piemont, mit Petersilie und Sardellen (verde) oder mit Tomaten (rosso), traditionsgemäß zu > **bollito** serviert

bagnun di acciughe Suppe aus frischen Sardellen, gekocht in einer Sauce aus Tomaten, geröstetem Knoblauch, Öl und Zwiebeln, serviert auf Toastbrot; Spezialität der Riviera di Levante (Ligurien)

bagòss Käse aus entrahmter, roher Kuhmilch, typisch für Bagolino (Brescia)

baìcoli dünne, trockene Kekse aus mehrmals aufgegangenem Hefeteig, typisch für Venedig

barba di becco Wiesenbocksbart; ein wildwachsendes Kraut, von dem die jungen Triebe verzehrt werden

barbabietola Rote Bete

barbagiuai frittierte Ravioli aus Mehl und Wasser, gefüllt mit Kürbis, Reis, Eiern, Mangold, Parmesan und Kräutern (Ligurien)

barbotta Fladen aus Maismehl, Milch, Zwiebel, Öl und Parmesan

barbozza/barbozzo > guanciale vom Schwein (Umbrien); Schweinebacke in Salz und Pfeffer eingelegt

barcarola (alla) Rezept auf Essig-Zwiebel-Basis für die Zubereitung von frischem oder konserviertem Fisch (z.B. Hecht oder Baccalà), auch von Innereien (Leber)

bargnolino Schlehenlikör

barzigole Schaf- oder Lammrücken, mariniert, gewürzt und am Rost gebraten

basilisco Pilz, der an den höchsten Hängen der Madonie gedeiht (wird heute auch gezüchtet); festes weißes Fleisch, auch roh in Salaten genossen.

basotti in Brühe gegarte Fadennudeln aus Eierteig, die im Ofen gratiniert werden

bastardel Wurst aus Schweine- und Rindfleisch (Lombardei)

batsoà Schweinehaxe, in Wasser und Essig gekocht, dann ausgelöst, paniert und frittiert (Piemont)

battuto Speck und Gemüse, fein gehackt

batuda Buttermilch, auch Latticello genannt; im Friaul Bezeichnung für eine Art Sauce auf Sauermilchbasis

bavette schmale Bandnudeln

bazzffia Suppe aus Artischocken, Erbsen, Mangold oder Endivie, Ei und Schafkäse (südliches Latium)

beignets im Teigmantel gebackenes Gemüse

bela potica > **potizza** > **gubana** Hefeteigkuchen mit Mandeln, dt. Putize oder Potize

bensone > **ciambella**

berlingozzo mürber Kringel mit Zitronenschalen und Vanille; ursprünglich ein Karnevalsgebäck (Toskana)

bertagnino in Venetien und gewissen Gegenden der Lombardei übliche Bezeichnung für gepökelten Kabeljau, besser bekannt als > **baccalà**

bettelmatt Weichkäse aus Kuhmilch (Piemont)

bianchetti Glas-/Weißfischchen; frisch geschlüpfte Sardellen oder Sardinen, gekocht und mit Öl und Zitrone abgeschmeckt oder in Frittate (Omeletts) oder Frittelle (Schmalzgebäck) verarbeitet

bianco (in) natur, mit Butter oder in Weißwein

biancomangiare Pudding aus Mehl und Mandelmilch, für Siziliens Osten typisch, aber auch sonst verbreitet

biancostato lombardischer Ausdruck für ein Rippenstück vom Rind

bibarasse in cassopipa in Venetien gängiges Rezept für Venusmuscheln, die zugedeckt ganz langsam im „casso" (eine Art Kasserolle) schmoren („pipare" = pfeifen, wie beim Wasserkessel)

bichi langformatige Pasta ähnlich den > **maccheroni alla chitarra**

bigoli/bigoi in salsa Pastasorte aus Weichweizenmehl; Teig wird mit einer speziellen Nudelpresse zu dicken Spaghetti gezogen; in ganz Nordostitalien verbreitet, traditionell mit Sardellensauce oder Entenragout

biova Brotart aus dem Piemont

biroldo Wurst aus Schweineblut und -innereien sowie Gewürzen, manchmal auch Pinienkernen und Rosinen; wird frisch oder gekocht serviert (nördliche Toskana)

bisato sull'ara im Ofen gegarter Aal (Murano, Venedig)

biscotti Kekse, kleines trockenes Gebäck

biscotto cegliese Gebäck aus gehackten Mandeln, die mit Zucker, Ei und Vin cotto vermischt werden; ausschließlich in Ceglie Messapica (Apulien) erzeugt

biscotto di Agerola salziger Keks aus Vollkornmehl und Mais

bisi junge Erbsen (Venetien) > **risi e bisi**

bistecca Schnitzel, Steak

bistecca alla fiorentina T-Bone-Steak nach Florentiner Art; 1–1,5 kg schweres, 4–6 cm dickes Rindersteak, vorzugsweise der Rasse Chianina, auf dem Rost des Kohlegrills zubereitet

bitto hergestellt aus Kuhmilch mit einem Zusatz von Ziegenmilch. Sein Ursprung sind die Almen jener Täler, durch die der Wildbach Bitto fließt (Lombardei)

bizna Eintopf aus gesäuerten Rüben (Friaul) (> **brovada**)

blecs/biechi Nudelflecken, zubereitet aus Eiern, Weizen- und Buchweizenmehl (Friaul)

bobici (minestra di) Eintopf aus Mais, Bohnen und Kartoffeln, mit weißem Speck verfeinert (Görzer Karst)

boboli da vida in Venetien übliche Bezeichnung für kleine Schnecken in Öl und Petersilie

bocca di dama in Süditalien ein glasiertes Feingebäck, mit Creme gefüllt und mit einer kandierten Kirsche verziert; in anderen Teilen Italiens Bezeichnung für eine Torte aus Marzipan

bocconata mit Wurstmasse gefüllter Bauchspeck

bocconotto kleines Feingebäck aus gefülltem Mürbeteig. In Kalabrien besteht die Füllung aus Creme oder Konfitüre, im Molise aus Trockenfrüchten, Kakao, Zimt und eingekochtem Obstwein.

bodin eine Art Blutwurst

bogoi Schnecken

bogóni in Venetien übliche Bezeichnung für Schnecken

bollito gekochtes Fleisch

bollito ammuddicatu paniertes und gebratenes Bruststück vom Kalb (Sizilien)

bollito misto verbreitetes Gericht in allen Regionen, in denen Tieraufzucht betrieben wird. Verschiedene Fleischstücke vom Rind, manchmal auch Würste, werden in gewürztem Wasser gekocht und anschließend mit verschiedenen Saucen serviert. An der Küste der Marken versteht man darunter einen Mix aus über Dampf gegarten Fischen und Weichtieren.

bologna Wurst, Mortadella

bomba Sauce aus Gemüse und Peperoncino für Teigwaren oder als Brotaufstrich (Kalabrien)

bomba di riso Reisauflauf mit Füllung aus Taube, Hühnerklein (oder Salsiccia), Trüffeln, Ei und manchmal auch aus Steinpilzen (Parma, Piacenza)

bombette/bomboletti Dialektbezeichnung in den Marken für kleine Meeresschnecken

bondiola Wurstsorte; in der Lombardei gleichbedeutend mit Coppa piacentina, in Venetien mit Bondola; in diversen Varianten bekannt

bonet piemontesischer Pudding aus Milch, Ei, Zucker, Kakao, Amaretti, Rum und manchmal Kaffee

bordatino Suppe aus Maismehl, Bohnen und Gemüse (Livorno)

boreto > brodetto

boreto a la graisana Fischeintopf nach Art von Grado

borlenghi in einer Kupferpfanne gebackene, hauchdünne Fladen, gefüllt mit einem Pesto aus Bauchspeck, Salsiccia und Gewürzen (Modena)

borola/borroeula Gericht aus Wurstmasse (Brianza)

borragine Borretsch

bortellina/burtléina aus flüssigem Backteig (Wasser, Mehl, manchmal Ei) erzeugtes Fettgebäck. Früher mit Jungzwiebeln oder, in der traditionelleren Variante, mit Resten von Suppe oder Risotto gewürzt. (Piacenza)

boscaiola (alla) Tomatensauce mit Kräutern und Pilzen

bose kleine Süßwasserfische (Lombardei)

bosega venetischer Dialektausdruck für Meeräsche

bossolano Kranzkuchen aus Hefeteig, mit Vanille und Zitronenzesten aromatisiert, manchmal auch mit Konfitüre verfeinert (Lombardei, Venetien, Emilia)

bottaggio > **casoeula**

bottarga Meeräschen- oder Thunfischrogen, gesalzen, gepresst, gereift und zu einer viereckigen Salami verarbeitet

botticella Kochwurst, auch aus weniger edlen Teilen vom Schwein (Parma)

boudin würzige Wurst aus Schweineblut (heute aufgrund gesetzlicher Auflagen teilweise oder ganz durch Rote Bete ersetzt)

bovoeti venetisches Dialektwort für Landschnecken

braciola/brasciola in der süditalienischen Küche eine Roulade aus Fleisch oder Schwertfisch, unterschiedlich gefüllt, gegart in Tomaten und Wein

braciole di cotica Rouladen aus Schwarte; Füllung aus Brotkrumen, Rosinen, Pinienkernen und Schafkäse

brandacujon/brandacujun Stockfischgericht mit Kartoffeln, Knoblauch, Petersilie und Pinienkernen (Ligurien)

branzino Wolfsbarsch

brasato Rinderbraten, der vor der langen Garzeit in Rotwein mit Wurzelgemüse, Gewürzen und Kräutern mariniert wird

brasiola de Piave Wurst nach dem Exklusivrezept eines Gastronomen aus Musile di Piave (bei Venedig)

brasöla abgelagertes Lendenstück vom Schwein (Lombardei)

brasolara mit Salz und Gewürzen gebeiztes Schweinefilet, das mit der Masse umhüllt wird, die zur Erzeugung von Sopresse und Wurst dient

brazadela in Venetien und in der Emilia gebräuchlicher Ausdruck für > **ciambella**

bresaola/brisaola magere Wurst aus gut abgelegenem Rind- oder Pferdefleisch (Valtellina, Val d'Ossola)

brichetti kurze Spaghetti, Suppeneinlage (Ligurien)

briciolata Sauce aus altbackenem Brot, zerkleinert und mit Knoblauch in Öl abgebraten; serviert zu > **pici**

brigidini runde süße Waffeln aus Mürbeteig und Anis, in speziellen Waffeleisen gebacken; Ursprung Toskana

bringoli dicke Spaghetti, ähnlich den > **pici**, traditionell aus Wasser und Mehl, heute oft mit Ei verfeinert (Toskana)

brisa (1) trentinisches Dialektwort für Steinpilz (Boletus edulis); (2) Suppe aus weißem Kürbis, Sauermilch und Bohnen (Nordostitalien)

broccoli arriminati Sauce für Teigwaren; gekochter Blumenkohl mit Zwiebeln, Sardellen, Sultaninen, Pinienkernen, Tomatenextrakt und Peperoni (Sizilien)

broccolo fiolaro Blumenkohlsorte, typisch für die Provinz Vicenza

brodetto (di pesce) Schmorgericht aus Fisch (ähnlich einer grätenfreien Fischsuppe); an der Adriaküste in vielen Varianten verbreitet; oft mit Essig, reifen und nicht reifen Paprikaschoten sowie Peperoni gewürzt

brodetto abruzzese Eintopf aus „armem" Fisch, mit Tomaten geschmort

brodo Brühe

brof di polenta cremiger Maisbrei

bross pikante Käsespezialität

brovada/brovade fein gehobelte saure Rüben, sowohl roh als auch gekocht serviert (Friaul)

bruciatini gerösteter Bauspeck, mit Radicchio serviert (Emilia-Romagna)

bruciuluni dicke Roulade aus Kalbfleisch, mit Hackfleisch, Ei, Paniermehl, Käse, Gewürzen und nach Geschmack mit hart gekochten Eiern gefüllt (Sizilien)

brudusiji Fadennudeln ohne Ei; in einer Brühe mit etwas Schmalz, zuweilen auch mit klein geschnittener magerer Schweinebacke gekocht (Apulien)

brusat/brut friulanisches Suppengericht aus geröstetem Maismehl, Butter und Milch

brusc „sauer" (piemontesischer und lombardischer Dialekt), meist für Zubereitungen mit Essig oder süßsauer

bruscandoli/bruscansi wild wachsende Frühjahrstriebe bzw. -sprossen; in der Provinz Padua Hopfensprossen, in der Provinz Verona Mäusedornsprossen

bruschetta geröstete Brotscheibe, noch warm mit Knoblauch eingerieben („bruscato") und mit Olivenöl, Salz und Pfeffer gewürzt; ursprünglich aus der Toskana, heute mit unterschiedlicher Garnierung weit verbreitet

bruscitt geschnetzeltes Rindfleisch, abgebraten in Butter und Speck mit Fenchelsamen und mit Rotwein aufgegossen (Lombardei)

bruss/brusso geschmacksintensiver Aufstrich aus unterschiedlichen Käsestücken (Piemont, Lombardei, Ligurien)

brustengo traditionelles Gericht aus der umbrischen Armeleuteküche, das aus frittiertem und mit Rosmarin gewürztem Teig aus Mehl und Wasser zubereitet wird

brustico Hecht oder Schleie, der/die über Schilfrohr aus dem See gegart wird (Umbrien)

brutti e buoni trockene Kekse aus Mandeln und/oder Haselnüssen, Kristallzucker, Eiweiß und Vanille

bucatini lange schmale Röhrennudeln

bucce di patate Armengericht mit Kartoffelschalen, an denen ein wenig von den Kartoffeln haftet, mit Öl bestrichen, mit Petersilie gewürzt und im Ofen gegart

buccellato Hefekranz

buccuni sizilianischer und sardischer Name für Purpurschnecke; in Kalabrien Bezeichnung für den Meerpfaff

buchteln/buchtin mit Konfitüre gefülltes, oft heiß serviertes Hefeteiggebäck nach altösterreichischer Manier (Südtirol, Friaul)

budino Pudding

bue grasso Fleisch von mehr als vier Jahre alten Ochsen der piemontesischen Rasse

bue rosso auf Sardinien vorkommendes rotfelliges Rind der Rasse Sardo-Modicana

buglione Bouillon, Brühe; in der Toskana übliche Bezeichnung für ein sehr lange mit Gewürzen und Kräutern geschmortes Gericht (traditionellerweise Lamm). Das Fleisch zerkocht zu einer dicken Sauce, die auf gerösteten Brotscheiben angerichtet wird.

buione > **buglione**

buonenrico Guter Heinrich (Chenopodium bonus-henricus), erstes Grün für Frühlingssalate, Suppen etc., wird wie Spinat verwendet

burgul kleine gekochte Weizenkörner, serviert im Salat mit Gemüse (Lombardei)

buridda für Ligurien typische Fischsuppe mit Gemüse und Pilzen. Es gibt auch eine Variante ausschließlich mit Stockfisch und Kartoffeln.

buristo Variante von > **biroldo**

burrata apulischer Pasta-Filata-Käse aus Kuhmilch, in den eine Art Füllung aus frischer Sahne eingearbeitet wird

burrida in Sardinien typische Marinade für Fisch (vor allem für Katzenhai und Rochen)

burro Butter

busara/busera/buzara ursprünglich aus Istrien stammende Zubereitungsart, heute in ganz Friaul und auch in Venetien verbreitet. Scampi (oder andere Krustentiere) werden mit Öl und Knoblauch in der Pfanne sautiert und mit Weißwein, Paprikapulver, Semmelmehl und Petersilie, manchmal auch mit Tomate abgeschmeckt.

busecca Gemüsesuppe mit Kutteln

busiate/busiati frische Teigware, für deren Zubereitung Teigstückchen um Stricknadeln gewickelt werden

busilan Dialektausdruck für > **ciambella** mit einer Öffnung in der Mitte

bussolà/bussolan/ buzolà > **bossolano**

butòon de pajàas Schmorgericht mit Stückchen von Schweinesalsiccia, die durch das Kochen die Form von Knöpfen eines Clownkostüms annehmen

buttera Teil des Lendenstücks vom Rind, etwas fetter und würziger als der Teil, der für Bistecca fiorentina verwendet wird

buzzonaglia Thunfischfleisch, das aus den dunkleren Fleischteilen (weniger edel, aber schmackhaft) und den Innereien gewonnen wird

cac' e ova/cacio e uova Sauce aus Eigelb oder verschlagenem Ei, gewürzt mit Knoblauch und Petersilie, kommt auf ein fertiges Gericht oder wird mit Semmelmehl und Pecorino vermischt gebraten

caccavella frische Eierteigwaren, denen Meeresalgen beigegeben werden. Der Name stammt von einem für die Gegend typischen Musikinstrument. (Kampanien)

cacciagione Wildbret

cacciatora (alla) Zubereitung „nach Jägerart"

cacciucco typische Suppe aus Livorno, die auch im gesamten Versilia verbreitet ist; zubereitet aus verschiedenen Sorten Fisch und Weichtieren, mit Tomaten, Essig, Rotwein und Peperoni gegart

cacigni in den Abruzzen verwendetes Wildgemüse

cacio Schnittkäse

cacio allargentiera/cacio allargintera dünne Scheiben Caciocavallo, mit Knoblauch und Essig geröstet und mit Oregano und Pfeffer bestreut (Sizilien)

cacio e pepe Pastagericht, das mit Schafkäse und reichlich frisch gemahlenem Pfeffer angerichtet wird

cacio marcetto Streichkäse, durch die Fermentierung sehr scharf (Abruzzen, Molise); ähnlich > **bruss**

caciocavallo Kuhmilchkäse mit gezogenem Teig, typisch für die Käsetradition Süditaliens

caciocchiato eiförmiger, zarter Käse aus Milch der Kuh der Podolica-Rasse (Kampanien)

cacioricotta in Apulien der gesalzene harte Ricotta, in Abruzzen ein Frischkäse

caciotta mehr oder weniger kugelförmiger Käse aus Kuh-, Schaf- oder Ziegenmilch oder auch aus gemischten Milchsorten

caciuf feste, frittierte Polenta, unter die beim Kochen Bohnen, Bauchspeck, Salsiccia und Parmesan gerührt wird (Ferrara)

caffè corretto Espresso mit einem Schuss hochprozentigem Alkohol, meist Grappa

caffè in forchetta Halbgefrorenes oder Cremespeise mit Kaffeegeschmack

cagnone (in) mit zerlassener Butter und Parmesan

caicc dicke Ravioli (ähnlich den Casoncelli), typisch für das Val Camonica (Lombardei), gefüllt mit Rinderbraten, frischer Salami, Spinat, Nüssen, Amaretti und Parmesan

caillettes > coujette

calamarata typisches Teigformat für Kampanien in Form von Ringen, die an Calamari erinnern

calamari Tintenfische

calariddhe/calariello mit Gemüse und Feldkräutern im Tontopf gegartes Lammfleisch (Apulien)

calcinelli Dialektausdruck für Muscheln, ähnlich den Telline

calcione große Teigtasche aus süß-salzigem Teig, gefüllt mit Ei, Zucker, Pecorino und Zitronenschale (Marken)

caldarroste mit der Schale gebratene Esskastanien

calsù gefüllte Teigtaschen in origineller Form, die man durch das Anbringen kleiner Einbuchtungen an den Rändern erhält, typisch für das Gebiet um Brescia

calzagàtt/calzagatti/cassagài Polenta, zusammen mit einem Bohnenschmorgericht gekocht und mit Parmesan garniert. Sobald sie fest ist, kann man sie frittieren. (Emilia)

calzoncelli Waffelröllchen; früher mit gekochtem Obstwein gefüllt, heute mit einer Paste aus gehackten Mandeln, Schokolade, Maronenmehl und Orangenzesten

calzone halbmondförmig gefaltete Pizza; in vielen Varianten, traditionell mit Ricotta, Grieben und Pfeffer gefüllt.

calzonicchi Tortelli aus frischer Pasta, gefüllt mit Kalbshirn (Latium)

camoscio Gemse

campagnola (alla) Tomatensauce mit Gemüsesorten

campofiloni sehr dünne Tagliolini aus Eierteig (Marken)

canata viterbese dicke Suppe mit altbackenem Brot, Tomatenstückchen, Öl und Essig. Man kann Gemüse beigeben, auch in Öl oder Essig eingelegt, weiter eingelegte Fische wie Sardellen oder Thunfisch. (Latium)

canci/cancij Teigtäschchen mit Käse, zerlassener Butter und Mohn gefüllt, ladinische Spezialität (Südtirol)

candelaos sardisches Gebäck aus gehackten Mandeln, das in Form von Früchten oder Tieren modelliert wird

canederli im Trentino und in Venetien übliche italienisierte Bezeichnung für Knödel bzw. Klöschen

canederli ripieni/gnocchi boemi süße Knödel aus Kartoffelteig, der Aprikosen oder Pflaumen umhüllt; werden mit Zimt und Zucker bestreut serviert (Trentino)

canestrato Käse aus Schaf- oder Kuhmilch, fest oder halbfest. Auf der zylindrischen Form sind die Abdrücke des Korbs zu sehen, der zum Abtropfen der Molke dient.

canestrello Kammmuschel

cannella Zimt

cannellini kleine weiße Bohnen

cannelloni/canoli Gericht aus der Romagna, das zum ersten Gang gereicht wird; bestehend aus zu Röhren geformten Teigrechtecken, die mit Hackfleisch und Parmesan gefüllt, mit Béchamelsauce und Ragout bedeckt und im Ofen überbacken werden

cannelloni alla sorrentina Cannelloni gefüllt mit Ricotta, Scamorza, Prosciutto crudo, bedeckt mit Fleischsauce

cannoli (1) in Sizilien Bezeichnung für frittierte (manchmal auch im Ofen gebackene) Blätterteigrollen mit Ricottacreme, die mit kandierten Früchten und Schokoladestückchen verfeinert wird; (2) in Kalabrien Bezeichnung für Waffeln aus Mehl, Zucker und Wein, die zusammengerollt, frittiert und anschließend mit Honig übergossen werden

canocchie Heuschreckenkrebse, Meerzikaden

canoce/canochie in Venetien gängiger Dialektausdruck für > **canocchie**

cantucci(ni) toskanisches Trockengebäck mit Mandeln, Pinienkernen und Anissamen. Traditionellerweise isst man es als Dessert, in Vin Santo getaucht.

cao erste Sahneschicht, die sich auf frisch gemolkener Milch bildet

caparozzoli venetischer Dialektausdruck für Venusmuscheln

capelli d'angelo getrocknete lange und sehr dünne Teigwaren für die Suppe

capetroccole winzige Polypen, „Nagelköpfe" genannt (Latium)

capocchielli im Salento gebräuchlicher Dialektausdruck für kleine Tintenfische

capocollo in Mittel- und Süditalien verbreitete geräucherte Wurst, aus dem oberen Teil des Halses und Teilen von der Schulter des Schweins hergestellt

capomazzo Lammeingeweide mit Kartoffeln

caponata kaltes Gericht aus zuvor frittierten und dann würfelig geschnittenen Auberginen, die mit einer süßsauren Sauce aus Tomatenkonzentrat, Oliven, Kapern, Sellerie und Essigzwiebeln vermischt werden (Sizilien; einige Varianten davon auch in Kampanien)

capone Dialektbezeichnung für Pesce lampuga (Goldmakrele)

caponet Täschchen aus Kürbisblüten oder Wirsingkohl, gefüllt mit Fleisch, gekochter Salami, Petersilie, Knoblauch, Ei und Parmesan (Piemont)

cappellacci Eierteigware in Form eines großen Tortello. Die bekannteste Version stammt aus Ferrara und ist mit Kürbis und Parmesan gefüllt.

cappellacci/cappelletti für die Emilia typische Eierteigware, die auch außerhalb Italiens verbreitet ist. Die traditionellen Cappelletti kommen aus Reggio Emilia und aus der Romagna: Sie gleichen sich in der Form, sind aber unterschiedlich gefüllt. In der Romagna kommen neben Fleisch und Parmesan auch Ricotta und > **raveggiolo** hinzu. Beide Varianten werden in Brühe serviert.

cappello da/del prete (1) Stück vom Rind aus dem oberen Schulterbereich; (2) Wurst in Form eines Dreispitzes aus mageren und weniger edlen Schweinefleischstücken mit Gewürzen und Weißwein (Emilia)

cappesante Jakobsmuscheln

cappidduzzo süße, frittierte Teigtasche mit Füllung aus Schafmilchricotta, Zitronenzesten und Zimt (Sizilien)

cappon magro ligurisches Gericht bestehend aus Schichten von Fisch und gekochtem Gemüse, in einer Sauce aus Eiern, Petersilie, Brotkrumen, Essig, Knoblauch, Kapern, Oliven und Sardellen

capponadda typisches Kombüsengericht aus Zwieback, Tomaten, Sardellen oder getrocknetem Thunfisch, Oliven, Kapern und gekochten Eiern (Ligurien)

cappone alla Stefani süßsaurer Kapaun nach einem alten Rezept des Kochs am Hof der Gonzaga

cappone in canavera in einer Schweineblase über Dampf gegartes Kapaunfleisch. In der Blase steckt ein Stück Bambusrohr, damit der Dampf entweichen kann. (Venetien)

cappone incapponato gefüllter Kapaun (Toskana)

cappuccetto/capputteddi sizilianische Dialektbezeichnung für kleine Tintenfische (seppioline)

cappuccio kompakte Kohlart mit wächsernen hellgrünen oder rötlichen Blättern

capra Ziege

capra alla neretese in kleine Stückchen geschnittenes Ziegenfleisch, das mit vielen Gewürzen geschmort und zum Abschluss mit frittierten Paprikaschoten angereichert wird (Provinz Teramo, Abruzzen)

capra e fagioli in Weißwein mit Gewürznelken geschmortes Ziegenfleisch, zuletzt mit Bohnen vermischt (Ligurien)

capra murata Fleischauflauf, der mit Kartoffeln und Tomaten in der Pfanne gegart wird (Sizilien)

caprese (1) Tomaten und Mozzarella mit Öl, Knoblauch und Oregano oder Basilikum aromatisiert (Kampanien) (2) Torte mit Mandeln, Schokolade und zerbröselten Keksen (Kampanien)

capretto Zicklein

caprino/formaggio caprino Ziegenkäse

capriolo Reh

capù di romice Rouladen mit Füllung aus wilden Kräutern und Fleisch

capuc mit einer Mischung aus Brot, Kräutern und Käse gefüllte Wirsing- oder Weinblätter (Trentino)

capuliato/cappuliato Sauce für Teigwaren, das aus mehr oder weniger pikant gewürzten getrockneten Tomaten zubereitet wird (Sizilien)

capuneit > caponet

capunsei Brotnocken, mit zerlassener Butter, Salbei und Parmesan serviert (Alto Mantovano)

capunti kurzformatige Pasta aus fein gemahlenem Hartweizengrieß und Mehl. Die typische Form entsteht dadurch, dass mit drei Fingern halboffene Röhrchen von ein paar Zentimetern Länge gerollt werden. (Apulien, Abruzzen)

carabaccia traditionelle florentinische Suppe aus Zwiebeln, frischen Erbsen und Saubohnen, in einer Schüssel mit einer Scheibe geröstetem Brot angerichtet und mit pochiertem Ei und Pecorinospänen garniert

caramella (a)/caramelle gefüllte Teigware, deren Form an ein Bonbon („caramella") erinnert

carbonade/carbonada in Rotwein geschmortes Rindfleisch; früher traditionell mit Pökelfleisch zubereitet (Aostatal)

carbonara (alla) Verfeinerung für Teigwaren, bestehend aus geröstetem Pancetta oder Guanciale und Ei, vermischt mit geriebenem Pecorino. Der Gebrauch in der römischen Küche ist eher neu.

carbonata gebratenes oder gegrilltes Fleisch

carcagnola klein geschnittene gekochte Schweinehaxe, mit Zitronensaft, Salz, Pfeffer und Petersilie kalt serviert. Oft reicht man dazu > **mussu**. (Sizilien)

carcerato Suppe aus altbackenem Brot, Kochsud von weniger edlen Fleischteilen vom Kalb, Pfeffer und geriebenem Pecorino (Pistoia, Toskana)

carciofi Artischocken

carciofi alla giudìa Artischocken der Sorte Cimaroli werden an den Blättern kronenförmig geöffnet und kurz gekocht, danach zuerst mit der Unterseite, dann mit der Oberseite in sehr heißem Öl frittiert, bis sie knusprig sind (Rom, Rezept der jüdischen Tradition)

carciofi alla romana Artischocken der Sorte Cimaroli werden mit Knoblauch und Petersilie gespickt und in Wasser und Öl mit frischer Pfefferminze gekocht

carciofi alla villanella Artischocken, im Topf mit Sardellen und Knoblauch gekocht

carcotto Kalbsbrust, mit Kräutern gefüllt und in gekochtem Wein geschmort (Latium)

cardi Distelgewächse

cardilli Wildkräuter aus dem Sannio-Gebiet, ähnlich den Zichorien, von intensivem Geschmack

cardoncelli Kräuterseitlinge (Pleurotus fuscus); Pilze mit weißem, festem Fleisch; sehr verbreitet in Apulien und in der Basilikata

cardone für die Weihnachtszeit typische Suppe aus Hühnerbrühe, Karden, Fleischklößchen, verquirltem Ei und Käse (Süditalien)

cargi große Teigtasche mit Ricottafüllung (Marken)

cariech/carugo Dialektausdruck für Kümmel

carletti Dialektausdruck für Leimkraut > **silene**

carmasciano Pecorinokäse, der im gleichnamigen Ort erzeugt wird

carne Fleisch

carne all'albese/carne cruda rohes Rindfleisch, gehackt, mit dem Messer oder in dünne Scheiben geschnitten, gewürzt mit Öl, Zitrone, Salz und Pfeffer (Piemont)

carne cruda Tatar

carne fumada Räucherfleisch

carne in buglione geschmortes Fleisch mit Knoblauch, Chilischoten, Rosmarin und Tomaten

carne salada Salz- oder Pökelfleisch; wird im Ganzen etwa zwei Wochen mit Salz und grob gemahlenem Pfeffer mariniert (Trentino, Venetien)

caronzei frische Teigtaschen mit Käsefüllung (meist Grana), häufig mit Birnenkompott und einer Prise Kaffee bestreut serviert (Trentino)

carpa Karpfen

carpa regina Karpfenart, bevorzugt tiefe, langsam strömende Gewässer

carpaccio Fleisch und Fisch (manchmal auch Gemüse), roh in dünne Scheiben geschnitten und mit Öl, Zitrone, Salz und Pfeffer gewürzt

carpegna wertvoller Prosciutto aus dem gleichnamigen Ort in den Marken

carpionata Marinade aus Essig, Öl, Knoblauch und Salbei; für Eier, Fleisch, Fisch und Zucchini

carpione Gardaseeforelle (Salmo trutta carpio), kommt ausschließlich im Gardasee vor

carpione (in) in einer Marinade aus Essig und Gewürzen

carrati Gnocchi aus Mehl und Wasser, über die Pecorino, gebratener Pancetta und verschlagene Eier gegeben werden (Abruzzen); in derselben Region auch > **maccheroni alla chitarra** genannt.

carrettiera (alla) üppige und geschmacksintesive Sauce für Teigwaren in zahlreichen Varianten. Die klassische Version sieht die Verwendung von Gewürzen, Zwiebel, Tomatensauce und Kalbsragout vor.

cartellate/'ncartellate in Apulien und Kalabrien verbreitetes traditionelles süßes Fettgebäck in Spiralenform, häufig mit Wein verfeinert

cartoccio (al) Zubereitungsart, bei der das im Ofen zu garende Kochgut mit Pergamentpapier oder Alufolie umhüllt wird

casadinas > **pardula**

casalingo hausgemacht

casatella Frischkäse aus Kuhmilch (Romagna)

cascà sardisches Couscous, mit einer Sauce aus Gemüse, Hackfleisch und Gewürzen serviert

caschettas sardisches Gebäck aus Hartweizengrießteig, mit grobem Grieß, Sapa (gekochtem, dickflüssigem Obstwein) und Mandeln gefüllt

casera Käse aus dem Valtellina, hergestellt aus Milch von Kühen der Rasse Bruno Alpina, kommt frisch oder halb gereift zum Verkauf

caserecce kurzes trockenes Teigwarenformat, leicht eingedreht

casieddu ausschließlich in der Provinz von Potenza hergestellter Ziegenkäse, mit einem sehr aromatischen Gewürzkraut verkäst und in Farnblätter gewickelt

casizolu Käse mit gezogenem Teig; typisch für die Gegend des Montiferru (Sardinien)

caso peruto Ziegenkäse, der in Glas- oder Tongefäßen heranreift und regelmäßig mit Öl und Essig benetzt wird. Er weist eine graue Rinde auf und ist von stechendem Aroma und scharfem Geschmack.

casolét weicher Bergkäse aus roher Vollmilch von weicher Konsistenz (Trentino)

casoncelli/casônsei/casunziei unterschiedlich, allerdings nie mit Fleisch gefüllte Teigtäschchen, traditionell mit Wurst, Semmelmehl, Ei und Käse (Lombardei, Venetien)

cassata (1) Biskuitkuchen mit Marzipanglasur und Füllung aus Ricotta, der mit Zucker, Schokolade, kandierten Früchten, Vanille und Likör vermischt wird (2) bezeichnet auch ein ähnlich zubereitetes Eis sowie (3) eine aus den Abruzzen stammende Süßspeise mit kandierten Früchten.

cassatele/cassatelle frittierte Ravioli, mit Ricottacreme gefüllt (Trapani)

casoeûla/cassoeula/cazzoeûla Wintergericht aus Mailand, zubereitet aus Wirsing und verschiedenen Teilen vom Schwein, darunter Rippen, Schwarten, Haxe und Salamini

cassoncini zusammengefaltete Teigtäschchen, ähnlich der > **piadina**, gefüllt mit Wildgemüse, normalerweise frittiert (Romagna, Marken)

cassuola süditalienischer Dialektausdruck für Kasserolle, im übertragenen Sinn auch für einige Gerichte, die in ihr zubereitet werden

castagnaccio Fladen aus Esskastanienmehl, wenig Zucker, Pinienkernen und Rosinen, im Ofen gebacken (Toskana, Ligurien)

castelmagno halbfester Käse aus Kuhmilch mit Blauschimmel aus Castelmagno, (Piemont)

castrato/crastu Hammel; frühzeitig kastriertes Lamm, hat ein weiches, schmackhaftes Fleisch; meist über der Holzkohlenglut gegrillt

castraùre zarte junge Artischocken, in den Gemüsegärten der Lagune von Venedig angebaut

casu marzu cremiger Käse mit pikantem Aroma, der durch die Fermentation von Schafkäse, hauptsächlich Fiore sardo, erzeugt wird

catalogna Wegwarte

caudedd' > **bruschetta** mit nativem Olivenöl extra und Lardo (Apulien)

cauraro Minestrone mit Wildgemüse, gewürzt mit Wildfenchel

cautarogne lukanischer Dialektausdruck für > **strascinati**

cauzuni lukanische Ravioli mit Ricotta und Pfefferminze

cavallo Pferd

cavallucci Mürbteiggebäck aus Siena mit Nüssen und Orangenschalen

cavatelli/cavatieddi/cavatiddi in Süditalien und auf den italienischen Inseln verbreitete kurzformatige Teigware, für deren Herstellung Teigröllchen mit dem Finger eingedrückt werden, so dass sie das Aussehen von kleinen, ovalen Muscheln erhalten

cavedano Döbel (Leuciscus cephalus)

caviale del Trasimeno Hechteier

cavolicelli/cavoliciedd̄i/cavuliceddu Wildkohlart (Brassica fruticulosa), Triebe, Blätter und ganz junge vollständige Pflanzen finden Verwendung

cavolo Kohl

cavolo cappuccio Weißkraut

cavrèt in tecia geschmortes Zicklein (Venetien, Julisch Venetien)

cazòle Eier vom Kabeljau oder vom weißen Fisch

cazzariell' Dialektausdruck der Abruzzen für das scharfe Peperoncinoschötchen

cazzilli gekochte und passierte Kartoffeln, mit Petersilie und geriebenem Käse vermischt, zu Röllchen geformt und in heißem Öl frittiert (Sizilien)

cazzmar > **turcinieddi**

cecamariti eine Art > **pancotto**, traditionell in Apulien, auf Basis von zerkrümelten > **friselle**, serviert mit Brokkoliröschen und Erbsencreme

cecatelli > **cavatelli**

ceci Kichererbsen

ceciliani lokale Teigwarensorte, über eine Stricknadel gerollt (Viterbo)

cecina in der Toskana (Livorno) üblicher Name für > **farinata** aus Kichererbsen

cefalo Meeräsche

cellitti (1) frische Teigware aus Wasser und Mehl, in kleine Stäbchen geschnitten und in der Mitte mit dem Finger eingedrückt (Latium); (2) in den Abruzzen Bezeichnung für mit Konfitüre gefüllte Kekse

cenci (1) Karnevalsgebäck aus Mürbeteig, der in verschiedene Formen geschnitten und frittiert und anschließend mit Zucker bestreut wird; in vielen verschiedenen Varianten und regionalen Bezeichnungen; (2) in Umbrien frische Teigwaren von unregelmäßiger Form

cencioni Tagliatelle aus Saubohnenmehl; in den Abruzzen Bezeichnung für Dinkelspaghetti

centime grobkörnige Polenta, die mit wildem Fenchel und Rübenkohl verfeinert wird (Sizilien)

ceppaluna kampanische Kekse mit Zitronenglasur

ceppe hausgemachte > **bucatini**, bei denen das Teigblatt über einen Holzstab gerollt wird (Abruzzen, Molise)

cerasedda Dialektausdruck von lukanischer Abstammung für scharfen gemahlenen Peperoncino

cernia Zackenbarsch

cervo Hirsch

chiacchiere > **cenci**

chianina aus dem Chiana-Tal (Toskana) stammende Rinderrasse, deren Fleisch oft für das Fiorentina genannte Rumpsteak vom Jungochsen verwendet wird

chibuddadu Zwiebelsuppe (Sardinien)

chicche della nonna grüne Gnocchetti mit Kartoffeln und Spinat im Teig

chiocciole Weinbergschnecken

chiodini Hallimasche, gut geeignet, um mit Tomaten, Knoblauch und Petersilie gewürzt geschmort zu werden

chisciöi Pfannkuchen aus Buchweizenmehl, Casera-Käse und einem Tropfen Grappa

chitarre/chitarrine lange quadratische Pasta; frische Pastastreifen werden über einen Rahmen mit Metallfäden gestrichen, ähnlich den Saiten einer Gitarre. Maccheroni alla chitarra sind typisch für die Abruzzen.

chiuchiarole kampanischer Dialektausdruck für rote, in Essig eingelegte Paprikaschoten

chizza für Reggia Emilia typische Version des > **gnocco fritto**, aber mit Füllung, die vom Parmesan bis zum Spinat variieren kann; frittiert oder im Ofen gebraten

chjusoni Teigklößchen aus der Gallura (Sardinien)

ciabattoni (1) weiße breite Bohnen (Latium); (2) sehr große Maccheroni, auch Ciavattoni genannt (Marken)

ciabbotto/ciabotta geschmorter Eintopf aus Sommergemüse (Abruzzen)

ciabuscolo streichfähige Wurst

ciacapreti Spaghettiart

ciacchetegli Brokkoliart mit kleinen violetten Blüten; als Suppe mit altbackenem Brot zubereitet. Der Anbau beschränkt sich auf das Gebiet von Priverno. (Latium)

ciaccia sul panaro im oberen Tibergebiet üblicher Ausdruck für > **crescia**

ciakiciuka auf der Insel Pantelleria verbreitete Version der > **caponata** aus geschmortem Gemüse

cialicurda (1) Gericht der apulischen Armeleuteküche (salentinisches Griechenland) auf Basis von Hülsenfrüchten, Wildgemüse, frittiertem altbackenem Brot und Hartweizengrieß; (2) traditionelle bäuerliche Suppe auf Basis von Brot, Öl und Oregano (Kampanien)

ciambella Kranzkuchen; ein Hefegebäck aus dem Ofen, aus Mehl, Eiern, Butter und Zitronenzesten. In der Emilia, für die die Speise typisch ist, taucht man die Stücke in Wein.

ciambelle scottolate süße kleine > **ciambelle** mit Mehl und vielen Eiern, zuerst in Wasser überbrüht und dann im Ofen gebräunt (Latium)

ciambelletti al vino Feingebäck aus Mehl, Zucker, Öl, Anissamen, Weißwein (Mittelitalien)

ciambotta/cianfotta Ragout aus Gemüse, darunter Auberginen, Tomaten und Paprikaschoten, in verschiedenen Varianten in ganz Süditalien verbreitet

ciammelle eine Art krumme Grissini aus Hefeteig, zuerst gekocht, dann im Ofen gebacken (Ciociaria, Latium). In anderen Teilen Italiens versteht man darunter Süßspeisen in Knopfform, mit Giulebbe (Getränk von mit Zucker eingekochtem Fruchtsaft) übergossen.

cianfotta > **ciambotta**

ciapolà piemontesischer Dialektausdruck für Hackfleisch, üblicherweise ist mit dem Messer geschnittenes Tatar gemeint

ciaudella/ciaurella Gericht mit Gemüse, das geschmort oder als Minestra mit Saubohnen und Pancetta zubereitet wird (Süditalien)

ciauscolo/ciavuscolo Wurst vom Schwein, von weicher Konsistenz, streichbar (Marken)

ciavalettella getoastetes Brot, in den Sud von verschiedenen Fischen oder Gemüse getaucht (Molise)

ciavar Frischwurst aus gehacktem, weniger edlem Schweinefleisch, mit Knoblauch und Sangiovese verknetet; auch **Salsciccia matta** genannt (Romagna)

cibreo Frikassee aus Hühnerklein (Toskana); wie > **fricassea** mit Eiern und Zitronensaft verfeinert

cicatielli Nudelart (Süditalien)

cicci maritati Suppe mit vielen Getreidesorten und Hülsenfrüchten (Linsen, Bohnen, Kichererbsen, Erbsen, Saubohnen, Weizen, Mais, Spalterbsen etc.)

ciccioli Schweinegrieben; Rückstände von Fleisch und Knorpeln der Fetterzeugung vom Schwein, kleine, unregelmäßige Würfel von hellbrauner Farbe

ciccioneddas sardisches Feingebäck mit Konfitüren- oder Cremefüllung

cicenielli/cicinielli kampanischer Dialektausdruck für > **bianchetti** (Weißfischchen)

cicerchia kleine Hülsenfrucht (Platterbse), schon früh verbreitet, heute wiederentdeckt und vor allem in den Marken angebaut; wird für Minestre verwendet

ciceri e tria Pastagericht aus breiten, handgearbeiteten Tagliatelle und Kichererbsen, mit Peperoncino und Öl abgeschmeckt (Apulien)

cicheti in Venetien und Friaul-Julisch Venetien verbreitete Appetithäppchen zur > **ombra**

cicireddi/cicirello Dialektbezeichnung für Cicerello, ein silberfarbenes Fischlein, nahezu ohne Schuppen, das frittiert oder mariniert hervorragend schmeckt

cicitt würzige Wurst aus reinem Ziegenfleisch, auf der Holzkohlenglut gebraten (Tessin, obere Lombardei)

cicoria impazzita Zichorie, im Backteig frittiert

cicorie großblättriger Löwenzahn (Zichorie)

cicorielle a'zise Zichorie mit Kirschtomaten, in Fleischbrühe gegart und mit Pecorino verfeinert (Apulien)

cima (alla genovese/ligure) Kalbsbrust, taschenförmig aufgeschnitten, auf verschiedene Weise gefüllt (Fleisch, Ei, Parmesan), in Scheiben serviert (Ligurien)

cimalino dreieckiges Fleischstück aus dem hinteren Viertel vom Kalb oder Jungochsen; besonders zum Sieden geeignet

cimbro Käse aus der Lessinia (Venetien)

cime di rapa Stängelkohl

cinghiale al cioccolato > dolceforte

cinghiale Wildschwein

cinghiale alla maremmana in eine Marinade aus Wein, Tomaten, wildem Fenchel und Oliven eingelegte Wildschweinstücke, anschließend lange gegart

cinta senese autochthone Schweinerasse mit schwarzem Fell und hellem Streifen um den Brustkorb, die in der Provinz Siena gezüchtet wird

cioncia Schmorgericht aus Teilen des Kalbskopfs, Peperoni, schwarzen Oliven und Gewürzen; typisch für die Gegend von Pistoia

ciopa di pane Dialektwort für eine typisch trentinische Brötchenform (in fünf Segmente geteilt und rund)

cipolla Zwiebel

cipollata (1) Gericht aus überbrühtem Fisch, der mit süßsauer gekochten Zwiebeln bedeckt wird (Sizilien); (2) Minestra aus Zwiebeln und Tomaten, die am Ende der Kochzeit mit Ei und geriebenem Parmesan vermischt wird (Mittelitalien)

ciriole typisch umbrische dicke handgemachte Spaghetti aus Wasser und Mehl, je nach Region unterschiedlich (> manfricoli, > umbricelli) bezeichnet

cisrà typische Kichererbsensuppe aus dem Monferrat, zubereitet mit Schwarten, Möhren, Sellerie, Brühe und Kräutern

ciùiga gereifte trentinische Wurst aus weniger edlen Teilen vom Schwein und gehackten Rüben

ciuppìn Fischsuppe aus Gemüse und frischen Tomaten, serviert mit gerösteten Brotschnitten (Ligurien)

civet Schmorgericht aus Haarwild, in Rotwein und Gewürzen mariniert und mit Würzkräutern und Gemüse gegart

civraxiu e coccoi zwei sardische Brotsorten aus verschiedenen Mahlerzeugnissen, wobei die zweite in künstlerischen Formen gestaltet wird

cjalsòns/cjarzòns für die Carnia (Friaul) typische halbmondförmige, süß-pikante Nudeltäschchen; es gibt unzählige Füllungen und Würzvarianten, fast immer dabei ist geräucherte Ricotta

cjarsons Teigtaschen (oft mit Rosinen)

co lo vattuto Gericht aus den Marken, das sowohl Fleisch als auch Gemüse begleiten kann; wörtlich „con il battuto", also „mit gehackten Kräutern", meist Knoblauch und Petersilie

coccio/cuoccio Knurrhahn; Meeresfisch mit festem weißem Fleisch

cocciua sardischer Name für Venusmuschel, von der es verschiedene Arten gibt: Niedda, Pintada etc.

cocule Bällchen aus Kartoffeln, Pecorino, Semmelmehl und Eiern, in einer Suppe serviert

cocùzza Bezeichnung für Kürbis im Dialekt von Rom und Napoli

coda Schwanz

coda alla vaccinara Ochsenschwanz, geschmort in Tomaten, Zwiebeln, Möhren und Sellerie. Die Sauce kommt auch auf die Pasta. (Rom)

coda di rospo Seeteufel

codeghin in Norditalien verbreiteter Dialektausdruck für Cotechino

cognà (mostarda 'uva) Sauce aus Traubenmost, Birnen, Haselnüssen und Gewürznelken; serviert zu gekochtem Fleisch, Käse und Polenta (Piemont)

colarda regionaler Name für ein spezielles Stück vom Rind, gut geeignet für Schmorbraten

colatura di alici Flüssigkeit, die aus der vier bis fünf Monate dauernden Konservierung der Sardellen unter Salz stammt; passt gut zu Teigwaren oder Gemüse

collo d'oca ripieno Gänsehals, der mit Rindfleisch, Ei, Parmesan und Kräutern gefüllt ist; kann kalt in Scheiben geschnitten oder warm in Tomatensauce serviert werden (Toskana)

colombaccio Ringeltaube (Columba palumbus). In der Toskana und Umbrien wird aus ihrem zarten Fleisch eine Sauce zubereitet.

comaut Suppe aus Kürbis, Kartoffeln, Zwiebeln, mit Butter und Salbei verfeinert (okzitanische Täler im Piemont)

composta di mele, di cipolle eine Konservierungsmethode für Äpfel oder Zwiebeln, bei der die Grundzutat mit Wasser, Zucker, eventuell der Schale einer Zitrone oder Orange sowie Gewürznelken und Zimt gekocht wird

conca de moru frittiertes sardisches Karnevalsgebäck, wörtlich „Mohrenkopf"

conchiglie Muscheln

conciato romano Käse aus Schaf-, Ziegen-, Kuh- oder gemischter Milch, der mit Wasser und einem Gemisch aus Öl, Essig, Piperna (wildem Thymian) und gemahlenem Peperoncino gewaschen wird und in Tongefäßen reift

condiggion/condiggiun ligurischer Salat mit Gemüse, > **mosciame**, Sardellen, gekochten Eiern, Öl und Essig

confettura Konfitüre

coniglio Kaninchen

coniglio alla stimpirata mit Paprikaschoten, Kapern und frischer Minze in Wein geschmortes Kaninchen

coniglio con bagna neira süßsaure Zubereitung aus Fleisch, Tomaten, Paprikaschoten, Essig, Wein und Zucker (Piemont)

coniglio da fossa all'ischitana das Kaninchen, in besonderen Erdgruben gezüchtet, wird im Topf mit Weißwein und Kirschtomaten geschmort

coniglio disossato "entbeintes Kaninchen", Tessiner Kaninchenrollbraten

consiero Fleischragout ohne Tomaten (Venetien)

conza Dialektbezeichnung für Füllung (Sizilien)

conzier rustego Sauce aus Radicchio und Hühnerleber (Venetien)

copete/cupete kleine Torroni aus gehackten Mandeln, Zucker, Eiweiß und Zimt, im Ofen zwischen zwei Oblaten gebacken

coppa Wurst aus gebeiztem und gereiftem Schweinenacken, die Coppa d'estate (sommerliche Coppa) genannt wird (Piacenza, Parma, Mantova)

coppa di testa Presskopf; Wurst, die aus dem Fleisch und den Knorpeln vom Schweinekopf erzeugt wird. Gekocht und mit zahlreichen Gewürzen angereichert, darunter Pistazien und Orangenschalen, als Coppa d'inverno (winterliche Coppa) bezeichnet. (Emilia)

coppetiello Papiertüte, die man auf den Schnabel der Espressomaschine setzt; dient dazu, das Aroma und den Duft des Kaffees in der Kanne zu behalten, in Neapel üblich

coppiette dünne Scheiben aus getrocknetem, gewürztem und geräuchertem Wildschwein oder Rindfleisch (Toskana)

coratella Innereien, normalerweise von Lamm oder Zicklein

coratella alla barbaricina in ganz kleine Stückchen geschnittene Lamminnereien, die mit Saubohnen und Möhren serviert werden (Sardinien)

corbelli Dialektausdruck der Marken für > **ombrina**

corde di cochie frische Eierteigwaren, mit demselben Gerät wie die > **maccheroni alla chitarra** hergestellt, nur schmäler; erinnern an die Bänder der Schuhe der Hirten, daher stammt der Name (Abruzzen)

cordula Zopf aus Eingeweiden von Zicklein oder Lamm, gegrillt oder geschmort (Sardinien)

coregone Renke

cornaletti > **friggitelli**

coronello Dialektausdruck in Neapel für Stockfisch

corsetti/corzetti für Ligurien typische frische Eierteigware. Im Polcevere-Tal hat sie die Form einer Acht, ansonsten wird sie in Medaillonform gepresst.

cortecce getrocknete, von Hand hergestellt Pasta aus Hartweizengrieß, die an die Schoten von enthülsten Bohnen erinnert

coscia della sposa/della zita Keule vom Zicklein, das aufgespießt und auf einem Ziegel gebraten wird

costata Kotelett

costina Rippchen

cotechino Kochwurst aus Schweinefleisch, Speck, Gewürzen und Schwarte; vor allem im Piemont, im Aostatal, in der Lombardei und in der Emilia in leicht unterschiedlichen Varianten verbreitet

cotechino in camicia/in galera Cotechino-Wurst, die gesotten und anschließend mit gekochtem Schinken und darüber mit Kalbfleisch umwickelt wird

cotica 'bbiturata Streifen von gekochten Schweineschwarten, die als kleine Kreise aufgelegt und mit Pecorino, Tomaten und Majoran serviert werden

cotiche Schwarten

cotoletta alla bolognese panierte, frittierte Scheibe Kalbfleisch, mit Rohschinken und Grana tenero bedeckt gebacken, in der Saison mit Trüffelspänen bestreut

cotoletta alla petroniana > **cotoletta alla bolognese**

cotto gekocht

cotturo/cottur Kupfertopf, in dem Schaf- oder Lammfleisch in Wasser, Wein, Öl, Gemüse und Kräutern gekocht wird (Abruzzen); auch das so entstandene Gericht

coujette/cojëtte Kartoffelgnocchi aus den Hügeln um Cuneo (Piemont)

cozze Miesmuscheln

cozze ripiene > **muscoli ripieni**

crafun pikante Krapfen der ladinischen Traditionsküche (Südtirol), meist mit Wildbretfüllung

crapiata für Matera typische Suppe aus Hülsenfrüchten, darunter Bohnen und Saubohnen

crasciousu sardische Dialektbezeichnung für Schweineschwarte

crastuna sizilianische Dialektbezeichnung für die Gefleckte Weinbergschnecke

crema Creme, Pudding

crema fritta herausgebackene Cremewürfel

créme brûlée im Ofen gratinierte Süßspeise aus Eigelb, Zucker, Sahne und Zitronenzesten

cremolato/a di frutta cremige > **granita**, wie ein Sorbet mit Fruchtsäften zubereitet (Latium)

crepinetta lombardischer Ausdruck für > **polpette**

cresc' tajat Dialektausdruck für > **maltagliati** aus Maismehl (nördliche Marken)

crescentina in der unteren Emilia und in der Romagna ist diese Zubereitung dem > **gnocco fritto** sehr ähnlich; in der Gegend von Modena wird sie dagegen > **tigella** genannt und auf der Herdplatte zubereitet

crescia Pizza aus Hefeteig mit Vertiefungen auf der Oberfläche, mit Salz, Öl, Zwiebel und Rosmarin gewürzt

crescia con le foje > **crescia** mit Wildgemüse, gekocht, anschließend in der Pfanne mit Gewürzen aromatisiert

crescia sfogliata süße Version der > **crescia**, die mit Zucker, Rosinen und Anissamen bestreut und zusammengerollt wird (Marken)

crescionda gebackene Süßspeise aus Eiern, Mehl, Milch, Amaretti, Kakao und Anislikör; (Spoleto, Umbrien)

crescionta Schokoladenpudding

crespella alla valdostana hauchdünne Crêpe, mit Schinken und Fontina-Käse gefüllt und mit zerlassenem Käse serviert; seit den 1960er-Jahren im Aostatal verbreitet, zählt nicht zur traditionellen Regionalküche

crespelle Crêpes, Pfannkuchen

crespigni Wildgemüse, ähnlich der Wildzichorie

crioli dicke handgemachte > **chitarra** (Abruzzen)

croccante Konfekt aus Mandeln und Haselnüssen, die durch karamellisierten Zucker gebunden werden

crocché/crocchette > **cazzilli**

crocchini Fleischrouladen, in Teig herausgebacken (Ligurien)

crocette Dialektausdruck der Marken für Piè di pellicano (Muschel)

crostacei Krustentiere

crostata Mürbeteigkuchen

crostata chiusa Mürbeteigtorte, gefüllt mit Konfitüre

crostini geröstete Brotscheiben

crostini di milza in brodo/zuppa di milza Fleischsuppe mit kleinen „Brötchen" aus Milz, Ei und Majoran

crostini neri geröstetes Brot mit Aufstrich aus Hühnerleber (oder Kalbsmilz), der mit Sardellen, Kapern und oftmals Vin Santo verfeinert wird (Toskana)

crostole typische Süßspeise für Hochzeiten in Lukanien; aus Honig, Zucker und Oregano

crostolo Teigscheibe aus Mehl, Ei und Milch (Norden der Marken)

crudaiola (alla) Würze für Teigwaren oder Fisch, bestehend aus Öl und Gewürzen, manchmal auch kleinen Tomaten

crudo roh

cruset frische Teigwaren, von Hand wie kleine Schälchen geformt, ähnlich den Orecchiette; typisch für einige Täler im Gebiet von Cuneo (Piemont)

crustoli frittierte Süßspeise, div. regionale Varianten

crùstuli/krùstuli > **cartellate**

cube rolle eine Art mariniertes Steak

cuccìa (1) in der Basilikata und in Kalabrien eine Minestra aus mit Öl gekochtem Weizen; (2) in Sizilien eine Süßspeise aus gekochtem Weizen, der mit Honig oder Zucker und Ricotta angereichert wird

cuculli Pfannkuchen aus Kichererbsenmehl oder Kartoffeln, Pinienkernen, Majoran, Ei und Käse (Ligurien)

cucunceddi/cucunci Kapernbeeren

cuddrireddra mit Zimt aromatisiertes, frittiertes Gebäck aus Hartweizen und Ei in charakteristischer Kronenform (Delia, Provinz Caltanisetta, Sizilien)

culaccia/culatta > **culatello** mit Schwarte, hergestellt aus dem Mittelstück der Schweinekeule

culaccio Wurst aus rohem Vorderschinken vom Schwein, 30 Monate abgehangen (Provinz Parma)

culatello zarter luftgetrockneter Schinken

culurgiones/culingiones/cullurzones/culurjones/gurigliones sardische Ravioli aus Hartweizengrießteig, üblicherweise mit fleischloser Füllung

cuna Dialektausdruck für Schwarte (Piemont)

cunicio in tecia in der Pfanne oder im Tontopf geschmortes Kaninchen (Venetien, Julisch Venetien)

cunigghiu à portuisa eine Variante des > **coniglio alla stimpirata**, bei der Marsala anstelle des Weins verwendet wird

cunza gehackter, reifer Rohspeck, der mit Knoblauch und Rosmarin gewürzt wird (Emilia)

cuoppo Dialektausdruck aus Kampanien für die Tüte mit frittierten Fischen oder anderem Straßenessen

couso (al) auf Salat

cuosti chini gefülltes Schweinekotelett (Sizilien)

cupa „Kopfsalami", aus Kopffleisch vom Schwein

curiuli eine Art Tagliatelle mit Ei, typisch für Süditalien

curzul/curzoli Teigware aus Mehl und Wasser, ähnlich dicken Spaghetti (Emilia-Romagna)

cuscus arabisches Gericht aus Grieß mit Saucen aus Fleisch, Fisch, Gemüse etc. verfeinert; auch in süßen Varianten (Couscous) (Provinz Trapani)

cutturidd'/cutturiddi/cutturieddu eine Art der Lammzubereitung. Die Fleischstücke werden langsam in einem Tontopf mit Zwiebel, Kartoffelstückchen, Öl, Lorbeer und Peperoncino gegart (Basilikata)

cuzztil Pasta aus Mehl und Wasser

cuzzuppe Ostergericht, sowohl süß als auch pikant: Die süße Version ist eine Art Ciambella in Ringform, die pikante wird aus Brotteig mit Schmalz gemacht, in dem ein hartgekochtes Ei in der Schale mitgebacken wird. (Kalabrien)

D

darmassin/ramassin kleine süße und duftende Pflaume, die im Piemont gedeiht

delizie al limone an der amalfitanischen Küste ein Biskuitteig, der mit Konditorcreme mit Zitronensaft gefüllt und mit Zitronencreme bedeckt wird; in Sorrent Bezeichnung für Pasta dei raffioli (eine Art Biskuitteig), überzogen mit einer Mischung aus Konditorcreme, Zitronenzesten und Limoncello

dentice Zahnbrasse

di magro fleischlose Füllung für Nudeln

diavola (alla) scharf gewürzt

diavolillo rotes, sehr scharfes Pfefferonischötchen, klein und oval (Abruzzen, Kalabrien)

ditali/ditalini kurze Röhrennudeln, die in ihrer Form an den „ditale" (Fingerhut zum Nähen) erinnern

doba Rinderschmorbraten in Rotwein, Gewürzen und Orangenschale; typisch für die Täler Okzitaniens im Gebiet um Cuneo, Ursprung provenzalisch

DOC „Denominazione di origine controllata" (staatlich geprüfte Herkunftsbezeichnung für Wein)

dolcecuore gereifte friulanische Wurst aus Halsgrat gefüllt mit > **petuccia** und Keulenstück vom Fohlen

dolceforte (in) aus der Renaissance stammende, in der Toskana verbreitete Zubereitungsart, bei der Fleisch (Zunge, Hase, Wildschwein) mit Wein, Essig, Zucker, Schokolade, kandierten Früchten und Sultaninen gegart wird und dadurch einen ausgeprägten süßsauren Geschmack erhält

dolci Süßspeisen

drömsat Primo aus der Tradition der Arbëreshe, gekochte Mehlbröckchen in einer Sauce aus Tomaten, Schweinerippchen und Ricotta salata (Kalabrien)

dumega Dialektbezeichnung aus dem Valtellina (Lombardei) für ein Getreide ähnlich der Gerste mit länglichen Körnern; für eine Suppe mit weniger edlen Teilen vom Schwein (Schwarte, Ohren, Schnauze)

durelli Hühnermägen

dus in brüsc Dialektausdruck (Lombardei) für eine Zubereitungsart auf der Basis von hellem Fleisch (Huhn, Perlhuhn) mit süßsaurem Geschmack

E/F

e ciaf/ciffe/ciaffe Fleischragout, gekocht mit Zwiebel, Knoblauch, Petersilie und Peperoncino (Abruzzen)

erba cipollina Schnittlauch

erbazzone typischer pikanter Kuchen aus Reggio Emilia, bestehend aus dünnem Teig mit Füllung aus Mangold, Speck, Parmigiano reggiano und Gewürzen

erbe (alla) (mit) Kräuter(n)

erbe spontanee Wildkräuter

facci i vecchia helle Focaccia mit durchfurchter Oberfläche, mit Öl und Oregano gewürzt (Sizilien)

fagiano Fasan

fagioli dicke Bohnen

fagioli al fiasco traditionelle toskanische Beilage, für die Bohnen mit Wasser und Gewürzen in einer Glasflasche nahe dem Kaminfeuer gegart werden

fagioli alla maruzzara gekochten Cannellini-Bohnen, angereichert mit Tomaten, Öl, Oregano, Knoblauch und Petersilie (Neapel)

fagioli alluccelletto toskanische Beilage aus Cannellini-Bohnen, die mit Tomaten, Öl, Knoblauch und Salbei geschmort werden

fagioli dall'occhio kleine weiße Bohnen mit einem schwarzen Ring, „occhio" (Auge) genannt

fagioli del Purgatorio in der Gegend von Viterbo übliche Bezeichnung für Cannellini-Bohnen

fagioli zolfini kleine, rundliche Bohnen von gelblicher Farbe und dünner Haut (Toskana)

fagiolina del Trasimeno kleine Bohnen, die im Gebiet des Trasimenosees angebaut werden

fagiolo badda schmackhafte zweifarbige kleine rundliche Bohne („badda" bedeutet im sizilianischen Dialekt Kugel)

fagottino gefüllte Teigbündel, gerollte Pfannkuchen

falagoni Tasche aus Brotteig, gefüllt mit Gemüse und Hülsenfrüchten (Basilikata)

falia > **focaccia** aus dem Latium, zubereitet aus Mehl, Wasser, Hefe und nativem Olivenöl extra. Die Form ist länglich und weist Längseinkerbungen auf.

falso magro gefüllte Kalbsroulade

falsomagro/farsumagru > **bruciuluni**

faraona Perlhuhn

faraona alla creta Gewürztes Perlhuhn in Pergamentpapier im Ofen in einer Hülle aus weichem Ton gegart (Umgebung Piacenza und Cremona)

faraona rodolada co' a peveràda Perlhuhnroulade mit > **peveràda**

farecchiata Polenta aus Mehl von wilden Erbsen, mit Sardellensauce gewürzt

farina bóna sehr fein vermahlenes Mehl aus gerösteten Maiskörnern (Tessin), Slow-Food-Presidio

farinaccio al ragù eine Art Polenta mit Fleischsauce

farinata ligurische Flade aus Kichererbsenmehl und Olivenöl, die warm verzehrt wird

farinata col cavolo nero Polenta aus Maismehl, die zusammen mit Schwarzkohl gekocht und mit Knoblauch, Öl und geriebenem Käse verfeinert wird

farro Dinkel; ähnlich dem Getreide, das in Garfagnana und Mittelitalien angebaut wird; hauptsächlich für die Minestra verwendet

farrotto eine Art Risotto mit > **farro** und gemischtem Feldgemüse (Abruzzen)

fasoi in potacin/sofegai/embogonàdi mit oder ohne Tomaten langsam gegarte Bohnen (Venetien, Julisch Venetien)

fassone (carne di) piemontesisches Kalbfleisch von der Keule, besonders hochwertig

fasui (uardi e fasui) in Friaul-Julisch Venetien verbreiteter Dialektausdruck für Bohnen, die in vielen regionalen Traditionsgerichten Verwendung finden, u.a. für die typische Gersten-Bohnen-Suppe (Minestra di orzo e fagioli)

fasule e scarole Suppe aus Bohnen und Endivien

fava Saubohne

fava cottoia hochwertige Saubohnenart aus Modica mit hohem Eiweißgehalt

favata typisches Gericht der Hirtenküche, bestehend aus frischen Saubohnen, die mit Schweinefleisch, Tomaten und Gewürzen gekocht werden

fave'ngrecciate gekochte Saubohnen, als Salat mit Knoblauch und Pfefferminze (oder Majoran) serviert (Macerata, Marken)

fave e cicorie > **incapriata/'ncapriata**

favò kurzformatige Pasta mit Saubohnen, Tomaten und Fontina-Käse, mit in Butter gerösteten Croutons serviert (Aostatal)

fegatazzo Salsiccia aus Leber und Schweineinnereien, gereift und in Öl oder Schmalz eingelegt konserviert, oder aber frisch am Spieß gebraten gegessen (Abruzzen)

fegatelli Leberstückchen im Schweinenetz, am Spieß gebraten (Umbrien)

fegatelli nella rete Leberstückchen im Schweinenetz, mit Kräutern geschmort (Prato)

fegatini Hühnerleber

fegato Leber

fellata in den Abruzzen und im Molise Bezeichnung für ein Antipasto aus Wurstwaren und lokalem Käse

femminelle in der Gegend von Orbetello Bezeichnung für weibliche Krebse aus der Lagune, die um die Weihnachtszeit gefangen werden, wenn sie viel Rogen tragen; im livornesischen Dialekt Bezeichnung für ganze Krebse, die der Suppe beigegeben werden

ferdinandi Süßspeise aus doppelt aufgegangenem Brot

ferratelle süße Waffeln, auf einem speziellen Eisen gebacken und mit Ricottacreme gefüllt (Abruzzen)

ferrazzuoli längliche Teigwaren, die mit dem „ferretto", dem Eisenstab, gerollt werden; ahnlich den Maccheroni

fettuccine Eierteigwaren, vor allem aus dem Latium, in Form von Bandnudeln, etwa einen Zentimeter breit, ein wenig dicker als die klassischen Tagliatelle der Emilia

fettunta geröstetes Brot mit Öl und Knoblauch (Toskana)

fiadoni/fiadoncelli für die Region Abruzzen typische süße Häppchen mit einer Füllung aus geriebenem frischen Pecorino-Käse, Ei und Zimt (eine ähnliche Version gibt es im Trentino, deren Füllung aus Honig, Mandeln, Rum, Nelken und Zimt besteht)

fianchetto venetische Bezeichnung für Rinderzwerchfell

ficazza Thunfischsalami, für deren Herstellung weniger hochwertige Thunfischteile mit Salz und Pfeffer gewürzt in Schweinedarm gefüllt werden (Sizilien)

fico dottatoeine Sorte heller Feigen, die in Kalabrien für die Herstellung von Süßspeisen verwendet wird

fidighin typische Mortadella aus dem Nordosten des Piemonts aus Schweineleber, Wange und Bauchspeck

fidlin Dialektausdruck für > **capelli d'angelo** (Lombardei, Piemont)

filacci > sfilacci

file e daspe gekochte Kartoffeln mit einer cremigen Sauce aus Eiern, Milch, Käse und Essig (Carnia, Friaul)

fileja frische kalabresische Pasta aus Wasser und Mehl, lang und eingedreht

filetto baciato Rohsalami, typisch für das Gebiet von Acqui Terme (Piemont), aus Schweinefilet, gebeizt mit Salz und Gewürzen, in Wurstmasse gewickelt

filiferru/filoferru Schnaps aus Sardinien

filindeu sehr feine Hartweizennudeln, die in Schaffleischbrühe angerichtet werden; typische Festtagsspeise in Sardinien

finanziera für das Piemont typisches Gericht aus Innereien, Hirn, Hoden, Kalbsfilet, Hahnenkämmen, Steinpilzen, Parmesan, Marsala, Öl und Essig

finferlo Pfifferling

fini-fini Bandnudeln aus Eierteig von rund zwei Millimetern Breite; typisch für die Ciociaria (Latium), wo die Nudeln normalerweise breit und dick sind

finocchiona typische Wurst aus der Gegend von Florenz und Siena, die mit Fenchelsamen, in Wein zerstampftem Knoblauch, schwarzem Pfeffer und Feldthymian gewürzt wird

fiocchetto besonders zarter Schinken

fiocco di culatello Wurst aus dem oberen Vorderteil der Keule, dem Rest der Erzeugung von > **culatello**

fiocco di vitello Stück vom Rind aus dem vorderen Brustbereich

fior di latte Pudding aus Milch, Zucker und Ei, in einer karamellisierten Form im Ofen zubereitet (Emilia)

fiordilatte Frischkäse mit gezogenem Teig, der dem Kuhmilchmozzarella ähnelt, sich aber in Form und Teigkonsistenz von ihm unterscheidet

fiore sardo gereifter Schafkäse (industriell aus Mischmilch), wird in ganz Sardinien erzeugt

fiorentina dickes Steak vom Jungrind mit Knochen, das den ganzen Bereich einer Rippe mit dem jeweiligen Filet und Lendenstück umfasst (zwischen 500 Gramm und 1 Kilo). Die Zubereitung erfolgt auf dem Rost.

fioretti kurzformatige Eierteigware

fiorilli > sciurilli

fitri frittierte Buchweizenküchlein mit Käsefüllung (Tessin)

fiurì/fiurit Schicht, die sich bei der Erzeugung von Ricotta an seiner Oberfläche bildet. Sie hat die Konsistenz von Jogurt und liegt geschmacklich zwischen Jogurt und Ricotta.

flan flaumiger Gemüseauflauf

focaccia Fladenbrot

foglie e patan' Dialektausdruck für Mangold mit Kartoffeln, typisch in den Abruzzen

foiade drei bis vier Zentimeter breite Teigecken, typisch für das Gebiet um Bergamo (Lombardei)

foije e faciul Dialektbezeichnung für Mangold mit Bohnen (Abruzzen)

foiolo Mailänder Begriff für Omaso, Teil der Kutteln

folpeti venezianischer Begriff für eine kleine Tintenfischart (Moschuskrake, lat. eledone moschata)

fonc di andana Wiesenpilze (Lombardei)

fondue bourguignonne klassisches Fondue; die vorbereiteten Fleischstücke werden auf Spießchen in das mit brodelnd heißem Öl gefüllte Fonduetöpfchen getaucht. Dazu genießt man diverse Saucen.

fonduta heiße Creme aus Fontina-Käse, Milch und Eidotter (Piemont, Aostatal)

fonduta zerlassener Käse, Käsecreme

fongadina in Venetien übliche Bezeichnung für Lamminnereien

fontina ein norditalienischer Hartkäse (Aostatal)

formadi frant krümeliger Weichkäse aus mehreren Käsesorten, in Stücke gebrochen, mit Milch oder Sahne vermengt und mit Salz und Pfeffer gewürzt

formaggio di fossa vor allem Pecorino (auch Ziegenkäse oder gemischt), der mit Blättern bedeckt in Tuffsteinhöhlen reift

formaggio grigio Graukäse

formai de mut wörtlich Bergkäse. Im lokalen Dialekt bedeutet „mut" Bergwiese. (Provinz Bergamo)

formajo imbriago in Venetien und Julisch Venetien gebräuchlicher Ausdruck für „besoffenen" Käse (Formaggio ubriaco), der in Kontakt mit Trester reift

formajo verde in Venetien und Julisch Venetien gebräuchlicher Ausdruck für Edelschimmelkäse

forno (al) im Ofen gegart

fortaje venetisches Dialektwort für Omeletts

fozza auf der Herdplatte gebratener Fladen, mit Speck umhüllt (Piemont)

fracchiata Polenta aus Mehl von Spalterbsen und Dinkel, angereichert mit Saubohnen und angebratenen Guanciale (Abruzzen)

frachet Frischkäse, der mit Grappa, Rum, Pfeffer, Peperoni und anderen Gewürzen vergoren und anschließend sie zu einer Creme verknetet und getrocknet wird (Val Sesia, Piemont)

fragaglia winziger Fisch, der beim Fischfang im Netz geblieben ist; normalerweise frittiert

fragola Erdbeere

fragolini kleine Tintenfische (Ligurien)

franceschini kleine Fische, ähnlich den > **cicireddi**

francesina > **lesso rifatto**

frandura ligurischer Fladen mit Kartoffeln und Mehl, Milch und geriebenem Käse

frascarelli/frascariegl' Polenta aus Maismehl und Kartoffeln, mit Öl und Peperoncino verfeinert sowie mit Bohnen (oder Gemüse) und traditionellerweise Schweineschwarten angereichert wird (Molise)

frascatelli dicke Pasta aus Wasser und Mehl (Latium); in den Marken und in der Toskana Bezeichnung für Krumen aus Wasser und Mehl, durch das Reiben des Teiges gewonnen und in Brühe gekocht oder mit Fleischsauce oder Knoblauch und Peperoncino serviert

frascatole Mahlerzeugnis aus Hartweizen, das wie > **cuscus** zuzubereiten ist

frascinelli frische Teigwaren, den > **orecchiette** ähnlich (Basilikata)

frattaglie Innereien

fratto di fave bäuerliche Minestra mit Saubohnenpüree und Teigwaren (Kalabrien, Lukanien)

frecacha Rindfleisch-Kartoffel-Rösti (Aostatal)

fregamai frische Pasta in Form kleiner Nocken, durch Reiben des Teigs geformt

fregnacce unregelmäßige Rechtecke aus frischer Pasta, die entweder mit verschiedenen Saucen oder zusammengefaltet, mit Fleischsauce gefüllt, mit geriebenem Pecorino serviert wird (Latium, Abruzzen)

fregola/fregula in Brühe gegarter Hartweizengrieß in Form kleiner, unregelmäßiger Kügelchen (ähnlich > **cuscus**)

fregoloz di jerbis Nocken aus einem mit Brennnesseln oder anderen wild wachsenden Kräutern angereicherten Teig (Friaul)

friarelli > **friggitelli**

friarielli in Neapel gebräuchlicher Name für das dem Brokkoli ähnlichen Gemüse

fricandò Schmorgericht vom Rind oder Schwein mit Kartoffeln, Gemüse, Kräutern, Weiß- oder Rotwein und wenig Tomaten

fricassea Schmorgericht vom Schaffleisch oder Hoftieren, am Ende der Kochzeit mit Ei und Zitrone gebunden

friccandò Beilage bestehend aus geschmortem Gemüse mit Tomatenpüree (Emilia-Romagna)

fricco' di pollo Huhn in Wein, Essig und Gewürzen gekocht (auch Lamm, Ente, Kaninchen oder Kalb).

fricelli kurze Teigwaren, sehr ähnlich den > **strozzapreti**. Teigscheiben aus Wasser und Mehl werden von Hand gerollt, bis sie eine zylindrische Form bekommen.

frichetti Törtchen aus Käse, Kartoffeln und Zwiebeln

fricieu/friciòle/friciolin typische pikante Pfannkuchen aus dem Piemont, zu Wurst serviert

fricis friulanischer Dialektausdruck für > **ciccioli**

frico in Öl, Butter oder Schmalz gebratener Käse (Montasio), oft auch mit Kartoffeln vermengt (Friaul)

friggione Beilage zu Fleisch, bestehend aus geschmorten Zwiebeln und Tomaten, die mit Essig abgeschmeckt werden (Emilia-Romagna)

friggitelli kleine grüne Paprikaschoten, längliche Form, süßer Geschmack; eignen sich gut zum Frittieren oder zum Füllen (Abruzzen, Apulien, Kalabrien)

frigulelli Format von frischen Teigwaren (Marken)

friscalutu Brot mit Pilzen und Pecorinospänen (Sizilien)

frisceu Frittiertes (Fisch oder Gemüse)

frisceu/frisciöi ligurischer Begriff für verschiedene Arten von Pfannkuchen

friselle zweifach gebackenes Brot in Kringelform, das vor dem Servieren mit Wasser befeuchtet wird; passt zu getrockneten Tomaten, Salat und frischem Gemüse, typisch für Süditalien, besonders für Apulien

frite di prat blanchierte und sautierte Wildsalate

frittata Omelett

frittelle Krapfen, Pfannkuchen

fritto misto reichhaltiges Gericht aus verschiedenen Zutaten (Fleisch, Innereien, Gemüse, Mehlprodukte), paniert und in Öl und/oder Butter frittiert. Es gibt mindestens fünf regionale Versionen: aus dem Piemont, aus Florenz, Bologna, Rom und aus Neapel.

fritto misto all'ascolana Frittiertes, das sich ein wenig von anderen frittierten Gerichten in Italien unterscheidet, aus gefüllten Oliven, Artischocken, Zucchini (oder Kürbisblüten), Lamm und Cremino-Käse

fritto misto alla genovese Kombination aus verschiedenen Fleischstücken, Innereien, Gemüse, Obst, Mandelmakronen und Cremewürfeln, goldbraun in Backteig frittiert (Genua)

frittole Innereien, Rüssel, Ohren und Schwarten vom Schwein, in ihrem Fett im Kupfertopf gekocht (Kalabrien)

frittura Frittiertes

frittura di paranza Mischung aus kleinen, mit dem Netz gefangenen Fischen, in Mehl gewendet und frittiert

frittura dolce süßer Grieß, paniert und frittiert

frizzuli lukanischer Dialektausdruck für frittierte Tagliatelle

frue/vrue/casu axedu sardischer Käse aus Schaf-, Kuh- und Ziegenmilch mit weichem Teig, nur unter Verwendung des Milchbruchs und ohne Beigabe von Salz erzeugt; gereift > **merca**

frutta Obst

frutti di bosco Waldbeeren, Beerenobst

frutti di mare Meeresfrüchte

fuazza sehr knusprige, gefüllte und zusammengerollte Pizza (Sizilien)

fugasette auf einer Gußeisenform gebackene Fladen aus Kichererbsen- oder Maismehl (Umgebung Savona)

funciddi trockene Kekse aus Mandeln und Haselnüssen (Sizilien)

funghi Pilze

funghi dormienti/dormiglioni Märzschnecklinge (Toskana)

funghi trifolati mit Öl, Knoblauch und Salz in der Pfanne sautierte Pilze, mit gehackter Petersilie bestreut

furtaies ladinische Bezeichnung für Omelett

fusilli kurze spiralförmige Pasta, ursprünglich aus dem Süden. Heute industriell produziert, jedoch im Privaten immer noch mit Hilfe einer Stricknadel hergestellt

G

gaggette pinne Kohltaschen mit Kräutern, Weißbrot, Ei, Parmesan, Bröseln, ev. Hackfleisch oder Salsiccia (Ligurien)

galàni in Nordostitalien übliche Bezeichnung für Karnevalsgebäck, auch pikant (> **chiacchiere**)

galantina kaltes Gericht, normalerweise aus weißem Fleisch, mit Prosciutto (und/oder Zunge), Pistazien und Marsala vermischt in Haut gehüllt und gekocht wird. Anschließend lässt man es in seiner Brühe erkalten.

gallette Cracker, Kekse

galletti Pfifferlinge

galletto Stubenküken

gallo Hahn

gamberetti Garnelen

gambero Krebs

ganascin in umido geschmorte Kalbs- oder Schweinebacke

garganelli kleine, hohle Maccheroni aus Eierteig, mit Parmesan und Muskatnuss verfeinert. Man wickelt Teigrechtecke um ein Stäbchen und drückt sie auf eine „pettine" (Kamm) genannte Vorrichtung. (Romagna)

gargàti handgemachte Maccheroni aus frischem Eierteig (Venetien)

garmugia deftige Suppe aus Lucca, die aus Jungzwiebeln, Spargel, Erbsen, Saubohnen, gehacktem Rindfleisch, Bauchspeck und Fleischbrühe zubereitet wird. Ihr Ursprung geht auf das 18. Jahrhundert zurück.

garofolato Schmorbraten vom Ochsen oder Rind mit Tomatenkonzentrat und Gewürznelken (Latium)

garùsoli/garuse venetisches Dialektwort für Schneckenmuschel, Stachelschnecke

gattafin große Ravioli mit Füllung aus Kräutern, Eiern, Ricotta und Parmesan (Ligurien)

gattò (1) sardischer Krokant aus Mandeln, Zucker und Zitronenzester; (2) Kartoffelauflauf mit Füllung aus Salami, Provola und Mozzarella (Kampanien, Sizilien)

gedi Dialektbezeichnung aus Messina für Mangold

gelatina di maiale gekochtes und vom Knochen gelöstes Schweinefleisch, tranchiert mit kalter Brühe übergossen und kühl gelagert (Sizilien)

gelato Speiseeis

gelo eine Art Fruchtpudding. Besonders traditionell ist die Version mit Wassermelone. (Sizilien)

genovese (alla) Schmorgericht aus Fleisch und Zwiebeln; Sauce zu Pasta, Fleisch als Secondo serviert. Auch für Fisch, z.B. Thunfisch, anwendbar (Neapel)

geretto mailändischer Dialektausdruck für ein bestimmtes Stück vom Kalb

germano Wildente

germogli Sprossen

ghiotta > agghiotta

ghisadu Gericht aus Fleisch vom Bue rosso (Rinderrasse), mit Zwiebeln und Tomaten geschmort (Sardinien)

giancheti > bianchetti

gianduiotto Pralinen aus Schokolade, gerösteten Langhe-Haselnüssen, Zucker und Vanille (Turin)

giardiniera hausgemachtes eingelegtes Gemüse, in Essig gekocht, sehr lange haltbar

gibanica/ghibaniza slowenisches Dessert aus mehreren Schichten (Mürbeteig, Quark, Mohn, Nüsse)

gibochns in der Pfanne servierter Brei aus Mehl, Wasser und Käse; als Süßspeise mit Milch und Butter, evtl. Zucker und Zimt (Ahrntal)

ginepro Wacholder

ginestrata toskanische Suppe aus Brühe, geschlagenem Ei, Marsala und Zimt

gioielli di toro Stierhoden

girello Rinderbug von erwachsenen Tieren

giulebbato Fruchtzubereitung, bei der ein Teil der Früchte gekocht und durch ein Sieb gestrichen, der andere Teil nur gekocht und zusammen mit den passierten Früchten in Gläser gefüllt wird

giuncata auf Binsenblättern servierter Frischkäse

gnaccheragatti Teigware aus Grieß, Esskastanienmehl und Wasser (Marken)

gnocc de la cùa/gnocchi della coda > gnocchi, die mit dem Löffel erzeugt werden und so die typische Form mit „Schwänzchen" erhalten; aus dem Valcamonica (Lombardei)

gnocchetti verdi Spinatklößchen

gnocchi Kartoffelteigklößchen; kleine hohle Nudeln

gnocchi a coda di soreca Teigware aus Wasser und Mehl in länglicher Form, ähnlich einem Mäuseschwanz

gnocchi alla bava Kartoffelnocken mit zerlassenem Käse, Butter und Parmesan (Aostatal)

gnocchi alla romana Scheiben aus fest gewordenem Grieß, im Ofen mit Butter und Parmigiano gratinert

gnocchi di patate Kartoffelklößchen

gnocchi riccifrische Eierteigwaren, die man in Würfel schneidet, dann über das Nudelbrett rollt und sie dabei mit dem Daumen in der Mitte eindrückt, wobei die charakteristische gekräuselte Form entsteht

gnocchi sbatùi Mehlnocken mit Butter, Käse oder geräuchertem Ricotta, typisches Gericht der Monti Lessini (Venetien)

gnocco fritto/gnoch frit in Rauten geschnittener und frittierter Hefeteig; in beinahe der ganzen Emilia unter verschiedenen Namen verbreitet

gnoccoli röhrenförmige frische Pasta

gnucheit gerührte Polenta mit Butter und Toma

gnudi Gnocchi aus Spinat (oder Brennnesseln), Ricotta, Parmesan und wenig Mehl, in Salbeibutter gewendet (Toskana)

gnumarieddi/gnumaridde/gnummaridd Rouladen aus Därmen und Innereien vom Zicklein oder Lamm, normalerweise gegrillt; in Süditalien weit verbreitet

goassuppe Brühe aus Ziegenfleisch (Südtirol)

gobbetti lokaler Name für Garnelen der Küste (Latium)

gobeletti Mürbeteiggebäck gefüllt mit Konfitüren (Genua)

gola weiche aromatische Wurst aus Schweinehals

gonfiotti gefüllte Nudeln

gorgonzola Grünschimmelkäse

gosa fer Sauce aus Sardellen, Butter und Essig (Cremonese)

gota Wange, Pancetta

gòto im Veroneser Dialekt ist damit ein Glas Wein gemeint, im weiteren Sinn der Aperitif; gleichbedeutend mit der venezianischen > **ombra**

gramigna Maccheroncini aus Eierteig, für deren Erzeugung der Teig durch eine eigens dafür vorgesehene Presse gedrückt wird. Sie werden mit Salsiccia angerichtet. (Emilia-Romagna)

gran pistau Getreidesuppe mit Lauch und Schwarten (Ligurien)

grana parmesanähnlicher Hartkäse

granelli kleine Nudeln

granita Eisgetränk

grano arso dunkles Mehl aus Getreide, mit den Stoppeln nach dem Mähen abgebrannt

grano saraceno Buchweizen

grancevola Meerspinne

granseola > **grancevola**

gransipori Taschenkrebse (Venetien, Julisch Venetien)

grappa Schnaps, Likör

gras pistà Fein gehackter Speck, Knoblauch, Schalotten, wenig Salz und ev. Petersilie; üblicherweise in Gläsern aufbewahrt (Emilia)

grateti Suppe aus Brot, Mehl, geriebenem Käse und Borlotti-Bohnen (Romagna)

grattonato Kutteln und Innereien vom Schaf, gehackt und mit Ei und Pecorino vermischt, anschließend in Fleischsuppe gekocht (Lukanien)

Graukäse Sauermilchkäse aus Kuhmilch (Südtirol)

gremolada/gramolata lombardische Sauce mit Knoblauch, Petersilie und Zitronenzester, die beim Rezept des Mailänder Ossobuco Verwendung findet

gremolata Würzpaste aus Knoblauch, Petersilie, Sardelle und Zitrone

gricia (alla) eine in Rom häufige Art, die Pasta mit Öl, Zwiebeln und angebratenen Stücken von Guanciale zu bereichern; wie Amatriciana ohne Tomaten

grifi all'aretina Kälbermaulragout

grigliata Gegrilltes

grisci Dialektausdruck in den Marken für Guanciale

guancette Teil des Mauls vom Kalb

guanciale aus Schweine- oder Kalbsbacke hergestellte Wurstspezialität, oftmals geräuchert

guazzetto Schmorgericht aus Tomaten und üblicherweise mit Fisch, Fröschen und Schnecken. In den Marken verwendet man unreife Tomaten, Knoblauch, Öl, Petersilie und Wein, manchmal ein wenig Essig.

guazzetto (in) geschmort und mit Sauce serviert

gubana friulanischer Hefeteigkuchen mit einer Füllung aus Nüssen, Pinienkernen, Rosinen und anderen variablen Zutaten

gueffus rundes Gebäck aus Mandelmehl, Zucker, Zitrone, Orangenblütenwasser und Likör (Sardinien)

gugligliones mit Honig-Mandel-Masse gefüllte und mit Honig überzogene Süßspeise (Sardinien)

I/ J

imbottito gefüllt

imbrecciata Minestra aus Hülsenfrüchten (Kichererbsen, Bohnen, Saubohnen, Linsen) und Getreide (Gerste, Weizen, Mais), gewürzt mit Lardo, Zwiebel und Majoran; typisch für Umbrien, aber in ganz Mittelitalien verbreitet, auch in einer Version nur mit Hülsenfrüchten

impepata di cozze Miesmuscheln

impepata durch Hitze geöffnete Meeresfrüchte, die ganz einfach mit dem Kochsud aus der Pfanne und mit Pfeffer bestreut (heute meist mit Zitrone beträufelt) serviert werden

in zimino Zubereitung mit Rüben oder Spinat, in denen Tintenfische und Kraken, aber auch Kichererbsen und Kutteln geschmort werden (Ligurien, Toskana)

incapriata/'ncapriata typisches Gericht für Basilkata und Apulien, bestehend aus einem Püree aus getrockneten Saubohnen und gekochter Wildzichorie, mit nativem Olivenöl extra beträufelt

infrascati Teigwaren aus Getreide- und Maismehl (Latium)

ingrattonato > **grattonato**

insaccati Wurstwaren

insalata Salat

insalata russa Salat aus gekochtem, in kleine Würfel geschnittenem Gemüse, mit Majonäse verrührt

intingolo dicke Sauce, Ragout

intoppo/'ntruppc Fleischsauce für Teigwaren, normalerweise für Strascinati, aus Tomaten, Fleisch vom Kalb und Schwein sowie Salsiccia (Süditalien)

involtini alla palermitana Rouladen mit Füllung aus Paniermehl, Rosinen, Pinienkernen und Käse, die mit Lorbeer und Zwiebeln gewürzt wird

involtini Röllchen, Rouladen

jambarei Dialektbezeichnung für Süßwasserkrebse (Provinz Latina)

jasse frische grüne Pasta (Ligurien)

jlatina > **gelatina di maiale**

jota Eintopf aus Bohnen, sauren Rüben oder Sauerkraut, Lardo oder Bauchspeck und allerlei Gemüse, manchmal auch mit Fleisch (Triest)

jota carsolina > jota nach Karster Art, enthält weniger Bohnen, dafür zusätzlich Gerste

K/L

Kaiserfleisch geräucherte Bauchfleisch vom Schwein (Julisch Venetien)

kiffel/kipfel für Friaul typisches halbmondförmiges Fettgebäck aus Kartoffelteig, wird als Beilage serviert; auch in süßer Variante als Dessert

Knieküchel mit Heidelbeerkonfitüre gefülltes Fettgebäck

krestel italienisierte Form von Gröstl (Venetien)

krumiri Mürbeteigkekse aus Piemont

laciada/cutizza Backteig aus Wasser und Mehl, frittiert und mit Zucker bestreut

laganari > lasagne frische Teigware in Rechteckform, die in Süditalien verbreitet ist

lagane breite Bandnudeln

laganè/làine/làane e ceci in Süditalien stark verbreitete Minestra mit Kichererbsen (Bohnen), **> lasagne** und einem Soffritto aus Knoblauch, Öl und Paprika

lahanelle frische Teigware ähnlich **> fettuccine** (Mittel- und Süditalien)

laianedda di laianaro kleine Streifen aus frischem Teig, mit lokalem Wein aus dem Salento zubereitet

lajine apulisches Dialektwort für **> fettuccine**

lampascioni Zwiebeln einer Wildkrautart (heute auch kultiviert, vor allem in Apulien); leicht bitter im Geschmack; gekocht, gebacken oder in Essig eingelegt

lampedusana (alla) Fisch mit Kartoffeln, wildem Fenchel, Knoblauch und Petersilie im Ofen gegart (Sizilien)

lampredotto mit Gemüse gekochte und mit Pfeffer und Öl abgeschmeckte Kutteln, die zwischen zwei Scheiben Brot verzehrt werden; typisch für die traditionelle toskanische Volksküche

lampuga Goldmakrele

lardiato gespickt

lardo besonders gereifter weißer Speck

lasagne Eierteigstreifen, etwas dicker als Tagliatelle, 10 bis 15 Zentimeter lang, 2 bis 5 Zentimeter breit

lasagne al forno alla bolognese aus der Emilia stammendes, aber auch sonst sehr verbreitetes Gericht: Grüne Teigrechtecke (mit Spinat gefärbt) werden abwechselnd mit Ragout, Béchamelsauce und Parmesan geschichtet und im Ofen überbacken.

lasagne mes-cie hausgemachte Teigware aus Esskastanienmehl (Lunigiana, Toskana)

lattaiolo gebackene Süßspeise aus Ei, Milch, Mehl, Zimt und Zitronenzesten, mit Puderzucker bestreut (Marken)

latte alla portoghese > fior di latte

latte brûlé Milchspeise

latte in piedi > fior di latte

latteria ursprünglich in Nordostitalien gebräuchliche Bezeichnung für Käse von wandernden Milchverarbeitungsbetrieben (so genannten „latterie turnarie"), heute ein Käsereiprodukt ohne bestimmten Standard

latteruolo/casadello Creme aus Milch, Vanille, Zucker und Ei, in einer Teighülle im Ofen gebacken

latticini Milchprodukte

lattuchedda filetierter Unterbauch vom Kalb

lattuga Kopfsalat

lattume Thunfischsamen; in Salz, dann in Salzlake eingelegt, dünn aufgeschnitten mit Öl und Petersilie angerichtet

laurino Lorbeerschnaps

lauscera/lausciera Platte mit Speckstein, auf der der Gast Fleisch brät, das von Saucen und Gemüse begleitet wird (Val d'Ossola, Piemont)

lavarello > coregone

leccarda (alla) Eine Schale wird unter das Fleisch am Spieß gelegt, um das austretende Fett aufzufangen. Bei dieser Methode, normalerweise für Geflügel angewendet, werden in das Gefäß auch die Innereien mit Kapern und Oliven gelegt, die somit mit dem Fett gewürzt und anschließend, zu einer Sauce püriert, mit dem Fleisch serviert werden.

leghe lokale Bezeichnung für Schwarzkohl (Cavolo nero) (Toskana)

legumi Hülsenfrüchte

lepre Hase

lesso Gekochtes

lesso rifatto gekochtes Rindfleisch, gewürfelt mit Zwiebeln und Tomaten in der Pfanne geschwenkt

lidric cul poc Winterradicchio mit intensivem Geschmack, von dem auch ein Teil der Wurzel, im Dialekt „poc" genannt, essbar ist (Friaul)

limoncello Likör aus dem Auszug der in Alkohol eingelegten Zitronenschalen (Neapel)

limonìa Sauce aus Zitronen und Mandeln, die meist zu hellem Fleisch gereicht wird (Toskana)

lingua in giardino, in salsa verde gekochte Kalbszunge, in feine Scheiben geschnitten, warm mit einer Sauce aus Petersilie, Möhren, Tomaten, Kapern, Knoblauch, Öl und Essig oder mit einer grünen Sauce aus Petersilie, Knoblauch, Öl und Essig

lingua salmistrata Pökelzunge; mit Salz und Salpeter haltbar gemachte Rinderzunge, die in Salzlake reift und gekocht serviert wird

linguine schmale Bandnudeln ligurischer Herkunft, etwa 3 Millimeter breit

lion in Schweinemastdarm gefüllte Mortadella (Emilia)

liptauer Brotaufstrich aus Quark, Butter, Zwiebel, Kümmel, Kapern und Paprika (Triest)

lisandros Teigware, ähnlich Fettuccine (Sardinien)

litùmp Mischung aus verschiedenen wild wachsenden Würzkräutern, die vor Sonnenaufgang gesammelt werden

loertis/lovertis > luppolo

lolli kleine frische Pasta in Röhrenform, meist mit Saubohnen serviert

lombata Lende, Lendenbraten

lombrichi/lombrichelli dicke handgemachte Spaghetti aus Wasser und Mehl, leicht spindelförmig (Latium)

lonza norditalienische Bezeichnung für Rückenstück

lonzino di fichi gerollte Feigenblätter, gefüllt mit zerriebenen getrockneten Feigen, eingekochtem Obstwein, Mandeln, Nüssen und Anis (Marken)

lonzino gepökelte Schweinewurst (Rückenstück), gebeizt und abgehangen

lorenzada Gericht auf Basis von Polenta, Kartoffeln, Käse und Zwiebeln (Regionen im Norden Italiens)

lorighittas eine Art Spaghetto, von Hand erzeugt, um sich selbst gedreht und wie ein kleiner Ring geschlossen (Sardinien)

luadei kleine Brötchen (Lombardei)

luartis > luppolo

lubjanska mit Schinken und Käse gefülltes Schnitzel, ähnlich dem Cordon Bleu (Friaul-Julisch Venetien)

luccio Hecht

luccio in consa gekochter, filetierter Hecht, angerichtet mit einer Sauce aus Öl, Knoblauch und gesalzenen Sardellen; serviert mit Polenta (Provinz Brescia)

luccio in salsa gekochter und filetierter Hecht, der schichtweise mit einer Sauce aus Öl, Kapern, Knoblauch, Essig, Petersilie und Anchovis mariniert wird und vor dem Servieren eine Zeit lang zieht (Mantua, Verona)

lucerna Meerpfaff

luganega/luganiga/lucanica trentina dicke Wurst aus edlen Teilen vom Schwein, bis zu vier Monate gereift. Findet frisch in der Küche vielseitig Verwendung. (Trentino)

lumache Schnecken

lumache alla bobbiese Landschnecken ohne Gehäuse, in einem Sud aus Lauch, Kräutern und Weißwein gegart (Provinz Piacenza)

lumaconi große getrocknete Pasta in Schneckenform

luppolo Hopfenkeime, in der Küche verschiedener Regionen Italiens für Minestra, Pfannkuchen und Risotto verwendet; div. regionale Bezeichnungen

luserna incovercià Knurrhahn, als geschätzter lokaler Speisefisch über der Holzglut gegart und mit Essig mariniert (Venetien)

luvertin > luppolo

M

macafame eine Art Brotpudding mit Milch, Eiern, Äpfeln und Nüssen

macarons cui lòps Klöße, die mit kleinen Äpfeln einer autochthonen Sorte gefüllt sind (Friaul)

macarrones de busa sardische Teigware, ähnlich den > **bucatini** von Hand mit einem dafür vorgesehenen Werkzeug oder mit einer Stricknadel hergestellt

maccagno piemontesischer Käse aus roher Kuhvollmilch, kompakte, elastische Konsistenz, leicht gelöchert

maccarello Dialektausdruck im Latium für Makrele

maccaronara frische Pasta aus Wasser und Mehl; mit einem gerillten Nudelholz gerollt, das den Teig in Streifen schneidet (Kampanien)

maccarones de ponzu Teigware aus Hartweizengrieß, die bei der Herstellung auf Körbe gelegt wird, damit sie deren raue Oberfläche annimmt und das Ragout, mit dem sie angerichtet wird, besser aufnehmen kann (Sardinien)

maccarones furriaos Teigklößchen aus Grieß und Ei, mit zerlassenem Schafkäse verfeinert (Sardinien)

maccaruni in Süditalien gebräuchlicher Name für lange oder kurze Teigwaren, die normalerweise mittels eines dafür geeigneten Eisenstabs ausgehöhlt werden

maccheroni alla chitarra lange quadratische Pasta, zur Herstellung werden frische Pastastreifen über einen Rahmen mit Metallfäden gestrichen

maccheroni alla mugnaia lange, unregelmäßig dicke Pasta aus Wasser und Mehl, die an einem einzigen, etwa 50 cm langen Stück belassen werden sollte; früher mit Fisch-, heute auch mit kräftiger Fleischbrühe serviert

maccheroni del pettine > garganelli

maccheroni di > campofiloni, dickes Saubohnenpüree, eventuell mit Teigwaren serviert (Sizilien)

macco di fave dicker Brei aus Saubohnen, dem Gemüse (z.B. Wildfenchel) und manchmal auch Teigwaren zugesetzt werden

macedonia Obstsalat

macheto/machetto Sauce aus kleinen ausgelösten, in Salz und Öl eingelegten Sardinen (Ligurien)

madernassa zum Kochen geeignete Birnenart, speziell im Gebiet von Cuneo verbreitet (Piemont)

mafalufi Dialektbezeichnung für Affodil, einer typischen Wildpflanze aus dem Mittelmeerraum (Sizilien)

magatello lombardische Bezeichnung für ein bestimmtes Stück vom Rind

maghetti Dialektbezeichnung in den Marken für Hühnerinnereien

magnana Dialektausdruck in den Marken für frisch geschlüpfte Fischchen > **neonata di pesce**

maiale Schwein

maiorchino seltener Käse aus Schaf- und Ziegenmilch, der bis zu 24 Monate reift (Sizilien)

makaira Spaghetti aus Gerstenmehl in quadratischer Form (Abruzzen)

malfatti Nocken aus Spinat, Ricotta, Mehl, Ei und geriebenem Käse; gekocht und mit zerlassener Butter serviert (Norditalien)

mallegato toskanische Wurst ähnlich > **buristo**

malloreddus Safranklößchen

maltagliati rautenförmige Nudeln

mandilli de sea hauchdünne Teigplättchen (eine Art Lasagne), serviert mit Pesto (Ligurien)

mandorla Mandel

manfricoli > ciriole

mantovana Biskuitkuchen

manzo Rindfleisch

marinara (alla) mit Tomatensauce

marinata Marinade

marro Lamminnereien, mit Pecorino-Stückchen (auch Mortadella) in Därme gefüllt, über der Holzkohlenglut oder im Ofen gegart (Apulien, Kalabrien)

martin sec eine alte Birnensorte, die vor allem im Piemont verbreitet ist. Die Birnen werden gekocht zur Nachspeise serviert.

marubini Ravioli aus der Gegend von Cremona, die in Fleischbrühe gekocht, aber trocken serviert werden

marve/marvice Omelette aus Eiern, Milch und Kräutern (Natisone-Täler, Friaul)

marzolina Ziegenkäse der Ciociaria (Latium)

masanete kleine (weibliche) Lagunenkrebse (Venetien); werden während der Häutungszeit zu > **moleche**

masaro in Venetien Bezeichnung für den Erpel

mascarpone cremiger Frischkäse aus Sahne; ursprünglich aus der unteren Lombardei, in der Emilia als Dessert in unterschiedlichen Zubereitungen serviert.

mascherpa Dialektausdruck aus Lodi für Ricotta

masculina da magghia Sardellen, die mit dem Netz gefangen werden, in dessen Maschen sich ihr Kopf verfängt (Sizilien)

masenete in Venetien Bezeichnung für die weiblichen Krebse während ihrer fruchtbaren Zeit

masorini in Venetien Bezeichnung für Stockenten (anas platyrhynchos)

matalotta (alla) Fischstücke, in einer Kasserolle mit Knoblauch, Basilikum, Petersilie, grünen Oliven, Kapern und Tomatenextrakt gegart (Sizilien)

matriciana > **amatriciana (all')**

mattone Süßspeise mit verschiedenen Schichten aus in Kaffee oder Likör getränkten Biskotten und einer Creme aus Butter und Eiern

mattone/mattonella Schokoladendessert

mauru Braunalge, die normalerweise roh mit Zitronensaft verzehrt wird. Sie findet oft in der Gegend von Catania und im östlichen Sizilien Verwendung.

mazza (eigentlich: Schlachtung), im Tessin Bezeichnung für hausgemachte Wurstwaren vom Schwein wie Salami, Luganiga, Lardo, Pancetta etc.

mazza di tamburo gängiger Name für den Pilz Lepiota bruna, eine Schirmlingart

mazzafrissa Sahne, die zusammen mit Mehl in der Pfanne aufgekocht wird (Sardinien)

mazzamurru typisches Suppengericht aus Cagliari, für dessen Zubereitung Scheiben von altbackenem Brot abwechselnd mit einer Sauce aus frischen Tomaten und geriebenem Schafkäse geschichtet werden

mazzancolla Furchengarnele

mazzareddri Wildgemüse mit bitterem Geschmack

mazzarelle in Streifen geschnittene Lamminnereien, mit Gewürzen gebündelt, in Endivienblätter gewickelt und in der Pfanne gebraten (Provinz von Teramo)

mazzolina in den Marken üblicher Name für Pesce capone lira (stacheliger Meerfisch)

'mbignata di maiale Gericht aus verschiedenen Teilen des Schweins, auch weniger wertvollen, die mit Schmalz gekocht werden (Marken)

mbusse mit Schafskäse gefüllte Pfannkuchen

'mbuttunatu süditalienischer Dialektausdruck für „eingehüllt", gemeint ist gespickt

meascia/miascia lombardischer Fladen aus Maismehl, Rosinen, Nüssen und Trockenfrüchten sowie Molke

medaglioni kleine, runde Schnitzel (Medaillons), die je nach Fleischsorte entsprechend zubereitet werden

meini/pan mein Gebäck nach lombardischer Tradition, das einst aus Hirsemehl und nun aus Weizen- oder Maismehl hergestellt wird

mela Apfel

melanzane Auberginen

melanzane alla parmigiana > **parmigiana di melanzane**

melanzane con la cioccolata gebratene Auberginenscheiben, mit Milchcreme mit kandierten Früchten und Schokoladecreme bestrichen und aufgeschichtet.

melecche Dialektausdruck für Scampischwänze (Marken)

melograno Granatapfel

ment(ucci)a Minze

merca (1) in Oristano Bezeichnung für gekochte und in eine typische Sumpfpflanze gewickelte Meeräsche; (2) in Nuoro Bezeichnung für in Scheiben geschnittene und getrocknete Quagliata (eine Art Quark) aus Ziegenmilch mit säuerlichem Geschmack

merluzzo Kabeljau, Dorsch; in Piemont Bezeichnung für den Stockfisch

mes-ciua/mesciua Minestra aus La Spezia (Ligurien) mit Bohnen, Kichererbsen und Weizen

meste cuincjade unterschiedlich verfeinerte weiche Polenta (Friaul)

mezzanelli/mezzanielli lardiati kurze getrocknete Pasta mit einer Sauce aus Tomaten und Guanciale

mezzani dicke Maccheroni-Nudeln

mezzano Käse von mittlerem Reifegrad

mezzelune gefüllte, halbmondförmige Teigware

mezzemaniche getrocknete Pasta in Röhrenform, ähnlich den > **rigatoni**

mezzina in der Versilia (Toskana) übliche Bezeichnung für Bauchspeck vom Schwein

migliaccio salato traditionelles bäuerliches Auflaufgericht, bestehend aus Nudeln, Grieß, Mozzarella und Wurst, im Ofen gegart; ursprünglich aus dem Salentino

migliaccio süße Blutwurst mit Mandeln, Pinienkernen, Schokolade, kandierten Früchten, Milchcreme und Gewürzen, in einer Hülle aus mürbem Teig gebacken

mignàculis kleine Mehlnocken ohne Ei, für die der Teig ähnlich wie bei Spätzle ins siedende Wasser eintropft wird (Friaul)

milanese Kotelett mit Knochen von der Kalbslende, in Ei getaucht und gepfeffert, dann in Brösel gewälzt und schließlich frittiert

milanisa (a la) Sauce aus Sardinen, wildem Fenchel und manchmal auch mit in der Pfanne geschwenktem altbackenem Brot (Sizilien)

millefoglie Süßspeise aus hauchdünnen Blätterteigschichten, mit Konditorcreme, Creme Chantilly oder Zabaione bestrichen

milza Milz

minchiareddhi Maccheroni aus Gerstenmehl, ausgehöhlt mit Hilfe eines dünnen Eisenschafts

minestra acchiatizza Minestra mit Wildgemüse (Provinz Avellino)

minestra al/nel sacco in der Brühe servierte Masse aus Eiern, Parmigiano, Mehl und Muskatnuss; zuvor in einem Leinensack gekocht, anschließend erkaltet und in Würfel geschnitten (Emilia, Marken, Latium)

minestra chin frue/ minestra cun casu friscu Suppe mit Ziegenfrischkäse (Sardinien)

minestra di cardone e polpette > **cardone**

minestra di fagioli Bohnensuppe

minestra di orzo Gerstensuppe

minestra di pane toskanische Bohnensuppe aus dem Kochsud von Bohnen, Tomaten und Gemüse, auf Brotschichten angerichtet; Basis der > **ribollita**

minestra Gemüsesuppe

minestra maritata Suppe aus verschiedenen Fleisch- und Gemüsesorten; in ganz Süditalien verbreitet

minestra matta Teigvierecke (oder Tagliolini), mit Tomatensauce, geröstetem Speck und Gartenkräutern angerichtet (Emilia); in anderen Gebieten werden nur Wildkräuter verwendet.

minestrone Gemüsesuppe mit Reis oder Nudeln

mirtilli neri Heidelbeeren

mirtilli rossi Preiselbeeren

mischiglio/miskiglio Mischung aus gemahlenem Getreide und Hülsenfrüchten, aus der diverse Pastaformate erzeugt werden

miserie de le femene mit dem Löffel ausgestochene Gnocchi aus Mehl und Ei

missoltini an der Sonne und im Wind getrocknete Alsen, anschließend gegrillt (Seen der Lombardei)

misticanza gemischter Salat aus wildwachsendem Gemüse (Latium)

mistrà hochprozentiger Anislikör, Anisschnaps (Marken)

mlinci con la supeta im Ofen gebratene Nudeln mit Hühnchenragout (Julisch Venetien)

mocetta Aostataler Schinkenspezialität, traditionell aus Steinbock-, Gämsen- oder Ziegenfleisch von der Keule, heute auch aus Rindfleisch gemacht

moleche/moeche in Venetien Bezeichnung für männliche Krebse während der Häutungszeit, wenn ihr Panzer so zart ist, dass sie im Ganzen, vorzugsweise frittiert, verspeist werden können

mollana typischer Weichkäse aus dem Val Borbera (Piemont) aus Kuhmilch, von mittlerer Reife

mollesche Dialektausdruck für kleine Scampi und Garnelen mit zarten Schalen (Abruzzen)

mollica Paniermehl, Brotkrume

monacona lukanische Süßspeise aus frischem Schafkäse, kandierter Zitronatzitrone und Likör

mondeghili frittierte Hackfleischbällchen aus Resten von Bollito, Ei, Käse, Salsiccia, in Milch getränkten Brotkrumen und Gewürzen (Umgebung Mailand)

mondiola Salami aus Schweinefleisch von mittlerem Reifegrad und mittlerer Körnung, die um sich selbst herumgewickelt wird (nordwestliche Toskana)

monfettini hauchdünne Teigtäschchen

moniceddhi/municedde apulischer Dialektausdruck für Landschnecken, bräunlich gefärbt ähnlich einer Mönchskutte

montasio friulanischer Käse aus pasteurisierter Kuhmilch, mittelharter Teig (Oberitalien)

monte veronese Kuhmilchkäse mit geschützter Ursprungsbezeichnung aus der Lessinia (Venetien)

montébore piemontesischer Käse aus Kuh- und Schafmilch; glatte Konsistenz mit wenigen Löchern

monteson trentinischer Kuhmilchkäse, harter Teig

monzette kleine, dunkle Schnecken mit einem weißen Zeichen auf dem Maul (Sardinien)

moretta Mischung aus Kaffee, Rum und anderen Likören, nach einem alten Fischerrezept zubereitet; Digestif (Fano und andere Küstengebiete der Marken)

morlacco Kuhmilchkäse vom Hochplateau des Monte Grappa (Venetien)

mormora Marmorbrasse

mortadella di fegato gekochte Schweinewurst aus Leber, Fleischstücken und Pancetta, mit Gewürzen und Rotwein verfeinert

mortadella gekochte Wurst aus Schweinefleisch in ovaler oder runder Form mit charakteristischer rosa Farbe. Die bekannteste Mortadella kommt aus Bologna, sie wird aber in ganz Nord- und Mittelitalien erzeugt.

mortadella ossolana Rohsalami aus Schweinefleisch, unter welches ein kleiner Zusatz an Leber, Gewürzen und Wein gemischt wird (Val d'Ossola, Piemont)

mortadellina di Campotosto Wurst aus magerem Schweinefleisch, das gemeinsam mit einem Streifen weißem Speck gehackt wird (Abruzzen)

mortandela kräftig geräucherte, kugelförmige Schweinewurst (Nontal, Trentino)

morzeddu/morzello/morsello gekocht Innereien, die anschließend mit Wein und einer scharfen Tomatensauce nochmals gekocht werden (Kalabrien)

morzellette al miele großformatige Keksart mit Honig, süße Spezialität aus Kampanien

mosana cremig gerührter Brei aus Maismehl, üblicherweise mit Steinpilzen angerichtet (Trentino)

moscardini eine Tintenfischart

moscato Muskatellerwein

mosciame Filet vom getrockneten Thunfisch

moscioli Abart der Mitili (Miesmuscheln) (Cònero, Marken)

mose Polentaauflauf mit feinen Kräutern

mostaccioli/mostacciuoli/mustazzuola/mustazzoli süßes Gebäck aus Mürbeteig, traditionell in verschiedenen Regionen Italiens, aus ähnlichen Grundzutaten: Mehl, Zucker, Gewürze, manchmal Honig, oft eingekochter Wein und Mandeln

mostarda in einem Sirup aus Meerrettich und Senf eingelegte kandierte Früchte (Cremona)

mosto cotto > **vino cotto**

mozzarella in carrozza eine Art Tramezzino aus Scheiben von altbackenem Brot und panierten und frittierten Mozzarella-Scheiben. Das Gericht stammt aus Kampanien und zählt heute zum Angebot von Pizzerien und Bratküchen in ganz Mittel- und Süditalien.

mozzarella nella mortella Kuhmilchmozzarella, der von Myrtenzweigen (im kampanischen Dialekt „mortella" genannt) umwickelt aufbewahrt wird

'mpanata > **scacciata** hoch aufgegangen

muas/mus Brei aus Grieß- und Maismehl, in Wasser und Milch gekocht, mit Butter angerichtet (Trentino-Südtirol, Friaul)

muccu > **neonata**

muddica atturrata Würfel von altbackenem Brot, mit nativem Olivenöl extra in der Pfanne geschwenkt (Sizilien)

mugellani Ravioli mit einer Füllung aus Kartoffeln, Bauchspeck und Parmesan (Mugello, Toskana)

mulinara (a) Zubereitungsart für Fische, in Mehl gewälzt und dann nach verschiedenen Rezepten gekocht

mulun Kuchen aus getrockneten Esskastanien und in Milch gekochten Bohnen, in Scheiben geschnitten und mit Sahne bedeckt (Lombardei)

mumbulì Rouladen aus Schweinerücken mit Speck und Salbei, in der Pfanne gebraten und mit Polenta serviert; oft am Spieß abwechselnd mit Vögeln gebraten (Lombardei)

murazzano piemontesischer Weichkäse, traditionell aus Schafmilch hergestellt (heute mit einem Anteil an Kuhmilch)

murazzano Schafkäse aus dem Piemont

musciska/micischia/misciska gewürztes Schaf- oder Ziegenfleisch, das in Streifen geschnitten und gedörrt wird, typisch für eine Gegend Apuliens

muscoli ripieni Dialektausdruck für Miesmuscheln. Im Gebiet des Spezzino (Ligurien) mit einer Masse aus Mortadella, den Weichteilen der Muschel, in Milch getauchtem Brot, Parmesan und Kräutern gefüllt und geschmort.

muscolo Stück Rindfleisch, der Hachse entsprechend, in Rotwein gekocht

muset/musetto Kochwurst aus magerem Schweinefleisch, Teilen vom Rüssel, Schwarte, Gewürzen und Weißwein

muss/musso venetische Dialektausdrücke für Esel

mussillo Rückenstück vom Baccalà (Kampanien)

mussu Kalbskopf und -knorpel, gekocht, in Stückchen geschnitten, mit Zitronensaft, Öl, Salz, Pfeffer und Petersilie verfeinert und kalt serviert (oftmals zusammen mit > **carcagnola**)

mustazzola > **mostaccioli**

mustela Wurst aus der Bearbeitung von Filet oder Lendenstück vom Schwein

N

nana in der Toskana Bezeichnung für > **anatra**

napruddi in den Madonie (Gebirgszug in Sizilien) gebräuchliche Bezeichnung für wilde Karden, gewöhnlich im Ofen gebraten oder in Backteig frittiert

nasello Seehecht

naspro mit Zitrone aromatisierte Glasur

'ncaciato mit Käse in der Pfanne sautiert

'nciminiteddi mit Sesam bestreute Brötchen (Sizilien)

'nduja streichbare, sehr scharfe Wurst (Kalabrien)

neccio in der Toskana gebräuchlicher Ausdruck für Esskastanien und Esskastanienmehl. Im weiteren Sinne werden dünne, im Waffeleisen gebackene Fladen aus Esskastanienmehl als „necci" bezeichnet.

neola/nevola Waffeln aus Zucker, Ei, Mehl, Öl und Anissamen (Abruzzen, Molise)

neonata süditalienische Bezeichnung für > **bianchetti**

nero (al) Zubereitung von Pasta oder Fisch mit der dunklen Flüssigkeit, die Kopffüßler wie Tintenfische oder der Oktopus absondern

nero di seppia (al) (mit) Tinte vom Tintenfisch

nervetti Bezeichnung für die gekochten Knorpel des Kniegelenks und der Hachse vom Kalb, fein geschnitten und mit Öl, Zwiebeln und Petersilie angerichtet (Lombardei, Piemont)

nevelatte wörtlich „Schneemilch"; Südtiroler Süßspeise aus Milch, Brot, Pinienkernen und Rosinen, mit Sahne und Zimt serviert

nfigghiulata mit Ricotta gefüllte (süße oder salzige) Focaccia (Sizilien)

'nnoglia fette Schweinewurst, die frisch in der Pfanne gebraten werden kann. Getrocknet wird sie in Stücke geschnitten und mit Kräutern und Gemüse gekocht.

nocciola Haselnuss

nocciolini süßes Trockengebäck mit Haselnüssen oder gehackten Mandeln

noce Walnuss

nocetta regionale Bezeichnung für ein Stück vom Rind, auch gebräuchlich für andere Tiere, z.B. Hirsch

nocino Likör aus unreifen Walnüssen (Schale und Kerne); im Süden Nocillo genannt

norcina (alla) mit Parmesan, Pecorino und Salsiccia

'ntrugliatielli süditalienische Dialektbezeichnung für Lammdarm

'ntuppateddi sizilianische Dialektbezeichnung für Schnecken vom Typ Helix aperta

'nturcinate Schmorgericht mit Pecorino und Kirschtomaten

O

oca Gans

oca in onto eingesalzenes Gänsefleisch, mit zerlassenem Gänsefett und Lorbeerblättern in Terrakottakrügen aufbewahrt

occhio di bue fleischige Muschel mit nur einer Schale in kräftiger Farbe. Man verzehrt sie roh oder gekocht.

ocio in der Toskana Bezeichnung für > **oca**

ola dicke Suppe mit Bohnen, Gemüse und Schweinerippchen, in einem Terrakottagefäß gekocht (piemontesische Berge)

olio extravergine natives Olivenöl extra

olive all'ascolana große zarte Oliven, mit einem Gemisch aus gehacktem Fleisch und Gewürzen gefüllt, paniert und frittiert (Ascoli Piceno)

olive sotto ranno Konservierungs- und Beizmethode für Oliven, die heute dem Einlegen in Salzlake entspricht. Traditionsgemäß wurden als Beize warmes Wasser und Lauge verwendet, um den frischen Oliven ihren bitteren Geschmack zu nehmen.

ombra in Nordostitalien übliche Bezeichnung für ein Gläschen Wein

ombricelli > **ciriole**

ombrichelle Bandnudeln

ombrina Schattenfisch

orapi in Mittelitalien gebräuchliche Dialektbezeichnung für wilden Spinat

orata Goldbrasse

orecchiette Teigware in Öhrchenform (Apulien, Basilikata und angrenzende Gebiete)

orecchioni frische, halbmondförmige Teigware mit Ricotta- und Parmesanfüllung (Romagna)

orión/oriot gekochte Schweineohren und -kopf, in kleine Stücke geschnitten, serviert mit würziger Sauce aus Pfefferoni und Gemüse (Piemont)

orle Dialektausdruck für wilden Bergspinat (Monregalese-Täler, Piemont)

ortaggi Gemüse

ortica Brennnessel

orzet Gerstensuppe

orzetto/orzotto ähnlich wie Risotto aus Gerste zubereitetes Gericht mit Gemüse und anderen Zutaten

orziadas sardische Dialektbezeichnung für Seeanemonen

orzo Gerste

osei scampai in Venetien und im Trentino verbreitetes Gericht aus Rouladen oder Spießchen von edlen und weniger edlen Fleischteilen. Die „entflogenen Vögelchen" werden meist mit Polenta serviert.

ossobuco Kalbshachse

ossobuco alla milanese Kalbshachse, mit Knochen und Mark in Scheiben geschnitten, in Brühe und Weißwein gekocht, mit > **gremolata** serviert

ossocollo friulanische Wurstdelikatesse aus Schweinenacken (im Ganzen), Lardo, Salz und Gewürzen

ottofile alte, heute noch angebaute Maissorte, aus der Mehl erzeugt wird

ovoli Kaiserlinge (Pilzart)

P

pabassinas/papassinos Feingebäck aus Mandeln und Rosinen, mit Glasur überzogen (Sardinien)

paccheri dicke Pasta mit Loch in der Mitte (Kampanien)

paccozzelle > taccozze

paddraccio Frischkäse aus Ziegen- oder Schafmilch, süßsäuerlich, in der Gemeinde Rotonda (Lukanien) erzeugt

padellaccia Ragout aus Fleisch (meist vom Schwein), mit Rotwein in der Pfanne geschwenkt, mit Dicken Bohnen angereichert (Umbrien)

pagello Meerbrasse

paglia e fieno „Heu und Stroh", gelbe und grüne Bandnudelnester

pagliata/pajata Teil des Dünndarms, der in der römischen Küche mit dem Speisebrei gekocht wird, da es sich um sehr junge Tiere (Lamm, Zicklein oder Kalb) handelt. Dieser kleine „Knoten" wird gegrillt oder geschmort. Nur im Latium üblich.

palacinke in Anlehnung an die österreichische Palatschinke in Friaul übliche Bezeichnung für Pfannkuchen, mit Marmelade oder Nougatcreme gefüllt

palamita Bonito (großer Meeresfisch, dem Thunfisch ähnlich)

palermitana (alla) Zubereitungsart, bei der Fleisch oder Fisch paniert (mit Paniermehl und geriebenem Caciocavallo) und auf der Platte gegart wird

pallocco Gericht aus der bäuerlichen Tradition mit weißer Polenta, Rindfleisch, Zichorien und Bohnen (Latium)

pallotte cacio e uova Klößchen aus Käse, Ei und Brotkrumen (Abruzzen)

pallotte del pastore Klößchen aus Ricotta und Pecorino in Tomatensauce (Abruzzen, Molise)

palombo Glatthai

pampepato/panpepato im Ofen gebackene Süßspeise aus Trockenfrüchten, kandierten Früchten, Honig, Schokolade und Gewürzen (Emilia, Toskana, Latium)

pan dell'orso Süßspeise, bei der eine Masse aus Mandeln, Honig, Zucker, Eiern und Butter mit Schokolade bedeckt wird (Abruzzen)

pan di lepre ein klassisches kaltes Gericht nach einem Rezept von Artusi, das aus erkalteter Hasenpastete mit Béchamelsauce in Aspik besteht

pan fritto/pan fritu Brotteig, am Ofengrill gebacken und mit Salz oder Zucker verfeinert (Ligurien)

panada/panade Gericht aus altbackenem Brot, Käse und Gewürzen (Venetien, Friaul)

panada di anguille Timbale aus Teigwaren, in Öl eingelegten, getrockneten Tomaten, enthäuteten Aalstückchen und Petersilie (Sardinien)

panadinas Kuchen aus Hartweizenteigblättern mit Fleisch-Gemüse-Füllung (Sardinien)

pancetta Bauchspeck

pancetta de casada venetischer Dialektausdruck für Hausspeck

pancotto Brotsuppe; ursprünglich ein Gericht der Armeleuteküche mit Saisongemüse (Brokkoli, Zwiebeln, Zichorie, Kohl), insbesondere in Apulien

pane Brot

pane caliatu zweifach gebackenes Brot, vor dem Garnieren in Wasser getaucht (Äolische Inseln, Sizilien)

pane carasau sehr dünnes, kreisrundes Brot aus Mehl, Meersalz, Hefe und lauwarmem Wasser; auch als Carta da musica (Notenpapier) bezeichnet (Sardinien)

pane cottu > pancotto

pane cunzatu Brot mit Tomaten, Sardellen, frischem Käse, nativem Olivenöl extra, Oregano, Salz und Pfeffer (Sizilien)

pane e latte traditionelle Süßspeise der Armenküche aus Milch, Brot, Rosinen und Schokolade (Piemont)

pane frattau Gericht aus Schichten von > **pane carasau**, Tomatensauce und Pecorino, eventuell mit einem pochierten Ei garniert (Sardinien)

pane frissu mit Speck und Salsiccia frittiertes Brot

pane guttiau > pane carasau Brot mit Olivenöl und Salz, manchmal auch mit Knoblauch aromatisiert (Sardinien)

pane saporito > pane cunzatu

panedda aglintesa Kuhmilchkäse mit gezogenem Teig, der gebraten wird (Sardinien)

panelle in dünne Scheiben geschnittener und frittierter Teig aus Kichererbsenmehl (Sizilien)

panera Halbgefrorenes aus Genua, hergestellt aus Sahne, Zucker und Kaffee

panettone Hefekuchen

panficato Süßspeise aus Honig, getrockneten Feigen, Schalenfrüchten, kandierten Früchten, Schokolade und Gewürzen in Form eines kleinen Päckchens (Toskana)

panforte typische flache und kompakte Süßspeise aus Siena mit altem Ursprung, die heute auch industriell erzeugt wird; ähnelt dem > **panpepato**, enthält aber auch Mandeln, Nüsse und Oblaten

pani ca' meusa mit Kalbsmilz gefülltes Brötchen, das in Schmalz frittiert wird (Sizilien)

pani indorau in Backteig getauchtes und frittiertes Brot (Sardinien)

paniccia/panizza Polenta aus Kichererbsenmehl, nach dem Festwerden in kleine Würfel geschnitten und in Öl herausgebacken (südliches Piemont, Ligurien)

panicia Eintopf aus Gemüse, Gerste, Bohnen und geräuchertem Schweinefleisch (ladinische Täler, Südtirol)

panigacci hauchdünne Fladen aus Weizenmehl und Wasser, in sogenannten Testi (Gefäßen aus Terrakotta, Steingut oder Gusseisen) herausgebacken und verschieden verfeinert (Lunigiana)

paniscia typischer Risotto aus dem Gebiet um Novara, zubereitet aus Borlotti-Bohnen, Wirsing, Gemüse, Schweineschwarte, Speck und > **salam d'la doja**

panissa typischer Risotto aus dem Gebiet um Vercelli, zubereitet aus Bohnen, Speck, Salami und magerem Bauchspeck

panna cotta Cremedessert aus mit Zucker und Vanille geköchelter Sahne und untergehobener Gelatine; im Piemont ursprünglich mit Fischgelatine verfestigt

pannerone Käse aus Vollmilch, im Dialekt Panéra (Lodi)

pannicolo Teil vom Rind

pannocchie/panocchie regional gebräuchliche Bezeichnung für > **canocchie**

panséta in Venetien gebräuchliche Bezeichnung für gerollten Bauchspeck

pansopà venetischer Dialektausdruck für Brotsuppe

pansoti/pansotti Nudelteigwaren gefüllt mit Kräutern und Gemüse (Ligurien)

panunto > **fettunta**

panzanella in Wasser und Essig aufgeweichtes altbackenes Weißbrot, mit Tomaten, Zwiebeln, Gurken, nativem Olivenöl extra und Basilikum angerichtet (Toskana)

panzerotto Teigtäschchen mit einer süßen oder pikanten Füllung, in Öl oder Schmalz frittiert; auch Bezeichnung für gefüllte halbmondförmige Teigtasche

papaccelle süße Paprikaschoten, die zerdrückt und üblicherweise in Essig eingelegt konserviert werden

paparazzi im Dialekt der Abruzzen Bezeichnung für kleine Venusmuscheln

papardelle toskanischer Name der bandförmigen Lasagne, bezeichnet mittlerweile in ganz Italien jegliche Eierteigware in Form breiter Streifen. Typisch toskanisch sind Papardelle „sulla lepre" (mit Hase), „sul cinghiale" (mit Wilschwein) und „sul coniglio" (mit Kaninchen).

paparéle con fegadini in Venetien breite Bandnudeln mit Hühnerleber

pappa al pomodoro mit Öl und Knoblauch gekochtes und mit Rosmarin und Basilikum gewürztes Weißbrot; im Sommer zusätzlich mit Tomaten (Toskana)

pappardelle breite Bandnudeln

pappicci Tagliatelle aus Mehl und Wasser, mit frischen Tomaten gegart, mit Speck und Zwiebeln angerichtet

paradel süße Pfannkuchen aus Eiern, Milch und Mehl, heiß mit Zucker bestreut verzehrt (Lombardei)

parasambene gebratenes Kalbszwerchfell (Sardinien)

parasangue > **parasambene**

pardula österliches Süßgebäck aus Sardinien, das aus einem mit frischem Käse und Safran gefüllten Körbchen besteht. Man kann es mit Honig servieren.

parmigiano Parmesan

parmigiana (alla) Tomaten-Hackfleisch-Sauce, mit Käse überbacken

parmigiana di melanzane ein aus Süditalien stammendes Gericht in vielen Varianten. Es wird aus frittierten Auberginenscheiben gemacht, auf die schichtweise Tomatensauce, Mozzarella und geriebener Parmigiano kommen; im Ofen gebacken.

parrozzo Süßspeise neueren Ursprungs (von einem Konditor aus Pescara kreiert) aus Mehl, Milch, Eiern, Zucker, gehackten Mandeln sowie Orangenschalen, mit Schokolade überzogen

passatelli in brodo Gericht aus der Romagna, als Primo serviert, bestehend aus Teig aus geriebenem Brot, Ei, Parmesan und Muskatnuss, der durch ein Sieb gestrichen wird. Die auf diese Weise erhaltenen dicken Röllchen werden in Brühe serviert.

passato Püree

passavulanti Kekse aus gerösteten Mandeln, Zucker, Eiweiß, Zimt und Vanille (Sizilien)

passerin venetischer Dialektausdruck für pesce passera (Scholle)

passito Dessertwein aus getrockneten Trauben

pasta Nudeln

pasta al forno Nudelauflauf

pasta al sangue Bandnudeln aus Mehl, Eiern und Ochsenblut (Trentino)

pasta alla buranella Teigwaren mit Fischsauce

pasta alla cuncimata mit Ragout aus Schweinefleisch und wildem Fenchel angerichtete Teigware (Sizilien)

pasta alla deficeira Maccheroni, in Wasser, Wein und Lorbeer gekocht und dann mit Öl, geriebenem Käse und eventuell gekochtem Schinken verfeinert (Ligurien)

pasta alla Norma Teigware mit Tomatensauce, frittierten Auberginen und salziger Ricotta (Sizilien)

pasta alla Paolina sizilianisches Gericht, von dem es mehrere Varianten gibt. Unerlässlich ist jedoch immer die Beigabe von Gewürznelken und Zimt.

pasta alla poveraccia frische Teigwaren, ähnlich den > **cappelletti**, zu einem Säckchen geformt

pasta c'anciova als „Rogen für die armen Leute" bezeichnete Zubereitung zum Verfeinern für Teigwaren, bestehend aus Sardellen (anciova) und geröstetem Paniermehl (Sizilien)

pasta ca' nnocca mit Sardellen und geschmorten Erbsen angerichtete Pasta (Sizilien)

pasta china eine Art von > **timballo,** Auflauf aus kurzformatiger Pasta aus Hartweizengrieß, die schichtweise mit Tomaten, Hackfleischbällchen und Käse belegt und im Ofen überbacken wird (Kalabrien)

pasta con le sarde Teigwaren mit einem Ragout aus Sardinen und diversen anderen Zutaten (Mandeln, Rosinen, Fenchel ...)

pasta cresciuta frittierter Hefeteig

pasta di mandorle Marzipan

pasta e broccoli in brodo di arzilla traditionelle römische Minestra aus Brühe vom Rochen, in der zuerst Brokkoli (danach in der Pfanne gewürzt) und dann die Teigwaren gekocht werden

pasta e ceci Nudeln mit Kichererbsen

pasta e fagioli dicke Bohnsuppe mit Nudeleinlage, in Venetien oft mit Lardo oder Schwarte verfeinert

pasta e fasoi Venetisch für > **pasta e fagioli**

pasta e fasul' Pastagericht, in dem Nudeln zusammen mit Bohnen, oft auch Tomaten, gekocht werden, wodurch eine cremige Konsistenz entsteht (Kampanien)

pasta e patate gemischte kurzformatige Teigwaren, zusammen mit Kartoffeln gekocht; am Ende der Garzeit wird > **provola** zugegeben, eventuell auch Tomaten oder Pancetta

pasta 'ncasciata kurzformatige Teigwaren, mit Tomatensauce, Hackfleischbällchen, Auberginen, Wurst, Semmelmehl und anderen Zutaten je nach Region vermischt und im Ofen überbacken (Kalabrien, Sizilien)

pasta ro malutempu Armeleutegericht aus Garten- oder Wildgemüse, das man an Tagen zubereitete, an denen die Fischer wegen Schlechtwetters nicht aufs Meer fahren konnten. Heute wird es mit Rübenkohl, Oliven und Sardellen zubereitet. (Sizilien)

paste Kleingebäck, meist Windbeutel oder Mürbeteigtörtchen

paste di meliga/'d melia Gebäck aus Maismehl (Piemont)

pastella Pfannkuchenteig, Tropfteig

pasticceria Gebäck, Konditorei

pasticciata alla pesarese Rinderschmorbraten in Rotwein mit Speck, Knoblauch, Zimt, Nelken und Tomatensauce

pasticcio Auflauf, Pastete

pasticcio ferrarese Maccheroniauflauf mit Béchamelsauce, Pilzen und gemischtem Fleischragout, mit einer Kuppel aus süßem Mürbeteig bedeckt (Ferrara)

pasticciotto typische Süßspeise aus Lecce aus Mürbeteig mit Konditorcremefüllung

pastiera Ostertorte aus Mürbeteig, Ricotta, gekochtem Weizen, kandierten Früchten und Orangenblütenessenz (Neapel)

pastiera napoletana Mürbeteigkuchen mit Ricotta-Obst-Füllung

pastiere Fladen aus Modica mit Füllung aus Hackfleisch, Caciocavallo und Ei

pastìn/tastìn bezeichnet in Venetien frische Wurstmasse, die noch nicht in Därme gefüllt ist

pastissàda de caval Ragout aus Pferdefleisch, in Wein und Tomaten geschmort; Veroneser Spezialität

pastizzà de musso in Venetien Bezeichnung für geschmortes Eselsfleisch

pastizzi Taschen aus Brotteig, die mit Fleisch gefüllt und frittiert oder im Ofen gebacken werden (Basilikata)

pastorale Schmorfleisch vom erwachsenen Schaf mit Gemüse und Aromen (Basilikata, Apulien)

pataccacce/patacche Pasta in Streifenformat, ähnlich den > **tagliatelle**, aus eher dickem Teigblatt (Latium)

patate Kartoffeln

patate 'mpacchiate/'mpacchiuse kalabresische Beilage aus fein gehobelten Kartoffeln, in der Pfanne gebraten und anschließend mit Zwiebeln und Pancetta geschmort. In einer einfacheren Variante werden nur die geschnittenen Kartoffeln in der Pfanne gebraten, bis sie aneinander haften und so ein weiches Inneres und eine knusprige Außenschicht bekommen.

patùgol Kartoffelbrei mit gerösteten Zwiebeln, Bauchspeck, Butter und geriebenem Grana (Trentino)

pearà Veroneser Sauce aus geröstetem Semmelmehl, Knochenmark, Pfeffer und Rinderbrühe; wird zum > **bollito misto** gereicht

pecora Schaf

pecorara (alla) mit Schaffleisch

pecora alla callara/a cotturo Ragout vom Schaf, gekocht in Wasser, Weißwein, Tomaten und Gartenkräutern (Teramo, L'Aquila)

pecora fellata Schaf im Alter von zwei oder drei Jahren

pecora in cappotto mit Kartoffeln und Zwiebeln gegartes Schaffleisch

pecorino reifer Schafskäse

pecorino laticauda Käse aus der Milch von den Schafen der Laticuada-Rasse

peilà Brei aus Kartoffeln und Mehl (Gersten- oder Weizenmehl), dem Käse und zerlassene Butter beigemengt wird (Aostatal)

peintlan dicke Spaghetti, mit Speck, geräuchertem Ricotta, Alpenlattich und Rindfleisch serviert (Carnia, Friaul)

pencianelle/pengiarelle/pincinelle Gnocchetti aus Hefeteig in Form von dünnen Spindeln (Marken)

pendolini kleine Tomaten in Traubenform

penne kurze Röhrennudeln

pennoni große > **penne** (erinnern an Schreibfedern)

peoci in Venetien gebräuchliche Bezeichnung für Miesmuscheln, in anderen Regionen Mitili, Muscoli oder Cozze genannt

peperato/pupurato Karnevalsgebäck in Kringelform mit vielen Gewürzen, nur in der Gegend um Foggia (Apulien) verbreitet

peperonata Paprikagemüse

peperoncino Chilischote

peperone Paprika

peperoni crusch/cruschi getrocknete Paprikaschoten, die in vielen Rezepten Süditaliens Verwendung finden

peposo (alla fornacina) in Stücke geschnittenes Kalbfleisch, das lange mit Wein und Pfefferkörnern gegart wird; entstand angeblich in der Gegend der Ziegeleien („fornaci") von Impruneta (Toskana)

pera Birne

perbureira für das Monferrat typische > **pasta e fagioli**

perdigianu sardische Dialektbezeichnung für Aubergine

persegada Quittenkonfitüre festerer Konsistenz, mit Nelken und Zimt aromatisiert (Venetien)

persico Flussbarsch

peruch Wildspinat > **buonenrico**

pesca tabacchiera kleiner Pfirsich mit flach gedrückter Form, weißem Fleisch ist sehr süßem Aroma

pescatora (alla) mit Muscheln und Krustentieren

pescatrice Anglerfisch

pesce Fisch

pesce azzurro eine Fischgruppe, die sich durch ihre bläuliche Färbung und geringe Größe auszeichnet; wegen ihres häufigen Vorkommens zu günstigen Preisen erhältlich (Sardinen, Makrelen, Heringe etc.)

pesce d'acqua dolce Süßwasserfisch

pesce finto „falscher Fisch"; Gemisch aus Kartoffeln, Thunfisch und Essiggemüse, in Fischform gebracht als Vorspeise serviert

pesce gatto Katzenwels

pesce persico Flussbarsch

pesce spada Schwertfisch

pesce stocco andere Bezeichnung für > **stoccafisso**

pessìn de fosso venetisches Dialektwort für Jungfische aus den Gräben der Reisfelder; werden gezüchtet, während die Felder unter Wasser stehen

pesto di salame frische, fein zerkleinerte Wurst, die auf Teigwaren oder Risotto kommt

pesto ligure Sauce zum Würzen der Primi aus Basilikum, Pinienkernen, Knoblauch, geriebenem Parmesan und Pecorino aus Sardinien, Olivenöl und Salz

pesto trapanese Sauce für Teigwaren, die aus Knoblauch, Basilikum, Tomaten, Mandeln und Schafkäse zubereitet wird; ähnlich dem Pesto all'usticese und dem Pesto siciliano

pestum frische Wurstmasse, Würze für Primi (Lombardei)

pestùme gehacktes Schweinefleisch mit Knoblauch und Petersilie

peta > **petuccia/pitina**

petta/pezza imbinada in Wein und Gewürzen eingelegtes Schweinefleisch (Sardinien)

pettl' e fasul > **pettole e fagioli**

petto Brustfleisch

pettole/pittule Bällchen aus Hefeteig, in Öl frittiert; in ganz Süditalien sehr verbreitet. Man kann sie süß genießen, mit Zucker bestreut oder pikant, gefüllt mit Sardellen, Baccalàstückchen und vielem anderem.

pettole e fagioli hausgemachte Pasta in Form von Fettuccine mit Bohnen; kampanischer Primo

petuccia/pitina Frikadellen aus Wurst mit vielerlei Gewürzen, in Maismehl gewälzt und im Kamin geräuchert; traditionell aus Wildbret, Ziegen- oder Schaffleisch, heute meist aus Schweinefleisch (Friaul)

peveràda Sauce aus Hühnerleber und Wurst (Soppressa), zu Gebratenem (Wild, Perlhuhn, Ente) gereicht (Venetien)

peverada Pfeffersauce

pezza imbinada Fleisch vom Bue rosso, mariniert in Wein aus dem Montiferru (Sardinien)

pezzata Milchlamm, gefüllt mit verschiedenen Gewürzen, Oliven, Kapern, Sardellen, in Essig eingelegten Paprikaschoten und geriebenem Pecorino, in Weißwein gekocht (Abruzzen, Molise)

pezzenta lukanische Wurst aus Kopf und Innereien des Schweins; frisch über der Holzkohlenglut gegrillt oder gegart, konserviert in Schmalz.

pezzetti für Lecce typisches Pferdefleischragout mit dickem würzigem Saft

pezzi duri traditionelle Spezialität der sizilianischen Eismacherkunst; üppiges Eis mit darin eingeschlossenen Stücken von kandierten Früchten

pezzogna Dialektausdruck in Süditalien für den Pesce pagello (Meerbrasse)

piacentino/u mit Safran gewürzter Schafkäse (Enna; Sizilien)

piada/piadina runder Teigfladen aus Mehl, Wasser, Schmalz und Salz, der auf einer „testo" genannten Platte gebacken wird (Romagna)

piastra (alla) auf der Grillplatte gebraten

piave Kuhmilchkäse aus der Gegend um Belluno (Venetien), in mehreren Reifegraden erhältlich („vecio" = hart, „mezzano" = mittelhart)

picagge frische Eierteigware, die in Streifen von rund einem Zentimeter Breite geschnitten wird (Ligurien)

piccata/piccatina Scheiben von Kalbskeule, in Marsala oder Zitrone gebraten (Mailand)

picchelletti di Carbognano frische Pasta aus Wasser und Mehl in unregelmäßiger Form (Latium)

picchiapò (alla) eine Art von > **lesso rifatto**. In Rom verwendet man auch die Hachse des Rinds und würzt ihre Scheiben mit Zwiebel, Tomaten und Kapern.

piccione Taube

pici/pinci dicke, von Hand erzeugte Spaghetti aus Hartweizenmehl und Wasser; ursprünglich aus Siena, heute auch in anderen Gebieten der Toskana verbreitet

pìcula ad cavàl gehacktes Pferdefleisch, das zunächst angeröstet und dann mit Tomaten und Paprikaschoten geschmort wird (Piacenza, Emilia)

pierrade gemischtes Fleisch und Gemüse vom Grill mit verschiedenen Saucen

pignata Topf aus Kupfer oder Ton, bauchig mit engem Hals. In der Küche des Südens werden darin Bohnen, Oktopus und Fleisch langsam gegart.

pignato vavoso Fische ohne Gräten in der Kasserolle gekocht (Neapel)

pignattaccia gemischtes Fleisch, Gemüse und Weißwein, langsam im Ofen im Tontopf gegart (Viterbo)

pignolata Süßspeise aus Mehl und Eiern, die in ihrer Form an einen Pinienzapfen erinnert

pignolini junge Sardellen, Sardinen und andere Jungfische (Ligurien)

pilau Sauce aus Zickleinfleisch, die am Ende der Kochzeit mit Eidotter und Zitronensaft legiert wird; dient zum Verfeinern von gekochtem Reis (Pilaf). Heute gibt es Varianten, bei denen mit Wasser und Safran vermengter Hartweizengrieß verwendet wird.

pillus Grießteigware mit Lamm- oder Ziegenragout angerichtet und im Ofen gratiniert (Sardinien)

pinza batuda Polentastückchen mit einer Sauce aus Sauerrahm und Gurken, ursprünglich slowenischer Herkunft (Natisone-Täler, Friaul)

pinza süß oder pikant gefüllter Hefeteigkuchen, in mehreren Regionen verbreitet

pinzimonio Würze aus Olivenöl, Salz und Pfeffer, in die man rohes Gemüse taucht

pinzini fritti > **gnocco fritto**

piode unregelmäßig geformte Kartoffelteigvierecke (Lombardei)

piopparelli/pioppini Pilze, Stockschwamm (Pholiota), in der Küche Mittelitaliens häufig verwendet

piovra Oktopus

pipeto Zubereitung aus Wirsing, Knoblauch, Ei, Grana padano, Salz und Pfeffer; kann als Füllung für Hähnchen oder in Form eines Omeletts als Beilage verwendet werden (Provinz Cremona)

pipi kalabresischer Dialektausdruck für Paprikaschoten

pisarei e fasò Klößchen aus altbackenem Brot in einer Sauce aus Bohnen, Salsiccia (oder Speck und Schwarte), Tomaten und Gartenkräutern (Piacenza)

piscialandrea ligurische Pizza, belegt mit Tomaten, Zwiebeln, Sardellen, Oliven, Kapern und Knoblauch

piscirovu Omelett mit Petersilie und geriebenem Schafkäse (Sizilien)

piselli Erbsen

pissòta traditionelles venetisches Fladenbrot, das in Kupferpfannen im Ofen gebacken wird

pistacchio Pistazie

pistacoppi Dialektbezeichnung in Macerata für die Taube. Im übertragenen Sinn meint man auch die Stadtbewohner. In der Gastronomie versteht man darunter eine gefüllte Taube.

pistiddos typisches Süßgebäck aus Sardinien mit Füllung aus gekochtem Obstwein, das anlässlich des Festes des Heiligen Antonius zubereitet wird

pistoccheddu traditionelle sardische Kekse mit einer besonderen Glasur

pistum Nocken aus Semmelmehl, Zucker, Eiern, Würzkräutern und Rosinen, in Schweinefleischbrühe serviert (Friaul)

pita e curnitt gekochtes Hühnchen, auch als Sülze zubereitet, mit grünen Bohnen (Tessin)

pita traditionelle friulanische Süßspeise mit einer Füllung aus Äpfeln, Rosinen und Walnüssen

piticelle di rosamarina Pfannkuchen mit den scharf eingelegten Weißfischchen (Kalabrien)

pitina > petuccia

pitta kalabresische Focaccia in diversen Varianten. Ihre Form ist flach und unregelmäßig oder rund mit einem Loch in der Mitte. Man verzehrt sie gemeinsam mit > **morzeddu** und unendlich vielen anderen Füllungen.

pitta di patate eine Art apulische Focaccia oder Pizza aus gekochten Kartoffeln, die mit Zwiebel, Tomaten und Oliven vermengt werden, im Ofen gebacken

pitta impigliata kalabresisches süßes Gebäck mit Teig aus Mehl, Öl, Honig, Gewürznelken, Zimt und Orangensaft und mit Trockenfrüchten gefüllt

pitta 'schiusa > pitta impigliata

pittinicchi Schweinerippchen

pizza chiena gefüllte Pizza; in Kampanien mit einer Füllung aus Käse, Eiern und Wurst

pizza di crema Torte aus Schichten von Mürbeteig und Creme

pizza dolce/doce Süßspeise aus Biskuitteig, in Likör getaucht (Alchermes, Maraschino), schichtweise mit Eiercreme bestrichen, mit Meringe bedeckt, gebacken (Abruzzen)

pizza fritta frittierte Pizzateigstücke, deren Hohlraum oft gefüllt mit Ricotta, Wurst oder Grieben ist

pizz' e minestra bäuerliches Gericht, das eine im Ofen gebackene Focaccia aus Maismehl mit Kartoffeln und gekochtem gewürztem Wildgemüse vereint (Molise)

pizza rianata Pizza aus Vollkornmehl, gewürzt mit Öl, Knoblauch, Oregano und Tomaten

pizza teramana > pizza dolce

pizzaiola (alla) Zubereitungsart in der Pfanne mit Tomaten, Knoblauch und Oregano

pizze cionce > pizz'onta

pizzicati frische Pasta, ähnlich den > **maltagliati**

pizzicotti kleine Gnocchi aus Wasser und Mehl

pizzocheri dicke, dunkle Tagliatelle aus Buchweizen- und Weizenmehl; (Veltlin, Lombardei)

pizzolu Focaccia aus Brotteig, verschiedene Füllungen

pizz'onta in den Abruzzen Pfannkuchen aus Brotteig

podolica Rinderrasse, die immer noch im südlichen Apennin lebt. Aus der Milch der Tiere wird der gleichnamige Caciocavallo-Käse erzeugt.

polenta Maisbrei

polenta brustolà geröstete Polenta (Venetien)

polenta concia/polenta grassa in Salzwasser gekochter Maisgrieß, dem Fontina (oder ein anderer weicher Käse) und zerlassene Butter beigegeben werden

polenta di patate > patùgol

polenta di riso Masse aus Wasser und Reismehl

polenta di roveja Gericht aus einem Mehl aus wilden Erbsen (Marken, Umbrien)

polenta mugna Polenta aus mit anderen Mehlsorten vermischtem Buchweizenmehl (Veltlin, Lombardei)

polenta nera Polenta aus Buchweizenmehl (ähnlich dem österreichischen Heidensterz)

polenta taragna Rezept aus dem Veltlin (Lombardei), bei dem Polenta mit Butter und Käse (Scimuda oder Bitto) angerichtet wird

polenta uncia Gericht aus der Brianza (Lombardei), bei dem Polentaschichten mit Parmigiano reggiano und Knoblauch- oder Zwiebelbutter bedeckt werden

polipo Oktopus

pollo Huhn

pollo al mattone gewürztes Hähnchen, das in der Pfanne gekocht wird, auf der ein Ziegelstein („mattone") aus Ton liegt

pollo alla diavola Hähnchen über heißer Holzkohlenglut gegrillt

pollo in casseruola in Wein und Kräutern geschmorte Hähnchenkeulen (Marken)

polpa mageres Fleisch; Fruchtfleisch

polpette (Hackfleisch-)Bällchen

polpette della mietitura Hackfleischbällchen der Getreideernte; Gericht aus gereifter Salsiccia vom Schwein, hartem Brot, Ei, Pecorino, Petersilie und Tomatensauce

polpettone Hackfleischbraten in ovaler Form. Die Zutaten sind in jeder Region ein wenig anders, Basis ist aber immer Hackfleisch.

polpi in purgatorio in der Pfanne mit Zwiebel, Peperoncino, Tomaten und Petersilie aromatisierter Oktopus (Abruzzen, Molise)

polpo > polipo

polpo alla luciana in wenig Meerwasser in einem dicht verschlossenen Topf gekochter Oktopus; mit Öl, Zitrone, Petersilie und Knoblauch verfeinert

polpo in galera mit Knoblauch und Petersilie in der Pfanne sautierter kleiner Oktopus

pomodoro Tomate

pompìa kandierte Schale von der Bitterorange, Grapefruit oder Zitronatzitrone (Sardinien)

ponce alla livornese Getränk aus einem Gläschen Espresso und „rumme", einer Mischung aus Alkohol, Zucker, Karamell und Rumaroma, garniert mit Zitronenschale

pontél in Venetien übliche Bezeichnung für Schweinekotelett oder -rippchen

porcaccia paniertes Schweinesteak, mit frischen Würzkräutern verfeinert (Umbrien)

porceddu/porcetto/porchetto am Spieß oder im Ofen gebratenes Milchferkel (Sardinien)

porcellitto aglio forno Dialektausdruck für Ferkel aus dem Ofen (Provinz Latina, Latium)

porchetta Spanferkel; ganzes Schwein, im Ofen mit Knoblauch und Wildfenchel gebraten; Gericht für viele Personen; in Mittelitalien auch als kalter Aufschnitt serviert

porchetta (in) mit Kräutern gefüllt und geschmort

porcetto arrosto gebratenes Milchferkel (Sardinien)

porcini Steinpilze

porcospino Süßspeise aus der Romagna mit einem Kern aus in Kaffee getränkten Keksen (oder Biskuit), der mit Creme und gerösteten Mandeln bedeckt ist

porro Porree

porzina für Triest typische Zubereitung aus fettem und magerem, geräuchertem und ungeräuchertem Schweinefleisch

potacchio (in) Zubereitungsart für Fleisch oder Fisch, geschmort mit Weißwein, Kräutern, Knoblauch und Peperoncino

potizza/putitza/putizza in Friaul-Julisch Venetien verbreiteter Hefekuchen mit Füllung, ähnlich der > **gubana**

poverazze Dialektbezeichnung aus der Romagna für Venusmuscheln

prattu de cassa sardisches Gericht aus Wild, Kartoffeln und Zwiebeln, mit einer Kräutermischung gewürzt

preboggion/prebuggiun Mischung aus meist wild wachsenden Kräutern, deren Zusammensetzung je nach Ort und Jahreszeit variiert (Ligurien)

prebugiun Bauerngericht aus Ne (Ligurien) mit Kartoffeln und Schwarzkohl; vollständige Mahlzeit

preciana (alla) Sauce aus Ragout und Trüffeln (Umbrien)

prescinseua Milchprodukt aus Kuhmilch, das aus leicht säuerlicher Molke erzeugt wird und oft für Focacce und Füllungen Verwendung findet (Ligurien)

preve gefüllter Wirsing (Ligurien)

primo erster Gang

primo sale 15 Tage gereifter Pecorino

prisintuni Dialektbezeichnung für Bonito

prosciutto Schinken

prosciutto bazzone typischer Schinken aus der Garfagnana (Toskana)

provatura Knetkäse aus Büffelmilch, ähnlich der Mozzarella, vor allem zum Kochen verwendet (Latium)

provola/provolone Knetkäse aus Büffelmilch oder gemischter Kuhmilch, ein wenig fester als Mozzarella

provolone del monaco > caciocavallo (ohne das Köpfchen), wird aus roher Kuhmilch erzeugt und reift vier bis 18 Monate

prugna Pflaume, Zwetschge

prugnolo Schlehe, Georgspilz

puìna venetisches Dialektwort für Ricotta

puledro Fohlen

pulicc wild wachsendes Kraut, das nach Minze duftet (Lombardei)

pulingioni/pulilgioni für die Gallura typische Ravioli mit Ricotta

puncerle Küchlein aus Brotteig, mit Konfitüre oder geröstetem Mohn gefüllt (Südtirol)

punta (di vitello) (Kalbs-)Brust

punta di vitello ripiena al forno das Fleischstück wird taschenförmig geöffnet, gefüllt mit Parmigiano, Semmelmehl und Ei, anschließend im Ofen mit Pancetta und Kräutern bedeckt gegart

puntarelle Keimlinge einer Zichoriensorte, die man mit einem speziellen Schnitt, der die Spitzen kräuselt, schneidet. Man macht aus ihnen einen Salat, den man mit Knoblauch, Öl und Sardellen würzt. (Rom)

puntine di maiale Rippenstücke vom Schwein, werden auf der Holzkohlenglut gegrillt oder geschmort

puparul' crusch > peperoni crusch/i

purpazza de porcu flambierte Fleischstückchen vom Ferkel (Sardinien)

purpetielli affogati im Dialekt von Neapel ist das „ertrunkener" kleiner Oktopus, ein Schmorgericht

purpiceddi kleiner gegarter Oktopus

purpo all'insalata Oktopussalat in neapolitanischem Dialekt

purpuzza marinierte Schweinefleischstückchen (Sardinien)

putana Süßspeise aus Vicenza, die aus Weizen- und Maismehl, getrockneten Feigen, Rosinen und Likör zubereitet wird

puttanesca (alla) Sauce für die Pasta aus Tomaten, Oliven, Kapern und in Salz eingelegten Sardellen; Hat vor Kurzem in die Küche Mittelitaliens Eingang gefunden

puzzone Käse aus roher Kuhmilch mit gewaschener Rinde und kleinen Löchern, typisch für Moena (Trentino)

quadrucci Nudelart

quaglia Wachtel

quagliatelli Minestra mit frischer Pasta aus Wasser und Mehl und verschiedenen Beigaben, traditionellerweise Bohnen und Tomaten (Süditalien)

qualeddu sizilianische Bezeichnung für eine Kohlart, der in manchen Provinzen der Stängelkohl, in anderen der Rübenkohl entspricht

quaresimali sizilianische Mandelkekse mit kandierten Orangen und Gewürzen; in der Toskana in Buchstabenform und mit Karamell oder Kakao überzogen

quartirolo magerer Frischkäse; Name kommt vom vierten Schnitt, mit dem das Vieh gefüttert wird

quinto quarto Nebenprodukte der Rinderschlachtung von geringem wirtschaftlichen Wert, auch im deutschen Fachjargon als „fünftes Viertel" bezeichnet

rabatòn Klößchen aus Kräutern, Ricotta, Paniermehl, Parmesan und Ei, in Brühe gekocht und im Ofen überbacken (Alessandria)

radic de l'ors „Bärenradicchio"; regionale Bezeichnung für Alpenlattich (Cicerbita alpina), im Hochgebirge im Frühling, wenn noch Schnee liegt, gesammelt (Trentino)

radici de camp Dialektausdruck für Löwenzahn

radici e fasioi dicke Bohnensuppe mit Nudeln und rotem Radicchio aus Chioggia

rafano (Armoracia rusticana) Meerrettich; gerieben oder zu einer Sauce verarbeitet; passt gut zu gekochtem und geräuchertem Fleisch

ragù di capra Ziegenfleischwürfel und Tomatensauce in Wein und Gemüse mariniert und mit dem Gemüse in pürierten Tomaten lange geschmort (Kalabrien)

raguse Dialektausdruck in den Marken für Murici (Mittelmeerschnecken)

raminghin frittierte Polenta, die mit einer Füllung aus Pilzen oder Gorgonzola wie ein Vol-au-Vent (hohle Pastete) zubereitet ist (Piemont)

ramolaccio/ramoraccio Ackerrettich (Raphanus raphanistrum). Man verzehrt die Blätter und die fleischigen Wurzeln, die gekocht und mit Öl und Zitrone gewürzt werden. Einige Arten schmecken scharf.

rana Frosch

rana pescatrice Seeteufel

rancetto Sauce mit Guanciale, Zwiebeln, Knoblauch, Majoran und Pecorino oder Parmigiano

randinije Dialektausdruck für Mais, wörtlich „grano d'India", Korn aus Indien (Abruzzen)

rapa Rübe

rape 'nfucate apulische Beilage aus Brokkoliröschen, Öl, Knoblauch und Peperoncino

rascatelli/rascatieddi > **cavatelli**

raschera weicher, elastischer Käse aus Kuhmilch (mitunter mit Schaf- oder Ziegenmilch versetzt) (Piemont)

raschetelle neapolitanischer Ausdruck für kleine Calamari

raspadura/raspatura Spezialität aus der Gegend von Lodi, die aus feinsten Spänen eines lokalen Grana-Käses besteht

ratafià Likör französisch-piemontesischen Ursprungs, für dessen Zubereitung gezuckerter Fruchtsaft angesetzt und mit Alkohol versetzt wird

ratatouille frisches Gemüse (Zucchini, Paprikaschoten, Möhren, Zwiebeln), würfelig geschnitten und geschmort

raveggiolo Frischkäse, meist aus Kuhmilch oder aus einer Mischung von Kuh- und Schafmilch (Romagna)

raviggiolo toskanischer Schafkäse

ravioles längliche Gnocchi aus Kartoffeln und Käse, mit zerlassener Butter und geriebenem Käse angerichtet (okzitanische Täler des Piemont)

ravioli Eierteigwaren, gefüllt mit je nach Saison und Region unterschiedlichen Zutaten. Unter verschiedenen Namen in ganz Italien verbreitet.

raviòi co' e ortiche mit Brennnesselspitzen gefüllte und bestreute Teigtäschchen

ravioli cu u tuccu Ravioli mit einer Sauce aus Fleisch, Gemüse, Tomaten und getrockneten Pilzen

ravioli di magro Ravioli mit fleischloser Füllung, in Genua mit Ricotta und Kräutern zubereitet

ravioli dolci fritti frittierte Teigtäschchen mit Füllung aus Ricotta, Zucker und Zitrone (Sardinien)

ravioli panteschi Teigtäschchen mit einer Füllung aus Ricotta und Minze (Insel Pantelleria)

raviolo aperto von Chefkoch Gualtiero Marchesi überarbeitetes Gericht, das aus gefaltenen Teigstreifen besteht, die eine Sauce enthalten

razza Rochen

razze alpine alpine Nutztierrassen

renaz Hartkäse aus Kuhmilch (Belluno, Venetien)

rénga venetisches Dialektwort für > **aringa**

rezza Schweinenetz

rianéte Gericht bestehend aus Baccalà, Jungzwiebeln, Kürbis, Kartoffeln, Kirschtomaten, Pecorino canestrato und geriebenem Brot, im Ofen gegart (Kampanien)

ribl di polenta nera „schwarzplentener Ribl"; Omelett aus Buchweizenmehl mit Äpfeln oder Konfitüre (Südtirol)

ribollita toskanische Bohnen-Kohl-Suppe mit altbackenem Brot und Wirsing, die „ribollita", das heißt erneut mit frischer Zwiebel aufgekocht wird. Danach wird sie mit nativem Olivenöl extra verfeinert. Traditionsgemäß wurden früher dazu Reste von Brotsuppe verwendet.

ricciarelli mürbe, rautenförmige Kekse aus Mandelmasse, eine Spezialität aus Siena

riccio di mare Seeigel

ricciola Bernsteinmakrele

ricotta quarkähnlicher Frischkäse

ricotta affumicata di burlina geräucherter Quark aus der Milch von Burlina-Kühen (Rasse aus Venetien)

ricotta alla fuscella ganz frische Ricotta, die in tütenförmige Weidenkörbe zum Abtropfen gesteckt wird; reich an Molke und von zartem Geschmack

ricotta infornata Ricotta aus Kuh-, Schaf- oder Ziegenmilch, entweder reinsortig oder aus Mischmilch, die eine halbe Stunde im Ofen gebraten wird

ricotta marzotica in Apulien im Frühling hergestellte > **ricotta**, zartpikanter Geschmack

ricotta mustia Ricotta, aus Schafmilchmolke erzeugt, Form eines zusammengedrückten Laibs hat (Sardinien)

ricotta salaprisa Dialektbezeichnung für halb gereifte Ricotta (Sizilien)

ricotta scante/schiante kräftig-pikante Ricotta, zum Würzen von Pastagerichten (Apulien)

ridrìc di mont/radicc di mont friulanische Bezeichnung für Alpenlattich (Cicerbita alpina), dessen leicht bittere Triebe traditionellerweise in Öl eingelegt werden

rigaglie Innereien (Herz, Leber, Magen, aber auch Kamm und Lappen) vom Huhn oder generell von Geflügel

rigatino Bauchspeck

rigatoni kurzes Pastaformat aus Hartweizengrieß, gerillt und mit einem Loch in der Mitte; traditionell in Rom, mittlerweile industriell erzeugt

rigojanci Torte aus Sahne und Schokolade mit Schokoladenfondant überzogen; stammt aus Ungarn und ist nach dem Dirigenten Rigo Janci benannt

ripieni vegetarisch gefülltes Gemüseallerlei (Zwiebeln, Paprikaschoten, Zucchini, Auberginen), das im Ofen gegart wird (Ligurien)

ripieno gefüllt, Füllung

risi e bisi venetisches Reisgericht mit Jungerbsen

riso Reis

Riso Nero Venere schwarzer Vollkornreis aus der Poebene

risotto Reisgericht

risotto al salto aus einfachem > **risotto alla milanese** geformte Puffer, in der Pfanne knusprig gebraten

risotto alla Bergese Risottokreation des Kochs Nino Bergese (erste Hälfte des 20. Jahrhunderts) aus Cuneo: In Brühe gekochter Reis wird mit extralang gereiftem Parmesan und Bratenfond verfeinert.

risotto alla milanese Safranrisotto

risotto alla pilota in einem dicht verschlossenen Gefäß gekochter Reis, der mit Mantuaner Würstchen und Parmigiano Reggiano vermischt wird

risotto alla sbiraglia Gericht der venetischen Armeleuteküche; früher Bezeichnung für „Resteessen", heute ein Traditionsgericht, für das enthäutete Hähnchen- oder Hühnchenteile verwendet werden

risotto all'onda bissfest gekochter Risotto von cremiger Konsistenz

risotto di go Risotto mit kleinen Lagunenfischen (ghiozzo), venetische Spezialität

risotto in cagnone lombardisches Gericht: Risottoreis unter Zugabe von Butter, Knoblauch, Salbei und Butter gegart. Varianten auch im Piemont und in Ligurien.

risotto in caroman Risotto mit Hammelfleisch (Venetien)

rizza feine Fettschicht, mit der Innereien von Lamm oder Schwein umhüllt werden

robiola Frischkäse mit feinkörnigem Teig und leichtem Hefegeschmack; typisch für das Piemont (dort aus Schaf- bzw. gemischter Milch hergestellt) und die Lombardei (aus Kuhmilch)

roccaverano Weichkäse, traditionell aus Ziegenmilch (heutzutage auch aus gemischter Milch), von relativ kompakter Konsistenz (Piemont)

rocciata Gebäck u. a. aus Nüssen, Mandeln, Rosinen, Pflaumen, getrockneten Feigen, Äpfeln, Zimt (Assisi)

rognone Niere

rollata dicke Fleischroulade vom Kaninchen, Huhn oder Kalb, aufgeschnitten und scheibenweise serviert

rombo Plattfisch, Scholle. In Nordostitalien ist damit zumeist der Steinbutt gemeint.

rosa di Parma Rinderfilet mit Schinken und Käse

rosada Creme aus Eiern, Milch, Zucker, Grappa und fein geriebenen karamellisierten Mandeln (Trentino)

rosamarina frischgeschlüpfte Fischchen, sehr scharf eingelegt (Kalabrien)

ròsole junger Klatschmohn (Papaver rhoeas)

rosolio süßer Likör mit geringem Alkoholgehalt, verschieden aromatisiert. Das klassische Rezept geht von Rosenblättern aus.

rospo im Dialekt der Marken Bezeichnung für den Drachenkopf, auch Coda di rospo genannt

rossetti kleine Meeresfische mit weiß-gelblicher Farbe und einem roten Fleck auf dem Bauch

rosso (in) mit Tomatensauce

rosticciana Schweinefleischgericht, traditionellerweise aus Rippenstücken, die im Ofen, manchmal auch im Topf gegart werden

rosticciata Gröstl

rostin negáa Kalbschnitzel, die in Mehl gewendet, mit Bauchspeck und Gewürzen in Butter gebraten und schließlich unter Zugabe von Weißwein und Brühe fertig gegart werden (Lombardei)

rovinassi venetisches Dialektwort für Hühnerklein

rrashkatjel frische Eierteigware, ähnlich einem langen > **fusillo**; die Pasta wird um einen Eisenstab gerollt (Kalabrien, Küche der Arbëreshe)

rufioi große Teigtaschen mit Wirsing-Käse-Füllung (Trentino)

rustisciada/rustida geschmortes Schweinefleisch mit Zwiebeln, ursprünglich aus der Gegend Brianza, das traditionellerweise mit Polenta serviert wird (nordöstliches Piemont, Lombardei)

ruvidelli Teigwarenart aus Hartweizengrieß, ähnlich den > **bucatini**, aber ohne Loch, im Grunde lange, relativ dicke Spaghetti (Sizilien)

S

s'azzada (agliata da sugo) Würzsauce mit Knoblauch und Petersilie (Sardinien)

s'ciosi Schnecken

s'cioss venetisches Dialektwort für Schnecken

saba/sapa frischer Obstwein, der lange gekocht und mit Zimt und Gewürznelken aromatisiert wird (Emilia)

sabbiosa für Pavia typische Variante der in ganz Italien sehr beliebten Torta paradiso, einer Art Biskuit

sacòcia gekochte Kalbsbrust, gefüllt mit Fleisch, Zwiebelchen, Eiern und Käse; in Scheiben geschnitten kalt serviert („sacòcia" ist piemontesischer Dialekt und bedeutet soviel wie „Tasche")

sagna penta/sagnapenta Lasagne mit scharfer Ricotta forte und Brotkrumen

sagna torta > **sagne 'ncannulate**

sagne rautenförmig geschnittene Pasta aus Wasser und Mehl; mit Bohnen oder Tomatensauce und Kichererbsen serviert (Abruzzen)

sagne 'ncannulate relativ dicke, gezwirbelte bzw. gedrehte Bandnudeln

sagne pelose Lasagne, „pelose" (haarig) genannt, wegen des Gebrauchs von grob gemahlenem Mehl

salama Kochwurst aus Schweinefleisch

salama da sugo Wurst aus Ferrara, deren Rezept aus der Renaissance stammt; wird aus verschiedenen gehackten Teilen vom Schwein erzeugt und nach langer Garzeit über Dampf mit Kartoffelpüree serviert

salam d'la doja Wurst aus Schweinefleisch, in Schweinefett eingelegt in einem Tongefäß aufbewahrt (Piemont)

salam 'd torgia Wurst aus Fleisch von Kühen, die als Milchtiere ausgedient haben, Schweinefett, Knoblauch, Rotwein und Gewürzen (Lanzo-Täler, Piemont)

salame Salami

salame all'aceto/salam tal asêt in Essig geschmorte Salami, meist auf Zwiebeln angerichtet

salame del papa > **salame dolce**

salame di cioccolato > **salame dolce**

salame di giora Wurst aus Fleisch von gemästeten Rindern der Piemontese-Rasse, die für die Zucht nicht mehr geeignet sind. Der Masse werden neben diversen Gewürzen Schweinefett und Rotwein (Barolo) hinzugefügt (Piemont).

salame d'la duja/oja Salami, die unter einer Fettschicht haltbar gemacht wird

salame dolce Süßspeise aus Butter, Kakao, Eiern, Zucker, gerösteten Haselnüssen und trockenen Keksen, gerollt und in Scheiben geschnitten serviert

salame moro > **salame dolce**

salampatata Wurst aus magerem Schweinefleisch und Bauchspeck, gekochte Kartoffeln und Gewürzen (Canavese, Piemont)

salatielli frische Pasta aus Mehl, Wasser und Salz, die mit den Händen bearbeitet wird, bis lange Schnüre entstehen, die dann zu Nestern geformt werden

salaturu eine Mischung aus Paprikaschoten, zerquetschten Oliven, grünen Tomaten und Auberginen, mit Wildfenchel und Peperoncino gewürzt und in Tongefäßen aufbewahrt (Kalabrien)

salicornia spargelähnliche Wildpflanze aus Lagunengebieten, im Winter von grüner, im Sommer von rötlicher Färbung; wird als gekochtes Frischgemüse oder in Öl eingelegt gereicht

salignòn fetter Quarkkäse, der unter Zugabe von gemahlenem Peperoncino oder Paprikapulver getrocknet wird (Piemont)

salmerino Saibling

salmì Zubereitungsart für Wildvögel, Wildbret und Wasservögel, mit Gemüse in Wein mariniert und anschließend im selben Wein und in Brühe gekocht

salmi (in) sauer geschmort

salmoriglio Sauce aus Olivenöl, Petersilie, Oregano, Knoblauch und Zitronensaft, zum Verfeinern von Fisch, Fleisch und Gemüse (Süditalien)

salogno Schalotte

salsa Sauce

salsa brusca Sauce aus hart gekochten Eiern, Olivenöl und Essig, ev. Senf (Piemont)

salsa tredura Sauce aus Ingwer, Safran, Lorbeer, Ei und Schafkäse

salsiccia Wurst

salsiccia capricciosa pikante Wurst vom Schwein, mit Wein und Würzkräutern aromatisiert (Kampanien)

saltarelli winzige Süßwasserkrebse, typisch für die Gebiete an der Grenze Lombardei/Venetien, exquisit als Frittüre oder Omelett

saltato gebraten

saltimbocca alla romana mit Prosciutto und Salbei belegte, kurz angebratene Fleischscheiben

salumi Wurst und Schinken

salva für Cremona (Lombardei) typischer Käse, der seinen Namen der Tatsche verdankt, dass er früher nur hergestellt wurde, um Restmilchmengen zu verwerten, also zu „retten" (it. salvare)

salvia Salbei

sambudello würzige Wurst aus Schweinefleisch und -innereien von dunkelroter Farbe und weicher Konsistenz, Spezialität aus dem Casentino (Toskana)

San Pietro (erba di) Frauenminze

sanato im Piemont und in der Lombardei üblicher Begriff für ein noch nicht abgestilltes Jungkalb, das mit Milch und Eidotter gemästet wird und sich dadurch durch sehr helles, überaus zartes Fleisch auszeichnet

sanguinaccio geronnenes, gewürztes Schweineblut; im Norden Italiens und in der Toskana in Wurstform als Antipasto oder Zwischengericht verzehrt; im Süden Basis einer Süßspeise, angereichert mit Trockenfrüchten, Zucker, kandierten Früchten und Schokolade

saor/savor Marinade für Gemüse, Fisch und Fleisch, zubereitet aus goldgelb gerösteten Zwiebeln, Wein, Essig oder Zitrone; ins venezianische (süßsaure) Saor kommen zusätzlich Zucker, Pinienkerne und Rosinen

saràca emilianische Dialektbezeichnung für eingesalzenen Räucherhering

sarago Weißbrasse

saragolla alte, autochthone Hartweizensorte, aus der man ein hervorragendes Mehl für Teigwaren gewinnt (Mittel- und Süditalien)

saras del fen piemontesische Ricotta. Die Laibe werden in Heu gewickelt und müssen etwa drei Wochen lang reifen.

sarde Sardinen

sarde a beccafico der Länge nach geöffnete und entgrätete Sardinen, die mit Paniermehl, Pinienkernen, Rosinen und anderen Zutaten gefüllt und im Ofen gebraten werden (Sizilien)

sarde allinguate der Länge nach geöffnete und entgrätete Sardinen, die in Mehl gewendet und frittiert werden (Sizilien)

sardela venetischer Name für Sardellen und Sardinen

sardella Aufstrich aus frisch geschlüpften Sardinen, rotem Pfeffer, wildem Fenchel und Öl

sardenaira ligurische Pizza, die mit einer Mischung aus Tomaten, Zwiebeln, Sardinen, Oliven, Kapern und Knoblauch belegt wird

sardo modicana Rinderrasse auf Sardinien

sartù di riso Reisauflauf in zwei Versionen, mit Fleisch- und Tomatensauce und ohne Tomaten.

sasaka Brotaufstrich aus klein gehacktem, geräuchertem Speck

Sauersuppe mit Essig abgeschmeckte Kuttelsuppe (Südtirol)

sauté in der Pfanne zubereitete Weichtiere (gewöhnlich Venusmuscheln oder Miesmuscheln)

savor durch langes Kochen von Traubenmost mit frischen Herbstfrüchten und Trockenfrüchten erzeugte Sauce (Emilia); ähnlich der piemontesischen > **cognà**

sbira Kuttelsuppe

sbriciolona toskanische Wurst, die der Finocchiona sehr ähnelt, bei der das Fleisch aber gröber gehackt ist und beim Schneiden leicht zerbröckelt

sbrisolona/sbrisolosa Kuchen aus Maismehl, Butter und Mandeln, der stark zum Zerkrümeln („sbriciolare") neigt; Die Sbrisolona ist für die Provinz Mantua typisch, die Sbrisolosa für die Gegend um Cremona.

sbroscia Suppe vom See, bestehend aus Fisch, Gemüse und Brot (Bolsenasee, Latium)

sburrita di baccalà Stockfischsuppe mit Öl, Knoblauch, Bergminze, Thymian und Peperoni gewürzt und mit geröstetem Brot serviert (Elba)

scabeccio > **scapece**

scaccia > **scacciata**

scacciata („niedrig, flach") Focaccia (Fladen) aus Catania mit unterschiedlichen Füllungen (Sardellen, Schinken, Oliven, Zwiebeln, Tomaten, Kartoffeln, Salsiccia, Blumenkohl, Pecorino)

scafata Suppe aus Frühlingsgemüse, darunter Saubohnen, Erbsen und Artischocken, mit Zwiebeln, Tomaten und Majoran gewürzt (Latium)

scagliuozzi frittierte Polenta

scalamarita Stück vom Schwein, entspricht dem Rückenmuskel

scaloppa dünne Scheibe Fleisch, normalerweise von weißem Fleisch oder Fisch, die nur kurz in der Pfanne gebraten und mit Zitrone oder Marsala abgelöscht wird

scammaro in Neapel eine Sauce ohne Fleisch für Pastagerichte, bestehend aus Öl, Knoblauch, Kapern, Oliven und in Salz eingelegten Sardellen

scamone Stück vom Rind oder vom Kalb, befindet sich zwischen Keule und Lendenstück

scamorza aus Süditalien stammender geräucherter Kuhmilchkäse

scamorza in carrozza > **mozzarella in carrozza**

scandela lombardisches Dialektwort für Gerste

scapece (a) Zubereitungsart für Fisch und Gemüse, die zunächst frittiert und anschließend in eine Marinade aus Essig, Knoblauch und Minze eingelegt werden; in den Abruzzen unter Zugabe von Safran

scapicollata > **capocollo**

scaramella Stück vom Rind unterhalb der Wirbelsäule, besonders gut geeignet für Siedefleisch oder Braten

scarpacc mit Wildgemüse und Käse gefüllte Teigtasche, die frittiert oder gekocht und mit zerlassener Butter serviert wird (Lombardei)

scarpara (alla) Sauce für Pastagerichte aus Zwiebeln, frischen Tomaten, Paprikaschoten, Basilikum und Pecorino

scarpariello frische Pasta, ähnlich der > **chitarra**

scarpazzone > **erbazzone**

scarpinocc lokale Variante der > **casoncelli**, gefüllt mit Hackfleisch, Gemüse und Gewürzen

scauratello mit Auberginen und Minze gekochter Thunfisch

scazzuoppoli Spezialität aus Kampanien, bestehend aus kleinen Pizzateigquadraten, die mit Tomatensauce, Parmigiano und Basilikum gewürzt werden, begleitet von im Holzofen gebratener Salsiccia

schenal de' porzel Schweinerücken

schiaccia briaca süßer Hefefladen von der Insel Elba (Toskana) mit Trockenfrüchten, Aleatico (Wein) und Alkermes (Likör)

schiacciata toskanisches Fladenbrot

schiacciata alla fiorentina süßer Fladen, mit Vanille, Orange und Safran aromatisiert

schiaffoni > **paccheri**

schile/schie kleine graue Krebse aus der venetischen Lagune

schiz/schitz Frischkäse von den Almen um Belluno (Venetien)

schlutzer/Schlutzkrapfen halbmondförmige Nudelteigtaschen, gefüllt mit Spinat (und Löwenzahn), gewürzt mit Zwiebel und Parmesan, mit zerlassener Butter angerichtet

Schnalser Nudeln Nocken aus Roggenmehl und Quark, in Schmalz herausgebacken; traditionell als Hauptgericht mit gekochten Möhren serviert (Schnals)

schultar geräucherte Schweineschulter, die in gewürztem Wasser gegart, in Scheiben geschnitten und mit geriebenem Kren serviert wird; Spezialität des karnischen Dorfes Timau (dt. Tischelwang – der Ort ist eine deutsche Sprachinsel) im Friaul

sciancui Pastasorte, für die frischer Eierteig zu unregelmäßigen Rechtecken geschnitten oder gerissen wird (Ligurien)

sciàtt frittierte Buchweizenküchlein mit Käsefüllung, typisch für das Veltlin (Lombardei)

scieddu Gericht aus der Irpinia, bestehend aus einer Gemüsesuppe mit Brühe sowie Käsebällchen, Ei und hausgemachten Teigwaren

scilatedde/scilatelle/scialatelli dicke Spaghetti aus frischem Teig, die über ein spezielles Werkzeug gerollt werden, wodurch sie innen hohl sind

scimuda/scimudin Käse aus entrahmter Kuhmilch, typisch für das Veltlin (Lombardei)

sciopét/s-ciopét/sclopìt regionaler Dialektausdruck für Leimkraut (> **silene**)

sciscillo im Molise ursprünglich ein Gericht zur Wiederverwertung: Klößchen, früher aus Resten, heute aus geriebenem Brot, Ei und Petersilie, werden in Tomatensauce gekocht

sciuetta wörtlich „kleine Blume", bezeichnet eine Pastasorte und ein von Hand hergestelltes Feingebäck auf Marzipanbasis (Ligurien)

sciurilli Kürbisblüten in Backteig

scoglio (allo) Zubereitungsart für Pasta auf Fischbasis, zumeist Krusten- und Weichtiere

sconcigli kampanischer Name für Herkuleskeule (Mittelmeerschnecke)

scoppularicchi Frittüre aus kleinen Calamari und Tintenfischen

scorfano Drachenkopf

scorzone Sommertrüffel (Tuber aestivum)

scottadito Koteletts vom Milchlamm, gegrillt oder aus der Pfanne

scottadito (alla) kurz gebraten

scottiglia Schmorgericht von verschiedenem Fleisch (Kalb, Schwein, Kaninchen, Huhn, Taube oder Zicklein) in Tomatensauce gekocht (Arezzo, Maremma)

scottona weibliches Jungrind mit zartem und durchwachsenem Fleisch

stracadent/scroccadenti hartes, knuspriges Feingebäck aus Mandeln, Honig, Mehl und Eiweiß

scrippelle 'mbusse Minestra aus dünnen, zusammengerollten Crêpes, die mit Pecorino bestreut und mit Hühnerbrühe bedeckt werden (Abruzzen)

scrucchiata/scrucchijata Weintraubenkonfitüre (Abruzzen)

scuccuzzù getrocknete kleinformatige Teigwarensorte (Ligurien)

scueta karnisches Dialektwort für Bruchquark (Friaul)

scurdigliata/scurdijata Gemisch aus Erbsen, Rüben und frittierten Brotstückchen (Apulien)

seadas/sebadas/sevadas große, süße Ravioli, die mit frischem Schafkäse gefüllt, frittiert und mit heißem Honig übergossen werden (Sardinien)

secondo zweiter Gang

seiras/seirass/siras frische Ricotta aus Kuhmilch (Piemont)

selinka Eintopf aus Bohnen, Sellerie und Schweinefleisch, lange im Holzofen gegart (Julisch Venetien)

selvaggina Wild

selvaggina di valle Federwild, das in den Lagunenkanälen des Po-Deltas (Venetien, Romagna) gejagt wird

semifreddo Halbgefrorenes

sepa rosta venetischer Dialektausdruck für gebratenen Tintenfisch (Seppia arrostita)

sepoline da burcelo kleine Tintenfische, im Hochsommer in der Lagune von Venedig geangelt

seppia Tintenfisch

seppioline di rezzella kleine Tintenfische, die mit dem Netz gefangen werden

seupa vapellenentse Suppe aus Fleischbrühe, altbackenem Brot, Wirsing und Fontina, im Ofen gratiniert (Aostatal)

seupetta cogneintze Reisgericht mit Brot und Fontina, Spezialität des Ortes Cogne (Aostatal)

sfilacci Pferdefleisch, das in speziellen Kaminen über Holzglut gedörrt und dann in dünne Streifen geschnitten wird

sfinci süßes Fettgebäck

sfinci dova Kekse aus Ei, Honig, Zucker, Salz und Zimt (Sizilien)

sfincione weiche Focaccia (Fladen) mit Sardellen, Tomaten, Käse und viel Zwiebel verfeinert (Sizilien)

sfincione (a) Zubereitungsart für Fisch, der zusammen mit Kartoffeln, Zwiebeln, Fenchelsamen und Paniermehl im Ofen gebraten wird (Sizilien)

sfogghiu Torte aus den Madonie, deren Füllung geriebenen > **tuma**, Zitronenschale, Schokoladespäne und kandierten Kürbis enthält

sfoglia(ta) Blätterteig

sfoiade dicke Bandnudeln aus Buchweizenmehl (Trentino)

sformato Auflauf

sfrionza Schweineragout mit Kartoffeln und in Essig eingelegten roten Paprikaschoten (Kampanien)

sfrucculata getrocknete Feigen, gefüllt mit Nüssen und Wildfenchelsamen

sgabei frittierter Brotteig, wird als Beilage zu pikanten Speisen gereicht (Riviera di Levante, Ligurien)

sgnapa venetisches Dialektwort für Schnaps oder Grappa

sguazzetto alla bechera in Venedig verbreitetes Ragout aus Kalbsinnereien (Herz, Lunge, Leber, Milz), Thymian, Wein und Tomatenmark

sicchio d'a munnezza (o') Gericht der Armenküche Neapels („Mülltüte") aus Spaghetti, Nüssen, Haselnüssen, Kapern, Kirschtomaten, Oregano und Oliven

silene Leimkraut (Silene vulgaris garcke); dessen Triebe werden für Risotti, Gnocchi, Suppen und Omeletts verwendet

silter süßlich-würziger Kuhmilchkäse aus dem unteren Val Camonica

simbua fritta frittierter Grieß (Sardinien)

sinàpa/sinapedda sizilianische Dialektbezeichnung für wilden Senf

sisàm getrocknete Weißfische, mit Zwiebel und Essig geschmort

sivoni apulisches Dialektwort für Gänsedistel, eine in der Küche vielseitig verwendbare Wildpflanze

skilà Gemüsesuppe, mit Käsewürfeln und Roggenbrot (Valsesia)

slikrofi kleine Teigtäschchen mit Kartoffel-Kräuter-Füllung, typisch für Friaul-Julisch Venetien, jedoch slowenischen Ursprungs

soça/sorça Rindfleisch (das vier bis fünf Tage in Salz eingelegt wird) mit Wirsing, Kartoffeln und Lauch, mit Fontina-Käse im Ofen überbacken (Aostatal)

soffritto Innereien vom Schwein, lange in Tomatensauce gekocht (Kampanien)

soma d'aj geröstetes Brot mit Knoblauch, Öl und Speck

sopa coada Auflauf aus Brot und Taubenfleisch, langsam im Ofen gegart; Trevisaner Spezialität (Venetien)

soppressa/sopressa typische Wurst in Nordostitalien (Friaul, Venetien, Trentino) aus grob gehackten mageren und fetten Teilen vom Schwein

soppressata Rohwurst aus Süditalien aus fettem und magerem, auf verschiedene Weise gehacktem Schweinefleisch, die entsprechend gewürzt und anschließend gepresst wird. Es gibt sie in verschiedenen Varianten.

sopravissana Schafrasse, besonders im Gebiet von Macerata verbreitet

söra alte Bergkäsesorte, deren Form einer Schuhsohle ähnelt

sorbir d'agnoli heiße Brühe mit > **agnoli**, wird vor dem Servieren mit Rotwein abgeschmeckt (Mantua)

sospiri Windbeutel

sottaceti sauer eingelegtes Gemüse

sottoli in Öl eingelegtes Gemüse

spaccatelle kurzformatige, leicht gekrümmte und der Länge nach geöffnete Teigware

spaghetti ai ricci Spaghetti mit Seeigel-Sauce (Sardinien)

spaghetti alla calasettana Spaghetti mit Thunfisch- oder Meeräschenrogen und > **mosciame** (Sardinien)

spalla cotta, spalla cruda Wurstwaren aus der Provinz Parma (Emilia), die aus magerem Schweinefleisch aus der nicht entbeinten Schulter zubereitet werden. Beide Sorten werden durch Einlegen in Salzlake aromatisiert. Spalla cotta wird anschließend in Wein und Wasser gekocht, während Spalla cruda in rohem Zustand reift.

sparacelli sizilianische Dialektbezeichnung für Rübenkohl

sparacogna sizilianische Dialektbezeichnung für wilden Spargel (tamus communis; Triebe gekocht essbar, Beeren und Wurzeln giftig)

sparoni frische Pasta, ähnlich den dicken Maltagliati (Abruzzen)

spatatata Minestra mit Kartoffeln, Ei, Minze, Kirschtomaten und hartem Brot (Latium)

spatola Degenfisch

speck Tiroler Speck, Räucherschinken

spelinseghi hausgemachte Teigwaren in Schmetterlingsform (Ligurien)

spetz tsaorì > **puzzone**

spezzatino Ragout aus kleinen Stücken der weniger wertvollen Teilen von Kalb, Rind, Lamm und Schwein, die lange gekocht werden müssen

spicatielli scoppiettati der zarte Teil von frittiertem Wildgemüse

spicchitedda runde Kekse mit > **vino cotto**, die mit Mandeln verziert sind (Sizilien)

spiedo, spiedino Spieß, Spießchen

spiedo bresciano, speo veneto historisches Gericht. Diverse jagbare Vögel werden abwechselnd mit Salbeiblättern auf einen Spieß gesteckt und gebraten.

spigatelli Ausdruck in den Abruzzen für Rübensprossen, die auf die Pasta kommen

spignoli Maipilze im Dialekt der Marken

spigola Seebarsch

spinaci Spinat

spoia lorda quadratische Ravioli, die > **squacquerone**, Parmesan und Muskatnuss enthalten (Romagna)

spollichini Bohnensorte

sponcion/spuncioto in Venetien und Friaul-Julisch Venetien gebräuchliche Bezeichnung für Imbiss oder Appetithäppchen

spongarda > **spongata**

spongata Süßspeise nach altem Rezept aus einer Mürbeteighülle, die eine Füllung aus Senffrüchten, Honig, Nüssen, Pinienkernen, Rosinen, kandierten Früchten und Zimt umschließt. Der Ursprung der Zubereitung liegt in der Emilia, sie verbreitete sich aber auch in den benachbarten Regionen wie in Ligurien (Spungata) und in der Lombardei (Spongarda).

sponsali/sponzali/spunzoile für Apulien typische Jungzwiebeln

sporcamusi für Lecce und Umgebung typisches Blätterteiggebäck mit Cremefüllung, das mit Puderzucker bestreut heiß serviert wird; der (frei übersetzte) Name „Schnäuzchenbekleckerer" rührt daher, dass sich diese Leckerei nicht ohne Zuckerbärtchen im Gesicht verspeisen lässt ...

sporchia Dialektausdruck für ein der Wildzichorie ähnliches Wildgemüse

spressa Käse aus entrahmter Kuhmilch von fester, elastischer Konsistenz (Trentino)

spugnola Morchel

spumante Schaumwein

spumini/spumette kleine Meringestücke mit oder ohne Mandeln

spungata > **spongata**

spuntatura Rippchen; auch Innereien vom Lamm

squacquerone magerer, weicher Frischkäse, üblicherweise auf Focacce und Piadine gestrichen (Romagna)

stakanije friulanisches bäuerliches Gericht aus einem mit weißem Speck und Kräutern angereicherten Püree aus Kartoffeln und Saisongemüse

stecchi in Ligurien Bezeichnung für Spießchen von Hühnerteilen in Béchamel mit Parmesan, Schinken und Petersilie, die in verquirltes Ei getaucht und frittiert werden. Das Gericht ist auch in der Emilia in mehreren Varianten verbreitet.

stigghiola mit Schalotten verflochtene und über der Glut gegarte Innereien vom Kalb, Lamm oder Zicklein (Sizilien)

stigliole > **stigghiole**

stinco Haxe

stoccafisso Stockfisch, Kabeljau; Fisch aus dem Baltikum, konserviert mittels Wasserentzug, nämlich luftgetrocknet; verbreitet in der Küche beinahe aller italienischen Regionen unter verschiedenen Namen: Stocche, Stocco, Pesce stocco

stoccafissu a baucogna Stockfisch in Weißweinsauce mit Knoblauch, Petersilie, Zwiebeln, getrockneten Pilzen, Sardellen, Nüssen und Pinienkernen (Ligurien)

stoccafisso all'anconetana lange gekochte Stücke des Stockfischs mit Weißwein und einem Pesto aus Sardellen, Kapern und Kräutern oder aber mit Kartoffelwürfeln. Auf den Boden der Kasserolle werden Bambusstöckchen gelegt, damit sich der Fisch nicht anlegen kann.

stoccafisso alla livornese Stockfisch, der mit Kartoffeln, schwarzen Oliven, Peperoni und wenig Tomatensauce lange gegart wird

stocche alla genovese Stockfisch auf Genueser Art

stocco Dialektausdruck für Stockfisch in einigen Regionen Süditaliens, aber auch in Ligurien

storione Stör

straccetti (di vitella) kleine Scheibchen, die aus einer Scheibe Kalbfleisch geschnitten werden; in Mehl gewälzt und auf verschiedene Weise gewürzt gebraten

straccetti (stracci) handwerklich hergestellte Eierteigwaren, die wie Lasagne geschnitten werden

stracchino (1) Frischkäse, der wenige Tage nach seiner Herstellung fertig für den Verzehr ist; (2) verschiedenes süßes Eis in Schichten (Mattonella)

stracciata weicher, Fäden ziehender Frischkäse aus Kuhmilch

stracciavocc' Dialektausdruck in den Abruzzen für Meerzikaden oder Heuschreckenkrebse

strachitund runder > **stracchino**

straciamùs Bohnensuppe mit frischen Teigwaren (Lombardei)

stracotto Schmorgericht mit Fleisch von erwachsenen Tieren (Rind, Pferd oder Esel), lange in Wein gekocht

straeca in Venetien Schnitzel vom Pferdebauch

strangolapreti in Mittel- und Süditalien gebräuchliche Bezeichnung für hausgemachte Kartoffelnocken oder rustikale Pasta aus Wasser und Mehl; im Trentino Bezeichnung für Nocken aus Mangold, altbackenem Brot, Eiern, Milch und Mehl, mit Salbeibutter serviert

strangozzi/stringozzi einfache Fettuccine aus Mehl und Wasser, die über einen Eisenstab gerollt werden, so dass sie die Form von in der Mitte ausgehöhlten Maccheroni bekommen

strangulet in Kalabrien (in der Küche der albanischen Minderheit der Arbëreshe) übliche Bezeichnung für Kartoffelgnocchi

strapizz für die Abruzzen typische Eierteigwaren in Rautenform, die an das Tuch erinnern sollen, das die Frauen auf dem Kopf trugen

strappatelli Pasta aus einem Teig aus Wasser und Mehl, in Stücke gerissen und in kochendes Wasser geworfen

strascinati andere Bezeichnung für Orecchiette. In der Basilikata werden Pastastückchen über ein entsprechendes gerändeltes Brett gezogen.

straubes süßes friulanisches Fettgebäck mit Weinraute, einer sehr verbreiteten Wildpflanze

stravecchio lange gereift, gelagert

strazzate lukanische Kekse aus Mehl, Mandeln, Zucker, Ei und ungezuckertem Kakao

stricchetti kurzformatige Pasta aus Eierteig in Schleifchenform (Emilia-Romagna)

strichetti Nudeln (Romagna), Kipfel (Friaul)

stridoli Wildkraut mit langen schmalen Blättern, das zum Würzen von Omeletts und Saucen verwendet wird (Romagna)

strigoli frische Pasta aus Wasser und Mehl, ähnlich den > **strozzapreti**

stringhette di manzo > **straccetti**

stringozzi Röhrennudeln

strolghino spindelförmige Wurst mit einer Masse aus fein gehacktem Schweinefleisch, wird frisch verzehrt (Emilia)

strongole dicke hausgemachte Spaghetti

strozzapreti > **strangolapreti**

strucchi/struki lessi friaulische Strudelteigteilchen, gefüllt mit Nüssen, Pinienkernen, Zucker und Likör, die frittiert oder gekocht werden

struccole/strucolo in Friaul und Julisch Venetien verbreitete Süßspeise, im Grunde ein mit Quark, Äpfeln oder anderen Früchten gefüllter Strudel

strukli kuhani friaulische Süßspeise aus Wildfenchelblüten und aromatisierter Zuckercreme

strutto Schweineschmalz

stufato Schmorbraten

subrich di patate Puffer aus Kartoffeln, Ei und Käse (Piemont)

sugamele Dialektausdruck für Sauerampfer, ein Gewürzkraut

sugo reiche, dicke Sauce

sugo finto fleischlose Sauce aus Tomatenkonzentrat, Kräutern und Gewürzen

supa barbetta > **zuppa valdese**

suppa cuata Suppengericht mit Brotscheiben, frischem Käse, Kräutern und Schaffleischbrühe. Die Zutaten werden übereinandergeschichtet und im Ofen überbacken. (Sardinien)

suppli/supplì Reisbällchen, gefüllt mit Fleischsauce und Mozzarella, paniert und frittiert, verbreitet in Mittelitalien; in Rom wegen des Fäden ziehenden Käses in der Füllung Supplì al telefono genannt

surgitti in Öl frittierte Gnocchi, aus Maismehl und > **salsiccia** aus Leber und Zitronenaroma; Spezialität aus dem Gebiet von Macerata

suri sottovento kaltes Gericht aus gekochten und entgräteten Fischen, die mit einer Sauce aus Paprikaschoten, Tomaten und Essig bedeckt werden (Marken)

susina Pflaume, Susine

sutta e supra sizilianischer Dialektausdruck, der nicht zu magere Schweinekoteletts bezeichnet, die in Weißwein in der Pfanne gegart werden

T

tabulone Schmorbraten, meist vom Esel oder Pferd

tacchino alla canzanese ausgelöstes Huhn in Wasser im Ofen gegart, mit Knochen und Knorpeln in deren Gelatine erkaltet (Provinz Teramo)

tacchino Truthahn

tacconi allo sgagg gekochte Pasta aus Saubohnenmehl, die mit Lardo und Knoblauch verfeinert wird (Marken)

taccozze Pasta aus Hartweizenmehl, die in grobe Rauten geschnitten wird (Molise)

taedda Caciocavallo aus Kuhmilch

taeddha/taeddra Schmorgericht aus Zucchini, Kartoffeln und Miesmuscheln. Der Name des Gerichts leitet sich vom Dialektausdruck für den Topf, in dem es gekocht wird, ab. (Süditalien)

tagliancozzi > **quaresimali**

tagliata Rumpsteak von etwa fünf Zentimetern Stärke, wird gegrillt oder in der Pfanne gebraten, anschließend aufgeschnitten und mit dem Bratenfond serviert

tagliatelle Bandnudeln

taglierini/tagliolini schmale Bandnudeln

taiadeline venetische Dialektbezeichnung für Tagliatelline und Tagliolini

tajadéla trentinische Dialektbezeichnung für > **tagliatelle**

tajarille frische Pasta aus Mehl, Wasser und Salz, mit dem Nudelholz ausgerollt und immer wieder in Rechtecke geschnitten, bis feine Streifen entstehen (Abruzzen, Molise)

tajarin frischer Nudelteig aus weißem Mehl und vielen Eiern, der in sehr dünne lange Streifen geschnitten wird; typisch für Cuneo und Umgebung (Piemont)

tajulì pilusi Tagliolini aus Mehl und Wasser, die während des Kochens eine samtige Oberfläche erhalten (Marken)

tajut friulanisches Dialektwort für ein Glas Wein (vom Italienischen „taglio" oder „taglietto"); im übertragenen Sinn der Aperitif; gleichbedeutend mit der venezianischen > **ombra**

taleggio Weichkäse, dessen Rinde – als eine der wenigen in der italienischen Käsewelt – gewaschen wird (Lombardei)

tanni im Latium gebräuchlicher Dialektausdruck für das Innere der Zucchini

tappadas in Cagliari übliche Bezeichnung für > **monzette**

tapulone mit Knoblauch, Öl und Würzkräutern mariniertes Eselschmorfleisch; Spezialität des Ortes Borgomanero (Piemont)

taralli/tarallucci doppelt gebackene Kringel, salzig und unterschiedlich gewürzt, typisch für Süditalien, aber heutzutage weit verbreitet

tarassaco Löwenzahn

taratufi Dialektausdruck für Tartufi di mare, den Venusmuscheln ähnlich, aber mit größeren Schalen

taroncioli Bällchen aus frittiertem > **tuma**

taròzz Beilage aus Kartoffeln und grünen Bohnen, mit Butter und Käse verfeinert

tartrà pikanter Flan aus Milch, Zwiebeln oder Lauch, Eiern, Butter, Parmesan und Gewürzen (Piemont)

tartufata Torte aus Sahne, Creme und Haselnüssen, mit Schokoladeblättern überzogen

tartufato mit Trüffeln verfeinert

tartufo Trüffel

tastasàl Masse aus gehacktem Schweinefleisch mit Salz und Pfeffer, mit der auch Wurst gemacht wird (Venetien)

tastìn > **pastìn**

tartare Tatar > **carne cruda**

tecia triestinisches Wort für Pfanne, zum Garen verschiedenster Speisen

tegamaccio (1) Schmorgericht mit verschiedenen Fischen aus dem Trasimenosee (Aal und Kaulbarsch oder Hecht und Schleie); (2) im Latium ein Schmorgericht aus Lamm, Kartoffeln, Artischocken und Minze

tegamaccio Fischsuppe

tegame (Brat-)Pfanne

tellina Tellmuschel

tenerina eine aus Ferrara stammende Süßspeise aus Mehl, Eiern, Bitterschokolade und Butter, die im Ofen gebacken wird

tenerumi Zucchiniblätter, aus denen eine typische erfrischende Suppe zubereitet wird

testa di turco eine Art süße Lasagna aus Blätterteigschichten mit Milchcremefüllung

testarelle di agnello Köpfe vom > **abbacchio** (Milchlamm), aufgeschnitten und im Ofen mit Semmelmehl und Gewürzen gegart (Latium)

testaroli dünne Teigstückchen aus Mehl, Wasser und Salz, die in einem Tongefäß, „testo" genannt, gegart und mit Pesto angerichtet werden; typischer Primo Piatto der Lunigiana (Grenzgebiet zwischen Ligurien und Toskana)

testina Teil vom Kalbskopf, eine der sieben Zutaten des klassischen piemontesischen > **bollito misto** (gemischtes gekochtes Fleisch vom Rind); wird auch als eigenständiges Gericht serviert (in der Pfanne mit Essig und Gewürzen kurz angebraten)

testina all'agro gekochter Kalbskopf, mit Zwiebel, Essig und Öl kalt serviert

teteùn/tetin typische Wurst aus dem Aostatal, wird aus Kuheutern gewonnen

tiana/tianello (1) Dialektausdruck der südlichen Regionen für den Tontopf und im übertragenen Sinn auch für die Gerichte, die in ihm gekocht werden; (2) in Kalabrien Bezeichnung für gemischtes Fleisch vom Zicklein, klein geschnitten, gewürzt mit Zwiebel und im Ofen mit Kartoffeln, Erbsen, geriebenem Käse, Pfeffer, gehackter Petersilie und Brotkrumen gegart

tiella Pfanne, Auflauf (meist mit Kartoffeln und Miesmuscheln)

tiella alla barese Gericht aus geschichteten Kartoffeln, Miesmuscheln, Reis und frischen Tomaten, das im Ofen gegart wird und eine eigenständige Mahlzeit darstellt

tiella di Gaeta Fladenbrot aus zwei übereinanderliegenden Teigscheiben, die an den Rändern geschlossen und mit Meeresfrüchten, Gemüse oder auch gemischt gefüllt werden

tigella > **crescentina (di Modena)** kleiner, runder Fladen, der in der traditionellen Terrakottaform gebacken und mit einer Füllung aus Wurst oder gehacktem Speck serviert wird

tighe lombardisches Dialektwort, das die lokalen grünen Paprikaschoten bezeichnet, die in Essig eingelegt aufbewahrt werden

timbala Mürbeteigkuchen mit einer Füllung aus Birnen, zerstoßenen Amaretti-Keksen, Wein und Gewürzen (nordwestliches Piemont)

timballo Auflauf aus Pasta oder Reis mit Schichten von Fleisch oder Gemüse, oft mit Blätterteig bedeckt und in einer Form im Ofen gebacken. In den Abruzzen besteht er aus „scrippelle", dünnen Pfannkuchen aus Mehl, Wasser und Ei

timo Thymian

tinca Schleie

tiramisù in ganz Italien verbreitetes Dessert aus Löffelbiskuits und Mascarponecreme, mit Kakao bestreut serviert

tirtlan Teigtaschen aus Roggen- und Weizenmehl, mit Sauerkraut (oder Wirsing oder Spinat) gefüllt und frittiert (Pustertal, Südtirol)

tisichelle süße Aniskringel (Umbrien)

toc' (tocj) di vora Gemisch aus Milch, geriebenem Käse, Mehl, Salz, Pfeffer und Butter, zum Verfeinern von Polenta (Karnien, Friaul)

toc' in braide Gericht aus flüssiger Polenta, Bratensaft und zerlassenem Käse (Trentino, Lombardei, Friaul)

tocco/toccu/tuccu ligurische Rindfleisch-Tomaten-Sauce, die mit etwas Wein abgerundet wird; verfeinert Nudelgerichte

tòcio in allen Regionen Nordostitaliens verwendeter Begriff für Sauce, gemeinhin Tomatensauce; „in tocio" und „al tocio" bedeutet soviel wie „geschmort"

tofeja Suppe aus Bohnen und Schweinefleisch, typisch für das Canavese (Piemont)

toma Kuhmilchkäse mit kompakter, elastischer Konsistenz in verschiedenen Reifegraden

toma d'lait brusc Almkäse aus Kuhmilch; zylindrische Form, frisch im Geschmack, leichter Edelschimmelansatz (Piemont)

tomasina Focaccia aus Ragusa mit einer Füllung aus Ricotta, Käse, Salsiccia und hart gekochten Eiern

tomaselle/tomaxelle Kalbsrouladen (Ligurien)

tombea Käse aus Rohmilch von Kühen der Rasse Bruno Alpina, der auf den Almen von Cima Rest und Tombea hergestellt wird (Lombardei)

tomine eine Art Ziegenkäse

tonco de pontesèl Gulasch aus mehreren Sorten Fleisch (Innereien), nicht allzu pikant gewürzt (Trentino)

tonnarelli Dialektausdruck im Latium für quadratisch geschnittene Maccheroni, ähnlich den Spaghetti alla chitarra aus den Abruzzen

tonnina/tunnina in Sizilien gebräuchlicher Begriff für frisches Fleisch vom weiblichen Thunfisch, das edler ist. Außerdem wird der Begriff für Filet vom eingesalzenen Thunfisch verwendet.

tonno Thunfisch

tonno alla portoscusese eine Art Thunfischragout, das in Rotwein gegart wird (Sardinien)

tonno del Chianti lange in Weißwein gegartes Schweinefleisch, das nach dem Kochen vom Fett und der Schwarte befreit und mit Bohnen und Zwiebeln oder mit Salat serviert wird (Toskana)

tonno di coniglio gegartes und entbeintes Kaninchen, das mit Knoblauch und Salbei in Öl eingelegt wird (Piemont)

topini in der Gegend von Florenz gebräuchliche Bezeichnung für Kartoffelgnocchi

torcinelli/turcinieddi Innereien vom Lamm oder Zicklein, in dessen eigene Därme gewickelt und über der Glut gegart (Apulien)

torcolo (Weihnachts-)Kuchen

tordelli halbmondförmige Teigtäschchen aus Lucca mit einer Füllung aus Hirn, Kalbfleisch, Ricotta, Kräutern, Ei, Schafkäse und Gewürzen

tordi finti Spießchen mit Schweinefleischstücken, die mit Bauchspeck und Salbei umwickelt wurden

torello Jungstier

Törggelen traditionelles Erntedankfest auf Südtiroler Bergbauernhöfen, zu dem neuer Wein und Röstkastanien offeriert werden

torresani Jungtäubchen, die nie aus dem Schlag geflogen sind

torronata Nougat

torrone eine Art türkischer Honig mit Mandeln

torta Kuchen, Torte

torta ai ciccioli Fladenbrot mit Schmalz und > **ciccioli** (Grieben) vom Schwein, in der lukanischen Version auch mit Wildfenchelsamen

torta al testo traditionelles umbrisches Fladenbrot, das auf einer runden Platte aus feuerfestem Stein oder Ton (dem so genannten „testo") gebacken wird

torta beca Kuchen, den es in einer süßen Version (altbackenes Brot, Äpfel und Rosinen) und einer pikanten (Saisongemüse und Frischkäse) gibt (Trentino)

torta co' i becchi Süßspeise aus Lucca mit einer Füllung aus Mangold, Pinienkernen, Rosinen, Zucker und geriebenem Käse; die „becchi" (Schnäbel) beziehen sich auf die Teigverzierungen am Rand

torta co' i bischeri süße Crostata (Mürbeteigkuchen) mit einer Füllung aus in Milch gekochtem Reis, Schokolade, Rosinen, Pinienkernen und kandierten Früchten, die ringsherum mit Teigverzierungen versehen wird (Toskana)

torta d'erbi pikanter Kuchen aus einer Teighülle, in dem sich eine Füllung aus verschiedenem Wildgemüse befindet (Lunigiana, Toskana)

torta de fregolòti Streuselkuchen aus einer üppigen Masse (mit oder ohne gehackte Mandeln), die man in Klümpchen (im trentinischen Dialekt „fregolòti") in die Form fallen lässt

torta di grano saraceno Kuchen aus Buchweizenmehl, Renette-Äpfeln, Haselnüssen, Zucker und Eiern (Trentino, Südtirol)

torta di melanzane al cioccolato > melanzane con la cioccolata

torta di pane typischer Tessiner Kuchen aus altbackenem Brot

torta di papavero Mohntorte, ohne Mehl gebacken (Südtirol)

torta di riso süße Spezialität aus Carrara, die aus in Milch gekochtem Reis, Eiern, Zucker, Vanillearoma und Zitrone zubereitet wird; in der Emilia gibt man Mandeln, Zitronat und Bittermandellikör dazu und bezeichnet sie als Torta degli Addobbi

torta di tagliatelle Süßspeise aus Ferrara aus sehr feinen Fadennudeln und einer Mandelmasse, die geschichtet und von einer Teighülle umschlossen werden

torta fritta > gnocco fritto

torta pasqualina Osterkuchen; pikanter ligurischer Kuchen mit Mangold oder Artischocken, Ricotta, Eiern und Würzkräutern (Ligurien)

torta scema einfacher Kuchen nach alter ligurischer Tradition aus Reis und Mehl, im Ofen gebacken wird

tortel di patate im Ofen gebratene Puffer aus gekochten Kartoffeln, vermengt mit Ei, Maisstärke und geriebenem Grana (Trentino)

tortellacci gefüllte Nudeltäschchen

tortelli eckige Teigtäschchen, etwas größer als > **tortellini**

tortelli alla lastra aus dünnem Teig hergestellt (ähnlich dem für die > **piadina**) und gefüllt mit Mangold, Pancetta und Salsiccia werden Nudeltäschchen auf einer dafür vorgesehenen Platte oder, wenn diese nicht vorhanden ist, auf einem Stein oder im Ofen gebacken.

tortelli amari Nudeltäschchen aus Eierteig, typisch für Castel Goffredo (Lombardei), deren Füllunmit Mong mit Frauenminze (Balsamita major) gewürzt wird

tortelli con la coda für die Umgebung von Piacenza typische Nudeltäschchen mit einer Füllung aus Mangold, Ricotta und Grana padano; der extrem dünne Teig wird mit einem Zopf geschlossen, der die „coda" (Schwanz) bildet

tortelli con le erbette mit Mangold, manchmal auch Spinat, Ricotta oder Parmesan gefüllte Nudeltäschchen

tortelli di zucca Nudeltäschchen aus Eierteig, die in und um Mantua mit einer Masse aus Kürbisfleisch, pikanter Apfelkonfitüre, Amaretti-Keksen, Parmigiano Reggiano, Salz und Muskatnuss gefüllt werden

tortellini typische gefüllte Eierteigware aus Bologna und Modena, ähnlich den > **cappelletti**, die etwas kleiner und aus dünnerem Teig sind. Die Füllung besteht aus Fleisch, aber auch aus Schinken und Mortadella; gekocht wird die Teigware in Brühe.

tortelloni große vegetarisch gefüllte Teigtaschen

tortiera di alici Schichten aus Sardellen werden mit einem Gemisch aus Semmelmehl, Pecorino und Kräutern bestreut und im Ofen gebacken

tortiera napoletana Auflauf

tortiglioni getrocknete spiralförmige Pasta

tortino salziger Kuchen

tortino di aliciotti e indivia Rezept aus der jüdischen Tradition (Rom) mit frischen Sardellen, die geöffnet abwechselnd mit Endivien geschichtet und im Ofen gegart werden

toséla Kuhmilchkäse, der entweder frisch oder in der Pfanne herausgebraten verzehrt wird (Trentino)

tosella Käse vom Asiago-Hochplateau (Venetien)

totani e patate Pfeilkalmar und Kartoffeln, in Wein und Kartoffeln geschmort

totano Pfeilkalmar

toumin dal Mel Weichkäse aus der Gemeinde Melle (Piemont), aus Kuhmilch; hoher Fettgehalt, weißer Teig

tozzetti Trockenkekse mit Mandel- und Haselnussstücken, manchmal auch mit Anisaroma, sehr verbreitet in Mittel- und Süditalien

tracchie/tracchiolelle Dialektausdruck in Neapel für Rippenstücke vom Schwein

trainera (alla) Sauce für Pasta oder Fleisch aus Tomaten, Öl und Basilikum. In der Basilikata werden auch > **peperoni crusch(i)** dafür verwendet

tramezzino belegtes Brot

tratalia gemischte Innereien (Lunge, Leber und Herz vom Lamm oder vom Zicklein), die in Därme gewickelt und zumeist am Spieß gebraten werden (Sardinien)

trattalia Innereien vom Jungschwein und/oder Lamm

travagliatina lombardisches Dialektwort für Rindersteak

treccia/trecciola wörtlich „Zopf", (1) geflochtene Lamminnereien; (2) mozzarellaähnlicher Käse (frischer Knetkäse aus Kuh- oder Büffelmilch), in Kampanien in der Gegend von Agerola erzeugt

treccia d'oro für Vicenza typischer Kuchen aus Hartweizenmehl, Milch, Butter, Eiern, Rosinen, Honig und Vanille

trenette schmale Bandnudeln, die üblicherweise mit Pesto angerichtet werden. Das Beiwort **avvantaggiate** haben sie dann, wenn für den Teig Weizenmehl mit Vollkornmehl vermischt wird. (Ligurien)

triaca pasta Pasta mit frischen Bohnen, die im Sommer auch kalt serviert wird (Sizilien)

trifolato mit Knoblauch und Petersilie

triglia Meer-/Seebarbe

triglie alla livornese toskanisches Gericht, für dessen Zubereitung Meerbarben kurz in Tomatensauce gekocht werden

tripoline längliche Pasta, wie breite Tagliatelle mit gewelltem Rand

trippa Kutteln

trippa alla fiorentina geschmorte Kutteln vom Jungochsen, die mit Tomaten und Gartenkräutern gegart und mit Parmesan verfeinert werden

trippa alla parmigiana vorgekochte, in Streifen geschnittene Kutteln, die mit Tomaten und Gartengemüse geschmort und mit geriebenem Parmesan serviert werden

trippa alla reggiana Kutteln, die mit Tomaten, Bauchspeck, Prosciutto, Grana reggiano und Gewürzkräutern geschmort werden

trippa alla romana geschmorte Kutteln in Streifen mit Römischer Minze und geriebenem Pecorino (Latium)

trippa all'olivetana Klosterrezept aus Kutteln, Auberginen, Tomaten, hart gekochten Eiern, frischem > **tuma** und gereiftem Pecorino (Sizilien)

trippa centopelli dritter Teil des Rindermagens (Blättermagen), der nach verschiedenen Rezepten meist geschmort zubereitet wird

trippa di Moncalieri Kochwurst, die im gleichnamigen Ort (Piemont) aus den Vormägen von Wiederkäuern und Schweinemägen hergestellt wird

trippino lombardischer Begriff für den gereinigten und ausgekochten Schweinemagen

troccoli rustikale apulische Bandnudeln, mit einem gerillten Nudelholz („troccolo") geschnitten

trofie kleine Nocken aus weißem Mehl und Wasser, die spiralförmig gedreht und an den Enden flachgedrückt werden (Ligurien)

tronchetti Kekse

trota Forelle

trota salmonata Lachsforelle

ttaccù (li) frische Pasta aus Wasser, Mehl und Salz, erinnert an dicke Spaghetti (Marken)

tubettini kurze getrocknete und röhrenförmige Pasta

tultea frittierte Teigtasche mit Kräuterfüllung, Spezialität des Ortes Ormea (Piemont)

tuma frischer Schafkäse (Sizilien)

tummale Auberginenauflauf in Brotkrumenkruste (Sizilien)

turcinieddi > torcinelli

turdilli süße frittierte Pfannkuchen aus Mehl, Honig und Zimt (Kalabrien)

turta in tra biela rustikaler Auflauf aus dem Tontopf (im piemontesischen Dialekt „biéla" genannt) auf Basis von altbackenem Brot, Milch und Weichkäse

turtles in Fett gebackene runde Teigtaschen mit Füllung; ladinisches Traditionsgericht (Südtirol)

turtres e cajincì arestis frittierte Küchlein mit Quark, Spinat oder Sauerkraut (Südtirol)

U/V

ubriaco in Weinsauce

uccelletto (all') Tomatensauce mit Knoblauch, Salbei und Öl

uccelli scappati Kalbsplätzchen mit Salbei

ueca Suppe aus Gerste, Gemüse, Schwarzbrot und Fontina-Käse (Aostatal)

umbricelli > ombricelli

umido (in) gedünstet, geschmort

uovo al ciareghi/cereghin in Butter gebratenes Spiegelei (Piemont), das mit Salbei und schwarzem Pfeffer gewürzt wird (Lombardei)

urranii sizilianische Dialektbezeichnung für Borretsch

uvetta Rosine

vaccareddi sizilianische Dialektbezeichnung für kleine Schnecken

vaiano grüne Bohnen im lukanischen Dialekt

valdostana (alla) mit Käse und Schinken

vapellenentse > seupa vapellenentse

varoli volkstümlicher Ausdruck in den Marken für Wolfs- oder Seebarsch

vartis > luppolo

vastedda (1) hausgemachtes rundes Brot; (2) selten vorkommender Frischkäse aus Schafmilch mit gezogenem Teig, typisch für das Belicetal (Sizilien)

vavaluci > babbaluci

vecia col caval pist Schmorgericht aus Paprikaschoten, Tomaten, grünen Bohnen und Kartoffeln, in das panierte und frittierte Hackfleischbällchen aus Pferdefleisch gemischt werden (Parma)

vedél venetisches Dialektwort für Kalb

vellutata Cremesuppe

ventresca in Öl eingelegtes, besonders hochwertiges helles Bauchfleisch vom Thunfisch

ventresca arrosto gerösteter Bauchspeck vom Schwein (Mittelitalien)

ventriceddi/ventricelle kalabresischer Dialektausdruck für Fischdärme, in der Küche weiterverarbeitet

ventricina Wurst, die in Schweinemagen gefüllt wird (Abruzzen, Molise); je nach Gebiet verschiedene Variationen bei der Füllung

verde (al) mit Gemüse- oder Kräutersauce

verdura Gemüse

vermicelli getrocknete Pasta aus Hartweizengrieß, lang und rund wie Spaghetti

verza Wirsing

verzata Kohl-, Wirsinggericht

verze sofegae geschmorter Wirsing

vettaioli spätreife kleine Früchte von der Wassermelone, in der Toskana in Öl oder in Essig eingelegt

vezzena Kuhmilchkäse, der sich zum Reifen eignet, auch als Reibkäse hervorragend (Trentino)

vignarola Schmorgericht aus Saubohnen, Artischocken und frischen Erbsen, normalerweise als Antipasto im Frühling serviert (Latium)

vin santo Dessertwein

vincisgrassi Lasagne aus dem Ofen, mit einer Sauce ohne Tomaten aus Hackleisch und Innereien, angereichert mit Mozzarella und Parmesan. Als Vincisgrassi de lo vatte werden sie mit Innereien nur vom Geflügel gefüllt. (Marken)

vin cotto/vino cotto Traubensirup, gekocht aus frisch gekeltertem Traubenmost; wird in Apulien auch aus Feigen zubereitet

violino di capra Schinkenspezialität aus dem Valchiavenna (Lombardei), die aus der Keule und dem Schulterstück von der Ziege hergestellt wird und in ihrer Form einer Violine ähnelt

virni kampanischer Dialektausdruck für Maipilze

virtù reichhaltige Gemüsesuppe aus Hülsenfrüchten, vielen verschiedenen Arten von Saisongemüse in Würfeln, Schweinefleischstücken und hausgemachter, in Stücke gebrochener Pasta; mit Kräutern gewürzt, darunter Dill (Teramo)

visciole Wildkirschensorte, aus der man auch einen Wein gewinnt

vitabbia/vitalba Kletterpflanze, deren gekochte Keime in Füllungen und für Pfannkuchen verwendet werden

vitello Kalb

vitello alla fornaia/fornara Braten von der Kalbsbrust, gewürzt mit Knoblauch, Rosmarin und Salbei, serviert mit Kartoffeln (Latium)

vitello tonnato gekochter (oder im Ofen gegarter) Kalbsbraten, der in dünne Scheiben geschnitten als kaltes Gericht mit einer Sauce aus Eiern, Thunfisch, Kapern, Öl und Zitrone serviert wird (Piemont)

viticielli kampanischer Dialektausdruck für eine wilde Sorte Spargel

vitorchianese (alla) mit Tomaten, Wildfenchelsamen und Pecorino (Latium)

voccarusc' Dialektausdruck in den Abruzzen für Wildspargel

vongole Venusmuscheln

vuccuni sizilianische Dialektbezeichnung für kleine Meeresschnecken

Z

zabaione Weinschaumcreme aus Eigelb, Zucker und Marsala oder Moscato (Piemont)

zabbina Zubereitung aus warmem Ricotta und Molke (Sizilien)

zaeti/zaleti rautenförmige Plätzchen aus Maismehl, Butter, Eiern und Zucker (Venetien)

zafferanella Dialektbezeichnung in den Marken für wilden Safran

zampa Pfote

zampa alla parmigiana volkstümliches Gericht aus der Toskana, für das Fleisch einer gekochten Kalbshaxe vom Knochen gelöst, in feine Streifen geschnitten und in einer Sauce aus Zwiebeln und Tomaten geschmort wird; am Ende mit geriebenen Parmesan angereichert

zampone Hack aus Schweinefleisch, Schwarten, Maul und Knorpeln, das in die Haut eines Schweinefußes gefüllt und gekocht wird (Modena)

zarche Dialektusdruck für wilden Mangold (Agrigent)

zanchette allgemeine Bezeichnung für platte Fische, ähnlich den Schollen, aus der Adria

zavardella Suppe mit Saisongemüse und Hülsenfrüchten (Latium)

zazzicchia mit dem Messer geschnittene Salsiccia, gewürzt mit Peperoncino und Orangenschale (Latium)

Zelten trentinisches Weihnachtsgebäck mit Trockenfrüchten und Nüssen

zemin ligurisches Suppengericht aus Kichererbsen, Mangold und getrockneten Pilzen

zeppole süßes Fettgebäck in Kringelform, in Süditalien verbreitet. Die Zutaten variieren von Ort zu Ort.

zerri „arme" Meeresfische der Spezies Mènola (Spicara maena); frittiert, für Marinaden oder Suppen

ziba sardische Bezeichnung für ein Sumpfkraut, eine Art > **salicornia**

zibibbo autochthone Rebsorte, aus der der gleichnamige Dessertwein gekeltert wird

zift Sauce aus zerriebenen Paprikaschoten und Olivenöl, eignet sich zur Verfeinerung von Teigwaren, Gemüse und Hülsenfrüchten (Basilikata)

zimino > **inzimino**

zincarlin della valle di Muggio für das Tessin sowie die Gegend um Como und Varese typischer Käse aus roher Kuh- und/oder Ziegenmilch, der mit Pfeffer aromatisiert wird

zinni zinni kleine > **cavatelli** (Basilikata)

zippi frische Eierteigware, ähnlich den Tagliatelle

zireno Teil vom Rinderdarm, der gebraten oder gekocht zubereitet wird

ziti getrocknetes langes Teigwarenformat, dick und innen hohl, wird traditionellerweise mit > **genovese** serviert

ziti al ragù > **ziti** mit einer Sauce aus Schweine- und Rindflisch sowie Tomaten (Kampanien)

zlicnijaki in Friaul gebräuchlicher Dialektausdruck für Kürbisteigtaschen

zlikrofi Teigtaschen mit Kartoffel-Kräuter-Füllung und zerlassener Butter

zonclada/zonglada Trevisaner Kuchenspezialität mittelalterlichen Ursprungs aus Mürbeteig, Quark, kandierten Früchte, Sultaninen und Zimt

zotoli in Friaul und Venetien gebräuchlicher Dialektausdruck für Zwergtintenfische

zucca Kürbis

zucca secca getrockneter Kürbis; normalerweise frittiert, nachdem er zuvor in Wasser aufgeweicht worden ist (Sizilien)

zucchine alla poverella in Scheiben geschnittene und mit Öl in der Pfanne goldbraun gebackene Zucchini

zucchine alla velletrana in Scheiben geschnittene, in Mehl gewälzte und im Ofen mit Rosmarin und Knoblauch gebratene Zucchini (Latium)

zuccotto Halbgefrorenes, bestehend aus einer Biskuitkuppel mit Füllung aus Ricotta, Sahne, Schokolade und kandierten Früchten (Toskana)

zuppa/zuppetta Suppe, Eintopf

zuppa al vino Weinsuppe

zuppa all'etrusca Suppe mit Bohnen und wilden Rüben

zuppa ciociara Suppe mit Pilzen, Kichererbsen, Zichorie und Maisbrot (Latium)

zuppa del carbonaio Suppe aus Hülsenfrüchten, Salsicce und verschiedenen Kräutern (Toskana)

zuppa del Tarlati Cremesuppe, für die weißes Fleisch (Hühnchen, nach dem Originalrezept Fasan) in Brühe gekocht und im Mörser gestampft wird. Für die Einlage werden Brustfleisch und Innereien fein gehackt und in Butter geschwenkt. Ihren Namen verdankt die Suppe Bischof Tarlati aus Arezzo.

zuppa di ajucche Spezialität aus dem Canavese (Piemont) auf Basis von Brot, Butter und > **ajucche** in Schichten. Das Originalrezept sieht als weitere Zutaten Bauchspeckscheiben und gewürfelten Fontinakäse vor.

zuppa di cipolle > carabaccia

zuppa di fosso Suppe aus Aal, Schnecken, Fröschen, Flusskrebsen und feinen Kräutern (Toskana)

zuppa di soffritto kräftige Suppe aus Innereien

zuppa di urtuti Eintopf mit verschiedenen Hülsenfrüchte- und Gemüsesorten, u.a. Feldzichorie und Augenbohnen (Frosinone)

zuppa frantoiana dicke Suppe aus Bohnen, Schwarzkohl, Kürbis, Kartoffeln und Kräutern, traditionellerweise mit jungem Öl verfeinert (Toskana)

zuppa inglese Löffeldessert, heute auch in anderen Regionen verbreitet; bestehend aus Löffelbiskuits, die in Likör (auch in roten Alkermes) getränkt und abwechselnd mit Konditor- und Schokoladecreme geschichtet werden (Emilia)

zuppa lombarda Für dieses Suppengericht wird über geröstete und mit Knoblauch eingeriebene Brotscheiben eine mit Essig abgeschmeckte Bohnensuppe gegossen und mit Öl abgeschmeckt. (Toskana)

zuppa valdese auch Supa barbetta genannt, typisches Suppengericht der okzitanischen Täler des Piemont: In Stückchen gebrochene Grissini werden in Butter geschwenkt, mit Käse und Gewürzen bestreut, mit Fleischbrühe übergossen und im Ofen gratiniert.

Aus dem Italienischen übersetzt von Alexandra Hoi, Ilse Schager, Michaela Spath und Monika Stuhl

Redaktionsschluss der italienischen Ausgabe: 31. Juli 2014 – Änderungen nach diesem Zeitpunkt konnten nicht mehr berücksichtigt werden.

Alle Angaben in diesem Führer sind gewissenhaft geprüft. Preise, Öffnungszeiten usw. können sich aber schnell ändern. Für eventuelle Fehler übernimmt der Verlag keine Haftung.

Produktionsbetreuung der deutschsprachigen Ausgabe:
Eva Henle, www.booksinprogress.at
Projektleitung: Anne-Sophie Zähringer
Herstellung: Markus Plötz
Lektorat: Christine Hehle, Eva Henle
Satz: Dietmar Nemeth, Wiener Neustadt
Karten: Touring Editore S.r.l.
Umschlaggestaltung: independent Medien-Design, Horst Moser, München
Umschlagillustration: Cristóbal Schmal, www.artnomono.com
Anzeigenmarketing Deutschland: Angelika Priewe, München,
Tel.: 0 89/710 56 770, E-Mail: priewea@gmx.de
Druck und Bindung: CPI books GmbH
Printed in Germany

ISBN 978-3-8338-4419-5

Hallwag

GRÄFE UND UNZER
Ein Unternehmen der GANSKE VERLAGSGRUPPE